RÉPERTOIRE

DES

CONNAISSANCES USUELLES.

LISTE DES AUTEURS QUI ONT CONTRIBUÉ A LA RÉDACTION DU 14e VOLUME DE CETTE ÉDITION.

MM.

Allonville (comte Armand d').
Aubert de Vitry.
Audiffret (H.).
Azario (A.).
Bardin (le général).
Barré (P. J.)
Barthelemy (l'abbé).
Baudement (T.).
Bechem (Charles).
Bellfield-Lefèvre.
Berthelot (Sabin).
Berthier (Ferdinand), professeur sourd-muet à l'École impériale.
Billot.
Boilard.
Bonnechose (Émile de).
Bordas-Demoulin.
Bouillée (A.).
Bourdon (Isidore), de l'Académie impériale de médecine.
Boutteville (M.-L.).
Bradi (comtesse de).
Breton, de la *Gazette des Tribunaux*.
Burette (Théodose).
Cahen (S.).
Carron du Villards (Dr).
Castelnau (H. de).
Castil-Blaze.
Chabrol-Chaméane (E. de).
Champagnac.
Champollion-Figeac.
Champollion-Figeac (Aimé).
Charbonnier (Dr).
Chasles (Philarète), professeur au Collége de France.
Chassagnol (l'abbé).
Chevalier (Auguste), député au Corps législatif.
Chevalier (Michel), conseiller d'État.
Clément (Pierre), de l'Institut.
Clermont (N.).
Colombat (Dr), de l'Isère.
Cottereau (P.-L.).
Coupin (P.-A.).
Danjou (F.).
Darthenay.
Delbare.

MM.

Démezil.
Denne-Baron.
Desclozeaux (Ernest), ancien secrétaire général du ministère de la justice.
Dubard, ancien procureur général.
Du Bois (Louis).
Duchesne (aîné), l'un des conservateurs de la Bibliothèque impériale.
Duckett (W.-A.).
Dufey (de l'Yonne).
Dumartin-Taillefert.
Du Mége (Chev Alexandre).
Du Rozoir (Charles).
Duval (Georges).
Duval (Dr Valentin).
Farcy (Charles).
Favrot (C.).
Ferry, ancien examinateur à l'École Polytechnique.
Fillioux (Antoine).
Flaugergues (Pauline de).
Forget (Dr).
Fossati (Dr).
Français de Nantes (Cte).
Gall (F.).
Gaubert (P.).
Gaultier de Claubry.
Genevay (A.).
Gérusez.
Gimet (P.-D.).
Golbéry (Ph. de).
Grandier (Émile).
Guéroult (Adolphe).
Guillemeteau.
Hardy (E.).
Huguier (Dr), chirurg. de l'hôp. Beaujon.
Husson (Auguste).
Janin (Jules).
Joncières.
Julia de Fontenelle.
Labat (Dr L.).
Lacretelle, de l'Académie française.
Lainé, anc. généalogiste des ordres du roi.
Laronde (Charles), de l'Allier.
Laurent (Dr L.), ancien chirurg. en chef de la marine.
Laurentie.

MM.

Lavigne (E).
Legoyt (Alfred).
Lemoine (Théodore).
Lemonnier (Charles).
Lenoir (Chev Alexandre).
Lespinasse (L. de).
Louvet (L.).
Lundblad (J.-F.).
Mac-Carthy (Oscar)
Matter.
Mazuy (A.).
Merlieux (Édouard).
Merlin (Martial).
Moinet.
Moléon (V. de).
Monglave (Eug. de).
Monnier (Auguste).
Nisard (Désiré), de l'Académie française.
Nodier (Charles), de l'Académie française.
Noé (comte de), ancien pair de France.
Og (A.).
Ourry.
Pagès (J.-P.), de l'Ariége.
Paget (A.).
Pascallet (E.).
Passot (F.).
Pelouze père.
Rattier (Victor).
Reiffenberg (baron de).
Rendu (l'abbé), évêque d'Annecy.
Rienzi (G.-L.-D. de).
Saigey.
Saint-Amour (Jules).
Saint-Prosper.
Saint-Prosper jeune.
Saucerotte (Dr).
Savagner (Auguste).
Sédillot.
Ségalas (Victor).
Sicard.
Teyssèdre.
Tissot, de l'Académie française.
Trouillat (J.).
Vaudoncourt (le général G. de).
Vauthier (L.-L.).
Viennet, de l'Académie française.
Virey (J.-J.).

Paris. — Typographie de Firmin Didot frères, rue Jacob, 56.

DICTIONNAIRE

DE LA

CONVERSATION

ET DE LA LECTURE,

INVENTAIRE RAISONNÉ DES NOTIONS GÉNÉRALES LES PLUS INDISPENSABLES A TOUS,

PAR UNE SOCIÉTÉ DE SAVANTS ET DE GENS DE LETTRES,

SOUS LA DIRECTION DE M. W. DUCKETT.

Seconde édition,

ENTIÈREMENT REFONDUE,

CORRIGÉE, ET AUGMENTÉE DE PLUSIEURS MILLIERS D'ARTICLES TOUT D'ACTUALITÉ.

Celui qui voit tout abrége tout.

MONTESQUIEU.

TOME QUATORZIÈME.

PARIS,

AUX COMPTOIRS DE LA DIRECTION, 9, RUE MAZARINE,

ET CHEZ MICHEL LÉVY FRÈRES, LIBRAIRES, 2 BIS, RUE VIVIENNE.

M DCCCLVII

Les lecteurs sont prévenus que tous les mots espacés dans le texte courant (par exemple : Transsubstantiation, *Immortalité*, *César*) sont l'objet d'articles spéciaux dans le Dictionnaire, et constituent dès lors autant de renvois à consulter.

DICTIONNAIRE

DE

LA CONVERSATION

ET DE LA LECTURE.

ORIENTALES (Langues et Littératures). On comprend aujourd'hui sous cette dénomination commune les langues et les littératures de tous les peuples de l'Asie aussi bien que de l'Afrique et de l'Europe musulmanes. Tant que leur étude scientifique se borna en Europe aux langues et aux littératures des peuples d'origine sémitique (Juifs, Syriens, Chaldéens Arabes) et fit entrer tout au plus dans son domaine les Arméniens et les Coptes chrétiens, l'expression de *littérature orientale* fut restreinte à la littérature de ces diverses nations. Mais d'un côté l'Europe, par son commerce et son mouvement de colonisation, en est arrivée de nos jours à avoir des relations de plus en plus actives avec l'Orient et à se trouver en contact avec presque tous les peuples de l'Asie et de l'Afrique, et de l'autre la tendance de notre époque a de plus en plus été de suivre l'histoire du développement de l'esprit humain et de rechecher dans son berceau, situé en Asie, le germe de notre existence moderne. C'est pourquoi non-seulement les langues et les littératures de l'Orient chrétien, juif et musulman, ont été étudiées avec plus de soin et d'exactitude, mais encore les œuvres intellectuelles des peuples du plateau de l'Asie, des populations participant à la civilisation indo-chinoise, sont entrées dans le domaine des études scientifiques et des connaissances pratiques. Il serait impossible à un seul individu d'embrasser dans tous ses détails un si vaste ensemble de notions; aussi, parmi les orientalistes, les uns se sont-ils spécialement consacrés à l'étude de l'Asie orientale, de la langue et de la littérature des peuples participant à la civilisation chinoise (on les appelle *sinologues*), d'autres à celle du monde indien (on les appelle *indianistes*), d'autres, enfin, à l'étude scientifique et pratique des langues de l'Orient musulman (arabe, persan, turc et, suivant l'occasion et le besoin, malais, hindoustani, arménien et berbère); alors que d'autres encore se livraient spécialement à l'étude de la Bible, notamment à l'archéologie juive, et y rattachaient l'étude de langues anciennes déjà tout à fait ou à peu près éteintes de l'Asie en deçà du Gange (phénicien, syriaque, chaldéen, éthiopien, antiquités assyriennes et babyloniennes, etc.). Un plus petit nombre d'investigateurs (les *égyptologues*) se sont consacrés à jeter quelque lumière sur les choses de l'antique Égypte.

L'attention des savants de l'Europe se porta dès le moyen âge vers les langues orientales, en particulier vers l'arabe, et cela par deux motifs principaux. Le premier fut l'esprit de prosélytisme, qui, au moyen de la connaissance de l'arabe, voulait réfuter les mahométans et les convertir au christianisme. Dès le milieu du quinzième siècle le pape Innocent IV ordonna de fonder à Paris des chaires pour l'enseignement de la langue arabe; les papes Clément IV et Honorius IV s'intéressèrent aussi à cette institution. Sous le pontificat de Clément V le synode réuni à Vienne décida que des professeurs d'arabe et de chaldéen seraient établis à Rome, à Paris, à Oxford, à Bologne et à Salamanque, afin de pouvoir mieux convertir les mahométans et les juifs. Le pape Jean XXII notamment recommanda à l'évêque de Paris de veiller à ce que ces langues fussent enseignées à la Sorbonne. Le second motif qui porta à s'occuper de littérature orientale fut le zèle scientifique qui voulut rendre accessibles à l'Occident les ouvrages des Arabes relatifs à la médecine, à l'astronomie et à la philosophie, ainsi que les ouvrages d'Aristote traduits en arabe. Dès la dernière moitié du douzième siècle il parut des traductions latines d'ouvrages arabes surtout, dont le nombre alla toujours en augmentant pendant le moyen âge, et qu'on imprima à partir du quinzième siècle. La réformation encouragea l'étude des langues orientales en s'appliquant à la critique biblique. Afin de mieux étudier le texte hébreu, ainsi que les anciennes traductions du Nouveau et de l'Ancien Testament en langues orientales, protestants et catholiques rivalisèrent de zèle pour apprendre la langue rabbinique, l'arabe, le syriaque, le chaldéen, le samaritain et l'éthiopien. Les catholiques songèrent aussi à créer des missions en Orient. En 1627 le pape Urbain VIII fonda à Rome, pour les missions catholiques, le *Collegium pro Fide propaganda*, où l'on enseigna les langues orientales (*voyez* PROPAGANDE). Les missionnaires jésuites de la Chine et du Japon firent en même temps connaître à l'Europe les langues de l'Asie orientale et leur littérature. A partir du dix-huitième siècle l'étude des langues orientales reçut une direction plus scientifique. On ne se borna plus à les étudier dans des buts bibliques ou de mission, mais pour connaître la littérature qu'elles possèdent et par là l'histoire et la civilisation des peuples de l'est. Dans les Indes orientales, l'Anglais W. Jones appela, de 1780 à 1790, l'attention sur la richesse de la littérature hindoue; et il fonda en 1780 à Calcutta la Société Asiatique, qui a tant contribué aux progrès des études orientales. A Paris Sylvestre de Sacy, à partir de 1790, donna une vive impulsion à l'étude de la langue et des écrivains arabes. Tandis que jusque alors les études orientales étaient restées dans un état d'infériorité réelle à l'égard des autres sciences, on les vit vers la fin du siècle dernier prendre tout à coup le plus brillant essor, se créer dans les diverses sociétés asiatiques des organes influents; et depuis une trentaine d'années elles constituent un élément essentiel de la civilisation moderne.

Les principales parties dont se compose la littérature orientale sont :

1° La *littérature chinoise* (*voyez* CHINE);

2° La *littérature japonaise*, qui se rattache complétement à la littérature chinoise, qui lutte de richesses et d'étendue avec elle, mais qui est encore peu connue. En Europe, Siebold et Pfizmeier sont ceux qui s'en sont le plus occupés;

3° La *littérature anamitique*, comprenant les ouvrages des peuples du Tonkin, de la Cochinchine, des Siamois et des Birmans. Les livres théologiques relatifs aux dogmes et aux traditions de la religion de Bouddha en constituent la plus grande partie. Viennent ensuite de nombreux ouvrages relatifs à l'histoire, à la botanique et à d'autres sciences naturelles, de même que des romans et des pièces de théâtre.

4° La *littérature mongole*, qui naquit au moyen âge, lorsque les Mongols réunis en corps de nation par Djingis-Khan adoptèrent la religion de Bouddha et l'alphabet mongol actuel. Une foule d'ouvrages relatifs aux dogmes et aux traditions de la religion de Bouddha furent, à partir de cette époque, traduits du thibétain en mongol. Il existe aussi en langue mongole des ouvrages historiques, des poésies épiques, des romans et des contes, les uns originaux, les autres imités de modèles hindous. On retrouve le même caractère dans la littérature, moins importante, des Kalmoucks;

5° La *littérature mandchoue*, qui naquit seulement à l'époque où les Mandchoux firent pour la deuxième fois la conquête de la Chine (1644). La dynastie mandchoue qui depuis lors s'est maintenue sur le trône de la Chine dota peu à peu son peuple de la civilisation chinoise. On traduisit donc en langue mandchoue les ouvrages de l'ancienne littérature chinoise, notamment les livres sacrés et les ouvrages historiques; et on composa également dans cette langue de nouveaux ouvrages, tels que des grammaires, des dictionnaires. La littérature mandchoue se recommande donc à l'Europe comme pouvant lui faciliter l'intelligence des anciens ouvrages chinois, la langue mandchoue n'étant pas difficile (*voyez* MANDCHOU);

6° La *littérature tatare*, comprenant : *a*, la littérature *ouigourique*, qui à partir du huitième siècle se répandit parmi les Ouigoures occidentaux, habitant l'Asie centrale; *b*, la littérature du *Djaggataï*, appartenant à la horde tatare du même nom en Boukharie, laquelle le porte depuis le règne de Djaggataï, l'un des fils de Djinghiz-Khan; *c*, la littérature *du Kaptchak*, écrite dans le dialecte des Tatares fixés à Kasan et à Astrakhan; *d*, la littérature *des Osmanlis*, que nous nommons plus particulièrement littérature turque;

7° La *littérature thibétaine*, née lorsque le Thibet adopta, au septième siècle, la religion de Bouddha. Elle comprend une foule d'ouvrages théologiques, ascétiques et cosmogoniques des bouddhistes, traduits en grande partie du sanskrit, plus des ouvrages d'histoire, des romans, des dictionnaires et des grammaires;

8° La *littérature malaise*, à savoir : *a*, la littérature malaise proprement dite, née parmi les tribus malaises qui habitent la presqu'île de Malakka et l'île de Sumatra, consistant en imitations de traditions soit musulmanes, soit indigènes, en contes et en poëmes; et *b*, la littérature *javanaise*, divisée en littérature ancienne et en littérature moderne : la première écrite en langue kawi, dialecte sanskrit, qui s'y est conservé de l'Inde; la seconde, en langue javanaise, et consistant surtout en poëmes et en contes;

9° La *littérature hindoue* (*voyez* INDE). De cette littérature hindoue naquirent les littératures *pali* et *prakrit*, de même que les riches littératures existant aujourd'hui dans les langues modernes de l'Inde et dans leurs dialectes;

10° La *littérature persane*, divisée en ancienne littérature persane (*voyez* ZEND et PEHLEWI) et en littérature persane moderne, et à laquelle se rattache la très-pauvre littérature des Afghans;

11° La *littérature chaldéenne* (*voyez* CHALDÉENS);

12° La *littérature hébraïque* et la littérature postérieure des Juifs;

13° La *littérature samaritaine*, branche de la littérature juive, peu riche, ne consistant guère qu'en une traduction du Pentateuque, en préceptes liturgiques pour le culte judaïco-samaritain et en hymnes religieux;

14° La *littérature phénicienne*, consistant uniquement en inscriptions sur des tombeaux et sur des médailles;

15° La *littérature syriaque*;

16° L'ancienne *littérature éthiopienne* (*voyez* ÉTHIOPIE);

17° La *littérature arabe*;

18° La *littérature copte*;

19° La *littérature arménienne*;

20° La *littérature géorgienne* ou *grusienne*, née aux quatrième et cinquième siècles, lorsque la Géorgie se fut convertie au christianisme, encore peu connue, et qui a été récemment l'objet d'intelligents travaux de la part de M. Brosset. Elle contient des ouvrages de théologie, d'histoire, de géographie, de philologie, de législation et de poésie. M. Brosset nous a donné quelques échantillons du poëme épique *Tariel*, dont le caractère rappelle la poésie épique des Persans.

Il ne saurait être question de littérature chez les autres peuples de l'Asie; car, bien qu'il existe des livres dans presque toutes les langues de l'Orient, ils manquent d'originalité dans la pensée, de sensibilité et d'expression.

ORIENTER (S'). *Voyez* EST.

ORIFLAMME, célèbre bannière française, que la crédulité de nos pères comparait à un *palladium*, dont la vue *mettait en fuite l'ennemi*; elle n'en a pas moins été perdue maintes fois à la guerre, et renouvelée sous des formes dissemblables; de là vient que les auteurs qui la dépeignent à des époques distantes les unes des autres en font une description différente. Cependant, la superstition s'était persuadé que quand l'ennemi mettait en pièces cet insigne, comme le firent les Flamands, saint Denys le réintégrait dans son trésor. Ce conte était renouvelé des Grecs, c'est-à-dire du *labarum*. Le nom de l'*oriflamme* n'a pas moins varié; on l'a orthographié de six manières avant de l'écrire comme on le fait aujourd'hui. Avant la création de la langue française, on disait *auriflamma*. Ce mot barbare venait du grec φλαμμύλον (drapeau). On a supposé que la hampe ou le glaive de l'oriflamme était originairement recouvert en cuivre doré, de là le mot *or*. La draperie qui y était appendue était de couleur de feu, parce que le rouge était l'emblème des martyrs et de saint Denys; de là le mot *flamme*. Telle est l'explication que donnent à tort ou à raison les étymologistes; mais telle n'est pas l'opinion de Court de Gébelin, qui prétend originaire du celtique la seconde syllabe du mot, et qui la suppose analogue à *fanon* ou *fanion*.

L'oriflamme était dans le principe la bannière de l'abbaye de Saint-Denys; sa draperie était d'une étoffe de soie, qu'on appelait *cedal* ou *cendal*. Elle avait été, dit-on, donnée en présent en 630 à ce monastère, par le roi Dagobert. Quand l'abbé de Saint-Denys, qui était en même temps baron du Vexin, faisait campagne à la tête de ses vassaux, il y portait l'oriflamme, comme les curés des autres provinces de France faisaient marcher en temps de guerre la bannière paroissiale à la tête de l'infanterie communale. *L'Encyclopédie de* 1751 a supposé que le couvent de Saint-Denys avait bannière de procession (*vexillum beati Dyonisii*) et bannière de campagne; mais rien n'appuie cette supposition. L'oriflamme ou les oriflammes n'eurent pas d'autre destination pendant plus de quatre siècles. Le roi de France devint alors seigneur du Vexin, et en vertu d'un contrat formel il s'engagea envers les moines, dont la couronne devint vassale, à porter aux guerres nationales l'étendard de Saint-Denys. Cette vassalité du monarque, relevant d'une compagnie de moines, dont il devenait le capitaine, le gonfalonier, ou, comme on disait alors, l'*avoué*, était une des risibles bizarreries de la féodalité. En vertu de cette convention, Louis le Gros vint, en 1075, lever sur l'autel de Saint-Denys l'oriflamme. L'histoire mentionne fréquemment cette solennelle cérémonie du drapeau emporté, jamais du drapeau rapporté. Au temps de Charles V, qui leva ainsi l'oriflamme, la draperie se détachait de sa hampe ou de son bâton, puisque Daniel rapporte que le porte-oriflamme se l'attachait au cou, et la gardait en manière d'écharpe jusqu'à ce qu'il eût rallie l'armée; il embâtonnait alors cette écharpe.

L'oriflamme a été aussi pendant trois siècles la bannière nationale et l'insigne royal qui avait remplacé la chape de saint Martin. Louis le Jeune perdit l'oriflamme dans la croisade de 1147; mais Philippe-Auguste ne vint pas moins la rechercher à Saint-Denys pour la porter en Terre Sainte, en 1191; il la fit également flotter à Bouvines, en 1214; elle y était sous la garde de la milice communale. Il n'en est plus question depuis la défaite d'Azincourt; on croit que les Anglais s'en rendirent maîtres au temps de Charles VI, quand ils possédaient Paris et Saint-Denys; cependant, quelques relations donnent à entendre qu'après l'expulsion des Anglais, Charles VII leva une nouvelle oriflamme. Ce monarque, trente-huit ans après la mort de son père, si l'on en croit un ouvrage de 1686, intitulé : *De l'Origine et des Progrès de la Monarchie française*, faisait porter une oriflamme à la guerre; une chronique manuscrite affirme que dans l'église de Sainte-Catherine-du-Val-des-Écoliers, le cardinal d'Albi remit aux mains de Louis XI une oriflamme qu'il se disposait à déployer contre les Bourguignons; mais nous supposons qu'il ne faut voir dans ces récits qu'une cérémonie de consécration d'une bannière royale que par habitude on continuait à appeler *oriflamme*, mais qui n'avait plus rien de commun avec la baronnie du Vexin et les saints autels du bienheureux Denys. M. de Barante, se contredisant sans s'en apercevoir, atteste que depuis 1437 il n'est plus question d'oriflamme, et affirme dans un autre passage que c'est en 1465 que « pour la dernère fois on ait parlé d'oriflamme ». Félibien, au contraire, rapporte qu'en 1534 « une auriflambe se voyoit encore au thrésor de l'abbaye, « mais à demi rongée des mites ».

En 1790 la fédération du 14 juillet arbora une oriflamme, qui était le chef de file des bannières des quatre-vingts-trois départements; elle n'avait du reste rien de commun avec l'ancienne, ni par la forme, ni par la couleur, ni par le lieu de la consécration, puisque c'est au Champ-de-Mars qu'elle fut bénie, de la main de M. de Talleyrand, évêque d'Autun. Elle se composait d'une draperie bleue semée de fleurs de lis d'or. Elle était à deux fanons, comme les anciens étendards d'église. On vit renaître en l'an IV et en l'an V des oriflammes; mais celles-ci se passèrent de consécration. Le Directoire en adressa une à chaque armée de la république. Elles furent réintégrées en cérémonie au Luxembourg, après le traité de Campo-Formio. Gal BARDIN.

ORIGAN (de ὄρος, montagne, et γάνος, joie, parce que cette plante se plaît sur les montagnes). Genre de dicotylédones monopétales, de la famille des labiées, et très-voisin du thym, comprenant des plantes herbacées à feuilles et à fleurs ramassées en épis serrés. On en connaît une vingtaine d'espèces, appartenant presque toutes à l'ancien continent. Nous citerons l'*origan commun*, dont la tige atteint 0[m],66 de hauteur, et dont les fleurs, disposées en épis oblongs ou cylindriques, forment par leur agglomération des corymbes ou panicules très-denses au sommet de la plante. La couleur pourprée des bractées et du double périanthe donne à cette plante un aspect agréable. L'origan est très-commun dans nos bois, le long des haies et des chemins, surtout dans les parties montueuses de l'Europe tempérée. Froissée entre les doigts, cette plante répand une odeur agréable, qui a fait préconiser ses feuilles comme stomachiques, sudorifiques, emménagogues, céphaliques et expectorantes; préparées en infusion à l'instar du thé, on les a employées contre les suppressions des menstrues, les flatuosités, les maux de tête, les étourdissements et les affections catarrhales du thorax. On s'en sert en bains ou en fumigations contre la paralysie et les rhumatismes chroniques. En Suède, on ajoute, dit-on, une infusion d'origan à la bière pour la rendre plus forte et plus enivrante.

L'*origan fausse marjolaine*, vulgairement nommé *marjolaine*, est une plante qui, comme la précédente, a été fort usitée en médecine. D'une odeur aromatique agréable, tonique et excitante, agissant principalement sur le système nerveux, on la croyait très-puissante contre les affections du cerveau, et on l'employait contre la paralysie, l'apoplexie, l'épilepsie et les vertiges. On la donnait encore dans les maladies atoniques de la poitrine et de l'utérus, telles que catarrhes chroniques, chlorose, aménorrhée. Elle est peu usitée aujourd'hui. La patrie originaire de la marjolaine n'est pas bien déterminée; on croit qu'elle vient des contrées littorales du nord de l'Afrique.

L'*origan dictame*, vulgairement nommé *dictame de Crète*, est une plante originaire des montagnes de l'île de Crète, cultivée depuis longtemps dans les jardins botaniques, et dans laquelle des botanistes modernes ont cru reconnaître le dictame des poëtes anciens, qui, suivant ces derniers, avait la propriété merveilleuse de faire fermer à l'instant les blessures les plus dangereuses. L. LOUVET.

ORIGÈNE, le plus savant des écrivains de l'Église primitive, surnommé *Adamantinus*, comme qui dirait *de diamant*, suivant les uns à cause de sa patience dans ses recherches et dans ses études, et suivant d'autres à cause de la force de ses raisonnements et de sa pénétration, ou encore à cause de sa constance à résister aux erreurs, naquit à Alexandrie, l'an 185, sous le règne de l'empereur Commode. Son père s'appelait Léonidas. C'était un homme pieux et éclairé; il s'occupa lui-même de l'éducation de son fils, et lui fit commencer de bonne heure des études sérieuses, l'appliquant surtout à l'interprétation de l'Écriture Sainte. Le jeune Origène en acquit en peu de temps une connaissance qui dépassait tellement la capacité de son âge, que saint Jérôme disait de lui que dès son enfance il avait été grand homme. Plus tard il étudia sous le fameux saint Clément d'Alexandrie, et sous le néo-platonicien Ammonius Saccas. Il avait dix-sept ans quand eut lieu (202) la persécution de l'empereur Sévère contre les chrétiens. Léonidas fut jeté en prison. Origène, loin d'être effrayé par le sort de son père, se sentit saisi d'un tel enthousiasme pour les confesseurs de Jésus-Christ qu'il brûla de partager leur martyre. Il encouragea son père à souffrir le martyre, plutôt que de renoncer à la foi de Jésus-Christ, et à ne se point mettre en peine de ce qui pourrait advenir de sa femme et de son fils. Cependant la mort de son père lui enleva tous ses biens. Il se trouva réduit pour vivre et faire subsister sa mère et sa sœur à enseigner la grammaire et les belles-lettres. Saint Clément ayant été obligé de quitter vers ce temps Alexandrie, on chargea Origène, malgré sa grande jeunesse, d'exposer à sa place la doctrine chrétienne au nombreux auditoire qui venait entendre saint Clément.

Il n'avait encore que dix-huit ans, et il expliquait aussi les lettres saintes aux femmes et aux filles : la calomnie pouvait s'exercer sur lui et le noircir; pour y échapper, il prit un parti extrême, dont il serait permis de douter sans les importantes autorités qui l'attestent : il se mutila lui-même, renonçant à la virilité pour continuer sans distraction d'aucune espèce l'enseignement qu'il avait commencé. Cette résolution et cette vigueur de courage, il les retint toute sa vie, et les porta dans toutes ses actions et dans tous ses travaux. Sans se soucier des jugements du public, et fort de l'approbation de l'évêque d'Alexandrie, de Démétrius, il poursuivit son œuvre. Il avait depuis longtemps conçu le projet d'un grand ouvrage; il le commença alors, et bientôt l'acheva, grâce à sa persévérance et à la puissance de travail qu'il s'était donnée par des exercices pénibles et dont on se ferait à peine l'idée. Il fit donc les *Tétraples*. C'était une Bible où se trouvaient d'abord le texte hébreu, puis les différentes versions qui en avaient été faites, par les Septante, par Aquila, par Symmachus et par Théodotion, lesquelles étaient distinguées en autant de colonnes. Il y ajouta depuis deux autres versions grecques, et l'ouvrage parut avec cette addition, sous le nom d'*Hexa*-

ples. Ces immenses travaux accrurent la réputation d'Origène, et on venait à Alexandrie dans le seul but de voir l'homme célèbre qui avait osé entreprendre d'élever à la religion chrétienne le plus grand monument littéraire qu'on lui eût encore consacré.

Mais la tranquillité dont Origène avait joui jusque alors allait être troublée pour jamais. Les traverses et les vicissitudes de sa vie commencèrent à la guerre insensée que l'empereur Antonin Caracalla fit aux habitants d'Alexandrie. Obligé de quitter sa ville, Origène alla chercher un refuge en Palestine. Il y reçut des évêques de la province la charge d'expliquer publiquement l'Écriture Sainte dans l'église. Rappelé dans Alexandrie par l'évêque Démétrius, que ses succès rendaient jaloux, puis forcé d'en sortir derechef, errant de province en province, il s'arrêta encore en Palestine, où il fut ordonné prêtre. Cette ordination parut irrégulière à quelques-uns, et son évêque Démétrius prétendit que seul il aurait eu le droit de la faire. Toutefois, Origène, revenu dans sa ville natale, y mit au jour ses cinq livres de commentaires sur l'Évangile de saint Jean, huit livres sur la Genèse, des commentaires sur les vingt-cinq premiers psaumes et sur les Lamentations de Jérémie, ses livres des *Principes* et ses *Stromates.* Le succès qu'obtinrent ces écrits ne fit qu'envenimer la haine de Démétrius contre Origène. Il fut inquiété et contraint encore une fois de s'exiler et d'aller chercher un asile dans une terre étrangère. Il choisit Césarée pour sa retraite. La jalousie de Démétrius l'y poursuivit encore. A l'instigation de cet évêque, un concile déposa et même excommunia Origène. Cette sentence fut approuvée à Rome et par la plupart des autres évêques, à l'exception de ceux de la Palestine, de l'Arabie, de la Phénicie et de l'Achaïe, qui demeurent fidèles aux doctrines d'Origène.

Cependant celui-ci expliquait au peuple de Césarée l'Écriture, et le nombre de ses auditeurs et de ses admirateurs augmentait de jour en jour. Un nouvel édit fut alors publié contre les chrétiens, sous l'empereur Maximin. La persécution fut sanglante. Origène se tint caché pendant deux années en Cappadoce. Quand, en l'an 237, l'empereur Gordien rendit la paix à l'Église, Origène fit un voyage à Athènes, puis alla en Arabie, appelé par les évêques de cette contrée pour réfuter l'évêque Bérylle de Botha, qui niait encore que la nature divine de Jésus-Christ eût existé avant son incarnation. Origène déploya tant d'éloquence, que Berylle se rétracta et le remercia de l'avoir remis sur la voie de la vérité. Quoique âgé de plus de soixante ans, il travaillait avec une ardeur infatigable. Ce fut alors qu'il écrivit sa réfutation du philosophe Celse, le plus estimé de ses écrits, et en même temps l'apologie du christianisme la plus complète et la mieux raisonnée que nous offre l'antiquité.

Chargé de fers et jeté dans un cachot, lors d'une nouvelle persécution ordonnée par l'empereur Dèce contre les chrétiens, il souffrit tous les tourments qu'on imaginait alors contre les sectateurs de la foi nouvelle. Sorti de prison, il ne profita de sa liberté que pour parler et écrire en faveur de sa foi et pour la défense et la gloire des martyrs. Enfin, après des travaux inouïs, mourut à Tyr, au commencement du règne de l'empereur Gallus (254), dans la soixante-sixième année de son âge, cet homme rare par ses talents et plus encore par ses vertus.

Peu d'hommes ont été plus admirés et honorés, et en même temps plus attaqués et persécutés qu'Origène, de son vivant comme après sa mort : on l'accuse notamment d'avoir défiguré les vérités du christianisme par des idées néoplatoniciennes. Sans aucun doute, dans son livre *Des Principes*, adressé surtout aux hérétiques, et que nous ne possédons plus que par la traduction de Rufin, il a exposé un système fondé sur la philosophie de Platon ; mais il ne présente ses idées que comme une possibilité. D'ailleurs, comme il le dit lui-même, les hérétiques avaient beaucoup falsifié ses ouvrages. Ils étaient, assure-t-on, au nombre de 6,000 ; mais il s'en faut que tous soient parvenus jusqu'à nous. Outre ceux que nous avons déjà mentionnés, on a encore de lui une Exhortation à souffrir le martyre, des *Philosophismena*, des commentaires, des homélies et des scolies sur l'Écriture Sainte, que le premier peut-être il entreprit d'interpréter. On en a beaucoup de lui, mais la plupart ne sont que des traductions libres. Origène rendit aussi plus générale l'interprétation figurée ou allégorique de l'Écriture en usage parmi les Juifs, et il en rejeta le sens littéral, dans lequel il ne voyait que le corps de l'interprétation figurée. Son orthodoxie a donné lieu aux controverses les plus animées. Au quatrième siècle, les ariens invoquaient son autorité pour défendre leurs doctrines. Parmi ses défenseurs et ses adversaires, on trouve les plus savants et les plus célèbres Pères de l'Église, saint Jérôme entre autres, qui se déclara contre lui. La doctrine d'Origène n'est donc point nettement connue. Voici néanmoins ce qu'on en sait de plus clair : Origène, profondément versé dans la connaissance de la doctrine de Platon et de celle des pythagoriciens, n'était pas étranger à la philosophie stoïcienne. Il distinguait trois sortes de sagesses : la sagesse profane, qui comprend les sciences et les arts ; la sagesse des princes de ce monde, c'est-à-dire la philosophie occulte et l'astrologie des Chaldéens ; enfin, la sagesse qui a sa source dans la révélation et l'Évangile. Il croyait à la préexistence des âmes dans une région supérieure ; de là, selon lui, elles venaient animer le corps matériel, avec le pouvoir de se perfectionner par la connaissance de Dieu et l'instruction des bons génies, de se purifier de leurs erreurs, de s'élever à la ressemblance avec Dieu, et enfin à la félicité suprême par la communication intime et l'union avec l'auteur de toutes choses. Telle est pour le fond la doctrine d'Origène. Ses ouvrages ont été plusieurs fois imprimés. Une des meilleures éditions qui en aient été faites est celle de Delarue, imprimée à Paris, 1733-1759, en 4 vol. in-fol. Elle a été reproduite en 15 vol. in-8°, à Wurtzbourg, en 1785. Lommatzsch en a donné une nouvelle, à Berlin, en 25 volumes (1831-1848). Oc.

ORIGÉNISTES. Deux sectes ont porté ce nom.

La première, qui tirait son nom d'un Origène qu'il ne faut pas confondre avec le savant père de l'Église de ce nom, existait encore sous saint Épiphane ; on attribuait à ces origénistes des abominations. Ils condamnaient le mariage, se servaient de livres apocryphes, etc.

La seconde de ces sectes provenait, au contraire, d'Origène, dont elle adoptait les doctrines. Les origénistes trouvèrent dans le principe de nombreux adeptes parmi les moines de Nubie et d'Égypte. Le cinquième concile œcuménique renouvela contre les origénistes les condamnations prononcées contre Origène et sa doctrine par le concile réuni sous Justinien. Aujourd'hui il existe encore des origénistes dans la Russie méridionale ; ces derniers débris de la secte d'Origène se font remarquer par le retranchement de la virilité, qu'ils pratiquent à l'exemple du maître.

ORIGINAL (du latin *origo, originis*, principe, naissance), mot qui sert à caractériser exclusivement tout ouvrage, toute pièce ou lettre qui n'ont point eu de modèle, et qui par conséquent ne sont point des *copies*, toute action qui n'est point décalquée sur celle des autres. L'*original* d'un portrait est la personne qu'il représente. On appelle *original*, par rapport à une traduction, le texte même de l'ouvrage traduit. L'*original* d'un acte, d'un contrat, est la minute qui reste en dépôt, et dont on délivre des copies à qui de droit. Il en est de même d'un traité diplomatique dont l'*original* est conservé dans les archives. On dit d'un tableau, qui n'est point une copie, que c'est un *original;* on qualifie de même le tableau dont le peintre n'a eu d'autre modèle que la nature et son imagination. On décerne aux auteurs des brevets d'*originalité*, quand le tour, la forme particulière de leurs écrits ne ressemblent en rien à ceux des autres, quand ils impriment à leurs œuvres un cachet tout particulier, qu'on ne saurait imiter. La plupart de nos grands écrivains sont des écrivains *originaux*. Qui donc imiterait le style de Pascal, de La Bruyère, de Voltaire, de

Paul-Louis Courrier? Qui donc aurait des pensées aussi originalement rendues? car l'originalité de la pensée réside peut-être bien plus encore dans la manière de la rendre que dans la pensée elle-même.

On appelle *original*, dans les relations sociales, un homme aux goûts, aux habitudes, aux formes excentriques, ne pensant pas, n'agissant pas comme les autres, ayant des manières qui n'appartiennent qu'à lui; il y a des originaux de langage, de physionomie, de pensée, de costume, dont aucun ne se ressemble. L'originalité est nous ne dirons pas un don, mais une manifestation toute spontanée de la nature humaine. L'original se fait souvent beaucoup pardonner; mais on ne pardonnera rien à ceux qui voudront le copier, car ils ne seront que ridicules.

ORIGINE. Il n'est personne qui à ce mot ne conçoive tout de suite comme une idée de naissance, de commencement, de création, de principe, d'extraction, etc.: c'est en effet un peu de tout cela, et ce n'en est cependant rien précisément. Ces divers mots ne peuvent, même parfois, avoir *origine* pour synonyme qu'autant qu'ils rentrent absolument par leur acception dans l'ordre moral ou métaphysique des êtres : ainsi, *naissance*, par exemple, désignant dans son sens ordinaire la venue au monde d'un être animé, ne peut dans ce cas être remplacé par *origine*, mais il pourra très-bien l'être si au lieu du fait matériel on parle des circonstances où il s'est effectué : ainsi, un enfant sera d'*origine* ou de *naissance* royale, d'*origine* ou de *naissance* obscure, suivant la condition de ses parents. Les mots *souche*, *extraction*, peuvent aussi figurément être pris, mais seulement dans ce cas, pour *origine*; et encore leur acception se restreint-elle alors à l'individualité : ainsi, l'on dira bien d'un homme qu'il est de noble *origine*; noble *souche*, noble *extraction*; mais le premier de ces trois mots conviendra seul en parlant d'un peuple : ainsi, les Francs étaient d'*origine*, et non pas d'*extraction* celtique. *Commencement* a quelque chose de plus positif, de plus matériel, et surtout de trop prosaïque, en sorte que le goût ne permet que rarement de lui donner *origine* pour synonyme. C'est en prenant l'effet pour la cause qu'on substitue parfois dans l'ordre moral le mot *principe* au mot *origine*, comme dans cette phrase: Dieu est l'*origine* ou le *principe* et la *fin* de tout; on désigne alors par ces mots une puissance, une cause première, d'où dépend tout ce qui est en nous et autour de nous. BILLOT.

ORIGINE (Certificat d'). *Voyez* CERTIFICAT.

ORIGNAL. *Voyez* ÉLAN.

ORILLON. On appelle ainsi la partie de la face d'un **bastion**, qui s'avance au-delà de l'épaule, qui est ordinairement arrondie, et qui a pour but de couvrir le reste du flanc contre les coups de ricochet de l'ennemi. L'emploi de ce genre de fortification remonte à l'ancien système de défense des Espagnols. Vauban l'utilisa dans ses différents systèmes, et Coehoorn et d'autres ingénieurs moins célèbres en tirent autant. L'orillon n'a plus d'application dans les fortifications nouvelles que pour des positions tout exceptionnelles.

ORIMAZE. *Voyez* ORMUZD.

ORION, fils de Neptune et d'Euryale, fut chez les Grecs un personnage tout astronomique. Son origine et ses aventures, en apparence si ridicules, formulées par les philosophes et les poëtes pour l'amusement du peuple, sont symboliques. Orion est le Soleil, l'*Horus* égyptien, nom que les Hellènes firent passer de Thèbes et de Memphis à Athènes. *Or* en langue phénico-hébraïque signifie *feu*, *lumière*; il est le générateur de *orîri* (se lever, paraître). Orion fut chez les Grecs le Soleil personnifié, en même temps ou peut-être quelque temps avant Phœbus, Apollon, Hypérion, Titan, noms donnés par eux à cet astre. Les sages et les poëtes hellénisèrent *Hor* ou *Horus*, le Soleil des Pharaons, en *Orión*, et le cachèrent sous leurs mythes accoutumés, emblèmes toujours si significatifs. Ce héros était, selon eux, un superbe géant : sa tête touchait les nues et ses pieds la terre; il dépassait de toutes ses larges épaules le niveau de la mer, au milieu de laquelle il marchait. Diane, du haut des airs, voyant une tête énorme et sans corps voyager sur les flots, lance une des flèches de son carquois sur elle, et si juste qu'elle tue Orion.

Orion eut une première femme, du nom de Sidé, que Junon, ou Héré, jalouse, fit mourir. Orion recherche une nouvelle épouse; il demande à Œnopée sa fille Mérope. Le roi de Chio la lui refuse, et crève les yeux au héros, qu'il a enivré et abandonné sur les grèves de la mer. Enfin, Orion, *aveugle*, se réfugie dans les forges de Lemnos. Là, le héros-géant saisit et charge sur ses épaules un bel adolescent à la blonde chevelure, et à l'aide de ce guide retourne vers les lieux où le soleil se lève, et dès qu'il a touché ces rivages vermeils et si connus de lui, il recouvre la vue. Bientôt Orion, versé dans l'art du dieu forgeron de Lemnos, bâtit un palais souterrain à Neptune, son père. L'Aurore, dit le mythe, passionnée pour Orion, inspire une cruelle jalousie à Diane. Les mythes représentent Diane outragée dans sa tendresse par le héros-soleil, envoyant un scorpion qui le pique et le tue. Ce fils de Neptune, ajoute le mythe, aimait la chasse avec fureur. Homère peint Orion chassant et pourchassant toujours avec la même ardeur dans les Champs-Élysiens, après sa mort. A l'époque où vivait Orion, une peste horrible dépeuplait la ville de Thèbes; l'oracle, comme c'était la coutume dans les grands fléaux, fut consulté. Il répondit que les dieux infernaux demandaient deux princesses de naissance divine. Les deux filles d'Orion se dévouèrent; leur sang inonda les autels altérés de ces impitoyables dieux. La patrie, sauvée par leur dévouement, leur dressa, avec des pompes magnifiques, un bûcher dans la partie haute de la ville. Des flammes de ce bûcher, dit le mythe, sortirent deux beaux jeunes hommes, ayant chacun un diadème sur la tête; on les nomma *les Couronnés*.

Le génie des Grecs, tour à tour tragique, comique, satirique et moqueur, joua sur le nom d'Orion, l'Horus égyptien; il en composa un mythe plaisant, au goût du peuple. *Ouron*, dans l'idiome des Hellènes, signifie *urine*. Leurs poëtes mythiques feignirent donc qu'un certain villageois, du nom d'Hyriée, ayant donné l'hospitalité à Jupiter, à Neptune et à Mercure, ces dieux, en récompense, comme en agissaient nos fées du moyen âge, lui dirent de former un souhait et qu'il serait accompli. Hyriée souhaita d'avoir un fils sans commerce de femme. Aussitôt les trois dieux urinèrent, et c'est le moins pour le plus, sur la peau du taureau que le bon villageois avait immolé pour le festin sacré. Ils recommandèrent à Hyriée de l'enfouir dans la terre, ce qu'il fit, et au bout de neuf mois Orion en naquit. Ce mythe grotesque est encore tout astronomique. Orion, né sans le concours d'un père et d'une mère, est le Soleil primordial, création de Dieu; la peau du *taureau* d'où il naît est le signe zodiacal ainsi appelé, et d'où l'astre du jour sort pour briller bientôt de tous ses feux sur l'hémisphère boréal. Cependant, au détriment d'Horus, le Soleil égyptien, le Soleil grec, c'est-à-dire Phœbus, Apollon, Titan, Hypérion, avait envahi l'Olympe. Le bel Orion ne devait pas être relégué dans un exil absolu; on en fit une des plus brillantes et des plus étendues constellations du ciel, projetée moitié sur l'équateur et moitié au-dessous.

Orion fut depuis cette magnifique constellation formulée dans la voûte céleste par un grand nombre de brillantes étoiles; elle est située entre les Gémeaux et le Taureau, signes du Zodiaque, mais un peu plus bas qu'eux. Elle se dessine en un grand quadrilatère. Elle est composée de quatre-vingts étoiles, dont trois très-belles et scintillantes, et sur une même ligne, que les astronomes nomment *baudrier d'Orion*, le peuple les *Trois-Rois*, d'autres le *Bâton de Jacob*, le *Râteau*. Elle est environnée, comme une reine du ciel, d'une cour, d'une légion d'étoiles les plus blanches, les plus pures, les plus scintillantes du firmament. Dans les nuits sereines d'hiver, et mystérieuse beauté. C'est à tort que les anciens, Virgile entre autres, l'ont appelé *nimbosus Orion* (le nuageux Orion) : son lever du soir et sa présence sur l'horizon durant l'hiver justifient à peine cette espèce d'outrage fait à la plus éclatante constellation de la céleste voûte.

DENNE-BARON.

ORIPEAU, lame de cuivre ou de laiton très-mince, fort battue, polie et brillante, qui de loin a l'éclat de l'or. On mettait autrefois des bandes d'oripeau avec des festons de lierre aux porches des églises où il y avait quelque fête ou des indulgences. Il se dit plus ordinairement de toute étoffe, de toute broderie qui est de faux or ou de faux argent : on habille les poupées d'*oripeau*; les acteurs ambulants sont couverts d'*oripeau*. Il se dit par extension et familièrement d'une ancienne étoffe ou d'un vieux vêtement dont l'or est passé, et figurément des ouvrages d'esprit dont le brillant n'est pas de bon aloi : Tout n'est pas or pur dans ce poëme, il y a bien de l'*oripeau*.

ORISSA, province de l'Inde anglaise, dépendant de la présidence de Calcutta, dans l'Inde en deçà du Gange, sur la côte nord-ouest du golfe du Bengale, et située au sud de la province de Bengale, présente une superficie de 884 myriamètres carrés, avec deux à trois millions d'habitants, pour la plupart de race hindoue. Cependant, dans les montagnes de l'intérieur on trouve encore quelques peuplades à moitié sauvages, qui appartiennent à la race primitive de la presqu'île de l'Inde au delà du Gange et n'ont rien de commun avec les Hindous. Cette province est divisée en huit districts : *Midnapour*, *Hidschelli*, *Singbum*, *Kundscheus*, *Moharbunshe*, *Balasore*, *Kuttak* et *Khurdahour*. Les villes les plus considérables sont *Kuttak* ou *Kattak*, chef-lieu de la province, sur le Mahanaddy, avec 40,000 habitants, *Djagarnat* et *Balassor*, ville de 10,000 âmes, jadis bien autrement peuplée, mais qui est encore importante aujourd'hui à cause de son port, de ses chantiers et de ses salines.

La province d'Orissa a eu, dit-on, des rois dans les temps anciens; mais leur histoire est inconnue, et, comme celle des premiers rois d'Écosse, elle n'a laissé que des souvenirs romantiques.

ORISSA, OURISSA ou OUTKALA (*Linguistique*). *Voyez* INDIENNES (Langues).

ORITHYE, fille d'Érechthée, le sixième roi d'Athènes, fut enlevée par Borée, qui la transporta, à travers les airs, sur la cime du Pangée : il la rendit mère de deux enfants selon les uns, de cinq selon les autres : les moins crédules supposaient autrefois qu'Orithye, jouant sur les bords de l'Ilissus avec Pharmacée, sa compagne, avait été précipitée par un coup de vent du nord sur des rochers, où elle avait trouvé la mort. Anselme Flamen a sculpté un admirable groupe représentant l'enlèvement d'Orithye par Borée, groupe qui se trouve aux Tuileries.

ORKHAN ou ORCAN, second sultan ottoman. Il n'était que le fils cadet d'Osman, qui le désigna pour son successeur, parce qu'il connaissait son génie militaire. L'aîné, *Ala-Eddin*, respecta les volontés paternelles, et ne fut que le vizir d'Orkhan. Pendant que celui-ci reculait sans cesse la limite de ses États, Ala-Eddin en affermissait les bases par des lois utiles et des institutions durables. Ce fut lui qui fit frapper les monnaies nationales; il réglementa le costume, créa les janissaires et organisa une armée permanente.

Un des premiers actes d'Orkhan fut de transporter le siége de son empire à Brousse, sa nouvelle conquête, dont la situation magnifique l'avait séduit; puis il poursuivit la guerre sainte avec énergie. Nicomédie lui ouvrit ses portes; et bientôt la chute de Nicée, la seconde ville de l'Empire Grec, fit tomber la dernière barrière opposée en Asie au débordement des Ottomans. Orkhan s'empara encore de Pergame sur l'un des petits princes musulmans qui s'étaient partagé les débris de l'Empire Seldjoucide. Il employa ensuite vingt années à rendre ses États prospères, les couvrant d'un bout à l'autre d'universités (*médréssé*), de caravansérails, d'hospices pour les pauvres (*imarè*), où il avait en personne distribué des vivres et d'abondantes aumônes.

Cependant la guerre civile qui désolait l'empire byzantin fit juger à Orkhan qu'il pouvait aisément soumettre la rive grecque de la Propontide. Son fils *Suleyman* prit la ville de Tzympe par surprise et l'importante place de Gallipoli, la clef de Constantinople, à la suite d'un tremblement de terre qui en renversa les murailles. L'empereur Jean Kantakuzène, qui avait donné sa fille en mariage à Orkhan, se plaignit; mais le sultan ne rendit point sa conquête, et mourut l'année suivante, 761 de l'hégire (1360), dans la soixante-quinzième année de son âge et la trente-cinquième de son règne. Ce fut Orkhan qui prit le premier le titre de *padichah*, et le nom de *Sublime-Porte* vient de l'entrée de son palais, dont il existe encore de magnifiques ruines. Son successeur fut son second fils, *Mourad-Khan* ou *Amurat Ier*.

W.-A. DUCKETT.

ORKNEY (Iles). *Voyez* ORCADES.

ORLANDO LASSO. *Voyez* LASSO (Orlando di).

ORLE (*Blason*). *Voyez* FILIÈRE.

ORLÉANAIS, ancienne province de France, dont la capitale était Orléans, et qui comprenait cinq pays : l'Orléanais propre, resserré entre le Gâtinais, la Beauce, la Sologne et le Berry; le Blaisois, la Sologne et la Beauce, subdivisée en trois petits pays : le pays Chartrain, le pays Dunois, et le pays Vendômois; elle était bornée au nord par l'Ile de France, à l'ouest par le Maine, au sud-ouest par la Touraine, au sud par le Berry, au sud-est par le Nivernais, à l'est par la Bourgogne et la Champagne. Aujourd'hui cette province est fondue presque en entier dans les départements du Loiret, d'Eure-et-Loir et de Loir-et-Cher. Elle passait autrefois pour une des plus riches et des plus populeuses du centre de la France.

J. SAINT-AMOUR.

ORLÉANISTES, nom que l'on donna déjà, lors de la première révolution, aux partisans du duc d'Orléans Philippe-Égalité, à ceux qui rêvaient pour lui la couronne de France. Sous la Restauration, il y eut incontestablement un parti orléaniste; mais il avait le soin de se cacher derrière les libéraux. A l'aide de quelques intrigues, dont le résultat fut un moment bien compromis, la révolution de Juillet vit l'orléanisme, représenté par Louis-Philippe, s'asseoir enfin sur le trône. Le 24 février 1848 l'orléanisme disparut de la scène; mais le parti orléaniste n'en continue pas moins aujourd'hui à tenir le haut du pavé.

ORLÉANS, chef-lieu du département du Loiret, à 115 kilomètres au sud de Paris, sur la rive droite de la Loire, avec une population de 47,393 habitants. Siége d'un évêché suffragant de Paris, d'une église consistoriale calviniste, d'une cour impériale, dont le ressort comprend les départements d'Indre-et-Loire, Loir-et-Cher et Loiret, cette ville possède des tribunaux de première instance et de commerce, un conseil de prud'hommes, une bourse et une chambre de commerce, une succursale de la Banque de France, un entrepôt réel, un lycée, une école secondaire de médecine, une école primaire supérieure, une école pratique de dessin, une bibliothèque publique de 30,000 volumes, un musée de peinture, un musée d'histoire naturelle, un théâtre, une Société nationale des Sciences, Belles-Lettres et Arts, huit typographies. C'est une station du chemin de fer du centre et de Bordeaux.

L'industrie et le commerce y ont principalement pour objet l'importation des épices, la vente des vins des alentours, qui sont très-abondants, et dont quelques crûs méritent d'être distingués; la fabrication des alcools et de plusieurs espèces de vinaigres fort en vogue, l'épuration et le blanchiment des cires, la préparation et le tannage des cuirs, le raffinage du sel et du sucre, la préparation de toutes sortes de mélasses et de sirops, la distillation des liqueurs, le filage du lin, du chanvre, du coton et des laines, la fabrication de drap et étoffes, telles que serge, flanelle, cotonnades, toiles peintes, diverses soieries, et les couver-

tures de laine ; la vente des grains et des farines du Berry et de la Beauce, la préparation des cendres gravelées pour les teintures, la fabrication de la céruse, de toutes sortes de couleurs et de colles, la chapellerie, la mégisserie, la corroierie, la parcheminerie et la pelleterie; la préparation du noir animal et de toutes sortes de fécules et de pâtes, telles que vermicelle, macaroni, etc.; la composition de toutes espèces de produits chimiques, la fabrication des métaux, des objets de quincaillerie, et particulièrement des limes et des faux, qui soutiennent avec avantage la concurrence de l'Allemagne; la vente d'une immense quantité de sabots et d'objets en bois, tels que cuillères, assiettes, vases, etc., travaillés dans les villages de la forêt; le produit de la pêche de la Loire et des vastes étangs de la Sologne; puis la vente des charbons de terre et des charbons de bois provenant également de la forêt; enfin, l'horlogerie, la bijouterie, l'orfèvrerie, la poterie, la faïencerie, la tuilerie, la papeterie, l'imprimerie; et la fabrication d'une sorte de bonnets ou gasquets de Tunis, dont on exporte une grande quantité en Turquie, en Asie et dans le nord de l'Afrique.

La ville d'Orléans est bâtie sur une éminence qui s'abaisse au midi vers la Loire, dans une plaine magnifique, arrosée par ce fleuve et par le Loiret. Deux boulevards, agréablement ombragés, l'un intérieur, l'autre extérieur, séparés par un mur et des fossés sans eau, en partie comblés, forment aujourd'hui son enceinte, qui a plus de deux kilomètres. Elle est en outre enveloppée par huit faubourgs très-riches, très-populeux, donnant leurs noms à autant de portes ou de grilles. Un de ces faubourgs, celui de Saint-Marceau, situé au sud, sur la rive gauche de la Loire, communique avec la ville par un pont de 331 mètres, composé de neuf arches, dont la principale a plus de 33 mètres d'ouverture. Il a été achevé en 1759. Les maisons dans les quartiers anciens sont généralement mal bâties, mais la plus grande partie de la ville se compose de rues larges, propres, bien percées et bordées de maisons d'une belle construction. Parmi ses monuments on remarque la cathédrale, une des plus belles de la France pour la hardiesse de sa coupe et la délicatesse de ses ornements; l'église de Saint-Aignan, dont on admire l'architecture gothique et la chapelle souterraine; l'ancien hôtel de ville, qui renferme aujourd'hui les musées; le théâtre, l'hôtel de l'évêché, le nouvel hôtel de ville, l'hôtel de la préfecture, le palais de justice, la halle aux blés, l'hôpital général, l'hospice de la Croix pour les femmes enceintes, la bibliothèque publique, l'abattoir, la maison d'Agnès Sorel, celle de Diane de Poitiers, la maison des Étuves, la maison du cloître Saint-Aignan, celle de François Ier, celle de Pothier, la porte Saint-Jean, la seule qui soit restée debout de l'ancienne enceinte, le magasin à poudre, construit dans une ancienne tour de défense, dite la *tour Bourbon* et la *tour Blanche*. Orléans possède trois statues de sa libératrice Jeanne d'Arc, une ancienne, en pierre, une copie en bronze de celle de la princesse Marie d'Orléans, une équestre, en bronze, due au ciseau de M. Foyatier, inaugurée en 1855. Orléans est abritée par son immense forêt, l'une des plus belles de France et qui a 50 kilomètres de long sur 20 ou 25 de large.

César mentionne Orléans, sous le nom de *Genabum*, comme une des positions les plus formidables des Carnutes. Dans sa sixième campagne, elle lui opposa d'abord une vigoureuse résistance; mais il s'en empara par un assaut de nuit, et la fit raser après l'avoir pillée et incendiée. Après la conquête, une colonie romaine s'y établit. Toutefois, ce ne fut que sous le règne d'Aurélien, qui l'avait visitée, qu'elle prit un certain accroissement. On lui attribue ses plus anciens monuments et la plupart des voies romaines qui y aboutissaient. Elle changea même son nom primitif pour prendre celui de cet empereur (*Aurelianum, Aurelia*), dont plus tard on fit *Orléans*.

En 451, Attila mit le siége devant la ville, qui fit une opiniâtre défense, excitée par son évêque saint Aignan, jusqu'au moment où Aétius vint la délivrer. Lors du partage des États de Clovis, Orléans devint la capitale du royaume de Clodomir, qui comprenait la Sologne, la Beauce, le Blaisois, le Gâtinais, l'Anjou et le Maine. Un instant annexé au royaume de Bourgogne, le *royaume d'Orléans*, sur la fin de la première race et pendant le cours de la seconde, ne fut plus qu'une dépendance de la Neustrie.

Lors du démembrement féodal, Orléans devint un duché, et fut compris dans les possessions de la race de Robert le Fort. Hugues Capet le réunit à la couronne. Plus tard il fut érigé en duché-apanage en faveur de diverses branches collatérales de la maison régnante. Déjà célèbre par l'ancienneté et l'éclat de son siége épiscopal ainsi que par la tenue de plusieurs conciles, Orléans fut encore renommée au moyen âge par sa fameuse université de droit, fondée en 1312. Au quinzième siècle elle devint le dernier boulevard de la royauté nationale. Assiégée en 1428 par les Anglais, la garnison et la ville étaient réduites à la dernière extrémité; la *journée des Harengs* lui avait ôté tout espoir, quand elle fut délivrée par Jeanne d'Arc. Pendant les guerres de religion, Orléans fut, en 1560, le lieu où se réunirent les états généraux; puis elle tomba au pouvoir des huguenots, qui en firent leur place d'armes. Le duc François de Guise vint l'assiéger, et y trouva la mort. En 1590 elle se déclara pour la Ligue, et ne fit sa soumission à Henri IV que quatre ans plus tard. Son histoire se confond dès lors avec celle de la monarchie. J. SAINT-AMOUR.

ORLÉANS (Royaume d'). *Voyez* ORLÉANS.

ORLÉANS (Haute Cour d'). *Voyez* HAUTE COUR DE JUSTICE.

ORLÉANS (Ducs d'). Le duché d'Orléans a été possédé par un grand nombre de princes des dynasties de Valois et de Bourbon. Sous l'une et l'autre il y eut une maison de ce nom qui présenta une longue suite de princes.

ORLÉANS (PHILIPPE, duc d'), cinquième fils de Philippe de Valois, né en 1336, est le premier qui porta le titre de duc d'Orléans. Cet apanage lui fut concédé en faveur de son mariage avec Blanche, fille de Philippe le Bel. Comme la règle féodale voulait qu'un duché comprît deux châtellenies, le roi y ajouta le comté de Beaugency et neuf autres seigneuries. Le duc Philippe combattit à Poitiers, et fut, en 1360, envoyé en Angleterre comme otage pour assurer la rançon du roi Jean. Il mourut en 1375, sans postérité légitime, et le duché d'Orléans retourna à la couronne jusqu'en 1392, époque où Charles VI le donna à son frère Louis.

ORLÉANS (LOUIS Ier, duc d') naquit en 1371. C'était le second fils du roi Charles V et de Jeanne de Bourgogne. Il avait reçu en naissant le titre de comte de Valois; mais il ne prit possession de ce comté qu'à la mort de Blanche de France, duchesse douairière d'Orléans (1392.) Dans l'intervalle, Charles VI, son frère, lui donna le duché de Touraine. On trouve dans Christine de Pisan des détails pleins de charmes sur la première éducation du duc d'Orléans et les heureux présages que l'on tirait de ses brillantes dispositions. A l'âge de onze ans il voulut assister à la sanglante bataille de Rosebecque. Le roi, qui avait la plus tendre amitié pour son frère, lui fit épouser la princesse Valentine, fille du duc de Milan et d'Isabelle de France. Au mois de mai 1390, Valentine accoucha d'un fils. A cette occasion Louis obtint du roi l'échange de son duché de Touraine pour le duché d'Orléans. Plus tard, à la mort de la duchesse douairière d'Orléans, Charles VI lui abandonna le vaste héritage de cette princesse et l'admit au conseil, malgré son extrême jeunesse. Louis, qui avait agrandi ses domaines par des acquisitions récentes, prit en peu de temps une grande influence sur les affaires du royaume.

Le roi étant tombé en démence, ses oncles s'emparèrent de la régence, et exclurent le duc d'Orléans de toute participation au pouvoir. Le peuple applaudit à cette mesure, car il ne voyait qu'avec indignation le frère du roi entretenir avec la reine Isabelle des liaisons criminelles. Les deux coupables dépensaient en fêtes les deniers publics. Le duc d'Orléans se servit de l'autorité de la reine pour rentrer au conseil, et reprendre le pouvoir qu'il avait déjà occupé. Il força même à son tour le duc de Bourgogne, Philippe le Hardi, à la retraite; et se voyant seul maître du royaume, il dissipa les trésors de l'État avec une désastreuse prodigalité. De nouveaux impôts étant devenus nécessaires, le clergé refusa de les payer; cet exemple fut suivi par la foule des mécontents, que le duc de Bourgogne protégeait ouvertement. Le duc d'Orléans, hors d'état de soutenir une guerre civile, se vit forcé de quitter une seconde fois les affaires; mais il garda indirectement le pouvoir, en conservant tout son ascendant sur les membres du conseil. Cet ascendant était si grand, qu'il put s'emparer sans la moindre opposition des trésors déposés dans la tour du Louvre.

A la mort du duc de Bourgogne, Louis, délivré d'un si terrible rival, se fait déclarer lieutenant général du royaume; mais il devait trouver dans le fils de son ennemi un adversaire plus redoutable encore. En effet, le nouveau duc de Bourgogne, Jean sans Peur, vient à Paris, où il est accueilli en libérateur par le peuple, qu'avaient exaspéré les dilapidations et les désordres d'Isabelle. La cour se prépare à la guerre. Des compagnies galloises abandonnent le pays de Guienne, et s'avancent sous la protection du duc d'Orléans jusque sous les murs de Paris. De son côté, le duc de Bourgogne venait de réunir dans la Flandre des troupes prêtes à entrer en campagne. Paris, effrayé, faisait des prières publiques pour détourner l'orage qui paraissait prêt à fondre sur ses habitants. Les deux princes, comprenant qu'ils perdaient toute sympathie populaire, en imposant à un pays déjà ruiné la nécessité de nourrir des troupes si nombreuses, essayèrent à l'envi de rassurer les citoyens. Un raccommodement apparent eut lieu à l'hôtel de Nesle, où les deux princes s'embrassèrent. Le duc de Bourgogne partit ensuite pour aller régler ses affaires des Pays-Bas. En son absence, le duc d'Orléans reconquit le pouvoir souverain, et fit établir de nouveaux impôts. Parmi les nombreux édits financiers publiés à cette époque, il en était un, et le plus onéreux de tous, où l'on proclamait qu'il avait été rendu de concert avec le duc de Bourgogne. Celui-ci se hâta de protester contre un pareil acte, et accourut lui-même pour désavouer sa signature, mise indûment sur une ordonnance qui avait soulevé d'unanimes réprobations. Le duc d'Orléans, contraint de retirer l'impôt qui avait été la cause des protestations de son rival, en ressentit un dépit violent.

Si le prince Louis était homme de plaisir, il ne manquait pas cependant de vertus chevaleresques. Il avait déjà exprimé une vive indignation en apprenant le meurtre de Richard II et l'usurpation du trône d'Angleterre par Henri de Lancastre; en 1402, il lui envoya un cartel, et lui fit proposer un combat de cent contre cent. Le champ de bataille devait être choisi entre la ville d'Angoulême, qui appartenait au duc d'Orléans, et Bordeaux, qui était sous la domination anglaise. Le roi refusa le cartel, et renvoya les hérauts sans présents.

Dans cet intervalle, de nouvelles causes de dissension étaient venues ranimer la haine des maisons d'Orléans et de Bourgogne. Jean sans Peur, appelé de nouveau par les mécontents, vint à Paris à la tête d'une armée, et eut le plaisir de voir son ennemi se retirer à Melun, où la reine le rejoignit, après avoir vainement tenté d'emmener avec elle le dauphin, que le duc de Bourgogne retint à Paris. Isabelle, effrayée, lève aussitôt un corps de 20,000 hommes, et se dispose à venir reprendre son fils par la force. La guerre avait déjà éclaté, quand l'intervention du conseil du roi amena un second accommodement entre les deux partis, qui se partagèrent le gouvernement du royaume.

A cette époque, les Anglais avaient envahi la Guienne, l'Artois et la Picardie. Le duc d'Orléans et Jean sans Peur réunirent leurs armes pour combattre l'étranger. Le premier mit le siége devant Blaye, qu'il fut obligé de lever honteusement; le second, devant la ville de Calais, dont il ne put s'emparer. Les deux rivaux revinrent à Paris avec les mêmes haines dans le cœur, et mutuellement aigris par l'insuccès de leur expédition militaire. Cependant, ils paraissaient vivre en bonne intelligence, quand Jean sans Peur apprit que le duc d'Orléans s'était vanté publiquement d'avoir obtenu les faveurs de la duchesse de Bourgogne; dès lors, l'idée de la vengeance entra dans son âme, et elle y séjourna six mois entiers, pendant lesquels l'époux outragé prépara le crime qui devait assouvir ses profonds ressentiments. Déjà il a établi dans une maison voisine de l'hôtel de Nemours, appelé *le petit séjour* de la reine, le capitaine d'Ocquetonville, gentilhomme normand. Toute la cour savait que chaque soir le duc d'Orléans se rendait presque sans suite auprès de la reine Isabelle, et ne se retirait que fort tard. Avec d'Ocquetonville sont embusqués les frères Guillaume de Scas, de Courteheuse, de Guines, Courtensy, valet de chambre du roi, et d'autres bandits, tous ennemis de la maison d'Orléans. D'Ocquetonville ne quittait la maison de la rue Barbette que pour aller prendre les ordres de Jean sans Peur à l'hôtel de Bourgogne. Le duc de Berry avait tout tenté pour une réconciliation. Il pouvait croire avoir réussi. L'acte avait été signé par les deux princes; la nuit suivante, le même lit les avait reçus; le lendemain, ils avaient communié ensemble avec la même hostie, partagée en deux; ils s'étaient réunis à table chez le duc de Berry, à l'hôtel de Nesle.

Le duc d'Orléans était dans une entière sécurité. Le mardi 22 novembre 1407, il alla passer la soirée au petit séjour de la reine; toute la suite du prince s'était retirée pour revenir le chercher à minuit. Mais dès neuf heures Courtensy, se disant chargé d'un ordre du roi, vint prier le duc d'Orléans de se rendre sur-le-champ à l'hôtel Saint-Paul pour une affaire grave et urgente. Le duc se fit amener une mule, et sortit accompagné de deux gentilshommes et de trois pages qui portaient des flambeaux; d'Ocquetonville, prévenu par Courtensy, distribua ses complices dans les enfoncements de la rue Barbette: tous étaient armés. A peine au milieu de la rue, le duc fut abandonné par ses deux gentilshommes; il resta seul avec ses pages, dont les torches éclairaient sa marche. D'Ocquetonville et sa bande s'avancèrent à sa rencontre; le prince, les prenant pour des voleurs, leur cria: « Je suis le duc d'Orléans! — C'est à toi que nous en voulons, » répondit d'Ocquetonville, et d'un coup de hache d'armes il coupa la main que le duc appuyait sur le pommeau de sa selle; l'assassin lui porta un second coup sur la tête: le prince tomba; un troisième coup lui fit jaillir la cervelle. Un page osa défendre son maître, et tomba près de lui mortellement blessé. D'Ocquetonville traîna le corps du duc d'Orléans auprès d'une borne, et, allumant une torche de paille à une lanterne, il s'assura que la victime avait cessé de vivre; puis il s'éloigna avec ses complices. Des voisins étaient accourus aux cris du page expirant; mais des chausses-trapes avaient été disposées à l'avance, et retardaient leur course: les assassins avaient mis le feu à plusieurs maisons, et avaient eu le temps de s'éloigner; un seul fut reconnu. Le roi se trouvait alors dans un moment lucide; il aimait tendrement le duc d'Orléans, son frère. La nouvelle de sa mort, si déplorable et si imprévue, le jeta dans la plus profonde douleur. Louis d'Orléans laissait une veuve inconsolable de sa perte, trois enfants qu'il avait eus d'elle, *Charles* d'Orléans et *Jean*, comte d'Angoulême, et un fils naturel, le fameux Dunois.

Louis aimait la poésie, qu'il cultiva lui-même avec succès; il protégeait les lettres, et honora de son amitié la célèbre Christine de Pisan, qui lui dédia le roman d'*Othéa*. Doué d'une éloquence naturelle et pleine de charmes, que faisait encore ressortir la grâce et l'expression de ses traits, il était l'idole de la cour, et aurait pu devenir celle du peuple s'il avait su maîtriser de coupables passions.

P.-F. Tissot, de l'Académie Française.

ORLÉANS (Charles, duc d'), fils du précédent et de Valentine de Milan, naquit à Paris, le 26 mai 1391. Son père n'avait rien négligé pour faire *introduire le fils en*

lettres moult suffisamment, dit Christine de Pisan. Le soin que l'on prit de son éducation ne fit que développer et fortifier les dispositions naturelles d'un prince qui devait être l'un des poëtes les plus remarquables du quinzième siècle. Après l'assassinat de son père, il joignit ses efforts à ceux de la duchesse sa mère pour en obtenir vengeance.

Mais le parti bourguignon était tout-puissant. Toutefois, Jean sans Peur, après avoir terminé la guerre de Flandre, fit proposer un accommodement. C'est à Chartres que se rendirent, auprès du roi, Charles d'Orléans, ses trois frères et le duc de Bourgogne, tous suivis d'un cortége nombreux, et on y fit un traité, le 9 mars 1409. Le duc de Bourgogne demanda au duc d'Orléans son amitié, et le conjura *de luy pardonner toutes choses*, à quoi le duc d'Orléans répondit en s'adressant au roi : *Mon très-cher seigneur, par votre commandement, j'accorde, je consens et j'agrée tout ce que vous avez fait, et lui remets entièrement toutes choses, et s'entre-bésèrent Orléans et Bourgogne*, dit J. Juvénal des Ursins.

Le duc de Bourgogne était encore le plus fort; mais le mariage de Charles d'Orléans, qui venait de perdre sa première femme, veuve du roi d'Angleterre Richard II, avec la fille du comte d'Armagnac, en lui apportant l'appui du midi égalisa les forces des deux partis (*voyez* ARMAGNACS et BOURGUIGNONS).

Quand une armée anglaise de 40,000 hommes débarqua en Normandie, le duc d'Orléans essaya de repousser l'étranger. Mais il fut fait prisonnier à Azincourt, et conduit en Angleterre. Ce fut pour charmer l'ennui de sa captivité qu'il composa ses charmantes pièces de poésie :

Et je, Charles, duc d'Orléans, rimer
Voulus ces vers au temps de ma jeunesse,
Devant chacun le vueil bien aduouer;
Car prisonnier les fis, je le confesse,
Priant à Dieu qu'auant qu'aye vieillesse
Le temps de paix par tout puist auenir,
Comme de cueur j'en ay la desiraoce,
Et que voye tous tes maulx brief finir,
Très-chrestien franc royaume de France!

Ce vœu n'était pas près de se réaliser, et Charles d'Orléans fut retenu prisonnier vingt-cinq ans. En 1440, enfin, une forte rançon fut acceptée par les Anglais pour sa délivrance, et il fut reconduit à Gravelines. La cour de Bourgogne l'accompagna jusqu'à Bruges. Son voyage en France fut une espèce de triomphe, et sa suite nombreuse porta ombrage au roi Charles VII, qui le fit prévenir qu'il ne serait bien reçu qu'autant qu'il se présenterait sans sa maison. Charles, offensé, traversa Paris, et se retira dans son apanage. Après la mort de Philippe-Marie Visconti, duc de Milan, il voulut soutenir contre Sforza ses droits à ce duché et au comté d'Asti, qu'il tenait de Valentine, sa mère; mais le peu de succès de ses armes et de ses démarches auprès des Milanais l'engagea à y renoncer. De retour dans ses domaines, il ne s'occupa que de soins domestiques, et n'en sortit que pour venir à Vendôme défendre son gendre, le duc Jean IV d'Alençon, accusé de crime d'État. Son discours se trouve au milieu du recueil de ses poésies manuscrites, tel qu'il a été prononcé, en 1456, devant Charles VII. Charles se retira dans ses États, et mourut à Amboise, peu de jours après, le 4 janvier 1405, âgé de soixante-quatorze ans, et fut inhumé au couvent des Célestins à Paris. Il avait épousé en troisièmes noces Marie de Clèves, nièce du duc Philippe de Bourgogne. Il laissait de cette dernière femme un fils, qui fut Louis XII, et trois filles, *Marie* D'ORLÉANS, mariée à Jean de Foix et mère du fameux Gaston de Foix, *Jeanne* D'ORLÉANS, mariée au duc d'Alençon, et *Anne* D'ORLÉANS, abbesse de Fontevrault.

Ce prince mérita par ses talents en poésie d'être placé au premier rang des écrivains de son temps; ses ouvrages sont très-variés : ce sont des ballades, complaintes, chansons et rondels. Les ballades peuvent se distribuer en trois classes : les unes sont des pièces de pure galanterie, faites pendant la vie d'une princesse que le duc d'Orléans aimait; les autres ont été composées après la mort de cette princesse, et elles n'expriment que les regrets du duc : la plupart sont sous le titre de *Départie d'amour*. Les dernières, enfin, pour se servir des termes du manuscrit, roulent *sur divers propos*. Dans toutes brillent une élégante simplicité, une imagination douce et tranquille, une fiction simple et facile, agréable et amusante, comme l'exigent les sujets de pure galanterie; mais, malgré leur simplicité, les idées en sont nobles, inspirées par le sentiment et exprimées avec autant de naïveté que d'élégance (*Voyez* FRANCE, tome IX, pages 707 et 708.)

Les œuvres de Charles d'Orléans demeurèrent dans l'oubli jusqu'au dix-huitième siècle, où l'abbé Sallier les révéla à l'Académie des Inscriptions. Une première édition fautive et incomplète parut en 1803, à Grenoble, in-12. MM. J.-Marie Guichard et Aimé Champollion en ont publié deux autres, Paris, 1842. Aimé CHAMPOLLION-FIGEAC.]

ORLÉANS (LOUIS, duc D'), fils du précédent, fut le quatrième duc d'Orléans; il porta ce titre jusqu'au moment où il monta sur le trône, sous le nom de Louis XII.

Deux fils de François Ier portèrent successivement le titre de duc d'Orléans, *Henri*, tant que vécut son frère le dauphin François, et *Charles*, le troisième frère, quand Henri régna. Ce dernier mourut sans enfants, en 1547.

Ce titre fut encore porté par trois fils de Henri II, *Louis*, mort en 1550, à l'âge de deux ans, *Charles-Maximilien*, qui régna sous le nom de Charles IX; enfin, *Édouard-Alexandre*, plus connu sous le nom de duc d'Anjou, et qui fut Henri III.

Après que la maison de Bourbon fut parvenue au trône, deux princes portèrent successivement le titre de duc d'Orléans avant la série des ducs héréditaires. Le premier, né en 1607, mourut à l'âge de quatre ans. L'autre fut Gaston de France.

[ORLÉANS (GASTON-JEAN-BAPTISTE DE FRANCE, duc D'), troisième fils de Henri IV et de Marie de Médicis, naquit à Fontainebleau, le 25 avril 1608. Nommé d'abord *duc d'Anjou* par ses parrains, le cardinal de Joyeuse et la reine Marguerite, il prit, en 1626, à l'occasion de son mariage, le titre du duc d'Orléans; Henri IV, son père, lui avait donné le prénom de *Gaston*, en mémoire de Gaston de Foix, duc de Nemours, son parent, l'un des plus grands capitaines du seizième siècle. Ce prince montra dans ses jeunes années quelques dispositions heureuses, un esprit facile et une intelligence vive; mais son caractère avait une mobilité insouciante qui trahissait la médiocrité. Il eut successivement pour gouverneur Savary de Brèves, qui était estimé pour ses lumières et sa probité, mais qui fut enveloppé dans la ruine de Concini, puis le comte du Lude, vieux courtisan, trop ami des plaisirs pour veiller à cette éducation. Il s'en déchargea sur Contade, homme grossier, dont les vices corrompirent le jeune prince, gâtèrent ses mœurs et lui ôtèrent re frein de la honte. En 1619 le comte du Lude fut remplacé par Ornano, qui ne s'occupa que d'acquérir les bonnes grâces du prince par son excès d'indulgence. Sa jeunesse fut assez dissipée, et Tallemant des Réaux nous assure « qu'il avoit brûlé la nuit plus d'un auvent de savetier ». Gaston, de l'avis de son gouverneur, commença par résister aux projets de sa mère et de Richelieu, qui voulait lui faire épouser Marie de Bourbon, duchesse de Montpensier, la plus riche héritière du royaume. Cependant, il abandonna bientôt Ornano, qui mourut prisonnier à Vincennes. Quelque temps après il entra dans la conspiration de Chalais; mais, effrayé de son supplice, il fit sa soumission, jura « qu'il n'écouterait plus les mauvais conseils des seigneurs ses amis », et consentit à épouser mademoiselle de Montpensier. Ce mariage fut célébré à Nantes, au mois d'août 1626. Sa femme lui apportait en dot trois cent mille livres de rente en principautés, duchés et seigneuries, et cette fortune fut encore augmentée des libéralités du roi. La prompte grossesse de *Madame* mit le comble à la prospérité du duc d'Orléans, que tout le monde saluait, disent les mémoires du temps, *comme le soleil levant*. Mais cette princesse accoucha d'une fille, et mourut trois jours après. Gaston voulut alors se remarier, avec Marie de Mantoue; le roi et la reine mère surtout repoussèrent ce parti. Gaston, irrité de cette opposition, à laquelle le cardinal avait la plus grande part, abandonna la cour, et se retira dans ses gouvernements pour de là quitter le royaume. On négocia. Les conseillers de *Monsieur* demandèrent formellement pour lui quatre places de sûreté, Amboise, Tours, Saumur et Angers, sous le prétexte que sa vie était continuellement menacée en France. Après de longs pourparlers, Gaston obtint une partie de ses demandes, et se décida à rentrer en France.

Dans la lutte violente qui s'était engagée entre Marie de Médicis et Richelieu, Gaston soutint sa mère; mais la journée des Dupes mit la cour aux pieds du ministre. Gaston signe un nouvel acte de soumission aux ordres du roi ou plutôt de Richelieu; mais quand il apprend qu'on veut éloigner de sa personne ses conseillers, l'abbé Le Coigneux et Puy-Laurens, il va trouver le cardinal dans son hôtel avec une nombreuse suite de gentilshommes, le menace brutalement de sa colère, et lui déclare en face qu'il est son ennemi mortel.

Après cette belle équipée, il s'enfuit en Lorraine, où le duc Charles IV, qui redoutait Richelieu, écouta favorablement le projet d'une ligue contre lui, et donna sa sœur Marguerite en mariage au duc d'Orléans. Aussitôt on fait de grands préparatifs de guerre. Richelieu demanda au duc des explications, et le menaça de faire venir le roi de France à Nancy pour être de sa noce. L'arrivée de Louis XIII força en effet Charles IV à congédier ce gendre incommode, dont il avait pénétré l'incapacité. Gaston partit pour Bruxelles, où l'appelait sa mère. De là *Monsieur* entretint des correspondances avec tous les mécontents de France. Le duc de Montmorency, gouverneur du Languedoc, devait le recevoir dans sa province. Le duc de Lorraine s'engagea également à se déclarer ouvertement pour le prince dès que son armée entrerait en France. *Monsieur* mit cette fois une célérité remarquable dans l'exécution de ses desseins; il courut à Nancy, *saluer à la dérobée sa femme, et l'assurer de lui être toute la vie bon et fidèle mari*; puis on le vit retourner à Bruxelles rejoindre les siens, et en repartir aussitôt. Il franchit la frontière à la tête de quinze cents cavaliers espagnols, allemands et italiens, répandant à pleines mains des proclamations dans lesquelles il se nommait le libérateur du roi et du peuple. Le maréchal de Schomberg, chargé de le poursuivre, se jeta du côté du Languedoc, où le prince dirigeait sa marche par les Cévennes et le Gévaudan. Les deux armées se rencontrèrent à Castelnaudary, où la bataille s'engagea avec une déplorable confusion de la part des rebelles, qui y furent vaincus. Gaston recourut alors aux négociations, et accepta avec empressement les conditions les plus sévères, parmi lesquelles il faut distinguer celle qui défendait au prince toute communication avec l'Espagne, la Lorraine et la reine mère. *Monsieur* écrivit ensuite au roi et au cardinal une lettre pleine de repentir, dans laquelle il implorait leur clémence, et faisait en particulier l'éloge des grandes vertus de Richelieu. Après l'exécution du duc de Montmorency, dont il avait vainement demandé la grâce, Gaston recommença ses oppositions de prince inquiet plutôt que remuant, et repartit pour la Flandre, où les Espagnols le reçurent avec de grandes démonstrations d'amitié et où il déclara son mariage, resté secret jusque alors. De son côté, Richelieu, qui avait nourri le projet de lui donner la main de Mme de Combalet, sa nièce chérie, s'en vengea en dépouillant de ses États le duc de Lorraine. Pour Gaston, entraîné par son inconstance naturelle et les intrigues de ses favoris, il abandonna tout à coup sa mère, son beau-père et les Espagnols, demanda de nouveau pardon et obtint de rentrer en France. Quelque temps après, il fut de nouveau question de la rupture de son mariage. Selon sa coutume, Gaston, se sentant incapable de résister, prend la fuite. Le ministre et Louis XIII font courir après lui, et on ne le ramène qu'avec la plus grande peine. Bientôt il ourdit avec le comte de Soissons un nouveau complot contre le cardinal. Il s'agissait cette fois de l'assassiner à Amiens. Deux gentilshommes, Montrésor et Saint-Ibal, devaient le frapper de leur poignard au sortir du conseil; ils n'attendaient que le signal, mais le cœur faillit à Gaston pour le donner. Le comte de Soissons dut quitter le royaume; quant à *Monsieur*, à force de bassesses, il obtint encore une fois son pardon, ce qui ne l'empêcha pas un peu plus tard d'entrer dans la conspiration de Cinq-Mars, le jeune et frêle courtisan qui voulut renverser le colosse contre lequel s'était brisée toute la haute noblesse de France, et de traiter de nouveau avec l'Espagne. Cette fois, quand ses complices furent aux mains de l'implacable ministre, la conduite de Gaston le couvrit d'infamie. Il les chargea dans ses réponses au chancelier, et seules elles servirent de preuves contre eux. Richelieu daigna encore lui faire grâce de la vie, en déclarant qu'il avait mérité la mort. Il fut exilé à Blois. Ses apanages lui furent retirés, et ses compagnies d'ordonnance cassées. Cependant, Richelieu était mourant; Louis XIII rappela *Monsieur*, qui arriva pour suivre le deuil du grand ministre. Le roi, se sentant près de suivre le cardinal au tombeau, fit une déclaration par laquelle il confiait la régence à la reine et la lieutenance générale à Gaston; en outre, il reconnut la validité de son mariage. *Monsieur* se réhabilita quelque peu par ses trois campagnes de 1644, 1645 et 1646, pendant lesquelles il prit aux Espagnols Gravelines, Mardick et Cambray. Pendant les troubles de la *Fronde*, Gaston ne joua qu'un rôle inférieur, se mêlant par caractère à toutes les intrigues, qu'il ne sut pas même dominer. Fidèle d'abord à l'autorité de la reine, il se fit chef de faction par les suggestions continuelles de *Mademoiselle de Montpensier*, sa fille chérie. A qui connaît cette singulière époque de confusion et d'anarchie, la versatilité de Gaston, gouverné par l'abbé de La Rivière et le cardinal de Retz, paraîtra naturelle. En 1649 il se joint à Condé, qui fait le blocus de Paris; en 1650 il le fait mettre à Vincennes, ainsi que le prince de Conti et le duc de Longueville, par la suggestion de madame de Chevreuse; en 1651 il traite avec les Espagnols, dénonce au parlement, avec une certaine éloquence, les fourberies, l'égoïsme et l'avidité scandaleuse de Mazarin, et ramène en triomphe à Paris les princes mis en liberté.

Le jour où le roi atteignit sa majorité, il ôta les sceaux à Châteauneuf, et les remit à Seguier. *Monsieur*, irrité de n'avoir point été consulté, refusa de reparaître au conseil, et recommença ses intrigues. Quand le prince de Condé, d'abord retiré à Saint-Maur et ensuite à Bordeaux, eut pris les armes et menacé sérieusement la reine, Gaston, changeant de système, et n'osant prendre un parti décisif, se fit négociateur officieux entre la cour et le prince. La guerre une fois déclarée, le duc d'Orléans tomba dans les plus étranges perplexités: tout l'effrayait et le désolait dans les résolutions qu'il voyait prendre. Enfin, il se détermina ouvertement pour Condé, auquel il envoya un renfort considérable. On connaît les événements de cette guerre. Le rival de Turenne, poursuivi jusqu'à Paris, se vit obligé de livrer un combat dans le faubourg Saint-Antoine. Dans cette circonstance critique, *Monsieur* ne bougea pas de son palais, et Condé, qui espérait toujours en être secouru, allait être battu, si *Mademoiselle* ne l'eût délivré en tirant le canon de la Bastille.

Après la victoire de son parti, Gaston vint à l'hôtel de ville, et se prêta à toutes les violences qui eurent lieu dans la journée du 4 juin 1652. Un conseil nouveau fut formé, dont il fit partie. Cependant, les deux factions étaient lasses de combattre, et la bourgeoisie ne supportait qu'avec impatience le fléau de l'anarchie. D'un autre côté, les Espagnols s'avançaient pour profiter de nos querelles intestines. Tous les bons esprits se rangèrent autour du roi, dont la volonté commençait à se faire sentir. Alors des négociations s'entamèrent; mais la cour, qui sentait la force et l'influence lui re-

venir, ne voulait recevoir aucune condition. *Monsieur* cherchait à faire sa paix, et devenait suspect au parlement. Le prince de Condé, en défiance contre tout le monde, et se croyant trahi à chaque instant, ne savait plus quel parti prendre; tout à coup, on apprit l'arrivée du roi à Paris, qui venait de passer de l'enthousiasme de la révolte à l'enthousiasme de la soumission : ce fut le terme de ce conflit déplorable d'opinions, de craintes et d'espérances. *Monsieur* se livra d'abord aux accès d'une colère violente, et à l'entendre, dit le cardinal de Retz, on aurait pensé « qu'il était à cheval, armé de toutes pièces, et prêt à couvrir de sang et de carnage les campagnes de Grenelle et de Saint-Denys ». Il n'en fit rien, et se décida au contraire à faire une soumission complète.

Ainsi finit pour le duc d'Orléans ce triste rôle de factieux, joué sans dignité, sans esprit et sans courage. Louis XIV, avant de faire son entrée dans Paris, signifia à son oncle l'ordre d'en sortir sur-le-champ. Il fallait obéir; *Monsieur* se résigna, et vint habiter son château de Blois. De là il intrigua une dernière fois pour rentrer en grâce avec le roi, et y réussit. Toutefois, il ne parut plus que rarement à la cour. Le prince passa ses dernières années dans de tristes querelles avec *Mademoiselle*, sa fille. Sa santé, altérée par de continuelles anxiétés, ne lui laissait plus que peu de temps à vivre. Il appela la religion au secours de son âme, toujours inquiète et agitée, et se livra jusqu'à son dernier soupir à des exercices de piété. Il mourut le 2 février 1660, à l'âge de cinquante-deux ans.

Outre *Anne-Marie-Louise*, connue sous le nom de *Mademoiselle*, qu'il avait eue de son premier mariage, trois filles que lui avait données sa seconde femme épousèrent, l'une Cosme III de Médicis, l'autre le duc Louis-Joseph de Guise, la troisième Charles-Emmanuel II, duc de Savoie. Le cardinal de Retz a dit de lui : « C'était l'homme du monde qui aimait le plus le commencement des affaires et qui en craignait le plus la fin. Il entra dans toutes, parce qu'il n'avait pas la force de résister à ceux qui l'entraînaient, et il en sortit toujours avec honte, parce qu'il n'avait pas le courage de les soutenir. » Du reste, il avait l'esprit vif et la repartie prompte; il aimait, comme sa mère, les tableaux et les antiques; il recherchait aussi les médailles, et s'occupait de botanique. On lui attribue des *Mémoires de ce qui s'est passé de plus considérable en France depuis l'an* 1608 *jusqu'en* 1635 (Amsterdam, 1683). Ils ont été revus ou rédigés par Algay de Martignac.

P.-F. TISSOT, de l'Académie Française.

ORLÉANS (PHILIPPE Ier, duc D'), de la branche héréditaire de Bourbon-Orléans, second fils de Louis XIII et d'Anne d'Autriche et frère unique de Louis XIV, naquit à Saint-Germain-en-Laye, le 21 septembre 1640. A la mort de son père, il prit le titre de *Monsieur*, bien que Gaston le gardât encore. Jusqu'à la mort de son oncle, il porta le titre de *duc d'Anjou*, et reçut alors en apanage le duché d'Orléans avec ceux de Valois et de Chartres et la seigneurie de Montargis. Le duché de Nemours lui fut accordé en 1672, et celui de Montpensier lui fut légué en 1693, par sa cousine, mademoiselle de Montpensier. Lamothe Le Vayer fut chargé de l'éducation du jeune prince, qui montrait dans son enfance plus de dispositions que son frère, destiné à devenir roi. L'habile et savant précepteur avait résolu de ne rien négliger pour les développer, quand le cardinal Mazarin lui dit un jour : « De quoi vous avisez-vous de faire un habile homme du frère du roi? S'il devenait plus savant que le roi, il ne saurait plus obéir aveuglément. » Mazarin fut compris; et il faut lire dans Mme de Motteville ce que devait produire un éducation conçue dans l'intérêt d'une mauvaise politique. « Ce prince, dit-elle, eut de l'esprit aussitôt qu'il put parler. La netteté de ses pensées était accompagnée de deux belles inclinations qui commençaient à paraître en lui, et qui sont nécessaires aux personnes de sa naissance, la libéralité et l'humanité. Il serait à souhaiter qu'on eût travaillé à lui ôter les vains amusements qu'on lui a soufferts dans sa jeunesse : il aimait à être avec des femmes et des filles, à les habiller et à les coiffer; il savait ce qui seyait à l'ajustement mieux que les femmes les plus curieuses; et sa plus grande joie, étant devenu plus grand, était de les parer et d'acheter des pierreries pour prêter ou donner à celles qui étaient assez heureuses pour être ses favorites. » Toute la cour était frappée de la différence qui existait dans l'éducation des deux frères, et c'est avec peine que l'on voyait Lamothe Le Vayer, qui joignait les vertus chrétiennes aux belles qualités des anciens philosophes, servir ainsi d'instrument aux volontés du ministre. « On n'a jamais vu, dit la princesse Palatine, deux frères plus différents que le roi et *Monsieur :* le roi était grand et cendré; il avait un air mâle et une belle mine; *Monsieur*, sans avoir un air ignoble, était très-petit; il avait les cheveux et les sourcils très-noirs, de grands yeux d'une couleur foncée, un visage long et assez étroit, un grand nez, une bouche trop petite, et de vilaines dents; il n'aimait qu'à jouer, tenir un cercle, bien manger, danser et se parer, en un mot, tout ce qu'aiment les femmes. »

A la mort de Mazarin, le duc d'Orléans épousa la princesse Henriette, sœur de Charles Ier, roi d'Angleterre. Le cardinal avait longtemps repoussé ce mariage, et la reine mère ne l'avait jamais jugé avantageux. Le jeune roi s'était plusieurs fois efforcé d'en dissuader *Monsieur*. Il lui disait, en faisant allusion à la maigreur extrême de Henriette, qu'il ne devait pas se presser d'aller épouser les os des Saints-Innocents. Après son mariage, *Madame* alla loger aux Tuileries, où le roi venait la voir tous les jours. Philippe se montra jaloux des assiduités de son frère, dont on ne manqua pas de dénaturer à ses yeux le motif. Bientôt Louis XIV finit par tenir chez *Madame* sa propre cour; et la vive amitié qu'il lui témoignait alors dura jusqu'à la mort de cette princesse.

Les plaisirs dont cette cour était remplie prirent par degrés un caractère de licence et bientôt de corruption profonde, que la présence d'une épouse et la dignité du roi furent impuissantes à réprimer. « Le miracle d'enflammer le cœur de *Monsieur* n'était réservé à aucune femme, » a dit Mme de La Fayette. Le maître de la maison de *Monsieur* était le chevalier de Lorraine, âme perverse, esprit sans frein, capable de tous les crimes pour servir ses passions et celles d'un maître qu'il avait initié aux secrets des plus honteuses débauches. Le roi, qui voulait une certaine grandeur, même dans les derniers plaisirs, ne se put défendre d'un violent dégoût pour la basse immoralité de cet homme; il le fit arrêter chez *Monsieur*, et enfermer au château d'If, d'où le chevalier ne sortit que pour être conduit à Rome, avec la défense de rentrer jamais en France. *Monsieur* attribua ces mesures sévères à sa femme, contre laquelle il avait déjà des soupçons d'une nature grave, et dès ce moment la plus vive dissension éclata entre les époux. Il fallut même que le roi intervînt pour protéger *Madame* contre des traitements indignes de son rang et du prince qui les exerçait. Une des causes de l'intimité qui régnait entre Louis XIV et sa belle-sœur était le désir qu'avait le roi de se lier intimement avec la cour d'Angleterre, où *Madame* avait conservé les plus étroites relations. Il l'employa dans plusieurs négociations épineuses, dont la princesse sortit toujours avec bonheur. *Monsieur*, qui n'était pas dans la confidence du motif véritable des voyages mystérieux de sa femme à Londres, en témoigna publiquement un profond mécontentement. On avait d'ailleurs parlé à la cour des liaisons suspectes de *Madame* avec le duc de Monmouth et le comte de Guiche. Le 13 juin 1670 elle mourait subitement, d'une mort que Saint-Simon et la princesse Palatine attribuent au poison. On ne sait si le prince éprouva une douleur véritable de cette mort, mais il en donna tous les signes. Retiré à Rueil, chez Mme d'Aiguillon, il y passa quelques jours dans la retraite.

A l'expiration du temps de son deuil, Philippe d'Orléans épousa Élisabeth-Charlotte de Bavière, dont le choix tout politique pouvait être utile à Louis XIV dans ses relations avec l'Allemagne. La princesse Palatine, Anne de Gonzague, avait favorisé ce mariage; il fallut peu de négociations pour l'achever. « Vous comprenez bien, disait à cette occasion Mlle de Sévigné, la joie qu'aura *Monsieur* d'avoir à se marier en cérémonie, et quelle joie encore d'avoir une femme qui n'entend pas le français. » Après quelques années passées en bonne intelligence, les deux époux se séparèrent ensuite, et ne se virent que pour satisfaire aux convenances.

En 1670 *Monsieur* suivit son frère à la conquête de la Hollande, et s'empara de Zutphen et de Bouchain. Il se couvrit de gloire à la bataille de Cassel, qu'il gagna le 11 avril 1671, sur le prince d'Orange, et dans laquelle il eut un cheval tué sous lui. Cependant, *Monsieur* n'avait pas les qualités de l'homme de guerre; il n'aimait pas à monter à cheval, et craignait les intempéries du ciel; aussi les soldats disaient de lui : *Il craint plus le soleil et le hâle qu'il ne craint la poudre et les coups de mousquet.* Quoique Louis XIV eût témoigné publiquement sa satisfaction des glorieux succès de son frère, « il n'en prit pas moins la résolution, dit Saint-Simon, résolution bien tenue depuis, de ne jamais donner à *Monsieur* une armée à commander. » Ainsi forcément rendu à l'oisiveté, le duc d'Orléans retourna à ses odieuses habitudes, sans plus se mêler désormais au grand mouvement politique, militaire et intellectuel, qui se faisait à ses côtés. Parmi les femmes, jeunes et vieilles, qui se pressaient autour de lui, il remarqua une demoiselle de Grancey, à laquelle il fit une cour assidue, et qu'il aima bientôt d'une véritable passion. Sa jalousie était extrême : « Je vous supplie, écrivait Mme de Sévigné, que toutes les jalousies se taisent devant celle de *Monsieur* : c'est de la quintessence de jalousie, c'est la jalousie même. »

Monsieur se plaisait beaucoup à bâtir; il fit des constructions nouvelles au Palais-Royal, que Louis XIV lui avait donné à titre d'apanage. Mais ce n'était pas le plus singulier de ses goûts : « Il trouvait tant de plaisir au son des cloches, dit *Madame*, qu'il venait exprès à Paris à la Toussaint pour entendre les cloches que l'on sonne toute la vigile des morts; il n'aimait pas d'autre musique : tous ceux qui l'ont connu le lui ont reproché. Il en riait lui-même, en avouant que la sonnerie le charmait au delà de toute expression. »

En 1693, la France eut de nouveau à combattre toute l'Europe. Le roi alla se mettre à la tête des armées, et donna l'ordre à *Monsieur* de se rendre sur les côtes de la Bretagne pour s'opposer au débarquement des Anglais. Cette année fut désastreuse; la disette se joignant aux calamités d'une guerre presque continuelle, la misère du peuple arriva à son comble. *Monsieur*, en partant pour la Bretagne, emporta des sacs de menue monnaie, qu'il fit distribuer sur son chemin aux malheureux, qui assiégeaient son carrosse.

Vers la fin de ses jours, le prince eut de vifs démêlés avec le roi, par rapport à l'oisiveté dans laquelle on paraissait laisser à dessein le jeune duc de Chartres : dans une explication qui eut lieu entre les deux frères, *Monsieur* fit entendre au roi un langage sévère, et d'autant plus juste que c'était un père qui s'élevait contre l'odieux système par lequel on abrutissait le plus aimé de ses enfants. Le roi répondit avec douceur, s'efforça même d'écarter de l'esprit de son frère d'odieux soupçons, mais n'en persista pas moins dans sa résolution de ne confier aucun commandement au jeune duc de Chartres. Cette politique égoïste de Louis XIV avait déjà frappé le père avant d'atteindre le fils. En effet, le roi s'efforça toujours d'éloigner *Monsieur* des affaires; en même temps qu'il se fit une loi, sans doute pour le dédommager, d'user envers lui d'une excessive politesse. Il voulait que le prince fût honoré, mais non puissant. Aux moindres accidents arrivés dans sa maison, il y courait, portant lui-même des consolations; il eût accordé à *Monsieur* les grâces les plus éclatantes, si elles n'avaient jamais dû faire de lui un personnage important. Toutefois, cette bienveillance systématique de Louis XIV pour son frère venait d'être altérée par les vives explications que l'inaction du duc de Chartres avait provoquées. La princesse Palatine envenima la querelle par sa brusquerie allemande, et madame de Chartres (Mlle de Blois, fille naturelle de Louis XIV) vingt augmenter l'irritation générale en allant se plaindre au roi des infidélités multipliées de son époux. Le roi voulut en parler à *Monsieur*, qui, déposant les bornes du respect, osa répondre que « les pères qui avaient mené certaine vie avaient peu de grâce et d'autorité à reprendre leurs enfants ». Le roi répliqua que le duc de Chartres devait au moins garder quelque respect pour sa femme. « *Monsieur*, *dont la gourmette était rompue*, dit Saint-Simon, le fit souvenir d'une manière piquante des façons qu'il avait eues pour la reine, avec ses maîtresses, jusqu'à leur faire faire les voyages de son carrosse avec elle. Le roi, outré, renchérit; de sorte qu'ils se mirent tous deux à se parler en pleine tête. Ce fut l'huissier qui, entendant tout, s'en vint avertir le roi. On baissa le ton; mais les reproches continuèrent jusqu'à ce qu'on appela le roi pour dîner. »

Cette scène avait été violente. *Monsieur* parut à table tellement rouge de colère qu'une dame fit observer que le prince avait sans doute besoin d'être saigné. Cependant, il mangea beaucoup, selon son habitude. Une pareille imprudence devait lui devenir fatale. Le soir de cette même journée, il tomba frappé d'apoplexie au milieu de son souper. On lui prodigua inutilement des soins empressés. Le roi, qui était à Marly, fut averti sur-le-champ, et refusa d'abord de venir, croyant que la nouvelle de l'accident n'était qu'un moyen adroitement préparé pour amener une réconciliation avec son frère. Cependant, les avis sinistres se succédant presque sans interruption, il partit dans la nuit, entraînant toute la cour en désordre, et arriva vers trois heures du matin à Saint-Cloud. *Monsieur* était alors à toute extrémité. Le père de Trévoux, appelé au chevet du mourant, essayait de le rappeler au souvenir de Dieu; mais le prince n'avait plus aucune connaissance. Le révérend père, après être sorti quelques instants pour dire la messe, revint auprès de son pénitent, et lui cria : *Monsieur, ne connaissez-vous pas le bon petit père de Trévoux qui vous parle?* Il n'obtint aucune réponse. Au départ du roi, la cour quitta Saint-Cloud, et le prince, qui respirait encore, fut déposé sur un lit de repos, dans son cabinet. C'est là qu'il rendit le dernier soupir, le 9 juin 1701. Il venait de signer d'inutiles protestations contre le testament de Charles II qui appelait le duc d'Anjou au trône d'Espagne, auquel il prétendait, comme fils d'Anne d'Autriche. *Monsieur* était dévot, et fort attaché à certaines pratiques religieuses qui ne témoignent pas de son bon sens. On peut lire dans les Mémoires de la princesse Palatine, sa femme, la singulière promenade qu'il fit faire une nuit à ses médailles et à ses reliques, sur le corps de celle-ci, sous prétexte qu'elle avait été huguenote. De son premier mariage il eut deux filles *Marie-Louise*, mariée à Charles II d'Espagne; *Anne-Marie*, mariée à Victor-Amédée II; et de son second lit deux fils, le *duc de Valois*, mort en bas âge, *Philippe*, héritier du nom, et une fille, *Élisabeth-Charlotte*, mademoiselle de Chartres, mariée au duc Léopold-Charles de Lorraine. P.-F. Tissot, de l'Académie Française.

ORLÉANS (Philippe II, duc d'), régent de France pendant la minorité de Louis XV, fils du précédent, naquit à Saint-Cloud, le 4 août 1674, et reçut en naissant le titre de duc de Chartres. Presque tous les gouverneurs qu'on lui donna moururent en peu de temps, ce qui fit dire à Mme de Sévigné, écrivant à sa fille, qu'on ne pourrait jamais *élever* un gouverneur pour le neveu du roi. Saint-Laurent, l'un d'eux, introduisit auprès du jeune prince, en qualité de sous-précepteur, l'abbé Dubois, qui devait prendre plus tard sur l'esprit de son élève une si déplorable influence. Le jeune Philippe montra des dispositions extraordinaires pour l'étude, et fit des progrès rapides dans les sciences, les

lettres et les arts. Doué d'une imagination brillante et chevaleresque, d'une âme qui s'ouvrait facilement à toutes les impressions généreuses, il demanda de bonne heure à faire ses premières armes et à verser pour la France ce sang qui bouillait dans ses veines.

A dix-sept ans il suivit Louis XIV, son oncle, au siége de Mons, et assista plus tard, sous les ordres du duc de Luxembourg, aux batailles de Steinkerque et de Nerwinde. Il donna dans ces deux mémorables journées des preuves de la plus grande bravoure. A la seconde surtout, où il avait le commandement de la cavalerie légère, on le vit enfoncer deux lignes ennemies, pénétrer presque seul jusqu'à la troisième, et se frayer un passage l'épée à la main à travers la mêlée. Après cette campagne brillante, il revint à Paris, où le roi le reçut froidement, et ne lui adressa aucun éloge sur sa glorieuse conduite à l'armée. Cet accueil inattendu découragea un instant le jeune prince, qui en ressentit ensuite un juste dépit. A cette première cause de mécontentement vinrent s'en joindre plusieurs autres, d'une haute gravité. Le roi, fidèle à sa politique de ne laisser acquérir aux princes aucune influence sur ses troupes, refusa formellement au duc de Chartres la permission de prendre part à la campagne de 1694. Sans ce refus injuste, qui brisa tout à coup l'essor glorieux du jeune prince et le livra sans défense aux séductions de la cour, et surtout aux infâmes suggestions de Dubois, Philippe n'aurait eu que des vertus et des qualités brillantes. Malheureusement, une inaction forcée, un dangereux entourage et son esprit naturellement impatient du repos le jetèrent dans d'affligeants désordres. Las des faciles conquêtes de la cour, il abaissa ses hommages aux pieds d'indignes créatures; plus tard, il se piqua de surpasser en intrigues galantes et aventureuses le prince de Conti, longtemps le rival de Lauzun, et pénétra au sein de plusieurs familles honnêtes et respectables, auxquelles il légua d'éternels regrets. Le roi était instruit de ce scandale, et ne faisait rien pour le faire cesser. Philippe entouré d'impures courtisanes, et étouffant sous les plaisirs une noble et radieuse intelligence, convenait mieux à la politique égoïste et jalouse de Louis XIV que Philippe cherchant la gloire et se couronnant de lauriers sous le canon de Nerwinde. Ce que l'on comprendra difficilement, c'est que le roi choisit ce moment pour faire épouser une de ses filles légitimées à son neveu. Toutefois, ce mariage n'eut lieu qu'après de longues et difficiles négociations; Philippe, craignant d'enchaîner une liberté dont il faisait un si funeste usage, témoigna d'abord la plus vive répugnance pour cette union. C'est dans cette circonstance que Dubois montra tout l'ascendant qu'il avait usurpé sur son élève, en le faisant céder aux vœux du roi. Toutefois, le jeune prince ne consentit à marcher à l'autel qu'avec les insignes et les prérogatives de premier prince du sang, titre qui ne lui fut accordé qu'après un fréquent échange de véritables notes diplomatiques entre Versailles et Saint-Cloud, qu'habitait la famille d'Orléans.

La jeune duchesse était belle comme sa mère, Mme de Montespan, mais manquait comme elle de caractère et d'énergie; naturellement indolente, et incapable d'aucun sentiment passionné, elle ne pouvait captiver son époux, et n'en conçut jamais la pensée. Cependant, le prince eut toujours pour elle la plus respectueuse déférence, et renonça même pendant quelque temps à sa vie de dissipation. Mais il ne put résister à des habitudes déjà invétérées, et peu de temps après la mort de son père (1701) il se rejeta avec une nouvelle fureur dans cette carrière brûlante des plaisirs où il avait laissé, comme autant de fleurs flétries, l'amour du travail, le besoin de la gloire et la noble ambition. Le duc d'Orléans parut se réveiller comme d'un sommeil quand il apprit qu'une disposition du testament de Charles II avait appelé au trône d'Espagne la postérité du duc de Savoie après la branche aînée de la maison de France. Il fit contre cette disposition des protestations, qui furent enregistrées au conseil de Castille. Le duc demanda en même temps l'ordre de la *Toison*, comme étant de droit appelé par sa ligne, et du chef de la reine, sa grand'mère, à la couronne d'Espagne, au défaut de celle de la jeune reine, épouse de Louis XIV. Dès ce moment ses brillantes facultés se ranimèrent : dans l'impossibilité d'opérer lui-même sur un champ de bataille, il s'occupait de l'art de la guerre, recherchait la société des vieux officiers, s'élevait dans la discussion à une hauteur de vues qui frappait tout le monde. En 1706 il obtint un commandement en Italie; mais malgré son habileté et sa bravoure il ne fut pas heureux, il se fit battre devant Turin, perdit tous ses bagages, ses munitions et sa caisse militaire, défaite désastreuse, qui entraîna la perte du Piémont, du Milanais, du Modénais et du royaume de Naples. Pour surcroît de malheur, le duc d'Orléans, dangereusement blessé pendant la bataille, ne put pourvoir au salut de l'armée vaincue, et la retraite se fit dans le plus grand désordre.

L'année suivante il passa en Espagne, où il soumit en courant les provinces de Valence, d'Aragon et de Catalogne, et couronna cette brillante campagne par la prise de Lerida, qui avait résisté au prince de Condé et au duc d'Harcourt. Témoin de l'incapacité et de la faiblesse du roi d'Espagne Philippe V, il conçut la pensée de s'asseoir à sa place sur ce trône que ses armes venaient de protéger. Quelques intrigues entamées dans ce but furent dénoncées à Versailles comme un crime d'État, et le duc se vit gardé à vue et menacé d'une instruction criminelle. Appelé devant le roi, qui l'écouta en juge, il se défendit avec l'accent de l'innocence, mais ne réussit point à convaincre son oncle. Dans toute la famille royale, un seul homme osa prendre le parti de l'accusé en face du reste de la cour; ce fut le duc de Bourgogne. Le duc d'Orléans eut ordre de ne plus reparaître à Versailles.

Philippe s'abandonna alors de nouveau, sous les inspirations de Dubois, à sa vie insouciante et voluptueuse; mais cette fois, et comme pour s'étourdir sur sa position vis-à-vis de la cour, ou pour lui jeter un gant de défi, il se livra à tous les excès, à toutes les extravagances de la débauche. Sa faiblesse impardonnable pour la duchesse de Berry, sa fille, qu'il avait eu le tort irrémissible d'initier à cette société des *roués* dont il était l'âme, ses railleries continuelles et presque publiques contre les principes les plus sacrés de la religion et de la morale, lui enlevèrent l'amour du peuple, que lui avaient concilié ses qualités chevaleresques. D'infâmes calomnies, élaborés à Versailles et à Meudon, vinrent lui donner, mais en vain, les plus sévères avertissements : il en est une surtout qui prit une assez forte consistance, et qui fut pour lui la plus cruelle des épreuves. Le dauphin, la dauphine, le duc, la duchesse de Bourgogne, leur fils aîné, étaient morts dans l'espace d'une année, de maladies étranges, dans lesquelles les médecins du roi avaient cru trouver des traces de poison. L'un d'eux, Fagon, en l'affirmant au roi, malgré les dénégations formelles du chirurgien Maréchal, avait semé l'épouvante à la cour. En admettant l'affreuse hypothèse de l'empoisonnement, qui donc était intéressé à commettre ces forfaits multipliés? Chaque victime formait en tombant un degré de plus pour faciliter au duc d'Orléans les approches du trône. On savait qu'il s'était occupé de chimie depuis ses plus tendres années, et qu'il n'avait pas cessé de s'instruire dans la science dont les Voisin et les Brinvilliers s'étaient fait un si terrible instrument de crime. Cette réunion de circonstances fit planer sur le prince les plus affreux soupçons. Le peuple, pratiqué secrètement par le duc du Maine, se porta aux plus violentes manifestations contre le prince, devant le palais duquel on avait à dessein fait passer le convoi de la dauphine; et sans l'énergique intervention du lieutenant de police d'Argenson, le duc d'Orléans, assailli par une populace forcenée, courait les plus grands dangers. Son chimiste, Humbert ou Homberg, court se constituer prisonnier à la Bastille; mais on refuse de l'y recevoir. Le duc demande lui-même à être mis en prison; mais la haute raison du roi se refuse à croire au crime dont la voix publique accuse son neveu.

Avant de mourir, Louis XIV, par l'influence de Mme de Maintenon, avait accordé aux légitimés les titres et prérogatives de prince du sang, et même le droit de succéder à la couronne. En outre, un testament secret, mais que le duc d'Orléans ne tarda pas à connaître dans ses principales dispositions, conférait la garde et tutelle de Louis XV au premier des légitimés, au duc du Maine, ainsi que la présidence d'un conseil de régence institué au préjudice du duc d'Orléans. Le lendemain de la mort du vieux monarque, le parlement tint une séance solennelle pour la lecture du testament; les princes légitimés et le duc d'Orléans y assistaient : ce dernier protesta contre les dernières volontés du roi. Son discours, habilement préparé et prononcé avec fermeté, fit une profonde impression. Le duc du Maine prit à son tour la parole, et, s'animant par degrés, défendit le testament avec une vigueur qu'on n'attendait pas de lui. Mais le parlement, impatient de secouer l'interdiction politique qui pesait sur lui depuis soixante ans, prononça l'annulation du testament et du codicille. Le duc d'Orléans se fit même attribuer le commandement de la maison militaire du roi, que Louis XIV avait encore donné au duc du Maine.

A peine nommé, Philippe d'Orléans est entouré et encensé par cette même cour qui à Versailles l'avait abreuvé d'humiliations. Il oublie les injures, rassure Mme de Maintenon, effrayée, rappelle les exilés, met en liberté les prisonniers politiques et les jansénistes, et fait luire aux yeux de la nation l'aurore d'un gouvernement tout paternel. Jaloux de justifier les espérances qu'il a fait naître de toutes parts, il organise, selon le plan du duc de Bourgogne, six conseils d'administration, pour les affaires intérieures, étrangères, ecclésiastiques, pour la guerre, la marine et les finances. Il diminue les cadres de l'armée, et rend 25,000 hommes à l'industrie et à l'agriculture. Sa politique à l'extérieur devait être conforme à son désir profond d'éviter la guerre; il résolut en conséquence d'abandonner la cause des Stuarts; et sur les instances de l'ambassadeur anglais, mylord Stair, il donna l'ordre officiel de faire arrêter le prétendant, auquel il fournit secrètement les moyens de s'échapper. Le système pacifique adopté par le régent permit à la France de réaliser 400 millions d'économie. Toutefois, la dette énorme laissée par le feu roi (plus de trois milliards) pesait toujours sur le pays, dont l'industrie était paralysée; rien n'avait pu combler le déficit des finances, ni la réduction des pensions et les poursuites sévères contre les traitants, ni la refonte des monnaies et la révision des billets, ni le rétablissement de l'impôt du dixième. Le duc de Saint-Simon avait proposé la banqueroute au régent, qui en avait vivement repoussé l'idée. C'est dans ces circonstances que se présenta Law l'Écossais, avec son projet de banque; le régent l'accueillit, écouta l'explication détaillée de ses plans, et les fit adopter par le conseil des finances, malgré une assez vive opposition. Cependant, les créations financières de Law lui créèrent de graves embarras à l'intérieur; il cassa les arrêts du parlement dans un lit de justice, et dans la même séance, voulant accabler ses ennemis d'un seul coup, il fit lire une déclaration qui réduisait les légitimés au rang de duc et pair, à l'exception du comte de Toulouse. Bientôt une nouvelle mesure enleva au duc du Maine la surintendance de la maison du roi; dès ce moment la volonté du régent devint souveraine. Ce coup d'État exaspéra la duchesse du Maine, qui jura de s'en venger à tout prix. Elle se lia secrètement avec le duc de Cellamare, ambassadeur d'Espagne, qui avait ordre de tout entreprendre pour renverser le régent. Et bientôt une vaste conspiration fut ourdie. Le cardinal Alberoni promit aux conjurés l'assistance d'une armée et d'une flotte. Mais la conjuration avorta misérablement, et quelques malheureux gentilshommes bretons portèrent leur tête sur l'échafaud. Après avoir signé un traité d'alliance avec les cours de Vienne et de Londres, le régent déclara la guerre à l'Espagne. Tout en tenant compte des justes motifs d'irritation qui poussèrent le régent à cette extrémité, il est permis de croire que dans cette circonstance il fut dupe de la politique des deux cabinets avec lesquels il s'alliait, et surtout de celle de l'Angleterre, qui tremblait à chaque instant de voir se réaliser le mot célèbre de Louis XIV à son petit-fils : *Il n'y aura plus désormais de Pyrénées.* L'Espagne, écrasée, demanda la paix. Mais la chute complète du système de Law ébranla la fortune publique. Les querelles religieuses et l'affaire de la bulle Unigenitus se joignirent à tant de maux. Un lit de justice triompha encore de la résistance du parlement; mais l'opinion publique flétrit avec raison cette impolitique mesure, qui réveilla de nouveau toutes les vieilles haines amassées depuis longtemps sur la tête du régent. Par une fâcheuse coïncidence, en ce moment, le roi tomba dangereusement malade. Les bruits d'empoisonnement se répandirent alors de nouveau. La douleur du duc d'Orléans pendant la maladie de Louis XV, les soins dont il l'entoura, et la joie expansive qu'il manifesta à sa guérison, dont le médecin Helvétius eut tout l'honneur, furent d'éloquents démentis à ces infâmes calomnies.

Cependant, le régent continuait à exciter l'animadversion publique en gardant près de sa personne et en élevant chaque jour davantage l'abbé puis cardinal Dubois, qui était pour lui comme le génie du mal. Les débauches monstrueuses dans lesquelles se plongeait continuellement le prince avaient énervé toutes ses facultés, en lui inspirant un dégoût invincible pour le travail. Dubois, qui conserva toujours une grande facilité dans le maniement des affaires, finit par remplacer entièrement son maître. Pourtant, le régent, chose incroyable! se sentait au fond du cœur un profond mépris pour le cardinal, et ne craignait pas de le lui témoigner souvent dans les termes les plus énergiques; mais son apathie était devenue tellement irrémédiable qu'il reculait toujours à l'idée de reprendre le fardeau du gouvernement; de là cette odieuse domination qui scandalisait le pays et le déshonorait aux yeux de l'étranger. Il vint même un moment où le prince, abandonnant entièrement à son ministre le soin du royaume, *s'enterra tout entier dans l'orgie*, pour nous servir de l'expression pittoresque de Saint-Simon. Les soupers du Palais-Royal devinrent une école de libertinage. Quand l'heure de ces soupers avait sonné, le prince et ses acolytes se barricadaient pour ainsi dire dans l'appartement, et le régent faisait défense de le déranger de toute la nuit, quelle que fût la gravité de l'affaire où l'imminence du danger.

« Les soupers du régent, dit Saint-Simon, étaient toujours avec des compagnies fort étranges, avec ses maîtresses, quelquefois des filles de l'Opéra, souvent avec la duchesse de Berry, quelques dames de moyenne vertu et quelques gens sans nom, mais brillant par leur esprit et leur débauche. La chère y était exquise..... les galanteries passées et présentes de la cour et de la ville, les vieux contes, les disputes, rien ni personne n'étaient épargnés. On buvait beaucoup et du meilleur vin; on s'échauffait, on disait des ordures à gorge déployée, des impiétés à qui mieux mieux, et quand on avait fait du bruit et qu'on était bien ivre, on s'allait coucher. » Ce qu'il faut dire cependant, c'est qu'au milieu de l'ivresse la plus complète, le régent gardait encore assez de présence d'esprit pour ne révéler jamais les secrets d'État. Il ne laissait prendre aucune influence à ses maîtresses, auxquelles il se contentait de faire des cadeaux, ordinairement peu considérables. Mesdames de Parabère et de Sabran, auxquelles il parut le plus longtemps attaché, n'obtinrent pas sur lui une plus grande influence. Il les appelait ordinairement, même en leur présence, l'une *le gigot*, l'autre *l'aloyau*.

Après la mort de son premier ministre, le duc d'Orléans essaya de se relever devant l'opinion publique par une ardeur infatigable pour les affaires : ses journées entières étaient employées aux plus graves conférences. Malheureusement, il continuait à donner toutes ses nuits au plaisir, et

cette double fatigue devait altérer rapidement sa santé; déjà même il avait contracté de déplorables infirmités, qui lui donnaient, à cinquante ans à peine, toute l'apparence d'un vieillard. Tout à coup ses amis remarquèrent sur ses traits des symptômes alarmants. Ses yeux et son teint étaient enflammés; il passait presque sans intervalle d'un état d'irritation extrême à un abattement complet. Sentant la mort approcher, il se hâta de remettre tous les pouvoirs au roi, qui venait d'atteindre sa majorité, et voulut qu'il fût sacré sans délai. Louis XV pressa vivement le duc d'Orléans de garder la place de premier ministre, que le prince finit par accepter; mais il ne voulut point interrompre ses habitudes de plaisir, et malgré les avertissements sinistres du médecin Chirac, il persista à braver le danger. La mort le surprit aux côtés de sa nouvelle maîtresse, la duchesse de Phalaris: il avait alors quarante-neuf ans et quatre mois.

Le duc d'Orléans était d'une taille médiocre, mais proportionnée; son front élevé avait de la majesté, et ses traits de la douceur. Ses gestes et ses manières respiraient la grâce et l'abandon. Sa voix flexible et flatteuse avait, au besoin, un accent énergique; il séduisait par son affabilité et une facilité d'élocution dont la clarté était la qualité dominante. Sa mémoire prodigieuse faisait supposer une vaste lecture et de grandes connaissances qu'il n'avait pas. Fertile en reparties ingénieuses et vives, il soutenait sans effort tous les genres de discussion et y apportait d'inspiration des lumières inattendues : la justesse d'esprit modérait en lui les élans de l'imagination. Un de ses faibles était de croire ressembler à Henri IV, auquel il se comparait avec complaisance dans ses moindres actions. Comme lui, il était bon, humain, populaire par nature et compatissant. Les libelles qui l'accusaient d'être un assassin le faisaient bondir d'indignation ou l'accablaient de douleur. A la lecture des infâmes *Philippiques* de Lagrange-Chancel, il tomba dans un long accablement, dont il ne sortit que par des larmes et des sanglots. Franc et loyal par nature, il était défiant par système, et ne croyait ni à la vertu ni à la probité. S'il faut s'en rapporter à Saint-Simon, le régent, qui affichait ostensiblement son athéisme, croyait au diable de toute la force de son âme, et eut recours à tous les exorcismes du *Grand* et du *Petit Albert*. Il passait des nuits entières dans les carrières de Vanvres et de Vaugirard à faire des invocations. Habile dans les arts, qu'il avait étudiés avec enthousiasme, il composa la musique de l'opéra de *Panthée*, dont La Fare avait écrit le poëme. Amateur éclairé de peinture, et peintre lui-même, il avait reçu des leçons d'Antoine Coypel. Une petite galerie du Palais Royal avait été décorée par lui d'une suite de sujets représentant l'histoire de Jason et de Médée; et avant la révolution on voyait encore sur les murs du château de Meudon des fresques remarquables de sa composition. On lui doit aussi les dessins de *Daphnis et Chloé* gravés par B. Audran et insérés dans l'édition de Paris, 1718.

Le régent eut de son mariage avec Mlle de Blois : *Marie*, duchesse de Berry; *Louise-Adélaïde*, Mlle de Chartres, née le 13 août 1698, abbesse de Chelles et fougueuse janséniste, morte le 20 février 1743; *Charlotte-Aglaé*, Mlle de Valois, née le 20 octobre 1700, mariée à François d'Este, prince de Modène, morte le 19 janvier 1761; *Louis*, troisième duc d'Orléans-Bourbon; *Louise-Élisabeth*, Mlle de Montpensier, née à Versailles, le 11 décembre 1709, mariée le 20 janvier 1722, à Louis, prince des Asturies, devenu roi d'Espagne en 1724, veuve la même année, morte à Paris, le 16 juin 1742; *Philippe-Élisabeth*, Mlle de Beaujolais, née le 18 décembre 1714, morte en 1734; *Louise-Diane*, née à Paris, le 27 juin 1716, mariée en 1734 à Louis de Bourbon, prince de Conti, morte en 1736. Le duc d'Orléans eut encore de la comtesse d'Argentan trois enfants naturels, dont le second *Jean-Philippe, dit le chevalier d'Orléans*, fut seul reconnu; né à Paris, en 1702, il fut grand-prieur de France de l'ordre de Saint-Jean de Jérusalem, grand d'Espagne, etc. P.-F. TISSOT, de l'Académie Française.

ORLÉANS (LOUIS, duc D'), fils du précédent, naquit à Versailles, le 4 août 1703. Son père lui donna pour précepteur l'abbé Mongault, alors célèbre dans le monde littéraire par sa traduction des *Lettres* de Cicéron à Atticus. Ce prêtre vénérable communiqua à son élève ce goût vif de l'étude qui protège la jeunesse contre les orages des passions. Et pour le prémunir de bonne heure contre les séductions de toutes natures, qui ne devaient pas tarder à l'assaillir à la cour du régent, il fit agir sur l'imagination du jeune prince la terreur des plus sombres mystères religieux. Le duc de Chartres épousa, en 1724, la princesse de Bade, dont la mort, après deux ans d'une union assortie, le frappa d'un coup si douloureux que, renonçant aux grandeurs qui l'attendaient, il résolut de s'enfermer dans la retraite et d'y passer le reste d'une vie jusque là consacrée à la méditation et aux œuvres pieuses. Peut-être le désir secret d'expier les désordres de son père était entré dans cette âme pure et pleine de Dieu. Il allait souvent à l'abbaye Sainte-Geneviève, qu'il avait prise en prédilection, et où il faisait ses pâques. Les moines de cette abbaye le décidèrent, en 1730, à venir y prendre un appartement. Les habitudes sévères de cette maison, les pratiques religieuses auxquelles le prince consacrait la plus grande partie de la journée, et qui le firent surnommer *le Dévot*, l'habituèrent par degrés aux austérités de la vie cénobitique. En 1742 il se fixa tout à fait à Sainte-Geneviève, et en suivit la règle avec une piété chaque jour plus fervente. Il ne voulut se réserver qu'une somme de 1,800,000 fr. sur ses revenus, et offrit le reste à sa sœur la reine d'Espagne, rentrée en France après la mort de son époux. Toutefois, le prince n'était pas tellement absorbé par les pratiques de la vie claustrale qu'il oubliât entièrement son pays. Il employait la plus grande partie de la somme qu'il s'était allouée sur son immense fortune à encourager les arts, les lettres, et surtout les sciences. Il faisait rechercher les savants nécessiteux, les aidait dans leurs travaux, et les appelait souvent auprès de lui, assistant à leurs expériences, et encourageant leurs efforts. L'un d'eux, Guettard le naturaliste, vint demeurer auprès de lui, et l'aida à former un cabinet d'histoire naturelle, qui passait pour l'une des collections les plus complètes de Paris. Le prince, sur ses dernières années, parut abandonner les sciences profanes pour se livrer exclusivement à des études dont la religion était le but. Jaloux de lire dans le texte les Écritures sacrées, pour être plus en état de les défendre contre les attaques de l'école philosophique, alors florissante, il étudia avec le plus grand succès l'hébreu, le syriaque, le chaldéen et le grec. Tant de travaux, joints à des mortifications dont il augmentait chaque jour l'austérité, devaient attaquer sa santé. Le prince sentit en effet ses forces décliner rapidement, et se prépara avec résignation à la mort. Ses derniers instants fournirent au clergé une nouvelle occasion de faire éclater son intolérance. A cette époque, la lutte entre l'archevêque de Paris et le parlement relativement à la bulle *Unigenitus* était dans toute sa force. Le prince, qui avait de bonne heure adopté les principes du jansénisme, se trouvait entouré à son lit de douleurs des plus opiniâtres partisans de cette opinion religieuse. Le curé de Saint-Étienne-du-Mont (Bouettin), appelé auprès du duc d'Orléans, voulut lui faire rétracter ses doctrines, et soutint avec lui une controverse longue et animée, qui épuisa sans doute les dernières forces de son pénitent. Le prince ayant résisté avec fermeté, Bouettin lui refusa la communion, aux grands applaudissements de ses confrères, qui élevèrent jusqu'aux nues un acte de stupide fanatisme. Le parlement voulut intervenir et poursuivre; le duc s'y opposa, et se fit administrer par son aumônier, que le curé de Saint-Étienne excommunia plus tard à son lit de mort.

Le prince rendit le dernier soupir le 4 janvier 1752. Ses restes mortels furent déposés sans pompe dans le caveau de sa famille au Val-de-Grâce. Dans son désir de rendre un dernier service à la science, il avait exprimé, dit-on, le désir que son corps fût donné à l'école royale de chirurgie. En apprenant la mort de ce prince, la reine dit : « C'est un bienheureux qui laisse après lui bien des malheureux. » On cite parmi les ouvrages manuscrits du prince une *Traduction littérale des Psaumes*, faite sur le texte hébreu, avec une paraphrase et des notes, et un grand nombre de dissertations. Il a laissé, en outre, des *Traductions littérales* d'une partie des livres de l'Ancien Testament et des *Épîtres* de saint Paul; un *Traité contre les Spectacles*, etc. Il n'avait eu de son mariage qu'une fille, morte à l'âge de deux ans, et un fils, héritier du nom.

P.-F. Tissot, de l'Académie Française.

ORLÉANS (Louis-Philippe, duc d'), fils du précédent, naquit à Paris, le 12 mai 1723. Il fit ses premières armes en 1742, dans la campagne de Flandre. L'année suivante, il suivit le maréchal de Noailles sur le Rhin, et assista à la bataille de Dettingen, où le général en chef lui avait confié le commandement de la cavalerie; la bravoure du prince dans les différents engagements qui eurent lieu cette année rappela souvent celle de son aïeul le régent. A son retour, il épousa Louise-Henriette de Bourbon-Conti, princesse spirituelle et belle, mais douée de l'esprit le plus caustique. Cette union ne fut pas heureuse; et les deux époux vécurent assez longtemps séparés. Nommé lieutenant général en 1744, le duc d'Orléans fit la seconde campagne de Flandre, sous les ordres du maréchal de Saxe, assista aux siéges de Menin, d'Ypres, de Furne, de Fribourg, et prit une glorieuse part à la victoire de Fontenoy; il contribua également au gain des batailles de Raucoux, en 1746, et de Laufeld, en 1747. Après la mort de son père, le prince reçut le gouvernement général du Dauphiné. A cette époque La Condamine venait de publier son célèbre *Mémoire sur l'inoculation de la petite vérole*. Malgré le grand succès de ce mémoire, tous les esprits se tenaient en garde contre cette innovation. C'est au milieu de cette hésitation générale que le duc d'Orléans fit venir Tronchin de Genève, et le pria d'inoculer son fils unique et sa fille, depuis duchesse de Bourbon. Par cet acte de courage, le prince eut la gloire de propager cette méthode.

La guerre ayant recommencé, le duc d'Orléans partit pour l'armée du Rhin en 1757, s'empara, le 20 juillet, de Winkelsen, et combattit avec sa bravoure accoutumée à Hastenbeck. Deux ans après, la duchesse, sa femme, tomba malade, et fut rapidement emportée. Le duc put alors librement s'abandonner aux plaisirs, mais sans imiter jamais les funestes déportements de son aïeul. Il embellit sa maison de Bagnolet, dont il parvint à faire une résidence délicieuse. Un de ses amusements favoris était d'y faire jouer la comédie par les personnes qu'il admettait dans son intimité; lui-même, dépouillant l'étiquette du rang, ne dédaignait pas de se charger des rôles comiques, dont il s'acquittait à merveille : Grimm assure, dans sa Correspondance, qu'il était plein de naturel et de vérité dans les *financiers* et les *paysans*. Collé composait la plupart de ces pièces.

Le prince faisait particulièrement sa société des adeptes de l'école philosophique, alors dans sa plus grande faveur. Dans la lutte des parlements contre Maupeou, les deux partis firent les plus grands efforts pour attirer le prince sous leurs drapeaux. Vers la fin de 1771, il se réconcilia avec la cour. On prétend, toutefois, qu'il ne consentit à revenir à Versailles qu'à la condition qu'on lui permettrait d'épouser Mme de Montesson : ce mariage, auquel Louis XV s'était constamment opposé, eut lieu en 1773. Le duc d'Orléans mourut le 18 novembre 1785, regretté et pleuré par tous les infortunés. Ce ne fut qu'à sa mort, et à la vue de l'immense concours de peuple qui suivait en larmes son convoi, que l'on put savoir le nombre des misères qu'il avait consolées.

Le duc avait eu de sa première femme deux enfants, l'aîné, héritier du nom; l'autre, *Louise-Marie-Thérèse-Bathilde*, née à Saint-Cloud, le 9 juillet 1750. Cette princesse épousa, en 1770, le duc de Bourbon-Condé, et fut la mère de l'infortuné duc d'Enghien. Elle mourut à Paris, en 1822.

P.-F. Tissot, de l'Académie Française.

ORLÉANS (Louis-Philippe-Joseph, duc d'), premier prince du sang, naquit à Saint-Cloud, le 13 avril 1747. Ce prince, qui avait d'abord porté le nom de duc de Montpensier, devint duc de Chartres le 4 février 1752, à la mort de son aïeul. Il épousa, le 5 avril 1769, Louise-Marie-Adélaïde de Bourbon, fille du duc de Penthièvre, et digne héritière des vertus paternelles. Le jeune duc excellait à tous les exercices du corps : personne ne montait mieux à cheval; comme le prince de Galles, son ami, il brillait surtout dans les courses de chevaux, qu'il avait mises aussi à la mode; mais, à l'exemple de ce prince, de celui du comte d'Artois et d'une foule de jeunes seigneurs de la cour, il se précipitait dans l'ivresse des voluptés, qu'il ne choisissait pas toujours d'une manière digne de son rang. La conduite du duc d'Orléans méritait sans doute de graves reproches; mais ce prince, en butte à tant d'acharnement, était chéri dans son palais comme le meilleur des maîtres. Naturellement porté à la bienfaisance, il aimait à accueillir ceux qui sollicitaient sa protection; on se louait de son humeur affable; mais il descendait trop souvent jusqu'à la familiarité, par suite de la facilité de ses mœurs et d'une sorte de popularité qui était dans son caractère et dans ses principes; car il n'avait pas l'orgueil du rang, et se plaisait à causer avec tout le monde. Quoique possesseur d'une fortune immense, le duc d'Orléans contracta des dettes; des engagements onéreux le jetèrent dans des spéculations qui faillirent lui enlever l'affection publique, à laquelle il attachait le plus grand prix (*voyez* Palais Royal).

Mais déjà le moment était venu où le prince allait jouer un rôle politique et faire le premier pas dans la brûlante carrière qui devait le conduire à un abîme! En 1771 il concourut à la résistance que les princes opposèrent à la dissolution des parlements, sous le ministère de Maupeou.

Lorsque la guerre fut déclarée à l'Angleterre, il sollicita la survivance de la charge de grand-amiral que possédait le duc de Penthièvre; mais il n'obtint qu'un commandement d'honneur, sur le vaisseau *Le Saint-Esprit*, dans la flotte de la Manche. Il assista au combat d'Ouessant, et sa conduite en cette occasion donna lieu aux bruits les plus contradictoires. A Paris le peuple l'accueillit avec enthousiasme. Il parut à l'Opéra, et des applaudissements unanimes le saluèrent à son entrée; mais quand il revint à son poste, la cour et la ville furent inondées de pamphlets et d'épigrammes qui l'accusaient formellement de s'être réfugié à fond de cale pendant le combat. La reine, qu'une antipathie mutuelle éloignait du prince, lui écrivit au nom du roi pour lui intimer l'ordre de quitter le service maritime. Au lieu de la charge qu'il avait espérée, on lui donna, par une espèce de dérision, le brevet de colonel général des hussards. Il cessa dès lors de paraître à Versailles, et vécut dans l'intimité d'un certain nombre d'amis, dont les mœurs relâchées étaient notoirement connues. Vers la fin de 1784, il fit un voyage à Londres, et s'y lia étroitement avec le prince de Galles, depuis Georges IV, et une foule de seigneurs. A son retour, il vanta beaucoup la simplicité du costume anglais, qui contrastait avec la magnificence déployée alors en France par la haute société. Il substitua l'habit bourgeois à l'or et aux broderies, et se vit bientôt imiter par toute la jeune noblesse. Devenu duc d'Orléans à la mort de son père (1785), il fut dans la première assemblée des notables l'un des chefs de l'opposition. Le 6 août 1787 il osa interpeller le roi en plein parlement, et lui demanda *s'il tenait un lit de justice;* puis sur la réponse affirmative du monarque, il protesta hautement contre cette mesure, déclara que le droit de voter des impôts n'appartenait qu'aux états généraux, et fit rendre par la cour un arrêt portant qu'elle ne prenait aucune part à l'enregistrement illégal des édits que le roi lui avait apportés. Le lendemain de cette séance, le prince se vit exilé à quinze lieues de Paris, dans son château de Villers-Cotterets. Le rappel du duc ne fut signé qu'au mois de mars 1788. Dans la seconde assemblée des notables, il présida de nouveau le troisième bureau, et s'y montra, comme par le

passé, l'adversaire des projets ministériels. Bientôt après, les états généraux furent convoqués, et le prince, qui durant l'hiver rigoureux qu'on venait de traverser avait répandu de grandes libéralités, fut élu à la fois dans Paris, à Villers-Cotterets et à Crespy-en-Valois. Il opta pour le bailliage de Crespy, dont les cahiers lui paraissaient conformes aux principes qu'il avait adoptés dans ses instructions. A la procession solennelle qui eut lieu à Versailles la veille de l'ouverture des états, on cria sur le passage de la reine : *Vive le duc d'Orléans!* et l'on remarqua l'affectation avec laquelle ce prince, séparé de la famille royale et confondu parmi les députés de la noblesse, salua la multitude qui bordait le cortége. Dans la chambre de la noblesse, il opina pour que les pouvoirs des trois ordres fussent vérifiés en commun et pour que dans l'assemblée générale on votât par tête et non par ordre. Le 25 juin le duc d'Orléans vint se réunir aux députés du tiers, à la tête de quarante-neuf membres de la noblesse. Le 3 juillet il fut nommé président de l'Assemblée nationale; mais il refusa. La cour, qu'il avait profondément irritée par sa démarche solennelle du 25 juin, ne conserva plus dès ce moment aucun ménagement envers lui, et l'accusa publiquement de tous les mouvements populaires qui avaient lieu à cette époque. Ces accusations devinrent plus vives lorsqu'à l'occasion du renvoi d'un ministre populaire, et de l'approche des troupes avec lesquelles on espérait comprimer l'opinion publique, les bustes de Necker et du prince furent portés en triomphe, et les couleurs de la maison d'Orléans arborées par le peuple. De toutes parts fut alors signalée l'existence positive d'un parti *orléaniste*, premier moteur des scènes terribles qui agitaient la France et travaillant en secret à l'élévation d'une dynastie nouvelle. Élevés dans les préjugés de la vieille monarchie, habitués à voir dans de petites manœuvres les causes des plus grands événements, les courtisans témoins du vaste et patriotique ébranlement de 1789 n'attribuaient qu'à l'esprit d'intrigue les miracles de l'esprit national, et s'obstinaient à identifier le duc d'Orléans et la révolution. Les événements des 5 et 6 octobre furent attribués au prince par l'opinion publique, qui se fit en cette circonstance l'auxiliaire de l'opinion de la cour. La Fayette signifia au duc un véritable ordre d'exil, déguisé sous le prétexte d'une mission diplomatique à Londres. Mirabeau pensait que le prince devait résister; mais quoique courageux de sa personne, il manquait de l'audace nécessaire à cette résolution. Il partit pour Londres. Son arrivée à Boulogne, où il devait s'embarquer, excita un grand mouvement : le peuple, soulevé en sa faveur, ne voulait pas lui laisser quitter la France. Le prince se déroba à cette tumultueuse ovation, et partit. Quelques jours après, le tribunal du Châtelet de Paris fit une instruction sur les événements des 5 et 6 octobre, et demanda ensuite à l'Assemblée de déclarer, aux termes de la loi constitutionnelle (qui ne permettait pas de mettre en jugement les membres de l'Assemblée qu'elle ne les eût préalablement décrétés d'accusations), qu'*il y avait lieu à accusation contre le duc d'Orléans et le comte de Mirabeau.* Mais, sur le rapport de Chabroud, elle déclara, à une grande majorité, qu'*il n'y avait lieu à accusation ni contre le duc d'Orléans ni contre le comte de Mirabeau.* Le prince publia un mémoire où sont repoussées avec indignation les accusations dirigées contre lui dans ce fameux procès. Le duc de Lauzun, son ami, le défendit avec chaleur à l'Assemblée; le marquis de Ferrière, député royaliste d'une opinion prononcée, prit aussi sa défense par écrit.

Philippe resta en Angleterre environ huit mois, et envoya par écrit son adhésion au serment civique, qui fut prononcé le 4 janvier 1790 par le roi à l'Assemblée nationale. Il revint à Paris à l'époque de la fédération du 14 juillet.

L'absolution dont il avait été l'objet fut regardée comme une amnistie, et l'on continua à faire du premier prince du sang l'auteur de tous les désordres révolutionnaires.

A cette époque pourtant il y eut une tentative de rapprochement entre lui et la cour. Le ministre de la marine, Thévenard, l'avait fait nommer amiral. Il alla remercier le roi, qui le reçut bien, et lui demanda s'il avait vu la reine. « Elle vous attend, dit le roi, allez chez elle ; » La reine ne témoigna aucun souvenir du passé; mais les femmes tournèrent le dos au prince, et les hommes le regardèrent avec un mépris provoquant. Le couvert de la reine était mis : « Prenez garde aux plats, criait-on de toutes parts; » comme si l'on eût craint le poison. On serrait, on coudoyait le duc, qui en descendant l'escalier de la reine reçut un crachat sur la tête et quelques autres sur ses habits. Convaincu que toutes ces humiliations lui avaient été prodiguées avec l'autorisation de la reine, Philippe d'Orléans sortit ennemi irréconciliable de ce palais, où il était venu apporter des paroles de paix. Cependant, le roi et même la reine, dit-on, n'apprirent qu'avec peine les outrages dont le duc avait été l'objet; mais ils ne furent pas assez bien inspirés pour chercher à en effacer l'impression.

Quelques patriotes influents, qui n'auraient pas osé encore aspirer à la république, songèrent alors à une dynastie d'Orléans ; et la nombreuse clientèle de cette maison accueillit ces projets avec enthousiasme. Mais il n'y avait pas dans ce prince irrésolu l'étoffe d'un chef de parti. Mirabeau disait que le duc d'Orléans n'était pas lui-même de son parti et qu'il n'avait jamais eu que des velléités de vertus et de crimes. La nullité politique du prince devint manifeste lors de la fuite de Louis XVI et de son arrestation à Varennes. Il ne tenta rien; car il n'était rien moins qu'apte à maîtriser une révolution, et il aimait plus le plaisir que le pouvoir.

La guerre avait éclaté sur ces entrefaites; le prince demanda à rejoindre l'armée où servaient ses deux fils, les ducs de Chartres et de Montpensier. Sur la réponse singulière de Louis XVI, « que son cousin pouvait faire tout ce qu'il voudrait », Philippe d'Orléans partit pour Valenciennes, au mois de mai 1792, avec le comte de Beaujolais, son troisième fils, qui n'était alors âgé que de douze ans. Il avait assisté aux combats de Menin et de Courtray, lorsque le roi fit savoir au maréchal de Luckner que son désir était que le prince quittât l'armée. On craignait qu'il ne s'y formât un parti.

Il revint à Paris pour assister à la journée du 10 août. Lorsqu'on procéda aux élections qui devaient amener la Convention nationale, le prince se présenta comme candidat à la députation de Paris. Mais les noms de terre n'existaient plus, et le duc ne pouvait être désigné et inscrit sous le nom d'Orléans, qui provenait d'un duché. Philippe d'Orléans se trouvait réellement sans nom. Dans ce cas, il devait s'adresser à la municipalité de son domicile pour qu'elle fixât le nom qu'il porterait dorénavant. Il se rendit en conséquence au sein de la commune de Paris, et c'est là que selon les uns par une inspiration personnelle, selon d'autres par une suggestion de Manuel, substitut du procureur de la commune, il prit le nom d'*Égalité*. Ce fut donc sous le nom de Louis-Philippe-Joseph Égalité qu'il parut à la Convention nationale, après avoir été nommé le dernier des députés de Paris, comme si le corps électoral eût ainsi voulu témoigner du triomphe définitif et absolu du peuple sur l'aristocratie.

A la Convention le duc d'Orléans vota constamment avec la *Montagne*, et se vit en butte aux attaques continuelles de la Gironde. Ce parti réussit à faire rendre, le 16 décembre 1792, un décret qui bannissait du territoire de la république tous les membres de la maison de Bourbon résidant encore en France; mais la Montagne fit rapporter ce décret deux jours après. Philippe avait à cette époque des ennemis dans les deux camps. Une partie des girondins lui reprochaient de vouloir tout désorganiser pour s'élever sur les ruines des pouvoirs existants. D'un autre côté, un certain nombre de jacobins, la faction d'Hébert principalement, étaient particulièrement acharnés contre lui. Égalité, dans ces terribles circonstances, cachait sa tête et tâchait de se perdre dans la foule. Il suivait ce plan de conduite depuis le 10 août, et surtout depuis le 2 septembre, où les violences populaires l'avaient effrayé et révolté à la fois; il ne marchait plus avec la révolution, mais était entraîné par elle, et voyait un abîme ouvert sous ses pas. Loin de figurer parmi les meneurs du jacobinisme, il était réduit à se faire tolérer comme *sans-culottes* subalterne et docile, et ne se soutenait qu'avec peine contre les attaques des divers partis dont son nom provoquait les fureurs. Il prit rarement la parole dans l'Assemblée. Cependant, il monta à la tribune pour annoncer à la Convention la victoire de Jemmapes. On a dit que dans le procès de Louis XVI Égalité avait l'intention de se récuser, mais qu'il fut menacé par les montagnards, ses amis, d'être lui-même envoyé à l'échafaud, s'il ne votait avec eux la mort du tyran. Quoi qu'il en soit de cette contrainte, qui ne justifierait pas son infamie et sa lâcheté, il s'assit parmi les juges du chef de sa famille, et quand vint son tour d'opiner, il vota la mort en des termes qu'il faut rappeler, car ils appartiennent à l'histoire : « Uniquement occupé de mon devoir, convaincu que tous ceux qui ont attenté ou attenteront par la suite à la souveraineté du peuple méritent la mort, je vote pour la mort. » Des cris d'indignation partis de tous les bancs et même des tribunes publiques, garnies de tricoteuses, firent comprendre au prince régicide qu'il venait de transgresser une de ces grandes lois morales sur lesquelles la société, divisée sur tout le reste, demeure invariablement d'accord.

Philippe, après son vote, se vit abandonné par la Montagne; et malgré ses protestations, il continua de servir de jouet aux girondins et aux montagnards, pour s'accuser mutuellement de vouloir rétablir la monarchie dans sa personne ou dans sa famille. La défection de Dumouriez, avec lequel il entretenait une correspondance active, et le départ forcé du duc de Chartres, frappé d'un décret d'arrestation, rendirent sa position plus difficile encore. Au mois d'avril 1793, le comité de sûreté générale ayant décerné deux mandats d'arrêt contre les ducs de Montpensier et de Chartres, cette mesure fut bientôt suivie de l'arrestation du duc d'Orléans et de celle des membres de sa famille qui n'avaient pas quitté la France. Le soir du jour où la Convention prononçait sur son sort, Philippe dînait au Palais-Royal avec un de ses compagnons de plaisir, M. de Monville. Merlin de Douai accourut lui porter la fatale nouvelle. « Grand dieu! s'écria le prince en se frappant le front, est-ce possible? » Monville, qui exprimait le jus d'un citron sur une sole, répondit : « Que voulez-vous? Ils ont eu de votre altesse tous ce qu'ils en voulaient, et ils en font ce que je fais de ce citron. » Le duc, conduit à la commune, réclama, mais inutilement, le privilége qui assurait l'inviolabilité de sa personne, comme député, tant que la Convention n'aurait pas décrété sa mise en accusation. La Convention passa à l'ordre du jour sur sa réclamation, et on écroua Philippe à l'Abbaye avec son jeune fils, le comte de Beaujolais. Deux jours après, la Convention rendit un décret qui ordonnait la translation des prisonniers dans les châteaux de Marseille et le séquestre de leurs biens. Relégué d'abord au fort Notre-Dame, le prince quitta cette prison pour être conduit au fort Saint-Jean, où il fut traité avec la plus grande rigueur. Le 7 mai il subit un interrogatoire, dont il se tira avec autant d'adresse que de sang-froid, niant toujours avoir eu des relations avec Mirabeau et Dumouriez, et se proclamant l'inébranlable adhérent des jacobins et de la Montagne.

Cependant, lors de la proscription des quarante-cinq girondins, Billaud-Varennes proposa d'ajouter le nom du duc d'Orléans à la liste des députés que la Convention allait mettre en accusation. Cette proposition, faite simplement, et sans que l'orateur en expliquât le motif, fut adoptée sans la moindre opposition. Avant la publication de ce décret, le prince avait été traduit devant le tribunal révolutionnaire des Bouches-du-Rhône, qui l'avait déclaré innocent. Malgré cet acquittement et le rapport du député Rhull, affirmant n'avoir rien trouvé de suspect dans les papiers de l'accusé, le comité de salut public avait fait défense de le rendre à la liberté; son décret rendu, la Convention envoya des commissaires à Marseille, avec l'ordre de transférer le prince à Paris. Égalité fit le voyage avec l'espérance que l'on ne voulait de lui qu'un éclaircissement et qu'il n'allait pas courir les chances d'un nouveau jugement. Cette illusion subsistait encore dans la dernière lettre qu'il écrivit de Lyon à ses enfants. Arrivé à Paris, dans la nuit du 5 au 6 novembre, il fut conduit sur-le-champ à la Conciergerie : c'est là qu'on lui annonça qu'il comparaîtrait dès le lendemain devant le tribunal révolutionnaire. Le 6 au matin on le conduisit devant ses juges. Son acte d'accusation était le même que celui des girondins; Fouquier-Tinville ne s'était même pas donné la peine d'en rédiger un qui pût en apparence s'appliquer au duc d'Orléans. Entre autres absurdités qu'on y avait laissées subsister, se trouvait la mention d'un crime singulier, déjà reproché au député Carra, celui d'avoir voulu placer le duc d'York sur le trône de France. A cette étrange lecture, le prince sourit d'indignation et de pitié : « Mais en vérité, dit-il, ceci a l'air d'une plaisanterie. » Sommé de répondre aux nombreux chefs d'accusation dirigés contre lui, il répondit qu'ils se détruisaient d'eux-mêmes et ne lui étaient nullement applicables, puisque personne n'ignorait qu'il avait été constamment opposé au système et aux mesures du parti qu'on l'accusait d'avoir favorisé. » Le tribunal étant entré sur-le-champ en délibération, et l'ayant condamné à mort sans désemparer, Philippe s'écria avec l'accent d'une vive colère. « Puisque vous étiez décidés à me faire périr, vous auriez dû chercher au moins des prétextes plus plausibles pour y parvenir; car vous ne persuaderez jamais à qui que ce soit que vous m'avez cru coupable de tout ce dont vous venez de me déclarer convaincu, et vous, moins que personne, vous, qui me connaissez si bien, ajouta-t-il en regardant fixement le chef du jury, Antonelle. Au reste, puisque mon sort est décidé, je vous prie de ne pas me faire languir ici jusqu'à demain, et d'ordonner que je sois conduit à la mort aujourd'hui même. » On lui accorda sa demande. Le prince, en sortant de la salle, traversa rapidement la cour et les guichets de la Conciergerie : il était escorté par une demi-douzaine de gendarmes. « On doit le dire, rapporte un témoin oculaire, à sa démarche fière et assurée, à son air vraiment noble, on l'eût pris plutôt pour un général qui commande à ses soldats que pour un malheureux que l'on mène au supplice. Pendant les courts instants qu'il resta à la prison, il y déjeûna avec sa bonne humeur ordinaire et y reçut la visite d'un de ses juges, qui lui demanda quelques renseignements sur des faits importants concernant le salut de la république. Philippe y consentit dans l'intérêt de la liberté, et s'entretint avec son juge pendant une vingtaine de minutes. En terminant il dit à haute voix : « Je n'accuse pas les patriotes de ma mort; elle vient de plus haut et de plus loin. » On le plaça dans la même charrette que le général Courton et un serrurier nommé Labrousse. Ce dernier se récria : « Je suis condamné à mort; mais je n'ai pas été condamné à marcher au supplice à côté de ce misérable et de cet infâme! » Depuis la prison jusqu'à la place de la Révolution, il fut accablé de huées et d'insultes, et sembla y faire peu d'attention. Par un raffinement de cruauté, la voiture qui le conduisait à la mort s'arrêta un quart d'heure devant le Palais-Royal et devant le poste des Jacobins. Philippe promena ses regards avec le plus grand sang-froid sur son palais. Devant l'échafaud, et presque sous la hache, il montra une inébranlable fermeté. Les valets du bourreau voulaient lui ôter ses bottes : « Laissez cela, dit-il, vous débotterez plus facilement le cadavre. » Le duc d'Orléans avait la bravoure du régent; et d'ailleurs le scepticisme philosophique, le dégoût de la vie et des hommes avaient ajouté à son courage naturel ce caractère d'indifférence et d'impassibilité qui sait accepter la mort sinon comme un présent, au moins comme un repos. Le prince avait quarante-six ans quand il mourut. En 1815 le prince régent d'Angleterre, devenu roi sous les nom de Georges IV, disait à Mme Adélaïde : « Vous trouvez ici le portrait de votre père, parce que je n'ai jamais cru à un seul des crimes qu'on lui imputait. » Charles X avait la même opinion sur le duc d'Orléans, et se plut à répéter plus d'une fois : « Il n'était pas méchant. »

La duchesse d'Orléans, *Louise-Marie-Adélaïde* DE BOURBON-PENTHIÈVRE, sa femme, arrêtée en 1794, par un ordre du comité de sûreté générale, auquel les habitants de Vernon avaient essayé de la soustraire, fut conduite à la prison du Luxembourg et transférée plus tard à la maison de santé Belhomme, rue de Charonne. Au 18 fructidor elle sortit de prison, et se retira en Espagne avec une pension de cent mille francs que lui accorda le gouvernement. Elle se rendit ensuite à Mahon, puis à Palerme, où elle maria son fils le duc d'Orléans avec la princesse Marie-Amélie de Sicile. Elle revint ensuite à Mahon, et rentra en France à la restauration. Au mois de mars 1815, elle était retenue au lit par la fracture d'une jambe, lorsque Napoléon rentra dans Paris. Il lui fit dire qu'elle pouvait rester en France, si elle le désirait. Elle mourut le 28 juin 1821.

De son mariage étaient nés trois fils et une fille : *Louis-Philippe*, roi des Français; *Antoine-Philippe* d'Orléans, duc de Montpensier, né le 4 juillet 1775. Il fut élevé, comme ses frères, par madame de Genlis. La révolution l'arracha à ses études, et le jeta, à peine âgé de seize ans, sur le théâtre de la politique et de la guerre. Lieutenant au 14me régiment de dragons, puis aide de camp de son frère, il se distingua à la bataille de Valmy, fut promu au grade de lieutenant colonel et à celui d'adjudant général après la bataille de Jemmapes. Placé auprès du général Biron à l'armée d'Italie, il fut arrêté à Nice, en 1793, et transféré à Marseille, où il retrouva son père et son frère, le jeune comte de Beaujolais. Sous le Directoire ils recouvrèrent la liberté, et rejoignirent leur aîné en Amérique. De retour en Europe, il mourut en 1807, à Twickenham, d'une affection de poitrine. Il est l'auteur de *Mémoires* compris dans la collection Baudouin et dans la collection Barrière.

Alphonse Léodgar D'ORLÉANS, comte *de Beaujolais*, né le 7 octobre 1779, partagea le sort de toute sa famille, et mourut à Malte, en 1808, d'une phthisie pulmonaire.

Louise-Marie-Adélaïde-Eugène, Mlle D'ORLÉANS. *Voyez* ADÉLAÏDE.

Du mariage de Louis-Philippe avec Marie-Amélie naquirent six fils et quatre filles :

ORLÉANS (FERDINAND-PHILIPPE-LOUIS-CHARLES-ROSOLIN-HENRI, duc D'), et d'abord *duc de Chartres*, né à Palerme, le 3 septembre 1810, mort le 13 juillet 1842. Il fit ses études à Paris, au collége Henri IV, avec un succès attesté par plusieurs prix obtenus aux concours généraux de l'université. En même temps qu'il participait avec les enfants des simples citoyens aux bienfaits d'une éducation commune, il recevait aussi cette instruction variée et profonde qui convient de nos jours aux grandes races. L'histoire, la géographie, les mathématiques et les sciences qui s'y rattachent, les langues modernes, les principes de l'art militaire et ceux de l'administration, enfin les différents exercices du corps, occupèrent tour à tour ses jeunes années. Plus tard il suivit les cours, et subit avec distinction les examens de l'École Polytechnique. En 1824 les ordres du gouvernement l'appelèrent à commander le 1er régiment de hussards. Il était en garnison à Joigny au moment de la révolution de Juillet; dès la première nouvelle de l'événement, il partit pour Paris. Arrivé à Montrouge, il ne put entrer à Paris. Mais ayant reçu des nouvelles de sa famille, il repartit sur-le-champ, et le 3 août au matin il revint à la tête de son régiment, le premier qui soit entré dans Paris avec le drapeau tricolore.

En 1831 le duc de Chartres, devenu duc d'Orléans par l'avénement de son père au trône de France, entra en Belgique. En novembre de la même année, il se rendit à Lyon, avec le maréchal Soult, après l'insurrection de cette ville, et tenta tous les moyens de calmer les esprits en réparant autant qu'il était en lui les malheurs de la guerre civile. En 1832, le duc d'Orléans prit part au siége d'Anvers, et commanda la tranchée à son tour, quoiqu'il fût général de cavalerie. Le maréchal Gérard n'eut besoin que d'être juste pour accorder des éloges à la bravoure et aux services du prince royal. Dans la même année, il brava volontairement un danger plus terrible peut-être que tous ceux de la guerre, en visitant, avec Casimir Périer, l'hôpital de l'hôtel-Dieu, au moment où le choléra était parvenu à son plus haut degré d'intensité. Pendant les journées d'avril 1834, le duc d'Orléans parcourut avec son frère, le duc de Nemours, la rue Saint-Martin, dernier refuge d'une jeunesse téméraire et prodigue de sa vie. En 1835 le prince fit l'expédition de Mascara, en Algérie, sous les ordres du maréchal Clausel, et donna dans cette circonstance de nouvelles preuves de courage.

Pendant l'été de 1836, le duc d'Orléans visita les cours d'Allemagne, et épousa peu après la princesse Hélène de Mecklembourg, sœur du duc. Les chambres accordèrent une dotation d'un million au prince. On sait avec quel éclat Paris célébra ces fêtes du mariage, qui furent pourtant marquées par un horrible accident : au sortir du Champ-de-Mars, entouré d'un fossé, la foule se précipita vers une grille, et plusieurs personnes perdirent la vie, étouffées, pressées et foulées aux pieds. Cependant une nouvelle campagne se préparait en Afrique. Le prince voulut en faire partie. Elle n'eut d'autre résultat que la reconnaissance de la grande voie de communication existant entre Alger et Constantine, le passage des *Portes de fer*, et la découverte de l'arc de triomphe romain de Djemilah.

L'année suivante, il se distingua aux combats de l'Affroun, de l'Oued-Ger, du bois des Oliviers, à la prise de Médéah à celle du teniah de Mouzaïa, où il commanda la colonne d'attaque. De retour en France, il consacra presque exclusivement les deux années 1841 et 1842 à l'organisation, à l'inspection et à la manœuvre des troupes. Ce fut lui qui organisa à Saint-Omer les premiers bataillons de chasseurs à pied, qui portèrent d'abord son nom. Au retour du duc d'Aumale, en 1841, il était auprès de son frère, ainsi que le duc de Nemours, lorsque Quénisset déchargea sur eux un pistolet qui n'atteignit que le cheval du lieutenant-colonel. Le duc d'Orléans sut retenir ses soldats, indignés.

L'année suivante il revenait des eaux de Plombières, où il avait été conduire sa femme, et se rendait à Neuilly pour faire ses adieux à sa famille avant de partir pour Saint-Omer, lorsque ses chevaux s'emportèrent près de Sablonville, sur le chemin de la Révolte. En voulant se précipiter hors de sa voiture il se brisa la tête sur le pavé. Dans ces jours de luttes et d'indifférence, la France entière n'eut que des larmes pour la fin malheureuse d'un prince que sa bravoure, son intelligence et ses sentiments libéraux avaient rendu très-populaire. Son testament, trouvé le 24 février 1848 aux Tuileries, témoigne de l'élévation de ses idées. Il y exprime le souhait que son fils soit par la suite un serviteur passionné et exclusif de la révolution.

ORLÉANS (HÉLÈNE-LOUISE-ÉLISABETH, princesse DE MECKLEMBOURG-SCHWERIN, duchesse D'), femme du précédent, est née le 24 janvier 1814, à Ludwigslust. Élevée dans une obscure cour d'Allemagne, Mme la duchesse d'Orléans, douée d'un excellent naturel, où la bonté s'allie avec la force, joignant à l'imagination rêveuse de ses compatriotes le bon sens qui la tempère et qui la règle, dut à elle-même plus qu'à ses maîtres une éducation qui en fait une des princesses de l'Europe les plus accomplies. Elle n'avait pas abjuré le protestantisme. Ce fut entre la catholique Marie-Amélie et elle une cause de sourde discorde. Après la mort du duc d'Orléans, elle éleva ses enfants dans les principes de la royauté élue sortie de la révolution de 1830, et vécut entourée du respect et de la confiance des populations, étrangère à toute menée souterraine, bonne, charitable par excellence, protégeant les arts et les lettres, contente, comme une noble matrone romaine, de régir son intérieur et de s'y montrer aussi sévère à elle-même que si elle eût figuré sur le trône, faisant en sorte qu'on parlât d'elle le moins possible, et se bornant à être chérie du public sans vouloir en être adulée,

La famille de son mari et en particulier le roi Louis-Philippe lui témoignaient beaucoup de froideur. Ce sentiment commença de se montrer dès la présentation de la fameuse loi de régence, et dura jusqu'à la chute du trône. L'insistance que mit alors le roi à écarter sa bru des fonctions auxquelles les qualités supérieures de Mme la duchesse d'Orléans, son titre de mère, les précédents et l'opinion publique l'appelaient à l'envi, révélait assez la défiance qu'elle inspirait : et cette défiance, qui n'était pas assez dissimulée par les démonstrations extérieures de la tendresse paternelle la plus expansive, dut blesser singulièrement la princesse. Aussi en conçut-elle un profond chagrin. Toutefois, son ressentiment bien légitime n'affaiblit jamais la vénération dont elle était remplie pour le vieillard qui la méconnaissait. Elle ne passait jamais un jour sans voir le roi et la reine en famille; ce devoir accompli, elle se retirait dans ses appartements.

Le 24 février 1848 au matin, toute la famille royale étant réunie et le roi conférant avec M. Thiers, personne ne songeait encore à appeler Mme la duchesse d'Orléans, lorsqu'elle parut tout à coup, prête à partager le malheur qu'elle avait prévu et qu'elle n'avait déjà plus la puissance d'empêcher. Ce qui se passa dans cette entrevue est un secret que nous n'avons pas cherché à pénétrer; mais s'il y eut des récriminations d'une part, des marques de repentir de l'autre, la révolution qui grondait menaçante aux portes du palais leur laissa à peine le temps de se manifester. Bientôt, Mme la duchesse d'Orléans quitta les Tuileries pour aller à la chambre des députés.

L'histoire, toujours juste et impartiale, saura rendre hommage au courage que la princesse déploya dans l'intérêt de la cause de son fils à la chambre des députés. Mais il était trop tard ! Au moment où la chambre allait peut-être déférer et voter d'enthousiasme la régence à la duchesse d'Orléans, la salle fut envahie par le peuple. M. Crémieux, assis à côté de la princesse, la dissuade alors de persister à demander à une assemblée sans mandat une régence dont les pouvoirs seront tout aussitôt contestés, parce qu'ils n'auront pas reçu la consécration du suffrage universel. Déjà désigné pour remplir les fonctions de garde des sceaux dans le conseil qui va se constituer sous les auspices de la régente, il fait signer à la princesse une déclaration ainsi conçue : « C'est de la « volonté nationale que mon fils et moi nous voulons tenir « nos pouvoirs. Nous attendrons avec confiance, moi, la « veuve du duc d'Orléans, mon fils orphelin, la résolution « qui sera prise. Ce qui est certain, c'est que j'élèverai mon « fils dans les sentiments les plus vifs de l'amour de la pa« trie et de la liberté. » On sait le reste. Après que M. de Lamartine eût prononcé le mot de *gouvernement provisoire*, la duchesse d'Orléans se retira perdue dans la foule. Un flot d'hommes la sépara du duc de Nemours et de ses enfants. Un garde national sauva le comte de Paris des mains d'un insurgé qui allait l'étrangler, et le ramena à sa mère éperdue. Le duc de Chartres fut retrouvé plus tard par un huissier de la chambre.

La princesse gagna avec son beau-frère l'hôtel des Invalides, où le vieux maréchal Molitor lui donna l'hospitalité. A six heures du soir, M. Anatole de Montesquiou la conduisit au château de Ligny, à quelques lieues de Paris. Deux jours après, son second fils lui fut rendu par les soins de M. et de Mme de Mornay ; elle partit alors pour Amiens, gagna le chemin de fer de Lille, passa la frontière, et s'arrêta quelque temps à Ems avant de se rendre dans le grand-duché de Saxe-Weimar, où la reçut son oncle maternel.

Hors de France, la duchesse d'Orléans resta ce qu'elle avait été au palais des Tuileries, une mère exclusivement dévouée à l'éducation de ses enfants.

La dernière déception que la duchesse d'Orléans ait eu à éprouver a été l'acquiescement de la famille de son mari à la fusion des partis orléaniste et légitimiste; mais elle a refusé de confondre sa cause avec celle de la branche aînée et de joindre ses hommages à ceux du duc de Nemours.

Deux fils sont nés du mariage de la princesse Hélène :

Louis-Philippe-Albert, comte DE PARIS, né le 24 août 1838. Ce prince, qui vient d'atteindre sa majorité, a, par une déclaration publique, fait savoir qu'il suivrait la ligne de conduite politique de sa mère.

Robert-Philippe-Louis-Eugène-Ferdinand, duc DE CHARTRES, né à Paris, le 9 novembre 1840.

Les autres enfants du roi Louis-Philippe sont :

Louise-Marie-Thérèse-Charlotte-Isabelle d'ORLÉANS, née le 3 avril 1812, mariée au roi des Belges Léopold Ier, morte le 11 octobre 1850.

Marie-Christine-Caroline-Adélaïde-Françoise-Léopoldine D'ORLÉANS, née à Palerme, le 12 avril 1813. Nature délicate et réservée, esprit charmant et pur, elle vécut dans une studieuse retraite, toujours préoccupée d'un art qu'elle cultiva toute sa vie. Curieuse dès son enfance de tout ce qui se rapporte au dessin, elle avait appris à modeler, et devint un statuaire distingué. On n'a cependant vu de sa main que peu d'œuvres publiques. La plus considérable est la statue de Jeanne d'Arc, qui orne aujourd'hui l'une des galeries du Musée de Versailles et que de nombreuses reproductions ont rendue populaire. On doit également à la princesse Marie le dessin du vitrail en trois compartiments qui décore la chapelle de Saint-Saturnin au château de Fontainebleau. Il représente *saint Philippe et sainte Amélie au milieu d'un chœur d'anges*. On a aussi de la main de la princesse le modèle d'un ange qu'elle avait sculpté sans destination précise, et qui plus tard devait orner le tombeau de son frère à la chapelle Saint-Ferdinand. Marie d'Orléans avait épousé, en 1837, le duc de Wurtemberg. A la suite d'une maladie causée par une couche douloureuse, elle mourut à Pise, le 2 janvier 1839.

Louis-Charles-Philippe-Raphael, duc de NEMOURS.

Françoise-Louise-Caroline (Mlle de Montpensier), née à Twickenham, le 28 mars 1816, morte le 20 mai 1818.

Marie-Clémentine-Caroline-Léopoldine-Clotilde (Mlle de Beaujolais), née à Neuilly, le 3 juin 1817, mariée au prince Auguste de Saxe-Cobourg-Gotha, le 20 avril 1843.

François-Ferdinand, prince de JOINVILLE.

Charles-Ferdinand-Louis-Philippe-Emmanuel, duc de Penthièvre, né à Paris, le 1er janvier 1820, mort à Neuilly, le 2 juillet 1828.

Henri-Eugène-Philippe-Louis, duc d'AUMALE.

Antoine-Marie-Philippe-Louis, duc DE MONTPENSIER, né à Neuilly, le 31 juillet 1824. Il entra par concours, en 1842, dans le corps de l'artillerie, en qualité de lieutenant, et épousa, le 10 octobre 1846, Marie-Louise-Ferdinande, infante d'Espagne. Quatre filles sont le fruit de cette union. Ce prince était général de brigade d'artillerie en 1848. Son mariage avec la sœur de la reine Isabelle II fut considéré dans le temps comme un triomphe de la diplomatie française et un grave échec pour le cabinet anglais.

ORLÉANS (Affaire des biens de la famille D'). Les décrets du 22 janvier 1852 ont soulevé les plus vives controverses. Notre rôle dans ce débat ne peut être que celui d'un rapporteur impartial, exposant d'abord les faits de la cause, puis résumant les moyens de défense invoqués par chacune des parties. Un mot d'abord sur la nature et l'origine des biens en question. Ils se composaient : 1° des *apanages* constitués en faveur de son frère (duquel descend la famille d'Orléans) par divers édits, déclarations ou lettres patentes de Louis XIV, en date de 1661, 1672 et 1692; à savoir, des duchés d'Orléans, de Valois, de Chartres et de Nemours, de la seigneurie de Montargis, des comtés de Dourdan et de Romorantin, des marquisats de Coucy et de Folembray, enfin du Palais-Royal ; 2° des domaines devenus plus tard la propriété de la maison d'Orléans soit par donations, soit par successions, ou encore par acquisitions, mais ayant en très-grande partie pour origine les donations faites en faveur des bâtards de Lous XIV par la grande Mademoiselle, fille de Gaston d'Orléans, frère de Louis XIII, afin d'obtenir ainsi la permission d'épouser Lauzun. La loi du 6 avril 1791, en supprimant tous les apanages, avait ordonné la réunion immédiate au domaine de l'État des biens dont ils se composaient. Le duc d'Orléans Philippe-*Égalité*, mort sur l'échafaud en 1793, avait laissé 74 *millions de dettes*, en payement desquelles il s'était vu réduit, le 6 janvier 1792, à faire, par concordat, abandon à ses créanciers de la totalité de ses biens personnels, c'est-à-dire des domaines acquis à un titre quelconque par lui ou ses auteurs. Ils furent mis aux enchères, puis rachetés en partie par l'État, qui paya aux créanciers jusqu'à concurrence de 37 millions 740,000 fr. C'est en cet état que la Restauration trouva cette succession, dont la liquidation avait forcément été interrompue par les événements. Une simple ordonnance royale, antérieure à la publication de la charte, rendue par Louis XVIII dans l'exercice de sa pleine puissance, parfaitement légale dès lors, ainsi que l'établit M. Dupin dans son traité *Des Apanages* (Paris, 1827), remit Louis-Philippe, duc d'Orléans, en possession de tous les biens de sa famille dont l'État se trouvait à ce moment détenteur, comme elle fit à l'égard des autres émigrés qui rentrèrent en même temps que lui en France, et reconstitua, contrairement à la loi de 1791, l'apanage créé par Louis XIV en faveur de la maison d'Orléans. La liquidation de la succession laissée par Philippe-*Égalité* eut lieu alors entre Louis-Philippe et sa sœur Mme Adélaïde, qui, grâce à une sage économie, eurent achevé vers 1826 le payement intégral des dettes laissées par leur père; dettes dont l'État avait déjà acquitté plus de la moitié, qu'on ne l'oublie pas, en rachetant les propriétés que Louis XVIII leur avait fait restituer en 1814 sans songer à en rien retenir pour couvrir le trésor public de ses 37 millions 740,000 fr. En 1821 ce prince et sa sœur héritèrent encore de leur mère, la duchesse douairière d'Orléans, unique héritière du duc de Penthièvre, son père, remise, elle aussi, en 1814, en possession de ceux des immenses domaines composant la succession paternelle qui n'avaient point été vendus révolutionnairement. Enfin, la succession d'Orléans fut comprise pour une vingtaine de millions dans le partage du fameux milliard de l'indemnité voté en 1825 par la législature en faveur des émigrés dont les biens avaient été confisqués et vendus. En 1830 les revenus de la maison d'Orléans, provenant surtout du produit de plus de 150,000 hectares de forêts et pour un tiers de l'apanage, étaient évalués à près de huit millions, représentant un capital d'environ 300 millions.

Lorsqu'en août 1830 les *deux cent vingt-et-un* déférèrent la couronne au duc d'Orléans, ce prince, par un acte de donation en date du samedi 7 août, fit abandon à ses enfants, en s'en réservant l'usufruit, de toutes les propriétés, actions des canaux et créances composant sa fortune personnelle, qui sans cette précaution de sa part eussent été immédiatement dévolus à l'État par le seul fait de son accession au trône, et eussent dès lors fait partie du domaine de la couronne comme les biens composant l'apanage de sa maison.

A la suite de la révolution de février 1848, tous les domaines composant la dotation de la couronne, y compris ceux de l'ancien apanage d'Orléans, furent réunis de nouveau au domaine de l'État. Quant au domaine *privé*, c'est-à-dire quant aux propriétés personnelles de Louis-Philippe dont ce prince avait fait don à ses enfants avant de monter sur le trône, le gouvernement provisoire se borna à les mettre sous séquestre, afin d'assurer avant tout le payement des dettes laissées par l'ex-roi et montant à près de quarante millions.

Le 22 janvier 1852 le président de la république rendit deux décrets contre-signés par M. Casabianca, ministre d'État, dont le premier décidait que les membres de la famille d'Orléans, leurs époux, épouses et descendants, ne pourraient plus à l'avenir posséder en France de propriétés, soit mobilières, soit immobilières, et qui les astreignait à vendre aux enchères dans le délai d'une année leurs propriétés libres de dettes; délai doublé pour celles qui se trouvaient grevées d'hypothèques. Ce décret s'appliquait tant aux biens acquis depuis 1830 par Louis-Philippe qu'aux propriétés provenant de la succession de Mme Adélaïde, morte en décembre 1847, et d'une importance d'environ 80 millions, ainsi qu'aux domaines légués en 1830 à M. le duc d'Aumale par le dernier des Condé, et représentant près de 40 millions. Le second des décrets du 22 janvier 1852, celui qui a donné lieu aux plus vives critiques, faisait rentrer dans le domaine de l'État les biens personnels de Louis-Philippe compris dans l'acte de donation du 7 août 1830, en mettant d'ailleurs à la charge de l'État le payement des dettes laissées par ce prince, de même que le payement du douaire de 300,000 fr. de rente constitué par contrat de mariage à la princesse Hélène de Mecklembourg, veuve du feu duc d'Orléans, prince royal (cette princesse renonça aussitôt au bénéfice de cette disposition des décrets du 22 janvier 1852, et déclara que son intention était que ces 300,000 francs fussent employés chaque année à secourir les pauvres et à venir en aide aux ouvriers sans ouvrage). Enfin, le décret en question ordonnait la vente des domaines ainsi réintégrés au domaine de l'État, pour le produit en être employé à doter des sociétés de secours mutuels, à construire des habitations à l'usage des classes ouvrières, à fonder des institutions de crédit, une caisse de retraite pour les prêtres vieux et infirmes, à accroître la dotation de la Légion d'Honneur, etc., etc.

On justifiait ces décrets, qui provoquèrent immédiatement une protestation de la part des exécuteurs testamentaires de Louis-Philippe, en rappelant, quant au premier, qu'il ne faisait que reproduire les dispositions des ordonnances royales rendues en 1814 et 1815 par Louis XVIII à l'égard de Napoléon Ier et des membres de sa famille, ainsi que celles de l'ordonnance rendue le 10 avril 1832 par Louis-Philippe lui-même, au sujet des biens appartenant aux princes de la famille de Napoléon et à l'égard de ceux appartenant aux princes et princesses de la branche aînée de la maison de Bourbon. On s'appuyait, en outre, sur les mêmes considérations d'ordre public et d'intérêt général qui, vingt ans auparavant, avaient déterminé le roi Louis-Philippe, oubliant la reconnaissance personnelle qu'il devait à des princes ses proches parents, qui lui avaient restitué ses biens, à les forcer de se défaire de leurs propriétés dans le délai d'une année, parce que la politique, c'est-à-dire l'intérêt général, lui commandait de ne pas laisser plus longtemps une famille de prétendants posséder en France des biens qui pouvaient devenir les instruments d'une influence dangereuse au repos public. En ce qui touche le second des décrets du 22 janvier, on disait : L'acte du 7 août est, quant au fond et quant à la forme, entaché de nullité radicale. Quant au fond, parce qu'il a constamment été de principe en France que les biens du prince appelé à la couronne devinssent à l'instant même partie intégrante du domaine de l'État. A la mort de Louis XVIII, Charles X héritait des diverses propriétés acquises par son frère pendant son règne; mais Charles X n'entendit pas plus les soustraire aux effets du *droit de dévolution* que les biens qu'il avait acquis lui-même avant d'arriver au trône; et la loi du 25 janvier 1825, relative à la fixation de la liste civile du nouveau roi, les réunit en conséquence à la dotation de la couronne. En cela ce prince se conformait aux antiques principes du droit public français, consacrés de nouveau et de la manière la plus formelle par l'article 20 de la loi du 8 novembre 1814, ainsi conçu : « *Les biens particuliers du prince qui parvient au trône sont de plein droit et à l'instant même réunis au domaine de l'État, et l'effet de cette réunion est perpétuel et irrévocable* : » principes auxquels, en 1827, M. Dupin, alors l'un des conseils judiciaires de la maison d'Orléans, rendait lui-même le plus explicite hommage dans son traité précité *Des Apanages*. Or Louis-Philippe était roi dès le 7 août 1830, puisque c'est le même jour qu'il acceptait la couronne par les réponses qu'il adressait au président de la chambre des députés et au président de la chambre des pairs venus au Palais-Royal avec le plus grand nombre de leurs collègues pour lui faire connaître le choix que la législature venait de faire de lui pour roi. Une preuve que c'est comme *roi* et non comme *père* qu'il agissait dans cet acte de donation du 7 août 1830, c'est que son fils aîné, au lieu d'y être avantagé suivant l'usage constant des familles princières, en est exclu; c'est que Louis-Philippe y dispose au détriment de cet aîné de la totalité de ses biens en faveur de tous ses autres enfants : exhérédation absolue que la loi lui interdisait, et qui ne s'explique que parce que cet aîné était *ipso facto* appelé à monter un jour sur le trône au même titre que lui et à jouir des biens formant la dotation de la couronne. En ce qui est de la nullité tirée du vice de forme, on établissait que l'acte, fait clandestinement, sans qu'aucun des membres de la législature sût qu'en acceptant la couronne Louis-Philippe entendait soustraire sa fortune particulière aux effets du droit de dévolution, et dont on n'eut connaissance que longtemps après, avait dû être *rédigé* et *enregistré* EN DÉBET le même jour (en vertu d'une autorisation expresse surprise au commissaire provisoire des finances), alors que dans des circonstances ordinaires la rédaction d'un acte de cette importance eût exigé plusieurs jours et qu'un *délai de dix jours* est accordé pour l'enregistrement des actes notariés. La raison évidente de cette précipitation, disait-on, c'est qu'il avait fallu donner à l'acte une date certaine. Il ne pouvait être daté du 6 août : c'eût été *trop tôt*, les chambres ce jour-là n'ayant point encore définitivement disposé de la couronne en faveur de Louis-Philippe, qui ne voulait payer les deux ou trois millions de frais d'enregistrement qu'il devait lui en coûter pour soustraire ses biens au droit de dévolution et en disposer au détriment de son fils aîné, qu'autant qu'il aurait la *certitude* d'être roi. Il ne pouvait non plus porter la date du lundi 9 août : c'eût été *trop tard*, ce jour-là étant celui de l'acceptation solennelle de la couronne par Louis-Philippe et de sa prestation de serment à la charte remaniée. Mais ces précautions, cette précipitation, si habiles qu'elles puissent être, ne trahissent-elles pas surabondamment l'intention frauduleuse qui a dicté à Louis-Philippe l'acte du 7 août, celle de se dérober à l'observation des antiques principes du droit public français et des prescriptions de la loi du 8 novembre 1814?

Les défendeurs ont répondu : Le second des décrets du 22 janvier 1852 peut être une réminiscence de l'époque impériale, mais constitue une flagrante violation de la loi de 1816 qui a aboli en France la c o n f i s c a t i o n. Le gouvernement provisoire lui-même, au lendemain de la révolution de février 1848, a reculé devant un pareil acte. Dans sa séance du 22 octobre 1848, l'Assemblée nationale rejeta une motion présentée par M. Jules Favre, représentant du peuple siégeant à la Montagne, et ayant pour but de faire prononcer la réintégration au domaine de l'État des biens compris dans l'acte de donation du 7 août, parce qu'elle jugea qu'une telle mesure serait une atteinte formelle portée au tutélaire principe de l'inviolabilité de la propriété particulière. L'Assemblée fit plus encore. Le 4 février 1850 elle adopta un projet de loi présenté par le ministre des finances du président de la république pour autoriser la famille d'Orléans à affecter la totalité des biens compris dans cet acte de donation à la garantie hypothécaire d'un emprunt de 20 millions de francs contracté pour achever le payement des dettes laissées par l'ex-roi. La commission chargée de l'examen de ce projet de loi ayant proposé de lever le séquestre mis depuis deux ans sur les propriétés particulières du prince de Joinville et du duc d'Aumale, M. Fould, ministre des finances, alla même jusqu'à déclarer au nom du président de la république qu'il serait de toute équité d'étendre le bénéfice de cette mesure à toutes les autres propriétés comprises dans l'acte du 7 août 1830. L'ancien droit monarchique ne saurait être non plus sérieusement invoqué contre le prince qui recevait la couronne, non pas *conformément*, mais *contrairement* à cet ancien droit. Louis-Philippe a *occupé le trône après Charles X*; il n'a point été son *successeur*. Les lois de l'ancienne monarchie ne pouvaient s'appliquer à une monarchie *nouvelle*, à une liste civile *nouvelle*, à une constitution *nouvelle*, devant amener des conséquences *nouvelles* dans les lois comme dans le régime et dans l'avenir du pays. Ainsi, en disposant en faveur de ses enfants de sa fortune particulière, en cherchant par là à la garantir contre les incertitudes du présent et contre les éventualités de l'avenir, ce prince ne violait pas une loi qui ne lui était pas applicable. En l'absence même de toute donation, le principe ancien de la dévolution des biens était lettre morte. Or, c'était encore à plus forte raison le cas dans l'espèce, puisque la liberté de disposer de sa fortune particulière avait été la condition sous laquelle le duc d'Orléans avait accepté la couronne en 1830.....

Et nunc sub judice lis est. Or, ici le juge suprême, c'est le lecteur. Si notre impartialité de rapporteur nous prescrit de faire remarquer, d'une part, qu'en juin 1852 le gouvernement s'est opposé à ce que la justice civile, saisie de la question par les exécuteurs testamentaires de Louis-Philippe, connût d'une cause dans laquelle il voyait avant tout un fait de l'ordre politique et administratif, et de l'autre que les défendeurs ont oublié d'apporter la moindre preuve à l'appui de cette assertion que « *Louis-Philippe n'accepta la couronne que lui offraient* les 221 *qu'à la condition de pouvoir librement disposer de sa fortune personnelle*, » la vérité nous force aussi d'ajouter que la mesure qui annulait l'acte du 7 août fut généralement improuvée. Sans doute les légitimistes pur-sang, les royalistes *quand-même*, ceux qui ont toujours repoussé la f u s i o n, y applaudirent, parce qu'ils y voyaient le châtiment providentiel des torts dont Louis-Philippe s'était rendu coupable à l'égard de la branche aînée de sa maison; mais la bourgeoisie, encore sous le coup des terreurs que lui avait causées la prédication des doctrines communistes et socialistes, y vit une atteinte funeste à la propriété, que naguère encore le citoyen Proudhon déclarait n'être autre chose que *le vol*. Plusieurs ministres du président de la république, entre autres MM. de Morny, Magne, Rouher et Fould, en donnant successivement leur démission peu de temps après la publication des décrets du 22 janvier, semblèrent en vouloir répudier la solidarité et s'associer par là à l'improbation dont les frappait l'opinion publique. Ce blâme implicite ne les empêche pas du reste d'être aujourd'hui parfaitement en cour; circonstance qui prouve bien la complète liberté d'appréciation que l'empereur Napoléon III, fort du témoignage de sa conscience, laisse à chacun au sujet d'une mesure dans laquelle ses ennemis ont voulu voir un acte tout à la fois d'ingratitude et de vengeance personnelle, alors qu'elle ne lui fut dictée, nous aimons à le croire, que par des considérations parfaitement désintéressées et toutes d'ordre public.

ORLÉANSVILLE, ville de l'Algérie, dans le département d'Alger, chef-lieu d'une subdivision militaire située dans la vallée du Chélif, à 50 kilomètres sud de Ténès, à 210 ouest-sud-ouest d'Alger, est un des centres de population qui se sont élevés en Afrique depuis la domination française. La population d'Orléansville est toute européenne, car sur 1,100 habitants, on n'y compte point 300 indigènes.

ORLOFF, famille russe dont il est question dès le seizième siècle et à l'époque du faux D é m é t r i u s, mais dont la grandeur ne date que du règne de Pierre le Grand. Iwan Orloff était, dit-on, un simple soldat dans le corps des strelitz. Au moment de périr du dernier supplice, en 1689, à Moscou sous les yeux mêmes du czar, il fit preuve d'un tel sang-froid, d'un si profond mépris de la mort, que Pierre en fut frappé et non-seulement lui fit grâce, mais encore le nomma officier dans la nouvelle garde qu'il venait de former. Son fils, *Grégoire* ORLOFF, parvint au grade de général-major, fut nommé gouverneur de Novgorod, et mourut laissant cinq fils, dont le second et le troisième, *Grégoire* et *Alexis*, jouèrent des rôles importants.

Grégoire ORLOFF, né en 1734, fut l'un des favoris de Catherine II, qui en 1762 lui donna ainsi qu'à ses quatre frères le titre de *comte*. Il ne manquit à sa toute-puissance que le titre d'empereur, et peut-être bien serait-il parvenu à décider Catherine à lui donner sa main, sans les efforts faits par Panin et Tschernitscheff pour déjouer ses ambitieux projets. Il perdit ensuite, par son insolence et sa morgue les bonnes grâces de l'impératrice, qui finit par l'exiler à Tsarskoje-Selo, où il vécut avec autant de faste qu'un potentat. En 1772 il se réconcilia avec sa souveraine, et reparut à la cour. Le dépit de se voir supplanté par Potemkin lui inspira la détermination d'aller voyager à l'étranger, puis, au retour, celle de se marier à Saint-Pétersbourg. Il commençait à prendre goût à l'existence paisible et retirée qu'il menait depuis son mariage, lorsqu'il perdit sa femme. En proie alors à la même tristesse inquiète qu'auparavant, il alla de nouveau parcourir l'Europe pour se distraire ; et à son retour, son humeur sombre et inquiète dégénéra en une complète aliénation mentale. Il mourut en 1783. Il était plus intelligent qu'instruit, plus léger que méchant, plus dissipateur que généreux, d'ailleurs courageux et résolu ; et dans les dernières années de sa vie, il fit preuve de la plus sévère loyauté.

Alexis Orloff, frère du précédent, né en 1735, se distingua entre tous, lors de la révolution de 1762, par son intrépidité, de même qu'il l'emportait sur tous par sa force gigantesque. Il fut largement récompensé par Catherine des services qu'il lui rendit à cette occasion ; et le crédit dont ne tarda pas à jouir son frère ne fut pas non plus inutile à sa fortune. Dans la guerre de Turquie, ce fut lui qui présenta à Catherine le plan d'opérations maritimes à suivre dans l'archipel. Investi du commandement de la flotte envoyée par la Russie dans ces eaux, il remporta en 1770 la brillante victoire navale de Tschesmé, où il brûla toute la flotte turque. A l'avénement de Paul Ier au trône, ce prince le rappela de Moscou, où il s'était retiré, et il se vengea de lui et de Baratinski, les seuls survivants d'entre les meurtriers de Pierre III, en leur faisant porter le drap mortuaire, lors de la cérémonie qui eut lieu à l'occasion de la translation des restes de Pierre III, du couvent d'Alexandre Newski à la forteresse de la cathédrale. Orloff fut ensuite banni de la cour et de Moscou. Après un court séjour en Allemagne, où il n'avait pas obtenu sans peine la permission de se rendre, il retourna en Russie, en 1801, peu après l'assassinat de Paul Ier, et mourut à Moscou, en janvier 1808, dans le palais magnifique qu'il y possédait. Ses immenses richesses passèrent à sa fille, dame d'honneur de l'impératrice.

Iwan Orloff, l'aîné des quatre frères, que Catherine II avait surnommé *le Philosophe*, vécut presque constamment loin de la cour, et mourut en 1791.

Fedor Orloff, le quatrième frère, né en 1741, se distingua dans la guerre contre les Turcs en 1770, obtint le rang de général en chef, et mourut en 1796.

Wladimir Orloff, le plus jeune des frères, fut président de l'Académie des Sciences de Saint-Pétersbourg, et ne mourut qu'en 1832. Son fils, *Grégoire Wladimirowitsch* Orloff, né en 1777, mort en 1826, à Saint-Pétersbourg, sans laisser d'enfants, est auteur de divers ouvrages estimés, écrits en langue française, par exemple de *Mémoires historiques, politiques et littéraires sur le royaume de Naples* (2e édit., Paris, 1825), qui ont été traduits en anglais et en allemand, et de *Voyages dans une partie de la France* (Paris, 1824).

Les Orloff actuels sont des enfants naturels laissés par le comte Fedor. Dans le nombre on remarque *Michel* Orloff, né en 1785, aide de camp de l'empereur Alexandre, l'un des signataires de la capitulation de Paris, mort en 1841, dans ses terres. Il a laissé des Mémoires, dont les journaux ont publié d'intéressants extraits. *Alexis* Orloff, son frère, né en 1787, se distingua comme lui dans les guerres contre la France, devint aide de camp du grand-duc Constantin et plus tard colonel commandant du régiment des gardes à cheval. Par son sang-froid et son courage, il contribua beaucoup à la compression de la révolte du 26 décembre 1825, et dès lors il jouit constamment de toute la confiance de l'empereur Nicolas, qui lui confia les commandements les plus importants en temps de guerre et les négociations les plus délicates en temps de paix. Chargé en 1832 du commandement en chef des troupes russes qui vinrent débarquer sur les rives du Bosphore, il amena le sultan à signer le fameux traité d'Unkiar Skelessi, qui donnait à la Russie la clef des Dardanelles. En 1844, à la mort de Benkendorff, il fut nommé commandant supérieur de la gendarmerie et chargé de la direction de la police secrète, qui sous son administration ne perdit rien de sa vigilance. Ami intime de son maître, il l'accompagnait dans tous ses voyages ; ainsi, en dernier lieu, en 1853, à Berlin et à Olmütz. Plénipotentiaire de la Russie à Paris, il signa le traité qui rétablit la paix en 1856. La même année, l'empereur Alexandre II, à l'occasion de son couronnement, lui a conféré le titre de *prince*. Son fils unique, le comte *Nicolas* Orloff, est capitaine dans la garde et officier d'ordonnance de l'empereur.

ORME, genre d'arbres et d'arbrisseaux de la pentandrie-digynie et de la famille des ulmacées, à feuilles alternes, pétiolées, ovales, inégalement dentelées, rudes au toucher ; à fleurs disposées en groupes, pourvues chacune de 4 à 8 étamines ; à capsule orbiculaire, plane, comprimée, membraneuse, gonflée au milieu par la graine, qui est solitaire. On en compte huit ou dix espèces. L'*orme commun* (*ulmus campestris*, L.), connu de tout le monde, croît naturellement dans les forêts des montagnes de l'Europe. Les nombreux usages que nous faisons de son bois le mettent au premier rang parmi les arbres qui nous sont utiles : sec, il est le meilleur de tous pour le charronnage (moyeux, jantes des voitures, charrues, herses, etc.) ; il sert dans la charpente, la menuiserie, l'ébénisterie ; ses feuilles sont un excellent fourrage pour les vaches et les moutons ; son bois fournit un bon chauffage, un excellent charbon, et ses cendres sont très-riches en potasse. Dailleurs, cet arbre prospère dans presque tous les terrains, et sa croissance est rapide ; écorcé sur pied et coupé une année après, il durcit et est moins sujet à fendre par suite de sa dessiccation. Il se cultive en taillis, en futaie, en avenue, comme sur beaucoup de nos grandes routes, et en têtard ; sa multiplication se fait par graines, par rejetons, par marcottes et par boutures. Nous cultivons encore en France l'*orme-liége*, l'*orme pédonculé*, l'*orme d'Amérique*, l'*orme celtiroïde*, l'*orme fauve* et l'*orme ailé*.

On dit proverbialement : *Attendez-moi sous l'orme*, c'est-à-dire, Ne comptez pas sur mes promesses, ou, Ne m'attendez pas. *Ormeau* se dit d'un jeune orme.

P. Gaubert.

Quelques ormes sont célèbres par leurs énormes dimensions : tel est celui de Hatfield, dans le Massachusetts, qui à 0m,66 au-dessus du sol présente une circonférence de 11m,33, lesquels un mètre plus haut se réduisent à 8. Un des faubourgs d'Abbeville possède aussi un orme gigantesque ; il n'en reste plus guère aujourd'hui que le tronc, qui mesure 7m,66 de circonférence à sa base et 7 mètres à la naissance des branches ; ce tronc est creux, et en 1855 le propriétaire a fait percer une porte pour pénétrer dans l'intérieur, qu'il a converti en une salle contenant une table entourée de banquettes sur lesquelles sept personnes peuvent s'asseoir et dîner à l'aise.

OR MUSSIF ou OR DE JUDÉE, OR MOSAÏQUE. C'est l'é t a i n à l'état de persulfure ; il se présente sous forme de lames ou d'écailles micacées d'un jaune d'or. Il dégage la moitié de son soufre à la chaleur rouge. « On l'obtient, dit M. Hoefer, dans son *Dictionnaire de Chimie et de Physique*, à l'état de poussière jaunâtre, en précipitant le protochlorure d'étain par l'hydrogène sulfuré. Le potassium donne avec ce même réactif un précipité brun-marron. Dans les arts on le prépare par la voie sèche, en chauffant dans un matras un amalgame d'étain composé de 12 parties d'étain et de 3 de mercure (le mercure sert à la division de l'étain), avec 7 parties de soufre et 3 de sel ammoniacal. Le sulfure ainsi obtenu est agrégé sous forme de pain, ayant une coloration un peu différente de celle que présente l'or mussif obtenu pas la voie humide. L'or mussif est employé pour frotter les coussins des machines électriques. »

ORMUZD, dans le système religieux de Zoroastre, est le dieu bon, opposé à Ahrimane, le dieu méchant. Son nom dans la langue zend est *Ahoura Mazda*, ce qui veut dire très-sage souverain. Il est représenté dans les anciens ouvrages de sculpture tenant une bague à la main, comme signe de la toute-puissance.

ORNANO (Benigna ou Vanina d'), fille unique et héritière de François Ornano, l'un des plus riches seigneurs de l'île de Corse, épousa, en 1548, San-Pietro, célèbre capitaine corse au service de France, lequel avait été surnommé *Bastelica*, du lieu de sa naissance. San-Pietro, d'une basse extraction, *ex infimo loco natus*, comme le dit l'historien de Thou, n'avait dû une alliance aussi illustre qu'à la renommée que lui avaient acquise sa bravoure et ses talents militaires. Il était parvenu au grade de colonel de l'infanterie corse au service de France. Son ambition était de soustraire sa patrie à la domination des Génois, et pour y parvenir il avait fait des prodiges de valeur pendant tout le temps que cette république avait été en guerre avec la France. La paix ayant été faite, il chercha d'abord en vain à soulever contre elle le grand-duc de Toscane; il se tourna ensuite du côté des Turcs. Les Génois essayèrent d'attirer à Gênes Vanina et ses enfants, pour forcer San-Pietro à cesser ses menées. Vanina et tous les siens, qui avaient été bannis de Corse avec San-Pietro par un arrêt du sénat de Gênes, étaient alors à Marseille (1563). Cependant, les domestiques de la malheureuse exilée avaient été gagnés par l'or de la république, notamment un prêtre nommé Michel, à qui San-Pietro avant son départ avait confié l'éducation de ses deux fils. Ce prêtre persuada à Vanina de se rendre à Gênes, où il lui serait facile d'obtenir la grâce de son mari, ainsi que la restitution de tous ses biens. Vanina y consentit. Mais à peine avait-elle mis à la voile qu'Antoine de Saint-Florent, l'ami et le confident de San-Pietro, partit sur un brigantin, la joignit près d'Antibes, et la mit entre les mains du comte de Grimaldi, seigneur du lieu. Celui-ci l'envoya au parlement de Provence. San-Pietro arrive peu de temps après à Marseille : il vole à Aix, et demande à ramener sa femme chez lui. Le parlement envoie des commissaires à Vanina pour savoir si elle consentait à retourner près de son mari. Elle répondit affirmativement. En conséquence, le parlement, après avoir attesté l'innocence de cette femme, la remit à San-Pietro, le 15 juillet 1564, et lui enjoignit de la traiter avec tous les égards qu'elle méritait. Mais, de retour à Marseille, San-Pietro, ne pouvant maîtriser son farouche ressentiment, résolut d'ôter la vie à l'infortunée Vanina. Comme il n'avait jamais perdu pour elle ce respect de décorum dont il s'était fait une longue habitude, il lui parla encore cette fois la tête découverte et dans une contenance respectueuse; il lui reprocha sa perfidie, et lui dit que sa faute ne pouvait s'expier que par la mort. Puis il ordonna à deux esclaves d'exécuter cet arrêt barbare. Vanina, qui connaissait le caractère cruel et inflexible de son mari, n'essaya point de l'attendrir par ses prières ni par ses larmes; seulement elle le conjura avec instance, puisque sa mort était irrévocable, de lui épargner la honte de mourir sous les coups de vils esclaves. Alors cet autre Othello, sans être ému, fait retirer ses bourreaux, se jette aux pieds de Vanina, lui demande pardon en termes respectueux et soumis, lui passe au cou le cordon fatal, et l'étrangle sans pitié. Le monstre fit ensuite subir le même supplice à deux filles qu'il avait eues de Vanina. Le procureur général du parlement ayant porté plainte, San-Pietro vint en toute hâte à Paris pour justifier son crime. Il y fut accueilli par l'horreur et l'indignation générales. La reine refusa de le voir. Alors découvrant sa poitrine, cicatrisée au service de l'État, il s'écria avec fierté : « Qu'importe au roi, qu'importe à la France, que San-Pietro ait bien ou mal vécu avec sa femme? » Le roi (c'était Charles IX!) lui pardonna ses crimes. San-Pietro Bastelica, trois ans après (1566), fut lui-même victime d'un meurtre. Étant retourné en Corse, il y fut assassiné, dans une rencontre avec les Génois, par un de ses capitaines, nommé Vitello, qui lui tira un coup d'arquebuse par derrière.

ORNANO (Alfonse d'), maréchal de France, colonel général des Corses au service de France, était fils de San-Pietro Bastelica et de Vanina d'Ornano. Il avait pris le nom de la famille de sa mère. Il acquit la réputation d'un grand homme de guerre, et rendit de grands services à la cause royale pendant les troubles de la Ligue. Ce fut par ses soins que Grenoble, Valence et les autres villes du Dauphiné secouèrent, en 1594, le joug des ligueurs. Henri IV le nomma gouverneur de cette province, et maréchal de France en 1595. Il mourut le 21 janvier 1610, à l'âge de soixante-deux ans. Il avait une grande réputation de franchise, mais il était sous le rapport de la férocité le digne fils de son père. Il exécutait lui-même les sentences de mort qu'il prononçait contre ses soldats. Un de ses neveux, ayant manqué à quelque devoir militaire, vint pour dîner avec son oncle : le maréchal se leva, le poignarda, demanda à se laver les mains, et se remit tranquillement à table.

ORNANO (Jean-Baptiste d'), fils aîné du précédent, naquit à Sisteron, en 1581. Nommé, jeune encore, gouverneur de Gaston d'Orléans, il fut éloigné de la cour en 1624, pour avoir suggéré à ce prince le désir d'entrer au conseil. Quelque temps après, la reine Marie de Médicis le fit rappeler, et il fut promu à la dignité de maréchal de France en 1626, sans avoir servi dans les armées. Son crédit ne fut pas long. Arrêté cette même année, pendant qu'on instruisait son procès, il mourut à Vincennes, le 2 septembre 1626, à l'âge de quarante-cinq ans.

ORNANO (N..., comte d'), issu de la même famille que les précédents, qui s'est continuée en Corse, mais d'une branche collatérale, est né à Ajaccio, en 1784. Lors de la campagne de 1805, il avait le commandement du bataillon des chasseurs corses. Il se distingua à la bataille d'Austerlitz et dans les campagnes de Prusse et de Pologne. Commandant des dragons de la garde impériale, pendant la guerre d'Espagne, le 26 juin 1809, le colonel Ornano passa la Navia, défendue par une nombreuse et formidable artillerie; plus tard, au combat d'Alba de Tormès, il parvint à enlever quatre pièces de canon à l'ennemi. Promu au grade de général de brigade, il prit part à la campagne de Russie, où il continua à se distinguer, se fit remarquer aux combats d'Ostrowno et de Mohilew, et après la journée de la Moskowa, fut fait général de division. Au retour des Bourbons, il eut le commandement des dragons royaux. Mais en mars 1815 il rejoignit les aigles de l'empereur. Napoléon lui donna aussitôt un commandement pour la nouvelle campagne qui allait s'ouvrir. Cependant, un duel avec le général Bonnet, dans lequel le comte d'Ornano fut grièvement blessé, l'empêcha d'y assister. Arrêté en novembre 1815, il ne fut remis en liberté que pour recevoir l'ordre de sortir de France. Rentré en 1818, il resta en disponibilité jusqu'en 1830. Après la révolution de Juillet, il fut nommé au commandement de la quatrième division militaire et fait pair de France en 1832. Nommé représentant à l'Assemblée législative, en 1849, par le département d'Indre-et-Loire, il est devenu après 1851 sénateur, chancelier de la Légion d'Honneur, puis gouverneur des Invalides.

Un de ses fils, *Rodolphe* d'Ornano, ancien préfet de l'Yonne, chambellan de l'empereur, a été nommé député au corps législatif, dans l'Yonne, en 1853, en remplacement de M. Larabit.

OR NATIF. *Voyez* Or.

ORNE, fleuve de France, qui se jette dans la Manche. Sa source est au hameau de la Tulaie, près de la ville de Séez, qu'il traverse. Il passe ensuite par Argentan, Écouché et Caen. Son cours est d'environ 130 kilomètres. Il est navigable depuis Caen seulement aux marées de vives eaux sur 17 kilomètres. Les objets de transport sur l'Orne consistent en vin, eau-de-vie, sel, morues, pierre à bâtir, plâtre, fer, bois du Nord et autres; savons graine de lin, etc.

ORNE (Département de l'). Formé d'une partie de la Normandie méridionale et de la partie septentrionale du Perche, il est borné au nord par ceux du Calvados et de l'Eure, à l'est par ceux de l'Eure et d'Eure-et-Loir, au sud par ceux de la Sarthe et de la Mayenne, et à l'ouest par celui de la Manche.

Divisé en 4 arrondissements, 34 cantons, 511 communes, sa population est de 439,884 habitants; il envoie trois députés au corps législatif, est compris dans la 2e division militaire, ressortit à la cour impériale et à l'académie de Caen, et forme le diocèse de Séez.

Sa superficie est de 610,561 hectares, dont 333,400 en terres labourables; 131,045 en prés; 72,006 en bois; 18,253 en landes, pâtis, bruyères; 11,121 en vergers, pépinières, jardins; 3,758 en propriétés bâties; 1,330 en étangs, abreuvoirs, canaux d'irrigation; 23,964 en forêts, domaines non productifs; 13,910 en routes, chemins, rues; 1,486 en rivières, lacs, ruisseaux, etc. Il paye 2,372,755 fr. d'impôt foncier.

Ce département est situé pour la plus grande partie dans le bassin de la Manche, et au sud dans le bassin de la Loire. Il est arrosé par un grand nombre de cours d'eau : l'Orne, la Sarthe, la Mayenne, l'Eure, la Dive, la Touque, la Rille, l'Iton (qui disparaissent l'une et l'autre sous terre, la première pendant 10 kilomètres, la seconde pendant 5 kilomètres), l'Huine et la Vie. Parmi ses principales sources minérales, on cite Bagnols, La Herse, près de Bellême; Saint-Santin, à Écubley; Curé, à Saint-Marc de Coulonges; Iray-la-Marche, Moulins, Saint-Germain-du-Corbis, et Gauville ou La Ferté-Frênel. C'est un pays de plaines élevées, traversées de l'est à l'ouest par la chaîne de coteaux qui sépare le bassin de la Manche de celui de l'océan Atlantique, et dont les points culminants s'élèvent à environ 600 mètres. L'agriculture n'y est pas encore très-avancée, quoique le sol soit très-fertile. On y fait une récolte de grains à peine suffisante, mais on y récolte beaucoup de chanvre et beaucoup de pommes et de poires pour cidre. Les pâturages nourrissent des chevaux superbes, de race normande; on élève aussi des bœufs, des moutons, de la volaille et des abeilles. L'exploitation minérale est assez importante; son grand produit est le fer; on exploite aussi de la tourbe, de très-belle pierre de taille, de la marne, du kaolin et de l'argile à poterie. Le département possède des établissements métallurgiques importants, des tréfileries de fer, de cuivre et de laiton; des fabriques d'aiguilles et d'épingles, de clous, de quincaillerie, des verreries, des briqueteries; on s'y livre en outre à une fabrication importante de toile cretonne, coutil, mousseline simple et brodée, bougran, lacets, dentelle *point d'Alençon*. Parmi les autres produits, nous citerons les crins tressés, les papiers, les plumes d'oie, les chapeaux de paille, les cuirs, etc.

Le commerce est favorisé par 8 routes impériales, 14 routes départementales et 12,000 chemins vicinaux.

Le chef-lieu de ce département est *Alençon*; les villes et endroits principaux sont: *Argentan*, chef-lieu d'arrondissement, avec 5,673 habitants, un collége, un tribunal civil, un commerce de volailles et de chevaux, des tanneries, des corroieries, des mégisseries, des fabriques d'eau-de-vie de cidre; *Domfront*, chef-lieu d'arrondissement, avec 2,879 habitants, un tribunal civil : c'est une petite ville bâtie sur un point élevé très-pittoresque, et dont les fortifications n'offrent plus que quelques ruines imposantes; *Mortagne-sur-Huine*, chef-lieu d'arrondissement, avec 4,948 habitants, un tribunal civil, un commerce de chanvre, cotonnades, une fabrication considérable de toiles fortes et légères : c'est une jolie ville, bâtie au sommet et sur le penchant d'une colline; *Bellême*, chef-lieu de canton, avec 3,126 habitants, autrefois très-forte place de guerre, située près d'une belle forêt, dans laquelle on trouve la fontaine minérale de La Herse, ancien monument romain; *Laigle*, chef-lieu de canton, avec 5,678 habitants, un tribunal de commerce, une chambre consultative des arts et manufactures, des tréfileries, des fabriques d'épingles, de fil, de corde : c'est une jolie ville, bâtie sur le penchant de deux coteaux, près d'une belle forêt, sur la Rille; *Tinchebray*, chef-lieu de canton, avec 4,174 habitants, un tribunal de commerce, une chambre consultative des arts et manufactures : il s'y livra, en 1106, entre Robert, duc de Normandie, et Henri Ier, roi d'Angleterre, son frère, une bataille qui affermit l'usurpation du second, et mit Robert dans les fers; *Séez*, chef-lieu de canton, sur l'Orne, avec 5,005 habitants, un évêché, un grand et un petit séminaire, un collége : on y remarque la cathédrale et le palais épiscopal; *Vimoutiers*, chef-lieu de canton, avec 4,019 habitants, un tribunal de commerce, une chambre consultative des arts et manufactures : c'est le centre d'une grande fabrication de toile cretonne. Citons encore les ruines des châteaux de Ranes, de La Ferté-Frênel, de La Roche-Mabile, de Saint-Cénery-le-Gercy, etc.

Oscar MAC-CARTHY.

ORNEMENT. C'est le nom que l'on donne indistinctement à tout ce qui, sans faire partie intégrante d'un objet quelconque, peut y être adapté pour le rendre plus agréable ou plus riche. Ainsi, les colonnes, les frontons, sont des ornements pour un grand monument; des caissons, des denticules, sont des ornements dans une voûte, dans un plafond. Les ornements peuvent en général être retranchés de l'édifice, de l'objet auquel on les ajoute, sans nuire à son ensemble ou à sa solidité. Souvent l'architecte appelle à son aide un sculpteur *ornemaniste* pour faire des rosaces, des oves, des grains, des feuilles ou des rinceaux, sur différentes parties lisses, dans les voûtes, les plafonds, les frises, les soffites, etc. Des statues, des vases, sont des ornements pour un jardin. Les marbres, les bronzes, les bas-reliefs, les peintures, les arabesques, les tableaux, sont aussi des ornements, dont l'architecte fait usage pour décorer les parois, les voûtes ou les plafonds des temples et des palais. Les glaces mêmes sont aussi considérées comme des ornements, devenus maintenant d'une nécessité absolue dans un appartement. L'orfévre emploie la ciselure pour faire sur des vases ou autres pièces d'argenterie des ornements, dont le mérite dépend du goût, de la grâce qu'a su y répandre l'inventeur, et de la légèreté, la pureté, la finesse de l'exécution. Les mêmes talents sont nécessaires à ceux qui veulent se distinguer dans l'art d'orner les porcelaines, les tapis, les étoffes et les meubles. Ceux qui exécutent cette nature de travaux reçoivent le nom d'*ornemanistes*. La mode influe sans cesse sur le goût des ornements, et nous fait admettre aujourd'hui ce que nous repoussions hier, ce que nous repousserons encore demain.

Les vêtements, chez les anciens comme chez les modernes, chez les sauvages comme chez les peuples civilisés, les vêtements, disons-nous, ont souvent été chargés d'ornements en broderie d'or et d'argent, ou bien en perles, en verroterie, en plumes, en coquilles. Les nattes de cheveux, les bijoux, les camées, les bracelets, les plumes, sont aussi des ornements, que les dames emploient habituellement dans leur coiffure ou dans leur parure. Les victimes aussi recevaient des ornements lorsqu'on les conduisait aux sacrifices chez les anciens peuples : ces ornements étaient principalement des bandelettes, dont leur tête était entourée, des draperies, dont on couvrait leur corps. Les rois ornaient leur tête d'un diadème, et les triomphateurs d'une couronne de laurier; d'autres ornements distinguaient les dignitaires qui chez les différents peuples partageaient l'autorité. Chez les modernes, les souverains le jour de leur sacre, ou de leur couronnement, sont revêtus d'ornements qui ne servent plus que lors de leurs funérailles, et qui consistent en manteau, couronne, sceptre, épée, main de justice, et une boule représentant le monde. Les évêques, dans leurs fonctions épiscopales, sont revêtus des *ornements pontificaux*, qui sont la mitre, la crosse, l'anneau; quant à la croix pectorale, c'est un ornement qu'ils portent toujours. Les vêtements que portent les ecclésiastiques dans l'exercice de leurs fonctions sont désignés sous le nom d'*ornements sacerdotaux*: ils consistent en chapes, chasubles, tuniques, dalmatiques, étoles et manipules. Ces ornements sont plus ou moins splendides, plus ou moins variés, suivant la richesse des églises; mais le moins que chacune puisse avoir est un ornement à fond blanc pour les fêtes de vierges, à fond rouge pour les fêtes de martyrs, à fond violet pour le Carême et l'Avent, à fond noir pour les enterrements.

L'art héraldique, ou le blason, emploie aussi le mot *ornement* pour désigner tout ce qui ne fait pas partie intégrante d'une armoirie et se trouve en dehors de l'écu, tel que timbres, cimiers, lambrequins, supports, colliers, manteaux.

Ornement s'emploie en littérature pour désigner les tournures de rhétorique qui peuvent rendre le style plus agréable, mais qu'il ne faut cependant pas trop multiplier.

DUCHESNE aîné.

ORNISMYA. *Voyez* COLIBRI.

ORNITHOGALE (du grec ὄρνις, ὄρνιθος, oiseau, et γάλα, lait), genre de plantes monocotylédones, de la famille des liliacées, tribu des asphodélées. Ce genre, qui renferme des herbes acaules et à racine bulbeuse, dont la fleur, en grappe ou en corymbe, termine une hampe droite, est très-voisin des aulx, dont il ne diffère que par son inflorescence et par l'absence de toute odeur alliacée. Le bulbe des ornithogales est à tunique. Leurs feuilles sont toutes radicales, linéaires ou linéaires-lancéolées; leurs fleurs sont jaunes, blanches ou verdâtres. On connaît plus de quatre-vingts espèces d'ornithogales. Six croissent naturellement en France; les autres sont du cap de Bonne-Espérance, de la Nouvelle-Hollande, du Japon et du Pérou.

Parmi les espèces remarquables nous citerons l'*ornithogale en ombelle*, vulgairement appelé *dame d'onze heures*, ou *belle d'onze heures*, parce que cette belle plante ouvre ordinairement les nombreuses corolles de sa fausse ombelle vers cette heure de la matinée, quand le soleil est sans nuages. Ses fleurs sont d'un blanc virginal en dedans et d'un beau vert bordé d'un liseré blanc en dehors. Leur effet est charmant; mais elles ne durent pas plus de quatre à cinq heures, après quoi elles se ferment pour se rouvrir le lendemain. Cette plante habite de préférence les prés et les coteaux un peu humides, dans les contrées chaudes ou tempérées de l'Europe, dans la Barbarie, etc. Elle est passée des champs dans les jardins. Les bulbes de ses racines sont doux; cuits à l'eau ou sous la cendre, ils sont bons à manger.

L'*ornithogale pyramidal*, connu sous les noms d'*épi de lait* et d'*épi de la Vierge*, se distingue par des fleurs nombreuses, d'un blanc de lait, disposées en un bel épi conique, de forme pyramidale, long de huit à dix pouces. On rencontre cette plante dans les contrées les plus chaudes de l'Europe, notamment en Portugal.

L'*ornithogale des Pyrénées* s'étend au loin dans les grands bois aux environs de Paris, dans les Alpes, les Pyrénées, au milieu des prés montueux, un peu humides, à la descente des collines.

L'*ornithogale de Narbonne*, qui se rapproche beaucoup de l'espèce précédente, a des fleurs blanches plus grandes, et non jaunâtres sur leurs bords.

L'*ornithogale doré* a un bulbe petit, arrondi, de la grosseur d'une noix, dont se nourrissent les Hottentots. Ses fleurs sont d'un jaune doré ou orangé. On l'a trouvé au cap de Bonne-Espérance.

L'*ornithogale squille* est remarquable par son oignon, fort gros, employé en médecine.

La plus belle espèce est l'*ornithogale d'Arabie*, dont la hampe se termine par un large corymbe de fleurs grandes, élégantes, un peu campanulées, blanches sur les deux faces. De l'Égypte et de la Barbarie, cette plante est passée dans les îles de Corse, de Madère et dans les contrées les plus chaudes de l'Europe. Elle exige beaucoup de chaleur, un terrain sablonneux et léger.

L. LOUVET.

ORNITHOLOGIE (du grec ὄρνις, oiseau, et λόγος discours), partie de la zoologie qui traite des oiseaux. Les oiseaux sont mentionnés dans les plus anciens ouvrages; cependant, il faut descendre jusqu'à Aristote pour trouver quelques notions générales sur l'ornithologie proprement dite. Ce père de l'histoire naturelle connaissait un assez grand nombre d'espèces d'oiseaux, dont il a décrit les mœurs avec le talent qui lui était propre; mais il a négligé de les comparer; et, à l'exception de quelques familles si communes qu'on ne peut les repousser, telles que les oiseaux de proie, les hérons, les canards, il n'a mis aucune méthode dans ses écrits. Après lui, Pline multiplia les observations, augmenta la masse des espèces connues; mais il ne fit pas faire sous les autres rapports un pas de plus à la science. Les premiers naturalistes qui, lors du renouvellement des sciences, au milieu du quinzième siècle, s'occupèrent le plus spécialement de l'ornithologie sont: Gonsard, Gesner et Pierre Bellon, qui, en 1555, publièrent chacun un ouvrage accompagné de figures gravées en bois, où les oiseaux sont divisés en familles, d'après leurs mœurs ou le lieu de leur habitation. Après eux, Aldrovande, Johnston et Willoughby, en 1646, 1657 et 1776, firent paraître chacun une ornithologie, où les oiseaux ne sont pas rangés d'après des principes plus certains, mais où ils sont cependant rapprochés par groupes assez naturels. Toutes trois sont enrichies de figures nombreuses, mais généralement peu exactes.

C'est à Jean Ray qu'on doit la première méthode ornithologique régulière. Ce savant Anglais, qui a été longtemps le guide des naturalistes méthodistes, publia en 1713 un ouvrage où il range les oiseaux d'après des considérations prises de leurs habitudes, de la forme de leurs pattes et de celle de leur bec, c'est-à-dire sur des caractères souvent vagues, mais en général si bien combinés que tous ses ordres sont naturels et que les groupes qu'ils contiennent forment souvent des genres assez précis pour qu'ils aient traversé sans altération le temps qui s'est écoulé depuis leur publication jusqu'à présent. La science des oiseaux était arrivée à ce point lorsque Linné parut. Ce puissant génie, destiné à influer d'une manière si marquée sur toutes les parties de l'histoire naturelle, préluda en 1735 à une réforme dans l'ornithologie, réforme qu'il fixa en 1740, par la publication de son *Systema Naturæ*, et que, aidé des travaux de ses prédécesseurs et des recherches de ses nombreux disciples, il perfectionna successivement. Chez lui, les caractères des ordres et des genres sont sévèrement exacts, toujours pris des parties les plus essentielles des oiseaux, toujours comparables entre eux. Aussi peut-on bien perfectionner son travail, mais non en changer les bases.

ORNITHORHYNQUE (du grec ὄρνις, oiseau, ῥύγχος, bec), genre de mammifères rangé par Cuvier dans l'ordre des édentés, famille des monotrèmes, caractérisé surtout par la forme singulière du museau des animaux qui le composent. Ce museau, prolongé en une espèce de bec corné très-large, aplati et garni sur ses bords de lamelles transversales, ce qui lui donne quelque ressemblance avec le bec d'un canard, a valu à ce genre le nom d'*ornithorhynque*. Les ornithorhynques se trouvent dans les rivières et les marais de la Nouvelle-Hollande, où ils barbottent comme des canards et se construisent des espèces de terriers garnis de joncs et de mousse. Leur corps est allongé; ils ont la queue aplatie, et leurs membres, courts, sont terminés par des doigts onguiculés et palmés. L'espèce la mieux connue est l'*ornithorhynque roux*, qui n'a guère que trente centimètres de long. Il se nourrit de vers et de petits animaux aquatiques, qu'il pêche avec son bec, à la façon de nos palmipèdes. La femelle dépose ses petits au fond d'un terrier. On a beaucoup discuté sur la question de savoir si les ornithorhynques sont des mammifères. L. Louvet.

ORNITHOSCOPIE (du grec ὄρνις, ὄρνιθος, oiseau, et σκοπέω, je regarde), divination par le chant et le vol des oiseaux (*voyez* Augure).

ORODES, roi des Parthes, fils de Phraate III, fut appelé au trône qu'occupait Mithridate, son frère, par le suffrage du peuple. Orodes marcha contre ce frère, qui s'était réfugié à Babylone, le prit et le fit massacrer. Il eut ensuite à lutter contre les Romains, et la défaite de Crassus prouva à ceux-ci qu'ils avaient dans Orodes un redoutable adversaire. Pacore, fils d'Orodes, avait pris une glorieuse part aux luttes des Parthes contre les Romains; Orodes le rappela, par un sentiment de jalousie : le même sentiment lui fit ordonner la mort de son lieutenant Surina, le vainqueur de Crassus. Orodes se déclara pour Pompée, dans la guerre entre César et Pompée, et pour Brutus et Cassius, dans leurs efforts suprêmes contre Auguste et Antoine. Il soutint ensuite Labienus, qu'il fit joindre par Pacore. Ce dernier ayant été tué par les Romains, Orodes, dans sa douleur, tomba en démence; il ne parlait plus à personne, ne prononçait qu'un seul mot, le nom de son fils Pacore. Il choisit ensuite pour lui succéder l'aîné de ses trente fils, Phraate, qui, après l'avoir inutilement empoisonné, l'étrangla de ses propres mains, pour régner plus vite.

OROGRAPHIE (du grec ὄρος, montagne, et γράφω, je décris), description des montagnes. On appelle ainsi la partie de la géographie physique qui donne la description des formes extérieures et des groupes des vallées. Elle est étroitement unie à l'hydrographie, et est la base de toute étude géognostique et géologique d'une localité. La détermination de l'élévation des points principaux des vallées et des montagnes constitue une partie essentielle de l'*orographie*.

OROMASDE, OROMASE ou OROMAZE. *Voyez* Ormudz.

ORONGE. *Voyez* Agaric.

ORONGE (Fausse). *Voyez* Fausse Oronge.

ORONTE (*Orontes*), fleuve de Syrie, appelé aujourd'hui *Nahr-el-Asi*, c'est-à-dire le tempêtueux, prend sa source au point de partage de la vallée de la Cœlé-Syrie, près de Balbeck, coule ensuite dans cette vallée au nord, entre le Liban et l'Anti-Liban, et se dirige ensuite à l'est dans le pays d'Autakia, pour se jeter par 36° de latit. nord dans la Méditerranée, après s'être frayé passage à travers les montagnes du littoral de la Syrie.

OROSE (Paul), historien romain, qui écrivait dans les premières années du cinquième siècle. On croit généralement qu'il naquit à Tarragone, en Catalogne. Il entra de bonne heure dans l'Église, et séjourna pendant quelque temps en Palestine. Plus tard il se fixa à Hippone, auprès de saint Augustin; et c'est aussi dans cette ville qu'il mourut. Outre quelques ouvrages de théologie, on a de lui une histoire en sept livres : *Historiarum Libri VII, contra Paganos*, qui porte aussi le titre énigmatique de *Hormesta*, et où il réfute le reproche qu'on faisait alors souvent au christianisme d'avoir été la cause de la ruine de l'Empire Romain et en général d'énerver les hommes. Cet ouvrage, où il résume l'histoire universelle, le plus ordinairement en suivant le récit de Justin, fut adopté au moyen âge, malgré son manque de correction et surtout d'exactitude chronologique, comme guide pour l'étude de l'histoire universelle.

ORPAILLEURS. On donne ce nom aux individus dont l'industrie consiste à retirer, par le lavage, les paillettes d'or qui se trouvent dans le sable de certaines rivières, comme le Pactole des anciens, le Tage, le Danube, l'Ariége, le Rhône, le Rhin, etc. Depuis longtemps cette ingrate industrie a été abandonnée en France, mais elle subsiste encore aujourd'hui dans la vallée du Rhin, où la production de l'or est fort ancienne. Quoique bien réduite, ce qui se conçoit aisément, de ce qu'elle était avant la découverte de l'Amérique, la production de l'or ne laisse pas que de s'y élever chaque année, entre Bâle et Manheim seulement, à environ une cinquantaine de mille francs. L'immense alluvion au milieu de laquelle est placé le lit actuel du Rhin, et qui n'a pas moins de 4 à 6 kilomètres de largeur, contient de l'or. Mais on ne le trouve en quantité suffisante pour justifier le pénible travail des *orpailleurs* que dans de certains bancs qui se forment lentement à la suite de l'érosion des rives du fleuve ou des îles dont son cours est parsemé. La portion même de ces bancs qu'on exploite avec fruit n'a guère que 15 centimètres d'épaisseur. Or, veut-on savoir ce que ces gisements de prédilection, ces trésors des *orpailleurs* rhénans, contiennent d'or? Ils ont une richesse de 13 à 15 parties d'or sur 100,000,000; c'est-à-dire qu'en lavant *cent millions de kilogrammes* de sable, on se procure de 13 à 15 kilogrammes d'or, soit un sur sept millions. Quelquefois les travailleurs tombent sur des endroits où ils obtiennent un kilogramme d'or par 1,500,000 kilogrammes de gravier, et ils s'estiment alors favorisés d'une façon toute particulière par le ciel. Il résulte de ces chiffres que pour avoir un kilogramme d'or, valant un peu plus de 3,000 francs, l'*orpailleur* rhénan doit remuer et laver sept millions de kilogrammes de sable. C'est une masse de plus de 4,000 mètres cubes. Il y aurait de quoi couvrir un hectare tout entier à une hauteur de 40 centimètres.

Voici en quoi consiste le travail des *orpailleurs*. On choisit pour cela les endroits où la rivière fait des coudes, où ses eaux vont frapper avec violence et où il s'est amassé du gros sable ou gravier. On commence par passer ce sable à la claie, afin d'en séparer les pierres les plus grossières. On met ensuite dans de grands baquets remplis d'eau le sable qui a passé. On jette ce sable avec l'eau sur des morceaux de drap grossier ou sur des peaux de mouton tendues sur une claie inclinée. Par là, l'or qui est ordinairement en particules très-fines, s'attache avec le sable le plus fin aux poils du drap de la peau de mouton, qu'on lave de nouveau pour en séparer l'or et le sable. Pour achever ensuite la séparation de l'or avec le sable auquel il est joint, on en fait le lavage à la sébille, c'est-à-dire dans une écuelle de bois dont le fond est garni de rainures. On l'agite en tournoyant. Le sable, qui est plus léger, s'en va par-dessus les bords de la sébille, tandis que l'or reste au fond. L'or que l'on obtient de cette manière est quelquefois très-pur; quelquefois il est mêlé d'argent ou de cuivre.

Ce peu de mots suffisent pour donner une idée du travail auquel se condamnent les milliers d'aventuriers qui de tous les points du globe se précipitent, à l'heure qu'il est, vers les rives fortunées du Sacramento. Les sables de ce Pactole moderne sont, à ce qu'on dit, bien autrement abondants en parcelles métalliques que les gisements aurifères les plus riches que l'on connût encore, soit au Pérou, soit dans les montagnes de l'Oural; ils promettent dès lors aux *orpailleurs Californiens* des résultats que la déesse aux Cent Bouches a sans doute beaucoup grossis en route, mais ne laissant toujours pas, incontestablement, que de rémunérer avec bien autrement de générosité que ne pourraient faire les sables aurifères de la vallée du Rhin, un labeur des plus rudes, dans lequel ils seront d'ailleurs aidés puissamment par les machines ingénieuses qu'ont fait inventer les récents progrès de la métallurgie.

On trouve encore des orpailleurs parmi les Tsinganes des principautés danubiennes; mais leur travail est aussi peu rémunéré que celui des orpailleurs du Rhin. Dans l'Australie, au contraire, les recherches de l'or sont au moins aussi lucratives que dans la haute Californie.

OR PARADOXAL ou OR PROBLÉMATIQUE, noms que l'on a donnés vulgairement au tellure.

ORPHÉE, célèbre devin et poëte des temps fabuleux de la Grèce, et qu'on considère en même temps comme le représentant d'une école poétique particulière qui se retira en Thrace, était suivant la tradition ordinaire, le fils de la muse Calliope et du roi de Thrace Œagre. Il partage d'ailleurs avec Homère cette singulière destinée qu'à leurs noms se rattache toute la civilisation morale et intellectuelle de l'antiquité grecque, et que cependant leur existence est mise en question. Le plus ancien des deux personnages que nous comparons ainsi est naturellement celui des deux dont l'histoire se perd le plus dans d'incertaines traditions et se prête le mieux à des hypothèses critiques. Nous ne voulons pas contester par cette observation qu'Orphée ne soit un personnage encore plus mythologique qu'historique ; mais nous voulons insinuer et même affirmer qu'avant de devenir l'un il a été l'autre; de sorte que s'il y a maintenant beaucoup de mythes dans les faits dont les poëtes et les prêtres ont composé sa biographie, il soit néanmoins bien entendu que ces mythes mêmes sont nés de faits positifs.

A cette époque si reculée, tout dans la pensée était encore vague et primitif, tout était encore poésie. Les sanctuaires eux-mêmes mettaient leurs enseignements en vers et en chants. Deux directions principales se partageaient alors les esprits : l'une, pleine de force et d'ardeur, l'élément matériel ou physique dominant l'élément moral et spirituel de l'homme, le poussait, suivant l'ivresse des sens, à toutes les passions; l'autre, pleine de crainte et de respect religieux, cherchait à faire prévaloir sur l'impétuosité du sang le calme de la raison et la paix de la conscience. Ni l'une ni l'autre de ces tendances n'excluait l'enthousiasme; mais ici il était l'effet d'un saint recueillement, là d'une effervescence sensuelle. La dernière de ces directions se rattachait aux sanctuaires de Bacchus, la première à ceux d'Apollon. Orphée, élève de Linus, fils d'Apollon (comme l'était aussi Thamyris, petit-fils d'Apollon et l'un des plus célèbres des antiques chantres sacrés), suivit naturellement la première des deux directions, et combattit avec vigueur l'orgiasme bachique. Ce fut là sa mission. Il la remplit au point de devenir plus tard, dans les interprétations des philosophes, le *principe apollonien* luttant contre le *principe dionysien*. Sa grande tâche fut de soumettre l'âme humaine à une loi céleste, de réconcilier l'homme égaré par la fougue du sang avec la Divinité, son législateur et son juge. Orphée avait, pour accomplir cette mission, un don divin, sa parole, qu'il accompagnait des sons de sa lyre. Ses chants, disent les poëtes, qui ne sauraient parler qu'en images, domptèrent les bêtes féroces et les ouragans, et les sons de sa lyre attiraient sur ses pas les bois et les rochers. Associé à la grande expédition des **Argonautes**, dont le récit est mêlé de tant de fables, Orphée déploya dans cette entreprise la même puissance de talent. Inconsolable d'avoir perdu Eurydice, son épouse, que d'autres nomment Agriopa, il descendit dans le monde souterrain, dont l'accès est interdit aux humains; et là, par le charme des accords mélodieux de sa lyre, il réussit à obtenir des divinités infernales, toujours inexorables, qu'elles lui rendissent cette épouse bien aimée. Mais ayant manqué à la condition expresse qui lui avait été faite de ne point se retourner, en remontant vers la terre, pour contempler son Eurydice, il la perdit de nouveau; et lui-même, sur l'ordre des dieux, fut mis en pièces par des femmes furieuses ou des bacchantes.

Les prêtres, les devins et les philosophes des premiers âges de l'antiquité attribuèrent en outre à Orphée beaucoup de connaissances, d'institutions et de poésies sacrées, afin de rendre plus vénérables certains mythes ou dogmes conformes à l'esprit du temps en les faisant remonter à une haute antiquité. Tous les poëtes et tous les philosophes qui, pour atteindre leur but, suivirent cette direction mystique et religieuse, ont été désignés sous la dénomination d'*orphiques*, par exemple, Musée, Onomacrite, Epiménide, etc. Homère ne dit pas un mot d'Orphée; mais Pindare et Eschyle parlent de lui, d'après des sources antiques. De même, il est mention de bonne heure de *mystères orphiques* et d'un grand nombre de *poëmes orphiques*. Mais Aristote les tenait déjà pour controuvés, et prétendait qu'il n'avait jamais existé d'Orphée semblable à celui dont il était question de son temps. Une partie de ce que nous en possédons doit dater à peu près de l'époque de la guerre des Perses, ainsi qu'on peut l'inférer des dogmes qui y sont exposés de même que des notions géographiques et historiques qu'on y trouve. Les *Argonautica*, récit poétique de l'expédition des Argonautes, constituent donc un des témoignages les plus anciens, et les plus dignes de foi des faits et des actions qu'on attribuait alors à Orphée. Les autres poëmes *orphiques* sont d'une époque beaucoup plus récente. Parmi les poésies existant encore sous le nom d'Orphée, on cite quatre-vingt-huit hymnes, et les *Lithica*, poëme didactique sur les vertus magiques des pierres, composé vraisemblablement au quatrième siècle de notre ère, et enfin soixante-six vers du poëme intitulé *Des Tremblements de terre*. Ces divers écrits sont devenus depuis plus d'un siècle le sujet d'autant de doutes et d'hypothèses que leur auteur. Avant **Huet**, le monde moderne les tenait pour authentiques. Le savant évêque d'Avranches, en y voyant quelques idées chrétiennes, vint le premier à soupçonner qu'ils pouvaient bien appartenir aux commencements de notre ère et provenir de la main de quelque pieux imposteur. Ruhnken, quoique philologue plus érudit que Huet, osa soutenir contre lui que ces ouvrages portaient des traces incontestables d'antiquité, et qu'ils remontaient au moins au dixième siècle avant notre ère. Un savant allemand, Matthias Gesner, entreprit même de les revendiquer pour les temps antérieurs à la guerre de Troie. Walkenaër et Schneider, mieux inspirés que l'un et l'autre, virent et prouvèrent avec une grande supériorité de raison que dans leur forme actuelle ces compositions sont postérieures à l'ère chrétienne. La meilleure édition des *Orphica* est celle qu'en a donnée Hermann (Leipzig, 1805); la première parut à Florence (1500, in-4°). Cribellius en donna la première traduction latine, à Bâle (1523).

ORPHELIN, nom donné aux enfants qui avant d'avoir atteint l'âge de majorité fixé par la loi perdent leur père et leur mère. Quand on parle exactement, *orphelin* signifie : qui a perdu les auteurs de ses jours, et non celui qui a perdu seulement son père ou sa mère; ce qui oblige à dire : *orphelin de père, orphelin de mère*. La situation des *orphelins* a toujours paru digne d'intérêt à la société, et chez tous les peuples on s'est occupé de pourvoir à leurs besoins. Dans la loi hébraïque, Dieu s'était déclaré leur protecteur et leur père; il était ordonné aux Juifs de leur laisser une partie des fruits de la terre, de les admettre au repas des fêtes et des sacrifices, de s'en occuper spécialement; et les prophètes, en rappelant à ce peuple les ordres de Dieu, lui reprochèrent souvent sa négligence à cet égard : le trésor des aumônes, gardé dans le temple, était principalement destiné à l'entretien des orphelins. La législation de plusieurs villes grecques décida que l'État ferait élever à ses frais les enfants de ceux qui mouraient en le servant. A Athènes, les enfants dont les pères avaient péri en combattant pour la patrie étaient élevés aux dépens du public, à qui on les présentait sur le théâtre, pendant les fêtes de Bacchus; lorsqu'ils étaient parvenus à l'adolescence, un héraut paraissait avec eux sur la scène, et disait à haute voix que « ces orphelins, ayant perdu leurs pères, en avaient retrouvé un dans le peuple, qui, après avoir pris soin de leur enfance, les renvoyait armés de pied en cap, et les conviait de mériter chacun à l'envi les premières places de la république ». A Rome, quand un père n'avait point désigné de tuteur à l'enfant qu'il laissait après lui, le magistrat lui en désignait un, et l'orphelin n'était jamais consigné à celui qui gérait ses biens, de crainte que l'avidité ne profitât de sa faiblesse. D'après les lois françaises, c'est un conseil de six personnes, composé de parents ou d'amis, et que préside le juge de paix, qui nomme à l'*orphelin* un **tuteur** et un subrogé tuteur, chargés de veiller à son éducation et à l'administration de ses biens, après avoir réglé par aperçu les dépenses que nécessiteront ces soins.

Le christianisme, qui ne pouvait oublier aucune infortune, s'exprima dès sa naissance en faveur des orphelins par la bouche de l'apôtre saint Jacques, qui dit : « La religion et la piété pure aux yeux de Dieu consistent à visiter les orphelins et les veuves. » De là tant de vierges qui se consacrèrent à servir de mères à ces enfants, tant d'établissements destinés à recueillir les orphelins. Une des plus magnifiques fondations en ce genre fut celle de Napoléon en faveur des orphelines dont les pères avaient été membres de la Légion d'Honneur. Il n'est point de capitale où l'on ne trouve quelque lieu destiné à servir d'asile aux orphelins, qui y reçoivent l'instruction en même temps que les soins que leur position comporte; il n'est point d'État où l'on n'ait cherché à rendre leur sort le plus supportable possible; mais tout cela ne fait oublier ni au monde dans lequel ils sont appelés à entrer, ni à eux-mêmes, le malheur de leur position. L'apparition du choléra a fait deux fois créer de nouveaux établissements destinés à recueillir les orphelins. L'assistance publique en reçoit chaque année un certain nombre, qu'elle réunit aux enfants trouvés et abandonnés. On a encore essayé de constituer des orphelinats en Algérie. Enfin, en 1856, l'empereur Napoléon III a destiné les fonds d'une souscription offerte à l'impératrice et au prince impérial, accrus d'une forte dotation, à l'entretien d'un certain nombre d'orphelins placés dans des familles d'ouvriers.

ORPHÉON. En 1829 on sentit la nécessité d'introduire le chant dans les écoles primaires. De Gérando, l'un des promoteurs de cette innovation, en parlait devant Béranger, et se demandait quel homme pourrait assez simplifier les difficultés de l'éducation musicale des enfants pour faciliter l'accomplissement de cette œuvre. « J'ai votre affaire, dit le chansonnier. » Il pensait à Wilhem. Peu de temps après la méthode musicale de Wilhem l'emportait, au concours, sur plusieurs autres, et était appliquée dans quelques écoles de la ville de Paris : des groupes séparés y apprenaient à la fois, à différents degrés, la musique vocale et la solution de difficultés musicales. Réunir ces groupes en une seule masse, avoir un ensemble de plusieurs centaines, d'un millier d'exécuteurs, tel fut le but de Wilhem. A la réunion générale de ses élèves il donna le nom d'*Orphéon*, qui lui est demeuré. Wilhem a publié un *Manuel musical*, dont la lecture fera connaître les procédés analytiques, les inventions ingénieuses, les moyens grâce auxquels il a simplifié le travail des élèves, aplani les difficultés premières, parlé aux yeux avant de parler à l'oreille, et rendu les notes palpables au tact, à la vue, avant même de les faire pénétrer dans l'esprit par l'ouïe. Les efforts persévérants de Wilhem nous ont donné cette société des *Orphéonistes*, dont la masse imposante rivalise de justesse, de précision avec les sociétés chorales allemandes, et qui aujourd'hui a sa place dans les grandes solennités.

L'Orphéon se compose d'ouvriers, d'hommes et d'enfants mettant à profit des loisirs que tant d'autres dépensent au cabaret ou dans l'oisiveté, pour exécuter des morceaux d'ensemble, et qui répandent ensuite autour d'eux l'amour du chant. Les premières réunions de l'Orphéon datent de 1833 : à cette époque il ne comptait que les élèves de deux écoles de la société élémentaire et de neuf écoles primaires de Paris; peu de temps après le conseil municipal de Paris étendait à toutes les écoles primaires de la capitale l'instruction musicale d'après la méthode Wilhem : aussi l'Orphéon a-t-il rapidement grandi depuis lors, et en 1847 il présentait des masses de 1,200 à 1,500 chanteurs. La salle de la Sorbonne, qui a d'abord servi à ses réunions jusqu'en 1834, est maintenant trop petite pour contenir les orphéonistes. Les orphéonistes sous Wilhem exécutaient des morceaux des maîtres anciens, des morceaux de Wilhem; ils chantent également à présent des morceaux des maîtres modernes. Après Wilhem, l'Orphéon a été dirigé par M. Hubert, puis par M. Gounod.

ORPHIQUES. *Voyez* Orphée.

ORPIMENT (du latin *auri pigmentum*, couleur d'or). oxyde d'arsenic sulfuré jaune. Cette combinaison d'arsenic et de soufre se sublime dans les fissures des cratères volcaniques. Les médecins grecs et arabes l'employaient souvent comme moyen thérapeutique; mais aujourd'hui elle n'est plus en usage autrement que sous forme d'onguent dans les bains orientaux. On fait aussi avec de l'orpiment une des encres dites *de sympathie*, et on l'utilise quelquefois pour reconnaître certaines fraudes dont les vins peuvent être l'objet. En versant quelques gouttes d'orpiment dissous dans de l'eau de chaux dans des vins dont on aura voulu corriger la trop grande âcreté en y mêlant de la litharge ou quelque préparation à base de plomb, ces vins se troubleront aussitôt et prendront une couleur de rouille.

OR POTABLE. *Voyez* Chlorure, tome V, page 509.

ORSCHOVA. *Voyez* Orsova.

ORSEILLE. On nomme ainsi une plante de la famille des lichens, le *roccella tinctoria* des botanistes, dont on extrait une matière colorante, connue dans le commerce sous le nom de *pastilles d'orseille*, et qui sert à teindre les étoffes en rouge-violet. L'orseille croît dans différentes parties du globe; on en distingue plusieurs variétés : la plus estimée est celle que l'on va cueillir sur les montagnes des îles Canaries. La plante se présente sous l'aspect de petites tiges rameuses, dont les plus jeunes imitent les cornes de cerf. A un âge plus avancé, ces tiges se roulent et se tortillent en divers sens; leur couleur est d'un gris verdâtre plus ou moins foncé. La fructification s'annonce par de petites scudèles pulvérulentes qui naissent éparses sur les rameaux. Les bénéfices que l'on retire de l'orseille ont fait rechercher cette plante dans toutes les localités où elle se reproduit spontanément. Les *orseilleurs* canariens exposent à chaque instant leur vie pour aller la cueillir sur les rochers les plus escarpés, et périssent souvent victimes de leur audace.

Quelques auteurs ont pensé que la matière colorante de l'orseille était la pourpre des anciens, et leur opinion n'est pas sans fondement. C'était, dit-on, d'un mollusque qu'on retirait jadis la pourpre de Tyr; mais les recherches des naturalistes prouvent évidemment que l'humeur lymphatique contenue en si petite quantité dans les coquilles du genre des *pourpres* ne pouvait suffire à tous les besoins de l'art. Il est donc probable que les Phéniciens, les Carthaginois et les peuples de l'ancienne Grèce, puis après eux les Romains, employaient d'autres substances pour obtenir la couleur alors si estimée, et l'orseille devait être de ce nombre. On sait que le nom de *Purpurariæ* fut imposé d'abord à deux îles du groupe des Fortunées, et que cette dénomination provenait des établissements que Juba, roi de Mauritanie, y avait fondés pour la teinture en pourpre (Pline, liv. VI, chap. XXXVI). Or ces parages ne sont guère coquilliers, et l'espèce de mollusques qui donne la couleur en question ne s'y trouve pas. La pourpre qu'on allait chercher dans ces îles ne pouvait être que l'orseille, et l'abondance de cette plante sur les rochers des anciennes Purpuraires accrédite en quelque sorte les premières assertions du spirituel auteur des *Essais sur les Fortunées*.

L'emploi de l'orseille était connu sans doute de temps immémorial; sa préparation fut d'abord un mystère; mais devenue d'un usage général, cette plante prit rang alors parmi les productions les plus importantes des Hespérides. Les Phéniciens, les Carthaginois et les Massaliotes, qui fréquentèrent les premiers ces archipels d'Occident, dont on disait tant de merveilles, eurent successivement le monopole de l'orseille : ce commerce dut passer plus tard aux Romains par l'intermédiaire des marchands mauritaniens; mais abandonné ensuite pendant près de quatorze cents ans, pour n'être plus exploité que par quelques aventuriers, ce trafic ne reprit faveur qu'au commencement du quinzième siècle, lorsque messire Jean de Béthencourt et ses compagnons s'emparèrent de Fortaventure : « Il y croît une graine qui vaut beaucoup et qu'on appelle *orsolle*, écrivaient en 1402 les chapelains du noble seigneur; elle sert à teindre draps et autre chose, et si cette île est une fois conquise et mise à la foi chrestienne, icelle graine sera de grande valeur au sieur du pays. »

Anciennement toute l'orseille qu'on récoltait aux Canaries appartenait aux seigneurs; plus tard, lorsque les droits et redevances de la féodalité tombèrent en désuétude, les rois d'Espagne mirent l'orseille en régie; aujourd'hui, la récolte en est libre. S. BERTHELOT.

ORSEILLE D'AUVERGNE. *Voyez* LICHEN.

ORSINI ou URSINI (Famille), appelée en France famille *des Ursins*, l'une des plus célèbres maisons princières de l'Italie, descend, dit-on, d'*Orsus* ORSINI, seigneur de Petigliano, qui était sénateur romain vers la fin du douzième siècle et qui, en dépit de l'hostilité de la puissante famille des Colonna, se maintint alors en grande considération. Par *Matthieu Rubeus* ORSINI, cette famille se partagea en trois branches, dont la plus jeune, celle d'*Orsini-Gravina*, fondée par *Napoléon* ORSINI, subsiste encore de nos jours.

En 1417 *Francesco* ORSINI obtint le premier le titre de comte de Gravina, ville de la province napolitaine de Bari. Son fils, *Jacopo* ORSINI, fut créé, en 1463, duc de Gravina.

Le duc *Pietro-Francesco* ORSINI céda en 1667 le duché de Gravina à son frère, *Domenico* ORSINI, et monta sur le trône pontifical en 1724. Il régna, sous le nom de *Benoît* XIII, jusqu'en 1730, et eut pour successeur un autre Orsini, Clément XII. Ce dernier éleva à la dignité de prince romain le neveu de son prédécesseur, le prince *Beroald* ORSINI, qui, en 1724, avait été créé prince de l'Empire par l'empereur Charles VI.

Le siége de cette famille est à Rome; cependant, elle réside habituellement à Naples.

ORSOVA ou ORSCHOVA est le nom de deux localités situées près de la Porte de Fer ou dernière Porte du Danube. Le *Vieil-Orsova* ou *Roushava*, bourg du district du Régiment du Banat roumain des Frontières militaires (Autriche), dans une île du Danube, à l'embouchure de la Cserna, est situé à 14 myriamètres au sud-est de Temeswar. Station principale pour la navigation du Danube, avec un établissement de quarantaine, il compte un millier d'habitants, et est d'une importance majeure pour le commerce de l'Allemagne avec la Hongrie et les principautés danubiennes. Le *Nouvel-Orsova*, place forte de Servie, dans le district de Passarowitz, en face du Vieil-Orsova, est en partie bâti sur une île du Danube. Prise par l'Autriche en 1716, cette place lui fut cédée en 1718 par les Turcs, en vertu de la paix de Passarowitz. Les Autrichiens ajoutèrent beaucoup à ses moyens naturels de défense. Repris par les Turcs en 1738, Orsova est toujours depuis lors resté en leur pouvoir.

ORT. *Voyez* BRUT.

ORTA. *Voyez* JANISSAIRES.

ORTE ou ORTHE (Vicomte D'). Voici un nom, si l'on en croit l'histoire, qui donne le démenti le plus complet aux stricts observateurs de l'obéissance passive *quand même!* Voici, un jour, une inspiration du cœur qui suffit pour immortaliser une existence! C'était sous Charles IX; la Saint-Barthélemy se tramait; l'ordre est donné de Paris au vicomte d'Orte, gouverneur de Bayonne, d'égorger tous les calvinistes de la ville et des environs. D'Orte prend les mesures les plus sages pour contenir les ligueurs; il empêche qu'aucun protestant ne soit inquiété, et écrit au roi ce billet admirable: « Sire, j'ai communiqué les commandements de votre majesté à ses fidèles habitants et gens de guerre de sa bonne ville de Bayonne; je n'y ai trouvé que bons citoyens, braves soldats, mais pas un bourreau. C'est pourquoi *eulx et moy* supplions très-humblement votre majesté de vouloir employer nos bras et nos vies en choses possibles. Quelque hasardeuses qu'elles soient, nous y mettrons jusqu'à la dernière goutte de notre sang. » Honneur à la population bayonnaise! honneur à son digne chef! Il devait payer cher cette désobéissance, qu'il regardait *comme le plus saint des devoirs*: il mourut empoisonné.

Eug. G. DE MONGLAVE.

ORTEILS. Ce mot est employé pour désigner, en général, les doigts des pieds, dont le nombre et la forme rappellent ceux des mains, et qu'on distingue par des noms numériques, en partant du premier, appelé aussi *gros orteil*, ou pouce du pied, comme le dernier *petit orteil*, ou petit doigt du pied. Nous ne ferons point ici la description anatomique des orteils, nous nous bornerons à jeter un coup d'œil sur leurs fonctions. Les orteils concourent à former avec le reste du pied cet assemblage de pièces solidement unies par de forts ligaments, cette série d'articulations brisés si bien appropriées à la locomotion. Ce sont les orteils qui supportent tout le corps dans le saut, la course, la danse, etc., enfin dans tous les exercices qui exigent la station sur la pointe des pieds: dans les chutes, on sait combien ils allégent le poids qu'ils supportent; sans leur intervention, les fractures des extrémités inférieures seraient beaucoup plus fréquentes. Il est des cas dans lesquels les doigts des pieds suppléent ceux des mains pour accomplir diverses actions importantes: ainsi, quelques hommes privés de bras, soit par un vice congénial, soit par accident, ont recours à leurs pieds pour saisir divers corps, et s'en servir. On en voit ainsi prendre des aliments, écrire, peindre, etc....

Indépendamment de ces cas exceptionnels, les fonctions des orteils sont assez importantes pour qu'il faille veiller soigneusement à leur conservation: les blessures de ces parties, quand on n'a pu les éviter, ne doivent être jamais négligées; l'inflammation sur des tissus aussi complexes est toujours dangereuse, et peut même causer promptement des accidents tétaniques, dont la mort est souvent le terme. Une des causes vulnérantes qu'on rencontre fréquemment est l'usage des instruments tranchants pour couper les cors: on ne saurait apporter trop de retenue dans cette opération, si simple en apparence. Le froid excessif et longtemps soutenu lèse d'autant plus les orteils que la gangrène y survient plus promptement que dans toute autre région, celle-ci étant la plus éloignée du centre; il faut donc chercher à se préserver autant que possible de ces réfrigérations; c'est un soin qu'on néglige trop souvent pour les enfants. Les chaussures vicient très-souvent aussi la direction des orteils, au point de rendre la marche pénible; les personnes sensées devraient mépriser la mode, et n'employer que des formes accommodées à celle des pieds. Il est des vices de conformation qui sont remédiables, mais seulement par des moyens qui sont du ressort de la chirurgie. Dr CHARBONNIER.

ORTHE (Le vicomte D'). *Voyez* ORTE.

ORTHIA. *Voyez* DIANE.

ORTHODOXIE, ORTHODOXE (du grec ὀρθός, droit, et δόξα, croyance). L'orthodoxie est la conformité d'une opinion avec les décisions et la saine doctrine de l'Église en matière de foi. Un auteur *orthodoxe* est celui qui n'enseigne rien de contraire à cette règle de la foi chrétienne. *Orthodoxe* s'emploie aussi substantivement; on dit les *orthodoxes*, par opposition aux *hétérodoxes* ou *hérétiques*.

Il est trop vrai que bien souvent le zèle pour l'orthodoxie a tenu lieu à certains hommes de toutes les vertus, les a dispensés d'en avoir aucune, et a paru innocenter leurs crimes. Il est trop vrai que bien souvent on s'est permis sans scrupule de noircir par les calomnies les plus atroces le caractère et la conduite des *hétérodoxes*. Mais ces derniers sont-ils à l'abri d'un reproche semblable? Non, sans doute. Quels sont les plus coupables? Les *orthodoxes*; car la saine doctrine impose surtout à ses adhérents, à ses apôtres, les vertus, la douceur, le respect et l'amour de la vérité. Il n'est point d'armes plus puissantes, plus assurées de vaincre ses adversaires.

Orthodoxe, *orthodoxie*, s'emploient aussi au figuré. On dit, par exemple: *Ce goût n'est pas orthodoxe*, pour signifier qu'il est contraire aux bons principes.

ORTHOGRAPHE (du grec ὀρθός, droit, régulier, et γράφειν, peindre, écrire). Si la grammaire est l'art de parler et d'écrire correctement, l'orthographe est la représentation régulière de la parole, ou l'art de représenter régulièrement la parole; et l'écriture étant ainsi la peinture de la voix, plus elle est ressemblante, meilleure elle est. L'orthographe doit suivre la raison et l'autorité, selon les grammairiens de Port-

Royal : la raison lorsque l'on a égard à l'étymologie des mots, l'autorité lorsqu'on se conforme à la manière d'écrire la plus ordinaire dans les bons auteurs. Malgré ces définitions et ces règles, rien au monde n'est plus irrégulier, plus contradictoire que l'orthographe française ; et la diversité qui se trouve non-seulement entre la prononciation et l'écriture, mais encore dans l'application de tout système orthographique, provient de la même source que notre langue elle-même. En effet, les Gaulois, mêlés aux Francs, ayant formé du latin et des idiomes celtiques et germaniques un nouveau langage qu'on a appelé *roman*, empruntaient leurs mots et *les naturalisaient selon la commodité de leurs esprits et de leurs langues* (E. Pasquier). On mutilait le mot latin avant de le rendre français, ou on donnait au mot celte ou haut-allemand une terminaison latine. De là viennent dans les familles de mots ces irrégularités si frappantes. Il est à croire que nos aïeux écrivaient les mots comme ils les prononçaient. Cependant, comme les mots proférés avec toutes leurs lettres étaient trop rudes et blessaient les oreilles, on réforma cette grossière façon de parler, et on adoucit cette âpreté. Mais parce que l'orthographe n'offense point les oreilles, elle demeura dans le même état. Depuis, on tâcha de réduire l'écriture selon la prononciation, et cela a produit de grandes contestations (Pasquier). De cette origine pour ainsi dire mixte de la langue française résulte la bizarrerie, l'incohérence de son orthographe ; et ce divorce entre la langue parlée et la langue écrite durera probablement toujours. Notre orthographe présente ainsi trois inconvénients principaux : d'abord d'employer trop de lettres pour écrire un mot, ce qui embarrasse sa marche ; ensuite d'en employer qu'on pourrait remplacer par d'autres, ce qui lui donne du vague ; enfin, d'avoir des caractères dont elle n'a pas le prononcé, et des prononcés dont elle n'a pas les caractères. C'est par respect pour l'étymologie qu'on les conserve, mais les partisans de ce système sont-ils constamment fidèles aux étymologies? Par exemple, l'Académie et tous les bons auteurs écrivent *philosophe*, *physique*, *euphonie*, et en même temps *fantaisie*, *fantôme*, *filtre*. Pourquoi respecter le *ph* étymologique dans les trois premiers mots, et n'en tenir aucun compte dans les derniers?

Les anomalies de l'orthographe française ont fait dire à Voltaire que « l'habitude seule peut en supporter l'*incongruité*. » Est-ce un motif pour donner gain de cause aux novateurs en fait d'orthographe? Ici une distinction est nécessaire entre les néographes circonspects et ceux qui ont poussé trop loin leurs innovations. Ainsi, les idées sages de Bauzée, de Voltaire, ont opéré une utile révolution dans notre orthographe, tandis qu'en poussant trop loin leurs réformes, l'abbé de Saint-Pierre et Duclos, et après eux Rétif de la Bretonne, ont complétement échoué, et, dans notre siècle, M. Marle, qui voulut tenter en 1829 la réforme orthographique et faire écrire les mots comme on les prononce, *obgé* pour *objet*, *takin* pour *taquin*, etc. Les néographes qui veulent tout bouleverser dans les signes représentatifs des mots devraient réfléchir que nous ne lisons pas les mots partiellement et par syllabes, mais que toutes les lettres d'un mot, ou même de plusieurs mots, prises ensemble, ne forment pour ainsi dire à nos yeux qu'une seule figure et qu'un tout. Or, cette figure paraît bizarre et blesse extrêmement l'imagination lorsqu'elle se présente altérée dans ses parties par des traits auxquels l'œil n'est point accoutumé. « Nous sommes accoutumés, dit Rivarol, à telle orthographe : elle a servi à fixer des mots dans notre mémoire ; sa bizarrerie fait souvent toute la physionomie d'une expression, et prévient dans la langue écrite les fréquentes équivoques de la langue parlée. Aussi, dès qu'on prononce un mot nouveau pour nous, naturellement nous demandons son orthographe, afin de l'associer aussitôt à sa prononciation. On ne croit pas savoir le nom d'un homme si on ne l'a pas vu par écrit. » Les objections dont on pourrait accabler les néographes se présentent encore plus nombreuses et plus puissantes contre les *phonographes*, c'est-à-dire contre ceux qui veulent que l'on écrive comme l'on prononce. D'abord, quelle règle absolue prétendraient-ils établir? « Car la prononciation, dit Charles Nodier, est de sa nature une chose arbitraire et presque individuelle, qui restera toujours équivoque entre deux personnes, et surtout entre cent mille. L'orthographe exactement appropriée à la prononciation, même dans une langue à faire qui posséderait un alphabet complet, serait le chaos de la parole. Quand chacun écrira sa prononciation au lieu d'écrire la langue orthographique, il n'y aura plus de langue. Avec le système des phonographes, il se trouverait donc dans la langue française autant d'orthographes différentes qu'il y a de manières de prononcer selon les localités. Il faudrait d'ailleurs, pour rendre possible leur système, que les éléments d'écriture, c'est-à-dire que les signes orthographiques fussent en nombre égal aux éléments de prononciation ; or, déjà un grammairien qui écrivait sur cette matière en 1578, Honorat Rambaud, comptait 45 éléments de prononciation contre 23 éléments d'écriture, et encore faut-il rabattre de ceux-ci les signes composés, comme l'*x*, les signes doubles, comme l'*y* ou le *k*, les signes équivoques, comme le c sifflant, qui est un *s*, et le *s* doux, qui est un *z*, etc. » *Il s'en faut donc des deux tiers*, selon les expressions de Charles Nodier, que l'orthographe de la langue française *soit la monnaie de sa prononciation*, et l'idée de figurer une cinquantaine de sons par une quinzaine de signes est une des plus absurdes qui soient jamais entrées dans la tête des hommes. Certains novateurs se sont déterminés à inventer de nouveaux signes orthographiques pour déterminer la prononciation. Ce moyen consiste surtout à multiplier les accents, mais cela ne fixerait pas encore la prononciation, et détruirait tout rapport étymologique.

Ceux qui voudraient approfondir cette matière n'ont qu'à consulter les grammairiens, les lexiques et l'*Encyclopédie*. Ils trouveront aussi de curieux et utiles renseignements dans Pluche, dans le président de Brosses (*Mécanique des Langues*), dans les écrits de Dumarsais, de Voltaire, de D'Alembert, de Charles Nodier. On peut voir dans les anciennes et savantes grammaires du P. Buffier et de l'abbé Regnier l'exposé des tentatives faites par les oseurs en néographie depuis le seizième siècle. Ils avaient porté leurs réformes jusqu'aux excès les plus révoltants ; il fallait bien qu'ils échouassent. « Leurs efforts du moins, a dit Beauzée, n'auraient pas été inutiles, n'eussent-ils servi qu'à montrer les écueils que doivent éviter ceux qui entreprendront de proposer des réformes à l'orthographe usuelle. » Les novateurs ont souvent reproché à l'Académie de s'être toujours refusée à tenter de son côté une réforme quelconque. Ce n'est pas qu'elle ait jamais manqué de membres fort disposés à changer son orthographe. Un académicien qui vivait au commencement du dix-huitième siècle, l'abbé de Choisy, dans le *Journal de l'Académie Française* (imprimé en 1754, in-12, avec d'autres opuscules sur la langue française), rapporte qu'*un de ces messieurs* avait proposé pour plus grande uniformité, de mettre un *s* à tous les pluriels, et, par conséquent, d'écrire *beaus*, *vœus*, *heureus*, *manteaus*, etc. Un ennemi des changements fit écarter cette proposition par une allocution très-piquante ; et l'abbé de Choisy ajoute : « Après avoir entendu ce que je viens de rapporter.... tout le monde jugea que le mieux était d'abandonner la matière, parce qu'on a toujours vu que les disputes sur l'orthographe ne finissaient point, et que d'ailleurs elles n'ont jamais converti personne. »

Je ne puis m'empêcher d'indiquer ici un fait orthographique important : c'est que les sourds-muets de naissance à qui l'on apprend à écrire ne font jamais de fautes d'orthographe : la raison en est que, comme ils n'entendent pas, les fausses données de la prononciation, qui trompent les autres hommes, n'existent pas pour eux. De là ces fautes si fréquentes et si extraordinaires que commettent les hommes du peuple qui savent conduire une plume. J'ai quelquefois eu la curiosité de discuter avec eux leurs fautes d'orthographe ; elles sont presque toujours fondées sur une donnée fausse dans l'application, mais théoriquement logique. Au surplus, on peut être un homme remarquable et ne savoir pas l'orthographe, témoin Turenne, Condé, Louis XIV, le maréchal de Richelieu, Napoléon lui-même, etc. On peut même ignorer cette rhétorique des écoles primaires, et écrire des lettres comme Mme de Sévigné. Le temps n'est plus où l'on avait tué son homme en prononçant cet anathème : *Il ne sait pas l'orthographe;* à moins que celui-ci n'eût la prétention ridicule de ce valet dont son maître, La Harpe, a dit :

Ne sait pas l'orthographe et fait déjà des vers.

Charles Du Rozoir.

ORTHOGRAPHIE, dessein ou représentation d'un édifice sur un plan d'une véritable proportion ; c'est ce qu'on appelle aussi *élévation géométrale.* Ce mot a la même étymologie que le mot *orthographe*, et cette étymologie indique d'une manière précise la qualité la plus essentielle de l'*orthographie*, c'est-à-dire que toutes les lignes horizontales soient droites et parallèles, et non obliques comme dans la perspective.

Orthographie signifie aussi le profil ou la coupe perpendiculaire d'un édifice. On dit dans ce sens : un plan *orthographique.*

ORTHOPÉDIE (du grec ὀρθός, droit, et παῖς, enfant). Les anciens entendaient par ce mot la science qui avait pour but de prévenir et de corriger les *difformités* chez les enfants. Si l'on s'en tenait à cette étymologie, on se ferait une idée exacte de l'orthopédie actuelle. Quoique l'enfance soit plus sujette aux difformités que l'adolescence et l'âge adulte, il n'est cependant pas rare de voir des difformités se développer dans toutes les périodes de la vie. L'orthopédie, considérée chez l'homme dans les diverses phases de son existence, constitue une des parties de l'art de guérir les plus vastes et les plus importantes à étudier. Cette science, à peine abordée par les auteurs en médecine et en chirurgie, n'a fait quelques progrès réels que dans ces derniers temps. Les ouvrages d'Andry, *L'Orthopédie, ou l'art de prévenir et de corriger dans les enfants les difformités du corps*, publié en 1741; et de Desbordeaux, *Nouvelle Orthopédie*, etc., publié en 1805, ont été pendant longtemps les seuls livres à peu près complets sur l'orthopédie. Ces deux traités, bien qu'ils renferment quelques préceptes sages, sont remplis de théories absurdes, qui les rendent fastidieux et peu utiles. En 1827 le docteur J. Lafond a publié un bon traité d'orthopédie, basé sur les faits nombreux de sa longue pratique. Deux ans plus tard, le professeur Delpech publia son *Orthomorphie*, livre plein d'érudition et de vues nouvelles, mais malheureusement commentées et torturées de toutes façons par ceux qui ont écrit depuis lui sur cette matière. Cependant, les publications partielles de J. Shaw, de Bainfield, de Jarrold, de Ward, et les mémoires de Venel, de Scarpa, de Bruckner, etc., sur certaines parties de l'orthopédie, n'ont pas peu contribué à éclairer cette science, encore toute nouvelle.

Les pieds, organes de la station et de la progression, sont assez souvent atteints d'une difformité native que l'on désigne sous le nom de *pied-bot.* Cette difformité, qui se divise en plusieurs variétés, d'après la forme et la direction du pied, a fait jusqu'à ces derniers temps le désespoir des infirmes et des hommes de l'art. Cependant, grâce à Delpech, qui a répété une fois, en 1816, un moyen employé en Allemagne en 1784, nous avons eu l'heureuse idée de tenter de nouveau, en 1835, ce procédé curatif, qui nous a réussi bien des fois depuis cette époque. Maintenant, cette disgracieuse difformité ne sera plus qu'une affection très-facile à guérir en quelques semaines. Venel, Scarpa, Delpech, peuvent être considérés comme les seuls auteurs qui aient traité savamment du pied-bot.

Les jambes sont souvent affectées de courbures rachitiques plus ou moins difficiles à redresser, surtout quand le ramollissement des os, maladie qui les a produites, a disparu. On reconnaît la difficulté de ce redressement à l'absence du gonflement des extrémités des os, surtout des malléoles et des poignets, etc. Les courbures des jambes sont souvent compliquées de la déviation des genoux en dedans, et rarement de leur déviation en dehors. La déviation des genoux est toujours curable, et souvent en très-peu de temps. Les fémurs, lorsque les jambes sont courbées et les genoux déviés, sont presque toujours en même temps incurvés en avant et en dehors; mais la courbure de ces os se redresse ordinairement sans le secours d'appareils orthopédiques.

Les membres inférieurs sont encore sujets à des difformités qui n'ont pas été placées dans le domaine de l'orthopédie, étant regardées ordinairement comme incurables : ce sont les ankyloses et les fausses ankyloses des genoux. Les ankyloses étant complétement incurables, doivent être bannies de l'orthopédie; mais il n'en est pas de même des fausses ankyloses, surtout depuis que je suis parvenu à les guérir par la section des tendons des principaux muscles fléchisseurs de la jambe, des biceps crural, demi-tendineux et demi-membraneux, opération que j'ai déjà pratiquée sur trois sujets avec un plein succès.

Les luxations spontanées du fémur, même anciennes, ont été dans ces derniers temps soumises à des tentatives de réduction par les moyens mécaniques. Malgré les résultats qu'on prétend avoir obtenus, je ne crois pas aux succès annoncés; je pense que l'on s'est mépris sur la nature du mal, et que l'on a redressé un déversement du bassin, en partie causé par une légère courbure lombaire, comme j'ai eu occasion d'en voir deux exemples bien curieux.

La colonne vertébrale peut être le siége, dans toutes ses régions, de courbures simples ou multiples : ces courbures ou *déviations* peuvent avoir lieu latéralement, en arrière et en avant; mais ce sont les déviations latérales qui sont les plus fréquentes chez les jeunes enfants. Ces déviations sont très-souvent accompagnées d'un degré plus ou moins grand d'excurvation et de torsion. Elles peuvent être légères ou portées à un degré très-grand de difformité. La poitrine, les hanches et l'abdomen sont presque toujours déformés dans les courbures vertébrales, et cette déformation peut être portée au point de gêner considérablement la circulation, la respiration, la digestion, et même les fonctions de l'utérus chez la femme. La direction de la tête se trouve aussi presque toujours changée par les déviations vertébrales, surtout par celles qui ont leur siége dans le haut de la région dorsale et dans les vertèbres cervicales : cela peut aller au point de produire un véritable *torticolis.*

Les membres supérieurs ou thoraciques sont aussi sujets à la plupart des difformités des membres inférieurs, mais bien plus rarement que ceux-ci : ils n'ont pas comme eux le poids du corps à porter continuellement, etc.

Les difformités du corps sont produites par un grand nombre de causes, bien connues aujourd'hui, toutes les fois qu'elles ne sont pas congénitales. Ces dernières ne peuvent être admises que par le raisonnement. Par exemple, les pieds-bots natifs ont été attribués par beaucoup de praticiens à la mauvaise position des pieds dans l'utérus, à l'imagination de la mère, à un coup, à une chute pendant la grossesse. Pour moi, ces causes ont peu de valeur, et, raisonnant d'après ce qui se passe dans le développement des pieds-bots consécutifs, je pense qu'ils sont plutôt produits par une congestion cérébrale, une maladie du cerveau, de la moelle épinière ou de leurs méninges, pendant la croissance fœtale de l'enfant : maladies qui agissent en convulsionnant, en contracturant les muscles du mollet, les fléchisseurs des orteils, et souvent en même temps les tibiaux. J'ai vu plusieurs fois des enfants naître avec des paralysies partielles des membres, compliquées de pieds-bots déjà très-développés. Ces paralysies partielles, qui sont le plus souvent la suite des *convulsions*, produisent les dix-neuf vingtièmes des pieds-bots consécutifs, et développent aussi très-souvent des flexions des jambes sur les cuisses, de véritables fausses ankyloses.

Les courbures des membres, dans la continuité des os, sont

toujours la suite du rachitis ou du ramollissement des os; affection dépendant de la subinflammation du périoste et de la membrane médullaire. Beaucoup de déviations des genoux sont la suite de la faiblesse de l'individu, qui afin de pouvoir marcher est obligé d'écarter les jambes pour élargir sa base de sustentation, à la manière des convalescents. D'autres déviations des genoux sont comme beaucoup de fausses ankyloses, de luxations spontanées du fémur, de déviations vertébrales, la suite de l'affection scrofuleuse, qui subinflamme les moyens d'union de ces articulations.

Les déviations vertébrales peuvent avoir un grand nombre d'autres causes, de mauvaises attitudes, une croissance trop rapide, la faiblesse qui suit une maladie longue ou constitutionnelle, des tumeurs glanduleuses le long du cou, la difformité d'un membre inférieur, etc.

Le diagnostic des difformités est en général très-facile quand elles sont parvenues à un degré avancé. Il n'en est pas de même quand elles débutent. Il faut un œil exercé pour les reconnaître dans leur principe. Le pronostic des difformités très-développées de la colonne vertébrale est très-fâcheux; il en est de même de celui des luxations spontanées du fémur. Il y a encore peu de temps qu'on regardait comme incurables les pieds-bots chez les adultes et tous les pieds-bots consécutifs avec une grande élévation du talon, chez tous les sujets. Il en était de même de presque toutes les flexions des jambes sur les cuisses, des fausses ankyloses; mais aujourd'hui on commence à revenir de ces préventions fâcheuses.

Le traitement des difformités du ressort de l'orthopédie a fait depuis une quinzaine d'années de très-grands progrès : une hygiène bien entendue, des exercices gymnastiques appropriés au cas de la difformité, suivant les règles établies dans les ouvrages de notre savant ami le docteur Londe et de Amoros; le coucher sur un lit dur, incliné de la tête aux pieds, comme un lit-de-camp, et sans oreiller ni traversin, suffisent souvent pour redresser une déviation vertébrale peu ancienne. Les difformités des membres inférieurs autres que les pieds-bots et les luxations spontanées peuvent le plus souvent être guéries par des appareils simples, secondés par un bon régime. Les pieds-bots sont aujourd'hui curables en quelques semaines par la section du tendon d'Achille. Cette petite opération, qui n'est pas douloureuse, peut se faire sur des enfants de quelques mois, comme sur des sujets de plus de quarante ans. Il en est de même des fausses ankyloses du genou, que nous avons traitées le premier avec succès par la section des tendons des fléchisseurs des jambes. Dr V. Duval.

ORTHOPNÉE (de ὀρθός, droit, et de πνέω, je respire), oppression qui empêche de respirer, à moins que l'on ne se tienne droit (*voyez* Dyspnée).

ORTHOPTÈRES (du grec ὀρθός, droit, et πτερόν, aile), ordre d'insectes comprenant les espèces munies de quatre ailes, dont les deux antérieures constituent les élytres, tandis que les deux postérieures sont membraneuses et pliées longitudinalement pendant le repos. La bouche des orthoptères est armée de mandibules et de mâchoires disposées pour la mastication. Leur corps est allongé, moins consistant que celui des coléoptères; la tête est grosse, verticale, les yeux sont composés. Quelquefois le prothorax présente des formes bizarres; souvent l'abdomen est muni d'une tarière ou d'un oviducte, qui sert à l'animal pour loger ses œufs dans le lieu qui lui convient. Les pattes de la première ou de la dernière paire se modifient quelquefois, soit pour sauter, soit pour fouir. Les orthoptères sont terrestres, même à l'état de larves. Ils se nourrissent de plantes pour la plupart, et sont très-voraces. Les métamorphoses des orthoptères sont incomplètes : la larve et la nymphe diffèrent à peine de l'insecte parfait, tant pour l'organisation que pour la manière de vivre; seulement, elles sont sans ailes. Les orthoptères font des dégâts incalculables dans les grands jardins et dans les champs. On les répartit en deux familles distinctes : les *orthoptères coureurs*, dont les pieds, tous égaux, sont propres à la course; et les *orthoptères sauteurs*, dont les pattes postérieures sont conformées pour le saut. Dans la première famille se trouvent les *forficules*, les *blattes*, les *mantes*, les *spectres*; dans la seconde on range les *courtillières*, les *criquets*, les *grillons* et les *sauterelles*. L. Louvet.

ORTHOSE. *Voyez* Feldspath.

ORTIE, genre de plantes de la monœcie-tétrandrie, de la famille des urticées, ayant pour caractères : Fleurs monoïques, quelquefois dioïques; les mâles disposées en longues grappes; périanthe à quatre divisions; quatre étamines. Ce genre compte un grand nombre d'espèces.

L'*ortie brûlante* (*urtica urens*, L.), *petite ortie*, *ortie grièche*, annuelle, à tige droite, de 0^{m},35 à 0,^{m}50, arrondie, glabre, garnie d'aiguillons; à feuilles ovales, dentées, pourvues d'aiguillons, marquées de trois nervures principales; à fleurs monoïques en grappes simples, axillaires, les femelles plus nombreuses; à fruits ovoïdes, comprimés, d'un jaune pâle; croît dans tous les lieux cultivés de l'Europe. Cette espèce est un fléau dans les jardins; les sarclages exacts et continués plusieurs années peuvent seuls l'extirper. Ses feuilles et ses sommités, hachées et mêlées au son, fournissent une bonne nourriture pour les dindonneaux. La piqûre de ses poils produit sur la peau une éruption et des douleurs cuisantes; séchée, elle perd cette propriété.

L'*ortie dioïque* (*urtica dioica*, L.), *grande ortie*, à racine vivace, à tige rameuse, haute de 0^{m},66 à 1 mètre, tétragone, pubescente, garnie d'aiguillons, moins piquants que ceux de l'espèce précédente; à feuilles lancéolées, cordiformes; à fleurs axillaires, dioïques, en grappes rameuses, géminées, pendantes; n'occupe pas dans la culture en France le rang qu'elle mériterait, car elle fait un excellent fourrage pour les vaches, un fumier de première qualité, et ses tiges rouies donnent une filasse qui n'est pas inférieure à celles du chanvre et du lin. Elle croît partout, dans les haies, dans les décombres, le long des chemins. Les Suédois cultivent les orties de temps immémorial pour les différents usages dont nous avons parlé.

L'*ortie pilulifère* et l'*ortie à feuilles de chanvre* se rapprochent chacune des deux précédentes. L'*ortie blanche* forme pour Gaudichaud le type du sous-genre *urera*.

Ortie se dit proverbialement : Jeter le froc aux *orties*, c'est-à-dire renoncer à la profession de prêtre, et, en général, renoncer à une profession pour l'oisiveté et le libertinage.

Ortie est encore le nom d'un morceau de cuir ou mèche que les maréchaux insinuent, par le moyen d'une incision, entre la chair et le cuir d'un cheval pour dégorger la partie. P. Gaubert.

ORTIE BLANCHE. Les botanistes appellent *ortie blanche* (*urtica nivea*, L.) une plante vivace, originaire de la Chine, où on la cultive comme plante textile. C'est en effet une espèce du genre *ortie*. Elle est haute d'un mètre environ; ses tiges nombreuses forment une grosse touffe, à grandes feuilles ovales, presque arrondies, acuminées, dentées, rétrécies à leur base, couvertes en dessous de poils abondants, d'un beau blanc de neige (*voyez* Herbe de Chine).

Telle n'est pas la plante à laquelle on donne vulgairement en France le nom d'*ortie blanche*, qu'explique la ressemblance de ses feuilles avec celles de l'ortie brûlante. Cette prétendue ortie blanche n'appartient ni au genre *ortie*, ni même à la famille des urticées; elle fait partie du genre *lamium*, de la famille des labiées; c'est le *lamium album* de Linné. Ses fleurs, réunies en faux verticilles axillaires et nombreux, sont d'un blanc pur. La lèvre supérieure de la corolle, en voûte très-régulière, veloutée en dehors, sert d'abri à des anthères noires, entourées d'un liseré de poils blancs. Cette plante, qui croît partout en Europe, doit encore le nom d'*archangélique* à ses prétendues propriétés, dont l'une des plus contestables est celle d'arrêter la leucorrhée. Dans quelques contrées du Nord, ses jeunes pousses se mangent crues en salade, ou cuites à la façon des épinards. E. Merlieux.

ORTIE DE MER, nom que l'on donne aux *méduses*, *cyanées*, *physalides*, *velleles*, et autres animaux de la classe des *radiaires* de Lamarck, qui lorsqu'on les prend à la main font éprouver une sensation brûlante, analogue de celle que produisent les orties. Par analogie, on donne le même nom aux *actinies*.

ORTIVE (Amplitude), du latin *ortivus*, l'Orient. *Voyez* Amplitude.

ORTOLAN. Cet oiseau, du genre bruant (*emberiza hortulana*, L.), si recherché pour la délicatesse de sa chair, est long de 0m,17. Il a le dos brun olivâtre, la tête et le cou d'un gris olivâtre tacheté de brun, la gorge jaunâtre, les parties inférieures d'un brun rougeâtre, les plumes de la queue noirâtres, les deux latérales de chaque côté tachées de blanc. Il niche dans les haies, les vignes ou les blés. Les œufs sont grisâtres, au nombre de quatre ou cinq, et il y a ordinairement deux pontes par an. Il reste en France toute l'année, mais on ne le trouve pendant l'hiver que dans nos provinces méridionales. Au printemps, il se répand non-seulement dans toute la France, mais même encore au delà vers le Nord. Sa chasse a lieu deux fois par an, en avril et en août, époques des deux passages; mais la chasse d'août est la meilleure, parce qu'on en prend alors beaucoup de jeunes, qui sont plus délicats que les vieux.

ORTOLAN DE NEIGE. *Voyez* Bruant.

ORUS. *Voyez* Horus.

OR VERT, alliage d'or et d'argent employé dans la bijouterie (*voyez* Or).

ORVET, nom vulgaire de l'*anguis fragilis* de Linné, que l'on nomme aussi *serpent de verre*, et qui justifie ces deux derniers noms par la facilité avec laquelle se casse la queue de l'animal. Malgré son apparence serpentiforme, l'orvet a été retiré de l'ordre des ophidiens par les erpétologistes modernes, qui en ont fait un genre de celui des sauriens, très-voisin des scinques.

Très-commun en Europe et dans les parties occidentales de l'Asie et de la Barbarie, l'orvet est un animal cylindrique, allongé, dont la longueur dépasse rarement vingt centimètres, et dont la grosseur n'est qu'un peu plus considérable que celle d'une plume de cygne. La plus grande partie de ces vingt centimètres appartient à la queue. Les yeux sont petits, mais pourvus de paupières. Les écailles du corps sont lisses. La langue est charnue et bifide à son extrémité. Les dents sont longues et aiguës. On compte environ cent trente vertèbres chez l'orvet.

Les orvets sont ovo-vivipares. Ils vivent dans les endroits pierreux ou sablonneux, et fuient au moindre bruit. Ils se nourrissent de vers de terre, de petits mollusques et d'insectes. Ce sont des reptiles complétement inoffensifs, quoi qu'en dise l'ignorance. Dans quelques localités, on les nomme *anguilles de haie*.

OR VIERGE ou OR NATIF. *Voyez* Or.

ORVIÉTAN, médicament classé parmi les électuaires, qui tient le rang le plus distingué dans les fastes du charlatanisme. Il fut inventé, dit-on, par Jérôme Ferrante d'Orvieto, qui lui donna son nom. Dès son origine jusqu'à la fin du dix-huitième siècle, l'orviétan a été colporté dans toutes les villes, bourgs et hameaux par des saltimbanques, avec accompagnement de musique et d'une infinité de farces grossières exécutées par d'ignobles bateleurs. Le chef de la troupe, ou, si l'on veut, l'ignorant médicastre exposait ensuite la longue série de ses propriétés surnaturelles, et l'historique en était si merveilleux et si loin de la vérité que lorsque les progrès des lumières ont commencé à triompher de la crédulité du vulgaire, on a réservé le nom de *marchand d'orviétan* à tous les charlatans et à tous les grands parleurs, dont la bouche est le plus souvent l'écho du mensonge.

L'orviétan a joui d'une si grande réputation qu'il fut un temps où il y avait peu de maisons qui n'en eussent une petite provision, tant pour se garantir de tous les maux que pour combattre toutes les maladies qui les affligeaient, depuis la piqûre du serpent jusqu'à la fièvre la plus aiguë. Aujourd'hui il est totalement oublié; on n'en trouve pas même la formule dans les pharmacopées les plus modernes; c'est ce qui nous engage à la reproduire ici. Racine d'aristoloche ronde, d'aristoloche longue, d'angélique, de bistorte, de carline, de contrayerva, de fraxinelle, de gentiane, d'impératoire, de quintefeuille, de serpentaire de Virginie, de tormentille, de valériane, de zédoaire; feuilles de chardon-bénit, de pouliot, de rue, de sabine, de scordium, de scabieuse; fleurs d'hypericum; écorce d'orange, de citron, de cannelle, de chaque espèce 30 grammes; vipère sèche, 60 grammes. Faites du tout une poudre, et incorporez dans : Rob de genièvre et miel de Pise, de chacun 1 kilogramme et demi. Mêlez et ajoutez : thériaque d'Andromaque et mithridate, de chacun 60 grammes. Huile essentielle de rue, de succin blanc, de girofle, de genièvre, de chacune 1 gramme. Cet électuaire jouit de quelques propriétés stimulantes, qu'il doit moins à sa faible dose d'opium qu'aux substances excitantes qui le composent. La dose en est depuis 7 grammes jusqu'à 15.

Julia de Fontenelle.

ORVIETO, petite ville de 7,000 habitants, dans les États de l'Église, à peu de distance de Bolsena et de la route de Florence à Rome, bâtie sur un rocher escarpé, sur les rives de la Paglia. Chef-lieu d'une délégation de 10 myriamètres carrés et de 26,000 hab., et siége d'évêché, elle est renommée pour le vin qu'on récolte dans ses environs et dont on fait grand cas à Rome, de même que pour sa cathédrale, remarquable monument du quatorzième siècle, qui contient de magnifiques sculptures de Nicolas Pisano et plusieurs tableaux de grands maîtres. Une chapelle peinte par Luc Signorelli est surtout digne d'être vue. Le palais épiscopal et le palais Monti renferment aussi quelques belles toiles; et il y a dans le palais Gualterii d'admirables fresques.

ORVILLE (D'). *Voyez* D'Orville.

ORXANTES. *Voyez* Iaxartes.

ORYCTÈRES (de ὀρύκτης, fossoyeur). C'est le nom donné par M. Duméril à une famille d'insectes hyménoptères, comprenant les sphéges entre autres, et réunissant des espèces qui, outre l'habitude qu'elles ont de creuser le sable pour y déposer leurs œufs ou pour y enterrer des larves, se trouvent rapprochées entre elles et séparées de tous les autres genres par d'autres caractères.

On donne aussi quelquefois ce nom à quelques mammifères de l'ordre des rongeurs, qui, comme les taupes, vivent sous terre, où ils creusent des galeries très-étendues et très-profondes (*voyez* Fouisseurs).

ORYCTÉROPE (de ὀρύκτης, fossoyeur, et πούς, pied), genre d'animaux de l'ordre des édentés, très-voisin des fourmiliers et des tatous, dont il se distingue par la présence de poils à la surface du corps et par l'existence d'un système dentaire. Il a pour type l'*oryctérope du Cap* (*orycteropus Capensis*, Geof.), que Kolbe nommait *cochon de terre*. Cet animal a un peu plus d'un mètre depuis le bout du museau jusqu'à l'origine de la queue, longue de cinquante centimètres environ; sa hauteur est d'un demi-mètre. Le corps est gris-roussâtre, avec la queue presque blanche, les jambes et les pieds noirâtres. L'oryctérope est fouisseur et nocturne; il demeure dans des terriers qu'il se creuse, et se nourrit de fourmis. Il est assez commun au cap de Bonne-Espérance.

ORYCTOGNOSIE (du grec ὀρυκτός, fossile, et γνῶσις, connaissance). C'est le synonyme de *minéralogie* dans le sens le plus restreint, en tant que comprenant la classification et la description des minéraux simples.

ORYCTOLOGIE (du grec ὀρυκτός, fossile, et λόγος, discours). On appelle ainsi la partie de la *géologie* qui a pour objet spécial la description des différentes espèces de roches et de montagnes.

ORYX D'AFRIQUE. *Voyez* Licorne.

OS. Ce mot latin désigne en général les parties solides et dures qui concourent à la composition du corps de l'homme ainsi qu'à celui d'un grand nombre d'animaux; l'assemblage des os détermine la forme de l'animal, et contribue pour beaucoup à établir son individualité; ils logent et protègent aussi les viscères et les organes des sens. En outre, on peut les considérer comme les instruments passifs de la locomotion, en admettant que les muscles sont les moteurs actifs de cette fonction. Dans leur ensemble, les os composent ce qu'on nomme le squelette. La composition des os, qui varie en raison de l'espèce et de l'âge des animaux, offre chez l'homme adulte deux genres de matériaux : des substances appartenant aux corps organisés, et d'autres qui sont du ressort du monde matériel. Les premières, appelées *substances animales*, forment à peu près trente-deux parties sur cent : elles consistent principalement en albumine, en gélatine, en membranes cellulaires, en nerfs, en vaisseaux sanguins et absorbants; les dernières substances sont approximativement cinquante-deux parties de phosphate de chaux, onze de carbonate de chaux; le surplus de la somme totale est complété par du phosphate de magnésie, du fluate de chaux et de la soude. On opère assez facilement la séparation de ces substances. L'acide muriatique enlève les derniers matériaux indiqués, et les os se ramollissent par son action, au point de devenir flexibles; d'une autre part, le feu décompose et dissipe les substances animales. Les proportions de ces matériaux diffèrent beaucoup selon l'âge : dans l'embryon, l'albumine compose presque la totalité de l'os, et elle se dépose autour du système nerveux; les autres matériaux s'y adjoignent sur divers points par un travail qui s'accomplit sous l'empire de la vie. L'action de cette force inconnue solidifie graduellement la masse, de sorte que l'ensemble des os présente déjà une assez grande résistance quand le fœtus renonce au séjour de l'utérus : toutefois, ils sont alors encore flexibles, comme on peut le reconnaître facilement en pressant le crâne. A mesure que l'enfant se développe, les os acquièrent de plus en plus de la solidité, et la portion animale qui avait prévalu dans l'enfance et la jeunesse s'équilibre avec les autres substances dans l'âge mûr; dans la vieillesse, les dernières prédominent à leur tour.

Ce travail naturel et graduel de composition des os se nomme *ossification*, et il s'opère par l'entremise de nerfs et de vaisseaux, les nerfs conduisant dans le tissu osseux un principe d'irritabilité et de vitalité, dont le cerveau n'a pas la conscience dans l'état de santé, mais qu'il perçoit dans certaines maladies : ainsi, si les blessures des os sont insensibles dans le premier cas, les exostoses sont accompagnées d'une douleur vive. Il en est d'ailleurs ici comme pour différents viscères : des artères leur apportent un sang excitateur et réparateur, dont les veines remportent le surplus; des vaisseaux absorbants contribuent aussi à leur entretien. Une expérience facile à répéter démontre, aux dépens de la vie de quelques jeunes animaux, le mécanisme de ce travail : en mêlant de la garance aux aliments des pigeonneaux, par exemple, on fait acquérir à leurs os une teinte rose très-appréciable et proportionnée au temps durant lequel on prolonge le mélange; mais si on tue ces oiseaux après avoir discontinué pendant plusieurs jours l'emploi de la matière colorante, les os ne présenteront plus que leur teinte naturelle : la résorption a effacé le produit de l'absorption.

En considérant le peu de solidité des os chez les jeunes enfants, on découvre combien il importe de régler l'exercice à cet âge : on comprend qu'il est absurde de vouloir accoutumer hâtivement un enfant à la marche : c'est cependant une des fautes les plus communes, et qui cause souvent des déviations. Pour ces essais, il faut attendre un développement suffisant, et consulter l'instinct des enfants, qui les sert beaucoup mieux que l'intelligence des nourrices, trop souvent viciée par des préjugés. On conçoit aussi combien il est nécessaire dans le premier âge de laisser au corps et aux membres la possibilité de se mouvoir, car c'est l'exercice qui favorise le développement des organes en appelant le sang sur eux; dans la seconde enfance, et dans la jeunesse, l'exercice n'est pas moins nécessaire. Ayant égard aux organes que les os renferment et défendent, on reconnaît combien il est pernicieux de comprimer le torse par le maillot chez les enfants, et plus tard par des corsets. En voyant combien l'ossification et l'entretien des os dépendent de la nutrition, on aperçoit tout en même temps l'importance du régime : on peut facilement comprendre que l'alimentation doit être proportionnée au travail de l'os. A ce sujet, on commet cependant des erreurs déplorables : combien de personnes insensées ne voit-on pas donner du vin, du café et même des liqueurs à de jeunes enfants, croyant les fortifier par ces moyens? Les suites d'un tel abus sont fréquemment les déviations des extrémités inférieures, qu'on attribue à la faiblesse, qu'on augmente d'après ce raisonnement en redoublant les doses du poison jusqu'à ce que la difformité oblige de recourir aux orthopédistes. On comprend que la solidité de l'os dépend également, dans l'âge adulte, de la nutrition. Si cette fonction est entravée ou dépravée de manière à changer les proportions normales des principes qui composent les os, il en résulte des accidents graves : si la partie animale vient à prédominer, les os se ramollissent et se déforment; comme si les parties salines sont exagérées, les os se brisent au moindre effort. Mais les altérations de la nutrition dépendent de causes différentes, qu'il est souvent difficile de reconnaître, de prévenir et de combattre.

Les affections particulières aux os sont la *nécrose*, l'*exfoliation*, la *carie*, le *rachitis*, les *fractures* et les *dislocations* ou *luxations*.

Les os, qui sont si nécessaires à l'accomplissement des divers actes de la vie, servent à divers usages après la mort des animaux : en conservant l'intégrité de leur tissu, on les emploie pour faire des manches, des boutons, des dominos; enfin, pour suppléer l'ivoire dans un grand nombre d'ouvrages. En les pulvérisant, en les décomposant, en les calcinant, on en retire différents produits : de la graisse, qu'on peut employer dans les cuisines ou pour la préparation des cuirs; une substance fréquemment employée, la gélatine; du phosphore, avec lequel on fabrique maintenant diverses espèces d'allumettes; de l'alcali volatil, des cendres, qui entrent dans la fabrication des coupelles; du charbon, qu'on nomme *noir animal*. Les os pulvérisés servent aussi aux agriculteurs comme engrais très-puissant : pour cet usage, on a exploité plus d'une fois les champs de bataille et les cimetières.

Les os de certains animaux sont spécifiés par une dénomination particulière : ainsi, ceux des poissons portent le nom d'*arêtes*. Dr CHARBONNIER.

On a prétendu que les os n'ont pas toujours leur couleur blanche ordinaire. Ainsi on a dit que le chardonneret d'Amedabad (*Fringilla amandava*) et le faisan d'or avaient les os jaunes; mais cela est inexact. Les os du brochet sont verts, et ils sont noirs chez quelques espèces communes d'oiseaux des Indes orientales; mais il paraît que cette différence de coloration réside dans le périoste. L'opinion émise par Aristote que les os du lion manquent de moelle est complétement sans fondement. Les os du crâne sont beaucoup plus complétement ossifiés à l'époque de la naissance chez les animaux mammifères que chez l'homme. On a l'explication de cette différence quand on compare le pelvis et tout le mécanisme de la parturition chez la femme avec ceux des quadrupèdes femelles. Nous découvrons alors pourquoi la mollesse et l'extension du grand os du crâne, produites surtout par les fontanelles, n'ont d'autre but que de faciliter la naissance du fœtus humain. Le squelette reste constamment cartilagineux chez quelques animaux, par exemple la raie, le requin, l'esturgeon et tous les poissons qu'on désigne à cause de cela sous la dénomination générique de *cartilagineux*. Les os des oiseaux sont presque constamment creux; mais leurs cavités, qui ne contiennent jamais de moelle, sont remplies d'air. Cette organisation réunit les avantages de la vigueur à ceux de la légèreté.

OSAGES, tribu indienne fixée aux États-Unis de l'Amérique du Nord et appartenant pour ce qui est de la langue à la famille des Sioux. Elle habite aujourd'hui l'*Indian Territory* et le Territoire de Nebraska, au sud de la rivière Platte et au nord des Cherokees, depuis que son ancien territoire, qui était beaucoup plus étendu et qu'on appelait le *District des Osages*, a été en grande partie assigné pour demeure à d'autres populations. Tous les efforts tentés jusque ici pour arracher les Osages à leur vie errante ont été inutiles. On leur a donné des instruments d'agriculture, on les a pourvus de bétail, de moulins, de forgerons, etc.; mais ils aiment mieux errer dans les prairies, quoique la chasse ne leur y fournisse qu'une nourriture plus précaire chaque année; et ils préfèrent de beaucoup la vie nomade et ses misères aux travaux de la vie civilisée. Autrefois ils étaient fixés dans l'Arkansas et dans le Missouri. On trouve dans ce dernier État une *rivière des Osages*, cours d'eau peu important, qui va se jeter dans le Missouri au-dessous de Jefferson. On donne le nom de *banc houillier des Osages* ou du Missouri à un vaste gisement houillier qui commence à l'embouchure du Missouri, se prolonge à l'ouest le long de la rive méridionale de cette rivière, occupe les trois quarts de l'État et vraisemblablement s'étend encore bien plus loin à l'Orient.

OSCABRION, genre de mollusques gastéropodes, de l'ordre des cyclobranches. Les oscabrions diffèrent cependant des autres gastéropodes par leur forme, plus symétrique, par la position de l'anus, terminal et opposé à la bouche, et par l'absence d'yeux et de tentacules. Leurs autres caractères sont les suivants : Corps rampant, ovale ou oblong, déprimé, plus ou moins convexe, arrondi aux extrémités, débordé tout autour par une peau coriace, et en partie recouvert par une série longitudinale de huit pièces testacées, imbriquées, transverses, mobiles, enchâssées dans les bords du manteau; tête sessile, portant en dessous la bouche; branchies, disposées en série autour du corps; disque charnu servant à la reptation situé à la face ventrale. On trouve des oscabrions dans toutes les mers.

OSCAR Ier (JOSEPH-FRANÇOIS), roi de Suède et de Norvège depuis 1844, né à Paris, le 4 juillet 1799, est le fils unique issu du mariage de Bernadotte, maréchal de l'empire et prince de Pontecorvo, avec Désirée Clary, fille d'un négociant de Marseille, et dont la sœur aînée avait épousé Joseph Bonaparte. Dès l'âge de neuf ans il fut placé au lycée impérial; et lorsque son père fut élu, en 1810, prince royal de Suède, il l'accompagna dans sa nouvelle patrie, où il reçut le titre de *duc de Sudermanie*. Son éducation fut alors confiée à la direction du comte de Cederstrœm et aux soins intelligents d'un professeur agrégé de l'université de Lund, appelé Taunstrom. Le poëte Atterbom lui enseigna la langue suédoise, que, grâce à sa jeunesse, il parvint à s'assimiler aussi parfaitement que s'il était né à Stockholm. Son éducation militaire terminée, il se livra à une étude approfondie de la musique, pour laquelle il se sentait un goût des plus vifs. On a de lui diverses compositions, qui prouvent un véritable talent musical, par exemple un opéra, des valses, des marches, des airs, etc. De bonne heure son père l'appela à prendre une part active aux affaires du gouvernement et de l'administration; et le 19 juillet 1823 il épousa une fille du prince Eugène, duc de Leuchtemberg, *Joséphine-Maximilienne-Auguste-Eugénie*, née le 14 mars 1807, de laquelle il a eu cinq enfants : *Charles-Louis-Eugène*, duc de Scanie, né le 3 mai 1826, marié en 1850 à la princesse Louise d'Orange; *Gustave-François-Oscar*, duc d'Upland, né en 1827, mort en 1852; *Oscar-Frédéric*, duc d'Ostrogothie, né en 1829; *Auguste-Nicolas*, né en 1831; *Charlotte-Eugénie-Auguste-Amélie*, née en 1830. De bonne heure il sut se concilier l'estime et l'affection de la nation sur laquelle il était appelé à régner un jour, et les voyages qu'il entreprit hors de Suède, en 1822 et en 1852, firent apprécier également à l'étranger la noblesse de ses sentiments et l'élévation de son caractère. Non-seulement il rédigea des règlements à l'usage de divers régiments de l'armée, mais encore il n'hésita pas à mêler son nom à celui des publicistes contemporains. C'est ainsi qu'en 1841 il publia un *Mémoire sur l'éducation du peuple*, qui avait déjà paru deux années auparavant dans la *Gazette de l'État*, et plus tard un *Essai sur les peines et les établissements pénitentiaires*. Quand la mort de son père l'appela à monter sur le trône, en 1844, il opéra aussitôt dans l'administration d'utiles réformes, conçues dans un esprit libéral, mais procédant cependant en cela avec plus de prudence et de lenteur que ne l'auraient fait supposer les idées avancées qu'en plusieurs circonstances il avait émises comme prince royal. C'est au retour d'un grand voyage entrepris sur le continent, en 1852, qu'il eut la douleur de perdre le second de ses fils, le prince Gustave. Attaqué lui-même l'année suivante d'une grave maladie, on craignit un instant pour sa vie. En 1855 il se décida à accéder à la coalition contre la Russie, et on ne saurait se dissimuler que par cette démarche, que l'opinion accueillit avec enthousiasme en Suède, son gouvernement n'ait créé au pays des dangers qui n'ont été compensés par aucune espèce d'avantages obtenus dans le traité du 30 mars 1856.

OSCILLATIONS. C'est ainsi qu'on désigne ordinairement une sorte de petits mouvements comme de va-et-vient, de balancements d'un corps pesant quelconque autour d'un point donné, ou relativement à celui-ci, qui est supposé immobile. Ces oscillations sont le résultat de la pesanteur, de quelque manière qu'elle agisse, ce en quoi il faut les distinguer des *vibrations*, autre sorte de petits mouvements alternatifs de va-et-vient dépendant de l'élasticité des corps. Les durées des petites oscillations, étant sensiblement les mêmes pour un pendule, donnent le moyen de mesurer exactement le temps.

Les divers corps célestes, pesant les uns sur les autres, comme un corps sur la terre dans le plateau d'une balance, offrent dans ce qu'on nomme leurs *perturbations* de fréquents phénomènes d'oscillations autour de points fixes et donnés : telles sont entre autres les petites oscillations périodiques de l'axe de la Terre connues sous le nom de *nutation*.

On dit les *oscillations* du flux et du reflux, d'un vaisseau, d'une cloche, d'une escarpolette; et, au figuré, les *oscillations* de l'opinion publique, du crédit public.

BILLOT.

OSÉE, prophète juif. Tout ce qui ressort évidemment de ses écrits, c'est qu'il était fils de Bééri, et qu'il prophétisa sur la fin de Jéroboam II, roi d'Israël. Sa prophétie a principalement pour objet d'abord la ruine, ensuite le rétablissement du royaume d'Israël. On ne saurait dire combien de temps il vécut, car les uns le font prophétiser pendant quatre-vingts, et les autres pendant cent vingt ans. On est plus firmatif sur l'époque de sa mort, que l'on place vers 723 ans avant notre ère.

Osée est le premier des prophètes du second ordre, et le plus ancien de tous si, d'après l'autorité de Lowth, on ne veut considérer Jonas que comme un simple historien. Le style d'Osée porte certainement un caractère d'antiquité fort reculée; il est énergique, pressant, concis; il possède à un degré éminent cette brièveté du genre sentencieux qui distingue la composition poétique, et dont les écrivains postérieurs se sont un peu écartés. Saint Jérôme a dit très-judicieusement : « Osée est laconique, et ne parle pour ainsi dire que par sentences. » Toutefois, on doit ajouter que son discours, généralement serré, abonde en traits vifs, hardis, inattendus et en magnifiques comparaisons.

E. LAVIGNE.

OSEILLE, nom vulgaire d'une plante du genre *rumex* (*voyez* PATIENCE), le *rumex acetosa*, ayant pour caractères : racines vivaces, charnues, brunes en dehors, jaunâtres en dedans; feuilles alternes, pétiolées, hastées, glabres; fleurs dioïques, verdâtres, en épis au sommet des tiges. Elle croît dans toute l'Europe, au milieu des herbes des prés. Cette plante, qui doit sa saveur à la présence de l'acide oxalique, est utile aux cuisiniers et aux médecins. Les premiers la font paraître sur nos tables, ou seule ou associée aux viandes, aux œufs, etc.; les seconds en prescrivent des tisanes de propriétés laxatives. Lorsqu'on veut conserver de l'oseille pour l'hiver, il suffit de la hacher, de la faire cuire, et de la mettre ensuite dans des bouteilles à large ouverture, et bien bouchées. Après qu'elles ont été soumises pendant un quart d'heure à la chaleur de l'eau bouillante, ces bouteilles peuvent conserver l'oseille pendant plusieurs années sans qu'elle éprouve d'altération. La culture a produit plusieurs variétés, telles que l'*oseille à larges feuilles*, l'*oseille de Hollande*, l'*oseille d'Italie*, l'*oseille à feuilles crépues*. Toutes ces variétés se reproduisent de semis ou en déchirant des touffes, qui peuvent donner autant de nouveaux pieds qu'il y a de rosettes de feuilles au collet des racines : elles ont besoin d'une terre profonde et bien amendée.

On donne le nom de *petite oseille* au *rumex acetosella*. Cette plante, aussi commune que la précédente, est beaucoup plus petite et plus acide. L'*oxalis acetosella* ou *alleluia* a reçu le même nom. P. Gaubert.

OSEILLE (Sel d') ou OXALATE DE POTASSE. *Voyez* Oxalate.

OSEK. *Voyez* Essek.

OSIAS ou AZARIAS, dixième roi de Juda, fils d'Amasias. Ce prince avait seize ans lorsqu'il commença son long règne, qui dura plus d'un demi-siècle. Il fit le bien, et observa la justice aussi longtemps qu'il eut pour guide le prophète Zacharie, et l'Écriture a dit de lui : « Parce qu'il cherchait l'Éternel, l'Éternel le conduisit en toute chose. » Il agrandit sa puissance, bâtit des forteresses dans le désert, fit d'immenses provisions d'armes et de munitions de toutes espèces, mit sur pied 300,000 soldats, battit les Philistins, les Arabes, les Ammonites, et sa réputation s'étendit jusqu'en Égypte. A ce faîte de puissance et de gloire, son cœur se gonfla d'orgueil pour sa perte; il oublia les lois du Seigneur sur le culte, dont les hautes fonctions appartenaient à la race d'Aaron à l'exclusion de toute autre; et, entrant un jour dans le temple, il voulut y offrir de l'encens sur l'autel des parfums. Le pontife Azarias, suivi de quatre-vingts prêtres du Seigneur, s'oppose au roi, et lui dit : « Il ne t'appartient pas d'offrir de l'encens devant le Seigneur; sors donc du sanctuaire. » Osias, irrité, et tenant toujours l'encensoir à la main, menace les prêtres : au moment même il est frappé de la lèpre; elle se montre sur son front dans le temple en face de l'autel; il sort aussitôt, saisi d'épouvante, et reconnaît que la main divine l'a châtié. Ce prince demeura lépreux jusqu'au jour de sa mort, et vécut dans une maison isolée. Son fils Joathan gouverna en son nom. Osias mourut âgé de soixante-huit ans, et à cause de son affreuse maladie il ne fut point enterré dans le tombeau des rois.

Émile de Bonnechose.

OSIER, OSERAIE. L'*osier* est une espèce de petit saule, dont les jets ou scions sont fort pliants et propres à faire des liens, des paniers. Le *saule-osier* veut un sol profond, humide, mais non aquatique. On doit toujours, avant de le planter, défoncer le terrain à deux ou trois fers de bêche c'est-à-dire à 48 ou 72 centimètres de profondeur, et employer à la plantation des boutures saines et vigoureuses, de 21 à 27 centimètres de longueur, et les espacer entre elles de 64 centimètres. Ces boutures poussent des jets dès la première année, mais on doit se garder de les couper : il faut attendre la seconde année pour faire cette opération et la continuer l'automne suivant, lorsque les feuilles sont tombées. Une *oseraie* est dans sa plus grande vigueur lorsqu'elle a huit ou dix ans, et elle peut durer trente ans; mais elle épuise beaucoup le terrain, parce qu'elle ne rend pas autant à la terre qu'elle lui prend. Elle doit recevoir au moins deux labours chaque année. Lorsque les osiers sont coupés, on doit élaguer toutes les brindilles, qui trouvent leur emploi dans la vannerie, assortir les tiges entre elles, les mettre en paquets jusqu'à l'époque de la vente, et cette époque est toujours vers l'entrée de l'hiver, parce que c'est dans cette saison que les agriculteurs ont le loisir nécessaire pour les employer.

Autant de contrées diverses, autant de manières de cultiver et de travailler les osiers, et voici comment on y procède dans nos environs. On y compte quatre espèces d'osiers : le *grand osier*, d'un jaune foncé; l'*osier* d'un jaune pâle, que l'on nomme *romarin;* l'*osier rouge* et l'*osier vert*. De ces quatre espèces ou variétés, la première est seule employée à la tonnellerie; elle sert à faire de grands liens pour attacher la couverture des chaumes, à former la carcasse des gros ouvrages de vannerie, et à fortifier les anses des grands paniers; les brindilles de ces osiers sont destinées à lier les sarments de vigne. L'*osier rouge* est employé pour les ouvrages les plus fins, et les trois autres espèces reçoivent leur destination pour les ouvrages variés de la vannerie. Quand on veut vendre l'osier écorcé, ou, comme on dit en termes de vannerie, *en blanc*, il faut le couper à la sève du printemps. Cet osier, ainsi pelé, est employé dans les ouvrages fins, et notamment dans le clissage des flacons et des bouteilles.

Cte Français (de Nantes).

OSIRIS était dans la mythologie égyptienne le fils aîné de Seb (*Chronos*) et de Nout (*Rhéa*). Il était l'époux de sa sœur Isis, le frère du plus ancien des Horus (*Haroeris*), de Set (*Typhon*) et de Nephthys, et il eut d'Isis le plus jeune des Horus. C'était à l'origine le dieu de la ville de This, dans la haute Égypte, la plus ancienne résidence des rois égyptiens; et comme tel, une des formes de Ra, le dieu du soleil, qui toujours fut l'objet d'un grand culte en Égypte. De This son culte se répandit de très-bonne heure, et devint général en Égypte. Dans la détermination des séries diverses des dieux Égyptiens, il était placé avec son père et son fils dans la première dynastie de dieux. C'est en cette qualité qu'il apparaît dans Manéthon et sur les monuments égyptiens, quoique Hérodote ne le range que dans la troisième catégorie de dieux.

Voici en quels termes Plutarque nous raconte le mythe d'Osiris, le plus grandiose de ceux qui naquirent en Égypte et furent transportés, puis transformés, en Grèce. Osiris, en arrivant au trône, introduisit en Égypte l'art de cultiver la terre, les lois, le culte religieux. A l'instar de Dionysos (Bacchus), il parcourut aussi diverses contrées de la terre, qu'il arracha à la barbarie. Il en nomma son frère Typhon gouverneur. Celui-ci conspira avec soixante-douze individus et avec une reine d'Éthiopie appelée Aso, et, au retour d'Osiris, il montra dans un banquet un coffre fabriqué avec art, promettant de le donner à celui qui pourrait le remplir exactement. Chacun des convives d'essayer de s'y placer, et Osiris à son tour comme les autres. Mais il ne s'y fut pas plus tôt étendu qu'on cloua sur lui le coffre, que l'on alla jeter dans le fleuve, lequel le conduisit à la mer par la bouche dite de Taniti. Isis se mit à la recherche du coffre. Elle apprit enfin qu'il avait été poussé sur le rivage du côté de Byblos, et elle obtint l'autorisation de le remporter en Égypte, où elle conduisit aussi le fils du roi de Byblos. Il avait nom Palaistinos ou Pelusios, et mourut d'un regard courroucé que lui lança la déesse parce qu'il riait de ses lamentations. La déesse se rendit alors à Buto, où l'on élevait son fils Horus. Pendant ce temps-là, Typhon trouve à la chasse le cercueil d'Osiris; il déchire son corps en quatorze morceaux, et les disperse aux environs. Isis les réunit de nouveau, puis les enterre chacun où elle les a trouvés; de là les nombreux tombeaux d'Osiris qui existaient dans la haute Égypte. Il n'y eut que son membre viril qu'elle ne put pas retrouver; les poissons l'avaient dévoré. Alors Osiris revient du monde souterrain (dont il était devenu le prince), et arme son fils Horus pour qu'il aille combattre Typhon. Celui-ci est vaincu par Horus, vengeur de son père, et livré à Isis. Mais celle-ci le remet en liberté. Alors Horus, irrité, lui arrache sa couronne de dessus la tête, et Typhon est vaincu dans deux nouveaux combats.

Ce mythe a été de la part des anciens eux-mêmes l'objet d'une foule de variantes et de modifications. Ses deux côtés les plus importants sont le mythe naturel, qui se rapporte aux phénomènes alternatifs de l'année égyptienne, et le mythe historique, qui a trait à l'asservissement de l'Égypte par les Hycsos et à leur expulsion en Palestine. Les monuments égyptiens représentent Osiris comme le prince et le juge du monde souterrain. D'ordinaire il est assis et enveloppé de bandelettes comme une momie, cependant avec le sceptre et le fléau à la main, un bonnet sur la tête et des plumes d'autruche des deux côtés. Les Grecs le comparaient à leur Dionysos.

OSMAN, nom qui signifie *jeune outarde*, et qui fut celui d'un chef de tribu turque, dont le fils, Orkhan ou Orcan, devint le fondateur de la puissance des Osmans ou Osmanlis, comme s'appela plus tard cette tribu, en souvenir du chef auquel elle était redevable des premiers développements de sa force et de sa grandeur (*voyez* OTTOMAN [Empire]).

OSMAN I-III. *Voyez* OTTOMAN (Empire).

OSMANS, OSMANLIS. *Voyez* OSMAN.

OSMAZÔME (de ὀσμή, odeur, et ζωμός, bouillon). M. Thénard a donné ce nom au résidu qu'on obtient lorsque l'on fait bouillir des substances animales, et particulièrement de la viande, dans de l'eau, qu'on précipite par l'alcool la gélatine résultant de la décoction, et qu'on soumet le précipité à l'évaporation. L'osmazôme est d'un brun jaunâtre; chauffée, sa saveur et son odeur rappellent celles du bouillon. Elle se compose de sels et de diverses substances, telles que *créatine*, acide lactique, etc. C'est elle qui donne le parfum au bouillon, qui en renferme ordinairement une partie pour sept de gélatine.

OSMIUM (de ὀσμή, odeur), l'un des quatre métaux qui accompagnent le platine. Il forme le plus souvent, en combinaison avec l'iridium, un alliage connu sous le nom d'*osmiure d'iridium*, se présentant en grains noirs et très-durs, qui restent non dissous après, qu'on a traité le sable de platine par l'eau régale. Ce métal fut découvert en 1803, par Smithson Tennant; et depuis la chimie a trouvé des méthodes très-parfaites pour le séparer de l'osmiure d'iridium. Son poids spécifique est 10. Il est infusible quand on le chauffe dans le vide. En contact avec l'air, il s'oxyde au contraire facilement, et si on l'échauffe, s'enflamme, pour former un acide volatil très-délétère, l'*acide osmique*. Jusqu'à ce jour on n'a point encore pu tirer parti de ce corps simple.

OSNABRUCK, autrefois évêché et depuis 1803 principauté, située à l'extrémité sud-ouest du royaume de Hanovre, d'une superficie de 80 myriamètres carrés, avec 262,000 habitants, dont 144,000 catholiques. Elle comprend le comté de Lingen, le duché d'Aremberg-Meppen, le comté de Bentheim et la seigneurie de Papenburg, ainsi que le bailliage (*Landrostei*) d'Osnabruck. Elle est arrosée dans sa plus grande partie par l'Ems, dont l'utilité est encore augmentée par un canal qui relie Lingen à Meppen. Les autres cours d'eau sont la Hase, la Hunte et la Vechte. La population, d'origine saxonne, se fait remarquer par ses habitudes laborieuses, par sa loyauté et sa probité.

L'évêché d'Osnabruck, le plus ancien peut-être de la Westphalie, fut fondé par Charlemagne, en 783, peu de temps après la complète soumission de Witikind, le duc des Saxons. Aux termes de la paix de Westphalie, le titulaire en fut alternativement un catholique et un protestant, ce dernier devant appartenir toujours à la maison de Brunswick. Des trois évêques protestants qu'on compta ainsi sur ce siége, Ernest-Auguste II devint ensuite électeur de Hanovre; le dernier, Frédéric d'York, céda, en 1803, ce pays au Hanovre. Le chapitre fut supprimé à la même époque. Le diocèse actuel d'Osnabruck, comprenant tout le bailliage ainsi que la Frise orientale, relève de l'évêché d'Hildesheim.

La principauté actuelle d'Osnabruck, sur 30 myriamètres carrés de superficie, compte 160,000 habitants, dont la moitié catholiques.

OSNABRUCK, chef-lieu de la province du même nom, est située dans une jolie vallée sur les bords de la Hase, et compte 14,000 habitants, dont les trois quarts protestants. On y fabrique beaucoup de tabac, de cigarres, de papier, de papier peint, de cuirs, d'étoffes de coton, etc. Il s'y trouve une raffinerie de sucre, des fonderies de fer, des ateliers pour la construction des machines, etc. De ses quatre églises, la plus remarquable est la cathédrale. On peut ensuite citer l'église Notre-Dame, de style byzantin, datant des premières années du douzième siècle. A l'hôtel de ville, on voit une salle, dite *salon de la paix*, ornée des portraits de tous les plénipotentiaires signataires de la paix de Westphalie.

OSONA (Comte D'). *Voyez* MONCADA.

OSQUES, *Osci*, nom d'une nation italique établie en Campanie, qui avait de grandes affinités avec les Ausones, et qui peut-être ne faisait même avec eux qu'un seul et même peuple. Lorsque plus tard, à partir de l'an 425 av. J.-C., les Samnites pénétrèrent du nord dans la Campanie, le nom des premiers occupants passa aux envahisseurs. Ces Samnites de la Campanie étant la peuplade samnite avec laquelle les Hellènes aussi bien que les Romains se trouvèrent d'abord en contact, les dénominations d'*osques* et de *langue osque* furent étendues plus tard à tous les autres peuples et dialectes samnites. La langue osque, fractionnée en divers dialectes, était parlée par les Samnites, les Frentaniens, les Apuliens du nord, les Hospiniens, les Campaniens, les Lucaniens, les Bruttiens et les Mamertins, par conséquent par toutes les tribus samnites; aussi donne-t-on souvent et avec raison le nom de *langue samnite* à la langue osque. Les tribus fixées au nord de l'embouchure du Silure étaient d'origine samnite pure; celles du sud, de même que de la contrée qui entoure le golfe de Naples, étaient mélangées d'éléments grecs et samnites. Aussi l'usage de l'alphabet national samnite, provenant des Sabins et des Étrusques, était-il borné à cette partie septentrionale. Les victoires remportées par les Romains sur les Samnites, la concession du droit de cité qu'ils firent à tous les Italiens mirent fin, vers l'an 88 av. J.-C., à l'emploi officiel de la langue osque. Cependant, au temps de Varron, elle était encore en usage dans les campagnes; et à l'époque de la ruine d'Herculanum et de Pompeii, on trouvait encore des gens qui s'en servaient. A l'époque où elle florissait le plus, c'est-à-dire vers la moitié du quatrième siècle av. J.-C., il s'en fallait de beaucoup que la langue osque ne fût qu'un simple jargon; et les peuplades osques étaient en possession d'un art et d'une littérature qui ne le cédaient en rien à l'art et à la littérature des Romains tels qu'ils existaient vers l'an 100 av. J.-C.; littérature qui, suivant toute apparence, ne laissa pas que d'exercer une certaine influence sur les poëtes calabrais Ennius et Pacuvius, ainsi que sur le poëte campanien Lucilius. On a des données certaines sur un genre de créations poétiques particulier aux Campaniens, sur des espèces de farces non écrites, mais régulièrement improvisées, avec des rôles fixes, mais des situations toujours changeantes; farces que vers 304 l'on transporta à Rome, et qu'on y imita, non point en langue osque, mais en langue latine. A Rome, on leur donna le nom d'*Atellanes*, dérivé de la ville d'Atella.

Outre une assez grande quantité de médailles avec des légendes en langue osque, il existe encore dans cette langue toute une série d'inscriptions, parmi lesquelles la *pierre d'Abella* et ce qu'on appelle la *table Banti*, ont de l'importance pour l'histoire de la civilisation et pour celle du droit. Ceux qui s'en sont le plus occupés autrefois sont Grotefend, Peter et Lepsius, et de nos jours Aufrecht, Kirckhoff, Avellino, Minervini, et surtout Mommsen, dont le grand ouvrage, *Les Dialectes de la basse Italie* (Leipzig, 1850), avait été précédé en 1845 d'*Études Osques*. Ces deux essais sont écrits en allemand. On peut encore citer les ouvrages de Friedlander, *Sur les Monnaies osques* (Leipzig, 1850,) et de Kirchhoff, *Sur le Droit municipal de Bantia* (Berlin, 1853).

OSQUES (Jeux). *Voyez* Atellanes (Fables).

OSRHOÈNE (Royaume d'). *Voyez* Édesse.

OSSA, montagne de la partie orientale de la Thessalie appelée aujourd'hui *Kissavo*, était située à peu de distance du mont Pélion, en face de l'Olympe; et son pic aigu restait couvert de neige pendant la plus grande partie de l'année. Entre l'Ossa et l'Olympe, le Pénée s'était autrefois ouvert un passage à la suite d'un tremblement de terre, et y avait formé la célèbre vallée de Tempé. C'est au voisinage des monts Ossa et Pélion que les anciens plaçaient la demeure des Centaures et des Géants.

OSSAT (Arnaud d'), cardinal de l'Église romaine, le principal agent de la diplomatie française en Italie, sous Henri IV, était né vers 1536, à Larogne, près d'Auch. Un gentilhomme appelé de Marca, qui le rencontra âgé de neuf ans, sans parents et complétement dépourvu de tout, eut pitié de sa misère, le recueillit chez lui et le fit élever avec un de ses neveux dont il était le tuteur. Mais les progrès de l'enfant dans tous les genres furent si extraordinaires et si rapides, que de Marca ne tarda pas à faire de lui le gouverneur et l'instituteur de ce même neveu dont il avait commencé par être le condisciple. Il l'accompagna en cette qualité, l'an 1559, à Paris, où il suivit les cours du docte Ramus, et où il défendit son illustre professeur contre les basses attaques de Charpentier, partisan fanatique d'Aristote. Il alla ensuite étudier le droit à Bourges, sous Cujas, et entra dans la carrière de la magistrature, grâce à la protection toute particulière du célèbre Paul de Foix, qui le fit nommer conseiller à Melun. Mais c'était là, à ce qu'il paraît, une sinécure, puisque nous le voyons quelque temps après partir pour l'Italie avec son protecteur. A Rome, celui-ci lui confia les fonctions de secrétaire de son ambassade, poste qu'il conserva sous les cardinaux d'Este et de Joyeuse. A la chute de Villeroy, il refusa la place de ce ministre, dans la crainte, s'il l'acceptait, de passer pour un ingrat. Chargé par la veuve de Henri III de négocier auprès du pape la béatification de ce malheureux prince, il conduisit cette délicate négociation avec tant d'adresse, que depuis il ne cessa jamais de prendre une part importante aux diverses négociations dont l'Italie fut le théâtre, alors même qu'il eut renoncé à la vie publique. Nommé évêque de Bayeux, et promu au cardinalat en récompense de l'habileté avec laquelle il avait négocié pour Henri IV l'absolution pontificale, il mourut en 1604, tombé depuis longtemps en disgrâce, car Sully n'avait jamais pu lui pardonner d'avoir été le favori de Villeroy. Sa correspondance avec ce ministre, publiée par La Houssaye (2 vol. in-4°, Paris, 1697; et Amsterdam, 5 vol., 1732), est à bon droit regardée comme un ouvrage classique pour les diplomates.

OSSELET. Ce nom, diminutif du mot *os*, désigne en anatomie de petits os qui servent à l'audition (*voyez* Oreille). Il se dit aussi de petits os tirés de la jointure d'un gigot de mouton, avec lesquels jouent les enfants. L'origine du jeu des osselets se perd dans la nuit des temps. En effet, il était déjà connu à l'époque du siége de Troie; les amants de Pénélope se livraient à cette récréation devant la porte du palais d'Ulysse. On jouait ordinairement avec quatre osselets marqués de points, comme nos dés. On produisait des coups différents, auxquels les Grecs avaient donné le nom des dieux, des héros, des hommes illustres, et même des courtisanes fameuses; le coup le plus favorable s'appelait *coup de Vénus*. Le grand nombre d'*osselets* qu'on a trouvés à Herculanum prouve combien ce jeu était commun chez les Romains, ou du moins en Italie. Les *osselets* découverts à Herculanum étaient faits, selon Winckelmann, avec des astragales de cabri : l'astragale est un petit os qui forme l'articulation entre le pied et la jambe, d'où les Grecs nommaient *astragaloi* (osselets) ce que les Latins désignaient par le mot *tali*. Il y avait deux manières d'y jouer : la première et la plus commune avait beaucoup d'analogie avec celle qui se pratique encore aujourd'hui; elle consistait à jeter en l'air des osselets, et à en ramasser pendant cet intervalle un ou plusieurs autres posés à terre ou sur une table, pour les y replacer ensuite tous de la même manière; la seconde manière de jouer avec les osselets ou astragales était de les jeter, comme on a coutume de jeter les dés, avec la main ou avec un cornet, et chaque côté de l'osselet portant un nombre différent, il survenait au joueur une chance plus ou moins favorable.

Les vétérinaires appellent encore *osselets* des tumeurs osseuses qui se développent sur les jambes des chevaux. Un appareil de torture qui se mettait entre les doigts portait le même nom.

OSSEMENTS. On comprend sous ce nom des amas d'os produits par diverses circonstances. L'usage d'un grand nombre de peuplades sauvages est de recueillir avec un soin religieux les os de leurs pères et de les conserver dans des lieux spéciaux. Chez les nations civilisées, les os que la rapide succession des cadavres dans les cimetières force à déterrer sont ordinairement rangés dans des lieux destinés à cet objet; c'est en Suisse surtout que ces amas d'os sont vénérés, et on pousse même la précaution en ce pays jusqu'à étiqueter l'*ossature* ou l'ensemble de tel ou tel ancêtre réduit à l'état de squelette. Quand les inhumations se faisaient chez nous autour des églises, les ossements étaient aussi déposés sous des abris spéciaux : tels étaient les charniers des Innocents, qui renfermaient avant l'établissement de la grande halle actuelle une énorme collection d'ossements humains. Aujourd'hui, ces os sont transportés aux catacombes, et rangés avec une symétrie dont le spectacle n'est pas une des moindres curiosités de Paris. On trouve dans divers terrains des ossements dont l'origine est inconnue et déconcerte notre raison. Dans les régions septentrionales, la terre renferme d'innombrables os d'éléphants, qui ont dû vivre dans ces climats, qu'ils ne peuvent plus habiter aujourd'hui. La quantité de ces ossements est telle que les peuples de ces contrées croient qu'ils proviennent d'une taupe gigantesque, ayant des défenses d'éléphant. Au nord de la Chine, on nomme même ce prétendu animal *fen-chou*. Les cavernes renferment aussi des quantités considérables d'ossements, qui ont appartenu à diverses espèces d'animaux. Ces os ainsi amassés ou dispersés dans les terrains sont souvent à l'état *fossile*. Ce sont en quelque sorte de grandes médailles qui servent à étudier les révolutions du globe terrestre et qui fournissent aux géologues d'intéressantes supputations.

Dr Charbonnier.

OSSEMENTS (Cavernes à). *Voyez* Cavernes.

OSSÉNIENS. *Voyez* Elcésaïtes.

OSSÈTES (Les), nom d'une peuplade qui habite les versants occidentaux du Caucase (*voyez* tome IV, page 690), et qui se compose d'environ 40,000 têtes. Elle est restée jusqu'à ce jour indépendante de la Russie, et se convertit autrefois au christianisme. Mais aujourd'hui elle professe l'islamisme, tout en ayant conservé une foule d'usages qui rappellent le temps où elle était chrétienne. Moins braves que les autres montagnards, les Ossètes évitent avec soin le voisinage des Lesghiens et des Circassiens, qui professent pour eux un grand mépris. Leur pays offre une foule de localités charmantes. Leur chef-lieu a nom *Dariel*; c'est une place forte sur le Térek. Leur langue, dont une grammaire et un dictionnaire ont été publiés par Siœgren (Saint-Pétersbourg, 1844), prouve qu'ils sont originaires de l'Irân.

OSSIAN, héros et barde écossais, est placé par la tradition dans la fin du troisième et dans le commencement du quatrième siècle. Des souvenirs populaires, confus à bien des égards, retracent puissamment cette figure, que Macpherson a rapetissée en voulant l'agrandir. L'époque des exploits et des chants d'Ossian est enveloppée d'obscurité. Ossian, contemporain de Dioclétien, dont les persécutions firent reculer des chrétiens au delà de la muraille d'Agricola, fut un guerrier de forte race, dont la pensée conservait dans sa plus haute tristesse quelque chose de la fermeté de son bras. Son père, Fingal (*finn*, de l'étranger, c'est-à-dire d'Islande) l'avait formé lui-même; il était roi de Morven; et savait également gouverner et combattre. Ce prince, aussi beau que sage et vaillant, entraînait son peuple par l'éclat de ces avantages, par son enthousiasme guerrier. A la tête de ses Calédoniens, il repoussa l'invasion tentée par l'empereur Sévère, et battit complétement son fils Caracalla : il se signala encore dans une guerre contre l'usurpateur Carausius, qui fit réparer la muraille opposée par Agricola aux incursions des Calédoniens. Ossian a chanté ces exploits dans *La Guerre de Caros*. Il ne s'est pas non plus oublié lui-même, et ses grandes actions, ses joies et ses douleurs, ont été pour son génie des sources naïves d'inspiration. Dans une expédition en Irlande, Ossian se fit aimer d'Evir-Allin, fille de Brenno, roi de Rego, surnommé l'*ami des étrangers* ; titre aussi honorable qu'un sceptre dans ces époques sérieuses. Ossian n'eut qu'un fils, Oscar, dont le nom revient partout dans ses chants. Le jeune prince fut tué par trahison, et Malvina, son épouse ou son amante, se voua avec Ossian à des regrets éternels. Ils erraient tous deux dans les lieux les plus tristes, retrouvant dans chaque objet quelque chose de celui qu'ils avaient perdu. Tous ceux qu'aimait Ossian moururent avant lui, et la plupart dans des circonstances cruelles, qu'il a retracées dans son poëme de *La Chute de Tura*.

Ossian, déjà mort de tant de manières, avait encore perdu la plus précieuse partie de la vie poétique : il était devenu aveugle, et n'avait que Malvina pour le guider. Ce soutien lui manqua encore : Malvina le laissa seul sur la terre. Ossian ne traîna plus qu'un petit nombre de jours : il les termina sous le toit hospitalier du *fils d'Alpin*, ainsi qu'il l'appelle, c'est-à-dire, à ce que l'on croit, d'un solitaire chrétien, qui avait cherché dans les montagnes sauvages de la Calédonie un refuge contre la persécution de Dioclétien, universelle comme l'empire même.

Les poëmes d'Ossian et sa personne étaient oubliés depuis quatorze cents ans, quand un homme, ignoré jusque là, malgré ses efforts pour sortir de l'obscurité, les signala tout à coup à l'attention du monde littéraire, et prit une importance que ses écrits passés et futurs n'auraient pu lui donner, **Macpherson**, qui avait déjà publié un poëme médiocre, *The Highlander*, précédé d'une foule d'essais inédits de collége, et auquel personne n'avait pris garde, quand il fit paraître, en 1760, ses *Fragments de Poésie ancienne, recueillis dans les montagnes d'Écosse, et traduits de la langue erse ou gallique*. Ce recueil fit un bruit extraordinaire, et le poëte Gray se mit à la tête des enthousiastes. Macpherson, plein de la Bible et d'Homère, avait compris l'effet que pourraient produire des poésies galliques mêlées de paganisme et de christianisme; le tout relevé par une certaine emphase, toujours précieuse en fait de spéculations vaniteuses ou pécuniaires. Macpherson fut heureux autant que prévoyant. Le public anglais de cette époque aimait la tristesse, le vague et le démesuré. Ce goût faux et dangereux, partagé par l'élite des écrivains français, se répandit enfin dans presque toute l'Europe, et les dupes futures de Macpherson semblaient le supplier de les tromper. Bientôt une souscription s'ouvrit pour l'aider à augmenter son recueil. L'Écosse poétique, longtemps comptée pour rien, fut regardée comme un Pérou littéraire, et le Fernand-Cortez de l'expédition trouva tous les moyens de l'accomplir. Macpherson publia en 1765 la collection désirée, avec la traduction anglaise en regard du texte gallique : il mettait l'ouvrage sur le compte d'Ossian. Cette publication fut un événement européen. On ne parla plus que d'Ossian, et l'on en vint sérieusement à lui sacrifier Homère. Les critiques prirent feu pour et contre le mérite de ces poésies, leur authenticité, et même l'existence de l'auteur. Au plus fort de cette mêlée, on vit paraître, en 1780, un grave champion de Macpherson. Le docteur Smith, ministre de Kilbrandon, ayant visité d'autres parties de l'Écosse que Macpherson, en rapporta quatorze poëmes, d'Ossian pour la plupart. Ces ouvrages furent admirés et combattus comme les premiers. Blair et lord Kaimes appuyaient Smith et Macpherson, attaqué avec fureur par Samuel Johnson, que secondait Shaw, auteur d'un dictionnaire de la langue gallique. Johnson fit un voyage aux îles Hébrides pour grossir son dossier dans cette plaidoirie : il en revint avec des arguments accablants par eux-mêmes, mais affaiblis par la fureur de son langage. Aujourd'hui que le procès est jugé, on aime à rire de l'immense honneur qu'on fit à Macpherson. Une de ses dupes les plus amusantes, c'est Bonaparte. Il pensa toute sa vie à la fantasmagorie de Macpherson. Gœthe, le dernier des poëtes à se faire illusion, partagea en passant l'erreur durable de Bonaparte. Il la laisse voir dans *Werther*. Mme de Staël y fut prise aussi, et plus vite encore que ces deux hommes. Toutefois (il faut le dire pour leur excuse), à travers l'amplification de Macpherson, on démêle quelques traits de l'original ou des originaux ; car il est certain ou très-probable que les poésies attribuées à Ossian appartiennent à plusieurs bardes. Mackenzie, président de l'*Highland Society* à Édimbourg, fit paraître au nom de ce corps un mémoire qui développait ces faits. En 1807 la Société Écossaise de Londres fit imprimer le texte gallique avec une traduction littérale, et y joignit des observations, des dissertations, où les mêmes points étaient longuement éclairés.

On retrouve dans ces poésies éparses et souvent tronquées une vigueur native et fruste, dont Macpherson n'a point respecté le caractère. Entre le poëte primitif et l'arrangeur, on trouve à peu près la même différence qu'il y a entre la simplicité de nos chroniques chevaleresques et chrétiennes et l'imitation ambitieuse et mensongère qui a nom *romantisme*, *école du moyen âge*, etc. La poésie traditionnelle des montagnards écossais est empreinte d'une couleur énergique, qui va se fondre au loin dans des nuances tristes et confuses, monotones quelquefois dans leur naïveté expansive, mais jamais prétentieuses et puériles, comme l'est la paraphrase de Macpherson. Ossian raconte les combats, sa vie purement terrestre, puis de là, comme d'un sol ferme et connu, il s'élance vers des régions mystérieuses. Il converse avec les âmes, dont l'immortalité l'occupe autant que la première existence. A la veille des grandes entreprises, au milieu des dangers, après des malheurs ou des triomphes, il cause avec des êtres invisibles et présents. Entouré d'objets imposants, de montagnes, de précipices, de torrents, il écoute les dieux qui se combattent et le mugissement lointain de la mer, et ne voit le ciel qu'à travers des nuées et des brouillards. Du sein de cette nature grandiose et voilée s'élève un monde que son âme distingue et sait habiter. Il chante les merveilles, il les possède; il en rapporte quelque chose dans la vie, et les affections courantes prennent avec lui des proportions analogues. Ossian chante l'amour, l'amitié, la paternité, la patrie, en homme qui a connu tout cela dans de plus hautes régions. Ossian se croit partout dans une double société ; les hommes et les esprits l'occupent également. Les ombres de ses pères l'assistent dans ses projets ; les génies des montagnes, des vents, des forêts, sont là pour l'éclairer, l'affermir, le consoler. Les mythes semés dans les chants d'Ossian ; ces héros intronisés plus ou moins haut dans les nuages, selon l'importance et le mérite de leurs œuvres, appartenaient de loin au paganisme irlandais, où leur grandeur avait été pontificale.

Quelles que soient les beautés d'Ossian, on ne peut les lire que de temps à autre, même dans l'original. Il faut pour cela un homme pénétré du génie écossais et capable de remplir les lacunes par des impressions locales et par des souvenirs naïfs et populaires. Malgré des traits énergiques et grandioses, l'Ossian véritable, tel que nous l'avons aujourd'hui, n'eût pas eu le succès du pastiche de Macpherson. La collection ossianique, telle que nous la possédons, est curieuse; les gens de goût et de méditation ont encore de quoi se satisfaire. Philarète CHASLES.

En 1829 l'Académie irlandaise de Dublin proposa un prix pour le meilleur mémoire sur la question de l'authenticité des poésies attribuées par Macpherson à Ossian. Elle ne reçut que deux mémoires : l'un par Oreilly, l'autre par Drummond, tous deux parfaitement versés dans la connaissance de la langue gallique. Ils prouvèrent tous deux que le prétendu manuscrit original des poésies d'Ossian produit par Macpherson n'était qu'une traduction de l'anglais dans la langue gallique moderne. Madame Robinson a publié le résultat de leurs investigations dans son livre intitulé : *La Fausseté des Poésies d'Ossian, et de l'Ossian de Macpherson en particulier* (Leipzig, 1840).

Voici où en est demeurée la question : Sans doute il a existé et il existe encore dans la bouche des *highlanders* des chants galliques remontant aux temps anciens ; mais la plupart de ces chants sont d'origine irlandaise, et existent encore en partie en Irlande. Les annales irlandaises peuvent bien faire vivre leur Fingal au troisième siècle de notre ère; mais il reste à savoir si les chants où il est question de lui datent d'une époque aussi reculée ; et à cela on peut répondre hardiment que non. Ces chants sont originaires d'Irlande, et on y voit figurer déjà des saints irlandais, notamment saint Patrick. La forme en est très-embarrassée et difficile; c'est une réunion d'allitérations et d'assonnances. En tous cas, il est impossible de les faire remonter plus haut que le sixième siècle, et il se peut qu'ils ne datent même que de plusieurs siècles plus tard. Ces chants, quelle qu'en soit l'époque, sont aux poésies de Macpherson ce que le jour est à la nuit. On ne comprend pas qu'on ait pu être si longtemps dupe en France et surtout en Allemagne d'une aussi grossière mystification. Macpherson ne fut évidemment qu'un adroit imposteur : sans doute il a utilisé les chants anciens; mais par la manière dont il en a usé il les a faits siens, de sorte qu'ils n'ont plus de ressemblance avec les anciens. Sans doute les anciens chants ne sont souvent rien moins que poétiques, et Macpherson savait parfaitement qu'en les traduisant fidèlement il n'obtiendrait aucun succès; mais ils portent le véritable cachet de toute poésie populaire.

OSSIFICATION (du latin *os*, os, et *fieri*, devenir), formation des o s.

OSSOLI (La marquise D'). *Voyez* FULLER.

OSSUÑA (Don PEDRO TELLEZ Y GIRON, duc D'), vice-roi de Sicile, puis de Naples, né en 1579, à Valladolid, vint à l'âge de deux ans à Naples avec son grand-père, lorsque celui-ci y fut envoyé en qualité de vice-roi. A l'âge de dix ans il revint en Espagne, et alla plus tard suivre les cours de l'université de Salamanque, où il acquit une connaissance approfondie de la langue et de la littérature latines. Lors de ses débuts à la cour de Philippe II, il y rencontra force occasions de déployer son esprit vif et mordant, mais ne tarda pas à s'attirer ainsi la haine des courtisans et la disgrâce du roi. Banni de la capitale à cause d'une expression mal séante dont il s'était servi en parlant de ce prince, il se rendit à Saragosse, où s'était également réfugié Antonio Perez, secrétaire de Philippe II. Giron le protégea, et lui fournit les moyens de fuir. Quant à lui, il passa en France et de là en Portugal, où il resta jusqu'à la mort de Philippe II. A son retour à la cour, il s'attacha particulièrement au duc de Lerme, favori du nouveau roi Philippe III, épousa la fille du duc d'Alcala, et prit le titre de *duc d'Ossuña*. Mais les courtisans de Philippe III réussirent à indisposer également contre lui ce prince, qu'il avait habitude d'appeler dérisoirement le *tambour-maître* du royaume. Exilé de nouveau, Ossuña se rendit en Flandre, où il fit six campagnes et où il ne se distingua pas moins par sa valeur que par son habileté. Vers ce temps-là, il parcourut aussi la France et l'Angleterre. Henri IV, qui prisait beaucoup son esprit, l'accueillit parfaitement; et Jacques Ier prit un plaisir tout particulier à s'entretenir avec lui en latin.

Grâce au duc de Lerme, il lui fut permis, en 1607, de revenir à Madrid ; et le roi lui donna alors diverses marques de confiance. Ossuña employa son influence sur l'esprit du ministre à faire reconnaître l'indépendance de la Hollande par le traité signé en 1609 ; et l'année suivante, quand on résolut d'expulser d'Espagne les *Moriscos* (*voyez* MAURES), il rédigea deux mémoires pour signaler les résultats déplorables que devait avoir une telle mesure. L'inquisition l'accusa en conséquence d'avoir, dans ses voyages, sucé le lait de l'hérésie et d'être en secret dévoué aux Maures. L'enquête dont il devint l'objet ne donna pas plus de motifs de le condamner que n'avait fait une autre accusation précédemment élevée contre lui à l'occasion de quelques plaisanteries que, disait-on, il s'était permises au sujet d'un miracle. Tout de suite après, en 1611, Ossuña fut envoyé, comme vice-roi, en Sicile, où tous ses efforts tendirent à rétablir la sécurité publique, à faire refleurir le commerce et l'industrie, ainsi qu'à mettre les côtes à l'abri des déprédations des Turcs. Rappelé en Espagne en 1615, il n'y fit qu'un court séjour, car dès l'année suivante il était envoyé à Naples en qualité de vice-roi. Là aussi il consacra tous ses soins à soulager la misère du peuple; et par là il se rendit également odieux à la noblesse et au clergé. Il combattit énergiquement les prétentions de Venise à la souveraineté de l'Adriatique, prétentions extrêmement préjudiciables au commerce de Naples et de la Sicile.

Philippe III ayant voulu introduire l'inquisition à Naples, Ossuña se prononça avec tant de force contre cette mesure, qu'on l'accusa de manquer de respect au roi. Pour conjurer l'orage, il maria sa fille au fils du duc de Lerme. Mais en combattant l'inquisition, il s'était rendu odieux au clergé; alors, prévoyant qu'un jour ou un autre ses ennemis finiraient par l'emporter et par lui arracher le pouvoir, il songea peut-être à l'usurper. Encore bien que l'on soupçonnât en Espagne ses projets, on y hésitait encore à le rappeler. Enfin, on désigna en 1620 le cardinal Borgia pour le remplacer. Son retour à Madrid fut un véritable triomphe; mais aussitôt après l'avénement de Philippe IV, on soumit sa conduite à une enquête, qui dura trois années. Bien qu'elle n'eût pas eu pour résultat de le faire déclarer coupable, il n'en fut pas moins retenu prisonnier au château d'Almaceda, où il mourut, en 1624, du poison, dit-on, que lui fit passer sa femme. Les haines qu'il avait soulevées se turent devant son tombeau ; et son fils, don *Juan Tellez y Giron*, duc d'OSSUNA, mort en 1656, vice-roi de Palerme, put hériter de ses biens sans contestation.

OSTADE (ADRIEN VAN), célèbre peintre et graveur de l'école hollandaise, naquit à Lubeck, en 1610, et mourut à Amsterdam, en 1685. Il était élève de François Hals, et appartient à cette école qui, appliquée à l'étude d'une nature triviale, recherche surtout la vérité matérielle, sans rien donner à l'imagination ni à l'idéal. Van Ostade imita la manière de Brauwer et celle de Téniers; mais il les imita avec originalité. Les habitudes ignobles, l'expression grossière des passions brutales, les mœurs dégradées de la populace, tels étaient ses sujets de prédilection; et il les a rendus avec une énergie si saisissante, une touche si spirituelle, un coloris si plein de vie, des effets de clair-obscur si parfaits, que la magie de l'exécution relève la bassesse de la pensée fondamentale. Van Ostade, à force de talent, fait en quelque sorte réparation à l'art, que souvent il mésallie ; il trempe parfois son pinceau dans la boue, et jette sur la toile des diamants et des perles. La galerie du Louvre possède plusieurs morceaux de Van Ostade, qui sont du premier mérite, savoir : la famille de ce peintre, *Le Maître d'École*, *Un Marché aux Poissons*, l'*Intérieur d'un Ménage rustique*, le *Notaire dans son étude*, *Un Fumeur* et *Un Buveur*.

Ce prodigieux musée offre également aux amateurs quelques tableaux d'*Isaac* VAN OSTADE, frère cadet, élève et imitateur d'Adrien, né à Lubeck, en 1612, et mort jeune. Ce sont une *Halte de Voyageurs*, un *Paysan dans sa charrette à la porte d'un cabaret*, *Des Patineurs*, le même sujet autrement traité; *Un Cheval blanc*, *Fond de Paysage*. Parmi les élèves ou imitateurs d'Adrien, on compte encore, indépendamment de son frère, Corneille Dusart, Corneille Bega, Brakemburg, C. de Hyeer, etc.

DE REIFFENBERG.

OSTENDE, dont le nom signifie *extrémité orientale*, n'était au neuvième siècle qu'un petit village; son port fut fréquenté dès le onzième; Philippe le Bon le fit environner de murailles, en 1445; mais la place ne fut régulièrement fortifiée qu'en 1583, par le prince Guillaume d'Orange. Les Hollandais y soutinrent contre les Espagnols un des plus fameux siéges dont parle l'histoire, et que les rhéteurs du temps ont comparé au siége de Troie. Il commença en 1601; la ville ne se rendit par capitulation à Ambroise Spinola qu'en 1604. Louis XV y entra en 1745, après un siége de dix-huit jours, qui la détruisit presque entièrement; il la rendit en 1748. Quelques années avant, l'empereur Charles VI y avait établi une Compagnie des Indes, qui fut supprimée en 1731, par la jalousie active de la Hollande, de l'Angleterre et même de la France.

Vers 1403, Gilles Benkels, de Hughenvliet, et Jacques Kien, d'Ostende, préparèrent les premiers en mer le *hareng caqué*, invention qui a servi de fondement à la richesse de la Hollande.

Ostende, chef-lieu d'arrondissement dans la Flandre occidentale (Belgique), est située sur la mer du Nord, au commencement du canal d'Ostende à Bruges, et près de la jonction de celui-ci avec le canal de Nieuport. On y admire de magnifiques écluses de chasse. Cette ville, peuplée d'environ 14,000 âmes, est bâtie d'une manière régulière. Elle possède une école de navigation, des fabriques de toiles fines et de toiles à voiles, de tabac, etc. On y construit beaucoup de navires, et l'industrie de la pêche y est très-active. Une ligne régulière de paquebots à vapeur la met en communication avec Londres. Une jetée magnifique, construite dans ces derniers temps, a doté la ville d'une promenade des plus agréables.

DE REIFFENBERG.

OSTENSOIR (d'*Ostentio*, manifestation). On appelle ainsi une pièce d'orfévrerie qui représente d'ordinaire un soleil, élevé sur un pied : les catholiques exposent, à travers une glace placée au milieu de ce soleil, soit l'hostie, et alors l'ostensoir prend le nom de *saint-sacrement*, et quelquefois seulement des reliques. Les ostensoirs sont en or, en argent, en vermeil; dans les humbles églises des villages, ils sont le plus souvent en plaqué.

OSTENTATION, désir excessif de mettre en relief, de produire au dehors certains dons naturels ou acquis, ou bien encore quelques avantages de position. Par une bizarrerie qui lui est propre, l'ostentation s'attache à tous les genres d'effets, les plus grands comme les plus petits; elle les alterne et les varie : ce qu'elle veut avant tout, c'est surprendre les regards; elle donne en général plus de fatigue que de plaisir; si elle est la passion d'habitude des esprits inférieurs, on la voit souvent atteindre les gens de génie. C'est dans les petites villes que l'ostentation se développe à son aise : là, les spectateurs ne lui manquent jamais; elle s'anéantit au contraire dans l'immense étendue des capitales, où tout se confond. On fait ostentation des vices comme des vertus; il en résulte qu'on pousse les uns jusque dans leurs derniers excès, et qu'on ôte une partie de leur valeur aux autres. Les femmes sont beaucoup moins sujettes à l'ostentation qu'à la vanité : celle-ci tient à leur nature. Elle n'exige ni peines ni efforts; elle se modifie, elle se voile, elle se fait pardonner. Quant à l'ostentation, elle ne parvient jamais qu'à se faire haïr.

SAINT-PROSPER.

OSTÉOGÉNIE (du grec ὀστέον, os, et γένεσις, développement), science qui s'occupe de la formation et du développement des os. L'étude comparative de l'ostéogénie dans tous les types des vertébrés est une branche très-importante de la physiologie et de l'anatomie comparée, qui a beaucoup favorisé le perfectionnement de l'anatomie philosophique et celui de la tératologie.

L. LAURENT.

OSTÉOLOGIE (du grec ὀστέον, os, et λόγος, discours), partie de l'anatomie qui traite d'abord des os en général au point de vue de leurs rapports chimiques, de leur contexture, de leur mode de nutrition, de leur développement, etc., et en particulier de leur conformation, de leur position et de leur destination. Les os étant l'armure du corps humain, il en résulte que l'ostéologie est la base de l'anatomie et sert de prolégomènes et d'introduction à l'étude de cette science. Les corrélations des os entre eux sont l'objet de la *chondrologie*, ou science des cartilages, et de la *syndesmologie* ou science des ligaments, deux subdivisions de l'ostéologie. Parmi les ouvrages les plus utiles à consulter pour l'étude de cette science, nous citerons Albinus, *Tabulæ Sceleti et musculorum corporis humani* (Leyde, in-fol., 1747).

OSTERMANN (HENRI-JEAN-FRÉDÉRIC, comte ANDRÉ IWANOWITSCH), diplomate distingué et l'un des favoris de Pierre le Grand, était le fils d'un pasteur de la Westphalie, et né en 1686. Il entra au service russe comme marin, en 1704, et ne contribua pas peu à faire réussir en 1711 les habiles démarches par lesquelles Catherine réussit, sur les bords du Prüth, à tirer Pierre du mauvais pas où il se trouvait. Entre autres traités importants négociés par lui, on peut citer la paix de Nystadt, en 1721. Pierre le Grand le créa baron; Catherine Ire le nomma vice-chancelier de l'empire, et à son lit de mort elle le désigna pour gouverneur de son fils et successeur, Pierre, en même temps qu'elle l'appela à faire partie du conseil de régence pendant la minorité de ce prince. Pierre II le nomma comte, et l'impératrice Anne amiral général. A son avénement au trône, en 1741, Élisabeth le fit arrêter et condamner à mort. Elle ne lui fit grâce de la vie que lorsque déjà il se trouvait sur l'échafaud; et alors elle commua sa peine en un exil perpétuel en Sibérie. C'est là qu'il mourut, le 20 mai 1747. C'était un homme d'une remarquable intelligence et qu'aucun obstacle ne pouvait détourner de son but. Irréprochable dans sa vie privée, très-habile en affaires, incorruptible et fidèle, il n'était point étranger aux sciences, et possédait en outre des connaissances très-variées en fait de langues étrangères, de même qu'il était parfaitement au courant de tout ce qui avait trait aux cours de l'Europe. Ses deux fils, qui moururent sans avoir eu d'enfants, adoptèrent les fils de leur sœur, mariée au général Tolstoï; et ceux-ci prirent dès lors le nom d'*Ostermann-Tolstoï*.

OSTERWALD (JEAN-FRÉDÉRIC), célèbre théologien protestant, né à Neufchâtel (Suisse), en 1663, obtint le titre de pasteur en 1699, et mourut dans sa ville natale, le 14 avril 1747. Le succès qu'obtinrent ses *Arguments et Réflexions sur la Bible* (Neufchâtel, 1720), ouvrage que des traductions popularisèrent tout aussitôt en Angleterre, en Hollande et en Allemagne, lui inspira le projet d'entreprendre à l'âge de quatre-vingts ans une révision des diverses traductions françaises de l'Écriture Sainte alors existantes et de publier ainsi une traduction nouvelle de la Bible, qui est demeurée depuis lors en usage dans l'Église réformée de la Suisse, aussi que dans les églises luthériennes françaises.

OSTJAKS ou **OSTJAQUES**, peuplade finnoise, qui habite plus particulièrement les gouvernements de Tobolsk et de Tomsk, en Sibérie, dans la Russie asiatique, sur les rives du Tom, du Tschoulim et du Ket, ainsi que vers les embouchures du Iénisséi, de l'Obi et de l'Irtisch, à Sourgout, Tobolsk et Béresof, et qui forme en réalité trois nations complétement distinctes par les mœurs et la langue, à savoir les Ostjaks de l'Obi, du Pumpokoï, et du Kondi. On y comptait en 1784 35,252 hommes soumis à l'impôt; mais depuis lors ce chiffre a plutôt diminué qu'augmenté. On ne peut guère en évaluer aujourd'hui le nombre total à plus de 100,000 âmes.

OSTRACISME (du grec ὄστρακον, coquille). L'ostracisme, institué par Solon, consistait à traduire au jugement du peuple la grandeur inquiétante des citoyens trop haut placés, et à bannir pour dix ans du territoire de la république celui qui aurait pu un jour la maîtriser. A Athènes, où le nombre total des volants pouvait être de 20,000, il fallait 6,000 suffrages contre l'accusé, c'est-à-dire la presque totalité des voix qui assistaient ordinairement aux assemblées. Cette sage exigence de la loi prévenait la fréquence de ses applications ; mais elle mettait nécessairement en jeu les intrigues de la jalousie, de l'inimitié, et les séductions adressées aux faibles ou aux indifférents, dont on voulait gagner les suffrages. On se rappelle le mot si connu du stupide paysan de l'Attique venu à l'assemblée pour décider sur le sort d'Aristide. Du reste, le citoyen frappé de l'*ostracisme* n'était pas privé de ses biens; aucun déshonneur n'était attaché à ce bannissement temporaire : après l'expiration de sa peine, il pouvait revenir mériter un nouvel exil. Le peuple, honteux d'en avoir fait un indigne usage en l'appliquant au méprisable Hyperbolus, renonça pour toujours à l'ostracisme.

F. GAIL.

OSTRAPODES (du grec ὄστρακον, coquille, écaille, et πούς, ποδός, pied). *Voyez* ENTOMOSTRACÉS.

OSTROGOTHIE. *Voyez* GOTHLAND.

OSTROGOTHS, *Ost-Gothen*, c'est-à-dire Goths de l'Orient, comme les Visigoths (*West-Gothen*) étaient les Goths de l'Occident (*voyez* GOTHS).

Dans le langage familier on appelle *ostrogoth* un homme ignorant les usages, les coutumes, les bienséances, une espèce de barbare.

OSTROLENKA, ville de la voïvodie de Plock (Pologne), sur la Narva, avec 2,000 habitants, est célèbre par la bataille qui y fut livrée, le 16 février 1807, entre l'armée française aux ordres du général Savary et l'armée russe commandée par Essen, mais plus encore par la victoire complète que le général russe Diebitsch y remporta, le 26 mai 1831, sur le général polonais Skrzynecki, et dans laquelle périrent les généraux polonais Kicki et Kamienski.

OSTROWSKI, célèbre famille polonaise, dont il est question dès le quinzième siècle. *Antoni* OSTROWSKI, né à Varsovie, en 1782, alla en 1802 étudier à l'université de Leipzig, et en 1806, tout de suite après l'entrée des Français à Varsovie, s'enrôla dans la garde d'honneur qu'on créa alors. Après la fondation du grand-duché de Varsovie, il fut nommé nonce; et pendant la guerre de 1809 contre l'Autriche il fit partie du gouvernement provisoire. En 1812 il accompagna Napoléon à Dresde, et assista à la bataille de Leipzig. Quand la Pologne eut reçu de l'empereur Alexandre une constitution, il fut chargé d'aller comme député présenter les remercîements de la nation à ce prince. A la mort de son père, il entra au sénat, et y forma contre l'arbitraire du grand-duc Constantin une courageuse et ferme opposition. Devenu dès lors l'objet de la haine toute particulière de ce prince, il alla voyager en Allemagne, en France et en Angleterre. A la première nouvelle de l'insurrection de 1830, il accourut à Varsovie. Nommé alors commandant supérieur de la garde nationale, il sut habilement maintenir les masses dans les strictes limites de la légalité. La diète lui confia la mission de se rendre à Bolimof pour enlever au général Skrzynecki son commandement en chef. Quand Kruckowiecki parvint au pouvoir suprême, il quitta l'assemblée nationale pour aller combattre comme simple soldat sous les murs de Varsovie. Après avoir préalablement prononcé, en qualité de président du sénat, la déposition de Kruckowiecki, il suivit l'armée nationale à Modlin; et lorsqu'elle dut se réfugier sur le territoire prussien, le 4 octobre 1831, ce fut lui qui rédigea le manifeste adressé à tous les rois et à tous les peuples de l'Europe. Il trouva ensuite un asile en France, où il est mort, en 1845.

Son frère, *Ladislas* OSTROWSKI, fut maréchal de la diète en 1830, et dans l'exercice de ces fonctions mérita l'estime générale.

OSWEGO (Canal d'). *Voyez* ONTARIO (Lac d').

OSYMANDYAS. Tel est le nom d'un monarque fameux dans l'antique dynastie des rois de la Thèbes d'Égypte, que les uns supposent être Aménophis IV, le même que Memnon, et d'autres le grand Sésostris, d'autres enfin ce Pharaon de la dixième génération avant la dix-septième dynastie égyptienne, *Ousi*, que ses victoires firent surnommer *Mandouei*, le Conquérant. Toutefois, ce nom pompeux d'Osymandyas ne serait point parvenu jusqu'à nous sans Hécatée, écrivain antérieur à Hérodote, et sans Diodore de Sicile, qui nous a laissé une description si détaillée du monument de Thèbes, que la commission des savants français, sous le général Bonaparte, en Égypte, a jugé être le monument funèbre de ce monarque, et non le palais de Memnon, ou le *Memnonium* décrit par le géographe Strabon. Les restes du colosse du nord et du sud, encore debout dans la plaine de Thèbes, servirent de base à leur conviction. En effet, Diodore de Sicile dit dans sa relation que la statue d'Osymandyas était la plus gigantesque de toutes celles de l'Égypte. Selon Jablonski, Aménophis, Memnon et Osymandyas seraient les noms d'une seule et même statue. D'autres, et la commission est du nombre, rejettent toute identité de Memnon et d'Osymandyas. Le voyageur anglais Pococke a cru reconnaître le tombeau d'Osymandyas dans le palais de Louqsor.

La description du tombeau d'Osymandyas par Diodore de Sicile, qui le plaçait à dix stades des tombeaux des jeunes vierges consacrées à Jupiter Ammon, donnera une idée de la magnificence de ce monument, devant lequel se trouvait la statue du conquérant de la Bactriane, Osymandyas, la plus grande de toutes les statues colossales de l'Égypte, car en la mesurant d'après les tronçons qui gisent aujourd'hui épars dans le sable, on peut lui donner une élévation d'environ 17 à 18 mètres. Au bas de cette statue, que Cambyse aurait fait scier suivant les uns, mais qui a été, ainsi que l'attestent ses débris, détruite à l'aide de coins en bois, on lit cette inscription : « Je suis Osymandyas, roi des rois; si quelqu'un veut savoir quel je suis et où je repose, qu'il détruise quelques-uns de mes ouvrages. »

Dans un des péristyles de cet admirable monument, des bas-reliefs représentaient le roi à la tête de 400,000 combattants à pied et de 20,000 chevaux, un lion rugissant qui combattait et déchirait les ennemis à ses côtés, mâle et magnifique emblème de la force, du courage et du commandement; on y trouvait une salle de justice où étaient taillées en bois des statues de plaideurs, et au-dessus celles de juges, tirés de ce qu'avaient de plus recommandable par leur sagesse entre leurs citoyens Héliopolis, Memphis et Thèbes. Enfin, ce monument était entouré par un immense cercle d'or pur de 365 coudées, la proie de Cambyse, divisé en 365 degrés, représentation du cycle solaire. Ce cycle couronnait un magnifique cénotaphe ou tombeau vide, placé dans la partie extrême de ce palais; de là on entrait dans un lieu où sans doute était caché et déposé le corps d'Osymandyas. C'était une salle qui renfermait vingt tables entourées de lits sur lesquels étaient les images de Jupiter, de Junon et d'Osymandyas. Ailleurs était la salle de festin, où étaient sculptés des mets rares, de formes étranges et variées.

De tout cela il ne reste aujourd'hui qu'un piédestal intact, un pied colossal tout tronqué, et des ruines, au milieu d'une solitude sans bruit et sans voix. Cette tête du roi des rois, défigurée, séparée du tronc, et méconnaissable si quelques ornements royaux n'étaient point restés à son front; ce torse gigantesque sous lequel les reptiles ont fait leurs nids; ce tombeau d'un prince de la terre, haut et grand comme une ville, fouillé et refouillé depuis plus de vingt-cinq siècles, brisé et dispersé sur le sable, ne sembleraient-ils pas avoir été jetés dans un désert par le bras de Dieu pour avertir de nouveaux Sésostris plus encore de la vanité que de la fragilité des grandeurs humaines?

DENNE-BARON.

OTAGE, nom que l'on donne à la personne remise au pouvoir d'autrui pour assurer l'exécution d'un engagement ou d'une promesse. Otage se dit en latin *obses*, et ce n'est qu'une corruption du mot *hospes*, parce que dans l'origine l'*otage* devait être traité avec tous les égards qu'impose l'hospitalité. C'était généralement un débiteur qui livrait à son créancier l'un de ses enfants ou l'un de ses proches pour lui servir de garantie. L'otage devait demeurer dans la maison du créancier jusqu'à ce que le débiteur se fût acquitté. Cet usage, en vigueur dans les sociétés commençantes, ne subsiste plus chez les peuples civilisés que dans les relations politiques. Ainsi, lorsque des nations ennemies veulent traiter de la paix, dans beaucoup de circonstances on est encore aujourd'hui dans l'usage d'exiger de part et d'autre la réunion d'otages, comme confirmation du contrat public qui est passé entre deux nations. Cette expression peut même alors s'étendre à des parties de territoire qui sont cédées à l'ennemi, non pas à titre de propriété où de conquête, mais comme un gage; en sorte qu'il doit restituer le territoire après que toutes les clauses du contrat ont été exécutées. Les auteurs qui ont traité du droit public ont soumis à des principes réguliers tout ce qui se rapporte aux otages, la manière dont ils doivent être traités, etc.; mais où est la sanction de ces maximes, qui sont abandonnées à la discrétion du vainqueur? Aussi les peuples civilisés ont-ils généralement renoncé à exiger des *otages*, si ce n'est dans leurs relations avec les nations barbares.

Les troubles dont les départements de l'ouest et du midi de la France continuaient à être le théâtre déterminèrent, en 1799, le Conseil des Cinq Cents à adopter une loi demeurée fameuse dans notre législation sous le nom de *loi des otages*. Comme on attribuait aux parents des émigrés les actes de brigandage qui répandaient la désolation dans ces contrées, on les astreignit à fournir des *otages*. Des désordres venaient-ils à éclater, des actes de brigandage à être commis sur un point du territoire, les parents ou alliés des émigrés, des individus suspects d'incivisme, et dès lors d'avoir pu faire partie des bandes ou rassemblements qui avaient commis ces désordres, étaient considérés aussitôt comme *otages* et déclarés personnellement responsables des actes en question. Les magistrats locaux avaient le droit de les faire arrêter et de les détenir plus ou moins longtemps en prison, où ils devaient se nourrir à leurs frais. S'il y avait eu assassinat, ils étaient autorisés à choisir un de ces détenus sur quatre et à le condamner à la déportation. On s'imagine facilement l'odieux abus qui put être fait d'une si monstrueuse loi, réminiscence de la terreur et de son horrible *loi des suspects*. L'un des premiers actes de Napoléon, à la suite de la journée du 18 brumaire, fut de l'abolir; et cette mesure ne contribua pas peu à populariser son nom et son gouvernement dans les contrées qui avaient tant souffert du régime révolutionnaire.

OTAÏTI, OTAHITI, ou encore TAHITI ou TAÏTI, est la plus grande des îles de la Société, dans le grand Océan. Elle se compose de deux presqu'îles unies par un isthme, dont la plus grande, celle du nord-ouest, s'appelle *Opoureonou*, et la plus petite, celle du sud-est, *Tiarrabou*, formant ensemble une superficie de 15 myriamètres carrés. L'intérieur de cette île, dont les côtes sont garnies de bancs de corail, mais qui possède plusieurs ports excellents, est montagneux. De tous côtés le sol, à partir de l'étroite ceinture de plaines qui l'entoure, va toujours en s'élevant jusqu'à son centre, où le *Tobreonou*, son pic le plus élevé, atteint 3,866 mètres d'altitude. Dans l'intérieur des montagnes, qui sont couvertes de végétation jusqu'à leur sommet, le pays est encore à l'état sauvage et primitif. Il n'y a d'habité et de cultivé que les plaines de la côte et quelques vallées. A l'exception de ces endroits, Otaïti est partout couverte de forêts de cocotiers et autres palmiers, de bananiers, d'arbres à pain, etc., et autres végétaux particuliers aux climats tropicaux. La lagune qui l'entoure, comme ferait un immense fossé de forteresse, a dix mètres de profondeur.

Le chef-lieu est *Papéiti* ou *Papaiti*, avec un bon port. L'île est restée célèbre par la nature naïve et tout à fait idylique qu'on prêtait autrefois à ses habitants, dont le nombre est aujourd'hui d'environ 10,000 âmes, de même que par le rôle important qu'elle joue dans l'histoire des découvertes. Elle fut visitée pour la première fois, en 1606, par Quiros, qui lui donna le nom de *Sagittaria*; puis, en 1767, par le capitaine anglais Wallis, qui l'appela *Ile du roi Georges III*; en 1769, par Cook, qui le premier, avec Forster, l'examina avec soin et qui lui restitua son nom primitif d'Otaïti. Ces derniers navigateurs y trouvèrent une innocente population, encore à l'état de nature, forte d'environ 100,000 têtes, obéissant à un roi qui remplissait en même temps les fonctions de grand-prêtre. Mais le contact des Européens changea bientôt la vie sensuelle et naïve de ce peuple en une vulgaire et déplorable immoralité, et ses défauts naturels en vices véritables. L'infection vénérienne et l'usage de l'eau-de-vie exercèrent surtout d'horribles ravages dans son sein. Dès 1797 des missionnaires avaient été envoyés d'Angleterre pour porter remède à un pareil état de choses. Toutefois, ce ne fut qu'en 1803, après la mort du roi Pomaré Ier, que le christianisme commença à s'y répandre et à y exercer quelque influence. En 1812 Pomaré II embrassa le christianisme; et les nouveaux missionnaires qui arrivèrent en 1817 donnèrent un grand élan à l'esprit de conversion. Pomaré III, qui succéda à son père, conserva le christianisme, et donna en outre à ses sujets une constitution représentative, qui est encore aujourd'hui en vigueur. Mais cette civilisation si subite ne pénétra pas dans le peuple, qu'elle attrista et dont elle diminua le nombre. A ces causes de dissolution intérieure vinrent, en 1820, se joindre les querelles survenues avec le consul français Mœrenhout, et qui eurent pour suites en 1835 l'introduction dans l'île de missionnaires catholiques français. Mais dès l'année suivante la reine Pomaré, qui avait succédé à son frère, en 1832, et que ses affections particulières portaient vers les Anglais, les en expulsait. Une expédition française y ramena les missionnaires deux années plus tard, et le consul de France Mœrenhout obtint alors, en 1842, de cinq chefs de l'île une déclaration conçue en termes assez équivoques, par laquelle ils plaçaient l'île sous la protection de la France. La reine Pomaré protesta contre cet acte, et quand arriva en 1843 à Otaïti la déclaration par laquelle Louis-Philippe acceptait ce protectorat, elle fit amener aussitôt le pavillon français. L'amiral Dupetit-Thouars, chargé d'organiser le protectorat français, publia une proclamation portant que la reine avait désormais perdu son droit de souveraineté; mesure contre laquelle l'Angleterre protesta, et qui eut pour résultat de transformer en hostilités ouvertes la résistance des naturels, excités par le missionnaire Pritchard. L'affaire se termina de cette façon que la France se contenta d'un vain protectorat et rappela en 1844 l'amiral Dupetit-Thouars, tandis que l'Angleterre retirait son consul Pritchard, mais après avoir forcé le gouvernement français à lui accorder une indemnité de 25,000 fr. en réparation de prétendus dommages qu'il avait éprouvés de la part du commandant des forces navales françaises. Cette affaire Pritchard, dans laquelle le gouvernement de Louis-Philippe fit preuve de la plus insigne couardise, est demeurée une des hontes du règne, et, habilement exploitée par l'opposition républicaine, ne contribua pas peu à désaffectionner les masses. La population s'étant soulevée contre les Français, divers engagements meurtriers eurent lieu, notamment le 17 avril à Maharea, et le 30 juin à Rapapa. Le nouveau gouverneur envoyé par la France à Otaïti, M. Bruat, ne réussit pas à remettre les affaires sur un meilleur pied. La reine Pomaré, qui s'était retirée à Borabora ou Bolabola, une des îles voisines, persista, elle aussi, dans sa résistance. Le 7 janvier 1845 les Français arborèrent le pavillon du protectorat à Papéiti, et le gouverneur Bruat déclara l'île Raïatea en état de siége. Quand le gouvernement français se fut raccommodé avec l'Angleterre, et lorsque la chambre des députés de France, à la suite des débats les plus orageux, eut voté les 25,000 fr. que le gouvernement français s'était engagé à payer à Pritchard, les Otaïtiens continuèrent à guerroyer contre les Français. Enfin, le 17 décembre 1846, la trahison fit tomber entre les mains de ceux-ci le fort Fatahua, qui avait résisté jusque alors; et la soumission de l'île se trouva ainsi complète. Dans de telles circonstances, la reine Pomaré se vit contrainte d'accepter le protectorat de la France le 6 février 1847. Toutefois, à la suite de longues négociations, il intervint, le 19 juin 1847, entre la France, l'Angleterre et la reine Pomaré un traité en vertu duquel les îles Huahéine, Raïatea et Bolabola demeuraient en dehors du protectorat, et les droits de la reine étaient reconnus. Bien que les missionnaires catholiques aient persisté à essayer de convertir les populations, leurs efforts sont restés sans résultats réels, à cause de l'attitude de neutralité observée par la France; la mission protestante anglaise, au contraire, a constamment fait des progrès à Otaïti. Il faut d'ailleurs reconnaître que l'acquisition de l'île d'Otaïti a été pour la France d'un grand avantage. Au moment où les eaux de l'océan Pacifique commencent à être incessamment sillonnées par les navires de toutes les nations commerçantes de l'Europe, le protectorat sur Otaïti lui a donné une véritable colonie, d'une immense importance comme point d'entrepôt et de relâche, de radoub et de ravitaillement, comme pays suffisamment agricole pour fournir des vivres frais aux bâtiments qui viennent y relâcher et pour alimenter sa propre population. Déjà les baleiniers commencent à s'y arrêter, et le temps n'est pas éloigné où Otaïti sera l'étape forcée de la navigation à voiles et à vapeur de toute la côte orientale de l'Amérique avec l'Australie.

En 1852 il éclata à Otaïti une révolution, à la suite de laquelle la reine Pomaré fut expulsée et la république proclamée. L'intervention française lui fit bien rendre son trône; mais dès le mois de mai de cette même année 1852 elle abdiqua en faveur de ses enfants. Son fils aîné est aujourd'hui roi de Raïatea, le plus jeune est roi de Huahéine, et sa fille reine de Bolabola. Elle devait, disait-on, épouser le roi Kaméhaméa.

OTALGIE. *Voyez* Otite.

OTCHAKOF. *Voyez* Oczakow.

OTELLE. *Voyez* Lance.

OTFRIED, qu'on suppose avoir été originaire de la Franconie et l'un des disciples de Hraban Maur, était un religieux de l'abbaye de Weissembourg, en Alsace, appartenant à l'ordre de Saint-Benoît. On a de lui une histoire poétisée de la vie de Jésus-Christ en cinq livres, qu'il acheva vers l'an 868, et qu'il dédia à l'empereur Louis l'Allemand. C'est le plus ancien poëme rimé de la littérature allemande.

OTHMAN, cousin de Mahomet et troisième khalife.

OTHMAN. *Voyez* Osman.

OTHOMAN (Empire), OTHOMANS (Les). *Voyez* Ottoman (Empire).

OTHON (Marcus Salvius Otho), empereur romain, de janvier à avril 69, né l'an 32 de J.-C., d'une famille distinguée, fut d'abord le confident de Néron et le compagnon de ses débauches. Mais plus tard son maître, voulant jouir sans trouble ni partage de Poppée Sabina, sa femme, l'envoya en l'an 59 en Lusitanie comme gouverneur. Othon, dit-on, s'y distingua par son esprit de justice et de modération. Lorsque Galba se révolta contre Néron, en l'an 68, Othon prit tout aussitôt fait et cause pour lui, et l'accompagna à Rome, où, après son intronisation, il fut nommé consul. Mais Galba, au lieu de le prendre pour successeur, ayant désigné Pison, il souleva contre lui les prétoriens. Le 15 janvier 69 Galba fut massacré, et Othon se fit proclamer empereur à sa place.

Pendant ce temps-là les légions romaines campées en Germanie avaient de leur côté décerné la pourpre impériale à leur général, Aulus Vitellius. Ses lieutenants conduisirent son armée en Italie; et après avoir vainement essayé de négocier, Othon se décida enfin à marcher contre eux. Dans quelques affaires peu importantes la victoire demeura aux troupes d'Othon; mais elles furent complétement mises en déroute à Bédriac; et à la nouvelle de ce désastre, Othon, quoique sa situation fût encore loin d'être désespérée, résolut de se donner la mort. Le 20 avril il mit son projet à exécution avec le plus grand sang-froid, et s'enfonça un poignard dans le cœur. Avant de mourir il avait eu la précaution de brûler les lettres de ceux de ses amis qui s'étaient compromis pour lui, de prendre toutes les mesures propres à mettre ses partisans à l'abri de la réaction du vainqueur, et enfin de distribuer ses biens entre ses serviteurs.

OTHON, dit l'*Illustre*, duc de Saxe, père d'*Henri l'Oiseleur*, fut appelé au trône de la Germanie; mais il le refusa, à raison de son grand âge, et fit élire Conrad Ier, bien que celui-ci fût son adversaire.

OTHON. On compte quatre empereurs d'Allemagne de ce nom.

OTHON Ier ou *le Grand*, né en 912, était le fils posthume de l'empereur Henri Ier, et fut couronné en 936, à Aix-la-Chapelle. Son règne de trente-six ans fut une suite presque continuelle de guerres contre les grands vassaux de l'Empire. Tout d'abord il lui fallut entreprendre une guerre contre le duc de Bohême, Boleslas. Elle ne dura pas moins de quatorze ans, et se termina par la soumission de Boleslas, qui reconnut la suzeraineté de l'Empire et se fit baptiser. Othon récompensa le brave et fidèle général de ses troupes, Hermann Billung, en le créant à cette occasion *duc de Saxe*. Les fils du dernier duc de Bavière, Arnoul, et le duc Éberhard de Franconie essayèrent ensuite de se soustraire à son autorité, mais il les vainquit et les contraignit à se reconnaître ses vassaux. Éberhard, qui recommença plus tard encore la lutte, secondé cette fois par le roi de France Louis IV, trouva la mort sur le champ de bataille. Othon dut aussi triompher du duc de Lorraine et du duc de Souabe. Plus tard il porta ses armes contre les ennemis extérieurs de l'Empire, et ne fut pas moins heureux dans ses guerres contre le roi de Danemark Harald, qu'il força à recevoir le baptême et à reconnaître la suzeraineté de l'Empire, que contre les populations slaves fixées sur les bords de l'Oder et de la Sprée. Il mit leur territoire, qu'il appela *Saxe orientale*, sous l'autorité d'Hermann Billung, et y fonda un grand nombre d'évêchés, à l'effet d'y assurer le triomphe définitif de la foi chrétienne, que les vaincus durent embrasser.

En 951 il franchit les Alpes, à la demande des Italiens, pour combattre l'usurpateur Bérenger II, qui fut vaincu par lui. Il épousa alors Adélaïde, veuve de Lothaire, le dernier roi des Lombards, se fit couronner à Pavie en qualité de roi de Lombardie, puis s'en retourna en Allemagne. Ce second mariage fournit à son fils Ludolf un prétexte pour se révolter, et bientôt celui-ci entraîna dans sa révolte un grand nombre de vassaux de l'Empire. Othon ne les eut pas plus tôt fait rentrer dans le devoir, qu'il lui fallut repousser les irruptions des Hongrois; et il leur fit essuyer le 10 août 955, à Lerchfeld, près d'Augsbourg, une si sanglante défaite, que depuis ils respectèrent toujours le territoire de l'Empire.

En 961 Othon franchit encore une fois les Alpes pour avoir raison d'une nouvelle révolte de Bérenger; la même année il se fit couronner roi d'Italie à Milan, et le 2 février 962, à Rome, empereur, par le pape Jean XII en personne. Mais il ne tarda pas à se brouiller avec ce souverain pontife, qu'il fit déposer par un concile, et auquel on donna pour successeur Léon VIII. Celui-ci mourut en 965; l'autorité de Jean XIII, qui fut élu à sa place, fut contestée, sous prétexte que son élection avait eu lieu sous l'influence de l'empereur. Othon dut prendre la défense de son protégé et repasser les monts pour rétablir l'ordre en Italie. Il désirait ardemment faire épouser à son fils et successeur désigné la princesse grecque Théophanie; mais ses ouvertures furent repoussées avec dédain. Les avantages qu'il remporta alors sur les Grecs établis dans la Pouille et la basse Italie firent réfléchir la cour de Constantinople. Zimiscès, le nouvel empereur d'Orient, se montra moins fier, et la princesse Théophanie apporta en dot au fils d'Othon des droits d'hérédité sur la Calabre et la Pouille. Othon ne vécut pas longtemps après ce dernier triomphe; il mourut à Memleben, en Thuringe, le 7 mai 973, et fut enterré dans la cathédrale de Magdebourg, qu'il avait fait construire.

OTHON II, né en 955, était le fils de l'empereur Othon Ier et de la belle Adélaïde, et avait été couronné roi des Romains, du vivant même de son père, en 961. Le duc de Bavière, Harald de Danemark, Boleslas de Bohême et Micislas de Pologne essayèrent de profiter de sa grande jeunesse pour secouer le joug; mais à la suite d'une lutte mêlée d'alternatives diverses, il les fit rentrer dans le devoir. Le roi de France Lothaire crut les circonstances favorables pour tenter de reprendre la Lorraine, que force lui avait été d'abandonner à l'Empire; mais Othon repoussa son armée, et envahit à son tour le sol français, où il s'avança jusque sous les murs de Paris, dont il incendia un faubourg. La paix qui se conclut deux années plus tard assura définitivement la possession de la Lorraine à l'Allemagne. Des troubles provoqués en Italie par Crescentius ou Crescence appelèrent ensuite l'empereur en Italie. Il eut à y combattre les Grecs, auxquels il enleva la Pouille et la Calabre. Mais l'empereur de Constantinople ayant fait alliance avec les Arabes, envoya en Italie une armée de Grecs et d'Arabes, qui fit essuyer à Othon II une complète déroute sous les murs de Basantello, en Calabre, le 13 juillet 982. Othon n'échappa pas sans peine à la poursuite des vainqueurs. Une diète convoquée alors à Vérone réunit une foule de grands vassaux de l'Empire. Dans cette assemblée il fut résolu qu'on mettrait à la disposition d'Othon les ressources nécessaires pour recommencer la lutte contre les Grecs et les Arabes, et même pour entreprendre la conquête de la Sicile; mais Othon mourut à Rome, le 7 décembre 983, peu de temps après que l'imprudence du margrave Didier eût provoqué une redoutable révolte des populations slaves du nord et de l'est de l'Allemagne.

OTHON III, fils du précédent, n'était âgé que de trois ans quand, à la mort de son père, il fut couronné empereur à Aix-la-Chapelle. On lui donna pour tuteur son plus proche parent, le duc Henri de Bavière, qui essaya d'usurper la couronne de son pupille, mais qui dut bientôt renoncer à ses ambitieux projets. La régence fut exercée pendant sa minorité avec autant de sagesse que d'habileté par sa mère Théophanie, que secondaient sa grand'mère Adélaïde et le sage archevêque de Mayence. A peine eut-il atteint l'âge de quinze ans, que le pape Jean XV l'invita à intervenir dans les affaires de l'Italie, où Crescentius avait de nouveau provoqué les troubles les plus calamiteux. Othon III se rendit à cette invitation du souverain pontife, et se fit couronner à Rome par son successeur, Grégoire V. Il n'eut pas plus tôt repassé les monts, que Crescentius suscita un rival à Grégoire V dans la personne de Jean XVI. Othon revint en Italie en 998. L'antipape fut pris et mutilé; Crescentius, qui s'était réfugié dans le château de Saint-Ange, fut fait prisonnier et décapité. Assiégé plus tard, à son tour, dans Rome par la population révoltée, Othon III prit la fuite avec le pape, et mourut à Paterno, le 21 janvier 1002, vraisemblablement des suites d'une fièvre miliaire, mais suivant d'autres empoisonné par la veuve de Crescentius, pour laquelle il s'était épris d'une vive passion. En lui s'éteignit la souche mâle de la maison impériale de Saxe.

OTHON IV, né en 1174, était le fils cadet de Henri le Lion, duc de Saxe et de Bavière, de la maison des Guelfes, et de Mathilde d'Angleterre. Élevé à la cour de son oncle, Richard Cœur de Lion, il se distingua dans les guerres que celui-ci eut à soutenir contre le roi de France Philippe le Bel, et fut élu empereur à Cologne, après la mort de Henri VI, en même temps que Philippe de Souabe l'était à Erfurt. Abandonné par ses partisans, il fut réduit à se réfugier en Angleterre. Son rival ayant été assassiné par Othon de Wittelsbach, il fut reconnu sans plus d'opposition en qualité d'empereur d'Allemagne, et se fit couronner à Rome par le pape Innocent, qui avait été l'un de ses principaux adversaires. Mais s'étant emparé d'Ancône et de Spolète au détriment du patrimoine de Saint-Pierre, le pape lança contre lui les foudres de l'excommunication en même temps qu'il lui opposait comme empereur Frédéric II de Souabe, élu par l'archevêque de Mayence et par divers princes de l'Empire. Othon se hâta alors de revenir en Allemagne; mais battu à Bouvines par le roi de France, dans la lutte de celui-ci contre le roi d'Angleterre Jean sans Terre, dont il avait embrassé les intérêts, il lui fut impossible de se maintenir en possession du trône. Retiré à Harzbourg, dans le Brunswick, Othon IV y mourut, ignoré et dans l'oubli, quatre ans plus tard, en 1278, après avoir cessé de contester à Frédéric II la couronne impériale.

OTHON Ier (FRÉDÉRIC-LOUIS), roi de la Grèce, second fils du roi Louis de Bavière, est né à Salzbourg, le 1er juin 1815. Élu roi de la Grèce à la suite du traité conclu à Londres le 7 mai 1832, et en vertu des pleins pouvoirs remis par la nation grecque aux puissances médiatrices, la France, la Grande-Bretagne et la Russie, il prit le titre de roi le 5 octobre suivant, lorsque son élection eut été confirmée par un vote solennel de l'assemblée nationale des Grecs, le 8 août 1832. Il se rendit alors en Grèce, et monta sur le trône le 25 janvier (6 février) 1833. Une commission de régence lui fut adjointe pour l'exercice de l'autorité suprême jusqu'à ce qu'il eût atteint l'âge de vingt ans. Après avoir transféré le siége du gouvernement de Nauplie à Athènes, vers la fin de 1834, il prit les rênes du gouvernement, par une proclamation à la date du 1er juin 1835. Le même jour, il promut le comte d'Armansperg, ancien président de la commission de régence, aux fonctions de chancelier du royaume, changea le ministère, mit en liberté Kolokotroni père et Plapoutas, rendit un décret relatif au partage des terres entre les Palicares, et ratifia le traité de commerce conclu avec l'Autriche; toutes mesures au sujet desquelles le peuple grec manifesta la satisfaction la plus vive. A la suite d'un voyage en Allemagne, il épousa, le 22 novembre 1836, la princesse Amélie d'Oldembourg, née le 21 décembre 1818, fille du grand-duc régnant d'Oldembourg; mais cette union est jusqu'à ce jour demeurée stérile. On ne peut nier que dans la crise financière provoquée aussi bien par de fausses mesures administratives que par les trop promptes demandes de remboursement élevées par les grandes puissances, de même que dans l'ardente réaction de la nationalité grecque contre le germanisme et les intérêts bavarois, et encore lors de la révolution de septembre 1843, le roi Othon n'ait fait preuve d'autant de présence d'esprit que de prudence et de prévoyance. Le 30 mars 1844, il prêta serment à la constitution nouvelle; mais l'esprit de mécontentement et d'agitation qui régnait dans le pays ne fut pas éteint par cette concession; et tout en conservant sa légitime popularité, le roi eut encore à triompher de bien des difficultés, dont la moindre ne fut pas la position équivoque où le plaça la sympathie évidente de la nation grecque pour la Russie dans le conflit qui surgit en Orient en 1853. Par suite de l'attitude des populations grecques, la France et l'Angleterre jugèrent alors nécessaire de faire débarquer en Grèce un corps d'occupation, qui n'a point encore évacué ce pays.

Le successeur désigné du roi Othon est son frère puîné, le prince Adalbert de Bavière.

OTHON DE FREISING, ancien historien allemand, était fils du margrave d'Autriche Léopold IV et d'Agnès, fille de l'empereur Henri IV. D'après la volonté de son père, il dut se consacrer à l'état ecclésiastique, et alla étudier à l'université de Paris. Il avait la perspective de parvenir aux plus hautes dignités dans l'Église; mais étranger à toute idée d'ambition, il ne fut pas plus tôt revenu de Paris qu'il se retira à Morimont en Bourgogne, abbaye de l'ordre de Cîteaux, dont il ne tarda pas à devenir abbé. Son beau-frère, l'empereur Conrad III, lui fit pourtant accepter, en 1137, l'évêché de Freising, qu'il administra jusqu'à sa mort, arrivée en 1158. Othon de Freising s'est fait un nom parmi les vieux chroniqueurs de l'Allemagne, par une histoire universelle qui va jusqu'à l'année 1153 et qu'Othon de Saint-Blaise continua plus tard jusqu'à l'an 1209, ainsi que par une histoire de l'empereur Frédéric Ier, qui a été continuée par Radewic.

OTHON DE WITTELSBACH, le meurtrier de l'empereur Philippe de Souabe, était frère du comte palatin de Wittelsbach, Othon le Grand, duc de Bavière à partir de 1180 et souche de la maison royale actuelle de Bavière. Philippe lui avait promis sa fille en mariage; mais plus tard il n'avait pas tenu sa parole. Othon ayant voulu alors épouser la fille d'un duc de Pologne, Philippe, au lieu de la lettre de recommandation qu'il lui avait promise, lui en remit une dans laquelle il était signalé comme un instigateur de troubles et de révoltes, que, dans l'intérêt de sa propre sécurité, le duc de Pologne était requis de faire immédiatement jeter en prison. Othon de Wittelsbach, soupçonnant quelque trahison, ouvrit cette lettre, et s'en revint aussitôt à Bamberg, où Philippe de Souabe tenait sa cour, pénétra, le 21 juin 1302, dans les appartements de ce prince, et le blessa mortellement. Dans la confusion que cet événement jeta parmi les courtisans, Othon réussit à s'échapper; mais l'empereur Othon IV mit le meurtrier de son rival au ban de l'Empire. Le maréchal de Pappenheim parvint à rejoindre le fugitif sur les bords du Danube, et l'y égorgea; après quoi le château de Wittelsbach, situé dans la haute Bavière et appartenant à Othon, fut rasé.

OTITE, OTALGIE, OTORRHÉE, mots dérivés du grec οὖς, ὠτός, *oreille*, d'ἄλγος, douleur, et de ῥέω, je coule. C'est sous ces diverses dénominations que l'on désigne le catarrhe de l'oreille, affection inflammatoire, qui est interne ou externe, selon qu'elle a son siége dans l'oreille interne ou dans le conduit auditif externe. Une température froide et humide, l'action d'un vent glacial, la présence d'un corps étranger dans le conduit auditif, la répercussion d'un exanthème cutané, l'extension d'un érysipèle, d'une dartre, peuvent occasionner l'otite. L'otite externe se manifeste par un suintement séreux, très-fétide, une grande chaleur, des sifflements, des bourdonnements dans la partie malade, et une douleur assez vive. L'otite interne ne produit point de suintement séreux; mais quand elle s'est développée, la rupture de la membrane du tympan amène la sortie par l'oreille d'une matière puriforme, et quelquefois sanguinolente, assez abondante. L'otite interne engendre des douleurs très-violentes; elle trouble l'action de l'ouïe, celle de la déglutition, et produit la fièvre, les maux de tête, l'insomnie, le délire; elle devient quelquefois chronique, et on la reconnaît alors aux lésions, aux ulcérations, aux ramollissements qu'elle a produits dans l'organe de l'ouïe. La saignée, la saignée locale, la diète, le repos, les boissons adoucissantes, les injections opiacées et émollientes, les révulsifs et quelquefois aussi les purgatifs sont les remèdes à recommander contre l'otite.

OTRANTE, *Otranto*, l'*Hydruntum* des anciens, ville et siége d'archevêché de la province d'Otranto ou *Terra di Lecce*, dans le royaume de Naples (20 myr. carrés et 400,000 habitants), est bâtie sur un rocher faisant une vive saillie dans la mer Adriatique. C'est une vieille cité, fort mal construite et où l'on compte environ 4,000 habitants, entourée de fortifications en ruines, et qui n'a de remarquable que sa cathédrale, où se trouve sculpté un zodiaque. Un petit port favorise le commerce local, qui a surtout l'huile pour objet. C'est du nom de cette ville qu'on nomme *détroit d'Otrante* le bras de mer, d'environ 7 myriamètres, qui relie l'Adriatique à la mer Ionienne.

Napoléon avait créé Fouché *duc d'Otrante*.

OTSCHAKOF. *Voyez* OCZAKOW.

OTTOKAR. Deux rois de Bohême de la même race ont porté ce nom.

OTTOKAR Ier PRZEMYSL commence, à proprement parler, la série des rois de la Bohême; car pendant les débats de Philippe Hohenstaufen et d'Othon de Brunswick pour la couronne d'Allemagne, Ottokar obtint de Hohenstaufen la couronne de Bohême, et alla se faire sacrer à Mayence par l'évêque de Tarente. Il obtint plus tard l'assentiment d'Othon à Mersebourg, où son sacre fut confirmé par un légat du pape. Hohenstaufen et Othon avaient déjà déclaré la couronne royale de Bohême héréditaire : ainsi fut reconnu comme droit légitime ce qui auparavant n'était qu'un effet de la faveur spéciale des empereurs d'Allemagne. Ottokar sut si bien se ménager de bonnes relations avec les deux compétiteurs qui se disputaient la couronne d'Allemagne, que Hohenstaufen, lorsqu'il l'eut emporté sur son rival, reconnut d'une manière éclatante les services d'Ottokar en lui conférant des droits qui devaient assurer en peu de temps une grande prospérité à la Bohême et établir d'une manière solide l'indépendance du nouveau souverain de ce pays, où l'ordre de succession à la couronne fut alors définitivement réglé.

Malgré la fermeté et la bonne administration d'Ottokar, il trouva dans l'évêque André un ennemi acharné, parce qu'il avait établi des impôts sur le clergé. Ce prélat vindicatif mit le royaume en interdit; et il fallut recourir à l'autorité du pape pour le faire lever. La réunion des possessions qui lui avaient été restituées et qui s'étendaient depuis la Bohême jusqu'aux bords du Danube, occasionna entre le nouveau royaume et l'Autriche une guerre qui nuisit beaucoup aux projets d'amélioration d'Ottokar; et ce ne fut que sous son successeur que la contestation se termina, mais sans mettre le pays à l'abri de nouveaux malheurs.

De son vivant, Ottokar avait fait sacrer et couronner à Prague, par l'archevêque de Mayence, son fils aîné Wenceslas.

OTTOKAR II PRZEMYSL, fils de Wenceslas Ier ou le Borgne, et par conséquent petit-fils du précédent, fut un prince turbulent et belliqueux, qui eut recours à tous les moyens pour accroître sa puissance. Tout jeune encore il se révolta contre son père avec une partie de la noblesse de Bohême, et se fit proclamer roi à sa place. La fortune lui ayant ensuite été contraire, il expia ses torts par une longue captivité. Redevenu libre, il courut à la tête d'une armée dans le duché d'Autriche, qui était tombé en déshérence; et quoique âgé seulement de vingt-trois ans il épousa Marguerite, sœur du duc défunt, qui en avait alors quarante-six, afin de s'assurer par ce mariage disproportionné la possession de la Styrie. A la mort de son père, il se ligua avec les chevaliers de l'ordre Teutonique pour entreprendre une croisade contre les habitants de la Prusse, alors encore païens, croisade qui se termina en 1255 par la complète soumission de ces populations. Sa femme Marguerite ne lui ayant pas donné d'héritier, il fit casser son mariage, et se remaria, en 1261, avec une princesse hongroise, appelée Cunégonde. Après avoir refusé la couronne impériale, à la mort de Richard, il ne voulut point reconnaître Rodolphe de Habsbourg en qualité d'empereur. Mis au ban de l'Empire, il dut implorer la paix et l'acheter au prix de l'abandon de l'Autriche, de la Styrie, de la Carinthie, et de la Carniole, et se reconnaître le vassal de l'empereur pour la Bohême et la Moravie. Irrité de ces pertes et cédant aux excitations de sa femme Cunégonde, il se révolta contre Rodolphe, et périt à la bataille de Iedenspeng, livrée en 1278. La Bohême lui fut redevable d'un grand nombre d'améliorations réelles; ce prince prit en toutes occasions la défense des paysans contre les nobles, et encouragea puissamment les sciences, les arts, le commerce et l'industrie. Il eut pour successeur en Bohême et en Moravie son fils Wenceslas II, en qui s'éteignit la race des Przemysl.

OTTOMAN (Empire). Ce vaste État, appelé aussi *empire de Turquie* et qui se compose d'une agrégation de contrées du sud-est de l'Europe, de l'ouest de l'Asie et du nord-est de l'Afrique, réunies uniquement par la conquête, ne formant point un tout géographique, mais appartenant à la plus belle partie de l'ancien monde, est d'une haute importance politique et commerciale. Il comprend en Europe la presqu'île Illyrienne, plus généralement désignée sous le nom de *Turquie d'Europe*, d'une superficie de 6,550 myriamètres carrés; en Asie, la presqu'île d'Anatolie, ou *Asie Mineure*, le pays de plateaux qu'on appelle l'Arménie les contrées riveraines de l'Euphrate appelées le Kourdistan, la Mésopotamie et l'Irak-Arabi, la Syrie et la possession douteuse des villes saintes de l'Arabie, ensemble d'une superficie d'environ 17,500 myriamètres carrés; en Afrique, l'Égypte et les contrées de la Nubie qui en dépendent; sur les côtes de la Méditerranée, Tripoli et Tunis, ensemble d'une superficie d'environ 21,000 myriamètres carrés. L'étendue totale de l'Empire Ottoman est donc de 45,000 myriamètres carrés.

Par cette simple énumération, on voit tout de suite que pour l'Empire Ottoman il ne saurait être question d'une description générale et d'ensemble de sa configuration d'après ses limites, son étendue, la nature de son sol, ses rapports physiques, ethnographiques et historiques. Il faut se borner à dire, au point de vue de la statistique, qu'il confine au nord à l'Autriche et à la Russie, à l'est à la Perse, au sud à l'Arabie, à l'Abyssinie et à l'intérieur de l'Afrique, à l'ouest à l'Algérie, tandis que l'Adriatique, la Méditerranée et la mer Noire, la mer de Marmara avec ses deux détroits, le royaume de Grèce, le désert de Syrie, celui d'Arabie et le Sahara, fractionnent de la manière la plus diverse ce tout politique et entourent les contrées dont il se compose. Nous renverrons donc le lecteur, pour ce qui a trait à la géographie, au climat, à l'histoire naturelle, à l'ethnographie et à l'histoire de chacune de ces contrées, à l'article spécial qui leur est consacré dans ce dictionnaire; et nous nous bornerons aux généralités suivantes sur l'Empire Ottoman.

Les données relatives à sa population sont très-incertaines; mais on en estime avec quelque vraisemblance le chiffre à 35,500,000 âmes, dont 15,500,000 en Turquie, 16,000,000 en Asie et 4,000,000 en Afrique. Les parties les plus peuplées sont le littoral de l'Hellespont et de la mer de Marmara, ainsi que la vallée du Nil. La population des villes est plus nombreuse qu'on ne serait porté à le croire d'après le peu de développement qu'y a pris l'industrie. Toute cette population ne forme rien moins qu'une nation. De même que le pays est une agrégation de territoires, elle est une agrégation de peuplades de la nature la plus diverse, que l'émigration et la conquête ont juxtaposées. Il faut nommer en première ligne les Turcs ottomans; ils sont le peuple qui prédomine, mais sans former pour cela la principale masse de la nation. On peut évaluer leur nombre à 11,500,000 têtes au plus. C'est en Asie Mineure, en Arménie et dans la partie sud-est de la Turquie d'Europe que cette partie de la population est le plus compacte. Comme conquérants, les Turcs possèdent la plus grande partie de la propriété territoriale, remplissent tous les emplois civils et militaires, et habitent en général les villes, où ils s'occupent aussi de divers métiers. On ne les rencontre comme agriculteurs que là où ils se sont groupés en grandes masses, notamment en Arménie et en Asie Mineure. Au total, on peut dire que par leurs fréquents mélanges avec des femmes appartenant à d'autres races et avec une multitude de renégats, qui, en embrassant le mahométisme se trouvaient aussitôt agrégés à la nation dominante, les Turcs osmanlis ont singulièrement perdu, tant au physique qu'au moral, de l'antique caractère de leur race, encore bien que la grande masse d'entre eux se distingue toujours par son fanatisme, sa grossièreté, son indolence asiatique, de même que par une certaine bonhomie, par sa franchise, sa loyauté et ses dispositions hospitalières. A la même race que les Turcs appartiennent aussi les Turcomans, populations nomades qu'on rencontre au centre de l'Asie Mineure et en Arménie, et parlant la même langue que les Turcs ou Osmanlis, seulement dans un dialecte différent. Indépendamment de ces deux nations appartenant à la race de la haute Asie, on rencontre dans l'Empire Ottoman de nombreux peuples d'origine sémitique. En première ligne il faut mentionner les Arabes, qui hors de l'Arabie constituent un important élément de population en Syrie, dans les régions riveraines de l'Euphrate, ainsi que dans les possessions turques du nord de l'Afrique, et qui forment en Égypte la grande masse des habitants. Ils parlent la langue arabe, à l'exception de quelques tribus de la Mésopotamie, qui ont adopté un dialecte turco-persan. Il faut ensuite mentionner les nations syriennes des Maronites et des Druses, sur le Liban et le Djebel-Haurân, les Motonalis en Cœlé-Syrie, les Ansarieh ou Nossaïri au nord de la Syrie, et les Nestoriens ou Chaldéens sur le plateau du Kourdistan et en Mésopotamie, dont les premiers parlent des dialectes arabes, tandis que les Nestoriens parlent un dialecte de l'ancienne langue syriaque. Enfin, viennent les Juifs, répandus, au nombre d'environ 1,000,000 d'âmes, dans toutes les parties de l'empire, et dont 70,000 environ habitent la Turquie d'Europe. La plus grande partie de ces derniers, de même que les Juifs qu'on rencontre sur le littoral de l'Asie Mineure, y arrivèrent d'Espagne au quinzième siècle, et parlent encore aujourd'hui un espagnol corrompu. Dans le reste de la Turquie, ils parlent la langue locale. En Palestine ils constituent encore d'importantes communes agricoles. En fait de peuples caucasiens, il y a dans l'Empire Ottoman les Arméniens, au nombre de 2,400,000 âmes, qui forment dans l'Arménie, leur pays, un fort tiers de la population, et qui sont en outre répandus comme marchands dans presque toutes les villes de l'empire. Puis les Lases, dans les montagnes du littoral de la mer Noire, depuis Trébizonde jusqu'aux possessions russes, et appartenant à la famille des langues géorgiennes. Les Kourdes mahométans du Kourdistan appartiennent à la race persane; toutefois, ils paraissent être d'origine très-mélangée, comme le démontre leur langue. Il faut comprendre parmi eux les *Iésidiens*, qui habitent principalement les monts Sindschars, au nord de la Mésopotamie. Les nations appartenant à la famille gréco-latine sont numériquement plus importantes dans l'Empire Ottoman que celles que nous venons de mentionner. Ce sont les Grecs, au nombre d'environ 2,000,000 d'âmes, composant la masse principale de la population de l'Asie Mineure, de la Macédoine, de la Thessalie et des îles, où ils sont très-nombreux et où ils sont, particulièrement sur toutes les côtes, les plus industrieux et souvent aussi les plus riches cultivateurs du sol, mais qui dans l'Asie Mineure ont presque complétement renoncé à leur langue et à leur nationalité pour s'assimiler le plus possible aux Turcs, autant du moins que le permettait la différence de religion, et qui se trouvent en outre plus ou moins dispersés dans toutes les grandes villes et plus particulièrement dans les places de commerce de l'empire. Viennent ensuite les Albanais (Arnautes), au nombre d'environ 1,600,000 têtes, qui habitent la province d'Albanie, sur la mer Adriatique; et enfin les Wlaques ou Valaques (*voyez* VALACHIE), au nombre de 4,000,000, qui ne peuplent pas seulement la Moldavie et la Valachie, mais qu'on rencontre encore sous diverses dénominations dans toutes les autres provinces de la Turquie d'Europe. Les habitants de race slave sont en tous cas les plus nombreux; mais on ne les rencontre que dans la Turquie d'Europe. Ils constituent la majorité et la population presque exclusive des provinces situées entre le mont Hémus et le Danube. On les divise en *Slaves bulgares*, au nombre de 4,000,000 d'âmes, habitant la Bulgarie et les parties septentrionales de la Macédoine et de la Thrace; et en *Slaves serbes*, au nombre de plus de 3,000,000 d'âmes, à la race desquels appartiennent non-seulement les habitants de la Servie, mais encore les habitants du Monténégro, de la Bosnie, de l'Herzégovine et des districts albanais limitrophes, qui ne diffèrent d'eux que par le dialecte. Mentionnons encore les Bohémiens, nombreux en Moldavie et en Valachie, où ils vivent dans un état d'esclavage complet, mais répandus aussi comme bandes nomades dans toutes les autres provinces de l'empire. Quant aux peuples de race africaine qu'on rencontre dans l'Empire Ottoman, ils se composent aussi bien des Berbères septentrionaux de Tripoli, de Tunis, du sud-est de la Nubie, et des diverses oasis de l'Afrique, que des tribus nègres du Kordofan, du Sennaar et du Darfour.

En ce qui touche les cultes, le mahométisme, professé par environ 20,000,000 d'âmes, est sous les rapports politiques, sociaux et religieux, la religion dominante. La secte des sunnites, à laquelle appartiennent, outre les Turcs, les Turcomans et les Arabes, la grande majorité des Kourdes et des Lases, des peuples de race africaine et des Albanais, ainsi qu'une partie notable de la population slave de la Bulgarie, de la Bosnie et de l'Herzégovine, est celle qui compte le plus d'adhérents. Plusieurs tribus Kourdes et autres, fixées à l'est du Tigris, sont chiites, tandis que les Ismaélites et les Wechabites arabes, les Motoualis syriens et les Ansarieh forment des sectes mahométanes particulières. Les Druses et les *Iésidiens* professent une religion à part. Les chrétiens sont moins nombreux dans l'Empire Ottoman que les mahométans. La majorité d'entre eux, notamment la très-grande partie des Grecs, des Valaques, des Bulgares, des Serbes, ainsi que des chrétiens de la Bosnie et une partie des chrétiens de l'Albanie, appartiennent à l'Église grecque, qui a pour chef le patriarche de Constantinople. Un autre partie considérable des chrétiens de l'Albanie et une moindre partie de ceux de la Bosnie et de la Bulgarie, les Maronites, une partie des Arméniens et quelques Grecs reconnaissent l'autorité de l'Église catholique romaine. Les arméniens (*voyez* ARMÉNIENNE [Église]), les jacobistes et les coptes sont chrétiens monophysites. Les nestoriens constituent une secte particulière du christianisme oriental, dont une partie s'est récemment rattachée à la communion romaine. Les chrétiens (grecs, arméniens, etc., ensemble au nombre de 13,730,000, et les catholiques au nombre de 900,000), forment dans la Turquie d'Europe plus des trois quarts, dans la Turquie d'Asie plus d'un cinquième, mais dans les possessions d'Afrique un cinquantième seulement de la population totale. Une circonstance remarquable, c'est que la population mahométane de l'empire, les Turcs surtout, diminue constamment, tandis que le nombre des chrétiens va toujours en augmentant. C'est là une conséquence non-seulement de la législation, qui pendant si longtemps ne fit peser le poids du service militaire que sur les mahométans, mais encore de la polygamie et des vices qui deviennent de plus en plus répandus parmi eux. Voici, au reste, au sujet des Turcs, un jugement et un témoignage qui ont bien leur prix, car ils émanent de lord Byron. « Les Ottomans, dit-il dans une note de son *Child-Harold*, avec tous leurs défauts, ne sont point un peuple méprisable. Égaux au moins aux Espagnols, ils sont supérieurs aux Portugais. S'il est difficile de dire ce qu'ils sont, il est aisé de dire ce qu'ils ne sont pas : ils ne sont pas trompeurs, lâches, assassins; ils ne brûlent pas les hérétiques; ils sont fidèles à leur sultan jusqu'à ce qu'il devienne incapable de régner, et à leur dieu, toujours, sans inquisition. S'ils étaient un beau matin arrachés de Sainte-Sophie et remplacés par les Français ou les Russes, il est douteux que l'Europe gagnât au change; *au moins est-il certain que l'Angleterre y perdrait.* » Sans le vouloir, le poëte humouriste et satirique nous a peut-être donné dans cette spirituelle boutade la véritable explication de la dernière guerre d'Orient.

La partie non musulmane de la population de l'Empire Ottoman était désignée autrefois sous le nom de *rajahs*, c'est-à-dire *troupeau;* qualification qui a été abolie en 1839, et remplacée par la dénomination commune de *teboh*, c'est-à-dire *sujets*. Ils sont classés en quatre groupes ou nations, appelées en style officiel *miletti erbea*, les quatre communautés : la communauté *grecque*, la communauté *arménienne*, la communauté *arménienne unie*, et la communauté *israélite*. Chaque communauté est gouvernée, sous la surveillance de la Porte, par un patriarche, qui est à la fois le chef civil et religieux de la nation et son représentant officiel auprès du gouvernement. Le patriarche est nommé par ses coreligionnaires et confirmé par la Porte, qui lui délivre un *bérat* ou brevet d'investiture. Les juifs de la Turquie ont à leur tête un grand-rabbin, dont les attributions et les prérogatives sont les mêmes que celles des patriarches grecs et arméniens.

Sous la dénomination de *grecs*, on ne comprend pas exclusivement en Turquie tous ceux des sujets chrétiens de la Porte qui sont d'origine hellénique, mais bien tous ceux qui reconnaissent la juridiction civile et religieuse du patriarche de Constantinople, à quelque race qu'ils appartiennent d'ailleurs. Les Arméniens, qui passèrent en même temps que les Grecs sous la domination ottomane, se rencontrent principalement dans la Turquie d'Asie, du côté de la Perse et de la Russie, contrées où ils comptent un grand nombre de leurs coreligionnaires.

L'état d'instruction et de moralisation de ces populations diffère extrêmement, suivant leur individualité; mais on peut dire, en général, que sous l'oppression intellectuelle et matérielle de l'islamisme et la domination barbare des Turcs elles sont toutes demeurées fort en arrière dans les voies de la civilisation, et quelques-unes même à l'état de barbarie, en dépit des avantages et des encouragements de toutes espèces que présentent le sol et le climat, et malgré les remarquables dispositions naturelles qui distinguent certaines d'entre elles. Tout l'Empire Ottoman est en voie de décadence, au point de vue politique aussi bien qu'au point de vue moral et industriel; et là où il y a tendance visible au progrès, comme dans une partie de la population grecque et slave, c'est moins le fait du gouvernement que celui du caractère individuel des peuples. En ce qui est du genre de vie, tous les habitants chrétiens de l'empire ont des demeures fixes, et sont pour la plupart agriculteurs ou éleveurs de bestiaux; il n'y a qu'une fraction de la population grecque qui se consacre à la marine. Il en est de même d'une grande partie des mahométans, par exemple, d'une partie des Turcs, des Bulgares, des Bosniaques et des Albanais mahométans, des *fellahs* arabes de l'Égypte et de la Syrie, des Druses, des Motoualis, des Ansarieh en Syrie, des Berbères au nord de l'Afrique. Par contre, la majorité des Arabes, des Bedouins et des habitants berbères des déserts de l'Afrique, de même que la pluplart des Kourdes et des Turcomans, sont nomades ou à moitié. L'agriculture s'y trouve partout dans un état de négligence extrême. L'insécurité de toute espèce de propriété, la paresse innée des Orientaux et leur attachement aux usages antiques, le défaut de voies de communication, l'absence de moyens d'irrigation ou l'état de délabrement dans lequel on les a laissés tomber, surtout dans l'intérieur de l'Asie Mineure, en Syrie et dans les contrées riveraines de l'Euphrate, résultats naturels de la domination barbare des Turcs, s'opposent à la mise en culture du sol. Malgré cela, les pays soumis à la domination ottomane sont du nombre des plus fertiles de la terre, à cause de la richesse naturelle de leur sol et de la douceur de leur température. C'est ainsi qu'en dépit de l'état de décadence où s'y trouve l'agriculture, on y récolte encore d'énormes quantités de coton, de tabac, d'olives, de sésame, de riz, de maïs, de froment et d'autres céréales. La culture de la vigne, pratiquée sur une large échelle, surtout par les chrétiens, produit des vins de premier choix. On y recueille partout beaucoup de fruits de toutes espèces, mais non en aussi grande quantité qu'on pourrait l'attendre de la nature du sol. Mentionnons encore la culture du pavot pour la préparation de l'opium, de la rose pour la fabrication de l'huile de rose, de l'indigo, de diverses plantes tinctoriales et de différentes épices. La séricultûre est aussi très-productive, mais plus pour la quantité que pour la qualité. L'élève des chevaux, des chameaux et des moutons prospère surtout parmi les peuplades nomades. L'élève du gros bétail réussit plus particulièrement dans les plaines du bas Danube, et les environs d'Angora sont célèbres par la race de chèvres à poils soyeux à laquelle elles donnent leur nom. L'industrie, dont le centre est surtout dans les villes, ne se trouve pas seulement réduite à l'état le plus misérable dans toutes les parties de l'empire, mais même est bien déchue aujourd'hui de ce qu'elle était jadis. Il n'y existe pas de manufactures proprement dites. Quelques industries spéciales ont atteint à la vérité un certain degré de supériorité, par exemple, quelques branches de la préparation des cuirs, la fabrication des soieries et des tapis, celle de l'huile de rose; mais au total elles sont trop peu importantes pour constituer une grande industrie et donner lieu à un commerce étendu. Toutes les sectes religieuses et toutes les populations fixes de l'empire participent bien à l'exercice des métiers; cependant, d'ordinaire, certaines industries se trouvent surtout aux mains de certaines parties des populations, et parfois à l'exclusion de toutes autres. Le commerce est surtout entre les mains des Arméniens, des Grecs et des Juifs, ces derniers se consacrant plutôt au petit commerce de détail et les premiers aux affaires de banque. L'abondance des produits, l'heureuse situation commerciale des provinces de l'empire, assises sur cinq différents bassins maritimes, et la possession des plus importantes routes commerciales créées par la nature, ainsi que de ports excellents, donnent toujours une grande importance au commerce de la Turquie, malgré tous les obstacles que lui opposent le manque de sécurité publique, le défaut de crédit et de routes praticables; mais il est loin d'être ce qu'il a été, et bien plus loin encore de ce qu'il pourrait être dans des circonstances plus favorables.

En ce qui *touche* l'organisation politique, l'Empire Ottoman présente complétement le caractère du despotisme asiatique, où l'arbitraire illimité du souverain constitue la loi absolue à laquelle certaines bornes ne peuvent être mises que par les préceptes de la religion, par d'antiques usages et traditions, ainsi que par les préjugés nationaux, auxquels il faut avoir égard si on veut éviter des révoltes. Il ne saurait être question de ce qu'on entend parmi nous autres peuples européens par le mot *État*. Le souverain, qualifié ordinairement par les Européens du titre d'empereur, ou encore de grand-seigneur, porte ceux de *sultan*, de *khakan*, de *khan* et de *padischah*. Les puissances européennes lui donnent le titre de *majesté* (autrefois *hautesse*); et les sunnites le considèrent en même temps comme le chef spirituel de l'islamisme, comme le k h a l i f e. Il est le maître absolu de la vie et des biens de ses sujets. Sa volonté est la loi, et lui seul a le droit de se mettre au-dessus d'elle. Ses décrets s'appellent *hattischérifs*, et son gouvernement est désigné sous le nom de *Sublime-Porte*. Dans ces derniers temps le *hattischérif* de Gulhané a été un essai fait pour donner une espèce de loi fondamentale, limitant les volontés absolues du sultan; mais cette loi est restée jusqu'à ce jour lettre morte, parce que gouvernants et gouvernés ne sont pas encore à la hauteur des idées qui lui servent de base. On ne saurait nier, toutefois, que le gouvernement de la Sublime-Porte ne soit au total devenu plus modéré que jadis, moins par la force de lois plus humaines que grâce à l'influence de la civilisation européenne, quoique l'ancienne barbarie turque domine toujours parmi les individus, notamment dans les classes inférieures.

La dignité de sultan est héréditaire dans la famille d'Osmân. L'aîné des membres de la dynastie né sur le trône est d'ordinaire le successeur au trône. Les femmes en sont exclues. Le sultan n'est point couronné; cette cérémonie est remplacée par la remise du sabre d'Osmân, qui lui est faite dans la mosquée d'Éjoub, à Constantinople, après qu'il a juré de défendre l'islamisme. La cour du sultan, qui se composait autrefois de 12,000 individus, a été considérablement réduite par Mahmoud II. Le sultan n'a point d'épouse proprement dite; il n'admet dans son harem que des esclaves, par ce motif que sa personne est beaucoup trop élevée pour qu'une union plus intime puisse exister entre lui et qui que ce soit de ses sujets. Ces esclaves montent en rang, suivant qu'elles donnent plus d'enfants au sultan. Il y en a de quatre à sept qui portent le titre de *kadinès*, et qu'on peut en quelque sorte considérer comme les épouses du sultan. La mère de l'héritier du trône a le titre de *sultane-khaseki*, et quand son fils monte sur le trône, celui de *sultane-validé*.

Malgré toutes les réformes opérées dans ces derniers temps, l'administration repose toujours sur les vieux principes de l'arbitraire qui domine depuis le haut de l'échelle administrative jusqu'au bas. Les fonctionnaires publics sont divisés en trois classes. La première est celle des hommes de loi, qui tous appartiennent en même temps à l'ordre ecclésiastique et à l'ordre judiciaire, parce que chez les mahométans la loi religieuse et la loi civile se confondent et sont contenues dans le Coran, à savoir: les mollas, les cadis, les imams et les oulémas, ayant à leur tête le *scheick-al-Islam*, vulgairement appelé m u f t i. La seconde classe se compose des employés au plumitif, ou des fonctionnaires administratifs proprement dits. À leur tête est le grand-v i z i r ou *sadr-azam*, chef de toute l'administration de l'empire dans ses différentes provinces, et chargé de la direction politique, tant à l'intérieur qu'à l'extérieur. Vient ensuite son suppléant, le k a i m a k a n, puis le r e i s-é f e n d i, ministre des affaires étrangères, le président du conseil d'État, le grand-maître de l'artillerie, le ministre de la police, le ministre du commerce, de l'agriculture et des travaux publics, le *musteschar* du grand-vizir (remplissant les fonctions de ministre de l'intérieur), le ministre des finances, l'intendant de la liste civile, l'inspecteur des corporations de métiers, le ministre des fondations pieuses. Tous forment avec le kapoudan-pacha (ministre de la marine et grand amiral) ainsi qu'avec le séraskier, ou ministre de la guerre, l'autorité suprême délibérante de l'empire. La troisième classe se compose des *fonctionnaires du sabre*, c'est-à-dire de la flotte et de l'armée. À la tête des premiers est placé le k a p o u d a n-p a c h a, et à la tête des seconds le séraskier.

Les revenus annuels de l'empire sont évalués à 761 millions de piastres turques, c'est-à-dire à environ 180 millions de francs, et proviennent du *charadsch*, ou impôt par tête, de la taxe foncière que doivent acquitter les communes, de la dîme, des douanes et de divers impôts indirects, des tributs des vassaux, des monopoles et de diverses recettes accidentelles. Sauf les efforts extraordinaires que la Sublime-Porte a été obligée de faire par suite du conflit qui s'est élevé en 1853 en Orient entre la Russie, d'une part, et la France et l'Angleterre, de l'autre, l'armée régulière, organisée à l'européenne, et dans laquelle il n'y a pas longtemps encore ne pouvaient être admis que des mahométans, se compose d'abord de six *ordous* ou corps d'armée, à savoir: Le corps de la garde impériale, le corps d'armée de Constantinople, ceux de la Roumélie, de l'Anatolie, de l'Arabistan et de l'Irak. La moitié de chacun de ces corps est en service actif (*nizamie*), l'autre moitié forme la réserve (*rédif*). Chacune de ces deux divisions forme à son tour plusieurs subdivisions, placées chacune, pour les troupes actives, sous les ordres d'un lieutenant général (*férik*), et pour la réserve, sous ceux d'un brigadier (*liva*). Tout corps d'armée est commandé par un maréchal (*mouschir*). Dans chacune des deux moitiés de tout corps d'armée il y a trois régiments d'infanterie, deux régiments de cavalerie et un régiment d'artillerie, avec 32 pièces de canon. Les douze régiments (troupes actives et réserve) dont se compose chaque corps d'armée présentent, dit-on, en temps de guerre un effectif de 30,000 hommes, et en temps de paix de 25,000 hommes seulement. Mais avant 1853 il n'en était pas ainsi en ce qui touche la réserve; car le système était même alors encore à introduire dans quelques provinces. Aux six corps que nous venons d'énumérer se rattachent trois autres corps de troupes régulières: le corps de Crète, le corps de Tripoli, et l'artillerie centrale dans les diverses places fortes des côte.

Outre l'armée active et la réserve, il y a encore les troupes irrégulières: 1° Les volontaires mahométans, 50,000; 2° les soldats de police (*kawasses, seïmes* et *sabtiés*) 6,000; 3° les Tatares de la Dobroudscha et les Kosacks en Asie Mineure, 5,500, ensemble 61,500 hommes. Les contingents des provinces tributaires, et qu'on ne peut guère évaluer qu'approximativement, sont: la Servie, 20,000 hommes; la Bosnie et l'Herzégovine, 30,000, hommes; la haute Albanie,

10,000 hommes; l'Égypte, 40,000 hommes; Tripoli et Tunis, 10,000 hommes : total général, 110,000 hommes. Si l'on y ajoute les réserves, qui, aux termes des règlements, devraient être égales, les troupes irrégulières et les troupes auxiliaires des provinces tributaires, la force totale de l'armée de terre ottomane serait de 448,860 hommes.

La marine consistait avant 1853 en 16 vaisseaux de ligne, 16 frégates à voiles, 6 vapeurs, 12 corvettes, 4 bricks et plus de 20 bâtiments de moindre grandeur, portant ensemble 4,000 canons, 25,000 hommes d'équipages, dont la plus grande partie, il est vrai, étaient des Grecs, sur lesquels il n'y avait pas trop à se fier.

Les armoiries de l'empire consistent en un croissant d'argent sur un champ vert. Le pavillon commercial est rouge, avec une étoile blanche dans un coin séparé par deux lignes blanches. L'ordre du croissant, fondé en 1799, par Selim III, et celui du Nischan-Iftikhar, fondé par Mahmoud II, ont été supprimés. Un nouvel ordre, le *Medjidié*, les remplace depuis 1852.

Les contrées dont se compose l'Empire Ottoman se divisent en possessions *médiates* et en possessions *immédiates*. Les premières sont : en Europe, les principautés vassales de Moldavie, de Valachie et de Servie, ainsi que l'île de Samos dans l'archipel; et en Afrique, la vice-royauté d'Égypte et les États barbaresques de Tripoli et de Tunis. Les provinces immédiates sont divisées en gouvernements ou *éialets*, appelés ordinairement *pachalicks*, et les éialets à leur tour en *livas*. Les gouverneurs d'éialet portent le titre de *mouschirs*, et ont rang de vizir ou de pacha à trois queues; ceux des livas sont des kaïmakans, ou pachas à deux queues. Les provinces d'Europe sont divisées en 16 éialets, celles d'Asie en 21, et celles d'Afrique en 3. Outre cette division politique et administrative, il existe encore en Europe l'ancienne division historique et géographique en provinces de Thrace, de Bulgarie, de Servie, de Bosnie, d'Albanie, de Thessalie et de Macédoine. Mais entre ces possessions médiates et immédiates il en existe encore plusieurs qui prétendent à un état de vasselage analogue, quoique légalement mal défini, et qui en beaucoup de cas se transforme en indépendance de fait, par exemple en Europe le Monténégro, en Asie les principautés Kourdes, plusieurs tribus arabes riveraines de l'Euphrate ou fixées dans les déserts de la Syrie, enfin les possessions du sultan en Arabie.

L'administration provinciale est complétement aux mains des gouverneurs (*valis*), qui exercent un pouvoir presque illimité dans les provinces qui leur sont confiées et qu'ils considèrent comme des fiefs. Responsables de la conduite des percepteurs d'impôts (*moubrakils*), des sous-gouverneurs, leurs lieutenants (*kaïmakans*), des chefs de district (*moudir*), des membres des conseils municipaux (*medjetis*) et des autres autorités civiles, ils nomment ces différents fonctionnaires et les destituent quand leur conduite leur paraît contraire à une bonne administration ou entachée d'abus. Aussi sont-ils tous de véritables despotes dans les limites de leurs gouvernements respectifs, où assez souvent leur puissance arbitraire se tourne contre le sultan lui-même, surtout dans les provinces éloignées. Quant aux droits des sujets dans l'Empire Ottoman, il n'en est pas pour eux à l'égard du sultan : ils ne sont que ses esclaves, car, sauf quelques exceptions; il n'y a pas de différences entre les diverses couches sociales. En revanche, il y a une différence bien tranchée entre les droits des habitants entre eux et leur état politique. C'est la religion qui constitue cette différence. En effet, suivant les antiques usages des Ottomans, la population est divisée en deux classes : celle des musulmans indistinctement, seule dominante et possédant des droits, ayant à sa tête les conquérants du pays, les Turcs, qui sont les véritables seigneurs et propriétaires du sol, et dont le Coran est la loi civile; et celle des *rajahs*, dominés et privés de droits. Sous cette dénomination de *rajahs* officiellement remplacée, comme nous l'avons dit plus haut, par celle de *teboh* depuis 1839, sont comprises la plupart des populations chrétiennes, juives ou idolâtres subjuguées par les Turcs, qui sont incapables de remplir des fonctions publiques, vivant entre elles suivant un droit antique et particulier, et soumises de tous temps à l'oppression et à la tyrannie les plus révoltantes. Le hattischérif de Gulhané, dont il a été question plus haut, a bien effacé la différence qui existait devant la loi entre les musulmans et les *rajahs*; mais en réalité cette émancipation des *rajahs* est toujours dans les futurs contingents. Par suite de l'exclusion des *rajahs* du bénéfice du droit musulman, et du maintien de leur antique droit particulier, par suite aussi de l'orgueilleuse nonchalance des Turcs, qui considèrent avec un indulgent mépris tout ce qui a trait à leur organisation intérieure, les *rajahs* ont pu conserver jusqu'à ce jour leur constitution en communes indépendantes. L'administration de leurs affaires est confiée aux hommes les plus considérés dans chaque commune, tantôt élus librement par eux-mêmes, tantôt à la nomination du gouvernement ottoman, et qui en certaines localités ont obtenu l'hérédité de leurs charges. Le juge suprême, comme aussi l'administrateur de tous les intérêts temporels et spirituels de chaque nation, ou plutôt de chaque parti religieux, parmi les *rajahs* (car c'est la religion, bien plus encore que la nationalité, qui rattache les *rajahs* les uns aux autres), est le chef religieux de chacune de ces nations, lequel représente aussi l'ensemble de leurs intérêts vis-à-vis de la Porte. Il existe en outre une dernière juridiction d'appel pour toutes les personnes qui réclament contre des décisions judiciaires; elle porte le nom de cour suprême (*Arz-Otassi*), et a son siége à Constantinople.

Il faut aussi comprendre parmi les mahométans les esclaves, que les mahométans ont seuls le droit d'acquérir et de posséder. On les tire maintenant de l'intérieur de l'Afrique, et aussi de Circassie. Bien que leurs maîtres aient sur eux droit de vie et de mort, ils sont généralement traités avec douceur et sans rien qui les dégrade; aussi n'est-il pas rare de voir d'anciens esclaves parvenir aux plus hauts emplois politiques. Une circonstance bien caractéristique même, c'est que le fonctionnaire qui dans l'almanach impérial et officiel figure en première ligne, le chef des eunuques, est un esclave.

Histoire.

Les Osmanlis, race oghousienne-turque, ont les mêmes annales antiques que l'ensemble de la nation turque. Il en est pour la première fois fait isolément mention dans l'histoire en l'an 1224 de notre ère, époque où Soliman-schah, fuyant avec 50,000 de ses compatriotes devant les Mongols, émigra du Khorassan vers l'ouest. Après la mort de Soliman les uns retournèrent dans leur pays et les autres se dispersèrent en Asie Mineure, en Arménie et en Syrie, où les Turcomans nomades qu'on y rencontre descendent d'eux. Environ 400 familles de ces derniers se rattachèrent au plus jeune des fils de Soliman, à Ertoghroul, qui entra au service d'Aladin, le sultan seldjoucide de Konieh. Les services distingués qu'ils rendirent, tant contre les Mongols que contre les Grecs de Byzance, firent qu'Aladin leur accorda à titre de fief héréditaire les districts de Phrygie qu'ils avaient enlevés aux Byzantins, et qui furent ainsi à bien dire le berceau de l'empire ottoman.

Vers la fin du treizième siècle l'empire des Seldjoucides de Konieh s'écroula, et les grands feudataires musulmans qu'il avait comptés jusque là devinrent des princes indépendants. *Osmân* (nom qui veut dire *jeune outarde*, et d'où sa tribu reçut le nom d'*osmans* ou *osmanlis*), accrut en 1289 son territoire par la conquête de Karahissar; il partagea l'administration des contrées environnant le mont Olympos entre ses guerriers, et combattit encore avec succès les Grecs. Mais le véritable fondateur de la puissance des Osmanlis fut le fils et successeur d'Osmân, *Orkhan*. Belliqueux et loyal comme son père, mais en outre politique plus habile, il conquit en 1326 *Broussa*, où il transféra sa résidence, en 1327 *Nicomédie* et en 1330 *Nicée*, la plus importante des places fortes situées sur les frontières de l'Empire Byzantin; et de la sorte l'Asie Mineure tout entière jusqu'à l'Hellespont ne tarda point à reconnaître ses lois. Orkhan n'accrut pas moins la puissance des Osmanlis par ses conquêtes que par l'organisation qu'il donna à leurs armées. Il fut le créateur du corps des janissaires et de ceux des spahis et des zaïms. Il prit le titre de *padischah*, et donna à la porte de son palais le nom de *Sublime Porte* qui, suivant l'usage byzantin, servit ensuite à désigner sa cour et son gouvernement. C'est d'ailleurs vers ce temps-là que la cour des princes osmanlis commença à être organisée d'après le modèle de la cour de Constantinople. Ce qui n'y contribua pas peu, ce fut l'alliance intime qu'Orkhan contracta avec elle en épousant la fille de l'empereur grec Kantacuzène. Ce mariage, et l'alliance des Génois, qui flattaient tantôt la cour de Constantinople et tantôt le sultan, et qui prêtaient aux Turcs leurs vaisseaux pour traverser les détroits, firent reconnaître à Orkhan ainsi qu'à ses successeurs la faiblesse de l'Empire Byzantin, ainsi que les discordes auxquelles l'Occident était en proie. Il était dès lors tout naturel qu'il conçût le plan de subjuguer cet empire et même toute l'Europe occidentale, et que plus tard encore ses successeurs songeassent aux expéditions les plus grandioses.

Le fils d'Orkhan, le brave *Soliman*, qui mourut à peu de temps de là, pénétra pour la première fois en Europe en 1357, fortifia Gallipoli et Sestos, et s'assura de la sorte la domination du détroit des Dardanelles. A partir de ce moment les armes des Osmanlis s'étendirent en même temps en Europe et en Asie. Le second fils et successeur d'Orkhan, *Mourad Ier* (Amurath), s'empara en 1362 d'Andrinople, et en fit le siége de l'empire des Osmanlis en Europe. Il perfectionna la milice des janissaires, soumit la Macédoine, et alla attaquer les Albanais par delà le mont Hémus. Une longue lutte fut le résultat de ce contact; et elle se termina en 1389, par la déroute complète et décisive de la coalition des Albanais et des populations slaves du Danube dans la bataille à jamais mémorable du champ d'Amsel ou de Kossowapolje (*voyez* CASSOVIE [Bataille de]), mais qui coûta la vie au sultan, qu'un jeune homme, étendu blessé sur le champ de bataille, tua d'un coup de poignard. Après lui son successeur, le sauvage *Bajazet* ou *Bajasid*, pénétra en Thessalie et jusque sous les murs de Constantinople. En 1396 il battit, près de Nicopolis en Bulgarie, l'armée des chrétiens occidentaux commandée par le roi Sigismond, et contraignit l'empereur grec à lui payer tribut. Mais l'approche de Timour (Tamerlan) le rappela en Asie, où, à la bataille d'Angora, livrée en 1402, il succomba aux forces supérieures de son adversaire et fut fait prisonnier. Timour partagea alors les provinces de l'Empire Ottoman entre les fils de Bajazet; et il demeura divisé jusqu'à l'époque où Mahomet Ier, prince politique, humain et juste, le réunit de nouveau sous les lois du même souverain. Ce ne fut point un grand conquérant, mais il eut la gloire de reconstituer l'Empire Ottoman et de le conserver avec vigueur. Il eut pour successeur son fils, le noble, le loyal, le sage, le brave *Mourad II*. L'héroïque Jean Hunyade, prince de Transylvanie, et la forteresse de Belgrade furent les seuls obstacles qui lui résistèrent. Il se trouva donc forcé de signer la paix de Szegedin, et en 1440 il abdiqua même le trône en faveur de son fils Mahomet; mais la violation de la trêve par les Hongrois eut pour résultat de le rappeler sur le trône et de lui faire entreprendre de nouvelles guerres. Il enleva alors aux Grecs de Byzance une bonne partie de ce qui leur restait; en 1448, il battit encore une fois Hunyade à Cassovie; cependant, tous ses efforts furent impuissants pour dompter dans ses montagnes le brave Skanderbeg, qui jusqu'à sa mort maintint l'indépendance de son pays. De la sorte l'empire de Byzance se trouvait donc complétement cerné par la puissance ottomane, et coupé de ses communications avec l'Occident. C'est alors que le fils et successeur de Mourad II, le grand Mahomet II, acheva de 1451 à 1481, l'œuvre de l'entière destruction de l'ancien empire de Byzance par la prise de Constantinople (26 mai 1453), par la conquête de la Morée (1456), de l'empire de Trébisonde (1460), de l'Épire (1465) et des diverses îles de l'Archipel. Il subjugua en outre, en 1470, le reste de la Bosnie, et en 1475 il rendit le khan des Tatares de la Crimée son vassal. Après lui, son petit-fils Selim Ier repoussa les Persans jusqu'au Tigris, battit les Mamelouks et conquit en 1516 et 1517 l'Égypte, la Syrie ainsi que la Palestine. La Mecque reconnut aussi son autorité.

Pendant un demi-siècle les armes des Osmanlis furent alors par terre et par mer l'effroi de l'Europe et de l'Asie, notamment au temps de Soliman II (1519-1566), le plus grand des sultans ottomans, sous le règne duquel leur empire parvint à son apogée. En 1522 il conquit Rhodes, et en 1526 la moitié de la Hongrie, dont le roi, Zapolya, se plaça sous sa protection; plus tard, il envahit à deux reprises l'Allemagne, rendit la Moldavie tributaire, battit les Persans, conquit la Mésopotamie et la Géorgie, et sous ses auspices l'audacieux pirate Khair-ed-din *Barberousse*, devenu le maître de la Méditerranée, soumit une partie du nord de l'Afrique et dévasta les îles et les côtes chrétiennes de la Méditerranée. Mais les plans conçus par Soliman II pour subjuguer tout l'Occident échouèrent contre l'habileté politique et l'opiniâtre résistance de l'empereur Charles-Quint, contre la bravoure des Vénitiens, des Génois et des chevaliers de l'ordre de Malte, ainsi que contre les murailles de Dzigeth, dont l'héroïque défense par Zrinyi demeurera à jamais célèbre.

Dans l'espace de deux siècles et demi, dix sultans, tous courageux et belliqueux, avaient successivement accru la puissance des Osmanlis par une suite presque non interrompue de victoires. Mais la force intérieure de leur empire demeura stationnaire. Par ses codes, Soliman II compléta bien l'œuvre politique et gouvernementale de Mahomet II; ce fut lui aussi qui, en 1538, réunit la dignité spirituelle du khalifat à la puissance temporelle dont sa dynastie était déjà investie. Mais, comme Turc et comme musulman, il ne sut point fusionner les peuples vaincus pour en faire un seul et même corps de nation; et ce fut lui qui relégua ses successeurs dans le sérail, où ils s'énervèrent moralement et intellectuellement de plus en plus. A partir de ce moment, la dynastie ottomane dégénéra, et la puissance de la Porte, qui dépendait du caractère personnel du souverain, alla toujours en s'affaiblissant davantage. Parmi les sultans qui ont régné depuis la mort de Soliman II jusqu'à nos jours, il y en a peu qui aient été doués d'énergie et de talent, et bien moins encore de courage militaire. Ce fut en sortant d'une semi-captivité qu'ils montèrent sur le trône, et vint bientôt le moment où souvent ils échangèrent le trône contre une nouvelle prison, lorsqu'ils ne périrent pas de mort violente. Un petit nombre de grands-vizirs, tels que les Kœprili, arrêtèrent seuls l'État penchant vers sa ruine; mais à l'intérieur le peuple et l'État, en proie au despotisme le plus sanguinaire, tombèrent de plus en plus dans la dégradation et la barbarie. A l'extérieur la Porte devint le jouet des puissances européennes; et tandis que l'Europe faisait constamment des progrès en moralité, de même que dans tous les arts de la paix et de la guerre, les Osmanlis, méprisant tout ce qui était étranger, restaient par une stupide insouciance invariablement attachés à leurs usages surannés. Sans avoir de plan arrêté, excités seulement par leur fanatisme religieux et un barbare esprit de conquête, ils continuèrent à guerroyer contre leurs voisins, mais le plus souvent à leurs dépens. Les révoltes incessantes des janissaires et des pachas étaient à l'intérieur un danger bien autrement grand. De cet état de choses naquit un système de lâche défiance, d'intrigues despotiques et d'atrocités sans nom, dont les premières victimes furent les propres parents du souverain, lequel sacrifia le plus souvent à ses terreurs les hommes les plus capables de la nation. D'ordinaire le sultan qui montait sur le trône commençait par faire égorger ses frères et les femmes laissées enceintes par son prédécesseur.

A Soliman II, dont le règne fut l'époque de la plus grande

prospérité de l'Empire Ottoman, succéda en 1566 *Sélim II*, qui par amour pour le vin de Chypre enleva, en août 1571, aux Vénitiens cette île, qu'il couvrit de sang et de ruines; mais le 7 octobre de la même année les flottes chrétiennes combinées, commandées par don Juan d'Autriche, lui faisaient essuyer le terrible désastre de Lépante, qui pour la première fois enleva aux armes ottomanes le prestige dont elles avaient jusque alors été entourées. Sélim, énervé par ses excès, laissa en 1574 le trône à son fils *Mourad III*, qui commença son règne par faire égorger ses cinq frères. Il s'abandonna ensuite à la volupté, laissa ses vizirs gouverner en son nom et diriger les guerres qui surgirent en Perse, en Géorgie et sur les bords du Danube, et eut pour successeur son fils *Mahomet III*, qui fit aussitôt étrangler ses dix-neuf frères et noyer leurs femmes. Dès la première année de son avénement au trône, les Autrichiens, encouragés par la victoire de Lépante, recommencèrent la lutte sur les bords du Danube, et chassèrent les troupes ottomanes de leurs places fortes les plus importantes. Quand la nouvelle de ces désastres arriva à Constantinople, la fureur et la terreur s'y emparèrent de tous les esprits. Dans l'été de 1596 la population et les janissaires forcèrent le lâche sultan à envahir en personne la Hongrie à la tête d'une immense armée. Il prit Erlau d'assaut, et battit près de cette ville l'archiduc Maximilien, généralissime de l'empereur Rodolphe II. Mais la période des conquêtes était à jamais passée pour les Osmanlis; et le sultan en vint même jusqu'à solliciter, sous la médiation de Henri IV de France, la paix, sans pouvoir l'obtenir. En 1603 les Persans s'emparèrent de Tauris et de Bagdad, et exterminèrent l'armée du sultan. Mahomet III mourut au milieu de ces désastres, énervé par ses excès, et laissa l'empire délabré à son fils *Achmed Ier*, alors âgé de quinze ans, qui régna avec aussi peu de gloire que lui et mourut en 1617. Achmed laissait sept fils encore en bas âge, de sorte que son frère *Mustapha* fut proclamé sultan. La vie du sérail en avait fait un tel idiot, que trois mois après les grands se virent obligés de reléguer de nouveau leur souverain dans le sérail et de le remplacer sur le trône par *Osman II*, fils aîné d'Achmed Ier, et alors âgé de douze ans seulement.

Lorsque, parvenu à l'âge de quatorze ans, Osman prit en mains les rênes du gouvernement, son premier soin fut de faire étrangler ses frères; et animé de l'esprit guerrier, il commença en 1621 contre la Pologne une guerre malheureuse, dont les désastres provoquèrent une révolte des janissaires. Cette redoutable milice replaça sur le trône (1622) l'idiot Mustapha, oncle du sultan, et égorgea Osman. Alors commença le plus épouvantable règne de la soldatesque. Les atrocités qu'elle commit furent telles que les principaux fonctionnaires durent s'entendre pour renfermer encore une fois Mustapha et placer sur le trône Mourad IV, frère d'Osman II, âgé de douze ans seulement. Ce jeune et belliqueux souverain prit les rênes de l'État à l'âge de quinze ans, et par sa brutalité de même que par ses cruautés mérita le surnom de *Néron Turc*. Dès 1635 il recommença la guerre contre la Perse, et prit d'assaut en 1638 Érivan et Bagdad, où il commit les plus effroyables atrocités; mais il succomba dès 1640 aux suites de ses excès de tous genres. Le nombre des individus qu'il fit périr dans les plus horribles supplices fut de 100,000; et parmi ses victimes on compta ses trois frères et son oncle Mustapha.

Ibrahim Ier, unique rejeton survivant de la race d'Osman, monta alors sur le trône. Du fond de son sérail il gouverna avec une si stupide cruauté, qu'il fut déposé en 1648; après quoi il mourut du dernier supplice. On plaça sur le trône son fils aîné, alors âgé de sept ans, *Mahomet IV*, dont la jeunesse s'écoula au milieu de sanglantes intrigues de palais. Une grande victoire que la flotte vénitienne remporta sur la flotte turque, le 6 juillet 1656, à l'entrée des Dardanelles, répandit l'épouvante dans la capitale et dans tout l'empire, mais amena en même temps au pouvoir le premier des grands-vizirs du nom de Kœprili. Il rétablit l'ordre à l'intérieur, et eut pour successeur dans le poste de grand-vizir, en 1661, son fils Achmed Kœprili, homme doué d'autant de talent et non moins célèbre que lui. Dans la guerre qu'il eut à soutenir contre l'empereur Léopold Ier, Kœprili essuya, il est vrai, le 1er août 1664, de la part de Montecuculi, le célèbre général des troupes impériales, la sanglante défaite de Saint-Gothard; mais en revanche il enleva en 1669 Candie aux vénitiens, à la suite d'efforts prodigieux. Cette victoire surexcita l'esprit guerrier des Turcs, mais pour accélérer encore plus le déclin de leur puissance. Kœprili intervint ensuite dans les démêlés des Kosacks avec les Polonais; en 1672, franchissant le Dniestr, il envahit pour la première fois la Pologne; mais les années suivantes il rencontra dans Jean Sobieski un redoutable adversaire. En 1676 il conclut avec la Pologne une paix qui ne valut à la Porte que la Podolie, et à son protégé Dorozensko, hetman des Kosacks, une partie de l'Ukraine. Kœprili mourut à quelque temps de là; et l'incapable Mahomet IV prit alors pour grand-vizir Kara-Mustapha, qui ne tarda point, à propos des affaires des Kosacks, à s'engager contre le czar Féodor III dans une guerre (1677-1679) qui se termina par l'expulsion des Turcs des contrées situées sur la rive gauche du Danube, et qui ouvrit aux Russes la mer Noire. A ce nouvel et persévérant ennemi, qui dès lors, presque toujours victorieux, envahit les provinces de l'empire l'une après l'autre, vinrent se joindre des guerres désastreuses contre l'Autriche. En 1683 Mahomet IV institua roi de la Hongrie centrale Emmerich Tœkœly, qui se reconnut son vassal; démarche qui constituait une violation flagrante du traité de paix conclu avec Léopold Ier en 1664. Kara-Mustapha, au lieu de satisfaire aux réclamations de l'empereur, conçut le plan de franchir le Danube pour pénétrer jusqu'au cœur même de l'empire d'Allemagne, de s'emparer de Vienne et de faire de cette capitale le siége d'un nouvel empire ottoman. En juillet 1683 il commença le siége de Vienne à la tête d'une armée de 200,000 hommes; mais, le 12 septembre suivant, son incapacité et sa négligence furent cause que Sobieski, à la tête d'une armée combinée de Polonais, de Bavarois, de Saxons et d'Autrichiens, lui fit essuyer une déroute décisive, qui sauva l'Allemagne de l'invasion des Turcs. Pendant sa retraite à travers la Hongrie, Mustapha fut encore battu à deux reprises par Sobieski (le 9 octobre et le 11 novembre); et en punition de ces désastres successifs, il fut étranglé par ordre du sultan, le 25 novembre, à Belgrade, au milieu des débris de son armée. Cette victoire amena la conclusion d'une alliance entre l'Autriche, la Pologne et Venise; de sorte que la Porte eut alors à se défendre de trois côtés à la fois : en Hongrie, contre l'Autriche; en Podolie et en Moldavie, contre les Polonais; en Dalmatie et dans le Péloponnèse, contre les Vénitiens, tandis que le duc de Lorraine s'emparait des places fortes de la Hongrie l'une après l'autre, et même, le 18 août 1686, d'Ofen, ce principal boulevard des Turcs, dont il finissait par anéantir l'armée dans l'effroyable bataille livrée le 12 août 1687 à Mohacs. Sobieski, disposant de moindres ressources, fut à la vérité moins heureux en Moldavie; mais les Vénitiens et les chevaliers de l'ordre de Malte, commandés par l'amiral Morosini, expulsèrent les Turcs des îles Ioniennes et s'emparèrent de la Morée. En présence de ces désastres, qui semblaient devoir amener la fin de la domination des Osmanlis en Europe, l'incapable sultan Mahomet IV fut déposé et incarcéré, en 1687, en même temps qu'on élevait sur le trône son frère *Soliman III*.

C'est au moment où les Autrichiens, commandés par le margrave Louis de Bade, s'avançaient sur le Danube et s'emparaient même de Belgrade, de sorte que la route de Constantinople leur était maintenant ouverte, que Soliman III, non moins incapable que son frère aîné, choisit pour vizir un autre grand homme de la race des Kœprili, Mustapha, qui par ses talents et son énergie rétablit l'ordre à l'intérieur, mais qui fut complétement battu, le 19 août 1691, à la grande bataille de Szalankemen, livrée aux Autrichiens commandés par le margrave de Bade, et qui y périt. Soliman III était mort quelques mois avant ce désastre, et avait eu pour successeur *Achmed II*, son frère, prince encore plus incapable que lui. L'Angleterre et la Hollande, qui commençaient à voir un danger pour elles-mêmes dans les succès obtenus par les armes autrichiennes, cherchèrent alors à rétablir la paix entre les deux puissances belligérantes. Achmed II mourut pendant les négociations ouvertes à cet effet. Son successeur *Mustapha II*, fils de Mahomet IV, repoussa toutes les ouvertures de paix, et recommença la lutte contre toutes les puissances de l'Europe. Les Turcs battirent la flotte vénitienne dans l'Archipel, chassèrent Pierre Ier de Russie de la Crimée (octobre 1695), et envahirent de nouveau le sol de la Hongrie. Mais le prince Eugène y fit essuyer, le 11 septembre 1697, dans la plaine de Zentha, une déroute si complète et si décisive à l'armée turque, que le sultan n'échappa au désastre qu'au grand péril de sa vie. Cette victoire amena enfin, en 1699, la conclusion de l'importante paix de Carlovicz, qui signala l'entière décadence de l'Empire Ottoman et qui impliquait déjà en quelque sorte le partage de la Turquie. L'Autriche récupéra par ce traité la Transylvanie et la Hongrie; la Russie, le territoire d'Azoff; la Pologne, la Podolie et l'Ukraine; et Venise conserva la Morée.

Mustapha II fut ensuite déposé, en 1703, et les janissaires mirent à sa place sur le trône son frère *Achmed III*, qui vit avec une lâche indifférence les luttes intestines auxquelles les puissances chrétiennes étaient en proie. Charles XII de Suède, qui à la suite de son désastre de Pultawa était venu se réfugier sur le territoire turc, réussit enfin à déterminer le sultan à déclarer la guerre à la Russie; mais Pierre Ier, cerné en 1711 sur les bords du Pruth, obtint facilement la paix en restituant Azoff. Cependant, les Turcs attaquèrent avec succès la Morée, qu'ils enlevèrent aux Vénitiens en 1715; mais par ce triomphe ils provoquèrent de nouveau l'intervention des Autrichiens, dont l'armée, aux ordres du prince Eugène, battit celle du sultan à Peterwardein et à Belgrade. Ces victoires eurent pour résultat en 1718 la paix de Passarowicz, qui coûta encore à la Porte Belgrade, Témeswar et une partie de la Servie et de la Valachie. Les armes d'Achmed III ne furent pas moins malheureuses contre la Perse; de sorte qu'il finit par partager le sort de ses prédécesseurs. En 1730 il fut déposé et jeté en prison. On lui donna pour successeur un fils de Mustapha II, *Mahmoud Ier*, prince instruit et spirituel, mais dont l'armée fut de nouveau battue en 1736 par les Russes aux ordres de Munnich, tandis que les Autrichiens, ligués avec les Russes, étaient cette fois moins heureux dans leurs efforts. En 1739 la médiation de la France amena la conclusion de la paix de Belgrade, aux termes de laquelle la Porte récupéra Belgrade avec la Servie et la Moldavie. Mahmoud Ier mourut en 1754, et eut pour successeur son frère *Osman III*, qui mourut obscurément dès 1757. Quand son successeur, *Mustapha III*, frère d'Achmed III, s'apercevant des développements toujours plus grands que prenait la puissance de la Russie, somma Catherine II d'avoir à évacuer la Pologne, les victoires remportées par Rumjanzoff dans la guerre de 1768 à 1774 donnèrent complétement à la Russie la prépondérance politique sur la puissance ottomane. Dès cette époque une flotte russe avait anéanti, en 1770, à Tschesmé la flotte turque, et Alexis Orloff avait appelé les Grecs à la liberté. C'est ainsi qu'*Abd-oul-Hamid*, frère et depuis 1774 successeur de Mustapha III, finit par se voir contraint de signer, le 21 juillet 1774, la paix de Koutschouk-Kaïnardschi (nom d'un bourg situé à peu de distance de Silistria, en Bulgarie), dont les Russes invoquèrent plus tard à maintes reprises les stipulations. La Porte renonça à ses droits de souveraineté sur les Tatares de la Crimée, de la Bessarabie et du Kouban, et les déclara politiquement indépendants, tout en se réservant un droit illusoire de protection relativement à la religion de ces peuples. La Russie prit alors possession d'une foule de places importantes (Taganrog, Azoff, Yénikalé, Kertsch, etc.), situées aux embouchures du Don, du Dniepr et du Danube, en se réservant le droit de libre navigation dans la mer Noire et dans la Méditerranée, de même que le droit exclusif de protection sur tous les Grecs fixés dans l'Empire Ottoman. La Porte recouvra, il est vrai, la Moldavie et la Valachie, mais dut s'engager à traiter avec justice et humanité les populations chrétiennes de ces deux provinces. Par deux articles secrets elle s'obligea en outre à compter à l'impératrice Catherine II 4 millions pour les frais de la guerre et à rappeler immédiatement sa flotte de l'Archipel. Il ne fut pas dit dans le traité un mot au sujet de la Pologne, qui pourtant avait été l'origine de la guerre. Ce traité de paix fut considéré déjà à cette époque comme un chef-d'œuvre de la diplomatie, comme la plus grande victoire qu'eût encore remportée la Russie, laquelle sut bien aussi plus tard en exploiter habilement toutes les conséquences. La Russie commença par incorporer à son territoire la Chersonèse Taurique, déclarée indépendante; et quoique le sultan eût formellement confirmé cet acte, l'irritation secrète qu'il causa parmi le peuple, et qu'augmenta encore le voyage triomphal de Catherine en Crimée, le contraignit à déclarer de nouveau, en 1787, la guerre à la Russie. Elle fut si mal dirigée que par la paix conclue à Jassy, en 1792, la Russie ne conserva pas seulement la Tauride, mais obtint en outre tout le territoire situé entre le Boug et le Dniestr avec Oczakoff, et s'agrandit encore du côté du Caucase. L'Autriche, à laquelle la Porte avait abandonné la Bukowine en 1777, était intervenue dans ce conflit en faveur de la Russie, mais au total avec assez peu de succès; et menacée par la Prusse, elle s'était vue obligée par la paix de Szistowo (1791) de restituer Belgrade à la Porte.

Vers cette époque la désorganisation et la confusion allaient toujours en augmentant à l'intérieur; et l'opinion publique considérait dès lors comme impossible que la puissance ottomane se maintînt en Europe contre la force latente, mais de plus en plus énergique, de la civilisation et surtout en raison de l'incessant accroissement de forces et de ressources des nations occidentales. Dès 1770 l'impératrice Catherine II avait proposé à l'empereur Joseph II le partage de la Turquie; partage dans lequel la Russie s'adjugeait, il est vrai, la part du lion. Mais les puissances européennes comprenaient parfaitement que la possession de Constantinople et des principales provinces de la Turquie d'Europe permettrait à la Russie d'exercer une écrasante pression sur l'ouest de l'Europe. Aussi depuis le traité de Kaïnardschi n'avait-on jamais vu sans une profonde inquiétude la Russie armer contre son impuissant voisin ou même seulement le menacer. C'est depuis cette époque que la *question d'Orient*, la question de savoir ce qu'il adviendra en définitive de l'Empire Ottoman, a été une des constantes préoccupations de la diplomatie. La France et l'Angleterre, notamment, cherchèrent dès lors à appuyer et à conseiller la Porte, tandis que l'Autriche, conformément à ses intérêts, devait veiller à ce que, au cas d'une crise décisive, les contrées riveraines du Bas Danube lui échussent en partage, et non à la Russie.

Le sultan *Sélim III* était sans doute un prince instruit et spirituel; mais la force lui manqua pour opérer les réformes radicales que réclamait l'état de marasme et de délabrement où en était venu son empire. Il est certain d'ailleurs qu'en face de la nationalité et de la tradition ottomane, encore pleines de vie et d'énergie, la réforme était alors bien plus difficile à exécuter qu'en plein dix-neuvième siècle. Il semblait impossible de trouver d'autre lien commun pour rattacher les diverses parties de l'immense Empire Ottoman les unes aux autres, qu'une foi commune jointe au respect de la puissance du grand-seigneur. Or cette puissance s'était insensiblement affaiblie. Différents gouverneurs de province eurent l'audace de se rendre complétement indépendants dans leurs provinces, et ils les gouvernaient comme eussent pu faire les sultans eux-mêmes; ainsi firent Passwan-Oglou, à Widdin, plus tard Joussouf à Bagdad, Ali, pacha de Janina, plusieurs pachas en Anatolie, etc. Quant au peuple, sauf quelques éruptions de sa barbarie en

Asie, il continuait à végéter dans sa stupide insouciance. Par contre, l'aspiration à l'indépendance se manifestait de plus en plus parmi les Grecs, et avec plus d'énergie encore parmi les Serbes. A toutes ces causes il faut encore ajouter les événements de la révolution française, dont le résultat fut de rattacher plus intimement la Porte aux destinées de l'Europe.

Dans les guerres soutenues par la coalition contre la France, son plus ancien allié, la Porte, avait d'abord essayé de garder une stricte neutralité. Mais l'expédition de Bonaparte en Égypte l'irrita si profondément, que le 1er septembre 1798 elle déclara la guerre à la France. L'alliance qu'elle contracta avec la Russie en décembre de la même année, avec l'Angleterre et Naples en janvier 1799, la plaça complétement sous l'influence des cabinets de Londres et de Saint-Pétersbourg. En 1801 l'Égypte passa de nouveau, il est vrai, des mains des Français dans celles de la Porte, et le nouveau gouverneur qu'elle y envoya, Méhémet-Ali, ne tarda pas à y rétablir l'ordre; mais il exista dès lors deux partis au sein du divan, le parti anglo-russe et le parti français. L'ascendant de la Russie ôtait à la Porte toute liberté d'action, notamment aux îles Ioniennes et en Servie; aussi se rapprocha-t-elle dès lors de la France. Une flotte anglaise franchit de vive force les Dardanelles et vint mouiller, le 20 février 1807, en face de Constantinople, tandis que l'ambassadeur français, le général Sébastiani, réussissait à provoquer la résistance du divan et du peuple, et que même il la dirigeait; de telle sorte que force fut à la flotte anglaise de s'éloigner en toute hâte des Dardanelles. Cependant les Russes faisaient toujours de nouveaux progrès. Le peuple, voyant dans les innovations introduites par Sélim la cause de la triste situation politique où se trouvait l'empire, se souleva; et à la suite d'une révolte des janissaires, le sultan fut déposé par le mufti, le 29 mai 1807.

Mustapha IV, fils d'Abd-oul-Hamid, fut obligé de détruire les institutions nouvelles, objet de la haine des masses. Mais la flotte turque ayant été complétement battue, le 1er juillet 1807, dans les eaux de l'île de Lemnos par la flotte russe, un ami de Sélim, l'audacieux pacha de Routschouk, Mustapha-Baïraktar, profita de l'effroi que ce désastre avait jeté dans la capitale pour s'en emparer. Le malheureux Sélim ayant été égorgé dans sa prison au milieu de ce mouvement (28 juillet 1808), Mustapha-Baïraktar plaça sur le trône de Mustapha IV, qu'il déposa, *Mahmoud II*. En sa qualité de grand-vizir du nouveau sultan, il rétablit la nouvelle organisation de l'armée, et conclut une trêve avec la Russie; mais la fureur des janissaires éclata derechef, et anéantit, le 16 novembre 1808, lui et son œuvre.

Si Mahmoud II resta en possession du trône, c'est que depuis la mort de Mustapha IV il était le seul prince survivant de la race d'Osman. Il fit preuve d'une vigueur et d'une habileté peu communes, et dès le 5 janvier 1809 il concluait la paix avec l'Angleterre pour pouvoir continuer la guerre contre la Russie avec un redoublement d'énergie. Cependant, le cabinet de Saint-Pétersbourg réussit à paralyser l'influence de la France sur le divan et à déterminer la Porte à signer en 1812, au moment où la guerre de Napoléon contre la Russie lui offrait les chances les plus favorables, la désastreuse paix de Bukarest, par laquelle elle céda à la Russie une partie de la Moldavie et quelques districts du Caucase. Les Serbes (*voyez* SERVIE), abandonnés à eux-mêmes, furent replacés sous l'autorité du sultan; toutefois, aux termes du traité qui intervint en 1815 entre eux et la Porte, ils conservèrent le droit de s'administrer eux-mêmes. Depuis la paix de Bukarest la Russie prit une attitude de plus en plus menaçante à l'égard de la Porte, tant en Europe qu'en Asie. Son pavillon domina dans la mer Noire en même temps que son influence dans le divan; et en 1817 Mahmoud dut même lui abandonner les embouchures du Danube.

L'insurrection grecque, en 1821, compliqua encore davantage les rapports des deux États, et porta de nouveaux coups à la puissance agonisante de l'Empire Ottoman. La Porte, voyant bien que la Russie favorisait en secret l'insurrection des Grecs, non-seulement occupa la Moldavie et la Valachie, mais encore apporta des entraves au commerce maritime russe. C'étaient là de flagrantes violations du traité de Bukarest; et, à la suite d'un échange de notes des plus vives, l'ambassadeur russe Stroganoff quitta Constantinople. L'intervention de l'Angleterre et de l'Autriche ainsi que l'amour de l'empereur Alexandre pour la paix écartèrent, il est vrai, de véritables hostilités; mais le divan refusa à la Russie les satisfactions qu'elle exigeait. L'empereur Nicolas finit pourtant par arracher à la Porte tout ce qu'il en exigeait; et aux conférences d'Akjermann le divan, adhérant aux 82 articles de son ultimatum, abandonna aux Russes les places fortes de l'Asie, en même temps qu'il reconnut l'ordre constitué par la Russie en Servie, en Moldavie et en Valachie. Les troupes turques n'évacuèrent cependant les principautés danubiennes qu'au commencement de 1827.

Pendant ce temps-là le sultan Mahmoud avait commencé de grandes et véritables réformes à l'intérieur. Une armée avait été créée sur le pied européen, et, à la suite d'une lutte sanglante, le corps des janissaires avait été complétement supprimé, en juin 1826. Au régime des janissaires succéda maintenant un impitoyable despotisme militaire, qui n'épargna pas même les oulémas. En même temps la Porte repoussait orgueilleusement, et pour la dernière fois, au mois de juin 1827, toutes les tentatives de médiation faites par la Russie, l'Angleterre et la France pour mettre un terme à la guerre contre les Grecs. Quand, après la prise de l'acropole d'Athènes (5 juin 1827), l'ouest et l'est de la Grèce se trouvèrent derechef placés sous la domination turque, Mahmoud n'hésita plus à jeter le gant à la Russie. Mais la guerre qui s'en suivit ne tarda point à prendre la tournure la plus défavorable pour la Porte. Dès le 6 août 1829, le général en chef russe Diebitsch-Sabalkansky était parvenu jusqu'à Kirkkilissa, à 14 myriamètres seulement de Constantinople, et un corps russe avait débarqué à Iniada. En Asie, Paskewitsch prit d'assaut Erzeroum, et en Europe le grand-vizir se vit bloqué dans Schumla. En outre, en Asie comme en Europe, les populations de l'empire, en proie à toutes les calamités, refusèrent d'obéir au décret de levée en masse lancé par le sultan; et les dispositions de l'opinion publique dans la capitale devinrent même menaçantes pour la vie de Mahmoud. C'est dans cette position que le sultan se vit contraint d'adhérer au traité de pacification de la Grèce, conclu à Londres le 6 juillet 1827, ainsi qu'au protocole du 22 mars 1829, de déclarer qu'il était prêt à traiter avec la Russie sur les bases du traité d'Akjermann, et enfin de signer la paix d'Andrinople, le 14 septembre 1829. La Porte dut payer aux sujets russes une indemnité de 1,500,000 ducats, et pour les frais de la guerre une somme de dix millions de ducats, dont l'empereur de Russie consentit toutefois à lui remettre la moitié. Les villes turques situées sur la rive gauche du Danube, Giurgewo, Braïloff, etc., furent, avec leur territoire, incorporées à la Valachie, en même temps qu'on en rasait les fortifications. En 1833 le territoire qu'on appelle *les six districts* fut aussi incorporé à la Servie.

La Porte ne se fut pas plus tôt réconciliée avec la Russie, que l'Empire Ottoman eut à se défendre contre de puissants ennemis à l'intérieur. Des révoltes éclatèrent en Bosnie, en Albanie, en Macédoine, dans l'Asie Mineure, à Alep et en Syrie; mais le plus grave danger qu'il eut à conjurer provint de l'insoumission du vice-roi d'Égypte, Méhémet-Ali. Dès 1831 il en résulta entre l'Égypte et la Turquie une guerre qui mit un instant en question l'existence de l'empire. A la tête d'une armée victorieuse, Ibrahim-Pacha, fils de Méhémet-Ali, parvint le 21 décembre 1832 jusqu'à Konieh; et Constantinople se trouva gravement menacé. Il ne resta plus alors à Mahmoud d'autre ressource que de se jeter dans les bras de son ennemi héréditaire et d'invoquer son appui contre un vassal rebelle. Une flotte russe conduisit en Asie Mineure un corps auxiliaire qui campa depuis le 5 avril jusqu'au 10 juillet 1833 sur les hauteurs d'Unkiar-Skelessi, et qui, par son attitude, empêcha Ibrahim-Pacha de pousser plus loin ses avantages, en même temps qu'elle le contraignit à accorder au sultan des conditions plus modérées. La paix avec le vice-roi d'Égypte fut conclue sous la forme d'un firman d'amnistie daté de Konieh les 4 et 6 mai 1833. La Porte conclut ensuite, le 8 juillet 1833, à Unkiar-Skelessi, un traité d'alliance offensive et défensive avec la Russie pour huit années, aux termes duquel elle s'engageait à refuser l'entrée des Dardanelles à tous les ennemis de la Russie et à ne permettre à aucun bâtiment de guerre de pénétrer dans la mer Noire. Cette clause amena avec l'Angleterre et la France des difficultés par suite desquelles le traité ne fut point renouvelé à son expiration, et le 13 juillet 1841 il intervint à Londres entre les grandes puissances européennes une convention qui interdisait le passage des Dardanelles et du Bosphore à tous les vaisseaux de guerre étrangers indistinctement. Peu de temps après la terminaison de cette guerre, la Porte eut à combattre, en 1835, les Albanais et à prendre des mesures sévères contre le parti des janissaires en Bosnie, où l'on ne tenait aucun compte des ordres envoyés de Constantinople et où l'on violait incessamment les frontières autrichiennes. Contre toute attente, la Porte, en envoyant alors une flotte à Tripoli d'Afrique, réussit à faire rentrer cette régence sous son autorité. Le bey fut déposé le 25 mai 1835, et remplacé par le commandant de la flotte turque. L'île de Samos, habitée par des Grecs, fit également sa soumission, et l'ordre se rétablit de même peu à peu dans les autres provinces de l'empire. Au milieu de ces complications intérieures et extérieures, le sultan continuait son œuvre réformatrice. L'armée et la flotte furent de plus en plus organisées à l'européenne, et l'étiquette orientale de la cour commença à se rapprocher visiblement de celles des cours d'Europe. De jeunes Turcs allèrent voyager à l'étranger pour s'y instruire, et le sultan autorisa la fondation d'écoles populaires d'après la méthode de Bell et Lancaster. A partir de 1835, il fit aussi construire un grand nombre de routes dans les provinces d'Europe et d'Asie et organiser un service des postes plus régulier.

Toute cette activité réformatrice, au lieu de pénétrer dans la vie intime du peuple, ne produisait que des résultats artificiels et tout extérieurs. Elle avait surtout pour but d'arriver de la sorte à acquérir la force nécessaire pour détruire la puissance de Méhémet-Ali, ce vassal rebelle; et c'est au moment où Mahmoud se disposait à faire de nouveau la guerre au pacha d'Égypte pour réaliser enfin un plan suivi avec tant de ténacité, que la mort vint le frapper, le 1er juillet 1839, avant qu'il eût pu apprendre le nouveau désastre qui était venu frapper ses armes à Nisibe et la trahison du kapoudan-pacha.

Abd-ul-Meschid, son fils, jeune homme de seize ans, monta alors sur le trône d'Osman, au milieu de circonstances qui ne pouvaient être plus difficiles. La perte de la bataille de Nisibe, la défection du kapoudan-pacha conduisant à Alexandrie la flotte avec laquelle il était chargé de surveiller les mouvements de la flotte égyptienne, et les rapides progrès de l'armée d'Ibrahim menaçaient l'Empire Ottoman d'une dissolution prochaine. La diplomatie européenne, prévoyant que du milieu de cette grande ruine surgirait infailliblement une guerre générale, s'empressa, au risque même d'avoir à soutenir une lutte contre la France, de venir en aide au sultan; et le traité de Londres du 15 juillet 1840 eut pour but d'employer la force des armes pour restreindre les empiétements de Méhémet-Ali. Le hattischérif du 12 janvier 1841 rétablit ensuite l'équilibre entre la Porte et son vassal égyptien, et rendit enfin à l'Empire Ottoman le repos dont il avait tant besoin. Peu de temps après l'avénement au trône du jeune sultan, qui annonçait un caractère doux et docile aux avis de l'expérience et de la sagesse, un hattischérif (œuvre de Reschid-Pacha, homme d'État nourri des idées françaises), daté du 3 novembre 1839 et du kiosque de Gulhâné, dont il a reçu le nom, proclama des garanties accordées pour la vie, les biens et l'honneur de tous les sujets du sultan, sans acception de personnes ni de religions, supprima ce qu'il y avait eu jusque alors d'arbitraire dans le recrutement de l'armée, et promit l'introduction prochaine d'un système uniforme d'impôts. Mais jusqu'à ce jour cette espèce de constitution est demeurée à l'état de lettre morte. En effet, bien qu'on ait établi un nouveau système d'impôts, commencé la rédaction d'un nouveau code pénal, créé une foule de nouveaux rouages administratifs et adopté un grand nombre de mesures propres à accroître le bien-être général; quoiqu'on soit allé même jusqu'à convoquer à Constantinople des députés des diverses parties de l'empire pour les consulter sur les améliorations projetées, toutes ces mesures sont restées sans résultats, parce qu'elles étaient en opposition avec le vieil esprit de fanatisme et de préjugé dont les masses continuent à être imbues, et qu'elles ne pouvaient qu'échouer dans l'exécution des détails contre le mauvais vouloir des fonctionnaires publics. C'est ce que prouva surabondamment l'état déplorable où continua toujours de se trouver l'intérieur de l'empire; par exemple : les insurrections qui éclatèrent en 1840 dans les pachaliks de Siwas et de Bosnie; l'état de misère et d'abjection des populations de la Syrie après leur retour sous l'autorité du sultan; les actes de brigandage et les atrocités commises par les Albanais rebelles en Albanie, en Macédoine et en Thrace, ainsi que les cruautés du gouverneur de Skédras à l'égard des Albanais catholiques. L'état de constante anarchie du Kourdistan, malgré les deux expéditions entreprises dans ce pays en 1847 et en 1852; l'insurrection de la Bosnie et de l'Herzégovine, éclatant de nouveau après l'éloignement d'Omer-Pacha qui avait été chargé de la comprimer par la force des armes; les continuelles révoltes de Samos; enfin, la tyrannie que les pachas continuèrent à exercer dans leurs provinces respectives : tout cela démontre l'impraticabilité radicale du hattischérif de Gulhâné. A Constantinople même, le parti de la réforme ne tarda pas à perdre une grande partie de son influence à la cour du sultan, par suite de l'influence de plus en plus grande de la sultane Validé (elle mourut en 1853) et de son favori, le grand-maréchal du palais, Risa-Pacha. Ce ne fut qu'à la chute de celui-ci, en 1845, lorsque Redschid-Pacha eut été nommé ministre des affaires étrangères, puis grand-vizir en septembre 1846, que le parti de la réforme reprit le dessus et put faire adopter quelques mesures utiles. Mais ses efforts devaient cette fois encore échouer contre l'attachement stupide des masses à leurs vieux préjugés. La lutte entre les deux partis en présence dans le divan, se termina en 1852 par la chute de Reschid-Pacha.

La situation générale de l'empire et surtout cette circonstance que les hommes d'État de la Porte considéraient toujours les traités avec les puissances européennes comme un joug que la force leur avait imposé amenèrent constamment des complications extérieures, par exemple, en 1846, le conflit avec la Grèce, à propos de l'envoyé turc Mussurus; la même année, avec la France, à propos de l'état de choses dans le Liban, puis, en 1852, à l'occasion des *Lieux saints*, à Jérusalem et dans les environs; en 1849, avec l'Autriche et la Russie, à propos des réfugiés politiques. La victoire diplomatique remportée dans cette dernière affaire par la Porte, grâce à l'appui de l'Angleterre, lui inspira assez de confiance en elle-même pour prendre à l'égard de la Russie et de l'Autriche une attitude plus ferme, on pourrait même dire hostile à l'égard de la seconde de ces puissances. Le vieux parti turc, qui maintenant dominait dans le divan, se décida en présence des événements survenus dans le Monténégro, et qu'on attribuait aux menées occultes de la Russie, à employer la force des armes pour ramener ce pays sous l'obéissance de la Porte. Au commencement de 1853, Omer-Pacha fut chargé d'opérer à la tête d'un corps d'armée considérable la soumission du Monténégro; mais il échoua dans cette entreprise, par suite des difficultés extrêmes que lui opposa la nature même du sol et de la brave résistance de la population. Sur ces entrefaites, le chargé d'affaires d'Autriche remit à la Porte, le 7 janvier, une note dans laquelle son gouvernement réclamait des garanties pour les chrétiens de la Bosnie, des mesures contre les réfugiés hongrois, la jouissance sans partage pour l'Autriche des ports de Sutorina et de Kleck dans la mer Adriatique, le payement d'un certain nombre de réclamations pécuniaires élevées par des sujets autrichiens, etc. La Porte n'avait point encore répondu à cette note quand le comte de Linanges arriva à Constantinople en qualité d'ambassadeur extraordinaire d'Autriche, et exigea le 3 février 1853 une déclaration positive de la Porte au sujet de ces diverses réclamations, une réponse catégorique sur le but de l'expédition contre le Monténégro, et l'expulsion des réfugiés hongrois des rangs de l'armée turque. Dès le 14 la Porte, intimidée, consentait à donner complète satisfaction aux exigences de l'Autriche, et rappelait le corps d'armée expéditionnaire du Monténégro.

Cette affaire était à peine terminée, que la Russie provoqua un conflit qui ne tarda pas à faire de la *question d'Orient* l'objet de la sollicitude la plus vive des divers gouvernements et de toutes les préoccupations de l'opinion publique. Pour mettre un terme aux discussions continuelles et souvent scandaleuses des chrétiens grecs et latins au sujet de leurs droits respectifs à la possession des *Lieux saints* à Jérusalem, et notamment pour donner satisfaction aux réclamations de la France, la Porte, par une décision en date de février 1852, avait arrêté que toutes les confessions chrétiennes y jouiraient des mêmes droits; décision qui, à dire vrai, pouvait blesser les prérogatives que les Grecs prétendent y avoir. Le 16 mars 1853, un plénipotentiaire russe extraordinaire, le prince Menschikoff, remit à la Porte, avec des formes rudes et presque hostiles, une note où il était dit que les ministres du sultan n'avaient point observé les prescriptions relatives aux Lieux saints, et avaient même pris des mesures qui en étaient la violation flagrante; qu'il y avait là une atteinte portée aux convictions religieuses de l'empereur de Russie et aux égards qu'on devait au czar; que l'ambassadeur était en conséquence chargé, pour empêcher de pareils conflits de se renouveler, de même que pour donner satisfaction aux chrétiens du rit grec, d'exiger de la Porte un traité formel contenant d'inviolables garanties pour l'avenir. Le 19 avril suivant, pour formuler positivement ses exigences, Menschikoff remit une seconde note, où il était dit que le czar exigeait que la garantie pour l'avenir fût de telle nature, que l'inviolabilité du culte professé par lui-même ainsi que par la majorité de ses sujets et des sujets chrétiens du sultan parût assurée; qu'il fallait arrêter une convention rédigée dans des termes tels, qu'elle ne pût être ensuite altérée par les interprétations de fonctionnaires malveillants ou de mauvaise foi. Il ne s'agissait donc plus, comme on voit, des droits des Grecs à la possession des *Lieux saints*: la Russie exigeait de la Porte que, par une garantie solennelle des droits dont était investie l'Église grecque dans l'Empire Ottoman, elle lui donnât indirectement le droit d'intervenir, le cas échéant, en faveur des Grecs fixés dans l'Empire Ottoman. La Porte comprit parfaitement la portée de ce qu'on lui demandait. Elle commença par accorder le 5 mai au prince Menschikoff la publication de deux firmans aux termes desquels la coupole de la chapelle contenant le saint sépulcre devait être restaurée, et qui mettait fin d'une manière amiable aux difficultés pendantes entre les Grecs et les Latins au sujet de certaines reliques existant à Jérusalem. Menschikoff répondit, au contraire, qu'on n'avait pris en considération qu'une partie de ses réclamations; que l'objet principal de sa mission, la garantie à donner pour les droits de l'Église grecque conformément aux traités, manquait toujours; et à cet effet il assigna à la Porte un délai expirant le 10 mai. A cette note était joint un projet de traité, dont voici la disposition principale: « Aucune modification ne pourra être apportée aux droits, privilèges et immunités possédés depuis un temps immémorial par l'Église grecque, par ses établissements religieux et par son clergé dans toute l'étendue de l'Empire Ottoman. » La Porte répondit le 10 mai à ces insinuations qu'elle était prête à faire droit à celles des réclamations de l'ambassadeur russe qui se pouvaient concilier avec son honneur et son indépendance; mais qu'elle ne pouvait pas conclure de traité avec une puissance étrangère qui prétendait intervenir dans le règlement des affaires intérieures de l'empire, parce que de sa part ce serait renoncer à ses droits de souveraineté. En même temps le sultan déclarait de la manière la plus précise qu'il maintiendrait spontanément les libertés et privilèges de toutes les confessions chrétiennes, et notamment des Grecs, dans toute l'étendue de son empire. Par l'assurance de ces concessions faites à toutes les puissances chrétiennes, la Porte croyait avoir enlevé à la Russie tout motif d'élever des réclamations spéciales. Mais Menschikoff ne cessa pas d'insister sur la conclusion du traité, tout en prolongeant son ultimatum jusqu'au 14 mai. Dans l'intervalle eut lieu, le 13 mai, un changement de cabinet qu'on pouvait croire favorable à la Russie, mais dont l'unique but était d'entourer le sultan d'hommes à la hauteur des graves circonstances où se trouvait l'Empire Ottoman. Mustapha-Pacha fut nommé grand-vizir; Méhémet-Ali-Pacha, ministre de la guerre; Reschid-Pacha, ministre des affaires étrangères; et à la suite de ce changement on demanda à Menschikoff une prolongation de six jours au délai fixé par lui pour la réponse à son ultimatum. Dès le 19 Reschid-Pacha annonçait au plénipotentiaire russe que la proclamation d'un firman accordé au patriarche grec de Constantinople devait désormais faire cesser les inquiétudes que l'empereur de Russie avait pu concevoir pour la liberté du culte grec; que désormais des modifications ne seraient pas apportées à l'état de choses relatif aux *Lieux saints* sans que la Russie et la France n'en fussent préalablement informées; enfin, que les Russes étaient autorisés à construire une église et un hopital à Jérusalem, et que la Porte était prête à signer une déclaration aussi bien à cet égard qu'au sujet des privilèges particuliers dont y jouit le clergé russe. Malgré ces diverses concessions, qui répondaient de tous points aux premières demandes de Menschikoff, la Porte ayant refusé le traité spécial qu'on exigeait d'elle, l'ambassadeur russe rompit les négociations, et quitta Constantinople le 21 mai avec le personnel de son ambassade.

La Porte adressa alors aux quatre puissances un *memorandum* où elle leur exposait les motifs de sa conduite; et en vue des armements faits par la Russie, elle prit de son côté des mesures défensives. Une circulaire du cabinet de Saint-Pétersbourg à ses agents à l'étranger répondit que le czar, en prenant des mesures à l'effet d'obtenir des garanties dans l'intérêt de l'Église grecque, n'avait nullement en vue de porter atteinte à l'indépendance de la Porte ni à l'intégrité de son territoire. En même temps une note du comte de Nesselrode, en date du 31 mai, déclarait à Reschid-Pacha que le czar considérait sa réponse négative comme une offense personnelle; qu'un nouveau délai de huit jours était accordé à la Porte, passé lequel des troupes russes entreraient dans les Principautés, non pour y faire la guerre, mais pour obtenir du sultan les concessions qu'on lui réclamait.

Les énormes exigences de la Russie avaient tout aussitôt mis la diplomatie européenne en émoi; mais dans ses refus comme dans ses concessions la Porte n'avait point agi sans prendre conseil de l'Angleterre et de la France. Comme rien ne justifiait en fait les inquiétudes témoignées au sujet des droits de l'Église grecque, on en inféra que, conformément aux traditions de la politique russe, le czar ne voulait en cela qu'exécuter des plans depuis longtemps conçus ou tout au moins en préparer l'exécution, malgré l'assurance qu'il donnait de ne vouloir pas porter atteinte à l'intégrité de l'Empire Ottoman. Effectivement, la situation où se trouvait alors l'Europe semblait s'y prêter. L'Autriche et la Prusse, la première surtout, par suite de l'assistance que la Russie lui avait prêtée en Hongrie, s'étaient rattachées plus intimement que jamais à la Russie depuis que la révolution avait été définitivement vaincue en Europe; l'Angleterre, à qui ses intérêts commerciaux et industriels faisaient plus que jamais aussi un besoin de la paix, devait répugner, suivant toute apparence, à s'allier avec l'empire napoléonien restauré, et en cas de conflit avec la Russie se trouvait par conséquent isolée; quant à la France, son état intérieur ne permettait guère au nouvel empereur de risquer dans une guerre incertaine le trône qu'il venait d'obtenir si récemment. D'ailleurs, une intervention armée des deux puissances occidentales pouvait facilement amener une guerre générale, dont on ne pouvait prévoir ni la fin ni les ravages, et dans le cours de laquelle on pouvait voir les éléments révolutionnaires qu'on venait à peine de dompter surgir de nouveau pour faire pencher la balance d'un côté ou d'un autre. Toutes ces prévisions pouvaient être fondées; mais l'intérêt évident que l'Angleterre et la France avaient au maintien du *statu quo* à l'égard de l'Empire Ottoman était encore plus puissant que toute autre considération; et il les détermina à défendre d'accord, et au besoin par la force des armes, la Porte contre la Russie. On comprenait que tout affaiblissement plus grand, que le partage ou même la conquête de la Turquie d'Europe par la Russie intercepterait les relations du monde européen avec l'Asie, que la Méditerranée ne serait bientôt plus alors qu'un lac russe, et que les puissances occidentales finiraient bientôt aussi par subir dans ce cas la prépondérante influence de cette puissance.

Dès les premiers jours de juin l'Angleterre et la France envoyaient dans les eaux de la Turquie une immense flotte combinée; et la position qu'elle vint prendre dans la baie de Bésika, à peu de distance des Dardanelles, dut être considérée comme une démonstration hostile à la Russie. La Porte, de son côté, publia en même temps (6 juin) un firman adressé aux chefs de toutes les confessions chrétiennes de son empire, où leurs droits étaient solennellement confirmés et contenant la promesse de les mettre à l'abri de tous les abus. Par conséquent, ce que la Russie demandait était indistinctement accordé à tous, et le maintien des droits religieux de toutes les puissances se trouvait garanti. Tout cela parut insuffisant à la Russie. A la vérité, il était encore arrivé à Constantinople un dernier ultimatum du cabinet de Saint-Pétersbourg, d'après lequel la Porte devait garantir le maintien de tous les droits et priviléges de l'Église grecque et promettre d'accorder aux chrétiens grecs de même qu'aux membres de l'ambassade russe tous les droits qui avaient été ou qui à l'avenir seraient accordés aux chrétiens d'autres confessions et aux ambassades d'autres souverains; mais la Porte se vit également forcée de rejeter cette proposition, parce qu'on y réclamait pour ses *sujets grecs* la situation exceptionnelle faite dans l'Empire Ottoman aux *chrétiens étrangers* et au personnel des ambassades des puissances chrétiennes étrangères.

Après que l'empereur de Russie eut annoncé à ses peuples, dans un manifeste en date du 26 juin qu'il s'agissait surtout dans ce conflit avec la Turquie de la défense et de la protection de l'Église orthodoxe, des troupes d'occupation russes entrèrent dans les Principautés danubiennes à partir du 2 juillet. La Porte déploya alors une extrême énergie dans ses préparatifs de défense, et fut secondée à cet effet par la partie musulmane de la population, qui fit preuve du plus vif enthousiasme en même temps qu'elle se montrait disposée à faire tous les sacrifices pour contribuer à la défense de l'indépendance nationale. La population chrétienne, sans même en excepter les Grecs, donna aussi à maintes reprises des preuves de dévouement au sultan, et sur aucun point de l'empire il ne se manifesta de sympathies pour les Russes. Pendant ce temps-là les gouvernements et les diplomates des quatre grandes puissances redoublaient d'efforts pour terminer amiablement ce conflit et maintenir la paix du monde. Il vint de toutes parts des offres de médiation; mais les deux parties les repoussèrent comme inacceptables. Enfin, parut à Vienne, le 31 juin, une note rédigée par les ministres des quatre puissances réunis en conférence, et qui fut remise comme offre de médiation au cabinet de Pétersbourg, qui l'accepta sous la condition que la Porte y adhérerait aussi sans négociation ni modification ultérieure. Conformément à cette proposition, qui faisait droit dans une juste mesure aux exigences de la Russie, et qui pouvait être considérée comme la base de négociations ultérieures entre la Porte et la Russie, la Porte devait entre autres déclarations faire celles-ci : « Que de même que les czars de Russie avaient toujours témoigné de leur zèle pour le maintien des droits de l'Église orthodoxe grecque dans l'Empire Ottoman, les sultans de leur côté ne s'étaient jamais refusés à consolider de nouveau ces droits par des actes solennels ; que la Porte était demeurée fidèle à l'esprit et à la lettre des stipulations des traités de paix de Kaïnardschi et d'Andrinople ; que le culte grec participait avec une complète égalité aux avantages qui avaient été concédés aux autres rites chrétiens, soit par convention, soit par des dispositions particulières. » La Porte accepta bien ce projet d'accommodement, mais sous la réserve de diverses modifications, relatives notamment aux trois points dont il vient d'être fait mention. Elle trouvait que la rédaction du premier point ne seyait point à la dignité du sultan, et voulait que dans le second il ne fût question du traité d'Andrinople que comme confirmant celui de Kaïnardschi. Relativement au troisième point, elle disait qu'il contenait indirectement la prétention d'assimiler les Grecs indigènes aux chrétiens sujets des puissances étrangères qui résidaient temporairement dans l'Empire Ottoman et que protégeaient des traités particuliers ; ce qui à l'égard de sujets turcs était tout à fait inadmissible et porterait atteinte aux droits de souveraineté du sultan. Cependant la Porte consentait volontiers à assimiler les Grecs, pour ce qui était de leurs droits, à tous ses autres sujets chrétiens. En échange de l'acceptation du projet modifié, elle exigeait en outre des quatre puissances une garantie certaine contre toute intervention ultérieure de la Russie dans ses affaires intérieures, ainsi que contre toute occupation illégitime des Principautés danubiennes.

La Russie repoussa de la manière la plus formelle ces modifications, et les quatre puissances se refusèrent également à donner une garantie collective, telle que la Porte l'exigeait. En revanche, les ambassadeurs des quatre puissances pressèrent vivement la Porte d'accepter sans modification le projet de médiation ; mais ils furent aussi peu écoutés à ce sujet qu'à propos d'autres propositions accessoires, qui surgirent à diverses reprises. Pendant ce temps-là les Turcs faisaient d'énormes efforts pour mettre toute la ligne du Danube en état de défense ; et une armée considérable fut également réunie en Asie Mineure, dans la province d'Erzéroum. Omer-Pacha fut appelé à prendre le commandement de l'armée du Danube, et Sélim-Pacha celui de l'armée d'Asie. L'enthousiasme et l'ardeur guerrière de la population menaçaient même de nuire à la liberté d'action du gouvernement : et lors de la fête du Beiram (13 septembre), à la suite d'une démonstration des oulémas, qui adressèrent au sultan une pétition où on l'engageait à déclarer la guerre, les ambassadeurs insistèrent auprès du divan pour qu'il accordât l'entrée des Dardanelles à une partie de la flotte mouillée à Bésika, afin d'assurer ainsi le maintien de la tranquillité publique. En conséquence, le 14 et le 15 septembre, six frégates de la flotte anglo-française vinrent prendre position à peu de distance de la capitale. Toutefois, rien n'indiqua si ce mouvement avait lieu contre les Turcs ou bien si c'était une démonstration contre les Russes.

A la suite d'une longue délibération du divan, qui eut lieu le 26 septembre, la guerre contre la Russie fut enfin résolue par le sultan ; et dès le 19 octobre Omer-Pacha reçut l'ordre de sommer le général Gortschakoff d'évacuer les Principautés dans un délai de quinze jours, faute de quoi les hostilités commenceraient sur le champ. En même temps la Porte publia un manifeste dans lequel étaient longuement développés les motifs de la détermination qu'elle venait de prendre. Quoique les ambassadeurs des quatre puissances, au sujet de l'interprétation donnée à la proposition de médiation de la conférence de Vienne par le cabinet russe, eussent déclaré à la Porte qu'ils ne pouvaient plus l'engager à accepter ce projet sans modifications, l'ambassadeur d'Angleterre à Constantinople, lord Strafford de Redcliffe, insista encore auprès de la Porte pour que les hostilités fussent suspendues jusqu'au 1er novembre. En cela il agissait d'après les ordres de son gouvernement, dont le chef, lord Aberdeen, d'accord avec le parti industriel anglais, fit tout ce qui était possible pour maintenir la paix; et il obtint en effet la promesse d'une suspension d'armes, à moins que les opérations n'eussent déjà commencé. Au total, cet incident n'apporta aucun changement sur le théâtre de la guerre. A partir du 26 octobre toute la flotte anglo-française, abandonnant son mouillage de la baie de Bésika, et franchissant les Dardanelles, vint jeter l'ancre en face de Gallipoli, sans qu'à cette occasion les amiraux qui la commandaient publiassent rien qui fit savoir précisément si ce mouvement avait pour motif des raisons d'hivernage ou bien s'il avait lieu en vue de soutenir activement la Porte contre la Russie.

Jusque alors les quatre puissances, dans leurs efforts de médiation, avaient toujours agi et négocié en commun; mais vers le commencement d'octobre, à la suite d'une première conférence que le czar eut à Olmutz avec l'empereur d'Autriche, puis d'une seconde, que les deux empereurs eurent à Varsovie avec le roi de Prusse, il sembla que l'Autriche et la Prusse allaient se rattacher plus étroitement à la Russie et prendre une attitude hostile à l'égard des puissances occidentales et de la Porte. Toutefois, des déclarations successives ne tardèrent point à faire savoir au monde que dans cette lutte la Prusse se réservait sa liberté d'action, et que l'Autriche entendait absolument rester neutre. Cette déclaration, rendue publique par ses organes officiels, elle la renouvela à la diète germanique; et pour lui donner plus de poids, elle ordonna même une réduction de son armée. Son ambassadeur à Constantinople, le baron de Bruck, s'efforça en outre constamment d'arriver au rétablissement de la paix, qu'en raison de sa situation particulière l'Autriche devait souhaiter à tout prix. Tous ces efforts, de même que les hésitations des puissances occidentales, ne purent décider la Porte à s'abstenir à faire la guerre pour son compte, surtout les premiers résultats des opérations militaires lui ayant été assez favorables. En Asie, Sélim-Pacha avait pris l'offensive vers la fin d'octobre; le 27 il avait enlevé d'assaut le fort Schefkatil (*Nicolas*), sur la mer Noire, à peu de distance de Batoum, et avait remporté en outre divers autres avantages sur le territoire russe. Omer-Pacha ouvrit les hostilités le 23 octobre, en faisant canonner du fort d'Isakischa une flotille russe du Danube; et il effectua ensuite avec succès, à partir du 27, le passage de ce fleuve sur plusieurs points entre Widdin et Silistria. Tandis qu'il essayait de se fortifier à Oltenitza et à Kalafat avec 40 ou 50,000 hommes, le général russe Dannemberg vint l'attaquer le 4 novembre dans la première de ces positions, mais sans succès. A partir du 9 il attaqua encore, à diverses reprises, à Oltenitza Omer-Pacha, qui repassa enfin le Danube le 13, sans que les Russes missent obstacle à ce mouvement et après avoir eu le soin de détruire ses fortifications, tandis qu'un corps turc de 20 à 25,000 hommes continuait à occuper Kalafat. On croit que pour se décider à battre ainsi en retraite Omer-Pacha eut des motifs particuliers. Pendant ce temps-là il avait aussi paru un manifeste, daté du 1er novembre, par lequel la Russie déclarait qu'en occupant les Principautés elle n'avait voulu que faire respecter les traités, tous les efforts tentés par les autres puissances auprès de la Porte pour atteindre ce but par les voies pacifiques ayant échoué. A la fin du même mois, le 30, une escadre russe de six vaisseaux de ligne aux ordres de l'amiral Nachimoff, anéantissait dans les eaux de Sinope, sur la côte asiatique de la mer Noire, une division de la flotte turque à l'ancre devant cette place. La perte des Ottomans dans ce désastre fut de plus de 4,000 hommes, tués ou noyés. Ce désastre causa une vive sensation en Europe; mais il fallut beaucoup de temps encore pour que la France et l'Angleterre pussent tomber d'accord sur les mesures à prendre pour empêcher le retour de semblables événements. Ce ne fut que le 4 janvier 1854 que les flottes combinées reçurent l'ordre d'entrer dans la mer Noire; et telle était encore la sollicitude des puissances occidentales pour arriver, s'il était possible, à une solution pacifique du conflit, que les amiraux anglais et français firent savoir à l'amiral russe commandant la flotte de Sébastopol qu'en entrant dans la mer Noire les flottes alliées n'avaient d'autre but que de protéger les côtes et les ports de l'Empire Ottoman et de concourir ainsi au *maintien de la paix*. Pendant tout le mois de janvier les bords du Danube furent le théâtre de combats sanglants entre les Turcs et les Russes, et la diplomatie espérait toujours amener un rapprochement entre les deux puissances belligérantes. Dans ce but, l'empereur des Français adressait encore, le 29 janvier, à l'empereur Nicolas une lettre autographe par laquelle il lui proposait la conclusion d'un armistice en Orient, le rappel des troupes mises en présence par la Russie et la Turquie, afin de laisser ainsi un libre cours aux négociations diplomatiques. L'empereur de Russie ne répondit à cette ouverture conciliatrice que par un refus positif. Le 4 février le cabinet de Saint-Pétersbourg rappela les ambassadeurs qui l'avaient jusque alors représenté à Paris et à Londres, et fit notifier aux gouvernements anglais et français la rupture de toutes relations diplomatiques. Le départ des ambassadeurs français et anglais accrédités à Saint-Pétersbourg en fut la conséquence nécessaire; et dès lors il ne fut plus permis de douter qu'une lutte gigantesque allait s'engager entre l'Angleterre et la France d'une part et la Russie de l'autre; lutte dans laquelle il s'agirait moins du maintien du *statu quo* en Orient que d'empêcher la Russie de réaliser ses projets de conquête, longtemps dissimulés et maintenant franchement avoués. C'est à l'article RUSSIE que le récit des événements qui s'ensuivirent trouvera naturellement sa place, et nous y renvoyons le lecteur. Bornons-nous à constater ici que le séjour des armées et des flottes françaises et anglaises en Orient pendant deux années a plus fait pour la propagation de la civilisation dans ces contrées que tous les efforts de la philanthropie ou du zèle religieux pendant deux siècles. En sauvant l'Empire Ottoman de la conquête russe, la France et l'Angleterre ont exigé et obtenu du gouvernement turc qu'il entrât franchement dans la voie des progrès et des réformes. Au moment où nous écrivons, le territoire russe a été complétement évacué par les armées alliées, aussi bien que l'avait été celui de la Turquie. La Porte Ottomane, remise en possession de ses droits de complète souveraineté sur les diverses populations de ses États, a rendu des hattischérifs qui donnent satisfaction complète aux demandes de garanties civiles et politiques, qui avaient été formulées dans l'intérêt des dissidents. En signant le traité de Paris du 30 mars 1856 la Russie a implicitement reconnu que le but qu'elle avait ostensiblement indiqué comme étant le but de ses armements était désormais atteint. Une paix honorable pour tous a mis fin à une guerre aux proportions colossales, inouïes, et dont l'histoire conservera à jamais le souvenir. On peut donc espérer que d'ici à longtemps les affaires d'Orient ne serviront de prétexte à l'ambition pour troubler la paix du monde. L'Europe occidentale n'est parvenue à la rétablir qu'en dépensant en deux années plus de *cinq milliards de francs*; elle l'a payée assez cher pour y tenir. Consultez Hammer, *Constitution et administration politique de l'Empire Ottoman* (en allemand; Vienne, 1815); le même, *Histoire de l'Empire Ottoman* (10 vol., Pesth, 1834); Pallas, *Histoire abrégée de l'Empire Ottoman* (Paris, 1824); Poujoulat, *Histoire de Constantinople, comprenant le Bas-Empire et l'Empire Ottoman* (2 vol., Paris 1853); Mouradgea d'Ohsson, *Tableau général de l'Empire Ottoman* (7 vol., Paris, 1824); Boué, *La Turquie d'Europe* (4 vol., Paris, 1840); Ubicini, *Lettres sur la Turquie* (2e édit., Paris,

1853); W.-A. Duckett, *La Turquie Pittoresque* (1 vol., avec figures; Paris, 1855).

OTWAY, poëte dramatique anglais, né en 1651, à Trotting, dans le comté de Sussex, alla, en 1699, suivre les cours de l'université d'Oxford. Mais avant d'avoir achevé ses études, il se fit acteur, et n'obtint aucun succès sur les planches. Il fut plus heureux comme poëte tragique. En 1673 il fit représenter sa première tragédie, *Alcibiad*, et trois ans plus tard son *Don Carlos* obtint de vifs applaudissements. En 1677 la recommandation du comte de Plymouth lui valut son admission dans un régiment de dragons avec le grade de *cornette* (sous-lieutenant), et il suivit son corps en Flandre. Mais, par suite de son inconduite, il ne tarda pas à se voir contraint de donner sa démission, et il s'en revint alors à Londres, où, en proie à une pénurie extrême, il se consacra exclusivement au théâtre. Ses meilleures pièces sont intitulées : *L'Orphelin* (1680) et *Venise sauvée* (1682). Cette dernière est restée au répertoire. La misère et des excès de tous genres mirent un terme à son existence dès l'année 1685. Ses tragédies se distinguent par des situations attachantes, par d'excellentes peintures de la passion, et par une grande chaleur de style; mais ses comédies, quoique petillantes d'esprit, parurent trop libres à ses contemporains eux-mêmes, si peu susceptibles pourtant à cet égard. Thornton a donné en 1812 une édition de ses œuvres complètes.

OUARA, montagne de l'Algérie, située au sud-est de Médéah, et au pied de laquelle coule le Chélif, par 25' de longitude orientale et 36° 10' de latitude septentrionale. Le 1er juillet 1831, le général Berthezène y livra un combat aux Arabes, en revenant de Médéah. L. Louvet

OUARENSÉNIS (Djebel ou Mont), le *Zalacus* ou *Ancorarius mons* des anciens, arrière-chaîne de l'Atlas, qui se perd dans le Sahara, et s'étend de l'est à l'ouest par 35° 40' de latitude septentrionale et 1° de longitude occidentale. Elle donne naissance à plusieurs petits cours d'eau qui se jettent dans le Chélif.

A la fin de 1842, la présence d'Abd-el-Kader dans la chaîne de l'Ouarensénis, d'où il dominait tous le pays entre le Chélif et la Mina et menaçait de porter la guerre dans les contrées soumises en avant de Médéah, Miliana et Mostaganem, fit décider une campagne d'hiver pour le déloger de ces montagnes. A cet effet, trois colonnes se réunirent le 24 novembre sous les murs de Miliana, et le lendemain elles se mirent en mouvement pour aller occuper les montagnes couvertes de bois des Beni-Ouragh, retraite ordinaire des Flitas. D'un autre côté, les divisions de Mascara et de Mostaganem, conduites par les généraux Lamoricière et Gentil, devaient manœuvrer de façon à pousser les populations de cette tribu insoumise dans ces montagnes, où la division d'Alger les attendait. La colonne de droite était commandée par le général Bugeaud, celle du centre obéissait au général Changarnier, et celle de gauche avait le général Korte pour chef. Le résultat des opérations répondit parfaitement à l'attente du général en chef. En vingt-deux jours, presque toute la chaîne de l'Ouarensénis, jusqu'à l'oued Rihou, la vallée entière du Chélif, avec toutes les tribus qui bordent la Djediana et la rive gauche de l'oued Rihou, ainsi que la plus grande partie de la tribu des Flitas furent soumises. Le 17 décembre les hostilités avaient entièrement cessé sur la rive gauche du Chélif. Après ce succès, le général Changarnier fut chargé de pousser une expédition jusque chez les populations des environs de Tenès, et il s'acquitta de cette tâche avec beaucoup d'habileté. Cependant, vers la fin de décembre, l'émir se mit de nouveau en insurrection. Les opérations recommencèrent. Les généraux Changarnier et Lamoricière firent de nombreuses razzias sur les tribus insoumises, et enfin, au mois de mai 1843, le duc d'Aumale parvint à saisir inopinément la fameuse *smalah* d'Abd-el-Kader. Malheureusement cette campagne nous coûta peu de temps après notre fidèle allié Mustapha-ben-Ismaïl. Un autre combat eut lieu encore le 22 juin au pied du plateau de Djéda contre les derniers débris de la smalah, et l'avantage nous resta encore. Après quelques nouveaux combats, l'émir n'eut plus qu'à se retirer dans le Maroc pour y puiser de nouvelles forces. Au mois d'octobre, le général Bugeaud put organiser d'une manière définitive les tribus de l'Ouarensénis. L. Louvet.

OUBLI, manque de souvenir, ce qui est sorti de la mémoire : *oblivio*. Dans le christianisme, on entend par *oubli des injures* l'action d'oublier les offenses, de les pardonner, de n'en garder aucun ressentiment. *L'oubli de ses devoirs*, c'est l'action d'y manquer. L'*oubli de soi-même*, c'est l'abnégation de ses droits, de ses intérêts, de ses affections. L'*oubli de soi-même* n'est une vertu qu'autant qu'on s'occupe beaucoup en même temps des autres. Les poëtes disent qu'ils sauvent les noms de l'*oubli*, qu'ils les garantissent de l'*oubli*. Ils ont inventé le fleuve Léthé, ou *de l'oubli*, en faveur de la métempsychose.

L'antiquité avait consacré l'*oubli* à Bacchus, pour faire comprendre qu'on doit oublier tout ce qui se dit à table et dans la liberté de la joie et du vin. Un proverbe grec dit : « Je hais le convive qui a de la mémoire. »

OUBLIAGE (Droit d'). *Voyez* Oublie.

OUBLIE, sorte de pâtisserie légère, fort mince, cuite entre deux fers, et roulée en forme de cornets. Ce mot vient, par corruption, d'*oblaye*, qui a été fait d'*oblata*, dont on s'est servi pour signifier une hostie non consacrée. On appelait autrefois cette pâtisserie *oblée*, *oublée*, *oblaye*, et ceux qui la fabriquent *oublieurs*, *oblayeurs*. On la trouve ainsi nommée dans des arrêts du parlement fort anciens. Les Latins l'ont appelée *nebula*. D'autres l'ont dérivée du latin *obelia*, parce qu'elle ne se serait vendue qu'une obole. On a prétendu qu'elle était connue des Grecs, qui lui avaient imposé ce dernier nom.

On servait à certains jours de l'année, dans quelques églises, des *oublies* aux chanoines et aux clercs. Les *oublies* ont été quelquefois une redevance de fiefs, connue sous le nom de *droit d'oubliage*, ou *droit d'oublies*. Les rois de France l'exigèrent comme les autres seigneurs. Ce genre de redevance se consolida plus tard au point de se convertir en gâteaux, connus sous le nom d'*oubliaux*, et même en argent monnayé. Comme la coutume des bourgeois de ce temps était de souper de très-bonne heure, les *oublieurs* ou *oublieux* se répandaient le soir dans les rues de Paris, et allaient dans chaque maison offrir leurs *oublies* pour dessert, ce qui donnait lieu à de graves abus. Sous le prétexte de tirer au sort des *oublies*, on se livrait à des jeux de hasard qui occasionnaient des pertes considérables. Des escrocs, des filous, des voleurs, des assassins, s'introduisaient dans les maisons vêtus en marchands d'*oublies*. Cartouche avait dans sa troupe un grand nombre d'*oublieux*. La police défendit enfin à ces détaillants de s'introduire de nuit dans les maisons. Ils disparurent insensiblement, et furent remplacés par de plus pacifiques industriels, les marchands et les marchandes *de plaisirs*, courtisans assidus des mamans, et espoir des enfants qui sont sages.

OUBLIETTES. On a souvent révoqué en doute l'existence de ce long et mystérieux supplice. Il a fallu qu'une révolution révélât l'intérieur des prisons d'État pour que ces doutes devinssent des certitudes : les oubliettes datent du moyen âge. La Bastille avait ses oubliettes; mais elles n'étaient point telles que les représentait la tradition populaire. Des auteurs graves avaient raconté que c'était un puits plus ou moins profond, dont les parois étaient hérissées de faux aiguës et saillantes; le corps de la victime, déchiqueté dans tous les sens, dans sa chute, tombait en lambeaux au fond du puits. L'exploration du cachot souterrain de la Bastille et d'autres prisons d'État n'a point confirmé cette tradition. Les *oubliettes*, ainsi que leur nom l'indique, étaient des cachots où l'on enfermait des prisonniers destinés à périr; du pain grossier et de l'eau étaient leur unique aliment; l'aspect du jour leur était interdit; leur dernier soupir devait s'exhaler dans leur cachot. C'était l'*in pace* des prisons claustrales, des juridictions épiscopales, le *carcere duro* de l'Espagne. On a trouvé dans les cachots souterrains de la Bastille, lors de son entière démolition, en juin 1790, quatre squelettes enchaînés dans des oubliettes : ils furent inhumés dans le cimetière de la paroisse Saint-Paul. Chaque abbaye, chaque couvent, avait ses prisons et ses *oubliettes*. Bicêtre et la Conciergerie du Palais ont encore des cachots qui furent le théâtre de cet infernal supplice. Dans la partie de la Conciergerie appelée le *Grand César*, on remarque un cachot noir dont l'entrée est très-basse, la voûte si peu élevée qu'un homme de taille ordinaire ne peut se tenir debout; au milieu se trouve un énorme anneau de fer. Les malheureux condamnés aux *oubliettes* y mouraient sans que rien pût indiquer leur nom ni l'époque de leur emprisonnement et de leur mort.

Dans le style familier, *mettre aux oubliettes* signifie jeter au rebut et reléguer indéfiniment dans un carton une lettre, une pétition auxquelles on ne veut pas répondre.

DUFEY (de l'Yonne).

OUCHDA, ville du Maroc, située par 4° 7' de longitude orientale et 34° 40' de latitude septentrionale, sur la frontière de l'Algérie. En 1844, Abd-el-Kader, s'étant retiré dans le Maroc, profita de la présence d'un corps de troupes françaises sur une partie du territoire avoisinant le Maroc et la mer dont la possession nous était contestée, pour commencer les hostilités. La construction d'un fort à Lalla-Maghrnia excita les réclamations du Maroc, qui réunit quelques corps de troupes près d'Ouchda. Parmi ces troupes se trouvait Abd-el-Kader avec cinq cents réguliers et quelques fractions de tribus limitrophes que leurs soulèvements, plusieurs fois châtiés, avaient forcées à l'émigration. Tout à coup, le 30 mai 1844, sans aucune déclaration de guerre, un corps nombreux de cavaliers marocains passa la Mouilah, s'avança à neuf kilomètres en dedans de la frontière française, et attaqua le corps d'observation commandé par le général Lamoricière. Celui-ci repoussa facilement plus de deux mille Marocains, et leur fit éprouver des pertes sérieuses. Cette échauffourée fut attribuée par la cour de Maroc à l'indiscipline des Berbères et des nègres et au fanatisme d'un parent de l'empereur, Sidi-el-Mamoun-ben-Chérif, arrivé le matin même à Ouchda avec un contingent envoyé à Fez par le fils de l'empereur. Les autorités françaises consentirent à ne voir dans cette affaire qu'un accident; et cependant la guerre sainte était proclamée partout. De nombreux corps auxiliaires se dirigeaient vers la frontière française. Il devenait évident que l'attaque du 30 mai n'était que l'expression des dispositions malveillantes du Maroc. On recourut encore une fois aux négociations. Pendant que d'énergiques représentations étaient adressées à l'empereur par notre agent consulaire à Tanger, le maréchal Bugeaud ordonnait au général Bedeau de demander une entrevue au caïd El-Ghennaoui, commandant les réguliers marocains. Cette entrevue, dont le lieu avait été fixé sur la Mouilah, fut signalée par un acte de trahison, dont le maréchal Bugeaud sut tirer une vengeance immédiate. Le détachement envoyé pour assister de loin aux pourparlers fut attaqué par plus de cinq mille fanatiques, qui entourèrent ce petit corps et rompirent la conférence. Le maréchal Bugeaud, informé de ce qui se passait, accourut au secours des nôtres, et repoussa l'ennemi, qui perdit quatre cents hommes. Aussitôt le maréchal marcha sur Ouchda, et le 19 juin il entra dans cette ville sans coup férir. Les troupes marocaines s'étaient retirées, le 17, devant le mouvement des Français, et dans le plus grand désordre. Le maréchal Bugeaud se contenta d'occuper Ouchda et d'emmener quelques débris des tribus voisines de Tlemcen, qu'on retenait de force dans le Maroc. A cette générosité le maréchal ajoutait l'assurance que l'intention de la France était de ne conserver aucune partie du territoire marocain, mais seulement de punir des agressions injustes et de donner la preuve de notre puissance. Cependant, le gouvernement français se décidait à faire une démonstration navale sur les côtes du Maroc. Le prince de Joinville fut mis à la tête d'une division navale, et bientôt Tanger et Mogador allaient voir tomber leurs murailles sous nos boulets. Mais la prise d'Ouchda n'avait fait qu'exciter le fanatisme des populations marocaines. De toutes parts des levées en masse s'effectuaient. Le maréchal dut livrer une nouvelle bataille, et la victoire d'Isly força enfin l'empereur à la paix. Le 10 septembre un traité fut signé à Tanger, et après sa ratification les Français évacuèrent Ouchda, qui fut remise au Maroc.

L. LOUVET.

OUDE. *Voyez* AUDH.

OUDENARDE, ville de 6,000 habitants, sur l'Escaut, dans la Flandre orientale (Belgique). Elle est fortifiée, possède un bel hôtel de ville ainsi que d'importantes fabriques de toile et de coton, et est surtout célèbre par une bataille livrée sous ses murs, le 11 juillet 1708, et dans laquelle le prince Eugène et Marlborough battirent l'armée française commandée par le duc de Bourgogne et le maréchal de Villars.

OUDINOT (CHARLES-NICOLAS), duc DE REGGIO, maréchal et pair de France, naquit le 26 avril 1767, à Bar-le-Duc. Son père appartenait à une honorable famille de commerçants; le jeune Charles lui-même était destiné au commerce, mais son goût pour les armes rompit les projets de ses parents, et à seize ans il prit du service dans le régiment de Médoc. Cédant à la volonté de son père, il quitta ce corps en 1787. En juillet 1789, Bar-le-Duc, tourmenté par une émeute populaire, dut le rétablissement de sa tranquillité au brave Oudinot, qui avec quelques amis se précipita au milieu du tumulte, en saisit les chefs et les livra aux mains de la justice. Oudinot avait adopté le principe de la liberté nationale; il voulait sa patrie grande, forte, indépendante; aussi accepta-t-il avec bonheur le commandement du troisième bataillon de la Meuse. Dès ce moment chaque instant de sa carrière militaire, carrière pendant laquelle il reçut trente-deux blessures, est marqué par une action d'éclat. Il débute par une vaillante défense du fort de Bitche contre les Prussiens, qu'il poursuit en rase campagne et auxquels il fait 300 prisonniers. Cette action d'éclat le fait nommer, à vingt-cinq ans, colonel du régiment de Picardie, où existait un grande mésintelligence entre les officiers, prêts à émigrer, et les soldats, animés de l'amour de la révolution; il les réunit tous dans un sentiment commun, celui de la gloire de leur patrie. Le régiment de Picardie et son chef luttèrent, le 14 prairial an II (2 juin 1794), pendant quatorze heures contre 10,000 Autrichiens, près de Morlenter, et effectuèrent une retraite brillante sous le feu de l'infanterie et le sabre de la cavalerie ennemie. Ce fait d'armes, qui fit mettre à l'ordre de l'armée le chef et son régiment, valut à Oudinot le grade de général de brigade. Bientôt, quoique blessé, il pénètre hardiment dans Trèves (18 thermidor an II), dont il reçut le commandement. Il passe à l'armée du Rhin et Moselle en l'an III, et paye si bravement de sa personne à Nackerau qu'après avoir reçu cinq blessures, il est fait prisonnier. Échangé au bout de cinq mois, Oudinot participe à la prise de Nordlingen, Donnawert et Neubourg. Il reçoit plusieurs blessures au blocus d'Ingolstadt, où il repousse pendant dix heures toutes les attaques du général autrichien Latour; à Ettenheim, chargeant à la tête de trois régiments de cavalerie, il fait mettre bas les armes à plusieurs bataillons; il se distingue à Manheim, puis, à Feldkirch, dans les rangs de l'armée du Danube. Il prend Constance sur les émigrés du prince de Condé, est nommé général de division le 23 prairial an VII, et participe largement au gain de la bataille de Zurich, où une balle lui traverse la poitrine. Il suit Masséna en Italie, en qualité de chef d'état-major général, et trouve sa large part de gloire dans le siége de Gênes : deux fois il traversa, sur une simple barque, les innombrables croisières de l'ennemi pour aller porter des ordres à Suchet. Il était, ainsi que le disait Masséna, partout et à tout. L'année 1800 trouva Oudinot chef d'état-major général de l'armée d'Italie, sous les ordres de Brune, contribuant au succès de la bataille de

Pozzola, où il enlève une batterie ennemie à la tête d'une poignée d'hommes, au passage du Mincio. Ces affaires lui valurent un sabre d'honneur et un des canons qu'il avait pris et que tous ses amis ont pu voir chez lui. En 1805 Oudinot, alors grand-cordon de la Légion d'Honneur, commandait au camp de Boulogne le corps d'élite de 16,000 grenadiers et voltigeurs, à la tête duquel il fit la campagne d'Allemagne. Il prend et traverse avec ce corps Vienne, où il ne s'arrête pas; au passage d'un pont sur le Danube, défendu par 180 bouches à feu, et sous lequel se trouvent les mineurs prêts à faire sauter les mines, il arrache à l'un d'eux la mèche incendiaire, et pétrifiant l'ennemi par cet acte d'audace, qui électrisa ses troupes, il ne lui laisse pas le temps de se reconnaître, et fait prisonnier tout ce qui est devant lui. Wertingen, Armstetten, Instersdorff, Austerlitz vinrent ensuite ajouter encore à sa réputation militaire.

Chargé en 1806 de prendre possession des cantons de Neufchâtel et de Valengin, il reçut de la première de ces villes une épée avec cette inscription : *La ville de Neufchâtel au général Oudinot*. 1806. Il reçut également le titre de citoyen de Neufchâtel. Dans la campagne de Prusse, Oudinot décide du sort de la bataille d'Ostrolenka, qui lui valut le titre de comte de l'empire et une dotation d'un million; il contribue à la prise de Dantzig, et le 14 juin 1807 il engage cette chaude bataille qui a reçu le nom de Friedland, en soutenant pendant douze heures, avec sa division, le choc de toute l'armée russe. Après cette affaire, Napoléon, arrivé sur le champ de bataille, couvert de morts, au milieu desquels Oudinot s'élevait comme Léonidas, s'écria avec émotion : *Général, vous avez fait des prodiges; et quand vous êtes quelque part, il n'y a plus rien à craindre que pour vous.* Gouverneur d'Erfurth en 1808, lors du congrès des souverains, Oudinot commandait encore ses grenadiers dans la campagne de 1809; à Essling, il eut deux chevaux tués sous lui : Napoléon lui donna après cette bataille, où la part d'Oudinot fut belle, comme toujours, le commandement du deuxième corps, resté sans chef par la mort du maréchal Lannes. La bataille de Wagram lui valut le bâton de maréchal de l'empire et le titre de duc de Reggio, avec une dotation de 100,000 livres de rente. Ne mentionnons ici la pacifique occupation de la Hollande, en 1810, que pour constater que, par sa probité, ses qualités personnelles, le duc de Reggio s'y attira d'ardentes sympathies, et suivons-le à la grande armée, dans la campagne de Russie. Gouverneur de Berlin pendant deux mois, Oudinot, à la tête du douzième corps, se rend en Pologne, prend part aux combats de cette grande campagne, au passage de la Dwina, et, blessé à Polotzk, il abandonne momentanément à Gouvion-Saint-Cyr le commandement de son corps. Mais il apprend à Wilna les désastres de la retraite; il va rejoindre les 5,000 hommes qui forment les débris du douzième corps; il prélude à la funèbre bataille de la Bérézina en culbutant devant cette rivière une division russe; il en culbuta une autre à Studzianka. Blessé dans cette affaire, on l'avait transporté quatre lieues en avant du champ de bataille, à Plettchenitzio, où il faillit devenir la proie d'un tourbillon de Cosaques. Barricadé dans sa demeure, aidé du courage de quelques officiers, de ses aides de camp et de ses domestiques, il leur résista assez longtemps pour donner à l'avant-garde française le temps de dégager son brave général, épuisé par ce dernier trait de vaillance. En 1813 nous retrouvons Oudinot à la victoire de Bautzen, aux défaites de Gross-Beeren, d'Interbock, à Leipzig, où ses deux divisions de jeune garde se couvrent de gloire. Brienne, Champ-Aubert, Nangis, Arcis-sur-Aube le produisent encore devant l'ennemi.

Le maréchal Oudinot fut un des derniers à abandonner Napoléon en 1814; mais il l'abandonna sans retour, car, nommé par la première restauration, ministre d'État, gouverneur de la troisième division militaire, colonel général des grenadiers et chasseurs royaux, il passa les cent jours dans ses terres. La seconde restauration le fit pair de France, grand'croix de l'ordre de Saint-Louis, chevalier de celui du Saint-Esprit, commandant de la garde nationale de Paris, major général de la garde royale, etc. Dans la campagne de 1823, en Espagne, il eut le commandement d'un corps d'armée.

Quand la Restauration succomba sous le poids de ses fautes, le maréchal Oudinot se rallia à la royauté issue des barricades. Louis-Philippe le nomma grand-chancelier de la Légion d'Honneur, le 19 mai 1839; et, le 22 octobre 1842, gouverneur des Invalides après la mort du maréchal Moncey. Il est mort le 13 septembre 1847. La ville de Bar-le-Duc lui a élevé une statue sur une de ses places publiques.

OUDINOT (Nicolas-Charles-Victor), duc de REGGIO, fils aîné du précédent, naquit à Bar-le-Duc, le 3 novembre 1791. Entré dans les pages de l'empereur, en 1805, il fit la campagne de 1809 en qualité de premier page de service auprès de Napoléon; et depuis lors il conquit successivement tous ses grades sur le champ de bataille. L'empereur signa son brevet de colonel à Fontainebleau, en 1814, après l'abdication; et ce grade lui fut confirmé par les Bourbons. Comme il ne se crut pas, à l'époque des cent jours, délié du serment de fidélité qu'il venait tout récemment encore de prêter au gouvernement royal, il resta à l'écart; il en fut récompensé, lors de la seconde restauration, par le grade de maréchal de camp et par le commandement du 1er régiment de chasseurs à cheval de la garde royale. Plus tard, il fut chargé d'organiser l'école de cavalerie de Saumur. Son frère cadet, colonel d'un régiment de cavalerie, ayant été tué en Algérie à l'affaire de Muley-Ismael, le général Oudinot, désireux de le venger, sollicita du service à l'armée d'Afrique, et mérita dans cette même campagne d'être promu au grade de lieutenant général. Il fut blessé dans cette expédition près du Marabout de Sidi-Embareck; mais les Français s'emparèrent de Mascara.

En 1842 il fut nommé député par le département de Maine-et-Loire. En 1848 les électeurs du suffrage universel le chargèrent de les représenter dans l'Assemblée constituante, qui avait mission de doter la France d'une nouvelle constitution. Nommé bientôt après au commandement de cette armée des Alpes dans laquelle l'Italie croyait voir une libératrice, il s'écria, dans un ordre du jour à cette armée : « La république est amie de tous les peuples; elle a surtout de profondes sympathies pour les populations d'Italie. Les soldats de cette belle contrée ont souvent partagé sur d'immortels champs de bataille nos dangers et notre gloire; peut-être de nouveaux liens resserreront-ils bientôt une fraternité d'armes si chère à nos souvenirs. » Ces nouveaux liens furent l'expédition de Rome; le général Cavaignac en avait légué la pensée au gouvernement présidentiel, et le général Oudinot accepta le commandement de cette expédition, dont le résultat fut le renversement du gouvernement républicain à Rome. Rentré en France après la prise de cette ville, le général Oudinot reprit son siége de représentant à la Législative, où l'avaient envoyé deux départements, Maine-et-Loire et la Meuse : il opta pour ce dernier. Le vainqueur de Rome appartenait à cette fusion de toutes les nuances de royalisme qui ne demandait qu'à susciter à la république tous les obstacles possibles; sans prévoir que ces obstacles se tourneraient aussi contre elle; il vota comme elle votait. Le 2 décembre, les membres de cette assemblée réunis à la mairie du dixième arrondissement nommèrent le général Oudinot commandant général de la garde nationale; et pour atténuer le souvenir de l'expédition de Rome, qu'ils avaient si chaudement approuvée, ils lui adjoignirent comme chef d'état-major un représentant socialiste. Ce nouveau général en chef ne put que laisser disperser ses collègues et se laisser conduire lui-même à la prison de Mazas. Mis en liberté le 16 décembre 1851, il vit aujourd'hui à l'écart.

Un autre fils du maréchal Oudinot était parvenu au grade de colonel. Il servait en Afrique, et à l'affaire de Muley-

Ismael, le 26 juin 1836; il commandait l'avant-garde. Nos troupes étaient assaillies par des nuées d'Arabes; elles commençaient à s'ébranler. Une action d'audace étant nécessaire pour le salut de tous : *En avant,* s'écrie le colonel, *l'honneur du régiment nous en fait un devoir!* Son allocution et son exemple électrisent la poignée de cavaliers qui l'entourent; il charge à leur tête plus de 1,200 fantassins arabes, les met en déroute et tombe d'une mort glorieuse, frappé d'une balle à la tête. Deux officiers mirent pied à terre sous le feu le plus meurtrier, et retirèrent de la mêlée le corps de leur brave colonel; un maréchal des logis arabe l'emporta sur son cheval, et ses dépouilles mortelles furent inhumées sur les bords du Syg. Son frère, le général marquis Oudinot, eut la gloire de le venger.

OUDO. *Voyez* Audoeus.

OUDRY (Jean-Baptiste), célèbre peintre d'animaux, né à Paris, en 1686, fut l'élève d'abord de De Serre, puis du célèbre portraitiste **Largillière**. Après avoir travaillé pendant cinq ans sous la direction de ce maître, il débuta par quelques portraits et quelques tableaux d'histoire, qui le firent admettre dans la corporation des peintres de Paris connue sous le nom d'*Académie de Saint-Luc*. Une *Adoration des Mages*, qu'il exécuta pour le chapitre de Saint-Martin-des-Champs, le fit recevoir membre de l'Académie de Peinture, en 1717. Ces premiers ouvrages d'Oudry sont loin d'être des chefs-d'œuvre : il réussit mieux plus tard comme peintre d'animaux. Il se fit en ce genre une si grande réputation que le roi de Danemark l'appela à Copenhague, et que le duc de Mecklembourg-Schwerin fit construire une galerie particulière pour y placer les toiles d'Oudry. Louis XIV ne se sentit pas moins de sympathie pour les œuvres de notre artiste. Il lui accorda diverses pensions et gratifications, ainsi qu'un logement gratuit au Louvre. Oudry est d'ailleurs non moins célèbre par ses paysages et ses natures mortes que par ses tableaux de chasse et d'animaux. Quelque habileté dont il fasse preuve comme peintre d'animaux, force est de convenir qu'il ne réussissait pas également bien pour toutes les espèces d'animaux, et qu'il ne saisissait pas toujours avec exactitude leur véritable caractère et leurs mœurs. Les chiens, les renards, les cerfs, les chevreuils, en général tous les animaux qui figurent dans les drames ordinaires de la chasse, et même les singes, voilà son triomphe. Il est moins heureux quand il peint des ours, des loups, des lions, des tigres, etc. En 1755 il composa 150 dessins pour la grande édition de luxe des œuvres de La Fontaine publiée par Montevault. Il mourut cette même année, des suites d'une attaque d'apoplexie. Un grand nombre de ses ouvrages ont été gravés par Aveline, Lebas, Basan, Beauvarlet, Daullé, Duflos, etc. Lui-même a gravé avec légèreté et esprit 75 planches qu'on trouvera décrites dans les *Peintres-Graveurs français* de Robert Dumesnil.

OUED-EL-ALLEG, ou *rivière des Sangsues*, ruisseau de l'Algérie, dans la plaine de la Métidja, sur les bords duquel les Français élevèrent un camp portant le même nom, à une demi-heure du gué de la Chiffa, à deux heures de marche de Blidah, et à trois heures du camp de Bouffarick. Depuis 1837, la garnison de ce camp, qui était de 300 hommes, avait pour mission de contenir les Hadjoutes et de réprimer leurs brigandages, presque continuels. Au mois d'octobre 1839, les Hadjoutes vinrent attaquer les tribus soumises, et le 10 novembre le commandant Raphael périt dans une sortie, en voulant défendre un chasseur de son escorte. Le 20 novembre, au moment où Abd-el-Kader faisait connaître au maréchal Valée sa résolution de reprendre les hostilités, les Arabes passaient la Chiffa. Le commandant de Bouffarick envoyait alors des convois aux blockhaus de Mered et de l'Oued-el-Alleg. Malheureusement il ne donna que trente hommes d'escorte à ces convois. Ils furent attaqués à une lieue de Bouffarick, chacun par un millier d'Arabes. Le commandant du convoi de Mered forma ses voitures en carré; ses soldats se défendirent vaillamment, et donnèrent le temps à la garnison de Bouffarick de venir à son secours. Le commandant périt seul; atteint d'une balle, il fut tué roide. Le commandant du convoi d'Oued-el-Alleg fut encore moins heureux, et, après une glorieuse résistance, ayant épuisé ses munitions, retranché derrière son convoi et ne pouvant recevoir aucun secours, il périt avec tout son détachement. Le 21, une colonne de 1,500 Arabes passa la Chiffa dans la matinée. Le commandant du camp d'Oued-el-Alleg, qui ignorait ce qui s'était passé la veille, sortit pour protéger la rentrée d'un détachement parti du camp le matin. Ce détachement, qui croyait devoir attaquer l'ennemi, fut battu et rejeté sur le gros de la colonne. Entouré de toutes parts par des forces supérieures, le commandant français fit former un carré long, qui ne put opérer sa retraite qu'en laissant 108 morts sur la place. Tous les officiers furent blessés ou tués; et le commandement finit par échoir à un sergent-major. Le camp d'Oued-el-Alleg fit feu de ses pièces dès que les Arabes furent à portée. Les coups de canon, dirigés avec habileté, frappèrent en plein dans le groupe des cavaliers arabes, et les débris du détachement français purent rentrer dans le camp. Cette catastrophe ne devait pas rester impunie. Le gouverneur général se mit lui-même à la tête d'une colonne expéditionnaire, et le 31 décembre il sortit de Bouffarick en prenant la route d'Oued-el-Alleg à travers la plaine. A Sidi-Kliffa, la cavalerie ennemie commença à harceler nos flancs, et à la hauteur d'Oued-el-Alleg plus de 2,000 cavaliers engagèrent avec les tirailleurs du 17ᵉ léger, qui formaient l'arrière-garde, un feu des plus nourris. Arrivés près d'un endroit appelé les Cinq-Cyprès, on signala l'approche d'une masse d'infanterie d'environ 1,500 hommes, dont 800 d'infanterie régulière, qui s'avançait rapidement vers la tête de la colonne française, tambours battant, enseignes déployées. Aussitôt le colonel **Changarnier**, chargé du commandement de l'avant-garde, s'élance à la tête du 2ᵉ léger, à la baïonnette, contre la colonne arabe, pendant que le colonel Bourjolly part à la tête de ses quatre escadrons de chasseurs d'Afrique. Malgré la fusillade la plus vive, les Arabes sont culbutés par notre cavalerie et prennent la fuite dans le plus grand désordre, laissant 300 cadavres sur le champ de bataille, une pièce de canon, trois drapeaux et une multitude d'armes. Leur infanterie régulière était armée de fusils à baïonnette, presque tous anglais. Cette journée ne nous avait coûté que vingt hommes tués et une cinquantaine de blessés. L. Louvet.

OUED-EL-KÉBIR. *Voyez* Oued-Rummel.

OUED-JER, rivière d'Algérie, qui prend sa source dans le Djebel-Zickar, par 5' de longitude occidentale et 36° 25' de latitude septentrionale, coule à l'est jusqu'au Bordj-Boualouan, tourne au nord, puis serpente jusque auprès du lac Halouan. Côtoyant ensuite les collines du Sahel, elle se réunit à la Chiffa, sous 25' de longitude orientale, pour former le **Mazafran**. En 1840, le maréchal Vallée, partant pour occuper Médéah, livra un combat meurtrier aux Arabes sur les bords de l'Oued-Jer. L. Louvet.

OUED-RUMMEL, rivière de l'Algérie, nommée aussi *Oued-el-Kébir* dans la partie inférieure de son cours, prend sa source dans la chaîne du Grand-Atlas, à cinq journées de marche au moins de Constantine. Elle coule d'abord, du nord au sud, sur un plateau élevé, où elle reçoit plusieurs cours d'eau, et vient percer l'un des contre-forts du Petit-Atlas, entre le Djebel-Oousgar, qu'elle laisse sur sa rive gauche, et le Djebel-Ouache, sur sa rive droite. Au débouché de ce défilé, l'Oued-Rummel s'approche de la ville de **Constantine** par son angle sud, à Sidi-Rachet, où il forme une cascade, et coule dans un grand ravin qui règne le long des côtés sud-est et nord-est de la ville. Arrivé à l'extrémité septentrionale de Constantine, où est bâtie la Casbah, l'Oued-Rummel forme une nouvelle cascade, dite des Tortues, et quitte la ville en continuant son cours vers le nord. Cette rivière entre alors dans une vallée; puis, s'infléchissant un peu vers l'ouest, elle vient passer auprès de Milah, et, après avoir dépassé cette ville d'environ 8 kilomètres, elle s'unit à l'Oued-Boussolah. Elle pénètre ensuite dans le massif de montagnes qui borde la côte, traverse le Djebel-Aouad par une vallée profonde, et se jette dans la mer, sur la plage entre Djidjelli et le cap Boudjarone, à l'ouest du Zert-Nabou, et après avoir longé cette plage pendant plus de 4 kilomètres. A Constantine, l'Oued-Rummel présente une particularité remarquable : en arrivant à la pointe d'El-Cantara, ses eaux s'engouffrent pendant quelques instants sous terre, et reparaissent plus loin, pour disparaître et reparaître de nouveau. Il y a ainsi jusqu'à quatre pertes successives, qui forment autant de ponts naturels de 50 à 100 mètres de large.

On a quelquefois confondu l'Oued-Rummel avec l'Oued-el-Kébir, qui se perd près de Stora. Celui-ci est formé de l'Oued-Zefzaf, après sa réunion avec l'Oued-Legenil. Il est aussi connu sous les noms d'*Oued-Résas* et *Béni-Melki*. Les sources du Béni-Melki sont en effet sur la route de Stora à Constantine ; mais son lit est séparé de l'Oued-Rummel par des hauteurs qu'il faut franchir en se rendant d'une ville à l'autre. Il se jette dans la mer, à travers un banc de sable, ce qui rend son embouchure difficile à distinguer. Du reste, les Arabes donnent le nom d'*Oued-el-Kébir*, qui signifie *Grande-Rivière*, à tous les cours d'eau un peu abondants.

L. LOUVET.

OUESSANT (île d'), île de France sur l'Océan. C'est la principale de sept îles formant un petit archipel qui se dessine à l'entrée de la rade de Brest, et qui porte le nom collectif d'*îles d'Ouessant*. Elle forme un canton du département du Finistère. Les abords en sont escarpés et d'un accès difficile. Un château fort et quelques hameaux, dont le plus important s'appelle *Lampaul*, sont habités par une population d'environ 2,271 âmes. La superficie de l'île est de 18 kilomètres carrés. Le sol est fertile, et on y trouve de belles prairies. Les habitants s'occupent de pêche, et y élèvent une race de bétail et des chevaux de petite stature, mais vigoureux. Ces parages sont célèbres par le combat naval du 27 juillet 1778 (*voyez* l'article suivant).

OUESSANT (Combat d'). Après le traité d'amitié et de commerce signé entre la France et les États-Unis d'Amérique, la guerre avait été déclarée à l'Angleterre, qui commença les hostilités.

Le comte d'Orvilliers commandait la flotte française stationnée à Brest. Il mit à la voile le 1er juillet avec 32 vaisseaux de ligne et 15 frégates ou autres bâtiments. Cette flotte était divisée en trois escadres, *la blanche*, au corps de bataille, *la blanche* et *la bleue* à l'avant-garde, et *la bleue* à l'arrière-garde. Le comte d'Orvilliers, généralissime, montait *La Bretagne*, de 110 canons ; il occupait le centre. L'avant-garde, composée de 9 vaisseaux, était sous les ordres du comte Duchaffaut, qui montait *La Couronne*, de 80 canons ; enfin, la troisième escadre, où se trouvait le brave Lamothe-Piquet, était également composée de 9 vaisseaux, sous les ordres du duc de Chartres. Le prince avait établi son pavillon à bord du *Saint-Esprit*, de 80 canons. L'amiral anglais Keppel sortit le 12 de Plymouth avec 30 vaisseaux de ligne, dont 7 à trois ponts. Le 23 les deux flottes se rencontrèrent, et dès qu'elles furent en vue l'une de l'autre, elles manœuvrèrent durant quatre jours consécutifs, le comte d'Orvilliers pour conserver l'avantage du vent, l'amiral Keppel pour le recouvrer. Enfin le 27 juillet, à neuf heures du matin, la flotte française offrit le combat à l'ennemi. Les Anglais savaient qu'un prince du sang royal de France commandait l'escadre bleue, qui avant le combat formait l'arrière-garde de la flotte française ; ils manœuvrèrent dans l'intention de couper cette division du reste de l'armée navale. Alors le comte d'Orvilliers fit virer de bord l'escadre bleue, se trouva former l'avant-garde, et *Le Saint-Esprit* fut exposé à demi-portée de canon au feu des Anglais. Après environ deux heures d'engagement, les deux armées navales s'étant plus ou moins vite prolongées, se séparèrent en continuant le combat à bord opposé, s'arrêtèrent à peu près en même temps, à trois milles environ l'une de l'autre. Les Anglais avaient plus souffert que les Français, à cause de la confusion de leur première attaque.

OUEST, un des quatre points cardinaux, nommé aussi *couchant* et *occident*. C'est le côté où le soleil se couche. Ce mot vient du saxon *west*. Une étymologie plus poétique et plus brillante serait celle-ci, tirée des trois mots latins *est ; ubi est ?* L'homme émerveillé, se tournant vers le soleil levant, se serait écrié : *Il est là !* Puis, le soir vers le soleil couchant : *Où est-il ?* Les Hébreux appelaient ce point cardinal *akor* (le point postérieur), par rapport à la coutume des Orientaux et des premiers hommes de se tourner à leur réveil vers le soleil levant, et souvent d'adorer cet astre, l'Orient s'appelant par analogie chez eux *kedem* (le devant). Les chevets et les maîtres autels des églises chrétiennes font encore généralement face à l'orient, et leurs *contrées* ou portes à l'occident ou à l'ouest. Les Grecs nommaient l'ouest δύσις (le coucher).

Ouest est aussi applicable au vent qui vient de ce côté ou de cette plage. Dans la rose des vents plusieurs rhumbs portent des noms où entre le mot *ouest*.

DENNE-BARON.

OUFA, chef-lieu du gouvernement d'Orembourg (Russie), sur le versant occidental de l'Oural du sud, et au confluent de l'Oufa et de la Bjelaja. Cette ville, qui a été régulièrement reconstruite à la suite du grand incendie qui la détruisit presque entièrement en 1816, possède une grande halle, un collége et deux autres établissements d'instruction publique, plusieurs fabriques, douze églises, deux couvents, et compte environ 17,000 habitants. Depuis que le siége des autorités administratives y a été transféré d'Orembourg, elle a considérablement gagné ; et déjà elle est plus étendue et plus peuplée que l'ancien chef-lieu. Elle est aussi le siége du mufti mahométan.

OUI, adverbe ou particule d'affirmation, qui est tout l'opposé du *non*, particule de négation. *Oui* est l'expression verbale la plus brève et la plus positive du consentement. Suivant l'étymologiste Ménage, *oui* vient des deux mots latins *hoc est* (c'est cela, c'est cela même). On disait autrefois *oc* pour *oui* dans une grande partie de la France. De ce mot *d'oc* se serait formé, par des altérations successives, celui d'*oce*, et enfin celui d' *oui*.

Oui s'emploie aussi substantivement, comme dans ces exemples : Cet homme dit tout aussi aisément le *oui* que le *non ;* c'est à son grand regret qu'il a prononcé ce *oui-là*.

Quelquefois on augmente la signification du mot *oui* en y joignant d'autres particules ; c'est aussi un moyen de lui donner une tournure ironique, comme quand on dit *oui-dà*, *oui vraiment*, *oui certes*, *oui ma foi*, etc.

CHAMPAGNAC.

OUÏ-DIRE, ce que l'on a entendu dire par quelqu'un, qui lui-même n'en sait peut-être pas davantage et n'a rapporté à son tour qu'un ouï-dire, remontant Dieu sait où. Ce qui est triste à avouer, c'est que bien souvent l'opinion se forme sur des ouï-dire ; c'est là ce qui prête beau jeu à la calomnie et à la diffamation ; car à force d'entendre répéter certains bruits injurieux, bien des gens finissent par les répéter à leur tour, et les ouï-dire font rapidement leur chemin. Veut-on aller au fond des choses, à l'origine du ouï-dire, l'on n'y parviendra pas, car l'on ne trouverait personne qui voulût prendre la responsabilité des imputations que répète tout le monde. Dans combien de procès criminels ne voit-on pas les ouï-dire constituer cependant les principaux témoignages?

OUÏE, celui des cinq sens par lequel on reçoit les sons. Il ne se dit qu'au singulier : Avoir l'*ouïe* bonne, mauvaise, fine, subtile, délicate (*voyez* OREILLE).

On entend par *ouïes*, au pluriel, les ouvertures que les poissons ont aux côtés de la tête, et qui donnent issue à l'eau entrée dans leur bouche par la respiration. Ce mot se dit aussi des branchies, ou des organes en forme de peignes qui sont renfermés dans les ouïes, et qui opèrent la respiration.

Ouïes, en termes de luthier, désigne les ouvertures pratiquées dans la table supérieure de certains instruments de musique, tels que violons, violoncelles, harpes, guitares, ouvertures par lesquelles s'échappent les sons harmonieux.

OUISTITIS, genre de singes voisin des cébiens. Les ouistitis sont tous petits. Ce sont des singes américains, à narines écartées, à queue longue, non prenante, couverte de poils, à ongles transformés en griffes, à pouces presque non opposables, à cinq molaires seulement de chaque côté des mâchoires. Étienne-Geoffroy Saint-Hilaire les distingue en *ouistitis proprement dits* et *tamarins*, qu'il caractérise ainsi : *Ouistitis proprement dits :* Incisives supérieures non contiguës, les inférieures presque verticales, les latérales étant les plus longues; oreilles médiocres. *Tamarins :* Incisives supérieures contiguës; les inférieures proclives, contiguës et convergentes, en bec de flûte; oreilles très-grandes, membraneuses et plates sur les côtés de la tête; front grand et très-relevé par la saillie des crêtes sous-orbitaires.

Nous ne décrirons ici que le *ouistiti* de Buffon (*iacchus vulgaris*, Geoff.), qui appartient à la première section. Son pelage est grisâtre, avec la croupe et la queue mêlées de gris brun et de cendré; il a une tache blanche au milieu du front, et deux grandes touffes de poils blanchâtres qui sont situées devant et derrière chaque oreille. La queue est plus longue que le corps, qui n'a que 22 centimètres. Cette espèce, qui doit ce nom de *ouistiti* au cri qu'elle pousse, se trouve à la Guianne et au Brésil.

OUKASE (dérivé du russe *ukasat*, parler), expression usitée dans les contrées occidentales de l'Europe, et répondant à celle d'*ordre de cabinet*, et qu'on applique en Russie à tous les ordres ou édits législatifs ou administratifs émanant du gouvernement. Les oukases ou proviennent directement de l'empereur, et s'appellent alors *imenny ukas*, ou sont publiés comme des décisions du sénat dirigeant. Les uns et les autres ont force de loi, tant qu'ils n'ont pas été annulés par des décisions postérieures. Pour mettre un peu d'ordre dans le chaos d'oukases rendus depuis la publication de l'*Uloshénie* du tsar Michaïlowitsch (1639), l'empereur Nicolas ordonna, en 1827, d'en faire une collection en 48 volumes, à laquelle se rattacheraient les oukases postérieurement rendus d'année en année, et qui constituerait la base du code de l'empire de Russie (*Swod*) après qu'on en aurait élagué tous les matériaux inutiles.

Les *prikases* ne sont que des ordres du jour de l'empereur, ou encore des ordres militaires donnés en campagne.

OULANS. *Voyez* HULANS.

OULED, mot arabe, qui signifie fils, enfant, comme *béni*, et que l'on trouve non-seulement dans les noms d'homme en Afrique, mais aussi dans les noms de tribu, parce que la tribu arabe ou kabyle prend souvent son nom de celui qui passe pour en être la souche, ou du lieu près duquel elle habite. L. LOUVET.

OULED-BRAHAM (Combat d'). Après le combat de Medzergah, les Arabes se retirèrent au delà de Sidi-Embarek, dans l'espoir de soulever les Kabyles des montagnes de Damourah; mais ayant échoué dans ce dessein, ils se décidèrent à évacuer la province. Le général Galbois lança alors à la poursuite de l'ennemi une colonne qui fut bientôt sur ses traces. Le capitaine de Vernon, à la tête d'une reconnaissance de cavalerie, partit, le 13 septembre 1840, de grand matin, et découvrit au pied du col d'Ouled-Braham, au nord-est de Constantine, la cavalerie ennemie, qu'il n'hésita pas à aborder. La position des Arabes, à l'entrée du col et flanquée par deux pitons, était avantageuse. M. de Vernon la fit attaquer d'un côté par les spahis, de l'autre par un peloton de chasseurs d'Afrique. Un combat vigoureux s'engagea, dans lequel les spahis mirent pied à terre et abordèrent l'ennemi à la baïonnette. L'infanterie ne tarda pas à arriver, et après de belles charges de cavalerie, un feu d'infanterie bien nourri acheva la défaite des Arabes, qui abandonnèrent le champ de bataille pour se retirer dans la direction de Hensena et de Msilah. Les forces arabes engagées dans cette affaire, sous les ordres d'Hadji-Mustapha, se composaient d'un bataillon régulier et d'environ six cents cavaliers. Nous avions eu trois tués et onze blessés, dont deux officiers de spahis. Cette victoire acheva de débarrasser la Medjana, et nos troupes rentrèrent tranquillement à Sétif. L. LOUVET.

OULED-RHIA. *Voyez* DAHRA (Massacres du).

OULÉMAS. On appelle ainsi, dans l'Empire Ottoman, les jurisconsultes; on les considère en même temps comme des ecclésiastiques, la loi civile des Turcs provenant de Mahomet comme leur religion, et étant contenue dans le Coran, base de toutes les prescriptions légales ultérieures. Les oulémas ont pour chef suprême le moufti; après lui viennent les *kadiasks*, au nombre de deux : l'un pour l'Europe, et l'autre pour l'Asie. Ils ont voix délibérative au divan. Tous les cadis ou juges subalternes des parties de l'empire à l'administration desquelles ils sont préposés dépendent d'eux, et sont à leur nomination. L'emploi de kadiask conduit à la dignité de moufti. La troisième classe d'oulémas, les mollas, se compose des juges supérieurs des diverses provinces. Après eux viennent les cadis, ou juges inférieurs, qui partout rendent la justice en première instance.

OUNKO. *Voyez* GIBBON.

OURAGAN, tempête violente, le plus souvent accompagnée de pluie, d'éclairs et de tonnerre; vent furieux, qui varie dans sa direction et rend la mer affreuse, agitée dans tous les sens par la contraction de plusieurs vents en tourbillons. Le mot *ouragan* nous vient des Caraïbes, habitants des îles découvertes au quinzième siècle par Christophe Colomb. Les ouragans ne se font sentir aux Antilles que du 15 juillet au 15 octobre, c'est-à-dire aux environs de l'équinoxe d'automne, dans la saison que l'on appelle l'*hivernage*. On les redoute comme les plus affreuses calamités. Le soleil, qui à cette époque passe au zénith des îles, suspend le cours ordinaire des vents d'est, arrête les nuages, et produit cette explosion subite de vents furieux, de torrents de pluie, d'éclairs et de tonnerre, accompagnés d'un gonflement épouvantable de la mer et d'oscillations du sol. Rien ne résiste à l'impétuosité des vents, et tous les lieux qu'ils parcourent ne présentent que le tableau de la destruction. Ce qui parait compléter le bouleversement de la nature est l'immense quantité de pluie qui se précipite par nappes, comme si les cataractes du ciel étaient ouvertes ; tous les éléments se confondent et présentent l'image du chaos. L'ouragan est précédé des symptômes les plus effroyables. Une obscurité profonde enveloppe l'horizon, même en plein jour; les nuages, condensés et immobiles, semblent peser sur la terre; l'atmosphère est accablante; l'air retentit du cri sinistre des animaux; le vol des oiseaux est rare et près de terre, ils semblent fuir le danger qui les menace; tout est morne, et la nature entière paraît souffrir. Les vaisseaux ont tout à craindre des ouragans, à moins qu'ils ne soient au large; alors ils peuvent fuir devant la tempête. Les plus gros vaisseaux sombrent sur leurs ancres, ou bien sont brisés à la côte si les chaines rompent ou si les ancres chassent. Dans l'un ou l'autre cas, c'en est fait des équipages.

En 1748 un ouragan, sur la côte de Coromandel, fit périr devant le fort Saint-David plus de vingt navires anglais, dont trois vaisseaux de ligne, sans qu'un seul homme des équipages pût être sauvé; cette même année, trois vaisseaux de la Compagnie des Indes périrent aussi devant Pondichéry. En 1760 l'île de France essuya un ouragan terrible, qui mit douze vaisseaux de guerre au plein dans le port, qui ravagea la colonie et bouleversa toutes les plantations. L'année suivante, en 1761, un nouvel ouragan passa sur Pondichéry, et fit périr trois vaisseaux de guerre anglais qui faisaient le blocus de cette place. L'ouragan de 1816 est un des plus violents qui aient ravagé les Antilles. L'année suivante, en septembre 1817, un ouragan, non moins violent que celui-ci, et que l'on ne peut comparer qu'à celui de 1780, ravagea une partie des Antilles; la Guadeloupe en fut préservée, mais la Martinique, et surtout la Barbade, durent subir toute sa furie. A la Barbade, la citadelle de Bridgetown s'écroula, et écrasa sous ses ruines une partie de la garnison. Le gouverneur de la colonie y succomba. A la Martinique, la gabarre *La Caravane*, chargée de fonds de l'État et de poudre, se brisa sur le rocher La Pointe-du-Diamant en arrivant de France. Rappelons encore l'ouragan qui ravagea la Havane en 1846.

Si les ouragans traînent après eux la désolation et la famine, ils ont du moins la propriété d'assainir l'atmosphère, et d'éloigner pour un temps les miasmes morbifiques et contagieux. Martial MERLIN.

OURAQUE. *Voyez* CORDON OMBILICAL.

OURAL, fleuve qu'on appelait jadis *Iaïk*. Il prend sa source par 54° de latitude nord, dans la partie septentrionale des monts Ourals du sud ou d'Orenbourg, et après un parcours de 137 myriamètres, pendant lequel il forme la frontière politique de l'Europe et de l'Asie, il va se jeter dans la mer Caspienne, à Gourieff, par 47° de lat. nord. Il provient de la réunion de plusieurs rivières. Son cours supérieur se dirige au sud dans une large vallée des monts Ourals, traverse Werk-Ouralsk, et se termine au fort d'*Orsk* ou *Orkaja*. Son cours moyen, qui se dirige à l'ouest, en décrivant de nombreux détours, baigne les forteresses de *Guberlinskaja, Ilinskaja, Krassnojorskaja, Orenbourg, Irtesk* et *Ouralsk*, après avoir traversé d'arides steppes, base du versant méridional de l'Oural. A Ouralsk, il reprend la direction du sud. C'est là aussi que commence son cours inférieur, à travers de basses steppes salées, situées déjà au-dessous du niveau de la mer, et remplissant le remarquable abaissement du sol qui forme le point de passage le plus large et le plus praticable entre l'Europe et l'Asie. La partie basse du rivage de ce fleuve, tantôt marécageuse et tantôt boisée, large de 200 à 500 mètres, est toujours inondée par les crues du printemps. A 7 myriamètres environ de l'embouchure de l'Oural dans la mer Caspienne commence son marécageux delta, dont le bras oriental, se terminant à Gourieff, est navigable pour de grands bâtiments; mais jusqu'à présent la navigation de ce fleuve est demeurée à peu près nulle. Par suite de son isolement au milieu de steppes inhabitables, l'Oural n'a d'autre importance que comme ligne naturelle de défense de frontières, protégée encore par une suite de forts et de postes de Cosaques formant ce qu'on appelle la *ligne de l'Oural* ou d'*Orenburg*. D'ailleurs, l'Oural est très-poissonneux. On y pêche surtout beaucoup d'esturgeons et de sterlets, dont les œufs servent à la préparation du caviar, produit qui donne lieu à une fructueuse exportation. Aussi ses rives sont-elles bordées d'une foule de villages de pêcheurs. La steppe de la rive droite de l'Oural s'étendant jusqu'à la mer Caspienne est habitée par les *Kosacks de l'Oural* et par quelques Kalmouks nomades; et la rive gauche, par des Kirghis, dont la plus grande partie reconnaissent aujourd'hui la souveraineté de la Russie. Le territoire des Kosacks de l'Oural, sur une superficie de 835 myriamètres, comprend une population de 55,000 âmes. Le chef-lieu, *Ouralsk*, où l'on compte 16,000 habitants, est une des villes militaires de la Russie, de même que *Gourieff*, à l'embouchure de l'Oural, où en 1849 on comptait 1752 habitants.

OURAL (c'est-à-dire, en langue turco-kirghise, *ceinture*), en russe SEMLÆNNII ou KAMMENOI-POIAS (c'est-à-dire *ceinture de terre ou de rochers*), les *Montes Hyperborei* des anciens. C'est ainsi qu'on nomme la chaîne de montagnes qui, aux confins de l'Asie et de l'Europe, s'étend depuis les steppes de Tundra, riverains de la mer Glaciale, jusqu'aux steppes des Kirghis, que baigne la mer Caspienne, c'est-à-dire sur un espace de 185 myriamètres de longueur, dont les contre-forts se prolongent à travers tout l'empire de Russie sur une profondeur de 288 myriamètres, et qui, sans se rattacher à aucune autre chaîne de montagnes, constitue la seule solution de continuité qu'on rencontre dans l'immense plaine de l'est de l'Europe et du nord de l'Asie. Offrant à l'œil du voyageur moins de sites remarquables que les Alpes ou les Pyrénées, l'Oural ne peut être comparé non plus par rapport à son élévation aux autres grandes chaînes de l'Europe et de l'Asie. On le divise ordinairement en *Oural du nord* ou *désert*, en *Oural central* ou *des mines*, et en *Oural du sud* ou *boisé*; et au point de vue ethnographique, en *Oural des Wogoules, Oural de Perm*, et *Oural des Baschkirs*.

L'*Oural du nord* ou *désert* commence dans la contrée des sources de la Petschora, se dirige d'abord au nord, puis davantage au nord-est, en formant une chaîne de rochers semblables à des remparts, accompagnée de bas contre-forts, avec des pics de 3,300 à 3,700 mètres d'élévation, séparés les uns des autres par des bas-fonds de 500 mètres d'altitude, offrant les formes les plus tourmentées, nus, manquant de forêts, couverts uniquement d'arbres rabougris, de mousses, de tourbières, de marais et de blocs de rochers, presque toujours enveloppés de nuages et de brouillards : enfin, la contrée la plus sauvage et la plus inhabitable de l'Europe. Cette partie de la montagne s'abaisse abruptement vers la Tundra avec la crête de Constantinoff, haute de 533 mètres. A partir de là s'étend au nord-ouest, jusqu'au voisinage de l'île Waigatsch, une montagne dont la hauteur ne dépasse guère 333 mètres, s'élevant insensiblement, couverte d'herbes et de mousses, n'offrant de roches fixes qu'à sa cime, appelée *Pae-Choi* par les Samoïèdes, mais qui cependant est tout à fait indépendante de l'Oural.

L'*Oural central* ou *des mines*, appelé aussi *Oural de Perm*, ou de *Werchoturi*, ou encore de *Katharinenburg*, s'étend au sud jusqu'aux sources et à la vallée de l'Oufa, et constitue la partie la plus étroite, la plus accessible et en même temps la plus élevée de toute la montagne. Il ne se compose que d'une seule chaîne principale, ou plutôt d'une suite de groupes isolés de montagnes séparées par des plateaux; de telle sorte que sur beaucoup de points on ne se croirait jamais sur la crête d'une montagne. La zone de ses contre-forts est très-circonscrite. Sa hauteur moyenne varie entre 600 et 800 mètres. Son point le plus élevé est la *crête de Kondjakoffskoï*, haute de 1,796 mètres, tandis que la *crête de Paffdinskoï*, qui l'avoisine, regardée autrefois comme le point culminant de toute la montagne, n'a que 1,109 mètres. Ici comme au nord les pics ne se composent que de crêtes de rochers nus, tandis que des deux côtés les versants deviennent de plus en plus couverts d'épaisses forêts à mesure qu'on avance davantage vers le sud, et que les vallées sont remplies de marécages et de broussailles.

L'*Oural du sud* ou *boisé*, appelé aussi *Oural des Baschkirs* ou *d'Orenburg*, se compose de trois crêtes de montagnes divergeant plus ou moins au sud, d'une élévation moyenne de 500 à 650 mètres, séparées l'une de l'autre par les longues vallées de l'Oural, de la Sakmara et de la haute Bjelaja, mais formant cependant un tout, à cause de leur nature de plateau et par l'élévation de leurs vallées. Le point le plus élevé est ici l'*Iremel*, haut de 1,550 mètres, situé sur la chaîne occidentale, au voisinage de la source de la Bjelaja, par conséquent dans la section septentrionale de cette partie de la montagne remarquable par ses immenses forêts, par ses richesses métalliques, de même que par ses excellents pâturages. Vers le sud ces crêtes vont toujours en s'abaissant, pour prendre la forme d'un large plateau, qu'elles présentent déjà dans la vallée transversale du cours central du fleuve Oural. Ni sa largeur (10 myriamètres au plus) ni sa hauteur (au pic le plus élevé elle atteint à peine 1,466 mètres) ne sont en rapport avec l'immense longueur de la montagne. Les vallées, qui la traversent généralement en long, ont de 350 à 500 mètres d'élévation absolue.

On ne rencontre nulle part dans l'Oural de ces précipices, de ces défilés transversaux, ni aucun des caractères particuliers que devrait présenter une si haute chaîne de montagnes. Des contrées au sol onduleux et relativement étroites y servent seules de transition entre les profondes vallées et les montagnes. Ce sont les seules parties de tout le territoire de l'Oural qui soient susceptibles de culture; et elles n'offrent de vaste étendue que dans les belles et onduleuses plaines qui entourent la vallée de la Bjelaja. La pente est douce de l'un et de l'autre côté. Dans quelques endroits la crête des montagnes s'abaisse à tel point qu'on les traverse sans presque s'en apercevoir; circonstance heureuse pour le commerce, l'industrie et la civilisation. La construction de grandes routes ne présentait pas ici autant de difficultés que dans des montagnes plus élevées, et les produits des mines de la Sibérie sont facilement transportés en Europe par une route qui monte et descend insensiblement entre Perm et Katharinenburg. Les pentes douces des nombreux lits de fleuve et la lenteur du cours de leurs eaux donnent naissance au pied de la montagne, du côté de l'est ou de la Sibérie, à de vastes marais; et plus loin toute la contrée offre les caractères des steppes basses et plates.

Suivant les récentes investigations dont il a été l'objet de la part de Murchison, l'Oural est composé dans son axe central de roches de quartz et de chlorite; sur son versant occidental de roches siluriennes et devoniennes, appartenant aussi à la formation houillière, plus ou moins transformées et devenues cristallines; tandis que sur son versant oriental et ses contre-forts, les mines sont exploitées en systèmes de couches métamorphiques, entre lesquelles existent des roches ayant subi l'action du feu. Les grottes et les cavernes qu'on rencontre dans les montagnes calcaires du centre et dans leurs contre-forts, surtout sur le versant occidental, sont nombreuses et souvent du caractère le plus grandiose. Tout l'Oural présente dans sa composition minéralogique l'opposition d'une certaine uniformité dans le gros de la charpente et d'une extrême diversité des plus belles roches cristallines. Parmi les pierres précieuses qu'on y trouve il faut mentionner les émeraudes, les fameuses topazes des mines de Murchinsk, les berylles des mines d'Iékatérinenburg. En 1829 on y découvrit pour la première fois des diamants, dans un lavage d'or appartenant au comte Polier. On y rencontre aussi de magnifiques amas de malachite, des améthystes, des tourmalines, du jaspe et autres pierres précieuses, ainsi que de l'ambre, depuis 1836.

L'Oural a incomparablement plus d'importance pour la Russie par ses richesses métalliques. Les contre-forts de la montagne, avec leurs nombreux cours d'eau et leurs épaisses forêts, si favorables à l'exploitation des mines, forment l'*Erzgebirge* ouralien proprement dit. Les plus importantes richesses métalliques se rencontrent en général entre le 54e et le 60e degré de latitude septentrionale, et principalement sur le versant oriental. C'est là aussi la partie colonisée de la montagne et en même temps l'un des districts les plus industrieux et les plus civilisés de la Russie. Dans cette partie centrale de l'Oural, dépendant du gouvernement de Perm, l'établissement des premiers hauts fourneaux date de 1623 et celui des premières forges à cuivre de 1640. En 1745, à peu de distance au nord-est d'Iékatérinenburg, on découvrit de l'or dans des gangues de quartz, à savoir à l'état d'or de gangue ou de montagne dans les gisements primitifs. Mais l'exploitation n'en commença qu'en 1752, dans les mines de Beresoffski, où elle se continue encore aujourd'hui. Depuis, on a de plus en plus ouvert de nouvelles fosses à or; mais la plupart en durent être abandonnées une fois qu'on eut découvert, en 1774, les couches de sables aurifères dont l'exploitation, au moyen de lavages, commencée à partir de 1814 dans les mines de la couronne, et à partir de 1819 dans les mines appartenant à des particuliers, a donné lieu à une production bien plus économique de l'or (de 1814 à 1830 elle fut de 1,694 *pouds*). Dès 1830 la couronne possédait dans l'Oural neuf mines et hauts fourneaux pour l'extraction du fer, cinquante-et-une mines de cuivre, un lavage d'or et une cour des monnaies. Parmi les mines appartenant à des particuliers, il y en avait quatre-vingt-une pour l'extraction du fer et dix-huit pour l'extraction du cuivre. Les plus importantes sont celles des familles Demidoff, Jakowleff et Stroganoff et de la maison de commerce Gubin. En 1838 la production du cuivre fut de 235,934 *pouds*; celle de la fonte, de 8,320,000 *pouds*, et celle du fer forgé, de 7,495,459 *pouds*. Le nombre de travailleurs employés à l'exploitation des mines est de 150,000. En 1832 on pouvait évaluer la totalité du produit annuel des mines, y compris celui des lavages d'or, à environ cinquante millions de roubles en papier. Les sables aurifères de l'Oural couvrent une surface de 515 myriamètres carrés, et se rencontrent aussi bien dans les veines de montagne que sur le bord des cours d'eau. Jusqu'en 1817 la production de l'or dans les montagnes de l'Oural ne dépassa pas en moyenne 18 *pouds* par an; en 1843 elle était déjà de 313 *pouds*, et en 1853 elle avait atteint 357 *pouds* 1/2. Au total, l'exportation de l'or provenant de l'exploitation des gangues de l'Oural avait été depuis 1752 jusqu'au commencement de 1850 de 622 *pouds*, et celle de l'or provenant des lavages s'était élevée de 1814 au commencement de 1850 à 7,221 *pouds*, ensemble de 7,843 *pouds*, représentant une valeur totale d'environ 110 millions de roubles d'argent. Il y faut ajouter encore 1,032 *pouds* produits par les lavages en 1850, 1851 et 1852; ce qui porte à plus de 124 millions de roubles d'argent (plus de 600 millions de francs) la production totale de l'or pendant l'espace d'un siècle. L'extraction du platine était autrefois d'un grand intérêt; et jusqu'en 1834 il n'en avait pas été monnayé pour moins de 8,186,020 roubles. Depuis 1824, époque où ce métal fut la première fois découvert dans l'Oural, jusqu'en 1851, son extraction totale a été de 2,061 *pouds*, dont 1,990 provenant des mines de *Nishnij-Tagilsk*, appartenant aux héritiers Demidoff. Mais la monnaie de platine ayant été supprimée en 1845, les propriétaires des mines de *Nishnij-Tagilsk* abandonnèrent leurs lavages de platine, bien que leurs gisements en contiennent encore d'immenses quantités. On trouve du plomb argentifère dans les mines de *Nishnij-Tagilsk*, de *Susstersk* et *d'Iékatérinenburg*. Cette dernière produisit de 1814 à 1820 près de 40 *pouds* d'argent; mais l'établissement des lavages d'or fit cesser cette exploitation. On évalue la production des mines d'argent de l'Oural de 1814 à 1820 à 40 *pouds* 3/4; celle de l'argent extrait de l'or de montagne et de gangues depuis 1754 jusqu'à 1850, à 60 *pouds*, et celle de l'argent provenant des lavages d'or de 1814 à 1850, à 607 *pouds* d'argent fin. Le cuivre, de même que l'argent, n'est sans doute pas aussi abondant dans l'Oural qu'en Sibérie; cependant, il ne laisse pas que d'y être encore fort commun. Plus des quatre cinquièmes des fers bruts produits par la Russie proviennent des hauts fourneaux de l'Oural, à savoir 7,836,000 *pouds* du gouvernement de Perm, 1,712,000 *pouds* du gouvernement d'Orenburg, 860,000 de Wjætka et 142,000 de Wologda; ensemble 10,550,000 *pouds*. Le fer aimanté de l'Oural, fondu au charbon de bois, convient particulièrement à la fabrication de l'acier et du fil de fer; ce sont ces qualités qui assurent aux fers russes des débouchés avantageux à l'étranger. Il existe d'immenses mines de sel gemme près d'Ilezkaja-Saschtschita, ainsi que dans les gouvernements de Wologda et de Perm. En 1852 on a aussi découvert aux environs de Iékatérinenburg un riche gisement houillier d'environ 90 werstes d'étendue, dont l'exploitation promet d'avoir les plus heureux résultats pour les hauts fourneaux de la contrée. Outre le grand marché qui se tient chaque année à Irbit pour le placement des produits de l'industrie minière et des fabriques, la foire de *Nishnij-Nowgorod* est leur grand débouché à l'intérieur. Les ports d'Archangelsk, de Pétersbourg et de Taganrog sont les étapes par lesquelles ils passent pour aller à l'étranger. Consultez Humboldt, *Fragments de Géologie et de Climatologie asiatique* (2 vol., Paris, 1831); le même, *Asie Centrale* (Paris, 1843); Murchison, *Geology of Russia in Europe and the Ural Mountains* (Londres, 1845; nouvelle édition, 1855).

OURDOUE (Langue). Voyez Indiennes (Langues), tome XI, p. 363.

OURRY (E.-T. Maurice), né à Bruyère-le-Châtel, près

d'Arpajon, en 1776, fit ses études au collége de Juilly. Venu à Paris à dix-neuf ans, il y débuta dans la carrière de vaudevilliste par un succès qui était le prélude d'une multitude d'autres, *La Danse interrompue* (en collaboration avec Barré), représentée au Vaudeville. Le Vaudeville, les Variétés, l'Odéon, le Gymnase, donnèrent pendant de longues années, à partir de ce moment, de nouveaux ouvrages dramatiques d'Ourry, en collaboration avec les sommités du genre, Chapelle, Jacquelin, Merle, Brazier, Francis, Moreau, Rougemont, Sewrin, Chazet. Ourry demanda aussi des succès à la poésie et à la chanson, vers laquelle le portait le genre de son esprit. Il publia deux pièces de vers sérieuses qui eurent du succès; membre du *Caveau moderne*, puis des *Soupers de Momus*, il en publia les chansons, parmi lesquelles on en remarque un certain nombre des siennes. Arrivé à l'âge mûr, Ourry, sans renoncer complétement aux légers travaux de ses premières années littéraires, se livra à des occupations plus sérieuses : il prit la plume du journaliste, et servit assez fidèlement le ministère Villèle dans le *Journal de Paris* pour être décoré; il a continué depuis lors jusqu'à sa mort ses travaux de journaliste, auxquels il associait sa collaboration à plusieurs recueils encyclopédiques, biographiques et littéraires : il y montrait un grand esprit d'observation uni à une bonhomie, à une naïveté pleine de charme : nos lecteurs en ont pu juger plus d'une fois. Ourry mourut vers 1844.

OURS (formé par contraction du latin *ursus*), genre de mammifères que distinguent au premier aspect les formes lourdes et trapues de leur corps, que protège une épaisse fourrure, la conformation de leur tête, large en arrière, et se prolongeant antérieurement en un museau assez fin : la pesanteur de leur allure, occasionnée par la brièveté de leurs membres, et par leur marche *plantigrade* (c'est-à-dire qui ne s'opère qu'en appuyant en entier sur le sol la plante du pied). Si l'on joint à ces traits d'ensemble les caractères tirés des cinq doigts armés d'ongles crochus qui terminent leurs pattes, de leur queue et de leurs oreilles, très-courtes, du mufle mobile qui entoure leurs narines, très-ouvertes, et puis enfin de la structure de leurs dents molaires, larges, aplaties, et propres à broyer plutôt qu'à déchirer, on a une idée suffisante des attributs organiques auxquels ce puissant mammifère a dû de prendre rang parmi les *carnassiers*, dans la famille des *carnivores*, en tête de la tribu des *plantigrades*. Hâtons-nous d'ajouter, comme trait caractéristique dans l'histoire de ce vertébré, qu'il est, entre tous ceux de cette division, celui qui montre le moins d'appétit pour la chair. Il vit préférablement en effet de fruits et de racines, fait qu'on aurait pu induire *a priori* de la structure de ses dents et de la lenteur de sa démarche. Des ours élevés à la ménagerie du Muséum n'ont pendant longues années été nourris que de pain. Une particularité singulière dans les goûts de ce quadrupède, c'est son avidité pour le miel, qu'il ne craint pas d'aller chercher sur les arbres, jusque dans les ruches des abeilles.

Bien que doué d'une force contre laquelle peu d'animaux pourraient lutter avec avantage, il ne se décide à en user que lorsqu'il est pressé par la faim ou lorsque ses petits sont menacés. Montrant alors le plus opiniâtre courage, il devient redoutable pour l'homme lui-même. Au moment où il se dresse sur ses pattes de derrière pour étouffer entre ses bras son adversaire, celui-ci lui enfonce un pieu dans le ventre. Mais cette chasse, en usage dans quelques contrées, expose l'agresseur à un danger dont l'emploi des armes à feu peut seul le garantir. On emploie aussi différentes ruses pour se rendre maître de cet animal; mais la remarquable prudence qu'il apporte dans toutes ses actions, sa défiance extrême (bien qu'il paraisse peu susceptible de peur), mettent souvent son ennemi en défaut, et permettent difficilement de le prendre adulte : s'il court mal, il grimpe très-bien, et peut descendre facilement à reculons les arbres ou les pentes rapides. Sa graisse abondante, augmentant sa légèreté spécifique, lui facilite la nage. Il se tient volontiers debout, frappe avec ses poings comme l'homme, lance quelquefois des pierres pour se défendre. Sa voix est une sorte de grondement, avec claquement de dents quand on l'irrite. Il a les sens, l'odorat notamment, très-délicats.

De mœurs tristes et solitaires, il ne sort de sa solitude habituelle qu'au moment où le besoin de la reproduction le rapproche de sa femelle. Il peut engendrer dès l'âge de cinq ans, et entre en rut au mois de juin ou de juillet. Sa femelle met bas au bout de sept mois deux à six *oursons*, qu'elle allaite au moins trois mois. La saison de ses amours une fois passée, le mâle regagne sa retraite, où il hiberne dans le creux d'un arbre, dans un antre; ou, s'il n'a trouvé aucun abri naturel, sous une sorte de hutte qu'il construit lui-même à l'aide de branches qu'il a soin de tapisser intérieurement de mousse. Ce n'est, d'après M. F. Cuvier, que dans les hivers froids qu'il tombe en léthargie. Il peut alors, grâce à l'abondance de sa graisse, supporter l'abstinence pendant tout le temps des gelées. A l'état de domesticité même, on le voit passer plusieurs jours sans manger, quoiqu'il reste éveillé en hiver.

On rencontre les ours dans toutes les parties du monde, hormis dans l'Afrique méridionale et dans la Nouvelle-Hollande. Les détails que nous venons de donner s'appliquent surtout à ceux que l'on trouve dans les montagnes boisées de l'Europe. Telle est l'analogie qui existe entre les différentes espèces formées sur ce type que les zoologistes éprouvent beaucoup d'embarras à en déterminer le nombre. L'*ours brun* ou *des Alpes* a ordinairement $1^m,33$ à $1^m,66$ de longueur; celui qui habite les Pyrénées est plus petit, d'un blond jaunâtre. L'*ours blanc* d'Europe n'est qu'un albinos, l'ours noir une variété. L'*ours noir* de l'Amérique septentrionale, très-commun dans le nord de ce continent, est un peu plus petit que celui d'Europe. Sa voix est un hurlement plaintif. L'*ours terrible*, du même hémisphère, est plus grand, plus fort; son pelage est de couleur grisâtre. Enfin, l'*ours polaire* ou *maritime* se fait remarquer par sa taille, qui dépasse celle du plus grand ours d'Europe; par la couleur de sa fourrure, entièrement blanche, tandis que le museau et l'intérieur de la bouche sont noirs; par la forme allongée de son corps, et notamment de son cou, de sa tête et de ses pieds. Cette espèce habite les côtes septentrionales de l'Asie, de l'Amérique, et même de quelques parties reculées de l'Europe. Elle se nourrit de poisson, de phoques, d'oiseaux aquatiques, qu'elle poursuit à la nage, et ne recule pas devant l'homme lui-même. On la voit hiberner dans le creux que lui offrent les rochers, où elle se laisse quelquefois ensevelir, sans péril, sous des amas de neige et de glace. Transporté en Europe, l'ours polaire souffre beaucoup de la chaleur; on l'habitue sans peine au régime végétal. Plus d'une fois il est venu échouer, charrié par des glaçons, sur les côtes d'Islande ou de Norvége.

On chasse l'ours pour sa fourrure d'hiver. Celle des espèces d'Amérique est particulièrement recherchée. Sa chair est assez bonne à manger en automne, quand il est jeune. Les pattes en sont les parties les plus délicates; sa graisse fournit une huile comestible. Elle jouissait dans l'ancienne médecine d'une réputation dont elle est aujourd'hui entièrement déchue. Ce n'est que dans sa jeunesse que l'ours est susceptible de l'espèce d'éducation que lui donnent les bateleurs. Il se montre alors docile, mais susceptible de colère; et, perdant quelque chose de son sauvage amour pour l'isolement, il paraît se plaire dans la société d'une femelle.

Ours, au figuré, se dit, dans le style familier, d'un homme qui fuit le monde. C'est un *ours mal léché*, dit-on d'un rustre, par allusion à ce préjugé vulgaire, que ce quadrupède lèche ses petits, nés informes, pour achever leur développement. Enfin, proverbialement, on a souvent occasion de répéter avec le fabuliste :

> .... Qu'il ne faut jamais
> Vendre la peau de l'ours qu'on ne l'ait mis par terre.

Dr SAUCEROTTE.

OURS. *Voyez* Bourse, tome III, page 610.

OURS DE BERNE. L'étranger qui parcourt pour la première fois Berne, ce vieux boulevard de la liberté helvétique, est frappé tout d'abord de la reproduction fréquente dans ses édifices publics d'un animal que ne recommandent ni l'élégance des formes ni l'aménité du caractère, et dont on n'a jamais fait que le symbole de qualités très-anti-sociales : ici c'est une colonne surmontée d'un ours recouvert d'une armure de chevalier, et portant bannière; là ce sont, au-dessus d'une porte de la ville, deux statues d'ours de grandeur colossale; plus loin, un monument offrant sur son fronton sculpté deux ours qui soutiennent les armes de Berne; plus loin encore, une horloge d'où sort, au moment où le marteau frappe l'heure, une grotesque procession de ces quadrupèdes affublés de la manière la plus bizarre. Ce n'est pas tout encore : si vous sortez par une des portes de la ville pour vous rendre à l'une des promenades les plus fréquentées, votre étonnement redouble en arrivant devant de très-belles fosses, où six ours, cette fois bien vivants, prennent leurs ébats au grand plaisir des spectateurs rangés autour d'un parapet. Que si votre curiosité, de plus en plus éveillée, vous porte à questionner autour de vous, voici ce que vous enseignera une vieille chronique répandue dans le pays : « Un duc de Zæhringen, qui ceignit de murs au douzième siècle le petit bourg de Berne et lui donna des lois, ne sachant quel nom donner à la cité naissante, résolut de l'appeler de celui de l'animal qui succomberait le premier sous ses coups, dans une chasse faite aux environs. Un ours eut ce funeste honneur, comme le constate une inscription en vieil allemand, gravée sur une pierre que l'on voit encore à quelque distance de la ville. » Et c'est ainsi qu'échut à sa race l'honneur de baptiser Berne, dont le nom vient de *Bær*, ours. Il fut dès lors décidé, en grand et en petit conseil, que non-seulement les ours figureraient dans les armes de la ville, mais encore que les habitants en nourriraient deux couples à leurs frais. Une personne pour laquelle ces honnêtes quadrupèdes étaient devenus, à ce qu'il paraît, l'objet d'une affection toute particulière, leur assura par un legs considérable l'existence la plus confortable. Aujourd'hui encore, quoique déchus de leur primitive opulence, par suite des guerres de notre révolution, ils sont encore en grande amitié dans la population de Berne, qui, par une souscription volontaire, a assuré convenablement leur sort.

Dr Saucerotte.

OURSE. En astronomie, on donne le nom de *Grande Ourse* et de *Petite Ourse* à deux constellations boréales qui dans nos climats ne se couchent jamais. La première, composée de sept étoiles brillantes, est aussi appelée *le Chariot*. Nous ne nous arrêterons pas aux nombreuses dénominations que les anciens employaient pour désigner cette constellation, ni aux étymologies proposées par les savants; il suffit de dire que les Romains appelèrent *Septentriones* les sept étoiles remarquables du chariot; c'est là l'origine du mot *Septentrion*, appliqué à la partie du ciel qui en est voisine. On s'aperçut de bonne heure que l'observation de la Grande Ourse n'indiquait pas le Nord avec assez de précision; occupant un large espace dans le ciel, et faisant un très-grand tour en vingt-quatre heures, elle exposait les pilotes à s'éloigner de leur véritable route si sur la fin de la nuit ils la supposaient dans la même position qu'au commencement. On remarqua une autre constellation, moins brillante à la vérité que la Grande Ourse, mais resserrée dans un champ moins étendu, et variant à peine de situation; elle fut nommée *Petite Ourse*; et comme les trois étoiles qui forment sa queue sont relevées en ligne courbe et imitent la queue d'un chien plutôt que celle d'un ours, elle fut aussi appelée κυνόςουρα (*cynosura*), *queue de chien*, ou peut-être foyer de lumière, suivant l'étymologie orientale, vulgairement *Petit Chariot*. Callimaque dit que Thalès apprit aux Phéniciens à reconnaître la Petite Ourse, et c'est ce qui lui fit aussi donner le nom de *Phœnice;* ils s'en servirent les premiers dans leur navigation. C'est la dernière étoile de la queue de la Petite Ourse qui est l'étoile polaire; elle semble en effet avoir moins de mouvement diurne que les étoiles plus voisines du pôle.

Les deux constellations dont nous venons de parler ont donné leur nom au pôle arctique, du mot grec ἄχτοσ, qui signifie *ourse*.

On emploie quelquefois, mais rarement, en poésie le mot *Ourse* pour désigner le Nord. Sédillot.

OURSIN, genre d'animaux de la classe des échinodermes, comprenant un certain nombre d'espèces ainsi nommées à cause des longues épines dont elles sont armées. Quelquefois on étend ce nom à l'ordre entier des échinides, divisé en plusieurs genres. Les oursins sont tous marins; leur forme est plus ou moins circulaire, ovale ou déprimée; leur corps est soutenu par un test solide, calcaire, composé de plaques polygonales, disposées radiairement sur vingt rangs égaux ou alternativement et régulièrement inégaux, et qui portent sur des mamelons des épines roides, cassantes, de formes extrêmement variées, qui ont fait donner aux oursins les noms de *châtaignes de mer* et de *hérissons de mer*; il est, de plus, percé par des séries de pores formant par leur assemblage des espèces d'ambulacres, s'irradiant plus ou moins régulièrement du sommet à la base et donnant issue à des cirrhes tentaculiformes. A la partie supérieure du corps est un espace enfoncé, membraneux, non hérissé d'épines, au milieu duquel est percé l'orifice buccal; à la face opposée existe un espace membraneux, beaucoup plus petit, percé également d'un trou, qui est l'anus. A quelque distance de l'anus, et de même sur la face dorsale, se trouve un cercle d'orifices qui servent de terminaison aux oviductes. Le système digestif des oursins est fort complet. On les dit carnassiers. Ils se meuvent au moyen de leurs piquants ou de leurs cirrhes tentaculaires. Dans nos mers, c'est au printemps que les oursins se présentent avec leurs ovaires gonflés d'œufs; c'est aussi à cette époque qu'on recherche ces animaux et qu'on les mange, malgré l'aspect puriforme des mucosités dont ils sont remplis. Leur goût a quelque analogie avec celui de l'écrevisse, et on les mange à la mouillette comme les œufs à la coque. Ces animaux paraissent unisexués, ou au moins tous les individus présentent des œufs, et on n'a découvert d'organes mâles dans aucune espèce. L'appareil femelle consiste dans un nombre d'ovaires égal à celui des subdivisions du test, c'est-à-dire à cinq, et situés autour de l'anus.

On trouve des oursins dans toutes les mers. Il y en a aussi beaucoup de fossiles. Parmi les principales espèces, nous citerons l'*oursin miliaire*, de couleur verdâtre ou violacée, avec des épines longues, ancillées et striées : on le trouve dans les excavations des rochers, ce qui l'a fait appeler aussi *oursin des rochers;* l'*oursin comestible*, de couleur violette; l'*oursin livide*, de couleur verdâtre, les épines d'un brun livide : on le trouve dans la Méditerranée; l'*oursin trigonaire*, dont le test est fort épais et les tubercules mamelonnés fort gros; l'*oursin melon*, ou *melon de mer*, qui est de la Méditerranée.

OUSIOIS, ancien nom du comté d'Eu.

OUTARDE, genre d'oiseaux de l'ordre des gallinacés, caractérisé par la mandibule supérieure du bec voûtée, les narines en ovale, les pieds propres à la course, terminés par trois doigts, le bas des jambes dénué de plumes.

L'*outarde* proprement dite, ou *grande outarde*, est l'*otis* des Grecs, et non l'*otos* ou *otus* des Latins, qui est le hibou. Pline dit que les Espagnols de son temps l'appelaient *avis tarda*, à cause de sa lenteur, et les Espagnols de nos jours ont conservé ce nom, mais un peu défiguré, dans celui d'*abutarda*. Une multitude d'autres noms ont été appliqués, souvent par erreur, à l'outarde en différents temps et en différents lieux, d'où sont résultées de fréquentes méprises et de la confusion dans la nomenclature et l'histoire de cette espèce. Gueneau de Montbéliard a composé une savante dissertation sur ce sujet. De tous les oiseaux de nos climats l'outarde est le plus grand. Le sexe, l'âge, d'autres circonstances, produisent des différences individuelles dans la grandeur et la grosseur. Terme moyen, la longueur ordinaire du mâle est d'environ un mètre du bout du bec à celui de la queue; l'envergure a près de 2^m,30; le poids est de 10 kilogrammes. On en a vu qui pesaient jusqu'à 16 kilogrammes. Les dimensions de la femelle sont d'un tiers moins fortes. Tous deux ont un duvet rose à la naissance des plumes, la poitrine grosse et ronde; sous les pieds, en arrière, un tubercule calleux qui leur tient lieu de talon; de longues plumes effilées d'un cendré clair, formant moustache et barbe chez le mâle; deux places nues, de couleur violette, sur les côtés du cou; le tour des yeux d'un blanc roussâtre, la tête cendré clair, ainsi que la gorge et le cou; le plumage en dessus varié de noir et de roux, disposé en ondes et par taches, en dessous d'un blanc faiblement lavé de fauve; les premières pennes des ailes noirâtres, les autres plus ou moins variées de blanc; la queue roussâtre en dessus, blanchâtre en dessous, traversée par des bandes noirâtres et terminée par du gris blanc; l'iris de l'œil orangé, le bec d'un gris brun, le bas des jambes et des pieds couvert de très-petites écailles cendrées, les ongles gris. La femelle a la gorge et les côtés de la tête de couleur brune, et le dessus de la tête et du cou varié comme le dos.

Quoique les ailes de l'outarde soient peu proportionnées au poids de son corps, elles peuvent cependant l'élever et la soutenir quelque temps dans l'air; mais cet oiseau ne peut prendre sa volée qu'avec beaucoup de peine et après avoir parcouru un certain espace les ailes étendues. Aussi ne se plaît-il que dans les plaines découvertes, spacieuses, sèches. Sa course est très-rapide; il fournit de longues traites sans s'arrêter. Il ne se perche point, et fuit le voisinage des eaux. C'est un animal très-craintif, très-défiant. Il se nourrit d'herbes, de grains, de vers, de grenouilles, de crapauds, de petits lézards. Dans la saison des neiges, l'écorce des arbres lui tient lieu d'autre nourriture. Il avale de petites pierres comme tous les gallinacés, et des pièces de métal comme l'autruche. Ces oiseaux vivent communément en petites troupes. De loin, on les prendrait pour des troupeaux de veaux. Il passent régulièrement en France au printemps et à l'automne. On en rapporte aux marchés de Paris venant de la Picardie et de la Champagne. Ils se montrent aussi en Lorraine, dans le Poitou, dans la Provence. Mais c'est le Nord qui est leur véritable patrie. Des navigateurs anglais en ont trouvé en Amérique au 64° degré de latitude.

L'outarde est un très-bon gibier; la chair des jeunes surtout, un peu gardée, est excellente; les cuisses sont préférées par les gourmets. On se sert des pennes pour écrire comme des plumes d'oie. Prise jeune, l'outarde s'apprivoise aisément, et s'habitue à vivre avec les volailles. Mais son humeur farouche est un obstacle à son éducation; et son peu de fécondité empêche l'économie domestique d'en retirer de grands produits. Elle refuse même généralement de pondre en captivité. On chasse l'outarde à l'oiseau de proie. Les levriers et les chiens courants peuvent la forcer dans de grandes plaines, au point du jour, par un épais brouillard, quand ses ailes sont mouillées. En Crimée, où elle vit en troupes, on la prend souvent à la main quand des morceaux de glace embarrassent ses ailes. Généralement, il est nécessaire d'employer la ruse pour approcher un oiseau aussi défiant, à la portée du fusil. Les stratagèmes dont on se sert sont nombreux et variés.

On distingue plusieurs autres espèces d'outardes. Nous citerons seulement la *petite outarde* ou *canepetière*, l'*outarde d'Afrique*, celle d'*Arabie*, l'*outarde blanche*, l'*outarde bleuâtre*, l'*outarde du Chili*, l'*outarde à gorge blanche*, l'*outarde huppée d'Afrique* ou *lohong*, la *petite outarde huppée d'Afrique*, le *houbara*, une autre *petite outarde huppée d'Afrique*, l'*outarde de l'île de Luçon*, l'*outarde moyenne des Indes*, l'*outarde œdicnème*, l'*outarde à oreilles*, l'*outarde passarage*, l'*outarde piouquien*. Les navigateurs français de l'expédition de Bougainville ont donné improprement le nom d'*outardes* aux oies antarctiques et des îles Malouines.

OUTIL. Félibien fait venir ce mot du latin *utile* (utile), et Du Cange prétend que dans la basse latinité on a dit *attillia*. Chaque art, de quelque genre qu'il soit, dès que son exécution dépend d'un travail matériel, emploie nécessairement des outils propres à cette exécution. Cependant, le nom d'*outil* ne s'applique qu'à l'instrument des arts plus particulièrement mécaniques, ou qui dépendent d'un travail plus ou moins matériel. L'outil est donc une invention utile, usuelle, simple, maniable, dont les arts mécaniques se servent pour faire des travaux et des ouvrages simples et communs. L'*instrument*, au contraire, est une invention adroite, ingénieuse, dont les arts plus relevés et les sciences même se servent pour faire des opérations et des ouvrages d'un ordre supérieur ou plus remarquable. On dit: Les *outils* d'un menuisier, d'un charpentier, d'un charron, d'un serrurier, d'un maçon, et des *instruments* de chirurgie, de mathématiques, d'astronomie. L'agriculture a des *outils* et des *instruments*; la pioche est un *outil*, la grande charrue est un instrument. Le luthier fait avec des *outils* des *instruments* de musique. L'*instrument*, on le voit, est un ouvrage supérieur à l'*outil*. L'*outil* est, pour ainsi dire, le supplément de la main; l'*instrument* est un supplément de l'habileté, de l'intelligence. Le législateur, dans sa sagesse, a voulu que les outils nécessaires aux occupations personnelles de ceux à qui ils appartiennent ne pussent être saisis (Code de Procédure civile, art. 592).

OUTILLAGE. On entend par ce mot l'ensemble des différents instruments dont l'homme se sert pour exécuter les travaux des industries que son intelligence est parvenue à créer. Nous n'apprendrons rien à personne en rappelant qu'à l'origine les instruments de travail furent très-peu nombreux et tous d'une extrême simplicité. Il est même exact de dire que les premiers *outils* de l'homme furent ses doigts. Pour doubler ses forces, il imagina sans doute d'abord le *levier*, puis le rouleau, sur lequel ont dû être transportés les immenses blocs de pierre qui servirent à construire les monuments primitifs de l'ancienne Égypte. Vinrent ensuite probablement le *marteau*, le *ciseau*, la *pince*, le *niveau* et le *soufflet*, lequel n'était primitivement qu'une peau de bête qu'on emplissait d'air et qu'on vidait par un tube. C'est ainsi en effet qu'opéraient les indigènes de l'Amérique pour fondre leur minerai d'or et d'argent quand leur apparurent Cortez et Pizarre. La lime, dont l'emploi est si fréquent et si utile, est d'une invention postérieure.

L'outillage des diverses industries s'accrut et se compliqua nécessairement en raison même des progrès toujours croissants des arts et des métiers. Suivre les multiples transformations subies par les instruments du travail de l'homme à travers les siècles serait une tâche digne d'un antiquaire; et c'est là malheureusement un point de vue tout pratique de l'archéologie qui a été beaucoup trop négligé jusqu'à ce jour. Bornons-nous à constater les immenses perfectionnements en tous genres qu'a reçus depuis un demi-siècle l'outillage général de notre industrie, perfectionnements auxquels sont dus, en grande partie, les merveilleux progrès de nos manufactures de toutes espèces. Mais de toutes les industries celle qui à cet égard soit allée le plus loin est évidemment la construction des machines, dont l'outillage a acquis une puissance tenant du prodige pour quiconque ne l'a pas vu fonctionner. Il n'y a pas bien longtemps encore que dans les ateliers de construction de machines régnait infiniment d'*à peu près*. Les opérations les plus délicates s'y faisaient plus ou moins au sentiment, et étaient complétement à la merci d'ouvriers ayant, comme on dit, ou se flattant d'avoir le *compas dans l'œil*. Aujourd'hui, au contraire, grâce aux perfectionnements incessants de l'outillage, la précision est devenue facile à tous, parce que les outils des constructeurs, les outils-machines, sont devenus de véritables instruments de précision, parce qu'on apporte aujourd'hui à fabriquer un cylindre, un piston, une vis, un simple écrou, en un mot les pièces les plus élémentaires d'une machine à vapeur, d'un métier, le même soin qu'aux instruments astronomiques les plus délicats, par exemple qu'à un cercle répétiteur, à un chronomètre, à un théodolite, avec cette seule différence que le chronomètre pèsera un kilogramme et le théodolite trente kilogrammes au plus, tandis que du moment où il s'agit d'une machine à vapeur, c'est par milliers de kilogrammes qu'il faut compter. La moindre des locomotives pèse dix mille kilogrammes. Une machine à vapeur pour la navigation, de la force de quatre cent cinquante chevaux, comme en ont à bord les paquebots transatlantiques, pèse plus de 500,000 kilog., sans avoir une goutte d'eau dans sa chaudière ni un atome de charbon dans son foyer. Avec les accessoires, elle va à 600,000 kilogrammes.

Le problème à résoudre était d'établir un outillage qui permît de fabriquer des machines non-seulement avec économie et rapidité, mais encore avec toute l'exactitude d'un instrument de précision, seul moyen d'éviter des dérangements de tout instant, des faux frais, des chômages pour réparations, toutes causes d'infériorité et de ruine pour la grande industrie. Les Anglais, nous devons le reconnaître, nous avaient devancés dans la solution de ce problème, tout à la fois social et industriel. Ajoutons que l'une des causes premières de la suprématie industrielle qu'exerce depuis longtemps la Grande-Bretagne sur le reste de l'Europe tient à l'excellence de son outillage. Nous devons dire toutefois, avec un légitime orgueil, que depuis une vingtaine d'années, nous avons bien rattrapé nos voisins, et qu'on fait aujourd'hui aussi bien en France que de l'autre côté du détroit. Les crises politiques que nous avons eu à traverser, et qui ont si déplorablement réagi sur notre activité manufacturière et commerciale, ajoutent encore en notre faveur le mérite d'une difficulté vaincue contre laquelle nos voisins, plus heureux que nous, n'ont point eu à lutter.

La révolution de Février a détruit les magnifiques ateliers de construction de machines de M. Hallette, d'Arras, naguère l'une des gloires industrielles du pays. Mais ceux qui ne les ont pas vus en activité, non plus que les immenses usines de feu John Cockerill, à Seraing, pourront, sans sortir de la capitale, se faire une idée de ce qu'étaient ces ateliers en visitant ceux de M. Cavé, situés au haut du faubourg Saint-Denis, à Paris. Ils y verront fonctionner la machine à *planer* ou à *raboter*, la machine à *aléser*, assez semblable à celle à l'aide de laquelle on fore les canons, le tour parallèle, le tour, la machine à percer des trous dans les plaques épaisses, la machine à *mortaiser*, qui enlève la matière par un mouvement vertical, la machine à *fraiser* les écrous, à faire les *pas de vis* ou à *fileter*, la machine à *tarauder*, la machine qui prépare la denture des pignons, celle des roues moyennes, pour lesquelles la fusion ne donnerait pas des dents égales et également espacées, celle des roues d'angle, des roues obliques. On a par là des roues divisées exactement, comme les rouages d'une montre, mais dont le diamètre est mille fois et le poids cent mille fois supérieur. Ils y verront encore fonctionner la machine à river les clous, et vingt autres machines destinées à façonner la surface des métaux, et qui toutes enlèvent d'une surface brute le fer et la fonte par longs rubans, en y promenant une pointe d'acier.

Dans ces derniers temps, la construction des outils-machines a reçu un perfectionnement qui semble appelé à un immense avenir. Nous voulons parler de l'emploi direct de la vapeur, qui, dégagée de tout l'appareil de Watt, est devenue elle-même, de force motrice qu'elle était jadis uniquement, un simple outil. On a en effet inventé un *marteau-pilon*, appareil d'atelier qu'on emploie à tous usages, à élaborer toutes sortes de grosses pièces. Il a un cylindre à vapeur semblable à celui d'une machine à vapeur ordinaire, dans lequel on introduit à volonté la vapeur provenant d'un générateur universel. Ce cylindre est vertical. La tige du piston se meut aussi verticalement. A cette tige est fixée une masse en fonte qui la suit dans son mouvement alternatif, et qui ainsi se hausse et descend entre quatre montants ou guides verticaux. Cette masse fait l'office de marteau ; elle pèse de mille à deux mille cinq cents kilogrammes, selon la force de l'appareil, et tombe de toute la course du piston, qui est d'un mètre, et même va à deux mètres, hauteur énorme à laquelle correspond un choc extrêmement puissant. L'ouvrier marteleur n'a rien à faire que d'introduire la vapeur dans le cylindre : c'est l'affaire d'un robinet. Le merveilleux de l'appareil, c'est qu'on a la faculté d'injecter de la vapeur sous le piston et de la faire disparaître de même immédiatement, à quelque instant que ce soit de la course du piston, puis de l'y faire rentrer si on veut, quand il descend, de manière à tempérer la chute. C'est par un jeu de soupape qui se conçoit aisément. Le résultat en est qu'on manœuvre ce marteau de plusieurs milliers avec une aisance surprenante et qu'on en obtient les résultats les plus variés. Un enfant le ferait jouer. Tantôt on le laisse brusquement choir de toute sa hauteur de deux mètres, et alors il aplatit d'un coup des masses énormes comme de la cire molle; tantôt on le fait descendre doucement, de manière à effleurer à peine les corps soumis à son action. On s'en est servi en guise de casse-noisettes, et le fruit restait parfaitement intact : la coque seule était brisée. Le *marteau-pilon* à vapeur fonctionne déjà depuis quelques années dans divers hauts fourneaux, où il a remplacé pour battre le fer rouge le marteau à manche et le lourd marteau cingleur.

OUTLAWS. *Voyez* Bandit.

OUTRAGE, injure grave de fait ou de parole (du latin *agere ultra*, passer outre, dépasser le droit). L'outrage fait aux magistrats, aux officiers ministériels, aux agents ou dépositaires de la force publique, dans l'exercice ou à l'occasion de leurs fonctions, par paroles, gestes ou menaces, est puni plus ou moins sévèrement selon la gravité des circonstances.

Tout outrage à la morale publique et religieuse, ou aux bonnes mœurs, par des discours, des cris, des menaces proférés dans des lieux ou réunions publics, par des écrits, des imprimés, des dessins, des gravures, des peintures ou des emblèmes vendus ou distribués, mis en vente ou exposés dans des lieux ou réunions publics ; par des placards ou affiches exposés à tous les regards, est puni d'un emprisonnement d'une mois à un an et d'un amende de 16 fr. à 500 fr.

L'outrage public à la pudeur est puni d'un emprisonnement de trois mois à un an et d'une amende de 16 francs à 200 francs.

OUTREMER. *Voyez* Bleu d'Outremer et Lapis Lazuli.

OUVERTURE, fente, trou, espace vide, dans ce qui, d'ailleurs, est continu. Il se dit particulièrement en architecture des portes, des arcades, des croisées d'un édifice.

C'est encore l'action par laquelle on ouvre : l'*ouverture* d'un corps, l'*ouverture* d'une dépêche, l'*ouverture* des portes.

En termes de guerre, l'*ouverture de la tranchée* est le premier travail que l'on fait pour pratiquer, pour creuser la tranchée.

Ouverture au figuré est le commencement de certaines choses : l'*ouverture* du jubilé, l'*ouverture* des chambres, l'*ouverture* de la session, l'*ouverture* d'un inventaire, l'*ouverture* de la campagne, de la chasse, de la foire.

On applique aussi ce mot aux premières propositions relatives à une affaire, à une négociation, à un traité : Faire des *ouvertures de paix*, des *ouvertures de mariage*. Il signifie encore *expédient*, *voie*, *occasion*, *aveu*, *confidence*. Une *ouverture* de cœur, c'est un épanchement amical, franc, sincère. En jurisprudence : Il y a *ouverture* à la substitution, veut dire : La substitution commence à avoir lieu en faveur de quelqu'un. L'*ouverture* d'une succession, c'est le moment où les biens du défunt sont dévolus à ses héritiers. Dans la féodalité, l'*ouverture* de fief était le moment où le seigneur d'un fief pouvait enlever les fruits; et l'*ouverture* de rachat, le cas dans lequel le droit de rachat d'une terre était dû au seigneur dont elle relevait.

Ouverture, en dioptrique, est la surface plus ou moins grande que les verres des lunettes présentent aux rayons de la lumière. Plus l'oculaire d'une lunette a d'*ouverture*, plus l'instrument a de clarté; et plus l'objectif a d'*ouverture*, plus l'instrument a de champ.

En géométrie, l'*ouverture* d'un angle est l'écartement plus ou moins grand de deux lignes droites qui, se rencontrant en un point, forment un angle. On dit, dans un sens analogue, l'*ouverture* d'un compas pour exprimer l'écartement plus ou moins grand de ses deux branches.

L'*ouverture* ou *bouche* d'une coquille est le commencement de sa cavité.

L'*ouverture d'un crédit* se dit d'un crédit fait à quelqu'un.

OUVERTURE (*Musique*), symphonie éclatante, passionnée, imposante, harmonieuse, qui sert de début aux opéras et aux ballets. Quelques musiciens se sont imaginé bien saisir les rapports qui existent entre l'ordonnance d'une ouverture et celle du corps entier de l'ouvrage en rassemblant d'avance dans l'ouverture tous les caractères exprimés dans la pièce, comme s'ils voulaient exprimer deux fois la même action, et que ce qui est à venir était déjà passé. Ce n'est pas cela : l'ouverture la mieux entendue est celle qui dispose tellement le cœur des spectateurs qu'ils s'ouvrent sans effort à l'intérêt qu'on veut leur donner dès le commencement de la pièce. Voilà le véritable effet d'une bonne ouverture, voilà le plan sur lequel il faut la traiter. L'ouverture doit se conformer au drame d'une manière générale, et se lier surtout aux premières scènes qui la suivent immédiatement, sans recourir à des imitations mesquines, à des images énigmatiques, qui ne tendent qu'à montrer l'impuissance de l'art et le mauvais goût de l'artiste.

L'ouverture fera connaître d'abord le caractère de l'opéra qu'elle précède, et donnera ensuite des pressentiments sur la nature des événements, la violence des passions qui doivent occuper la scène, et quelquefois même sur les personnages, le lieu et le temps où se passe l'action. Ainsi, les ouvertures d'*Iphigénie en Aulide*, de *La Clémence de Titus*, de *Fidelio*, de *Coriolan*, d'*Egmont*, nous disposent à une action vive, intéressante et d'une grande noblesse. Celles de *Démophon* et de *Montano* nous donnent l'expression du délire impétueux des passions. Nous trouverons la majesté patriarcale, la solennité religieuse dans l'ouverture de *Joseph*; celle de *Jean de Paris* a la couleur chevaleresque; celle de *Don Juan* quelque chose de bizarre et de fantastique, qui convient bien au drame qu'elle précède; celles des *Noces de Figaro* et du *Mariage secret* sont pleines d'esprit, d'enjouement et de beautés harmoniques : on ne saurait préluder d'une manière plus brillante aux jeux d'Euterpe et de Thalie. L'ouverture d'*Henri IV* annonce une bataille; le *pizzicato* placé dans celle de *L'Amant jaloux* fait prévoir la sérénade qui noue si bien l'intrigue à la fin du second acte. Les ouvertures de *Richard*, de *Barbe bleue*, *de Château de Monténéro*, rappellent le bon vieux temps; celles de *L'Épreuve villageoise* et de *Joconde* nous conduisent dans un hameau riant, et celles des *Bayadères* et de *Gulistan* nous transportent aux Indes et à Samarcande. L'ouverture du *Jeune Henri* représente toutes les circonstances d'une chasse au cerf, celle d'*Iphigénie en Tauride* de Gluck peint une tempête; celle de *Guillaume Tell* le calme de la vie champêtre, troublé par une fanfare de trompettes qui appelle les paysans à la conquête de leur liberté; celle de *La Pie voleuse* commence par une marche militaire, qui annonce le soldat condamné à mort comme déserteur.

Beaucoup d'auteurs maintenant s'épargnent la peine d'écrire une ouverture pour un opéra, d'autres se contentent d'en coudre à la hâte les motifs principaux, et donnent un pot-pourri trop souvent sans mérite. Un seul a réussi en suivant ce procédé, c'est Weber : ses ouvertures de *Freischütz*, d'*Euriante*, d'*Oberon*, sont des chefs-d'œuvre. On peut citer encore avec honneur l'ouverture de *La Muette de Portici*, qui est composée dans le même genre.

Un *allegro* de symphonie rapide, brillant ou passionné, succédant à une courte introduction d'un mouvement grave, telle est la coupe généralement adoptée pour les ouvertures. Gluck en a donné le premier modèle dans son merveilleux chef-d'œuvre, et les compositeurs de toutes les nations l'ont suivi. Dans le style comique, on débute le plus souvent par l'*allegro* sans aucune préparation, comme on peut en faire l'observation dans les ouvertures de *Panurge*, des *Noces de Figaro*, d'*Une Folie*. Presque toutes ces ouvertures sont écrites dans le ton de *ré*, qui est très-éclatant et propre aux grands effets d'orchestre. CASTIL-BLAZE.

OUVRAGE. Ce mot désigne à la fois l'action de produire, la cause qui produit, l'exercice intellectuel ou physique de nos facultés pour produire une œuvre, un objet, et l'œuvre, l'objet qui sont produits : c'est dans ce double sens que l'on pourra dire l'*ouvrage* d'un ouvrier dans sa journée; *ouvrage* s'entend en général bien plus de ce qui est de l'ordre matériel que de ce qui est de l'ordre intellectuel; on dira une œuvre de génie, et non par un *ouvrage*, un travail de génie; on dit cependant, en parlant des productions littéraires, les *ouvrages de l'esprit*, et quelquefois les *ouvrages* tout simplement : Les *ouvrages* de Boileau sont dans toutes les mains.

Ouvrage dans certain cas est le synonyme absolu de travail, comme dans cette phrase : Les ouvriers sont sans *ouvrage*; la cire est l'*ouvrage* des abeilles; la soie est l'*ouvrage* d'une espèce particulière de ver.

Le mot *ouvrage* se prenait fréquemment autrefois pour désigner des embellissements, des ornements, comme quand on disait d'un vase, qu'il était enrichi de beaucoup d'*ouvrages* de sculpture. Par extension, le mot ouvrage s'applique à une seule des conditions dans lesquelles un travail s'est effectué : c'est ainsi qu'il pourra désigner seulement la peine qu'aura coûtée ce travail, la quantité de celui-ci, le temps qu'on a mis à l'effectuer, comme dans ces phrases : Les tableaux flamands sont remarquables par la quantité de l'*ouvrage*; quelques-uns ont jusqu'à mille ou deux mille figures.

Au figuré, au moral, *ouvrage* est synonyme de fait, de fruit.

On dit familièrement un *ouvrage de patience*, pour désigner celui qui demande beaucoup de temps et de constance. On nommait ainsi autrefois l'*ouvrage* de la pierre philosophale. C'est l'*ouvrage de Pénélope* signifie proverbialement une chose commencée cent fois, qu'on défait à mesure, et qui ne finit jamais. BILLOT.

OUVRAGE (*Fortification*) se dit de toutes sortes de travaux avancés au dehors d'une place, et destinés à la fortifier.

On appelle *ouvrage à corne*, ou simplement *corne*, *pièce haute*, *contre-queue d'ironde* un ouvrage de fortification placé ordinairement devant une courtine et quelquefois devant un bastion : il se compose d'un front de fortifications, c'est-à-dire d'une courtine et de deux demi-bastions joints à la place par deux longs côtés, qu'on appelle ses ailes ou ses branches. Il y a des cornes à double flanc, c'est-à-dire qu'à partir du demi-bastion leurs ailes sont à retour, au lieu d'être parallèles entre elles; elles se dirigent vers le milieu d'une des courtines d'une place fortifiée, et s'y brisent à peu de distance du chemin couvert. Il y a eu des cornes triangulaires qui étaient à bastion entier, au lieu d'être à demi-bastion. Il y avait, et surtout au dix-septième siècle, des cornes couronnées, c'est-à-dire qu'elles avaient leur front couvert par une défense en forme de bastion, accompagné de deux petites courtines; quelquefois aussi elles étaient couvertes par une demi-lune. Les cornes, ainsi que les couronnes, sont des ouvrages extérieurs propres à mettre en communication les deux rives d'un cours d'eau, à tenir renfermé et défendu un faubourg, à environner une hauteur, à mettre en sûreté un pont dormant. On leur préfère aujourd'hui, pour la défense des places de peu d'étendue, une chaîne composée d'ouvrages détachés, susceptibles de se prêter une protection réciproque.

Une partie de ce que nous venons de dire des ouvrages à corne est applicable aux *ouvrages à couronne*. On a primitivement appelé *couronnement*, comme on le voit dans le *Dictionnaire* de Trévoux, ce qu'on a dénommé ensuite *couronne* ou *contre-queue*, et plus récemment *pièce à couronne*. Ce sont des ouvrages d'une construction plus compliquée que ne l'est celle des ouvrages à corne; des auteurs établissent des différences qu'il serait superflu d'expliquer ici, entre les anciens ouvrages couronnés, qui ont cessé d'être en usage depuis longtemps, et les ouvrages à couronne, d'une date plus moderne. Un bastion auquel s'adjoignent deux courtines, terminées chacune par un demi-bastion, compose le front d'une couronne; les ailes de cet ouvrage se dirigent jusqu'à leur demi-gorge vers la forteresse dont la pièce dépend : il y a des ouvrages à couronne double qui se construisaient à trois fronts.

Les *ouvrages de campagne* sont des constructions ou pièces qui font partie de ce genre de travaux passagers qu'on a appelés *ouvrages légers*, *ouvrages passagers*. Ils sont ordinairement en terre; si le temps le permet, on les fraise et on les palissade; ils se composent, suivant les lieux, le temps, les moyens, de redoutes ou de blockhaus, de fortins ou de flèches, d'étoiles ou de redans. Des pièces analogues se sont autrefois nommées *palanques*.

C'est une question ardue et mal débrouillée que celle des ouvrages de campagne. En faut-il, n'en faut-il pas? En pareille matière, il n'y a pas de système absolu à proposer; c'est à la sagacité du général d'armée ou du chef de détachement à décider ce qui importe aux intérêts et au salut de ses troupes. Ceux qui inclinent pour la guerre toujours offensive regardent comme une dépense souvent en pure perte la construction des ouvrages passagers : ils appartiennent, disent-ils, à une guerre expectante, à un genre d'hostilités qui ne sont plus dans nos mœurs; presque jamais, ajoutent-ils, l'étendue de ces travaux n'est en proportion, au jour du danger, avec le nombre de troupes nécessaire à leur défense; presque toujours ils sont dépourvus de locaux où puisse s'emmagasiner le matériel qu'ils exigeraient; ils sont aisément enlevés, parce qu'ils ne sont en général qu'ébauchés et qu'un ennemi habile en a bientôt découvert le côté faible, tandis que les corps qui s'y disséminent auraient trouvé dans leur cohésion et leurs efforts concertés en rase campagne des moyens de résistance bien plus puissants et dans leur mobilisation des ressources bien plus sûres. Il est vrai de dire qu'en 1793 nous avons élevé dans les dunes de Dunkerque de vastes ouvrages passagers, qui ne nous ont jamais servi; il est vrai aussi de dire que dans ses plus brillantes campagnes Napoléon a fait peu d'usage de travaux légers; nous en avons pourtant plus d'une fois exécuté sous ses ordres et sous ses yeux dans la campagne de Saxe. Il est avéré, du moins, quant aux dernières guerres d'Europe, sinon quant au système de guerre en Algérie, que les travaux passagers n'étaient pas de mode; une stratégie aussi ambulatoire qu'était la nôtre, une tactique dont le succès était souvent le prix de la course, expliquent ce fait, et rendent raison de cette insouciance en fait de défensive.

En parlant d'ouvrages de campagne, nous n'avons eu jusque ici en vue que la guerre en plat pays; mais s'il s'agissait de la guerre de siéges, ce que nous venons de dire ne serait plus applicable. Si la défense d'un lieu fort doit être sérieuse, l'opération ne doit et ne peut avoir lieu qu'à l'aide de travaux légers, sagement et savamment menés. Turenne avait en plaine recours aux ouvrages de campagne, autant que la faiblesse numérique de ses hommes de pied lui permettait d'en établir; sa cavalerie en transportait les fascines et les sacs à terre. Le maréchal de Saxe, s'abusant quant à l'élan français, quant au ressort possible du soldat, ne voulait que des affaires de poste, et se prétendait l'inventeur d'un nouveau système d'ouvrages dont ses *Rêveries* offrent l'image. La guerre de 1756 a été une alternative de pointes et d'ouvrages. La guerre de 1778 entre Frédéric et les Autrichiens n'a été qu'une guerre d'ouvrages, une inerte levée de boucliers. La guerre de la révolution a longtemps dédaigné les ouvrages, ou si elle y a eu recours, ils ont moins contribué à ses succès que ne l'ont fait son agilité, sa fougue et son impétuosité. Mais on n'en doit pas moins proclamer qu'il y a autant de mérite et d'importance à défendre opiniâtrement un ouvrage dont la conservation peut influer sur le sort de l'armée, qu'il y a d'habileté et d'à-propos à abandonner un poste faible ou défectueux, en préférant à un froid combat sur place une judicieuse combinaison de mouvements hardis en rase campagne. Du reste, malheur aux troupes de pied qui, par préjugé, par une soumission mesquine aux erreurs de la mode, par la crainte pusillanime des quolibets des hommes de cheval, répugnent à remuer la terre pour élever des parapets! Malheur aussi aux troupes qui ne se croiraient en sûreté que derrière des parapets! Les ouvrages passagers de Crécy et de Poitiers ont mis la France à deux doigts de sa perte, et les Romains avaient coutume de dire que la victoire ne s'achète pas moins par la doloire que par l'épée, parce que leur doloire (*dolabra*) servait à aiguiser les piquets, les paux de leurs retranchements.

Gal BARDIN.

La campagne de Crimée est venue dans ces derniers temps montrer l'importance des ouvrages de campagne; au siége de Sébastopol des remparts en quelque sorte improvisés ont longtemps arrêté les troupes alliées.

OUVRAGÉ. *Voyez* OUVRÉ.

OUVRARD (GABRIEL-JULIEN), célèbre financier, mort à Paris, en 1847, était né le 11 juillet 1770, aux environs de Clisson, où son père, propriétaire d'une importante fabrique de papier, eût pu passer pour riche s'il n'avait pas eu huit enfants. Après des études faites aux colléges de Clisson et de Baupréau, le jeune Ouvrard à dix-sept ans fut placé dans une maison de Nantes, dont il ne tarda pas à devenir l'associé en nom. Le grand mouvement régénérateur de 1789 venait d'éclater : par une spéculation hardie et se rattachant à l'industrie de son père, Ouvrard prouva qu'il comprenait toute la portée de cet événement. Il parcourut la Marche et l'Angoumois, passant avec les nombreux fabricants de papier de ces contrées des marchés qui lui assuraient la totalité des produits de leur fabrication pendant deux années; et à peu de temps de là, en raison de la hausse que n'avait pas tardé à produire sur cet article l'immense consommation à laquelle donnaient lieu les besoins créés par les idées nouvelles, il trouvait à rétrocéder ces mêmes marchés à des maisons de Nantes et de Tours avec un bénéfice net de 300,000 fr. C'était, comme on voit, débuter par un coup de maître.

Une fois lancé dans la carrière des spéculations, Ouvrard ne s'arrêta plus, et y fit une des plus étourdissantes fortunes dont fassent mention les annales du commerce. Mais vinrent alors les noyades du terrible Carrier. Dénoncé comme accapareur, il fut assez heureux pour pouvoir se cacher dans l'état-major de l'armée de la Vendée. Peu de temps après le 9 thermidor, il épousa à Paris la fille d'un riche négociant de Nantes. Ses capitaux lui permirent alors d'entreprendre de grandes opérations financières et de hanter le monde qui en était le centre. Devenu l'un des intimes de Barras en 1797, il offrit au gouvernement de se charger du service des subsistances générales de la marine, qui donnait lieu aux plaintes les plus fondées. Son offre fut agréée; au système de la régie, on substitua celui de l'entreprise, et à partir de ce moment tous les services s'opérèrent avec une parfaite régularité. Le bénéfice de cette opération, qui dura trois ans à peine, fut pour Ouvrard d'une quinzaine de millions.

A une époque où toutes les valeurs avaient subi la plus avilissante dépréciation, où le 5 pour 100 était tombé à 7 fr. au comptant, on devine quelle puissance ce devait être qu'un capital de cette importance entre les mains d'un homme ayant, comme Ouvrard, le génie des finances et des opérations qui s'y rattachent. C'est à cette époque que Cambacérès, devenu plus tard second consul, puis prince archichancelier de l'empire, remplissait dans les bureaux de la maison d'Ouvrard les fonctions modestes de chef du contentieux; et que Bernadotte obtenait de l'amitié et de la confiance du tout-puissant banquier un prêt de 50,000 fr., grâce auquel il épousait Mlle Clary. Mais c'est aussi alors qu'Ouvrard entrait pour la première fois en rapport avec Bonaparte, lequel, comme on sait, confondait dans la même répulsion instinctive les idéologues et les hommes de finance. Arriva la journée du 18 brumaire, qui mit le pouvoir suprême entre les mains de Napoléon, et depuis ce moment jusqu'en 1815 l'histoire de la vie d'Ouvrard est celle de l'antagonisme, d'abord latent, puis bientôt déclaré, qui s'établit entre ces deux hommes : l'un ardent à la spéculation, ne se laissant détourner du but qu'il poursuit ni par des pertes énormes ni par des persécutions du caractère le plus acharné et le plus personnel; l'autre ne voyant dans tout financier qu'un fripon. Dans tous les marchés auxquels donne lieu la nécessité de pourvoir aux besoins des armées, on voit toujours figurer le nom d'Ouvrard, soit seul, soit en société avec ceux de Desprez, de Séguin et de Vanlerbergh, autres fournisseurs, entre les mains de qui passent chaque année des sommes de 500 et 600 millions; qui quelquefois sont en perte, mais le plus souvent en bénéfice, et à qui Napoléon fait rendre gorge, absolument comme cela se pratiquait jadis à Constantinople et à Alger. On trouvera dans les *Mémoires* d'Ouvrard des détails très-circonstanciés sur les vastes opérations auxquelles il prit part pendant cette période de sa vie; sur ses querelles avec ses coassociés, et sur ses démêlés, bien autrement sérieux encore, avec Bonaparte devenu empereur.

La lutte entre le munitionnaire général et le maître du monde, à force de devenir de plus en plus vive, se termina un beau jour par l'arrestation d'Ouvrard, qui avait cru devoir venir défendre ses intérêts à Paris et qui fut jeté d'abord à Vincennes, et plus tard à Sainte-Pélagie, où il passa cinq années comme débiteur du Trésor. Les événements de 1814 le rendirent à la liberté. Pendant les cent jours il songea d'abord à quitter Paris; mais Napoléon, qui avait appris, un peu tard, qu'après tout les *hommes d'argent* sont bons à quelque chose, lui fit dire qu'il pouvait être sans inquiétude. Effectivement, peu de jours après Ouvrard lui procurait cinquante millions, produit de la négociation sur diverses places de l'Europe de cinq millions de rente 5 pour 100.

Ouvrard ne réussit pas mieux sous les Bourbons que sous le régime impérial à faire reconnaître la légitimité de ses réclamations contre le trésor; la négociation des cinquante millions contre cinq millions de rente 5 p. 100 qu'il avait faite pendant les cent jours devint même pour lui la matière et le sujet de tribulations de toutes espèces, et il fut formellement dénoncé pour ce fait à la *chambre introuvable*. Quoiqu'il eût peu lieu de se louer du gouvernement royal, Ouvrard ne lui garda pas rancune de ses mauvais procédés, et figura même de la manière la plus active dans les négociations d'argent qui eurent pour résultat, sous le ministère du duc de Richelieu, l'évacuation du sol français par les troupes alliées. Quelques années plus tard, ce fut encore sur Ouvrard que le gouvernement jeta les yeux pour assurer les divers services de l'armée qui, aux ordres du duc d'Angoulême, allait franchir les Pyrénées. Le 5 avril 1823 Ouvrard signa un traité par lequel il se chargeait de l'entreprise générale des vivres à des prix qu'avaient refusés les diverses maisons de Bayonne auxquelles on s'était déjà adressé. Ces prix constituaient-ils à l'entrepreneur des bénéfices exagérés? Il est permis de le croire, à en juger par le concert de clameurs auquel ils donnèrent lieu tout aussitôt dans la presse et jusque dans la haute administration elle-même, dont certains membres affectèrent d'en décliner énergiquement la responsabilité. La justice s'en mêla; mais ses efforts pour frapper les vrais coupables demeurèrent infructueux. Il était difficile qu'une opération ainsi posée s'achevât sans encombre. Quand il s'agit d'en régler définitivement les comptes, l'État, débiteur récalcitrant, mal commode et assez mauvais payeur, fit toutes sortes de chicanes, éleva toutes espèces de fins de non recevoir; et Ouvrard qui, suivant l'usage, avait passé avec des entrepreneurs subalternes une foule de sous-traités, se trouva engagé dans la plus onéreuse des liquidations.

C'est dans ces circonstances que le monde financier apprit un jour, non sans surprise, qu'Ouvrard venait d'être arrêté à la requête de Séguin, son ancien associé, pour une somme de *cinq millions* dont il avait été déclaré son débiteur. Ouvrard s'était arrangé depuis longtemps de façon à être *insaisissable* dans ses biens et ses meubles. Il ne possédait pas un centime en son nom; et on raconte que Séguin, ayant essayé, quelques années auparavant, à propos d'une autre réclamation, de faire pratiquer une saisie-gagerie dans un splendide hôtel *appartenant à la femme* d'Ouvrard, et où celui-ci n'occupait qu'une mansarde, l'huissier chargé de l'exécution avait été reçu par le débiteur dans une petite pièce au-dessus des écuries, qu'il prouva être son domicile légal, et dont tout l'ameublement consistait en un lit de sangle, deux chaises et un pot en grès tenant lieu de fontaine; sur le couvercle de ce pot en grès était ostensiblement déposée une inscription de rente de 300,000 fr., représentant bien plus que la valeur de la créance de Séguin, mais *insaisissable*, aux termes de la loi constitutive de la dette publique en France, échappant dès lors aux griffes de l'intraitable créancier, de même que le lit de son *malheureux* débiteur. L'huissier, ne pouvant se résoudre à saisir un pot-à-beurre et deux chaises de paille, valant bien ensemble trois francs, dut se borner à dresser procès-verbal de carence.

Écroué le 24 décembre 1824 à Sainte-Pélagie, Ouvrard obtint plus tard, grâce aux influences qu'il avait conservées en haut lieu, d'être transféré à la Conciergerie, où, moyennant certains arrangements qu'il prit avec le directeur de cette prison, il eut un appartement confortable, avec des fenêtres donnant sur le quai de l'Horloge, et desquelles on découvrait la plus belle partie de Paris. La loi fixait alors à cinq ans la durée de la contrainte par corps. Plutôt que de payer un centime à Séguin, Ouvrard se condamna à faire ses cinq ans à la Conciergerie, où, malgré les *désagréments* judiciaires que lui avait valus la liquidation des fournitures de l'expédition d'Espagne de 1823, des ministres de Charles X vinrent souvent s'asseoir à sa table, et où, disait-il en riant, il faisait des affaires d'or, puisqu'il gagnait *un million* net par an. Ajoutons que s'il est des accommodements avec le ciel, il doit, à plus forte raison, y en avoir avec des directeurs de prison, et qu'on affirme qu'Ouvrard sortait de la Conciergerie autant qu'il en avait envie. Il venait d'achever ses cinq années, dès lors de se complétement libérer, *capital*, *intérêts et frais*, vis-à-vis de Séguin, quand la révolution de Juillet éclata.

La force de l'habitude était chez lui trop grande pour qu'il ne se mêlât pas encore à diverses grandes affaires de finances de cette époque. C'est ainsi qu'il mit son savoir-faire successivement au service de dom Miguel et de don Carlos. Mais, comme tant d'autres, à la longue il s'était fait vieux; d'autres *faiseurs* avaient accaparé les diverses issues du pouvoir où se tripotent les grandes affaires, et ils se gardèrent de l'y laisser pénétrer. Quand il mourut, en 1847, c'est à peine si cette mort fit sensation.

En 1819, sa fille unique, précédemment demandée en mariage par un Montmorency, qui mourut avant l'époque fixée pour la cérémonie nuptiale, avait épousé le jeune comte de Rochechouart, neveu du duc de Richelieu, et qu'une ordonnance royale avait autorisé à succéder au nom et au titre de son oncle. A une certaine époque Ouvrard se trouvait propriétaire du Raincy, de Marly, de Lucienne, du célèbre crû du clos Vougeot, en Bourgogne, des terres de Preuilly, d'Azay (avec une forêt de sept mille arpents), de Saint-Gratien, de Villandry, de Saint-Brice et de Châteauneuf, de cinq hôtels à la Chaussée-d'Antin, de l'hôtel Montesson, d'un hôtel place Vendôme, et de quatre-vingt-quatre métairies ou fermes situées aux environs de Cologne, louées plus de 600,000 fr., le tout, bien entendu, indépendamment de son portefeuille.

OUVRÉ. On appelle ainsi ce qui est travaillé; c'est ainsi que l'on dira du *fer*, du *cuivre ouvré*, pour indiquer que ces métaux sont façonnés, et non pas en barres pour être façonnés. Le linge ouvré est celui qui est façonné de façon à représenter des figures, des fleurs, etc.; c'est aussi ce qu'on appelle *damassé*. Les travaux de damasquinerie, de filigrane, de broderie, exigeant beaucoup de soin, on indique parfois combien ils ont été soignés par la main qui les a confectionnés par l'épithète *ouvragé*.

OUVRIER. J.-B. Say définit l'*ouvrier* « celui qui loue sa capacité industrielle, et qui par conséquent renonce à ses *profits industriels* pour un *salaire*. » Nous nous empressons de protester contre l'immuabilité d'une semblable définition. Nous l'acceptons comme exprimant un fait, qui en effet a lieu aujourd'hui, mais qui doit disparaître. Cette renonciation obligée aux profits industriels est une des principales causes de la détresse des classes laborieuses. Il est permis de penser que si l'ouvrier jouissait non-seulement de son salaire, mais encore d'une participation équitable aux profits industriels de son maître, les ouvriers et les maîtres eux-mêmes auraient moins d'angoisses à supporter.

La question des classes ouvrières, comme toutes celles où de grands intérêts contraires se débattent, a donné lieu à des attaques vives et passionnées de la part des maîtres contre les ouvriers, de la part des ouvriers contre les maîtres. « De quoi vous plaignez-vous, disent les maîtres? Des maux que vous avez créés vous-mêmes. Avez-vous songé, dans les moments de prospérité, où votre travail était payé au poids de l'or, avez-vous songé qu'il pouvait venir des jours de maladie, d'infortune, de repos forcé? Avez-vous profité des caisses d'épargne que l'on a mises à votre portée, des sociétés d'assurance contre l'incendie, où, pour quelques centimes par mois, vous pouviez vous garantir contre toute imprudence des voisins, des enfants, de vous-mêmes? Au lieu de vivre sainement, économiquement, n'avez-vous pas dépensé en un jour tout le profit de la semaine? Au lieu des plaisirs honnêtes d'une famille rangée, n'avez-vous pas préféré la vie déréglée du cabaret, et couru avec ardeur après d'autres plaisirs non moins corrupteurs, non moins pernicieux? Avez-vous cherché à vous élever, à augmenter vos connaissances, et par suite votre bien-être, en mettant à profit les cours gratuits que l'on répand autour de vous, les livres qui se débitent à bon marché? Pourquoi, au lieu de vous contenter du repos du dimanche, comme le font les autres classes de la société, vous êtes-vous créé un jour supplémentaire, le *saint lundi*, pour vous livrer à la paresse, à l'orgie, aux querelles funestes? Qui mieux que vous devrait savoir que *le temps c'est de l'argent*? Et vous, l'ouvrier des campagnes, le laboureur, pourquoi saisissez-vous avec un faux zèle de dévotion l'occasion de célébrer les jours de fêtes supprimées, et perdez-vous des moments précieux à courir sans motifs ni affaires les foires et les marchés du voisinage? Tous, tant que vous êtes, vous vous plaignez des maladies terribles qui vous déciment! eh! ne les causez-vous pas vous-mêmes par votre négligence coupable à soigner la propreté de votre corps et de vos vêtements? N'est-ce pas cette imprudence à vous soumettre nonchalamment à mille influences funestes qui vous prodigue les mortelles affections? »

« Il vous est aisé, au milieu de votre aisance, répondent les ouvriers, de nous faire des leçons de morale et de nous attribuer la détresse qui nous accable. Sans doute nous avons des défauts, sans doute nous commettons des imprudences; mais sommes-nous donc d'une nature supérieure à la vôtre pour que vous veniez nous reprocher des faiblesses que nous retrouvons chez vous? Pensez-vous donc que si le malheur venait un jour anéantir votre fortune, vous auriez vous-mêmes ces qualités précieuses dont vous remarquez si bien l'absence en nous? Seriez-vous assez parfaits pour devenir ces excellents ouvriers dont vous savez si bien nous dépeindre le type? Vous nous reprochez notre intempérance, nos vices; mais nous avons regardé au-dessus de nous, et nous avons vu vos fils désœuvrés corrompre souvent nos femmes et nos filles, les couvrir de honte et les plonger dans le déshonneur. Nous avons vu engloutir dans de monstrueuses orgies les profits que vous fournissent nos sueurs. Ce salaire que vous nous donnez, et qui dans nos mains, à vous entendre, devrait produire des merveilles, ne peut suffire à nos dépenses de famille qu'à force d'économies et de privations. Ce salaire n'est presque jamais proportionné à notre travail ni à vos bénéfices; de là naissent chez nous le découragement, la rancune que nous vous portons, souvent la haine, la défiance, et ce goût pour la vie aventureuse, que vous attribuez à notre inconstance, à notre légèreté. Avec nos faibles ressources, nous payons tous les objets de consommation plus cher que vous; vous achetez au marchand en gros vos subsistances, vos vêtements, votre bois. Nous, nous les achetons chez le petit marchand, notre voisin, qui ne les obtient guère à meilleur compte que vous, et qui doit gagner sur les ventes qu'il nous fait. Vous attribuez nos maladies à notre intempérance : mais avez-vous donc oublié que lorsque nous étions enfants, tels de nous ont travaillé jusqu'à dix-huit heures par jour sous le fouet de vos contre-maîtres! Avez-vous oublié que, nous traitant comme des bêtes ou des machines, vous nous entassez dans des ateliers humides et mal aérés; que notre misère nous oblige à mettre nos femmes et nos enfants dans des logements humides, froids, insalubres? En vérité, notre sort est plus triste que celui des esclaves noirs, pour lesquels vous éprouvez une sympathie si vive que vous donnez votre argent pour leur assurer la liberté. Ils ont au moins une nourriture substantielle et abondante; quand ils sont vieux, leurs maîtres les gardent; nous, c'est à peine si nous sommes assurés de manger du pain et de boire de l'eau. Vous nous reprochez le cabaret; mais vraiment croyez-vous que nous n'ayons pas besoin de distractions? Nous n'avons ni spectacles, ni fêtes, ni soirées; les cafés où vous allez prendre vos délassements ont des prix trop élevés pour nous, qui pouvons à peine suffire à notre faible subsistance. Et d'ailleurs, n'est-ce pas la consommation du cabaret qui améliore les recettes de l'octroi, avec lesquelles vous élevez des théâtres, des colléges, des promenades, où nous n'allons pas..... Nous ne cherchons pas à nous instruire, dites-vous? Mais lorsque vous sortez de votre comptoir, de votre cabinet, n'allez-vous pas reposer votre tête par des exercices agréables au lieu de vous livrer à des lectures pénibles? Eh bien, nous qui supportons des fatigues tout autrement dures que vous, nous allons, harassés que nous sommes, dormir sur nos grabats, ou chercher une réparation factice dans le cabaret, notre café à nous, notre salle de société, de nouvelles, de gaîté, de joie... »

Les récriminations réciproques des maîtres et des ouvriers, que nous avons cherché à réunir dans cette espèce de dialogue passionné, sont la plupart fondées de part et d'autre; et la difficulté consiste à mettre un terme à ce débat fâcheux par une satisfaction légitime des droits de chacun. D'abord, on ne saurait perdre de vue que l'époque actuelle est une époque de transition, de passage. L'ouvrier des villes se trouve délivré de l'état d'esclavage, de contrainte, où le tenaient les anciennes corporations d'arts et métiers; mais il est parvenu à un état de liberté où le développement de ses facultés ne lui est guère possible qu'en théorie. Quelqu'un a dit que l'ouvrier a maintenant la liberté de mourir de faim. Cela est vrai jusqu'à un certain point; cependant, on a des exemples assez fréquents d'ouvriers que leurs talents, leur ordre et leur économie ont élevés au rang de maîtres habiles; mais la condition générale de cette classe est soumise à des oscillations de hausse et de baisse dont la cause est redoutable aussi pour les maîtres; à des manques d'ouvrage qui lui causent les plus grands maux, et que la société, dans son intérêt même, ne saurait voir avec indifférence. Ce que nous disons relativement à l'ouvrier des villes s'applique à l'ouvrier des campagnes. S'il n'a pas à craindre la hausse et la baisse du salaire, il a contre lui les années de disette, de grêle, de froid.

Depuis plus de soixante ans nous luttons avec inquiétude pour assurer la durée éternelle de cette égalité civile qui n'a pu être encore une vérité dans le sens large du mot. Avant de mettre de l'ordre dans les relations sociales nouvelles, nous cherchons à nous assurer de la manière la plus complète que tout retour au passé sera désormais impossible. Les gouvernements qui se sont succédé depuis la révolution de 89 ayant témoigné à différents intervalles des velléités rétrogrades, il en est résulté une défiance générale contre tout ce qui s'appelle *gouvernement*. Et cependant, le gouvernement, par les moyens puissants dont il dispose, est seul capable, surtout en France, d'appliquer un remède salutaire aux plaies qui nous rongent. Un gouvernement bien intentionné, bien doué du sentiment des besoins nouveaux, aura seul la faculté de prévenir une lutte terrible et funeste pour toutes les classes, entre les intérêts sans cesse hostiles jusque ici des maîtres et des ouvriers. La philanthropie à cet égard, comme en beaucoup d'autres, a signalé de la manière la plus palpable sa radicale impuissance. Les moyens dont elle a usé ont bien pu suspendre des crises, et encore des crises de peu d'importance; mais là s'est bornée toute son action. Il importe donc avant tout de détruire des doctrines introduites passagèrement dans nos idées pour lutter avec avantage contre un pouvoir malintentionné ou maladroit. Ces doctrines sont celles de l'économie politique professée par l'ancien libéralisme. Elles deviennent surannées, pour ne pas dire funestes, en face d'un pouvoir fondé par et pour le peuple et des besoins impérieux des masses. Ce n'est pas après avoir été témoin des révoltes sanglantes auxquelles la misère a poussé les ouvriers, que l'on serait bien venu à professer, avec J.-B. Say, que « si le gouvernement est éclairé, il se mêlera aussi peu que possible des affaires des particuliers; pour ne pas ajouter aux maux de la nature ceux qui viennent de l'administration ». Si le gouvernement ne s'était pas mêlé de l'instruction du peuple, des salles d'asile, des caisses d'épargne, nous serions encore à désirer ces utiles institutions, dont la philanthropie n'avait fait que des essais mesquins; si le gouvernement ne se mêlait pas de régler dans un avenir assez rapproché, d'une manière stable, les intérêts des maîtres et des ouvriers, nous serions un jour en face de désordres profonds et terribles.

Pour peu que l'on examine les institutions qui sont à la portée de la bourgeoisie et de l'armée, et que l'on cherche leurs analogues dans les rangs des ouvriers, l'on est vite frappé et comme effrayé du délaissement où s'est trouvée jusque ici cette classe si intéressante et si utile. Prenons seulement les individus de ces deux classes à l'état viril. Toutes les professions de la bourgeoisie qui se rattachent à l'administration ont des caisses de retraite, où chaque employé trouve le pain de ses vieux jours. Dans l'armée, tout officier de faible rang, tout soldat, a au moins l'espoir d'une faible pension, s'il n'est admis à terminer ses jours à l'hôtel des Invalides. La plupart des industriels trouvent dans leur économie et leur activité les moyens d'amasser une rente pour leurs vieux jours. Les ouvriers ont les caisses d'épargne, qui leur permettent bien de se garantir des souffrances engendrées par les repos funestes, mais non de se créer des ressources suffisantes pour leur vieillesse; enfin, leur hôtel des invalides, c'est l'hopital!

En détruisant l'ordre de choses ancien, nous avons oublié de substituer à une multitude d'institutions devenues tyranniques, quoique bonnes dans le principe, d'autres institutions analogues, mais plus larges, plus élastiques, et satisfaisant à ce besoin impérieux de liberté raisonnable que nous sentons tous. Au premier rang, il faut placer le *patronage*, c'est-à-dire la sollicitude paternelle, bienveillante et éclairée du chef de fonctions vis-à-vis de ses inférieurs. Dans presque toutes les divisions de notre ordre social, le patronage a dégénéré en un népotisme étroit et mesquin, ou en un commandement sans entrailles et sans affection, ou bien enfin en des relations officielles, dans lesquelles les individus communiquent entre eux comme les rouages d'une machine. Les relations de maître à ouvrier sont celles où le patronage serait le plus utile et le plus bienfaisant. La nécessité du patronage est plus grande là où l'aisance est moindre. Mais avec l'organisation actuelle des ateliers le patronage est impossible en général. Il ne sera réalisable que lorsque le maître et l'ouvrier sentiront réciproquement de la manière la plus vive le besoin d'être étroitement unis par des intérêts communs. Or, l'intérêt commun, tel qu'on l'entend aujourd'hui, a des liens si faibles que l'on peut en général passer sous silence son efficacité. Comment se règlent en effet les intérêts des ouvriers et de leurs chefs? Écoutons à cet égard J.-B. Say: « Les salaires de l'ouvrier se règlent contradictoirement par une convention faite entre l'ouvrier et le chef d'industrie: le premier cherche à recevoir le plus, le second à donner le moins qu'il est possible; mais dans cette espèce de débat il y a du côté du maître un avantage indépendant de ceux qu'il tient déjà de la nature de ses fonctions. Le maître et l'ouvrier ont bien également besoin l'un de l'autre, puisque l'un ne peut faire aucun profit sans le secours de l'autre; mais le besoin du maître est moins immédiat, moins pressant. Il en est peu qui ne puissent vivre plusieurs mois, plusieurs années même, sans faire travailler un seul ouvrier, tandis qu'il est peu d'ouvriers qui puissent sans être réduits aux dernières extrémités passer plusieurs semaines sans ouvrage. Il est bien difficile que cette différence de position n'influe pas sur le règlement des salaires. » L'état précaire des classes pauvres et nombreuses vis-à-vis des classes aisées se trouve formulé ici de la manière la plus nette. La lutte incessante entre les maîtres et les ouvriers est clairement expliquée dans les lignes qu'on vient de lire. Elles ont été écrites par un honorable philanthrope, animé des meilleures intentions, mais que ses doctrines de liberté amènent à conclure qu'un tel état de choses, déplorable sans doute, n'est susceptible d'aucune amélioration! Telle est la conséquence en effet du discrédit complet du *gouvernement* parmi nous; telle est la conséquence logique de doctrines libérales inflexibles. Or, s'il est démontré, comme nous le pensons, que le gouvernement seul a la puissance de servir d'intermédiaire pacifique entre des intérêts rivaux, nous devons aspirer tous aux temps où les hommes du pouvoir auront donné assez de preuves de lumières, de dévouement au bien public, de loyauté, pour que leur action, cessant d'être considérée comme funeste, soit au contraire désirée, recherchée.

L'industrie manufacturière et agricole présente, en y regardant de près, l'anarchie la plus flagrante. Aucune vue d'ensemble ne préside à la production ni à la consommation. Faute de données, de renseignements, les objets de consommation sont fabriqués souvent au hasard et sans une connaissance suffisamment approchée des besoins que l'on en éprouve; de là des encombrements, par suite des pertes, de la stagnation et un repos fatal aux ouvriers, fatal aux maîtres, qu'il pousse trop souvent à des faillites inévitables! Lorsque les nations auront enfin compris leurs véritables intérêts, lorsqu'elles auront fondé entre elles des rapports basés sur leurs besoins réciproques, lorsque la guerre ne sera plus qu'un fait exceptionnel, lorsque les cabinets cesseront de s'observer réciproquement du point de vue presque exclusivement militaire, lorsque l'organisation industrielle aura succédé à l'admirable organisation guerrière de toutes les nations civilisées, ou lui aura au moins emprunté ses modèles d'ordre, sa puissance d'action, alors l'ouvrier prendra rang dans l'armée pacifique, il sera soldat-travailleur, producteur; une sollicitude constante le suivra dans tous les pas de sa carrière. A lui désormais les stimulants que donne l'espoir de l'avancement par le travail, par le talent; à lui les récompenses, les honneurs, non pour avoir tué et détruit, mais pour avoir vivifié, construit, édifié. A lui la part dans le butin, non dans le butin gagné au sac d'une ville, au pillage des maisons, mais dans le butin créé par le travail des ateliers. Un tel état de choses se présente sans doute susceptible d'une grande variété d'exécution : dans tous ces arrangements, la liberté bien entendue devra trouver une large place; mais enfin, *organisation* et *association* sont les fins vers lesquelles tendent aujourd'hui les efforts instinctifs de toutes les classes. C'est à les faciliter que doivent tendre les institutions transitoires. Désormais, les classes bourgeoises seraient coupables de se refuser aux moyens d'élever à elles les classes ouvrières, et celles-ci se compromettraient gravement en négligeant les occasions d'améliorer leurs mœurs, leurs habitudes, à l'effet de mériter pleinement leur émancipation.

Aug. Chevalier,
Député au Corps Législatif.

OUVRIÈRES, expression dont on se sert quelquefois pour désigner certains insectes neutres de diverses espèces, comme les abeilles, les fourmis, etc.

OUVROIR. On appelait autrefois ainsi l'endroit où quelques ouvrières se réunissaient pour travailler. Ce nom fut donné plus tard au lieu où dans les couvents de femmes celles-ci se réunissaient à des heures données pour se livrer à des travaux de couture ou de broderie. Il arriva que certaines communautés établirent pour des personnes étrangères des ouvroirs où celles-ci venaient travailler; c'étaient en quelque sorte des asiles où des femmes laborieuses trouvaient le feu et la lumière et quelquefois la nourriture. De nos jours la philanthropie s'est préoccupée des ouvroirs de femmes, et dans la capitale, dans quelques villes, les communautés religieuses en ont formé. Mais les ouvroirs de femmes ont en général mal réussi. Il n'en a pas été ainsi de ceux de jeunes filles, d'orphelines, où celles-ci apprennent la couture, sous la surveillance de sœurs; les travaux en sont répartis suivant l'aptitude, l'âge des jeunes filles, et ces ouvroirs en arrivent à donner leurs produits à meilleur marché, et feraient ainsi aux ouvrières, déjà si malheureuses, des villes une terrible concurrence si le travail pouvait y être aussi soigné : c'est là le mauvais côté des ouvroirs des villes. Dans les campagnes, dans les localités où il n'existe pas d'écoles de filles séparées, l'on a commencé à établir des ouvroirs, où les jeunes enfants viennent s'initier aux premiers travaux du ménage. Ces ouvroirs nécessitent pour tout personnel une maîtresse lingère, surveillant et enseignant les jeunes filles; pour tous frais, indépendamment de la somme très-minime allouée à celle-ci, de bien faibles dépenses de chauffage et d'achat de fil et d'aiguilles.

OUWAROFF (Sergeï Semenowitsch, comte), homme d'État et savant russe, membre associé étranger de notre Académie des Inscriptions et Belles-Lettres, était né en 1773, d'une ancienne famille noble. Élevé en partie à l'université de Gœttingue, il obtint de bonne heure la confiance de l'empereur Alexandre Ier, qui en 1811 le nomma curateur de l'université de Saint-Pétersbourg, et en 1818 président de l'Académie des Sciences. En 1821 il renonça aux fonctions de curateur de l'université, et l'année suivante il fut nommé directeur du département des manufactures et du commerce. En 1824 il reçut le titre de conseiller intime, en 1832 le portefeuille de l'instruction publique, et en 1846 il fut créé comte. Ce fut en publiant son *Projet d'une Académie asiatique* (1810) qu'il donna à l'étude des langues orientales le remarquable essor qu'elle a pris en Russie. Pour réaliser ses idées il fit créer à Saint-Pétersbourg une école publique et gratuite des langues orientales, des chaires de langues arabe, turque et persane à l'université, ainsi que des chaires de diverses langues asiatiques à Kasan, à Omsk, à Astrakhan et à Tiflis. Sa sollicitude ne se borna pas là; et il profita de son passage au ministère de l'instruction publique pour fonder de nouveaux établissements dans les diverses parties de l'empire, pour améliorer la position du personnel enseignant, créer de nouveaux musées, de nouveaux jardins botaniques, de nouveaux observatoires, de nouvelles bibliothèques, de nouvelles sociétés savantes, partout où le besoin pouvait s'en faire sentir. Ces diverses créations, marquées au coin de l'esprit de philanthropie dont était animé Ouwaroff, n'ont sans doute pas eu toutes le succès qu'il s'en était promis; mais il ne faut en accuser que l'ignorance, l'incapacité et le mauvais vouloir de ceux dont force lui était de se servir pour exécuter ses plans. Quand, à la suite des événements de 1848, l'empereur Nicolas voulut soumettre l'instruction publique en Russie à de grandes restrictions, Ouwaroff résigna son portefeuille, et ne conserva plus que la présidence de l'Académie des Sciences et un siége au sénat.

Ce que nous venons de dire de l'homme d'État suffit pour l'apprécier; parlons maintenant du savant et des titres littéraires qui lui avaient valu l'honneur d'être choisi par l'Institut de France pour l'un de ses associés étrangers. On a de lui divers ouvrages, écrits tous dans notre langue, et qui ont valu à son nom une célébrité de bon aloi. Nous citerons dans le nombre son *Essai sur les Mystères d'Éleusis*, ses *Recherches sur l'époque antéhomérienne*, son *Examen critique de la Fable d'Hercule*, où il s'attache surtout à combattre les idées émises par Dupuis dans son *Origine de tous les Cultes*; sa notice sur Gœthe, son édition de Nonnus, de Panopolis (Pétersbourg, 1817), etc., etc. Ils ont été tout récemment réunis sous les titres de *Études de Philologie et de Critique* (Pétersbourg, 1843), et de *Esquisses politiques et littéraires* (Paris, 1849). Ouwaroff était âgé de quatre-vingt-deux ans lorsque la mort vint le surprendre, en septembre 1855, assis à son bureau, la plume à la main et prenant des notes sur un manuscrit. Pour un savant, c'était, on peut le dire, mourir au champ d'honneur.

Son fils, le comte *Alexis* Ouwaroff, s'est fait connaître par un voyage archéologique sur les rives septentrionales de la mer Noire, dont il a publié le récit en langue russe, sous ce titre : *Is Sledowanija o drewnostach Jushnoi Rossii i beregow Tschernago Morja* (Pétersbourg, 1852).

OUZBEKS (Les), peuplade turque, qui depuis quatre siècles est le fléau et l'effroi de la plus grande partie de l'Asie centrale. Elle habite la contrée qu'on appelait autrefois la *Tatarie* et aujourd'hui le *Turkestan*, dont elle domine les khanats de Bokhara, ou, dans une acception plus restreinte, l'*Ouzbekistân*, ainsi que Balkh et Khokand, et dont la suprématie s'étend également sur divers petits États isolés des montagnes du Turkestan occidental, ainsi qu'à Khiwa, et même, sous la souveraineté de la Chine avec les Turcs ouigoures, dans le Turkestan oriental ou Tourfân.

Schaïbek ou Schaïbani-Khan, frère de Batou-Khan, fut en 1248 le premier fondateur de la puissance des Ouzbeks sur l'Oxus, attendu qu'avec les provinces que lui abandonna la générosité de son frère, il créa l'empire de Tourân. Ce fut sous Ouzbek, l'un de ses successeurs, que le nom d'Ouzbeks devint la désignation générale de ces diverses hordes, dont la puissance s'accrut par de continuelles émigrations de l'empire de Kiptschak, de telle sorte qu'elles purent se mesurer dans de nombreuses et sanglantes guerres contre les Persans, les Boukhares (Sartes), les Turkomans et les anciens Khorasmiens. Plus tard elles passèrent sous le joug des Timourides, qui réussirent à se maintenir longtemps en possession de ces contrées, jusqu'à ce qu'enfin, en 1498, Babour fut forcé d'évacuer le Turkestan occidental. Schaïbani-Khan établit ensuite sa domination sur Bokhara, et, après de sanglantes guerres, ses successeurs parvinrent aussi à la souveraineté sur Khiwa. Mais en 1802, à la suite de guerres civiles suivies d'horribles dévastations et de sanglants changements de dynasties, l'ouzbeck Mahmed-Rahim-Khan parvint enfin à la puissance souveraine. Les Ouzbeks constituent aujourd'hui dans les contrées qui leur sont soumises une espèce de noblesse; ils habitent généralement les villes. Ce sont eux aussi qui occupent tous les emplois supérieurs, et ils sont propriétaires de la foule de petits châteaux ou manoirs qu'on trouve dispersés dans les campagnes, et qu'ils afferment aux Turkomans et aux Sartes ou *Tadjiks*, qui ne peuvent posséder de terre en propre.

OUZES (Les). *Voyez* Comans.

OVAIRE (du latin *ovarium*, fait de *ovum*, œuf). En anatomie, on donne ce nom à l'organe où sont renfermés les œufs dans la femelle des animaux ovipares. C'est aussi, en parlant de la femme et des femelles des mammifères, chacun des deux corps glanduleux placés près des reins, au-dessus de la matrice, et que l'on suppose remplir les mêmes fonctions.

En botanique c'est l'organe des plantes qui occupe la partie inférieure du pistil et qui sert de réceptacle aux ovules. Toujours placé au centre de la fleur, l'ovaire a le plus souvent une forme ovoïde ou globuleuse. L'ovaire des plantes représente à la fois l'ovaire et l'utérus des mammifères; en effet, il est le siége de la fécondation et du développement de l'ovule fécondé. Sa déhiscence, c'est-à-dire sa rupture pour livrer passage aux graines, a beaucoup de rapport avec la parturition des animaux vivipares, et les phénomènes qui précèdent et amènent ces résultats n'ont pas moins d'analogie. L'ovaire est *simple* ou *composé*, suivant qu'il appartient à un carpelle unique ou à plusieurs carpelles soudés ensemble. Quand on coupe un ovaire longitudinalement ou en travers, il présente une ou plusieurs loges contenant les ovules ou rudiments des graines. On le dit *uniloculaire*, *biloculaire*, *triloculaire*, *quadriloculaire*, *quinquéloculaire*, *multiloculaire*, selon le nombre de loges qu'il renferme. L'ovaire ne contracte en général d'adhérence avec le calice que par sa base, et on l'appelle alors *libre* ou *supère*; on nomme, par opposition, ovaire *infère* ou *adhérent* celui dont la paroi externe est intimement soudée avec le tube du calice; l'ovaire *semi-infère* est celui dont la moitié, ou à peu près, est visible au fond de la fleur. La position de l'ovaire infère ou supère fournit des caractères précieux pour le groupement des genres en familles naturelles. On désigne sous le nom d'*ovaires pariétaux* une réunion d'ovaires, en apparence infères, parce qu'ils ne sont pas visibles au fond de la fleur dont le calice est supérieurement fort resserré, mais qui ne sont cependant adhérents par leur base qu'avec la paroi inférieure du calice. On donne enfin la dénomination d'*ovaire gynobasique* à celui qui, porté sur un disque charnu nommé *gynobase*, d'où semble naître le style, est profondément divisé en un certain nombre de lobes correspondant à celui des loges, qui à la maturité se séparent, et semblent constituer chacun un fruit distinct. L'ovaire est *sessile* quand il n'est élevé sur aucun support particulier; au contraire, il est *stipité* quand il est porté sur un podogyne plus ou moins allongé. Tout pistil ou carpelle n'étant qu'une feuille transformée et dont les bords semblent rapprochés et soudés, il s'ensuit que l'ovaire offre une cavité centrale renfermant un ou plusieurs ovules fixés à un corps de nature vasculaire, nommé *placenta* ou *trophosperme*. On dit les loges *uniovulées*, *biovulées*, etc., selon le nombre d'ovules qu'elles contiennent. Dans le cas où chaque loge ne renferme que des ovules, il est important d'étudier leur position respective. Si les deux ovules naissent d'un même point et à la même hauteur, ils sont dits *opposés*; s'ils naissent l'un au-dessus de l'autre, on les appelle *superposés*; ils sont *alternes* quand les points d'attache des ovules ne sont pas sur le même plan, quoique les ovules se touchent latéralement. Chaque loge d'un ovaire présente quelquefois un nombre très-considérable d'ovules; mais ces ovules peuvent être disposés de différentes manières. Parfois ils sont superposés régulièrement les uns au-dessus des autres sur une ligne longitudinale : on les dit alors *unisériés*. Plus souvent ils sont disposés sur deux lignes longitudinales, et ils sont dits *bisériés*. D'autres fois ils sont épars et sans ordre, ou bien encore *conglobés* ou réunis et serrés les uns contre les autres de manière à former une sorte de globe. L. Louvet.

OVALE. On donne ce nom à une forme fréquemment employée en architecture, surtout lorsque cet *ovale* est parfait, c'est-à-dire produit par la section diagonale d'un cylindre. Il est plus rarement en usage lorsqu'il offre un ovoïde. Nous considérons l'*ovale*, dit M. Quatremère de Quincy, comme une figure curviligne, oblongue, dont les deux diamètres sont inégaux, mais dont les extrémités sont semblables : c'est ce que les géomètres appellent l'*ellipse*, qui peut se tracer de diverses manières. Serlio, dans sa *Géométrie appliquée à l'architecture*, en indique plusieurs, qui sont aussi claires que faciles à exécuter : chacune de ces opérations fournit un *ovale* d'une forme différente et plus ou moins agréable; la plus ordinaire est de former l'ellipse au moyen de deux cercles d'un diamètre égal, dont l'un a son centre à la circonférence de l'autre, et qu'on termine avec des arcs tracés du point où les deux cercles se coupent. L'*ovale* dit du *jardinier* se trace par le moyen d'un cordeau, dont la longueur est égale au plus grand diamètre de l'ovale, et qui est attaché à deux piquets aussi plantés sur ce grand diamètre pour former cet ovale, d'autant plus allongé que les deux piquets sont plus éloignés.

Les anciens n'ont guère donné la forme *ovale* en plan qu'à leurs amphithéâtres, et cet ovale, plus ou moins allongé, affecte toujours la forme de l'ellipse. Ils n'ont pas employé la forme *ovale* en élévation, et leurs voûtes ou leurs arcades étaient toujours formées par un demi-cercle en plein cintre, ou bien par une portion de cercle. C'est aux modernes qu'on doit l'invention des arcs surbaissés en anse de panier et des voûtes en cul-de-four, et dans la forme d'un ovoïde, qu'on retrouve dans la plupart des coupoles modernes, faites à l'imitation des mosquées des Arabes, qui imitaient eux-mêmes la forme d'une pomme de pin creusée. Dans les temps de la dégénération du goût en architecture, on a fort abusé de la forme *ovale*, et on l'a adaptée aux ouvertures de fenêtres, de niches, comme celles qu'on voit dans la décoration intérieure de la cour du palais Farnèse. Enfin, on a été jusqu'à faire des colonnes ovales, sous prétexte qu'avec moins de saillie on pouvait produire autant d'effet. Quelquefois l'architecte, resserré dans un local long et étroit, ou pour procurer plus de développement à un escalier, lui donne la forme ovale : c'est ce qu'on nomme *ovale rallongé*. Bernin a adopté la forme *ovale* pour la place de la colonnade de Saint-Pierre. Depuis que nous avons renoncé avec raison, pour nos salles de spectacle, à la forme du parallélogramme des jeux de paume, qui paraissent avoir servi de premier modèle à nos théâtres, on a cherché à se rapprocher, autant que nos mœurs pouvaient le permettre, de la forme de ceux des anciens; et le célèbre Palladio en a donné un bel exemple dans la salle Olympique de Vicence.

OVALE (Couronne). *Voyez* Couronne.

OVAS ou **HOVAS**. *Voyez* Madagascar.

OVATION. Ce mot, suivant quelques étymologistes, Plutarque entre autres, vient du latin *ovis*, brebis, parce que les Romains sacrifiaient une brebis dans cette cérémonie. Denys d'Halicarnasse et Arcos le font dériver du mot grec εὐασμός, cri de joie. L'*ovation* n'était qu'un diminutif du *triomphe* proprement dit, et s'accordait aux généraux qui avaient vaincu sans beaucoup de difficultés, sans terminer complétement la guerre, sans grande perte pour l'ennemi, ou qui n'avaient défait que des rebelles, des pirates, des esclaves ou des ennemis de peu d'importance. Le vainqueur, dans l'ovation, vêtu d'une simple robe blanche bordée de pourpre, marchait à pied ou à cheval. Il était accompagné du sénat, de l'ordre équestre et des principaux plébéiens; une partie de son armée le suivait au son des flûtes. Une couronne de myrte et les acclamations des Romains étaient les seules marques de la gratitude populaire. Parvenu au Capitole, le général victorieux sacrifiait une brebis. La première ovation eut lieu l'an 253 de Rome, en l'honneur du consul Posthumus Tubertus, vainqueur des

Sabins; la dernière, vers l'an 800, pour Aulus Plautius, qui avait réduit en province la partie méridionale de la Grande-Bretagne.

Par extension, on donne aujourd'hui le nom d'*ovation* à cette sorte d'hommage public que plusieurs personnes rassemblées rendent à une autre, pour lui témoigner leur reconnaissance, leur admiration pour ses talents, son caractère, la conduite qu'elle a tenue dans telle ou telle circonstance.

OVE. Au singulier, ce substantif désigne une moulure ronde dont le profil est ordinairement un quart de cercle, et que pour cette raison on appelle aussi *quart de rond*. Vitruve l'appelle *échine*, et lui donne une convexité plus petite que celle d'un demi-cercle. On la nomme *astragale lesbien*. Au pluriel, les *oves* sont des ornements ayant la forme d'un œuf renfermé dans une coque imitée de celle d'une châtaigne, et qui se taillent dans l'*ove*. On entend par *oves fleuronnés* ceux qui paraissent enveloppés par quelque feuillage sculpté. On en fait en forme de cœur; aussi les anciens y mettaient-ils des dards pour symboliser l'amour. Sur quelques monuments, les *oves* sont une série de petits corps ovoïdes, rangés sur une ligne droite les uns auprès des autres. Le plus souvent aussi on mettait entre chaque œuf ou *ove* une pointe triangulaire appelée *langue de serpent*, parce qu'on croyait dans ce temps-là que la langue du serpent avait cette forme.

OVERBECK (Frédéric), l'un des plus célèbres peintres allemands aujourd'hui vivants, est né à Lubeck, en 1789. En 1806 il alla étudier son art à Vienne, et annonça dès lors par la nature même de ses travaux la direction particulière que son esprit devait suivre plus tard. En 1810 il se rendit à Rome, qu'il n'a plus quittée depuis. Une *madone*, qu'il exposa en 1811, attira sur lui l'attention générale. Il est l'un de ces artistes contemporains qui, sous l'influence de la littérature romantique, créèrent à Rome ce qu'on a depuis appelé *l'art chrétien* ou la *peinture romantique*, et qui s'efforcèrent de se rapprocher autant que possible de la simplicité des anciennes écoles italienne et allemande. De là cette remarquable affinité de caractères et de tendances que l'on observe entre ses productions et celles de Cornelius, de Koch, de Vogel, de Jean et de Philippe Vert, de Schadow, d'Eggers, et plus tard de Schnorr, etc., tous artistes résidant alors à Rome, tous fondateurs avec lui de la nouvelle école, à laquelle ils surent imprimer un caractère éminemment religieux, romantique et national. Le premier ouvrage de quelque importance par lequel se manifesta cette école, furent les fresques représentant l'histoire de Joseph, que M. Bartholdy, consul général de Prusse à Rome, fit exécuter dans sa villa de La Trinità di Monti. Overbeck y peignit en 1816 *Joseph vendu par ses frères* et *Les Sept Années maigres*. Dans les années suivantes l'école produisit une sensation plus vive encore par les fresques qu'elle exécuta dans la villa du marquis Massimi. Overbeck, pour sa part, s'y chargea de cinq grandes compositions, dont il emprunta le sujet à la *Jérusalem délivrée* du Tasse. On considère cependant comme son chef-d'œuvre en fait de fresque celle du *Miracle de la Rose* de saint François dans l'église des Saints-Anges à Assise.

Parmi ses tableaux à l'huile, qui sont peu nombreux parce qu'il travaille lentement, l'un des plus connus est son *Entrée de Jésus-Christ à Jérusalem*, qui orne l'église de Notre-Dame à Lubeck. Nous citerons encore un *Christ sur la montagne*, le *Mariage de la Vierge*, plusieurs saintes Familles, la *Mort de saint Joseph*, et enfin la grande toile qu'on voit à l'Institut Stedel, à Francfort, *L'influence de la Religion sur les Arts*. En 1846 il fit aussi pour sa ville natale un *Ensevelissement du Christ*, et en 1851 il termina la *Conversion de saint Thomas*, tableau de maître autel, pour l'Angleterre. Depuis plusieurs années il travaille à un grand tableau d'autel, *L'Ascension de la sainte Vierge*, commandé par la Société des Amis des Arts du Rhin. On a en outre de lui un grand nombre de dessins remarquables. Il a entre autres dessiné les Apôtres et les Évangélistes pour la chapelle de la villa Carlo, propriété du banquier Torlonia, dessin qui a été exécuté en fresque. Ruscheweyh et Schœfer ont gravé quelques-unes de ses œuvres. De tous les lithographes qui ont essayé de les reproduire par impression sur pierre, c'est Koch de Munich qui a le mieux réussi.

Overbeck est le seul des fondateurs de l'école romantique qui soit jusqu'au bout resté fidèle à la direction une fois adoptée, direction qui l'a porté à se fixer à Rome et même à embrasser la religion catholique. Son grand principe que « l'art doit être uniquement au service de la religion » comprend ce qu'il y a de plus caractéristique à dire sur son talent. On ne saurait lui refuser une vive et profonde perception intime du sentiment religieux, de la modération et de l'harmonie dans la composition, de la simplicité dans les formes et une touchante beauté dans l'expression. A côté de ces grandes qualités, on remarque chez lui une étrange indifférence à l'égard de toutes les formes qui ne servent pas directement à l'expression religieuse, par exemple un mépris souverain pour le nu et en même temps pour la sculpture antique, qui l'un et l'autre se sont vengés visiblement des mépris de l'artiste, dont le dessin est trop souvent incorrect et manque de vie. Sa position dans l'art contemporain devient d'ailleurs de plus en plus solitaire et isolée; car ceux qui suivirent autrefois la même direction que lui ou sont morts depuis, ou ont adopté un point de vue qui leur a permis de progresser librement; tel est par exemple Cornelius.

OVIBOS. *Voyez* Buffle.

OVIDE (Publius Ovidius), surnommé *Nason*, l'un des plus célèbres poëtes romains du siècle d'Auguste, né le 20 mars de l'année 43 avant J.-C, à Sulmone, dans le pays des *Peligniens* (Abbruzes), annonça de bonne heure les plus remarquables dispositions pour la poésie. Possesseur d'une grande fortune, il put les développer et les perfectionner par des voyages en Grèce et en Asie Mineure; et de retour à Rome, il y vécut jusqu'à l'âge de cinquante ans tout entier au culte des Muses et au plaisir, aussi bien vu à la cour d'Auguste que dans un joyeux cercle de parents et amis. Mais un décret de l'empereur, rendu par des motifs qui nous sont demeurés inconnus, et qui ont donné lieu aux suppositions les plus diverses, vint l'arracher brusquement à cette existence épicurienne et l'exiler à Tomes (*Tomi*), ville de la Mésie, sur les bords de la mer Noire, où il mourut de chagrin, huit ans après, l'an 17 de J.-C. Ses poëmes, auxquels par suite de sa paresse habituelle il ne donna pas la dernière main, brillent en général par la grâce et la facilité, bien que parfois il s'y laisse aller au bavardage, à l'antithèse, au bel esprit et à de froids jeux de mots. Chez les anciens, ses *Métamorphoses* étaient de toutes ses productions celles qu'on lisait le plus; et il en est encore ainsi aujourd'hui. Elles se composent de quinze livres, appartiennent au genre narratif, et traitent de tous les mythes depuis le moment où l'univers sortit du chaos jusqu'à l'époque de César. Le poëte y suit autant que possible l'ordre chronologique, et en forme un récit continu. Il y a triomphé avec un rare bonheur de l'extrême difficulté de composer un tout avec des matériaux si divers. La meilleure traduction en vers qu'on en ait est celle de Saint-Ange (Paris, 1804). Les *Fastes* (*Fasti*) ou calendrier des fêtes romaines, en six livres, ressemblent beaucoup pour le contenu aux Métamorphoses, mais sont d'une nature plus didactique; on y trouve des récits tirés de la mythologie romaine ou bien des antiques chroniques romaines et italiques, qu'Ovide rattache aux journées et aux fêtes les plus solennelles du calendrier romain. Il célèbre l'amour sensuel dans ses *Amores*, ou Élégies d'amour, en trois livres, dans son *Ars amandi* (l'Art d'aimer) en trois livres, ainsi que dans ses *Remedia Amoris* (Remèdes contre l'amour), poëmes qui ont en outre le mérite de nous initier à la connaissance exacte des mœurs de l'époque corrompue où vivait l'auteur. Dans ses *Heroides* (Héroïdes ou épîtres amoureuses adressées à leurs amants absents par des héroïnes de l'époque héroïque ou mythique), Ovide a crée un genre tout particulier de poésie élegiaque et didactique. Il nous en reste encore vingt-et-une; mais sur ce nombre la critique prétend en rejeter quelques-unes, comme apocryphes. Enfin, on a encore d'Ovide des élégies proprement dites, qu'il composa pendant la durée de son exil; elles portent le titre de *Tristia* (Les Tristes), en cinq livres, et celui d'*Epistolæ ex Ponto* (Lettres écrites du Pont-Euxin), en trois livres. On trouve encore dans le recueil de ses poésies, sous le titre d'*Ibis*, un poëme satirique, diatribe en vers écrite contre un personnage dont le nom nous est resté inconnu. Mais nous avons perdu sa tragédie de *Médée*. C'est à tort qu'on lui attribue quelques petits poëmes sans importance, tels que l'*Elegia ad Liviam Augustam* et ceux qu'on désigne sous le nom de *Catalecta Ovidii*. L'édition *princeps* des œuvres complètes d'Ovide est celle qui parut à Rome en 1471.

OVIEDO, chef-lieu de la province du même nom en Espagne, ou de l'ancienne principauté des Asturies, siége d'évêché, est bâti dans une belle plaine, entre le Nora et le Nalon, au pied du mont Naranco. C'est une ville régulièrement construite, où l'on remarque un aqueduc de quarante arcades, et une cathédrale avec une tour d'une grande hardiesse d'architecture, riche en reliques et autres antiquités. On y trouve quatre paroisses, divers couvents et hôpitaux, des séminaires et autres écoles, une manufacture royale d'armes, des fabriques de chapeaux et de toile, des tanneries, etc. Avec son district elle compte 16,930 habitants, et fait avec le port de la ville de Gijon un grand commerce des produits de son industrie.

Oviedo est une des plus anciennes villes de l'Espagne. Elle s'appelait au temps des Romains, et longtemps encore après, *Asturum locus* ou *Ovitum*. Reconstruite en 972, le roi Alphonse II en fit sa résidence au lieu de Gijon. Mais, au dixième siècle, son petit-fils l'abandonna pour aller se fixer à Léon. Un concile se tint à Oviedo en l'an 901.

OVIPARE (de *ovum*, œuf, et *parere*, engendrer). On nomme ainsi les animaux qui pondent des œufs, par opposition aux vivipares.

OVOLOGIE (du latin *ovum*, œuf, et du grec λόγος, discours). On a institué sous ce nom l'étude scientifique et comparée des corps produits par des ovaires ou par un tissu fondamental temporairement ovarien. L'ovologie comparée est une science nouvelle, qui peut embrasser dans son domaine tout ce qui a trait à l'apparition première et au développement successif ou à la formation des œufs des animaux et des ovules des végétaux. L. LAURENT.

OVO-VIVIPARES. *Voyez* VIVIPARES.

OVULE (du latin *ovulum*, diminutif de *ovum*, œuf), rudiment d'une graine contenue dans l'*ovaire*. C'est la graine avant la fécondation. L'ovule se montre au commencement sous la forme d'une excroissance cellulaire de la surface du trophosperme. De sa base naissent circulairement deux replis emboîtés l'un dans l'autre, d'abord sous la forme d'une sorte de godet ou de capsule. Ces bourrelets s'accroissent en hauteur quelquefois d'une manière irrégulière, et forment autour du mamelon ovulaire deux téguments ouverts à leur sommet et qui finissent par le recouvrir entièrement. Ce mamelon ou *nucelle* est une masse de tissu utriculaire ordinairement conique, attachée primitivement par la base au fond des membranes qui l'environnent. On nomme *chalaze* le point par lequel le nucelle est attaché. La membrane extérieure, ou *testa*, présente à son sommet une ouverture d'autant plus large que l'ovule est plus jeune : c'est l'*exostome*. L'*endostome* est une ouverture du sommet de la membrane interne ou *tegmen*, qui correspond à l'exostome. En se contractant par les progrès du développement de l'ovule, l'endostome et l'exostome constituent le *micropyle*, petit point ou cicatricule du tégument de la graine. Le *sac embryonnaire* ou *amniotique* est une sorte d'utricule qui apparaît dans le nucelle et qui s'allonge en un tube cloisonné, partant du sommet du nucelle et arrivant quelquefois jusqu'à la chalaze. Dans l'intérieur du sac embryonnaire se trouve ordinairement un utricule qu'on nomme *vésicule embryonnaire*, qui se remplit d'un liquide organique, lequel donne naissance à du tissu utriculaire s'organisant peu à peu en embryon. Les utricules qui unissent la vésicule embryonnaire au sommet du sac embryonnaire constituent le *filet suspenseur*. Certains ovules ne se composent que du nucelle et d'un seul tégument; d'autres ne sont formés que du nucelle nu. Le tissu contenu dans le sac embryonnaire et celui qui forme les parois du nucelle sont quelquefois complétement résorbés, et la graine, parvenue à sa maturité, se compose seulement des deux téguments de l'ovule, parfois réunis en un seul, et de l'embryon. D'autres fois le tissu utriculaire du sac ou du nucelle persiste, s'accroît, et forme un corps qui accompagne l'embryon et qu'on nomme l'*endosperme*. Les ovules fécondés deviennent des graines; mais il arrive fréquemment qu'un certain nombre d'ovules avortent dans le fruit. L. LOUVET.

OWAÏHI. *Voyez* SANDWICH (Iles).

OWEN (ROBERT), Anglais que ses essais de réforme sociale ont rendu fameux, est né en 1771, de parents pauvres, à Newton, comté de Montgomery. Il se consacra au commerce, et parvint, par son application et sa probité, à acquérir l'estime de son patron. A trente ans, il épousa la fille du riche manufacturier Dale, de Manchester, qui le mit à la tête d'une grande filature de coton, à New-Lanark, en Écosse. Dale avait fondé ce village industriel en 1784, afin d'utiliser une chute d'eau, et quoique, sous tous les autres rapports, la localité fût peu favorable à une entreprise de ce genre. En y arrivant, son gendre ne trouva là qu'une population, l'écume des trois royaumes, plongée dans la paresse, l'ignorance, l'ivrognerie, et en proie en outre à des dissensions religieuses. Il conçut tout aussitôt le projet de faire cesser cet état de misère et d'abjection. Partant de cette pensée que l'homme n'est naturellement ni bon ni mauvais, qu'il devient l'un ou l'autre suivant les circonstances qui l'entourent, il rejeta de son système d'administration toute contrainte, et chercha à n'agir que par le bon exemple, les relations régulières et amicales, et surtout par une grande bienveillance personnelle. Les fruits de ce système ne tardèrent pas à se produire. L'immoralité, la pauvreté, les querelles, disparurent; le travail augmenta, s'améliora, et produisit bientôt d'énormes bénéfices aux entrepreneurs. Quatre années ne s'étaient pas encore écoulées, et déjà la colonie industrielle se distinguait par l'aisance de ses habitants, par leur moralité et par leur instruction.

Encouragé par un tel succès, Owen conçut l'idée de se poser en réformateur théorique et pratique des misères sociales. Il débuta par publier, en 1812, ses vues particulières dans la brochure intitulée : *New Views of Society, or essays upon the formation of human character*. Pour extirper le vice et la misère, il fallait, suivant l'auteur, entreprendre une modification complète des rapports extérieurs de l'homme, ou, pour parler plus clairement, imaginer un nouveau système d'éducation. Le principe qui doit présider à cette réforme, c'est la complète *irresponsabilité morale* de l'individu à l'égard de la position qu'il occupe comme à l'égard de ses actions. Par conséquent non-seulement il faut renoncer aux idées de louange et de blâme, de peine et de récompense, et les remplacer par la *bienveillance;* mais on doit en outre introduire une égalité absolue entre toutes les notions de droits et de devoirs, et supprimer toute supériorité, voire même celles du capital et de l'intelligence. Malgré l'impuissance de cette théorie, qui n'échappait qu'à l'esprit naïf d'Owen, malgré cette très-franche exposition des principes du plus pur *communisme*, système qui, à dire vrai, n'était pas encore devenu l'effroi de la société, notre réformateur excita d'assez vives sympathies. Riche de plus de 500,000 liv. st. (12,500,000 fr.), Owen répandait d'innombrables petits traités destinés à faire goûter sa doctrine dans les masses, tenait de tous côtés de grandes assemblées populaires, et s'intéressait à toutes les entreprises ayant pour but de relever de leur situation de misère et de souffrance les classes travailleuses. Bientôt il en vint à compter des partisans enthousiastes dans tous les rangs de la société.

De 1816 à 1818, le parlement le consulta maintes fois sur les questions relatives aux enfants employés dans les manufactures. En même temps il introduisait en Angleterre les écoles à l'usage des tout jeunes enfants, et consacrait des sommes considérables à propager la méthode de Bell et Lancaster. Pour prévenir la ruine dont la société était menacée, il recommandait la suppression des grandes manufactures et la création de bourgs industriels épars çà et là, dans lesquels tout travailleur pourrait se mettre à l'abri des plus pressants besoins par l'acquisition d'une petite pièce de terre. Quoique cette proposition eût été accueillie avec enthousiasme en Angleterre, la doctrine de l'*irresponsabilité* lui mit à dos tout le clergé, surtout quand, poussé à bout, Owen finit par accuser toutes les religions d'impuissance et de tendances subversives, enveloppant jusqu'au radicalisme dans le même anathème.

Accablé d'injures et objet des plus odieuses accusations, privé d'ailleurs par la mort du duc de Kent de son grand protecteur, Owen se rendit en 1823 aux États-Unis, où il se proposait de fonder d'après ses principes et à ses frais, une commune absolue, c'est-à-dire *communiste*. Il acheta du Wurtembergeois Rapp la colonie de *New-Harmony*, sur les bords du Wabash, dans l'État d'Indiana, avec 30,000 acres de terre et des bâtiments pouvant loger 2,000 individus; puis il adressa alors un triple appel au *talent*, au *capital*, et à de *vigoureuses familles de travailleurs*. Mais le *communisme* éloigna les capitalistes; et en fait d'hommes instruits et éclairés, on ne vit arriver qu'un bien petit nombre d'esprits enthousiastes. En revanche, les mendiants, les vagabonds, tous les repris de justice de l'Amérique du Nord et jusqu'aux aventuriers des forêts, accoururent vers la colonie nouvelle. Dès 1826 un déficit impossible à combler se manifesta dans la caisse sociale, jusque alors uniquement alimentée par les versements d'Owen; il en résulta des désordres d'abord, et enfin la complète dissolution de tous les liens et rapports sociaux. Owen finit par être obligé d'abandonner tout ce qu'il possédait à ceux qu'il appelait ses *enfants*. Un plan qu'il proposa alors au gouvernement mexicain pour la colonisation du Texas échoua, parce qu'on refusa de lui laisser proclamer dans la nouvelle colonie la liberté absolue en matière de religion. Il revint en Angleterre vers la fin de 1827, pour désormais s'y vouer exclusivement à préparer les esprits à la fondation prochaine de la *commune absolue*.

Après avoir abandonné à ses enfants les débris de sa fortune, Owen recommença sa vie d'enseignement et de discussion. Indépendamment des assemblées hebdomadaires qu'il tint régulièrement à Londres, il prononça de 1827 à 1837 plus de *mille* discours publics, rédigea environ *cinq cents* adresses à toutes les classes du peuple, écrivit *deux mille* articles de journaux et entreprit de *deux* à *trois cents* voyages, dont plusieurs en France. Son principal ouvrage a pour titre : *The Book of the new moral World*; il s'y proclame l'inventeur d'un système rationnel de religion et de société. Avec ses disciples, auxquels on donne le nom d'*owenites*, il devint, à partir de 1827, l'âme des nombreux *meetings* d'ouvriers d'où sortit le *chartisme*. Il compromit surtout son influence à propos d'une entreprise qui, sous le nom de *National Labour equitable Exchange*, avait pour but l'abolition de l'argent en tant que signe représentatif des valeurs et moyen d'échange. On fonda un grand bazar et une banque dont les billets avaient la valeur d'heures de travail; mais après quelques mois d'existence, la banque se déclara en faillite, en 1832. Choisi en 1834 pour arbitre par les patrons eux-mêmes dans leurs démêlés avec leurs ouvriers, qui pour obtenir une augmentation de salaire avaient ordonné une grève générale, il ne réussit qu'à se rendre suspect à ses commettants et aux ouvriers. Il quitta alors Londres pour aller à Manchester se mettre à la tête d'une société mutuelle dite *Community friendly Society*, qui n'eut pas plus de succès que toutes les autres idées des réformateurs modernes pour faire cesser la misère.

En 1840 Robert Owen obtint, par l'entremise de lord Melbourne, une audience de la reine Victoria; fait qui provoqua dans la chambre haute l'expression du plus vif mécontentement de la part des pairs ecclésiastiques et à l'occasion duquel l'évêque d'Exeter, Henri Phillpotes, se répandit même en grossières injures. Owen y répondit avec dignité, dans un manifeste où il exposa les traits saillants de son système, en y joignant un aperçu des principaux événements de sa vie. Depuis lors il perdit insensiblement toute l'influence qu'il avait jusque alors exercée; et s'étant présenté en 1847 comme candidat aux électeurs de Mary-le-bone, à Londres, il n'obtint qu'une seule voix. Tant d'échecs successifs n'ont cependant point ébranlé sa foi dans ses idées, et en 1850 il les développait encore dans un ouvrage intitulé *Revolution in the mind and practice of the human race*.

Son fils aîné, *Robert Dale* OWEN, né à New-Lanark, qui l'avait accompagné en Amérique, où il s'est fixé, fut nommé en 1853, par le président Pierce, chargé d'affaires des États-Unis à Naples.

Son fils cadet, *David Dale* OWEN, a publié, sous le titre de *Geological Survey of Wisconsin, Iowa and Minnesota and incidentally of a portion of Nebraska Territory* (New-York, 1852), les résultats d'un voyage entrepris par ordre du gouvernement américain dans la partie nord-ouest de la république.

OWON. *Voyez* ABA.

OXALATE, sel résultant de la combinaison d'une base avec l'acide oxalique. Le plus important est le *bioxalate de potasse*, connu vulgairement sous le nom de *sel d'oseille*. Formé d'un équivalent d'acide oxalique et d'un équivalent de potasse, ce sel, que l'on emploie fréquemment pour faire disparaître les taches d'encre, s'obtient en clarifiant avec des blancs d'œuf le suc de l'oxalide nommée *alleluia*, et en l'évaporant jusqu'à cristallisation. En répétant plusieurs fois cette opération, le bioxalate de potasse cristallise en prismes rhomboïdaux obliques transparents. Ce sel est soluble dans quarante parties d'eau froide et dans six d'eau chaude.

OXALIQUE (Acide). Cet acide se trouve, dans la nature, combiné avec diverses bases, qui sont le plus souvent la potasse, la soude et la chaux. Le règne minéral nous offre dans quelques lignites un sous-oxalate de sesquioxyde de fer, qui a reçu le nom de *humboldtite*. Mais c'est dans les végétaux que les combinaisons de l'acide oxalique sont les plus nombreuses : l'oxalate de potasse se trouve dans plusieurs *oxalis*, dans le *rumex acetosa* (*oseille*), etc.; l'oxalate de soude existe en grande proportion dans les varechs, les fucus, etc.; l'oxalate de chaux dans les lichens. Enfin, ce dernier sel constitue certains calculs qui se forment dans la vessie de l'homme.

L'acide oxalique est un des plus puissants acides organiques. Il est inodore, mais d'une saveur acide très-prononcée. Il agit sur nos organes comme un poison corrosif énergique. C'est le meilleur réactif des sels de chaux, qu'il précipite en blanc. Sa densité est 1,5. Il cristallise en prismes quadrilatères obliques. Il est composé de deux équivalents de carbone, plus trois équivalents d'oxygène et de trois équivalents d'eau.

OXALIS ou OXALIDE (du grec ὀξαλίς, oseille, fait de ὀξύς, acide), genre de plantes dicotylédones, polypétales, type de la famille des *oxalidées*, et comprenant des végétaux herbacés, à feuilles ordinairement ternées ou digitées, à fleurs solitaires ou réunies en ombelle, et portées sur des pédoncules axillaires ou des hampes radicales. On en connaît plus de cent cinquante espèces, dont trois seulement croissent naturellement en France. Plusieurs de ces plantes sont cultivées dans les jardins pour leurs fleurs, qui sont généralement jolies, mais de courte durée.

L'*oxalis oseille*, *oxalide blanche* ou *petite oseille*, est plus connue sous le nom d'*alleluia*.

L'*oxalis corniculée* abonde dans les bois de nos départements du midi ; ses fleurs sont jaunes.

Une jolie espèce, propre à l'embellissement des jardins, est l'*oxalis bigarrée* ou *versicolore*, originaire de l'Éthiopie et répandue dans diverses parties de l'Afrique. Elle a été cultivée en France et en Angleterre vers la fin du dix-septième siècle, puis abandonnée. Ses fleurs abondantes sont blanches et bordées d'un liseré rouge-brun.

L'*oxalis traînante* nous vient du Cap, et se fait remarquer par ses corolles solitaires, campanulées, d'un blanc carné ou d'un rose vif avec le fond jaune.

L'*oxalis crénelée* promet de donner à nos animaux domestiques une nourriture verte abondante et d'ajouter à nos ressources culinaires des tubercules que l'on place entre la pomme de terre et la patate.

L'*oxalis zonée* produit un gazon du plus bel aspect, orné pendant trois mois de fleurs assez grandes, d'un rouge pâle en partie, et en partie d'un vert jaunâtre strié inférieurement.

L'*oxalis de Montevideo* a longtemps été confondue dans le genre trèfle. L. LOUVET.

OXENSTIERN, ou mieux OXENSTJERNA (AXEL, comte D'). Comme le nom de Sully accompagne toujours dans l'histoire celui de Henri IV, de même on ne peut nommer Gustave-Adolphe sans parler d'Oxenstjerna, son ami, son conseiller et l'un des hommes d'État les plus célèbres de son siècle. Issu d'une des plus illustres familles de la Suède, et né à Fanoe, en Upland, en 1583, il fit ses études à Rostock, à Wittenberg et à Iéna, et se voua avec ardeur, dans ces temps de disputes religieuses, à l'étude de la théologie, science pour laquelle il conserva toujours une vive prédilection, alors même qu'il se fut consacré aux affaires publiques. Ses études terminées, il visita la plupart des cours d'Allemagne; et rappelé en Suède en 1602, comme tous les Suédois alors à l'étranger, pour prêter serment de fidélité au nouveau roi Charles IX, il entra peu de temps après au service de ce prince, qui le nomma son envoyé près la petite cour de Mecklembourg. En 1608 il fut admis au sénat, où avaient déjà successivement siégé treize de ses ancêtres; et il y fit preuve de tant de capacité que le monarque, affaibli par l'âge, le plaça à la tête de la régence. Lorsque Gustave-Adolphe monta sur le trône il fut nommé chancelier du royaume, et conclut la paix en 1613 entre le Danemark et la Suède. En 1614 il suivit le roi en Livonie, et il eut bientôt la satisfaction d'y mettre un terme aux hostilités entre la Russie et la Suède par le traité de Stolbowa. Dans la campagne que le roi entreprit en Pologne, il l'accompagna encore en Livonie (1692); et plus tard il fut envoyé en Prusse avec quelques régiments et nommé gouverneur de tous les districts de cette province soumis aux armes suédoises. Quand les Impériaux envahirent la Poméranie pour s'emparer du littoral de la Baltique, Oxenstjerna négocia avec le duc de Poméranie à l'effet de faire occuper Stralsund par des troupes suédoises, au lieu de troupes danoises, et se rendit en Danemark pour obtenir l'agrément du roi à cet arrangement. Ensuite il réussit, en invoquant la médiation de la France et de l'Angleterre, à conclure, en 1629, un armistice de six ans entre la Suède et la Pologne.

Lorque le théâtre de la guerre fut transféré au cœur de l'Allemagne, Gustave-Adolphe fit venir auprès de lui son chancelier, afin de pouvoir utiliser ses bons et sages avis. Investi de pleins pouvoirs, Oxenstjerna s'établit à Mayence, tandis que son maître pénétrait en Bavière et en Franconie. Il venait de quitter les bords du Rhin avec les troupes qui s'y trouvaient concentrées, et il se disposait à rejoindre le roi, lorsque Gustave-Adolphe fut tué à la bataille de Lutzen (1632).

La nouvelle de ce fatal événement ne le découragea pas. Il rassembla des armées plus nombreuses, et se rendit à Dresde ainsi qu'à Berlin pour s'entendre avec les électeurs de Brandebourg et de Saxe afin de continuer la guerre. Le gouvernement suédois lui donna de pleins pouvoirs pour faire tout ce qu'il jugerait utile au bien de son pays. A cet effet, il entra en négociations avec divers princes, et convoqua le congrès d'Heilbronn, où il fut reconnu *chef de la ligue protestante*. Il se rendit ensuite en France et en Hollande pour décider ces deux puissances à prendre en mains la défense des protestants. Mais à son retour en Saxe il trouva les affaires dans le plus grand désordre, les alliés de la Suède hésitants, les troupes mécontentes, déshabituées de la discipline et presque découragées par la fatale issue de la bataille de Nordlingen, en même temps que l'électeur de Saxe avait ouvertement déserté la cause protestante. Son génie fertile en ressources réussit dans de si déplorables circonstances à sauver son parti de sa ruine; et en 1636, quand il eut tout réparé, il revint en Suède, d'où il était absent depuis dix années, laissant la direction des armées aux plus grands hommes de guerre de ce siècle, à Baner, à Wrangel et à Torstenson.

Aspirant à une vie moins agitée, il se démit des pleins pouvoirs qui lui avaient été confiés, reprit sa place au sénat en qualité de chancelier de Suède et de l'un des cinq tuteurs de la reine Christine. Sa grande préoccupation fut alors d'initier cette princesse à l'art de gouverner. Ayant à cœur de terminer d'une manière honorable la guerre en Allemagne, il y envoya son fils Jean comme plénipotentiaire. En 1645 il assista aux négociations qui amenèrent la conclusion de la paix de Broemsebro avec le Danemark. A son retour il fut créé comte par Christine, et l'université d'Upsal l'élut en même temps pour son chancelier.

Christine, devenue majeure, avait pris les rênes du gouvernement. Pendant les premières années de son règne, elle suivit encore les sages conseils d'Oxenstjerna; malheureusement, elle ne persista pas dans cette voie prudente, et sa cour devint bientôt un foyer d'intrigues. Oxenstjerna lutta tant qu'il put contre cette direction funeste. Lorsque Christine fit connaître sa résolution de se choisir un successeur, Oxenstjerna combattit ce projet de toutes ses forces. Quand elle annonça l'intention d'abdiquer, il l'en dissuada vivement; et la reine ayant persisté, il prétexta une maladie pour s'abstenir de prendre part aux délibérations qui devaient précéder une mesure qu'il considérait comme une source de calamités pour son pays. Oxenstjerna mourut au mois d'août 1654, trois mois après l'abdication de sa souveraine. Il eut même la douleur de vivre assez pour apprendre qu'elle avait renié la religion pour laquelle son père avait succombé si glorieusement. *Elle est devenue folle*, s'écriait-il en soupirant, *et pourtant c'est la fille du grand Gustave!*

Oxenstjerna est incontestablement un des hommes les plus illustres qui aient paru sur la scène politique. Les circonstances au milieu desquelles il vécut servirent merveilleusement à placer ses brillantes qualités sous un jour éclatant. La constitution suédoise de 1634 est son ouvrage; elle est généralement regardée comme un chef-d'œuvre pour le temps où elle fut faite. Il parlait latin avec une remarquable facilité; et son élocution se distinguait par une concision, une vigueur d'expression, qui n'appartient qu'aux grandes âmes. Sa droiture et sa loyauté forçaient ses ennemis eux-mêmes à le respecter. Jamais il ne se laissa abattre par l'adversité; toujours il resta calme au milieu des plus grands dangers. Il avait l'habitude de dire que rien ne troublait son sommeil; qu'en se couchant il mettait de côté avec ses habits les chagrins et les inquiétudes; que dans sa longue carrière il n'avait eu que deux insomnies, en apprenant deux fatales nouvelles : la mort de Gustave-Adolphe et le désastre de Nordlingen. Plusieurs de ses écrits, notamment sa *Correspondance* avec son fils pendant les négociations qui précédèrent le traité de Westphalie, ont été imprimés. Dans son château, que possède un descendant de sa fille, on montre encore sa chaise et sa table. On y a religieusement conservé ses manuscrits et sa correspondance. Consultez pour plus de détails mon *Svensk Plutarch* (2 vol., Stockholm, 1826). J.-F. LUNDBLAD.

OXIDATION, OXIDE, OXIGÈNE. *Voyez* Oxydation, Oxyde, Oxygène.

OXFORD, le plus important des comtés du centre de l'Angleterre, entre les comtés de Warwick, de Northampton, de Bucks, de Berk et de Glocester, avec 170,286 habitants, répartis sur 22 myriamètres carrés, forme une plaine onduleuse, au sol tantôt gras et fertile, tantôt sablonneux ou pierreux, où règne un climat humide et froid, et que traversent l'Isis et le Cherwell, ainsi que la Tamise, plus quelques canaux, dont le plus considérable est le canal d'Oxford. Les principaux produits sont les grains, les légumes, le houblon, le chanvre et la terre de pipe. Après son chef-lieu, qui porte le même nom (*voyez* ci-après), les localités les plus importantes sont *Woodstock*, ville dont il est si souvent question dans les poëmes et les romans anglais, et le château de *Blenheimhouse*, donné par la nation à Marlborough, en 1704, en récompense de sa victoire de Blenheim.

OXFORD, chef-lieu du comté de ce nom, est bâti sur la Tamise, qui y provient de la jonction du Cherwell et de l'Isis, qu'on y passe sur le pont de la Madeleine, long de 167 mètres. Cette ville doit toute sa célébrité à son université. Sa population est de 28,500 habitants. Les deux rues principales, *High-Street* et *Broad-Street*, sont garnies de chaque côté d'un grand nombre de belles constructions, dans le style du moyen âge. L'université, la première de l'Angleterre, compte vingt-quatre colléges et salles de cours, et se compose de trente professeurs, de cinq cents quarante-deux *fellows*, des chefs des divers colléges et autres fonctionnaires se partageant un revenu annuel de 312,000 liv. st. L'administration des finances de l'université et des colléges n'étant soumise à aucun contrôle, il serait difficile d'indiquer dans quelles proportions exactes a lieu cette répartition. Le nombre des étudiants s'élève à 1,300, dont les trois quarts subissent les examens voulus et obtiennent ainsi le degré de *baccalaureus* (bachelier) d'abord, puis celui de *magister artium* (maitre ès arts), ce qui leur confère pendant tout le reste de leur vie le droit de voter dans les affaires de l'université. Le nombre de ces maîtres ès arts est d'environ 4,000, dont près de 300 résident à Oxford. Le collége de *Christ-Church*, qui possède une magnifique bibliothèque, est le plus grand et le plus fréquenté de tous; mais *All-Souls College* et *Magdalen's College* sont les plus beaux. La bibliothèque de l'université, appelée aussi *Bibliothèque Bodleyenne*, est une des plus riches de l'Europe : on y compte 30,000 manuscrits et 300,000 imprimés. Le même édifice contient une galerie de tableaux, une collection de plâtres antiques et les célèbres marbres d'Arundel. Une seconde bibliothèque, celle de *Radcliffe*, provenant d'un legs fait par le docteur Radcliffe, mort en 1718, située dans un beau bâtiment formant une rotonde, avec une coupole de 20 mètres de haut, ne contient guère que des ouvrages de sciences naturelles et de médecine. Chaque collége possède d'ailleurs sa bibliothèque en propre. Coxe a publié le catalogue général des manuscrits qu'on y trouve. Parmi les autres édifices d'Oxford on cite encore le *théâtre de Sheldon*, ou Grande-Salle (*Aula*) de l'université, remarquable par sa façade en hémicycle; le *Muséum d'Ashmole*, qui contient une riche collection d'objets d'art et un cabinet d'histoire naturelle; l'imprimerie de l'université, ou *Clarendon-printing-house*, beau bâtiment en forme de temple, servant aujourd'hui de salle de cours, un nouveau bâtiment ayant été construit depuis 1830 hors de la ville pour recevoir l'imprimerie de l'université; l'*Institution* de sir Robert Taylor; la Galerie de tableaux, contenant une riche collection de dessins de Michel-Ange et de Raphael; l'observatoire, qui est muni des plus magnifiques instruments, et le jardin botanique. L'université et la ville d'Oxford envoient chacune deux députés au parlement. Consultez, *History of the University of Oxford, its colleges, its halls and public Buildings* (2 vol., avec 82 planches, Londres).

OXFORD (Robert-Harley, comte d'), l'un des ministres de la reine Anne, naquit à Londres, en 1661. Son père, *Édouard* Harley, homme riche et considéré, appartenait, à l'époque de la révolution, au parti parlementaire, et faisait, avec toute sa famille, profession du presbytérianisme. Le jeune Harley rentra cependant plus tard dans le giron de l'Église épiscopale, et obtint un siége au parlement. Sous le règne de Guillaume, il figura dans le parti whig, et fut même élu en 1705 *orateur* (président) de la chambre des communes. Les talents et les connaissances dont il faisait preuve déterminèrent la reine Anne à le nommer secrétaire d'État; et alors il se rapprocha du parti tory. Malgré la grande confiance que lui témoignait la reine, il fut soupçonné, en 1708, d'être d'intelligence avec le prétendant (*voyez* Jacques III), et dut, à la demande de Marlborough, donner sa démission. A partir de ce moment il agit et vota comme un tory de la vieille roche. C'est ainsi qu'en 1710, à l'occasion du procès intenté au prêtre Sacheverel, il défendit le principe de l'obéissance passive et du pouvoir absolu. La reine prit tant de goût à ces doctrines, que Harley n'eut pas de peine à obtenir, par l'intermédiaire d'une de ses parentes, lady Masham, qui était tout à la fois la cousine et la rivale de la duchesse de Marlborough, d'être reçu en secret par Anne. Lui et lady Masham travaillèrent activement à détruire le crédit dont la famille Marlborough avait jusqu'alors joui auprès de la faible reine, et à faire confier aux tories le gouvernail de l'État. La duchesse de Marlborough et son gendre, le comte de Sunderland, ayant été disgraciés, en juin 1710, un changement de ministère eut enfin lieu au mois d'août suivant. Dans le cabinet tory qui se constitua alors, Harley, créé quelques mois plus tard *comte d'Oxford*, remplaça Godolphin comme premier lord de la trésorerie, et de concert avec le secrétaire d'État Saint-John, devenu plus tard *vicomte Bolingbrocke*, il dirigea toutes les affaires. Dès le mois de décembre 1710 la reine fut obligée par ses nouveaux ministres de dissoudre le parlement et de convoquer une autre chambre des communes, dans laquelle les tories obtinrent une grande majorité. Pendant ce temps-là les deux ministres dirigeants ouvraient avec la France des négociations relatives à la paix. Pour se débarrasser du principal obstacle à la conclusion de cette paix, Oxford accusa, en janvier 1712, le duc de Marlborough d'avoir commis des détournements de fonds aux dépens du trésor public, et confia le commandement de l'armée des Pays-Bas à l'une des créatures dévouées des tories, le duc d'Ormond. Toutefois, après la conclusion du traité de paix d'Utrecht, en avril 1713, Oxford et son parti tombèrent en disgrâce à la cour. Leur grand tort aux yeux de la reine était de s'opposer au projet qu'elle avait conçu d'exclure la maison de Hanovre de la succession au trône, en faveur du prétendant. Oxford venait d'ailleurs de se brouiller avec Bolingbrocke, dont le caractère fier et hardi s'accordait mal avec sa nature circonspecte, rusée et défiante. Tandis qu'Oxford voulait agir sur les whigs par la modération, son adversaire essayait de les opprimer. L'un et l'autre avaient leurs partisans; ils se combattaient publiquement, et il leur arrivait même assez souvent de s'injurier grossièrement en présence de la reine. Enfin Bolingbrocke, secondé par la toute-puissante lady Masham, obtint en juillet 1714 le renvoi du comte d'Oxford, sous le prétexte qu'il avait secrètement correspondu avec la maison de Hanovre. A l'accession au trône de Georges Ier, Oxford et son neveu Thomas Harley n'en furent pas moins accusés, en avril 1715, de haute trahison par un comité de la chambre des communes, pour avoir entretenu de secrètes intelligences avec la France lors de la négociation du traité de paix d'Utrecht. Mis en conséquence à la Tour, Oxford ne recouvra sa liberté qu'en août 1717, à la suite d'un acquittement. Retiré dès lors dans ses terres, il y consacra le reste de ses jours à l'accroissement de ses richesses littéraires et de ses collections scientifiques. Plusieurs savants ses contemporains, notamment Swift et Pope, reçurent des témoignages précieux de sa munificence. Oxford mourut le 24 mai 1724.

Son fils, *Édouard, comte* d'OXFORD, accrut avec zèle et intelligence la bibliothèque paternelle, dont Oldys et Johnson publièrent le catalogue (4 volumes, Londres, 1743). A sa mort, on vendit les livres; mais les manuscrits passèrent au *British Museum*, où ils forment le fonds dit *Bibliotheca Harleiana*.

Le dernier membre de cette famille, *Alfred*, sixième comte d'OXFORD, mourut le 19 janvier 1853. Le titre s'est éteint avec lui.

OXUS. *Voyez* DJIHOUN.

OXYCRAT (du grec ὀξύς, aigri, acide, et κεράννυμι, je mêle). C'est un mélange d'eau et de vinaigre, qui constitue une boisson rafraîchissante et antiputride, qu'on donne aux troupes, en campagne, lorsque le vin manque, et que le médecin emploie avec succès en l'édulcorant, avec du sucre et du miel, dans quelques maladies bilieuses et inflammatoires, contre la fièvre bilieuse, sporadique, contre l'érysipèle. On l'applique en compresses sur les ecchymoses produites par des coups, par une chute, sur le front et les tempes, en cas de violents maux de tête; on l'applique également en lotions, au moyen d'une éponge, sur le tronc et les membres, dans certaines fièvres accompagnées de soif ardente et de sécheresse de la peau. Dans ces derniers cas, l'oxycrat doit être plus chargé de vinaigre que lorsque son usage est interne.

OXYDATION, conversion de métaux ou autres substances en oxydes par leur combinaison avec l'oxygène. Cette combinaison entraîne souvent la destruction du métal; on sait par exemple l'effet que produit l'influence de l'eau ou de l'air humide sur le fer et le cuivre. Un corps pulvérulent, une espèce d'efflorescence se montre sur les surfaces de ces métaux, et donne ce qu'on nomme *rouille* pour le fer, *vert de gris* pour le cuivre. Au bout d'un certain temps, cette altération suffit pour détruire les objets formés de ces métaux. On a voulu parer à cet inconvénient. L'*étamage* est un des moyens le plus anciennement employés. Dans ces derniers temps, les propriétés électriques des corps simples comparés les uns aux autres ont servi à empêcher l'oxydation de certains d'entre eux; ainsi Humphry Davy a montré que pour protéger la doublure en cuivre d'un navire il suffisait de mettre le cuivre en contact avec des morceaux de fer, de fonte ou de zinc, placés de distance en distance : alors le zinc, la fonte ou le fer s'oxydent seuls, parce que ces métaux sont toujours positifs par rapport au cuivre, qui est négatif relativement à eux. Un autre procédé pour combattre l'oxydabilité métallique, dû à M. Sorel, consiste à recouvrir du fer décapé d'une couche de zinc en poudre et à chauffer au rouge; ce qui produit le *fer zingué*, *fer galvanisé* ou *fer galvanique*. Le *fer plombé* donne le même résultat. Enfin, un autre moyen d'empêcher l'oxydation, et qui est dû à M. Payen, consiste à plonger les métaux dans des solutés alcalins.

L. LOUVET.

OXYDE. L'oxygène se combine avec tous les corps que nous connaissons, et forme deux séries de composés différents par leurs propriétés : les uns ont reçu le nom d'*acides*, les autres celui d'*oxydes*. Dans les premiers temps de la chimie pneumatique, il était assez facile de classer ces corps d'une manière satisfaisante; mais plus les travaux se multiplient, plus la nuance qui sépare les acides des oxydes devient difficile à établir, et d'autant plus que beaucoup de corps qui ne renferment pas d'oxygène jouent le même rôle, dans les combinaisons, que les acides ou les bases oxygénées.

Le même corps peut souvent former plusieurs oxydes; on les distingue le plus ordinairement par les noms de *protoxyde*, *deutoxyde*, etc., ou *protoxyde*, *bioxyde*, etc., suivant leur rang ou les proportions d'oxygène qu'ils renferment.

GAULTIER DE CLAUBRY.

OXYGÈNE (du grec ὀξύς, acide, et γίγνομαι, naître). Si la combustion a lieu dans la plupart des cas par l'action de l'oxygène sur des corps qui ont reçu le nom de *combustibles*, nous savons aussi que divers corps en se combinant donnent naissance à des phénomènes du même genre, c'est-à-dire à un dégagement de calorique et de lumière plus ou moins intense. Sous ce point de vue, l'oxygène est donc un corps dont l'étude offre le plus grand intérêt. Découvert par Priestley, en 1777, ce gaz nous présente des propriétés qui le distinguent facilement de tous les autres : invisible, inodore, insipide, comme l'air dont il fait partie, sa densité est un peu plus grande que celle de ce fluide. L'eau n'en dissout que de très-petites quantités : cependant, quand on agite quelque temps de l'air avec une certaine quantité d'eau, l'oxygène s'y dissout en plus grande proportion que l'azote, de sorte qu'en expulsant ensuite par la chaleur le gaz que renferme l'eau, on le trouve plus riche en oxygène que celui de l'atmosphère; et comme l'oxygène est retenu plus fortement par le liquide que l'azote, le gaz dégagé renferme d'autant plus d'oxygène qu'on le recueille à une époque plus éloignée du commencement de l'opération.

L'oxygène mis en contact à la température ordinaire avec les corps combustibles n'agit que sur le potassium; le phosphore même n'y peut brûler que dans des conditions particulières; mais pour peu qu'on élève la température, un très-grand nombre s'y combinent avec un dégagement de lumière, qui est quelquefois capable d'éblouir : tel, par exemple, est le phosphore. Non-seulement beaucoup de corps combustibles brûlent avec éclat dans l'oxygène, mais plusieurs ne demandent pour s'y enflammer que d'offrir quelques légers points en ignition : ainsi, quand une bougie, une allumette, un morceau de charbon, sont presque entièrement éteints, si on les plonge dans un vase rempli d'oxygène, ils y brûlent avec un grand éclat, le bois et la bougie avec une flamme très-vive, le charbon avec une ignition remarquable. Quand on plonge ainsi une bougie presque éteinte dans l'oxygène, si le gaz est pur, elle s'y rallume avec violence, et en faisant entendre un bruit très-sensible. Un seul gaz partage cette dernière propriété avec l'oxygène, c'est un composé d'azote connu sous le nom de *protoxyde d'azote*. Mais il s'en distingue facilement par sa solubilité dans l'eau, qui peut en absorber la moitié du volume.

L'oxygène ne peut être extrait d'une partie de ses combinaisons qu'en le faisant entrer dans des combinaisons nouvelles; mais il en est plusieurs qui l'abandonnent assez facilement pour qu'on les emploie à son extraction. Quand on chauffe dans une cornue de grès, à laquelle on adapte un tube convenable, du peroxyde de manganèse, formé de manganèse et d'oxygène, une partie de celui-ci prend l'état gazeux, et il reste un composé de manganèse moins oxygéné et fixe. Si on chauffe ce résidu avec de l'acide sulfurique dans une fiole ou un matras de verre, on en obtient encore une nouvelle portion d'oxygène, parce que le manganèse ne peut s'unir à l'acide sulfurique que lorsqu'il renferme encore moins d'oxygène que le composé provenant de la calcination du peroxyde.

Il existe un sel connu sous le nom de *chlorate de potasse*, formé d'oxyde de potassium et d'un acide renfermant du chlore et de l'oxygène, qui, chauffé dans un vase de verre, fond et se décompose en se boursouflant et donne un composé de chlore et de potassium fixe, tandis que l'oxygène des deux composés primitifs se dégage. Le gaz obtenu par ces procédés est parfaitement pur; mais si le dernier composé en donne beaucoup et très-rapidement, le prix en est beaucoup plus élevé, ce qui fait qu'on s'en sert peu.

H. GAULTIER DE CLAUBRY.

OXYMEL (d'ὀξύς, acide, et de μέλι, miel), sirop fait avec une partie de vinaigre et deux parties de miel, et employé avec avantage dans les catharres. L'oxymel scillitique, c'est-à-dire fait avec du vinaigre de scille, est le plus actif.

OZÈNE (du grec ὄζω, je sens mauvais). On nomme ainsi un ulcère putride du nez qui exhale une odeur infecte et produit une humeur âcre et sanguinolente. Les personnes affectées d'écrouelles, du scorbut, de maladies vénériennes, voient souvent se déclarer chez elles des ozènes, qui passent parfois à l'état cancéreux. Il faut traiter ces ulcères par les remèdes généraux suivant le tempérament du sujet, et les dessécher avec de l'huile d'œufs; en cas de disposition cancéreuse, l'onguent nutritum produit de bons effets; on peut encore dessécher ces ulcères au moyen de fumigations sèches de mastic, d'encens, de myrrhe, de benjoin, de térébenthine, etc.

OZOKÉRITE. *Voyez* CIRE FOSSILE.

OZONE. C'est le gaz oxygène dans un état particulier. On sait que dans une chambre où une puissante machine électrique se trouve en activité, il se répand une odeur particulière, qu'on désigne d'ordinaire par l'épithète de *phosphorique*, et qu'on perçoit la même odeur dans les lieux que la foudre a traversés. Schœnbein signala le premier, en 1840, à l'attention du monde savant que dans certaines circonstances la même odeur se dégageait de la décomposttion de l'eau au moyen d'une batterie galvanique; et il donna à la matière d'où provient cette odeur le nom d'*ozone* (du grec ὄζω, je sens). Plus tard le même chimiste parvint à produire cette odeur, et par conséquent la matière à laquelle elle appartient, l'*ozone*, par l'action du phosphore sur de l'air atmosphérique humide. On n'a pu encore obtenir l'ozone isolé. Voici les faits qu'on a jusqu'à ce jour constatés à son sujet. Il possède une remarquable force de blanchiment. Si on agite de la teinture de tournesol, de la décoction de bois de Campêche, de l'extrait de cochenille et même de la dissolution d'indigo, en les mêlant à de l'air ozoné, ils blanchissent comme s'ils avaient été soumis à l'action du chlore. Cet acide se trouve à l'état inactif dans l'air atmosphérique. Il paraît cependant qu'une très-minime quantité de l'oxygène de l'air est toujours ozonée, et que cette quantité augmente parfois. On prétend avoir fait l'expérience que dans ce cas il se produit beaucoup de catharres. S'il en est ainsi, les effets de l'ozone sur l'organisme sont pareils à ceux du chlore. D'un autre côté, il résulterait de récentes observations que là où règnent des maladies épidémiques, telles que le choléra, l'ozone ne se manifeste pas.

On tient pour vraisemblable que les lentes oxydations qui ont lieu dans l'air atmosphérique, même la décoloration des matières, doivent être attribuées à l'existence de l'ozone dans cet air atmosphérique. Tout récemment encore Schœnbein a découvert que le mercure par son simple contact transforme l'oxygène ordinaire en ozone. L'éther et l'esprit de vin, mais surtout l'huile de térébenthine et l'huile de citron, ont le même effet. En exposant assez longtemps à l'action de la lumière du soleil un flacon rempli au quart d'huile de térébenthine, si on agite fréquemment l'huile avec l'air contenu dans le flacon, elle absorbe une quantité considérable d'oxygène, et cet oxygène se trouve alors dans l'huile sous forme d'ozone. On peut se procurer ainsi de l'huile de térébenthine ozonée, dont la puissance décolorante est du double plus forte que celle du chlorure de chaux ordinaire; et déjà l'huile de térébenthine a été appliquée avec succès au lavage en grand.

Il règne encore beaucoup d'obscurité sur l'ozone; ce qu'il y a de certain, c'est que c'est un corps extrêmement intéressant, dont la découverte sera peut-être considérée un jour comme la plus importante qu'on ait faite en chimie. Quoiqu'on ignore encore sa composition exacte, on peut constater sa présence et même mesurer la proportion dans laquelle il se trouve, grâce à la propriété dont il jouit de décomposer l'iodure de potassium : pour cela on expose à l'air des bandes de papier enduit d'une colle composée d'iodure de potassium, d'amidon et d'eau; trempées ensuite dans l'eau distillée, ces bandes de papier prennent une couleur d'autant plus intense que l'ozone absorbé est en plus grande quantité.

P

P, *pé* suivant l'épellation ancienne, *pe* suivant la nouvelle. C'est la seizième lettre et la douzième consonne de l'alphabet. L'articulation dont cette lettre est le signe représentatif est labiale et forte, et l'une de celles qui exigent la réunion des deux lèvres. Comme labiale, elle est commuable avec toutes les autres articulations du même organe. On voit dans l'*Histoire naturelle de la Parole* que le caractère P représentait dans l'écriture des temps les plus reculés la figure de la bouche ouverte et vue de profil. « On ne peut, dit l'auteur de cet ouvrage, y méconnaître les deux lèvres et les dents supérieures. Cette figure est à peine changée dans l'alphabet hébreu ; on la reconnaît très-bien dans l'alphabet grec et dans l'étrusque, avec cette seule différence qu'elle y a pris la figure perpendiculaire ; et de là notre P, en retournant avec les Grecs cette lettre de droite à gauche, et en arrondissant le trait qui correspond aux dents d'en haut. Mais cette lettre est un véritable hiéroglyphe, puisqu'elle peint la bouche, et qu'elle signifie non-seulement la bouche, mais encore l'action de parler ou la parole, qui est le propre de cet organe. » La consonne P est la même dans toutes les langues : les Hébreux la prononçaient *f* ou *ph* lorsqu'elle n'était pas accompagnée d'un point.

Dans notre langue, il est quelques mots dans lesquels le P final se prononce ; tels sont ceux-ci : *cap, Gap, jalap, julep, cep.* Partout ailleurs, le P final est muet, comme dans *coup, beaucoup, loup, drap, camp.* Le P conserve toujours son articulation propre dans la liaison : son effet dans ce cas est de se détacher entièrement du mot auquel il appartient pour aller se réunir fortement à la voyelle initiale du mot suivant et faire corps avec elle. Cependant, sa liaison souffre des exceptions assez nombreuses : la liaison n'a jamais lieu après les mots *camp, champ, drap, loup.* Dans beaucoup de mots, tels que *temps, champs, exempter, dompter*, etc., le P ne se prononce pas.

Chez les Romains, P était une lettre numérale, qui, comme le C, signifiait *cent ;* surmonté d'une barre horizontale, il valait *quatre cent mille.*

Les anciens Latins employaient souvent cette lettre par abréviation : ainsi, S. P. Q. R. veut dire *senatus populusque romanus ;* P. C., c'est *patres conscripti*, etc. Chez nous, P dans le commerce sert aussi à former des abréviations fort usitées : P seul signifie *protesté ;* P 0/0, pour 100 ; A. S. P., *accepté sans protêt*, etc.

La lettre P sur nos monnaies indique qu'elles ont été frappées à Dijon. CHAMPAGNAC.

Dans les formules chimiques P représente le phosphore ; Pa, le palladium ; Pl, le plomb ; Pt, le platine.

PACA. Ce quadrupède, originaire de l'Amérique méridionale, forme un genre distinct dans l'ordre des rongeurs. Il est assez semblable au cochon par sa forme, et au lapin par son pelage et ses mœurs. Sa grosseur est celle du cochon de lait ; son poids varie entre 7 et 9 kilogrammes. Sa tête est fort convexe ; ses yeux sont gros, saillants, obliques et de couleur brune ; ses oreilles, plissées en forme de fraise et couvertes d'un léger duvet, sont arrondies en ovale et peu longues ; le bout de son nez est large, presque noir, offrant deux divisions, comme celui du lièvre, et muni de deux grandes narines. Il peut, comme le sanglier, se servir de son museau ou mieux de son groin pour creuser la terre et y construire son habitation. Il habite donc un terrier comme le lapin ; mais tandis que celui-ci ne se sert que de ses pattes pour le construire, le paca emploie son museau et ses pattes pour creuser le sien : les pattes servent à rejeter la terre au dehors, le museau à enlever les obstacles qui l'arrêtent dans son travail. Sa mâchoire inférieure est plus courte que sa mâchoire supérieure, laquelle est arquée en dehors et renflée au-dessous de l'œil ; de chaque côté de la mâchoire est un pli longitudinal formé par la peau, dans lequel se trouve l'ouverture d'une poche buccale ; ses incisives sont longues et fortes ; sa bouche est petite, sa langue étroite, épaisse et un peu rude. Les pieds ont tous cinq doigts et sont armés d'ongles robustes ; le pouce antérieur est plus court que les autres doigts : il en est de même du pouce et du doigt externe du pied de derrière. Le paca a quatre mamelles, deux pectorales et deux inguinales ; il a des moustaches très-roides, formées de soies noires et d'autres blanches. Ses jambes sont courtes, grosses et arrondies, et son train de derrière est plus élevé que celui de devant. Son poil est court et rude, le plus souvent brun foncé, mais quelquefois aussi d'une couleur fauve sur le corps et blanc en dessous ; en outre, on remarque cinq bandes longitudinales interrompues, dirigées le long du corps, et qui semblent formées par des taches blanches séparées les unes des autres. Quoique la peau du paca offre à la vue une assez belle fourrure, cependant elle n'est point employée dans les arts.

Ces animaux vivent fort retirés, dans les forêts de l'Amérique ; on n'en trouve pas sur notre continent. Ils choisissent les lieux humides, le voisinage des rivières, qui leur servent de refuge quand ils sont poursuivis, car ces quadrupèdes nagent et plongent fort bien ; ils peuvent même, dit-on, rester une demi-heure sous l'eau sans revenir à la surface. Le paca est herbivore ; il se nourrit de racines, qu'il arrache avec son museau, et des fruits qu'il trouve à la surface de la terre. La chasse du paca est assez difficile : il faut pour cela des chiens fort bien dressés, car cet animal, forcé dans son terrier, se défend vigoureusement, et mord avec acharnement celui qui veut s'en emparer. Pour les prendre vivants, il faut, quand on a découvert la retraite d'un de ces animaux, boucher deux des issues et fouiller par la troisième. Ces terriers ne sont point difficiles à découvrir : ils ont si peu de profondeur que souvent le pied enfonce sur le sol et fait partir l'habitant du souterrain, qui comprend le danger qui le menace. Malgré l'activité avec laquelle on poursuit les pacas, leur nombre semble cependant ne point diminuer, ce qui ferait croire que les femelles mettent bas plusieurs petits à la fois, comme l'ont avancé quelques naturalistes, contrairement à d'autres, qui pensent qu'elles ne portent qu'un seul petit, qui reste avec sa mère jusqu'à ce qu'il soit en état de reproduire, et souvent même, lorsque c'est un mâle, il s'accouple avec elle avant de la quitter.

Malgré leur naturel craintif, les pacas s'accoutument très-bien à la vie domestique ; ils sont même doux et traitables quand on ne cherche pas à les irriter ; ils aiment les caresses, et reconnaissent très-bien la main qui les nourrit.

Quand ils sont en colère, ils font entendre un grognement, prélude de leur fureur; alors ils mordent fortement ceux qu'ils ne connaissent pas ou qui les contrarient. La chair des pacas est blanche et succulente. Sous leur peau est une espèce de lard un peu épais, et moins facile à cuire que la chair, qui a le goût de celle du lièvre, et qui est un met exquis pour les habitants du pays : on mange même la peau comme celle du cochon de lait. Cet animal pourrait donc, comme on le voit, rendre de grands services à l'économie domestique, s'il était acclimaté sur notre continent et introduit dans nos établissements ruraux.
C. Favrot.

PACAGE. C'est un lieu destiné à nourrir des bestiaux. On nomme aussi *pacage* le droit de faire paître les bestiaux sur un fonds. *Voyez* Parcours (Droit de), Pâturage (Droit de), Pâture (Vaine).

PACATUS LATINUS. *Voyez* Drepanius.

PACCANARISTES, appelés aussi *prêtres réguliers* ou *pères de la foi de Jésus.* C'est le nom que prit au siècle dernier une association composée d'ex-jésuites et d'autres ecclésiastiques, et dont le but était le rétablissement de la Société de Jésus, dont le pape Clément XIV venait de prononcer la suppression. Elle fut fondée en Belgique, en 1794, par les ex-jésuites Charles de Broglie, de Tournely et Pey, et s'intitula *Congrégation du Sacré-Cœur.* L'ordre supprimé ayant conservé partout de nombreux adhérents secrets, cette association fit de rapides progrès, plus particulièrement en Autriche. Le pape Pie VI, qui la voyait du meilleur œil, la réunit en 1799 à la congrégation du Sacré-Cœur, fondée en 1799 par Nicolas Paccanari, et qui comprenait aussi les *Dames du Sacré-Cœur.* Les événements de 1814 ayant permis aux jésuites de reprendre partout le haut du pavé, ils ne tardèrent point à complétement absorber la congrégation des Paccanaristes.

PACCHIONI (Antoine), anatomiste, né à Reggio, en 1664, étudia les mathématiques, la philosophie et la médecine. Attiré à Rome par Malpighi, il alla bientôt exercer la médecine à Tivoli, sur la recommandation de son maître; puis il revint à Rome six ans après. Lié alors avec Lancisi, il se livra surtout aux recherches anatomiques, fit de nombreuses dissections, s'occupant particulièrement du cerveau et de la dure-mère. Il mourut à Rome, en 1726. Il a laissé de nombreux mémoires sur l'anatomie.

PACCHIONI (Glandes de). *Voyez* Glande et Dure-Mère.

PACE (In), expression latine usitée autrefois dans les monastères, pour désigner la prison où l'on enfermait pour leur vie ceux qui avaient commis quelque grande faute. On pratiquait plusieurs cérémonies avant de mettre les religieux *in pace.* On disait encore des hommes jetés dans quelque prison particulière, dans un cachot, dans les *oubliettes* d'un château : On les a mis *in pace.*

PACHA, titre usité en Orient, et dérivé des mots persans *pa* pied, et *schah*, roi, et répondant, dit-on, à l'idée d'*appuie-pieds du roi.* Les Turcs, à l'origine, le réservaient exclusivement aux princes du sang; mais on le donne aujourd'hui à tous les hauts fonctionnaires civils et militaires, ainsi qu'au grand-vizir lui-même, aux membres du divan, au séraskier, au capitan-pacha, etc., etc., mais surtout aux *beglerbegs* et autres autorités civiles. De là vient qu'on désigne ordinairement sous le nom de *pachalicks* les gouvernements et les sous-gouvernements de l'empire. Le signe distinctif de la dignité de pacha est la queue de cheval flottant au haut d'une hampe, à l'extrémité de laquelle se trouve une boule dorée, et qu'à la guerre on porte devant le titulaire, de même qu'on la plante en avant de sa tente. Le rang des pachas entre eux se distingue par le nombre des queues de cheval; il y a des pachas à une, à deux, à trois queues. Ces derniers ont le titre et le rang de vizir.

PACHECO (Juan de), marquis de VILLENA, favori de Henri IV, roi de Castille, avec lequel il avait été élevé, eut une autorité si grande qu'il disposa presque de tout au dedans et au dehors du royaume. Louis XI trouva pourtant le moyen de le corrompre par une pension, et en 1443 Pacheco consentit à quelques articles utiles au roi de France au sujet de la Catalogne. Henri lui en fit des reproches; mais le ministre s'en vengea en faisant proclamer roi de Castille, en 1465, Alphonse, frère de Henri, en même temps que celui-ci était déclaré déchu de la couronne. Cependant, le nouveau roi mourut peu de temps après, et le bruit courut que Pacheco l'avait fait empoisonner. Il se réconcilia alors avec Henri, qui remonta sur le trône, et il acquit plus d'ascendant que jamais sur ce monarque. Il profita de son crédit pour se faire remettre des villes, des châteaux, des places de sûreté. La mort l'enleva en 1473, et Henri le regretta beaucoup.

PACHECO (Maria). *Voyez* Padilla.

PACHECO, nom commun à plusieurs artistes espagnols; nous citerons entre autres :

PACHECO (Christophe), peintre distingué de l'école de Madrid, l'un des portraitistes les plus remarquables de son temps, qui florissait vers le milieu de la seconde moitié du seizième siècle. On ignore l'époque de sa mort. Il avait orné le palais du duc d'Albe de précieuses peintures. Ce travail, qui lui avait coûté plusieurs années, fut entièrement perdu dans un incendie. Les rares tableaux qui nous restent de ce peintre attestent un dessin ferme, quoiqu'un peu sec, et une couleur brillante.

PACHECO (Francisco), peintre, écrivain et poëte, né à Séville, en 1571, mort dans la même ville, en 1654, peignit en détrempe, en 1598, un des côtés du catafalque immense élevé dans cette ville pour le service funèbre de Philippe II. Trois ans après, il peignit à la détrempe, pour le duc d'Alcala, plusieurs toiles qui représentent les épisodes les plus intéressants de l'histoire de *Dédale et d'Icare.* Le célèbre Céspédès ne put retenir, dit-on, un mouvement d'admiration devant cette nouvelle création de son rival; il remarqua surtout l'habileté profonde avec laquelle les raccourcis y sont traités. Quelques-uns des tableaux de Pacheco avaient soutenu victorieusement la comparaison avec les chefs-d'œuvre des écoles de Madrid et de Tolède, lorsqu'il visita ces deux villes, où l'appelait le désir de connaître le Greco et Vincent Carducho. Il fréquenta l'atelier de ces deux grands peintres, dont il étudia avec soin la *manière* et les procédés. De retour à Séville, il ouvrit une école, qui devint bientôt célèbre : elle produisit une foule d'artistes du plus grand mérite, parmi lesquels il faut surtout citer Velasquez, auquel il donna sa fille en mariage. Vers la fin de 1623, il suivit son gendre à Madrid, et fut témoin des succès et des honneurs auxquels la cour éleva Velasquez. Cependant, la bonne intelligence entre le gendre et le beau-père ne subsista pas longtemps. Leurs relations finirent par être tellement pénibles qu'une séparation devint nécessaire : Pacheco retourna à Séville, où il reprit le cours de ses travaux. C'est à cette époque qu'il fit le *Saint Michel*, peut-être le plus beau de ses ouvrages. On connaît de lui plus de cent cinquante portraits à l'huile, tous remarquables par la sévérité et la vigueur du dessin. Il a laissé en outre une collection des personnages les plus distingués de son temps, au crayon noir et rouge, parmi lesquels on remarque celui de Michel Cervantes. Les églises de Séville, de Brênes, d'Alcala, de Guadayra, sont ornées de ses tableaux. Pacheco s'exerça également dans la miniature, et y réussit. Ses nombreuses occupations ne l'empêchèrent pas d'approfondir la théorie de son art. Il a consigné le fruit de ses études dans un *Traité de la Peinture*, ouvrage élémentaire, dont une partie est en prose et l'autre en vers. Celle-ci, qui lui est généralement attribuée, comme le reste de l'ouvrage, appartient pourtant à Cespédès. Nous avons dit que Pacheco fut poëte distingué. En effet, il a composé des vers estimés sur la véritable manière d'étudier la nature : c'est une espèce d'*Art poétique* de la peinture.
Alfred Lecoyt.

PACHECO (Don Joaquin-Francisco), homme d'État et publiciste espagnol, poëte et jurisconsulte, fonda à Madrid, en 1835, avec M. Bravourillo, le *Bulletin de Jurispru-*

dence, en même temps qu'il formait avec Donoso Cortès, Alcala Galiano et autres, le cercle de l'Athénée. Député aux cortès, il devint président du conseil des ministres en 1847 ; éloigné depuis de la politique, il y revint en 1851, et défendit la cause constitutionnelle contre le ministère Sartorius. Aussi, après la révolution de juillet 1854, rentra-t-il au ministère. En 1855 il fut nommé ministre d'Espagne à Rome : accrédité au mois de mars, il fut rappelé dès le mois d'août. Au mois d'août 1856 il fut envoyé en la même qualité à Londres; mais lorsque Narvaez fut revenu aux affaires, il envoya sa démission, qui a été acceptée en novembre 1856. Il a publié une *Histoire de la Régence de Marie-Christine*, et il a fait pour le théâtre deux drames intitulés : *Alfredo* et *Les sept Infants de Lara*. L. LOUVET.

PACHYDERME (du grec παχύς, épais, et δέρμα, peau), nom donné par les naturalistes modernes à un ordre de mammifères dans lequel figurent plusieurs espèces remarquables en effet par l'épaisseur et par la dureté de leur cuir. On trouve parmi les pachydermes les plus gros quadrupèdes connus. Bien que leur estomac soit divisé en plusieurs poches et qu'ils se nourrissent communément de végétaux, ils ne ruminent pas; leurs doigts, immobiles dans des sabots, ne peuvent se ployer autour des objets pour les saisir. Ces deux particularités les distinguent spécialement entre les ordres voisins, dont ils ne se séparent pas sous les autres rapports d'une manière aussi tranchée. Ainsi, leurs dents sont tantôt de trois sortes, tantôt de deux seulement, et dans quelques espèces elles se prolongent en puissantes défenses; la peau, presque nue chez la plupart, est cependant parfois couverte de poils épais. Comme leurs pieds ne leur servent que de soutiens et jamais d'organes de préhension, il y a absence de clavicule. Ce sont en général, sauf le cheval, qui ne figure dans cet ordre que par l'imperfection de nos classifications, des animaux indolents, à la marche pesante, point coureurs, quoiqu'ils puissent fuir avec rapidité quand un danger les presse ; très-sales, et se vautrant avec délices dans la fange ; d'un caractère brutal plutôt que féroce, d'une intelligence obtuse, si l'on en excepte le cheval et surtout l'éléphant. Les pachydermes vivent réunis en troupes dans les lieux couverts, marécageux. Les femelles des grosses espèces ne mettent bas qu'un seul petit, qu'elles ont porté longtemps; dans les espèces moindres, elles en ont plusieurs. Nommons, parmi celles qui ont le plus d'utilité pour nous, le cochon, le *sanglier*, qui nous fournissent une nourriture abondante; l'*éléphant*, que rend précieux aux arts l'ivoire de ses défenses, le *cheval* enfin, dont les services ont une si grande influence sur les destinées de l'homme.

Les remarquables différences que l'on observe entre les divers genres qui composent cet ordre ont nécessité la formation de trois groupes principaux ou familles, composées : 1° des *proboscidiens*, ou *pachydermes à trompe* (l'éléphant, le mastodonte ou éléphant fossile); 2° des *pachydermes* proprement dits (rhinocéros, hippopotame, sanglier, tapir, etc.); 3° des *solipèdes*, pachydermes à un seul doigt, renfermé dans un sabot (cheval, âne, zèbre). Dr SAUCEROTTE.

PACHYMÈRE (GEORGES), célèbre historien byzantin, né à Nicée, vers le milieu du treizième siècle, parvint aux premières dignités de l'Église et de l'État, et mourut vers 1310. Pachymère était venu faire ses études à Constantinople, quand Michel Paléologue reprit cette ville aux Français. Le principal ouvrage de Pachymère est son histoire d'Orient, dont les treize livres comprennent le règne de Michel Paléologue et les vingt-six premières années de celui de son fils Andronic; elle a été publiée pour la première fois à Rome par le père Poussines, en deux volumes, en 1666 et 1669, et traduite en français par le président Cousin. On lui attribue encore un petit traité *De Processione Spiritus Sancti*; la *Paraphrase des Œuvres de saint Denis l'Aréopagite*, insérée par le père Cordier dans son édition de ses œuvres, et la *Paraphrase des ouvrages philosophiques d'Aristote*. Il avait raconté les principaux événements de son existence dans un *Poëme* et des *Lettres*, qui ne sont point parvenus jusqu'à nous.

PACIFICATION (Édits de). *Voyez* ÉDIT.

PACIFICO (Affaire). *Voyez* GRÈCE, tome X, page 534.

PACIFIQUE (Océan). *Voyez* OCÉAN (Grand).

PACKFONG ou TOUTENAG. C'est le nom que les Chinois donnent à un alliage de couleur blanche, et dans la composition duquel ils font entrer toutes sortes de matières, sans qu'il y ait rien de bien précis à cet égard dans les récits des divers écrivains qui en ont parlé. Les uns veulent qu'il se compose de cuivre, de zinc et de fer ; d'autres de fer, de plomb et de bismuth, ou encore de cuivre, de zinc et de nickel. La dernière de ces données est celle qui est la plus vraisemblable; et comme l'alliage qu'on obtient dans les manufactures d'Europe sous le nom d'*argentane* ou *neusilber* se compose des mêmes éléments, on le désigne souvent sous la dénomination de *packfong*.

PACOME (Saint), né vers 292, dans la haute Thébaïde, de parents idolâtres, fut enrôlé dans les troupes qui défendaient les prétentions de Maximin contre Licinius et Constance. Arrivé à Thèbes, vers 312, il fut touché des vertus des chrétiens; et dès qu'il le put, il voulut recevoir le baptême. Il y avait alors dans la Thébaïde un saint solitaire, nommé Palémon, sous la direction duquel il se rangea : celui-ci le soumit aux épreuves les plus dures. Rien ne le découragea. En 325 ils bâtirent ensemble une cellule à Tabène, sur les bords du Nil. Palémon le quitta ensuite pour regagner sa solitude; mais Pacôme retrouva un compagnon dans son frère aîné Jean, qui vint le rejoindre. Le bruit de ses austérités et de ses lumières se répandit au loin, et les solitaires accoururent auprès de lui en grand nombre.

La haute Thébaïde se peupla bien vite de monastères qui reconnurent Pacôme pour leur fondateur. Ses disciples étaient dispersés dans différentes maisons, comprenant de trente à quarante moines. Il fallait autant de maisons pour former un monastère; de façon que chaque monastère comprenait de 1,200 à 1,600 cénobites. Ils s'assemblaient tous les dimanches dans l'oratoire commun. Chaque monastère avait un abbé, chaque maison un supérieur et chaque dizaine de moines un doyen. Tous reconnaissaient un même chef; ils se réunissaient avec lui pour célébrer la fête de Pâques. La sœur de saint Pacôme, touchée de l'exemple de son frère, fonda elle-même, de l'autre côté du fleuve, un monastère de filles, à qui elle donna la règle que Pacôme avait rédigée pour ses moines. Cité au concile de Latapolis en 348 pour répondre à différentes accusations, Pacôme se justifia avec autant de modération que de sagesse. Il mourut de la peste, le 3 mai de la même année. On a de lui une *règle* qu'on trouve dans sa *Vie*, et onze *Lettres*, imprimées dans le recueil de Benoît d'Aniane. Un ancien auteur grec a écrit la vie de saint Pacôme.

PACOTILLE, qu'on écrivait autrefois *paquotille*, et que le *Dictionnaire de Trévoux* qualifiait ainsi il y a un siècle : « Terme de commerce de mer, qui signifie un certain poids, volume ou quantité de marchandises qu'il est permis aux officiers, matelots et gens de l'équipage, d'embarquer, pour en faire commerce pour leur compte : on l'appelle aussi *portée*. La *pacotille* ne paye aucun frais, ni pour l'aller ni pour le retour. » Le *Répertoire de Marine* de Grandpré (1829) reproduit, à peu de chose près, la définition du Dictionnaire de Trévoux, et il ajoute : « Les *pacotilles* sont rarement en entier au pacotilleur; elles appartiennent à un négociant qui les confie au pacotilleur à moitié bénéfice. » Le mot *pacotille* s'emploie quelquefois par dénigrement, pour marchandise de qualité inférieure. On dit dans ce sens : Ce n'est que de la *pacotille*. Aujourd'hui le pacotilleur, en général, n'est plus ni un officier, ni un matelot, ni un homme de l'équipage, mais un simple passager, ancien commis-marchand, un commis-voyageur, qui s'étant muni de marchandises à crédit ou moitié comptant et moitié à crédit, va tenter la fortune aux colonies avec sa *pacotille*.

PACTA CONVENTA. *Voyez* Diète (de Pologne).

PACTE. Un pacte est une convention. Cette expression était surtout usitée en droit romain. On appelle *pacte de rachat* celui par lequel le vendeur se réserve de reprendre la chose vendue moyennant la restitution du prix principal et des frais de l'acquisition (*voyez* Réméré, Vente).

PACTE DE FAMILLE. *Voyez* Famille (Pacte de).

PACTE DE FAMINE. *Voyez* Famine (Pacte de).

PACTOLE, fleuve d'Asie dans la Lydie. C'est le *Ludon*, *Lydon flumen* de Varron, et le *Lydius amnis* de Tibulle. Il sortait du mont Tmolus, traversant la ville de Sardes, et roulait avec de l'or une espèce de cristal. Les cygnes se plaisaient sur ses bords, émaillés des plus belles fleurs. Ce fleuve, si fameux par sa richesse, et dont la réputation s'est conservée jusqu'à nos jours, ce fleuve, que quelques poëtes modernes célèbrent encore dans leurs vers, et dont ils emploient le nom tantôt au propre, tantôt au figuré, est à peine remarqué aujourd'hui auprès des ruines de la ville qu'il arrosait jadis. Suivant les mythologues latins, échos des fables de la Grèce, Midas, roi de Phrygie, avait obtenu de Bacchus le don de convertir en or tout ce qu'il touchait. Mais ce don lui devenant funeste, il implora la pitié du dieu, qui lui dit de se baigner dans le Pactole. Les eaux de cette rivière, en recevant Midas, acquirent la propriété que le prince perdit. Le Pactole, d'après cette tradition, ne roula donc pas toujours l'or, dont, suivant l'expression de Virgile, il arrosait les campagnes. Mais quand commença-t-il à être si riche? C'est ce qu'on ne peut déterminer. Hésiode, qui nomme la plupart des rivières de l'Asie Mineure, ne fait aucune mention du Pactole. Homère, si bon géographe, n'ignorait pas que le Pactole coulait dans le voisinage des lieux où il place l'*Iliade;* et il n'en parle jamais. Si le Pactole eût roulé de son temps des flots d'or, aurait-il négligé cette singularité, si susceptible des ornements de la poésie? Ce fut donc longtemps après lui que cette rivière devint célèbre. Varron et Dion Chrysostôme disent qu'elle fut la principale source de la richesse de Crésus, et qu'il en tira la matière de ces briques d'or dont il enrichit le temple d'Apollon. Mais la source des richesses du Pactole se tarit insensiblement, et longtemps avant Strabon, qui vivait sous Tibère, le Pactole avait perdu la propriété qu'il tenait du roi Midas.

Delbare.

PACUVIUS, l'un des plus anciens poëtes tragiques latins, neveu d'Ennius, naquit à Brundisium (Brindes), vers l'an 230 avant J.-C. Il mourut, dit-on, à l'âge de quatre-vingt-dix ans; c'est par conséquent vers la seconde guerre punique qu'il dut se trouver dans toute la force de son talent. Sophocle et Euripide furent ses modèles; et malgré l'état encore informe de la langue latine, il sut allier la vigueur de l'expression à l'élévation de la pensée ainsi qu'à l'heureux choix des caractères. Aussi ses contemporains lurent-ils ses pièces avec un charme extraordinaire, de même qu'elles obtinrent au théâtre les plus beaux succès. L'imitation de l'Iphigénie en Tauride d'Euripide, qu'il composa sous le titre de *Dulorestes*, était regardée comme son chef-d'œuvre. Les anciens lui attribuaient aussi des *Saturæ*, espèce de recueil de mélanges poétiques.

PADANG, ville située sur la côte sud-ouest de l'île de Sumatra, avec un beau port, à environ 30 myriamètres de Bencoulen. C'est le principal établissement néerlandais sur cette côte. On en exporte du café, du poivre, du camphre, du benjoin, de l'or, etc. On y fabrique aussi beaucoup de bijoux et d'ouvrages en filigrane.

PADERBORN, ancien évêché du cercle de Westphalie qui relevait immédiatement de l'Empire, dont la fondation remontait à Charlemagne et dont le territoire était de 32 myriamètres carrés, avec 97,000 habitants. Le dernier évêque de Paderborn fut François Égon, prince de Furstemberg; il avait été élu par le chapitre. L'évêché fut sécularisé en 1803, et son territoire adjugé à la Prusse; en 1806 on l'annexa au royaume de Westphalie, mais les événements de 1813 le rendirent à la Prusse, et il forme aujourd'hui l'un des quatre cercles dont se compose l'arrondissement de Minden (province de Westphalie).

Paderborn, ville de 10,000 habitants, ancienne résidence épiscopale, et aujourd'hui chef-lieu de cercle, est le siége d'une cour d'appel et d'un évêque catholique. Sauf quelques exceptions, les rues de cette ville sont étroites et obscures. L'édifice le plus remarquable qu'on y voie est la cathédrale, où l'on conservait précieusement douze statues d'argent massif, représentant les Apôtres, et le cercueil en or de saint Liboreus. En 1622 le duc Christian de Brunswick mit la main sur ce trésor, et convertit les statues des Apôtres en *thalers* portant cet exergue : *Christian de Brunswick, l'ami de Dieu et l'ennemi des prêtres*. A peu de distance de la cathédrale se trouve la source de la Pader, rivière qui prend tout de suite des proportions assez considérables pour pouvoir porter des barques et servir de force motrice à un grand nombre d'usines. On compte à Paderborn un collége et un séminaire catholiques, deux couvents de femmes, un couvent d'hommes, une maison professe de Jésuites, une institution de jeunes aveugles et une école normale. C'est une station principale du chemin de fer de Westphalie, qui relie la ville d'une part au Rhin et de l'autre à Hanovre et à Cassel.

PADILLA (Juan de), l'un des héros les plus populaires de l'histoire d'Espagne, descendait d'une noble famille de Tolède, et venait d'être nommé par Charles-Quint commandant militaire de Saragosse lorsque éclata (1518) l'insurrection des villes de la Castille (de celles qu'on appelait *commandades*). La *Santa Junta* lui déféra le commandement en chef de l'armée des *communeros*. A la suite de quelques entreprises qui avaient été couronnées de succès, il se laissa entraîner à accepter (23 avril 1521) la bataille que l'armée royale lui offrit dans la plaine de Villalar, et dont la perte décida du sort des villes de la Castille ainsi que de sa propre destinée.

Le héros des *communeros* fut pris après des prodiges de valeur, avec ses nobles amis Jean Bravo et don François Maldonada. Padilla vit la mort sans pâlir, et voici l'admirable lettre qu'il écrivit la veille du supplice à sa femme, Maria Pacheco, : « Si vos peines, madame, ne m'affligeaient pas bien plus que ma mort, je me trouverais parfaitement heureux. Il faut cesser de vivre, c'est une nécessité commune à tous les hommes; mais je regarde comme une faveur signalée de la toute-puissance une mort comme la mienne, qui ne peut manquer de lui plaire, quoiqu'elle paraisse funeste au monde. Il me faudrait plus de temps que je n'en ai pour essayer de vous consoler; ce temps me manque, mes ennemis ne me l'accorderont pas, et moi-même je ne veux pas différer l'heure où je mériterai la couronne que j'espère. *Pleurez la perte que vous faites, mais ne pleurez pas ma mort;* elle est trop honorable. Je vous lègue mon âme, c'est le seul bien qui me reste; et vous la recevrez comme la chose que vous estimez le plus dans ce monde... Je n'ajouterai rien de plus. Je ne veux pas lasser la patience du bourreau qui m'attend, ni laisser soupçonner que j'allonge ma lettre pour gagner du temps... » Bravo, lorsqu'on le traînait au supplice avec l'intrépide Padilla, laissa échapper quelques plaintes contre ceux qui l'insultaient; le courageux chef des *communeros* le reprit, en lui disant: « C'était hier le moment de montrer le courage d'un gentilhomme; à présent, il faut mourir avec la douceur d'un chrétien! » Padilla eut la tête tranchée; la sainte ligue s'anéantit; toutes les villes se soumirent, à l'exception de Tolède, où se trouvait dona Maria Pacheco : elle avait bien toute l'âme du martyr. Elle leva des soldats, correspondit avec la France, parcourut à plusieurs reprises les rues de Tolède, en montrant son malheureux enfant, et faisant porter devant elle un tableau où était peint le supplice de son époux. Vainement voulut-on la corrompre; vainement investit-on Tolède; elle résista à tout. Le clergé la trahit, l'expulsa de la ville; elle parvint à s'échapper et à gagner le Portugal, où l'histoire ne peut plus la suivre. Maria Pacheco est une des plus belles et des plus énergiques figures qui se trouvent dans le martyrologe des peuples. A. GENEVAY.

PADILLA (Les fils de). *Voyez* COMMUNEROS.

PADISCHAH, mot persan répondant à ceux de *roi* et de *prince*. C'est le titre que prend le sultan et que jadis il n'accordait qu'au roi de France, ne désignant les autres que par celui de *kral*. Aujourd'hui la Sublime-Porte le donne également aux empereurs de Russie et d'Autriche.

PADOGGS. *Voyez* BATOGKS.

PADOUAN (Le), surnom commun à plusieurs artistes italiens et provenant du lieu de leur naissance, Padoue.

Louis Léon, dit *le Padouan*, peintre et graveur, né à Padoue, se consacra principalement au portrait, genre dans lequel il réussit, ayant pris la manière, le goût et le faire de Giorgion et de Titien, d'après lesquels il s'était formé. L'époque de sa naissance et celle de sa mort ne sont pas bien connues; on sait seulement qu'il mourut à Rome, à l'âge de soixante-quinze ans, dans les premières années du dix-septième siècle. Les uns le considèrent comme ayant excellé dans l'art de graver les médailles sur acier et argent; d'autres attribuent ce talent à *Jean* del CAVINO et à *Alexandre* BANIANO, surnommés aussi *les Padouans*. Ce sont, ajoute-t-on, de très-habiles graveurs sur acier, qui ont contrefait les plus belles médailles antiques. Quoi qu'il en soit, les médailles attribuées soit à *Louis Léon*, soit à Jean *Cavino* et à Alexandre *Baniano*, sont imitées avec tant d'art, principalement celles des empereurs romains, que les connaisseurs sont souvent en peine de les distinguer des véritables; cependant, elles ont un fini et une netteté d'exécution que n'ont pas celles-ci.

Louis Léon eut un fils, qui s'appela aussi *le Padouan*, quoique né et mort à Rome, à l'âge de cinquante-deux ans. Le fils peignit si bien dans la manière de son père, qu'il est très-difficile de distinguer leurs ouvrages.

Il y eut encore un *Francesco*, surnommé *Paduanino*, peintre, né en 1652, mort en 1717. Cet artiste, d'un mérite distingué, peignait l'histoire. On voyait de lui à Venise un très-beau tableau, qui était fort estimé, représentant deux malfaiteurs délivrés par l'intercession d'un saint.

Alexandre LENOIR.

PADOUANES, nom donné à certaines médailles qui ont été parfaitement contrefaites d'après l'antique par les graveurs de Padoue dont il est question dans l'article précédent. Les chanoines de Sainte-Geneviève possédaient presque tous ces coins, que le Père Molinet a fait graver très-exactement dans sa *Description du Cabinet de la Bibliothèque Sainte-Geneviève de Paris* (1692). Ils font aujourd'hui partie du cabinet des médailles de la Bibliothèque impériale.

PADOUE, en italien *Padova*, le *Patavium* des anciens, chef-lieu de la province du même nom, dans le royaume Lombardo-Vénitien, station du chemin de fer de Venise à Vérone, sur les bords du Bacchiglione, qu'on y passe sur un pont suspendu, le premier qu'ait eu l'Italie, est située dans une belle plaine ressemblant à un vaste jardin et reliée par des canaux à l'Adige et aux lagunes. Le fleuve, en la traversant, la divise en deux parties : la *vieille ville* et la *ville neuve*. Cette ville, l'une des plus anciennes de l'Italie, est mal pavée et a des rues étroites et obscures, que des arcades assombrissent encore. La plus grande de ses places publiques est le *Prato della Valle*, de forme circulaire, entouré de belles maisons et servant de *corso*. A son centre un canal, dont les rives sont ornées de soixante-quatorze statues de Padouans célèbres ou d'hommes ayant bien mérité de la ville, forme une île de 176 mètres de long et disposée en parc. La cathédrale, beau monument du treizième siècle, mais malheureusement resté inachevé, contient le tombeau de Pétrarque. La célèbre église de Saint-Antoine, surmontée de six tours finissant en pointe, de sept coupoles couvertes en plomb, et de galeries, contient un grand nombre d'ustensiles d'argent massif à l'usage du culte et d'œuvres d'art. Devant son fronton on voit la statue équestre en bronze de Gattamalata, général des armées vénitiennes. Dans l'église de *Santa Giustina* on ne compte pas moins de sept coupoles, de dix-huit chapelles latérales et de vingt-cinq autels richement ornés de marbres et de mosaïques. L'immense couvent qui l'avoisine sert aujourd'hui de caserne d'invalides. L'hôtel de ville, où l'on voit une salle de 85 mètres de longueur, sur 29 de largeur et 25 de hauteur, date de la fin du douzième siècle, et contient un monument élevé à la mémoire de Tite-Live, qui était né à *Patavium*. Le café Pedrocchi est un des plus beaux qu'il y ait en Europe.

Padoue, siége d'un évêché, d'un tribunal de première instance, d'une préture collégiale, etc., compte 54,421 habitants. Son université, qui pendant tout le moyen âge jouit de la plus grande réputation, qu'on prétend avoir été fondée dès l'an 1222, par l'empereur Frédéric II, et suivant une autre opinion seulement en 1260, comptait en 1853 32 professeurs, 28 agrégés et 1,574 étudiants. Cet établissement possède une bibliothèque de 100,000 volumes, un jardin botanique, le plus ancien de toute l'Europe, et un observatoire établi dans la tour de l'ancien château (43 mètres d'élévation). On compte en outre à Padoue un grand nombre de colléges, une académie des sciences et arts, un musée d'inscriptions, etc. Sauf la fabrication des étoffes de soie et des cordes de boyau, l'industrie n'y a pris que de faibles développements. Le commerce des grains, des huiles, des vins, des bestiaux, y a beaucoup plus d'importance. A l'époque de la foire Saint-Antoine, qui se tient au mois de juin, dans le *Prato*, et qui donne lieu à de grandes fêtes populaires, il n'est rien de plus animé que l'aspect que présente Padoue.

Charlemagne enleva Padoue aux Lombards. Au treizième siècle, cette ville gémit sous l'oppression du fameux tyran Ezzelino. Elle se constitua ensuite en république, puis fut conquise en 1405 par les Vénitiens. La paix de Campo-Formio l'adjugea avec Venise à l'Autriche, qui en 1805 la rétrocéda à Napoléon, puis en fut remise en possession par les événements de 1814. Le 9 février 1848, il y éclata contre les autorités autrichiennes une insurrection dont la force armée eut raison, et qui amena la fermeture des cours de l'université. Le mois suivant elle était le théâtre de troubles nouveaux, à la suite desquels la garnison dut sortir de la ville; mais ils y rentrèrent dès le mois de juin. La réouverture de l'université a eu lieu en 1850.

PADOUE (Duc de). *Voyez* ARRIGHI DI CASANOVA.

PADUANI (Monte). *Voyez* EUGANEI (Monte).

PÆAN, genre de poésie lyrique fort en usage dans l'antiquité, notamment chez les Grecs, et qui à l'origine se rattachait étroitement au culte d'Apollon. Les plus anciens *pæans*, tel qu'il en est déjà mention chez Homère, étaient des hymnes solennels à plusieurs voix, ayant pour but d'invoquer Apollon, qu'on suppliait de détourner un fléau, ou bien consistant en actions de grâces adressées à ce dieu à la suite d'une catastrophe dans laquelle on avait été épargné. Cependant le *pæan* ne tarda pas à être indépendant du culte d'Apollon et à servir à la glorification d'autres divinités, à l'occasion d'événements importants. C'est ainsi qu'après un tremblement de terre on entonnait d'habitude un *pæan* en l'honneur de Poseidôn (Neptune); et bientôt même cette forme poétique finit par être employée par les Grecs comme chant guerrier avant le combat, et comme solennelles actions de grâces après la victoire ou la prise d'une ville. Quelques généraux romains furent gratifiés d'une semblable marque d'honneur, par exemple Paul Émile, après qu'il eut défait Persée, et Marcellus lors des victoires qu'il remporta sur les Galates et sur les Celtes; leurs hauts faits furent alors célébrés en *pæans* par l'armée romaine. Ainsi se forma le *pæan* de réjouissance qu'on entonnait d'habitude à l'occasion de tous les événements heureux, notamment dans les festins et les repas; de même qu'à la longue l'antique *pæan*, ayant pour but de rendre Apollon propice, arriva à servir d'hymne général destiné à honorer les morts et à fléchir Hadès. C'est ainsi que l'exclamation *Io Pæan!* qui fut en usage parmi les Grecs et les Romains jusqu'à l'époque la plus rapprochée de notre ère, et dont on se servait pour exprimer une surprise agréable aussi bien que le saisissement et la consternation, la joie comme la douleur, continua à impliquer une idée de joie et de délivrance d'un péril. Parmi les nombreux poëtes qui composèrent des *pæans*, et dont quelques fragments importants sont parvenus jusqu'à nous, on distingue surtout Terpandre, Archiloque et Pindare.

PAER (Fernando), célèbre compositeur de musique, né en 1771, à Parme, élève du Napolitain Ghiretti, n'était encore âgé que de onze ans lorsqu'il fit représenter à Venise son premier opéra, *Circe*, qui obtint un grand succès. Il voyagea ensuite en Italie. Le duc de Parme, qui l'avait tenu sur les fonts de baptême, lui accorda une pension et lui permit, en 1795, à cause des troubles de la guerre, de se rendre à Vienne. Dans cette capitale, Paer fut engagé, en 1798, par le Théâtre national à titre de compositeur, et sa femme fut admise à faire partie de l'Opéra italien comme première chanteuse. Son opéra de *Camilla* (1799), qui fit aussitôt le tour de l'Allemagne, popularisa son nom; et en 1802 il fut appelé à Dresde comme maître de chapelle de l'électeur, en même temps que sa femme y était engagée comme première chanteuse.

Après la bataille d'Iéna, Napoléon le fit venir avec sa femme à Posen et à Varsovie, et tous deux, à la paix de Tilsitt, entrèrent au service de l'empereur. Paer fut alors chargé de la direction du Théâtre Italien. Plus tard il fut nommé directeur de la musique particulière de l'empereur, maître de chant de l'impératrice Marie-Louise, et enfin professeur au Conservatoire. Il est mort à Paris, le 3 mai 1839. Toutes ses compositions sont riches en mélodies, pleines de chant, vives et instrumentées avec effet, mais sans profondeur; de sorte qu'on peut le considérer comme le précurseur de Rossini, qu'il surpassa cependant sous le rapport de la science. Après *Camilla* ses meilleurs opéras sont: *Sargino, Griselda, Leonora, Achille, Fuorusciti, Sofonisbe, Dido, Agnese* et *Olinte e Sofronia*. On a aussi de lui un grand nombre de romances et de duos, avec accompagnement de piano.

PÆSTUM, ville grecque de la Lucanie, dans la province du royaume de Naples appelée aujourd'hui *Principato Citeriore*, au sud du Silurus (*Sele*), à peu de distance du mont Alburnus et près du golfe appelé à cause d'elle *Sinus Pæstanus* (aujourd'hui *Golfo di Salerno*), était une colonie des Trézéniens et des Sybarites, fondée vraisemblablement vers l'an 520 av. J.-C., et avait d'abord été nommée *Posidonia* en l'honneur de Poseidôn. Lorsque l'État de la Lucanie fut fondé par les Samnites, la ville passa sous leurs lois et changea de nom; mais pendant longtemps encore les habitants conservèrent la douloureuse habitude de se parler une fois l'an en langue grecque pour se rappeler ainsi son ancien nom et leurs anciennes libertés. Sous la domination des Romains la prospérité de la ville déchut sensiblement, quoiqu'ils y eussent envoyé une colonie; mais elle était toujours renommée pour ses belles fleurs, et les poëtes romains vantaient sans cesse les *roses de Pæstum*, qui fleurissaient deux fois l'an. Au dixième siècle les Arabes brûlèrent ce qui restait de la ville; et dans l'endroit, aujourd'hui malsain, marécageux et presque désert, qu'elle occupait autrefois on trouve un petit village du nom de *Pesto* ou *Pesti*. Mais de magnifiques ruines rappellent les souvenirs de cette ville. Le grand temple de Poseidôn, modèle de l'ancienne architecture dorique, avec de belles colonnes; un temple plus récent de Déméter, et une *stoa* ou salle entourée de colonnes, appelée ordinairement *basilique*, sont justement renommés. Les ruines de la muraille de la ville accusent un circuit d'environ 3,500 mètres. On y a trouvé aussi des tombeaux antiques, des peintures et des urnes funéraires, ainsi que des médailles.

PÆTUS, surnom commun à diverses familles de Rome. Parmi les Romains qui le portèrent au temps de l'empire, deux sont surtout célèbres.

Cæcina Pætus, arrêté comme ayant pris part, sous le règne de Claude, à la révolte de Scribonianus, gouverneur de Dalmatie, fut condamné à mort, l'an 42 de J.-C. Comme il hésitait à s'enfoncer un poignard dans le cœur, *Arria*, sa femme, lui donna l'exemple d'une froide intrépidité en se perçant le sein.

Son gendre, le sénateur *Publius Thrasea* Pætus, originaire de Padoue, nous est représenté par Tacite comme ayant été du petit nombre d'hommes qui sous le règne de Néron faisaient preuve de vertu, de noble franchise et de grandeur d'âme. Ces qualités devaient exciter la haine et la crainte dans le cœur de Néron. Pætus fut donc accusé, en l'an 67, du crime de lèse-majesté et condamné à mort pour avoir abandonné la salle des délibérations du sénat au moment où cette lâche assemblée allait s'avilir jusqu'à voter des félicitations à l'empereur à l'occasion du meurtre qu'il venait de commettre sur Agrippine, sa mère. On lui laissa le choix de son supplice; et après avoir eu beaucoup de peine à empêcher que sa jeune épouse, appelée aussi Arria, et qui partageait complétement ses idées, ne l'accompagnât dans la tombe, il se fit ouvrir les veines, laissant son sang couler comme une libation offerte à Jupiter libérateur.

PAËZ (Jose-Antonio), ancien président de la république de Venezuela, né en 1780, au bourg d'Arragua, près de Nueva Barcelona, descend d'une famille d'Indiens convertis au christianisme. Sa première jeunesse se passa dans les *Llanos*, parmi la population de pâtres qui les habite; à dix-huit ans il fut engagé par un riche Espagnol pour conduire et diriger ses troupeaux à demi sauvages dans les plaines à perte de vue qu'arrose l'Orénoque; et jusqu'en 1810 il n'eut pas d'autre ambition que celle-là. Mais la province de Carracas ayant proclamé son indépendance, il s'enrôla parmi les insurgés; et à peu de temps de là il commandait une bande de cavaliers qui devint la terreur des Espagnols. La délivrance de la ville de Varinas fut la base de sa réputation, et en récompense Bolivar lui accorda un grade dans l'armée régulière. Il rendit alors des services de plus en plus signalés, notamment en 1813 et en 1814. Quoiqu'il ne fût encore que lieutenant-colonel, le gouvernement l'appela en 1816 au commandement en chef de l'armée, avec le rang de général de brigade. Pendant les deux années qui suivirent, Paëz prit la province d'Apure pour base d'opérations. A la bataille livrée à Ortiz, en 1818, ce fut lui qui dans la retraite sauva l'infanterie. En 1819, il battit le général espagnol Morillo, à qui les plaines de Mcrecare avaient fait leur soumission. A la bataille de Carabobo (1821), il décida de cette journée, dont le résultat fut d'assurer l'indépendance de la nouvelle république, qui prit alors le nom de Colombie. Une fois l'organisation du nouvel État achevée, Paëz entra au sénat comme représentant du département de Venezuela, et fut investi du commandement militaire de ce même département. Pendant le peu d'années de tranquillité qui suivirent l'expulsion des Espagnols, Paëz fit quelques études superficielles, et répara ainsi jusqu'à un certain point ce que son éducation première avait eu de complétement inculte. Mais cela ne l'empêcha pas de prendre en même temps la part la plus active à toutes les intrigues de la politique. Jaloux de Bolivar, il devint l'un des meneurs du parti fédéraliste, et essaya même en 1826 de provoquer une insurrection. Le mouvement put être comprimé; mais en 1829 Paëz se plaça de nouveau à la tête de l'agitation contre le gouvernement central, et lorsque Venezuela se fut séparée de la Colombie, il fut nommé président de cette nouvelle république. On ne saurait nier qu'une fois en possession du pouvoir suprême, Paëz s'efforça de populariser son administration par quelques mesures propres à ranimer l'agriculture et l'industrie. A l'expiration des quatre années fixées par la constitution pour l'exercice des fonctions présidentielles, désireux de jouer aussi à son tour le rôle de Washington, il déposa le pouvoir suprême, et se retira alors dans ses plantations pour s'y livrer aux travaux de l'agriculture. Seulement, il eut le soin de s'arranger de manière que le choix du peuple pour la présidence tombât sur un homme complétement à sa dévotion. Peu de temps après, un parti se forma contre Vargas (ainsi s'appelait le successeur de Paëz), et l'expulsa du territoire de la république. Paëz courut aussitôt aux armes dans *l'intérêt de la constitution violée*, réussit à battre les révoltés, et rétablit Vargas en paisible possession du fauteuil présidentiel. En 1839 il se laissa faire une douce violence, et permit qu'on le portât pour la seconde fois à la présidence. En récompense de ses services, le congrès lui décerna alors solennellement le titre d'*esclarecido ciudadario* (illustre citoyen). En 1842 on lui donna pour successeur un certain Soublitte. Lorsqu'en 1846 la guerre éclata entre les hommes de couleur et les créoles, Paëz fut proclamé dictateur; et la guerre civile terminée, il fit élire Monagas comme président. Les actes de violence et d'arbitraire de ce nouveau président le contraignirent à prendre la fuite et à se refugier à Maracaïbo, puis à Curaçao, d'où il revint en Venezuela dans l'espoir d'opérer la chute de Monagas. Débarqué le 2 juillet à Coro, il ne trouva pas d'appui dans la population, et dès le 14 août il était obligé de se rendre prisonnier avec ses deux fils. Conduit alors à Caraccas et jeté en prison, il n'obtint d'être rémis en liberté qu'en 1849, mais sous la condition de quitter le pays. Il se rendit alors aux États-Unis.

PAGANINI (Nicolo), l'un des plus remarquables violons des temps modernes, né à Gênes, le 18 février 1784, où son père était marchand, eut pour maître Costa. Il n'avait encore que huit ans lorsqu'il écrivit une sonate, où il s'était amusé à réunir tant et de telles difficultés qu'il ne se trouva personne en état de l'exécuter. Dès cette époque il allait jouer à peu près trois fois la semaine dans des églises, et se fit aussi entendre dans quelques salons. Son nom commença à faire du bruit à Gênes; et enfin à neuf ans il figura pour la première fois dans une solennité théâtrale. Il y exécuta des variations de sa composition sur l'air républicain français de *La Carmagnole*. A l'âge de douze ans son père le conduisit à Parme, où il reçut des leçons de contre-point de Rolla et de Paer. Plus tard, lorsque Paer quitta Parme pour Venise, le jeune artiste visita avec son père les principales villes du nord de l'Italie, donnant partout des concerts, et recueillant partout d'unanimes applaudissements. Il atteignit ainsi sa vingtième année; et en 1805 il obtint une place de premier violon à Lucques, où il trouva dans la princesse Élisa Bacciocchi, sœur bien aimée de Napoléon, une protectrice pleine de bienveillance. Qu'un jeune homme fougueux, passionné, soit tombé dans quelques-uns de ces écarts que l'on n'apprend à éviter que par l'expérience, cela se concevra sans peine. Il aima le jeu, les femmes, et ne vécut pas toujours dans la société la plus exemplaire. Le biographe allemand Schottky a raconté de lui quelques aventures qui ne dépareraient point les *Mémoires de Casanova*. C'est immédiatement avant d'accepter une position fixe à la cour de Lucques, et selon d'autres versions, entre les années 1811 et 1814, que la malveillance a placé cette absurde histoire, qu'il aurait subi une arrestation, soit à Gênes, soit à Mantoue ou Milan, comme prévenu d'avoir assassiné sa femme. Ce qu'il y a de malheureux pour la vraisemblance de cette belle invention de la haineuse jalousie, c'est que Paganini ne fut jamais marié.

La réputation de Paganini ne commença à devenir universelle en Italie qu'à partir de 1816; et l'année suivante il donna à Plaisance, avec le célèbre violon Lipeuski, qui ne s'était déterminé à passer les monts que mû par le désir de l'entendre, un concert dans lequel les deux artistes firent assaut de talent, chacun à sa manière, et où ils enlevèrent tous les suffrages. En 1828 il entreprit un tournée en Allemagne, en commençant par Vienne. A partir de ce moment il jouit, on peut le dire, d'une réputation européenne; et quoiqu'il ne fût pas naturellement porté à l'avarice et à la cupidité, il ne laissa point que d'en tirer un parti extrêmement profitable. Ce qui excitait la surprise générale, ce n'était point seulement l'admirable perfection de son jeu et son incomparable facilité d'exécution, mais encore ce qu'il y avait d'étrange dans tout son extérieur, où l'on prétendait voir quelque chose de démoniaque. Ceux qui ne l'ont point entendu ne sauraient se faire une idée de l'effet inconcevable que produisait son jeu sur la corde G; tour de force que beaucoup d'autres ont essayé de répéter depuis, sans pouvoir jamais atteindre, à beaucoup près, à la même perfection. Après avoir parcouru la plus grande partie de l'Allemagne, Paganini, à qui l'empereur d'Autriche et le roi de Prusse avaient à l'envi accordé des distinctions honorifiques, entreprit ce voyage de France et d'Angleterre qui met toujours le comble à la réputation d'un artiste. Les annales de l'art ne font pas mention d'un succès égal à celui qu'il y obtint, notamment à Paris; et cette tournée artistique fut encore autrement productive pour lui que ne l'avaient été tous ensemble ses autres voyages. Il ne revint dans sa patrie qu'en 1837; et il acheta alors la villa Gajona, près de Parme, où il se retira. Paganini mourut à Nice, le 27 mai 1840, à la suite d'une longue et douloureuse maladie.

PAGANISME, ou la *doctrine des païens*, a reçu ce nom dans les premiers siècles de notre ère, à l'époque où les chrétiens commençaient à prévaloir dans les villes, tandis que les polythéistes ne se soutenaient plus que dans les villages (*pagi*). De là le titre de *pagani* pour les individus, de *paganisme* pour leur croyance. Dès lors dans le langage des chrétiens le mot de *païens* s'appliquait à tous ceux qui n'étaient ni juifs ni chrétiens. Tous les païens avaient cela de commun d'être *polythéistes*. Quand le mahométisme vint à se détacher du polythéisme, et à proclamer le monothéisme, à l'imitation de la doctrine chrétienne, tout en affectant d'accuser celle-ci de *trithéisme*, on fut d'abord injuste à son égard, comme il l'était à l'égard des autres, et on comprit ceux qui le professaient parmi les païens. Le moyen âge hérita de cette terminologie, et pendant toute la durée des croisades on appela indistinctement les sectateurs de Mahomet *païens* ou *infidèles*. Quand cette lutte eut cessé et que le jour de l'impartialité fut venu, on reconnut l'injustice qu'il y avait à confondre la doctrine monothéiste des musulmans avec les croyances polythéistes des païens, et le mot de *paganisme* ne fut plus dès lors que l'équivalent de celui de *polythéisme*. Il y a toutefois entre l'un et l'autre cette différence, que le premier est particulièrement en usage dans la polémique, et qu'il s'applique surtout aux religions qui ont été en lutte avec le judaïsme d'abord, avec le christianisme ensuite; tandis que le second désigne simplement certains systèmes religieux considérés en eux-mêmes et sans égard aux rapports qu'ils ont pu entretenir avec d'autres.

Le *paganisme*, dont l'origine se perd dans ce qu'on appelle *la nuit des temps*, naquit dans les familles qui s'étaient détachées de celles dont nous entretiennent nos codes sacrés. Il n'est autre chose que l'ensemble des systèmes religieux qui ignorent ou qui cachent à la multitude l'unité d'un Dieu, auteur et ordonnateur suprême de l'univers et de tout ce qu'il renferme. Au lieu de la création par un seul et d'une providence ou d'une intervention providentielle dans les affaires du monde, le paganisme admet dans la diversité des effets la pluralité des causes, et partage ses prières et les cérémonies de son culte entre une foule de divinités dont ni le nombre, ni le caractère, ni les attributions ne sauraient être nettement définis. Le paganisme a d'ailleurs un grand nombre de formes et de variétés (*voyez* Polythéisme). Né dans les premiers âges du temps, il fut bientôt la doctrine de la majorité des habitants du monde ancien. Un seul peuple fut monothéiste; encore fallut-il pour le préserver lui-même du polythéisme une série d'interventions spéciales de la part de la Providence. Cette première lutte entre le monothéisme et le paganisme offre six grandes époques, l'époque *chaldéenne*, l'époque *égyptienne*, l'époque *palestinienne*, l'époque *persane*, l'époque *grecque* et l'époque *romaine*.

A l'époque chaldéenne, le paganisme rencontra dans Abraham, véritable patriarche des Hébreux, un adversaire qui voua sa postérité tout entière au culte d'un seul Dieu, et qui choisit pour transmettre à ses descendants la mémoire de cette alliance un signe extérieur, dont il ordonna de marquer leur corps.

Dans l'époque égyptienne, Moïse opposa au même système une législation complète, des lois religieuses, politiques et civiles, portant un puissant caractère de nationalité et de séparatisme à l'égard des païens, c'est-à-dire de tous les peuples du monde. Il engagea d'ailleurs la guerre la plus ouverte et la guerre de l'incompatibilité la plus prononcée. Aussi dans l'époque palestinienne la lutte entre le paganisme et le monothéisme fut-elle permanente, et l'histoire des Juifs ne fut-elle autre chose qu'une série de combats religieux, jusqu'à ce qu'enfin l'établissement monarchique de David parvint à soumettre, si ce n'est à écraser, les vieilles populations païennes de la terre du monothéisme.

Dans l'époque persane, ce fut au contraire le paganisme qui déporta et mit dans les fers la seule nation monothéiste du monde. Cependant, au milieu de toutes les persécutions qu'elle subit, cette nation conserva ses doctrines. Dans la personne de Cyrus le paganisme fit un acte d'humanité à l'égard des monothéistes, depuis trop longtemps tenus captifs en terre d'exil; et avec l'époque grecque commença pour le judaïsme une ère de tolérance véritable. Dès lors les Juifs, déjà semés dans l'intérieur de l'Asie, purent se répandre librement en Égypte, en Grèce, dans toutes les provinces de l'empire qui avaient obéi au puissant héros de Macédoine. Le paganisme se montra plusieurs fois encore intolérant pendant la période grecque, surtout en Syrie, où la dynastie des Séleucides se flattait de se mieux soumettre les Juifs si elle parvenait à les soumettre à ses croyances. Cependant, protégé en Égypte et toléré partout ailleurs, le monothéisme fit dans ces siècles d'immenses progrès. Non-seulement les Juifs eurent parmi les Grecs un grand nombre de prosélytes, mais, grâce au progrès des lumières, il s'éleva dans le sein du paganisme même, et particulièrement dans les écoles des philosophes un grand nombre de monothéistes : car les bienfaits de la Providence ne fuient pas ceux qui l'ignorent. Il y eut dans la période romaine tolérance générale pour le monothéisme de la part du paganisme; mais à cette règle il se fit cependant de fréquentes et de cruelles exceptions : les Juifs furent persécutés à plusieurs reprises, par la seule raison qu'ils méprisaient les dieux de l'empire et refusaient de les adorer. Bientôt, néanmoins, cette lutte si longue et si curieuse entre le paganisme et le judaïsme s'effaça complétement devant une autre, devant celle qui éclata entre le paganisme et un monothéisme nouveau, plus puissant que le premier, puisque, cessant d'être national, il se montra le plus universel de tous les systèmes, ou plutôt le seul qui eût ce caractère. Nous avons désigné le christianisme. Cette religion eut à son tour une grande lutte à soutenir contre l'immense majorité païenne, et cette lutte se distingue également en plusieurs époques : l'époque *primitive*, l'époque *constantine*, l'époque *théodosienne* et *justinienne*, l'époque *pontificale*, l'époque *impériale*, et l'époque *moderne*.

L'époque primitive de la lutte chrétienne est une ère d'intolérance et de persécution de la part du paganisme. En effet, s'il toléra d'abord les chrétiens cachés sous l'égide du judaïsme, il se mit à sévir contre eux dès qu'il les connut suffisamment pour les distinguer des Juifs. Domitien prétendit anéantir jusqu'au dernier des chrétiens. Si le paganisme fut plus indulgent que ce prince, c'est qu'il comptait sur sa force. Mais quand, au bout de deux siècles de plus, il eut découvert celle des monothéistes, il fit reprendre à Dioclétien le projet de ses prédécesseurs, et la destruction de la religion chrétienne fut encore une fois entreprise. Tout fut même inventé et tout fut mis en jeu pour accomplir ce dessein : insinuations et calomnies, machinations religieuses et considérations politiques, accusations publiques et exécutions sanglantes. Le paganisme allait célébrer d'affreux triomphes, lorsqu'un chef de l'empire osa tout à coup l'abdiquer avec une admirable hauteur de vues et de courage. Avec l'époque constantine commença aussitôt la décadence extérieure du paganisme grec et romain, qui avait menacé de détruire tant d'autres *paganismes*, qui avait surtout ruiné le druidisme, dont la chute intérieure était déjà fort avancée. La famille de Constantin, pour accélérer cette chute, prit toutes les mesures les plus énergiques; les armes les plus tranchantes que le paganisme de Rome et d'Athènes venait d'employer contre ses adversaires, ses adversaires les employèrent contre lui. Privés de leurs temples et de leurs écoles, de leurs honneurs et de leurs espérances, les partisans d'une doctrine qui naguère encore avait juré l'extermination des monothéistes ne se maintinrent plus, même en minorité, qu'à Rome, que dans certains quartiers d'Alexandrie, d'Antioche et autres cités. Ils n'étaient plus en majorité que dans les villages, et bientôt un décret suprême porta ces mots durs et prématurés : *Il n'y a plus de païens dans l'empire.* La lutte ne s'acheva pas encore; mais elle avança fortement sous Théodose et Justinien. Rien, ni les intrigues des aruspices, ni les déclamations des rhéteurs (*voyez* SYMMAQUE), ne put sauver le paganisme, que Julien, malgré ses essais de réaction, avait été hors d'état de sauver.

Quand la ruine du paganisme grec et romain fut à peu près consommée, il vint à éclater une lutte nouvelle, celle du christianisme contre une religion née en Arabie, que l'on traita de paganisme pendant le moyen âge; qui ne méritait pas ce nom, à la vérité, mais qui, toute monothéiste qu'elle était, arrêta les monothéistes chrétiens dans leurs progrès et dans leurs attaques contre les païens en dehors de l'ancien empire de Rome, plus que ne le faisaient ces païens eux-mêmes. En effet, les conquêtes du christianisme en Asie et en Afrique furent suspendues brusquement, et l'Europe méridionale fut envahie par les Sarrasins jusqu'au cœur de la France. Mais tout envahie qu'elle était d'un côté, l'Europe monothéiste n'en continua pas moins sa guerre contre le paganisme véritable.

L'époque pontificale, qui s'étend de la chute de l'empire d'Occident sous Romulus Augustulus jusqu'au rétablissement de cet empire sous Charlemagne, se distingua par les succès les plus purs, et par conséquent les plus glorieux. Le paganisme celtique, kymrique et britannique, fut vaincu dans cette période, ainsi que le paganisme germanique des bords du Rhin et de l'Helvétie. Et toutes ces conquêtes furent dignes de la religion chrétienne : les saint Augustin de Cantorbéry, les saint Colomban, les saint Gall et les saint Boniface, qui convertirent les païens nos ancêtres et ceux des peuples voisins, se montrèrent les successeurs des Apôtres. Les défaites que le paganisme saxon, slave et scandinave, éprouva durant l'époque impériale, sous Charlemagne et sous les empereurs de la maison de Saxe, de Hohenstaufen et de Habsbourg, ne furent ni aussi pures, ni par conséquent aussi glorieuses pour la cause chrétienne. Depuis Charlemagne il fut de principe qu'on pouvait combattre le paganisme du Nord avec les mêmes armes que le mahométisme du Midi; et quand on n'eut plus besoin des chevaliers chrétiens en Palestine contre les armées musulmanes, on les employa en Livonie contre les populations païennes. La paganisme disparut ainsi dans l'Europe entière; et s'il demeura dans le sein des nations converties un assez grand nombre de petites pratiques, de superstitions païennes, comme on peut s'en convaincre en consultant les actes des conciles, du moins l'époque impériale en finit avec l'idolâtrie. Mais la lutte entre le paganisme et le christianisme ne cessa pas. A l'entrée de l'époque moderne se révéla une nouvelle partie du monde, et avec elle surgirent devant les regards des chrétiens de nouvelles régions de paganisme. L'Europe songea tout aussitôt à les combattre; l'Espagne lui donna l'exemple, en abolissant ensemble la dynastie et la religion des Montezuma. Avant que l'Espagne eût découvert l'Amérique, le Portugal avait trouvé par mer un chemin aux Indes orientales. La France et l'Italie, l'Angleterre et la Hollande, se lancèrent sur les traces de l'Espagne et du Portugal, unissant, comme ces pays, le zèle religieux à l'esprit de conquête et la ruine du paganisme à la fondation de colonies et à l'établissement de comptoirs de commerce. Grâce à ces nombreux missionnaires, dont le dévouement religieux se montra si supérieur à l'ambition politique et à la cupidité mercantile qui conduisirent tant d'autres dans le Nouveau Monde, et qui s'efforça de couvrir de sa gloire toute céleste des œuvres toutes terrestres, le Nouveau-Monde fut peu à peu disputé aux erreurs de son vieux paganisme. Si dans ces conversions le pouvoir vint à glisser quelques erreurs, elles furent rares; elles n'eurent lieu que sur peu de points, et furent bientôt flétries par la sainte éloquence de plus d'un Las Cases. Ailleurs, elles furent dignes de l'Europe et de sa foi. La lutte du monothéisme contre le paganisme a toujours été celle de la vérité contre l'erreur : c'est depuis longtemps celle de la civilisation contre la barbarie. Aussi avance-t-elle rapidement. Que de contrées, que d'îles entières le paganisme a déjà quittées complétement! Il s'efface à vue d'œil dans les deux Amériques. En Asie et en Afrique, il résiste sur quelques points encore; il dévore en Chine depuis de longs siècles une phalange de missionnaires et de martyrs; mais il fléchit aux Indes orientales, et il devra fléchir dans l'Océanie, car il serait affreux de le laisser là, avec ses cruelles superstitions, en contact avec les colonies de pénitence.

La fin du paganisme n'est pas venue, mais elle se prévoit; il disparaîtra bientôt de la surface de la terre. À moins d'un retour que la raison se refuse à comprendre, il périra partout avant la fin du siècle, excepté à la Chine, où il pourra se maintenir plus longtemps encore; où pourtant il succomberait plus tôt si quelque conflit sérieux avec les puissances d'Europe y amenait une expédition combinée dans des desseins religieux. Le monothéisme régnant seul dans le reste du monde, la lutte, qui est maintenant éteinte entre les deux grandes familles monothéistes, entre les chrétiens et les mahométans, reprendrait sans doute avec une ardeur nouvelle. MATTER.

PAGE (du latin *pagina*). On nomme ainsi, en termes d'imprimerie, un des côtés d'un feuillet de papier, de parchemin, de vélin, etc., ce qui se présente aux yeux à droite ou à gauche quand on ouvre un livre. Il se prend aussi pour l'écriture ou pour l'impression. Contenue dans la page même. Le *livre journal* et le *livre des inventaires* de tout commerçant doivent, d'après le Code de Commerce, être cotés, paraphés et visés sans frais, *page par page*, soit par un des juges du tribunal de commerce, soit par le maire ou un adjoint. On se sert aussi parfois du mot *page* pour désigner une partie d'un ouvrage considéré sous le point de vue littéraire : Il y a dans ce discours des *pages* admirables. *Page* s'emploie quelquefois figurément pour caractériser quelques faits relatifs à l'histoire d'un homme ou d'un peuple : Il est des *pages* qu'il faudrait pouvoir retrancher de l'histoire de France.

PAGE. Ce nom, dérivé du grec παῖς, ou du latin *pædagogia*, est donné aux enfants qui reçoivent chez les rois, princes, seigneurs, qu'ils servent en diverses occasions, une éducation distinguée. Dans tous les temps, des enfants, sous différentes dénominations, ont été placés auprès des grands. Les *pages* à l'époque de la chevalerie étaient confondus avec les varlets, ou damoiseaux : c'étaient les novices ou apprentis chevaliers. Ils remplissaient auprès des châtelains l'office que les demoiselles remplissaient auprès des châtelaines. On leur apprenait à prier Dieu, à combattre à pied et à cheval avec toutes armes courtoises, à honorer les dames, et, selon les temps, à lire et à écrire, à chanter et à danser. Les simples gentilshommes n'avaient point droit à des *pages* de naissance noble, tandis qu'il fallait faire des preuves pour être admis dans les palais royaux et princiers. Cependant, on voyait souvent un seigneur, quoique riche, envoyer son fils chez un seigneur voisin, réputé pour ses exploits et ses vertus, afin que ce fils apprît sous un si beau modèle le métier des armes, la loyauté et la courtoisie. Les enfants entraient dans les fonctions de page vers sept à huit ans, et y restaient jusqu'à quatorze. Ils rendaient à leurs maîtres les services ordinaires des domestiques, les servaient à table, leur versaient à boire, les accompagnaient à la chasse, dans leurs visites. A quatorze ans on était mis *hors de page*, à la suite d'une cérémonie religieuse, pendant laquelle l'officiant, prenant sur l'autel une épée attachée à une écharpe, en ceignait le jeune homme, que lui présentaient son père et sa mère, ou parfois un parrain et une marraine. Quand la haute noblesse abandonna ses châteaux pour venir se ruiner à la cour, l'usage d'avoir des *pages* se perdit peu à peu, excepté chez les souverains et les princes de leur sang; il subsistait encore pourtant sous Louis XIV.

On exigeait des *pages* de la grande et de la petite écurie du roi les preuves de quatre générations paternelles de noblesse. A l'armée, ils servaient d'aides de camp aux aides de camp du roi. Deux *pages* éclairaient le soir le roi, en portant au poing un flambeau de cire blanche; quatre le suivaient à la chasse, douze à la guerre. Dans les cérémonies, ils se plaçaient devant, derrière son carrosse, et aux portières, sur les marche-pieds. Lorsqu'une dame montait un cheval de la grande écurie, un *page* l'accompagnait. Ces enfants d'*honneur* étaient élevés dans un hôtel particulier, par un gouverneur, deux sous-gouverneurs, des précepteurs; et une foule de maîtres leur enseignaient toutes les sciences et tous les arts. Mais l'instruction est si peu l'éducation, que les femmes à Versailles évitaient de passer devant l'hôtel des *pages*, dans la crainte d'être insultées par leur espièglerie, trop souvent licencieuse, grossière et méchante. Le roi et la reine étaient servis à table par deux *pages*; la même étiquette s'observait chez les princes du sang. Auprès des *pages* étaient des valets, qui leur appartenaient et recevaient d'eux les assiettes. Quand le prince envoyait de quelque mets à une dame dînant à sa table, le *page*, si la dame était jolie, allait porter lui-même l'assiette que lui avait remise le prince; autrement, il chargeait un valet de ce soin. Un *page* ne devait jamais attendre, et on ne pouvait faire recevoir par personne l'ordre, la lettre, ou autre objet dont il était porteur. Il était revêtu des couleurs ou livrées de celui qu'il servait : un nœud de rubans frangés, flottant sur l'épaule, et le plumet blanc qui entourait le chapeau des *pages* rendaient très-élégant leur costume, qui a changé suivant les modes des époques.

L'empereur Napoléon, en rétablissant la monarchie, en rétablit les formes les moins importantes, et il se fit servir par des *pages*, ainsi que tous les membres de sa famille.

Les tours et l'effronterie des *pages*, passés en proverbe, prouvent que leur institution dégénérée n'est point regrettable, malgré son antiquité et malgré l'éclat que leur jeunesse et en général leur beauté répandaient sur le cortége de nos rois.

On appelle *icoglans* les *pages* du sultan de Constantinople. C^{sse} DE BRADI.

PAGES (Mise en). *Voyez* COMPOSITION (*Typographie*).

PAGÈS (JEAN-PIERRE), dit *de l'Ariége*, est né à Seix, le 9 septembre 1784. Par les soins d'un de ses oncles, qui était prêtre, il fit ses études à l'école centrale de Toulouse, de même que son droit dans cette ville, et à vingt ans il était avocat. M. Pagès se livra de bonne heure à des études sérieuses; les *Mémoires de l'Académie des Sciences, Inscriptions et Belles-Lettres de Toulouse*, dont à peine au sortir des facultés il fut élu membre, sont là pour l'attester, et l'on sera étonné d'y trouver de savants travaux archéologiques et géologiques de celui qui n'est surtout connu que comme homme politique. Nommé procureur impérial à Saint-Girons en 1811, M. Pagès, qui fut dans les cent jours candidat à la chambre des représentants et président de la fédération pyrénéenne, donna sa démission après la seconde rentrée des Bourbons. Ses opinions libérales le désignèrent aux persécutions royalistes, et lors des événements de Grenoble il fut traîné de prison en prison.

Venu à Paris après l'ordonnance du 15 septembre 1816, Pagès de l'Ariége s'y lia avec tout ce que le parti libéral comptait de plus marquant; il fut l'ami de La Fayette, de Laffitte, de Benjamin Constant; il prit une part active et vigoureuse à toutes les luttes de presse qui signalèrent la restauration; il lança diverses brochures, écrivit dans *Le Constitutionnel*, *La Minerve*, *Les Lettres Normandes*; fonda *La Renommée*, *Le Courrier français*, *La France chrétienne*. Il se livra en même temps à des travaux sérieux, plus en rapport avec sa nature froide et méditative : c'est ainsi qu'il publia, en 1817, les *Principes généraux du Droit politique dans leurs rapports avec l'esprit de l'Europe et avec la monarchie constitutionnelle*. Il fut chargé en 1818 et 1819 de la direction de l'*Encyclopédie moderne*; enfin, en 1822 il donna, dans les Fastes civils de la France, son *Histoire de l'Assemblée constituante*, ouvrage remarquablement écrit. M. Pagès de l'Ariége fut membre de cette société pour la liberté de la presse qui se réunissait chez M. de Broglie; mais, éprouvant une vive répulsion pour les conspirations et les sociétés secrètes qui les préparent, il refusa de faire partie de celle des carbonari : les carbonari ne l'en choisirent pas moins, lui troisième, avec Lanjuinais et Benjamin Constant, pour arbitre des dissidences qui amenèrent leur dissolution.

Rentré à Toulouse en 1827, M. Pagès y fonda un journal libéral, *La France méridionale*, dans lequel il continua sa vive et incisive polémique contre le gouvernement des Bourbons. Après la révolution de 1830, M. Pagès fut élu député par les électeurs de l'arrondissement de Saint-Girons; il siégea à la chambre jusqu'en 1842; à cette époque il échoua devant des électeurs, qui lui reprochaient de ne s'être point occupé de leur procurer des places pour eux et les leurs. Pendant les dix années que M. Pagès passa au Palais-Bourbon, il lut souvent à la tribune des discours empreints d'une logique et surtout d'une virulence qui semblaient contraster étrangement avec la circonspection de son caractère; à plus de vingt ans d'intervalle, on se souvient encore de cette éloquente protestation contre la loi de 1834 sur les associations : « Esclave de toutes les lois justes, « ennemi de toutes les lois iniques, entre les persécuteurs et « les victimes, je ne balancerai jamais. Je ne connais point « de pouvoir humain qui puisse me faire apostasier Dieu, « l'humanité et la France. Je désobéirai à votre loi pour obéir « à ma conscience. » Au reste, pendant cette période M. Pagès ne combattit pas seulement à la tribune les mauvaises et déplorables tendances du gouvernement de Louis-Philippe; il écrivit pendant plusieurs années dans le journal *Le Temps*, puis il fonda *La Patrie*, alors l'organe du soir de l'opposition.

Rentré dans la vie privée, M. Pagès, qui, malgré son opposition inflexible, avait été décoré par Louis-Philippe, vécut de la vie de famille jusqu'en 1847; à cette époque, les électeurs de Toulouse lui rendirent au Palais-Bourbon le siége que ceux de Saint-Girons lui avaient enlevé. Le suffrage universel des électeurs de la Haute-Garonne l'appela bientôt après à la Constituante; il n'y parla point, prit part aux délibérations de la commission de constitution, et s'éclipsa totalement. Depuis 1849, M. Pagès de l'Ariége, qui a toujours redouté les violentes commotions politiques, les révolutions, bien que le langage de la révolution soit le sien, est complétement rentré dans la vie privée. Homme de convictions droites, d'habitudes austères, penseur profond, logicien redoutable, conteur agréable dans l'intimité, M. Pagès de l'Ariége est sans contredit une des notabilités du parti de l'opposition libérale sous la Restauration et sous Louis-Philippe. Le *Dictionnaire de la Conversation* lui doit de remarquables articles. N. GALLOIS.

PAGÈS (GARNIER-). *Voyez* GARNIER-PAGÈS.

PAGFUNG. *Voyez* PACKFONG.

PAGINATION. On nomme ainsi, en termes d'imprimerie et de librairie, la série des nombres ou numéros qui se trouvent en tête des pages d'un livre, pour marquer la place que chacune de celles-ci occupe relativement aux autres. Le verbe *paginer* indique l'acte par lequel les feuillets se numérotent. La préface d'un livre se *pagine* ordinairement en chiffres romains, et le reste en chiffres arabes. Une *pagination* est exacte ou fautive, suivant que les *pages* sont numérotées avec plus ou moins d'exactitude.

PAGNERRE (N....), secrétaire du gouvernement provisoire de 1848 et membre de l'Assemblée nationale, était libraire à Paris et compté depuis longtemps parmi les notabilités du parti démocratique lorsque éclata la révolution de Février. Né vers 1810, à Pontoise, et fils d'un marchand de porcs, il fut d'abord placé comme apprenti dans une maison d'imagerie, et ce fut en vendant des images dites *de piété* qu'il s'initia à la connaissance des mystères de l'art de l'éditeur. S'il avait eu de la fortune, il aurait vraisemblablement persisté à pratiquer ce genre d'industrie, aussi humble que productif, mais qui, sans que cela paraisse, exige des capitaux assez importants. Il se fit éditeur en librairie, par la raison précisément contraire; et il eut la chance de rencontrer dans le vicomte de Cormenin un de ces auteurs comme on n'en voit plus, un auteur qui se charge des frais de la fabrication de ses œuvres, qui prend les pertes possibles à son compte et qui partage fraternellement les bénéfices avec son éditeur. Tout le monde se souvient de l'immense succès des pamphlets de M. de Cormenin contre Louis-Philippe, et son incessante guerre de plume contre l'élu des 221. Des publications de ce genre, surtout faites dans de telles conditions, devaient nécessairement enrichir un libraire et achalander sa boutique. La librairie Pagnerre ne tarda donc pas à être l'officine en possession d'éditer les œuvres de la littérature révolutionnaire; et quand l'abbé de La Mennais eut abjuré le catholicisme, ce fut Pagnerre, l'éditeur de l'*Histoire de Dix Ans* de Louis Blanc, qu'il chargea de la vente de ses œuvres nouvelles, afin de leur imprimer tout de suite ainsi le caractère de publication démocratique qui devait leur assurer un accueil sympathique dans le parti aux doctrines duquel il venait de se convertir. Notre intention ne saurait être d'analyser ici le *catalogue* de la maison Pagnerre et de rappeler à nos lecteurs les titres de tous les *chefs-d'œuvre* dont elle a enrichi la littérature contemporaine. C'est comme homme politique, non comme marchand, que Pagnerre a droit à une petite mention dans l'histoire de notre temps. Notre excuse pour les détails que nous venons de rapporter, c'est qu'il y avait nécessité de dire quels étaient les antécédents de l'homme que le gouvernement provisoire se donna pour secrétaire, au lendemain du 24 février, lorsqu'il prit le parti de s'agréger Marrast et M. Flocon, qui pendant vingt-quatre heures avaient collectivement rempli les fonctions dont maintenant on investissait Pagnerre tout seul. Un tel choix ne manquait pas d'adresse : c'était donner une garantie au commerce, déjà si fort alarmé, et lui nommer en quelque sorte un défenseur officieux près du pouvoir nouveau. Il y aurait de l'injustice à vouloir rendre Pagnerre responsable des fautes commises alors; et ce serait singulièrement surfaire sa valeur réelle que de lui attribuer une part directe aux affaires. Ce n'est pas d'ailleurs que, comme tant d'autres, il ne s'exagérât beaucoup sa propre importance; et cette confiance en lui-même qui de nos jours est le propre de tous ceux qui se mêlent à la politique, à quelque titre que ce puisse être, explique comment, avec plus de patriotisme que de modestie, il put se charger alors de six places à la fois. Le petit commerce de Paris est redevable à son initiative de la création du *Comptoir national d'escompte*, institution de crédit qui a survécu aux circonstances qui l'avaient fait naître et qui rendit des services réels à un moment où les écus avaient peur et se cachaient le plus qu'ils pouvaient. Le gouvernement dota le Comptoir d'un fonds de deux millions, fourni par le trésor public; et un appel, pour ne pas dire un *ordre*, à la commandite acheva de lui procurer les capitaux nécessaires. En homme habile et prévoyant, Pagnerre s'était ménagé dans l'administration du Comptoir une douce sinécure, qui, sous le titre de *censeur*, lui aurait valu quinze mille francs de rente; les réclamations unanimes élevées dans la première assemblée générale contre ce rouage, par trop dispendieux, firent supprimer cet emploi, dont la nomination avait été laissée aux actionnaires reconnaissants.

Secrétaire du gouvernement provisoire, maire du onzième arrondissement de Paris et titulaire de quatre autres emplois non moins importants, Pagnerre trouvait encore le temps de s'occuper d'affaires de librairie. Des myriades de petits volumes sortirent en mars et avril 1848 de sa boutique pour propager l'idée républicaine dans les masses. Ce fut une affaire d'or; car, les commissaires de M. Ledru-Rollin aidant, les conseils municipaux achetèrent à l'envi ces diverses publications par milliers d'exemplaires. Dans le nombre nous nous bornerons à citer une petite brochure d'une feuille d'impression, dans laquelle M. Elias Regnault exposait avec le plus entraînant lyrisme les incommensurables bienfaits dont le gouvernement républicain devait doter le pays. Le ministre de l'intérieur, à lui seul, acheta 25,000 exemplaires de cet éloquent factum au prix fort de 50 centimes; et le patriote éditeur réalisa là seulement un bénéfice net d'au moins 10,000 francs.

Lorsqu'une *commission exécutive* remplaça le gouvernement provisoire, Pagnerre alla s'installer avec elle au Luxembourg, toujours sous le titre de *secrétaire*. Il avait en outre été élu membre de l'Assemblée nationale. On conçoit facilement que menant une existence si active, il eût besoin de quelques distractions; et l'implacable faction monarchique put seule lui faire un crime d'avoir fait alors placer dans une des pièces du logement qu'il occupait au Luxembourg un magnifique billard appartenant à M. le duc de Montpensier, et provenant de l'appartement de ce prince au château de Vincennes. Pagnerre agit sans doute en cela avec trop de sans-gêne; sa passion pour le noble jeu de billard doit lui servir d'excuse. Aussi bien, il eut à peine le temps de jouer une vingtaine de parties; et à la dernière, il fut fait *au même* et capot. Les événements de juin le condamnèrent en effet à se contenter désormais de ses simples fonctions de législateur; et le populaire, toujours ingrat de sa nature, ne jugea pas à propos de les lui continuer l'année suivante, lors des élections générales qui eurent lieu pour la Législative. Pagnerre est mort en septembre 1854, complétement oublié depuis longtemps. Il avait fallu une révolution pour en faire un personnage.

PAGODES. On appelle ainsi ceux des temples des Hindous et autres peuples de l'Asie méridionale qui sont construits en plein air, à la différence des temples taillés dans le roc vif. Ce mot vient de l'hindou *bhagavati*, c'est-à-dire maison sainte. Les pagodes appartiennent toutes aux époques les plus récentes de l'art des Hindous, quelques-unes même ont été construites de nos jours. Elles s'élèvent sur de grandes places ornées d'obélisques, de colonnes, etc., et sont construites soit en pierre, soit en bois. Les proportions en sont souvent immenses, et un luxe excessif préside à leur ornementation. Elles ont d'ordinaire la forme d'une croix dont les quatre extrémités sont égales, et sont surmontées d'un toit très-haut, en forme de tour, avec plusieurs retraites. Les plus célèbres pagodes sont celles de Bénarès, de Siam, de Pegu et de Djaggarnat dans la province d'Orissa, dans l'Inde au-delà du Gange. Les statues de dieux, auxquelles on donne également le nom de *pagodes*, et qui se trouvent en foule dans chaque pagode, sont pour la plupart en terre brunie, de formes grossières, dépourvues de toute espèce d'expression, mais richement dorées, tantôt nues et tantôt vêtues, debout ou bien assises les jambes croisées, et parfois d'une grandeur gigantesque. D'après ces images d'idoles, on a aussi nommé *pagodes* de petites figures informes, à tête et à mains articulées, qu'on trouvait exposées sur toutes les cheminées, sur toutes les consoles, à l'époque du règne du genre *rococo*.

PAGRATIDES ou BAGRADITES, célèbre maison royale d'Arménie et de Géorgie, qu'une tradition fait originaire de la Judée. Le premier roi d'Arménie de race Parthe, Valarsace (149-127 avant J.-C.), accorda au brave *Bagrad* ou *Bagarad* le droit de poser la couronne sur la tête de chaque nouveau roi d'Arménie.

Les Pagratides, ou descendants de Bagrad, embrassèrent le christianisme en même temps que Derdat ou Tiridate, vers l'an 288, et en devinrent dès lors les intrépides défenseurs contre les Parses, qui dans le courant du cinquième et du sixième siècle essayèrent à diverses reprises de ramener de vive force les Arméniens aux doctrines de Zoroastre. Plusieurs membres de cette famille furent dans la suite nommés *curopalates* par les empereurs de Constantinople, et plus tard sous-gouverneurs de provinces par les Arabes.

Le Pagratide Aschot reçut d'abord le titre de *schainschah*, ou prince des princes, et en l'an 885 le diadème royal, à la charge de payer un tribut annuel. C'est de cette année-là que date en Arménie la dynastie des Pagratides, qui régna jusqu'en 1045, à travers de nombreuses vicissitudes du sort, partageant la souveraine puissance avec les Ardsruniens. Le Pagratide Aschot, fils de Wasag, qui en 743 fut nommé par le khalife Mervan II gouverneur de l'Arménie, eut deux fils, Sempad et Wasag. Sempad succéda dans cette dignité à son père, en 758; Wasag devint roi de Géorgie. C'est de lui que descendent les Pagratides de ce pays. Les Bagradion ou Bagration de Russie se rattachent aux Bagradites.

PAGURE, genre de crustacés de l'ordre des décapodes, section des anomoures. Les pagures sont des animaux vivant dans des coquilles vides et en changeant à mesure qu'ils prennent de l'accroissement. Les femelles, qui font deux pontes par an, déposent leurs œufs dans les lieux où il s'accumule de petites coquilles vides, afin que leurs petits, aussitôt après leur naissance, puissent se choisir un gîte convenable. Les jeunes individus changent de demeure à mesure qu'ils croissent. Ce genre est assez nombreux en espèces; on en connaît plus de trente, dont quelques-unes, dit-on, sont comestibles. Voici les caractères généraux du genre : Antennes intermédiaires notablement plus courtes que les latérales, avec les deux filets courts; division antérieure du thoracide carré ou en forme de triangle renversé et curviligne; thoracide ovoïde-oblong; post-abdomen long, cylindrique, rétréci vers le bout, avec un seul rang de filets ovifères.

PAHLEN (Von der), famille établie dans les provinces russes de la Baltique, originaire suivant les uns de la Poméranie, et suivant d'autres formant une branche collatérale de la famille livonienne des *Koschkull*, qui adopta le nom de *Pahlen* au treizième siècle. Depuis que la Livonie et l'Esthonie ont été conquises par Pierre le Grand, on cite plusieurs Pahlen au service de Russie. *Pierre* Von der Pahlen, né en 1746, parvint au grade de général-major, et commandait une colonne à l'assaut d'Oczakow. Ambassadeur à Stockholm à la suite du traité de Werelœ, il fut nommé en 1795 gouverneur de la Courlande, lorsque cette province passa sous les lois de la Russie. A son avénement au trône l'empereur Paul le mit en inactivité; mais il ne tarda pas à lui rendre si complétement ses bonnes grâces, qu'il l'éleva à la dignité de comte, et qu'il le nomma gouverneur militaire de Saint-Pétersbourg. Après la disgrâce de Rostopschin, la faveur de Pahlen auprès de l'empereur fut sans bornes, et ce prince lui confia la direction des affaires étrangères. Mais comme il y avait peu à compter sur l'humeur capricieuse de Paul Ier, Pahlen, bien que comblé de bontés par l'empereur, se mit à la tête de la conspiration par suite de laquelle ce prince périt assassiné, dans la nuit du 24 mars 1801 (*voyez* Paul Ier). L'espoir qu'il avait conçu de gouverner sous le nom du jeune empereur Alexandre Ier fut déçu. Objet des défiances et de l'aversion du nouveau souverain, il donna par dépit sa démission, qui fut acceptée contre son attente, et se retira alors dans une terre aux environs de Mittau, où il passa le reste de ses jours et où il mourut, complétement oublié du monde, en 1826. Il laissait trois fils, dont l'aîné, *Pierre*, comte Von der Pahlen, né en 1775, a été de 1835 à 1841, ambassadeur de Russie à Paris; en 1847 l'empereur Nicolas l'appela aux importantes fonctions d'inspecteur général de la cavalerie russe. Le cadet, *Paul*, comte Von der Pahlen, nommé en 1828 général de cavalerie, se distingua dans la guerre de Pologne, et notamment à la tête du second corps d'infanterie, avec lequel il battit Skrzynecki à Siedlce. Il mourut en 1836. Il était le père de la comtesse Julie Samoïloff, bien connue des salons de Paris. Le plus jeune des trois frères, *Frédéric*, comte Von der Pahlen, a été longtemps envoyé de Russie à Washington et à Munich. C'est lui qui, en 1829, signa la paix d'Andrinople avec le comte Orloff.

PAIE, PAIEMENT. *Voyez* Paye et Payement.

PAÏENS. *Voyez* Paganisme.

PAILLASSE, partie la moins brillante, mais non la moins utile, d'un bon coucher; c'est, comme chacun le sait, une toile de coutil remplie de *paille*, de *paille de maïs*, d'*algues marines*, et sur laquelle sont posés les matelas du lit. Chez l'indigent, souvent elle les supplée; parfois aussi de faux indigents ont fait de leur humble paillasse un coffre-fort, plus sûr que tout autre, parce qu'il n'éveillait ni le soupçon ni la cupidité, et des sommes assez fortes qu'y avait cachées la prudence ou l'avarice y ont été trouvées par des héritiers surpris et joyeux. Le contenu d'une paillasse a besoin d'être renouvelé de temps en temps. A Paris, on avait l'habitude de brûler dans les rues cette paille avariée, ce qui avait plus d'un inconvénient; la police l'a interdit. Au reste, les paillasses, inconnues des gens riches, commencent à être détrônées par les sommiers élastiques.

PAILLASSE. On nomme ainsi ce bouffon populaire (notre *pulcinella* national), parce qu'il est toujours habillé de cette toile à carreaux dont on fait les *paillasses* de nos lits. Sa veste et son pantalon en sont formés, parfois même la sorte de tocque dont il couvre sa tête; d'autres fois, il emprunte le chapeau blanc de *Pierrot*. *Paillasse* est le comique de la parade jouée sur les tréteaux en plein vent; son *maître* n'y est que son compère, aux dépens duquel il fait rire les spectateurs, d'autant moins difficiles que le spectacle est gratuit. Veut-on un échantillon de ses grosses malices : « Monsieur, dit-il à Cassandre (le maître porte quelquefois ce nom), j'ai vu ce matin votre buste en passant dans la rue. — Où donc, Paillasse ? Chez un sculpteur ? — Non, monsieur. — Chez un mouleur ? — Vous n'y êtes pas. — Mais où donc, enfin, as-tu vu mon buste ? — Je l'ai vu... chez un charcutier. » A cette fine raillerie, comme à toutes les autres, succède toujours la phrase habituelle du maître : « Il faut convenir, Paillasse, que tu es un fameux animal..., » avec laquelle Paillasse attrape toujours quelques coups de pied dans la partie postérieure de son individu, pour la plus grande joie de l'auditoire. C'est aussi Paillasse qui, la parade terminée, annonce les prodiges que contient l'intérieur de la baraque, et invite l'honorable société à ne pas s'arrêter *aux bagatelles de la porte*.

Paillasse est aussi le *loustic* des spectacles d'acrobates, où il parodie grotesquement les sauts et les gambades des danseurs de corde; c'est cette partie de ses attributions où le funambule lui dit, après avoir exécuté son tour de force : « *A ton tour, Paillasse,* » qui a fait de ces mots une sorte de dicton ou de proverbe.

C'est aussi comme *sauteur* que Paillasse est devenu le patron de ces individus, très-communs de nos jours, toujours prêts à se retourner dans tous les sens et à faire des cabrioles en l'honneur de tous les arrivants au pouvoir ou au crédit, ces gens enfin que notre Béranger a ironiquement individualisés sous le nom générique de leur type. Ourry.

PAILLE (du grec πάλλω, je secoue), nom donné aux tiges des céréales dépouillées des grains que contient l'épi; *paille d'avoine* se dit de la balle même de l'épi de l'avoine. Les pailles de froment, d'orge, de seigle et d'avoine sont employées à des usages nombreux; mais elles servent principalement à la confection des fumiers et à la nourriture des bestiaux; celle du seigle, la moins estimée comme fourrage, s'applique dans plusieurs industries. Comme fourrage, la paille est employée entière ou hachée, seule ou mêlée au foin, au trèfle, à la luzerne, aux grains, etc., et dans ces différents états elle mérite d'être étudiée. Moins savoureuse et moins nourrissante lorsque le grain est parvenu à une maturité parfaite, elle éprouve dans sa qualité de nombreuses variations, qui dépendent de la nature du sol, de l'exposition, de la sécheresse ou de l'humidité de la saison, de l'état dans lequel elle est rentrée ou mise en meule, enfin de la variété qui la fournit : la paille de blé à chaume solide, par exemple, est bien préférable à celle des blés à chaume creux. La bonne qualité de la paille de froment se reconnaît à sa couleur dorée, à son odeur agréable, à sa saveur très-sensiblement sucrée. La paille seule offre une nourriture trop peu substantielle aux animaux qui travaillent; elle ne saurait les maintenir robustes, soit qu'on la leur présente entière ou hachée, et même les autres bestiaux, tels que les vaches et les moutons, auront toujours un aspect misérable s'ils ne reçoivent aucun autre aliment. Si, au contraire, elle est mêlée avec des fourrages substantiels, les animaux la mangent avec plaisir et s'en trouvent bien. Matthieu de Dombasle, dans son *Calendrier du Cultivateur*, donne sur l'usage de la paille hachée des conseils qui ne peuvent être assez médités. « Peut-être, dit-il, en a-t-on porté trop loin les avantages; cependant, elle en présente de réels dans quelques circonstances... Si, en place d'avoine, on veut faire consommer aux chevaux des grains beaucoup plus nutritifs, tels que des féveroles, de l'orge, du seigle, etc., il est très-avantageux de les mêler à de la paille hachée; car elle en augmente beaucoup le volume, sans y apporter une grande quantité de principes nutritifs; mais il est bon d'humecter le mélange : sans cela, les chevaux, en soufflant dans la mangeoire, sépareraient la paille et mangeraient le grain presque pur. Elle présente aussi de grands avantages lorsqu'on l'associe à des aliments très-aqueux, tels que les résidus de la distillation des pommes de terre, des grains, etc. »

Le mot *paille* est employé en sens figuré et proverbial : selon les paroles de l'Évangile, *voir une paille dans l'œil de son prochain et ne pas voir une poutre dans le sien*, signifie : remarquer jusqu'aux moindres défauts d'autrui et ne pas voir les siens propres, quelque grands qu'ils soient; *homme de paille*, homme qui prête son nom, et que l'on fait intervenir dans une affaire, quoiqu'il n'y ait pas de véritable intérêt; *rompre la paille avec quelqu'un*, cesser des relations d'amitié; *tirer à la courte paille*, tirer au sort avec des brins de paille d'une longueur inégale; *feu de paille*, passion, sentiment, affection qui ne dure pas; *être réduit à la paille, être sur la paille*, c'est-à-dire être dans la misère; *vin de paille*, vin fait avec du raisin qu'on a laissé quelque temps sur la paille.

PAILLE, point défectueux dans les métaux (*fer, acier*), où l'adhésion faible rend la fracture imminente : dans les diamants et les pierres précieuses, la paille est un point plus ou moins étendu qui en interrompt l'éclat et le brillant. Les *pailles de fer* sont des écailles minces qui se séparent du fer forgé à chaud.

PAILLE (Chapeaux de). Il y en a de plusieurs sortes : les plus simples sont ceux que les gens de la campagne forment eux-mêmes avec des bandelettes grossièrement tressées de leurs mains. Sous la Restauration, des chapeaux de paille d'une nouvelle espèce eurent une vogue extraordinaire; ils étaient formés de simples tuyaux réunis par de menus fils métalliques tordus, deux à deux, à la manière des ficelles qui servent comme de *chaîne* aux paillassons des jardiniers. Mais parmi les chapeaux de paille fine, les plus renommés nous viennent d'Italie. Les chapeaux fins se composent de tresses ou nattes formées de 7, 9, 11 et même 13 brins de paille entiers ou divisés. Les pailles les plus propres pour ces sortes d'ouvrages sont, après avoir subi quelques préparations, celles de riz, d'ivraie, de seigle. On recherche surtout celle d'une variété d'épautre, sorte de froment rouge qu'on récolte abondamment en Toscane. Les chapeaux d'Italie se confectionnent en partie dans ce pays; une autre partie est livrée au commerce en tresses. Nos modistes excellent dans l'art de faire avec ces tresses des coiffures qui se prêtent avec une grâce admirable à tous les caprices de la mode.

On imite les chapeaux de paille avec des tissus de soie grége, des nattes de lacets de coton; il fut même un temps qu'on en fit avec des lames minces de bois blanc, auxquelles on faisait subir une sorte de *gaufrage* pour leur donner l'apparence d'un composé de tresses. On fait encore des chapeaux avec des nattes de brins de bois blanc, de sparterie, d'écorces.

La fabrication des chapeaux faits de tresses se conçoit aisément; ce sont des femmes qui exercent en très-grande partie ce genre d'industrie; l'agilité, la souplesse de leurs doigts, la patience et l'attention dont elles sont naturellement susceptibles, les rendent bien plus propres à ce genre d'ouvrages que les hommes. Les principales opérations sont celles-ci : 1° On blanchit la paille en l'exposant, dans un endroit fermé, à de la vapeur de soufre; 2° on l'humecte en la plaçant entre des toiles mouillées; 3° après avoir coupé les nœuds, on divise les brins à l'aide d'une lame recourbée de canif; 4° on procède au tressage : dans cette opération, les ouvrières ont constamment les doigts mouillés; 5° d'autres ouvrières cousent les tresses ensemble, bord à bord ou à recouvrement, prenant bien soin de cacher les points de couture. Quelque bien exécutée que soit l'espèce d'étoffe qui doit former un chapeau, elle a encore besoin d'être unie et de recevoir un apprêt qui lui donne du brillant, sans lui rien faire perdre de sa consistance : on obtient ces résultats au moyen de la presse ou du repassage au fer chaud. Avant de subir l'une ou l'autre de ces opérations, on imbibe l'étoffe d'une décoction d'eau de riz, d'amidon ou de gomme arabique. Les chapeaux qu'on ne veut pas laisser avec leurs couleurs naturelles doivent être teints avant l'opération du repassage. Les chapeaux de brins de bois se fabriquent de la même manière que ceux de paille; on en fait des tresses que l'on assemble par des coutures, ou bien on les tisse à la manière des ouvrages de vannerie.

PAILLE D'ITALIE. *Voyez* PAILLE (Chapeaux de).

PAILLETTES, petits disques aplatis, percés au centre, ordinairement en or, en argent, ou en acier, dont on pare les habits. Les ornements des prêtres de plusieurs religions, les costumes des comédiens et de déguisement en sont brodés. On appelle *paillettes d'or* de petits fragments de ce métal que roulent des rivières; l'Ariége roule des paillettes d'or.

En botanique les paillettes sont des écailles membraneuses, sèches, dressées à la base d'une fleur.

Un petit insecte très-commun dans les jardins potagers reçoit le nom de *paillette*. P. GAUBERT.

PAILLIS, fumier court provenant soit des vieilles couches, soit des vieux réchauds ou sentiers de couches, soit des meules à champignons, et qu'on emploie principalement dans la culture potagère, vers la fin du printemps et pendant tout le reste de l'année, pour l'étendre sur toutes les planches en culture, afin de conserver les arrosements et d'empêcher la terre d'être battue ou de se durcir.

PAILLON. C'est le nom donné par les *joailliers* à de l'oripeau coupé de la grandeur nécessaire pour qu'on puisse le placer au fond des chatons des pierres précieuses et des cristaux ou strass.

En termes d'orféyrerie, le *paillon de soudure* est un petit morceau de métal mince servant à souder. Cette expression est commune également aux chaudronniers et autres ouvriers en métaux qui soudent certaines parties de leurs ouvrages.

PAIMBOEUF, chef-lieu d'arrondissement du département de la Loire-Inférieure, sur la rive gauche de la Loire, à 20 kilomètres de l'Océan, avec un collége, un tribunal civil, une école impériale d'hydrographie de quatrième classe, une société d'agriculture, un syndicat maritime. La population est de 4,531 habitants. Il s'y fait un commerce considérable en grains, farine, bois, beurre, volailles, porcs, conserves et endaubages pour les voyages de long cours. On y trouve des chantiers considérables de construction de gros navires, de bateaux à vapeur, et de radoub, des entrepôts de vin du pays. C'est une station de relâche pour les gros bâtiments, qui ne peuvent remonter jusqu'à Nantes; ils y déposent leur cargaison, et y font leur chargement en tout ou en partie. Des communications régulières par bateaux à vapeur existent entre Paimbœuf et Nantes. Son port est composé de deux rades. Paimbœuf n'était encore au commencement du dix-huitième siècle qu'un hameau habité par quelques pêcheurs. Il doit sa prospérité à ses relations avec Nantes.

PAIMPOL, chef-lieu de canton du département des Côtes-du-Nord, au fond d'une baie sur la mer de la Manche, en face de l'île de Bréhat, qui en est éloignée de 46 kilomètres, avec un tribunal de commerce, une école impériale d'hydrographie de quatrième classe, un établissement d'eaux minérales, des fabriques de cordages, un commerce de blé, chanvre, lin, fil, miel, cire, beurre, de salaisons. On y fait des armements pour la pêche de la morue. La population est de 2,146 habitants. C'est une assez jolie ville, située sur le penchant d'une colline schisteuse, élevée de 60 mètres au-dessus des plus hautes marées, et baignée par la mer de trois côtés, au nord, à l'est et au sud. Paimpol possède un port d'échouage, traversé, à marée basse, par un petit cours d'eau, provenant d'un étang. Son bassin peut recevoir trente navires. La ville de Paimpol fut occupée en 1590 par les Anglais, alors auxiliaires des troupes royales; trois ans après les ligueurs s'en emparèrent, malgré la garnison qu'ils y avaient laissée, et la saccagèrent.

PAIN, PANIFICATION. Dans la plupart des pays civilisés, la nourriture de l'homme se compose en grande partie de pain, que l'on prépare avec la farine de diverses variétés de céréales. Pour qu'une farine puisse fournir un pain d'une qualité convenable, il est indispensable qu'elle renferme une assez grande proportion de gluten, et le pain sera d'autant meilleur que la proportion de ce corps sera plus grande, pourvu qu'il n'ait pas éprouvé d'altération. Lorsque la pâte de farine, convenablement préparée, est abandonnée à elle-même dans des circonstances convenables, il s'y développe une fermentation alcoolique, qui donne lieu au dégagement d'une quantité de gaz acide carbonique : le gluten que renferme cette pâte, formant un réseau extensible, retient en grande partie le gaz carbonique, qui soulève ainsi la masse et la rend légère et poreuse; quand ensuite la cuisson la solidifie, cette pâte reste avec les mêmes caractères et fournit un bon pain. Quand on aurait mêlé avec de la fécule ou de l'amidon une certaine quantité de sucre et de levure dont la réaction aurait donné lieu à la formation des mêmes produits que précédemment, la pâte exposée à l'action de la chaleur ne produirait cependant pas du pain, parce que le gaz formé ne pourrait être retenu dans la masse, qui, ne renfermant pas de gluten, manquerait d'élasticité. On aurait alors une masse solide plus ou moins légère, mais qui ne serait pas criblée de pores, comme le doit être le pain. Le gluten réparti dans la farine s'imbibe d'eau, et forme une espèce de membrane qui donne à la pâte de froment l'élasticité qui la caractérise; c'est elle également qui retient les gaz que produit la fermentation.

Le gluten pur peut se conserver pendant très-longtemps; mais quand il est humide, il s'altère avec une grande facilité, et l'un des premiers caractères qu'il présente alors, c'est d'avoir perdu une partie de son élasticité : ceci explique bien la moindre qualité du pain fait avec des farines qui ont éprouvé l'action de l'humidité. La farine de froment renferme plus de gluten qu'aucune autre des céréales employées à la nourriture de l'homme : aussi fournit-elle pour cela seul un meilleur pain ; en outre, l'orge, l'avoine, contiennent quelques produits dont la saveur altère celle du pain. Lorsqu'on a mêlé de la farine de froment avec de l'eau pour former une pâte, si on abandonne celle-ci dans un lieu où la température soit de 20 à 25 degrés, on s'aperçoit bientôt qu'elle éprouve une altération ; il s'y développe une odeur alcoolique et ensuite acide ; la masse se ramollit et se gonfle plus ou moins ; si on la laissait longtemps dans les mêmes conditions, elle finirait par éprouver une décomposition putride ; mais si, lorsqu'elle est seulement gonflée et très-légèrement acide, on la délaye dans l'eau, et que l'on y ajoute de la farine de manière à en former une masse molle, la fermentation se communique à toute celle-ci, et après un certain temps elle devient susceptible de produire du pain en la portant au four. La pâte déjà fermentée porte le nom de *levain* ; suivant l'état plus ou moins avancé de fermentation qu'elle a éprouvé, elle communique plus ou moins facilement ses propriétés à la farine que l'on mêle avec elle ; mais cette action n'est pas la seule qu'il faille considérer dans la préparation du pain : pour donner une idée de la fabrication d'un produit si nécessaire, nous indiquerons rapidement la manière de le confectionner.

Un levain pris sur un travail antérieur est conservé dans un panier ou une caisse, en ayant bien soin de le recouvrir avec un sac ; s'il est jeune, c'est-à-dire nouveau, il en faut une plus grande proportion ; âgé, ou plus ancien, on en emploie une moindre quantité ; on le jette dans le pétrin ; on l'immerge immédiatement avec une quantité d'eau présumée suffisante pour la proportion de pâte que l'on veut préparer, et on l'y délaye rapidement ; on ajoute ensuite la farine, et l'on fait la pâte, que l'on remet aussitôt dans l'une des extrémités du pétrin, dans un espace que l'on détermine au moyen d'une planche : c'est ce qu'on appelle *mettre en fontaine* ; on recouvre la pâte avec un sac, et on ferme le pétrin. Au bout d'un certain temps, qui dépend d'un grand nombre de conditions, et que l'habitude fait connaître aux boulangers, on recommence une seconde opération semblable à la première, et après un temps convenable on en fait une troisième ; ensuite on tourne la pâte. Ces opérations portent le nom de *premier levain*, *levain de seconde*, et *levain de tous points* ; si elles ont été bien faites, le pain sera de bonne nature.

La pâte cuite n'aurait aucune saveur si on n'y ajoutait une certaine quantité de sel ; c'est au levain de tous points qu'on le mêle avec l'eau ; à Paris et dans diverses autres localités, on ajoute aussi de la *levure de bière*, que l'on a délayée dans l'eau : cette substance sert à accélérer la fermentation et rend la pâte plus légère. On divise la masse en pâtons d'un poids déterminé : par exemple, à Paris, pour obtenir un pain de 2 kilogrammes, on pèse 2 kilogrammes 320 grammes de pâte, à laquelle l'ouvrier donne la forme convenable en la roulant sur le couvercle du pétrin, saupoudré préalablement de farine : si le pain doit être fendu, il appuie son avant-bras sur la pâte et la jette dans un panneton ou banneton, panier en osier garni intérieurement d'une toile. On place tous les bannetons près du four, et quelque temps après on enfourne ; la pâte reçoit un apprêt et se gonfle pendant ce temps ; on dit alors qu'elle est *sur couche*. Le four chauffé convenablement, l'ouvrier ou *geindre* y introduit les pâtons, qu'il encaisse sur une pelle en bois *fleurie* avec un peu de son. Si les pains doivent être fendus en plusieurs endroits, comme les *jocos*, par exemple, on fait à la pâte placée sur la pelle diverses sections avec un couteau ; les gaz renfermés dans l'intérieur se dégagent par ce point, qui ne peut se boursoufler. Aussitôt que tous les pains ont été introduits dans le four, on en ferme l'ouverture, et après un temps déterminé par l'habitude, et en s'assurant d'ailleurs de la qualité des pains, on les retire du four.

Au moment où la pâte supporte l'action de la chaleur, les gaz déjà formés dans son intérieur, ceux que produit immédiatement l'élévation de température, et la vapeur d'eau, la tuméfient, et la quantité d'eau qu'elle dégage dépend de la température du four : s'il est très-chaud, la croûte qui se produit immédiatement offre un obstacle au dégagement de la vapeur ; s'il l'est moins, la croûte se forme plus lentement, et une plus grande proportion de vapeur se dégage ; dans tous les cas, un trop long séjour dans le four dessèche le pain.

Le *pétrissage* doit être opéré avec le plus d'exactitude possible. Il faut que la main de l'ouvrier non-seulement délaye la farine de manière qu'aucune partie n'échappe, ce qui produirait des noyaux désagréables pour le consommateur et occasionnerait une perte comme produit, mais il faut en outre qu'elle travaille la pâte pour faciliter les réactions qui doivent y survenir ; c'est pour cela que l'ouvrier la divise en un certain nombre de pâtons, sur lesquels il agit successivement en déchirant la matière avec les deux mains, la soulève, et la rejette vivement dans le pétrin à plusieurs reprises : pendant ce travail, très-pénible, les pétrisseurs font entendre de profonds gémissements, que, par l'habitude, ils font entendre aussi lors même qu'ils procèdent à des parties du travail qui exigent peu de développement de force. Il semblerait que le nom de *geindre* conviendrait à l'ouvrier qui se livre à cette partie de la fabrication ; il est cependant donné seulement à celui qui dirige le travail et se trouve chargé de l'enfournement et du défournement.

Il est facile de concevoir qu'en exerçant un travail aussi fatigant, le pétrisseur soit couvert de transpiration ; et comme cet homme, presque nu, soulève la pâte, la saisit entre les bras, l'applique sur sa poitrine, la transpiration se mêle à la pâte, et l'on a entendu des boulangers soutenir que la chaleur du corps était nécessaire pour développer le travail de la pâte. Un procédé qui travaillerait la pâte sans qu'elle fût exposée au contact du corps de l'ouvrier offrirait sous le rapport de la salubrité des conditions très-favorables : c'est ce qu'ont réalisé divers *pétrins mécaniques* successivement inventés, mais que les boulangers ont généralement repoussés sous de futiles prétextes. Les reproches faits aux pétrins mécaniques ont été fondés relativement à plusieurs d'entre eux, qui ne fournissaient pas de bons résultats ; mais des expériences faites avec un grand soin par une commission spéciale, nommée par le préfet de police à Paris, ont prouvé que plusieurs donnent d'excellents résultats quant à la qualité et à la nature du pain. Un pétrin bien confectionné doit travailler la pâte mieux que la main de l'homme, puisque celui-ci divise sa pâte en sept ou huit fractions, sur chacune desquelles il n'agit qu'une fraction de temps, tandis que le pétrin la travaille toute à la fois.

Autrefois les pétrisseurs avaient l'habitude de faire leur pâte trop dure ou roide, et de la retravailler en y ajoutant de l'eau pour la rendre plus douce, c'était ce qu'on appelait *bassinage* : la pâte en devenait beaucoup meilleure ; aujourd'hui on ne peut obtenir des garçons boulangers qu'ils travaillent de cette manière, parce que leur peine se trouve de beaucoup augmentée ; avec les pétrins mécaniques, le bassinage est très-facile. Les boulangers prétendaient que les pétrins mécaniques ne pouvaient donner d'aussi bon pain que le travail à bras, parce qu'ils introduisaient dans la pâte moins d'air que celui-ci : des expériences exactes ont prouvé que ce n'est pas l'air qui fait lever la pâte, mais bien le gaz carbonique qui se produit pendant la fermentation ; l'air ne pourrait fournir que des feuillets comme ceux qu'il donne dans la préparation des gâteaux. Dans diverses localités, où l'on emploie des pâtes très-roides, les ouvriers les travaillent avec les pieds.

Le sel que l'on ajoute à la pâte ne sert pas seulement à donner du goût au pain, il exerce encore une action en déterminant une plus grande absorption d'eau par la farine, et quelques autres sels offrent cette action à un plus haut degré, mais dans de très-petites proportions seulement ; au delà de certaines limites, ces sels empêchent la pâte de lever aussi bien. C'est de cette manière qu'agit le sulfate de cuivre, dont on a proscrit l'emploi à cause de ses propriétés vénéneuses. En augmentant la fermentation de la pâte, on la rend plus légère : c'est ce à quoi on peut parvenir en y introduisant diverses substances qui fournissent du gaz carbonique ; la meilleure de toutes est le sirop de *dextrine*, qui produit de très-bon pain, auquel il ne communique autre chose qu'une saveur un peu sucrée.

Suivant la place que la pâte occupe dans le four, elle diminue plus ou moins de poids, et les variétés observées dans un grand nombre d'expériences exactes prouvent que l'on ne peut obtenir une indication suffisamment approchée qu'en pesant une fournée entière. Des pains pris au hasard peuvent fournir des données extrêmement inexactes; mais suivant la cuisson un peu plus ou un peu moins avancée de la pâte, la différence de longueur des pains, que la mode ou le caprice modifient suivant les localités, la pâte perd plus ou moins au feu : si tous les pains d'une fournée étaient ronds, par exemple, la masse pesée fournirait à très-peu près la moyenne du rendement, sauf les différences de cuisson; mais des pains courts non fendus, des pains de même forme fendus, les pains longs, etc., perdent des quantités extrêmement différentes. H. GAULTIER DE CLAUBRY.

Le mot *pain* se trouve dans un grand nombre de locutions proverbiales : ainsi, l'on dit de quelqu'un qu'*il a mangé le pain d'un autre*, pour indiquer qu'il en a été le domestique; *mettre le pain à la main de quelqu'un* ou *lui ôter le pain de la main*, veut dire être cause de sa fortune ou de sa ruine. *Manger son pain dans la poche*, c'est manger seul ce qu'on a, n'en faire part à personne. *N'avoir ni pain ni pâte*, c'est être dans la dernière nécessité. *Avoir mangé de plus d'un pain*, c'est avoir beaucoup voyagé, avoir couru le monde. On dit d'un homme habile et intelligent qu'*il sait son pain manger*, qu'*il sait plus que son pain manger*. On dit d'une fille qu'*elle a pris* ou *emprunté un pain sur la fournée* quand elle s'est laissé séduire avant son mariage. Passer d'un état heureux à un autre qui ne l'est plus, c'est *avoir mangé son pain blanc le premier*. *Avoir du pain cuit, du pain sur la planche*, se dit de quelqu'un qui a du bien tout acquis, qui peut se passer de travailler pour vivre. *Manger son pain à la fumée du rôt*, c'est voir prendre aux autres des plaisirs auxquels on ne peut soi-même participer. *C'est du pain bien dur*, veut dire une condition pénible où la nécessité force à rester. On dit d'une disgrâce arrivée à quelqu'un qui la méritait bien, que *c'est pain bénit*. *Promettre plus de beurre que de pain*, c'est abuser quelqu'un par de vaines espérances, lui promettre plus qu'on ne peut ou qu'on ne veut tenir. *Il y a là un morceau de bon pain, un bon morceau de pain à manger*, indique un genre de travail, une entreprise qui rapportera beaucoup. *Être bon comme le bon pain*, *comme du bon pain*, c'est être extrêmement bon, d'une humeur très-douce. *Faire passer* ou *faire perdre à quelqu'un le goût du pain*, c'est le faire mourir. Le *pain du roi* se disait du pain que mangent les soldats et les prisonniers. On nomme *pain de chien* un pain grossier destiné à la nourriture des chiens.

Pain se dit aussi de plusieurs corps réduits en une masse d'une forme particulière, comme un *pain de sucre*, du *sucre en pain*, *pain de cire*, *pain de bougie*; les fromages se préparent en *pains* de diverses formes.

Le pain à cacheter est une sorte de petit pain sans levain, très-mince, coloré diversement, dont on se sert pour cacheter les lettres. On fait aussi avec de la gélatine des pains à cacheter transparents. On appelle *pain à chanter* cette même pâte blanche coupée en rond pour en faire des **hosties**, sur lesquelles se trouve empreinte la figure ou quelque autre image symbolique de Jésus-Christ. C'est celui que le prêtre consacre pendant la messe. On dit figurément le *pain des anges* ou le *pain céleste* dans l'eucharistie; la parole de Dieu est le *pain des fidèles*; le *pain de la parole de Dieu*, ou simplement le *pain de la parole*. Le *pain azyme* ou pain sans levain, ou à chanter, est celui que les Juifs mangent en faisant la Pâque.

PAIN (Arbre à). *Voyez* JAQUIER.

PAIN BÉNIT. Les Juifs offraient tous les samedis à Dieu, dans le tabernacle et le temple de Jérusalem, douze pains sans levain, qu'il n'était permis qu'aux prêtres de manger. C'était les *pains de proposition* ou *d'offrande*. Les chrétiens, dans les premiers siècles du christianisme, participaient tous dans l'église à la **communion** du pain, lors des offices divins ; dans la suite, la communion sacramentelle ayant été restreinte à ceux qui se trouvaient, par une pieuse préparation, en état de la recevoir, on conserva néanmoins l'usage de rompre le pain entre les fidèles, mais sans le consacrer autrement que par une bénédiction. Cet usage, qui remonte, dit-on, au septième siècle, s'est maintenu jusqu'à nos jours. Le pain bénit se distribue à la grand'-messe, dans nos diverses et nombreuses paroisses; ce pain se compose souvent, surtout lors des services divins commandés par les corporations en l'honneur du saint leur patron, de gâteaux dont les morceaux sont offerts non plus dans de simples corbeilles, rappelant l'humilité des premiers temps du christianisme, mais dans des corbeilles ornées avec un luxe qui ne laisse point d'être onéreux.

PAIN D'ÉPICE. Il se fait avec de la farine de seigle, du sucre, du miel, des épices et différentes substances aromatiques. Quelques fois on le recouvre de petites dragées appelées *nonpareilles*; d'autres fois on y ajoute des substances actives, qui en font un médicament. Reims est renommé pour ses pains d'épices.

PAIN DE SINGE. *Voyez* BAOBAB.

PAIN D'OISEAU. *Voyez* JOUBARBE.

PAIR, synonyme d'*égal*, de *semblable*, se dit en arithmétique des nombres qui sont exactement divisibles par 2, comme 4, 6, 20, etc. Les autres nombres entiers reçoivent, par opposition, le nom d'*impairs*. Tout nombre pair est nécessairement terminé par 0, 2, 4, 6 ou 8; tout nombre impair, par 1, 3, 5, 7 ou 9. Suivant que deux nombres sont de désignation indentique ou contraire, leur somme et leur différence sont paires ou impaires. Le produit de deux nombres impairs est impair, etc.

On nomme *pair ou non* une sorte de jeu dans lequel on donne à deviner si un nombre quelconque d'objets que l'on tient dans la main, comme des pièces de monnaie, des jetons, est pair ou impair. Il y a un autre jeu nommé *pair et impair*, qui se joue avec trois dés comme le passe-dix.

Le mot *pair*, en termes de négoce, indique l'égalité de change qui résulte de la comparaison du prix d'une espèce dans un pays, avec le prix de la même espèce dans un autre pays. Le **change** est au *pair* quand il n'y a rien à perdre ou à gagner, quand pour une somme qu'on donne en un lieu on reçoit la même somme en un autre lieu sans aucune remise. On dit de la rente qu'elle est au *pair* quand elle ne perd rien sur la place, qu'elle se vend et s'achète au prix de sa création. Être *au pair*, quand on le dit à propos d'un genre de travail dont on s'occupe, signifie qu'il ne reste rien à faire en arrière.

Traiter quelqu'un de *pair à compagnon*, ou comme s'il était notre égal, se dit en parlant d'un inférieur qui vit familièrement avec quelqu'un qui est au-dessus de lui.

PAIRE. *Voyez* COUPLE.

PAIRIES (Duchés-). *Voyez* DUC et DUCHÉ.

PAIRLE, la dernière des neuf pièces honorables en blason, se compose du **chevron** renversé et du **pal** abaissé. Sa forme est exactement celle de l'Y. LAINÉ.

PAIRS, en anglais *peers*, en latin *pares*, c'est-à-dire égaux. C'est le nom qu'on donna dès l'origine de la féodalité aux grands vassaux, parce que, conformément aux principes de l'antique droit germanique, ils étaient jugés dans toutes les matières relatives aux fiefs par leurs égaux (*pares curiæ*). Ce vasselage constituait à l'origine un état d'infériorité, parce que le vassal dès qu'il entrait dans la suite du prince renonçait à l'indépendance qui caractérisait autrefois le citoyen jouissant du plein exercice de ses droits. Mais il en fut tout autrement lorsque la féodalité, après la disparition des communes libres, arriva à son complet développement. En antagonisme avec la royauté, toujours grandissant en force et en pouvoir, il se forma parmi les belliqueux vassaux une puissante noblesse féodale, investie des droits de souveraineté dans ses territoires respectifs, où elle transporta l'image réduite de l'État en même temps qu'elle y conserva, tout au moins comme droit personnel (*pares regni*) et à titre de légitime héritière de la bourgeoisie, la liberté qui à l'origine était commune à tous. Il fut d'autant plus facile à cette noblesse immédiate de l'empire, ou noblesse de pairie, de fonder publiquement sa puissance, que lorsque la dynastie venait à s'éteindre, c'est dans son propre sein qu'on élisait les nouveaux monarques. Le développement historique de la pairie dans les divers États féodaux dépendit de celui du système nobiliaire et de la représentation nationale au moyen d'états. En Allemagne, où le mot *pairie* demeura inconnu, les grands vassaux donnèrent naissance aux *États de l'Empire*, qui, à bien dire, conservèrent leur caractère essentiel jusqu'à la dissolution du grand corps germanique, quoique les plus puissants d'entre les seigneurs territoriaux, les électeurs, eussent obtenu, aux termes de la Bulle d'Or, le droit d'élire les empereurs et eussent ainsi été légalement élevés au-dessus de leurs égaux.

En France, la cour des pairs arriva de même à constituer une cour de justice permanente, qui, comme héritière des antiques libertés nationales, non-seulement vida les différends des pairs entre eux, mais encore délibéra avec le roi sur les affaires publiques en général. Toutefois, en France, le développement de la puissance royale semble avoir tout à coup abattu la pairie, au moment où elle venait de parvenir à la souveraineté du pays. Quand Hugues Capet, duc de France, monta, en 987, sur le trône, il n'y avait que six princes ou pairs et lui qu'on considérât comme relevant immédiatement de la couronne, à savoir : les ducs de Bourgogne, d'Aquitaine et de Normandie, et les comtes de Flandre, de Toulouse et de Champagne. A ces pairs Capet ajouta l'archevêque de Reims, comme premier pair ecclésiastique, et ensuite les évêques suffragants de Laon, de Beauvais et de Noyon, dont les diocèses étaient situés dans les domaines de la couronne; et Louis VII, l'évêque de Châlons. L'ancienne pairie fonctionnait souvent comme cour de justice dans les affaires de fiefs, dans les crimes ou délits imputés aux grands et dans leurs démêlés avec la couronne; mais dès cette époque même elle n'exerçait que bien peu d'influence sur les affaires de l'État, et, sauf les pairies ecclésiastiques, elle disparut peu à peu, par suite de la réunion successive des grands fiefs à la couronne. Vers la fin du treizième siècle on constitua donc de nouvelles pairies, d'abord au profit de princes du sang royal, puis en faveur d'autres. C'est ainsi que furent créés, en 1296, le duché de Bretagne, les comtés d'Artois et d'Anjou, et en 1361 un nouveau duché de Bourgogne. Mais cette pairie perdit bientôt, elle aussi, toute son ancienne importance, par suite d'un grand changement politique. En effet, l'usage s'était depuis longtemps introduit que les plus puissants d'entre les autres barons et les autres prélats assistassent aux assemblées des états du royaume. Philippe IV, pressé par les nécessités que lui créait sa querelle avec le pape, finit, à partir de 1302, par y convoquer également les députés des villes, qui dès lors participèrent à la vie politique comme *tiers état*, et constituèrent avec les deux autres ordres ce qu'on appela les *états généraux*. A cette occasion on sépara la cour des pairs de l'assemblée des états, et on la fondit dans le suprême tribunal royal, dans le parlement de Paris, où la prépondérance exercée par les conseillers du roi eut bientôt rejeté les pairs sur l'arrière-plan, et où ils ne conservèrent non plus qu'une vaine représentation de leur antique dignité. Après la disparition de cette seconde pairie, les rois en composèrent une troisième, et généralement avec leurs favoris et leurs courtisans, mais qui dès l'origine n'eut aucune importance, toute l'activité politique des états généraux ayant été dévolue aux parlements de notables. Les priviléges de la plus haute noblesse ne consistèrent plus que dans le droit de séance à la *grand' chambre* du parlement, à avoir une juridiction particulière dans cette cour de justice, et à jouir de quelques vaines distinctions honorifiques. Les pairs prêtaient bien serment d'assister le roi de leurs bons conseils dans toutes les affaires importantes; mais Louis XIV, qui s'en souciait médiocrement, rendit, en 1665, une ordonnance aux termes de laquelle les pairs ne purent plus siéger au conseil d'État qu'en vertu d'une convocation royale. La plus ancienne des pairies de cette sorte était celle des Montmorency; elle datait de 1551. Au moment où éclata la révolution de 1789, dont le premier souffle emporta cette ombre d'institution, on comptait trente-huit pairs laïques, qui tous avaient le titre de *duc*.

En Angleterre, les conquérants normands en introduisant la féodalité donnèrent également naissance à une haute noblesse investie de droits politiques, à une pairie (*peerage*) dont il est du plus haut intérêt de suivre les développements successifs dans la vie constitutionnelle de la Grande-Bretagne jusqu'au moment où elle arrive à constituer un des pouvoirs de l'État. Cette noblesse de *lords* ou de seigneurs, qui se divisa par la suite en cinq classes, les ducs, les marquis, les comtes, ou *earls*, les vicomtes et les barons, ne parvint point, il est vrai, à exercer la souveraine puissance sur le pays, parce que dès 1290 Édouard Ier déclara que tous les possesseurs d'arrière-fiefs étaient feudataires immédiats de la couronne, en même temps que tous les fiefs étaient susceptibles d'être vendus et divisés. Mais la pairie anglaise parvint non-seulement à conserver à travers les siècles ses propriétés territoriales au moyen d'un droit civil national qui favorisait la *primogéniture* ou la transmission de tout l'héritage paternel à l'aîné des fils, mais encore à leur donner une extension inouïe. Sous la dynastie normande tous les comtes et barons étaient autorisés et même astreints à comparaître dans l'assemblée des états ou parlement, avec les lords ecclésiastiques représentant tout à la fois l'intelligence et la propriété territoriale. Mais plus tard il s'opéra une importante modification à cet état de choses, le roi s'étant attribué la prérogative de désigner les pairs par des lettres de convocation que non-seulement on arriva peu à peu à considérer comme le signe de la véritable pairie passant à la personne du fils aîné, mais comme donnant à la couronne le droit de nommer des pairs à volonté. Lorsque, vers le milieu du treizième siècle, la noblesse des comtés et la bourgeoisie des villes furent admises dans les assemblées d'états comme tiers ordre, ce qu'on appelait le *parlement* se divisa en *chambre basse*, contenant les communes (*commons*), et en *chambre haute*, contenant les pairs. Par suite des progrès de la démocratie, de la richesse et de l'importance des villes et des embarras financiers de la couronne, la pairie rencontra alors dans la chambre basse une rivale, qui modifia complétement sa situation politique. Les pairs (*peers*), qui jusque alors avaient partagé avec le roi le privilége de la puissance publique, se transformèrent en représentants de leurs intérêts personnels et purement aristocratiques : ils constituèrent dès lors un rouage tout particulier dans la machine politique, un intermédiaire entre le peuple et la couronne, ayant pour mission, disait-on, de prévenir les usurpations de l'un sur l'autre et de donner plus de stabilité à l'ordre politique. Toutefois, la pairie anglaise, quelque puissance que lui donnassent ses propriétés territoriales, ne justifia pas toujours historiquement cette théorie. La chambre haute n'empêcha point les Tudors d'exercer le plus cruel despotisme; et à l'époque de Charles Ier la pairie subit si complétement l'ascendant de la démocratie victorieuse qu'on put, sans la moindre difficulté, supprimer la chambre haute du parlement *croupion*. Cromwell tenta ensuite de constituer une nouvelle pairie avec une nouvelle chambre haute, qui ressembla plutôt à un sénat militaire, et qui lors de la restauration des Stuarts fit aussitôt place aux anciennes institutions.

Voici les principaux priviléges que la pairie anglaise est parvenue à conserver jusqu'à ce jour : Les pairs prennent place dans la chambre haute en vertu de leur titre, qui passe du père au fils aîné; mais les pairs d'Écosse et d'Irlande n'y siègent que par élection et comme représentants de leur ordre. En matières criminelles ils sont justiciables de la chambre haute, et en matières civiles ils échappent à la contrainte par corps. Les injures qu'on leur adresse (*scandala magnata*) sont l'objet d'une répression plus sévère. Ils ont le droit de demander audience au roi pour lui faire des représentations relatives à l'intérêt général. Ils ne sont pas tenus d'affirmer la vérité d'un fait par serment, on se contente de leur parole d'honneur. Indépendamment de la pairie, droit personnel et transmissible, les rois attachaient aussi autrefois à la possession de certains grands domaines cette dignité, que les filles transmettaient ainsi à leur postérité. De même la pairie fut autrefois et est encore aujourd'hui accordée par exception à des femmes, avec droit de la transmettre à leurs descendants. La modération extrême avec laquelle la couronne a toujours usé de son droit de nomination à la pairie, et cette circonstance que jamais le pouvoir n'hésita à récompenser par les honneurs de la pairie les services personnels dans les classes bourgeoises, ont certes tout autrement contribué que ses huit cents années d'existence à la considération et au respect dont la pairie continue à être l'objet. En 1738 le nombre des lords temporels d'Angleterre s'élevait à 193, dont 28 ducs, 2 marquis, 83 comtes, 15 vicomtes et 65 barons; en 1852 il était de 375, dont 22 ducs, 21 marquis, 113 comtes, 22 vicomtes et 197 barons. Cela suffit pour démontrer que, malgré la longue existence de cette institution, les familles de la pairie anglaise sont loin d'être fort anciennes. La plupart des vieilles familles s'éteignirent au milieu des luttes des maisons d'York et de Lancastre; parmi les titres actuels il en est peu qui remontent au delà du seizième et du quinzième siècle; et on n'en compte que quatre datant du treizième siècle.

L'opinion suivant laquelle la pairie anglaise est un moyen heureux de combiner les intérêts des anciens temps avec les prétentions des âges nouveaux n'a pas laissé que d'exercer une grande influence sur la rédaction des constitutions politiques de notre époque. Au début de la révolution de 1789, il y eut au sein de l'Assemblée nationale un parti qui s'efforça de faire introduire dans la nouvelle constitution que la France était appelée à se donner le principe de la pairie investie de droits politiques comme la pairie anglaise. Mais cette idée échoua contre les répugnances de la cour et de l'aristocratie, aussi bien que contre le radicalisme des masses. Ce ne fut qu'à l'époque de la restauration de la maison de Bourbon et de l'octroi de la Charte de 1814, qu'on essaya d'introduire parmi nous ce qu'il y a d'essentiel dans l'institution de la pairie anglaise. Les articles 24 à 34 de la Charte créèrent une nouvelle pairie héréditaire avec une chambre des pairs participant à la législation et fonctionnant en même temps comme cour de justice pour juger les ministres et connaître des crimes et attentats contre la sûreté de l'État. Le roi nomma deux cents pairs; mais les éléments manquaient pour constituer la pairie française tout à fait sur le modèle de la pairie anglaise. L'aristocratie des anciens temps était appauvrie, odieuse au gros de la nation, incapable et complétement éclipsée par les héros de l'époque impériale. Le gouvernement se vit dès lors dans la nécessité d'adjoindre à la pairie soit des fonctions largement rétribuées, soit des pensions accordées à un titre quelconque, et de faire dépendre son hérédité de la constitution de majorats; condition à laquelle satisfirent très-peu d'impétrants. A l'époque des cent jours Napoléon conserva l'institution de la pairie, mais il la composa de ses créatures; et à la seconde restauration les Bourbons épurèrent celle qu'ils avaient instituée l'année précédente. Il en résulta que la nouvelle pairie française n'eut jamais de véritable importance politique. C'est en vain que dans ses premières délibérations ce corps fit preuve de beaucoup plus de modération et de maturité que la chambre populaire, vendue au pouvoir; elle fut considérée par les masses, surtout après la condamnation du maréchal Ney, comme un instrument dont la cour se servait pour opprimer la nation. M. Decazes créa en 1819, d'une seule *fournée*, comme on dit alors ironiquement, plus de quatre-vingts nouveaux pairs, pour soutenir sa politique dans une chambre qui lui était devenue décidément hostile. Sous Charles X, M. de Polignac fit aussi dans le même but une *fournée* de soixante-dix pairs, parmi lesquels ne figuraient en grande partie que des noms complétement inconnus; mesure qui acheva d'enlever à ce corps le peu de considération dont il jouissait. La révolution de Juillet n'eut pas plus tôt éclaté qu'on reconnut la complète impuissance d'une institution qu'on disait destinée à protéger le trône et l'autel. La chambre des députés se saisit sans résistance du pouvoir suprême, et la chambre des pairs dut se résigner à voir annuler par elle toutes les nominations de Charles X. On essaya bien alors d'insuffler une vie nouvelle à la pairie, comme représentant l'élément de stabilité; et les doctrinaires essayèrent même de sauver le principe de l'hérédité. Mais la chambre des députés se prononça à une grande majorité pour la pairie viagère, tout en accordant exclusivement au roi, malgré les efforts du parti avancé, le droit de nomination. En outre, les séances de la chambre des pairs furent rendues publiques; et la loi traça une *foule* de catégories de mérites et de services auxquels la nouvelle dignité pouvait seulement être accordée. Cette combinaison transforma la pairie, dont le point de départ était une imitation de la pairie anglaise, en un sénat à la discrétion du roi, qui s'y assurait toujours la majorité au moyen de créations nouvelles, et qui tenait ainsi la chambre des députés en échec. Aussi l'opinion publique ne se méprit-elle jamais sur la nature véritable de cette institution qu'on prétendait avoir réformée. Que si dans l'assemblée qui siégeait au Luxembourg on comptait force ducs, marquis, comtes, vicomtes et barons, il s'y trouvait aussi des pairs dont le nom n'était précédé d'aucun titre de noblesse. Au moment où éclata la révolution de Juillet, elle se composait de trois cent cinquante-neuf pairs laïques et de vingt-et-un pairs ecclésiastiques; nombre que des démissions volontaires ou forcées réduisirent à cent quatre-vingt-onze. Avant même la promulgation de la loi du 29 décembre 1831, qui reconstitua la pairie, Louis-Philippe créa trente-six nouveaux pairs pour assurer l'adoption de cette loi par l'assemblée. En 1848 des nominations successives avaient porté à trois cents le nombre des pairs. La chambre des pairs disparut au premier souffle de la révolution de 1848.

PAIRS (Cour des). La Charte de 1814 attribuait à la chambre des pairs la connaissance des crimes de haute trahison et des attentats à la sûreté de l'État qui seraient définis par la loi, ainsi que le jugement de ses membres. Le 12 novembre 1815 la chambre des pairs était appelée pour la première fois à se réunir en cour de justice pour juger le maréchal Ney, accusé de haute trahison. Les formes de la procédure de la cour des pairs furent à cette occasion établies par une ordonnance royale; elle devait être introduite par le procureur général de la cour royale de Paris, désigné à cet effet; c'est au chancelier, ou aux pairs choisis par lui, qu'était attribué le droit d'interroger l'accusé et les témoins; les débats devaient être publics. Dans une délibération secrète, la chambre des pairs décida que les cinq huitièmes des voix seraient nécessaires pour une condamnation.

La cour des pairs se réunit pour la seconde fois le 31 janvier 1818, pour statuer sur une plainte portée contre un de ses membres.

Le 10 juillet 1819 la chambre se constitua de nouveau en cour de justice, pour statuer sur la plainte en déni de justice et actes arbitraires portée par le colonel Selves contre M. Seguier.

Le 14 février 1820 une ordonnance royale lui attribua le procès de Louvel.

Le 21 août de la même année la cour des pairs était de nouveau convoquée, pour procéder au jugement des accusés dans la conspiration militaire du 19 août, qui comptait soixante-cinq prévenus, parmi lesquels le général Merlin, les colonels Fabvier, Caron, etc.; la cour jugea dans cette affaire trente-cinq accusés, et en condamna huit à mort.

Le 21 décembre 1825 une ordonnance royale saisissait la cour des pairs du procès d'Ouvrard (affaire des marchés d'Espagne); ce fut le dernier procès jugé par la cour des pairs de la Restauration.

La Charte de 1830 ayant conservé l'institution de la cour des pairs, celle-ci s'est souvent constituée depuis lors.

Elle a procédé :

En 1830, au procès des anciens ministres de Charles X, MM. de Polignac, de Peyronnet, etc.;

Dans la même année, au procès de presse intenté à un de ses membres, M. le comte de Kergorlay;

En 1831, au jugement d'un autre de ses membres, M. Charles de Montalembert, impliqué dans un procès de presse avec MM. de La Mennais et Lacordaire.

Convoquée en 1834 pour juger les accusés d'avril, la cour des pairs procéda, en 1835 et 1836, aux longs débats de cette affaire, où parmi les accusés se trouvaient, pour la catégorie de Paris, Godefroid Cavaignac, Armand Marrast, Guinard, Recurt, etc.; et pour celle de Lyon, Marc Caussidière, Lagrange, Baune, etc. Dans cette longue session judiciaire elle jugea aussi, sous la prévention d'offenses contre elle, les défenseurs des accusés d'avril, procès qui suscita de vifs débats, et qui se termina par la condamnation de Trélat et de Michel (de Bourges).

La cour des pairs fut constituée également pendant le cours de la session en juillet 1835, pour juger Fieschi et ses complices, dont le procès eut lieu en 1836.

Dans cette même année 1836 la cour eut à juger Alibaud, à la suite de son attentat contre la vie de Louis-Philippe.

La même inculpation amena devant elle, en 1837, Meunier, Laveaux et un troisième prévenu.

En juillet 1838 une ordonnance royale lui déféra le jugement d'une brochure publiée par un des compagnons de la tentative de Louis-Bonaparte à Strasbourg, le lieutenant Armand Laity, brochure qualifiée par cette ordonnance d'attentat à la sûreté de l'État.

En 1839 la cour des pairs juge la première catégorie des accusés du 12 mai, et condamne à mort l'un des principaux d'entre eux, Barbès. En 1840 elle juge la seconde catégorie, où se trouve Blanqui.

Dans la même année 1840 la cour des pairs est appelée à juger les auteurs de la tentative bonapartiste de Boulogne, et condamne le prince Charles-Louis-Napoléon Bonaparte à l'emprisonnement perpétuel dans une forteresse du royaume. Le procès du régicide Darmès est aussi déféré à la cour des pairs dans le courant de la même année.

Appelée à la fin de 1841 à juger l'attentat de Quenisset, la cour des pairs condamne dans cette affaire Dupoty, rédacteur en chef du *Journal du Peuple*.

La cour des pairs se repose pendant quelque temps; mais en 1846 elle est appelée à statuer sur les prévenus de deux tentatives de régicide : l'une sérieuse, celle de Lecomte, terminée par une condamnation; l'autre idéale, celle d'un nommé Henry.

L'année 1847 est fatale à la cour des pairs : c'est sur ses propres membres, le général Despans Cubières et Teste, qu'elle est appelée à statuer dans une accusation de corruption de fonctionnaires, qui aboutit à une condamnation contre eux; enfin, elle est appelée à connaître de l'assassinat commis par le duc de Praslin, et l'empoisonnement de celui-ci vient seul la dessaisir de cette épouvantable affaire.

PAISIELLO (Jean), musicien célèbre, naquit à Tarente (royaume de Naples), le 9 mai 1741. Son père, vétérinaire distingué, avait rendu quelques services au roi des Deux-Siciles : ces services lui valurent de la part de ce prince une bienveillante protection. Il en profita pour faire donner à son jeune fils une éducation brillante. On le destinait alors au barreau; mais ses prodigieuses dispositions pour la musique déterminèrent sa famille à le laisser poursuivre cette carrière. Ce fut au Conservatoire de Naples, sous la direction du célèbre Durante, qu'il fit ses études musicales. A dix-huit ans il avait déjà composé des messes, des psaumes, des oratorios, du style le plus pur et le plus élevé. On possède à la Bibliothèque impériale vingt-six messes de lui, dont plusieurs sont magnifiques, et parmi lesquelles on peut citer une messe de Noël et son motet *Indicabit in nationibus*. On remarque dans ses compositions religieuses une douceur et une suavité sans exemple. Le *Replicate, pastores*, de sa messe de Noël, son *Miserere* et son *Oratorio* de la passion sont des modèles de savoir et d'inspiration.

Malgré les succès de sa musique religieuse, Paisiello se sentait entraîné vers un autre genre, plus en rapport avec ses goûts et ses dispositions naturelles. La ville de Bologne l'invita à composer quelques opéras pour le théâtre de *Marvigli*. Bientôt *Il marchese Tulipano* lui valut des bravos mondains, qui ne cessèrent de retentir à ses oreilles. Depuis ce moment, placé sur la même ligne que les premiers compositeurs, il fut circonvenu par tous les souverains de l'Europe, qui lui firent les offres les plus brillantes; mais avant d'accéder au désir de l'étranger, il voulut laisser à sa patrie le témoignage de sa reconnaissance et de son amour national : il enrichit l'Italie d'une foule d'admirables opéras. En 1776 il consentit à se rendre près de l'impératrice de Russie, Catherine II, auprès de laquelle il jouit pendant neuf années d'un traitement de 900 roubles. Là il composa deux de ses plus célèbres opéras : *La Serva padrona*, et *Il Barbiere di Siviglia*. De Saint-Pétersbourg il passa à Vienne, où il composa pour l'empereur Joseph II douze symphonies concertantes et la partition d'*Il Re Teodoro*. Ce fut dans cette superbe production qu'il offrit le premier modèle des grands morceaux d'ensemble appelés depuis *finales*. Paisiello étant retourné à Naples, le roi le combla de bienfaits et le nomma son maître de chapelle, avec un traitement de douze mille ducats. Lorsque Naples fut érigée en république, il accepta la place de *maître de musique de la nation*, titre qui lui attira la disgrâce de la famille royale lorsqu'elle revint triomphante.

Cédant aux demandes réitérées de Bonaparte, alors premier consul, qui le considérait comme le premier compositeur de son époque, Paisiello consentit à se rendre à Paris. Le gouvernement français le traita d'une manière digne de son mérite. Plusieurs places importantes lui furent proposées : il ne voulut que le titre de maître de chapelle. Il se fit remarquer dans ce poste par le choix des artistes distingués qu'il réunit, et par seize offices sacrés qu'il composa en 1803. L'Académie de Musique représenta sa *Proserpine*, qui n'eut qu'un faible succès. Il faut dire ici, pour sa justification, que le poëme était plus que médiocre. Depuis, Paisiello refusa constamment de rien entreprendre sur des paroles françaises. En 1804 il sollicita la permission de retourner en Italie. Sa santé et celle de sa femme exigeaient l'influence d'un climat plus chaud. Il fut autorisé à quitter la France; mais éloigné de sa patrie adoptive, il ne l'oublia pas, et envoya une composition sacrée pour l'anniversaire de la naissance de Napoléon. Joseph Bonaparte, arrivé au trône de Naples en 1806, confirma Paisiello dans les places qu'il occupait.

Ce grand compositeur a considérablement travaillé. Il a composé vingt-sept grands opéras, cinquante-et-un opéras bouffons, huit intermèdes et un nombre infini de cantates, d'oratorios, de messes, de motets, etc., etc. Après avoir acquis par ses travaux une fortune assez considérable, Paisiello mourut à Naples, le 5 juin 1816.

On peut dire que Paisiello fut l'inventeur du style qu'il emploie, surtout dans l'opéra bouffon. Son talent était correct et fécond; jamais artiste n'a mieux rendu les sentiments du cœur, les émotions de l'âme. Énergique, fougueux, souvent terrible dans le genre sérieux, il charme par sa naïveté, il électrise par sa franche gaieté dans les sujets comiques. Varié dans ses tours mélodieux, plein de contrastes dans les détails, il se plie sans efforts aux règles de l'art, et s'éloigne avec soin de tout excès. Il eût été peut-être à désirer qu'il se fût plus abandonné à l'élan de son génie : dans cette remarque, nous ne faisons que reproduire l'opinion même du grand compositeur sur son propre talent. On prétend qu'avant de se mettre au piano, il répétait chaque jour la prière suivante : « Sainte Vierge, obtenez-moi la grâce d'oublier que je suis musicien ! »

PAISLEY, après Glasgow, Édimbourg et Aberdeen, la ville la plus grande et la plus peuplée de l'Écosse, située dans le comté de Renfrew, sur les bords du White-Cart, et reliée tant par des canaux que par des chemins de fer à Glasgow, à Greenock, au port d'Ardrossan, etc., se compose de la vieille ville et de la ville neuve, qui est parfaitement construite, et qui comptait d'après le plus récent recensement 47,951 habitants, ou environ 60,000 en y comprenant la population des faubourgs. L'édifice le plus remarquable est la vieille église de l'Abbaye, maintenant à moitié en ruines, mais qui n'en mérite pas moins d'être visitée. Paisley possède en outre six églises presbytériennes et plusieurs autres, consacrées aux cultes dissidents, un hôtel de ville avec une tour haute de 33 mètres, trois beaux ponts, une maison de travail, une nouvelle prison, etc. C'est l'une des plus importantes villes de fabrique qu'il y ait en Écosse. Ses manufactures produisent surtout des articles de nouveautés en étoffes de soie, ou soie et coton, des mousselines, des châles et des gazes, etc. Mentionnons aussi ses tanneries, ses savonneries, ses brasseries, ses fonderies de fer, etc. Plus de 80,000 individus sont constamment employés par ces diverses industries, tant à Paisley même que dans un rayon fort peu éloigné; et on estime le produit total de leur travail à 1,500,000 liv. sterling par an. Le commerce, favorisé par la petite rivière sur laquelle la ville est bâtie, et qui est navigable jusqu'à Cart, de même que par les canaux et les chemins de fer, est également fort actif.

PAIX se dit de l'union et du calme qui règnent dans l'intérieur des États, des familles, des sociétés particulières. Il se dit aussi de l'état de calme qui règne entre deux puissances. Pour mettre fin à la g u e r r e, les parties belligérantes signent ordinairement un *traité de paix*. Ces traités prennent en général le nom de la ville où ils ont été conclus. Les principaux ont des articles particuliers dans ce livre.

Paix se dit aussi parfois en parlant des animaux : *Les chiens et les chats ne sauraient vivre en paix. Faire la paix* se dit encore en parlant de deux personnes qui étaient brouillées et qui se réconcilient. *Faire sa paix avec quelqu'un* a un sens un peu différent, et signifie l'action de rentrer dans les bonnes grâces de quelqu'un.

On appelait autrefois *paix du roi* les vingt-quatre heures de trêve que dans quelques guerres civiles les deux partis s'imposaient le jour de la fête du roi. On se sert encore en Angleterre de cette expression, *la paix du roi*, pour désigner la tranquillité intérieure dans les provinces, dans les villes : on est sévèrement puni pour troubler *la paix du roi*.

En matière de droit civil, on appelle *paix publique* le maintien de l'ordre établi par les lois, relativement à la société vue en général, et aux individus, sous le rapport de leur sûreté personnelle et de leur liberté. La loi classe les crimes et délits contre la paix publique, ainsi que les peines dont ils sont passibles.

Le mot *paix*, qui signifie aussi la *tranquillité*, le *calme intérieur de l'âme*, a un sens très-étendu dans la Sainte Écriture, où il exprime non-seulement le repos, la concorde, mais toute espèce de prospérité et de bonheur. La manière ordinaire de saluer chez les Hébreux était de dire : *La paix soit avec vous.*

Mourir en paix, c'est expirer avec le calme d'une bonne conscience, l'espoir d'un bonheur éternel. On dit figurément de quelqu'un qui porte les esprits à l'union et à la concorde, que *c'est un ange de paix*. Les chrétiens dès l'origine de l'Église se donnaient, comme symbole de concorde, le *baiser de paix*, cérémonie qui se répète encore à la grand'messe quand le célébrant et ses ministres s'embrassent. *Laisser quelqu'un en paix*, c'est ne plus l'importuner; *laisser les morts en paix*, c'est n'en point mal parler. *Ne donner ni paix ni trêve*, c'est ne pas laisser de relâche à quelqu'un, le tourmenter sans cesse. Le repos, le silence, l'éloignement du bruit ou des affaires se rendent quelquefois par le mot *paix ;* on dit ainsi : *La paix des forêts, des tombeaux, des campagnes; achever en paix sa vie, jouir en paix du fruit de ses travaux. Dieu lui fasse paix* est une locution pieuse en faveur de l'âme d'un trépassé. *Être en paix avec soi-même* indique le repos de la conscience; *être en paix et aise* est une locution proverbiale un peu vieillie, qui veut dire avoir toutes ses commodités et en jouir paisiblement. *Paix et peu* signifie avoir peu et vivre en paix : ce doit être le souhait et la devise de tout homme raisonnable. On dit poétiquement *le séjour de l'éternelle paix*, pour le lieu où vont les âmes des justes après la mort. BILLOT.

PAIX, nom donné à une petite plaque de métal ciselée, émaillée ou niellée, dont on fait encore usage maintenant dans les fêtes solennelles pendant l'*Agnus Dei*. Ce nom de *paix* lui vient de ce que, après avoir été baisée par le célébrant, l'acolyte, en la présentant à chacun des ecclésiastiques assistant au service divin, prononce les mots : *Pax tecum*. Cette cérémonie a été établie dans le cinquième siècle, par le pape Innocent Ier, en remplacement de l'usage où avaient été jusque alors les fidèles de se donner mutuellement le *baiser de paix* au moment où ils se préparaient à aller recevoir la communion.

C'est à tort que l'on a quelquefois confondu la *paix* avec la *p a t è n e*, petit plat servant au sacrifice de la messe, comme les *patères* servaient dans les sacrifices des anciens. La patène, donnée aussi à baiser pendant l'offertoire par le célébrant, ne peut être touchée que par un prêtre, un diacre ou un sous-diacre, à cause de la consécration qu'elle a reçue; les patènes d'ailleurs sont entièrement unies. Les paix des douzième, treizième et quatorzième siècles sont ordinairement couvertes d'ornements, et quelquefois de figures peintes en émail; celles du quinzième ont encore plus d'intérêt, surtout si elles sont *niellées*, puisque c'est l'art de nieller qui a donné lieu à la découverte non pas de la g r a v u r e au burin, mais de l'art de tirer épreuve de planches de métal gravées au burin (*voyez* NIELLE).

DUCHESNE aîné.

PAIX, divinité du paganisme qui était au rang des grandes déesses. Athènes la première lui éleva un autel particulier, et lui dressa des statues sous le nom d'*I r è n e*. Qui croirait que ce fut dans la cité de Romulus, incessamment dévorée de la soif des conquêtes, que la Paix fut le plus solennellement adorée? Cette divinité eut dans Rome un temple magnifique, sur la voie Sacrée, près du Capitole, et commencé, qui le croirait encore? par Claude et Agrippine, puis achevé et dédié par Vespasien. Enrichi d'une vaste bibliothèque, d'un grand nombre de tableaux, la plupart votifs, et d'objets précieux de tous les arts, et des riches et curieuses dépouilles des barbares, ce temple était un véritable musée. Les malades, les souffreteux, y venaient en foule, apportant des offrandes, implorer de la déesse la santé. Avant ce temple somptueux, la Paix n'avait eu à Rome que des autels et des statues; elle était restée en quelque sorte enfermée dans le temple de J a n u s. Cette divinité avait le sang en horreur; néanmoins, les Romains lui présentaient des offrandes vivantes, mais la victime était égorgée hors du temple, et ses cuisses seulement étaient servies sur l'autel. Un horrible incendie, sous Commode, dévora ce temple fameux, dont on voit encore les ruines non loin de l'église de Maria-Nova.

Vénus, les Grâces et les Muses sont nécessairement les compagnes de cette déesse; on la représentait berçant dans ses bras Plutus enfant. Ses attributs sont une poignée de beaux épis mûrs, qu'elle tient d'une main, et une corne d'abondance pleine de fruits et de fleurs qu'elle verse de l'autre. On lui donne aussi un flambeau ou torche renversée, emblème de la flamme incendiaire éteinte par sa présence divine, ou la haste *pure* ou lance consacrée, ou encore la massue d'Hercule, qui, purgeant la terre de ses monstres, assura le repos du monde; ou le caducée de Mercure, dont le seul aspect suspendait le carnage. Dans son autre main elle tenait le sceptre qui commande. Son attribut le plus convenable était un rameau d'olivier ou la palme de la Victoire, dont quelquefois elle porte les vastes ailes à ses épaules. Son visage, tant soit peu sévère, a l'expression d'une douce sérénité; ses draperies sont belles, riches et modestes en même temps. Sa taille est majestueuse. Quelquefois elle est figurée assise sur un siége dressé sur un trophée. Tous ces attributs sont empruntés aux médailles antiques frappées en son honneur, et dont on possède un assez grand nombre. DENNE-BARON.

PAIX (Baiser de). *Voyez* BAISER.

PAIX (Juge et Justice de). *Voyez* JUGE DE PAIX.

PAIX (Société des Amis de la). L'influence décisive que les intérêts matériels, grâce au système représentatif et à la prépondérance de plus en plus grande du tiers état, qui en a été la conséquence, sont arrivées à exercer sur la politique intérieure des États, et l'étroite solidarité que les mêmes intérêts ont amenée entre les différents peuples, solidarité telle que la moindre perturbation produite par la guerre dans leurs relations commerciales pèse aussitôt à peu près également sur tous, et doit par conséquent être évitée avec le plus grand soin: voilà en réalité ce qui depuis plus de quarante ans a préservé l'Europe d'une guerre générale. Ce résultat n'est nullement dû à la Sainte-Alliance, qui se constitua arbitrairement en 1815 la gardienne de la paix et de l'équilibre politique en Europe, qui ne fit preuve d'unité et de force que lorsqu'il s'agissait d'opprimer les faibles et d'abolir les libertés populaires, et qui se montra le plus souvent insuffisante quand il s'agit de décider des questions de suprématie et de vider amiablement les conflits survenus entre les grandes puissances elles-mêmes. Il est vrai de dire que les peuples ne jouiront qu'à moitié des bienfaits de cette paix tant qu'elle continuera à n'être qu'une *paix armée*, c'est-à-dire tant que les diverses puissances continueront à demeurer armées les unes vis-à-vis des autres, comme si la guerre était à chaque instant sur le point d'éclater. Les armées permanentes, avec les charges toujours croissantes des dépenses et des dettes publiques qu'entraîne leur entretien, épuisent les peuples, enlèvent des milliers de bras aux utiles travaux de l'industrie et de l'agriculture et sont une menace constante contre la liberté civile et contre l'esprit de progrès, lorsqu'elles ne tuent pas l'une et l'autre. La paix ne sera donc véritablement assurée, et les peuples ne pourront vraiment jouir de ses bienfaits, que lorsqu'on sera parvenu à déterminer les États civilisés à désarmer, à ne recourir sous aucun prétexte à la force des armes et à soumettre à des décisions juridiques les difficultés qui peuvent surgir entre eux (*voyez* PAIX PERPÉTUELLE). Frayer peu à peu les voies à l'obtention de ce grand résultat, tel est le but que s'est proposé la *Société des Amis de la Paix*, à la tête de laquelle se sont placés le membre du parlement anglais Cobden, le quaker américain Elihu Burritt, le Belge Ducpétiaux, etc., et qui tint sa première réunion à Bruxelles en 1848, sous le nom de *Congrès de la Paix*, sa seconde à Paris, en 1849, sa troisième à Francfort en 1850, sa quatrième à Londres en 1851, et qu'on a vue encore au commencement de 1854 s'efforcer de prévenir le conflit colossal dont l'Orient ne devait pas tarder à être le théâtre. Par la publicité donnée à ses délibérations et à ses résolutions, par les brochures qu'elle répand pour populariser ses idées (notamment le *Bond of Brotherhood* et les *Olive leases for the continent* d'Elihu Burritt), elle cherche à faire prédominer à la longue ses opinions dans les masses et à atteindre ainsi le noble but qu'elle se propose.

PAIX (Le prince de la). *Voyez* GODOY.

PAIX DE DIEU, TRÊVE DE DIEU, CONFRÉRIE DE DIEU. Lorsque la féodalité se fut étendue par toute l'Europe, chaque pays, divisé en mille petites souverainetés féodales, était hérissé de châteaux, dont les possesseurs étaient sans cesse en guerre les uns contre les autres. Cet état de choses aurait fini par ruiner l'agriculture, étouffer l'industrie et détruire la population, si le clergé n'avait trouvé moyen de remédier au mal; l'extirper entièrement n'était pas en sa puissance, comme on va le voir. En 1034 un évêque, que les chroniques ne nomment point, annonça qu'il avait reçu du ciel, d'une manière miraculeuse, l'ordre de prêcher la paix à la terre. Alors, dit le moine Glaber, des conciles s'assemblèrent dans toute la France, pour établir la paix et réformer les institutions sacrées de la foi. Dans ces divers conciles provinciaux, simultanément assemblés, et où nombre de seigneurs siégèrent avec les prélats, on fit un règlement pour la *paix de Dieu*; mais malgré l'enthousiasme avec lequel fut accueillie cette loi tutélaire, la violence qu'il s'agissait de faire aux mœurs nationales était trop grande pour que cette paix fût observée. Avec le régime féodal, la guerre privée, soit qu'on se défendît, soit qu'on voulût se venger, était une sorte d'administration de la justice, dont on ne pouvait se passer alors même qu'on en déplorait les conséquences. « Comme personne ne vous faisait droit, dit Sismondi, il fallait bien se faire droit à soi-même; comme le pouvoir législatif était anéanti, et qu'aucun pouvoir exécutif n'étendait sa protection sur les provinces, il fallait bien que celui qui éprouvait une injustice en cherchât dans ses propres forces le redressement. Aussi ce que l'évêque Girard de Cambray avait annoncé était-il arrivé, c'est que les premiers conciles pour la *paix de Dieu* n'avaient pas tant fait cesser les rapines que multiplier les parjures. »

Cependant, ceux qui avaient juré la paix étaient convenus de se rassembler au bout de cinq ans pour aviser à la rendre plus stable. Ce fut dans ce but qu'en 1041 plusieurs conciles provinciaux s'assemblèrent: le premier et le plus célèbre est celui de Tuluges, dans le diocèse d'Elne, en Roussillon. Par les canons de ce concile, il fut ordonné que pour rendre au dimanche l'honneur convenable, personne n'attaquerait son ennemi depuis l'heure de nones (neuf heures du soir) du samedi jusqu'au lundi à l'heure de prime (une heure du matin); que personne n'attaquerait en quelque manière que ce fût un moine ou un clerc marchant sans armes, ni un homme allant à l'église, ou en revenant, ou faisant route avec des femmes; que personne n'attaquerait une église ni les maisons voisines à trente pas, sous peine d'excommunication, laquelle sera au bout de trois mois convertie en anathème. Ainsi, par une heureuse innovation à la *paix de Dieu* on substituait la *trêve de Dieu*, c'est-à-dire qu'au lieu de prétendre arrêter entièrement l'essor de toutes les passions brutales, on se contenta de leur imposer une limite possible, en les soumettant aux lois de la religion, de l'humanité, de l'honneur. On dut laisser à ceux qui ne reconnaissaient pas de supérieurs l'appel à la force, puisqu'il était impossible de leur donner une autre garantie; mais on sut du moins borner dans sa durée l'exercice de ce droit terrible. D'autres conciles provinciaux se tinrent à la même époque à Auxonne, à Saint-Gilles et ailleurs pour la *trêve de Dieu*. Leurs actes ne sont pas parfaitement uniformes; mais leur principe commun était toujours de limiter le droit de guerre privée et d'interdire, sous les peines ecclésiastiques les plus sévères, même pendant les hostilités, les actes contraires au droit des gens et à l'humanité.

Douze ans plus tard, la *trêve de Dieu* fut étendue même pour les gens de guerre du mercredi au soir jusqu'au lundi matin, et l'on défendit de rien ravir par force pendant ce temps-là, de tirer vengeance d'aucune injure et d'exiger le gage d'une caution. Il fut ordonné que quiconque contreviendrait à ces dispositions payerait la composition fixée par les lois comme ayant mérité la mort, ou serait excommunié et banni du pays. On comprit enfin dans la *trêve de Dieu* des époques entières, comme depuis le premier dimanche de l'Avent jusqu'à l'Épiphanie (du 29 novembre au 6 janvier). On a considéré avec raison la *trêve de Dieu* comme la plus glorieuse des entreprises du clergé, celle qui contribua le plus à adoucir les mœurs, à développer des sentiments de bienveillance mutuelle entre les hommes, à faire jouir les populations asservies à la glèbe féodale d'autant de sécurité et de bonheur qu'en pouvait admettre alors l'état de la société. Nulle législation en effet ne fut plus protectrice pour l'agriculture. Il ne fut plus permis de tuer, de blesser ou de *débiliter* les paysans, ni de les arrêter, si ce n'est pour leurs fautes personnelles et selon le droit des justices seigneuriales alors établies. Les outils du labourage, le bétail, les plantations, furent mis sous la protection de la *trêve de Dieu*. Autant les seigneurs féodaux cherchaient à restreindre cette législation, autant le clergé mit de zèle à la propager et à en étendre les dispositions. Le roi de France Henri Ier refusa d'admettre la *trêve de Dieu* dans les pays immédiatement soumis à son autorité. Ce faible monarque, incapable de protéger ses sujets et de se protéger lui-même, s'y opposa, comme à une usurpation de ses droits. Son successeur Philippe Ier, que le pape Grégoire VII accusait dans ses lettres de détrousser les marchands de ses domaines, ne paraît pas avoir été non plus un bien chaud partisan de la *trêve de Dieu*. Le mérite d'apprécier cette belle institution, la gloire de la protéger étaient réservés au fils de l'indolent Philippe, à ce Louis le Gros, qui savait pourtant assez bien faire la guerre à ses vassaux rebelles. Peu à peu, la *trêve de Dieu* fut adoptée en France et en Angleterre; elle avait été confirmée par le pape Urbain II au concile de Clermont, en 1095.

Les plus zélés prédicateurs de la *trêve de Dieu* furent saint Odilon, abbé de Cluny, et le bienheureux Richard, abbé de Vannes. Enfin, pour que rien ne manquât à cette institution, on prétendit qu'une maladie nouvelle, appelée le *mal sacré* (1066), s'était attachée aux réfractaires.

La *trêve de Dieu*, trop souvent violée, fut remplacée sous Philippe-Auguste, en 1183, par la *confrérie de Dieu*, destinée à s'armer contre ceux qui s'armaient. Mais l'enthousiasme des croisades, en délivrant la France d'une foule de seigneurs et de chevaliers qui ne vivaient que par la guerre, contribua bien plus à diminuer le fléau des guerres privées. ... Charles Du Rozom.

PAIX DE RELIGION. Quoique Charles-Quint inclinât à employer les moyens de la violence pour en finir avec la réformation et les troubles religieux en Allemagne, la ligue conclue à Torgau en 1526, la fermeté des princes protestants de l'Empire réunis à Spire, et la formation de la ligue de Schmalkade en 1531, jointes à l'irruption des Turcs en Hongrie, au renouvellement des hostilités avec la France et aux démêlés de l'empereur avec le pape, l'empêchèrent de rien tenter de décisif. Des négociations entamées avec les protestants amenèrent la conclusion de la paix de religion de Nuremberg de 1532, signée par les protestants le 23 juillet, et confirmée le 2 août suivant à Ratisbonne par l'empereur. Cette paix ne donna aux protestants que ce qu'ils possédaient déjà, sans plus de sécurité que par le passé; tandis qu'elle valut à l'empereur tout ce qu'il désirait, à savoir la certitude de ne point être attaqué. Loin de renoncer à ses projets, l'empereur ne faisait qu'en retarder l'exécution; aussi la paix de Nuremberg fut-elle renouvelée à six reprises successives dans l'intervalle de 1534 à 1545. La prompte paix que Charles-Quint conclut en 1544 à Crespy avec la France, la dissolution du concile de Trente et la diète tenue à Worms (1545) annoncèrent enfin aux protestants que le moment de leur porter un coup décisif était venu, surtout par suite de leur refus opiniâtre de reconnaître l'autorité du concile de Trente, et en raison de ce que le pape promettait son appui à l'empereur. Tandis que les princes protestants continuaient à être en proie à l'irrésolution et à la discorde, Charles-Quint recommença énergiquement la lutte; et il serait peut-être parvenu cette fois à extirper complétement le protestantisme, s'il n'avait pas rencontré un redoutable adversaire dans l'électeur Maurice de Saxe (*voyez* ALLEMAGNE). Au congrès de Passau Maurice réclama la liberté absolue de religion pour les protestants, la mise en liberté de l'électeur Philippe de Hesse, ainsi que le redressement de tous les griefs élevés contre le gouvernement de l'Empire; et Charles-Quint se vit contraint d'accepter par le traité conclu à Passau, le 31 juillet 1552, ces conditions, si pénibles pour lui. Quoique le redressement des griefs relatifs à la violation de la constitution de l'Empire et la discussion des affaires de religion fussent renvoyés à la diète qui devait se tenir dans six mois, il avait été stipulé qu'une paix complète existerait à partir de ce moment entre les princes protestants et catholiques, et ne pourrait être violée sous aucun prétexte par l'une ou l'autre des parties. Dans un traité accessoire il fut en outre convenu que la paix serait maintenue quand bien même la diète prochaine resterait sans résultat; qu'en conséquence la chambre impériale non-seulement rendrait égale justice à tous les partis religieux, mais encore admettrait dans son sein des membres de la confession d'Augsbourg. Cependant, la diète ne put se réunir à l'époque qui avait été fixée, d'une part à cause des troubles provoqués par le margrave Albert dans l'Empire, et de l'autre à cause de la guerre avec la France; et par suite de l'attitude équivoque de l'empereur, les protestants, surtout après la mort de l'électeur de Saxe, flottèrent entre la crainte et l'espérance. Enfin, la *paix de religion* d'Augsbourg fut conclue le 26 septembre 1555, dans la diète tenue à Augsbourg, après avoir été rédigée en projet par un comité choisi dans le collége des électeurs et dans celui des princes. Elle stipulait qu'à l'avenir aucun État de l'Empire ne pourrait être molesté pour fait de religion et d'affaires de culte, qu'on emploierait des moyens pacifiques et chrétiens pour mettre un terme à toutes les dissensions religieuses; que la juridiction ecclésiastique serait sans pouvoirs à l'égard des protestants; de leurs dogmes et de leur culte; que chacun serait libre de quitter un pays pour motifs de conscience et d'aller s'établir dans un autre; enfin, que cette paix serait irrévocable et inviolable, encore bien qu'on eût échoné dans les efforts faits pour amener un compromis entre les deux opinions religieuses en présence. Deux points seulement donnèrent lieu à de longues et de vives discussions. Les protestants exigeaient en effet que les princes ecclésiastiques eussent, eux aussi, le *droit d'embrasser le protestantisme*; les catholiques, au contraire, voulaient que tout prêtre qui embrasserait la foi protestante encourût par cela seul la perte de ses bénéfices et de ses charges. Ce point, que les catholiques se réservèrent comme privilége, fut ce qu'on appela la réserve ecclésiastique (*reservatum ecclesiasticum*). Le second point avait trait à la question de savoir si les nobles, les villes et les communes qui avaient embrassé le protestantisme et qui étaient soumis à la souveraineté des princes catholiques, seraient admis au bénéfice de la paix de religion. L'empereur Ferdinand décida qu'ils ne seraient violentés ni dans leur foi ni dans leur culte, et qu'on les laisserait en paix, jusqu'à la conclusion d'un compromis chrétien entre les religions en présence. Les deux points en litige une fois vidés, la paix de religion conclue le 26 septembre fut publiée avec le recez de l'Empire. On omit la seule base possible d'une véritable paix de religion, à savoir la proclamation solennelle de la liberté de conscience. Entre autre, l'église réformée avait été exclue de cette paix de religion, et ce fut la paix de Westphalie seulement qui lui accorda les mêmes droits qu'aux protestants.

PAIXHANS (HENRI-JOSEPH), général de division d'artillerie, député, etc., né le 22 janvier 1783, entra à l'École d'Application en 1803. Il était capitaine en 1814, lieutenant-colonel en 1825, colonel après le révolution de Juillet, maréchal de camp en 1840, et lieutenant général en 1845. Député de Metz en 1830, il continua de siéger à la chambre jusqu'à la révolution de 1848. En 1830 il proposa un amendement au projet de loi concernant la réélection des députés promus à des fonctions publiques. A la session de 1832 il parla sur le monument de la Bastille, sur les pensions des vainqueurs de la Bastille, sur l'état des officiers, sur l'établissement d'un arsenal et d'une école d'artillerie à Lyon. L'année suivante il fit le rapport du projet de loi qui fixait l'état des officiers, et le rapport d'un projet de loi relatif au crédit nécessaire pour l'augmentation de l'effectif de l'armée. En 1834 il fit encore un rapport sur le projet de loi relatif aux travaux du port de Boulogne. Il parla sur les fusils, les fortifications et les places fortes. Les servitudes militaires lui inspirèrent une proposition. En 1835 il fit des discours sur la dotation de la reine des Belges et sur l'amélioration de la navigation intérieure. L'année suivante il traita la question des chemins de fer au point de vue de la défense du territoire. En 1837 il appuya la demande des crédits destinés à l'amélioration des ports militaires, et soutint que Paris devait être fortifié, opinion qu'il défendit avec plus de vigueur encore en 1840; aussi fit-il partie de la commission chargée de diriger les travaux de défense de la capitale lorsque les fortifications de Paris furent décidées. La même année 1840, il monta à la tribune pour soutenir l'extension du droit de propriété des ouvrages de littérature, d'art et de sciences. Il entra ensuite au comité de l'artillerie. Traitant le plus souvent des questions qui regardaient l'armée ou les travaux publics à la chambre, il fut aussi l'auteur d'une proposition sur l'inspection, la marque et le contrôle des produits nationaux destinés au commerce intérieur ou extérieur. Enfin, en 1846, il traita la question des fortifications des ports militaires et celle de l'armement des fortifications de Paris. La révolution de 1848 l'enleva à la vie politique; il se retira dans sa propriété de Jouy-aux-Arches, près de Metz, où il mourut, le 19 août 1854. Ses travaux et ses découvertes en matières d'armes et de projectiles ont répandu sa réputation dans le monde entier. C'est à lui que la marine doit ces énormes canons qui portent son nom (*voyez* ARTILLERIE). Il s'était aussi beaucoup occupé des moyens de rendre les bâtiments capables de résister au choc des boulets, et dans un de ses ouvrages, publié en 1825, spécifiant les données générales d'une batterie flottante, il indiquait déjà pour l'épaisseur des plaques de fer à employer précisément celle dont on se servit dans les bâtiments de ce genre qui se présentèrent devant Kinburn en 1855, et qui résistèrent sans peine aux boulets de 24 de la forteresse russe. L. LOUVET.

PAIX PERPÉTUELLE. On entend par là l'état de l'humanité où ce ne sera plus la force mais la justice qui dominera parmi les peuples, où les différends qui pourront surgir entre eux ne se régleront plus par la guerre ou par des menaces diplomatiques, mais suivant des notions de droit et d'équité. La paix perpétuelle est l'idée de l'existence parmi les hommes d'un ordre légal et moral constamment valable et obligatoire en pratique. Pour établir et garantir un tel ordre de choses, il faudrait que tous les États fussent d'accord sur son principe et sur son but, et qu'à cet égard ils reconnussent la souveraineté d'un pouvoir législatif et exécutif mû seulement par les motifs les plus généreux et les plus chevaleresques, ou bien, comme le disait Kant dans son *Essai de Paix perpétuelle* (Kœnigsberg, 1796), livre ingénieux et mêlé d'une certaine ironie, dans lequel il expose les conditions auxquelles on pourrait espérer l'établissement de la paix universelle parmi les hommes, il faudrait, disons-nous, que le droit des peuples eût pour base un fédéralisme d'États indépendants. Ceci mène à une union de tous les peuples, à une confédération générale d'États, à un État cosmopolite, avec un tribunal des peuples ayant mission de maintenir la paix universelle dans le monde. En présence des horreurs et des dévastations de la guerre, une pareille idée a quelque chose qui charme et qui console, quoiqu'au fond elle ne signifie autre chose que la renonciation à l'emploi des moyens de la force brutale, et que la reconnaissance entre les États d'une législation telle qu'il en doit exister dans chaque État en particulier afin que les décisions du juge rendent inutile et impossible le recours à la violence pour se faire justice soi-même. Néanmoins, c'est là une pensée qui appartient essentiellement à un état de civilisation et de moralité si avancées et si universelles qu'il est difficile qu'elle puisse jamais se réaliser. Toutes les tentatives faites jusqu'à ce jour dans ce but ont échoué. On prétend que Henri IV avait songé à transformer l'Europe en une confédération composée de quatorze États à peu près égaux, régis par un congrès permanent. Ce que Sully nous en apprend dans ses Mémoires suggéra à l'abbé Castel de Saint-Pierre l'idée de son *Projet de rendre la paix perpétuelle en Europe* (3 vol., Paris, 1716; abrégé dans le premier volume de ses *Ouvrages de Politique*; Paris, 1733), livre dont on parle beaucoup, sans qu'on se soit beaucoup soucié jusque ici de suivre les conseils qu'il renferme. La Sainte-Alliance, qui se constitua après la chute de Napoléon, fut aussi une espèce de confédération d'États ayant pour but de prévenir le retour de la guerre; et de nos jours nous avons vu aussi la *Société des Amis de la Paix* tâcher d'influer dans le même sens sur l'opinion publique. En 1856 le congrès de Paris émit le vœu qu'à l'avenir aucune puissance n'en appelât aux armes sans avoir soumis son différend avec une autre nation à un arbitre désintéressé. Mais tant que la maxime *Si vis pacem, para bellum* (si vous voulez la paix, préparez vous à la guerre) prévaudra dans la politique pratique, maxime dont nos immenses armées permanentes actuelles sont le commentaire, la formule qui se rencontre dans la plupart des traités « Qu'il y aura paix et amitié perpétuelles entre les hautes parties contractantes, » ne sera que ce qu'elle a été jusque ici, un vain mot.

PAJOL (CLAUDE-PIERRE), lieutenant général, pair de France, etc., né à Besançon, le 3 février 1772, d'un avocat au parlement, partit comme volontaire à l'appel de la révolution. Grenadier et sergent major au 1er bataillon du Doubs en 1791, il passa sous-lieutenant au régiment de Saintonge, fut fait lieutenant à Valmy, capitaine à Francfort, et attaché comme aide de camp, en 1794, à Kleber, qui le chargea de porter à Paris trente-six drapeaux pris à l'ennemi. Chef d'escadron à Altenkirchen, il ne put suivre son général en Égypte, et passa sous les ordres de Hoche, puis de Masséna, qui le proclama colonel le 21 juin 1799. Il fit ensuite la campagne d'Italie, et protégea la retraite des Français à Novi; puis il retourna sur le Rhin. Sa conduite aux batailles de Neubourg et de Hohenlinden lui valut un sabre d'honneur. Devenu général de brigade après la campagne d'Austerlitz, il reçut la décoration de commandant de la Légion d'Honneur à Eckmuhl, et se distingua encore à Wagram. Placé en 1812 à l'avant-garde du premier corps d'armée, son habileté lui valut le grade de général de division, le 7 août. A la bataille de la Moskowa, il contribua à décider la victoire. Le surlendemain il eut le bras droit cassé d'un coup de feu, ce qui ne l'empêcha pas de suivre l'ennemi jusqu'à Moscou. Ses conseils furent utiles dans la retraite. A peine guéri, Pajol se trouva, en 1813, à Lutzen, à Bautzen, à Leipzig, où il fut grièvement blessé. Quelques mois plus tard il défendait le sol de la France, et contribua notamment au succès de l'affaire de Montereau. Cependant Paris se rendit aux alliés. Le 21 mars 1815 Pajol se ralliait au gouvernement de l'empereur, de retour à Paris. Le 15 juin il s'emparait de Charleroy, le 16 il combattait à Fleurus, le 17 il enlevait à l'arrière-garde des Prussiens dix pièces de canon. Waterloo n'abattit pas son courage; sous Paris il refusait encore d'adhérer à la capitulation. Il suivit cependant l'armée derrière la Loire, et après le licenciement Pajol prit sa retraite, le 7 août. La révolution de Juillet le trouva prêt; le 29 il se mêlait à l'insurrection. Chargé de l'expédition de Rambouillet, il détermina la retraite de Charles X. A son retour, il prit le commandement de la 1re division militaire, reçut le grand-cordon de la Légion d'Honneur, qu'il tenait déjà de l'empereur, et le siége que Napoléon lui avait aussi donné dans les cent jours à la chambre des pairs lui fut rendu le 19 novembre 1831. Bientôt il eut à combattre l'émeute pour maintenir le gouvernement sorti des barricades. Plus d'une fois il dut payer de sa personne. Le 29 octobre 1842 une ordonnance royale, motivée sur l'âge du général, le mit en disponibilité et lui donna un successeur. Il refusa la place de gouverneur du Louvre et d'aide de camp du roi, et rentra dans la vie privée. En sortant d'un bal des Tuileries, dans la nuit du 17 au 18 février 1844, il fit une chute dans l'escalier du château et se déboita le col du fémur. Il mourut à Paris, des suites de cette blessure, le 19 mars 1844.

L. Louvet.

PAJOU (Augustin), né à Paris, en 1730, d'un compagnon sculpteur, est parvenu à être l'un des statuaires les plus célèbres du siècle dernier. Un goût déterminé pour la sculpture se manifesta dès l'enfance chez lui. Lemoine le reçut au nombre de ses élèves, à l'âge de quatorze ans. Au bout de quatre années d'études, il remporta le grand prix. Suivant l'usage de l'époque, il résida trois ans à Paris à la pension du roi avant de passer à celle de Rome, où les élèves pensionnaires restaient quatre ans. Arrivé dans cette capitale, notre jeune artiste sentit qu'il fallait remédier à l'éducation peu soignée qu'il avait reçue de ses parents; il partagea donc son temps entre l'étude de l'antiquité pour se perfectionner dans la sculpture et celle des lettres pour orner son esprit. Cependant, si on analyse ses ouvrages en sculpture, on s'apercevra qu'il préféra l'étude de Michel-Ange et du Bernin aux belles statues antiques. Pajou, de retour à Paris, se présenta à l'Académie royale de Peinture et de Sculpture, et fut reçu sur une statue en marbre représentant *Pluton qui tient Cerbère enchaîné à la porte des enfers*. Il fut ensuite employé à la décoration intérieure et extérieure du Palais-Royal, à celle de l'opéra de Versailles, du palais Bourbon, du Palais-de-Justice à Paris, et de l'église Sainte-Croix d'Orléans; il fit également un *Saint François de Sales* pour l'église Saint-Roch, et un *Saint Augustin* pour les religieux augustins réformés de la place des Victoires. Louis XVI lui commanda pour le Jardin des Plantes la statue pédestre en marbre du comte de Buffon. Il montra plus de talent dans les statues de *Turenne*, de *Pascal* et de *Bossuet*, qu'il a faites pour l'Institut, où elles sont placées dans la salle des séances publiques : celle de Bossuet est considérée comme un chef-d'œuvre. On admire encore de Pajou la statue de *Psyché abandonnée par l'Amour*, que l'on voit dans la galerie du Louvre. Après avoir fait une fort belle statue de *Démosthène* pour le Palais du Sénat, il mourut, en 1808, des suites d'une paralysie.

En mourant, il laissait un fils, *Jacques-Augustin* Pajou, peintre d'histoire distingué, né à Paris, en 1766, qui mourut en 1820, de la même maladie que son père. Élève de Vincent, Pajou fils fit successivement paraître aux expositions *Œdipe maudissant Polynice* (1804); *Rodogune* (1810), tableau rempli d'expression; le *Retour en France de Louis XVIII* (1814). Mais le tableau où il montra un grand talent dans l'art d'exprimer la douleur est celui qu'il exposa en 1817, représentant *Marie-Antoinette emmenée de la prison du Temple pour être transférée à la Conciergerie*. Ce bel ouvrage est exposé à la Conciergerie, dans la chambre même qu'avait occupée cette princesse. Pajou fils a peint un grand nombre de portraits, qui lui font honneur.

Alexandre Lenoir.

PAL (du latin *palus*), dans sa signification primitive, est une pièce de bois assez longue et taillée en pointe, un pieu, un poteau, un échalas.

Quant au supplice du *pal* ou de l'*empalement*, c'est un des plus cruels qu'ait imaginés la méchanceté humaine. Il a été en usage chez presque tous les peuples de l'antiquité, particulièrement chez les Romains. Néron l'employait volontiers pour torturer les chrétiens. On inflige encore aujourd'hui le *pal* chez la plupart des peuples de l'Orient. En Turquie, on a toujours empalé les assassins et les blasphémateurs. Ce supplice s'exécute en faisant entrer une broche de bois par le fondement. Pour empaler le condamné, on le couche ventre à terre, les mains liées sur le dos; on lui endosse un bât d'âne, sur lequel s'assied un valet du bourreau, afin de l'empêcher de bouger; un autre lui tient le visage contre terre avec les deux mains, qu'il lui appuie fortement sur le cou; un troisième lui enfonce le *pal*, c'est-à-dire une espèce de pieu, dans le fondement, après y avoir introduit de la graisse, et en avoir autant que possible élargi l'orifice. Ce pieu est taillé en pointe, mais un peu arrondi par le bout; il le pousse aussi avant qu'il le peut avec les mains; ensuite un quatrième bourreau chasse le pal avec un maillet de manière à refouler les entrailles; enfin, on plante le pal tout droit, on l'assujettit en terre; puis on laisse ainsi mourir le patient. Le poids du corps fait toujours entrer davantage le pal, qui finit par sortir sous l'aisselle ou par la poitrine. Dans cet état, la mort se fait souvent attendre un jour entier; et la malheureuse victime souffre, dit-on, beaucoup plus de la soif que de ses autres tortures.

Quelques empereurs turcs se sont donné le plaisir de faire empaler leurs victimes avec des broches rougies au feu; et c'est ici le cas de dire avec Montesquieu : « Lorsque nous lisons dans les histoires les excès de la justice atroce des sultans, nous sentons avec une espèce de douleur les maux de la nature humaine. » Dans la Perse, cette terre classique de la cruauté, le supplice du pal est en pleine vigueur; et même avec des raffinements qui le rendent encore plus barbare. L'amputation du nez, des oreilles et de la langue, voire même des mains et des pieds, est souvent le commencement du supplice réservé à celui qu'on empale. A Siam, les assassins sont empalés. Avant la conquête de Saint-Domingue, les naturels du pays, si doux, avaient une pénalité bien atroce : on était empalé pour le larcin. En Russie, jusqu'au siècle dernier, le supplice du pal était en usage; mais on empalait par les côtés : au moins là il n'y avait que du sang. L'impératrice Élisabeth supprima ce supplice.

Charles Du Rozoir.

PAL (*Blason*). Le *pal*, qui tient le troisième rang parmi les pièces honorables, occupe perpendiculairement le milieu de l'écu. Quand il y a plus de trois pals, ils prennent le nom de *vergettes*. Indépendamment des qualificatifs qui lui sont communs avec d'autres pièces, il en a de particuliers, comme pal *adextré*, *aiguisé*, *comété*, *coupé*, *fiché*, *flamboyant*, *maçonné*, etc. Ces termes expriment des figures semblables, qui ne changent de nom qu'à raison de la position ou d'une légère différence. Effilé à sa partie supérieure, le pal est *aiguisé*; à sa partie inférieure, il est *fiché*. Si l'effilement est onduleux en haut, c'est *flamboyant*; en bas, c'est *comété*. Il se rencontre aussi, mais très-rarement, des pals-bandés, des pals-barres, des pals-fasces, des pals-chevrons.

Lainé.

PALACKY (François), historien bohême de mérite, est né le 14 juin 1798, à Hodslawitz, en Moravie. Dès 1829 il avait été récompensé par les fonctions d'historiographe des états de la Bohême du zèle et de l'intelligence qu'il avait apportés à faire, dans diverses bibliothèques et archives de Bohême, des recherches relatives à l'histoire et aux antiquités de ce pays. Les états lui confièrent bientôt le soin d'écrire une *Histoire générale de la Bohême*, et firent imprimer à leurs frais cet ouvrage, qui obtint un grand succès, et où il s'efforçait de signaler l'antagonisme existant en Bohême entre l'élément allemand et l'élément slave, de beaucoup le plus nombreux suivant l'auteur; donnée que les savants allemands combattirent avec vivacité. La manière dont il parla de Jean Huss dans le troisième volume de son *Histoire*, publié en 1845, lui attira aussi beaucoup de critiques de la part des catholiques. A l'époque de l'agitation politique de 1848, il fut élu membre du conseil du gouvernement de la Bohême; il devint ensuite l'un des meneurs du congrès slave, et finit par être le chef du parti slave à la diète de Kremsir. Après la dissolution de cette assemblée, Palacky reprit ses travaux d'érudition; et il achève en ce moment son *Histoire de Bohême*.

PALADIN. Ce mot vient de *palatinus*. Les *palatini*,

proprement les commensaux et officiers du palais, étaient en général les grands, les personnages éminents en dignité (*voyez.* PALATIN). Dans la langue romane, on se servit d'abord du mot *palasin* : ainsi, l'auteur du roman de *Garin le Loherenc* dit, à propos du duc Hervis, dont les Hongres assiégèrent la ville de Metz :

Metz ont assise, qui fu au duc Hervi,
Dont grand despit en vint au *palasin*.

Ce terme s'appliquait également aux femmes, comme dans le *Roman de la Rose* :

Ces empereris, ces duchesses,
Ces roynes et ces comtesses,
Ces hautes dames *palasines*.

De *palasin* et *palatinus*, on a fait ensuite *paladin* et *paladinus*. Les paladins par excellence sont les Roland, les Renaud, les Olivier, les Oger le Danois. Au mot *paladin* s'attache l'idée d'une bravoure à toute épreuve, d'une loyauté irréprochable, d'une générosité sans bornes : ce sont les vertus chevaleresques portées au plus haut degré. Un *paladin* serait aujourd'hui une dupe incomprise et parfaitement ridicule : ces qualités chimériques sont en effet hors de saison, puisque le monde n'est plus qu'une vaste usine mise en mouvement par la vapeur, sillonnée par des chemins de fer, et où s'agitent une multitude d'industriels, qui n'attendent, ne désirent, ne veulent qu'une chose, gagner chaque jour plus d'argent.

DE REIFFENBERG

PALÆONTOLOGIE. *Voyez* PALÉONTOLOGIE.

PALÆOTHÉRIUM (de παλαιός, ancien, et θηρίον, animal), genre de pachydermes fossiles, que Cuvier place entre les rhinocéros et les tapirs. Par leurs molaires, les palæothériums se rapprochent des premiers de ces animaux, tandis que leurs incisives et leurs canines sont disposées comme celles des seconds. Les palæothériums offrent à chaque pied, comme les rhinocéros, trois doigts, terminés par un sabot. Cuvier en distingue sept espèces, dont la plus grande, le *palæotherium magnum*, est de la taille d'un cheval, mais plus trapu. La plus petite, le *palæotherium minus*, est tout au plus comparable à notre chevreuil. Suivant de Blainville, ces sept espèces devraient être réduites à deux. Ce dernier savant réunit les lophiodons aux palæothériums, et en rapproche les anthracothériums. On a trouvé des palæothériums dans diverses localités; on les rencontre dans le terrain tertiaire, moyen et inférieur de plusieurs contrées de la France, et principalement dans les plâtrières des environs de Paris.

PALAFOX Y MELZI (*Don* JOSE DE), duc DE SARAGOSSE, naquit en 1780, d'une famille noble de l'Aragon. Lorsque Ferdinand VII, qu'il suivit à Bayonne, fut emprisonné, il se réfugia à Saragosse, où il fit tous ses efforts pour organiser une résistance vigoureuse aux progrès de l'invasion française en Aragon. Le 31 mai 1808 il déclara que Napoléon, tous les membres de sa famille, chaque général et chaque officier français répondaient personnellement de la sûreté de Ferdinand VII, de son frère et de son oncle. Il acquit une gloire immortelle lors du siége de Saragosse. Fait prisonnier, il fut transporté en France, d'où il ne put rentrer dans sa patrie qu'à la suite du traité de Valençay, le 11 décembre 1813. Il reçut ensuite de Ferdinand VII la mission d'aller annoncer à la régence d'Espagne sa prochaine arrivée. Lors de la dissolution des cortès, il se déclara en faveur du pouvoir absolu, fut nommé capitaine général de l'Aragon, et comprima énergiquement les mouvements anarchiques qui éclatèrent alors à Saragosse et sur d'autres points encore. De 1820 à 1823 il resta sans emploi. Il habita ensuite longtemps Madrid comme général en disponibilité, et prit parti en 1833 pour la reine Isabelle et l'*estatuto real*. Toutefois, soupçonné de pactiser avec le parti ultra-libéral, il fut emprisonné; et ce n'est qu'après une assez longue détention qu'on se décida à le remettre en liberté. En 1836 la jeune reine le créa *duc de Saragosse*, puis en 1837 membre du comité permanent de la grandesse et capitaine des gardes. Mais en 1841 il se démit de cette dernière fonction. Il mourut à Paris, en 1847.

PALAIS, du latin *palatium*, dérivé lui-même du nom du mont Palatin, édifice qui, par ses dimensions, sa solidité et sa forme, s'élève au-dessus des constructions ordinaires, dont il se rapproche cependant par l'usage, en ce qu'il n'est souvent destiné qu'à servir de demeure à quelques individus de la classe des riches et des puissants. Un palais est parfois aussi consacré (et l'usage en est alors plus moral) à certains services publics, civils, à certaines institutions nationales. C'est à peu près à ce sens que cette dénomination est restreinte en Italie (*palazzo*). En France elle a été longtemps réservée aux seules habitations royales, les autres maisons de luxe étant généralement désignées sous le nom d'*hôtels*. Dans l'antiquité les palais étaient des agglomérations immenses de bâtiments renfermant une nombreuse population d'officiers de toutes sortes, de soldats, d'esclaves et d'individus de toutes classes. Les vieilles monarchies de l'Asie et de l'Égypte ont eu des palais plus grands que des villes, comme nous en voyons encore aujourd'hui dans tout l'Orient, à Constantinople, à Ispahan, à Péking. La Grèce démocratique, après avoir connu dans son âge héroïque ces constructions magnifiques (les œuvres d'Homère en font foi à chaque page), porta tout son luxe sur les édifices publics. Rome n'eut des palais qu'aux derniers temps de la république. Cicéron, avec une fortune médiocre, avait déjà des habitations d'un luxe recherché : celui, bien plus grand encore, des Sylla, des Crassus, des Lucullus, n'était cependant qu'un pâle prélude de la magnificence déployée sous les empereurs. Le plus fameux de tous les palais de Rome était celui de Néron. Et de tous ceux que ce peuple maître du monde avait disséminés à sa surface, il n'existe plus guère aujourd'hui que les palais de Dioclétien, à Spalatro et à Savone, énormes masses de bâtiments, comme perdues dans une petite péninsule de la Dalmatie, et qui ont échappé, au moins en grande partie, à la main des hommes.

Les palais de la civilisation chrétienne diffèrent complétement, et par les proportions et par la distribution, des palais antiques. En Italie, cependant, les différences sont moins sensibles; l'influence de l'architecture gréco-romaine se retrouve à chaque pas. Le Vatican, le palais Vecchio et le palais Pitti rappellent le goût et la grandeur colossale des constructions romaines.

Lorsqu'on dit absolument *le Palais*, c'est le Palais de Justice que l'on désigne. On appelle *jours de Palais*, ou jours d'audience, ceux où l'on plaide au Palais. Les juges, avocats, avoués, huissiers, etc., se nomment *gens de Palais*. On appelle *style de Palais* ou *termes de Palais* les formules, les termes de pratique dont on se sert dans les actes judiciaires. *Palais* signifie aussi parfois, figurément, la profession d'avocat : le *Palais* ne l'a pas enrichi. Le même mot s'emploie encore collectivement pour désigner les officiers et gens de Palais : tout le *Palais* vous dira que votre cause est mauvaise.

PALAIS (*Anatomie*), partie supérieure du dedans de la bouche, qui porte aussi le nom de *voûte palatine*. Le palais est revêtu d'une membrane muqueuse particulière, qui recouvre les os maxillaires supérieurs et palatins. Cette membrane présente en son milieu, et sur la ligne correspondante à la suture des os que nous venons de nommer, un raphé saillant; chez l'homme, elle est un des organes du sens du goût; chez certains animaux, elle semble plutôt destinée par ses aspérités à retenir les aliments sous les dents.

La voûte palatine se prolonge en arrière en une valvule musculeuse et membraneuse, nommée *voile du palais*. Le voile du palais, qui descend en formant avec la voûte palatine un angle presque droit, sépare la cavité buccale des fosses nasales et du pharynx. Sa ligne médiane offre un raphé qui continue celui de la muqueuse palatine et se termine à la luette. Par sa face supérieure, le voile du palais conduit dans la bouche les mucosités de la pituitaire; par son bord libre, il limite en haut l'isthme du gosier; en le relevant, il ferme l'entrée des fosses nasales au bol alimentaire; enfin, il contribue à moduler les sons formés dans le larynx.

On nomme *piliers* du voile du palais deux replis disposés en arcades à droite et à gauche de la base de la luette, et entre lesquels sont situées les amygdales.

PALAIS DE CRISTAL. *Voyez* CRISTAL (Palais de) et SYDENHAM.

PALAIS DE GARGANTUA. *Voyez* DOLMEN.

PALAIS DE JUSTICE, à Paris. Le Palais de Justice couvre aujourd'hui tout l'espace contenu entre la rue de la Barillerie et la rue de Harlay, et s'étend du quai de l'Horloge au quai des Orfèvres, si l'on y comprend la Conciergerie et la Préfecture de police, qui lui sont contiguës. La cour d'honneur du Palais, fermée par une belle grille, donne sur une place semi-circulaire, originairement construite aux dépens de la maison du père de Jean Chastel, rasée par arrêt du parlement. A chaque extrémité de la grille sont deux pavillons d'ordre dorique supportant un fronton triangulaire. Entre ces pavillons s'étend la cour du Palais. Au fond se développe un bel escalier, conduisant à une galerie, et sur lequel donne l'avant-corps du bâtiment principal, composé de quatre colonnes doriques supportant un entablement à balustrade orné de quatre statues allégoriques par Berruyer et Leconte. Au-dessus s'élève un dôme quadrangulaire, d'un effet pittoresque. Le corps de bâtiment qui touche au pavillon de gauche et fait un retour d'équerre sur la cour de la Sainte-Chapelle a été construit dans ces derniers temps. A droite les bâtiments se prolongent jusqu'à la tour de l'Horloge, à l'angle du quai. Une partie de ces bâtiments récemment restaurés sert de façade à la salle des Pas-Perdus; la tour de l'Horloge, bâtie dans le style du quatorzième siècle, est surtout remarquable par l'énorme cadran dans le goût de la Renaissance qu'on y a rétabli. La rue de Harlay masque du côté de l'est toutes les vieilles constructions du Palais, qui vont bientôt disparaître. Rappelons seulement pour mémoire la cour de Harlay et l'ancienne galerie des Merciers.

La salle actuelle des *Pas-Perdus* était au moyen âge la principale salle du palais. Elle avait été construite avec une grande magnificence par saint Louis. A son extrémité se trouvait la fameuse table de marbre. Le 7 mai 1618 un incendie détruisit cette salle et une partie du Palais; Jacques Desbrosses la rebâtit. Elle se compose de deux immenses nefs collatérales voûtées en pierres de taille, et séparées entre elles par un rang d'arcades qui portent sur des piliers. De grands cintres vitrés, pratiqués à l'extrémité de chaque nef, y répandent la lumière. Les chambres civiles du tribunal de la Seine et la salle des audiences solennelles de la cour de cassation (la grand'chambre du parlement) ouvrent sur la salle des Pas-Perdus. La cour impériale est installée dans l'ancienne salle de la cour des aides. La salle de la cour d'assises occupe la place de la chancellerie du Palais. Les archives judiciaires sont disposées dans les combles; on y voit la salle où a siégé le tribunal révolutionnaire.

Sous la domination romaine il y avait sur l'emplacement du Palais un château. Les rois de la première race partagèrent leur résidence entre le palais des Thermes, situé dans la campagne, et celui de la ville. Plus tard, Eudes s'y établit définitivement. Robert le Pieux l'agrandit; Louis le Gros, Louis le Jeune y moururent. C'était le palais de saint Louis, qui le fit reconstruire en grande partie. Philippe le Bel, Louis XI, Charles VIII et Louis XII y résidèrent encore, quoique l'hôtel Saint-Paul, le Louvre et l'hôtel des Tournelles commençassent à le remplacer. A partir de Henri II le parlement occupa seul le Palais. L'incendie de 1776 nécessita la reconstruction de la plus grande partie de l'édifice, qui fut rétabli tel qu'il existe sur les dessins de quatre architectes, Moreau, Desmaisons, Couture et Antoine.

PALAIS DE L'INDUSTRIE, à Paris. Il a été construit en 1854 pour l'Exposition universelle, aux Champs-Élysées, sur l'emplacement du carré Marigny. M. Alexis Barrault, ingénieur, en a donné les plans, et M. Viel, architecte, les dessins. Il forme un vaste parallélogramme, long de 250 mètres et large de 108. L'entrée principale donne sur la grande avenue des Champs-Élysées, et la grande porte, formée en plein cintre, dessine une arche gigantesque. Cette porte d'honneur s'ouvre au milieu d'un avant-corps surmonté d'un attique que domine la statue colossale de la France distribuant des couronnes d'or à l'Art et à l'Industrie assis à ses pieds. A droite et à gauche sont deux groupes de génies. Au-dessous s'étend une frise, soutenue par quatre colonnes corinthiennes; le piédestal les dépasse en hauteur et atteint le premier étage. Les figures représentent l'Industrie et l'Art offrant leurs produits au buste de l'empereur. Au sommet de la voûte est sculpté un aigle colossal aux ailes déployées, de 4 mètres d'envergure. Deux grandes Renommées l'ornent à droite et à gauche. Quatre pavillons coupent le parallélogramme à angle droit et forment saillie avec retour. Les parties latérales qui se détachent de l'avant-corps sont formées de deux étages éclairés par un double rang de six cents hautes fenêtres en plein cintre. Deux cent cinq noms d'hommes illustres dans les sciences, les arts et l'industrie sont gravés en lettres d'or sur la frise tout autour du monument.

L'intérieur est divisé par quatre galeries et une grande nef centrale ayant 192 mètres de long, 48 de large et 35 mètres d'élévation. Les quatre galeries longitudinales et transversales ont un rez-de-chaussée, et sont coupées à la hauteur du premier étage par une galerie supérieure qui règne autour de la grande nef. Une frise peinte décore tout le pourtour de celle-ci; elle se compose de panneaux découpés à jour, entre lesquels sont placés des écussons surmontés de couronnes murales et peints aux armes des villes de France. Douze grands escaliers placés dans les six pavillons mettent en communication le premier étage et le rez-de-chaussée. L'enceinte du palais et les pavillons sont en pierre; l'intérieur en fer et en fonte, et la couverture en glaces dépolies.

La construction du Palais de l'Industrie avec ses ouvrages a coûté 17 millions de francs. Elle fut concédée à une compagnie particulière.

PALAIS DES GÉANTS. *Voyez* DRUIDIQUES (Monuments).

PALAIS-ROYAL, à Paris. Il fut bâti en 1629, d'après les dessins de Jacques Lemercier, sur l'emplacement des anciens hôtels de Mercœur et de Rambouillet. Le cardinal de Richelieu acheta ces deux bâtiments et les fit abattre: on démolit les restes des murs de la ville qui traversaient les jardins, on combla les fossés, on nivela le terrain, qui s'étendit, en largeur, depuis la rue de Richelieu, qu'il fit ouvrir, jusqu'à la rue des Bons-Enfants, et en longueur jusqu'à l'endroit où s'éleva plus tard le palais Mazarin (aujourd'hui la Bibliothèque impériale). Richelieu voulut que cette résidence fût digne de lui. On y voyait une vaste galerie, dont le plafond, peint par Philippe de Champagne, représentait les hauts faits du cardinal, et une autre où le même artiste, avec le concours de Vouet, de d'Egmont et de Poerson, avait exécuté les portraits des hommes illustres de la France. La chapelle était d'une extraordinaire magnificence. Deux théâtres étaient joints au palais; l'un, destiné aux privilégiés, contenait cinq cents spectateurs, l'autre trois mille environ. Cette dernière salle, située du côté de la rue des Bons-Enfants, fut, en 1660, accordée par Louis XIV à Molière et à sa troupe, et à la mort du grand poëte elle fut destinée à la représentation des tragédies lyriques. Ce fut l'origine de l'Opéra.

Le palais de Richelieu s'appelait *Palais-Cardinal*. Ce ministre le légua à Louis XIII, qui s'y installa en 1642 et lui donna le nom de *Palais-Royal*. Lors de sa majorité, Louis XIV céda le Palais-Royal au duc d'Orléans, son frère, pour en jouir sa vie durant; et en 1692 il le lui donna en apanage, en faveur du mariage du duc de Chartres avec Mlle de Blois. Le nouveau propriétaire fit agrandir l'édifice par Mansard;

pourtant il ne subit aucune rénovation importante jusqu'en 1703, où l'incendie de la principale façade nécessita une restauration complète. On reprocha à D'Oppenort, à qui elle échut, d'avoir surchargé les murs d'ornements lourds et bizarres dans le goût du temps. Louis-Philippe, duc d'Orléans, fit reconstruire en 1763, par Moreau, la façade du palais que précède la cour d'honneur et le portique. Ce qui subsistait encore du premier palais disparut alors, et il n'en reste aujourd'hui que la décoration extérieure de l'aile droite de la seconde cour, appelée pendant longtemps *Cour de l'Amirauté*. Elle présente en relief des ancres et des proues de navires, en mémoire du titre de surintendant de la marine que portait avec beaucoup d'autres le cardinal de Richelieu.

En 1781 une ère nouvelle commence pour le Palais-Royal; le duc Louis-Philippe-Joseph, dont l'esprit est tourné aux grandes spéculations, a résolu d'en faire le centre de l'industrie parisienne. D'après les plans de l'architecte Louis, une large bande de terrain est prélevée sur le pourtour du jardin, et trois grands corps de logis, d'un style agréable, s'y élèvent à la place des vieux et touffus marronniers de Richelieu, malgré les épigrammes et les libelles des Parisiens, qui regrettent surtout leur fameux arbre de Cracovie, égayé par les gasconnades du journaliste Métra.

La révolution arrêta les travaux de la quatrième façade du côté du palais, qui devait être la plus magnifique. On y construisit plus tard des hangards en planches, dans lesquels on disposa deux promenoirs et deux rangées de baraques; l'ensemble formait les fameuses *galeries de bois*, remplacées en 1829 par la *galerie vitrée* ou *galerie d'Orléans*.

Cent-quatre-vingts arcades communiquent de la galerie publique au jardin, une des promenades les plus médiocres de Paris. Ses arbres, rabougris, n'y donnent qu'un ombrage illusoire. A peine le bassin du centre et son jet d'eau méritent-ils qu'on les remarque, ainsi que quelques statues, copies de l'antique, ou modernes, qui décorent les plates-bandes. En revanche les étalages étincelants des galeries et les fenêtres splendidement éclairées des étages supérieurs sont le soir d'un merveilleux effet. Le Palais-Royal, malgré l'expulsion des maisons de jeu et des prostituées, ces hôtes maudits qui faisaient son éclat et son ignominie, malgré les rues noires et fétides qui l'encadrent, est encore un des plus riches bazars de l'univers. Sa spécialité industrielle, ce sont ces mille articles de goût que Paris tout seul impose au monde; c'est la confection d'habits d'hommes; c'est encore le grand *art de la gueule*, qui y est représenté par des noms illustres, Véry, Véfour, Corraza et les Frères Provençaux, Chevet et Corcelet. Nommons aussi les cafés de Foy, de la Rotonde et Lemblin; mais passons sous silence les restaurants à *quarante sous*, dont la cuisine hybride naquit un jour de la gêne et de la vanité. L'art dramatique sérieux et bouffon ont dans ce même Palais-Royal leurs meilleurs interprètes, la troupe du Théâtre-Français et celle du théâtre de la Montansier; vis-à-vis, le spectacle de Séraphin pour un public de bambins, et celui de Robert Houdin le prestidigitateur; là-bas, sous cave, le Café des Aveugles, qui exhale une triste renommée; à droite, à gauche, partout, des estaminets, des dentistes, des pédicures, des photographes. Le Palais-Royal est une ville en abrégé, que dis-je? c'est un État; car, lui aussi, il a connu les secousses terribles et les bouleversements profonds. Le jour où Camille Desmoulins dépouillait les feuilles vertes de ses marronniers pour en faire des cocardes, il fut le point de départ de cette marche de géants qu'on appelle la Révolution française. Plus tard il s'est appelé *Palais-Égalité*. Plus tard, l'inconstant, il reçut dans son sein le Tribunat de Bonaparte, et prit le nom de *Palais du Tribunat*. Plus tard encore, comme la France épuisée, il revint à ses anciens maîtres. 1830 en ramena une royauté, et 1848 le dévasta. Que lui réserve l'avenir? Bonne fortune à ses locataires actuels, monseigneur le prince Jérôme et monseigneur son fils, *et Dii omen avertant!*

W.-A. Duckett.

PALAIS-ROYAL (Théâtre du). La Montansier avait remplacé dans la salle où est aujourd'hui le Théâtre du Palais-Royal les petits comédiens de M. le comte de Beaujolais, bonshommes en bois, auxquels avaient succédé des enfants, pour lesquels on parlait dans les coulisses. Après une prospérité dont Brunet, Tiercelin, Bosquier-Gavaudan, Duval, eurent leur bonne part, l'ex-*Théâtre de la Montagne*, redevenu le théâtre des Variétés, les artistes de Brunet et de la Montansier allèrent s'établir à la salle actuelle des Panoramas, où les Variétés sont encore.

La salle du Palais-Royal servit alors aux acrobates Forioso et Ravel frères, à des marionnettes qui prirent le titre de *Théâtre des jeux forains*; à des chiens savants, qui y jouaient le mélodrame et la comédie avec un sérieux plein de conscience. Beaucoup de particuliers, dit Brazier, conduisaient leurs chiens à ce théâtre, pour servir de comparses et de figurants. On ne saurait imaginer combien ce spectacle était drôle; on entendait de toutes parts, des baignoires au paradis: Tiens! voilà Turc! Ah! c'est Azor qui commande la patrouille! Un soir, un caniche était de faction au pied de la tour, lorsque son maître entra à l'orchestre : le pauvre chien le reconnut, quitta son poste, et déserta avec armes et bagages. Peu s'en fallut qu'il n'entraînât une désertion générale.

Après avoir fait briller les talents dramatiques des chiens incomparables, la salle du Palais-Royal fut transformée en café, où se retrouvaient les courtisanes qui avaient eu le privilége d'étaler leurs charmes dans son foyer; bientôt le *Café de la Paix* obtint l'autorisation de faire chanter des ariettes, de faire jouer des scènes détachées, et enfin de petites pièces à deux ou trois personnages devant ses nombreux consommateurs. Aux approches des cent jours et pendant cette époque les bonapartistes s'y établirent en dominateurs; les royalistes vinrent leur disputer la place après la seconde restauration, et des rixes sanglantes y éclatèrent entre les deux partis, rixes dans lesquelles les gardes du corps brisèrent les glaces du café de la Paix. Fermé à la suite de ces événements, ce café rouvrit avec la permission de donner des pièces à deux personnages seulement devant ses consommateurs attablés au parterre ou dans les galeries.

En 1830 MM. Dormeuil (Contat-Desfontaines) et Ch. Poirson acquirent le café de la Paix, pour le transformer en théâtre. La salle fut appropriée par les soins de M. de Guerchy, et le 6 juin 1831 le *Théâtre du Palais-Royal* fit son inauguration. Paul, Lepeintre aîné, Philippe, Derval, Sainville, Sanson, Regnier, Mmes Déjazet, Baroyer faisaient alors partie de son personnel. Le *Théâtre du Palais-Royal* joua trois pièces dans le genre de celles du Gymnase; elles furent impitoyablement sifflées. MM. Ch. Poirson et Dormeuil se tournèrent alors vers le genre comique et grivois, et le Théâtre du Palais-Royal, refuge ordinaire des provinciaux, s'en est toujours bien trouvé depuis lors. Dans une existence illustrée par quelques bonnes comédies, par quelques jolis vaudevilles, mais le plus souvent par les charges les plus grotesques, il a compté au nombre de ses artistes : Alcide Tousez, Levassor, Achard, Leménil, Ravel, Grassot, Adesant, Hyacinthe, Mmes Dupuis, Nathalie, Leménil, Scriwaneck, Fargueil, Aline Duval, Cico, la petite Cécile Montaland, etc. Entre autres auteurs qui y ont récolté de fructueux succès dramatiques, nous pouvons mentionner MM. Bayard, Mélesville, Brazier, Varner, Théaulon, Dumanoir, Dumersan, de Leuven, Desforges, Vanderburck, Duvert, Lausanne, Varin, de Villeneuve, Gabriel, Masson, Saintine, Anicet-Bourgeois, Cogniard frères, Lefranc, Labiche, Brisebarre, Étienne Arago, Carmouche, Clairville, Dupeuty, Saint-Yves, de Biéville, de Leyris, etc.

Le théâtre du Palais-Royal, autrefois sombre, triste et enfumé, est maintenant une salle propre, élégante, et aussi confortable que le permet son exiguïté; car il ne compte que 930 places. Arnal est aujourd'hui au nombre de ses pensionnaires. Depuis 1846, M. Benou y a remplacé M. Ch. Poirson. Redevenu Théâtre Montausier après 1848, le Théâtre du Palais-Royal a repris son nom actuel le 8 janvier 1852, et possède la collection la plus complète de comiques de Paris, et de jolies actrices, qui y font admirer leurs diamants et leurs riches toilettes.

PALAMÈDE, fils de Nauplius et de Clymène, par conséquent allié à la famille des Atrides, accompagna Agamemnon à la guerre de Troie. Ulysse ne lui pardonna jamais le stratagème à l'aide duquel il était parvenu à démontrer que ce prince, contrefaisant l'insensé afin d'être dispensé de prendre part à l'expédition et de pouvoir rester auprès de la belle Pénélope, avait parfaitement l'usage de sa raison. D'autres attribuent la haine du roi d'Ithaque pour Palamède à la jalousie qu'il conçut en le voyant revenir chargé de butin d'une expédition entreprise en commun en Thrace, et de laquelle il n'avait pu lui-même rien rapporter. Le résultat de cette haine fut de faire lapider Palamède; et voici comment s'y prit Ulysse pour assouvir sa vengeance. Il commença par faire enfouir dans la tente de Palamède une somme considérable en or; puis il intercepta une prétendue lettre du roi Priam où il était question de trahison. Alors il l'accusa d'avoir essayé de vendre l'armée expéditionnaire à l'ennemi. Déclaré coupable, Palamède fut condamné à être lapidé, et subit son supplice avec courage.

Homère ne fait pas une seule fois mention de Palamède; la tradition qui lui est relative se trouve pour la première fois dans les poésies cypriques, et fut ensuite embellie par les tragiques, notamment par Euripide et par les sophistes, qui le représentent comme ayant été leur prédécesseur. Palamède passait en outre pour un homme ingénieux. On lui attribuait notamment l'invention du jeu des dés, du calcul, des poids et mesures, etc. On prétend qu'à l'ancien alphabet grec introduit par Cadmus, et qui se composait de seize lettres, il en ajouta quatre autres (θ, ξ, φ et χ), et il en est qui font aussi de lui un poëte. C'est par jalousie de métier, disent-ils, qu'Homère n'a pas dit un seul mot de lui.

PALAN. C'est, en marine, un assemblage de poulies, de moufles et de cordages, dont on se sert sur les bâtiments pour enlever des fardeaux ou pour exécuter des manœuvres.

PALANQUIN (en indou *palky*). On désigne généralement ainsi une sorte de chaise à porteurs ou de litière en usage dans divers pays, notamment dans ceux qui sont situés sous la zone torride. Les litières, palanquins ou chaises à porteurs, car ces trois mots peuvent être regardés à peu près comme synonymes, étaient fréquemment usités à Paris avant l'usage des fiacres. C'était par le nombre d'esclaves qui entouraient et portaient la litière que se jugeait assez généralement à Rome la richesse ou le rang de ceux qui faisaient usage de ce moyen de transport. En Chine et dans l'Inde, les rois et les grands déploient encore aujourd'hui dans les litières où ils se font ordinairement porter un luxe dont on a généralement peu d'idée en Europe. Si les palanquins ordinaires, dont le service n'exige que quatre porteurs, ne coûtent que quelques centaines de francs, il en est dont le prix s'élève à 30,000 fr : le nombre des porteurs attachés au service d'un palanquin, et qui se relayent les uns les autres, parcourant souvent des distances considérables, est un indice de la fortune et de la considération dont jouit celui qui les emploie. Ces palanquins ou litières sont ordinairement découverts, pour être surmontés d'un dais que portent des esclaves rangés sur les côtés. Chacun a entendu parler du riche et brillant palanquin sur lequel se fit porter Montézuma quand il vint au-devant de Cortez. Les palanquins actuels des colonies intertropicales sont beaucoup plus modestes : on en voit un assez grand nombre à Bahia (Brésil); mais il n'y en a point à Rio-de-Janeiro, dont la latitude est déjà la même à peu près que celle du tropique sud. Ces sortes de palanquins font dans le pays le même usage que les fiacres ou les omnibus à Paris. On en loue pour se faire transporter d'un lieu à un autre : ce sont comme des espèces de voitures portées par des nègres, qui font tout à la fois dans ce cas l'office des chevaux et du cocher.

On nomme *palanquins*, en termes de mer, des manœuvres à itague qui passent par le bout des vergues de hune, et vont se fixer à une patte située sur les ralingues de chute près de la patte du dernier ris. Ces palanquins passent à la tête des mâts de hune, et se rendent sur le gaillard. Ils agissent dans le même sens que les balancines, et servent particulièrement à soulager la voile quand on prend des ris.

PALAOS. *Voyez* PELEW (Iles).

PALAPHATE, auteur ou éditeur d'une série de fables grecques intitulée : *Des choses incroyables*, qu'il arrangea en 53 chapitres, généralement assez courts, et qu'il s'efforça d'expliquer tantôt allégoriquement et tantôt étymologiquement. Mais ce livre, généralement désigné dans l'histoire littéraire sous le titre latin de *De Incredibilibus*, n'est parvenu jusqu'à nous qu'avec des variantes nombreuses et frappantes dans les manuscrits; et nous ignorons quelle était la patrie de l'auteur ainsi que l'époque où il vécut, quoique l'on admette communément qu'il était originaire de Paros ou de Priène et qu'il écrivait au troisième ou au quatrième siècle. Peut-être ce nom de *Palaphate*, qui signifie conteur de vieilles fables, n'est-il employé ici que pour mieux désigner le contenu de l'ouvrage, et non son auteur. Westermann a donné dans ses *Mythographi Græci* (Brunswick, 1853), une édition estimée du livre *De Incredibilibus*.

PALAPRAT. *Voyez* BRUEYS.

PALATIN (*Palatinus*). Ce mot signifie au propre celui qui appartient au *Palatium*, c'est-à-dire à la résidence impériale, en qualité de fonctionnaire politique ou de dignitaire de cour. Dans l'empire byzantin on s'en servait plus particulièrement pour désigner le personnel d'employés placés sous les ordres du *comes sacrarum largitionum*, dont les attributions répondaient à peu près à celles d'un ministre des finances de notre époque; peut-être bien aussi les employés relevant du *comes rerum privatarum*, lesquels étaient chargés de l'administration de la cassette particulière de l'empereur et de ses domaines. Au moyen âge on appela *palatini* ou *paladini* les grands du royaume, ceux qui résidaient surtout à la cour du roi, par conséquent la grande noblesse, les hauts fonctionnaires, parmi lesquels le *comes palatinus*, le comte Palatin, arriva à exercer une influence toute particulière. Toutefois, c'est en Hongrie que le titre de *palatin* eut le plus d'importance, tant que ce pays conserva sa constitution propre comme royaume indépendant. Il y désignait le dignitaire suprême du royaume, élu par les états parmi quatre candidats présentés par le roi; et depuis le règne de Matthias Corvin, ses fonctions étaient à vie. Il était le représentant légal du roi, jouait le rôle d'intermédiaire entre le roi et ses sujets, et jouissait de presque toutes les immenses prérogatives que pouvait conférer cette position. Cette dignité fut abolie en droit lorsque par l'octroi d'une constitution impériale donnée par l'empereur François-Joseph à tous les domaines de sa couronne, ce prince eut réduit la Hongrie à ne plus être qu'une simple province de l'Autriche centralisée (4 mars 1849), et en fait à la suite de l'ordonnance du 10 janvier 1853 qui organisa l'administration intérieure de la Hongrie sur le modèle de celle du reste de la monarchie, et qui la plaça dans les attributions du ministère de l'intérieur. Depuis cette époque l'autorité administrative suprême est représentée en Hongrie, comme dans le reste de la monarchie autrichienne, par le *statthalter* (gouverneur), qui cumule les pouvoirs civil et militaire.

PALATIN (Comte), *comes Palatinus*. Tel était le titre des juges et des hauts fonctionnaires des rois franks et allemands dans leurs *palatinats*. Le premier d'entre eux était le comte palatin d'Aix-la-Chapelle (*l'archisolium totius regni*), l'un des principaux officiers de la couronne et chargé en cette qualité de présider comme grand-juge à la haute cour féodale de l'Empire. La dotation en terres qui lui était assignée fut l'origine du *Palatinat du Rhin*. Aux termes de la Bulle d'Or, le comte Palatin du Rhin était le juge des empereurs. Chacun des anciens duchés de l'Allemagne eut à son tour son palatinat, qui, en Saxe et en

Bavière, finit par être réuni au duché, et disparut en Franconie et en Souabe.

PALATIN (Mont), *Mons Palatinus*, après le mont Capitolin la plus célèbre au point de vue historique des collines de Rome. Elle s'élève à environ 54 mètres au-dessus du niveau de la mer, et forme un carré irrégulier, dont le versant nord-ouest, appelé *Germalus* ou *Cermalus*, regardait le mont Capitolin et le Tibre, le versant nord-est le Forum et le versant sud-est le mont Cælien, tandis que son versant sud-ouest était séparé par le mont Aventin de la vallée du Cirque. Évrandre, disait-on, y avait déjà fixé sa demeure, et avait consacré au dieu Pan la grotte de Lupercal. Les uns font dériver le nom de la montagne de son fils ou petit-fils Pallas, ou encore de *Pallantium* en Arcadie, d'où il était originaire; les autres de Palès, ou bien de *Palatium*, ancienne ville des Aborigènes. La tradition voulait que ce fût là que Romulus eût fondé la première Rome, la *Roma quadrata*, ainsi appelée de la forme de la montagne sur laquelle elle était assise, et qu'il l'eût entourée du plus ancien *pomœrium*. On montrait sur le Germalus le figuier sacré (*ficus ruminalis*), sous lequel avaient été trouvés les jumeaux qu'allaitait la louve, et la hutte, couverte en paille (*casa*), de Romulus. Sur le versant nord-est, au voisinage de la *Porta Mugionis*, se trouvaient les anciennes maisons d'assemblées des curies (*Curiæ veteres*), ainsi que le temple de Jupiter Stator, construit par suite d'un vœu fait par Romulus pendant la guerre des Sabins. Au sommet de la montagne était située la place Sainte, carrée et entourée de murailles, à laquelle on donnait aussi le nom de *Roma quadrata*, ainsi qu'un antique sanctuaire de la Victoire. C'est là que, l'an 192 avant J.-C., on construisit le grand temple de Cybèle. On voyait sur le mont Palatin la maison de Cicéron et celle de Catilina, le magnifique palais de Marcus Scaurus et les habitations d'autres Romains de distinction. Auguste acheta celle d'Hortensius, la reconstruisit pour son usage particulier l'an 28 avant J.-C., non loin du temple d'Apollon, et y réunit une célèbre bibliothèque grecque et latine. C'est là aussi que demeurait Tibère, dont la *domus aurea* comprenait des dépendances s'étendant fort au loin à l'est. Vespasien les réduisit à la montagne même. A partir du règne d'Alexandre Sévère les empereurs romains cessèrent de demeurer sur le mont Palatin; mais au mot *palatium* resta toujours attachée une telle idée de grandeur et de puissance, qu'on continua à l'employer pendant tout le moyen âge pour désigner les résidences impériales ou princières. Le Palatinat allemand n'a pas non plus d'autre étymologie.

PALATINAT, en allemand *Pfalz* (dérivé de *Palatium*, palais). On donnait à l'origine ce nom aux divers châteaux impériaux dispersés dans tout l'Empire d'Allemagne, et où les empereurs venaient résider alternativement, afin que leur présence maintînt l'ordre public et assurât autant que possible la bonne distribution de la justice dans toutes les provinces.

Ensuite on désigna sous le nom de Palatinat (*Pfalz*) deux États de l'Allemagne, demeurés unis jusqu'en l'an 1260. Pour les distinguer, on appelait l'un le Palatinat supérieur (*Oberpfalz*), et l'autre le Palatinat inférieur (*Unterpfalz*), ou encore Palatinat du Rhin (*Pfalzgrafschaft am Rhein*). Le Palatinat supérieur ou bavarois était considéré comme un duché, comprenait un territoire de 81 myriamètres carrés, et comptait en 1807 283,800 habitants, répartis dans 17 villes, 40 bourgs et 1,619 villages ou hameaux. Il faisait partie du *Cercle de Bavière*. Le Palatinat inférieur, ou Palatinat du Rhin, appartenait au *Cercle électoral du Rhin*. Il était situé sur les deux rives du Rhin, confinait à Mayence, à Katzenellenbogen, au Wurtemberg, à Bade, à l'Alsace, à la Lorraine et au pays de Trèves. Sans compter les évêchés de Worms et de Spire, les comtés de Leiningen, de Rappolstein, de Solms, de Saarbruck et diverses autres possessions dispersées sur les territoires de Nassau, de Hesse, d'Isenburg, etc., il comprenait une superficie de 105 myriamètres carrés, et se composait : 1° du Palatinat proprement dit, ou *Palatinat électoral*, l'une des plus fertiles contrées de l'Allemagne, qui en 1786 comprenait une superficie de 54 myriamètres carrés, avec 305,000 habitants; 2° de la principauté de Simmern; 3° du duché de Deux-Ponts; 4° de la moitié du comté de Spenheim; 5° des principautés de Veldenz et de Lautern.

Les *comtes palatins du Rhin*, qui résidaient primitivement à Aix-la-Chapelle, étaient dès le onzième siècle possesseurs héréditaires de leur Palatinat ainsi que des contrées qui en relevaient, et étaient comptés au nombre des principaux princes de l'Empire. Le comte Palatin Herman III étant venu à mourir sans laisser de descendance, l'empereur Frédéric Ier octroya à son beau-frère, Conrad de Souabe, les diverses contrées composant le Palatinat du Rhin. A la mort de Conrad, ce fut son gendre, le duc Henri de Brunswick, fils aîné de Henri le Lion, qui en hérita, en 1196. Mais Henri ayant pris parti pour son frère l'empereur Othon IV, dans sa lutte pour la couronne impériale contre l'empereur Frédéric II, ce prince le mit au ban de l'Empire en 1215, et adjugea le Palatinat au duc Louis de Bavière, qui ne parvint d'ailleurs qu'à en posséder une partie. Othon II, fils de Louis de Bavière, épousa la fille de Henri et son héritière; mariage qui fit passer le Palatinat sous les lois de la maison de Bavière; et dès lors il appartint à l'une des branches collatérales de cette maison. Cette branche à son tour se divisa en de nombreux rameaux, dont les luttes intestines occupent une grande place dans l'histoire d'Allemagne. En 1400 Ruprecht III, représentant le premier de ces rameaux, fut élu empereur d'Allemagne. Il mourut en 1410, laissant quatre fils, qui devinrent à leur tour la souche d'autant de maisons palatines. La seconde et la quatrième de ces lignes s'éteignirent de bonne heure; la première, issue de Louis III, le Barbu, fils aîné de Ruprecht III, s'éteignit en 1559, en la personne d'Othon, qui avait embrassé la réformation. Ses États firent retour à la ligne de Simmern, représentée par Frédéric III, qui embrassa lui aussi le protestantisme. Son arrière petit-fils, Frédéric V, ayant accepté en 1619 la couronne de Bohême, que lui offraient les états de ce royaume, paya cet acte de félonie à l'égard de l'empereur Frédéric II, son cousin, par la perte de ses possessions et de sa dignité électorale, qui passèrent au duc Maximilien de Bavière. Charles-Louis, fils de Frédéric V, recouvra, il est vrai, ses possessions, aux termes de la paix de Westphalie, en même temps qu'un huitième électorat était fondé, en sa faveur, et que la dignité d'archi-trésorier de l'Empire lui était adjugée; mais le Palatinat supérieur et la charge d'archi-échanson de l'Empire demeurèrent en possession de la Bavière; et il fut en outre décidé qu'en cas d'extinction de la ligne représentée par Charles-Louis, ses États feraient retour à cette puissance. La ligne de Simmern s'éteignit en 1685, en la personne de Charles, fils de Charles-Louis; et son cousin Guillaume-Philippe, comte palatin de Neubourg, hérita alors de ses possessions ainsi que de son titre d'Électeur. A son tour, la maison palatine de Neubourg se subdivisa en de nombreux rameaux, dont le dernier rejeton se trouvait être en 1779 Charles-Théodore, qui mourut sans laisser de postérité. Il eut pour héritier le duc Maximilien-Joseph de Deux-Ponts, qui aux termes de la paix de Lunéville dut abandonner le Palatinat du Rhin à divers autres princes. Jusque alors ce Palatinat s'était composé de dix-neuf grands bailliages et des trois grandes villes, Manheim, Heidelberg et Franckenthal. Les parties de territoire situées sur la rive gauche du Rhin furent cédées à la France. Le grand-duché de Bade s'accrut des bailliages de Bretten, de Heidelberg et de Ladenburg, ainsi que de la ville de Manheim, sur la rive droite du Rhin; le reste fut adjugé partie au grand-duc de Hesse-Darmstadt, partie au prince de Linanges-Dachsburg, et partie au duc de Nassau. Les traités de paix signés à Paris en 1814 et 1815 restituèrent à l'Allemagne les portions du Palatinat situées sur la rive gauche du Rhin, et en attribuèrent la possession en très-grande partie à la Bavière et le reste au grand-duché de Hesse-Darmstadt et à la Prusse.

PALATINAT (Vins du) ou *de la Bavière Rhénane*. On les récolte sur les plantureux coteaux du Haardt, de tous les endroits riverains du Rhin celui qui produit le plus de vin. Dans les plus mauvaises années les vins du Palatinat ne laissent pas que d'être encore recherchés. Ils sont forts en couleur, douceâtres et pleins, rarement exempts d'un petit goût de terroir, mais n'ont jamais la finesse de bouquet des vins du Rhin. Les meilleurs crûs sont ceux de Hexheim, de Neustadt et de l'Oberland.

PALATINE (La princesse). *Voyez* ÉLISABETH-CHARLOTTE.

PALÉ se dit, en blason, d'un écu divisé en six pals égaux par cinq lignes perpendiculaires, dont trois pals d'un émail, trois d'un autre; un de métal, l'autre de couleur alternativement. Ces six pals, qui forment le palé, ont chacun une partie et un sixième de partie. Il y a aussi des écus *palés* de huit pièces; alors chaque pal est de sept huitièmes de partie; et en blasonnant, on dit *palé de huit pièces*. *Contrepalé* se dit lorsque l'écu est coupé, et que les demi-pals du chef, quoique d'émaux semblables à ceux de la pointe, sont néanmoins différents à leur rencontre, en sorte que si le premier du chef est de métal, celui qui lui répond au-dessous est de couleur. On dit l'écu *palissé* quand il y a des pals aiguisés.

PALEFRENIER. Ce terme, qui vient de *palefroi*, était jadis honorable, tout en désignant en général ceux qui avaient soin des chevaux; on appelait autrefois le grand-écuyer *grand-palefrenier du roi*. Aujourd'hui le mot *palefrener* est synonyme de l'expression, beaucoup plus triviale, de *garçon d'écurie*.

PALEFROI, ancien mot français, qui désigne en fait un cheval de parade sur lequel les souverains et les princes ou les personnages d'un haut rang faisaient leur entrée solennelle dans une ville importante; on appelait également *palefroi* le cheval doux et bien dressé que montaient les dames et demoiselles avant l'invention des carrosses. Employé dans les romans de chevalerie ou dans le style plaisant du dix-septième et du dix-huitième siècle, ce terme, comme beaucoup d'autres de notre vieille langue, a été rendu au style noble par les poëtes de ces derniers temps, jaloux de reproduire la couleur locale et de réhabiliter les formes et le langage du moyen âge. Quant à l'étymologie du mot *palefroi*, elle est controversée, comme beaucoup d'autres. Nicod et Du Cange la font venir d'une modification du mot *frein*, par contraction de *par le frein*. Ménage fait venir *palefroi* de *palefredus*, pour *parafredus*, ou mieux *paraveredus* (coureur ou cheval de courrier). D'autres le dérivent du mot teutonique *pferd* (cheval, en bas latin *veredus*).

Aug. SAVAGNER.

PALEMBANG, ancien royaume de la partie méridionale de la côte nord-est de Sumatra, était jadis l'un des plus puissants États indépendants de cette île. En 1821, à la suite de querelles qui survinrent entre le sultan de Palembang et les Hollandais, ce souverain fut vaincu et déposé. De ses États on a fait une Résidence hollandaise, dépendant du gouvernement de Sumatra et présentant une superficie d'environ 364 myriamètres carrés. L'intéressant district montagneux de Passoumah, habité par une race d'hommes de constitution athlétique, ainsi que le pays des Redschangs, obéissent à divers chefs qui reconnaissaient autrefois la suzeraineté du sultan de Palembang, et qui sont de même aujourd'hui vassaux des Hollandais. Ceux-ci donnent à leur Résidence de Palembang une superficie de 1,784 myriamètres carrés, avec une population de 272,000 âmes; mais leur souveraineté sur ce territoire n'est guère que nominale.

La capitale de ce pays est *Palembang*, sur les bords du Mousi ou Palembang, qui, à peu de distance de là, se jette dans la mer de Chine, après avoir arrosé une grande partie de la contrée. Cette ville, qui compte environ 25,000 habitants, est bâtie sur pilotis et le centre d'un commerce important. Ses principaux édifices sont le *dalan*, ou palais de l'ancien sultan, et la grande mosquée, construite en pierre.

PALÉMON. *Voyez* INO.

PALÉMON, genre de crustacés de l'ordre des décapodes, famille des macroures, tribu des salicoques, connus dans les ports de France sous les noms de *chevrette*, *crevette* et *salicoque*, dont voici les caractères généraux : Antennes au nombre de quatre; les extérieures longues, sétacées, accompagnées à leur base latérale d'une écaille large, ciliée intérieurement; les intermédiaires formées de trois soies de longueur inégale, portées sur un pédoncule de trois articles, dont le premier est dilaté; les quatre pieds antérieurs didactyles. Le corps des palémons est recouvert d'un test et de plaques minces beaucoup moins solides que les téguments des autres animaux du même ordre; il est comprimé, arqué, comme bossu, allongé et rétréci en arrière. Ils forment un genre assez nombreux en espèces : elles sont presque toutes marines, et plusieurs sont comestibles. On désigne les dernières sous les divers noms que nous avons déjà cités. Leur chair cuite et salée est très-estimée, tant dans les pays voisins de la mer que dans ceux de l'intérieur. Dans le Levant, on sale les grandes espèces, et on les conserve dans des paniers faits de feuilles de palmier. On les envoie ainsi dans toutes les villes de la Turquie. Leur chair est tendre et très-agréable au goût; on la regarde comme très-nourrissante et de digestion facile, et on en recommande l'usage aux personnes menacées de phthisie.

Ces animaux vivent en grandes sociétés, et chaque troupe abandonne rarement l'endroit qu'elle a choisi pour demeure. Beaucoup de poissons se nourrissent de ces crustacés. On les trouve sur toutes nos côtes; mais on a remarqué qu'ils étaient en plus grand nombre à l'embouchure des fleuves et des rivières et dans les parages voisins. On en rencontre aussi quelquefois dans les marais salés et saumâtres. En général, ils s'approchent beaucoup des rivages et se tiennent de préférence sous les fucus et les autres herbes marines, soit attachées au fond, soit flottantes.

PALENQUE, village de l'État de Chiapas (Confédération mexicaine), situé à peu de distance des frontières du Yucatan, au nord-est de Ciudad-Réal, sur les bords du Micol, dont il a été beaucoup question dans ces derniers temps, à cause des célèbres *ruines de Palenque*, qui sont incontestablement au nombre des monuments les plus importants et les plus grandioses de la civilisation américaine, telle qu'elle existait avant l'arrivée des Européens dans le Nouveau Monde. Appelées par les habitants du voisinage *casas de piedras* (maisons de pierre), elles ont un circuit de deux à trois myriamètres, et se composent d'une foule de monuments plus ou moins bien conservés, dans lesquels on prétend reconnaître des temples, des ouvrages de fortification, des tombeaux, des pyramides, des ponts, des aqueducs et des maisons d'habitation. On y remarque surtout une place formant un parallélogramme régulier, de 100 mètres de large sur 150 de long, au centre de laquelle s'élève un édifice de 100 mètres de long sur 10 de large. L'entrée principale en est formée par un corridor n'ayant pas plus de 3 mètres d'élévation, mais long d'environ 36 mètres, et supporté par des piliers plats à angles droits. L'intérieur en est divisé en un grand nombre de salles. Les ailes de l'édifice sont séparées l'une de l'autre par des cours. La tour qui se trouve au milieu a environ 25 mètres d'élévation; elle est à quatre étages; et l'architecture en est simple, mais jolie. Les corridors souterrains n'ont point encore été exactement explorés. Les ouvertures pratiquées de tous côtés et tenant lieu de fenêtres sont petites, et non uniformes. Les murailles sont le plus souvent ornées de peintures et de sculptures, et recouvertes de stuc. Il en est de même de quelques autres grands édifices qu'on voit encore parmi ces ruines, et qui très-certainement devaient être destinés à des usages publics. Il règne encore beaucoup d'incertitude et d'obscurité sur l'époque où ces édifices furent construits, de même que sur ceux qui les élevèrent. En tous cas la ville dont on voit les ruines à Palenque devait être le centre d'un État puissant et bien organisé; et cette capitale était déjà un désert fort longtemps avant l'arrivée des Espagnols au Mexique. Jusqu'en 1787 on ne connaissait ces ruines que par ouï-dire; et lorsque le gouvernement espagnol envoya Antonio del Rio les explorer, il lui fallut abattre ou brûler les arbres centenaires qui recouvraient quelques édifices encore debout. Il en reconnut quatorze ou quinze, qu'il décrivit assez superficiellement. Son rapport, accompagné de dessins, parmi lesquels figuraient des idoles plus ou moins singulières, fut adressé au gouvernement espagnol; mais de telles découvertes pouvant blesser un clergé ombrageux, ce travail fut enfoui dans les archives. Les dessins furent perdus, et ce n'est qu'environ quarante ans après, en 1822, qu'il parut une traduction anglaise du rapport à Londres, et que par suite M. Warden, alors consul général des États-Unis à Paris, le fit connaître par une traduction française, qui éveilla l'attention du monde savant sur cette cité silencieuse, abandonnée au sein du Mexique, comme Memphis aux sables d'Égypte, ou Palmyre au désert de Syrie. Après Antonio del Rio, d'autres voyageurs avaient encore exploré les ruines de Palenque, entre autres Dupaix, de 1805 à 1808, et plus tard Waldeck et Stephens.

[On se demande à quels peuples sont dus ces restes d'une civilisation passée, soit que cette civilisation ait été originaire du pays lui-même, soit qu'elle ait été due à d'anciennes communications avec les autres parties du monde. M. de Humboldt dit que lorsque les Aztèques, peuple de Montezuma, vinrent, au douzième siècle, occuper les contrées mexicaines, ils trouvèrent ces grands monuments debout, et les attribuèrent aux Toltèques, arrivés sur le plateau du Mexique vers le sixième siècle, sans être certains cependant qu'ils n'avaient pas été élevés par des peuples antérieurs. Cette hypothèse de M. de Humboldt donnerait donc déjà à ces monuments une antiquité de plus de treize cents ans; j'appuierai cette hypothèse par une considération qui semble décisive : c'est que ces mêmes Toltèques, chassés du nord vers le sud par les hordes septentrionales de l'Asie qui passèrent en Amérique, il n'en faut pas douter, antérieurement au sixième siècle, en même temps que d'autres hordes fondaient sur l'Europe, n'avaient rien construit de semblable dans le nord, où l'on ne trouve aucun vestige en pierre. Les monuments dont il s'agit sont donc nécessairement plus anciens qu'eux. Quant à ceux de Palenque, leur âge ne peut être moindre; le souvenir en était totalement perdu lors de l'arrivée des Européens, au quinzième siècle; les historiens de la conquête n'en entendirent jamais parler, et leur découverte au milieu des déserts est si moderne que dans bien des esprits c'est encore un problème.

S'il est vrai que les Tatars et les Mongols aient passé, selon l'assertion de M. de Humboldt, du nord de l'Asie dans le nord de l'Amérique avant le sixième siècle, et aient continué leurs migrations pendant les siècles suivants; s'il est vrai que les Chinois, d'après leurs annales, compulsées par M. de Guignes, aient commercé avec l'Amérique dès le cinquième siècle; que les Norvégiens et les Islandais aient fondé dans le dixième siècle des colonies à Terre-Neuve et au Labrador, où l'on retrouve en ce moment même les ruines d'églises chrétiennes, que ces colonies y élevèrent plus de quatre cents ans avant les premiers voyages de Colomb; si, dis-je, ces faits et d'autres que je passe sous silence, corroborés par des recherches récentes sur diverses langues d'Amérique, sont vrais, pourquoi regarderions-nous comme fabuleux ou impossibles certains voyages, certaines découvertes des peuples de l'antiquité, telles que le voyage du Carthaginois Himilcon, jusqu'au continent américain, vers le troisième siècle de l'ère chrétienne, ou bien les voyages des Phéniciens envoyés, selon de graves auteurs, par Salomon, roi des Israélites, et Hiram, roi des Tyriens, aux contrées américaines, sous le nom d'*Ophir* et de *Tharsis*.

Si ces relations, que nous croyons connaître, ont en effet existé, d'autres que nous ne connaissons pas ont pu aussi avoir lieu, surtout du côté de l'Orient, entre les anciens peuples d'Asie et l'Amérique centrale, placée en face d'eux, sous la même latitude. Peut-être est-ce là qu'il faut chercher la source de la population de cette partie du continent américain, et par conséquent l'origine de ces monuments mystérieux qui nous étonnent aujourd'hui. Qui sait même si, du côté de l'Occident, l'Atlantide de Platon ne fut pas une réalité, et si ces édifices du Guatemala et du Yucatan, qui n'ont actuellement d'analogues sur aucun autre point du globe, ne sont pas dus à la proximité supposée de cette île, dont l'engloutissement, tout problématique qu'il soit, semble attesté par les courants circulaires connus, mais non assez étudiés, de l'océan Atlantique, et par les forêts de joncs sous-marins, que Colomb rencontra sur sa route, forêts que les cartes du seizième siècle marquaient entre le 11e et le 35e degrés de latitude nord (circonstance qui peut-être n'a pas été assez appréciée), et qui semblaient végéter sur une terre encore à fleur d'eau. Sans doute, ce ne sont là que des conjectures, pour lesquelles je demande pardon, mais ces conjectures sont appuyées aujourd'hui sur des notions plus nombreuses et peut être plus concluantes qu'autrefois.

Charles FARCY.]

PALÉOGRAPHIE (du grec παλαιός, ancien, et γράφω, j'écris). C'est la science des écritures anciennes, ou, dans un sens plus restreint, la connaissance des inscriptions qui la plupart étaient tracées sur des monuments de sculpture, d'architecture, ou sur des vases, enfin sur des médailles. Toutes les matières solides connues des anciens furent employées à cet effet. Voyez à cet égard le *Traité d'Archéologie* de M. Champollion, où l'on traite de la paléographie des divers peuples, et notamment de celles des Égyptiens, des Grecs et des Romains, en faisant connaître les abréviations romaines et chrétiennes. La poléographie proprement dite est celle des manuscrits anciens, et surtout des chartes du moyen âge. Le meilleur ouvrage pour étudier cette science est un *Traité de Diplomatique* publié par les soins des bénédictins de Saint-Maur, en 6 vol. in-4° (1748).

Cette science sert à fixer des points importants d'histoire, de chronologie, de critique. On apprend ainsi à apprécier la sincérité de certaines bulles ou de certaines donations. Mabillon a été en ce genre l'un des plus habiles critiques; il a laissé d'excellentes règles sur la foi due aux actes. Il importe de connaître surtout les caractères extrinsèques des diplômes, la matière sur laquelle on les écrivait aux diverses époques, les écritures usitées dans les divers siècles. Après les lames de plomb, l'ivoire, les feuilles d'arbre, on employa, dans le moyen âge aussi les tablettes enduites de cire. Quelques abbayes de Paris en possédaient qui ne remontaient pas au delà du quatorzième siècle. Telles étaient aussi les tablettes contenant les dépenses faites par Philippe le Bel et la reine de Navarre, son épouse, pendant leur voyage en Flandre. On écrivit, dit-on, des diplômes sur des peaux de poisson; cependant, ce fait est révoqué en doute. L'usage du parchemin ne date que du sixième siècle. Les plus anciens diplômes sont aussi de papier d'Égypte, dont l'extrême finesse ne comportait d'écriture que d'un seul côté. L'usage prévalut pour le parchemin de n'écrire qu'en dedans : ensuite on le roulait. La France et l'Angleterre possèdent de nombreux diplômes originaux en parchemin du septième siècle. De plusieurs pièces attachées ensemble on formait des volumes; souvent on se contentait de les coudre les unes aux autres. La marche du temps amena plusieurs abus : ce ne fut point assez de se servir du *verso*, on prit l'habitude de gratter le parchemin et de le surcharger de nouvelles écritures. Les empereurs proscrivirent l'usage du parchemin ainsi râclé. Il paraîtrait que le papier de chanvre a été inventé en Chine dès le premier siècle de notre ère; cependant, ce n'est point par imitation de ce peuple qu'on l'a introduit chez nous.

Ce qui fait le principal mérite du paléographe archiviste, c'est de pouvoir d'un coup d'œil sûr, et à l'aide de pièces de comparaison, fixer le siècle auquel appartiennent les manuscrits; c'est de lire couramment les anciennes écritures; c'est de les vérifier les unes par les autres.

DE GOLBÉRY.

PALÉOLOGUES (Les). C'est le nom des souverains de la dernière dynastie qui occupa le trône de Byzance. Elle eut pour fondateur Michel VIII PALÉOLOGUE, qui était en l'an 1260 empereur de Nicée et qui devint empereur d'Orient l'année suivante (*voyez* ORIENT [Empire d']). Michel Paléologue, d'une des plus illustres familles byzantines, avait été nommé régent de l'empire durant la minorité de Jean Lascaris; mais il se fit proclamer à sa place et fit crever les yeux à son pupille. Il entreprit plusieurs expéditions heureuses en Grèce et dans l'Archipel, traita avec les Turcs, les Bulgares, et employa tous ses efforts pour faire cesser le schisme qui séparait l'Église d'Orient de celle d'Occident. Il mourut en 1282, dans une expédition contre la Thrace, laissant pour successeur *Andronic II*, né en 1258. Son règne est remarquable par les invasions des Turcs et des autres barbares. Il chargea le peuple d'impôts pour acheter la paix, altéra les monnaies, laissa languir le commerce et la marine, et fut enfin détrôné par son petit-fils, Andronic III, en 1328. Il finit ses jours dans un monastère en 1332.

Andronic III était né en 1295, de Michel Paléologue, fils du précédent. Il régna d'abord conjointement avec son grand-père (1325); mais à partir de 1328 il relégua le vieil empereur dans son palais, et gouverna seul. Guerrier habile, il fut en même temps le père de son peuple, et diminua les impôts. Il mourut en 1341, adoré de ses sujets.

Jean V monta jeune sur le trône de Constantinople (1341), et ne fut d'abord empereur que de nom, Jean Kantakuzène ayant usurpé toute l'autorité. A l'abdication de ce dernier (1355), Jean V régna seul. Les Turcs envahirent la Thrace sous son règne. Jean Paléologue n'opposa aucune résistance, et traita avec Amurat. Son règne fut aussi long que malheureux.

Andronic IV, son fils aîné, fut associé au trône par son père, l'an 1355. Jean V, qu'il avait voulu détrôner, le força de renoncer à l'empire et de céder ses droits à son frère Manuel (1373). Il finit ses jours dans l'exil.

Manuel ou *Emmanuel II* succéda en 1391 à son père Jean V, après s'être évadé de la cour du sultan Bajazet, où il était en otage. Deux fois sous son règne Constantinople fut assiégé, la première par Bajazet, qui se retira pour faire face à Tamerlan; la seconde par Amurat, qui dut aussi s'éloigner pour combattre un compétiteur au trône. Manuel mourut en 1425, à l'âge de soixante-dix-sept ans. Il fut père de Jean VI et de Constantin XI.

Jean VI fut associé à l'empire en 1419, et régna seul de 1425 à 1448. Attaqué par les Turcs, il demanda des secours aux Latins, et consentit pour les obtenir à l'union des Églises grecque et latine, qui fut résolue au concile de Florence, en 1439; mais ses sujets se refusèrent à l'union, et il n'obtint lui-même que des secours insuffisants.

Le dernier Paléologue fut Constantin XI, qui mourut héroïquement, en 1453, lors de la prise de Constantinople par Mahomet II.

Une branche des Paléologues régna aussi de l'an 1306 à l'an 1533 dans le Montferrat. André Paléologue céda ses droits à l'empire d'Orient au roi de France Charles VIII. Il existe encore aujourd'hui en France des descendants des Paléologues.

PALÉONTOLOGIE ou **PALÆONTOLOGIE** (de παλαιός, ancien; ὤν, ὄντος, un être; λόγος, discours). Cette science a pour objet l'étude des êtres organisés qui ont peuplé anciennement la terre, et que l'on retrouve à l'état fossile. La paléontologie, qui a fait faire d'immenses progrès aux diverses branches de la géologie, particulièrement à la géognosie, a déjà rendu d'autres services en montrant l'absurdité de certaines hypothèses sur la création. Et cependant cette science est d'origine toute récente. On peut dire qu'elle a été fondée par G. Cuvier, qui en jeta les premières bases dans ses mémoires sur les pachydermes perdus du bassin de Paris; car les travaux antérieurs de Daubenton, Camper, Hunter, Pallas, etc., n'avaient fourni que des résultats incomplets, ne laissant entrevoir ni les lois ni les principes qu'il était réservé à leur immortel successeur de formuler.

La voie ouverte par Cuvier a été suivie par un grand nombre de savants, et aujourd'hui les recherches de Blainville, de MM. Owen, Alcide d'Orbigny, Deshayes, Croiset, Laurillard, Lartet, etc., et celles de M. Ad. Brongniart sur les végétaux, ont amené la paléontologie à l'état dont nous avons cherché à donner un tableau à l'article FOSSILES.

PALÉOTHÉRIUM. *Voyez* PALÆOTHÉRIUM.

PALERME, capitale du royaume de Sicile et de l'intendance du même nom, sur la côte septentrionale de l'île, et bâtie en amphithéâtre, sur les bords d'un petit golfe, siége du gouverneur général et d'un archevêque, est très-régulièrement construite et bien fortifiée. On remarque surtout la place du château et la place della Marina sur le port, ainsi que les deux grandes rues principales, *Cassaro* ou *Toleda* et *Macqueda*, qui se croisent au centre de la ville, où elles forment un octogone régulier, appelé *Piazza Villena*. Mais les rues sombres, étroites et tortueuses n'y manquent pas non plus, et beaucoup de maisons ont conservé tout à fait l'apparence des habitations mauresques. Le port, dans lequel il entre annuellement plus de cinq cents vaisseaux étrangers, est protégé par deux châteaux forts, et entretient des communications régulières à vapeur avec Messine, Naples, Malte et Marseille. Le nombre des habitants, qui était autrefois de 200,000, n'est plus aujourd'hui que de 180,000. Les principaux édifices sont le palais du roi, composé de bâtiments de différents siècles, l'archevêché, le couvent de Sainte-Claire, l'ancienne maison professe des jésuites, la cathédrale de Santa-Rosalia, appelée aussi *Madre Chiesa*, où l'on voit les tombeaux des deux empereurs Henri VI et Frédéric II, l'hôtel de ville et le grand couvent de capucins situé hors de la ville, dans les souterrains duquel on voit des moines conservés naturellement. L'hospice des aliénés est parfaitement organisé. L'université, fondée en 1394, possède une bibliothèque de 30,000 volumes et comptait en 1845 trente-huit chaires et 865 étudiants. Un observatoire, une collection de médailles, un jardin botanique en dépendent. Palerme est aussi le siége d'une académie des sciences. On y trouve des fabriques de soieries, d'articles d'orfévrerie, de quincaillerie, etc., un grand nombre de tanneries et de blanchisseries de cire. Ses meubles, ses fruits confits, ses mosaïques, faites avec les plus beaux échantillons de marbre et d'agate, sont en juste renom. On y construit aussi beaucoup de navires. Le commerce y est pour la plus grande partie aux mains des Anglais, des Génois et des négociants de Livourne; et ses opérations sont facilitées par une banque et un tribunal consulaire. Il s'y tient aussi une grande foire annuelle. C'est de Palerme que s'expédient à l'étranger la plus grande partie des produits de la Sicile, tels que le froment, le vin, l'huile, les fruits secs, la manne, etc.; et elle est en possession de fournir au reste de l'île les produits coloniaux et les articles manufacturés qu'on y consomme. La soie dite de Palerme se récolte aux environs de la ville, et s'expédie d'ordinaire brute. Parmi le grand nombre de ses intéressants environs, on remarque surtout le *Monte Pellegrino* (l'*Ereta* des anciens), qui s'élève à l'extrémité nord-ouest du golfe, montagne calcaire de 660 mètres d'élévation et complétement nue. Un chemin construit à grands frais en zigzag y conduit à l'église et au monastère de Sainte-Rosalie, patronne de la ville, dont on y voit la statue. Le jour de la fête de cette sainte, pour laquelle les Palermitains ont une vénération toute particulière, cette statue est promenée processionnellement dans les rues de la ville sur une espèce de char triomphal, long de 23 mètres, large de 10 et haut de 27. Quand vient la nuit, la ville s'illumine magnifiquement; on tire force feux d'artifices, et plus de 20,000 cierges éclairent la cathédrale. Au pied de la montagne est situé le château de plaisance *La Favorita*, appartenant au roi de Naples.

Palerme, le *Panormus* des anciens, fut fondée par les Phéniciens, et appartint ensuite aux Carthaginois. A l'époque de la première guerre punique, c'était la principale station de la flotte des Carthaginois, dont l'armée y tenait aussi ses quartiers d'hiver. Les Romains, quand ils s'en furent emparés, l'érigèrent en colonie (*colonia augusta Panormitanorum*). Plus tard elle tomba au pouvoir des Ostrogoths. Bélisaire la soumit de nouveau à l'empire de Byzance. Prise d'assaut en 835 par les Sarrasins, elle devint la résidence du gouverneur général qu'ils entretenaient en Sicile. En 1072, le Normand Robert Guiscard s'en rendit maître, et par la suite les rois de Sicile s'y firent toujours couronner. Elle devint leur résidence, en même temps que la capitale de l'île, dont elle partagea les destinées sous la domination des Hohenstaufen, des Français, des Espagnols, etc. (*voyez* SICILE). Palerme fut à diverses reprises dévastée par des tremblements de terre, et notamment en 1693, le 1er septembre 1726 et le 5 mars 1823. En 1799 Ferdinand IV fut réduit à s'y réfugier, après avoir été chassé par les Français de ses États de la terre ferme; et il y résida, sauf de courtes absences, jusqu'en 1815. En 1820 il y éclata une insurrection contre la constitution que Naples venait de se donner. Les Napolitains parvinrent à la comprimer; et il en fut de même du soulèvement populaire qu'y provoquèrent en 1836 les ravages effrayants exercés par le choléra. C'est à Palerme que commencèrent au mois de septembre 1847 les troubles et les démonstrations populaires contre le régime politique auquel le pays était jusque alors resté soumis; et le 12 janvier 1848 il y éclata une insurrection formelle contre le gouvernement. Dès le 13 les troupes royales, retirées au fort Saint-Elme, commencèrent à la bombarder; mais elles durent évacuer leurs positions au commencement de février, et le peuple démolit alors les fortifications. Le 25 mars suivant avait lieu à Palerme l'ouverture du parlement de Sicile. Le 7 mai 1849 le peuple se souleva contre le parti modéré, qui se disposait à livrer la ville aux troupes royales, lesquelles en reprirent effectivement possession le 15 mai. L'université, qui était demeurée fermée pendant la durée des troubles, rouvrit ses cours le 19 décembre 1850.

PALÈS, déesse des bergers, qui présidait aux troupeaux et aux bercails. Elle dut son nom, son culte et ses rites à l'Italie. Quelques auteurs cosmogones prétendent que l'étymologie du nom de cette divinité vient de Phallus, l'organe de la génération, adoré de temps immémorial en Orient. C'était effectivement le 21 avril, le mois de Vénus, que se célébraient dans les campagnes de Rome, et à Rome, les *Palilies*, fêtes et réjouissances fameuses, dans lesquelles le peuple adressait des vœux à la déesse pour la fécondation des troupeaux. Bien mieux, plus tard certaines dames romaines se mettaient au lit dans l'atrium de leur maison, et demandaient à Palès la fécondité. Pourquoi cependant ce nom ne viendrait-il point de *palea* (paille) : en effet, un des jeux les plus caractéristiques de sa fête consistait en trois monceaux de chaume allumés, que les prêtres franchissaient en courant d'un triple bond. Comme Cybèle, Palès était surnommée *Alma* (la Bienfaisante), car son culte et ses rites étaient presque confondus avec ceux de *Tellus* (la Terre) et de *Vesta* (le Feu), deux des plus énergiques puissances génératrices. C'était une vestale qui, la veille de la fête des Palilies, distribuait, à qui venait en prendre, les cendres du *veau brûlé*. Quant aux offrandes et aux rites particuliers à cette divinité champêtre, Ovide les a décrits dans son poëme si savant et si varié des *Fastes* avec une scrupuleuse exactitude. Aux rites de Palès décrits par Ovide nous ajouterons l'usage de lui offrir du vin cuit; nous n'oublierons pas non plus la branche lustrale de romarin. Le soir, après les feux de paille, ou de foin, ou de chaume, ou de tiges de fèves allumées, on célébrait un banquet anniversaire de la fondation de Rome, arrivée le 11 des calendes de mai, date correspondante au 21 avril. La flûte, le tambour et les cymbales accompagnaient les chants de joie, et on s'enivrait d'une boisson composée de vin doux et de miel.

Les Palilies depuis l'an de Rome 708 (45 avant J.-C.) furent célébrées aussi en l'honneur de César, parce que ce fut précisément la veille de ces fêtes, le 20 avril, qu'on reçut au sénat la nouvelle de la prise de Munda. Ces joies toutes champêtres, ces fêtes de la nature n'eurent point d'interruption jusqu'à l'an de J.-C. 692, où le concile de Constantinople les interdit. DENNE-BARON.

PÂLES COULEURS. *Voyez* CHLOROSE.

PALESTINE. On nomme ainsi un prolongement inférieur du plateau de la Syrie, qui bien qu'étant encore, à tout prendre, un pays de montagnes, forme au sud et à l'est comme la transition entre ce plateau et les plaines du désert. Il comprend les contrées bornées au nord par l'Anti-Liban et ses prolongements, par le mont Naphtali et la chaîne de hauteurs située plus à l'est et appelée aujourd'hui *Djebel-Heish*, à l'est et au sud par les déserts d'Arabie et de Syrie, enfin à l'ouest par la Méditerranée. La partie de ce territoire qui avoisine la mer, basse, chaude et généralement fertile, s'arrête au nord au mont Carmel et aux montagnes échelonnées de Tyr. Entre ces deux groupes, on rencontre la baie de Saint-Jean-d'Acre ou de Ptolémaïs. Au sud, cette région du littoral s'avance jusqu'aux confins du désert, à travers l'ancien pays des Philistins, où était située autrefois Ascalon, aujourd'hui déserte, et où l'on rencontre maintenant Gaza. La seconde zone est formée par une région de configuration très-diverse, qui même dans ses plus basses parties, s'élève déjà considérablement au-dessus du niveau de la mer, présentant partout un sol de formation calcaire et crayeuse, et dès lors offrant dans ses parties montagneuses un grand nombre de cavernes et de fondrières. Au nord cette zone renferme la Galilée, pays de collines, qui se termine au sud par une espèce de contrefort contigu à la plaine de Jesréel, dont le sol est beaucoup plus bas; et sur ce contrefort s'élève encore le mont Thabor. La plaine de Jesréel est bornée à l'ouest par la chaîne du mont Carmel et à l'est par les monts Gilboa. Les eaux de Jesréel se réunissent dans le Kison, et s'écoulent par un étroit défilé conduisant à la baie de Ptolémaïs.

La montagneuse contrée de Samarie confine au sud à Jesréel; elle offre un grand nombre de délicieuses et fertiles vallées, mais qui plus loin encore au sud prennent un aspect âpre et désert, puis se confondent avec les montagnes de la Judée et de l'Idumée, lesquelles s'étendent jusqu'au désert. Le *ghor*, ou vallée du Jourdain constitue encore une troisième zone, s'étendant au sud jusqu'à la mer Morte et jouissant d'un climat tout à fait tropical, parce qu'elle est protégée à l'est et à l'ouest par les hautes contrées qui l'avoisinent. La quatrième zone, qui présente les conformations les plus diverses, renferme la contrée à l'est du Jourdain jusqu'au désert. Plus large au nord et plus étroite au sud, elle se compose dans sa partie nord-ouest d'un sol calcaire et crayeux, au nord-est de basalte, et au sud en partie de sables. Immédiatement au pied du Djebel-Heish cette contrée, située à l'est du Jourdain, est un plateau fertile, qu'arrose à deux myriamètres au-dessous du lac Génésareth le Hiéromax, appelé aujourd'hui *Scheriat-el-Mandhur*, qui se jette dans le Jourdain. A quatre myriamètres au-dessous de son embouchure, le mont Giléad, couvert de belles forêts de chênes, se rattache au plateau. On trouve ensuite, en avançant davantage vers le sud, entre le mont Giléad et la montagne sablonneuse de Séir, un plateau manquant d'arbres, mais pourtant fertile en céréales, contrée sauvage, mais au sol fertile. Les limites entre le mont Séir et le plateau qui l'avoisine au nord se prolongent à quelque distance au sud de l'Arnon, appelé aujourd'hui *Waddy-Modschib*, qui se jette dans le Jourdain, de même que le Jabbok, aujourd'hui *Zerkâ*, qui traverse le mont Giléad. La contrée située entre le Zerkâ et le Waddy-Modschib porte aujourd'hui le nom de *Belkâ*; et on appelle *Kérek* celle qui est située entre le Waddy-Modschib et le mont Séir.

Par son climat et son sol, la Palestine possède toutes les conditions d'une fertilité extrême; aussi la Bible la décrit-elle comme une contrée féconde. Mais l'état social qui existe depuis plusieurs siècles dans ce pays en a fait un désert. Au delà du Jourdain surtout les montagnes sont généralement nues, et les vallées désertes; en deçà on rencontre encore beaucoup de terres cultivées, et quelques-unes des montagnes sont couvertes de plantations. D'après la souche de ses habitants, on l'appelait la terre de Canaan quand Abraham vint se fixer dans sa partie méridionale et en achetant un emplacement pour servir de sépulture à sa famille fonda le droit en vertu duquel les Hébreux conduits par Josué conquirent ce pays, l'an 1450 avant J.-C.; et d'après le nombre de leurs tribus, ils le divisèrent en douze États fédératifs. Saül les réunit en un royaume, que David agrandit à l'est et au sud par ses conquêtes; mais la Phénicie, qui formait la zone septentrionale de la côte occidentale et où se fixèrent les Cananéens, expulsés de leur territoire, resta indépendante des Hébreux. En l'an 975 avant J.-C. ce pays se divisa pour former les deux royaumes d'Ephraïm et de Juda (*voyez* JUIFS). Après la destruction de ces États, arrivée en l'an 720 et en l'an 588 avant J.-C., il fut incorporé partie à l'empire d'Assyrie et partie à l'empire de Babylone; et après le renversement de cet empire il devint une satrapie de la Perse. La séparation politique et religieuse qui s'effectua sous les règnes de Cyrus et de Darius Ier entre les colonies juives revenues de la captivité en Palestine et les métis provenant du mélange des Hébreux avec les idolâtres qu'elles trouvèrent dans le pays, les Samaritains, fut l'origine de la division qui existait au temps de Jésus-Christ, comme précédemment déjà sous les Asmonéens. Le pays situé en deçà du Jourdain reçut le nom de *Judée*, dans le sens le plus étendu de ce mot, et comprenait les provinces de Judée, où le vaste territoire méridional où l'on rencontrait Jérusalem, Bethléem, Hébron et Jéricho sur le mont Juda, les ports de Césarée et de Joppé (aujourd'hui *Jaffa*), sur la côte de la Méditerranée, et une partie de l'Idumée (*voyez* IDUMÉENS); Samarie (*voyez* SAMARITAINS), ou le petit territoire central, avec les villes de Samarie et de Sichem (aujourd'hui Nablus), et le mont Éphraïm ou Israel, sur lequel était situé le mont Garizim; et la Galilée, pays situé au nord, et le plus fertile de tous, avec les villes de Tibériade, de Capharnaüm et de Bethsaïde, sur le lac Génésareth, de Megiddo, de Naïn et de Nazareth, ainsi que le bourg de Cana. La contrée au delà du Jourdain comprenait les provinces de Peræa, la plus grande de toutes et située au sud, avec le mont Giléad, de Gaulonitis à l'est du lac Génésareth, de Batanæa, d'Auranitis (Haurân) et de Trachanitis, la plus petite de toutes, située au nord (*voyez* JÉRUSALEM). Consultez Raumer, *La Palestine* (3e édition; Leipzig, 1850) et surtout Robinson, *La Palestine et les pays circonvoisins* (Halle, 1841); Ritter, *Géographie* (Berlin, 1851-1852).

PALESTINE (*Typographie*). *Voyez* CARACTÈRE.

PALESTRE, fille de Mercure, à laquelle on attribue l'invention de la lutte. D'autres la disent fille d'Hercule, et croient qu'elle fut l'inventrice d'une espèce de ceinture, de tablier ou d'écharpe dont les athlètes se servaient. En archéologie, la *palestre* (*lutte*) était, chez les Grecs et les Romains, une espèce d'école publique où l'on formait les athlètes aux différents exercices du corps, à peu près comme dans les *gymnases*. Les jeux qui y étaient en usage s'appelaient les *exercices palestriques*, ou simplement *la palestrique*. Ils étaient au nombre de neuf: la lutte, le pugilat, le pancrace, la course, l'hoplomachie, le saut, le disque, le trait et le cerceau. Il y avait dans les *palestres* des portiques, des bains chauds et froids, et même des salles pour les leçons de philosophie et de grammaire. Vitruve a laissé le plan d'une *palestre*.

PALESTRINA. *Voyez* PRÉNESTE.

PALESTRINA (JEAN-BAPTISTE-PIERRE-LOUIS DE), le plus grand compositeur du seizième siècle, et le seul peut-être dont le nom et les ouvrages survivront à toutes les vicissitudes de l'art. Il naquit de parents pauvres, en 1529, dans la petite ville de Palestrina (l'ancienne Préneste). On lui donna plus tard le nom de sa ville natale: aussi est-il nommé par quelques auteurs *il Prenestino*. Il étudia sous un maître nommé Goudimel, auteur de la musique des psaumes de Marot, et qui embrassa le protestantisme. Palestrina avait déjà écrit plusieurs œuvres remarquables quand l'occasion se présenta pour lui de commencer et d'accomplir une grande révolution dans la musique d'église. Le pape Marcel ayant résolu, pendant la tenue du concile de Trente, en 1552, de faire rendre un décret qui supprimât la musique dans les églises, Palestrina obtint du pontife qu'il entendît une messe de sa composition. Cette messe, d'un style grave et religieux, bien différent de celui que les maîtres contemporains avaient introduit dans la musique sacrée, empêcha le pape d'exécuter un dessein si fatal aux destinées de l'art musical. Pour comprendre quelle fut l'impression que dut produire pour la première fois la musique noble et simple de Palestrina, il faut savoir que la coutume des compositeurs était alors de prendre pour thème principal d'une messe une chanson populaire qui rappelait souvent même des paroles obscènes. Palestrina, au contraire, ne dut qu'à ses propres inspirations les mélodies sublimes qu'il adapta aux textes sacrés, et, par un habile mélange de la tonalité ancienne usitée dans le *plain-chant* et de la tonalité moderne, il imprima à ses œuvres un caractère austère et religieux, véritable type de la musique sacrée.

Le pape Marcel récompensa Palestrina en le nommant maître de sa chapelle, et le pape Paul IV le continua dans cette charge. En 1571 il succéda à Animuccia en qualité de maître de chapelle de Saint-Pierre; enfin, en 1592, sa supériorité et son mérite étaient si bien établis que quatorze des plus célèbres compositeurs se réunirent pour lui dédier un recueil de psaumes à cinq voix. Palestrina mourut le 2 février 1594. Ses funérailles furent célébrées avec la plus grande pompe. Il fut inhumé dans l'église même de Saint-Pierre, où l'on voit encore son tombeau.

Sous le rapport des formes harmoniques, le style de Palestrina diffère peu de celui des compositeurs de son époque: on trouve toujours dans ses ouvrages l'emploi et, si l'on veut, l'abus des imitations, des canons, en un mot, du style fugué. Mais ce qui le distingue entre tous les grands maîtres, c'est la noblesse et la majesté de ses mélodies, l'art infini avec lequel il agence les diverses voix, art dans lequel il attend encore un rival. La science du contre-point, c'est-à-dire la combinaison des notes entre elles, était encore dans l'enfance; Palestrina l'en fit sortir: son puissant génie la porta au plus haut degré de perfection, et il fit, pour ainsi dire, épanouir les idées musicales qui avaient germé dans les siècles précédents. On est peu disposé au dix-neuvième siècle à goûter et à comprendre la musique de Palestrina: la sublime simplicité de ses chants, la majestueuse monotonie de ses accords, accommodent mal nos sensations, usées aujourd'hui par le fracas des orchestres, par les accents passionnés de la musique dramatique.

Le catalogue des œuvres de Palestrina est beaucoup trop étendu pour pouvoir trouver place ici; nous nous bornerons à dire qu'il existe à la bibliothèque du Conservatoire de Paris une collection considérable de messes et de motets de ce grand maître. Plusieurs de ses madrigaux, des fragments de messes, des exemples de contre-point sur le *plain-chant*, ont été publiés par Choron dans l'ouvrage intitulé *Principes de composition des écoles d'Italie*; enfin, le *Stabat mater*, une *Messe en canon*, ont été publiés séparément par Choron. Les autres compositions de Palestrina ont été publiées à l'étranger, mais sont presque introuvables en France. L'abbé Baini a publié des *Mémoires historiques sur la vie et les ouvrages de Palestrina*.

F. DANJOU.

PALET. Ce mot vient de *palæstra*, pierre plate et ronde, ou morceau de fer ou de cuivre de même forme, épais de trois ou quatre doigts, un peu ovale et long de plus de 33 centimètres, avec lequel les anciens jouaient, en le jetant le plus près qu'ils pouvaient du but qui avait été marqué. La pesanteur de cet instrument était telle que ceux qui voulaient le transporter d'un lieu dans un autre étaient obligés de le mettre sur l'épaule : les mains seules n'auraient pas suffi pour en soutenir longtemps le poids. Avant de lancer le *palet*, on avait soin de le frotter de sable ou de poussière, ainsi que la main qui le soutenait, afin de le rendre moins glissant et de le tenir plus ferme. Cet exercice était fort en usage dans la Grèce et à Rome. Nos enfants s'y livrent encore, mais avec des palets de pierre de bien moindre dimension.

PALETTE. Ce mot désigne, dans son acception la plus ordinaire, un petit instrument de bois plat, ordinairement rond ou ovale, armé d'un manche, et dont les enfants se servent pour jouer au volant. Le nom de *palette* s'applique aussi à divers autres instruments de formes variées, usités dans un grand nombre de métiers et d'arts, comme l'imprimerie, la serrurerie, la peinture, etc. Mais c'est surtout dans le dernier de ces arts que la palette est d'un usage plus général et plus fréquent. Elle consiste alors en une petite planche de bois fort mince, très-dure, ordinairement ovale, et percée vers le bord d'un trou qui sert aux peintres à y passer le pouce de la main gauche, avec laquelle ils la tiennent en travaillant. Comme c'est sur la palette que les peintres placent et mélangent les couleurs, cet usage a donné lieu à plusieurs locutions figurées; ainsi, l'on dit d'un tableau *qu'il est fait d'une seule palette* quand il est si bien exécuté qu'on ne peut y apercevoir les reprises du travail. On dit d'un tableau *qu'il sent la palette* quand les couleurs en sont crues, les teintes trop vives et sans accord. *Avoir une palette brillante, une riche palette, bien des couleurs sur la palette*, se dit d'un peintre bon coloriste et, par extension, d'un poëte de beaucoup de verve, dont le style a de l'éclat.

Le mot *palette* a en médecine diverses acceptions, dont la plus importante est celle par laquelle il sert à désigner de petits vases d'une capacité déterminée, destinés à recevoir le sang qu'on tire par la saignée. La palette ou *poêlette* contient ordinairement quatre onces environ de sang; une saignée de *deux palettes* est une saignée de huit onces.

En anatomie, l'appendice xyphoïde, la rotule et l'omoplate, portent vulgairement le nom de *palette*.

On nomme aussi *palette* en médecine un instrument de percussion semblable à une spatule à long manche, et d'un bois blanc très-léger. M. Percy l'a proposé pour le massage, La *palette à pansement* est une petite planche de bois mince, découpée, ayant la forme de la main, et servant à assujettir cette partie dans divers cas, lorsqu'elle est brûlée par exemple, afin d'empêcher que les cicatrices ne déforment les doigts. Enfin, on nomme *palette de Cabanis* un instrument inventé par Cabanis de Genève, et formé de deux plaques d'argent trouées, accolées et mobiles l'une sur l'autre. Il sert à retirer l'extrémité du stylet passé dans le nez, lors de l'opération de la fistule lacrymale.

PALÉTUVIER. Il n'y a peut-être pas de plante sur laquelle les discordances des voyageurs dans leurs rapports et leurs descriptions aient apporté autant de confusion. On ne peut même guère parler du palétuvier sans ramener ce qui a été dit principalement du manglier. Les voyageurs ont donné le nom de *manglier* à des arbres et arbrisseaux qui croissent aux Antilles, le long des rivages de la mer, et parmi ces espèces il paraît que se trouve le vrai palétuvier de l'Inde, dont il sera parlé plus bas. Aux Antilles, on donne généralement le nom de *mangle gris* au *conocarpus erecta* de Linné, qui ressemble beaucoup à un saule; et le nom de *mangle blanc* au *conocarpus procumbens*. Enfin, les créoles appellent *mangle rouge* le *rhizophora* de Linné, à branches pendantes dans les eaux de la mer, où la plupart du temps elles constituent de véritables huîtrières. Cet arbre est bien plus élevé que les mangles gris et blanc. Il faut au surplus se bien garder de confondre les mangliers avec l'arbre qui porte les fruits délicieux du manguier. Le nom de *mangui* a encore été mal à propos donné, en y ajoutant l'épithète de *vénéneux*, à l'*ahouai manghas* (*cerbera manghas*, Lin.).

C'est un spectacle original et vraiment curieux aux Antilles que de voir non pas pêcher d'excellentes huîtres, mais en quelque sorte en faire la cueillette sur les branches flexibles et entrelacées du palétuvier, où, à la marée basse, elles restent suspendues comme des cerises; ces branches, n'étant plus soutenues par l'eau, s'abaissent et sont pendantes comme celles du saule-pleureur : ces huîtres sont parfaites, et offrent une grande ressource aux navigateurs dans leurs relâches sur la partie inhabitée des côtes, où d'ailleurs le bois du palétuvier leur est précieux, à cause de la propriété qu'il a de brûler facilement, quoique encore vert et fraîchement coupé.

Le *rhizophora* est un bel arbre de la famille des caprifoliacées. Comme le vrai palétuvier, il offre dans ses semences un mode de germination singulier. Le fruit contient une semence qui commence à germer dans l'intérieur de la capsule aussitôt que celle-ci est mûre, et la radicule se développe dans l'intérieur, perce l'enveloppe, s'allonge, s'élève en forme de massue. Bientôt, ne pouvant se soutenir perpendiculairement, elle se renverse, se détache du fruit, entraînant avec elle la semence, et tombe. La partie qui était supérieure s'enfonce dans le limon, ou vase, et de la partie inférieure s'élève la plantule avec ses deux cotylédons. Le rhizophora est indigène des pays chauds de l'Asie et de l'Amérique. C'est un arbre excessivement rameux, et ses rameaux, allongés, pendants, s'enfoncent dans la vase du littoral, et deviennent de nouveaux arbres, lesquels se multiplient à leur tour de la même manière. Il en résulte une inextricable épaisseur de branches qui bordent la côte, et où se réfugient beaucoup de poissons dans les vases qu'elles recouvrent.

Quant au véritable *palétuvier des Indes*, c'est le *rhizophora gymnorhiza* de Linné, dont Lamark a fait son *bruguiera gymnorhiza*. Ce que nous avons dit du mode de germination du mangle rouge se rapporte beaucoup à l'arbre que nous décrivons actuellement, et dont la patrie est l'Inde. Le bois de celui-ci est pesant, dur et rougeâtre. Aussitôt après avoir été coupé, il exhale une odeur sulfureuse très-marquée, et jeté encore vert au feu, il brûle avec activité et en répandant beaucoup de lumière. Les Chinois en emploient l'écorce pour la teinture en noir. Les fruits renferment une espèce de moelle que les Indiens préparent en la faisant cuire dans du vin de palmier, et dont ils sont très-friands.

Mais, ainsi que nous l'avons dit plus haut, il y a beaucoup de confusion dans la nomenclature, et l'on a appelé *palétuviers* des arbres tout à fait différents : c'est ainsi que les voyageurs ont parlé du *palétuvier gris*, qui est l'*avicenne luisant*; du *paletuvier de montagne*, qui est le *clusier veineux*; du *palétuvier sauvage*, qui est le *mimosa Burgoni*.

PELOUZE père.

PÂLEUR (du latin *pallor*). On nomme ainsi la couleur ou teinte blanchâtre que prend le visage à la suite de certaines sensations, ou qu'il conserve lorsqu'il a perdu de son éclat. Le phénomène de la pâleur semble dû à la diminution du sang qui circule dans les vaisseaux capillaires de la face : aussi le remarque-t-on ordinairement après les hémorrhagies ou pertes de sang, et dans l'état de convalescence et de faiblesse qui suit de longues maladies. Il est fréquemment aussi déterminé par quelques affections morales, comme la terreur, quelquefois même la colère, qui semblent faire refluer presque tout le sang vers le cœur.

Les anciens, qui divinisaient tout, ont fait de la pâleur un dieu plutôt qu'une déesse, parce que *pallor* est chez eux du masculin. Cette déification est rapportée à Tullus

Hostilius, roi de Rome, qui, ayant vu ses troupes sur le point de prendre la fuite, voua pour les arrêter un temple à la Crainte et à la Pâleur. Ce temple, suivant Plutarque, fut élevé hors de la ville, conformément au vœu de T. Hostilius. On apaisait le dieu Pâleur en lui immolant un chien et une brebis. Il avait des saliens ou prêtres nommés *pallorieus* (*salii pallorii*). Ils faisaient partie du cortége des prêtres de Mars, parce que la pâleur était regardée comme un des compagnons de ce dieu.

PÂLI, nom de la langue sacrée des bouddhistes, équivalant à *mesure*, *langue donnant la mesure*. Le pâli offre sous le rapport des formations grammaticales et du trésor de mots les plus grandes affinités avec le sanscrit; seulement il est plus doux et moins accentué. Le pays originaire de cette langue est la province de Maghadda, au nord de l'Inde, où la tradition fait naître Bouddha. Le pâli fut employé de bonne heure comme langue écrite; et les inscriptions de l'Inde les plus anciennes que nous connaissions encore sont rédigées en pâli. Les missionnaires bouddhistes le répandirent au loin dans l'ouest de l'Asie; aussi le retrouvons-nous sur les médailles indo-bactriennes et autres monuments analogues qui témoignent de la domination que les Grecs exercèrent dans l'intérieur de l'Asie. La destruction violente du bouddhisme dans l'Inde fit disparaître le pâli comme langue vivante; mais les nombreux ouvrages qui avaient été composés dans cette langue furent transportés par les prêtres fugitifs à Ceylan, à Birma et à Siam, où depuis des siècles la connaissance du pâli s'est conservée par tradition. Consultez Lassen et Burnouf, *Essai sur le Pâli, ou langue sacrée de la presqu'île au delà du Gange* (Paris, 1826); Clough, *A compendious Pali Grammar, with a copious vocabulary* (Colombo, 1824).

La littérature pâli embrasse toutes les branches du savoir des Hindous; mais ce sont surtout la religion et la philosophie du bouddhisme, ainsi que les vies de saints bouddhistes, qui sont le sujet d'un grand nombre d'ouvrages dans cette langue. Le très-volumineux canon des ouvrages sacrés est divisé en trois parties (*Pittaka*), dont la première comprend les livres relatifs à la liturgie, au culte religieux, etc.; la seconde, les livres relatifs à la morale, au dogme, à la législation, etc.; la troisième, diverses dissertations sur la métaphysique, les légendes sacrées, etc. Au total, il n'en a encore été publié que fort peu de chose. Nous citerons *Kammavakya, Liber de Officiis Sacerdotum Buddhicorum* (publié par Spiegel; Bonn, 1841), et *Anecdota Palica* (par le même; Leipzig, 1845), contenant quelques légendes et une petite dissertation métaphysique. La littérature pâli possède en outre quelques ouvrages historiques d'assez de valeur. La plus importante est le *Mahâvansa* de Mahanama-Therap, chronique de l'île de Ceylan, comprenant l'histoire des temps les plus reculés jusqu'à l'époque où vivait l'auteur (an 432 de notre ère); cet ouvrage a été continué ensuite par divers jusqu'en 1756. Les plus riches collections de manuscrits pâlis se trouvent à Londres, à Paris et à Copenhague.

PALIKARES. On appelait ainsi autrefois en Turquie les mercenaires grecs et albanais qui, armés d'un long fusil turc, de deux pistolets et d'un poignard, vêtus à l'albanaise et obéissant à leurs propres *kapitans*, tantôt servaient sous les pachas turcs et tantôt menaient une vie de brigandage, ne reconnaissant d'autre loi que le droit du plus fort, et offrant une complète analogie avec les armatoles. Les palikares prirent une grande part à la guerre de l'indépendance. Aujourd'hui c'est le nom sous lequel on désigne en Grèce les troupes irrégulières qui ont conservé le costume et l'équipement ci-dessus décrits.

PALILIES. Voyez Palès.

PALIMPSESTES (du grec πάλιν, de nouveau, et ψηστός, effacé), en latin *codices rescripti*, c'est-à-dire manuscrits dont l'écriture primitive a été effacée et remplacée par un texte nouveau. Les heureux résultats des efforts faits de nos jours par le célèbre Angelo Maï pour retrouver les textes primitifs cachés sous l'écriture nouvelle ont vivement appelé l'attention des savants sur les palimpsestes; et il est permis d'espérer qu'en essayant de les déchiffrer on retrouvera encore bien des trésors de la littérature de l'antiquité qu'on devait croire irréparablement perdus. La cherté et la rareté des matières sur lesquelles on écrivait avaient dû naturellement suggérer l'idée d'employer une seconde fois le parchemin ou le papier d'Égypte dont on s'était servi une première fois. L'éponge à effacer était déjà connue du temps d'Auguste. On pouvait gratter le parchemin, et le grattoir (*rasorium*) était l'un des outils indispensables du copiste. Le parchemin qu'on avait ainsi gratté était ensuite poli à l'aide de la pierre ponce, afin qu'on pût plus aisément écrire dessus. Par bonheur l'écriture primitive est souvent demeurée dans cette opération tellement inhérente au parchemin, qu'on l'aperçoit encore à l'œil nu sous le texte nouveau qui la recouvre; ou que tout au moins il est facile de la faire apparaître de nouveau à l'aide de moyens chimiques. Au moyen âge, époque où la grande consommation qui se faisait d'antiphonaires, de missels, etc., avait rendu le parchemin rare, il arrivait quelquefois au copiste de retourner les grandes feuilles de parchemin ainsi grattées. C'est ce qui fait que les lignes du texte nouveau se croisent si souvent avec celles du texte ancien, ou encore que l'écriture nouvelle se trouve en sens inverse de l'ancienne. Mais avant Angelo Maï les trouvailles qu'on avait pu faire en essayant de déchiffrer le texte primitif des palimpsestes n'avaient pas paru valoir la peine qu'on s'était donnée. Plus heureux que ses devanciers, ce savant bibliothécaire retrouva ainsi le texte du traité *De Republica* de Cicéron sur un palimpseste qui avait servi à transcrire un commentaire de saint Augustin sur les psaumes. Si de tous les érudits qui ont jusqu'à ce jour exploré les palimpsestes Maï a été le plus heureux, cela tient surtout à cette circonstance que l'Italie est le pays où il y avait le plus de copistes. Rien de plus rare que des palimpsestes allemands; mais ce qui est autrement rare encore, c'est du parchemin ayant déjà servi à l'écriture, puis qu'on a gratté et sur lequel on a imprimé. La bibliothèque de Wolffenbuttel contient un palimpseste imprimé de ce genre; c'est un exemplaire de l'édition de Jenson des *Constitutiones Clementinæ*, de 1476.

Dans l'introduction dont il a fait précéder son édition de *La République* de Cicéron, Maï donne des détails curieux sur les palimpsestes d'Italie en général, et en particulier sur ceux de Vérone, desquels Niebuhr a tiré les *Institutes de Gaius*. Il ne serait pas impossible, suivant lui, que plusieurs de ces palimpsestes provinssent du siècle d'Auguste même; il compare les caractères de l'écriture à ceux des inscriptions de Pompéi et d'Herculanum; il prouve que les parchemins ont bien pu avoir cette durée. Il a publié beaucoup de fragments d'autres auteurs, grecs et latins, tous arrachés, par son infatigable travail, à des palimpsestes ignorés jusqu'à lui. Tels sont les fragments d'un traité de Gargilius sur les arbres fruitiers, ceux de Fronto, ceux de Dion Cassius, dont Niebuhr a tiré ensuite un immense parti pour fixer un point d'histoire relatif au tribunat. Il en existe deux fort belles éditions publiées à Rome, l'une in-4°, l'autre in-8°.

Il fallait s'attendre à voir des faussaires exploiter l'espoir conçu par les savants de retrouver un jour sur quelque palimpseste des trésors littéraires qu'on devait croire perdus à jamais; et cela n'a pas manqué non plus. C'est ainsi qu'il y a quelques années un Grec, appelé *Simonides*, s'avisa de *découvrir* dans des palimpsestes du mont Athos des livres entiers de Sanchoniaton relatifs à l'histoire d'Égypte, qu'il se fit payer fort cher par certains érudits de l'Allemagne. La fraude était évidente; elle ressortait des caractères mêmes employés par le faussaire, et qui ne pouvaient être ceux de l'époque qu'il assignait aux prétendus manuscrits retrouvés grâce à ses *savantes* et *infatigables* recherches. On peut s'imaginer la déconvenue des académiciens de Berlin, qui s'étaient laissé duper, quand un immense éclat de rire accueillit en Europe la divulgation de l'escroquerie dont ils étaient victimes.

PALINDROME (du grec πάλιν, de nouveau, et τρέχω, j'entoure). On donne ce nom à un vers qui présente toujours les mêmes mots et le même sens, qu'on le lise de gauche à droite ou de droite à gauche, comme cet hexamètre célèbre qu'on met dans la bouche du diable :

Signa te, signa, temere me tangis et angis.

dont le sens, de quelque côté qu'on le lise, est : Signe-toi, signe-toi, c'est en vain que tu me touches et que tu me tourmentes.

PALINGÉNÉSIE (du grec πάλιν, de nouveau, et γένεσις, naissance). La palingénésie sans fin la plus visible, et non la moins merveilleuse, et cependant observée des seuls philosophes, est celle de notre globe. Les géologues ont compté les palingénésies de notre sphère, et ils ont assuré avec raison que les six jours de la création décrits par Moïse, dans la Genèse, sont des périodes d'années, à partir de la terre-abîme, comme la nomme l'écrivain sacré, ou du *chaos*, comme l'ont traduit les Grecs.

L'homme a senti, d'après ces phases du globe, que lui-même devait être une palingénésie continuelle, un cercle de transitions et de transformations. La voix de l'Apôtre nous annonce une autre palingénésie : « Nous attendons, dit-il, l'arrivée du jour du Seigneur, dans lequel les cieux seront détruits par les flammes et les éléments dissous par l'ardeur du feu; mais nous attendons aussi, suivant ses promesses, de nouveaux cieux et une nouvelle terre, dans lesquels habite la justice. »

Quelle palingénésie sociale que les églises s'élevant dans Rome tout à l'heure païenne; que cette hostie blanche et sans tache offerte au Créateur et aux anges, en place du sang des boucs et des taureaux, et quelquefois des hommes, inondant le pied des idoles!

Les païens de la Grèce et de Rome avaient une palingénésie religieuse conforme à leurs mythes : ils croyaient que le corps, dont le sang est la vie, après sa séparation de l'âme, subissait une métamorphose dans la figure d'un serpent ou dragon, espèce de génie tumulaire qui gardait l'urne où reposaient ses cendres. Quant à l'âme immatérielle, formulée en ombre impalpable et légère comme celle d'Eurydice échappant à Orphée, elle descendait dans le Tartare ou dans les Champs Élysées. Telle était la double palingénésie corporelle et physique des mythes d'Hésiode et d'Ovide. Les ombres nuageuses d'Ossian, de Fingal et de Malvina, se berçant dans les brumes de la Calédonie, à la pâle lueur de la lune, une harpe à la main, le charme de leur vie dans l'antique Erin, sont un reflet mélancolique de la riante palingénésie grecque.

Je ne parle pas de la fameuse palingénésie pythagoricienne, la métempsycose; le sage de Samos l'avait apportée des Indes dans la Grèce, d'où les philosophes la répandirent dans la Grande-Grèce (l'Italie), mais que n'adopta pas le peuple. Les incarnations indoustanes, celle de Wischnou, les deux régénérations du monde, durée d'une vie de Brahma, sont des palingénésies. Tous les mondes, dit le *Véda*, se forment, se détruisent et se reforment; leur commencement et leur fin se succèdent sans interruption.

A chaque pas la nature nous offre des régénérations matérielles. Le ver à soie ou bombyx transparent, et la chenille velue, ont deux palingénésies. On pense que les astres, épuisés de leurs feux, se régénèrent les uns les autres en se transversant pour ainsi dire leur matière ignée.

Comme notre globe, comme la religion, les sciences ont eu leurs palingénésies; celle qui s'accomplit sous François Ier fut appelée la *Renaissance*. DENNE-BARON.

PALINOD, sorte d'académie littéraire. Le palinod de Rouen fut fondé en l'honneur de l'immaculée conception de la Vierge. Robert Wace rapporte l'établissement de cette fête au onzième siècle, à l'occasion d'une tempête qu'aurait essuyée un abbé du monastère de Ramsay dans un voyage en Danemark, entrepris par ordre de Guillaume le Roux, roi d'Angleterre, danger dont l'abbé aurait été préservé par l'intercession de la vierge Marie. D'autres fixent à 1486 la fondation du palinod ou puy palinod de la capitale de la Normandie. Ce palinod fut longtemps appelé la *fête aux Normands*. Quelques villes de Normandie en établirent dans la suite, notamment Caen, en 1527; mais le palinod de Rouen resta le plus célèbre. Il y avait trois prix, qui consistaient dans les armes de l'université ou des bienfaiteurs du palinod, des anneaux d'or, des jetons d'argent et des branches de laurier. Les poésies furent d'abord des épigrammes latines, des chants royaux, des ballades et des sonnets. On y ajouta plus tard deux odes latines et une ode française. Dans les derniers temps, le premier prix était donné à une pièce de poésie de douze stances, et le second à une ode française. Tous ces ouvrages devaient être terminés par une stance en l'honneur de la Vierge. La révolution a détruit ces fêtes et ces concours.

Par suite on a donné le nom de *palinod*, en littérature, à une pièce de poésie, sorte de chant royal ou de ballade, dans laquelle on devait amener la répétition du même vers à la fin de chaque strophe. L. LOUVET.

PALINODIE (du grec πάλιν, de nouveau, et ᾠδή, chant). Dans son antique origine, ce mot qualifiait un poëme, satire ou ode, dans lesquels le poëte exprimait vivement une rétractation des sentiments ou des faits qu'il avait énoncés dans une ode, satire ou poëme précédents. On doit au célèbre lyrique grec Stésichore la première *palinodie*. Ayant injurié Hélène dans l'un de ses poëmes, il fut frappé d'aveuglement par Castor et Pollux, les frères de cette princesse, qui étaient depuis quelque temps au rang des dieux. Cette affliction venue du ciel inspira au poëte une *rétractation*, et il composa un poëme où il certifiait que jamais navire n'avait porté Hélène sur la plage phrygienne. Il y louait la pudeur d'Hélène à l'égal de celle de Pénélope, sans oublier ses charmes incomparables; Ménélas n'y était point oublié : c'était le plus heureux des époux. Stésichore intitula ce poëme *palinodie*, et il recouvra la vue. On comprend que l'aveuglement du poëte et la lumière du jour que lui rendirent les *Dioscorides* ne sont qu'un mythe ou une allégorie.

Dans la suite, saint Justin, saint Clément et Eusèbe, appelèrent une *sainte palinodie* un hymne qu'ils attribuaient à Orphée. Ce mystagogue, y reniant non moins que trois cents dieux, sortis pour la plupart de son cerveau, y aurait prodigué les images bibliques, seules convenables au dieu vivant.

Un charmant exemple de *palinodie* latine est l'ode d'Horace adressée à Tyndaris. Ce poëte avait outragé dans ses vers la belle Gratidie, la mère de cette jeune fille : il en demande pardon à cette dernière; il la conjure de jeter ses trop rapides ïambes dans la mer, ou de les condamner au feu. « A cette heure, ajoute-t-il, je cherche à composer un miel qui adoucisse leur âcreté. » Pour prix de ses derniers vers, qu'il nomme *recantati*, il conjure Tyndaris, plus belle encore que sa mère, de devenir son amie et de lui accorder ses faveurs.

L'innocente *palinodie* des poëtes antiques se corrompit en passant par la langue des orateurs. L'or de Philippe éteignit les foudres des *Philippiques*, et dès ce moment les discours de Démosthène ne furent plus que des *parodies* criminelles. Lucain, qui chante si haut la liberté romaine réfugiée dans les âmes de Brutus et de Pompée, osa en même temps adresser des vers dédicatoires à Néron. C'était une *palinodie*.

Enfin, la *palinodie* descendit si bas que les poëtes la rejetèrent, tout en l'employant trop souvent, du titre de leurs poëmes. Ce mot ne s'employa plus qu'au figuré; et l'on dit depuis d'un désaveu honteux, d'une rétractation vile, d'une louange exaltant tour à tour, par intérêt, le vice et la vertu d'un poëte ou d'un orateur, c'est *chanter la palinodie*. Il n'y a pas de pays sur la terre où soit plus pressée la tourbe des palinodistes qu'en France. Depuis notre première révolution, cette classe abjecte, toujours bien accueillie, afflue à la chaire, à la tribune, et surtout à la cour, cette source inconstante des dignités et des hautes faveurs. Il me semble entendre ces palinodistes, dans l'excès de leur corruption, se justifier par ce vers, né de l'indignation de Properce :

> Quand un crime est commun, un crime n'est plus crime.
>
> DENNE-BARON.

PALISSADE (*Fortification*), pieux, pièces de bois de forme prismatique qu'on emploie dans les fortifications pour garnir certains ouvrages de défense. Sa coupe, dont le contour est d'environ 40 centimètres, est ordinairement un triangle équilatéral. La longueur d'une palissade est de 3 mètres à 3 mètres 50 centimètres; elle est terminée en pointe par le haut sur une longueur de 30 centimètres et charbonnée au pied, pour que la partie enfoncée en terre se conserve plus long temps. Les anciennes palissades du temps de Vauban étaient carrées; on les rangeait en losange, c'est-à-dire qu'elles avaient deux angles sur la ligne, un angle du côté de la campagne et l'autre angle du côté de la place. Les palissades servent à fortifier les avenues des postes ouverts, des gorges, des demi-lunes, les parapets des chemins couverts, et en général tous les postes où l'on craint des surprises et dont les approches sont faciles. On plante ordinairement une file de *palissades* verticales dans le fond du fossé d'un retranchement, et elle se place au pied de l'escarpe ou de la contrescarpe, ou même au milieu du fossé. On en plante aussi perpendiculairement au talus de la contrescarpe, sur la berme, horizontalement ou inclinées à l'horizon; enfin, on en plante dans le talus extérieur. Lorsqu'un retranchement est garni de palissades verticales, on dit qu'il est *palissadé*, et lorsque les files de palissades sont inclinées et plantées dans le talus, il est dit *fraisé* (voyez FRAISE).

Martial MERLIN.

PALISSADES (*Jardinage*), arbres touffus et feuillus par le pied, taillés en forme de mur, le long des allées, ou contre les murailles d'un jardin. Les palissades de charmes sont les plus épaisses, les mieux garnies. Le célèbre Le Nôtre, auquel on doit le tracé et la décoration des jardins les plus magnifiques du grand siècle, avait su tirer un immense parti des *palissades*. Il les utilisait tantôt à couvrir les murs de clôture pour boucher en des endroits des vues désagréables et en ouvrir d'autres; tantôt à corriger et à racheter les biais qui souvent se trouvaient dans un terrain et les coudes que formaient certains murs. Ici elles servaient de clôture aux bosquets, cloîtres et autres compartiments qui devaient être séparés, et où l'on pratiquait d'espace en espace des renfoncements le long des allées; là on les voyait revêtir le mur d'appui d'une terrasse. L'habile maître savait en former des niches que décoraient des jets d'eau, des figures ou des vases; ou encore en dresser à son gré des portiques, en élever des galeries, en jeter des arcades, etc. Il y a de *grandes palissades*, de *moyennes palissades* et de *petites palissades* ou *palissades à banquettes*, qui n'excèdent jamais 1m,16 en hauteur. Celles-ci servent à border les allées lorsqu'on ne veut pas masquer toutes les vues d'un jardin. On y mêle des arbres de distance en distance, et quand on veut les décorer, on y enclave des ormes à tête ronde. Tondre une *palissade*, c'est la dresser avec l'espèce de faux appelée *croissant*.

Martial MERLIN.

PALISSAGE. *Voyez* ESPALIER.

PALISSANDRE (Bois de) ou **PALIXANDRE.** Les ébénistes le connaissent aussi sous le nom de *bois de violette*. Son lieu de provenance présumé est l'Inde; cependant, les Hollandais en ont primitivement apporté de la Guiane. Ce bois, très-compacte et lourd, est sonbre et résineux; il prend facilement un beau poli avec un aspect marbré ou satiné. Sa couleur générale est le rouge brun tirant au violet. Il se fonce considérablement à l'air, et y répand une agréable odeur de violette. On ne l'estime cependant que médiocrement quand les veines ne tranchent pas vivement sur le fond. Le palissandre convient bien pour le tour principalement, et pour les archets des instruments à cordes. Il nous arrive en bûches assez fortes.

On apporte aussi en Europe un *faux palissandre*, dont les bûches sont recouvertes d'un aubier tendre et blanchâtre. Le cœur est dur, compacte, serré et d'un grain fin; sa couleur est belle, brune, moirée de blanc jaunâtre, ou jaune moirée d'un rouge brun foncé. Mais les bûches ont fort souvent le défaut d'être fendues dans l'intérieur. L'arbre qui fournit le palissandre est au surplus totalement inconnu des botanistes.

PELOUZE père.

PALISSOT DE MONTENOY (CHARLES), fils d'un avocat de Nancy, naquit dans cette ville, le 3 janvier 1730, et mourut à Paris, le 15 janvier 1814. Doué par la nature d'une aptitude, d'une intelligence au-dessus de son âge, il était maître ès arts à douze ans, bachelier en théologie à seize, puis membre de la Congrégation de l'Oratoire, qu'il abandonna pour se marier à dix-huit ans. A vingt ans Palissot avait déjà fait deux tragédies; ses biographes constatent le fait avec un enthousiaste étonnement; mais ces tragédies ne méritaient pas plus d'attention que tant de tragédies d'auteurs de vingt ans qui éclosent chaque jour encore dans les mansardes du quartier latin. Voyant que la tragédie ne lui réussissait pas, Palissot se tourna vers la comédie, et il fit représenter *Les Tuteurs*, qui furent jugés un peu froids et froidement accueillis, et *Le Barbier de Bagdad*, conte des *Mille et une Nuits* mis assez agréablement en pièce. Palissot avait rêvé de grands succès, et il ne les obtint pas. A qui s'en prit-il? A la philosophie du dix-huitième siècle, à cette hardie réformatrice qui occupait alors les esprits. Il commença la guerre contre elle en personnifiant méchamment J.-J. Rousseau dans une comédie intitulée *Le Cercle*, représentée à Nancy, en 1755. Jean-Jacques se vengea de cette personnalité inusitée en rapatriant Palissot avec le roi Stanislas, qui voulait à cause de cette pièce chasser de l'Académie de Nancy l'impudent auteur. Palissot s'attaqua ensuite à Diderot, dans les *Petites Lettres contre de grands Philosophes*, publiées en 1756; il fit ensuite *La Dunciade*, d'abord en trois chants, que Voltaire accueillit comme une petite drôlerie. Pour que la petite drôlerie devînt grande, Palissot eut l'idée, peu heureuse, de l'étendre en douze chants, ce qui ne l'empêcha pas de l'étendre encore davantage plus tard, afin d'y maltraiter aussi les hommes de la révolution tombés sur l'échafaud du 9 thermidor.

On comprend que les attaques de Palissot ne demeuraient point sans réponse; aussi se lança-t-il dans une polémique où les rieurs n'étaient point toujours de son côté. Il la soutint avec plus d'orgueil que de bonne foi; ce qui le prouve, c'est que dans un de ses ouvrages les plus estimés, sinon pour le brillant, la richesse de l'invention, du moins pour la correction, la pureté du style, les *Mémoires sur la Littérature*, il encensait, à une édition d'intervalle, l'ouvrage et l'auteur qu'il avait *éreintés* d'abord; il éreintait celui qu'il avait encensé, selon que la haine avait chez lui succédé à l'amitié, ou l'amitié à la haine. Cette versatilité dans les jugements et les appréciations de Palissot fait que notre siècle ne saurait les accepter comme sérieux.

Palissot fit représenter, en 1782, deux comédies assez médiocres, *Le Satirique* et *Les Courtisanes*; il eut la malencontreuse idée de publier une édition incomplète de Voltaire, en cinquante et quelques volumes. Diverses biographies disent, sans nous expliquer comment, que la révolution dépouilla Palissot de sa fortune. Nous comprenons peu comment elle l'aurait, par spoliation, forcé à vendre sa maison de campagne : l'obscurité dans laquelle il vivait alors ne pouvait attirer aucunes foudres sur sa tête. Palissot est mort administrateur de la Bibliothèque Mazarine, fonctions qu'il occupait alors. Jusqu'à son dernier jour, il cultiva les lettres, mais son ardeur s'était éteinte avec l'école philosophique, qui fit le tourment de sa vie et fut la cause de sa passagère réputation.

PALISSY (BERNARD). La Croix du Maine, son contemporain, et notre plus ancien biographe, dit que Palissy, *homme d'un esprit merveilleusement prompt et aigu*, florissait à Paris l'an 1584, âgé de soixante ans et plus, ce qui fixerait la date de sa naissance de 1520 à 1524; et d'Aubigné rapporte que Palissy mourut en 1589, âgé de quatre-vingt-dix ans, ce qui ferait remonter sa naissance à 1499. On ignore également le lieu de sa naissance; on sait seulement, par La Croix du Maine, qu'il était du diocèse d'Agen. Ce que l'on sait de plus complet, au reste, sur Palissy nous a été fourni par lui-même. On voit que dans sa jeunesse il s'était occupé de *pourtraiture* et de *vitrerie*, c'est-à-dire de dessin et de peinture sur verre, et qu'il était souvent appelé pour faire des *figures* pour les procès, ce qui signifie qu'il était chargé de lever des plans des lieux litigieux.

Une coupe de terre émaillée, sortie sans doute des fabriques de Faenza ou de Castel Durante, qu'il vit par hasard, lui inspira la résolution de faire des émaux, « bien qu'il n'eût, dit-il, dans son *Traité de l'Art de terre*, nulle connaissance des terres argileuses et qu'il fût comme un homme qui tâte en ténèbres ». Rien ne put arrêter Palissy dans ses essais. Il avait consumé en vain plusieurs années, lorsque les commissaires députés par le roi pour établir la gabelle dans la Saintonge le chargèrent de « figurer les isles et pays circonvoisins de tous les marez salants dudit pays »; ce qui prouve qu'il avait quelques connaissances de la géométrie pratique. Cette opération lui ayant procuré un peu d'argent, il se mit à faire de nouvelles recherches touchant les émaux. Rien de plus attachant, de plus dramatique, que le récit qu'il fait de ses tribulations, de ses efforts couronnés quelquefois par des succès incomplets, que de nouvelles tentatives viennent renverser, et de sa joie, lorsque enfin il atteignit le but qu'il avait si longtemps et si péniblement cherché. Soupçonné de faire de la fausse monnaie, honni par ses voisins, vilipendé par sa propre famille, qui était dans la plus profonde misère, et qui lui reprochait de ne point se livrer à des travaux utiles; brûlant jusqu'à ses meubles et jusqu'au plancher de sa maison pour chauffer son four; donnant ses vêtements en payement à un ouvrier qu'il ne pouvait plus conserver, telles sont les rudes épreuves qu'il eut à supporter. Son succès lui coûta vingt-cinq ans de sa vie; il fait d'abord « quelques vaisseaux de divers esmaux, entremellez en manière de jaspes », qui le nourrissent *quelques ans*; puis il crée des pièces rustiques, c'est-à-dire des figures d'animaux qu'il sculpte en terre, et qu'il revêt d'émaux propres à imiter la nature; enfin, sa renommée s'étant étendue, il fut protégé par les grands seigneurs, et le connétable de Montmorency l'employa à la décoration de plusieurs de ses châteaux, notamment à celui d'Écouen. Palissy avait embrassé la religion protestante; bientôt il fut poursuivi. Le duc de Montpensier lui donna une sauvegarde; le comte de La Rochefoucauld ordonna que son atelier fût considéré comme un lieu de franchise; mais nonobstant les instances de ces illustres protecteurs, Palissy fut jeté dans les prisons de Bordeaux, et il aurait infailliblement péri si le connétable de Montmorency n'eût obtenu d'Henri II, par l'intermédiaire de la reine mère, un ordre du roi qui l'appela à Paris, où il reçut le brevet d'inventeur des rustiques *figulines* (poteries) du roi et du connétable. Peyresc dit qu'il était surnommé *Bernard des Tuileries*; Girauld Langrois lui donne le titre de gouverneur des Tuileries; enfin, Palissy nous apprend lui-même qu'il demeurait aux Tuileries, vis-à-vis de la Seine. Là il réunit une grande quantité d'objets d'histoire naturelle; il y ouvrit (1575) un cours en trois leçons, pour lequel il faisait payer *un écu*, « afin qu'il ne s'y trouvast que des plus doctes et des plus curieux », dont il voulait provoquer la contradiction; et il a donné, à la suite de son *Traité des Pierres*, la liste des personnes qui assistèrent à ce cours, au nombre desquelles se trouve Ambroise Paré. Ce fut sans doute à son séjour dans les Tuileries, comme aussi à la protection de Charles IX, qui sauva également Ambroise Paré, autre célèbre protestant, que Palissy dut d'échapper au massacre de la Saint-Barthélemy. Il continua de donner des leçons publiques d'histoire naturelle et de physique; mais à la sollicitation de Matthieu de Launay, l'un des Seize, il avait été mis à la Bastille, et il était menacé, dit d'Aubigné, d'être conduit *au spectacle public* (à la mort); le duc de Mayenne fit prolonger son procès, et il mourut en prison, à l'âge de quatre-vingt-dix ans.

Ce même d'Aubigné, dans la *Confession de Sancy*, rapporte un fait des plus honorables pour Palissy. Le roi, étant venu le voir quelque temps avant sa mort lui tint le discours suivant : « Mon bon homme, il y a quarante-cinq ans que vous estes au service de la reine ma mère et de moy; nous avons enduré que vous ayez vescu en vostre religion parmy les feux et les massacres; maintenant, je suis tellement pressé par ceux de Guise et mon peuple qu'il m'a fallu, malgré moy, vous mettre en prison, et vous serez demain bruslé, si vous ne vous convertissez. — Sire, répondit Bernard, vous m'avez dit plusieurs fois que vous aviez pitié de moy; mais moy, j'ay pitié de vous, qui avez prononcé ces mots : J'y suis contraint. — Ce n'est pas parler en roy. Moy, qui ai part au royaume des cieux, je vous apprendrai ce langage royal, que les guisarts, tout vostre peuple ny vous, ne sauriez contraindre un potier à fléchir les genoux devant des statues ».

Palissy a publié, de son vivant, plusieurs traités importants, qui ont été réunis en un seul volume in-4° par Faujas de Saint-Fond et Gobet (Paris, 1777). Ils contiennent des choses neuves, qui ont été longtemps méconnues : c'est ce qui a fait dire à Fontenelle qu'après plus de cent ans, les idées de Palissy s'étaient réveillées dans l'esprit de plusieurs savants. Palissy ne savait ni le grec ni le latin; il en tire souvent vanité dans ses ouvrages; il avait visité toute la France, et il s'était livré à des études géologiques qui prouvent beaucoup de sagacité; c'est lui le premier qui osa affirmer que les pierres figurées n'étaient autre chose que des empreintes d'animaux, et surtout de poissons. On trouve dans toutes les collections d'antiquité, notamment au Musée, des assiettes, des plats, des vases émaillés, que Palissy a ornés de divers animaux. Ce sont en général des curiosités rares, et fort chères quand elles sont d'une belle conservation. P.-A. Coupin.

PALLA, manteau que portaient les dames romaines. Elles le faisaient monter comme un voile jusque par-dessus la tête; les plus modestes s'en couvraient les bras jusqu'aux poignets. Elles avaient une autre espèce de manteau ou de voile qui couvrait aussi la tête, les épaules, et descendait assez bas; on le nommait *maforte*; il servit dans l'ancienne Église à voiler les vierges chrétiennes. Th. Delbare.

PALLADIO (Andrea), célèbre architecte, né le 30 novembre 1518, à Vicence, de parents pauvres, s'occupa d'abord de sculpture jusqu'au moment où le célèbre Trissino, ayant remarqué son goût pour les mathématiques, l'emmena avec lui à Rome. Dans cette ville il étudia et dessina les anciens monuments; et son ouvrage sur les Antiquités de Rome, quelque incomplet qu'il soit, prouve qu'il avait étudié à fond le génie des anciens. On estime surtout son ouvrage sur l'architecture (la meilleure édition est celle en 4 volumes; Vicence, 1776-1783). Il mourut le 19 août 1580, architecte de la république de Venise.

Palladio est l'un de ces maîtres du seizième siècle qui en étudiant les œuvres de l'architecture romaine ouvrirent une nouvelle période de l'architecture. Parmi plusieurs édifices grandioses, exécutés d'après ses dessins et sous sa direction, le théâtre *degli Olympici*, dont il orna sa ville natale, fournit l'une des plus remarquables preuves qu'il ait données de son immense talent. Venise lui est redevable aussi de plusieurs de ses plus beaux édifices, par exemple, le réfectoire de *San-Georgio-Maggiore* et l'église du même nom, célèbre à bon droit pour les belles proportions de toutes ses parties et pour la simplicité de ses ornements. A Mestre, dans la Marche de Trévise, on voit de lui le superbe palais Barbaro. Udine, Feltre, Padoue et les localités qui les avoisinent présentent aussi plusieurs monuments de son art; mais la plus grande partie de ses ouvrages se trouvent à Vicence, où, parmi les gens riches, c'était à qui aurait un palais ou tout au moins une maison d'après ses dessins. Les plus remarquables de ses constructions sont les palais Tiane, de' Porti, Valmarana et la *basilique* (grande salle publique), qu'il entoura d'une double rangée de magnifiques colonnes, indépendamment d'une foule de maisons particulières et de *villas*. L'édifice particulier dans lequel il se trouva le plus libre de se livrer aux inspirations de son génie est la célèbre *Villa Capra*, près de Padoue. Par la conception, à la fois riche et grandiose, de ses formes, par la manière originale dont il dispose de l'emplacement mis à sa disposition, Palladio est l'un des premiers architectes qu'on ait jamais vus. Il avait toujours devant les yeux la noble simplicité de l'antiquité; aussi Algarotti l'a-t-il surnommé *le Raphael de l'architecture*. En détail, ses œuvres sont cependant loin d'être irréprochables, bien qu'elles aient fait règle pour les âges suivants. Il prodigue trop les demi-colonnes accouplées, son ordre dorique n'a pas des formes bien pures, etc. En tous cas, son style est demeuré classique; et la comparaison qu'on en fait avec la dégénérescence générale de l'art, le fait paraître d'une pureté extrême. Chapuy et Beugnot ont donné une édition de ses œuvres (Paris, 1827). Consultez Tenanza, *Vita di Andrea Palladio* (Venise, 1763); Magrini, *Memorie intorno la Vita e le Opere di Andrea Palladio* (Padoue, 1846).

PALLADIUM, célèbre statue de Minerve, en bois, haute de trois coudées. Suivant Apollodore, la déesse paraissait marcher, et tenait une pique à la main droite, une quenouille et un fuseau à la main gauche. Dioscoride et Solon l'ont représentée terminée en gaine, c'est-à-dire les jambes non séparées, comme les figures égyptiennes, tenant une haste un peu inclinée, et portant un bouclier rond, derrière lequel le corps est caché, et ne laissant voir que la tête casquée. Il est bon d'observer que les auteurs ou la tradition ne s'accordent point avec Apollodore. Voici ce que l'histoire ou la fable racontent du *palladium* : Dans le temps qu'Ilus bâtissait la forteresse d'Ilion, Jupiter fit tomber cette statue du ciel, près de sa tente; l'oracle, consulté sur cet événement, ordonna qu'on bâtît un temple à Pallas dans la citadelle, et qu'on y gardât soigneusement la statue, promettant que la ville de Troie serait imprenable tant qu'elle conserverait ce précieux dépôt. Aussi lorsque les Grecs vinrent assiéger Troie se mirent-ils en devoir de l'enlever. Diomède et Ulysse, au moyen de quelques intelligences, ou peut-être par surprise, pénétrèrent la nuit dans la citadelle, égorgèrent les gardes du temple, et se rendirent maîtres du *palladium*, qu'ils emportèrent dans leur camp. Cependant, d'après plusieurs traditions rapportées par Denys d'Halicarnasse, ces deux capitaines grecs n'auraient pas enlevé le véritable *palladium*; car Dardanus, après avoir reçu celui de Jupiter, en aurait fait faire un autre, qui ne différait en rien du premier, et l'aurait placé au milieu de la basse ville dans un lieu ouvert à tout le monde, afin de tromper ceux qui auraient dessein d'enlever le véritable, et il aurait fait mettre celui-ci dans la haute ville, dans un endroit caché. Ce fut le second *palladium* que les capitaines grecs enlevèrent. Lorsque la ville de Troie fut prise, Énée se retira dans la ville haute, et emporta le vrai *palladium* avec les statues des grands dieux, et les fit passer avec lui en Italie. Les Romains étaient si persuadés qu'ils avaient le véritable *palladium*, auquel ils attachaient la destinée de Rome, que dans la crainte qu'on ne le leur enlevât, ils firent, à l'exemple de Dardanus, plusieurs statues toutes semblables, qui furent confondues avec la véritable; et ils les déposèrent dans le temple de Vesta, parmi les choses sacrées connues seulement des ministres et des vestales.

Les Romains n'étaient point les seuls qui prétendissent avoir le *palladium*. Liris, Ilias, Lavinie, Lucérie, Daulis, Argos, Sparte et plusieurs autres villes encore leur contestaient cet honneur. Les Iliens surtout prétendaient que le *palladium* n'avait jamais été enlevé de Troie, et que s'il était vrai qu'Énée, pour le garantir de l'incendie, l'avait porté à Palæscepsis, il l'avait bientôt remis à sa place. Suivant Appien d'Alexandrie, Servius et autres auteurs, lorsque, sous le consulat de L. Sylla, le lieutenant Fimbria eut pris et brûlé Ilion, sans aucun respect pour ses dieux, on trouva dans les cendres du temple de Minerve le *palladium* sain et entier, prodige dont les Iliens consacrèrent longtemps le souvenir sur leurs médailles. L'histoire ne nous dit point ce que devint cette statue; mais les modernes l'ont consacrée dans leur style figuré, et elle ne les a pas plus garantis que les anciens.

Les vaisseaux des Grecs avaient des statues de bois doré placées dans une niche à la poupe : cette partie des navires étant sous la protection immédiate de Pallas, on appelait ces statues *palladia*.

Il y avait à Athènes un endroit nommé *palladium*, où l'on jugeait les meurtres fortuits et involontaires. Le tribunal était composé de cent juges. Démophon y fut jugé le premier, mais on ne sait pour quel crime.

Th. Delbare.

PALLADIUM, nom donné à un métal découvert en 1805 dans la mine de platine, par Wollaston, et rangé dans la sixième section de Thénard. Il est solide, d'un blanc plus mat que l'argent, malléable, ductile. Son poids spécifique est de 11,3 (11,8 quand il a été laminé). Il est extrêmement difficile à fondre; il peut se dissoudre à l'aide de la chaleur dans les acides sulfurique, chlorhydrique, nitrique et nitreux. Il n'a point d'usages.

PALLAS. *Voyez* Minerve.

PALLAS (*Astronomie*), l'une des quatre petites planètes découvertes au commencement de ce siècle. Elle fut aperçue pour la première fois par Olbers, le 28 mars 1802, à Brême. La durée de sa révolution sidérale est de 1,686 jours 2 heures 8 minutes. Sa distance solaire est 2,77, celle de la Terre étant prise pour unité. L'excentricité de son orbite, plus considérable encore que celle que nous offre Junon, a pour valeur 0,269; son inclinaison et de 34° 37′ 20″. Le diamètre de Pallas est de 3,348 kilomètres, selon Schrœter. De même que Cérès, Pallas est souvent comme enveloppée dans une vaste atmosphère, qui s'étendrait à plus de 700 kilomètres de sa surface, et qui empêcherait de distinguer son noyau solide. D'autres fois, au contraire, ces deux planètes sont nettement terminées et brillent d'une lumière aussi pure que celle des étoiles.

E. Merlieux.

PALLAS, affranchi de Claude, avait d'abord été l'esclave d'Antonia, belle-sœur de Tibère. Claude le nomma intendant du trésor. Pallas fit épouser Agrippine à cet imbécile empereur, et lui fit adopter Néron; mais Claude ayant appris que Pallas était l'amant d'Agrippine, proféra contre lui des menaces de mort; Claude mourut empoisonné. Néron éloigna de lui Pallas, l'impliqua dans la conspiration de Burrhus, dont il sortit innocent, et le fit empoisonner. Pallas avait contracté tant de morgue, dans son élévation, qu'il ne parlait à ses esclaves que par signes : il laissa une fortune de 60,000,000 de notre monnaie, dont Néron hérita. Un tombeau magnifique fut élevé à Pallas, sur le chemin de Tibur, avec une inscription fastueuse, décrétée par le sénat.

PALLAS (Pierre-Simon), voyageur et naturaliste allemand, commissionné par le gouvernement russe, naquit à Berlin, en 1741. Fils d'un médecin, il étudia la médecine et les sciences naturelles, et se rendit ensuite à Leyde, où, chargé de mettre en ordre le riche cabinet d'histoire naturelle du stathouder, il eut occasion d'acquérir des connaissances toutes spéciales en ce genre. Après avoir visité l'Angleterre, il se chargea encore à diverses reprises de la mise en ordre et de la classification scientifique de plusieurs grandes collections d'histoire naturelle; travaux qui le mirent à même de recueillir les matériaux nécessaires pour la publication de son *Elenchus Zoophytorum* (La Haye, 1766) et de ses *Miscellanea Zoologica* (1766), ouvrages qu'on estime encore beaucoup aujourd'hui. Ils'en revint alors à Berlin, où il commença la publication de ses *Spicilegia Zoologica* (Berlin, 1767-1804). Ces divers travaux l'avaient fait connaître de l'Europe savante, quand l'impératrice Catherine II lui offrit une place à l'Académie de Saint-Pétersbourg et lui confia la direction d'une expédition scientifique à Orenburg. Pallas se mit en route le 21 juin 1768, en compagnie de Ssokoloff, de Sujeff et de Kytschkoff. Il parcourut d'abord l'Oural, la contrée riveraine du Jaïk jusqu'à Gourieff, et la steppe des Kirghis, puis, à l'est de l'Oural, les monts Altaï et la contrée qui environne Kjachta. Il s'en retourna alors par Krosnojarsk, Tomsk, Tara et Ouralsk, traversa la steppe qui s'étend entre le Jaïk et le Volga et celle qui s'étend sur les deux rives du Volga inférieur, et revint à Saint-Pétersbourg le 30 juillet 1774, après six années d'absence. La plupart de ceux qui accompagnaient le célèbre naturaliste succombèrent dans les difficultés de ces longues et pénibles excursions, en sorte que Pallas, quoique exténué de fatigues, dut redoubler d'activité pour mettre en ordre et publier les observations de ses compagnons ainsi que les siennes. Elles parurent sous le titre de : *Voyage fait dans diverses provinces de l'empire russe pendant les années* 1768 *à* 1773 (en allemand; Saint-Pétersbourg, 3 vol., 1771-1773); traduit en français par Gautier de la Peyronie (2ᵉ édit., enrichie de notes de Langlès et de Lamarck; 8 vol., Paris, 1794). Sa *Collection de Renseignements historiques sur les populations mongoles* (2 vol., Pétersbourg, 1777-1802) et ses *Nouveaux Essais sur la Géographie physique et politique, sur l'histoire naturelle et la statistique des régions septentrionales* (6 vol., Saint-Pétersbourg, 1781-1793) en sont en quelque sorte le complément. Les immenses collections que Pallas avait en outre rapportées de son expédition sont le point de départ du Muséum de l'Académie de Saint-Pétersbourg. Dès 1777 Pallas avait été nommé membre d'un comité topographique chargé de dresser une carte topographique de toutes les contrées dont se compose l'empire de Russie. Mais la botanique étant devenue de plus en plus l'objet préféré de ses travaux, il employa encore les dernières années du dix-huitième siècle à parcourir en tous sens les provinces russes dans l'intérêt de sa science de prédilection. Le magnifique ouvrage intitulé *Flora Rossica* (Saint-Pétersbourg, 1784-1788), resté malheureusement inachevé, fut le premier fruit de ces excursions botaniques, qui ne l'empêchaient pourtant pas de s'occuper en même temps de toutes les autres branches de l'histoire naturelle, comme le prouvent, entre autres, ses *Icones Insectorum, præcipue Rossiæ Siberiæque peculiares* (2 cahiers, Erlangen, 1781-1784) et la part importante qu'il prit à la rédaction du glossaire de toutes les langues parlées dans l'empire de Russie, qui fut publié sous le titre de *Linguarum totius Orbis Vocabularia, Augustissimæ Catharinæ II cura collecta* (2ᵉ édit., Pétersbourg, 1790-1791). On a encore de Pallas *Observations sur la formation des montagnes et les changements arrivés à notre globe* (Pétersbourg, 1777); *Tableau physique et topographique de la Tauride* (Pétersbourg, 1795). Tous les ouvrages de Pallas ont été traduits en français peu de temps après leur apparition. C'est à ses observations que doit sa naissance la géologie nouvelle, comme on peut s'en convaincre par ce passage de Cuvier : « Une considération attentive des deux grandes chaînes de montagnes de la Sibérie lui fit apercevoir cette règle générale, qui s'est ensuite vérifiée partout, de la succession des trois ordres primitifs de montagnes : les granitiques au milieu, les schisteuses à leurs côtés, et les calcaires en dehors. » Observation qui est en quelque sorte le point de départ, le fanal des travaux et des connaissances géologiques modernes, et qui forme l'un des plus beaux titres de gloire de ce célèbre naturaliste. En 1785 il fut nommé membre ordinaire de l'Académie des Sciences de Saint-Pétersbourg, et en 1787 historiographe du collége de l'amirauté. Comblé d'honneurs par Catherine II, Pallas préféra cependant le séjour de la Tauride à celui de Saint-Pétersbourg. L'impératrice, se conformant aux goûts de l'illustre voyageur, lui accorda, dans le plus riche canton de la presqu'île où il voulait se retirer, deux villages, une somme considérable et une grande maison à Symphéropol. Après avoir séjourné dans ce pays quinze années, durant lesquelles il travailla sans cesse aux ouvrages qui l'ont illustré, Pallas, quand il eut perdu sa femme, revint avec sa fille et son frère aîné, qui était aussi médecin, à Berlin, où il mourut, le 8 septembre 1811, à l'âge de soixante-dix ans.

PALLIATIF. On désigne par ce mot, en médecine, les moyens qui tempèrent ou qui guérissent en apparence les maladies; il serait synonyme de *lénitif* si son acception n'était pas bornée aux maux incurables. Les ressources médicales qu'on nomme *palliations* ne sont autres que les ressources curatives; on ne peut les différencier que selon certains cas et certains résultats : ainsi, l'éloignement des causes qui entretiennent ou aggravent un état morbide, les sédatifs, certains modificateurs de la vitalité, dont l'action générale ou locale est inconnue; l'emploi, en un mot, de toutes les armes thérapeutiques, sont des moyens qui tantôt guérissent une maladie et tantôt l'atténuent seulement : par exemple, des saignées qui préviendraient ou guériraient des anévrismes du cœur, si on les pratiquait dans un temps opportun, ne pourront que retarder une fin tragique si on les emploie dans des périodes extrêmes; la ponction n'est souvent qu'un moyen de retarder de quelque temps la mort des hydropiques; l'évacuation de l'urine ne sert encore souvent qu'à alléger quelques maladies de la vessie, etc. Toutefois, certaines ressources thérapeutiques sont spécialement considérées comme des médications palliatives : au premier rang on peut placer l'opium, lequel émousse la faculté perceptive qui est inhérente au cerveau.

Palliatif s'emploie aussi au figuré : les emprunts ne sont souvent que des *palliatifs*, qui aggravent la situation financière d'un État en paraissant l'alléger. Dʳ Charbonnier.

PALLIOLUM, espèce de mantelet ou de chaperon qui servait chez les Romains à couvrir la tête. Les malades et les convalescents en faisaient usage quand ils sortaient; les femmes de mœurs douteuses le portaient aussi par la ville, pour n'être pas reconnues.

PALLIUM, manteau de laine, que les empereurs de Constantinople offraient aux patriarches et aux principaux évêques, et que ceux-ci portaient comme marque de leur pouvoir. Plus tard, d'accord avec les empereurs, les patriarches donnèrent le *pallium* aux archevêques, après leur sacre; et ceux-ci furent tenus de le porter à l'autel. Bientôt on en vint à considérer le *pallium* comme le signe de la confirmation de leur autorité par le patriarche; et la cour de Constantinople promulgua une loi déclarant que les archevêques ne seraient confirmés dans leur dignité qu'en recevant le *pallium* et après l'imposition des mains. Les papes jouirent de ce droit dans tout l'Occident. Le *pallium* consiste en deux bandelettes d'étoffe blanche, larges de deux doigts, qui pendent sur la poitrine et derrière les épaules, et qui sont marquées de croix. Cette étoffe est tissue de la laine de deux agneaux blancs, bénits à Rome, dans l'église de Sainte-Agnès, le jour de la fête de cette sainte. Ces agneaux sont ensuite gardés dans quelque communauté de religieuses, jusqu'à ce que le temps de les tondre soit venu. Les *palliums* faits de cette laine sont déposés sur le tombeau de saint Pierre, et y restent toute la nuit qui précède la fête de cet apôtre. Ils sont bénits le lendemain sur l'autel de cette église, et envoyés aux métropolitains et aux évêques qui ont le droit de les porter. Ils est traité dans la jurisprudence canonique de ce droit et des priviléges attachés au *pallium*. Dom de Vert avait prétendu que le *pallium* dans l'origine était le parement ou la bordure de la chasuble des prêtres, et qu'il en avait été détaché depuis deux ou trois cents ans seulement pour devenir un ornement particulier; Languet, réfutant cette opinion, a prouvé que c'était un ornement épiscopal du temps de saint Isidore de Damiette, mort au milieu du cinquième siècle. Saint Césaire d'Arles, décédé au milieu du sixième, en fut gratifié par le pape Symmaque.

Chez les anciens, le *pallium*, ou manteau proprement dit, était commun aux Grecs et aux Romains. Celui des

Grecs était plus long que nos manteaux; il n'avait point de collet, et se mettait sur la tunique. Comme il y entrait beaucoup d'étoffe, on pouvait en faire plusieurs tours sur le corps.

PALMA. *Voyez* MAJORQUE.

PALMA, une des îles Canaries.

PALMA (Vin de). *Voyez* CANARIES (Vin des).

PALMA (GIACOMO), surnommé *il Vecchio* (le Vieux), l'un des plus célèbres peintres du seizième siècle, naquit après 1510, vraisemblablement aux environs de Bergame, et mourut après 1560. D'abord élève de Giovanni Bellini, il s'attacha plus tard à l'école des grands peintres vénitiens, il imita du Titien la douceur des contours, et du Giorgione la vivacité du coloris, mais sans égaler ses modèles pour ce qui est de la force de l'invention et de l'expression. En revanche, il n'a peut-être point d'égal parmi les peintres de l'école vénitienne pour la grâce et la douceur ineffables de ses têtes de femmes et d'enfants. Son coloris est toujours vrai et énergique, et son dessin très-soigné, quoiqu'il paraisse exécuté avec une extrême facilité. On voit, entre autres, à Venise l'une de ses plus célèbres toiles, une *Sainte Barbara*; les galeries de Vienne, de Munich, de Berlin, en possèdent aussi de fort belles. Il excellait également à faire le portrait. Sa fille, Violanta, douée d'une beauté remarquable, posa souvent pour lui et pour différents maîtres de l'école vénitienne, qui firent aussi à diverses reprises son portrait.

PALMA (GIACOMO), dit *Palmetta* ou *il Giovane*, était, suivant quelques auteurs, le neveu du précédent, et mourut en 1628. Il peignit, entre autres, *Le Jugement dernier* qui ornait la salle du Scrutin à Venise. Successeur du Tintoret, il vit les commandes affluer dans son atelier; et pour y satisfaire, il adopta une méthode plus expéditive, avec laquelle son talent ne tarda point à complétement dégénérer. On le considère comme le corrupteur de l'art à Venise, encore bien qu'on trouve dans la plupart de ses toiles des traces d'un immense talent et une foule de belles parties. On en voit à Rome, à Padoue, à Vicence, à Vérone, à Brescia, à Bergame, à Venise, à Dusseldorf, à Paris au musée du Louvre. Ses dessins sont des plus précieux et fort estimés; il y mettait beaucoup d'esprit, et on admire surtout la finesse et la légèreté de sa plume. Il a gravé un *Saint-Jean-Baptiste* et un *Livre à dessiner*, qui sont très-rares et très-recherchés des amateurs.

PALMA-CHRISTI, nom latin du *ricin*.

PALMA-CHRISTI (Huile de). *Voyez* RICIN et HUILE.

PALME (du grec παλάμη, de πάλλω, je secoue). On désigne communément par ce mot la branche du *palmier*. Cette longue feuille, ondulée et flexible, sert à plusieurs usages dans les contrées méridionales: on la tresse en nattes, on en fait des paniers, des sacs, des cordes, des chapeaux et différents autres petits ouvrages. Prise au figuré, la palme est le symbole de la *victoire*; elle est offerte aux triomphateurs; mais les martyrs, les poëtes, les artistes, tous ceux qui s'élèvent au-dessus de leurs rivaux par les vertus et le mérite y ont aussi des droits. Remporter la *palme*, c'est plus que vaincre, c'est triompher. Chez les Égyptiens, la palme désignait la fécondité des espèces, parce que le palmier, consacré à Isis et à Osiris, vit longtemps et fructifie jusqu'à la mort; ils coiffaient de palmes leurs dieux et les prêtres qui représentaient ceux-ci. La sculpture s'est emparée de cet attribut à la forme élégante et gracieuse, pour en décorer les monuments. Dessinées en vignettes, brodées sur les tissus, on retrouve encore des palmes sur les médailles. En blason, on accoste les écus avec des palmes: ces branches allégoriques réunissent alors les armes de deux familles, et sont le symbole de l'amour conjugal, que les anciens représentaient par des palmiers mâles et femelles. Sur les bas-reliefs, les conquérants, debout sur leur char, et couronnés de laurier, portent à la main la palme de la victoire. Sur nos tableaux religieux, le saint qui expire dans les tourments reçoit la palme du martyre. La fête que l'on célèbre le dimanche des Rameaux (*dominica palmarum*) fait allusion à une des scènes de la Passion: l'entrée de Jésus-Christ à Jérusalem. La bénédiction des palmes a lieu ce jour-là dans les églises catholiques, mais dans les contrées où il ne croît pas de palmiers des rameaux les remplacent, d'après les diverses espèces d'arbres verts qui abondent. S. BERTHELOT.

PALME, mesure adoptée par les anciens et encore en usage aujourd'hui dans certaines provinces. L'étendue de la main, qui fut d'abord sa base, l'assujettit à de nombreuses variations. En Grèce, le palme était de quatre doigts ou le sixième d'une coudée; dans l'Empire Romain, il avait douze doigts, ou la moitié d'une coudée. Cette mesure n'est pas moins arbitrairement variable aujourd'hui, dans les nombreuses contrées où elle est encore employée.

PALME (Huile de). *Voyez* HUILE DE PALME et ELÆIS.

PALMELLA (Dom PEDRO DE SOUZA-HOLSTEIN, duc DE), ministre portugais, né à Turin, en 1786, se fit d'abord connaître, en 1808, par la fermeté avec laquelle, à Bayonne, à cette question de Napoléon: « Eh bien, vous autres Portugais, voulez-vous être Espagnols? », il répondit: *Non, sire!* Plénipotentiaire portugais au congrès de Vienne, en 1814, il fut rappelé l'année suivante au Brésil, pour y remplir les fonctions de ministre des affaires étrangères. En 1818, il négocia à Paris, avec un plénipotentiaire espagnol, l'aplanissement des difficultés survenues entre les cours de Lisbonne et de Madrid à l'égard de Montevideo. Président de la régence au moment où éclata la révolution de Portugal, il fut chargé en cette qualité par la junte de porter à la connaissance du roi les événements qui venaient de s'accomplir. Après l'abolition de la constitution, en 1823, il fut nommé ministre des affaires étrangères et président du conseil, et créé en même temps marquis. Un projet de constitution présenté par une junte qu'il présidait, et que Jean VI refusa d'accepter, comme trop libéral, le rendit l'objet de la haine toute particulière de la reine, de l'infant dom Miguel, généralissime des troupes, de la junte apostolique et des absolutistes espagnols. L'*influence* exercée sur le cabinet de Lisbonne par le ministre de France en Portugal, M. Hyde de Neuville, et par l'envoyé anglais sir Édouard Thornton, mit M. de Palmella dans une situation très-délicate, que vint encore compliquer la séparation du Portugal et du Brésil. Le 30 avril 1824, il fut arrêté par l'ordre de dom Miguel. Mais Jean VI le fit remettre en liberté; et, sans reprendre la présidence du conseil, il se chargea encore alors par intérim du portefeuille des affaires étrangères ainsi que de celui de l'intérieur. En 1825 on lui confia l'ambassade de Londres, et deux ans après, dom Miguel ayant aboli la constitution, il donna sa démission. En 1828 il se rendit auprès de la régence d'Oporto, avec laquelle il fut bientôt forcé de se réfugier en Angleterre. Il y fut alors nommé de nouveau ambassadeur de Portugal par dom Pedro, agissant en sa qualité de tuteur de sa fille la reine donna *Maria*. En 1829 dom Miguel le fit condamner à mort, comme coupable de haute trahison, et confisqua ses biens. Dom Pedro le plaça alors à la tête de la régence de Terceira, où il arriva le 15 mars 1830. Quand, en 1832, dom Pedro prit à Terceira la régence au nom de sa fille, il nomma M. de Palmella ministre des affaires étrangères, et dès le mois de septembre il l'envoya en qualité d'ambassadeur à Londres. Au printemps de 1833 il se rendit à Oporto, et au mois de juin il accompagna l'amiral Napier dans les Algarves, où il prit la présidence de la régence qu'on établit à Faro. Par suite de la victoire remportée au cap Saint-Vincent par l'amiral Napier sur la flotte de dom Miguel, il entra le 24 juillet 1833 avec Villaflor à Lisbonne; créé alors duc, il prit part, comme membre de la chambre des pairs, aux travaux législatifs de la session de 1834. Après la mort de dom Pedro, la jeune reine le chargea de composer un nouveau cabinet, dont il eut la présidence. En cette qualité, il présenta aux cortès, dans les sessions de 1834 et 1835, divers projets de loi importants, et les leur fit adopter malgré la vive opposition de son adversaire Saldanha. Abreuvé de calomnies, il ne put s'opposer au changement de ministère qui s'effectua le 27 mai 1835, et dans lequel il conserva encore le portefeuille des affaires étrangères, mais dont Saldanha, son ennemi, eut la présidence. La révolution du 4 novembre 1836 le força à se réfugier en Angleterre; mais il ne tarda pas à être autorisé à rentrer en Portugal. Après la chute du ministère Jose Cabral, le duc de Palmella fut placé, en mai 1846, à la tête du nouveau cabinet, dans lequel il prit le portefeuille des finances, en même temps que celui des affaires étrangères était donné au maréchal Saldanha. Il est mort à Lisbonne, le 12 octobre 1850.

PALMERSTON (Henry John TEMPLE, vicomte), l'un des hommes d'État les plus fameux de notre siècle, est né le 20 octobre 1784. Il descend du célèbre sir William Temple, dont la famille alla s'établir en Irlande. Après avoir étudié à Édimbourg et à Cambridge, il entra, en 1805, à la chambre des communes, et ne tarda pas à y jouer un rôle éminent. Les ministères Portland, Perceval, Castlereagh et Canning lui accordèrent successivement une part importante dans la direction des affaires. D'abord compté parmi les colonnes du parti tory, ce ne fut qu'en 1828 qu'il se rapprocha du parti réformiste. Après avoir secondé Canning dans la question de l'émancipation des catholiques, on le vit essayer de louvoyer et de nager entre deux eaux; puis, reconnaissant l'inutilité de ses efforts pour inspirer une égale confiance à tous les partis, il finit par passer avec armes et bagages dans le camp des whigs. Quand ce parti arriva en 1830 à la direction des affaires, il fut chargé du portefeuille des affaires étrangères dans le nouveau cabinet qui se constitua alors, et contribua beaucoup au triomphe du bill de la réforme parlementaire, de même qu'à imprimer à la politique extérieure de l'Angleterre cette tendance libérale qui se manifesta par l'appui patent donné au système représentatif tant dans la péninsule Ibérique qu'en Belgique. C'est lui aussi qui fit prédominer dans les conseils de son pays la politique qui combattit en Orient d'abord l'influence de la Russie, et qui amena ensuite le traité du 15 juillet, conclu en vue de replacer l'Égypte sous la suzeraineté de la Porte Ottomane. Dans ces différentes questions, de même qu'à propos des troubles du Canada, de la guerre de Chine, etc., le système qu'il adopta à l'égard de l'étranger s'écarta visiblement, par l'agressive soudaineté et aussi par l'inconstance orgueilleuse et souvent passionnée de ses résolutions, des circonspectes traditions des tories ses prédécesseurs. Au printemps de 1841 les whigs ayant dû céder la place aux tories, il les harcela sans relâche dans la chambre basse, où il avait repris sa place sur les bancs de l'opposition et où il sut assez habilement exploiter les passions populaires du moment pour forcer ses adversaires à compter avec lui. Quand son parti rentra aux affaires (juillet 1846), il reprit la direction des affaires étrangères, et adopta alors un système dont les résultats influeront longtemps sur l'attitude politique de l'Angleterre. Il commença par se brouiller avec Louis-Philippe, à propos de l'affaire des mariages espagnols (celui de la reine Isabelle avec son cousin l'infant Francisco et celui de l'infante sa sœur avec le duc de Montpensier), en même temps qu'il rompait ouvertement en visière avec les puissances de l'est à propos de l'affaire de Cracovie. On le vit ensuite déjouer en Suisse par son habileté tous les efforts faits par les grandes puissances en faveur du Sonderbund; et en Italie il prit ouvertement fait et cause pour le parti progressiste et réformiste. Lorsque les troubles de 1848 éclatèrent en Italie et en Hongrie, il ne fit, il est vrai, rien pour les appuyer; mais il en fit assez pour amener une rupture durable avec l'Autriche et la Russie. Ses procédés à l'égard de la Grèce en 1850 indisposèrent encore plus contre lui la diplomatie du continent, où la réaction contre-révolutionnaire l'emportait décidément, surtout quand on le vit continuer avec une certaine ostentation à manifester ses sympathies pour les meneurs de la révolution vaincue. Ce qui prouve bien que dans ces différentes circonstances il agit plus par passion et par étourderie qu'avec le calme prudent qui convient à un véritable homme d'État, c'est le rôle qu'il fit jouer à l'Angleterre, en 1848 et 1849, dans la question des duchés de Schleswig-Holstein, où, démentant audacieusement tous ses actes précédents, il prêta la main à la consolidation de l'influence russe en Danemark. Devenu depuis longtemps à charge à la cour et à ses collègues whigs, il fut brutalement destitué, sous prétexte de l'approbation éclatante et empressée qu'il avait donnée au coup d'État du 2 décembre 1851 en France; mais il s'en vengea en amenant bientôt après, par une habile motion d'opposition (février 1852), la déroute complète du ministère, déjà vacillant, de lord John Russell. Les tories qui succédèrent à ce cabinet essayèrent de le rallier à eux; mais au lieu d'accepter leurs avances, il leur fit une guerre acharnée dans la chambre basse. Les élections générales qui eurent lieu en Angleterre au mois de décembre de la même année forcèrent l'administration à se retirer, et il prit le ministère de l'intérieur dans le nouveau cabinet whig et peelite qui se constitua alors. Si la position qu'il fit prendre aussitôt à l'Angleterre vis-à-vis de l'étranger eut pour résultat d'isoler l'Angleterre et de le faire fort mal venir des grandes puissances, on ne saurait nier qu'elle lui valut une grande popularité dans le parti radical; et toute sa conduite prouve qu'il a eu dès lors à cœur de la conserver à tout prix. L'ancien tory a réussi complétement à se faire regarder comme représentant du progrès et du libéralisme, comme l'adversaire du despotisme continental. A la suite d'une courte retraite en 1853, il ne tarda pas à remplacer lord Aberdeen comme premier lord de la trésorerie; fonctions qui, en Angleterre, reviennent à celles de président du conseil des ministres. A quelque temps de là éclatait la crise qui couvait depuis si longtemps en Orient. C'est alors que le monde étonné a vu l'Angleterre et la France faire cause commune contre la Russie, leurs flottes et leurs armées combattre côte à côte, à Bomarsund comme à Alma à Inkermann, comme à Sébastopol. Ce serait d'ailleurs se faire d'étranges illusions que de croire à la perpétuité d'une alliance si contre nature; et nous n'en voulons de meilleure preuve que la rupture encore latente, mais déjà complète pourtant, qui six mois à peine après la signature du traité de Paris du 30 mars 1856 a eu lieu entre les deux grandes puissances occidentales. Au moment où nous écrivons, la France s'est notoirement rapprochée du cabinet de Saint-Pétersbourg; et déjà la presse anglaise ne ménage pas à Napoléon III ces articles diffamatoires qu'elle prodiguait à Napoléon Ier au temps des luttes gigantesques du premier empire, tandis que lord Palmerston, désertant l'alliance française, fait maintenant cause commune avec le cabinet de Vienne. Puisse une guerre universelle ne pas sortir de ces scandaleuses coquetteries de la diplomatie!

PALMERSTON (Ile). *Voyez* Cook (Archipel).

PALMÉZEAUX. *Voyez* Cubières.

PALMIER. Les palmiers, par la noble simplicité de leur port, la structure et la distribution du feuillage, forment un groupe entièrement distinct des autres arbres. Parmi les végétaux que la nature a répartis sur la surface du globe, il n'en est aucun dont l'aspect soit plus majestueux. Observé isolément, le palmier s'élève dans les airs comme un monument du règne organique: ce fut sans doute à son aspect qu'on eut la première idée de la colonne. Pris en masse, ces beaux arbres ne sont pas moins imposants. Une forêt de palmiers offre dans son ensemble un spectacle difficile à reproduire pour le peintre, et qu'on ne peut décrire qu'imparfaitement. En pénétrant sous son ombrage, on se sent transporté d'admiration: des faisceaux de feuilles, qui s'étalent en gerbes depuis vingt jusqu'à plus de trente mètres au-dessus du sol, forment par leur rapprochement une immense voûte de verdure soutenue par une multitude de troncs lisses, droits et disposés de la manière la plus bizarre. Il y a pourtant quelque chose de monumental dans cette ordonnance, et, malgré les ressources de l'art et tous les efforts du génie, les édifices construits par la main des hommes ne sauraient égaler ces grandes œuvres de la création. Dans les régions némorales du Nouveau Monde, où les palmiers abondent et croissent confondus avec les autres arbres, leurs cimes aériennes contrastent admirablement avec l'épais feuillage des laurinées et des céibas. Cette végétation, rangée par étage, prend alors un caractère grandiose; les palmiers, dégagés d'une ombre nuisible à leur développement, ont percé la masse de verdure pour s'élever en portiques au-dessus de la forêt.

M. de Humboldt, dans un tableau esquissé à grands traits, s'explique en ces termes au sujet des palmiers : « Les peuples leur ont adjugé le prix de la beauté. C'est au milieu de la région des palmes de l'Asie, ou dans les contrées les plus voisines, que s'est opérée la première civilisation. Leurs tiges, hautes, élancées, annelées, quelquefois garnies de piquants, sont terminées par un feuillage luisant, tantôt pinné, tantôt disposé en éventail. Les feuilles sont fréquemment frisées comme celles de certaines graminées. Le tronc, lisse, atteint souvent une élévation de 180 pieds. La hauteur et la beauté des palmiers diminue à mesure qu'ils s'éloignent de l'équateur pour se rapprocher des zones tempérées. L'Europe, parmi ses végétaux indigènes, n'en a qu'un seul qui représente cette forme; c'est un palmier habitant des côtes, de stature naine, le palmite (*chamærops humilis*), qui croît en Espagne et en Italie, et qu'on retrouve jusqu'au quarante-quatrième parallèle boréal. Le véritable climat des palmiers est celui dont la température moyenne se soutient entre 19 et 20 degrés. Mais le dattier, qui nous a été apporté d'Afrique, et dont la beauté est moindre que celle de la plupart des genres de ce groupe, croît encore dans les contrées de l'Europe méridionale où la chaleur moyenne est de 13 à 14 degrés. »

Les palmiers sont répartis plus ou moins abondamment dans les deux hémisphères, suivant les climats auxquels ils semblent le mieux s'accommoder. Les deux espèces qui croissent en Europe, le palmite et le dattier, se rencontrent de loin en loin, le long des côtes méridionales, depuis le cap Saint-Vincent jusqu'à l'extrémité orientale du Bosphore et dans les grandes îles de la Méditerranée. On les retrouve plus nombreuses sur le littoral de l'Asie Mineure, dans la Syrie et la Palestine, en Égypte, sur toute l'étendue des États Barbaresques, au delà et en deçà de l'Atlas, et dans l'empire de Maroc. A partir des rives du Sénégal, la variété des espèces se fait remarquer davantage, et l'intérieur de l'Afrique doit être très-riche en palmiers. Les explorations des botanistes, depuis la baie de Benin jusqu'à la côte d'Ajan, ont fait connaître plusieurs espèces appartenant aux genres *mauritia*, *martinezia*, *cocos* et *triartea*. On nous assure que le doum (*hyphæme thebaica*), ce palmier branchu, qui fait exception parmi les autres, et qu'on avait d'abord découvert dans la Thébaïde, dernier terme de sa végétation dans le nord de l'Afrique, croît aussi dans les environs du Sénégal. Toutefois, ces arbres n'ont guère été observés que le long des côtes et sur quelques points de la grande île de Madagascar; il n'en existe aucun au cap de Bonne-Espérance ni dans les dépendances de cette colonie. On trouve encore des palmiers en Arabie, en Perse et dans les pays adjacents, dans l'Indoustan, les provinces méridionales de la Chine, le royaume de Siam, les îles occidentales du Japon, celles de l'archipel Indien; dans les contrées polynésiennes de l'océan Pacifique, les côtes septentrionales et orientales de l'Australie et de la Nouvelle-Guinée. Enfin, en Amérique, où l'on en connaît déjà un très-grand nombre, ils croissent depuis les bords du Rio-de-la-Plata jusqu'aux embouchures du Mississipi, et même dans la Floride et au nord du Mexique.

Dans cette distribution géographique, que nous indiquons ici pour ainsi dire à la course, il nous serait impossible d'assigner à chaque pays les espèces qui lui sont propres. Probablement on ne connaît pas encore la moitié de celles qui existent; bien des palmiers observés par les voyageurs n'ont pu être décrits, à cause de la difficulté d'examiner les fleurs, de se trouver sur les lieux en temps opportun, et de rencontrer les individus mâles et femelles de la même espèce, car presque tous les arbres de cette famille sont dioïques. M. de Humboldt, pendant deux années d'explorations dans l'Amérique du Sud, ne put décrire et classer systématiquement que douze espèces de palmiers. « Ces arbres, dit-il, ne fleurissent qu'en janvier et février. Comment à cette époque se trouver à la fois dans tous les cantons où ils abondent? dans les missions du Rio-Canory, à l'embouchure de l'Orénoque, dans la vallée de Caura et d'Erevato, sur les bords de l'Atabapo et du Rio-Negro, ou sur les flancs du Duida? Ajoutez la difficulté de pouvoir atteindre aux fleurs de palmier lorsque, dans des forêts épaisses ou sur les bancs fangeux des rivières, on les voit pendre de plus de soixante pieds de hauteur, et que le tronc de l'arbre est armé d'aiguillons redoutables. On s'imagine en Europe qu'on peut faire grimper les Indiens au sommet de ces grands arbres; mais dans ces pays on se trouve au milieu d'hommes que leur pauvreté rend si riches et si au-dessus de tous les besoins que ni argent ni offre de présents ne peut les engager à s'écarter de trois pas de leur chemin. »

Les palmiers en général surpassent en hauteur tous les autres végétaux connus : le *palmier à cire* (*corypha cerifera*) porte sa cime jusqu'à 60 mètres au-dessus du sol; dans les îles Séchelles, le *lodoicea* a près de 66 mètres de haut, et ses feuilles en mesurent jusqu'à 15. Ces énormes fruits à deux lobes qu'on désigne communément sous le nom de *cocos doubles*, et qui se vendent chez les marchands de curiosités, sont les produits de cet arbre extraordinaire. Sur les pentes des Andes, les grands palmiers cessent de croître entre 1,200 et 1,400 mètres d'élévation; plus haut, et jusqu'à 3,000 mètres au-dessus, on ne rencontre plus que des *palmiers nains* (les *kunthia montana*, *oreodoxa frigida* et *ceroxylon andicola*).

S. Berthelot.

PALMIER (Vin de). *Voyez* Cocotier.

PALMIER-DATTIER. *Voyez* Dattier.

PALMIPÈDES (du latin *palmipes*, pied palmé). C'est un ordre d'oiseaux conformés de la manière la plus favorable à la natation : ils ont des pattes courtes et implantées à l'arrière du corps, leurs doigts antérieurs entièrement réunis par des palmures, ou du moins élargis par des membranes découpées, disposition qui fait des pattes entières et même seulement des doigts autant de véritables rames. Leur plumage serré est imprégné d'un suc huileux qui le rend presque imperméable à l'eau; et près de la peau se trouve un duvet épais, propre à la protéger contre le froid; enfin, leur cou dépasse toujours la longueur de leurs jambes, pour qu'ils puissent plus facilement chercher leur nourriture sous les eaux. Habitants des mers, des fleuves ou des marais, les palmipèdes ne les quittent que pour se retirer sur les rives qui les baignent, et dont ils s'écartent bien rarement pour se hasarder dans l'intérieur des terres; il en est même qui n'y pénètrent jamais; vivant presque continuellement à la surface des eaux, ils ne viennent à terre que pour y déposer leurs œufs et les couver. Les uns sont doués de la faculté de voler et de nager avec une égale vitesse; d'autres plongent et nagent avec la même facilité entre deux eaux comme à la surface. Presque tous se nourrissent de poissons, de mollusques et de vers. Ils établissent leurs nids dans des trous, sur les rochers, au milieu des joncs et des broussailles marécageuses, et quelquefois tout simplement sur la grève. Dans la plupart des genres de cet ordre, dont les plus communs sont les canards, les cygnes, les harles, les mouettes, les frégates, etc., la mue est double et la robe des femelles très-différente de celle des mâles. Pendant les deux ou trois premières années, les jeunes ont aussi un plumage incertain, qui au premier abord rend assez embarrassante la division des sexes. Leur organisation, et surtout le duvet qui les protège, permet à ces oiseaux d'habiter tous les points du globe.

F. Passot.

PALMISTE (*Botanique*). Le palmiste croît dans les régions chaudes des deux hémisphères, principalement aux

Antilles et dans l'Inde. On en connaît plusieurs espèces, qu'on a rangées dans le genre *areca*. Le bourgeon terminal situé au centre du faisceau de feuilles est appelé *chou palmiste*. Cet agrégat foliacé et florifère, qu'on enlève après avoir abattu l'arbre qui le porte, est vraiment un mets délicieux : on le mange cru, au gros sel, en salade, frit au sucre, cuit sous la cendre, en sauce blanche ou au beurre, comme des asperges. Bory de Saint-Vincent, qui a décrit longuement le chou palmiste dans un de ses ouvrages (*Voyage dans les quatre principales îles des mers d'Afrique*) assure que de toutes les manières il est également agréable. Les cuisiniers des colonies savent tirer un parti avantageux de ses formes en l'offrant sur la table. « En vérité, ajoute ce naturaliste, j'ai eu plusieurs fois des regrets lorsqu'au milieu des bois de Mascareigne je réfléchissais que pour satisfaire mon appétit je détruisais en un instant le fruit de trente et de cinquante années de végétation. » C'est l'*areca oleracea* qui fournit le meilleur *chou* ; l'arbre atteint une grande élévation et croît spontanément dans les Iles de France et de Bourbon ; les feuilles, pinnées, sont longues de 2m à 2,m60 ; la base des pétioles se dilate en forme de gaîne ligneuse, qu'on nomme *empondre*, et qui sert à différents usages. Les choux palmistes sont la nourriture habituelle des noirs marrons, et leur nombre diminue tous les jours

S. Berthelot.

PALMISTE (*Mammalogie*). Voyez Écureuil.

PALMYRE, et à l'origine *Thamor* ou *Thadmor*. Ainsi s'appelait autrefois la grande et magnifique capitale de la *Palmyrène*, contrée de la Syrie supérieure qui s'étendait depuis les environs de Damas au nord-est jusqu'à l'Euphrate. Elle fut fondée par Salomon, dans un pays fertile et riche en palmiers, mais entouré de tous côtés, sauf le sud, de déserts sablonneux et d'âpres montagnes. Elle avait de l'importance comme boulevard destiné à protéger le territoire des Juifs contre les déprédations des hordes nomades, et plus tard, après la chute de Séleucie, comme entrepôt de commerce entre l'Asie orientale et occidentale. Le développement et l'activité qu'y prit le commerce, surtout à partir de l'époque de Trajan, qui soumit toute la contrée à la puissance romaine, augmentèrent considérablement la prospérité de Palmyre. C'est de là que partit, au troisième siècle, le Syrien Odénat pour fonder un État indépendant, le *royaume de Palmyrène* ; et après qu'il eut été assassiné, cet État parvint, sous le règne de sa veuve, Zénobie, à l'apogée de sa puissance. La capitale était ornée de temples et de palais de la dernière magnificence. Mais cette prospérité dura peu. En effet, l'empereur Aurélien conquit la Palmyrène en l'an 275 de J.-C. ; et la capitale fut presque entièrement détruite par le vainqueur, en punition de ce qu'après son départ les habitants avaient égorgé la garnison romaine qu'il y avait laissée. On essaya bien plus tard de la rebâtir, et l'empereur Justinien la fortifia de nouveau ; mais elle ne put se relever, et les Sarrasins la dévastèrent pour la deuxième fois, en l'an 744.

Ses ruines, au milieu desquelles s'élève aujourd'hui un misérable village habité par quelques familles arabes, frappent de surprise le voyageur, et furent visitées pour la première fois en 1691 par des marchands anglais venus d'Alep, puis étudiées avec plus de soin vers le milieu du dix-huitième siècle par les Anglais Wood et Dawkins. Plus tard encore elles ont été explorées et décrites par d'autres voyageurs, tels que Richter, Buckingham, Botta, etc. Autant qu'on en peut juger par quelques inscriptions aujourd'hui encore existantes, la langue des Palmyréniens se rattachait au rameau araméen de la famille des langues sémitiques. Consultez Wood, *The Ruins of Palmyra* (Londres, 1753) ; Saint-Martin, *Histoire de Palmyre* (Paris, 1823) ; Irby et Mangles, *Travels in Egypt, Nubia, Syria and Asia Minor* (Londres, 1824) ; Ritter, *Géographie* (14e partie ; Berlin, 1851).

PALMYRÈNE, PALMYRÉNIENS. La *Palmyrène* était le territoire où s'élevait Palmyre, et les Palmyréniens en étaient les habitants.

PALOMBE, nom vulgaire du pigeon ramier.

PALPATION (du latin *palpatio*, attouchement, caresse de la main), action de *palper*, c'est-à-dire de toucher doucement avec la main, à plusieurs reprises, et en pressant légèrement. Les médecins emploient ce procédé pour reconnaître certaines lésions intérieures.

PALPICORNES (de *palpus*, palpe, et *cornu*, corne, pris pour *antenne*), famille de coléoptères pentamères, ayant pour caractères : Antennes terminées en massue et ordinairement perfoliées, de six à neuf articles, insérées sous les bords latéraux avancés de la tête, guère plus longues que les palpes maxillaires ; corps ovoïde, hémisphérique, bombé ou voûté ; pieds propres à la natation dans un grand nombre d'espèces, formant la tribu des *hydrophiliens*. Les insectes de cette tribu ne se servent de leurs antennes que hors de l'eau ; dans cet élément, ils les cachent et étendent au contraire leurs palpes pour les remplacer. Les autres palpicornes forment la tribu des *sphéridiodites*.

PALPITATION (du latin *palpitatio*). Lorsqu'une vive émotion est produite ou qu'une affection plus ou moins grave vient altérer l'intégrité des organes, la passion, la souffrance s'expriment par des sensations ou des mouvements insolites qui constituent l'une des mille formes de la douleur. C'est ainsi que dans l'état habituel l'individu n'a pas la conscience des battements de son cœur : or, lorsque, par une circonstance quelconque, ces battements deviennent violents, tumultueux, inégaux, sentis, ils constituent des *palpitations*. Ce phénomène présente des variétés infinies d'intensité, de rhythme, de durée, de complication, depuis les émotions voluptueuses de la joie et de l'amour jusqu'au tumulte suffocant de la colère et de la terreur. Les palpitations peuvent naître sous l'influence des causes les plus variées : les unes, dites simplement *nerveuses*, sont plus particulières aux individus de constitution délicate, impressionnable. Ce sont les palpitations qui naissent des diverses émotions de l'âme, de l'abus des plaisirs sensuels, des excès de concentration intellectuelle, etc. ; d'autres fois, les palpitations résultent d'un trouble dans les actes matériels de l'organisme, tel que les exercices violents, les efforts, l'action de courir ou de monter.

> Jamais sans que son cœur *palpite*
> Une belle n'entre chez moi,

dit le garçon qui loge *où finit l'escalier*. Il en est de même des excitations résultant des écarts de régime, etc. Deux états opposés du sang, la richesse et la pauvreté de ce fluide, produisent le même résultat. Ce dernier genre de palpitations appartient déjà à la série de celles dites organiques, ou résultant de lésions matérielles, rhumatismales, inflammatoires, anévrismales ou autres, du cœur ou de ses dépendances.

Les moyens curatifs des palpitations varient selon les causes qui les produisent. Dans un cas le rôle du médecin sera purement métaphysique : Érasistrate guérira le jeune Antiochus en lui livrant Stratonice, objet d'une passion muette. D'autres fois ce sera sur une hygiène bien entendue que reposera le traitement rationnel : mainte femme vaporeuse a vu se modifier sa constitution en renonçant à ses habitudes de luxe et de mollesse ; Bouvard guérissait ses délicates clientes en les obligeant sans pitié à frotter elles-mêmes leurs appartements. D'autres fois, enfin, ce sera sur des médications hardies que reposera le salut du malade : des saignées répétées, une diète sévère, des médicaments stupéfiants, dompteront l'énergie d'une circulation trop active, et pour sauver la vie réduiront la vie à sa dernière expression : l'appréciation des cas qui réclament des moyens si divers est le privilége exclusif des hommes de l'art les plus instruits, et fait l'objet de volumineuses monographies.

Le mot *palpiter* s'applique par métaphore aux frémissements que présente la fibre contractile chez un animal récemment immolé. Par extension, les modernes philologues ont donné la qualification de *palpitantes* à quelques circonstances d'intérêt actuel : voilà, disent-ils, une question *palpitante d'actualité*, un événement *palpitant d'intérêt*, etc.

Dr Forget.

PALUDAMENTUM, manteau que les Romains avaient adopté dans leur costume militaire, et qui était pour eux ce que la chlamyde était pour les Grecs. C'était principalement le manteau des empereurs et des généraux, qui ne le portaient qu'à la guerre; car il n'était pas permis, même aux triomphateurs, de s'en vêtir à Rome; ils les quittaient avant d'y entrer et prenaient la toge. Le *paludamentum* était ordinairement de laine blanche; mais celui des généraux était teint en pourpre végétale ou écarlate. On l'attachait sur l'épaule droite avec une fibule, souvent en or et enrichie de pierres gravées. Quelquefois le *paludamentum* était noué, comme on le voit à la statue équestre de Marc-Aurèle. Caligula en portait un de soie; Commode, un tissu d'or et de soie et garni de pierres précieuses. Celui des soldats, moins ample, était d'une laine grossière, de couleur naturelle.

Le petit *paludamentum*, appelé *birrus*, était de couleur roussâtre, tissu de laine. Il avait quelquefois un capuchon; les peuples des environs de Saintes en faisaient usage; Juvénal le nomme *cucullus*. Le *birrus* des côtes d'Afrique, sur la Méditerranée, couvrait aussi la tête. De ce mot est venu celui de *birretus*, appliqué à un bonnet pyramidal et noir, fort en usage dans le Bas-Empire; il était en lin et tenait juste à la tête.

Th. Delbare.

PALUS-MÉOTIDE ou PALUS MÆOTIS. *Voyez* Azof.

PAMÉLA. *Voyez* Fitz-Gerald.

PAMIERS, ville de France, chef-lieu d'arrondissement dans le département de l'Ariége, et siége d'un évêché suffragant de Toulouse, à 22 kilomètres de Foix, sur l'Ariége, avec 7,770 habitants, un tribunal de première instance, un collége communal, une chambre consultative d'agriculture, une imprimerie, des forges à la catalane, des aciéries, des fabriques de limes et de faux, des minoteries, des scieries, des filatures de laine et de coton, des fabriques de couvertures; marchés importants pour les grains. Pamiers est une ancienne ville, qui se nommait autrefois *Frédélac*, du nom d'une abbaye célèbre dans la contrée, qui en avait été l'origine et qui la possédait. L'un des comtes de Foix, Roger, au retour de la première croisade, fit construire près de Frédélac un château auquel il donna le nom d'une ville de Syrie, *Apamæa*. La ville, passée sous la suzeraineté des comtes de Foix, prit de là le nom d'*Apamée*, d'où est venu par corruption celui de Pamiers. Pamiers eut beaucoup à souffrir des diverses guerres de religion qui affligèrent le midi, dans les luttes des comtes de Toulouse et de Foix contre les croisés de Simon de Montfort, dans celles de l'époque de la Ligue, où elle soutint un siége; elle fut plus tard prise et saccagée par les protestants, sous les ordres du prince de Condé. Pamiers, dont l'étendue atteste encore la splendeur passée, est une jolie ville, heureusement située, au milieu d'une campagne fertile, de riants côteaux, au-dessus desquels se dressent à l'horizon les hautes cimes des Pyrénées; un grand nombre de jardins maraîchers sont établis à ses portes.

PAMOISON (du grec σπάσμα); on dit aussi en italien *spasimo*, même signification. Ce mot, qui exprime l'action de *se pâmer*, est synonyme de *défaillance*, d'*évanouissement* et de *faiblesse*; néanmoins, il spécifie plus particulièrement l'effet d'une cause morale que celui d'une cause physique : ainsi, on tombe en *pamoison* après avoir ressenti une vive affection de l'âme, tandis qu'on s'évanouit, on tombe en faiblesse, en défaillance, à la suite d'une perte considérable de sang, ou par l'épreuve d'une douleur aiguë. Mais l'acception de cette expression, plus employée dans les classes vulgaires que dans le monde élégant, est une de ces nuances de notre langue qu'on apprend mieux à connaître par l'usage que par les vocabulaires.

On se *pâme* de joie ainsi que de tristesse,

dit Corneille. Toutefois, le mot *pamoison* s'applique principalement aux pertes de connaissance qui sont causées par des sensations agréables; surtout les sensations physiques, le chatouillement, par exemple. La pamoison, c'est, selon nous, le résultat d'une vive perturbation des fonctions du cerveau, où gît la source de la sensibilité et des perceptions : la perte du sentiment et des mouvements qui signalent la pamoison autorisent cette opinion. Quoi qu'il en soit, un trouble pareil peut devenir mortel s'il est excessif ou s'il se prolonge trop longtemps; mais ordinairement il est de brève durée; l'énergie vitale se réveille, et ramène l'état normal. Il est nécessaire de provoquer et de favoriser cet effort naturel par les divers moyens employés pour la *syncope*. La pamoison est un des états pathologiques qu'on simule souvent, et principalement chez le beau sexe. Les hommes feignent l'épilepsie, la surdité, la vue myope, etc., afin de se soustraire au service militaire; mais les femmes ont recours à la défaillance pour sortir d'embarras, faisant ainsi abnégation d'elles-mêmes en plusieurs circonstances. C'est un expédient dont l'usage est très-ancien, car Brantôme cite une dame de par le monde qui disait à une autre : « Faites l'évanouie, ma mie; vous ne vous contraignez pas assez. » L'auteur de cet article n'entend pas appliquer cette citation à toutes les dames, mais, ainsi que Brantôme, à aucunes, « voire à plusieurs en pluriel et en nombre ».

Dr Charbonnier.

PAMPAS. Ce mot appartient à la langue *quichua*, et signifie en général une *plaine*, une *vallée*. Les géographes lui donnent une extension plus grande, en l'appliquant à toute la partie plate de l'Amérique du Sud qui s'étend du pied des Andes jusqu'aux montagnes du Brésil et de la Guyane. Dans le Pérou, plusieurs petits districts isolés, situés en partie sur les côtes et en partie dans les montagnes, reçoivent aussi le nom de *pampas*, comme par exemple le plateau de Bourbon (*pampa de Bourbon*). Ce mot entre aussi dans la composition d'un grand nombre de noms, où les Espagnols ont changé le *p* en *b*, comme dans les noms de fleur et de lieu, Moyobamba, Wrebamba, Micuipampa, Pampamayo, etc. Il y en a d'immenses dans le Pérou oriental, et couvertes de forêts vierges : on cite entre autres *las pampas del Sacramento*, entre les fleuves Huallaga et Ucayali. Dans le sens propre on entend par *pampas* les plaines immenses et souvent onduleuses qui s'étendent depuis le Rio-Negro en Patagonie jusqu'à la Plata et à l'ouest presque jusqu'au pied des Cordillères, où elles sont plus fertiles et offrent de riches pâturages, mais où l'herbe en été se dessèche sous un soleil ardent, et qui dans la saison des pluies se couvrent d'une espèce de trèfle dont la fleur est d'un blanc jaunâtre. Elles sont, au reste, dépourvues d'arbres, et arrosées seulement par quelques ruisseaux saumâtres, sur les bords desquels des hordes nomades viennent camper. Toutes ces plaines sont plus ou moins imprégnées de sel; la plupart des lacs qu'on y trouve en offrent de très-pur à leur surface. Le salpêtre y abonde aussi, et il arrive souvent qu'après une ondée le sol en paraît entièrement blanchi. L'aspect des *pampas* de Buenos-Ayres est à peu près celui des llanos de l'Orénoque et des savanes de l'Amérique septentrionale. Là paissent librement d'innombrables troupeaux de bœufs et de chevaux sauvages, descendant de ceux que la conquête européenne y a débarqués. Ils donnent ces peaux et ces cuirs de Buenos-Ayres si estimés dans l'ancien Monde. On n'a d'autre peine pour les prendre que de leur jeter le long lacet de cuir armé de plomb que les *Gauchos* manient avec une dextérité surprenante. On abat ainsi, année commune, plus de 200,000 bœufs pour en avoir la peau. Les chevaux sont peu remarquables par leur encolure, mais ils ont le pied sûr, une grande vivacité dans les mouvements, une agilité extraordinaire, de la douceur, du courage, de la sobriété. On ne les élève point dans des écuries : il n'en existe pas dans le pays; on n'y fait aucune provision de foin ni de paille; les chevaux sont lâchés dans les *pampas* toute l'année, et on va les y chercher quand on en a besoin. Aussi sont-ils d'un usage général et d'un prix fort modique. Tout le monde sort à cheval, et c'est souvent à cheval que le mendiant sollicite la charité publique au coin d'une borne. Eugène G. DE MONGLAVE.

PAMPELUNE, en espagnol *Pamplona* ou *Pampeluna*, province d'Espagne, renfermant le royaume de Navarre presque tout entier et une petite enclave de la province basque d'Alava, d'une superficie de 80 myriamètres carrés, avec une population de 280,000 habitants.

Son chef-lieu, PAMPELUNE, situé dans une plaine au pied des Pyrénées et sur les rives de l'Arga, siége du capitaine général, d'un évêque, du consul, de la cour royale et de la chambre des comptes de Navarre, compte 11,675 habitants, et est une place assez bien fortifiée, ayant de l'importance comme clef de la Navarre et comme commandant les diverses routes qui viennent y aboutir. Les rues sont larges et régulières. Cette ville possède une cathédrale et quatre autres églises, treize couvents, un collége, quatre hôpitaux, un grand nombre de fontaines jaillissantes, une banque, des fabriques de cuir, de parchemin, de faïence, des hauts fourneaux, une fonderie de canons, etc. Il s'y fait aussi un grand commerce de vin.

Pampelune est le *Pampelon* des anciens, dans le pays des *Vascones*.

PAMPELUNE, *Pamplona*, chef-lieu de la province du même nom, dans le département de Boyaca de la république de la Nouvelle-Grenade (Amérique du Sud). Située à 2,600 mètres au-dessus de l'Océan, entre de très-hautes montagnes, et siége d'évêché, elle est régulièrement construite, et avec ses maisons entourées de jardins présente l'aspect le plus agréable, de même que son délicieux climat en fait un charmant séjour. Elle a une magnifique cathédrale, plusieurs couvents, un collége et 10,500 habitants. Il existe aux environs des mines d'or et d'argent.

PAMPHLET. Ce mot, d'une origine assez moderne, quoique ce qui en fait l'objet soit fort ancien, veut dire à peu près, dans le sens étymologique, ce qui *court à tous*, sorte de contrefaçon de ces mots français *par un filet*, dont les Anglais auraient fait d'abord *paunflet* et ensuite *pamphlet*, c'est-à-dire un petit livre attaché par un simple filet, composé seulement d'une ou de plusieurs feuilles, formant généralement un petit volume, d'un débit, par cela même, plus facile qu'un livre ordinaire. Il y a des pamphlets religieux, politiques, etc. Ce genre d'ouvrage comporte ordinairement une couleur de parti, et presque toujours aussi un esprit de critique ou de sarcasme plus ou moins violent, judicieux, spirituel. Peut-être est-ce par suite de ce caractère que l'idée attachée au mot *pamphlétaire* se prend assez généralement encore en mauvaise part, et que le mot *pamphlet* autrefois attachait presque toujours une idée de réprobation à son auteur : les premiers pamphlets, nés des questions religieuses, n'étaient en effet qu'un tissu d'injures. Le caractère de cette espèce d'ouvrage a bien changé depuis, et il a été, surtout dans le genre politique, complétement réhabilité par quelques écrivains modernes, entre lesquels nous mettrons au premier rang Paul-Louis Courier et Cormenin. Rien n'égale en effet la grâce, l'originalité et quelquefois l'esprit de raillerie, de sarcasme, de ces deux auteurs. Châteaubriand a écrit en 1814 et 1815 un grand nombre de pamphlets politiques, qui font plus d'honneur à son talent qu'à l'inflexibilité de ses principes.

PAMPHYLE, célèbre peintre grec, né en Macédoine, contemporain de Zeuxis et de Parrhasius, florissait au quatrième siècle av. J.-C., sous le règne de Philippe. Il fut l'élève d'Eupompe et le maître d'Apelle. Pline parle de lui comme d'un homme très-lettré, et nous apprend encore que ses tableaux étaient hors de prix. On admirait surtout son Ulysse dans une barque, la Bataille de Phlius (au sud de Sicyone) et la Victoire remportée par les Athéniens sur les Perses. Il établit à Sicyone une école ou espèce d'académie, dans laquelle n'étaient admis que des enfants d'extraction libre ou noble annonçant quelques dispositions pour la peinture, art que les esclaves étaient jugés indignes d'exercer.

PAMPHYLIE. Ainsi s'appelait à l'origine un littoral étroit situé entre la Cilicie et la Lycie dans l'Asie Mineure, et borné par le mont Taurus. Cette contrée, conquise par Alexandre, devint après sa mort, lors du partage des satrapies, une province considérable, qui échut avec la Phrygie et la Lycie à Antigone; et qui ainsi agrandie confina au sud à la Méditerranée, au nord à la Phrygie, à l'ouest à la Carie, à l'est à la Cilicie. Plus tard, vers l'an 78 de J.-C, elle passa sous la domination romaine, et l'empereur Claude y ajouta encore la Lycie.

PAMPLEMOUSSE, nom d'un des *quartiers* de l'Ile de France (aujourd'hui Maurice), que Bernardin de Saint-Pierre a immortalisé dans *Paul et Virginie*. Les arbres qui ont donné leur nom à cet endroit de l'île sont les *pompelmouses*, espèce d'orangers garnis d'épines, à fruits monstrueux, d'un jaune verdâtre, à pulpe rouge ou blanche, d'une saveur sucrée, mais dont l'acidité dégénère parfois en amertume; l'écorce est épaisse et fongueuse comme celle des cédrats; les feuilles, échancrées au sommet, diffèrent de celles des citronniers par leurs pétioles ailés; elles sont fort larges et dentelées sur leurs bords. Les fleurs sont très-odorantes, blanches ou parsemées de panachures vertes. L'espèce type, *citrus decumana*, est originaire de l'Inde. S. BERTHELOT.

PAMPLONA. *Voyez* PAMPELUNE.

PAMPRE et PAMPE (du latin *pampinus*). C'est la partie herbacée, roulée sous forme de petit ruban, qui vient attachée au tuyau de la plupart des grains, lorsqu'un tuyau est pendant par les racines, et qu'il se forme en épi. Ces noms se donnent aussi aux branches et aux sarments pendants de la vigne, ornée de ses feuilles et de son fruit. Mais *pampe*, substantif féminin, se dit plus particulièrement de la feuille du blé, de l'orge, de l'avoine, etc. La nature semble avoir réuni dans la figure de la vigne toutes les grâces : aussi l'architecture italienne s'est-elle emparée du pampre dans ses ornements les plus riches. Le pampre couronne la tête de Bacchus, et se retrouve dans une foule d'ornements gracieux.

Pampré, adjectif, est un terme de blason : c'est la grappe du raisin attachée à sa branche. DENNE-BARON.

PAN. Les anciens regardaient le bouc comme l'animal le plus enclin à l'acte de la génération. C'est pour cela que les Égyptiens le prirent pour symbole de *Mendès*, et les Grecs pour celui de *Pan*, divinités qui toutes les deux étaient l'emblème d'une même propriété de la nature, celle de tout produire. La fable de Pan ayant été allégorisée, on la prit pour le symbole de la nature, suivant la signification de son nom, *pan* voulant dire *universel*.

Les Égyptiens regardaient Pan comme un des huit grands dieux de la première classe. Suivant leurs historiens, Pan avait été un des généraux de l'armée d'Osiris et avait combattu avec vigueur contre Typhon. Son armée fut surprise pendant une nuit dans une vallée dont les issues étaient gardées par les ennemis. Pan alors inventa un stratagème pour se tirer d'affaire. Il ordonna à ses soldats de pousser tous ensemble des cris et des hurlements épouvantables, que les échos des rochers et des forêts multiplièrent; les ennemis en furent si effrayés qu'ils prirent aussitôt la fuite. C'est de là qu'on a donné le nom de *terreur panique* à une crainte vaine et subite qui surprend.

Pan était en si grand honneur chez les Égyptiens qu'on voyait sa statue dans presque tous les temples. Lorsque leur religion eut été portée dans la Grèce, les habitants de ce pays firent une histoire du dieu Pan à leur manière. Les uns le dirent fils de Mercure déguisé en bouc et de Pénélope, et attribuaient à la métamorphose de son père les cornes qu'il a sur la tête et la conformation de la partie inférieure de son corps, qui ressemblait à un bouc; d'autres le dirent fils de Jupiter et de Calisto; d'autres, le faisaient fils de l'air et d'une néréide; d'autres, de Jupiter et de la nymphe Œnéide, ou enfin du Ciel et de la Terre.

Quoi qu'il en soit de sa naissance, Pan était chez les

Grecs le dieu des bergers, des chasseurs et de tous les habitants des campagnes. Il était représenté avec les cheveux et la barbe négligés, des cuisses, des jambes et des pieds de bouc, et différant fort peu d'un faune et d'un satyre. Il tenait souvent le bâton pastoral ou le *pedum*, comme dieu des bergers, et une flûte à plusieurs tuyaux, qu'on appelait la *flûte de Pan*, parce qu'on l'en croyait l'inventeur. Il portait ordinairement une couronne de pin en mémoire de la nymphe Pitys, qui fut changée en cet arbre pour l'avoir préféré au dieu Borée. Les Grecs lui rendirent un culte particulier après la bataille de Marathon, dont ils attribuaient le gain à sa protection. Les Romains le connaissaient sous le nom de *Fescinus*, de *Lupercus*, et le confondaient avec *Faunus;* ils le surnommaient *Arcadius*, *Capripes*, *Lycæus* et *Tegæus;* ils le nommaient aussi *Inuus*, à cause de son penchant à la lubricité. Évandre l'Arcadien apporta son culte en Italie. On lui offrait en sacrifice du lait de chèvre et du miel. Les lupercales se célébraient en son honneur.

Th. Delbare.

PAN (Flûte de). *Voyez* Flûte.

PANABASE. *Voyez* Cuivre.

PANACÉE (du grec πᾶν, tout, et ἀκέομαι, je guéris). Ce mot ne désigne rien moins qu'un moyen propre à guérir toutes espèces de maladies, et que dans les temps antiques on avait même personnifié en une fille d'Esculape. Considérée comme corps matériel, comme substance pharmaceutique, la panacée tombe également de jour en jour dans l'oubli. Les médecins, voyant combien les conditions de la vie sont variées, ont eu le bon esprit de reconnaître qu'ils n'ont point à leur disposition un modificateur unique, qui soit propre à ramener ces conditions à un état normal si elles sont perverties : pour conquérir un tel agent, il faudrait deviner la cause première de la vie. La *panacée universelle* était l'objet des recherches de l'alchimie.

PANACÉE MERCURIELLE. *Voyez* Chlorure et Calomel.

PANACHE. On appelle ainsi la touffe de plumes blanches ou de couleurs que les guerriers portaient autrefois sur leur casque, les courtisans sur leur chapeau, les dames dans leur coiffure. Les panaches ont généralement été remplacés par les plumets, dans nos armées; les tambours majors seuls ont conservé ce vestige des anciens temps, et leur panache brillant semble destiné à faire ressortir davantage leur plumet. Le panache a été plus tenace chez les dames que chez hommes, et on le voit encore s'épanouir sur bien des chapeaux féminins : c'est la plume d'autruche qui sert à faire les panaches de ce genre. Les plumassiers de Paris prenaient autrefois la qualification de maîtres panachiers-bouquetiers. Aujourd'hui les panaches ne servent plus d'ornement qu'aux dais, aux lits, aux chevaux qui traînent les voitures de gala de la cour, ou à ceux qui traînent les chars mortuaires.

Le nom de *panache* s'est donné, par extension, à la partie inférieure d'une lampe d'église; les architectes appellent également *panache* la surface triangulaire du pendentif qui supporte les voûtes en dôme.

C'est aussi le nom d'une pièce d'artifice employée dans les brûlots.

PANAGE (Droit de), du bas latin *panagium*. Le droit de panage est celui de mener les porcs paître le gland, les faînes, les haies sauvages, dans les bois et forêts. Le droit de panage dans les bois et forêts de l'État était et est encore mis en adjudication. Les adjudicataires de ce droit, aux termes des articles 54 à 57 du Code Forestier, ne peuvent sous peine d'amende introduire dans les forêts un plus grand nombre de porcs que celui déterminé par l'acte d'adjudication. Les adjudicataires du droit de panage ne peuvent abattre, ramasser, ni emporter des glands, faînes, ou autres productions de forêts, sous peine d'amende.

PANAIS, plante bisannuelle, à racine oblongue, blanche, très-employée dans l'économie domestique. Le panais appartient à la famille des ombellifères, dont il forme un genre particulier, dépourvu d'involucre et d'involucelles. La fleur se compose d'un calice entier, à peine visible, de cinq pétales roulés en dedans, presque inégaux et lancéolés : elle porte cinq étamines et deux styles réfléchis et couronnés par des stigmates obtus. Le fruit est en forme d'ellipse : il est aplati, et contient deux semences, appliquées l'une contre l'autre et entourées d'un petit rebord membraneux. La tige est herbacée, les feuilles alternes, ordinairement ailées.

On connaît plusieurs variétés de panais, parmi lesquelles on distingue le *panais des jardins* ou *grand chervis cultivé*. Sa racine est longue, grosse souvent comme le poignet, charnue, jaunâtre, portant dans son milieu une membrane filamenteuse qui parcourt toute sa longueur; cette racine a une odeur et un goût agréables; l'odeur et la saveur aromatiques de la racine se développent également de toutes les parties de la plante, qui porte à son sommet de petits parasols soutenant de petites fleurs jaunes disposées en rose. Ces fleurs s'épanouissent dans les mois de juillet et d'août, deux ans après avoir semé la graine.

Le *panais sauvage* ou *petit panais* ressemble assez au précédent sous le rapport de sa forme et de la couleur de ses fleurs, mais il est beaucoup plus petit que lui; ses racines sont plus menues son port est moins élevé. Cette plante est très-recherchée par les cerfs.

Il existe encore un autre panais, qui porte le nom *d'opopanax;* on le rencontre bien dans le midi de la France et de l'Europe, mais il n'y acquiert pas tout le développement que l'on remarque dans le panais de l'Orient : aussi est-ce de l'Orient que nous vient toute la gomme-résine opopanax répandue aujourd'hui dans le commerce de la droguerie, et qui, malgré les impuretés qui l'accompagnent, est très-chère et très-recherchée. Cette résine coule de la plante par des incisions que l'on y pratique à cet effet.

Les panais ont eu jadis beaucoup plus de réputation qu'ils n'en ont aujourd'hui : plusieurs médecins en prescrivaient la graine contre les coliques néphrétiques. On ne les emploie plus en médecine; mais on en fait un grand usage dans la cuisine, et rien ne vient justifier le nom de *panais fous* que leur ont donné les Anglais, qui prétendent que ces racines trop vieilles causent le délire et la folie. Le panais est très-sucré; aussi dans la Thuringe les habitants font avec le suc de cette racine une espèce de sirop qui leur sert de sucre, et auquel ils attribuent des propriétés adoucissantes et vermifuges. C'est par simple coction que l'on obtient ce sucre. On cuit pour cela plusieurs fois des panais avec le suc déjà extrait d'une première opération, et on a soin d'écraser fortement les racines à chaque fois et de les bien exprimer : on finit par obtenir une solution assez chargée de principe sucré pour pouvoir en retirer du sucre par la seule évaporation. On préparait également autrefois avec le panais et du sucre une marmelade très-appétissante et très-bonne pour les convalescents, car, ne contenant que peu de matière nutritive, elle ne leur chargeait pas trop l'estomac. La racine du panais est une excellente nourriture pour le bétail; elle donne aux vaches de bon lait, et sert en Bretagne à nourrir les porcs. Elle n'exige pour sa culture que fort peu de soins, car dès que les jeunes pieds commencent à s'élever, ils étouffent les mauvaises herbes, et n'ont plus besoin d'être sarclés.

C. Favrot.

PANAMA, nom de l'isthme célèbre qui relie l'Amérique centrale à l'Amérique du Sud. Reconnu pour la première fois en 1513, par Nuñez de Balboa, il appartient à la province de la Nouvelle-Grenade appelée *Istmo*, et est souvent désigné sous le nom d'*Isthme de Darien*. Dans sa partie la plus étroite il n'a guère plus de 4 myriamètres de largeur; et comme il présente une solution de continuité des Cordillères, il attira dès le seizième siècle l'attention des peuples navigateurs. De nos jours l'extension toujours croissante des relations commerciales avec la côte occidentale de l'Amérique et avec la Chine, et la colonisation de la Californie et de l'Orégon, ont provoqué une foule de plans, dont la mise à exécution, si elle était couronnée de succès, donnerait tout au moins une direction nouvelle à une partie du commerce de l'Inde. Le sol se compose de formations de porphyre, de trapp, de grauwacke et de pierre calcaire. La surface en est onduleuse; les chaînes de collines les plus élevées ne dépassent jamais 350 mètres d'élévation au-dessus du niveau de la mer; et comme des deux versants de cette chaîne s'échappent, pour aller se jeter soit dans le grand Océan, soit dans l'océan Atlantique, des fleuves dont la ligne de partage n'est en partie qu'à 86 et 123-183 mètres de hauteur, en outre navigables sur la plus grande partie de leur parcours pour des bâtiments du plus fort tonnage, et qu'il serait aisé de rendre ou plus larges ou plus profonds, il semble que la construction d'un grand canal qui traverserait l'isthme en ligne droite n'aurait rien d'impossible. L'ingénieur anglais Lloyd, que Bolivar chargea, en 1828 et 1829, de faire des opérations de nivellement, et les commissions envoyées plus tard sur les lieux par le gouvernement français et par les États-Unis, ont porté à cet égard le même jugement. Toutefois, il paraît que cette importante entreprise doit échouer contre deux obstacles, à savoir : d'une part, l'état d'anarchie politique auquel le pays est constamment en proie, ainsi que la civilisation encore si peu avancée de sa population; et de l'autre les proportions tout à fait colossales qu'il faudrait donner à ce canal, lequel ne pourrait être vraiment utile que s'il pouvait permettre aux bâtiments de s'y croiser en allant et en revenant sans être obligés de faire escale sur certains points, ni de décharger leur cargaison. Or, un tel canal exigeant une profondeur d'au moins 8 mètres, avec une largeur de 26 à 27 mètres, et entraînant la construction d'écluses à l'avenant, comme il faudrait lui donner en outre un parcours d'au moins 4 myriamètres, on comprend qu'une telle entreprise exigerait d'immenses capitaux et dépasserait de beaucoup les ressources d'un État comme celui de la Nouvelle-Grenade ou des nombreuses compagnies qui se sont constituées pour le percement de l'isthme. Un canal construit dans des proportions réduites, ou encore les divers chemins de fer dont il a été question, quoique d'une exécution plus facile, seraient inutiles, parce que les avantages d'un canal de ce genre tiennent uniquement à la possibilité de l'utiliser comme voie de communication parcourue par le même bâtiment, et que les pertes de temps, les dépenses et les risques provenant de la nécessité de décharger les marchandises, réduiraient à néant le bénéfice qu'on pourrait attendre de l'économie de temps provenant d'un voyage moins long. En dépit des grands préparatifs annoncés à diverses reprises aux États-Unis, en Angleterre, en France et même en Belgique pour mettre cette entreprise à exécution, il n'a donc encore été rien fait pour la réaliser. En revanche, le chemin de fer de Panama, dont il était aussi question depuis plusieurs années, a enfin été établi dans ces derniers temps. Il commence à *Aspinwall-City*, ville bâtie dans l'île de Manzanilla, à 1 myriamètre au nord-est de *Limon* ou de *Navy-Bay*, traverse l'isthme dans la direction du sud et aboutit à la ville de Panama. Dès le 10 juillet 1848 les États-Unis de l'Amérique du Nord concluaient avec la Nouvelle-Grenade un traité de commerce et d'amitié, stipulant entre autres la protection que cette république serait tenue de donner à la construction du chemin de fer projeté. Au mois de décembre suivant, une société de capitalistes de New-York, dûment autorisée à cet effet par une loi rendue par l'État de New-York, en avril 1849, concluait avec la Nouvelle-Grenade un traité que le congrès confirma le 4 juin 1849. Il accordait pour une période de quarante-neuf ans à la compagnie le privilége de l'établissement d'une voie ferrée et le droit de naviguer à la vapeur sur le Rio-Chagres, qui se jette à l'ouest de *Navy-Bay*. Après les études préparatoires faites sur le terrain sous la direction du colonel Hughes, ingénieur en chef, les travaux de construction du chemin de fer commencèrent à *Aspinwall-City* le 15 décembre 1850, sous la direction du colonel Settow Dès le 15 mars 1852 la voie ferrée était livrée à la circulation jusqu'à Bayo-Soldado ; à la fin de juillet de la même année elle atteignait déjà Barbacoas; et depuis lors elle a été complétement achevée. Son développement total est d'environ 7 myriamètres, qu'on franchit dans l'espace de deux à trois heures; tandis qu'il fallait autrefois pour traverser l'isthme deux jours en venant de l'océan Pacifique, et trois à quatre en venant de l'océan Atlantique. La voie ferrée traverse l'île de Manzanilla, l'étroit bras de mer qui la sépare du continent, la contrée marécageuse qui s'étend jusqu'à Gatun, franchit le Rio-Gatun, l'un des affluents du Rio-Chagres, puis ce dernier à San-Pablo. Il arrive ensuite à Gorgona, franchit la ligne de partage des deux océans par 86 mètres d'élévation au-dessus du niveau de la mer, et atteint Panama.

Dans une acception plus large, les géographes modernes entendent par *Isthme de Panama* tout le rétrécissement que subit le continent entre l'Amérique du Nord et l'Amérique du Sud, sur une longueur d'environ 63 myriamètres, avec une largeur variant beaucoup, c'est-à-dire depuis le golfe de Darien jusqu'à l'isthme de Tehuantepec au Mexique. Aujourd'hui diverses autres entreprises de percement et de voies ferrées pour unir les deux mers sont également en voie d'exécution (*voyez* Nicaragua et Tehuantepec).

Panama, chef-lieu du département de l'*Istmo*, dans la république de la Nouvelle-Grenade et dans la province de Panama, est bâti sur un promontoire faisant saillie dans la mer du Sud. Les rues en sont régulièrement tracées ; les maisons, généralement en pierre et solidement construites, ont le caractère grandiose de l'ancienne architecture espagnole. On y compte 30,000 habitants. Ses quatre couvents d'hommes et son couvent de femmes sont vides aujourd'hui. Le port, qui a été érigé en port franc en 1849, est entouré par une côte très-plate, de sorte que les navires doivent jeter l'ancre à une distance de 1,200 à 1,500 mètres de la ville. En revanche, la rade est protégée par de nombreuse îles, dont les plus grandes, *Taboga* et *Taboguilla*, sont complétement cultivées et offrent un ancrage sûr ainsi que d'excellente eau à boire. Tous les environs de la ville, le long de la côte, à l'est et au nord-est, sont plats ; à l'ouest et au nord-ouest, au contraire, s'élève une suite de montagnes. Du haut du *Cerro-Ancon* (environ 200 mètres), situé à près de 1 kilomètre 1/2 de Panama, on découvre le panorama complet d'une des plus belles et des plus riches contrées de la terre.

Panama, dont le nom signifie dans la langue des Indiens *beaucoup de poissons*, était situé en 1515, comme village indien, à environ 2 kilomètres de la ville actuelle. La première ville qu'y construisirent les Espagnols obtint, en 1521, de l'empereur Charles-Quint les droits de cité. En 1670 elle fut prise d'assaut et détruite par le boucanier Morgan ; et ce ne fut que plus tard qu'on la reconstruisit sur son emplacement actuel. A l'époque de la domination espagnole elle jouissait d'une grande prospérité, et était l'entrepôt du commerce avec le Pérou et les îles Philippines. Tombée ensuite en décadence, elle se releva à partir de 1833, époque où l'on y établit un service de bateaux à vapeur pour le Pérou et le Chili, en même temps qu'un service analogue reliait la côte orientale à la Jamaïque. Elle promet de devenir un jour le trait d'union entre l'Europe, la Californie, l'est de l'Asie et l'Australie. Déjà les Américains du Nord, qui constituent la grande majorité de la population, y ont accaparé presque tout le commerce et ont réussi à se soustraire pour ainsi dire complétement à l'influence des autorités de la Nouvelle-Grenade.

La *province de Panama*, qui avec celle de Veraguas forme le département de l'Istmo, est divisée en six arrondissements: Panama, Chorrera, Los-Santos, Nata, Portobello et Darien, et compte en tout 70,000 habitants; chiffre de population qui, dit-on, était autrefois celui de la ville seule.

PANARD (Charles-François), nom célèbre dans les annales du vaudeville. Ce chansonnier était né à Nogent-le-Roi, en 1694. Jamais poëte, sauf La Fontaine peut-être, ne fut si insouciant des choses de la vie réelle; il eut du célèbre fabuliste la modeste bonhomie, la naïveté, et sous tous ces rapports, ainsi que sous celui du talent, il fut surnommé avec justice par Marmontel, organe de ses contemporains, *le La Fontaine du vaudeville!* Sa fécondité fut prodigieuse. Tant à lui seul qu'en société avec Favart, Fuzelier, Laffichard, etc., il composa plus de cent opéras comiques ou vaudevilles, parodies, divertissements, parmi lesquels on distingue surtout *Le Magasin des Modernes, L'Académie bourgeoise, La Répétition interrompue, Zéphyre et Fleurette.* Ce n'est pourtant pas l'invention qui fait le mérite de ces ouvrages : le style est le principal mérite de Panard; mais aussi ce style, surtout dans ses couplets, réunit toutes les qualités qu'on peut désirer : esprit, délicatesse, naturel, énergie, critique fine et ingénieuse, s'y trouvent joints à une élégante correction et, de plus, à une richesse de rimes dont jamais la pensée ne souffre la moindre gêne. Trop souvent la société de Panard fut formée d'auteurs et de comédiens peu difficiles en fait de distractions, et qui venaient, comme lui, en chercher au cabaret. Or, le cabaret n'était plus depuis longtemps, surtout depuis l'établissement des cafés, ce qu'on l'avait vu encore du temps de Boileau et de Regnard, le rendez-vous des *fashionables* de l'époque; mais le bon Panard prétendait y trouver des inspirations, et sous ce rapport il lui devait bien quelque reconnaissance. Sans ce goût, à peu près exclusif, personne plus que Panard n'était fait pour être bien accueilli dans les cercles de la capitale; et certes il y eût trouvé matière à observations. A la vérité, il n'avait d'esprit que la plume à la main, et sa conversation était fort insignifiante; mais chacun appréciait son excellent caractère, sa gaieté franche et en quelque sorte enfantine. Cet homme, qui chansonna spirituellement tant de vices et de travers, n'eut jamais à se reprocher d'avoir écrit un vers ou laissé échapper un trait satirique contre personne en particulier. Panard avait encore un autre moyen d'être agréable à beaucoup de monde : c'était son excessive facilité à gaspiller son talent au profit de ses amis, de ses connaissances. On estime qu'il avait composé plus de huit cents de ces petites pièces de fête, qui lui avaient dérobé un temps dont il n'était pas plus avare que de son argent. Le magasin de ces œuvres légères était établi dans une vieille boîte à perruques, et c'était là qu'il engageait à fouiller ceux qui lui faisaient quelque demande de ce genre. Malgré des manières si peu intéressées, Panard avait encore trouvé moyen pendant une assez grande partie de sa carrière de mener douce et joyeuse vie. Si les vaudevilles alors se payaient peu, le vin et la bonne chère se payaient aussi moins que de nos jours, et le modique produit de ses pièces avait suffi à sa modeste existence. Mais enfin la vieillesse vint, cet hiver des cigales lyriques qui ont chanté tout l'été sans s'inquiéter de l'avenir. Le bon Panard aussi aurait pu se trouver alors fort dépourvu; mais lui, qui avait dit autrefois, dans son portrait versifié :

> Paresseux, s'il en fut, et souvent endormi,
> Du revenu qu'il faut je n'ai pas le demi.
> Plus heureux, toutefois, que ceux où l'or abonde,
> De la peur du besoin je n'ai jamais frémi;
> Et je puis assurer, qu'aimé de tout le monde,
> J'ai dans l'occasion trouvé plus d'un ami.

Trois personnes, parmi lesquelles se trouvait une femme, peu opulentes elles-mêmes, se cotisèrent pour lui faire une petite pension de trois cents francs, avec laquelle il trouva le moyen de vivre et de se loger, dans un grenier, il est vrai; mais cet autre bonhomme ne s'en affectait guère, et n'en chanta pas moins jusqu'à son dernier jour. Une attaque d'apoplexie l'enleva en 1764, âgé d'environ soixante-quatorze ans. Un an avant sa mort avait paru, en 4 volumes in-12, une édition de ses œuvres, qui ne comprenait qu'une faible partie de ses pièces et de ses poésies. Il y a quelques années, M. Armand Gouffé, celui de nos chansonniers modernes dont la manière rappelle le mieux celle de Panard, réduisit, par un choix judicieux, à trois vol. in-18 les quatre volumes anciens, en conservant ce qui s'y trouvait de plus piquant. Plus d'un hommage a été rendu sur le théâtre de la rue de Chartres à ce père du vaudeville critique et moral. Je citerai, entre autres, une pièce portant son nom pour titre, dont il était le héros, et dont tous les couplets avaient été empruntés à lui-même.

OURRY.

PANARIS, vulgairement appelé *mal d'aventure* : c'est une inflammation phlegmoneuse et très-douloureuse de la totalité d'un doigt ou d'un point quelconque de son étendue. En se servant du mot *panaris*, dont l'étymologie grecque et latine désigne seulement le voisinage ou le pourtour de l'ongle, les anciens avaient commis une erreur en posant en principe que cette maladie n'avait pour siége habituel que l'extrémité du doigt. L'expression de *dactylite*, qui signifie *inflammation du doigt*, nous semblerait préférable. Lorsque cette inflammation n'occupe que le tour de l'ongle, elle constitue alors une variété du panaris, qu'on nomme *tourniole.* C'est l'espèce la plus simple et la moins douloureuse de ce genre d'affection. On a admis encore trois autres espèces de panaris, qu'on distingue d'après le degré de profondeur où se développe l'inflammation; savoir : celle qui s'établit dans le tissu cellulaire sous-cutané, c'est-à-dire sous la peau, celle qui occupe la gaine des tendons, et celle enfin qui occupe le *périoste* des phalanges. Mais ces trois dernières espèces de panaris ne constituent en réalité que les différents degrés d'intensité que peut présenter le panaris.

Les causes les plus ordinaires du panaris sont les piqûres des doigts causées par des aiguilles, des épingles, des pointes de clou, des arêtes de poisson, des échardes de bois, surtout lorsque ces corps sont rugueux, ou rouillés, ou imprégnés d'une matière âcre quelconque; viennent ensuite les contusions, les morsures, etc. Aussi voit-on cette maladie se déclarer fréquemment chez les cordonniers, les tailleurs, les menuisiers, enfin chez tous les ouvriers qui manient habituellement des instruments susceptibles de leur piquer les mains. Il est cependant des panaris qui ne sont causés que par l'effet d'une atmosphère froide et humide longtemps prolongée. D'autres panaris peuvent être produits par cause interne : tels sont entre autres ceux qui proviennent d'un état d'irritation de l'estomac appelé *embarras gastrique;* ils offrent alors une sorte d'analogie avec les furoncles, qui accompagnent souvent ce genre de dérangement des voies digestives.

Le panaris affecte de préférence le pouce et l'index; vient ensuite le doigt *medius*, surtout dans les cas de panaris critique, c'est-à-dire par cause interne. Cette maladie est aussi rare aux orteils qu'elle est fréquente aux doigts, ce qui est dû non-seulement à leur extrême sensibilité, mais encore à ce qu'ils sont très-exposés à l'action des corps vulnérants. Le panaris commençant à se développer dans le tissu cellulaire des doigts, qui est fourni d'un grand nombre de filets nerveux, principalement vers la pulpe de ces organes, il n'est pas étonnant que la vive sensibilité de ces parties donne lieu à des douleurs excessives, lorsque l'inflammation vient à s'y manifester, d'autant plus qu'elle s'y trouve resserrée entre les os des phalanges et la peau, peu extensible, des doigts. Cette disposition anatomique des organes tactiles constitue alors un tel appareil de douleur que, pour exprimer leur vive intensité, on les a nommées *douleurs pertérébrantes.* La main participe souvent à ces douleurs poignantes, qui retentissent même jusqu'aux glandes de l'aisselle, et parfois jusque sur le côté correspondant de la poitrine. Souvent aussi le gonflement inflammatoire du doigt s'étend jusqu'à la main, et dans quelques cas, rares, gagne l'avant-bras, monte jusqu'au bras, même jusque sous l'épaule, et peut donner lieu dans tout ce long trajet à plusieurs abcès. L'intensité des douleurs étant alors proportionnée à l'étendue du mal, la fièvre devient intense; quelquefois même le délire se déclare, et si le mal n'est point arrêté dans sa marche, la gangrène est à craindre et les jours du malade sont gravement compromis.

Dans le traitement du panaris, il faut tâcher, s'il est possible, de faire avorter l'inflammation ou tout au moins d'en diminuer l'intensité si on ne peut s'opposer à son développement. Parmi les moyens abortifs du panaris, lorsqu'il n'est qu'à son début, nous indiquerons en première ligne l'indispensable nécessité de combattre la cause qui l'a produit lorsqu'elle continue d'agir : telle serait par exemple l'extraction immédiate d'une pointe d'épine qui serait restée dans l'épaisseur du doigt, etc. Viennent ensuite les moyens médicamenteux proprement dits, au nombre desquels nous recommandons principalement l'immersion longtemps prolongée du doigt dans l'eau glacée, ou mieux encore dans la glace pilée, soit seule ou bien avec addition d'un peu de sel marin, ou d'un peu d'extrait de saturne. Si l'on n'avait pas à sa disposition les moyens de réfrigération que nous venons d'indiquer, il faudrait alors recourir à l'application des *narcotiques*, tels que la thériaque, seule ou laudanisée, les cataplasmes ou les bains préparés avec la décoction de feuilles de ciguë, de jusquiame, de belladone ou de morelle, avec addition d'extrait gommeux d'opium. Mais si, malgré ces divers calmants, la douleur persistait, et que l'inflammation fit des progrès, on pourrait alors couvrir le doigt de sangsues, dont on ferait saigner longtemps les piqûres au moyen de l'eau tiède, et sur lesquelles seraient ensuite appliqués des cataplasmes de farine de lin légèrement opiacés. Toutefois, s'il advenait que ce mode de traitement fût insuffisant, et que le mal continuât à faire des progrès, il faudrait alors recourir à l'incision longitudinale et centrale de toute l'étendue du panaris, afin de faire cesser l'étranglement inflammatoire et de prévenir la gangrène. Aussitôt après l'incision, on ferait plonger la main dans une décoction émolliente tiède, afin de diminuer la douleur et de favoriser le dégorgement du doigt en rendant plus facile l'écoulement du sang; on couvrirait ensuite la plaie d'un cataplasme émollient, qu'on aurait soin de renouveler deux fois par vingt-quatre heures. Immédiatement après l'incision, les douleurs diminuent; peu de temps après, la suppuration s'établit, et si l'on n'a pas trop tardé à pratiquer cette opération, la guérison a lieu en peu de jours. Dans le cas contraire, et surtout lorsque le débridement n'a point été pratiqué, on voit quelquefois la gangrène gagner les tendons et causer même la nécrose des phalanges, ce qui laisse le malade estropié pour tout le reste de sa vie. Dr L. Labat.

PANATHÉNÉES, fêtes célébrées à Athènes en l'honneur de Minerve. On en attribue l'établissement à Erichthonius, ou à Orphée, ou à Thésée. Celui-ci institua ou plutôt renouvela les Athénées, pour éterniser la mémoire de la réunion des différentes bourgades de l'Attique. Thésée voulut que tous les peuples de l'Attique y assistassent, afin de les porter à reconnaître Athènes, où elles se célébraient, pour la patrie commune. Cette fête fut d'abord simple, et ne durait qu'un jour. Mais dans la suite on y mit plus de pompe, et la durée en fut plus longue. On établit de grandes et de petites *Panathénées*. Les grandes se célébraient tous les cinq ans, le 23 du mois hécatombéon. Les petites avaient lieu tous les trois ans, ou plutôt tous les ans, le 20 du mois thargélion. Chaque ville de l'Attique, chaque colonie athénienne devait dans ces occasions le tribut d'un bœuf à Minerve. La déesse avait ainsi l'honneur de l'hécatombe, et le peuple en avait le profit, car la chair de ces victimes immolées servait à régaler les spectateurs. Il y avait dans ces fêtes des prix pour trois sortes de combats. Le premier combat était originairement une course à pied, qui se faisait le soir, à la lueur des flambeaux que portaient les athlètes; mais dans la suite elle devint une course équestre. Le second combat était gymnique, c'est-à-dire que les athlètes y combattaient nus. Il avait lieu dans un stade particulier, que le rhéteur Lycurgue avait construit et qu'Hérodes Atticus rétablit avec magnificence. Périclès institua le troisième combat pour la poésie et la musique : d'excellents chanteurs, accompagnés de joueurs de flûte et de cithare, y disputaient à l'envi. Ils chantaient les louanges d'Harmodius, d'Aristogiton et de Thrasybule. Des poëtes y faisaient représenter des pièces de théâtre jusqu'au nombre de quatre chacun, et cet ensemble de poëmes s'appelait *tétralogie*, parce que, bien que séparés, ils tenaient tous au même sujet ou à la même histoire. Le prix de ce combat était une couronne d'olivier et un baril d'huile exquise, que les vainqueurs, par un privilége spécial, pouvaient faire transporter où bon leur semblait, hors du territoire d'Athènes. Ces combats étaient suivis de festins publics qui terminaient la fête : c'est ainsi que se célébraient en général les petites Panathénées. Mais les grandes l'emportaient par leur magnificence, par le concours des peuples, et par la procession qui s'y faisait. On conduisait en grande pompe un navire orné du *peplus* de Minerve, et accompagné du plus nombreux cortége. Ce navire n'allait en avant que par des machines qui étaient dans son intérieur; et quand il avait fait plusieurs stations sur la route, on le ramenait à l'endroit d'où il était parti, c'est-à-dire au Céramique. Le *peplus* de Minerve était une draperie blanche, formant un carré long, brochée d'or, et sur laquelle étaient représentées les actions mémorables de la déesse, celles de Jupiter, des héros, et même de ceux qui avaient rendu de grands services à la république. A cette procession assistaient des vieillards, des hommes faits, des jeunes gens, des enfants, de jeunes vierges des familles les plus distinguées, portant tous à la main une branche d'olivier pour honorer Minerve, à laquelle le pays était redevable de cet arbre utile. Tous les peuples de l'Attique se faisaient un devoir de religion d'assister à cette fête; de là le nom de *Panathénées* ou *Athénées de toute l'Attique*.

Les Romains imitèrent cette fête sous le nom de *Quinquatrice;* mais leur imitation ne servit qu'à donner plus d'éclat aux vraies Panathénées. Il n'est pas inutile de remarquer que dans ce jour de solennité il était permis de porter des armes dans la ville d'Athènes; le reste de l'année le port d'armes y était défendu. Th. Delbare.

PANCIÈRE. *Voyez* Cuirasse.

PANCKOUCKE (André-Joseph), libraire, né à Lille, en 1700, et mort dans la même ville, en 1753, ne se contentait pas de vendre des livres, il se mêlait aussi d'en écrire. Libre penseur, il publia un *Essai sur l'Usage de la Raison*, par suite duquel le clergé lui refusa les honneurs de la sépulture ecclésiastique. Son fils, *Charles-Joseph* Panckoucke, né à Lille, en 1736, vint s'établir à Paris en 1764, et disposant de capitaux importants, unissant beaucoup de tact à beaucoup de souplesse d'esprit et à une activité rare, il parvint en peu de temps à accaparer la plupart des grandes affaires de librairie auxquelles donnait naissance le mouvement philosophique des esprits à une époque où les vieilles croyances étaient attaquées de toutes parts et dans tous les domaines de l'intelligence. Sous sa direction le *Mercure de France* parvint à avoir près de quinze mille souscripteurs. C'est lui qui fut le premier éditeur des œuvres complètes de Buffon, de la grande collection des Voyages et du *Grand Vocabulaire Français*. Plus tard, après avoir abandonné à Beaumarchais la publication d'une édition complète des œuvres de Voltaire, il entreprit l'*Encyclopédie méthodique*, publication gigantesque, destinée à remplacer l'Encyclopédie de Diderot et de D'Alembert, et à laquelle prirent part les écrivains et les savants les plus célèbres de la France. C'est lui qui, en 1789, eut le premier l'idée de fonder le *Moniteur*, journal destiné à rapporter aussi complétement et aussi fidèlement que possible les débats de l'Assemblée nationale, pour lequel on fit choix d'un format qui parut gigantesque pendant plus de quarante ans, et dont la propriété est restée depuis dans sa famille. Il mourut le 19 décembre 1799. En 1795 il avait donné une *Grammaire générale*.

Son fils, *Charles-Louis-Fleury* Panckoucke, né en 1780, mort en 1844, fit une brillante fortune en librairie avec le *Dictionnaire des Sciences médicales*, les *Victoires et Conquêtes*, la *Description de l'Égypte*, la *Bibliothèque Latine-Française*, etc. Il mit son nom à la traduction de *Tacite* qui figure dans cette dernière publication; mais quelques indiscrétions de M. Quérard, dans sa *France littéraire*, permettent de douter qu'il en ait bien réellement été l'auteur. Quant à son fils, M. *Ernest* Panckoucke, il paraît avoir complété ment renoncé au commerce des livres pour se vouer à la culture des lettres. Il est l'auteur incontesté de la traduction d'*Horace* publiée dans la Bibliothèque Latine-Française.

PANCRACE (du grec πᾶν, tout, et κράτος, force), exercices de lutte qui se composaient de la lutte et du pugilat réunis. Les athlètes qui, dans l'antiquité, se disputaient le prix du pancrace pouvaient se prendre à-bras-le-corps, et se porter des coups; aussi les combats du pancrace étaient-ils terribles : chaque lutteur y déployait toute sa force, ainsi que l'indique le nom de cet exercice gymnique. Les pancratiastes, c'est ainsi qu'on nommait ces lutteurs, combattaient nus, et d'après des règles déterminées. Le combat corps à corps du pancrace, employé d'abord dans les jeux publics de la Grèce, fut introduit dans les jeux olympiques lors de la vingt-huitième olympiade.

PANCRÉAS (du grec πᾶν, tout, et κρέας, chair), corps glanduleux, situé transversalement derrière l'estomac et au-devant de la colonne vertébrale, entre le foie et la rate. Il est muni d'un canal excréteur, nommé *canal pancréatique*, qui se rend dans le duodénum, à la réunion de ses deux tiers supérieurs avec son tiers inférieur. Le pancréas secrète une liqueur qu'on nomme quelquefois *pancréon*, *pancréatine*, ou *suc pancréatique*. Selon quelques auteurs, ce fluide coule d'une manière continue dans le duodénum; suivant d'autres, il n'y arrive que lors de la digestion, ou du moins il y vient alors plus abondamment. Chimiquement, les uns le disent alcalin, les autres acide. Jusqu'à ces derniers temps on n'avait sur les fonctions du pancréas que des données vagues ou erronées. Une analogie de structure anatomique, plus apparente que réelle, l'avait fait considérer comme la *glande salivaire abdominale*, bien que Magendie eût constaté que le fluide pancréatique avait des propriétés physiques et chimiques très-différentes de celles de la salive. M. Bernard, dans un mémoire couronné par l'Académie des Sciences en 1850, a montré que le liquide sécrété par le pancréas possède la fonction spéciale de dissoudre la graisse des aliments et en général toutes les substances grasses neutres, ou plus exactement végétales et animales. Le liquide pancréatique est doué de cette propriété à ce point que si, par une cause quelconque, sa sécrétion est suspendue, les matières grasses introduites dans l'estomac avec les aliments traversent le canal intestinal sans y éprouver la moindre altération. M. Bernard, rattachant l'explication de ce fait à la théorie des phénomènes catalytiques, suivant laquelle certaines substances mises en contact avec certains corps produisent des réactions singulières, inexpliquées, mais non moins réelles et constantes, a démontré que la dissolution des matières grasses par le suc pancréatique se fait à l'aide de ce mécanisme mystérieux, et que son agent unique est un ferment propre à la sécrétion du pancréas. Cette matière nouvelle, qui a pour caractère spécial d'émulsionner très-rapidement toute espèce de corps gras, peut être facilement obtenue pure et conservée quelque temps sans qu'elle perde rien de sa propriété émulsive.

Le pancréas existe chez tous les mammifères, chez les oiseaux, les reptiles et quelques poissons. On appelle *pancréas d'Aselli* le prolongement plus ou moins considérable que le pancréas offre presque toujours à sa partie droite. Le pancréas peut être le siége de douleurs (*pancréatalgie*, d'ἄλγος, douleur), d'inflammation (*pancréatite*), de tumeurs (*pancréatoncie*, d'ὄγκος, tumeur), et d'obstruction (*pancréatemphraxis*, d'ἐμφράσσω, j'obstrue). L. Louvet.

PANCRÉATIQUE (Suc), **PANCRÉATINE** ou **PANCRÉON**. *Voyez* Pancréas.

PANDECTES (du grec πᾶν, tout, δέχεσται, contenir). *Voyez* Corpus Juris et Digeste.

PANDÉMONIUM, mot composé par Milton, de deux mots grecs (πᾶν, tout, δαίμων, démon), pour désigner le palais de Satan. C'est dans le premier chant du *Paradis perdu* que le poëte a placé la description de cet édifice fantastique. Le prince des démons appelle en un grand conseil toutes les puissances infernales; mais il faut un monument digne d'une telle assemblée. Aussitôt tout agit, tout s'empresse; à la tête des travailleurs est Mammon, le plus vil des anges déchus, celui par qui la soif de l'or est venue infecter le monde : l'or, par leurs mains actives, est arraché aux entrailles de la terre, fondu, épuré, moulé en cent manières diverses, et

> Sous la forme d'un temple aussitôt enfanté,
> Sort comme une vapeur l'édifice enchanté.

Enfin, l'édifice est debout sur ses fondements, les portes s'ouvrent et la foule infernale se précipite. Tout immense qu'il est, le palais ne peut suffire à la multitude des démons.

> Tout à coup, ô prodige! on donne le signal,
> Et ce peuple géant de l'empire infernal,
> Que sa taille égalait aux enfants de la terre,
> Pareil à d'humbles nains en un point se resserre.

Les séraphins et les chérubins seuls gardent leur taille majestueuse; Satan commande un silence solennel, et le conseil commence. Le peintre John Martin a fait de cette scène infernale le sujet d'un de ses tableaux.

Le mot *pandémonium* a pris depuis une extension figurée. On dit d'une assemblée où dominent les mauvaises passions, d'une ville où règne la dépravation, d'un livre rempli de principes dangereux, que c'est un *pandémonium*.

PANDGIM. *Voyez* Goa.

PANDICULATION (du latin *pandiculari*, s'étendre, dérivé de *pando*, je courbe, je plie). C'est une action automatique et souvent forcée, par laquelle on porte les bras en l'air, en renversant la tête et le tronc en arrière et en allongeant les jambes; elle a lieu ordinairement lorsqu'on est fatigué, lorsqu'on a sommeil ou au début de quelques maladies.

PANDJAB. *Voyez* Pendjab.

PANDORE, dont le nom signifie littéralement *don de tout* ou *douée de tout*, selon la mythologie grecque, est la première femme qui parut sur la terre, et voici ce que la fable rapporte à ce sujet. Jupiter, irrité contre Prométhée de ce qu'il avait eu la hardiesse de faire un homme et de voler le feu du ciel pour animer son ouvrage, ordonna à Vulcain de former une femme du limon de la terre, et de la présenter à l'assemblée des dieux. Minerve la revêtit d'une robe d'une blancheur éblouissante, lui couvrit la tête d'un voile et de guirlandes de fleurs qu'elle surmonta d'une couronne d'or. En cet état, Vulcain l'amena lui-même; tous les dieux admirèrent cette nouvelle créature, et chacun voulut lui faire son présent. Minerve lui apprit les arts qui conviennent à son sexe, celui entre autres de faire de la toile. Vénus répandit le charme autour d'elle avec le désir inquiet et les soins fatigants. Les Grâces et la déesse de la persuasion ornèrent sa gorge de colliers d'or. Mercure lui donna la parole avec l'art de séduire les cœurs par des discours insinuants. Enfin, Jupiter lui donna une boîte bien close, et lui ordonna de la porter à Prométhée. Celui-ci, se défiant de quelque piége, ne voulut recevoir ni Pandore ni la boîte, et recommanda bien à Épiméthée de ne rien recevoir de la part de Jupiter. Mais à l'aspect de Pandore, tout fut oublié. Épiméthée devint son époux; la boîte fatale fut ouverte, et laissa échapper tous les maux et tous les crimes qui ont depuis inondé le triste univers. Épiméthée voulut refermer la boîte pernicieuse, mais il n'était plus temps. Il ne retint que l'Espérance, qui était près de s'envoler, et qui resta sur les bords. Hésiode a célébré dans ses chants l'allégorie de Pandore. Les auteurs anciens donnent à Pandore la beauté de Vénus, la pudeur et la chasteté de Diane, la vaillance de Mars et la force d'Hercule. Cette déesse avait, comme Médée, le don de la persuasion, et celui de l'éloquence, comme Mercure, Minerve et Thémis. Cer Alexandre Lenoir.

PANDOURS. L'étymologie de ce nom est incertaine. Il servit à désigner un corps d'infanterie légère armé à l'orientale et recruté parmi les populations slaves ou autres des frontières de la Hongrie du côté de la Turquie, dont il fut pour la première fois question dans l'armée impériale à l'époque de la guerre de la succession d'Espagne, et qui sous les ordres de célèbres chefs de partisans, tels que Trenk, par exemple, rendit ensuite de bons services dans les guerres de l'Autriche contre Frédéric II. Ils combattaient à la manière des corps francs, et faisaient beaucoup de mal à l'ennemi, qu'ils inquiétaient sans relâche. Excellents tirailleurs, ils étaient la terreur des habitants, à cause de leurs habitudes de brigandage et de cruauté. Rien de plus pittoresque que leur costume, et tout leur extérieur avait quelque chose d'éminemment original. Un de leurs traits caractéristiques, c'était le sourire de bienveillance qui errait constamment sur leurs lèvres, au milieu des batailles comme au moment où ils commettaient les plus horribles atrocités. Le nom de *pandours* tomba en désuétude, lorsque plus tard ils eurent été compris dans l'organisation des *grenzer* ou soldats de frontières.

PANÉGYRIQUE. C'est le nom qu'on donne à un discours d'apparat, écrit et prononcé en l'honneur d'un personnage illustre. L'antiquité appelait *panégyriste* le magistrat qui proclamait en présence du peuple assemblé la grandeur de la divinité, l'éloge du roi et des grands citoyens. Le panégyrique participe de l'oraison funèbre, en ce qu'il a pour objet un éloge solennel; mais il en diffère essentiellement en ce sens que la personne à qui il s'adresse peut être encore vivante : ainsi, tout le monde sait que le panégyrique de Trajan fut composé par Pline le jeune à l'occasion d'une victoire remportée sur les Daces, et prononcé devant l'empereur en personne. L'étymologie du mot (πᾶν, tout, et ἄγυρις ou ἀγείρω, d'où πανήγυρις, assemblée publique, réunion générale et solennelle) est d'ailleurs parfaitement conforme à la vérité : en effet, les Grecs prononçaient leurs panégyriques dans les cérémonies religieuses, en présence des peuples assemblés. L'orateur commençait par une invocation laudative à la divinité en l'honneur de laquelle on célébrait les fêtes ou les jeux. Il passait ensuite aux louanges du peuple ou du pays qui les célébrait, et enfin il proclamait la gloire de son héros. Le panégyrique, qui appartient au genre démonstratif, tient à l'histoire par l'exposition des événements, à la politique par l'étude des faits, à la morale par la peinture des mœurs et le développement des caractères.

On doit dans ce genre de discours n'user qu'avec une grande sobriété des lieux communs, car il ne faut pas oublier que le panégyrique est l'écueil de l'orateur. Dans les sujets d'imagination, dans les discours profanes, dans les discours académiques, on peut semer les ornements à pleines mains; mais ici il faut observer une juste mesure, et bien prendre garde de paraître n'avoir recours aux images brillantes et à toutes les séductions du style que pour couvrir de fleurs menteuses la pauvreté du fond; l'œil le moins exercé verrait bientôt l'artifice, et le héros risquerait fort de devenir une victime.

Le panégyrique n'est pas originaire de la Grèce, comme son étymologie semble l'indiquer : en effet, bien avant les Grecs, le roi-poëte se fait le panégyriste de Saül, son ennemi; bien avant les Grecs, les sages Égyptiens proclament la louange de la vertu sur les restes inanimés de leurs monarques! A son tour aussi, mais plus tard, la Grèce entière, réunie en des jours solennels, décerne des éloges publics, expression de la reconnaissance nationale, à tout citoyen qui a bien mérité de la patrie; et toute saignante encore des glorieuses blessures reçues à Marathon, à Salamine, à Platée, au milieu de ses cités dépeuplées par la victoire, elle fait taire un instant ses douleurs pour rendre hommage à la mémoire des braves morts pour la patrie. A Rome, l'usage du panégyrique date de la mort de Brutus. Jusqu'à Cicéron les patriciens seuls peuvent emporter avec eux la consolation, si c'en est une, d'un éloge d'outre tombe; eux seuls ont le droit d'être loués *là où ils ne sont plus*. De Cicéron jusqu'à Pline le panégyrique est mort : qui pût osé louer la vertu sous un Tibère, un Néron!

Aux panégyriques païens succède bientôt le panégyrique chrétien, arme puissante, parce qu'en montrant les joies de l'éternité réservées à celui dont on loue les vertus, l'éloge devient un encouragement sublime et propage l'amour de la foi. Aujourd'hui, hélas! déchu de son antique splendeur, le panégyrique est tombé du domaine de l'orateur dans celui de l'écrivain. Il ne consiste plus, pour ainsi dire, que dans les éloges académiques et les discours d'apparat.

On dit, par extension, au figuré : faire le *panégyrique* de quelqu'un, pour dire *faire son éloge;* on emploie aussi cette locution par ironie.

On appelle encore *panégyrique* un livre de religion qui renferme plusieurs *panégyriques* en l'honneur de Jésus-Christ et des saints. Cet ouvrage, qui se trouve en manuscrit dans presque toutes les églises grecques, suit dans sa disposition l'ordre des mois : aussi le voit-on souvent divisé en douze volumes, qui répondent à chacun des mois de l'année. DUMARTIN-TAILLEFER.

PANÉGYRISTE. *Voyez* PANÉGYRIQUE.

PANETIER. Ce mot est synonyme de *boulanger;* il est dérivé du latin *panis*, pain. Les rois ont attaché, il y a bien longtemps, l'histoire de Joseph dans la Genèse nous l'atteste, de *grands-panetiers* à leur personne : la Genèse nous apprend que le *grand-panetier* de Pharaon commandait à ses panetiers. Nous voyons plus tard reparaître à la cour des rois franks l'office de *grand-panetier :* les Franks se faisaient servir non par des esclaves, comme les Gaulois et les Romains, mais par des hommes d'une naissance illustre, par les fils de leurs parents, de leurs *leudes*; le *grand-panetier* ne fut d'abord chez eux qu'un simple boulanger; la monarchie en fit bientôt un des officiers de la couronne; l'office de grand-panetier donna le droit de recevoir les boulangers, de les visiter, d'exercer sur eux le droit de confiscation et de faire exercer par un lieutenant une juridiction dans l'enclos du palais appelé la *paneterie*. Les boulangers de Paris devaient au grand-panetier un droit nommé *bon denier* et *pot de romarin;* un arrêt du parlement de 1402 n'admit cette petite juridiction qu'à la condition que les contraventions des boulangers constatées par elle seraient portées devant le Châtelet. La charge de grand-panetier était confiée aux hommes du plus haut rang; Burchard de Montmorency l'exerçait en 1333; la famille des Cossé-Brissac l'eut en partage depuis 1522. Elle fut supprimée un moment, sous Charles VII, mais rétablie bientôt après.

PANGOLIN, genre de mammifères de l'ordre des édentés, comprenant des animaux qui se rapprochent des tatous par les grosses écailles cornées et transparentes qui recouvrent leur corps, leurs membres et leur longue queue. Ils manquent de dents, ont des oreilles très-petites, sont bas sur jambes et de forme allongée. Des ongles crochus arment les cinq doigts dont leurs pieds sont pourvus. Un museau effilé termine leur petite tête. Les mouvements des pangolins sont très-lents : ils rampent plutôt qu'ils ne marchent. Ils ont des habitudes nocturnes, se creusent des terriers ou se cachent dans les fentes des rochers. Quand ils se voient poursuivis, ils se roulent en boule, et relèvent leurs écailles acérées pour se défendre. Leur langue, très-extensible et visqueuse, leur sert à s'emparer des insectes, notamment des fourmis blanches, dont ils font leur nourriture. On connaît quatre espèces de pangolins, dont l'une, longue de plus d'un mètre, habite les Indes orientales, et porte dans ce pays le nom qu'on a étendu au genre entier : c'est le *pangolin* de Buffon, le *grand lézard écaillé* de Perrault, et enfin le *manis macroura* de A.-G. Desmarest.

PANIC, genre de plantes de la famille des graminées. Il tire son nom de *panis*, pain, parce que les graines de plusieurs de ses espèces servent d'aliment à l'homme et aux animaux. Le genre *panic* a pour caractères : Épillets biflores, nus, formés d'une fleur supérieure hermaphrodite, et d'une inférieure à une ou deux glumelles, mâle ou neutre, mutique; glume à deux valves, très-inégales, membraneuses, concaves, mutiques; trois étamines; ovaire glabre, surmonté de deux styles allongés.

Le *panic cultivé* ou *panic d'Italie* (*panicum italicum*, L.), vulgairement *panic des oiseaux*, *petit millet à épis*, qu'on ne cultive plus guère aujourd'hui que pour la nourriture des granivores, est remarquable par l'abondance des graines que fournit son épi, gros et touffu. Il est originaire de l'Inde; mais il avait déjà été introduit en Italie du temps de Théophraste.

Le *panic millet* (*panicum miliaceum*, L.; *panicum milium*, Pers.), vulgairement *mil*, *millet*, *millet à panicule*, fournit une graine qui dans nos contrées ne sert qu'à la nourriture de la volaille; mais dans le midi de l'Europe, dans l'Inde, en Afrique surtout, où les nègres l'unissent au sorgho, il figure pour une part importante dans l'alimentation de l'homme.

Le *panic dactyle* (*panicum dactylon*, L.), vulgairement *chiendent pied de poule*, envahit rapidement les champs en friche. Ses racines jouissent à peu près des mêmes propriétés que celles du chiendent ordinaire.

PANICAUT, genre de plantes de la famille des ombellifères, et de la pentandrie-digynie. L'apparence des panicauts rappelle celle des chardons. Dans quelques contrées on mange leurs jeunes pousses en guise d'asperges. Ces plantes sont répandues sur toute la surface du globe. L'espèce la plus commune en France est le *panicaut champêtre* (*eryngium campestre*, L.), vulgairement *chardon-Roland* ou *chardon roulant*. Cette plante, qui croît dans presque tous les lieux incultes, le long des chemins, s'élève à environ trois décimètres. Sa tige, très-rameuse, striée, blanchâtre, porte des feuilles coriaces, marquées de veines en réseau, pennées une ou deux fois, à folioles décurrentes sur le pétiole, retournées et ondulées en diverses manières, embrassantes à leur base. Les fleurs sont blanches, en petits capitules.

PANICULE. On donne ce nom à l'inflorescence la plus irrégulière. La panicule peut être regardée comme une grappe dans laquelle les axes secondaires se ramifient plus ou moins à des hauteurs diverses, et varient entre eux de longueur. On trouve de nombreux exemples des panicules dans la famille des graminées.

PANIER. Ce mot vient de *panis* ou *panarium*, parce que les premiers paniers furent faits pour renfermer du pain. Ce sont de petits meubles ou ustensiles ordinairement d'osier ou de jonc, de formes très-variées, et servant à contenir des objets presque de toutes natures. Il y en a de grands, de petits, de ronds, d'oblongs, avec ou sans anse, d'un tissu serré ou à claire-voie, munis ou non de couvercles. On les caractérise ordinairement par un nom qui en indique l'usage: le *panier de marée* est celui dans lequel la marée s'apporte à la halle. Ce qu'on nomme *panier d'un coche* consiste en de grandes caisses d'osier, nommées autrefois *magasins*, et placés devant ou derrière le coche. Ils contenaient les marchandises et quelquefois les voyageurs. On nomme aussi *paniers* des caisses d'osier plus ou moins fortes qui se placent sur le dos des bêtes de somme, des chevaux de bât, pour servir au transport de marchandises. On nomme *gabions*, en termes de guerre, des paniers pleins de terre, servant à la construction des retranchements.

On appelle *mannes*, en marine, de petits paniers servant à *manier* le lest de sable ou de pierres: ils sont faits grossièrement, et servent à tout ce qui n'exige pas de propreté. On nomme aussi souvent *panier*, en agriculture, une ruche d'abeilles faite en osier ou en paille. Un *panier à bouteilles* est celui où se trouvent plusieurs compartiments servant à recevoir des bouteilles. Les *paniers à ouvrage* sont de petites corbeilles où les femmes mettent leurs ouvrages d'aiguille: ils étaient déjà connus des dames romaines, qui y mettaient leurs fuseaux, leurs canevas, leurs laines; ils étaient d'osier, et on les nommait *qualum*, mot dérivé du grec *calathos* (panier de Minerve). On nomme *panier de fleurs* ces ornements qui représentent des paniers qu'on met sur la tête des cariatides ou des termes. Les *paniers* diffèrent de la *corbeille* en ce qu'ils sont plus hauts et plus étroits. Le contenu du mot *panier* se désigne quelquefois de même que le contenant, c'est-à-dire aussi par *panier* ou *panerée*, comme quand on dit: un *panier* de raisins, de fraises, de vin, etc. Un *panier* de fleurs et de fruits indique sur les médailles la beauté et la fertilité du pays. Un *panier* couvert avec du lierre alentour et une peau de faon marque les mystères des Bacchanales: aussi la statue de Bacchus se trouve-t-elle souvent au-dessus, symbole provenant sans doute de ce que Sémélé, enceinte de Bacchus, fut mise par Cadmus dans une corbeille, et abandonnée sur un fleuve.

Le mot *panier* entre dans un grand nombre de locutions figurées et proverbiales. On dit d'une personne qui dépense tout son argent et qui n'en saurait gagner, que c'est un *panier percé*. On dit *sot comme un panier*, en ceci qu'on regarde comme un sot celui dont la mémoire ne peut rien retenir. *L'anse du panier* veut dire, parmi les valets, les vols qu'ils font à leurs maîtres sur le prix des choses qu'ils achètent; c'est ce qu'on appelle *faire danser l'anse du panier*: l'anse du *panier* vaut plus à maint cuisinier, à mainte servante, que les gages qu'on lui donne. *Petit mercier, petit panier*, se dit de ceux qui, ayant peu de bien, doivent proportionner leurs dépenses à leurs moyens; cela signifie, surtout dans le commerce, qu'il ne faut pas faire d'entreprises au-dessus de ses forces. *Il ne faut pas mettre tous ses œufs dans un panier* veut dire qu'on ne doit pas placer tous ses fonds dans une même affaire, une seule spéculation; risquer tout son bien à la fois. *Adieu paniers, vendanges sont faites*, se dit quand les vendanges sont passées ou qu'il est arrivé aux vignes un accident qui a détruit les raisins. On le dit encore de toutes les affaires entièrement terminées, ou de celles qui sont manquées sans ressource. Billot.

PANIER. Tout le monde a entendu parler des *jupons à panier*: c'étaient des cercles en fer, bois ou baleine, entourés de chiffons, et servant à relever les jupes. Ces cercles se nommaient *vertugadins*. C'est sous le commencement du règne de Louis XV qu'ils firent leur première apparition, dans le but, disaient les mauvaises langues d'alors, de dissimuler des grossesses illégitimes. Les *vertugadins* étaient tout ce qu'il y avait de plus incommode et pour celles qui les portaient et pour celles qui les approchaient. Dans la foule, il fallait, avec *un vertugadin*, se mettre en travers pour pouvoir passer et laisser passer les autres; en chaise à porteurs, il fallait laisser sortir par les portières les parties latérales de ce monstrueux ajustement; à table, il fallait engloutir sous elles les genoux de ses voisins de droite et de gauche. Les vertugadins prenaient, selon leurs formes, des noms aussi laids qu'eux; il y avait la *gourgandine*, le *boute-en-train*, le *tatez-y*, la *culbute*, etc. Abandonnés à la fin du règne de Louis XV, où Mlle Clairon fut la première qui osa paraître sur la scène sans en avoir, ils reprirent faveur sous Marie-Antoinette, et on les vit reparaître sous le nom de *paniers*, à cause de leur ressemblance avec les *cages* ou *paniers à poulets*, et peut-être parce qu'on espérait faire ressembler une mode antique à une mode nouvelle en lui donnant un nom nouveau. Cette fois le bon goût en fit promptement justice, et les *bêtises* ou *derrières postiches* remplacèrent les *paniers*. L'on aurait pu croire ceux-ci morts et enterrés depuis longtemps, lorsque tout à coup, de nos jours, à l'époque où nous écrivons, on les a vus reparaître audacieusement, sous le nom modeste de *crinolines*. La mode, on le voit bien, a même dans le disgracieux ses retours d'âge. Espérons, avec le bon goût, que les vertugadins de 1856 disparaîtront comme ont disparu leurs aïeux, mais sans laisser de descendants.

PANIER (Anse de). *Voyez* Anse de Panier.

PANIFICATION. *Voyez* Pain.

PANIN (Nikita Iwanowitsch, comte), ministre d'État russe, naquit en 1718. Son père *Iwan* Panin, lieutenant général sous Pierre le Grand, appartenait à une famille noble. Il entra jeune encore dans les gardes de l'impératrice Élisabeth, devint chambellan, et fut nommé en 1747 ministre plénipotentiaire à Copenhague, puis en 1749 à Stockholm. A son retour en Russie il fut nommé gouverneur du grand-duc *Paul-Pétrowitsch;* et lorsque Catherine II monta sur le trône, en 1762, elle l'appela à remplir les fonctions de ministre d'État. En cette qualité ses principaux actes furent la guerre contre la Turquie à la suite des troubles de la Pologne, l'échange du duché de Holstein-Gottorp contre les comtés d'Oldenburg et de Delmenhorst au profit de la branche cadette de la maison de Holstein-Gottorp, la paix conclue avec la Porte en 1774, la médiation de la Russie pour la paix de Teschen et enfin la neutralité armée. C'est lui-même qui rédigeait toutes les instructions pour les généraux et pour les envoyés accrédités près des gouvernements étrangers et toutes les correspondances diplomatiques entretenues avec les mêmes gouvernements. On le considérait comme le principal appui de l'alliance prussienne dans le cabinet russe. L'impératrice l'avait créé comte en 1767; mais peu à peu son influence sur cette princesse diminua. Il traitait les affaires avec autant de dignité que d'aisance, et en faisant preuve d'une grande fermeté. Ses conseils ne lui étaient jamais dictés que par une conviction profonde, et à l'occasion il n'hésitait point à contredire l'impératrice elle-même. A une intelligence des plus vives il unissait une grande maturité de jugement et une profonde connaissance du cœur humain. Il mourut en 1783.

PANIQUE. *Voyez* CRAINTE.

PANNE, étoffe de soie, de fil, de laine, de coton, de poil de chèvre, fabriquée à peu près comme le velours, mais dont les poils sont plus longs et moins serrés.

On donne le même nom à la graisse dont la peau du cochon et de quelques autres animaux se trouve garnie à l'intérieur, et particulièrement au ventre.

PANNE (*Marine*). On appelle *panne* le temps d'arrêt produit sur un navire en marche par la disposition particulière donnée à ses voiles : les unes tendant à le faire avancer, les autres à le faire reculer, ont pour résultat de le maintenir à peu près à la même place. On fait facilement passer un navire, quelle que soit sa vitesse, à l'état de la panne. On *met en panne* soit pour attendre un bâtiment ou un canot, soit pour sonder, pour combattre, pour sauver un homme à la mer, etc.

PANNETIÈRE. *Voyez* BLATTE.

PANNONIE. C'est le nom que portait, comme province romaine, la contrée bornée au nord et à l'est par le Danube, à l'ouest par les montagnes du Noricum; dont une étroite lisière s'étendait au delà de la Save, et qui comprenait la partie de la Hongrie actuelle située au delà du Danube, la Slavonie, une portion de la Bosnie, le nord-est de la Croatie et les parties orientales de la Carniole, de la Styrie et de la basse Autriche. Il provenait des *Pannoniens*, appelés aussi chez les Grecs *Pæons*, peuple d'origine illyrienne, qui habitait primitivement la contrée située entre les montagnes de la Dalmatie et la Save, dans la Bosnie actuelle, et plus loin au sud-est jusqu'aux Dardaniens en Mésie (Servie). Auguste fut le premier qui, l'an 35 av. J.-C., porta les armes romaines dans leur pays et dans celui des Japydes, leurs voisins occidentaux; et après s'être emparé de Segestica ou Siscia (*Sissek*), il les soumit tout à fait. S'étant révoltés l'an 12 av. J.-C., ils furent vaincus, après une lutte opiniâtre, par Tibère. L'oppression que faisaient peser sur eux les Romains provoqua encore de leur part, l'an 6 de J.-C., une révolte autrement dangereuse et à laquelle s'associèrent aussi les Dalmates. Les deux peuples avaient pour chefs un Dalmate et un Pannonien de la tribu des *Breuci*, appelés tous deux *Bato*. Pour réprimer ce mouvement, Tibère abandonna ses opérations contre Marbod; et après une guerre à laquelle prirent part quinze légions, et qui dura jusqu'à l'an 9 de J.-C., lui et Germanicus subjuguèrent les Pannoniens, qui comptaient 200,000 hommes en état de porter les armes. C'est alors que les vainqueurs assignèrent pour demeure aux vaincus les parties septentrionales de ce territoire, qui furent désignées d'après eux. Des habitants primitifs de la contrée, les Boïens-Celtes, qui du temps de César avaient été presque entièrement exterminés par Bœrebistes, roi des Gètes-Daces, il n'était resté qu'une faible partie dans la région nord-ouest, qu'on comprenait encore dans le *Noricum;* et on désignait sous le nom de *désert des Boïens* les autres parties de territoire qu'ils occupaient au nord et à l'ouest du lac Pelso (aujourd'hui le *Plattensee*). Il est probable que ce fut sous le règne de Tibère, au commencement duquel son fils Drusus réprima la révolte des trois légions qui stationnaient en Pannonie, que cette contrée fut organisée en province, et que les Pannoniens se transformèrent insensiblement en citoyens romains. Le *Noricum* oriental, habité par les Taurisques-Celtes fut incorporé à la province; et on en fit autant d'une grande partie du territoire des Carni-Celtes (la Carniole), mais que plus tard on comprit dans l'Italie. Dans la partie sud-est de la province, entre la basse Saxe et le Danube, habitaient les Scordisques-Celtes, autrefois alliés de Bœrebistes et plus tard de Tibère. La province, qui sur le Danube, du côté des Marcomans et des Quades fixés au nord de ce fleuve, était protégée par une suite de places fortes, fut pendant longtemps partagée en *Pannonie supérieure* (occidentale) et *Pannonie inférieure* (orientale), dont la délimitation était formée par une ligne partant de l'embouchure du Raab (*Arrabo*) dans le Danube jusqu'à l'embouchure d'une rivière de Bosnie appelée Urbas (*Urpanus*), dans la Save. La plus grande partie de la Pannonie inférieure ne fut mise en culture qu'au quatrième siècle de notre ère, sous le règne de Galère, qui en l'honneur de son épouse la nomma, comme province particulière, *Valeria.* Sous Constantin, qui entretenait six légions en Pannonie, le pays fut divisé en *Pannonia Prima* et *Pannonia Secunda*, en *Valeria* et en *Savia* (entre la Drave et la Save); divisions territoriales qui furent comprises alors dans ce qu'on appelait les provinces illyriennes. Au deuxième siècle la Pannonie supérieure avait été le théâtre de la guerre des Marcomans. Plus tard cette contrée fut encore inquiétée par les Marcomans, par les Quades et les Iazyges, et les Romains l'assignèrent pour demeure à des Vandales avec lesquels ils avaient fait alliance. Au cinquième siècle Aétius décida l'empereur d'Occident Valentinien III à la céder à l'empereur d'Orient Théodose II, qui l'abandonna aux Huns. Après la mort d'Attila (453), les Ostrogoths s'en emparèrent (*voyez* GOTHS). Outre ceux-ci, la partie sud-est avait alors pour habitants les Gépides, et la partie nord-ouest les Rugiens. En 488 Théodoric en expulsa les Goths. En 527 les Lombards commandés par Audoin s'en emparèrent; et quand, en l'an 568, ils se dirigèrent vers l'Italie, ils l'abandonnèrent aux Avares-Tatars, outre lesquels des peuplades slaves vinrent aussi s'établir alors au sud. Les Avares furent subjugués par Charlemagne, dont la domination s'étendit aussi sur la Pannonie. Sous ses successeurs, des Slaves du Nord se répandirent encore dans ce pays, qui fit partie du grand royaume de Moravie jusqu'à ce qu'en l'an 893 l'empereur Arnoul excita les Magyares ou Hongrois à s'en emparer.

Sous la domination romaine, les plus importantes villes de la Pannonie après *Siscia* étaient sur le Danube *Vindobona* (Vienne), *Carnuntum*, *Arrabo* (Raab), *Bregætium* (Komorn), *Cumerum* (Grân), *Acincum* (Bude); sur la Save et la Drave, *Mursa* (Essek), *Aciminicum*, *Taurunum* (Semlin), *Sirmum* (Mitrovitz), d'où cette contrée a conservé jusqu'à ce jour le nom de Sirmie, *Cibalæ* (Vinkovcze), *Noviodunum* (Novigrad); dans le pays des *Carni*, incorporé plus tard à l'Italie, *Nauportus* (Oberlaibach), *Æmona* (Laibach); dans l'intérieur, *Sopianæ* (Funfkirchen) *Cimbriana* (Stuhlweissenburg), *Sabaria*, *Scarbantia* (Œdenburg).

PANORAMA (des mots grecs πᾶν, tout, et ὅραμα, vue, vision). On nomme ainsi un tableau circulaire, horizontal, présentant la vue en perspective d'une ville ou d'un paysage. L'inventeur des panoramas est un Allemand, le professeur Broysig, de Dantzig. En Angleterre, le premier tableau de ce genre a été exposé en 1793, à Édimbourg, par Robert Barker. On peut dire avec raison que le panorama est le triomphe de la perspective. L'artiste, placé sur le sommet d'une tour ou d'une montagne, peint le paysage qui l'entoure, et son pinceau ne s'arrête que là où sa vue rencontre l'horizon pour barrière. Les principales qualités de ce genre de tableaux sont une vérité et une actualité qui rendent l'illusion complète. Un panorama doit être disposé de manière que le spectateur, placé au centre, ayant devant lui une rampe, se trouve au même point de vue que le peintre au moment où il composait son œuvre. Le tableau doit être éclairé par le haut, afin qu'une lumière trop vive n'éblouisse pas les spectateurs. Il en résulte pour eux que, ne pouvant voir où se termine le tableau et comment chacune de ses parties reçoit le degré de lumière qui approche le plus de la réalité, ils doivent se croire vraiment transportés au milieu de la contrée dont ils ont devant les yeux une si parfaite représentation. C'est un Américain, Robert Fulton, qui le premier apporta un panorama en France. On donne le nom de *diophanorama* à un tableau représentant une ville ou un paysage éclairé de manière à compléter l'illusion. Lorsque ce tableau ne reproduit que la vue d'une partie déterminée, telle que l'intérieur ou l'extérieur d'un édifice, il prend la dénomination de *diorama*. On peut aussi considérer comme des espèces de panoramas : le *stereorama*, tableau topographique en relief, fait en carton, le *myriorama*, le *néorama*, le *géorama*, l'*europorama* des frères Suhr, de Hambourg, et le *pleorama*, inventé par Langhans, à Breslau, en 1831, espèce d'imitation du mouvement de la nature au moyen d'un mécanisme ingénieux qui nous montre le paysage fuyant à peu près comme lorsqu'on s'éloigne dans une barque.

Les premiers panoramas montrés à Paris avaient été établis dans une rotonde bâtie sur le boulevard, à peu près à l'endroit où débouche aujourd'hui la rue Vivienne. On y entrait par le passage qui a encore le nom de *passage des Panoramas*. Le succès de cette exhibition enfanta une multitude d'imitations. Le Diorama fut la plus heureuse. Après l'incendie de la salle de la rue Samson, un panorama fut construit aux champs Élysées, où le colonel Langlois montra avec succès le panorama de la bataille d'Eylau. L'Exposition de 1855 exigea cette construction : le Panorama fut exproprié; mais quelques autres tableaux du même genre existent encore.

PANSAR. *Voyez* BROCHET.

PANSE. On appelle ainsi le premier estomac des animaux ruminants. Il est fort grand et couvert intérieurement d'un grand nombre de petites éminences serrées, fermes et solides. C'est là que se fait la première coction des herbes. Pour les vétérinaires, la *panse* est l'estomac du cheval.

Dans le langage ordinaire, on entend par *panse* un ventre gros, rond et trop élevé.

Par extension, on appelle *panse* la partie arrondie d'une lettre : Une *panse d'a*.

PANSEMENT, action d'appliquer les emplâtres, compresses, bandes et appareils quelconques, destinés à préserver une plaie du contact de l'air et des corps nuisibles, ou à maintenir une partie en situation. Cette branche de l'art du chirurgien est infiniment plus importante qu'elle ne le paraît au premier coup d'œil. D'un pansement plus ou moins bien fait dépend souvent la guérison plus ou moins rapide d'une maladie. Plus d'une fois on a vu une opération faite avec une dextérité incontestable avoir de funestes conséquences parce que le pansement avait été abandonné à des mains ignorantes. L'homme véritablement ami de l'art et de l'humanité ne doit donc pas dédaigner de se charger de ce soin, ou du moins d'en surveiller l'exécution. Quatre mots, devenus aphoristiques, tracent les conditions générales d'un bon pansement ; il faut panser *doucement*, *mollement*, *promptement* et *proprement*. *Doucement*, pour causer le moins de douleur possible ; *mollement*, en n'employant pas sans nécessité des instruments qui font souffrir ; *promptement*, pour ne pas exposer trop longtemps la partie malade à l'action irritante de l'air ; *proprement*, enfin, parce que la plaie s'envenimerait par le contact d'objets malpropres ou par la résorption du pus qu'elle sécrète.

Dans les hôpitaux, l'élève débute par les pansements les plus simples, et passe successivement aux plus compliqués. Il doit être muni d'une *trousse*, étui qui renferme ses instruments, et d'un *appareil* ou boîte, contenant de la charpie, du linge, des compresses, des emplâtres, du fil, etc. Il doit aussi se pourvoir de vases vides pour y jeter les résidus impurs de la plaie, d'eau froide ou tiède pour en laver les bords, et quelquefois de feu, pour amollir les emplâtres et chauffer le linge employé. L'état spécial de chaque malade indique les modifications à apporter aux règles générales énoncées plus haut : telle plaie veut être pansée à *sec*, telle autre exige l'application de charpie enduite de médicaments et de compresses humectées ; cet appareil doit être serré, celui-ci plus lâche. Les pansements seront aussi plus rares ou plus fréquents suivant les circonstances : ceux des fractures, des luxations, ne seront pas renouvelés comme ceux des ulcères.

Pansement, comme synonyme de *pansage*, se dit encore de l'action de panser à la main un cheval, un mulet en bonne santé.

PANSLAVISME, terme nouveau, dont la première syllabe est composée du mot grec πᾶν, *tout*, et introduit dans le langage de la politique pour désigner l'aspiration à former un seul corps de nation, qu'on remarque parmi les diverses populations slaves, surtout depuis le commencement de ce siècle ; tendance provoquée, dit-on, par l'influence du cabinet russe, lequel espérerait parvenir ainsi quelque jour à réunir toutes les populations slaves sous le même sceptre. Il n'y a pas longtemps que dans les journaux c'était à qui signalerait la présence d'espions russes, d'émissaires russes, en Allemagne et en France, mais plus particulièrement dans les contrées habitées par des Slaves ; et on allait jusqu'à comprendre sous cette dénomination des associations purement littéraires formées par des savants russes et slaves. Le gouvernement russe a d'ailleurs toujours énergiquement repoussé les accusations et les soupçons élevés contre sa politique ; et dès l'année 1847, époque où le sol commençait généralement à trembler en Europe, une circulaire adressée, dit-on, à tous les professeurs et à tous les savants russes par le département de l'instruction publique les invitait formellement à s'abstenir de toutes prédications et tendances panslavistes. En cela, le cabinet de Saint-Pétersbourg est vraisemblablement de bonne foi. En effet, il comprend sans doute que dans ce sourd travail des intelligences, il y a aussi plus d'un danger pour le colosse moscovite ; et que prétendre l'exploiter à son profit, c'est se jeter dans l'inconnu, c'est risquer le certain pour l'incertain. Le panslavisme aboutira-t-il en effet à constituer une grande monarchie ou bien une grande république fédérative slave? Voilà ce qu'il serait bien difficile de prévoir ; car ce plan, s'il existe véritablement, est à tous égards inexécutable quant à présent, en raison des différences profondes qui divisent les populations slaves au point de vue historique, religieux, social, politique et industriel, et ne saurait guère dès lors être autre chose qu'un vain épouvantail créé par quelques imaginations exaltées.

Parmi les populations slaves soumises à la domination autrichienne, il y a déjà longtemps qu'on s'est efforcé de ne pas donner au panslavisme d'autre portée, d'autre but, qu'une association tout intellectuelle, qu'une coopération purement littéraire de ces diverses races, tendant uniquement à faire pénétrer dans les esprits l'idée naturelle et nécessaire d'une future unité intellectuelle analogue à celle des autres races européennes. Mais le mot *panslavisme* ne pouvant évidemment pas avoir un sens si restreint et donnant lieu dès lors à de vives objections, on a fini par y substituer l'expression d'*idée slave*, qui est plus généralement intelligible.

En 1848, à la suite des troubles qui éclatèrent en Autriche, on vit l'*idée slave* se poser un moment en antagoniste de l'*idée allemande*. Dès le mois de mai un club slave convoquait à Prague un congrès de tous les Slaves de la monarchie autrichienne, alors que les Allemands aspirant à l'unité engageaient la Bohême à envoyer, comme tous les États faisant partie de la Confédération Germanique, des députés au parlement national de Francfort. Le congrès slave, auquel assistèrent des Slaves venus de tous les pays, et la plupart portant leur costume national, s'ouvrit le 2 juin à Prague. On avait partagé les Slaves en trois classes : 1° Les Bohêmes, les Silésiens, et les Slovaques (Slaves occidentaux); 2° les Polonais et les Ruthènes (Slaves orientaux); 3° les Slowènes, les Croates, les Serbes et les Dalmates (Slaves méridionaux). Chacune de ces divisions élut seize membres, qui formèrent ensemble un comité sous la présidence de Palacky. Le programme du congrès était : Alliance défensive et offensive de tous les Slaves; égalité de toutes les nationalités dans l'empire d'Autriche, sympathie pour tous les Slaves non autrichiens; indépendance de l'Autriche à l'égard de l'Allemagne; transmission de ces résolutions à l'empereur. Ce congrès slave, où les différentes races eurent beaucoup de peine à se faire comprendre l'une de l'autre, et où il leur fallait souvent avoir recours à l'usage de la langue allemande pour s'exprimer d'une manière intelligible à tous, ne put point terminer ses délibérations. Dès le 12 juin une insurrection slavo-démocratique l'expulsait du lieu de ses séances; et c'est cette insurrection que le prince Windischgrætz réprima de la manière la plus sanglante en n'hésitant point à bombarder Prague pour la réduire. Beaucoup des agitateurs slaves furent arrêtés. Plus tard, il parut dans des journaux slaves un manifeste du congrès slave adressé à tous les peuples de l'Europe, où l'on expliquait que les tendances slaves avaient pour but de donner à l'Autriche, où habitent la grande majorité des Slaves, la forme d'une confédération de nations ayant toutes les mêmes droits : moyen de donner satisfaction aux divers besoins comme à l'unité de la monarchie. Malgré cela, l'agitation slave contribua beaucoup à compliquer encore plus la situation de l'empire d'Autriche.

PANSPERMIE. On désigne sous ce nom, formé des mots grec πᾶν, tout, et σπέρμα, semence, l'opinion hypothétique et le système des anciens naturalistes qui croyaient que les germes des corps organisés sont répandus avec profusion dans la nature, qu'ils sont disséminés partout, et qui admettaient comme une explication suffisante que ces germes unis aux molécules des aliments solides, liquides et gazeux, sont introduits dans les organismes individuels, végétaux et animaux, et que, trouvant dans ces organismes les circonstances favorables à leur développement, ils passaient de leur état de germe latent et invisible à celui d'un corps reproducteur, désigné en général sous le nom d'*œuf* et d'*ovule* (*voyez* ÉVOLUTION). L. LAURENT.

PANTALARIA. *Voyez* PANTELARIA.

PANTALON. Tout le monde sait ce que c'est que cette partie de l'habillement masculin, qui a presque généralement remplacé ce que les pudiques Anglais ont nommé le *vêtement nécessaire;* mais on ne connaît pas aussi généralement l'origine du mot *pantalon* : il nous vient, d'après Ménage, des Vénitiens, et aurait pris son nom de saint Pantaléon, martyr, et selon d'autres du personnage toujours désigné sous ce nom dans les pièces de la comédie italienne jouées à Paris, et qui portait une sorte de culotte tenant avec les bas, et qu'on remplaça plus tard, et beaucoup plus commodément, par la prolongation de celle-ci. Le règne du pantalon n'a réellement commencé en France qu'à notre première révolution; c'est alors qu'il détrôna définitivement la culotte courte. Les divers avantages du pantalon, son utile abri pour les jambes dans les temps froids et humides, plus encore peut-être celui de déguiser leur maigreur et l'absence des mollets chez nombre de personnes, firent adopter ce vêtement dans toutes les classes de la société. Toutefois, l'entrée des salons du grand ton lui fut assez longtemps interdite, mais leur aristocratie s'humanisa enfin en faveur du pantalon noir, qui est devenu en quelque sorte un costume d'étiquette et de cérémonie. OURRY.

PANTALON. C'était, au théâtre, le nom habituel de l'un des personnages des pièces et canevas italiens. Il y partageait avec le *Docteur* l'emploi des pères; mais ce dernier était toujours immolé à la risée publique, tandis que *Pantalon*, souvent représenté comme un vieillard amoureux et dupé, un avare, un père fantasque, était parfois aussi dans ces ouvrages, surtout lorsque Goldoni eut ennobli le ton de la Thalie italienne un bon père de famille, un honnête commerçant, un homme plein de sens et de raison. Le *Docteur* était toujours Bolonais et *Pantalon* toujours Vénitien : chacun d'eux parlait dans ces pièces le dialecte de son pays. Lorsque Pantalon vint parler français à la Comédie dite Italienne établie à Paris dans le dernier siècle, il y conserva immuablement le costume vénitien, qui se composait, outre la culotte prolongée dont j'ai parlé, d'une longue robe, habillement de dessus appelé *zimare* à Venise, et d'un habit de dessous, garni de larges boutons. Cet habit avait été rouge autrefois; il était noir depuis que la République Vénitienne avait perdu le royaume de Négrepont. Pantalon portait comme sa patrie le deuil éternel de cette perte.

Parmi les *Pantalons* qui remplirent successivement cet emploi sur notre scène italienne, trois surtout obtinrent la faveur publique. En premier lieu, Alborchetti, qui, né, dit-on, noble Vénitien, croyait conserver le *decorum* de son rang en ne jouant que sous le masque. Mort à Paris, en 1731, il eut, en vertu du privilége de non-excommunication dont jouissaient les acteurs italiens, l'honneur d'être enterré dans l'église de Saint-Eustache. Malgré son jeu plein de chaleur et d'expression, Véronèse le fit bientôt oublier dans les mêmes rôles. Comédien auteur, il composa pour son théâtre beaucoup de pièces, qui furent bien accueillies. On ne goûta pas moins deux autres de ses productions, ses deux charmantes filles, Caroline et Camille, actrices remplies de naturel et de charme, délicieuses *Colombines*, qui firent tourner bien des têtes chez nos aïeux. Mort en 1762, Véronèse fut remplacé dans l'emploi de *Pantalon* par l'acteur Colalto, également auteur, et qui même a écrit dans notre langue une comédie (*Les Trois Jumeaux vénitiens*) très-bien intriguée, et dont il jouait les trois rôles avec beaucoup de talent. Colalto a été notre dernier Pantalon dramatique, comme Carlin notre dernier Arlequin, tous deux ayant vu chez nous l'Opéra-Comique, après avoir reçu l'hospitalité chez la Comédie-Italienne, se rendre, comme le lion de la fable, le seul maître de la maison. Seulement, les Arlequins, les Colombines, et quelques autres de ces personnages venus d'Italie, trouvèrent pour quelque temps un domicile nouveau, un asile provisoire dans la rue de Chartres, chez le Vaudeville, au lieu que Pantalon, en compagnie du Docteur, dut retourner sur les théâtres de sa patrie. OURRY.

PANTALONNADE. Ce mot, qui implique quelque chose de burlesque (il s'en est tiré, dit-on vulgairement, par une *pantalonnade*), eut probablement pour origine la bizarrerie que l'on trouva au premier aspect dans l'habillement inférieur de maître Pantalon. Peut-être aussi a-t-il pour source quelques facéties du Pantalon Colalto, entre autres celle qui a fourni le sujet de la pièce jouée sous ce titre au Théâtre des Variétés. On sait que, voulant offrir à un grand seigneur la dédicace d'un de ses ouvrages, dédicace dont il avait déjà calculé les profits avant de pouvoir aborder son Mécène, il se vit rançonné d'avance par le suisse de l'hôtel, le valet de chambre et l'intendant, qui exigèrent chacun un tiers de la récompense que sans doute il allait toucher. Pour se venger de ces marauds, le malin Colalto pria son protecteur généreux de le gratifier de cent coups de bâton; et pour diminuer son étonnement, il lui apprit ensuite le marché qu'il avait dû conclure afin de parvenir jusqu'à lui. C'était là certainement une excellente *pantalonnade;* et si ce n'est pas elle qui a créé le mot, on avouera du moins qu'elle en était bien digne. OURRY.

PANTELARIA ou PANTALARIA, autrefois *Cossyra*, île de la Méditerranée, située à 9 myriamètres de la Sicile et à 7 ou 8 myriamètres du cap Bon en Afrique, comprise dans l'intendance de Girgenti (Sicile). Sa superficie est de 18 kilomètres carrés, et la nature de son sol complétement volcanique. Elle est bordée d'une ceinture de basses montagnes de lave grise, dont l'accès est des plus difficiles, et de l'intérieur de laquelle s'élève un volcan haut de 666 mètres, avec un cratère éteint. De toutes parts le sol y donne passage à de chaudes vapeurs humides. Des eaux minérales chaudes, des rochers de lave et de pierre ponce forment en partie un lac salé de 2,000 mètres de circuit, ainsi que des bains chauds. La végétation est tellement active sur les sédiments décomposés, qu'avec les myrtes et les lentisques qui y croissent on fait du charbon végétal, qui trouve un placement avantageux à Naples. On récolte aussi beaucoup de grains, de vin, de coton, d'olives, de figues, de câpres et de raisins secs dans les fertiles vallées de cette île, dont la population est d'environ 7,000 âmes, et qui a été érigée en principauté en faveur de la famille Requisens. La langue qu'on y parle est un jargon mêlé d'arabe et d'italien. Son chef-lieu, *Oppedolo*, est une petite place forte qu'occupe une garnison napolitaine. C'est là que le roi de Naples déporte ses condamnés politiques; et les individus condamnés à des peines infamantes sont détenus dans la citadelle.

PANTHÉE. *Voyez* PENTHÉE.

PANTHÉISME (de πᾶν, tout, et θεός, Dieu). C'est une des trois grandes formes sous lesquelles se conçoit la théodicée. Il n'y a qu'un Dieu, il y a plusieurs dieux, tout ce qui existe est dieu : voilà les trois thèses possibles. Elles conduisent à ces trois systèmes : monothéisme, polythéisme, panthéisme. De ces trois systèmes, le premier est à la fois le plus ancien et le plus moderne; le second remonte également aux temps les plus reculés; le troisième est le fruit de la spéculation, l'enfant de ce besoin d'unité qui tourmente les écoles, ou le produit d'un enthousiasme mystique qui éprouve le désir de s'anéantir dans le sein de l'être des êtres. Le premier pendant longtemps a eu peu de partisans; la majeure partie du genre humain a professé le second; le troisième n'a jamais eu et ne saurait avoir pour sectateurs que des métaphysiciens et des enthousiastes, deux classes de gens qui peuvent être nombreux, mais qui n'ont jamais été et ne seront jamais en majorité.

Le panthéisme, qui admet que tout ce qui existe n'est autre chose que Dieu lui-même, admet aussi que Dieu n'est pas autre chose que ce qui est, et ne fait par conséquent aucune distinction entre Dieu et l'univers : quand il dit l'*univers*, c'est *Dieu* qu'il veut dire; quand il dit *Dieu*, c'est l'*univers* qu'il entend. Cela ne pouvant pas être une grossière confusion, la nature des choses s'y opposant, c'est évidemment une synthèse systématique. En effet, le panthéisme est né non pas dans la conscience ni dans la raison du genre humain, mais dans le sein des écoles. On a dit, pour en expliquer l'origine et pour le présenter sous son point de vue le plus favorable, que c'était le polythéisme ramené au monothéisme. Mais si c'est du monothéisme, c'en est un fort singulier, puisque non-seulement il admet un dieu unique, mais qu'encore il absorbe dans le sein de ce dieu l'univers tout entier. Si c'est du polythéisme, c'en est un bien singulier aussi, puisque au lieu d'un nombre plus ou moins limité de dieux, il fait dieu tout ce qui est. En effet, il réalise d'une manière tout à fait gigantesque et *titanique* la vieille idée du Panthéon de Rome. Mais faire autant de fractions de Dieu qu'il existe de choses, et puis construire de toutes ces fractions de divinité un seul être, et enfin déclarer que ce seul être est tout ce qu'on veut bien reconnaître pour réel et pour existant au milieu de ce qui existe, c'est au fond un procédé plus alchimique et plus poétique que philosophique; aussi les écoles sincèrement spéculatives n'ont-elles jamais admis le panthéisme.

Ancien ou moderne, le panthéisme s'est essayé sous quatre formes principales : il a été *psychologique*, *cosmologique*, *ontologique*, *mystique*.

Le panthéisme *psychologique* admet que Dieu est l'âme du monde, et qu'il anime ou pénètre l'univers, de même que l'âme anime et pénètre le corps, avec cette différence néanmoins que l'on ne peut pas distinguer l'univers de Dieu, comme on distingue l'âme du corps, ou du moins que cette distinction est vaine. C'est là en effet la doctrine de ce système, car à ses yeux l'âme n'est qu'une parcelle, qu'une émanation de la Divinité. C'est pour cela même que l'âme est en petit ce que Dieu est sur une plus grande échelle; qu'elle gouverne le corps comme il gouverne le monde; qu'émanée de lui, elle le réfléchit où il veut et tant qu'il veut; qu'elle rentre dans son sein dès qu'il la rappelle à son origine. Il y a là un degré, une lueur de vérité; et c'est par là que ce système a pu s'établir. L'âme en effet est de Dieu, au service de Dieu, à ses ordres, pour entrer dans ce monde et pour en sortir; mais assimiler Dieu à l'âme ou l'âme à Dieu, et comparer le gouvernement de l'univers à celui du corps, c'est se complaire dans des illusions. Si Dieu était modifié, sollicité, paralysé, amorti ou altéré par le monde comme l'âme l'est par le corps, Dieu serait changeant, faible et capricieux; Dieu ne serait pas Dieu. L'âme est troublée et tourmentée par les maladies : le suprême moteur de l'univers est-il agité par les crises de la nature, qui est une seule et même chose avec lui, comme nous le sommes par le corps, qui est une seule et même chose avec nous? Oui, dans ce système. Mais dès lors ce système n'a plus de dieu véritable. On le voit professé par quelques anciens, au début même de la philosophie, et renouvelé par quelques modernes au terme de la spéculation; mais ce système est un des plus faibles.

Le panthéisme *cosmologique* est un pas sur le panthéisme psychologique. Il ne fait pas de différence entre le corps et l'âme, afin de comparer l'un à Dieu et l'autre à l'univers, comme le fait le panthéisme psychologique. Pour lui, Dieu n'est ni l'âme du monde ni le monde : Dieu et le monde sont à ses yeux une seule et même chose; car pour lui il n'existe et ne saurait exister qu'une seule chose, et cette chose unique est Dieu. Ce système est de Xénophane, de Parménide, de l'école éléatique en général. C'est encore un début; c'est même un début entaché d'idées grossières, car dans l'opinion vulgaire, opinion faite par les traditions cosmogoniques qui étaient venues en Grèce de l'Égypte ou de l'Asie, l'univers, la plus parfaite des choses, avait la forme la plus parfaite, la forme ronde. Or, Dieu et l'univers étant une seule et même chose, il s'ensuivait que Dieu aussi était de forme circulaire, et qu'ayant une forme quelconque, il occupait un espace déterminé, c'est-à-dire borné. On comprend qu'avec cette triste attache le panthéisme cosmologique ne pouvait pas plus se soutenir que le panthéisme psychologique.

Le panthéisme *ontologique* vint l'amender, après un grand laps de siècles. En effet, Spinosa rejeta non-seulement, dans la science de l'être des êtres, l'idée d'une forme circulaire, mais celle de toute *forme* et de tout *nombre*, et, cherchant la plus fondamentale de toutes les notions, celle de *substance*, il ne reconnut qu'une substance unique et seule réelle. Tout le reste était à ses yeux simple accident. Une substance unique nécessairement éternelle, puisque aucune autre ne saurait lui avoir donné la vie ni aucune lui donner jamais la mort; et elle embrasse nécessairement tout ce qui est, puisque seule elle est quelque chose de réel. Il y a autre chose qu'elle, c'est-à-dire il y a ses *manifestations*. Ces manifestations se font suivant deux *modes* ou deux *accidents* : la *pensée* et l'*étendue*, mais ce sont bien réellement de simples manifestations. En effet, toutes les choses pensées et étendues, tout ce qui tombe sous les sens externes ou internes, n'est qu'une série d'*apparences*, ou, si l'on veut, d'*apparitions* que fait la substance, qui seule est réelle. Tel est le principe de ce système si fameux qui vint tout à coup se placer entre Descartes et Leibnitz, et qui fut à la fois si puissant d'abstraction, de déduction et d'obscurité que jusqu'à ce jour nul n'a su le suivre pas à pas, nul le réfuter. On ne saurait réfuter une doctrine de pure construction; mais il est inutile de la combattre quand elle n'est qu'une hypothèse. Le spinosisme n'est pas autre chose, car l'idée de substance, empruntée aux écoles, n'est qu'une de ces abstractions, de ces notions de convention dont elles faisaient autrefois un si singulier abus. Nul de nous ne connaît une *substance;* nous ne connaissons pas même de *force;* nous ne connaissons que des *phénomènes* et des *idées*.

Les panthéistes modernes, c'est-à-dire les métaphysiciens qui, dans un besoin d'unité, sont arrivés dans leurs doctrines ou dans leurs livres à professer en quelque sorte le panthéisme, ont fait un pas en arrière de Spinosa. Ils ont mis à la place de la substance et de ses deux modes de manifestation le *réel* et l'*idéal;* ce qui reproduisait, sous une forme plus subtile, la vieille lutte du *réalisme* et de l'*idéalisme*. Cependant, ils ne se sont pas divisés en *réalistes* et en *idéalistes*, mais ils ont été *réalistes-idéalistes*, c'est-à-dire qu'ils ont considéré le *réel* et l'*idéal* comme les deux *pôles* opposés, les deux extrêmes du même être. Cet être non différencié est *l'absolu;* différencié, il a deux faces contraires, le réel et l'idéal, l'*objectif* et le *subjectif*. A cette identité d'autres ont substitué l'identité de l'*idée* et du *esse* (εἶναι), du *être*, et non pas de l'*être*. On le voit, ce pas en arrière est immense, car ce sont des ténèbres répandues sur l'obscurité. Il est évident en effet que les mots *absolu* et *esse* n'ont pas même la lueur de clarté qu'avaient ceux de *substance* et de *mode;* que ceux de *réel* et d'*idéal* ne valent pas ceux de *pensée* et d'*étendue*. Ni les uns ni les autres de ces termes ne sauraient avoir cours ailleurs que dans les écoles.

Le panthéisme *mystique* a sur les autres cet avantage qu'il parle au cœur et qu'il est cher à la foi. Il n'est autre chose que le désir sincère, l'espoir passionné de l'homme de s'unir à Dieu, d'être absorbé, et, pour ainsi dire, enseveli en son sein. C'est une bien grave erreur, c'est une des plus dangereuses aberrations qu'ait enfantées l'Orient, car elle touche aux systèmes les plus contraires à la morale; elle n'est pourtant pas nécessairement incompatible avec le sentiment religieux; elle le conduit à l'exaltation, aux visions à l'extase.

On a distingué d'autres genres de panthéisme; on a parlé d'un panthéisme logique, d'un panthéisme physique, d'un panthéisme métaphysique, et enfin d'un panthéisme pratique : ce sont autant de désignations incomplètes ou vicieuses des espèces que nous avons admises. Ce qui caractérise toutes les nuances de ce système, c'est qu'elles sont toutes également inacceptables à la raison. Nées les unes du sentiment ou de l'imagination entendus à l'exclusion de l'intelligence; les autres, de l'intelligence consultée à l'exclusion du sentiment; faites les unes pour les besoins de la spéculation scolastique, les autres pour ceux d'un mysticisme qui voudrait abjurer jusqu'à l'individualité, elles ne conviennent, nous l'avons dit, qu'aux enthousiastes et aux métaphysiciens. Le panthéisme, quel qu'il soit, ne saurait plaire ni à la multitude ni au grand nombre : la conscience générale répugne à la déification de nous-mêmes comme à celle de la nature. Quels que soient, pour la beauté d'un système, les charmes de l'unité, notre raison ne saurait l'atteindre; l'unité est la vérité absolue, et celle-là nous ne l'atteignons jamais : pour l'atteindre, il faudrait être Dieu. Dès lors il n'est pas étonnant que quelques-uns se fassent Dieu et se disent panthéistes. Mais on peut affirmer qu'ils ne sont pas plus ce qu'ils disent que ce qu'ils prétendent se faire. Il peut y avoir des panthéistes de bonne foi; ce seraient des enthousiastes ou des métaphysiciens devenus enthousiastes; ce ne seraient pas des philosophes. Quelques esprits spéculatifs d'Allemagne, cherchant, surtout depuis Spinosa, ce pont ou cette identité entre le subjectif et l'objectif qui est et sera un éternel mystère, sont arrivés à des résultats de ce genre. Schelling et Hegel, sans parler d'une foule d'autres, plus secondaires, ont passé pour panthéistes, et quelques-uns de nos jeunes adeptes de ces systèmes, si peu compris de ceux même qui possèdent le moyen de les étudier aux sources primitives, ont jeté au milieu de nous une foule de locutions qui appartiennent au panthéisme. Ils ne sont pas plus panthéistes que ne le fut Hegel, le philosophe le plus estimé de la pieuse cour de Berlin; que ne le fut Schelling, le philosophe le mieux noté à la dévote cour de Munich. Ce que l'un et l'autre ont pensé eux-mêmes de leur doctrine est d'autant plus difficile à bien déterminer que le premier écrit fort mal, et que le second, après avoir essayé trois fois de donner non pas l'exposition de son système, mais des introductions aux divers systèmes qu'il a successivement mis en avant, a fini par renoncer à cette lourde tâche. Il est très-vrai néanmoins que ce philosophe éminent a déclaré d'une manière précise que l'absolu est *Dieu implicite*, et le monde *dieu explicite;* que l'un est l'*involution primordiale*, l'autre l'*évolution progressive* : ce qui constituerait un véritable panthéisme. Cependant Schelling, tout en s'avouant l'auteur d'un système d'*identité absolue*, n'a jamais avoué le panthéisme. Hegel, qui a si bien démontré l'impuissance de ce système d'identité absolue, et qui a mis en place celui de l'identité de l'*idée* et de l'*être*, qui n'en diffère guère, ne s'est pas non plus avoué panthéiste. Le panthéisme peut être, ou plutôt il a pu être un système de philosophie scolastique ou mystique; il ne saurait être un système de philosophie rationnelle.

On a confondu le panthéisme avec l'athéisme, et l'on a eu tort et raison à la fois. On a eu tort, car qui admet que tout est Dieu ne peut pas être accusé de ne pas croire en Dieu; mais qui voit Dieu dans tout ce qui est finit toujours par n'avoir plus de Dieu en dehors de rien. Si l'athéisme fait la faute de tout matérialiser, le panthéisme fait celle de tout spiritualiser : l'un et l'autre s'égarent en niant, dans l'intérêt de l'unité, ce dualisme qui est la loi du monde phénoménal, et à la place duquel on ne parvient à mettre autre chose qu'en se jouant des faits, de sa propre intelligence et de celle des autres. On a parlé d'*athées vertueux :* ces mots jurent. On parle de *panthéistes religieux :* ces mots jurent encore. Mais on peut fort bien être religieux dans la pratique en dépit du panthéisme qu'on professe dans une chaire, et vertueux en dépit de l'athéisme qu'on prêche dans un livre. Et c'est là ce qu'il y a de plus merveilleux dans la condition humaine, c'est que les inconséquences de la pratique corrigent les inconséquences de la spéculation.

On a beaucoup écrit sur le panthéisme : on peut voir sur le panthéisme de l'Inde les ouvrages de Colebrooke, de Jones, de Schlegel, de Bohlen, d'un grand nombre d'autres écrivains. Buhle a fait l'histoire du panthéisme grec et moderne dans son traité : *De Ortu et Progressu Pantheismi, inde a Xenophane usque ad Spinosam*. Jaesche a examiné l'origine du panthéisme hollandais et allemand dans son ouvrage : *Le Panthéisme dans ses formes principales, son origine, ses progrès, sa valeur spéculative et pratique* (Berlin, 1826). Lorsque des philosophes sortis de l'école de Kant parurent se jeter aussi dans le panthéisme, Ritter publia son livre : *Les Semi-Kantiens et le Panthéisme* (Berlin, 1827). En France, aucun homme sérieux n'a professé le panthéisme.

MATTER.

PANTHÉON (du grec πᾶν, tout, θεός, dieu), temple en l'honneur de tous les dieux. Le plus fameux panthéon fut celui que fit bâtir à Rome M. Agrippa, gendre d'Auguste, sur la façade septentrionale de ses thermes, et qui subsiste encore à présent dans son entier, avec cette inscription : M. AGRIPPA L. F. COS. TERTIUM FECIT. Il est de figure ronde, ne recevant le jour que par une grande ouverture pratiquée dans le milieu de la voûte. Il y a autour de ce temple six grandes niches, qui étaient destinées aux six principaux dieux. « Et afin qu'il n'y eût point, dit Lucien, de jalousie parmi les dieux au sujet de la préséance, on donna au temple la figure ronde. » Pline donnait un meilleur motif de cette disposition : « On l'adopta, dit-il, parce que le convexe de sa voûte représente le ciel, la véritable demeure des dieux. » Le portique qui est devant ce temple est plus surprenant que le temple même. Il est composé de seize colonnes de granit, d'une énorme grandeur, et toutes d'un seul bloc, chacune a plus de 1 mètre 50 centimètres de diamètre sur 12 mètres de haut, sans la base et le chapiteau. La couverture de cet édifice était de lames d'argent, que Constantin, fils d'Heraclius, fit transporter à Byzance. Le dôme formait un hémisphère dont le diamètre avait 44 mètres. Beaucoup de bas-reliefs décoraient le portique et l'intérieur du temple; mais les barbares et les papes les ont presque tous enlevés. Le fronton était décoré de figures en bronze scellées au tympan, comme on en peut juger par les traces qui subsistent encore. L'extérieur était revêtu de plaques de marbre, qui sont tombées. Le Panthéon, ayant été frappé de la foudre et en partie détruit, fut restauré par Adrien. Ce magnifique temple fut consacré, en 608, par le pape Boniface IV, en l'honneur de la Vierge et des martyrs, sous le nom de *Santa-Maria-Rotonda*, ou simplement *Rotonda*. Quoiqu'il ait beaucoup souffert pendant une aussi longue suite de siècles, son aspect produit une impression étonnante. Il renferme le tombeau de Raphael.

Quant au Panthéon d'Athènes, construit par Adrien, il n'en subsiste aujourd'hui que seize colonnes de marbre blanc, d'ordre corinthien, dont la hauteur est d'environ 20 mètres. Quelques personnes cependant croient que ces débris sont ceux d'un portique.

PANTHÉON, à Paris. Voyez GENEVIÈVE (Sainte-).

PANTHÈRE, animal du genre *chat*, sur l'histoire duquel il règne une grande confusion. Longtemps confondue avec le léopard, la panthère en diffère par un pelage d'un fond plus foncé, avec des taches noirâtres en forme de rose, placées sur les flancs. La tête de la panthère a le crâne plus allongé que celle du léopard. Sa queue, composée de dix-huit vertèbres au lieu de vingt-deux, est cependant aussi longue que le corps et la tête pris ensemble, tandis que celle du léopard est seulement de la longueur du corps. Enfin, la panthère ne se trouve pas en Afrique; on ne la rencontre que dans l'Inde, particulièrement au Bengale et dans les îles de la Sonde. Elle habite les forêts, où elle poursuit jusqu'à la cime des arbres les singes et les autres animaux grimpeurs dont elle se nourrit. A défaut de proie vivante, la panthère se nourrit de cadavres. Cet animal passe pour l'un des plus cruels du genre auquel il appartient.

PANTICAPÆUM. Voyez KERTSCH.

PANTIN. Quelle est l'origine de ce nom, appliqué à de petites poupées, taillées principalement en carton, et que la mécanique peu compliquée d'un bout de fil fait se mouvoir et danser? Est-ce celui de l'inventeur? est-ce celui du village où aurait été faite cette grande découverte? Voilà ce qu'on a laissé ignorer à la postérité, et ce que nous ne pouvons lui apprendre. Quoi qu'il en soit, ce fut vers le milieu du dix-huitième siècle qu'apparurent les *pantins*, qui conquirent sur-le-champ les faveurs de la mode et se trouvèrent bientôt dans les mains des grands enfants comme des petits. La mode des pantins était passée à l'état de frénésie en 1756, et dans les salons on voyait de graves magistrats, de vieux généraux, de jeunes seigneurs sortir de leur poche leurs pantins pour s'amuser à en tirer les ficelles. A cette époque on créa un proverbe dont il est bien resté quelque chose : « Tout homme est un pantin. » Ne rions pas trop cependant de la frivolité de nos pères, nous qui, après la sévère leçon d'une révolution, n'avons pas montré moins d'engouement pour deux autres joujoux de salons, l'*émigrant* et le *diable*. La gloire des *pantins* ne se concentra pas dans les maisons particulières : on les fit danser sur le théâtre de la Foire Saint-Laurent; et ce fut sur l'air composé à cet effet que l'on fit la fameuse chanson :

> Que *Pantin* serait content, etc.

Les pantins eurent une vogue assez longue chez notre nation, inconstante surtout dans ses amusements; aujourd'hui encore ils jouissent d'un reste de célébrité, grâce à la chanson que je viens de rappeler. Collé aussi a contribué à conserver leur renommée en stigmatisant de cette dénomination, dans ces couplets si connus,

> Ces amours presque éteints,
> Ces *pantins*
> Libertins.

Une autre application de ce nom a été faite par le peuple aux gens à la tournure gauche et dégingandée, imitant assez en effet celle des pantins de carton. La classe plus relevée a également baptisé de ce sobriquet ces individus toujours flottants dans leurs opinions, et qui ne savent sur quel pied danser. C'est, sous ce dernier rapport, ce qu'on appelle plus communément aujourd'hui des *sauteurs*, dans le langage figuré de la satire des salons. OURRY.

PANTIN, chef-lieu de canton du département de la Seine, à 6 kilomètres de Paris, avec 2,657 habitants, une importante exploitation de plâtre, des fabriques de chaux hydraulique, de produits chimiques, de couvertures, de sucre de betterave, des filatures de laine et de coton.

PANTINS (Danse des). Voyez DANSE DES PANTINS.

PANTOGRAPHE (du grec πᾶν, παντός, tout, et γράφω, j'écris), instrument à l'aide duquel on peut copier le trait d'un dessin quelconque, en l'augmentant ou le diminuant à volonté. Cette ingénieuse machine de réduction était connue dès 1631. On en trouve la description dans un livre intitulé : *Pantographia, seu ars delineandi res quas libet*, etc., imprimé à cette époque à Rome. En 1743, l'Académie des Sciences approuva la construction d'un pantographe du mécanicien Canivet. Langlois apporta quelques perfectionnements au pantographe, et voici la description qu'en donnait l'*Encyclopédie méthodique* : « Cet instrument est composé de quatre règles mobiles ajustées ensemble sur quatre pivots et qui forment entre elles un parallélogramme. A l'extrémité d'une de ces règles prolongées est une pointe qui parcourt tous les détails du tableau, tandis qu'un crayon fixé à l'extrémité d'une autre branche semblable trace légèrement ces traits de même grandeur, en petit ou en grand, suivant qu'on a disposé son pantographe sur le papier ou un plan quelconque sur lequel on veut rapporter ce dessin. » Langlois avait heureusement corrigé quelques défauts des anciens pantographes, principalement par le moyen d'un canon de métal dans lequel il plaçait un porte-crayon qui pressant seulement par son poids et autant qu'il le fallait le plan sur lequel on copiait, cédait aisément de lui-même, en s'élevant et s'abaissant suivant les inégalités qu'il rencontrait sur ce plan. A la tête du porte-crayon s'attache un fil avec lequel on le soulève quand on veut quitter un trait et en commencer un autre sans interrompre le mouvement des règles et sans les déplacer. En 1816 Lafond présenta un pantographe avec lequel on pouvait dessiner et graver des figures même à deux ou trois dimensions Enfin, M. Gavard apporta quelques perfectionnements de détail à cet instrument, dont le diagraphe n'est qu'une variété. L. LOUVET.

PANTOMIME, mot grec latinisé (formé de πᾶν, παντός, tout, et μιμέομαι, imiter, contrefaire), qui se trouve dans Tacite, dans Pline le jeune et dans saint Augustin, et qui signifie, dans son acception propre, rigoureuse, étymologique, *imitation de toutes choses* à l'aide des gestes, des mouvements du corps, des attitudes, indépendamment de toute parole articulée. C'est, en d'autres termes, l'art de produire aux regards toutes sortes d'actions, de passions et de caractères, et jusqu'aux nuances qui les avoisinent. On ne saurait trop en relever toute la difficulté, toute la beauté, toute la sublimité. Sa perfection ne peut être que le fruit de l'étude et de la réflexion. Lucien, Cassiodore et plusieurs autres écrivains célèbres de l'antiquité l'ont reconnu et proclamé. Si l'on en croit le témoignage de ces graves autorités, la pantomime éclipsa la comédie et la tragédie ellemême. Une célèbre lutte s'établit à Rome entre l'art mimique et l'éloquence. Cicéron défiait **Roscius**, son ami et son maître, de traduire par gestes ses périodes harmonieuses. Le fameux comédien répondait toujours au défi avec une précision, une flexibilité, un bonheur d'expression qui étonnait l'orateur. Et quand, pour épreuve dernière et décisive, ce dernier revêtait de tours nouveaux une même pensée, Roscius, variant pareillement ses gestes, en donnait la traduction la plus fidèle possible. A cette occasion, Roscius composa un parallèle de la pantomime et de l'éloquence.

L'exemple de Roscius et d'Esopus, autre célèbre comédien, trouva des imitateurs, qui essayèrent de se distinguer dans cette nouvelle carrière. On en vit qui représentèrent avec succès toutes sortes de sujets tragiques et comiques sans proférer une seule parole. Cassiodore les appelle des hommes dont les mains éloquentes ont une langue au bout de chaque doigt, des hommes qui parlent la bouche fermée, dont le silence a une voix, et qui, sans ouvrir la bouche, savent exprimer leurs pensées : *Loquacissimas manus, verbosos digitos, silentium clamosum*. Saint Augustin et Tertullien leur payent un égal tribut d'admiration. « La pantomime, dit Marmontel, parle aux yeux un langage plus passionné que celui de la parole; elle est plus véhémente que l'éloquence même, et aucune langue n'est en état d'en égaler la force et la chaleur. » Le grave Sénèque ne faisait pas mystère de son goût prononcé pour cette partie de l'art théâtral. L'aréopage ne s'assemblait que de nuit, afin de se soustraire à son influence puissante. Auguste se plaisait à encourager cet art, dont il fut même regardé comme l'inventeur, mais à tort, et par pure flatterie. Dans la foule des comédiens muets brillaient Pylade et Bathylle : l'un excellait, dit-on, dans le tragique; l'autre, protégé de Mécène, dans le comique. Les successeurs de ces fameux *pantomimes* obtinrent constamment sous les empereurs des encouragements et des priviléges. Les maîtres qui enseignaient la pantomime, alors partie essentielle de l'éducation romaine, étaient également honorés du peuple, des chevaliers, des sénateurs et des matrones. A une des représentations des comédiens muets, le roi de Pont fut tellement frappé de la clarté avec laquelle ils s'exprimaient qu'il témoigna à l'empereur Néron, qu'il y avait accompagné, le désir d'emmener un de ces hommes pour en faire, disait-il, l'interprète de ses volontés chez les peuples barbares qui entouraient ses États, et dont le langage ne pouvait être compris.

Les impressions que les jeux mimiques produisaient sur toutes les classes de la société devinrent scandaleuses. Le désir de les partager n'attirait pas seul les dames; elles voulaient être témoins du culte qu'on y rendait à la grâce, à la beauté. L'histoire nous apprend qu'on rendait eunuques les enfants qu'on destinait à ce métier, pour leur conserver leur souplesse et leur agilité, et que les mimes ne s'occupaient pas moins de leur personne que de leur art. *Illis fœminæ simulque viri animas et corpora substituunt*, dit Tertullien.

Avant les Romains, les annales de l'antiquité ne citent pas un seul Grec qui se soit créé un langage qui suppléât à la parole. Toutefois, la Grèce ne manquait pas de danseurs, qui accompagnaient des sons de la flûte les mouvements cadencés de leur corps; et ces mouvements étaient fort expressifs. Pylade y ajouta plusieurs autres instruments, et même des voix, des chants, et par ce moyen il reproduisit des fables régulières. Les Romains ont donc été les premiers à prouver par leurs succès que la langue muette peut égaler et surpasser même toute autre langue. Nous autres sourds-muets, civilisés depuis un demi-siècle seulement, ayant pour principal maître dans cette partie difficile la nécessité, cette grande inspiratrice, nous pouvons offrir un exemple vivant de la vérité des merveilles que l'antiquité raconte de l'éloquence muette. Pour quiconque a une légère teinte de notre idiome, il ne saurait y avoir de doute. On remarquera cependant que pour être essentiellement naturel, il revêt souvent des formes originales, étrangères ou empruntées, et que le besoin de nous entendre a dû nécessairement établir certaines conventions qui épargnent la longueur du débit. Assurément il devait en être ainsi chez les anciens pantomimes. A force de voir et d'interpréter l'acteur, on se mettait à sa place. De plus, on avait des maîtres qui initiaient les profanes aux secrets de l'art.

A Rome, les pantomimes portaient des masques. On alléguait en faveur de cet usage deux raisons principales : l'une, que l'immensité d'un amphithéâtre contenant six mille spectateurs ne permettait pas de suivre un à un tous les mouvements du visage; l'autre, que les acteurs étaient obligés de changer de masque selon les divers besoins de l'action. On ne pouvait cependant que gagner à l'expression se montrant sous les véritables traits du visage. Du reste, les masques des pantomimes, d'une tout autre forme que ceux des comédiens ordinaires, étaient bien plus agréables à l'œil que ces derniers, dont la bouche était béante.

Les Romains, peuple méridional, passionné, avide d'émotions, accueillirent les pantomimes dès qu'ils se montrèrent avec une faveur qui faisait envie aux autres comédiens. Ce goût, devenu de l'enthousiasme, se communiqua jusqu'aux confins les plus reculés du vaste empire. Ce ne fut plus une mode, c'était une rage; et Tibère, pour arrêter le mal, promulgua, en revêtant la pourpre impériale, un règlement portant défense expresse aux sénateurs de fréquenter les écoles des *pantomimes* et aux chevaliers romains de leur faire cortége en public : *Ne domos pantomimorum senator introiret, ne egredientes in publicum equites romani cingerent* (Tacite, *Annal.*, l. I). Depuis Auguste cet art s'était perfectionné, et ses règles avaient commencé à s'établir du temps de Lucien, grand partisan du langage des gestes. Il n'y avait pas alors une seule pièce suivie qui ne fût traduite en pantomime. La décadence de ce genre date de celle de l'empire. Cette passion fut aussi plus d'une fois une source de cabales, qui dégénérèrent en querelles, et enfantèrent même des partis exaltés. Le gouvernement fut donc forcé de repousser du pays une classe d'hommes qui lui avait servi, comme le chien d'Alcibiade dans Athènes, à amuser la badauderie d'un peuple qui s'inquiétait peu de se voir dépouillé un à un de tous ses droits. Mais cet exil dura peu. La politique en les chassant avait ouvert une voie au torrent impétueux qui, se grossissant de jour en jour, menaçait l'État lui-même. Le peuple, fatigué de ses propres déréglements, avait provoqué l'expulsion des *pantomimes;* mais son inconstance demanda à grands cris leur rappel. Il accueillit par des murmures si universels un édit d'Antonin qui assignait certains jours à leurs jeux que l'empereur se vit contraint de leur livrer la semaine entière, et d'autoriser toute leur licence et tous leurs débordements.

Mais ce qui contribua toujours au discrédit de cette profession, ce fut de la voir exercée par des esclaves étrangers. Après la représentation, ceux qui avaient été applaudis recevaient une certaine mesure de vin; ceux, au contraire, qui avaient été sifflés étaient fouettés. Les théâtres avaient des fouetteurs en titre, gagés et payés, comme le machiniste et le souffleur. On attribue généralement à Auguste la suppression de la peine des verges, et la diminution de l'autorité absolue que jusque là les magistrats exerçaient sur les acteurs. Quelquefois le prix du succès des esclaves était leur affranchissement. Pour comble d'honneur, les comédiens étaient couronnés, comme les vainqueurs du Cirque. Une branche de chêne d'abord, puis une couronne d'or, ornait leur tête.

Cependant, une exception doit être signalée. **Roscius** honorait par ses qualités personnelles une profession que la passion des Romains pour les spectacles ne les empêcha pas de mépriser, et dont l'exercice avait été abandonné dans les plus beaux jours de la république sous le nom de *ludicra* *ars* (art d'agrément), aux esclaves et aux étrangers. Mais lorsque ces plates bouffonneries, ces fagots de Sganarelle, eurent fait place à un plus noble exercice de l'art, on vit entrer dans cette carrière bon nombre de personnes d'une condition plus élevée, et la considération qui les environnait était d'autant plus grande qu'il n'y avait point de femmes admises sur la scène, et que leurs rôles étaient joués par des hommes. Le plaidoyer de Cicéron en faveur de Roscius, alors entrepreneur théâtral, qui réclamait une indemnité d'un homme qui avait tué un de ses acteurs nommé Panurge, nous apprend quels bénéfices la profession de pantomime procurait alors aux grands comédiens. Roscius recevait par jour pour lui seul mille deniers.

Dans nos ballets pantomimes, rien de naturel, rien de vrai : tout est exagéré, factice, guindé. Ces gestes, ces attitudes, ne sont que grimaces compassées ou singeries burlesques. Jamais un nouveau pas vers la perfection, jamais un léger amendement n'a surgi du sein de l'arche sainte, à laquelle on semble craindre de porter la main. Pourquoi donc affecter un dédain superbe pour un art dont la danse n'est que la brillante fille; pour un art, reflet admirable de l'âme; tandis qu'en vérité on fait beaucoup trop d'honneur aux ronds de jambe, aux pirouettes et aux entrechats? Ne le regarde-t-on par hasard que comme un délassement sans portée, comme un accessoire utile tout au plus pour relever le prétendu mérite supérieur de la danse? Transportez-vous en esprit au Théâtre-Français quand Talma dominait la foule de toute l'immensité de son génie : alors quelques gestes échappés à ce grand acteur suffisaient pour s'emparer de tous les esprits, pour captiver tous les sens, pour électriser toutes les imaginations. Si je me rappelle mes souvenirs d'enfance, je ne sais quel secret instinct, quel charme irrésistible m'entraînait toujours, malgré mon infirmité, vers ce théâtre spécialement fait pour les oreilles. Talma eût bien pu devenir dans la pantomime le rival de Garrick, surnommé à juste titre le *Roscius* de son époque : il était parvenu à rendre, à l'aide des gestes seulement, de longs monologues, et à jeter autant de clarté dans des récits que s'il en eût articulé les mots En 1834, quand Lhéric donna au public *Le Sauveur*, pièce empruntée en partie à l'*Anatole* de Mme Gay, la pantomime essaya de rentrer dans sa simplicité primitive et de reconquérir cette originalité frappante qui doit former son principal caractère. Parmi les autres acteurs qui ont montré quelque talent de pantomime, citons Mme Volnys, Bouffé, Mlle Déjazet, Mme Dorval, etc.

Mais quel plaisir un sourd-muet peut-il goûter au théâtre? Dans les jeux de la scène, tout n'est pas sacrifié aux plaisirs de l'oreille. On ne refusera pas sans doute au sourd-muet la faculté de jouir de la pompe du théâtre, du prestige des décorations. Peut-être même nous accordera-t-on un sentiment assez délicat pour savourer la voluptueuse poésie de la danse des Taglioni, des Duvernay, des Legallois, des Fanny Elssler, etc. Mais hors de là, de l'Opéra et de ses ballets, on nous abandonnera encore peut-être Debureau ou tout autre pierrot du boulevard. Toutefois, moi, muet, je n'oserai pas toucher au colosse enfariné des Funambules; mais je vous parlerai de Mlle Mars, de miss Smithson, de Mme Malibran, qui chaque fois qu'elle jouait un rôle nouveau m'invitait, pauvre sourd-muet, à assister à la représentation. Et j'ose le dire, au risque de voir crier haro sur ce blasphème, je n'étais pas un de ses moins chauds admirateurs. C'est que dans cette grande artiste (elle le savait bien) il y avait deux immenses talents, chacun assez grand tout seul pour remplir une âme de puissantes et ravissantes émotions. Son mérite n'était pas tout entier dans son gosier; elle avait une âme de feu, une âme électrique, dont les secousses ébranlaient tout ce qui l'entourait. Elle voulait donc que son *muet*, comme elle disait, vînt assister à toutes les premières représentations; et sitôt la toile baissée, sous l'impression palpitante encore de son jeu, j'allais lui rendre un compte naïf de mes sentiments. Diderot, qui n'était pas sourd, se plaisait quelquefois à se faire sourd pour mieux juger du jeu des acteurs, et il se procurait ainsi de nouvelles jouissances.

Il y a dans l'œuvre du comédien deux parties distinctes, quoique liées et confondues ensemble. Par l'une, qu'on appelle le *débit*, l'acteur est, j'imagine, l'écho plus ou moins fidèle des pensées du poëte. Il serait superflu de le dire, cette partie n'est pas du ressort du sourd-muet. Par l'autre partie, qu'on appelle l'*action*, le comédien devient artiste, inventeur, créateur. Il saisit l'esprit de son rôle, et à cette idée il donne des formes sensibles, un corps, un visage, mais un corps réel, qui marche, qui agit, un visage vivant, avec une âme qui s'y montre à nu, avec ses douleurs, ses joies, ses craintes, avec toutes ses passions bonnes ou mauvaises. Cette idée du poëte jaillit sous une forme humaine du cerveau du comédien; celui-ci s'incarne en sa création, et cette création paraît devant vous vivant de sa propre vie, sentant de son propre cœur. L'auteur a disparu, je ne le vois plus, je ne songe plus même à le chercher; je vois un homme d'un autre temps, d'un autre pays, que l'art a su évoquer à vos yeux. Cet art-là, le sourd-muet peut l'apprécier mieux que vous.

On se trompe étrangement si on s'imagine que le genre gracieux, le genre érotique, le genre pastoral, se prêtent mieux à la pantomime que le genre héroïque, pathétique, tragique, et que les premiers doivent par cette raison être une mine plus riche à exploiter. Peintre de la nature, la pantomime est aussi habile à manier les uns que les autres. Dévoiler les ressorts les plus cachés du cœur humain dans une suite rapide et naturelle de tableaux frappants, de scènes variées; peindre l'homme tel qu'il est, se transformant successivement en mille façons, tombant d'un excès dans un autre, révélant mille caprices fantastiques, voilà son essence. Mais une intrigue compliquée, des détails futiles, ne peuvent guère lui convenir.

La pantomime mérite les encouragements du public. Elle pourrait se passer d'un orchestre, d'interlocuteurs. Qui peut prétendre encore que la musique soit indispensable pour interpréter les expressions d'un mime ou pour seconder les mouvements passionnés et tumultueux de son âme? Mais, cependant, la voix de la symphonie ne gêne pas l'action théâtrale, parce qu'elle n'est que l'expression vague et confuse du sentiment; alors il n'y aura pas contre-sens. Le plaisir de comprendre, de suivre le pantomime, ne sera pas détruit pour cela. Veut-on associer la parole à la danse pantomime? Ce projet a été appuyé d'une part et combattu d'une autre. Je ne vois pas quel inconvénient il y aurait à accorder à la danse pantomime les honneurs de la représentation, indépendamment de la parole, pourvu qu'elle fût assez expressive pour être intelligible.

Ferdinand Berthier,
professeur sourd-muet à l'Institution impériale
des Sourds-Muets de Paris.

Pantomime est encore le nom d'un air sur lequel deux danseurs ou un plus grand nombre exécutent une action qui porte également le nom de *pantomime*. On dit : danse *pantomime*, ballet *pantomime*, ou simplement *ballet*.

La pantomime constituait chez les anciens le genre dramatique ou comique le plus suivi; le moyen âge vit la pantomime reparaître en Italie; Polichinelle, le *Pulcinella* italien, en était le principal personnage. Les Italiens introduisirent la pantomime en France; chez nous comme chez eux elle ne représentait que la farce mimée; avec Polichinelle, Arlequin, Pierrot, etc., les personnages en sont toujours à peu près les mêmes. L'Angleterre eut son genre spécial de pantomime, moitié farce, moitié danse, où les exercices gymnastiques des clowns occupaient la première place : enfin, la France eut à son tour, lors des persécutions de la Comédie-Italienne et de la Comédie-Française contre l'Opéra-Comique, sa pantomime nationale, qui consistait surtout à parodier des pièces de ces deux théâtres; les personnages de ces pantomimes chantaient et parlaient au moyen d'écriteaux. La pantomime, réfugiée dans les ballets des grands théâtres, et subordonnée, par conséquent, à la danse, ne régnait plus au commencement de la Restauration que sur quelques scènes secondaires, où la danse de corde lui servait d'intermède; c'étaient les Funambules, le Théâtre des Acrobates (de Madame Saqui), le Théâtre du Luxembourg. Ces divers théâtres, qui n'étaient point autorisés à jouer des pièces *parlées*, annonçaient leurs pièces sous la dénomination de *pantomimes à grand spectacle*, avec marches, combats, évolutions, etc. Dans certains moments, où les personnages se reconnaissaient impuissants à rendre bien la pensée de la situation par le geste, ils déroulaient un morceau de toile sur lequel on avait écrit en grosses lettres ce qu'il aurait fallu pouvoir dire au public. De 1830 à 1855, la pantomime n'eut plus qu'un seul refuge, le Théâtre des Funambules, où Debureau conquit son illustration. Mais depuis cette époque, de nouveaux théâtres, les Folies-Nouvelles, les Bouffes-Parisiens, le petit théâtre du Pré-Catelan lui ont donné chez eux droit de cité : les Délassements-Comiques eux-mêmes ont suivi cet exemple, et la pantomime recueille encore à présent à Paris de nombreux applaudissements.

PANTOUFLE. On désigne par ce mot en Europe une chaussure que l'on porte chez soi seulement, parce qu'elle est plus commode que celle dont on se sert pour s'habiller. Aussi, excepté dans le conte de *La Petite Cendrillon*, les pantoufles n'ont-elles chez nous aucune espèce d'importance. On dit seulement proverbialement : raisonner comme une *pantoufle*, ou raisonner *pantoufle*, c'est-à-dire parler au hasard, battre la campagne; adverbialement, *en pantoufles*, signifie à son aise, sans se gêner : ce professeur loge dans le collége; il fait sa classe *en pantoufles*. Les *pantoufles*, au propre, ont une signification plus importante chez les Orientaux. Dans plusieurs circonstances, elles suppléent à la parole; quelquefois elles remplacent entièrement le langage. Il est donc impossible de faire connaître les mœurs intimes des musulmans sans parler des divers usages symboliques qu'ils font de leur chaussure. Avant que la réforme eût jeté sur les épaules des Turcs le costume des soldats du tsar, ils ne faisaient point usage de bas : un chausson en cuir jaune recouvrait leurs pieds, lavés avec autant de soin que les doigts d'une petite maîtresse. Quand ils voulaient marcher ou monter à cheval, ils prenaient en outre des pantoufles rouges dont le *cartier* restait toujours éculé. Il est important que les *markoubs* (c'est ainsi qu'ils les appellent) soient faciles à quitter, puisqu'on doit les laisser non-seulement à la porte de la mosquée, mais encore à l'entrée de tous les appartements, où l'on a étendu une natte ou un tapis. Le maître de la maison a seul le droit de les placer auprès de son divan. La répugnance qu'ont les Européens à quitter leurs bottes a été la seule cause qui a empêché plus d'un voyageur d'être reçu avec distinction et de visiter l'intérieur des mosquées. (M. Champollion, malgré toutes les recommandations qui le protégeaient, fut obligé de couvrir sa chaussure avec des serviettes pour pouvoir pénétrer dans une mosquée du Caire.) Les Turcs, même aujourd'hui, s'habituent difficilement à voir marcher sur leurs tapis avec une chaussure souillée par la poussière et la boue des rues. Autrefois, lorsque le grand-seigneur recevait un représentant des puissances chrétiennes, on le forçait, ainsi que les gens de sa suite, à passer par-dessus ses bottes des chaussons jaunes, avant de fouler les tapis de sa hautesse.

Il est convenu en France que l'homme qui reçoit un soufflet ne peut laver cette offense que par le duel; en Orient, il est convenu que la plus grande injure que l'on puisse faire à un musulman, c'est de le frapper avec une pantoufle. Le même homme qui se laissera rouer de coups sans se plaindre se révoltera en apercevant une pantoufle levée sur lui. Si surtout vous l'ôtez de votre pied pour le frapper, l'outrage est à son comble : beaucoup préféreraient la mort. Cet usage, que beaucoup ignorent, a valu des aventures fâcheuses aux étrangers, qui ne pouvaient comprendre d'où provenait la fureur des Arabes, par exemple, si résignés à endurer toutes les vexations des Francs.

On sait en Europe que l'appartement des femmes (le harem) est entièrement séparé du lieu où le maître de la maison reçoit ses visites : les hommes ne peuvent s'y présenter sous aucun prétexte. Mais comme il peut arriver qu'elles désirent parler à leur mari, toutes les fois qu'elles veulent le faire monter au harem, l'eunuque ou un domestique vient lui présenter ses pantoufles. Il sait que cela veut dire : *Ma maîtresse a besoin de vous parler, rendez-vous tout de suite auprès d'elle* Les femmes sont condamnées à une réclusion continuelle : le seul agrément qu'elles se procurent est de se rendre de fréquentes visites. Elles passent donc souvent huit ou dix jours chez une amie. Libres de toute contrainte, elles se dépouillent de leur voile pour danser et faire mille folies. Il pourrait arriver que le maître, entrant sans prévenir, aperçût le visage d'une femme qui ne lui appartînt pas. Pour qu'il ne puisse déshonorer par ses regards celle qui ne doit être vue que par son époux, elle a grand soin de laisser à la porte ses pantoufles, afin d'avertir qu'il y a une personne étrangère : le mari attend alors qu'elle soit partie, ou bien fait appeler ses femmes dans un autre endroit. S'il n'y a pas d'autre pièce, l'eunuque prie la visiteuse de se couvrir de son voile, parce que le maître veut entrer.

Il n'y a pas longtemps qu'en Espagne les sandales du confesseur placées devant la porte d'une dame arrêtaient aussi ceux qui auraient pu vouloir troubler ses méditations pieuses. Les Castillanes avaient su faire tourner cet usage au profit de l'amour; il a de même, dit-on, empêché plus d'une Circassienne d'être surprise avec son amant, en donnant à celui-ci le temps nécessaire pour revêtir de nouveau les habits féminins à la faveur desquels il avait franchi le seuil du harem.

PANYASIS, célèbre poëte grec natif d'Halicarnasse et contemporain d'Hérodote, d'Eschyle et de Pindare, florissait vers l'an 464 avant Jésus-Christ. Sous le titre de *Heraclea*, il avait composé un grand poëme épique, en quatorze chants, où il chantait toute la tradition relative à Hercule; ouvrage aussi remarquable par la manière poétique dont le sujet y était traité que par la pureté du style et de la versification. On lui attribue aussi un autre poëme, en vers élégiaques, intitulé *Ionica;* mais quelques fragments du premier sont seuls parvenus jusqu'à nous. On les trouvera dans les *Panyasidis Fragmenta*, publiés par Tzschirner (Breslau, 1842).

PAOLI (Sébastien), né dans la petite république de Lucques, en 1684, était clerc régulier de la congrégation de la mère de Dieu. Il devint procureur général de sa compagnie, puis recteur du collége de Sainte Brigite à Naples, et mourut en 1751. C'était un des hommes les plus savants et un des prédicateurs les plus appréciés de son époque. Il a publié beaucoup d'articles remarquables d'archéologie, d'histoire, de controverse religieuse et de physique, dans divers recueils imprimés à Lucques et à Venise, en 1748 et en 1750, et les biographies de quelques hommes illustres.

PAOLI (Hyacinthe), général des Corses, appartenait à une famille noble et ancienne; aussi regarda-t-on comme une mésalliance son mariage avec une fille de race *caporali* (on appelait ainsi en Corse la noblesse du second ordre), qui devait son origine et sa fortune au commerce, et tenait le premier rang après la noblesse d'extraction. L'élection d'Hyacinthe Paoli au nombre des chefs du gouvernement, en 1735, éprouva une forte opposition; c'est lui cependant qui commandait l'armée nationale lorsque le maréchal de Maillebois fit la conquête de la Corse, en 1739. Après une lutte opiniâtre, mais malheureuse, force lui fut de se retirer à Naples, où on lui confia le commandement d'un régiment recruté parmi les Corses réfugiés. Il y mourut, laissant deux fils : l'aîné, appelé Clément, qui se fit affilier à l'ordre des Franciscains, et ne joua qu'un rôle secondaire dans les graves événements dont la Corse devint ensuite le théâtre; le plus jeune, Pascal (*voyez* ci-après), qui devint le tyran de son pays après en avoir été le libérateur.

PAOLI (Pascal). Les historiens varient sur le lieu de sa naissance. Les uns le font naître à Vestino, d'autres au village *della Stretta*, en 1726. Hyacinthe, son père, avait rendu son nom fameux et tiré sa famille de l'obscurité. Il semblait pressentir l'avenir de Pascal, et avait pris les plus grands soins de son éducation pendant sa retraite à Naples. Pascal réunissait à un extérieur grave et imposant un caractère énergique, audacieux, une élocution entraînante et un courage à l'épreuve des plus grands dangers. Ses études terminées, il entra comme officier dans une des compagnies que le roi de Naples avait composées de Corses réfugiés. Son père l'envoya en Corse avec son frère aîné Clément, en 1755. « J'ai sucé avec le lait, disait Paoli, dans une de ses lettres, l'amour de la patrie; je naquis alors que ses ennemis en méditaient ouvertement la ruine. A l'exemple de mon bon père, les premières lumières de la raison m'ont fait désirer la liberté; les plus désastreuses vicissitudes de l'exil, les périls, l'absence, les douceurs d'une vie aisée n'ont jamais pu me faire perdre de vue un si riche objet, le but constant de mes actions. » C'est dans ces dispositions que Paoli se présentait pour soustraire ses compatriotes à l'oppression génoise.

La Corse, insurgée contre les Génois, avait perdu les meilleurs de ses généraux : le fameux Gafforio venait d'être assassiné par un de ses compatriotes, à l'instigation des Génois. Les Corses, consternés, se seraient soumis à des conditions raisonnables; mais les Génois persistèrent dans leur système de violence. Alors une assemblée générale, tenue à Corte, organisa la résistance et procéda à l'élection d'un nouveau général capable de défendre la cause commune. De tous les hommes qui s'étaient distingués dans la lutte, il ne restait plus que Mario Matra, qui s'était retiré depuis quelque temps à son château d'Aleria. Une députation lui fut envoyée; il refusa le premier rang, et ne voulut accepter que l'une des places de magistrat annuel. Alors se montra pour la première fois Pascal Paoli, qu'accompagnait son frère Clément. Il osa prétendre au généralat. Jeune, sans antécédents, officier au service d'un prince étranger, il devait compter peu de partisans. Son audace et son éloquence, les intrigues de son frère, qui avait quelque influence sur le clergé, triomphèrent de tous les obstacles. Il fut choisi à l'unanimité pour la magistrature de l'année; il sut se conduire avec tant d'habileté dans sa charge qu'on lui offrit dans une *consulta*, tenue le 16 juillet 1755, le commandement général des troupes. Il demanda à le partager avec Mario Matra. Ces deux chefs agirent quelque temps de concert; mais il n'y avait entre eux aucune sympathie, et leur mésintelligence éclata bientôt. Pascal Paoli assembla secrètement ses parents et ses amis; il fut résolu qu'on surprendrait Matra et qu'on s'assurerait de sa personne. Ce complot échoua, par l'indiscrétion d'un religieux. Tout rapprochement devint impossible; les deux partis rivaux entrèrent en guerre ouverte. Matra avait la supériorité du nombre. Pascal Paoli, vaincu après un combat opiniâtre, parvint à se réfugier dans un couvent avec les débris de sa troupe. Il était perdu sans retour, si l'opinion, prématurée peut-être, que Matra avait des intelligences avec les agents secrets de Gênes, n'eût fait abandonner celui-ci par un certain nombre de ses partisans, qui se rallièrent au parti vaincu. Paoli ne perdit pas un instant pour attaquer Matra, le poursuivre à outrance, et bientôt il le contraignit à se réfugier dans son château, d'où, ne se croyant pas en sûreté, il partit précipitamment pour Gênes. Il reparut ensuite en Corse, stipendié cette fois par les Génois, avec de nouvelles forces; il obtint d'abord quelques succès, mais il périt dans une rencontre, en 1757. Cette mort délivra Paoli du seul concurrent qu'il eût à redouter. Il se hâta de convoquer une *consulta* générale, pour obtenir sa confirmation au généralat, et pour s'assurer la continuation indéfinie de cette charge, afin de prévenir les intrigues que l'on pourrait susciter contre lui. Il continua ensuite avec vigueur la guerre contre les Génois, auxquels il ne laissa que leurs places du littoral, où ils étaient en quelque sorte bloqués; il défit, sous Furiani, 6,000 Génois, commandés par l'ancien doge Grimaldi, et créa une petite marine, dont les courses désolèrent la marine génoise. Les Génois suscitèrent alors contre lui le frère de son ancien compétiteur Matra, qui, à la tête d'un certain nombre de mécontents, fit pendant deux ans une guerre de bandits. Paoli, dès qu'il eut un peu de repos, songea à asseoir sur de sages bases l'administration de la Corse. Il organisa la justice, l'agriculture, l'instruction publique; il créa à Corte un collége et une imprimerie, la première de cette contrée aux mœurs à demi sauvages; il régla l'emploi des revenus publics, ainsi que les rapports du pouvoir judiciaire avec le pouvoir exécutif; il appela même Rousseau à venir donner à la Corse une législation conforme à son *Contrat Social*, ce que les circonstances empêchèrent d'ailleurs Jean-Jacques de faire. Sur ces entrefaites, les Génois placèrent sous la garde des Français, pour quatre ans, les places du littoral qu'ils possédaient encore, au nombre de sept, afin de pouvoir librement disposer de toutes leurs forces dans l'intérieur; mais une expédition hardie de Paoli contre l'île de Capoïa, dont il s'empara, ruina toutes leurs espérances. La république céda donc, le 15 mai 1768, tous ses droits sur la Corse à la France.

La France négocia alors avec Paoli, à qui l'on promit des honneurs, des commandements; mais le libérateur ne se laissa pas séduire, et continua à combattre pour sauvegarder l'indépendance de sa patrie. Après avoir essuyé quelques échecs, il reprit vigoureusement l'offensive contre les troupes aux ordres de M. de Chauvelin, que les Corses battirent à San-Nicolao, à Borgo, et forcèrent à se réfugier dans Bastia. Le général de Vaux vint alors, à la tête de 22,000 hommes, remplacer M. de Chauvelin, en 1769; et les Corses, écrasés par le nombre, durent se soumettre : le 13 juin 1769 Paoli, hors d'état de soutenir une plus longue lutte, s'embarquait pour le continent. Il se rendit d'abord à Livourne, puis en Hollande, et enfin en Angleterre, où on lui fit un grand accueil et une pension de 1,200 livres sterling. Paoli était à peu près oublié de l'Europe, qui avait eu si longtemps les yeux sur lui, lorsque éclata la révolution française. La Constituante ayant rouvert aux proscrits corses les portes de leur patrie, Paoli se rendit à Paris. La Fayette le présenta à Louis XVI, et le roi lui donna le titre de lieutenant général avec le commandement militaire de la Corse; quelque temps après il fut élu au commandement des gardes nationales de l'île, érigée en département, et à la présidence de l'administration départementale. Les Corses, on le voit, n'avaient point oublié le nom de leur libérateur. Paoli était demeuré jusque alors une de ces grandes figures à l'antique, dignes de l'admiration générale; après vingt ans d'exil, il avait accepté l'assimilation que la France s'était faite de la Corse, et il l'avait acceptée avec joie; car cette assimilation, c'était la liberté pour un peuple opprimé depuis bien des siècles. Mais quand vinrent les grands orages de la révolution française, Paoli, par ressentiment contre elle, par haine contre la hache régicide du 21 janvier, travailla, à l'instigation de l'Angleterre, à soulever de nouveau ses compatriotes. Dénoncé à la Convention, il leva le masque, et le 26 juin 1793 une assemblée tenue à Corte l'investissait de la même autorité qu'au temps de sa toute-puissance. Cette autorité, il en usa pour appeler les Anglais dans son île, où il fit reconnaître le roi d'Angleterre, Georges, *roi de Corse*. C'était mal terminer une glorieuse carrière, car ce n'était plus là un acte digne d'un libérateur. La Convention déclara Paoli traître à la république, et le mit hors la loi. Paoli et les Anglais demeurèrent maîtres de la Corse, que beaucoup de ses habitants, fidèles à la république, abandonnèrent, jusqu'au moment où Bonaparte, après ses victoires d'Italie, prépara à Livourne une expédition pour arracher au roi Georges la couronne éphémère que Paoli lui avait donnée, sans trop consulter ses compatriotes, et en employant même contre eux la compression. A la suite de cette expédition, les Anglais furent complétement chassés de l'île, le 21 octobre 1796. Paoli les suivit; il se fixa dans un village aux environs de Londres, et y mourut, le 5 février 1807, après avoir terni l'éclat d'une brillante carrière en vendant la Corse à l'Angleterre, pour la satisfaction de ses rancunes politiques et de son orgueil.

PAOLO, monnaie d'argent ayant cours dans les États de l'Église, et qui à l'origine portait à l'envers les armes pontificales. Le *paolo* équivaut à 10 *bajocchi* ou à un dixième de *scudo*. Le chiffre 10 se trouve sur l'empreinte de beaucoup de ces pièces, qui représentent 0 f.,60,98 de notre monnaie.

PAON. Le paon, ainsi nommé à cause de son cri aigu et désagréable, présente pour caractères principaux : une aigrette ou une huppe sur la tête, et les couvertures de la queue du mâle extrêmement longues, et pouvant se relever ainsi que les rectrices, pour faire la roue. Tout le monde connaît la magnifique espèce que nous élevons pour l'ornement de nos parcs et de nos ménageries. Nous n'entreprendrons point d'en décrire ici les formes et les couleurs; mais ce qu'il importe de dire, c'est que, malgré le luxe et la beauté de son plumage, cet oiseau n'a pas tout l'éclat qui lui est naturel. A l'état sauvage, sa queue est encore mieux fournie; et le bleu dont son cou est orné se prolonge sur le dos et sur les ailes au milieu de mailles d'un vert doré. Le luxe éblouissant répandu avec tant de profusion sur le plumage de ce magnifique oiseau suffit déjà pour faire naître l'idée qu'il ne peut être originaire que d'un climat où le soleil, au milieu du ciel le plus pur, semble tout changer en or. Le paon n'est sauvage que dans l'Inde; et c'est à l'expédition d'Alexandre que nous en devons la précieuse conquête. Dans leurs forêts natales, les paons se tiennent dans les fourrés les plus épais et les plus élevés. Ils déposent cependant leurs œufs à terre, dans un trou soigneusement caché. A l'état de domesticité, ils conservent les mêmes goûts, et aiment à se percher sur de grands arbres. La femelle, comme on le sait, n'a pas la brillante parure du mâle; chez nous, elle ne fait chaque année qu'une seule ponte, composée de huit à douze œufs; mais il paraît que les paons sauvages sont plus féconds. La durée de l'incubation est de vingt-sept à trente jours; et afin de la mieux assurer, ou pour faire produire à la paonne un plus grand nombre d'œufs, on prend souvent le parti de les faire couver par une dinde ou par une poule. Les petits naissent couverts d'un duvet jaunâtre. Ils sont d'abord très-délicats. Au bout d'un mois, l'aigrette commence à paraître. Bientôt après, les mâles se font distinguer par une teinte jaunâtre au bout de l'aile. Les ergots se manifestent, la queue s'allonge; mais ce n'est qu'à la troisième année qu'elle a acquis toute son étendue. La mère conduit ses paonneaux avec une sollicitude particulière, elle les recueille sous ses ailes, leur montre la nourriture et les aide à se percher. Dans les premiers temps, elle les mène chaque soir dans un endroit nouveau; et jusqu'à ce qu'ils soient asez forts, elle les prend sur son dos, les porte l'un après l'autre sur la branche où ils doivent passer la nuit; le matin, elle saute à terre, et les provoque à l'imiter; elle exprime surtout par des cris douloureux la peine que lui cause la perte d'un de ses petits; et ces chagrins cuisants se renouvellent à chaque couvée, car les paonneaux offrant à l'homme un mets délicat, on ne laisse pas que de les rechercher pour le service de la table. Lorsqu'on veut les élever, ces jeunes oiseaux ont besoin d'une nourriture bien choisie. Ce n'est qu'à l'âge de six ou sept mois qu'il peuvent vivre comme les grands. Chaque année, les plumes dont se compose leur queue tombent, vers la fin de juillet, en tout ou en partie, pour repousser au printemps. On a prétendu que le paon pouvait vivre cent ans; mais la durée ordinaire de sa vie n'est réellement, en Europe du moins, que d'environ vingt-cinq à trente ans.

Le genre *paon* fait partie de l'ordre des gallinacés. Outre l'espèce que nous venons de décrire, on en connaît une seconde à Java, le *paon spicifère* (*pavo spiciferus*, Vieillot), ainsi nommé par Buffon, à cause de l'aigrette en forme d'épi qui s'élève sur sa tête. F. Passot.

On nomme *papillon-paon*, ou *petit paon*, ou *paon de jour*, un papillon de l'ordre des lépidoptères et du genre *vanesse*. Le nom de *paon* se donne généralement aussi par le vulgaire à plusieurs autres espèces de papillons qui ont des yeux chatoyants, à peu près semblables à ceux de la queue du paon.

On appelait autrefois, en termes de blason, un *paon rouant* (*pavo rotans*) cet oiseau représenté de front et étalant sa queue.

Le paon est le symbole de la vanité, et sert de terme de comparaison à cette nombreuse classe de personnes dont tout le mérite consiste dans un extérieur brillant : de là vient ce proverbe : *Glorieux, vain comme un paon. C'est le geai paré des plumes du Paon* : autre locution proverbiale, servant à caractériser quelqu'un qui se fait honneur de ce qui ne lui appartient pas.

En astronomie, on nomme *Paon* une constellation de l'hémisphère Sud, qui n'est pas visible dans nos climats.

Le paon marquait autrefois sur les médailles la consécration des princesses, et l'aigle celle des princes. Il y a tant de *vanité* dans ce symbole qu'il faudrait peut-être pour le rendre vrai changer de place les termes de comparaison. On croyait que ces deux oiseaux, dont l'un était favori de Junon et l'autre de Jupiter, portaient les âmes au ciel; ce qui fait qu'on les voit quelquefois au-dessus des bûchers.

PAPA, du grec πάππας, père. C'est le nom qu'on donnait dans l'Église grecque à tous les ecclésiastiques, et plus particulièrement à ceux d'un rang supérieur. Ce mot était déjà employé au deuxième siècle avec la même signification dans l'Église d'Occident. Vers la fin du cinquième siècle, celle-ci s'habitua à donner la dénomination de *papa* à l'évêque de Rome de préférence à tous autres; cependant ce mot resta jusqu'au dixième siècle une appellation commune à tous les évêques. Ce fut Grégoire VII qui, en 1075, réserva exclusivement à l'évêque de Rome cette qualification de *papa*, dont nous avons fait le mot *pape*.

PAPANGAIE ou PAPONGE. *Voyez* Concombre.

PAPAUTÉ. Ce mot signifie la fonction, le ministère du pape, dans son acception la plus générale. La papauté est la représentation de la souveraineté ecclésiastique, et c'est aussi l'expression la plus haute de l'unité chrétienne. L'explication de ce grand mot donnerait lieu à tout un traité sur la constitution spirituelle et civile de l'Église. Ce n'est pas le lieu d'approfondir un tel sujet. Ce sera tout au plus si je puis en indiquer l'étendue par quelques aperçus, pris en dehors de la théologie proprement dite. Nul homme n'oserait dire aujourd'hui que le monde puisse se passer du christianisme. On veut bien se faire un christianisme à sa guise; mais on n'oserait soupçonner que le christianisme soit de trop. Il est de mode même de revenir à ce qui est chrétien, pourvu que les vices n'en soient point troublés et que les voluptés restent à leur aise. On va à la poésie chrétienne, à l'art chrétien, c'est-à-dire au moins à tout l'extérieur du christianisme. La morale chrétienne est seulement quelque peu négligée. Toutefois, nul n'affirmerait qu'elle est superflue et que la civilisation légale peut la suppléer. Mais le christianisme qu'on adopte de cette façon n'est lui-même qu'une poésie. Ainsi, on n'a nul souci de sa constitution, et on ne voit pas bien à quoi lui sert la papauté, par exemple, c'est-à-dire le principe même de son existence. C'est une erreur qui accuse la frivolité de notre temps; car nous ne sommes guère que légers. En d'autres temps, la papauté fut un objet d'attaque, parce qu'on la haïssait; aujourd'hui elle paraît inutile, parce qu'on ne la comprend pas.

Comment imaginer cependant le christianisme sans la papauté, à la considérer même simplement, comme je le fais, sous un point de vue philosophique? Si le christianisme n'est qu'une théorie morale, révélée au monde d'une façon quelconque, le christianisme n'est rien. Le christianisme n'est quelque chose de réel et de permanent sur la terre que par l'autorité qui le perpétue; c'est la papauté qui est l'élément visible de son existence. Et aussi partout où le christianisme a été détaché de la papauté, il est devenu méconnaissable. Les hommes l'ont altéré, mutilé, souillé; et s'il leur avait été donné de faire disparaître toute trace de l'autorité qui le conserve, ils l'auraient par le fait anéanti.

La papauté est le principe essentiel de l'unité du christianisme, soit qu'on le considère comme une loi morale, ou comme une révélation de croyances. Et cette mission de la papauté est si bien marquée, qu'on la voit s'étendre même aux conditions extérieures de la société. La papauté a non-seulement conservé l'Église, mais constitué même les États chrétiens. Républiques, et monarchies elle a tout fait en Europe, selon les convenances et l'utilité de chaque région et de chaque siècle. La papauté a rendu le christianisme pratique, non-seulement pour les particuliers, mais pour les peuples. La papauté, enfin, a été tout l'élément de la civilisation moderne; et bien qu'il y ait des temps où son action soit moins manifeste, il n'en est pas moins vrai qu'elle ne pourrait jamais totalement disparaître sans laisser le monde dans un grand désordre.

Les hommes sont ingrats et oublieux. Comme il y a dans cette fonction papale quelque chose d'austère, qui importune les vices et l'orgueil, on ne veut pas voir ce qu'elle a de grand, d'auguste et de protecteur. Encore ne faudrait-il pas désavouer l'histoire. La papauté se montre à nous pendant dix-huit siècles avec un caractère de bienfaisance universelle qui devrait faire tomber à ses genoux les nations entières. La papauté a relevé l'homme de son humiliation extérieure, comme le christianisme l'avait relevé de sa déchéance morale. Dès le commencement, elle représente devant les tyrannies impériales la dignité des peuples. Elle semble d'abord n'avoir qu'un ministère de prière et de sacrifice; bientôt elle révèle son ministère de liberté. Elle s'interpose entre les oppresseurs et les esclaves. Elle ne craint pas les coups pour elle-même; mais elle les détourne de la tête des nations. Elle se fait suppliante et menaçante tour à tour, pour désarmer les bourreaux; et les bourreaux s'étonnent et s'arrêtent à son aspect Elle ne provoque pas aux révoltes, mais elle jette dans toutes les âmes je ne sais quoi de grand et de nouveau qui dompte les dominations : tel est son premier office.

Puis, lorsque la papauté s'établit d'une façon plus visible, au milieu des peuples, par suite d'une donation politique qui consacre son existence extérieure, son action devient régulière; elle se trouve naturellement mêlée à tous les conflits des nations et des rois, et chacun accepte l'autorité souveraine qui dès ce moment se montre en elle. Nous avons vu d'étranges philosophes s'en venir après dix siècles contester à la papauté ce droit d'intervention dans les affaires mondaines, lui faire un crime de son action toute-puissante, et lui jeter le sarcasme et l'anathème pour avoir, disaient-ils, méconnu l'objet tout humble et tout pacifique du christianisme! Étranges philosophes, en vérité! Mais pourquoi ne se mettaient-ils tout aussi bien à reprendre les peuples en masse pour s'être précipités d'eux-mêmes au pied de ce pouvoir! N'était-ce pas justice? La papauté, dans tout le cours du moyen âge, ne fit que ce que la volonté des temps exigeait qu'elle fît. Rois et sujets, princes et citoyens, grands et petits, les petits surtout, tous couraient à cette suprême puissance, comme à la seule règle souveraine de l'équité. Elle disposait des couronnes, disent les philosophes. Quoi d'étonnant! dans l'immense confusion des luttes et des prétentions, qui est-ce qui eût mis fin aux querelles? Et d'ailleurs, si la papauté disposait des couronnes, la raison du temps les provoquait à cet exercice de monarchie suprême! C'était un égarement universel! n'accusez donc pas la papauté. Sans la papauté, le monde se fût abîmé cent fois dans l'anarchie. Et les peuples, ces grandes masses foulées par l'ambition des rivaux, les peuples, que devenaient-ils sans la papauté?

Je ne puis jamais comprendre que les écrivains qui croient défendre la cause des peuples se méprennent au point de combattre l'action des papes. Mais les papes ont été précisément les instruments de la liberté des peuples! On dirait que nous ne savons plus lire. Parce que les papes sont mêlés aux intérêts de la politique, parce qu'ils défendent leur existence de souverains, parce qu'ils ont des soldats ou des auxiliaires en armes, parce qu'ils luttent contre des envahissements et des conquêtes, on dit qu'ils oublient leur mission. Mais leur mission, je dis leur mission sociale, distincte de la mission de l'apostolat, c'est de défendre l'humanité, fût-ce par les moyens qu'emploient les autres hommes pour ne défendre qu'eux-mêmes. Les papes ont peu fait la guerre; ils l'ont provoquée quelquefois, mais lorsqu'il fallait terminer par la formidable et mystérieuse raison des batailles des conflits que la seule justice ne pouvait résoudre. Ils n'ont fait que subir la nécessité commune des souverains. Mais la cause des peuples, la liberté des nations, ce grand intérêt qui aujourd'hui remue toutes les têtes, d'un pôle à l'autre, qui est-ce qui dans l'Europe entière s'en préoccupa, sinon les papes, dans toute la suite du moyen âge? Ce sont les papes qui protègent l'Italie contre l'Empire, après l'avoir sauvée des mains des barbares; et ainsi l'établissement ecclésiastique constitué politiquement par Charlemagne devient le boulevard de la liberté. Le plus grand des papes politiques, Grégoire VII, travaille et combat pour les peuples, quand il arrête dans ses débordements l'ambition sans termes de Henri IV. Et cet instinct libérateur ne cesse de se révéler dans toute l'histoire de la papauté. Est-ce qu'alors la constitution ecclésiastique, menacée par les armes des princes, ne comprenait pas en elle-même l'existence des masses populaires? est-ce que l'Église n'était pas le peuple même? Opprimer l'Église, c'était jeter sur le monde une vaste servitude.

L'histoire, mieux étudiée, commence à laisser découvrir cette vérité trop longtemps voilée. Ceci se démontre, surtout en France, par tous nos souvenirs nationaux. La vieille Gaule a reçu beaucoup de conquêtes, mais elle les a toutes vaincues; et si l'une d'elles a changé notre nom, on peut dire que ce n'est qu'après coup et lorsque elle-même était déjà absorbée dans la nation, qui consentait à cette transformation de peu d'importance. Franks et Normands se sont engloutis dans la terre gauloise; et ce fait, très-simple et très-grave à la fois, ce fait, auquel l'histoire semble ne pas songer, n'est qu'une manifestation de l'action chrétienne, dont la papauté est l'instrument universel, et dont les évêques gaulois furent les instruments secondaires. C'est la papauté, soit directement, soit indirectement, qui a fait ou conservé la nation française; je voudrais dire la nation gauloise, c'est-à-dire la nation catholique et libre. Voilà ce qui est écrit dans toutes les pages de nos annales. Qu'est-ce que cette intervention du pape Zacharie dans l'établissement d'une race nouvelle, de cette race de Martel, déjà sacrée par l'extermination de la barbarie et par la restauration de la nationalité gauloise? qu'est-ce que cela, si ce n'est une intervention de la souveraineté ecclésiastique au profit du peuple? Car Pepin représentait une réaction gauloise contre les dominateurs franks, et la papauté prenait parti pour la liberté. Voilà toute l'explication de cette époque.

Les hommes de ce temps devraient prendre garde lorsqu'ils prononcent le mot fatal d'*usurpation*. La papauté n'a jamais paru au milieu des peuples pour usurper, mais pour consacrer un ordre de choses rendu légitime par la marche naturelle du temps et par l'utilité réelle des peuples. Ainsi fit-elle à l'avénement de la grande race de Martel et, plus tard, à la succession de la race, plus providentielle encore, de Hugues Capet.

C'était quelque chose de haut et de saint apparemment que cette puissance qui s'en venait clore les temps en quelque sorte et marquer au front les personnages et les familles mêmes qui étaient appelées à reprendre la société délaissée et à la rejeter dans sa voie de salut. La papauté fut dans les siècles de confusion la seule puissance qui jamais ne faillit. Je ne parle pas de quelques papes qui firent honte à leur mission. Mais la papauté suivait sa course, et les mauvais exemples de l'homme assis au trône de l'Église laissaient intacte l'autorité qui réglait le monde. La papauté fut seule capable d'opposer une digue aux passions des princes, seule elle réprima la licence des mœurs, seule elle maintint la sainteté du mariage, seule elle fit trembler le vice puissant.

Nous n'avons su, dans nos temps de sécheresse incrédule, que nous récrier contre les excommunications, cette puissance formidable de la papauté. Mais les excommunications étaient toute la protection des peuples contre les tyrans. Ne voyons-nous pas que nous allons avec nos semblants d'indépendance moderne consacrer les passions et les injustices des vieux temps? Est-ce là de la liberté? est-ce de la justice? est-ce de l'intelligence? L'excommunication fut ce qu'il y eut de plus populaire dans les temps de foi. Les peuples ne connaissaient pas d'autre défense plus efficace de l'humanité. Et aussi les opprimés avaient leurs mains tendues vers la papauté; et quand l'excommunication éclatait comme un coup de foudre, il y avait dans toutes les âmes un assentiment solennel, qui faisait de l'excommunié une sorte de proscrit, portant au front la marque de la justice de Dieu même.

Cette disposition universelle des hommes à accepter l'excommunication comme un signe d'anathème venu d'en haut devrait suffire à l'apologie de la papauté, à la considérer sous des points de vue simplement humains, outre que c'est une magnifique poésie de voir cet effet soudain d'une parole de pontife qui retranche un homme, fût-ce un roi même, de la communauté des autres hommes; mais cette poésie ne nous émeut guère. On dirait que l'imagination humaine s'est éteinte sous le soleil nouveau de la philosophie, et que nous n'avons plus rien de ce qu'il faut pour comprendre les grandes et imposantes choses, pas même les choses qui semblent faites pour ébranler le plus la pensée, pas même ces drames de l'histoire si pleins de larmes, si remuants, si pathétiques. C'est que, tout occupés que nous sommes de ce mot politique de *peuple*, nous sommes loin de tout ce qui est *peuple*. Les émotions universelles nous sont inconnues. Nous ne savons des sentiments humains que ce qui va à l'*individu*. Ainsi la poésie est rapetissée. Nous sommes habiles à disséquer les raffinements de l'égoïsme; nous sommes impuissants à démêler les mouvements généraux de l'humanité! Et lorsque quelque chose de grand, de puissant, de sympathique, se montre à nous dans l'histoire, nous allons petitement l'étudier, le diviser, l'anatomiser, c'est-à-dire le détruire, et puis nous appelons cela de la science, de la philosophie, de la poésie peut-être. N'est-ce pas pitié!

Il est une époque dans l'histoire de la papauté qui semble à présent éclairée: c'est l'époque des croisades. La papauté eut alors l'instinct de l'avenir: elle le créa. Ces guerres lointaines, contre lesquelles il fut de mode, il y a cent ans, de crier très-fort, furent une œuvre de renouvellement et de liberté dans toute l'Europe. La féodalité alla mourir en Asie, et le peuple chrétien respira. C'est ce qui a fait dire à de Maistre, avec sa sagacité pénétrante et originale: *Nulle croisade ne réussit, il est vrai; mais toutes réussirent*: c'est-à-dire, le résultat définitif de ces expéditions fut la constitution de la monarchie moderne, et ce fut là un grand bienfait de la papauté. Telle a été même l'évidence de ce résultat historique que quelquefois on l'a exagéré peut-être, comme par une sorte de réaction de la vérité contre l'erreur. Que n'a-t-on pas écrit en notre siècle très-peu croyant sur les suites et les effets des croisades, par rapport aux lumières et aux arts? Les croisades avaient été montrées comme une époque de fanatisme; on les a montrées comme une préparation de notre âge de philosophie. Il était pourtant inutile de franchir les bornes de la vraisemblance. Les croisades retinrent la barbarie musulmane dans son invasion; elles sauvèrent le christianisme en Europe; c'est tout ce qu'il fallait dire. Et ce fut la papauté qui leur donna ce caractère de prévoyance sociale, lorsque la plus grande partie des hommes ne vit longtemps en elles que leur caractère primitif d'enthousiasme et de poésie. C'est encore ce qui ressort de l'histoire. Il n'y eut apparemment dans ce grand mouvement des croisades aucune pensée bien distincte de l'avenir; mais l'avenir fut fait par elles, et il est permis jusqu'à un certain point d'affirmer que la papauté seule en eut le pressentiment.

Quant à la papauté, il semble que le temps même lui obéit. La papauté a fait les événements de dix siècles depuis Charlemagne. C'est elle qui a élevé le mur infranchissable devant lequel s'est brisé le glaive de Mahomet. C'est elle qui a fait les royaumes modernes, et sacré leurs dynasties qui règnent encore, à peu d'exceptions près, exceptions sur lesquelles Dieu n'a pas dit son dernier mot. C'est elle qui a fait la plupart des constitutions d'État. C'est elle qui a posé les limites des empires, elle qui a arrêté les usurpations, elle qui a protégé le droit public, elle qui a fait triompher en un mot dans tout le monde chrétien ou civilisé les dogmes politiques qui servent de base à la société, et que nulle révolution ne touche sans mettre en péril la vie des particuliers et la vie des pouvoirs.

La papauté n'a pas fait toutes ces choses par une volonté déterminée de les faire, mais par la suite d'une action graduelle et réfléchie, de telle sorte que, même au travers des égarements et des crimes de quelques papes, c'est toujours le même instinct qui se perpétue, et toujours le même but qui est poursuivi. Ainsi, pour ne plus parler des grands événements de la politique, dans le jugement desquels la sagesse humaine se donne le droit de laisser beaucoup au hasard, comme si le hasard n'était pas synonyme de néant, la papauté fut certainement pour beaucoup dans la marche des idées et dans le développement des sciences, par l'institution systématique des universités dans toute l'Europe. Ce fut la papauté qui partout créa ces corps enseignants autour desquels accouraient des générations en masse, et non point par privilége les classes d'en haut, mais les classes d'en bas, le pauvre peuple, le peuple manquant de tout, et même de pain, comme l'attestent les histoires universitaires, de telle sorte que la papauté faisait ainsi descendre la science, pour faire monter, et, comme nous disons très-logiquement, pour *élever* ceux qui la recevaient. Telle fut l'œuvre de la papauté pendant six siècles, jusqu'à ce qu'il vint un moment où les hommes ainsi *élevés* oublièrent d'où leur venait ce grand bienfait, et tournèrent la science contre la papauté. Mais qu'importe l'ingratitude humaine? Cela n'est pas nouveau sous le soleil. Toujours est-il que la papauté a fait l'instruction moderne, et par elle la politique elle-même, dans ce qu'elle a de principes universels, applicables à tous les États et à toutes les transformations extérieures de gouvernement.

Il y a bien autre chose qui a été fait par la papauté; ce sont les arts poétiques, ceux qui tiennent de plus près à la perfection de l'intelligence. Ce serait ici la plus riante partie de l'histoire des papes, et toute l'Europe et toute la chrétienté seraient un témoignage vivant de leur génie. Qui ne reconnaît que ce mouvement des arts modernes, qui emporte et domine le monde entier a son centre d'action en Italie? Est-ce un caprice, un hasard encore? Comment cela serait-il? Quoi! il a passé sur le globe des destructeurs qui sont venus droit à Rome pour y planter la barbarie, et ces destructeurs, après l'avoir pillée, volée, incendiée, n'ont pu lui ôter cette fécondité mystérieuse, qui vérifie la parole du poëte: *Merses profundo, pulchrior evenit!* Ce hasard n'est-il pas semblable à un miracle! Ou bien il a paru en d'autres régions des conquérants qui faisaient trophée des arts étrangers, et espéraient les vaincre par la magnificence de leur imitation, et ils n'ont pu empêcher le génie humain de reprendre la route de Rome, cet éternel pèlerinage de toute grandeur et de toute poésie! Qu'est-ce que cette impuissance devant l'humble inspiration d'un pauvre vieux prêtre, dont la philosophie se moque tant qu'elle peut? Pour moi, je n'y entends rien.

Ne parlons pas des autres siècles, ne parlons pas de Charles-Quint, ou de François Ier; nous avons vu de nos jours un terrible protecteur des beaux-arts ramasser dans toute l'Italie, et non-seulement dans toute l'Italie, mais dans le monde entier, tout ce qu'il trouva sous sa main ou sous son pied d'œuvres du génie antique, et les amonceler dans sa capitale, comme un brillant chaos. Cette fois Rome était vaincue ou devait l'être! Point du tout. Les arts ont naturellement repris leur vol vers la papauté, et nos esprits forts d'académie, nos sculpteurs, nos peintres, nos architectes matérialistes, s'en vont comme devant consulter le Dieu qui fait la poésie, comme il fait tout le reste. La papauté n'a fait aucune révolution pour cela; elle est seulement restée à sa place. C'est qu'il y a dans le christianisme, et d'abord au centre du christianisme, quelque chose qui appelle à soi l'intelligence, et si la papauté n'est pas ici-bas pour servir de règle aux créations de l'art, il ne dépend pas d'elle de n'y pas être pour représenter l'action éternelle de la pensée divine sur tout ce qui est une expression de la pensée humaine. Si la papauté n'était autre chose que la royauté élective d'un vieux prêtre, que le premier conquérant venu peut précipiter, ce semble, Rome ne serait pas plus le rendez-vous du génie de tous les pays du monde que ne l'est Alexandrie ou Athènes. Il ne suffit pas à l'établissement d'un tel empire des rayons d'un soleil pur, ou des douceurs d'un climat aimé du ciel; il en faut chercher le principe en des causes plus hautes, et je dis même plus philosophiques.

Quoi qu'il en soit, voilà la papauté au milieu de l'histoire, au milieu des révolutions, au milieu des crimes, au milieu des arts; la voilà avec son génie protecteur des nations, inspirateur de tout ce qui est grand et populaire. Ce serait sans doute une question très-profonde de chercher en quoi l'établissement politique de Charlemagne a servi cette action humaine et sociale de la papauté. On répondrait de la sorte aux écrivains qui voudraient que le pape ne fût pas un souverain, mais qu'il fût tout simplement un apôtre, un pontife livré à la merci des pouvoirs de ce monde, qui eût tout au plus le privilége de pouvoir être chassé de partout et de perpétuer l'exemple des premiers disciples de Jésus-Christ, qui allaient et venaient, vivant et mourant au gré des persécuteurs et des impies. Je ne saurais dire où l'on a vu qu'il fût absolument nécessaire au christianisme d'être ainsi constitué sur la terre. Sans doute, pour la perpétuité de la religion, le siége de Rome n'a pas besoin d'être un trône de souverain, et on a vu des temps où la papauté avait d'autant plus de puissance qu'elle était plus dépouillée. Mais qui est-ce qui a dit aux philosophes que le christianisme n'avait pas sur la terre plus d'une mission? Ils sont donc bien amis du dénûment et de la pauvreté, ces chrétiens austères, pour ne vouloir pas que la papauté ait son asile assuré, et que son action extérieure soit entourée de quelque éclat! Il serait aisé de montrer que la papauté n'eût point fait toutes ces grandes choses que nous dit l'histoire si elle n'avait eu au centre des États de l'Europe cette existence indépendante et distincte qu'on voudrait lui ôter, pour la faire, dit-on, plus évangélique. Tant que l'empire romain embrassa le monde, la papauté n'eut qu'une mission, celle de l'unité spirituelle des hommes, et elle la remplit, on le sait, par le sang et par les martyres. Mais dès que le colosse se rompit, et que de toutes parts le monde tendit à des constitutions nouvelles d'État, il fallut certes qu'une grande puissance morale se montrât au milieu des peuples, pour les régir par la parole, et aussi que cette puissance eût comme les autres sa constitution extérieure pour donner à son intervention ce qu'il lui fallait de liberté. En cela, Charlemagne alla au-devant des siècles, et aussi il est vrai de dire que nul pouvoir politique sur la terre ne saurait égaler la légitimité du pouvoir temporel de la papauté. Car c'est le seul pouvoir qui, à l'origine, se trouve institué par une sorte de nécessité générale. De Maistre a dit cette belle parole : *La souveraineté est comme le Nil, elle cache sa tête au ciel.* La souveraineté papale a bien sa tête au ciel, mais elle n'y est pas cachée; elle y resplendit au contraire, et je ne dis pas seulement comme institution spirituelle et ecclésiastique, mais comme institution sociale et simplement politique.

Aussi, l'histoire purement humaine de la papauté est la plus grande histoire qui puisse être offerte à l'étude des philosophes, et il n'est pas d'esprit quelque peu élevé qui n'ait été frappé de cette admirable mission d'un pouvoir, faible relativement à d'autres pouvoirs, destiné pourtant à servir à tous de contre-poids. Sans la papauté, l'Europe n'aurait pas ce magnifique caractère d'unité sociale qui s'est conservé et développé malgré les schismes. La papauté agit d'une façon singulière sur les États qui sont les plus éloignés de reconnaître sa suprématie chrétienne, et depuis la réforme surtout, c'est un étonnant spectacle de voir cette action morale persister en sens inverse des efforts qui sont faits pour la détruire. Et c'est là un grand bienfait du ciel! Qu'est-ce que deviendrait le droit public, la morale sociale, la justice des peuples, sans cette perpétuité de la vérité extérieure, conservée au travers des révolutions et des usurpations et des déchirements d'empires? Le droit du plus fort est vaincu en Europe par la seule présence au milieu des rois de ce roi en soutane, de ce roi tonsuré, qui jamais n'a porté l'épée et jamais ne la portera. C'est à ses pieds que meurent toutes les mauvaises ambitions! On pourrait le frapper, on pourrait le chasser, on pourrait le tuer, ce roi qui n'a pas de postérité, et que quelques prêtres ont fait roi. Mais ce ne serait là qu'une violence d'un jour, et sa royauté n'en resterait pas moins vivace et enracinée au sol de l'Europe; ou bien, si elle disparaissait du milieu de la civilisation, c'est que la civilisation elle-même aurait fait son temps, et qu'il la faudrait chercher en d'autres contrées, et peut-être dans les contrées qu'aujourd'hui nous nommons sauvages, et que Dieu aurait déjà touchées pour rajeunir le monde.

Oui, c'est une grande et mystérieuse histoire que celle de cette puissance politique, qui perpétue la destinée de la ville éternelle de Romulus, sans avoir pour cela d'autres forces que des forces dont le langage vulgaire a fait une moquerie. Nous rions des *soldats du pape!* et ce sont les seuls qui ne puissent jamais être vaincus. Il faudrait prendre garde à la portée de nos rires, qui ne sont pas toujours très-philosophiques. *Les soldats du pape*, ce sont, après tout, les rois eux-mêmes, sans trop s'en douter. Qu'ont fait les rois depuis Luther, le fougueux ennemi de la papauté? Plusieurs se sont détachés de l'Église, plusieurs l'ont maudite. Plusieurs lui ont fait la guerre. Plusieurs ont paru vouloir l'exterminer. Eh bien! ne l'ont-ils donc pas pu! L'Italie n'était-elle pas une proie? Ils l'ont pu sans doute; mais aussitôt que la papauté paraissait vaincue, je ne sais quelle puissance inconnue mettait ses ennemis à ses pieds, et tous les rois arrivaient soudain pour garder au milieu d'eux cette royauté sans défense, cette royauté protectrice de toutes les autres, semblable à ces choses saintes que les anciens gardaient au fond des sanctuaires, comme un préservatif de la cité.

Nos temps seront remarquables dans l'histoire sous ce rapport. Nous avons vu l'Europe bouleversée par de grandes catastrophes, tous les intérêts des nations confondus, tous les droits méconnus, les armes mêlées au hasard, et les victoires menaçantes, de quelque part qu'elles parussent venir. Une seule puissance semblait s'abandonner dans cette immense confusion de batailles; tout devait la perdre, et tout concourait à la sauver. Lorsque l'Italie est envahie par les armes républicaines, que la papauté n'a plus d'asile, et que la transmission même de ce titre de pontife universel semble impossible, il arrive une armée de schismatiques pour assurer cette hérédité. Les Russes n'avaient que faire du pape, eux qui ont leur pape empereur, tant qu'il plaira à Dieu; pourtant ils tirent leur glaive pour protéger l'urne catholique d'où doit sortir le nom admirable de Pie VII. Et plus tard, lorsque Napoléon, le terrible et imprévoyant conquérant de l'Italie, eut mis la main sur le pape, et que sa fortune eut changé, on vit toutes les nations antipapistes arriver pêle-mêle, Anglais, Prussiens et Cosaques, pour relever au centre de l'Europe cette souveraineté détestée. Qu'était-ce que ce mouvement politique, en sens contraire des préventions et des haines? Depuis quand les hommes apprenaient-ils à agir manifestement contre leur vouloir? D'où venait cette puissance plus forte que l'intérêt de l'orgueil et de la colère? Est-ce que les philosophes qui veulent que le pape ne soit qu'un prêtre, relégué dans une sacristie de couvent, n'auraient pas la bonté de nous expliquer ce petit mystère? La chose en vaut la peine peut-être, non pas seulement à cause de la nature du pouvoir ainsi rétabli, mais à cause des antipathies vivaces de ceux qui l'ont rétabli. Comment se fait-il que l'Europe protestante se soit trompée? L'occasion était belle de donner gain de cause à Luther. *Babylone* était par terre : n'était-il pas au moins facile de l'y laisser?

Non, il n'était pas facile! la papauté est le lien politique de l'Europe, et tant qu'elle n'était pas debout, il n'y avait plus de royauté. Rois catholiques et rois protestants, tous ont dû être rois au même titre, quand il a été question de remettre le droit public européen sur sa base; mais tous ont ainsi manifesté la mission sociale de la papauté en dehors de son ministère purement évangélique. Or, cette reconnaissance universelle de la papauté politique n'est pas sans rapport avec l'action autrement providentielle de la papauté religieuse. Et qui aux jours de malaise et d'inquiétude où nous vivons oserait penser que cette intervention purement humaine des armes schismatiques dans l'existence publique de l'Église n'est pas un indice d'avenir autrement important que les petits manéges de propagande luthérienne qui se font jour en Europe? On a beau se remuer dans quelques cours, ce n'est pas d'elles que partira l'ébranlement qui peut un jour changer le monde. Dès que la papauté a paru manquer aux souverainetés politiques, toutes se sont émues d'épouvante, et elles sont accourues pour aller combler cette espèce de vide qui se faisait au centre des nations, et qui menaçait d'être un abîme où tout devait périr. Voilà une révélation d'instinct social qui montre aux peuples ce qu'est la papauté. Le jour où il n'y aurait plus de papauté dans le monde, il n'y aurait plus de christianisme; et sans le christianisme, nous savons ce qu'est la royauté, ce qu'est aussi la liberté. LAURENTIE.

PAPAVÉRACÉES, famille de plantes dicotylédonées polypétales hypogynes, ayant pour caractères : Calice formé de deux, très-rarement de trois sépales concaves et très-caducs; corolle insérée au réceptacle, caduque, composée de quatre, très-rarement de six pétales plans, chiffonnés et plissés avant leur épanouissement; étamines libres, en très-grand nombre; ovaire à une seule loge, contenant un très-grand nombre d'ovules attachés à des trophospermes saillants sous la forme de lames ou de fausses cloisons; style très-court, ou à peine distinct, terminé par autant de stigmates qu'il y a de trophospermes; fruit sec, indéhiscent.

Les papavéracées sont généralement des herbes annuelles ou vivaces, quelquefois des sous-arbrisseaux, à suc aqueux ou lactescent, blanc, rouge ou jaune. Ce suc a des propriétés qui diffèrent avec les espèces : âcre et purgatif chez l'éclaire, il est narcotique dans les pavots. Les feuilles des papavéracées sont sessiles, ou plus souvent pétiolées, alternes, avec les supérieures quelquefois opposées, simples ou composées, plus ou moins profondément découpées. Les fleurs, régulières ou irrégulières, sont solitaires ou disposées en cymes et en grappes rameuses.

Cette famille renferme les genres *bocconia*, *chelidonium* (*voyez* CHÉLIDOINE), *argemone*, *papaver*, *eschscholtzia*, *fumaria* (*voyez* FUMETERRE), etc. Quelques botanistes en ont distrait ce dernier et ceux qui, comme lui, ont les étamines réunies en deux faisceaux, pour former une famille distincte, sous le nom de *fumariacées*.

PAPAVOINE (Affaire). Le 10 octobre 1824, vers dix heures du matin, une femme se promenait dans le bois de Vincennes avec ses jeunes garçons, deux enfants de cinq à six ans, qu'elle était allée chercher à leur pension aux environs. Elle était assise, dans une allée, au pied d'un grand chêne qui depuis fut marqué d'innombrables croix, lorsqu'une demoiselle Malservait, marchande de modes, s'arrêta devant elle comme pour nouer sa jarretière; cette demoiselle caressa les enfants, les embrassa, espérant se débarrasser ainsi des poursuites d'un individu qui affectait depuis quelque temps de la suivre. Déjà cette demoiselle était entrée dans un cabaret prendre un petit verre de liqueur dans la même intention, mais sans y réussir. L'individu passa, mit la main à son chapeau comme pour saluer les deux femmes, et continua son chemin. La demoiselle Malservait s'éloignait dans une direction opposée à celle qu'avait prise l'individu; mais celui-ci, pressant le pas, la rejoignit bientôt, l'accosta et lui demanda si elle connaissait les enfants qu'elle venait d'embrasser. Elle répondit que non; mais que pour caresser des enfants il n'était pas nécessaire de les connaître. L'individu se retira, retourna dans la boutique où la demoiselle Malservait avait pris un verre d'absinthe, et demanda à acheter un couteau, offrant de le payer plus cher qu'il ne valait. On dépareilla une douzaine de couteaux de table, pour lui en donner un; et revenant à l'endroit où la demoiselle Malservait avait embrassé les enfants, il dit à la mère : « Votre promenade a été bientôt faite; » puis se baissant comme pour embrasser un des enfants, il lui plongea son couteau dans le cœur. Aux cris du malheureux enfant, la mère, ignorant encore l'étendue de son malheur, frappa l'assassin avec un parapluie qu'elle tenait à la main; elle n'atteignit que son chapeau, dont la forme affaissée sous la violence du coup devait d'abord servir à le faire reconnaître et fournir ensuite à la mode l'occasion d'une odieuse imitation. L'individu, après avoir immolé le second enfant, disparut dans l'épaisseur du bois. Cependant les cris de la mère courant de tous les côtés, attirèrent bientôt du monde à cet endroit; mais on chercha vainement à ramener à la vie les deux petites victimes.

La mère dépeignait si bien l'assassin que plusieurs personnes purent assurer l'avoir vu. On ferma les grilles du parc, et la gendarmerie, assistée des militaires de la garnison du fort, fit une battue générale. La demoiselle Malservait fut arrêtée dans un café où elle attendait un ancien amant avec lequel elle était venue à Vincennes, et qui l'avait engagée à faire une promenade dans le bois pendant qu'il allait faire une visite à son frère, chez qui il ne voulait pas la conduire. Comme elle avait été vue avec l'assassin quelques instants avant l'événement, elle fut retenue; mais il fut établi par l'instruction qu'ils ne s'étaient jamais vus avant cette fatale journée. On sut bientôt chez qui avait été acheté le couteau. Celle qui l'avait vendu donnait de l'individu un signalement conforme à celui qu'on avait déjà; seulement, elle ajoutait qu'il avait un crêpe à son chapeau, et que ce crêpe était attaché au moyen d'une boucle d'une forme particulière. Le crime avait été commis à onze heures et demie; vers midi, un gendarme aperçut à quelque distance d'une allée deux individus qui s'étaient réfugiés sous un arbre pour se mettre à couvert de la pluie. L'un était un artilleur, et l'autre un bourgeois auquel le signalement de l'assassin paraissait parfaitement se rapporter. Le gendarme prenant le bourgeois par le collet le somma de le suivre. Il ne fit aucune résistance, objectant avec l'apparence du calme qu'il n'avait rien à se reprocher, et que son arrestation ferait peut-être perdre la trace du vrai coupable. Le canonnier déclarait que ce monsieur ne partageait son abri que depuis quelques instants, et qu'en sortant du taillis où il était auparavant il lui avait demandé s'il n'y aurait pas moyen de sortir du bois; il s'était ensuite informé s'il n'avait pas le visage barbouillé, après avoir examiné avec inquiétude ses habits.

Le bourgeois fut conduit, malgré ses protestations, dans la maison où la malheureuse mère s'était retirée. A peine en avait-il franchi le seuil qu'avec l'accent du désespoir cette pauvre femme s'écria : « C'est le monstre qui a tué mes enfants! » La cabaretière le reconnut pour l'homme à qui elle avait vendu un couteau. Il n'en persista pas moins à repousser toutes les accusations. Il déclara se nommer *Louis-Auguste* PAPAVOINE, né en 1784, à Mouy (Eure). Fils d'un fabricant de draps de cette ville, il avait reçu une bonne éducation et s'exprimait avec assez d'élégance. Il était électeur, et de plus royaliste. En relation avec les plus notables négociants de sa province et de la capitale, il était absurde, disait-il, de lui imputer la pensée d'un crime. Le lendemain de l'assassinat, Papavoine fut conduit à l'hôtel de la Providence, rue Saint-Pierre-Montmartre, pour assister à la perquisition que l'on fit dans son logement. On trouva dans sa valise deux couteaux fraîchement aiguisés. On le fit déshabiller, et on ne reconnut sur lui aucun indice de séjour dans les prisons ni de condamnation antérieure. Conduit à Vincennes dans la soirée, l'aspect des deux cadavres ne lui causa pas la plus légère émotion ; mais quand on lui demanda si c'étaient bien là les enfants qu'il avait assassinés la veille, il répondit : « Oui, ce sont bien les mêmes, » et conserva tout son calme. On ne retrouva pas le couteau qu'il avait jeté dans l'herbe, mais un autre couteau de la même douzaine s'adaptait parfaitement aux blessures. Papavoine déclara froidement qu'il était bien pareil. Pendant l'autopsie des cadavres, qui dura quatre heures, il ne laissa pas échapper la moindre impression; son œil était fixe, son corps immobile, ses bras croisés sur la poitrine. A chaque question qu'on lui faisait, il répondait nettement, avouant tout, mais sans donner de détails.

Les deux victimes appartenaient à une demoiselle Thérèse Hérien, fille d'un honnête portier de l'intendance militaire, laquelle avait eu ces deux enfants du frère d'une de ses camarades d'enfance, nommé Gerbod. Le père Gerbod, qui avait amassé quelque fortune dans le commerce de la sellerie, avait refusé son consentement à l'union de son fils avec la fille du portier Hérien. Le jeune Gerbod était adroit ouvrier et bon sujet; son père exigea son éloignement de Paris. Le jeune homme y consentit, à la condition que lorsqu'il reviendrait, *si ses sentiments n'étaient pas changés*, il pourrait épouser celle qu'il aimait. Il partit donc pour Bruxelles; mais sa maîtresse n'avait pas tardé à le savoir et était allée le rejoindre. Là ils pouvaient vivre ensemble et en paix; mais ils revinrent, et le jeune Gerbod avait fait à son père les sommations respectueuses exigées par la loi pour obtenir consentement à son mariage; le père Gerbod refusait toujours; et le fils s'était laissé aller à dire : « Si elle n'était pas mère de deux enfants, il se pourrait que j'oublie Thérèse. » Peu de temps après les deux enfants périssaient sous le couteau de Papavoine.

Celui-ci était depuis cinq jours seulement à Paris. Placé en 1804 en qualité de commis extraordinaire dans la marine, il avait été embarqué successivement à bord de plusieurs vaisseaux de l'État; nommé ensuite commis de deuxième classe, puis quartier-maître, puis commis de première classe en exercice au port de Brest, il avait rempli avec exactitude tous ces emplois, qui entraînaient des maniements de fonds et une comptabilité assez étendue. Mais en tout temps il s'était fait connaître comme un homme dont les mœurs étaient peu sociables. Il fuyait avec affectation ses camarades; il paraissait sombre et mélancolique; on le voyait souvent se promener seul, et il choisissait de préférence les lieux solitaires; jamais on ne lui avait connu de liaisons intimes, aucune de ces faiblesses qu'explique la fragilité humaine. Jamais non plus il ne communiquait ses pensées à autrui. Au mois de décembre 1823, son père était décédé ; il laissait son établissement de Mouy dans un certain état de désordre. Auguste Papavoine obtint un congé, se rendit auprès de sa mère, et jugeant que celle-ci serait hors d'état de continuer seule les affaires de son père, il se détermina à demander sa retraite. Cette manufacture travaillait pour l'habillement des troupes ; l'administration de la guerre refusa de renouveler ses marchés, et par ce refus les affaires de la famille Papavoine se trouvèrent dans la situation la plus critique. Auguste devint plus sombre encore, si sombre que sa mère ne crut plus devoir manger avec lui; la fièvre le prit : on lui conseilla un voyage; il vint à Beauvais, puis à Paris, où il arriva le 5 octobre. Il fit quelques démarches près du ministère de la guerre, et venait de recevoir la conclusion de quelques marchés quand la fatalité le conduisit au bois de Vincennes.

Après avoir avoué son crime, Papavoine revint à son système de dénégation ; puis il annonça qu'il avait de grandes révélations à faire, mais qu'il ne parlerait qu'en présence de madame la dauphine et de madame la duchesse de Berry. On ne pouvait accéder à ce désir; il demanda à être entendu au moins d'une seule de ces princesses ; il ne l'obtint pas davantage. Alors il déclara de nouveau être l'assassin; mais il dit qu'il s'était trompé, ayant cru assassiner les deux enfants de France. Ce dire était trop invraisemblable. Il tomba ensuite dans une grande exaltation, demandait des couteaux, mettait le feu à la paillasse de son lit, et enfin un jour que le geôlier avait ouvert sa porte pour donner de l'air à sa chambre, il se précipita dans une pièce voisine où déjeunaient quelques jeunes détenus, et arrachant le couteau que l'un d'eux, âgé de douze ans seulement, tenait à la main, il lui fit trois blessures graves avant qu'on fût parvenu à le désarmer.

Papavoine fut traduit aux assises de la Seine le 25 février 1825. La malheureuse mère ne put faire sa déposition, et fut emportée. Peyronnet soutint l'accusation; il voyait dans l'affaire un crime que rien ne pouvait expliquer, il ne découvrait aucun motif à l'action de l'accusé; mais le crime existait, il devait être puni. Il montrait l'accusé, voulant donner un motif politique à son crime, puis essayant de se faire passer pour fou. Enfin, il rappelait que certaines natures pouvaient aller jusqu'à chercher des jouissances dans le sang répandu; il citait à ce propos le marquis de Sade, et la loi, disait-il, doit atteindre ces grands criminels. Enfin, l'organe du ministère public disculpait la famille Gerbod. Me Paillet, défenseur de Papavoine, plaida la démence, la monomanie de son client ; mais ce moyen ne réussit pas. Déclaré coupable par le jury, Papavoine fut condamné à la peine de mort. En entendant son arrêt, il s'écria : « J'en appelle à la justice divine. » Son pourvoi fut rejeté en cassation, le 19 mars, et le 25 il fut exécuté en place de Grève.

Avant de sortir de la Conciergerie, Papavoine voulut embrasser le crucifix, et le baisa en effet plusieurs fois, puis il se mit en prière et demanda à confesser la vérité, qu'il avait cachée jusque alors. Un membre de la cour royale vint l'entendre; mais rien ne transpira de cette révélation dernière, et le secret de Papavoine, dans le cas où il l'aurait confié, a été si bien gardé que son crime est resté une énigme. On se livra pourtant alors à mille conjectures; on crut savoir que le procureur général Bellart était l'allié de la famille Gerbod. On imagina que Papavoine s'était dévoué pour assurer une existence à sa mère, dont il avait dissipé la fortune par de fausses spéculations; on allait jusqu'à fixer la somme qui lui avait été allouée et comptée d'avance pour salaire; mais en supposant qu'il eût reçu cette somme, ne semblait-il pas qu'il l'eût pu gagner plus aisément en dénonçant celui qui la lui aurait donnée? D'ailleurs la bonne intelligence qui régnait entre la demoiselle Hérien et son beau-père depuis son mariage avec le jeune Gerbod semblait éloigner tout soupçon de ce côté. Et puis, disait le ministère public, le père Gerbod n'aurait-il pas fait disparaître plutôt la mère que les enfants, dont il avait toujours voulu assurer le sort? Mais alors quel a donc pu être le mobile de ce malheureux? Peut-on supposer que la jalousie d'avoir vu embrasser deux enfants par une femme qu'il poursuivait sans la connaître, et qui paraissait le repousser, ait pu suffire à l'engager à commettre une action aussi monstrueuse? L. Louvet.

PAPAYER, arbre de la famille des caricées, haut de 30 pieds environ, et dont le tronc simple, droit, recouvert d'une écorce grise et couronné au sommet par un bouquet de feuilles, rappelle le port des palmiers. Ses feuilles sont étalées, palmées, à 7 lobes oblongs, sinués, glabres. Les fleurs dioïques, disposées en grappes axillaires, se composent d'un calice à 5 dents, d'une corolle monopétale blanche, et de 10 étamines chez les mâles. Les fleurs femelles, au contraire, ont une corolle formée de 5 pétales : elles sont jaunes, et produisent un fruit charnu, pulpeux, ovoïde, marqué de 5 côtes, contenant de nombreuses graines et pendant, à sa maturité, sur le tronc dénudé par suite de la chute successive des feuilles. Ce fruit, d'un jaune orangé, est sucré, doux, rafraîchissant, légèrement laxatif, et se mange comme les melons. Avant sa maturité on l'emploie bouilli ou confit, après en avoir écoulé le suc laiteux qu'il contient, et sa saveur alors ressemble à celle du navet. Le papayer (*carica papaya* L.), dont la racine exhale une odeur de chou pourri, est surtout remarquable par le suc laiteux dont nous venons de parler, et qui est répandu abondamment dans le tronc et les feuilles. Il donne par l'analyse une matière entièrement identique à la fibrine animale, et qui lui communique quand on le brûle une odeur ammoniacale. Ce liquide est doué de propriétés énergiques, et à forte dose il pourrait déterminer les accidents les plus graves; en petite quantité, il passe pour un excellent vermifuge. Quelques gouttes appliquées sur la peau enlèvent rapidement les taches de rousseur dont elle est affectée, et lui rendent sa fraîcheur primitive. Mélangé avec l'eau, il a la singulière propriété de ramollir presque instantanément les viandes les plus coriaces qu'on y plonge, et il les décomposerait dans un temps très-court si on négligeait de les en retirer. Ce procédé est journellement mis en pratique dans les contrées chaudes du globe, où le papayer est aujourd'hui presque généralement cultivé. La patrie de cet arbre est inconnue; on croit cependant qu'il est originaire de l'Amérique.

E. Hardy.

PAPE. Le pape, évêque de Rome, successeur de saint Pierre, prince souverain des États Romains, est le chef visible de l'Église catholique, apostolique et romaine; il occupe le premier rang de la hiérarchie ecclésiastique. Pontife suprême, le pape, selon l'expression de saint Bernard, n'est pourtant pas le maître des évêques, mais seulement l'un d'eux, quoique leur chef. Il est particulièrement chargé de veiller à l'unité de l'Église et à la pureté de la foi. Ses rapports avec le clergé des différents pays sont réglés pour quelques-uns par des concordats, pour d'autres par d'anciens usages. En certains pays, le pape institue les évêques nommés par le chef de l'État; dans d'autres, ils sont élus par les chapitres des églises métropolitaines, mais ils doivent être confirmés par le saint-père. L'autorité du pape n'est pas contestée en matière de discipline ecclésiastique; cependant, quelques restrictions ont été apportées à l'exercice de sa juridiction. Ainsi on a maintenu en France ce principe que son autorité ne peut jamais s'étendre directement ni indirectement sur le temporel des rois ou autres princes souverains; que le pape ne peut délier les sujets de leur serment de fidélité envers le souverain ni disposer d'un État. Des ordonnances de saint Louis établissaient déjà que le pape ne pourrait faire aucune levée de deniers en France, même sur le temporel des bénéfices du royaume, sans une permission expresse du roi. En matières de dogme, l'infaillibilité absolue du pape n'a pas été généralement admise en France; mais en reconnaissant la prépondérance de ses décisions, on place au-dessus de lui l'autorité des conciles généraux. Comme chef spirituel, il exerce une autorité souveraine sur l'Église; il fait observer les canons, assemble les conciles, crée les cardinaux, institue, autorise ou supprime à volonté les ordres religieux, approuve ou censure les doctrines nouvelles, et écrit à ce sujet des bulles, des brefs, des encycliques; il excommunie et lève les excommunications, accorde les grandes dispenses, distribue les indulgences, remet les peines de certains cas qui lui sont réservés. Il est assisté dans les fonctions du gouvernement de l'Église par le sacré collége ou réunion des cardinaux, qui se divise en plusieurs congrégations.

Souverain temporel du patrimoine de saint Pierre, il règne d'une manière absolue sur les États de l'Église. Comme tel, il a une armée, un ministère, perçoit des impôts. Dans ces derniers temps une consulte des finances a été instituée. Cependant, l'autorité temporelle du pape paraît avoir besoin du secours des étrangers pour se maintenir, si l'on en juge par les occupations française et autrichienne des états Romains, qui se prolongent indéfiniment.

Le pape est qualifié de *saint père* par les fidèles. Dans le langage officiel et diplomatique on lui donne le titre de *Sa Sainteté*. Lui-même s'intitule *vicaire de Jésus-Christ*, *serviteur des serviteurs de Dieu*. Son siége est Rome, ses insignes sont la tiare ou triple couronne et les clefs dites de saint Pierre. Il entretient près des cours étrangères des nonces ou des internonces, et y envoie temporairement des légats, qui représentent à la fois son double pouvoir. Son élection est réservée aux cardinaux réunis en conclave. Pris parmi les cardinaux, il doit être Italien de naissance, âgé au moins de cinquante-cinq ans, n'avoir été promu cardinal sur la proposition d'aucune cour étrangère, et n'être lié de parenté avec aucune maison régnante. L'élection du pape est suivie de son exaltation; après avoir reçu l'adoration de ses collègues, il change de nom; puis on procède aux cérémonies de son sacre, ou intronisation, et de son couronnement. Enfin, des solennités lugubres marquent le décès du souverain pontife.

[Ce nom de *pape* se donnait autrefois à tous les évêques. Après le martyre de saint Fabien, en 253, pendant la persécution de Dèce, le clergé de Rome, écrivant aux prêtres de Carthage, dit : *le pape Cyprien*, en parlant de leur évêque; et Cyprien, parlant de saint Fabien, dans sa réponse, dit : *le saint homme mon collègue*. C'est seulement Grégoire VII qui, en 1081, dans son premier concile de Rome, se fit attribuer exclusivement le titre de *pape*; et cette appellation est devenue synonyme d'évêque universel. Une parole de Jésus-Christ, négligée par trois évangélistes, et rapportée seulement par saint Matthieu, le plus ancien des quatre, est le fondement de la papauté exclusive et de la puissance pontificale. Jésus dit à Simon, fils de Jonas : « Tu es pierre, et sur cette pierre je bâtirai mon église. » Mais cette primauté de Pierre ou de *Cephas* ne prouvait rien en faveur de Rome. Elle faisait seulement prévoir que les chrétiens finiraient par considérer comme le premier siége de l'Église la chaire où se serait assis l'apôtre reconnu prince par ses égaux et par leurs disciples; et l'évêque romain, qui, par son établissement dans la capitale de l'empire, avait à cœur de faire reconnaître sa suprématie, voulut encore étayer ses prétentions des considérations spirituelles qui ressortaient de la résidence réelle du chef visible de l'Église. Je ne conteste ni n'affirme que saint Pierre ait été réellement à Rome, et qu'il y ait souffert le martyre. Je dis seulement que les papes ont tiré un grand parti de cette croyance, et qu'elle n'apparaît d'abord dans le monde chrétien que comme une conjecture d'un certain Papias, évêque d'Hiéraple vers le commencement du deuxième siècle, et dont le savant Eusèbe fait fort peu de cas. Aucun document authentique ne nous est fourni par les trois premiers siècles de l'Église. L'histoire ecclésiastique écrite par Hégésipe, Juif converti vers l'an 180, n'est point arrivée jusqu'à nous; et aucun des fragments recueillis par Eusèbe ne fait mention de ce voyage. Ceux de Julius Africanus n'en disent pas davantage; les *Actes des Apôtres* et Eusèbe lui-même n'en parlent point. Lactance est le premier qui, dans son traité *De la Mort des Persécuteurs*, dise positivement que saint Pierre a fait son second voyage de Rome vingt-cinq ans après la mort de Jésus-Christ.

J'admets les deux voyages et la résidence de saint Pierre; je n'examine que les moyens humains dont les papes se sont servis pour établir leur domination sur les hommes et les choses de la chrétienté. La première tentative de suprématie sur les autres évêques date du pape saint Victor, qui, vers l'an 194, voulut régler seul la contestation relative à la fête de Pâques. Mais cette prétention fut vivement repoussée par ses frères d'Orient et d'Occident. Il faut arriver à l'an 325, aux actes du concile de Nicée, sous Constantin, pour rencontrer les premières traces d'une juridiction plus élevée que celle d'un simple évêque. Le siége d'Alexandrie, disent les décrets de ce concile, jouira du même privilége que celui de Rome; mais cela prouve seulement qu'à cette époque l'évêque de Rome était parvenu tout au plus à s'attribuer les prérogatives d'un métropolitain. C'est après Constantin que sa puissance et sa richesse font des progrès rapides. Aussi le préfet Prétextat, sollicité par le pape Damase d'embrasser le christianisme, lui répond-il en riant : « Faites-moi évêque de Rome, et je me ferai chrétien. » Cependant, en 378, les prélats d'Italie, assemblés en concile, se bornent à déférer à leur frère de Rome la primauté d'ordre, à cause des prérogatives du siége apostolique, et lui déclarent en même temps qu'ils lui sont égaux en fonctions. Mais à la même époque on trouve dans un rescrit de l'empereur Gratien une distinction nouvelle en faveur de l'évêque de Rome. Ce décret renvoie devant les métropolitains les prélats accusés de quelque méfait; mais si les coupables sont métropolitains eux-mêmes, c'est au tribunal de Rome que Gratien les adresse. Cette faveur encourage les papes. Six ans après, Himerius, métropolitain de Taragone, ayant consulté le pape Syrice sur quelques points de discipline, le Romain profite de cette circonstance pour faire des règlements sur le baptême, l'eucharistie, le mariage des prêtres, et risque enfin cette maxime nouvelle : que personne ne doit ignorer les statuts du siége apostolique.

Peu de temps après, dès 404, les papes parlent en maîtres aux évêques occidentaux, comme le prouvent les lettres d'Innocent Ier à Victricius de Rouen, à saint Exupère de Toulouse, surtout celle qu'il adresse à Descentius, l'un des évêques d'Ombrie, et dans laquelle il avance que tous les siéges d'Italie, d'Espagne, de Sicile, d'Afrique et des Gaules, ont été fondés par saint Pierre ou par ses successeurs. Il va plus loin dans sa réponse au concile de Carthage, métropole de la province d'Afrique. « Il est de droit divin, dit-il, de consulter le saint-siége sur toutes les affaires ecclésiastiques avant de les terminer dans les provinces. » Mais les évêques se soulèvent encore contre cette prétention. Ceux que les papes font citer refusent de comparaître; ceux qu'ils déposent n'en gardent pas moins leurs siéges, tels que Proculus de Marseille et Paulin de Carthage, tandis que des prêtres absous par eux sont rejetés par les diocésains dont ils dépendent. Les papes ne dominent sans opposition que sur les siéges voisins de la capitale; mais en 445 Léon Ier, bravé par saint Hilaire d'Arles, a recours à l'autorité du faible Valentinien III; et, par un décret du 6 juin, cet empereur, plaçant tous les évêques d'Occident sous la juridiction du saint-siége, ordonne aux gouverneurs de ses provinces d'y contraindre les récalcitrants.

Ce décret porte immédiatement ses fruits. Les papes voient leurs règlements acquérir force de loi. Les évêques des Gaules soumettent leurs différends à la cour de Rome, et partout leurs jalousies réciproques ne servent qu'à augmenter sa puissance. Les prélats d'Espagne et d'Afrique suivent cet exemple et acceptent ses décisions; ceux de Dardanie surnomment le pape le *père des pères*, et font profession d'obéissance. Ceux même d'Égypte demandent, en 495, à être reçus dans sa communion. Les prélats de l'Istrie essayent vainement de s'en séparer. Le pape emploie la violence et la persuasion, et triomphe de leur dissidence. Les Africains lui donnent enfin le titre de *pontife souverain* de tous les évêques. En vain se manifestent de loin en loin des velléités d'indépendance. L'archevêque de Ravenne, se croyant fort parce qu'il siége dans la résidence de l'exarque, lutte, en 659, contre l'autorité des papes. La protection du lieutenant de l'empereur ne l'empêche point de succomber. Enfin, la soumission des évêques de Sardaigne complète, en 685, celle de l'Occident chrétien. Ils font partout acte de suprématie, changent les juridictions métropolitaines, dépouillent celle de Lyon au bénéfice de celle d'Autun, et enlèvent à celle de Trèves un grand nombre de suffragants, de peur que la trop grande autorité de cet évêque ne s'élève jusqu'au patriarcat de l'Allemagne. Les conversions étendent au delà du Rhin les conquêtes du catholicisme. Les missionnaires du saint-siége parcourent en même temps l'Angleterre; les papes s'y emploient avec un zèle infatigable, et s'arrogent dans ces contrées arrachées au paganisme tous les priviléges des conquérants, en leur imposant des tributs. Tout l'Occident est enfin soumis, et l'élection de ses évêques est assujettie à l'approbation du siége apostolique.

Mais ce n'était point assez pour les papes. C'est le titre d'*évêque universel* qu'il faut conquérir, et les quatre patriarches d'Alexandrie, de Constantinople, d'Antioche et de Jérusalem sont des rivaux qu'il est important d'abaisser. La première attaque du saint-siége contre les Orientaux remonte à l'an 341. Athanase d'Alexandrie, Paul de Constantinople et autres évêques chassés par les Ariens, s'étant réfugiés à Rome, le pape Jules prend fait et cause pour eux, accuse les prélats d'Orient d'avoir mal jugé, et en cite quelques-uns à son tribunal. Mais les Orientaux lui répondent par des railleries; les décisions d'un concile assemblé par ses ordres ne sont pas mieux reçues à Constantinople; et les Eusébiens vont jusqu'à prononcer contre lui une sentence de déposition, qui n'a pas plus d'effet que ses propres anathèmes. Le pape Syrice n'est pas plus heureux, en 389, dans sa prétention de terminer le différend d'Évagre et de Flavien, qui se disputaient le siége d'Antioche. L'empereur Théodose adjuge ce siége à celui des deux concurrents que le pape voulait exclure. Soixante ans après, le saint-siége proteste vainement contre le concile de Chalcédoine, qui lui assimile le siége de Constantinople. Le pape Léon Ier n'obtient d'autre satisfaction qu'une lettre du patriarche Anatolius, prétendant que son clergé lui a fait violence. Le voyage du pape Agapet à Constantinople, en 536, son inébranlable fermeté, en présence de Justinien, qu'il force pour ainsi dire à déposer le patriarche Anthime, ne sont que le triomphe momentané d'un vieillard opiniâtre sur la faiblesse d'un dévot. Les patriarches prennent leur revanche; et, malgré l'indignation du pape saint Grégoire, malgré ses lettres à l'empereur, Jean le Jeûneur et Cyriaque, chefs de l'Église de Constantinople, usurpent, dans les dernières années du sixième siècle, le titre d'évêque universel.

Rome ne peut tolérer cet affront. L'infâme Phocas venait d'acquérir le trône d'Orient par un crime, et le même Cyriaque s'était opposé à sa tyrannie; le pape Boniface III profite de la colère de ce misérable, et obtient ce même titre d'évêque universel à l'exclusion du patriarche, se fait proclamer par lui chef de toutes les églises, et assemble vite un concile à Rome pour constater ce triomphe. Mais l'autorité de Phocas ne termine point la querelle. On retrouve en 785 le titre d'universel accolé au nom de l'évêque de Constantinople. Photius s'empare enfin de ce siége, et se joue des légats et des anathèmes de Rome. Condamné par Nicolas Ier, il le dépose lui-même, attaque les dogmes de l'Église latine, et, après avoir lutté contre cinq papes avant d'être chassé lui-même par son empereur, il fait prononcer l'éternelle séparation des deux Églises.

La lutte des papes contre les conciles fut plus longue, et ne fut pas plus heureuse. Elle a été mêlée, à la vérité, de succès et de revers; mais le principe est resté debout. L'Église assemblée est reconnue supérieure à son chef. Quoique les papes aient souvent décidé par eux-mêmes en matière de foi, il est de droit qu'on peut appeler de leurs décisions au futur *concile*, et qu'elles n'ont force de loi qu'avec l'approbation de ces assemblées. On voit les papes se soumettre sans cesse à cette autorité pendant les six ou sept premiers siècles de l'Église. Mais plus tard la contrainte seule peut les amener à cet aveu de leur infériorité. Dans ces premiers siècles, les conciles provinciaux suffisaient même pour régler des articles de foi, pour établir des règlements de discipline, et les papes sont longtemps occupés à les opposer l'un à l'autre, à infirmer leurs décisions, à paralyser les effets de celles qui les contrarient. Il serait trop long de raconter ici les faits innombrables qui se rattachent à cette longue querelle; mais je ne puis omettre qu'à l'exception de la France toutes les provinces du monde catholique ont vu leurs prélats abandonner successivement l'usage de ces assemblées, ou ne les conserver que dans un esprit d'obéissance passive aux volontés de la cour de Rome.

En France, la couronne, le clergé, l'université, les parlements, ont combattu sans relâche pour le maintien de ces mmunités connues sous le nom de *libertés de l'Église gallicane*. Si elles paraissent sommeiller dans la confusion du moyen âge, elles se réveillent en 1397, pendant la démence même de Charles VI, par la déclaration d'un concile national, qui, en se séparant de l'obédience de Benoît XIII, stipule que le roi et l'Église de France ne souffriront plus à l'avenir les empiétements de la cour de Rome sur leurs priviléges. Soixante ans après, la pragmatique de Charles VII leur donne une autorité nouvelle; et si François Ier les sacrifie dans son concordat, si l'ultramontanisme des ligueurs lui substitue le despotisme de la cour de Rome, elles reparaissent, en 1682, avec le grand nom de Bossuet pour égide, escortées des propositions les plus énergiques contre les usurpations du saint-siége.

Revenons sur nos pas; il nous reste à retracer en peu de mots la lutte plus importante que les papes ont provoquée et soutenue contre les puissances temporelles. « Rendez à César ce qui est à César, » avait dit le législateur des chrétiens, et pendant les cinq premiers siècles de l'Église les papes ne laissent percer aucune intention de se soustraire à ce commandement. Leur élection, faite par le peuple et par le clergé, est soumise à l'approbation des empereurs, plus tard aux rois carlovingiens, qui rétablissent l'Empire en Allemagne. Quand les papes ont à punir des évêques, des points de discipline à régler, des procès à vider, c'est aux empereurs qu'ils s'adressent. Valentinien, Valens et Gratien lancent des édits contre l'incontinence et l'avarice des prêtres, et règlent les juridictions ecclésiastiques. Honorius interdit les brigues dans l'élection des papes. Leur soumission est telle, qu'en l'an 483 un simple préfet du prétoire, lieutenant d'Odoacre, fait des lois contre l'aliénation des propriétés de l'Église. C'est ici cependant que la résistance commence. En 467, l'empereur Zénon ne peut obtenir du pape Simplicius la reconnaissance du 28e canon du concile de Chalcédoine, qui donne au siége de Constantinople les mêmes prérogatives qu'à celui de Rome, et en 484 Félix III écrit à ce même Zénon, après avoir condamné le patriarche Acace, qu'il serait plus utile à l'empereur de suivre l'autorité de l'église que de lui vouloir donner la loi. Neuf ans après, l'Empire tombe aux mains débiles du superstitieux Anastase, et le pape Gélase en profite pour établir que deux puissances égales gouvernent le monde, et que l'autorité sacrée des évêques est d'autant plus grande qu'ils doivent rendre compte à Dieu des actions des rois. Gélase reconnaît pourtant dans cette lettre que l'empereur a un souverain pouvoir dans les choses temporelles. Mais la faiblesse d'Anastase encourage les usurpations, et en 502 le pape Symmaque ose dire au même empereur que sa dignité est au-dessous de la dignité du successeur de saint Pierre comme la terre est au-dessous du ciel.

Théodoric soutient avec plus de fermeté l'autorité des princes en nommant lui-même un pape dans la personne de Félix IV, et quand, six ans après, Boniface II veut prendre sa revanche en s'arrogeant le droit de désigner lui-même son successeur au saint-siége, il est forcé de casser son décret et de s'avouer coupable de lèse-majesté. Bélisaire fait plus, il dépose un pape qui ne veut pas céder aux caprices de l'impératrice Théodora; et à la fin du sixième siècle les prétentions temporelles paraissent si bien assoupies dans l'esprit des évêques de Rome que saint Grégoire, l'un des plus grands, respecte l'autorité royale jusque dans les princes hérétiques qui dominent en Italie et dans la personne même du parricide Phocas. Mais ni lui ni ses successeurs ne permettent plus que les empereurs s'immiscent dans les affaires spirituelles. Les papes résistent à l'exercice de cet ancien droit de l'Empire, et souffrent l'exil, la prison et la misère plutôt que de céder. Ainsi, la ligne de démarcation est tracée entre les deux puissances. Mais l'une tend à s'agrandir et l'autre à décroître. En 684, Constantin Pogonat eut la faiblesse d'abandonner le droit de confirmation, et permit aux papes de se faire introniser sans l'attendre.

Ce fut un grand pas de fait; le second fut plus grand encore. En 713 le saint-siége ose pour la première fois lancer l'anathème sur un souverain. Cet anathème tombe, il est vrai, sur l'infâme Bardanes ou Philippique; mais l'usurpation n'en est pas moins évidente, et cet exemple d'un empereur déclaré incapable de régner pour fait d'hérésie sera fécond en désordres, en attentats de toutes espèces. Encore dix ans, et Grégoire II ira plus loin. La dispute sur les images devient si vive entre le pape et l'empereur Léon, leur haine réciproque est si violente que, pour se venger d'un complot dirigé contre sa vie par le monarque, le pape donne en Italie le signal de la révolte contre l'empereur. Il excommunie l'exarque de Ravenne, l'empereur lui-même, et défend de lui payer le tribut. Cet essai lui réussit. La superstition lui soumet déjà les populations de l'Occident. L'intérêt des rois lombards les lui donne pour alliés. Ces rois s'emparent des biens que l'empereur possède en Italie, et en donnent une part aux pontifes. Mais les Lombards sont de fâcheux voisins. Les papes en souffrent, et cherchent un appui hors de l'Italie. Une grande maison s'élevait dans la Gaule sur la ruine des Mérovingiens. L'ambition de cette race nouvelle comprend celle des évêques de Rome, et la seconde. Le pape Étienne III renouvelle le sacre des rois pour affermir la domination de Pepin; et ce monarque court affranchir le pape de la tyrannie des Lombards; il l'enrichit de leurs dépouilles et de celles de l'Empire.

Les évêques de Rome sont enfin au rang des princes terrestres; Charlemagne achève la puissance lombarde, et comme celle des empereurs d'Orient n'existe plus en Italie, le pape, qui était alors Léon III, place la couronne impériale sur la tête du conquérant, pour avoir l'air de lui conférer une dignité dont le nouveau césar a déjà exercé les droits dans Rome même. Léon se prosterne cependant à ses pieds, le reconnaît pour son souverain, lui fait prêter serment par le clergé et par le peuple; et Charlemagne, de retour dans ses États, fait acte d'empereur en convoquant un concile à Aix-la-Chapelle. Mais la race carlovingienne dégénère si vite, et des hommes si adroits, si téméraires, vont se succéder sur la chaire de saint Pierre, que toute la puissance des nouveaux temps passera dans la Rome nouvelle. Charlemagne avait repris le droit de confirmation; les papes le revendiquent, et, en 884, Adrien III ordonne qu'à l'avenir le souverain pontife sera intronisé sans que l'empereur en soit informé. Il fait plus, il prévoit que Charles le Gros mourra sans enfants, et décrète que l'empire sera déféré à un seigneur italien. Ce décret s'exécute, et ne produit que l'anarchie jusqu'à l'avénement d'Othon le Grand, qui va renouveler dans Rome les cérémonies et les donations de Charlemagne. Mais le serment d'obéissance que les papes prononcent ne survit point à la présence du souverain qui l'a reçu; et ce couronnement, que les nouveaux césars recherchent ou acceptent, leur est opposé, au contraire, comme un témoignage d'infériorité.

A partir du dixième siècle, le combat des deux puissances n'est qu'une longue suite de prétentions et de déments, de soumissions et de révoltes. Tout devient sujet de contestation, de dispute, de guerre, entre l'Empire et la papauté; et du milieu de ce désordre, où les papes les plus flétris, les plus odieux, conservent encore sur les masses le prestige de leur puissance spirituelle, sort la grande figure d'Hildebrand, qui assure le triomphe du saint-siége et la toute-puissance de ses anathèmes. Ses successeurs se montrent dignes de lui. La folie des croisades, dont eux seuls peut-être ont aperçu les résultats, leur soumet le bras et la pensée de tous les grands de la terre. Il n'y a plus qu'une puissance réelle en Occident, malgré les violences de l'empereur Henri V contre Pascal II. Les grands pontifes se succèdent pendant deux siècles; l'esprit de Grégoire VII les anime, et le fier Innocent III élève cette puissance à son apogée. Quel beau rôle les papes pouvaient jouer alors! quelle mission sublime ils auraient remplie si, en se proclamant les arbitres des rois, ils s'étaient faits les médiateurs de leurs querelles, les protecteurs des opprimés, l'effroi des oppresseurs, et les promoteurs, les guides éclairés d'une civilisation qui allait poindre et grandir malgré eux et contre eux! Ils la compriment au contraire par la création simultanée d'une foule d'ordres monastiques, milice soumise au saint-siége, qui entretiendra la superstition et l'ignorance, qui propagera l'inquisition et la crainte des anathèmes. Auprès des papes s'élève en même temps un conseil de princes dans la personne des cardinaux, qui, d'usurpation en usurpation, sont arrivés à faire d'un titre insignifiant dans l'origine une des plus hautes dignités du monde. L'élection des papes change de nature. Passé du peuple et des clercs aux évêques et aux seigneurs, le droit d'élire, auquel les cardinaux sont naturellement associés, se concentre bientôt dans leurs mains et dans celles des évêques. Mais, en 1181, les cardinaux procèdent seuls à l'élection de Luce III, et ce privilége qu'ils s'arrogent ne leur est pas même contesté. Un autre changement s'opère dans la forme de la tiare. Ce n'était d'abord qu'une mitre phrygienne, à laquelle le pape Hormisdas avait joint une couronne que Clovis lui avait envoyée, et Innocent III lui-même s'en était contenté. Onze ans après lui, Grégoire IX s'avisa d'en ajouter une seconde, qui fut définitivement adoptée par Boniface VIII, pour faire voir à Philippe le Bel que le pape réunissait les deux puissances, et la troisième y fut enfin appliquée par un caprice de Jean XXII.

Mais cette puissance, si vaste, si élevée, devait avoir, comme toutes les autres, ses époques de décadence, et ce fut pour avoir méconnu l'esprit des temps qu'elle déchut de cette grandeur où l'avait amenée une politique habile et profonde. Rome porta la peine de son inflexibilité, de son avarice; et ses premiers revers lui vinrent de ceux-là même qui avaient le plus contribué à son élévation. Débarrassée par le fer et le feu des albigeois de France et des lolhards d'Allemagne, la puissance pontificale se trouve trop faible contre l'esprit d'examen, protégé par la puissance séculière et par l'instruction des peuples. En 1324, sous le patronage de l'empereur Louis de Bavière, les docteurs Marsile de Padoue et Jean de Gand attaquent l'autorité des papes comme le fruit d'une longue suite d'usurpations, mettent à nu les vices de la cour de Rome, et leur impunité est déjà pour cette cour un témoignage de décadence. Cinquante ans après, Wiclef défend en Angleterre la cause des rois contre le saint-siége, et renouvelle le plaidoyer de Marsile avec l'approbation du roi Édouard III et des grands de son royaume. Ces attaques sont partout produites par l'énormité des tributs que lève à divers titres la cour pontificale. C'est contre les annates et les décimes que fulmine notre Juvénal des Ursins, au milieu d'un concile, pendant que la Bohême est agitée par les prédications de Jean Hus et de Jérôme de Prague. Le grand schisme d'Occident prête une nouvelle force à ces accusations. Les divers prétendants à la papauté se rejettent l'un à l'autre ces mêmes crimes que leur reprochent leurs ennemis communs. Le concile de Constance brûle Jean Hus; mais le feu ne dévore pas ses paroles. Elles germent cent ans dans l'esprit des peuples, et Luther les trouve tout prêts pour le démembrement de la puissance papale. Telle est la facilité de ces divorces qu'après avoir acquis le titre de *défenseur de la foi* en réfutant les écrits de Luther, Henri VIII se sépare à son tour de l'Église romaine, et se fait le chef d'une Église nationale. Calvin enlève à Rome une partie de la population française. Les papes lancent leurs anathèmes; les rois se divisent; le plus grand nombre défend le saint-siége; des supplices, des atrocités signalent ses vengeances; mais la réforme reste.

Le clergé de France, qui l'a combattue avec le plus de ferveur, se laisse entraîner lui-même à ce déchaînement contre la tyrannie des papes. En 1682, il lance dans le monde chrétien quatre propositions qui résument ces longues querelles. « Le concile général, dit-il, est au-dessus des papes; ni l'Église ni le pape n'ont aucun pouvoir sur le temporel des rois; Rome ne peut pas plus les déposer que délier les peuples de leurs serments; la puissance des papes doit être limitée par les canons; ils ne doivent rien faire de contraire aux maximes établies par les conciles, dont le consentement seul peut rendre authentiques les décisions du saint-siége; le pape enfin n'est infaillible qu'à la tête de l'Église assemblée. » Rome n'a plus de force que pour protester contre ces sentences; elle est impuissante à châtier leurs auteurs. Bientôt la philosophie du dix-huitième siècle impose aux deux partis une tolérance qui gagne les pontifes eux-mêmes. Les maximes du clergé de France deviennent la loi du catholicisme, et les papes doivent peut-être à cette tolérance universelle la conservation de tout ce qu'ils ont pu sauver de leur ancienne puissance.

[VIENNET, de l'Académie Française.]

PAPE (États du). *Voyez* ÉGLISE (États de l').

PAPEBROEK (DANIEL), l'un des principaux collaborateurs de la collection des Bollandistes, né à Anvers, en 1628, étudia à Douai, et entra dans la Société de Jésus dès l'âge de dix-huit ans. Engagé pour travailler à l'immense entreprise de la publication des *Acta Sanctorum*, il fut envoyé en Italie, en 1660, pour y passer quelques années à l'effet d'y recueillir les matériaux nécessaires. Il mourut aveugle, le 28 juin 1714.

Papebroek eut à soutenir contre l'ordre des Carmes une dispute des plus divertissantes, parce qu'il prétendit que l'origine de cet ordre ne remontait pas au-delà du douzième siècle. Les carmes s'en vengèrent en démontrant qu'il avait avancé deux mille propositions hérétiques dans les *Acta Sanctorum*. A Rome, on se contenta de condamner sa Chronologie des Papes; mais l'inquisition d'Espagne fit brûler solennellement les quatorze volumes déjà publiés des *Acta*, et contraignit par là Papebroek à composer pour sa défense un ouvrage plein d'érudition (3 vol., 1690). Le pape Innocent XII imposa silence aux deux parties, sous peine d'excommunication; mais l'avantage resta à Papebroek, qui avait réussi à couvrir les carmes de ridicule.

PAPEGAI, ROI DU PAPEGAY. *Papegai* est le nom italien du perroquet. C'est un oiseau en bois, représentant un perroquet, qui servait de but, dans les exercices à la cible, dans le tir à l'arbalète. En France aussi, le but était représenté par un oiseau en carton ou en bois, garni de plaques de fer, et peint en vert: les bourgeois, dès le commencement du quatorzième siècle, s'essayaient sur cette cible à l'exercice à l'arc, à l'arbalète et à l'arquebuse: le vainqueur prenait le titre de *roi du Papegay*, et avait droit à l'affranchissement des tailles, aides, dons, emprunts, quêtes, arrière-quêtes, gardes de portes, et de tous autres subsides personnels; celui qui abattait trois fois le papegai avait attribution de noblesse héréditaire, avec place et rang aux états. Toutes les villes importantes avaient leurs *compagnies du papegai*. Les bourgeois les composaient presque exclusivement; mais la noblesse ne dédaignait point d'en faire partie. Les *chevaliers du papegai* s'exerçaient chaque premier dimanche du mois; mais ils ne célébraient leur fête qu'une fois par an.

PAPÉITI. *Voyez* OTAÏTI.

PAPES (Élection des). *Voyez* CONCLAVE.

PAPETERIE. On appelle ainsi l'art de fabriquer le papier, l'établissement où on le fabrique, le commerce du papier en général; la maison ou la boutique d'un marchand de papier en gros ou en détail; enfin, un petit meuble, une boite contenant du papier et ce qui est nécessaire pour écrire

PAPETY (DOMINIQUE), jeune peintre de l'école moderne à qui la mort n'a pas laissé le temps d'achever son œuvre. Un tableau exposé au salon de 1843, *Le Rêve du bonheur*, avait suffi pour appeler sur Papety l'attention de la critique et des gens du monde. Élève de M. Ingres, le jeune artiste arrivait alors de Rome, où il venait d'achever ses études à la villa Médicis. *Le Rêve du bonheur*, envoyé à l'École des Beaux-Arts, puis au Louvre, fut son début officiel. C'était une œuvre étrange, pleine de défauts, mais pleine aussi de talent. Papety avait lu Fourrier, il avait été séduit par sa poésie, il était devenu *phalanstérien*. Dans cette vaste composition, il avait voulu donner une sorte d'image anticipée du bonheur que l'humanité est appelée à goûter. Des détails heureux, des têtes charmantes recommandaient cette œuvre originale. Papety exposa ensuite la *Tentation de saint Hilarion* (1844); le *Siége de Ptolémaïs* (Versailles), et *Memphis* (1845); *Consolatrix afflictorum*, *Solon dictant ses lois*, le *Portrait de M. Vivenel* (1846); le *Récit de Télémaque*, *Le Passé, le Présent et l'Avenir*, les *Moines décorant une chapelle* (1847), et le *Portrait de Coletti* (1848). Après la révolution de 1848, il concourut pour la figure de la République: son esquisse alla décorer une salle de la mairie des Batignolles. Papety s'était longtemps occupé d'archéologie: l'art antique d'abord, et ensuite l'art byzantin le séduisirent; et dans les voyages qu'il fit en Grèce et en Orient, il recueillit des notes précieuses ainsi que des dessins du plus haut intérêt. Il a lui-même écrit dans la *Revue des Deux Mondes* le récit de son excursion au mont Athos, et il nous a initiés à la vie des moines qui habitent les couvents de ces montagnes, hommes singuliers, artistes encore naïfs qui ont gardé intactes et pures les traditions des maîtres byzantins. Parmi les dessins rapportés par Papety, il faut citer les copies des fresques de Pansélinas au couvent d'Aghia-Lavra; les armures des seigneurs français trouvées à Chalkis; le bas-relief peint découvert à Marathon, et la reproduction d'une statue troyenne du musée de Dresde. A la vente qui eut lieu après sa mort, des milliers d'aquarelles et de dessins furent dispersés, au grand dommage de l'érudition archéologique qui aurait pu puiser dans les portefeuilles de Papety des renseignements d'une haute valeur. Lui-même il se proposait de mettre en œuvre ces éléments épars et de nous raconter l'histoire de l'art byzantin. Le temps lui a manqué : il avait rapporté de son voyage en Morée les germes d'une fièvre qui devait l'enlever. Dominique Papety est mort à Marseille, en 1849. Il devait être âgé de trente-six ou trente-sept ans.

PAPHLAGONIE, contrée passablement montagneuse et sauvage de l'Asie Mineure, ayant pour capitale *Sinope*, était bornée à l'est par l'Halys, à l'ouest par le Parthénius, au nord par la mer et au sud par la Phrygie. Mais ces limites subirent de nombreuses modifications, en raison des multiples changements de domination auxquels cette contrée fut exposée. Crésus commença par la réunir au royaume de Lydie; plus tard Cyrus la comprit dans l'empire des Perses. Après la mort d'Alexandre le Grand, elle passa avec la Cappadoce sous les lois d'Eumène, puis, lors de la formation du royaume de Pont, elle y fut en grande partie réunie. Érigée en province par les Romains, sous le nom de *Galatie*, au premier siècle de l'ère chrétienne, elle conserva cette dénomination jusqu'au quatrième siècle, sous le règne de Constantin, époque où elle reprit son nom primitif de *Paphlagonie*, quoique son territoire eût été de beaucoup diminué. Dans l'antiquité, les habitants de la Paphlagonie passaient pour être généralement fort mal partagés sous le rapport des dons de l'intelligence, et pour avoir des mœurs rudes et grossières; aussi Aristophane, quand il veut caractériser le démagogue Cléon comme un *blagueur*, l'appelle-t-il *Paphlagonien*, épithète proverbiale qui équivalait à celle d'homme nul et bavard.

PAPHOS ou PAPHUS (aujourd'hui *Baffa*), ville fameuse chez les anciens et les poëtes, qui y firent aborder Vénus Anadyomène, c'est-à-dire sortant des ondes. Elle était située dans l'île de Cypre (aujourd'hui Chypre), à son extrémité occidentale, au fond d'une petite anse. Celle-ci était la *Palæa Paphos*, l'ancienne Paphos, bâtie dans les terres. La *Nea Paphos*, la nouvelle Paphos, fut élevée sur le rivage de la mer, à soixante stades de la première. Palæa Paphos était exclusivement consacrée à Vénus : c'était là qu'était remisé son char, c'était là que paissaient ses cygnes et ses colombes. Cette déesse y avait un temple magnifique, dont le fondateur fut ce fameux Cyniras père de l'incestueuse Myrrha, la mère d'Adonis; d'autres veulent que ce soit Aerias, d'autres Agapenor, chef des Arcadiens à la guerre de Troie. Là, sur cent autels, fumait nuit et jour l'encens le plus pur. Le sang des animaux ne les rougissait pas: on les offrait vivants, et de préférence les mâles. La déesse de la vie avait horreur de la destruction. Le jour douteux de son temple, favorable aux amoureux larcins, voilait à demi les transports des amants et le feu du désir qui brûlait aux joues des jeunes filles; on n'y entendait que des hymnes de volupté et de tendresse, entre-coupés du broit des baisers. Tout était délicieux, l'air, les parfums et le climat, dans cette île, lieu tempéré où finit l'Europe et commence l'Asie. Les noms de ses villes étaient à eux seuls une musique. Les lèvres s'entr'ouvraient mollement en prononçant ceux de *Paphos*, d'*Amathonte* et d'*Idalie*, deux autres villes de Cypre également chères à la fille de l'onde, comme l'appelle Anacréon. La nouvelle Paphos eut aussi des temples, des autels et des fêtes en l'honneur de la déesse de la fécondité. Mais tous ces nuages profanes d'encens se dissipèrent à jamais devant les mystères terribles de la religion du Christ. Saint Paul frappa d'aveuglement dans la nouvelle Paphos le juif Élymas, et y convertit le proconsul romain Sergius Paulus. Dès lors Vénus rentra pour ne plus reparaître dans le sein des eaux, d'où les poëtes l'avaient fait sortir. Nea Paphos, à demi renversée par un tremblement de terre, et réparée par Auguste, perdit à cette époque son nom, pour prendre celui d'*Augusta*.

La grande prêtrise du temple de Vénus, qui avait un oracle, était d'une telle importance qu'au rapport de Plutarque, Caton crut dédommager Ptolémée, auquel il demandait la cession de l'île de Cypre en faveur des Romains, en lui offrant en compensation la dignité de grand-prêtre du temple de Vénus-Paphienne. Outre toutes les richesses des métaux et des couleurs qui étincelaient dans ce temple célèbre, la peinture et la sculpture en avaient fait un musée ravissant. Les plus fameux artistes avaient à l'envi décoré des fruits immortels de leur génie le marbre précieux de ses murailles, où le ciseau avait épuisé toutes les fleurs de l'architecture, universel et solennel hommage rendu à la déesse de la vie.

DENNE-BARON.

PAPIAS, grammairien du onzième siècle, est l'auteur d'un *Vocabularium Latinum* qui a été imprimé pour la première fois à Milan, in-folio, en 1476. Deux autres éditions de ce vocabulaire ont été publiées à Venise, en 1491 et 1496. Ces trois éditions sont fort rares.

PAPIER. C'est sur des feuilles de palmier que les anciens ont d'abord écrit, au rapport de Pline. On se servit ensuite d'écorce d'arbres d'où vint le mot *liber;* puis on fabriqua des tablettes enduites d'une légère couche de cire, sur laquelle on écrivait avec une forte plume de fer ou un poinçon, pointu par un bout, et plat de l'autre pour effacer les caractères. On en vint ensuite à faire des feuilles propres à écrire, et d'un travail plus parfait, avec l'écorce d'un roseau nommé *papyrus*, d'où est venu le mot *papier*. On n'eut pas d'autre papier que le papyrus en France et en Allemagne jusqu'aux cinquième et sixième siècles. On connut alors le papier d'écorce, fait avec les pellicules de l'écorce d'érable, de platane, de hêtre et d'orme, dont on fit usage jusqu'au onzième siècle. L'invasion de l'Orient par les Arabes obligea durant les deux siècles suivants les peuples du nord de l'Europe à se servir de parchemin; puis on revint ensuite au papyrus, dont on se servait encore au onzième et au douzième siècle. Au dixième siècle, on vit apparaître le papier improprement appelé *papier de coton*; c'était plutôt, ainsi que l'indiquait son nom latin, *charta bombycina*, du papier fait avec de la bourre de soie; enfin, au treizième siècle commença la préparation du *papier de chiffons*, dont on ne connaît pas l'inventeur, quoiqu'on sache à peu près l'époque de l'établissement des papeteries en Europe. Cette invention a été réclamée par des Allemands, des Italiens et des Grecs, réfugiés à Bâle, qui en conçurent l'idée d'après la manière de faire chez eux le papier de coton, qui dès le huitième siècle selon les uns, le onzième selon les autres, remplaça le papyrus chez les Orientaux. La Chine, le Japon connaissaient déjà alors, depuis bien des siècles, l'usage du papier; et dès avant l'ère chrétienne les Japonais en fabriquaient avec de l'écorce de murier, du chanvre, du bambou, de la paille de riz, du coton. Il est probable que les Arabes, aux époques dont nous parlons, auront pris des Tatares, qui le tenaient eux-mêmes des Chinois, le papier de coton. C'est, suppose-t-on, en Espagne, au douzième siècle, que l'on commença à faire du papier de chiffons, dont l'usage ne devint général en Europe qu'au treizième siècle. Les papeteries ne s'établirent guère même en France que vers 1340, sous Philippe de Valois. La première manufacture établie en Angleterre, à Gertford, date de 1588.

On peut fabriquer du papier avec une multitude de substances ligneuses; on fabrique avec assez d'avantage du papier pour l'emballage dans la pâte duquel il n'entre que de la paille. Mais les seules substances qui puissent servir à la confection des papiers blancs pour l'écriture et l'impression sont les chiffons de lin, de chanvre et de coton.

Suivons donc ces substances dans le cours des nombreuses opérations qu'elles ont à subir pour passer à l'état de papier, opérations qu'ont rendues très-rapides les moyens dont la mécanique nous a dotés à la fin du siècle dernier. Autrefois, le chiffon était abandonné à lui-même, en masses plus ou moins volumineuses, dans une cave, dans un magasin par bas, sur un sol dallé, entretenu à l'état d'humidité par de fréquents arrosements; cette opération a été remplacée par celle qu'on appelle aujourd'hui le *délissage*. Il s'échauffait fortement, et développait une odeur putride par la décomposition des matières étrangères qu'il renfermait : c'est ce qu'on appelait *pourrir*.

Les marchands qui alimentent les papeteries envoient souvent leurs chiffons tout lavés; mais quand il n'en est pas ainsi, on commence par les laver dans les fabriques. Puis, des femmes, qu'on appelle *chiffonnières*, ou des enfants procèdent à une première opération, le *délissage*; elles prennent un à un les chiffons, les posent sur des établis dont l'intérieur est grillagé en fer, afin de donner passage à la poussière et aux corps étrangers, et, au moyen de serpes fixées perpendiculairement sur les établis, les coupent en morceaux de cinq centimètres sur dix, après en avoir retiré les boutons, les ourlets, les coutures, etc. Le *triage* se fait ensuite en répartissant dans les divers compartiments d'une caisse placée devant les chiffonnières, chaque espèce de chiffons. Les chiffons sont ensuite coupés par morceaux plus petits, soit par deux faux placées horizontalement, soit par un petit laminoir appelé *coupeuse*. La matière qui va bientôt se convertir en papier est alors soumise au *lessivage*, dans une cuve ou pile en bois ou en pierre, ou dans une vaste chaudière de cuivre contenant des alcalis, de la chaux, du carbonate de soude, fermée par un couvercle à sa partie supérieure, et ayant dans sa partie inférieure un récipient à claire-voie : on fait bouillir les chiffons au moyen d'un courant de vapeur; la lessive, chauffée dans une bouilleuse en fer battu, les traverse, se condense dans le double fond, se transforme de nouveau en vapeur et revient encore. Cette opération, qui ne s'applique guère qu'aux chiffons de couleur et à ceux de grosse toile, ou *bulles*, enlève les matières grasses, huileuses ou acides qu'ils peuvent contenir. Le *défilage* vient immédiatement après; cette opération, qui réduit le chiffon en pâte, se faisait autrefois à l'aide de maillets garnis de lames de fer, et qui, mus par un arbre commun, battaient tour à tour les chiffons humectés dans une auge à fond garni de fer. Aujourd'hui, le *défilage* se fait presque partout dans une grande cuve de forme ovale, en bois ou en fonte, appelée *pile*, contenant une platine et un cylindre armés l'un et l'autre de lames de fer ou de bronze. Ces dernières sont préférables. Le cylindre, dont le mouvement de rotation est de 250 à 280 tours à la minute, force les chiffons placés dans la cuve, dans un certaine quantité d'eau, à passer entre ses lames et celles de la platine, et ils y sont broyés, en même temps que lavés à grande eau. Quand le défilage est à point, on ouvre une soupape placée au fond de la cuve, et les chiffons descendent sous des presses garnies de toile métallique qui laissent sortir l'eau seulement. La pile ou cuve rend en une heure et demie une pâte très-tendre; une pâte bien allongée y exigera quatre heures de trituration.

Le *blanchiment*, qui vient ensuite, se fait en empilant les chiffons défilés dans des armoires en pierres ou en briques, dans de grandes caisses doublées en bois ou en plomb, où l'on fait dégager du chlore à l'état gazeux, après les avoir hermétiquement fermées; on blanchit aussi au *chlorure de chaux*, dans des tonnes sans couvercle, au milieu desquelles se trouve un agitateur. La pâte une fois blanchie doit enfin être soumise à un nouveau *lavage*, dans une pile à étuver, et au *raffinage*, dans une pile appelée *raffineuse*, et organisée à peu près comme la défileuse : le *raffinage* consiste à mélanger diverses sortes de pâtes, suivant la qualité du papier que l'on veut fabriquer. Si l'on veut que le papier soit collé, l'on doit placer dans la cuve du cylindre raffineur la quantité voulue de colle végétale, composée de résine dissoute dans du sel de soude et mélangé dans de la fécule et de l'alun, le collage à la colle animale se faisant, non pas dans la pile, mais sur la machine même. Si l'on veut azurer le papier, l'on doit également placer dans la pile la quantité nécessaire d'outremer ou de bleu de Prusse.

Après ces opérations, la pâte descend dans des cuves ou cuviers d'où elle sort pour se transformer en feuilles de papier, ou en feuilles continues, suivant la machine employée. Dans le procédé de fabrication de papier à la cuve, l'ouvrier prenait des formes, dont la dimension était combinée selon le format voulu un châssis de bois dont le fond était garni de toile métallique faisant l'effet d'un tamis. La pâte était étendue dans cette forme, par un mouvement oscillatoire; on la posait dans une position horizontale; on la prenait après pour la laisser égoutter quelques instants; on en retirait ensuite la feuille de papier en la posant sur un feutre; puis on pressait une certaine quantité de feuilles ainsi recouvertes, et l'eau encore contenue par le papier étant expulsée par cette dernière opération, on assemblait ces feuilles par mains de 25, par rames de 20 mains ou 500 feuilles. Longtemps l'on a prétendu que les papiers de cuve étaient préférables aux papiers obtenus à la mécanique; c'est là une prévention que l'expérience a dissipée.

C'est en France, en 1789, qu'ont été découverts les procédés mécaniques pour la fabrication du papier; un employé de la papeterie d'Essonne, Louis Robert, prit un brevet de quinze ans, et reçut du gouvernement un encouragement pécuniaire. M. Didot Saint-Léger, propriétaire de cette papeterie, acheta ce brevet; il se rendit en Angleterre pour perfectionner et mettre en œuvre sa découverte; grâce au concours de plusieurs fabricants de papier anglais, et après bien des dépenses de temps et d'argent, la machine projetée put enfin fonctionner. En 1814, M. Didot Saint-Léger fit construire par M. Calla, et établit à l'usine de Sorel, près Anet, la machine à fabriquer le papier continu. Les mécaniciens français ont depuis largement perfectionné ces machines, qui luttent victorieusement contre les machines anglaises du même genre. Le nombre des papeteries en France est maintenant d'environ deux cent cinquante.

Le mot *papier* est susceptible d'autant plus de variations que la chose qu'il représente peut elle-même servir à un plus grand nombre d'usages : ainsi, *papier* s'emploie pour ce qui est écrit, par opposition à la même chose débitée verbalement, comme quand on dit : *Ce discours a semblé beau à la tribune, mais il n'en a plus été de même sur le papier;* ou bien : *Ce projet est fort beau sur le papier*, pour dire qu'une chose est belle en théorie, mais que la pratique en est difficile, dangereuse, ou même inexécutable. On emploie souvent *papiers* (et il se met alors au pluriel) pour désigner l'écriture, ou plutôt les sujets manuscrits qui s'y trouvent traités : ainsi, l'on dira : *Newton a laissé en mourant des papiers contenant d'importantes découvertes. Papiers*, au pluriel, signifie aussi journaux ou gazettes, qu'on nomme aussi *papiers publics* ou *papiers-nouvelles*, et qui donnent chaque matin ou chaque soir des nouvelles de toutes natures. *Avez-vous lu les papiers ce matin?* Ce mot a vieilli dans cette acception. Il se dit encore au pluriel du passe-port, du livret et des divers actes certifiant la qualité, la profession, l'état civil d'une personne : *Ce voyageur n'a point de papiers.* Les papiers d'un navire, c'est son rôle d'équipage, sa commission, ses patentes de santé, ses connaissements de cargaison, etc. Le capitaine les réunit dans une boîte imperméable, afin de les transporter facilement et sans danger lorsque la nécessité l'exige. Des lettres de change, des billets payables au porteur et autres effets de cette nature, représentant de l'argent comptant, se désignent aussi par le nom de *papiers : être payé en papier; le papier de ce négociant perd tant sur la place. Papier* s'emploie aussi pour exprimer toutes sortes de titres, documents, mémoires et autres écritures : *Les papiers d'une succession; Perdre un papier important; Inventorier des papiers*, etc.

Les *papiers terriers* ou *censiers* désignaient autrefois des registres contenant le dénombrement de toutes les terres, les reconnaissances faites par les vassaux et tenanciers des droits et redevances qu'ils devaient aux seigneurs.

Papier désigne en général des papiers de toutes sortes qui ne servent ni à l'écriture ni à l'impression, ni à aucun des usages indiqués ci-dessus, mais à un grand nombre d'autres, comme le *papier* à envelopper, le *papier* à filtrer, etc.

En matière de droit civil, la loi a décidé que les registres et *papiers domestiques* ne sont point un titre pour celui qui les a écrits; ils font foi contre lui quand ils énoncent formellement un payement reçu, ou quand ils contiennent la mention expresse que la note a été faite pour suppléer le défaut de titre en faveur de celui au profit duquel ils énoncent une obligation. Les *papiers domestiques* font encore foi au profit de la femme ou de ses héritiers contre le mari, de la consistance et de la valeur du mobilier à elle échu par succession pendant le mariage, dont celui-ci aurait négligé de faire l'inventaire (C. C., art. 1331 et 1413).

Le mot *papier* entre dans un grand nombre de locutions proverbiales et figurées : *Barbouiller, gâter du papier*, s'entend de l'acte d'écrire des choses inutiles ou ridicules. *Le papier souffre tout* veut dire qu'il ne faut pas conclure qu'une chose soit vraie parce qu'elle est écrite.

Être bien ou mal dans les papiers de quelqu'un signifie être bien ou mal dans son esprit. *Rayez* ou *ôtez cela de vos papiers* veut dire, Ne comptez pas là-dessus. *Réglé comme un papier de musique* se dit de quelqu'un très-rangé dans ses habitudes. *Papier volant* se dit d'une feuille détachée sur laquelle on a écrit quelque chose. *Être écrit sur le papier ou sur le livre rouge* se disait autrefois de quelqu'un qui avait offensé une personne puissante, laquelle n'attendait que le moment de se venger. Ce proverbe venait de ce qu'il y avait au greffe du parlement un livre couvert de basane rouge, dans lequel on enregistrait les défauts, et, si on ne se présentait dans trois jours, on perdait sa cause avec dépens.

PAPIER BULLE. *Voyez* Bulle.

PAPIER DE CHINE. On en fait, dans le pays, remonter l'origine à plus de deux mille ans. Chaque province de la Chine a le sien. Celui de la province de Hu-Quang se fait avec la peau intérieure de l'écorce de l'arbre nommé *cha* ou *kochu;* celui de Fokien est fait de jeune bambou, celui de Se-Chewen de chanvre, celui de Chekiang de paille de blé ou de riz, celui de Kian-Nam d'une peau qu'on trouve dans les coques de vers à soie, et celui des provinces septentrionales d'écorce de mûrier. Ces papiers sont extrêmement doux et soyeux, mais moins blancs que ceux d'Europe, beaucoup plus minces et cassants; la ténacité de leurs filaments les rend plus convenables pour la gravure que nos papiers de chiffons : on reconnaît le papier de Chine en ce que, lisse d'un côté, il porte de l'autre l'empreinte de la brosse avec laquelle on l'étend sur des tables ou des murs lisses pour le faire sécher. C'est de bambou qu'est fait celui qu'on emploie pour la gravure : il a 1 m. 33 de long, sur 66 c. de large. Quoiqu'on fabrique du papier de soie à la Chine, c'est à Samarcande, dans la grande Tatarie, que se fait le plus beau de cette espèce que fournisse l'Asie. C'est avec l'écorce du *morus papyrifera sativa* que se fait le papier du Japon, qu'on nomme *kaadsi* dans le pays.

H. Gaultier de Claubry.

PAPIER DE SÛRETÉ. Les faussaires, au moyen du chlore, font souvent disparaître du papier ce qui y a été écrit pour y écrire ce qui n'y était pas. Pour éviter ces altérations, très-difficiles à reconnaître, on a souvent essayé de faire des papiers inaltérables par les agents chimiques, ou laissant la trace des altérations qu'ils auraient subies, et qu'on appelait *papiers de sûreté*. Toutes ces tentatives n'ont pas jusque ici donné des résultats parfaitement satisfaisants.

PAPIER FOSSILE. On nomme ainsi le tissu de l'asbeste, quand il est très-mince et comme papyracé.

PAPIER GÉLATINE. C'est un papier transparent, formé par une couche très-mince de gélatine; il sert à prendre des calques, et remplace avantageusement le papier huilé.

PAPIER GLACE. *Voyez* Calque.

PAPIER LINGE, inventé par M. Élie Montgolfier pour remplacer les nappes, les serviettes, etc. Les premiers essais de ce papier, qui ressemblait beaucoup à celui des Japonnais, présageaient un succès qui ne s'est point réalisé. Une nappe en papier linge devait coûter cinq sous; on l'aurait reprise à moitié prix.

PAPIER MÂCHÉ. On appelle ainsi une pâte composée de carton broyé, de craie, de plâtre, de chaux, dont on se sert en tabletterie pour faire des boîtes, des tabatières, etc. Le *papier mâché* n'a point la solidité des matières qu'il simule par la coloration qu'on lui donne; de là est venue cette expression : *Figure de papier mâché*, pour spécifier que la figure d'une personne est fatiguée, blême, et annonce un manque de force et de santé.

PAPIER MAROQUINÉ. Il a été inventé par les Allemands, et perfectionné ensuite en France, au commencement de notre siècle. C'est un papier coloré en rouge, et qui, par l'effet de la pression mécanique exercée sur lui, simule complétement le maroquin; il est employé par les relieurs dans le cartonnage.

PAPIER-MONNAIE. On nomme ainsi des titres auxquels un acte du gouvernement confère la qualité de monnaie. On a établi une différence entre le *papier-monnaie* et la *monnaie de papier*. « Celle-ci, dit M. Courcelle Seneuil, naît des contrats, celui-là est une création du pouvoir politique. Les promesses qui constituent la monnaie de papier sont échangeables contre espèces à la demande du porteur; le porteur de papier-monnaie n'a droit à aucun échange contre espèces. La monnaie de papier est librement acceptée ou refusée dans les payements; le papier-monnaie, au contraire, a cours forcé et ne peut être légalement refusé. » Quand un gouvernement est à bout de ressources, quand le numéraire lui manque, il donne cours forcé à des billets qui prennent ainsi la valeur de l'or et de l'argent. Dès lors ces effets peuvent servir à l'acquit des contributions, à la libération des débiteurs, qualités que ne possèdent pas d'une manière absolue les effets publics en temps ordinaire. A l'intérieur, le papier pourrait prendre la place de la monnaie métallique sans inconvénient peut-être, si la confiance dans le gouvernement était assez grande et si la contrefaçon des billets n'était pas trop facile et trop tentante; mais au dehors le papier perdant son cours forcé, on ne peut s'en servir pour des achats considérables, et dès lors à la moindre disette le numéraire métallique augmente prodigieusement de prix. De là des variations fréquentes et considérables dans la valeur du papier-monnaie. Et puis les gouvernements sont toujours portés à abuser d'un pareil pouvoir et à exagérer l'émission d'une monnaie qui leur coûte si peu. En France, au temps de Law, en Angleterre sous l'acte de restriction, au Brésil et à Buenos-Ayres de nos jours, on a substitué le papier à cours forcé à une circulation fiduciaire. Par les assignats chez nous, par le papier continental aux États-Unis, on a tenté le monnayage de la terre elle-même. Enfin, le gouvernement autrichien a employé concurremment toutes les combinaisons connues et épuisé toutes les variétés de papier-monnaie. « Le papier-monnaie, dit M. Courcelle Seneuil, a été employé dans les divers États de l'Europe pendant des périodes plus ou moins longues, et si l'on peut ainsi parler, à doses différentes. En France, en 1848, le décret qui a donné cours forcé aux billets de banque a créé un papier-monnaie inoffensif dont l'État n'a fait aucun usage. En Angleterre, le papier-monnaie créé par l'*acte de restriction*, en 1797, a été employé avec modération et utilité. » Selon le même auteur, la dépréciation officiellement reconnue est allée jusqu'à 400 pour 100 en Russie; jusqu'à 1,200 pour 100 en Autriche; jusqu'à la démonétisation en France et aux États-Unis. On sait quels malheurs ont suivi la création des assignats, quelle rapide dépréciation ils éprouvèrent dès leur origine, quels troubles ils apportèrent dans les transactions. Les mandats territoriaux créés plus tard par le Directoire pour remplacer les assignats ne produisirent point des effets plus heureux, et cette double expérience a pour longtemps dégoûté les nations modernes de tout essai de ce genre. Si jamais la monnaie de papier remplace la monnaie de métal, ce progrès sera le fruit lent, mais naturel, de l'affermissement de la paix générale et de l'extension du crédit qui en serait l'effet : jamais il n'appartiendra à l'autorité d'un gouvernement de le réaliser.

On est devenu très-facile en Allemagne sur la création de la monnaie de papier. Tandis qu'en France la fabrication des billets est le privilége presque exclusif de la Banque nationale et que les lois accordent à peine une émission de 100 millions à tous les autres établissements réunis; tandis que l'Angleterre défendait en 1844 l'émission de banknotes aux banques nouvelles et ne l'accordait aux anciennes que jusqu'au montant moyen de leur circulation dans les deux années précédentes; tandis que le retrait des billets émis par la Société générale et par la Banque de Belgique fut une des stipulations de la création de la Banque nationale fondée à Bruxelles en 1850; en un mot, tandis que la fabrication et la mise en circulation de la monnaie de papier sont ailleurs réservées plus ou moins exclusivement à un seul et grand établissement, on semble en Allemagne les regarder comme une partie intégrante et essentielle de tout établissement de crédit. Des caisses de chemins de fer possèdent même cet avantage. Le papier-monnaie de la caisse du chemin de fer de Kœthen-Bernbourg jouit de plus du cours forcé. Cette facilité dans l'autorisation d'émettre du papier-monnaie pourrait avoir son contre-poids dans une garantie de sa valeur. On connait les lois qui dans des moments difficiles avaient limité le maximum de l'émission des billets de banque; on sait que la banque d'Angleterre ne peut émettre sans posséder la valeur métallique en caisse un seul billet au delà de 14 millions de livres sterling, équivalent de la dette de l'État envers elle. La banque nationale de Belgique doit avoir son encaisse métallique du tiers au moins de sa circulation. « Pour les banques allemanes, dit M. Horn, à qui nous empruntons ces détails, ce tiers est le maximum de garantie; il est érigé dans les statuts de la banque de Prusse, du *Kassenverein* de Berlin, de la banque locale de Breslau, de la banque poméranoise, des banques de Chemnitz, de l'Oberlausitz, de Rostock, de Francfort. La banque de Leipzig est, si nous ne nous trompons, la seule où le maximum soit dépassé; ses statuts n'admettent la circulation que dans le rapport de 3,2 avec l'encaisse. Par contre, la banque de Brunswick atteint le rapport de 4,1, la banque de Hanovre va jusqu'à 5,1, la banque de Wiesbaden n'a besoin que d'un encaisse *correspondant;* et pour un très-grand nombre d'émissions de papier-monnaie, parmi lesquelles se trouve entre autres l'émission du chemin de fer de Dresde à Leipzig, les statuts se taisent tout à fait sur la garantie à offrir au public. »

On se rappelle encore les discussions qui eurent lieu dans nos assemblées pour obtenir les petites coupures des billets de banque. On n'osait pas descendre au delà des coupures de 200 fr. et de 100 fr. Quelques banques de province seulement purent faire des billets de 50 fr., qui sont aujourd'hui retirés de la circulation. La banque d'Angleterre n'en émet jamais de moins de 5 livres sterling (125 fr.;). La Banque nationale de Belgique excitait des craintes en émettant des coupures de 50 et de 20 fr. Cependant la Société générale avait émis jusqu'à des billets de 5 fr. La banque de Vienne depuis 1848 ne fabrique qu'exceptionnellement et passagèrement des billets de 1 et 2 florins (2 fr. 50 et 5 fr.); dans les temps ordinaires le minimum de ses coupures est de 5 florins (12 fr. 50 c.). Dans le reste de l'Allemagne l'émission porte surtout sur les billets de 1, 2 et 5 thalers (3 fr. 75, 7 fr. 50 et 18 fr 75), dans le nord; de 1, 2 et 5 florins (2 fr. 33 c., 6 fr. 66 c., 11 fr. 66), dans le sud. Ces coupures et leurs dénominations étant les mêmes dans les grands et les petits États, il s'ensuit que leur circulation se répand facilement d'un pays dans l'autre. Les petits États ont tout intérêt à pousser la fabrication du papier-monnaie à ses dernières limites. « Il arrive alors, dit M. Horn, le singulier phénomène que voici : tandis que la circulation fiduciaire ne s'élève dans les trois royaumes de Hanovre, de Bavière, de Prusse, que respectivement à 40 centimes, à 3 fr. 60 c., à 12 fr. 10 c. par tête, elle arrive au décuple et plus dans les États de quelques kilomètres d'étendue et de quelques centaines de mille habitants : à 52 fr. 90 centimes dans la Saxe-Weimar; à 115 fr. 10 c. dans Anhalt-Kœthen; à 208 fr. 90 c. sur le territoire de Francfort. D'autre part, le total de la circulation en banknotes de diverses sortes ne s'élevait pas au 1er janvier 1856 à moins de 1,490,289,585 fr. pour l'Allemagne entière. Elle était à la même époque, en chiffres ronds, de 937 millions en Angleterre, de 896 millions aux États-Unis, et de 519 millions en France. Le chiffre allemand dépassait ainsi de deux tiers le chiffre anglais, et ne fut dépassé lui-même que d'une quinzaine de millions par les totaux réunis de la France et de l'Amérique du Nord. » Suivant le même économiste, l'excédant de la circulation de billets sur l'encaisse métallique qui doit leur servir de garantie est monté en Allemagne, entre 1846 et 1854, de 243,499,573 fr. à 1,066,885,999 fr.; soit en huit ans une augmentation de plus de 823 millions ou de 339 pour 100, pendant que cette circulation purement fiduciaire ne s'était accrue dans le même espace de temps que de 120 millions pour la Grande-Bretagne, de 181 millions pour la France, de 269 millions pour la Russie, et de 367 millions pour les États-Unis, soit pour l'ensemble de ces quatre grands pays, de 937 millions de francs ou de 54 pour 100. Plusieurs États ont déjà essayé d'arrêter les progrès de cette *fièvre de banque* en interdisant la circulation des effets publics étrangers sur leur territoire. Une conférence allemande cherche de son côté à régler la circulation de ce papier-monnaie, qu'un économiste français n'hésitait pas à qualifier, dans tous les cas, de *fausse monnaie*. L. LOUVET.

PAPIER-POUDRE. *Voyez* FULMI-COTON.

PAPIERS PEINTS. L'emploi d'étoffes destinées à recouvrir les murs des intérieurs ne peut convenir qu'à la partie riche de la population ; des papiers recevant des dessins qui varient à l'infini seront toujours employés par le plus grand nombre ; la quantité de ce dernier produit qu'on fabrique journellement ne paraîtra donc point surprenante, quelque énorme qu'elle soit aujourd'hui. C'est au dix-septième siècle qu'un nommé François, de Rouen, inventa l'industrie des papiers peints, qui commença à prendre son véritable essor sous le célèbre Réveillon, à la fin du siècle dernier.

Avant la fabrication du papier a la mécanique, il fallait d'abord rogner les feuilles destinées à être réunies pour former des rouleaux et les coller ensemble ; vingt-quatre feuilles formaient un rouleau ; quand ce papier était appliqué sur les murs, la plus grande épaisseur des points de réunion des feuilles était toujours sensible, et d'ailleurs on ne pouvait obtenir que des bandes de faible largeur ; actuellement, on peut donner aux rouleaux la longueur que l'on veut et des dimensions en largeur qui surpassent de beaucoup les anciennes.

Le papier, étendu sur une table, reçoit d'abord un fond, que l'on produit en portant sur toute la surface, avec une brosse ronde à longs poils, la couleur, convenablement délayée avec de la colle et mêlée de blanc de Meudon pour les papiers lissés, et de plâtre fin pour les papiers satinés. On porte ensuite le papier à l'étendoir ; après cela, on passe pour le soutenir de petites baguettes sur la partie de la feuille qui doit reposer sur des liteaux en bois placés à la partie supérieure de l'atelier ; on lisse ensuite le papier en l'étendant sur une table, la couleur en dessous, et passant dessus une pierre dure polie ou un morceau de verre.

Pour *satiner*, on couche le papier, la couleur en dessus ; on y jette de la craie de Briançon en poudre fine, et on passe dessus une brosse.

On applique ensuite diverses couleurs au moyen de planches en bois sur lesquelles sont tracés, en relief, avec de petites lignes de cuivre, des dessins convenables ; l'ouvrier pose sa planche sur un cuir tendu dans une caisse en bois appelée *baquet*, que recouvre de couleur un enfant employé à ce travail ; il la porte ensuite sur le papier, et produit une pression sur la planche au moyen d'une longue perche, dont une extrémité est fixée sous une traverse en bois, et sur l'autre extrémité de laquelle il agit ; la planche, enlevée et garnie de nouveau de couleurs, est portée sur une autre partie limitrophe, et ainsi de suite, jusqu'à l'extrémité du rouleau ; il y a autant de planches que de couleurs ; on fait l'application à la main, au moyen de points de repère, qu'on prend bien soin de poser les uns sur les autres ; l'application successive des diverses planches sur le même fond produit le dessin voulu.

Certains papiers sont recouverts sur divers points de *tontisse* de drap ; pour les appliquer on commence, au moyen d'une planche, par porter sur les points du papier destiné à recevoir cette substance un encollage, et on place le papier sur une caisse dont le fond est en peau renfermant de la tontisse, que l'on fait sauter en frappant le fond de la caisse avec des baguettes : la laine s'attache seulement aux points encollés. On applique quelquefois des feuilles d'or ou d'argent sur les papiers peints ; pour cela, comme dans la confection des cadres dorés, on commence par y poser une *assiette*, ou espèce de pâte, sur laquelle on applique les feuilles d'or ou d'argent, que l'on fait adhérer par la pression au moyen d'un pinceau.

Un fabricant de Mulhouse, M. Zuber-Karth, est parvenu, au moyen d'une machine très-ingénieuse, à fabriquer des papiers peints d'une grande beauté. C'est de la perfection des planches, de la qualité des couleurs et de la belle exécution des papiers peints, que dépend le prix élevé de ceux qui sont employés pour les riches décorations ; la main-d'œuvre est la même pour des papiers communs, et il en est dont le bas prix est à peine concevable.

Le papier peint, qui remplace les peintures murales, a suivi tous les perfectionnements de l'impression des tissus, en les précédant parfois. Les *fondus* l'ont transformé, comme ils ont embelli les toiles peintes. C'est un adoucissement mécanique des couleurs, dont le ton se dégrade pour se confondre et s'harmonier avec les teintes voisines, ce qui enlève les crudités déplaisantes qui choquaient jadis dans ce produit, maintenant à la hauteur de la gouache ; le papier peint reproduit le nu des personnages avec une certaine perfection relative et un assez bel effet. L'industrie des papiers peints est toute parisienne ; elle est née au faubourg Saint-Antoine, et elle y progresse chaque jour. Metz, Mulhouse, Lyon, Strasbourg, la Belgique, la Hollande, l'Allemagne, l'Angleterre, la Russie, rivalisent aujourd'hui avec les fabriques de papiers peints de Paris, mais sans pouvoir l'emporter sur elles. H. GAULTIER DE CLAUBRY.

PAPIERS RÉACTIFS. On nomme ainsi, en chimie, des papiers colorés en bleu par la teinture de tournesol, ou en jaune par le curcuma, pour reconnaître si des liqueurs sont acides ou alcalines. Les acides teignent le papier en rouge, les alcalines le verdissent et le jaunissent.

PAPIER TIMBRÉ ou **PAPIER MARQUÉ**, papier marqué d'un timbre dont on est obligé de se servir pour les écritures judiciaires et pour les actes publics ou privés dans les cas déterminés par la loi. Il existe dans Paris quarante et un bureaux de distribution de papier timbré ; les communes suivantes de la banlieue, Bercy, La Chapelle, Batignolles, Vaugirard, en ont chacune un.

PAPIER VÉGÉTAL. *Voyez* CALQUE.

PAPIER VÉLIN. C'est à l'Anglais Baskerville qu'on attribue l'invention de ce papier, ainsi nommé parce qu'il imite la blancheur et l'uni du vélin. Son *Virgile*, imprimé en 1757, l'était en grande partie sur cette sorte de papier. On essaya d'en faire en France en 1780 et 1782. Montgolfier, manufacturier à Annonay, est le premier qui en ait fabriqué. Le papier vélin était fait avec des formes qui ne laissaient pas l'empreinte des vergeures, comme les formes ordinaires.

PAPIER VELOUTÉ. Les Français en attribuent l'invention, en 1620, à un Rouennais, nommé François, gaînier de profession. Les Anglais réclament de leur côté cette invention. Le papier velouté se fait en fixant sur le papier, avec un mordant composé de céruse broyée et d'huile cuite, la *tontisse*, ou laine teinte, provenant de la tonte des draps, moulue, réduite en poussière, blutée, passée à l'état de poussière fine. Après cette opération, on applique des couleurs à la colle ; leur coloration et la pression de la planche augmentent l'effet de ces veloutés.

PAPIER VERNIS. *Voyez* CALQUE.

PAPILIONACÉES. *Voyez* LÉGUMINEUSES.

PAPILLES, petites éminences semblables à des mamelons qui sont répandues sur la surface du corps et particulièrement sur la langue.

PAPILLON. Sous ce nom, qu'on applique vulgairement à tous les insectes lépidoptères arrivés à leur complet développement, Linné avait créé un genre de cet ordre, successivement modifié et subdivisé par Geoffroy, Degeer, Scopoli, Fabricius, Latreille, Lamarck, M. Duméril, etc. Tel que M. Boisduval l'a définitivement circonscrit, le genre *papillon* fait partie de la tribu des papillonides, et comprend les lépidoptères ainsi caractérisés : Tête grosse ; yeux grands, saillants ; palpes très-courts, ne dépassant pas les yeux, fortement appliqués sur le front, à articles très-peu distincts, le troisième complétement invisible ; antennes assez longues, renflées à leur extrémité en une massue arquée de bas en haut ; abdomen assez gros, médiocrement allongé ; ailes assez robustes, à nervures saillantes ; les inférieures ayant le bord abdominal replié en dessus, plus ou moins évidé et laissant l'abdomen entièrement libre; leur bord extérieur plus ou moins denté, et souvent terminé par une queue. Les chenilles sont épaisses, cylindroïdes ou amincies antérieurement, avec le premier anneau toujours pourvu d'un tentacule charnu, rétracté en forme d'Y; leur tête est assez petite, arrondie; leur corps est glabre, quelquefois garni de prolongements charnus, plus ou moins allongés. Les chrysalides sont médiocrement anguleuses, et dépourvues de taches métalliques; leur tête, tantôt carrée, tantôt bifide, est quelquefois tronquée, quelquefois aussi on observe une corne sur leur dos.

Les chenilles des papillons vivent le plus souvent solitaires; cependant, certaines espèces restent en familles jusqu'à l'époque de leur transformation en chrysalides; elles se nourrissent de malvacées, d'ombellifères, de laurinées, d'amarantacées, etc. On connaît plus de trois cents espèces de papillons. Ces insectes, répandus sur tout le globe, sont encore plus nombreux dans les régions intertropicales. Tous offrent les formes les plus gracieuses; les ailes d'un grand nombre sont ornées des couleurs les plus brillantes. Les plus beaux et les plus grands appartiennent aux lieux voisins de l'équateur.

L'espèce type du genre est le *papillon machaon* (*papilio machaon*, L.), le *grand porte-queue* de Geoffroy. Ce papillon, qui se trouve aux environs de Paris et est commun dans toute l'Europe, a environ 11 centimètres d'envergure. Ses ailes sont jaunes avec une bordure noire, assez large, divisée sur les supérieures par une série de huit points jaunes, et sur les inférieures par une série de six lunules de même couleur; ces lunules sont précédées d'une tache orbiculaire formée d'atomes bleus; quelques lignes noires marquent encore les ailes; la queue est assez longue; le dessous du corps offre les mêmes dessins, mais d'une couleur plus pâle. La chenille du papillon machaon vit principalement sur le fenouil et la carotte; elle est d'un beau vert, avec des anneaux d'un noir de velours, alternativement ponctués de rouge fauve. La chrysalide est d'un gris verdâtre, avec une bande latérale jaune.

Sur les 224 espèces décrites par M. Boisduval, 35 appartiennent à la fois à l'ancien et au nouveau Continent, 93 à l'Amérique méridionale, 34 à l'Afrique et à Madagascar, 4 à Java et Bornéo, 11 aux Moluques et à l'Australie, 45 au continent et à l'archipel Indiens, 10 à l'Australie et à l'archipel Indien, etc. E. Merlieux.

On dit figurément d'un esprit léger, qui court d'objet en objet sans se fixer à aucun, *que c'est un papillon*. La plupart des fashionables et des petits-maîtres qui voltigent de belle en belle sans en aimer aucune sont de vrais *papillons* de salons. Il est un autre point de vue sous lequel on pourrait les comparer avec plus de justesse encore à l'insecte ailé et capricieux dont nous parlons, si ce proverbe, très-usité il y a un siècle, *sot comme un papillon*, n'était pas un peu passé de mode : il provenait sans doute de la même source que cette autre locution, *se brûler à la chandelle comme un papillon*, par laquelle on désigne quelqu'un qui donne sottement dans un piége, séduit par les plus grossières apparences.

Plus ne m'irai brûler à la chandelle,

dit naïvement La Fontaine en parlant du soin avec lequel il se propose d'éviter ces amours de courtisane qui ne laissent que des regrets. *Courir après les papillons* ou *voler les papillons* veut dire s'amuser à des bagatelles. *Papillonner*, c'est voltiger d'objet en objet sans s'arrêter à aucun.

Papillons désigne en marine des voiles ou bonnettes qu'on met au-dessus des *royaux*, quand ceux-ci sont garnis et qu'ils ont une flèche au dessus du capelage ou au-dessus des perroquets. Cette voile est triangulaire.

PAPILLON À TÊTE DE MORT, nom vulgaire du *sphynx atropos*.

PAPILLONIDES, tribu de l'ordre des lépidoptères, famille des diurnes, qui a été établie par Latreille et qui renfermait d'abord, moins les hespéries, le genre *papilio* de Linné. M. Boisduval a restreint cette tribu à sept genres, réunis en deux groupes, selon que la massue des antennes est arquée de bas en haut ou droite. Le premier groupe comprend les genres *ornithoptère*, *papilio* (voyez Papillon), *leptocircus*, *thaïs* et *doritis*; le second groupe ne comprend que les genres *eurichus* et *parnassius*. La tribu des papillonides se caractérise à l'état parfait par une tête assez grosse, des yeux saillants assez grands, des palpes courts ne dépassant pas les yeux, des ailes larges, assez robustes, à nervures saillantes, les inférieures ayant le bord abdominal évidé ou replié; la cellule discoïdale fermée à chaque aile, l'abdomen libre, non reçu dans une gouttière. A l'état de nymphes, les chrysalides sont attachées par la queue et par un ou plusieurs liens transversaux. A l'état de larves, les chenilles sont médiocrement allongées, cylindriques, épaisses, munies de deux tentacules rétractiles placés sur le premier anneau. L. Louvet.

PAPILLON-PAON, nom vulgaire des *bombyx* et de la *vanesse paon du jour*.

PAPILLONS DE JOUR. *Voyez* Diurne.

PAPILLOTAGE, mouvement incertain et involontaire des yeux, qui les empêche de se fixer sur les objets. Il se dit figurément de l'effet d'un tableau qui éblouit et fatigue les yeux par des lueurs trop brillantes, par des couleurs trop vives; ou d'un style scintillant, phosphorescent, dardant gerbes et bouquets, espèce de feu d'artifice enveloppant la corde tendue sur laquelle l'auteur s'élance sans balancier, sautillant, gambadant, cabriolant, en véritable écureuil, au risque, non pas de se tordre le cou, mais d'aveugler la galerie, qui applaudit à tout rompre. C'est chose aujourd'hui grandement à la mode que le *papillotage* littéraire.

Papillotage, en termes d'imprimerie, se dit en parlant de la feuille imprimée, lorsque le caractère a marqué double ou a laissé certaines petites taches noires aux extrémités des pages et des lignes.

Papilloter s'emploie dans la triple acception de *papillotage*. Ce dernier mot en avait autrefois une quatrième. Il signifiait et les *papillotes* de quelque frisure, de quelque perruque, et l'action de mettre des cheveux en *papillotes*. On disait ainsi *papilloter une perruque*.

PAPILLOTE. C'étaient autrefois des paillettes d'or et d'argent dont on relevait les habits en broderie. C'était encore un petit morceau de papier ou de tafetas dont on enveloppait les cheveux qu'on mettait en boucles pour les faire tenir frisés. Sous le consulat et sous l'empire, les *papillotes* furent remplacées par de petites languettes de plomb, qui, se repliant sur elles-mêmes, fermaient le crochet de chaque boucle de cheveux. On gardait ces languettes souvent même en toilette. Les boucles de cheveux qui en résultaient, plates, accumulées sur les tempes, sur le front, donnaient à la physionomie des dames je ne sais quoi d'étrange et de peu gracieux. La Restauration a remis en honneur les *papillotes*, comme tant d'autres choses de l'ancien régime. Ici, elle ne mérite que des éloges. Les *papillotes* renouvelées, brillantes, parfumées, en papier fin, de mille couleurs, ornées souvent de délicieux dessins, renfermés dans d'élégants coffrets, occupent aujourd'hui une place importante dans la toilette de toute femme aimable, jolie ou bien née. On connaît l'aventure si répétée du Nestor des diplomates mettant des *papillotes* à sa maîtresse avec des billets de banque. Il y avait là de quoi empêcher trois cents familles de mourir de faim. Il est de ces galanteries qui serrent le cœur.

Qui n'a entendu parler du poëte agenais, de ce Figaro du midi, maniant également le rasoir et la guitare, le peigne et la lyre; de ce *Jasmin*, si bien nommé, et de son délicieux recueil de *Papillotes*, dévoré par tous les beaux yeux noirs des rives du Gers, du Lot et de la Garonne?

Le *fer à papillotes* est une sorte de pinces ou de tenailles qu'on fait chauffer, et dans lesquelles on presse les *papillotes*. Le papier étant enlevé après cette opération, on frise les cheveux.

Cela n'est bon qu'à faire des papillotes se dit d'un écrit sans mérite, d'un papier sans valeur, bon à mettre au rebut.

On appelle *côtelette de veau en papillote* une côtelette de veau pannée, qu'on enveloppe d'une feuille de papier pour la faire cuire.

En termes de confiseur, on donne le nom de *papillote* à une dragée de sucre et de chocolat enveloppée dans un morceau de papier.

PAPIN (Isaac), l'un des théologiens les plus distingués du dix-septième siècle, naquit le 27 mars 1657, à Blois, où son père exerçait la charge de directeur des domaines. Elevé au sein du protestantisme, il alla étudier à Genève, ville où s'agitaient alors le plus sérieusement les questions religieuses, et qui semblait être la Rome du calvinisme. Ses études affermirent encore son penchant pour la réforme, en lui donnant toutefois un caractère d'impartialité et de modération qui manquait souvent à ses coreligionnaires. Les divisions qui régnaient à Genève entre les *particularistes* et les *universalistes* attirèrent ses scrupules : il étudia avec attention la matière de la tolérance, et, fort de ses convictions, puisées dans un sérieux examen, il s'éleva contre ceux qui voulaient, malgré les principes de la réforme, exclure les *universalistes*. Claude Pajon, ministre à Orléans, connu par ses opinions, auxquelles on donna le nom de *pajonisme*, et son oncle maternel, l'encouragea dans ses études, qu'il fortifia lui-même par son enseignement. Malgré ces titres valables, Papin ne put obtenir le titre de ministre : le refus qu'il fit à l'Académie de Saumur de signer la condamnation des doctrines de son oncle empêcha qu'on ne lui prêtât le témoignage ordinaire. En 1688, Papin fit paraître en Angleterre un traité intitulé : *La Vanité des Sciences, ou réflexions d'un philosophe chrétien sur le véritable bonheur ;* et à Bordeaux, un autre traité, ayant pour titre : *La Loi renfermée dans ses justes bornes et réduite à ses véritables limites.* Dans ce livre, empreint d'une tolérance qui recommande tous ses écrits, il s'attachait à justifier, d'après ses principes sur la matière, les Bordelais que la révocation de l'édit de Nantes avait fait entrer dans l'Église catholique.

Pressé d'embrasser la carrière du commerce, Papin se rendit aux désirs de sa famille; mais dégoûté bientôt de cette profession, si peu en rapport avec ses goûts et ses études, il passa en Angleterre, et reçut les ordres suivant le rit anglican. La publication de son ouvrage le plus important, ses *Essais de Théologie*, lui attira un grand nombre de persécutions : il fut obligé de changer de pays, et alla successivement en Hollande, à Hambourg, à Dantzig, où il retrouva les mêmes dispositions défavorables, excitées contre lui par Jurieu, son adversaire. Ces tracasseries, jointes à ses idées sur la tolérance, idées qui tenaient autant à la nature de son esprit qu'à la conviction de ses études, le conduisirent à examiner plus attentivement les doctrines catholiques. Il en conçut une opinion plus avantageuse, et dès lors il se mit par correspondance en relation avec Bossuet. Cette correspondance l'affermit dans son nouveau point de vue : il prit alors la résolution de retourner en France avec sa femme, qui était une réfugiée. Bossuet, après plusieurs conférences, eut la gloire de leur conversion : ils abjurèrent entre ses mains, le 15 janvier 1690. Papin, après son abjuration, alla passer le reste de sa vie à Blois ; et telle fut la sincérité de sa foi, qu'il eut à son tour la puissance de faire embrasser à trois des fils de Pajon le catholicisme. Papin mourut à Paris, en 1709. On a de lui un assez grand nombre d'ouvrages estimés des théologiens.

JONCIÈRES.

PAPIN (Denis), mathématicien, physicien et médecin français, naquit à Blois, en 1647. Fils d'un médecin habile, Papin reçut une éducation soignée; il embrassa d'abord la profession de son père, qu'il exerça dans Paris, après qu'il eut pris tous ses degrés dans cette ville. Il se lia avec le célèbre Huygens, qui habitait alors la capitale de la France. Comme il avait été élevé dans la religion protestante, la révocation de l'édit de Nantes le força à s'expatrier ; il passa donc en Angleterre, où son nom était déjà avantageusement connu des savants, qui l'accueillirent avec empressement. Boyle se l'associa, et ils répétèrent ensemble des expériences sur les propriétés de l'air, etc. La Société royale de Londres lui avait ouvert ses portes en 1681. Les mémoires qu'il inséra dans les *Transactions philosophiques* le firent connaître avantageusement en Allemagne, où il fut appelé par le landgrave de Hesse. En 1687 on lui confia la chaire de mathématiques de l'université de Marbourg, qu'il remplit avec zèle et succès pendant plusieurs années. En 1699 l'Académie royale des Sciences de Paris le comprit au nombre de ses *correspondants*. Arago s'étonne avec raison que cette illustre compagnie ne l'ait pas nommé un de ses *associés*, lorsqu'on songe, dit-il, que dès 1690 il avait publié un mémoire dans lequel se trouve la description la plus méthodique et la plus claire de la machine à feu connue aujourd'hui sous le nom de *machine atmosphérique*, et même celle des bateaux à vapeur. Papin mourut vers 1718.

Nous avons de ce savant un grand nombre de mémoires, qu'il inséra dans divers recueils scientifiques du temps, ou qu'il publia séparément dans des traités particuliers, entre autres : *Description d'une nouvelle canne à vent*, qui se décharge par la raréfaction de l'air ; *Moyen de conserver du feu sous l'eau ; Sur la manière de dessécher promptement les marais*, etc. Mais c'est dans un recueil intitulé *Fasciculus Dissertationum*, etc. (Recueil de Pièces, etc.), publié en 1695, que Papin a réuni la plupart des mémoires qui avaient déjà paru dans les journaux, avec des corrections et des additions. Ce qui a rendu ce physicien justement recommandable et préservé son nom de l'oubli, ce sont ses travaux sur les machines dont le feu est le moteur, et l'invention de la marmite ou *digesteur* qui porte son nom. Avant l'époque où vivait Papin, on avait eu à la vérité quelque idée de la force que l'air, l'eau, etc., peuvent fournir lorsque ces matières sont dilatées par la chaleur; mais on n'avait point encore enseigné le moyen d'en faire des applications utiles. Comme l'a très-bien prouvé Arago (*Annuaire des Longitudes*, 1829), Papin a imaginé la première machine à vapeur à piston. D'abord il eut l'idée, pour faire le vide sous le piston, d'employer une pompe aspirante, mise en mouvement par une chute d'eau, laquelle aurait pu agir à distance, en faisant communiquer par une suite de tuyaux le corps de pompe de la machine avec celui de la pompe aspirante; il est évident que l'air se serait rendu sans difficulté de l'un à l'autre corps de pompe : ce moyen était fort ingénieux; néanmoins, il n'en fit pas usage. Ensuite, il essaya de faire le vide sous le piston en brûlant de la poudre à canon dans le corps de pompe : ce moyen lui donna toujours des résultats peu satisfaisants. Il l'abandonna enfin. « Ayant reconnu, dit-il, que l'eau a la propriété, étant changée par le feu en vapeur, de faire ressort comme l'air, et ensuite de se recondenser si bien par le froid, qu'il ne lui reste plus aucune apparence de cette force de ressort, j'ai cru qu'il ne serait pas difficile de faire des machines dans lesquelles, par le moyen d'une chaleur médiocre, et à peu de frais, l'eau ferait ce vide parfait qu'on a inutilement cherché par le moyen de la poudre à canon. » Papin est aussi le premier qui ait indiqué des méthodes pour transformer le mouvement rectiligne du piston de la pompe à feu en mouvement de rotation. C'est encore lui qui le premier a inventé les premières machines à *haute pression*, dans lesquelles la vapeur s'écoulait dans l'atmosphère après avoir produit son effet. Dès avant 1695 Papin avait prévu la possibilité d'appliquer la force de la vapeur à la navigation; il indique la manière dont il faudrait s'y prendre pour transmettre le mouvement du piston de la machine à des roues à palettes, qui feraient fonction de rames, comme cela se pratique aujourd'hui ; il conseille, en outre, d'employer sur le même bateau deux machines dont les pistons agiraient alternativement en sens contraire, d'où résulteraient une force constante, et des mouvements réguliers. Enfin, il connaissait trop bien la nature de la vapeur pour ne pas se prémunir contre les dangers des explosions qui pouvaient être les suites d'un trop grand degré de tension; c'est ce qui lui fit inventer la *soupape de sûreté*. Une statue en bronze, due à David d'Angers, lui a été élevée à Blois.

TEYSSÈDRE.

PAPIN (Marmite de). *Voyez* MARMITE DE PAPIN.

PAPINEAU (LOUIS-JOSEPH), agitateur canadien, né en 1787, dans le bas Canada, d'une famille d'origine française, est le fils d'un avocat qui se signala aussi comme zélé représentant du peuple, et embrassa la profession de son père. Tout jeune encore, il fut élu dans le bas Canada membre de la chambre des représentants, où à partir de 1814 il représenta la ville de Montréal. En 1815 cette assemblée l'élut pour son président. Riche, indépendant et de plus orateur habile, il devint le chef de l'opposition au Canada à partir de 1822, époque où le gouvernement songea pour la première fois à réunir le haut et le bas Canada; et il prit l'initiative de toutes les résolutions, de tous les efforts tendant à amener une séparation violente d'avec l'Angleterre. Il était étroitement lié avec Mackensie et autres agitateurs du haut Canada, avec cette différence toutefois qu'il ne voulait pas comme eux avoir recours à la force avant qu'il en fût temps, et qu'il recommandait d'opposer d'abord au gouvernement une résistance purement passive, telle que le refus de l'impôt, etc., et qui aurait bientôt pour résultat de rendre toute administration impossible. Lorsque l'insurrection éclata ouvertement à Montréal, en 1837 (*voyez* CANADA), Papineau fut obligé de se réfugier aux États-Unis, tandis que le gouvernement anglais offrait une prime de 1,000 liv. st. à quiconque procurerait son arrestation. Il vint ensuite habiter pendant quelque temps Paris; mais depuis qu'un acte d'amnistie lui a permis de rentrer dans sa patrie, il est retourné au Canada, où il continue d'être regardé comme le chef du parti républicain.

PAPINIEN (AURELIUS PAPINIANUS), l'un des premiers jurisconsultes de Rome, naquit vers 142. Les uns ont placé son berceau à Bénévent, d'autres l'ont fait descendre d'une famille peu relevée d'Émèse, en Phénicie. Papinien eut pour maître dans la science des lois Cervidius Scævola; Septime Sévère fréquentait la même école, et une étroite amitié s'établit entre les deux élèves. Papinien fut d'abord avocat du fisc sous Marc Aurèle; sous Commode il paraît avoir figuré parmi les assesseurs du préfet du prétoire et avoir exercé la charge d'édile. Dès que Sévère arriva à l'empire, il nomma Papinien *magister libellorum*, dont les fonctions consistaient à résoudre les difficultés sur lesquelles l'empereur était consulté, soit par les juges, soit par les gouverneurs des provinces. C'est dans ce poste important que Papinien se fit cette réputation de grand jurisconsulte, dont le nom restera à jamais célèbre dans la science des lois. Plus tard il fut appelé à la place de préfet du prétoire, qui était la première dignité de l'empire. On compte parmi ses assesseurs des jurisconsultes du premier ordre : l'éloquent Ulpien, Paulus, Tryphoninus, Messius et Marcien. Lorsque Caracalla eut assassiné son frère Géta, il commanda à Papinien de justifier ce meurtre. « Il est plus facile, répondit le jurisconsulte, de commettre un parricide que de le justifier. » Caracalla insistant, et prétendant que Géta le premier lui avait déclaré une guerre à mort : « C'est se souiller d'un nouveau parricide, s'écria le vieillard, que d'accuser une victime innocente. » Paroles que le sage va bientôt payer de sa vie. Il tombe sous la hache d'un soldat; et la colère du monstre va s'étendre non-seulement sur le fils de Papinien, mais encore sur tous ceux qui avaient eu des rapports avec lui. Tel est le récit que nous a laissé Dion Cassius. Il faut dire que tous ces détails ne se retrouvent pas dans les autres auteurs qui ont parlé de cette mort. Il reste néanmoins constant, et les auteurs sont unanimes à cet égard, que Papinien fut massacré pour n'avoir pas voulu justifier le meurtre de Géta. Une inscription recueillie par Gruter, et adoptée par Cujas, Terrasson et Gravina, attribue à Papinien une existence de trente-six ans; mais il est évident qu'elle est erronée. Papinien jouit d'une telle autorité dans la science, qu'une constitution de Valentinien III et de Théodose le jeune, en imprimant à ses écrits force de loi, ainsi qu'à ceux de Paul, de Gaius, d'Ulpien et de Modestin, décida que lorsque ces jurisconsultes seraient partagés sur une question, les juges devraient adopter l'opinion que favoriserait Papinien, qui devait avoir voix prépondérante. Les fragments de ce grand jurisconsulte sont épars dans les Institutes, dans le *Corpus Juris*, et dans l'abrégé du Code Théodosien, rédigé par ordre d'Alaric. Ces fragments ont été recueillis par Cujas, qui les a publiés avec d'excellentes annotations : digne commentateur d'un si grand homme!

É. DE CHABROL.

PAPIRE-MASSON (JEAN), historien, né en 1544, à Saint-Germain-Laval, en Forez. Après avoir terminé ses études aux colléges de Billon et de Toulouse, il partit de cette dernière ville pour Rome, avec son compatriote et son condisciple Antoine Challon, et comme lui il se fit jésuite. Il professa à Naples deux ans, et de retour en France, il occupa une chaire dans les colléges de Tournon et de Clermont à Paris. Bientôt il quitta la congrégation, et se rendit à Angers, où il suivit les cours du fameux professeur en droit François Baudouin. Il se fit recevoir avocat au parlement, et fut bientôt après nommé substitut du procureur général. L'étude des sciences historiques fut l'occupation de toute sa vie. Écrivain intelligent et consciencieux, il fut l'ami des savants les plus distingués de son époque. L'amitié de Jacques-Auguste de Thou suffirait à son éloge. Il mourut à Paris, en 1611, âgé de soixante-sept ans. Il avait substitué le prénom de Papire à celui de Jean, pour se distinguer de son frère, chanoine de Bayonne, qui s'appelait aussi Jean. Ses principaux ouvrages appartiennent à la science historique; ils sont écrits en latin, mais ils ont été presque tous traduits avec une heureuse exactitude. Le plus important de tous, les *Annales de France*, parut en 1598. On y remarque une étude approfondie de l'histoire de France, des faits curieux, des portraits tracés avec un rare talent, et surtout une impartialité plus rare encore. Il peint avec d'énergiques couleurs, écrit avec une heureuse précision, et juge avec une courageuse indépendance d'opinion et une grande sagacité. La plupart des historiens, et Mezeray surtout, lui ont beaucoup emprunté.

DUREY (de l'Yonne).

PAPIRIEN (Code). *Voyez* CODE et PAPIRIUS.

PAPIRIUS, nom de deux familles romaines, l'une patricienne, l'autre plébéienne. La première fournit un grand nombre de branches, celles des Crassus, des Cursor, des Maso, des Prætextatus et des Pætus. Quant à la deuxième, elle portait le surnom de Carbo.

Parmi les membres les plus connus de la *gens Papiria* nous citerons :

Publius Sextus PAPIRIUS vivait sous Tarquin le Superbe, et recueillit les lois *curiates* et *centuriates* en un corps qui reçut le nom de *Code* ou de *Droit Papirien*. Quelques fragments à peine en sont parvenus jusqu'à nous; encore n'offrent-ils pas un grand caractère d'authenticité.

Guil. Forster, Ant. Augustin, Fulvio Orsini, Joseph Scaliger, Juste Lipse, Gravina, François Baudouin, Pardoux, Duprat et Terrasson ont fait d'intéressantes recherches pour restituer dans son ensemble le Code Papirien.

Caius PAPIRIUS, chef des pontifes, remit en vigueur les lois de Numa sur les sacrifices.

Lucius PAPIRIUS *Cursor*, maître de la cavalerie, cinq fois consul et deux fois dictateur, se distingua contre les Samnites, les Sabins et les Prénestins, et répara la honte des Fourches-Caudines par la prise de Lucérie (320 avant J.-C.). Sa sévérité en matière de discipline était telle, qu'en 323 il condamna à mort Fabius, son maître de la cavalerie, pour avoir livré bataille malgré ses ordres. L'intervention du peuple put seule sauver Fabius victorieux.

Lucius PAPIRIUS *Cursor*, son fils, deux fois consul, remporta de grands avantages sur les Samnites (293 avant J.-C), les Lucaniens et les Brutiens (271 avant J.-C.).

Caius Papirius *Maso*, consul en 231 avant J.-C., soumit définitivement la Corse et la Sardaigne. N'ayant pu obtenir du sénat d'entrer en triomphe à Rome, il triompha sur le mont Albain, en dehors des murs, exemple qui fut imité souvent depuis.

Papirius Prætextatus dut ce surnom à la prudence dont il fit preuve à une époque où il portait encore la robe prétexte. Son père l'avait emmené au sénat un jour où l'on traitait d'importantes affaires, suivant l'usage de l'oligarchie romaine, qui cherchait ainsi à former de bonne heure les jeunes gens à la science du gouvernement; sa mère le pressa de questions pour qu'il lui révélât ce qui s'était passé. Mais il lui répondit qu'on avait agité cette question : « S'il serait plus avantageux à la république de donner deux femmes à un mari ou deux maris à une femme. » Cette confidence mit en émoi toute la population féminine, qui le lendemain vint assiéger le sénat, réclamant à grands cris qu'on se décidât pour la seconde alternative. Les sénateurs, instruits par le jeune homme du motif de leurs alarmes, décidèrent que le secret de leurs délibérations ne serait plus confié à leurs enfants avant l'âge de puberté. Le seul Papirius fut excepté de la mesure générale.

PAPISME, PAPISTE, termes, souvent de mépris, dont quelques communions chrétiennes dissidentes, les anglicans surtout, se servent pour désigner l'Église catholique romaine et les catholiques romains.

PAPONGE. *Voyez* Concombre.

PAPOUAS ou PAPOUS, appelés aussi *Negritos* ou *Nègres d'Australie*, race humaine, qui, comme les Hanaforas ou Alfoures, forme le degré intermédiaire entre la race malaise et la race nègre, et habite surtout le continent de l'Australie, tout le groupe d'îles australiennes de l'ouest depuis la Nouvelle-Guinée (appelée aussi *Papouasie*) jusqu'à la Nouvelle-Calédonie, mais dispersée et refoulée généralement dans l'intérieur des montagnes, dans les îles de l'Asie méridionale, et qu'on rencontre même sur quelques points de l'Inde en deçà et au delà du Gange, plus particulièrement aux îles Andaman, dans le pays de Siam, dans la Malaisie et dans les nombreuses îles dont se compose l'archipel de l'Inde au delà du Gange, où elle forme suivant toute apparence les derniers débris de la population aborigène, détruite peu à peu, ou bien refoulée dans des contrées inaccessibles par les autres races, plus avancées en civilisation, s'étant parfois mélangée avec elles pour former une race métisse. Quoique différant des nègres proprement dits sous le rapport de la conformation du crâne, les Papouas se rapprochent d'eux par la couleur de la peau, et quelquefois par leurs cheveux laineux, d'où leur nom de *papouas*, qui en langue malaise signifie *crépu*. Quant à leur degré de civilisation, on peut dire que les Papouas sont restés au degré le plus infime de l'échelle des peuples, bien que possédant certains avantages physiques et intellectuels. La plupart vivent encore à l'état complétement sauvage. Ils ne sont ni pasteurs, ni agriculteurs; à peine pratiquent-ils la chasse et la pêche; et le plus souvent ils ne vivent que de ce que le hasard leur fait trouver. Ils forment un certain nombre de familles ou de hordes, n'ayant entre elles aucun rapport de sociabilité, non plus qu'avec d'autres races; aussi leur langue se divise-t-elle en une foule de dialectes les plus divers. Sauf une ceinture, qui leur manque assez souvent, ils vont complétement nus. Des manteaux faits avec des peaux d'animaux ou encore des espèces de pagnes ou de tabliers confectionnés avec de l'écorce d'arbre, sont chez eux des objets de grand luxe. Les tatouages grotesques qu'ils pratiquent sur leur corps, et à l'aide desquels ils croient singulièrement s'embellir, tandis qu'ils ne font que se rendre plus affreux, sont une pratique à peu près universelle. Les guerres ou plutôt les luttes intestines sont fréquentes parmi eux. Comme tous les sauvages, ils aiment la musique et la danse. Ils ne laissent pas que d'avoir quelques idées religieuses. La polygamie est permise dans la plupart de leurs hordes; mais le plus souvent leur pauvreté extrême les empêche de la pratiquer.

PAPOUASIE. *Voyez* Papouas et Nouvelle-Guinée.

PAPOUS. *Voyez* Papouas.

PAPPUS, géomètre de l'école d'Alexandrie, vivait dans le quatrième siècle de l'ère vulgaire. Il s'est fait un nom célèbre par ses *Collections mathématiques*. Sous ce titre, Pappus a rassemblé une foule de propositions éparses d'Apollonius, d'Archimède, d'Euclide, de Théodose, etc., auxquelles il a joint ses propres travaux. Parmi ces derniers, on remarque le principe relatif à l'usage du centre de gravité pour la détermination de la surface et du volume des figures, principe qui porte à tort le nom de *théorème de Guldin* (*voyez* Centrobarique).

L'ouvrage de Pappus se composait de huit livres, dont six seulement nous sont parvenus et ont été publiés pour la première fois en latin par Commandin, dont Halley préférait la traduction à celles qui ont été faites depuis. Descartes avait Pappus en grande estime : il trouvait chez lui, comme chez Diophante, des traces de cette *lumière de raison qui dans l'antiquité était le caractère des mathématiques véritables*. E. Merlieux.

PAPULE (*Botanique*). C'est le nom que donnait Decandolle à certaines protubérances arrondies, molles, remplies d'un liquide aqueux, et formées par une boursouflure de l'épiderme de certaines plantes; par analogie, on a donné ce nom à une petite végétation de la conjonctive, arrondie, mamelonnée, glanduleuse, rougeâtre, qui surgit dans différents points de la conjonctive, mais surtout vers le repli semi-lunaire de cette membrane. Elle ne cause aucune souffrance, pas même d'incommodité; lorsqu'elle a pris de l'accroissement, il devient nécessaire d'en faire l'excision, opération très-simple, pratiquée avec des pinces à crochets pour saisir et soulever la tumeur. Il ne faut pas trop se hâter d'en venir là, car elle disparaît souvent seule, surtout chez les personnes qui ont un dérangement dans les flux habituels, menstrues, hémorrhoïdes, etc.

PAPULE (*Médecine*). *Voyez* Bouton (*Médecine*).

PAPYRUS est encore aujourd'hui le nom botanique d'un genre de plantes de la famille des cypéracées. La plus importante des cinq espèces connues est incontestablement le papyrus d'Égypte (*papyrus antiquorum*), grande et belle plante, qui s'élève de deux à trois mètres, et qui croît naturellement dans les marais de l'Égypte (où d'ailleurs elle est devenue aujourd'hui extrêmement rare), de l'Abyssinie, de la Syrie, de la Sicile et de la Calabre. Son chaume triangulaire, épais, glabre, embrassé seulement à sa base par des gaînes stériles, se termine par une grande ombelle composée, à de nombreux rayons allongés, filiformes, triangulaires. Chacun de ses rameaux porte à son tour une ombellule à 2 ou 3 rayons; l'involucre est court, a environ cinq bractées, tandis que les involucelles présentent trois longues folioles, filiformes, linéaires. Les épis sont oblongs-linéaires, à 6 ou 8 fleurs filiformes chez les individus spontanés, à 12 ou 13 pour les individus cultivés. Quoique les anciens Égyptiens fissent servir le papyrus à une foule d'usages, et qu'ils en confectionnassent des paniers, des chaussures, des cordages, des voiles, des vêtements, etc., son emploi le plus important était pour la fabrication d'une matière propre à écrire, d'une espèce de *papier*, mot dont l'étymologie se retrouve dans *papyrus*. Voici, d'après Pline, quelle était la manière dont on fabriquait ce papier. On séparait la tige du papyrus en lames ou feuillets fort minces. Ces feuillets ou pellicules étaient étendues sur une table humectée avec de l'eau du Nil, puis on les arrosait avec de l'eau du Nil chauffée, et à laquelle on avait donné quelque chose de visqueux. Une seconde couche se superposait à la première. Après quoi, on les mettait en presse, on les faisait sécher au soleil, et on les polissait à l'aide d'un rouleau. Plus tard les Romains s'occupèrent beaucoup de la fabrication de cette espèce de papier. Ils avaient à cet effet leurs *glutinatores* ou colleurs, leurs *malleatores*, ouvriers qui battaient le papyrus au marteau, et ils en fabriquaient de diverses sortes. Sous les empereurs l'emploi du papier de papyrus était devenu général; mais il finit à la longue par être complétement remplacé par le papier de coton. Au neuvième siècle il était déjà devenu d'une rareté extrême; et au douzième on en abandonna complétement la fabrication. Les manuscrits d'auteurs anciens sur papier de papyrus sont extrêmement rares aujourd'hui; et ce sont aussi les plus anciens. Il ne faut pas les confondre avec ce qu'on appelle les *rouleaux de papyrus*, dont un grand nombre datant de l'antiquité sont parvenus jusqu'à nous. Les plus anciens sont incontestablement ceux qui proviennent des fouilles pratiquées à Herculanum et à Pompéi, et dont Blanca a commencé la transcription et la description dans son ouvrage intitulé *Varieta ne' Volumi Ercolani* (Naples, 1847). Depuis le commencement de ce siècle on a trouvé de nombreux rouleaux de papyrus en Égypte, notamment auprès des momies.

PAQUE. Ce mot est dérivé de l'hébreu *pessar* (passage), attendu que la mort *passa* sur les maisons des Égyptiens, et que les enfants d'Israel *passèrent* de la servitude à l'indépendance. La pâque était la fête la plus nationale des Hébreux, la seule à laquelle il ne fût pas permis à l'étranger non affilié de prendre une part directe... « C'est alors que l'Éternel vous retira de la maison d'esclavage, dit le législateur, et brisa le joug qui pesait sur votre cou pour vous faire marcher la tête levée. » Pâque arrivait au premier mois de l'année, en avril, et durait sept jours, dont le premier et le dernier étaient seuls consacrés au repos. Toute les cérémonies rappellent les faits de la sortie d'Égypte; la veille du premier jour, on goûtait l'herbe amère trempée dans le vinaigre, pour retracer l'amertume de la servitude; on racontait les dix plaies d'Égypte sur un ton cadencé; on devait manger l'agneau pascal, debout, le bâton à la main, comme à l'heure d'un départ : « Et quand vos fils étonnés, dit Moïse, s'écrieront à l'avenir : Que signifie tout ceci? vous leur répondrez : C'est en souvenir de ce que l'Éternel nous a délivrés avec une main forte et un bras étendu. » Au second jour de pâque, le grand-pontife offrait une poignée d'épis et la faisait tournoyer dans sa main, pour signaler l'heure où il n'était plus défendu de manger du pain ou des grains diversement préparés de la nouvelle récolte. Mais l'obligation la plus remarquable consistait à n'admettre dans les plus somptueux repas qu'un pain sans levain, qu'un pain d'esclavage; pétri dans la crainte du maître, qui, lassant l'estomac et pesant sur le cœur, faisait ajouter un nouveau prix au pain savoureux qu'on devait à l'indépendance nationale et à la loi. « Voilà le pain de misère dont nos pères se sont nourris en Égypte, dit la prière pascale attribuée à Esdras; venez en manger avec nous, vous qui êtes nécessiteux, cette année à Babylone, l'année prochaine sur la terre d'Israel; cette année esclaves, l'année prochaine hommes libres. » Depuis trois mille ans et plus les Hébreux ont répété la même pâque.

Les auteurs sacrés nous ont montré dans l'agneau immolé pour la pâque, et dont le sang avait préservé les enfants d'Israel des coups de l'ange exterminateur, une figure de Jésus-Christ. Il est en effet la victime immolée sur la croix, qui par son sang a sauvé le genre humain des coups de la justice divine, et l'a délivré d'une servitude beaucoup plus cruelle que celle des Hébreux en Égypte. Aussi est-il appelé dans l'Évangile l'Agneau de Dieu, qui efface les péchés du monde. Saint Paul dit qu'il a été immolé pour être notre pâque. Un évangéliste nous fait remarquer que l'on ne brisa point les jambes à Jésus crucifié, parce qu'il était écrit de l'agneau pascal : « Vous ne briserez point ses os. » Il est bien singulier que le Sauveur ait été mis à mort le même jour précisément que les Juifs étaient sortis de l'Égypte, et que du haut de sa croix il ait vu les préparatifs qui se faisaient à Jérusalem pour le grand jour du sabbat et pour les sacrifices dont il remplissait lui-même la signification. Selon une vieille tradition juive, c'était à ce même jour que Dieu avait fait alliance avec Abraham, et lui avait annoncé la naissance d'Isaac.

Pour l'intelligence de certains textes des livres sacrés, nous remarquerons que le mot *pâque* a plusieurs sens. Il signifie : 1° le passage de l'ange exterminateur, et c'est le sens le plus littéral; 2° l'agneau que l'on immolait; 3° les autres victimes et les sacrifices que l'on offrait le lendemain; 4° les azymes ou pains sans levain que l'on mangeait pendant les sept jours de la fête; 5° la veille et les sept jours de cette même fête; 6° le grand sabbat, qui tombait l'un de ces jours.

L'abbé J.-G. Chassagnol.

PAQUEBOT, de l'anglais *packet-boot*. On appelle ainsi un bâtiment léger et fin voilier destiné au service de la poste et au transport des voyageurs d'un port à un autre. Quelquefois ces bâtiments sont armés. C'est afin d'assurer la célérité et la régularité du service des paquebots qu'on a pour la première fois tenté, il y a une quarantaine d'années, d'appliquer la vapeur à la navigation maritime. Pendant longtemps on n'osa s'aventurer à naviguer à la vapeur que dans les mers intérieures, où il est toujours facile de trouver partout des points de relâche, ou bien encore sur les rives orientales et occidentales de l'Atlantique, de port à port. Il était réservé au génie à la fois hardi et entreprenant des Anglais d'essayer les premiers de franchir à la vapeur la totalité de l'immense espace qui sépare l'Europe du continent américain. Le problème à résoudre consistait à construire des navires d'une assez grande dimension pour pouvoir, tout en prenant du fret et des passagers, se charger de l'immense approvisionnement de charbon de terre qu'exige une traversée telle que celle de Liverpool à New-York, et de les munir alors de machines assez puissantes pour imprimer aux paquebots une rapidité de marche qui permît de franchir cet espace dans une moyenne de quinze à vingt jours en allant, et de treize à quatorze jours au retour, en raison des courants favorables. Ce problème fut résolu en 1836, aux applaudissements des deux mondes. Le *Great Western* accomplit victorieusement cette traversée en dix-sept jours, et aujourd'hui, grâce au service régulier des magnifiques *paquebots transatlantiques* établis entre l'Angleterre et les États-Unis, on se rend presque aussi vite de Liverpool à New-York que de Paris à Moscou. Encouragée par le succès, l'Angleterre a organisé dans ces dernières années des lignes de paquebots à vapeur non-seulement avec les principales îles sous le vent, et de là avec les points les plus importants de l'Amérique espagnole, mais encore avec l'Australie. Un instant la France eut la velléité de lui faire la concurrence à cet égard; mais les projets mis successivement en avant à cet effet depuis 1844 ont fini par être abandonnés.

PAQUERETTE, nom vulgaire des plantes du genre *bellis*, de la famille des composées. Elles ont pour caractères : Racines vivaces, fibreuses; feuilles radicales, pétiolées, spatulées, entières, tantôt glabres, tantôt légèrement velues, formant une rosette sur la terre; hampe grêle, haute de 8 à 12 centimètres; calice simple, hémisphérique, à folioles courtes, égales; à réceptacle conique, nu; fleurs radiées, à graines comprimées, velues, sans aigrettes.

L'espèce la plus commune est la *bellis perennis* de Linné, que l'on appelle encore *marguerite*. Cette plante, répandue dans toute l'Europe, occupe naturellement les prés, les pâturages et les chemins verts; elle apparaît aux premiers jours du printemps; alors elle réjouit l'œil de ses jolies fleurs jaunes au centre, blanches et quelquefois lavées de rouge à leur circonférence. Les animaux ne la mangeant pas, elle doit être détruite dans les prés. La culture, qui la double facilement, en reproduit plusieurs variétés, d'un effet brillant dans les gazons et les bordures; les principales sont les *paquerettes blanches*, les *blanches mêlées de rose* et les *rouges de diverses nuances*. On les multiplie par le déchirement des vieux pieds en automne.

P. Gaubert.

PÂQUES. Les chrétiens appellent ainsi la fête établie en mémoire de la résurrection de Jésus-Christ. Ce nom a été donné à cette solennité parce que durant les premiers temps de l'Église les fidèles la célébraient à la même époque que les Juifs faisaient leur pâque. Témoins de la résurrection de leur maître, les Apôtres durent en célébrer avec grand soin l'anniversaire, parce que, comme le dit saint Paul, « ce fait est le fondement de notre foi et de notre espérance ». Aussi trouvons-nous cette fête établie dès les premières années du christianisme et solennisée avec toute la pompe que pouvaient permettre les circonstances. Elle comprenait ce que nous nommons la semaine sainte, ou grande semaine, le jour de la résurrection et son octave. Pendant ce temps, les chrétiens se pressaient autour de leurs autels, participaient aux divins mystères, s'exerçaient à la pratique de toutes les bonnes œuvres et surtout à l'aumône. Les catéchumènes recevaient le baptême, les évêques ordonnaient de nouveaux ministres, et l'on s'y préparait, comme de nos jours, par le jeûne quadragésimal. L'usage s'établit même d'affranchir en ce jour des esclaves; et lorsque la religion du Christ fut montée sur le trône des césars, plusieurs empereurs ordonnèrent de rendre à cette occasion la liberté aux prisonniers détenus pour dettes ou pour des crimes qui n'intéressaient point l'ordre public.

La célébration de la fête pascale dès l'origine du christianisme atteste la vérité du fait de la résurrection de Jésus-Christ, comme la pâque juive était un témoignage toujours vivant de la servitude des Hébreux en Égypte et de leur miraculeuse délivrance. A mesure que la ferveur diminua parmi les fidèles, ils s'éloignèrent de plus en plus des sacrés mystères, et l'Église fut obligée d'ordonner à ses enfants de participer au moins une fois l'an à l'agneau eucharistique : c'est ce qu'on appelle *faire ses pâques*, parce que cette fête a été choisie pour l'accomplissement de ce précepte. Durant les trois premiers siècles, les diverses Églises conservèrent l'habitude de manger l'Agneau pascal en mémoire du repas que Jésus-Christ fit avec ses Apôtres la veille de sa mort. Cette coutume introduisit des divergences dans la manière et le jour de célébrer la Pâque, et il s'ensuivit des discussions animées qui se terminèrent par un schisme. Les Orientaux, s'appuyant sur l'institution de saint Jean, faisaient la Pâque le même jour que les Juifs, c'est-à-dire le quatorzième de la lune de mars; la plupart des Occidentaux, alléguant l'autorité des apôtres Pierre et Paul, la remettaient au dimanche suivant, jour anniversaire de la résurrection.

Quoique cette diversité d'usages n'intéressât point le fond de la religion, il en résultait néanmoins des inconvénients très-graves. Pour les éviter, le concile de Nicée, dont les décisions devinrent la règle de toutes les églises, décida que la solennité pascale aurait toujours lieu le premier dimanche après la pleine lune qui suit le 20 mars; Pâques ne peut ainsi arriver au plus tôt que le 22 mars, lorsque la pleine lune tombe le 21 et que le lendemain est un dimanche, et au plus tard que le 25 avril, lorsque la pleine lune tombe le 20 mars, et non le même jour que les Juifs. Ceux qui refusaient de se soumettre à cette décision souveraine furent regardés comme schismatiques. On les connaît dans l'histoire ecclésiastique sous le nom de *quartodécimans, protopaschites*... Depuis cette époque, dit Bergier, il n'y a eu entre les différentes églises d'autres variations que celle qui a été quelquefois causée par un faux calcul des phases de la lune et par l'usage d'un cycle fautif Comme il y avait dans Alexandrie une école célèbre d'astronomie et de mathématiques, le patriarche de cette ville était chargé de notifier d'avance aux autres églises le jour auquel la fête de *Pâques* devait tomber; il en écrivait au pape, qui l'indiquait à toutes les églises de l'Occident.

On appelle *quinzaine de Pâques* tout le temps qui est entre le dimanche des Rameaux et celui de Quasimodo, inclusivement, et *semaine de Pâques* le temps qui est entre la fête de Pâques et le dimanche de Quasimodo, aussi inclusivement.

Pâques fleuries, c'est le dimanche des Rameaux, à cause des *palmes* qu'on fait bénir ce jour-là. *Pâques closes*, c'est le dimanche de Quasimodo, qui suit immédiatement celui de Pâques.

On appelle *œufs de Pâques* des œufs ordinairement teints en rouge, qu'il est d'usage de vendre dans le temps de Pâques; et figurément, les cadeaux qu'on se fait à cette époque.

L'abbé J.-G. Chassagnol.

PÂQUES (Ile de) ou *Waihou*, de toutes les îles de l'Australie celle qui est située le plus à l'est, isolée au milieu du grand Océan, à 350 myriamètres au nord-ouest de Valparaiso (Chili), et que les Anglais prétendent avoir été vue dès 1688 par le capitaine Davis, mais qui fut très-certainement découverte, le jour de Pâques 1722, par Roggeween. Elle a 28 kilomètres de circuit et est d'origine volcanique, comme le démontrent ses montagnes escarpées, à cratères éteints, atteignant jusqu'à 3,709 mètres d'altitude, et la lave dont se compose le sable du rivage. Le bois et l'eau y sont fort rares; mais son sol fertile fournit une foule de plantes alimentaires à ses habitants, belle race d'hommes d'origine malaise. A l'exception du rat, on n'y a pas non plus rencontré d'animaux vivipares. Ce qui frappe surtout le voyageur qui aborde l'île de Pâques, c'est la vue des maisons, construites partie en lave, partie avec des perches et des joncs, longues quelquefois de plus de 100 mètres, mais n'en ayant guère plus de trois de largeur, et qu'habitent des tribus entières. Des bustes en pierre, de dimensions colossales, ayant près de 5 mètres de hauteur, et placés sur une construction de 26 à 28 mètres de longueur, qui contient des tombeaux, paraissent être une énigme dont on n'a point encore trouvé le mot. Le point de débarquement s'appelle *Cookshaven*.

Au nord-est de l'île de Pâques on rencontre l'îlot de *Sala y Gomez*, découvert en 1793 par les Espagnols, vraisemblablement aussi d'origine volcanique, agglomération de rochers déserts, uniquement habitée par des oiseaux aquatiques, et qui a fourni à Chamisso le sujet et le titre d'un poëme qui a pris rang parmi les bonnes productions de la littérature allemande.

PARA, monnaie de cuivre ayant cours en Turquie et en Égypte, de la valeur de quatre centimes, et portant des deux côtés des caractères turcs. Le *para* est divisé en trois *aspres*. Quarante *paras* équivalent à une piastre turque. Il y a aussi des pièces turques de cinq paras.

PARA, la plus grande et la plus septentrionale des provinces de l'empire de Brésil, située des deux côtés de l'équateur et du gigantesque fleuve des Amazones, depuis la frontière de l'Ecuador jusqu'à son embouchure, et qui confine au nord aux Guyanes française, hollandaise, anglaise et vénézuélienne ou colombienne, à l'ouest à l'Ecuador et au Pérou, au sud à la Bolivie et aux provinces brésiliennes de Matto-Grosso et de Goyaz, à l'est au Maranhao et à l'océan Atlantique. Sa superficie est de 36,497 myriamètres carrés, sans y comprendre un territoire de 1,175 myriamètres environ, demeuré en litige entre le Brésil et la Guyane anglaise. Cette province avait toujours jusque ici formé trois *comarcas* ou arrondissements; mais tout récemment on en a détaché l'extrémité occidentale, pour en constituer, sous le nom d'*Amazonas* ou d'*Alto-Amazonas*, la dix-neuvième province de l'empire du Brésil. On évaluait la population totale des trois *comarcas* à 250,000 âmes; suivant d'autres données, elle dépassait le chiffre de 500,000, en y comprenant les esclaves et les Indiens. En tous cas, elle est extrêmement clairsemée, et d'immenses contrées sont des déserts inhabités. C'est dans la *comarca* de Para, à 10 myriamètres de la mer, qu'est situé son chef-lieu *Para*, ou *Santa-Maria de Belem*, sur la rive droite du Rio-Para, cours d'eau provenant de la réunion de l'Amazonas, du Tocantin et d'un grand nombre d'affluents, et accessible pour les plus forts navires de guerre jusque sous les murs de la ville, dont la fondation date de 1615. Siége d'évêché et régulièrement construite, on y compte 32,000 habitants, une foule de couvents et de magnifiques églises. On remarque surtout la cathédrale, plusieurs grands palais, le séminaire, le collége et le jardin botanique. Comme siége des autorités centrales et seul port de la province, il s'y fait un commerce des plus actifs.

PARABOLE (du grec παραβολή, comparaison). On entend par ce mot une leçon quelconque donnée sous la forme de comparaison ou d'emblème, qui saisit l'esprit de l'auditeur et captive son attention. Les livres sacrés sont remplis de paraboles. D'après les érudits, trois causes tendaient à multiplier les formes et les figures dans le langage des Hébreux : la nécessité de mettre des principes profonds à la portée du vulgaire, le génie oriental et la pauvreté de la langue. Les paraboles usitées dans tous les livres orientaux, surtout pour l'enseignement des vérités morales, abondent dans les prophètes. Ici l'Éternel compare son peuple à une femme adultère, parce qu'après lui avoir juré fidélité et accepté librement son joug, il se retire de lui et l'abandonne pour courir après des divinités étrangères. Là, sous l'image heureuse d'une vigne que son propriétaire a protégée contre tous les désastres, le Seigneur rappelle la sollicitude avec laquelle il a protégé Israel, et le menace de tout son courroux s'il ne produit que de mauvaises herbes et des fruits amers. Dans un autre endroit, c'est le courageux Nathan qui vient troubler la paix criminelle du grand roi, en le comparant à cet homme riche qui dérobe la brebis de son pauvre voisin ; ailleurs, c'est l'impétueux Ézéchiel qui, voulant peindre le retour des enfants de Juda, après leur dure captivité, les compare à des ossements blanchis et desséchés qui de toutes parts couvrent la terre, mais qui au souffle de l'esprit se réuniront et recevront une nouvelle vie.

Jésus-Christ a souvent employé l'enseignement par paraboles, parce que c'est celui qui se trouvait le plus adapté aux intelligences auxquelles il s'adressait. Toutes sont pleines d'une onction céleste et d'une ravissante simplicité. Qui pourrait oublier l'histoire de l'enfant prodigue, dans laquelle se peint si admirablement l'inépuisable miséricorde du père de tous! Qui n'a cité cent fois l'allégorie du mauvais riche, qui, après avoir refusé les miettes de sa table au pauvre Lazare, le voit ensuite rempli de gloire et de bonheur dans le sein d'Abraham!

On trouve encore un grand nombre de paraboles dans les auteurs du moyen âge, notamment dans les poésies des trouvères. Des auteurs plus modernes en ont aussi composé ou recueilli.

Le nom de *parabole* signifie quelquefois une simple comparaison, une sentence, une maxime de morale et de conduite, enfin quelque chose digne de mépris. C'est dans ce sens que Dieu menace son peuple de le faire devenir la *parabole* ou la fable des autres nations.

L'abbé J.-G. Chassagnol.

PARABOLE (pour l'étymologie, *voyez* tome VI, p. 279), courbe du second degré, que donne l'équation générale des sections coniques lorsque $B^2-4AC=0$. Cette courbe n'a qu'un foyer et qu'une directrice, et forme le lieu géométrique des points équidistants de ce foyer et de cette directrice. Une parabole quelconque peut être considérée comme la limite d'une série d'ellipses ayant une des extrémités du grand axe invariable, ainsi que le foyer voisin, tandis que l'autre foyer s'éloigne de plus en plus; lorsque ce dernier foyer est situé à l'infini, l'ellipse se transforme en parabole. Si l'on remarque que tous les points d'une ellipse sont équidistants de l'un des foyers et d'une circonférence ayant pour centre l'autre foyer et pour rayon le grand axe, on retrouvera encore une parabole pour limite en supposant que cette circonférence devienne une droite, qui ne sera autre que la directrice de la parabole.

La parabole n'a donc qu'un axe et qu'un sommet. En la rapportant à cet axe et à la tangente menée par le sommet, on a pour équation de la courbe : $y^2=2px$. Ce coefficient, $2p$, qui caractérise une parabole donnée et la distingue de toute autre, en est dit le *paramètre*. L'équation de la parabole nous apprend immédiatement qu'en choisissant les coordonnées comme nous venons de le faire, le rapport du carré de l'ordonnée à l'abscisse est constant.

La parabole pouvant être regardée comme une ellipse dont le grand axe est infini, les propriétés de cette dernière courbe doivent, sauf de légères modifications, convenir à la première. On trouve en effet que dans la parabole la tangente fait des angles égaux avec l'axe et avec le rayon vecteur mené au point de contact ; que toute parallèle à l'axe est un diamètre de la parabole, etc. Enfin, la quadrature de la parabole a été découverte par Archimède : le segment parabolique limité par une portion de la courbe, par le diamètre qui passe par l'une de ses extrémités, et par l'ordonnée conjuguée de l'autre extrémité, est équivalent aux deux tiers du parallélogramme construit sur l'abscisse et sur l'ordonnée.

Les propriétés physiques des miroirs paraboliques sont une conséquence nécessaire des propriétés géométriques de la parabole. Un point lumineux étant placé au foyer d'un tel miroir, il résulte des lois de la lumière que les rayons réfléchis formeront un faisceau parallèle à l'axe.

On a étendu le nom de *paraboles* aux courbes d'ordres supérieurs dont l'équation est de la forme $y^m=px^n$. Celles du troisième degré, par exemple, sont dites *paraboles cubiques*. Pour distinguer la parabole ordinaire, on l'appelle quelquefois *parabole conique* ou *parabole apollonienne*.

E. Merlieux

PARABOLOÏDE (de παραβολή, parabole, et εἶδος forme). On donne ce nom aux surfaces du second degré qui sont dénuées de centre, particularité qui les différencie des ellipsoïdes et des hyperboloïdes. On distingue les paraboloïdes en *paraboloïde hyperbolique*, *paraboloïde elliptique* et *paraboloïde de révolution*. Ce dernier est engendré par la rotation d'une parabole autour de son axe.

PARACELSE (Philippe-Auréole-Théophraste BOMBAST de HOHENHEIM), naquit à Einsiedeln (Notre-Dame-des-Ermites), canton de Schwyz, selon quelques-uns, à Gaiss, canton d'Appenzel, selon quelques autres. Le nombre des localités qui se disputent l'honneur de lui avoir donné le jour atteste que Paracelse n'était pas un homme vulgaire. A l'âge de trois ans un accident le priva de ses parties génitales ; il ne but que de l'eau jusqu'à vingt-cinq ans. Son père, fils naturel d'un prince, exerçait la médecine à Villach, en Carinthie, et s'appliquait à l'étude de la chimie ; les notions qu'il lui donna sur ces sciences, les leçons d'alchimie de Trithème, abbé de Sponheim, et celles de Sigismond Fugger constituèrent l'éducation première du jeune Paracelse, et déterminèrent sa vocation. Il fit de l'alchimie, de l'astrologie, inséparable alors de celle-ci, de la chimie, de la médecine, de la chirurgie; cette dernière sans l'emploi d'instruments tranchants. Paracelse commença par courir l'Europe et une partie de l'Orient ; il visita l'Égypte, la Tatarie, Constantinople, la Transylvanie, la Bohême, la Pologne, la Prusse, l'Espagne, le Portugal, cherchant la pierre philosophale, la transmutation des métaux, tirant l'horoscope d'après les lignes de la main, distribuant des talismans magiques, préservatifs de tous les maux et de tous les accidents, et, au milieu de cette carrière nomade de charlatan, accomplissant, plus sans doute grâce au hasard qu'à sa science, quelques cures heureuses, dont le retentissement parvint jusque dans la Suisse, sa patrie, où il mit le sceau à sa réputation en soulageant de la goutte, à Bâle, à l'aide du laudanum, le célèbre imprimeur Froben. Les magistrats de Bâle l'appelèrent à occuper un chaire de médecine et de chirurgie. La conduite du professeur devint à partir de cet instant plus étrange que celle de l'astrologue, du charlatan; contrairement à l'usage, Paracelse fait son cours en langue vulgaire, en mauvais allemand, qu'il mélange de mauvais latin ; il ne monte en chaire que complétement ivre de vin ; il brûle devant ses élèves les œuvres de Galien et d'Avicenne, les accusant d'avoir corrompu la physique; il se proclame lui-même impudemment le monarque de la médecine, ou, comme nous dirions aujourd'hui, le prince de la science; et au milieu des leçons les plus obscures, les plus incohérentes, il professe les opinions les plus étranges, les plus inouïes. Tout le monde était d'abord accouru pour l'entendre, quand il annonçait que la science, la seule, la vraie science allait couler à pleins bords de ses lèvres; tout le monde se retira de lui, après avoir été témoin de ses excentricités. Le professeur avait fait tomber sa chaire en discrédit; le médecin ébranla lui-même sa réputation, par la mort de plusieurs de ses malades; il en résulta des démêlés avec les magistrats de Bâle, démêlés à la suite desquels Paracelse s'enfuit, en 1527. Alors il recommença cette vie errante, nomade, qu'il avait menée étant étudiant; il alla successivement à Colmar, à Nuremberg, à Saint-Gall, à Pfeffers, à Augsbourg, à Villach, où il dédia sa *Chronique* aux états de Carinthie, à Middelheim; enfin, il mourut à l'hôpital de Saint-Étienne de Salzbourg, le 24 septembre 1541, à quarante-huit ans, lui qui prétendait posséder le secret de prolonger pendant des siècles la vie humaine : aussi quelques-uns de ses partisans supposèrent-ils qu'il avait été assassiné. Il faut reconnaître que Paracelse fut un des premiers qui cherchèrent à appliquer la chimie à la médecine. Il mérite des éloges pour avoir voulu introduire l'usage des préparations antimoniales, mercurielles, salines et ferrugineuses. On lui doit aussi la manière d'employer l'opium. Du reste, Paracelse est le héros de la pierre philosophale. Autrefois on lui attribuait hautement l'avantage de l'avoir possédée, et lui-même, lui qui mourut dans un état voisin de la misère, se vantait de connaître le secret de faire de l'or. Paracelse a beaucoup écrit; peu de ses ouvrages ont été publiés de son vivant. Ses œuvres, en aussi médiocre langage et aussi diffuses que ses cours, roulent sur la médecine, la philosophie et même la théologie; on les a recueillies en 3 volumes in-folio. A. Og.

PARACENTÈSE (du grec παρά, à côté, et κεντέω, je pique). *Voyez* PONCTION.

PARACHRONISME. *Voyez* ANACHRONISME.

PARACHUTE, machine destinée à ralentir la chute des corps, en offrant, par son déploiement, une résistance à l'air. Il se dit particulièrement de la machine en forme d'immense parasol qu'emploient les aéronautes pour descendre en abandonnant leur ballon. Une notice de M. Prieur, insérée dans les *Annales de Chimie*, attribue à Lenormand l'invention de cette machine préservatrice, fondée sur ce principe que l'air oppose aux corps qui s'y meuvent avec une certaine vitesse une résistance augmentant comme le carré de leur vitesse, et que l'on diminue cette vitesse en augmentant le développement, la surface de ces corps. Sa première expérience eut lieu à Montpellier, en 1783; il la répéta plus tard devant Montgolfier. L'académie de Lyon ayant proposé pour sujet de prix la question de « déterminer le moyen le plus sûr, le plus facile, le moins dispendieux et le plus efficace de diriger à volonté les globes aérostatiques, » Lenormand envoya au concours, dans les premiers jours de 1784, un mémoire où, décrivant son parachute, il réclamait la priorité de la découverte. Les moyens qu'il mettait en œuvre consistaient en un cercle de 4^{m},66 de diamètre avec une grosse corde. On attachait fortement tout autour un cône de toile, dont la hauteur était de 2 mètres. On doublait le cône de papier qu'on collait sur la toile pour la rendre imperméable à l'air; ou mieux, au lieu de toile, on se servait de taffetas couvert de gomme élastique; on adaptait tout autour du cône de petites cordes qui étaient attachées par le bas à une charpente d'osier et formaient avec cette charpente un cône tronqué renversé. C'était sur cette charpente que l'auteur se plaçait. Il évitait par ce moyen les baleines du parasol et le manche, dont le poids eût été considérable.

Blanchard se servait du parachute dans ses ascensions pour laisser tomber à terre des chats, des chiens et d'autres animaux.

Plus tard, Garnerin obtint un brevet d'invention pour un nouveau parachute, composé de trente-six fuseaux, réunis à côté les uns des autres et formant une surface concave assez semblable à celle que présente une voile enflée par le vent. Autant de fortes ficelles, partant du centre, règnent le long des coutures et viennent, en dehors de la circonférence, former, deux à deux, une pointe où l'on attache d'autres ficelles, qui empêchent le parachute de se renverser et soutiennent la nacelle d'osier. Une rondelle de bois forme la tête du parachute, et sert à fixer quatre cordes, qui concourent à soutenir la nacelle. A l'extérieur et en dessus du parachute, se trouve un cercle en bois très-léger, d'environ 8 pieds de diamètre, dont la fonction est de le tenir un peu ouvert lors de l'ascension et d'en faciliter le déploiement au moment où il se sépare du ballon. C'est en 1797 qu'eut lieu la première descente en parachute de Garnerin. Depuis ces expériences se sont singulièrement multipliées.

PARACLET (du grec παράκλητος, consolateur). Ce surnom, donné au Saint-Esprit, troisième personne de la Trinité chrétienne, vient de ce que, suivant l'évangéliste S. Jean (ch. XIV et XV), Jésus-Christ s'est exprimé en ces termes : « Je prierai le Père, et il vous donnera un autre *consolateur*, qui demeurera avec vous éternellement, esprit de vérité... le Saint-Esprit, que le Père enverra en mon nom ».

Quand Abélard, à qui ses doctrines sur le Saint-Esprit avaient suscité tant d'ennemis, fut réconcilié avec l'abbé de Clairvaux, il fonda sur les terres du comte de Champagne, son protecteur, dans une plaine riante, que traverse et féconde l'Ardusson, près de la ville de Nogent-sur-Seine, un monastère de femmes, qu'il nomma *Paraclet*, et dont il confia la direction à la belle et savante Héloïse. Mort à Cluny, le 21 avril 1142, il ne fut inhumé au Paraclet que le 16 novembre suivant, en attendant que les cendres de celle qu'il aima vinssent, au bout de vingt-deux ans de pleurs et d'austérités, se rapprocher des siennes. Le Paraclet, d'abord simple oratoire, construit par Abélard, en 1123, devint abbaye de femmes en 1129, et fut confirmé en cette dernière qualité deux ans après par le pape Innocent II. Entraîné dans la ruine commune des couvents, il appartint quelque temps à l'acteur-auteur Monvel, et plus tard au général Pajol, qui sur les débris du célèbre monastère fit bâtir un beau château, et, dans le caveau si longtemps occupé par les restes d'Abélard et d'Héloïse, restaura le sarcophage d'où l'on avait, en 1792, extrait les deux cercueils de plomb qui furent au printemps de 1800 transportés à Paris.

Louis Du Bois.

PARADE. Ce mot, qui suivant Ménage vient de *parata* (ornement, ostentation), désigne, dans une de ses acceptions les plus ordinaires, l'acte de montrer, d'étaler quelque chose qui est moins un objet d'usage que d'ornement : ainsi, l'on met de l'argenterie, des meubles en *parade*; on porte un habit de *parade*. On expose les rois, les évêques, les princes et autres grands personnages morts, sur des lits qu'on nomme *lits de parade*. Ce qu'on nomme *magnificence* chez les grands n'est autre chose que l'acte par lequel on se met en parade, pour attirer sur un sot les yeux d'autres sots.

Faire *parade* d'une chose par un sentiment de vanité se dit aussi figurément et au sens moral : l'hypocrite fait *parade* de sa piété, l'avare de son désintéressement; chacun fait *parade* de l'esprit qu'il a ou qu'il croit avoir. *Parade*, dans ce sens, n'est pas précisément synonyme d'*ostentation* : l'un s'applique à l'ordre matériel, l'autre à l'ordre moral; l'un désigne l'action ou l'effet, et l'autre la cause. Ainsi, l'on fait *parade* et non pas *ostentation* d'une chose; mais c'est par *ostentation* ou par un sentiment de vanité et d'orgueil qu'on en fait parade; le fat étale avec *ostentation* un habit ou un costume de *parade*. L'*ostentation* est le vice, la *parade* n'en est que l'expression extérieure ou matérielle. La résignation produit souvent les mêmes effets que l'ostentation, mais par une cause beaucoup plus noble. Le condamné qui marche au supplice peut éprouver un *calme réel* ou affecter un *calme de parade* : l'un provient de la résignation, qui naît d'une bonne conscience et de l'espoir d'une autre vie plus heureuse; l'autre résulte de la vanité, sentiment impérieux, que la présence même de la mort semble moins abattre qu'aviver encore, chez certains hommes.

Parade se dit aussi du lieu où ceux qui vendent des chevaux viennent les montrer aux acheteurs.

En termes de manége, il exprime l'arrêt d'un cheval qu'on manie : ce cheval n'est pas sûr à la *parade*.

On appelait autrefois *parade* ou *parate* le droit qu'avait tout seigneur d'exiger une certaine quantité de comestibles de toutes natures dans les villes ou terres où il y avait des fiefs de sa dépendance.

PARADE (*Art dramatique*). L'origine de la parade serait fort ancienne en France, si on voulait la faire remonter jusqu'aux premières représentations des *mystères*, joués sur des échafauds élevés dans les rues ou sur les places publiques. Du moins, les *sotties* ou *farces* que l'on y jouait ressemblaient-elles beaucoup à nos *parades* de tréteaux. Ces dernières eurent pour premier théâtre le Pont-Neuf, où elles servirent à rassembler les curieux devant les boutiques des charlatans et des vendeurs d'orviétan. La parade se transporta ensuite aux Foires Saint-Germain et Saint-Laurent. Là elle servit d'introduction aux représentations des spectacles forains, ou d'annonce aux divers établissements dans lesquels on montrait des phénomènes vivants, des animaux curieux. Enfin, dans la dernière partie du dernier siècle, le boulevard du Temple devint la terre classique de la parade. Les théâtres de Nicolet et de l'Ambigu-Comique n'obtinrent même le privilége de s'y établir qu'à la condition expresse d'y joindre chaque jour une parade en plein air. C'est sur ce boulevard que brillèrent trois *paradistes* fameux, d'abord le père Rousseau, puis, de nos jours, Bobèche et Galimafré.

Une autre sorte de *parade*, celle qu'on pourrait appeler la *parade dramatique*, n'a point été dédaignée par un certain nombre de nos plus spirituels écrivains. On sait qu'elle a inspiré à Collé de petits chefs-d'œuvre, parmi lesquels se place au premier rang *La Vérité dans le Vin*; Fagan, ce comique élégant et gracieux, a fait aussi une parade que les amateurs regardent comme classique, c'est l'excellente bouffonnerie intitulée : *Isabelle grosse par vertu*. Il n'est pas jusqu'à l'auteur de *Mélanide*, le larmoyant La Chaussée, qui, dans *une petite saillie de gaieté*, comme dit un personnage du *Tambour nocturne*, n'ait aussi offert son tribut à la parade.

On a publié dans le siècle dernier un *Théâtre des Parades* en 3 vol. Elles ne sont pas toutes aussi piquantes que celle d'*Isabelle*, dont je viens de parler et qui fait partie de ce recueil, mais il est rare qu'on n'y trouve pas quelques traits comiques. On y ajouta plus tard un quatrième volume, qui est plus rare : c'est dans celui-là que se trouve la parade de La Chaussée, dont je ne citerai pas ici le titre, un peu immodeste. Ces diverses parades ne pouvaient guère se jouer que sur des théâtres de société. Quelques autres, se conformant mieux aux décentes exigences de nos théâtres publics, ont parfois trouvé le moyen d'y avoir accès. On peut citer, entre autres le *Gilles, garçon pointu*, de Poinsinet, et la charmante folie du *Tableau parlant*, qui fit monter avec succès sur les planches d'un spectacle royal *Cassandre, le beau Léandre* et *Mamzelle Zirzabelle*, qui n'avaient encore figuré que sur les tréteaux des baladins. Plusieurs pièces du Vaudeville et des Variétés (particulièrement celles qui y ont été jouées par Arnal et Odry) peuvent aussi être classées dans cette espèce de parades.

Dans le langage habituel, ce mot est une expression de dédain. Combien il est dans ce monde d'œuvres et de choses qu'on veut nous donner comme très-sérieuses, et dont nous disons, non sans quelque justice : *C'est une parade*.

OURRY.

PARADE (*Art militaire*). Dans les places de guerre et dans les villes de garnison, on réunit chaque jour sur la place d'armes, et aux heures désignées par le général commandant la division, les troupes qui doivent monter la garde du jour et relever celles de la veille. On donne à ces rassemblements le nom de *parade*, parce que les officiers et soldats qui la composent doivent être en grande tenue. Avant de se rendre sur le terrain de parade, les troupes sont inspectées dans leurs quartiers respectifs par les officiers de semaine. Elles sont ensuite conduites au lieu du rendez-vous général par l'officier de service le plus élevé en grade, accompagné d'un adjudant-major et d'un adjudant-sous-officier. Arrivés sur le terrain, le commandant de la place, un officier de son état-major ou l'officier supérieur en tour pour ce service, prend le commandement de tous les détachements réunis, et fait défiler la parade devant le corps d'officiers de la garnison, en tête desquels se placent les officiers supérieurs. Derrière les officiers subalternes sont les sous-officiers et les caporaux de semaine. Après le défilé de la parade, l'officier le plus élevé en grade fait former le cercle et transmet les ordres relatifs au service, à la police et à la sûreté de la place. Il y a aussi de grandes parades à des époques déterminées, telles que les jeudi et dimanche. Celles-ci sont plus nombreuses, et on y ajoute quelques détachements de plus, souvent même de l'artillerie et des bouches à feu. Après les manœuvres et le défilé, les troupes qui ne sont pas de service se séparent des gardes montantes et rentrent dans leurs quartiers. Dans ce dernier cas, les officiers généraux et leur état-major y assistent presque toujours pour y inspecter les troupes. Les grandes parades ont encore lieu lorsqu'on veut faire honneur à un personnage de distinction. Alors presque toutes les troupes de la garnison prennent les armes et exécutent de grandes manœuvres.

SICARD.

PARADE (*Escrime*). On peut porter un coup d'épée de huit manières différentes : de là huit coups d'épée et huit parades simples.

Prime. Vous tenez l'épée telle que vous l'avez prise dans le fourreau, et vous plongez dans la poitrine, la main haute et renversée. — *Parade de prime*. Opposition du *fort* de l'épée, la main dans la même position que l'adversaire, à la hauteur du front, un peu ramenée, la pointe basse (le *fort* de l'épée est la partie la plus rapprochée de la garde : c'est toujours avec le fort qu'il faut saisir le faible de l'épée ennemie). La parade de prime est dangereuse, elle découvre tout le flanc.

Seconde. L'épée attaque le flanc découvert par la prime, la main tournée de même. — *Parade de seconde*. Opposition semblable : vous étendez le bras et baissez un peu la main.

Tierce. Passez votre épée sur celle de l'adversaire, les ongles en dessous, la main haute. — *Parade de tierce*. La main un peu moins tournée, le bras un peu plus raccourci; parez avec l'angle inférieur droit du fleuret.

Quarte. L'épée passe de l'autre côté en dedans des armes, au-dessus du poignet adverse, les ongles en dessus. — *Parade de quarte*. Tournez les ongles en dessus, opposez l'angle inférieur gauche du fleuret.

Quinte. Si vous avez levé la main, en parant quarte, les ongles en dessus, l'épée passe sous le poignet; la main basse, les ongles en dessous. — *Parade de quinte*. Appuyez en fauchant, les ongles en dessous (le coup de quinte n'est bon que si on le rend après avoir paré; il faut avoir soin de revenir ensuite à la parade de prime).

Sixte, ou quarte sur les armes. Si l'adversaire a baissé la main après la parade de quarte, vous passez sur les armes (au-dessus du poignet), les ongles en l'air. — *Parade de sixte*. Simple opposition de main de quart.

Septième coup, quarte basse. Les épées sont croisées; je tiens la vôtre en quarte; je baisse la pointe et pars sous le poignet. — *Parade de demi-cercle*. La main haute et quarte, le coude rentré en dedans comme pour la garde, la parade de tierce et de quarte; la pointe basse.

Huitième coup, octave. L'adversaire ayant baissé la pointe pour la parade de demi-cercle, vous parez de l'autre côté sous le bras, la main quarte. — *Parade d'octave*. Ramenez la main quarte; baissez la pointe.

Dégagements et parades doubles. Les parades s'exécutent par simple opposition ou en chassant le fer par un coup sec, qu'on appelle *tors*. Je tiens votre épée tournée en quarte en dedans : si je passe de l'autre côté en tierce, je fais *un dégagement en tierce*; si je suis croisé en tierce, et passe quarte en dedans, je dégage en quarte. Il y a deux parades doubles : le contre de quarte et le contre de tierce. Le premier ramène en quarte l'épée qui a dégagé en tierce; le second ramène en tierce l'épée qui dégage en quarte. Il faut suivre rapidement l'épée aussitôt qu'elle abandonne votre fer, et tourner le poignet avec vitesse; la main seule doit jouer sur elle-même; l'avant-bras ne bouge pas; la pointe décrit un cercle prompt. Ces parades sont moins rapides que les simples, mais elles présentent moins d'incertitude. Si vous ne trouvez pas le fer après un contre de quarte, opposez tierce, et quarte après un contre de tierce.

Fermer la ligne d'opposition, c'est appuyer la main en quarte quand on dégage en tierce, et réciproquement, pour éviter que l'ennemi ne porte par le jour au lieu de parer.

P.-E. BARRÉ.

PARADIGME. *Voyez* CONJUGAISON.

PARADIS. Ce mot nous vient de l'Orient; il est tiré du zend *pardas*, jardin, lieu de délices. Les Grecs l'ont transporté tout entier dans leur langue, sous celui de παράδεισος, qui se trouve dans Xénophon. Le verger de délices où Dieu avait placé nos deux premiers parents fut appelé de ce doux nom dans la suite. L'*Éden* disparut de la terre après le péché; mais la bonté divine réserva aux justes dans les cieux un séjour éternel de félicité sans mélange, et les hommes l'appelèrent encore *paradis*. Les païens pressentirent aussi cet état de béatitude qui attend les hommes pieux après la mort; ils créèrent, aidés par l'imagination brillante de leurs poëtes, ce séjour souterrain, mais riant, auquel ils donnèrent ce nom si célèbre de *Champs Élysées*. C'était aussi un verger délicieux : l'auteur des *Jardins* a dit :

> Eh! quand les dieux offraient un élysée aux sages,
> Étaient-ce des palais? C'étaient de verts bocages!

De quelle nature est-il ce paradis céleste des chrétiens? Le dire serait de la présomption. Le saint évêque d'Hippone dit avec sa haute raison que « le paradis est partout où l'on est heureux ». Eh! n'est-ce point un jardin sans limites que ces bleus espaces de l'éther? Les poëtes n'ont-ils point appelé les étoiles les *fleurs du ciel?* En effet, comme celles de la terre, elles sont de toutes les couleurs et radiées comme elles. Saint Paul nous dit que les justes brilleront ainsi que des soleils dans le royaume du père céleste. Dans son *Épître aux Corinthiens*, il représente les corps ressuscités comme spirituels et incorruptibles, semblables à celui de Jésus-Christ, dont la transfiguration sur le mont Thabor était l'image. Le Sauveur du monde sur la croix indique clairement l'existence du séjour des félicités célestes; il dit au bon larron crucifié, à sa droite : « Aujourd'hui, vous serez avec moi en paradis. » Les infortunes, les chagrins, les violences, les injustices, les tribulations de tous genres qui infestent la terre et en font un lieu de supplice, mais de transition sans doute, confirment les chrétiens dans l'espérance d'un séjour où, selon l'apôtre, « il n'y aura plus de crainte, plus de souffrance, plus de larmes; où Dieu changera la tristesse en joie, et revêtira l'innocence de sa propre gloire pour toute l'éternité. » Cette espérance d'un *bonheur éternel* porte en soi un tel ravissement, une extase si puissante, qu'il s'est vu parmi les martyrs de faibles femmes, des vierges frêles, dont des ongles de fer déchiraient le sein et mettaient le cœur à nu, porter dans leurs tendres regards la joie des anges et comme respirer, sur le chevalet où palpitaient leurs chairs, les roses célestes, et tendre leurs mains calmes vers les fraîches couronnes, vers les palmes vertes des jardins éternels. Leur ravissement spirituel avait anéanti chez elles tout charnel sentiment des atroces tortures inventées par la rage des bourreaux. Elles étaient fortes et rayonnantes comme les anges, que leurs âmes allaient suivre incontinent dans les vergers incorruptibles; car c'est l'opinion de l'Église que le juste après sa mort monte sans retard dans le séjour de béatitude, sans attendre le *jugement dernier*. Des schismatiques de l'Église grecque et arménienne, Luther et Calvin, prétendent que le paradis ne sera ouvert aux justes qu'après la résurrection éternelle.

Le Talmud des Juifs décrit ainsi le paradis : Le jardin de l'Éden est soixante fois plus grand que l'Égypte; il est placé dans la septième sphère du firmament. Il a deux portes, par où entrent soixante myriades d'anges, dont les figures brillent comme le firmament. Quand le juste entre dans l'Éden, ils le dépouillent de ses vêtements, et placent sur sa tête deux couronnes, une d'or et l'autre de pierres précieuses, en lui donnant huit bâtons de myrte, et dansent devant lui en lui disant : « Mange ton pain en te réjouissant. » Alors, ils le font entrer dans un lieu entouré d'eau, où coulent quatre grands fleuves, un de miel, un de lait, un de vin, et un d'encens; dans chacun de ses angles sont plantés quatre-vingts myriades d'arbres, et soixante myriades d'anges y chantent continuellement et d'une voix agréable les louanges du Seigneur; au milieu de l'Éden s'élève l'arbre de vie, dont le feuillage l'ombrage tout entier.

Mahomet, ce conducteur de chameaux, que l'on nomme si mal à propos homme grossier et sans lettres, ravit aux Saintes Écritures des Hébreux et aux inspirations des Apôtres une partie de notre foi, qu'il matérialisa merveilleusement, ayant affaire à des hommes de volupté, de sang, et dont la seule loi était le cimeterre. A de telles gens, il ne se contenta pas de promettre un paradis, il leur en constitua sept, qu'il dépeignit ainsi dans son *Coran*. Le premier est d'argent, le second est d'or, le troisième de pierres précieuses, que garde un ange qui a 70,000 journées de chemin de l'extrémité d'une main à l'autre; le quatrième est d'émeraude, le cinquième de cristal, le sixième de couleur de feu : le septième est un jardin délicieux, arrosé de fontaines, parfumé d'eau de rose, de fleuves de vin, d'huile, de miel et de lait. Des tables couvertes de mets rares et d'une saveur ineffable sont dressées dans des appartements ornés de tout ce que l'imagination peut concevoir de riche et d'admirable : là s'assiéront les croyants, là ils seront servis par des *houris*, ou vierges aux yeux doux comme les étoiles, dont la virginité est sans cesse renaissante sous les baisers et dont la salive est si suave que si elle tombait dans l'océan il perdrait aussitôt son amertume. Là aussi sont des anges qui, avec 70,000 bouches et autant de langues, parlent autant d'idiomes différents. Et de plus, pour illuminer ces félicités toutes terrestres, brûlent quatorze cierges devant le trône de Dieu, qui contiennent cinquante journées de chemin d'un bout à l'autre. On voit dans ces descriptions magnifiques que Mahomet a mis à contribution l'Apocalypse, merveilleux écrit du divin inspiré de Patmos.

Enfin, le paradis, primitivement ce jardin délicieux dans Éden, puis le verger de Salomon, puis le séjour désiré des chrétiens dans le ciel, est resté au figuré dans les idiomes modernes : ainsi l'on dit : « Paris est le *paradis* des femmes, le purgatoire des maris et l'enfer des chevaux. » Ainsi l'on disait il y a un demi-siècle de Naples et de la Sicile, « que c'était un *paradis* habité par des diables ».

Comment a-t-on osé nommer *paradis* ces loges étouffées, véritables nids juchés dans les combles de nos théâtres modernes? Elles tirent sans doute leur étymologie de leur hauteur effrayante; car c'est le véritable enfer du théâtre, où montent toutes les vapeurs, toutes les exhalaisons du parterre, des loges, des baignoires et du lustre. De ce paradis, qui n'est point un jardin de Chaldée, pleuvent cependant des pommes cuites, des noix, quelquefois des nuées bourdonnantes de hannetons et autres scarabées, sur les élégantes et les fashionables des premières loges. Il faut avouer que nous faisons, nous autres modernes, un singulier abus des mots. C'est avec plus de justesse que le peuple donne à cette partie haute de nos théâtres le nom de *poulailler*. Laissons donc le nom de *paradis* à nos saintes coupoles, à leurs fresques mystiques, et non à ces nébuleux cloaques. DENNE-BARON.

PARADIS (Oiseau de). *Voyez* OISEAU DE PARADIS.

PARADIS TERRESTRE, lieu de délices où, suivant la *Genèse*, Dieu plaça nos premiers parents après la création. « Or, Jehovah-Éloïm (celui qui fut, est et sera, *lui seul* les dieux) planta un verger dans Éden, du côté de l'orient, dit l'Écriture, dans lequel il mit l'homme qu'il avait formé. » Nous abandonnerons aux illuminés, aux poëtes, à la rêverie orientale, toutes ces utopies extravagantes qui placent Éden comme jardin de délices ou paradis les unes dans Serendib, l'île enchantée (Ceylan), aux îles Fortunées (les Canaries), en Amérique, en Suède même, par delà l'Océan, et jusque sous la terre; et les autres dans la Lune, ou dans son orbite, ou dans les espaces célestes. Laissons Moïse lui-même tracer le plan géographique d'Éden. Ce cosmologue dit, au 2ᵉ chap., 10ᵉ, 11ᵉ et 12ᵉ verset de la *Genèse* : « Et un fleuve coulait d'Éden pour arroser ce jardin, et de là se divisait et formait quatre chefs (canaux). Le nom du premier était *Phishon* (Phison), celui qui environnait toute la terre de Havilah, qui était le lieu de l'or, et l'or de cette terre était bon; lieu du *beddolah* (bedellion), et de la pierre *shoham* (agate-onyx); et le nom du fleuve deuxième était *Gihon*, celui qui est entourant la terre de *Choush* (mot mal interprété dans la Vulgate par *Ethiopie*); et le nom du fleuve troisième était *Hiddekel* (le rapide, le Tigre), qui va du côté d'*Assur* (d'Assyrie); et le fleuve quatrième était *Phrath* (l'Euphrate). »

Les uns veulent que le pays d'Éden ait été situé dans la terre promise, la terre de Canaan, que les Israélites habitèrent par la suite; ils ajoutent que son verger délicieux était au voisinage du Jourdain, non loin du lac de Génésareth, et que le nom même de ce fleuve célèbre est dérivé du mot hébreu *jor*, ruisseau, et d'*Aden*, ruisseau d'Aden. En ce cas, la terre de lait, d'huile et de miel, où Moïse n'eut pas la joie d'entrer, et qu'il ne vit que de loin, aurait bien changé depuis, car son sol aride, couronné de monts lugubres, ne présente que l'aspect de nos blanches et tristes falaises des côtes de Normandie. Quelques-uns ont déterminé plus vaguement encore la position d'Éden. Cette région, disent-ils, s'étendait vers la Médie, aux environs de la mer Caspienne, et non loin des montagnes de l'Arménie, où se trouvent les sources du Tigre et de l'Euphrate, du Hiddekel et du Phrath, comme les nomme Moïse. D'autres assurent qu'Éden est la région la plus au midi de la Mésopotamie, et la plus proche du confluent du Tigre et de l'Euphrate. Ils s'appuient en outre d'un passage d'Ézéchiel qui fait mention des trafiquants de la contrée d'Éden, que le prophète mêle, sans les confondre, avec ceux de Charan, dans le pays des deux fleuves. Isaïe parle aussi des fils d'Éden, ainsi que le livre des Rois. Le fils d'Amos place ces enfants d'Éden à Thalassar. Or, Thalassar était en Mésopotamie, au voisinage des sources de l'Euphrate et du Tigre. On plaça aussi Éden dans la Babylonie septentrionale. Ceux-ci ont pour eux le texte de l'Écriture, ceux-là ont de leur côté la conformité des noms : ces derniers tiennent pour certain que le verger du paradis d'Éden a été situé dans la Syrie, aux environs de Damas, non loin des sources du Chrysorrhoas (ce serait l'Havilah), de l'Oronte et du Jourdain. En effet, il y eut une ville bâtie sur l'un des versants du Liban, appelée *Beth-Eden* ou *Maison de Délices*. C'était un admirable verger qu'abritaient au midi les hauts cèdres de ce mont fameux, et que récréaient le voisinage, le murmure et la fraîcheur du petit fleuve *Adonis*.

La secte des nestoriens a changé le nom de l'île *Gezaïr* (île par excellence) en celui, plus mystique, d'*Eden* : cette petite et charmante oasis surgit immédiatement au-dessus du confluent du Tigre et de l'Euphrate. L'historien Josèphe, esprit éclairé, et avec lui les Juifs et plusieurs Pères de l'Église, pensent que le Gange et le Nil étaient deux des quatre fleuves qui servaient de limites au paradis terrestre; ils s'appuient du mot de *Choush*, qu'ils traduisent à tort par *Ethiopie*. Quel espace! C'était à peu près, à l'exemple de quelques imaginations, supposer que toute la terre était l'Éden, un immense jardin de volupté. Ces esprits se fondent sur ce qu'avant le déluge, catastrophe incontestable, avant que l'axe du monde fût dérangé, le soleil ne traçait pas la ligne oblique de l'écliptique, mais poursuivait sa marche le long de l'équateur, qu'il décrivait chaque année; et qu'ainsi l'égalité obligée des saisons devait entretenir, si ce n'est aux pôles inhabités, un éternel printemps sur le globe. Plusieurs sont allés jusqu'à prendre le glaive flamboyant du séraphin commis à la garde du paradis après le péché pour la ligne enflammée de l'équateur, en ces temps où la sphère était encore parallèle.

L'opinion la plus commune, la plus arrêtée et la plus conforme au texte de Moïse est que le pays d'Éden fut à peu près situé au confluent du Tigre et de l'Euphrate, appelé aujourd'hui *Shat-al-Arab*, ou fleuve des Arabes, qui se décharge par plusieurs bouches dans le golfe Persique. Il se trouvait entre le 32ᵉ et le 34ᵉ degré de latitude. D'autres prétendent que la région d'Éden s'étendait dans l'Arménie, et qu'elle renfermait les sources de l'Euphrate, du Tigre, du Phase et de l'Araxe. Dans la première supposition, que nous adoptons, voici un passage d'une histoire universelle écrite en anglais qui éclaircira cette question : « Le Shat-al-Arab, dit l'auteur, est la rivière qui sort d'Éden. Considérée suivant la disposition de son lit, et non suivant le cours de ses eaux, elle se divise en quatre branches, qui sont les quatre rivières : deux dessous, savoir, le Frat et le Dylat, ou l'Euphrate et le Hiddekel. Suivant cet arrangement, la branche occidentale du Shat sera le Phison, la partie d'Arabie la plus prochaine vers le golfe de Perse, Havilah; et la branche orientale, le Gihon, qui entoure le pays de Cush ou le Khusestan, qui est une province d'Iran, à qui les Persans donnent encore aujourd'hui ce nom. » Le mot *beddolah*, qu'on trouve dans le texte de Moïse, et qu'on croit signifier *perle*, attesterait le voisinage d'Ormuz, dans le golfe Persique, où se fait toujours une pêche abondante de cette nacre précieuse. Cette circonstance viendrait à notre appui. Bien plus, les voyageurs font un tableau ravissant d'une petite ville située en Irak, sur les deux rives du Tigre : elle est bordée de chaque côté par des jardins verdoyants et frais, qu'ornent des portiques déliés, qui, par une symétrie vraiment orientale, correspondent les uns aux autres, et réfléchissent dans le fleuve leur architecture riche et élégante. L'aménité de ce lieu, qui, dit-on, n'a point son pareil dans l'Asie, lui mérita le nom de *Quatre-Paradis*. Pour sa part, Quinte-Curce assure que les plaines qui avoisinent les sources de l'Euphrate et du Tigre sont favorisées par le ciel d'une telle surabondance de verdure, d'herbes et de fleurs, qu'on n'y laisse pas les troupeaux paître à leur gré, de peur qu'ils ne périssent par l'excès de nourriture.

Tout ce que nous pouvons raconter du jardin fameux d'Éden est le peu de mots qu'en a dit Moïse, « qu'il était plein de beaux arbres, dont les fruits étaient d'une délicieuse saveur, et que parmi eux Dieu avait planté l'arbre de vie, qui rendait immortels ceux qui mangeaient de son fruit, et l'arbre de la connaissance du bien et du mal, qui donnait la mort ». Arbres encore implantés parmi nous, qui, s'ils ne sont qu'une allégorie, offrent la plus belle et la plus sage qu'ait conçue l'imagination orientale.

S'il est vrai, comme l'assurent les idéologues, que tout ce qui existe dans l'imagination de l'homme doit ou a dû exister, nous ne pouvons nier l'existence du paradis terrestre. Par une intuition rétrospective et divine, un poëte aveugle, Milton, fut le seul qui, parmi les hommes, l'ait revu depuis Adam. Ses descriptions sont un reflet de ce spectacle magnifique de la création, que n'ont pu effacer ni les jardins magiques d'Alcine ni ceux d'Armide.

DENNE-BARON.

PARADOXE (de παρά, contre, δόξα, opinion, sentiment), proposition inouïe, surprenante, contraire aux opinions reçues, qu'elle soit ou qu'elle ne soit point véritable. C'est un paradoxe de dire que la pauvreté est préférable aux richesses. La secte des stoïciens passait dans l'antiquité pour la plus féconde en paradoxes. L'opinion de Galilée, que la terre tourne, fut longtemps regardée comme un paradoxe. Il y a des paradoxes même en géométrie : plusieurs ont été recueillis dans l'*Apiarium* du jésuite Mario Bettino, entre autres celui-ci : le contenu est plus grand que le contenant. On a beaucoup tonné dans tous les temps contre l'esprit paradoxal, contre l'homme à paradoxes. Cette manie était celle de Jean-Jacques ; et elle nous a valu pourtant des pages sublimes, quelquefois même des vérités qui resteront. Mais malheur à l'écolier qui veut jouer avec le paradoxe ! l'arme dont il ne sait point se servir le tue sans retour.

On a donné autrefois le nom de *paradoxologue* à l'homme qui avançait des paradoxes, qui disait des choses contraires à l'opinion commune. C'était dans l'antiquité une espèce de farceur, de faiseur de parades. On l'appelait aussi *paradoxe*, et quelquefois *ordinaire*, parce que, parlant sans étude, sans préparation, il devait, véritable improvisateur, être aux ordres du public chaque jour, à chaque heure. On donnait encore à ces bateleurs le nom de *nianicologues*, diseurs de contes d'enfants, et celui d'*arétalogues*, d'ἀρετή (vertu), parce qu'ils parlaient beaucoup, à la façon des charlatans, de leurs vertus et des talents rares dont ils se prétendaient doués. Le scoliaste de Juvénal en parle, ainsi que Saumaise, dans ses notes sur Tertullien, *De Pallio*.

PARAFE. Le Dictionnaire de l'Académie définit le *paraphe* ou *parafe* : « Marque faite d'un ou de plusieurs traits de plume qu'on met au bas de la signature, et qui en certains cas se met pour la signature même. » Ordinairement le parafe est si étendu, si mal fait, qu'il entre pour beaucoup dans la difficulté de lire les mauvaises signatures. Au Palais le parafe employé au lieu et place de la signature est pour certaines pièces d'un usage indispensable, et même prescrit par la loi. Ainsi, quand on dépose au greffe des pièces arguées de faux, le déposant, le magistrat, le greffier, les *parafent*, et l'on appelle cette formalité parafer *ne varietur*, c'est-à-dire que les marques y apposées constatent l'identité de la pièce produite, tandis que le procès-verbal de description empêche qu'il n'y soit rien changé ou ajouté après coup. Les registres de l'état civil doivent être parafés aussi et cotés sur chaque feuillet ; la marque du juge empêche ainsi qu'on n'en puisse altérer la sincérité, en substituant une feuille à une autre, et en supposant de la sorte des actes qui n'auraient pas été écrits à leur date, ou par l'officier compétent. Dans les inventaires, on parafe par *première* ou *dernière*. C'est aussi à l'aide de parafes qu'on approuve les ratures, les renvois ou les notes intercalées, dans les actes notariés, ou sous seing privé, dans les enquêtes et cahiers d'information judiciaire, en un mot dans tous les contrats ou actes judiciaires sur papier timbré.

De Golbéry.

PARAGE (*Droit féodal*). C'était une manière de tenir un fief entre parents ; l'aîné de la famille rendant seul foi et hommage au seigneur, et assignant à chacun sa portion d'héritage, pour laquelle il recevait l'hommage des puînés.

PARAGE (*Marine*), partie, étendue de mer, avoisinant une île, un archipel, une rive, etc., et que l'on veut désigner d'une manière plus spéciale. On dit qu'un bâtiment est dans tel *parage*, changer de *parage*, croiser dans les *parages* de Ceylan, surveiller les *parages* de Terre-Neuve. *Parage* en marine est l'équivalent d'*environ* sur terre.

Le *parage* d'un bâtiment en construction s'entend du poli que les charpentiers donnent aux faces extérieures et intérieures de sa membrure, avant de border et de vaigrer.

Martial Merlin.

PARAGOGE (du grec παρά, au delà, et ἄγω, mener, d'où l'on a fait παραγωγή). C'est un *métaplasme* ou figure de diction qui consistait chez les Latins dans l'addition d'une lettre ou d'une syllabe à la fin d'un mot, comme *memet*, *egomet*, pour *me*, *ego*.

PARAGRAPHE (du grec παραγραφή, signe posé près l'écriture, dérivé de παρά, proche, et de γράφω, j'écris). Les Grecs appelaient *paragraphe* les barres marginales par lesquelles ils distinguaient certaines parties de parabase ou de chœur qui correspondaient entre elles, dans la comédie. Le paragraphe constitue aujourd'hui une petite division d'un discours, la section d'un chapitre, etc. En imprimerie, on figure le paragraphe par ce signe §.

PARAGRÊLE, appareil imaginé en Amérique vers 1820, et destiné à préserver de la *grêle*. Dès son origine le paragrêle fut formé d'une perche armée à son extrémité supérieure d'une verge en laiton ; à cette verge venait s'attacher une corde de paille de froment ou de seigle coupée dans sa parfaite maturité, de 33 millimètres au moins de diamètre ; renfermant dans son centre un cordon de lin écru, de douze à quinze fils environ ; cette corde était tournée autour de la perche et pénétrait avec elle dans la terre. Depuis on a substitué en quelques endroits un conducteur métallique à la corde de paille. Les points les plus élevés sont les plus avantageux pour placer les paragrêles ; ainsi on doit préférer les sommets des arbres, des collines, des maisons. Dans ce dernier cas, ils peuvent remplir l'office de *paratonnerre*, leur effet général consistant à soutirer l'électricité des nuages orageux. Il n'y a pas de grêle en effet sans que l'équilibre électrique de l'air soit rompu; mais l'électricité ne semble pas le seul agent qui concourt à la formation de la grêle : de là des doutes sur l'efficacité des paragrêles, lesquels ont été importés en Italie et en France sans succès marqué. Des expériences faites à Lyon, en 1826, parurent peu concluantes en faveur des paragrêles à une commission de l'Académie des Sciences.

L. Louvet.

PARAGUAY, contrée complétement intérieure et la plus petite des républiques de l'Amérique du Sud, bornée au sud par le Parana, à l'est et au nord par le Brésil, à l'ouest par la rivière appelée Paraguay, et qui présente une superficie totale de 2912 myriamètres carrés. Au seizième siècle on comprenait sous cette dénomination tout le territoire qui compose aujourd'hui les États de la Plata et de la Banda-Oriental, ainsi que les déserts du haut Pérou. Les délimitations actuelles ont pour bases les traités intervenus depuis 1620 entre l'Espagne et le Portugal, et dont le dernier date de 1776. Toute cette contrée forme une plaine, qui va en s'abaissant au sud et à l'ouest, où l'on ne rencontre qu'un petit nombre de collines, dépassant rarement 350 mètres d'élévation. Elle appartient presque uniquement aux formations tertiaires ; on n'y trouve pas de traces d'activité volcanique, et sa fertilité est extrême. Indépendamment des cours d'eau ci-dessus mentionnés, elle est arrosée par une foule d'affluents et de grands lacs ; et on y trouve de vastes marais, provenant de leurs débordements périodiques. Le climat est à moitié tropical et extrêmement favorable aux végétaux ; en hiver la température s'y abaisse d'une manière assez sensible (au mois d'août le thermomètre n'indique souvent la nuit que 0° R.), et elle est très-chande en été. Une grande partie du pays est encore couverte d'immenses forêts vierges ; le reste se compose de prairies sans fin. L'agriculture y est bornée à la production des articles d'alimentation, du coton, du sucre et du tabac nécessaires à la consommation locale. Le commerce qui se faisait jadis avec le célèbre *thé du Paraguay* ou *yerba Maté* (les feuilles de l'arbuste appelé *Ilex Maté*) fut anéanti par la révolution et par l'isolement complet dans lequel le pays resta plus tard pendant si longtemps ; et il ne se relèvera plus jamais à la même hauteur. La foule de produits bruts et la fécondité du sol sont d'ailleurs si grandes, que favorisé par ses magnifiques voies de communication fluviales, le Paraguay pourrait facilement arriver à jouir d'une grande prospérité commerciale. L'éducation du bétail s'y fait comme dans les *Pampas*, et est très-considérable. La population consiste partie en Indiens, appartenant surtout à la tribu des

Guarani, dont peu de peuplades seulement sont restées encore à l'état sauvage, et qui pour la plupart ont depuis longtemps déjà été civilisées par les jésuites ; partie en métis, qui forment le tiers de la population totale (260,000 âmes), et partie en créoles. La langue *guarani* est la langue dominante. L'industrie et la civilisation y sont demeurées à un degré des plus infimes. Le pays est divisé en quatre-vingt-cinq *partidos*, ayant chacun à leur tête un commandant, qui cumule avec sa charge les fonctions de juge de paix. La seule ville de quelque importance est la capitale, *Nuestra Señora de la Asuncion* ou l'*Assomption*, la plus ancienne de tout le bassin de la Plata, située avantageusement sur la rive gauche du Paraguay. Plus au nord, on rencontre *Villa real de Concepcion*, avec environ 4,000 habitants; au sud, *Villa Pilar de Reembucu*, avec 2,000 habitants, un port et un bureau de douanes sur la rivière du même nom. Sur le Parana, on trouve le port et bureau de douanes d'*Itapua;* dans l'intérieur, *Villarica*, grand centre du commerce du *maté*, avec 5,000 habitants, et *Curuguaty*, avec 3,000. Le nombre des missions (*pueblos*) d'Indiens conservées de l'époque des jésuites, et comprenant de 400 à 3,000 têtes, est de dix-neuf, et celui des *pueblos à esclaves* de sept. A l'effet de mettre le pays à l'abri des déprédations des Indiens du *gran Chaco*, on a construit à l'ouest une suite de blockhaus. L'État a un président à sa tête. Le congrès se réunit légalement tous les cinq ans; pendant ce temps-là le président gouverne seul et sans ministre. Dans certains cas, il est tenu de convoquer un conseil d'État, composé de deux juges supérieurs, de l'évêque de l'Assomption et de trois citoyens de marque. Indépendamment de la constitution de 1844, diverses lois ont encore été votées depuis 1845, notamment celle qui est relative à la milice. Les revenus de l'État, évalués à environ 1,350,000 dollars, proviennent, outre quelques droits d'importation et d'exportation, principalement de la dîme prélevée sur les produits généralement quelconques du sol, du monopole du thé (*yerbales*) et du produit d'environ 40 grandes *estancias* et d'autant de propriétés foncières appartenant à des villes; à quoi viennent encore s'ajouter les produits des halles de vente des marchandises étrangères, celui du travail d'un millier d'esclaves (un héritage des jésuites!) et le tiers de celui des Indiens colonisés. Ces derniers forment d'assez nombreuses colonies, et travaillent sous la surveillance du gouvernement. Il n'existe point de dette publique au Paraguay, mais seulement un trésor public.

A partir de l'an 1515, époque où Solis découvrit le fleuve de la Plata, jusqu'en 1537, les Espagnols essayèrent de prendre pied au Paraguay; mais ils subirent de nombreux échecs. Ce ne fut que plus tard qu'ils parvinrent à y former des établissements; mais des guerres civiles ainsi qu'une longue et incessante lutte entre le clergé et l'autorité temporelle les empêchèrent de prospérer, jusqu'à ce que les jésuites, qui en 1608 étaient venus se fixer au Paraguay, y fussent peu à peu tellement devenus les maîtres, que la cour de Madrid elle-même n'osât plus y rien faire sans leur assentiment. La Société y constitua un État, qui, s'étendant jusqu'au haut Pérou, présenta le remarquable exemple d'une théocratie puissante et bien organisée, gouvernée avec autant de bonheur que d'habileté, mais ne servant qu'à l'intérêt particulier de la Société de Jésus, et excitant dès lors la jalousie du gouvernement espagnol. L'organisation de cet État jésuite a été souvent décrite, mais notamment par Azara. Ce fut seulement lorsque les jésuites s'opposèrent à l'exécution du traité conclu en 1750, et aux termes duquel une partie du Paraguay était cédée au Brésil, quand leurs empiétements dans les autres contrées de l'Amérique du Sud furent aussi devenus trop grands, et quand Pombal eut commencé à engager la lutte avec eux, que l'Espagne prit également de son côté des mesures sérieuses. De 1754 à 1758 les jésuites opposèrent une résistance armée aux deux puissances; mais ils finirent par être vaincus par les armées qu'on fit marcher contre eux. En 1768, ils furent même tous arrêtés le même jour, dans les diverses possessions espagnoles et portugaises, en même temps que leurs *missions* étaient désormais placées sous l'administration d'autorités civiles. La révolution qui éclata en 1810 à Buenos-Ayres gagna l'année suivante le Paraguay, où José-Gaspar-Rodriguez Francia se mit à la tête du mouvement. En 1814 il se fit proclamer *dictateur*, et en 1817 *dictateur à vie*. Il gouverna dans l'esprit du système des ci-devant missions jésuites, avec une main de fer; et quand il eut réussi à consolider sa puissance, il maintint le système de la terreur, et ferma hermétiquement le pays. La mort du dictateur, arrivée en 1840, amena une perturbation dans les affaires publiques et diverses tentatives d'usurpation. Sous le gouverneur Vidal, qui fut élu immédiatement après la mort de Francia, le système de blocus hermétique fut rigoureusement maintenu à l'égard de tous les États voisins. En 1842, le congrès national, après une longue interruption, se réunit de nouveau, et élut pour *consuls* don Alonzo et don Carlos-Antonio Lopez, neveux du Dr Francia. Un autre congrès national vota, le 13 mars 1844, une constitution en vertu de laquelle don Carlos Antonio Lopez fut élu président pour dix ans, le lendemain 14 mars. Celui-ci notifia l'établissement du nouvel ordre de choses à Rosas, gouverneur des États de la Plata, et ouvrit aussitôt, par un décret en date du 20 mai 1845, le pays au commerce étranger, à la condition que les navires qui arriveraient dans les eaux de la république devraient porter le pavillon de la République Argentine. Le 2 janvier 1846 il parut aussi une loi qui modifiait sensiblement dans l'esprit de la liberté du commerce le système de douanes jusque alors en vigueur.

Mais Rosas qui persistait à ne voir dans le Paraguay qu'une dépendance de la République Argentine, somma le nouvel État d'avoir à faire sa soumission et reconnaître le droit de Buenos-Ayres à la navigation exclusive du Parana. Le gouvernement du Paraguay s'y étant refusé, Rosas, par un décret en date du mois de janvier 1845, interdit toute relation avec le Paraguay; et Oribe, de son côté, en fit autant, sous peine d'être traité comme traître envers le pays. Le gouvernement du Paraguay, par un manifeste en date du 4 décembre 1845, déclara alors la guerre au gouverneur Rosas, et conclut en même temps un traité d'alliance avec le gouvernement de Corrientes, État qui s'était déjà séparé depuis plusieurs années de la confédération Argentine, et lui envoya une armée auxiliaire de 6,000 hommes commandée par le fils du président, don Pancho Solez Lopez. Ce traité d'alliance offensive et défensive avec Corrientes fut renouvelé en 1847; et en 1851 les deux États en conclurent un semblable contre Rosas avec le Brésil, l'Uruguay, et l'État d'*Entre-Rios*, autre démembrement de la République Argentine. Après la chute de Rosas, eut lieu, le 15 juillet 1852, la reconnaissance de l'indépendance du Paraguay par le directeur provisoire de la confédération Argentine, le général Urquiza, et par l'Angleterre en vertu du traité signé le 4 janvier 1853, à l'Assomption. Dès 1845 l'indépendance du Paraguay avait été formellement reconnue par les États-Unis de l'Amérique du Nord d'abord, puis par le Brésil, l'Uruguay, l'Angleterre et en dernier lieu par les Pays-Bas. Consultez Azara, *Voyage dans l'Amérique méridionale*, fait de 1781 à 1811 (Paris, 1809); F. de Castelnau, *Expédition dans les parties centrales de l'Amérique du Sud* (Paris, 1843); T. Page, *Le Paraguay et la République de la Plata* (Paris, 1851).

PARAGUAY (Herbe ou Thé du). *Voyez* Houx.

PARAGUAY-ROUX, remède odontalgique, dont voici la formule, d'après M. Julia de Fontenelle : « Cresson de Para fleuri et mondé de sa tige, 122 grammes; alcool à 33°, 500 grammes; racine de pyrèthre, 30 grammes; d'*inula bifrons*, 30 grammes. Après quinze jours d'infusion, filtrez. »

PARAHYBA ou PARAIBA, l'une des provinces orientales de l'empire du Brésil et riveraine de l'Atlantique, d'une superficie d'environ 800 myriamètres carrés, et dont la population n'est que de 100 à 150,000 âmes, bien qu'en y comprenant les tribus indiennes certains auteurs l'évaluent au chiffre de 322,000. Ce pays, plat sur la côte, est onduleux et même montagneux quand on pénètre dans l'intérieur, arrosé par le Mâranguapo et par le Parahyba, qui prend sa source dans la Serra Cayricis et forme à son embouchure une assez vaste baie entourée de marécages. Navigable pour les bâtiments du plus fort tonnage à peu de distance de son embouchure, il devient impraticable dans les contrées plus élevées, même pour de petites barques, tantôt à cause des cataractes qui en interrompent le cours, tantôt faute d'eau. Dans la région des collines, le sol est sablonneux, tantôt complétement nu, tantôt offrant la végétation particulière aux montagnes de Caringa, consistant en souches d'arbres très-rapprochées les unes des autres, mais très-basses, et dépouillées de feuilles dans la saison sèche de l'année. On ne rencontre de forêts primitives et de hautes futaies que le long des rivières et dans les montagnes de l'ouest. Ces conditions défavorables du sol, jointes à celles du climat, notamment à l'absence périodique de pluies, qui engendre le dessèchement des eaux et le dépérissement des troupeaux, et qui ne se fait pas moins sentir qu'au voisinage de la côte, ont été un obstacle au développement de l'agriculture. On cultive cependant sur les côtes toutes les plantes particulières au Brésil et, comme produits propres à l'exportation, le sucre et le coton, qui, en raison de la nature légère du terrain, y réussissent encore mieux peut-être que dans les provinces de Para et de Maranhao et sont encore plus recherchés sur les marchés anglais. Les autres articles d'exportation sont les bois de teinture, les bois de construction et les gommes. L'élève du bétail y est sans importance, l'exportation des mines nulle et l'industrie insignifiante. Le commerce y a plus d'activité. Il est d'ailleurs concentré au chef-lieu, PARAHYBA, sur la rive droite du fleuve du même nom, à 14 kilomètres de la mer, dans une contrée basse. Il n'y a que les navires jaugeant 150 tonneaux qui puissent y arriver; les autres doivent s'arrêter dans la baie formée par l'embouchure du fleuve et que protègent deux forts. On y compte 16,000 habitants.

PARALIPOMÈNE. Ce mot, dérivé du grec, παραλείπω (*prætermitto*), et que quelques auteurs ont remplacé par celui de *subrelictorum*, veut dire ce qui a été omis ou oublié dans quelques ouvrages précédents, *choses omises*. On nomme particulièrement ainsi deux livres de l'Ancien Testament, servant de supplément aux quatre livres de l'Histoire des Rois, dont les deux premiers sont aussi nommés par les calvinistes *livres de Samuel*. Saint Jérôme n'en a fait qu'un seul livre, qu'il a nommé les *Chroniques*, parce que c'est une histoire sommaire où les faits sont classés selon l'ordre chronologique. Les Hébreux nommaient ce livre *Annales* ou *Paroles des Jours*, parce que ces mots étaient les premiers du livre. Les Juifs n'ont pas douté de l'authenticité des Paralipomènes, quoique plusieurs faits de ce livre ne concordent pas toujours avec certains endroits des livres saints. C'est à Esdras, aidé des prophètes Aggée et Zacharie, qu'on attribue communément les Paralipomènes, après la captivité de Babylone : ce sentiment est toutefois peu probable, en ce qu'ils contiennent des faits postérieurs à Esdras. Quel que soit le vrai nom de l'auteur, il n'a point été contemporain des faits qu'il raconte : il se borne à les extraire de mémoires plus ou moins anciens, qu'il cite souvent sous le nom d'*Annales* ou *Journaux de Judas et d'Israel*. Il a moins eu, au reste, le dessein d'éclaircir et de compléter l'histoire juive que de montrer par les généalogies quel devait être le partage des familles après la captivité, afin que chacune d'elles rentrât autant que possible dans les biens qui lui avaient appartenu, et pour que les prêtres et les lévites pussent surtout reprendre leur ancien rang et être réintégrés dans leurs premières fonctions.

PARALIPSE (du grec παρά, de côté, et λείπω, je laisse). La *paralipse* ou *prétérition* est une figure de rhétorique par laquelle on feint de passer sous silence, de négliger des faits sur lesquels néanmoins on fixe l'attention de ses auditeurs. La paralipse est souvent employée dans tous les genres d'éloquence, dans les polémiques de la presse. Cicéron faisait une paralipse lorsque, parlant contre Verrès, il s'écriait : « Je ne vous parlerai pas de ses injustices, je passe sous silence ses excès, je tais ses débauches, je jette un voile sur ses brutalités, j'oublie même ses extorsions depuis son retour de Sicile; je ne veux vous offrir qu'une peinture légère de ses moindres dilapidations. » La paralipse consiste encore chez les poëtes et les romanciers, d'après Scaliger, dans l'omission des détails des fonctions naturelles que chacun connaît, qui se reproduisent périodiquement chez leurs personnages, comme le repos, le sommeil, etc.

PARALLACTIQUE, qui a rapport à la parallaxe des astres. On a nommé *règles parallactiques* l'instrument dont se servit Ptolémée pour mesurer la parallaxe de la Lune. L'*angle parallactique* d'un astre, que l'on appelle quelquefois *angle de variation* et plus souvent *angle de position*, est celui que forme au centre de cet astre son plan vertical et son cercle de déclinaison.

PARALLACTIQUE (Machine), nom que l'on donnait autrefois à l'équatorial.

PARALLAXE (en grec παράλλαξις). La parallaxe est la différence qui existe entre un lieu où un astre paraît vu de la surface de la Terre, et celui où il nous paraîtrait si nous étions au centre. Tous les mouvements célestes doivent se rapporter au centre de la Terre pour paraître réguliers, car les différents points de la surface de la Terre étant situés fort différemment les uns des autres, un astre doit leur paraître dans des aspects fort différents; c'est au centre qu'il faut se transporter, afin de voir tout à sa véritable place, et de trouver la véritable loi des mouvements célestes : ainsi, l'on est sans cesse obligé de calculer la parallaxe pour réduire le lieu d'une planète observée à celui que l'on devrait voir du centre de la Terre.

Il y a trois méthodes assez exactes pour trouver la parallaxe : la méthode des plus grandes latitudes, celle des parallaxes d'ascension droite, et celle des différences de déclinaison, déterminées en même temps par des observateurs fort éloignés : elles ont chacune leur avantage. La première fut employée autrefois par Ptolémée, qui détermina les plus grandes latitudes de la lune, observées au nord et au midi de l'écliptique pour reconnaître la quantité de la parallaxe : Tycho-Brahé s'en servit également; Halley la proposait de nouveau en 1679. La seconde méthode, moins ancienne, mais aussi précieuse que celle des grandes latitudes, se trouve exposée dans l'ouvrage de Regio Montanus sur les comètes (1544). Elle fut employée par Digges (1573), par Kepler (1619), par Hevelius, par Flamsteed (1672), et par Cassini (1681). La troisième est la plus naturelle et la plus exacte. Lalande s'en servit à Berlin, en 1751, pour ses observations de la Lune, tandis que Lacaille était au cap de Bonne-Espérance. Ces trois méthodes sont applicables à tous les astres, et spécialement au Soleil et à la Lune; mais il y a des méthodes particulières à ces deux astres, telles que la méthode des éclipses pour la Lune, et pour le Soleil celle des quadratures de la Lune et celle des passages de Vénus sur le Soleil, qui est la meilleure de toutes.

La parallaxe d'un astre atteint son maximum lorsque cet astre est à l'horizon; elle reçoit alors le nom de *parallaxe horizontale*. Dans toutes les autres positions, elle est dite *parallaxe de hauteur*. La parallaxe de hauteur est égale à la parallaxe horizontale multipliée par le cosinus de la hauteur; elle s'annule quand l'astre passe au zénith. Pour avoir les diverses parallaxes de hauteur d'un astre, il suffit donc de déterminer exactement sa parallaxe horizontale. Celle-ci permet en même temps de calculer la distance de l'astre observé à la Terre, car cette distance forme l'hypoténuse d'un triangle rectangle dont le rayon terrestre est l'un des côtés et dont la parallaxe horizontale est l'angle opposé à ce côté. Cette distance une fois connue, on obtient facilement la vraie grandeur du diamètre de l'astre, et par suite, son volume. On remarque que la distance des astres est en raison inverse de la parallaxe; et comme cette dernière est nulle pour les **étoiles**, on a conclu de là l'immensité de leur éloignement.]

Il nous reste à parler de la parallaxe dans le sphéroïde aplati. La Terre étant aplatie sur les pôles, les différents points de la surface ne sont pas à la même distance du centre : ainsi, la parallaxe horizontale de la Lune, qui dépend de la distance qu'il y a du centre à la surface, ne saurait être la même dans ces différents points. Newton considéra le premier la différence qui en résulte sur les parallaxes de la Lune; depuis ce temps-là, Manfredi, Grammatici, Maupertuis, Euler, dans les *Mémoires de Berlin* (1749), et Delisle (1757), donnèrent des méthodes pour tenir compte de l'aplatissement dans les calculs astronomiques. Toutes ces méthodes étaient sujettes à l'inconvénient d'une extrême longueur; elles exigeaient une précision scrupuleuse et fatigante dans le calcul trigonométrique, en sorte que les astronomes n'employaient pas encore cette considération de l'aplatissement de la Terre dans le calcul des éclipses. Lalande publia des formules nouvelles qui obviaient à toutes difficultés; Lagrange a donné également des formules dans les *Ephémérides de Berlin* (1782), ainsi que Mayer, Lexell, Maskelyne, etc.

Nous ne nous arrêterons pas aux inégalités de la parallaxe de la Lune, et nous terminerons cet article par quelques mots sur la parallaxe du Soleil. Aristarque de Samos, vers l'an 264 avant J.-C., l'avait trouvée de 3', en sorte que la distance du Soleil surpassait 1,146 demi-diamètres terrestres; c'était avoir beaucoup fait, et on a été dix-huit cents ans avant de déterminer rien de mieux. Au dix-septième siècle, on approcha beaucoup de la vérité; mais ce ne fut qu'après avoir observé les passages de Vénus sur le Soleil en 1761 et 1769 qu'on parvint à reconnaître que la parallaxe était de 8" 6, ce qui donnait pour la distance du Soleil 23,984 fois le rayon de la Terre, ou environ 34,357,480 lieues. Quant aux parallaxes et aux distances des autres planètes, elles se peuvent conclure facilement du rapport des distances données par la loi de Kepler. SÉDILLOT.

PARALLÈLE. Deux droites sont dites *parallèles* lorsque, étant situées dans un même **plan**, elles ne peuvent se rencontrer, à quelque distance qu'on les prolonge. Deux parallèles jouissent de la propriété d'être à égale distance l'une de l'autre dans toute leur longueur; la propriété elle-même reçoit le nom de *parallélisme*. Le parallélisme n'est du reste pas borné au cas de deux lignes droites. Autant de lignes droites que l'on veut peuvent être parallèles entre elles; une ligne droite peut être parallèle à un plan, et deux plans peuvent l'être entre eux.

Du parallélisme des droites et des plans résultent un grand nombre de faits géométriques, dont nous énoncerons rapidement quelques-uns. Quand plusieurs droites sont parallèles, l'une quelconque d'entre elles est parallèle au plan passant par deux quelconques des autres. L'intersection d'un plan passant par une droite avec un second plan qui lui est parallèle donne une seconde droite parallèle à la première. Les intersections de deux plans parallèles par un troisième sont des lignes parallèles. Les angles dont les côtés sont parallèles sont égaux, etc., etc.

C'est sur les propriétés des parallèles que repose la théorie des figures semblables. Tout ce qui est relatif au parallélisme des droites et des plans est de la géométrie la plus élémentaire, et se trouvait connu des anciens géomètres. Il y a pourtant une difficulté capitale dans l'établissement de la théorie des parallèles; mais ils la franchissaient en adoptant, sans le démontrer rigoureusement, un principe d'ailleurs fort exact, fameux parmi les géomètres sous le nom de *postulatum d'Euclide*. La difficulté dont nous parlons provient de ce que la définition du parallélisme, considérant la ligne droite et le plan dans toute leur étendue, entraîne nécessairement avec elle l'idée de l'infini, ce qui rend indispensable l'emploi de cette notion dans l'établissement du premier fait géométrique sur lequel doit reposer cette théorie. Tous les efforts des géomètres au sujet des parallèles ont eu pour but d'employer le plus simplement possible, dans ce cas, la considération de l'infini. Pour ne parler que des plus récents, Legendre a successivement donné dans sa géométrie trois démonstrations différentes de cette théorie; mais le principe de Bertrand de Genève paraît résoudre la question d'une manière incontestablement supérieure. Ce principe constitutif et fondamental consiste à démontrer que si l'on compare la bande d'un plan comprise entre deux parallèles, quelque écartées qu'elles soient, et l'espace compris entre deux lignes qui se coupent, quelque petit que soit leur angle, la bande sera toujours plus petite que l'espace angulaire.

Il est un sens géométrique du mot *parallèle* entièrement différent du précédent. Lorsqu'on coupe une sphère par des plans parallèles, les intersections de ces plans avec la surface sont des cercles qu'on nomme *parallèles*. Tous ces cercles ont pour **pôles** communs les deux points où la surface de la sphère est rencontrée par un diamètre perpendiculaire aux plans des parallèles. C'est dans le sens que nous venons de définir que ce mot est employé en astronomie et en géographie physique. Pour le globe terrestre, la position des pôles est déterminée; ce sont les points autour desquels il effectue sa révolution diurne. La position des parallèles est donc ainsi fixée. Le parallèle déterminé par le plan perpendiculaire à la ligne des pôles, et passant par le centre de la Terre, reçoit le nom d'**équateur**. En astronomie, les parallèles sont aussi des cercles fictifs tracés sur la sphère céleste, qui est d'ailleurs elle-même un être imaginaire. Les pôles et les parallèles de la sphère céleste correspondent à ceux du globe terrestre. En cosmographie, la sphère est dite *parallèle*, pour un observateur supposé placé à l'un des pôles.

En rhétorique, on désigne par le nom de *parallèle* un morceau d'éloquence ayant pour but de comparer deux hommes remarquables dans les événements de leur existence, leur caractère ou leur génie. Telles sont les *Vies parallèles* de **Plutarque**. Notre littérature académique contient plusieurs beaux modèles de ce genre d'éloquence. Il n'est du reste pas nécessaire, pour justifier le nom de *parallèle*, qu'il y ait beaucoup de ressemblance entre les hommes que l'on compare. Le parallèle consiste même quelquefois à montrer les différences existant entre eux. Tel est, par exemple, le parallèle qu'a fait La Bruyère de nos deux plus grands tragiques, Racine et Corneille.

En fortification, le mot *parallèle* s'entend de lignes de fossés creusées pour le siége d'une place, et presque parallèles aux ouvrages situés du côté que l'on attaque. Un siége en forme demande généralement trois parallèles (*voyez* TRANCHÉE). L.-L. VAUTHIER.

PARALLÉLIPIPÈDE (du grec παράλληλος, parallèle, ἐπί, sur, et πεδίον, plaine, surface plane). On nomme ainsi un **prisme** qui a pour base un parallélogramme. Les faces opposées de ce polyèdre sont nécessairement des parallélogrammes égaux dont les plans sont parallèles. Quand les six faces d'un parallélipipède sont des carrés, le solide qu'elles comprennent est un cube ou hexaèdre régulier. Le parallélipipède peut se considérer comme engendré par le mouvement d'un parallélogramme qui se meut parallèlement à un plan donné le long d'une ligne droite. La hauteur d'un parallélipipède est mesurée par la longueur de la perpendiculaire entre deux faces opposées prises pour bases. Le parallélipipède, comme tout autre prisme, est droit ou oblique, suivant que ses arêtes sont perpendiculaires ou obliques aux bases. La solidité de ce polyèdre s'obtient en multipliant la surface de la base par la hauteur. Les parallélipipèdes de même base sont entre eux comme leurs hauteurs, et *vice versa*.

PARALLÉLOGRAMME (du grec παράλληλος, parallèle, et γραμμή, ligne). On appelle ainsi un **quadrilatère** dont les côtés opposés sont parallèles et, par suite, égaux. On peut le supposer formé par le mouvement uniforme d'une ligne droite qui s'avancerait suivant une direction dans laquelle elle serait constamment parallèle à elle-même. Quand tous les angles de cette figure sont droits, et que les côtés opposés seulement sont égaux, c'est ce qu'on nomme un *parallélogramme rectangle*, ou simplement un *rectangle*. Quand les angles sont tous droits et les quatre côtés égaux, le parallélogramme porte le nom de *carré*; on l'appelle *losange* ou *rhombe*, quand les côtés sont égaux et les angles inégaux, c'est-à-dire quand ceux-ci ne sont pas droits. La surface des parallélogrammes s'évalue en multipliant la base par la hauteur. Celles de ces figures qui ont même hauteur sont entre elles comme leurs bases, et *vice versa*.

PARALOGISME (du grec παρά, mal, vicieusement, et λογισμός, raisonnement, argument). On donne ce nom à un raisonnement faux ou à une erreur émise dans une démonstration logique, qui par cela même devient illogique. Il y a *paralogisme* lorsqu'une conséquence est tirée de principes faux ou qui ont besoin d'être prouvés, ou bien lorsqu'on glisse sur une proposition dont on aurait dû fournir les preuves. La *logique de Port-Royal* n'établit aucune différence entre le *sophisme* et le *paralogisme*. Il est pourtant nécessaire de distinguer entre ces deux vicieuses manières de raisonner, si l'on veut se faire une idée exacte et nette des choses. Il est d'ailleurs toujours utile de convenir de la signification des mots. Le *sophisme* est généralement volontaire, contrairement au *paralogisme*, qui est toujours involontaire. Le premier induit en erreur à dessein, par malice ou par esprit de subtilité; il cherche à éblouir par l'éclat de ses paroles, et met toute son adresse à se faire passer pour la vérité : c'est la chauve-souris de la fable, s'écriant effrontément : *Je suis oiseau, voyez mes ailes*. Le second procède avec bonne foi; il ne tombe dans le faux que par erreur, par défaut de lumière suffisante ou d'application; enfin, on se trompe soi-même tout le premier en faisant un *paralogisme*, tandis que sciemment on cherche à abuser les autres en employant le *sophisme*. Voilà la différence.

Champagnac.

PARALYSIE, PARALYTIQUE. Le mot *paralysie* vient du grec παράλυσις, indique la perte plus ou moins considérable de la sensibilité du corps humain et des mouvements volontaires, ou d'une seule de ces propriétés vitales. Les nuances de cette affection sont très-variées, et spécifiées par diverses dénominations : lorsque la perte du sentiment et des mouvements volontaires est générale, la maladie est appelée *apoplexie*; si un seul côté de l'ensemble de l'organisme a perdu ses propriétés, la paralysie se nomme *hémiplégie*; elle prend le nom de *paraplégie* quand c'est la moitié inférieure du corps seulement qui est affectée ou paralysée. La maladie étant encore plus circonscrite est une paralysie partielle, qui prend divers noms particuliers : par exemple, celle de la rétine se nomme *amaurose* ou *goutte sereine*, celle des organes de l'ouïe, *surdité*. Il en est de même pour la diminution ou l'abolition des autres sens, ainsi que pour celles des facultés de parler, d'avaler, etc. La paralysie est encore distinguée en *idiopathique* ou *sympathique*, et par d'autres dénominations, qui dérivent des causes qui la produisent.

La paralysie est essentiellement une maladie nerveuse. Nous devons faire une mention sommaire des causes qui ravissent à l'homme les deux grandes facultés de sensibilité et de motilité que nous avons signalées, afin d'indiquer en même temps certaines précautions hygiéniques qu'il importe de prendre. Toutes les influences qui surexcitent intensivement et longtemps les centres nerveux, surtout le cerveau, finissent par produire la paralysie, et ces influences sont extrêmement variées : les unes sont physiques : telles sont les boissons alcooliques, plusieurs médicaments, qui affectent le cerveau sympathiquement, comme on le voit clairement dans l'état d'ivresse; d'autres sont morales : ce sont les passions excessives, la colère, le chagrin, les travaux intellectuels trop profonds et trop longtemps soutenus; diverses lésions, comme des coups, des chutes. Diverses maladies des viscères affectent également les centres nerveux, directement ou par sympathie. La surabondance du sang et peut-être une composition trop riche de ce liquide agissent de même. Dans cette série de causes, il en est que nous ne pouvons éviter, mais il en est aussi auxquelles nous ne nous exposons que volontairement : telles sont principalement les excès de table et d'autres plaisirs énervants. On voit d'après cet aperçu combien la tempérance en toute chose nous est nécessaire pour conserver les deux principales conditions de la vie. La surexcitation que nous signalons, après avoir activé d'abord l'exercice des fonctions cérébrales, détermine à la longue une irritation, laquelle, soit qu'elle provienne d'une cause matérielle, soit qu'elle dérive d'une cause immatérielle, finit par altérer le tissu nerveux : c'est alors que le sentiment et le mouvement se perdent. Souvent c'est à table, à la fin d'un festin, que l'accident arrive : une dernière goutte a fait déborder la coupe. Toutefois, ce n'est que l'abus des excitants dont nous signalons ici les dangers, car nous devons faire remarquer que l'excitation est indispensable pour l'entretien de la vie, et que son défaut peut aussi devenir une cause de paralysie. Ce n'est pas impunément qu'on est privé des excitants habituels, quels qu'ils soient : les personnes qui abandonnent les occupations dont elles avaient une longue habitude sont fréquemment atteintes de paralysie, après être tombées dans l'apathie mentale, et après avoir manifesté cette diminution d'intelligence que le vulgaire nomme *ganacherie*.

L'homme est sujet à éprouver la paralysie à toutes les époques de sa vie; on la rencontre souvent dans l'enfance, parce qu'à cet âge les congestions cérébrales se forment avec autant de rapidité que d'intensité. Dans chaque période de la vie, il importe donc autant que possible de ne pas surexciter l'appareil de relation. Cette maladie est plus commune chez les hommes que chez les femmes, probablement parce qu'ils commettent plus d'excès en tous genres. Le côté gauche est plus communément affecté que le côté droit, et les extrémités supérieures plus que les membres inférieurs.

Quand les causes de la paralysie sont très-énergiques, les accidents se rapprochent plus ou moins de l'apoplexie, de l'hémiplégie ou de la paraplégie; mais si elles sont peu actives, les premiers symptômes sont légers : ce sont ordinairement la déviation de la mâchoire inférieure, la chute de la paupière supérieure, l'embarras de la langue, etc. Assez souvent, une des facultés du sentir et du mouvoir est seulement abolie ou diminuée, tandis que l'autre persiste et s'exalte même. D'autres fois la perte du sentiment et du mouvement est simultanée, et dans l'un ou l'autre cas aucun changement notable n'éclate à la vue; cependant, quand une partie demeure paralysée durant quelque temps, la nutrition s'y déprave et amène diverses altérations visibles. Outre ces changements locaux, on remarque encore chez les sujets affectés, les paralytiques, un affaiblissement plus ou moins notable de l'intelligence et des passions affectives; leur face porte aussi une empreinte particulière : ils sont souvent irritables, méticuleux, et ils deviennent stupides dans les périodes extrêmes.

Les premiers accidents qui caractérisent cette maladie cèdent souvent à un traitement rationnel, et il faut s'empresser d'y porter remède : on doit les considérer comme les signes d'un danger imminent, comme un premier avertissement d'acquitter une dette qui nous est imposée par l'inexorable nature; mais dans ce premier degré, des soins convenables peuvent retarder le terme du payement. S'il faut s'empresser de remédier à la paralysie aussitôt qu'elle se manifeste, il est encore préférable de la prévenir dès qu'on observe les premiers accidents qui en sont les précurseurs : tels sont le balbutiement, l'altération de la mémoire, de la vue, ou d'autres sens; le tremblement des membres, les *bourdonnements d'oreille*, les *étourdissements*, les *éblouissements*, etc. Bien que la paralysie du corps soit souvent accompagnée d'une diminution plus ou moins considérable de l'esprit, il est cependant des cas où les paralytiques conservent une intelligence supérieure, et où leur tête leur procure des secours extraordinaires.

Dr CHARBONNIER.

PARAMARIBO, chef-lieu de la Guyane hollandaise.

PARAMÈTRE (de παρά, égal, et μέτρον, mesure). On donne généralement ce nom aux constantes qui entrent dans l'équation d'une courbe quelconque, et aussi aux lignes que représentent ces constantes. Les paramètres déterminent les dimensions de la courbe.

Dans les sections coniques, le nom de *paramètre* s'applique plus particulièrement au double de l'ordonnée menée par l'un des foyers perpendiculairement à l'axe (*voyez* PARABOLE).

PARAMORPHINE, substance découverte par M. Pelletier dans l'opium. Elle est bien distincte de la morphine par ses propriétés chimiques; sa saveur est analogue à celle de la pyrèthre; elle est plus soluble dans l'alcool que la narcotine, dont elle diffère par sa fusibilité et sa cristallisation; elle exerce une action si vive sur l'économie animale qu'à très-petite dose, d'après Magendie, elle tue un chien en quelques minutes. JULIA DE FONTENELLE.

PARANA, chef-lieu de la province d'Entre-Rios.

PARAPET. Ce mot, qui dérive de l'italien *parapetto* (pare-poitrine), désigne, en termes de fortification, l'élévation en terre qui couronne la partie supérieure d'un rempart. Le parapet est élevé sur deux ou trois banquettes; son épaisseur est de 6 à 7 mètres; sa hauteur de 2 mètres, du côté de la place, de 1 et demi du côté de la campagne. Cette construction donne au dessus du parapet la forme d'un glacis, et facilite aux troupes qui bordent le rempart les moyens de tirer de haut en bas dans le fossé, ou sur la *contrescarpe*. Cette partie des fortifications couvre les canons qui défendent les approches de la place, et met les troupes chargées de la défendre à couvert du feu de l'ennemi. Les bons parapets doivent être à l'épreuve des projectiles lancés d'une distance ordinaire : ils sont placés vers le côté extérieur du rempart.

On distingue dans une place de guerre deux autres sortes de parapets : le parapet du chemin couvert, qui cache cette partie des fortifications à l'ennemi; le parapet à créneaux ou en crémaillères, placé dans l'intérieur et tracé en redan.

En général, on donne le nom de *parapet* à toute espèce de travail en terre ou en maçonnerie destiné à couvrir les feux de l'ennemi. Dans la fortification passagère ou de campagne, on forme des redoutes avec des parapets construits au moyen de gabions ou de sacs à terre : ces parapets sont également garnis de banquettes.

On donne encore le nom de *parapet* aux murailles construites à hauteur d'appui, soit sur une terrasse ou sur un pont, soit aux bords des routes ou des chaussées, et principalement le long d'une rivière. Dans ce dernier cas, cette élévation est souvent nécessaire pour prévenir les accidents qui pourraient résulter d'un chemin dangereux ou tracé aux bords d'un précipice. SICARD.

PARAPHERNAL (du grec παρά, outre, et φερνή, dot). On appelle *biens paraphernaux* les biens de la femme mariée sous le régime dotal qui n'ont pas été constitués en dot. Les biens paraphernaux se composent ou des biens que la femme a apportés en se mariant, sans les comprendre dans sa constitution dotale, ou des biens qui lui adviennent durant le mariage, par succession, donation, ou autres voies.

L'origine des biens paraphernaux remonte très-haut. Les anciens Gaulois les connaissaient, et ils entendaient par là les biens dont le mari n'avait de droit que la simple détention, et qu'il ne pouvait administrer qu'avec la permission de la femme; ils les appelaient le *pécule de la femme*; les Grecs, qui les admettaient également, les appelaient *paraphernaux*, et les Romains, en distinguant deux classes de femmes mariées, *les mères de famille*, qui n'avaient que des biens dotaux (leur personne et tout ce qu'elles possédaient passant en quelque sorte dans la propriété de leur mari), et les *épouses* ou *matrones*, qui pouvaient posséder trois espèces de biens : les *dotaux*, les *parapheraux*, les *récepticés* ou *particuliers*, reconnaissaient qu'à Rome la femme avait un petit registre des choses qu'elle apportait dans la maison conjugale pour son usage personnel, et que ce registre était signé par le mari, afin qu'il produisît à la dissolution du mariage un titre en sa faveur pour la reprise de ces objets.

Dans notre droit, les biens paraphernaux appartiennent exclusivement à la femme : elle seule en a l'administration et la jouissance. Toutefois, comme leur existence entre ses mains ne saurait la relever de l'incapacité qui la frappe à raison de sa qualité de femme mariée (cette incapacité étant un véritable statut personnel), elle ne peut les aliéner ou paraître en justice à raison d'eux sans avoir préalablement obtenu l'autorisation de son mari ou, à son refus, celle de la justice. De son côté, le mari ne peut pas sans le concours ou le consentement de sa femme, même pour lui procurer la libération de ses dettes, aliéner ses biens paraphernaux; car la propriété et la jouissance ne reposent pas sur sa tête, et il ne peut pas même invoquer à cet égard le titre d'administrateur, puisque le Code l'a confié à la femme seule. Dans le cas où tous les biens de la femme seraient paraphernaux, sans que le contrat contînt une convention pour lui faire supporter une partie des charges du mariage, elle n'en serait pas moins tenue d'y contribuer jusqu'à concurrence du tiers de ses revenus. Quoique l'administration et la jouissance des biens paraphernaux aient été exclusivement réservés à la femme, on admet tout naturellement l'idée d'un mandat ou d'une délégation expresse ou tacite de sa part en faveur du mari; aussi le mari peut-il administrer les biens paraphernaux avec procuration de sa femme, mais à la charge de rendre compte des fruits; alors il est tenu vis-à-vis d'elle comme tout mandataire à l'égard de son mandant; il lui doit compte de sa gestion, des sommes qu'il a touchées, et la justification de tous ses actes et des emplois de deniers qu'il a pu faire; et il est responsable des fautes qu'il a pu commettre. Mais il faut bien remarquer que pour que cette responsabilité existe il est indispensable que dans la procuration il y ait stipulation expresse de la charge de rendre compte : l'absence de cette clause devrait faire présumer, surtout à raison de la qualité des parties contractantes, qu'il était dans l'intention de la femme de faciliter l'administration de son mari. Le mari peut encore jouir des biens paraphernaux de sa femme sans avoir reçu d'elle un mandat exprès à cet égard, mais néanmoins sans qu'elle y mette opposition; et dans ce cas il n'est tenu à la dissolution du mariage, ou à la première demande de sa femme, qu'à la représentation des fruits existants; ceux qui ont été consommés jusque alors sont censés, au moyen d'une délégation tacite de la femme, que son silence au surplus et le défaut d'opposition de sa part laissent facilement présumer, avoir été employés et consommés dans les dépenses du ménage, et le mari n'en peut être comptable. Mais si, malgré l'opposition *constatée* de sa femme (car elle a toujours le droit de faire cesser cette jouissance en s'y opposant), il continue à jouir des biens paraphernaux, alors sa position change, et il devient comptable envers elle de tous les fruits, tant existants que consommés. Peu importe l'époque à laquelle il les aura recueillis, il suffit qu'ils aient été existants au moment où le compte lui était demandé. Les propriétés paraphernales des femmes mariées sous le régime dotal sont environnées de la même faveur et des mêmes garanties que les propriétés des femmes mariées sous un autre régime. Le mari est responsable du défaut d'emploi ou de remploi du prix de l'immeuble paraphernal qu'il a autorisé sa femme à aliéner; et pour sûreté de toutes les reprises qu'elles peuvent avoir à exercer par suite de leurs biens paraphernaux, les femmes mariées sous le régime dotal ont sur les biens de leur mari une hypothèque légale, existant indépendamment de toute inscription.

GUILLEMETEAU.

PARAPHRASE (du grec παράφρασις, fait de παραφράζειν, interpréter, parler selon le sens). C'est le terme qu'on emploie pour désigner l'explication étendue d'un texte qui a besoin d'être éclairci ou développé, explication dans laquelle on cherche à suppléer à ce que l'auteur aurait dit et pensé sur la matière qu'il a traitée ; en d'autres termes, elle est une interprétation détaillée qui s'attache à rendre le sens d'un auteur, et non ses paroles. Elle diffère de la glose en ce que celle-ci se fait mot à mot, et du commentaire en ce que celui-ci a le privilége de s'écarter autant qu'il lui plaît du sujet qui est en question. L'Écriture Sainte a donné lieu à de nombreuses *paraphrases*. Sans entreprendre de les énumérer ici, nous citerons la *paraphrase chaldaïque* ou *chaldéenne*, ancienne version de la Bible faite en chaldéen ; la *paraphrase* d'Érasme sur le Nouveau Testament, les *paraphrases* de Massillon sur les Psaumes. Combien de fois, dans ses immortels discours, le sublime évêque de Meaux n'a-t-il pas fait d'éloquentes *paraphrases* de divers passages de l'Écriture ou des Pères ! Qu'on ouvre la plupart des sermonnaires, on se convaincra que les discours les plus remarquables sous le rapport de l'unité de composition ne sont le plus souvent que la *paraphrase* intelligente et profondément méditée d'un texte heureusement choisi. Nos plus renommés prédicateurs faisaient quelquefois en chaire des *paraphrases* des écrivains de l'antiquité païenne, principalement dans les sermons de morale ou dans les oraisons funèbres. Bossuet use fréquemment de ce droit ; Bourdaloue, qui ne se fit jamais le moindre scrupule de citer les auteurs païens, rappelle et *paraphrase* plusieurs fois une belle maxime d'Horace dans son sermon *L'amour des richesses*. Les cantiques sacrés de Lefranc de Pompignan, les odes sacrées de J.-B Rousseau, les chœurs d'*Athalie* et d'*Esther*, sont des *paraphrases* plus ou moins poétiques des livres saints. Les auteurs obscurs, le satirique Perse, par exemple, ne peuvent dans une foule d'endroits être traduits que par *paraphrase*. Le grand mérite de la *paraphrase* est de parvenir à rendre clair ce qui est difficile à comprendre ; ce serait tomber dans la diffusion et le bavardage que d'en faire l'application à ce qui s'entend aisément.

Paraphraser, c'est faire des *paraphrases* sur un texte. On donne le nom de *paraphrastes* à ceux qui font des *paraphrases* : cette qualification est presque synonyme d'*interprète*. On dit, dans ce sens, les *paraphrastes chaldaïques*, par rapport à la version de l'Écriture dont nous avons parlé plus haut.

Dans le langage familier, le mot *paraphrase* est pris en mauvaise part ; c'est une maligne interprétation d'un discours, d'un mot, d'une conversation. Dans les réunions, il y a des gens qui *paraphrasent* sur tout, c'est-à-dire qui amplifient tout, qui exagèrent tout par leurs paroles sans mesure ou malicieusement intentionnées.

CHAMPAGNAC.

PARAPLÉGIE (du grec παρά, contre, et πλήσσω, je frappe), paralysie des parties inférieures du corps. Elle tient à la lésion de la moelle épinière ou des cordons-nerveux qui font mouvoir les muscles du bassin et des cuisses. Parmi les causes qui la produisent il faut citer la compression de la moelle par une tumeur, par une ossification des méninges, par une excroissance de la face interne du canal vertébral ou par un épanchement sanguin, etc., une plaie du cordon spinal, une contusion de sa substance, son déchirement, etc. « C'est une chose bien remarquable, dit le docteur Hoefer, que cet état des muscles que vivifie la moelle épinière, lorsqu'ils ne sont plus en communication avec le cerveau. Ils ont conservé l'aptitude à se contracter, mais ils restent immobiles, parce qu'ils ne reçoivent plus l'impulsion cérébrale. » On observe sur les membres paralysés des accès de tremblement qui durent plus ou moins longtemps : ils se produisent subitement et cessent de même. On doit les rapporter à une irritation spontanée de la portion de moelle épinière qu'une cause morbide isole du cerveau.

PARAPLUIE, PARASOL, sortes de pavillons portatifs qui se déploient au-dessus de la tête pour garantir de la pluie et du soleil. L'usage, qui en est aujourd'hui si général, remonte à la plus haute antiquité ; mais le parasol dans l'origine était seulement une marque de dignité, à laquelle on reconnaissait la puissance humaine ou divine, et ce symbole passa de la mythologie païenne dans le christianisme. Car ce n'est pas à une autre origine qu'il faut rapporter l'usage du dais, sous lequel la représentation ostensible de la Divinité des chrétiens est portée dans les processions. Dans une ancienne fête de Bacchus, nommée *Scieria*, qui se célébrait autrefois à Alea, ville d'Arcadie, on promenait publiquement, suivant Pausanias et Hesychius, la statue du dieu, les tempes ceintes de feuilles de vigne, et placée sur une litière très-ornée, où se trouvait une jeune bacchante portant un parasol, en signe de la majesté du dieu dont on célébrait la fête. Sur plusieurs bas-reliefs de Persépolis, le roi et quelques grands dignitaires sont aussi représentés sous des parasols tenus par de jeunes filles. De nos jours encore, l'empereur de Maroc a seul dans ses États le droit de se servir d'un parasol, qu'on étend sur sa tête quand il donne des audiences publiques et dans des occasions solennelles.

L'usage des parapluies est très-ancien en Italie, et généralement chez tous les peuples de l'Orient et de l'Inde ; il n'en est pas de même en France, où il ne date que de 1680. Mais à ce moment le parapluie et le parasol étaient bien déchus ; de marque suprême d'autorité, ils étaient devenus de simples abris contre la pluie ou les rayons du soleil.

Les parapluies et les parasols peuvent, comme chacun le sait, se déployer à volonté ou se renfermer dans des étuis plus ou moins étroits ; les premiers furent faits de cuir, de taffetas, de bouracan, de toile cirée, etc. Les Chinois en ont depuis bien des siècles, en papier huilé et verni, qui sont très-légers, très-propres et tout à fait impénétrables à l'eau. Les paysans et les pêcheurs chinois en ont de plus communs, faits de feuilles d'arbres. La fabrication des parapluies a reçu chez nous depuis quelque temps, comme la plupart des autres industries, le plus grand degré de perfection que l'on puisse désirer ; et ces instruments, que leur incommodité primitive avait fait appeler ironiquement *rifflards*, *pépins*, puis *robinsons*, sont devenus aujourd'hui aussi gracieux, aussi légers, aussi solides qu'ils étaient autrefois lourds et disgracieux.

PARASANGE, mesure itinéraire employée en Perse jusqu'à la conquête macédonienne. Les auteurs ne sont pas d'accord sur la grandeur de la parasange. Les uns, dit Strabon, la fixent à 30 stades ; d'autres lui en donnent 40, et même 60. L'opinion la plus généralement adoptée aujourd'hui est que la parasange équivalait à environ 5,000 mètres.

PARASCHAS. *Voyez* HÉBRAÏQUES (Langue et littérature).

PARASÉLÈNE (de παρά, contre, et σελήνη, la lune), météore de la même nature que le parhélie, et qui représente une ou plusieurs images de la Lune. Le parasélène a la forme d'un anneau lumineux dans lequel on aperçoit une ou deux images apparentes de la lune.

PARASITE. C'est ainsi que s'appelaient chez les Grecs les prêtres chargés de surveiller le blé récolté sur les terres sacrées et de donner des repas dans les temples ; le nom leur vient de παρά, proche, et σῖτος, blé, celui qui est proche du blé. Ces prêtres jouirent d'abord d'une telle considération, qu'ils prenaient séance parmi les magistrats ; mais leur assiduité aux festins publics, leur intempérance finirent par faire prendre leur nom dans un sens injurieux. On appela *parasite* quiconque venait effrontément s'installer à la table d'autrui pour s'y faire nourrir. On divisa les parasites en trois classes : 1° les *derisores*, à qui l'on pardonnait leur avidité à raison des nouvelles qu'ils apportaient, des railleries qu'ils prodiguaient, de leurs efforts pour faire rire; 2° les *adulatores*, qui prodiguaient à tout propos les louanges et les flatteries, et arrivaient ainsi à se faire inviter et tolérer; 3°, enfin, les *planipatidi*, ou *laconici*, qui, n'ayant ni l'esprit de faire rire ni celui de flatter, étaient de véritables *pattras*, des souffre-douleurs, à qui on n'épargnait ni les humiliations ni les mauvais traitements, que l'on reléguait souvent sur un escabeau, où on leur jetait des mets gâtés, du lait aigri, et qui acceptaient toutes espèces d'affronts, pourvu qu'on les laissât vivre en parasites de la classe la plus infime. Aujourd'hui, c'est à peu près comme autrefois.

[Le parasite appartient à cette classe de flatteurs *qui vivent toujours aux dépens de ceux qui les écoutent*. C'est l'homme du monde qui sait le mieux les heures où se prennent les repas. Il s'est fait le client obligé des maisons où l'on déjeûne, où l'on dîne et où l'on soupe. C'est un mendiant, mais un mendiant de bonnes façons : il ne va pas *gueusant son pain de cuisine en cuisine ;* il s'impose aux hôtes qui l'accueillent, il devient leur familier, leur commensal. Son couvert est toujours le premier mis : s'il ne vient pas, le dîner est triste, les mets n'ont pas de saveur, et la conversation languit. Un parasite est pour quelques maisons une chose de luxe; c'est lui qui sert les mets, qui les découpe, qui verse les vins, qui dirige l'ordonnance des banquets. Il paye son écho en éloges, la seule monnaie qu'il possède; lorsque la fortune de son *patron* diminue, le parasite lui tourne le dos, et va médire de lui chez le riche voisin qui l'héberge à son tour. Autrefois le métier de ces écornifleurs donnait de meilleurs revenus. Le parasite faisait partie du haut domestique des grandes familles. Aujourd'hui, que les fortunes sont diminuées, la profession de parasite est moins lucrative; mais l'espèce n'a pas disparu. Le parasite tient bon, car il est de ceux qui aiment mieux vivre, même médiocrement, sur le bien et le travail d'autrui que de travailler pour gagner leur vie honorablement. Quelquefois néanmoins le parasite est riche, il exerce son industrie plutôt par goût que par besoin; c'est la pire et la plus dégoûtante espèce de parasites.

Au figuré, on emploie cette expression pour désigner des mots et des ornements de langage superflus ou redondants, qui prennent la place du discours aux dépens du bon goût, de la sagesse et de la simplicité. JONCIÈRES.]

PARASITES (*Histoire naturelle*). On donne ce nom aux êtres organisés qui se nourrissent aux dépens d'autres êtres organisés, soit qu'ils vivent à la surface de ces derniers, soit qu'ils se développent dans leurs cavités internes. On nomme les premiers *épizoaires*, et les autres *entozoaires*. On ne rencontre aucune espèce parasite dans l'embranchement des vertébrés; mais les autres embranchements en fournissent tous des nombres plus ou moins considérables. Parmi les épizoaires, on trouve surtout des arachnides et des acarides. Les entozoaires appartiennent presque tous à la classe des helminthes; on les rencontre le plus habituellement dans les intestins (*voyez* VERS INTESTINAUX), le foie, les reins, etc., des animaux supérieurs.

Le règne végétal offre de nombreux exemples de parasitisme : le gui, l'orobanche, la cuscute, etc., croissent sur d'autres végétaux dont le suc les nourrit. Il ne faut pas confondre avec ces plantes celles qui, comme beaucoup d'orchidées, se développent sur d'autres espèces sans cependant leur rien emprunter : les botanistes nomment ces dernières *fausses parasites*.

L'existence des parasites amène fréquemment des désordres graves chez les animaux et les végétaux à l'intérieur ou à l'extérieur desquels ils se produisent. M. Raspail conseille de leur opposer une dissolution aloétique. On lotionne les rameaux ou les troncs des arbres et les végétaux avec un pinceau ou une brosse; on en agit de même à l'égard du cuir des animaux à poil ras, tandis que les animaux à longs poils, tels que les moutons, sont immergés dans un bain de cette dissolution, et la même eau peut servir ensuite à immerger les semences, les échalas, les tuteurs et les lattes d'espalier. Enfin, on se sert de ce qui reste pour arroser les plates-bandes infestées de lisettes, de limaces, etc., et les légumes dévorés de chenilles (ceux bien entendu dont on ne mange pas les feuilles). Le procédé, comme on le voit, est bien simple; il est de plus peu coûteux : il faut un gramme d'aloès tout au plus par litre d'eau, et cette substance se trouve à très-bas prix chez les droguistes.

Dans sa classification tératologique, M. Isidore Geoffroy-Saint-Hilaire a donné le nom de *parasites* à son troisième ordre de la classe des monstres unitaires. Ce sont les plus imparfaits de tous. Implantés directement sur les organes générateurs de la mère, ils se présentent en masses amorphes principalement composées d'os, de dents, de poils et de graisse, et dépourvues du cordon ombilical. On les considère comme des produits de conception qui, placés de bonne heure sous l'influence de circonstances très-anormales, sont restés singulièrement imparfaits.

PARASOL. *Voyez* PARAPLUIE.

PARATONNERRE. En étudiant les propriétés du fluide électrique, on a facilement observé que les appareils qui en étaient chargés le conservaient d'autant mieux que toutes leurs surfaces étaient obtuses, et le perdaient d'autant plus facilement au contraire que quelques-unes de leurs parties se terminaient en pointe, et qu'en approchant un conducteur métallique pointu et communiquant avec le sol d'une surface chargée d'électricité, tout ce fluide se dissipe avec la plus grande facilité. Ces phénomènes peuvent s'expliquer également dans les deux hypothèses admises sur la nature du fluide électrique, soit en regardant la pointe comme susceptible d'attirer le fluide électrique, qui par son moyen se répand dans le sol, soit en admettant que le fluide électrique du sol vienne saturer celui de l'atmosphère.

Frappé de ces effets, Franklin en fit l'application à l'un des objets les plus importants auxquels puissent conduire les connaissances scientifiques, la préservation de la foudre. Tout le monde sait que quand la foudre frappe un édifice, elle suit presque toujours les conduits métalliques qu'elle rencontre, mais que lorsqu'ils sont interrompus dans quelques points, le fluide électrique, en les abondonnant pour aller rejoindre quelque autre conducteur qui lui permette de se répandre dans le sol, donne lieu à des effets terribles : déterminer l'écoulement du fluide électrique sans qu'il puisse donner lieu à aucune fulguration, telle est la découverte due à Franklin.

Préserver un édifice en le mettant en communication la plus parfaite possible avec le sol, tel est le but que l'on se propose dans la construction des paratonnerres, et l'on y parvient en élevant sur le bâtiment une tige de fer terminée par une pointe, et que l'on met en communication avec la terre au moyen d'une corde ou d'une barre de métal dont la partie inférieure pénètre à une certaine profondeur dans la terre. Pour qu'un paratonnerre remplisse les conditions pour lesquelles on l'a établi, il faut que la partie du sol dans laquelle il pénètre soit bon conducteur de l'électricité; sans cela le fluide, trouvant un obstacle dans sa marche, pourrait produire la fulguration, qu'il est destiné à empêcher, parce qu'il abandonnerait la tige métallique pour choisir quelque autre voie plus facile. Pour rendre la conductibilité aussi parfaite que possible et empêcher en même temps l'oxydation du fer, on fait rendre le pied du paratonnerre, auquel on a donné la forme d'une patte d'oie, dans une cavité construite en brique, et que l'on remplit de braise; et après l'avoir traversée, la tige métallique se divise en plusieurs branches minces, que l'on fait pénétrer dans un puits ou dans une cavité où l'on amène les eaux pluviales par le moyen d'un conduit convenable; plus le sol est sec, plus il faut donner de profondeur à la cavité remplie de charbon. Si l'édifice renferme des parties métalliques considérables, par exemple une couverture en plomb, des gouttières en des zinc, des planchers en fer, il faut les faire communiquer avec le paratonnerre. Deux paratonnerres exigent un conducteur; quand il en existe un plus grand nombre, on fait communiquer le pied de toutes les tiges.

La tige du paratonnerre est une barre de fer de 54 à 60 millimètres à la base, amincie à l'extrémité; on remplace une longueur de 55 centimètres par une tige conique de cuivre jaune dorée à son extrémité, ou, mieux, surmontée d'une aiguille de platine de 5 centimètres de longueur, soudée à l'argent, et solidifiée par un manchon en cuivre : la tige de cuivre et celle de fer sont jointes par le moyen d'une vis. La tige s'enfonce dans un puits ou une cavité d'au moins 4 à 5 mètres. Quelque difficulté s'offrant pour donner aux barres de fer du conducteur toutes les formes qu'exigent celles des édifices, on se sert fréquemment de cordes métalliques formées de fils de fer dont 15 forment un toron et quatre torons une corde dont le diamètre est de 16 à 18 millimètres; chaque toron est recouvert d'une couche de goudron pour préserver le métal de l'oxydation.

Il résulte d'une longue expérience qu'un paratonnerre ne préserve efficacement qu'un espace circulaire d'un rayon double de sa longueur : par exemple un édifice de 40 mètres est préservé par un paratonnerre dont la tige en a 10. Il faut toujours faire communiquer le paratonnerre avec le sol par la voie la plus courte. Autant un paratonnerre bien construit et entretenu en bon état peut inspirer de sécurité, autant il pourrait devenir dangereux s'il ne remplissait ces deux conditions; l'expérience a prouvé qu'après trente ans un paratonnerre qui a été établi avec soin remplissait encore toutes les conditions désirables.

H. Gaultier de Claubry.

PARAVENT, meuble composé de plusieurs châssis réunis, se pliant les uns sur les autres, et destiné à parer du vent du côté où on le déploie. Un paravent est ordinairement composé de six ou huit châssis, auxquels on donne le nom de *feuilles* : leur hauteur varie de 1 m. 66 à 2 m. 33 sur une largeur de 50 à 55 cent. Ces feuilles sont ordinairement faites en sapin, et recouvertes de toile et de papier; quelques-unes sont recouvertes en moquette, en tapisserie, en damas de soie. On en fait aussi en bois d'acajou, avec une glace sans tain, afin de ne pas priver de jour la partie de l'appartement qui est entourée par le paravent. Si l'on en croit Lemierre, ces châssis mobiles seraient originaires de la Chine (*Les Fastes*, chap. II).

Le mobile rempart qu'inventa le Chinois,
Près de nous pour appui déployé sous nos toits,
Interdisant au froid l'accès de nos asiles,
En écarte des vents les atteintes subtiles.

Duchesne aîné.

PARC, vaste étendue de terres entourée de murs ou de palissades, plantée de bois en totalité ou en grande partie. Les parcs sont l'accompagnement nécessaire des maisons royales, des grandes propriétés, etc.; ils servent de retraite au gibier, offrent le plaisir d'une chasse presque toujours heureuse et la liberté de la promenade. L'amateur qui tient à une chasse variée ne parviendra jamais à fixer les perdrix et les faisans dans son parc, s'il ne mêle aux bois quelques champs de céréales et de prairies artificielles. La formation d'un parc ne diffère de celle d'un bois ordinaire que par les espaces laissés vides pour les plantes herbacées : les allées droites et bien entretenues, les accidents du sol habilement ménagés selon les vues et les aspects du paysage, les belles plantations d'arbres à haute tige lui donnent de l'agrément et du prix. L'aménagement le plus profitable, et qui convient le mieux à la conservation et à la reproduction du gibier est le taillis de quinze à vingt ans, en plusieurs coupes. Les plantations de peupliers dans l'intérieur même du bois, lorsque la terre est fraîche et humide, augmentent considérablement le revenu. La substitution des élèves de vaches et de chevaux au gibier dans les parcs est un modèle utile que nous offre l'Angleterre. Le goût du maître est la règle souveraine de cette partie de la propriété; elle peut être un simple bois, une garenne, un jardin paysager, selon son désir.

Le *parc aux moutons* est une palissade mobile faite dans les champs ou autour de la ferme pour retenir, parquer les moutons et leur faire passer la nuit dehors : celui qui avoisine l'habitation est le parc d'hiver, l'autre est le parc d'été : le premier est peu en usage; l'un et l'autre sont formés de claies, dont tout le monde connaît la disposition. Il serait à désirer que le parcage fût appliqué dans toutes les exploitations rurales, car il produit des effets plus durables que le fumier conservé dans les cours. Mais cette opération exige des soins de la part du berger : il faut que le résultat du séjour des moutons soit régulier pour tous les points du champ parqué; en conséquence, le berger doit s'appliquer à faire séjourner également partout les animaux qui déposent leurs excréments et leur urine sur le sol, qu'ils pénètrent en outre de leurs émanations. Après leur parcage, un labour peu profond recouvre l'engrais déposé par les moutons, et empêche l'évaporation. Dans les grandes fermes, où il est possible de nourrir de nombreux troupeaux, les avantages du parc sont considérables : il sert à fumer de vastes pièces, où les récoltes sont toujours plus belles et plus régulières que sur aucun des autres champs; il économise le transport des fumiers, et fait sentir encore son influence fécondante sur les menus grains semés après le blé. Six cents moutons fument très-bien de quarante à cinquante arpents d'une bonne terre pendant un parcage d'été.

Le *parc aux bœufs* est une prairie entourée de fossés, où on met les bœufs pour les engraisser; plusieurs départements de la France trouvent la richesse dans ce genre d'industrie. Les parcages des bords de la mer conviennent mieux pour les animaux vieux et d'un engrais difficile que les prairies à l'abri des influences de l'eau de mer. Une certaine proportion de vapeurs salines se dépose sur les plantes, et leur donnent la propriété de rendre plus active la digestion des aliments. Tous les ruminants d'ailleurs témoignent une grande avidité pour les fourrages salés : c'est un spectacle curieux de voir les vaches laissées libres dans les forêts qui environnent le bassin d'Arcachon arriver par centaines à la marée basse pour dévorer quelques herbes laissées à sec par le retrait des eaux.

Parc de pêche, clôture que l'on fait pour prendre ou conserver le poisson.

Les *parcs aux huîtres* sont des espaces plus ou moins étendus, limités par des claies, où l'on dépose les huîtres pour les faire verdir et grossir.

Dans les m a r a i s s a l a n t s, les *parcs* sont des espaces où l'on renferme et l'on fait séjourner l'eau de la mer pour en extraire le sel.

P. Gaubert.

PARC (*Art militaire*). On distingue dans l'intérieur et aux armées diverses espèces de parcs. Les *parcs d'artillerie* se composent de la réunion de tout le matériel d'une armée, dans un emplacement choisi pour le contenir. C'est là qu'on rassemble en temps de guerre les bouches à feu, les fourgons ou caissons chargés de projectiles, les voitures, les chevaux, les équipages de ponts, et toutes les munitions de guerre présumées nécessaires pour la durée d'une campagne. La réunion de ces objets prend les noms de *parc général de l'armée* ou *grand parc*, de *parc d'armée* ou *de corps d'armée*, et de *parcs divisionnaires* : les corps de réserve de cavalerie ont aussi leur parc particulier. Après eux sont les *parcs de siége*, les *parcs de ponts* ou *pontons* et les *parcs de chevaux*. A la suite des armées, et le plus à proximité de leurs mouvements stratégiques, sont des *parcs de réserve*, destinés à alimenter les premiers. Dans la guerre de montagnes, ces parcs se composent d'un matériel plus léger, porté à dos de mulet.

Dans l'intérieur, les parcs sont renfermés dans des enclos dépendant des arsenaux d'artillerie : le *parc aux projectiles* est le lieu où on empile, dans un ordre méthodique, les boulets, les bombes et les obus; les bouches à feu et les caissons ont aussi leur emplacement particulier. Ces objets sont rarement confondus dans un même lieu.

Les parcs d'artillerie de campagne ne sont pas les seuls qui marchent à la suite des armées : on y compte encore les *parcs du génie*, les *parcs des vivres et fourrages*, ceux des *équipages militaires*, des *ambulances* et des *bestiaux* destinés à la nourriture des troupes.

Le grand parc d'artillerie se compose de bouches à feu de 4, de 8, de 16 et de 24, placées en première ligne par ordre de calibre; les caissons prennent rang derrière leurs bouches à feu respectives; viennent ensuite les caissons à cartouches d'infanterie, les poudres restées disponibles dans leurs charrettes; enfin, les chariots d'outils. Le même ordre est observé pour les autres parcs. Les parcs d'artillerie de siége sont pourvus de pièces de gros calibre et de tout le matériel nécessaire aux préparatifs de l'attaque. La première ligne de ce parc fait face à la place assiégée : elle se compose des chariots et des voitures chargés de bouches à feu réunies par calibre; la deuxième, des affûts de siége et de rechange; la troisième, des projectiles empilés par calibre derrière leurs affûts de même espèce; enfin, la quatrième ligne est composée des plates-formes complètes, placées derrière chaque bouche à feu, et des armements des pièces, calibre par calibre. Les deux autres côtés du parc sont formés avec les charrettes et autres voitures à l'usage de l'artillerie. Les magasins à poudre sont placés à 4 ou 600 mètres en arrière du parc. Ils sont entourés d'un fossé et recouverts d'un épaulement lorsque les circonstances commandent cette précaution. Les troupes d'artillerie campent sur la droite et sur la gauche de ces parcs. Les parcs de ponts se composent de la réunion des bateaux, des agrès et des voitures qui servent à les transporter; la garde en est confiée aux pontonniers. Les parcs du génie, gardés par les troupes de cette arme, comprennent les fourgons, les voitures, les gabions, les outils nécessaires aux travaux de sape et de mine. Les parcs destinés aux divers services de l'armée sont placés en arrière des lignes et à l'abri des attaques de l'ennemi et de toute surprise. Ils sont sous la garde des troupes d'infanterie détachées des divisions dont ils font partie. SICARD.

PARCAGE, action de *parquer*, c'est-à-dire de maintenir des animaux dans un parc.

Dans le droit féodal, on entendait par *droit de parcage* une redevance qu'en certaines localités le seigneur prélevait sur ceux des habitants qui possédaient un parc dans lequel ils clôturaient leurs troupeaux.

PARC-AUX-CERFS, à Versailles, petite maison à l'usage du roi Louis XV, qui y logeait ces maîtresses obscures que l'indulgence ou la politique de Mme de Pompadour tolérait, pour ne pas perdre sa position de maîtresse en titre. Il n'est aucun fait historique qui ait rendu plus odieux le nom de Louis XV, et qui ait donné lieu à plus de divagations parmi les historiens que le mystérieux établissement du *Parc-aux-Cerfs*. Les historiens les mieux renseignés ne savent où il était placé. Les uns en font une ancienne habitation de chasse de Louis XIII, transformée en une suite de petits palais entourés de jardins et de bois; les autres le confondent avec l'*Ermitage* de Mme de Pompadour. « La tradition et le témoignage de plusieurs personnes attachées à la cour, dit Lacretelle, ne confirment que trop les récits consignés dans une foule de libelles relativement au *Parc-aux-Cerfs*. On prétend que le roi y faisait élever des jeunes filles de neuf ou dix ans. *Le nombre de celles qui y furent conduites fut immense*. Elles étaient dotées, mariées à des hommes vils ou crédules. Les dépenses du *Parc-aux-Cerfs* se payaient avec des acquits au comptant. Il est difficile de les évaluer; mais il ne peut y avoir aucune exagération à affirmer qu'elles coûtèrent *plus de cent millions à l'État*. Dans quelques libelles, on les porte *jusqu'à un milliard*. »

On ne peut admettre ces exagérations depuis que M. J.-A. Le Roi, s'aidant de quelques renseignements donnés par Mme Campan dans ses Mémoires, a retrouvé cette royale petite maison, en dépouillant les archives du bailliage de Versailles. Elle était située rue Saint-Médéric, dans un quartier bâti sur l'emplacement de l'ancien Parc-aux-Cerfs de Louis XIII, et qui en avait gardé le nom. Elle était petite; « il n'y avait en général, dit une note qu'on trouve dans les Mémoires de Mme du Haussot, qu'une seule jeune personne; la femme d'un commis de la guerre lui tenait compagnie, jouait avec elle ou travaillait en tapisserie. Cette dame disait que c'était sa nièce; elle la menait pendant les voyages du roi à la campagne. » Ce commerce du roi avec de jeunes filles cessa entièrement lorsque Mme du Barry eut su concentrer sur elle toute la passion du vieux prince débauché. Louis XV, après seize ans de possession, de 1755 à 1771, vendit alors cette maison, qui est aujourd'hui transformée en un fort joli hôtel.

PARC CIVIL (Le). *Voyez* CHATELET.

PARCHEMIN. On nomme ainsi une peau préparée pour écrire ou pour divers autres usages. Ce mot, suivant quelques étymologistes, vient de *pergaminum* ou *pergamenum*, parce que l'usage du parchemin a été inventé par les rois de Pergame, ville de Mysie, dans l'Asie Mineure, où se fabriquait le meilleur parchemin. Il paraît au moins certain que Pergame fut une des premières villes où l'on s'en servit. Cette substance était très-connue à Rome du temps de Cicéron, qui en parle sous le nom de *membrana*. Il en est aussi question dans saint Jérôme et quelques autres Pères de l'Église.

Plusieurs siècles avant l'époque où l'on prétend qu'Eumène, roi de Pergame, inventa le parchemin, par esprit de jalousie contre les Ptolémée d'Égypte, les Ioniens se servaient pour écrire de peaux préparées; Diodore atteste que les Perses faisaient de même. Ces peaux étaient d'abord fort grossièrement préparées; elles furent ensuite polies à l'aide de la pierre ponce. Les Romains en arrivèrent à blanchir les parchemins et à les teindre; aussi en trouvait-on chez eux de trois sortes : de blancs, de blancs à l'intérieur et jaunes à l'extérieur, enfin de teints en pourpre. C'est avec les peaux de mouton et de chèvre que s'apprêtaient les parchemins. Le parchemin servait pour les livres, le papyrus pour les diplômes. Au sixième siècle, le parchemin commença à être employé pour les chartes et diplômes; en Allemagne, où n'avaient pénétré ni le papier d'Égypte ni le papier de coton, on ne se servait que de parchemin. C'est dans de la toile de chanvre que l'on conservait les anciens manuscrits de parchemin et de papyrus; mais ce dernier végétal, qui ne croissait pas en Europe, rendit parfois si rare dans cette contrée le papier qu'on en obtenait qu'on finit par renoncer à son usage; l'art même de le fabriquer fut à peu près perdu parmi nous au douzième siècle, suivant le rapport d'Eustathe. Il ne resta plus pour écrire que du parchemin, et les moines, seuls copistes du temps, se trouvant trop pauvres pour s'en procurer, il s'établit en Grèce et dans toute l'Europe, du onzième au treizième siècle, l'usage d'effacer avec de certaines préparations l'encre des anciens manuscrits en parchemin, ou bien de les gratter pour les rendre propres à recevoir autre chose, surtout des légendes et des homélies.

Peut-être ne fût-il pas ainsi resté un seul manuscrit ancien si cette pratique barbare n'eût disparu vers le treizième siècle, par la connaissance qu'on eut alors de la fabrication du papier de chiffon, qui fut apportée de l'Orient. L'ancienne écriture est souvent assez mal effacée sur les vieux parchemins pour qu'on parvienne, avec de la patience, à pouvoir lire entre les nouvelles lignes des lignes et des phrases entières de l'ancien texte (*voyez* PALIMPSESTE).

Parchemin se dit figurément et familièrement, surtout au pluriel, des titres de noblesse : Cet homme est entiché de ses *parchemins*. C'est sur des feuilles de *parchemin* que s'écrivent aujourd'hui les diplômes de bachelier, de docteur, etc. Visage de *parchemin* est une locution populaire, pour dire un visage couvert d'une peau sèche et ridée. Allonger le *parchemin* signifie proverbialement l'acte de multiplier des écritures sans nécessité, quelquefois par esprit de chicane, mais plus ordinairement encore dans des vues d'intérêt.

Le lieu où l'on prépare le parchemin ainsi que l'art de le préparer et le négoce qu'on en fait se nomment également *parcheminerie*. Le *parcheminier* est celui qui prépare le parchemin et qui le vend.

PARCIMONIE. *Voyez* Économie.

PARCOURS (Droit de). Ce droit est celui en vertu duquel les habitants de deux communes voisines peuvent envoyer réciproquement leurs bestiaux en vaine pâture d'un territoire sur l'autre.

PARDE ou CHAT-PARD. *Voyez* Lynx.

PARDON. C'est l'action par laquelle on remet à quelqu'un une offense. On appelait autrefois *lettres de pardon* celles que le roi accordait en petite chancellerie pour remettre la peine de certains délits, moins graves que ceux pour lesquels les *lettres de grâce* étaient nécessaires. Le *pardon* est particulièrement l'acte par lequel Dieu veut bien oublier nos fautes et ne pas nous les imputer. Le dogme du pardon des crimes, des péchés, est le fondement du christianisme. Dès les premiers jours de la création, lorsque l'orgueil eut séparé l'homme de son auteur, tout en le chassant de son paradis de délices, l'Éternel fit entendre des paroles de miséricorde. Jésus-Christ vint plus tard réaliser la promesse faite à l'humanité, et du haut de la croix il annonça que le *pardon* était désormais et irrévocablement accordé. Mais en nous enseignant que nous avons un médiateur vivant qui intercède sans cesse pour nous auprès de son Père, la religion nous apprend aussi que nous n'obtiendrons miséricorde que tout autant que nous aurons été miséricordieux nous-mêmes. On se servira à notre égard de la mesure que nous aurons employée pour les autres. « Soyez miséricordieux, est-il écrit, comme votre Père céleste »; et ailleurs : « Heureux les miséricordieux! parce qu'ils obtiendront eux-mêmes miséricorde. » Ne nous est-il pas ordonné de dire chaque jour : « Notre Père...... *pardonnez*-nous nos offenses, comme nous *pardonnons* à ceux qui nous ont offensés. » Et lorsque Pierre s'adressant à son maître, lui dit : « Seigneur, combien de fois faut-il que je *pardonne* à mon frère qui m'a offensé? est-ce assez de sept fois? » que lui fut-il répondu? « Je ne vous dis point sept fois, mais septante fois sept fois. »

Dans l'Église catholique, le mot *pardon* est synonyme d'*indulgence*. La prière nommée aujourd'hui *Angelus* s'appelait autrefois *pardon*, parce que les souverains pontifes y avaient attaché une indulgence.

Chez les Juifs, on nommait *pardon* le *grand jour des expiations*, correspondant au dixième jour du septième mois de l'année mosaïque, ou au premier mois de l'année civile. Le jeûne était alors fort rigoureux, et de nos jours encore les Juifs observent cette solennité avec beaucoup de soin. Ils ne prennent aucun repas avant le coucher du soleil, et passent une grande partie de la nuit dans la synagogue. Dans les temps de la nationalité juive, cette fête était annoncée dix jours à l'avance par les trompettes du temple. « Vous affligerez vos personnes, dit la loi, à cause des iniquités que vous aurez commises dans le cours de l'année, et le Dieu d'Israel accordera son *pardon* à votre repentir. » C'était une amnistie morale, publique et privée; car tous les citoyens, toutes les familles, devaient déposer leur ressentiment aux pieds du Dieu qui leur donnait un si généreux exemple. Dans les mots, *vous affligerez vos personnes*, la foule crut voir la seule nécessité de se priver de toute nourriture d'un lever des étoiles à l'autre. Ce n'est point ainsi que l'entendait le prophète : « Soyez affligés de cœur, rompez les nœuds de la méchanceté, détruisez toute oppression, voilà le jeûne qui plaît à l'Éternel. » En ce jour-là le grand-pontife immolait un veau et un bouc, dans le sang desquels il trempait le doigt pour faire des aspersions dans le parvis, sur l'autel, autour du pavillon et dans le saint-des-saints. Il pénétrait dans ce lieu sacré revêtu de la simple tunique de lin, du ceinturon, de la tiare, après avoir solennellement prononcé, d'une manière inconnue aujourd'hui, le nom ineffable de l'Éternel, qui n'était plus répété dans tout le cours de l'année. Il faisait ensuite approcher un second bouc, destiné à être *azazel* ou l'émissaire (*voyez* Bouc émissaire); et, étendant les mains, il confessait hautement toutes les iniquités du peuple; il les déplorait, et en chargeait la tête de l'animal qu'on allait perdre dans le désert.

L'abbé J.-G. Chassagnol.

PARÉ (Ambroise), célèbre chirurgien, né en 1517, à Laval, dans le Maine, mort à Paris, le 20 décembre 1590. Issu d'une famille peu fortunée, qui ne put convenablement subvenir à tous les frais de sa première éducation, Paré fut recueilli par un chapelain, qui se chargea de lui apprendre la langue latine. Mais, jeune encore, Paré ayant assisté par hasard à une opération de la taille, se sentit une telle vocation pour la chirurgie, qu'abandonnant aussitôt son précepteur, il se rendit à Paris pour s'y livrer avec ardeur à l'étude de l'anatomie et de la chirurgie. Son aptitude pour le travail était si grande et ses progrès furent si rapides, que peu de temps après sa réputation de chirurgien instruit et d'habile opérateur le fit appeler aux importantes fonctions de chirurgien militaire des troupes de messire René de Montijan, colonel général des gens de pied et maréchal de France, avec lequel il fit plusieurs campagnes en Italie. A son retour à Paris, où l'avait précédé la haute renommée chirurgicale qu'il venait d'acquérir, Ambroise Paré fut reçu avec distinction membre du Collége royal de Chirurgie, dont il devint ensuite le grand-prévôt. Le mérite toujours croissant d'Ambroise Paré le rendit bientôt le chirurgien le plus renommé de son siècle, ce qui lui mérita la haute distinction d'être nommé conseiller et premier chirurgien des rois Henri II, François II, Charles IX et Henri III, qui lui témoignèrent la plus grande considération.

Charles IX, dont il avait sauvé les jours, gravement compromis par suite d'une blessure que son médecin Portail lui avait faite en le saignant au bras, fut celui qui lui donna les preuves du plus grand attachement. Ainsi, ce fut par un double motif de reconnaissance et d'admiration qu'il prit toutes les précautions possibles pour que, nonobstant sa qualité de protestant, il ne lui advînt aucun mal durant l'affreux massacre de la Saint-Barthélemy. « Charles IX, dit Brantôme, ne voulut sauver aucun calviniste, sinon Ambroise Paré, son premier chirurgien et le premier de la chrétienté : il l'envoya querir et venir le soir dans sa chambre et garderobe, lui commandant de n'en bouger, disant qu'*il n'estoit raisonnable qu'un qui pouvoit servir à tout un petit monde fût ainsi massacré* ».

La confiance qu'inspirait Ambroise Paré devint si générale que sa seule présence dans une ville assiégée ou dans un corps d'armée rassurait les combattants et ranimait l'espoir des malheureux blessés. Les soldats ennemis avaient une égale confiance et une même admiration pour lui. Mu dans toutes ses actions par une religieuse philanthropie, il était également bon et charitable envers tous. Partout où il se rendait, son nom seul lui procurait protection et dévouement, tant de la part des chefs de l'armée que des simples soldats. Une des époques les plus glorieuses de sa vie fut celle où il reçut l'accueil triomphal que lui fit la garnison de Metz : ce fut un élan de reconnaissance qui n'eut rien d'officiel, un digne hommage rendu à sa grande réputation ainsi qu'à son beau caractère d'homme de bien.

Dans ses écrits, si remarquables par la variété des faits et par une érudition des plus étendues, le chirurgien de Charles IX traite les plus hautes questions scientifiques. Ambroise Paré, en s'affranchissant du culte superstitieux qu'on avait alors pour les auteurs grecs et latins, soumit les faits au creuset de l'observation, et, ne reconnaissant que l'expérience pour guide, il en fit le fondement le plus important de tous ses travaux. Aussi le soin qu'il eut toujours d'appuyer les préceptes sur l'observation exacte des faits forme-t-il le cachet de ses œuvres et leur principal mérite. A ce titre si important dans l'art de guérir, Ambroise Paré doit occuper parmi les chirurgiens la même place qu'Hippocrate parmi les médecins, et peut-être n'en est-il aucun parmi les anciens ni parmi les modernes qui soit digne de lui être comparé. Toutefois, dans le cours de ses écrits, sacrifia-t-il peut-être un peu trop à l'habitude des écrivains de son époque, en étalant parfois un trop grand luxe d'érudition grecque et latine.

C'est dans son immortel ouvrage (*Ambrosii Parei Opera, novis iconibus elegantissimis illustrata; Parisiis*, 1582, in-fol.), qui a été traduit dans toutes les langues, qu'on trouve l'origine de la plupart des découvertes de la chirurgie moderne : c'est une véritable encyclopédie chirurgicale, où les praticiens de nos jours peuvent puiser encore des documents importants pour l'art opératoire, ainsi que des notions précises sur les principales maladies qui sont du ressort de la chirurgie. Depuis Ambroise Paré on n'a presque rien ajouté de mieux aux excellents préceptes qu'il a donnés sur le traitement des plaies en général, et particulièrement sur la thérapeutique des plaies par armes à feu, qu'on appelait alors *playes faites par arquebuses*. Relativement à ces dernières, il démontra le premier l'inutilité et le danger même de leur cautérisation; opération cruelle, qui avait pour but la destruction du prétendu venin que l'on croyait exister dans les lésions de cette nature. C'est encore à lui que nous devons le meilleur mode de traitement pour la guérison radicale des rétrécissements de l'urètre. Les maladies des yeux et des dents furent aussi mieux étudiées et plus méthodiquement traitées par Ambroise Paré qu'elles ne l'avaient été par ses prédécesseurs. Enfin, il n'est pas jusqu'à la *chirurgie légale*, ainsi que divers points d'anatomie et de physiologie, qu'il n'ait éclairés de sa lumineuse investigation et de ses nombreuses expériences. Aussi la chirurgie moderne, en se plaçant sous son patronage, n'a-t-elle fait que lui rendre l'hommage qui lui est dû.

Une statue d'Ambroise Paré, due au ciseau de David d'Angers, lui a été érigée en 1840, à Laval, sa patrie.

L. LABAT.

PARÉGORIQUE (de παρηγορέω, calmer, adoucir), épithète que l'on donne aux remèdes qui calment, qui adoucissent ou apaisent les douleurs. Voyez CALMANTS et ANODINS.

PARÉLIE. Voyez PARHÉLIE.

PARENCHYME (du grec παρεγχῦμα, effusion). On appelle ainsi en anatomie la substance propre de certains viscères.

En botanique, on donne ce nom à la pulpe ou partie intérieure d'un fruit ou d'une plante par laquelle on suppose que le suc est distribué. Quand on l'examine au microscope, cette matière paraît ressembler à un tissu médullaire ou plutôt spongieux, poreux, flexible et dilatable. Les pores en sont innombrables et excessivement petits. Ils reçoivent autant d'humeur qu'il est nécessaire pour les emplir et les étendre; et c'est cette disposition même des pores qui, à ce qu'on suppose, rend la plante propre à la végétation.

PARENT, PARENTÉ (du latin *parere*, engendrer). La *parenté* est le rapport qui existe entre les personnes unies par les liens du sang. Dans l'origine, le mot *parent* ne s'appliquait qu'aux père, mère et ascendants; mais depuis on lui a donné une acception plus étendue : il désigne tous les individus qui descendent d'une souche commune, tous ceux qui sont unis à la famille. Ce n'est plus qu'un terme générique. On distingue généralement les parents en *ascendants*, *descendants* et *collatéraux*; en *paternels* et *maternels*; en *germains*, *consanguins* et *utérins*. Outre la *parenté naturelle*, il y a une *parenté civile*, que l'on désigne sous le nom d'*alliance* ou d'*affinité*. Enfin, il existe encore une autre *parenté*, qui est produite par l'*adoption*. La proximité de parenté s'établit par le nombre des générations. Chaque génération s'appelle un *degré*. La suite des degrés forme la *ligne de parenté*. En ligne directe, on compte autant de degrés qu'il y a de générations entre les personnes : ainsi, le fils est à l'égard du père au premier degré; le petit-fils, au second, l'arrière-petit-fils, au troisième, et réciproquement. En ligne collatérale, les degrés se comptent par les générations, depuis l'un des parents jusque, et non compris, l'auteur commun, et depuis celui-ci jusqu'à l'autre parent. Ainsi, deux frères sont au second degré; l'oncle et le neveu sont au troisième degré; les cousins germains au quatrième, et ainsi de suite. On voit que dans la ligne collatérale il n'y a point de premier degré de parenté.

Le *droit canonique*, au lieu de compter les générations des deux parents, comptait seulement les générations ou degrés de l'un des *parents* jusqu'à la souche commune. Ainsi, d'après ce système, deux frères seraient au premier degré de la parenté collatérale, parce qu'il n'y a qu'une génération depuis l'un des frères jusqu'au père, qui est la souche commune; deux cousins germains seraient au second degré, parce qu'il y a deux générations depuis l'un d'eux jusqu'à l'aïeul, qui est leur souche commune. Cet usage de l'Église excita de grandes disputes vers le onzième siècle, à cause des défenses de mariage pour cause de parenté, qui s'étendaient jusqu'au septième degré inclusivement : or, tandis que d'après le droit civil ce degré ne comprenait que l'enfant de cousin issu de germain, le droit canonique plaçait dans le septième degré de parenté les personnes qui descendaient d'un *sixième aïeul commun*. Cette discipline, qui multipliait singulièrement les demandes en cassation de mariage sous prétexte de parenté éloignée, fut abrogée au treizième siècle par le pape Innocent III, dans le concile général de Latran. La décision de ce concile, qui a fixé au quatrième degré la défense de mariage entre parents, a toujours été observée depuis par l'Église.

Dans notre législation actuelle, la *parenté* produit tantôt des *droits*, tantôt des *obligations*, tantôt des *prohibitions*. Ainsi, la loi défère les *successions* aux parents les plus proches; ils sont appelés à la composition des *conseils de famille*; ils peuvent former opposition à un *mariage* ou en demander la nullité, etc. Ils répondent des délits commis par leurs enfants; ils se doivent des *aliments* dans certains cas. La *parenté* est un obstacle au mariage dans les cas déterminés par la loi; elle est un motif de *récusation* de juge et de reproche contre des témoins; enfin, des *parents* ne peuvent être témoins dans un *testament* authentique, jusqu'au quatrième degré inclusivement.

Parent se dit tantôt de ceux de qui l'on descend : Il est né de *parents* illustres. *Nos premiers parents* sont Adam et Ève. Tantôt il signifie plus particulièrement le père et la mère : Se marier sans le consentement de ses *parents*, obéir à ses *parents*. Les *grands parents* sont les plus considérables d'entre les proches parents. On dit proverbialement ou figurément : Aux gens riches ou en faveur, il pleut des *parents*; Un bon ami vaut mieux qu'un *parent*; Nous sommes tous *parents* du côté d'Adam; Les rois et les juges n'ont point de *parents*.

AUG. HUSSON.

PARENT DU CHÂTELET (ALEXANDRE-JEAN-BAPTISTE), docteur en médecine, connu surtout par ses recherches sur l'hygiène, naquit à Paris, en 1790. A la révolution, sa famille se retira dans la petite terre du Châtelet, près de Montargis. A l'âge de seize ans, Parent du Châtelet vint à Paris, et se livra avec zèle à l'étude de la médecine. Reçu docteur en 1814, il songea d'abord à se livrer à la clientèle civile; puis il entreprit un traité sur l'inflammation de l'arachnoïde; enfin, soit pour obéir à son impulsion naturelle, soit pour suivre les conseils du professeur Hallé, dont il s'était fait un ami, il se livra à l'étude de l'hygiène, qui occupa exclusivement toutes les heures de sa vie. Toutefois, ce ne fut point comme on l'avait fait jusqu'à lui, en homme de cabinet, en spéculateur, qu'il s'occupa d'hygiène, mais bien en homme pratique. Ainsi, voulant savoir quelles peuvent être les maladies occasionnées par le séjour dans les égouts, il descend dans ces cloaques, partage pendant longtemps la vie des ouvriers qui s'y renferment, les observe, les interroge séparément, un à un, visite leurs demeures, inspecte leur nourriture; et ce n'est qu'après des observations nombreuses de ce genre qu'il met au jour sur les maladies des égoutiers un mémoire des plus importants, qu'il qualifie modestement du nom d'*Essai*. Un autre mémoire, qui lui est commun avec le chimiste D'Arcet, est consacré à résoudre la question suivante : *Quelles sont les influences que le tabac peut avoir sur la santé des ouvriers occupés aux différentes préparations que l'on fait subir à cette plante?* Il conclut que la fabrication du tabac n'apporte pas le moindre préjudice à la santé. Son dernier et plus important ouvrage, qui lui coûta huit années d'études, et que la mort le força néanmoins de laisser encore inachevé, est intitulé : *De la Prostitution dans la ville de Paris, considérée sous le rapport de la morale, de l'hygiène publique et de l'administration.* On peut dire qu'à part quelques défauts, qui tiennent sans aucun doute à l'esprit un peu monacal qu'une éducation trop religieuse avait imprimé à Parent, cet ouvrage est une des conceptions les plus philosophiques, les plus philanthropiques, nous dirons même les plus courageuses et surtout les mieux exécutées qu'un savant ait entreprises depuis longtemps.

A la réorganisation de l'École de Médecine, Parent du Châtelet fut nommé professeur agrégé. Bientôt il fut nommé membre-adjoint du conseil de salubrité ; et enfin plus tard l'administration des hôpitaux lui confia un des services de l'hôpital de la Pitié. Au mois de février 1836, il fut pris d'une inflammation des membranes cérébrales, et mourut à Paris, le 7 mars suivant. H. DE CASTELNAU.

PARENTHÈSE, nom que les grammairiens ont donné à toute proposition ou pensée isolée qui, insérée dans une phrase dont elle suspend la marche, forme en même temps un sens à part ; ce qui s'accorde très-bien avec l'étymologie de ce mot, qui vient du grec παρένθεσις (interposition), formé de παρά (entre), et de τίθημι (je place), *chose placée entre d'autres*. Il ne faut produire sous la forme de parenthèse que des sentiments ou des réflexions dignes de fixer l'attention, et qui, dans une juste impatience de se montrer, ne peuvent attendre la fin de la série des idées qui les ont fait naître. Toute parenthèse doit être courte, vive, utile, et tenir au fond du sujet, quoiqu'elle soit détachée de la constitution mécanique et analytique de la phrase au milieu de laquelle elle a pris place. L'orateur et l'écrivain habiles dans leur art n'usent de la parenthèse qu'avec sobriété. Un style hérissé de parenthèses révèle un certain désordre dans l'esprit ou une prétention ridicule. Le poëte Byron prodigue souvent les parenthèses, et quelquefois d'une manière sublime ; mais c'est là un privilége qui n'est donné qu'au génie.

On appelle encore *parenthèses* les deux crochets qui enserrent, pour ainsi dire, la phrase ou la réflexion que l'on fait intervenir dans la période, comme nous venons de le dire ; le premier crochet se nomme la *parenthèse ouverte*, et le second la *parenthèse fermée*.

Dans la conversation, on emploie quelquefois ce mot pour faire remarquer en passant ou un fait ou une circonstance à laquelle on attache de l'importance : « Ce ministre est très-riche, et, *par parenthèse*, très-honnête homme. »
CHAMPAGNAC.

PARÈRE, d'un mot italien qui signifie opinion, ce qui paraît. On appelle spécialement de ce nom le certificat qui est donné par des négociants notables et instruits pour des questions de commerce.

PARÉS (Actes). Ce sont ceux qui contiennent le même préambule que les lois et qui sont terminés par un mandement de l'empereur aux officiers de justice. Les actes authentiques et les jugements sont exécutoires dans toute la France, sans qu'il soit besoin d'obtenir aucune permission ; tandis que sous l'ancienne jurisprudence la partie qui voulait faire mettre à exécution l'arrêt d'un parlement dans le ressort d'un autre parlement devait obtenir un *visa* ou *pareatis*, mot latin qui signifie *obéissez*.

PARESSE. Quels sont les résultats de cette propension, si naturelle à beaucoup de personnes, d'écouler leur vie dans ce *dolce far niente* qui peupla de tous temps les asiles de l'opulence comme ceux de la misère, les couvents ou les cloîtres et les hôpitaux ; car la vie religieuse, non moins que la carrière philosophique ou celle des muses, puise surtout son charme dans cette indolence du corps, jointe à la vague liberté de l'esprit ? Le pauvre lazzarone trouve dans la paresse la consolation de son indigence, à tel point qu'il préfère parfois se passer de manger, comme le fait le nègre, le sauvage des déserts, et aussi l'Espagnol, plutôt que de travailler ; à moins que le besoin de la nourriture ne devienne par trop impérieux.

Le Romain qui disait qu'on devait compte à la république non seulement de ses actions, mais encore de ses loisirs, énonçait une vérité très-sensée. D'ailleurs, si le travail modéré, mais suivi et journalier, fortifie, déploie les organes de la vie extérieure ; s'il facilite et anime le jeu de leurs fonctions ; s'il en élargit la sphère, en accroît l'énergie et la puissance, il est évident que les langueurs de la paresse, dans lesquelles tant d'êtres opulents s'enfoncent avec mollesse, doivent présenter un résultat tout différent sur l'organisme. En effet, celui-là est plus sain, devient robuste par l'exercice, et vit plus longuement, qui augmente l'activité de son système nerveux, sans l'épuiser avec excès. Il est manifeste que les individus laborieux ont plus d'appétit, dorment mieux que les lâches et mous, sans appétit, sans vivacité, sans nerfs, croupissant dans la torpeur, s'affaissant d'inertie. Ils poussent en effet leur carrière plus loin que ces paresseux *qui in otio senescunt*. L'homme travailleur est aussi plus courageux, plus ferme, beaucoup moins maladif, et plus capable de toutes choses, que celui dont les humeurs s'accumulent, menacent la santé par l'hydropisie, l'anasarque, l'apoplexie et autres stases pernicieuses. En général, les individus gras, de complexion lymphatique, sont plus lents, plus paresseux que ceux à tempérament bilieux et nerveux, la plupart secs et agiles.

Voyez ce voluptueux Asiatique, accroupi tout le jour sur les coussins de son divan, dans un kiosque, ou sous l'ombrage des palmiers. Il sommeille presque constamment, comme un être stupide, dans son indolence. Accablé par la chaleur du climat, il fume gravement sa pipe, ou avale quelques bols de *majush* ou d'*afion* (opium) pour l'aider à traverser l'insupportable longueur de ses journées. L'ennui fait de sa vie un supplice. En réalité, une tête vide, sans instruction, laisse affaisser sous une épaisse superstition et une stupide insouciance la plupart de ces Orientaux, s'abandonnant à la fatalité. Pourquoi voit-on toujours l'Européen, le Tatar, quoiqu'en petit nombre, se rendre maîtres dans les Indes, conquérir, renverser avec une poignée de guerriers, ces puissants empires de la Chine et du Mogol? C'est que la paresse a amolli, énervé, abruti les races qui les peuplent. La paresse est souvent le résultat d'un climat brûlant, quelquefois celui de l'opulence. Aussi les classes riches de la société, de même que les peuples méridionaux, périssent-elles par la paresse. Au contraire, le froid, comme la pauvreté, sont des causes excitatrices de la vigueur et de l'activité chez d'autres hommes, qui détrônent tôt ou tard ceux que la paresse a déjà domptés. Rien de plus pernicieux pour ces personnes molles et lentes, pour ces femmes délicates qui s'allongent sans cesse sur leurs divans moelleux, sur leurs lits de plume, que cet état langoureux que l'on nomme paresse : non-seulement il fane leurs appas, mais il les dispose aux flueurs blanches, à l'aménorrhée, aux migraines, aux maux de nerfs, aux douleurs d'estomac; les rend pâles, affaissées, flasques. C'est encore la paresse qui dispose à cet embonpoint énorme et ridicule, qui devient aussi pénible que dégoûtant. C'est par la paresse que s'accumulent le sang, la lymphe formant des stases funestes ; c'est surtout par cette vie horizontale dans des lits chauds et mollets que s'amassent vers la tête ces humeurs qui appellent des apoplexies foudroyantes. J.-J. VIREY.

Tous les moralistes s'accordent à flétrir la paresse. La religion l'a rangée parmi les péchés capitaux. **L'oisiveté est la mère de tous les vices**, dit un proverbe que l'on retrouve chez les anciens. Enfin, un poëte a fait de la paresse le *coussin du diable*.

PARESSEUX. *Voyez* BRADYPE.

PARFAIT et **IMPARFAIT** (*Arithmétique*). Euclide nomme *nombre parfait* celui qui est égal à la somme de ses parties aliquotes. Tel est 28, dont les parties aliquotes sont 1, 2, 4, 7 et 14; en effet $28 = 1 + 2 + 4 + 7 + 14$. On a démontré que $2^{n-1}(2^n - 1)$ est un nombre parfait, lorsque le second facteur de ce produit est un nombre premier. On trouve, en faisant successivement $n = 2, 3, 5, 7$, etc., nombres parfaits 6, 28, 496, 8128, etc. Tous les autres nombres sont *imparfaits*. On ne connaît encore que huit nombres parfaits, dont le plus grand, donné par Euler, a 19 chiffres. Du reste, ces remarques n'ont qu'un intérêt purement spéculatif. E. MERLIEUX.

PARFAITS (Droits). *Voyez* DROIT et DROIT NATUREL.

PARFUM. Les *parfums* ou *odeurs balsamiques* sont des molécules odorantes qui se dégagent continuellement de diverses substances, et qui, se dissolvant ou restant suspendues dans l'air, donnent lieu à ces sensations agréables qu'on nomme *odeurs suaves*. Les parfums peuvent être gazeux, liquides ou solides. Les premiers sont ou les émanations des corps odorants ou les produits de l'action de la chaleur; les seconds sont naturellement liquides ou dissous dans un menstrue; les troisièmes appartiennent à divers produits végétaux ou animaux réduits en poudre : de ce nombre sont la vanille, le baume du Pérou, le styrax, le musc, l'ambre gris, le succin, les huiles odorantes, etc., etc.

Quoique les parfums plaisent en général à tout le monde, il est cependant des personnes qui en éprouvent des impressions fâcheuses : ainsi, l'odeur du musc irrite si fortement le système nerveux de quelques-unes, qu'il leur est impossible de la supporter longtemps sans en éprouver une espèce de syncope; nous en dirons autant de l'ambre gris et des autres substances à odeur suave très-prononcée. L'effet produit chez certaines autres personnes est tel, qu'après être sorties de l'atmosphère dont le parfum leur répugnait, elles en éprouvent ou croient en éprouver l'impression souvent pendant plusieurs heures. Il fut un temps où l'on brûlait des parfums pour désinfecter l'air; mais on a fini par reconnaître que les parfums ne font que masquer la mauvaise odeur de l'atmosphère, sans la détruire ni en paralyser l'action *délétère*. Julia DE FONTENELLE.

L'usage des *parfums* remonte à la plus haute antiquité. Moïse donne la composition de celui qu'on offrait au Seigneur sur l'autel d'or, et de celui qui servait à oindre le grand-prêtre et ses fils, ainsi que le tabernacle et les vases saints. Les Hébreux embaumaient les morts avec des parfums exquis : tels étaient ceux qu'Ézéchias conservait dans ses trésors, ceux qu'employa Judith pour captiver Holopherne, et dont se servit l'épouse du Cantique. Au luxe et à la richesse des vêtements, les Babyloniens joignaient la volupté des parfums. Les Grecs et les Romains regardaient les parfums non-seulement comme un hommage dû aux dieux, mais encore comme un signe de la présence des immortels. Les anciens brûlaient des parfums sur les tombeaux. Antoine recommanda en mourant qu'on répandît sur ses cendres des herbes odoriférantes et du vin, et qu'on mêlât des aromates au doux parfum des roses. L'e n c e n s, la m y r r h e étaient fort recherchés; c'est l'Arabie qui les produisait. Autrefois les parfums, l'ambre et le musc surtout, étaient fort en usage en France. Nicolas de Montaut, qui fit imprimer en 1582 *Le Miroir des Français*, y reproche aux dames et aux demoiselles d'employer tous les parfums, eaux cordiales, civette, musc, ambre gris, et autres précieux aromates, pour parfumer leurs habits et leur linge, voire tout leur corps.

PARFUMEUR, PARFUMERIE. L'art du parfumeur est une des plus agréables industries connues. Il se bornait jadis à associer les p a r f u m s aux matières grasses, huileuses, féculentes; à parfumer quelques étoffes, à fabriquer quelques pastillages, etc. : le charlatanisme et la routine en faisaient presque tous les frais. Maintenant, les besoins du luxe ont augmenté le nombre de ses produits, et le parfumeur, au lieu de cet amas de recettes, souvent irrationnelles, qui en formait jadis tout le savoir, invoque aujourd'hui les progrès de la chimie pour opérer ses combinaisons; il étudie les matières premières, rejette celles qui sont défectueuses, dispose soigneusement les autres, leur fait subir de nouvelles préparations, et étend ses travaux depuis les cosmétiques, les huiles et les pommades odorantes, les crèmes, pâtes, fards, dentifrices, jusqu'aux teintures et aux aromatiques, aux vinaigres, sachets, pastilles, cassolettes, aux savons de toilette, aux dépilatoires, à la coloration des cheveux, aux gants, brosses, etc. Nous parlons ici seulement du parfumeur fabriquant; car il est encore deux autres classes de parfumeurs, le parfumeur marchand et le parfumeur mercier, qui débitent ce que le premier a fabriqué, les essences, les alcoolats et eaux-de-vie aromatiques, les eaux de senteur, les huiles antiques et essentielles, les pommades, les cosmétiques, les savons, les vinaigres aromatiques, les fards.

L'importance commerciale de notre parfumerie est considérable, puisque l'exportation de ses produits s'élève chaque année à environ trente millions de francs. L'Algérie pourrait nous fournir des essences délicieuses, et déjà plusieurs colons y cultivent les fleurs dans ce but; mais pour tirer un bon parti de ces fleurs il faut incorporer leur parfum à l'huile ou à l'axonge, et cette opération compliquée exige des huiles et des graisses d'une grande finesse et nécessite en outre une installation coûteuse. D'autre part, comme on n'emploie pour la fabrication des parfums de première qualité que des fleurs parfaitement fraîches, il faut que la culture de celles-ci ait lieu au point même où on en extrait les parfums. Ces conditions, réunies à G r a s s e (Var), sont difficiles à réaliser en Algérie, où cependant les fleurs les plus odorantes, la rose, la tubéreuse, le jasmin, croissent admirablement. Le docteur Millon, directeur de la pharmacie centrale d'Alger, a cherché à modifier les procédés actuels de la parfumerie, et il paraît y être parvenu en extrayant tout le parfum des fleurs à l'aide de divers dissolvants volatils : il réduit la partie aromatique de la plante à un très-petit volume, de telle sorte qu'un gramme d'extrait, provenant d'un kilogramme de fleurs, aromatise au même degré les corps gras et produit les mêmes effets sous un poids mille fois moindre. Les parfums se caractérisent surtout par leur inaltérabilité à l'air; des couches minces, étalées au fond de tubes ouverts, se conservent pendant plusieurs années sans déperdition sensible. Du reste, la proportion de parfum contenue dans les fleurs est tellement faible, que si l'on cherchait à l'isoler complétement et à le purifier, son prix surpasserait celui de toutes les matières connues. Ainsi, pour certaines fleurs un gramme de parfum coûterait plusieurs milliers de francs. Les Orientaux consentent déjà à payer l'essence de jasmin jusqu'à 750 ou 800 francs les trente grammes.

On peut encore se faire une idée de l'importance du commerce de la parfumerie en France en apprenant qu'une des premières maisons de Grasse emploie par an 5,000 kilogrammes d'écorce d'orange; 30,000 kilogrammes de fleurs d'acacia; 27,000 kilogrammes de fleurs de violette; 10,000 kilogrammes de tubéreuse; 8,000 kilogrammes de fleurs de lilas, et des quantités à peu près équivalentes de romarin, de menthe, de lavande, de thym et d'autres plantes odorantes que produit le merveilleux climat qui s'étend de Grasse à Nice, ces deux grands chefs-lieux de la parfumerie dans l'ouest de l'Europe.

PARGA, place forte avec un double port, sur la côte d'Albanie (Turquie d'Europe), sur les bords du Fanar (*l'Achéron* des Anciens), en face la pointe méridionale de l'île de Corfou, est bâtie sur un rocher que la mer entoure de trois côtés et adossée par derrière à une roche escarpée, sur le sommet de laquelle se trouve une citadelle presque inexpugnable. Cette ville fut fondée à l'époque de la chute de l'empire Romain et à partir de 1401 jusqu'à la destruction de la république de Venise, en 1795, resta son alliée. Maintenant son indépendance contre Ali-Pacha de Janina, elle devint à cette époque l'asile de tous ceux qui fuyaient les persécutions de ce tyran, qui dès lors fit tout pour s'emparer de cette ville, qui, par le traité intervenu en 1800 entre la Russie et la Porte, avait été cédée à cette dernière puissance. A l'époque de la paix de Tilsitt, Napoléon s'étant refusé à céder Parga et les îles Ioniennes au pacha, celui-ci se lia avec les Anglais, qui s'engagèrent alors à faire rentrer sous l'obéissance du sultan, ou pour mieux dire du pacha, Parga, restée jusque alors placée sous la protection de la France. Jusqu'en 1815 les Parganiotes repoussèrent victorieusement toutes les attaques du pacha; mais force leur fut alors de se placer sous la protection de l'Angleterre et de demander à être incorporés aux îles Ioniennes. Les Anglais mirent garnison à Parga, mais cependant sans consentir formellement à l'incorporation demandée. Au contraire, ils ouvrirent avec Ali des négociations par suite desquelles ils lui livrèrent la ville en 1819, lorsqu'il eut pris l'engagement d'accorder une indemnité pécuniaire à tous les habitants, à ce moment au nombre de 5,000 chrétiens albanais, qui voudraient émigrer. Après avoir exhumé les ossements de leurs pères et les avoir brûlés, les habitants allèrent presque tous s'établir aux îles Ioniennes. Consultez Mustoxidis, *Précis des événements qui ont précédé et suivi la cession de Parga* (Paris, 1820).

PARHÉLIE (de παρά, contre, ἥλιος, soleil). On appelle ainsi un phénomène remarquable, consistant dans l'apparition simultanée de plusieurs Soleils, qui ne sont que des images du véritable. Ces images se montrent toujours sur l'horizon à la même hauteur que le vrai Soleil. Un cercle blanc, pareillement horizontal, dont le pôle est au zénith de l'observateur, les unit les unes aux autres. Celles qui paraissent sur le cercle, du même côté que le Soleil véritable, présentent les couleurs de l'arc en-ciel, et quelquefois on aperçoit le cercle lui-même coloré dans la partie qui les avoisine. Celles, au contraire, qui se forment du côté opposé au Soleil sont toujours incolores; d'où l'on peut conjecturer qu'elles sont produites par *réflexion*, tandis que le grand cercle et les autres sont dus à la *réfraction*. En outre, quand ces phénomènes se produisent, on voit ordinairement autour du Soleil une ou plusieurs couronnes circulaires concentriques, qui offrent les couleurs de l'arc-en-ciel.

Les parhélies paraissent toujours aussi grands que le Soleil, dont ils sont l'image; mais leur figure n'est pas aussi exactement sphérique. Leur éclat n'est pas aussi éblouissant que celui du Soleil. Leur contour extérieur présente les mêmes couleurs que celui de l'arc-en-ciel. Plusieurs parhélies semblent se terminer par une longue queue, dont l'éclat est moins vif que celui du parhélie même. Voilà pour les caractères les plus tranchés de ces singuliers météores. On a encore observé qu'à l'époque de leur apparition le temps n'est jamais parfaitement serein. De petits nuages, flottant de loin en loin dans l'atmosphère, en altèrent ordinairement la transparence. Ils se montrent en outre le plus souvent pendant l'hiver, lorsque le vent du nord souffle. La durée de leur apparition est d'une, deux, trois, ou même quatre heures; lorsqu'ils disparaissent, il tombe ordinairement de la pluie, ou même de la neige sous forme d'aiguilles; mais à ces circonstances se borne tout ce qu'on sait sur la cause de leur production. Huygens en a donné une explication très-compliquée. Il pense qu'ils sont le résultat des modifications que font éprouver à la lumière une infinité de petits cylindres de glace répandus dans les hautes régions de l'atmosphère. Mais il faut encore supposer ces cylindres formés d'une partie extérieure transparente et d'un noyau cylindrique opaque; car alors, par une réfraction latérale, opérée perpendiculairement à leur axe, ils produiront un effet analogue à celui des globules de grêle dans les couronnes, et avec plus d'éclat encore, à cause de la forme allongée et du parallélisme de leur disposition, d'où résulteront les apparences de Soleil colorées. Enfin, si l'on suppose, comme il est vraisemblable, que les extrémités de ces cylindres soient l'une et l'autre arrondies, ils produiront dans ce sens les effets résultant de la sphéricité, et de là pourront naître les couronnes colorées concentriques au véritable Soleil. Tant de suppositions accumulées ne s'écartent-elles pas trop de la simplicité bien reconnue des véritables procédés de la nature? C'est assez dire que nous n'avons encore rien de certain sur la cause de ces étranges phénomènes. F. Passot.

PARI, *gageure*, promesse réciproque par laquelle deux ou plusieurs personnes qui soutiennent des choses contraires s'engagent à payer une certaine somme à celui qui se trouvera avoir raison.

Le pari est un contrat aléatoire. La loi n'accorde aucune action pour le payement d'un pari; mais le pari produit une *obligation naturelle*, et dans aucun cas celui qui a perdu un pari ne peut répéter ce qu'il a volontairement payé, à moins qu'il n'y ait eu de la part du gagnant dol, supercherie ou escroquerie.

PARIAS (du tamoulique *pareyer*). On désigne sous ce nom, aux Grandes-Indes, une classe très-nombreuse d'hommes, qui n'appartiennent à aucune des quatre castes de l'État brahmane, et qu'on peut considérer comme descendants des habitants aborigènes de la contrée, subjugués par les Hindous brahmanes. Ils sont l'objet du plus profond mépris, surtout dans le Dekkan méridional et occidental, et complétement en dehors de la loi brahmane. Dans la plus grande partie de l'Inde il leur est interdit de cultiver la terre pour leur propre compte; et ils sont condamnés, au contraire, à exercer les métiers les plus humbles et les plus vils. C'est se souiller que de toucher un paria, que de manger avec lui ou des mets préparés par lui, et encore d'entrer dans sa misérable habitation.

Néanmoins, le croirait-on? malgré l'asservissement, l'humiliation et la misère qui pèsent sur les parias, on ne les entend jamais se plaindre de leur sort; encore moins songent-ils à l'améliorer, en se réunissant pour forcer les autres tribus à les traiter comme des égaux. Les parias sont élevés dans l'idée qu'ils sont nés pour être asservis à leurs compatriotes, et que c'est là leur seule condition. Nous autres Occidentaux, nous sommes considérés dans l'Inde comme des parias étrangers et conquérants; et nous sommes obligés d'admettre des parias au nombre de nos serviteurs, parce qu'il est des soins domestiques que tout autre Indien rougirait de nous rendre. Je n'ai même jamais vu un soudra qui voulût s'abaisser au point de préparer la baignoire, couper les cheveux, décrotter les souliers, vider et nettoyer les vases de nuit, et encore moins d'être cuisinier d'un Européen. En effet, dans ces fonctions, il lui faudrait préparer la viande de bœuf, un animal vénéré de tous les Hindous.

G.-L.-D. de Rienzi.

PARIÉTAIRE (de *paries*, paroi, mur), genre de plantes de la famille des urticées, ainsi nommé parce que ses espèces les plus communes croissent de préférence sur les vieux murs. Les pariétaires ne diffèrent des *orties* que par des fleurs hermaphrodites, souvent stériles, mêlées avec des fleurs femelles et fertiles, les unes et les autres réunies dans une espèce d'involucre à plusieurs folioles. La seule espèce que nous ayons en France est la *pariétaire officinale* (*parietaria officinalis*, L.), vulgairement *cassepierre, perce-muraille, herbe de Notre-Dame.* Ses graines, transportées par le vent, pénètrent dans les fentes des murailles, auxquelles elles s'attachent facilement à l'aide de leur calice persistant, glutineux et garni de petits poils. La pariétaire est d'un usage populaire, surtout dans les campagnes, où on l'emploie comme diurétique et fébrifuge. Elle contient en effet une grande quantité de nitre, que ses racines empruntent aux murailles sur lesquelles la plante se développe. Suivant M. Planche, elle renferme aussi beaucoup de soufre.

PARIETAL (du latin *paries, parietis*, mur, muraille). En anatomie, on donne ce nom à deux os qui forment les côtés et la voûte du crâne. Ces deux os couvrent la plus grande partie du cerveau. Les os pariétaux s'articulent, et chacun d'eux s'articule avec le frontal, le temporal et l'occipital qui lui correspond.

En botanique, on emploie ce mot en parlant d'une partie qui s'insère à la paroi d'une autre. Ainsi on le dit des graines et du placentaire, quand ils s'attachent à la paroi qui circonscrit la cavité d'un péricarpe déhiscent ou non, comme le groseillier; de l'insertion des étamines, lorsque le calice étant manifestement tubulé, ces organes se fixent au tube, soit près de sa base, comme dans beaucoup de papilionacées, soit plus haut, comme dans la plupart des thymélées.

PARINI (Giuseppe), poëte italien, né le 22 mai 1729, à Bosisio, village du Milanais, prit le petit collet, puis vécut à partir de 1752 en qualité de précepteur particulier dans diverses familles de distinction, et se consacra à la poésie. Sous l'influence des modèles de l'école française, il composa la satire *Il Mattino, il Mezzogiorno, il Vespro e la Notte* (édition de luxe, Milan, 1811; réimprimée à Florence en 1818 et 1822, et à Padoue, aussi en 1822), où il flagellait la vie et les mœurs de ce qu'on appelle le *beau monde*, et qui fut la base de sa réputation. Le ministre Firmian l'appela à occuper une chaire à Milan, et lui confia la rédaction de la *Gazetta Milanese*. A l'époque de la domination française, il fut un de ceux qui s'éprirent d'un vif enthousiasme pour les idées républicaines, et fut alors nommé membre de la municipalité de Milan. Il en remplissait encore les fonctions à sa mort, arrivée le 15 avril 1799. Ses œuvres complètes, publiées par Rima (6 vol., Milan, 1801-1804), contiennent, indépendamment de la satire précitée, un opéra composé pour le mariage de l'archiduc Ferdinand, *Ascanio in Alba*, des cantates, des poésies lyriques et des essais en prose. Il a paru une édition à part de ses poésies (Florence, 1823), de même que des œuvres en prose (Florence, 1821) contenant des discours académiques, des lettres, des programmes, un roman et une dissertation intitulée : *Principi delle Belle Lettere*. Consultez Contée, *L'Abate Parini e la Lombardia nel secolo passato* (Milan, 1854).

PARIS, ville de l'Europe occidentale, capitale de la France, dont elle est, pour ainsi dire, le cœur, grâce au système particulier de centralisation qui fait en même temps la force et la faiblesse du pays, la plus peuplée des capitales de cette partie du monde après Londres, la première au point de vue politique par la puissance des moyens d'action qui s'y trouvent réunis et l'influence morale de sa population. C'est le chef-lieu du département de la Seine. Située à environ 70 mètres au-dessus du niveau de la mer, Paris s'étend de l'est à l'ouest sur les deux rives de la Seine, au-dessous de son confluent avec la Marne, et reçoit en outre sur sa rive gauche la petite rivière de Bièvre ou des Gobelins.

Le nombre des îles qu'y forme la Seine a été réduit par des remblais de cinq à deux. Ce sont l'île du Palais, appelée aussi île Notre-Dame ou île de la Cité, et l'île Saint-Louis. La superficie de la ville est de 3,439,68 hectares; sa plus grande longueur, de 8,400 mètres, de la barrière de l'Étoile à celle de Picpus; et sa plus grande largeur de 6,000 mètres, de la barrière de La Villette à la barrière d'Enfer. Le périmètre du mur d'octroi est de 22 kilomètres. La méridienne tirée du nord au sud en passant par l'Observatoire, donne 5,065 mètres. La partie de la vallée de la Seine où se trouve Paris est encadrée de collines peu élevées, mais qui lui donnent un aspect très-pittoresque. Ce sont, au nord, Montmartre, le Montlouis, les buttes Saint-Chaumont, les hauteurs de Belleville et de Ménilmontant; à l'ouest, le mont Valérien, Saint-Cloud et Meudon.

La température, moyenne à Paris, est de 10° 80' centigrades; rarement le thermomètre y monte au-dessus de 35° et y descend au-dessous de 17°.

Paris est la résidence de l'empereur, le siége du gouvernement, des grands corps de l'État, des administrations centrales et directions générales, du conseil d'État, de la cour de cassation, de la cour des comptes, du trésor public, etc.; de l'université, de l'Institut de France, de la chancellerie de la Légion d'Honneur, de l'état-major général de l'armée, de l'état-major de l'artillerie, du dépôt central d'artillerie, de la direction des poudres et salpêtres, de l'état-major du génie militaire, de l'état-major de l'armée navale, etc. C'est une place de guerre de premier ordre, défendue par un système gigantesque de fortifications.

Paris est encore le siége d'écoles spéciales et d'autres établissements uniques pour tout l'empire, tels que le Collége de France, l'École Normale, l'École Polytechnique, l'École des Ponts et Chaussées, l'École des Mines, l'École d'Application du corps d'état-major, l'École de Pharmacie, l'École des Langues orientales, l'École des Jeunes de Langues, l'École des Chartes, l'École des Beaux-Arts, le Conservatoire de Musique et de déclamation, etc.; les Bibliothèques impériale, de l'Arsenal, Sainte-Geneviève, Mazarine, de la Ville, du Louvre, etc., le Musée du Louvre, le Musé, du Luxembourg, le Musée de Cluny, etc.; l'Observatoire, le Muséum d'Histoire naturelle, le Conservatoire des Arts et Métiers, la manufacture des Gobelins, l'Imprimerie impériale, le Bureau des Longitudes, l'Académie de Médecine, etc.

On y compte un grand nombre de sociétés savantes et autres, autorisées par le gouvernement. Les plus importantes sont la Société impériale d'Agriculture, la Société d'Encouragement pour l'Industrie nationale, les Sociétés des Antiquaires, de Géographie, Philomatique, des Amis des Arts, d'Horticulture, Asiatique, Orientale, Géologique, Entomologique, de l'Histoire de France, de Linguistique, de Médecine pratique, de Pharmacie. Au nombre des établissements de bienfaisance et des sociétés philanthropiques, nous citerons : l'Institution impériale des Sourds-Muets, l'Asile des Sourdes-Muettes indigentes, l'Institution impériale des Jeunes Aveugles, la Société de Patronage et de secours pour les Aveugles, la direction des Sociétés maternelles de France, la Société nationale de Vaccine, la Société Philanthropique, la Société des Gens de Lettres, les Associations des Artistes musiciens, des Artistes peintres, sculpteurs, graveurs, architectes et dessinateurs, la Société des Inventeurs et des Protecteurs de l'Industrie, la Société de la Morale chrétienne, la Société Biblique protestante, etc.

Paris est le siége d'un archevêché, métropolitain des diocèses de Chartres, Meaux, Orléans, Blois et Versailles, avec le grand séminaire de Saint-Sulpice et une école secondaire ecclésiastique; c'est encore le siége d'une église consistoriale de la confession d'Augsbourg, d'une église consistoriale calviniste, du consistoire central israélite et d'une synagogue consistoriale.

La cour impériale de Paris comprend dans son ressort les départements de l'Aube, d'Eure-et-Loir, de la Marne, de la Seine, de Seine-et-Marne, de Seine-et-Oise et de l'Yonne. Le tribunal civil et le tribunal de commerce comprennent dans leur ressort tout le département de la Seine; un tribunal de police municipale, douze justices de paix, et quatre conseils de prud'hommes pour l'industrie complètent l'organisation judiciaire.

C'est le chef-lieu de la 1re division militaire, qui comprend les départements de la Seine, de Seine-et-Oise, de l'Oise, du Loiret, de Seine-et-Marne, de l'Yonne et de l'Aube, de la 1re légion de gendarmerie, de la 1re conservation forestière.

L'Académie de Paris embrasse les départements du Cher, d'Eure-et-Loir, de Loir-et-Cher, du Loiret, de la Marne, de l'Oise, de Seine-et-Marne et de Seine-et-Oise; elle comprend des facultés de théologie, de droit, de médecine, des sciences et des lettres, cinq lycées, les colléges Rollin et Stanislas. Il y a en outre à Paris 178 institutions et pensions de jeunes gens et 139 de filles, trois colléges britanniques, deux écoles municipales pour la préparation des jeunes gens à toutes les professions industrielles sous le nom de *collége Chaptal* et d'*école Turgot*, une école primaire supérieure pour les filles, 128 écoles communales, dont 66 écoles laïques, ayant 13,695 élèves, et 62 congréganistes, dirigées par les frères de la Doctrine chrétienne, avec 15,401 élèves; 35 classes d'adultes, 1 école impériale gratuite de mathématiques, de dessin et de sculpture d'ornement pour les jeunes gens qui se destinent aux professions mécaniques, 1 école gratuite de dessin pour les jeunes personnes, 7 écoles communales de dessin, les cours des Associations polytechnique et philotechnique. Parmi les institutions spéciales particulières, nous citerons l'École centrale des Arts et Manufactures, l'École spéciale du Commerce, la maison de Sainte-Barbe, etc.

On y compte un grand nombre d'établissements de bienfaisance, le Mont-de-Piété, la Caisse d'Épargne, les différents hôpitaux et hospices civils, les bureaux de bienfaisance, la maison des Hospitalières, l'établissement de filature pour les indigents, 40 salles d'asile, les crèches, 30 ouvroirs.

Pour l'exercice du culte catholique, Paris est divisé en 49 paroisses. Le clergé séculier de Paris compte 882 prêtres, dont le plus grand nombre est occupé au service des paroisses. Au clergé régulier appartiennent 12 communautés d'hommes, 48 de femmes. Parmi les premiers sont les dominicains, les franciscains, les jésuites, les sulpiciens, les lazaristes, les frères de Saint-Jean-de-Dieu, les frères de la Doctrine chrétienne, les prêtres de Picpus, ceux de la Miséricorde, ceux des Missions étrangères, ceux du Saint-Esprit, le séminaire des Irlandais et la congrégation de Sainte-Marie. Parmi les 48 communautés religieuses, qui comptent 5,400 membres, il faut faire mention spéciale des filles de Saint-Vincent de Paul, qui, outre la maison mère, ont dans Paris 68 établissements desservis par 596 Sœurs, qui visitent à domicile ou assistent dans les hôpitaux 150,000 malades, et élèvent 20,000 enfants. Pour donner une idée de l'activité des religieux et des religieuses, qu'il suffise de dire que sur 85 ouvroirs pour filles, 47 son dirigés par des religieuses avec 3,000 petites filles; sur 35 hôpitaux, 23 sont dirigés par 464 religieuses de diverses congrégations.

Parmi les œuvres de charité libre, nous citerons la Société Philanthropique, la Société de Charité maternelle, la Société des Berceaux, la Société pour le patronage des Jeunes Détenus et des Jeunes Libérés, la Société de Saint-Vincent de Paul, la Société de Saint-François Régis, la Sainte Enfance, la Propagation de la Foi, les sociétés de secours mutuels, etc.

Siége de la Banque de France, Paris possède une chambre de commerce, une bourse, la caisse de Poissy. C'est le siége des principales entreprises ou sociétés financières qui existent en France, compagnies, directions ou administrations des canaux, chemins de fer, bateaux à vapeur, messageries, etc.; de la caisse générale du commerce et de l'industrie, du comptoir national d'escompte, de la caisse hypothécaire, de la caisse générale de l'agriculture, des différentes compagnies d'assurance, des entreprises d'irrigation, de dessèchement, de défrichement, de distribution des eaux, d'éclairage par le gaz, de l'entreprise municipale des inhumations et des pompes funèbres dans Paris, du service des pompes funèbres dans les environs, de l'arrosement public, de l'entretien des eaux et égouts, de l'enlèvement des boues et immondices, de l'abattoir des chevaux, de l'entreprise des omnibus, de celles des voitures de remises, fiacres, etc.

Paris possède un grand nombre de théâtres, l'Opéra, le Théâtre-Français, l'Opéra-Comique, l'Odéon, le Théâtre-Italien, le Gymnase dramatique, le Vaudeville, les Variétés, le Palais-Royal, la Porte-Saint-Martin, l'Ambigu-Comique, la Gaieté, le Théâtre impérial du Cirque, le Cirque Napoléon, le Cirque de l'Impératrice, le Théâtre lyrique, les Folies dramatiques, les Délassements comiques, les Folies nouvelles, les Bouffes parisiens, les Funambules, le Théâtre du Luxembourg, etc., l'Hippodrome, le Panorama, le Diorama, etc.

On y compte quelques Cercles: le cercle Impérial, le Jockey-Club, le cercle Agricole, le Cercle Grammont, le Cercle du Commerce, le Cercle de la Librairie, l'Athénée des Arts, le Cercle Musical, le Cercle des Enfants d'Apollon, etc.

Nous avons parlé ailleurs des halles et marchés et des abattoirs; nous reviendrons aussi plus tard sur les prisons.

Paris est, en Europe, le principal centre de la littérature, des sciences et des beaux-arts. En 1856 on y publiait quatorze journaux quotidiens, le Moniteur universel, le Journal des Débats, Le Siècle, La Presse, Le Constitutionnel, Le Pays, La Patrie, L'Union, la Gazette de France, L'Assemblée nationale, L'Univers, La Vérité, Le Charivari, le *Galignani's Messenger*, et un grand nombre de feuilles et de journaux périodiques, de revues, de bulletins, etc.

La ville de Paris n'est pas seulement le chef-lieu politique du pays, elle marche aussi à la tête de l'industrie et du commerce français. Les industries les plus notables et les établissements industriels les plus importants ont pour objet le lavage, le filage et le tissage des laines; la fabrication des étoffes de soie, la filature et le tissage du coton, la fabrication des dentelles et des blondes, des gazes et des broderies, celle des fleurs artificielles; la chapellerie, la fabrication des tapis et tentures, celle des papiers peints, des outils, armes et instruments, etc., la teinture et les impressions sur étoffes, la peausserie, la tannerie, la mégisserie, la fabrication des tissus imperméables, la papeterie, la mise en œuvre des substances minérales, telles que marbre, albâtre, etc.; les arts métallurgiques, les fabriques de bronzes, d'orfévrerie et de plaqué, la bijouterie et la joaillerie, la tabletterie, l'horlogerie, la fabrication des instruments de musique, celle des produits chimiques, la poterie, la porcelaine et les cristaux, l'ébénisterie et la menuiserie, la typographie, la librairie, la lithographie et la gravure, outre une foule d'industries de détail, dans l'énumération desquelles nous ne pouvons entrer.

Le nombre total des industries est de 325, comprenant 64,816 industriels, occupant 342,530 ouvriers des deux sexes, savoir: 204,925 hommes, 112,891 femmes et 24,714 enfants et jeunes gens; 7,117 industriels occupent plus de 10 ouvriers; 25,116 de 2 à 10 ouvriers; 32,583 occupent 1 ouvrier ou travaillent seuls. L'importance totale des affaires est évaluée à 1 milliard 463 millions 628,000 francs, savoir:

Vêtement, 241 millions; alimentation, 227 millions; bâtiment, 145 millions et demi (non compris les grands travaux entrepris depuis deux ans à Paris); ameublement, 137 millions; travail des métaux précieux, 135 millions; articles de Paris, 128 millions et demi; fils et tissus, 106 millions; travail des métaux, mécanique, 103 millions et demi; industries chimiques et céramiques, 74 millions et demi; carrosserie, sellerie, équipement militaire (ce dernier en temps ordinaire), 52 millions et demi; imprimerie, papeterie, 51 millions; peaux et cuirs, 42 millions; boissellerie, vannerie, 20 millions et demi.

On y reçoit de grandes quantités de fer, de laine, coton, drap et autres articles de fabrication française et étrangère, des denrées coloniales et épiceries, drogueries, etc., du bois de chauffage et de construction, du charbon de bois, de la houille, des couleurs, vernis, marbres, pierres de taille, etc. Ces marchandises arrivent par eau, car Paris est relié par des canaux aux principaux fleuves de France, et par les chemins de fer qui rayonnent de ce centre dans toutes les directions du territoire.

Sous le rapport politique et administratif, Paris est une ville à part en France et son organisation municipale lui est toute particulière. C'est le seul chef-lieu de département qui ne soit pas aussi chef-lieu d'un arrondissement, de cantons et de communes. C'est également la seule ville dont le territoire, ainsi entièrement compris dans l'enceinte d'un mur, ne forme pas une commune. Paris est administré par le préfet du département, assisté de la commission municipale siégeant à l'hôtel de ville, où sont réunies et confondues à certains égards la préfecture et la mairie centrale.

Pour la tenue de l'état civil, pour la justice de paix et pour la police, Paris est divisé en 12 arrondissements, dont chacun est subdivisé en 4 quartiers. Il y a par arrondissement une mairie, une justice de paix, un bureau de bienfaisance, etc., et par quartier un **commissaire de police**.

Le **préfet de police** est chargé de la police de la ville, comme le préfet du département l'est de son administration proprement dite. Il a sous ses ordres et sa direction immédiate la garde de Paris et le corps des sapeurs-pompiers.

La population de Paris en 1854 était de 1,053,262 habitants. Il y était né dans la même année 36,464 enfants, dont 18,381 garçons et 18,083 filles; sur le nombre total, il y a eu 11,717 enfants naturels, dont, 3,083 ont été reconnus; et 8,634 ne l'ont pas été. Il est mort 40,968 individus. Le nombre des mariages a été de 11,329.

La population indigente est de 65,254 individus, ce qui établit une moyenne de 1 indigent sur 16 habitants à peu près. En 1832 le même calcul de proportion donnait le résultat de 1 indigent sur 11 habitants. L'amélioration sous ce rapport a donc été très-sensible depuis vingt ans. Les arrondissements qui renferment le plus grand nombre d'indigents sont le 3e (1 sur 11), le 8e (1 sur 9) et le 12e (1 sur 7). Sur le chiffre total de 1,053,000 âmes, les non-catholiques arrivent à peine à 28,000.

Paris a consommé en 1854 : 1,073,849 hectolitres de vin, 61,683 hectol. d'alcool pur, 166,591 hectol. de bière, 53,835,400 kilogr. de viande sortie des abattoirs, plus 21,573,348 kil. provenus de l'extérieur, pour 4,260,384 fr. de marée, pour 1,391,096 fr. d'huîtres, pour 14,319,003 fr. de volaille et de gibier, pour 15,544,345 fr. de beurre, pour 7,724,255 fr. d'œufs, 6,285,330 kilogr. de sel blanc et gris, près de 7,000,000 d'hectolitres de charbons de bois et de terre. Le compte général rendu par le préfet au conseil municipal présentait en recettes et dépenses effectuées pendant l'exercice de 1854, savoir : *Recettes*, 115,387,742 fr. 10 cent., composées de : 1° fonds ordinaires, 89,579,287, fr. 23 centimes, et 2° de fonds spéciaux, 25,808,454 fr. 87 c. *Dépenses*, 86,906,872 fr. 94 centimes, dont 63,385,224. fr. 05 c. fonds ordinaires, et 23,521,651 fr. 89 c., fonds spéciaux. Un emprunt de 60 millions affecté à l'achèvement de grandes opérations d'amélioration et de reconstruction a eu lieu en 1855.

Sur la rive droite de la Seine et sur les quais qui la bordent se trouvent le *Grenier d'Abondance*, l'**hôtel de ville**, le **Louvre**, séparé des Tuileries par la place du **Carrousel**, et dont la façade est en regard de l'église Saint-Germain-l'Auxerrois, qui passe pour avoir été fondée par Chilpéric, et fut reconstruite par le roi Robert après avoir été ruinée par les Normands. Le chœur date du quatorzième siècle et le porche de 1453. Saint-Germain-l'Auxerrois devint la paroisse des rois lorsqu'ils firent du Louvre leur résidence. Fermée après les journées des 13 et 14 février 1831, cette église fut rendue au culte en 1837; elle a été depuis presque complétement restaurée. On y voit des fresques de M. Gigoux et de M. Guichard. Le porche a reçu il y a quelques ans des fresques de M. Mottez, que les intempéries des saisons ont déjà altérées en grande partie.

Après le Louvre et la place du Carrousel, les **Tuileries**; la place de la Concorde, place immense, limitée à l'est par le jardin des Tuileries, à l'ouest par les Champs-Élysées, au sud par la Seine, au nord par les beaux bâtiments du Garde-Meuble et du ministère de la marine, et décorée de candélabres dorés, de statues, de colonnes rostrales, au centre de laquelle s'élève l'obélisque de **Louqsor**, entre deux belles fontaines jaillissantes. Commencée en 1763, par l'architecte Gabriel, on y voyait avant la révolution une statue équestre de Louis XV, par Bouchardon, qui fut remplacée en 1792 par une statue colossale de la Liberté, par Lemot; la décoration de cette belle place a été heureusement modifiée sous Louis-Philippe, par M. Hittorf.

Les **Champs-Élysées** sont la limite de la ville à l'ouest, et leur point culminant est couronné par le gigantesque **arc de triomphe** de l'Étoile. A l'extrémité ouest des boulevards qui séparent la ville d'autrefois des anciens faubourgs, et qui forment aujourd'hui une immense et magnifique promenade, se trouve l'église de **La Madeleine**, dont la façade forme le point de vue de la place de la Concorde; du côté du nord, à leur extrémité, est la **colonne de Juillet**, sur la place de la Bastille; le long de leur longue ligne demi-circulaire on trouve les Portes Saint-Denis et Saint-Martin (*voyez* ARCS DE TRIOMPHE), le Château-d'Eau, avec une large vasque en granit poli; un grand nombre de théâtres, etc.

Dans l'intérieur de l'enceinte elliptique formée par les boulevards prolongés jusqu'à la Seine et la ligne des quais, nous trouvons, entre autres monuments remarquables, le **Palais-Royal**, la **Bourse**, la **Banque de France** qui occupe l'ancien hôtel de Toulouse, élevé par Mansard pour le duc de la Vrillière; mais la partie de l'édifice plus spécialement consacrée à la banque est une œuvre architectonique moderne, datant de l'époque impériale et de la Restauration. L'hôtel a vue sur la *place des Victoires*, de forme ovale, construite en 1686, par le duc de La Feuillade, sur les dessins d'Hardouin Mansard, que décore une statue équestre de Louis XIV, érigée sous Louis XVIII, en remplacement de l'ancienne, par Girardon; la Bibliothèque impériale, la place Louvois, avec la plus élégante fontaine qu'il y ait à Paris; le théâtre de l'Opéra-Comique, la **Colonne** et la place Vendôme; cette dernière est de forme octogone; elle a été exécutée d'après les dessins de Mansard, sur l'emplacement d'un vaste hôtel construit en 1560 par les ducs de Retz, et qui appartint ensuite aux ducs de Mercœur et de Vendôme. Le 11 août 1792 la statue colossale de Louis XIV, fondue par Keller d'après Girardon, qui ornait le centre de la place, alors appelée *place des Conquêtes*, fut renversée, et elle changea son nom pour celui de *place des Piques*. Une large voie sous le nom de rue de Castiglione et de rue de la Paix la fait communiquer en ligne droite du jardin des Tuileries à la promenade des boulevards.

Au centre de l'ellipse se trouvent les **Halles** et le Marché des **Innocents** avec sa belle fontaine. Dans le Marais, quartier voisin de l'extrémité est de la ligne des boulevards, qui fut longtemps la résidence des seigneurs de la cour et des familles de robe, et qui est aujourd'hui entièrement occupé par le haut commerce des denrées coloniales, produits chimiques, etc., nous trouvons le palais des **Archives**, ancien hôtel Soubise, auparavant hôtel de Guise; l'École des **Chartes**, l'**Imprimerie impériale**, la place Royale, *square* orné de quatre fontaines à vasque et d'une statue en marbre blanc de Louis XIII, entouré de quatre façades en briques d'une style noble et régulier sous lesquelles règne une galerie. La place Royale, fut construite en 1610, sur l'emplacement de l'hôtel des Tournelles.

Dans les divers quartiers que nous avons parcourus, nous trouvons nombre de monuments religieux, dont les plus remarquables sont : l'église *Saint-Eustache*, près des Halles, d'une origine fort ancienne suivant Dulaure. Elle fut élevée sur l'emplacement d'un temple antique consacré à Cybèle. L'édifice actuel a été bâti en 1532, sur les dessins de David. L'intérieur est un beau vaisseau de la dernière époque du gothique. La voûte de la nef a près de 33 mètres de hauteur. Le chœur, construit sous Louis XIII, est un morceau achevé. La chapelle de la Vierge et le portail, œuvre de Mansard, achevé seulement depuis la révolution de Juillet, sont de deux ordres, le dorique et l'ionique, et contrastent malheureusement avec le reste de l'édifice, qui a été récemment décoré de peintures par MM. Couture, Signol, S. Cornu, Barrias, etc., et restaurée architecturalement par MM. Baltard et Séchan. On y voit aussi de beaux vitraux de Pinaigrier, Desangive et Jean de Nogare; sa sonnerie forme un joli carillon et son orgue est célèbre. *Notre-Dame des Victoires*, ou l'église des *Petits-Pères*, près de la Banque de France, bâtie par Lemuet, en 1629. On y voit de beaux tableaux de Carle Vanloo, représentant la vie de saint Augustin. *Saint-Roch*, dans la rue Saint-Honoré, a été rebâtie en 1653, sur les dessins de Jacques Mercier; elle ne fut achevée qu'en 1750. Le grand portail, décoré de deux ordonnances, dorique et corinthienne, est de Robert de Cotte; le vaisseau est d'ordre dorique; une suite de chapelles qui se trouvent dans le même axe, derrière le chœur, donnent un aspect particulier à cette église. On y voit une chaire magnifique, des peintures de Vien, Doyen, Pierre, de MM. Landelle, Duveau, Picot, Chassériau, etc.; des sculptures de Michel Anguier, Slodz, Falconnet, Pajou. *Saint-Paul-Saint-Louis*, dans la rue Saint-Antoine, dont la première pierre fut posée par Louis XIII, en 1627. Achevée en 1641, cette église, destinée à la maison professe des Jésuites, ne fut dédiée qu'en 1676. Elle a la forme d'une croix latine, avec un dôme, avec pendentifs au milieu de la croisée. Le portail est décoré de trois ordres superposés : les deux premiers sont corinthiens, le troisième est composite. *Saint-Gervais-Saint-Merry*, ou Saint-Médéric, rue Saint-Martin, avec de beaux vitraux, des tableaux de Lahire, C. Vanloo, Jouvenet, Coypel, et des chapelles peintes par Chassériau et Seb. Cornu. *Saint-Nicolas-des-Champs* dans la même rue; son portail méridional est orné de sculptures estimées. *Saint-Leu*, située rue Saint-Denis; *Sainte-Élisabeth*, près du Temple; le temple de l'Oratoire, ancienne église des Oratoriens et celui des Billettes, ainsi nommé des carmes Billettes d'autrefois; la synagogue israélite, rue Notre-Dame-de-Nazareth; la Tour Saint-Jacques-la-Boucherie, récemment restaurée, au centre d'un *square* formé par la rue de Rivoli, le boulevard de Sébastopol, la rue Saint-Martin et l'avenue Victoria.

Au delà des boulevards et des Champs-Élysées nous trouvons la Manutention, le Palais de l'Industrie, le palais de l'Élysée, l'Opéra, le Conservatoire de Musique, les églises *Saint-Philippe-du-Roule*, bâtie au dix-huitième siècle, dans le faubourg de ce nom; *Notre-Dame-de-Lorette*, en face de la rue Laffitte, faubourg Montmartre, élevée en 1823, sur les dessins de M. H. Le Bas, et achevée en 1836. D'une richesse peut-être trop recherchée, ce petit temple est le premier essai d'imitation du style italien moderne qu'on ait tenté en France. Quatre rangs de colonnes corinthiennes recouvertes de stuc séparent la nef des bas côtés. Les murs sont couverts de peintures à fresque, et un plafond à caissons chargé d'or forme la couverture. Le péristyle, composé de quatre colonnes d'ordre ionique, est surmonté d'un fronton couronné de trois statues représentant La Foi, L'Espérance et La Charité. *Saint-Vincent-de-Paul*, construite au nord de Paris, dans l'ancien clos Saint-Lazare, par MM. Lepère et Hittorf. Cette église a été commencée en 1824. De vastes rampes disposées en amphithéâtre, avec des pentes douces en forme de double fer à cheval, permettent aux piétons et aux voitures d'arriver commodément au parvis de l'église, qui se trouve à plus de 8 mètres au-dessus du sol de la place La Fayette. La façade est précédée d'un porche à six colonnes de front, d'ordre ionique. Aux deux côtés, et disposés en arrière-corps, s'élèvent deux clochers hauts de 46 mètres. Entre ces deux clochers est une terrasse décorée de statues. Les parois des murs du porche sont décorées de peintures sur lave émaillée. On y voit de belles verrières par MM. Maréchal et Gugnon. Par une disposition toute nouvelle, l'abside occupe à la fois la largeur de la nef et des deux bas côtés; la hauteur du plafond de la nef approche de celle des voûtes des cathédrales gothiques. *Saint-Laurent*, dans le faubourg Saint-Martin; la Chapelle expiatoire, élevée par Fontaine sur le terrain du cimetière de La Madeleine, rue de l'Arcade, en souvenir de Louis XVI et de Marie-Antoinette : on y voit deux groupes représentant le roi avec son confesseur, et la reine implorant les secours de la religion; le temple protestant de la rue Chauchat; la Douane, les embarcadères des chemins de fer du Havre, du Nord, de l'Est, le plus monumental de tous, et de Lyon.

La partie de Paris qui occupe la rive gauche de la Seine possède aussi des boulevards avec une double allée d'ormes offrant de belles promenades, des édifices remarquables et de vastes jardins publics; mais ces boulevards sont peu habités, ces promenades souvent désertes, les abords de ces édifices dénués de l'animation d'une circulation active.

Sur la longue ligne de l'est à l'ouest des larges quais qui bordent ce côté de la rivière se trouvent le Jardin des Plantes ou du Roi; immédiatement après, l'Entrepôt de l'octroi, pour les boissons ou liquides; plus loin, le Marché de la Vallée, consacré à la vente de la volaille, sur l'emplacement du fameux couvent des Grands-Augustins, illustré par *Le Lutrin*; l'hôtel de la Monnaie; le palais de l'Institut, sur le quai Conti, vis-à-vis du Louvre, auquel il communique par le pont des Arts; c'est l'ancien collége des Quatre-Nations, fondé par Mazarin. La façade se compose d'un avant-corps surmonté d'un dôme au centre de deux ailes en hémicycle, terminées par deux pavillons. Ce monument renferme la bibliothèque Mazarine, la bibliothèque de l'Institut, le secrétariat et les salles de séance de ce corps savant; les séances publiques se tiennent dans la grande salle du dôme, ancienne chapelle du collége. Le palais d'Orsay, commencé sous l'empire et achevé sous Louis-Philippe : il renferme à la fois le conseil d'État et la cour des comptes; le palais de la Légion d'Honneur, autrefois l'hôtel de Salm; le palais du Corps législatif, dont la façade, en regard de celle de La Madeleine, forme le point de vue du midi de la place de La Concorde. C'est une dépendance du palais Bourbon; il fut commencé en 1722, sur les dessins de Girardini, pour la duchesse de Bourbon, et continué successivement, sur ceux de Lassurance, de Gabriel père, etc. Après la révolution de 1789 le palais Bourbon resta sans destination jusqu'à l'époque où s'y établit le Conseil des Cinq Cents, auquel succédèrent toutes les autres législatures françaises jusque aujourd'hui. Le péristyle en face du pont a été bâti, de 1804 à 1807, sur les dessins de Poyet. Il se compose de douze belles colonnes corinthiennes soutenant un fronton, et précédé d'un vaste perron orné de statues. L'entrée principale de ce palais, sur la rue de l'Université, est fort belle; la cour d'honneur est fermée par un portique qui la sépare de la place du palais Bourbon. Outre la salle des séances, revêtue en marbre, ornée de bas-reliefs et de tableaux, et dont le magnifique amphithéâtre est supporté par des colonnes également en marbre, on y remarque la salle des conférences, décorée par M. Heim; la bibliothèque et le salon de l'empereur, ornés des peintures de M. Eugène Delacroix; la buvette et la salle des Pas-Perdus; le palais du président du corps législatif; l'hôtel du ministère des affaires étrangères, construit en 1850; l'hôtel des Invalides; l'École Militaire, devenue caserne tout à la fois d'artillerie, de cavalerie et d'infanterie, et dont la façade, élégamment restaurée depuis peu, donne sur le Champ-de-Mars.

Les autres monuments et établissements publics de Paris de ce côté de la Seine sont le palais du Luxembourg, l'Observatoire, le Val-de-Grâce, le Panthéon, la Sorbonne, le Collége de France, l'École Polytechnique, l'École Normale, l'École de Médecine, l'École de Droit, les Institutions des Sourds-Muets et des Jeunes Aveugles, le palais des Beaux-Arts, l'Odéon, la fontaine de Grenelle, chef-d'œuvre de Bouchardon, la fontaine Cuvier, la Salpêtrière; *Saint-Étienne-du-Mont*, rue de la Montagne-Sainte-Geneviève : cette église doit son origine à un oratoire construit au douzième siècle près de l'abbaye de Sainte-Geneviève. Avec l'enceinte de Philippe-Auguste, cette chapelle se trouva dans l'intérieur de la ville et fut érigée en paroisse. En 1221 elle était déjà insuffisante : alors l'abbé et les chanoines de Sainte-Geneviève firent bâtir dans leur en clos une église qu'ils dédièrent à saint Étienne. L'église actuelle ne remonte qu'au seizième siècle; le chœur fut bâti en 1537, la nef quelques années après, le jubé en 1600. La façade principale affecte la forme pyramidale et un bizarre mélange du goût de la renaissance et du goût gothique. La première pierre en fut posée en 1610, par Marguerite de Valois. La tour unique qui s'élève au nord de l'édifice lui sert de clocher, et ajoute encore à son caractère étrange. On y voit un beau jubé, le tombeau de sainte Geneviève, but d'un pèlerinage qui dure toute l'année, mais qui a lieu plus particulièrement du 3 au 12 janvier; de grandes toiles de Largillière et de Jouvenet, une chaire qui est un chef-d'œuvre de sculpture en bois, et les tombeaux de Lesueur, de Pascal, de Racine. *Saint-Severin,* dans la rue du même nom. Ce n'était d'abord qu'un petit oratoire, sous l'invocation de saint Clément. L'église actuelle est un monument gothique, dont plusieurs parties ont été reconstruites en 1347 et 1489. On y voit, derrière le chœur, une suite de singulières colonnes torses, qui paraissent s'écraser sous le poids qu'elle soutiennent. On a décoré son entrée du portail de l'ancienne église de Saint-Pierre-aux-Bœufs, dans la Cité. Les chapelles latérales sont décorées de fresques de MM. Flandrin, Sébastien Cornu, Guichard, etc. *Saint Germain-des-Prés*, sur la place du même nom; c'est la plus vieille église de Paris. Childebert l'avait fait construire sous l'invocation de saint Vincent et de la sainte Croix. Elle était à l'origine entourée de fossés pleins d'eau et flanquée de tours. Ruinée au dixième siècle par les Normands, elle fut reconstruite au commencement du onzième, et ne fut complétement achevée qu'en 1163. Deux tours pyramidales, d'architecture romane, se voyaient autrefois à l'est de l'église; une troisième existe encore à son entrée. Elle a été restaurée en 1553, 1704 et 1828; elle dépendait autrefois d'une célèbre abbaye de bénédictins, chef-lieu de l'ordre. Le chœur a reçu dernièrement une décoration polychromique d'un bel effet, qui reproduit l'ornementation ancienne de cette vieille basilique. On sait qu'elle avait été surnommée Saint-Germain-le Doré. *Saint-Sulpice,* sur la place du même nom, près du Luxembourg. Cette église occupe l'emplacement d'une chapelle construite en 1212 et réédifiée en 1646. Elle a été commencée en 1655, sur les dessins de Levau. La nef n'était pas encore terminée en 1735. Le portique est l'œuvre de Servandoni, qui l'acheva en 1765. Il se compose de deux ordonnances dorique et ionique superposées, et est surmonté par deux tours disparates, dont l'une, celle du midi, est l'œuvre de Maclaurin, l'autre de Chalgrin. On remarque à Saint-Sulpice le maître autel, la chaire, la chapelle de la Vierge par de Wailly, avec un plafond œuvre de M. Eugène Delacroix et avec une statue en marbre de la mère de Dieu par Pigalle : la manière dont elle est éclairée est magique; la chapelle Saint-Paul, décorée par Drolling; la méridienne de Paris, tracée sur le pavé et sur un obélisque en marbre; de belles statues, et deux valves d'un énorme coquillage servant de bénitier, sur deux rochers de marbre blanc sculptés par Pigalle.

Sainte-Clotilde, église moderne, construite dans le style gothique et sur le modèle de l'église de Saint-Ouen à Rouen; commencée par Gau, elle a été achevée par M. Th. Ballu. *Saint-Thomas-d'Aquin* entre les rues Saint-Dominique et du Bac, ancienne église des Jacobins, construite sur les dessins de Bullet et achevée en 1740; le plafond du sanctuaire est de Lemoine : M. Blondel a complété la décoration de cette église. *Saint-Nicolas du-Chardonneret*, près de la place Maubert; la manufacture des Gobelins; l'hôtel-musée de Cluny et les ruines du palais des Thermes, un grand nombre d'hospices et de couvents, les embarcadères des chemins de fer de l'Ouest et d'Orléans, le puits artésien de Grenelle. Paris de ce côté de la Seine est en partie bâti sur d'anciennes carrières, auxquelles on a donné le nom de Catacombes.

Des deux îles, celle de la Cité contient seule des édifices remarquables : Notre-Dame, le bâtiment de l'administration des hospices, le Palais de Justice, la Sainte-Chapelle, l'hôtel du préfet de police.

Enfin, il nous reste à parler de quelques monuments historiques ou curieux, situés dans différents quartiers de la ville et que nous avons omis dans cette rapide description topographique. Tels sont : l'*hôtel de Sens*, rue du Figuier-Saint-Paul, ancienne résidence des archevêques de cette ville, longtemps primats du siége épiscopal de Paris; l'*hôtel Carnavalet;* l'hôtel de Juigné, rue de Thorigny, au Marais, occupé par l'École centrale; l'*hôtel Lambert*, à l'extrémité orientale de l'île Saint-Louis, bâti par Louis Levau pour Nicolas-Lambert de Thorigny, président au parlement, et restauré par son propriétaire actuel, le prince Czartoriyski. On y voit une galerie peinte par Lebrun; la plupart des compositions de Lesueur, qui s'y était surpassé, sont aujourd'hui au Louvre; l'*hôtel Lamoignon*, rue Pavée, au Marais; la *maison de François Ier*, aux Champs-Élysées, apportée pierre par pierre de Moret, près de Fontainebleau, etc., etc.

On estime le développement de la voie publique à Paris à 260 kilomètres. Les rues les plus remarquables par leur largeur et la beauté des constructions qui les bordent sont les rues Royale-Saint-Honoré, de Rivoli, de Castiglione, de la Paix, de la Chaussée d'Antin, Tronchet, Saint-Louis au Marais, etc.

Les deux voies les plus belles et les plus longues de Paris sont de création récente : la rue de Rivoli, qui depuis la rue des Champs-Élysées, où elle commence, jusqu'à l'église Saint-Paul au Marais, où elle s'arrête provisoirement, a exactement 3,600 mètres de longueur; et le boulevard de Sébastopol, qui partant de l'embarcadère de Strasbourg et allant aboutir à la barrière d'Enfer, aura 6,000 mètres de longueur.

Parmi les passages nous citerons les passages Véro-Dodat, Delorme, des Panoramas, Choiseul, du Saumon, Vivienne, Colbert, Vendôme, etc.

Les jardins publics et promenades de Paris couvrent une superficie de 1,000,500 mètres. Elles sont ainsi réparties sur la rive droite : les Champs-Élysées, 246,612 mètres, le jardin des Tuileries, 232,632; le parc de Monceau, autrefois la *Folie de Chartres*, construite par le duc Louis-Philippe-Joseph d'Orléans, 219,850; le jardin du Palais, Royal, 20,648; les jardins du Louvre, 18,991; le jardin de la place Royale, 12,834; le square du Temple, 11,885; le square de la Tour Saint-Jacques 8,500; le jardin de la place de l'Europe, 4,489; celui de la place Vintimille, 838. Les trois arrondissements de la rive gauche ne possèdent que quatre jardins publics : le Luxembourg, avec une étendue superficielle de 340,000 mètres; le Jardin des Plantes, 225,430; l'esplanade des Invalides, 87,139; le jardin de l'archevêché, 9,150.

Les plantations des avenues, des boulevards intérieurs, des quais de la Seine et du canal, commencées il y a vingt ans environ, et celles qui ont été faites plus récemment sur le parcours des grandes voies publiques, peuvent être ainsi réparties : sur la rive droite, 36,831 mètres; sur la rive gauche, 25,015 mètres.

Parmi les ponts sur la Seine, les plus anciens conduisent aux deux îles. Le plus long de tous est le Pont-Neuf, partagé en deux par la pointe occidentale de la Cité que termine en dehors du pont un terre-plein carré, sur lequel est placée la statue équestre en bronze de Henri IV, par Lemot, qui a remplacé l'ancienne de Jean de Bologne. Le Pont-Neuf fut commencé en 1578 et achevé en 1604, sous le règne de Henri IV. Avant Napoléon on voyait du côté du quai de l'École, un monument hydraulique du seizième siècle, nommé *la Samaritaine*, à cause des figures qui le décoraient, et orné d'un carillon. Les ponts les plus remarquables sous le rapport de l'art sont le *pont de la Concorde*, entre la place de ce nom et le palais du corps législatif; il est l'œuvre de l'architecte Perronnet, fut commencé en 1787 et achevé en 1791. Sous la Restauration, on l'avait décoré de statues qui ont été transférées dans la cour du château de Versailles; le *pont des Invalides*, reconstruit en pierre en 1855; le *pont de l'Alma*, en face de l'allée des Veuves; le *pont d'Iéna*, qui fait suite au Champ de Mars, commencé en 1806 et achevé en 1815;

le *pont d'Austerlitz*, récemment reconstruit en pierre de taille et élargi; le *pont des Arts*, entre le Louvre et le palais de l'Institut; *le pont du Carrousel*, construit en fonte de fer par Polonceau, décoré de deux statues à chacune de ses extrémités; le *pont Notre-Dame*, reconstruit en 1853; le *pont d'Arcole* ou *de l'Hôtel de Ville*, construit en tôle dans le cours de l'année 1854, à la place d'une passerelle devenue insuffisante aux besoins de la circulation; le *Pont-au-Change* et le *Petit-Pont;* le *pont Marie*, dans l'île Saint-Louis, commencé en 1614, achevé en 1635; le *pont de la Tournelle*, sur l'autre bras, bâti en 1656, restauré en 1847. Son nom lui vient d'une tour carrée qui servait à renfermer les condamnés aux galères en attendant le départ de la chaîne. Le *pont Louis-Philippe*, qui dessert la pointe occidentale de l'île Saint-Louis et les deux rives du fleuve, le seul pont suspendu qui existe encore à Paris, avec les passerelles de Damiette et de la Cité.

Les cimetières de Paris sont situés en dehors du mur d'enceinte.

Le nombre des fontaines publiques de la capitale est de 94, parmi lesquelles on compte 26 fontaines monumentales. Elles sont alimentées par cinq sources, le canal de l'Ourcq, l'eau de la Seine, le puits de Grenelle, les eaux de Belleville et des Prés Saint-Gervais.

A ces fontaines publiques on doit ajouter : 13 fontaines marchandes, 111 poteaux d'arrosement, 58 bouches de service pour incendie, 105 bouches d'eau pour trottoirs, destinées avec les bornes-fontaines au lavage de la voie publique, et enfin 1,779 bornes-fontaines. La ville peut disposer par jour d'une quantité de 69 millions 480,000 litres d'eau, ce qui fait à peu près 69 litres d'eau par jour et par individu. Ce chiffre n'est à peu près que la moitié de la quantité fournie à Londres pour chaque individu (112 litres).

L'administration a mis à l'étude un nouveau projet de distribution des eaux dans Paris, qui ferait une véritable révolution. Il consiste en effet à remplacer l'eau de la Seine par des eaux de source et à amener dans Paris par de gigantesques aqueducs une énorme masse d'eau extraite des vallées de la Marne situées entre Châlons et Épernay. Ce projet se complète par celui d'une système nouveau d'égouts et d'évacuation souterraine des vidanges.

Paris était la capitale de la partie des Gaules occupée par les *Parisii*, lorsque César en fit la conquête. Il s'appelait alors *Lutuhezi*, qui signifie selon les uns *habitation au milieu* de la rivière, et selon les autres île aux corbeaux, dont les auteurs latins ont fait *Lutetia* ou *Lutecia*, et n'a pris que vers 380 le nom du peuple qui l'habitait originairement, francisé depuis par la suppression de la double voyelle finale. Les uns veulent que le nom des *Parisii* fut synonyme de celui de navigateurs; d'autres, Dulaure par exemple, le font dériver du celte *bar*, frontière. Les Romains rattachaient le nom de *Lutetia* au mot latin *lutum*, boue, et le traduisaient par ville de boue, explication que semble confirmer le sol marécageux sur lequel elle était assise.

En l'an 54 avant Jésus-Christ, César y convoqua une assemblée générale des peuples gaulois, et plus tard il ordonna à son lieutenant Labienus de prendre possession de la ville. Camulogène, son chef, perdit la vie en voulant la défendre. Construite dans une île de 1,523 ares, dont la forme, offrant quelque ressemblance avec celle de la coque d'un navire, lui a donné lieu de prendre pour armes un vaisseau, la ville resta pendant plusieurs siècles dans les limites de cette île; elles étaient franchies au temps de l'empereur Julien. La clôture de la ville établie en 358 par ce prince, qui affectionnait Lutèce et y séjourna longtemps, comprit dans son enceinte une partie des deux rives du fleuve. L'étendue totale du territoire de Paris à cette époque était de 3,879 ares. De grands embellissements avaient signalé la domination des empereurs. Moins d'un siècle après César, les nautes parisiens, *nautæ parisiaci*, élevèrent à la pointe orientale de leur île un autel à Jupiter, retrouvé en 1711 sous le chœur de Notre-Dame. Ces nautes furent l'origine de la corporation des Marchands de l'eau, qui prit plus tard la dénomination de *hanse* et forma par la suite le corps municipal de Paris. Constance Chlore fit bâtir sur la rive gauche un vaste palais, dont subsistent quelques vestiges, les Thermes; sur la principale colline du midi, appelé mont *Lucotitius*, s'élevait un temple de Mercure, à la place où fut plus tard l'abbaye Sainte-Geneviève; près de là se trouvait un cirque, vers le haut de la rue des Fossés-Saint-Victor. Un champ de sépultures et un camp fortifié occupaient le revers de la colline. D'Arcueil et de Rongis un aqueduc, dont existent des débris, amenait l'eau au palais des Thermes. Sur la rive droite un temple de Mars couronnait la hauteur que nous appelons Montmartre; des villas et un temple de Mercure occupaient le flanc de la colline; un bourg important existait sur l'emplacement du Palais-Royal, et l'eau y était conduite des hauteurs de Chaillot par un aqueduc; un champ de sépultures se trouvait aux environs de l'église Saint-Gervais; enfin un solide rempart entourait l'île de toutes parts, et des voies romaines la reliaient, en la traversant, à Rouen, à Beauvais, à Senlis, à la Marne et à diverses bourgades voisines, Vaugirard, Vitry, etc.

Vers 245, saint Denis vint prêcher le christianisme à Lutèce, et y fut martyrisé avec ses deux compagnons, Rustique et Éleuthère, à Montmartre, qui devrait son nom à cet événement, *mons martyrum*. Au quatrième siècle, Paris possédait déjà une basilique chrétienne, probablement construite sous le règne de Valentinien. Cet édifice avait sa façade sur l'alignement de la rue d'Arcole actuelle, et s'étendait jusqu'auprès de l'hôtel-Dieu et sous une partie de la nef de Notre-Dame. On en a découvert les substructions dans les fouilles de 1847. Il disparut sous les rois mérovingiens.

Au commencement du siècle suivant, Paris avait pour évêque saint Marcel; ce prélat fut inhumé hors la ville, en un lieu où fut bâtie plus tard sous son invocation une chapelle, puis une église, qui donna naissance au bourg, ensuite faubourg Saint-Marcel. Rebâtie au onzième siècle, cette église fut détruite en 1804. Le courage de sainte Geneviève sauva vers le même temps Paris de la fureur d'Attila. Enfin, Clovis s'en empara, et y fixa le siége de son gouvernement. Il bâtit sur le mont *Lucotitius* une église dédiée aux apôtres saint Pierre et saint Paul, qui reçut bientôt le nom de Sainte-Geneviève, qui y avait été inhumée, et qui était devenue la patronne de Paris. Childebert, qui avait eu Paris en partage, y construisit une nouvelle église, dédiée à saint Étienne, à côté de la basilique romaine, et fonda sur la rive gauche l'abbaye Sainte-Croix et Saint-Vincent, qui devint si célèbre dans les siècles suivants, sous le nom de Saint-Germain-des-Prés. Peu après la ville avait déjà acquis une telle importance que lors du partage qui eut lieu à la mort de Caribert (570), les trois frères Sigebert, Gontran et Chilpéric convinrent de la considérer comme une possession commune. Chilpéric commença sur la rive droite la construction de l'église Saint-Germain-l'Auxerrois. Sous Clotaire II, Grégoire de Tours vint à Paris, et logea au prieuré de Saint-Julien-le-Pauvre, autre église de la rive gauche, qui fut quelque temps église cathédrale, et qui sert aujourd'hui de chapelle à l'hôtel-Dieu.

Sous Dagobert Ier saint Éloi fonda les églises Saint-Martial dans la Cité, et Saint-Paul sur la rive droite, aujourd'hui détruites. Sous Clovis II, saint Landry fonda l'hôpital Saint-Christophe, origine de l'hôtel-Dieu. Mentionnons encore parmi les édifices élevés sous la première race: dans la Cité, les églises Saint-Christophe, sur le parvis Notre-Dame; Sainte-Crescence, auprès de Saint-Étienne; Saint-Jean-Baptiste, depuis Saint-Germain-le-Vieux, rue du Marché-Neuf; Saint-Jean-le-Rond, à l'entrée de la rue du Cloître-Notre-Dame; Saint-Denis-du-Pas, à la pointe orientale de l'île; Saint-Denis-de-la-Châtre, à l'angle de la rue du Haut-Moulin; Sainte-Catherine, qui devint successivement Saint-Symphorien-de-la-Châtre, puis Saint-Luc, rue du Haut-Moulin, toutes églises disparues; sur la rive gauche, Saint-Bacche, appelée ensuite Saint-Benoît, devenue plus tard théâtre du Panthéon, et récemment démolie; Saint-Séverin, qui existe encore; sur la rive droite, Saint-Martin-des-Champs, aujourd'hui Conservatoire des Arts et Métiers; Saint-Laurent, Saint-Gervais, encore subsistantes; Saint-Pierre, devenue Saint-Merry.

Les princes de la seconde race négligèrent Paris. Pepin le Bref y parut à peine, Charlemagne moins encore; cependant, il y fonda deux écoles importantes, l'une à Saint-Germain-des-Prés, l'autre à Saint-Germain-l'Auxerrois : cette dernière a laissé son nom à une place voisine, la place de l'École. Sous le règne de ses successeurs, Paris eut beaucoup à souffrir des déprédations des Normands. Ce fut en l'an 845 qu'ils parurent pour la première fois sous ses murs, et ils renouvelèrent leurs attaques en 857 et en 872. Après avoir été pillée et dévastée à plusieurs reprises dans l'intervalle, la ville fut encore assiégée par eux en 885. Mais cette fois elle se défendit avec énergie, et après l'avoir inutilement bloquée pendant deux ans ils durent s'éloigner. Le comte Eudes, qui s'était signalé pendant le siége par sa valeur et par les services qu'il avait rendus aux habitants, en fut récompensé par le titre de roi, qui passa plus tard définitivement à ses descendants. Quelques églises s'élevèrent seulement sous la dynastie carlovingienne; dans la Cité, Saint-Barthélemy, Saint-Landry, Saint-Pierre aux Bœufs, détruites à la fin du siècle dernier; sur la rive droite, Saint-Leufroy, Sainte-Opportune, détruite; Saint-Georges, devenu ensuite couvent de Saint-Magloire, rue Saint-Denis, converti en maison de roulage; sur la rive gauche, Saint-Étienne-des-Grés ou des Grecs, et Notre-Dame-des-Champs, qui n'existent plus.

En 987 Hugues Capet érigea formellement Paris en capitale du royaume de France, et ses successeurs en firent leur résidence habituelle. Son fils Robert II agrandit considérablement le palais construit par ses ancêtres dans la Cité, reconstruisit Saint-Germain-l'Auxerrois, brûlé par les invasions normandes, et fit réparer Saint-Germain-des-Prés. On a conservé le souvenir du grand incendie de 1034, sous Henri Ier, qui releva l'abbaye de Saint-Martin-des-Champs et construisit l'église Saint-Maurice, devenue aujourd'hui un atelier de teinture, rue d'Arcole. Sous le règne de Philippe Ier apparaît l'institution du Prévôt de Paris.

Sous Louis VI, le Gros, les écoles de Paris, qui attiraient déjà un immense concours d'étudiants étrangers venus de toutes les parties de l'Europe, commencèrent à briller du plus vif éclat. Les établissements existants ne tardèrent pas à devenir insuffisants pour la foule qui s'y portait; il fallut donc transporter les écoles sur la rive gauche, et telle fut l'origine de la dénomination de cette partie de la ville, qui prit au quinzième siècle le nom d'Université ou de *Pays latin*, à cause des nombreux colléges et couvents qui s'y trouvaient. On l'appela d'abord Outre-Petit-Pont. La rive droite fut appelée proprement l'Outre-Grand-Pont et plus tard *la Ville*; ç'avait été de ce côté que la population, dès qu'elle se trouva trop à l'étroit dans les limites de la Cité, s'était naturellement épanchée, parce qu'elle y était attirée par ses principales relations avec l'étranger et que le sol s'y trouvait originairement libre de constructions, tandis que l'immense étendue du palais des Thermes et de ses dépendances de l'autre côté de la Seine avait apporté obstacle à toute agglomération d'habitations.

Sous Louis VII, les Templiers s'établirent à Paris, et plusieurs édifices furent construits : la commanderie de Saint-Jean-de-Latran, dont la tour vient de disparaître sous la pioche des démolisseurs; Saint-Médard, encore existant; Saint-Hippolyte, converti en maison d'habitation, rue Saint-Hippolyte; *l'hôpital* Saint-Gervais, près de l'église du même nom, détruit; Saint-Hilaire, les Saints-Innocents, détruits; le collége de Danemark, premier établissement de ce genre, rue de la Montagne-Sainte-Geneviève.

A cette époque existait déjà un premier mur d'enceinte, qui, partant de la Seine, près Saint-Germain-l'Auxerrois, traversait la rue des Fossés-Saint-Germain-l'Auxerrois, le tracé de la rue de Rivoli nouvelle, et se terminait à la place de la Grève; au sud il commençait auprès de la rue des Grands-Augustins, suivait les rues Hautefeuille, des Mathurins, des Noyers, de Bièvre, et finissait aux Grands-Degrés, près la place Maubert. En dehors des murs existaient de vastes terrains ou *clos* appartenant presque tous aux grandes abbayes et aux communautés. De Chaillot à Ménilmontant s'étendait un marais; au delà vers le nord-ouest était la *Ville-l'Évêque*, maison de campagne de l'évêque de Paris, dont le nom se retrouve dans celui d'une rue du faubourg Saint-Honoré. Au nord on commençait à dessécher les marais et à les transformer en *cultures*, dénomination qui s'est conservée jusqu'à nous dans le nom de la rue Culture-Sainte-Catherine. Au sud-ouest s'étendait une vaste prairie, dépendant de l'abbaye Saint-Germain-des-Prés et qui servait aux ébats des écoliers de l'université; c'était le *Pré aux Clercs*.

Le règne de Philippe-Auguste commence une ère nouvelle pour Paris. Un pont est construit sur la Seine; l'aqueduc Saint-Gervais va chercher les eaux de Ménilmontant et de Romainville et les porte aux fontaines Saint-Lazare et des Filles-Dieu, dans le faubourg Saint-Denis, et à celle des Saints-Innocents; celui de Belleville alimente l'abbaye Saint-Martin-des-Champs. Le pavage des rues en blocs de grès commence en 1184, avec l'appui d'un certain Gérard de Poissy, qui consacre à cet effet une somme de 8,000 marcs d'argent. Maurice de Sully commence la construction de Notre-Dame. Le Louvre est reconstruit. On voit encore s'élever un grand nombre d'autres édifices : sur la rive droite, Saint-Honoré, détruit à la révolution, et dont il ne reste que l'emplacement qui a gardé le nom de Cloître Saint-Honoré; Saint-Thomas et Saint-Nicolas-du-Louvre, détruits; l'abbaye Saint-Antoine-des-Champs, aujourd'hui hôpital Saint-Antoine; Saint-Jean-en-Grève, démoli; les hôpitaux de La Trinité et de Sainte-Catherine, détruits; dans la Cité, La Madeleine, aujourd'hui convertie en maison d'habitation, rue de la Cité; sur la rive gauche, Saint-Étienne-du-Mont, Saint-André-des-Arcs, détruit après la révolution; Saint-Côme et Saint-Damien, au coin de la rue de la Harpe et de l'École-de-Médecine, démolis en 1838; Saint-Pierre, rue des Saints-Pères, détruit; Saint-Sulpice; les couvents des Mathurins, converti en habitation, rue des Mathurins-Saint-Jacques; des Jacobins, rue Saint-Jacques, démoli; des Cordeliers, démoli, mais dont il reste quelques parties, notamment le réfectoire, où est installé le musée Dupuytren. Quatre colléges furent fondés : celui des Bons-Enfants, détruit, ainsi qu'un autre du même nom, remplacé plus tard par le monastère Saint-Firmin, rue Saint-Victor; celui des Dix-Huit, démoli pour faire place à la Sorbonne; celui de Constantinople.

Les Halles datent aussi de ce règne; mais l'œuvre la plus considérable fut la construction d'une nouvelle enceinte fortifiée. La muraille avait huit pieds d'épaisseur; elle était formée d'un blocage revêtu de maçonnerie, flanquée de cinq cents tours et munie de fossés profonds. Cette enceinte, qu'on mit vingt ans à parfaire, partant de la Seine, un peu au-dessus de l'emplacement actuel du pont des Arts, passait par la porte Saint-Honoré à l'endroit où est l'Oratoire, à la porte Coquillière, à la place de la rue de ce nom, à la porte Saint-Denis près de la rue Mauconseil, à la porte Barbette rue Vieille-du-Temple, à la porte Baudoyer, et s'arrêtait au quai des Célestins, pour recommencer au sud de la Tournelle, s'ouvrir encore aux portes Saint-Victor, Bordet, Saint-Jacques, Saint-Michel, des Cordeliers près du passage du commerce, de Bussy au carrefour de ce nom, et se terminait à la Tour de Nesles sur l'emplacement du palais de l'Institut. Le territoire enfermé dans cette ligne circulaire était à peu près aussi considérable sur l'une et l'autre rive; mais par les raisons que nous avons dites plus haut, la population y était déjà fort inégalement répartie. L'espace qu'elle contenait était de 252 hectares 85 ares.

Sous Louis VIII, nous voyons s'établir le couvent des Filles-Dieu, au lieu où est aujourd'hui le bazar Bonne-Nouvelle; il fut transféré plus tard sur l'emplacement actuel du passage du Caire. Saint Louis, qui organisa le guet et le guet des métiers, et créa le prévôt des marchands, construisit la Sainte-Chapelle, fonda la Sorbonne, agrandie et restaurée par Richelieu; le collége de Sainte-Catherine du Val-des-Écoliers, dont l'église fut bâtie par les archers du roi, en exécution d'un vœu fait à la bataille de Bouvines; elle a été démolie quelques années avant la révolution, et sur son emplacement on a élevé un marché et ouvert plusieurs rues; les colléges du Trésorier, réuni à l'université en 1763, et dont les bâtiments subsistent, rue Neuve-Richelieu; de Calvi, sur l'emplacement duquel s'élève l'église de la Sorbonne; de Cluny, supprimé à la révolution; des Bernardins, dont le réfectoire a été converti en école primaire; des Prémontrés, supprimé à la révolution, et dont les bâtiments subsistent, rue Hautefeuille; de l'hôtel Saint-Denis; les églises Saint-Leu-Saint-Gilles; Sainte-Marie-l'Égyptienne, qui a laissé son nom altéré à la rue de la Jussienne; Saint-Jean, au coin des rues Aubry-le-Boucher et Quincampoix; Saint-Eustache; Saint-Sauveur, rue Saint-Denis, démoli; l'hospice des Quinze-Vingts. Cette même époque vit s'établir à Paris de nombreuses congrégations religieuses: les Grands-Augustins, rue Montmartre; les frères Sachets; les Blancs-Manteaux, supprimés en 1274, et remplacés en 1297 par les Guillemites; les Grands-Carmes ou Barrés, remplacés plus tard par les Célestins; les Chartreux, à qui le roi donna l'ancien château de Vauvert, à l'extrémité de la rue d'Enfer; les Chanoines de Sainte-Croix de la Bretonnerie, dont le couvent, détruit, a laissé son nom à une rue; les Béguines de l'Ave-Maria, monastère converti en caserne; les sœurs Sachètes, supprimées en 1350.

Sous Philippe le Hardi, Marguerite de Provence, sœur de saint Louis, fonde l'abbaye des Cordelières-Saint-Marcel, aujourd'hui hôpital de Lourcine. Raoul d'Harcourt fonde en 1280 le collége d'Harcourt, aujourd'hui lycée Saint-Louis. Jean Pithard, chirurgien de Louis IX, institue la Confrérie des Chirurgiens, qui fut le germe de la Faculté de Médecine. Le règne de Philippe le Bel vit le procès des Templiers, l'institution de la Basoche et la création de six nouveaux colléges, celui de Navarre, dont la chapelle, encore subsistante, est une dépendance de l'École Polytechnique; celui des Cholets, réuni ensuite à Louis-le-Grand et démoli; de Bayeux, dont les bâtiments subsistent en partie, rue de la Harpe; du cardinal Lemoine, rue Saint-Victor, démoli pour faire place à une rue qui en garde le nom; de Laon; de Presles, dont les bâtiments existent encore, rue des Carmes; la fondation du couvent des Hospitaliers de la Charité Notre-Dame, remplacés par les Carmes Billettes en 1299; de la chapelle et de l'hôpital des Haudriettes, démoli; de la communauté des femmes veuves de la rue Sainte-Avoie, détruite. Sous Louis le Hutin Paris vit le supplice d'Enguerrand de Marigny; c'est aussi à ce règne que se rapporte la tradition, vraisemblablement fabuleuse, des orgies de la Tour de Nesles. Sous Philippe le Long et Charles le Bel, il faut citer la fondation de Saint Jacques-de-l'Hôpital, détruit; du collége de Montaigu, sur l'emplacement duquel on a construit la Bibliothèque Sainte-Geneviève; du Plessis, réuni à Louis-le-Grand, et dont les bâtiments subsistent, rue Saint-Jacques; de Cornouailles, détruit; de Narbonne, rebâti au dix-huitième siècle, et dont les bâtiments subsistent, rue de la Harpe; de Tréguier et d'Arras.

Le tableau de Paris au treizième siècle, tracé par Guillaume de Villeneuve (*Le Dict des Cris de Paris*), nous montre cette ville pleine d'activité et de bruit. Une fois la nuit venue, le couvre-feu sonnait à Notre-Dame, et la ville était soudain plongée dans l'ombre et le silence; les gueux, les mauvais garçons et les truands devaient alors rentrer dans leur Cour des Miracles.

Le règne de Philippe de Valois voit éclater la peste noire et fonder treize colléges: celui des Écossais, aujourd'hui institution particulière, rue des Fossés-Saint-Victor; ceux de Marmoutiers, des Lombards, dont les bâtiments existent encore, rue des Carmes; de Bourgogne, à l'endroit où est l'École de Médecine; de Lisieux, établi d'abord rue Saint-Severin, puis rue Saint-Étienne-des-Grés, et enfin rue Saint-Jean-de Beauvais; de Chanac; de Huban, appelé ensuite de l'Ave-Maria; de Mignon ou de Gramont, d'Autun, tous trois réunis à Louis-le-Grand, en 1704; de Tours; d'Aubusson; de Cambray, qui a fait place au Collége de France; de Maître Clément. A la même époque appartiennent l'église et la confrérie du Saint-Sépulcre, dont l'emplacement forme la Cour Batave, rue Saint-Denis; l'église Saint-Julien-des-Ménétriers, rue Saint-Martin, démolie après la révolution; la chapelle Saint-Yves, rue Saint-Jacques, au coin de la rue des Noyers. Il en reste quelques vestiges.

Pendant la captivité du roi Jean, Paris voit la dictature populaire d'Étienne Marcel, qui construisit une nouvelle enceinte sur la rive septentrionale, pour protéger les habitations qui de ce côté avaient débordé le mur de Philippe-Auguste; la partie méridionale fut seulement réparée. La muraille partait de la *Tour de Bois*, qui subsistait encore sous Louis XIV, à peu près à l'endroit où se trouve le pont des Saints-Pères, aboutissait à la porte Saint-Honoré, coupait par le milieu le jardin actuel du Palais-Royal, traversait la place des Victoires, arrivait à la porte Montmartre, puis, suivant la direction des rues Neuve-Saint-Eustache et Bourbon-Villeneuve, arrivait à la porte ou bastille Saint-Denis; alors elle suivait la rue Sainte-Apolline jusqu'à la porte Saint-Martin, puis la rue Meslay, la rue Jean-Beau-Sire, et atteignait la bastille Saint-Antoine. De ce point elle gagnait la Seine, où se dressait la Tour de Billy, et en suivait le cours jusqu'à la porte Barbette, à l'extrémité méridionale du quai des Ormes. Le fleuve était barré par des chaînes. Ce fut encore Étienne Marcel qui fit bâtir la *Maison-aux-Piliers*, pour le corps municipal de la ville, et de la même époque datent l'hôpital et l'église du Saint-Esprit, situés sur la place de Grève; les colléges de Moncourt, de Justice, des Allemands et de Vendôme. Au règne si malheureux du roi Jean appartient cependant une institution salutaire, l'établissement de petites écoles dans les différents quartiers de la capitale; elles étaient sous l'autorité du grand-chantre de Notre-Dame.

Charles V fit bâtir l'hôtel Saint-Paul, ainsi nommé de l'église voisine située entre la Seine, les rues Saint-Paul, Saint-Antoine et la Bastille, où se trouvaient, avec des bâtiments très-étendus, un jardin, un parc, des lices, une volière, une ménagerie avec des sangliers et des lions; ce fut le même prince qui agrandit la Bastille ainsi que le palais de la Cité et le Louvre. On lui attribue aussi l'origine de la Bibliothèque royale. Ont été fondés sous son règne les colléges de Dormans-Beauvais, de Damville et le monastère du Petit-Saint-Antoine, tous disparus.

Sous le règne calamiteux de Charles VI, Paris vit l'insurrection des maillotins, celle des cabochiens, et souffrit la domination anglaise; quelques fondations nouvelles remontent pourtant à cette époque: les colléges de Thou, de Fortet, de Reims, réuni à Sainte-Barbe, de Coquerel, de La Marche, rue de la Montagne Sainte-Geneviève; l'hôpital du Roule, détruit; la chapelle et l'hôpital Saint-Éloi ou des Orfévres. Reconstruite plus tard par Philibert Delorme, la chapelle a été détruite. En 1429 l'armée royale, conduite par Jeanne d'Arc, échoua dans une tentative pour reprendre Paris, qui n'ouvrit ses portes à Charles VII qu'en 1436. La fondation du collége de Séez, réuni à l'université en 1763, et de l'hôpital des Veuves, rue Saint-Sauveur, détruit, date de la période anglaise.

Sous le règne de Louis XI furent établies à Paris les premières imprimeries; on doit encore à ce prince le premier établissement spécial pour l'enseignement de la médecine; il était situé rue de la Bûcherie, et la création de la prévôté de l'hôtel, qui remplaça le roi des Ribauds. Nous n'avons guère à signaler sous le règne de Charles VIII et de Louis XII que l'établissement du couvent des filles pénitentes, détruit; du couvent des Bons-Hommes, à Chaillot, et de la Foire Saint-Germain.

Dans la période qui s'étend de Charles V à Louis XII on

créa un système assez étendu d'égouts pour débarrasser la ville des eaux stagnantes et croupissantes qui en faisaient un foyer permanent d'infection, auxiliaire funeste des épidémies. L'ancien lit du ruisseau de Ménilmontant, absorbé par les carrières de plâtre, offrit un canal naturel qu'on nomma le *Grand-Égout;* mais presque tous ces égouts étaient à ciel ouvert, et non revêtus de maçonnerie. Beaucoup de rues furent pavées; de splendides édifices s'élevèrent : les hôtels Barbette, du Petit-Bourbon, d'Alençon, de Savoisy, de Sens, de Cluny, de La Trémouille dont on voit la façade à l'école des Beaux-Arts, de Bourgogne, le séjour d'Orléans, etc. On creusa plusieurs ports sur la Seine : à droite le *port des Barrés*, devenu le port Saint-Paul, le *port au Foin*, le *port Saint-Gervais*, depuis port au Blé, le *port de Bourgogne*, le *port de la Saunerie*, le *port du Louvre;* dans la cité, *les ports Notre-Dame* et *Saint-Landry ;* à gauche, les *ports Saint-Bernard*, *Saint-Jacques* et *de Nesles*. Il y avait cinq ponts : à droite, le *pont Notre-Dame*, le *Pont-au-Change* ou *Grand-Pont* et le *Pont-aux-Meuniers ;* à gauche, le *Petit-Pont* et le *pont Saint-Michel*. Le pont Notre-Dame avait été reconstruit en 1413; le 25 octobre 1459 il fut emporté par une inondation avec soixante maisons qui le couvraient. Jean Joconde le rebâtit, ainsi que le Petit-Pont. Le même architecte construisit encore derrière la Sainte-Chapelle la Chambre des Comptes, incendiée en 1737 et rebâtie par Gabriel. On comptait seize fontaines à Paris et dans les faubourgs : la fontaine Maubué, celles des rues Salle-au-Comte, Sainte-Avoye, Barre-du-Bec et de la porte Baudoyer, étaient alimentées par l'aqueduc de Belleville; celles des Innocents et des Halles, du Ponceau, de la Reine, de la Trinité, de la rue des Cinq-Diamants, de Saint-Lazare, des Filles-Dieu, des cultures Saint-Martin et du Temple, par l'aqueduc des Prés-Saint-Gervais.

A cette époque le goût des représentations scéniques se répand de plus en plus dans la population parisienne; les clercs du parlement et du Châtelet rivalisent avec les Confrères de la Passion et les Enfants-Sans-Souci.

François Ier fonde le Collége de France; de son règne datent les colléges de Boissy, de La Merci et du Mans, et l'hôpital des Enfants-Rouges, aujourd'hui détruit : l'abbaye Saint-Victor est reconstruite; le Louvre est démoli et recommencé sur un plan nouveau; l'hôtel de ville est commencé; les églises Saint-Merry, Saint-Gervais, Saint-Germain l'Auxerrois, restaurées, ainsi que l'enceinte fortifiée de Charles V. Sous Henri II le vieux Louvre fut terminé; l'église Notre-Dame de Bonne-Nouvelle fondée, ainsi que le collége Sainte-Barbe et l'hospice des Petites-Maisons, aujourd'hui hospice des Ménages. La belle fontaines des Innocents est construite. L'église Saint-Eustache est commencée pour n'être achevée que dans le siècle suivant. Avec Charles IX, l'exécrable auteur de la Saint Barthélemy, Paris voit s'élever les Tuileries, l'hôtel de Soissons sur l'emplacement actuel de la Halle au blé, le collége de Clermont plus tard collége Louis-le Grand, le collége des Grassins, rue des Amandiers-Sainte-Geneviève, le séminaire Saint-Magloire, aujourd'hui institution des Sourds-Muets, l'église Saint-Jacques-du-Haut-Pas. A cette époque remonte l'institut des juges-consuls, origine du tribunal de commerce.

La guerre civile renaît sous Henri III. La Ligue est toute puissante; Paris obéit aux Seize et fait des barricades contre son roi, qui fuit, revient en faire le siége de concert avec le roi de Navarre et tombe sous le couteau fanatique d'un moine ligueur. Paris reconnaît pour roi de France le vieux cardinal de Bourbon, et repousse par trois fois Henri IV. Mais le pouvoir populaire des Seize s'écroule, la Ligue s'éteint, et Brissac vend la capitale au Béarnais. Le règne de Henri III a vu pourtant s'élever le noviciat des Jésuites, rue Saint-Antoine, dont l'église est aujourd'hui la paroisse Saint-Louis-Saint-Paul; le couvent des Capucins et celui des Feuillants, tous deux rue Saint-Honoré, aujourd'hui détruits. Henri IV, secondé par le prévôt des marchands, François Miron, exécute de grands travaux dans Paris. Le Louvre, les Tuileries, sont agrandis; l'hôtel de ville achevé, ainsi que le Pont-Neuf, les rue et place Dauphine. Cette époque vit encore fonder l'hôpital Saint-Louis, l'hôpital Sainte-Anne, détruit; les couvents de Picpus, des Récollets, aujourd'hui hôpital des Incurables (hommes); des Petits-Augustins, aujourd'hui école des Beaux-Arts; l'hôpital de La Charité, la manufacture des tapis de la Savonnerie, détruite. Le monument commémoratif du supplice de Jean Châtel fut détruit en 1605, à la sollicitation du père Cotton, jésuite, confesseur du roi.

L'histoire de Paris se confond toujours davantage avec l'histoire même de la France. En 1622 le siége épiscopal est érigé en archevêché. L'Imprimerie royale est fondée, ainsi que le Jardin des Plantes et l'Académie Française. Marie de Médicis construit le Luxembourg et l'aqueduc d'Arcueil, qui vient alimenter quatorze fontaines et, traversant la Seine au pont Notre-Dame, apporte de l'eau à une fontaine située sur la place de Grève; cette princesse fait encore planter le Cours-la-Reine. Richelieu, qui favorise le mouvement littéraire, fonde l'Académie Française et prête les mains à la création de l'Académie de Chirurgie, élève le palais Cardinal, devenu ensuite Palais-Royal. Les ponts Marie, de la Tournelle, le Pont-Rouge et le quartier de l'île Saint-Louis sont construits. Quelques nouvelles églises s'élèvent : Saint-Roch, Sainte-Marguerite, Sainte-Élisabeth, Saint-Louis-en-l'Ile. Il se fonda également sous le règne de Louis XIII un grand nombre de nouveaux établissements monastiques ou hospitaliers; les Jacobins de la rue Saint-Honoré, dont le couvent servit pendant la révolution aux séances de la fameuse société des Jacobins et qui a fait place au marché Saint-Honoré; les pères de l'Oratoire, les prêtres de la Doctrine chrétienne, les Augustins déchaussés ou Petits-Pères, l'abbaye de Port-Royal, aujourd'hui hospice de la Maternité, les filles Saints-Thomas, dont l'emplacement est occupé par le palais de la Bourse, l'abbaye du Val-de-Grâce, l'abbaye de Pentemont, les hôpitaux de la Pitié et des Incurables. La manufacture royale de glaces, rue de Reuilly, convertie en caserne, date de cette époque. La statue de Henri IV est élevée au Pont-Neuf, et celle de Louis XIII à la place Royale, bâtie sous ce prince.

En 1607 on entoure Paris d'une nouvelle enceinte, qui suivait à peu près la ligne des boulevards actuels. Les anciens faubourgs Saint-Honoré et Montmartre furent compris dans l'enceinte septentrionale, et on y ouvrit un grand nombre de rues; le Marais, l'île Saint-Louis, le Pré-aux-Clercs se couvrirent de constructions nombreuses La ville offrait alors un singulier aspect. A côté de ses nouvelles constructions, la Tour de Nesle, le Grand et le Petit-Châtelet, le Temple, la Bastille, les tours et les portes de l'enceinte méridionale conservaient encore tout le cachet des temps féodaux. La Seine n'était qu'en partie bordée de quais; les vieux quartiers du centre contrastaient avec ceux des extrémités; la butte des Moulins, cependant, restait encore couronnée de ses moulins à vent; elle ne fut aplanie et bâtie qu'en 1626.

La minorité de Louis XIV est signalée par la Fronde, la journée des Barricades, la bataille du faubourg Saint-Antoine; mais quand ce prince prend lui-même les rênes de l'État, une ère nouvelle s'ouvre pour la capitale. La Reynie, premier lieutenant de police, lui donne une sécurité qu'elle n'avait point connue jusque alors, par l'expulsion des malfaiteurs et des mendiants, dont le nombre s'élevait alors à 40,000. C'est ce magistrat qui fit pour la première fois éclairer de lanternes les rues de Paris. La satire : *Les Embarras de Paris*, par Boileau, est un tableau fidèle de la physionomie de la grande ville à cette époque. Le nom de Colbert et celui du roi demeurent attachés à toutes les belles et fécondes créations de cette époque. C'est à Colbert que l'on doit la création de l'Académie des Inscriptions et Belles-Lettres, de l'Académie des Sciences, de l'Académie de Peinture et de Sculpture, de l'Académie d'Architecture. Il rend publique la Bibliothèque royale; et les manufactures des Gobelins et de la Savonnerie brillent, grâce à ses encouragements, du plus vif éclat.

Nous nous bornerons à rappeler les principaux monuments construits dans ce grand siècle, pour donner une idée de l'accroissement et de l'embellissement de la ville. Ce sont : l'hôtel des Invalides, l'Hôpital général dit *la Salpétrière*, le collége des Quatre-Nations, la colonnade du Louvre, l'Observatoire, les arcs de triomphes Saint-Denis, Saint-Martin et Saint-Antoine (démoli en 1777), etc. De vastes places s'ouvraient dans différents quartiers : la place du Carrousel, la place Vendôme, la place des Victoires. Les anciennes fortifications furent démolies et converties en promenades plantées d'arbres, sous le nom de boulevards; les travaux des Champs-Élysées commencèrent. A la splendeur des monuments publics s'ajoutait le luxe des édifices particuliers : l'hôtel de Rambouillet, le palais Mazarin, l'hôtel Soubise, l'hôtel de La Vrillière, l'hôtel d'Armenonville, affecté depuis à l'administration des postes, l'hôtel Carnavalet, l'hôtel Lamoignon, etc. Paris, divisé d'abord en 8 quartiers, puis en 16 sous Charles VI, en 17 sous Louis XIII, fut partagé en 20 sous Louis XIV. On y comptait alors 500 rues, 100 places, 17 ports, 9 ponts, 9 faubourgs, 30 hôpitaux.

Sous la régence et le règne de Louis XV, Paris ne fut distrait que par les scènes scandaleuses de la banque de Law, les querelles parlementaires à propos de la bulle *Unigenitus*, l'exil du parlement et les *miracles* des convulsionnaires; mais il vit s'élever de remarquables édifices : l'École Militaire, le Garde-Meuble, l'église Sainte-Geneviève (Panthéon), l'École de Droit, la Halle au Blé, l'hôtel des Monnaies. Le faubourg du Roule, la Chaussée-d'Antin, et les terrains avoisinants sont réunis à la ville, pendant que s'ouvrent la place Louis XV, l'avenue de Neuilly, et que sont plantés les boulevards du midi.

Sous le règne de Louis XVI s'élèvent le couvent des Capucins de la Chaussée-d'Antin, aujourd'hui lycée Bonaparte, la chapelle et l'hôpital Beaujon, l'École de Médecine, l'École des Ponts et Chaussées, l'École des Mines, l'École de Chant, de Déclamation et de Danse, aujourd'hui Conservatoire de Musique, l'École des Sourds-Muets, celle des Jeunes Aveugles, les marchés Beauvau, Boulainvilliers (supprimé), Sainte-Catherine, des Innocents, la Halle aux Cuirs, la Halle aux Draps, les pompes à feu de Chaillot et du Gros-Caillou, l'Odéon, le Théâtre-Français, l'Opéra, aujourd'hui Théâtre de la Porte-Saint-Martin, les Italiens, aujourd'hui Opéra-Comique, le Théâtre Montansier, etc.; le pont Louis XV. On bâtit une nouvelle et dernière enceinte, qui sert encore aujourd'hui à la perception de l'octroi. Enfin, on débarrassa les ponts des maisons qui masquaient le cours de la rivière, et l'on transporta dans les Catacombes les ossements provenant des cimetières supprimés.

Il ne se passe pas d'événements politiques importants à Paris sous ce règne avant la révolution. Après la prise de la Bastille le peuple parisien fait les journées des 5 et 6 octobre, du 20 juin et du 10 août 92, du 2 septembre. Le 21 septembre la Convention proclame la république. Le 21 janvier 1793 Louis XVI est exécuté. Les montagnards triomphent au 31 mai. Les girondins montent sur l'échafaud; mais le 9 thermidor les venge. Sous le Directoire Paris ne fut témoin que de la journée du 18 fructidor. A la physionomie sombre et terrible de la capitale sous le gouvernement révolutionnaire avait succédé une licence et une corruption dignes des plus mauvais jours de la régence. Le despotisme de Napoléon rendit les mœurs moins relâchées, mais ne rendit pas aux Parisiens les vertus des hommes libres. Comme toute la France, ils se courbèrent devant la gloire éblouissante de l'empereur.

Quant aux monuments de cette période, ils sont peu nombreux. La révolution donna le signal à une foule de dévastations auxquelles le Directoire put seul mettre un terme. Cependant de grandes institutions sont dues à la Convention : les Écoles Normale et Polytechnique, les Archives, l'Institut, le Musée du Louvre, le Musée d'Artillerie, le Musée des Monuments français, le Conservatoire des Arts et Métiers, les télégraphes. L'hôpital Saint-Antoine fut organisé à cette époque, en même temps qu'on étendait le service des autres hôpitaux. Le marché Saint-Joseph fut ouvert en 1793, sur l'emplacement d'une chapelle où avaient été enterrés Molière et La Fontaine. Le Directoire rétablit l'octroi et institua l'exposition des produits de l'industrie nationale.

De grands embellissements furent réalisés sous le consulat et l'empire. Napoléon, qui faisait partout sentir sa main vigoureuse, eut bientôt déblayé les ruines faites par la révolution; et on le vit alors enfanter avec une merveilleuse rapidité les plus grandioses créations. Des quartiers entiers s'élevèrent à sa voix, et ce fut dans la capitale de son empire qu'il accumula, comme autant de trophées de ses immortelles victoires, les trésors des arts et des sciences, dépouilles des vaincus et fruits de la conquête. Il commença la construction de la Bourse, de La Madeleine et de l'arc de triomphe de l'Étoile; la place Vendôme fut décorée d'une colonne à sa gloire On construisit les greniers de réserve, l'entrepôt des vins, les abattoirs, les ponts d'Austerlitz, de la Cité, des Arts, d'Iéna; les quais d'Orsay, de Billy, de la Conférence, du Louvre, de la Cité, Catinat, Montebello, Morand, de la Tournelle furent bâtis et achevés. On creusa les canaux de l'Ourcq, Saint-Martin et de Saint-Denis. La ville s'embellit des fontaines Desaix, place Dauphine; du Lion de Saint-Marc, de l'École, de l'École-de-Médecine (détruites), du Palmier, de l'Institut, du Château-d'Eau. On ouvrit les cimetières de l'Est et du Nord, les marchés des Jacobins, du Temple, de la Vallée, Saint-Martin, des Blancs-Manteaux, Saint-Germain, des Carmes, des Prouvaires.

La bataille de Paris livra la capitale aux alliés, et la faction royaliste salua les ennemis d'acclamations enthousiastes. Mais les fautes des Bourbons amenèrent le merveilleux épisode des cent jours, terminé par une nouvelle invasion, plus funeste à la ville que la première. Les monuments furent mutilés, les musées et les bibliothèques dévastés.

Nous ne referons pas ici l'histoire de la Restauration, de la révolution de Juillet, du règne de Louis-Philippe, des insurrections républicaines des premières années de ce règne, de la révolution de Février, de la seconde république, du coup d'État du 2 décembre et du second empire. Bornons-nous à esquisser à grands traits les immenses améliorations qu'a reçues la ville durant cette dernière période.

La Restauration construisit le séminaire Saint-Sulpice, la chapelle expiatoire de Louis XVI, les églises Notre-Dame-de-Bonne-Nouvelle, Notre-Dame-de-Lorette, Saint-Denis-du-Saint-Sacrement, bâtie sur l'emplacement de l'hôtel de Turenne, Saint-Vincent-de-Paul; les ponts des Invalides, de l'Archevêché, d'Arcole, l'École des Beaux-Arts. De 1817 à 1825 on n'y construisit pas moins de 2,500 maisons nouvelles. C'est de cette époque que date l'ouverture de la plupart des nombreux passages et bazars. L'esprit de spéculation chez les constructeurs devint un véritable vertige, et on se mit alors à construire de nouveaux quartiers, qui, comme ceux de François Ier, de Beaujon, par exemple, sont demeurés jusqu'à présent à peu près déserts.

La monarchie de Juillet termina La Madeleine, l'arc de l'Étoile, le palais du quai d'Orsay, commença l'agrandissement du Palais de Justice, la restauration de la Sainte-Chapelle et de Notre Dame; agrandit l'hôtel de ville, le Luxembourg, prolongea la ligne des quais et les planta d'arbres, construisit les ponts Louis-Philippe, du Carrousel, l'église Sainte-Clotilde, l'hôpital du faubourg Poissonnière; ouvrit le musée de Cluny, érigea la colonne de Juillet et l'obélisque de Lonqsor, embellit les Champs-Élisées et la place de la Concorde, demeurée jusque alors un véritable cloaque; présida à l'établissement de plusieurs lignes de fer, entreprit et acheva l'immense travail des fortifications, construisit de nouveaux marchés et de nouvelles fontaines jaillissantes, perça de larges rues et places dans la Cité, les 5e, 6e, 7e, 11e, 12e arrondissements, et commença les démolitions pour les Halles. C'est justice aussi que de reconnaître que de 1830 à 1848 il fut beaucoup fait pour améliorer le pavage, le nettoyage et l'éclairage de la voie publique, pour la pourvoir de trottoirs à l'usage des piétons, pour y faire une plus abondante distribution d'eau.

Paris souffrit peu, à bien dire, des conséquences même de la révolution de février 1848. Mais cet événement y arrêta aussitôt l'élan donné par le règne de Louis-Philippe aux entreprises de constructions. La bibliothèque Sainte-Geneviève date seule de cette époque.

Enfin, les travaux d'embellissement ont pris un essor inouï depuis le second empire. D'immenses démolitions ont été effectuées pour dégager les abords des principaux édifices publics, pour créer de nouvelles voies de circulation et élargir les anciennes. Le Louvre a été achevé; on a construit les casernes Napoléon, du boulevard du Temple et de la rue de la Banque, plusieurs cités ouvrières; la huitième partie de Paris, c'est-à-dire les vieux quartiers avoisinant la Cité sur les deux rives du fleuve ont été complétement métamorphosés; les ruelles étroites et fangeuses qui déshonoraient encore la grande capitale ont disparu; ses principales artères ont été macadamisées; le bois de Boulogne a été transformé en un parc merveilleux, relié à la ville par l'avenue de l'Impératrice. On dit même qu'il doit être prochainement réuni à la capitale, ainsi que les communes des Ternes, d'Auteuil, de Passy, et les villages de Bagatelle et de Madrid.

Consultez pour l'histoire de Paris: Corrozet, *La Fleur des Antiquités, singularités et excellences de la ville de Paris* (1552); Dubreuil, *Théâtre des Antiquités de Paris* (1612); Germain Brice, *Description de la Ville de Paris* (1685); Sauval, *Histoire et Recherches sur les Antiquités de Paris* (1724); Felibien et Lobineau, *Histoire de la Ville de Paris* (1755); Lebœuf, *Histoire de la Ville et du Diocèse de Paris* (1754); Jaillot, *Recherches critiques sur Paris* (1755); Dulaure, *Histoire physique, civile et morale de Paris* (1821); Touchard-Lafosse, *Histoire de Paris* (1833); Belin et Pujol, *Histoire civile, morale et monumentale de Paris* (1843); pour la statistique: Chabrol de Volvic, *Recherches statistiques sur la ville de Paris* (1821-29); Benoiston de Châteauneuf, *Recherches sur les Consommations de Paris* (1821); Lachaise, *Topographie médicale de Paris*; pour la description des monuments, Piganiol de Laforce, *Description de la Ville de Paris et de ses Environs* (1765); Saint-Victor, *Tableau historique et pittoresque de Paris* (1808); Legrand et Landon, *Description de Paris et de ses édifices* (1818); Lurine, *Les rues de Paris* (1843).

Les livres qui traitent de l'histoire des mœurs de Paris sont innombrables; de nos jours les piquantes esquisses de Jouy, de J. Janin, de Balzac, de Dumas, de Paul de Kock, etc., n'ont pu faire oublier l'excellent *Tableau de Paris*, publié en 1782 par Mercier, ouvrage qu'on relira toujours avec fruit et avec plaisir.

PARIS (Congrès de). Après la prise de Sébastopol, l'Autriche, dont l'attitude dans la guerre entre la Russie et la Turquie, alliée à la France, à l'Angleterre et à la Sardaigne, avait été des plus douteuses, fit de nouvelles instances pour amener la Russie à une solution pacifique du différend qu'elle avait fait naître. L'Autriche menaça le cabinet de Saint-Pétersbourg de rappeler son ambassadeur, et la Russie, au fond assez désireuse de la paix, consentit à des conférences qui pourraient l'amener. La convocation d'un congrès fut donc convenue, et Paris fut fixé pour le lieu de ses réunions. Le protocole de Vienne du 1er février 1856, posé comme préliminaire de paix, fut la préface de ce congrès.

Le congrès de Paris se réunit pour la première fois le 25 février 1856, à l'hôtel du ministère des affaires étrangères; les plénipotentiaires présents à cette première réunion étaient pour la France, le comte Colonna-Walewski, ministre des affaires étrangères, et le baron de Bourqueney; pour l'Autriche, le comte de Buol-Schauenstein, ministre des affaires étrangères et président du conseil, et le baron de Hübner; pour l'Angleterre, le comte Clarendon, ministre des affaires étrangères et le baron Cowley; pour la Russie, le comte Orloff, aide de camp général du czar, membre du conseil de son empire, et le baron Brunow; pour la Sardaigne, le comte de Cavour, président du conseil des ministres et ministre des finances, et le marquis de Villamarina; pour la Turquie, le grand-vizir Aali-Pacha et Méhemmet-Djémil-Bey. Les plénipotentiaires de la Prusse, que le congrès invita à participer à ses travaux, *dans un intérêt européen*, ne furent admis qu'à la onzième séance, le 18 mars; c'étaient le baron de Manteuffel, ministre des affaires étrangères et président du conseil, et le comte de Hatzfeld-Wildenberg-Schœnstein. Les dix-huit premières séances du congrès, sous la présidence du comte Walewski, furent consacrées à l'élaboration du traité de Paris, qui fut signé dans la dix-neuvième: le secret avait été juré et tenu par les membres du congrès; il ne fut donc possible de connaître leurs délibérations que lorsqu'elles furent plus tard publiées à l'état de protocoles. De la lecture de ces longs et nombreux protocoles résultait ce fait que la France acceptait avec beaucoup plus d'empressement et de bien meilleure grâce que l'Angleterre toutes les propositions de la Russie.

Le traité de Paris signé par les plénipotentiaires, le congrès de Paris tint encore cinq séances, et ne se sépara que le 16 avril. Ces séances furent employées à des points aussi importants que ceux qui avaient fait l'objet du traité de paix de Paris. Le 2 avril on décida la levée des blocus, bien que la ratification du traité ne fût pas encore échangée, et l'on posa ainsi un nouveau précédent dans le droit international; le 4 on fixa le terme de l'évacuation des territoires respectifs des parties belligérantes; M. le comte de Buol déclara que, comme les autres puissances, l'Autriche avait l'intention d'évacuer le plus tôt possible les territoires occupés par ses troupes, — la Moldavie et la Valachie, — et que les principautés étant plus faciles à évacuer que la Crimée, l'Autriche aurait fini avant tout le monde. La séance du 8 avril fut sans contredit la plus importante du congrès; la question extérieure y fut traitée. M. de Walewski, après avoir fait connaître la situation de la Grèce, exprima le vœu de voir arriver le moment où les puissances alliées pourraient l'évacuer sans inconvénient. Après avoir constaté ce qu'a d'anormal la situation d'une puissance qui pour se maintenir a besoin d'être soutenue par des troupes étrangères, il exprima le vœu que les troupes françaises et autrichiennes pussent être retirées des États pontificaux sans inconvénient, voyant dans cette manifestation faite par le congrès, et surtout par l'Autriche et la France, un acte qui ne pourrait que produire un effet favorable sur le gouvernement romain et le mettre en état de se consolider.

Poursuivant le même ordre d'idées, M. de Walewski se demanda s'il n'était point à souhaiter que certains gouvernements de la péninsule Italique, appelant à eux, par des actes de clémence bien entendus, les esprits égarés et non pervertis, missent fin à un système qui va directement contre son but, et qui, au lieu d'atteindre les ennemis de l'ordre, a pour effet d'affaiblir les gouvernements et de donner des partisans à la démagogie. Dans son opinion, ce serait rendre un service à la cause de l'ordre dans la péninsule Italique que d'éclairer le gouvernement napolitain sur la fausse voie dans laquelle il était engagé. Enfin, il pensait que des avertissements conçus dans ce sens et provenant des puissances représentées au congrès seraient d'autant mieux accueillis que le gouvernement napolitain ne saurait mettre en doute les motifs qui les auraient dictés.

Lord Clarendon se demanda à son tour s'il ne serait pas temps de mettre un terme à cette nécessité d'occupation du territoire pontifical, qui durerait tant que subsisteraient des motifs de mécontentement des populations contre le gouvernement papal, résultant des inconvénients de l'administration romaine. Il déclarait donc que pour le bien-être des États pontificaux comme dans l'intérêt du pape, il serait utile de recommander la sécularisation du gouvernement et l'organisation d'un système administratif en harmonie avec l'esprit du siècle et ayant pour but le bonheur du peuple, réforme qu'il pensait immédiatement praticable, sinon à Rome, du moins dans les légations.

En ce qui concernait le gouvernement napolitain, lord Clarendon déclarait passer sous silence, lui aussi, des actes qui avaient eu un si fâcheux retentissement. Il était d'avis qu'on devait sans nul doute reconnaître en principe qu'aucun gouvernement n'avait le droit d'intervenir dans les affaires intérieures des autres États; mais il croyait qu'il était des cas où l'exception à cette règle devenait également un droit et un devoir. Le gouvernement napolitain lui semblait avoir conféré ce droit et imposé ce devoir à l'Europe; après avoir accusé ce gouvernement d'entretenir au sein des masses l'effervescence révolutionnaire, au lieu de chercher à l'apaiser, lord Clarendon terminait en ces termes. « Nous ne voulons pas que la paix soit troublée, et il n'y a pas de paix sans justice; nous devons donc faire parvenir au roi de Naples le vœu du congrès pour l'amélioration de son système de gouvernement, vœu qui ne saurait rester stérile, et lui demander une amnistie en faveur des personnes qui ont été condamnées ou qui sont détenues sans jugement pour délits politiques. »

M. de Cavour exposa les dangers de l'occupation prolongée des Autrichiens en Italie, et adopta tout ce qui était dit à propos de Naples.

Les plénipotentiaires des puissances du Nord accueillirent silencieusement ces paroles; mais ils profitèrent de cette occasion, M. de Manteuffel pour revendiquer les droits de la Prusse sur la principauté helvétique de Neufchâtel, M. de Hubner pour protester contre l'occupation par la Sardaigne des deux villes de la principauté de Monaco, qui votèrent en 1848 leur réunion au Piémont.

M. de Walewski avait dans la même séance dit que si les représentants des grandes puissances exprimaient en même temps que la France leur opinion sur la condition de la presse en Belgique, le gouvernement belge serait sans doute plus à même de mettre un terme à un état de choses qui ne pouvait manquer d'engendrer tôt ou tard des dangers pour la Belgique; lord Clarendon répondit que comme représentant d'une nation où la liberté de la presse était un institution fondamentale, il ne pouvait s'associer à des mesures de coërcition contre la presse d'aucun autre pays. Les représentants de l'Autriche et de la Prusse appuyèrent la motion de M. de Walewski.

L'on s'occupa, enfin, dans cette séance de la déclaration relative à la suppression de la course maritime et aux droits des neutres qui est annexée au traité de Paris, déclaration qui occupa les deux dernières séance du congrès. Le 16 avril, celui-ci se séparait après avoir terminé ses travaux.

PARIS (Fortifications de). *Voyez* FORTIFICATIONS DE PARIS.

PARIS (Prises de). Après la bataille de la Fère-Champenoise, où ils avaient défait les corps des maréchaux Marmont et Mortier, les coalisés, n'ayant plus rien devant eux qui pût les arrêter, continuèrent leur mouvement sur Paris, où les appelait le parti royaliste, par Montmirail, La Ferté et Meaux, c'est-à-dire par la grande route de Châlons, et arrivèrent le 29 mars de bonne heure devant Bondy, en présence du général Compans, qui y était à la tête de 5,000 hommes, les seules troupes qui couvrissent alors Paris. Les maréchaux Mortier et Marmont furent obligés de faire un détour pour se porter en hâte au secours de la capitale; ils arrivèrent en même temps que les alliés. Le 29, à midi, ils passèrent la Marne à Charenton; le corps de Marmont s'établit entre Charonne et Saint-Mandé, et celui de Mortier, en seconde ligne, vers Bercy. Les troupes du général Compans occupaient Pantin et La Villette. Les corps de l'armée coalisée étaient placés à Villepinte, Aunay, Le Bourget, Drancy, Noisy-le-Sec, ayant des troupes à Pantin et à Romainville. Leur quartier général s'établit en première ligne à Bondy.

Rien n'avait été fait pour la défense de Paris : à l'exception de quelques mauvais tambours en charpente, construits aux ponts de Saint-Maur, Charenton et Neuilly, aucun ouvrage de campagne ne défendait l'enceinte ni les barrières ni les hauteurs qui dominent la capitale. Napoléon avait ordonné de réunir à Paris 200 bouches à feu, en grande partie de gros calibre; le ministre de la guerre n'en avait fait venir que 72, du plus petit calibre de campagne : 44 furent placées aux douze grandes barrières; les 28 autres formèrent deux réserves, l'une à la barrière du Trône, et l'autre à celle de Fontainebleau. La garde nationale de Paris comptait 30,000 hommes enrôlés; 6,000 seulement furent employés pour la garde des quarante barrières; parmi les 5,000 autres, laissés sans destination, il se présenta 3,000 volontaires, qui se joignirent aux troupes de ligne. On leur distribua, dit-on, un bon nombre de cartouches pleines de son. Quant aux volontaires qui se présentèrent en dehors de la garde nationale, on leur offrit des *piques* pour se battre en tirailleurs; il ne manquait cependant pas de fusils à Vincennes : de même, on négligea de tirer plus de 2,000 hommes du dépôt d'infanterie de Versailles, et 6,000 hommes montés, la plupart officiers, du dépôt général des remontes.

Le 30 mars, à la pointe du jour, les corps des maréchaux, auxquels s'était joint celui du général Compans, s'ébranlèrent pour se rendre à leurs postes de bataille. Le duc de Raguse, avec 9,000 hommes d'infanterie et un peu plus de 3,000 chevaux, fut chargé de la défense de la droite, depuis Pantin jusqu'à Montreuil. Le duc de Trévise, avec 9,000 hommes d'infanterie et un peu plus de 2,000 chevaux, devait tenir la gauche depuis Pantin jusqu'à Saint-Ouen; le front de nos troupes était couvert par 53 bouches à feu, dont 5 étaient sur la butte Montmartre. Les coalisés se mirent de leur côté en mouvement, et firent leurs dispositions d'attaque. A leur droite, Blücher, avec 52,000 hommes d'infanterie et 11,500 chevaux, fut chargé de l'attaque de notre gauche. Sa colonne se subdivisait en deux; Langeron, avec 14,000 hommes et 5,000 chevaux, devait attaquer Montmartre par le côté de Clichy; Kleist et York, ayant Woronzof de réserve, c'est-à-dire 38,000 hommes et 6,500 chevaux, devaient enlever La Chapelle et La Villette, et attaquer Montmartre par Clignancourt; au centre, Barclay de Tolly, avec 37,000 hommes et 10,000 chevaux, devait emporter les hauteurs de Romainville et de Belleville; à la gauche, le prince de Wurtemberg, à la tête de 30,000 hommes et 5,000 chevaux, devait occuper Saint-Maur et Charenton, et bloquer Vincennes. Ainsi, 23,000 Français, y compris seulement 5,500 chevaux, allaient avoir à combattre 140,000 ennemis, dont 26,000 chevaux.

L'intention de l'ennemi était de ne commencer le combat que lorsque ses colonnes seraient toutes à la même hauteur, et prêtes à s'engager; mais Barclay de Tolly, voyant les troupes de Marmont déboucher sur les hauteurs de Belleville, comprit que les postes de Pantin et de Romainville allaient être attaqués, et se hâta de faire avancer le corps du prince Eugène de Wurtemberg à l'appui de celui de Rajevsky, qui occupait déjà ces villages : ce dernier corps débouchait sur le plateau de Romainville, lorsque la droite du corps de Marmont y arrivait par le vallon de Bagnolet, et que sa gauche attaquait Pantin. Le choc fut vigoureux de part et d'autre; mais, malgré la grande disproportion des forces, le plateau fut nettoyé et les Russes rejetés au pied des hauteurs vers neuf heures du matin. Barclay de Tolly, voyant le corps de Rajevsky ramené de tous côtés, et craignant de perdre les deux villages, fit alors avancer deux divisions de grenadiers et la garde prussienne : le combat se ralluma de nouveau avec la plus grande vivacité. Nos troupes, quoique vivement pressées, se soutinrent avec la plus grande valeur; elles maintinrent leurs positions sur tout le front du corps de Marmont; mais l'ennemi nous débordait, et le village de Montreuil, en dehors de notre droite, fut occupé par une division d'infanterie et un corps de cavalerie russes. Il était alors onze heures, et le général Barclay, rebuté des pertes énormes qu'il avait faites et de l'inutilité de ses efforts pour déboucher de Pantin et arriver aux barrières, se décida à suspendre son attaque jusqu'à ce que Blücher et le prince de Wurtemberg fussent entrés en ligne : il disposa cependant ses troupes pour l'attaque qu'il projetait alors sur un nouveau plan.

Deux divisions furent destinées à déboucher de Montreuil et occuper Charonne ; deux divisions devaient attaquer Belleville par Ménilmontant; deux autres devaient attaquer Belleville par les Prés-Saint-Gervais ; les gardes russe et prussienne devaient déboucher de Pantin ; une division de cuirassiers devait soutenir l'attaque de Belleville, et un corps de cavalerie celle de Charonne : c'était plus de 40,000 hommes contre huit. De son côté, Marmont profita de ce temps de repos pour rectifier la position de ses troupes. Un peu après, on vit se déployer le corps de Blücher dans la plaine de Saint-Denis; la brigade Robert (600 hommes), forcée de reculer devant plus de 60,000 hommes, quitta Aubervilliers après un court engagement, et se retira à La Chapelle. Dans cette position, le roi Joseph ne sut rien faire de mieux que d'adresser aux maréchaux l'autorisation de traiter pour l'évacuation de Paris, et de se mettre en sûreté lui-même en quittant sur-le-champ cette capitale. Il aurait été plus heureux qu'il fût parti deux jours plus tôt.

Pendant que ces événements se passaient, le prince de Wurtemberg, en suivant la Marne, arriva vers onze heures à Nogent. Là, il fit ses dispositions pour attaquer ce que ses rapports appellent les *forces considérables* qu'il avait devant lui. C'étaient environ 300 hommes au pont de Saint-Maur, et 450 au pont de Charenton, placés avec quelques pièces de canon derrière des tambours en planches, tracés en sens inverse, c'est-à-dire sur la rive opposée à celle par laquelle l'ennemi arrivait. On conçoit que malgré leur résistance, ces braves gens, au nombre desquels étaient les élèves de l'École vétérinaire d'Alfort, furent forcés et dispersés. Pendant ces attaques, la cavalerie russe était descendue des hauteurs de Montreuil dans la plaine de Vincennes. Le prince de Wurtemberg s'avança jusqu'à Bercy, où il s'arrêta.

Le général Barclay, se voyant appuyé à droite par deux corps prussiens arrivés à Rouvray, et à gauche par le prince de Wurtemberg, porta de nouveau ses troupes en avant. Quatre divisions s'avancèrent sur Belleville, par Romainville et par le bois. Marmont n'avait sur ce point que 700 hommes réunis, le restant était dispersé en tirailleurs. Malgré toute la résistance qu'opposèrent les braves de la brigade Clavel, ils ne purent arrêter l'effort de plus de 20,000 hommes. Leur général fut pris, et Marmont, démonté lui-même, fut obligé de reculer le centre de son corps au télégraphe. A sa droite, les Russes occupèrent Bagnolet et Charonne, et s'avancèrent à la barrière de Fontarabie. Le maréchal Marmont concentra alors son corps dans une position plus rapprochée de l'enceinte de Paris, ayant sa droite sur les hauteurs de Mont-Louis, et occupant encore La Villette par sa gauche. Barclay de Tolly continua son attaque. A notre droite, les Russes, malgré de grandes pertes, parvinrent à couronner les hauteurs de Mont-Louis; la division Michel, commandée par le colonel Secrétant, se soutenait encore à la tête de La Villette contre les efforts des Russes et des Prussiens réunis, couverte par une batterie de douze pièces de 12; mais vers deux heures cette batterie, n'ayant plus de munitions dut cesser son feu. Le colonel Secrétant fut refoulé sur la barrière, et la droite du maréchal Mortier obligée d'évacuer La Chapelle, où les troupes étaient prises en flanc et presque à dos. Pendant ce temps, le corps de Marmont, après des efforts surhumains de valeur et de constance, fut acculé dans Belleville, et resserré contre l'enceinte de Paris.

Alors le maréchal Marmont, après avoir consulté son collègue, se décida à faire usage de l'autorisation du roi Joseph. Il envoya son aide de camp, Denis Damrémont, au quartier général ennemi pour traiter; et on convint d'une suspension d'armes de deux heures, pour donner le temps à nos troupes de rentrer en dedans des barrières. Les hostilités cessèrent sur toute la ligne; il n'y eut que le général russe Langeron qui, bien qu'il eût aussi reçu l'ordre de cesser le feu, persita à vouloir s'immortaliser à sa manière. Montmartre était découvert; la cavalerie du général Belliard, qui avait d'abord occupé la plaine en avant des Batignoles, ayant été obligée de se retirer devant la nombreuse cavalerie de Blücher, Langeron s'avança héroïquement à la tête de 20,000 hommes, gravit les hauteurs sans combat, et eut la gloire d'en chasser les 200 sapeurs-pompiers qui y étaient.

La convention qui livra Paris aux ennemis fut négociée par les colonels Fabvier et Denis Damrémont, et conclue dans la nuit du 30 au 31. « Si l'on avait été fermement résolu de défendre la ville à outrance, a dit Plotho, officier d'état-major des armées alliées, on pouvait arrêter les alliés un ou peut-être deux jours de plus, si, par des mesures énergiques et avec une volonté sincère, on avait tiré parti de sa position avantageuse ; que la garde nationale eût été disposée, et qu'on eût armé la nombreuse population, on pouvait les arrêter jusqu'à ce que Napoléon fût arrivé avec son armée, qui s'avançait à marches forcées. »

Gal G. DE VAUDONCOURT.

Après le désastre de Waterloo Paris vit une seconde fois l'ennemi devant ses barrières. Belleville et Montmartre avaient été mis en un bon état de défense ; aussi les alliés laissèrent-ils l'armée anglaise devant ces retranchements pendant que Blücher avec ses Prussiens, passant la Seine au-dessous de Paris, se portait sur Versailles, le 30 juin 1815. Le 2 juillet il attaqua avec impétuosité les troupes françaises qui défendaient les hauteurs de Meudon et de Sèvres, et les contraignit à se replier sur Vaugirard et Montrouge. Issy fut enlevé après une lutte acharnée. Le 3 Vandamme avec 10,000 hommes essaya inutilement de l'en déloger. La reddition de Paris fut alors résolue. Le même jour le prince d'Eckmühl ouvrit des pourparlers avec Wellington et Blücher, et signa une convention en vertu de laquelle l'armée devait évacuer Paris sous trois jours et se retirer derrière la Loire. Montmartre fut rendu le 5, les barrières le 6, et le 7 les Prussiens et les Anglais entrèrent dans la capitale.

PARIS (Traités de). Trois traités contractés dans le cours de notre siècle portent, de notre capitale, où ils ont été conclus, le nom de *traité de Paris*.

Le *premier traité de Paris*, signé par les plénipotentiaires de l'Autriche, de l'Angleterre, de la Prusse, de la Russie et de la France, le 30 mai 1814, n'était qu'une ampliation de l'armistice du 23 avril, auquel le nom de Talleyrand demeurera attaché à jamais. Cet armistice avait restreint le territoire de la France aux limites qu'elle avait le 1er janvier 1792, nous enlevant ainsi d'un trait de plume toutes les conquêtes territoriales de la république et de l'empire : le traité de Paris stipulait en outre quelques rectifications de frontières pour les départements du Nord, de Sambre-et-Meuse, de la Moselle, de la Sarre, du Haut-Rhin ; il reconnaissait à la France les possessions de Mulhouse, d'Avignon, de Montbéliard, et de la sous-préfecture de Chambéry, c'est-à-dire d'une notable partie de la Savoie.

Comme l'armistice, le traité du 30 mai portait que la France remettrait aux alliés les places et ports maritimes en dehors de ses limites nouvelles, avec leur dotation, leurs dépôts d'artillerie, de munitions, de provisions de tous genres, les magasins que la France avait approvisionnés depuis vingt ans, leurs archives, inventaires, plans, cartes, modèles, etc. C'étaient 53 places fortes, renfermant 12,600 pièces de canon, dont 11,300 en bronze, des arsenaux considérables, d'immenses approvisionnements. Par le traité de Paris, Malte, l'Ile de France, Tabago, Sainte-Lucie, Rodrigues et les Séchelles devenaient possessions britanniques. La France abandonnait la flotte du Texel aux alliés; elle partageait les vaisseaux et autres navires de guerre, armés ou non, qui se trouvaient dans les ports qu'elle abandonnait, dans la proportion des deux tiers pour elle et d'un tiers pour les alliés : cet abandon nous coûtait 31 vaisseaux de haut bord, 12 frégates, sans parler des bâtiments de moindre force. La France acceptait l'interdiction d'élever des fortifications dans les possessions de l'Inde que l'Angleterre s'engageait à lui restituer; les alliés lui reconnaissaient son droit de pêche sur le grand banc de Terre-Neuve et dans le golfe Saint-Laurent.

Le traité de Paris ne faisait que constater, en les mentionnant, tous les sacrifices que l'armistice du 23 avril nous avait imposés, *sans rien préjuger sur les dispositions de la paix*. Il reconnaissait les principes de la libre navigation du Rhin, d'un accroissement de territoire accordé à la Hollande, de l'indépendance de la Suisse, et du fractionnement de l'Italie en petits États souverains. Les parties contractantes se faisaient mutuellement remise des contrats résultant des fournitures de guerre. Les alliés s'engageaient à évacuer la France, à rendre les prisonniers français ; enfin, les parties contractantes convenaient de la convocation d'un congrès à Vienne, dans le délai de deux mois, pour compléter les dispositions de ce premier traité de Paris. Cinq articles secrets de ce traité portaient que la France reconnaissait *d'avance* la distribution des territoires cédés par elle, que se feraient les parties contractantes, l'agrandissement territorial des États du roi de Sardaigne, la libre navigation du Rhin et de l'Escaut, et enfin qu'elle renonçait à toutes dotations, donations, à tous revenus accordés à la Légion d'Honneur, aux sénatoreries, à toutes pensions ou autres charges de même nature établies par Napoléon sur les pays qu'elle abandonnait désormais. Talleyrand, signataire de ce traité au nom de la France, fit distribuer, à titre de gratification, huit millions aux plénipotentiares étrangers qui avaient contribué à sa conclusion.

Le *second traité de Paris*, conclu après la seconde restauration, porte la date du 20 novembre 1815. Il limitait la France au territoire qu'elle avait en 1790; il lui enlevait en outre les places et territoires de Philippeville et Marienbourg, le duché de Bouillon, Sarrelouis et le cours de la Sarre, Landau et tout le territoire situé sur la rive gauche de la Lauter, sauf Weissenbourg, qui était conservé à la France; elle renonçait en outre à quelques communes du pays de Gex données à la Suisse, à l'ancienne Savoie, et enfin au droit séculaire de tenir garnison dans la principauté de Monaco; tout cela sans aucune compensation. Elle acceptait l'obligation de ne point relever les fortifications d'Huningue, de ne point les remplacer par d'autres ouvrages fortifiés à une distance moindre de trois lieues de Bâle. Une indemnité de guerre de sept cents millions nous était imposée; une armée d'occupation de 150,000 hommes, dont l'entretien était à notre charge, devait rester parmi nous pendant cinq ans au plus, trois ans seulement si les souverains le jugeaient opportun, et devait occuper les places de Condé, Valenciennes, Bouchain, Cambray, Le Quesnoy, Maubeuge, Landrecies, Avesnes, Rocroy, Givet, Charlemont, Mézières, Sedan, Montmédy, Thionville, Longwy, Bitche, et la tête de pont du fort Louis. Le reste de la France devait être évacué en vingt jours. Six ans étaient accordés aux habitants des contrées cédées par la France pour vendre leurs propriétés, s'ils le désiraient, et se retirer où bon leur semblerait. Le traité de 1815 confirmait et maintenait dans toutes leurs dispositions non modifiées par lui le traité du 30 mai 1814 et l'acte final du traité de Vienne. Par un article additionnel, les cinq puissances contractantes s'engageaient à réunir tous leurs efforts pour assurer l'abolition universelle et complète de la traite des nègres. C'est contre ces traités que, sous la Restauration comme sous Louis-Philippe, l'opposition élevait les plus vives récriminations; l'accusation de lâcheté fut souvent prodiguée au gouvernement de ce monarque, à cause du respect qu'il manifestait pour ces traités. La révolution de 1848 venue, ceux qui les attaquaient naguère avec tant de violence les observèrent, il faut bien le constater, tout aussi respectueusement à leur tour.

Le *troisième traité de Paris* est celui qui à la suite de la guerre entre la Russie d'une part, et la Turquie, l'Angleterre, la France et la Sardaigne de l'autre, a été conclu entre ces puissances, avec la sanction de l'Autriche et de la Prusse; élaboré dans le congrès de Paris (*voyez* page 200), dont les conférences commencèrent le 25 février 1856, il fut signé par les plénipotentiaires de toutes les parties contractantes, le 30 mars suivant. Le dernier traité de Paris est composé de 34 articles; en voici les dispositions capitales. La paix est conclue entre les puissances belligérantes; les territoires occupés par elles de part et d'autre seront réciproquement évacués aussi promptement que possible. La Russie rend Kars à la Turquie, les alliés rendent à la Russie Sébastopol, Balaclava, Kamiesch, Kinburn, et autres points des possessions russes sur la mer Noire. La Turquie est admise dans le concours européen, et l'intégrité de son territoire est placée sous la garantie commune des puissances contractantes. En cas de rupture entre la Porte et une de ces puissances, les autres seront appelées à exercer leur médiation avant qu'il soit fait appel à la force. Les puissances constatent la communication qui leur est faite par le sultan du firman qu'il a spontanément rendu pour assurer la liberté religieuse de ses sujets chrétiens. La mer Noire est neutralisée, interdite aux bâtiments de guerre de toutes les puissances, et ouverte au commerce libre. Les deux puissances riveraines acceptent des consuls dans leurs ports. Elles ne conservent sur le littoral aucun arsenal maritime. La navigation du Danube devient libre, d'après les principes établis par le congrès de Vienne : pour faciliter cette liberté de navigation, la Russie consent à la rectification de sa frontière de la Bessarabie. La nouvelle frontière partira de la mer Noire, à 1 kilomètre à l'est du lac Bourna-Sola, rejoindra perpendiculairement la route d'Akerman, la suivra jusqu'au val de Trajan, passera au sud de Bolgrad, remontera le long de la rivière de Yalpuck jusqu'à la hauteur de Saratsika, et ira aboutir à Katamori, sur le Pruth. Les principautés danubiennes restent sous la suzeraineté de la Porte. Les puissances leur garantissent collectivement la continuation de leurs privilèges. Après constatation des vœux des représentants de ces deux contrées dans un divan *ad hoc*, et les travaux de la commission européenne instituée par le traité du 30 mars, et composée d'un délégué pour chacune des puissances contractantes, leur condition intérieure sera réglée par une convention qui sera conclue à Paris. Une convention annexe consacre de nouveau le principe de l'interdiction de l'entrée des Dardanelles et du Bosphore aux bâtiments de guerre de toutes les nations, sauf les bâtiments légers employés au service des légations des puissances amies, et ceux que chacune des puissances contractantes est autorisée à faire stationner aux bouches du Danube, pour assurer l'exécution des règlements pour sa libre navigation. Une autre convention annexe, conclue entre la Russie et la Turquie seulement, limite à dix bâtiments à vapeur pour chacune de ces nations, six d'un tonnage de 800 tonneaux et quatre d'un tonnage de 200, le nombre des bâtiments que chacune d'elles pourra avoir dans la mer Noire. Une troisième, entre la France, l'Angleterre et la Russie seulement, consacre le principe que les îles d'Aland ne seront point fortifiées par la Russie, et que cette puissance n'y créera ou maintiendra aucun établissement militaire ou naval. Enfin, une dernière convention annexe, signée de toutes les parties contractantes au traité de Paris, proclame le principe maritime de l'abolition de la course, et celui que le pavillon neutre couvre la marchandise ennemie, à l'exception de la contrebande de guerre, et que les blocus, pour être obligatoires, doivent être effectifs, c'est-à-dire maintenus par des forces suffisantes pour empêcher l'accès du littoral de l'ennemi. Telles sont les dispositions du dernier traité de Paris, à l'élaboration duquel le congrès consacra dix-huit séances.

PÂRIS, prince troyen célèbre, le plus beau des fils d'Hécube et de Priam, roi de Phrygie. Sa mère, le portant encore dans son sein, eut un songe, et dans ce songe il lui sembla mettre au monde une torche flamboyante. Elle alla consulter les devins de l'oracle de Zélia, au pied du mont Ida, et ils lui prédirent qu'elle portait en ses flancs un fils qui causerait l'embrasement et la ruine du royaume de Priam. Cependant Hécube donna le jour à un enfant charmant ; mais ses grâces et son innocence ne devaient pas le sauver des rigueurs du sort. Priam avait résolu de le sacrifier à sa propre sûreté ou plutôt aux intérêts de la patrie. La mort du royal enfant avait été résolue d'avance. Toutefois, Priam et Hécube ne purent se résoudre à exécuter cette cruelle sentence; ils se contentèrent d'exposer le nouveau-né dans les solitudes du mont Ida. Des pâtres le nourrirent du lait de leurs chèvres, et l'enfant croissait en beauté et en force. Sa valeur naturelle lui fit donner par ces bergers son premier nom d'Alexandre. Une jeune nymphe de l'Ida, déjà aimée d'Apollon, ne trouva pas le royal berger moins beau que le dieu du jour; elle lui accorda ses faveurs, et l'aima passionnément. Son nom était Œnone.

En ce temps se célébrèrent les fameuses noces de Thétis et de Pélée, en Thessalie. La Discorde, non invitée, venait de jeter au milieu du joyeux banquet cette pomme fatale où était écrit: *A la plus belle*. Trois grandes déesses, Junon, Pallas et Vénus, se la disputèrent; tous les dieux, jusqu'à Jupiter même, se refusèrent à être les juges de la beauté. Le maître de l'Olympe s'en référa à l'amant d'Œnone, le plus fin connaisseur alors en perfections féminines, quant au corps, à la figure et à la taille. Mercure conduisit les trois déesses dans un mystérieux bocage du mont Ida, et les présenta à Pâris, à qui il signifia l'objet de son message ; puis reprit son vol vers les cieux. Les déesses employèrent chacune tous les artifices imaginables pour séduire leur juge. La majestueuse Junon lui promit toutes les richesses de la terre et des honneurs, Minerve la sagesse, et Vénus la plus belle femme de l'univers. Le juge incorruptible exigea que les trois déesses parussent nues à ses yeux. A la vue des charmes ineffables de la mère des Grâces, Pâris, ravi, remit la pomme à cette blanche et immortelle main, que devait bientôt blesser la lance de Diomède. De là la haine implacable de Junon et de Pallas contre Troie et ses princes.

On vint à célébrer à Troie des jeux funèbres en l'honneur d'un prince royal : un taureau superbe en fut le prix ; on pense même qu'il fut dérobé à Pâris lui-même. Le célèbre pâtre descendit dans l'arène, disputa aux fils de Priam, ses frères, l'animal mugissant, et les vainquit l'un après l'autre. Il emmenait le prix de sa valeur, quand Déiphobe, ou, selon des mythologues, Hector, se jeta sur lui l'épée à la main. Alors Alexandre se fit connaître à eux, car, selon le mythe, il avait tout prêts les langes précieux dans lesquels il avait été exposé. Les larmes coulèrent des yeux de ses frères, de Priam et d'Hécube, époux déjà vieux. Alexandre avait alors trente ans passés, époque où le sens du fatal oracle devait être nul d'après l'oracle lui-même. Il quitta l'Ida, vint à la cour somptueuse de Priam, et là changea son nom de pâtre en celui de *Pâris*. Un peu plus tard, Pâris s'embarqua, sous prétexte d'aller consulter l'oracle d'Apollon-Daphnéen en Grèce, mais bien pour y recueillir la succession de sa tante Hésione. Pâris descendit à Lacédémone, où Ménélas, l'époux de la belle Hélène, le reçut dans son palais, avec l'hospitalité recommandée par Jupiter. Hélène aussi accueillit l'étranger avec des égards particuliers. Sur ces entrefaites, Ménélas eut l'imprudence de faire un voyage en Crète, et lorsqu'il fut de retour à Sparte, il ne retrouva ni son hôte ni son épouse. Hélène, éprise du prince troyen, avait pris la fuite avec lui, et déjà le ravisseur faisait voile vers l'Asie. Suivant l'opinion la plus accréditée, Hélène descendit à Troie avec son amant. Homère s'est emparé de cette opinion. Chez ce poëte, Pâris est un personnage mixte, comme le sont ordinairement les voluptueux et les efféminés : il est tour à tour lâche et valeureux. Dans l'*Iliade*, sa vigoureuse main blesse Machaon, Antiloque, Palamède, et jusqu'à Diomède même, et elle tremble avec raison devant Ménélas, qu'il attaque cependant. Son dernier triomphe fut de tuer lâchement d'une flèche Achille, le brave des braves. Peu de temps après, blessé lui-même par une des flèches empoisonnées d'Hercule, dont Philoctète était possesseur, il vint expirer sur le mont Ida, dans les bras d'Œnone. Celle-ci, oubliant les outrages et les infidélités de l'illustre pâtre, s'était en vain empressée de verser sur la plaie de son amant le suc des simples dont Apollon lui avait donné la science. Le tenant froid et inanimé sur son sein, elle s'étrangla de regret avec sa ceinture. D'autres veulent qu'Œnone ait refusé de guérir l'infidèle.

Pâris avait eu d'Hélène, durant les dix années qu'ils vécurent ensemble, une fille appelée aussi Hélène, et deux fils, Bunichus et Idée.

Sur les monuments antiques, Pâris est représenté avec le *pedum* ou bâton de pasteur à la main, coiffé du bonnet phrygien, et les épaules couvertes d'une élégante chlamyde ; sa figure est presque celle d'une femme.

DENNE-BARON.

PARIS (MATTHIEU), historien, bénédictin anglais du monastère de Saint-Alban. Il se distingua comme poëte, orateur, théologien et mathématicien. Il joignait à des talents si rares des mœurs austères, un courage plus rare encore. Chargé de la réforme de quelques monastères, il s'acquitta de cette mission difficile avec la plus impartiale sévérité et tout le zèle d'un apôtre dévoué. Il attaqua les vices avec vigueur et sans aucun ménagement pour les coupables, quels qu'ils fussent. Il n'épargnait ni la cour d'Angleterre ni les officiers du pape, et défendit avec la plus courageuse persévérance les droits de sa patrie. Son histoire d'Angleterre, écrite dans un violent esprit de haine contre les Français, l'a placé au rang des premiers historiens de la Grande-Bretagne. Il lui donna le titre d'*Historia major*, pour la distinguer d'un abrégé qu'il publia ensuite sous le titre d'*Historia minor*. Cette grande composition comprend les événements depuis le règne de Guillaume le Conquérant jusqu'en 1250. Matthieu Pâris y travaillait encore lorsqu'il mourut, en 1259.

DUFEY (de l'Yonne).

PARIS (FRANÇOIS DE), prêtre appelant et diacre de Paris, né en 1690, fut recommandable par son zèle, sa charité, sa vie pénitente et pleine d'austérités ; mais il est surtout célèbre par les miracles qu'on prétendit s'être opérés sur sa tombe dans le cimetière de Saint-Médard (*voyez* CONVULSIONNAIRES). On a plusieurs fois imprimé la vie de ce diacre, qui, après avoir ruiné sa santé par la pénitence, mourut en 1727. On a de lui des *Explications sur l'épître de saint Paul aux Romains, sur l'épître aux Galates*, une *Analyse de l'épître aux Hébreux*, une traduction de l'*Imitation de Jésus-Christ*, etc.

PÂRIS. Quatre frères de ce nom, fils d'un aubergiste de Moras, en Dauphiné, ont tenu, au siècle dernier, un rang distingué dans les finances. Tous quatre furent intendants des finances. Le premier s'appelait *Antoine* PARIS-DUVERNEY : il fut garde du trésor royal. Le second avait pris le nom de PARIS DE LA MONTAGNE, de l'enseigne de l'auberge de son père, *à la Montagne*.

Le troisième, *Joseph* PARIS-DUVERNEY, entra d'abord dans les gardes; il fut en 1704 chargé de la direction des vivres de l'armée de Flandre; il commença par se prononcer contre le système de Law, qui le fit exiler, et le rappela au moment de sa décadence. Il fut ensuite chargé de liquider la dette réelle, et fit réduire de 2,060,000 à 1,653,000 la dette de l'État à la mort de Louis XIV; puis il eut pour mission de faire exécuter les mesures arrêtées pour empêcher les progrès de la peste qui décimait le midi. Le cardinal Fleury le fit mettre à la Bastille, où il demeura de 1726 à 1728. C'est d'après ses conseils que fut fondée l'École Militaire, dont il fut le premier intendant. Il mourut en 1770. Voltaire l'a sévèrement apprécié, en disant de lui : « D'abord garçon cabaretier, puis soldat aux gardes, ensuite plongé dans les opérations financières, il retint toute sa vie un peu de la dureté de ses trois professions, et ne connaissait guère les bienséances. »

Le plus jeune des quatre frères, *Jacques* PARIS DE MONTMARTEL, s'enrichit aussi dans les spéculations; il fut garde du trésor royal en 1730, et l'un des banquiers de la cour, comme ses frères. Sa plus grande célébrité vient de ce qu'il fut le père du marquis de Brunoy.

PÂRIS (Alexis-Paulin), conservateur au département des manuscrits de la Bibliothèque impériale, membre de l'Académie des Inscriptions et Belles-Lettres, professeur de langue et de littérature françaises du moyen âge au Collége de France, est né à Avenay (Marne), le 25 mars 1800. Il débuta en 1824 par une critique de l'école romantique, qu'il intitula *Apologie*. En 1831 il fit paraître une réponse à une lettre de M. Michelet publiée par la *Revue des Deux Mondes* sur les épopées du moyen âge. Deux ans après il imprimait une *Notice sur la relation originale du voyage de Marco Polo*, lue à l'Académie des Inscriptions; puis il donnait les biographies de Brunehaut et de Clovis au *Plutarque français* de Mennechet. On lui doit encore *Les grandes Chroniques de France selon qu'elles sont conservées en l'église de Saint-Denis; Les Manuscrits françois de la Bibliothèque du Roi, leur histoire et celle des textes allemands, anglois, hollandois, italiens, espagnols, de la même collection; Mémoire sur le cœur de saint Louis et sur la découverte faite dans la Sainte-Chapelle le* 15 *mai* 1843. Il est un des auteurs de l'*Histoire littéraire de la France* publiée par l'Académie des Inscriptions. Il a donné une traduction des œuvres complètes de lord Byron, avec notes et commentaires. Comme éditeur il a publié la *Correspondance du roi Charles IX et du sieur Mandelot, gouverneur de Lyon pendant l'année* 1572; *Li Romans de Berte aus grans piés*, précédé d'une dissertation sur les Romans des douze Pairs; *Li Romans de Garin le Loherain*, précédé de l'examen du système de M. Fauriel sur les romans carlovingiens; *Le Romancero français : histoire de quelques anciens trouvères et choix de leurs chansons.* Ayant fait de la littérature et de l'histoire de France du moyen âge son étude spéciale, M. Paulin Pâris a fourni un grand nombre d'articles sur ces matières à différents recueils. Il s'est occupé d'un catalogue littéraire et raisonné des manuscrits en langue vulgaire de la Bibliothèque impériale.

PARIS (Antoine-Louis), frère du précédent, ancien bibliothécaire de Reims, né à Épernay, en 1802, a traduit la *Chronique* de Nestor et fait paraître un abrégé de l'histoire de Russie.

PARISET (Étienne), secrétaire perpétuel de l'Académie de Médecine, était né à Grand (Vosges), le 5 août 1770. Ses parents, cultivateurs peu aisés, l'envoyèrent de bonne heure à Nantes, où un frère de son père avait fait fortune dans le commerce de la parfumerie. Il fit quelques études chez les oratoriens de Nantes, et jusqu'à dix-huit ans il fut péniblement occupé aux écritures dans le magasin de son oncle. Dans ses rares instants de loisir, il lisait les poëtes, les grands écrivains. Il put enfin retourner au collége, et fut ensuite placé à la tête d'une petite bibliothèque. C'est là que la réquisition vint le chercher. Il fit la campagne de 1793 en qualité de lieutenant, puis sollicita et obtint son congé. De retour à Nantes, l'insurrection de la Vendée lui fit reprendre les armes; attaché au service des hôpitaux, il s'occupa d'anatomie, et lors de la création de la nouvelle école de médecine, il y fut envoyé, à la suite d'un concours, en qualité d'élève, par le département de la Loire-Inférieure. Il eut à souffrir de la misère, puis il entra comme instituteur dans une maison opulente. A l'âge de trente-cinq ans il revint à la médecine, et au bout de quatorze mois de travail assidu, il fut reçu docteur.

Nommé tour à tour membre du conseil de salubrité, médecin des épidémies pour l'arrondissement de Sceaux, médecin de Bicêtre, d'abord pour les vieillards pauvres, ensuite pour les aliénés, membre du conseil général des prisons, il donna dans ces divers emplois des preuves de dévouement. En 1819 il fut envoyé à Cadix pour étudier la maladie qui décimait cette malheureuse cité et qu'on prétendait être la fièvre jaune : il n'arriva que lorsque le fléau avait disparu. En 1821 il observa une fièvre milliaire qui sévissait dans le département de l'Oise; puis il s'associa aux médecins français qui allaient combattre la fièvre jaune qui ravageait Barcelone. Ce fut entre ses bras que mourut le jeune Mazet, son ami et son élève. Lui-même fut atteint de la maladie, mais il eut le bonheur de se rétablir. Nommé censeur à son retour, il se démit bientôt de ces fonctions politiques. En 1822, Pariset reçut les titres de membre du conseil supérieur de santé et de secrétaire perpétuel de la nouvelle Académie de Médecine. Depuis il remplaça Pinel comme médecin en chef de la Salpêtrière. En 1828 il fit un voyage intéressant en Égypte pour étudier la peste, qu'il croyait contagieuse, comme la fièvre jaune. « Il fut l'un des législateurs des cordons sanitaires et des lazarets, a dit le docteur Isidore Bourdon, et rien n'a plus abrégé sa vie ni plus attristé ses derniers jours que les restrictions dont le gouvernement venait de frapper le régime des quarantaines. Il expliquait la peste d'Égypte par l'accumulation dans cette contrée de cadavres non embaumés depuis douze cents ans par la faute des scrupules de saint Antoine. » En 1842, l'Académie des Sciences le choisit comme membre libre pour remplacer Pelletier. Il mourut à Paris, au mois de juillet 1847.

Pariset peut être considéré comme un de nos médecins les plus littéraires. Il a laissé des *Rapports sur la fièvre jaune de Cadix* et *sur la fièvre jaune de Barcelone*; un *Discours d'inauguration de l'Académie de Médecine*, une édition des *Rapports de l'homme physique et de l'homme moral* de Cabanis, avec des notes; une traduction estimée des *Aphorismes d'Hippocrate* et de la *Lettre d'Hippocrate à Damogète sur Démocrite;* des notes jointes au *Formulaire magistral* de Cadet de Gassicourt; un *Mémoire sur les causes de la peste et sur les moyens de la détruire*, des articles dans des journaux politiques ou dans des recueils scientifiques; enfin, une collection remarquable des *Éloges* de ses collègues. « Il consacra son stage doctoral, dit son judicieux collègue, M. Isidore Bourdon, à composer une tragédie d'*Électre*, qui durant quarante ans ne le quitta jamais, et qu'il déclamait dans l'occasion. Il terminait quand la mort l'a surpris un poëme *sur la Vapeur*, pour le prochain concours de l'Académie Française, dont il avait ambitionné non-seulement les palmes, mais l'investiture. »

PARISIENNE, petit caractère d'imprimerie, qui se nommait d'abord *sedanaise*, parce qu'il avait été gravé pour la première fois à Sedan, en 1620, par Jeannon, qui imprima avec, en 1625, un Virgile en un seul petit volume in-32. En 1633, il imprima avec le même caractère tous les livres de la Bible en un volume in-8°. En 1634 ou 1635, Jacques de Sanlecque, graveur et fondeur à Paris, fit un caractère à l'imitation de celui de Jeannon, et il le nomma *parisienne*, du nom de sa ville. Ce dernier nom lui resta.

PARISIS. Lors du démembrement de l'empire de Charlemagne, au onzième siècle, une confusion extrême s'introduisit dans le système des poids, mesures et monnaies, qui variérent, on peut le dire, de seigneurie à seigneurie. Pour distinguer, dans l'usage, les pièces de monnaie dont le nom était le même, mais dont la valeur réelle était loin d'être identique, l'usage s'introduisit bientôt d'ajouter aux mots *obole, denier, sol, livre*, le nom de la ville où la pièce avait été frappée. C'est ainsi qu'on appela *monetæ parisienses* la monnaie frappée à Paris et nommée *parisis* par abréviation. Au commencement du treizième siècle, Philippe le Bel ordonna que le système monétaire suivi à Paris servirait de type uniforme dans ses possessions du nord de la France, tandis qu'à l'ouest on suivrait le système tournois, c'est-à-dire employé pour les monnaies frappées à Tours. Jusqu'en 1789, l'usage se maintint de distinguer le sol et la livre *parisis* du sol et de la livre *tournois;* mais ce n'était là depuis longtemps qu'une monnaie de compte, et indiquant seulement un quart en sus dans la valeur réelle existant entre les espèces de même dénomination frappées soit à Paris, soit à Tours. Ces dernières étaient en effet à un titre inférieur.

PARJURE. C'est l'action de faire un faux serment.

On nomme aussi *parjure* celui qui se rend coupable d'un faux serment. Le parjure est puni de la dégradation civique.

PARKER (L'amiral sir WILLIAM), né en 1780, d'une famille qui a donné déjà à la marine anglaise plusieurs officiers de distinction, entra au service tout jeune, et était déjà capitaine de vaisseau à vingt-et-un ans. Le 30 mars 1806, commandant la frégate *Amazon*, il enleva, à la suite d'un combat opiniâtre, la frégate *La Belle-Poule*, qui faisait partie de l'escadre aux ordres de l'amiral Linois; et en 1809 il s'empara de la citadelle du Ferrol. Promu au grade de contre-amiral en juillet 1830, il commanda en 1832 l'escadre anglaise dans le Tage. En 1835 il fut nommé lord de l'amirauté; poste qu'il abandonna en 1841 pour aller remplacer Elliot dans le commandement des forces navales anglaises destinées à agir contre la Chine. Avec le corps expéditionnaire aux ordres de Gough, il s'empara de Chusan, de Ningpo, de Tchapou, força l'entrée du Yang-tsé-Kiang, et arriva enfin sous les murs de Nankin, où l'arrivée des plénipotentiaires chinois chargés d'implorer la paix vint mettre un terme à sa marche en avant. En 1844 il fut créé *baronet* et investi bientôt après du commandement de la flotte de la Méditerranée, où l'agitation italienne de 1847 et de 1848 lui fournit de nombreuses occasions d'intervenir aussi dans les affaires de la politique. Mais ses efforts pour amener un arrangement amiable entre le gouvernement napolitain et les insurgés de la Sicile furent inutiles. Dans l'automne de 1849, à la demande de sir Stratford Canning, il fit voile pour les Dardanelles, pour encourager la Porte, menacée par la Russie et l'Autriche, à propos de la question des réfugiés, en lui montrant ainsi en perspective l'appui de l'Angleterre. De là il se rendit, en janvier 1850, à Athènes, où en effectuant le blocus des ports grecs il força le gouvernement à satisfaire aux *réclamations* de l'Angleterre, puis s'en revint à Malte. Nommé en avril 1851 amiral du pavillon bleu, il remit le commandement de la flotte à son successeur, l'amiral Dundas.

PARLEMENT, mot dérivé avec contraction de *parabolamentum*, *colloque* ou *pourparler*. C'est le nom qu'on donnait sous l'ancien régime à des cours souveraines composées de laïques et d'ecclésiastiques, instituées pour administrer en dernier ressort la justice au nom du roi.

L'origine des parlements est un objet sur lequel la critique historique s'est souvent exercée. Ces corps judiciaires étaient-ils une succession des assemblées martiales et politiques, champs de mars ou champs de mai, qui avaient eu lieu sous les rois des deux premières races de la monarchie française, un démembrement des conseils parallèles ou postérieurs à ces assemblées, et connus sous le nom de *conseil du roi*, *cour du roi*, ou bien existaient-ils en vertu d'une organisation directe et spéciale?

Il n'est pas douteux que les parlements n'aient pris naissance au sein des conseils du roi, qui se composaient de grands-officiers de la couronne et de prélats, et où l'on traitait de la paix, de la guerre, où l'on élaborait les lois, où l'on rendait la justice dans les cas urgents. L'affranchissement des communes, l'établissement de l'appel, ayant étendu singulièrement la juridiction royale, on distingue déjà sous saint Louis dans le conseil deux chambres, l'une appelée *des enquêtes*, l'autre *des requêtes*, la première composée de seigneurs chargés de constater par la preuve testimoniale les usages des tribunaux et les conventions des parties, la seconde formée de clercs et de gens de loi, que la diffusion de l'étude du droit romain commençait à introduire dans le personnel des tribunaux, sous le nom de *chevaliers de justice*, *chevaliers clercs*, et qui jugeaient les procès sur les requêtes des parties, les plaidoyers des avocats ou les rapports des enquêteurs. Un édit de 1291 désigna trois membres du conseil pour donner audience tous les jours de la semaine. Un autre détermina le nombre de juges qui siégeraient dans chaque parlement de l'année. Enfin, Philippe le Bel, après avoir établi les états généraux, rendit une nouvelle ordonnance, celle du 23 mars 1302, qui séparait l'administration de la justice de l'administration générale du royaume. Le parlement eut en partage les affaires judiciaires, le conseil privé du roi garda toutes les matières d'État. Cette ordonnance portait que « pour la commodité de ses sujets et l'expédition des causes, le parlement serait désormais sédentaire à Paris, au lieu d'être ambulatoire, comme par le passé; qu'il s'assemblerait deux fois chaque année, l'une à Noël, l'autre à la Pentecôte, et que la durée de chaque session serait de deux mois ». Ces importantes dispositions furent suivies de celle qui conférait le parlement pour juge aux grands du royaume et à plusieurs établissements publics. La plupart des seigneurs qui y avaient pris séance, et qui supportaient impatiemment dans une cour de justice le joug uniforme de l'égalité devant le roi, s'éloignèrent peu à peu du parlement.

Cependant, il n'était encore, à proprement parler, qu'une commission de judicature, et des lettres patentes étaient nécessaires chaque année pour sa convocation : Philippe le Long ne tarda pas à le rendre permanent, et, par une ordonnance de 1319, il en élimina les prélats, qui y avaient figuré jusque alors, pour les remplacer par des clercs, des laïques et des rapporteurs. Ces nouveaux venus travaillèrent avec ardeur à restreindre au profit de leur propre importance la juridiction des justices seigneuriales et des tribunaux ecclésiastiques. Mais ce qui contribua surtout à augmenter l'éclat et la puissance du parlement de Paris, ce fut sa réunion avec la cour des pairs. La plupart des seigneurs qui la composaient étaient dépourvus des notions nécessaires pour rendre la justice, et les causes portées à leur juridiction étaient trop rares pour motiver la création d'un tribunal permanent. On les adjoignit au parlement, et cette communauté, dans laquelle cette compagnie retirait en considération ce qu'elle apportait en lumières, fut établie pour la première fois en 1420, dans le procès du dauphin, depuis Charles VII.

Le mode de nomination des membres du parlement fut longtemps variable. Sous Philippe de Valois il avait été dressé une liste de toutes les personnes propres à faire partie de ces compagnies, et les noms des conseillers qui devaient composer chaque assise en étaient extraits annuellement. Ces magistrats furent ensuite nommés en titre d'office par le roi, sur la présentation du chancelier, puis élus par les compagnies elles-mêmes. Ce fut sous François Ier que s'introduisit la vénalité des charges. Le choix des premiers présidents et des officiers du ministère public demeura toujours à la nomination du roi. La création de présidents en titre nommés par le roi fut une des premières mesures qui suivirent l'ordonnance de 1302. L'organisation du parlement de Paris subit de nombreux changements jusqu'au dix-septième siècle, où ce corps parut avoir atteint à son plus haut degré d'ordre et de régularité.

Il se divisait alors en dix chambres : la *grand'chambre*, la *tournelle* ou *chambre criminelle*, cinq *chambres des enquêtes*, deux *chambres des requêtes*, et la *chambre de l'édit*. Les enquêtes jugeaient les appels portés contre toutes sentences rendues par les tribunaux inférieurs en matière civile, quand le procès s'instruisait par écrit; elles jugeaient aussi les appels en matière correctionnelle. Chaque chambre des enquêtes avait deux présidents et vingt-cinq conseillers : c'étaient pour la plupart des magistrats jeunes, ardents, ambitieux. Cette chambre tirait son origine des commissaires nommés par le parlement pour examiner les résultats des enquêtes ordonnées par cette compagnie. Les enquêtes n'avaient point de sceau ni de greffe particulier. Les requêtes étaient composées chacune de trois présidents et de quinze conseillers Leurs membres sont souvent désignés sous le nom de *députés du parlement aux requêtes du palais*; ils assistaient à la réunion des chambres et aux réceptions. Toutes les chambres se réunissaient pour procéder à l'enregistrement des lois, et lorsque le parlement avait à délibérer comme corps politique, sur la convocation faite par la grand'chambre. Le parlement vaquait depuis le 9 septembre jusqu'au 12 novembre, lendemain de la Saint-Martin. Une chambre des vacations, nommée par le roi, expédiait les affaires urgentes.

Le costume des membres du parlement était en rapport avec la dignité de leurs fonctions. Les présidents portaient en cérémonie une robe d'écarlate fourrée d'hermine, avec un mortier de velours noir bordé d'un galon d'or; ils avaient un chaperon sur l'épaule. Dans les jours ordinaires, leur costume était une robe noire avec un simple bonnet carré. Celui des conseillers et des officiers du ministère public était à peu près semblable.

Le parlement de Paris, depuis l'ordonnance qui le rendait sédentaire dans la capitale, fut souvent transféré ailleurs, soit par l'effet de circonstances de force majeure, soit par suite du ressentiment que la cour avait conçu de son opposition à ses volontés. Ces transférements, souvent reproduits, constituent une portion considérable de l'histoire de cette compagnie. Nous citerons entre autres l'édit du 21 septembre 1418, par lequel Charles VII, alors régent du royaume, fixa sa résidence à Poitiers, à cause de l'invasion des Anglais. Son séjour s'y prolongea jusqu'en 1437. Durant les troubles de la Ligue, le parlement fut réuni à Tours par Henri III, et ne fut réintégré dans la capitale que cinq mois après, par son admirable successeur. Pendant la minorité de Louis XV, la même compagnie fut exilée à Pontoise, par suite de sa résistance au système de Law; mais le roi la rétablit à Paris quelques mois plus tard, lorsqu'elle eut consenti à l'enregistrement de la bulle *Unigenitus*.

Parmi les usages qui contribuaient à entretenir dans le parlement le goût de la discipline, l'amour du devoir, un sentiment éclairé de la justice, il convient de citer celui des *mercuriales*.

Quant aux parlements établis dans l'intérieur du royaume, si l'on excepte l'intervention que quelques-uns d'eux déployèrent durant nos troubles civils, et surtout pendant les guerres de la Ligue et de la Fronde, ces grandes compagnies n'eurent guère qu'une importance purement judiciaire. La création de ces parlements remonte à différentes époques. Ceux de Toulouse et de Rouen furent établis par la même ordonnance qui rendit sédentaire celui de Paris. Le parlement d'Aix fut érigé en 1415, celui de Grenoble en 1431, celui de Bordeaux en 1460, celui de Dijon en 1746. Les parlements de Rennes, de Pau, de Metz, de Besançon et de Douai, furent institués postérieurement. Le parlement de Dombes, établi à Lyon par François Ier, fut supprimé par Louis XV, en 1762, et son ressort réuni à celui du parlement de Bourgogne. Il existait ainsi treize parlements dans l'ancienne France. L'organisation de ces compagnies offrait une image assez fidèle de celle du parlement de Paris. Elles se composaient, à son exemple, d'un premier président, d'un procureur général, de présidents à mortier, de conseillers d'honneur, de conseillers chevaliers, de conseillers clercs ou laïques, d'avocats généraux et de substituts, dans un nombre proportionné à l'importance de chaque ressort.

Le récit des luttes entre l'autorité royale et les parlements constitue une grande partie de l'histoire intérieure de la monarchie française. La juridiction du parlement de Paris était fort étendue. Sa compétence, réglée dès l'an 1363, par une ordonnance du roi Jean, s'appliquait aux causes des pairs, de quelques évêques, des chapitres, des religieux et religieuses, des barons, consuls, échevins et communautés. Il connaissait encore des procès du domaine et des appels de la prévôté de Paris, des bailliages et sénéchaussées, et des autres juridictions situées dans l'étendue de son ressort. Enfin, il jugeait les officiers de la couronne et les maréchaux de France qui avaient prévariqué dans l'exercice de leurs fonctions. Le parlement connaissait encore des *appels comme d'abus*. Les arrêts du parlement étaient, à proprement parler, sans appel; cependant, le roi avait le droit de les réformer, de les corriger ou de les interpréter dans son conseil, quand ils lui paraissaient contraires aux lois. Lorsqu'il s'agissait de la régence du royaume ou de la majorité de nos rois, c'était au sein du parlement de Paris que se dressaient ces actes mémorables, et sa suprématie sur les autres parlements de France était exprimée par la disposition qui ordonnait que ses arrêts sur ces matières seraient envoyés à ces corps judiciaires pour y être enregistrés. Le parlement recevait les officiers dont le caractère était reconnu dans tout le royaume. Il jugeait toutes les causes qui concernaient les apanages des enfants de France, et les terres érigées en pairies, dans quelque partie du territoire qu'elles fussent situées. Il recevait de la présence éventuelle des pairs de France le titre imposant de *cour des pairs*, et il était souvent appelé à statuer, de concert avec eux, sur les intérêts suprêmes de l'État. Enfin, cette grande compagnie était la gardienne des lois fondamentales de la monarchie et des libertés de la nation, et avait une part considérable à la confection des règlements d'administration publique.

L'indépendance individuelle des membres des parlements était garantie par divers priviléges plus ou moins importants. Le premier était l'inamovibilité, laquelle s'étendait même aux officiers du ministère public. Un autre privilége consistait dans la faculté de n'être justiciables que du parlement lui-même. L'exercice du droit d'enregistrer les lois et les édits inspira bientôt au parlement la prétention de les discuter, de les modifier, et même d'en suspendre ou d'en refuser l'exécution. Ce privilége naquit de l'usage où était le roi, quand le parlement fut sédentaire, de dresser dans son sein même, et de l'avis des membres qui le composaient, les édits qu'il voulait publier. Cet usage, qu'on pouvait considérer comme une suite de l'habitude de faire les lois dans les assemblées générales de la nation, tomba en désuétude vers la fin du quatorzième siècle; les lois ne furent plus discutées que dans le conseil du roi, et le parlement n'en eut connaissance que par l'envoi qui lui en fut fait. De là sortit le *droit de remontrance*. Il parut naturel que les magistrats qui avaient fait originairement partie du conseil d'État conservassent la faculté de faire des observations sur les lois auxquelles ils n'avaient pas concouru. Cette compagnie elle-même (remontrances du 16 mars 1615) avait recours, pour justifier cette prétention, à la supposition que les parlements représentaient les anciens conseils des princes et des barons établis près des premiers rois de France, ou tout au moins les états généraux de la nation, deux suppositions à peu près gratuites.

« Pour représenter une nation, dit judicieusement Voltaire, il faut ou être nommé par elle, ou en avoir le droit inhérent dans sa personne : or tous les officiers du parlement étaient nommés par le roi, payés par le roi, amovibles par le roi. » Le *droit de remontrance*, ou, pour parler plus juste, celui de suspendre ou de refuser les édits et de s'immiscer dans la connaissance des affaires de l'État ne fut pas toujours formellement contesté aux parlements, mais il n'obtint jamais non plus de sanction libre et précise. On ne peut lui assigner d'autres fondements que l'usage et la tolérance plus ou moins patiente de nos rois. Son abus donna lieu à l'institution des *lettres de jussion* et des *lits de justice*. Borné dans le principe aux lois de l'ordre judiciaire et de l'administration intérieure, ce droit s'étendit bientôt jusqu'au contrôle des édits bursaux, ces sources de la vie publique. Encouragé par la déférence de Charles VII, et même, qui le croirait? par la docilité de Louis XI, combattu par la fermeté de François Ier, humilié par les injonctions tyranniques de Charles IX, asservi ou restreint par les édits despotiques de Richelieu, brisé par la main puissante de Louis XIV, il revit avec plus d'éclat que jamais sous la régence de Philippe d'Orléans, lequel à son tour en restreint la liberté par sa déclaration du 26 août 1718, qui ne tarde pas elle-même à tomber en désuétude. Du reste, le parlement de Paris légitima cette usurpation par l'héroïsme des vertus dont il la décora et par la direction salutaire qu'il lui sut imprimer. En général, et si l'on en excepte quelques résolutions délibérées dans le tumulte des troubles civils, il est peu de collisions avec la couronne où ce corps n'ait pas mis de son côté l'autorité des principes; et si les efforts de la magistrature furent quelquefois imprudents, il est exact de dire qu'ils furent toujours désintéressés. « Quels noms à citer, dit Sainte-Aulaire, que ceux des L'Hospital, des Seguier, des Bignon, des Talon, des Harlay, des D'Aguesseau, des Molé! citoyens illustres, dans lesquels brille le patriotisme des temps antiques tempéré de toute la douceur des vertus chrétiennes; admirables modèles de courage civil, dont la renommée seule doit être à jamais féconde en savants, en intègres, en intrépides magistrats! »

La fin des parlements est connue. Frappés d'exil dans les dernières années du règne de Louis XV, pour leur opposition persévérante et presque séditieuse aux volontés de la cour, leur rappel fut un des premiers actes du règne de l'infortuné Louis XVI. Enfin, après avoir durant cinq siècles environ jeté le plus vif éclat, leur existence s'éteignit obscurément et sans résistance, le 24 mars 1790, devant un décret de cette Assemblée constituante qu'ils avaient appelée de leurs vœux, et qui préluda par leur destruction à l'envahissement rapide de tous les pouvoirs de l'État.

A. Boullée.

PARLEMENT (Long). *Voyez* Long Parlement.

PARLEMENTAIRE, qui appartient au parlement. On l'employait rarement en parlant des parlements de France; mais on s'en sert très-souvent en parlant du parlement d'Angleterre, et, par suite en parlant des chambres constituées ailleurs en parlement législatif. Usage, forme, discussion, éloquence *parlementaires*.

Parlementaires se dit aussi en parlant de ceux qui pendant les divisions de l'Angleterre, et en France, pendant les troubles de la Fronde, tenaient le parti du parlement.

PARLEMENTAIRE (*Droit international*). Tout individu chargé par son général de dépêches ou de missions verbales auprès d'un général ennemi prend le nom de *parlementaire*. D'ordinaire un parlementaire est chargé de proposer une suspension d'armes, un échange de prisonniers, de demander ou de proposer la reddition d'une place, d'un fort, d'un corps de troupes, d'entamer des négociations. On voit que le choix d'un parlementaire est très-délicat, car le succès de sa mission est toujours d'une haute importance. Le parlementaire part avec un tambour ou trompette : arrivé aux avant-postes ou sur les glacis d'une place, il fait battre ou sonner pour qu'on le reconnaisse, après quoi on lui bande les yeux, et il est conduit auprès du général ennemi. Sa mission accomplie, il est ramené de la même manière. La personne d'un parlementaire est inviolable et sacrée. Cependant, on en a vu quelquefois maltraités et retenus prisonniers. C'est une violation du droit de la guerre. — En mer, un vaisseau *parlementaire* est celui que l'on envoie porter des dépêches ou des propositions à une escadre, dans un port, à une station ou croisière d'une nation avec laquelle on est en guerre. Les navires de guerre qui portent des prisonniers pour les échanger dans un port ennemi, neutralisé à cet effet, sont considérés comme parlementaires. Le drapeau *parlementaire* arboré par ces navires indique à l'ennemi qu'il doit respecter le caractère de neutralité qu'ont en ce moment ces navires et dont ils ne sauraient se dépouiller eux-mêmes. Un sondage exécuté par un canot sous pavillon *parlementaire* constitue plus qu'une ruse de guerre, c'est une véritable félonie.

PARLEMENT ANGLAIS. *Voyez* Grande-Bretagne (tome X, pages 454-455).

PARLEMENT CROUPION. *Voyez* Long Parlement et Grande-Bretagne, tome X, p. 464.

PARLEMENT NOIR. *Voyez* Broce (Robert).

PARLEUR, celui, celle qui a l'habitude de parler beaucoup, de parler trop : Un grand *parleur*, un *parleur* éternel, un beau *parleur*, un agréable *parleur;* Les demi-savants sont de grands *parleurs*.

> Ne soyez à la cour, si vous y voulez plaire,
> Ni fade adulateur ni *parleur* trop sincère,

a dit La Fontaine. Ce conseil peut s'appliquer ailleurs qu'à la cour (*voyez* Bayard).

PARLOIR, lieu destiné pour parler, pour recevoir les étrangers; lieu où, dans les communautés religieuses, dans les colléges, dans les hospices, etc., les reclus, les écoliers, les malades, etc., viennent parler aux personnes du dehors. Il y avait autrefois en haut, dans les couvents, des écoutes d'où les supérieurs pouvaient tout entendre.

On appelait autrefois *parloir aux bourgeois* le local consacré à l'administration communale, parce que les bourgeois venaient devant leurs magistrats y parler de leurs affaires et de celles de la commune; c'était une grande pièce, avec quelques dépendances; le premier parloir aux bourgeois de Paris était situé près du Grand-Châtelet; il fut transféré ensuite près la place Saint-Michel, et c'est de là qu'est venu le nom de rue des Francs-Bourgeois; il fut ensuite placé à l'intérieur du Grand-Châtelet, et enfin installé dans la *maison aux Piliers* de la place de Grève, qui a fait ensuite place à l'hôtel de ville. Les portiques des hôtels de ville servaient aussi de parloirs aux bourgeois, et l'on voit encore en Italie, sur les places publiques de la plupart des villes, de vastes loges qui n'avaient point d'autre destination.

PARME, duché de la haute Italie, situé sur la rive droite du Pô, borné au nord par le royaume Lombardo-Vénitien, à l'ouest par la Sardaigne, à l'est par le duché de Modène et au sud par les Apennins, qui le séparent de l'ancien territoire de Gênes et de la Toscane. Il se compose des duchés de Parme et de Plaisance; et depuis 1847, que le duché de Guastalla en a été détaché pour être rattaché au duché de Modène, il comprend, avec les quelques districts de Modène qui y ont été réunis, une superficie de 80 myriamètres carrés et une population de 502,841 habitants (1850). Il est traversé au sud par les Apennins, qui au *Monte-Penna* et au *Monte Orsaro* atteignent une élévation d'environ 1,600 mètres, et de 2,130 mètres au *Monte-Alpe di Succisio*. La partie septentrionale du pays va en s'abaissant vers la plaine de Lombardie; mais les montagnes de l'intérieur sont couvertes de chênes et de châtaigniers. Le principal cours d'eau est le Pô, qui forme la frontière au nord et reçoit les petites rivières appelées *Bardinezza, Tidone, Trebbia, Taro* et *Parma*. Le climat est salubre sans doute, mais moins doux que dans la partie de l'Italie située au sud des Apennins; le sol, surtout dans les plaines qui s'abaissent vers le Pô, produit en abondance des céréales, des légumineuses, des olives, du riz, des fruits de toutes espèces et du vin. Après l'agriculture, la principale industrie des habitants consiste dans la culture de la soie, l'élève du bétail et de la volaille, la fabrication des fromages, l'exploitation des mines et celle des carrières de marbre et d'albâtre, l'extraction du sel et de la pétrole. L'industrie est insignifiante et se borne à peu près à la préparation des soies; mais le commerce avec les États voisins est assez actif. La forme du gouvernement est monarchique.

Depuis le 4 novembre 1849 le duché de Parme est divisé politiquement en cinq provinces : *Parma*, *Val di Taro* ou *Borgo San-Donnino*, *Piacenza* (Plaisance), *Borgotaro* et *Lunigiana*, dont la capitale est *Pontremoli*. Les chefs chargés d'administrer les deux premiers portent le titre de *gouverneurs*, et ceux des trois autres ont la qualification de *préfets*. La religion catholique est la religion dominante, et elle a pour chefs les évêques de Borgo San-Donnino, de Parma, de Piacenza et de Pontremoli. Cependant, il existe aussi un certain nombre de juifs. Le système d'instruction publique, quoique amélioré dans ces derniers temps, est encore des plus défectueux. La justice est rendue conformément au Code Napoléon, en première instance par les *prétures*, et en appel par les tribunaux civil et criminel de Parma et de Piacenza. L'autorité centrale supérieure est le conseil d'État, lequel est divisé en deux sections, l'une chargée des affaires de l'intérieur et de la justice, l'autre des affaires étrangères, des finances et de l'armée. Les revenus publics montent à 9,571,685 *lire*, et les dépenses à 9,536,900 *lire*. Les propriétés de l'État s'élèvent à

30 millions de *lire*, et la dette publique à 6,700,000 *lire* (dont 4 millions comme restant du consolidé de 1827, et 2,700,000 *lire* provenant de l'emprunt forcé de 1849). L'armée, organisée à l'autrichienne, se compose de 6,113 hommes, avec 612 chevaux en activité de service, et d'une réserve de 2,482 hommes, avec 100 chevaux; total : 8,597 hommes et 712 chevaux. Outre la forteresse de Plaisance, où, aux termes des traités, les Autrichiens ont le droit de mettre garnison, il y a encore un fort au milieu même de la capitale, et les deux forts de Bardi et de Castello di Compiano. La maison ducale possède un ordre de chevalerie, l'*ordre de Constantin*, fondé en 1190, par les empereurs grecs de la famille Comnène. Un de leurs derniers descendants céda en 1699 la grande-maîtrise de l'ordre au duc de Parme. En 1816 l'ordre fut renouvelé; cependant, la grande-maîtrise en est aussi revendiquée par le roi de Naples. Depuis août 1851 les couleurs nationales sont le rouge, le bleu et le jaune. La couleur des drapeaux est le blanc, entouré des couleurs nationales.

Les villes de Parme et de Plaisance appartenaient du temps des Romains à la Gaule Cisalpine; après la chute de l'Empire d'Occident, elles partagèrent les destinées de la Lombardie, passèrent avec elle sous la domination des empereurs d'Allemagne, et, aspirant sans cesse à l'indépendance, furent au moyen âge mêlées aux sanglantes querelles des guelfes et des gibelins. Différents souverains, mais surtout les maisons d'Este et Visconti, profitèrent des luttes intérieures auxquelles elles étaient en proie pour les réduire sous leur obéissance. Au commencement du seizième siècle Louis XII, roi de France, s'en empara; et après la dissolution de la ligue de Cambray, elles tombèrent au pouvoir du belliqueux pape Jules II, en 1514. Le pape Paul III, de la maison Farnèse, les érigea en 1543 en duché, et en gratifia son bâtard *Pietro Luigi* FARNÈSE, dont le petit-fils fut le célèbre Alexandre Farnèse, gouverneur des Pays-Bas. Lorsque la ligne mâle de la maison Farnèse s'éteignit, en la personne du duc Antoine, Élisabeth, épouse de Philippe V d'Espagne et fille d'un frère aîné du duc Antoine, réussit à faire passer les duchés de Parme et de Plaisance sur la tête de son fils don Carlos; mais à peu de temps de là ils furent cédés à l'empereur Charles VI, comme indemnité pour le royaume des Deux-Siciles, que lui avait attribué la paix de Vienne de 1735. Toutefois, l'Autriche ne les conserva pas longtemps. Aux termes de la paix d'Aix-la-Chapelle de 1748, Marie-Thérèse céda les deux duchés ainsi que Guastalla à l'infant d'Espagne don Philippe, sous la condition de faire retour à l'Autriche, en cas d'extinction de la ligne mâle à provenir de cet infant, ou bien si l'un de ses descendants venait à monter sur le trône des Deux-Siciles ou sur celui d'Espagne. Philippe eut pour successeur, en 1765, son fils Ferdinand, qui, lors de l'invasion des Français en Italie, en 1796, conserva ses petits États à des conditions dont il fut redevable à sa proche parenté avec la maison d'Espagne et à l'alliance nouvelle que la France venait de contracter avec cette puissance. Mais par suite d'une convention conclue en 1801, à Madrid, entre la France et l'Espagne, le grand-duché de Toscane, appartenant à son père, fut attribué au prince héréditaire Louis, qui prit le titre de *roi d'Étrurie*. En conséquence, à la mort du duc Ferdinand, arrivée en 1802, la France prit possession, sans autre forme de procès, de Parme, de Plaisance et de Guastalla; toutefois, les duchés ne furent formellement incorporés à l'empire français, sous le nom de *département du Taro*, qu'en 1805. La paix de Paris de 1814 et les actes du congrès de Vienne de 1815 attribuèrent les duchés de Parme, de Plaisance et de Guastalla, à titre de souveraineté indépendante, à l'ex-impératrice des Français Marie-Louise, qui conserva les titres d'impératrice et de majesté. Le roi d'Espagne protesta contre cet arrangement, et réclama les duchés pour l'ex-reine d'Étrurie, l'infante Marie-Louise d'Espagne, dont le défunt époux n'avait renoncé en 1801 à ses droits sur ces duchés que parce qu'on lui accordait la possession de l'Étrurie. En conséquence, il refusa d'accéder à cet acte du congrès de Vienne. Par suite de ce refus, il fut décidé, en vertu d'un arrangement particulier, conclu à Paris, en 1817, que les duchés, à l'exception de la partie située sur la rive gauche du Pô, qui demeurerait à la maison d'Autriche avec le droit d'entretenir garnison dans la forteresse de Plaisance, passeraient à la mort de l'impératrice Marie-Louise à la maison de Lucques, issue de la reine d'Étrurie, et qu'à l'extinction de cette maison Parme ferait retour à l'Autriche et Plaisance à la Sardaigne. Marie-Louise gouverna ses États avec assez de douceur et de modération, dans l'esprit du gouvernement autrichien, mais sans rien faire dans l'intérêt de la propagation des lumières. Parme ne resta point à l'abri des troubles révolutionnaires qui éclatèrent en Italie en 1846; et Marie-Louise, en proclamant alors une amnistie générale, donna la mesure de la douceur de son gouvernement. Le 16 juin 1847, des illuminations ayant eu lieu dans la capitale pour célébrer l'exaltation de Pie IX sur le trône pontifical, ce spectacle attira dans les rues une grande foule de curieux, que des patrouilles de cavalerie chargèrent à l'improviste; et plus de quatre-vingts personnes perdirent la vie dans cette bagarre. La duchesse voyageait à ce moment en Allemagne; l'opinion ne lui en attribua pas moins l'ordre donné à l'autorité militaire de réprimer immédiatement par la force toute manifestation libérale. Dès lors la situation devint de plus en plus tendue, encore bien que pour le moment le mécontentement public ne se manifestât qu'à l'égard de l'autorité militaire. Il en fut tout autrement à la mort de Marie-Louise, arrivée le 17 décembre 1847, lorsque, conformément aux traités dont il vient d'être question, le duché de Parme échut à l'ex-duc de Lucques *Charles II* de Bourbon, au nom de qui les membres du conseil d'État alors en exercice prirent immédiatement possession du pays, qu'ils administrèrent pour lui à partir du 27 décembre. Aux termes des autres dispositions du traité du 10 juin 1817 et d'un traité conclu le 28 novembre 1844 avec la Toscane, Parme dut en même temps céder au duché de Modène le duché de Guastalla, situé sur la rive droite de l'Enza (ensemble 2 myriamètres carrés); de son côté, Modène céder à Parme les districts de Villafranca, de Treschietto, de Castevoli et de Malazzo, situés dans le duché de Massa-Carrara (1 myr. carré); et enfin la Toscane abandonner à Parme les districts de Pontremoli, de Bagnone, de Filatierra, de Groppoli et de Lusuoli (4 myr. carrés). Ces échanges, si compliqués, de territoire indisposèrent d'autant plus la population, qu'il devait en résulter une notable diminution dans les revenus publics. En outre, le nouveau souverain paraissait offrir peu de garantie pour l'heureux développement de la vie politique dans le duché de Parme. Dès qu'il était arrivé à l'exercice du pouvoir suprême, une adresse lui avait été présentée contenant les griefs du pays et indiquant les réformes à faire, ainsi que les améliorations désirées, et qui n'étaient autres que ce que la Toscane obtenait à ce moment même de son grand-duc (février 1848). Le duc n'y répondit qu'en se rattachant encore plus étroitement au système de l'Autriche et en réclamant, le 9 février, l'entrée dans ses États d'un corps hongrois d'occupation. C'est en vain qu'on réclama le renvoi de ces troupes étrangères et l'octroi d'institutions libres. Le mécontentement se traduisit, le 20 mars suivant, en une révolution complète, qui ne put d'ailleurs pas s'effectuer sans effusion de sang, et dont le résultat fut de contraindre le duc à capituler. Il dut renvoyer ses ministres et approuver tout ce qui s'était fait. Mais après avoir institué une régence présidée par le comte San-Vital, il s'éloigna du pays. Le 30 mars cette régence publia le programme d'une constitution ainsi qu'une lettre autographe du duc où il donnait entre autres son approbation à la constitution projetée et soumettait les destinées du duché et les siennes à l'arbitrage du pape, du roi de Sardaigne Charles-Albert et du grand-duc Léopold de Toscane. Par une autre proclamation, en date du 9 avril, le duc approuvait l'établissement d'un gouvernement provisoire, qui fut effectivement nommé par le Conseil des Anciens, composé de cent membres, et à la tête duquel on plaça le comte Ferdinand de Castagnola. D'autres événements, bien autrement importants, se passaient en même temps. Au changement de règne se rattachait une discussion au sujet du territoire de Lunigiana, dont les habitants, dès que le duc eut abandonné ses États, se replacèrent spontanément sous l'autorité du grand-duc de Toscane, et durent plus tard se résigner à être réunis au duché de Parme. Ensuite, quand Charles-Albert déclara la guerre à l'Autriche, Parme, de même que Modène et la Lombardie, se rattacha à la Sardaigne par une proclamation en date du 10 mai C'est ainsi que le duché se trouva mêlé à la guerre d'Autriche, dont la seule conséquence pour lui fut d'être occupé par des troupes sardes, qui durent l'évacuer aux termes de l'armistice signé le 9 août 1848 entre les parties belligérantes. Le 12 août le général autrichien d'Aspre prit possession de Parme, et le 18 le général Thurn y publia une proclamation qui établissait un gouvernement provisoire militaire et nommait le comte Degenfeld-Schomberg gouverneur du duché. Lors de la reprise des hostilités entre les Autrichiens et les Sardes, les troupes autrichiennes évacuèrent Parme; et le 16 mars 1849 le conseil municipal de la capitale proclama de nouveau la réunion du duché avec la Sardaigne. Parme fut alors occupé par des troupes sardes, qui durent l'évacuer après le désastre de Novare. Dans cet intervalle le duc Charles II avait abdiqué, le 4 mars 1849, au profit de son fils. Celui-ci se trouvant alors à Londres, on institua une junte centrale chargée d'administrer le pays jusqu'à l'arrivée de Louis III; et le 29 août 1849 ce prince prit en personne les rênes du gouvernement. Non-seulement il rétablit l'ancien régime, mais il punit encore le peuple de sa conduite pendant la révolution. Les plus compromis furent condamnés à mort après une procédure sommaire, et exécutés, et d'autres subirent la peine infamante du fouet. Le pays fut doté d'une police plus sévère que jamais et en outre d'une garnison autrichienne. En 1852 intervint avec l'Autriche une convention douanière, qui fut mise en vigueur à partir du 1er février 1853. Le duc donna toute sa confiance et toute sa faveur à son ministre, l'Anglais Ward, objet de la haine de la population. Le 26 mars 1854, le soir, au détour d'une rue, un homme se jetant au-devant du duc, lui plongea son couteau dans le ventre. Le duc expira le lendemain. L'assassin ne put être arrêté. La duchesse Louise prit aussitôt la régence au nom de son fils mineur, le duc Robert Ier, né en 1848. Elle changea son ministère, essaya de faire quelques réformes dans les finances; mais de nouveaux assassinats politiques et des mouvements populaires ramenèrent à plusieurs reprises l'état de siége avec les Autrichiens, qui n'ont pour ainsi dire pas cessé d'occuper le duché. Consultez Rossi, *Ristratto di Storia patria* (Piacenza, 1829-1833).

PARME, capitale et place forte du duché du même nom, sur la Parma, avec 40,536 habitants, est située dans une belle plaine. On y trouve peu de grandes places, mais les rues en sont droites et larges, les maisons bien bâties et les promenades belles. Dans les églises, au nombre de trente-cinq, on admire des chefs-d'œuvre du Corrége, de Lanfranc et du Parmesan. Dans la belle coupole de la cathédrale on admire la fresque célèbre mais un peu endommagée du Corrége qui représente l'Assomption de la vierge Marie, et dans l'église du Saint-Sépulcre la *Madonna della Scudella*, du même maître. L'église de la *Madonna della Steccata* est remarquable par sa beauté, et celle des Capucins comme lieu de sépulture de la maison Farnèse. Les principales curiosités de la ville sont le château ducal, contenant une riche collection de tableaux et d'objets d'art, dont les morceaux les plus précieux ont été envoyés à Naples dès 1734; l'opéra Farnèse, construit en 1618, et qui peut contenir 10,000 spectateurs, mais sur lequel on ne joue plus depuis longtemps; le bâtiment de l'université, supprimée depuis 1831, mais qui autrefois était célèbre et dont la création remontait à l'an 1482; l'Academie des Beaux-arts, avec une galerie de tableaux et une école où l'on enseigne à 150 élèves la peinture, la sculpture, l'architecture et la gravure; l'*Ospizio delle Arti* (école de chant); la Bibliothèque, établissement parfaitement organisé et riche de 90,000 volumes; le musée des Antiques; l'école des nobles et l'imprimerie Bodoni. En avant de la ville, outre une foule de villas et de jardins, on trouve le *Giardino*, château de plaisance appartenant au duc, orné de belles peintures et situé au milieu d'un vaste parc, ainsi que la gracieuse promenade appelé *Stradone*; un peu plus au nord le magnifique château de *Colorno*, où l'impératrice Marie-Louise avait l'habitude de passer l'été. L'industrie de la ville de Parme se borne à la fabrication des bas, des porcelaines, du sucre, de la bougie et des cristaux, des étoffes de soie et de coton et des futaines. La soie et les fromages sont les principaux articles du commerce; et au mois de juin de chaque année il se tient une espèce de foire aux soies. Consultez Affo, *Storia della Città di Parma* (Parme, 1792-1795).

PARME (École de). Voyez ÉCOLES DE PEINTURE, tome VIII, page 313.

PARME (Duc de), titre qui avait été donné sous l'empire à Cambacérès.

PARMÉNIDE, philosophe grec, natif d'Élée, et qui fut, à bien dire, le créateur de l'école Éléatique, florissait vers le milieu du cinquième siècle av. J.-C., et avait été le disciple de Xénophane et d'Anaximandre. En l'an 460 av. J.-C., il se rendit avec son disciple Zénon à Athènes, où il eut quelques rapports avec Socrate. Il jouissait d'une grande considération; et c'est dans les termes de la plus profonde estime que Platon parle de lui non-seulement comme penseur, mais encore comme homme privé. Dans un poëme didactico-philosophique, dont un fragment seul est parvenu jusqu'à nous, il avait formulé et développé l'idée fondamentale de l'école Éléatique, à savoir, que tout est en une opposition formelle à la doctrine d'Héraclite sur la continuité perpétuelle de la création, que l'*être* seul existe, et qu'au delà de l'être il n'y a plus rien, qu'il n'a point eu de commencement et qu'il n'aura pas de fin, qu'il est indivisible, renfermé en soi, et n'a besoin de quoi que ce soit autre. En se gardant bien de déclarer l'idée du simple *être* identique avec la Divinité, comme l'avait fait Xénophane, il en vint à enseigner que le seul attribut positif sous lequel on pouvait se représenter l'*être* était la *pensée*. Les fragments de son poëme didactique, recueillis par H. Étienne, sous le titre de *Poesis Philosophica*, ont été commentés depuis par Fulborn (Zullichau, 1795), par Brandes (*Commentationes Eleaticæ*; Altona, 1813), et par Karsten, dans ses *Philosophorum Græcorum veterum Reliquiæ* (Bruxelles, 1835).

PARMÉNION. Élevé à l'école de Philippe, roi de Macédoine, Parménion devint l'un de ses lieutenants les plus habiles. On sait que ce prince, après avoir asservi la Grèce par les ruses de sa politique autant que par la force de ses armes, se disposait à marcher contre Darius, quand il mourut assassiné. Héritier de son trône et de son ambition, Alexandre continua l'œuvre de son père, et passa en Asie à la tête de trente mille hommes. Parménion, chargé sous lui du commandement, prit la plus grande part aux succès du jeune conquérant. A la bataille d'Arbelles, il menait au combat une aile de l'armée macédonienne, et contribua, par une habile manœuvre, à assurer la victoire. La monarchie perse s'écroula tout à coup sous l'épée du vainqueur, qui s'empara presque sans résistance de toutes ses provinces. Parménion fut récompensé de ses services par le gouvernement de la Médie. Éloigné de la personne d'Alexandre, il laissait auprès de lui un fils nommé Philotas, qui avait su capter les bonnes grâces du monarque: ce fut ce qui le perdit. En effet, enivré de sa fortune, Alexandre, répudiant sa naissance, déjà si glorieuse, et s'étant proclamé fils de Jupiter, Philotas eut l'imprudence de laisser échapper à ce sujet des plaisanteries mordantes, qui furent envenimées par les ennemis de sa faveur. Prévenu de haute trahison, il avoua, vaincu par les tortures, qu'un complot avait été tramé contre les jours du roi, et que son père avait eu connaissance de la conjuration. Effrayé de cette découverte, Alexandre résolut de se défaire de Parménion. Arrachée par la torture, une dénonciation si grave méritait d'être approfondie; mais si elle venait à se vérifier, il était à craindre que le coupable n'essayât de se soustraire au châtiment par la révolte. En conséquence, Alexandre manda un certain Polydamas, qui se chargea de l'odieuse commission de tuer Parménion, dont il était l'ami. Il fit la plus grande diligence, et lorsqu'il arriva, son premier soin fut de communiquer secrètement les ordres du roi aux principaux officiers macédoniens. Il fit ensuite prévenir le gouverneur qu'il était porteur d'un message important. Celui-ci résidait alors dans une maison de plaisance entourée d'un parc magnifique, où il se promenait suivi de quelques personnes. Quand Polydamas se présenta, il lui remit deux missives, l'une d'Alexandre et l'autre de Philotas. Tandis que Parménion les lisait attentivement, un de ceux qui l'approchaient le frappa de son épée : ce fut le signal du meurtre, qui fut accompli par tous les assistants. Plusieurs soldats, ayant vu de loin cette catastrophe, coururent au camp avertir leurs camarades. Ces derniers accoururent en armes; mais lorsqu'ils eurent connaissance de la lettre d'Alexandre, ils s'apaisèrent, se bornant à réclamer le corps de leur général pour lui rendre les honneurs de la sépulture. Sa tête, séparée du tronc, fut envoyée au monarque. Parménion avait soixante-dix ans. SAINT-PROSPER j[e].

PARMENTIER (JEAN), navigateur, né à Dieppe, en 1494, est le premier Français qui ait conduit des vaisseaux jusqu'au Brésil, et le premier navigateur qui ait exploré les Indes, jusqu'à l'île de Sumatra, où il mourut, à quarante-neuf ans. Parmentier, accompagné de ses deux frères, navigateurs comme lui, avait découvert en 1520 les côtes de Fernambouc, d'où il avait rapporté des pelleteries. Il décida Ango de Dieppe à lui donner le commandement d'une expédition qui dura deux ans et demi, et pendant laquelle il toucha à la Chine; cette expédition avait pour but à la fois des résultats commerciaux, qui furent heureux, et de découvrir de grandes îles qu'il supposait exister au delà des Indes. C'est à un second voyage qu'il mourut. Parmentier consacrait le temps qu'il passait dans sa famille à des études littéraires, à des compositions originales : diverses pièces de poésie, dont une intitulée : *Découvertes nouvelles des merveilles de ce monde*, et une traduction de la *Conjuration de Catilina* furent le fruit de ses loisirs. Il a laissé aussi des mappemondes et des cartes marines.

PARMENTIER (ANTOINE-AUGUSTE), un des bienfaiteurs de l'humanité, né à Montdidier, en 1737, mort le 17 décembre 1813. Pauvre enfant privé de son père dès ses premières années, Parmentier fut élevé par sa mère; un curé lui enseigna les éléments de la langue latine. En 1755 Parmentier, impatient d'aider sa famille, entra chez un pharmacien de Montdidier; l'année suivante, il se rendit à Paris, où il fut placé dans la maison d'un parent qui exerçait la même profession. Il fut nommé pharmacien dans les hôpitaux de l'armée de Hanovre en 1757. En 1766 il obtint au concours la fonction d'apothicaire-adjoint à l'hôtel des Invalides; six ans plus tard il eut la direction en chef de ce service : des intrigues de sacristie l'obligèrent à ne point remplir ces dernières fonctions, tout en en conservant le traitement, et à abandonner la direction du laboratoire des Invalides aux religieuses. Après 1793, ses vastes connaissances et son dévouement aux intérêts généraux le rendirent nécessaire : il fut chargé de surveiller les salaisons destinées à la marine. Il fut appelé à la présidence du conseil de salubrité du département de la Seine, sous le gouvernement consulaire; il remplit en outre les fonctions d'inspecteur général du service de santé et d'administrateur des hospices.

La culture de la pomme de terre était rejetée dans la plus grande partie de la France : de l'usage de cette substance devaient résulter, disait-on, des maladies nombreuses, et les populations pauvres étaient ainsi privées d'une ressource précieuse. Parmentier attaqua avec courage et persévérance ces préjugés ridicules; il en démontra la fausseté : son *Examen chimique de la Pomme de terre* montre que l'homme peut trouver un aliment délicat dans la fécule abondante de cette plante; il établit par des expériences qu'elle n'appauvrit point la terre, comme on le supposait, et il reste prouvé qu'elle est un préservatif assuré contre ces disettes affreuses qui de loin en loin ont ravagé notre beau pays. Grâce à ces efforts, noblement encouragés par Louis XVI, grâce à la persévérance de Parmentier, les pommes de terre furent mises au premier rang parmi nos richesses agricoles. Les résultats obtenus par ce savant agronome furent si universellement accueillis, que François de Neufchâteau proposa de substituer au nom de cette solanée celui de *parmentière*.

Mais ce bienfait n'est pas le seul que nous devions à Parmentier : sans parler de ses travaux si utiles sur le maïs, sur les châtaignes, sur le sirop de raisin, etc., peut-on passer sous silence les perfectionnements qu'il apporta dans l'art de la boulangerie? La propagation de la mouture économique, à laquelle il a contribué de toutes ses forces, augmenta d'un sixième la farine obtenue par les autres procédés de mouture. Chargé de surveiller les vivres à l'armée, il améliora le pain du soldat; partout une seule idée, un seul sentiment le possède : faire du bien. Le 18 juin 1848, la ville natale de Parmentier a vu se dresser sur une de ses places la statue de cet homme si éminemment utile.

P. GAUBERT.

PARMESAN (Le). *Voyez* MAZZUOLI.

PARMESAN (Fromage de). *Voyez* FROMAGE et LODI.

PARNASSE, montagne la plus élevée de la Phocide, près de la ville de Delphes. Elle dut son nom, ainsi que la forêt voisine, à Parnasse, fils de la nymphe Cléodore et de Neptune, et qui trouva, dit-on, l'art de connaître l'avenir par le vol des oiseaux. Parnasse bâtit une ville de son nom, qui fut submergée dans le déluge de Deucalion. Les mythologues disent que Deucalion et Pyrrha se réfugièrent, au temps de ce déluge, sur la montagne, dont les deux sommets étaient autrefois fameux : l'un était consacré à Apollon et aux Muses, et l'autre à Bacchus. Neptune d'abord, puis Thémis régnèrent sur le Parnasse, avant Apollon. Les Fontaines *Castalie*, *Hippocrène* et *Aganippe* y prenaient leurs sources. L'eau de la première faisait, dit-on, devenir poëte et inspirait de l'enthousiasme à ceux qui en buvaient. De là ces fictions poétiques qui ont fait du Parnasse le séjour d'Apollon et des Muses, et ces expressions figurées que les poëtes se sont transmises les uns aux autres pour désigner ceux qui obtiennent des succès dans leur art : *avoir bu à la fontaine Castalie*, c'est avoir des talents pour la poésie; exceller dans la poésie, c'est être arrivé au sommet du mont Parnasse, et avoir été jugé digne d'être admis à la cour des Muses, présidée par Apollon. Cela n'est pas tout à fait exact cependant, car la fontaine Castalie sourd au pied des deux masses de rochers qui forment les deux célèbres sommets du mont Sacré. En montant vers ces sommets, on trouve un petit village nommé Castri, bâti sur les ruines de Delphes. TH. DELBARE.

PARNASSIDES, l'un des surnoms des Muses, surnom qui leur vient de ce que le Parnasse était leur séjour habituel.

PARNY (ÉVARISTE-DÉSIRÉ DESFORGES), né à l'île Bourbon, le 6 février 1753, fut envoyé en France dès l'âge de neuf ans. Il fit de brillantes études au collége de Rennes. Encore écolier, Parny éprouvait déjà le besoin d'aimer; la piété, qui renferme une espèce d'amour et enseigne la prière à l'être faible qui souffre ou désire, toucha son âme tendre et sensible. C'est sous l'inspiration des idées religieuses qu'il vint à Paris pour prendre l'habit ecclésiastique. Il entra au séminaire de Saint-Firmin, avec l'intention de se jeter ensuite à la Trappe; pendant huit mois de séjour dans la première de ces deux retraites, il étudia, il réfléchit, et sa foi disparut. Il attribuait surtout sa *conversion* à la lecture de la Bible, que son confesseur lui avait toujours interdite : ce sont ses propres expressions, et elles méritent d'être remarquées, parce qu'elles nous révèlent la première origine des idées qui ont fini par dominer le chantre d'*Éléonore* et faire du rival de Tibulle un disciple de Voltaire. Désabusé sur sa vocation religieuse, le néophyte de la philosophie quitta la soutane pour l'uniforme. Il était alors dans sa première jeunesse; et sa correspondance prouve que pendant deux années d'une entière liberté à Paris, au milieu de toutes les séductions de la capitale, il vivait comme Lafare ou Chaulieu, avec des fous de bonne compagnie, parmi lesquels Bertin aurait tenu la première place, si Parny n'eût pas eu un frère tendrement aimé.

Parny maniait déjà la langue poétique avec grâce et facilité peu de temps après son entrée dans le monde : on reconnaît dans ses vers un homme nourri de la lecture des bons écrivains des deux grands siècles, et déjà tout pénétré par les mœurs de son temps. Au commencement de 1773, Parny, qui servait alors aux Indes, ressentit une passion qui allait faire d'un exil assez triste un séjour enchanté. Parny avait vingt ans; *Éléonore* en avait treize quand il la vit pour la première fois. Elle s'appelait Esther de Baïf : ainsi, comme les maîtresses de Tibulle et de Properce, elle doit à l'amour le nom qui l'immortalise. *Éléonore*, m'a-t-il dit lui-même, n'était pas régulièrement belle; mais elle avait de grands yeux bleus, la bouche bien faite, un teint de blonde, le regard d'une expression agréable; il régnait en outre dans sa personne un air de nonchalance et d'abandon voluptueux, sorte de charme particulier aux femmes créoles. Parny se fit aimer de la jeune fille, qui lui apprit ce qu'il ignorait encore, le véritable amour. Parny allait offrir sa main à la jeune créole, lorsque la volonté absolue d'un père mit obstacle à cette généreuse résolution; c'est ce qui détermina le retour du poëte en France, après qu'il eut reçu le serment de fidélité de son amante. Quant il revint à l'île Bourbon, en 1784, après une longue absence, il apprit qu'elle était la femme d'un autre; il ne la revit plus, mais, ainsi que l'attestent ses poésies, elle régna toujours sur son âme. Longtemps après cette séparation, *Éléonore*, devenue veuve, écrivit à Parny en lui faisant l'offre de sa main; il fut touché, mais il s'écria : « Ce n'est plus *Éléonore* ! » Et il ne répondit pas. *Éléonore* se remaria, vint se fixer en France, où elle mourut, en 1825, dans l'obscurité, qu'elle se plaisait à rechercher.

Mais revenons à notre poëte, dont le refus paternel a brisé les espérances. Son âme blessée trouva dans sa patrie le dictame des Muses et une lyre pour chanter ses douleurs. Elle se fit entendre pour la première fois en 1778, deux années après son retour. Voltaire regarda l'apparition des poésies de Parny comme une victoire remportée sur le mauvais goût qui régnait alors d'une façon à peu près absolue. Il embrassa tendrement leur auteur, en l'appelant *mon cher Tibulle*. Effectivement l'amant de *Délie* avait enfin un rival parmi nous. Chez Parny l'amour emprunte d'abord le langage de la séduction; et la séduction accomplie, il essaye de guérir l'innocence de ses derniers scrupules. On croirait qu'*Éléonore* est pour lui une douce fantaisie et non pas l'objet d'un culte. Mais aussitôt qu'elle lui inspire des alarmes, son amant, qui tremble de la perdre, se rattache à elle par des liens invincibles. Ce sont ces contrastes, ces métamorphoses subites, ces orages de la passion qui plaisent dans Parny. Tous les cœurs s'ouvrirent au charme des touchantes inspirations des élégies érotiques de Parny; mais ni les éloges qui lui étaient prodigués de toutes parts, ni les cercles brillants de Paris, ni la société de ses amis, ne purent distraire un cœur rempli d'un objet unique : le culte même des Muses rallumait sa passion au lieu de l'éteindre. *Éléonore* régnait toujours sur son âme. Parny accompagna à Pondichéry, en 1785, avec le titre d'aide de camp M. de Souillac, gouverneur général de nos possessions dans l'Inde. Parny revint dans son pays adoptif avec des dépêches importantes, auxquelles il était chargé d'ajouter tous les renseignements qu'on aurait pu lui demander sur nos établissements en Asie : il remplit sa mission, et retomba dans cet abandon et cette insouciance qui lui étaient naturels; il ne demanda aucune faveur, sa fortune pouvant suffire à ses goûts modérés, et s'ensevelit dans la retraite, à la campagne, à Feuillancourt, entre Saint-Germain et Marly, ne demandant qu'à la nature et aux souvenirs encore palpitants de l'amour ses inspirations : là, il occupa ses loisirs à nous donner tour à tour le poëme des *Fleurs* et *La Journée champêtre*, charmantes créations, que suivirent les *Douze Tableaux*, poésies délicieuses, qui retracent le roman tout entier d'une passion, depuis sa naissance jusqu'à la perte des plus douces illusions.

Quelque temps après la publication des dernières poésies de Parny, les *Chansons madécasses*, la révolution française s'accomplit. Comme le poëte n'avait ni place, ni pension, ni préjugés, elle ne lui enleva rien. Il était imbu de toutes les opinions philosophiques. Il pensait en homme libre ; ses ouvrages le prouvent assez. Dès 1777 il avait fait paraître l'*Épître aux Insurgés de Boston*, qu'il n'inséra que longtemps après dans ses œuvres. Cette pièce lui eût valu les honneurs de la Bastille si le gouvernement avait pu le soupçonner d'en être l'auteur : son obscurité le sauva. Notre régénération politique excita au plus haut degré l'enthousiasme de Parny : il partagea les espérances et les vœux des hommes généreux qui secondaient les efforts sublimes d'une nation pour reconquérir ses droits. Tous les actes du dévouement des Français, dans leur lutte sanglante contre la tyrannie, lui causaient de profondes émotions; elles lui inspirèrent une ode sur le vaisseau *Le Vengeur*. Cette ode a été défigurée par des additions téméraires ; mais elle renferme de très-beaux vers, qui sont vraiment de Parny. Il avait fait un poëme intitulé *Les Amours des Reines et des Régentes de France*, qui ne pouvait qu'ajouter à sa réputation; il le brûla, sous la terreur, qui ne le lui aurait certes pas imputé à crime.

Tout occupé de la patrie, le poëte ne songeait plus qu'à elle. Bientôt sa fortune fondit entre ses mains par des remboursements en assignats et par la réduction des rentes; il avait vendu jusqu'à ses livres ; il ne se plaignait pas, mais il se vit obligé de demander pour subsister, au mois de frimaire an IV (1795), un emploi dans les bureaux de l'instruction publique. Il fit avec courage et sans murmurer le sacrifice de ses goûts indépendants; religieux à remplir tous ses devoirs, il se distingua autant par son exactitude que par la netteté de son travail. Il fut ensuite pendant près d'une année l'un des quatre administrateurs du Théâtre des Arts (l'Opéra). Ces fonctions, peu compatibles avec les habitudes et même la santé de Parny, de tout temps fort délicate, ne le détournèrent point du culte des Muses, aliment nécessaire à son esprit comme à son cœur.

Sa *Lettre aux Assiégeants du Camp de Saint-Roch*, le *Coup d'œil sur Cythère*, l'*Épître aux Infidèles*, la *Confession d'une jolie Femme*, avaient montré en lui ce mélange de gaieté satirique, de finesse, de morale facile, de critique vive et piquante dont Voltaire a donné tant de modèles. Parny trouvait que la main des hommes avait étrangement défiguré l'image du Créateur. Il avait surtout horreur de l'abus que le fanatisme a fait de certaines maximes et de certains exemples pour prêcher la foi avec le glaive et donner aux nations le baptême de sang. Il embrassait la tolérance comme le gage de la paix du monde et l'un des plus beaux présents que la philosophie et la vraie religion pussent faire au genre humain. C'est à cet ordre d'idées que *La Guerre des Dieux*, publiée par lui au mois de ventôse an VII (février ou mars 1799), dut la naissance. Si ce poëme héroï-comique, admiré par Chénier, a éprouvé des critiques, sous le rapport du plan, tout le monde a été forcé de convenir que les tableaux de l'amour y sont d'une fraîcheur, d'une variété, d'une grâce particulières. On reconnaît toujours celui qu'*Éléonore* a fait poëte; mais l'amant heureusement inspiré est devenu un grand peintre; l'art a converti en talent supérieur les dons heureux de la nature. *La Guerre des Dieux*, composée à Daumont, dans la vallée de Montmorency, parut en mars 1799, avec un succès qui a toujours été en augmentant, et prit sa place entre ces ouvrages que le talent a marqués d'une empreinte ineffaçable. Parny a refait son poëme sous le nom de *La Christianide*, en y ajoutant quatorze nouveaux chants, qui sont des trésors de poésie.

Parny fut choisi, le 30 germinal an XI (20 avril 1803), par la classe de la langue et de la littérature françaises de l'Institut pour succéder à M. Devaines, sans avoir recours à aucune démarche, à aucune sollicitation pour obtenir les suffrages de l'Institut.

Parny avait publié un poëme intitulé *Les Scandinaves*, que Fontanes appelait un diamant; après son entrée à l'Académie, il donna *Le Portefeuille volé*, contenant une imitation, sur un ton léger et avec la grâce érotique qui caractérisait toutes ses productions, du *Paradis perdu* de Milton; *Les Déguisements de Vénus*, et *Les Galanteries de la Bible*, sermon en vers, où l'on retrouvait son cachet inimitable. Au commencement de 1807, il publia *Les Rose-Croix*, poëme qui eut à essuyer des critiques sévères. Grâce à la protection de Français de Nantes, qui lui avait donné une sinécure dans l'administration des droits réunis, dont il était le chef, Parny put vivre, sinon dans l'opulence, du moins dans une aisance modeste et dans la sécurité de l'avenir. Il fut un des membres de la commission du *Dictionnaire de l'Académie*. La santé chancelante du Tibulle français le força enfin à s'aliter; au bout de quelques jours, sa tête s'embarrassa, ses idées s'obscurcirent, et il mourut le 5 décembre 1814. Ses restes reposent au cimetière du Père Lachaise, sous un modeste monument, auprès de Delille, de Chénier et de Grétry.

On a prêté à Parny une facilité extrême; on s'est trompé, car si ses impressions étaient vives et profondes, il prenait un soin minutieux à en polir les détails. Il connaissait bien l'antiquité, il est aisé de s'en convaincre en le lisant. Il mettait entre ses divers ouvrages un intervalle pendant lequel il se livrait avec délices à la paresse, si souvent la grande inspiratrice des poëtes. Parny s'était marié en 1802, à une de ses compatriotes de l'Ile Bourbon.

P.-F. Tissot, de l'Académie Française.

PAROCEL. *Voyez* PARROCEL.

PARODIE (de παρά, contre, et ᾠδή, chant). La parodie est un acte d'opposition littéraire. Des érudits considèrent la *Batrachomyomachie* d'Homère (la guerre des grenouilles et des rats) comme la première parodie qui ait été faite; Homère aurait ainsi parodié lui-même son *Iliade*; cela paraît peu probable. Aussi préférons-nous nous ranger à l'opinion de ceux qui rapportent l'origine de la parodie dramatique à Égémon de Thasor, contemporain d'Aristophane. L'enfant dut grandir bien vite, car Aristophane usa largement de la parodie. Notre nation n'était pas moins disposée que les Grecs à rire un peu de tout, même de ce qu'elle venait d'admirer : la parodie s'y naturalisa donc facilement.

Les premières parodies furent jouées chez nous au théâtre de la Foire, et ce fut principalement sur le grand Opéra que s'exercèrent leurs critiques. Ces malices, au surplus, n'étaient ni bien ingénieuses ni bien piquantes : travestir le héros de l'ouvrage parodié en *pierrot*, en *arlequin* ou en *polichinelle*, voilà à peu près tout ce que savaient imaginer leurs auteurs pour divertir le public. Fuzelier, Dorneval, Lesage lui-même, malgré son talent, se bornèrent en général à ce procédé facile, et qui économisait l'esprit et les saillies. En transportant la parodie au théâtre que l'on appelait la *Comédie-Italienne*, Dominique et Romagnesi surent lui donner plus d'attrait et de mordant, et faire gaiement ressortir de leurs intrigues et de leurs dialogues les défauts de l'action et du style de l'ouvrage attaqué. On citera toujours comme modèles en ce genre leur *Agnès de Chaillot*, parodie de l'*Inès de Castro* de Lamothe, et *Le Mauvais Ménage*, parodie de la *Marianne* de Voltaire : ces deux satires dramatiques furent écrites en vers; ils en firent aussi plusieurs en couplets.

Quelques années après, il y eut interrègne dans le domaine de la parodie : l'auteur de *Zaïre*, qu'elle avait plus d'une fois égratigné, et qui tout en fouettant ses adversaires jusqu'au sang avait, comme on sait, l'épiderme très-sensible en fait de critique, se fâcha tout à coup contre cette muse maligne. Intéressant à sa cause personnelle la vanité de ses confrères, messieurs les gentilshommes de la chambre du roi, il obtint une interdiction à la Comédie-Italienne de parodier à l'avenir ni lui ni les autres auteurs de l'Opéra et du Théâtre-Français. Après son départ pour la Prusse, en 1751, la défense fut révoquée, et la nation ainsi que l'esprit français rentrèrent dans leurs droits. Depuis ce temps la parodie n'a plus éprouvé d'entraves, et toute grande production dramatique du genre sérieux a été sa tributaire. Après les auteurs que j'ai cités plus haut, un nommé Parisot fut le parodiste le plus renommé du dernier siècle, et son *Roi Lû*, parodie du *Roi Léar*, de Ducis, eut surtout une vogue prodigieuse. *Les Rêveries renouvelées des Grecs* mirent aussi tout Paris en gaieté. Plus tard la parodie vit encore de beaux jours, et obtint des succès éclatants au Théâtre du Vaudeville; *Agamemnon*, *Hector*, *Blanche et Montcassin*, en un mot toutes les tragédies de l'époque impériale, y furent spirituellement et joyeusement parodiées par Barré, Radet, Desfontaines et leurs confrères. Aux Variétés, la parodie, qui prit dans cet autre spectacle le nom d'*imitation burlesque*, eut aussi de grandes réussites, entre autres celles de *Cadet-Roussel beau-père* et de *La Chatte merveilleuse*.

Une autre sorte de parodie, celle qui ridiculise un genre, au lieu d'un ouvrage spécial, compta aussi chez nous plus d'un triomphe dramatique : c'est à cette classe qu'appartient *Le Retour du Croisé, ou la femme innocente, malheureuse et persécutée*, ingénieuse critique du mélodrame à tyrans et à niais. Depuis quelques années, la parodie est plus froidement accueillie sur nos théâtres : cela tient, je crois, à ce qu'un public qui ne va plus chercher dans les drames sérieux que des émotions s'embarrasse peu des moyens par lesquels on les lui procure et met peu d'intérêt à voir relever les fautes d'art et celles de style qui peuvent s'y trouver. Et d'ailleurs, comment parodier des œuvres la plupart du temps si extravagantes qu'elles semblent elles-mêmes la parodie du goût et du bon sens?

Le mot *parodie* a une autre acception, qui n'implique aucune idée de critique. On dit qu'une ariette, un couplet, sont *parodiés* sur d'autres ou sur un air, quand on s'y est astreint à la même coupe de vers ou à la même mesure. Collé, Laujon et plusieurs autres chansonniers du dernier siècle ont fait nombre de *parodies* de cette espèce.

OURRY.

PAROI. Ce mot, qui vient du latin *paries*, sert, dans son acception la plus ordinaire, à désigner en anatomie les tuniques des vaisseaux artériels, veineux ou autres, ainsi que les parties qui forment les limites, la clôture de diverses cavités du corps, comme les parois du crâne, de la poitrine, du bas-ventre, etc.

Paroi se dit aussi, en chimie, pour désigner la surface intérieure d'un vase quelconque : Certains acides corrodent la *paroi* de la plupart des récipients dans lesquels on les enferme.

Paroi est fréquemment employé aussi pour *mur*, *muraille*; il y a néanmoins cette différence entre ces deux mots, que le premier se dit plutôt d'une cloison, d'une séparation en planches, ou autre, élevée entre deux appartements, et le mot *mur* s'applique plutôt aux murailles d'enceinte d'une maison, d'une ville : *paroi* vieillit un peu dans ce sens.

Paroi, en termes d'eaux et forêts, se disait autrefois de plusieurs arbres marqués du marteau de l'arpenteur, séparant des parties de forêt appartenant à divers particuliers, ou indiquant les limites des coupes de bois.

PAROISSE (en latin *parochia*, du grec πάροικοι, étrangers). Jusqu'au troisième siècle ce mot désignait l'ensemble des communautés chrétiennes placées sous l'autorité d'un évêque; par conséquent il était synonyme de *diocèse*. Saint Irénée rapporte que les chrétiens, se fondant sur les paroles de saint Pierre, se considéraient comme *étrangers* ici-bas (πάροικοι); de là le nom de *paroisse* (παροικία), donné aux communautés chrétiennes comme formant des *associations d'étrangers*. Les communautés qui surgissaient dans les campagnes, au voisinage de la mère église, qui dépendaient d'elle, et recevaient aussi d'elle des prêtres, étaient appelées *parochiæ rurales*. Au quatrième et au cinquième siècle il n'y eut presque plus de localité de quelque importance dont les habitants ne constituassent une communauté et qui ne possédassent leur église en propre, et desservie par des prêtres particuliers. On désignait la communauté sous le nom de *plebs*, et le prêtre sous celui de *plebanus;* mais à partir du cinquième siècle l'usage s'introduisit de désigner toute communauté religieuse isolée par le nom de *parochia*, et son prêtre par le nom de *parochus*. L'une et l'autre demeurèrent placés sous l'autorité de l'évêque ou de l'archevêque, qui choisissait le *parochus* et déterminait l'importance de son traitement. A partir du sixième siècle le *parochus* tira des revenus, il est vrai, de celui qui entrait dans la communauté; mais à son tour il dut acquitter une certaine redevance à l'évêque ou archevêque. A l'origine, aussi, ses fonctions étaient bornées; et jusqu'au cinquième siècle il n'eut pas le pouvoir d'administrer les sacrements. A partir du sixième siècle il s'éleva aussi à côté des presbytères des écoles qu'on nomma dès lors *écoles paroissiales*. De nos jours on appelle *paroisse* ou *église paroissiale* toute communauté indépendante qui est tenue de supporter les charges *paroissiales*, c'est-à-dire de faire et de réunir tous les fonds nécessaires à l'entretien de l'église et pour payer le traitement du desservant.

Par le mot *paroisse* on a entendu par la suite non plus l'aggrégation ecclésiastique d'un certain nombre de maisons, d'habitants, d'une certaine étendue du territoire dépendant de l'église paroissiale, mais cette église elle-même; c'est ainsi qu'en parlant des revenus d'une église, on dira les revenus de la *paroisse*. Chacun devait être baptisé, marié, enterré dans la *paroisse* de la circonscription territoriale de laquelle il habitait; les registres des paroisses avant l'institution de l'état civil tenaient lieu de celui-ci. Autrefois les curés avant de dire la messe interrogeaient les assistants pour savoir s'ils étaient tous de la paroisse, et renvoyaient à leur paroisse ceux qui étaient étrangers. Il est des paroisses qui ont des annexes et succursales. Autrefois dix maisons étaient suffisantes pour constituer une circonscription paroissiale, une paroisse.

PAROISSIEN, habitant d'une paroisse.

Paroissien se dit aussi d'un livre de prières dont on se sert principalement pour suivre la messe et les offices.

PAROLE. L'homme a trouvé dans son organisation physique, par l'articulation des sons, la faculté de créer les mots pour représenter les idées, et la parole a été faite; il a assemblé ces mots pour peindre ses pensées, et le langage a été créé. La formation de la parole a été d'abord le résultat de l'imitation des bruits naturels; le besoin d'échanger leurs idées, l'assemblage des paroles a fait les langues; les cris ou sons vocaux naturels ont donné les voyelles; l'imitation du cri de quelques animaux ou des bruits de la nature a fourni à l'homme des sons artificiels, les consonnes; la parole semble donc avoir son origine incontestable dans l'imitation des bruits naturels; mais depuis cette primitive enfance combien n'a-t-elle pas eu de chemin à faire? Bien des systèmes ont été présentés sur sa formation successive, sur celle des langues; nous croyons celui que nous résumons ici en quelques mots le plus vrai, le plus rationnel.

Parole s'emploie encore dans différentes acceptions; *mot* et *parole* sont synonymes; cependant, il faut remarquer que la parole exprime la pensée, et que le mot représente l'idée qui sert à former la pensée: on a le don de la *parole* et la science des *mots;* l'abondance des *paroles* ne vient pas toujours de la fécondité et de l'étendue de l'esprit; l'abondance des *mots* ne fait la richesse de la langue qu'autant qu'elle a pour origine la diversité et l'abondance des idées. On doit sans cesse peser ses *paroles*. Rien ne donne plus d'élégance et de vigueur au discours que le choix des *paroles*.

Parole se dit d'un discours qu'on prononce: Porter la *parole*, donner, couper la *parole;* du ton de la voix: Il a la *parole* brève, tranchante, faible, agréable, etc.; de mots piquants: Se prendre de *paroles;* de plusieurs termes qui forment une sentence: On attribue cette belle *parole* à tel philosophe; Voici les dernières *paroles* de ce grand homme.

On appelle *parole de Dieu* l'Écriture Sainte: La *parole de Dieu* exposée simplement et sans art avait dans sa bouche toute sa force et toute sa majesté.

Parole signifie *promesse verbale* par laquelle on s'engage à faire certaine chose: Il m'a donné sa *parole;* Il a joué sur sa *parole;* En foi et *parole de roi;* Tenir sa *parole;* Retirer sa *parole*.

On dit, en termes de guerre, se parler sur *parole*, de deux personnes de parti contraire qui se voient, se parlent, sur la parole de ne rien entreprendre l'une contre l'autre.

Paroles, en termes de musique, se dit au pluriel du texte qui répond aux notes de musique: Cette musique est belle, mais les *paroles* n'en valent rien.

PAROLE D'HONNEUR, M. de Talleyrand a dit que la parole a été donnée à l'homme pour dissimuler sa pensée. S'il y a du vrai dans ce cynique apophthegme, on ne doit pas s'étonner d'entendre si souvent certaines gens engager leur *parole d'honneur* pour affirmer que ce qu'ils disent est la vérité, ou comme garantie de l'engagement qu'ils prennent. On a tant abusé de ce mot, qu'il a fini par tomber dans le plus profond discrédit. Aujourd'hui un homme qui se respecte quelque peu ne s'en sert, pour ainsi dire, que comme contraint et forcé, dans des circonstances tout à fait exceptionnelles; car il tient à honneur d'être cru sur sa simple affirmation. Mais pour cela il est nécessaire de s'être fait une incontestable réputation de véracité. Nous sera-t-il permis d'ajouter une moralité bien banale, mais qui n'en est pas moins juste de tous points: c'est que si le menteur prévoyait tous les inconvénients et désagréments auxquels il s'expose de gaieté de cœur en altérant la vérité, souvent dans les circonstances les plus insignifiantes, il se garderait bien d'une habitude qui finit par constituer le vice le plus odieux. A mesure qu'on avance dans la vie, on a lieu de remarquer que ce sont les menteurs qui d'ordinaire sont le plus pressés de donner leur parole d'honneur. Ils ont tant besoin d'être crus sur parole!

PAROLI. Ce terme de jeu, dans son acception primitive, indiquait une manière de jouer sur parole au pharaon. Après le gain d'un premier coup, le ponte faisait à sa carte un pli ou corne, annonçant qu'il risquait quitte ou double. Deux, trois ou quatre plis indiquaient le triple, le quadruple ou le quintuple du premier enjeu. Lorsqu'un joueur de mauvaise foi écornait sa carte d'une manière frauduleuse, cette supercherie s'appelait *paroli de campagne*. Le *paroli* se fait encore aux tristes jeux du trente et quarante et de la roulette. C'est l'inverse de la martingale. Dans celle-ci, on double toujours sa perte jusqu'à ce que l'on rencontre une chance heureuse; dans le *paroli*, on double constamment son gain jusqu'à ce que l'on juge à propos d'interrompre la série; mais le plus communément le banquier emporte la totalité de la masse. BRETON.

PAROMOLOGIE (du grec παρά et ὁμολογέω, j'avoue). C'est une des figures de la rhétorique, que nous appelons aussi concession.

PARONOMASIE (du grec παρά, proche, et ὄνομα, nom, c'est-à-dire *proximité* ou *ressemblance de noms*). On désigne sous ce nom, et aussi sous celui d'*annomination*, une figure de rhétorique dans laquelle on se sert à dessein de mots dont le son est à peu près le même, quoiqu'ils présentent un sens très-différent. C'est, à bien dire, ce que nous entendons par *jeux de mots*. Quelques auteurs regardent la paronomasie comme une répétition du même mot, mais après qu'on y fait quelque changement, soit en retranchant, soit en ajoutant ; en ce sens, cette figure n'est point une froide allusion d'un mot à un autre, mais souvent une figure de pensées, comme on en a un exemple dans ce vers du *Cid* :

Mon bras est invaincu, mais non pas invincible.

PARONYMES (du grec παρά, près, et ὄνομα, nom). On appelle ainsi des mots qui par leur étymologie ont de l'affinité avec d'autres; les homonymes ne sont qu'une ressemblance de son ; les paronymes sont une ressemblance d'étymologie. *Paronyme*, *anonyme*, *synonyme*, *homonyme*, *pseudonyme* sont des paronymes, parce que le mot grec ὄνομα est leur commune étymologie.

PAROPAMISUS. C'est le nom par lequel les anciens désignaient le mont Hindoukouh, dans l'Asie méridionale.

PAROS, une des plus importantes d'entre les Cyclades, dans la mer Égée, appelée aujourd'hui *Paro* et faisant partie de l'éparchie de Naxos, dans la nomarchie des Cyclades (Grèce), a 24 kilomètres carrés de superficie et compte 8,000 habitants. Cette île fut colonisée d'abord par des Phéniciens, qui ne tardèrent pas à en être expulsés par des Crétois et par des Arcadiens ; et de bonne heure elle parvint par son commerce et sa navigation à une grande prospérité. Les habitants de Paros ayant prêté assistance aux Perses, Miltiade fut chargé d'aller les en punir ; mais son expédition échoua, et ce ne fut qu'à la fin des guerres des Perses que l'île reconnut la domination d'Athènes. Après la mort d'Alexandre, Paros passa sous la souveraineté du roi d'Égypte Ptolémée Lagus; elle revint ensuite sous celle d'Athènes, et finit par appartenir aux Romains. Elle était surtout redevable de sa célébrité chez les anciens à son marbre, d'une éclatante blancheur, qu'on tirait des carrières de Marpessa, c'est-à-dire de ce que l'on appelle aujourd'hui le mont Saint-Élias, et encore de quelques autres localités de l'île. Généralement montagneuse, il n'y a guère plus de la moitié de son sol qui soit susceptible d'être mis en culture ; cependant il produit assez de froment, d'orge, de vin, de sésame, de coton, etc., pour la consommation des habitants. Son chef-lieu actuel, *Parchia* ou *Parikia*, le *Paros* des anciens, joli petit endroit, est situé au nord de la côte occidentale, sur une montagne. On y voit l'une des plus grandes églises qu'il y ait dans tout l'archipel. Sa population, y compris les faubourgs Naressa et Marpisi, est de 6,800 habitants, et elle possède une quarantaine de bâtiments employés au cabotage. On ne compte pas moins de 150 carrières dans son voisinage, et toutes etaient autrefois exploitées. Mais celles d'où l'on tire le plus beau marbre statuaire se trouvent à trois endroits situés dans une fondrière formée dans la montagne par un torrent qui se jette dans la mer, à peu de distance de la ville de *Naussa*, sur la côte septentrionale. Dans ces derniers temps l'exploitation de ces carrières a été reprise avec une certaine activité.

Cette île est célèbre aussi dans les annales de l'archéologie, comme étant, suivant toute apparence, le lieu où fut trouvée la *chronique* dite *de Paros*, appelée aussi, d'après son premier propriétaire, *Marbres d'Arundel*, ou encore *Marbres d'Oxford*, en latin *Marmora Paria* ou *Arundeliana*, et encore *Oxoniensia*, consistant en une table de marbre qui date de l'an 263 ou 262 avant Jésus-Christ et fut trouvée au dix-septième siècle à Paros, suivant d'autres à Smyrne ou dans l'île de Zéa ; elle contient la liste chronologique des principaux événements de l'histoire grecque, et embrasse, dans un parfait état de conservation, un intervalle de 1,318 années, puisqu'elle commence à Cécrops (1582 avant J.-C.) et se termine à l'an 264 avant J.-C. Ce monument, conservé dans un fragment assez peu lisible, qui va jusqu'à l'an 354 av. J.-C., le seul de ce genre que l'on possède de l'antiquité, fut acheté en 1627 par le comte Thomas Arundel, qui l'exposa à Londres, et dont le petit-fils, Henri Howard, en fit don, en 1667, à l'université d'Oxford, où il se trouve encore aujourd'hui. Depuis lors la *Chronique de Paros* a été publiée par plusieurs savants, entre autres par Selden, Humphrey, Prideaux, Maittaire, Robertson, et avec un luxe extrême par Richard Chandler (Oxford, 1763). De tous ceux qui se sont occupés de la déchiffrer et de l'expliquer, c'est Boeckh qui a été le plus heureux dans son *Corpus Inscriptionum Græcarum* (Berlin, 1843). Dans ces derniers temps quelques doutes ont été élevés sur l'authenticité de ce monument, mais sans être suffisamment justifiés.

Aux environs de Paros on trouve la petite île rocheuse d'*Antiparos*, appelée par les anciens *Olearos* ou *Oliaros*, célèbre par sa grotte de stalactites, profonde de 83 mètres et haute de 27, offrant les formes les plus étranges, et remarquable aussi par les cristallisations d'albâtre qu'on y voit.

PAROTIDE (du grec παρά, auprès, et οὖς, ὠτός, oreille). On donne ce nom, en anatomie, à deux grosses glandes salivaires, blanchâtres, inégalement oblongues et inégalement bosselées, situées chacune entre l'oreille externe et la branche postérieure ou ascendante de la mâchoire inférieure. On appelle également *parotide* ou *oreillon* une tumeur qui occupe ces glandes. La parotide simple est une affection benigne, qu'on observe souvent chez les enfants du premier et du second âge, et qui consiste dans un engorgement du tissu cellulaire sous-cutané. Elle se résout ordinairement d'une manière favorable et spontanée. Chez les adultes, la parotide qui survient dans le cours des fièvres de mauvais caractère est une affection plus grave. L'inflammation ne se borne pas au tissu cellulaire extérieur : elle pénètre jusque dans la substance même de la glande et y produit des abcès aboutissant souvent à des fistules difficiles à guérir. Cette affection est moins à craindre lorsqu'elle paraît au déclin de la fièvre et qu'elle en forme la crise. Le danger est plus grand lorsqu'on voit la glande disparaître d'une manière subite. Le traitement doit être actif. Cherchant à concentrer l'effort du mal sur une partie pour sauver le reste, on excite l'inflammation dans ces tumeurs au lieu de la combattre, et on emploie tous les moyens propres à provoquer la suppuration.

PAROXISME. Les médecins emploient ce mot pour désigner le haut degré d'intensité d'une maladie, surtout d'une maladie aiguë, celui auquel, ne pouvant plus s'accroître, elle doit diminuer; il est synonyme d'*exacerbation*. Les littérateurs modernes se sont emparés de cette dénomination et l'ont appliquée aux passions extrêmes qu'ils exploitent pour capter les suffrages d'un public blasé sur tout ce qui est naturel.

Dr Charbonnier.

PARPAILLOTS. *Voyez* Huguenots.

PARPAINS. *Voyez* Cloison.

PARQUES, divinités païennes, qui présidaient à la naissance et à la vie des hommes jusqu'à la mort. Elles étaient au nombre de trois : Clotho, Lachésis, et Atropos. On les représentait sous la forme de trois femmes accablées de vieillesse, portant des couronnes de gros flocons de laine blanche entremêlés de narcisses. La première, ou la plus jeune, présidait au moment de la naissance, et tenait une quenouille ; Lachésis filait les jours et les événements de la vie, et Atropos, l'aînée des trois sœurs, coupait avec des ciseaux le fil de cette même vie. Elles se servaient de laine blanche pour filer une vie longue et heureuse, et de laine noire pour une vie malheureuse, de laine entremêlée pour une vie ordinaire : Clotho présidait au présent, Lachésis à l'avenir, et Atropos au passé. Elles étaient filles de l'Érèbe et de la Nuit suivant les uns, de Jupiter et de Thémis suivant les autres ; il en est qui les font filles de la Mer, ou de la Nécessité et du Destin, avec lequel on les confond souvent, ce mot étant pris au pluriel (*fata*), sans doute pour désigner qu'elles sont inexorables comme la destinée. On fait venir *parques* de *parcere* (épargner), soit par antiphrase, ou parce qu'elles épargnaient la vie jusqu'au temps marqué par le Destin. Les Grecs les nommaient *Moira* ;

Aisa, *Eimarmène*, pour caractériser l'immuabilité de leurs décrets. Pausanias nomme les Parques Vénus, Uranie, Fortune et Ilythie : Vénus était la plus ancienne. Quelques auteurs placent Proserpine au nombre des Parques, parce qu'elle disputait à Atropos le droit de couper la trame de la vie. Hygin attribue à ces déesses l'invention de plusieurs lettres de l'alphabet grec. Quelques auteurs les nommaient *secrétaires du ciel*, et *gardes des archives de l'éternité*. Les anciens rendaient de grands honneurs aux Parques. Leur culte était le même que celui des Furies. Des prêtres, portant des couronnes, leur immolaient des brebis noires.

PARQUET, ou *feuilles de parquet*, terme de menuiserie indiquant un assemblage à compartiments de plusieurs pièces de bois minces arrêtées sur des lambourdes avec clous à tête perdue, et faisant le plancher d'en bas d'une salle, d'un cabinet, d'une chambre quelconque : parquet de bois de chêne, de noyer.

On nomme particulièrement *parquet en feuilles* celui qui se compose de plusieurs assemblages pareils d'environ un mètre carré. Les parquets étaient encore inconnus au seizième siècle. La propriété de la feuille de parquet est de n'avoir point la flexibilité d'une planche de longue portée, et de n'être pas sujette à se dégauchir, se voiler ou se fendre par l'effet du travail du bois.

Parquet se dit aussi de l'assemblage de bois sur lequel les glaces sont appliquées et fixées au moyen d'une bordure d'encadrement.

On nomme aussi *parquet*, dans diverses localités, des endroits destinés à des usages particuliers : ainsi, le *parquet des agents de change* est l'enceinte où se réunissent les agents de change pour faire constater le cours de la Bourse. La partie d'une salle de spectacle qui est entre l'orchestre des musiciens et le parterre, et où sont placés plusieurs rangs de fauteuils ou stalles pour les spectateurs, se nomme aussi *parquet*, mais plus ordinairement encore *orchestre*.

En termes de Palais on désigne sous le nom de *parquet* l'espace compris entre les siéges des magistrats et le barreau. C'est dans cet espace qu'autrefois siégeaient aux audiences les membres du ministère public, d'où leur est venu le nom d'*officiers du parquet*.

On entend aussi par là le lieu où se tiennent hors des audiences les membres du ministère public pour recevoir le public, et vaquer aux soins de l'administration qui leur est confiée.

Le mot *parquet* se prend enfin pour le corps même des officiers du *ministère public*.

PARRAIN, MARRAINE. Le parrain (*patrinus, pater lustralis*) est celui qui tient un enfant sur les fonts de baptême, qui lui sert de père devant Dieu à ce moment solennel où il entre dans la vie chrétienne. Dans l'origine, les parrains n'étaient que les témoins du baptême; le néophyte avait atteint l'âge de raison lorsqu'il demandait à être initié au mystère de la rédemption; il comprenait toute l'étendue de l'engagement qu'il allait prendre en renonçant au démon et au monde, à ses pompes et à ses œuvres. Les parrains contractaient de leur côté l'engagement de servir de guide au nouvel élu. Plus tard le caractère du baptême fut changé. On voulut soustraire les enfants au danger de mourir avant d'être admis dans la communion chrétienne, et on leur conféra le baptême avant l'âge de raison. Alors le rôle du parrain changea; il dut prendre pour l'enfant des engagements que l'âge de celui-ci ne lui permettait pas de prendre. Ce ne fut plus un *frère* venant assister un frère, mais un *père* spirituel qui venait présenter à Dieu son enfant. On voulut que cette paternité fictive offrît tous les caractères de la parenté naturelle; on exigea qu'une *marraine* fût donnée à l'enfant pour lui servir de seconde mère. Ces deux paternités cependant ne durent pas se confondre, et il ne fut pas permis au père d'être le parrain de son enfant, pas plus qu'à la mère d'être sa marraine. L'alliance spirituelle que la tenue d'un enfant sur les fonts baptismaux établissait entre le parrain et la marraine fut longtemps un empêchement au mariage.

Anciennement la présence d'un parrain et d'une marraine était encore requise pour le sacrement de la confirmation.

Les personnes qui ont tenu ensemble un enfant sur les fonts baptismaux s'appellent vulgairement *compère*, *commère*.

Nous avons parlé ailleurs du parrainage des cloches. Dans plusieurs locutions qui se rattachent à des usages anciens le mot *parrain* a conservé sa signification de *témoin*. Pour être armé chevalier il fallait être conduit par un parrain. Toutes les fois qu'il était nécessaire de mettre l'épée à la main, les champions se présentaient l'un et l'autre accompagnés de leurs parrains; les *parrains du duel* réglaient les conditions du combat, dont ils restaient les témoins, afin que les choses se passassent loyalement.

PARRHASIUS, peintre grec, né à Éphèse, était fils d'Événor, peintre lui-même, dont il fut l'élève : c'est au moins ce qui résulte d'une épigramme rapportée par Athénée, et qui est attribuée à Parrhasius. L'époque de sa naissance n'est pas bien connue; on sait seulement que son père vivait vers l'an 420 avant J.-C.; mais on sait positivement qu'il était contemporain et rival de Zeuxis. Parrhasius le premier, d'après le témoignage de Pline, excella dans ce genre *argutiæ vultus*, qu'il créa, et qui consistait à rendre, en même temps que la beauté des formes et la pureté des contours, les passions de l'âme. On peut supposer, d'après Xénophon, que ce fut aux observations de Socrate que Parrhasius dut d'entrer dans cette nouvelle direction. Zeuxis, quoique plus jeune que Parrhasius, avait atteint une célébrité qui pouvait devenir inquiétante pour celui-ci; Parrhasius devait chercher une occasion de conserver sa supériorité; Zeuxis la lui offrit, et il s'empressa de la saisir. Ce dernier avait peint des raisins avec une telle vérité que des oiseaux s'en approchèrent pour les manger; on trouve même dans l'*Anthologie* une épigramme à ce sujet. Le peintre tirait vanité, sinon de la méprise des oiseaux, qui n'est qu'une hyperbole familière au génie des Grecs, du moins de la beauté de son ouvrage. Le tableau de Zeuxis était exposé publiquement, selon l'usage alors consacré : Parrhasius vint placer près de celui de son rival un tableau qui semblait couvert d'une toile; Zeuxis le pressait d'enlever cette toile, afin qu'il pût considérer l'ouvrage qu'elle semblait cacher; Parrhasius l'engagea à découvrir lui-même son tableau; mais Zeuxis s'aperçut alors que ce n'était qu'une illusion, et il s'avoua vaincu, disant que s'il avait trompé les oiseaux, Parrhasius avait trompé un artiste.

Ce dernier fut moins heureux dans sa rivalité avec Timante. La ville de Samos avait ouvert un concours pour un tableau représentant la dispute qui eut lieu entre Ajax et Ulysse relativement aux armes d'Achille, et le jugement qui y mit fin. Tous les suffrages furent pour Timante; et comme un ami de Parrhasius cherchait à le consoler de cette défaite, le peintre lui répondit : « Qu'il n'attachait aucun prix à la victoire, mais qu'il ne pouvait s'empêcher de plaindre le pauvre fils de Télamon, qui dans la même cause avait été vaincu deux fois par un adversaire indigne de lui. » Sénèque le rhéteur dit que Parrhasius, ayant voulu représenter le supplice de Prométhée, fit mourir dans les tourments, pour lui servir de modèle, un esclave qu'il avait acheté à Olynthe, après la prise de cette ville par Philippe, roi de Macédoine; il ajoute que le peintre, ayant exposé ce tableau dans le temple de Minerve, fut accusé d'avoir offensé la majesté de la république; puis il rapporte les débats publics qui s'élevèrent à cette occasion entre le peintre et ses accusateurs, et les discours qu'ils prononcèrent. On sait ce que l'on doit penser de l'authenticité des discours rapportés par les anciens, mais le fait est douteux; au reste, on a fait le même reproche à Michel-Ange, à l'occasion d'un Christ en croix, et cette double supposition n'est peut-être fondée que sur la vérité d'expression à laquelle les deux peintres étaient parvenus, et qui leur ferait honneur. Parrhasius, ayant acquis une grande célébrité et une grande richesse, menait une vie somptueuse, et mettait un grand luxe dans ses vêtements; il parlait de lui en termes magnifiques, se donnait le surnom d'*Abrodiaitos* (qui vit dans la mollesse); mais comme il était impossible que son arrogance ne lui fît pas beaucoup d'ennemis, pour se venger ceux-ci l'appelaient : *Rabdodiaitos* (qui se nourrit de baguettes, de manches de pinceaux); plaisanterie qui n'est fondée que sur une paranomasie dont il serait impossible de rendre le sel en français. Au reste, Parrhasius a été célèbre dans l'antiquité : Athénée, Cicéron, Élien, Juvénal, Pline, Plutarque, Pausanias, Quintilien, Sénèque, Xénophon, et beaucoup d'autres, ont parlé de lui et vanté ses ouvrages, dont aucun n'est parvenu jusqu'à nous. Tibère, d'après ce que rapporte Suétone, avait dans sa chambre deux tableaux de Parrhasius auxquels il attachait un grand prix.

Ce peintre, par un écart d'imagination que l'on ne cherchera pas à justifier, mais qu'expliquent très-bien les mœurs de son temps, avait représenté quelques sujets qui blessaient la pudeur, et l'un des deux tableaux conservés si précieusement par Tibère était précisément de ce genre : *Nella quale*, dit Carlo Dati, dans la vie qu'il a faite des peintres célèbres de l'antiquité, *Meleagro ed Atalante eran dipinti in maniera ch' assai bello è tacere*. Quant à la prédilection de Tibère pour un tableau de cette espèce, elle est facile à comprendre. P.-A. Coupin.

PARRICIDE. La signification propre de ce mot est le crime de celui qui tue son père ; on appelle aussi *parricide* celui qui a commis ce crime.

Dans le droit romain, on comprenait également sous le nom de *parricide* les meurtres commis par les père et mère envers leurs enfants, par les maris envers leur femme, par les frères envers leurs frères, etc. La loi *Pompeia de Parricidiis* fut la première rendue en cette matière. La peine qu'elle portait consistait à faire fustiger le parricide jusqu'à effusion de sang, et ensuite à l'enfermer dans un sac de cuir avec un singe, un coq, une vipère et un chien; après quoi le coupable était jeté à la mer ou dans le fleuve le plus prochain, afin, porte cette loi, que celui qui a violé ainsi les lois de la nature soit privé de l'usage de tous les éléments, savoir : de la respiration de l'air, étant encore vivant; de l'usage de l'eau, quoiqu'au milieu de la mer ou du fleuve; et de la terre, qu'il ne pouvait avoir pour sépulture.

Sous notre ancienne législation, il n'y avait aucune loi qui fît mention expresse du parricide. Il n'y avait en cette matière d'autres règles que celles établies par la jurisprudence des arrêts qui avait pris pour base les lois portées contre les meurtres et les assassinats. La définition du parricide était moins étendue que dans les lois romaines; on l'avait restreinte au crime des enfants qui tuent leur père ou leur mère ou autres ascendants; on l'appliquait aussi aux criminels de lèse-majesté au premier chef, les souverains étant censés les pères de leurs sujets. La peine qu'on était dans l'usage de prononcer contre le coupable de parricide était celle de la roue ; on y ajoutait l'amende honorable, le poing coupé, le corps mort brûlé, et les cendres jetées au vent. Quelquefois on appliquait la peine du feu. Cette dernière peine était plus particulièrement réservée pour les femmes, qui ne pouvaient pas être condamnées à la peine de la roue.

Le Code Pénal qualifie de *parricide* le meurtre des père et mère légitimes, naturels ou adoptifs, ou de tout autre ascendant légitime, et met sur la même ligne l'attentat contre la vie ou contre la personne de l'empereur. Le coupable doit être conduit sur le lieu de l'exécution en chemise, nu-pieds et la tête couverte d'un voile noir. Il doit être exposé sur l'échafaud pendant qu'un huissier fait au peuple lecture de l'arrêt de condamnation, pour être ensuite immédiatement exécuté à mort. Avant la révision faite en 1832, le Code Pénal infligeait encore au parricide la peine du poing droit coupé, mais cette peine, reflet barbare de l'ancienne jurisprudence, a disparu de nos lois modernes. E. de Chabrol.

PARROCEL, nom d'une famille de peintres français justement estimés.

Le premier, *Barthélemy* Parrocel, naquit à Montbrison, au commencement du dix-septième siècle. Il fut destiné à l'état ecclésiastique, qu'il abandonna pour la peinture. Il se rendait en Italie pour s'y perfectionner, quand il rencontra un grand d'Espagne qui devint son protecteur et l'emmena dans sa patrie, où il gagna beaucoup d'argent par de nombreux travaux. Parti de l'Espagne pour l'Italie, il fut pris par un corsaire algérien, puis échangé. Après avoir réalisé enfin son voyage en Italie, il revint en France, se fixa à Brignolles, et s'y maria.

Joseph Parrocel, troisième et dernier fils du précédent, né à Brignolles, en 1648, mort en 1704, membre de l'Académie de Peinture, fut l'un des élèves du Bourguignon, et devint un remarquable peintre de batailles, sans avoir pourtant jamais vécu dans les camps ni suivi les armées. On peut dire à cet égard que jamais artiste ne devina mieux que lui et d'inspiration *l'art de tuer son homme*. Il a peint en effet avec une admirable vérité la fureur du soldat qu'enivrent la fumée de la poudre, le mouvement et le fracas de la mêlée. L'une de ses meilleures toiles est son *Passage du Rhin par Louis XIV*. On a aussi de lui quarante-huit gravures, représentant des sujets empruntés à la vie de Jésus-Christ, et qui sont estimées.

Charles Parrocel, son fils et son élève, né en 1688, et mort en 1752, s'est également fait un nom comme peintre de batailles, et fut choisi pour peindre les conquêtes de Louis XV.

Ses cousins, *Ignace*, mort en 1722, et *Pierre*, mort en 1739, ne réussirent pas moins bien dans le genre adopté par leur oncle. Pierre peignit beaucoup de tableaux pour le prince Eugène de Savoie.

Étienne Parrocel, petit-neveu de Joseph, né à Paris, en 1720, se distingua également dans la peinture.

PARRY (Sir William-Edouard), célèbre navigateur anglais, est né à Bath, le 19 décembre 1790. Fils d'un médecin distingué, *Caleb-Hillier* Parry, de qui l'on a divers ouvrages justement estimés, il servit d'abord comme *midshipman* à bord du vaisseau de ligne *La Ville de Paris*, employé, de 1803 à 1806, au blocus de la flotte française à Brest; puis, en qualité de lieutenant, à bord de la frégate *La Tribune*, avec laquelle il alla, en 1808, dans la Baltique. Les occupations du service ne l'empêchaient point de se livrer concurremment à l'étude approfondie de l'astronomie, de la navigation et de la projection des cartes marines ; aussi lui confia-t-on diverses missions non moins importantes que périlleuses, qui demandaient un marin extrêmement expérimenté. C'est ainsi qu'en 1811 il pénétra jusqu'au 76° de latitude septentrionale, à l'effet de protéger la pêche de la baleine. A partir de 1813, il alla croiser pendant plusieurs années, à bord du vaisseau *La Hogue*, dans les eaux de l'Amérique méridionale. Il ne revint en Angleterre qu'en 1817; et l'année d'après, lors de l'expédition du capitaine Ross au pôle Nord, il fut chargé du commandement du second bâtiment affecté à cette entreprise, l'*Alexander* (*voyez* Nord [*Expéditions au pôle*]). Parry n'est pas seulement un marin courageux, c'est encore un homme de beaucoup d'esprit et d'une prudence consommée. Il a donné, dans sa longue carrière de marin, de remarquables preuves de ces qualités, grâce auxquelles il a pu pendant la longue nuit d'une saison d'hiver passée tout entière au milieu des glaces conserver la santé et la gaieté de tous les hommes placés sous ses ordres. En juin 1829, il fut envoyé par la Compagnie d'Agriculture de l'Australie en qualité de commissaire à Port-Stepheus, et ne revint en Angleterre qu'en 1832. En 1852 il a été promu au grade de contre-amiral, et en 1853 vice-gouverneur de l'hôpital maritime de Greenwich. Il s'est beaucoup occupé de la propagation de la Bible et a même composé plusieurs ouvrages de piété. On a une édition portative de ses voyages, sous le titre de *Four Voyages to the north Pole* (5 vol.; Londres, 1833).

Son frère, *Charles-Henri* Parry, exerce la médecine à Bath avec distinction.

PARSES, PARSISME. Par opposition à l'appellation ethnographique plus générale de *Perses*, on donne le nom de *Parses* aux Perses qui après la destruction de l'empire des Sassanides par les Arabes demeurèrent fidèles à l'antique doctrine religieuse de Zoroastre. Persécutés par le fanatisme musulman, les Parses se réfugièrent les uns dans certaines parties peu accessibles de la Perse, par exemple à Jesd; les autres sur la côte nord-ouest de l'Inde, où ils se sont perpétués jusqu'à nos jours, notamment à Bombay et à Surate, en conservant le caractère particulier de leur nationalité.

Le mot *parsisme* sert à désigner le culte des sectateurs de Zoroastre, attendu que ce sont surtout les Parses de l'Inde qui nous l'ont fait connaître dans sa forme actuelle.

Le Parse s'attache surtout à représenter par son culte l'idée fondamentale de la doctrine religieuse de Zoroastre : la pureté dans les pensées, les paroles et les actions. Aussi, toutes ses cérémonies religieuses sont-elles accompagnées de la lecture des mots du Zendavesta qui purifient l'âme. L'objet le plus révéré du culte des Parses, c'est le feu purificateur dans ses différentes manifestations, comme feu du sacrifice, feu domestique, feu central brûlant dans l'intérieur de la terre, etc. Le feu sacré est adoré dans des temples particuliers (*Ateshkade*); et le souiller, comme par exemple si le prêtre vient à le toucher involontairement de son souffle, c'est commettre un crime punissable de mort; aussi les prêtres ont-ils la précaution de ne s'approcher du feu sacré que le visage complétement voilé. Les sacrifices les plus importants sont les sacrifices propitiatoires au moyen desquels on expie non-seulement les crimes qui souillent l'âme, mais encore les moindres infractions aux lois du rituel et les plus legères souillures du corps provenant du contact avec l'un des objets impurs dont la liste est donnée avec le plus grand soin dans le livre de la loi. Les fêtes les plus importantes du parsisme sont les *Gahanbars*, qui durent six jours, et furent instituées en commémoration des six journées qu'Ormuzd employa à créer le monde. Les prêtres parses sont divisés en plusieurs classes, et portent tous sur la hanche la ceinture sainte comme signe de leur dignité. Pour ce qui est de la doctrine religieuse des Parses, telle que nous l'expose le Zendavesta, *voyez* Zoroastre.

PART, PARTAGE. On appelle *part* la portion de quelque chose qui se divise entre plusieurs personnes, et *partage* la division qui se fait entre elles de biens ou effets qui leur appartenaient en commun, ou en qualité de cohéritiers, ou comme copropriétaires, à quelque titre que ce soit. On fait le *partage* d'une succession, d'une communauté, d'une société, et en général des choses qui sont indivises entre plusieurs personnes ou plusieurs communes.

Nul ne peut être contraint à demeurer dans l'indivision, et le partage peut être toujours provoqué, nonobstant prohibitions et conventions contraires. L'action en partage à l'égard des cohéritiers mineurs ou interdits peut être exercée par leurs tuteurs; mais comme elle touche d'une manière essentielle aux intérêts de ces mineurs ou interdits, comme leur fortune pourrait être plus ou moins compromise par l'effet d'un partage légèrement consommé, le conseil de famille doit intervenir pour l'autorisation du tuteur. De même, un mari peut bien, sans le concours de sa femme, provoquer le partage des biens meubles ou immeubles à elle échus qui tombent dans la communauté, parce qu'il est le chef de cette communauté, et que son intérêt personnel est évident; mais à l'égard des objets qui ne tombent pas en communauté, le mari ne peut en provoquer le partage sans le concours de sa femme.

Si tous les copartageants sont présents et majeurs, le partage peut être fait par tel acte et dans telle forme que les parties intéressées jugent convenable. S'ils ne sont pas tous présents, ou s'il y a parmi eux des mineurs ou des interdits, les scellés doivent être apposés dans le plus bref délai. Des formalités spéciales pour la levée de ces scellés et pour la confection de l'inventaire sont établis par le Code de Procédure civile. Du reste, l'action en partage, ainsi que les contestations qui s'élèvent dans le cours des opérations, est portée devant le tribunal du lieu de l'ouverture de la succession. C'est ce tribunal qui, lorsque les parties ne peuvent s'entendre, nomme des experts pour l'estimation des immeubles. Le procès-verbal de ces experts doit présenter les bases et l'estimation; il doit indiquer si l'objet estimé peut être commodément partagé, de quelle manière, et fixer enfin, en cas de division, chacune des parts qu'on peut en former, et leur valeur. Quant aux meubles, ils doivent être également estimés, de la manière la plus exacte et à juste prix. Chacun des cohéritiers peut demander sa part en nature des meubles et immeubles de la succession : néanmoins, dans certains cas, et par exemple lorsque la majorité des copartageants juge la vente nécessaire pour l'acquit des dettes et charges de la succession, les meubles sont vendus publiquement dans la forme ordinaire. Si les immeubles ne peuvent se partager commodément, il doit être procédé à la vente par licitation devant le tribunal. Mais si toutes les parties sont majeures, elles peuvent consentir que la licitation soit faite devant un notaire, de leur choix. De même, et après les opérations dont nous venons de parler, le tribunal ou le juge par lui délégué renvoie, s'il y a lieu, les parties par-devant un notaire, qu'elles choisissent, ou qu'il désigne lui-même si les parties ne peuvent s'accorder sur le choix. On procède devant cet officier aux comptes que les copartageants peuvent se devoir, à la formation de la masse générale, à la composition des lots et au règlement des indemnités que les uns ou les autres des copartageants peuvent prétendre. Chacun d'eux fait rapport à la masse des dons qui lui ont été faits et des sommes dont il est débiteur; puis il est procédé à la composition d'autant de lots égaux qu'il y a de copartageants ou de souches copartageantes. On évite autant que possible de morceler les héritages et de diviser les exploitations, et l'on dispose les lots de manière à établir entre eux une parfaite égalité, soit qu'il s'agisse de meubles, d'immeubles, de droits ou de créances. Les lots sont ensuite tirés au sort; mais auparavant chacun des copartageants est admis à proposer ses réclamations contre leur formation, et s'il s'élève des contestations, soit dans cet instant, soit dans les opérations précédentes, le notaire dresse procès-verbal des difficultés, ainsi que des dires respectifs des parties, et il renvoie celles-ci devant le commissaire nommé pour le partage. Il est au surplus procédé suivant les formes prescrites par les lois sur la procédure.

On conçoit d'ailleurs que quand ces formalités ont été bien et exactement observées, aucune autre garantie ne puisse être exigée : aussi la loi dit-elle expressément que les partages faits conformément aux règles ci-dessus indiquées, soit par les tuteurs avec l'autorisation d'un conseil de famille, soit par les mineurs émancipés, assistés de leurs curateurs, soit au nom des absents ou non présents, *sont définitifs :* ils ne sont que provisionnels si les règles prescrites n'ont pas été observées. Enfin, et cette disposition mérite une attention particulière, afin que les affaires se traitent réellement en famille, afin qu'un étranger ne puisse pas s'y introduire et devenir l'occasion ou la cause de difficultés ou d'embarras, il est expressément établi par la loi que « toute personne, même parente du défunt, qui n'est pas son successible, et à laquelle un cohéritier aurait cédé son droit à la succession, peut être écartée du partage, soit par tous les cohéritiers, soit par un seul, en lui remboursant le prix de la cession. » Dubard.

En parlant des opinions, des votes, des suffrages d'une assemblée, d'une compagnie délibérante, on dit qu'il y a *partage*, lorsqu'il y en a autant d'un côté que de l'autre. Quand dans un tribunal les juges sont *partagés* d'opinions, l'affaire est plaidée de nouveau devant le tribunal, dont la composition est modifiée par l'adjonction de nouveaux juges.

Le mot *part* entre dans un grand nombre de locutions familières et proverbiales, comme celles-ci : *Avoir part au gâteau*, pour avoir part aux profits qui reviennent d'une affaire; *la part du lion* se dit de quelqu'un qui abuse de son rang ou de sa force pour s'attribuer la totalité d'une chose qu'il devrait partager avec d'autres.

On nomme *billets de faire part* des lettres circulaires par lesquelles on fait part d'un mariage, d'une naissance, d'un décès, qui intéresse celui qui écrit.

La *part de prise* est ce qui revient au marin des prises que son navire a faites sur l'ennemi. Dans le partage, le gouvernement prélève un tiers, l'état-major un autre tiers, et le reste est pour l'équipage. Sur les corsaires, les invalides prélevaient un tiers, les armateurs un tiers, et l'équipage partageait l'autre tiers avec les officiers.

PARTAGE D'ASCENDANTS. Le partage des biens d'une succession donne souvent lieu à de graves discussions dans les familles. C'est pour prévenir ces discussions que la sagesse du législateur a ajouté à la puissance paternelle le droit de répartir de son vivant ses biens entre ses enfants. Ces sortes de partages doivent être faits dans la forme des donations entre vifs ou des testaments, et il n'est point nécessaire qu'ils comprennent la totalité des biens; mais il faut, à peine de nullité, que tous les héritiers présomptifs soient appelés à y prendre part : si tous les biens que l'ascendant laissera au jour de son décès n'ont pas été compris dans le partage, ceux de ces biens qui n'y ont pas été compris sont partagés conformément à la loi. Le partage fait par l'ascendant peut être attaqué pour cause de lésion de plus du quart; il peut l'être aussi dans le cas où il résulte du partage et des dispositions faites par préciput que l'un des copartagés aurait un avantage plus grand que la loi ne le permet. L'enfant qui attaque le partage fait par l'ascendant est tenu de faire l'avance des frais de cette estimation, qui restent à sa charge s'il succombe dans sa demande. Le partage d'ascendants dans l'ancien droit s'appelait démission de biens.

PARTERRE. C'est la partie d'un jardin spécialement affectée à la culture des fleurs et des plantes d'agrément; les arbres à fruits, ceux qui donnent de l'ombrage, en sont exclus : ils en étoufferaient les hôtes naturels et les priveraient des rayons vivifiants du soleil; en revanche, le rosier, le lilas de Perse, et tant d'autres gracieux arbustes, y règnent en souverains; c'est là que la tulipe, l'œillet, la renoncule, le dalhia, étalent tour à tour leurs brillantes couleurs. Le dessin du parterre varie suivant les goûts, l'étendue et la disposition du sol : tantôt c'est un terrain plat, tantôt c'est un amphithéâtre de verdure qui se déploie d'ordinaire devant les bâtiments d'habitation, et comme pour leur servir de riant frontispice; ici, ce sont des corbeilles, des carrés, des losanges; là des triangles et des croissants. Le buis, le gazon, la violette, la staticée et mille gentilles bordures, servent à en tracer les compartiments, à en aligner les plates-bandes; on l'orne, selon les fortunes, de vases, de statues, de bassins et de jets d'eau. Ce n'est pas une petite affaire que d'entretenir un parterre dans cet état de floraison perpétuelle qui en constitue le charme, et que nous admirons dans ceux des Tuileries, du Luxembourg, de Fontainebleau et de maints domaines qui sous ce rapport ne le cèdent en rien à ces demeures impériales. Fouiller, engraisser cette terre, semer, piquer ces plantes, les assortir, les mettre dans leur jour, à leur soleil; les arroser, les relever, remplacer celle qui doit se flétrir ce soir par celle qui va s'ouvrir demain, les faire éclore à jour dit, à heure fixe, tout cela exige du jardinier fleuriste mille connaissances, mille peines, dont ne se doutent guère nos jeunes élégants lorsque, de leurs doigts profanes, ils effeuillent avec une cruelle indifférence les charmantes filles du parterre.

Entre un parterre de jardin et un parterre de théâtre, il n'y a vraiment d'autre similitude que celle du nom. Rien qui ressemble moins en effet à des têtes de fleurs que tous ces chefs chevelus ou pelés, ébouriffés ou aplatis, qui se dressent au parterre de nos salles de spectacle. La différence n'est pas moins sensible quant à l'état de l'atmosphère, et chacun sait que s'il s'y respire quelque parfum, ce n'est certes pas celui des roses. Il est à peine nécessaire de dire qu'au théâtre on appelle *parterre* cette partie de la salle située au-dessous du niveau de la scène, entre l'orchestre et le pourtour des loges du rez-de-chaussée. Son nom lui vient de ce qu'il est censé à ras du sol, ce qui est matériellement faux dans la plupart de nos théâtres, où le parterre est au premier étage. C'est là que chaque soir s'entassent pêle-mêle, sur de dures banquettes, les individus de tous les états et de tous les âges auxquels leur bourse ne permet pas d'atteindre jusqu'à l'orchestre payant ou de monter jusqu'aux galeries : c'est un terme moyen entre les loges de l'aristocratie et le poulailler démocratique, appelé aussi *paradis*, par antiphrase sans doute. C'est le rendez-vous des commis-marchands, des clercs d'huissier, des employés subalternes, des étudiants et des grisettes, car les petits théâtres admettent au parterre des femmes, qui en viennent animer l'aspect pittoresque par la variété de leurs costumes; dans les villes de garnison, c'est presque exclusivement la place des soldats et des sous-officiers. Dans plusieurs salles de province, le parterre, que l'on nomme *parquet*, est vide de toute espèce de siéges : les spectateurs, forcés d'y avaler debout les tirades et les ritournelles des poëtes et des musiciens à la mode, s'y montrent parfois d'assez difficile composition, et se vengent d'une manière fort aiguë de la double fatigue physique et morale à laquelle les condamne ce système incommode : aussi les directeurs s'empressent-ils d'y renoncer, car la turbulence, l'expansion du parterre se calment singulièrement quand il est assis; les mots les plus heureux du parterre d'autrefois (et il en avait souvent) partaient d'un parterre debout. A Paris, où tant de théâtres se disputent la foule, non-seulement il y a des banquettes au parterre, banquettes rembourrées, ou, pour mieux dire, recouvertes d'une grosse toile, mais on y a fait joindre des dossiers dans certains théâtres; même, à l'exemple de l'Opéra, qui a fait le premier cette innovation, on l'a divisé en stalles. Il est juste d'ajouter que l'amélioration entraînait une légère augmentation du prix des places. Quoi qu'il en soit de cette petite ruse commerciale, il n'est guère de fortune qui ne puisse se procurer, à l'occasion, les douceurs du parterre, depuis celui des Funambules, où les 33 centimètres de banquette se payent 30 centimes jusqu'à celui de l'Opéra, où ils valent 4 fr. (5 fr. en location). C'est au milieu du parterre, au-dessous du lustre, que se tient la bande des claqueurs, entrepreneurs patentés de succès dramatiques; et n'était l'inconvénient d'être étourdi ou coudoyé par cette tourbe impure, la modeste place du parterre ne serait pas la moins recherchée, car c'est, de l'avis de beaucoup de personnes, la plus commode et la plus favorable à l'illusion scénique. C'est ainsi du moins que pensaient les beaux esprits des siècles précédents, qui avaient fait du parterre leur place de prédilection. Alors le parterre était maître souverain : c'était lui qui prononçait les arrêts de vie et de mort en matière dramatique; c'était du parterre qu'une voix criait à Molière : « Courage! courage, Molière! voilà la bonne comédie. » Aujourd'hui les vieux amateurs se sont réfugiés à l'orchestre; mais les habitués du parterre, bien qu'ils puissent paraître un peu moins compétents que leurs prédécesseurs, ont cependant conservé une bonne partie de leurs priviléges. C'est encore le parterre qui prononce en premier ressort, et souvent sans appel; c'est lui qui pleure ou qui rit, qui applaudit ou siffle; c'est lui qui rappelle les comédiens et demande l'auteur; maître souverain dans la salle comme sur la scène, il exige et obtient le respect des loges par ce cri si connu : *Face au parterre*. C'est à lui que s'adressent toutes les suppliques finales. Ce sont *messieurs du parterre*, et non *messieurs des loges* que l'auteur implore; c'est du parterre qu'il réclame les applaudissements ou l'indulgence. Dans cette phrase métonymique, l'auteur prend alors, comme disent les rhéteurs, le contenu pour le contenant. C'est dans ce sens que Napoléon écrivait de Schœnbrunn à Talma : « Je veux vous faire jouer devant un *parterre* de rois. » V. RATIER.

PARTHÉNIUS, poëte grec érotique, né à Nicée en Bithynie, vivait au siècle de César et d'Auguste et est l'auteur d'un ouvrage assez bien écrit sur les souffrances de l'amour, et généralement désigné sous le titre latin de *Narrationes amatoriæ*. Jean Cornarius l'a traduit en latin, et en a donné une édition avec le texte en regard, publiée par Froben, à Bâle, en 1531. Cet opuscule, composé de trente-six chapitres fort courts, n'eût probablement pas dérobé à l'oubli le nom du poëte de Nicée; mais Macrobe nous apprend qu'il enseigna le grec au Cygne de Mantoue. Dès lors ce nom ira à la postérité avec celui de Virgile. Suidas cite encore les titres de divers autres ouvrages de Parthénius. L'énumération en serait ici sans objet.

PARTHÉNON (de παρθένος, *vierge*, nom sous lequel Minerve était désignée et adorée), célèbre temple d'Athènes consacré à Minerve, fut détruit par les Perses, et rebâti par Périclès avec la plus grande magnificence. Il avait 100 pieds de façade, ce qui lui fit donner le nom d'*Hécatompédon*, 226 pieds de long, et 70 d'élévation. Chacune de ses deux façades avait un portique double. La façade extérieure de la nef représentait, dans une frise dont quelques bas-reliefs sont restés, une procession en l'honneur de Minerve. Le Parthénon contenait une statue de la déesse, d'or et d'ivoire, dans l'attitude d'une personne debout, ayant une pique à la main, un bouclier à ses pieds, une tête de Méduse sur l'estomac, et près d'elle une Victoire haute d'environ 4 coudées. Cette statue était un des chefs-d'œuvre de Phidias. Le Parthénon avait résisté à toutes les intempéries du temps, à toutes les dévastations, jusqu'à la fin du dix-septième siècle; il subsistait encore dans son entier, lorsqu'en 1687 une bombe lancée par les Vénitiens, qui assiégeaient les Turcs dans Athènes, mit le feu à un dépôt de poudre que ces derniers y avaient établi, et fit sauter l'édifice, qui fut dès ce moment à peu près complétement ruiné. Le Parthénon était sur le plus haut point du rocher où s'élevait la citadelle d'Athènes. On en voit encore des restes de fort loin, quand on arrive par le golfe d'Engia.

PARTHÉNOPE. Ainsi s'appelait la fille d'Ancée et de Samia, qui eut d'Apollon Lycomède. C'est aussi le nom de l'épouse d'Océanos, qui la rendit mère d'Europe et de Thrace; puis de l'une des Syrènes, dont le tombeau se trouvait sur l'emplacement occupé aujourd'hui par la ville de Naples; enfin, de la fille de Stymphale, qui eut d'Hercule Évérès.

PARTHÉNOPE (*Astronomie*), planète télescopique découverte à Naples, le 11 mars 1850, par M. de Gasparis. Sa distance solaire est 2,45, celle de la Terre étant prise pour unité. La durée de sa révolution sidérale est de 1,401 jours. L'inclinaison de son orbite est 4° 36′ 57″; son excentricité est 0,099.

PARTHÉNOPE (*Histoire naturelle*), genre de crustacés de l'ordre des décapodes brachyures, dont on ne connaît qu'une seule espèce, le *parthénope horrible* (*parthenopa horrida*, Fabr.). Cette espèce, que l'on rencontre dans l'océan Indien et dans l'Atlantique, a pour caractères : Carapace de forme triangulaire; sept articles distincts dans l'abdomen des deux sexes. Le genre *parthénope* forme avec les genres *eumédon*, *eurynome*, *lambrus* et *cryptopodia*, la tribu des *parthénopiens* (correspondant à peu près au genre *parthénope* de Fabricius), que M. Milne-Edwards a établie dans la famille des oxyrhynques.

PARTHÉNOPÉENNE (République). C'est la dénomination que les Français imposèrent, en 1799, au royaume de Naples, parce que dans l'antiquité la ville de Naples s'appelait *Parthénope*. Le roi des Deux-Siciles, *Ferdinand Ier*, s'étant de nouveau joint, en 1798, à la coalition contre la France, le général Championnet, après avoir expulsé de Rome l'armée autrichienne aux ordres de Mack, et avoir proclamé la république dans les États de l'Église, pénétra sur le territoire napolitain et se rendit maître de Naples, le 23 janvier 1799, non sans avoir eu à triompher de la sanglante résistance des *lazzaroni*. Quelques jours après, conformément aux instructions du Directoire, il proclama la république à Naples. Un parti nombreux, recruté dans la classe élevée de la société, se rattacha à cette révolution par sympathie; et bientôt la foule, qui naguère encore se livrait aux plus menaçantes démonstrations contre les Français, s'abandonna aux orgies du jacobinisme, surtout quand elle eut entendu l'archevêque Zurlo Capaze déclarer en chaire que Jésus-Christ avait été démocrate, et ajouter que le miracle de la liquéfaction du sang de saint Janvier était une preuve indubitable que le ciel donnait son assentiment à la révolution qui venait de s'opérer. Mais en raison de la résistance opiniâtre des provinces, des excès de tous genres commis par la populace, des actes d'oppression et des écrasantes réquisitions de l'armée française, comme aussi par suite des mesures offensives et défensives qu'adopta la cour de Naples, qui s'était réfugiée en Sicile, il fut impossible à la nouvelle république de se consolider. Championnet expulsa de la capitale, dès le 6 février, les plus sanguinaires des commissaires envoyés de France par le Directoire, et en fut puni par la perte de son commandement. C'est alors seulement que les Napolitains se considérèrent comme libres, et ils se fabriquèrent une constitution basée sur les principes les plus purs de la démocratie. Le 27 février Macdonald vint prendre le commandement en chef de l'armée nationale, composée de troupes françaises et napolitaines, et soutenue par une garde nationale; mais la guerre qui éclata alors entre la France et l'Autriche, et les défaites essuyées dans la haute Italie par Scherer, ne tardèrent pas à contraindre les Français à évacuer Naples, où ils ne laissèrent qu'une faible garnison. C'est dans ces circonstances que, sous la protection d'une flotte anglaise aux ordres de Nelson, des troupes sardes, anglaises, russes et même turques, commandées par le cardinal Ruffo, débarquèrent en Calabre. Cette armée royaliste s'empara des places fortes, et finit par entrer à Naples, le 20 juin 1799. Ce fut d'ailleurs au milieu d'excès dont l'histoire des peuples les plus barbares n'offre point d'exemples qu'eut lieu alors à Naples la restauration du trône des Bourbons.

PARTHIE, PARTHES. Les anciens désignaient par *Parthie*, dans la plus large acception du mot, le territoire situé entre l'Euphrate, l'Oxus, la mer Caspienne et la mer de l'Inde; mais dans un sens plus restreint, le pays situé entre l'Hyrcanie, l'Arie, la Caramanie et la Médie, et entouré de montagnes, dans la partie nord-est de ce qu'on appelle aujourd'hui le Khorassan, habité alors par les Parthes, peuples sauvages, mais braves, dont la langue ainsi que le genre de vie attestaient l'origine scythique. En effet les Parthes n'étaient qu'une tribu chassée de la Scythie; et *parthe*, dans l'idiome scythique, signifiait banni. Ils étaient fort adonnés au vin et aux femmes. Le mariage avec une mère, une fille, une sœur, n'était pas regardé comme un inceste parmi eux. Négligeant l'agriculture, le commerce et la navigation, cette nation ne s'appliquait qu'à la guerre. Les Parthes ne combattaient jamais qu'à cheval. Leur nombreuse cavalerie légère se déployait avec avantage dans les vastes plaines coupées par des déserts, qui défendaient du côté de l'occident la frontière parthique. Leur manière de tirer l'arc par-dessus l'épaule, en se relevant, rendait leur fuite plus redoutable que l'attaque. Au surplus cette fuite, qu'ils effectuaient toujours après leur première décharge, était une ruse de guerre, qui a donné lieu à ce proverbe : *Fuir en Parthe*, c'est-à-dire en portant à son ennemi de cruelles atteintes. Le gouvernement des Parthes était monarchique. Rien n'égalait le despotisme de leurs rois, maîtres impitoyables, qui traitaient leurs sujets comme de vils esclaves. Les Parthes étaient si bien accoutumés à cet odieux régime qu'ils ne purent supporter un roi (Vonones Ier), qui, ayant été élevé à Rome, se rendit affable et accessible à tout le monde. Les titres dont se paraient les rois étaient ceux de *roi des rois, monarque suprême, frère du soleil et de la lune*. Mithras, ou le soleil, était la grande divinité des Parthes. Perdre la vie dans une bataille était, selon eux, s'assurer dans un autre monde une félicité éternelle. La capitale fut d'abord *Hécatompylos* (aujourd'hui Damgan), à l'entrée des déserts de la Parthie, au nord-est des Portes Caspiennes. Cette ville existait longtemps avant l'expédition d'Alexandre. Les historiens nous laissent ignorer le nom qu'elle portait originairement. Celui d'*Hécatompyle* (ville aux cent portes), que lui donnèrent les Grecs, indique que de ce point partaient de nombreuses routes. Dans l'ancien empire des Perses, la Parthie était, avec l'Arie, la Sogdiane et le pays des Chorasmiens, comprise dans la seizième satrapie. Lors de la conquête de l'Asie par Alexandre le Grand, les Parthes subirent le sort du reste de la Perse. Après la mort de ce conquérant, ils devinrent sujets de Séleucus Nicator, dont les successeurs restèrent maîtres du pays jusqu'au règne d'Antiochus II. Mais sous ce prince les Parthes, appelés à la liberté par Arsace, se rendirent indépendants, et formèrent un royaume séparé, qui, sous la souveraineté des *Arsacides*, ou successeurs d'Arsace, dura quatre cent quatre-vingt-deux ans (de l'an 256 avant à l'an 226 après J.-C.). Cette domination nouvelle, du moment qu'elle eut acquis toute son étendue, comprit les pays situés entre l'Euphrate et l'Indus, et fut divisée en dix-huit satrapies. *Séleucie, Ctésiphon*, éclipsèrent alors par leur importance la vieille Hécatompylos.

Malgré les nombreuses attaques des Romains, dont l'une desquelles, dirigée en l'an 53 avant J.-C. par Crassus, fut un immense désastre, les Parthes demeurèrent toujours indépendants. Trajan conquit bien certaines portions de leur territoire, mais force lui fut d'abandonner ensuite une partie de sa conquête. Enfin, un Perse, *Artaxerce*, fils de Sassân, excita, en l'an 214 de notre ère, une révolte contre le dernier des *Arsacides*, Artaban IV, qui, battu dans trois rencontres, perdit le trône et la vie. Artaxerce substitua dès lors en Parthie la domination des Perses à celle des Parthes, et, fondateur de la dynastie des *Sassanides*, soumit à ses lois presque toute l'Asie Mineure (an 229 de notre ère).

Avec Artaban ne finit cependant pas la race des Arsacides. Les derniers rejetons de la dynastie parthe, protégés par les Romains, se maintinrent encore pendant plusieurs siècles dans l'Arménie; ils descendaient souvent de leurs montagnes, et inondaient de leurs troupes les plaines de l'Assyrie et de la Babylonie. Les obscures annales des rois parthes ont fourni plus d'un sujet à nos auteurs tragiques; entre autres à Corneille sa *Rodogune*, à Crébillon son *Rhadamiste*. C'est dans la première de ces tragédies qu'on trouve ce trait caractéristique :

Elle fuit, mais en Parthe, en nous perçant le cœur.

PARTI (de *partire*, séparer). On entend par ce mot ces grands fractionnements d'opinion qui se sont formés de tous les temps, dans tous les pays, autour d'un homme, d'une idée, d'un principe. Les *partisans* des principes sont plus rares en général que ceux des noms propres. Les partis ont pris dans toute notre histoire des proportions considérables, qui se sont souvent manifestées par des guerres civiles acharnées. Sans remonter plus haut qu'au seizième siècle, nous avons vu le *parti* catholique, à la tête duquel étaient les Guise, et le *parti* protestant; le premier s'est ensuite transformé en *parti* de la Ligue; plus tard, sous la Fronde, viennent le *parti* des princes et le *parti* de Mazarin; sous Louis XV apparaît le *parti* philosophique, qui prépare la révolution, et qui grandit à peu près sans entraves, pendant que l'Église avait vu éclore dans son sein le *parti* janséniste et le *parti* moliniste. La révolution mit ensuite en présence le *parti* de la cour, de l'ancien régime, et le *parti* populaire; le *parti* aristocratique, le *parti* de l'étranger, est vaincu par le *parti* démocratique, et ce dernier se divise à son tour en *parti* girondin et *parti* jacobin. Le 9 thermidor voit arriver le triomphe du premier, qui devient à son tour le parti thermidorien. Les royalistes sont appelés sous le Directoire le *parti clichien*; après le 18 brumaire, Bonaparte dompte le *parti* royaliste et le *parti* républicain. La restauration, amenée par l'étranger, fait triompher le *parti* royaliste, en butte aux attaques du *parti* bonapartiste. Le *parti* libéral naît ensuite, et 1830 lui voit renverser le *parti* de l'ancien régime, le *parti* des ultra. Le *parti* républicain lutte ensuite pendant tout le règne de Louis-Philippe contre le *parti* d'Orléans, le *parti* de la bourgeoisie satisfaite, pendant que le *parti* carliste ou henriquinquiste s'éteint d'inanition. Le *parti* républicain triomphe en 1848, et l'on voit alors apparaître le *parti socialiste*, qui se divise en autant de petits *partis* qu'il y a de chefs de système, le *parti* du *National*, ou cavaignaquiste, le *parti* de Ledru-Rollin, le *parti* des républicains se disant honnêtes et modérés, qui ne veulent qu'une seule chose, la chute de la république, enfin le *parti* bonapartiste, que le 2 décembre fait triompher.

Nous pourrions multiplier les dénominations; nous constatons seulement un fait : c'est que toutes les fois qu'un homme ou qu'une idée politique ou religieuse prendra quelque consistance, on verra se grouper autour d'eux des partisans, qui finiront par être assez nombreux pour constituer un parti. Les partis marchant à la suite d'un homme, d'un nom propre, d'une dynastie, s'éteignent avec ceux-ci; les partis qui ont pour point de départ des principes peuvent changer de dénomination, mais ils ne s'éteignent pas : c'est ainsi qu'en Angleterre nous avons les whigs et les tories, les protestants et les papistes; aux États-Unis d'Amérique les whigs et les démocrates; et en France le parti de la révolution et celui de la contre-révolution, celui du mouvement et de la résistance, de ceux qui veulent avancer et de ceux qui veulent rétrograder. Ajoutons que de même qu'il est des *partis* politiques, il est aussi des *partis* littéraires, des *partis* scientifiques, qui ne sont pas les moins ardents à en venir aux mains entre eux.

L'*homme de parti* est celui qui obéit aveuglément aux inspirations de l'opinion qu'il a embrassée, qui en reçoit, qui en exécute le mot d'ordre sans raisonner, sans hésiter, comme le soldat reçoit et exécute la consigne; l'*esprit de parti*, c'est ce dévouement aveugle, absolu, systématique au drapeau politique sous lequel on s'est rangé; *prendre parti* pour quelqu'un, c'est se mettre de son côté pour soutenir son opinion.

Parti, dans une autre acception, est synonyme de résolution, de détermination, et quelquefois aussi de résignation. L'on prend son parti sur une chose, l'on se décide à la faire ou à ne la point faire; l'on prend son parti d'une chose, l'on s'y résigne. Or, comme souvent l'on a à choisir entre plusieurs partis à prendre, *parti* est devenu aussi synonyme d'*expédient*.

Dans une autre acception le mot *parti* signifie avantage, utilité : En politique, comme dans les relations sociales, il est des gens qui *tirent parti de tout*, c'est-à-dire pour qui tout est matière à profit.

Il est encore quelques autres acceptions du mot *parti* que nous devons mentionner : ce mot signifie profession quand on dit prendre le parti des armes; méchanceté, attaque, quand on dit faire un mauvais *parti* à quelqu'un; — on appelle *parti* un détachement de troupes battant la campagne; — enfin, une personne à marier, quel que soit son sexe, est un bon ou un mauvais *parti*, selon que sa naissance ou sa fortune semble convenable.

PARTI (*Blason*). *Voyez* Écu.

PARTI (Esprit de). *Voyez* Esprit de Parti.

PARTIALITÉ. La partialité est une disposition d'esprit favorable ou défavorable sur une personne, sur un fait, résultant d'un parti pris d'avance, indépendamment des notions usuelles de justice, d'équité. Partialité vient évidemment de parti; rien en effet n'est plus partial qu'un parti :

à lui toutes les qualités, toutes les vertus, au parti adverse tous les vices, tous les défauts ; telle est la justice distributive des partis, qu'ils s'attribuent à eux et aux leurs exclusivement tout ce qui est bien, et que tout ce qui est mal ils le prêtent assez peu généreusement à leurs adversaires. La partialité se fait des idoles auxquelles elle ne voit aucune tache, des monstres auxquels elle ne trouve aucun côté supportable. La partialité est une détestable chose; elle a cependant ses sectateurs, son domaine où ils la suivent, ses approbateurs quand même. La critique littéraire, toujours indulgente pour ses amis, se rattrape de sa débonnaireté sur ceux qui l'ont irritée ou sur les indifférents. La camaraderie n'est pas autre chose que la partialité bienveillante d'amis les uns pour les autres. Dans les relations privées, la partialité nous ferme les yeux sur les vices, sur les torts de ceux que nous affectionnons, et elle nous exagère outre mesure ceux des personnes que nous n'affectionnons pas. Chez le juge, la partialité est presque de la forfaiture; et cependant, combien a-t-on vu de présidents de cour ou de tribunal s'acharner après les accusés avec une éclatante partialité? Malheureusement en tout l'impartialité est rare.

PARTIBUS INFIDELIUM (*In*). *Voyez* ÉVÊQUE.

PARTICIPATION (Société en). *Voyez* SOCIÉTÉ (*Commerce*).

PARTICIPE, terme de grammaire qui vient du latin, *participes utriusque naturæ*, parce qu'en effet ce mot tire son nom de ce qu'il participe de la nature du verbe et *de la nature de l'adjectif*. Le *participe* tient de la nature du verbe en ce qu'il en a la signification et le régime, comme dans cette phrase : en *faisant* son devoir, il a *fait* des fautes; il tient de la nature de l'adjectif, en ce qu'il peut qualifier une personne ou une chose, comme : Un enfant *aimé*, un monarque *chéri*; dans ce cas, on lui donne le nom d'*adjectif verbal*. L'adjectif verbal prend toujours le genre et le nombre du nom auquel il se rapporte. On trouve dans plus d'une grammaire que le *participe* constitue à lui seul une des parties du discours. Beauzée, de Tracy, de Sacy, et d'autres encore, le regardent comme appartenant au verbe.

Ce qui ne saurait être douteux, c'est que le *participe* assimile le verbe à l'adjectif. De plus, comme le remarque Sacy, il participe du verbe, en ce qu'il exprime l'existence, et par cette raison, il peut avoir différents temps; mais il participe aussi de l'adjectif, en ce que, comme l'adjectif, il contient toujours l'ellipse du conjonctif *qui*. Exemple : Il vient d'être rendu une loi *portant* condamnation à mort contre les conspirateurs. *Portant* est la même chose que *qui est portant*, *qui porte*. Suivant le même auteur, le *participe*, renfermant toujours la valeur d'un adjectif conjonctif, peut avoir, comme les adjectifs, des genres, des nombres et des cas. Renfermant toujours l'idée d'existence, il peut avoir des temps.

Chaque verbe a deux participes, qui se trouvent dans l'infinitif : l'un qu'on nomme *participe présent*, l'autre *participe passé*. Quelques grammairiens les nomment *participe actif* et *participe passif*. Le participe *présent* est toujours terminé en *ant*, comme dans *priant*, *avertissant*, *apercevant*, *écrivant*. Ce mot est invariable, c'est-à-dire qu'il ne prend ni genre ni nombre, quel que soit le nom auquel il se rapporte. Autrefois le participe présent était déclinable, mais cet usage fut abrogé par l'Académie Française en 1679.

Le *participe passé* n'a pas, comme le *participe présent*, une terminaison unique; il est variable : c'est pourquoi plusieurs grammairiens, Domergue entre autres, l'ont nommé *participe à inflexions*. L'accord du *participe passé* avec le *nom* ou *substantif* dépend de la place qu'il occupe dans la phrase : 1° il peut se trouver seul, sans auxiliaire, comme : Un pays *conquis*, Une armée *vaincue*; 2° il peut être accompagné, ou plutôt précédé du verbe *être*, comme : Je suis *aimée*, Elle est *consolée*, Nous sommes *arrivés*; 3° il peut être joint au verbe *avoir*, comme : J'ai *chanté*, Tu as *raconté*, Nous avons *badiné*; 4° il peut se trouver accompagné du verbe *être* employé pour le verbe *avoir*, comme : Je me suis *instruit*, c'est-à-dire J'ai *instruit* moi; Tu t'es *frappé*, c'est-à-dire Tu as frappé toi. Le *participe passé* est variable précédé de son régime direct; il s'accorde avec lui en genre et en nombre. Exemple : Les soldats que j'ai *admirés*; *admiré* est variable, parce qu'il est précédé de son régime direct. Le participe passé est encore variable dans les verbes neutres qui se conjuguent avec *être*; il s'accorde alors avec leur substantif. Exemple : Mon père est *parti*, Ma mère est *restée*, Les espions sont *venus*, Mes tourterelles sont *mortes*. Il en est de même avec les verbes passifs. Exemples : Les lettres ont été *interceptées*, La forteresse sera *bombardée*, Les Anglais ont été *battus*.

Avec les verbes impersonnels ou employés comme tels, le participe est toujours invariable. Devant un infinitif le participe *fait* ne change jamais. Enfin, lorsque le pronom *le* tient la place d'un adjectif ou d'un verbe, il ne rend pas le participe variable. CHAMPAGNAC.

PARTICULE, diminutif du mot *partie*, et qui signifie littéralement *petite partie* d'un tout. Ce mot est usité en grammaire, mais il a donné lieu à différentes opinions. Des grammairiens ont désigné par le nom de *particules* toutes les parties du discours indéclinables, les prépositions, les adverbes, les conjonctions et les interjections; d'autres ont cru pouvoir aussi donner cette dénomination à de petits mots extraits des espèces de mots déclinables; d'autres ont pensé qu'il serait peut-être convenable de faire de la *particule* une nouvelle partie du discours. On trouve dans un *Dictionnaire français* que le nom de *particule* convient à tout mot qui n'est ni nom, ni verbe, ni préposition, ni adverbe, ni conjonction, ni interjection. Quel parti prendre au milieu de ces avis si divergents et si vagues? Que faut-il reconnaître comme *particule* grammaticale? On conçoit qu'on ait pu donner ce nom à celles des parties du discours qui sont les moins importantes et les moins nécessaires à la constitution de la phrase; mais cette dénomination générique a été regardée comme vicieuse, en ce qu'on l'appliquait à des espèces de mots de natures différentes; voici donc à cet égard ce qui nous a paru le plus judicieux : les *particules* ne sont par elles-mêmes les signes d'aucune idée totale; la plupart sont des syllabes qui ne deviennent significatives qu'autant qu'elles sont jointes à d'autres mots, dont elles deviennent parties alors. En remontant à l'étymologie même, au lieu de regarder les *particules* comme des mots, on est forcé de reconnaître que ce sont des parties élémentaires qui entrent dans la composition de certains mots pour ajouter à l'idée primitive du mot simple auquel on les adapte une idée accessoire dont ces éléments sont les signes. Partant de cette notion, on peut distinguer deux espèces de *particules*, les *prépositives* et les *postpositives*, suivant la manière dont elles s'adaptent avec le mot simple qu'elles doivent modifier. Les principales particules de la première espèce sont : *a* ou *ad*, *ab* ou *abs*, *co*, *com*, *col*, *cor* et *con*, *contre*, *dé*, *dés*, *di*, *dis*, *e*, *ex*, *en*, *in*, *mé* ou *més*, *par*, *per*, *re*, *ré*, etc. Quant aux *particules* postpositives, nous n'en avons que trois : *ci*, *là* et *dà*.

On appelle vulgairement *particule nobiliaire* la syllabe distinctive de la noblesse, telle que le *van* chez les Néerlandais, le *mac* chez les Écossais, l'*o* chez les Irlandais, le *don* chez l'Espagnol, le *de* parmi nous. Chez les nobles de la vieille France, le nom propre a disparu pour faire place à un nom de terre, précédé de la particule *de*. Ceux qui veulent singer la noblesse ajoutent à leur nom propre ce *de* suivi d'un nom d'étang, de moulin, de ville, de bourg, etc. C'était jadis un délit grave; ce n'est plus qu'un ridicule fort commun, justiciable du seul tribunal de l'opinion publique.

Dans l'Église latine, on nomme *particules* les miettes ou petits morceaux de pain consacré.

Ce terme est aussi quelquefois employé en physique comme synonyme de molécule. CHAMPAGNAC.

PARTIE. En termes de Palais on appelle ainsi celui qui plaide contre quelqu'un, soit en demandant, soit en défendant. Les *parties contractantes* sont les personnes qui s'engagent les unes envers les autres. On nomme *partie publique* le magistrat chargé du ministère public; on désigne sous la dénomination de *partie civile*, en matière criminelle, l'individu qui poursuit en son nom l'accusé. On l'appelle *partie civile*, parce qu'il ne peut demander que des intérêts civils ou réparations pécuniaires : c'est au ministère public à prendre des conclusions pour la punition du crime. Pour se rendre *partie civile*, il faut donc avoir un intérêt personnel à la réparation *civile* du crime ou du délit, comme lorsqu'on a été volé, ou quand on est héritier d'une personne qui a été tuée, etc. Ceux qui n'ont à se plaindre ou à réclamer que dans l'intérêt public peuvent seulement être *dénonciateurs*. Du reste, on sait que toutes les poursuites qui tendent à convaincre l'accusé se font à la requête du ministère public; mais la *partie civile* est garante des frais envers le trésor public. Bien plus, et lors même qu'intervient la condamnation de l'accusé, la partie civile doit toujours être condamnée au remboursement des frais envers l'État, sauf son recours contre l'accusé.

Partie veut dire en musique chacune des mélodies séparées dont la réunion forme l'harmonie ou le concert : la *partie récitante* est celle qui exécute le sujet principal, dont les autres sont l'accompagnement. On nomme *parties concertantes* ou *parties de chœur* celles qui s'exécutent par plusieurs personnes chantant ou jouant à l'unisson, chacune selon la nature de sa voix ou de son instrument, et dont la réunion forme un ensemble qu'on nomme *chœur*. *Chanter en partie*, *faire sa partie*, c'est exécuter une partie dans un concert. *Partie* se dit aussi du papier, du cahier sur lequel est écrite la partie séparée de chaque musicien.

Les articles d'un mémoire, soit de marchand, soit d'ouvrier, se rendent quelquefois par *parties*; « Ce que j'aime en monsieur Purgon, c'est que ses *parties* sont toujours fort civiles. »

Partie, en termes de joueurs, s'entend de l'observation de certaines règles ou conventions qui constituent un jeu auquel on se livre. On joue en *partie liée* quand on est obligé d'en gagner deux de suite, ou au moins deux sur trois; lorsque chacun des joueurs en a d'abord gagné une, dans ce cas la troisième, qui doit décider du coup, se nomme *partie d'honneur*. On nomme aussi *coup de partie* celui qui décide du gain ou de la perte de la partie. *Coup de partie*, dans un sens plus général, est ce qui décide du succès d'une affaire.

Partie se dit aussi des divertissements où l'on engage certaines personnes. Une *partie carrée* est celle qui est faite entre deux hommes et deux femmes; une *partie fine* est une partie de plaisir où l'on met quelque mystère. *Il ne faut pas remettre la partie au lendemain* signifie qu'il ne faut pas différer ce qu'on peut faire dans le moment. On nomme *parties prenantes* des créanciers de l'État dont le payement a été assigné sur un fonds particulier; il se dit aussi de ceux qui participent à une distribution de vivres, ainsi que de tous les créanciers qui viennent en ordre utile dans une distribution de fonds provenant de leurs débiteurs.

PARTIE (Prise à). *Voyez* PRISE A PARTIE.

PARTIE ALIQUANTE. *Voyez* ALIQUANTE.

PARTIE ALIQUOTE. *Voyez* ALIQUOTE.

PARTIE AU MÊME, PARTIE AU DOUBLÉ, PARTIE RUSSE. *Voyez* BILLARD.

PARTIE CIVILE. *Voyez* PARTIE.

PARTIE DOUBLE, PARTIE SIMPLE. *Voyez* LIVRES DE COMMERCE.

PARTIELLES (Différences). La *différence partielle* d'une fonction de plusieurs variables indépendantes est la différence de cette fonction prise en ne faisant varier qu'une de ces variables. Toute équation renfermant de telles quantités est une *équation aux différences partielles*. Si les différences sont infiniment petites, les équations sont dites aux *différentielles partielles*.

De nombreuses questions conduisent à des équations aux différences partielles. Leur intégration forme une branche importante du calcul intégral, dont la première idée appartient à l'illustre Euler.

PARTIES (Conseil des). *Voyez* CONSEIL D'ÉTAT.

PARTIES DU DISCOURS. En grammaire générale, on entend surtout par *discours* l'emploi de la parole, écrite ou parlée. Mais le *discours* proprement dit se compose non pas d'un seul mot auquel est attachée une seule idée, mais de la liaison de plusieurs mots, formant une phrase, une proposition. L'on n'admettait d'abord que trois parties ou éléments du discours : le sujet, l'attribut et le lien ou la copule. Dans cette phrase : Cette table est ronde, le substantif *table* est le sujet, l'adjectif *ronde* l'attribut, et le verbe *est* la copule. Mais quand la phrase est moins simple, il est un autre membre que reconnaît la grammaire; cette quatrième partie du discours est la préposition. Dans cette phrase : Cette porte est ouverte à tout le monde, ouverte à tout le monde constitue l'attribut et la préposition. Il est enfin une cinquième partie du discours généralement admise par les grammairiens, c'est la conjonction.

Divers grammairiens ont essayé de multiplier les parties du discours, en comptant au nombre de ses éléments l'article, le pronom, le participe, l'adverbe, l'interjection, la particule; mais en général on considère ces divers éléments comme rentrant dans les cinq que nous venons d'énumérer. L'analyse grammaticale n'est pas autre chose que la décomposition des diverses parties du discours.

PARTIES DU MONDE. *Voyez* CONTINENT.

PARTIMENTS (en italien *partimenti*), nom que l'on donne à certains exercices de musique préparés pour l'étude de l'accompagnement et de l'harmonie, et dont on fait usage dans les écoles d'Italie. Ces exercices sont composés de parties de basse où l'on indique les accords par des chiffres placés au-dessous des notes. L'élève doit jouer sur le piano ces accords avec la main droite, pendant que la gauche exécute la basse.

PARTISAN, celui qui appartient à un parti, celui qui le sert. En termes de guerre, les *partisans* sont des soldats appartenant à des corps différents réunis pour faire la guerre d'avant-postes, d'embuscade; ce sont également les citoyens d'un pays se levant isolément pour combattre l'invasion de l'étranger, et, faute de tactique, combattant en *partisans*, c'est-à-dire sans ordre stratégique. Ce mot ne s'entendait pas ainsi lorsqu'il fut appliqué pour la première fois, sous Henri II On appelait alors *partisans*, *partisans de finances* les garde-finances, qui faisaient au prince des avances dont ils savaient bien se couvrir largement; ce mot venait de ce qu'on appelait *partie* les traités faits à forfait avec le roi pour le recouvrement des deniers.

PARTITION (*Musique*). Il n'est pas de musicien quelque peu expérimenté dans la pratique de son art qui ne distingue facilement, à l'audition d'un morceau de musique, les différentes parties qui se font entendre simultanément. Les combinaisons harmoniques dont l'organe auditif est affecté au moment de l'exécution peuvent aussi devenir appréciables à la vue par le moyen de la *partition*, qui réunit synoptiquement toutes les parties concertantes notées sur autant de portées distinctes, et disposées les unes au-dessus des autres, de façon que l'œil en puisse saisir l'ensemble d'un seul coup. Cela est vrai, surtout pour l'artiste versé dans la lecture de la musique écrite de cette manière, et dont l'expérience comme auditeur a été mûrie par une longue habitude Chez lui les organes de l'ouïe et de la vue semblent s'être confondus en un seul sens, qui, par une intuition merveilleuse, lui fait entendre la musique dont il a la *partition* sous les yeux, comme si elle vibrait réellement à son oreille par l'effet d'une exécution matérielle. Les parties qui entrent dans la composition d'un morceau étant disposées pour la *partition*, ainsi que nous venons de le dire, sur autant de portées différentes, chacune avec la clef qui lui appartient, il faut encore que les mesures et leurs subdivisions se correspondent exactement, ce qu'il est facile d'obtenir au moyen de lignes perpendiculaires, que l'on prolonge de la portée supérieure à la portée inférieure; puis, comme toutes ces portées ne forment qu'une seule ligne de musique, on les assemble par une *accolade* tracée en marge au commencement de cette ligne, et l'on continue ainsi en écrivant la suite de chaque partie sur les mêmes portées, dont il faut bien se garder d'intervertir l'ordre. La manière la plus naturelle de disposer les parties dans une partition est de placer les voix ou les instruments les plus aigus en haut de la page, en continuant, portée par portée, jusqu'à la basse, qui doit toujours être placée au-dessous de toutes les autres parties. Cet arrangement, qui ne souffre pas d'exceptions lorsqu'il s'agit de voix ou d'instruments de même nature, offre cependant quelque différence lorsque la partition comprend des instruments de diverses espèces, comme, par exemple, dans un morceau de musique vocale accompagné par un orchestre complet. On divise alors la partition en trois *masses* séparées, qu'on distribue à peu près dans l'ordre suivant, commençant toujours, dans chaque masse, par les parties les plus aiguës et finissant par les plus graves. La masse des instruments à vent, appelée aussi *harmonie*, occupe le haut, celle des voix, désignée aussi sous le nom de *chant*, le milieu, et enfin celle des instruments à cordes, appelée généralement le *quatuor*, le bas de la ligne. Les compositeurs ne disposent pas tous leurs partitions de la même manière. Quelques-uns divisent la masse des instruments à cordes, et placent les violons au-dessus de l'harmonie, les altos au-dessus du chant, et les basses au-dessous. Cette disposition ne nous paraît ni claire ni rationnelle, et nous préférons de beaucoup celle qui a été adoptée par Rossini dans la partition gravée de *Guillaume Tell*. Toutefois, il serait à désirer que les compositeurs adoptassent sans exception un ordre uniforme et invariable dans la disposition de leurs partitions : l'habitude de la lecture en deviendrait beaucoup plus facile, et l'art musical ne pourrait qu'y gagner.

Dans les parties séparées, on fait quelquefois usage de la partition *réduite* ou *partielle*. Dans les parties de chant, par exemple, si c'est un *solo*, on copie toujours la partie de basse en accolade, et si c'est un morceau à plusieurs parties, chaque partie séparée se copie en partition avec toutes les autres parties concertantes et la basse d'accompagnement. Quant aux parties instrumentales, la copie en *partition* n'a lieu que pour le récitatif ou pour les passages qui ne sont pas mesurés : on se borne alors à écrire la partie récitante au-dessus de celle de l'instrument.

En style d'artiste, le mot *partition* se prend souvent pour l'œuvre même.

Partition se dit aussi d'une règle pour accorder l'orgue et le piano par tempérament. Cette règle consiste à ajuster tous les tuyaux ou toutes les cordes comprises dans l'étendue d'une octave ou d'une douzième, qu'on prend vers le milieu du clavier, et sur laquelle on accorde les autres notes de l'instrument. La *partition* est bien faite lorsque la douzième, *sol dièze* ou *la bémol*, fait une quinte à peu près juste avec le *mi bémol* résultant de l'accord par quintes d'une autre douzième prise au grave de la première. Les facteurs de pianos vendent aujourd'hui des *partitions* toutes faites, composées de diapasons ajustés d'après le système tempéré, et au moyen desquelles il est facile d'accorder soi-même.

On appelle les *Partitions oratoires* un ouvrage de Cicéron qui traite des parties de la rhétorique. C. Bechem.

PARTITION (*Blason*). *Voyez* Écu.

PARURE (du latin *parare*, préparer). On appelle *parure* la toilette d'une femme, dans des conditions de luxe ou de superflu que règle la mode, mais que ne comporte point la tenue ordinaire. La parure d'une femme du monde est l'un de ses plus grands soins; les fleurs les plus rares, les plus beaux diamants, les étoffes les plus nouvelles, les plus riches, les plus récentes inventions de la mode, seront appelés à contribuer à cette parure. Pour un homme, c'est l'*élégance* de ses habits, leur coupe fashionable, la finesse, la blancheur de son linge, qui constituent la parure. Mais le mot parure est exclusivement féminin, et il ne s'applique guère à la toilette masculine. La parure comporte la richesse, le luxe qui en est la constatation, et qui souvent aussi n'en est que la fausse monnaie. Pour la femme du monde, pour certaines femmes du demi-monde, la parure est en quelque sorte de nécessité première : la modeste ouvrière, la femme du peuple, n'a point d'autre parure, même lorsqu'elle s'est parée dans la simplicité de son ajustement, que celle que donne la nature, la beauté. On ne lira pas sur l'affiche de certains bals hantés par les classes populaires, et qui s'intitulent orgueilleusement bals parés : « La parure est de rigueur ;» mais, par un retour de modestie subit, cette affiche dira : « *Une mise* décente est de rigueur. » Les fleurs sont la parure de la pauvre femme, et l'art les fait entrer dans les salons, mais privées de l'éclat de leur coloris, de la suavité de leur parfum, comme tout ce qui n'est pas la nature. Les diamants sont la parure de la femme élégante : aussi appelle-t-on *parure* une garniture de diamants, de de pierres précieuses.

Dans une autre acception, le mot parure sert à désigner la parité, la ressemblance qui existe entre deux ou plusieurs choses : chevaux de même *parure*, c'est-à-dire de même poil, de même taille; meubles de même *parure*, c'est-à-dire de même étoffe, de même ouvrage. On dit encore au figuré d'un homme, d'un ouvrage, dans lequel tout se ressemble, tout est d'accord, que caractère, conduite, sujet, pensées, style, tout en est de même *parure*.

Dans plusieurs arts, *parure* signifie ce qui a été retranché avec un outil : ainsi, la *parure* du pied d'un cheval, c'est la corne que le maréchal en a ôtée avant de le ferrer; la *parure* d'une peau de veau, c'est ce que le relieur en détache avec le couteau avant de l'employer à la couverture d'un livre.

PARVENU. Pourquoi une acception défavorable s'est-elle attachée à ce mot? C'est que l'expérience a montré qu'il est rare dans ce monde de *parvenir* par la voie droite, par des moyens légitimes. C'est que s'il s'agit d'honneurs, de grands emplois, trop souvent leur fortuné possesseur a justifié le mot de Picard : « *Médiocre et rampant*, et l'on arrive à tout. » Tandis que si c'est à une grande fortune qu'il a su parvenir, souvent aussi se présente en pareil cas l'application de ce vers d'un autre poëte comique :

Gagne-t-on ce *cinq ans* un million sans crime?

Seulement, Regnard eût de nos jours indiqué un moins long espace de temps; il ne prévoyait pas que l'on gagnerait un jour les millions à la course.

L'esprit aristocratique attachait aussi autrefois une désapprobation moins morale à ce titre de *parvenu* : pour lui, c'était tout individu qui avait su s'élever, fût-ce par le mérite, la science, de belles actions, dès qu'il ne faisait point partie de la caste nobiliaire. L'opinion publique a bien su venger cette autre sorte de parvenus, à laquelle appartiennent tant d'hommes distingués de nos jours, surtout parmi nos illustrations militaires. Il est beau de parvenir par son épée ou sa plume; et plus d'une fois sans doute M. de Châteaubriand s'est repenti de son injuste trait contre Napoléon : « Ce n'était qu'un *parvenu* à la gloire. » Ces parvenus-là ne sont pas communs.

Aujourd'hui, si le mot *parvenu* se maintient encore dans le dictionnaire et dans le langage, la société, plus équitable et plus éclairée, n'applique plus ce terme dédaigneux aux hommes qui ont su conquérir par leurs talents une position que ne leur avait point donnée leur naissance, ni même à ceux que leur travail ou leur industrie ont conduits à la fortune; elle le réserve à ceux qui n'ont acquis l'un ou l'autre de ces avantages que par l'intrigue ou l'indélicatesse : désormais ce sont là pour nous les seuls *parvenus*.

Ourry.

PARVIS. Ce mot nous semble venir du latin *per viam* et désigner la partie extérieure d'un temple qui communique immédiatement à la voie publique. Le parvis est, en un mot, l'entrée principale d'un temple, et comprend les accessoires architectoniques de cette entrée. Ce mot désigne également la place même qui précède le monument : c'est dans ce sens que l'on dit à Paris le *parvis Notre-Dame*, pour indiquer la place située devant le portail de cette église.

PARZIVAL, titre du grand poëme épique composé, de 1205 à 1215, par *Wolfram* d'*Eschenbach*, et divisé en 827 chapitres chacun de 30 lignes rimées. Ce poëme n'est pas seulement l'œuvre la plus remarquable de Wolfram; mais en raison de ce qu'il y a de profondeur dans l'idée première, de l'heureuse disposition du plan, de l'élévation des pensées, de la vigueur et de la richesse de l'exécution poétique, il appartient aux productions les plus distinguées de la littérature allemande du moyen âge, et occupe un rang éminent parmi les plus belles créations de la poésie. Wolfram d'Eschenbach en emprunta le sujet à un poëme français du Provençal Guyot, aujourd'hui perdu, dans lequel était traitée toute la légende du Gréal, et d'où le poëte allemand détacha la tradition relative à Parzival pour en faire un poëme particulier. Chrétien de Troyes, poëte du nord de la France, avait également composé, vers l'an 1190, un poëme intitulé : *Perceval de Galois*, qui fut continué et achevé après la mort de l'auteur, dont il existe encore des exemplaires manuscrits, et qui est la base d'un roman français postérieur en prose (imprimé à Paris, en 1530).

PAS. Ce mot, que Nicod croit venir de l'hébreu *phasé*, qui veut dire *passage*, désigne une enjambée, le mouvement que fait un homme ou un animal en portant un pied devant l'autre pour marcher (*voyez* ALLURE). Quand il s'emploie pour mesure, il signifie une *longueur* (le *pas* de l'homme) de 2 pieds 1/2; néanmoins, le pas des Allemands, nommé *pas géométrique*, est de 5 pieds. 1,000 pas géométriques forment le mille d'Italie; 3,000, l'ancienne lieue de France; 4,000, celle d'Allemagne. Ce mot sert aussi à exprimer la démarche, la manière d'aller : *Aller à pas de tortue*, pour lentement; *Aller à pas de loup*, pour dire à petits pas, mystérieusement, comme en cachette; *à grands pas*, pour très-vite; *à pas comptés*, pour gravement.

Ce mot a été l'origine d'un grand nombre d'autres locutions figurées et proverbiales : *S'attacher aux pas de quelqu'un*, c'est le suivre partout; *Suivre les pas*, ou plutôt, *Marcher sur les pas de quelqu'un*, c'est l'imiter, faire en tout comme lui. *Tout dépend du premier pas*, dit-on d'une affaire dont le succès dépend de la manière dont elle est commencée, entamée, proverbe qui a quelque analogie avec le suivant : *Il n'y a que le premier pas qui coûte*, c'est-à-dire qu'en toute affaire le plus difficile est de commencer, ou bien : quand on a fait une première faute, on en commet d'autres plus aisément. *Pas* s'emploie également au sens moral : *Faire un faux pas*, c'est commettre quelque faute, faire quelque sottise dans une affaire. Cette locution s'emploie aussi dans le sens propre et littéral. Ce jeune homme s'est perdu par sa faute, dès *les premiers pas qu'il a faits* dans le monde, c'est-à-dire les premières démarches. *Un pas de clerc*, c'est une faute grossière dans une affaire; *aller à pas de géant* dans une carrière, dans le chemin de la fortune, c'est y faire de rapides progrès. *Faire les premiers pas*, c'est faire les premières avances pour une réconciliation, les premières propositions pour une affaire; *En être aux premiers pas*, c'est n'être pas plus avancé dans une affaire qu'au commencement.

Pas se dit aussi des allées et venues, des peines qu'on se donne pour faire réussir une affaire : Il n'a pas ménagé ses *pas*; j'ai fait pour réussir bien des *pas* inutiles. *Mettre quelqu'un au pas*, c'est l'obliger à faire son devoir; *Ne pas faire un pas de plus*, c'est ne plus vouloir s'occuper d'une affaire; *Regretter*, *plaindre ses pas*, c'est ne pas vouloir se donner de peine pour un autre, regretter celle qu'on s'est donnée. *Pas* se dit aussi de la préséance, du droit de marcher le premier : Ces gens se sont contesté le *pas*; l'un a pris le *pas* devant l'autre. On dit : *Se tirer d'un mauvais pas*, *d'un pas difficile*, pour, sortir d'une affaire embarrassante; on dit que *c'est un pas glissant*, pour, une occasion où il est difficile de se bien conduire. *Il a passé le pas*, se dit de quelqu'un qui est mort; mais *il lui a fallu passer le pas*, signifie seulement qu'on a forcé quelqu'un à faire une chose à laquelle il se refusait; *franchir le pas*, c'est se décider à faire une chose après de longues hésitations. Ces locutions viennent sans doute de ce que *pas* signifie aussi un passage étroit, difficile, dans une vallée, dans une gorge de montagne : le *pas* de Suze, le *pas* des Thermopyles, de l'Écluse. Le *Mal-Pas* du canal du Languedoc est cette montagne qu'on a percée pour y faire passer le canal sous une voûte de 85 toises. Le *Pas-de-Calais* est le détroit entre Douvres et Calais : toute sorte de détroit entre des terres, des bancs de sable, des rochers d'un passage dangereux, se nomme également *pas*. C'est dans ce sens qu'on appelait *pas d'armes* autrefois le lieu que les chevaliers entreprenaient de défendre, ainsi que le combat qu'un tenant, ou seul, ou accompagné de plusieurs chevaliers, offrait dans les tournois contre tout venant. Le *pas* de l'arc triomphal, que François, duc de Valois, ouvrit en 1514, avec neuf chevaliers, dans la rue Saint-Antoine, à Paris, pour le mariage de Louis XII, n'était qu'un *pas* d'armes; on appelait cependant plus proprement ainsi les lieux qu'on entreprenait de défendre, comme des ponts, des grands chemins, des passages, qu'on ne pouvait traverser sans combattre ceux qui les gardaient.

Pas, en termes de danse, se dit des diverses manières de marcher, de sauter, de pirouetter. Il y a le *pas marché*, le *pas de basque*, le *pas de gavotte*, le *pas de menuet*, etc. Dans l'art militaire, *pas* se dit des diverses manières de marcher qui ont été réglées pour les troupes : il y a le *pas ordinaire*, le *pas accéléré*, le *pas de charge*. *Changer le pas*, c'est quitter le pas pour en prendre un autre; *marquer le pas*, c'est simuler seulement le pas, et observer la cadence, mais sans avancer. Le pas ordinaire est le plus lent, il est de 73 centimètres, en raison d'une vitesse de 76 pas par minute : à moins d'un commandement exprès, les troupes ne doivent pas en prendre d'autre. On nomme *pas*, en termes de manége, une des allures naturelles du cheval : Ce cheval a le *pas* rude, le *pas* très-doux ; Le cheval de *pas* est celui qui va un grand pas, et fort à l'aise; un cheval a le *pas* relevé quand il lève bien les jambes de devant en marchant. On nomme aussi *pas* le seuil d'une porte (*limen*), et même les marches, les degrés : Se tenir sur le *pas* de la porte. Le mot de *pas* s'applique également à un grand nombre d'objets usités dans les arts et les métiers. *Pas à pas* veut dire aller doucement. *De ce pas*, *tout de ce pas*, est une locution adverbiale, qui veut dire, tout de suite, à l'instant même.

PASCAL (du latin *paschalis*), adjectif qui sert à qualifier ce qui se rapporte à la pâque des Juifs ou à la fête de Pâques des chrétiens. Le *temps pascal*, la *lune pascale*, l'*agneau pascal*, le *cierge pascal*.

PASCAL. Deux papes et un antipape de ce nom ont occupé la chaire de saint Pierre.

PASCAL Ier succéda en 817 à Étienne V. Il était connu par sa charité envers les pèlerins, et fut élu tout d'une voix par le clergé et par le peuple. Mais l'humilité n'était pas au nombre de ses vertus. Il s'empressa de se faire introniser sans attendre le consentement de Louis le Débonnaire, pour essayer si ce faible monarque laisserait passer cette usurpation. Louis le pria de respecter un peu mieux les droits de l'Empire, et le nouveau pape en fut quitte pour une excuse apportée aux pieds du trône par ses légats. Il en fut amplement dédommagé par les libéralités de l'empereur, qui confirma la donation de Charlemagne, et y ajouta la ville de Rome, les îles de Corse et de Sardaigne, et plusieurs patrimoines en Calabre et en Campanie. En 823, il envoya Abbon, archevêque de Reims, et Halitgaire, évêque de Cambray, dans le Danemark, pour y prêcher la foi, et couronna de sa main, à Rome, le jeune Lothaire, fils de l'empereur Louis. Accusé d'avoir fait décapiter le primicier Théodore et son gendre Léon le nomenclateur, Pascal fut obligé de comparaître en présence d'Adelong, abbé de Saint-Waast, et d'Humfroi, comte de Coire, délégués du monarque pour examiner cette affaire, et de se purger par serment de cette accusation. Mais la faiblesse de Louis le servit mieux que la justice de sa cause. Ce pape mourut le 11 mai 824.

PASCAL II succéda à Urbain II, le 13 août 1099. Il était né à Blède, en Toscane, se nommait *Rainerius*, dont nous avons fait *Rainier*, et avait passé les premiers vingt ans de sa vie au monastère de Cluny. Envoyé à Rome par son abbé, il y avait été retenu et fait cardinal et abbé de Saint-Paul par Grégoire VII. Dans les premiers jours de son avénement, il reçut la nouvelle de la prise de Jérusalem par Godefroi de Bouillon. La défaite et la mort de l'antipape Guibert ajouta presqu'en même temps à sa joie. Enfin, Philippe Ier, roi de France, excommunié par lui pour son commerce avec Bertrade, fut contraint de s'humilier aux pieds de ses légats, et ne fut relevé de l'anathème qu'après avoir fait serment de ne plus la revoir. La querelle des investitures troublait alors l'Europe chrétienne. Anselme, archevêque de Cantorbéry, la soutenait, au nom du pape, contre le roi Henri, qui l'avait chassé de son siége, et qui prétendait n'avoir pas besoin de la cour de Rome pour nommer et introniser des évêques en Angleterre. Le débat fut vif; le roi et le pape se bravèrent réciproquement par leurs ambassadeurs : « Mon maître, dit Guillaume de Varelvast, ne souffrira pas qu'on lui ôte les investitures, quand il devrait y perdre son royaume. — Et moi, répondit le pape avec violence, je ne lui permettrai pas de les garder, dût-il m'en coûter la tête. » Mais les conseillers du pape lui ayant représenté que son obstination pourrait lui faire perdre les énormes tributs que les Anglais payaient au saint-siége, Pascal II se contenta d'un simulacre d'excuse; Anselme reprit son siége de Cantorbéry, donna l'absolution aux prélats qui avaient reçu l'investiture du prince, et pria le roi de s'abstenir dorénavant de cette cérémonie.

La même question divisait l'Allemagne. L'empereur Henri IV, excommunié par Grégoire VII pour la même cause, avait tenu tête aux deux successeurs immédiats de ce pontife. Pascal était le troisième, et l'anathème n'avait ni effrayé l'empereur ni découragé ses partisans. Le pape eut alors recours à la trahison; il poussa le jeune Henri à se révolter contre son père. Le légat Gebehard releva ce prince de son serment de fidélité, et ce fils rebelle entra dans la Saxe à la tête de la noblesse de Bavière, de Souabe et de Franconie. L'armée de l'empereur passa même sous ses drapeaux, et le vieillard, réduit à fuir devant son fils, fut enfin contraint de se soumettre aux volontés du saint-siége. Pascal fut inflexible : il approuva la révolte du fils. Le malheureux vieillard fut sans cesse rebuté par l'inflexible pontife; et la mort, qui seule mit un terme à ses tortures, n'en mit point aux fureurs de ses ennemis. Pascal se mit en route pour l'Allemagne. Il tint, chemin faisant, un concile général à Guastalla, le 22 octobre 1106. Dans la crainte de ne pas trouver dans Henri V les complaisances dont il s'était flatté, il se contenta d'assigner un rendez-vous à Châlons aux députés du nouvel empereur, parcourut, en attendant, les villes de La Charité, de Tours, et vint à Saint-Denis recevoir les hommages du roi Philippe et du prince Louis le Gros. La conférence de Châlons ne fut point pacifique. Les envoyés de Henri V soutinrent au nom de leur maître que les princes avaient le droit d'investiture, et à peine l'un des prélats qui accompagnaient le pape eut-il commencé à leur répondre, que la voix terrible du duc Guelfe fit entendre ces mots : « Ce n'est pas ici à coups de langue, c'est à Rome, à grands coups d'épée, que cette affaire sera vidée. » Pascal rompit la conférence, assembla un concile à Troyes, où les mêmes scènes se reproduisirent, et rentra dans Rome pour renouveler l'excommunication des laïques qui persistaient à donner les bénéfices de l'Église.

Henri V, irrité, descendit en Italie, ruina les villes qui osèrent faire résistance, et marcha droit à Rome. Un traité suspendit un moment la querelle. Henri parut abandonner le droit d'investiture; le pape, de son côté, lui abandonna le droit de régale, et l'empereur fut introduit dans Rome avec une pompe asiatique. Mais les prélats qu'il menait à sa suite ayant protesté, comme il l'avait prévu, contre un échange qui lésait leurs intérêts, il s'ensuivit une dispute effroyable, au milieu de laquelle le pape fut arrêté et gardé à vue; le peuple courut aux armes, égorgea les Allemands qui se trouvèrent dans les rues, osa même charger les soldats de Henri V. Cette populace fut refoulée avec un grand carnage; mais des renforts lui arrivèrent pendant la nuit, et l'empereur, forcé d'abandonner la capitale, emmena le pape et une grande partie des cardinaux, les menaçant de les mettre à mort si Pascal ne voulait point céder à ses désirs. Pascal II racheta sa vie et celle de ses amis en accordant enfin le droit d'investiture au roi de Germanie, et le couronna le lendemain dans la basilique de Saint-Pierre. Ce trait de faiblesse fut blâmé par les princes de l'Église; ce traité fut considéré comme impie, et Pascal II, accusé d'hérésie, se hâta de convoquer un concile dans le but secret d'être relevé, comme malgré lui, du serment qu'il avait fait de ne jamais excommunier l'empereur pour la question des investitures. Il feignit de vouloir renoncer au pontificat, se dépouilla de la tiare et de la chappe; mais le concile lui fit une douce violence, et le résultat de cette comédie fut la cassation du traité qu'il avait signé comme prisonnier. Gui, archevêque de Vienne, chargé de signifier ce nouveau décret aux Allemands, poussa le zèle jusqu'à excommunier encore une fois l'empereur, et la plupart des évêques d'Allemagne se retirèrent de lui en répétant l'anathème. Henri V repasse en Lombardie à la tête d'une armée, vers la fin de 1115, et envoie des députés à Rome pour savoir si on veut en effet recommencer la guerre. Pascal II assemble sur-le-champ un nouveau concile, et, se retrempant dans une discussion violente, renouvelle les défenses prononcées par Grégoire VII. Henri lui laisse dix-huit mois de réflexion, et ne marche sur Rome qu'en 1117. Mais le pape ne juge plus à propos de l'attendre. Il se retire dans la Campanie, et livre sa capitale à la merci des Allemands. La mort vint enfin le délivrer de ses angoisses et de ses frayeurs. Il expira le 18 janvier 1118, laissant à son successeur l'embarras de terminer cette querelle. L'histoire, qui n'a pu dissimuler sa mauvaise foi, l'accuse aussi de s'être parfois laissé corrompre par des présents. On dit en effet qu'après avoir déposé Landulphe, archevêque de Ravenne, il lui fit racheter son siége à beaux deniers comptants, et que Maurice Bourdin lui paya fort cher l'archevêché de Braga.

VIENNET, de l'Académie Française.

PASCAL III (GUI DE CRÈME), antipape, avait été chargé par le pape Adrien IV d'une négociation auprès de l'empereur Frédéric Barbe-Rousse. Après la mort de l'antipape Victor IV, en 1164, les cardinaux et les évêques de sa faction s'empressèrent d'élever le cardinal Gui de Crème au saint-siége. Mais les Romains, travaillés par l'or et les intrigues du cardinal de Saint-Jean, vicaire secret du pape Alexandre III, finirent par reconnaître celui-ci, et tandis que l'empereur tenait une diète à Wurtzbourg pour proclamer Pascal III, Alexandre rentrait en triomphe dans sa capitale, aux acclamations du peuple, le 21 novembre 1165. Pascal III, après beaucoup de traverses, mourut misérablement six années après son élévation.

PASCAL (BLAISE), un des grands noms scientifiques, philosophiques et littéraires de la France. Pascal naquit le 19 juin 1623. Il était fils d'un premier président à la cour des aides de Clermont en Auvergne, homme savant et pieux, qui à la mort de sa femme vint à Paris se dévouer à l'éducation des enfants qu'elle lui laissait. Blaise Pascal s'était révélé comme une intelligence précoce; mais peut-être on a grossi les merveilles de son enfance. S'il faut en croire tous les livres, dès l'âge de douze ans il fait un petit traité sur la théorie du son, et peu après on le trouve dans sa chambre occupé à tracer des figures géométriques, et se rendant compte, à sa façon, du rapport de ces figures entre elles. Il était parvenu à découvrir que la somme de trois angles d'un triangle se mesure par une demi-circonférence, ou bien est égale à deux angles droits; ce qui est la 32e proposition d'Euclide. On a trop parlé de cette explosion du génie mathématique de Pascal, et quelques-uns aussi n'y ont pas cru. Nul doute que l'instinct de Pascal se fit jour de bonne heure par des goûts prématurés ou des recherches faites quelque peu au hasard; mais ce ne pouvaient être là des découvertes proprement dites, et madame Perrier dit elle-même que son frère n'avait point trouvé la démonstration du théorème, que seulement il la cherchait : c'était bien assez.

Cet enfant s'étant ainsi révélé, son père le laisse aller où son génie l'appelle. Aux études d'antiquité et de langues se joignent alors les études mathématiques. A seize ans Blaise Pascal fait un *Traité des Sections coniques*. Alors les savants commencent à s'étonner sérieusement. Il se mêle aux doctes conférences qui ont lieu chez son père. On l'écoute avec admiration. D'année en année, il monte aux dernières hauteurs de la science. Il fait des découvertes; il invente des machines; il résout des problèmes. Il touche en passant celui des probabilités. Il arrive enfin au problème, plus sérieux, de la *roulette* ou de la *cycloïde;* il intéresse à cette recherche toute l'Europe; il devient comme le maître des savants eux-mêmes.

Cependant, nulle partie de la science ne lui échappe. En ce temps la physique était disputeuse et routinière. Descartes s'amusait à la rajeunir par des théories d'une hardiesse ingénieuse; Pascal s'appliqua à la renouveler par des expériences; c'était le seul progrès véritable. L'explication de l'ascension de l'eau dans les corps de pompe était restée douteuse depuis Galilée; Toricelli, son disciple, l'avait ingénieusement cherchée; il la touchait peut-être; Pascal la devina. C'est à cette question que se rattachent ces belles expériences du Puy-de-Dôme, dont parlent tous les livres de physique, et qui devaient servir de départ à la physique moderne. Descartes a contesté à Pascal l'honneur de ces découvertes, et il se peut que lui-même les eût soupçonnées par sa puissante pénétration; mais il ne les eût pas rendues manifestes avec cette clarté expérimentale qui donne à la science son autorité. Descartes imaginait sans vérifier. Pascal imaginait et vérifiait à la fois. C'est la grande différence du physicien qui explique la nature par des théories et de celui qui la découvre par des expériences.

Ce n'est point le lieu de développer l'histoire des découvertes de Pascal, ni même d'apprécier la méthode philosophique qui sembla le conduire à ces découvertes. Observons seulement que ce qui se remarque dans ses travaux, c'est un esprit de précision et d'exactitude qui peut-être l'eût empêché d'embrasser les sciences dans leur plus grande généralité. On croit voir en lui un mérite de détail plutôt qu'une perfection d'ensemble, et c'est pourquoi ses œuvres en tous genres ne sont pas marquées du signe d'unité qui fait la grandeur du génie humain. Pascal est l'inventeur de la *brouette* et du *haquet*, deux machines d'une utilité peu apparente à force d'être devenue populaire. Il inventa d'autres machines d'une combinaison plus savante, et aussi d'une application plus difficile. Sa *machine arithmétique* (*voyez* CALCULER [Machine à]) semblait réduire le calcul à un mécanisme. Elle était ingénieuse, mais elle fut inutile. Cependant, ce fut une tête de haute et puissante conception mathématique que cette tête de Pascal, qui, sans créer aucun système universel de science, pénétra dans toutes les sciences.

Pascal se trouva jeté dans les controverses religieuses par suite d'un accident singulier. Un jour, il s'était allé promener vers Neuilly, au bord de la Seine. Les *quatre chevaux de son carrosse*, car l'histoire parle ainsi, s'étant emportés, le carrosse fut brisé, et Pascal faillit être jeté dans les flots. Cet accident troubla sa tête. Il fallut lui commander le repos. Et il alla chercher un asile à Port-Royal, retraite paisible et pieuse, où il fut accueilli avec transport. C'est là que s'échauffa son génie aux conférences des solitaires qui avaient pris fait et cause pour le jansénisme. Arnault s'était emparé de l'imagination malade de Pascal. Il lui montra les jésuites à immoler, et Pascal se laissa armer de toutes ces colères de couvent pour aller frapper des ennemis qu'il ne connaissait *ni par l'injure ni par le bienfait*. Les jésuites avaient attaqué le jansénisme; Pascal se mit à le défendre. Mais c'était là trop peu pour une controverse où il fallait tuer une société sous le prétexte de la *grâce efficace*. Les jésuites avaient fait des livres; ces livres étaient empreints de l'esprit du temps; quelques-uns renfermaient des doctrines mauvaises. Pascal s'attaqua à ces livres; le jansénisme fut oublié! La controverse s'agrandit. La grâce efficace, mystère que les gens du monde ne pouvaient sonder, fit place au *probabilisme*, aux *restrictions mentales*, aux *cas de conscience*, questions qu'il était facile de dénaturer, et sur lesquelles tombait aisément l'ironie, même sans l'effort d'un génie de méchanceté froide et caustique. Et aussi tout le monde se mit à rire aux scènes moitié théologiques, moitié bouffonnes, que Pascal opposa pour toute controverse à la gravité des pères jésuites. La lutte n'était pas égale. Le sarcasme tint lieu de vérité; et aussi la langue de Pascal eut tant de séduction, par la finesse, par la raillerie, par l'épigramme, par la nouveauté des tours, par la hardiesse de la dialectique, quelquefois par la grandeur de l'éloquence, que le siècle ne prit pas garde si l'attaque était juste, si l'écrivain n'était pas aveuglé par la colère, si au fond de toutes ses séductions de style il n'y avait pas de la haine, une haine froide, obstinée, implacable. A peine même si on pensa aux jésuites.

Les jésuites continuèrent leurs travaux dans la chaire, dans les écoles, à la cour, à la ville, aux missions. On ne cessa ni de les honorer, ni de les entendre, ni de les admirer. Mais les jésuites de Pascal étaient comme des personnages de comédie qu'on voyait baffouer avec délice. Ce fut un engouement, et le clergé sévère y fut entraîné comme le monde. Rien ne résista à l'enthousiasme excité par les *Provinciales*. Que si on étudie le fond des questions traitées avec cette verve de comédie par Pascal, on déplore certes un si grand abus du génie. Il lui avait été facile de sortir des limites du jansénisme pour entrer dans une controverse féconde à la satire. Il lui avait été facile de ramasser en des livres oubliés des opinions qui avaient été comme un reflet des opinions universelles d'une époque troublée. Le tort des apologistes, ce fut de ne pas les abandonner à l'ironie de Pascal. Ils eussent amolli ses coups et désarmé sa malice. On se crut obligé à la défense; on ne fit qu'animer la guerre. Et qui est-ce qui eût songé sérieusement à rendre un ordre tout entier de prêtres chrétiens responsable des maximes isolées de quelques moralistes malades? Voltaire n'est pas suspect; voici ses paroles : « Tout le livre (les *Provinciales*) portait sur un fondement faux. On attribuait adroitement à toute la société les opinions extravagantes de plusieurs jésuites espagnols et flamands. On les aurait déterrées aussi bien chez des casuites dominicains et franciscains; mais c'était aux seuls jésuites qu'on en voulait. On tâchait dans ces lettres de prouver qu'il y avait eu dessein formé de corrompre les mœurs des hommes; dessein qu'aucune secte, aucune société n'a jamais eu et ne peut avoir. Mais il ne s'agissait pas d'avoir raison, il s'agissait de divertir le public (*Siècle de Louis XIV*). » Telle fut donc l'inspiration de ce livre de comédie, livre admirable par son exécution, mais malheureusement empreint d'une méchanceté jalouse, que le génie même ne saurait faire excuser.

Pascal mit trois ans à cette guerre. C'est après ces rudes batailles qu'il reprit les problèmes de la roulette comme une distraction. En même temps, son esprit se portait vers des pensées plus hautes. Il avait, dit-on, conçu le projet d'un grand ouvrage sur la religion. Mais nulle part il n'en avait indiqué le plan. La maladie s'était attachée à son corps débile comme à une proie; il éprouvait depuis longtemps d'horribles souffrances, et c'est dans les cruelles insomnies des nuits ou dans les rapides instants de repos du jour qu'il écrivait au hasard, çà et là, sur des papiers volants, des pensées qu'il rapportait à l'ouvrage conçu dans son esprit. Ce sont ces pensées qui ont été rassemblées en deux volumes. On y voit la trace du génie; mais le génie semble avoir pris soin de ne point laisser saisir le but où il va. Pascal arrivait ainsi à la fin de sa vie, par des douleurs et des tristesses. Sa piété était vive, mais d'un caractère d'austérité peu aimable. C'est celui de la piété janséniste; il s'imposa des habitudes de privation, mais avec une certaine âpreté, que le christianisme ne connaît pas. Il donnait à la foi un aspect de rudesse, et il ôtait à la charité ses épanchements. Il ne souffrait pas, disent des historiens, d'après madame Perrier, les embrassements de l'amitié, même au sein de sa famille. Les baisers d'une mère lui étaient suspects. C'était assurément trop de sagesse. Cependant, il ne manquait point de sensibilité et d'affection. Il aimait tendrement sa sœur. Ils aimait les pauvres. Il faisait l'aumône avec zèle. Sa piété eût été pleine d'effusion si elle ne s'était comprimée aux habitudes d'une dévotion de secte petite et haineuse. Le jansénisme a peut-être privé le monde d'une apologie du christianisme digne des temps primitifs. L'expansion catholique manqua au génie de Pascal. Le jansénisme l'emprisonna comme un esclave, ou bien crut faire assez en lui permettant le sarcasme et la colère pour toute liberté.

L'histoire des dernières années de Pascal est mêlée de quelques accidents, qui se rapportent à celle de Port-Royal de Paris. La persécution politique se montra, et Port-Royal se défendit par des miracles. Pascal prit part à l'exaltation des religieuses. Puis arriva l'affaire du formulaire, dans laquelle Pascal se montra plus intraitable que les solitaires avec lesquels il avait combattu. De là même une sorte de refroidissement entre eux. Pascal finit par être seul. La solitude semblait être l'inspiration de cet esprit malade. Il vivait à Paris, sur la paroisse de Saint-Étienne-du-Mont, lorsque des douleurs plus aiguës vinrent le saisir et lui annoncer les approches de la mort. Il mourut avec piété. Son corps fut déposé dans un tombeau de marbre, derrière le maître autel de cette église. Il n'avait que trente-neuf ans.

L'appréciation du génie de Pascal se trouve dans le simple récit de sa vie. Ce fut un homme extraordinaire. Il eut des facultés puissantes d'un ordre divers. Toutefois, il n'arriva point à créer une œuvre que la postérité ait pu considérer comme un de ces rares monuments qui s'élèvent dans le cours des siècles. Son application fut trop divisée sans doute. Sa gloire comme écrivain est d'avoir *fixé la langue*, ainsi qu'on le dit souvent. Son style en effet a eu l'étonnant privilége de rester intact dans toutes les révolutions de langage que nous avons vues depuis deux siècles. Il eut l'instinct de toutes les formes de délicatesse, de dignité ou de grandeur. Sa parole est élégante; elle est choisie, elle est pure, et nulle trace de recherche ou de pédanterie ne s'y fait sentir. C'est là une grande nouveauté; on dirait une merveille.

Ce fut après sa mort qu'on trouva ses pensées jetées sur des papiers enfilés, mais sans ordre. On a fait effort pour découvrir le plan de l'ouvrage auquel se rapportaient ces fragments de méditation. C'est un tourment inutile. La nature de Pascal se refusait peut-être à concevoir une grande œuvre d'unité. Il y a bien pourtant dans ses pensées une pensée qui semble proéminente: c'est la pensée de l'abaissement et de la misère de l'homme, quand il est seul, quand Dieu lui manque, quand il se débat par ses propres forces contre la nature et contre lui-même. C'est là très-certainement le fonds d'un magnifique ouvrage et d'une apologie très-haute du christianisme. Mais rien n'indique que Pascal soit parti de cette base pour monter à l'exposé d'une révélation. Ses pensées sont comme des lueurs admirables jetées dans le ciel, mais dont le centre ne paraît point aux yeux. Telles qu'elles sont, elles saisissent l'esprit par leur vivacité et leur énergie. Il y a quelquefois des éclats d'éloquence qui remuent l'âme, non point de cette éloquence qui s'exerce par l'excitation des passions ardentes, mais d'une éloquence qui parle à la raison, et qui l'étonne et la dompte à force de vérité. Le style de Pascal est simple et brillant à la fois, didactique et éclatant. Il fait toucher au doigt les vérités; il rend sensibles les choses de l'intelligence. Son imagination est ardente; elle se plonge dans les profondeurs de la nature et dans le mystère de l'étendue. Il semble ouvrir les espaces. Il y a de Pascal quelques écrits qui méritent encore d'être lus: ce sont ses *Lettres à* F e r m a t, savant conseiller de Toulouse, avec qui il échangeait des pensées chrétiennes sur la science et la certitude. En tous ces écrits, on voit comme la religion féconde et agrandit les études; c'est au moins un souvenir à présenter à ceux qui ont matérialisé la science. Peu s'en faut que Pascal n'ait voulu appliquer la géométrie à la démonstration de la religion. C'était trop sans doute; mais l'excès contraire, un excès autrement fatal, c'est d'isoler les sciences. LAURENTIE.

PAS D'ÂNE, nom vulgaire d'une plante du genre *tussilage*.

PAS-DE-CALAIS (Détroit du), bras de mer qui sépare la France de l'Angleterre et qui fait communiquer la Manche avec la mer du Nord. Sa plus petite largeur, entre Calais et Douvres, est de 42 kilomètres; il est navigable pour les plus gros bâtiments. Un fil électrique, submergé depuis 1851, unit les deux pays, et plusieurs projets plus ou moins excentriques ont été mis en avant pour supprimer le trajet par mer, soit au moyen d'un pont dans l'air, soit au moyen d'un chemin sous terre. M. Franchot et M. Tessié du Motay ont proposé l'établissement d'un tunnel à travers la mer elle-même.

PAS-DE-CALAIS (Département du). Ce département est un des trois que forment l'Artois, le Calaisis, le Boulonnais et la Picardie. Il est borné au nord par le P a s-d e-C a l a i s, qui lui donne son nom, et par le département du Nord; à l'est par le même; au sud par celui de la Somme, et à l'ouest par la Manche.

Divisé en 6 arrondissements, 43 cantons, 903 communes, sa population est de 692,994 habitants. Il envoie cinq députés au corps législatif, est compris dans la 3e division militaire, forme le diocèse d'Arras, suffragant de Cambray, et fait partie du ressort de la cour impériale et de l'académie de Douay.

Sa superficie est de 660,000 hectares, dont 357,570 en terres labourables; 95,833 en prés; 35,827 en bois; 16,335 en vergers, pépinières, jardins; 7,568 en landes, pâtis, bruyères; 4,652 en propriétés bâties; 3,731 en cultures diverses; 23,257 en forêts, domaines non productifs; 15,832 en routes, chemins, places publiques, rues; 3,083 en rivières, lacs, ruisseaux, etc., etc. Il paye 3,034,147 francs d'impôt foncier en principal.

Situé dans les bassins de la mer du Nord (bassins de l'Escaut et de l'Aa) et de la Manche (bassins de l'Authie, de la Liane, de la Canche), il n'offre que des cours d'eau peu considérables, dont les principaux sont la Lys, la Scarpe, la Deule et la Sensée affluant dans l'Escaut, l'Authie avec la Ternoise, la Liane, la Canche et l'Aa. C'est un pays de plaines peu élevées, traversé du sud-est au nord-ouest par le faîte qui sépare le bassin de la Manche de celui de la mer du Nord; les points culminants s'élèvent à environ 200 mètres d'altitude. Les côtes sont basses dans certaines parties, ailleurs bordées de falaises; leur point le plus remarquable est le cap Gris-Nez, marquant à l'est l'extrémité méridionale du canal étroit qui sépare la Grande-Bretagne du continent, et qui a donné son nom au département.

Le sol est en général très-fertile; le pays très-riche, agricole et manufacturier. On y fait une récolte considérable et ordinairement bien plus que suffisante de grains et de pommes de terre, une récolte très-importante de lin, de légumes secs, de betteraves à sucre, de houblon, de graines oléagineuses et de fourrages. On y fait aussi une élève très-importante de chevaux de trait fort estimés, de moutons améliorés par le croisement avec les mérinos et les moutons anglais à longue laine, de porcs et de volailles. La pêche est très-active sur la côte; l'exploitation minérale considérable : son principal produit est la tourbe; viennent ensuite le fer et la houille. Ce département possède encore de très-importantes carrières, dont les principaux produits sont les marbres, le grès à paver, les pierres à fusil, les pierres calcaires, la terre de pipe et l'argile à poterie.

L'industrie est très-active; on y trouve des fers et hauts fourneaux, des verreries, des fabriques de faïence, de poterie fine et grossière, de briques, de carreaux, de tuiles, de chaux grasse et hydraulique, de pipes de terre, de plumes métalliques, des raffineries de sel, des huileries de graines, des fabriques de sucre indigène, de savon noir, d'amidon, des filatures de lin et de coton, des fabriques de dentelle, de tulle, de bonneterie, de drap commun et de lainages, des papeteries, des tanneries, des constructions de machines. On y fait des armements pour la pêche, pour le cabotage, et un grand commerce de grains et farine, cidre, bière, eau-de-vie de grains et de pommes de terre, de tabac, de plantes oléagineuses et textiles.

5 rivières navigables, 7 canaux, 13 routes impériales, 15 routes départementales, 9,905 chemins vicinaux, le chemin de fer d'Amiens à Douay, de Douay à Mouscron, d'Amiens à Boulogne, de Paris à Calais, d'Hazebrouck à Calais, de Fampoux à Hazebrouck, sillonnent ce département, dont le chef-lieu est Arras, les villes et endroits principaux Béthune, Boulogne, Montreuil, Saint-Omer, Saint-Pol, Bapaume, Lens, Calais, Guinegatte, Fampoux, etc.

PAS DE FEUQUIÈRE. *Voyez* FEUQUIÈRE.

PAS-DE-SOURIS. *Voyez* BERME et CONTRESCARPE.

PASIGRAPHIE ou PASILALIE (des mots grecs πᾶσι, à tous, et γράφω, j'écris, λαλέω, je parle). C'est, d'après la définition de l'un de ses propagateurs, l'art d'écrire et d'imprimer dans une langue de manière à être lu ou entendu dans toute autre langue, sans traduction. Divers systèmes de pasigraphie se sont produits, et n'ont été qu'une tentative détournée de langue universelle, qu'une langue universelle que chaque pasigraphe se faisait à lui-même, avec une confusion résultant de la prétention de vouloir embrasser les mots de toutes les langues et de les placer sur des colonnes où ils se correspondaient les uns aux autres suivant leur sens. Ces systèmes et les tentatives faites pour les mettre en pratique n'ont point réussi jusqu'à ce jour. Le premier, sans parler de la polygraphie de l'abbé Trithème, au quinzième siècle, date de loin, car il fut publié à Londres, en 1647, par l'Anglais Wilkins, sous le titre de *An Essay towards a real character and philosophical language*. Un homme de beaucoup d'esprit, le major de Maimieux, essaya d'introduire un système de pasigraphie en France, en 1797. A l'une des expérimentations, l'un de ses élèves chargé d'assembler, par les signes pasigraphiques, le mot *ratification*, traça des signes indiquant l'*action de devenir rat*. Une dernière tentative pasigraphique, faite en 1837, par M. Grosselin, n'a pas été plus heureuse.

Une objection grave s'est constamment élevée et s'élèvera toujours contre toutes les méthodes de pasigraphie. Il ne suffit pas qu'une langue universelle, quelque ingénieuse qu'on la suppose, soit inventée par un seul homme, il faudrait qu'elle fût adoptée par le consentement unanime de tous les peuples, *de consensu gentium*. Sans cela, chaque nation, que dis-je, chaque pasigraphe aurait son idiome soi-disant universel, et la confusion de la tour de Babel ne serait rien auprès de la logomachie qui en résulterait. Il va sans dire que tous les procédés pasigraphiques rencontrent encore un grand écueil : ce sont les idiotismes, les homonymies et les homographies, qui fourmillent dans toutes les langues. L'abbé Changeux, disciple de D'Alembert et de Diderot, auteur du Traité des Extrêmes, et mort en 1798 ou 1799, avait imaginé une invention beaucoup plus praticable. Voulez-vous écrire à un Anglais pour affaires de négoce ou autres, sans savoir sa langue? Prenez un dictionnaire français-anglais. Écrivez tout simplement la traduction anglaise de chaque mot; indiquez par des signes de convention, dont il est facile de convenir, les inflexions grammaticales. Votre correspondant vous comprendra à merveille. Puis, prenant à son tour un dictionnaire anglais-français, il parviendra par le même artifice à vous transmettre sa réponse. Lord Macartney et Barrow disent que c'est à peu près de cette manière que les Chinois de Canton s'entendent avec les commerçants anglais et américains. BRETON.

PASIPHAÉ. *Voyez* MINOS et MINOTAURE.

PASITHÉE, une des Grâces.

PASKEWITSCH (IVAN-FÉODOROWITSCH), comte d'Érivan, prince de Varsovie, feld-maréchal et gouverneur de Pologne, naquit à Pultawa, le 8 (19) mai 1782, d'une famille originaire du gouvernement actuel de Minsk que les persécutions exercées par les jésuites à l'égard des grecs non unis forcèrent, vers le milieu du dix-septième siècle, à aller s'établir dans la Petite-Russie. Son grand-père, Gregorii Paskewitsch, exploitait un petit domaine aux environs de Pultawa; son père, qui était entré dans l'administration, mourut en 1832, à Charkoff, avec une pension de retraite et le titre de *conseiller de collége*. Élevé à Saint-Pétersbourg, il entra d'abord dans les pages de l'empereur Paul Ier, d'où il sortit en 1800 officier d'ordonnance avec le grade de lieutenant au régiment de Preobraschenski. Après avoir assisté à la bataille d'Austerlitz, il fut envoyé en 1806 à l'armée du Danube, où il fit les campagnes contre les Turcs jusqu'en 1812. Nommé colonel en récompense de sa conduite au siége de Braïlow, il passa général major à la suite de l'affaire de Batyn (7 septembre 1810), et se distingua dans la guerre de 1812, à Smolensk, à Borodino, à Malo-Jaroslawez et Krasnoï. Sa conduite à la bataille de Leipzig, en 1813, lui valut sa promotion au grade de lieutenant général, et il assistait l'année suivante à la prise de Paris. A la paix il obtint le commandement d'une division de la garde impériale; de 1817 à 1820 il accompagna le grand-duc Michel dans ses voyages en Europe, et en 1825 l'empereur le nomma son aide de camp. La guerre que la Russie eut bientôt après à soutenir contre la Perse et la Turquie ouvrit une carrière plus vaste à son activité et à ses talents. Le 25 septembre 1826 il battit l'armée persane à Elisawetpol. L'année suivante il conquit l'Arménie, et après avoir pris d'assaut Érivan, sa capitale, il conclut la paix de Turkmantschaï, si avantageuse à la Russie. L'empereur l'en récompensa en le créant *comte d'Érivan*, et en lui faisant don d'un million de roubles d'argent. Dans la guerre de Turquie, il battit les Turcs à Kars, s'empara d'Achaltzik et d'autres places fortes, anéantit une seconde armée turque aux sources de l'Euphrate, et entra en triomphe à Erzéroum, le 9 juillet 1829. Ces nouveaux services furent récompensés par la dignité de feld-maréchal. Appelé, à la mort de Diebitsch, au commandement en chef de l'armée russe en Pologne (26 juin 1831), il y fut aussi heureux que dans ses guerres précédentes. Après la prise de Varsovie, l'empereur le créa *prince* et le nomma vice-roi de Pologne, en lui confiant le soin de cicatriser les plaies profondes faites à la prospérité de ce pays par la lutte si opiniâtre à laquelle avait donné lieu la révolution. A diverses reprises sa vigilance et son énergie réussirent à comprimer les tentatives nouvelles faites pour insurger la Pologne, où les événements de 1848 n'eurent pas le moindre contrecoup. Quand la Russie se décida l'année suivante à intervenir dans les affaires de Hongrie, Paskewitsch, malgré son âge avancé, parut l'homme propre à s'acquitter d'une telle mission. Il entra donc de nouveau en campagne, et dès le 13 août il avait la satisfaction de pouvoir annoncer à l'empereur son maître la capitulation de l'armé hongroise et la complète soumission de la Hongrie. En 1850 on célébra avec une pompe extraordinaire à Varsovie le cinquantième anniversaire de son entrée au service. Il mourut dans cette capitale, le 1er février 1855, laissant quatre enfants issus de son mariage avec une parente du poëte Gribojedoff, et une fortune évaluée à environ 45 millions de francs.

PAS PERDUS (Salle des). *Voyez* PALAIS DE JUSTICE.

PASQUIER (ÉTIENNE) naquit à Paris, en 1529. Destiné à l'étude du droit, il eut pour professeur, Hotoman et Boldum à Paris, Cujas à Toulouse, Marianus Socin, l'oracle des jurisconsultes italiens, à Bologne. Sans cesse courbé sur les livres, Pasquier semble n'avoir pas perdu un instant dans sa vie. Avocat en 1549, il vint à Paris, où il épousa Mlle de Montdomaine. Il chercha à se faire une position au barreau; mais alors comme aujourd'hui le barreau avait ses princes, à côté desquels la tourbe populaire pouvait à peine végéter : Pasquier demeura de longues années dans la tourbe. Découragé, il se renferma dans son cabinet, fit des vers français et latins, publia le *Monophile* et les *Colloques d'Amour;* et les premiers livres de ses *Recherches sur la France*, qui lui firent une réputation comme écrivain, mais rien de plus.

Enfin, au bout de quinze ans, l'occasion de se produire convenablement au Palais vint pour Pasquier : l'université, qui se refusait à immatriculer en son corps les jésuites, le chargea de soutenir ses prétentions au parlement, à qui les jésuites en appelèrent : c'est grâce aux pressantes sollicitations de deux de ses amis, avec lesquels il allait se promener dans les jardins des faubourgs de Paris, jouer aux quilles et aux boules, qu'il obtint de porter la parole dans une aussi grande affaire; son succès y fut éclatant, et dès ce moment il devint à son tour un des premiers du palais. Comme un bonheur ne vient jamais seul, Pasquier publia complétement à cette heure ses *Recherches sur la France*, son dialogue intitulé *Le Pourparler du Prince*, et ses dissertations sur l'amour, qu'il intitula *Monophile*. Son admirable livre des *Recherches* lui fit le plus grand honneur; il ne pouvait en être autrement : ces hommes savants du seizième siècle étaient bons juges en fait d'érudition. Dès ce moment la réputation de Pasquier fut faite; elle devait sous peu s'étendre et s'agrandir.

En 1579 Pasquier suivit la commission du parlement, qui se rendit à Poitiers pour tenir les *grands jours*. Avocat général à la chambre des comptes en 1585, député aux états généraux de Blois en 1588, attaché à la cour de Henri IV, il siégea à Tours avec les magistrats qui refusèrent d'embrasser le parti de la Ligue. Chargé de prononcer le discours d'ouverture, il ne put que dire quelques paroles, tant il sentait vivement les misères du temps.

En 1600 Pasquier perdit un de ses fils, qui servait dans l'armée du roi. Peu de mois après il eut la douleur de perdre sa femme, que les ligueurs venaient à peine de relâcher. Quand Pasquier vit le roi proclamé à Paris et la tentative de Châtel, il se remit à attaquer les jésuites. L'université résolut de profiter de la circonstance. On sait comment le meurtre tenté par Pierre Châtel trancha cette longue querelle. Les jésuites se défendirent à outrance; ils attaquèrent à leur tour Pasquier. René de Lafon le fit avec une violence grossière. L'illustre savant lui répondit à son tour *ex irato*. En 1603 il se démit de sa charge d'avocat du roi pour la céder à son fils aîné, Théodore Pasquier. Alors, retiré dans les plaisirs de l'étude et de la campagne, Pasquier termina sa vie comme un philosophe. Il mourut à Paris, le 31 août 1615.

Pasquier peut être placé hardiment parmi les quelques hommes savants qu'a eus la France. L'instruction et le savoir que contiennent ses *Recherches* et ses *Lettres* sont vraiment prodigieux. Ce qui ajoute encore au mérite de cette érudition, c'est l'amour de la patrie, que l'on retrouve dans tout ce qui est sorti de la plume de ce magistrat homme de bien. Royaliste, il voulait que le trône s'appuyât sur la liberté; ennemi des huguenots, il ne repoussait point pourtant l'esprit d'examen et de réforme; opposé aux jésuites, il combattait en eux une société qui veut, avec des règles particulières, et sur des statuts secrets, vivre au sein d'une autre société établie sur des lois qui doivent nécessairement s'étendre à tous. Outre les *Recherches* et les *Lettres*, on a encore de Pasquier : *Le Pourparler du Prince*, les *Ordonnances d'Amour*, le *Manifeste*, le *Catéchisme des Jésuites*, etc.

A. GENEVAY.

PASQUIER (ÉTIENNE-DENIS, duc), ex-chancelier de France et président de la chambre des pairs, est né à Paris, en 1767. Son père, conseiller au parlement de Paris comme ses ancêtres, mourut sur l'échafaud, en 1794. Le jeune Pasquier, destiné, lui aussi, à la carrière de la magistrature, se livra à l'étude des lois, et fut de bonne heure nommé conseiller au parlement de Paris. Lors de l'établissement de l'empire, il obtint une place de maître des requêtes au conseil d'État. Plus tard on l'appela aux fonctions de procureur général, et il obtint en même temps le titre de *baron*. Quand Dubois, le préfet de police, fut renvoyé, c'est sur M. Pasquier que Napoléon jeta les yeux pour ces importantes fonctions, dont il s'acquitta d'une manière remarquable. Cependant, pendant la campagne de Russie, il se laissa surprendre par la conspiration de Mallet; et Napoléon, furieux de cette échauffourée, le révoqua en même temps qu'il le faisait traduire devant le conseil d'État. Mais ses juges reconnurent qu'il n'y avait pas dans toute cette affaire le moindre reproche à lui adresser, et lui rendirent ses fonctions. Il les remplissait encore en 1814 au moment de l'entrée des alliés à Paris. Les mesures prises alors par M. Pasquier ne contribuèrent pas peu à maintenir l'ordre et la tranquillité dans la capitale. La Restauration lui ôta la préfecture de police, mais pour lui confier la direction générale des ponts et chaussées, dont il se démit pendant les cent jours. A la seconde restauration, il fut chargé des sceaux pendant le court ministère de Talleyrand, et par intérim du portefeuille de l'intérieur. Après la dissolution de ce cabinet, il fut nommé président de la commission instituée pour la liquidation de la dette contractée à l'égard des puissances étrangères. Envoyé en 1816 à la chambre des députés par le département de la Seine, il fut élu pour président par cette assemblée; et à peu de temps de là le duc de Richelieu l'appela à faire partie du cabinet modéré dont il était le chef et dans lequel il lui confia le portefeuille de la justice (janvier 1817). Fidèle à ses idées de modération, il refusa d'entrer dans le ministère Dessoles, et donna sa démission en même temps que M. de Richelieu. Cela ne l'empêcha pas de continuer à prouver son dévouement aux Bourbons en adressant à Louis XVIII plusieurs mémoires sur d'importantes questions politiques du moment; circonstance qui détermina M. Decazes à lui confier le portefeuille des affaires étrangères dans le ministère qui se constitua sous sa présidence, le 19 novembre 1819. Dans cette position M. Pasquier fit preuve d'autant de talent que d'utile activité, et combattit aussi bien les chefs de l'extrême droite que les meneurs de l'extrême gauche. Mais attaqué en 1821, à propos de la discussion de l'adresse, par une coalition formée entre les ultra-royalistes et les ultra-libéraux, il dut alors céder son portefeuille au duc de Montmorency. Peu de temps auparavant, Louis XVIII lui avait accordé la pairie; et il put ainsi faire preuve dans la chambre haute de cet esprit de sage modération qui l'avait déjà signalé dans les délibérations de la chambre élective. En 1830 Louis-Philippe le nomma président de la chambre des pairs. Dans cette haute position il fit preuve d'un zèle sincère et éclairé pour la dynastie de juillet; et c'est justice de reconnaître que dans la direction des débats, souvent orageux, de cette assemblée, il sut toujours allier la dignité à l'esprit de conciliation et de modération. Constituée à diverses reprises en cour de justice, la chambre des pairs fut saisie de nombreux procès politiques, parmi lesquels on n'oubliera jamais le *procès d'avril*, procès-monstre, où l'on vit figurer près de deux cents accusés, et dont les débats réclamaient de la part du président autant de fermeté que d'habileté. Toujours M. Pasquier sut être à la hauteur d'un rôle auquel la révolution de Février mit fin si inopinément, sans pouvoir lui rien faire perdre de la considération et de l'estime publiques. Agé aujourd'hui de près de quatre-vingt-dix ans, et philosophiquement retiré de la politique, dont il a vu de trop près les misères pour ne pas l'apprécier ce qu'elle vaut, il a conservé l'usage de toutes ses facultés, et jamais son intelligence ne fut plus vive ni plus brillante. C'est en 1837 que Louis-Philippe avait fait revivre en sa faveur le titre, purement honorifique, de *chancelier de France;* en 1844 ce prince le créa *duc;* et comme le vent de l'opinion n'était pas alors aux distinctions nobiliaires, on blâma assez généralement M. Pasquier, sinon d'avoir sollicité, du moins d'avoir accepté une grâce qui ne pouvait rien ajouter à la considération dont son nom était entouré depuis si longtemps.

PASQUIN (en italien *Pasquino*). Près de la place Navone, à Rome, au coin de la rue des Libraires, il y a un petit carré où l'on voit un torse, reste d'une ancienne statue que Bernin regardait comme le plus beau type des figures antiques; on a cru longtemps que c'était le torse d'un soldat d'Alexandre le Grand; plus tard, on y a vu le fragment d'un groupe pareil à celui de Florence représentant Ajax enlevant le corps de Patrocle. Ce torse reçut du peuple le nom d'un pauvre tailleur, Pasquino, qui avait son échoppe tout près. Le tailleur était caustique, satirique, enclin au sarcasme : il faisait même parade d'un certain cynisme. Son rôle fut imposé avec son nom à la statue mutilée. Mais comme il fallait que quelqu'un se chargeât d'interroger, d'exciter à la satire, on déterra une autre statue près du Capitole, à laquelle on donna le nom de *Marforio*. Marforio interrogeait, Pasquino répondait : la question était insidieuse ou maligne, la réponse était toujours étourdissante. Les souverains pontifes tolérèrent longtemps cet excès de liberté ; mais enfin Marforio eut les honneurs du Capitole, et Pasquino devint muet! Peut-être laisse-t-il échapper encore quelques soupirs, mais des gémissements plus forts les étouffent. A. Azario.

La comédie a gardé le nom de Pasquin pour en gratifier un de ses personnages bouffons, un valet menteur, hâbleur et fripon, comme tous les valets de l'ancienne comédie. En français, *pasquin* se dit d'une satire courte et plaisante. Le *Dictionnaire de l'Académie* dit encore : *Faire courir un pasquin.*

PASQUINADE, nom que l'on donna d'abord aux placards satiriques que l'on trouvait attachés à la statue de P a s q u i n. On en fait remonter l'origine à l'époque d'A l e x a n d r e VI. Par extension, on désigne par le mot *pasquinade* toute satire, raillerie ou bon mot lancé contre le public et contre les puissances.

PASSADOUX. *Voyez* Flèche.

PASSAGE, l'action de *passer*, de *traverser* un endroit. Au moral, *passage* sert à désigner une transition d'un fait, d'une disposition morale à une autre. Au figuré, *passage* sert encore à désigner tout ce qui n'est pas de longue durée, tout ce qui ne peut vivre qu'un temps : La vie n'est qu'un *passage;* Les hirondelles sont des oiseaux de *passage;* on dit encore familièrement, en parlant d'une personne qui ne doit rester dans un lieu donné que peu de temps : C'est un oiseau de *passage.* Le *passage* de différentes espèces d'oiseaux, de poissons, indique le moment où, à des époques données, ils traversent certaines contrées, certains passages où ils ne se fixent pas.

Passage, pour le navigateur, est synonyme de traversée; l'on paye son passage sur un navire comme l'on paye sa place dans une diligence ou dans un wagon.

A Paris et dans quelques grandes villes, on appelle *passages* des galeries couvertes, unissant deux ou plusieurs rues l'une à l'autre, et où ne circulent que des piétons : le luxe des marchands se fait admirer dans les principaux passages de Paris.

Passage est aussi un droit, une redevance, que l'on paye pour traverser une rivière ou un pont. Ce mot est alors synonyme de p é a g e.

On appelait aussi *droit de passage* autrefois la somme que quelques ordres religieux et militaires, comme l'ordre de Malte, percevaient de ceux qui étaient reçus dans leur sein.

Passage se dit encore d'une certaine partie d'un livre ou d'un auteur qu'on cite ou qu'on allègue.

En musique, *passage* signifie un ornement, d'ordinaire assez court, qu'on ajoute à un trait de chant; et en termes de manége on l'emploie pour désigner une action cadencée et mesurée du cheval dans son allure, et qui est ou doit être soutenue.

Passage signifie en droit, comme dans le sens grammatical primitif, l'*action de passer;* le droit de *passage* sur une propriété voisine est une s e r v i t u d e qui ne peut être établie que par titre, et qui s'éteint par le non-usage pendant un laps de trente ans. Il existe néanmoins une circonstance où la servitude de *passage* s'établit sans titre, et c'est celle où un propriétaire a son héritage entièrement enclavé et sans aucune issue sur la voie publique. On considère dans ce cas que le titre de la servitude est dans le fait de l'enclave. Au surplus, le propriétaire enclavé n'a que le droit de réclamer un *passage* sur le fonds de ses voisins, sur le côté où le trajet est le plus court du fonds enclavé à la voie publique, et à la charge d'une indemnité qui doit être proportionnée au dommage qu'il leur occasionnera. Le propriétaire qui aura laissé pratiquer le passage pendant trente ans sans réclamer d'indemnité perdra son action personnelle pour la réclamer, par suite de la prescription qui pourra lui être légitimement opposée.

PASSAGE (*Art militaire*). Militairement le mot *passage* a quantité d'acceptions. S'agit-il de la tactique de l'infanterie, la théorie et les démonstrations sur le terrain enseignent aux hommes de pied les évolutions que les ordonnances ont appelées *passage* de l'ordre en colonne à l'ordre en bataille, ou l'inverse; *passage* d'obstacles, *passage* de lignes. S'agit-il de s i é g e s méthodiques, le *passage* de fossé, l'un des derniers actes de ce drame, s'accomplit suivant des règles qui varient s'il s'agit d'un fossé sec ou d'un fossé inondé. S'agit-il de la guerre en rase campagne, les *passages* des gués sont l'objet d'études préparatoires, d'explorations importantes, souvent difficiles, quelquefois dangereuses. Au lieu d'un fond guéable, si des cours d'eau profonds, rapides, encaissés, s'opposent à la marche des armées, ces circonstances donnent lieu aux opérations si délicates, si chanceuses de ce genre de trajet, que la stratégie connaît sous le nom de *passages de* f l e u v e s et de manœuvres de pontonniers. S'agit-il de la locomotion des troupes dans des lieux âpres, à travers des pays accidentés, ou dans des pertuis, des gorges, qui entrecoupent des plaines, le mécanisme des passages de d é f i l é, en supposant que l'ennemi est posté au delà, exige une suite de manœuvres, de précautions, et de mouvements concertés. Gal Bardin.

PASSAGE (*Astronomie*). On donne ce nom à des phénomènes analogues aux é c l i p s e s de Soleil, mais où le corps interposé entre cet astre et la Terre, au lieu d'être la Lune, est une des p l a n è t e s inférieures, M e r c u r e ou V é n u s. Toutefois, ces phénomènes, non moins intéressants pour l'astronome que les éclipses, peuvent passer inaperçus du vulgaire : la lumière du Soleil ne se trouve pas interceptée, et l'astre au passage n'apparaît sur le disque lumineux que comme un faible point noir.

Les passages de Vénus ont fourni à H a l l e y un moyen ingénieux de mesurer la p a r a l l a x e de cette planète et celle du Soleil. La théorie du géomètre anglais fut mise à profit lors du passage de 1769, qu'observèrent les principaux astronomes de l'Europe. Ces observations ont été renouvelées depuis.

D'après les calculs de Delambre, le plus prochain passage de Vénus aura lieu le 8 décembre 1874, et celui de Mercure le 11 novembre 1861. Les passages de cette dernière planète sont plus fréquents que ceux de Vénus; mais ils ne peuvent servir au même but.

Le *passage* d'un astre au méridien a reçu le nom de *culmination*. On observe les passages à l'aide d'une lunette méridienne, que l'on nomme quelquefois, à cause de cela, *instrument des passages*.

PASSAROWITZ (le *Margum* des anciens, dans la Mésie supérieure), jolie petite ville de Servie, avec 2,000 habitants, à l'est de la Morawa, non loin de l'embouchure de cette rivière, est célèbre dans l'histoire par le traité de paix qui y fut conclu sous la médiation de la Hollande et de l'Angleterre, le 21 juillet 1718, entre la république de Venise et l'empereur Charles VI d'une part, et la Porte Ottomane de l'autre; traité qui mit fin à la guerre que la Porte avait entreprise en 1714 contre Venise, pour s'emparer de la Morée.

PASSAU, ville de la basse Bavière, siége d'évêché et de cour d'appel, est située de la manière la plus romantique, au confluent du Danube, de l'Ilz et de l'Inn. Elle a deux faubourgs, l'*Innstadt* et l'*Ilzstadt* et 11,500 habitants. La ville proprement dite occupe une presqu'île formée par le Danube et par l'Inn. On y passe le Danube sur un pont construit de 1818 à 1823, et reposant sur sept piliers de granit. L'*Innstadt*, bâtie sur la rive droite de l'Inn, est reliée à Passau par un pont reposant sur huit piliers de granit. Au delà du Danube, sur la rive gauche de l'Ilz, on trouve l'*Ilzstadt*. Sur la montagne, de 133 mètres d'élévation, située à l'angle formé par le Danube et la rive droite de l'Ilz, se trouve le fort d'*Oberhaus*, qui se relie à celui de *Niederhaus*, situé un peu plus bas. La ville est assez bien bâtie; mais ses faubourgs sont misérables. Elle possède de nombreux et riches établissements de bienfaisance. Ses plus beaux édifices sont la cathédrale, sur une place au centre de laquelle se trouve le monument élevé en 1828 à la mémoire du roi Maximilien-Joseph Ier, l'ancien palais épiscopal et l'ancien collége des jésuites, où se trouve une bibliothèque assez riche. L'ancienne abbaye de Saint-Nicolas est transformée aujourd'hui en caserne. Sauf quelques fabriques de tabac, de cuir et de porcelaine, et d'assez importantes brasseries, l'industrie n'y a pas pris de grands développements. Son commerce, favorisé par le Danube, a bien autrement d'activité.

Passau est une très-ancienne cité, célèbre dans l'histoire de la réformation par le traité qui s'y conclut le 22 août 1552, et en vertu duquel les protestants allemands obtinrent pour la première fois le libre exercice de leur culte.

PASSAVANT. *Voyez* Boissons (Impôts sur les).

PASSE. Ce mot est employé dans une infinité d'acceptions, n'ayant souvent aucun rapport entre elles.

Donnons d'abord le pas à la finance : on appelle *passe* l'appoint en petite monnaie qui complète une somme payée soit en billets de banque, soit en or ou en pièces de 5 fr. On entendait également autrefois par *passe* l'appoint par lequel on ramenait une pièce de monnaie à son cours nominal; l'écu de 6 livres ne valant plus que 5 fr. 80 centimes, on ajoutait 20 centimes pour la *passe*. On appelle encore *passe du sac* les 15 centimes que l'on paye pour une somme de 500 fr. renfermée dans un sac.

Le mot *passe* est employé dans un nombre assez considérable de jeux de hasard : au billard et au mail, c'est une petite arcade en fer sous laquelle doit passer la bille dans des cas et dans des conditions déterminés : la passe aux jeux de cartes est la mise courante, l'enjeu que chaque joueur est obligé de mettre; *tirer sa passe* à certains jeux, c'est faire la vole; *voler la passe*, à la bouillotte, c'est faire très-gros jeu pour intimider ses adversaires et les faire passer, tout en n'ayant que de mauvaises cartes; à la roulette, *passe* est l'opposé de *manque* : on désigne par manque tous les numéros jusqu'à 18, et par *passe* tous les autres à partir de 19.

En escrime, on appelle *passe* l'engagement du fer, pour lequel, en avançant sur son adversaire, on fait passer le pied droit avant le pied gauche.

Les magnétiseurs appellent *passe* les divers mouvements ou attouchements faits sur le magnétisé pour le faire passer à l'état somnambulique.

Les marins appellent *passe* un canal étroit entre deux rochers, deux rivages, deux bancs, et qui conduit soit dans un port, une rivière, une baie, soit dans la mer libre : la profondeur de l'eau dans les passes permet aux navires de les franchir à l'aide des pilotes. C'est sans doute de cette locution maritime qu'est venue, au figuré celle-ci : *Être en bonne passe*, pour dire que l'on se trouve dans une position favorable, prospère.

Les chasseurs appellent *passe* le passage des oiseaux voyageurs dans leur contrée; c'est dans ce sens qu'on dit : Une *passe* de cailles; La *passe* des bécasses, etc.

PASSE (Main de). *Voyez* Défets.

PASSÉ, mot qui sert à dénommer la partie du temps qui est tout à fait écoulée. Le temps se compose du passé, du présent et de l'avenir. C'est le passé qui remplit les fastes de l'histoire, où viendront successivement prendre place ce que nous appelons aujourd'hui le présent et l'avenir, qui sont inévitablement destinés tous deux à faire partie du passé. Le temps marche, marche toujours, mais ne revient jamais sur ses pas. La durée du présent est à peine sensible; pressé par l'avenir qui doit lui succéder, il se précipite dans le passé avec une effrayante rapidité. C'est ce que Boileau a voulu exprimer dans ce vers si fugitif :

Le moment où je parle est déjà loin de moi.

On néglige souvent les enseignements du passé, c'est un grand tort. Le meilleur des prophètes, a dit lord Byron, c'est le passé. Il n'est pas étonnant que les vieillards plaignent toujours le présent et vantent le passé. Le présent ne saurait sourire à l'homme qui parvenu au terme de sa carrière se sent accablé ou menacé de mille infirmités; en faisant l'apologie du passé, il regrette les jours dorés de sa jeunesse, les dons de la force et de la santé, enfin la vie qui va lui échapper. Le passé se dit d'une chose faite, d'une chose qui s'est passée; c'est dans ce sens qu'on dit à un ennemi avec qui l'on se réconcilie : *Oublions le passé*.

En grammaire, *passé* s'applique à divers temps du verbe qui expriment un fait consommé. Mais tout ce qui est passé n'est pas également éloigné du temps présent. Parmi les événements passés, il y en a qui sont plus anciens les uns que les autres. Ces divers degrés d'antériorité peuvent être exprimés par différentes formes. Ainsi, l'on dit en français : *Je viens de lire le curieux Voyage du maréchal duc de Raguse; j'ai lu il y a longtemps ceux de Volney et de Sonnini*. Dans cette phrase, *je viens de lire* exprime un *passé* prochain; *j'ai lu*, un *passé* plus éloigné. Il y a donc plusieurs formes de *passé*, comme plusieurs formes de futur. Mais ce n'est pas seulement parce que le passé et le futur peuvent être plus ou moins éloignés par rapport au moment actuel, c'est encore parce que ce que l'on envisage quelquefois comme futur par rapport à une époque, on peut l'envisager en même temps comme passé par rapport à une autre époque. Exemple : *Quand j'aurai terminé ce travail, je me reposerai*. L'action de terminer le travail en question est future par rapport à l'époque où l'on parle, mais elle sera passée quand je me reposerai. Ce qui est passé au moment où l'on parle peut aussi être envisagé comme présent par rapport à l'époque à laquelle il a eu lieu et aux autres événements arrivés dans le même temps. Ainsi, quand je dis : *Je lisais quand il arriva*, le mot *lisais* exprime un événement qui est passé par rapport à l'époque où je parle, mais qui était présent quand l'action dont je parle arriva. Le *passé* peut s'exprimer d'une manière absolue et indéfinie, sans détermination d'une époque plus ou moins reculée : cela donne un *passé absolu indéfini*. On peut l'exprimer avec distinction d'époques plus ou moins reculées, ce qui donne des *passés absolus*, soit *prochains*, soit *éloignés*. Enfin, on peut l'exprimer avec détermination de l'ordre que ces différents passés ont l'un par rapport à l'autre, ce qui donne des *passés relatifs*, antérieurs et postérieurs. Ainsi, le passé se retrouve dans tous les modes du verbe, excepté dans l'impératif, qui marque toujours une époque présente (*voyez* IMPARFAIT, PLUS-QUE-PARFAIT, PRÉTÉRIT).

CHAMPAGNAC.

PASSE-DEBOUT. *Voyez* BOISSONS (Impôts sur les) et OCTROI.

PASSE-DIX, jeu de dés. Le banquier agite trois dés dans un cornet; puis il les lance. Si le point amené dépasse dix, il ramasse les enjeux des pontes. Si le point est dix ou au-dessous, le banquier double, au contraire, l'enjeu de chacun, et passe les dés à son voisin de droite. Rien de plus simple que ce jeu. Il est très-ancien.

PASSÉE. *Voyez* CHASSE et BÉCASSE.

PASSE-FLEUR. *Voyez* COQUELOURDE.

PASSEMENTERIE. A proprement parler, c'est l'art de fabriquer des *passements* ; mais, comme cela est arrivé pour beaucoup d'autres mots, l'usage a confondu le nom du métier avec celui de la marchandise; et comme on dit vendre de l'*épicerie* au lieu de vendre des *épices*, on ne dit plus qu'un homme fait des *passements*, mais de la *passementerie*. La passementerie remonte à la plus haute antiquité; les ornements du temple et des prêtres de Jérusalem (*Exod.*, XXVIII, 39; XXXVIII, 18,22) sont des ouvrages de passementerie. Moïse, dans le *Deutéronome*, après avoir défendu aux Israélites les vêtements composés d'un mélange de laine ou de lin, leur ordonne de mettre des franges aux quatre coins de leurs manteaux. Ézéchiel, au nombre des bienfaits de Dieu, dont il reproche aux femmes juives d'avoir abusé, cite les bracelets, les colliers, les boucles d'oreille, les rubans, les couronnes, les robes de fin lin, teintes ou brodées de diverses couleurs. Hélène, dans Homère, brode les combats des Grecs et des Troyens; Apulée donne à Pâris un manteau brodé de différentes couleurs.

Le commerce du passementier, de même que celui du mercier, se compose d'une multitude de petits articles : c'est lui qui fabrique et qui vend les galons, les lacets, les cordonnets, les franges, les houppes, les glands, les ganses, les tresses, les ceintures, les nattes, et généralement tous les tissus de ce genre, épais et étroits, qui servent à garnir les meubles, les rideaux, les voitures; à orner les habits de cour et les uniformes militaires, à chamarrer les livrées de laquais. Dans la confection de ces différents objets entrent en proportions variées un grand nombre de matières, le fil, le coton, la soie, la bourre de soie, la laine, le crin, l'or et l'argent.

Une des principales opérations du passementier est le *retordage*, qui fait la base de la plupart des ouvrages de sa profession. Les instruments qu'il emploie sont peu nombreux; on peut subvenir à presque toutes les nécessités de la fabrication avec le rouet à main, le grand rouet à cordonner, et la machine à retordre. On se sert du *boisseau* pour faire les cordons de sonnettes, de rideaux, de lustres et les guides de chevaux de voiture avec ou sans *âme*. Le métier à la Jacquart a été appliqué avec succès à la fabrication des galons de livrée et d'ameublement; les cordonnets et les jarretières se font à la *machine à lacets*.

Au temps des maîtrises et des jurandes, la profession du passementier embrassait une foule d'arts qui forment aujourd'hui des professions séparées, tels que celui du boutonnier, du fleuriste, du plumassier, de l'éventailliste, du fabricant de masques, etc. L'art de la passementerie a fait peu de progrès depuis un demi-siècle, bien que plusieurs brevets aient été accordés à d'ingénieuses inventions, et que la consommation ait augmenté d'une manière considérable. Cela tient à ce que depuis longtemps il a atteint une grande perfection. Paris et Lyon sont les deux villes de France où la passementerie a pris son plus grand essor. A Paris, c'est la rue Saint-Denis qui est le siége principal de la fabrication et de la vente de la passementerie.

V. RATIER.

PASSE-PIERRE. *Voyez* BACILE.

PASSEPORT, acte de l'autorité publique qui autorise celui à qui il est délivré à circuler librement d'un lieu à un autre. On a donné différentes étymologies de ce mot. Les uns y ont vu une corruption du mot *passe-porte*, parce que ce fut à l'origine dans les places fortes que cette formalité fut exigée. Pasquier croit qu'on a dit d'abord *passe-partout*. Mais il est plus probable que ce vocable a été emprunté au langage maritime, où il est encore synonyme de *congé de départ*, et se dit de l'autorisation délivrée à un navire pour sortir d'un port par l'amiral ou par le commandant de la station navale. Aux termes de la loi, quiconque voyage sans passeport hors des limites de son canton est exposé à être arrêté par le premier agent de la force publique qui lui demandera la représentation de ses papiers; c'est la disposition de l'article 1er du titre VIII de la loi du 10 vendémiaire an IV. Cette prescription sévère remonte à une époque de troubles civils; elle tombe du reste périodiquement en désuétude jusqu'à ce que de nouveaux troubles la fassent revivre momentanément. Le voyageur arrêté sans passeport est immédiatement conduit devant les officiers municipaux du lieu pour y être interrogé et être mis en état d'arrêt, à moins qu'il n'ait pour répondant un citoyen domicilié dans le canton. Les officiers municipaux, d'après les réponses du voyageur arrêté ou les renseignements qu'ils reçoivent sur lui, sont autorisés à le retenir en état d'arrestation ou à le laisser continuer sa route; dans ce dernier cas, ils lui délivrent un passeport. Le temps de l'arrestation ne peut excéder un mois, à moins qu'il ne soit survenu quelque charge contre le voyageur arrêté. Le mois expiré, il est donné un passeport au voyageur pour le lieu qu'il désigne avec itinéraire obligé. Tous les passeports doivent être exclusivement délivrés par les officiers municipaux, et contiennent les noms des personnes auxquelles ils sont remis, leur âge, leur profession, leur signalement, le lieu de leur domicile et leur qualité de Français ou d'étranger. Ils doivent être signés par celui qui en est porteur, et dans le cas où ce dernier déclare qu'il ne sait pas signer, il en est fait mention dans l'acte. Les passeports sont assujettis à une rétribution fixe de 2 francs pour l'intérieur et de 10 francs pour l'étranger. L'officier municipal qui est chargé de la délivrance des passeports ne doit les accorder que sur la connaissance personnelle qu'il peut avoir de la vérité des déclarations qui lui sont faites, ou sur l'attestation de deux témoins connus de lui. Des peines sévères sont édictées contre les officiers publics qui se prêteraient à de fausses déclarations et contre tous ceux qui se rendraient coupables ou complices d'une fraude quelconque. Contre toute personne, la peine pour fabrication d'un faux passeport ou falsification d'un passeport originairement véritable, pour l'usage d'un passeport fabriqué ou falsifié, est d'une année d'emprisonnement au moins et de cinq ans au plus. Quiconque prend dans un passeport un nom supposé, ou a concouru, comme témoin, à faire délivrer le passeport sous un nom supposé, est puni d'un emprisonnement de trois mois à un an.

Les passeports exigés pour voyager à l'étranger sont soumis à des formalités de chancellerie qui tiennent aux rapports internationaux; ils autorisent ceux auxquels ils ont été délivrés à réclamer en pays étranger la protection du chargé d'affaires, consul ou ambassadeur qui représente la nation à laquelle ils appartiennent.

En style de chancellerie, l'envoyé réclame *ses passeports* quand il y a commencement de rupture entre les puissances; mais la guerre n'est pas encore déclarée.

PASSERAGE. On donne vulgairement ce nom à des végétaux auxquels les anciens attribuaient la propriété de guérir la rage, particulièrement l'*alyssum saxatile* ou *corbeille d'or* et le *lepidium sativum* ou *cresson alénois*

PASSERAT (JEAN) naquit à Troyes, en 1534. Il y fit ses études, et vint s'établir à Paris comme professeur d'humanités au collége du Plessis. Il avait été appelé à remplir cette place par L'Escot, célèbre professeur de langue latine à Troyes, auquel sa réputation avait fait donner la chaire de rhétorique au même collége. Passerat s'occupa exclusivement de l'étude de la langue latine; il voulut l'étudier dans les jurisconsultes, et suivit pendant trois années les leçons de Cujas à Valence. Il partageait l'opinion de Rabelais sur l'excellence des écrits des juristes romains. De retour à Paris en 1569, Passerat fut accueilli par Henri de Mesmes, maître des requêtes. Ce savant magistrat était le Mécène de son temps. Passerat resta vingt-neuf ans dans la maison, et chaque année il lui adressait des compliments en vers latins, qu'on a imprimés sous le titre de *Kalendæ januariæ*. A la mort de Ramus, qui fut enveloppé dans le massacre de la Saint-Barthélemy, Passerat le remplaça au Collége de France dans la chaire d'éloquence française, qu'il remplit avec éclat. Il mourut aveugle, en 1602. Il avait perdu un de ses yeux par un accident au jeu de paume; son assiduité au travail l'avait privé de l'autre. Passerat était un grammairien exact et élégant; sa poésie latine, pleine de pureté, révèle une grande intimité avec les poëtes latins. Mais ce qui a rendu Passerat célèbre, c'est sa coopération à la *Ménippée*. Les vers de cette satire, qui ne contribua pas peu à amener Henri IV à Paris, sont presque tous de lui et de Nicolas Rosier; ils sont vifs, enjoués et mordants. Il a laissé, en outre, un recueil de poésie française, qui est écrit avec grâce et facilité. *La Métamorphose d'un homme en oiseau* est versifiée avec une élégante naïveté. La poésie de Passerat n'est sérieuse que par exception; il se plaît aux jeux de mots, aux *concetti*, et écrit pour la cour, pour les dames; mais ses vers sont travaillés avec un soin, une élégance, une pureté, qui rappelle souvent Pétrarque. Passerat est trop oublié; c'est ce qui arrive à tous ceux qui ont précédé les grandes époques poétiques: ils sont effacés par ceux qu'ils ont formés. Ernest Desclozeaux.

PASSEREAU, C'est, en diverses contrées de la France, le nom vulgaire du moineau franc.

PASSEREAUX, deuxième ordre de la classe des oiseaux. Les passereaux se distinguent des rapaces par un bec qui n'est pas crochu, par des ongles non acérés et par des doigts non entièrement divisés; ils n'ont pas, comme les grimpeurs, le doigt externe dirigé en arrière ainsi que le pouce; leur bec n'est point voûté et leurs doigts ne sont pas réunis à leur base par une petite membrane, comme dans les gallinacés; leur articulation tibio-tarsienne n'est jamais nue, comme chez les échassiers; enfin, leurs pieds ne sont pas palmés, comme ceux des palmipèdes. A ces caractères, en quelque sorte négatifs, il faut ajouter les suivants: Pieds médiocres; trois doigts dirigés en avant, l'externe uni à celui du milieu dans une étendue plus ou moins considérable.

Les passereaux vivent de grains, d'herbes, de fruits, d'insectes et même de poissons. Quelques-uns ont le bec assez fort pour faire la chasse aux petits oiseaux. C'est dans cet ordre que l'on trouve les oiseaux chanteurs les plus recherchés.

Les ornithologistes distribuent les passereaux en deux divisions. La première renferme les espèces chez lesquelles le doigt externe est réuni à l'interne seulement par une ou par deux phalanges. Elle comprend quatre familles: *dentirostres*, *fissirostres*, *conirostres* et *ténuirostres*. Parmi les dentirostres (*insectivores* de Temminck), que caractérise leur bec échancré aux côtés de la pointe, se rangent les genres *pie-grièche*, *gobe-mouche* (*gobes-mouches* proprement dits, *tyrans*, *moucherolles*, etc.), *cotinga*, *tangara*, *merle*, *fourmilier*, *cincle*, *martin*, *loriot*, *lyre*, *bec-fin* (*traquets*, *rubiettes*, *fauvettes*, *roitelets*, *hochequeue*, *bergeronettes*, etc.), *manakin*, etc. Les fissirostres, qui ont le bec court, large, aplati horizontalement, et très-profondément fendu, se composent des hirondelles et des engoulevents. Les conirostres (*granivores* et *omnivores* de Temminck), au bec fort, plus ou moins conique et sans échancrure, renferment les genres *alouette*, *mésange*, *bruant*, *moineau* (*moineaux* proprement dits, *pinsons*, *linottes*, *chardonnerets*, *serins*, *tins*, *ta veuves*, *gros-bec*, *bouvreuils*, etc.), *bec-croisé*, *dur-bec*, *cassique*, *étourneau*, *corbeau* (*corbeaux* proprement dits, *pies*, *geais*, etc.), *oiseau de paradis*, etc. Les ténuirostres, au bec grêle, allongé, droit ou plus ou moins arqué, et sans échancrure, comprennent les sittelles (vulgairement *torchepots*), les grimpereaux (*grimpereaux* vrais, *picucules*, *échelettes*, *sucriers*, *guitguits*, *soui-mangas*, etc.), les colibris (*colibris* et *oiseaux-mouches*), et les huppes. La deuxième division, formée des espèces chez lesquelles le doigt externe, presque aussi long que celui du milieu, lui est uni jusqu'à l'avant-dernière articulation, renferme la seule famille des *syndactyles* (*alcyons* de Temminck), que composent les genres *guêpier*, *momot*, *martin-pêcheur*, *ceyx*, *todier*, et *calao*.

PASSERINETTE. *Voyez* Fauvette.

PASSEROSE ou ROSE TRÉMIÈRE. *Voyez* Guimauve.

PASSE-TOUT. *Voyez* Jacinthe.

PASSE-VELOURS. *Voyez* Amarante.

PASSIF, PASSIVE (de *passum*, supin de *pati*, *patior*, souffrir). Ouvrez la plupart des dictionnaires, et vous trouverez que cet adjectif est en général l'opposé d'*actif*. On appelle *actif* ce qui agit, ce qui a la faculté, la vertu d'agir, de produire quelque effet en agissant; on appelle *passif* le sujet, l'objet, la chose quelconque qui subit l'action de ce qui est actif. Non-seulement le *passif* n'agit point, et en cela il est bien l'opposé d'*actif*, mais il est encore soumis, souvent sans le vouloir, au mouvement que lui imprime ce dernier: dans une opération chirurgicale, le rôle de l'opérateur est tout *actif*, celui du malade absolument *passif*. Ainsi, l'on entend par principe *passif* celui sur lequel travaille l'agent physique, et qualité *passive* celle qui rend propre à recevoir l'impressiom de cet agent. L'obéissance *passive* est celle d'un homme qui exécute sans examen, sans objection, ce qu'on lui ordonne, ce dont on le charge.

Dans la grammaire, les mots *actif* et *passif* ont la signification que nous venons de donner. On dit *sens actif*, *sens passif*, *tour actif*, *tour passif*, *verbe actif* et *verbe passif*. On appelle verbes *passifs* ceux dans lesquels l'attribut compris dans leur signification indique une action que le sujet ne fait pas, mais qui est faite sur lui par une autre chose, et que le sujet éprouve malgré lui, ou du moins sans y concourir. Champagnac.

PASSIF (*Commerce*). Ce mot est le corrélatif et l'opposé du mot *actif*. L'actif comprend les actions, les créances, les biens; le passif est l'ensemble des frais, des charges et des dettes d'un négociant, d'une communauté, d'une société, d'une succession, d'une faillite. En général, les mots *actif* et *passif* n'ont par eux-mêmes aucune signification favorable ou défavorable; ils sont seulement la constatation d'un fait. On peut posséder un actif considérable, et se trouver en mauvaise position; on peut présenter un passif énorme, et rester en bonne situation. La balance des deux comptes donne seule le résultat; et l'excédant de l'un sur l'autre démontre la bonne ou mauvaise fortune. Toutefois, ce résultat même peut encore être fictif jusqu'à un certain point, et c'est ce qu'un commerçant doit soigneusement éviter. Ainsi, par exemple, si les valeurs acquises composant l'actif ne sont point recouvrées ni assurées, et qu'au contraire les valeurs du passif soient certaines, il arrivera sans doute qu'un actif considérable ne pourra en réalité faire face à un passif minime. C'est là un danger qui se présente dans les opérations commerciales par suite de l'imprévoyance et de la légèreté qui président trop souvent aux transactions. Tout commerçant doit avoir un livre-journal, qui présente jour par jour ses dettes *actives* et *passives*; la communication de ce livre peut être ordonnée en justice, dans les affaires de succession, de communauté, de partage, et en cas de faillite.

Les articles 1401 et 1409 du Code Civil déterminent avec précision les éléments qui doivent composer l'actif et le passif de la communauté conjugale. A. Husson.

PASSIFLORE (du latin *passio*, passion, et *flos*, *floris*, fleur). *Voyez* Grenadille.

PASSION. Selon l'étymologie, ce nom, venant de *pâtir* ou *souffrir*, désigne une douleur ou du moins une émotion dans notre sensibilité intérieure. Les passions sont produites soit par une impulsion venant de l'extérieur, ou qui nous est étrangère, soit par un besoin intérieur suscité dans nos propres entrailles, ou un penchant naturel, souvent même contre notre volonté. On nomme plus spécialement *affections* celles qui ne sont pas actives, telles que la tristesse, le chagrin, la crainte; ce sont les παθήματα des Grecs, les *affectus* des Latins, parce qu'elles affectent en effet. Au contraire, l'amour, la colère, la haine, la vengeance, ou même l'ambition, la fureur du jeu, etc., sont plus généralement qualifiées du nom de *passions*. Et comme elles possèdent le triste privilége de troubler les fonctions de la vie, ou de rendre malade le corps non moins que l'esprit, les anciens ont donné le nom de *passion mélancolique*, *hypocondriaque*, *hystérique*, etc., à de vraies maladies, comme on nomme encore aujourd'hui *affections* plusieurs lésions du corps.

La plupart des métaphysiciens ou psychologistes ont mal à propos confondu avec les passions ou affections de l'âme nos appétits ou besoins, qui dérivent du jeu naturel de nos fonctions involontaires. C'est donc sans fondement que divers auteurs ont rassemblé sous le nom de *passions* une foule de modifications intellectuelles ou de vices, de travers d'esprit et de caprices variables du caractère qu'on observe dans le monde depuis l'époque de Théophraste jusqu'à La Bruyère. Qui dit passion dit émotion, mais il y a en nous des propensions diverses de nos organes qui nous poussent vers telle ou telle occupation, à la poésie, aux sciences, à la guerre, ou aux arts mécaniques, aux goûts champêtres, etc. Ce sont des vocations, des penchants plus ou moins spontanés. On ne peut pas, malgré leur vivacité, les nommer des *passions*, car celles-ci sont momentanées, soulevées par quelque cause extérieure. Un homme bilieux est irascible sans doute; cependant la colère ne s'allume en lui que par circonstance, puis elle s'éteint, pour renaître encore. Personne ne peut être sans émotion et conséquemment sans passion au milieu des traverses de la vie, de quelque ataraxie stoïque qu'il veuille se parer avec Sénèque et d'autres philosophes. Cependant, nous ne croyons pas qu'il faille abandonner aux aquilons toutes les voiles de notre vaisseau dans la tempête. Quand il n'y aurait nul écueil à craindre pour la fortune, il y en aurait toujours pour la vie. Si l'on veut bien considérer, la nature des passions, l'on reconnaîtra que personne n'en peut mieux traiter que le médecin, et non pas même le philosophe moraliste ou le métaphysicien. En effet, les passions sont des actes de la sensibilité physique, qu'on ne saurait bien comprendre qu'à l'aide de l'examen approfondi des fonctions du corps. Ainsi, dans l'amour entrent aussi les influences des organes reproducteurs. On a donc raison d'appeler *médecine morale* la science de diriger ou de combattre nos affections, puisqu'il existe une corrélation intime et mutuelle du moral et du physique. Qui ne sent pas les coups que portent soudainement aux entrailles une frayeur inopinée, un dépit concentré, une nouvelle foudroyante ou même un transport de joie inespérée? On connaît des exemples de morts soudaines, ou une attaque d'aploplexie, ou une rupture du cœur, dans certaines émotions violentes; les âmes faibles tombent en syncope parfois à la moindre impression d'une perte. Et qui ne voit chaque jour des êtres minés lentement par les chagrins, s'avançant vers la tombe, malgré tous les secours prodigués pour soutenir leur vie défaillante? Par quelle étrange métamorphose ce lait doux et sucré d'une nourrice se change-t-il tout à coup, après un accès de colère, en une sorte de poison pour son jeune nourrisson? Aussi la philosophie n'a jamais cessé d'être la sœur de la médecine, parce que l'observation de l'état moral du malade est indispensable pour bien comprendre son état physique.

Il y a longtemps qu'on a remarqué combien les commotions de l'âme étaient capables d'engendrer de maladies. Au contraire, cette sage tempérance du moral qui calme l'effervescence des passions est aussi salutaire que la sobriété pour faciliter les actes de la vie physique. Autant la tristesse empêche la nutrition ou dérange les fonctions de l'estomac, autant une douce joie facilite le jeu de nos organes, entretient une florissante vigueur et prolonge l'existence jusqu'à une extrême vieillesse. Nourrissons donc notre âme, comme dit Platon, de cette céleste ambroisie des dieux, de cette sérénité d'esprit qui nous élève par la contemplation dans cet asile où ne viennent point nous tourmenter des passions farouches, telles que des monstres ou des animaux en proie à leurs fureurs.

Toutes les passions sont vicieuses, disent les stoïciens; ce n'est qu'une émotion de la partie basse de l'âme; et comme un sale bourbier qu'on remue vient troubler de sa fange impure l'eau limpide, on ne peut alors discerner la vérité de l'erreur. Sans doute les passions sont à redouter par cela même qu'elles ôtent la liberté à la raison. Cependant, plusieurs ne sont par elles-mêmes ni bonnes ni mauvaises, mais leurs effets deviennent tantôt utiles, tantôt nuisibles. Sans faire leur apologie, que les moralistes daignent considérer qu'elles sont inhérentes à notre nature, et qu'un homme sans passions ne serait qu'un vaisseau dégréé, sans voiles, abandonné comme au hasard parmi tous les écueils de la vie. Au lieu de vouloir toutes les retrancher, ce qui est impossible à l'organisation, apprenons à les balancer sagement les unes par les autres. On peut dire d'elles comme des richesses, que ce sont de méchants maîtres, mais de bonnes servantes. Quoi qu'en puisse dire une philosophie plus orgueilleuse que vraie, la nature n'a pas donné sans motif des passions aux êtres sensibles. Au milieu des calculs ignobles de l'égoïsme et de l'intérêt qui rongent nos sociétés modernes, s'il ne surgissait pas quelque passion généreuse de gloire pour rompre ces barrières de glace et nous ramener aux sentiments vrais de la nature, nous péririons dans la bassesse et une servile apathie.

Le centre nerveux (*opisto-gastrique*, dit aussi *centre phrénique*, situé au cardia, ou creux de l'estomac, vers son orifice supérieur, qui traverse le diaphragme) a été considéré comme le siége de toutes les affections qu'on rapporte au cœur. C'est là que Van Helmont plaçait son *archée* directeur, que Buffon et Lacaze établissaient, avec les anciens, le foyer de la vie et de l'âme. On éprouve en effet vers la région précordiale le contre-coup des passions; toutefois, excepté l'homme et les autres mammifères, qui possèdent un diaphragme, les plexus nerveux du système ganglionique sont autrement disposés chez les animaux, qui n'en ressentent pas moins des passions. Il est manifeste que le centre phrénique paraît être l'un des principaux ressorts de la machine animale; les anciens y plaçaient le sentiment, y cherchaient les causes du délire et de la frénésie. Bichat et d'autres anatomistes attribuent les passions à la vie intérieure, régie par ce système ganglionique; cependant, le docteur Gall et les modernes phrénologistes rapportent toutes les passions au cerveau, comme le faisait jadis aussi Descartes; mais il y a des affections manifestes, crainte, désir, amour, etc., jusque dans les animaux inférieurs privés d'encéphale, ou du moins à système nerveux peu développé. En effet, les passions appartiennent non à la volonté, qui émane du cerveau, mais à l'instinct chez l'homme et chez les brutes, qui dépend des viscères. Les passions sont donc du domaine de la vie intérieure ou de l'appareil nerveux ganglionique; elles émeuvent le cœur, puis réagissent sur le cerveau.

L'appareil ganglionique est le régulateur de toutes les autres fonctions sensitives extérieures. Il leur envoie ou retire la vie en quelque sorte; il les ébranle par sympathie au moyen de filets nombreux de correspondance qui se nouent et s'anastomosent avec l'arbre cérébro-spinal, et l'on voit par là combien les métaphysiciens, qui ne tirent tous les éléments composant l'intelligence et les passions que des sensations extérieures, connaissent peu l'homme. Les agacements particuliers des nerfs intestinaux peuvent porter le délire au cerveau et des convulsions dans les membres en allumant diverses passions. Le fait est évident chez les femmes chlorotiques, dont les goûts sont dépravés, et chez les enfants dont les intestins sont farcis de vers. Leur caractère capricieux et passionné se calme ou se régularise lorsqu'on rend l'équilibre naturel à ces organes par des remèdes. Qu'on nous dise d'où émanent les passions honteuses ou criminelles de l'amour, sinon des organes inférieurs? Comment une bile noire, épaisse, inspire-t-elle des goûts misanthropiques, une haine profonde de la société et de la vie, ou ces pensers tristes et sombres qui conduisent des terreurs de la mort aux penchants affreux du suicide? Combien de fous n'ont présenté à la mort aucune lésion des organes encéphaliques, mais tantôt des calculs biliaires, des squirrhes à l'estomac, un abcès au foie ou à la rate; tantôt des varices au mésentère, un sang épais et stagnant dans les rameaux de la veine-porte.

La sobriété rassise et tranquille refrène les passions; c'est pourquoi les religions ont prescrit l'observance de jeûnes et d'abstinences, surtout à l'approche des fêtes, pour tempérer l'homme et le ramener à des idées morales.

L'éloquence est fille des passions, qui lui donnent des ailes. *Pectus est quod nos disertos facit et vis mentis*, comme le remarque Quintilien. Si l'homme ne vivait que par la tête, il serait indifférent, impassible, et dans cet état d'abnégation de tout intérêt, que les stoïciens considéraient comme la santé suprême de notre âme; aussi l'étude amortit la férocité des passions, elle humanise et civilise. Au contraire, ce sont les êtres les moins intellectuels ou les plus ignorants qui s'abandonnent sans frein à toutes leurs impétuosités brutales, faute de répression et d'éducation. Aux yeux des philosophes, cet état devenait maladif (*insanus*), et toute passion un commencement de folie (*insania*). Ainsi, la tranquillité morale, l'absence d'émotion, était la santé de l'âme, la seule dans laquelle on puisse juger impartialement de toute chose, en s'élevant avec magnanimité au-dessus des intérêts de la terre. Ainsi, Diogène reprochait à Alexandre que s'il était le maître du monde, il ne l'était pas de lui-même.

Les passions se divisent en deux branches principales, dont l'une a pour élément le *plaisir*, et l'autre la *douleur*. Comme on voit le plaisir dilater toutes les forces de la vie, exciter, déployer la circulation du sang, le faire jaillir avec plus de vigueur, soit au cerveau, soit vers la périphérie du corps, il s'ensuit qu'il porte à la gaieté, à l'allégresse, qu'il rehausse l'espoir et la confiance, soulève l'esprit avec plus d'audace, inspire un air de triomphe et d'exaltation, comme on l'observe dans la chaleur du vin, *qui addit cornua pauperi.* Alors l'avenir se dore des plus brillantes espérances, alors éclosent avec la joie, les amours, les désirs et toutes les passions expansives qui amplifient notre existence et semblent nous conquérir l'univers. Avec la douleur, au contraire, arrive le cortége des affections tristes et humbles, la prière, le chagrin, l'abattement de la honte, la pitié, la pusillanimité qui suit la crainte, la froide haine, la jalousie, l'envie, l'ennui et le funeste désespoir. C'est alors que nos facultés sont déprimées; l'esprit est morne et consterné, l'imagination ne représente que des tableaux sévères ou formidables de l'avenir, on ne considère qu'avec effroi le présent. La physionomie est resserrée, la face, grippée, rabaissée vers la terre, devient pâle et livide; les membres s'affaissent et tremblent, le cœur palpite, car le sang, refoulé vers l'intérieur ou les gros vaisseaux, s'accumule près de cet organe, qu'il gonfle et opprime. De là cette pâleur et cette langueur extérieure, avec cette suffocation, ces soupirs profonds dans toute affection concentrée. Il semble que, fuyant le mal qui la menace au dehors, toute la sensibilité se réfugie au dedans pour se soustraire aux souffrances.

Il est donc manifeste que les passions principales modifient le corps en deux sens opposés: la joie opère l'opposite de la tristesse, la colère de la terreur, l'amour de la haine, et ces affections primordiales agitent l'économie par des mouvements contraires. En effet, par les passions expansives, la chaleur vitale se déploie, s'accroît dans les organes sus-diaphragmatiques; elle se dilate ou s'épanouit vers la circonférence du corps, le colore, le fleurit surtout dans la jeunesse présomptueuse, époque de la vigueur, des hautes espérances, après les repas ou les festins, la danse, etc. Au contraire, les passions froides, comprimantes, renfermées, pour ainsi dire, dans la caverne abdominale, y couvent longuement des méditations de haine, d'envie, de chagrin, de vengeance, de tristesse, comme des maladies chroniques de l'âme. C'est encore l'opposé des émotions vives et chaudes dont l'explosion est d'autant moins durable qu'elle est plus impétueuse, comme une allégresse qui s'épanouit librement, une colère qui s'exhale en vaines menaces, un amour qui s'enflamme subitement et se dissipe comme il se prend.

De là suit que les passions concentratives sont plutôt l'apanage de la vieillesse glaciale, épuisée de sensibilité, et qui la retient avec égoïsme. Il en résulte que la crainte, la défiance, l'envie, les chagrins et la haine entretiennent les maladies de langueur et ce dégoût de la vie, triste cortége du dernier âge. Autant les constitutions froides, dans lesquelles prédomine le système lymphatique, ou la pléthore veineuse abdominale, comme les tempéraments mélancoliques et les phlegmatiques, sont disposés aux affections qui concentrent, autant les complexions bilieuses et sanguines, naturellement vives et chaudes, sont portées aux passions exhalantes. Ainsi, les tempéraments s'aggravent par les passions qu'ils sollicitent le plus, comme la continuité de ces passions, soit expansives, soit concentratives, augmente l'intensité des constitutions qui les favorisent.

Le sexe féminin est plus exposé aux affections froides, concentrées, tandis que le sexe masculin a les attributs et la vigueur des passions ardentes, exaltées. On doit cependant corriger les excès de ces propensions: ainsi, l'enfance, qui est évaporée, tout en expansion, n'acquiert de la solidité de raison et de réflexion qu'au moyen des sages contraintes de l'étude et de l'éducation, ou même des peines et des légers châtiments de honte et de tristesse, pour corriger ses dilatations. La vieillesse a besoin *tout au contraire* de la gaieté, des affections chaudes, folâtres, qui puissent ranimer son cœur, apporter d'utiles divertissements de santé dans les soucis épineux qui l'assiégent. On opérera donc ainsi des diversions pour combattre nos affections: un verre d'eau fraîche avalé peut calmer sur-le-champ la fureur; des aliments laxatifs, attirant en bas les humeurs, rendent morne et craintif, comme on devient morose dans une digestion pénible. Un héros perd une partie de son courage après une large saignée. Le chagrin, qui dispose au sommeil, trouve son allégement dans cet oubli momentané de ses peines. De même, le repentir succède bientôt après l'explosion d'une vengeance extravagante, et souvent plus une femme fut coquette en son jeune âge, plus elle devient aigre et prude dans sa vieillesse. En général, les passions opposées se fuient comme étant antagonistes.

Les anciens philosophes Pythagore et Platon établissaient deux parties dans l'âme, l'une pure et sublime, placée dans la citadelle du cerveau, comme dans un Olympe, au-dessus des tempêtes; l'autre partie, sauvage, farouche, asservie brutalement aux voluptés, s'embourbe dans la fange de toutes les cupidités basses. Cette division de la nature de l'homme en raisonnable et en passionnée a été adoptée par saint Paul, saint Augustin, Bacon, Buffon, Lacaze, et se retrouve dans la distinction des deux vies, animale et organique, de Bichat, etc. Tous les théologiens admettent aussi les combats de la *chair* et de l'*esprit*. Les stoïciens, qui ont le mieux traité de cette partie de la morale, établissent quatre principales affections, le *désir* et la *joie*, qui émanent des biens; la *tristesse* et la *crainte*, venant des maux. Ils subdivisaient ces passions en plusieurs autres, sur chacun de ces genres. Les épicuriens ne reconnaissaient que trois principales passions : *joie*, *douleur*, *désir*. Les péripatéticiens en admettaient huit : *colère*, *souffrance*, *crainte*, *pitié*, *confiance*, *joie*, *amour*, *haine* ; ils joignirent ensuite l'*envie*, l'*audace*, l'*émulation*, les *désirs* et l'*amitié*. Cicéron, en énumérant beaucoup de passions, les regarde comme jaillissant toutes de la fontaine de l'intempérance. Durant tout le moyen âge, on distribua les passions d'après les divisions aristotéliques. Au dix-septième siècle, La Chambre, médecin de Louis XIII, admit deux genres d'affections : 1° les *simples*, qui ne se trouvent que dans la partie concupiscible : ce sont les mêmes que celles dont traite saint Thomas dans sa Somme théologique ; 2° les passions appartenant à la partie *irascible*. Ensuite La Chambre établit une classe de passions *mixtes* et composées de deux ou plusieurs autres. Descartes considéra les passions comme des mouvements des esprits vitaux émanés de la glande pinéale du cerveau (laquelle est, selon lui, le siége de l'âme). Ces mouvements ébranlent diversement le corps humain. L'hypothèse des esprits animaux, comme agent des passions, est fort ancienne : on en trouve des traces jusque dans Averrhoès, puis, soutenue par Séb. Wirdig et une foule d'autres médecins du seizième et du dix-septième siècle, elle est parvenue jusqu'à notre temps, où les magnétiseurs l'adoptent encore assez souvent.

Les modernes métaphysiciens, après Malebranche, séparèrent du domaine de l'entendement toutes les passions et autres affections du cœur humain. Locke, Condillac, Destutt-Tracy, etc., n'étudient que l'homme intellectuel, comme s'il était dépouillé de toute affection morale, à tel point que Condillac, par la supposition d'une statue dont tous les sens extérieurs seraient animés successivement, prétend reconstituer, au moyen de ces sensations combinées, l'édifice entier de l'intelligence humaine. Mais il est évident que toutes les impulsions intérieures de désirs, de besoins, de passions spontanées, sont oubliées et inexplicables dans cette hypothèse. Car ce n'est point en qualité d'être intelligent, mais d'être sensible, que l'homme (ou l'animal) éprouve des passions. Celles-ci n'appartiendront point aux facultés spirituelles, à l'âme, quoi qu'en aient pensé Stahl et les animistes, mais bien à cette sensibilité nerveuse interne que Sydenham appelait l'*homme intérieur*, Van-Helmont l'enveloppe de l'âme immortelle (*siliqua mentis immortalis*), Willis la *flamme vitale* ou l'âme corporelle des brutes, les mécaniciens des *esprit animaux*, etc. De là vient que le raisonnement philosophique n'obtient d'ordinaire que peu d'influence sur les passions. Sénèque disserte savamment sur la colère ou le mépris des richesses ; un beau sermon de Bourdaloue et de Massillon a son mérite en effet, mais nous doutons qu'ils aient jamais calmé les émotions de personne, et l'écolier qui s'échappe de dessous la férule du maître ne court-il pas oublier en certains lieux les leçons de la sagesse ?

Les anciens recouraient à divers régimes pour calmer certains genres de passion. La diète, la saignée, étaient prescrites, ainsi que de longues abstinences, en différents ordres religieux, par la pratique nommée *minutio monachi*, pour éteindre aussi les concupiscences de la chair ? Les animaux féroces eux-mêmes s'amollissent par des nourritures tempérantes. Les institutions morales dans les religions, la discipline de l'éducation, impriment une salutaire direction à nos facultés nerveuses. La concentration exigée dans les études, dans les pratiques dévotes ou la prière, et par l'isolement du cloître, de la prison, les méditations de l'homme livré à lui seul, peuvent, avec les veilles, les jeûnes, les macérations et les travaux pénibles, recueillir les facultés trop exaltées, exténuer ou mortifier les caractères violents, dissolus. Les carêmes ont été institués pour diminuer l'expansion vicieuse des complexions ; aussi la plupart des hommes livrés à la vie ascétique et monastique, en suivant l'austérité des rites de leur ordre, comme les chartreux, les trappistes, etc., tombaient bientôt dans une abnégation des sens, une humilité profonde, en cette prostration mélancolique, qui ne pense plus qu'à la mort et demeure insensible à toutes les affections de la terre. Certes, l'orgueil humain doit être déconcerté de nous voir à tel point des automates agités ou calmés par de semblables procédés ; mais notre âme se met souvent à l'unisson de son instrument, qui est le corps, et s'accommode à ses dispositions.

La violence des passions ne dépend pas seulement de l'intensité des causes qui les excitent, mais du degré de sensibilité des individus qui les éprouvent. Ainsi, c'est manifester une grande fermeté de constitution en même temps qu'une vigueur d'âme peu commune que de conserver son sang-froid au milieu des circonstances les plus périlleuses. Savoir enchaîner sa colère, son amour, sa jalousie, résister à la convoitise des richesses, à l'ambition des honneurs ; voir d'un œil égal la vie et la mort, la gloire et l'ignominie, n'appartient qu'à des âmes magnanimes. Ne céder qu'à de fortes passions, c'est n'en pouvoir éprouver que de grandes ; mais alors on ressent de plus vives secousses, et il est plus difficile de les calmer. Ainsi, la rareté des passions accroît leur force, tandis que leur fréquence les dissipe en détail.

Lorsque plusieurs affections sont suscitées dans le même individu, la plus puissante absorbe toutes les autres. Pareillement, c'est en brisant les grandes passions en plusieurs émotions secondaires qu'on parvient à les contre-balancer et les ramener à l'équilibre de l'indifférence, ou bien on les neutralise à l'aide des affections opposées. C'est ainsi que nous revenons à la tristesse après une forte expansion d'allégresse, et l'amour retourne plus vif après une querelle entre les amants. Pour conduire une passion jusqu'à l'affection contraire, il faut l'épuiser jusqu'au bout, car, arrivée à son extrémité, l'autre passion se relève spontanément comme un ressort trop comprimé. Tel est le repentir qui succède à la vengeance, et le regret ou la honte à la colère.

L'homme froid prendra toujours le passionné pour sa dupe ; la coquette, qui place *son cœur dans sa tête*, le politique impassible, savent exciter les passions sans les éprouver, et jouent avec les marionnettes humaines. Cependant, cet être froid, impassible, est haï, comme ne sympathisant avec personne dans son égoïsme, tandis que l'homme passionné inspire d'autant plus d'intérêt qu'il en ressent lui-même davantage pour ce qui l'entoure. Il nous attire, il nous enflamme ou nous repousse ; mais on peut l'excuser et le plaindre, même quand il blesse, parce qu'on en espérera dans toute autre occasion plus de réciprocité et de secours. L'homme sympathique ou susceptible d'affection, comme l'acteur sur le théâtre, est donc plus capable d'influence que l'être apathique, qui cache son intérêt privé presque toujours sous l'aspect philosophique. Trop souvent l'état social oblige de dissimuler ses plus secrètes passions et fait une loi de contraindre ses désirs ; mais cette apparente indifférence, ce vernis de politesse, déguise au fond toutes les émotions sous une prudente réserve. Elles n'en sont que plus cruelles, en se ramassant au fond du cœur, sans pouvoir librement s'exhaler. Qui penserait, à voir ce doux commerce de la civilisation, qu'il dérobe les plus affreux calculs du vice ou de l'âpre égoïsme, tous les poisons de l'envie et jusqu'aux plus noirs forfaits !

Nous n'examinerons point ici les différents moyens pour émouvoir les passions. Les moralistes et même les orateurs se sont livrés à cette étude. D'ailleurs, dans la balance des diverses conditions humaines, selon que les individus montent ou descendent dans les rangs sociaux, certaines passions s'exaltent ou se dépriment dans les mêmes proportions : « Les honneurs changent les mœurs, » dit-on. L'habitude du pouvoir grossit naturellement le cœur de beaucoup de désirs, ou même d'impatiences et de contradictions. Le sauvage, le campagnard grossier, ayant peu de ménagements à garder, exhalent leurs passions sans contrainte : de de là vient que s'ils paraissent âpres et féroces, du moins ils se montrent tels qu'ils sont. L'on a eu raison de dire autrefois que les seuls sages (ou peut-être les fous et les idiots, qui ne s'inquiètent de rien) savent vivre longtemps; car ils méprisent les incartades de cet *histrion invisible*, comme l'appelle Philon, qui joue sans cesse dans notre machine. Un être supérieur à l'humanité qui contemplerait de haut ces malheureuses fourmis du globe se disputant quelques particules de métal ou des monticules de terre, s'entre-tuant pour savoir qui sera coiffé d'un turban ou d'une couronne, se courbant humblement d'adoration devant celui qui a reçu plus de pouvoir et de richesse, un tel être devrait trouver bien vaines et extravagantes nos passions comme nos actions. J.-J. VIREY.

PASSION. Ce nom, formé de *passio*, souffrance, est resté appliqué aux souffrances que Jésus-Christ endura depuis la cène jusqu'à sa mort. La semaine sainte est spécialement consacrée à rappeler le souvenir des douleurs du Christ. Le dimanche qui précède celui des Rameaux prend le nom de dimanche de la Passion. La partie de chaque Évangile qui raconte la Passion prend aussi ce nom. Enfin, on le donne aux sermons qu'on prêche le vendredi saint sur le même mystère : parmi ces compositions on cite les *Passion* de Bourdaloue.

PASSION (Confrères de la). Sous le règne de Charles VI il se forma une société qui fit des espèces de comédies sur des sujets de piété, et qui joua, au bourg Saint-Maur, *La Passion de Jésus-Christ*. Inquiétée par le prévôt de Paris, elle s'érigea en confrérie, et se pourvut au conseil. Le 4 décembre 1402 le roi permit à ces farceurs de s'établir à Paris. Ils placèrent donc leur théâtre dans la maison de La Trinité, située alors hors de la ville, du côté de la porte Saint-Denis. Mais en 1545 on se dégoûta du mélange de religion et de bouffonnerie qui faisait le fond de leurs pièces; la maison de La Trinité redevint un hôpital; et les Confrères de la Passion achetèrent, trois ans après, le terrain de l'hôtel de Bourgogne, où ils construisirent un théâtre. Toutefois, le parlement leur défendit d'y jouer non seulement des mystères, mais encore des sujets profanes contraires aux bonnes mœurs.

PASSION (Filles de la). *Voyez* CAPUCINES.

PASSION (Fleur de la). *Voyez* GRENADILLE.

PASSION (*Rhétorique*). Dans le sens oratoire, ce mot s'entend des affections actuelles, des émotions vives, qui ébranlent notre sensibilité et déterminent irrésistiblement notre volonté. Il n'y a plus de moralistes assez rigides pour s'étonner que les passions soient comptées au nombre des moyens de se faire rendre justice et d'exciter à la pratique du bien. Lorsqu'on attribue à l'éloquence le don d'émouvoir et de passionner les hommes, c'est au profit de la vérité, de la justice et du droit; c'est en quelque sorte pour purger les passions vicieuses par les passions nobles. Si la raison instruit et démontre le bien, quelle faculté poussera l'homme à le pratiquer avec amour si ce n'est la sensibilité? Et comment concevoir l'action persévérante de la volonté sans l'aiguillon des passions? Est-il rare d'ailleurs que dans le cours de la vie l'esprit ne juge qu'après que le cœur a donné ses conclusions? Il y a en nous un penchant irrésistible à croire ce qui nous charme et nous touche; la nature est ainsi faite. Loin donc d'assoupir les passions, sachons les exalter en les purifiant et les porter vers un but noble et utile. C'est par elles surtout que l'orateur triomphe des plus grands obstacles, et qu'il change comme par enchantement le calme en agitation, la froideur en enthousiasme, la lâcheté en bravoure, l'injustice et la haine en amour et en admiration. Socrate se contenta d'être vertueux, quand il aurait pu être éloquent : il fut condamné.

Les moyens naturels d'émouvoir nous sont donc inspirés par les facultés de l'âme; par la *sensibilité*, qui ressent profondément et communique rapidement les impressions; par l'*imagination*, qui représente les objets avec une fidélité faisant illusion, quelquefois avec cette partialité du cœur qu'on pardonne aisément, quand elle est noble et sincère. L'art de bien dire ajoute à la puissance de ces facultés merveilleuses; l'élocution approprie les expressions, les tours et les images aux sentiments et aux pensées (*voyez* PATHÉTIQUE).

PASSION CARDIAQUE. *Voyez* GASTRALGIE.

PASSION ILIAQUE. *Voyez* ILEUS.

PASSOW (F.-L.-CHARLES-FRÉDÉRIC), célèbre philologue allemand, né en 1786, à Ludwigslust, dans le pays de Mecklembourg, mort le 11 mars 1833, titulaire de la chaire de littérature ancienne à l'université de Breslau, a donné une nouvelle édition, entièrement refondue, du dictionnaire grec-allemand de Schneider. On a de lui des éditions de Jean Second, de Perse, de Musée, enrichies de notes et de commentaires, et une esquisse de l'histoire de l'art et de la littérature chez les Grecs et les Romains (Berlin, 1829). Il fut aussi l'éditeur du *Corpus Scriptorum eroticorum Græcorum* (Leipzig, 1829-1833).

PASSWAN-OGLOU, né à Widdin, en 1758, fils du baschi *Passwan-Omar* de Widdin, qui fut mis à mort par ordre du grand-seigneur, en 1791, en vue de ses richesses, se révolta contre la Porte, pour venger la mort de son père. Il réunit une troupe de 5,000 insurgés, avec laquelle, en 1797, il réussit à se rendre maître de Widdin. Là il se mit à la tête des janissaires mécontents; et l'insurrection prit alors un caractère tellement redoutable, que l'Empire Ottoman courut les plus grands dangers. Dans l'extrémité où elle se trouvait, la Porte n'eut d'autre ressource que de recourir à la politique habituelle du divan en cas pareil : elle accorda un *pardon complet* aux révoltés en 1798, et gratifia en même temps Passwan-Oglou du pachalik de Widdin. Il mourut dans cette même ville, en 1807, au moment où un firman du grand-seigneur venait de le déclarer de nouveau en état de rébellion et de le dépouiller de tous ses titres et dignités et où une armée considérable, aux ordres du grand-vizir, était en marche pour exécuter les résolutions prises par la Porte.

PASSY ou PASSY-LÈS-PARIS, commune du département de la Seine, située à l'ouest de Paris et y attenant. Elle s'élève sur une colline dont la Seine baigne le pied, près du bois de Boulogne, et est entièrement comprise dans l'enceinte des fortifications. On y compte 11,134 habitants. Passy possède un établissement d'eaux minérales naturelles, cinq sources ferrugineuses à une température moyenne de + 4° centigrades, une maison de santé spécialement destinée au traitement des aliénés, un établissement orthopédique. L'Hippodrome et le Ranelagh sont situés sur son territoire. On y exploite de la pierre à bâtir; on y trouve des usines pour l'éclairage au gaz, des savonneries, des raffineries de sucre, des serrureries, des teintureries, des fabriques de produits chimiques.

PASSY (HIPPOLYTE), ancien ministre, né en 1793, était encore complétement inconnu quand, peu de temps après la révolution de 1830, il fut élu membre de la chambre des députés par la ville de Louviers. Les connaissances pratiques dont il fit preuve dans cette assemblée à propos de la discussion des budgets de 1831 et de 1832 le firent tout aussitôt ranger parmi les capacités financières de l'époque. Homme d'opinions modérées, M. H. Passy avait pris place sur les bancs de cette partie de l'assemblée qu'on désignait sous le nom de *tiers parti*, et ne tarda pas à en être l'un des hommes les plus importants. Quand, par suite de la démission du maréchal Gérard (29 octobre 1834), le tiers parti tout entier vint grossir les rangs de l'opposition, Louis-Philippe fut forcé de donner un semblant de satisfaction à l'opinion publique et de choisir pour ministres des hommes agréables à l'opinion libérale. Par une ordonnance en date du 11 novembre, il fut donc formé, sous la présidence du duc de Bassano, un cabinet dans lequel M. Passy fut chargé du portefeuille des finances. Trois jours après, ce nouveau cabinet était en pleine dissolution, et faisait place à l'administration précédente, qui rentrait tout entière aux affaires.

M. H. Passy, loin de garder rancune à Louis-Philippe

parut, au contraire, à ce moment, se rapprocher visiblement de la cour; rapprochement qui fut complet après l'attentat de Fieschi. M. H. Passy vota donc les fameuses lois de septembre 1835. Lors de la retraite de M. le duc de Broglie, arrivée l'année suivante, M. Thiers fut chargé de composer un nouveau cabinet, s'appuyant sur le tiers parti, et dans lequel M. Passy eut le ministère du commerce. Entrés en fonctions le 22 février 1836, les nouveaux ministres donnèrent leur démission collective dès le 25 août, parce que Louis-Philippe refusait d'intervenir en Espagne. M. Molé prit alors la direction des affaires, et tout aussitôt le tiers parti fit cause commune avec l'opposition la plus avancée, pour battre en brèche une administration à la louange de laquelle l'histoire devra dire qu'elle eut la gloire d'entrer résolûment et franchement dans une voie de réconciliation générale, et qui la première fit entendre le mot *amnistie*.

Pendant longtemps la coalition du tiers parti, des doctrinaires, des républicains et des carlistes, pour renverser le cabinet Molé, n'eut pas de membre plus actif que M. Passy; mais au mois de janvier 1839, au moment où la lutte de toutes ces ambitions rivales était le plus vive, on ne vit pas sans une extrême surprise M. Passy se détacher de la fameuse coalition, pour, suivant le désir que lui en avait témoigné Louis-Philippe, essayer de composer un ministère uniquement composé de ses amis ou d'hommes décidés à marcher en politique sous sa bannière. Cette tentative échoua; et dans la session qui s'ouvrit le 4 avril suivant M. Passy n'en fut pas moins porté au fauteuil de la présidence. A peu de temps de là il fut encore une fois chargé par le roi de former un nouveau cabinet; et alors, après un long et laborieux enfantement, naquit le cabinet du 13 mai, produit de l'accouplement des hommes politiques les moins homogènes, dans lequel le maréchal Soult eut la présidence du conseil et M. Passy le ministère des finances, mais dont celui-ci fut véritablement l'âme et l'esprit. L'insuccès de la tentative essayée par le gouvernement, en février 1840, pour faire voter une dotation de 500,000 fr. de rente à M. le duc de Nemours eut pour résultat de forcer le cabinet du 13 mai à donner sa démission et à céder la place à l'administration dont M. Thiers devint le chef, sous le titre de ministre des affaires étrangères. A partir de ce moment, M. Passy reprit sa place sur les bancs de la chambre élective, où il ne fit d'autre opposition que celle qui convenait à un ancien conseiller de la couronne; en 1843 il consentit à se laisser déporter au Luxembourg, avec le titre de pair de France.

[Nommé ministre des finances en 1848, après l'élection du président de la république, il fut choisi pour représentant à l'Assemblée législative par les départements de la Seine et de l'Eure. Il opta pour ce dernier. Attaché à la légalité, il s'occupa de pourvoir aux besoins du trésor par la création de nouvelles ressources. Pour cela il proposa des obligations à intérêts variables, à primes remboursables par tirages successifs et applicables aux travaux publics, puis il présenta un projet de loi établissant une taxe personnelle de 1 pour 100 sur les revenus, et un impôt sur les donations et successions en rentes, actions, etc. Enfin, il proposa de rétablir sur les boissons le seul droit de consommation. Tous ces projets ne furent pas heureux. On préféra en revenir purement et simplement aux anciens errements financiers. Il conserva cependant son portefeuille dans le changement ministériel du 2 juin 1849; mais le 31 octobre il fut remplacé par M. Achille Fould. Depuis le coup d'État du 2 décembre 1851, M. Passy passe la plus grande partie de son temps en Italie.

Son frère aîné, *Antoine* PASSY, né en 1792, préfet de l'Eure de 1830 à 1837, fut élu député par ce même département, et vota avec l'opposition modérée. S'étant uni à la coalition, il accepta du cabinet dont son frère faisait partie les fonctions de directeur de l'administration départementale et communale au ministère de l'intérieur et celles de conseiller d'État. A l'avénement du cabinet du 1er mars 1840, il donna sa démission; mais après l'inauguration du ministère du 29 octobre, il accepta le poste de sous-secrétaire d'État de l'intérieur, qu'il garda jusqu'à la révolution de Février.

L. LOUVET.]

PASTA (JUDITH), l'une des cantatrices dramatiques les plus distinguées de notre époque, née à Côme, en 1798, reçut son éducation musicale en partie du maître de chapelle de la cathédrale de cette ville, Bartolomeo Leotti, et en partie au conservatoire de Milan. Dès 1811 elle parut sur différents théâtres de second ordre en Italie, et obtint des succès à Brescia, à Parme et à Livourne, mais sans encore autoriser en rien l'espoir de la voir jamais devenir une artiste hors ligne. Ce fut seulement en 1822, à l'époque du congrès de Vérone, qu'elle commença à faire sensation. L'année suivante elle fut engagée à l'Opéra italien de Paris, où elle excita une surprise universelle. Dès ce moment ses efforts et ses travaux de tous les instants eurent pour objet d'atteindre à la perfection qu'elle se proposa comme but. Déjà célèbre comme *prima dona* avant d'arriver à Paris, elle consacra dans cette capitale tout son temps à l'étude, et acquit ainsi à force de travail cette perfection extérieure dont ne peuvent se passer même les plus admirables facultés naturelles. L'époque de ses plus beaux succès fut l'espace compris entre les années 1825 et 1830. Vienne, où elle avait accepté un engagement en 1832, fut le théâtre de ses derniers triomphes. Depuis lors, elle réside alternativement à Milan et dans la *villa* qu'elle a achetée sur les bords du lac de Côme. A l'époque où son talent brillait de tout son éclat, sa voix, qui répondait à toutes les exigences de rôles de contralto, pouvait atteindre les notes les plus élevées du soprano. Elle avait une vigueur, une énergie telles que chacune de ses intonations retentissait comme un coup de cloche pur et complet. Elle alliait aux rares facultés de la cantatrice toutes les qualités qu'on exige de la grande actrice. Elle avait sur la scène une incomparable majesté; et dans les passages les plus emportés et les plus passionnés de ses rôles, son jeu conservait toujours une noblesse et une décence extrêmes. Ses principaux rôles étaient Medea, dans l'opéra de ce nom, de Simon Mayer; Desdemona, dans *Otello;* Semiramide, dans l'opéra du même nom, de Rossini; et Guilia, dans le *Romeo e Guilia* de Zingarelli.

PASTEL, nom vulgaire de l'*isatis tinctoria* de Linné, plante du genre *isatis*, de la famille des crucifères. Le pastel croît naturellement en France. C'est une belle plante, haute de 0m,60 à un mètre, à feuilles d'un vert glauque, embrassantes, lancéolées, prolongées en deux oreillettes. Les fleurs sont jaunes, petites, disposées en une ample panicule. L'ovaire est surmonté d'un stigmate sessile. Cette plante annuelle est cultivée principalement dans le Languedoc, où elle a le nom de *pastel*, et dans la Normandie, où elle a celui de *vouède* ou *guède*. On fait avec le suc de ses feuilles une pâte verte, qui devient bleue au grand air. On s'en sert dans l'art de la teinture, conjointement avec l'indigo, pour teindre en bleu. Mais ce dernier produit tend à remplacer presque complétement le pastel, qui ne perdra pas pour cela toute importance; car c'est un excellent fourrage, qui plaît beaucoup aux bestiaux, et a de plus l'avantage de rester frais et vert même pendant les grandes gelées.

Le genre *isatis* a pour caractères botaniques : Calice à sépales étalés, non gibbeux; silicule uniloculaire, monosperme, oblongue, aplatie en forme d'aile.

PASTEL (Dessin ou peinture au). On appelle ainsi un genre de dessin exécuté au moyen de crayons en *pastel*. Quelques étymologistes ont fait venir ce nom de *pâte*, anciennement *paste*, attendu que les couleurs sont réduites en pâte avant d'être roulées en forme de crayons. Ces couleurs, les mêmes que celles qu'on emploie pour la peinture ordinaire, sont broyées finement à l'eau pure ou à l'eau légèrement gommée, et on leur donne, en les laissant sécher, assez de consistance pour être maniées commodément, bien qu'elles restent fort tendres.

Dans l'emploi qu'en fait l'artiste, ces crayons en pastel remplissent en partie l'office de pinceaux ou d'estompe; mais c'est avec le bout des doigts principalement qu'il étend et qu'il manie les teintes. La peinture au pastel a cela de commode qu'on peut la quitter, la reprendre, la retoucher, sans qu'elle sèche comme la peinture à l'huile et comme la peinture à l'eau ou aquarelle. Après les frottis, exécutés avec les doigts ou autrement, on donne les dernières touches, les finesses, les rehauts, en se servant du pastel comme du crayon ordinaire. La peinture au pastel est supérieure à la peinture à l'huile pour la vivacité, la fraîcheur et l'éclat du coloris, et par son velouté elle rend mieux que toute autre la nature.

Un des grands avantages du pastel, c'est de ne pas jaunir ou noircir, comme la peinture à l'huile. Le fond dont on se sert le plus fréquemment est un papier légèrement grenu et coloré en bleu, en gris, en brun, etc. Pour s'en servir plus commodément, il faut le coller sur un ais de bois léger. On emploie aussi le vélin, le parchemin, le taffetas, la peau blanche, du côté où elle n'est pas parfaitement lisse. La poussière colorante du pastel prend plus ou moins bien sur le duvet de ces diverses matières; toutefois, l'inconvénient de cette manière de peindre est dans le défaut de fixité des couleurs, qui se détachent facilement du fond, et amènent par conséquent un affaiblissement plus ou moins rapide des teintes. Pour y remédier, on a trouvé le moyen de les fixer, mais en leur faisant perdre de leur velouté et de leur transparence : en effet, une eau gommée ou collée, appliquée sur le pastel, ne peut que le rendre opaque, en réunissant l'une à l'autre toutes les molécules qui couvrent la surface du papier, et en leur ôtant ainsi leur légèreté. Le verre dont on recouvre le pastel est aussi un moyen conservateur.

Ce genre de peinture, très en vogue pendant le siècle dernier, notamment pendant la durée du règne de Louis XV, était tombé depuis cinquante ans à peu près dans l'oubli. Il était autrefois presque exclusivement consacré au portrait, et c'est peut-être à l'immense quantité de figures de femmes représentées de la manière la plus fade et la plus maniérée en Vénus, en Hébé en Diane, qu'il faut attribuer le discrédit où le pastel était tombé presque subitement lors de notre première révolution.

Il reste peu de portraits au pastel de l'époque de Louis XV, tant ce genre a peu de durée. Ceux qui furent exécutés par La Tour, l'un des plus anciens parmi les artistes qui l'ont pratiqué, et le plus habile de tous, sont fort recherchés aujourd'hui. Leur conservation tient en partie à ce que La Tour, mécontent du moyen que lui-même avait inventé pour fixer la couleur, avait imaginé d'enfermer les portraits qu'il peignait entre deux glaces, une dessous et une dessus, soigneusement collées sur les bords. De cette façon, ni l'air, ni la poussière, ni l'humidité, ne pouvaient pénétrer sous cette transparente enveloppe et altérer le pastel.

On possède aussi de très-beaux portraits au pastel faits par Listard, appelé quelquefois *le peintre turc*, l'Anglais Russell, Rosalba Carriera, Mengs, Benedetto Luti.

Récemment quelques artistes ont tenté de faire revivre cette manière de peindre; mais la plupart s'en sont tenus à des ébauches de portraits plus ou moins spirituellement touchées, à des essais faibles et lâchés, où ils mettaient le plus possible de pâles reflets de la manière de Watteau et de Boucher, donnant ainsi à penser que le pastel n'est propre qu'à rendre les femmes blanches et vaporeuses, et les étoffes diaphanes et impossibles; et très-peu ont tenté de rivaliser avec La Tour, en faisant des portraits complétement rendus. Citons cependant les noms de F l e r s, qui a appliqué avec bonheur le pastel au payage, de Michel Bouquet, Eugène Giraud, Antonin Moine, Eugène Tourneux, Cordouan, Vidal, Maréchal (de Metz), Riesener, Brochard, etc. Quelques autres peintres se sont appliqués avec succès à la représentation des oiseaux, des fruits, etc., dont le velouté et les couleurs variées conviennent bien aux ressources de ce genre.

On ignore à qui est due l'invention de ce genre de peinture. Les uns l'attribuent à Thiele, né à Erfurt, en 1685, mort en 1752; d'autres à Mlle Heid, née à Dantzig, en 1688, et morte en 1753. C. Farcy.

PASTÈQUE ou **MELON D'EAU**. Cette espèce du genre *c o u r g e* (*cucurbita citrullus*, L.) se reconnaît à ses feuilles d'une consistance ferme, très-profondément découpées, placées dans une direction verticale. Le fruit est presque orbiculaire ou un peu oblong, lisse, parsemé de taches étoilées; sa chair est rougeâtre; ses semences sont noires ou rouges. On réserve plus particulièrement le nom de *pastèque* aux variétés dont le fruit, plus ferme, ne se mange que confit ou cuit; on applique celui de *melon d'eau* à celles dont le fruit, au contraire, très-fondant, se résout dans la bouche en une eau très-rafraîchissante, d'un goût agréable et légèrement sucré. La culture des pastèques est la même que celle des m e l o n s.

PASTEUR, celui qui possède ou garde des troupeaux. Au figuré *pasteur* se dit de celui qui exerce une autorité paternelle sur un peuple, sur une réunion d'hommes. Homère appelle les rois les *pasteurs des peuples*. On l'applique surtout à Jésus-Christ, aux Apôtres, aux disciples, aux évêques, aux prêtres : Le bon pasteur donne son sang pour ses brebis. *Pasteur* est aussi le titre des ministres protestants (*voyez* Consécration).

PASTICHE est un mot italien (*pasticcio*), que nous avons transporté dans notre langue, et dont l'orthographe représente assez bien la prononciation italienne. Dans la langue à laquelle il appartient, il a un sens positif (*pâté*), que nous ne lui avons pas conservé, et c'est seulement dans le sens figuré qu'on l'emploie en *peinture*, comme en *littérature* et en *musique*. On désigne ainsi une œuvre qui non-seulement manque d'originalité, mais dans laquelle même on a cherché à imiter la manière d'un maître célèbre. Ce n'est pas précisément une c o p i e, c'est un emprunt moins matériel, moins positif; une imitation plus ou moins rapprochée, selon le talent de l'auteur, du style, du caractère, de la facture du maître que l'on a pris pour modèle. Quelquefois c'est moins la manière d'un auteur que le caractère général d'une époque que l'on se propose d'imiter. Macpherson a été accusé, chez les Anglais, d'avoir imité les poëtes galliques; et de nos jours nous avons vu des peintres chercher à donner à leurs tableaux la couleur, l'effet, le caractère des tableaux anciens. En définitive, l'imitation, telle qu'on veut la définir par le mot *pastiche*, est une preuve d'impuissance, un défaut de génie, ou, tout au moins, un travers d'esprit. P.-A. Coupin.

PASTILLAGE. En termes de confiseur, on désigne sous le nom général de *pastillages* les produits de l'art, imitations des fruits naturels, des légumes et d'une infinité d'autres objets qui sont eux-mêmes des produits de l'industrie, des petites figures d'hommes, de femmes, d'enfants, de toutes espèces d'animaux, etc. On les fabrique au moyen d'un mélange de sucre, de gomme adragante et d'amidon, dont les proportions doivent être calculées de manière à ce que le sucre domine, à ce qu'il sèche le plus promptement possible, et à ce que le parfum qu'on y ajoute rappelle le fruit qu'on veut imiter, ou, si on ne tient pas à en reproduire exactement le goût naturel, à ce qu'il soit du moins fort agréable.

PASTILLES. Ce sont des substances sucrées, aromatiques et agréables, dans lesquelles on fait souvent entrer des principes médicamenteux. Les pastilles ont été connues de nos pères, qui les consacraient à un autre usage : ils s'en servaient comme d'aromates, et les brûlaient en l'honneur de la Divinité, ou pour parfumer leurs appartements; aujourd'hui, à l'exception de quelques préparations analogues aux clous fumants, qui ont pour principe le b e n j o i n, on n'emploie les pastilles qu'intérieurement. Les pharmaciens désignent encore indifféremment par le nom de *pastilles* ou de *tablettes* une foule de préparations officinales qui ont pour excipient le sucre et un mucilage, ou qui sont obtenues par la cuite du sucre. Cependant, il y a une différence notable entre les unes et les autres; ainsi, les pastilles se préparent toujours en faisant cuire du sucre que l'on aromatise, et que l'on fait tomber goutte à goutte sur un papier où il se refroidit : telles sont par exemple les *pastilles de menthe*, qui laissent à la bouche une fraîcheur et un parfum fort agréables. On conçoit très-bien, par exemple, qu'en changeant l'aromate on peut en faire *à la rose*, *à la violette*, et à toutes les odeurs si estimées de nos jours par les petites maîtresses. On est dans l'usage, pour faciliter la dessiccation des pastilles, d'y ajouter une certaine quantité de sucre en poudre grossière. Ce dernier a pour effet d'empêcher la pastille de couler et de se trop aplatir. On en fait également dont une moitié est blanche et l'autre colorée ; c'est aussi une préparation extrêmement facile : il suffit de prendre un entonnoir à deux compartiments : dans l'un on met de la pâte colorée, et dans l'autre de la pâte blanche; en imprimant à l'entonnoir une secousse, il tombe des deux compartiments une égale quantité de sucre à pastille; c'est ce qui forme la pastille à deux couleurs. Quant aux tablettes, elles ne s'obtiennent point ainsi : c'est en mêlant du sucre en poudre fine avec un mucilage et les poudres médicinales que l'on veut y incorporer qu'on les obtient. On les roule ensuite à l'aide d'un rouleau, comme font les pâtissiers pour préparer leur pâte, puis on les enlève à l'aide d'un emporte-pièce, et on les place sur des tamis pour les faire sécher lentement : c'est ainsi que l'on prépare les *tablettes de soufre, de guimauve, de tolu, d'ipécacuanha*, et toutes les tablettes médicamenteuses employées dans l'art de guérir.

C. Favrot.

PASTORAL. Dans les temps primitifs, quand les peuple s'adonnaient exclusivement aux rudes travaux de l'agriculture, la poésie, s'inspirant du milieu où elle vivait, célébra les champs, ceux qui les fertilisaient : la poésie pastorale se retrouve en effet chez tous les peuples, précédant peut-être l'épopée, mais marchant certainement à côté d'elle : la Bible contient plusieurs pastorales de la plus grande fraîcheur. En grandissant, la poésie pastorale donna divers noms à la forme sous laquelle elle se produisait; l'on compta l'églogue, la bucolique, l'idylle; l'élégie elle-même revêtit un caractère purement pastoral, lorsqu'elle était exclusivement consacrée à reproduire les lamentations amoureuses des bergers et des bergères, des nymphes, des dryades, des hamadryades, de toutes ces créatures moitié divines, moitié humaines, dont l'imagination des anciens avait peuplé les champs et les forêts, les rivages des fleuves, les ruisseaux, les fontaines. La poésie pastorale a compté chez les anciens d'illustres interprètes, Dion, Moschus, Théocrite, Virgile, Longus, qui a dépeint avec tant de suavité les amours de *Daphné et Chloé*, sont les maîtres du genre pastoral. Au moyen âge quelques poésies en langue romane des trouvères du midi appartiennent évidemment au genre pastoral. Aux approches de la Renaissance, le genre pastoral change de forme ; il se produit sur la scène, avec une action dramatique, et la *Favola di Orfeo* de Politéon, jouée à Mantoue, en 1484, précède de près d'un siècle l'*Aminta* du Tasse. En France, au contraire, la pastorale prend la forme du roman, quand D'Urfé la produit le premier en cinq volumes, dans *Astrée*. D'Urfé fit école, et les La Calprenède, les Desmarests, le couple Scudéri surtout, rivalisèrent avec le maître, dans le genre pastoral. Le prestige dont on avait embelli les bergers et les bergères de l'antiquité permettait à la pastorale de les mettre en scène avec quelque faveur. Mais si elle descendait à la réalité contemporaine, pouvait-elle célébrer en œuvres dramatiques, en volumes longuement délayés, ces pâtres aux pieds nus et sales, couverts de vêtements fangeux et crasseux, ces bergères dont le costume et la malpropreté ne le leur cédaient en rien.? Watteau pouvait faire, à la façon de Mme de Scudéri, des bergers de convention, habillés de soie, couverts de rubans, des bergères aux pieds mignons, en souliers de satin; mais la poésie pastorale ne pouvait pas recourir à ces fictions, désormais usées. Elle en revint alors à ses formes primitives, et avec Segrais, simple traducteur de Virgile, avec Mme Deshoulières, avec Fontenelle, avec Florian, le genre pastoral se reproduisit dans l'églogue et dans l'idylle, que ne dédaignèrent point pendant quelques années une multitude de poëtes de troisième ou quatrième ordre. Maintenant, si l'on parle en France de la pastorale, du genre pastoral, on n'a plus qu'un nom à citer, et ce nom remonte au siècle dernier : c'est celui d'André Chénier. Nous allions oublier de mentionner Gessner, parmi les auteurs de pastorales dignes d'attention. Aujourd'hui le réalisme a tué la pastorale; on joue à la Bourse, on se jette dans les spéculations industrielles, on ne s'occupe des champs que pour savoir combien ils peuvent rapporter, des bergers que pour savoir combien ils peuvent faire paître à la fois de têtes de bétail : fille de l'âge d'or, la pastorale devait disparaître dans le siècle de l'or : la pastorale s'en va, la pastorale est morte.

PASTORET ou **PASTOUREL** (Jean) était en 1301 avocat du roi au parlement. *Raoul* Pastourel', son fils, donna son nom à la rue qu'il habitait, au Marais, rue encore ainsi appelée. *Jean* Pastoret, fils de Raoul, fut président au parlement, grand-maître des eaux et forêts et membre du conseil de régence durant la minorité de Charles VI.

Antoine Pastoret, son arrière-petit-fils, alla aux guerres d'Italie sous Charles VIII et Louis XII. Au retour, il épousa la sœur de Pierre Pellicot, premier président au parlement de Provence, et s'établit dans les vallées de Seillans, où sa postérité demeura.

PASTORET (Claude-Emmanuel-Joseph-Pierre, marquis de), petit-fils, au onzième degré, du précédent, naquit à Marseille, en 1756. Son père, lieutenant général et particulier de l'amirauté dans les mers de Provence, le destina dès l'enfance à la magistrature. Il fut élevé chez les oratoriens de Lyon, vint à l'âge de vingt-et-un ans à Paris, et de Paris alla voyager dans plusieurs contrées de l'Europe pour achever son éducation. Il revint dans la capitale de la France en 1780, et fut pourvu presque aussitôt d'une charge de conseiller à la cour des aides. En 1783 il entra à l'Académie des Inscriptions et Belles-Lettres. Trois prix successivement remportés lui en avaient ouvert la porte. En l'année 1787, et à l'époque de la présentation d'un édit sur le timbre, que Charles X, alors M. le comte d'Artois, avait été chargé par le roi d'apporter à l'enregistrement des cours, Pastoret conquit une honorable place parmi la jeune magistrature. Il devint maître des requêtes en 1788, et presqu'en même temps directeur général des travaux politiques relatifs à la législation et à l'histoire. Quand vint la révolution, Pastoret fut appelé trois fois par les électeurs de Paris à présider leurs réunions électorales. Chargé du ministère de l'intérieur à la fin de décembre 1790, il le quitta peu de jours après, n'ayant pu faire accepter par Louis XVI les plans qu'il lui proposait pour le salut de la monarchie. Élu ensuite président du département de Paris, puis procureur général syndic auprès de ce département, député à la Législative, Pastoret eut l'honneur d'en être le premier président. Après y avoir défendu et fait adopter quelques motions libérales, il alla siéger au côté droit; après le 10 août il se proposa comme défenseur de Louis XVI. Poursuivi pour ses opinions royalistes, Pastoret, tantôt caché, tantôt fuyant, quelquefois essayant de revenir au sein de sa famille, fut forcé de chercher au fond de ses vallées de Provence d'abord un asile, puis un sentier qui le conduisit sur la terre étrangère, où il arriva sous un déguisement de charretier. Pastoret ne revit la France qu'après le 9 thermidor. Le département du Var envoya alors Pastoret au Conseil des Cinq-Cents. Pastoret, qui appartenait par ses principes royalistes au parti clichien, lutta avec vigueur contre le Directoire, qui l'enveloppa dans les proscriptions du 18 fructidor; il n'échappa que par miracle à la transportation. Il erra quelques jours, gagna la Suisse, puis l'Italie, et alla dans les bibliothèques de Florence, de Naples ou de Venise, chercher quelques jours de repos au milieu d'une carrière si orageuse. Après le 18 brumaire, Pastoret revint en France.

Il retrouva sa femme, ses enfants, sa demeure, mais sa fortune était détruite. On lui offrit des fonctions qu'il refusa. Il pensa à se faire avocat, et ne put se résoudre à recevoir des honoraires. Le travail, les études qui avaient occupé toute sa vie lui tinrent quelque temps lieu de fortune. On rappela dans l'Institut ceux qui en avaient été chassés, et l'Institut désigna Pastoret pour le Collége de France; le conseil général des hôpitaux et hospices se forma, et Pastoret fut appelé à en faire partie. Bientôt le collége électoral de Paris nomma Pastoret candidat au sénat. Cinq années après, le même collége renouvela la même présentation. Napoléon regardait depuis longtemps Pastoret comme un partisan de la famille proscrite. Il ne voulut point le nommer sénateur; mais, sur les instances du préfet de Paris, il consentit à le présenter sur une liste assez nombreuse au choix du sénat. Ce choix, défavorable une première fois, fut favorable une seconde. Les événements marchèrent. Pastoret était secrétaire du sénat en 1814. Il ne prit point part comme membre de ce corps à la déchéance, qu'il dut signer comme secrétaire. Il s'opposa également, mais en vain, à l'adoption de la constitution sénatoriale. Le roi Louis XVIII le nomma pair de France à son arrivée, et le retrouva fidèle l'année suivante. Secrétaire durant quatre années de la chambre des pairs, membre ou rapporteur d'un grand nombre de commissions, Pastoret devint vice-président de cette chambre en 1820, chevalier des ordres du roi au sacre de Charles X, ministre d'État en 1826, vice-chancelier en 1828, et chancelier de France en 1829, lorsque son ami M. Dambray vint à mourir.

Il remplissait ces importantes fonctions lorsque la révolution de 1830 éclata. Dès que Louis-Philippe fut monté sur le trône, Pastoret alla lui déclarer que, ne pouvant renoncer au titre de chancelier, qui était inamovible en sa personne, il renonçait aux fonctions de cette charge et ne voulait plus les exercer sous le gouvernement nouveau. Puis il rentra dans la retraite, ne voulant répondre ni quand on lui demanda un serment, ni quand on raya du grand-livre la pension établie depuis seize ans, qu'on offrait de lui rendre en échange d'une demande signée de lui. Il reprit alors son travail et ses études, comme dans sa jeunesse, comme dans l'exil, avec la même sérénité d'âme, avec le même désintéressement pour lui, avec la même indulgence pour les autres. En 1834 il fallut un tuteur aux enfants du duc de Berry, puisque leur mère ne pouvait plus être tutrice, puisque le roi Charles X ne pouvait l'être non plus. Pastoret fut ce tuteur. Il y avait quatre siècles et demi que son aïeul avait été l'un des tuteurs du roi de France. Il mourut le 29 septembre 1840. Les ouvrages imprimés du chancelier de Pastoret autres que ses discours et rapports politiques sont : *Exposé des Lois des Rhodiens*, mémoire qui remporta le prix de l'Académie des Inscriptions et Belles-Lettres, en 1781; *Moïse considéré comme législateur et comme moraliste*, qui remporta le même prix, en 1782; *Zoroastre, Confucius et Mahomet considérés comme sectaires*, qui remporta le même prix, en 1783; *Théorie des Lois pénales*, (2 volumes in-8°, 1788); *Rapport sur les travaux et la situation du conseil général des hospices de Paris* (1821); *Ordonnances des Rois de France*, continuées pour l'Institut (t. 13, 14, 15, 16, 17, 18, 19,); *Histoire générale de la Législation des Peuples* (11 vol. in-8°, 1820 à 1837).

PASTORET (AMÉDÉE-DAVID, marquis DE), fils du précédent, né à Paris, en 1791, fut élevé au lycée Napoléon de Paris. Envoyé en 1809 à Rome, où il remplit les fonctions de secrétaire général du ministère de l'intérieur du gouvernement transitoire; auditeur au conseil d'État au mois de décembre 1809, et chargé ensuite de quelques missions pendant les campagnes de 1812, 1813 et 1814; intendant de la Russie-Blanche, au mois de juillet 1812; en 1813, chef de l'administration du pays conquis en Allemagne; il fut enfin sous-préfet de Corbeil et de Châlons-sur-Marne. Envoyé en 1814 en mission extraordinaire dans les départements de Bourgogne, il fut nommé en 1814 maître des requêtes et attaché aux comités du conseil. Napoléon, qui avait toujours été pour lui d'une bonté dont M. de Pastoret a conservé une profonde reconnaissance, le fit rappeler au conseil durant les cent jours. Pastoret refusa : il écrivit à l'empereur pour expliquer son refus, motivé sur un ordre positif que Napoléon lui avait fait donner de servir la famille royale. Napoléon comprit ce motif. « Ce fut, dit encore aujourd'hui M. de Pastoret, un des plus réels témoignages de sa bonté. » M. de Pastoret fut en 1817 commissaire du roi au sceau de France; en 1820, lors de la formation de la maison du roi, il devint gentilhomme titulaire de sa chambre; en 1823, membre du conseil général de la ville de Paris; en 1823, membre de l'Académie des Beaux-Arts de l'Institut; en 1824, conseiller d'État; en 1826, colonel de la 7e légion de la garde nationale de Paris. A la révolution de Juillet, il suivit l'exemple de son père, et donna sa démission de tout ce qu'il avait d'emplois. Après la mort de son père, M. de Pastoret devint l'un des conseillers les plus intimes du comte de Chambord, et l'administrateur de ses biens. L'on rapporte que M. de Pastoret ayant confié à une dame des papiers importants appartenant aux Bourbons, celle-ci les aurait livrés au préfet de police; mais le président de la république les aurait renvoyés au comte de Chambord sans en avoir brisé l'enveloppe. Ce fait aurait été le motif de la rupture entre M. de Chambord et M. de Pastoret; ce dernier s'est sans doute consolé d'avoir perdu les bonnes grâces de son maître exilé, puisqu'il a accepté en 1852 les fonctions de sénateur. Les ouvrages imprimés de M. A. de Pastoret sont : *Les Troubadours*, poëme en quatre chants (1813); *Politique de Henri IV* (1815); *Les Normands en Italie*, poëme en quatre chants (1818); *Le Duc de Berry* (1820); *Le Duc de Guise à Naples* (1824); *Élégies* (1825); *La Chute de l'Empire Grec* (1828); *Raoul de Pellevé* (1834); *Érard du Châtelet* (1836).

EUG. G. DE MONGLAVE.

PASTOUREAUX (Les), appelés aussi *pâtoureaux* ou *bergers*, parce que le plus grand nombre de ces redoutables bandes se composait de pasteurs de troupeaux et de paysans. Elles se formèrent au treizième siècle, sous la direction d'un vieux moine apostat, de l'ordre de Cîteaux; il se nommait Jacob, et prenait le titre de *maître de Hongrie* : il était originaire de ce pays. Son visage était pâle et décharné; une longue barbe blanche descendait sur sa poitrine. Entré jeune dans l'ordre de Cîteaux, il en était sorti, avait abjuré sa croyance de chrétien, et s'était fait musulman; il parlait plusieurs langues avec une rare facilité. Ses paroles étaient solennelles et mystérieuses. Il tonnait contre les vexations, le libertinage des seigneurs et des moines, et prêchait une nouvelle croisade, où ne seraient admis que les pauvres villageois. Dieu, disait-il, avait abandonné les seigneurs croisés à cause de leurs péchés : c'était aux faibles qu'il réservait sa protection et la conquête des saints lieux. Jacob était un de ces fanatiques qui, après les premières croisades, avaient réuni une foule d'enfants pour une autre expédition, et ils leur promettaient les mêmes triomphes. Trente mille enfants avaient été recrutés par eux en Allemagne et en France. Tous avaient péri de fatigue, de misère ou de faim. Ceux qui avaient pu échapper à ce déplorable désastre avaient été embarqués, par *charité*, par des capitaines provençaux, qui les avaient vendus aux infidèles. Il paraît que les villes seules avaient fourni leur contingent à cette croisade d'enfants; Jacob n'adressa ses nouvelles prédications qu'aux habitants des campagnes; il se disait envoyé de Dieu pour reconquérir la Palestine et délivrer le roi Louis IX des fers des Sarrasins. Il en avait, disait-il, l'ordre de la sainte Vierge par écrit; il portait cette précieuse missive dans une de ses mains, qu'il n'ouvrait jamais; il ajoutait le récit de ses visions, de ses entretiens mystérieux avec la Vierge et les anges. Il avait fait peindre leurs images sur ses bannières; on voyait sur la sienne un agneau portant la croix. A sa voix, les laboureurs quittaient leur charrue, les bergers leur troupeau, et le suivaient sans soucis de leur avenir. Des enfants, des jeunes filles se mêlaient dans leurs bandes. Jacob divisa alors sa troupe par centaines et par mille; il donna à chaque division un chef. Il se posait comme patriarche, comme prophète, comme chef suprême de cette nombreuse cohue. Il avait sous ses ordres immédiats deux lieutenants, qui prenaient le titre de *maîtres*, sans autre qualification. De toutes parts on leur apportait des vivres, et l'adroit imposteur assurait qu'ils se multipliaient par sa miraculeuse intercession; mais l'abondance des offrandes était telle qu'il pouvait suffire aux besoins de tous, sans qu'il fût nécessaire de recourir aux prodiges.

Toute la troupe n'eut d'abord pour arme que la croix. Les excès de tous genres dont la tente du *maître de Hongrie* était le dégoûtant théâtre restaient enveloppés du plus profond mystère. Les magistrats eux-mêmes ne virent dans cette immense réunion de gens qu'un pieux pèlerinage, sans nul danger pour l'ordre public. La reine Blanche croyait que cette cohue se dissiperait d'elle-même, et lorsqu'elle vit Jacob à la tête d'un si grand nombre de croisés, elle conçut l'espoir de l'employer utilement à la délivrance de son fils. Elle donna même des ordres formels pour qu'ils ne fussent pas troublés dans leur marche, et qu'on leur donnât tous les secours dont ils auraient besoin. Les pastoureaux, partis de la Flandre, traversaient la Picardie et se dirigeaient sur Paris; ils n'avaient jusque alors donné lieu à aucune plainte connue: mais bientôt leurs rangs se grossirent d'une foule de vagabonds, de voleurs, de pillards qui n'avaient pu se faire admettre dans les grandes compagnies; ils obtinrent bientôt toute la confiance du *maître de Hongrie*. Les premiers pastoureaux restèrent désarmés, mais leurs nouveaux compagnons se montrèrent avec des épées et des arbalètes, et mis comme des hommes de guerre. Déjà de grandes plaintes s'étaient élevées contre eux, quand le pape partit de Lyon. L'audace des pastoureaux s'accrut avec leur nombre; ils étaient trente mille quand ils se présentèrent à Amiens. Toute la population de la ville et des environs s'empressa de pourvoir à leur subsistance; une foule de nouveaux compagnons se joignirent à eux, et bientôt ils s'élevèrent au nombre de cinquante mille. Les chefs commencèrent à confesser publiquement, à *dépecer* les mariages et en faire contracter de nouveaux; à donner, à retirer la croix, à prêcher les plus monstrueuses extravagances. Le *maître de Hongrie* ne se faisait entendre qu'entouré de l'*élite* des siens.

Ce n'était plus cette troupe de pèlerins humbles et silencieux, ne vivant que d'aumônes offertes par la charité publique et acceptées avec reconnaissance, mais une immense troupe portant les armes hautes, toujours la dague au poing et la menace à la bouche. Il eût été facile de prévenir d'aussi graves désordres; les magistrats, effrayés, ne tardèrent pas à se repentir de leur funeste imprévoyance. Les moines et les religieux osèrent se plaindre de la profanation du sacerdoce; leur opposition excita la colère du *maître de Hongrie*, et dans ses prédications il accusa les moines des crimes les plus honteux. Il les signala aux populations sous les plus odieuses couleurs. Le sang coula; plusieurs moines furent massacrés, et les populations, séduites, égarées, ne témoignèrent ni regret ni pitié pour les victimes.

Les pastoureaux, arrivés à Paris, n'éprouvèrent de la part de la régente et des magistrats aucune opposition sérieuse. Le *maître de Hongrie* osa officier en habits pontificaux dans l'église Saint-Eustache et y consacrer l'eau bénite. De nouveaux massacres de prêtres signalèrent leur séjour dans la capitale. Ils sortirent enfin de la ville sans être poursuivis ni inquiétés; enhardis par tant de succès, ils attaquèrent à force ouverte les villages et les villes même. Leur nombre allait toujours croissant; on en comptait cent mille, hommes, femmes de tout âge et enfants. Le *maître de Hongrie* se crut assez fort pour diviser sa troupe, et, sous prétexte d'aller s'embarquer dans plusieurs ports, pour se rendre en Palestine, les bandes prirent diverses directions. Le *maître de Hongrie*, à la tête de ceux qu'il avait choisis pour l'accompagner, se rendit à Orléans; il y fut reçu comme un prophète, et malgré la défense formelle de l'évêque de cette ville, Guillaume de Bussy, il commença ses extravagantes prédications. Une foule immense se pressait autour de lui. On y remarquait quelques ecclésiastiques, curieux de connaître par quel prestige cet audacieux imposteur fascinait la multitude. L'un d'eux, transporté d'une juste et irrésistible indignation, interrompit le fougueux orateur, en s'écriant: « Misérable! est-ce donc là la doctrine dont tu repais ces pauvres égarés. » Il parlait encore quand un des séides du *maître de Hongrie* lui fendit la tête d'un coup de hache. Ce meurtre devint le signal d'une épouvantable boucherie; les autres disciples de l'imposteur se ruèrent sur la foule les armes à la main; vingt-cinq victimes périssent. Les assassins se répandent dans tous les quartiers de la ville, forcent plusieurs maisons, allument des bûchers sur la place publique, et y brûlent tous les livres qu'ils peuvent trouver. L'évêque, barricadé dans son palais, et presque tout le clergé de la ville qui s'y était réfugié, attendaient la mort. Mais les écoliers, moins timides que les prêtres et les bourgeois, se rallient sous des chefs qu'ils se sont choisis, et opposent aux brigands la plus courageuse résistance. Plusieurs pastoureaux périrent dans le conflit. Le *maître de Hongrie* et le reste de sa bande, craignant que le peuple ne se joignît aux écoliers, se hâtèrent de sortir de la ville.

La catastrophe d'Orléans eut un grand retentissement. La reine régente se repentit de la protection qu'elle avait accordée aux pastoureaux; des ordres furent expédiés aux prélats pour lancer l'anathème contre le *maître de Hongrie* et ses disciples, aux magistrats pour les faire arrêter, et aux populations pour leur *courre sus* partout où ils se présenteraient. La horde partie d'Orléans s'était avancée jusqu'à Bourges. L'archevêque et les magistrats avaient défendu aux ecclésiastiques de se montrer et fait fermer les portes de la ville; mais la foule, toujours ignorante et crédule, les ouvrit. Les pastoureaux étaient encore trop nombreux pour être reçus dans l'intérieur; une partie se répandit dans les campagnes; aucun moine, aucun prêtre ne parut. Les pastoureaux n'en firent pas moins un riche butin; ils se ruèrent sur les juifs, dévastèrent leurs synagogues, mirent leurs livres en pièces et les brûlèrent. Le *maître de Hongrie* fut salué comme un libérateur par la multitude, que la misère et la servitude exaspéraient contre ses oppresseurs. Jacob annonça une prédication solennelle; il promettait des miracles; le peuple n'avait qu'une idée fixe, sa délivrance et l'espoir d'un moins funeste avenir. Mais aucun miracle n'éclata, et le prétendu prophète ne fit entendre qu'une absurde allocution. Il se vit bientôt abandonné par son nombreux auditoire; il rallia sa troupe nomade, et sortit de la ville. La foule, désabusée, se mit à sa poursuite, et l'atteignit à deux lieues de la ville; il périt sous la hache d'un boucher; le reste de ses disciples fut assommé sur la place; d'autres furent arrêtés et jetés dans les prisons, condamnés au gibet et exécutés.

Les habitants de Bourges firent prévenir ceux de Marseille et d'Aigues-Mortes. Les pastoureaux qui se dirigeaient pour s'embarquer furent partout traqués comme des bêtes fauves, arrêtés, tués ou pendus. Le chef d'une autre bande se présenta aux portes de Bordeaux: il fut contraint de s'en éloigner; ses compagnons se dispersèrent, poursuivis sans relâche par les troupes du comte de Leicester, gouverneur du pays pour le roi d'Angleterre. Le chef s'était sauvé déguisé à bord d'une barque; mais des papiers trouvés sur lui trahirent sa mission secrète et ses relations avec les ennemis des chrétiens; il fut jeté à la mer. Un autre chef était parvenu à se sauver en Angleterre; il chercha à séduire la multitude, mais il périt misérablement. Les premiers pastoureaux, plus égarés que coupables, s'étaient séparés de leurs nouveaux compagnons; ils s'en retournèrent dans leurs villages; d'autres partirent pour les saints lieux. Ainsi finit ce redoutable rassemblement, qui sous un chef plus habile, en des circonstances aussi favorables, eût pu, comme les chefs des Normands, s'emparer de plusieurs provinces et se créer une puissante principauté. DUFEY (de l'Yonne).

PAT. *Voyez* ÉCHECS (Jeu d').

PATAC. *Voyez* PATAGON.

PATACHE. La patache est une sorte de cabriolet non suspendu, ou suspendu par un ressort tellement dur que rien ne saurait être comparé aux secousses que ressent le malheureux condamné à y prendre place; on ne sort d'une patache, lorsqu'on a été obligé de faire une certaine quantité de kilomètres dans cette sorte de véhicule, que complétement disloqué. La patache a une variété, qui ne lui cède en rien, le *patachon*, nom que prend aussi le conducteur de la patache. Dans quelques pataches, les patients, au nombre de quatre ou de six, sont assis dos à dos, le cabriolet se trouvant ouvert des deux côtés; et ils ont les jambes placées dans des sortes de paniers ballants. La patache existe encore, dans toute sa splendeur, dans quelques parties de la France; on est souvent forcé de recourir à elle pour des trajets parfois assez longs, dans les chemins de traverse; la construction impitoyable de ces voitures leur permet d'affronter les ornières les plus profondes, sans risquer d'y briser leurs ressorts, et c'est là ce qui perpétuera longtemps encore leur existence.

Patache est aussi le nom d'un bâtiment que l'on tient dans un port près du lieu de débarquement, et où l'on établit un corps-de-garde pour surveiller ce qui s'embarque ou se débarque et veiller à la tranquillité et à la sûreté du port, particulièrement pendant la nuit. Il y a aussi des pataches pour le service des douanes et même des octrois sur les rivières.

PATAGON, monnaie de Flandre, faite d'argent, frappée au coin du roi d'Espagne; la valeur de cette monnaie n'a pas été toujours la même : elle a eu cours successivement pour 48 sous, pour 58 sous, et enfin pour un écu. On l'a confondue avec les *reichsthaler* d'Allemagne, avec les monnaies espagnoles connues sous le nom de *réaux*, et avec certaines pièces d'une mauvaise fabrication, venues presque toutes du Pérou. Ménage dit que dans ce sens le mot *patagon* vient de *patac*, petite monnaie d'Avignon, dont la valeur était à peu près celle du *double*. Borel, au contraire, le fait venir de l'allemand *patar*, qui a la même valeur que notre mot *sou*; il a désigné une ancienne petite monnaie d'une valeur minime, et qui a eu cours en Flandre et dans les Pays-Bas. On l'emploie encore dans le langage familier et badin, comme synonyme d'*obole*, et pour désigner une monnaie de mauvais aloi et d'une valeur à peu près nulle.

Le mot *patac* vient de *patar*; il est synonyme de *patagon*, et désigne, comme nous l'avons dit, un *double*.

Aug. SAVAGNER.

PATAGONIE, l'extrémité méridionale de l'Amérique du Sud, entre le Cousou-Leouwou et le détroit de Magellan, a 168 myriamètres de long du nord au sud, 84 myriamètres de large, et une superficie totale de 12,000 myriamètres carrés. D'après la constitution physique de son sol, elle se divise en deux parties inégales : un désert s'élevant insensiblement et en lignes parallèles depuis la côte orientale jusqu'aux Andes, pierreux et appartenant à la dernière formation des grès, couvert en partie de blocs de rocher manquant de sources, et par conséquent presque sans végétation; et la chaîne des Andes, qui nulle part ne s'élève à plus de 2,350 mètres, se terminant abruptement et en quelque sorte à pic du côté de l'océan Pacifique, échancrée par des baies profondes, ou bien se brisant pour former un grand nombre d'îles et d'îlots qui rappellent jusqu'à un certain point la configuration des côtes de la Norvége. Elle appartient en partie à la formation des granits et des porphyres, se compose en partie de formations basaltiques aux plus gigantesques proportions, offre souvent d'immenses glaciers, mais elle est riche en cours d'eau; et en partie assez bien boisée. Le climat, essentiellement variable, présente les plus brusques transitions entre une chaleur étouffante et un froid des plus piquants, surtout lorsque des vents violents soufflent sur le désert, extrêmement aride dans sa moitié orientale, très-pluvieux dans les montagnes de l'ouest. La faune paraît être à peu près la même que celle des Pampas; mais force est aux animaux pendant les mois secs de l'année d'émigrer des déserts, alors complétement inhabitables, de l'est vers les régions du sud et de l'ouest. La flore est plus riche que celle du détroit de Magellan, seulement sous le rapport de la forme. La partie orientale manque complétement d'arbres. Des buissons épineux et rabougris constituent la seule végétation qu'on aperçoive sur ce sol pierreux et désolé. Dans les vallées de l'extrémité sud de la Patagonie on rencontre le *drymis Winteri*, espèce de magnoliacée, l'arbousier (*arbutus*), diverses espèces de hêtres, de chétives épines-vinettes, et le *misodrendron*, remarquable espèce de plante parasite. Ce pays n'est habitable pour des Européens que sur les bords du détroit, au Cousou-Leouwou, et peut-être encore sur quelques points de la côte; mais on n'y pourra jamais former de colonies agricoles, et on aura même beaucoup de peine à y faire l'élève du bétail telle que la pratiquent les Gauchos.

Les *Patagons* forment un rameau particulier de la race américaine. Ils sont divisés en trois nations principales, les *Aucas*, les *Puelches* et les *Tehuelches*; et il faut se garder de les confondre avec les *Pescherais*, habitants de la Terre de Feu. Ils sont d'ailleurs peu nombreux. Les fameux Patagons dont il est tant question depuis le seizième siècle, et qu'on représentait comme des géants, sont les *Tehuelches*, qui, suivant la saison de l'année, errent depuis le Cousou-Leouwou jusqu'au détroit du sud, éparpillés en petites hordes, sauvages, courageux, préférant la liberté à tout autre bien, ne se construisant jamais de demeures fixes, n'exerçant qu'un nombre très-restreint d'industries, vivant en partie de brigandage et en partie de l'élève du bétail, telle que la pratiquent les peuples nomades, et qui étaient presque constamment en guerre avec les établissements de Buenos-Ayres. On leur donnait autrefois une taille de 3 mètres à 3 mètres 33 cent; et certains auteurs ont défendu ce vieux conte avec beaucoup de vivacité. Il résulte des explorations faites par les nombreux navigateurs qui ont eu des rapports avec ce peuple, soit dans le détroit, soit sur la côte orientale, que la taille des Patagons (qui est de 6 pieds 1 à 3 pouces anglais) dépasse il est vrai de beaucoup la stature moyenne de l'homme, mais qu'on n'a rencontré nulle part des individus d'une taille plus élevée que cela. Consultez King, Fitzroy et Darwin, *Voyage of the Beagle*, etc. (4 vol., Londres, 1839); D'Orbigny, *Voyage dans l'Amérique méridionale* (2 vol., Paris, 1838).

PATAGONS. *Voyez* PATAGONIE.

PATARD ou **PATAR**, petite monnaie du temps de Louis XII, de la valeur d'un liard à peu près, qui a subsisté longtemps dans les Flandres, et dont le nom s'emploie encore quelquefois dans ces phrases familières : *Cela ne vaut pas un patard. Il ne possède pas un patard.*

PATARINS ou **PATARÉNIENS.** *Voyez* CATHARES.

PATATE. Ce nom a été souvent donné par des voyageurs à plusieurs racines tubéreuses de genres fort différents. C'est ainsi qu'on trouve indiquées comme des patates, dans quelques livres, plusieurs espèces d'ignames (*dioscorea*), la délicate et savoureuse couche-couche des Antilles (*ubium alatum*), la racine tubéreuse du chou caraïbe (*arum esculentum*), et même le topinambour d'Amérique (*maranta tuberosa*). Les Anglais donnent aussi le nom de *patate* (*potatœ*) à la pomme de terre (*solanum tuberosum*). Nous ne nous occupons ici que de la vraie patate, espèce du genre *convolvulus* (*voyez* LISERON).

La *patate* (*convolvulus batatas*, L.), *patate douce* ou *batate comestible*, est originaire de l'Inde, et elle est fort cultivée dans les Antilles, où elle offre une grande ressource comme racine alimentaire agréable et d'un immense produit. Les variétés obtenues par la culture présentent une multitude de volumes différents, de consistance et de saveurs très-variées dans les racines. La couleur n'est pas plus stable : on en voit de jaunes à peau violette, de blanches à peau rose, de marbrées à peau blanche; de fort grosses, de moyennes, de petites; les unes sont sucrées au point de ne pouvoir être mangées avec de la viande, d'autres le sont à peine; les unes sont très-odorantes, et d'autres n'ont guère plus d'odeur que la pomme de terre. La patate venue sans culture ne consiste qu'en des racines fibreuses et très-grêles, mais qui, dans une terre labourée et sarclée, acquièrent quelquefois un volume prodigieux. Ces racines constituent une partie notable de la nourriture des nègres aux Antilles, et leur fane, qui est fort recherchée des bestiaux, surtout des vaches, augmente et bonifie le lait de celles-ci. Quelques variétés sont très-précoces. On en connaît une sous le nom de *patate de six semaines*, qui donne ses racines mûres et très-volumineuses et abondantes dans ce court espace de temps; mais elle est peu savoureuse. Les variétés très-agréables au goût ne sont guère récoltées qu'après trois ou quatre mois de plantation. En général, une terre légère, un peu fraîche et bien labourée, est celle où les patates prospèrent le mieux. La première récolte se mange tout de suite : elle ne pourrait être gardée pendant les chaleurs. Les patates plus tardives se conservent mieux. La saveur, en général très-sucrée, de la patate la dispose à fermenter : aussi en fait-on une boisson vineuse très-enivrante et de bon goût, qui distillée donne beaucoup d'alcool. Le poids ordinaire d'une patate est depuis 250 grammes jusqu'à 500 grammes; mais on en a vu qui pesaient cinq et six kilogrammes. La chair de la patate est amilacée comme celle de la pomme de terre, et on en fait une belle fécule.

La patate est cultivée en Espagne, principalement dans les environs de Malaga. On rapporte qu'une seule commune de la banlieue en récolte annuellement pour plus de 50,000 fr. Cette culture a été tentée avec assez peu de succès dans nos départements méridionaux, et il y a lieu de s'étonner de ce peu de réussite quand on observe que quatre mois au plus de chaleur et de sécheresse suffisent pour une bonne récolte. Il y a donc, outre la température, des conditions d'acclimatement qu'on n'a pu réaliser encore. Quelques horticulteurs des environs de Paris récoltent un petit nombre de patates grêles, mal venues et presque insipides.

PELOUZE père.

PATAUD, lourdaud, villageois grossier, dit le *Dictionnaire de l'Académie*. Le général Ambert fait venir *pataud* de *petau*, *piteau*, *bidaud*. « *Bidaud*, dit-il, est une qualification méprisante donnée par Froissard et les écrivains qui vinrent après lui à certaines compagnies de gens de pied appartenant aux milices communales. La chronique de Flandre cite les *bidaux* ou *pataux* qui étaient au siége de Furnes, en 1298. Guyard les croit originaires des frontières d'Espagne; ce qui a dû faire supposer que leur nom venait de la Bidassoa. »

PATAVINITÉ, en latin *patavinitas*. Sur la foi de Pollion, Tite-Live est tous les jours accusé de *patavinité*; mot qu'on fait bien dériver de *Patavium*, nom latin de Padoue, où cet historien avait vu le jour, mais à l'égard de la véritable signification duquel les auteurs sont loin d'être d'accord. Aussi, quand Balzac cherche à rendre son radoteur le plus ridicule qu'il peut, suppose-t-il qu'il se glorifiait d'avoir découvert en quoi consistait cette *patavinité* tant reprochée à Tite-Live. Les uns ont voulu que ce fût une orthographe vicieuse; d'autres, une prononciation, un accent de province désagréables à Rome. Il en est même qui ont prétendu n'y voir qu'une allusion aux opinions politiques de l'écrivain, lequel, comme Padouan, aurait été partisan de Pompée. Adoptant l'opinion déjà émise au siècle précédent par Morhof, dans son ouvrage intitulé : *De Patavinitate Liviana* (Leyde, 1685), Rollin estime que Pollion ne reprochait par là à Tite-Live que certaines tournures de phrases particulières aux Padouans. Il se peut en effet que, né et élevé à Padoue, cet historien eût conservé dans son style un certain goût de terroir, si on peut ainsi parler, et qu'il n'eût pas toute la finesse, toute la délicatesse de l'*urbanité* romaine; qualité que des étrangers ne pouvaient point acquérir aussi facilement que le droit de bourgeoisie.

PATAVIUM. *Voyez* PADOUE.

PATAY, ancienne petite ville de Beauce, singulièrement déchue depuis longtemps de son importance passée, n'est plus aujourd'hui qu'un bourg de 1173 habitants, chef-lieu de l'un des cantons du département du Loiret, à 22 kilomètres d'Orléans, et 110 de Paris. En 1429, Dunois et Jeanne d'Arc livrèrent sous les murs de Patay une mémorable bataille, où les Anglais furent complétement battus, et où leur général, le célèbre John Talbot, fut fait prisonnier.

PÂTE. On appelle de ce nom, dérivé du latin *pasta*, diverses compositions, dont le mélange de farine et d'eau qui sert à confectionner le pain est un type. Les pâtes formées par les céréales diffèrent beaucoup, soit par leur consistance, soit par les substances qui servent à délayer les farines, telles que le lait, le vin, l'eau-de-vie, les œufs, le miel, etc. La liste de ces compositions occupe une large place dans les traités de cuisine et d'office.

Les préparations sèches connues sous les noms de vermicelle, semoule, etc., sont aussi désignées en général par le mot *pâte*, ainsi que des compositions analogues dont la fécule de pomme de terre est la base. Les pâtes de Gênes sont les plus renommées, et on n'a pu encore les égaler en d'autres pays : la source de leur excellence est peu connue; elle vient de ce qu'on emploie uniquement pour les préparer les blés de la Sardaigne : ceux-ci ne diffèrent pas essentiellement des nôtres, mais les moulins dans cette île n'étant mus que par des ânes, la mouture s'opère lentement et sans échauffer les farines, comme chez nous, au point d'en altérer la qualité (*voyez* PATES D'ITALIE).

Des compositions de fruits divers et de sucre se nomment aussi *pâtes* : celles d'abricots qu'on prépare à Clermont sont célèbres. A ce propos, rappelons aux gourmets, qui pourraient l'avoir oublié, que les trois quarts de la *pâte d'abricots* dite de Clermont qu'on livre à la consommation se fabriquent aujourd'hui, grâce aux progrès de la chimie, uniquement avec des carottes. Décidément il n'y a plus de poésie possible!

En pharmacie, on comprend sous le nom de *pâtes* divers médicaments d'une saveur douce, agréable et de consistance molle : la gomme arabique est la base principale de ces compositions, et on la dissout avec plusieurs infusions ou décoctions. La liste de ces préparations est nombreuse et s'accroît de jour en jour, par des spéculations sordides. Une de ces pâtes pharmaceutiques les plus renommées est celle qu'on appelle *pâte de guimauve*, dénomination très-impropre, puisque cette plante ne contribue point à la composer; et on y a renoncé avec de justes motifs, car non-seulement sa saveur est désagréable, mais encore elle contient un principe irritant, appelé *asparagine*. Une décoction de jujube ou une solution d'extrait de réglisse concourt aussi avec la gomme à former une pâte très-connue et assez agréable : les pharmaciens en général s'efforcent de donner à ces compositions des qualités qui flattent la vue et le goût. Ces produits de leur art sont une compensation pour tant d'autres qui sont propres à révolter tous nos sens. Nous devons épargner à nos lecteurs l'énumération de toutes les pâtes qu'on vante chaque jour dans les feuilles publiques pour remédier aux rhumes et catarrhes. Contentons-nous d'appeler la défiance sur ces marchandises; elles ont, ainsi que tous les corps sucrés, une propriété adoucissante qui, agissant sur l'estomac, retentit par sympathie sur la poitrine; mais une solution de gomme arabique et de sucre dans l'eau fournit un médicament équivalent et beaucoup moins cher. On communique aussi à la plupart des pâtes pectorales les plus vantées une action sédative par l'addition de faibles doses d'opium ou d'autres substances narcotiques. Nous ne prétendons pas blâmer cette coutume ni ravaler la réputation d'aucune de ces préparations, mais il nous reste à faire remarquer que la plupart des rhumes se guérissent sans le secours de tels remèdes, et que si ces affections persistent, il serait imprudent de se fier à d'aussi faibles armes. Toutes ces pâtes, même celle de lichen d'Islande, nous devons le répéter, sont beaucoup plus salutaires pour les marchands que pour les poitrines souffrantes.

On appelle aussi du nom de *pâte* des empreintes de pierres gravées qu'on obtient avec du verre en fusion et plusieurs autres matières.

Les couleurs de consistance pâteuse que le peintre amalgame sur sa palette portent aussi le même nom, et les formes que l'artiste modèle dans cette matière après l'avoir appliquée sur la toile sont plus ou moins empâtées selon les qualités employées. Cette acception du mot *pâte* s'étend même aux traits du burin du graveur qui donnent par l'impression des empreintes grasses.

En termes d'imprimerie, lorsque des caractères mobiles sont mêlés confusément, on dit que c'est un *pâté*. Lorsqu'une partie de composition se met dans cet état, on dit qu'elle est *tombée en pâte*.

Enfin, ce mot *pâte*, dont l'acception comprend tant d'objets, s'étend aussi fréquemment aux personnes : ainsi, en parlant de la complexion ou du naturel de tel homme, on dit qu'il est d'une bonne *pâte*, ou, C'est une bonne *pâte d'homme*.

Mettre la main à la pâte, c'est travailler soi-même à quelque chose et ne pas s'en remettre uniquement à autrui. *Être comme un coq en pâte*, signifie être dans une situation bien commode, bien agréable. Dr CHARBONNIER.

PÂTÉ. *Voyez* PÂTISSERIE.

PATELIN ou **PATHELIN.** *Voyez* AVOCAT PATHELIN.

PATELLE (de *patella*, écuelle), genre de mollusques gastéropodes cyclobranches, ayant pour caractères : Animal hermaphrodite; branchies lamellaires disposées en séries tout autour du corps, sous le rebord du manteau; orifices anal et génital au côté droit antérieur ; tête munie de deux tentacules pointus, oculifères à leur base externe; pied charnu, en forme de disque ovale, épais, sur lequel l'animal rampe lentement, et dont il se sert aussi pour s'attacher aux rochers avec tant de force qu'il est souvent impossible de l'en arracher sans déchirure; coquille en cône surbaissé recouvrant entièrement le corps.

PATELLULE. *Voyez* CONCEPTACLE.

PATÈNE, espèce de petit plat rond en métal, et servant au sacrifice de la messe, comme les patères servaient dans les sacrifices des anciens peuples. La patène reçoit une consécration, et est rangée dans ce que l'on nomme les *vases sacrés :* elle est ordinairement en argent doré, tout unie dans l'intérieur, et portant le chiffre de J.-CH. gravé à l'extérieur (*voyez* PAIX). On doit cependant présumer qu'autrefois il y en a eu de gravées, puisqu'on en connaît une gravée par un maître allemand dont le nom n'est pas connu, mais qui a marqué quelques-unes de ses pièces des initiales gothiques E. S., avec la date de 1466. Cette patène représente au milieu saint Jean-Baptiste assis ; le tour est orné d'enroulements dans lesquels se trouvent huit médaillons renfermant les quatre Pères de l'Église, et les animaux symboliques des quatre évangélistes. Cette même patène a été copiée vers la même époque par Israel de Mecheln.

DUCHESNE aîné.

PATENÔTRES. Ce terme est formé des deux premiers mots du *pater noster*, et a effectivement désigné, dans son acception primitive, l'oraison dominicale. Il est devenu familier et populaire, et se dit de toutes sortes de prières : on l'a encore appliqué au chapelet et aux grains qui le composent. On dit proverbialement *patenôtres de singe*, pour indiquer, au propre ou au figuré, certains murmures que font les singes lorsqu'ils sont de mauvaise humeur et remuent les babines.

En termes de blason, on appelle *patenôtres* un dixain de chapelet, ou le chapelet tout entier dont on entourait les écus, comme le faisaient, par exemple, les chevaliers de Malte.

Les *patenôtres du loup* étaient un enchantement dont se servaient les bergers pour conserver leurs moutons et pour éloigner de ceux-ci la fureur du loup.

En architecture, on appelle *patenôtres* certains ornements qui se mettent au-dessous des oves; ils ont la forme de perles, d'olives, et en général de grains ronds ou ovales; les menuisiers les emploient également dans quelques ouvrages, tels que les bordures de tableaux.

Les pêcheurs appellent *patenôtres* de liége les morceaux de liége qui surnagent lorsque l'on jette un filet dans l'eau.

Autrefois les voituriers appelaient *patenôtres* certaines parties de route où se trouvent alternativement des élévations et des enfoncements très-rapprochés, comme seraient les grains d'un chapelet.

Il y avait jadis à Paris trois corps de *patenôtriers*, ceux en bois, ceux en verre, et ceux en émail : on donnait ce nom aux ouvriers qui faisaient des chapelets, et qui tournaient diverses matières pour les boutons. On appelait *patenôtrerie* la boutique d'un marchand de chapelets.

Auguste SAVAGNER.

PATENTE (du latin *patere*, certifier). Les patentes n'étaient dans le principe que des lettres patentes; plus tard cette expression s'étendit à toutes lettres, commissions ou diplômes, accordés soit par le roi, soit par les seigneurs, soit par les corporations religieuses ou séculières; enfin, elle s'est appliquée à tout titre destiné à faire preuve d'une obligation.

Aujourd'hui ce mot désigne une contribution particulière. La *patente* est l'acte de l'autorité publique qui assure à tout commerçant une protection particulière des lois pour tous les actes qui ont rapport à son commerce. La patente est le titre en vertu duquel il a droit d'acheter et de vendre. C'est une imposition annuelle et presque toujours proportionnelle; elle est basée à la fois sur l'importance du commerce et de la population. Elle fut créée en 1791; supprimée en 1793, elle ne tarda pas à être rétablie, et se trouve aujourd'hui réglée par les lois et les ordonnances des 1er brumaire an VII, 25 mars 1817 et 15 mai 1818.

Un tarif joint à la loi de l'an VII distribue toutes les professions commerciales ou industrielles en différentes classes.

Une première division soumet à un droit fixe pour toute l'étendue de la France les professions de banquier (500 francs); de courtiers de navires et de marchandises, entrepreneurs de roulage, de voitures publiques par terre et par eau (200 francs); de marchands forains avec voitures (40 francs); de colporteurs avec chevaux ou autres bêtes de somme (30 francs); de colporteurs avec balle, qu'ils aient domicile ou non (20 francs); d'entrepreneurs de spectacle ou autres divertissements publics; le droit que ces derniers ont à payer est d'une représentation complète, établie d'après le nombre des places et le prix de chacune d'elles.

Une seconde division embrasse toutes les autres professions, qui sont réparties en sept classes, suivant leur importance. Chacune de ces classes acquitte un droit fixe et un droit proportionnel. Le droit fixe est calculé sur l'importance de la population; le droit proportionnel est pris sur la valeur du loyer ou des maisons d'habitation, ou des usines, ou des ateliers, ou des magasins, ou des boutiques, suivant la nature du commerce ou de l'industrie. Sont affranchis du droit proportionnel tous ceux pour lesquels le droit fixe est au-dessus de 40 francs dans les cinq premières classes, et tous ceux des deux autres classes pour lesquels ce même droit dépasse 30 francs.

Le droit proportionnel est généralement du dixième de la valeur locative, qui est établie par les baux authentiques pour les locataires et par l'extrait du rôle de la contribution foncière pour les propriétaires, ou à défaut par la simple déclaration du requérant patenté, sauf l'évaluation contradictoire que l'administration peut exiger. Ce sont les contrôleurs des contributions qui sont chargés de dresser l'état de cette contribution dans chaque commune, sur les renseignements qui leur sont fournis par les maires et adjoints, et sur tous ceux qu'ils peuvent se procurer par eux-mêmes. Le tableau des patentes est ensuite arrêté par le maire de la commune, visé par le sous-préfet de l'arrondissement, et transmis par le préfet du département au directeur des contributions, qui le rend exécutoire. Si des réclamations s'élèvent, elles sont instruites et jugées dans les mêmes formes que pour les autres contributions directes.

La loi du 13 floréal an v a ajouté au droit principal de la patente un droit additionnel de 5 centimes par franc, pour former un fonds de dégrévement et de non-valeur par département. Sur le produit net, on opère le prélèvement de 1/10e pour frais de la confection des rôles, et pour fournir à l'insuffisance du fonds de non-valeur; si après ces déductions il reste un reliquat, il est destiné à accroître le fonds des dépenses communales.

Nul ne peut être obligé à prendre plus d'une patente; si une même personne réunit plusieurs genres de commerce ou d'industrie soumis à des taxes différentes, elle sera libérée en payant le droit le plus élevé. Les patentes sont personnelles, et ne peuvent servir qu'à ceux qui les obtiennent; dans toute société commerciale en nom collectif, chacun des associés a la sienne. Le mari et la femme ne sont assujettis cependant à prendre chacun une patente que lorsqu'ils font des commerces distincts, et qu'en outre ils sont séparés de biens. Quand les associés occupent en commun la même maison d'habitation, les mêmes usines, ateliers, magasins et boutiques, ils n'ont à acquitter qu'un seul droit proportionnel, qui est payé en entier par l'un d'eux : les autres ne doivent que le droit fixe. La patente ne sert que pour une année, mais elle n'est réellement annulée qu'après l'expiration du treizième mois, parce que ce mois est accordé pour la délivrance de la patente nouvelle. Mais si dans le cours de l'année une personne qui est déjà pourvue d'une patente se livre à une industrie d'une classe plus élevée que celle qu'elle avait choisie d'abord, elle doit aussitôt prendre une seconde patente, pour laquelle il n'y aura à payer que le complément nécessaire, déduction faite des sommes déjà versées.

L'article 29 de la loi de brumaire an vii renferme quelques exceptions à l'application générale du droit de patente en faveur de certaines professions ou de certaines personnes; tels sont, par exemple, les laboureurs et cultivateurs, qui vendent leurs récoltes, les peintres, graveurs et sculpteurs qui ne vendent que les produits de leur art comme artistes; les sages-femmes, les pêcheurs, etc. D'autres dispositions ont réduit le droit proportionnel en faveur de certaines industries, au trentième pour les meuniers, au quarantième pour les maîtres de maisons garnies, etc.

Dans le but d'atteindre tous ceux qui voudraient échapper à cet impôt, une disposition spéciale enjoint aux notaires, greffiers, huissiers et en général à tous les officiers publics, d'énoncer sous peine d'amende, dans tous les actes judiciaires et extra-judiciaires le numéro de la patente, toutes les fois que la patente a du être délivrée pour le fait dont il s'agit à la personne qui requiert leur ministère.

Dans la langue maritime, le mot *patente* a une signification particulière; il s'applique aux passeports et certificats de santé qui se délivrent dans les ports de mer aux navires en partance.

PATER, *oraison dominicale*, prière enseignée par Jésus-Christ à ses disciples et rapportée par saint Matthieu et saint Luc. Depuis l'origine de l'Église, cette prière a toujours été considérée comme une partie essentielle du culte public; elle se trouve dans toutes les liturgies; on la récitait comme aujourd'hui non-seulement dans la consécration de l'eucharistie, mais encore dans la cérémonie du baptême. C'était pour les nouveaux baptisés un privilége de pouvoir la dire dans l'assemblée des fidèles et d'appeler Dieu *notre père*. On ne l'enseignait point aux catéchumènes avant qu'ils eussent reçu le baptême. Les constitutions apostoliques, un concile de Gironne, le quatrième concile de Tolède, ordonnent de la réciter au moins trois fois par jour. Les plus anciens Pères de l'Église, Origène, Tertullien, saint Cyprien, ont donné de grands éloges au *Pater*; ils le regardent comme un abrégé de la morale chrétienne, comme le fondement et le modèle de toutes les prières; ils en ont expliqué et paraphrasé toutes les demandes une à une. Bourdaloue suit cet exemple dans son *Recueil de Pensées*. Dans la plupart des exemplaires grecs de saint Matthieu, le *Pater* finit par ces mots : « Parce que c'est à vous qu'appartiennent la royauté, la puissance et la gloire pendant tous les siècles, *Amen*. » Mais ces mots ne se retrouvent pas dans plusieurs manuscrits très-corrects, ni dans saint Luc et dans la Vulgate.

Un Anglais, nommé Chamberlayne, a fait imprimer en 1715, à Amsterdam, le *Pater* en cent cinquante-deux langues. Un auteur allemand y en a encore ajouté quarante-huit, la plupart appartenant aux nations de l'Amérique. Grâce aux sociétés Bibliques, cette prière est aujourd'hui traduite à peu près dans toutes les langues de l'univers. Lorsque le pape Pie VII vint à Paris, l'Imprimerie impériale mit sous presse une édition du *Pater* dans les diverses langues dont elle possédait les caractères. Chaque presse en tirait un différent, et l'offrait au saint-père à mesure qu'il passait devant elle dans sa visite à cet établissement.

Pater signifie encore les grains d'un chapelet sur lesquels on dit le *Pater* : Les *Pater* de son chapelet sont d'émeraudes.

PATERCULUS (VELLEIUS). *Voyez* VELLEIUS PATERCULUS.

PATÈRE. Ce mot vient de *patere*, *pateo* (je suis ouvert), parce que la patère est ouverte, *quod pateat*, c'est-à-dire qu'elle a une grande ouverture. C'était un vase quelquefois muni d'un manche, dont les Romains se servaient pour les sacrifices, dans lequel ils offraient aux dieux les viandes qu'ils leur consacraient, et avec lequel ils faisaient les libations. Sur les médailles, la patère des sacrifices figure à la main de toutes les déités, souvent même dans celle des princes, comme symbole des puissances sacerdotale et impériale. Souvent, il y a aussi un autel sur lequel il semble que le personnage verse la patère.

En parlant des funérailles des anciens, c'est un vase d'or ou d'argent, de marbre, de bronze, de verre ou de terre, qu'on enfermait dans les urnes avec les cendres du mort, après avoir servi aux libations du vin et des autres liqueurs usitées dans les funérailles.

En architecture, la patère s'emploie pour ornement dans la frise dorique et les tympans des arcades. On la multiplie aussi sur les cippes, les autels, et sur d'autres monuments.

Il se dit encore d'une espèce d'ornement de cuivre doré, à peu près de la forme d'une patère antique, qui est vissé à l'extrémité de ces verges de fer droites ou en croissant dont on se sert pour tenir écartés et drapés les rideaux d'un lit ou d'une fenêtre.

Patère était aussi le nom de certains prêtres d'Apollon, par la bouche desquels le dieu rendait ses oracles. Ce mot venait alors, disent quelques auteurs, de l'hébreu *patar* (interpréter).

PATERNITÉ. Bien que ce mot désigne quelquefois d'une manière générale le lien qui unit un ascendant quelconque à ses descendants, il est plus spécialement consacré à celui que forme la génération entre le père et l'enfant conçu de ses œuvres; lien mystérieux, dont la Providence a voulu que la réalité, connue de la femme seule, demeurât toujours pour l'homme une croyance fondée sur l'amour, sans pouvoir devenir jamais une certitude vérifiée par la raison! La faiblesse physique de la femme, impuissante à nourrir et à élever seule le fruit de ses entrailles, la nécessité d'attribuer à chaque homme en particulier le devoir de subvenir aux besoins des enfants, ont sans doute donné naissance à la fiction légale qui, passée du droit romain dans nos codes modernes, fonde le mariage et la société sur cette maxime célèbre : *Is pater est quem justæ nuptiæ demonstrant*, maxime reproduite avec une sévérité plus rigoureuse encore par l'article 312 du Code Civil : « L'enfant conçu pendant le mariage a pour père le mari. »

La paternité, en droit, est *légitime*, *naturelle*, *adultérine* et *incestueuse* : légitime par le mariage, c'est-à-dire par l'union de l'homme et de la femme, accomplie dans les conditions et selon le mode voulus par la loi ; naturelle hors du mariage, c'est-à-dire quand l'homme reconnaît volontairement pour sien l'enfant né d'une femme à laquelle ne l'attache aucun lien légal ; adultérine ou incestueuse quand l'enfant est né du commerce d'un homme et d'une femme entre lesquels le mariage de l'un d'eux ou le lien du sang qui les unit prohibaient toute union. Cette dernière espèce de paternité n'existe jamais qu'en fait ; la loi ne veut ni la reconnaître ni la nommer.

Malgré la sévérité de la règle qui attribue au mari la paternité de l'enfant conçu pendant le mariage, sa rigueur fléchit devant deux exceptions. Si le mari prouve qu'une impuissance accidentelle ou une absence suffisamment prolongée l'ont mis dans l'impossibilité physique de cohabiter avec sa femme durant le temps auquel la conception doit être rapportée, la loi lui permet de désavouer une paternité frauduleuse et de se soustraire à l'exécution, devenue évidemment inique, de la condition rigoureuse qu'elle fait en général au mari ; plus larges, mais moins sages, et surtout moins chastes, la loi romaine et l'ancienne législation permettaient en outre de fonder le *désaveu de la paternité* sur l'impuissance naturelle. Le Code ouvre la même action au mari lorsqu'à la circonstance d'adultère se joint le mystère qu'on lui fait de la naissance de l'enfant : il peut même dans ce dernier cas établir sa non-paternité sur toutes espèces de preuves.

Quant aux enfants qui seraient nés prématurément dans le mariage, c'est-à-dire moins de cent quatre-vingts jours après la célébration, ou tardivement, c'est-à-dire plus de trois cents jours après sa dissolution, ils pourront être déclarés illégitimes, comme n'ayant pas été conçus pendant le mariage.

Hors du mariage, la fiction de la paternité certaine s'arrête, et fait place au principe directement contraire, car la *recherche de la paternité*, permise par notre ancienne législation et par les lois de quelques peuples modernes, est absolument interdite par le Code, non-seulement à la mère, mais à l'enfant lui-même.

L'adoption produit aussi une autre espèce de paternité, qu'on peut appeler purement civile ; nous voulons parler du lien établi entre l'adoptant et l'adopté, qui par une fiction de la loi prennent respectivement vis-à-vis l'un de l'autre le rang et la qualité de père et de fils.

Charles Lemonnier.

PATER PATRIÆ, c'est-à-dire *père de la patrie*, titre d'honneur en usage chez les Romains, et auquel on attachait une valeur toute particulière, parce qu'on ne l'accordait qu'à des hommes ayant rendu d'importants services à la patrie au moment où elle courait de graves dangers. Le premier à qui on accorda cette distinction fut Cicéron, lorsqu'il eut sauvé la ville, en l'an 62 avant J.-C., en envoyant à la mort une partie des complices de Catilina. Plus tard ce titre fut formellement décerné comme surnom à César, lorsqu'il eut triomphé en l'an 45 av. J.-C. du parti de Pompée ; mais le vainqueur s'en trouva médiocrement flatté. Dès les premiers temps de la république les Romains étaient dans l'habitude de désigner sous le nom de *patres* (forme plurielle du mot *pater*, père), et en raison de leur âge et de leur grande expérience, les membres du sénat que la tradition disait avoir été institués par Romulus lui-même pour être les *pères des peuples*.

PÂTES D'ITALIE. On donne ce nom à des *pâtes* faites de farine auxquelles on donne différentes formes, que l'on fait sécher et dont on fait des potages et des ragoûts. Les principales pâtes d'Italie sont le macaroni, le vermicelle, les lazagnes, etc.

L'Italie a eu longtemps la palme pour cette fabrication. Les pâtes de Gênes, de Florence, de Pistoie et de Pise soutiennent encore leur antique réputation. Mais cette industrie a fait aussi de grands progrès en France. La chimie lui est venue en aide avec succès. Pour faire des pâtes filantes comme le macaroni d'Italie, il faut un blé riche en gluten, et nos blés en contiennent moins que le blé dur des pays chauds qui bordent la Méditerranée. Grâce à la science, on retire à une portion de farine un peu de son gluten pour l'ajouter à une autre portion. L'industrie des pâtes est devenue une des grandes ressources de Clermont-Ferrand. On y utilise les blés de l'Auvergne, notamment le *blé rouge*, qui réussit bien dans les terrains volcaniques de ces contrées et qui auparavant avait peu de valeur. Un fabricant de Lyon utilise au même usage les blés durs de l'Algérie. A présent la France rivalise avantageusement avec l'Italie pour la production des pâtes alimentaires. L'importation italienne des Deux-Siciles et de la Sardaigne, qui s'élevait en 1846 à 162,332 kilogrammes, est tombée à 73,000 en 1854, et les exportations françaises qui étaient en 1846 de 326,000 kilogrammes, ont monté en 1854 à 502,000 kilogrammes. La ville de Clermont, qui en 1840 fabriquait à peine pour trois à quatre cent mille francs de pâtes, vermicelle et autres, en exporte aujourd'hui pour plus de douze millions de francs.

L. Louvet.

PÂTEUX (du grec παστός, arrosé, d'où l'on a fait πάστη, pâte). Ce mot s'emploie au propre et au figuré. On dit que le pain est *pâteux* quand la pâte n'en est pas assez cuite ; les fruits sont qualifiés de *pâteux* quand leur chair empâte la bouche ; les vins, les liqueurs, lorsque leur liquidité, leur limpidité n'est point complète. C'est dans ce dernier sens qu'on dira d'une pierre précieuse qu'elle a l'œil *pâteux*, pour dire que son eau n'est point parfaitement claire. L'épaississement de la salive rend la bouche *pâteuse* ; cet état est d'ordinaire le symptôme ou la conséquence d'un grand nombre de maladies ; l'abus du vin rend également la bouche *pâteuse*.

Le mot *pâteux* trouve dans les beaux-arts son acception la plus usuelle. On dira d'un peintre qu'il a une touche *pâteuse*, si sa touche est ferme, nourrie, grasse, moelleuse ; c'est dans le même sens que l'on dira, en peinture : des *chairs pâteuses*.

En passant de la peinture dans la critique littéraire, l'épithète de *pâteux* change du tout au tout, et ne se prend plus qu'en mauvaise part : une diction *pâteuse*, c'est une diction pénible, empâtée ; un style *pâteux*, c'est celui qui est lourd, mal digéré, qui manque de clarté, de fermeté.

PATHELIN, PATHELINAGE, PATHELINER. *Voyez* Avocat Pathelin.

PATHÉTIQUE (du grec παθητικός, formé de πάθος, passion, affection), ce qui émeut, excite les passions. « Le pathétique, dit de Jaucourt, est cet enthousiasme, cette véhémence naturelle, cette peinture forte qui émeut, qui touche, qui agite le cœur de l'homme. Tout ce qui transporte l'auditeur hors de lui-même, tout ce qui captive son entendement et subjugue sa volonté, voilà le *pathétique*.

Le plus grand secret pour émouvoir, c'est *d'être ému soi-même*. La nature elle-même donne ce précepte : il est fondé sur cette correspondance naturelle de sensations qu'on nomme sympathie, et qui est la première cause de sociabilité entre les hommes, comme la principale source des sentiments moraux ; c'est par elle que les hommes se communiquent leurs affections.

Un philosophe a dit que *les grandes pensées viennent du cœur*. L'éloquence le plus souvent en vient aussi. C'est surtout la force du sentiment qui rend les hommes éloquents. L'émotion, quand elle n'est pas portée à cet excès maladif qui trouble et altère l'intelligence, l'émotion vive, mais maîtresse d'elle-même, imprime aux facultés une pénétration et une énergie remarquables ; elle élève souvent l'homme au-dessus de lui-même, lui fait concevoir les plus hautes pensées, lui inspire un langage persuasif et entraînant, lui fait obtenir des succès qu'en d'autres temps il n'eût pas osé espérer. Voilà pourquoi des personnes, même médiocres, font preuve parfois d'une pénétration et d'une verve qui surprend, lorsqu'une passion ou un intérêt particulier les anime.

Toutes les passions ont une commune origine dans l'amour et la haine; mais ces deux passions, qui comprennent les deux rapports généraux de notre âme avec le bien et le mal, se multiplient à l'infini, prennent différents noms, selon que leur influence est plus ou moins immédiate, plus ou moins active, et se manifestent au dehors par différents traits. *Chaque passion a son langage particulier*, qu'il faut s'appliquer à connaître; l'imagination peut s'égarer quelquefois quand elle se prend à des sujets étrangers où le cœur est faiblement intéressé; et même, c'est souvent moins l'émotion qu'il éprouve qui fait l'orateur, le poëte, ou l'écrivain éloquent, que celle qu'*il comprend*, et dont il se rend compte; il a donc besoin autant de discernement que de sensibilité.

Les anciens rhéteurs, procédant par énumération, divisions et subdivisions, ont essayé d'établir des règles précises sur les différents motifs propres à exciter les passions. Cicéron compte, par exemple, *quinze motifs pour l'indignation* et *seize pour la commisération*. Rien n'est pourtant plus rebelle aux chiffres que le sentiment. Il faut le dire, quelque importante que soit l'autorité des noms, ces dissertations sont en général fort peu philosophiques. Les anciens, possédés de la manie de tout réduire en préceptes, anticipaient beaucoup trop sur l'œuvre de la nature; leurs théories sur les *lieux d'arguments*, sur les *qualités morales* et sur les passions, pratiquées avec un zèle aveugle, serviraient tout au plus à former des sophistes et de froids déclamateurs. On n'apprend point à sentir par règles; la sensibilité est un don de la nature, non un effet de l'art. Elle peut être éclairée dans ses moyens, mais point créée : elle est ou elle n'est pas. Que l'on doive exciter l'amour, la haine, la joie, le dévouement, l'enthousiasme, etc., calmer les passions ou en détourner l'effet, par le sang-froid, la raillerie, le dédain, etc., c'est *soi-même et la circonstance qu'il faut consulter d'abord*. Mais les facultés intellectuelles et morales, pour ne pas languir et s'éteindre, ont besoin d'aliments qui nourrissent leur foyer intime et entretiennent leur activité; elles puiseront la chaleur, l'enthousiasme, la vie, dans les grands modèles, dont la lecture assidue et passionnée secondera mieux leur impulsion naturelle que le formulaire d'une fausse rhétorique. Si nous avions à cet égard un conseil à donner, ce serait de lire beaucoup, mais non beaucoup de choses : *Multum legendum, non multa*.

Les préceptes que l'on peut raisonnablement donner sur l'usage des passions dans l'éloquence sont tous passifs. L'orateur ou l'écrivain doit s'assurer *si son sujet comporte le pathétique*. Il suffit pour cela du simple bon sens. Celui qui voudrait faire de la véhémence et de la sensibilité hors de propos, sans motifs importants, ne ferait en réalité que de la *sensiblerie* et du ridicule. En second lieu il ne faut point se jeter brusquement et sans préparation dans les mouvements passionnés. On veut être mis au fait et savoir de quoi il s'agit. Cependant si le sujet est compris d'avance, si tous les motifs sont connus et appréciés, si l'attente de quelque chose de décisif tient les esprits en suspens, l'orateur peut et doit même éclater dès son début avec le feu de la passion. Lorsqu'on est parvenu à exciter les passions, il faut prendre garde de fatiguer *en y insistant trop longtemps*. L'exaltation de la sensibilité et de l'imagination est un état anormal, qui s'il durait trop finirait par énerver l'attention. La froideur, l'ennui et une sorte de malaise succéderaient bientôt à l'enthousiasme et à l'intérêt. Rien ne fatiguerait plus qu'un orateur ou un écrivain toujours véhément, toujours en colère, comme rien ne serait plus monotone qu'un style toujours pompeux et toujours sublime. N'oublions pas que l'intérêt, pour être soutenu, doit être varié : en éloquence comme en peinture, il faut nuancer les couleurs et alterner les effets d'ombre et de lumière.

L'usage du *pathétique oratoire* est plus restreint chez nous que chez les Grecs et les Romains. Ce n'est pas à dire qu'il soit banni de l'éloquence moderne : le barreau et la tribune nous en ont offert plus d'une fois de beaux exemples; mais il est à présent plus mesuré, plus sage et surtout plus *naturel*; il donne moins aux sens, plus à l'âme. Quintilien assimilait l'orateur plaidant une cause digne d'intérêt et d'émotion à l'acteur qui, après avoir étudié son rôle et calculé ses gestes et ses inflexions de voix, s'échauffe et s'attendrit jusqu'à produire une illusion complète sur les spectateurs. Aujourd'hui bien des orateurs, à tort ou à raison, prendraient cette assimilation pour une espèce d'épigramme; toujours est-il qu'entre ces deux arts la différence est grande : l'orateur, comme le poëte, comme l'écrivain, passionne ses propres idées; l'acteur passionne celles d'autrui. Le même Quintilien dit quelque part : « J'ai plaidé moi-même avec quelque réputation, et je puis assurer qu'on m'a vu non-seulement répandre des larmes, mais changer de visage, pâlir et exprimer une douleur qui avait le caractère de la véritable. » Cicéron nous apprend qu'Antoine, dans la péroraison de son plaidoyer pour Aquilius, accusé de concussion, prit son client par le bras, le fit lever, lui déchira sa tunique, montra aux juges les traces de ses blessures, et que l'auditoire éclata en gémissements et en sanglots. Tout cela nous prouve que l'art de la parole, comme les autres arts, se modifie selon les temps, les lieux et les mœurs. Chez les anciens, où il y avait peu de lois, où il suffisait souvent, pour faire décider l'affaire la plus importante, d'émouvoir des juges ou d'entraîner une foule assemblée, le pathétique allait parfois jusqu'aux lamentations et au drame. De nos jours cette éloquence théâtrale serait certainement ridicule et produirait souvent un effet contraire à celui que l'orateur se serait proposé.

Aug. Husson.

PATHMOS. *Voyez* Patmos.

PATHOGÉNIE (du grec πάθος, maladie, et γένομαι, naître), partie de la pathologie qui traite de l'origine des maladies, c'est-à-dire qui élucide les modifications subies par l'organisme et les causes des symptômes morbides qui se manifestent. Ces modifications ou déviations de la règle générale se rapportent soit aux forces qui agissent dans le corps, soit à la matière dont il est composé; d'où il suit que la pathogénie a un côté dynamique et un côté matériel. Comme la physiologie enseigne à connaître la constitution naturelle des forces et de la nature du corps, la pathogénie doit nécessairement ne s'appuyer que sur cette science, attendu qu'il est impossible d'apprendre à discerner les modifications irrégulières avant de connaître la constitution régulière. La pathogénie diffère de l'étiologie, dont on la considère quelquefois comme n'étant qu'une subdivision, en ce que celle-ci ne traite que des causes éloignées des maladies, tandis que la première a avant tout pour but de connaître les causes de maladie les plus immédiates.

PATHOGNOMIQUE (de πάθος, maladie, et γνωμονικός, qui dénote, qui indique). On appelle ainsi l'art de distinguer une maladie d'une autre; connaissance qu'on ne peut acquérir que par l'étude des modifications de l'organisme malade qu'indiquent les sens ou des symptômes, et qui exige, attendu que l'importance de ces symptômes varie à l'infini, une notion théorique approfondie des phénomènes, tant réguliers qu'irréguliers, qui se passent dans le corps ainsi que l'habitude pratique de discerner et d'apprécier les symptômes morbides. Quoiqu'il n'existe pas de maladie qui présente constamment dans tous les cas les mêmes symptômes, on a cependant remarqué qu'il en est un certain nombre dans lesquelles reviennent presque toujours les mêmes phénomènes, par exemple le son particulier de la toux dans la phthisie; et on les a dénommés *symptômes pathognomoniques*.

Dans un sens plus restreint, on entend aussi par *pathognomique* l'art de reconnaître l'état physique et intellectuel d'un homme aux modifications subies par les traits de son visage.

PATHOLOGIE (de πάθος, maladie, et λόγος, discours). La pathologie est cette branche de la *médecine* qui a pour objet l'étude des *maladies* du corps humain. Il paraît que chez les Grecs le mot πάθος signifiait une affection générale, et νόσος une maladie particulière, car chez eux, bien que les connaissances qui se rattachent à l'histoire des maladies ne fussent pas assez avancées pour que la pathologie générale pût déjà constituer une science, cependant le mot *pathologie* s'appliquait à l'étude des phénomènes généraux des maladies, et la partie qui les considérait dans ce qu'elles ont de spécial et de particulier recevait le nom de *nosologie*, division naturelle que la médecine a conservée jusqu'à nos jours.

Tant que l'art de guérir fut assez peu étendu pour qu'un homme pût l'exercer dans son entier, cette division dut suffire; elle subsista même plus longtemps qu'on ne le croit généralement, car la division de la pathologie en *interne* et *externe*, la séparation de la médecine et de la chirurgie, que, d'après un passage mal interprété de Celse, l'on reporte au temps d'Hérophile et d'Érasistrate, chirurgiens des Ptolémées, n'eut lieu que dans le moyen âge, lorsqu'en 1163 le concile de Tours eut défendu aux moines, qui seuls alors étaient dépositaires de l'art de traiter les maladies, de pratiquer aucune opération sanglante. Cependant, les deux mots existaient déjà : on distinguait les maladies qui se traitaient par le régime ou les médicaments et celles qui se traitaient par les moyens chirurgicaux; mais, ainsi que nous venons de le dire, aucun des médecins qui suivirent Hérophile et Érasistrate ne s'abstint de cultiver et d'exercer toutes les branches de la médecine.

Quand, après le quinzième siècle, grâce aux travaux des *Vésale*, des *Eustache*, et de tant d'autres, la science fut sortie des ténèbres où elle était restée plongée si longtemps, l'ardeur que chacun mit à étudier les affections morbides qui convenaient le mieux à la disposition de son esprit ou à ses moyens d'observation introduisit dans la pathologie une foule de divisions plus ou moins arbitraires : ainsi, l'attention que quelques médecins accordaient à l'influence morbifère de l'âge, des professions, etc., donna naissance aux pathologies des enfants, des artisans, etc. Étudiait-on d'une manière particulière les maladies d'un organe, il avait tout de suite sa pathologie à part, la pathologie *cutanée*, par exemple, qui depuis a reçu le nom de *dermatose* ou de *dermatologie*. La connaissance des maladies qui attaquent l'intelligence recevait le nom de *médecine mentale ;* on a même été jusqu'au point de proposer le nom de *pathologie animée* pour désigner les maladies produites dans le corps de l'homme par la présence des animalcules, des vers, etc. Ces divisions, plus ou moins admises dans la pratique, ne sont pas toutefois assez philosophiques pour être généralement adoptées; une division plus rationnelle et en même temps plus ancienne est celle qui, dans l'ensemble des connaissances dont se compose la pathologie, distingue ce que ces connaissances ont de général, et en forme la *pathologie générale*, et ce qu'elles ont de particulier, pour en former la *pathologie spéciale*.

On distingue encore une *pathologie interne*, ou médecine proprement dite, et une *pathologie externe* ou *chirurgicale*. Au premier abord, cette division paraît naturelle et facile à établir; mais pour peu qu'on y réfléchisse, on ne tarde pas à s'apercevoir que, soit que l'on considère les maladies sous le rapport de leurs causes, soit qu'on ait égard à leur nature, à leur siége ou au traitement qu'elles réclament, il est absolument impossible de tracer les limites précises qui séparent la pathologie externe de l'interne. Dans son exercice comme dans son étude, la *chirurgie* est inséparable de la médecine, et tout homme aujourd'hui qui se consacre à l'art de guérir doit avoir des connaissances étendues dans l'une et l'autre de ces deux branches de la pathologie. Cependant, s'il est vrai qu'on ne peut par le raisonnement arriver à poser une ligne de démarcation bien tranchée entre la pathologie externe et l'interne, du moins voyons-nous en pratique, et par une sorte de convention tacite, les médecins et les chirurgiens se partager entre eux les maladies.

Toutes les connaissances que l'on peut acquérir sur une maladie se réduisent à l'étude 1° de ses causes; 2° de ses symptômes et des signes qu'on peut en tirer; 3° des moyens curatifs qu'elle réclame : ces trois parties de la pathologie spéciale ont reçu les noms d'*étiologie*, de *nosographie* et de *thérapeutique*.

Mais l'analyse n'est pas le dernier terme des opérations de l'esprit humain : après avoir analysé, il compare, il classe, puis enfin généralise; en médecine comme dans toute autre science, sa marche est absolument la même; de là sont nées les nosographies philosophiques et la pathologie générale.

La *nosographie philosophique* consiste à ranger les maladies d'après les rapports de ressemblance ou de différence que l'on aperçoit entre elles; c'est la classification méthodique des phénomènes pathologiques établis d'après ce qu'ils ont de commun sous le point de vue de leurs causes, de leurs symptômes et de leur traitement; c'est en un mot la nomenclature philosophique de la science, comme la nomenclature spéciale est le résultat de l'étude analytique d'une maladie.

Fondée sur le même système qui préside à l'établissement d'une nosographie, la pathologie générale en suivra les divisions, et se composera par conséquent d'une étiologie générale, d'une nosographie générale, et d'une thérapeutique générale. Si la science médicale était faite, si les limites de ce qu'elle peut atteindre étaient trouvées, il serait facile d'établir une classification nosologique qui satisferait d'une manière complète aux besoins de l'intelligence; mais comme la science s'enrichit chaque jour, soit d'observations nouvelles, soit d'aperçus nouveaux, qui agrandissent son domaine, il en résulte qu'aucune des classifications qui ont paru n'est au niveau des connaissances actuelles. La pathologie générale est subordonnée à des conditions semblables, car elle suit en tout les progrès de la pathologie spéciale; et sa création, dont on peut entrevoir le germe dans les *Prénotions* d'Hippocrate, est un produit des temps modernes, véritablement inconnu aux premiers siècles de la médecine. Au reste, l'utilité, l'importance de la pathologie générale, sont choses trop universellement reconnues aujourd'hui pour que cette partie de la science ne soit pas cultivée avec soin.

P.-C. Huguier,
Chirurgien de l'Hôpital Beaujon.

PATHOS est un mot grec, qui signifie *passion*. Les anciens rhéteurs l'opposaient à *éthos*, qui veut dire *mœurs*, et l'on en a fait longtemps un grand usage. *Pathos* se prend maintenant en mauvaise part, et désigne l'affectation de la chaleur, l'enthousiasme de convention. L'histoire de ce mot, qui est tombé d'une haute acception à un sens injurieux, serait difficile à faire, impossible peut-être. A ne le prendre que dans son état présent, le mot *pathos* a encore une grande importance, non pas qu'on l'emploie très-fréquemment, mais parce que le bon sens public le tient en réserve; un jour il indiquera le langage d'aujourd'hui, quand ce langage tombera. Lorsque l'inimitable Molière eut fait justice de Cathos et de Madelon, leur jargon, leurs manières, leurs goûts, reçurent enfin un nom court et clair, et le titre de *Précieuses ridicules* fut l'épitaphe du travers que le grand comique avait enseveli. Il faudra que l'active rhétorique du jour s'endorme et meure pour qu'on la désigne nettement au rire de la postérité : on dira alors le *pathos* du dix-neuvième siècle, comme on dit, l'*ironie* du dix-huitième siècle, la *dignité* du dix-septième siècle.

Il y a bien des genres de *pathos*; autant la nature humaine a de moyens de s'émouvoir, de s'embellir, de s'étendre, autant elle a de manies emphatiques, burlesques et mesquines; autant de *pathos*. Philarète Chasles.

PATIENCE (*Morale*), vertu que le malheur enseigne, parce qu'il nous place plus ou moins sous la dépendance des autres. L'activité naturelle à l'homme, ce besoin qu'il a de lutter contre les obstacles; enfin, cette nécessité pour lui de s'appuyer sur une volonté ferme et souvent impérieuse; toutes ces causes réunies impriment au caractère des habitudes d'indépendance; loin de plier, il veut qu'on lui obéisse. La patience est donc antipathique à l'âge où nous possédons toutes nos forces; elle signale l'épuisement de notre énergie : telle est la règle générale; elle subit néanmoins de nombreuses exceptions. Ainsi, un sentiment, une idée fixe, s'emparent de notre cœur, de notre esprit; nous trouvons aussitôt en nous des ressources de patience inépuisables; nous en multiplions les plus mémorables exemples. Certains devoirs passent-ils par la conscience, on les voit inspirer une longanimité de patience que rien ne peut détruire ni ébranler; les femmes mariées même à des hommes pour lesquels elles ne ressentent aucune passion se résignent à entrer dans tous leurs désirs, se sacrifient à tous leurs caprices. Il est vrai que l'éducation les a façonnées à l'avance; c'est une destinée néfaste qu'elles accomplissent. Les mots trompent presque toujours les hommes; on s'imagine que dans un état démocratique, où le peuple concourt à la confection des lois, il est soumis seulement à sa volonté individuelle : c'est une grave erreur. En effet, pareille forme de gouvernement ne peut exister qu'en multipliant tous les devoirs et en les rendant inflexibles : or, voilà une source d'où sort la patience, source inépuisable, qui s'infiltre jour par jour dans toutes les occupations dont notre vie se compose. Il n'y a pas de peuple qui dans tous les genres ait légué de plus admirables modèles de patience que les Romains; on peut même affirmer que les exigences de la république les ont préparés au désastreux despotisme de l'empire. Les Français, qui depuis tant de siècles ont vécu sous le régime monarchique, sont de tous les hommes ceux qui ont le moins de patience. SAINT-PROSPER.

PATIENCE (*Botanique*), nom vulgaire des plantes du genre *rumex*. Ce genre de la famille des polygonées a pour caractères : Calice à six folioles, dont les trois extérieures, plus petites, sont renversées, après la fécondation, sur le pédoncule, tandis que les trois intérieures persistent et quelquefois s'agrandissent et enveloppent le fruit, qui est une semence ordinairement triangulaire; six étamines; trois styles chargés de stigmates déchiquetés. Parmi les espèces de ce genre, celles qui avant Linné formaient le genre *lapathum* ont les folioles intérieures du calice munies à leur base d'un tubercule externe. Ces tubercules manquent chez les autres, dont les feuilles, pour la plupart pourvues d'oreillettes à leur base, offrent, par contre, une acidité que n'ont pas celles des précédentes; parmi ces dernières espèces, les principales ont été décrites sous leur nom vulgaire d'*oseille*. Il ne nous reste donc qu'à parler de quelques *patiences* proprement dites.

La *patience commune* (*rumex patientia*, L.) croît en France, en Italie, en Allemagne, au bord des ruisseaux. Ses racines sont longues, épaisses, jaunes à l'intérieur. Sa tige, forte et cannelée, haute de plus d'un mètre, est garnie de grandes feuilles ovales, lancéolées. Ses fleurs verdâtres sont disposées en longs épis rameux et touffus. Cette plante, que l'on cultive dans beaucoup de jardins potagers sous le nom d'*épinard immortel*, a une réputation populaire comme tonique, laxative, apéritive... « Mais, dit M. Hoefer, ses effets sont si lents qu'on lui a donné le nom de *patience*, par allusion à celle que doivent avoir les malades qui en font usage. »

La *patience des Alpes* (*rumex alpinus*, L.), presque de même taille que la précédente, a une racine amère, purgative, qui à forte dose remplace la rhubarbe.

La *patience rouge* (*rumex sanguineus*, L.), vulgairement *sang de dragon*, remarquable par ses tiges, d'un rouge foncé, et par ses feuilles lancéolées, d'un rouge pourpre, produit un assez bel effet dans les jardins. Ses feuilles sont laxatives; ses semences passent pour astringentes.

Citons encore la *patience aquatique* (*rumex aquaticus*, L.), qui croît au bord des étangs et le long des rivières, jusque dans le nord de l'Europe; la *patience crépue* (*rumex crispus*, L.), aux feuilles comme frisées à leurs bords; la *patience des bois* (*rumex nemolapathum*, L.), etc.

PATIENCE (Jeu de). *Voyez* CASSE-TÊTE.

PATIN. C'était une sorte de soulier dont la semelle était fort épaisse, et que les femmes portaient autrefois pour se grandir.

On appelait aussi, et l'on appelle encore du même nom dans certaines parties de la France, et notamment dans les contrées méridionales, une chaussure destinée à préserver les pieds de l'humidité. Depuis quelques années les *socques*, qui ont l'avantage de s'adapter indistinctement à toutes les chaussures, ont prévalu presque partout. Cependant, la modicité du prix a maintenu encore dans quelques localités l'usage du patin primitif, qui se compose d'une forte semelle de bois, parfois à charnière, et plus souvent d'un seul morceau, et sur laquelle est cloué jusqu'à la moitié un chausson de laine.

Mais le mot *patin* est plus particulièrement consacré à désigner une sous-chaussure dont on se sert pour glisser sur la glace. Celui-ci est formé d'une semelle de bois au-dessous, et au milieu de laquelle est fixée dans toute sa longueur une lame d'acier, qui, limée carrément du côté du talon, vient se recourber à la pointe, comme un soulier à la poulaine. Le patin se fixe sous chaque pied par-dessus les souliers, à l'aide de courroies et de boucles. Celui qui se sert du patin, soit pour voyager, soit pour se divertir sur la glace, s'appelle *patineur*. Ce genre d'exercice n'est pas nouveau, et il est probable que la nécessité, plutôt que le désir de s'amuser, en a donné la première idée. Il nous vient des régions du Nord, et l'on croit qu'il a été inventé en Hollande. On voit dans ce pays les laitières portant des vases pleins sur leur tête, tricotant pendant leur route, franchir en peu de temps des distances très-considérables pour aller vendre leur lait dans les villes environnantes. Elles font souvent de la sorte plusieurs kilomètres avec une rapidité presque incroyable. Fitz-Stephen nous apprend qu'il a existé à Édimbourg un club des patineurs (*scating club*), dont les membres firent retentir dans toute l'étendue des trois royaumes la renommée des patineurs écossais. Sans avoir, comme nos voisins d'outre-mer, fondé une société pour l'amélioration et la propagation du patin, nous ne sommes cependant pas moins habiles qu'eux dans cet exercice. Pendant les hivers rigoureux, les bassins des Tuileries et du Luxembourg, les gares du canal Saint-Martin, les prairies de la Glacière, voient des essaims de patineurs s'élancer sur leur surface polie, où les uns simulent en patinant les figures d'une contredanse avec autant de grâce que s'ils étaient au milieu d'une salle de bal, tandis que d'autres, tournant avec adresse, tracent rapidement sur la glace, avec le tranchant de leur patin, toutes les lettres de l'alphabet, ou dessinent des oiseaux, et jusqu'à des portraits.

Il y a une trentaine d'années la mode de patiner était plus répandue qu'aujourd'hui, et les élégantes de Paris elles-mêmes, couvertes de fourures, venaient, à l'imitation des dames russes, partager en légers traîneaux ce genre de plaisir. Chez les Norvégiens, l'exercice du patin est le complément obligé de toute éducation militaire : aussi est-il beau de voir leurs intrépides soldats glisser comme l'éclair sur la pente glacée des montagnes, sans autre aide que deux flexibles planchettes de sapin fixées à leurs pieds, et la remonter avec une rapidité presque égale, sans autre soutien qu'un long pieu au bout armé de fer.

En 1819 un mécanicien inventa des patins destinés à exécuter sur le sol tout ce que les patineurs ordinaires peuvent faire sur la glace. La seule différence entre ces patins et les autres consistait dans la substitution de trois roulettes de cuivre à la lame d'acier. Plusieurs expériences publiques eurent lieu sur les boulevards et dans différents jardins, et furent couronnées de succès. Les patineurs parcouraient avec la plus grande rapidité les plus longues avenues. On peut se souvenir d'avoir vu au Théâtre de la Porte Saint-Martin le danseur Dumas et sa femme patiner ainsi sur la scène avec beaucoup de grâce et d'aisance. Tout le monde a vu et admiré le ballet des patineurs dans l'opéra du *Prophète*. Toutefois, cet amusement, trop fatigant sans doute, n'est point entré dans nos habitudes. L'exercice du patin ordinaire, pris avec modération, est favorable à la santé. Mais il exige dans celui qui s'y livre autant de prudence que d'aplomb, car il expose à des chutes dangereuses; et souvent on a vu des patineurs téméraires s'engloutir à la file dans un abîme de glace entr'ouvert sous leurs pas.

Patin, *patiner* et *patineur* ont encore quelques autres significations : ainsi, en termes de charpentier, un *patin*, c'est une pièce de bois posée de niveau pour servir de base à la charpente d'un escalier. Les maréchaux appellent *fer à patin* une espèce de fer que l'on met dans certains cas au pied d'un cheval pour le forcer à s'appuyer sur le pied opposé. Victor RATIER.

PATIN (GUY), célèbre professeur de médecine au Collége royal de Paris, naquit en 1602, à Houdan, près de Beauvais. Il était d'une bonne famille. Son grand-oncle, Jean Patin, avait été conseiller au présidial et avocat du roi à Beauvais. Son père, qui avait étudié pour être avocat, commença l'éducation de son fils; un des premiers livres qu'il lui fit lire fut Plutarque. On peut croire qu'il y puisa ce goût des mœurs antiques et cette fermeté qu'il a maintes fois montrés. A l'âge de neuf ans, il quitta la maison paternelle pour aller au collége de Beauvais, puis il vint faire sa philosophie au collége de Boncourt, à Paris. Quand il eut fini ses études, on voulut lui faire embrasser l'état ecclésiastique; mais il refusa résolument, malgré les espérances qu'on lui donnait d'y faire une prompte fortune. Ce refus déplut à ses parents, et surtout à sa mère. Il resta cinq ans sans voir sa famille. Dans cet intervalle, il s'appliqua à l'étude de la médecine. Le succès qu'il y eut lui rouvrit la maison paternelle. Mais les difficultés qu'il avait eu à surmonter furent grandes; et l'on dit que l'état nécessiteux où il se trouva l'obligea de se faire correcteur d'imprimerie pour vivre.

On publia après sa mort le recueil de ses lettres. Il ne les avait point écrites pour le public : aussi n'y trouve-t-on ni luxe d'érudition (c'était la manie du temps), ni lourdes dissertations, ni discussions savantes; mais, en revanche, on y rencontre les bons mots, les nouvelles du jour, force détails curieux sur la littérature et les savants du temps, surtout un tour dégagé et naturel, des traits libres et hardis, qui peignent au vif l'esprit et le génie de l'auteur; c'est une conversation sans nul apprêt, sans prétention aucune, familière, enjouée souvent : ce sont les confidences d'un ami à son ami. Du reste, Patin ne se pique pas toujours de dire les choses fort exactement, et on le lui a vivement reproché. Ménage dit quelque part : « Les lettres de Guy Patin sont remplies de faussetés.... M. Patin ne prenait pas de précaution dans ce qu'il écrivait, et la préoccupation lui faisait croire mille choses qui n'étaient pas. »

Guy Patin écrivit plusieurs ouvrages de médecine en latin, entre autres un *Traité sur la Sobriété*, et un autre sur l'art de conserver la santé. Ce dernier ouvrage fut imprimé à Paris, en 1632, in-12, sous ce titre : *Traité de la Conservation de la Santé par un bon régime et légitime usage des choses requises pour bien et sainement vivre*. On prétend qu'il avait composé un commentaire sur Rabelais. Guy Patin mourut en 1672; il laissa un fils nommé *Charles* PATIN, qui s'est fait connaître par son érudition et sa connaissance des médailles. A. OG.

PATINE. *Voyez* BRONZE et MÉDAILLE, tome XIII, page 23.

PÂTIS (du latin *pastus*, pâture). On nomme ainsi les pâturages naturels qui se forment dans les landes, les bruyères et les bois.

PÂTISSERIE. Ce mot a deux sens, car employé au pluriel surtout, il désigne les produits d'un art qui aujourd'hui est loin d'être dédaigné, et d'autre part il désigne cet art lui-même. L'art du *pâtissier* consiste à préparer certaines pâtes délicates et fines, sous toutes sortes de formes, en les assaisonnant avec sagesse et avec une convenable mesure, de viandes, de beurre, de sucre, de confitures, etc. La production principale de cette branche remarquable de l'immense science culinaire est le *pâté*, mets délicieux, lorsqu'il n'est pas construit d'après des principes vulgaires, lorsqu'il vient de Chartres, d'Amiens, de Strasbourg, et quelquefois de Ruffec et de Toulouse; tout son mérite n'est pas renfermé alors dans cette insignifiante et lourde définition qu'en donnent nos vieux dictionnaires : « Le pâté est une préparation de quelques viandes particulières, bœuf, agneau, volaille, venaison, mise en pâté avec les assaisonnements nécessaires et cuite au four. » Les pâtés sont de plusieurs espèces, chauds ou froids, petits ou grands; leur forme varie à l'infini. Les plus belles ressources du dessin et de la science architectonique en ont fait des constructions remarquables, flatteuses à l'œil, provoquantes pour le goût. Des idées non moins grandes ont présidé chez les anciens déjà, et président bien mieux encore de nos jours à la structure des autres monuments de la pâtisserie, tels que *tourtes*, *tartes*, *biscuits*, *brioches*, etc. Winckelmann nous apprend que le cabinet de Portici renferme une grande quantité de moules propres à faire de la pâtisserie; plusieurs ont la figure de coquilles striées, et d'autres de cœur : ils ont été tirés d'Herculanum. Mais que peuvent être ces monuments à côté des œuvres de nos maîtres modernes! Le mets délicat et recherché connu sous le nom de *petit pâté* a attiré à une certaine époque l'attention d'un sévère magistrat, qui sans doute a signé à regret un arrêt de quasi-proscription contre une production aussi chère aux gourmands. Les petits pâtés se criaient alors dans toutes les rues de Paris, et il s'en faisait une énorme consommation. Le chancelier de L'Hôpital les ayant regardés comme un luxe qu'il fallait réprimer, les petits pâtés furent non pas défendus, mais par une ordonnance on interdit de les crier.

Nos rois de France n'avaient pas jadis le même dédain pour un art éminemment agréable. Ils avaient à leur cour un officier appelé *pâtissier-bouche*, qui faisait la pâtisserie pour leur table. Il y avait dans la cuisine-bouche quatre pâtissiers-bouche servant par quartier. Quand le roi sortait, le pâtissier-bouche fournissait au coureur du vin pour la collation du roi, deux grands biscuits, huit prunes de perdrigon, six abricots à oreille, et deux lames d'écorce de citron. Le pâtissier-bouche donnait au conducteur de la haquenée, quand le roi s'en servait, vingt grands biscuits, six douzaines de petits choux. Les jours maigres, le pâtissier-bouche augmentait un pâté de poires de bon-chrétien, un pâté d'œufs brouillés, deux grandes tourtes de fromage à la crème, vingt-quatre talmouses, vingt-quatre brioches. L'Église n'eut pas non plus horreur de la pâtisserie. Pour n'en priver ni ses prélats ni ses fidèles dévots, même aux jours de salutaire abstinence, elle insinua aux pâtissiers l'adroite et succulente invention des pâtés maigres et des pâtés au poisson.

Le caractère de la pâtisserie varie selon les goûts et les mœurs des peuples; chaque peuple, chaque province, chaque localité a fourni à cet art ses moyens de succès, a contribué à son immense éclat par des inventions plus ou moins originales, et dont chacune a son caractère propre : dans l'état de civilisation où nous sommes parvenus, la France marche à la tête de la pâtisserie, et après elle viennent l'Italie et la Suisse. La position même du pâtissier a changé parmi nous. Cet artiste, autrefois de bas étage, jouit maintenant d'une grande considération. On disait proverbialement jadis d'une personne effrontée qu'elle *avait passé par-devant l'huis du pâtissier*. Cela vient de ce qu'autrefois les pâtissiers tenaient cabaret; et parce qu'il était honteux de les fréquenter, les gens prudes n'y entraient que par la porte de derrière, et c'était une effronterie d'y entrer par la boutique ou par le devant. Aujourd'hui ce serait faire injure à nos pâtissiers que d'assimiler à des cabarets leurs jolis et élégants établissements. Les hommes du meilleur ton, les mêmes de la meilleure société, ne rougissent plus d'entrer chez un pâtissier, de goûter ouvertement les produits de son industrie, de déguster les excellents vins et les liqueurs choisies dont il les accompagne, et de sortir de chez lui sans honte comme sans affectation. Aug. SAVAGNER.

PATISSON, espèce du genre *courge* (*cucurbita melopepo*, L.), dont les variétés ont reçu les noms vulgaires de *bonnet de prêtre, bonnet d'électeur, artichaut d'Espagne*, *artichaut de Jérusalem*, etc. Son fruit est à cinq loges, et très-ordinairement marqué de dix côtes; sa forme est d'ailleurs très-variable. Quelques botanistes pensent que le patisson est plutôt une monstruosité qui se perpétue de graines qu'une véritable espèce.

PATKUL (JEAN-REINHOLD), Livonien célèbre par ses infortunes, né vers 1660, était capitaine au service de Suède, lorsqu'en 1689 il fit partie de la députation de la noblesse livonienne chargée de présenter au roi Charles XI des plaintes au sujet de la rigueur extrême avec laquelle s'opérait la réduction de ses divers droits et priviléges. Patkul était alors un ardent jeune homme, possédant des connaissances fort étendues; et quoique mal soutenu par ses collègues, il parla avec une zèle tout patriotique en faveur des priviléges de la Livonie. Le roi, qui parut l'écouter avec intérêt, lui fit de belles promesses; et Patkul s'en retourna riche d'espoir dans sa province. Cependant, l'autorité ne fit droit à aucun des griefs du pays, où les choses en restèrent toujours au même point. Aussi, en 1692, Patkul, comme député de la noblesse de Livonie, n'hésita-t-il point à présenter de nouveau au gouverneur général suédois de Riga l'exposition des griefs et des plaintes de sa province, sous la forme d'une lettre au roi, qui se terminait, par cette réflexion imprudente: « Que la Livonie, pour son indépendance, aurait mieux fait de s'exposer à toutes les chances d'une guerre avec la Russie et la Pologne que de se soumettre à un gouvernement qui l'opprimait. » C'est à cette protestation nouvelle en faveur des droits de ses compatriotes qu'il faut attribuer la vie si agitée de Patkul et la mort affreuse qui la termina. En 1693 tous les membres des états de Livonie, leur président (maréchal), et surtout Patkul, furent cités par le gouvernement suédois à comparaître devant la cour de justice chargée de leur faire leur procès comme rebelles. Patkul se trouvait alors en Courlande, où force lui avait été de se réfugier par suite d'une altercation qu'il avait eue avec son lieutenant-colonel; mais ayant obtenu en 1694 un sauf-conduit, il se rendit à Stockholm. Cependant, dès le mois d'octobre de la même année il jugeait prudent de s'en retourner en Courlande; et à quelque temps de là un arrêt rendu par contumace le déclarait infâme, en raison de la part active qu'il avait prise aux menées de la noblesse livonienne, de l'altercation qu'il avait eue à son régiment avec son supérieur, et par suite de laquelle il était allé demander asile à l'étranger, et le condamnait comme tel à avoir d'abord le poing coupé, puis la tête. L'arrêt portait en outre que ses biens seraient confisqués et ses divers écrits brûlés de la main du bourreau. Ne se croyant plus en sûreté en Courlande, Patkul gagna le pays de Vaud, où, sous le nom de Fischering, il s'occupa pendant quelque temps de sciences, et de là s'en alla en France. En 1698, après avoir vainement sollicité sa grâce du nouveau roi de Suède, Charles XII, il obtint, grâce à la protection du comte de Flemming, les fonctions de conseiller privé au service de l'électeur de Saxe. A ce moment Auguste II, d'accord avec le Danemark et la Russie, venait de se décider à attaquer la Suède pour lui reprendre la Livonie et la réunir de nouveau à la Pologne. L'esprit de vengeance et le patriotisme poussèrent Patkul à devenir l'un des agents les plus actifs de l'exécution de ce plan de l'électeur-roi. En 1702 il se rendit à Saint-Pétersbourg, où il réussit à conclure un traité offensif et défensif entre la Russie et la Pologne. Ses efforts pour soulever la Livonie furent moins heureux; et quand on connut en Suède toutes ses intrigues et la part qu'il avait prise au manifeste d'Auguste, l'arrêt de contumace rendu contre lui quelques années auparavant fut définitivement et irrévocablement confirmé. Un nouveau mémoire apologétique, qu'il publia alors et qu'il envoya à Stockholm, y fut brûlé par le bourreau. Patkul s'en vengea en déterminant le czar Pierre Ier, au service de qui il venait d'entrer, à faire pareillement brûler à Moscou, en place publique, une réfutation du manifeste de l'électeur qui avait paru en 1702 à Stockholm. Après avoir été, en qualité de commissaire général des guerres, chargé de diverses missions diplomatiques par le gouvernement russe, il fut accrédité à Dresde en qualité d'ambassadeur de Pierre Ier auprès d'Auguste II. Puis cette position ayant fini par lui déplaire, il sollicita et obtint, avec le grade de lieutenant général, le commandement du corps auxiliaire envoyé par la Russie à l'électeur.

C'est vers ce temps-là que s'ouvrirent les négociations entamées pour la paix entre Charles XII et Auguste II. Les efforts tentés alors par Patkul pour déterminer la Prusse à prendre parti contre la Suède échouèrent; et un nouvel écrit, qu'il publia sous le titre d'*Écho*, n'eut d'autre résultat que d'exciter encore plus contre lui l'animosité du gouvernement suédois. En décembre 1705 le roi Auguste II eut une entrevue personnelle avec le czar; et quelques jours après Patkul était arrêté avec dix-huit de ses intimes et enfermé dans la forteresse de Sonnenstein d'abord, puis plus tard dans celle de Kœnigstein. Pour justifier cette mesure, le gouvernement saxon accusa Patkul: 1° d'avoir négocié avec l'envoyé autrichien pour faire passer au service de l'Autriche les 4,000 hommes de troupes russes qui jusqu'alors avaient fait partie de l'armée saxonne; 2° d'avoir tenté de déterminer le czar à reconnaître Stanislas Leczinski en qualité de roi de Pologne; 3° d'avoir cherché à diviser Pierre Ier et Auguste II; 4° d'avoir parlé en termes injurieux du roi Auguste; 5° d'avoir noué une correspondance secrète avec le gouvernement suédois et de lui avoir promis, si on lui accordait sa grâce, d'amener bientôt le rétablissement de la paix entre la Suède et la Russie. Quant à Patkul, il n'attribua son arrestation qu'à l'irascibilité par trop vive d'Auguste II et de ses ministres. A peu de temps de là, le roi Auguste II se vit contraint de souscrire aux dures conditions de paix d'Altranstædt, dont l'une desquelles était l'extradition de Patkul, et ce fut bien inutilement que le czar invoqua les prescriptions du droit des gens pour sauver la tête de son ministre. Le prisonnier fut livré aux Suédois, qui l'emmenèrent avec eux en évacuant la Saxe. Quand leur armée arriva au couvent de Kosimir (à environ 5 myriamètres de Posen), un conseil de guerre le condamna à la peine de mort. La sentence fut exécutée le 10 octobre 1707. On commença par le rouer vif, et avant qu'il expirât on le porta sur l'échafaud, où sa tête tomba sous la hache. Son cadavre fut ensuite coupé en quatre quartiers et replacé sur la roue.

Quand Auguste II fut remis en possession de la couronne de Pologne, il fit recueillir les ossements de Patkul, et les fit ensevelir à Varsovie.

PATMOS, petite île de la mer Égée, faisant partie des Sporades, d'environ 7 myriamètres de circuit, au sud de Samos, et appelée aujourd'hui *Patino*, est célèbre comme ayant servi de lieu d'exil à l'évangéliste saint Jean, qui y écrivit, dit-on, son Apocalypse sous un arbre. Il existe encore au sommet d'une montagne de l'île un couvent placé sous l'invocation de saint Jean, et possédant une assez bonne bibliothèque ainsi qu'une collection de médailles.

PATNA, appelée aussi autrefois *Padinavadi et Srinagari*, c'est-à-dire ville sainte, chef-lieu de la province de Bahar ou Behar, dans la présidence indo-britannique du Bengale, à 42 myriamètres au nord-ouest de Calcutta, sur la rive droite du Gange, qui dans la saison des pluies n'y a pas moins de 2 myriamètres de large, mais contre les inondations duquel elle se trouve protégée par sa position sur une hauteur. On y voit une foule de palais, de temples hindous, de mosquées et d'habitations magnifiques, et sa population s'élève aujourd'hui à au moins 350,000 habitants, dont deux tiers d'Hindous et un tiers de mahométans chiites. Sauf sa rue principale, qui est fort longue, ses autres rues sont étroites et rendues presque impraticables tantôt par la boue, tantôt par la poussière. C'est à sa situation favorable entre les provinces situées au nord du Gange et celles du sud qu'elle est redevable de l'activité de son commerce et de la prospérité de son industrie. Elle possède plusieurs chantiers de construction : la navigation et la construction des navires occupent un grand nombre de ses habitants, et on voit souvent deux à trois cents bâtiments amarrés à ses quais. Il y a déjà bien longtemps qu'on fabrique à Patna un genre particulier de poteries fort recherchées dans les habitations des riches et des grands, à cause de leur bonne odeur. Parmi les autres produits de l'industrie locale il faut encore citer le salpêtre, l'indigo, et surtout l'opium, de la culture et de la fabrication duquel Patna est le grand centre et qui a démesurément enrichi une foule de ses négociants. La fabrication des cotonnades y a pris d'immenses développements. Que si la fabrication des châles y est encore loin d'avoir autant d'importance que dans le Kaschemir, en revanche celle du linge de table et des bougies y a atteint un haut degré de perfection. Les *hakims* (pharmacies) font aussi d'immenses affaires; et le goût tout particulier que la population a pour les ours et les oiseaux a fait du commerce de ces animaux une industrie importante. On peut jusqu'à un certain point considérer comme autant de faubourgs de Patna, dont le district a 28 myriamètres carrés, *Baukipour* avec ses vastes et magnifiques plantations, *Hadschipour*, où il se tient une foire considérable, et *Dinadschapour*, où l'on remarque *Didschah-Farm*, colossale usine.

PATOIS. Nous avons, en parlant des dialectes, fait connaître ce que c'est que le patois. Chaque peuple a divers patois; et souvent de commune à commune, de village à village le patois des habitants d'une même contrée diffère tout à fait, soit par la façon de prononcer les mêmes mots, soit par la différence même de ces mots. Nous n'avons pas la prétention de faire un travail de linguistique; nous nous bornerons donc à faire connaître les patois mères, si on peut s'exprimer ainsi, qui dominaient dans de grandes circonscriptions territoriales de la France, et qui ont survécu aux tentatives de la Convention nationale pour faire dominer l'unité de la langue française. Il est en effet en France une innombrable quantité de Français qui ne savent encore parler que le patois de leur localité.

Nous avons rangé au nombre des *dialectes* deux langues mères, l'*escuara* ou le basque, le bas-breton, ce vieux débris celtique de la Bretagne. Mais nous pouvons placer parmi les *patois* le dialecte roman, qui est parlé dans tout le midi de la France, à partir de l'Auvergne et du Limousin, qui a ses poëtes, sa littérature, et dont les désinences, les formes, la prononciation, bien qu'ayant une origine commune, se modifient à chaque pas, au point de paraître tout à fait dissemblables. Le patois méridional emprunte beaucoup au latin. Le patois picard, au contraire, ressemble incontestablement au français du moyen âge. Le normand, le bourguignon, le poitevin, offrent ensuite les principales variétés de nos patois nationaux. Dans certaines localités, aux environs de Paris, par exemple, le patois n'est qu'un français corrompu, *patoisé*.

Sous l'empire on a tenté de réunir des documents permettant d'établir les formes, les règles de chaque patois; la publication des poésies patoises de Jasmin a ramené quelques esprits dans cette voie; mais nous n'avons pas encore, malgré cela, de corps de nos patois nationaux, et les savants le regrettent à bon droit, car la langue française y trouverait à s'enrichir d'une grande quantité de mots qui lui manquent complétement.

PATRAS, en turc *Baliabadra*, le *Patræ* des anciens, chef-lieu de la nomarchie d'Achaïe et d'Élide (Grèce), sur les bords du *golfe de Patras*, au sud-ouest des petites Dardanelles, servant d'entrée au golfe de Lépante, était avant l'insurrection grecque, qui commença à Patras le 12 février 1821, une grande ville de commerce, ayant 22,000 habitants. Comme point stratégique assurant la communication de la Morée avec Lépante, l'Albanie et la Roumélie, elle devint à l'époque de la guerre de l'indépendance le théâtre de la lutte entre les Turcs et les Grecs; et le 15 avril 1821 les Turcs en firent un monceau de ruines. Depuis la paix, Patras, qui est malgré les faibles dimensions de son port la place de commerce la plus importante de toute la Grèce occidentale, ne tarda pas à se relever; et on y compte aujourd'hui plus de 10,000 habitants.

PATRE, celui qui garde, qui fait paître les troupeaux de bœufs, de vaches, de chèvres, etc. Il se dit ordinairement de ceux qui sont les moins considérables d'entre les bergers, des enfants qui conduisent de petits troupeaux.

PATRES CONSCRIPTI. *Voyez* CONSCRITS (Pères).

PATRIARCHE (du grec πατριάρχης, formé de πατριά, famille, et ἀρχός, chef). Ce nom, qui signifie *chef des tribus*, a été donné par les livres saints aux principaux chefs de famille qui vécurent avant le déluge ou après, et qui précédèrent Moïse. On cite parmi eux Seth, Énos, qui commença à rendre un culte public à l'Éternel, Méthusala ou Mathusalem, qui parvint à la plus excessive vieillesse, Noé, qui, après avoir engendré Sem, Cham et Japhet, survécut au déluge. Les rabbins soutiennent que la mémoire des patriarches antédiluviens s'est conservée parce qu'ils se livrèrent à l'observation de la nature, à l'astronomie et aux idées spéculatives; qu'ils s'efforcèrent de civiliser les hommes, et qu'ils se transmirent les uns aux autres, comme des chefs d'école, les résultats de leurs réflexions. C'est principalement à Sem, le plus intelligent de ses trois fils, que Noé confia le dépôt de ses connaissances. Il eut cinq fils : Élam occupa la Perse, Assur l'Assyrie, et bâtit Ninive; Aram donna son nom à la contrée syrienne, Lud aux peuples de Lydie, et Arphaxad, le troisième fils, par ordre de naissance, fut, suivant Josèphe, le père des Chaldéens, et engendra Héber, de qui les Hébreux tirent leur origine et leur nom. Phaleg et Jectan sont les deux fils d'Héber; celui-ci eut plusieurs enfants, au nombre desquels Ophir et Gavila, noms de pays fameux dans l'Écriture : sa postérité s'étendit jusque dans l'Inde. Phaleg eut pour descendants successifs Réhu, Sarug, Nacor et Taré, père d'Abraham.

Abraham peut à juste titre être regardé comme le législateur de la vie pastorale, qui appartient à l'enfance des sociétés, sous ce rapport qu'elle se lie à la vie nomade. Comme peinture de mœurs surtout, l'histoire d'Abraham et celle des patriarches qui lui succédèrent offrent une série de petits tableaux aussi remarquables par la pensée que par l'exécution; et que de témoignages pour en attester la fidélité! De nos jours encore, une foule de voyageurs, en traversant l'Arabie, se sont crus transportés sous les tentes du père des croyants; même hospitalité, même union de la famille, même respect pour le chef, mêmes travaux, même physionomie, mêmes costumes, tout enfin rappelait à leur souvenir les récits dont on avait bercé leur enfance, et les transportait, comme malgré eux, à l'origine du genre humain. Dans la vingtième année du mariage d'Isaac, Rébecca eut à souffrir une grossesse orageuse, qui se termina par la naissance de deux jumeaux, Esaü et Jacob. Après la mort d'Isaac, son père, Jacob resta en Canaan, où son cœur fut bientôt frappé de la perte de Joseph. Là s'arrête à peu près l'histoire des patriarches de la Bible.

A mesure que la religion s'établissait chez des peuples qui n'avaient ni la même langue ni les mêmes usages, l'on jugea convenable que les Latins, les Grecs, les Syriens, les Cophtes et les Égyptiens, eussent chacun chez eux un supérieur ecclésiastique pour y maintenir l'ordre et l'uniformité dans la discipline, et pour y terminer les différends entre les évêques lorsqu'il n'était pas possible de convoquer un concile général. Dès que l'Église eut échappé au glaive des persécutions, nous voyons plusieurs Églises érigées en patriarcats. Ce sont celles de Rome, d'Antioche, de Jérusalem, d'Alexandrie et de Constantinople. Aujourd'hui, il y a deux patriarches en Grèce, l'un pour les dissidents, l'autre pour les églises unies; les Arméniens, les Cophtes, les Maronites, les Russes, ont aussi le leur.

L'abbé J.-G. Chassagnol

PATRICE, dignité créée vers les derniers temps de l'Empire Romain. Selon l'historien Zosime, Constantin le Grand érigea cette nouvelle dignité, et un certain Optatus en fut revêtu le premier. Constantin et ses successeurs attribuèrent ce titre à leurs principaux conseillers, non parce qu'ils étaient descendus des anciens pères du sénat, mais parce qu'ils étaient comme les pères de la république ou du prince. Cette dignité de patrice devint la première de l'empire. Justinien, dans sa 62e novelle, l'appelle *summam dignitatem*. Les patrices en effet précédèrent les préfets du prétoire et les consuls, au-dessus desquels ils prenaient séance dans le sénat. Cette dignité ne s'accordait qu'à ceux qui avaient exercé les premières charges de l'empire ou qui avaient été consuls. Pendant la décadence de l'Empire d'Occident, les chefs ambitieux qui faisaient la loi aux derniers empereurs prenaient en Italie le titre de *patrice*, témoin le patrice Oreste, qui fit proclamer empereur son fils Augustule. Il y a eu aussi dans les Gaules le patrice Aétius, qui vainquit Attila dans les plaines de Châlons. Les empereurs d'Orient donnaient le titre de *patrice* aux gouverneurs de leurs provinces éloignées. Le patrice Héraclius, gouverneur d'Afrique, fut père de l'empereur de ce nom. Quelquefois aussi ils le conféraient à des princes barbares : ainsi, Clovis vit l'empereur Anastase lui envoyer les ornements du patriciat. Plus tard, les rois Pepin et Charlemagne reçurent des papes le titre de *patrices de Rome*, titre qui passait encore pour supérieur à la royauté barbare. Charlemagne ne quitta le patriciat que pour prendre la qualité d'empereur.

Dans les livres *carolins*, attribués à ce prince, le patrimoine de saint Pierre, c'est-à-dire les terres concédées aux pontifes en vertu des donations de Pepin et de Charlemagne, est appelé le *patriciat* de saint Pierre.

Charles Du Rozoir.

PATRICE ou PATRICK (Saint), l'apôtre de l'Irlande, naquit en l'an 372, en Écosse, à Banaven-Tabernæ, aujourd'hui Kirk-Patrick, d'une famille de distinction, originaire, dit-on, de la Bretagne, et fut élevé dans la foi chrétienne. A l'âge de seize ans, il fut enlevé, ainsi que divers serviteurs de son père, par des pirates qui l'emmenèrent en Irlande, où il fut réduit à garder des troupeaux. Ce fut seulement au bout de six années qu'il réussit à s'échapper. Il passa ensuite plusieurs années dans la maison de son père, et plusieurs visions qu'il eut alors le déterminèrent à se vouer à la prédication de l'Évangile. Après avoir reçu la double consécration de prêtre et d'évêque, il se rendit en Irlande, où il prêcha la foi en Jésus-Christ en dépit d'obstacles et de dangers de toutes espèces. Secondé par le fils d'un des chefs de ces insulaires, qu'il avait réussi à convertir et qui avait nom *Benin* ou *Benignus*, il fonda plusieurs communautés, paroisses et couvents, et organisa toute l'Église d'Irlande, dont plus tard il établit le siége archiépiscopal à Armagh. Ce fut lui aussi qui introduisit parmi les Irlandais, peuple encore grossier et à peu près sauvage, les premiers éléments de la civilisation, l'art de l'écriture et celui de la lecture. Dans les divers monastères qu'il fonda, la science ne tarda pas à fleurir; et des disciples y accoururent de tous les points de l'Europe pour s'y former à l'apostolat. Parvenu à une extrême vieillesse, saint Patrick abandonna l'administration de ses ouailles à son coadjuteur Benignus, pour ne plus s'occuper que de la composition d'un ouvrage ascétique intitulé *Confessio*, et dans lequel on trouve aussi quelques indications sur les événements de sa vie. On n'est guère d'accord sur l'année de sa mort, non plus que sur l'histoire de sa vie, à laquelle beaucoup de fables ont été mêlées; on présume cependant avec assez de raison qu'il mourut en 483. Les ouvrages qu'on lui attribue furent publiés pour la première fois, avec des annotations critiques, par Wilkins (Londres, 1656); ils font également partie de la *Bibliothèque des Pères*.

En 1783, le 5 février, le roi Georges III fonda pour l'Irlande l'*ordre de Saint-Patrick*, qui a toujours pour grand-maître le vice-roi d'Irlande en fonctions. Les insignes de cet ordre consistent en une étoile d'argent à huit rayons, avec la croix rouge de saint Patrick, qui se porte sur le côté gauche de la poitrine, entourée de trois feuilles de trèfle et surmontée d'une triple couronne.

PATRICIAT, PATRICIENS. Ces deux mots dérivent des mots latins *pater*, père, et *ciere* appeler. Quand Romulus fonda Rome, il choisit parmi les bannis qui formaient son peuple cent personnes d'élite, qui avaient d'ailleurs sur les autres la priorité d'âge (*seniores*), et en forma son sénat. Telle fut l'origine des *patriciens*, ainsi nommés parce que seuls, entre ce ramas d'aventuriers qui composaient la peuplade romaine, ils pouvaient nommer leur père (*qui patrem ciere possent, id est ingenui*, dit Tite-Live). Depuis, le nombre des sénateurs fut porté à trois cents ; mais les cent de la création de Romulus prirent le titre de *patres majorum gentium* (sénateurs des grandes familles), et les autres furent toujours appelés petits patriciens (*patres minorum gentium*). Les grands patriciens, pour marquer l'ancienneté de leur noblesse, portaient sur leur chaussure un petit croissant d'argent ou d'ivoire. Les descendants de ces sénateurs de diverses créations, dont la dernière s'arrête au consulat de Brutus, l'an premier de la république romaine (la 244e depuis la fondation de Rome), formèrent l'ordre des patriciens, et, sans avoir besoin d'être revêtus d'aucune autre dignité, ils jouissaient de toutes les prérogatives de la noblesse, et formaient une classe répondant à ce qu'on appelait parmi nous sous l'ancien régime les *gens de qualité*. Les autres Romains dans l'origine n'étaient, comme on sait, que des esclaves fugitifs, qui étaient censés n'avoir ni père ni famille. Selon Vossius, ce titre de *patricien* (patricius) n'est autre que celui de *pater* avec un augmentatif, comme du mot *ædilis* on a fait *ædilitius*, et de *novus*, *novitius*. Les patriciens formèrent toujours dans l'État un ordre distingué, et fort ennemi des plébéiens. Longtemps ils s'opposèrent avec succès à ce que ceux-ci parvinssent au consulat et aux autres charges curules. « Les familles patriciennes obtinrent seules, dit Montesquieu, toutes les magistratures, toutes les dignités, et par conséquent tous les honneurs civils et militaires. » Il n'y avait qu'eux qui pussent triompher, puisque seuls ils pouvaient commander les armées. Ils avaient même un caractère sacré, en ce qu'il n'y avait qu'eux qui pussent prendre les auspices et exercer les sacerdoces. Enfin, le moment vint où les plébéiens se firent jour à toutes les dignités ; mais la distinction des races ne fut point abolie : les plébéiens dont les pères avaient été décorés des charges curules et qui furent admis au sénat ne se confondirent jamais avec les patriciens, mais formèrent une classe intermédiaire, celle des *nobles*. Il arrivait même que certains patriciens n'étaient point nobles, parce qu'aucun de leurs ancêtres n'avait eu de charge curule. Il en résulta qu'ils finirent par être en minorité dans le sénat et dans les colléges sacerdotaux. Il ne leur était pas permis de s'allier avec les plébéiens ni de les adopter; mais un plébéien pouvait adopter un patricien et le faire passer dans l'ordre du peuple, ce qui rendait le fils adoptif habile à être tribun du peuple : c'est ce qui arriva au fameux Clodius, l'ennemi acharné de Cicéron. Les patriciens, même après la perte de leurs autres prérogatives, conservèrent seuls le droit de nommer le magistrat appelé *interrex* et l'attribution de certains sacerdoces. Un lien commun réunissait les patriciens et les plébéiens ; c'était le *patronage*. L'orgueil et la dureté des patriciens de Rome sont passés en proverbe; et c'est en peignant au vif cette lutte incessante des deux ordres que l'abbé de Vertot a enrichi notre langue d'un chef-d'œuvre non moins oratoire qu'historique. Le titre de *patricien* s'est conservé dans les républiques italiennes : un *patricien* de Venise, de Bologne. Après que l'empire des Césars eut remplacé à Rome les formes républicaines, la plupart des antiques races patriciennes, déjà si fort décimées par les guerres civiles, furent assez rapidement détruites par la cruauté des empereurs. La connaissance des anciennes familles finit par se perdre et par s'éteindre, et le prince créa de nouveaux patriciens, qui ne venaient plus de race, mais de la seule faveur du maître. Ces patriciens de création impériale sont ceux que nous nommons patrices.

Charles Du Rozoir.

PATRICK (Saint). *Voyez* Patrice (Saint).

PATRIE, lieu où l'on a vu le jour; où sont les affections, les traditions, les espérances, les propriétés de la famille; où sont groupées des familles amies, alliées par une communauté d'origine, de mœurs, de religion; où sont réunies des communautés distinctes, mais rattachées en corps par les mêmes droits, les mêmes devoirs, la même législation, la même puissance. Ainsi, l'amour de la patrie, l'affection de localité, l'esprit de famille, l'égoïsme, dérivent tous du même sentiment, large et noble pour les cœurs généreux, mesquin et personnel pour les âmes étroites ou cupides. Les humanitaires le portent à son dernier degré d'expansion; les égoïstes le condensent en eux-mêmes. On a dit que le christianisme plaçait la patrie hors de la terre des vivants; il a deux patries en effet, la patrie de l'âme dans les régions de Dieu, la patrie du corps dans la fraternité, la charité, la liberté évangélique.

Patrie! ce mot résonne harmonieusement aux oreilles républicaines. Malheur au citoyen dont le cœur ne tressaille point au nom de *patrie!* Elle n'existe que dans les États où le peuple possède la souveraineté : le citoyen est un élément nécessaire de la cité; il se confond avec elle; il l'aime comme il s'aime; il fait pour elle tout ce qu'elle ferait pour lui, et il croit faire pour lui tout ce qu'il fait pour elle. Les républicains ont une patrie parce que la vertu, le bonheur, la gloire de la cité sont la propriété indivise des citoyens. Les esclaves vivent dans leur pays; mais, comme les galériens attachés au mat, ils le regardent avec effroi. Des sujets peuvent exister volontairement et trouver du bonheur sous l'empire d'un prince : chacun s'y crée une ombre de république dont ses propriétés composent le territoire et sa famille la cité. On ne peut vivre dans l'État; on vit en soi-même. De là l'égoïsme dans les monarchies.

Le patriotisme est un culte d'amour; il a toute l'ardeur, toutes les superstitions, tout le fanatisme d'une religion : bonheur, gloire, immortalité; il promet, il accorde toutes les immunités sociales; il suscite ce Léonidas, qui se dévoue lui-même; ce Timoléon, qui dévoue son frère; ce Brutus, qui dévoue ses enfants; cet autre Brutus, qui dévoue son père; on lui doit le sacrifice de Régulus, la résistance de Sertorius, la pudeur de Scipion, le zèle des Gracques, l'austérité de Phocion et de Caton, les vertus de Cornélie, l'éloquence de Démosthène et de Cicéron. Où la patrie n'est rien, la loi est tout : tout ce qu'on peut désirer, tout ce que l'on peut attendre, c'est l'obéissance. Le patriotisme remplace les lois et donne des mœurs. Lacédémone lui dut la brutale austérité des Spartiates. Les Crétois, les Romains, lui durent leurs vertus. Les Samnites n'avaient d'autres lois que leur amour pour la mère commune.

Filmer confond la patrie avec le territoire : sophisme bizarre, qui prouve qu'un esclave doit aimer la Morée comme Épaminondas aimait la Grèce! Toutefois, la *terre promise* était tout pour les Hébreux. Moïse a fait avec la religion ce que la loi n'aurait pu faire. La religion, la loi, l'indépendance, la grandeur et la liberté, il avait tout placé dans l'héritage que Jéhovah promettait à son peuple. De là l'opiniâtreté des Juifs dans les guerres défensives, leur impatience dans la servitude, leur tentative pour rétablir le temple, le désespoir qui les fit s'ensevelir sous ses ruines.

L'amour de la patrie est extrême, mais il est passager; il suit les modifications du gouvernement républicain : il s'éteint avec lui. La terre, au contraire, est stable, et les Israélites avaient une patrie qui devait être éternelle, qui ne pouvait périr avec les lois de la cité, qui devait rappeler sans cesse ses vœux, le courage et le patriotisme des citoyens. Mahomet a tenté l'ouvrage de Moïse; mais dans l'islamisme, l'ordre religieux étant sorti de l'ordre politique, La Mecque, comme Jérusalem, est une ville sacrée, voilà tout : ce n'est plus la cité souveraine du peuple à qui l'empire du monde fut promis.

La patrie, c'est la loi. Lorsque la loi est l'ouvrage de tous, chacun l'aime comme son propre ouvrage; il l'aime parce qu'elle fait son bonheur privé, et cet amour devient effréné lorsqu'il la contemple comme la source et l'égide de la prospérité publique, lorsque les grandes actions qu'il entreprend pour elle sont suivies d'une noble prééminence dans l'opinion des citoyens, lorsque la récompense qui les suit tire sa valeur non de l'estime qu'on y attache, mais du bonheur public qu'elles ont produit. Les institutions de la cité suscitent le patriotisme des citoyens, et le territoire qu'elles régissent forme un sol sacré par la liberté qu'il conserve et le bien-être dont il jouit. L'amour de la patrie est la première vertu des républicains, ou, pour mieux dire, il enfante toutes les vertus des républiques : ce n'est pas l'ambition des monarchies, l'orgueil des aristocraties, l'avarice du despotisme; c'est l'amour de la loi qui obéit même alors qu'il commande, qui commande même alors qu'il obéit.

Dans l'antiquité, le patriotisme contractait je ne sais quel caractère exclusif et haineux, austère et féroce : les voisins étaient des barbares, les étrangers des ennemis. La fraternité du christianisme vint adoucir la rude âpreté de ces mœurs. Il étendit les liens qui rattachent les hommes sans affaiblir ceux qui groupent les concitoyens. De nos jours, l'amour de l'humanité est venu amortir et peut-être éteindre l'amour de la patrie. Un esprit cosmopolite portant en tous lieux une bienveillance universellement égale trouve étroite et mesquine cette affection de la famille, de la commune et de la patrie. On n'aime rien pour vouloir tout aimer; on ne formera pas un seul peuple, et on n'aura plus de peuples; le droit des gens tuera le droit public, suite funeste de l'excès même dans le bien. L'abus d'un principe finit toujours par tuer le principe.

Le patriotisme fait naître une harmonie admirable entre les citoyens; il les lie par une passion commune, qui fait tout céder à l'intérêt commun, et qui rend le corps de l'État sinon invulnérable, du moins invincible. Il absorbe toutes les passions, et s'alimente, s'agrandit de toute la force qu'il leur enlève. C'est le sentiment unique du citoyen. « Cicéron n'aime pas la patrie, dit Brutus à Atticus; il n'aime que les louanges qu'on lui donne et qu'il se prodigue. Ceux qui craignent la pauvreté, l'exil, la mort, n'aiment pas la patrie. Moi, je ne vois Rome qu'où je trouve la liberté; je ne suis né, je ne dois vivre que pour défendre et délivrer mon pays. » Dans les États despotiques, le despote seul aime la patrie; il l'aime comme le Cafre chérit le prisonnier qu'il va faire cuire et qui doit le nourrir. Dans les monarchies, les grands ont pour le pays un amour égal aux bienfaits qu'ils ont reçus ou qu'ils attendent du prince qui gouverne : un Turc peut aimer le sultan, un boyard peut aimer le czar, un Autrichien peut aimer l'empereur; aucun ne peut aimer la patrie, ils n'ont pas de patrie. On cherche la cause des grandes actions des monarchies modernes dans le patriotisme : on ne saurait l'y trouver. La soif de l'or et des honneurs, le besoin de défendre un état de choses sans lequel on ne serait rien, cet honneur national qui indigne les classes civilisées contre toute domination étrangère, les malheurs d'une invasion menaçant le peuple d'une ruine imminente, sont l'unique mobile du courage dans les guerres nationales. Dans les discordes civiles, l'esprit de parti naît du mécontentement qu'on ressent du prince actuel et des espérances que fait naître le prince futur.

Les États représentatifs, qui sous certains rapports se rapprochent des républiques, peuvent jusqu'à un certain point réveiller l'amour de la patrie. La monarchie moins absolue, plus restreinte, ne saurait, comme ailleurs, rapporter l'État à elle-même et à elle seule; elle tâche de se l'approprier, sans pouvoir l'absorber. En France, où les noblesses surabondent, mais où l'aristocratie fait défaut, la monarchie n'a eu à disputer la patrie qu'au corps populaire.

L'aristocratie est moins habile que la royauté à s'approprier la patrie : l'unité de volonté, d'intérêt, d'action, n'est jamais aussi compacte. Elle succombe même en France dans sa lutte contre les rois, elle succombe même en Pologne dans sa lutte contre l'étranger. Toutefois, elle absorbe la patrie tout entière à Rome depuis les Tarquins jusqu'à Auguste : les Gracques tentèrent en vain de soulever le peuple pour l'établissement d'une république plébéienne; Marius reprit en vain leur ouvrage : la parole et l'épée furent impuissantes contre la corruption du peuple et la puissance adroite du sénat. Mais les Romains, trop mûrs pour la liberté, l'étaient assez pour une servitude licencieuse. César et Auguste fondèrent une puissance populaire, et la patrie ne fut plus que l'empire. Toutefois encore, l'aristocratie anglaise s'appropria la vieille Angleterre. Chez nous, l'aristocratie se borne à saluer le berceau et à maudire le cercueil de tous les pouvoirs.

Les instincts, les passions, les intérêts populaires, ont dans les États représentatifs un interprète avoué : c'est la chambre plébéienne. C'est là que se trouvent, si elles existent encore sous le soleil, les sympathies patriotiques. La royauté, l'aristocratie pensent, en absorbant le corps plébéien, disposer de sa popularité. L'une et l'autre se trompent. On ne se l'approprie pas, on la détruit. La patrie, trompée dans son espérance, rentre en elle-même, et amasse ses passions, bonnes ou mauvaises, dans son propre cœur. Le patriotisme sorti des corps politiques s'épand dans la patrie tout entière; il y couve inaperçu dans les jours de calme, et dans les temps de crise, son explosion est d'autant plus irrésistible qu'elle est plus inattendue. Avec la presse et la poudre, la liberté est invincible chez les peuples civilisés. Le législateur vénal ou servile, qui croit trafiquer de la liberté présente, donne une prime de plus à une révolution future. Une seule chose est à craindre pour les nations, c'est la corruption, non certes la corruption à prix d'argent : aucun budget n'est assez fort pour corrompre tout un peuple; mais la corruption morale, celle qui tarit ou empoisonne toutes les sources des bonnes et belles actions, qui enivre les âmes, flétrit les cœurs, gangrène les intelligences; qui laisse les hommes sans religion, sans moralité, sans aucun sentiment du juste, du bien, de l'honnête; qui, faisant de l'intérêt personnel et des jouissances matérielles le but unique de la vie, jette un peuple comme un cadavre sous les pieds de toutes les tyrannies.

Le patriotisme est l'amour noble, pur, désintéressé de la patrie. Quelques hommes ont créé et usurpé le nom de *patriotes* : c'est la fanfaronnerie du patriotisme; ce sont des gens de parti, qui, pour dominer les masses, inventent des mots nouveaux. On peut être *patriote*, autrement *patriote*, plus ou moins *patriote* : c'est merveille de voir comment ce terme s'harmonise à tout : Louis XVI fut un roi *patriote*, Napoléon un despote *patriote*, Turgot un ministre *patriote*, Mirabeau un orateur *patriote*, La Fayette un gentilhomme *patriote*; on fut *patriote* comme Vergniaud, comme Danton, comme Robespierre. En 1830, nous eûmes aussi des *patriotes* qui voulaient la république, des *patriotes* qui voulaient la royauté, des *patriotes* qui voulaient des places, et des *patriotes* qui ne savaient ce qu'ils voulaient. De tous ces patriotes, que la guerre, l'échafaud et le temps ont moissonnés, la patrie n'a adopté que les grands citoyens qui, le cœur pur et les mains nettes, ont fait tout pour elle et rien pour eux.

J.-P. Pagès, de l'Ariége.

PATRIMOINE, du mot latin *patrimonium*, qui a la même signification : c'est l'ensemble des biens qui viennent de la famille, soit par le père, soit par la mère. Il est d'équité que la masse des biens de famille, c'est-à-dire leur valeur générale, se retrouve dans la succession, de telle sorte que nos héritiers naturels doivent recueillir dans notre succession la somme que nous avons recueillie nous-mêmes dans les successions de famille auxquelles nous avons été appelés. Dans l'ancien droit, le patrimoine, qui vient de succession de famille, se distinguait des autres biens que chacun pouvait acquérir par son industrie personnelle : on nommait ceux-ci des *acquêts*, et tout ce qui faisait partie du patrimoine portait le nom de *propres*; la partie du patrimoine qui provenait du père ou par sa médiation se nommait *propre paternel*, et celle qui provenait de la mère se nommait *propre maternel*. Le mot patrimoine, qui se distinguait ainsi des acquêts, lorsqu'on s'arrêtait à considérer l'origine des biens, les comprenait eux-mêmes quand on venait à examiner leur destination, car les acquêts faisaient partie du patrimoine du défunt au moment où s'ouvrait sa succession. De là cette extension donnée à ce terme, qui a fini par s'appliquer sans distinction à tous les biens réunis dans une même main, à quelque titre que ce fût.

Il a même été entièrement détourné de son acception originaire dans le langage figuré, comme lorsque l'on dit : L'industrie est son patrimoine, etc.

Cette expression s'applique aussi aux biens d'église, qui, étant consacrés à l'entretien du culte, sont censés n'appartenir à personne. On appelle *patrimoine de Saint-Pierre* les provinces qui forment les États de l'Église. On appelait *titre patrimonial* l'attribution qui était faite en faveur d'un prêtre d'une partie du revenu ecclésiastique pour subvenir à l'insuffisance de son patrimoine.

PATRIMOINE DE SAINT-PIERRE. *Voyez* Église (États de l').

PATRIOTE. *Voyez* Patrie et Patriotisme.

PATRIOTISME. Ce sentiment ne consiste pas seulement dans l'amour du pays et de la nation auxquels on appartient par la naissance, mais à savoir subordonner et sacrifier ses intérêts particuliers à l'intérêt général, ou tout au moins à ne pas chercher à les faire prévaloir quand ils lui sont contraires; et celui-là seul aime sa *patrie* qui satisfait à cette première condition du véritable patriotisme. L'idée renfermée dans le mot *patriote* était déjà comprise dans celui de citoyen (*civis*); mais le mot *patriota*, d'où nous avons fait *patriote*, ne date que du moyen âge, époque où on s'en servit pour désigner un indigène, et le distinguer d'un étranger (*peregrinus*). Le patriotisme a naturellement pour base la *nationalité*; il n'acquiert sa complète signification que lorsque la nationalité vivifie toutes les formes de la constitution politique d'un pays, et que lorsque chaque individu a la conscience qu'il est l'une des parties du tout. Il en résulte que plus une constitution donne aux individus d'occasions de prendre part aux affaires publiques, plus le patriotisme y trouve d'éléments de développement. On vante à bon droit le patriotisme dont étaient animés les citoyens des anciennes républiques de la Grèce et de Rome, où ce sentiment ne s'éteignit que lorsque le despotisme des Césars interdit au peuple les discussions du forum, et lorsque des mercenaires furent désormais chargés de défendre la patrie, au lieu des citoyens libres auxquels ce soin était seul confié auparavant. Mais c'est une déplorable erreur que de croire le patriotisme exclusivement inhérent à telle ou telle forme de constitution politique; et l'histoire nous fournit une multitude d'exemples qui démontrent que c'est souvent dans les États où les affaires publiques semblent être l'apanage exclusif des plus puissants, que l'honneur et l'indépendance d'un peuple trouvent ses plus fermes défenseurs.

Le *cosmopolitisme* est le sentiment contraire au *patriotisme*. Il y a entre l'un et l'autre la même différence qu'entre la *philanthropie* et la *charité*; or, on peut dire que souvent le *cosmopolite*, lui aussi, n'aime tant le genre humain en général que pour être dispensé d'aimer ses concitoyens. On ne saurait non plus nier que derrière le grand mot de *patriotisme* se cachent quelquefois les sentiments de la plus égoïste ambition; et quand, aux époques de luttes politiques, on voit les divers partis chercher à s'en attribuer exclusivement le mérite, on est porté à soupçonner que l'amour de la patrie dont paraissent enflammés tant d'hommes ardents à faire prévaloir leur opinion propre ne sert qu'à dissimuler les plus sordides passions et les intérêts les plus personnels.

PATRIPASSIENS ou PATROPASSIENS, nom qui a été donné à plusieurs hérétiques qui prétendaient que Dieu le père s'était fait homme et avait souffert. Praxéas, qui vint à Rome sur la fin du second siècle de notre ère, sous le pontificat du pape Victor, enseigna qu'il n'y a qu'une seule personne divine : *le Père;* que le père est descendu dans Marie, qu'il est né de cette sainte Vierge, qu'il a souffert et qu'il est Jésus-Christ lui-même. C'est du moins la doctrine que lui attribue Tertullien dans le livre qu'il a écrit contre cet hérétique. On appela encore *patripassiens* Noet et les noétiens, ses disciples, qui enseignaient la même erreur en Asie, à peu près dans le même temps, comme nous l'apprend saint Hippolyte de Porto, qui les réfuta, et saint Épiphane, qui tonna également contre leurs maximes. Enfin, ce nom fut donné à Sabellius et à ses partisans, au quatrième siècle. Il est dit dans le concile d'Antioche, tenu par les eusébiens en 345, que les Orientaux appelaient *sabelliens* ceux qui étaient appelés *patripassiens* par les Romains, et que ces sectaires furent condamnés parce qu'ils supposaient que Dieu le Père est passible.

PATRISTIQUE ou PATROLOGIE (en latin *theologia patristica*). On appelle ainsi la branche de la théologie qui traite de la vie, des ouvrages et des doctrines des Pères de l'Église comme seule voie rationnelle pour remonter aux sources historiques des dogmes chrétiens et de toute la constitution de l'Église pendant les six premiers siècles de l'ère chrétienne. La patristique mérite l'étude toute spéciale dont elle est redevenue l'objet dans ces derniers temps.

PATROCLE, un des héros du siége de Troie, était fils de Ménétius, roi de Locride, et de Sthénélé. Dans l'impétuosité du jeune âge, ayant eu le malheur de tuer au jeu le fils d'Amphidamas, il s'enfuit de la contrée qui l'avait vu naître, et se réfugia en Thessalie, où Pélée lui offrit un asile. Il avait à peu près le même âge qu'Achille; tous deux furent confiés aux soins du centaure Chiron, qui, dans un antre solitaire du mont Pélion, sacrifia son art, son temps et sa vie à l'éducation de ces jeunes princes. Capitaine sous Achille, son ami, il menait aux combats une des phalanges de Phthie. La colère d'Achille oisif est le nœud de l'*Iliade;* l'impatiente valeur de Patrocle est une de ses plus belles péripéties. Patrocle, indigné de voir les Troyens porter la torche jusque sous les carènes de la flotte grecque, conjure son ami de lui prêter, seulement pour un tour de soleil, ses armes redoutables, afin de venger une telle honte. Achille y consent; Patrocle revêt l'armure; il laisse la pique pesante, que son bras, quoique vigoureux, pouvait à peine balancer. A la tête des braves Thessaliens, il charge dans la plaine l'armée de Priam. Les Troyens détournent d'effroi leurs regards, éblouis par les éclairs de l'armure achilléenne : « C'est Achille! » criaient-ils, fuyant jusque sous l'ombre de leurs tours. Dans chacune des trois charges que le valeureux fils de Ménétius avait faites contre eux, il avait immolé de sa main neuf de leurs chefs. Les soldats d'Hector jonchaient de leurs cadavres la plaine inondée de sang. Patrocle poursuit sa victoire; lui et ses Thessaliens saisissent déjà de leurs mains les créneaux des tours d'Ilion; mais, ô décrets immuables des dieux! Patrocle, tout enflammé du feu de ses glorieux succès, sent une main qui le glace en le touchant entre les deux épaules; il sent des doigts invisibles qui délient les liens de sa cuirasse et de son bouclier, repoussé surnaturellement sur son sein : c'était la main d'Apollon lui-même, protecteur de Pergame. Hector n'eut pas de peine à plonger sa pique dans cette poitrine nue, et un combat acharné et terrible s'engagea autour du corps de Patrocle. On sait comment son ami vengea sa mort.

DENNE-BARON.

PATROLOGIE. *Voyez* PATRISTIQUE.

PATRON, PATRONNE, PATRONAGE. Ces mots, dérivés du latin *pater*, indiquent la protection, l'appui qu'un supérieur accorde à ses inférieurs. On sait quels devoirs mutuels liaient le client et le *patron* chez les Romains. Tout ce que ces rapports avaient de touchant se trouve exprimé dans ce texte de la loi des douze tables. « Si les clients sont comme de dévoués serviteurs, et les *patrons* comme des pères, il est aussi mal à un *patron* de manquer à son client, qu'un père à son fils. » La même loi autorise tout citoyen à tuer, comme dévoué aux enfers, le *patron* qui fait tort à son client. Sous les empereurs, le peuple n'ayant plus de part aux élections, ni aux jugements, alors réservés aux magistrats et au prince, il ne resta plus que les noms de *patrons* et de clients, destitués respectivement des obligations qui y étaient auparavant attachées. Le nom de *patron* demeura aux personnes riches et puissantes, qui faisaient distribuer à la porte de leur maison la *sportule* (ration de vivres) à ceux qui dans les rues venaient grossir leur cortége. Le droit de *patronage* ne subsista qu'à l'égard des affranchis, qui, bien que devenus citoyens romains, ne jouissaient pas, selon Tacite, des mêmes prérogatives que les citoyens d'extraction libre (*ingenui*). La loi les assujettissait envers leurs *patrons* à des devoirs rigoureux. Sous les empereurs, on donna encore le titre de *patroni* à des citoyens qui faisaient métier de défendre les citoyens devant les tribunaux, pour un salaire : c'étaient là de véritables avocats.

On a remarqué avec raison que sous le régime féodal les devoirs réciproques des vassaux et de leurs seigneurs rappelaient à beaucoup d'égards les rapports qui existaient à Rome entre les clients et leurs *patrons*.

Dans l'Église catholique, *patron*, *patronne*, indique le saint ou la sainte dont on porte le nom, ou sous la protection desquels on se met. Saint Denys est le *patron* de la France. Sainte Geneviève est la *patronne* de Paris. Chaque église a pour *patron* le saint ou la sainte sous l'invocation desquels elle a été fondée. Il en est de même des ordres religieux : chacun a pour *patron* ou son fondateur ou son réformateur ou tout autre saint. L'université de Paris reconnaît Charlemagne pour son protecteur. La plupart des professions ont un saint pour *patron*. A Rome, qui a pour *patron* saint Pierre, on appelle *cardinal-patron* le premier ministre du pape.

Tout homme qui veut faire son chemin doit avoir son *patron;* il n'arrivera à rien sans avoir un *patron* obligeant qui fasse valoir son mérite. Dans toutes les carrières, mais surtout dans la littérature, à moins d'être doué d'un génie qui rompt tous les obstacles, on parvient rarement sans *patron* ou sans prôneur.

Patron, dans le langage familier, se dit du maître de la maison. Le *Dictionnaire de l'Académie* prétend qu'on appelle *patron de la case* un homme qui sans être maître de la maison y a tout pouvoir.

Dans la jurisprudence canonique, on appelait *patron* celui qui avait fondé ou doté une église ou un bénéfice, et qui s'était réservé les droits de *patronage*, tant pour lui que pour ses descendants, c'est-à-dire la présentation au bénéfice, le premier rang à la procession, à l'église, à l'encens, à l'eau bénite, au pain bénit, et le privilége d'être inhumé sous le chancel (partie du chœur).

Dans la marine, on appelle *patron* celui qui commande aux matelots d'un canot, d'une chaloupe ou d'un très-petit bâtiment.

Dans le Levant et en Afrique, *patron* se dit encore du maître à l'égard de l'esclave.

Dame patronnesse est un mot très-nouveau qui s'emploie pour désigner les dames commissaires des bals municipaux au profit des pauvres. Ces bals ont fait fureur dans les deux ou trois années qui ont suivi la révolution de 1830; et n'était pas *dame patronnesse* qui voulait.

Dans un sens bien différent, *patron* se dit du modèle en papier, carton, parchemin, etc., sur lequel travaillent certains artisans, tels que tailleurs, couturières, cartiers, brodeurs, tapissiers, etc. *Patron* s'entend aussi de certaines pièces de bois qui ont la forme de différentes parties d'un instrument, tel que violon, basse, etc., et d'après lesquelles on taille le bois dont ces instruments doivent être faits.

Au figuré, *patron* signifie modèle à imiter. Saint Paul, dans sa lettre à Timothée, l'exhorte à être « le *patron* des fidèles, en paroles, en actions, en foi et en charité ». Les néologues disent aujourd'hui qu'un homme est formé sur le *patron* d'un autre.

Patronage, dont nous avons indirectement indiqué le sens en expliquant le mot *patron*, dont il est dérivé, a dans le blason une acception assez curieuse : les *armoiries de patronage* sont celles qui portent au haut de l'écu quelque marque de sujétion et de dépendance. Les fleurs de lis que la ville de Paris portait jadis dans ses armes indiquaient sa sujétion au roi. Encore aujourd'hui les cardinaux mettent au chef de leurs armes celles des papes qui les ont gratifiés du chapeau, pour faire voir qu'ils sont ses *créatures*.

Patronal, *patronale*, dérivé de *patron*, n'était pas, suivant le *Dictionnaire de Trévoux*, « un mot de bon usage; » ce qui veut dire que c'était un mot nouveau. Aujourd'hui il est consacré par l'usage, employé par les écrivains les plus purs, et sanctionné par l'Académie. Une fête *patronale* est celle qui appartient au *patron*, au saint du lieu ou de la confrérie. Charles Du Rozoir.

PATRONYMIQUES (du grec πατήρ, père, et ὄνομα, nom). Les *noms patronymiques* sont proprement ceux qui, étant dérivés du nom propre d'une personne, sont attribués à tous ses descendants. Tels étaient les noms que l'on donnait chez les Grecs à une race, et qui dérivaient du nom de celui qui en était le chef : ainsi, les *Héraclides* étaient des descendants d'Hercule, les *Éacides* les descendants d'Éaque. On les donnait aussi aux enfants immédiats, comme les *Atrides*, pour les fils d'Atrée; les *Danaïdes*, ou les filles de Danaüs. On a encore étendu plus loin la signification de ce terme, et l'on appelle noms *patronymiques* ceux qui sont donnés d'après celui d'un frère ou d'une sœur, comme *Phoronis*, c'est-à-dire *Isis*, *Phoronei soror*; d'après le nom d'un prince à ses sujets, comme *Théséides*, c'est-à-dire *Athéniens*, à cause de Thésée, roi d'Athènes; d'après le nom du fondateur d'un peuple, comme *Romulécides*, c'est-à-dire *Romains*, du nom de Romulus, fondateur de Rome et du peuple romain. Quelquefois même, par anticipation, on donne à quelques personnes un patronymique tiré du nom de quelque illustre descendant, qui est considéré comme le premier auteur de leur gloire, comme *Égides*, les ancêtres d'Égée. Nos noms de famille peuvent être regardés comme des noms patronymiques.

PATROPASSIENS. *Voyez* Patripassiens.

PATROUILLE, détachement composé de quatre à huit hommes, commandés par un caporal ou un sous-officier, et chargé de suivre dans les villes, au pas cadencé et en silence, un itinéraire déterminé, depuis le commencement de la nuit jusqu'au jour. Les patrouilles sont tirées des *postes* de la ville, et se mettent en marche à une heure fixée à l'avance par le commandant de la garnison. Dans les places de guerre, les patrouilles sont toujours accompagnées d'un agent de la police municipale ou d'un délégué de l'autorité civile. Elles doivent arrêter toutes personnes qui pourraient avoir quelques débats et querelles, et les mettre immédiatement, s'il y a lieu, à la disposition de l'autorité; elles doivent en un mot assurer le maintien de la tranquillité et de la sûreté publiques. Bien que le nombre d'hommes composant une patrouille soit ordinairement de quatre à huit, dans les circonstances graves, telles que l'occupation étrangère, la révolte à main armée, des patrouilles nombreuses d'infanterie et de cavalerie, que l'on devrait plus justement appeler des colonnes mobiles, agissent avec succès, en dissipant les rassemblements et en isolant conséquemment les perturbateurs ou les malfaiteurs.

Martial Merlin.

PATRU (Olivier), naquit à Paris, en 1604. Son père était procureur. Il fut un des avocats célèbres de son temps. Quoique son débit eût peu de grâce, et que ses gestes manquassent de dignité, ses plaidoyers, écrits avec sagesse et correction, lui acquirent une grande réputation au barreau et parmi les gens de lettres. « Il est le premier qui ait introduit la pureté de la langue au barreau, » dit Voltaire. En effet, son style est châtié, exempt de mauvais goût, et il s'y rencontre des traits d'imagination qui plaisent. L'ordonnance de ses plaidoyers est grave, régulière, et ils doivent être médités par tous ceux qui se destinent aux luttes du barreau. Ils y trouveront des exemples de cette éloquence simple, de ce ton vrai, qui conviennent aux discussions judiciaires. Mais Olivier Patru était avant tout un homme de lettres. Élevé par une mère indulgente, qui avait aidé le développement de ses goûts littéraires, ami des plaisirs, peu désireux d'acquérir de la fortune, il ne se maintint pas au palais. Patru s'est peint dans une lettre qu'il écrivit au fameux cardinal de Retz : « Quand ce ne serait que pour donner, dit-il, je souhaiterais d'être riche; mais tout ce qu'il faut faire pour le devenir me déplait. » « Hors l'amour et l'amitié, écrivait-il au père Du Bosc, je prends tout le reste des choses du monde pour des bagatelles. .!» Il avait trente-six ans quand il entra à l'Académie Française; il prononça un discours qui plut tant à la compagnie qu'elle décida qu'à l'avenir chaque nouvel académicien en prononcerait un à sa réception. Patru était dans son siècle l'arbitre du goût. On lui soumettait tous les ouvrages qui avaient quelque valeur. Sa critique était en général sage, mais rigoureuse. On lui reproche pourtant quelques faux jugements. Il avait voulu dissuader La Fontaine d'écrire des fables; mais en vérité on ne peut exiger d'un bon critique d'être devin. Patru a cultivé la langue française avec soin; un académicien moderne, qui a fait précéder d'une élégante préface la dernière édition de ce Dictionnaire de l'Académie Française auquel Patru a travaillé, n'a pas dédaigné d'emprunter quelques-unes de ses idées sur le sort de la langue française et des langues en général. Patru n'est pas de nos jours assez apprécié : ce fut un des maîtres de notre langue, un de ceux qui lui imprimèrent ce caractère de noblesse, de précision, de sagesse, que lui ont conservé nos grands auteurs en prose.

Patru était plus qu'un grand avocat et un bon grammairien, c'était un honnête homme. Désintéressé, franc dans ses allures et dans ses discours, il ne tendit jamais la main ni aux grands ni aux rois. Colbert vint enfin au secours de sa pauvreté; mais il n'était plus temps, Patru allait mourir. Sa vie avait été assez philosophique; grâce à Bossuet, sa mort fut chrétienne. Ces deux éloquences ne pouvaient lutter; mais le pénitent pouvait dire à celui qui le prêchait qu'il avait préparé les armes dont il se servait contre lui. Patru mourut en 1681.

Ernest Desclozeaux.

PATTE. Les naturalistes emploient ce substantif pour désigner les organes de locomotion des insectes, des arachnides, des crustacés, etc.... Mais le vulgaire en a considérablement étendu l'emploi, et avec des restrictions bizarres, qu'il serait impossible de motiver : ainsi, en parlant des organes locomoteurs des quadrupèdes, on ne dit pas les *pattes* d'un cheval, mais les jambes; l'âne, quoique d'une caste moins noble, jouit du même privilége; le cochon, ignoble par sa forme et par son naturel, a des pieds; le chien, surnommé l'ami de l'homme, le chien, cette bonne créature, qu'on ne voit pas flatter ceux qu'il n'aime pas, et qui ne trahit jamais son maître, eh bien! il n'a que des *pattes*; point de restriction en sa faveur comme pour les précédents : il en est, à ce qu'il paraît, dans le monde animal comme dans notre espèce, ce n'est pas toujours au mérite qu'on décerne des distinctions honorifiques. Les organes de la marche chez les oiseaux sont en général appelés de ce nom, *patte* : ils diffèrent sous beaucoup de rapports dans la longue série de ces animaux, et ils offrent des différences dont les naturalistes ont tiré un grand profit pour juger leurs mœurs. Les pattes qui sont très-allongées, développement inverse de celui des ailes, annoncent des oiseaux qui courent plus qu'ils ne volent : tels sont les autruches et les casoars. Quand ces extrémités, outre une longueur considérable, sont dénudées à leur extrémité inférieure, on les surnomme, par comparaison, *échasse*, et les oiseaux ainsi conformés composent la classe des échassiers.

Le *chef-d'œuvre de la création* a l'avantage d'avoir des pieds et des mains; toutefois, oubliant notre dignité, nous les appelons quelquefois de ce nom vulgaire, *patte*. Marcher sur les quatre extrémités, à la manière des quadrupèdes, allure que J.-J. Rousseau considérait à tort comme naturelle à l'homme, c'est marcher *à quatre pattes*. Faisant allusion aux griffes et aux serres dont les pattes de certains animaux sont armées, on dit en parlant des hommes redoutables par leur position sociale ou leur caractère : Il serait dangereux de tomber sous leurs *pattes*. Rappelant la race féline, qui, par une organisation particulière, peut cacher ses griffes sous des formes veloutées, on dit d'un hypocrite ou d'un flatteur mal intentionné : Il fait *patte de velours;* un homme doucereux et d'un commerce peu sûr est une *patte pelue*, selon La Fontaine, par comparaison à certains animaux qui pour n'avoir pas de griffes n'en sont pas moins à craindre. Rappelant aussi les mouvements des pattes des animaux pour attaquer ou saisir leur proie, on nomme *coups de patte* des allusions malignes ou offensives. Les traits d'une écriture fine et incorrecte se nomment, par comparaison, *pattes de mouche*.

Certaines plantes ayant des formes analogues à celles des pattes de différents animaux, soit par les fleurs, soit par les feuilles, portent les noms de *pattes de lion*, de *pattes d'oie;* des racines, par la même cause, sont appelées *pattes* ou *griffes* : telles sont celles des anémones, des renoncules; des asperges, etc.

Les centres où aboutissent des chemins ou des allées, rappelant les rayons des pieds palmés de divers oiseaux, se nomment aussi *pattes d'oie*. On nomme familièrement *pattes d'oie* ces rides divergentes que les personnes qui commencent à vieillir ont à l'angle extérieur de chaque œil. Enfin le mot *patte* est souvent employé dans le vocabulaire des arts et métiers. Dr CHARBONNIER.

PATTE D'ARAIGNÉE. *Voyez* NIGELLE.

PATTE D'OIE. *Voyez* PATTE et ANSÉRINE.

PÂTURAGE, lieu sans culture où poussent des herbes que les troupeaux mangent sur pied. Le système des pâturages communaux est mauvais, car les grandes étendues de terre qui leur sont consacrées rapporteraient beaucoup plus par la culture; et même les pâturages qui dépendent d'une seule exploitation rurale, s'ils dépassent une certaine étendue, proportionnée à la quantité des bêtes, occasionnent une perte réelle. L'objet des pâturages ou *pâquis* doit être de donner aux bestiaux l'exercice et l'air qui conviennent au maintien de leur santé, et aussi de temps en temps une nourriture verte et fraîche. Paul GAUBERT.

PÂTURAGE (Droit de). On peut comprendre sous cette désignation générale tous les *usages* destinés à la nourriture des bestiaux, c'est-à-dire les droits de *panage* ou de *glandée*, de *pacage*, de *pâturage* proprement dit, de *parcours*, de *vaine* et de *vive pâture*. Cependant l'expression *droit de pâturage* est plus particulièrement consacrée par les auteurs et par la loi à désigner la faculté de faire *pâturer* toute espèce de bestiaux dans les bois et forêts. A partir de la promulgation du Code Forestier, et à l'exception des droits reconnus à cette époque et de ceux qu'auraient fait reconnaître dans les deux années suivantes les usagers alors en jouissance, aucun droit de *panage*, de *pacage* ni de *pâturage* ne peut plus être accordé ni dans les bois de l'État ni dans ceux des communes; quant aux droits analogues sur des bois particuliers, ils sont en tout assimilables aux servitudes discontinues, qui depuis le Code Civil, ne s'acquièrent que par titres. Les règles principales concernant l'exercice de ces droits dans les forêts de l'État déterminent: 1° la durée de la glandée et du panage, réduite à trois mois; 2° le droit attribué à l'administration forestière de fixer chaque année l'ouverture de cette glandée, de déclarer les cantons défensables, de fixer, d'après les droits des usagers, le nombre des porcs admis au panage, ou de bestiaux admis au pâturage; de désigner les chemins que suivront les bestiaux en allant au panage ou au pâturage; 3° l'obligation imposée aux communes d'envoyer leurs bestiaux en troupeau commun sous la garde spéciale d'un ou de plusieurs pâtres communaux, de marquer d'une marque particulière leurs porcs et bestiaux, de suspendre des clochettes au cou de chaque animal; 4° enfin, la défense, nonobstant titre ou possession contraire, de conduire au pâturage aucune chèvre, brebis ou mouton. Ces règles s'appliquent également aux bois des communes et à ceux des particuliers, sauf quelques exceptions, en ce qui concerne ces derniers : ainsi, par exemple, c'est au propriétaire, et non pas aux agents forestiers, qu'appartient le droit de fixer l'ouverture de la glandée dans ses propres forêts, de désigner le chemin que doivent suivre les bestiaux qui vont au panage, etc. Tout délit commis en contravention des lois dont nous venons de présenter l'analyse est poursuivi devant les tribunaux correctionnels. Charles LEMONNIER.

PÂTURE, nourriture que les herbivores prennent dans les pâturages ou *pacages;* elle est rarement suffisante pour leur entretien, et les vaches qui ne reçoivent pas d'autre fourrage sont dans un état misérable et presque toujours sans lait, comme on l'observe dans la plupart de nos départements. Le mot *pâture*, dans le sens de pâturage, se dit aussi d'une terre inculte où les bestiaux vont paître; *vaine pâture*, terres incultes, que l'on appelle *vaines*, *vagues*.

Pâture, mélange de foin et de paille, ou d'herbe et de paille, préparé pour les bœufs et les vaches; on donne ce nom par extension à la nourriture de tous les animaux. Dans un sens figuré, *pâture* s'emploie pour désigner tout ce qui nourrit l'esprit et le cœur. P. GAUBERT.

PÂTURE (Vaine). Ces mots prennent dans les auteurs deux sens différents, suivant qu'on les applique à la désignation des terrains soumis au droit de *vaine pâture* ou à celle de ce droit lui-même : « Les *vaines pâtures*, disent les vieux jurisconsultes, sont les grands chemins, les prés après la fauchaison, les guérets et terres en friche, et généralement tous les fonds où il n'y a ni semences ni fruits, et qui, par la loi ou par l'usage du pays, ne sont pas en défends. » Quant au droit de *vaine pâture*, il consiste dans la faculté qu'ont les habitants d'une même commune d'envoyer, par troupeau commun ou par troupeau séparé, leurs bestiaux paître sur les fonds les uns des autres, lorsque ces fonds sont en jachère, après qu'ils ont été dépouillés de leurs fruits, ou lorsqu'ils se composent de friches abandonnées, sans culture à cause de leur infertilité. Ce droit a toujours été considéré comme le résultat d'une sorte d'association tacite entre habitants d'une même commune, qui seraient convenus de s'accorder réciproquement, sur l'ensemble des fonds leur appartenant, l'exercice d'un droit de pâture qu'il aurait été, en raison du morcellement des propriétés, difficile et surtout trop coûteux à chacun d'exercer privativement sur sa terre. Tel est le caractère originel que partout et toujours on a reconnu au droit de vaine pâture; mais les lois et les coutumes ont réglé diversement son application, suivant les localités. Avant la révolution et dans les pays de droit écrit, le droit de *vaine pâture* se pratiquait, mais à titre précaire, comme simple faculté de pure tolérance, dont la loi ne s'occupait point explicitement, à l'exercice de laquelle pouvait mettre fin à chaque moment la volonté contraire du propriétaire, qui ne pourrait dégénérer en servitude, à moins de se fonder sur un titre particulier ou sur un acte de contradiction suivi d'une possession suffisante, en un mot, selon la concise expression d'un auteur ancien : *Fas est, jus non est.* Pour les coutumes, leurs dispositions sur la vaine pâture étaient fort diverses.

Muettes sur ce point, les unes laissaient pour toute règle le droit commun que nous venons d'exposer; quelques-unes, en petit nombre, prohibaient la vaine pâture; d'autres la permettaient simplement, d'où la conséquence que non-seulement les propriétaires avaient la libre faculté d'ensemencer et de cultiver comme bon leur semblait, mais encore qu'ils pouvaient, sans clôture et par un simple signe convenu, mettre leurs fonds en défense contre le vain pâturage. Dans une quatrième classe se rangent les coutumes qui, faisant de la vaine pâture une servitude légale imparfaite, défendaient aux propriétaires de s'y soustraire autrement que par la clôture; d'autres coutumes enfin avaient érigé le droit de vaine pâture en une servitude légale rigoureuse, et ne permettaient point aux propriétaires d'y soustraire leur héritage, même par la clôture.

Longtemps avant la loi de 1791 on avait senti le tort qu'apportait à l'agriculture l'exercice des droits de *vaine pâture* et de *parcours* : la liberté et la variété des assolements, l'introduction des prairies artificielles, et par conséquent la multiplication des bestiaux et des engrais, toutes ces améliorations seraient en effet impraticables sous l'empire de la législation dont nous venons d'exposer les principes. Aussi, de 1766 à 1771, plusieurs édits, provoqués par les remontrances des administrations de diverses provinces, vinrent successivement abroger ou modifier les droits de parcours et de vaine pâture. Vint enfin la loi du 28 septembre 1791, que nous devons à l'Assemblée constituante, et qui régit encore la matière. Après avoir posé dans son préambule le principe général de la liberté absolue du territoire français, elle maintient, *provisoirement* et sous des restrictions déterminées, « la servitude réciproque de paroisse à paroisse connue sous le nom de *parcours* seulement lorsqu'elle sera fondée sur un titre ou sur une possession autorisée par les lois ou par les coutumes (sect. IV, art. 2). Aux termes de l'article suivant, le droit de vaine pâture ne pourra plus exister que dans les lieux où il est fondé sur un titre particulier ou autorisé par la loi ou par un usage immémorial, toujours sous les restrictions que porte la loi. Que les droits de parcours et de vaine pâture exercés par une commune le soient en vertu d'un titre ou d'une coutume, tout propriétaire peut s'en affranchir soit par la clôture, soit par l'établissement des prairies artificielles (art. 4, 5, 9, 11). Dans le cas où le droit de vaine pâture serait exercé par un particulier, et fondé sur un titre, le propriétaire du fonds servant peut toujours racheter la servitude, à dire d'expert (art. 8). Enfin, les articles 13, 14 et 16 règlent le nombre de bêtes qu'il sera permis à chacun d'envoyer à la vaine pâture, en proportion de l'étendue des fonds non clos possédés par lui. L'insuffisance de cette loi n'a point tardé à se faire sentir. Dix-sept ans après sa promulgation, Napoléon chargea Chaptal, ministre de l'intérieur, de préparer le projet d'un nouveau code rural. L'article 6 de ce projet ne reconnaissait à personne le droit de faire paître ses bestiaux sur le terrain d'un autre sans la permission expresse du propriétaire; l'article 7 déclarait rachetable tout droit de pacage fondé sur un titre. Un décret, daté de Bayonne le 19 mai 1808, avait ordonné la formation dans chaque chef-lieu de département d'une commission consultative chargée d'examiner le nouveau projet; mais ce décret n'a point reçu d'exécution, et depuis cette époque l'agriculture attend avec impatience une loi qui la délivre des entraves que la législation de 1791 a laissées peser sur elle.

Le droit de *vive pâture*, qu'on appelle aussi *grasse pâture*, est celui de percevoir durant tout l'été, par le pâturage, la totalité du produit des fonds destinés à fournir pendant cette saison la nourriture des bestiaux qu'on y envoie en dépaissance. Ainsi, c'est un droit de *vive pâture* dont jouissent les habitants d'une commune quand ils envoient paître leurs bestiaux sur les communaux, marais et pâtis qui appartiennent à la communauté dont ils sont membres; seulement dans ce cas le droit de vive pâture se confond avec un droit de propriété; mais il peut arriver que ce droit appartienne à un étranger, et alors il n'est plus qu'un simple droit au pâturage, véritable servitude discontinue, qui ne peut sous l'empire du Code Civil s'acquérir autrement que par titre. Charles Lemonnier.

PATURIN. *Voyez* Poa.

PAU, chef-lieu du département des Basses-Pyrénées, à 781 kilomètres de Paris, près de la rive droite du Gave de Pau et sur deux ruisseaux, le Hédas et l'Ousse, affluents de cette rivière. On y compte 16,196 habitants; siége d'une cour impériale, la ville possède des tribunaux de première instance et de commerce, un dépôt impérial d'étalons, un bureau de garantie des matières d'or et d'argent, un lycée, une école normale primaire, une école de dessin, une école de commerce, une bibliothèque publique de 25,000 volumes, une société d'agriculture, deux journaux politiques, trois typographies. C'est le centre d'une fabrication et d'un commerce considérables de toiles dites de Béarn et d'autres, de linge de table. On y tisse à la mécanique les toiles de coton; on y trouve des blanchisseries à la vapeur, des fabriques de tapis, de coutellerie, des teintureries, des tourneries en bois, des minoteries, des tanneries, des pépinières; on y fait un grand commerce de vin de Jurançon, de salaisons, de jambons dits de Bayonne, de cuisses d'oie, de marrons excellents, de marbre, de pierre à chaux et de calcaire. C'est un entrepôt de bois de construction, de coton et de papier des Pyrénées, de sel et de matière résineuse.

On remarque dans cette ville le vieux château d'Albret, où naquit Henri IV, la place Royale, les hôtels de Gassion et de Tassel. Cette ville doit son origine au château bâti par un des premiers princes de Béarn, vers le milieu du onzième siècle; mais elle ne commence à prendre quelque extension qu'au quinzième siècle, sous Gaston IV. Ce prince en étendit l'enceinte, et la fit entourer de murs et de fossés; il y fit aussi construire une église et réparer le château. Insensiblement Pau s'agrandit et se peupla, et lorsqu'elle fut la capitale du Béarn, elle devint le siége d'un conseil souverain, d'un parlement, d'une académie des belles-lettres, d'un hôtel des monnaies et d'autres établissements considérables.

PAUILLAC. *Voyez* Gironde (Département de la).

PAUL (Saint), l'un des premiers et des plus illustres propagateurs de la doctrine chrétienne, a été surnommé l'*apôtre par excellence*, quoiqu'il ne fût pas au nombre des douze compagnons de Jésus. Dans l'ordre chronologique, il marche comme écrivain après les trois premiers évangélistes; mais ses écrits, ses prédications et les triomphes de sa parole, l'élèvent au-dessus de tous. Les ébionites, qui méconnaissaient son apostolat, le faisaient naître d'un père et d'une mère idolâtres ou gentils; et saint Jérôme prétendit plus tard que cet apôtre avait vu le jour dans le bourg de Giscale, en Galilée. Il suffisait, pour savoir la vérité, de recourir au texte même des *Actes des Apôtres*, où saint Luc lui fait dire en propres termes : « Je suis Juif, né à Tarse en Cilicie. » Il naquit vers la fin de l'ère ancienne ou le commencement de la moderne. *Saul* était son premier nom; son père était un Juif de la secte des Pharisiens, et son premier métier fut de fabriquer des toiles à voiles pour les marins. Instruit cependant dans les lettres grecques, il fut envoyé à Jérusalem par son père pour étudier la loi de Moïse sous le docteur et sacrificateur Gamaliel. Une imagination ardente, dirigée par cette éducation toute judaïque, le rendit l'ennemi le plus acharné d'une religion qui attaquait l'ancienne loi. Élevé par les Pharisiens, il était fort entêté dans les opinions de leur secte. On le vit, jeune encore, garder les habits des assassins qui lapidaient le diacre saint Étienne. Abdias, premier évêque de Babylone, l'accuse en outre d'avoir fait subir le même sort à Jacques le Mineur, à la faveur d'une sédition que sa fougue avait suscitée.

Les écrits du temps et ses propres aveux ne laissent aucun doute sur sa barbarie à l'égard des chrétiens. Il sollicita même des chefs de la synagogue la mission de se rendre à Damas pour y saisir les principaux fidèles et les amener à un bourreau de Jérusalem. Mais aux portes de Damas une illumination subite éclaira son esprit ; et au lieu d'y porter la menace, la persécution et la violence, il abjura la loi de Moïse aux pieds d'un chrétien nommé Ananie, qui lui imprima le sceau du baptême. Les ébionites, ses calomniateurs, attribuèrent cette conversion subite à une cause mondaine. Saul, disaient-ils, ne s'était fait juif que dans l'espoir d'épouser la fille de Gamaliel, et il ne se fit chrétien que pour se venger des refus du père. Sa conformation prêtait à cette calomnie, car, suivant les Actes de sainte-Thècle, dont saint Jérôme et saint Augustin affirment l'authenticité, Saul était gros, court, large d'épaules. Sa tête était chauve, ses jambes crochues, et des sourcils noirs se croisaient sur son nez, énorme. D'un autre côté, son disciple Luc, dans le neuvième chapitre des *Actes des Apôtres*, entoure cette conversion d'apparitions et de miracles. Saint Paul, lui-même, dans son *Épître aux Galates*, dit que Dieu l'avait prédestiné dès le ventre de sa mère, et que ce Dieu lui fit la grâce de lui révéler son fils, afin qu'il le prêchât parmi les nations.

Quoi qu'il en soit, dès ce moment Saul ne fut plus un juif fanatique et sanguinaire, mais un apôtre chrétien, s'exposant lui-même aux persécutions pour propager la foi nouvelle. Il parcourut l'Arabie pour convertir les idolâtres, et revint à Damas, s'introduisant dans les synogogues pour accabler les prêtres juifs des foudres de son éloquence. Les Juifs s'en irritèrent. Le gouverneur de la province, excité par les docteurs de l'ancienne loi, remplit de soldats les avenues de la ville pour s'emparer de lui et le livrer au peuple. Mais les disciples de l'apôtre le descendirent le long des murs dans une corbeille ; et loin de fuir au désert, c'est dans Jérusalem qu'il alla chercher de nouveaux périls. Il avait quitté cette ville depuis trois ans ; et la vérité de sa conversion n'y était pas encore bien établie. Le peuple des fidèles ne se souvenait que de ses violences ; les apôtres eux-mêmes redoutaient en lui l'instrument des persécutions qu'ils avaient subies. Barnabé les rassura, et le présenta à saint Pierre et à saint Jacques.

Contraint de fuir pour échapper une seconde fois aux vengeances des Juifs, il se réfugia à Césarée, à Tarse, sa patrie, où saint Barnabé vint le reprendre pour le conduire à Antioche. C'est là que les sectateurs du Christ, dont le nombre s'accroissait tous les jours par les prédications de Saul, reçurent pour la première fois le nom de *chrétiens*. Saint Pierre, qu'il avait revu dans un second voyage à Jérusalem, vint à son tour le rejoindre à Antioche, et Saul s'y montra plus chrétien que le prince des apôtres, en le reprenant lui-même de ce qu'il mangeait avec les idolâtres. Séleucie et l'île de Chypre furent bientôt le théâtre de ses prédications et de celles de Barnabé. C'est dans Chypre qu'il convertit le proconsul Sergius Paulus, après avoir aveuglé par un miracle le magicien Bar-Jésu ; et c'est peut-être à cause de cette conversion que saint Luc commence à lui donner le nom de Paul. Il eut moins de succès dans la Pisidie, dont la capitale s'appelait aussi Antioche. Chassé à grands cris par le peuple, il secoua en partant la poussière de ses pieds, et se rendit à Icone, où l'attendait le même traitement ; mais la conversion de sainte Thècle, qui fut la première des martyres, le dédommagea de cette persécution nouvelle.

La ville de Listres dans la Lycaonie lui fut d'abord moins inhospitalière. La guérison miraculeuse d'un homme perclus le fit adorer par ce peuple idolâtre, qui lui décerna le nom de *Mercure*. Barnabé fut appelé *Jupiter*, et les prêtres des gentils s'apprêtèrent à leur offrir un sacrifice. Les deux apôtres s'indignèrent de cette profanation ; mais pendant qu'ils essayaient de faire connaître le vrai Dieu, des Juifs de Pisidie soulevèrent le peuple, et ceux qui étaient venus pour adorer saint Paul le lapidèrent jusqu'à le laisser pour mort sur la place. Apporté le lendemain à Derbe, il repassa par la Pisidie, et, après avoir prêché la foi dans les villes de Perge et d'Attalie, il revint l'an 48 dans Antioche, où la sécurité des chrétiens produisait déjà les disputes et les schismes. Une secte s'était élevée qui voulait joindre la circoncision au baptême, et en faisait une condition du salut. Paul et Barnabé se prononcèrent contre elle, et revinrent à Jérusalem pour soumettre la question au conseil des apôtres. Leur doctrine y fut approuvée. Ils la reportèrent en Syrie, et mirent ainsi un terme à ce schisme naissant. Mais la discorde éclata en même temps entre les deux apôtres, à l'occasion d'un certain Jean, surnommé Marc, qui les avait déjà abandonnés en Pamphilie, et que Barnabé voulait reprendre. Paul se sépara de son compagnon, parcourut avec d'autres les villes de Syrie, de Cilicie et de Lycaonie, où son disciple Timothée vint s'attacher à ses pas, et visita les Phrygiens et les Galates.

L'esprit de Dieu l'empêcha, dit-il, de tourner vers les contrées de l'Asie. Il eut une vision qui l'appelait en Macédoine, et débuta dans la ville de Philippes par chasser le démon du corps d'une jeune fille. Traité de magicien par le peuple, accusé devant les magistrats, mis en prison avec son nouveau compagnon Silas, il fut sauvé par un tremblement de terre qui brisa les portes de tous les cachots. Le geôlier et sa famille se convertirent à sa voix. Mais il ne voulut point s'échapper à la faveur de ce nouveau miracle, et allégua le titre de citoyen romain, qui appartenait à tous les enfants de Tarse, pour forcer les magistrats à venir eux-mêmes lui rendre la liberté. Il en profita pour visiter Amphipolis, Apollonie et Thessalonique, où ses prédications excitèrent un tumulte qui faillit lui coûter la vie. Le peuple de Bérée ne lui fut pas plus doux, et son éloquence n'obtint de nouveaux succès que chez les Athéniens. Cité devant l'aréopage par les stoïciens et les disciples d'Épicure, il leur annonça que le Dieu inconnu auquel ils avaient dressé un autel était descendu sur la terre, et qu'il en était l'apôtre. On l'écouta d'abord avec attention ; mais il parla de la résurrection des morts, et les sénateurs se prirent à rire ; il eut cependant la gloire d'en convertir plusieurs, parmi lesquels se distinguait Denys l'aréopagite.

Le grand nombre de prosélytes qu'il fit peu de temps après à Corinthe lui attira des persécutions nouvelles ; mais le proconsul Gallien, au tribunal duquel il fut cité, répondit aux accusateurs qu'il ne gouvernait point l'Achaïe pour juger de vaines disputes sur les subtilités de la loi judaïque. Arrivé à Éphèse, après avoir visité de nouveau la Galatie et la Phrygie, il guérit des malades et chassa des démons par la puissance de sa parole ou par le contact des linges qui l'avaient touché. Mais ses succès furent troublés par la jalousie d'un orfèvre nommé Démétrius, qui, voyant diminuer tous les jours le débit de ses statues de Diane, ameuta le peuple contre l'apôtre, qui ruinait tout à la fois son commerce et le culte de la chaste déesse. Paul s'enfuit en Macédoine, et pendant son séjour à Troade, il ressuscita un jeune homme nommé Eutique, qui s'était tué en tombant de la fenêtre d'un troisième étage. Un vaisseau le reporta dans l'Asie, et, malgré les pressentiments qui l'assiégeaient, malgré les avertissements de l'esprit saint et les doléances de ses disciples, il prit la route de Jérusalem, où le supplice semblait l'attendre. Un prophète nommé Agabus vint même le lui prédire à Césarée, dans la maison du diacre Philippe, dont les quatre filles prophétisaient aussi. Saint Paul leur répondit qu'il était prêt à subir la mort pour le Seigneur.

Il rentra dans la ville sainte en l'an 58, et, après avoir conféré avec les prêtres du Christ, il alla braver les Juifs jusque dans leur temple. Insulté, chassé du sanctuaire, il eût péri sous les coups de ces forcenés, si le tribun Lysias ne l'eût arraché de leurs mains en promettant de leur faire justice. Saint Paul, chargé de chaînes, fut traîné dans le camp romain, au milieu d'une populace effrénée, qui ne cessait de demander sa mort. Il obtint vainement la permission de haranguer cette multitude, de lui raconter sa conversion et sa vie. Les cris redoublèrent ; on l'accusa d'imposture, et le tribun ordonna qu'on le battît de verges. Le titre de citoyen romain le sauva de cette torture, et Lysias trembla lui-même d'avoir osé enchaîner un homme qui était revêtu de ce titre. Le lendemain, Ananias, grand-prêtre des Juifs, vint l'insulter à son tour; la fureur du peuple allait toujours croissant; une quarantaine d'Hébreux jurèrent de ne boire ni manger qu'après l'avoir mis à mort, et le tribun ne put le sauver qu'en le renvoyant à Césarée pour être jugé par Félix, gouverneur de la Judée. La fermeté de l'apôtre ne s'était point démentie pendant cette longue sédition.

Sa captivité dura deux années. Le nouveau gouverneur, Porcius Festus, voulut le renvoyer à Jérusalem. Saint Paul en appela à César; mais le roi Hérode et la reine Bérénice ayant désiré l'entendre, il se justifia si bien, qu'à la prière de ces deux souverains, le gouverneur l'eût renvoyé absous, s'il n'eût pas craint d'empiéter sur les droits de Néron. Saint Paul partit donc pour l'Italie, sous la conduite de Jules le centurion. Un vaisseau d'Adrumette le porta d'abord jusqu'au port de Listres, où il passa sur un navire d'Alexandrie, qu'une horrible tempête brisa sur les rochers de Malte. Mais, suivant la prédiction qu'il avait faite aux matelots épouvantés, l'équipage et les passagers, au nombre de 275 personnes, furent sauvés et recueillis par les habitants de l'île. Un troisième vaisseau le transporta à Syracuse, à Reggio, à Pouzzoles, d'où il se rendit enfin à Rome, l'an 61. Libre d'y séjourner et d'y prêcher, il y remplit deux ans entiers sa mission apostolique, mais sans quitter les fers dont on l'avait chargé.

Ici finit la relation de saint Luc. Il faut recourir à d'autres historiens, moins authentiques. La saine critique a rejeté la prétendue correspondance de saint Paul avec Sénèque le philosophe. S'il faut en croire cependant le dernier paragraphe de l'*Épître aux Philippiens*, la foi chrétienne avait pénétré jusque dans le palais de Néron. Le reste des voyages de l'apôtre est raconté par Théodoret et par saint Jean Chrysostôme. Suivant eux, l'an 64 le vit reparaître à Candie, à Éphèse et dans la Macédoine, pour raffermir le zèle des fidèles. Ils le ramènent l'année suivante à Rome, où l'attendait sa dernière captivité. C'est là que des écrivains postérieurs ont voulu placer aussi sa dernière rencontre avec saint Pierre. Ils disent que le magicien S i m o n, ayant voulu essayer de voler dans les airs pour divertir Néron, retomba de tout son poids sur la terre, et qu'attribuant sa chute aux prières des deux apôtres, il eut assez de crédit sur l'esprit de l'empereur pour les faire traîner au supplice. Saint Chrysostôme, qui ne parle pas de saint Pierre, impute le martyre de saint Paul à l'audace qu'il eut de vouloir convertir une des concubines impériales. Ce martyre est ce qu'il y a de moins contesté. Comme citoyen romain, il fut décapité au lieu dit *Les Eaux Salviennes*, le 29 juin de l'an 65, suivant la tradition reçue, où l'an 66, d'après l'abbé de Tillemont.

L'église bâtie par Grégoire le Grand sur le chemin d'Ostie a consacré le lieu où l'apôtre fut enterré. Mais le monument le plus précieux de sa vie et de ses prédications est contenu dans ses quatorze épîtres, où respire la morale pure de la religion chrétienne. La plus importante de toutes est celle qu'il écrivit de Corinthe aux Romains l'an 58, et, quoique postérieure à plusieurs autres, son importance lui a fait donner la première place dans le recueil. C'est dans la même ville que cinq ans auparavant il avait écrit deux fois aux Thessaloniciens pour les louer de leur persévérance dans la foi qu'il leur avait prêchée. On croit que l'*Épître aux Galates* doit être datée de l'an 56 et de la ville d'Éphèse. On donne la même date à sa *première aux Corinthiens*, et celle de Macédoine à sa seconde. L'*Épître aux Philippiens* fut remise à Rome à leur évêque Épaphrodite, qui était venu lui apporter les dons des fidèles de la Macédoine. C'est de la même ville qu'il écrit à Philémon de Colosses en s'intitulant lui-même prisonnier de Jésus-Christ, pour le remercier de sa charité et pour lui recommander son ancien esclave Onésime, dont l'apôtre avait fait son disciple. Il charge en même temps cet Onésime de son *Épître aux Colossiens*, auxquels il recommande de se méfier des faux docteurs et des disciples de Simon. L'épître qu'il adressa aux habitants d'Éphèse pour les supplier de renoncer au mensonge, au larcin, à la colère, à la débauche et autres vices, est de la même époque, car il y parle aussi de sa captivité. Sa *lettre aux Hébreux*, qu'Origène semble attribuer à saint Luc, qui l'aurait cependant rédigée sur les instructions de son maître, est, dit-on, de l'an 63. Sa *première à son disciple Timothée* et son *Épître à Tite* leur ont été adressées pendant le dernier voyage de saint Paul en Macédoine; et la *seconde à Timothée*, que saint Chrysostôme appelle le testament de l'Apôtre, est en effet des derniers temps de sa vie. Il l'encourage à souffrir comme lui pour l'Évangile. Il se plaint de l'abandon de ses disciples Phigelle, Hermogène, Démas. Saint Luc est resté seul avec lui. Il a paru devant le prince; il s'est montré digne de lui-même. « Je suis, dit-il, près d'être sacrifié, le temps de ma mort approche; j'ai bien combattu, j'ai achevé ma course: il ne me reste plus qu'à attendre la couronne de justice qui m'est réservée. »

Le caractère de ses épîtres est en général la clarté, l'élévation et la force. Elles ne renferment pas seulement les enseignements du dogme, l'explication des mystères, les commentaires de l'Évangile. L'Apôtre y développe les maximes de la morale universelle, les devoirs de l'homme privé comme ceux du chrétien. Saint Chrysostôme remarque leurs défauts sous le rapport de l'élégance et du choix des expressions, mais il les loue comme des modèles d'éloquence parlée, en donnant à saint Paul le pouvoir de captiver, d'étonner, d'entraîner ses auditeurs.

VIENNET, de l'Académie Française.

PAUL (Saint), ermite, naquit cent soixante-quatre ans après le martyre de l'apôtre de ce nom. Il passe pour le fondateur de la vie érémitique, et voici à quelle occasion : Les persécutions ordonnées par l'empereur Dèce épouvantaient la chrétienté; Paul s'enfuit à vingt-deux ans dans le désert pour échapper à la mort, et se réfugia au fond de la basse Thébaïde, dans une des cavernes, que, sous la reine Cléopâtre, de faux monnayeurs avaient choisie pour retraite. Ses goûts l'attachèrent à cette solitude; il s'y nourrit d'abord de dattes, s'abreuva de l'eau d'une fontaine qui coulait de son rocher, et prolongea ainsi jusqu'à l'âge de quarante-trois ans cette vie de privations et de prières. Saint Jérôme et saint Athanase assurent qu'à partir de cette époque un corbeau vint lui apporter chaque jour la moitié d'un pain. Ce miracle, renouvelé du prophète Élie, dura pendant soixante-neuf autres années, et il avait cent douze ans quand un autre anachorète, nonagénaire, vint pour la première fois interrompre sa solitude. Un songe, dit-on, y conduisit saint A n t o i n e; les deux vieillards s'embrassèrent; et quoiqu'ils ne se fussent jamais connus, ils s'appelèrent mutuellement par leur nom. Le corbeau se chargea de les nourrir l'un et l'autre en leur apportant un pain entier. Saint Antoine raconta à saint Paul la conversion de C o n s t a n t i n, le triomphe de la religion chrétienne, et les deux solitaires passèrent la nuit à prier aux bords de la fontaine. Le lendemain Paul eut le pressentiment de sa mort; et considérant la visite de son compagnon comme un bienfait de la Providence, il le pria d'aller chercher pour l'ensevelir le manteau qu'Antoine avait reçu de l'évêque Athanase. Antoine, étonné que le saint homme eût appris ce don-là sans avoir communiqué avec le monde, ne douta plus de la sainteté de l'anachorète; il court à son monastère, raconte qu'il avait vu dans le désert un plus grand homme qu'Élie et que saint Jean-Baptiste, et se hâte de prendre son manteau pour accomplir le devoir qui lui est imposé. Il retrouva Paul à genoux au fond de sa caverne, les yeux et les mains élevés vers le ciel, et se mit à côté de lui dans la même posture; mais il s'aperçut bientôt que l'ermite était mort, le tira hors de la caverne, l'enveloppa dans le manteau d'Athanase, et se disposa à creuser une fosse. Mais cet office était déjà rempli par deux lions, qui avaient ouvert la terre avec leurs ongles, et saint Antoine n'eut rien de plus à faire qu'à y déposer le corps de son ami. Saint Paul s'était fait une tunique avec des feuilles de palmier; saint Antoine prit cette relique, l'emporta dans sa retraite, et s'en revêtit aux solennités de Pâques et de la Pentecôte. La tradition veut que notre ermite soit mort l'an 342. VIENNET, de l'Académie Française.

PAUL DE SAMOSATE, antitrinitaire de la primitive Église, fut, à partir de l'an 260, évêque d'Antioche. Accusé devant les synodes qui se tinrent à Antioche en 164 et en 260, à cause de sa vie mondaine et aussi parce qu'il ne considérait le *Logos* que comme l'intelligence divine opérant dans Jésus homme, par conséquent comme ne constituant par une hypostase, il finit par être déposé. La protection que lui avait accordée Zénobie, reine de Palmyre, ne fut que passagère, attendu que l'année 272 cette princesse fut vaincue par l'empereur Aurélien. Il existait cependant encore au quatrième siècle quelques partisans des doctrines de Paul de Samosate.

PAUL, papes. On en compte cinq de ce nom.

PAUL Ier succéda, le 22 mai 757, à Étienne III, dont il était le frère. Il était diacre de la création du pape Zacharie. Son premier soin fut d'écrire à Pepin le Bref pour lui demander sa protection; et le roi de France lui ayant envoyé, comme un gage de son amitié, les langes dont sa fille Gisèle avait été enveloppée au sortir des fonts baptismaux, il les fit placer sous un autel de l'église de Sainte-Pétronille qui était dans l'enceinte du Vatican. Paul écrivit aussi à l'empereur Constantin Copronyme pour l'engager à revenir au culte des images; mais il ne trouva point à la cour d'Orient la même condescendance. Rome lui dut la fondation de plusieurs églises, entre autres celle des apôtres Saint-Pierre-et-Saint-Paul, auprès de l'ancien temple de Romulus. On vante en outre sa charité, sa clémence, son zèle pour les pauvres, pour les malades, les orphelins et les prisonniers. Il mourut le 21 juin 767.

PAUL II était un Vénitien nommé *Pierre* BARBO, cardinal de Saint-Marc; sa mère, Polyxène Condelmère, était sœur du pape Eugène IV, et l'exaltation de son oncle détermina sa vocation pour la cléricature, au moment où il allait s'embarquer pour faire le négoce. Nommé successivement archidiacre de Bologne, évêque de Cervie et protonotaire apostolique, il succéda enfin à Pie II, en 1464, à l'âge de quatre-vingt-trois ans. Avant de procéder à l'élection, les cardinaux avaient imposé de dures conditions au pape futur; et Paul II avait juré de les observer. Mais à peine assis sur le saint-siége, il regarda ces conditions comme attentatoires à sa dignité; et pour apaiser les cardinaux, il ne trouva rien de mieux que de leur permettre des mitres de soie rouge pour eux, et des housses d'écarlate pour leurs chevaux. La maison d'Aragon enlevait alors à la maison d'Anjou le royaume de Naples; et en favorisant cette entreprise, Paul restait fidèle à la politique de son prédécesseur. C'est même à l'aide des troupes papales que Ferdinand força son compétiteur à chercher un refuge dans l'île d'Ischia. Mais cette intelligence eut un terme. Sous prétexte de quelques services rendus au pape dans sa guerre contre les enfants du tyran Éverse, que Rome parvint à détruire, Ferdinand exigea la diminution du tribut qu'il payait au saint-siége, et la restitution de quelques places qui avaient appartenu au royaume de Naples. Sur le refus de Paul, Ferdinand protégea tous les ennemis de Rome, prêta ses troupes au Malatesta de Rimini, que le pape voulait déposséder; et cette querelle ne fut terminée que par son successeur.

Pendant ce temps, un seigneur de Bohême nommé Stençon, dépouillé de ses biens par le roi Podiebrad, qui l'accusait de grands crimes, était venu implorer la protection du pape. Paul prit en main sa défense, pour punir le roi de la protection qu'il accordait aux hussites, et le cita à comparaître devant lui. Sur son refus, il le frappa d'anathème, délia les Bohémiens de leur serment de fidélité, et donna la Bohême à Mathias, roi de Hongrie, avec lequel il venait de se raccommoder. Il soutenait en même temps Henri IV, roi de Castille, dont les débauches avaient causé un soulèvement général; les seigneurs révoltés avaient donné la couronne à son frère Alfonse, et repoussé deux légats qui étaient venus les sommer de rentrer dans leur devoir. Les anathèmes de Paul II et l'empoisonnement d'Alfonse les ramenèrent sous le joug de cet indigne monarque, tandis que le vertueux Podiebrad mourait victime de la haine du pontife. Il ne trouva point la même facilité dans le roi Louis XI, et réclama vainement le cardinal La Balue, en disant qu'un prince de l'Église ne pouvait être jugé que par le saint-siége. Louis XI pensa tout autrement, et le cardinal resta dans sa prison.

Une affaire d'un plus grand intérêt pour la chrétienté lui avait été léguée par Pie II : c'était une croisade à lancer contre Mahomet II, qui s'était emparé de Constantinople, et qui menaçait l'Italie de ses armes. Mais Paul II y épuisa vainement ses prédications et ses prières; c'est en vain que dans ce but il s'efforça de rétablir la paix entre les princes d'Italie, et que l'empereur Frédéric III vint en conférer avec lui dans sa capitale. Le temps des croisades était passé. Il lui fut plus facile de persécuter, de torturer les historiens Platine, Pomponius Lætus, et autres, sous le vain prétexte d'hérésie, mais en réalité pour châtier l'audace de leurs écrits, qui acquéraient un trop grand ascendant de la découverte récente de l'imprimerie. Paul II n'aimait ni les savants ni les sciences, et disait qu'il fallait se contenter de savoir lire et écrire. Ce vieillard atrabilaire mourut de vieillesse et d'apoplexie, le 25 juillet 1471, après avoir ordonné par une constitution que les cardinaux seraient seuls désormais appelés à la papauté.

PAUL III succéda à Clément VII, à l'âge de soixante-sept ans, le 13 octobre 1534. Il était fils de Pierre Farnèse et de Jeannette Cajétan, et était né à Carin, en Toscane, en 1534. Élève de ce Pomponius Lætus si maltraité par Paul II, d'Albert Pigghius pour les mathématiques, et des professeurs de grec que les Turcs avaient fait refluer sur l'Italie, *Alexandre* FARNÈSE avait été nommé protonotaire apostolique par Innocent VIII, évêque de Montefiascone et cardinal de Saint-Côme et de Saint-Damien par Alexandre VI, qui l'avait chargé d'aller recevoir le roi de France Charles VIII à la frontière de ses États. Il avait enfin passé successivement sur les siéges de Parme, de Tivoli, de Palestrine, de Porto et d'Ostie, quand les suffrages unanimes de trente-quatre cardinaux l'élevèrent à la papauté. Son début fit voir qu'il était peu digne de cet honneur; il scandalisa le monde chrétien en donnant la pourpre à deux enfants de quatorze et de seize ans, qui avaient encore le malheur d'être nés de deux de ses bâtards. Cette effronterie d'un vieux débauché n'était pas propre à terminer les schismes qui éclataient de toutes parts. Berne, Zurich et Genève venaient d'embrasser la réforme; Henri VIII, proclamé chef de l'Église d'Angleterre, se moquait de ses anathèmes, et son légat Verger était revenu d'Allemagne pour lui annoncer que Luther et son parti ne seraient plus réduits que par les armes. Le nouveau pape convoqua un concile à Mantoue pour travailler à l'extirpation de ces hérésies. Charles-Quint, François Ier, et tous les souverains de l'Europe furent invités à s'y rendre. Mais l'empereur et le roi de France ne songeaient qu'à se faire la guerre; l'Anglais ne répondit que par une protestation nouvelle; les luthériens refusèrent également de comparaître; le duc de Mantoue ne voulut pas même prêter sa résidence à tant de disputeurs, et Paul III fut obligé de proroger indéfiniment un concile qu'il se souciait fort peu lui-même d'assembler.

Son entrevue avec Charles-Quint et François Ier à Nice n'eut pas plus de succès. Les deux rivaux ne voulurent jamais conférer ensemble, et reprirent le cours de leurs hostilités. Les catholiques et les protestants d'Allemagne voulaient au contraire suspendre les leurs; voyant que le pape ne tenait pas plus son concile à Vicence qu'à Mantoue, ils indiquèrent une diète à Nuremberg; et malgré le mécontentement de Paul III, Charles-Quint en convoqua une nouvelle à Ratisbonne, où ce pape fut obligé d'envoyer un légat, de peur que les intérêts du saint-siége n'y souffrissent quelque atteinte. La diète ne fit que le presser de convoquer son concile général; Charles-Quint vint à Lucques pour l'en prier; et la ville de Trente fut enfin désignée par une troisième bulle de convocation. Deux ans s'écoulèrent encore, pendant lesquels l'empereur s'aliéna le pontife en s'alliant avec l'hérétique Henri VIII, au lieu de faire la paix avec François Ier, et en proclamant surtout un décret de la diète de Spire, qui défendait d'inquiéter personne pour cause de religion. Paul III lui écrivit à ce sujet une lettre fulminante, en date du 24 août 1544, et fixa enfin au 13 décembre l'ouverture d'un concile si lontemps attendu.

Pendant ces discussions, il n'oubliait ni les intérêts de sa puissance ni ceux de sa famille. Il approuva l'institut des Jésuites par une bulle de 1540; et par un bref de 1544 il investit son fils naturel des duchés de Parme et de Plaisance, au grand scandale du sacré collége et de la chrétienté. Cependant, les anathèmes du concile n'arrêtaient point les progrès de la réforme; la mort de Luther, arrivée le 18 février 1546, n'avait point refroidi ses partisans; leur nombre s'accroissait tous les jours; le général des capucins, l'archevêque de Cologne, s'étaient séparés de l'Église Romaine, et les princes protestants avaient formé leur ligue de Smalkade. Le pape et Charles-Quint se réconcilièrent pour leur opposer une autre ligue, et Paul III s'engagea à fournir durant six mois douze mille fantassins, cinq cents chevaux et deux cent mille écus d'or. Mais à peine ces troupes furent-elles en campagne que les deux chefs de cette ligue se brouillèrent, sous des prétextes assez frivoles; et la victoire de Muhlberg, qui aurait dû causer une grande joie au pape, par la défaite des protestants, ne fit qu'aigrir sa stupide jalousie contre le victorieux Charles-Quint.

Les délibérations du concile ne lui plaisaient pas davantage. On allait trop droit à la réforme des abus qui profitaient à la cour de Rome. Paul III, qui brûlait de le dissoudre, n'osa que le transférer à Bologne; encore laissa-t-il à ses légats la responsabilité de cette translation. Mais ni l'empereur ni les prélats espagnols et impériaux ne s'y trompèrent. Charles-Quint profita de ce nouveau sujet de mécontentement pour enlever Plaisance au fils du pape, qui fut assassiné dans une révolte excitée par ses crimes. L'empereur fut accusé d'avoir eu quelque part à ce meurtre de son propre gendre; et ses panégyristes reprochèrent d'un autre côté à Paul III et à son fils d'avoir fomenté dans Gênes la conjuration de Fiesque, pour fermer ce passage aux troupes impériales.

Les évêques d'Allemagne étaient pendant ce temps restés dans la ville de Trente, menaçant le saint-siége d'une défection nouvelle; et Charles-Quint, voulant terminer seul une guerre de religion, publia son fameux édit de pacification connu sous le nom d'*Interim*; l'effet ne répondit point à son attente. Les catholiques et les protestants s'en plaignirent; et Paul III voulut profiter de ce soulèvement général des esprits pour appeler Henri II et les Français en Italie. Mais au moment d'entreprendre cette guerre, le courage lui manqua; et le roi de France, qui s'était avancé jusqu'à Turin, voyant l'incertitude du pape, retourna promptement dans son royaume. Paul III préféra la voie des négociations pour rentrer dans Plaisance; il communia tous les jours pour appeler la faveur du ciel sur ses projets de famille, et discuta avec l'empereur les droits qu'avait le saint-siége à la possession de ce duché. C'est au milieu de ces conférences que cet indigne pape termina sa longue carrière, à l'âge de quatre-vingt-un ans, le 10 novembre 1549.

PAUL IV se nommait *Jean-Pierre* CARAFFA. Il était né à Naples, en 1474, de Caraffa, comte de Matalone, et de Victoire de Camponesque. Il fit de brillantes études, sous la direction de son cousin, le cardinal Olivier Caraffa, qui lui fit donner l'évêché de Théate par Jules II, et fut nonce de Léon X en Angleterre et en Espagne, où il jouit pendant sept ans de la faveur du roi Ferdinand. Rappelé à Rome par Adrien VI, il abandonna son évêché pour se consacrer à la vie monastique, et fonda l'ordre des Théatins. Mais il n'accepta pas moins la pourpre des mains de Paul III, en 1538, et fut enfin élu à la place de Marcel II, en 1555, à l'âge de quatre-vingts ans, après avoir signé une capitulation, qu'il ne tint pas plus que ses prédécesseurs. Lorsque, après une promotion de sept cardinaux, on lui rappela qu'il avait promis de n'en pas faire avant le septième mois de son pontificat, il répondit que son pouvoir était absolu, et qu'il n'entendait point qu'il fût limité. Jamais homme ne se montra plus différent de lui-même après son exaltation. Le cardinal Caraffa était d'une grande austérité de mœurs, d'une justice rigide, d'un naturel si sévère que la cour de Rome l'avait vu en tremblant arriver à la tiare. Le pape Paul IV étala un faste scandaleux et un orgueil insupportable. Son maître-d'hôtel lui ayant demandé le lendemain comment il voulait être servi, il répondit : « Avec toute la magnificence d'un grand prince. » Ses deux neveux, Charles et Alfonse, avaient peur de lui confesser leur ambition. Il donna au premier le gouvernement des terres de l'Église, et décora le second de la pourpre romaine. Il prit plaisir à vexer, à humilier les juifs, à exciter contre eux toutes les rigueurs de l'inquisition; et la sévérité de ses mœurs papales se borna à punir de mort les débauchés et les courtisanes.

On cite un trait d'orgueil qui le rendit presque ridicule. Marie d'Angleterre avait rétabli la religion catholique dans ses États, et une ambassade de cent cinquante cavaliers vint rendre hommage au pape; mais dans les lettres de créance, la reine ayant pris le titre de reine d'Irlande, que ses prédécesseurs n'avaient point porté, Paul IV suspendit la réception pendant quelques jours pour se donner le temps de signer en secret un bref qui créait ce royaume, et le donnait à la fille de Henri VIII. Après l'orgueil vint l'avarice : il exigea que la restitution des biens ecclésiastiques suivît l'hommage; mais parmi les seigneurs de l'ambassade, il s'en trouvait beaucoup qui avaient profité des confiscations, et on éluda cette question délicate. Forcé de se prononcer entre Henri II et Charles-Quint, Paul IV fut entraîné vers la France par le cardinal de Lorraine. Il avait d'ailleurs à se venger de la diète d'Augsbourg, qui avait accordé aux luthériens le libre exercice de leur religion, et de Ferdinand d'Autriche, qui venait de concéder à ses peuples la faculté de communier sous les deux espèces. On l'entendit se plaindre de n'avoir plus l'autorité des papes du treizième siècle pour punir les rois qui lui déplaisaient. Il menaça cependant les deux empereurs de toute sa colère de pape. « Je leur marcherai sur la tête, » criait-il, au milieu d'un consistoire accoutumé à ses éclats de fureur. Sa violence fut au comble à la réception d'une ambassade polonaise, qui venait naïvement lui demander la communion sous les deux espèces, le mariage des prêtres, la permission de dire la messe en polonais, et d'assembler un concile national. « Je n'ai pas besoin de concile, répondait-il. Je suis au-dessus de la chrétienté. » Il songeait cependant à en convoquer un à Rome, mais pour réformer, disait-il, les princes et les cours, et pour faire voir au monde ce que c'était qu'un pape courageux. Il pouvait l'être sans risque; mais il croyait courir des dangers, et il les bravait, disant toujours qu'il aimerait mieux mettre le feu aux quatre coins du monde et perdre la vie que de faire une bassesse.

Son plus vif chagrin était de ne pas voir commencer la guerre qu'il avait fomentée. La reine Marie avait fait signer une trêve de cinq ans entre Henri II et Charles-Quint. Paul IV la fit rompre en 1556, et s'indigna que dans l'intervalle l'empereur se fût dérobé aux embarras de cette guerre en abdiquant l'empire. Il soutint qu'un souverain ne pouvait point abdiquer sans la permission du saint-siége, et pendant le reste de sa vie il refusa de recevoir les ambassadeurs du nouvel empereur Ferdinand. Il fit le même affront à celui de Philippe II, à qui cette abdication avait valu la couronne d'Espagne. Malgré sa fureur contre les protestants, qu'il livrait à ses inquisiteurs, il fit lever des troupes chez les Grisons, assurant que Dieu les convertirait quand ils combattraient pour le saint-siége. Il excommunia les princes Colonne, comme partisans de la maison d'Autriche, confisqua leurs biens, et osa même faire arrêter l'ambassadeur d'Angleterre, qu'il accusait de quelque intelligence avec ses ennemis. Le duc d'Albe, gouverneur de Naples, essaya vainement de le fléchir; il fut forcé de commencer la guerre, pour ne pas être surpris lui-même. Il s'empara de la Terre de Labour, et jeta l'alarme jusque dans Rome. Le duc de Guise arriva enfin avec l'armée française, et marcha le 9 avril 1557 sur le royaume de Naples. Mais l'Angleterre ayant déclaré la guerre à Henri II, et gagné contre les Français la bataille de Saint-Quentin, le duc fut rappelé d'Italie; et Paul IV, abandonné à la vengeance des Espagnols, se livra à de nouvelles extravagances. Il fulmina contre la reine Marie, rappela le cardinal Polus, son légat, qui avait conseillé cette reine, et força, malgré elle, ce cardinal à s'humilier devant lui. Cependant, sur les conseils du duc de Guise, il consentit à traiter avec l'Espagne; mais il exigea que le duc d'Albe vînt à Rome lui demander pardon à genoux d'avoir attaqué le patrimoine de saint Pierre; et Philippe II autorisa son vice-roi à commettre cette bassesse. Paul IV se vengea sur les protestants, contre lesquels il renouvela tous les décrets des conciles et de ses prédécesseurs, et finit par s'en prendre à ses trois neveux, qu'il dépouilla de toutes leurs charges et qu'il exila de Rome, sous prétexte qu'ils avaient la prétention de le mener et de le tenir en captivité.

Ce fut encore une occasion de se livrer à ses accès de rage que l'avénement de la reine Élisabeth. Il la traita de bâtarde, s'indigna qu'elle eût osé prendre le sceptre d'Angleterre sans sa permission, et accéléra par sa violence la révolution qui sépara encore une fois et pour toujours l'Angleterre de l'obédience du saint-siége. La paix de Cambray, signée le 3 avril 1559, entre la France et l'Espagne, mit le comble au désespoir du pape. Mais Philippe II le consola en établissant dans les Pays-Bas cette inquisition que Paul IV considérait, disait-il, comme le seul antidote de la réforme. Ses colères finirent avec sa vie, le 19 août 1559; et ce fut alors le tour du peuple, qui avait trop longtemps souffert de la tyrannie des Caraffes. L'exil des trois neveux n'avait point satisfait les Romains, à qui Paul IV les avait réellement sacrifiés. A peine eut-il expiré, que le peuple brûla les prisons de l'inquisition, délivra les prisonniers, attaqua le couvent des jacobins, arracha partout les armoiries d'une famille exécrée, décapita la statue de Paul IV, qu'un juif coiffa du bonnet jaune dont ce pape les avait affublés, et les cardinaux eurent quelque peine à sauver son cadavre du traitement que la vengeance populaire avait fait subir à sa statue.

PAUL V se nommait *Camille* BORGHÈSE, et était né à Rome, où son père était avocat consistorial : il fut successivement clerc de la chambre, nonce en Espagne sous Clément VIII, cardinal de Saint-Chrysogone, et fut enfin élu à la place de Léon XI, à l'âge de cinquante-trois ans, en 1605. Aussi jaloux que Paul IV des prérogatives du saint-siége, il débuta par excommunier le doge et le sénat de Venise, parce qu'ils s'opposaient aux dons et legs faits sans mesure aux moines et aux églises, et qu'ils prétendaient en outre juger les ecclésiastiques dans les affaires civiles et criminelles. La république ne s'en émut point. Les capucins et les jésuites furent les seuls miliciens de Rome qui sortirent de son territoire; et le doge dit aux enfants de Loyola : « N'emportez rien, et ne revenez plus. » Notre Henri IV termina cette querelle, que l'Espagne s'efforçait d'envenimer. Le pape donna l'absolution; mais les jésuites restèrent bannis de Venise. Ils se consolèrent en tramant d'inutiles conspirations chez les Anglais, et en fomentant de nouveaux troubles en France, où le crime de Ravaillac ne tarda point à signaler le détestable effet de leurs doctrines régicides. Ce furent eux et les légats de Rome qui donnèrent seuls de la vie à ce règne d'un pape indolent. « Paul V, écrivait l'ambassadeur de France à Marie de Médicis, est une pièce de chair qui s'engraisse dans l'oisiveté, un homme sans courage et sans expérience, qui ne songe qu'à profiter pour sa famille de la place que le hasard lui a donnée. » Cette quiétude fut troublée, en 1614, par l'arrêt du parlement de Paris, qui condamnait le livre du jésuite Suarez. Paul V eut un moment de colère à cette nouvelle, car Suarez professait le droit de déposition des souverains par le saint-siége. Il disputa avec le nouvel ambassadeur de France; mais il se serait contenté de la déclaration de Louis XIII, si les jésuites n'eussent entretenu cette velléité d'énergie. Le roi de France, à sa majorité, avait déclaré que l'exécution de l'arrêt ne porterait aucun préjudice à l'autorité légitime du pape et aux priviléges du saint-siége. Paul V persista à exiger la cassation juridique de l'arrêt, et se contenta enfin d'une suspension qui accusait la faiblesse des deux parties contendantes.

La dispute sur l'immaculée conception de la Vierge s'était renouvelée en Espagne, et mettait ce royaume en feu. Philippe III envoyait à Rome ambassade sur ambassade pour supplier le pape d'en décider. Mais Paul V, ne voulant se brouiller ni avec les dominicains, qui disaient oui, ni avec les franciscains, qui disaient non, défendit seulement d'enseigner que la sainte Vierge eût été conçue en péché originel. La réunion des nestoriens de Chaldée à l'Église romaine fut une faible compensation des pertes qu'elle avait éprouvées en Europe. Mais si l'autorité des papes allait en décroissant, la famille Borghèse s'enrichit, comme toutes les maisons papales, du passage de l'un de ses membres sur la chaire de Saint-Pierre. Rome lui dut aussi de grands embellissements, et surtout l'achèvement du palais Quirinal, dont les pontifes firent leur résidence. Paul V mourut le 28 janvier 1621, laissant une réputation fort équivoque, s'il faut en croire la violente satire publiée contre lui, en France, par Nicolas de Marbois, sieur de Coing, docteur en théologie.

VIENNET, de l'Académie Française.

PAUL Ier (PETROWITSCH), empereur de Russie, de 1796 à 1801, né le 1er octobre 1754, était fils du malheureux empereur Pierre III et de Catherine II. La mort tragique de son père et la froide sévérité de sa mère, réagirent de bonne heure sur le caractère du jeune grand-duc, qui ne manquait pourtant ni d'heureuses dispositions naturelles, ni de précieuses qualités du cœur. Son éducation fut bien confiée à quelques hommes de mérite, notamment au comte Panin; mais ce qui lui fit défaut, c'est cet esprit de paternelle bienveillance qui seul eût pu triompher du caractère particulier aux princes de sa maison, une taciturnité pleine de défiance et un entêtement poussé jusqu'à la folie. Maintenu dans une rigoureuse dépendance par Catherine II et laissé sans la moindre participation aux affaires de l'État, dont l'impératrice partageait la direction avec ses favoris, Paul (marié depuis 1773) fut pendant plus de vingt ans réduit à vivre uniquement de la vie de famille; aussi entreprit-il pour se distraire de grands voyages en Allemagne, en France et en Italie. Mais le sentiment de l'état d'infériorité et de sujétion dans lequel on le laissait végéter ainsi que son inaction lui pesaient de plus en plus, et ne contribuèrent pas peu à aigrir encore davantage son caractère et à augmenter son irritabilité. Quand il parvint au trône, le 17 novembre 1796, il inaugura son règne par quelques mesures de mansuétude et porta remède à de nombreux abus; mais quelques-uns de ses actes annoncèrent l'intention de faire subir aux meurtriers de son père l'expiation de leur crime, ainsi que celle de tirer vengeance des favoris de sa mère. En même temps qu'il donnait de nombreuses preuves de générosité, notamment à l'égard des Polonais, son despotisme sombre et défiant se manifesta par les mesures rigoureuses auxquelles il eut recours pour isoler son empire du reste de l'Europe, dans son système de police inquisitoriale et vexatoire, ainsi que dans quelques actes de persécution violente. Le même mélange de grandeur d'âme et de défiance, de généreuse initiative et de bizarres caprices propres aux sultans d'Asie, qui ne tarda point à rendre intolérable son gouvernement à l'intérieur, se reproduisit dans sa politique extérieure. Après avoir accédé en 1798 et 1799, avec l'ardeur monarchique qui faisait de lui l'un des plus implacables adversaires de la révolution, à la coalition contre la France, et avoir fait avec un entier désintéressement les plus grands efforts pendant la campagne de 1799, il se crut dupe de l'égoïsme de l'Autriche et de l'Angleterre, et changea alors brusquement d'attitude et de politique. Quelques circonstances où il eut à se plaindre d'un manque d'égard de la part de ses alliés, qui, par exemple, se montrèrent peu disposés à favoriser le bizarre caprice qui lui fit désirer ardemment d'être proclamé grand-maître de l'ordre de Malte, eurent une grande part à ce revirement inattendu. Napoléon, alors premier consul, sut habilement tirer parti de cette disposition nouvelle, et par les adroites attentions qu'il témoigna à l'empereur il se rendit assez maître de son esprit pour préparer (1800) dans la politique européenne ce grand changement par suite duquel une étroite alliance se forma tout à coup entre la France et la Russie, qui dès lors s'efforça de coaliser les puissances maritimes secondaires contre la prépondérance britannique. Le malheureux naturel de l'empereur se manifesta d'une manière encore plus fâcheuse dans les affaires intérieures; un despotisme inintelligent, quoique tempéré de temps à autre par quelques lueurs de grandeur et de générosité, un système de persécutions et de bannissements poussé à l'extrême, l'influence sans bornes exercée par quelques individus du plus vil caractère, comme le valet de chambre Kutaïsoff et une Française appelée Mme Chevalier, dont l'empereur avait fait sa maîtresse, rendirent moralement impossible la plus longue durée d'un pareil gouvernement. C'est ainsi qu'il se forma une conjuration à laquelle les plus proches parents de l'empereur eux-mêmes ne restèrent pas étrangers, quoique les meneurs ne leur eussent d'abord parlé que de la nécessité de détrôner Paul, dans l'intérêt de la conservation de leur liberté personnelle et même de leur vie, et qu'il n'eût jamais été question de le tuer. Le chef de la conjuration fut le comte de Pahlen, alors l'homme le plus influent de l'entourage de l'empereur; et il eut pour principaux complices les Souboff, le général Bennigsen, Ouvaroff et un grand nombre de nobles et d'officiers. Dans la nuit du 23 mars 1801 les conjurés pénétrèrent dans le palais Michaïloff, qu'habitait l'empereur, le surprirent dans sa chambre à coucher, et parurent d'abord ne vouloir que le contraindre à abdiquer. Mais la résistance qu'opposa l'empereur, peut-être bien aussi la crainte de voir leur coup manquer, ou encore la haine personnelle de quelques-uns des conspirateurs, accéléra la catastrophe finale, sur les détails de laquelle les versions varient beaucoup. Ce qu'il y a de certain, c'est qu'il y eut une violente collision, à laquelle prit surtout part Nicolas Souboff, et suivant d'autres Bennigsen, et où l'empereur, par suite de la résistance désespérée qu'il opposa à ses meurtriers, fut horriblement maltraité, et finit par être étranglé avec une ceinture d'officier. Le cadavre était tellement mutilé qu'on ne permit pas même à l'épouse de Paul et à la grande-duchesse de le voir une dernière fois.

Alexandre, qui n'avait trempé dans la conspiration que parce qu'on lui avait persuadé que l'abdication de son père était une rigoureuse nécessité politique et pouvait seule garantir sa liberté et sa sûreté personnelles, fut alors proclamé empereur.

En 1773 Catherine II avait fait épouser à Paul Ier la princesse Wilhelmine de Hesse-Darmstadt. Cette princesse étant venue à mourir sans laisser d'enfants, le 26 avril 1776, Paul se remaria le 18 octobre suivant, avec la princesse Dorothée-Auguste-Sophie de Wurtemberg (Maria-Feodorowna). De ce mariage naquirent les grands-ducs Alexandre, Constantin, Nicolas et *Michel* (né le 8 février 1798, mort le 9 septembre 1849, marié le 19 février 1824, avec la fille du prince Paul de Wurtemberg, Frédérique-Charlotte-Marie, aujourd'hui grande-duchesse Hélène-Paulowna); et les grandes-duchesses *Alexandra*, fiancée d'abord au roi de Suède Gustave IV-Adolphe, puis mariée en 1799 à l'archiduc Joseph, palatin, morte en 1801; *Marie*, duchesse douairière de Saxe-Weimar; *Hélène*, morte en 1803, princesse héréditaire de Mecklembourg-Schwerin; *Catherine*, morte en 1819, reine de Wurtemberg; *Anne*, née le 18 janvier 1795, veuve, le 17 mars 1849, du roi de Pays-Bas Guillaume II.

PAUL (MARC). *Voyez* POLO (Marco).

PAUL (VINCENT DE). *Voyez* VINCENT DE PAUL.

PAUL D'ÉGINE, célèbre médecin grec, qui florissait dans la seconde moitié du septième siècle de notre ère, passa la plus grande partie de sa vie en Égypte et en Asie Mineure. Doué de rares facultés naturelles et possédant des connaissances extrêmement étendues, il fut le médecin le plus distingué de son époque. Non moins en renom parmi les Grecs, qui le surnommèrent *Iatrosophista* (le maître de l'art de guérir), que parmi les Arabes, qui, en raison de l'extrême prudence qu'il apportait dans le traitement des maladies des femmes, l'appelaient l'*Accoucheur* par excellence (*Alkawabeli*), il déposa le résultat de son expérience personnelle dans plusieurs écrits, dont un seul est parvenu jusqu'à nous. C'est un livre d'une grande importance scientifique, intitulé : *Compendii Libri septem* (Bâle, 1538). Il en a été publié une traduction anglaise par Adams (Londres, 1834).

PAUL DIACRE ou **LÉVITE** (appelé ainsi à cause des fonctions qu'il remplissait dans l'Église), fils de Warnefrid, le plus important d'entre les historiens lombards et l'un des plus savants hommes de son époque, naquit vers l'an 730, à Forojuli, et descendait d'une noble famille lombarde établie dans le Frioul. Il reçut une excellente éducation à la cour du roi lombard Ratchis, à Pavie; et il paraît qu'il séjourna également à cette cour sous les rois Astolphe et Didier (*Aistulf* et *Desiderius*). Il est vraisemblable qu'il fut chargé d'accompagner Adelperga, fille de Didier (à l'éducation de laquelle il avait été attaché et à qui il resta toujours sincèrement dévoué), à la cour de son époux, le duc Arichis de Bénévent. C'est à l'usage de cette princesse qu'il composa vers 781, après être déjà entré dans les ordres, l'un de ses principaux ouvrages, son histoire romaine (*Historia Romana*), dans laquelle il augmenta Eutrope en puisant à d'autres sources et qu'il continua provisoirement en six livres jusqu'à la chute du royaume des Goths, en se réservant de la pousser plus tard jusqu'au temps où il vivait. Cette histoire, n'étant qu'une compilation d'écrits qui nous sont connus, n'a pas pour nous la valeur d'un ouvrage original; mais elle n'en eut pas moins une extrême importance pendant tout le moyen âge, comme en témoignent les nombreux manuscrits d'imitations, de continuations, qui en existent. On manque encore d'une édition du texte pur; mais la plus grande partie en a été imprimée avec les mutations, dont l'une est connue sous le titre de *Historia miscella*; la meilleure édition est celle qu'en a donnée Muratori dans ses *Rerum Italicarum Scriptores* (tome 1er; Milan, 1728). En 781 Paul Diacre était déjà moine au mont Cassin, le plus célèbre monastère de ce temps là; et peu après il se rendit spontanément en France, pour implorer la mise en liberté de son frère, fait prisonnier dans la révolte de l'an 776; ce à quoi il réussit effectivement, peut-être bien aussi mandé du Mont-Cassin par Charlemagne à cause de sa grande réputation de savoir. Il jouit auprès de Charlemagne d'une grande et durable faveur, et eut une part essentielle au succès qui couronna les efforts faits par ce prince dans l'intérêt des sciences. Il introduisit en France l'étude de la langue grecque, et dirigea vers l'an 783 la collection d'homélies tirées des meilleurs écrivains que Charlemagne avait ordonné de faire (*Omiliarius*, souvent réimprimé de 1482 à 1569, et traduit aussi en allemand et en espagnol), et restée en usage pendant plusieurs siècles. A quelque temps de là il composa, à la prière de l'évêque de Metz Angilram, une histoire des évêques de Metz (*Gesta Episcoporum Mettensium*; la meilleure édition est celle qu'en a donnée Pertz dans ses *Monumenta Germaniæ historica*), le plus ancien ouvrage de ce genre qui ait été écrit de ce côté-ci des Alpes, et à l'imitation duquel on composa ensuite des histoires de la plupart des évêchés et des abbayes. Ce n'était pourtant qu'à son grand regret qu'il avait consenti à prolonger si longtemps son séjour en France, et dès 787, cédant à l'impérieux besoin de revoir son pays et son monastère, il revenait au mont Cassin, qu'il continua d'habiter au milieu de l'estime et du respect universels jusqu'à sa mort, arrivée dans un âge fort avancé (on indique pour date le 13 avril 797). Il reprit au mont Cassin l'exécution de l'ancien plan de son histoire, mais en le modifiant. C'est ainsi qu'il écrivit l'histoire de sa nation, dans laquelle il entremêle parfois l'histoire des Grecs et celle des Francs (*Historia Longobardorum*), dont il existe dix éditions imprimées, chacune avec des textes corrigés. La première est celle qui parut à Paris en 1514; la meilleure est celle qu'en a donnée Muratori. Il avait conduit son ouvrage jusqu'à la mort de Luitprand (744) lorsque la mort vint le surprendre avant qu'il eût pu le terminer. On ne connait pas moins de 113 manuscrits, de 10 continuations, de 15 abrégés de cette histoire, et les écrivains postérieurs ne cessèrent de la continuer jusque vers la fin du quinzième siècle; ce qui prouve bien l'importance qu'on attacha à cet ouvrage pendant tout le moyen âge. On a en outre de Paul Diacre un grand nombre de poésies et de lettres et quelques ouvrages de théologie généralement écrits dans un but pratique, entre autres une explication de la règle des Bénédictins, et une Vie de Grégoire le Grand puisée aux sources. Ce qui distingue Paul Diacre comme écrivain, c'est un grand amour de la vérité, une sévère impartialité, beaucoup d'intelligence dans le choix des sources et d'habileté dans l'emploi des documents recueillis, enfin une exposition nette, écrite d'un style assez bon pour l'époque. Son grand mérite, en outre, c'est de nous avoir conservé ce riche trésor de poétiques légendes qui ornent d'un bout à l'autre l'histoire de sa nation.

PAULDING (JAMES KIRKE), écrivain américain, est né dans l'État de New-York, d'une famille considérée, le 22 août 1779, à Pawling, sur les bords de l'Hudson. Possesseur d'une belle fortune, il s'établit à New-York, où à partir de 1807 il publia le journal satirique *Salmagundi*, en société avec son beau-frère, William Irving, et le frère de celui-ci, Washington Irving, devenu depuis si célèbre. L'immense succès des esquisses et des pochades publiées dans ce journal par lui et Washington Irving les détermina tous les deux à se vouer exclusivement désormais à la littérature. Paulding, qui appartenait au parti démocratique, prit avec ardeur la défense de son pays contre la presse anglaise, et publia dans ce but, en 1813, la satire *Lay of a scotch tiddle*. L'année suivante il fit paraître contre le *Quaterly-Review* le pamphlet intitulé *The United States and England*, et en 1816 la meilleure de ses satires *The diverting History of John Bull and Brother Jonathan*. On a aussi de lui dans un genre plus élevé le poëme *Backwoodsman* (1818), où il retrace la vie romanesque, mais pénible et périlleuse, d'un émigré dans les contrées lointaines de l'ouest. Mais ce sont ses romans qui ont encore plus contribué à populariser son nom. En 1823 il donna *Koningsmarke* (3 vol., New-York), ouvrage dans lequel il raconte d'une manière plaisante l'histoire de la colonie fondée par les Suédois sur les côtes de la Delaware; puis successivement *The Dutchman's Fireside* (New-York, 1831), peut-être le meilleur de ses ouvrages; *Westward, ho!* (1832), tableau de la vie sociale dans le Kentucky; *The old Continental* et *The Puritan and his Daughter* (1849). On peut encore citer de lui *John bull in America* (1824); *Merry Tales of the three Wisemen of Gotham* (1826), satire contre le philanthropisme d'Owen, contre la phrénologie et le système protecteur en matières de tarifs; *Letters on Slavery* (1835) et une biographie de Washington à l'usage de la jeunesse. Quelques-unes de ses Poésies diverses brillent par la naïveté et la grâce; mais Paulding étant un américain pur-sang, il n'a pu comme satiriste être aussi bien compris en Europe qu'Irving, ni arriver comme poëte à se faire aussi universellement accepter que Longfellow. Comme homme politique, il jouit d'une grande considération dans les rangs de la démocratie américaine. Pendant longues années commissaire de la marine à New-York, il a été de 1837 à 1841, sous la présidence de van Buren, ministre de la marine de l'Union.

PAULE (Saint FRANÇOIS DE). *Voyez* FRANÇOIS DE PAULE.

PAUL-ÉMILE (LUCIUS PAULUS ÆMILIUS), fils du consul L. Æmilius Paulus, qui fut tué à la bataille de Cannes, eut une grande part, comme préteur, aux grands succès que les Romains obtinrent l'an 190 avant J.-C. contre les peuples d'Espagne révoltés. Nommé consul pour la première fois l'an 182 av. J.-C., il fit la conquête de la Ligurie, et obtint le triomphe. Ayant échoué dans la poursuite d'un second consulat, il renonça pour longtemps aux affaires, et se livra exclusivement à l'éducation de ses enfants. Mais l'an 168 il fut presque malgré lui nommé consul; Persée, roi de Macédoine, venait de déclarer la guerre à la république. Bien qu'à cette époque Paul-Émile fût âgé de soixante ans, il poursuivit les hostilités avec une rare vigueur, et remporta la victoire décisive de Pydna, après laquelle Persée fut abandonné de tous ses sujets. En deux jours le consul se rendit maître de la Macédoine. Après avoir partagé entre ses soldats les dépouilles de soixante-dix villes de la Macédoine qui s'étaient déclarées contre les Romains, il reprit le chemin de l'Italie, et rentra dans Rome aux acclamations du peuple. Son triomphe, rendu plus imposant par la présence de Persée et de sa famille, dura trois jours. Le vainqueur fut salué du surnom de *Macedonicus*. De toutes les richesses que cette conquête valut au trésor public, et qui permirent de supprimer l'impôt régulier prélevé jusque alors sur les citoyens sous le nom de *tributum*, Paul-Émile ne s'appropria que la bibliothèque de Persée. Il mourut l'an 158 av. J.-C. Il fut le père du second Scipion l'Africain.

A. SAVAGNER.

PAULETTE (Droit de). Il y avait longtemps déjà qu'existait la vénalité des charges, lorsqu'en 1604, sur la proposition du secrétaire d'État Charles Paulet, on accorda à tous ceux qui payaient une imposition annuelle de 1/60 de leurs revenus le droit de transmettre leurs charges à leurs héritiers, qui eux-mêmes pouvaient la conserver ou la vendre. Cette ordonnance fut appelée *paulette*, du nom de son auteur. Les abus ne diminuèrent pas sous les règnes suivants; ce trafic de places dissimula des emprunts secrets. Lorsque l'État avait besoin d'argent, il créait grand nombre de nouvelles places, dont les appointements étaient considérés comme les intérêts des capitaux avancés par les acheteurs. Mais comme les avantages qu'on leur offrait ne suffisaient pas toujours pour les amener à ces transactions, on y ajouta des droits et un casuel surpassant en général les appointements, et augmentant encore le fardeau du peuple. Ces circonstances firent monter le prix des places, qui fut versé au trésor en raison des revenus accidentels, de l'honneur et de l'influence qui y étaient attachés. Outre la misère du peuple, cette institution avait d'autres effets désastreux. Elle fermait la route aux talents, qui étaient perdus pour l'État; elle multipliait les employés, indéfiniment et sans égard pour les règles d'une sage politique; elle jetait les places dans des mains ignorantes ou oiseuses, et dérobait au commerce et à l'industrie des capitaux qui les eussent fait prospérer. Elle ruina les institutions municipales, comme on le vit dans les dernières années de Louis XIV. Lorsqu'on eut épuisé toutes les ressources pour la création de nouveaux emplois, on s'empara dans les villes de ceux qui, jusque là, avaient été donnés par la bourgeoisie. Les efforts des ministres les plus habiles pour réformer cet abus furent inutiles. De nouveaux embarras financiers forçaient toujours de revenir à ce remède dangereux. En 1664 le nombre de ces places vénales s'élevait, dans la justice et les finances, à 45,780, quand on eût pu les réduire à 6.000. Les appointements qui sortaient du trésor montaient à 8 millions, pour lesquels le roi ne recevait que 2 millions à titre d'*annuités*. Le peuple était accablé de 187 1/4 millions d'impôt, et la vente des charges produisait un total de 420 millions. Colbert essaya de supprimer une partie de ces emplois inutiles, mais les guerres et les dissipations de Louis XIV mirent ses successeurs dans la nécessité de maintenir les anciens abus. La création de nouvelles places fit entrer dans les caisses du trésor 294 millions, de 1689 à 1694, et jusqu'à 428 millions de 1701 à 1709. On fit différentes tentatives pour combattre cette maladie, qui fut rebelle à tous les remèdes, et qui ne cessa d'empirer jusqu'à la révolution française de 1789.

PAULICIENS ou PAULINIENS. C'est le nom sous lequel on désigna à partir du septième siècle des sectaires derniers débris des gnostiques demeurés indépendants dans les gorges du Caucase et du Taurus, en Arménie, et dont les doctrines se rapprochaient beaucoup de celles de Marcion. De là leur prédilection pour l'apôtre saint Paul, dont leurs chefs prirent le nom, parce qu'ils prétendaient être ses disciples. Ils rejetaient de l'Évangile les épîtres de saint Pierre, peut-être bien même les deux premiers évangiles, et toute la discipline extérieure de l'Église. En tant qu'iconoclastes, ils furent persécutés ou tolérés par les empereurs de Constantinople, suivant que ces princes furent ou non partisans du culte des images. Au neuvième siècle, il furent, en raison de leur hérésie, en butte aux plus cruelles persécutions, et un grand nombre d'entre eux périrent martyrs de leur foi, tandis que le reste se réfugiait sur le territoire des peuples mahométans, qu'ils secondèrent dans leurs expéditions contre l'empire grec. Les diverses tentatives faites au neuvième siècle par l'empereur Jean Tzimitzès pour convertir quelques-unes de leurs communes qui étaient revenues s'établir sur le territoire grec eurent moins de succès que celles d'Alexis Comnène, aux onzième et douzième siècles. Consultez Schmid : *Historia Paulicianorum orientalium* (Copenhague, 1826).

PAULIN (Saint), né à Bordeaux, au milieu du quatrième siècle, avait pour surnom Méropius Pontius Anicius. Sa famille s'était illustrée dans les fastes consulaires. Ausone dirigea ses études, et le disciple se rendit digne du maître. Saint Paulin, après avoir paru avec éclat au barreau de Rome, conquit la faveur de Gratien, et fut appelé au consulat, en 378. Au faîte des grandeurs, saint Paulin aspira après le repos et la médiocrité; il se retira en Espagne, avec sa femme Thérasie; ils donnèrent leurs biens, qui étaient considérables, aux églises, et pendant que Thérasie prenait le voile, saint Paulin se faisait prêtre à Barcelone, en 393. Devenu évêque de Nôle, en Italie, pendant l'invasion des Goths, il soulagea les malheureux, consola les indigents, racheta les captifs. Il mourut en 441. Saint Paulin a laissé plusieurs ouvrages en prose et en vers, qui ont été imprimés, en 1685, à Paris; une édition de ses œuvres publiée à Vérone, en 1736, est plus complète. Cette édition contient les cinquante Lettres de saint Paulin, qui ont été traduites en français en 1724, et qui lui ont fait sa réputation d'épistolographe. Saint Augustin estimait beaucoup ces lettres. Un *Discours sur l'Aumône*, l'*Histoire du Martyre de Saint Géniès*, et quelques pièces de poésie complètent les œuvres de saint Paulin. C'est un des Pères de l'Église qui méritent le plus d'être lus, malgré son incorrection. La Vie de saint Paulin a été publiée par Rosweyd, à Anvers, et par dom Gervaise.

PAULMY (Le marquis DE). *Voyez* ARGENSON.

PAULOWNIA, genre d'arbres de la famille des bignoniacées, dont on ne connaît qu'une seule espèce, le *paulownia imperialis*, originaire du Japon, mais parfaitement acclimaté en France depuis une vingtaine d'années. Le *paulownia imperialis*, dont la hauteur peut atteindre jusqu'à vingt mètres, contribue à l'ornement des jardins par ses grandes feuilles cordiformes et par ses panicules de fleurs teintes d'un beau bleu azuré. Il a pour caractères botaniques : Calice coriace, campanulé, divisé en cinq parties; corolle infundibuliforme, sous-labiée, à limbe partagé en cinq divisions; quatre étamines, à anthères libres; ovaire biloculaire; style simple, à stigmate tronqué; capsule ligneuse, biloculaire; graines nombreuses, à ailes membraneuses.

PAULUS (HENRI-ÉBERHARD-GOTSLOB), savant théologien protestant allemand, né en 1761, à Leonberg, près de Stuttgard, devint en 1811 professeur d'exégèse et d'histoire ecclésiastique à l'université de Heidelberg, et continua d'occuper cette chaire jusqu'en 1844, époque où son grand âge le força à prendre sa retraite. Il est mort en 1851. On a de lui des *Commentaires philologiques, critiques et historiques sur le Nouveau Testament* (4 vol.; Lubeck, 1800); une *Collection des principaux Voyages en Orient* (7 vol., Iéna, 1792); une *Vie de Jésus, comme base de l'histoire du christianisme primitif* (3 vol., Bremen, 1830); un *Manuel d'Exégèse sur les trois premiers évangiles* (Heidelberg, 1833) et une édition critique des *Leçons de Schelling sur la Révélation* (Darmstadt, 1843).

PAUL VÉRONÈSE. *Voyez* VÉRONÈSE.

PAUMATOU ou POMOTOU (Archipel). *Voyez* DANGEREUX (Archipel).

PAUME (du latin *palma*), le creux, le dedans, la partie interne de la main.

PAUME, sorte de jeu auquel se livrent deux ou plusieurs individus qui se renvoient une balle avec la main ou un gantelet, avec une raquette ou avec un battoir. La *longue paume* est celle à laquelle on joue dans un long espace de terrain ouvert de tous côtés. La *courte paume* ou *trinquet* est celle à laquelle on joue dans un carré long enfermé de murailles, ordinairement peintes en noir et pavé de dalles. Ce carré est tantôt couvert et tantôt découvert. La *paume* en général est ainsi nommée, suivant Étienne Pasquier, de ce qu'on n'y jouait primitivement qu'avec la paume de la main. Elle était appelée *sphéristique* chez les Grecs, à cause de sa figure ronde, et *pila* chez les Romains. Hérodote en attribue l'invention aux Lydiens, et Pline en fait honneur à un certain Pythus. Il paraît que du temps d'Homère elle était fort en usage, puisque ce poëte, aux sixième et huitième livres de l'*Odyssée*, en fait un amusement de ses héros. Les Romains, qui avaient imité les gymnases des Grecs dans la construction de leurs thermes et de leurs palestres, y avaient aussi établi des *sphéristères*, ou jeux de paume, dans lesquels ils se livraient à cet exercice comme en Grèce. Pline nous apprend que la paume était si fort connue chez les Romains qu'ils s'y exerçaient même dans leurs maisons à la ville, et dans leurs villas à la campagne. Ils avaient emprunté des Grecs quatre espèces de paumes différentes : le ballon, la balle trigonale, la balle villageoise, et le *harpastum*, fort semblable à notre longue paume. Dans ce dernier jeu, les concurrents se divisaient en deux bandes, et s'éloignaient d'une ligne que l'on traçait au milieu du terrain, ligne sur laquelle on posait une balle de la grosseur des nôtres. On tirait ensuite derrière chaque troupe de joueurs une autre ligne, qui marquait de part et d'autre les limites du jeu. Puis les combattants de chaque côté couraient vers la ligne du milieu, où chacun tâchait de saisir la balle déposée et de la jeter au delà de l'une des deux lignes qui marquaient le but, pendant que ceux du parti contraire faisaient tous leurs efforts pour défendre le terrain et envoyer la balle vers l'autre ligne. Enfin, le gain de la partie était pour la troupe qui avait envoyé plusieurs fois la balle au delà de cette ligne qui bornait le terrain des antagonistes.

Si nous passons aux temps modernes, nous trouvons que, jusqu'au quinzième siècle, la paume s'est jouée avec la main nue. Sous Henri II, Charles IX et Henri III, cet amusement était fort en vogue à Paris, et il n'y avait presque pas de quartier qui n'eût son jeu de courte paume. Cette fureur ne fit que s'accroître sous Henri IV, qui, parmi les protestants béarnais de son armée pyrénéenne, comptait bon nombre de catholiques *escualdunacs* (basques) joueurs déterminés de paume. La mode décrut sous

Louis XIII, Louis XIV, Louis XV et Louis XVI. Au quinzième siècle, on avait commencé à se ganter; puis des cordes tendues et serrées autour de la main parurent plus propres à pousser la balle avec roideur, et enfin la raquette fut inventée. Eug. G. DE MONGLAVE.

PAUME (Serment du Jeu de). *Voyez* JEU DE PAUME.

PAUMELLE. *Voyez* CORDE.

PAUPÉRISME, mot d'origine toute récente, dont on se sert aujourd'hui pour désigner l'une des grandes et incurables plaies de nos sociétés modernes : la misère, à laquelle semblent fatalement condamnées de nombreuses classes du peuple, qui trouvent à grand'peine dans le travail le plus opiniâtre les moyens de subvenir imparfaitement aux premiers et plus indispensables besoins de l'existence, qui ne sont même pas toujours sûres d'y réussir, qui n'ayant ni la possibilité ni l'espoir de voir leur position s'améliorer quelque jour, se laissent aller de plus en plus à une grossièreté de mœurs et à un abrutissement de l'intelligence dont l'ivrognerie et les vices les plus immondes sont le résultat, qui fournissent aux dépôts de mendicité, aux maisons de correction et aux prisons une population toujours croissante; véritable lèpre sociale, dont les progrès deviennent de plus en plus effrayants, et dans l'existence de laquelle les ambitieux et les agitateurs de tous étages trouvent les plus spécieux prétextes pour instruire le procès de notre état social actuel et pour lui imposer la responsabilité d'un état de choses dont ils exagèrent encore les souffrances, dans l'espoir d'asseoir quelque jour leur fortune et leur grandeur particulières sur les ruines et les décombres qu'ils auront entassés autour d'eux. Ce fléau désole plus particulièrement les contrées de l'Europe où l'industrie manufacturière est arrivée à prendre les plus larges développements, ainsi que celles où la propriété du sol se trouve divisée à l'infini. Il ne borne d'ailleurs pas ses ravages à l'ancien monde, et les plus récents observateurs qui ont parcouru le continent américain ont remarqué qu'il commence à infecter diverses contrées, diverses grandes villes des États-Unis eux-mêmes. En effet, l'un des caractères généraux qui le distinguent, c'est de se manifester dans les pays les plus civilisés, les plus industrieux, les plus riches, et obéissant aux constitutions politiques les plus diverses.

M. de Morogues, dans son ouvrage intitulé : *Du Paupérisme et de la Mendicité* (Paris, 1834); M. de Villeneuve-Bargemont, dans son *Économie politique chrétienne* (3 vol.; Paris, 1834), et P. Schmidt, dans ses *Essais sur la Population, les Salaires et le Paupérisme* (en allemand; Leipzig, 1836), ont essayé d'en dresser la statistique. Il résulte de leurs recherches respectives que le nombre total des individus qui en Europe vivent de l'aumône, représente la vingt-et-unième partie de la population. Mais à cet égard toutes les contrées sont loin de fournir à ce chiffre des éléments semblables. Ainsi, en Russie il n'est que d'*un* individu sur *cent*, tandis qu'en Angleterre il est d'*un* sur *six*; dans les Pays-Bas, d'*un* sur *sept*; en Suisse, d'*un* sur *dix*; en Allemagne et en France, d'*un* sur *vingt*; en Autriche et en Danemark, d'*un* sur *vingt-cinq*.

Les explications les plus contradictoires ont été données de ce phénomène, de même qu'on a proposé d'y appliquer les palliatifs les plus opposés. Il est une école réactionnaire qui veut absolument voir la cause du mal dans l'esprit particulier à notre époque et dans les institutions qu'il a produites; qui n'y voit dès lors d'autre remède que le prompt retour aux mœurs et aux idées du moyen âge, à son organisation agraire et à son système de corporations et de jurandes. Une autre école, révolutionnaire par essence, et dont les doctrines sont un mélange de *communisme* et de *socialisme*, proclame plus ou moins franchement l'indispensable nécessité de modifier complétement les bases de notre édifice légal et social, notamment en abolissant le droit de propriété. D'autres ne voient dans le paupérisme que le produit d'une multitude d'influences diverses, et veulent y porter remède par l'emploi d'une foule de mesures différentes. Si d'un côté on s'accorde à signaler l'industrie manufacturière comme la source la plus féconde du paupérisme, ceux qui plaident sa cause avec le plus d'énergie ne lui attribuent d'autre cause que la substitution des machines aux bras de l'homme dans les fabriques. En résumé, il semble aujourd'hui clairement démontré que ce qu'il y a de mieux à faire pour combattre le fléau du paupérisme, c'est d'introduire une sage liberté dans tous les actes de la vie des nations; c'est de réunir tout ce qu'il y a d'énergie et d'intelligence dans le corps social pour l'appliquer à des buts utiles; c'est de largement répandre les semences d'une instruction appropriée aux besoins des diverses classes du peuple; c'est de faire pénétrer de plus en plus dans toutes les institutions le véritable esprit du christianisme, qui n'est autre que l'amour ardent et éclairé de l'humanité.

PAUPIÈRE (en latin *palpebra*), repli convexe et mobile de la peau, tendu au-devant de chaque œil, où il forme comme une sorte de cercle qu'on divise en deux parties, l'une supérieure et l'autre inférieure. Elles ont chacune une forme demi-circulaire, sont séparées l'une de l'autre par une fente transversale, et forment en se réunissant deux commissures, dont l'interne appelée le *grand angle de l'œil* est un peu arrondie et épaisse; l'externe ou *petit angle de l'œil*, est au contraire mince et fort aiguë. Leurs bords libres, légèrement taillés en biseau sur la face qui regarde l'œil, retiennent les larmes, et forment, en se rapprochant, un canal triangulaire par lequel ces larmes se dirigent vers les points lacrymaux. Ceux-ci, placés au sommet d'un petit tubercule, ne se voient bien que quand on écarte un peu les paupières. La paupière inférieure n'exécute que des mouvements très-bornés, à raison de son peu de longueur : toutes deux se composent de peau, de membranes, de tissu cellulaire, de cartilages, de muscles, de vaisseaux, de nerfs et de follicules sébacés. La peau qui les couvre est très-fine, très-mince, unie aux parties sous-jacentes par un tissu cellulaire lâche, qui en facilite l'extension; elle est ridée en travers, à cause des plicatures qu'elle éprouve quand les paupières s'écartent l'une de l'autre : intérieurement, ces deux voiles de l'œil sont tapissés par la *conjonctive*, qui se réfléchit sur eux. Les muscles des paupières sont au nombre de deux, l'orbiculaire ou constricteur, et le releveur propre de la paupière supérieure. Les paupières sont maintenues dans leur position naturelle par les cartilages *tarses*, qui les empêchent de se froncer dans le sens de leur largeur. Sur leur face postérieure sont placées les glandes dites de *Meibomius*, sécrétant une humeur onctueuse (la chassie), qui prévient la chute des larmes sur la joue. Le tissu cellulaire des paupières est si serré qu'il ne peut s'y amasser de graisse. On nomme *cils* les poils disposés en plusieurs rangées sur le bord des paupières; ils gardent l'œil de l'attouchement des petits corps voltigeant dans l'air. Ce sont les vaisseaux surciliers, les temporaux superficiels, les optiques et les sous-orbitaires externes qui fournissent les vaisseaux palpébraux. Quant aux nerfs, ils viennent de la branche ophthalmique de la cinquième paire, ainsi que de la portion dure de la septième.

Le principal usage des paupières est de protéger l'œil contre l'action des corps extérieurs, de favoriser le sommeil, etc. Elles sont sujettes à un grand nombre de maladies, dont nous ne citerons que les principales, telles que vices de conformation, blessures, inflammation, engorgement œdémateux, squirrheux même, etc. Les vices de conformation sont plutôt la suite de maladies que congéniaux. Les enfants naissent cependant quelquefois avec les paupières réunies par une membrane intermédiaire, ou même entièrement confondues; dans certains cas, l'une des ouvertures des paupières est plus grande que l'autre; la face postérieure des paupières, surtout de la supérieure, peut adhérer au globe de l'œil, dont les mouvements sont alors très-gênés. Cet accident est très-fâcheux, suivant l'étendue de l'adhérence : il est moins difficile de la détruire que d'en prévenir la récidive. Si elle s'étend jusqu'à la pupille, la perte de la vue est assurée, et la maladie incurable; car l'opération donnerait toujours lieu à un *leucoma*, qui intercepterait comme auparavant l'entrée des rayons lumineux. Les paupières, surtout l'inférieure, sont sujettes à se renverser, ce qui produit les maladies nommées *ectropion*, *éraillement* et *lagophthalmie*, lesquelles sont non-seulement difformes, mais produisent l'écoulement involontaire des larmes sur le visage.

Les bords des paupières sont aussi très-sujets à de petites ulcérations, tantôt purement locales, tantôt dépendant d'un vice intérieur : ils deviennent quelquefois calleux, et il faut alors recourir aux émollients; dans d'autres cas, on ne parvient à les guérir qu'en les touchant avec le nitrate d'argent fondu. Il faut attaquer de très-bonne heure les tumeurs squirrheuses des paupières, pour qu'elles ne deviennent pas incurables. On les enlève avec le bistouri plutôt qu'avec les caustiques. Les loupes ou tumeurs enkystées sont plus fréquentes aux paupières que les tumeurs précédentes : ce sont ordinairement des *méliceris* du volume d'un pois ou d'une lentille, et situés sous la peau ou au-dessous des muscles. Si la solution ne peut s'en obtenir, comme cela est ordinaire, il faut les extirper.

La séméiologie peut tirer parfois des signes importants de l'état des paupières : celles-ci deviennent noires chez les jeunes filles à l'approche du signe de la puberté. Les paupières deviennent jaunes et même noires dans l'ictère avant que la peau du visage ait subi aucune altération; elles se colorent en bleuâtre chez les phthisiques et les personnes atteintes d'engorgement dans les ganglions lymphatiques du poumon.

Fermer la paupière, signifie s'endormir ou mourir, suivant les cas. Fermer la *paupière* ou plutôt les *paupières* à quelqu'un, c'est l'assister jusqu'à la mort, lui rendre les derniers services. L'action de s'éveiller se rend aussi assez fréquemment, surtout en poésie, par cette locution : *ouvrir la paupière*.

PAUSANIAS, célèbre roi et général lacédémonien, fils de Cléombrote et neveu de Léonidas, commandait conjointement avec Aristide les Grecs à la décisive bataille de Platée (an 479 av. J.-C.), et marcha ensuite contre Thèbes, qui avait trahi la cause de la Grèce, et qu'il contraignit à lui livrer les principaux chefs de la faction vendue aux Perses. Ces succès et surtout l'affranchissement de la Grèce, qui avait eu lieu sous sa direction, exaltèrent tellement son orgueil, qu'il en vint à s'attribuer à lui seul tout le mérite de la victoire de Platée. Tandis qu'Aristide et Cimon, qui commandaient sous ses ordres, gagnaient tous les esprits par leur modération et leur modestie, il maltraitait les alliés de Sparte et considérait les Spartiates comme nés pour dominer sur le reste de la Grèce. Il finit même par nouer de secrètes intelligences avec Xerxès pour se rendre maître de toute la Grèce. Renonçant aux mœurs sévères et aux mâles coutumes des Spartiates, il adopta le costume et les raffinements des Perses, et par cette conduite excita le mécontentement général de la confédération grecque : aussi les Spartiates se virent-ils obligés de le rappeler. On ne lui eut pas plus tôt pardonné en considération de ses anciens services, qu'il noua de nouvelles intrigues avec les ennemis de la Grèce; et un nouveau pardon qu'il obtint n'eut d'autre effet que de le faire persévérer dans les voies de la trahison. Les éphores finirent par se lasser de se montrer indulgents, et le traduisirent devant les juges en invoquant contre lui toute la sévérité des lois. Arrivé à Sparte et pressentant le sort qui l'attendait, il se réfugia dans le temple d'Athénè. Le peuple en ferma alors l'entrée en y accumulant des pierres, dont la première fut apportée par la propre mère du coupable, et Pausanias fut réduit ainsi à mourir de faim. Dans l'abrégé qu'il a fait de la vie de Pausanias, Cornelius Nepos dit avec raison que la mort infâme de ce grand homme a terni l'éclat de sa vie.

PAUSANIAS, l'un des historiens et des géographes les plus importants qu'ait eus la Grèce, né vers l'an 170 de notre ère, à Césarée, en Cappadoce, disciple d'Hérode Atticus, parcourut non-seulement toute la Grèce, la Macédoine et l'Italie, mais encore une grande partie de l'Asie et de l'Afrique, et réunit les résultats de ses recherches et de ses observations sous le titre de *Periegesis*, description, ou plutôt récit de voyage en Grèce, en dix livres, qui portent chacun le nom de la contrée à la description de laquelle ils sont consacrés. Cet ouvrage, dans lequel il s'est surtout occupé de la description et de l'interprétation des monuments de l'art alors existants, et à propos desquels il entre souvent dans les plus grands détails, a encore aujourd'hui une haute valeur aux yeux des archéologues et des amis des arts. Sur beaucoup de questions d'art et d'archéologie, on peut dire que c'est l'unique source sûre à consulter. C'est notamment le cas lorsque Pausanias parle comme témoin oculaire, précisément parce qu'il y a entremêlé une foule de récits mythiques ayant directement trait aux objets qu'il décrit. Son style, souvent négligé, pèche par la prolixité et par un archaïsme affecté. La première édition de Pausanias est celle qu'en donna Moussurus, à Venise, en 1515. La plus récente est celle qu'en a donnée M. Dubner (Paris, 1845) dans la Bibliothèque grecque publiée par MM. Firmin Didot frères.

PAUSE (du latin *pausa*, repos), suspension, interruption, cessation d'agir, de parler, de marcher, ou de faire toute autre chose. L'antiquité païenne, qui avait tout divinisé, appelait *Pause* (Pausus), le dieu du repos.

PAUSE (*Musique*). C'est le silence d'une ronde ou d'une mesure à quatre temps. On l'applique généralement à toute espèce de mesure, quelles qu'en soient la valeur et les subdivisions. Elle diffère en cela de la *demi-pause*, qui est le silence d'une blanche ou d'une demi-mesure à quatre temps, et dont la valeur est invariable. Si donc l'on avait à exprimer le silence d'une demi-mesure autre que celle à quatre temps, il ne faudrait pas se servir de la *demi-pause*, mais bien des autres silences, qui en marqueraient mieux la valeur relative. La *pause* et la *demi-pause* s'expriment par le même signe, avec cette seule différence que pour la *pause* ce signe tient à une ligne de la portée par le haut, et pour la *demi-pause* par le bas. Dans les parties séparées, lorsqu'il y a un très-grand nombre de *pauses* à compter, il faut avoir soin d'écrire, pendant quelques mesures avant la rentrée, le chant de la partie principale au-dessus de celle qui compte, afin d'indiquer avec plus de précision le moment où elle doit reprendre. Toutes les fois qu'une partie reproduit un motif de chant déjà entendu, elle doit être précédée d'une ou de plusieurs *pauses*. Cette précaution, qui donne à son entrée plus d'éclat, ne peut être omise que dans le cas où il est tout à fait impossible de faire autrement. C. Bechem.

PAUSIAS, peintre de l'école de Sicyone et disciple de Pamphyle, florissait à Sicyone vers la CI[e] olympiade, c'est-à-dire vers l'an 360 avant J.-C. Il excella dans la peinture à l'encaustique, et fut le premier qui en décora les voûtes et les lambris. Il travaillait avec une facilité extrême dans ce genre, et acheva souvent un tableau tout entier en un seul jour. Amoureux dans sa jeunesse de Glycère, cette belle vendeuse de fleurs immortalisée par les vers qu'Horace a consacrés à sa mémoire, Pausias devint peintre de fleurs pour plaire à sa maîtresse. Glycère était la première bouquetière de son temps; il n'y avait qu'elle pour tresser des couronnes et des guirlandes. Pausias la représenta assise, composant une guirlande; tableau dont Lucullus paya une simple *copie* deux talents, c'est-à-dire près de 10,000 francs, valeur actuelle. Que n'eût-il point donné pour l'original! Pausanias nous apprend, au reste, que le chef-d'œuvre de Pausias était une femme ivre, peinte avec une telle énergie qu'on apercevait, à travers le vase transparent qu'elle vidait, tous les traits de son visage enluminé. Marcus Scaurus transporta de Sicyone à Rome tous les tableaux de Pausias, et en orna le magnifique théâtre qu'il construisit pour immortaliser son édilité.

PAUSILIPPE, montagne située au nord-ouest de Naples et tout près de cette ville, est surtout célèbre par la voie souterraine, dite *Grotte de Pausilippe*, d'environ 30 mètres de haut sur 8 à 10 de large, et longue de près de 1 kilomètre, conduisant en droite ligne à travers la montagne de Naples à Pouzzoles, et formant l'une des grandes routes les plus fréquentées. C'était à l'origine une carrière, et c'est en en continuant l'exploitation qu'on en est venu ainsi à percer complétement la montagne. Le roi Alphonse la fit élargir, vers le milieu du quinzième siècle. Plus tard encore on lui donna plus de largeur et plus de hauteur, on la pava et on la munit de soupiraux destinés à l'aérer. La roche est solide sur tous les points, et n'a été endommagée par aucun tremblement de terre. Au milieu de la grotte se trouve une chapelle dédiée à la sainte Vierge. Au-dessus de la grotte on voit les débris d'un aqueduc et ce qu'on appelle le *tombeau de Virgile*. Pour éviter de traverser la grotte, on a construit en 1822 sur le mont Pausilippe une route conduisant à Pouzzoles. Pendant les travaux de construction on découvrit au sommet du Pausilippe une grotte, qui est, suivant toute apparence, la *Crypta Pausilypona* des anciens, car celle qu'on appelle ainsi aujourd'hui est aussi désignée dans Senèque sous le nom de *Crypta Neapolitana*.

PAUVRE, PAUVRETÉ. Ce dernier mot indique l'état de celui qui est plus ou moins complétement privé du nécessaire; et l'on nomme *pauvre* (en latin *pauper*), celui qui subit cette privation. La *pauvreté* est aussi ancienne que le régime social (*voyez* MISÈRE), et l'une des principales vues du christianisme ou de l'esprit évangélique fut de tendre à la soulager en représentant les pauvres comme l'objet d'un prédilection toute particulière de Dieu ou de la Providence, disposition totalement contraire à celle qui existait chez les païens, où les pauvres étaient regardés comme les objets de la colère du ciel. Aussi, la pauvreté, au moins nominalement, sinon de fait, fut-elle longtemps en honneur dans les premiers siècles de l'Église chrétienne, où les mendiants étaient appelés les membres de Jésus-Christ. Saint François prit le nom de *Pauvre très-chrétien*, et saint Ignace le surnom de *Pauvre des pauvres*. Il y eut plusieurs ordres religieux qui s'intitulèrent *Pauvres*, tels que les *Pauvres de la Mère de Dieu*, les *Pauvres volontaires*, etc., et dans la plupart des établissements de ce genre, même les plus riches, le *vœu de pauvreté* était de rigueur pour être admis définitivement dans l'ordre.

Le mot *pauvre*, outre l'acception principale dont nous venons de parler, en a un grand nombre d'autres; il est même pris quelquefois substantivement, comme dans cette phrase : Faire le *pauvre*. Ce mot s'applique par extension à celui qui n'a pas de quoi vivre convenablement dans le rang qu'il occupe : ainsi, tel seigneur était autrefois *pauvre* avec dix mille livres de rente; les avares se font toujours plus *pauvres* qu'ils ne sont. *Pauvre* se dit des pays stériles, qui, comme les Cévennes par exemple, ne sont que sables, que rochers; on le dit également des associations, des établissements qui n'ont que de très-modiques revenus : ainsi, l'on dit d'un village, d'un hospice, d'une manufacture, etc., qu'ils sont fort *pauvres*.

Pauvre s'applique aussi à certaines choses mal fournies de ce qu'on peut y désirer : ainsi, une mine est *pauvre* quand on n'en extrait que peu de métal; une langue *pauvre* est celle qui n'a pas tous les mots nécessaires pour rendre ses idées. Une rime est *pauvre* quand elle est imparfaite. Une matière *pauvre*, un sujet *pauvre*, est celui qui fournit peu à l'écrivain : un discours *pauvre* est celui qui a été mal traité par l'orateur.

Pauvre est quelquefois un terme de mépris, comme quand on dit : voilà un *pauvre* avocat; c'est-à-dire qui n'a ni talent ni jugement. On dit de même : *pauvre* discours, *pauvre* esprit, *pauvre* poëte, *pauvre* musicien, *pauvre* roi, *pauvre* chère, etc. On dira de quelqu'un : C'est un bien *pauvre* homme, pour indiquer qu'il est sans esprit, sans vertus, sans courage; enfin, qu'il n'est bon à rien. Le mot *pauvre*, précédant homme, n'exprime quelquefois qu'un sentiment de compassion, comme dans cette phrase : Le *pauvre* homme, il a bien souffert!... *Pauvre* joint à homme a une troisième acception; c'est quand il vient après homme; et il signifie simplement alors, comme dans le sens général, un homme nécessiteux, manquant plus ou moins des choses essentielles à la vie. Le même mot désigne quelquefois la tendresse, l'affection, l'intérêt. Un *pauvre* sire est un homme sans mérite, sans considération; un *pauvre* diable est celui qui est profondément enfoncé dans la misère, qui travaille beaucoup presque sans fruit. On nomme *pauvre honteux* celui qui n'ose pas demander une aumône dont il a besoin. *Pauvre d'esprit*, en style de l'Écriture, se dit de ceux dont l'esprit est entièrement détaché des choses d'ici bas, et peut-être de ceux qui sont dénués de tout esprit, de toute intelligence.

Pauvret, *pauvrette*, diminutif de *pauvre*, est un terme de commisération, d'affection, toujours pris en bonne part, mais surtout dans le style badin ou marotique. On nomme *pauvresse* une femme pauvre et qui mendie. Le mot *pauvreté* entre dans plusieurs locutions familières : on dit que *pauvreté n'est pas vice*, pour dire qu'on n'est pas malhonnête homme pour être pauvre. La *pauvreté évangélique* doit s'entendre de la renonciation volontaire aux biens de ce monde, suivant le précepte de l'Évangile. Un ouvrage où il y a bien des *pauvretés* est celui qui contient plusieurs passages tout à fait mauvais, sans esprit, sans jugement et sans goût. On nommait *pauvreté jurée* (en latin *paupertas jurata*), sous la seconde race des rois de France, la *pauvreté* des oblats, qui donnaient tout leur bien à une église, à un monastère.

Les anciens avaient divinisé la *Pauvreté*, ainsi qu'il paraît par le *Plutus* d'Aristophane. On l'honorait à Gadara, au rapport d'Arrien, d'un culte particulier, parce qu'on la regardait comme la mère des arts et de l'industrie. Aristophane et Théocrite lui donnent le même titre.

PAUVRES (Avocat des). On donne ce nom, en Piémont, à un magistrat dont la fonction unique et exclusive consiste à instruire et à plaider la cause des pauvres devant diverses juridictions. Dans quelques tribunaux, cet office est remis à plusieurs, et leur réunion forme, auprès du tribunal auquel ils sont attachés, le *bureau de l'avocat des pauvres*. Le bénéfice de plaider par l'intermédiaire de l'avocat des pauvres ne s'obtient qu'aux deux conditions suivantes : il faut être indigent; il faut avoir une juste cause. Le président de chaque juridiction accorde le bénéfice réclamé sur l'avis du bureau de l'avocat des pauvres, après vérification du bon droit et de l'état de pauvreté du réclamant.

La loi du 22 janvier 1851 a organisé en France une institution analogue sous le nom d'a s s i s t a n c e j u d i c i a i r e.

PAUVRES (Droit des). *Voyez* DÉCIME.

PAUVRES (Taxe des). C'est le nom que, à l'instar des Anglais, on donne dans divers pays, à un impôt spécial dont le produit est destiné à venir en aide aux pauvres et aux nécessiteux. Presque partout, en raison du développement social, il a fallu, les offrandes volontaires ne suffisant plus, tirer des contribuables les ressources les plus indispensables pour secourir la misère. Toutefois, on recule le plus possible devant la création régulière et générale des taxes des pauvres; on préfère des moyens indirects et plus couverts, et si en fait on a la chose on évite tout au moins de prononcer le mot. C'est que l'Angleterre, où la taxe des pauvres, avec des commencements très-modestes, est arrivée à prendre les plus effrayantes proportions, est effectivement à cet égard un exemple bien fait pour inspirer les plus sérieuses appréhensions. On allègue qu'en présence des produits d'un impôt spécial établi par l'État, les autorités locales ne procéderaient pas avec autant d'économie que lorsqu'elles sont réduites à se procurer péniblement les ressources les plus indispensables, en ayant recours à toutes sortes d'expédients. On semble appréhender d'écrire dans la loi que les pauvres ont droit à être secourus par la société. Un fait certain, c'est que la saine politique recommande de venir autant que possible en aide aux misères du pauvre par l'emploi de moyens tout autres que la création d'une taxe spéciale, ne fût-ce que pour donner toujours un vif intérêt à la question de l'assistance publique et pour éviter soigneusement toute dépense inutile. La commune qui place le pauvre chez un de ses parents, ou bien qui lui donne du travail, réalise d'abord une économie, et ensuite vient ainsi plus efficacement au secours du pauvre que si elle lui assignait une quote part au budget de la taxe des pauvres.

La taxe des pauvres en Angleterre se rattache à la division du territoire en paroisses, et elle fut formellement organisée en 1645, aux termes d'un statut de la reine Élisabeth. Depuis lors elle alla toujours en augmentant; et en 1831 elle avait fini par atteindre l'énorme chiffre de 8,280,000 livres st. (207,000,000 fr.) par an. Ce ne sont pas seulement les développements de l'industrie et l'emploi toujours plus général des machines, mais surtout les lois relatives à l'organisation de la propriété foncière, qui depuis plusieurs siècles ont rendu toujours plus tranché l'antagonisme des possesseurs du sol et des prolétaires, de ceux qui peuvent acquérir et de ceux qui manquent de tout; et c'est cet antagonisme qui a fini par provoquer en Angleterre une assistance régulière des pauvres. Toutefois, il faut dire que la libéralité qui en Angleterre préside à toutes les affaires, de même que de criants abus qui à la longue s'étaient introduits dans l'administration de l'assistance publique, étaient pour beaucoup dans le chiffre exorbitant que nous avons cité plus haut. La taxe des pauvres était surtout écrasante pour la petite bourgeoisie, réduite souvent à vivre d'une manière beaucoup plus misérable que les individus recevant des secours de la paroisse. Il arrivait même parfois que les agents du fisc fissent saisir et vendre les meubles des contribuables qui n'avaient pu acquitter leur quote part dans la taxe des pauvres, et qu'en les ruinant ils accrussent encore le nombre des individus au secours desquels la paroisse était obligée de venir. Un acte du parlement mit fin, en 1834, aux plus criants abus existant dans l'administration de l'assistance publique, en posant des limites aux secours à accorder et en créant un grand nombre de maisons ou d'ateliers de travail. Depuis lors, la taxe des pauvres a considérablement diminué; et en 1837 elle ne s'élevait déjà plus qu'à 4,044,747 liv. st. Cette diminution a d'ailleurs été trop souvent accompagnée dans l'application d'une extrême dureté à l'égard des pauvres : aussi tous les partis s'accordent-ils à ne voir dans la loi nouvelle qu'une mesure toute de nécessité et essentiellement transitoire. Consultez Buret, *De la Misère des classes laborieuses en Angleterre et en France* (Paris, 1841).

PAUVRES DAMES. *Voyez* FRANÇOIS D'ASSISE (Saint).

PAUW (CORNÉLIUS DE), philologue et historien justement célèbre, né en 1739, à Amsterdam, était par sa mère neveu du grand-pensionnaire de Witt et oncle d'Anacharsis Clootz. Il embrassa l'état ecclésiastique, devint rapidement sous-diacre, et obtint, en 1766, un canonicat à Xante, dans le pays de Clèves : une mission dont il avait été chargé à Berlin par le prince-évêque de Liége, à l'effet de régler un différend survenu entre lui et le gouvernement prussien, lui valut cette faveur. Il séjourna ensuite, à diverses reprises, à la cour de Frédéric le Grand, qui faisait un cas tout particulier de son esprit philosophique; mais il passa les dernières années de sa vie en proie à une mélancolie profonde, qu'augmenta encore la triste fin de son neveu, et dans un isolement complet, à Xante, où il mourut, le 7 juillet 1799. On a de lui des *Recherches philosophiques sur les Grecs* (1787); *sur les Américains* (1772); enfin, *sur les Égyptiens et les Chinois*. Ces deux derniers ouvrages ont aussi été publiés sous le titre de *Recherches sur les Américains, les Égyptiens et les Chinois* (Paris, 1795). L'auteur a voulu présenter l'histoire de la civilisation de chacune de ces nations; mais au milieu de nombreuses preuves de science, de sagacité et d'esprit, il lui arrive souvent d'émettre les assertions les plus étranges, en contradiction formelle avec les témoignages de tous les historiens. Avant de mourir, il brûla des *Recherches sur les anciens Germains*, qui lui avaient coûté plusieurs années de travail, ainsi qu'un poëme didactique sur la langue française.

Parmi ses œuvres philologiques nous citerons ses éditions d'*Aristénète* (Utrecht, 1763), du grammairien *Phrynichus* (Utrecht, 1769), et d'*Eschyle* (Copenhague, 1754). Son édition d'Aristénète l'entraîna avec D'Orville dans une lutte qui dégénéra en grossière querelle. Dans sa *Vannus critica*, D'Orville, jouant sur le nom de De Pauw, affecta de le traduire par le nom latin du paon, *pavo*; à quoi, dans une longue préface à son *Phrynichus*, de Pauw répondit en usant d'aménités analogues.

PAVAGE, PAVÉ. Le premier de ces mots désigne l'action de paver ou l'ouvrage fait avec des pavés; le mot *pavé* s'applique aux cailloux, aux morceaux de grès, de pierre dure, de marbre, etc., dont on couvre l'aire d'une rue, d'une cour, etc. Suivant Borel, *pavé* est un vieux mot français qui signifiait *couverture*. Les anciens nommaient *lithostratum* toutes sortes de pavés qui étaient de diverses couleurs, et même tout ouvrage de pièces rapportées; on s'en est depuis servi pour désigner toutes espèces de chemins pavés. Les Carthaginois furent, suivant Isidore, les premiers qui firent usage de pavés : *Primum autem Pœni dicuntur lapidibus stravisse*. Les rues de Rome furent vraisemblablement pavées, quoique les historiens n'en disent rien, car on ne peut supposer le contraire tandis qu'on pavait à grands frais de très-longues routes loin de la capitale. Cordoue, en Espagne, est la première ville moderne qui ait été pavée, ce qui se fit en 850, d'après l'ordre d'Abd-ul-Rhaman. Paris ne commença à être pavé que vers 1185, sous Philippe-Auguste, qui, ayant à cœur l'embellissement de cette ville, s'adressa, pour la confection du pavé, au prévôt et aux bourgeois, qui firent tous les frais de ce travail. Suivant quelques auteurs, un nommé Gérard de Poissy donna seul 11,000 marcs d'argent pour sa part : toute la ville néanmoins ne fut pas alors pavée. Suivant Dulaure, on ne pava sous Philippe-Auguste que les rues formant ce qu'on nommait *la croisée de Paris*, c'est-à-dire deux rues se croisant au centre de cette capitale, et dont l'une allait du sud au nord, l'autre de l'est à l'ouest. Ce pavé consistait en grosses dalles ou carreaux de grès d'environ $1^m,17$ en longueur et en largeur, sur à peu près $0^m,17$ d'épaisseur. L'abbé Lebœuf dit avoir vu au bas de la rue Saint-Jacques, à 2 ou 3 mètres sous terre, plusieurs carreaux de ce pavé.

Quand on ne désigne pas de quelle espèce sont les pavés dont on parle, on entend ordinairement des pavés de grès ou de caillou, servant au pavage des rues, des routes, des cours, etc. Le pavé employé pour les cours, les écuries, les cuisines, etc., est ordinairement de cailloux ou de carreaux préparés d'une manière particulière, mais dont les dimensions sont généralement moindres que les gros pavés servant pour les grands chemins et les rues exposées au passage fréquent des voitures. Dans les lieux où celles-ci ne circulent pas, on emploie ordinairement ce qu'on nomme *pavé refendu*, lequel n'a que la moitié de l'épaisseur du pavé ordinaire.

Pavé se dit aussi de l'assemblage de tous les pavés qui couvrent une aire, une surface quelconque, notamment en parlant d'un chemin, d'une rue : *Ne pas quitter le pavé*. Le pavé de toutes les grandes routes qui viennent à Paris s'étend à plusieurs myriamètres de cette capitale : ces sortes de pavés prennent ordinairement le nom de la substance dont ils sont faits, comme *pavé de grès, de cailloux*. Le *pavé de marbre*, ce sont les pavés de marbre avec des compartiments, ainsi qu'étaient autrefois ceux de presque toutes les églises. Ils peuvent, comme des pavés en pierre, et même beaucoup mieux, figurer des dessins de toutes espèces, ainsi que cela a lieu dans les mosaïques. Ce qu'on nomme néanmoins plus ordinairement *pavé de marbre* est celui qu'on fait, soit en dalles de marbre, soit en carreaux d'égale dimension, ordinairement de deux couleurs, soit en grands compartiments que l'architecte dispose en plan, de manière que les lignes et les configurations de ces compartiments correspondent aux corps principaux, aux dispositions des voûtes, des plafonds et aussi de leurs ornements. Le *pavé de briques* est celui dont la masse se compose de briques posées de champ, quelquefois en *épi*, ou ce qu'on nomme *point de Hongrie*, quelquefois posées à plat, d'autres fois faites en forme barlongue et à six pans, etc. Le *pavé de grès* est celui qu'on fait de quartiers de grès de 23 à 26 centimètres presque de figure cubique : c'est celui des rues de Paris et de la plupart des grands chemins; c'est le meilleur et le plus solide de tous. Le *pavé de laves* se fait avec les pierres produites par les volcans : les Romains s'en servirent dans le pavement de leurs routes, et on l'emploie encore aujourd'hui à Naples et à Florence. Le *pavé de moellon* proprement dit est celui qui est fait de moellons de meulière posés de champ pour affermir le fond de quelque bassin ou pièce d'eau. Les *pavés de pierre*, ainsi nommés pour les distinguer de ceux qu'on fait en marbre, consistent en larges dalles de pierre commune, mais dure, taillées de toutes grandeurs, en carreaux quadrilatères ou avec d'autres formes ; ils sont très-multipliés. Le *pavé de terrasse* est celui qui sert de couverture en plate-forme, soit sur une voûte, soit sur un plancher en bois. On nomme en général *pavé poli* tout pavé bien assis, bien dressé de niveau, cimenté, mastiqué et poli avec le grès.

Le mot *pavé* a fourni un grand nombre de locutions familières, figurées et proverbiales : *Être sur le pavé* se dit de quelqu'un qui est sans emploi, même sans domicile; *on l'a mis sur le pavé* veut dire qu'on a chassé quelqu'un de son logement; *On a mis ses meubles sur le pavé* signifie qu'on les a mis dans la rue. *Se promener sur le pavé de Paris*, c'est se promener dans les rues de Paris. *Battre le pavé*, c'est courir les rues sans dessein : *le batteur de pavé* est celui qui passe son temps à flâner, à courir les rues et sans rien faire. *Tenir le haut du pavé* signifie jouir d'une grande considération. *Tâter le pavé*, c'est aller avec circonspection; *brûler le pavé*, c'est courir très-vite, à cheval ou en voiture. *Faire quitter le pavé à quelqu'un*, c'est le faire retirer, faire qu'il n'ose plus reparaître.

Pavement se dit de l'action de paver, des matériaux employés à cet effet, et aussi de l'espace pavé en compartiments de carreaux, de quelque genre qu'ils soient. Il doit servir, plutôt que le mot *pavé*, à désigner les ouvrages de luxe, d'art et de goût, qui forment surtout les pavages intérieurs des édifices.

On *pave à sec* quand on assied le pavé sur une forme de sable de rivière, comme cela se pratique dans les rues de Paris et sur les grands chemins. *On pave à bain de mortier* quand on se sert de mortier, de chaux et de ciment pour asseoir et maçonner le pavé, comme dans les aqueducs, cloaques, etc. *Repaver*, c'est manier à bon le vieux pavé sur une forme neuve, et en mettre du neuf à la place de celui qui est cassé. Enfin, dans ces derniers temps on a tenté de substituer au pavé l'asphalte et le macadam.

PAVANE (de l'espagnol *pavana*, fait du latin *pavo*, paon), sorte d'ancienne danse grave et sérieuse, d'origine espagnole. On l'exécutait dans les tournois et carrousels, pour la clôture, au moment de la parade. Selon Carré, « les chevaliers menaient la pavane sans quitter le harnois ni la cotte d'armes; les hommes approchant des femmes étendaient les bras et les mantes en faisant la roue comme les coqs d'Inde ou les paons. » Furetière nous apprend que les gentilshommes dansaient la pavane du grand bal avec la cape et l'épée. Brissac se faisait remarquer dans la danse des pavanes. Au milieu du dix-septième siècle, la pavane cessa d'être à la mode.

Du nom latin du paon est encore venue l'expression *se pavaner*, faire le paon, marcher fièrement, d'une manière superbe, en faisant la roue comme l'oiseau de Junon.

PAVÉ. *Voyez* PAVAGE.

PAVÉ DES GÉANTS. *Voyez* MEN-HIR.

PAVIE, le *Ticinum* des anciens, appelée plus tard *Papia*, l'une des plus anciennes villes d'Italie, chef-lieu de la province du même nom (14 myriamètres carrés avec 171,622 habitants) dans le royaume de Lombardie, siége d'évêché, d'un tribunal de première instance, d'une préfecture collégiale et d'une chambre de commerce et d'industrie, est située sur le Tésin, d'où un canal remarquable par ses écluses et terminé en 1819, le *Naviglio di Pavia*, conduit à Milan, et qu'on y passe sur un pont en marbre et couvert, long d'environ 300 mètres, chef-d'œuvre d'architecture datant de 1351. La ville est entourée d'anciennes fortifications. Elle a 25,750 habitants, de larges rues garnies de trottoirs, quelques belles places, mais peu de palais remarquables. En fait d'églises, nous citerons la cathédrale, contenant le tombeau de saint Augustin, et surtout la belle église de *Santa-Maria-Coronata*. L'université, si célèbre au moyen âge, et qui, dit-on, fut fondée par Charlemagne, occupe un magnifique édifice. Fondée à nouveau en 1361 par Galeas Visconti, elle fut réorganisée à diverses reprises, par exemple en 1770, par Marie-Thérèse, à la demande du comte Firmian, et en 1817 par l'empereur François. On y compte quarante-neuf professeurs et plus de seize cents étudiants, dont le plus grand nombre appartiennent à la faculté de médecine. Elle possède cinq cliniques, une bibliothèque de 50,000 volumes, un jardin botanique, un cabinet de physique et d'anatomie et de riches collections relatives aux sciences naturelles. Les plus beaux de ses colléges sont ceux de Borromée et du pape Pie V. Pavie possède aussi un lycée, une école principale, une école d'agriculture, une école vétérinaire, une école d'architecture civile, un séminaire épiscopal, un laboratoire de chimie et un cabinet de minéralogie. Elle a en outre deux hôpitaux, deux maisons d'orphelins et deux établissements de bienfaisance. Il s'y fait un grand commerce en productions du pays, notamment en gros vins de Padoue, qui sont très-recherchés dans la haute Italie, en huiles et en plantes de jardin. Les vipères qu'on y prend et que l'on expédie à Venise pour y servir à la fabrication de la thériaque constituent un article de commerce tout particulier. Aux environs de la ville on trouve la célèbre chartreuse de Pavie, *Certosa di Pavia*, près de laquelle le dernier roi des Lombards, Didier, fut fait prisonnier, en 774, par Charlemagne, de même que François Ier, en 1525, par Charles-Quint.

A partir du règne d'Alboin, en 568, Pavie fut la capitale du royaume des Lombards, et ne cessa de l'être qu'en 774, lorsque Charlemagne en eut fait la conquête. En 951 l'empereur Othon Ier s'y fit couronner en qualité de roi de Lombardie. Pavie eut à diverses reprises à soutenir des luttes sanglantes contre Milan, notamment en 1050, et dans les querelles des guelfes et des gibelins elle tint le plus souvent pour l'empereur. Plus tard la famille Beccaria domina à Pavie ; elle passa ensuite sous l'autorité de Milan, et avec celle-ci sous les lois de l'Autriche. En 1796 il y éclata une insurrection par suite de laquelle la ville fut prise d'assaut et pillée par les Français. En 1848 Pavie devint le théâtre de nouveaux désordres. Le 8 et le 9 janvier une ordonnance de police, qui défendait de fumer, amena de sanglantes collisions entre les étudiants et les Croates, de même que le 9 et le 10 février une insurrection contre la troupe, qui n'en sortit victorieuse qu'en versant beaucoup de sang. Le 15 l'université fut fermée par ordre supérieur. Le 20 mars suivant une nouvelle insurrection y éclatait encore; le 21 les troupes autrichiennes se voyaient réduites à l'évacuer, et le 23 les volontaires sardes l'occupaient. Les Autrichiens y rentrèrent en 1849, et les cours de l'université rouvrirent le 5 novembre 1851.

PAVIE (Siége et bataille de). Quand, en octobre 1524, François Ier résolut de reconquérir le Milanais et franchit les Alpes à la tête de forces considérables, l'armée impériale, trop faible pour tenir en rase campagne, se retira dans les principales forteresses du pays, entre autres à Crémone, à Milan et à Pavie. Dans cette dernière ville, deux escadrons de cavalerie, cinq cents fantassins espagnols et cinq mille Allemands furent chargés, sous le commandement d'Antonio de Leiva, officier de fortune et de mérite, de tenir l'ennemi en échec. François Ier, amoureux des actions d'éclat, résolut tout aussitôt d'aller mettre le siége devant cette place, sous les murs de laquelle il arriva le 24 octobre, à la tête de vingt-six mille hommes effectifs, dont deux mille lances, huit mille fantassins allemands, six mille Suisses, six mille aventuriers français et quatre mille italiens. On espéra d'abord enlever la ville par un simple coup de main, car elle n'était point entourée de fossés. Le canon eut donc bientôt pratiqué une brèche dans ses murailles; mais lorsqu'on essaya de donner l'assaut de ce côté, on trouva au delà du mur d'enceinte un fossé et des retranchements derrière lesquels les assiégés embusqués dirigeaient sur les assaillants un feu aussi bien nourri que meurtrier. Repoussés avec perte, les Français furent donc obligés d'en revenir aux opérations ordinaires des siéges et d'ouvrir des tranchées régulières; travaux qui entraînèrent des longueurs aussi préjudiciables à l'armée de François Ier qu'aux assiégés, dont les ressources s'épuisaient malgré les renforts en hommes et en vivres que leur avait amenés le connétable de Bourbon. Les Impériaux, reconnaissant la nécessité d'entraîner les Français dans quelque engagement décisif, se mirent en mouvement le 25 janvier 1525 sur Pavie, afin d'en faire lever le siége. Si François Ier avait prêté l'oreille aux avis des hommes de guerre les plus expérimentés de son entourage, il eût levé le siége et aurait pris une position avantageuse, dans laquelle il eût attendu de pied ferme l'armée impériale commandée par Charles de Lannoy, Pescara et Bourbon; mais l'avis contraire, émis par l'amiral Bonnivet et quelques favoris, l'emporta, et on résolut d'attendre l'armée impériale là où on se trouvait, plutôt que d'avoir l'air de reculer, sans réfléchir qu'on allait se trouver entre une place forte défendue par une nombreuse garnison et une armée bien plus nombreuse encore et toute composée de troupes fraîches.

Le 1er février les deux armées n'étaient plus qu'à un mille de distance; mais jusqu'au 24 février ce ne fut entre elles qu'une suite incessante d'escarmouches sans gravité. On s'observait de part et d'autre, et on hésitait. Enfin, ce jour-là les chefs de l'armée française crurent que le moment favorable était venu d'engager une action générale; mais au lieu de troupes en désordre sur lesquelles on croyait tomber pour achever leur déroute, on trouva les lignes de l'ennemi complétement reformées et prêtes à recevoir vigoureusement le choc. De part et d'autre il y avait environ quinze mille hommes effectifs en présence. Les Impériaux, profitant de la fausse manœuvre de François Ier, firent prendre en flanc la gendarmerie française, postée à la gauche, tandis que leur avant-garde attaquait l'aile droite du roi, que commandait Anne de Montmorency. La mêlée était devenue générale : de part et d'autre on combattait avec un acharnement extrême, et l'armée française rachetait par les plus brillantes preuves de valeur l'imprudence avec laquelle elle avait commencé son attaque. Mais les Suisses, démoralisés par la mort de leur commandant, Jean Digbach, ne soutinrent point leur antique réputation, et lâchèrent pied. Montmorency fit de vains efforts pour retenir les fuyards, et fut fait prisonnier. En même temps le roi, placé à la gauche avec sa gendarmerie, se voyait attaquer en face, en flanc et par derrière. Une foule de seigneurs furent tués à ses côtés, et d'instant en instant sa position devenait plus critique. De tous les points de la ligne, aussitôt qu'on y apprit les périls personnels que courait le roi de France, les chevaliers volèrent à son secours; et Bussy d'Amboise, qui avait ordre de contenir la garnison de Pavie avec la réserve, n'hésita pas à abandonner son poste, dans l'espoir de parvenir à dégager François Ier; mais il fut tué en arrivant.

Il n'y avait pas une heure que la bataille était engagée, et déjà elle était complétement perdue. Bonnivet expia noblement la grave responsabilité qu'il avait encourue en recommandant une tactique qui en définitive aboutissait à un immense désastre. Il se précipita la visière levée au plus épais des ennemis, et s'y fit tuer. Tous les historiens s'accordent à reconnaître que François Ier donna dans cette circonstance d'incontestables preuves d'une grande valeur personnelle. Quand il avait vu que désormais toute résistance était impossible, il avait pourtant essayé un instant de se mêler, lui aussi, aux fuyards; mais il ignorait que le pont jeté sur le Tésin avait été rompu par ceux qui les premiers avaient passé par là et que toute retraite lui était coupée de ce côté. Il n'eut d'ailleurs pas le temps d'arriver jusqu'au fleuve. Il fut bientôt arrêté en effet par quatre cavaliers espagnols, qui n'avaient déjà plus de cartouches, mais dont l'un n'en étendit pas moins son cheval roide mort d'un coup de crosse qu'il lui porta à la tête. Le roi roula dans un fossé sous sa monture; à ce moment les hommes qui venaient de l'assaillir aperçurent son cordon de l'ordre de Saint-Michel et remarquèrent la richesse de son costume. Il y avait à le tuer sur place la certitude pour eux d'une riche dépouille à partager; si on le faisait prisonnier, il y avait, d'un autre côté, une grosse rançon à espérer. Les reîtres délibéraient encore sur le parti qu'ils prendraient, lorsque survint un gentilhomme de la maison du duc de Bourbon, qui reconnut parfaitement François Ier. Courir auprès du vice-roi de Lannoy, qui se trouvait tout près, et lui annoncer quel était l'important prisonnier dont il s'agissait de sauver la vie, furent pour ce gentilhomme l'affaire d'un moment, et à quelques minutes de là François Ier, tiré de dessous son cheval mort, dont le poids l'accablait, avouait qui il était. Il avait des blessures assez graves à la main et au visage.

Il refusa de remettre son épée au duc de Bourbon, et la présenta au vice-roi de Naples, Lannoy, qui la reçut à genoux en donnant la sienne. Transféré à Pizzighittone avant d'être conduit à Madrid, François écrivit à sa mère une lettre que la flatterie a fort embellie : « Madame, tout est perdu, fors l'honneur. » Cette phrase serait magnifique, mais elle n'est pas authentique. La lettre de François Ier a été conservée; elle n'a pas ce laconisme héroïque, mais la même idée s'y retrouve. « Pour vous faire assavoir, madame, comme se porte le reste de mon infortune, *de toutes choses ne m'est demeuré que l'honneur et la vie*, qui est saine; et pour ce que, en votre adversité, cette nouvelle vous sera quelque peu de réconfort, ai prié que l'on me laissât vous écrire cette lettre : ce que l'on m'a aisément accordé, etc. »

PAVILLON. Ce mot a en stratégie et en architecture des acceptions entièrement différentes et très-étendues : dans le premier de ces cas, il se dit en général des tentes sous lesquelles campe le soldat, et surtout des drapeaux, étendards, enseignes, bannières, etc., qui sont souvent confondus, et pris les uns pour les autres par les auteurs. Les pavillons étaient anciennement étendus sur des traversiers, comme le sont encore les bannières des églises. La mode de les avoir en pointe, comme ils sont aujourd'hui, vient des Arabes mahométans, quand ils s'emparèrent de l'Espagne, comme on le voit dans Rodericus Toletanus. L'usage des pavillons est très-ancien : les Grecs les connaissaient dès les premiers temps de leur histoire. On nomme aussi *pavillon* ce qui enveloppe les armoiries des souverains. Quoiqu'on nomme en général *pavillon* tout drapeau battant au vent, ce mot s'emploie spécialement dans la marine, où il désigne l'étendard du vaisseau, dont le principal usage est de faire connaître la nation à laquelle appartient ce même vaisseau : il s'arbore alors à la corne, au mât de l'arrière. Le pavillon français est de toile blanche de fil; ceux des autres nations sont d'étamine. Les pavillons de *signaux*, sont de caprice, et faits d'étamine, à couleurs très-variées. Le pavillon de poupe est toujours déployé sur les vaisseaux de l'État tant que le soleil est sur l'horizon; l'équipage se découvre au moment où on le hisse et quand on l'amène, ou du moins ces deux opérations sont-elles présentées aux matelots comme devant être pour eux, ainsi que tout ce qui concerne le pavillon, l'objet d'un respect particulier.

La présence du capitaine à bord s'annonce par le pavillon de beaupré. Les canots portent pavillon sur poupe; on le déploie en entier pour le capitaine de vaisseau, on en relève la queue pour les capitaines de frégate ; il reste roulé sur le mât pour les grades au-dessous. Le contre-amiral s'annonce par un pavillon carré au mât d'artimon; le vice-amiral porte le même pavillon au mât de misaine. On dit d'un vaisseau sur lequel s'embarque un officier général qu'il porte le pavillon de ce dernier. *Le pavillon couvre la marchandise* est un axiome du droit des neutres. *Amener le pavillon*, c'est le baisser par déférence ou par force; *Assurer son pavillon*, c'est tirer un coup de canon en le hissant. *Mettre le pavillon en berne*, c'est le plier dans sa hauteur de manière qu'il ne fasse qu'un faisceau. *Baisser le pavillon*, ou *baisser pavillon*, ou *mettre pavillon bas*, c'est céder ou se reconnaître inférieur à la personne à qui l'on se trouve comparé, avec qui l'on est en concurrence, en contestation. *Se ranger sous le pavillon de quelqu'un*, c'est se mettre sous sa protection. *Pavillon* s'emploie figurément pour désigner les vaisseaux, la puissance maritime d'une nation : Le *pavillon anglais* domine sur la mer ; Soutenir l'honneur de son *pavillon*, etc.

C'est de la forme des châteaux et des toitures gothiques que vient en France l'application qu'on a fait du mot *pavillon* à certains corps de bâtiment. Les tours et les tourelles, si multipliées dans la disposition des châteaux, les bâtiments isolés et les combles fort élevés qui les couronnaient, n'étaient pas en effet sans ressemblance avec les tentes et les pavillons. On nomme aujourd'hui *pavillon* un tout petit bâtiment isolé et couvert d'un seul comble : tels sont dans les jardins les petits édifices qu'on y construit pour servir de lieux de repos.

Pavillon, en termes de tapissier, se dit d'un tour de lit, plissé par en haut et suspendu au plancher, ou attaché à un petit mât vers le chevet : on dit aujourd'hui *couronne*. *Pavillon* se dit aussi d'une tour d'étoffes dont on couvre le tabernacle dans quelques églises : il se dit également du tour d'étoffe qu'on met sur le saint ciboire. *Pavillon* signifie encore l'extrémité évasée d'une trompette, d'un cor, d'un porte-voix, etc. Il y a, en anatomie, une partie de l'oreille qu'on nomme le *pavillon*.

PAVOIS (*Art militaire*), bouclier des gens de Pavie, si l'on s'en rapporte à Muratori : aussi cet historien et Ménage regardent-ils le substantif italien *pavese* comme la racine du terme français *pavois* et de l'espagnol *paves*. Le *pavois*, moyen de pavesade, c'est-à-dire de bastingage, le *pavois*, arme défensive du pavessier, passe avec vraisemblance pour avoir produit le verbe *pavoisier*, qui a eu des acceptions si variées. Le pavois rappelait par sa forme le *scutum*, le *thyreus*, dont les Romains avaient emprunté l'usage des Sabins et des Samnites : c'était ainsi un bouclier de 1^{m},66 de long, en forme de demi-cylindre ou de tuile à canal; sa grande dimension explique comment on consacrait l'élection des anciens rois bataves dont parle Tacite, des empereurs romains, des rois de la première race, *en les élevant sur le pavois*, c'est-à-dire en recouvrant la partie creuse du bouclier avec une planche, ou en l'emplissant de sable pour en faire un piédestal portatif, sur lequel montait le prince qui venait d'être couronné. Quatre soldats de taille égale soutenaient sur une épaule un des angles du bouclier, et le prince, promené aux yeux de l'armée, se consolidait le mieux possible sur ce trône tremblant, en enfonçant le fer d'un pilum, ou d'un angon, ou d'une framée, dans le bois et le cuir du pavois. Il se faisait ainsi de cette arme un sceptre ou une canne à demeure fixe, qui servait d'appui.

C'est en mentionnant le pavois que les historiens français ont raconté ce genre d'intronisation : nous le répétons d'après eux ; mais il ne faut pas perdre de vue qu'il n'y avait alors ni *paves*, ni *pavèse*, ni *pavois*, ni aucun mot d'orthographe analogue. C'est au moyen âge qu'il a commencé réellement à se voir des pavois; ils étaient portés par une classe de soldats nommés *pavessiers* ou *pavoisiers;* leur métier n'était pas de combattre, si ce n'est à leur corps défendant, mais de mettre à couvert des combattants armés d'arcs ou d'arbalètes : à cet effet, les pavessiers couraient placer dans un endroit exposé aux traits ou aux projectiles de l'ennemi l'espèce de lourd parapet ambulant qui leur était confié, et qui se tenait debout tout seul. Le pavessier restait accroupi derrière, tandis que le tireur d'arc combattait, en se montrant à peine en dehors d'un des côtés latéraux du pavois. Ces moyens de combattre étaient principalement employés dans les siéges, soit offensifs, soit défensifs : cet usage, peut-être imité des Perses, avait donné naissance au genre de pavois plus anciennement nommés *persiens*. Dans des siècles plus modernes, on rendait la même idée par les mots *talevas, bastingues, paniers, mantelets*. C'était à l'ombre des pavois, dit Monstrelet, que *les arbalestriers et ribauds ribaudoyaient* (lançaient des traits). Le mot *pavois*, considéré sous le point de vue des guerres françaises, a été d'usage de Philippe-Auguste à Charles VII, que l'histoire mentionne comme s'en étant personnellement servi. Gal BARDIN.

PAVOIS (*Marine*). Ce mot, qui veut dire les décorations dont un vaisseau s'entoure les jours de fête, vient du vieux mot français : *pavécher*, qui signifiait *couvrir*, ou de la coutume des anciens qui rangeaient leurs *pavois* sur les bords de leurs navires, quand ils voulaient combattre, pour se cacher derrière, comme on voit dans les médailles qui représentent leurs combats de mer. Il y a des *pavois* de diverses sortes et de diverses couleurs : les uns sont faits d'une simple toile goudronnée ou non ; les autres sont de drap bleu bordé de drap jaune, et semés quelquefois de divers signes d'armoirie : on les met autour des bastingages pour les cacher, et même on en enveloppe quelquefois les hunes pour cacher les gabiers. L'acte de pavoiser dans les jours de fête ne se borne pas d'ailleurs à tendre les *pavois* dont nous venons de parler, mais on arbore aussi alors une multitude de pavillons de signaux, flammes, etc., qui se hissent à la tête des mâts et au bout des vergues : la place des divers pavillons est alors marquée suivant l'importance des pays auxquels ils appartiennent, et les relations d'alliance avec le pays auquel appartient le vaisseau *pavoisé* quand on est en guerre ; le pavillon ennemi se met d'habitude à la civadière, ce qui peut se supprimer ; la place des autres pavillons est indifférente, et plus on les multiplie dans ces occasions, plus le navire offre un élégant coup d'œil, surtout quand le vent soulève cette brillante bigarrure de morceaux de toiles de toutes couleurs.

PAVOT, genre de plantes appartenant à la polyandrie-monogynie de Linné, et à la famille des papavéracées de Jussieu. Le genre *pavot* renferme environ une vingtaine d'espèces, les unes annuelles, les autres vivaces, et dont neuf croissent aujourd'hui naturellement en France. Ce sont en général des plantes herbacées, aux formes élégantes, et dont toutes les parties sont dessinées d'une manière également gracieuse et large. Leur tige flexible et élancée s'élève quelquefois à la hauteur de deux mètres, hauteur qu'elle dépasse rarement, bien que Chardin raconte avoir vu en Perse des tiges de *pavot* hautes de quarante pieds, et que, au dire de Garcias, les capsules des *pavots* d'Arabie atteignent parfois trente-cinq pouces de circonférence. Leurs feuilles, presque toujours vertes et glabres, et rarement pubescentes, sont alternes, engainantes ou amplexicaules, inégalement dentées ou incisées. Leur fleur, terminale et globuleuse, est ainsi composée : un calice formé de deux sépales concaves, caducs et glabres; une corolle à quatre grands pétales, plissés et chiffonnés avant leur entier épanouissement; des étamines, hypogynes extrêmement nombreuses, et qui sous l'influence de la culture se transforment facilement en pétales, pour former des fleurs doubles; un ovaire libre, ovoïde ou globuleux, monoloculaire, et sillonné par de nombreuses fausses cloisons, chargées d'innombrables ovules; au sommet de l'ovaire existe un stigmate en forme de disque, composé de rayons divergents, mais soudés latéralement entre eux. Cette fleur demeure penchée vers la terre jusqu'à l'époque de son entier développement, époque à laquelle elle se redresse pour étaler au soleil les merveilleuses richesses de sa corolle, et ses innombrables pétales, dont les teintes, diversifiées à l'infini, présentent toutes les variétés de couleurs, si ce n'est peut-être la couleur bleue. Le fruit du pavot est une capsule globuleuse, ovoïde ou ellipsoïdale, s'ouvrant à son sommet, au-dessous du stigmate, et renfermant de petites graines réniformes, striées, de couleur variable suivant les espèces, et dont le nombre s'élève quelquefois à plusieurs mille pour une seule capsule.

Quotquot soporiferum grana papaver habet.

Le pavot a été cultivé, tant comme fleur d'agrément que comme plante alimentaire ou médicinale, dès la plus haute antiquité. Homère en fait une fréquente mention, et Virgile cite le pavot parmi les plantes qui épuisent le plus la terre:

Urit enim lini campum seges, urit avenæ;
Urunt lethæo perfusa papavera somno.
(*Georg.*, L. I, v. 77.)

Torréfiée et pétrie avec de la farine et du miel, la graine de pavot servait à confectionner des gâteaux (*placenta mellita papavere et sesamo sparsa*), dont l'usage était très-répandu à Rome, et qui constituaient une friandise à laquelle le vigilant Cerbère lui-même ne savait résister. Dans les cérémonies religieuses, la fleur du pavot jouait un rôle important: elle était consacrée, comme symbole de la fécondité, à Junon-Lucine; dans les mystères d'Éleusis, les prêtresses de Cérès ainsi que la déesse elle-même portaient des pavots à la main; dans les fêtes de Vénus, les amants tiraient des augures du bruit que faisaient ses pétales froissés; on en jonchait la couche du dieu des songes; on en tressait des couronnes pour le front de la Nuit; et aux fêtes compitales on sacrifiait des têtes de pavot aux dieux Lares et à Mania, leur mère.

Deux espèces de *pavots* sont surtout remarquables: le *pavot somnifère* (*papaver somniferum*, L.), originaire d'Orient, mais aujourd'hui cultivé dans toutes les contrées de l'Europe, et dont les tiges, les feuilles et les capsules fournissent un suc lactescent et âcre, qui s'épaissit et se colore par l'évaporation et devient de l'o p i u m; et le *c o q u e l i c o t* (*papaver rhæas*, L.), qui pullule dans les champs de blé et infeste partout les moissons. Les capsules sèches du *pavot somnifère* sont employées en décoction comme narcotique: ses graines, oléagineuses, qui ne participent aucunement des propriétés narcotiques communes à toutes les autres parties de la plante, fournissent une huile abondante, qui porte le nom d'*olivette* ou d'*œillette*, et qui est propre à tous les usages culinaires: aussi, malgré les règlements de la police, est-elle mêlée en grande quantité aux huiles d'olive qui se consomment en France.

Belfield-Lefèvre.

On dit au figuré, les *pavots* du sommeil, les *pavots* de Morphée, pour dire le sommeil. Les poëtes en effet peignaient le dieu du sommeil couché sur des gerbes de pavots. On dit proverbialement comparer la rose au *pavot*, pour dire comparer des choses qui ne sont pas comparables. Dans le grand art, dans cette folle recherche, si prolongée, de la pierre philosophale, on appelait *pavot* des philosophes l'ouvrage de la pierre parfaite rouge.

PAWLOWSK, château impérial de plaisance, situé à 28 kilomètres de Saint-Pétersbourg, sur les bords de la Slawiænka, fut construit en 1780, dans un bon style, d'après les plans de l'architecte anglais Brown, et rebâti en 1803, à la suite d'un incendie. Il est surtout célèbre par son charmant parc, ainsi que par le wauxhall qu'on y a établi il y a quelques années seulement, et qui est en été un des principaux lieux de divertissement des habitants de la capitale. Le parc est une création de l'impératrice Maria Feodorowna, épouse de Paul Ier, qui aimait particulièrement ce séjour. Les parties les plus remarquables du parc sont: l'*île enchantée*, entourée par les eaux de la Slawiænka; le *pavillon des Roses*; l'*Ermitage*, où demeura pendant quelque temps le prince persan Mirza; l'*Étoile*, avec son groupe de Niobé en bronze; la *place des Muses*; le *Temple des Grâces*; la *Ferme impériale*, bâtie dans une ravissante situation; enfin, les mausolées et les tombeaux ornés de sculptures dues au ciseau du grand sculpteur russe Martos. Au centre du château, qui est construit en hémicycle, se trouvent une bibliothèque, une remarquable collection de tableaux des écoles ancienne et moderne, et le grand salon, dit *cabinet de réunion*, dont tous les meubles et ornements sont le produit du travail des différentes princesses de la maison impériale. On remarque encore le cabinet des médailles et de minéralogie et le salon des antiquités d'Herculanum. A la mort de l'impératrice Marie, arrivée en 1828, le grand-duc Michel prit possession de ce château, aux termes du testament de sa mère.

Au milieu du parc de Pawlowsk s'élève la petite ville du même nom, avec 4,000 habitants, et qu'un chemin de fer ouvert en 1838 met en communication avec la capitale.

PAXO, la plus petite des îles I o n i e n n e s.

PAXTON (Sir Joseph), architecte et jardinier-paysagiste anglais, est né en 1804, de parents pauvres, dans le Berwickshire. Dans sa jeunesse il eut à lutter contre bien des difficultés, jusqu'au moment où il fut assez heureux pour obtenir un emploi dans les jardins du duc de Devonshire, à Chatsworth, où il se distingua tellement que le duc le prit bientôt pour jardinier en chef. Sous sa direction les jardins de Chatsworth acquirent une réputation européenne, et dès lors Paxton fut universellement reconnu comme l'un des premiers jardiniers de notre temps. Par la publication de son *Treatise on the Culture of the Dahlia* (Londres, 1838), il se fit une place honorable dans la littérature botanique. Il donna ensuite, en société avec Lindley, un *Pocket botanical Dictionary* (Londres, 1840); puis il fit paraître divers articles dans l'*Horticultural Register*, journal rédigé par lui, et dans d'autres recueils de botanique. La grande exposition universelle qui eut lieu à Londres en 1850 lui fournit l'occasion de montrer son talent sous un nouveau jour. Il s'agissait de construire un édifice propre à cette solennité industrielle, et mille projets avaient été mis en avant, quand Paxton proposa d'en faire un tout en verre. Il avait déjà exécuté à Chatsworth des édifices de ce genre en petit, et on avait reconnu qu'ils remplissaient toutes les conditions qu'on avait eues en vue. Quoique son projet eût été présenté après l'expiration du délai fixé pour le concours, on ne lui en donna pas moins la préférence; et c'est sur ses dessins que fût construit le célèbre *Palais de cristal*. Cette remarquable construction répondit si complétement à toutes les conditions du programme, qu'elle assura aussitôt à son auteur le renom de grand architecte. Paxton fut créé *baronnet* par la reine Victoria; et quand une société en actions se constitua, en 1852, pour transporter le Palais de cristal de Hyde-Park à Sydenham, pour le réédifier dans des proportions plus grandioses encore, ce fut lui qu'on plaça à la tête de cette vaste entreprise, qui depuis lors l'occupe exclusivement. Toutefois, il trouve encore le temps de publier, sous le titre de *Paxton's Flower Garden*, un journal spécialement consacré à la culture des fleurs, et auquel collaborent Lindley et plusieurs autres botanistes célèbres.

PAYE. Ce mot désigne spécialement ce que l'on donne aux gens de guerre pour leur solde, et s'applique aussi au salaire des ouvriers. Ainsi, la paye est la rétribution d'un travail journalier, c'est le prix des journées employées à la solde d'autrui. Il est de l'essence d'un contrat de cette nature que les payements s'opèrent à de très-courts intervalles; ils devraient même rigoureusement être effectués jour par jour, car celui qui travaille à la journée est en droit de toucher son salaire aussitôt après que le travail de la journée est terminé. Mais on est dans l'usage de déterminer un jour qui est consacré aux payements, c'est le *jour de paye*. Ce mot s'emploie aussi familièrement pour désigner celui qui aime ou n'aime pas à payer : on dit du premier que c'est une *bonne paye*, et du dernier que c'est une *mauvaise paye*, c'est-à-dire un homme qui cherche par tous les moyens possibles à éluder le *payement* de ses dettes, alors même qu'il est en état de satisfaire à ses créanciers.

La *haute paye* est l'excédant de solde accordé aux troupes dans certaines circonstances et aux corps d'élite.

PAYEMENT. C'est l'acquittement d'une dette ou d'une obligation. Quoique le mot *payement* puisse être considéré comme embrassant tout mode quelconque de libération, on en restreint d'ordinaire la signification à la libération par numération d'espèces, ou à la délivrance d'un objet déterminé. Le payement doit être opéré par le débiteur au jour marqué, sur la première demande qui lui en est faite, en observant toutes les conditions insérées dans l'acte d'emprunt. Si le créancier n'exige pas son remboursement à l'époque déterminée, il est présumé accorder terme et délai au débiteur; et il y a alors prorogation du contrat, à moins que ce dernier ne veuille lui-même s'acquitter en forçant le créancier à recevoir; car il peut arriver que le débiteur ait intérêt à se libérer et que le créancier n'en ait point à recevoir. Si l'obligation n'existait réellement pas, le payement qui aurait été fait, n'étant plus que le résultat d'une erreur, serait sujet à répétition. Mais le payement volontairement fait en exécution d'une obligation naturelle n'est point sujet à répétition.

Pour que le payement soit valable en droit, et pleinement libératoire, il faut qu'il y ait capacité dans la partie qui paye, capacité dans la partie qui reçoit, et qu'il comprenne la totalité de la chose due. Cependant ces règles souffrent des exceptions assez nombreuses, qui sont toutes fondées sur des raisons de justice et d'équité. Le défaut de capacité dans la partie qui paye ne peut plus être invoqué comme une cause de restitution lorsque le créancier a consommé de bonne foi ce qu'il a reçu comme lui étant légitimement dû. Il ne reste alors à celui qui a payé que son recours contre le véritable débiteur, s'il a payé pour autrui; et s'il a acquitté sa propre dette, quoiqu'il fût mineur ou interdit, la libération lui est acquise, pourvu que le payement ait été reçu de bonne foi. Le défaut de capacité dans la partie qui reçoit cesse également d'être un motif de restitution, lorsque le débiteur peut prouver que le payement a réellement tourné au profit de son créancier. Enfin, le débiteur peut être autorisé par justice à faire des payements partiels, lorsque les circonstances paraissent autoriser une semblable mesure; mais les juges, prenant en considération la position du débiteur, ne doivent user de ce pouvoir qu'avec une extrême réserve.

Dans tous les cas les frais du payement sont à la charge du débiteur, et le payement doit s'effectuer en général à son domicile, à moins que le contrat n'ait déterminé un autre lieu ou qu'il s'agisse d'un corps certain. Dans ce dernier cas, le payement se fera au lieu où était cet objet au moment du contrat. Dans cette dernière hypothèse, il suffit au débiteur de livrer au créancier la chose dans l'état où elle se trouve sans détérioration de son fait avant toute mise en demeure. Du reste, si la chose n'est déterminée que par son espèce, le débiteur ne sera pas tenu de la donner de la meilleure qualité, mais il ne pourra pas non plus l'offrir de la plus mauvaise. Si les parties ne s'accordaient point à cet égard, ce serait au juge à décider.

Le payement ne serait pas valable s'il était fait au mépris d'une opposition régulière. Le débiteur qui veut se libérer en présence d'une opposition peut se faire autoriser par justice à verser ses fonds dans la caisse des dépôts et consignations, ou à remettre la chose qu'il doit livrer dans les mains d'un séquestre judiciaire. C'est aussi à ce parti que doit s'arrêter le débiteur toutes les fois que le créancier refuse de recevoir ce qui lui est dû, sous un prétexte quelconque, pourvu que le débiteur offre bien réellement de payer tout ce qu'il doit. Il a recours alors à ce qu'on nomme en droit des *offres réelles*.

La novation, la compensation et la confusion sont aussi de véritables payements, dans lesquels il n'y a pas de numération d'espèces ou de délivrance d'un objet déterminé.

Nous parlerons ailleurs du payement fait avec subrogation.

Lorsqu'un même débiteur doit à divers titres à un même créancier, il y a lieu alors à *imputation* des payements qu'il fait; car il importe de savoir quelle est celle des créances qui doit être éteinte la première, préférablement aux autres. A cet égard, si les conventions faites n'ont rien réglé, il est de principe que c'est toujours l'intérêt du débiteur qui doit être pris pour guide de la décision; en sorte que les imputations seront faites d'abord sur celle des dettes échues qui était la plus onéreuse.

La preuve du payement se fait comme la preuve des obligations elles-mêmes, soit par titre, soit par témoins, suivant les circonstances; celui qui réclame l'exécution d'une obligation doit la prouver, mais aussi celui qui se prétend libéré doit justifier du payement, et en général de tout fait qu'il invoque comme ayant produit l'extinction de son obligation. La plus sûre et la plus directe de toutes les preuves, c'est la quittance, que le débiteur doit exiger de son créancier au moment même du payement.

PAYEN (Anselme), chimiste industriel, est né en 1795. Son père s'était occupé de la fabrication de la soude artificielle, du salpêtre, du sel ammoniac, du noir animal, etc. Après avoir terminé ses études, le jeune Payen suivit les cours de Vauquelin, de M. Chevreul et de M. Thénard. Il venait d'être déclaré admissible à l'École Polytechnique, lorsque les désastres de 1814 hâtèrent son entrée dans la carrière industrielle et agricole. Placé immédiatement à la tête d'une fabrique de sucre de betterave, il parvint, en opérant à feu nu, mais profitant de l'application du noir animal, à extraire directement un sucre brut immédiatement propre à passer dans la consommation. Il fonda dans la même usine la fabrication en grand des sirops de fécule et l'épuration des autres substances sucrées destinées à la fabrication des bières, cidres, etc. Il parvint aussi à préparer avec succès un borax artificiel, un chlorure de chaux puissant et à bon marché. Aussi ses produits furent-ils remarqués aux diverses expositions qui se succédèrent depuis 1817. Il trouva encore, avec M. Persoz, les principes de la transformation des fécules en dextrine. S'occupant d'abord pour son père et ensuite pour lui-même de la direction de pépinières et de cultures diverses, il étudia avec attention l'action des amendements, des stimulants et des engrais, les maladies des plantes, etc.

Affaibli par une maladie des organes digestifs qui ne lui permettait de supporter aucun aliment, il découvrit l'utilité de l'emploi de l'albumine dans le régime des malades, et parvint à se remettre avec cette alimentation. Membre des jurys d'exposition, il entra en 1828 dans le conseil d'administration de la Société d'Encouragement, dans le conseil de la Société d'Horticulture; enfin, il fut appelé à l'Académie des Sciences, section d'économie rurale, en 1842, à la place d'Audouin. Il avait cédé sa manufacture en 1838. Chargé momentanément, en 1835, d'une partie du cours de M. Dumas sur la chimie appliquée aux arts et à l'agriculture, à l'École centrale des Arts et Manufactures, une chaire fut créée pour lui dans cette école l'année suivante. Plus tard il fut chargé du cours de chimie appliquée à l'industrie au

Conservatoire des Arts et Métiers, et devint secrétaire perpétuel de la Société d'Agriculture et vice-président du conseil d'hygiène et de salubrité.

On lui doit un *Précis de Chimie industrielle*, un traité *Des Substances alimentaires et des moyens de les améliorer, de les conserver et d'en reconnaître les altérations; Des Maladies des Pommes de terre, des Betteraves, des Blés et des Vignes, avec l'indication des meilleurs moyens à employer pour les combattre*; un *Précis d'Agriculture théorique et pratique* (avec M. Richard), etc. Il a travaillé à la *Nouvelle Maison rustique*, au *Dictionnaire Technologique*, au *Nouveau Dictionnaire d'Agriculture*, aux *Annales de Chimie*, *d'Agriculture*, *des Sciences naturelles*, etc. L. LOUVET.

PAYENS. *Voyez* PAGANISME.

PAYNE (THOMAS), écrivain célèbre, par la part qu'il prit à la révolution de l'Amérique du Nord et à la révolution française, naquit, le 29 janvier 1737, à Thetford, dans le comté de Norfolk. Il était fils d'un quaker, fabricant de corsets, et suivit d'abord la profession de son père. Plus tard, il obtint un emploi dans l'*accise* (douane), et prit en outre la direction d'une fabrique de tabac. Mais les émoluments attachés à ces deux places suffisaient à peine à l'entretien de sa famille; et par suite des dettes que force lui fut de contracter pour y suppléer, il fut révoqué en 1774. Il se rendit alors en Amérique, et fut bien accueilli par un libraire de Philadelphie, qui lui procura quelques travaux littéraires. En 1776 il publia dans cette ville le *Common Sense* (le Sens commun), pamphlet écrit d'un style éminemment populaire, dans lequel il défendit les intérêts des colonies, et qui exerça une immense influence sur la marche des événements. Les hommes les plus distingués, entre autres Washington et Franklin, accordèrent leur amitié au courageux publiciste, et le firent nommer par le congrès secrétaire du comité des affaires étrangères. Quelques démêlés qu'il eut avec des hommes influents lui firent perdre ces fonctions; et il se rendit alors en France, où il s'occupa avec succès de négociations financières pour le compte des États-Unis, et d'où il s'en revint en Angleterre en 1787. Il s'y occupa de construction de ponts en fer, système alors nouveau; mais cette spéculation ne fut point heureuse, et il lui fallut expier l'insuccès de ses efforts par quelques mois de séjour dans une prison pour dettes. La révolution, qui ne tarda point à éclater en France, devait naturellement avoir toutes ses sympathies; il en défendit les principes contre Burke dans un pamphlet fameux, qui fut alors traduit dans toutes les langues de l'Europe, *The Rights of Man* (Les Droits de l'Homme [Londres, 1791]), et qui arracha des cris d'effroi à l'orgueilleuse aristocratie britannique. Son langage audacieusement révolutionnaire, qui attaquait l'édifice de la société anglaise dans ses bases, n'irrita pas seulement contre lui le gouvernement et les classes privilégiées, mais encore tous les hommes animés de sentiments patriotiques. Pendant qu'on lui intentait un procès criminel, qui, malgré les efforts d'Erskine, son défenseur, se termina contre lui par une condamnation, il passa en France, où nombre de villes lui décernèrent le titre de citoyen français; et en 1792 le département du Pas-de-Calais l'élut pour l'un de ses représentants à la Convention nationale. Thomas Payne se jeta alors dans le tourbillon de la révolution, quoique comprenant et parlant fort peu notre langue, réduit qu'il était le plus souvent à se servir d'interprètes pour exprimer ses idées. On lui attribua alors un pamphlet publié sous le pseudonyme d'*Achille Duchâtelet*, et dans lequel il est traité de diverses questions alors à l'ordre du jour. Dans le procès de Louis XVI, il vota pour le bannissement et la détention jusqu'à la paix, et encourut ainsi la disgrâce du parti de la montagne. Marat lui reprocha aigrement de n'être qu'un quaker comme l'était son père; et en 1793 Robespierre le fit expulser de la Convention et jeter en prison, comme étranger. Pendant sa captivité, qui dura quatorze mois, et ne cessa que sur les instantes démarches faites en sa faveur par Monroe, ministre des États-Unis en France, il écrivit son livre intitulé *The Age of Reason* (L'Age de la Raison), dirigé tout à la fois contre l'athéisme et la religion révélée. Il lui fut alors permis de reprendre son siége à la Convention, dont il continua à faire partie jusqu'au moment où elle prononça sa dissolution. Partisan de la constitution directoriale, il écrivit diverses brochures pour la défendre et un livre dans lequel il prédisait la fin prochaine de l'Angleterre. Après la paix d'Amiens, il s'empressa de quitter un pays redevenu déjà à moitié monarchique par l'établissement du consulat, et revint en 1802 aux États-Unis, où il avait conservé la propriété dont l'État de New-York lui avait fait don à la fin de la lutte pour l'indépendance, en récompense des services qu'il avait rendus à l'insurrection: un domaine de 300 acres de terre, appelé *New-Rochelle*, et provenant de la confiscation des biens d'un royaliste. C'est là qu'il mourut, le 8 juin 1809. En 1815, Cobbett rapporta en Angleterre ses ossements, que les radicaux accueillirent avec une grande vénération, comme ceux d'un martyr de leur cause.

PAYS. Ce mot, qui a autrefois servi de texte à bien des discussions oiseuses sur la manière de le prononcer et de l'écrire, semble venir de *pagus*, qui signifie *province*. Il se dit des diverses régions et contrées de l'univers: *pays* fertile, chaud, froid, tempéré, montueux, lointain, ruiné, etc. On l'emploie quelquefois pour les habitants mêmes: c'est ainsi qu'on dit d'un *pays* qu'il a ses mœurs, ses lois, qu'il est riche, civilisé, catholique, etc., pour indiquer que ceux qui l'habitent possèdent les qualités bonnes ou mauvaises attachées à ces dénominations. Le *pays plat* ou *pays de plaines* est celui qui est opposé aux *pays montagneux*. On nommait autrefois *haut pays* ou *pays d'amont* celui qui est le plus élevé et le plus éloigné de la mer, et d'où naissent généralement les rivières, les sources: les *pays bas* étaient ceux où se trouve l'embouchure des rivières dans le voisinage de la mer.

La Normandie était autrefois nommée *pays de sapience*, parce que les gens, dit Trévoux, y sont plus habiles en procès: aussi les faisait-on pour cela majeurs à vingt ans. La Gascogne, à cause du caractère fanfaron de ses habitants, se nommait le *pays d'Adieusias*. Les conquêtes faites par la France depuis le règne de Louis XII se nommaient *pays conquis*; les lieux où l'on suivait le droit romain se nommaient *pays de droit écrit*. Il y avait des *pays d'élection*, suivant la manière d'y voter les impositions; des *pays de concordat, de franc-aleu, d'obédience*, etc., suivant des coutumes ou des privilèges particuliers aux diverses provinces ainsi nommées. La révolution de 1789 a rayé toutes ces dénominations, en faisant disparaître sous son régime unitaire toutes les causes qui y donnaient lieu.

Battre le pays, c'est l'explorer, le reconnaître; *Battre du pays*, c'est, au propre, parcourir beaucoup de lieux différents, et au figuré traiter un grand nombre de sujets divers. *Gagner pays*, c'est avancer, faire du chemin; *Tirer pays*, c'est s'enfuir, s'évader. *Faire voir du pays à quelqu'un*, c'est lui donner bien de l'exercice, lui susciter bien des embarras. *Nul n'est prophète en son pays* veut dire qu'un homme même de mérite est moins estimé dans son pays qu'ailleurs; *Être en pays de connaissance*, c'est se trouver avec des gens que l'on connaît: cela se dit aussi de toutes les choses qui nous sont familières; *Autant de pays, autant de guises*, signifie que les divers pays ont des habitudes, des mœurs différentes. *Vous êtes bien de votre pays*, dit-on à quelqu'un de simple, de crédule. *Il est des sots de tout pays* signifie qu'il peut y avoir des imbéciles dans toute espèce de corps constitué, même une académie. *Pays ruiné vaut mieux que pays perdu* se dit d'un pays riche et fertile qui aura subi quelque dégât accidentel. *Pays perdu* se dit surtout, en général, d'un lieu où il n'y a que peu ou point de ressources.

Pays s'emploie fréquemment pour *patrie*, lieu de naissance.

Pays, payse, s'emploient populairement aussi pour *compatriote*.

On nomme *pays étranger* celui qui est en dehors, pour chacun, des limites territoriales de la contrée où il est né, ou bien où il a fixé sa résidence, ses habitudes.

PAYS (Mal du). *Voyez* NOSTALGIE.

PAYSAGE. Ce mot s'entend en peinture, gravure, lithographie, photographie, de tout tableau, estampe, épreuve, représentant quelque aspect de la nature muette. La peinture de vues architecturales et la peinture de marines se rattachent étroitement au genre du paysage.

Le paysage est un des genres les plus riches, les plus agréables et les plus féconds. Le paysage, plus que toute autre peinture, c'est le jour, la lumière et l'air, les brumes vaporeuses des horizons, la profondeur infinie du ciel; c'est la vaste étendue des plaines, la fraîcheur des forêts, le mystère et la poésie même de la création.

Ce genre se divise en trois styles différents : le *style héroïque* ou *académique*, le *style poétique*, le *style réaliste*.

Le style académique vise au grand, au noble, au sublime; les sites sont pittoresques, empruntés à la plus riche nature; les fabriques sont des temples, des pyramides, des obélisques, d'antiques sépultures, de riches fontaines; les accessoires, des statues, des autels, etc. Poussin est le maître incomparable du style héroïque.

Le style poétique se préoccupe moins de la composition que de l'interprétation même de la nature, dont il vise à traduire tantôt l'immensité et la splendeur, tantôt le charme intime et mystérieux. Claude Lorrain est à la tête et à une incommensurable distance des quelques peintres qui, dans différents pays et à diverses époques, ont tenté ce style sublime.

Enfin, le style réaliste cherche seulement à reproduire la nature telle qu'elle est; il prend le paysage comme il s'offre le plus souvent autour de nous, dans la pauvreté de sa ligne générale, dans la couleur monotone de sa végétation, avec la silhouette en boule ou en fuseau de ses arbres, avec les accidents vulgaires de ses terrains; il cherche à le rendre dans son aspect vrai et à lui laisser son accent particulier. Ruysdaël est le plus grand des réalistes.

Les Flamands, les Hollandais sont les maîtres par excellence du naturalisme; les Italiens, au contraire, du style idéal. La différence des pays et du génie de leurs habitants explique suffisamment cette prédisposition innée. Les belles collines boisées, les vallées luxuriantes, les torrents, les lacs de l'Italie, les temples, les monuments antiques et les ruines qu'on y rencontre à chaque pas, ces grands aspects et ces grands souvenirs, joints à la vivacité des imaginations méridionales, devaient nécessairement en faire le berceau pompeux du paysage historique; tandis que les grasses prairies des Pays-Bas, leurs marécages, leur ciel gris, ne pouvaient développer cette poétique faculté de l'idéalisation. Les maîtres Flamands et Hollandais se bornèrent à être vrais, et furent inimitables.

Le monde antique n'a point connu le genre du paysage; il ne concevait pas l'idéalisation autrement que sous la forme humaine. L'homme intervenait en tout comme symbole. S'agissait-il de représenter une montagne, une source, on la personnifiait dans la figure du dieu de cette montagne, de cette source. Mais on a retrouvé des paysages sur les murailles d'Herculanum et de Pompéi, nous dira-t-on. C'est encore une de ces opinions généralement accréditées dont il faut beaucoup rabattre. Les fresques romaines ne sont que des vues d'édifices, et le paysage n'y tient qu'une place secondaire, sans importance et purement accessoire. Appellerons-nous encore de ce nom ces représentations de localités égyptiennes, du Nil et de son mystique monde animal, qui devinrent le goût dominant au troisième siècle de l'ère chrétienne? Évidemment, ce n'est pas encore là du paysage.

La personnification de la nature au moyen de formes humaines persista jusqu'à une époque avancée du moyen âge. Ainsi l'on représentait le Jourdain, au baptême de Jésus-Christ, sous la figure d'un homme tenant une urne. D'ailleurs le fond d'or généralement en usage, et qui était le symbole de la magnificence et de la gloire céleste, donnait mieux l'idée du divin et du sublime que n'eussent pu le faire de maladroits essais de paysage sans perspective.

Cependant, il y avait dans le génie des races germaniques un amour si vif de la nature, une aspiration si puissante à la pénétrer, qu'elle devait tôt ou tard se manifester dans les œuvres de l'art. Les peintres étaient restés des siècles sans s'aventurer au delà de la prairie fleurie du premier plan, lorsque, au commencement du quinzième siècle, les frères Van Eyck exécutèrent tout à coup des paysages d'une haute perfection, avec l'exacte observation de la perspective aérienne et de tous les détails que le genre comporte. Après eux viennent, avec des qualités plus ou moins grandes, l'école flamande, l'école rhénane et celle de la haute Allemagne. Dans les productions de cette dernière école, le fond d'or persista longtemps encore au-dessus des montagnes et des toits. Les vieux tableaux allemands présentent cette disposition uniforme de l'arrière-plan *paysager*, une perspective surélevée, une ordonnance froidement étagée, qui donnaient à l'action sainte du premier plan comme une épaisse et riche tapisserie de villes, de rochers, de torrents et de faîtes de montagnes.

Pourtant jusqu'à la fin du quinzième siècle le paysage ne forma pas encore un genre à part; il n'était que subordonné et accidentel dans les compositions. On en conçoit facilement la raison. La multiplicité de détails dont il se compose exige un perfectionnement, une science déjà avancée des procédés d'exécution, pour qu'il soit traité convenablement. Les Flamands ouvrirent encore les premiers la route; Joachim Patenier et Henri de Bless osèrent se passer de premier plan épique et faire des tableaux où le paysage fût le sujet principal et les figures les accessoires.

En Italie le paysage, comme fond des tableaux, commence à la fin du quinzième siècle dans les écoles de Florence et de Venise, sous l'influence du goût flamand pour cette dernière au moins. Toutefois, il apparaît pour la première fois empreint d'une grâce plus libre chez Gentile et Giov. Bellini et chez Léonard de Vinci. Le Titien et Dossi furent les premiers qui traitèrent le paysage indépendamment de toute action. Mais en général le paysage demeura dans la peinture italienne un élément secondaire, et à l'exception d'Annibal Carrache et de Salvator Rosa, peu d'artistes importants s'en sont sérieusement occupés.

La plus vive impulsion donnée au paysage, vint des Pays-Bas, avec Pierre Breughel et ses fils, Roland Savri, David Vinckebooms, Ægidius Hondekœter, Josse de Momper et Rubens.

En même temps se formait à Rome une école d'artistes italiens, allemands et français qui, exaltés par l'exemple d'Annibal Carrache, se préoccupèrent davantage de la composition et du style; Paul Bril et Adam Elzheimer entrèrent dans cette voie nouvelle, en même temps que le Dominiquin, le Poussin et le Guaspre. Ces deux derniers portèrent à son plus haut point de perfection la science des lignes et des masses dans le paysage. Claude Lorrain y ajouta le charme suprême de la lumière et de la couleur.

Voilà le paysage classique dans toute sa gloire : il règne sur l'Italie entière; la seule opposition qu'il y rencontre, c'est le génie sombre et réaliste de Salvator Rosa, et ce maître ne fait point école sous ce rapport. La Flandre et la Hollande même subissent l'influence de l'école romaine; du moins leurs paysagistes se divisent en deux camps bien tranchés, dont l'un s'inspire du Poussin, tels sont H. Swanevelt, J. Both, Ad. Pynacker, H. Zachtleven, Asselyn, Poelenburg et Pierre de Laar; tandis que l'autre interprète la nature avec un sentiment plus juste et plus réel, puissant et poétique à la fois. Cette direction est suivie par d'illustres artistes, A. Van der Neer, Van Goyen, A. Waterloo, Berghem, Karel Dujardin, J. Ruysdaël, le plus grand de tous, Hobbema, Paul Potter, A. Van Everdingen, Van der Heyden, Wouvermans, Van der Velde, Moucheron, Van Artois, A. Cuyp, Wynants, C. Huysmans, etc.

En France le paysage de style est cultivé par Laurent de La Hyre, Sébastien Bourdon, Patel père et fils, Allegrain. Jacques Courtois et Joseph Parrocel suivirent une manière moins conventionnelle.

L'Espagne ne nous donne guère que Velasquez de Silva et Francesco Collantes.

Le dix-huitième siècle vit s'éteindre en imitations stériles les deux florissantes écoles de paysage. Mais en Italie Canaletti atteint la perfection dans la peinture de vues architecturales, suivi d'assez loin par Guardi, Panini et Servandoni; et Lantara, en France, apparaît isolé au milieu du goût faux et maniéré de son temps, que représentent Watteau, Lancret et Fragonard. Hubert Robert, le peintre de ruines, Boissieu, Joseph Vernet et Le Barbier exécutèrent pourtant des paysages d'un goût meilleur. Parmi les peintres flamands et hollandais, nous rappellerons seulement Dietrich, Van Os, et Schweichardt. Les Anglais persistaient dans une servile imitation de Claude Lorrain. En Allemagne, il se manifeste d'abord une direction réaliste (Wertsch, Hackert et Kobell), puis une réaction idéaliste dans le sens du Poussin (Tischbein le jeune et Jos. Koch).

Au commencement du dix-neuvième siècle, les représentants du paysage en France sont Bertin, Taunay, Xavier Le Prince, Michallon, Bidault, décadence ou plutôt décrépitude de l'art. Mais une nouvelle école surgit, vers les dernières années de la Restauration, qui remplaça la manière d'interprétation conventionnelle par un sentiment de la nature nouveau, original, naïf et poétique. Avec les peintres de l'empire, la nature elle-même avait été conditionnée à l'antique. On l'avait, en quelque sorte, habillée comme les héros grecs et romains. On lui avait mis les cothurnes, et on lui prêtait des poses théâtrales. On ne faisait plus de paysages naturels comme Dieu les créa dans sa fécondité variée et comme le soleil nous les montre; on avait inventé le paysage historique, visant à la solennité du Dominiquin et du Poussin, qui se composait invariablement de décorations d'opéra; quelques ruines sévères, une montagne en meule de foin et une douzaine d'arbres de rechange; au premier plan une fontaine avec une inscription grecque, un char antique et des modèles drapés de manteau rouge. Le tableau s'appelait *Thésée* ou *Cincinnatus*, et le site était emprunté à Virgile et à Homère, au lieu d'être emprunté à la nature. La réaction contre le système absurde qui supprimait à la fois la campagne vivante et les impressions de l'artiste qui la contemple commença sous la Restauration, par quelques peintres ingénus comme Watelet, qui se mit à faire de vrais moulins, des ruisseaux et des buissons qu'il avait regardés de ses propres yeux.

Cependant, après que MM. Delacroix et Decamps avaient déjà porté de terribles coups aux vieilles doctrines, parurent MM. Théodore Rousseau et Jules Dupré, les véritables révolutionnaires du paysage, les maîtres de l'école nouvelle. Nous citerons encore : MM. Flers, Paul Huet, Lapito, Achard, Français, Jules André, Diaz, Coignard, Troyon, Hostein, Loubon, Léon Fleury, Blanchard, Ch. Leroux, etc., etc., qu'une sorte de parenté rapproche les uns des autres; mais cette tendance à l'unité n'empêche pas qu'il existe entre eux de notables différences de manières. Se rattachent plus ou moins à cette grande école moderne nos célèbres peintres voyageurs qui vont demander à l'Orient, au monde entier les merveilles et les splendeurs d'un soleil plus éclatant, d'une nature plus grandiose ou plus étrange, Decamps, Marilhat, Chacaton, Théodore Frère, Dauzats, de Fontenay, A. Borget, Karl Girardet, etc.

Sept ou huit peintres à peine de nos jours s'obstinent à puiser leurs inspirations dans l'examen des œuvres passées et cultivent le paysage de style; ce sont MM. Paul Flandrin, coryphée du petit groupe sorti de l'atelier de M. Ingres; Aligny, Desgoffe, Benouville, les artistes les plus remarquables qu'aient produits l'école de la convention.

Les noms de MM. Corot et Cabat expriment la transition entre ceux qui voient la nature sous l'influence d'un éternel parti pris et ceux qui la copient naïvement. Beaucoup de sentiment et de poésie, peu de couleur, un faire gauche et systématique caractérisent le premier. Le second a montré des tendances éclectiques, visant un jour au style et le lendemain au simple charme de la nature vraie.

A peu près vers la même époque, c'est-à-dire il y a une trentaine d'années, une révolution aussi complète, due à l'influence de l'école romantique, s'opéra en Allemagne dans la peinture du paysage. On en revint presque au génie du moyen âge pour la sévérité et la simplicité de l'exposition, et l'école de Dusseldorf prit naissance, point de départ des immenses progrès réalisés depuis.

L'école de Dusseldorf atteint un riche et vrai réalisme dans la représentation des détails, en même temps qu'elle recherche dans l'ensemble de la composition l'expression d'une pensée poétique ou même fantastique. Les principaux artistes qu'elle a produits sont Lessing, Aschenbach, Scheuren, etc. Les meilleurs paysagistes de Berlin et de Munich, Rottmann surtout, ont avec l'école de Dusseldorf la plus étroite affinité. On peut en dire autant de la Norvège, qui s'enorgueillit des noms de Gude, Leu et Dohl.

L'école de Genève, dont les principaux représentants sont Diday et Calame, s'attaque courageusement aux grandes convulsions de la nature, et cherche à rendre les impressions terribles, les scènes désolées et sauvages des régions alpestres.

Le réalisme le plus franc domine en Hollande avec Koekkoek, Schoter, etc. Les Anglais Turner, Fielding, Stanfield, Martin, etc., les suivent d'un peu loin. On ne parle guère aujourd'hui de paysagistes italiens ou espagnols. En résumé, le paysage est sans contredit aujourd'hui la branche la plus vigoureuse de l'art, celle qui est le plus en progrès.

W.-A. Duckett.

PAYSAGISTE, peintre de paysages.

PAYSAN. Ce mot vient du latin *paganus, a pagis*. Dans la basse latinité, on appelait les paysans *paganenses*, *pagani* et *pagenses*, c'est-à-dire habitants des campagnes, par opposition avec les habitants et bourgeois des villes. Nous ne saurions admettre l'étymologie donnée par Servius. Cet auteur prétend que les paysans logeaient auprès des fontaines, d'où serait venu que les villages ont été appelés *pagi* (du grec ἀπὸ τῶν πηγῶν); de là serait aussi dérivé le mot *pagani*. Selon la définition la plus vulgaire, les paysans étaient autrefois ceux qui supportaient les charges de l'État, qui payaient la taille, qui faisaient les corvées, etc. Mais depuis longtemps le mot *paysan* désigne tout habitant de la campagne et des villages. C'est une question importante dans l'histoire du moyen âge de savoir jusqu'à quel temps les paysans ont été confondus avec les serfs, à quelle époque et dans quel pays ils ont formé un ordre de cultivateurs libres. En France, il est certain que l'ordonnance rendue en 1315 par Louis le Hutin pour l'affranchissement du domaine royal n'a pas constitué un ordre de paysans ou de cultivateurs libres. On ne trouve aucune trace d'un ordre semblable dans les autres États d'origine franco-germanique. En Suède seulement on rencontre un ordre de paysans faisant une partie constitutive de la diète nationale.

Au figuré, on dit d'un homme grossier et mal élevé, qu'il est un *paysan*, qu'il a les manières *paysannes*.

Aug. Savagner.

PAYSANS (Guerre des). On désigne sous ce nom, dans l'histoire d'Allemagne, l'insurrection formidable qui, au temps de la réformation, éclata d'abord en Souabe et en Franconie, puis en Saxe et en Thuringe, parmi les basses classes de la société contre les classes supérieures. Ce furent plus particulièrement les paysans qui s'insurgèrent contre la noblesse, d'abord pour échapper à l'oppression dont ils étaient victimes, et bientôt après afin d'acquérir la liberté politique et religieuse. Le sourd mécontentement qui depuis plus de trente ans fermentait parmi les populations des campagnes et des petite villes, et qui à diverses reprises avait déjà éclaté en révoltes graves, n'avait besoin que de la plus faible des causes pour éclater en insurrection. En 1502 une conspiration de paysans, formée d'éléments semblables, avait déjà eu lieu dans les provinces rhénanes, et, en raison du signe de ralliement qu'elle avait adopté, avait été surnommée *la ligue du Bundschuh*. En 1514 il en éclata une autre, dans le pays de Wurtemberg, sous le nom de *ligue du pauvre Conrad*. L'une et l'autre furent violemment réprimées, sans qu'on songeât à faire droit aux griefs qui les avaient provoquées. En 1525 les mêmes contrées devinrent le théâtre d'une insurrection nouvelle. Les paysans avaient rédigé un manifeste contenant leurs griefs et leurs demandes; dans ce mémorable document ils réclamaient : la libre élection de leurs curés; l'application du produit de la dîme des moissons, en tant que besoin serait, à l'entretien du curé, et de l'excédant à des distributions gratuites faites aux pauvres, ainsi qu'à des travaux utiles aux communes; l'abolition du servage; celle des priviléges exclusifs des seigneurs et des princes, en matières de chasse et de pêche; la restitution aux communes des forêts, dont les seigneurs spirituels et temporels s'étaient successivement emparés; enfin, la suppression du privilége inique qui attribuait aux seigneurs une partie de l'héritage de leurs vassaux, dont les veuves et les orphelins se trouvaient ainsi dépouillés. Ce manifeste fut lu publiquement partout où passaient des bandes d'insurgés; et tous ceux qui refusaient d'y souscrire, qu'ils fussent nobles ou paysans, étaient frappés d'anathème comme chrétiens et exclus, comme hommes, de tout droit à invoquer l'aide et l'appui de leurs concitoyens et de leurs voisins.

Cependant, l'insurrection allait gagnant toujours du terrain, et commençait déjà à s'étendre au delà de la Franconie. Plusieurs milliers de paysans s'étaient de nouveau rassemblés dans l'Odenwald, et de là avaient marché sur Rothenburg, où la population de la ville et celle de la campagne faisaient cause commune avec eux. Ils se divisèrent alors en deux bandes, celle des *Noirs*, venus de Rothenburg et placés sous les ordres de Hans Kolbenschlag, et celle des *Blancs*, venant de l'Odenwald et obéissant à un ancien cabaretier du nom de Georges Metzler. Partout où ils passaient, les châteaux et les abbayes étaient attaqués et pillés; les petites villes étaient forcées d'ouvrir leurs portes; et on vit beaucoup de comtes et de seigneurs, tels que les comtes de Wertheim et de Henneberg, de Hohenlohe et de Kirchberg, et même jusqu'à des princes, par exemple le duc Ulrich de Wurtemberg, expulsé de ses États, faire, de gré ou de force, cause commune avec eux. Quiconque leur résistait était impitoyablement massacré, traqué comme une bête fauve, au bruit du cor et du chalumeau, par ses propres vassaux. Le torrent dévastateur arriva enfin sous les murs de Wurtzbourg. *Gœtz de Berlichingen* avait pris le commandement de la bande de l'Odenwald, et celle de Rothenburg était sous les ordres du chevalier Florian Geyer. Wurtzbourg, depuis longtemps en discussion avec son évêque et espérant obtenir les priviléges de ville libre et impériale, accueillit parfaitement les paysans insurgés. Le château fort appelé *Mont-Notre-Dame* leur opposa seul une opiniâtre résistance. Le temps d'arrêt qui en résulta dans leur marche triomphale perdit les paysans; *le chef de la ligue* de Souabe, Georges Truchsess de Waldburg, put réunir des forces considérables et opérer sa jonction avec l'électeur de Trèves et l'électeur palatin. Les paysans manquant de discipline et de tout lien commun, comme aussi d'artillerie et de cavalerie, étaient désormais hors d'état de résister à 8,000 hommes d'infanterie et à 3,000 hommes de cavalerie. La bande des paysans de l'Odenwald fut d'abord complétement battue, le 2 juin, à Kœnigshofen, sur la Tauber; trois jours après, le 5 juin, l'autre bande, celle de Rothenburg, était anéantie en même temps que Wurtzbourg tombait au pouvoir du vainqueur. Sur tous les autres points dès lors la soumission des paysans insurgés se fit rapidement. Les gens de l'Allgau furent ceux qui firent la plus longue résistance, quoiqu'ils eussent affaire à Truchsess, capitaine expérimenté. Mais ils durent aussi se soumettre, quand celui-ci eut été secouru par Georges Frundsberg, capitaine qui s'était acquis une grande réputation pendant les guerres d'Italie. Rien d'horrible comme la cruauté avec laquelle les vaincus furent partout traités; d'innombrables prisonniers furent pendus aux arbres des grandes routes ou massacrés, la plupart après d'incroyables tortures. Dans les villes qui avaient ouvert leurs portes aux insurgés, notamment à Weinsberg, à Rothenburg et à Wurtzbourg, on tira une atroce vengeance des habitants, dont plusieurs milliers périrent décapités. On peut dire, au total, que cette lutte sociale coûta la vie à plus de 150,000 individus, et qu'elle fit des contrées les plus florissantes et les plus peuplées une solitude. Aux troubles de Souabe et de Franconie succéda la guerre des paysans de la Thuringe et de la Saxe, provoquée surtout par les prédications de Thomas Münzer.

PAYS-BAS, en hollandais *Neerlande*, dont on a fait en français l'adjectif *néerlandais*, pour qualifier tout ce qui se rapporte aux Pays-Bas. De 1815 à 1830, le royaume des Pays-Bas forma un État compacte et bien arrondi, composé des dix-sept provinces, qui au seizième siècle se trouvaient réunies sous le sceptre de Charles-Quint. Mais ces provinces avaient perdu leurs délimitations primitives. C'étaient le Brabant septentrional et le Brabant méridional, le Limbourg, la Gueldre, Liége, la Flandre orientale et la Flandre occidentale, le Hainaut, la Hollande, la Zélande, Namur, Anvers, Utrecht, la Frise, l'Overyssel, Groningue et la Drenthe, qui, en y comprenant le grand-duché de Luxembourg, partie intégrante de la Confédération Germanique, présentaient une superficie de 826 myriamètres carrés avec une population de 5,500,000 habitants. La révolution de septembre 1830, à la suite de laquelle la Belgique fut reconnue comme État indépendant, en détacha, outre la plus grande partie du Luxembourg, le Brabant méridional, les Flandres orientale et occidentale, les provinces d'Anvers, du Hainaut, de Namur, de Liége et la moitié du Limbourg; de sorte qu'il ne resta plus au royaume des Pays-Bas que le Brabant septentrional, la Gueldre, la Hollande (qui fut alors divisée en Hollande méridionale et septentrionale), la Zélande, la Frise, les provinces d'Utrecht, d'Overyssel, de Groningue, de la Drenthe et la moitié du Limbourg. En y comprenant les parties du Luxembourg et du Limbourg qui y sont demeurées annexées, ce royaume présente aujourd'hui une superficie de 448 myriamètres carrés, bornée au nord-ouest et au nord par la mer du Nord; à l'est par le Hanovre et la Prusse Rhénane; au sud par la Belgique. En 1855 sa population s'élevait à 3,433,372 habitants; elle se subdivisait, au point du vue des cultes, en 1,834,924 protestants, 1,164,148 catholiques, 58,518 israélites, 1,369 de religion inconnue. La population des colonies hollandaises était évaluée à la même époque, en *Asie* à 15,021,000 âmes, en *Amérique* à 80,692, en *Afrique* à 100,000. Total, pour l'Europe et les colonies, 18,635,864 habitants.

Tout le territoire des Pays-Bas est une contrée unie, prolongation des grandes plaines de l'Allemagne. Le plus grand golfe de ce royaume, dans la mer du Nord, est le *Zuiderzée*; viennent ensuite, sur la côte septentrionale, le *Dollart* et le lac de Lauwerz. Ses principaux fleuves sont le Rhin, la Meuse et l'Escaut. Il est entrecoupé en outre par une foule de petites rivières servant de décharge aux eaux des *Polders*, contrées marécageuses rendues à la culture au moyen d'immenses travaux de desséchement. Parmi les nombreux canaux, on doit une mention toute spéciale au canal de la Hollande septentrionale, qui met Amsterdam en communication avec le Helder sur un parcours d'environ huit myriamètres, l'une des plus vastes entreprises des temps modernes, et qui n'a été terminée qu'en 1820. En fait de lacs intérieurs, le plus considérable est celui de Harlem. En raison des nombreux cours d'eau qui sillonnent leur territoire, les provinces de la Gueldre et de la Hollande sont exposées à des inondations presque annuelles du Rhin et de la Meuse; inondations qui couvrent des contrées entières d'eau et de sable. Mais la Hollande, la Zélande, la Frise et Groningue sont exposées à des dangers bien autrement grands du côté de la mer du Nord, dont le niveau est plus élevé que leur sol. Ce danger est atténué en partie par les Dunes, qui s'étendent depuis Dunkerque, dans la Flandre française, jusqu'au Texel; mais on est obligé de protéger le reste des côtes contre l'irruption des eaux de la mer par des digues dont la construction et l'entretien exigent des dépenses considérables. Les localités les plus basses sont la province de Groningue, la Frise, la Hollande et la Zélande. Dans les contrées du sud-est, où le sol est plus élevé, de même que dans les provinces de Gueldre, d'Utrecht, d'Overyssel et de Groningue, le climat est généralement salubre; tandis qu'en Hollande, en Zélande et en Frise, l'inconstance de la température, les épais brouillards, les eaux stagnantes et le défaut de bonne eau potable, joints à l'usage où est la population de se nourrir en grande partie de poisson, engendrent des fièvres endémiques. Les parties du royaume les plus fertiles sont la Zélande et la Gueldre. On trouve de riches pâturages en Hollande, en Frise et en Groningue. Il n'existe de forêts que dans le Luxembourg. En fait de produits du règne animal, les bêtes à cornes tiennent le premier rang. La Frise produit des chevaux remarquables par leur taille, leur vigueur et leur aptitude au travail. L'élève des moutons n'a d'importance que dans les parties sablonneuses de la Hollande, notamment dans l'île du Texel. On engraisse beaucoup de porcs, parce que le lard constitue la principale nourriture des classes inférieures. On rencontre dans les dunes d'innombrables quantités de lapins d'un goût exquis; toute autre espèce de gibier quadrupède est fort rare dans les provinces du Nord, mais assez commun dans le pays de Luxembourg. En revanche, on y trouve en abondance du gibier à plumes, et notamment des oiseaux aquatiques. Dans les bruyères des provinces de Gueldre et d'Utrecht, l'éducation des abeilles se fait sur une assez large échelle. Les côtes, les fleuves, les rivières, les canaux, abondent en poissons de tous genres, cabillaux, aigrefins, anguilles, soles, saumons, turbots et harengs, en huîtres, homards et coquillages de toutes espèces. En fait de productions minérales, on ne trouve guère dans les provinces méridionales que de la tourbe, dont il se fait une grande consommation en Hollande et en Frise, de l'argile et de la terre de pipe.

Sous le rapport du caractère, il y a une grande analogie entre le Hollandais et l'habitant du nord de l'Allemagne. Toutefois, il est encore plus sérieux et bien moins apte à recevoir le brillant vernis d'une civilisation raffinée. En revanche, il est industrieux, circonspect, laborieux, et d'une propreté qui va jusqu'à la minutie. La langue hollandaise est celle qui est le plus généralement en usage (*voyez* HOLLANDAISES [*Langue* et *littérature*]); cependant, on parle encore frison dans les provinces du nord et flamand au sud.

Le royaume des Pays-Bas est un État essentiellement protestant. La grande majorité de la population protestante appartient à l'Église réformée. Cependant, les luthériens, les anabaptistes, les remontrants ou arminiens, les mennonites, les herrnhutes et autres dissidents présentent encore un total de 150,000 individus. Un synode général, duquel relèvent les diverses autorités religieuses des provinces, administre les affaires religieuses des réformés. Les catholiques, qui forment incontestablement la majorité dans le Brabant, le Limbourg et le Luxembourg, et même encore une portion importante de la population dans la Hollande septentrionale et la Gueldre, de même que dans la Hollande méridionale et l'Overyssel, sont divisés d'une manière fort inégale au point de vue religieux, et constituent les *vicariats apostoliques* de Bois-le-Duc, de Breda, de Limbourg et de Luxembourg, et les *commissariats royaux* des diverses provinces (à l'exception du Luxembourg). En outre, les *jansénistes* (*voyez* JANSEN) continuent encore à y former une Église particulière, appelée *Église d'Utrecht*, ayant pour chef l'archevêque d'Utrecht et les évêques de Harlem et de Deventer, encore bien que le nombre de leurs fidèles, répartis en vingt-sept communes, ne dépasse guère le chiffre de 5,000.

En ce qui touche la production des matières brutes, l'agriculture ne saurait avoir une grande importance dans un pays aussi petit que les Pays-Bas, où une nombreuse population de marins groupée sur les côtes favorise singulièrement le commerce, mais devant dès lors éprouver des besoins auxquels le commerce maritime peut seul donner satisfaction. L'agriculture n'en est pas moins parvenue à un haut degré de perfection en Hollande. La contrée qui s'étend entre Harlem et Amsterdam, et de là à Utrecht, n'est qu'un vaste jardin. Les plus belles parties du nord de la Hollande restèrent jusqu'au commencement du dix-septième siècle d'immenses lacs, qu'on n'a pu transformer en une contrée fertile qu'au prix des plus opiniâtres travaux. Aujourd'hui encore d'immenses surfaces occupées par des landes, des marais et des tourbières demeurent improductives, notamment dans les provinces de Drenthe, de Groningue et dans les autres parties du nord et du sud du royaume. On cultive sans doute dans les Pays-Bas toutes les espèces de céréales, mais cependant pas en quantité suffisante pour les besoins de la consommation; d'autant plus, que l'on donne la préférence à la culture de diverses plantes dont la production est plus profitable, telles que le chanvre, le lin, le houblon, le tabac, les fleurs, les légumes, et que les *polders* conviennent plus à l'élève du bétail qu'à l'agriculture. La Hollande et l'Overyssel produisent surtout du seigle; la première produit aussi du chanvre; Groningue, de l'avoine; les provinces septentrionales, du sarrasin; la Zélande, des légumes; Utrecht et Gueldre, du tabac. Aux environs de Harlem et dans cette ville, la culture des fleurs est devenue l'objet d'un commerce considérable. L'éducation du bétail, et notamment des bêtes à cornes, non-seulement satisfait largement à tous les besoins du pays, mais donne lieu en outre à une exportation de beurre et de fromage qui prend chaque année plus d'importance. La pêche n'est pas une ressource moins productive, et on estime qu'elle y fait vivre plus de 20,000 familles. La pêche du hareng, si florissante au dix-septième siècle, mais si complétement déchue au commencement de ce siècle, a repris dans ces derniers temps; et il n'y a pas jusqu'à la pêche de la baleine qui ne se fasse aujourd'hui sur de larges proportions.

Pour ce qui est de l'industrie manufacturière, les Pays-Bas ne se distinguent maintenant que dans les genres de fabrication favorisés par certaines conditions spéciales au sol, ou encore ayant d'étroites relations avec le commerce. C'est ainsi que les fabriques de toiles à voiles et les corderies de Rotterdam, d'Amsterdam, de Gouda et des nombreux bourgs de la Hollande du nord et du sud, sont au nombre des plus renommées de l'Europe. La fabrication des toiles y jouit aussi depuis longtemps d'une réputation justement méritée; il en est de même des blanchisseries de Dordrecht et surtout de Harlem. Les fabriques de drap des Pays-Bas, qui autrefois étaient en possession d'approvisionner de leurs produits une partie de l'Europe, sont bien déchues de nos jours, et n'ont pas à beaucoup près l'importance de celles de la Belgique. Toutefois, les produits des fabriques de Leyde, d'Utrecht, de Tilburg, de Maëstricht, de Ruremonde et de Vaels sont toujours renommés. Depuis la séparation d'avec la Belgique, la fabrication des étoffes de coton a forcément pris de grands développements, surtout dans la Hollande du sud et dans celle du nord. La fabrication des cuirs y a été célèbre de tous temps; et les cuirs pour semelles d'Amsterdam, de Maestricht et de Luxembourg sont très-recherchés. La fabrication du savon a pris une grande extension. On fabrique de la porcelaine à Amsterdam, d'excellente faïence à Delft; et Gouda est célèbre pour ses pipes en terre. Les fabriques de papier, dont on ne compte pas moins de cent-soixante, et de trente rien qu'à Saardam, ont conservé de nos jours la vieille réputation de leurs produits. Les besoins mêmes d'un vaste commerce maritime ont imprimé une grande activité aux distilleries d'eau-de-vie; et on en compte jusqu'à deux cents dans la seule ville de Schiedam. Ce même commerce donne également lieu à une large consommation, et, par suite, à une grande fabrication de tabac, dont les villes d'Amsterdam et de Rotterdam sont les centres. Des besoins analogues ont donné naissance aux grandes et célèbres raffineries de sucre d'Amsterdam, de Rotterdam, de Dordrecht et d'Utrecht.

Voilà plus de cinq siècles que l'industrie des Pays-Bas trouve un actif élément de prospérité dans le commerce maritime, qui s'est constamment efforcé de tirer un double profit de ses échanges avec les peuples étrangers, sans jamais avoir égard à l'origine des produits et des objets manufacturés. C'est dans cet esprit que fut fondé, en 1824, sur les ruines de l'ancienne Compagnie de Indes orientales, et au capital de 12 millions de florins de Hollande, la Société royale néerlandaise de Commerce, qui en 1850 était parvenue à faire par an pour plus de 31 millions de florins d'affaires en produits des Indes orientales et occidentales, et dont un traité conclu avec l'État en 1849 a prolongé la durée jusqu'en 1874. Le commerce trouve en outre de puissants appuis dans un grand nombre de compagnies d'assurances et de commerce, dans la banque des Pays-Bas et la Caisse d'association d'Amsterdam (*voyez* BANQUES). En 1851 la flotte commerciale des Pays-Bas ne comprenait pas moins de 1793 navires du plus fort tonnage, jaugeant ensemble 396,724 tonneaux. Il entra cette année-là dans les différents ports du royaume 6,959 bâtiments, jaugeant ensemble 1,099,771 tonneaux; et il en sortit 7,017, jaugeant ensemble 1,136,864 tonneaux. Le chiffre des importations avait été cette même année 1851 de 303,993,224 florins, et celui des exportations de 242,744,806 florins. Les principaux articles d'exportation sont le bétail, le fromage, le beurre, le tabac, la toile, les dentelles, le cuir, le papier, le genièvre, le poisson, notamment le hareng, l'huile de baleine, etc. Les marchandises importées, partie pour la consommation locale, partie pour être réexpédiées à l'étranger, sont les grains, les bois de construction, les métaux, les étoffes de soie et de laine, les vins, les produits coloniaux, etc. Les principaux ports sont Rotterdam et Amsterdam; viennent ensuite ceux de Dordrecht, de Schiedam et de Maasluis; puis ceux de Middelbourg, de Flessingue, de Groningue et de Delfzyl. Des paquebots et des navires à vapeur ne parcourent pas seulement les eaux intérieures et les canaux, mais encore entretiennent des communications régulières avec les principales places maritimes de l'Europe, comme Londres, Hull, Hambourg, etc. Après l'Angleterre, les Pays-Bas sont sans contredit la contrée de l'Europe le plus favorablement située pour le commerce. Leur position tout à la fois maritime et continentale, la possession de l'embouchure de trois fleuves importants, les multiples ramifications de leurs voies fluviales susceptibles d'être utilisées pour la navigation, toutes ces circonstances y ont donné naissance à un commerce qui embrasse l'univers entier, et qu'ont admirablement servi le génie entreprenant de la nation et les sages mesures adoptées par ses gouvernants.

Le parcours total des grands canaux des Pays-Bas est de 60 myriamètres. En outre, une innombrable quantité de canaux de dimensions moindres, établis surtout en vue des besoins de *l'agriculture*, ne laissent pas que d'être utilisés en même temps comme voies de communication à l'usage de petits bâtiments appelés *trekshcuten*. A cet élément de prospérité il faut ajouter de grandes et belles routes, parfaitement entretenues, et généralement pavées en briques, faute de cailloux pour les macadamiser. Dans ces derniers temps des chemins de fer ont été établis entre Rotterdam, La Haye, Leyde, Harlem, Amsterdam, Utrecht et Arnheim.

Les événements de 1830, qui semblaient devoir être une cause de ruine pour le commerce des Pays-Bas, contribuèrent essentiellement au contraire à lui faire prendre une nouvelle activité, parce que le gouvernement eut alors le bon esprit de renoncer au système des prohibitions, des privilèges et des monopoles. Le principe de la réciprocité fut substitué au régime prohibitif et au système des tarifs élevés auparavant en vigueur.

Les colonies néerlandaises sont, en *Asie :* l'île de Java, les Moluques, Bencoulen sur la côte de Sumatra, Macassar et la côte orientale de l'île Célèbes, Banda et divers établissements à Bornéo; en *Afrique*, plusieurs établissements fortifiés sur la Côte-d'Or; en *Amérique*, les îles de Curaçao, *Saint-Eustache*, *Saba*, et une partie de *Saint-Martin ;* et sur le continent, l'ancienne Guyane hollandaise ou Surinam. La plus considérable, et sous tous les rapports la plus importante, est *Java*, qu'une administration intelligente a fait arriver à un degré de prospérité auquel il n'y a rien à comparer dans l'histoire, quoiqu'elle ne soit cultivée et exploitée que dans l'intérêt de la mère patrie. D'après le budget de 1851, le produit des colonies était évalué à 68,217,722 florins. Un immense commerce a accumulé depuis des siècles d'incalculables richesses dans les Pays-Bas; et les négociants d'Amsterdam, de Rotterdam, d'Utrecht et d'autres villes possèdent d'énormes capitaux. Malgré cela, et peut-être même à cause de cela, le fléau social du paupérisme se répand toujours de plus en plus dans la population; et pour y porter remède il a fallu créer des *colonies de pauvres*, dont on n'a du reste pas obtenu jusque ici de bons résultats.

La culture intellectuelle a constamment trouvé dans les provinces septentrionales des Pays-Bas, depuis le moment où elles proclamèrent leur indépendance, l'assistance la plus généreuse tant auprès du gouvernement que parmi les classes aisées. Les trois universités de Leyde, Utrecht et Groningue, la première surtout, ont toujours conservé un rang distingué pour l'étude de la philologie, des sciences naturelles et des sciences historiques. Comme écoles préparatoires aux universités, il existe des athénées, ou lycées, à Amsterdam et à Deventer, et soixante-huit écoles latines ou collèges. Le système d'éducation générale est complété par un nombre plus que suffisant d'écoles primaires et intermédiaires. Le pays abonde en outre en bibliothèques, en sociétés savantes, en associations pour le progrès des sciences et des arts industriels; et la nation néerlandaise, malgré son enveloppe phlegmatique et matérielle, appartient incontestablement aux populations les plus instruites de l'Europe.

Pendant la lutte contre la Belgique, les forces défensives des Pays-Bas avaient été portées à leur plus haut degré de puissance et d'énergie; car en 1831 on ne compta pas sous les armes moins de trois et même de quatre pour cent du chiffre de la population totale. Au rétablissement de la paix, en 1839, il fut possible au gouvernement de procéder à la réorganisation de l'armée, qui tout récemment encore a subi des modifications essentielles. L'ensemble des forces actives, montant au 1er janvier 1855 à 64,828 hommes (dont 58,647 pour l'armée de terre), tant pour l'armée de terre que pour l'armée de mer, est sans doute encore très-considérable eu égard à la population du pays. L'époque la plus brillante de la marine militaire des Pays-Bas fut le dix-septième siècle. Elle subit des pertes immenses à l'époque de la guerre de l'indépendance de l'Amérique du Nord, et tomba alors au second rang. Par suite des nouveaux désastres qui la frappèrent à l'époque de la révolution française, ce ne fut qu'à partir de 1814 qu'elle put se relever de ses ruines et revenir au point où elle se trouvait en 1792. Mais c'est là une situation au-dessus de laquelle elle n'a pu s'élever depuis. Au 1er janvier 1855 la flotte néerlandaise se composait de 84 bâtiments, portant ensemble 2,000 bouches à feu, et de 58 chaloupes canonnières armées de 174 bouches à feu. Le corps de la marine comprenait 6,180 hommes en service actif.

Les finances des Provinces-Unies étaient arrivées de 1748 à 1780 à un tel état de prospérité, que les fonds publics, bien que ne produisant que 2 1/2 pour 100 d'intérêt, étaient cotés à 10 pour 100 au-dessus de leur valeur au pair. La guerre contre l'Angleterre, les troubles intérieurs de 1786, la guerre contre la France et ses suites désastreuses, amenèrent dans le budget un déficit annuel de plus de 8 millions de florins, à quoi il fallut ajouter une nouvelle dette de 22 millions, qui s'accrut encore démesurément après la conquête de la Hollande, et qui de 1795 à 1804 éleva de 18 millions à 34 l'intérêt annuel de la dette; intérêt qui depuis a atteint le chiffre de 42 millions. La mesure financière en vertu de laquelle on confondit, en 1798, dans un même fonds la dette publique nationale et les dettes particulières des diverses provinces, n'amena aucun résultat satisfaisant. Le nouveau système d'impôts introduit en 1805 par Schimmelpennink produisit de meilleurs effets; mais le nouvel emprunt de 9 millions de florins de rente qu'il fallut négocier de 1808 à 1809, tant à cause des profusions du roi Louis Bonaparte que pour combler le déficit annuel existant dans les revenus de l'État, et aussi l'invasion du territoire par les Anglais en 1809, réduisirent la Hollande à un tel état de misère, que Napoléon, lorsqu'il l'incorpora à l'empire français, la mit en quelque sorte en état de banqueroute, en réduisant sa dette publique au tiers dit *consolidé*. Quelque préjudiciable qu'elle pût être pour certains créanciers de l'État, cette mesure eut du moins ce résultat avantageux que lors du rétablissement des Pays-Bas comme puissance indépendante il fut possible de songer à y reconstituer les finances. Il n'y eut toujours, il est vrai, qu'un tiers de la dette publique qui continua à porter intérêt; mais les deux autres tiers, quoique ne produisant pas d'intérêts, furent solennellement reconnus comme dette de l'État, sous la dénomination de *dette différée*. La dette réelle produit depuis 1815 un intérêt de 2 1/2 pour 100; chaque année on en amortit pour 4 millions de florins, qu'on remplace par 4 millions de la dette différée. La dette publique de l'ancienne république de Hollande s'élevait à 573,153,530 florins de capital, et la *dette différée* à 1,719,460,591 florins, ensemble 2,292,614,121 florins. Aux termes de la convention du 11 octobre 1815, 24,466,679 florins y furent ajoutés, comme représentant la part afférente dans la dette publique de l'Autriche aux anciens Pays-Bas autrichiens ou à la Belgique. En 1830 le gouvernement évaluait le total de la *dette active* à 784,610,680 florins, et celui de la *dette différée* à 965,472,687 florins. Depuis lors les charges extraordinaires que neuf années de lutte contre la révolution de Belgique ont imposées au trésor ont encore accru la dette active de 197,257,900 florins. En 1853 le capital de la dette était de 1,206,493,330 florins. Le budget de 1855 évaluait les recettes à 73,740,661 florins, et la dépense à 73,289,275 florins, dont 35,793,787 florins étaient absorbés rien que par le service des intérêts de la dette.

Aux termes de la loi fondamentale (*Grondwet*) du 24 août 1815, le royaume des Pays-Bas est une monarchie constitutionnelle limitée. La couronne est héréditaire dans la maison d'Orange-Nassau et dans la descendance mâle du roi Guillaume Ier, par droit de primogéniture et de représentation. Si la descendance mâle directe vient à manquer, le droit de succession passe aux filles, mais toujours d'après le droit de primogéniture. Si le roi n'a pas de filles, le droit de succession passe à la fille aînée de la ligne mâle aînée descendant du dernier roi; et si elle est morte avant lui, elle est représentée par ses descendants. S'il n'y a point de ligne mâle descendant du dernier roi, le droit de succession passe à la ligne féminine aînée, en ce sens seulement que la branche masculine l'emporte toujours sur la branche féminine, l'aînée sur la cadette, et dans chaque branche les princes sur les princesses, l'aîné sur les cadets. Le roi ne peut pas porter de couronne étrangère. Il devient majeur à l'âge de dix-huit ans accomplis. Si le roi défunt n'a point laissé, en mourant, de dispositions relatives à la tutelle du roi mineur, elle incombe aux états généraux, à qui il appartient aussi de décider la question de la régence. Jusqu'à ce que ceux-ci en aient ordonné autrement, c'est le conseil d'État qui alors exerce le pouvoir exécutif. Les états généraux forment depuis 1815 (époque où l'on ne revint point au système, supprimé depuis 1795, des provinces indépendantes) une représentation générale de la nation partagée en deux chambres. La constitution actuelle, sanctionnée par la résolution royale en date du 14 août 1848, fut solennellement proclamée le 8 novembre de la même année. Le roi ne peut pas porter de couronne étrangère, à l'exception de celle du Luxembourg. La liste civile, indépendamment du produit des domaines de la couronne, est fixée à un million de florins. La loi ne reconnaît de privilèges aristocratiques d'aucune espèce. La représentation nationale, ou états généraux, est divisée en deux chambres. La seconde chambre se compose de députés élus pour quatre ans par tous les citoyens payant à l'État une certaine somme d'impôts directs et jouissant de l'exercice de leurs droits civils. Le cens ne saurait dépasser 160 florins ni descendre au-dessous de 40. On choisit un député par 45,000 âmes, et il doit être âgé d'au moins trente ans. Les trente-neuf membres de la première chambre sont choisis par les états provinciaux parmi les plus imposés de chaque province. Ils doivent être âgés d'au moins trente ans, et sont élus pour neuf années. La seconde chambre a le droit d'initiative. Les impôts sont votés tous les ans. La liberté de la presse et le droit de réunion sont garantis, mais réglementés par la loi. Au roi, investi du pouvoir exécutif tel que le déterminent la constitution et la loi, est adjoint un ministère responsable. Tous les ministres et un certain nombre de princes de la maison royale forment le conseil de cabinet du roi, lequel le préside, de même qu'il préside le conseil d'État.

Il y a en outre une cour des comptes, une cour suprême et un tribunal militaire supérieur, à Utrecht.

Par une ordonnance en date du 30 avril 1815 le roi Guillaume Ier institua l'ordre militaire de Guillaume, destiné à récompenser les services distingués rendus dans les services de terre et de mer, et divisé en quatre classes. En avril 1844 le roi Guillaume II fonda un nouvel ordre pour récompenser les officiers subalternes ayant de quinze à vingt ans de service, et à l'obtention duquel se rattache un supplément de solde. Indépendamment de ces deux ordres il existe encore dans le royaume des Pays-Bas l'ordre du mérite civil du Lion néerlandais, divisé en trois classes, et l'ordre de la Couronne de Chêne du duché de Luxembourg, fondé le 19 février 1825, et divisé en quatre classes. Consultez Cloet, *Géographie historique, physique et statistique du royaume des Pays-Bas* (2 vol., Bruxelles, 1822); Beijer, *Geschied en aardrijkskundige Beschrijving van het Koningrijk der Nederlande* (Deventer, 1841).

Histoire.

Au temps de César, la partie méridionale de la vaste et basse contrée qu'on comprend sous la dénomination générale de *Pays-Bas*, et qui se compose de la forêt des Ardennes, du Hundsruck, du Siebengebirge, du Spassart, de l'Odenwald et du Harz, appartenait à la Gaule (*Gallia Belgica*); et la partie septentrionale, située entre la Meuse, la Waale et le Rhin, appelée aussi *Ile des Bataves*, appartenait, avec la Frise, à la Germanie (*voyez* BELGIQUE). Les *Frisons*, peuple d'origine germaine de même que les *Bataves*, habitaient la partie située au nord du Rhin. Ces deux peuples nous sont connus par la lutte acharnée que, commandés par Claudius Civilis, ils soutinrent en l'an 70 de J.-C. contre les Romains. Plus tard nous les retrouvons dans l'histoire à l'état de peuplades adonnées au commerce ou bien à la piraterie, puis finissant par être subjuguées par les Romains. Au cinquième siècle, les Bataves furent soumis aux rois franks; les Belges seulement au sixième siècle, et les Frisons au septième. En vertu du traité de Verdun (843), la Batavie et la Frise furent comprises dans l'Empire d'Allemagne et gouvernées par des lieutenants de l'Empereur, qui plus tard se rendirent indépendants. Le Brabant ou la basse Lorraine, et plus tard aussi le Luxembourg, la Gueldre et le Limbourg furent érigés en duchés; la Flandre, la Hollande, la Zélande, le Hainaut, l'Artois, les pays de Namur et de Zutphen, en comtés. La Frise proprement dite resta une capitainerie libre. Utrecht devint le siége d'un évêché, dont la domination temporelle s'étendit sur les provinces d'Overyssel et de Groningue. Les comtes de Flandre finirent par être les plus puissants de tous ces petits dynastes, et quand, en 1384, par suite du mariage de Marguerite, fille et héritière du dernier duc de Flandre Louis III, avec le duc de Bourgogne, ce comté passa dans cette maison, bien autrement puissante encore, celle-ci s'empara de la plus grande partie des Pays-Bas, tantôt en vertu de cessions, volontaires en apparence, tantôt par contrats de mariage. A la mort de *Charles le Téméraire*, dernier duc de Bourgogne (1477), sa fille, Marie, qui avait épousé l'empereur Maximilien Ier, porta les Pays-Bas dans la maison d'Autriche. Dès 1512 Maximilien Ier déclarait que ses diverses possessions héréditaires faisaient partie de l'Empire d'Allemagne, sous le nom de *Cercle de Bourgogne*. Mais la Frise orientale continua de faire partie du *cercle de Westphalie*, sous la souveraineté de ses propres princes. Charles-Quint, après avoir encore acquis le duché de Gueldre et d'autres territoires, réunit, par sa pragmatique sanction de 1548, les dix-sept provinces des Pays-Bas à la couronne d'Espagne pour former avec elle un tout indivisible.

Ce fut sous le règne de Charles-Quint que le protestantisme commença à se répandre dans les provinces belges et bataves. Quoique déjà la nouvelle doctrine servît presque partout de prétexte aux plus cruelles persécutions religieuses, et que plus de 100,000 individus eussent été déjà exécutés comme hérétiques dans ses autres États, ce prince, à l'instar de ses prédécesseurs, avait toujours respecté les antiques libertés des Pays-Bas; et ces contrées étaient parvenues ainsi à une extrême prospérité. Le successeur de Charles-Quint, le sombre *Philippe II*, n'imita point l'exemple de son père. Né en Espagne, il traita les Pays-Bas avec une dureté extrême. Ses lieutenants n'hésitèrent pas à fouler aux pieds les antiques franchises du pays; et le cardinal *Granvelle* essaya même d'y établir l'inquisition. Le mécontentement des populations s'accrut encore quand elles virent une foule d'habiles et laborieux manufacturiers, notamment ceux qui travaillaient la laine, transporter leur industrie dans d'autres contrées, par exemple en Angleterre et en Saxe. La noblesse, de son côté, se ligua pour la défense de ses priviléges (*voyez* Gueux); et bientôt on vit les dissidents célébrer publiquement leur culte avec le courage qu'inspire le fanatisme persécuté. Quand, en 1564, Granvelle fut rappelé, il n'était déjà plus temps de recourir à l'esprit de conciliation pour éteindre l'incendie qu'il avait allumé. Philippe II envoya dans les Pays-Bas le sanguinaire duc d'*Albe*, et les têtes les plus nobles tombèrent sous la hache de ses bourreaux, entre autres celles des comtes d'*Egmont* et de *Horn*. Le prudent prince d'Orange, Guillaume Ier, avait seul échappé à la persécution, mais pour revenir en armes venger ses concitoyens, tandis qu'Albe sacrifiait toujours de nouvelles victimes à son ardent fanatisme. La modération dont fit preuve son successeur, le sage Zuñiga y Requesens, fut impuissante à calmer l'irritation des esprits. Quoique souvent battu par don *Juan d'Autriche* et par *Alexandre Farnèse*, le prince d'Orange finit par demeurer vainqueur dans cette lutte entreprise pour la défense des libertés de ses concitoyens, et qui eût à coup sûr été terminée plus tôt si les intérêts de localité, la jalousie des seigneurs, et l'antagonisme de plus en plus prononcé des catholiques et des protestants n'avaient pas rendu la victoire singulièrement difficile. Dès 1576 presque toutes les autres provinces se rattachèrent à l'insurrection de la Hollande et de la Zélande, et elles se lièrent plus étroitement encore l'année d'après par l'*union de Bruxelles*, où Guillaume Ier fut proclamé souverain de Brabant. Mais Farnèse, alors gouverneur des Pays-Bas, réussit à ramener pacifiquement sous l'autorité de l'Espagne les provinces méridionales ou wallonnes et peu après à soumettre par la force le Brabant et la Flandre. La partie influente de la population de ces provinces se réfugia alors en Hollande. Ce fut seulement en 1579 que les cinq provinces méridionales, la *Hollande*, la *Zélande*, *Utrecht*, la *Gueldre* et la *Frise* conclurent la célèbre *union d'Utrecht*, par laquelle elles se déclarèrent indépendantes de la couronne d'Espagne. La province d'*Overyssel* y adhéra en 1580, et celle de *Groningue* en 1594. Ainsi naquit, lorsque les Provinces-Unies se furent déclarées (26 juillet 1581) affranchies de tout lien d'obéissance à l'égard du roi d'Espagne, la *république des Pays-Bas-Unis*, qu'on désigna ensuite plus généralement sous le nom de *Hollande*, d'après la plus grande, la plus peuplée, la plus riche et la plus influente des provinces qui la composaient. Guillaume Ier d'Orange, mort assassiné le 10 juillet 1584, eut comme stathouder un digne successeur dans la personne de son fils *Maurice*. Les succès remportés par celui-ci à Nieuport et dans le Brabant, les opérations aussi heureuses que hardies tentées par les amiraux hollandais contre les forces maritimes de Philippe II, la guerre que la France et l'Angleterre déclarèrent en même temps à l'Espagne, et la mollesse de Philippe III amenèrent, en 1609, une paix conclue pour treize ans à Anvers. Mais avant qu'aux termes de la paix de Westphalie son indépendance eût été reconnue par les puissances autres que l'Espagne, la république dut subir le contre-coup de la guerre de trente ans.

Pendant que le fanatisme troublait le reste de l'Europe, les Pays-Bas offraient un asile assuré aux victimes de la persécution. Toutes les religions y étaient tolérées. L'accroissement continuel de la population suggéra naturellement l'idée de demander des moyens de subsistance au commerce maritime. La nécessité de se défendre contre les escadres de l'Espagne fit d'abord des habitants d'heureux et intrépides corsaires, et les transforma bientôt après en hardis navigateurs, en actifs marchands, qui parcoururent toutes les mers, et aux yeux de qui il n'y eut jamais d'obstacle insurmontable, de bénéfice trop éloigné. Le commerce de Cadix, de Lisbonne et d'Anvers tomba peu à peu entre leurs mains, et dès le milieu du dix-septième siècle les Pays-Bas étaient devenus la première puissance maritime et le premier État commerçant du monde. Avec leurs cent et quelques vaisseaux de guerre, ils bravaient toute puissance rivale, et, à la grande joie de l'Angleterre et de la France, infligeaient de honteuses humiliations au colosse espagnol, naguère encore sujet d'effroi pour l'Europe. Un capital de 6,450,840 florins seulement suffit à la *Compagnie des Indes*, fondée en 1602, pour conquérir en Asie des îles et des royaumes entiers, pour arriver à avoir constamment à la mer plus de 200 bâtiments; pour trafiquer non-seulement avec la Chine, pays resté jusqu'alors à peu près inaccessible, mais même avec le Japon, contrée autrement inaccessible encore. Elle approvisionna l'Europe de produits des îles et d'épices. L'or, les perles et les diamants de l'Orient passèrent également par ses mains. La *Compagnie des Indes occidentales*, postérieurement créée, ne put jamais rivaliser avec elle.

Pendant longtemps les Pays-Bas conservèrent leur supériorité maritime, grâce aux victoires des Tromp et des Ruyter; et Louis XIV lui-même, après d'inutiles efforts pour humilier cette orgueilleuse république, finit par être réduit à implorer la paix. Mais des guerres soutenues tantôt contre l'Angleterre, tantôt contre la France, et notamment la part qu'ils prirent à la guerre de la succession d'Espagne, affaiblirent les Pays-Bas, en même temps que les défiances des républicains à l'égard des menées ambitieuses de la maison d'Orange y provoquaient la guerre civile. Dès le temps du stathouder Maurice et du grand-pensionnaire Barneveldt, il s'y était formé deux grands partis politiques : le parti orangiste et le parti anti-orangiste, l'un et l'autre divisés en fractions différentes, dont les chefs n'obéissaient le plus souvent qu'à des motifs égoïstes. L'élément religieux compliqua encore ces dissensions civiles. Ainsi d'ordinaire, les calvinistes rigides (les *gomaristes*) faisaient profession d'attachement aux intérêts de la maison d'Orange, tandis que ceux qui appartenaient à une confession différente (*arminiens, remontrants*, etc.) se regardaient comme les défenseurs de la constitution contre les vues ambitieuses de cette famille. De là de fréquentes révolutions, causées tantôt par les prétentions d'un stathouder, tantôt par les passions de la foule; révolutions toujours précédées d'un régime d'oppression et d'arbitraire, ou bien de guerres malheureuses. C'est ce qu'on vit en 1618, 1672 et 1702; et ce que confirma encore l'expérience faite en 1747. La maison d'Orange finit toutefois par l'emporter sur le parti républicain, et le stathoudérat des sept Provinces-Unies fut déclaré héréditaire dans la descendance mâle et féminine du prince d'Orange, Guillaume IV, parent collatéral de Guillaume III, mort en 1702, et non remplacé depuis lors dans les fonctions de stathouder.

Les Pays-Bas espagnols ou catholiques furent pendant deux siècles un sujet de discorde entre l'Autriche et la France. Par la paix des Pyrénées (1659) et par le traité d'Aix-la-Chapelle (1668), l'Espagne se vit forcée d'abandonner à la France tout l'Artois et diverses places de la Flandre, du Hainaut ainsi que des provinces de Namur et de Luxembourg; c'est la partie qu'on a depuis lors appelée les *Pays-Bas français*. Aux termes de la paix d'Utrecht (1713), les Pays-Bas espagnols firent retour à la maison de Habsbourg; et celle-ci les conserva jusqu'à la révolution française, car les troubles qui y éclatèrent sous *Joseph II* et l'insurrection provoquée en 1790 par Van der Noot furent comprimés sans grandes difficultés.

Les dissensions qui troublaient la république des Provinces-Unies ne cessèrent point à la suite de la déclaration d'hérédité du stathoudérat dans la maison d'Orange. Guillaume IV, premier stathouder héréditaire, mourut dès 1751, trop tôt, par conséquent, pour que son œuvre eût eu le temps de se consolider. Certaines puissances étrangères entretinrent d'ailleurs soigneusement, par de secrètes menées, les éléments de fermentation existant dans le pays. Les sanglants démêlés survenus en 1781 avec le prince Louis de Brunswick, qui depuis la mort de Guillaume IV avait été feld-maréchal au service des Provinces-Unies et pendant quelque temps tuteur du stathouder héréditaire Guillaume V, ne furent que les préludes de la lutte acharnée qui éclata bientôt après. Offensée par les *patriotes* ou constitutionnels, l'épouse de Guillaume V, sœur du roi de Prusse Frédéric-Guillaume II, invoqua la protection de son frère. En conséquence une armée de 25,000 Prussiens envahit les Provinces-Unies; et la résistance des patriotes fut aussi inutile que mal dirigée. Après la prise d'Amstelveen, Amsterdam tomba (septembre 1787) au pouvoir des Prussiens, et dès lors la prééminence de la maison d'Orange ne put plus être contestée. Mais le parti patriote n'était pas pour cela anéanti, et ses vieilles haines ne firent au contraire que s'aigrir et s'enflammer davantage. Aussi, lorsqu'en 1794 les étendards victorieux de la France républicaine apparurent aux frontières, un soulèvement général éclata-t-il parmi les mécontents. Favorisé par la rigueur de l'hiver de 1795 et par les sympathies du parti populaire, Pichegru conquit rapidement les Provinces-Unies. Le stathouder héréditaire Guillaume V dut se réfugier en Angleterre (janvier 1795), et le 16 mai suivant eut lieu la proclamation d'une *république batave*, en remplacement de l'ancienne république des Provinces-Unies. La division en provinces disparut pour faire place à une république *une et indivisible*, avec une constitution taillée sur le patron de celle qui régissait alors la France. En même temps la nouvelle république était contrainte de céder à son puissant vainqueur diverses parties situées au midi de son territoire, telles que Maëstricht, Venloo, Staats-Limburg et Staats-Flandern, de lui payer un somme cent millions de florins et de recevoir des garnisons françaises dans ses places fortes. Sous l'influence du parti aristocratique, que favorisait Bonaparte, cette constitution fut encore l'objet de nombreuses modifications.

Hors d'état d'utiliser les faibles débris de ses anciennes forces navales, la république vit en peu de temps sa flotte anéantie par celles de l'Angleterre, ses colonies dévastées, son commerce réduit à une simple navigation de cabotage et à un mouvement de consommation intérieure, en même temps que la banque d'Amsterdam était profondément ébranlée dans sa base. La paix signée, en 1802, à Amiens lui fit perdre en outre Ceylan, l'une de ses plus riches colonies.

A peine l'espoir d'un moins sombre avenir commençait-il à poindre pour la république batave, qu'elle se trouva de nouveau mêlée à la lutte de la France contre l'Angleterre. Ses colonies de Surinam et du cap de Bonne-Espérance tombèrent au pouvoir des Anglais, ses ports furent bloqués par des escadres britanniques, et elle perdit ainsi ce qui lui restait encore d'éléments de prospérité. Le 29 avril 1805 la constitution de la république batave dut, pour complaire à Napoléon, subir une troisième modification. On créa alors un corps législatif composé de dix-neuf députés des départements, présidé par un *grand-pensionnaire*, qu'il avait mission d'élire, et dont les fonctions devaient durer seulement cinq ans, mais investi d'une autorité à peu près illimitée. Ce magistrat suprême était assisté d'un conseil d'État composé de cinq à neuf membres; et cinq ministres secrétaires d'État étaient chargés, sous ses ordres, de l'expédition des affaires courantes. Mais *Schimmelpennink*, élu grand-pensionnaire, ne pouvait, malgré ses incontestables vertus, sauver un pays que la perte de toutes ses sources de prospérité avait conduit au bord de l'abîme. Sous la pression de Napoléon, le corps législatif offrit, en 1806, à Louis Bonaparte, son frère, la couronne de Hollande; et le 5 juin 1806 Louis Bonaparte fut proclamé roi de Hollande. Or, le pays n'en fut pas plus heureux pour cela. La dette publique fut portée au chiffre de 1 milliard 200 millions de florins; et il n'y eut plus d'autre commerce que la contrebande avec l'Angleterre. Lorsque parut le décret de Milan (11 novembre 1807) et que se développèrent les déplorables conséquences du tarif établi par un décret daté de Trianon (*voyez* CONTINENTAL [Système]), c'en fut fait de ce qui restait encore du commerce de la Hollande. A la vérité, le royaume s'accrut en 1807 de la Frise orientale et de la province d'Iever; mais il dut abandonner à la France le territoire situé entre la Meuse et les frontières de l'empire, avec Berg-op-Zoom, Breda, Bois-le-Duc, Gertruydemberg et Flessingue. La nouvelle guerre qui éclata en 1809 entre la France et l'Autriche fut suivie du débarquement des Anglais dans l'île de Walcheren; et d'effroyables désastres vinrent ajouter aux misères publiques. En janvier 1809 toute la contrée située entre Emmerich, Dordrecht et Rotterdam fut submergée. Plus de 35 myriamètres carrés de territoire se trouvèrent sous les eaux. Les efforts du roi Louis pour adoucir tant d'infortunes demeurèrent impuissants.

La brouille qui éclata bientôt entre Napoléon et son frère ne fit que prendre chaque jour plus d'aigreur. Pour ne point faire peser sur le pays dont les destinées lui avaient été confiées la responsabilité de la querelle survenue entre lui et Napoléon, Louis, en apprenant l'approche d'une armée française aux ordres d'Oudinot, abdiqua spontanément (1er juillet 1810) au profit de son fils aîné, encore mineur, et se retira dans les États autrichiens pour y vivre en simple particulier. Napoléon ne reconnut point la validité des dispositions prises par son frère. Dès le 4 juillet ses troupes occupèrent la Hollande, et un décret en date du 9 juillet déclara ce pays définitivement incorporé à la France. Amsterdam fut érigée en troisième capitale de l'empire; et l'architrésorier Lebrun, duc de Plaisance, y fut envoyé avec le titre et les pouvoirs de lieutenant général de l'empereur, pour administrer le pays jusqu'au 1er janvier 1811, époque où toute la machine administrative devait se trouver organisée à la française. Ses fonctions furent prolongées par des décrets ultérieurs, et en 1813 il se trouvait encore à Amsterdam, quoique avec des pouvoirs moins étendus. Les départements de la Hollande formèrent alors deux nouvelles divisions militaires de l'empire, et la conscription, qui y fut introduite, devint tout aussitôt, comme partout ailleurs, la mise des populations en *coupes réglées.*

La bataille de Leipzig appela la Hollande et la Belgique à des destinées nouvelles. Quand les coalisés se disposèrent à envahir le sol français, un corps de troupes russes et prussiennes fut détaché de l'armée du Nord et dirigé sur la Hollande. Le 20 novembre 1813 le général Bulow adressa aux Hollandais une proclamation par laquelle il les engageait à faire cause commune avec les alliés contre les Français. Déjà, quelque temps auparavant, plusieurs hommes dévoués aux intérêts de la maison d'Orange, le comte de Hogendorp et le baron Van der Duyn van Maasdam notamment, s'étaient concertés pour rétablir l'indépendance de la Hollande. Leur généreuse initiative fut couronnée de succès. La garde nationale se prononça en faveur du mouvement, et la petite garnison française de La Haye dut, en présence de l'enthousiasme qui se manifestait dans toutes les classes de la population, évacuer cette ville. Un mouvement analogue tenté à Amsterdam échoua d'abord à cause de la crainte qu'inspirait aux habitants de cette grande cité le voisinage du quartier général de l'armée française établi à Utrecht. Le prince d'Orange, arrivé le 30 novembre à La Haye, y fut accueilli au milieu des démonstrations les plus enthousiastes. Le 1er décembre il se rendit à Amsterdam. Une commission composée de quatorze membres fut chargée de la rédaction d'un projet de constitution nouvelle, qui, bien que n'ayant pas complétement répondu à l'attente des amis sages et prévoyants de leur pays, fut, en raison de ses tendances généralement libérales, adopté, à la majorité de 449 voix contre 26, dans une réunion de six cents notables des départements répondant aux anciennes Provinces-Unies.

En vertu du traité conclu avec l'Angleterre le 29 octobre 1814, le roi Guillaume, moyennant l'abandon des droits de la Hollande sur le cap de Bonne-Espérance et sur ses colonies de Demerary, d'Essequebo et de Berbice, obtint la restitution des autres colonies que la Hollande possédait avant 1794, tant en Asie, qu'en Afrique et en Amérique, à la condition que cette cession serait compensée par un accroissement de territoire en Europe. Le congrès de Vienne décida en conséquence que les ci-devant provinces belges et l'ancien évêché de Liége seraient incorporés aux ci-devant Provinces-Unies, pour former le royaume des Pays-Bas, dont la souveraineté fut attribuée à Guillaume Ier. Comme indemnité pour l'abandon des possessions de la maison de Nassau situées en Allemagne, on céda également à ce prince le duché de Luxembourg, érigé en grand-duché, mais sous la réserve que ce territoire ferait partie de la Confédération Germanique.

L'incorporation de tant de provinces habitées par des populations qui, tout en ayant la même origine, différaient cependant entre elles sous le rapport des mœurs, des habitudes et des principes religieux, rendait nécessaires quelques modifications à la loi fondamentale. Une commission, composée en nombre égal de Hollandais et de Belges, fut chargée de les opérer; et la constitution nouvelle fut déclarée avoir été solennellement acceptée par les délégués de la nation. Après la seconde paix de Paris (1815), la France dut encore restituer au royaume des Pays-Bas les derniers débris des anciens Pays-Bas autrichiens, notamment la contrée située entre la province du Hainaut et celle de Namur, ainsi que les places fortes de Mariembourg et de Philippeville. La souveraineté du petit duché de *Bouillon* fut également attribuée au royaume des Pays-Bas.

On put pourtant remarquer bientôt des preuves irréfragables de l'absence d'un sentiment commun aux habitants des diverses contrées réunies sous les mêmes lois par les décisions du congrès de Vienne; et il fallut toute l'habileté politique du roi Guillaume Ier, sa modération et sa fermeté pour éviter qu'il n'en résultât dès lors de graves conflits. La domination que le clergé belge, hostile à une dynastie *hérétique*, exerçait sur les esprits, même dans les classes supérieures; l'antipathie réciproque des Belges et des Hollandais, le mécontentement que provoquait chez ces derniers le long séjour que la cour croyait devoir faire chaque année à Bruxelles; et la scission devenue visible dans les provinces du nord parmi les partisans de la maison régnante eux-mêmes, partagés maintenant en *vieux orangistes*, c'est-à-dire regrettant la forme républicaine avec le stathoudérat héréditaire, et en *néo-orangistes*, c'est-à-dire pactisant avec l'ordre de choses actuel, étaient autant de causes d'embarras intérieurs. En ce qui touche la politique extérieure, le roi Guillaume penchait pour les intérêts anglais; toutefois, le mariage du prince royal avec la grande-duchesse Anne de Russie établit entre cette puissance et le royaume des Pays-Bas des rapports d'intimité qui firent contre-poids à l'influence jusque alors exercée par l'Angleterre, mais qui plus tard aussi affaiblirent l'intérêt que le cabinet anglais portait dans le principe à cette jeune monarchie. Les relations des Pays-Bas avec la France furent jusqu'en 1830 d'une nature toute pacifique, quoique l'hospitalité accordée aux bonapartistes et les principes libéraux proclamés par le gouvernement en matière de presse excitassent les défiances du cabinet des Tuileries.

Malgré sa composition d'éléments si discordants, le nouvel État avait, surtout à partir de 1818, fait de remarquables progrès. Le seul point contre lequel échouèrent les efforts du gouvernement néerlandais, ce fut la *fusion* des intérêts belges et hollandais. Les deux peuples en vinrent en effet jusqu'à répudier cette dénomination commune de *Pays-Bas* qui faisait d'eux une même nation. L'antagonisme du sud et du nord ne tarda pas à se manifester avec une aigreur extrême. Les difficultés suscitées par le clergé belge à l'occasion du jeu des institutions représentatives en furent la principale cause. Enfin, le concordat signé à Rome le 18 juin 1827, à la suite de longues et pénibles négociations, sembla avoir réglé d'une manière définitive les rapports des Pays-Bas avec la cour de Rome. Mais son exécution, qui indisposa une grande partie de la nation, donna bientôt lieu à de nouveaux différends; et il fallut ouvrir de nouvelles négociations, principalement à propos de la création du collége philosophique de Louvain (1825); création dont le but, essentiellement libéral, n'échappa point au parti ultramontain, qui aurait voulu voir l'instruction publique exclusivement aux mains du clergé. Lors donc que le gouvernement voulut organiser l'instruction publique et faire arrêter divers journalistes qui attaquaient sa politique, une émeute assez grave, dirigée principalement contre le ministre de la justice, Van Maanen, éclata à Bruxelles. Une mesure profondément impolitique, l'interdiction de la langue française dans les actes publics, ajouta encore au mécontentement des populations belges. Leurs plaintes au sujet des mesures prises pour leur imposer l'usage de la langue hollandaise devinrent si générales que, le 28 août 1829, le roi se vit forcé d'autoriser en matière criminelle et aussi pour la rédaction de pièces, de documents, d'actes, de contrats judiciaires, etc., l'emploi d'une langue autre que la langue officiellement nationale. Enfin, le 4 juin 1830, le roi se vit contraint de donner complète satisfaction à l'opinion en ce qui touchait la langue française, et d'en autoriser l'usage concurremment avec celui de la langue wallonne.

Outre cette différence de langues et de religions, il existait encore d'autres causes pour établir une ligne de démarcation bien tranchée entre les provinces du sud et celles du nord; causes qui finalement amenèrent leur séparation. Dans la fixation du budget, il était d'une extrême difficulté d'établir un système uniforme d'impôts indirects et d'impôt territorial. La Belgique, pays d'agriculture et d'industrie, voulait faire porter presque tout le poids de l'impôt sur les objets d'importation et d'exportation; la Hollande, au contraire, aurait voulu, dans l'intérêt de son commerce, le faire peser sur la propriété foncière. Malgré de nombreuses améliorations dans les finances et de notables économies opérées par la simplification des formes administratives, le déficit allait toujours en augmentant. Pour le couvrir, le gouvernement fut donc obligé, dans la session de 1821, de proposer une augmentation de la dette publique de 57 millions et demi de florins. En quatorze années de paix, de 1814 à 1829, la dette publique s'était donc augmentée de 174 millions. Dans les chambres, où la majorité des députés hollandais étaient ministériels et la plupart des députés belges antiministériels, les premiers reprochaient à leurs adversaires leur égoïsme, leur radicalisme et leur ultramontanisme; les seconds se plaignaient de l'oppression que les Hollandais exerçaient sur les Belges dans toutes les branches de la législation et de l'administration. Pour établir l'unité dans l'administration, il fut créé un conseil des ministres chargé de l'examen préalable de tous les projets de loi. Les bataillons de l'armée de ligne furent, en 1819, fondus dans ceux de la milice nationale; et une diminution de 40,000 hommes dans l'effectif de l'armée rendit nécessaire la création de 25,500 hommes de garde communale ou civique, *schuterij*. En ce qui touche la direction générale des affaires du pays, le gouvernement partit de ce principe, que le premier usage à faire de la richesse d'une nation est de l'employer à répandre les lumières dans son sein. Aussi à l'origine était-ce le même ministre, M. Falck, qui réunissait entre ses mains la direction supérieure de l'instruction publique, de l'industrie et des colonies. Le gouvernement fit beaucoup pour l'instruction primaire; et son influence sur l'éducation en général se manifesta par l'esprit éclairé qu'il s'efforça d'y faire prévaloir. Il ne repoussait aucune méthode, aidait au progrès des lumières au lieu de le redouter, et ne reculait point devant une dépense dès qu'elle pouvait être utile. Une commission fut instituée pour élargir et compléter les sources de l'histoire nationale. En 1826 le roi créa une autre commission chargée de rédiger la statistique du royaume. Plusieurs mesures furent aussi prises pour confondre les intérêts du nord et du sud en ce qui touche l'agriculture, l'industrie et le commerce. Une ordonnance de 1818 institua des sociétés d'agriculture dans toutes les provinces. Il fut procédé au desséchement de plusieurs marais, et des colonies de pauvres furent créées dans diverses localités incultes et désertes, par exemple à Fredericsoord et à Wortel. A l'effet de favoriser les arts et l'industrie, une exposition des produits de l'industrie fut instituée, et à partir de 1820 eut lieu tous les ans à Gand. Une banque, au capital de 50 millions de florins, fut en outre fondée en 1823 à Bruxelles, en même temps qu'une Société générale pour favoriser l'industrie nationale. La navigation, objet d'encouragements de toutes espèces, prit des développements de plus en plus étendus. Le rétablissement du système colonial ouvrit de nouvelles sources de richesses au génie éminemment commercial des populations des Pays-Bas, et on ne tarda pas à voir refleurir le commerce de l'Inde. Le ministère des affaires étrangères donna une attention toute spéciale aux intérêts commerciaux, ainsi qu'à la question de la traite des nègres. En 1818 un traité fut signé avec la Grande-Bretagne pour la suppression et la répression de cet odieux trafic. Le traité de 1824 mit un terme à de vieilles discussions pendantes avec l'Angleterre au sujet du commerce des Indes orientales; il abandonna aux Pays-Bas la possession exclusive des îles de la Sonde, de la plus importante partie des îles Moluques, et du commerce d'épices dont elles sont le centre. Les difficultés avec la Prusse au sujet de la libre navigation du Rhin ne furent terminées qu'en 1829. En ce qui touche les affaires de l'Italie, de l'Espagne et de la Grèce, ainsi que de la Turquie, le gouvernement des Pays-Bas s'attacha constamment à observer la plus exacte neutralité. Telle était la situation de cette contrée au commencement de l'année 1830.

L'union des deux pays avait alors duré quinze ans. Les villes de la Belgique étaient arrivées au plus haut degré de prospérité commerciale et industrielle; mais rien ne put opérer la fusion de l'esprit frondeur et rétif des Belges avec le génie flegmatique des Hollandais, ni triompher de l'antipathie pour la Hollande protestante que les populations catholiques du Brabant et du pays de Liége puisaient dans leurs coutumes et leur langue. La révolution dont la France fut le théâtre en juillet 1830 réveilla en Belgique le vieux levain de révolte qui n'y était qu'assoupi; et le ministre de la justice Van *Maanen*, l'ennemi de la liberté de la presse, y devint plus que jamais l'objet de la haine publique. Une émeute, qui éclata à Bruxelles le 25 août, donna le signal de la révolution qui devait séparer la partie méridionale des Pays-Bas de leur partie septentrionale. Par suite d'une seconde insurrection, qui eut lieu le 20 septembre à Bruxelles, les journées du 23 au 26 furent marquées par de sanglantes collisions entre un corps de six mille hommes aux ordres du prince Frédéric et les insurgés ayant à leur tête des officiers étrangers; et finalement les forces hollandaises durent battre en retraite. Cependant, le roi, déférant au vœu d'une députation belge, avait convoqué dès le 13 septembre les états généraux pour délibérer sur une séparation administrative entre les deux pays, et au sujet de modifications à la loi fondamentale. Les deux chambres étaient d'accord pour accepter les projets du gouvernement; mais de la lutte armée qui venait d'avoir lieu naquit tout aussitôt l'idée d'une séparation politique des deux pays, séparation qu'une tentative faite par le prince d'Orange pour s'emparer du mouvement et le diriger ne put prévenir. Les cinq grandes puissances, la Grande-Bretagne, la France, l'Autriche, la Russie et la Prusse, dont le roi Guillaume avait invoqué l'intervention, imposèrent de Londres un armistice aux deux peuples, et reconnurent l'indépendance de la *Belgique* (4 novembre 1830). La Belgique s'organisa alors comme État indépendant, et la conférence de Londres rédigea le traité des dix-huit articles qui réglait la séparation des deux États. Guillaume Ier protesta (12 juillet 1831) contre ce traité, notamment contre la libre navigation de l'Escaut qu'il stipulait; et la Hollande courut aux armes pour la défense de ses droits. Elle ne demandait plus à être réunie à la Belgique; mais elle insistait pour l'adoption des conditions précédemment posées par les puissances elles-mêmes, qu'elle avait alors acceptées, mais qui avaient été rejetées par la Belgique. Le prince d'Orange franchit le 2 août les frontières belges à la tête de 70,000 hommes; Turhnout et différentes autres positions furent enlevées par ses troupes en même temps que l'Escaut était bloqué par les forces navales hollandaises. Déjà les Belges avaient été une première fois battus le 8 août à Hasselt, et le surlendemain 10 à Louvain; mais une armée française étant alors accourue à marches forcées, les envoyés d'Angleterre et de France à Bruxelles obtinrent une suspension d'armes, par suite de laquelle le prince d'Orange évacua Louvain le 14, et fit reprendre à son armée les positions qu'elle occupait avant les hostilités. La conférence proposa aux deux parties un traité de paix en vingt-quatre articles, garanti par les cinq puissances, que la Belgique accepta le 15 novembre, mais que la Hollande repoussa, par la raison qu'il différait essentiellement du premier traité de séparation. Tandis que la Russie, la Prusse et l'Autriche insistaient pour obtenir la modification de certains articles défavorables à la Hollande, l'Angleterre et la France exigeaient l'évacuation de la citadelle d'*Anvers*, en menaçant de recourir à des mesures coercitives. Elles bloquèrent les côtes de la Hollande, et mirent l'embargo sur les vaisseaux hollandais; puis le 24 décembre 1832 une armée française s'empara de la citadelle d'Anvers. Le 21 mai 1833 il intervint enfin entre la France, l'Angleterre et la Hollande, un traité provisoire, qui mit fin aux hostilités, mais ne put rétablir la paix entre la Belgique et la Hollande.

La conférence recommença alors son œuvre difficile. La cession à la Belgique du territoire de Luxembourg présentait des obstacles tout particuliers, le roi des Pays-Bas objectant que pour y consentir il lui fallait l'assentiment de la Confédération Germanique et celui des agnats de la maison de Nassau. Le 18 septembre 1836 la diète fédérale consentit à la cession d'une partie du Luxembourg contre une indemnité équivalente dans le Limbourg. Au milieu de ces difficultés diplomatiques de légères escarmouches continuaient à avoir lieu entre la Belgique et la Hollande. Le roi Guillaume fit tout pour reculer la conclusion de la paix, dans l'espoir de voir les dispositions de l'Europe changer à son avantage. Le 14 mars il se décida enfin à accepter le traité des vingt-quatre articles; mais alors ce fut la Belgique qui, en se fondant sur la complète modification survenue depuis dans la situation, éleva de nouvelles difficultés; et les choses en vinrent à ce point qu'à la fin de l'année 1838 les armées belge et hollandaise prirent respectivement position de l'un et de l'autre côté de la frontière; et il fallut alors l'intervention de la conférence de Londres pour empêcher les hostilités de recommencer. Enfin, vaincu dans son obstination, surtout par la situation critique des finances de la Hollande, Guillaume se décida (février 1839) à accepter le traité des vingt-quatre articles, modifié maintenant à son désavantage; en suite de quoi les traités définitifs furent signés, le 19 avril 1839, par les plénipotentiaires des Pays-Bas, de Belgique, d'Autriche, de France, d'Angleterre, de Prusse et de Russie. Après des négociations suivies avec la Confédération Germanique, les agnats de la maison de Nassau obtinrent, le 27 juin 1839, une indemnité de 750,000 fl. pour la partie du Limbourg abandonnée à la Hollande en échange de la partie du Luxembourg cédée à la Belgique par la Hollande; et alors cette partie, à l'exception des forteresses de Maëstricht et de Venloo, qui demeurèrent à la Hollande, fut incorporée, sous le titre de duché, à la Confédération Germanique. Pour ce qui est des affaires intérieures de la Hollande, nous devons dire que cette même année 1839 il se manifesta une irritation extrême dans les chambres. On s'attendait à de bonnes lois de finances et à des réformes. Au lieu de cela, le gouvernement présenta un projet d'emprunt de 56 millions de florins. Sa demande fut rejetée le 20 décembre : autant en advint, le 23, au budget; la chambre ne vota qu'un emprunt de 6 millions de florins et six douzièmes provisoires sur le budget. Lors de la réunion des états généraux en 1840, le roi leur fit présenter divers projets de loi modifiant la constitution; c'est ainsi que la liste civile était réduite à un million et demi de florins, et qu'un budget bisannuel était substitué aux budgets précédents, dont les crédits embrassaient une période de dix années. Néanmoins, le mécontentement public contre le roi et ses ministres alla toujours en augmentant. L'attachement que Guillaume Ier conçut alors pour une dame belge et catholique, la comtesse Henriette d'Oultremont, excita une irritation si générale que, le 25 mars 1840, ce prince jugea à propos de faire publier officiellement qu'il renonçait à tout projet de mariage avec la comtesse. Cette affaire, ainsi que la découverte, en Belgique, d'un complot ayant les ramifications les plus étendues, et auquel la Hollande ne semblait pas être demeurée étrangère, mais surtout la fâcheuse position financière de l'État, déterminèrent enfin le roi à abdiquer solennellement, le 7 octobre 1840, en faveur de son fils *Guillaume II*. Il prit alors le titre de comte de Nassau, et alla avec son énorme fortune particulière se fixer à Berlin, où, le 17 février 1841, il épousa la comtesse d'Oultremont, et où il mourut, le 7 novembre 1843.

En montant sur le trône, le roi Guillaume II proclama bien le principe de la responsabilité des ministres; mais le triste état des finances amena de nouvelles crises et provoqua une vive opposition au sein des états généraux. La guerre soutenue à Sumatra contre les Atchinès ajoutait aux difficultés contre lesquelles le trésor avait à lutter. Néanmoins, le gouvernement ne laissa pas que de dépenser encore des sommes considérables dans l'intérêt du pays, notamment en construisant des chemins de fer et en desséchant le lac d'Harlem. Il conclut aussi divers nouveaux traités de commerce, par exemple avec le Texas. Par contre, les négociations suivies avec Rome pour l'exécution du concordat de 1827 demeurèrent sans résultat. Des différends survenus avec la Belgique furent aplanis par une convention en date du 5 novembre 1842. L'état de plus en plus déplorable des finances contraignit le gouvernement à soumettre aux états généraux un projet de loi tendant à autoriser soit la création d'un impôt extraordinaire, soit l'émission d'un emprunt de 150 millions de florins; et cette proposition fut acceptée en mars 1844, malgré la vive opposition qu'elle rencontra dans les chambres. La mésintelligence continua donc de régner entre le pouvoir exécutif et le pouvoir législatif. Ce que réclamait l'opinion, c'était une modification complète de la constitution qui empêchât la responsabilité ministérielle de n'être qu'un vain mot, qui contraignît le gouvernement à rendre compte de l'excédant de revenu provenant des colonies et à l'employer dans l'intérêt de la chose publique, de même qu'à présenter chaque année à la législature le budget des dépenses et celui des recettes des colonies. Le roi repoussa ces demandes en déclarant qu'il croyait inutile de modifier quant à présent la constitution; et les ministres apportèrent plus de rigueur que jamais dans la répression des délits de la presse, c'est-à-dire des attaques dont le pouvoir était l'objet. Toutefois, le mécontentement public étant arrivé à prendre les formes les plus menaçantes, la couronne se décida à céder; et le discours du trône prononcé le 18 octobre 1847 annonça des réformes prochaines ainsi que quelques modifications à la constitution. La retraite des deux ministres qui passaient pour appuyer dans le cabinet les idées de réforme et d'amélioration désappointa donc vivement l'opinion. Les événements qui s'accomplirent à peu de temps de là en France ne purent déterminer le roi à changer de ligne politique; le bon sens naturel de la nation hollandaise et la faiblesse numérique du parti démocratique lui étaient en effet trop bien connus pour qu'il eût à redouter une révolution. Les projets de réforme soumis aux chambres le 9 mars 1848 furent donc à peu près insignifiants, tandis que le gouvernement se gardait bien de toucher aux vices qu'on reprochait depuis longtemps à la constitution; par exemple, les articles qui conféraient aux états provinciaux le choix des membres de la seconde chambre, et qui composaient ces états provinciaux de membres de trois *ordres*, à savoir la noblesse, la population des villes et celle des campagnes. Pour déterminer Guillaume II à changer d'idées à cet égard, il ne fallut pas moins que le déluge de pétitions dont le pouvoir fut tout aussitôt assailli, et surtout que la situation générale de l'Europe. Un ministère moitié réformiste et moitié absolutiste, composé de M. Donker-Curtius à la justice, de M. Luzac aux cultes, tous deux appartenant à l'opinion libérale, du comte Schimmelpenninck aux finances, et de M. Neveu à la guerre, arriva alors à la direction des affaires. Le chef de l'opposition libérale, le professeur Thorbeck, en demeura exclu, mais fut chargé de la présidence d'un comité chargé de la rédaction d'un projet de constitution nouvelle. Le travail de ce comité fut présenté aux chambres dans le courant de mai, mais non sans avoir préalablement été beaucoup modifié par le roi; et comme il ne satisfit aucun des partis en présence, comme au contraire il ne fit que provoquer une lutte acharnée et à laquelle on ne voyait pas d'issue, le roi se décida à se saisir de l'initiative et, tout en maintenant la première chambre nommée par lui, à convoquer pour le 18 septembre 1848 une assemblée constituante élue d'après l'ancienne loi électorale, mais double en nombre. Le mandat confié à cette assemblée était l'acceptation ou le rejet pur et simple, de chacune des parties de la constitution nouvelle, qui fut proclamée dès le 3 novembre. Un nouveau cabinet, composé pour la plus grande partie de libéraux modérés, fut chargé d'inaugurer la politique nouvelle et de préparer un grand nombre de nouvelles lois organiques. C'est dans ces circonstances que le roi Guillaume II mourut subitement, le 17 mars 1849. Son successeur *Guillaume III* prêta serment à la constitution le 11 mai suivant; mais la réduction spontanément faite par ce prince dans le le chiffre de sa liste civile ne lui concilia pas l'opposition constitutionnelle, dont les défiances le forcèrent à prendre un ministère nouveau, choisi tout entier dans la gauche, et qui pendant les trois ans qu'il conserva le pouvoir eut le mérite de faire adopter non-seulement les plus importantes lois organiques réclamées comme complément indispensable de la constitution nouvelle (par exemple la loi réglant l'exercice du droit de réunion et celles relatives à la réorganisation des communes et de l'ordre judiciaire), mais encore d'importantes réformes financières, et d'achever ainsi par les voies pacifiques la révolution des Pays-Bas, contre-coup de la révolution de février 1848. D'immenses travaux publics furent en outre entrepris à l'intérieur, comme construction de chemins de fer, établissement du télégraphe électrique, etc.; et on termina le desséchement du lac de Harlem. L'état des colonies devint de plus en plus prospère, malgré les sacrifices exigés par la guerre soutenue contre les Chinois de Sambous; et dès 1851 l'excédant de la recette des colonies sur leurs dépenses figurait au budget général des voies et moyens pour une somme de 4,700,000 fl. C'est lorsque ce ministère de la gauche savait tenir avec tant de prudence la balance entre le parti ultra conservateur et le parti démocratique, que le pays se vit en proie à une agitation des plus vives causée par les prétentions de la cour de Rome, dans lesquelles la population protestante vit un péril pour l'existence du protestatisme et le maintien du principe de la liberté de conscience qui avait toujours fait la gloire et la force des Provinces-Unies; et pour calmer les inquiétudes de l'opinion, le roi Guillaume III dut prendre de nouveaux ministres, choisis cette fois encore au sein du parti libéral, mais composé d'hommes plus dévoués au principe protestant que leurs prédécesseurs, et dont le plus grand nombre sont encore en fonctions au moment où nous écrivons. Consultez Davies, *The History of Holland and the dutch nation* (Londres, 1851).

Pour ce qui regarde la langue, la littérature et les beaux-arts, *voyez* HOLLANDAISES (Langue et littérature) et ÉCOLES DE PEINTURE.

PAYS DÉLECTION. *Voyez* ÉLECTION (Pays d') et GÉNÉRALITÉS.

PAYS DE QUART-BOUILLON. *Voyez* GABELLE.

PAYS D'ÉTATS. *Voyez* ÉTATS (Pays d') et GÉNÉRALITÉS.

PAYS LATIN. *Voyez* LATIN (Quartier).

PAYS RÉDIMÉS. *Voyez* GABELLE.

PAYTI ou RIO DE BOGOTA. *Voyez* BOGOTA.

PAZ (La), capitale de la Bolivie et siége d'évêché, est bâtie dans l'une des vallées les plus belles et les plus peuplées des Andes. La situation de cette ville, entourée par un groupe de montagnes déchirées, nues et arides, que domine le majestueux Illemani, couvert de neiges éternelles, est très-pittoresque. Quoique la partie la plus élevée de la ville soit à environ 4,000 mètres au-dessus du niveau de la mer, sa température moyenne est à peu près la même que celle de Paris, puisqu'elle est de 10 degrés environ, et celle de Paris de 10 degrés $\frac{1}{3}$; mais les températures extrêmes des deux capitales sont très-différentes. A La Paz il fait moins froid en hiver et moins chaud en été qu'à Paris. Cette ville renferme une population de plus de 45,000 âmes, dont la tribu indienne des Aymares forme une partie considérable. Fondée en 1548, elle reçut son nom en commémoration de la paix qui suivit la défaite de Gonzalo Pizarre. Il s'y fait un commerce considérable de thé du Paraguay.

PAZZI, l'une des plus nobles et des plus riches familles de la république de Florence, et qui périt dans la conspiration de 1478. Julien de Médicis avait épousé secrètement Camilla Cafarelli. La jalousie qu'en ressentit Francesco Pazzi, jointe à celle que lui inspirait la puissance de la maison de son rival, furent les motifs qui le déterminèrent à se placer à la tête de ce complot. Francesco, orgueilleux, vindicatif, audacieux, mit dans sa confidence Bernardo Bandini, lequel, croyant aussi avoir à se plaindre des Médicis, réussit à gagner à ses intérêts le pape Sixte IV, qui depuis longtemps voyait avec défiance la puissance toujours croissante de cette maison, et fit entrer aussi dans ses projets l'archevêque de Pise, Francesco Salviati, ainsi que son oncle Jacopo Pazzi. Les conjurés ayant pu, pendant la maladie de Carlo Manfredi, comte de Faënza, réunir des troupes sans exciter de soupçons, résolurent, pour assassiner les deux Médicis, de profiter des solennités qui devaient avoir lieu à Florence à l'occasion de l'entrée du jeune cardinal Raphael Sansoni, neveu de Sixte IV et son envoyé. Mais Julien de Médicis s'étant abstenu de figurer à cette cérémonie, la journée du 2 mai 1478, où il y avait messe solennelle à la cathédrale de Santa-Reparata, fut choisie pour l'exécution du meurtre. Le second coup de clochette donné au moment où le prêtre élèverait l'hostie, en devait être le signal. Déjà Laurent de Médicis se trouvait dans l'église avec une grande foule de peuple; mais Julien manquait toujours. Ce que voyant, Francesco Pazzi et Bandini se rendirent à son logis pour l'engager à se rendre à la cérémonie; et leurs propos flatteurs lui ayant ôté toute défiance, il se décida à les y accompagner. Arrivés à l'église, ils eurent soin de l'entourer; et au second coup de clochette, Francesco Pazzi se précipita avec tant de fureur sur lui, qu'en lui traversant le corps avec son épée il se blessa lui-même assez gravement à la cuisse. En même temps Bandini poignardait Nori, l'ami intime de Julien; de leur côté, Antonio et Stefano se ruaient sur Laurent de Médicis, mais ils ne parvinrent qu'à lui faire une légère blessure au cou. Laurent put en conséquence se réfugier dans la sacristie. Francesco Pazzi et Bandini, qui voulaient l'y suivre, en furent empêchés par les assistants. Beaucoup d'individus perdirent la vie dans l'horrible tumulte qui s'en suivit; et ce fut à grand'peine que les prêtres officiants purent dérober le cardinal à la fureur du peuple. Tous les efforts tentés par Francesco Pazzi pour déterminer la populace à faire cause commune avec lui furent inutiles; et il lui fallut, épuisé par la perte de son sang, regagner sa demeure. Salviati et Jacopo Pazzi échouèrent également dans leur tentative de s'emparer du palais, par suite de la vigilance du gonfalonnier Cesare Petrucci. L'archevêque et quelques-uns de ses complices furent alors arrêtés et égorgés. La populace alla enlever Francesco Pazzi dans son logis, et après l'avoir traîné sur une claie à travers les rues de Florence, elle le pendit aux fenêtres du palais avec soixante-dix autres individus. Jacopo Pazzi prit la fuite; mais reconnu dans les Apennins par un paysan, il fut livré aux Florentins et pendu en même temps que Renato Pazzi. Bandini, qui était parvenu à gagner Constantinople, fut livré par le sultan Bajazet, et eut la tête tranchée ainsi qu'Antonio de Volterra et Stefano, qui s'étaient cachés dans un couvent. Napoléon Francesi et Guglielmo Pazzi, le seul membre de sa famille qui n'eût pas pris part à la conspiration, et qui en outre était le beau-frère de Laurent de Médicis, échappèrent aux vengeances populaires. Malgré l'intercession de Bianca, son épouse, Guglielmo fut condamné à un exil perpétuel dans sa *villa*. On ne revit plus oncques Francesi. Tous les autres Pazzi furent condamnés à une détention perpétuelle dans les prisons de Volterra; et Laurent de Médicis renvoya à Rome le cardinal Sansoni.

PÉAGE, droit qu'on perçoit pour le passage des voitures, bestiaux, marchandises et denrées, même pour celui des hommes qui passent des rivières ou qui traversent certains chemins, ou des places, ponts, chaussées, etc. Ce droit était autrefois très-multiplié; il était perçu non-seulement au nom du roi, mais au profit d'un grand nombre de seigneurs, et il en résultait soit des exactions, soit des entraves pour le commerce. Aussi le souverain avait-il pris des précautions pour empêcher les usurpations : la déclaration de Louis XIV du 31 janvier 1663 et l'ordonnance des eaux et forêts du mois d'août 1669 déterminèrent les droits à percevoir ainsi que le mode de perception. Chacun des prétendants à la jouissance de ces droits fut obligé de justifier de ses titres, et un tribunal, composé de conseillers d'État et de maîtres des requêtes, fut institué pour juger de la validité de ces prétentions. Un autre arrêt, rendu par le roi en son conseil le 15 août 1779, avait considérablement réduit le nombre et la quotité des droits et ordonné une nouvelle vérification des titres. L'Assemblée constituante, par la loi du 15 mars 1790, essaya de réprimer les abus qui subsistaient encore, et le 17 juillet 1793 la Convention nationale supprima tous les droits sans indemnité.

Cependant, l'entretien des ponts et des routes avait été la condition de l'établissement des droits de péage, et quand ceux-ci furent détruits, il devint nécessaire de pourvoir par d'autres moyens aux réparations de la voie publique. Longtemps on ne s'occupa qu'à jouir sans obstacle; les ponts et les chemins furent parcourus dans toutes les directions, sans qu'on s'inquiétât de leur conservation ni de leur entretien : aussi les communications devinrent-elles bientôt à peu près impossibles. Alors on revint au système de péage; mais on y revint en le rendant mille *fois* plus dur et plus insupportable. Des *barrières* furent établies sur tous les chemins, sur tous les ponts, à toutes les portes des villes, à l'entrée de tous les villages; on était arrêté à chaque pas, et tout homme, à moins qu'il ne voyageât à pied, était obligé de stationner et de contribuer de sa bourse pour l'entretien des routes, quoiqu'en réalité on n'y fit pour ainsi dire aucune réparation. Sous Napoléon les droits généraux de *péage* ou de *barrières* furent supprimés; et la création des droits d'octroi pourvut à l'administration et à l'entretien des communes et des établissements publics. Les dépenses occasionnées par les travaux de restauration et de reconstruction des ponts furent acquittées à l'aide de la contribution que, sous le nom de *péage*, chacun payait en passant sur les ponts ou sur les bacs établis. Ce mode de satisfaire à de grandes dépenses, tout gênant qu'il soit pour les particuliers, a subsisté et subsistera longtemps, parce qu'un grand nombre de communes ne possèdent pas des ressources suffisantes pour entreprendre de grandes constructions ou même pour payer des réparations ordinaires. La durée de la perception des droits de péage est ordinairement limitée au temps nécessaire pour le recouvrement des sommes employées aux constructions ou réparations. Enfin, il est une sorte de *péage* dont la durée est illimitée : c'est celui qui se perçoit sur tous les fleuves, rivières et canaux navigables, pour l'entretien des chemins de halage ou autres ouvrages analogues, et qui est connu sous le nom d'*octroi de navigation*.

Quelques personnes peuvent être dispensées du payement des droits de péage : c'est le titre de concession qui d'ordinaire règle ces exemptions; mais elles s'appliquent de droit aux militaires passant pour cause de service ou avec feuille de route, ainsi qu'aux fonctionnaires publics dans l'exercice de leurs fonctions. Quant à l'autorité qui doit connaître des contestations qui s'élèvent sur l'application du tarif de chaque droit de péage, ce sont les conseils de préfecture, sauf le pourvoi au conseil d'État. DUBARD.

PEAU. Chez les animaux inférieurs, le corps tout entier ne paraît constituer qu'une seule masse homogène et gélatineuse, dans laquelle il est à peu près impossible de distinguer des tissus de natures diverses. Aussi chez ces animaux la membrane enveloppante est-elle molle, spongieuse, contractile dans toutes ses parties, comme le corps qu'elle enveloppe, et dont il n'est guère possible de la séparer. Mais chez les animaux plus élevés dans l'échelle des êtres, la membrane enveloppante se condense en une couche plus ou moins épaisse, plus ou moins nettement distincte, et c'est cette couche tégumentaire que l'on nomme la *peau*.

La *peau* se compose d'éléments anatomiques de natures diverses : les uns, organisés, constituent le derme; les autres, inorganiques, forment le *système épidermique*.

Le derme est la partie essentielle de la *peau* : une trame, un canevas, qui semble résulter de la condensation d'un tissu cellulaire, et qui est composé de fibres lamineuses résistantes, blanchâtres et tissées en membrane, constitue la partie fondamentale du derme (le *chorion* des anatomistes). Dans l'épaisseur de ce chorion se distribuent un grand nombre de petits rameaux vasculaires, qui, venant se subdiviser et former de fréquentes anastomoses à sa surface, s'étalent en un réseau délicat, qui se moule sur toutes les inégalités du chorion, et constituent le *réseau vasculaire* des anatomistes. Une matière diffluente, subglutineuse, plus ou moins colorée, et qui paraît être une simple exsudation de ce réseau, est déposée comme un enduit entre les petites mailles qu'il forme, et a été nommée par Malpighi, qui le premier l'a découverte, le *corps muqueux*. D'innombrables filets nerveux, émanant du vaste lacis étalé en réseau dans le tissu cellulaire sous-dermique, viennent se terminer par leurs pointes mousses dans le chorion, qu'ils traversent, et former ce que l'on a appelé des *papilles nerveuses*, ou, plus récemment, des *appareils névrothèles*. Enfin, des radicelles lymphatiques en grand nombre y viennent plonger leurs extrémités béantes.

Ainsi composé, le derme a sous sa dépendance deux genres distincts d'organes folliculaires, qui ne sont eux-mêmes formés que par une disposition ou une coordination spéciale des éléments anatomiques que nous venons d'énumérer. Ces organes sont ceux que M. de Blainville distingue sous les noms de *cryptes* et de *phanères* ou *bulbes*. Le crypte est un follicule, un petit cul-de-sac qui paraît formé par une simple dépression du derme lui-même : le réseau vasculaire y est abondant; l'élément nerveux y est au contraire peu développé. C'est un petit appareil sécréteur, qui verse constamment au dehors, par son orifice sans cesse béant, les produits semi-fluides, et en général oléagineux, de sa sécrétion. Le *phanère*, ou le bulbe, diffère surtout du crypte par le développement beaucoup plus considérable de son élément nerveux. Il en diffère encore en ce que les produits de sa sécrétion, qui sont solides et en général cornés, au lieu d'être complétement rejetés à la surface du tégument, demeurent adhérents à l'organe sécréteur lui-même, et constituent ainsi des poils, des plumes, des ongles, des dents, etc., etc.

Telle est la structure grossière du derme. Quant à l'*épiderme*, la texture anatomique n'en est pas encore parfaitement connue, bien que l'existence en ait été admise par tous les anatomistes anciens et modernes. Suivant les uns en effet l'épiderme serait formé de minces lames superposées les unes sur les autres, et dont la vitalité diminue à mesure qu'elles deviennent plus superficielles. D'autres, au contraire, s'appuyant sur les recherches microscopiques de Louwenhoeck, pensent que l'épiderme est formé par de petites écailles imbriquées semblables à celles qui protègent les ailes furfuracées des papillons. D'autres encore, et telle est l'opinion de Blainville, ne voient dans l'épiderme qu'une couche homogène et mince de matière cornée, excrétée ou exsudée à la surface du derme, et qui s'y condense comme un vernis. Les inégalités plus ou moins considérables qui existent parfois dans l'épaisseur de cette couche constitueraient, dans cette manière de voir, ce que les anatomistes ont à tort confondu avec des écailles. Du reste, les anatomistes, presque sans exception aucune, s'accordent tous à refuser à l'épiderme toute sensibilité organique ou animale.

La *peau* est donc un appareil complexe, qui enveloppe de toutes parts l'animal et qui le limite dans l'espace. Les fonctions physiologiques de cet appareil sont aussi variées qu'elles sont importantes. Elles se divisent en quatre ordres, qui peuvent être ainsi dénommés : fonctions de protection, fonctions d'excrétion, fonctions d'absorption, fonctions de sensation. Et suivant qu'une portion quelconque de la *peau* est plus ou moins spécialement préposée à l'une quelconque de ces fonctions diverses, cette portion se trouve plus ou moins modifiée en vue de cette fonction par la disposition spéciale des éléments anatomiques dont elle est formée.

Là où la *peau* est spécialement destinée aux fonctions d'organe protecteur, elle subit diverses modifications qui portent plus ou moins exclusivement sur chacun des éléments qui la composent. Tantôt le chorion perd sa souplesse; il devient plus serré, le réseau vasculaire devient moins abondant; le système nerveux s'élimine, et une matière, parfois cornée et parfois calcaire, vient se déposer dans les mailles mêmes du chorion, pour former des coquilles ou des têts. C'est ce qui a lieu chez les mollusques testacés, chez la plupart des insectes et chez tous les crustacés. Tantôt l'un des organes accessoires du derme, le bulbe, acquiert un développement inusité; et alors la *peau* se trouve recouverte et protégée par ces nombreuses productions auxquelles nous donnons les noms de *poils*, de *piquants*, de *plumes*, de *cornes*, d'*ongles*, etc., etc.; tantôt, enfin, c'est la *sur-peau*, ou l'épiderme, qui seule acquiert une solidité et une épaisseur remarquables, et alors l'animal se trouve protégé par ces plaques cornées, variables de formes, que l'on confond souvent avec les véritables écailles : c'est ce qui a lieu chez l'espèce humaine pour la *peau* du talon et de la face palmaire des mains calleuses.

Là où la *peau* est spécialement destinée aux fonctions d'organe absorbant, la couche épidermique diparaît presque complétement : le système nerveux se réduit à quelques filets très-rares, et dont la sensibilité paraît très-obtuse : le tissu du chorion devient plus évidemment celluleux; le réseau vasculaire prend un développement remarquable, ainsi que les systèmes lymphatique et chylifère. C'est ce qui a lieu surtout lorsque la *peau* se transforme en membrane muqueuse; car les membranes muqueuses ne sont autre chose que des *peaux absorbantes*. Toutefois, la *peau* tout entière, et sans être spécialement modifiée dans ce but, accomplit des fonctions d'absorption. Ainsi, par les expériences de Fontana et de Gorter il est démontré que la *peau* absorbe l'humidité de l'air; et par celles de Bichat il est également prouvé que la *peau* absorbe l'air atmosphérique lui-même. C'est sur cette considération que sont fondées les méthodes endermique et iatraleptique de Brera, Chiarenti, de Chrétien de Montpellier; méthodes qui consistent à placer les substances médicamenteuses en contact avec la *peau*, au lieu de les placer en contact avec la membrane muqueuse de l'estomac. Cependant l'activité de l'absorption est singulièrement augmentée lorsque l'on transforme artificiellement la *peau* ordinaire en une *peau absorbante* : c'est ce que l'on effectue aisément en dépouillant la *peau* de son épiderme au moyen des vésicants, et en développant outre mesure le réseau vasculaire au moyen de lotions prolongées. L'introduction des agents thérapeutiques dans l'économie au moyen des bains médicamenteux, et par la méthode endermique, est fondée sur cette considération.

Là où la *peau* doit surtout accomplir les fonctions d'un organe excréteur, c'est le système crypteux qui se multiplie et se développe avec exubérance; c'est ce qui a lieu pour toutes les glandes de sécrétion, car toutes, si complexes qu'elles soient, peuvent être ramenées, plus ou moins directement, à la forme folliculaire du crypte. Toutefois, la *peau* tout entière, et sans être spécialement modifiée dans ce but, accomplit aussi des fonctions d'excrétion. C'est ce qui a d'abord été établi d'une manière positive par les célèbres expériences de Sanctorius à Venise, expériences qui depuis ont été modifiées et variées de mille manières par Dodart et Sauvages en France, par Robinson en Écosse, par Gorter en Hollande, par Keil, Rye, Linnings, Lavoisier et Seguin, et qui cependant n'ont donné d'autres résultats constants que les suivants : La *peau* est un organe d'excrétion; cette excrétion est surtout abondante chez les personnes robustes et à l'état de santé; elle est essentiellement dépuratoire; elle est en général en raison inverse de la sécrétion urinaire et des différentes sécrétions muqueuses et séreuses; elle varie sans cesse avec les éléments variables qui entrent dans la composition du sang.

Enfin, là où la *peau* doit accomplir les fonctions d'un organe sensorial, nous voyons les couches épidermiques s'amincir, s'amollir de plus en plus; les bulbes phanériques se raréfient, et leurs produits se modifient jusqu'à devenir des instruments parfaitement propres à transmettre à la surface sensoriale l'action du monde extérieur : les cryptes ne sécrètent plus que des fluides propres à entretenir la souplesse de la *peau*; le réseau nerveux se prononce davantage, et le système vasculaire, par l'abondance, par l'exubérance de ses fluides nourriciers, stimule et vivifie le système nerveux. C'est ce qui est surtout manifeste pour ces portions de la *peau* qui commencent à former les appareils de l'olfaction et du goût.

Comme organe sensorial, la *peau* a des connexions intimes avec le système nerveux, et sympathise avec la plupart des affections de ce système. Comme organe excréteur, la *peau* se trouve dans une relation forcée avec tous les autres organes d'excrétion; et comme organe absorbant elle se lie non moins intimement aux affections du système digestif. Aussi n'existe-t-il guère un seul organe qui, perturbé dans son action, ou seulement excité, ne réfléchisse sur la *peau* une part plus ou moins grande de son action nouvelle; et d'un autre côté la *peau* elle-même n'éprouve jamais une modification générale un peu grave sans irradier sur les autres organes une partie quelconque du mouvement qui est développé en elle.

Les maladies de la *peau* sont extrêmement nombreuses, et nous voyons qu'elles ont été dans ces derniers temps multipliées au delà de toute mesure et de toute nécessité : on les a multipliées en classant parmi les maladies de la *peau* des affections qui ne doivent aucunement appartenir à cette catégorie. Elles ont été multipliées encore par la subdivision en espèces distinctes de maladies essentiellement les mêmes dans leur origine, leur marche, leur terminaison et dans les méthodes thérapeutiques qu'elles réclament. Ainsi, les nosographes ont classé la petite vérole, la scarlatine, la rougeole, l'urticaire, etc., etc., parmi les maladies de la *peau*, tandis qu'il est de toute évidence que dans ces affections la *peau* n'est modifiée qu'accidentellement en quelque sorte, la lésion de la *peau* n'étant jamais que le signe extérieur et visible d'une modification organique générale et profonde. Ainsi encore, l'on a fait du psoriasis et de la lèpre vulgaire deux maladies différentes, tandis que dans l'origine, dans la marche, dans la terminaison ou dans le traitement de ces deux affections dites *distinctes*, il serait impossible de trouver un seul caractère différentiel de quelque valeur. Cependant, limitées, ainsi qu'elles doivent l'être, aux affections qui modifient plus spécialement la *peau* elle-même, et dont l'influence ne s'étend que sympathiquement aux autres organes, les maladies de la *peau* constituent encore dans les nosologies une nombreuse catégorie d'affections bizarres dans leurs formes, souvent hideuses, et presque toujours opiniâtres. Tantôt c'est l'épiderme seul qui s'altère, qui se résout en une substance farineuse, ou se détache en petites exfoliations furfuracées, semblables aux lichens ou aux plantes parasites qui labourent l'écorce des vieux chênes; tantôt ce sont des lames écailleuses plus ou moins étendues, plus ou moins épaisses, plus ou moins régulières; quelques fois ce sont des éruptions pustuleuses, miliaires ou perlées, vésiculeuses ou phlycténoïdes; quelques fois encore c'est le système dermoïde qui se décolore, sans s'élever au-dessus de son niveau, et qui présente des teintes rouges, violacées, brunes, noires, verdâtres, livides, etc.; d'autres fois aussi la *peau* se déprime en certains endroits, et présente des excavations profondes. Mais dans la majorité des maladies cutanées la *peau* laisse transsuder une sanie ichoreuse ou purulente, qui se concrète à sa surface en une masse croûteuse, qui tombe et renaît tour à tour. Ces croûtes, dont la forme varie à l'infini, figurent des cercles, des losanges, des prismes, des mamelons, qui simulent des sucs lapidifiques cristallisés; il en est qui s'étalent en longues bandes, en zones; d'autres serpentent en lignes sinueuses et longitudinales; d'autres encore s'arrondissent en cercles. Quelques fois la *peau* entière s'altère, se gonfle, se tuméfie au point de présenter l'aspect de la *peau* des pachydermes et d'effacer sous ses monstrueux replis toute forme humaine ; d'autres fois, enfin, cette *peau* se développe en tumeurs circonscrites, et étonne les regards par une sorte de végétation bourgeonnée et fongueuse. BELFIELD-LEFÈVRE.

Peau a au figuré et proverbialement plusieurs acceptions. On dit, en parlant d'un homme, d'un animal fort maigre : *Les os lui percent la peau ;* il n'a que la *peau et les os ;* il a la *peau collée sur les os*. Un homme fort gras ou qui a quelque grand dépit est un homme qui *crève dans sa peau*. Il ne *changera pas de peau* se dit d'un être incorrigible. *Dans sa peau mourra le loup, mourra le renard*, c'est-à-dire il restera toujours méchant, toujours rusé. *Je ne voudrais pas être dans sa peau* signifie : Je ne voudrais pas être à sa place, dans la position fâcheuse où il se trouve. *La peau lui démange* se dit d'une personne qui s'expose sans nécessité à se faire battre, qui est inquiète, remuante. *Faire bon marché de sa peau*, c'est prodiguer sa vie. *Craindre pour sa peau*, c'est craindre les coups, le danger. *Avoir soin de sa peau*, c'est se dorloter. *Vendre cher sa peau*, c'est bien se défendre. *Coudre la peau du renard à celle du lion*, c'est joindre la ruse à la force. *Il ne faut pas vendre la peau de l'ours avant de l'avoir mis par terre* signifie : Il ne faut pas se flatter d'un succès incertain, il ne faut pas disposer d'une chose avant de la posséder.

On appelle *contes de peau d'âne*, par allusion à un vieux conte dont l'héroïne s'appelle *Peau d'âne*, de petits contes inventés pour l'amusement des enfants.

Peau se dit aussi de l'enveloppe qui couvre les fruits, les amandes des noyaux, les oignons : La *peau* des pêches et autres fruits à noyau est très-déliée ; le raisin muscat a la *peau* dure ; la *peau* des noix fraîches est fort amère ; les oignons sont couverts de plusieurs *peaux*.

Peau se dit encore d'une espèce de croûte plus ou moins déliée qui se forme sur les substances liquides ou onctueuses quand elles s'épaississent, comme sur le lait bouilli, l'encre, les confitures, le fromage.

PEAUSSIER, PEAUSSERIE. On appelle *peaussiers* ceux qui, après avoir reçu les peaux préparées par les chamoiseurs et les mégissiers, les colorient de diverses façons. Le roi Jean érigea, en 1357, par un édit de trente-sept articles, les *peaussiers*, *teinturiers de cuir* et *caleçonniers* de Paris en corps de jurande. A eux seuls était réservé le droit de lever le canepin sur toutes sortes de peaux. Les peaussiers eurent à subir, sur les droits que leur conféraient ces statuts pour les peaux qu'ils préparaient, des contestations assez vives de la part des corroyeurs et des boursiers. Sous le régime des maîtrises et jurandes l'apprentissage du peaussier était de cinq ans, le compagnonnage de deux ; la maîtrise coûtait 600 livres. Un édit de 1776 réunit la corporation des peaussiers aux tanneurs-hongroyeurs, corroyeurs, mégissiers et parcheminiers.

Quelques marchands merciers de Paris prenaient la qualification de *peaussiers*, parce qu'ils vendaient surtout les peaux qui constituaient le commerce de la peausserie, telles que maroquins, chamois, basanes, buffles, veaux, moutons, etc., toutes préparées pour être employées à divers usages.

PEAUX. L'enveloppe, la dépouille des animaux a été de temps immémorial utilisée par l'homme pour ses besoins. Celles que les chamoiseurs ont apprêtées pour la fabrication des gants, la reliure des ouvrages légers, conservent le nom de *peaux*. La mégisserie les rend propres à d'autres usages. Celles du bœuf, du cheval, beaucoup plus épaisses, préparées par la tannerie et par la corroirie, et employées pour la chaussure, la sellerie, etc., prennent le nom de *cuir*. Celles qui conservent leur poil, et qui servent à la pelleterie, prennent le nom de *fourrures*. Ce terme de *fourrure* ne s'applique pas en général à des peaux d'animaux communs, comme le mouton, l'agneau, la chèvre, qui conservent leur poil, et dont on fait des bonnets, des chancelières, des jouets d'enfant, des vestes pour l'hiver. Celles qui sont préparées pour l'écriture s'appellent *parchemin*. La *peau d'âne* conserve son nom quand elle est préparée pour recouvrir les tambours, les grosses caisses des musiques militaires ou autres. Elle prend le nom de *chagrin* ou de *peau de chagrin* quand elle est appliquée à la reliure. La préparation et la vente des peaux préparées pour les divers usages que nous venons de désigner constituent une branche considérable de notre industrie et de notre commerce.

PEAUX-ROUGES, dénomination générique sous laquelle on comprend aux États-Unis diverses tribus d'Indiens aborigènes disséminées dans l'ouest de l'Union. 110,000 habitent le Minesota et les frontières du Texas, 63,000 les plaines et les Montagnes Rocheuses, 20,000 le Texas, 45,000 le Nouveau-Mexique, 100,000 la Californie et l'Utah, et 23,000 les Territoires de l'Orégon, et de Washington.

PÉCARI, genre de pachydermes de la famille des cochons. Les pécaris vivent en troupes nombreuses dans les forêts de l'Amérique méridionale. Ils diffèrent peu des cochons proprement dits. Cependant, les canines des pécaris ne sortent pas de la bouche, et la queue manque presque complétement. Les pécaris ont en outre un caractère distinctif dans la présence d'un singulier organe, qu'on ne retrouve chez aucun autre mammifère connu : c'est une glande qui, située sur la région des lombes, laisse continuellement suinter une humeur fétide ; cette glande, que l'on a comparée à un second nombril, a valu aux pécaris le nom de *dicotyles* (de δίς, deux, et κοτύλη, nombril).

On ne connaît que deux espèces de pécaris, le *pécari* de Buffon et le *tajassou* du même auteur. Le *pécari* de Buffon, *pécari à collier* de F. Cuvier (*dicotyles torquatus*), est de la grosseur d'un chien de moyenne taille. Il a l'allure d'un jeune sanglier. Son pelage, composé de soies roides et épaisses, est uniformément tiqueté de noir et de blanc. La ligne dorsale est plus noire que le reste. Une étroite bande blanche entoure le cou.

Le *tajassu*, ou *tajassou* de Buffon (*dicotyles labiatus*, F. C.) est plus grand que le pécari à collier. Sa couleur est généralement noire ; seulement les flancs, le ventre, l'intervalle qui sépare l'œil de l'oreille, ont une teinte grise, et la mâchoire inférieure est entièrement blanche.

PÊCHE (du latin *piscitura*, dérivé de *piscis*, poisson). La pêche est l'action de *pêcher*, et de prendre, si l'on peut, du poisson avec des lignes, des filets ou d'autres engins. Le pêcheur de profession vit de sa pêche ou la vend ; l'amateur de la pêche va pêcher pour son plaisir, et souvent ne pêche rien, mais il s'amuse en flânant sur le rivage. Est-ce là pêcher, dirait-on ! Oui, sans doute, et surtout si le sort lui est une seule fois favorable, car *toujours pêche qui goujon prend*. Attirer le poisson avec un appât pour l'accrocher ensuite avec l'hameçon, le saisir au passage avec un harpon ou le *harponner*, le cerner dans une enceinte, lui tendre des filets ou s'en emparer par des moyens plus ou moins ingénieux, c'est pêcher. La pêche, considérée comme récréation, ne manque pas d'attraits ; elle offre un passe-temps agréable, qui chez certains amateurs peut devenir une passion comme la chasse et le jeu. Les amateurs du bord de l'eau vont pêcher le goujon le long de la Seine : postés dans leur batelet ou bien assis sous l'arche d'un pont, indifférents pour tout ce qui se passe au-dessus d'eux, vous les aurez vus, comme moi, attentifs et silencieux, recommençant cent fois le même manége, retirant à chaque instant l'appât qu'ils ont tendu, espérant toujours, bien que mystifiés sans cesse, et oubliant tous leurs désappointements lorsque la plus chétive proie vient mordre à l'hameçon. Ces gens-là se voient partout, chaque contrée nous en offre des types. Sur une plus vaste échelle, la pêche, industrie maritime pour laquelle tant d'hommes intrépides vont affronter mille dangers sur les mers orageuses, est un art dont l'origine remonte aux premiers âges, car l'homme avant tout fut pêcheur ou chasseur, suivant les conditions d'existence dans lesquelles il se trouva placé. Dans les contrées sauvages, où la civilisation n'a pas encore pénétré, les peuples de l'intérieur des continents se livrent spécialement à la chasse; mais les Esquimaux, les Groënlandais, les Kamtschadales, ceux qui vivent dans les régions polynésiennes du grand Océan, et en général toutes les nations insulaires et celles qui habitent les bords de la mer ou des fleuves s'exercent à la pêche. La nature les contraint à ce genre de vie; la nécessité de se procurer des aliments leur fait exploiter à l'envi la mine de ressources que les siècles n'ont pu tarir. L'homme d'aujourd'hui comme celui d'autrefois trouve toujours à disputer aux fleuves et à la mer leurs poissons, leurs coquillages. Les poissons que l'on pêchait au temps des Sésostris et des Pharaons dans les eaux du Nil et sur les côtes de l'ancienne Égypte abondent encore dans ces mêmes parages. Notre immortel Cuvier a reconnu sur les dessins rapportés par les membres de l'Institut du Caire l'identité des espèces sculptées dans les grottes sépulcrales de Thèbes; et les poissons embaumés de la fameuse collection de *Passalaqua* ont confirmé cette observation. Les thons que les colonies carthaginoises firent graver sur les médailles puniques de Cadix et de Carteia fréquentent les mêmes côtes, et s'y pêchent comme autrefois. La murène, que les Romains estimaient tant, qu'ils faisaient rechercher à grands frais pour l'engraisser dans des viviers, pullule encore dans les fonds rocailleux de la Méditerranée. Les marsouins, si respectés des pêcheurs de l'Ionie, et que la ville de Phocée adopta pour symbole, mais qui furent pourtant l'objet d'une pêche lucrative dans le moyen âge, sillonnent toujours les mers. Le saumon, vanté par Pline, et que les fleuves de l'Aquitaine fournissaient de son temps, se plaît encore aux embouchures de la Garonne et de l'Adour; et depuis que la grande pêche a pris tant d'extension, que des flottes de pêcheurs vont charger des poissons dans l'océan du Nord, les innombrables phalanges de morues, d'encornets et de harengs, sont-elles moins nombreuses? ont-elles abandonné leurs rendez-vous habituels? chaque année ne vient-elle pas alimenter par de nouveaux tributs une des branches les plus importantes de l'industrie maritime? Eh bien, les sardines, les merlans, les soles, les maquereaux, les aloses, sont dans le même cas, et il n'est pas une seule de ces espèces qui ait déserté ses parages accoutumés. Les crustacés et les coquillages nous offrent les mêmes exemples : ils habitent toujours les plages, les rochers, les fonds de sable et de vase où de temps immémorial leur présence a été constatée.

L'origine de la pêche, nous l'avons déjà dit, remonte aux premiers temps de la civilisation. Le vieil Homère, dans son *Odyssée* (l. XXII, v. 384), parle de la pêche au hameçon et de celle au filet : il compare les amants de Pénélope expirants aux poissons qui palpitent en tas sur le rivage où les pêcheurs viennent de vider leurs rets. Hésiode place sur le bouclier d'Hercule un pêcheur attentif, prêt à jeter ses filets sur des poissons que poursuit un dauphin (*Scut. Hercul.*, v. 212). « Sous les Grecs, dit l'illustre auteur de l'Histoire naturelle des Poissons, l'art de la pêche devint une industrie des plus lucratives : on fit dans les lieux favorables de grands établissements de salaison, qui se transformèrent ensuite en villes opulentes. Byzance et Synope fleurirent surtout par cette cause, et ce fut l'abondance des poissons qui valut à Byzance le nom de *corne dorée*. Les particuliers faisaient à ce commerce des fortunes rapides. Les Romains se livrèrent aussi à la pêche avec ardeur, car ses produits étaient seuls capables de satisfaire le luxe effréné de leur table. Varron, le plus érudit des historiens de Rome, et Columelle, qui écrivit sous l'empereur Claude, parlent des viviers d'eau douce en usage du temps de Cicéron et d'Auguste. Suétone nous apprend que la pêche de la murène se faisait principalement dans la mer de Sicile et de Carpathie. Élien et Oppien nous ont transmis des notions intéressantes sur la pêche de cette époque de gloire et de honte. Elle se faisait, comme chez les Grecs, le long du rivage ou en pleine mer : les compagnies de pêcheurs entreprenaient même de longs voyages, et avaient établi des pêcheries jusqu'au delà des colonnes d'Hercule pour approvisionner la capitale du monde. Les instruments que l'on employait étaient le harpon, la ligne, le filet et la nasse : ainsi, l'on voit qu'à cet égard nous n'avons fait qu'imiter les anciens. La connaissance des différentes dispositions de l'air favorables à la pêche n'était pas moins appréciée par les pêcheurs d'alors que par ceux d'aujourd'hui : ils savaient profiter des heures du jour et de la nuit les plus propres, soit avant le lever, soit après le coucher du soleil et de la lune. Ils mettaient un soin particulier dans le choix des amorces pour la pêche à la ligne; quand ces appâts étaient naturels, ils consistaient en petits poissons, en larves, vers ou insectes, quelquefois en poumons et en foies de porc et de chèvre; on employait aussi les poulpes et les polypes, ou bien encore on se servait des intestins d'animaux saturés d'extraits de myrte ou d'autres plantes aromatiques. Cassianus Bassus a décrit un grand nombre de recettes d'appâts dont les pêcheurs faisaient usage, et la variété de ces compositions était fondée sur la différence des appétits des poissons. On avait recours aussi aux amorces factices, et l'art d'imiter les mouches avec des plumes d'oiseaux n'a peut-être jamais été poussé si loin de nos jours, même en Angleterre. La pêche au flambeau, pendant la nuit, pour attirer le poisson à l'éclat de la lumière, n'était pas non plus négligée : il en est question dans les auteurs du temps.

Il paraît que les baleines et cachalots, qui pénétraient alors dans la Méditerranée, devenaient souvent la proie des pêcheurs. D'après les renseignements d'Oppien, cette pêche, bien qu'accidentelle, ressemblait beaucoup à celle de nos *baleiniers*. La ligne que l'animal devait entraîner en plongeant était garnie de grandes outres remplies d'air, à la manière des Kamtschadales. La description d'Oppien est remarquable par ses détails. Les Romains mettaient en pratique tous les moyens qu'ils avaient à leur disposition pour se procurer une pêche plus abondante et plus variée. Suivant Polybe, celle de l'espadon se faisait au nœud coulant, vers le promontoire de Scylla. On le pêchait aussi dans la mer Tyrrhénienne, et sur les côtes de la Gaule narbonaise. Les barques qu'on employait à cet effet étaient imitées des Grecs, taillées en forme d'espadon, peintes aux couleurs de ce poisson, avec un rostre allongé et pointu. On attaquait l'espadon avec des harpons et des dards; et les poésies d'Horace nous ont appris les préférences que les gourmets de Rome avaient pour cette espèce.

Les poissons de Syrie, d'Égypte, des îles de Rhodes et de Crète, étaient conservés dans des étangs artificiels, afin de les avoir sous la main et de pouvoir en disposer au besoin. Caton l'ancien, tuteur des enfants de Lucullus, retira un prix considérable des innombrables espèces qui peuplaient les viviers de leur père. En un mot, la sensualité romaine profita de toutes les ressources : lorsqu'une espèce estimée était exclusive à certain parage, on la faisait pêcher vivante pour en peupler les mers d'Italie. Ainsi, Optatus Celer, affranchi de l'empereur Claude, rapporta des côtes de l'Archipel des scares auxquels il rendit la liberté dans le golfe de Naples et aux embouchures du Tibre, et qu'on relâcha ensuite pendant cinq ans toutes les fois qu'ils tombaient dans les filets. Les thons et les pélamides se pêchaient dans des madragues ou tonnares : ces immenses filets étaient placés à demeure vers les bouches du Bosphore et le long des côtes de l'Italie et de la Sicile. Strabon mentionne plus particulièrement les madragues de l'île d'Elbe. La protection que les Romains accordèrent à la pêche avança beaucoup ses progrès; mais parmi les causes qui la mirent le plus en faveur, on doit citer d'abord la loi *Licinia*, par laquelle il était prescrit de ne manger en certains jours de l'année que du poisson salé et de la viande sèche; puis la fête des pêcheurs, qu'on célébrait en grande pompe le 3 des nones de juin (*Festus Pompeius*, XIV).

L'invasion des barbares anéantit cette industrie, qu'on avait poussée si loin sous les empereurs : la pêche resta confinée le long des côtes, et ne fut plus exercée pendant plusieurs siècles que pour subvenir aux besoins des habitants du littoral. Les Slaves, qui dès longtemps sacrifiaient à leur dieu *Pærdoyti*, le protecteur des marins et des pêcheurs, et à *Curch*, qui présidait aux lacs et aux fleuves, transmirent leur goût pour la pêche aux peuples du Nord. Le culte qu'on rendait à ces divinités dans l'île de Rugen ne fut aboli qu'en 1249. On sait, d'après les traditions et quelques passages des odes de l'Edda, que les Slaves furent les premiers qui s'adonnèrent à la pêche du hareng dans les mers de la Scandinavie, bien que le plus ancien titre qui fasse mention de cette pêche ne date que l'an 709. C'est vers cette époque que l'histoire du moyen âge nous fournit les premiers renseignements sur la pêche des phoques par les Norvégiens et les Écossais. Plus de trois siècles auparavant, les Basques allaient pêcher la baleine à la hauteur du cap Finistère. Les ordonnances de Ramirez, archevêque de Compostelle, qui fixèrent le prix du poisson, prouvent que la pêche avait déjà fait des progrès sur la côte occidentale d'Espagne vers le commencement du douzième siècle. Dans le treizième siècle, les religieux de Beauport obtinrent le privilége d'une pêcherie de congres près de Saint-Brieuc, et plus tard (1272) Jean IV, duc de Bretagne, rétablit les marchands de Bayonne dans la possession et la jouissance d'une sécherie de poisson sur le territoire de Saint-Matthieu. Les actes qui se réfèrent à la pêche de la morue remontent à la fin du neuvième siècle. D'après Schoning, on pêchait ce gade dans les eaux de l'île de Heligoland en 888; mais cette pêche, comme celle des autres poissons du Nord, n'acquit de l'importance qu'après que les Norvégiens eurent conquis l'Islande. Une ordonnance de Charles VI, en date de 1415, prouve que la pêche du maquereau était alors très-abondante, puisqu'on les vendait au cent et au millier dans les marchés de Paris Dans ce temps-là, l'Espagne retirait aussi de très-grands avantages de la pêche des auriols.

Les progrès du christianisme, le pouvoir du clergé et la prépondérance des idées religieuses contribuèrent beaucoup au développement de la pêche dans le moyen âge. Les Juifs n'avaient fait aucun cas de cette industrie, mais les chrétiens la tinrent en honneur. « Les disciples de Jésus-Christ, observe La Morinière, et une partie des Apôtres étaient pêcheurs ; le premier des chefs visibles de l'Église n'avait pas eu d'autre profession. »

Après que la conquête de l'Amérique eut ouvert la porte à la navigation de long cours, une connaissance plus pratique des mers vint donner une impulsion nouvelle à la grande pêche. C'est donc à partir du seizième siècle que commencèrent les progrès d'une industrie qui contribua si puissamment à l'agrandissement des marines européennes, et devint ensuite, avec le développement des relations commerciales, une source de richesses pour les spéculateurs.

La pêche n'a pris un véritable accroissement que dès l'instant où l'intervention des gouvernements et leur puissante protection l'ont élevée au rang des plus grands commerces. Les progrès de la pêche aux alentours de Terre-Neuve et du Grand-Banc ont été très-tardifs ; plusieurs siècles s'écoulèrent avant que l'on songeât à tirer un parti avantageux de la mine d'inépuisables richesses que le hasard avait fait découvrir dans ces parages, et dont quatre ou cinq nations se disputèrent ensuite le partage.

La pêche de la baleine, pour laquelle les Basques montrèrent tant d'activité et d'audace, a éprouvé plus de vicissitudes et a pris moins de développement que la pêche de la morue. Dans le treizième et le quatorzième siècle on pêchait encore cet énorme cétacé sur les côtes de l'Océan ; mais vers 1373 il fut pourchassé jusque dans le golfe de Saint-Laurent et sur les côtes du Labrador. Le port de Saint-Jean-de-Luz fut longtemps le centre de l'industrie des Basques, et ne compta pas moins de cinquante grands navires baleiniers jusqu'en 1636, que les Espagnols s'emparèrent de cette place; quatorze bâtiments arrivés du Groënland, et chargés d'huile de baleine, tombèrent en leur pouvoir. Grâce à l'audace de nos marins, à la hardiesse des spéculations de nos armateurs, aux primes accordées par le gouvernement, la pêche de la baleine, qu'il faut aller faire aujourd'hui jusque sous les glaces des pôles, a repris une extension qui donne à notre marine militaire, en cas de besoin, des milliers de matelots rompus aux fatigues de la mer, et qui emploie chez nous un nombre considérable de bâtiments d'un fort tonnage. Les Américains, placés plus à portée que nous des parages où se sont réfugiés les énormes cétacés que l'homme poursuit avec tant d'acharnement à travers les océans, ont aujourd'hui un nombre de baleiniers considérable.

On pêche encore les perles, le corail, comme les huîtres, les moules les écrévisses, etc. Disons en concluant que la pêche, appelée à bon droit l'*agriculture de la mer*, donne plus de profit à ceux qui l'exploitent que les plus riches produits du sol. Il est une vérité que Franklin a popularisée : « Tout homme qui pêche un poisson tire de la mer une pièce de monnaie. » Ajoutons que celui qui pêche une baleine en tire un trésor. S. BERTHELOT.

PÊCHE (*Législation de la*). On peut distinguer trois sortes de pêches : la *pêche fluviale*, la *pêche dans les étangs* et la *pêche maritime*. La pêche fluviale est celle qui se pratique dans les fleuves, rivières, ruisseaux et cours d'eau quelconques. Nous avons parlé ailleurs des distinctions entre la nature civile des différentes eaux. Ces distinctions ont elles-mêmes servi de base aux lois et règlements sur la pêche fluviale. Le droit de pêche, que les lois romaines avaient toujours laissé commun, suivit pendant le moyen âge le sort de tous les droits particuliers dont se compose le droit de propriété lui-même; il était passé avec plus ou moins d'étendue, selon les lieux, entre les mains des seigneurs féodaux; deux anciennes ordonnances, l'une de 1515, et l'autre de 1597, premiers indices dans cette matière de la tendance qui ramenait à l'unité la multiplicité féodale, établirent divers règlements généraux concernant le droit de pêche et le mode de l'exercer ; plus complète et plus hardie, celle de 1669, attribua à l'État le droit de pêche dans les fleuves et les rivières navigables, et dans les rivières non navigables le donnant ou plutôt le laissant aux seigneurs haut justiciers ou aux seigneurs de fiefs. La loi du 4 août 1789 comprit dans la chute générale de la féodalité le droit exclusif de la pêche, qui, aux termes d'un décret du 8 frimaire an II (28 novembre 1793), devint libre et permise à chacun, aussi bien dans les rivières navigables que dans les rivières ordinaires. Cette liberté absolue entraîna de si graves abus qu'un arrêté du 6 messidor an VI (16 juillet 1798) remit en vigueur onze articles de l'ordonnance de 1669, concernant la conservation de la police de la pêche. Enfin, la loi du 14 floréal an X (4 mai 1802) restitua au domaine le droit exclusif de pêcher dans les rivières navigables. Quant au droit de pêche dans les rivières non navigables, il résulte d'un avis du conseil d'État du 30 pluviose an XIII (19 février 1805) que la loi du 4 août 1789 l'a transmis des seigneurs aux propriétaires riverains. Tel était l'état de la législation de la pêche lors de la promulgation de la loi sur la pêche fluviale (15 avril 1829). Aujourd'hui, le droit de pêche s'exerce au profit de l'État dans les fleuves, rivières, canaux et contre-fossés navigables ou flottables avec bateaux, trains ou radeaux, ainsi que dans les bras, noues, boires et fossés dans lesquels on peut en tout temps pénétrer librement en bateau de pêcheur; dans toute autre rivière ou canal, les propriétaires riverains ont chacun de leur côté le droit de pêche jusqu'au milieu du cours de l'eau. Des ordonnances du chef de l'État déterminent les parties des fleuves ou rivières et les canaux où le droit de pêche s'exerce au profit de l'État, ainsi que les limites de la pêche fluviale et de la pêche maritime dans les rivières et fleuves affluant à la mer. Ce sont également des ordonnances du chef de l'État qui fixent les temps, saisons et heures pendant lesquels la pêche est interdite; les procédés et les modes de pêche qui, étant de nature à nuire au repeuplement, doivent être prohibés; l'espèce et la dimension des filets, selon les poissons et les localités. Toutes les dispositions prescrites par la loi pour la conservation et la police de la pêche sont obligatoires, aussi bien dans les petites rivières, ruisseaux, ou cours d'eau quelconques, que dans les fleuves et rivières soumis au domaine public, de telle sorte que même sur leur terrain et dans les limites de leur droit les propriétaires riverains sont tenus de s'y conformer. Les délits commis en contravention à la loi dont nous venons de rapporter les dispositions principales, poursuivis, soit à la requête des agents de l'autorité, soit à celle des fermiers de la pêche, des porteurs de licence, ou des riverains, sont soumis aux tribunaux correctionnels. La pêche dans les étangs n'est soumise à aucune des règles qui viennent d'être exposées : les étangs étant tout à fait dans le domaine privé, le propriétaire reste libre de les faire pêcher quand et comme il le juge convenable. La pêche maritime se pratique en pleine mer, sur les côtes et dans la partie des fleuves et rivières affluant à la mer qui n'est point soumise aux lois sur la pêche fluviale. Les principes généraux en matière de pêche maritime ont été posés par le titre V de l'ordonnance de la marine du mois d'août 1781, qui déclare la pêche libre, tant en pleine mer que sur les grèves, et qui trace certaines règles applicables tant à l'espèce des filets qu'ils est permis d'employer à chaque genre de pêche qu'aux temps, saisons et heures pendant lesquels la pêche est prohibée. Depuis l'ordonnance de 1781 un grand nombre d'ordonnances et de lois ont tracé avant et après la révolution les règles spéciales qu'on est tenu de suivre dans la pêche de certains poissons; ces dispositions sont assez diverses, et surtout assez multipliées, pour qu'il soit impossible d'en présenter le résumé et fastidieux d'en offrir le détail. Charles LEMONNIER.

PÊCHE (*Botanique*), fruit du pêcher.

PÉCHÉ (de l'hébreu *peschab*). Les théologiens définissent le *péché* une désobéissance à Dieu, ou une transgression de la loi de Dieu, soit naturelle, soit positive. Ils distinguent le *péché actuel* et le *péché habituel*. Le premier est celui que nous commettons par notre propre volonté, en faisant ce que Dieu nous défend ou en omettant de faire ce qu'il nous commande; le second est la privation de la grâce sanctifiante, de laquelle un *péché* grave nous dépouille: c'est celui qui nous jette en *état de péché*, état opposé à l'*état de grâce*. De cette espèce est le *péché originel*. Parmi les *péchés actuels*, on distingue les *péchés de commission*, qui consistent à faire ce que la loi défend, et les *péchés d'omission*, qui consistent à ne pas faire ce qu'elle ordonne; *péchés* de pensée, de parole, d'action; *péchés* contre Dieu, contre le prochain, contre nous-même; *péchés* d'ignorance, de faiblesse, de malice, d'habitude, etc., termes tous faciles à comprendre.

Un *péché actuel* peut être ou *mortel* ou *véniel* : le premier est celui qui nous prive de la grâce sanctifiante, vie de notre âme, sans laquelle nous languissons dans un état de mort spirituelle : on dit de l'homme dans cet état qu'il est ennemi de Dieu, esclave du démon, sujet à la damnation éternelle : ainsi s'exprime l'Écriture Sainte. Le *péché véniel* est une faute moins grave, qui ne détruit pas en nous la grâce sanctifiante, mais qui l'affaiblit; qui ne mérite pas une peine éternelle, mais un châtiment temporel. Cette distinction est fondée sur l'Écriture Sainte, qui établit une différence entre les *pécheurs* et les *justes*, et qui dit cependant qu'aucun homme n'est sans *péché* : il faut donc qu'il y ait des *péchés* qui ne nous dépouillent point de la grâce sanctifiante, et que Dieu pardonne aisément à notre faiblesse. Il n'est pas toujours aisé de juger si un *péché* est *mortel* ou s'il n'est que *véniel* : il faut considérer le degré d'importance du précepte violé, la tentation plus ou moins forte, la faiblesse plus ou moins grande du *pécheur*, le scandale et le préjudice qui peuvent en résulter pour le prochain ou pour la société.

Des sept principaux vices auxquels l'homme est enclin on a fait les sept péchés capitaux.

Au figuré et proverbialement, dire de quelqu'un les sept *péchés* mortels, c'est en dire beaucoup de mal. Un *péché mignon*, c'est une habitude invétérée. *Péché caché est à demi pardonné* signifie : Éviter le scandale, c'est diminuer le mal. Rechercher les *vieux péchés* de quelqu'un, c'est rechercher sa vie passée dans de mauvaises intentions. *A tout péché miséricorde* veut dire : Il faut avoir pour tout le monde de l'indulgence.

PÉCHÉ ORIGINEL. Les théologiens appellent ainsi le désordre complet de l'intelligence et de la volonté provenant de la chute d'Adam, devenu inhérent à la nature humaine et transmis à tous les hommes sans exception par la génération; désordre par suite duquel les hommes sont naturellement, c'est-à-dire tels qu'ils viennent au monde, non pas seulement tout à fait incapables de connaître Dieu et le bien, mais encore disposés uniquement à mépriser Dieu et désireux du mal. C'est pourquoi Dieu, dans sa colère, les a punis en partie par la mort corporelle et en partie par la mort éternelle, en d'autres termes par la damnation en enfer. On base ce dogme sur le récit de Moïse (1, 3) et sur quelques passages de saint Paul, dans ses Épîtres aux Galates et aux Romains, mais qui expliqués sans idée préconçue ne contiennent pas un mot de la doctrine du péché originel. L'Église primitive ne connaissait point ce dogme, qui est en contradiction formelle avec plusieurs passages de l'Écriture; et quelques Pères de l'Église, tels que saint Justin, martyr, saint Clément d'Alexandrie, saint Irénée, etc., attribuent même à la nature de l'homme la puissance de connaître Dieu et de choisir le bien. Ils rejettent positivement l'idée de la transmission du péché, et expliquent la mortalité humaine non par le péché d'Adam, mais par la nature du corps de l'homme. Au contraire, Origène, en opposition aux gnostiques et aux manichéens, qui basaient le penchant de l'homme au péché sur l'union de l'âme avec un corps matériel, soutenait que l'homme apportait déjà en naissant cette propension pour le péché; et il expliquait la propagation du péché et de ses suites non par la transmission, mais par l'influence morale qu'exercent la doctrine et l'exemple. Il voyait la cause du péché dans la liberté de la volonté, dont il expliquait le mauvais usage en partie par l'influence des mauvais esprits et en partie par la prépondérance de la sensualité sur l'esprit intelligent. Les docteurs orthodoxes de l'Église grecque enseignaient que par sa chute Adam avait rendu mortels lui et tous ses descendants : ils voyaient le péché dans le libre arbitre de l'homme, encore bien que la sensualité particulière à l'homme et la puissance des démons fussent aussi pour quelque chose dans le péché, et ils attribuaient à l'homme le pouvoir de résister à tout esprit mauvais. Les docteurs de l'Église grecque maintinrent ces idées dans ce qu'elles ont d'essentiel, et saint Jean Chrysostôme les développa expressément.

Le dogme du péché originel reçut un tout autre développement dans l'Église latine. Dans sa doctrine du *traducianisme* (suivant laquelle l'âme des parents est transmise par la génération dans le corps de l'enfant naissant), Tertullien prétendit qu'Adam avait transmis aux autres hommes son penchant au péché en même temps que sa mortalité. Il soutint en conséquence l'existence d'un *originis vitium*, mais sans entendre par là le péché proprement dit et sans refuser à l'homme le pouvoir de faire le bien. Cette opinion fut adoptée par saint Cyprien, par saint Hilaire de Pictavium, par saint Ambroise, et même par saint Augustin dans ses premiers écrits. Mais ce fut saint Augustin qui, dans sa discussion avec Pélage, Célestin et Julien d'Eclanum, développa le premier le dogme précis du péché originel tel que nous l'avons défini plus haut. Son influence personnelle, jointe à l'appui que lui prêta l'Église d'Afrique, lui fit obtenir des évêques de Rome et de la puissance séculière que ses adversaires, connus sous le nom de ***pélagiens***, fussent condamnés comme hérétiques dans les synodes tenus à Carthage en 412, 416 et 418, encore bien que les synodes de Jérusalem et de Diospolis (415) se fussent prononcés en leur faveur. Partant du *traducianisme*, saint Augustin exposa en effet que chaque homme est sous la puissance du démon; à ses yeux il y avait déjà pour l'homme une juste punition dans ce qu'il avait été dans les lombes d'Adam, et de ce que par conséquent il avait péché avec lui. Il admettait toutefois que le péché n'est pas quelque chose de substantiel dans l'homme, mais seulement un état défectueux en lui; qu'il y avait eu perte du libre arbitre, et que la grâce divine était le seul agent des bonnes actions des hommes. Pélage, au contraire, qui rejetait la doctrine du *traducianisme*, niait formellement que le péché se transmette physiquement, et que la chute d'Adam ait pu exercer une influence nuisible quelconque sur les conditions morales d'existence de sa postérité. Il prétendait que tous les hommes sont nés purs, qu'ils avaient la faculté du libre arbitre, et que dès lors ils pouvaient réellement vivre sans péché. Lui et ses disciples reprochaient à saint Augustin les évidentes contradictions de sa doctrine avec maint passage formel de l'Écriture, de faire ainsi de Dieu lui-même l'auteur du mal et un juge inique. Quelque grande que fût la considération dont jouissait saint Augustin, la rigueur de sa doctrine froissait trop les esprits pour prévaloir longtemps. Elle fut repoussée par l'Église d'Orient, et rencontra de nombreux contradicteurs dans l'Église d'Occident, en Gaule notamment. Jean Cassian, Gennadius, Vincentius, Faustus, Arnobe, y développèrent un système tenant le milieu entre l'augustinisme et le pélagianisme, et furent pour cela désignés sous le nom de *semi-pélagiens*. Ils attribuaient du moins à l'homme quelque faculté pour le bien, qui sans doute ne lui faisait pas mériter la grâce de Dieu, mais qui le rendait capable de l'obtenir; et ils soutenaient qu'il n'existait dans la nature de l'homme qu'une certaine faiblesse innée, que le premier couple humain avait transmise à tous ses descendants. La doctrine des semi-pélagiens trouva de nombreux adhérents parmi les moines, notamment parmi ceux de l'ordre de Saint-François; elle subsista jusqu'au moyen âge, et fut même représentée par un parti de scolastiques, les *scotistes*. Tout en adoptant la doctrine de saint Augustin sur le péché originel, les scolastiques y ajoutèrent de nouvelles interprétations. En ce qui touche la transmission du péché originel, les moines en restèrent au *traducianisme*, tandis que d'autres admirent une souillure de l'âme résultant de la souillure du corps, et une imputation à tout ce qui participe de la nature de l'homme. Pierre Lombard se rattacha à saint Augustin. Anselme de Cantorbéry se représentait le péché originel comme un défaut provenant de la justice obligée, et pensait que ce défaut était attribué à tous les descendants d'Adam, mais cependant pas au même degré que s'ils avaient péché eux-mêmes. Duns Scot adopta son opinion, tandis que saint Bonaventure et saint Thomas d'Aquin cherchèrent à concilier les idées de saint Augustin avec celles de saint Anselme. Celui-ci avait cru pouvoir mieux expliquer au moyen de sa théorie la naissance exempte de péché de Jésus-Christ; et au douzième siècle (vers 1140) on commença à soutenir que Marie avait aussi conçu sans péché.

Les réformateurs du seizième siècle exposèrent dans tous leurs symboles la doctrine de saint Augustin sur le péché originel, parce qu'ils crurent combattre ainsi avec plus de succès la doctrine de l'Église romaine sur le mérite des bonnes œuvres et sur la propre satisfaction; tandis que dans la cinquième session du concile de Trente, l'Église catholique décidait que le semi-pélagianisme était la seule doctrine orthodoxe. L'Église réformée d'après la doctrine de Calvin est complétement d'accord avec l'Église luthérienne, attendu qu'elle n'adopta pas la doctrine plus large de Zwingle, qui ne voyait dans le péché originel qu'un mal, qu'une maladie, où il ne trouvait de péché qu'en ce sens qu'il y avait eu transgression d'un commandement de Dieu. Les arminiens et les sociniens, au contraire, rejetèrent absolument le dogme du péché originel. Les mennonites, tout en convenant qu'il y avait eu perte de l'image de Dieu, défendaient toujours la doctrine du libre arbitre de l'homme. Les quakers rejettent absolument l'expression de *péché originel*, tout en convenant qu'il y a dans l'homme un germe de péché, d'où provient le péché imputable; mais ils soutiennent que malgré sa corruption l'homme est toujours capable d'être éveillé par la lumière intérieure. Au reste, toutes les sectes protestantes sont d'accord pour proclamer Jésus-Christ exempt du péché originel et de tout péché. L'Église catholique donna toujours les mêmes attributs à la vierge Marie; mais le concile de Trente ne s'expliqua pas à ce sujet d'une manière explicite, et ce n'est que de nos jours, en 1855, que le dogme de l'immaculée conception de la vierge Marie a été érigé en article de foi par une décision du pape Pie IX.

PÊCHER, arbre de la famille des amygdalées, et de l'icosandrie-monogynie de Linné. De Jussieu le range parmi les amandiers; mais Decandolle et plusieurs autres botanistes en font un genre distinct, sous le nom de *persica*, qui rappelle que le pêcher est originaire de la Perse. Le fruit est plus arrondi et plus charnu chez les pêchers que chez les amandiers, et le noyau de ce fruit, creusé à sa surface de sillons sinueux, anastomosés et profonds dans les premiers, est, au contraire, lisse dans les derniers.

En admettant le genre *pêcher*, on n'y rencontre véritablement qu'une seule espèce, le *pêcher cultivé* (*persica vulgaris*, Miller; *amygdalus persica*, L.). Cet arbre, de taille moyenne, à cime peu touffue, porte des fleurs colorées en rose vif, sessiles, solitaires, qui naissent avant les feuilles. Celles-ci sont lancéolées, aiguës, dentées en scie, glabres, munies d'un court pétiole, qui porte le plus souvent des glandes. En automne, le pêcher étale avec profusion ses fruits sphériques, gros comme l'œuf d'un cygne. La chair de la pêche est une pulpe fondante, succulente, d'un goût exquis quand elle a atteint sa véritable maturité; elle est blanche-bleuâtre, teinte de rose dans toute la partie adhérente au noyau, sauf dans quelques variétés. Sa forme est celle d'une petite sphère marquée extérieurement d'un seul côté d'un sillon profond et creusé depuis l'œillet jusqu'à la queue, où elle s'élargit sensiblement; son enveloppe est fine et délicate, revêtue d'un léger duvet velouté qui la préserve des attaques des insectes; elle est, dans certaines variétés, d'un jaune verdâtre plus ou moins clair; dans d'autres, d'un jaune rougeâtre plus ou moins orangé, et teinte toujours du côté du soleil d'un rouge violet plus ou moins foncé et plus ou moins pourpré. Le noyau est ovale, de la grosseur du pouce, crevassé extérieurement, et si solide qu'il faut de grands efforts pour le casser. Il contient ordinairement une amande, rarement deux.

Le pêcher, naturalisé depuis vingt siècles en Europe, est un des arbres exotiques qui ont le plus gagné à la culture. A Paris, on le fait venir soit en plein vent, dans les parcs ou les vignobles, en le préservant des vents du nord, soit en espalier, contre des murs élevés bien crépis, polis et blanchis, garnis par en haut de larges chapiteaux ou ais en planches pour déverser au loin les pluies, et le préserver des grêles, des frimas, des giboulées. Le terrain qui convient à cet arbre est une terre franche, douce, substantielle, légèrement humide, ayant beaucoup de fond. L'exposition à donner au pêcher dépend du degré de température du pays, cet arbre craignant plus encore peut-être les grandes chaleurs que les grands froids. Les pays les plus renommés, après Paris et ses environs, pour la culture du pêcher, sont le Dauphiné, l'Angoumois et la Touraine. Cet arbre se propage généralement par greffe ou par écusson à œil dormant. Les plants les plus propres à faire de bons élèves sont les jeunes amandiers ou abricotiers, et quelques espèces de pruniers. Un jeune pêcher commence à donner des fruits au bout de trois ans; il est ordinairement formé à cinq ans. Lorsqu'on fait venir ces arbres en espalier, on leur donne la forme d'un V ouvert, afin que chaque sujet puisse garnir une pan de muraille de quatre à cinq mètres d'étendue, et on place la souche à 0,m 33 du mur, en cambrant la tige, pour éviter que les racines ne se dessèchent par la chaleur ou faute d'humidité, et qu'elles ne soient exposées aux attaques des taupes, des rats et des mulots. La taille du pêcher est partout l'écueil des jardiniers : on cite cependant les habitants de Montreuil près de Paris comme très-habiles dans cet art.

On porte à plus de cinquante les variétés du pêcher, dont la plupart ne se reconnaissent qu'à la forme, la couleur et la grosseur du fruit. On a rangé ces variétés en deux sections, la première renfermant les *pêchers à fruit duveté*, la seconde les *pêchers à fruit lisse*. Chacune de ces sections se subdivise en deux autres, que distingue l'adhérence ou la non-adhérence de la chair au noyau. Les pêchers à fruit duveté et à chair adhérente au noyau comprennent les variétés cultivées dans nos départements méridionaux, où elles portent les noms de *pavies*, *alberges*, *persecs* ou *pressets*, et dont la chair ferme se distingue par sa saveur parfumée; c'est chez les pavies que se trouvent les plus grosses pêches. Les pêchers à fruit duveté et à chair se détachant du noyau réussissent très-bien dans les environs de Paris : c'est sur eux que se récoltent les *avant-pêches*, les *madeleines*, les *vineuses*, les *chevreuses*, etc.; le *pêcher à fleurs doubles* rentre dans cette section. Le pêcher cultivé à fruit lisse et à chair adhérente au noyau produit la *pêche violette;* celui dont la chair se détache du noyau donne ces *brugnons* qui, confits et séchés au four, sont dans quelques parties du midi l'objet d'un grand commerce.

La médecine regarde le fruit du pêcher comme éminemment alimentaire, rafraîchissant, adoucissant et relâchant. Les fleurs et les feuilles de cet arbre, ainsi que sa graine, renferment de l'acide cyanhydrique. On prépare avec les pétales, en y mêlant une quantité de sucre suffisante, un sirop de pêcher très-fréquemment administré aux enfants comme purgatif et vermifuge, à la dose de 4 à 32 grammes. Les cuisinières se servent des feuilles, des fleurs ou des amandes du pêcher comme condiment pour relever le goût du lait, des crèmes, des pâtes, des marinades et autres aliments fades, et les confiseurs préparent avec ses fruits des compotes, des pâtes, des gelées ou confitures excellentes. En faisant infuser le noyau de la pêche dans l'eau-de-vie, on fabrique une de ces liqueurs connues sous le nom *d'eau de noyau.* Avec ces mêmes noyaux, on prépare le *noir de pêche*, très-estimé dans la peinture à l'huile pour les beaux gris qu'on en obtient. Le bois du pêcher est très-propre par son beau poli, la dureté et la finesse de son grain, aux ouvrages de marqueterie et de tour.

PÊCHERAIS (Les), naturels de la Terre de Feu.

PÉCHEUR se prend dans plusieurs sens; il signifie : 1° celui qui est capable de *pécher* : tout homme en ce sens est *pécheur*, dit le psaume 115; 2° celui qui est enclin au *péché* : nous naissons tous *pécheurs* ou portés au *péché* dans cette acception; 3° celui qui est souillé par le *péché :* c'est l'aveu du publicain : Seigneur, soyez-moi propice, à moi, *pécheur;* 4° celui qui est dans l'habitude du *péché*, et qui persévère dans l'impénitence : David dit aux hommes de cette espèce : Dieu perdra tous les *pécheurs;* 5° les idolâtres, ainsi désignés par les Juifs : Nous sommes nés Juifs, disait saint Paul, et non *pécheurs*, gentils; 6° enfin, un homme engagé dans un état qui est une occasion continuelle de *péché :* Les *pécheurs*, les publicains, dit saint Luc, prêtent à intérêt à d'autres *pécheurs*. « Il ne faut pas, dit Fléchier, endormir le *pécheur* par de fausses espérances, ni l'effaroucher par des sévérités indiscrètes. Il faut être inexorable au *péché*, mais humain au *pécheur.* » Molière a dit :

> Les vrais dévots de cœur sont aisés à connaître :
> Jamais contre un *pécheur* ils n'ont d'acharnement,
> Ils attachent leur haine au *péché* seulement.

On dit proverbialement : Dieu ne veut pas la mort du *pécheur*, c'est-à-dire, Il ne faut pas être inexorable pour ceux qui *pèchent.*

PÊCHEUR (Anneau du). *Voyez* ANNEAU DU PÊCHEUR.

PECQUET (JEAN), médecin, né à Dieppe, vers 1600, mort dans cette ville, en 1674, s'est illustré par une grande découverte anatomique, celle du canal thoracique, ou tronc commun de tous les vaisseaux chylifères conduisant le chyle dans la veine sous-clavière, dont il détermina les fonctions, ce qui renversait la théorie, alors généralement admise, que le sang se formait et se régénérait dans le foie. La science a dès lors donné au réservoir du chyle le nom de *réservoir de Pecquet*. Pecquet était venu à Paris se livrer à d'incessants et laborieux travaux sur la médecine, la physiologie et l'anatomie : il y fut le médecin de Fouquet, qui l'admit dans son intimité; madame de Sévigné l'appelait dans ses lettres *le petit Pecquet.* Pecquet fut, lors de la création de l'Académie des Sciences, en 1666, nommé membre de cette compagnie. On lui a reproché d'avoir préconisé l'eau-de-vie comme une panacée universelle; joignant le précepte à l'exemple, il usa des liqueurs alcooliques à tel point qu'elles hâtèrent sa fin. Pecquet a laissé divers écrits, qui ont été réunis en un volume in-4°, en 1654; ce sont : *Experimenta nova anatomica; Dissertatio de circulatione sanguinis et chyli motu; Epistola de thoracis lacteis*, réponse aux attaques qui avaient été dirigées contre sa découverte.

PÉCS. *Voyez* FUNFKIRCHEN.

PECTORAL (*Anatomie*), du latin *pectoralis*, fait de *pectus*, poitrine. On désigne sous le nom de *grand* et *petit pectoral* deux muscles de la poitrine : le premier occupe presque toute la partie antérieure de la poitrine; il vient de la clavicule, du sternum, et des cartilages des six ou sept côtes supérieures, et va s'insérer entre le biceps et le deltoïde, par un tendon court, mais fort et large, à la ligne saillante qui répond à la grosse tubérosité de l'humérus : chez les oiseaux, le grand pectoral forme la partie principale de tout le système musculaire; il est beaucoup plus fort que chez l'homme et tous les animaux; c'est à son action que les oiseaux doivent la faculté de diriger et de soutenir longtemps leur vol. Le *petit pectoral* vient des seconde, troisième, quatrième et cinquième côtes, et s'attache à l'apophyse coracoïde de l'omoplate.

PECTORAL (*Art militaire*), de *pectus*, poitrine. On appela d'abord ainsi la partie antérieure de la cuirasse, formant plastron, puis les petites cuirasses primitives des Romains elles-mêmes, qui étaient en cuir, et que portaient les simples soldats.

PECTORAL (*Pharmacie*). On a appelé *pectoraux* ou *préparations pectorales* des pâtes ou des béchiques employés pour adoucir l'irritation que l'asthme, la toux, causent à la poitrine, pour faciliter l'expectoration. L'art pharmaceutique compte aujourd'hui un nombre considérable de pâtes ou préparations pectorales, de sirops pectoraux préconisés chaque jour à la quatrième page des journaux.

PECTORAL ou **RATIONAL**, partie du vêtement du grand-pontife des Juifs.

PECTORALE (Croix). *Voyez* CROIX PECTORALE.

PÉCULAT, terme de jurisprudence criminelle chez les Romains, était le vol de deniers publics par les fonctionnaires qui en avaient la perception, le maniement ou l'administration. On peut voir à l'article CONCUSSION la différence qui existait entre ces deux crimes. Cicéron, dans le plaidoyer *pour Roscius d'Amérie*, nous apprend que le contribuable qui fraudait le trésor public était aussi taxé de péculat. L'étymologie de *peculat* est *pecus* (troupeau), tant parce que la monnaie (*pecunia*) chez les Romains portait pour signe une brebis, que parce que dans l'origine la peine prononcée contre le péculat consistait en une amende en bétail. Le *maximum* était deux brebis et trente bœufs. Longtemps les mœurs romaines se conservèrent pures, et il n'y eut pas de loi contre le péculat. « Quand ce crime commença à paraître, dit Montesquieu, il fut trouvé si infâme, que d'être condamné à restituer ce qu'on avait pris fut regardé comme une grande peine, témoin le jugement de Scipion l'Asiatique (*Esprit des Lois*). » C'était l'an de Rome 561. Mais les choses ne tardèrent pas à changer sous ce rapport. Scipion l'Asiatique ne manqua pas d'imitateurs, et l'on vit se multiplier les lois sur le péculat, intitulées *De Pecuniis repetundis*. Dans les derniers temps de la république, on en compte six dans un espace de moins de quatre-vingts ans, savoir : les lois *Calpurnia* (portée par le tribun L. Calpurnius Piso, l'an de Rome 605), *Junia, Servilia*, *Cornelia* (rendue par Sylla), *Acilia*; enfin, la loi *Julia*, rendue par Jules César dans son premier consulat (an de Rome 695). Elle fut la plus sévère de toutes, et une partie de ses dispositions se retrouvent dans les *Pandectes*. L'histoire nous apprend de reste combien ces lois furent impuissantes. Dans les premiers temps la connaissance du du crime de péculat n'appartenait point à des juges particuliers; la loi l'attribuait au préteur ou au consul. Mais depuis, les crimes capitaux et les crimes d'État, parmi lesquels est le péculat, furent dévolus à quatre préteurs chargés de faire les recherches appelées *quæstiones perpetuæ*. Ce changement arriva l'an de Rome 605, en vertu de la loi *Calpurnia*. Cependant, on nommait de temps en temps des commissaires extraordinaires pour connaître de ce crime; enfin, le peuple lui-même, dans ses assemblées, jugea quelquefois des accusés de péculat, entre autres les deux Scipion, l'Africain et son frère l'Asiatique. Charles Du Rozoir.

PÉCULE (du latin *peculium*). C'était chez les Romains le bien que celui qui était en puissance d'autrui, c'est-à-dire le fils de famille ou l'esclave, pouvait acquérir par sa propre industrie, avec la permission et sans le secours de son maître. Le père ni le maître n'avaient aucun droit sur le pécule de son fils ou de son esclave. Le pécule de l'esclave se formait aussi des économies qu'il pouvait faire sur les quatre boisseaux de blé, les cinq deniers (environ 3 fr. 60 c.), et les autres denrées que son maître était tenu de lui distribuer par mois. Avec la permission du maître, l'esclave plaçait son pécule à intérêt, ou quelquefois il achetait pour lui-même un esclave, dont il employait les travaux à son profit. Cet esclave, qui était la propriété d'un autre esclave, était appelé *servi vicarius*, ce qui peut se rendre par *vice-esclave*. Le *vice-esclave* faisait partie du *pécule* que les esclaves employaient à racheter leur liberté. Cicéron assure qu'un esclave industrieux et sobre pouvait en six années gagner l'argent nécessaire à son rachat. A certaines époques, les esclaves étaient obligés de faire des présents à leurs maîtres, et ces despotes cupides ne dédaignaient pas de recevoir le produit de ces médiocres réserves, faites pour ainsi dire once à once sur la subsistance mensuelle de leurs malheureux serviteurs (*Ex eo quod de demenso suo unciatim comparserint*), dit Térence dans le *Phormion*. Quelquefois il existait un accord entre le maître et l'esclave, par lequel le premier s'engageait à rendre au dernier sa liberté dès que celui-ci lui aurait payé une certaine somme. Cet accord se trouve plusieurs fois relaté dans Plaute. Les Romains, regardant comme abjects certains négoces de détail, en chargeaient leurs esclaves, qui par ce moyen grossissaient facilement leur pécule; mais le maître était jusqu'à un certain point responsable des opérations de son esclave. De là plusieurs *actions* spéciales dans la législation romaine. L'action dirigée contre un père de famille ou un maître pour raison des contrats faits par son esclave ou par son fils s'appelait *actio de peculio*, ou *actio in rem versa*, si le contrat émané de l'esclave avait tourné au profit du maître; et *actio de jussu* si l'engagement avait été fait d'après l'ordre de celui-ci. Ces détails et d'autres que je pourrais ajouter prouvent avec quelle sollicitude la loi romaine avait cherché à garantir les droits que l'humanité ne pouvait refuser à des esclaves; mais il ne faut pas se faire illusion : ces lois étaient souvent éludées, et bien que l'état des esclaves dût partout être généralement semblable, cependant leur existence dans les habitations dépendait de la volonté du maître et du genre d'occupations auxquelles on les employait. Les uns étaient traités avec justice et douceur, et voués à un service peu pénible, à des métiers lucratifs; les autres servaient dans les chaînes aux travaux de la campagne : *Catenati cultores*, dit Florus. Pline le naturaliste parle d'esclaves qui labouraient la terre « les pieds et les mains chargés de chaînes, et le front marqué d'un fer rouge. » Assurément, le pécule de ces parias de l'esclavage se ressentait de l'iniquité cruelle du maître : de là ces révoltes qui mettaient en lumière l'héroïsme farouche d'un Salvius, d'un Athénion ou d'un Spartacus.

Le mot *pécule* s'emploie encore aujourd'hui dans le même sens que chez les Romains dans les colonies européennes qui ont conservé des esclaves.

Enfin, on appelait *pécule* les épargnes d'un religieux. A sa mort, elles revenaient à son abbé.

Pécule se dit proverbialement pour exprimer les épargnes amassées sou à sou par un subalterne laborieux, rangé, économe. Charles Du Rozoir.

PÉDAGOGUE, PÉDAGOGIE (du grec παῖς, παῖδος, enfant, et ἄγω, je conduis). Les anciens prenaient le titre de *pédagogue* dans un sens moins élevé que nous. Ils le donnaient à l'homme chargé de surveiller et de suivre à l'école les garçons à partir de l'âge de sept ans. Ce pédagogue n'était d'ordinaire que le plus éprouvé des esclaves; souvent aussi c'était celui qui, par ses empressements, avait le mieux su gagner l'affection des parents. Quelquefois même c'était celui qu'on pouvait le moins employer à autre chose. Périclès, par exemple, choisit pour le pédagogue d'Alcibiade un serviteur incapable de tout autre travail. Plutarque, dans son traité *De l'Éducation*, nous apprend qu'on prenait communément pour cette tâche les esclaves les plus fatigués et ceux dont on avait payé le prix le moins élevé. Le pédagogue n'était pas chargé seulement de conduire son élève auprès de ses maîtres et au gymnase; il l'accompagnait partout, et lui servait à la fois de conseiller et de valet. Il n'avait cependant pas le droit de le châtier. Quelques fois néanmoins on donnait aux jeunes gens un instituteur proprement dit et investi de plus de pouvoirs. D'autres fois le hasard amenait de bons choix : c'est ainsi que le célèbre Diogène fut l'esclave-pédagogue de Xéniade de Corinthe.

Chez les Romains, qui empruntèrent aux Grecs presque tout ce qui touchait à l'instruction et à l'éducation, les usages dont nous venons de parler se modifièrent un peu. Le *pædagogus* ou *custos* d'un jeune Romain le conduisait même au spectacle, s'y plaçait à côté de lui, et y entremêlait de ses réflexions la pièce qu'on jouait. Souvent il s'arrogeait, à ce qu'il paraît, à la faveur de sa supériorité dans la langue grecque ou de sa vieillesse, une autorité assez fâcheuse pour son élève. Le jeune Romain de famille opulente avait plusieurs serviteurs attachés à ses pas. Celui qui lui portait ses livres dans une sorte de boîte était appelé *capsarius*. On désignait sous le nom de *comes* celui de ces serviteurs qui avait l'autorité principale.

Dans les derniers temps de la Grèce, à l'époque de la décadence du paganisme, le mot de *pédagogue* devint synonyme de celui d'*instituteur* (παιδευτής) et de *sophiste*.

Dans les temps modernes, ce mot a reçu deux acceptions principales. Il désigne d'abord celui qui enseigne des enfants et qui a soin d'une éducation, ensuite celui qui, sans en avoir le droit, censure les actions et les discours des autres. La première de ces deux acceptions était tombée, et dans ce sens le mot *pédagogue* ne s'employait plus guère que par dérision; mais la science de la *pédagogie*, toujours prise en bonne part, est venue le relever.

Le mot *pédagogie*, qu'on a confondu quelquefois avec celui de *pédagogique*, qui ne s'emploie pas substantivement, est la science de l'éducation. Cette science embrasse aujourd'hui l'ensemble des exercices et des études auxquels doit se livrer l'enfant, le jeune homme qui reçoit une éducation complète. Son but est de donner le plus haut degré de l'instruction et de l'éducation par les méthodes les plus avantageuses. Elle se décompose d'abord en deux grandes branches, l'*instruction* et l'*éducation*, qui chacune se subdivise à son tour. La première embrasse l'ensemble des lettres, des sciences et des arts; la seconde, l'éducation physique, morale et intellectuelle. L'une et l'autre peuvent être publiques ou privées. La pédagogie doit montrer quel est pour les diverses catégories ou conditions de la société le degré qui convient à chacune d'elles. Elle doit donc traiter de l'éducation des garçons et de celle des filles, de celle du prêtre, du guerrier, du jurisconsulte, du médecin, de l'homme de lettres, de l'artisan, du laboureur, de l'ouvrier et du domestique, comme de celle du prince et du fonctionnaire public. Elle doit faire bien davantage : elle doit déterminer le caractère qui convient à l'éducation nationale, et spécialement à l'éducation populaire. Puis, les mœurs ou les institutions d'un peuple données, elle doit enseigner quelles sont les doctrines qui peuvent le plus utilement présider à son enseignement public. De nos jours, où le jeu social est si animé et, il faut le dire, si périlleux par les passions qu'il enflamme, il n'est pas de science plus grave; il n'en est pas dont on sente plus généralement le besoin de s'occuper, mais il en est peu dont les principes soient encore moins avancés.

L'origine et l'histoire de la pédagogie montrent l'importance qu'y ont attachée toutes les nations les plus célèbres. Elle est née avec les premiers États organisés; elle est fille des plus anciens législateurs et des plus grands philosophes politiques. Ce sont les Moïse, les Manou, les puissants pontifes de l'Égypte et de la Perse; ce sont les Minos, les Lycurgue, les Solon, les Pythagore et les Platon, qui en ont posé les principes. Ces principes, on le conçoit, ont nécessairement varié suivant les destinées des mœurs et des institutions sociales. Dans l'Inde, en Perse et en Égypte, la science de l'éducation nationale fut toute d'une pièce, essentiellement inspirée par la religion et puissamment dirigée par le sacerdoce. Elle fut plus militaire et plus politique chez les Grecs, surtout chez les Spartiates et les Athéniens, où les prêtres y demeuraient à peu près étrangers, où ce furent au contraire les magistrats civils, souvent même les rhéteurs, les sophistes, les démagogues et les philosophes qui s'en mêlèrent le plus. Il n'en fut pas de même chez les Romains et chez quelques nations barbares avec lesquelles Rome se trouva en contact avant la naissance du christianisme. Là, et surtout chez les Gaulois et chez les Germains, ce furent les prêtres et les femmes qui exercèrent sur la jeunesse la plus grande influence. Par le christianisme, l'éducation et l'instruction furent ramenées sous le principe religieux, sous lequel les maintint le génie des Charlemagne, des Grégoire VII et des saint Louis. Aussi les plus grandes choses comme les plus grandes institutions du moyen âge sont nées de l'action à la fois salutaire et forte de cet élément sacré. A la renaissance, le principe philosophique est venu se placer indépendant à côté du principe religieux, en attendant qu'il pût le dominer comme il en avait été dominé. De la lutte de ces éléments, l'un d'autorité, l'autre de discussion, est née la pédagogie moderne, et cette lutte a passé dans toutes les écoles, dans toutes les intelligences, dans les mœurs, dans les institutions.

La science de l'éducation a-t-elle fait de nos jours des progrès réels? est-elle maintenant très-avancée? Elle est riche et elle est ambitieuse, mais elle n'est ni belle ni complète, car elle manque d'harmonie; elle est mixte comme l'état social qu'elle reflète. Qui dit mixte dit impure. Elle est en effet toute meurtrie encore des longs débats d'où elle sort. La pédagogie attend de nous non pas ses réformes dernières, mais des réformes sérieuses et des principes qui soient d'accord avec nos institutions et nos mœurs. Et il importe de les lui donner, car en vain on tenterait d'agir sur les générations vieillies dans toutes sortes de préjugés et d'hostilités; c'est dans les jeunes intelligences seules qu'on peut déposer le germe de cette union morale qui est la grande nécessité de l'époque. MATTER.

PÉDALE. On appelle ainsi, en musique, une tenue prolongée à la basse, et sur laquelle l'harmonie des accompagnements fait entendre une succession d'accords, étrangers pour la plupart à la note soutenue. Les meilleures pédales sont celles dont la tenue devient alternativement note réelle et note accidentelle des accords sous lesquels elles se prolongent. Il n'existe ni *pédale supérieure* ou *intermédiaire* ni *double pédale* : celles qu'on désigne improprement sous ces noms ne sont autres que des tenues qui entrent dans la combinaison des accords, soit comme notes réelles, notes de passage, soit encore comme suspensions. La pédale a lieu sur la tonique ou sur la dominante, jamais sur les deux à la fois. Elle se prolonge quelquefois fort longtemps, quelquefois aussi elle ne dure que l'espace de quelques mesures; dans tous les cas, il est rare qu'elle ne produise pas un bon effet lorsqu'elle est employée selon les règles de l'art; les cadences y sont praticables, à l'exception de quelques-unes, comme par exemple le repos de la dominante sur une pédale de la tonique, qui produit non pas une dissonnance, mais une dureté insupportable, et détruit en outre l'impression du rhythme.

Pédale est aussi le nom d'une touche que l'on fait mouvoir avec les pieds, soit pour modifier l'intensité du son, comme cela se fait avec le piano, soit pour hausser ou baisser le ton, comme il arrive avec la harpe, ou enfin pour faire parler les grands tuyaux de l'orgue, qui rendent les sons les plus graves de cet instrument, lequel est pourvu à cet effet d'un clavier appelé *clavier de pédales*. On appelle encore *pédale* le son le plus grave du basson, du serpent, de la trombone, etc. Charles BECHEM.

PÉDANT, PÉDANTISME, PÉDANTERIE, PÉDANTESQUE (de l'italien *pedante*). Le mot pédant est un terme injurieux, dont on se sert pour désigner ceux qui enseignent les enfants : un *pédant* de collége. Les Romains appelaient par dérision Fabius Maximus le *pédant* d'Annibal. *Pédant* se dit surtout ou d'un savant mal poli, grossier, opiniâtre, faisant mauvais usage de la science, entassant à tort et à travers critiques et observations, ou de celui qui affecte mal à propos de paraître savant, qui parle avec un ton, avec un air trop décisif, ou enfin de celui qui affecte trop d'exactitude, trop de rigidité dans les bagatelles, et qui veut assujettir les autres à ses caprices. Un *pédant*, disait Malebranche, est un homme qui raisonne peu, qui a une extrême fierté, qui n'a qu'une fausse érudition, qui fait parade de la science, qui cite sans cesse quelque auteur grec ou latin. Il y a aussi des femmes *pédantes* à la façon des hommes de collége; il y a aussi des *pédants* de toute robe, de toute condition, de tout état : ce sont de doctes ignorants. Boileau dépeint ainsi ce travers :

> Un *pédant*, enivré de sa vaine science,
> Tout hérissé de grec, tout bouffi d'arrogance,
> Et qui de mille auteurs retenus mot pour mot,
> Dans sa tête entassés n'a souvent fait qu'un sot.

Le *pédantisme* a changé de forme, sinon de nature, depuis Malebranche et Boileau; il consiste toujours à déployer l'érudition que l'on a, à trancher doctoralement les questions qu'on n'a que superficiellement examinées, à *poser* au point de vue littéraire et scientifique; le pédantisme se signale toujours par l'absence du goût, ou par un goût forcé, qui est au goût ce que la fantaisie est à la réalité. Le mot pédant a, on le voit, engendré celui de pédantisme et beaucoup d'autres de la même famille, tels que *pédantaille*, pour désigner un pédant, *pédanter*, *pédanterie*, pour désigner l'action ou la profession d'enseigner dans les classes, et, au figuré, les façons prétentieuses de ceux qui l'exercent; *pedantesque*, qui sert à qualifier tout ce qui tient du pédant.

PÉDICELLE (en latin *pedicellus*, diminutif de *pes*, pied). On donne ce nom au pédicule mince et allongé de quelques champignons. Mais il s'applique plus fréquemment aux ramifications du pédoncule: les fleurs portées sur un pédicelle sont dites *pédicellées*. Cassini appelle *pédicellule* le support filiforme de l'ovaire de certaines composées.

Kirby emploie le mot *pédicelle* pour désigner le deuxième article des antennes des insectes.

Les astéries, les oursins et les holothuries, pourvus d'appendices rétractiles qui leur servent d'organes locomoteurs, forment sous le nom de *pédicellés* le premier ordre des échinodermes, dans la classification de Cuvier.

PÉDICULAIRE (Maladie). *Voyez* Pou.

PÉDICULE (en latin *pediculus*, diminutif de *pes*, pied), ce qui supporte le chapeau du champignon et fixe celui-ci au lieu où il a pris naissance. Sa partie moyenne est tantôt nue, tantôt pourvue d'un anneau. Les nombreuses variations de forme, d'apparence et de consistance du pédicule, fournissent des caractères pour la classification des espèces.

PÉDICURE. Ce mot désigne, comme l'indique son étymologie (*pedes curare*, ou *pedum cura*), celui qui s'occupe exclusivement du traitement des maladies des pieds; et toutefois, l'usage a beaucoup restreint le nombre de ces maladies, dont le traitement est dans les attributs du chirurgien pédicure proprement dit, puisque celles-ci se bornent à peu près aux cors, aux durillons et à quelques autres affections de l'épiderme et des ongles seulement, dont les pieds peuvent être atteints.

PÉDILUVE (du latin *pes, pedis*, pied, et *luo*, je lave). *Voyez* Bain.

PÉDIMANES (du latin *pes, pedis*, pied, et *manus*, main). Quelques auteurs ont donné ce nom aux sarigues, parce que leurs pieds de derrière ayant le pouce opposable aux autres doigts, se trouvent par là convertis en une sorte de mains. Les phalangers, animaux du même ordre, offrent une disposition à peu près analogue, que l'on retrouve, comme on sait, chez les singes.

PÉDIPALPES. *Voyez* Arachnides.

PÉDOMÈTRE ou COMPTE-PAS (du latin *pes, pedis*, pied, et du grec μέτρον, mesure). *Voyez* Odomètre.

PÉDONCULE, support de la fleur. Il est *simple* ou *composé*: les ramifications du pédoncule composé portent le nom de *pédicelles*. Les fleurs dites *pédonculées* sont celles que porte un pédoncule.

Latreille a donné le nom de *pédonculés* à un ordre de mollusques brachiopodes, que caractérise une sorte de pédoncule tendineux qui supporte la coquille.

PEDRO I-III, rois de Portugal. *Voyez* Pierre.

PEDRO (Dom) *d'Alcantara*, duc de Bragance, ex-empereur du Brésil, né à Lisbonne, le 12 octobre 1798, était le second fils de Jean VI, roi de Portugal, et empereur du Brésil, et de l'infante d'Espagne Carlota Joaquima. A la mort de son frère aîné, dom Antonio, en 1801, il devint prince de Beira, et en 1816, à l'avénement au trône de son père, qui jusque alors n'avait eu que le titre de régent, il devint prince du Brésil. Il n'avait pas encore dix ans lorsqu'il suivit la famille royale à Rio-Janeiro. Quoique doué des plus heureuses qualités du cœur et de l'esprit et d'une vigueur corporelle peu commune, mais dominé en même temps par des passions impétueuses, le jeune prince grandit sous les pernicieuses influences de la cour. Il eut pour gouverneur un homme probe et instruit, J. de Rademaker, qui mourut empoisonné. L'éducation qu'on lui donna ensuite manqua de plan. Ce ne fut que parce que son goût naturel l'y portait, qu'il acquit des connaissances variées et assez étendues, notamment dans les langues latine et anglaise, en politique et dans l'art militaire, et qu'il parvint à acquérir une véritable habileté en musique, en mécanique et dans tous les exercices du corps. En 1817 il épousa l'archiduchesse Léopoldine, fille de l'empereur François Ier d'Autriche, laquelle mourut le 11 décembre 1826. Quand, en 1820, le mouvement constitutionnel du Portugal gagna aussi le Brésil, dom Pedro convertit son père à l'idée que la réforme doit venir du trône; et le 26 février 1821 il proclama en son nom l'introduction du système constitutionnel. Quand son père revint à Lisbonne, il fut placé le 22 avril 1821 comme régent à la tête du gouvernement brésilien; et le 12 octobre 1822 il fut proclamé empereur par le peuple (*voyez* Brésil). Le jeune prince agit avec énergie, mais aussi avec passion. Les améliorations qu'il introduisit furent nombreuses, et ses créations le furent encore davantage; mais il échoua dans ses efforts pour réconcilier les Brésiliens avec les Portugais. On eut aussi beaucoup à lui reprocher comme prince et comme homme, notamment le scandale de sa liaison avec la marquise de Santos. A la mort de son père, arrivée le 10 mars 1826, il lui succéda comme roi de Portugal, afin de pouvoir donner une constitution à ce pays; après quoi, il abdiqua la couronne de Portugal au profit de sa fille donna Maria et de son frère dom Miguel, à la condition que celui-ci accepterait la constitution et épouserait donna Maria. Mais dom Pedro ne tarda pas à voir tous ces arrangements mis à néant, car en 1828 dom Miguel usurpa la couronne de Portugal, au mépris des droits de sa nièce (*voyez* Portugal). En outre, par sa malheureuse campagne contre Montevideo, par les embarras que suscita au Brésil son intervention dans la question de succession du Portugal, par son excessive vivacité, par ses caprices et par ses prédilections pour ses favoris, par ses querelles avec les cortès, dom Pedro perdit bientôt aussi les affections du peuple brésilien. Les intrigues des fédéralistes, des républicains et des anarchistes amenèrent enfin une insurrection militaire, suivie, le 6 avril 1831, d'une insurrection populaire, par suite de laquelle l'empereur abdiqua, le lendemain 7 avril, en faveur de son fils dom Pedro II, confia la tutelle de ses enfants à son ami José Bonifacio d'Andrada, et mit à la voile pour la France, le 13, avec sa femme, sa fille donna Maria, sa sœur, la marquise de Loulé, et un petit nombre d'amis. Il prit alors le titre de duc de Bragance, et consacra ensuite toute son activité à faire restituer le trône du Portugal à sa fille donna Maria. Le 20 février 1832 il se mit à la tête d'une expédition qui s'empara d'abord des Açores, puis de là se dirigea sur Oporto, où avec de très-faibles ressources il commença la lutte contre l'usurpateur dom Miguel. Enfin, le 28 juillet 1833, le commandant en chef de son armée, Villaflor, entrait à Lisbonne. Au nom de sa fille donna Maria, qu'il replaça sur le trône le 23 septembre 1833, il rétablit un peu d'ordre dans un pays où tous les rouages administratifs se trouvaient désorganisés. Dès le 15 août 1833 il supprima par un décret tous les couvents; et par la capitulation conclue à Évora le 26 mai 1834 il contraignit son frère dom Miguel à renoncer à toutes ses prétentions au trône de Portugal. Lorsqu'il ouvrit ensuite les cortès, le 15 août 1834, il prononça un discours qui était l'exposition justificative de toute sa conduite politique; et le 28 août les cortès le proclamèrent solennellement régent du royaume. Mais tant de luttes et d'efforts avaient épuisé ses forces physiques. Dès le 18 septembre, il faisait savoir aux cortès qu'il se sentait hors d'état de gouverner; après quoi, les cortès déclarèrent la jeune reine majeure.

Dom Pedro mourut d'une hydropisie, le 24 septembre 1834. Il laissait, de son premier mariage avec l'archiduchesse Léopoldine, donna *Maria II da Gloria*, reine de Portugal, née le 4 avril 1819, morte le 15 novembre 1853; donna *Januaria*, née le 11 mars 1822, mariée depuis 1844 avec le prince napolitain Louis, comte d'Aquila; donna *Francisca Carolina*, née le 2 août 1824, mariée en 1843 au prince de Joinville; dom *Pedro II d'Alcantara*, né le 2 décembre 1825, devenu empereur du Brésil par suite de l'abdication de son père le 7 avril 1831. Il prit en personne les rênes du gouvernement le 23 juillet 1840, fut couronné le 18 juillet 1841, et épousa le 4 septembre 1843 *Thérèse*, née le 14 mars 1822, fille du feu roi des Deux-Siciles François Ier. De ce mariage sont nées les princesses *Isabelle* (29 juillet 1846) et *Léopoldine* (13 juillet 1847).

Dom Pedro avait épousé en secondes noces, le 17 octobre

1829, *Amélie*, fille du feu duc Eugène de Leuchtenberg, qui lui donna une fille, *Marie-Amélie*, née à Meudon, le 2 décembre 1831.

PEDUM, bâton pastoral recourbé par le bout. On le voit entre les mains de Pâris, d'Atys, de Pan, de Faune, des satyres et d'Actéon. C'était le caractère distinctif des acteurs comiques, parce que Thalie, muse de la comédie, était aussi la muse de l'agriculture.

PEEBLES ou TWEEDDALE, comté du sud de l'Écosse, où l'on ne comptait en 1851 que 10,582 habitants sur une superficie de 11 myriamètres carrés. C'est un pays de montagnes et de collines, dont les points culminants sont situés dans sa partie méridionale, où le *Hartfeld* atteint 925 mètres d'élévation, le *Braadlaw* 825 mètres, et le *Bellaburn* 860 mètres. La région des collines se distingue par ses riches pâturages; et ses vallées, parmi lesquelles celles de la Tweed, de la Lyne, du Manner, du Luthan et de l'Eddlestone sont célèbres par le caractère évidemment romantique de leurs paysages, sont d'une grande fertilité, accrue encore par une culture perfectionnée. L'éducation du bétail constitue toutefois la grande industrie de ce comté; et ses divers produits trouvent d'avantageux débouchés à Édimbourg. L'industrie manufacturière y a peu d'importance, et se borne à la fabrication de quelques étoffes de laine, de coton et des toiles. Son chef-lieu, *Peebles*, situé sur la Tweed et l'Eddlestone, dans une vallée profonde, dont le caractère pittoresque est encore relevé par les ruines de deux belles églises et de deux châteaux, ainsi que par un pont sur la Tweed, fut la résidence de plusieurs rois d'Écosse, et compte environ 3,000 habitants.

PEEL (Sir ROBERT), l'un des hommes d'État les plus éminents qu'ait produits la Grande-Bretagne, naquit le 5 février 1788, à Tamworth, dans le comté de Stafford. Son père, *Robert* PEEL (né en 1750, mort en 1830), riche manufacturier, laissa une fortune de près de deux millions de livres sterling, dont la plus grande partie passa à son fils aîné, Robert. Après avoir reçu une éducation distinguée, Peel, grâce à l'influence de son père, entra de bonne heure dans la vie publique, où, fidèle aux traditions paternelles, il s'attacha au parti tory. Membre de la chambre des communes dès 1809, il fut nommé l'année suivante sous-secrétaire d'État des colonies; et de 1812 à 1818 il continua de faire partie du cabinet comme premier secrétaire pour l'Irlande. Le scandaleux procès intenté en 1820, contre son avis, à la reine Caroline le détermina à donner sa démission; mais dès 1822 il rentrait dans le cabinet, et cette fois avec le titre de ministre de l'intérieur. Il conserva ce portefeuille jusqu'en 1827, époque où l'ascendant pris par Canning sur la direction générale des affaires détermina les tories à se retirer. Mais quand, à la mort de Canning, arrivée en janvier 1828, les tories revinrent au pouvoir, Robert Peel reprit ses fonctions de ministre de l'intérieur. Quoique étroitement uni jusque alors aux tories, il donna à ce moment pour la première fois l'exemple d'un revirement d'opinion dans lequel l'esprit de faction voulut voir une apostasie, tandis qu'il n'était que le résultat d'une profonde intelligence politique et d'une abnégation toute patriotique. Conduit par sa naissance et son éducation à se ranger parmi les tories, il n'en était pas moins doué d'un caractère essentiellement conciliant et modéré, qui acceptait le progrès, de quelque côté qu'il vînt, et les réformes dès qu'elles étaient justes et utiles, et n'hésitait point à reconnaître et à réparer ses propres erreurs. Dès le début de son administration on l'avait bien vu introduire une série d'améliorations dans le département qui lui était confié; mais aucune de ces mesures réformatrices n'avait eu une importance politique telle qu'elle pût le brouiller avec son parti. Maintenant il reconnaissait la nécessité de consentir à l'émancipation des catholiques, mesure qu'il avait pourtant combattue jusque alors avec autant de vivacité que personne; et dans la session de 1828 à 1829 il opéra ce grand acte de justice politique, sans se soucier des violentes attaques qu'elle lui valut de la part de son parti et même de la part des membres de sa propre famille. Il se montra moins bien disposé à l'égard de la réforme électorale, et se retira donc avec tous ses collègues en novembre 1830 pour combattre cette mesure dans les rangs de l'opposition, qui s'efforça de faire échouer le *reformbill* présenté alors par le ministère whig. Dans cette lutte, que nul ne soutint avec plus d'ardeur et de vivacité, il déploya un remarquable talent d'orateur. Réconcilié ainsi avec les tories, il organisa et dirigea, à partir de 1833, l'opposition *conservative*, composée des débris de l'ancien parti tory et des whigs qui, moins progressifs, s'étaient séparés de leurs amis sur cette vitale question; opposition qui accepta sans doute comme fait accompli l'immense changement opéré par la réforme électorale, mais qui s'efforça d'empêcher le libéralisme de procéder à la réalisation de son programme avec l'ardente et aveugle précipitation qui lui est propre. Après la retraite du cabinet Melbourne, l'administration nouvelle qu'il constitua avec ces éléments ne put se maintenir au pouvoir et dut se retirer l'année suivante, quoiqu'il eût exécuté lui-même diverses réformes libérales dans le sens des whigs modérés. Il demeura alors pendant neuf ans le chef de l'opposition *conservative*; et si les luttes parlementaires avaient cessé d'avoir le même caractère de rudesse et d'aigreur que par le temps passé, il n'en fut pas moins le plus redoutable des adversaires du ministère whig; et on le vit absorber et rallier peu à peu tous les éléments de l'ancien parti tory, dont une minime fraction essaya seule de se soustraire à sa direction. En 1839 le cabinet whig tomba en complète dissolution; mais cette fois encore il échoua dans ses efforts pour constituer une administration nouvelle et parfaitement homogène. Au printemps de 1841 les whigs, sur sa motion, se virent frapper d'un vote de défiance; et les élections nouvelles, auxquelles le ministère crut devoir en appeler, donnèrent enfin dans la chambre basse une majorité décidée au parti conservateur. Il forma alors, dans l'automne de 1841, avec Wellington, Lyndhurst, Aberdeen, Graham, Stanley, etc., un nouveau cabinet, qui se maintint au pouvoir jusqu'en 1846 et dont l'administration est l'un des plus remarquables épisodes de l'histoire d'Angleterre. Quoique rattaché étroitement jusque alors aux intérêts de la propriété foncière et de l'aristocratie mercantile, Peel, en présence de la misère toujours croissante des classes laborieuses et d'une crise matérielle universelle, en vint à se convaincre que le système économique dont il avait été jusqu'à présent l'ardent défenseur, ne pouvait plus se soutenir. S'emparant alors résolûment des mesures proposées par ses adversaires, il modifia au printemps de 1842 la législation sur les céréales, en établissant pour l'introduction des grains étrangers une échelle mobile, créa l'impôt sur le revenu, et commença d'importantes réformes dans le système dit *protecteur*, qui formait la base des tarifs de douane. Mais d'une part le succès évident de ces timides réformes et de l'autre la continuation de la crise matérielle le forcèrent à aller plus loin. C'est ainsi que dès 1845 il proposa au parlement une vaste réforme de la législation douanière, en même temps qu'il se rapprochait de ses adversaires politiques en présentant sur les affaires ecclésiastiques et sur l'instruction publique des bills en contradiction absolue avec toutes les traditions du parti tory. Parmi ses collègues, Gladstone d'abord, puis Stanley, refusèrent de le suivre dans cette voie; et s'il perdit ainsi l'appui de l'ancien parti tory, en revanche il acquit celui d'une grande partie de ses anciens adversaires. Il réussit bien encore (décembre 1845) à reconstituer le ministère ébranlé par la retraite de ses deux anciens amis; mais les conséquences nécessaires du système politique qu'il avait adopté, et plus encore la misère, accrue par une mauvaise récolte, le déterminèrent alors à rompre complétement avec l'ancien système. Il ouvrit donc la session de 1846 en déclarant publiquement que ses opinions n'étaient plus ce qu'elles avaient été autrefois, et il prit l'initiative d'une série de réformes fondamentales qui abolirent à peu près complétement les droits dont l'introduction des grains étrangers avait jusque alors été frappée, en même temps qu'elles préparaient l'abolition des autres droits de douane protecteurs de la production nationale. A ces mesures se rattachait le *bill de coercition* pour l'Irlande, contenant toute une série de clauses exceptionnelles en faveur des propriétaires fonciers. Avec l'appui des whigs, il réussit bien à faire voter les lois qui introduisaient la liberté commerciale; mais le *bill de coercition* échoua contre un vote de coalition (juin 1846). Ce fut moins cet échec que la conscience de la dissolution de son propre parti qui le détermina à donner sa démission (29 juin); résolution qu'il motiva devant la chambre des communes d'une manière aussi modeste que loyale. Les tories et leurs adhérents parmi l'aristocratie foncière l'abandonnèrent alors, et prirent pour chefs Stanley et d'Israeli; mais jamais sa popularité dans les masses ne fut plus grande, et les classes ouvrières le considérèrent comme leur bienfaiteur. Il ne fit point d'opposition au nouveau ministère whig qui se forma alors, et appuya au contraire ses plus importantes mesures, notamment celles qui eurent pour objet de compléter successivement l'œuvre de la réforme économique; et il se constitua sous sa direction un tiers parti, bien plus rapproché désormais des whigs que des tories, desquels pourtant il était issu. Dans la périlleuse crise de 1847-1848, Peel fut un des principaux soutiens de l'administration, dont il adopta dès lors sans réserve les principes en matière de liberté commerciale; et plus le ministère avança résolûment dans la voie des réformes, plus il se trouva intimement lié à son système politique. Aussi les attaques des *protectionnistes*, qui relevèrent la tête après 1849 avec une nouvelle énergie, furent-elles dirigées autant contre lui que contre les whigs. Robert Peel avait sans doute perdu son influence comme chef d'un parti nombreux et bien discipliné, mais il avait conquis les plus chaleureuses sympathies de la grande majorité de la nation et le respect de ses adversaires eux-mêmes. Aussi bien il conserva toujours sa complète indépendance à l'égard du ministère : c'est ainsi qu'en 1850, lorsque la chambre des communes formula un vote sur la politique adoptée à l'égard de la Grèce par lord Palmerston, il la blâma comme firent les anciens tories, ce qui ne l'empêcha pas de défendre (juin 1850) en même temps contre les attaques des *protectionnistes* les réformes économiques de l'administration whig. Une catastrophe inattendue vint interrompre cette glorieuse et utile activité. Le 28 juin il avait encore assisté au débat engagé sur la politique de lord Palmerston, et qui lui avait fourni le texte d'un éloquent discours; le lendemain, pendant une promenade, il fut jeté à terre par son cheval et si grièvement blessé qu'il expira le soir même. Tous les partis s'unirent pour entourer sa tombe de l'expression la plus sincère de leur estime et de leurs regrets, et jamais peut-être les classes populaires ne donnèrent en Angleterre à la mémoire d'un homme d'État les preuves d'une aussi profonde sympathie. Robert Peel demeurera très-certainement une des grandes figures de l'histoire d'Angleterre; il représente l'immense progrès qui s'est accompli depuis la première moitié de ce siècle dans la Grande-Bretagne. Ce ne fut point un homme de génie, un homme d'initiative; mais ce fut un esprit éminemment pratique, doué d'une habileté extraordinaire en affaires, d'une éloquence insinuante et persuasive. Quoiqu'il ait provoqué la dissolution du grand parti tory, et bien que sa vie politique ait présenté l'exemple des plus brusques revirements d'opinions et de principes, il n'en fut pas moins l'un des hommes d'État de la Grande-Bretagne qui aient fait preuve des sentiments à la fois les plus patriotiques et les plus conservateurs. Après sa mort ses adversaires eux-mêmes rendirent unanimement hommage à son honorabilité et à sa loyauté. Ses deux fils, l'aîné sir *Robert* PEEL, ancien chargé d'affaires en Suisse, qui a épousé la fille du marquis de Tweeddale et se trouve ainsi le beau-frère du duc de Wellington actuel, et le cadet, *Frédéric* PEEL, sont aujourd'hui membres de la chambre des communes, où ils défendent tous deux les principes que leur père avait adoptés dans la dernière partie de sa carrière.

PÉGASE, cheval fabuleux et portant des ailes. Il naquit du sang qui ruissela de la tête de Méduse, tranchée par la *harpé* ou épée-faux de Persée. Il prit son vol des plages de la Libye, des lieux voisins des sources océaniques : en effet, son père apocryphe fut, selon les mythologues, Neptune, qui viola Méduse sous la forme d'un coursier frémissant. Après que ce fougueux animal eut été dompté par Minerve, d'autres disent par Minos, Persée, qui le monta tout d'abord, traversa sur son dos tout l'espace éthéré qui était entre la plaine libyque et le jardin des Hespérides, aux extrémités de l'Océan. Le héros Bellérophon, ami aussi de Minerve, plus tard s'élança sur lui à l'aide de sa flamboyante crinière, et, armé de la pique, s'abattit sur les rocs volcanisés de la Lycie, où il tua la Chimère. Enorgueilli de sa victoire, il pressa les flancs du merveilleux coursier, qu'il força de l'enlever à tire d'ailes jusqu'aux limites des palais resplendissants de l'Olympe. Mais à une si prodigieuse hauteur, la tête lui tourna, et il tomba sur la terre, qu'il joncha de ses membres brisés. Pégase poursuivit son vol, et alla dans les profondeurs du ciel former une constellation qui depuis porta son nom. La vie terrestre de ce coursier poétique n'est pas moins merveilleuse. Il s'arrêta dans le pays des prodiges et des métamorphoses, la Grèce, sur le mont Hélicon, où d'un coup de pied il fit jaillir la fontaine du cheval (l'Hippocrène), dont l'onde, inspiratrice des poëtes, enivre comme le vin. Tantôt sur cette cime sacrée, tantôt sur celle du Parnasse, Pégase, les ailes abaissées, aimait à paître l'herbe émaillée au milieu des chœurs dansants des Muses et des Grâces. Il ruait contre les profanes et hennissait doucement sous les poëtes et les héros, auxquels il prêtait son dos généreux. Pégase aussi se mêla en Thessalie aux troupeaux d'Admète, quand Apollon les gardait, sur les bords fleuris de l'Amphryse. Hésiode fait s'élancer incontinent cet animal ailé au séjour des dieux, où il porta la foudre et les éclairs, dans ses yeux, sans doute, car il n'avait pas les serres puissantes de l'aigle immortel.

Pégase est pris souvent au figuré, non pour l'enthousiasme poétique lui-même, mais pour l'un de ses moyens. Boileau a dit, parlant d'un versificateur sans vocation :

> Dans son génie étroit il est toujours captif,
> Pour lui Phébus est sourd et *Pégase* est rétif.

Un de nos plus spirituels vaudevillistes, Moreau, a consacré dans son *Maître Adam* ce refrain, qui s'est réalisé malheureusement trop de fois :

> *Pégase* est un cheval qui porte
> Les grands hommes à l'hôpital.

DENNE-BARON.

PÉGASE ou **AÉRION** (*Astronomie*), constellation boréale, formant un quadrilatère, aux angles duquel brillent quatre étoiles secondaires. Son ensemble est composé de quatre-vingt-neuf étoiles dans le catalogue britannique. Le carré de la Grande Ourse et celui de Pégase sont des deux côtés opposés du pôle, et viennent passer au méridien à douze heures environ d'intervalle l'un de l'autre.

PÉGASE (*Ichthyologie*), genre de poissons de l'ordre des lophobranches. Les espèces que l'on en connaît habitent la mer des Indes. Cuvier leur donne pour caractères génériques : Museau saillant, formé comme celui des syngnathes, mais dont la bouche, protractile, au lieu d'être à l'extrémité, se trouve sous la base. Le corps des pégases est couvert de grandes plaques, cuirassé comme celui des hippocampes. Ce nom de *pégase* vient d'une prétendue analogie de forme entre celle de ces poissons et celle du fabuleux coursier de l'Hélicon, analogie que justifie difficilement la grandeur de leurs pectorales.

PÉGASIDES, un des surnoms des Muses, pris de la fontaine Hippocrène, qui leur était consacrée, et que Pégase avait fait jaillir sous son pied.

PEGMATITE (de πῆγμα, concrétion), roche agrégée composée de feldspath et de quartz. Le feldspath y domine. On distingue deux variétés de pegmatites : la *pegmatite commune* et la *pegmatite graphique*. La pegmatite commune est grenue : le quartz s'y trouve disséminé d'une manière irrégulière; c'est à cette variété qu'appartient le pétungé. Dans la pegmatite graphique, au contraire, tous les grains de quartz sont allongés dans un même sens et offrent une tendance marquée à la cristallisation en hexaèdres.

En Sibérie on trouve d'immenses lames de mica dans la pegmatite. Cette roche renferme en outre divers minéraux, tels que la tourmaline, le graphite, le grenat, etc. La pegmatite est tantôt schistoïde, et alors subordonnée au gneiss, tantôt stratiforme et se montrant en filons dans la partie supérieure des terrains primitifs.

PEGNITZ (Ordre de la), ou *Société des Bergers de la Pegnitz*, *Ordre fleuri de la Pegnitz*, ainsi nommé de la Pegnitz, rivière qui traverse Nuremberg; association littéraire fondée en 1644, à Nuremberg, pour épurer la langue allemande et encourager les travaux poétiques. Cette académie au petit pied existe encore de nos jours, mais elle a le bon esprit de ne pas faire parler d'elle.

PÉGOMANCIE (du grec πηγή, fontaine, et μαντεία, divination), divination par l'eau des fontaines. Elle se faisait de différentes manières. On jetait dans une fontaine un certain nombre de pierres, et on observait leurs divers mouvements; ou on y plongeait des vases de verre, et on examinait les efforts que faisait l'eau pour y entrer, en chassant l'air qui les remplissait auparavant. Quelquefois c'était un miroir qu'on y plaçait pour connaître le dénoûment d'une maladie; mais la plus célèbre des pégomancies est celle qui se pratiquait avec des dés à la fontaine d'Apau, près de Padoue. Un seul coup de dés décidait des bons et des mauvais succès. Ce fut là que Tibère conçut les plus hautes espérances avant de parvenir à l'empire. Ayant jeté dans cette fontaine des dés d'or, ils lui présentèrent au fond de l'eau le plus haut nombre de points qu'il pouvait désirer.

PÉGU ou **MONE**, royaume jadis indépendant, qui jusqu'en 1852 fit partie de l'Empire Birman, mais qui depuis cette époque a été incorporé aux possessions anglaises dans les Indes orientales. Il est situé dans l'Inde transgangétique, entre les provinces d'Arakan, d'Ava, de Martaban et la mer, et comprend avec une superficie de 790 myriamètres carrés le bassin inférieur de l'Irawaddi, contrée absolument plate, formée environ pour moitié par le delta de ce fleuve, s'étendant depuis l'extrémité sud de la montagne d'Arakan, le long du golfe de Martaban, presque jusqu'à l'extrémité nord de ce golfe, et sur ce développement de côtes de plus de 30 myriamètres constituant une région marécageuse, entrecoupée par une foule de bras de rivières ou de flaques d'eau stagnante, ou couvertes d'épaisses broussailles et de joncs.

Les habitants, au nombre d'environ un million, qui s'appellent eux-mêmes *Mone*, mais auxquels les Birmans proprement dits ou Maramas donnent le nom de *Talaïns*, se distinguent de ceux-ci, leurs oppresseurs, par leur teint plus clair, par leurs mœurs plus douces; ils appartiennent cependant à la même famille de peuples, et se sont déjà à peu près confondus avec eux, même sous le rapport de leur langue, qui possède une assez riche littérature. Ils sont bouddhistes comme les Birmans.

La ville de *Pégu*, sur le fleuve du même nom, lequel communique avec un bras oriental de l'Irawaddi et se jette dans la mer à peu de distance de Rangoun, autrefois capitale du pays et qui comptait alors 150,000 âmes, fut complétement détruite en 1757 par Alompra. Reconstruite en 1790, elle n'a guère aujourd'hui plus de 7,000 habitants. Quoique ayant toujours été la résidence d'un gouverneur birman, elle ne se compose, sauf quelques édifices à l'usage de l'administration et construits en briques, que de misérables huttes en bambous. Ce qu'il y a de plus remarquable à y voir, c'est le temple de Gautama, *Schomadou*, c'est-à-dire sanctuaire d'or, épargné lors du sac de la ville. Les prêtres donnent deux mille trois cents ans d'existence au *Schomadou*, l'un des temples de Bouddha les plus vénérés qu'il y ait dans toute l'Inde. Mais la ville la plus importante du pays est aujourd'hui Rangoun.

Le royaume de Pégu, jadis très-florissant, tomba en décadence à partir du quinzième siècle, par suite de ses luttes contre le royaume de Siam. Les Portugais, appelés comme auxiliaires par les habitants du Pégu, tentèrent de transformer leur protectorat en souveraineté, et se firent chasser vers le milieu du dix-huitième siècle; le royaume de Pégu fut conquis par Alompra, empereur des Birmans; et depuis cette époque il demeura sous la domination des despotes birmans, qui y exercèrent la plus affreuse tyrannie. C'est ce qui explique comment les habitants virent dans les Anglais des libérateurs, et comment ils prirent fait et cause pour eux. C'est en 1851 que le gouverneur de Rangoun, en molestant deux sujets anglais établis dans cette ville, fournit à l'Angleterre un prétexte pour s'emparer de ce pays. Les hostilités commencèrent le 1er avril 1852; le 14 du même mois les troupes anglaises s'emparèrent de Rangoun, le 3 juin de la ville de Pégu elle-même, et le 10 octobre de la ville de *Prome*, située au nord-ouest de Rangoun, sur l'Irawaddi, ainsi que de sa riche pagode. D'abord évacuée par les Anglais, et réoccupée par les Birmans, Pégu fut prise une seconde fois d'assaut, le 20 décembre suivant, et incorporée alors à l'Inde anglaise avec le reste de la province.

PEHLEWI. *Voyez* PERSANES (Langue et littérature).

PEIGNE. Ce mot, dans les arts industriels, s'emploie en général pour désigner toutes espèces de machines, toutes sortes d'instruments, présentant une série de dents plus ou moins longues, pointues et placées en ligne droite. Cependant, on donne le plus ordinairement ce nom à un instrument de buis, de corne, d'ivoire, d'os, de buffle, de caoutchouc vulcanisé, etc., qui est taillé en forme de dents, et qui sert à démêler les cheveux. Le tabletier fait aussi des *peignes* en corne, en écaille, etc., qui servent à relever et retenir la chevelure des femmes. L'orfévre, le bijoutier et le joaillier en confectionnent de cuivre doré, d'acier, d'argent, d'or, garnis d'émaux, de perles, de pierres précieuses ou artificielles, de diamants, de filigrane, etc. Enfin, il y a des *peignes de plomb*, qui sont employés pour donner aux cheveux une couleur ardoisée.

Ceux des tabletiers qui fabriquaient les *peignes* formaient autrefois à Paris une communauté d'arts et métiers. Il se trouvait dans cette capitale plus de deux cents maîtres. Toute marchandise foraine devait être visitée, et celle de Paris marquée au poinçon de chaque maître, etc.

Parmi les diverses espèces de *peignes*, on distingue surtout : 1° le *démêloir*, grand peigne à dents grosses et longues; 2° le *peigne* dit *à deux rangs*; 3° celui *à queue*; 4° les *peignes à retaper*, qui sont longs et étroits comme celui à queue, enfin, les *peignes pour femmes*, ordinairement cintrés, afin de prendre la forme de la tête, etc., etc.

Les corroyeurs, les rubaniers, les tourneurs, les savonniers, les boulangers de biscuits de mer, les tonneliers, les épingliers, les marbreurs de papier, font usage de divers outils ou instruments propres à divers usages et portant le nom général de *peignes*. Il en est d'autres qu'on emploie dans l'apprêt de la laine, du lin, du chanvre, du coton. Enfin, le *peigne*, ou *ros*, fait partie du métier à tisser, et tous les industriels qui emploient la navette s'en servent. Le *peigne* ou *ros* sert à tisser, à diviser les fils de la chaîne, à les maintenir dans la position respective qu'ils doivent avoir dans le tissu. Le *peigne* sert de même à rapprocher, presser, serrer également et dans toute sa longueur, chaque duite ou fil de la trame. On emploie des *peignes* d'acier dans les fabriques de soieries à Lyon.

Les tyrans, dans les premiers siècles du christianisme, ont eu aussi des *peignes de fer* pour supplicier les martyrs.

E. PASCALLET.

PEIGNE (*Malacologie*), genre de mollusques conchifères monomiganes, qui a reçu ce nom des Grecs, à cause de l'apparence des valves de la coquille. Cette coquille est libre, régulière, inéquivalve, auriculée; la charnière est sans dents, avec une fossette triangulaire pour le ligament. Quoique quelques conchyliologistes étrangers aient classé ce genre parmi les huîtres, il diffère toutefois de celles-ci par la régularité des valves, et parce que toutes deux sont libres, ou, pour parler plus exactement, parce qu'aucune de ces deux valves n'est attachée aux rochers par sa substance même. Il en résulte que les peignes jouissent, comme l'avaient remarqué les anciens, d'un mouvement de locomotion même très-rapide; ils gagnent la surface de l'eau, dans laquelle ils se tiennent à demi plongés, puis ouvrent tant soit peu leurs valves, auxquelles ils communiquent un battement si prompt qu'ils en acquièrent un mouvement de tournoiement fort vif, de droite à gauche, par le moyen duquel ils semblent courir sur l'eau. Les côtes, plus ou moins nombreuses, de ces valves forment sur la plupart des espèces de sillons plus ou moins profonds. Leur pourtour est généralement circulaire; leur couleur varie dans les nuances du rouge, du brun et du blanc.

L'animal des peignes a un manteau composé de deux grandes membranes entourées de longs poils blancs et d'yeux pédonculés : ils ont pour ouïe quatre feuillets minces, finement striés, et, à raison de la longueur de ces parties, un corps fort petit. La difficulté d'en distinguer les sexes les fait supposer hermaphrodites. On en connaît près de cent espèces, dont la plupart appartiennent aux mers de l'Europe. Cependant, l'une des plus belles, le *manteau ducal* (*pecten pallium*), habite les mers de l'Inde; sa coquille est remarquable par l'élégance de ses douze rayons, striés longitudinalement et hérissés d'écailles saillantes, et par l'heureuse distribution de ses taches blanches sur un fond rouge nuancé et marbré de brun.

Les peignes se rencontrent fréquemment à l'état fossile dans les terrains secondaires et tertiaires : les anciens en faisaient un très-grand cas, comme on le voit dans Pline, Athénée et Horace. De nos jours, ils sont regardés comme un des meilleurs coquillages de nos côtes; c'est particulièrement le *peigne à côtes rondes* (*pecten maximus*) que l'on mange, malgré la dureté du muscle rétracteur qui forme la plus grande partie de sa masse. Il est connu sur les marchés voisins de l'Océan sous les noms de *palourde*, *ricardot*, etc. Les coquilles de peignes reçoivent aussi communément les noms de *pèlerines*, ou encore de *coquilles de Saint-Jacques*, parce que les pèlerins qui font des visites au saint de ce nom, en Espagne, en ornent ordinairement leur camail, en preuve de la vérité de leur pèlerinage.

PEIGNOIR, sorte de mantelet en toile, en mousseline, que l'on jette sur ses épaules lorsqu'on est à sa toilette, lorsqu'on se peigne : de là son nom. Les femmes à la mode sont difficiles sur l'élégance de cette espèce de vêtement, et ne négligent rien pour le rendre piquant par sa propreté, par la finesse de l'étoffe et par le bon goût des dentelles qui le garnissent.

PEIGNOT (Étienne-Gabriel), savant bibliographe, était né à Arc, en Barrois (Haute-Marne), le 15 mai 1767. Il exerça pendant quelque temps la profession d'avocat à Besançon, et fut nommé bibliothécaire près l'École centrale de la Haute-Saône. Par ses soins plus de 20,000 volumes, provenant en grande partie des couvents de Faverney, de Lure, de Luxeuil et de Saint-Ferjeux, furent réunis à Vesoul et sauvés de la destruction. Nommé principal du collége de la même ville, il devint ensuite inspecteur de la librairie à Dijon. Après la restauration, il fut nommé proviseur du collége royal de Dijon, puis inspecteur de l'académie de cette ville, place qu'il remplit pendant de longues années. Il mourut le 14 avril 1849.

Peignot fit paraître en 1801 son *Manuel bibliographique*. Depuis cette époque il publia sur l'instruction élémentaire, les beaux-arts, la littérature, la philologie, l'archéologie, l'histoire, la biographie et la bibliographie plus de cinquante ouvrages ou opuscules qui ont eu du succès, surtout près des amateurs. Quelques-uns ont été tirés à très-petit nombre. L. Louvet.

PEINE, en général, signifie *châtiment*, *punition* : L'homme qui commet une faute doit en porter la *peine*. En théologie, la *peine*, *du sens* signifie les douleurs que les damnés souffrent dans l'enfer; la *peine du dam*, le mal que leur cause la privation de la vue de Dieu. Il y a aussi les *peines du purgatoire* et les *peines de l'enfer* ou *peines éternelles*, que leurs noms désignent assez.

Peine est encore synonyme de *douleur*, d'*affliction*, de *souffrance*, de *sentiment* de quelque mal dans le corps ou dans l'esprit (*voyez* Douleur morale). *Peine* se prend aussi pour *inquiétude d'esprit*.

On dit familièrement d'un homme inquiet, agité : Il est comme une *âme en peine*, par allusion aux âmes du purgatoire, aux revenants, qu'on accusait de venir tourmenter nos grand'mères.

Peine désigne *travail*, *fatigue* : Les bons ouvrages ne s'achèvent pas sans *peine*. Fléchier a dit : La charité, qui supporte tout, adoucit toutes les *peines*. *Mourir à la peine*, c'est mourir sans avoir exécuté, sans avoir obtenu une chose pour laquelle on s'était donné beaucoup de peine. *Perdre sa peine*, c'est travailler inutilement. Un *homme de peine* est celui qui gagne sa vie par un travail pénible, sans savoir de métier.

Peine se dit des difficultés, des obstacles qu'on trouve à quelque chose. *Avoir de la peine à parler*, c'est s'exprimer difficilement, au propre ou au figuré. *Avoir de la peine à marcher*, c'est se servir difficilement de ses jambes, ou avoir une affaire qui n'avance pas. *Peine* signifie, enfin, la répugnance qu'on éprouve à faire quelque chose. Faire une chose sans *peine*, c'est la faire de bon cœur.

PEINE (*Législation*). Envisagée dans ses rapports avec la société, c'est une souffrance que le pouvoir social inflige à l'auteur d'une infraction à la loi positive. Il y a en France trois grandes divisions des peines, qui répondent aux trois degrés principaux de notre organisation judiciaire. Ainsi, on distingue les peines en *matière criminelle*, en *matière correctionnelle* et en *matière de simple police*.

Les peines en matière criminelle sont ou *afflictives* et *infamantes* ou simplement *infamantes*. Les peines afflictives et infamantes sont : 1° la mort; 2° les travaux forcés à perpétuité; 3° la déportation; 4° les travaux forcés à temps; 5° la détention; 6° la réclusion. Les peines simplement infamantes sont : 1° le bannissement; 2° la dégradation civique. Les peines en matière correctionnelle et de police sont l'emprisonnement et l'amende.

Indépendamment de ces peines principales, il y a des peines accessoires, dont les unes sont spéciales pour chaque ordre d'infraction, et dont les autres sont communes à tous les degrés des infractions; ainsi l'interdiction légale est accessoire de certaines peines en matière criminelle. L'interdiction à temps de certains droits civiques, civils ou de famille est spéciale aux matières correctionnelles seules. Le renvoi sous la surveillance de la haute police est commun aux matières correctionnelles et criminelles. Enfin, une peine accessoire commune aux matières criminelles, correctionnelles et de police, est la confiscation spéciale, soit du corps du délit, quand la propriété en appartient au condamné, soit des choses produites par le délit, soit de celles qui ont servi ou qui ont été destinées à le commettre. La contrainte par corps est une peine supplémentaire commune aux trois ordres d'infractions, et destinée à assurer l'exécution des condamnations pécuniaires. E. de Chabrol.

PEINE CAPITALE, PEINE DE MORT. *Voyez* Mort (Peine de).

PEINE DE MORT (Abolition de la). *Voyez* Mort (Abolition de la peine de).

PEINES (Éternité des). *Voyez* Éternité.

PEINES MILITAIRES. *Voyez* MILITAIRE (Justice).

PEINTRE, celui qui exerce l'art de peindre, qui fait de la peinture. Ce mot ne s'emploie qu'au masculin, même en parlant des femmes. Cependant La Fontaine l'avait employé au féminin, dans le conte des *Rémois :*

L'une pourtant des tireuses de vin
De lui sourire au retour ne fit faute :
Ce fut *la peintre.....*

Cette licence nous choquerait aujourd'hui.

Le mot *peintre* désigne aussi celui dont le métier est de mettre en couleur des murailles, des lambris, des plafonds.

Peintre se dit au figuré de ceux qui représentent vivement les choses dont ils parlent ou les sujets qu'ils traitent : Ce poëte est grand *peintre* ; Buffon est le peintre de la nature. On dit familièrement *gueux comme un peintre*, de quelqu'un qui est mal dans ses affaires. *Travailler d'après le peintre* veut dire travailler en tapisserie ou en broderie sur un dessin au crayon tracé par un peintre. On nomme aussi parfois un miroir le *peintre de la nature.*

PEINTRE EN BÂTIMENTS. *Voyez* PEINTURE (*Technologie*).

PEINTURE. La peinture est l'art qui à l'aide du dessin et du coloris reproduit l'infinie variété de la nature, et traduit le beau en formes visibles sur des surfaces planes. Reflet de l'âme et de l'esprit, elle franchit le domaine du monde matériel et s'élève aux plus hautes régions de la pensée et du sentiment. C'est de tous les arts du dessin celui qui fait naitre le plus d'illusions, et voilà pourquoi l'expression de *tableaux* a été transportée figurément dans les œuvres de la poésie et de la musique.

Pour arriver à de si grands résultats avec des moyens aussi bornés que des combinaisons de lignes et les modifications des trois couleurs primitives, le peintre doit connaître la théorie de son art, telle que l'expérience l'a faite, c'est-à-dire étudier le dessin, l'anatomie, la perspective linéaire, la perspective aérienne, le clair-obscur, pénétrer les règles et les secrets du style; à cela il doit joindre la pratique, qui comprend tout ce qui tient à l'exécution, au travail de la main, lequel peut être large ou fini, mou ou tourmenté, routinier ou réfléchi. Enfin le génie, ce don sublime de la nature, est indispensable à l'artiste pour réaliser les grands effets qu'il ambitionne. Le génie se manifeste surtout dans l'invention, dans la composition et dans l'expression, en même temps qu'il relève singulièrement les moyens, dessin, coloris, lumière, demi-tons et ombres.

Les procédés matériels ont en outre une influence qu'il ne faut pas méconnaître. Quelques peintres préparent sur la palette avant de peindre les teintes qui leur sont nécessaires ; d'autres les font avec le pinceau au fur et à mesure de leurs besoins. On a remarqué que cette dernière façon était la meilleure ; elle produit plus de variété dans le coloris. Il faut apporter un grand soin au broiement et à la préparation des couleurs : les résultats se diversifient selon les préparations diverses du mur, du bois, de la toile, sur lequel le pinceau les applique, suivant qu'elles sont disposées par glacis ou par empâtement, etc., etc.

Les modernes ont établi dans la peinture un grand nombre de divisions suivant les sujets traités; on a donné le nom de *genre* à chacune de ces divisions essentielles, d'où les dénominations de *peintre d'histoire* (genre qui comprend non-seulement des représentations de l'histoire universelle, mais encore tout ce qui exige une conception supérieure idéale, comme les tableaux de piété, images de saints, scènes bibliques, etc., les scènes mythologiques, etc.), de *peintre de batailles*, *peintre de genre* ou de scènes familières, *peintre de paysages et de marines*, *peintre de portraits*, *peintre d'animaux*, *peintre d'architecture*, *peintre de fleurs*, *de fruits*, *de nature morte* ou de sujets inanimés ; d'*arabesques* et de *grotesques.*

D'autres divisions de la peinture se rapportent au mode extérieur de cet art, à ses côtés techniques et matériels. Ainsi, l'on distingue l'*encaustique* des anciens, qui se rapproche beaucoup de la *peinture en cire* des modernes, la *peinture sur émail*, la *peinture sur verre*, la *peinture sur porcelaine;* la *mosaïque* et ses différents genres ; puis la *peinture en tapisserie*, *en broderie*, *en tissus* et *en tricot*. Sous le rapport du matériel colorant, elle se divise en *peinture à l'huile*, *peinture au pastel*, *peinture à l'aquarelle*, *peinture à fresque*, *peinture à la gouache*, *peinture en camaïeu* et *peinture en miniature*.

L'histoire de la peinture se divise, d'après les productions les plus importantes de l'art, en *peinture antique* et *peinture moderne* ou *chrétienne.* Car il y a peu de chose à dire de la peinture orientale avant l'ère des Grecs, non plus que de la peinture des peuples non chrétiens dans les temps modernes. La peinture des peuples primitifs semble n'être qu'une préparation à l'art grec ; elle ne commence réellement que lorsque la couleur devient dessin. En Égypte et au Mexique, la peinture ne paraît pas avoir eu d'autre rôle que celui de remplacer l'écriture pour traduire des idées et matérialiser des symboles. Chez les Hindous, du moins, le vif éclat des couleurs indigènes supplée à la grossièreté du sentiment et à la nullité du dessin. En Perse, la peinture n'était évidemment aussi qu'un mélange confus de couleurs. Chez les Égyptiens, qui réagirent surtout sur les Grecs, la peinture naquit du sentiment religieux, et se trouva en rapports étroits, mais en sous-ordre, il est vrai, avec l'architectonique et la sculpture. On trouve des peintures égyptiennes de l'époque la plus reculée sur les murailles des temples et dans les caveaux funéraires, sur des bas-reliefs grecs, sur des enveloppes de momies, sur des sarcophages, sur des rouleaux de papyrus. Les unes sont des sculptures peintes en contours creusés, avec des couleurs ou des métaux superposés, comme dans ce qu'on appelle la *Table d'Isis*, le plus important monument de ce genre. Les peintures murales dans les temples et les catacombes consistent en figures colossales peintes avec des contours creusés, et enchâssées dans de plus petites peintures murales.

C'est sur les côtes de l'Asie Mineure et dans les îles adjacentes que nous trouvons la plus ancienne école de peinture grecque. Un concours de circonstances heureuses explique comment l'art fleurit de bonne heure dans ces contrées favorisées du ciel, en commençant dès les temps homériques par des essais en tapisserie et en tissus colorés. C'est de là, à ce qu'il paraît, que les colonies grecques des côtes de l'Italie et de la Sicile reçurent les premiers germes de l'art.

Dans la Grèce proprement dite nous voyons aussi à l'origine la peinture accompagnant la sculpture et la plastique appliquées aux besoins religieux. L'Hellène était habitué, depuis une haute antiquité, à orner d'une couche de couleurs bariolées les grossières idoles objets de son culte. Plus tard il se borna à peindre seulement les yeux ou même à les remplacer artificiellement par des matières fondues ou par des pierres. Ce ne fut qu'à une époque bien postérieure que la peinture devint indépendante de la plastique dans la décoration sacrée des temples. On peignait aussi ou plutôt on coloriait les frises des temples, les métopes et les frontons, les galeries et les salles latérales. Mais la peinture proprement dite eut pour point de départ le dessin, et celui-ci les contours ombrés, qu'on ne tarda pas à rendre, et qu'on désignait sous le nom de *sciagrammes* et de *monogrammes.* De là on arriva aux *monochromes.* On peignit d'abord les contours avec une seule couleur, obtenue avec des poteries concassées, puis on exprima d'une manière plus exacte le modelé des formes par la gradation des lumières et des ombres. Les restes les plus anciens de cette peinture monochrome, qui se maintint aussi plus tard, ce sont les vases si improprement appelés vases étrusques, où l'on voit sur un fond sans couleur des figures noires semblables à des silhouettes.

Pour le dessin linéaire, qui avait atteint chez les Grecs

un haut degré de perfection, si l'on doit ajouter foi à l'anecdote du défi entre Apelle et Protogène, et pour les monochromes, on n'avait pas besoin d'un autre instrument que le stylus, avec lequel on travaillait sur des tablettes de cire, sur des peaux d'animaux préparées, et sur des tables de bois de hêtre poli. Mais la peinture polychrome supposait des moyens matériels plus compliqués et plus perfectionnés, notamment le pinceau, que conduit une main plus libre et plus vigoureuse.

Parmi les artistes de cette période on distingue Panœmus, cousin et élève de Phidias. Il fut le premier qui remporta le prix de peinture aux jeux publics de Corinthe et de Delphes. Les peintures murales dans l'Athénée d'Élis, ses tableaux dans le temple de Jupiter à Olympie, *la Bataille de Marathon* qu'il peignit dans le Pœcilé d'Athènes, et les portraits d'un grand nombre de généraux grecs et perses qu'il avait placés dans plusieurs de ses œuvres, ont conservé son nom, plus que le coloriage et l'ornementation de la statue de Jupiter. Micon, le rival de Polygnote, naquit peut-être plus tôt; il orna également le Pœcilé ainsi que le Théséum d'Athènes de peintures représentant le *Combat des Amazones et des Centaures*. Toutefois, ce fut seulement avec Polygnote de Thase, vers l'an 420 avant Jésus-Christ, que l'art devint indépendant et sérieux. Le mérite de cet artiste consista dans une meilleure entente de la réalité, dans une plus grande vivacité de l'expression, dans l'intelligente diversité des costumes et la disposition harmonique des figures. Apollodore d'Athènes semble avoir réalisé de grands progrès dans la distribution de la lumière et des ombres. Zeuxis porta son art au sublime, et sa théore tout entière se trouvait dans son fameux tableau d'*Hélène*. Son rival, Parrhasius d'Éphèse, savait mieux rendre la grâce et l'expression féminine de la beauté; la pureté et la suavité de son dessin n'étaient surpassées que par le charme de son coloris. Timanthe atteignit le comble de l'art pour l'expression et l'invention ingénieuse. Apelle à une extrême vérité de nature joignit un coloris flatteur. Il est surtout célèbre comme portraitiste. Après lui l'art dégénéra en afféterie, en une manière factice et sèche; plus tard on ne s'occupa plus que de *ryparographie*, c'est-à-dire de la représentation d'objets vulgaires et familiers.

La peinture rencontra très-peu de sympathie chez les Romains. Ils ne connurent d'abord que les peintures des Étrusques; et Fabius, qui reçut le surnom de *Pictor*, figure à peu près seul dans les annales artistiques de Rome. Plus tard les Grecs devinrent sous ce rapport les maîtres de ces conquérants du monde; mais déjà l'art était envahi par une sensualité efféminée. La plupart des peintures anciennes qu'on a trouvées dans les tombeaux et les bains de Rome, de Pompéi et d'autres endroits de l'Italie, consistent en fresques et en mosaïques.

Le nombre des œuvres encore subsistantes de la peinture grecque et romaine est si petit que l'archéologue est le plus souvent réduit, pour prononcer sur leur mérite, à raisonner par des conjectures et des présomptions, que confirment jusqu'à un certain point l'examen des autres œuvres d'art des anciens et le témoignage des écrivains classiques. Cependant, on paraît généralement reconnaître que la peinture dans l'antiquité fut toujours subordonnée et inférieure à la plastique, tant sous le rapport de son usage que sous celui de sa perfection. On est aussi d'accord sur ce point qu'elle aurait été alors plus particulièrement plastique. Il se peut que des obstacles matériels sous le rapport de la préparation des couleurs aient contribué à cette infériorité relative, et aussi la circonstance que l'exposition publique des œuvres de peinture était plus restreinte. Cette assertion, que les anciens n'ont point connu la perspective, est mal fondée, puisqu'ils l'appliquaient avec la plus grande perfection dans son sujet le plus élevé, la figure humaine; ce qu'il y a de vrai seulement, c'est qu'ils ne traitaient jamais que par indication les arrière-plans. En revanche, le clair-obscur ne fut pas connu d'eux. Leur peinture, en outre, se bornait le plus ordinairement à la représentation de scènes historiques et d'animaux, et ils n'ont point cultivé le genre du paysage. Consultez Junius, *De Pictura Veterum*, publié par Grævius (Rotterdam, 1694); Durand, *Histoire de la Peinture ancienne* (Londres, 1725); Turnbull, *Treatise on ancient Painture*, etc. (Londres, 1740); Requeno, *Saggi sul restabilimento dell' antica arte de' Greci e de' Romani Pittori* (Parme, 1787).

La peinture n'arriva à la perfection qu'à l'époque chrétienne; c'est alors seulement qu'elle prit le dessus sur la plastique. Son application la plus ancienne aux idées religieuses eut lieu, dit-on, dans les catacombes et les caveaux funéraires. On produisit aussi sans interruption une masse considérable de travaux de mosaïque, et l'on cultiva également la peinture à l'encaustique. L'usage des tableaux de sainteté, par exemple celui des images des saints dans les églises, se répandit, à partir du quatrième siècle, par tout l'Orient et l'Occident. On a même conservé une foule de légendes de ce temps sur les origines surnaturelles de la peinture. Durant toute la première partie du moyen âge, Constantinople fut le siége d'une école de peinture, qui porta plus loin que toute autre école contemporaine la perfection de la partie technique de l'art, parce que les traditions des procédés antiques s'y étaient le plus conservées. L'art byzantin exerça à plus d'une époque une certaine influence sur la peinture de l'Occident. Cependant, les plus anciennes productions de l'art allemand se rattachent directement aux traditions antiques, et ce ne fut guère qu'à la fin du dixième siècle que les peintres du Bas-Empire influèrent légèrement sur lui. D'aussi faibles rapports ne sont point à regretter, en raison de la roideur alors complète et de la fausseté de la manière byzantine. Mais en Italie elle domina pendant plusieurs siècles d'une façon exclusive, lorsqu'à la suite de la destruction des images par les iconoclastes la presque totalité des artistes grecs émigra dans cette contrée voisine.

Ce fut seulement au treizième siècle, et avec Cimabué, que commença en Italie un art nouveau, l'art italien, qui plus tard, à une époque privilégiée entre toutes les autres, arriva au plus magnifique développement que les hommes aient connu et dont les représentants les plus grands sont Léonard de Vinci, Michel-Ange, Raphael, Corrége et Titien. A partir du quatorzième siècle l'art septentrional s'arracha également à ses premières préoccupations et avec l'école flamande entra résolûment dans la voie du naturalisme et de l'individualisme. *Voyez* ÉCOLES DE PEINTURE.

Quand la connaissance de l'antique fut plus répandue, et qu'un échange des procédés des diverses écoles, dans le courant du seizième siècle, eut préparé un nouveau terrain commun, il s'ouvrit une nouvelle période de reflorescence, dans laquelle le coloris surtout remporta d'éclatants triomphes. Les nouvelles écoles flamande et espagnole et les écoles italiennes postérieures appartiennent à cette période. Mais une nouvelle époque de décadence lui succéda, et ce fut seulement sous l'influence du grand mouvement des esprits à la fin du dix-huitième siècle que de nouvelles écoles se développèrent en France et en Italie, par exemple celles de David et d'Appiani. De la réaction romantique contre cette peinture classique sont nées les écoles qui fleurissent actuellement en France, dans les Pays-Bas et en Allemagne.

On trouvera des essais sur la théorie de l'art et sur l'histoire de l'art dans les ouvrages de Cennini, de Léonard de Vinci, de Mengs, d'Algarotti, de Piles, Watelet, Dubos, Richardson, Reynolds, D. Webb, Hagedorn, Lessing, Winckelmann, Füssli, Fiorillo, Falck, Fernow, Gœthe, etc., s'en sont aussi beaucoup occupés. Consultez, outre les ouvrages de Vasari, de Van Mander et d'Houbracken, Descamps, *Vies des Peintres flamands, allemands et hollandais* (Paris, 1755); Lanzi, *Storia pittorica d'Italia dal risorgimento delle belle-arti* (4e édit., Bassano, 1815).

PEINTURE (*Technologie*). C'est des arts industriels

celui qui a pour objet la peinture ou la décoration des bâtiments, tant à l'intérieur qu'au dehors, ce qui constitue la *peinture d'impression*, comme on l'appelle dans les arts, laquelle est exercée par ce genre d'artistes ordinairement nommés *peintres en bâtiments* ou *au gros pinceau*, ou encore *à la grosse brosse*. Ce genre d'industrie se compose de la connaissance des substances entrant dans les couleurs, du mode de préparation de celles-ci et de leur application. Il y a plusieurs sortes de peintures d'impression en bâtiment, désignées d'après le nom des matières qui servent à délayer les couleurs : c'est avec l'eau, la colle, le lait, l'essence de térébenthine, divers vernis et plusieurs espèces d'huiles, etc., qu'on broie ou détrempe les couleurs, préalablement lavées à l'eau de rivière. La *peinture en détrempe* est celle où l'on broie les couleurs avec de la colle; elle prend le nom de *peinture au lait* si c'est le lait qui remplace la colle. On nomme *peinture à l'huile* celle où ces mêmes couleurs se broient avec de l'essence de térébenthine ou de l'huile, ordinairement celle de noix ou d'œillette, ou plutôt celle de lin, qui doit d'abord être *dégraissée*; ainsi préparée, elle se nomme *siccatif*. On ne mêle le siccatif avec les couleurs qu'à l'instant de s'en servir : il les rend plus épaisses. On n'en met que très-peu dans celles où il entre de la céruse ou du blanc de plomb, et pas du tout dans les couleurs employées à l'essence.

Quelle que soit la surface qu'on veuille peindre, on la barbouille d'abord d'une ou deux couches de colle chaude, pour la rendre plus unie et en remplir les pores : c'est ce qui s'appelle l'*abreuver*. Ces premières couches une fois sèches, on les recouvre de deux autres couches de blanc à la colle : c'est ce qu'on appelle le *fond*, sur lequel s'appliquent une ou deux couches de la couleur demandée. Pour *vernir*, on ne met de siccatif que dans la première couche, les autres, qui sont à l'essence, devant sécher seules. Les surfaces de pierre, de plâtre, de bois neuf, qu'on veut peindre, doivent d'abord se recouvrir de deux couches d'huile bouillante; les nœuds des planches se frottent avec de l'ail, pour que la colle y prenne mieux. Pour *marbrer*, on fait d'abord ce qu'on nomme la *masse* ou le fond du marbre, sur lequel, quand il est bien sec, s'appliquent les nuances propres à l'espèce de marbre qu'on veut imiter.

Il y a une classe de peintres qui s'occupent spécialement sur le papier de l'imitation des diverses espèces de bois, ce qui se fait avec une ressemblance à tromper parfois les yeux les plus clairvoyants. Dans quelques pays, comme à Rio-Janeiro, par exemple, l'usage des papiers peints dont on tapisse les chambres chez nous est remplacé par une sorte de *peinture à fresque*, qui doit rentrer dans le genre des *peintures d'impression*. Quelques artistes, surtout allemands, couvrent ces murailles de dessins qui étonnent quelquefois par leur élégance et leur variété, surtout quand on se rappelle la rapidité avec laquelle ils ont été faits : ainsi, un ouvrier couvre quelquefois en un seul jour les quatre murs d'une chambre, de dessins représentant en grandeur naturelle des scènes même assez compliquées. L'action des substances métalliques employées dans les couleurs occasionne aux peintres diverses maladies, dont la plus connue est celle qu'on désigne sous le nom de colique de plomb.

PEIPUS (Lac de), ou *Tschudskoje Osero*, c'est-à-dire lac des étrangers ou des Tschoudes, nom que les Russes donnaient autrefois aux Finnois. C'est ainsi qu'on appelle un lac profond et très-poissonneux, long de 8 myriamètres et large de 6, situé dans la Russie d'Europe, entre les gouvernements de Livonie, d'Esthonie, de Pskoff et de Saint-Pétersbourg, communiquant au sud par un détroit avec le lac de Pskoff, et à l'ouest par la rivière d'Embach avec le lac de Wirzieff, situé en Livonie. Au nord il déverse par la Narva ses eaux dans le golfe de Finlande. Ses rives, généralement couvertes de sapins, sont plates et sablonneuses. Ce lac était jadis la grande voie de communication par eau entre les villes hanséatiques de la Baltique et les villes de l'intérieur de l'empire russe; et un commerce très-actif avait lieu par là entre Lubeck et les villes de Pskoff et de Novgorod.

PEIRESC ou **PEYRESC** (Nicolas **FABRE** de). *Voyez* Fabre de Peyresc.

PEITHO. *Voyez* Grâces.

PÉKING, capitale de l'empire chinois et résidence de l'empereur, dans la province de Pé-tchi-li, est située dans une belle plaine, à environ 15 myriamètres de la grande muraille, sur les bords d'une petite rivière appelée You-ho, qui se jette dans le Pého. On l'appelait autrefois Schountien-fou. Ce nom de *Péking* signifie résidence du nord, par opposition à *Nanking*, résidence du sud, que les empereurs de la Chine habitèrent jusqu'au commencement du quinzième siècle. Péking a 28 kilomètres de circuit. Il se compose de deux parties séparées l'une de l'autre et entourées de hautes murailles, *Lao-Tsching*, ou la vieille-ville au sud, où les Chinois se sont retirés depuis la prise de la ville par les Mandchoux, et *Sin-Tsching*, ou la ville du trône, appelée aussi la ville des Tatares, parce qu'elle est habitée par les Mandchoux, au nord. Au centre de la ville des Tatares, qui est bien mieux construite que la vieille ville, et qui se compose de trois parties comprises l'une dans l'autre et entourées chacune d'une muraille particulière, se trouve le palais impérial, immense quadrilatère entouré d'une muraille bien gardée. On y trouve, outre de vastes jardins, une foule de petites rues habitées par des officiers et des fonctionnaires de la cour, ainsi que par des marchands et des artisans. Au milieu s'élève la résidence proprement dite de l'empereur, formant un carré à part de 4 kilomètres de circuit et entouré de fossés et de murailles, où se trouvent un grand nombre d'édifices, de palais et de temples séparés par des cours et des jardins, la plupart entourés de galeries et de colonnades, contenant une foule de vastes appartements, magnifiquement décorés pour la plupart et portant les noms les plus pompeux. On y trouve aussi l'imprimerie impériale, des presses de laquelle sort la *Gazette d'État* ou le *Moniteur* chinois, une riche bibliothèque et une collection d'histoire naturelle. La ville tatare renferme un grand nombre d'édifices considérables, surtout de temples et de monastères bouddhistes, de même que quelques mosquées. Dans la ville chinoise on trouve beaucoup de brillantes boutiques. C'est aussi là qu'est situé le temple rond du Ciel, recouvert d'un toit formant trois étages et orné à l'intérieur de colonnes bleu d'azur et dorées. Il y existe en outre beaucoup d'autres temples, théâtres, auberges, bains publics, etc. Les rues de Péking sont généralement tirées au cordeau et larges, mais le plus souvent coupées par une foule de ruelles étroites; les maisons sont basses, et n'ont qu'un seul étage. Les deux parties de la ville sont entourées de douze vastes faubourgs. D'après des documents exacts et remontant à 1853, la population n'était que de 1,148,881 habitants. Péking est le siége de toutes les autorités supérieures et d'une foule d'établissements d'instruction publique et de sociétés savantes. Il faut aussi mentionner que la Russie possède le privilége d'entretenir à Péking un couvent grec avec un archimandrite et neuf moines, qu'on change tous les quatre ans. Le mouvement commercial et industriel n'est pas moins actif que la circulation dans les rues, et il est surtout favorisé par le grand canal de la Chine, avec lequel Péking est en communication. Péking est donc le grand centre de la vie sociale et politique aussi bien que du commerce et de l'industrie en Chine. C'est d'ailleurs une ville d'une haute antiquité, qui plusieurs siècles avant J.-C. était déjà la capitale de l'empire Yan. Au dixième siècle, les Kitans en firent leur capitale méridionale. Plus tard les Kins, ancêtres des Mandchoux actuels, en firent leur capitale occidentale. Djinghiz-Khan s'en empara en 1215, et Koublaï-Khan en fit sa principale résidence. Les Mandchoux s'en rendirent maîtres en 1644, et elle devint alors la capitale de leur empire.

PELADE (du verbe *peler* ou de *épiler*). Vulgairement c'est une maladie qui fait tomber à la fois les poils et les cheveux, tandis qu'en pathologie on entend par ce nom la chute de la surpeau ou épiderme, qui se détache et tombe par écailles, à la suite ou pendant la chute des poils.

L. Laurent.

PELADES. *Voyez* Pelures.

PELAGE. On entend par *pelage* la couleur particulière du poil de chaque animal. Beaucoup de causes peuvent faire varier la nuance du poil dans la même espèce; l'âge et le climat ont à cet égard une grande influence. C'est ainsi qu'en Laponie et autres contrées hyperboréennes on trouve des lièvres blancs, et que même dans nos contrées, lorsque l'hiver a été rude et très-prolongé, le poil de ces animaux et de plusieurs autres quadrupèdes sauvages grisonne. Vauquelin a fait des recherches fort intéressantes sur la couleur du poil des personnes brunes, blondes, châtaines et rousses. L'analyse chimique lui a prouvé que chacune de ces nuances est due à la présence d'un corps huileux de couleur correspondante.

Pelouze père.

PÉLAGE. L'Église n'a compté que deux papes de ce nom.

PÉLAGE Ier vécut sous Justinien et du temps de Childebert, roi de France; il était Romain et fils de Jean, vicaire du préfet du prétoire. Il exerçait les fonctions d'apocrysiaire de l'église de Rome à Constantinople, quand l'empereur le chargea d'aller ôter le pallium à Paul d'Alexandrie; et c'est dans un synode tenu à Gaza qu'il prononça la déposition de ce patriarche. Il obtint à son retour un édit de Justinien pour la condamnation des disciples d'Origène. Se trouvant à Rome pendant que l'armée du roi des Goths, Totila, en faisait le siége, il nourrit le peuple de ses deniers, et après que la ville fut prise il adoucit par ses prières la férocité du vainqueur. Les écrits de Théodoret, de Théodore de Mopsueste, et la lettre d'Ibas, connus sous le nom des *Trois Chapitres*, faisaient alors grand bruit dans l'Église; le pape Vigile les soutenait d'abord contre l'édit de l'empereur qui les avait condamnés; mais le pontife avait fléchi et avait fini par le souscrire. Pélage, simple diacre, suivit cet exemple. Exilé par Justinien pour avoir combattu l'édit, il le souscrivit bientôt après pour rentrer à la cour, et sur la promesse de succéder à Vigile. Ce pape étant mort à Syracuse, en 555, Pélage, en vertu de cette promesse, se mit de lui-même sur le saint-siége, sans attendre l'élection; mais il ne trouva que les évêques Jean de Péruse et Bonus de Ferentino qui voulussent procéder à son ordination, avec le secours d'un prêtre d'Ostie, nommé André. Tout le reste du clergé le regarda comme un intrus, et se retira de lui. La protection de Narsès et le serment qu'il fit de n'avoir contribué en rien à la mort de Vigile lui valurent quelques adhésions; ses libéralités en faveur du peuple et des églises les augmentèrent; mais il restait trop de dissidents pour ne point s'en alarmer, et il écrivit une longue lettre au patrice pour solliciter leur châtiment. Narsès, disent les traditions du temps, se conduisit en pasteur, et le pape en homme de guerre. Mais les évêques dissidents ayant eu l'imprudence d'excommunier le patrice, Pélage eut plus de facilité à le rendre l'instrument de ses vengeances. Il écrivit en même temps aux évêques de Toscane pour les ramener: Il conserve, dit-il, la foi des conciles de Nicée, d'Éphèse, de Constantinople, de Chalcédoine, et déclare honorer comme bons catholiques les évêques Ibas et Théodore, dont il avait précédemment souscrit la condamnation. Il rassure également la conscience de Childebert, que cette condamnation scandalise; il se justifie aux yeux de ce roi par des palinodies, et lui envoie des reliques pour achever de calmer ses scrupules. Sous son pontificat fut tenu le troisième concile de Paris, qui prononça l'excommunication contre les détenteurs des biens ecclésiastiques, appelés *meurtriers des pauvres*, par le canon qui les frappa d'anathème. Pendant ce temps, Pélage bâtissait l'église de Saint-Philippe-et-Saint-Jacques, et c'est au milieu de ces travaux que la mort le surprit, le 2 mars 560, avant d'avoir pu finir le schisme que son usurpation avait soulevé.

PÉLAGE II était aussi Romain de naissance et fils de Vinigilde, dont le nom annonce une origine ostrogothe. Il fut élu et sacré en 577, pendant que les Lombards assiégeaient encore la ville de Rome. Il y avait donc impossibilité d'en référer à l'empereur; mais immédiatement après la levée du siége, le nouveau pape en fit faire des excuses à Constantinople par son diacre Grégoire. Son élection fut approuvée; mais il n'obtint pas le secours qu'il avait sollicité pour réprimer les incursions des Lombards. Ses efforts échouèrent également en France; mais l'empereur Maurice ayant succédé à Tibère II, il en obtint quelques troupes et 50,000 écus d'or, avec lesquels il lui fut possible, en 584, de solder une armée de Français. Le roi d'Austrasie, Childebert II, à peine âgé de quatorze ans, conduisit cette armée; et le Lombard Autharis, retirant toutes ses troupes dans ses forteresses, abandonna la campagne aux ravages de son jeune rival; mais à la nouvelle du meurtre de l'infâme Chilpéric, le roi d'Austrasie revint sur ses pas pour en disputer l'héritage ou pour se venger de Frédégonde; et les Lombards restèrent les maîtres de dévaster les belles provinces de l'Italie. Le pape, ne pouvant combattre de l'épée contre ces barbares, s'escrima de la plume contre les évêques d'Istrie, qui ne voulaient pas souscrire à la condamnation des *Trois Chapitres* et aux décisions du cinquième concile de Constantinople, qui les avait foudroyés. Les évêques persistaient à blâmer le saint-siége d'avoir eu la faiblesse de condescendre ainsi à la volonté impériale. Pélage II leur écrivit trois lettres, dont la dernière fut si volumineuse, que saint Grégoire l'appelait le *Livre de Pélage*. Mais son éloquence et sa dialectique échouèrent contre l'obstination des prélats d'Istrie, et il se donna le tort d'en appeler à la puissance séculière. L'exarque Smaragdus, entraîné par son intolérance, chassa le primat Sévère de l'église d'Aquilée, le poursuivit jusque dans Grade, et l'emmena prisonnier à Ravenne avec trois autres évêques. Le peuple d'Istrie persista dans son opiniâtreté; il considéra même comme des apostats ces mêmes évêques, que le saint-siége leur fit rendre l'année suivante; et le sage empereur Maurice ayant interdit toutes ces violences à l'exarque son lieutenant, les deux partis restèrent dans leurs croyances réciproques.

Cependant, Jean le Jeûneur, patriarche de Constantinople, s'étant servi du prétexte d'un concile pour prendre le titre d'évêque universel, le pape se hâta de protester contre cette prétention; il cassa les actes du concile, défendit à son nonce de communiquer avec le patriarche, et somma celui-ci de renoncer au titre qu'il voulait usurper. Ce différend dura plus que le pontife: Pélage II, attaqué d'une maladie contagieuse, mourut le 8 février 590. Sa mémoire fut vénérée: il était le bienfaiteur des pauvres, il enrichissait les églises de ses libéralités, et ses règlements attestaient sa sagesse; il en est un cependant qui donne une étrange idée des mœurs de son siècle et de son clergé: c'est celui qui permet d'ordonner diacre un homme qui, après avoir perdu sa femme, a eu des enfants de sa servante sans l'épouser; la concubine était seule punie, et on la renfermait dans un monastère pour s'assurer de sa continence.

Viennet, de l'Académie Française.

PÉLAGE, moine breton. *Voyez* Pélagiens.

PÉLAGE, roi des Asturies, était fils de Favila, chef des Cantabres. Après la déplorable bataille de Xérès de la Frontera (711), qui renversa la domination des Goths, Pélage se retira dans la Biscaye. Là une lutte assez semblable à celle que les montagnards écossais soutinrent contre les Écossais des basses terres et les Anglais, s'engagea entre les réfugiés, sous les ordres du fils de Favila, et les troupes conquérantes. Pendant trois ans Pélage, retiré dans la grotte de Notre-Dame de Covagunda, fit en partisan une rude guerre aux Maures. Ceux-ci, harcelés dans leurs possessions par les intrépides chrétiens, traitèrent avec Pélage, auquel moyennant un faible tribut ils concédèrent la souveraineté de la petite province de Liebana, dans les Asturies. Pélage, fort de cette concession, résolut de continuer une lutte nationale. Bientôt ses forces devinrent telles que les Maures furent obligés d'envoyer (716) une armée assez nombreuse contre cet intrépide soldat. A cette époque, il portait déjà le titre de roi des Asturies, que ses compagnons de péril et de gloire lui avaient donné. Il mourut à Canicas, en 737. Il laissa la couronne à son fils Favila, en ordonnant que dans le cas où celui-ci périrait sans héritier, l'autorité fût remise à Alfonse, fils du duc de Cantabrie. Voltaire a cru devoir refuser à Pélage le titre de roi : je ne sais pourquoi. Ce qu'il y a de certain, c'est que Pélage eut une épée qui valut mieux qu'un sceptre, et qu'il fut l'homme, le chef de la résistance contre l'étranger. A. GENEVAY.

PÉLAGIE (Sainte), illustre pénitente du cinquième siècle, était comédienne à Antioche. Touchée d'une exhortation qu'elle entendit faire à saint Nonne, évêque d'Héliopolis, elle lui écrivit pour lui demander la permission de l'aller trouver. Il la reçut en présence d'autres évêques; et comme sa conversion paraissait sincère, on lui donna le baptême, la confirmation et la communion. Dès le lendemain elle mit aux pieds du saint évêque tout ce qu'elle possédait et donna la liberté à ses esclaves. Le huitième jour après son baptême, quittant la robe des néophytes, elle se revêtit d'un cilice, et étant partie la nuit même, elle s'en alla secrètement à Jérusalem, où elle se bâtit une cellule sur la montagne des Oliviers, et s'y enferma. Selon Jacques, diacre d'Héliopolis, elle y mena une vie très-austère, déguisée en homme. On ne se serait aperçu de son sexe qu'après sa mort. Cependant Théophane et Nicéphore Calixte la représentent tout simplement comme une religieuse. Basile, dans son Ménologue, assure formellement qu'elle se fit religieuse. L'église de Jouarre en Brie croit posséder le corps de cette sainte pénitente, dont le nom fut donné, au dix-septième siècle, à un établissement fondé par Mme de Miramion, rue de la clef à Paris, pour recevoir des filles repenties. A la révolution cet établissement devint une prison (*voyez* SAINTE-PÉLAGIE), dont la chapelle possède depuis 1854 un ossement de l'avant-bras de sa patronne.

Une autre sainte du même nom et de la même ville a peut-être moins de célébrité. Elle mourut vierge et martyre à Antioche, dans le quatrième siècle, durant la persécution de Maximien, en se précipitant du haut d'un toit pour échapper à la violence que voulait lui faire un soldat païen.

PÉLAGIENS, partisans d'une doctrine qui nie que la chute de l'homme ait été la suite du péché d'Adam, et qui soutient que les dispositions et les forces naturelles de l'homme lui suffisent pour arriver à la félicité éternelle. Elle n'exclue pas la foi comme assistance divine pour le perfectionnement de l'homme, mais elle fait dépendre cette assistance des efforts mêmes que fait l'homme pour s'améliorer. Ces idées furent défendues par Pélage, moine breton, qui habitait Rome au commencement du cinquième siècle et qui en l'an 409, lors d'une invasion des Goths, se réfugia avec son ami Cœlestius en Sicile, puis de là en Afrique. Attaqué ici par saint Augustin et condamné par plusieurs synodes africains, il se rendit à Jérusalem, où il mourut, en l'an 420, à l'âge de quatre-vingt-dix ans. L'affinité de ses doctrines avec celles d'Origène, et ses vertus personnelles, objet d'admiration à une époque de corruption, lui firent un grand nombre d'adhérents très-éclairés; et sans avoir jamais formé d'église hérétique particulière, les Pelagiens, dont les doctrines furent solennellement condamnées au concile tenu à Éphèse en 431, et les semi-pélagiens, qui se bornaient à adoucir la doctrine orthodoxe sur l'incapacité absolue de l'homme pour le bien, occupent une place importante dans l'histoire de l'Église. Consultez Lentzen, *De Pelagianorum Doctrinæ Principiis* (Cologne, 1833).

PÉLARGONIUM. *Voyez* GÉRANIUM.

PÉLASGES. C'est le nom sous lequel on désigne ordinairement les habitants primitifs de la Grèce, qui paraissent avoir été en même temps une des plus grandes nations de l'Europe méridionale répandue en Italie, en Macédoine, en Thrace et même dans une partie de l'Asie Mineure. Leur histoire est aussi obscure et incertaine que leur nom même et son étymologie, les uns comprenant sous la dénomination de Πελασγοί les étrangers en général, appellation que les Grecs donnaient à tous les peuples étrangers ou indigènes qui abandonnaient leur première demeure pour aller se fixer ailleurs; les autres préférant la forme peut-être plus ancienne de Πελαργοί, c'est-à-dire *descendus des montagnes dans la plaine*, et au propre *s'étant approchés d'Argos*. Suivant la tradition antique les Pélasges habitaient primitivement la Thessalie et l'Épire, où Homère les place déjà; de là ils se répandirent dans l'Asie Mineure, notamment aux environs de Larisse, puis en Crète, et enfin dans la Hellade proprement dite et dans le Péloponnèse, où ils s'établirent surtout en Achaïe et en Argolide, puis en Arcadie. Ils étaient d'ailleurs parvenus à un certain degré de civilisation, car ils pratiquaient l'agriculture et l'élève du bétail. Ils fondèrent dans les fertiles vallées des villes protégées par des citadelles, appelées pour la plupart *Larissa*, construisirent des murs cyclopéens à Argos, à Mycènes et ailleurs, et créèrent les plus anciens États grecs, Sicyone et Argos. Ils avaient des connaissances en navigation, comme le démontrent leurs diverses migrations en Asie Mineure, en Crète et en Italie, et possédaient à Dodone un oracle particulièrement consacré à Zeus. Consultez *l'Histoire des Villes et des Races helléniques* d'Ottfried Müller.

PÉLASGIQUES (Monuments). *Voyez* CYCLOPÉENS (Monuments).

PÉLÉE, fils d'Éaque et d'Endéis, frère de Télémon et frère consanguin de Phocos, roi des Myrmidons à Phthia, en Thessalie, dut quitter, avec son frère, Égine, à cause du meurtre de Phocos, et s'en alla trouver à Phthia Eurytion ou Eurytos, qui lui pardonna et lui donna en mariage sa fille Antigone, à laquelle il assigna pour dot le tiers de la contrée. Il accompagna Eurytion à la chasse du sanglier de Calydon, et l'y tua par mégarde avec un javelot; il dut en conséquence se réfugier à Iolchos, auprès d'Acaste, qui lui pardonna également et le retint auprès de lui. Pendant son séjour à Iolchos, Astydamie, épouse d'Acaste, s'éprit d'amour pour lui, sans que Pélée répondît à sa passion. Pour se venger, Astydamie fit savoir à la femme de Pélée qu'il allait épouser Stérope, fille d'Acaste; et celle-ci se pendit de désespoir. Astydamie le calomnia aussi auprès d'Acaste, et elle lui attribua sa propre passion. Par respect pour les lois de l'hospitalité, Acaste refusa de se venger de ses propres mains; mais il organisa sur le mont Pélion une chasse où Pélée devait trouver la mort. En effet, lorsque, épuisé de fatigue, il se laissa aller au sommeil, Acaste lui prit son épée et l'abandonna ainsi pour qu'il devînt la proie des bêtes féroces. Mais au moment où il se réveilla, Chéiron lui rapporta son épée. Pour le récompenser de sa chasteté les dieux lui firent épouser alors la néréide Thétis, de laquelle il eut Achille. Tous les dieux, à l'exception d'Éris, assistèrent à ses noces. Il s'en alla ensuite, avec Jason et les Dioscures, assiéger Acaste à Iolchos, l'en chassa et tua Astydamie. Il survécut à son fils, qu'à cause de son grand âge il n'avait pu suivre au siége d'Ilion. D'après Pindare, il devint après sa mort l'un des juges des enfers avec Cronos, Cadmus et Achille. Il règne d'ailleurs une diversité extrême dans les détails de la tradition relative à ses aventures, et surtout à sa dispute avec Acaste.

PÈLERIN, PÈLERINAGE. Ces mots viennent également du latin *peregrinus* (voyageur). Le mot *pèlerin* devrait donc, conformément à son étymologie, désigner tout voyageur, tout individu qui parcourt le monde; mais on en a restreint la signification, et dans le langage actuel il s'applique exclusivement à ceux qui font des voyages de dévotion, pour visiter les saints lieux ou pour s'acquitter de quelque vœu. Chaque contrée avait au moyen âge ses lieux de pèlerinage, que venaient saluer une foule de fidèles, partis de tous les points du monde chrétien. A Rome, les tombeaux des saints apôtres Pierre et Paul; à Jérusalem, le sépulcre du Sauveur;

en Espagne, Saint-Jacques de Compostelle; en France, Saint-Michel-du-Mont étaient des endroits révérés, où accouraient de préférence les dévots. Les mahométans ont aussi leur pèlerinage de La Mecque, au retour duquel ils sont dits *hadji*. Ce pèlerinage est aujourd'hui très-commun parmi eux, grâce aux facilités qu'offre de tous côtés la navigation à la vapeur.

Les *pèlerinages* ont été en usage chez tous les peuples. On prenait chez les chrétiens du moyen âge l'habit de pèlerin, dont les signes distinctifs étaient le bourdon et l'escarcelle. Au retour d'une course lointaine, le pèlerin était accueilli avec éclat dans son pays. Développés sur une vaste échelle, les pèlerinages donnèrent naissance aux croisades. Trop souvent ils ne furent qu'un prétexte de débauches. Des hôpitaux avaient été établis pour les pèlerins. Le goût des pèlerinages a repris quelque faveur aussi parmi les chrétiens. Plusieurs endroits renommés par leur sainteté, des miracles même, attirent tous les ans de pieux fidèles. Quelques-uns vont à Rome ou en Terre Sainte, voyages bien faciles à présent; mais tous n'y vont pas par religiosité.

On appelle *pèlerins d'Emmaüs* les deux disciples qui allaient à Emmaüs après la résurrection de Jésus-Christ, et auxquels le Sauveur apparut.

Pèlerinage de grâce était le nom d'une ligue des catholiques anglais de la province de Lincoln, qui prirent les armes, en 1536, contre Henri VIII.

Le mot de *pèlerin* se dit, dans le langage familier, d'un homme rusé et dissimulé : C'est un étrange *pèlerin;* Vous ne connaissez pas le *pèlerin*. Proverbialement, on dit encore : *Rouge au soir, blanc au matin, c'est la journée du pèlerin*. Cette locution admet deux explications : l'une, qu'il faut boire du vin rouge au soir, et du vin blanc au matin; l'autre, que le ciel rouge au soir et blanc le matin présage un beau temps durant le jour.

Pèlerin se dit quelquefois des oiseaux de passage.

Au figuré, on appelle *pèlerinage* le temps que les hommes ont à passer sur la terre. AUG. SAVAGNER.

PÈLERINE. On a donné ce nom à un vêtement en forme de petit mantelet qui se met sur les épaules, par-dessus l'habillement et qui tombe ordinairement moins bas que le coude. Son nom lui vient de ce qu'il était surtout en usage parmi les pèlerins. A la fin du siècle dernier, les hommes avaient des pèlerines attachées à leurs redingotes. Les manteaux ont aussi quelquefois des pèlerines.

On a donné le nom de *pèlerine* à une fameuse perle apportée en 1574 à Philippe II, roi d'Espagne : elle était de la grosseur d'un œuf de pigeon, et avait la forme d'une poire : un marchand l'acheta cent mille écus, en songeant, dit-il au roi quand il la lui présenta, qu'il y avait encore un roi d'Espagne.

En astrologie, une planète est appelée *pèlerine* lorsqu'elle est en un lieu où elle n'a aucune dignité ni disgrâce.

PÈLERINE (*Malacologie*). Voyez PEIGNE (*Malacologie*).

PELET (JEAN-JACQUES-GERMAIN, baron), général de division et sénateur, est né à Toulouse, le 15 juillet 1777. Enrôlé volontaire en 1799, il passa au mois d'août à l'armée d'Italie, où il fut employé aux travaux du génie, et comme dessinateur il fut incorporé parmi les ingénieurs-géographes. Jusqu'en 1805 il travailla à la carte d'Italie, puis il devint aide de camp du maréchal Masséna. Il assista au passage de l'Adige, à la bataille de Caldiero, où il fut blessé, à la Brenta, à la bataille d'Austerlitz; fit la campagne des Calabres en 1806, et celle de Pologne en 1807, celle d'Autriche en 1809, et suivit le maréchal Masséna en Espagne. En 1812 il fut employé à la grande armée en Russie, où il se distingua à Smolensk et à la Moskowa. A la suite de la retraite, il fut nommé général de brigade. Il prit alors le commandement de Dresde, celui des dépôts de l'armée, puis d'une brigade de la jeune garde. Blessé à la bataille de Leipzig, il fut nommé adjudant général des chasseurs à pied de la garde, et se distingua pendant la campagne de 1814. Il attendait l'ordre d'enlever Vitry-le-Français, quand il apprit la chute de l'empire. Au mois d'avril il envoya son adhésion au gouvernement royal; il suivit sa brigade à Nancy, et se retira à Toulouse avec le titre de chevalier de Saint-Louis.

Au retour de Napoléon, le général Pelet reçut le commandement du 2e régiment de chasseurs de la garde, avec lequel il combattit à Charleroy et à Fleurus. Dans la fatale journée de Waterloo, chargé de la défense de Planchenois, il n'abandonna ce village qu'à la nuit, quand l'armée était déjà bien au delà, et il forma l'arrière-garde avec les débris de son corps. Retiré derrière la Loire, il assista au licenciement de l'armée. Mis en non-activité le 11 octobre 1815, le général Pelet se retira à la campagne. Il s'y livrait à d'intéressants travaux d'histoire, quand il fut nommé, le 13 mai 1818, membre et secrétaire de la commission de défense du royaume. En même temps, il fut appelé à faire partie du corps royal d'état-major, nouvellement créé, en qualité de maréchal de camp. Mis en disponibilité en 1821, le général Pelet s'occupa de réunir les matériaux qui devaient servir à la rédaction de ses *Mémoires sur les guerres de Napoléon en Europe depuis 1796 jusqu'en* 1815. En 1824 il fit paraître une partie importante de cet ouvrage, sous le titre de *Mémoires sur la Campagne de* 1809 (4 vol. in-8°). Un des fondateurs du *Spectateur militaire*, il publia dans ce journal l'*Histoire de la Campagne de* 1813 et plusieurs articles sur de hautes questions de guerre et de politique.

A la révolution de Juillet, le général Pelet se rallia bien vite à la nouvelle dynastie. Il suivit d'abord le maréchal Jourdan au ministère des affaires étrangères, et commanda ensuite pendant quelque temps l'École d'État-Major. Le 18 novembre 1830 le maréchal Soult lui confia, au ministère de la guerre, la direction du dépôt de la guerre, les opérations militaires, le mouvement des troupes, les affaires d'Alger et le corps d'état-major. Le lendemain il fut nommé lieutenant général. Élu député à Toulouse en 1831, il vota presque toujours avec l'opposition. Au mois de novembre 1832 il reçut le commandement d'un corps réuni sur la Meuse, et destiné à appuyer au besoin les opérations de l'armée chargée du siége d'Anvers. Quand il revint, il ne retrouva que la direction du dépôt de la guerre. Il avait osé donner au duc d'Orléans le conseil de se rapprocher de l'opposition, et accepté la mission de porter un des cordons du drap mortuaire au convoi du général Lamarque. Il vota contre la loi sur les associations, contre les lois de septembre, et se prononça contre la réduction de la rente. Lors de l'explosion de la machine de Fieschi, au mois de juillet 1835, le général Pelet, qui se trouvait derrière Louis-Philippe, fut atteint à la tête par un projectile qui lui dénuda le crâne.

En 1835, le général Pelet commença, pour la collection des travaux relatifs à l'histoire de France publiée sous les auspices du ministère de l'instruction publique, les *Mémoires militaires relatifs à la succession d'Espagne sous Louis XIV, extraits de la correspondance de la cour et des généraux*, préparés par le général de Vault. Le 3 octobre 1837 il fut élevé à la dignité de pair de France. En 1845 il passa légalement dans la réserve de l'armée; toutefois, il conserva la direction du dépôt de la guerre, qui lui doit de notables améliorations. C'est sous sa haute direction que se sont exécutés les travaux de la carte de France. Il a donné en 1832 et en 1840 deux volumes du *Mémorial* publié par le dépôt de la guerre, et il a fait entreprendre sous sa direction immédiate, par des officiers sous ses ordres, l'histoire des guerres de la révolution. M. le baron Pelet a en outre publié les *Lettres historiques et politiques sur le Portugal*, par le comte Joseph de Pecchio, augmentées d'un *Coup d'œil militaire sur le Portugal*.

Après la révolution de Février, le général Pelet resta à la tête du dépôt de la guerre. Candidat de l'union électorale, il fut élu représentant du peuple à l'Assemblée législative, le 10 mars 1850, par le département de l'Ariége, à la place de M. Pilhes, condamné par la haute cour de Versailles. Il se rangea parmi les membres de la majorité, vota la nouvelle loi électorale, la nouvelle loi de la presse, etc. Il demanda sans l'obtenir l'érection d'une statue équestre de Napoléon sur l'esplanade des Invalides. Nommé sénateur à la suite du coup d'État de 1851, il a encore été appelé à faire partie de la commission chargée de recueillir et de préparer l'impression de la correspondance de l'empereur Napoléon Ier, et créé, par décret, membre de l'Académie des Sciences morales et politiques, section nouvelle de politique, d'administration et de finances, le 14 avril 1855. L. LOUVET.

PELET *de la Lozère* (PRIVAT-JOSEPH-CLARAMONT, baron), ancien ministre et ancien pair de France, né en 1785, appartient à une famille protestante de Saint-Jean-du-Gard, et est le fils d'un conventionnel, membre de la fraction modérée de cette assemblée, qui sous l'empire remplit les fonctions de conseiller d'État, sous la restauration fut un instant ministre de la police générale par intérim, et qu'en 1819 M. Decazes comprit, parce qu'il était protestant, dans sa fameuse *fournée* de pairs. M. Pelet fils remplit pendant plusieurs années, au temps de l'empire, les fonctions de préfet du département de la Lozère, et fut créé baron par Napoléon. La Restauration lui enleva d'abord sa place de préfet; plus tard, en 1820, au moment où un système plus modéré sembla vouloir l'emporter dans ses conseils, elle lui confia la préfecture de Loir-et-Cher. Mais en 1823 Corbière le destitua, comme soupçonné de libéralisme, et surtout parce que le parti prêtre n'entendait pas qu'on laissât des fonctions aussi importantes que celles de préfet aux mains d'un protestant. Quand, en 1827, le gouvernement se décida à faire appel à des élections générales, M. Pelet (de la Lozère) se mit sur les rangs, pour la députation, dans le département même qu'il avait administré en dernier lieu, et où il avait laissé les plus honorables souvenirs. Les électeurs l'ayant, à une grande majorité, investi de leur mandat, il alla se placer au centre gauche de la nouvelle assemblée. Elle eût sauvé la monarchie de la branche aînée de la maison de Bourbon, si le parti prêtre avait permis à Charles X d'exécuter franchement et loyalement la charte constitutionnelle.

Après la révolution de Juillet, M. Pelet (de la Lozère) demeura fidèle à la ligne politique qu'il avait constamment suivie. Il continua donc à faire partie du centre gauche, c'est-à-dire de cette fraction de la chambre élective qui, sans adopter à l'égard du pouvoir la tactique d'une constante opposition, s'efforça du moins de le détourner de cette voie de réaction fatale vers laquelle le poussaient incessamment les audacieuses conspirations du parti républicain. Quand, au mois de février 1835, le cabinet dont le maréchal Mortier était le président se trouva en complète dissolution, par suite des divisions survenues entre ses membres, et lorsqu'il fut question de former une administration plus libérale, le maréchal Soult, chargé de composer un nouveau ministère, offrit à M. Pelet (de la Lozère) d'y entrer avec M. de Calmon et M. le baron Charles Dupin; mais cette combinaison échoua contre la volonté opiniâtre de Louis-Philippe de ne modifier en rien la politique qui avait jusque alors prédominé dans ses conseils. Ce fut seulement l'année suivante, lorsque les tendances libérales de la chambre des députés devinrent de plus en plus manifestes, qu'une administration nouvelle se forma dans un sens plus populaire, sous la présidence de M. Thiers. M. Pelet (de la Lozère) fut appelé à y tenir le portefeuille de l'instruction publique, qui déjà lui avait été offert une année auparavant; et il l'accepta parce que, dévoué avant tout à la chose publique, il ne faisait point de l'importance relative des départements ministériels une question d'amour-propre et d'égoïsme. Mais six mois s'étaient à peine écoulés qu'un dissentiment profond à propos de la politique à suivre vis-à-vis de l'Espagne éclatait entre Louis-Philippe et ses nouveaux conseillers. M. Thiers et tous ses collègues remirent leurs démissions entre les mains du roi; et alors naquit, après un enfantement des plus pénibles, le cabinet du 11 octobre 1836, présidé par M. Molé.

La modestie et le désintéressement de M. Pelet l'empêchèrent de se joindre à l'opposition, toute rancunière et toute personnelle, faite à l'administration de M. Molé par certains de ses collègues; mais il n'en fut pas moins, en raison même de la position qu'il avait naguère occupée dans les conseils de la couronne, l'un des membres les plus importants de la minorité qui combattit les actes et les tendances de la nouvelle administration. Au mois d'octobre 1837, celle-ci crut faire acte tout à la fois d'habileté et d'impartialité en comprenant M. Pelet (de la Lozère) dans une fournée de pairs, composée d'hommes du tiers parti, de légitimistes ralliés et de partisans fanatiques de la *pensée immuable*. Quoique déporté à vie au Luxembourg, M. Pelet ne crut pas qu'une faveur de ce genre dût l'empêcher d'exprimer librement son opinion; il continua donc à la tribune de la chambre aristocratique l'opposition consciencieuse et modérée dont il avait été à la chambre élective l'un des organes les plus considérés. Il n'eut, du reste, que d'assez rares occasions d'y faire entendre sa voix. Pendant la longue crise ministérielle qui suivit la chute du cabinet Molé, au mois d'avril 1839, il fut le premier à provoquer de la part du gouvernement des explications sur les causes de la longue et déplorable interruption qui avait lieu dans le jeu légal des institutions du pays. Mais quels que fussent ses efforts pour les obtenir, c'était là une tâche dans laquelle il devait nécessairement échouer; car aussi bien que personne il savait que cette suspension de fait du système constitutionnel et de la responsabilité ministérielle n'avait d'autre origine que la volonté opiniâtre de Louis-Philippe de *gouverner* et non pas seulement de *régner*.

Quand, au 1er mars 1840, M. Thiers fut de nouveau appelé à former un cabinet dans la nuance centre gauche, M. Pelet (de la Lozère) y fut chargé du portefeuille des finances. Le 21 octobre suivant, il donnait encore une fois sa démission, car ce n'avait été que comme contraint et forcé que Louis-Philippe avait subi un ministère Thiers; et la question d'Orient, avec ses émouvantes péripéties, lui fournit enfin une occasion favorable pour s'entourer d'hommes plus flexibles et surtout plus dociles à sa volonté. Au commencement de 1848, M. Pelet (de la Lozère) parla encore sur l'adresse en réponse au discours de la couronne. La révolution de Février le rendit à la vie privée.

PELETIER (MICHEL LE). *Voyez* LEPELETIER.

PELEW ou PALAOS (Iles). Ce groupe, composé de vingt-six petites îles et situé dans la partie occidentale de la mer du Sud, à l'ouest des îles Philippines, par 8° de latitude nord et par 132° 20' de longitude orientale, appartient à la même formation géologique que les autres îles basses de la mer du Sud. Ces îles sont fertiles, bien cultivées et habitées par une nombreuse population, de même origine que la race malaie, obéissant à différents chefs entourés d'une espèce de noblesse héréditaire, et toujours en guerre les uns contre les autres. Les habitants, race d'hommes vigoureux et déterminés, sont de redoutables corsaires. La plus grande de ces îles s'appelle *Babelthoup*.

PÉLIAS, fils de Créthée, ou à bien dire de Poseidôn et de Tyro, frère jumeau de Nélée, fut exposé comme lui par sa mère. Après la mort de Créthée, il chassa son frère, et se fit l'unique souverain de Iolchos, après avoir exilé son frère consanguin Æson, à qui la souveraineté revenait de droit. Il épousa ensuite Anaxibie, fille de Bias, et suivant une autre version, Philomaque, fille d'Amphion, et eut d'elle Acaste, Pisidice, Pélopie, Hippothoé et Alcestide. Il envoya à la recherche de la Toison d'Or Jason, qui plus tard éleva des prétentions à la souveraineté, dans l'espoir qu'il ne reviendrait jamais de cette expédition. Quant à Æson et à son fils Promaque, il les fit assassiner. Mais Jason revint avec Médée, à l'instigation de laquelle les propres filles de Pélias, sous prétexte qu'elles voulaient le rajeunir, le déchirèrent en morceaux et le jetèrent dans un chaudron d'eau bouillante. Quant à Jason, il n'obtint pas pour cela la souveraineté, et fut obligé de la céder à Acaste, qui institua en l'honneur de son malheureux père des jeux funèbres.

PÉLICAN, genre d'oiseaux de l'ordre des palmipèdes et de la famille des totipalmées de Cuvier, ayant pour caractères : Bec très-long, aplati horizontalement, large, à bords entiers ou dentelés en scie; mandibule supérieure sillonnée, crochue et onguiculée à sa pointe; l'inférieure, à branches flexibles, membraneuse dans le milieu; narines très-étroites, longitudinales, oblitérées dans un sillon, et situées à la base du bec; langue cartilagineuse, très-courte, obtuse et arquée à sa pointe; face nue; peau de la gorge dilatable en un sac très-volumineux ; pieds courts, bas des jambes et tarses nus, les quatre doigts réunis dans une seule membrane; la première rémige la plus longue de toutes; queue composée de vingt pennes.

Le *pélican* proprement dit (*pelecanus onocrotalus*, L.), qui donne son nom au genre, diffère de tous les autres par la largeur et la longueur de son bec, dont la partie supérieure est aplatie en dessous, onguiculée à sa pointe, et dont l'inférieure se compose de deux branches flexibles réunies par une membrane qui se dilate en forme de poche, et pend sur la gorge : il en diffère aussi par son deuxième doigt, le plus long de tous. Cet oiseau, vu dans son ensemble, offre d'ailleurs de grandes analogies avec les fous, les frégates et les cormorans. Le pélican est à peu près du volume d'un cygne ; mais ses ailes ont plus d'envergure, et il vole beaucoup mieux, tantôt s'élevant dans les airs à perte de vue, tantôt rasant l'eau avec une rapidité et une élégance remarquables. La poche dans laquelle il renferme le poisson qu'il a pêché peut contenir environ dix-huit litres d'eau; elle est formée de deux peaux ou membranes, dont l'interne est contiguë à la membrane œsophagienne, l'externe est un prolongement de la peau du cou; lorsque le pélican veut extraire de cette poche le poisson qu'il y a renfermé, il la presse contre sa poitrine ; ce qui a sans doute donné lieu à la fable dans laquelle les anciens représentent cet oiseau comme se déchirant le sein pour nourrir ses petits. Le pélican est tellement vorace qu'il engloutit dans une seule pêche ce qui suffirait à un repas de six hommes. Dans l'état de captivité, il mange des rats et autres petits quadrupèdes. Il est assez rare en France, mais très-répandu dans toutes les contrées méridionales de notre continent : on le trouve dans le nord de l'Amérique jusqu'à la baie d'Hudson, et dans le sud de cette contrée jusqu'aux terres australes. Il fait son nid dans les rochers au bord des eaux, pondant ordinairement de deux à quatre œufs blancs, également arrondis sur les deux bouts. Sa chair, comme celle de tous les oiseaux qui ne vivent que de poisson, est d'un assez mauvais goût. Le pélican est d'une telle habileté à la pêche que peut-être pourrait-on parvenir chez nous à le faire servir au même usage auquel les Chinois emploient les cormorans, dont ils font des pêcheurs domestiques; il se précipite avec une extrême violence dans l'eau, qu'il fait ainsi comme tournoyer, bouillonner, ce qui étourdit le poisson dont il veut se rendre maître ; et il recommence cet exercice jusqu'à ce que sa poche soit remplie. C'est ainsi qu'il pêche quand il est seul; mais, au dire de Buffon, ces oiseaux, quand ils sont en grand nombre, manœuvrent, pour s'emparer du poisson, avec une adresse qui ferait honneur à des pêcheurs de profession ; ils se forment alors en un cercle qu'ils resserrent peu à peu, et au centre duquel se trouve refoulé le poisson étourdi dont ils veulent faire leur pâture : ce qui leur permet d'en remplir ainsi leur poche en très-peu de temps. Les anciens avaient donné au pélican le nom d'*onocrotalus*, parce qu'ils comparaient sa voix au braiement de l'âne.

On connaît encore : le *pélican huppé* (*pelecanus crispus*, Burch.), qui habite les îles voisines de l'embouchure du Danube, et que l'on a aussi rencontré au Sénégal; le *pélican brun* (*pelecanus fuscus*, Gmel.), que l'on trouve aux Antilles, sur les côtes du Pérou, au Bengale et à la Caroline du Sud; et le *pélican à lunettes* (*pelecanus conspicillatus*, Temm.), propre aux terres australes.

PÉLICAN. En chirurgie, c'est un instrument recourbé en manière de crochet, comme le bec de l'oiseau dont il porte le nom : il sert à l'extraction des dents.

Les menuisiers nomment *pélican* le crochet de fer qui sert à assujettir sur l'établi les morceaux de bois que l'on travaille.

Les anciens chimistes donnaient aussi ce nom à une espèce de tube employé notamment dans la cohobation.

PÉLION, haute montagne boisée de la Thessalie, s'étendant le long de la côte orientale de cette contrée depuis Magnesia jusqu'à l'embouchure du Pénée, et à laquelle se rattache plus loin au nord le pic aigu et escarpé de l'Ossa, était célèbre dans l'antiquité par ses herbes médicinales et par un temple de Zeus, au voisinage duquel on montrait la grotte du centaure Chiron. Les mythes grecs rapportaient, selon Virgile, que les géants, dans la guerre contre les dieux, entassèrent Ossa sur Pélion et Pélion sur Ossa, escalade aérienne digne des seuls fils de la Terre. En effet, une grande convulsion de la nature semble avoir bouleversé le sol thessalien; ses monts paraissent avoir été violemment et subitement déchirés. Ce fut longtemps une tradition populaire en ce pays, que les blocs noircis de ses sommets étaient les os des géants foudroyés, et les roches du Pélion étaient du nombre.

PELISSE. On nomme ainsi une sorte de robe, ou plutôt de manteau ou de mantelet, qu'on double ou qu'on garnit de fourrure. La pelisse est très-usitée en Orient, plus souvent encore, toutefois, comme objet de luxe que comme objet de nécessité. Les deux sexes la portent également : elle ne fut cependant pas connue sous les six premiers sultans. L'usage ne s'en introduisit dans l'Empire Ottoman que sous Mahomet II, après la prise de Constantinople. Il y est devenu depuis très-commun dans toutes les classes de la société.

PÉLISSIER (AIMABLE-JEAN-JACQUES), maréchal de France, est né à Maromme (Seine-Inférieure), le 6 novembre 1794. A l'âge de vingt ans il entra comme élève au prytanée militaire de La Flèche, où il resta seulement deux mois. Il passa alors à l'École spéciale de Saint-Cyr, et le 18 mars 1815, deux jours après l'arrivée de Napoléon à Paris au retour de l'île d'Elbe, il fut attaché à l'artillerie de la garde avec le grade de sous-lieutenant; mais dès le 10 avril il alla rejoindre le 57e de ligne, qui faisait partie de l'armée que Napoléon réunissait sur le Rhin. Placé en non-activité au mois d'août, lors du licenciement de l'armée, il fut rappelé dans la légion de la Seine-Inférieure au mois d'octobre. En 1819 il entra, à la suite d'un brillant examen, dans le corps d'état-major que l'on organisait. Il fit la campagne d'Espagne comme aide de camp du général Grundler. A son retour, il servit encore comme aide de camp, rentra dans un régiment de ligne, et fut appelé dans la garde royale en 1827. Il fit la campagne de Morée comme capitaine aide de camp du général Durrieu. En 1830 il fit partie de l'expédition d'Alger, et fut nommé chef d'escadron. En 1839 il fut promu lieutenant-colonel, et nommé chef d'état-major de la division commandée par le général Schramm. En 1840 il occupa le même poste dans la division d'Oran, fut créé colonel et appelé à l'état-major général de l'armée d'Afrique. En 1845 le nom du colonel Pélissier devint tout à coup fameux par l'étouffement des Arabes enfumés dans les grottes de l'Ouled-Rhia dans le Dahra. L'année suivante le colonel Pélissier fut nommé maréchal de camp. En 1848 le général Cavaignac lui confia le commandement d'Oran. En 1851, il fut chargé par intérim des fonctions de gouverneur général de l'Algérie, à la place de M. d'Hautpoul, qui rentrait en France. A la fin de l'année, il fit la campagne de la Kabylie. En apprenant le coup d'État du 2 décembre, il mit l'Algérie en état de siége, et parvint à y maintenir la tranquillité. Le général Randon vint bientôt le remplacer comme gouverneur général. L'année suivante, il prit Laghouat.

Au mois de janvier 1855 un ordre impérial l'appela au commandement du premier corps de l'armée d'Orient, qui opérait devant Sébastopol, sous les ordres du général Canrobert. Le 16 mai le général Pélissier prit le commandement en chef de cette armée, que le général Canrobert lui abandonnait, en prenant sa place à la tête du premier corps. Aussitôt il enlevait une place d'armes aux Russes entre la mer et le bastion central ; puis il occupa la ligne de la Tchernaïa; la flotte s'empara de la mer d'Azof, les Russes ayant fait sauter Kertch et Iénikalé à notre approche. Au mois de juin le mamelon vert fut emporté, mais on échoua contre la tour Malakof. Le général Canrobert avait dirigé toujours ses efforts contre le bastion central, dit du Mât; le général Pélissier regarda la tour Malakof comme la clef de la place assiégée. Elle fut enfin emportée le 8 septembre, et les Russes durent évacuer tout le côté nord de Sébastopol. Le 12 il était créé maréchal de France. Les opérations s'arrêtèrent, et au mois de mars 1856 la paix se fit à Paris. Lors de l'évacuation, le maréchal Pélissier s'embarqua pour ainsi dire le dernier, s'arrêta à Constantinople, à Smyrne, au Pirée, et arriva enfin le 1er août à Marseille. Cette ville avait fait de grands préparatifs pour le recevoir. Il n'y put pas rester longtemps : l'empereur l'appelait près de lui à Plombières. Il dut passer rapidement à Lyon. Il avait été créé *duc de Malakof* avec une dotation de 100,000 francs, qui fut votée par le corps législatif. Ses collègues, les généraux Canrobert et Bosquet, nommés aussi maréchaux, avaient été se placer à la tête des premiers corps de l'armée qui rentraient de la Crimée. Le maréchal Pélissier n'eut pas le même avantage. Il ne ramena avec lui aucune troupe à Paris. Le maréchal Vaillant, ministre de la guerre, alla seulement le recevoir au chemin de fer, l'emmena chez lui et quelques jours après le fit assister à la distribution des prix du concours général à la Sorbonne, que le ministre de la guerre présidait comme ministre de l'instruction publique par intérim. Depuis, d'autres honneurs sont encore venus le trouver, et il a été nommé vice-président du sénat.

L. LOUVET.

PÉLISSON. *Voyez* PELLISSON-FONTANIER.

PELLA, ancienne capitale de la Macédoine, où naquirent Philippe et Alexandre le Grand, était au temps où florissait l'empire des Macédoniens une puissante et riche cité. Mais sous la domination des Romains, qui y envoyèrent cependant une colonie, elle perdit toute importance. Au moyen âge on connaissait encore le château fort de Pella sous le nom de Bodena.

Une autre ville de *Pella*, appelée aujourd'hui *Bellue*, était située à l'extrémité sud de la *Décapole*, contrée au nord-est de la Palestine, près des frontières de la Peræa.

PELLAGRE ou **ÉRYSIPÈLE DE MILAN** (*Pellarsis*, *Lepra lombardica* ou *mediolanensis*, et encore *Italica*). On désigne sous ces noms divers une maladie endémique particulière à la haute Italie et aux contrées où on se livre à la culture du riz, qui ne se manifeste guère que chez les adultes arrivés à l'âge moyen, se livrant en plein air à de rudes et fatigants travaux, et constamment exposés aux rayons brûlants du soleil. Les principaux accidents consistent en perturbations dans le système digestif, accompagnées de douleurs nerveuses, de faiblesse et d'abattement moral. La maladie se déclare au printemps, puis disparaît complètement pendant l'hiver, mais pour revenir l'année d'ensuite. (On a pourtant de nombreux exemples de récidives ne se présentant qu'au bout de plusieurs années.) La guérison qu'amène de nouveau la saison d'hiver ne dure pas longtemps; le mal reparaît alors ordinairement pendant trois ou quatre et au plus pendant sept années consécutives, avec des symptômes de plus en plus graves, jusqu'à ce que la mort y mette un terme. Les ouvertures de cadavres ne fournissent que de bien faibles lumières sur la nature de cette affection. Des divers traitements qu'on a essayé d'y appliquer, celui qui a le mieux réussi consiste à transporter le malade, tout au début de la maladie, dans une localité où elle ne règne point; ce qui souvent suffit pour la guérir radicalement. Consultez Nardi, *Delle Cause e Cura della Pellagra e del modo d'estirparla da queste contrade* (Milan, 1836); Roussel, *De la Pellagre, de son origine*, etc. (Paris, 1846).

PELLAPRA (LEU-HENRI-ALAIN), ancien receveur général, né à Lyon, en 1772, se chargea de faire accepter au ministre Teste le prix de la corruption pour la concession des mines de sel de Gouhenans. Il ne comparut pas d'abord avec ses coaccusés, mais après leur condamnation il vint se constituer prisonnier, fut jugé séparément, et condamné à la dégradation civique et à 10,000 francs d'amende, sans solidarité, comme atteint du crime de corruption, le chef d'escroquerie ayant été écarté. Il prétendait n'avoir fait des démarches auprès du ministre que pour obliger le général Cubières. M. Delangle, alors procureur général, disait en caractérisant son action : « Que ce soit le général qui ait eu la première pensée de la corruption, ou qu'elle lui ait été donnée par M. Pellapra, peu importe. Il est certain qu'à dater de 1842 M. Pellapra a été l'âme de l'affaire, qu'il a été l'agent et le caissier de la corruption, que les fonds déposés entre ses mains, il les a offerts au ministre; qu'en lui présentant l'appât d'une rémunération illégitime comme une chose toute naturelle, il a enflammé sa cupidité, il a fait taire ses scrupules et l'a entraîné dans l'abîme... M. Teste avait admis chez lui, dans son intimité, un homme dont toute la vie s'est écoulée dans le culte de l'argent, indifférent sur les moyens de grossir sa fortune, insatiable, spéculant sur toutes choses, sur les passions même de ses amis, s'étonnant peut-être encore en ce moment que l'acte qu'il a commis excite une telle réprobation. Ce contact devait le perdre... Si Pellapra n'est pas le plus coupable, continuait l'organe du ministère public, son crime excite le plus de répugnance; le honteux proxénétisme auquel il s'est livré appelle la rigueur de la cour; elle a le droit de lui demander compte non-seulement de sa faute, mais de la faute des hommes que vous avez frappés dans votre justice; il y a nécessité de punir dans sa cupidité un millionnaire qui moyennant salaire a poussé un ministre à oublier que le premier devoir des hommes publics est une probité inflexible. » M. Pellapra mourut à Menars (Loir-et-Cher) dans les premiers jours de décembre 1852, laissant une des fortunes les plus considérables de France. L. LOUVET.

PELLE, instrument de bois ou de fer, large et plat, avec un manche, et qui sert à divers ouvrages, comme à enlever des terres, à ramasser des ordures, à pousser des fumiers, à remuer des grains, à prendre du feu, à lancer du sable ou des amendements sur les terrains, etc. Il y a près des cheminées une *pelle à feu* ; la *pelle à main* a le manche très-court, et sert aussi, surtout à la cuisine, à prendre du feu, du charbon, des cendres, à ramasser des ordures dans les appartements; etc.; la *pelle de four* sert à enfourner le pain, les pâtisseries : elle est plate et sans bords. *Remuer l'argent à la pelle*, c'est avoir beaucoup d'argent. Au figuré, on dit que *la pelle se moque du fourgon*, en parlant d'une personne qui a les mêmes défauts que celle dont elle veut se moquer. *Être un petit saint de bois sur une pelle* se dit d'un homme vain et suffisant, par corruption, selon Pasquier, pour *sous un poêle*, sous un dais. On dit aussi *Faire le doux Dieu sur une pelle*, par corruption sans doute de *palle* ou *paile*, qui s'est dit du corporal, linge sur lequel le prêtre pose l'hostie à la consécration. L. LOUVET.

PELLEGRIN (SIMON-JOSEPH), né à Marseille, en 1663, moine de l'ordre des servites à Moutiers, aumônier sur un vaisseau, vint s'établir à Paris après plusieurs voyages au longs cours, et y obtint en 1704 le prix de poésie décerné par l'Académie Française, pour une épître au roi sur les succès de ses armées; une ode lui disputa ce prix; elle était de lui. Il obtint à cette occasion l'autorisation de passer de l'ordre des servites dans celui de Cluny. Il tint boutique de poésie, fournissant des quantités aussi considérables que médiocres de madrigaux, d'épithalames, de couplets de circonstance, etc. Il produisit une grande quantité de poésies, toutes plus inconnues les unes que les autres; il eut la malheureuse idée de traduire Horace en vers français, fit des sermons, des cantiques et des pièces de théâtre pour l'Opéra et la Comédie-Française : ces derniers ouvrages le firent interdire par le cardinal de Noailles. Deux de ses productions seulement avaient quelque valeur littéraire; ce sont : *Le Nouveau Monde*, comédie en trois actes et en vers, et une tragédie en cinq actes intitulée *Pélopée*, qui demeura quelque temps au répertoire. L'abbé Pellegrin fit représenter ses ouvrages sous le nom du chevalier Pellegrin, son frère, ou sous celui d'Antoine de La Roque. Il avait une modique pension sur le *Mercure* de France, dirigé par ce dernier, et fournissait les articles de spectacle à ce journal. Homme doux, simple, modeste et honnête, dit Palissot, il avait le malheur de travailler pour vivre et pour faire subsister sa famille, à laquelle il sacrifiait souvent son propre nécessaire : ses vertus ne le sauvèrent pas du mépris.

PELLETERIE (du latin *pellis*, peau). Par *pelleterie* on entend le commerce des peaux et fourrures des animaux à poil doux; par *pelleteries*, on désigne les fourrures elles-mêmes. Les peaux de bêtes ont été le premier vêtement de l'homme : la Genèse nous l'apprend, quand elle rapporte qu'Adam et Ève s'en couvrirent. Dans l'antiquité la plus reculée, nous voyons les peuples des contrées froides de l'Europe et de l'Asie se couvrir des dépouilles des animaux féroces ou carnassiers. Les poëtes grecs nous représentent la plupart de leurs demi-dieux ou de leurs héros enveloppés de peaux de lions, de tigres, de léopards, de loups. Les barbares qui envahirent l'Empire Romain étaient pour la plupart couverts de peaux d'ours. Les chefs, les princes portaient des manteaux doublés de fourrures plus précieuses, et l'hermine est longtemps demeurée en France ce qu'elle est encore dans quelques contrées d'Orient, un signe de supériorité ou de commandement. Au moyen âge l'on faisait en Europe une consommation considérable de pelleteries : au temps des croisades, la mode des fourrures avait dégénéré en véritable frénésie; plusieurs rois, notamment Philippe le Bel, Henri II en Angleterre, rendirent des édits pour la réprimer; au milieu du quatorzième siècle l'usage des fourrures fut défendu dans la Grande-Bretagne à toute personne qui n'aurait point un revenu de 100 livres sterling. Au milieu du seizième siècle, la pelleterie prit en Russie une grande extension; une compagnie anglaise commandita des comptoirs qui s'alimentaient de fourrures à l'ouest et au nord-est des monts Ourals, chez les Samoïèdes et les Sibériens.

L'établissement des Français et des Anglais dans le nord de l'Amérique donna à la pelleterie une extension considérable; les sauvages de ces contrées échangeaient contre des armes, de la poudre, des haches, des verroteries, les peaux des castors et des nombreux animaux à fourrure précieuse. De hardis habitants du Canada se hasardaient dans les régions les plus froides, les plus reculées, les plus inconnues, au milieu de peuplades cruelles et astucieuses; les *coureurs des bois*, c'est ainsi que l'on nommait les agents des négociants en pelleterie, vivaient des années entières au milieu des sauvages, et revenaient à Montréal et à Québec chargés de quantités considérables de fourrures; il leur fallait braver des dangers, des fatigues inouïs. Ils firent une concurrence redoutable à la compagnie anglaise établie dès 1669 dans la baie d'Hudson. Quand les Anglais furent maîtres du Canada, il y eut un temps d'arrêt dans les opérations des négociants en pelleterie de Montréal, qui se ralentirent sensiblement. En 1784 une nouvelle compagnie s'organisa à Montréal; elle finit par se fusionner avec celle de la Baie d'Hudson; les deux compagnies prirent la dénomination de *Compagnie du Nord-Ouest*.

D'autres compagnies importantes contribuent à fournir l'Europe et l'Amérique de fourrures, dont il s'y fait une consommation considérable : ce sont la *Compagnie russo-américaine*, dont le siége est à Moscou, et qui possède des comptoirs assez nombreux dans le nord de l'Asie et de l'Amérique; la *Compagnie danoise du Groënland*, dont le siége est à Copenhague, et la *Compagnie américaine* de New-York, qui exploite exclusivement la partie supérieure du cours du Mississipi et les grands lacs qui l'environnent. Dans toutes les contrées où la rigueur de la température fait rechercher les fourrures aux peuples, on les considère à la fois comme objet de première nécessité et comme article de luxe. Le prix considérable qu'y mettent les gens riches et puissants est toujours relatif à la beauté réelle de la fourrure et à la difficulté qu'on éprouve à se la procurer. La beauté d'une fourrure consiste principalement dans la longueur du poil de l'animal, dans sa douceur, son épaisseur et sa couleur. En général, le poil du dos des animaux à fourrure est celui qui réunit au plus haut point ces qualités recherchées. Les animaux à fourrure ayant le poil plus long en hiver qu'en été, ceux qui sont tués dans la saison rigoureuse ont plus de prix que les autres.

Les préparations que l'on fait subir aux peaux pour les conserver à l'état de fourrures sont fort simples; elles consistent dans deux séries d'opérations : la première est appelée le *travail des peaux* : on les écharne bien, on les enduit de graisse du côté de la chair, on les foule dans un tonneau défoncé, on les écharne de nouveau, et on les assouplit en les frottant avec force du côté de la chair, en les frottant sur une tige de fer ou sur une corde bien tendue; la seconde opération consiste dans le *dégraissage des peaux* avec de la sciure de bois, du sable chaud, du plâtre en poudre, et dans un nouvel assouplissement qu'on leur donne. Souvent on fait subir aux pelleteries une teinture artificielle qu'on appelle *lustrage*, soit par immersion dans des matières colorantes, soit au moyen de la brosse.

Le commerce des pelleteries donne lieu à quelques fraudes, que nous croyons devoir signaler ici. 1° On mouille les peaux de martres avec une légère lessive alcaline, qui attaque le poil et l'amincit, ce qui rend la fourrure plus douce et plus fine; 2° on suspend les peaux dans la cheminée, pour que la fumée donne à l'extrémité des poils cette couleur noirâtre tant recherchée, surtout par les peuples du Nord; 3° souvent on plonge la peau en grand dans un bain de teinture. Pour reconnaître ces fraudes, il faut donc : 1° flairer les fourrures pour s'assurer qu'elles n'ont point été fumées; 2° ouvrir le poil jusqu'à fond pour examiner si le noir règne depuis la pointe jusqu'à la racine, ce qui décèlerait la fraude pratiquée à l'aide du bain colorant.

Pour bien conserver les fourrures, il convient de les battre soigneusement à l'entrée du printemps et vers le milieu de l'été. Ensuite, le meilleur moyen d'en éloigner les insectes, c'est d'en faire une espèce de matelas, que l'on place au milieu de ceux sur lesquels on couche : l'effluve du corps humain est redoutée par les insectes. Quelques personnes sèment dans ce matelas des morceaux de cuir neuf, de la racine de pettiver, etc. Mais ce qu'il y a de plus efficace, c'est de placer les fourrures dans son lit. On a remarqué que les plus chaudes fourrures sont celles de loup et de renard.

L'on trouvera l'énumération des nombreuses fourrures qui alimentent le commerce de la pelleterie aux articles consacrés aux nombreux animaux qui les produisent, tels que le castor, la loutre, la martre, l'hermine, la zibeline, le lynx, le loup blanc, le renard blanc, le gris-gris, le rat musqué, le raton, etc.

PELLETIER (Bertrand), savant chimiste, né en 1761, s'était déjà fait remarquer à l'âge de vingt-et-un ans par un mémoire intéressant. Il n'opposa aucune résistance à l'adoption de la théorie de Lavoisier, qu'il adopta, sans rien faire cependant pour la soutenir contre ses détracteurs. A cette époque, les combinaisons du phosphore avec le soufre et les métaux étaient à peine connues; Pelletier les examina avec le plus grand soin, et en fit connaître un grand nombre. On ignorait la nature d'une couleur que l'on préparait avec grand avantage en Angleterre pour la fabrication des papiers peints; Pelletier parvint à l'imiter, et si le procédé qu'il publia ne permit pas d'obtenir les véritables *cendres bleues*, il procura cependant le moyen d'obtenir une couleur dont le commerce a consommé de très-grandes proportions, et que l'on a seulement modifiée depuis. Au moment où le génie révolutionnaire planait sur la France, quand les monuments religieux surtout commencèrent à éprouver le choc du marteau destructeur, les cloches devinrent un grand objet de spéculation; chacun s'empressa de trouver des procédés pour en séparer le cuivre. Pelletier fut l'un des premiers qui indiquèrent quelques moyens pour parvenir à ce résultat, et qui tentèrent en grand des recherches à ce sujet. Le nom de Pelletier figure avec celui de plusieurs autres savants dans des rapports remarquables sur les procédés propres à extraire la soude du sel marin, à la refonte du papier, à la fabrication du savon, au tannage des cuirs.

A vingt-neuf ans, Pelletier fut appelé à l'Académie des Sciences. Lors de la création de l'Institut, il devint membre de la première classe, qui comprenait les sciences physiques et chimiques. Il n'y figura que peu d'années : une maladie de poitrine l'enleva aux sciences, en 1797.

PELLETIER (JOSEPH), fils du précédent, naquit à Paris, en 1788. Il commença jeune à se livrer à l'étude de la chimie; de nombreux travaux sur un grand nombre de sujets ont placé son nom parmi ceux des hommes les plus habiles de notre époque. Nous nous contenterons de signaler ici, comme le plus digne de fixer l'attention, la découverte de beaucoup d'*alcalis végétaux*, classe nouvelle de corps qui vint occuper d'une manière si particulière un rang dans la chimie organique. La *quinine* et par suite le sulfate de cette base ont présenté le plus haut degré d'intérêt : le *sulfate de quinine* est devenu entre les mains des médecins un remède si énergique pour le traitement des fièvres qu'il n'est personne, quelque étranger qu'il puisse être à l'histoire des sciences, qui n'en ait entendu rapporter les utiles effets. Si Pelletier eût voulu tirer parti de cette découverte, il pouvait se procurer une grande fortune; il préféra en faire profiter la société : Caventou, qui a coopéré avec Pelletier à une grande partie de ses travaux sur les alcalis végétaux, partage avec lui l'honneur de cette découverte. Nommé jeune encore professeur à l'École de Pharmacie de Paris, Pelletier s'y distingua par la manière dont il se livra à l'enseignement, et il en devint le directeur adjoint. Membre de l'Académie de Médecine dès sa création, il fut appelé à l'Académie des Sciences comme membre libre en 1840, et mourut à Paris, en 1842.

GAULTIER DE CLAUBRY.

PELLICO (SILVIO), célèbre poëte italien, naquit en 1789, à Saluces, en Piémont, et fut élevé à Pignerol, où son père, *Onorato* PELLICO, connu lui aussi comme poëte lyrique, possédait une filature de soie. A l'âge de seize ans, il accompagna à Lyon un de ses parents, et il avait déjà presque oublié l'Italie quand le poëme de Foscolo *I Sepolcri* réveilla en lui l'amour de la patrie avec une telle énergie, qu'il résolut aussitôt de retourner en Italie. Accueilli avec sympathie à Milan par Ugo Foscolo et par Vincenzo Monti, il s'attacha bientôt complétement à ce dernier. Plus tard, il devint le précepteur des enfants du comte Luigi Porro Lambertenghi, dont la maison était le rendez-vous des principaux habitants de Milan, des poëtes et des artistes les plus en renom, comme Manzoni, Melchior Goja, Grossi, Berchet, etc., et des étrangers de distinction passant par cette ville. Ses deux tragédies *Laodamia* et *Francisca di Rimini* lui assignèrent une place distinguée parmi les poëtes italiens. Il publia aussi alors une bonne traduction du *Manfred* de Byron. Il était lié d'amitié avec beaucoup de savants, amis de leur pays, et avec des écrivains libéraux qui soutenaient avec zèle le plan conçu pour régénérer l'Italie en y faisant fleurir les lettres et les sciences. Cette conformité de vues et d'espérances donna naissance à un recueil périodique, intitulé : *Il Conciliatore*, et dans lequel parurent, entre autres, le *Conte di Carmagnola* de Manzoni et l'*Eufemio de Messina* de Pellico. En 1820, par suite de l'esprit libéral qui régnait dans ces publications, Silvio Pellico, accusé ainsi que plusieurs de ses amis d'appartenir à la société secrète des Carbonari (accusation dont la complète fausseté fut démontrée plus tard), se vit un jour arrêter et conduire à Santa-Margherita, où son ami le poëte Pietro Maroncelli se trouvait déjà détenu. Transféré l'année suivante dans la prison *des Plombs* à Venise, et soumis aux tortures d'une longue instruction criminelle, il fut au mois de janvier 1822 conduit à la prison de l'île San-Michele, près de Venise, où l'avait déjà précédé Maroncelli. A quelques jours de là ils furent amenés tous deux sur la *Piazetta* de Venise. Un échafaud y était dressé, et on les y fit monter pour entendre la lecture de l'arrêt qui les condamnait à la peine de mort, peine que, *dans son inépuisable mansuétude*, l'empereur daignait commuer pour Maroncelli en vingt ans, et pour Silvio Pellico en quinze ans de *carcere duro* au Spielberg. Ils y furent conduits tous deux au mois de mars 1822 et enfermés séparément dans des cachots souterrains. Déjà épuisé par près de deux années de détention, Silvio Pellico, réduit à la pitance la plus chétive, et qui la première année ne se composa même que de pain et d'eau, forcé de coucher sur un lit de camp sans matelas, s'affaiblit de jour en jour, et malgré quelques légers adoucissements apportés à sa triste position, finit par tomber si dangereusement malade, en janvier 1823, qu'il fallut le placer à l'hôpital. Grâce aux soins sympathiques qu'eut pour lui le geôlier Tirola, il guérit pour quelque temps; et lorsqu'il éprouva une rechute, Maroncelli lui fut donné comme compagnon de captivité et chargé en même temps de le soigner. Mais à partir de 1824 leur détention devint plus rigoureuse que jamais. On leur enleva leurs livres, on ne leur donna plus de plumes ni d'encre; et à son tour Maroncelli tomba malade des suites d'une tumeur au genou. Le mal fit des progrès tels, qu'après neuf mois d'atroces souffrances, le malheureux détenu dut se résigner à l'amputation de sa jambe. Les deux amis furent enfin remis en liberté le 1er août 1830.

Silvio Pellico, dans *Le mie Prigioni* (Mes Prisons [Paris, 1833]), livre qui a fait couler tant de larmes, a raconté ses dix années de martyre avec une simplicité et une résignation qui font aimer celui qui a ainsi souffert. Simple comme le sont toutes les productions du génie, cet ouvrage se placerait déjà hors de ligne par trois caractères bien saillants : l'emploi constant du mot propre, l'omission de la moindre phrase inutile, et surtout la justesse d'un crayon auquel trois ou quatre coups suffisent pour tracer au vif un personnage, impossible ensuite à oublier. Esquissés de la main de Pellico, le caporal Schiller et la petite geôlière Zanzé sont désormais deux figures impérissables. Mais que la supériorité des *Prigioni* est loin de tenir uniquement à ce triple mérite! Comme elle résulte bien davantage de l'incroyable candeur d'un homme trop généreux pour avoir jamais craint d'être dupe ni de s'exposer encore par ses récits à le paraître! Le sceau de la perfection de ce livre évangélique consiste en ce qu'il est pleinement chrétien d'un bout à l'autre; en ce qu'on n'y rencontre pas une page qui ne respire la vraie religion, c'est-à-dire à côté de la sincérité la plus entière l'amour pratique de Dieu et des hommes. La résignation, la sérénité d'âme avec lesquelles Silvio Pellico raconte les tortures de sa captivité, ont paru à certaines gens une lâche désertion des principes politiques de sa jeunesse. Elles aimeraient mieux le surprendre s'abandonnant à quelque explosion de colère pour flétrir ses bourreaux. Elles oublient que ses malheurs l'ont détaché du monde et de ses passions, pour le ramener à Dieu. Ayant à raconter la vérité, laquelle ne peut pas toujours être favorable au prochain, voici l'innocent artifice qu'il emploie : est-elle avantageuse, il nomme; est-elle fâcheuse, il ne nomme pas. Avec ce seul moyen, tout est sauvé, et sans le secours d'aucun mensonge la charité est mise hors d'atteinte; car l'éloge, quand il y a sujet d'éloge, se fixe dans le souvenir en s'appliquant à quelqu'un, et le blâme, quand il y a matière à blâme, s'en va, sous forme impersonnelle, tomber et se perdre dans le vide. Ce secret, comme on voit, se réduit à l'observance pure et simple des obligations du catéchisme; mais on en est stupéfait comme d'une invention merveilleuse, tant la pratique en est devenue rare. Et alors on se demande si le pamphlet le plus virulent, la satire la plus amère, la dénonciation la plus éloquente eussent, en définitive, plus soulevé l'indignation publique contre les oppresseurs que cette douleur calme et placide, que cette résignation toute chrétienne dont Pellico fait preuve en racontant des douleurs sans nom. L'impression produite en Europe par les *Prigioni* fut immense; et le despotisme autrichien, dénoncé à l'humanité, reçut là un coup plus terrible que celui qu'eût pu lui porter même un malheureux appel à la vengeresse insurrection.

Quand les portes du Spielberg s'ouvrirent enfin pour lui, Silvio Pellico revint dans sa patrie. Il refusa l'offre d'une place de secrétaire de ses commandements que lui fit faire la reine des Français, Marie-Amélie, et préféra se fixer à Turin, où il trouva un honorable asile, en qualité de secrétaire, dans la maison de la marquise de Barolo, née Colbert. Il a dignement célébré cette pieuse amie dans des vers dont l'aimable gravité seyait à ses sentiments comme à ses principes; et l'on peut la considérer comme ayant été sa Laure, quoiqu'il n'ait pas composé pour elle des madrigaux alambiqués. Jadis ardent zélateur des lumières, journaliste de l'école du progrès, écrivain dramatique à succès populaires, lié avec des protestants, des philosophes, des économistes, des novateurs de toutes sortes, ami des penseurs, penseur lui-même, parvenu à avoir un nom européen, Pellico avait tout ce qu'il fallait pour charmer et guider les générations nouvelles, en leur prêchant la haine du despotisme et l'amour de la liberté. Mais détaché des choses de ce monde, au risque de se voir accusé d'être tombé dans le mysticisme, il préféra ne plus parler à la foule que pour lui rappeler les éternelles vérités morales dont le christianisme est l'expression, que pour la ramener à Dieu. Après avoir lu les *Prigioni*, et en apprenant combien après sa délivrance sa vie fut modeste et retirée, qui oserait lui faire un reproche de cette sublime abnégation? Ses malheurs, ses souffrances, ne lui avaient inspiré que des pensées de pardon et de charité. Il avouait qu'un moment l'immense succès de ses *Prigioni* avait fait naître en lui un sentiment de vanité, et qu'il s'était cru un grand homme; « mais, ajoutait-il, cela n'a pas duré longtemps... et je m'en suis repenti toute ma vie. » On le rencontrait souvent dans les rues de Turin, marchant seul, le regard tourné toujours vers le ciel. Il semblait ne plus appartenir à la terre, et son front était entouré de l'auréole qui rayonnait de sa belle âme. Mais déjà il était atteint de la maladie qui l'emporta, le 13 janvier 1854, et il attendait la mort. Ce jour-là, le visage calme et serein, il se fit lire à haute voix les prières pour les mourants. Quand le prêtre eut fini cette lecture, il regarda Silvio : Silvio était mort.

Dès 1831 une édition de ses *Opere* avait paru en deux volumes à Padoue. Les *Tre nuove Tragedie* qu'il fit paraître en 1832, à Turin, se composent de *Gismonda da Mendrisio*, de *Leoniero da Dertona* et d'*Erodiade*. Sa tragédie de *Tommaso Moro* parut en 1833; et quatre ans plus tard un libraire de Turin publia une collection de ses *Opere inedite* en deux volumes. Dans les dernières années de sa vie, Silvio Pellico fit paraître sous ce titre : *Dei Doveri degli Uomini* (Des Devoirs des Hommes), une espèce de catéchisme des devoirs de l'homme, où le mystique prêche l'action et l'anachorète la vie publique. C'était dignement répondre à ceux qui l'accusaient d'avoir oublié son ancien culte pour le progrès et la liberté. « Celui qui hait la réforme possible des abus sociaux, y dit-il nettement, est un scélérat ou un fou. Pour défendre la patrie en péril, les citoyens doivent savoir combattre, triompher ou mourir. » Ses œuvres posthumes se composent de fragments de ses *Mémoires*, où il raconte sa vie après sa sortie du Spielberg; d'un roman inachevé, dont l'action se passe à l'époque de la révolution française; de trois tragédies : *Les Français d'Agrigente*, épisode de l'histoire de Naples à l'époque de la conquête de Charles d'Anjou; *Raphael de Sienne*, où le personnage de Dante est peint avec une singulière vigueur, et *Corradino*; enfin d'une grande quantité d'odes ou d'autres poëmes inachevés.

PELLISSON-FONTANIER (Paul) naquit à Béziers, en 1624, d'un père protestant, conseiller en la chambre de l'édit à Castres. Après avoir fait d'excellentes études, il alla étudier le droit à l'école de Toulouse, et fort jeune encore il publia une paraphrase latine du premier livre des *Institutes*. Pellisson se destinait alors à la carrière du barreau ou de la magistrature, que plusieurs de ses ancêtres avaient parcourue avec distinction; mais une maladie cruelle vint changer tout à coup le cours de ses études : il fut atteint de la petite vérole à Castres, où il exerçait depuis quelque temps la profession d'avocat. Ce mal horrible mit ses jours en danger et le défigura d'une manière affreuse. On sait que Mme de Sévigné disait de lui « qu'il abusait de la permission qu'ont les hommes d'être laids ». Il est vrai que, pour tempérer le mordant de cette plaisanterie, elle ajoutait : « Il est bien laid; mais qu'on le dédouble, et l'on retrouvera une belle âme. » Forcé d'abandonner le barreau pour soigner sa santé, Pellisson se retira à la campagne, et dans les loisirs de sa retraite il se mit à étudier la littérature, dont sa mère, femme distinguée, lui avait inspiré le goût dès son enfance. Pellisson trouva mille attraits dans cette étude, qui convenait mieux à la nature de son esprit. Il forma le projet de renoncer définitivement au barreau et d'aller se fixer à Paris, où l'appelaient les instances de Conrart, secrétaire de l'Académie Française. Grâce au patronage de son ami, Pellisson fit la connaissance des gens de lettres les plus célèbres, et fut reçu dans les plus brillantes sociétés, où l'aménité de son caractère et de son esprit le fit bientôt remarquer. Il se lia surtout avec Mlle de Scudéry, qui l'a mis en scène dans plusieurs de ses romans sous les noms d'*Acante* et d'*Herminius*.

Cette liaison, dont le cœur faisait tous les frais, dura toute sa vie, et dans une occasion difficile, lorsqu'il fut arrêté avec le surintendant Fouquet, il dut apprécier toute la force des sentiments d'amitié que lui avait voués Mlle de Scudéry. Pellisson était pourvu d'une charge de secrétaire du roi, lorsque Fouquet le choisit pour son premier commis. Le surintendant, après avoir mis à l'épreuve sa capacité et son aptitude, le fit nommer conseiller d'État en 1660, et se reposa sur lui des soins les plus graves de l'administration. Initié ainsi aux affaires, Pellisson eût pu donner de fâcheux renseignements sur la conduite du surintendant; mais la noblesse de son caractère et sa reconnaissance envers Fouquet lui firent garder le silence le plus absolu. On l'enferma à la Bastille, et on employa tous les moyens de ruse et de séduction pour tirer de lui quelques renseignements à la charge du surintendant. On lui donna pour compagnon de chambre un Allemand grossier, qui avait reçu la mission secrète de gagner sa confiance et d'obtenir de lui quelques documents utiles au procès. Pellisson devina bientôt le rôle qu'on avait assigné à ce faux prisonnier : il sut se l'attacher, le mettre dans ses intérêts, et put, grâce à lui, entrer en communication avec sa fidèle amie Mlle de Scudéry. Il fit paraître alors trois mémoires pour la défense de Fouquet. La reconnaissance l'avait bien inspiré : l'effet de cette publication fut immense dans le public. Louis XIV se montra irrité de cette audace : des ordres furent donnés pour qu'on redoublât de sévérité envers Pellisson. On le priva des moyens d'écrire, en lui interdisant l'encre et le papier : on ne lui laissa que quelques livres de religion. Pellisson suppléa à cette privation par des moyens ingénieux; il écrivit sur les marges de ses livres avec le plomb qu'il détachait des vitres, ou en se composant une encre avec des croûtes de pain brûlé, délayées dans une portion de sa ration de vin. Sa persévérance ne s'arrêta pas là, et tout le monde sait qu'il parvint à apprivoiser une araignée, au point qu'à un signal donné elle venait jusque sur ses genoux chercher les mouches dont elle se nourrissait.

Enfin, après cinq années de détention, Pellisson vit s'ouvrir les portes de la Bastille, grâce à la généreuse intercession des ducs de Montausier, de Saint-Aignan et de La Feuillade. La noblesse de sa conduite envers Fouquet parut changer les préventions de Louis XIV à son égard; et si Pellisson eût voulu se convertir au catholicisme, le roi, assure-t-on, avait l'intention de lui confier l'éducation du dauphin; mais Pellisson, bien que favorablement disposé pour la religion catholique, n'abjura qu'en 1670. Il consacra la plus grande partie du reste de sa vie à propager les nouvelles idées religieuses qu'il avait adoptées et à réfuter les principes de la réforme : il mourut dans ces sentiments, le 7 février 1693. Ses ouvrages les plus remarquables, après ses mémoires pour la défense de Fouquet, sont l'*Histoire de l'Académie depuis sa fondation jusqu'en* 1652; l'*Histoire de Louis XIV depuis la paix des Pyrénées jusqu'en* 1672; la *Préface* aux *Œuvres de Sarrazin*, son ami, et ses *Réflexions sur les différends en matière de religion*, où se trouve sa correspondance avec Leibnitz. JONCIÈRES.

PÉLOPÉE. *Voyez* ÉGISTHE.

PÉLOPIDAS, l'un des plus célèbres généraux thébains, contemporain et ami d'Épaminondas, délivra sa patrie des sévices d'une faction tyrannique ainsi que de l'oppression des Spartiates. Chassé de Thèbes avec quelques autres amis de son pays, il s'était réfugié à Athènes, d'où il revint en secret, avec quelques conjurés. A un signal donné, les tyrans réunis dans un festin furent égorgés, en même temps qu'on expulsait de la ville les Spartiates, qui en pleine paix s'étaient emparés traîtreusement de la citadelle. Il prit ensuite part, avec Épaminondas, à la décisive victoire remportée sur les Spartiates, à Leuctres (371 avant J.-C.), où il commandait le bataillon sacré. A peu de temps de là, il envahit le Péloponnèse, et uni aux Arcadiens, aux Éléens et aux Argiviens, il tenta contre Sparte une attaque qui ne réussit pas. Tout de suite après, les Thébains s'étant vus obligés d'entreprendre trois expéditions successives contre le cruel tyran Alexandre de Phères, Pélopidas fut fait prisonnier dès la première campagne. Épaminondas, lors de la seconde, réussit à le rendre à la liberté; mais il trouva la mort dans la troisième, à la glorieuse bataille de Cynoscéphales, où l'armée thébaine remporta la victoire sur le tyran.

PÉLOPIDES, descendants de Pélops.

PELOPIUM, métal découvert en 1845 par M. Henri Rose, qui l'a trouvé, comme le niobium, à l'état d'acide, dans le minéral désigné sous le nom de *tantalite de Bavière*.

PÉLOPONNÈSE, *Peloponnesos*, c'est-à-dire île de Pélops, appelé Morée depuis le moyen âge. C'est la plus grande presqu'île méridionale de la Grèce; elle ne se rattache à la Hellade proprement dite, ou Grèce centrale et septentrionale, que par la crête plate de l'isthme de Corinthe, mais forme un système de montagnes tout à fait à part, dans lequel se reproduit de la manière la plus complète la configuration particulière au sol de la Grèce. Le système de montagnes du Péloponnèse a son noyau dans la contrée alpestre de l'Arcadie, contre laquelle s'appuient des chaînes de montagnes se dirigeant dans tous les sens et des contrées plates aboutissant à la mer. Rien que sa configuration géographique suffit pour donner au Péloponnèse le caractère de solidité et d'indépendance qui fut le propre de la principale de ses tribus, les Doriens. Les montagnes et la mer ont concouru à donner à cette presqu'île la configuration la plus tourmentée; aussi ses côtes présentent-elles une foule de baies pénétrant profondément dans l'intérieur des terres, et semblent-elles avoir été destinées à être habitées par des populations entretenant un commerce actif. La plus haute de ses montagnes est le mont Kyllène (2,433 mètres), qui sur une étendue de 5 myriamètres forme la frontière septentrionale de l'Arcadie. La superficie totale du Péloponnèse est de 280 myriamètres carrés, avec un développement de côtes d'environ 100 myriamètres. Au temps de la plus grande prospérité de la Grèce, sa population pouvait s'élever à deux millions d'âmes. Ses principaux cours d'eau sont l'Eurotas, qui coule au sud, et l'Alphée, qui se jette à l'ouest dans la mer de Sikeli. La grande masse des montagnes du Péloponnèse se compose de pierre calcaire, qui parfois se transforme en marbre; cependant, on ne laisse pas que d'y reconnaître aussi quelques traces d'origine volcanique. Le sol était célèbre dans l'antiquité par sa fécondité; et aujourd'hui même, bien que sa culture soit médiocrement soignée, il produit encore de riches récoltes en céréales, en fruits et en vins. Les provinces du Péloponnèse sont au nord de l'Arcadie : l'Achaïe; à l'ouest l'Élide, où aux temps héroïques était située Pylos, l'antique résidence du roi Nestor; au sud la Messénie et la Laconie, où régnait aux temps héroïques Ménélas, et où Sparte domina à l'époque historique; enfin, à l'est, l'Argolide, dont la capitale aux temps héroïques était Mycène, où régnait Agamemnon, et à l'époque historique Argos. Corinthe, la ville commerciale la plus importante de l'ancienne Grèce, dominait l'angle nord-est du Péloponnèse. Il est pour la première fois question de cette presqu'île dans l'histoire à propos de l'émigration des Doriens, tribu qui dans les temps primitifs habitait la Thessalie, et qui dans le cours d'environ un siècle et demi parvint à être la plus puissante des diverses peuplades du Péloponnèse, dont elle finit par expulser la population aborigène. Le plus important État d'origine dorienne fut Sparte, dont la prépondérance data de la guerre de Messénie, qui lui valut la soumission de Messène. Plus tard Sparte, dans cette sanglante guerre de près de trente ans, dont l'histoire parle sous le nom de *guerre du Péloponnèse*, disputa la domination du Péloponnèse à Athènes, qui finit par être vaincue et conquise (*voyez* GRÈCE). Cette guerre civile, qui vint désoler la Grèce au moment où elle était arrivée à l'apogée de sa prospérité matérielle et de son développement intellectuel, est le sujet du plus grand ouvrage historique que la Grèce ait produit et dont Thucydide est l'auteur. Quand les Romains conquirent la Grèce, le Péloponnèse forma avec la Grèce centrale une province romaine sous le nom d'*Achaïe*. Plus tard cette presqu'île fit partie de l'Empire Byzantin, puis forma successivement un fief français et une province vénitienne sous le nom de Morée. Elle fut peu à peu conquise par les Turcs (la paix de Passarowitz, conclue en 1718, la rendit tout à fait turque); mais de 1821 à 1825 elle parvint à se soustraire avec une partie de la Grèce centrale à leur domination, et de nos jours, unie à une partie des îles de l'Archipel, elle forme le royaume de Grèce. Consultez pour tout ce qui a trait à la géographie, à la topographie, à l'histoire et aux antiquités du Péloponnèse, le grand ouvrage publié sous la direction de notre collaborateur feu Bory de Saint-Vincent, *Expédition scientifique de Morée* (Paris, 1835); Gell, *Itinerary of Morea* (Londres, 1817); le même, *Narrative of a Journey in the Morea* (Londres, 1823); Leake, *Travels in the Morea* (3 vol., Londres, 1830); le même, *Peloponnesiaca* (Londres, 1846); Curtius, *Peloponnesos* (Gotha, 1853).

PÉLOPS, petit-fils de Zeus, fils de Tantale et de Dionée, fille d'Atlas, suivant d'autres d'Euryanassa ou encore de Clytie, fut égorgé par son père, qui voulut mettre à l'épreuve la science infaillible des dieux, un jour qu'ils étaient venus lui rendre visite, et qui leur fit servir cet horrible rôt. Mais les dieux ne s'y laissèrent pas prendre; il n'y eut que Demêter qui, inconsolable de la perte de sa fille, mangea par distraction une épaule. Les dieux ordonnèrent alors de jeter les membres disloqués de l'enfant dans un chaudron, d'où Clotho retira ensuite l'enfant rendu à la vie. Il ne lui manquait qu'une épaule, qui fut remplacée par une épaule d'ivoire. Suivant Pindare, Poseidôn enleva le beau Pélops pour servir comme Ganymède à la table des dieux. La tradition commune fait de Pélops un Phrygien qu'Ilos expulsa de Sipylos. Il émigra alors avec d'immenses richesses dans la presqu'île nommée, d'après lui, *Péloponnèse*. Il y devint l'époux d'Hippodamie, hérita du royaume de son père et eut d'elle plusieurs fils, entre autres Atrée et Thyeste.

Pélops est en outre célèbre pour avoir réinstitué ou agrandi les jeux olympiques. Aussi était-il adoré à Olympie de préférence à tous les autres héros, et il avait un sanctuaire dans le bois d'Altis. On voyait son tombeau sur les bords de l'Alphée, au voisinage du temple d'Artémise, à Pise. Les Éphèbes venaient s'y flageller tous les ans.

Il y eut aussi un Pélops, fils de Lycurgue, un des derniers rois de Sparte.

Les descendants de Pélops furent nommés *Pélopides*, et leur caractère turbulent, cruel, vindicatif, a donné occasion à Cicéron d'appliquer leur nom aux mauvais citoyens qui avaient pris les armes contre leur patrie.

PELOTE. *Voyez* PELOTON.

PELOTE (Jeu de la). Jusqu'en 1531, époque de l'abolition de ce singulier usage, on voyait, le jour de Pâques, les chanoines et les magistrats, soutane et robe retroussées, jouer à la pelotte ou à la paume dans la cathédrale d'Auxerre; à cette partie, ouverte par le chant de *Victimæ Paschali laudes*, accompagné par l'orgue, succédait une collation aux frais du chanoine reçu dans l'année. C'était, on le voit, une singulière variante de la fête des fous.

PELOTON, espèce de boule qu'on forme avec du fil, de la laine, de la soie, etc., en les roulant sur eux-mêmes, en les dévidant.

Peloton, ou *pelote*, est aussi une espèce de boule qui sert à mettre des épingles, un petit sac rempli et gonflé de bourre ou de son qu'on attachait autrefois à la ceinture.

PELOTON (*Art militaire*). L'expression *peloton* vient assurément, sous forme d'augmentatif, du grec ou du latin: mais militairement elle n'a eu d'analogue précis dans aucune langue ancienne; elle rappelle, il est vrai, le manipule ou la centurie des Romains, mais avec cette différence que *centurie* était également employé et en tactique et en administration. On ne peut parler des pelotons que depuis la renaissance de l'infanterie. D'abord cela exprimait vaguement une petite troupe de combat, un agroupement passager de soldats: ainsi, dans le seizième siècle, au temps du système du mélange des armes de pied et de cheval, on appelait *pelotons* des groupes d'une quarantaine d'arquebusiers, répartis entre les escadrons d'hommes d'armes. Au dix-septième siècle, on a nommé *demi-quart de manche*, puis ensuite *demi-quart de rang*, des fractions à peu près comparables aux pelotons actuels. L'ordonnance de 1766 employait, tant la langue était pauvre, le mot *peloton* tantôt pour signifier *double division* et tantôt *demi-division*, Depuis l'ordonnance de 1774, toute compagnie était peloton. A partir de cette époque, *compagnie*, *peloton*, *division*, ont cessé d'avoir une signification confuse, et *peloton* a commencé à être technique et spécial.

Sous le point de vue de la tactique, une compagnie s'appelle un *peloton*, sous le point de vue de l'administration, un peloton s'appelle une *compagnie*. Cette distinction linguistique est motivée sur le principe que voici: le capitaine d'une compagnie commande toujours les mêmes hommes; le commandant d'un peloton a le plus ordinairement sous ses ordres les hommes de sa compagnie, mais non pas absolument tous, si l'équilibre tactique exige que momentanément d'autres soldats y soient admis ou en soient retranchés. Les pelotons d'un bataillon sont, autant que possible et à peu de différence près, d'une même force; le même principe est inapplicable aux compagnies: ce ne serait qu'extraordinairement ou par hasard que leur force ne différerait pas. *Peloton* est un terme de commandement, *compagnie* n'en est jamais un. Avant que les régiments fussent partagés par bataillons, ce qui est très-moderne, les régiments étaient de dix pelotons. Le bataillon, dans la première moitié du dix-huitième siècle, était de six pelotons, non compris celui des grenadiers et celui qu'on appelait le *piquet*. En 1755 il y avait huit pelotons, ce qui dura jusqu'à M. de Saint-Germain; sous son ministère le bataillon était de quatre compagnies de fusiliers et de huit pelotons. Depuis l'ordonnance de 1788 le bataillon était de neuf compagnies et de neuf pelotons. En 1808 il n'y avait plus que six pelotons, y compris voltigeurs et grenadiers. Les bataillons des légions départementales comprirent huit pelotons, dont un de grenadiers et un de voltigeurs.

Gal BARDIN.

PELOUZE (THÉODORE-JULES), savant chimiste, membre de l'Institut, président de la commission des monnaies, membre du conseil municipal de Paris, est né en 1807. Élève de Gay-Lussac, on lui doit une foule de recherches utiles et de découvertes. Le premier il parvint à isoler parfaitement le tannin ou acide tannique, et le caractérisa d'une manière satisfaisante. « Si la transformation de cet acide en acide gallique par l'action de l'oxygène n'a peut-être pas lieu seulement dans les conditions qu'il a indiquées, comme Robiquet surtout a cherché à le prouver, les faits qu'il a découverts à ce sujet, dit M. Gaultier de Claubry, n'en offrent pas moins un haut degré d'intérêt. » Ses recherches sur les acides malique, gallique et tannique, et sur les produits de leur décomposition par la chaleur, présentent particulièrement un haut intérêt pour la science. Admis en 1837 à l'Académie des Sciences, M. Pelouze suppléa M. Thénard au Collége de France. On lui doit encore des travaux sur les moyens d'essayer le cuivre par la voie humide, sur la xyloïdine ou poudre-coton, sur la benzine, etc., etc. Nommé vérificateur au laboratoire des essais de la monnaie de Paris en 1846, il est devenu membre, puis président de la commission des monnaies après la révolution de Février.

Son père, *Edmond* PELOUZE, a écrit un grand nombre d'ouvrages sur les sciences appliquées, notamment sur la fabrication du fer, la minéralogie, l'art du fumiste, sur la fabrication du coke, sur les poteries, sur la machine à vapeur, etc. Il avait été directeur de forges du Creusot, et mourut à Paris, vers 1847. C'est à lui que l'on doit l'idée de l'introduction de la culture du coton en Algérie.

PELTASTES (du grec πέλτη); les peltastes étaient dans les armées grecques des fantassins armés du petit bouclier rond appelé pelte, qu'Iphicrate substitua au grand bouclier dont étaient armés les oplites. Les peltastes, pouvant se mouvoir sans les difficultés que le grand bouclier opposait aux oplites, constituaient ainsi une sorte d'infanterie légère.

PELTE, terme d'antiquité, dérivé du grec πέλτη, désigne un petit bouclier, d'une forme particulière, plus léger et plus maniable que la panne, et que portaient anciennement certaines troupes légères. La pelte et le cètre étaient assez semblables. Dans les bas-reliefs antiques, les Amazones sont ordinairement représentées armées de peltes. Xénophon, dans Julius Pollux, dit que cette pelte des Amazones ressemblait à une feuille de lierre. Pline, en parlant du figuier d'Inde, dit que la largeur de ses feuilles a la figure d'une pelte d'Amazone. Ce bouclier est aussi représenté comme ayant quelquefois la forme de la Lune à son premier quartier.

PELUCHE, étoffe à longs poils, en coton, en laine, ou en soie. Cette dernière, fort en vogue autrefois, et qui imitait le velours d'Utrecht, n'est plus guère employée que dans la chapellerie, pour la confection des chapeaux de soie. Il n'y a plus guère que les paysans de quelques contrées de France éloignées de la capitale qui conservent la tradition de la peluche. Cette étoffe était fort durable, et de mauvais plaisants en avaient fait le symbole de la rancune éternelle, en l'appelant *haine de prêtre*.

PELURE ou PELADES. C'est le nom que l'on donne à la laine des animaux abattus à la boucherie ou morts par suite de maladie.

PELUSE (*Pelusium*), ancienne ville d'Égypte, située à l'extrémité nord-est du delta, sur l'emplacement qu'occupe aujourd'hui le village arabe de *Tineh*, et qui a donné son nom à l'embouchure la plus orientale du Nil. Sa position lui donna de tous temps une grande importance, parce qu'elle était la clef de l'Égypte pour la Palestine et les contrées situées au delà. Dans l'antiquité la plus reculée on l'appelait

Aouaris ou *Abaris*. C'est le nom sous lequel la désigne Manéthon. L'envahisseur Hyksos, qui s'en empara, vers l'an 2000 avant J.-C., la fortifia et y mit une forte garnison pour la défendre contre les peuples du nord qui suivaient ses traces. C'est aussi là que se réfugièrent les conquérants sémitiques, au seizième siècle avant notre ère, lorsqu'ils furent expulsés par les populations égyptiennes. C'est pour cela que dans les Saintes Écritures elle est désignée sous le nom de *ville de Typhon*. Tous les conquérants postérieurs de l'Égypte prirent toujours la route de Peluse.

PELUSE (Comte DE). *Voyez* MONGE.

PELVIMÈTRE (du latin *pelvis*, bassin, et du grec μέτρον, mesure), instrument destiné dans l'origine à reconnaître si le bassin d'une fille nubile est bien conformé, c'est-à-dire s'il n'offre pas de vices de structure qui la rendraient impropre à devenir mère. L'ancien pelvimètre était d'un emploi difficile, et fournissait souvent des résultats inexacts. En le modifiant, M. Paul Dubois en a fait un nouvel instrument, dont le but exclusif est d'apprécier avant l'accouchement si les dimensions du bassin sont en rapport avec le volume du crâne de l'enfant à naître.

PEMBROKE, comté formant l'extrémité sud-ouest de la principauté de Galles (Angleterre), borné à l'est par les comtés de Cardigan et de Caermarthen, formant entre le canal Saint-Georges et le canal de Bristol une presqu'île échancrée par un grand nombre de baies, et qui sur une superficie de 20 myriamètres carrés compte 84,456 habitants. Les montagnes du pays de Galles, qui y envoient leurs dernières ramifications et y forment un grand nombre de caps, lui donnent une surface tantôt onduleuse et tantôt traversée par des chaînes de collines. La plus élevée de toutes est celle de Percelly, où le *Percelly-Top* atteint 549 mètres d'altitude. On y trouve diverses sources minérales, et l'une de ses curiosités est le *Bosherstonmere*, immense marais, dont on prétend n'avoir pas encore pu trouver le fond. Les mines de houille du comté sont peu abondantes et sa production métallique est insignifiante. Ce pays, traversé par deux voies romaines, est riche en monuments druidiques et en ruines de vieux manoirs féodaux. L'industrie y est aussi peu importante que le commerce, malgré la foule de ports et de baies parfaitement sûrs qu'offrent ses côtes. Au nombre des baies qu'on y trouve, il faut surtout mentionner celle de *Milfordhaven*, l'une des plus belles et des plus vastes qu'il y ait en Angleterre.

PEMBROKE, chef-lieu du comté et autrefois de toute la principauté de Galles, sur une étroite pointe de terre, station de la marine royale, avec des chantiers de construction pour la marine royale et un arsenal, compte 9,000 habitants. On y voit une vieille église, un hôtel de ville et les ruines d'un ancien château fort breton, réputé jadis imprenable. Un service de bateaux à vapeur existe entre Pembroke et Waterford, en Irlande. A 4 kilomètres au nord-ouest de Pembroke est situé *Milford*, dont la création ne date que de 1790, mais dont les progrès ont été merveilleusement rapides.

PÉNAL (Code). Le 8 janvier 1808 un projet fut présenté au conseil d'État, qui divisait le droit criminel en deux codes distincts : le *Code d'Instruction criminelle* et le *Code Pénal*. On commença la discussion de ce dernier le 4 octobre 1808; elle fut terminée le 18 janvier 1810, après avoir occupé le conseil pendant quarante-et-une séances. Ce code ne fut mis en vigueur qu'à partir du 1er janvier 1811. Il se compose de quatre livres et quatre cent quatre-vingt-quatre articles. Le premier livre est précédé de dispositions préliminaires. Il traite des peines en matière criminelle et correctionnelle et de leurs effets; le deuxième s'occupe des personnes punissables, excusables ou responsables pour crimes et pour délits ; le troisième traite des crimes, des délits et de leur punition; le quatrième s'occupe exclusivement des contraventions de police et de leur répression.

Le Code Pénal a très-peu emprunté à l'ancien droit criminel ; presque tout est neuf dans cette matière, qui a profondément ressenti l'influence des temps et des mœurs. Il est empreint des principes qui mesurent la peine plutôt sur le danger que sur la moralité des actes incriminés.

Ses rédacteurs ont puisé à la théorie de Bentham. Cependant les nombreuses imperfections de ce Code ont amené, pour lui plus que pour tout autre, d'importantes modifications. La charte de 1814 abolit la confiscation; les lois du 17 mai 1819 et du 25 mars 1822 sur la répression des délits commis par la voie de la presse entraînèrent l'abrogation totale ou partielle d'un certain nombre de ses dispositions. La loi du 25 juin 1824, abrogée aujourd'hui, avait profondément modifié le système pénal en adoucissant des pénalités reconnues trop rigoureuses. La loi du 28 juillet 1824 sur les altérations ou suppositions de marques des produits fabriqués dérogeait aux articles 142 et 143. La loi du 20 avril 1825 sur le sacrilége, abrogée depuis par celle du 11 octobre 1830, modifiait également quelques-unes de ses dispositions. Les lois du 10 décembre 1830 sur les crieurs publics et du 17 avril 1832 sur la contrainte par corps introduisirent de nouvelles modifications. Mais les plus considérables sont celles qui résultent de la loi du 28 avril 1832, dont les dispositions ont été incorporées dans le Code Pénal et substituées au texte primitif, abrogeant de la sorte cent soixante-quatre articles. Elles portèrent sur la suppression ou l'adoucissement de peines trop sévères ou peu en harmonie avec nos mœurs, telles que le carcan, la marque, etc. Depuis, différentes lois ont encore modifié ou complété quelques-unes des dispositions du Code Pénal : telles sont notamment la loi du 16 février 1834 sur les afficheurs et les crieurs publics, celle du 10 avril 1834 sur les associations; celle du 24 mai 1834 sur les détenteurs d'armes et de munitions de guerre ; celle du 9 septembre 1835 sur le mode d'exécution de la déportation; la loi du 28 mars 1836 portant prohibition des loteries; l'ordonnance du 23 février 1837 portant prohibition des pistolets de poche ; l'article 5 de la Constitution de 1848, abolissant la peine de mort en matière politique; la loi du 2 août 1848 sur le droit de réunion et la réglementation des clubs, loi dont l'effet fut suspendu à deux reprises, le 22 juin 1849 et le 12 juin 1850, et qui a été abrogée par le décret du 2 avril 1852, sauf l'article 13 sur les sociétés secrètes; la loi du 3 janvier 1849 sur le travail des prisons, abrogée par le décret du 20 mars 1852; la loi du 1er décembre 1849 sur les coalitions d'ouvriers; la loi du 16 juin 1850 sur la déportation; la loi du 9 juillet 1850 relative aux mauvais traitements exercés sur les animaux domestiques; la loi du 12 août 1850 sur l'éducation et le patronnage des jeunes détenus; la loi du 1er avril 1851, relative à la répression des fraudes dans la vente des marchandises; le décret du 10 avril 1852 sur la suppression des bagnes; le décret du 12 juillet 1852 sur l'interdiction de séjour; le décret du 31 août 1852 réglementant l'affichage; la loi du 15 juin 1853 sur les attentats contre l'empereur; la loi du 2 juillet 1853 sur le port de décorations, etc., etc.

PÉNALE (Clause). *Voyez* CLAUSE.

PÉNALITÉ, système des peines établies par les lois. Au premier rang des institutions sociales se trouve placée la législation criminelle : c'est elle qui donne la sanction à toutes les branches de l'organisation politique. Mais quel est le fondement et le but de la punition ? En vertu de quel droit la société saisit-elle le pouvoir immense qu'elle exerce sur ses membres ? Ici se présente le problème qui de tout temps a divisé et qui divise encore le monde philosophique. Il ne peut entrer dans notre plan de traiter la question dans toute son étendue, nous nous bornerons seulement à indiquer les solutions des deux écoles rivales. En un sens, la société n'est pas autre chose qu'un corps collectif; elle a donc les droits des membres qui la composent, elle n'en peut avoir d'autres, puisqu'elle n'est pas autre chose que ses membres mêmes réunis. Ceux qui raisonnent ainsi appartiennent de près ou de loin à l'école de l'intérêt, qui n'est autre chose que la conséquence du matérialisme. Ainsi, dans ce système, l'homme, en vertu de la loi naturelle de conservation, a le droit de repousser l'attaque par la force; il reste dans l'ordre en se défendant, et la société, qui n'est pas autre chose qu'une collection d'hommes, peut donc également repousser l'attaque qui lui est faite; elle a, comme les individus dont elle tient ses pouvoirs, le droit de défense. Si le droit de punir repose sur la légitime défense, il repose en même temps sur l'utilité de la peine qui effraye et devient préventive par la crainte qu'elle inspire; la société, dans son intérêt, peut donc frapper le coupable, puisque par un seul coup elle évitera peut-être plusieurs crimes, plusieurs atteintes à ses droits. La première vertu de la peine est donc de prévenir le crime par l'intimidation; mais ce fait ne sera pas seul invoqué pour la rendre légitime, car elle inspire un effroi plus grand encore, et peut-être un sentiment de repentir à celui qui la subit, ce qui la rend corrective. Cette doctrine est simple, sans doute, mais elle n'est pas sans difficultés; et l'école opposée, en proposant une autre solution, lui fait de graves objections. Non, répond-on, la légitime défense n'explique rien; c'est un fait brutal, matériel, mais non un droit. Un homme en a tué un autre: la société s'empare de cette homme; mais contre qui va-t-elle se défendre? Est-ce que la défense est possible quand l'attaque est terminée? Le crime est commis, la victime a cessé de vivre, l'incendie a dévoré le village; que parlez-vous de défense? Si la société s'empare de l'assassin, de l'incendiaire, ne pouvant dire qu'elle se défend contre le crime qu'il a commis, il faudrait donc soutenir qu'elle se met aussi en garde contre le crime qu'il pourrait commettre, et dès lors vous établissez la plus odieuse des législations, puisqu'elle emprisonnerait un homme par cela seul qu'il serait libre, et capable, comme tel, de commettre une méchante action. Il y aurait là un blasphème contre la création même de l'homme. Cette objection n'est pas la seule qui repousse la théorie de la légitime défense et de l'intimidation. Mais d'abord, comment un acte sera-t-il juste par cela seul qu'il est utile? La société, dites-vous, n'a pas d'autres droits que l'individu? Reconnaissez-vous donc à l'homme le droit de se sauver par une injustice! Comment la peine sera-t-elle légitimée par l'effroi qu'elle inspire? En vain soutiendrait-on que la peine, par la terreur de la menace, retient sur le bord de l'abîme ceux que l'appât du crime allait y précipiter, et sert ainsi les intérêts de la morale. Qu'importe en effet à la morale qu'un homme soit retenu par la crainte? Qu'est-ce qu'une sagesse qui n'a pas d'autre cause que l'effroi? où est la vertu d'un homme qui serait un assassin sans l'horreur que lui inspire l'échafaud? Répondra-t-on que c'est beaucoup que l'assassinat n'ait pas été commis? Sans doute cette conséquence de la crainte sera utile; mais encore une fois cette utilité, quelque grande qu'elle soit, ne peut légitimer la plus légère injustice. Il faut donc chercher ailleurs et plus haut la base de la pénalité; et c'est ici que nous trouvons une autre théorie, à laquelle se rattache le nom de Platon, et qui a été admirablement exposée par M. Cousin dans l'argument du *Gorgias*; et nous ne pouvons mieux faire que d'en présenter l'analyse. « La première loi de l'ordre est d'être fidèle à la vertu, et à cette partie de la vertu qui se rapporte à la société, savoir, la justice. Mais si l'on y manque, la seconde loi de l'ordre est d'expier sa faute; et on ne l'expie que par la punition... C'est un fait incontestable, qu'à la suite de tout acte injuste l'homme pense et ne peut pas ne pas penser qu'il a démérité, c'est-à-dire mérité une punition. Dans l'intelligence, à l'idée d'injustice correspond celle de peine; et quand l'injustice a eu lieu dans la sphère sociale, la punition méritée doit être infligée par la société. La société ne le peut que parce qu'elle le doit. Le droit ici n'a d'autre source que le devoir, le devoir le plus étroit, le plus évident et le plus sacré, sans quoi ce prétendu droit ne serait que celui de la force, c'est-à-dire une atroce injustice, quand même elle tournerait au profit moral de celui qui la subit, et en un spectacle salutaire pour le peuple; ce qui ne serait point alors, car la peine ne trouverait aucune sympathie, aucun écho, ni dans la conscience publique, ni dans celle du condamné. La peine n'est pas juste parce qu'elle est utile préventivement ou correctivement, mais elle est utile de l'une et de l'autre manière, parce qu'elle est juste. » Cette théorie de la pénalité, en démontrant la fausseté, le caractère incomplet et exclusif des deux théories qui partagent les publicistes, les achève et les explique, et leur donne à toutes deux un centre commun et une base légitime. Voilà donc en présence l'une de l'autre les deux écoles qui ont cherché à fixer les bases de la pénalité : l'une attribue à la société une origine humaine, puisqu'elle suppose que les hommes s'étant réunis ont fait à la corporation l'abandon d'une partie de leurs droits individuels. L'autre, au contraire, rattache la société à une origine divine, et par cela seul qu'elle existe, Dieu lui a donné le droit de conserver dans la sphère sociale l'harmonie de l'ordre légal, et lui a remis les moyens nécessaires pour atteindre ce but. C'est à ce dernier système que nous nous attachons, car lui seul donne à ce droit de punir une base morale et légitime. Le législateur qui prendrait pour base de son droit l'intimidation se jetterait dans un dédale d'atrocités dont il lui serait impossible de sortir : à la place de la morale, il mettrait l'arbitraire de l'utilité et de l'intérêt. En prenant pour point de départ la justice, il comprend saintement sa mission, inscrit le nom de Dieu en tête de ses lois. Il se rappellera en même temps que Dieu ne lui a donné de pouvoir que sur les actions qui tendent à troubler l'ordre social; il lui appartient de faire respecter la morale, mais seulement cette partie de la morale qui se rapporte à la société et aux relations des hommes entre eux. Le reste rentre dans le domaine de Dieu, et les peines qu'il réserve aux infracteurs de ses lois ne sont pas de ce monde. Voilà pourquoi si le législateur ne doit infliger que des peines justes, il ne doit point en infliger d'inutiles, alors même que la conscience publique flétrirait de son improbation les infractions qu'il punirait, car toutes les infractions à la morale ne nuisent pas au corps social. Croit-on, par exemple, que le législateur ferait bien de punir la tentative du suicide comme il punit la tentative des autres délits? Et pourtant le suicide est repoussé par la morale à l'égard des autres crimes. Il serait facile de multiplier les citations; mais cet exemple suffira pour faire comprendre toute notre pensée.

Après avoir indiqué le fondement et le but de la pénalité, il nous faut dire d'après quelles proportions le législateur doit établir les peines. L'école de l'intérêt nous répondra qu'elles doivent être mises en rapport avec le préjudice causé, soit à la société, soit aux individus; la doctrine opposée, que nous embrassons, nous dira qu'il faut surtout considérer le caractère moral de l'acte, et ne s'arrêter que secondairement au dommage matériel. Elle rappellera que c'est l'agent et non l'acte en lui-même qu'elle punit; elle proclamera qu'un fou n'est pas punissable, quel que soit le tort matériel qu'il a pu causer; elle ne mettra pas sur la même ligne l'imprudence et la méchanceté, elle punira enfin comme le crime consommé la simple tentative de ce crime, quand même elle n'aurait causé aucun préjudice matériel.

L'exacte mesure d'après laquelle les peines doivent être appliquées à chaque espèce d'acte ne saurait se déterminer *a priori*. C'est à la conscience à répondre, et sous ce rapport elle reçoit ses inspirations des mœurs de chaque peuple, des circonstances, des lieux; la morale est une et universelle, et la conscience publique flétrit en tous lieux les actes immoraux; mais le degré de punition à infliger à ces actes dépend des accidents si nombreux et si variables dans lesquels se trouve placée la nation à laquelle on veut donner des lois. C'est ainsi que dans les siècles barbares, lorsque les mœurs guerrières et féroces exposent à chaque instant les hommes à la mort, les peines sont plus cruelles qu'à une époque plus avancée de la société. C'est ainsi qu'au moyen âge, époque de guerres et de combats continuels, les peines se présentent sous le caractère le plus atroce : il semble que la scolastique du temps se soit ingéniée à faire passer dans la législation criminelle toutes les subtilités des supplices et de la torture. On trouva même moyen de varier et de graduer le dernier supplice, la peine de mort, de plusieurs manières. Cette législation barbare se continua longtemps sous l'ancienne monarchie, et Louis XVI fut le premier qui, cédant enfin à la voix de l'humanité et à l'état des mœurs publiques, abolit pour jamais la torture. Il faut dire cependant que dans la pratique judiciaire il s'était introduit depuis longtemps des habitudes d'humanité inspirées par les mœurs du pays : ainsi, les juges modéraient souvent les peines dans leur mode d'exécution, lorsque la loi n'avait pas très-clairement porté des défenses expresses de les modérer. Souvent aussi, lorsque les magistrats se trouvaient obligés par la loi de prononcer la peine du *feu vif*, ils ordonnaient, par une disposition secrète de l'arrêt, que le condamné serait préalablement mis à mort, en sorte que les flammes ne dévoraient plus qu'un cadavre. Aujourd'hui, grâce aux efforts de la philosophie du dix-huitième siècle, et surtout aux ouvrages d'un Beccaria et d'un Filangieri, tout cet échafaudage de supplices a disparu, et Louis XVI, nous l'avons déjà dit, a eu la gloire d'attacher son nom à cette grande réforme.

L'Assemblée Constituante substitua à un système de *pénalité* atroce une législation plus en rapport avec les lumières du siècle. La peine de mort fut singulièrement réduite, et la réaction qui se manifestait alors contre le passé en fit décréter l'abolition en principe ; mais le principe ne reçut jamais son exécution. L'esprit qui présida aux codes criminels de 1808 et de 1810 fut moins libéral ; le système du gouvernement n'était plus le même : le pouvoir ne voulait pas seulement être protecteur et fort, il voulut encore être despotique ; de là un système de *pénalité* plus rigoureux : la peine de mort et les peines perpétuelles furent prodiguées outre mesure ; la marque, le carcan et la mutilation du poing figurèrent parmi ses dispositions. Il est vrai de dire cependant que, malgré la dureté de leurs dispositions, ces codes retinrent et consacrèrent les grands principes qui avaient prévalu en 1789 : ainsi fut proclamée l'égalité des peines, sans distinction, comme autrefois, des peines appliquées aux nobles ou aux roturiers ; plus de peines arbitraires, comme sous l'ancienne législation ; l'imputabilité morale fut restreinte à la personne seule du coupable, et la peine ne s'étendit plus, comme il arrivait dans certaines circonstances, autrefois, aux parents du condamné. Tous ces principes nous paraissent bien simples et bien clairs aujourd'hui, et ce n'est pourtant qu'après un long travail de la société qu'ils sont parvenus à se faire jour. Et lorsqu'ils ont été proclamés pour la première fois, il s'est rencontré des voix qui ont crié anathème contre les innovateurs.

Le meilleur système de *pénalité* suivant nous est celui qui permet de graduer la punition suivant les degrés divers de la culpabilité de l'agent. En établissant pour les peines temporaires un *maximum* et un *minimum*, le *Code Pénal* de 1810 avait déjà compris que les actions humaines se présentent avec des nuances infinies, et que les magistrats devaient avoir une certaine latitude pour l'application de la peine ; il avait même statué, par son article 463, que les tribunaux pourraient réduire les peines au-dessous du *minimum* lorsqu'ils reconnaîtraient des circonstances atténuantes. Mais cette disposition, applicable seulement aux délits correctionnels, n'embrassait pas les infractions qui étaient de la compétence de la cour d'assises. Aussi qu'arriva-t-il? Les jurés, dans l'impuissance d'établir un juste rapport entre le crime et la peine, préférèrent souvent acquitter le coupable. A mesure que les mœurs s'adoucirent, ces pieux mensonges se multiplièrent au point d'éveiller enfin la sollicitude du législateur. Déjà, en 1824, une loi réduisit quelques peines, et permit dans certains cas de substituer à la peine de mort celle des travaux forcés à perpétuité. Mais ce n'était encore là qu'un essai timide et incomplet. L'opinion publique ne l'accepta pas comme définitif, et les jurés n'en continuèrent pas moins leur lutte contre une législation que repoussait leur conscience. Enfin, en 1832, notre *Code Pénal*, fut soumis à une révision générale : la peine de mort fut effacée d'un grand nombre d'articles, et l'article 463, restreint d'abord aux matières correctionnelles, fut étendu aux matières criminelles. Les jurés dès lors ont eu le droit de déclarer des circonstances atténuantes, et les magistrats, en vertu de cette déclaration, doivent nécessairement réduire la peine d'un degré, avec la faculté de la réduire de deux. Ainsi, notre loi pénale s'est trouvée replacée sur les bases que lui assignaient depuis longtemps la raison et la conscience du sage ; aussi les améliorations de 1832 ont-elles déjà porté leurs fruits, et avec elles le scandale si fréquent des impunités a cessé.

De tels progrès sont immenses, sans doute ; ils ne seront pas les seuls, il faut l'espérer. Déjà même on comprend que l'exécution des peines ne consiste pas seulement à agir matériellement sur le corps du criminel, qu'elles doivent aussi avoir pour résultat d'exercer sur lui une influence morale, et que du moins nos prisons ne doivent pas rendre à la société ceux qu'elles ont reçus plus mauvais et plus vicieux qu'auparavant. Si le législateur ne doit infliger aucune peine qui ne soit juste, il doit aussi faire tous ses efforts pour que cette peine tourne au profit moral du condamné. E. DE CHABROL.

PENANG. *Voyez* POULO-PINANG.

PÉNATES. C'est ainsi que les Romains appelaient les divinités protectrices de l'approvisionnement (*penus*) domestique. Leurs images étaient placées près du foyer, où on leur offrait des sacrifices (les plus solennels étaient ceux qui avaient lieu au mois de janvier), et qui leur était particulièrement consacré, de même que la chambres aux provisions (*cella penaria*), la cuisine, la table et le coffre au sel. Comme ils présidaient à la subsistance matérielle de la famille, dans laquelle ils se transmettaient en même temps que le *penus*, ils étaient considérés comme les divinités de la famille, à l'instar des ancêtres divinisés, des Lares, auxquels on les unissait, et avec qui plus tard, lorsqu'on n'eut plus l'idée précise de leur différence originelle, on arriva même à les confondre ; de sorte que leur nom et celui des Lares étaient indifféremment employés pour désigner la maison. Avec la suite des temps, les Pénates cessèrent bien d'être une espèce particulière d'êtres divins, mais ils restèrent des protecteurs de la famille choisis parmi des dieux à une époque très-reculée. Comme l'État était constitué à l'instar de la famille, il y avait, ainsi que c'était le cas pour les Lares, outre ces *Penates privati*, des Pénates de l'État (*Penates publici*), dont le temple était situé sur la Velia et renfermait leurs images, représentant deux jeunes gens assis et armés de lances, vraisemblablement en réminiscence de la double origine de Rome, issue de la race latine et de la race samnite. Mais il y avait aussi pour Rome les anciens Pénates latins, qui étaient adorés avec Vesta à Lavinium, sanctuaire de l'ancienne confédération italique, et qu'on disait avoir été apportés là de Troie par Énée, parce qu'on persistait à croire à l'origine troyenne des Latins. Considérés comme les Pénates de la race des Romains, les consuls et les préteurs, à leur entrée en fonctions, peut-être bien aussi quand ils en sortaient, se rendaient chaque année avec les *pontifices* à Lavinium, pour leur offrir des sacrifices solennels. La manière de les représenter était, à ce qu'il paraît, toute symbolique. On se servait à cet effet de baguettes de héraut et de vases d'argile. Chez les autres anciens peuples italiques, on adorait également des Pénates. Chez les Étrusques, c'étaient la Fortune, Cérès, le Génie et Palès. Consultez Klausen, *Énée et les dieux Pénates* (2 vol., Hambourg, 1840).

PENCHANT, pente, terrain qui va en baissant : Le *penchant* d'une montagne, d'un précipice. Au figuré, Se retenir sur le *penchant* du précipice se dit d'une personne qui, sur le point de se laisser aller au désordre, de prendre un mauvais parti, a la prudence et la force de s'arrêter. Être sur le *penchant* de sa ruine, c'est être sur le point d'être ruiné, etc., etc.

Penchants s'applique aussi figurément aux inclinations du caractère, à quelque action ou affection morale, comme si nous nous courbions vers un objet. Sans contredit, l'âme est essentiellement libre, et si des propensions organiques l'entraînent en leur sens dans plusieurs individus, elle modifie chez d'autres directement le corps, afin de l'approprier à ses dispositions. Elle opère donc en ces derniers par sa force, comme elle cède dans les premiers par sa faiblesse.

Les penchants corporels naissent en nous, soit du tempérament, soit de la diverse prépondérance des organes. Ils attribuent à nos facultés cette pente, sinon insurmontable, du moins habituelle, qu'elles suivent d'ordinaire, et qui se décèle même dès l'enfance. Si rien n'était inné dans nous, ayant une égale aptitude à toutes choses, nous vivrions indéterminés. Cependant, chaque complexion, augmentant la force ou l'activité de certaines parties ou fonctions au détriment des autres, imprime une tendance naturelle vers quelque occupation ou action par des préférences que contrarie souvent l'état social, qui en dispose autrement.

Puisque les circonstances de notre formation nous impriment une structure spéciale, elles nous attribuent des propensions natives. Tel naît idiot, tel autre doué de la plus heureuse facilité; il en est qu'un penchant fatal entraîne à des actes vicieux; d'autres luttent avec force contre les obstacles pour accomplir une sorte de mission sacrée dans les arts ou les sciences; tel autre sort du sein maternel avec la passion des armes, etc. Sans doute, de semblables penchants décèlent cette organisation spéciale que le docteur Gall et les phrénologistes ses successeurs ont cru pouvoir déterminer d'après certaines protubérances cérébrales; mais il est évident que ces impulsions émanent de diverses causes; que la finesse ou la vive sensibilité de l'ouïe doit entraîner vers la musique, celle du goût à la gourmandise, etc. Quelle que soit la diversité des dons que la nature départ à chacun, nul n'a le droit de s'enorgueillir ou de s'affliger, puisque ce n'est pas un résultat du mérite ou d'une faute si l'on est bien ou mal traité. On ne peut tirer vanité ou gloire que du résultat de ses propres efforts de volonté.

D'ailleurs, nos propensions naturelles nous poussent sans doute vers un but, mais sans nous déterminer fatalement à des actes nécessaires, comme le veut l'instinct chez les brutes. Certes, un homme peut naître avec de vicieux penchants, mais nous avons jusqu'à certain point les moyens de les dompter. Socrate avouait ressentir les dispositions à la volupté et aux autres vices que reconnaissait en lui le physionomiste Zopire; cependant, il les avait surmontées, et l'éducation morale n'a pas d'autre but que celui de nous corriger ou de nous diriger vers le bien, soit par des abstinences et des régimes appropriés, soit par les disciplines ou châtiments infligés, etc.

On pourrait dire que comme dans un mélange chimique chaque substance est attirée vers telle ou telle autre par des affinités électives ou spéciales, de même chaque homme doué d'une propension naturelle est incliné, porté vers tel ou tel genre d'occupation. Notre âme ne peut trouver son bien-être que dans l'état qui lui convient; elle languit lorsqu'elle en est privée, et force même des organes indociles à se prêter à ses vives occupations. Il est donc un ressort inconnu dans l'homme, un sentiment intérieur qui lui révèle sa vocation, bonne ou mauvaise; dans les grands cœurs, ces penchants s'expriment avec plus d'énergie. Le moral domine même leur corps avec tant d'empire qu'il le modifie à leur gré. J.-J. Virey.

PENDAISON, supplice ou mort produite par suite de la suspension à une corde ou tout autre lien. Plusieurs auteurs assurent que les pendus éprouvent avant d'expirer des sensations agréables. Legendre rapporte qu'un scélérat qui avait été pendu sans mourir disait qu'aussitôt qu'il fut jeté de l'échelle, il vit un grand feu et ensuite de fort belles allées. Un autre, dont la corde avait été rompue trois fois, se plaignit de ce qu'en le secouant on lui avait fait perdre le charme de la lumière la plus agréable. Enfin, le chancelier Bacon rapporte qu'il a connu un gentilhomme qui se pendit pour savoir si les pendus souffraient beaucoup : un de ses amis coupa la corde assez à temps pour que l'épreuve ne lui devînt pas funeste. Cet étonnant observateur déclara qu'il n'éprouva aucune douleur pendant la pendaison, et qu'au moment de l'étranglement il aperçut une espèce de flamme, à laquelle avait succédé l'obscurité. Divers observateurs ont constaté que les pendus au bout de très-peu d'instants entrent en érection, et éjaculent même : c'est cette idée dont s'est emparé le comte de Sade dans ses dégoûtants écrits. Plusieurs autres personnes, qui se sont pendues volontairement, et qu'on est parvenu à rappeler ensuite à la vie, assurent que le sentiment que fait éprouver ce genre de mort est celui d'un doux sommeil, sans aucune angoisse. Si ces faits étaient exacts, le supplice de la potence serait préférable à celui de la guillotine, qui n'est pas exempt de douleurs.

Les effets de la pendaison ont beaucoup d'analogie avec ceux de l'étranglement ou strangulation. On cite beaucoup d'exemples de pendus rendus à la vie. Dès qu'on aperçoit un pendu, on doit donc s'empresser de couper la corde, de desserrer le nœud qui a produit la strangulation, et de recourir à tous les moyens usités pour les noyés, avec cette différence que la saignée du pied, et principalement celle de la jugulaire, sont généralement plus efficaces, et qu'il n'est pas besoin de réchauffer le corps d'un pendu, à moins qu'il ne soit resté trop longtemps dans un milieu froid. Ces moyens doivent être longtemps continués, à moins qu'il n'y ait luxation de la deuxième vertèbre cervicale ou un commencement de putréfaction. Julia de Fontenelle.

PENDANT PAR RACINES (Fruits). *Voyez* Fruits (*Droit*).

PENDANTS D'OREILLES. *Voyez* Boucles d'oreilles.

PENDENTIF, FOURCHE ou PANACHE. C'est de ces différents noms qu'on appelle en architecture certaines portions de voûte dont la figure est triangulaire, quelquefois saillante ou presque verticale, tantôt ouverte par le devant comme une trompe. Ces pendentifs ou panaches sont élevés sur un ou deux angles rentrants, de manière à supporter une portion de tour creuse, ou, pour mieux dire, ils sont compris entre les arcs d'un dôme dont ils soutiennent la tour, et de plus un ordre circulaire, comme on le voit à l'église Sainte-Geneviève ou Panthéon de Paris. Ce motif, qui s'est reproduit dans une foule de monuments antiques et modernes, n'appartient exclusivement à aucun ordre d'architecture. Les Grecs, les Romains, les Arabes, l'ont employé. Les coupoles byzantines et de la renaissance construites dans ce système lui empruntent beaucoup de hardiesse, d'élégance et de légèreté. On peut citer comme modèles en ce genre les quatre pendentifs élevés sur les angles des croisées de l'église Saint-Louis aux Invalides, où ils supportent le dôme de Mansard ; leurs surfaces sont taillées de sculptures qui représentent les quatre Évangélistes. On remarque aussi les pendentifs du Val-de-Grâce, ornés de la même manière; ceux du Panthéon de Paris sont peints à l'huile, sur mur, par Gérard : les sujets de ces quatre grands morceaux, dernière production de l'un de nos plus habiles artistes, sont : la Patrie, la Justice, la Mort et la Gloire. Dans la plupart des églises italiennes, les dômes et leurs pendentifs sont également peints : tels sont à Rome ceux de la chapelle Sixtine, représentant les quatre Évangélistes, par Michel-Ange Buonarotti ; ceux de l'église Saint-Charles *degli Catenari*, ouvrage du Dominiquin; ceux de Saint-André *della Valle;* enfin, ceux de la coupole de Parme, ouvrage du Corrége; les pendentifs de la grande basilique de Saint-Pierre de Rome, comme ceux de Saint-Marc à Venise, sont exécutés en mosaïque.

Les *pendentifs* appelés *de moderne* sont des portions de cintre gothique en forme triangulaire : ils sont compris entre les arcs-doubleaux, formerets, nervures, liernes et tiercerons d'une voûte d'ogive.

Le *pendentif de Valence* est une façon de voûte en manière de cul-de-four, que soutiennent quatre panaches, ou qui est rachetée par des fourches. On voyait de ces pendentifs aux charniers neufs des Saint-Innocents ; tels sont encore ceux qui couvrent les croisées des églises Saint-Sulpice, Saint-Roch et des Petits-Pères, à Paris. On présume que ces voûtes sont ainsi nommées de ce que la plus ancienne de ces sortes de constructions fut exécutée dans un cimetière à Valence en Dauphiné : elle était supportée par quatre colonnes, et recouvrait un monument funéraire.

Les détails d'architecture connus sous la désignation de *cul-de-lampe* sont aussi des espèces de pendentifs.

Antoine FILLIOUX.

PENDJÂB, c'est-à-dire, en langue persane, (*cinq eaux*), qu'on écrit aussi *Pandjâb* et *Punjab*, appelé par les anciens Hindous *Pantschanada* (c'est-à-dire *cinq rivières*), jadis partie principale de l'État des Sikhs ou de Lahore, mais depuis 1849 province incorporée à l'Empire Indo-Britannique. Ce territoire, qui forme l'extrémité nord-ouest de l'Hindoustan, présente la configuration d'un triangle limité par l'Indus à l'ouest, par son affluent le Sutledge à l'est, par les monts Himalaya et Hindoukouh au nord. Ce nom de Pays aux Cinq-Rivières (*Pentapotamie*) lui vient des cinq rivières qui prennent toutes leur source dans les flancs de l'Himalaya, et qui se confondent successivement pour ne former qu'un seul cours d'eau, se déversant dans l'Indus ou Sindhou. Ce sont, en allant de l'ouest à l'est, le Djelam ou Behat, appelé aussi Bedja (l'*Hydaspes* des anciens), qui vient de Kachemir ; le Tjinab (*Acesines*), le Rawi ou Iravati, ou encore Iroti (*Hyarotis* ou *Hydraotes*) ; le Vjasa ou Bejas (*Hyphasis*), et le Sutledge ou Ghara (*Hesidrus* ou *Zadadres*). Ce dernier donne ordinairement son nom aux cinq rivières une fois qu'elles sont réunies. On l'appelle cependant aussi Pandschnad (*Punjnad*); et devenu un immense cours d'eau navigable, il se jette dans l'Indus à Mithoun-Khota, dans la province de Moultân, après que les trois premières rivières se sont confondues sous le nom de Tjinab, et que le Vjasa est venu se jeter dans le Sutledge sur sa rive gauche. Ces rivières partagent le pays en quatre grandes divisions ou douabs (territoires limités par deux rivières), à savoir : le *Douab-i-sindhou Sagara*, entre l'Indus et le Djelam; le *Douab-i-Djetsch*, entre le Djelam et le Tjinab; le *Douab-i-Ritschna*, entre le Tjinab et le Rawi ; et le *Douab-i-Bâri*, entre le Rawi et le Sutledge. C'est dans ce dernier que se trouvent situées la capitale, Lahore, et les villes d'Amritsir et de Moultân. La cinquième division, ou *Douab-i-Djalandhar*, située entre le Vjasa et le Sutledge, appartenait déjà aux Anglais avant 1849.

La partie septentrionale du Pendjâb se compose de terrasses et de vallées fertiles et bien cultivées, situées au pied du pays de montagnes, ou Kohistân, formé par l'Himalaya ; contrée riche en forêts, et surtout en forêts de cyprès et de sapins. Dans la plaine, du moins partout où s'étendent les inondations périodiques des rivières et où elle est arrosée par des canaux, elle est très-productive. Dans d'autres endroits on trouve des pâturages, et parfois d'arides déserts de sables et de cailloux, où il ne croît que des ronces et des tamarins. A peine la saison des pluies y a-t-elle répandu une fraîche verdure, qu'un soleil d'airain vient tout brûler. Le premier des *Douabs* ci-dessus mentionnés est traversé dans la direction du nord-ouest par une chaîne de montagnes de sel, large d'environ 2 myriamètres, et à travers laquelle le Djelam et l'Indus se frayent passage ; elles atteignent environ 700 mètres d'altitude et forment la limite méridionale d'un plateau d'environ 270 mètres d'élévation. C'est là, aux environs de la ville de *Pind-Dadoun-Khan*, qu'est située la principale des inépuisables mines de sel du Pendjâb. On en extrait le sel en blocs immenses, et on l'expédie de là par eau au loin. Ce sel fossile, qui était autrefois un monopole du gouvernement des Sikhs, est dur, mais se brise facilement et est fort estimé dans toutes les parties de l'Inde. Mais le Pendjâb abonde généralement aussi en blé, vin, huile, et autres produits propres à l'exportation. On trouve de la houille, du fer et du sable aurifère sur les rives du Tjinab et de l'Indus, de l'alun et du soufre dans les montagnes de sel, du salpêtre, de la canne à sucre et de l'indigo dans les plaines; mais le cotonnier n'y réussit pas, et la culture de la soie y est inconnue. Le règne animal offre des léopards, des panthères, des chats-tigres, des ours, des loups, des renards, des cerfs et des écureuils, au nord; et encore quelques espèces particulières à l'Inde, dans la partie méridionale. Sur les bords du Sutledge supérieur les Sikhs sont exclusivement agriculteurs ; mais partout ailleurs ils se livrent de préférence à l'élève du bétail. Le cheval *dunni*, entre le Djelam et l'Indus, appartient à la meilleure race chevaline, et servait à la cavalerie des Sikhs. Sur les bords du Djelam les mulets sont très-vigoureux et portent des fardeaux énormes, de même que les chameaux au sud. Les troupeaux de gros bétail sont très-nombreux, mais les moutons fort rares. Les étoffes de laine figurent parmi les plus beaux produits manufacturés du pays. La vente de ces étoffes et celle du sel, de même que le transit entre l'Inde et l'Afghanistan occupent une grande partie de la population. Toutefois, jusque dans ces derniers temps les caravanes avaient beaucoup à craindre de la rapacité des petits chefs de centre de population. La navigation de l'Indus, qui tout récemment a pris de grands développements, deviendra avant peu la source d'une grande prospérité pour le pays.

Outre le Penjâb, le Kachemir le Moultân et le Peschawer dépendaient encore de l'Empire des Sikhs. Ces provinces y comprises, sa superficie était d'environ 6,000 myr. carrés, avec une population de cinq millions d'habitants et un revenu de quarante millions de francs. A la suite de la guerre contre Dhoulip-Singh, une proclamation du gouverneur général des Indes orientales, datée de Ferozpour le 29 mars 1849, incorpora le Pendjâb à l'Inde anglaise, à l'exception du territoire de Kachemir et de Djamou, appartenant à Ghoulab-Singh. La superficie de cette conquête des Anglais est évaluée à 3,225 myriamètres carrés, sa population à trois millions d'habitants, et son revenu à près d'un million st. Le Pendjâb forme aujourd'hui cinq provinces : *Lahore*, divisé en cinq districts; *Moultân*, divisé en trois ; *Ledjah* et *Djelam* chacun en quatre districts, et *Peschawer* avec *Hezareh* au delà de l'Indus. Cette nouvelle acquisition a été d'une inappréciable importance pour l'Empire Indo-Britannique; elle lui a donné pour frontières naturelles l'inaccessible Hindoukouh et l'Indus, qui n'offre qu'un petit nombre de points où on puisse le traverser, mais faciles à défendre, et qui, comme grande voie de communication entre l'Inde septentrionale et l'Inde occidentale, est dominé par le Pendjâb. Depuis l'époque d'Alexandre le Grand, sous le règne duquel le Pendjâb formait la satrapie de l'Inde supérieure, le territoire des Cinq-Rivières avait toujours été la première proie dont s'emparaient les conquérants de l'Inde venant de l'Ouest. Il constitue aujourd'hui pour les Anglais une excellente position, surtout depuis qu'on y a réuni le Peschawer, d'où part la voie la plus directe et la plus commode conduisant au plateau de l'Afghanistan. En outre, les Anglais n'ont pas seulement découvert dans le Pendjâb une foule de ressources agricoles, ils ont encore reconnu que les *Douabs* sont susceptibles d'immenses perfectionnements, et qu'au moyen de canaux il sera facile d'arroser tout ce pays et de transformer ses déserts en jardins.

PENDJABI. *Voyez* INDIENNES (Langues).

PENDU, celui qui est ou a été suspendu à une corde, qui a subi la pendaison. La médecine empirique a attribué une grande efficacité au crâne des pendus contre les maladies céphaliques, et à la graisse contre les douleurs rhumatismales, goutteuses, etc. : la saine raison nous a délivrés de ce charlatanisme. Les astrologues, les soi-disant magiciens, etc., ont considéré la *c o r d e de pendu* comme un précieux talisman contre les maladies et pour *porter bonheur*, etc. Nous sommes en cela de l'avis de Scaliger, qui dit que ceux qui ont recours aux cordes des pendus mériteraient bien qu'elles servissent à leur supplice. *Être sec comme un pendu*, c'est être très-maigre.

Julia de Fontenelle.

PENDULE. Lorsqu'on suspend un corps pesant à un fil ou à une tige rigide, ce corps tend naturellement, en vertu de l'action de la pesanteur, à prendre une certaine position d'équilibre telle que le fil ou la tige de suspension passe par la verticale du lieu où l'on se trouve. Mais si l'on écarte ce corps de sa position d'équilibre, l'action de la pesanteur tendra à l'y faire revenir, et il fera autour d'elle une suite de mouvements de va-et-vient ou d'oscillations. Tel est le *pendule*, dans sa conception la plus simple ; tel est le système mobile sur lequel nous allons donner quelques notions précises, en indiquant la loi de ses oscillations et les autres faits mécaniques qui en constituent la théorie.

Quand on regarde un pendule osciller dans l'air, on n'est pas longtemps à s'apercevoir de la diminution d'amplitude des arcs de cercle qu'il décrit de part et d'autre de la verticale, position vers laquelle il tend toujours. Théoriquement cela ne devrait pas être, et quand on ne tient compte ni de la résistance de l'air ni des frottements qui se produisent nécessairement aux points de suspension, on trouve que les oscillations devraient éternellement conserver la même amplitude. C'est donc par l'effet des deux causes retardatrices que nous venons de nommer que les oscillations varient de grandeur. Mais si ces deux causes ont une notable influence sur l'amplitude, elles en ont une très-faible sur la durée des oscillations. Les géomètres ont démontré ce principe, en faisant voir que le temps d'une oscillation dépend très-peu de l'angle dont le pendule s'écarte de la verticale, pourvu toutefois que cet angle lui-même ne dépasse pas 2 ou 3 degrés. Ils ont trouvé dans ce cas pour l'expression à peu près exacte du temps d'une oscillation une formule assez simple pour que nous puissions nous permettre de la produire ici. En appelant t le temps d'une oscillation, π le nombre connu 3,1415... qui représente le rapport de la circonférence au diamèttre, l la longueur du pendule et g l'intensité de la pesanteur, c'est-à-dire la vitesse acquise au bout d'une seconde par un corps qui tombe dans le vide, cette formule est, en langage algébrique, $t = \pi \sqrt{\frac{l}{g}}$. Cette formule conduit à diverses conséquences du mouvement pendulaire, telles que les suivantes : 1° pour des pendules inégaux, la durée des oscillations est proportionnelle à la racine carrée de la longueur ; 2° en différents lieux de la Terre, la durée des oscillations, pour des pendules de même longueur, est en raison inverse de la racine carrée de l'intensité de la pesanteur ; etc.

Cette dernière propriété offre donc un moyen de reconnaître si la Terre est ou n'est pas parfaitement sphérique, et de mesurer même les différences de longueur du rayon de ses divers points. Des observations ont fait reconnaître que les oscillations du pendule deviennent de plus en plus rapides à mesure qu'on s'éloigne de l'équateur pour se rapprocher des pôles ; il y a donc vers les pôles aplatissement de la Terre, ou renflement vers l'équateur. Des observations du genre de celles que nous venons de citer avaient été faites avant N e w t o n ; mais leurs résultats, dont on ne pouvait donner que des explications bizarres, étaient généralement contestés ; c'est lui qui, reliant ces faits par la théorie du pendule, montra les conséquences qu'on en devait tirer, et leur donna pour la forme de la Terre un infaillible caractère de vérité. Depuis, des mesures directes ont complétement vérifié ses déductions théoriques.

La durée de l'oscillation variant avec la longueur du pendule, on conçoit que l'on puisse trouver et déterminer pour chaque point de la Terre la longueur que doit avoir un pendule pour y battre un certain nombre de coups par minute ; et comme rien n'est plus facile à observer que les oscillations d'un pendule, et rien de plus facile à compter que leur nombre, ce moyen est le plus simple pour retrouver une longueur que l'on aurait perdue, pourvu toutefois que l'on connût exactement en ce point de la Terre la valeur de la quantité g. On voit que si g eût été le même pour tout le globe, le pendule, battant un nombre déterminé de coups dans un temps donné, eût pu être choisi pour unité de longueur universelle et invariable. Mais comme il faut pour obtenir le même nombre de battements dans un temps donné, allonger ou raccourcir le pendule, suivant la latitude où l'on se trouve, on ne pourrait employer ce moyen qu'en ayant des tables indiquant les variations à faire subir au pendule, lorsqu'on se déplace du pôle vers l'équateur. La longueur du pendule qui bat la seconde est $0^{m},990925$ sous l'équateur, $0^{m},993846$ à Paris, $0^{m},995924$ à 10° du pôle.

Nous avons dit plus haut que, même en ne tenant pas compte de la résistance de l'air et des frottements sur les appuis, il n'est pas rigoureusement vrai que les oscillations du pendule soient égales en durée. Les géomètres se sont appliqués à chercher s'il n'était pas une courbe telle qu'un point assujetti à se mouvoir sur elle par un mouvement de va-et-vient exécutât des oscillations rigoureusement *isochrones*, c'est-à-dire d'égales durées quelle que fût l'amplitude de sa trajectoire, ou de l'espace parcouru par le point sur la courbe. Ils ont trouvé que la c y c l o ï d e, courbe fameuse sous beaucoup d'autres rapports, résout complétement le problème et permet, en outre, que l'application pratique en soit faite. La formule que nous avons donnée plus haut exprime alors, en toute rigueur, le temps de l'oscillation d'un pendule cycloïdal. C'est à H u y g h e n s que sont dues ces belles recherches.

Dans tout ce qui précède, ce que nous avons dit relativement à la longueur doit s'entendre d'un pendule fictif que les géomètres considèrent par abstraction, et qui serait irréalisable dans la nature. Cette espèce de pendule théorique, qu'on désigne par le nom de *pendule simple*, serait composé d'un point matériel pesant, soutenu par un fil sans pesanteur, dont la longueur serait ce que nous avons appelé la longueur du pendule. Mais de tels pendules sont impossibles, et pour que les résultats qui leur conviennent puissent s'appliquer aux pendules réels, il faut considérer dans ces derniers un point particulier, nommé *centre d'oscillation*, qui a la propriété de se mouvoir, malgré sa liaison avec les autres points du système, de la même manière que si, venant à se séparer d'eux, sans que sa distance au point de suspension variât, il formait un pendule simple. La position de ce point dans les pendules réels, qu'on nomme aussi *pendules composés*, dépend de la forme du corps qui oscille, et ne peut être bien rigoureusement trouvée pour chaque corps que par l'expérience. Or, il existe entre le centre d'oscillation et le point du corps autour duquel le mouvement se fait, point qu'on nomme *centre de suspension*, une entière réciprocité, c'est-à-dire que si l'on suspend un corps par son centre d'oscillation, qui devient ainsi centre de suspension, le centre de suspension primitif deviendra centre d'oscillation à son tour, et le mouvement du pendule sera le même qu'auparavant. On conçoit sans peine comment cette propriété peut servir, au moyen de tâtonnements fort simples, à déterminer pour un pendule composé la position de son centre d'oscillation, et par suite la longueur du pendule simple qui lui correspond.

La régularité de mouvement du pendule le rend très-propre à régler la marche des instruments à mesurer le temps. G a l i l é e eut le premier l'idée de l'employer à cet usage. C'est une histoire vulgaire que celle de la lampe suspendue à la voûte d'une église, dont le mouvement régulier et incessant attira l'attention du philosophe. Bien d'autres sans doute avaient aperçu ce fait avant lui, mais aucun n'avait songé aux conséquences qu'en déduisit l'homme de génie :

ce fut là son point de départ. Après lui vint Huyghens, qui, complétant la théorie des pendules, étudia le pendule cycloïdal, et indiqua leurs applications aux horloges.

Huyghens avait remarqué que l'on pouvait employer au même objet le *pendule centrifuge*, dont nous allons dire quelques mots. Si, après avoir fixé un corps pesant au bout d'un fil, on imprime à celui-ci, en le tenant par l'autre bout, un mouvement de rotation dans le sens horizontal, on voit le corps pesant s'éloigner de la perpendiculaire et la direction du fil se rapprocher plus ou moins de celle d'une ligne horizontale; ces effets sont d'autant plus sensibles que le mouvement de rotation est plus rapide. Et toutefois, à proportion que la vitesse du corps pesant augmente, et que par conséquent il s'écarte de plus en plus de la perpendiculaire, ce corps met plus de temps à accomplir une révolution, attendu que les circonférences des cercles qu'il décrit vont aussi en augmentant. On conçoit qu'un tel pendule puisse servir de régulateur aux horloges; mais son emploi entraîne des inconvénients qui lui ont fait préférer le pendule vertical. Le *régulateur à force centrifuge*, qui règle les mouvements de certaines machines à vapeur offre une application du pendule centrifuge.

Revenons au pendule ordinaire employé dans les horloges. Il est de deux sortes. Dans les anciennes pendules, que l'on trouve encore fréquemment en province, montées dans leurs hautes cages de bois verni, le pendule bat les secondes, et pour cela sa longueur est d'environ un mètre. Dans les pendules modernes, destinées à l'ornement des tablettes de cheminée, le pendule est d'une longueur bien moindre, mais aussi son mouvement est-il plus rapide. Le rôle de régularisation que joue le pendule dans les horloges consiste à ne laisser tourner pendant chacune de ses oscillations que d'un nombre constant et déterminé de dents une roue en communication immédiate avec le système moteur par lequel le mouvement est transmis à la machine : la vitesse de rotation de toutes les roues du mécanisme se trouve ainsi uniformément réglée. Quoique l'on prenne les plus grandes précautions pour rendre aussi libre que possible la suspension des pendules dans les horloges, cependant on ne peut éviter de légers frottements, pas plus qu'on ne peut s'affranchir de la résistance de l'air; et ces deux causes, s'ajoutant pour retarder le mouvement, l'éteindraient bientôt si l'on n'avait soin de placer dans le voisinage de la tige du pendule une roue armée de dents qui, mise en jeu par le mécanisme moteur, frappe à chaque oscillation la tige du pendule, et lui restitue la quantité de mouvement que les obstacles lui ont fait perdre.

La longueur du pendule ayant une grande influence sur la durée de ses battements, une autre condition bien importante à remplir, c'est que la position du centre d'oscillation soit complétement fixe. Or, les tiges des pendules étant composées de métaux que la chaleur dilate et que le froid contracte, il faut employer, pour atteindre cette fixité, des artifices particuliers qui constituent en physique la théorie des *pendules compensateurs*. Quelques-uns de ces systèmes sont fort ingénieux. Celui qu'on emploie le plus fréquemment aujourd'hui, quoiqu'il soit le plus embarrassant, consiste à former la tige de plusieurs cadres rectangulaires de grandeur décroissante, et alternativement en fer ou en cuivre, qui se lient successivement les uns aux autres, de manière que, par l'effet de la dilatation des tringles qui composent les cadres, les unes tendent à abaisser et les autres à relever la lentille, qui est la masse pesante du système. Il suffit alors que la somme des abaissements soit égale à celle des surhaussements pour que le centre d'oscillation ne soit pas déplacé.

L. VAUTHIER.

Le pendule a de nombreuses applications dans les sciences physiques. Parmi les plus récentes, nous ne ferons que citer la méthode employée par M. Airy pour déterminer la densité de la terre, méthode qui du reste ne diffère de celles de Bouguer et de Maskelyne que par une heureuse modification. Mais nous ne pouvons nous dispenser de dire quelques mots des belles expériences à l'aide desquelles M. L. Foucault a su tirer des lois du pendule une preuve palpable de l'existence du mouvement diurne de notre planète.

La loi qui a servi de point de départ à M. Foucault est celle-ci : Le plan d'oscillation du pendule est invariable; c'est-à-dire qu'un pendule étant écarté de la verticale exécute ses oscillations successives dans un plan qui ne change pas, lors même que le point de suspension fait partie d'un système en mouvement. De là il résulte que si la terre exécute dans un sens une rotation (dont nous ne pouvons avoir conscience, puisque nous y participons), le pendule semblera à nos yeux se mouvoir d'une quantité angulaire proportionnelle dans le sens opposé. C'est là ce que sont venues confirmer les expériences faites par M. Foucault et répétées dans le monde entier. La première de ces expériences a été exécutée à Paris, sous la coupole du Panthéon : l'élévation de ce monument permettait de rendre les résultats plus apparents. Au centre de la coupole M. Foucault avait suspendu un fil terminé par une sphère métallique, au-dessous de laquelle était fixé un stylet; celui-ci, arrivé vers le bas de sa course, effleurait une couche de sable fin et y laissait ainsi une trace visible de la direction du plan d'oscillation. Pour éviter toute influence étrangère, le gigantesque pendule était mis en mouvement de la manière suivante : la sphère métallique étant fixée par un fil à l'un des angles du monument, on brûlait ce fil, et le pendule se trouvait aussitôt abandonné à l'action de la pesanteur. Les oscillations se succédaient pendant une durée de temps assez grande pour rendre le phénomène évident.

L'existence du mouvement de rotation de la terre était depuis longtemps un fait acquis à la science; mais M. Foucault a su contraindre ce mouvement à se dévoiler lui-même à tous les yeux; il a ajouté aux démonstrations scientifiques une preuve matérielle. Par une déduction du principe énoncé ci-dessus, ce savant est depuis arrivé à des résultats encore plus remarquables en imaginant l'instrument auquel il a donné le nom de *gyroscope*. E. MERLIEUX.

PENDULE (*Horlogerie*). Huyghens, on le sait, fut le restaurateur de l'ancienne horlogerie. Entre autres recherches, il adapta le pendule de Galilée aux horloges, afin d'en corriger les écarts : ce ne fut pas tout à fait le pendule simple, mais un pendule solidifié en quelques sorte, c'est-à-dire composé d'une branche de métal considérée comme inflexible, relativement aux influences légères qu'elle reçoit de l'échappement, et terminée par une boule du poids de quelques kilogrammes. On a substitué par la suite à la boule une lentille pesante, espèce de disque aminci des bords, pour diminuer la résistance de l'air. L'extrémité supérieure du pendule était jadis attachée à ce qu'on appelle l'axe de suspension, par un double cordon de soie, qui a été remplacé ensuite par un ressort d'acier, large, mince et très-flexible, et depuis par une autre suspension dite à *couteau*, à peu près comme le fléau d'une balance; enfin, de nos jours, par deux ressorts minces, qui offrent encore plus d'avantages.

Nous devons faire observer ici que le pendule composé d'une verge d'un certain poids exige aussi plus de longueur que la mesure du pendule simple; que le pendule simple qui serait destiné à ne battre que les demi-secondes ne doit avoir avec sa soie que $0^{m},2488$, parce que la durée des oscillations suit la progression de la racine carrée des longueurs, et que c'est une loi de la nature, celle de la gravitation, qui produit les oscillations du pendule. Un mécanisme délicat, l'échappement, sert de lien et de communication entre les oscillations du pendule et le passage de chaque dent de la dernière roue du rouage de l'horloge, sollicitée de tourner par la première force motrice que lui transmettent les engrenages des divers mobiles. Le moyen de communication du pendule à l'échappement et à la dernière roue du mouvement est une petite pièce longue et légère, appelée *fourchette*, dont l'extrémité inférieure, courbée et divisée en deux branches, embrasse la tige du pendule, tandis que l'extrémité supérieure est fixée à l'axe ou tige qui porte la pièce d'échappement; celle-ci pénètre, par des parties saillantes, entre les dents de la dernière roue, qui ne peuvent passer que l'une après l'autre, à mesure que la pièce d'échappement éprouve des balancements alternatifs, qui ont lieu par l'entremise de la fourchette en communication avec le mouvement oscillatoire du pendule. C'est ainsi que les mouvements du pendule, dus à une cause constante et régulière, l'attraction terrestre ou la *gravitation*, et puissants par la masse de la lentille, déterminent les intervalles du passage des dents de la roue, et règlent la marche du rouage entier et des aiguilles qui marquent les secondes, les minutes et les heures. On conçoit que sans cette interruption régulière le rouage, libre et sollicité par la force motrice, prendrait un mouvement de rotation si rapide que le poids arriverait trop promptement au bas de sa descente, et même avec un mouvement inégalement accéléré.

Il résulte aussi de la disposition du mécanisme qu'on nomme l'*échappement* que réciproquement les dents de la dernière roue en échappant réagissent sur le pendule par le moyen de la fourchette, en exerçant aussi sur lui pendant une partie de l'oscillation une légère impulsion et réparation de la perte presque insensible de son mouvement, qui sans cela diminuerait peu à peu, et finirait par se réduire à zéro ou au *repos*. Telle est l'action régulatrice et réparatrice qui a lieu dans l'*échappement*, soit de l'horloge à pendule, soit de la montre à *balancier* rond, etc. Il y a des *échappements* dits à *recul*, à *repos*, *libres*, etc.

Avant Huyghens, les horloges, les pendules, les montres, avaient pour modérateur du rouage un *balancier*, espèce d'anneau rond, un peu massif, tenant à un centre par trois rayons minces, et ayant ainsi presque tout le poids de sa masse à sa circonférence, équilibrée d'ailleurs dans toutes ses parties. C'est encore ainsi qu'est formé, à la délicatesse et l'extrême réduction près, le balancier de nos montres ordinaires de poche. Les vibrations du balancier des montres sont en outre régularisées par l'adjonction d'un petit ressort spiral, perfectionné par Huyghens, formant sur lui-même un grand nombre de tours suffisamment écartés, et qui dans les vibrations du balancier s'ouvrent et se ferment alternativement sans se toucher. Le balancier rond des anciennes horloges et des premières montres n'avait point de spiral. Dans les horloges, le balancier était suspendu par un double cordon, dont la torsion alternative, à droite et à gauche, ramenait en partie ce mobile de la limite de ses excursions; mais son retour était uniquement déterminé dans les montres portatives par l'action des dents de la dernière roue sur des palettes portées par l'axe du balancier.

L'application du *pendule* aux horloges fit donc abandonner l'usage du balancier, réservé avec le spiral aux montres de poche; et l'on eut dans les appartements de ces instruments perfectionnés, qu'on nomme aujourd'hui *une* (sous entendu : horloge à...) *pendule*, ou une *pendule*, au moyen de l'ellipse et du changement de genre.

Ce furent principalement la France et l'Angleterre qui perfectionnèrent beaucoup la composition et l'exécution des instruments destinés à la mesure du temps. C'est à Paris que l'on a le mieux réussi à décorer les appartements par la forme extérieure de ces meubles ingénieux, où l'agréable se joint à l'utile. Les bronzes dorés, ciselés, ornés de figures, exécutés en France, ont obtenu le suffrage général. La capitale est pleine de riches magasins en ce genre, et d'habiles artistes, dont les uns s'occupent du décor, tandis que d'autres finissent les mouvements. Mais dans les arts, à mesure que les produits se multiplient, les prix baissent et les qualités s'altèrent; l'on ne peut se dissimuler qu'aujourd'hui la fabrication des pendules, plus étendue, en est souvent d'autant moins soignée : le charlatanisme, d'ailleurs, s'introduit partout. Le zinc a pris de plus en plus la place du cuivre. La dorure galvanique permet de mettre moins d'or. La pendule est tombée dans les objets du plus bas prix. Le marbre, l'albâtre, le bois, etc., sont encore employés à la décoration des pendules. Cependant, à chaque exposition les pendules se présentent comme une des parties les plus brillantes de l'industrie parisienne. MOINET.

PÉNÉE (*Peneus*), aujourd'hui appelé *Selambria*, le principal cours d'eau de la Thessalie et de la Grèce en général, prend sa source dans le Pinde, traverse ensuite la vallée de Tempé et se jette, entre l'Olympe et l'Œta, dans le golfe de Therme, appelé aujourd'hui *golfe de Salonique*. Ce fleuve, dont les eaux sont généralement fort basses, se grossit extraordinairement à l'époque de la fonte des neiges dans les montagnes, et inonde alors au loin les plaines qu'il traverse.

PÉNÉLOPE, l'épouse, aussi belle que vertueuse, d'Ulysse, était fille d'Icare et de Peribœa et mère de Télémaque, qu'elle portait encore dans son sein lorsque son époux partit pour la guerre de Troie. Ulysse, après la prise de Troie, ayant longtemps erré de côté et d'autre, fut tenu pour mort; et en conséquence de nombreux soupirants se mirent sur les rangs pour obtenir la main de la belle veuve, qu'ils poursuivirent sans relâche de leurs hommages empressés. Pénélope leur déclara qu'elle ne se déciderait à faire un choix parmi eux que lorsqu'elle aurait terminé un drap mortuaire qu'elle était en train de tisser pour Laerte. Mais elle n'en finissait jamais, par la raison qu'elle avait soin de défaire la nuit le travail qu'elle avait fait le jour. Les soupirants s'aperçurent pourtant à la fin du stratagème; et dans leur impatience, ils devenaient de plus en plus pressants, lorsque heureusement Ulysse arriva assez à temps pour délivrer sa chaste moitié de ces importuns adorateurs.

PÉNÉTRABILITÉ, qualité de ce qui est pénétrable (*voyez* PÉNÉTRATION et IMPÉNÉTRABILITÉ).

PÉNÉTRATION. On nomme ainsi, au sens propre, l'action par laquelle un corps entre dans un autre, ou occupe une partie de la même place : ainsi, un clou, par exemple, enfoncé à coups de marteau dans une planche, a pénétré dans une partie de l'espace ou du volume occupé par cette planche. Il y avait autrefois, et il y a même encore aujourd'hui, en physique, ce principe : *que deux corps ne peuvent occuper ensemble un même lieu*. Rien n'est plus vrai, sans doute, quoique cette proposition semble à chaque instant recevoir des démentis sous nos yeux, comme, par exemple, quand on imbibe d'eau une éponge, quand on fait dissoudre un corps quelconque, comme du sucre, dans un liquide : ces corps, quoique alors renfermés sous une même surface, n'occupent point pour cela la même place; seulement, les molécules constituantes de l'un se placent, par un procédé chimique ou mécanique, dans les intervalles restés libres, par la disposition particulière des molécules constituantes de l'autre, à moins qu'il n'y ait quelquefois refoulement ou déplacement des unes par les autres, comme dans l'exemple du clou que nous avons cité : voilà tout le phénomène, qui suppose nécessairement toujours entre les parcelles constituantes primitives des corps sinon un vide, du moins un intervalle rempli par des molécules, telles que l'air ou un autre corps susceptible d'être déplacé ou chassé.

Cette propriété des corps de se pénétrer ainsi les uns par les autres est plus ou moins active en eux, suivant leur caractère particulier, ou d'après des causes qui nous sont parfaitement inconnues : on la nomme quelquefois *force dissolvante*. Ainsi, le mercure et quelques acides en jouissent à un très-haut degré, au moins relativement à certains corps. De tous les corps, le calorique est sans contredit celui qui jouit à un plus haut degré de cette force pénétrante, puisqu'il n'est aucun corps de la nature entre les molécules duquel il ne s'insinue, dont il n'ait même la propriété de changer la disposition relative, sinon la forme.

Le mot *pénétration* se dit figurément de l'intelligence, de la sagacité de l'esprit, ou de sa plus ou moins grande facilité à saisir dans les choses des rapports qui échappent communément aux esprits vulgaires : *Ingenii solertia*, *perspicacitas*. En ce sens, on peut dire de l'*esprit de pénétration*, qu'il indique en celui qui en est doué la plus haute somme de facultés intellectuelles dont la nature gratifie quelquefois notre espèce. Dans les lois du monde moral, comme dans celles du monde physique, il ne se passe pas autour de nous un fait, un phénomène, si insignifiant et si isolé qu'il soit en apparence, qui ne se lie cependant, et d'une manière nécessaire, intime, à tous les autres faits, à tous les autres phénomènes qui constituent autour de nous la grande scène du monde; il est vrai que ces moyens de liaison, ces rapports qui unissent tout, nous échappent communément, et ne peuvent être le plus souvent suivis que d'une manière très-imparfaite quand nous les apercevons, et cela par suite de la faible mesure de notre intelligence; toutefois, celle-ci, en raison de son plus ou moins grand développement, saisit plus ou moins habilement quelquefois ces rapports où d'autres ne voient rien du tout; et c'est ce qui constitue l'*esprit de pénétration*.

BILLOT.

PÉNICHE. Ce nom nous vient des Anglais, qui appellent ainsi le second canot d'un vaisseau. La péniche doit être très-légère, bordée à clin, d'une marche supérieure, et border au moins six avirons. Ce nom s'est étendu par analogie à toute espèce d'embarcation de vaisseau armé en guerre. Il a acquis dans la dernière lutte entre l'Angleterre et la France une célébrité fameuse : rien n'était plus à redouter pour les vaisseaux marchands, et quelquefois même pour les vaisseaux de guerre, que l'attaque des péniches, qui venaient enlever ces bâtiments jusque sous le feu des forts de la côte, quelquefois en plein jour. On nommait alors *péniches* toutes les embarcations armées en guerre qui prenaient simultanément part à une attaque. Le seul ou au moins le principal moyen de déjouer celle-ci consistait dans les filets tendus sur les bastingages et au bout des vergues, pour empêcher, d'une part, l'abordage ou du moins le retarder, et, d'autre part, pour faire prisonnier l'ennemi dans ses propres péniches, où il était si facile de l'anéantir sans qu'il pût se défendre, quand on était assez heureux pour le couvrir d'un filet. Les péniches de guerre bordent en général beaucoup d'avirons, sont armées de pierriers, parfois d'un canon en coursive, et sont grées en lougre. On les emploie comme garde-côtes. Les embarcations espagnoles connues dans le golfe de Gascogne sous le nom de *trinkadoures*, et qu'on fait aussi servir au rôle de garde-côtes, sont de véritables péniches.

PÉNINSULE, modification française du latin *peninsula*, qui signifie *presqu'île*. D'après cette définition, *péninsule* et *presqu'île* seraient synonymes, et c'est ainsi qu'on les présente dans tous les lexiques. Cependant, dans la langue géographique une différence sensible a été établie entre ces deux mots. Ainsi on peut définir la péninsule « une partie quelconque des continents moins entourée d'eau que la presqu'île, et dont l'isthme est toujours fort large. » L'Espagne, l'Italie, la Scandinavie, en Europe ; l'Arabie, la Corée, en Asie, sont des *péninsules ;* mais la Morée est une *presqu'île*, dans la complète acception du mot.

Oscar MAC-CARTHY.

PÉNITENCE (du latin *pœnitentia*), repentir, regret d'avoir péché, d'avoir offensé Dieu, joint à la volonté d'expier ses fautes et de s'en corriger. C'est celui des sept sacrements de l'Église par lequel le prêtre remet les péchés à ceux qui s'en confessent à lui. Il efface les péchés commis après le baptême et donne au pécheur la grâce de changer de vie. La pénitence consiste dans la contrition, la confession, l'absolution et la satisfaction. L'ordre de la prêtrise donne le pouvoir de conférer le sacrement de pénitence; mais pour l'exercer il faut avoir la juridiction ou l'ordinaire, c'est-à-dire une approbation de l'évêque *ad hoc*. Le sacrement de pénitence doit être reçu au moins une fois l'an. Tout prêtre, quoique non approuvé et même irrégulier, peut, en cas de nécessité, conférer le sacrement de pénitence à ceux qui sont à l'article de la mort. Le *tribunal de la pénitence* se dit du prêtre qui confesse et du lieu où il confesse. Les *Psaumes de la pénitence* sont sept psaumes ou cantiques sacrés composés par David, et que l'Église a choisis pour servir de prières à ceux qui demandent pardon à Dieu de leurs péchés.

La définition de la pénitence a été un sujet de controverse entre les catholiques et les hétérodoxes. Luther a prétendu que la pénitence consiste seulement dans le changement du cœur et de la conduite. Le regret du passé, dit-il, serait absurde; la contrition ou la douleur d'avoir péché, loin de purifier l'homme, ne sert qu'à le rendre hypocrite et plus coupable. Le concile de Trente a condamné cette doctrine. Ce concile a décidé : 1° que Jésus-Christ a donné à son Église le pouvoir de remettre les péchés commis après le baptême; 2° que ce pouvoir doit s'exercer par manière de jugement, que ce jugement consiste dans l'autorité non-seulement de déclarer que les péchés sont remis, mais de les remettre en effet de la part de Dieu ; 3° que ce jugement exige l'accusation ou la confession du coupable; 4° que la confession doit être accompagnée d'un regret sincère et de la volonté de satisfaire à la justice de Dieu.

Différentes sectes d'hérétiques ont refusé de reconnaître ces divers points de doctrine. Ce sont les montanistes au deuxième siècle, les novatiens au troisième, les albanais au huitième, les vaudois au douzième, et quelques eutychiens au seizième. Dans le même siècle, les luthériens déclarèrent dans la Confession d'Augsbourg qu'ils conservaient le sacrement de pénitence; mais la plupart en ont abandonné l'usage. Calvin et ses disciples n'ont jamais voulu l'admettre.

Pénitence se dit encore des bonnes œuvres et des peines que le confesseur impose au pénitent pour la satisfaction des péchés dont il l'absout. Il signifie aussi les jeûnes, les prières, les macérations, et généralement toutes les austérités qu'on s'impose soi-même volontairement pour l'expiation de ses péchés. Les Juifs faisaient pénitence avec le sac, la cendre et le cilice.

Pénitence se dit aussi d'une punition imposée pour quelque faute : Mettre un enfant en *pénitence*. La *pénitence*, à certains petits jeux, est la peine qu'on impose à ceux qui ont manqué aux règles, aux conventions.

PÉNITENCE (Frères de la) ou TIERS ORDRE DE SAINT-FRANÇOIS. *Voyez* FRANÇOIS D'ASSISE et TIERS-ORDRE.

PÉNITENCE PUBLIQUE. Dans le deuxième siècle de l'Église et les suivants, les évêques jugèrent que, pour l'édification des fidèles et pour maintenir la sainteté des mœurs, il était à propos d'exiger que ceux qui avaient commis de grands crimes après leur baptême fussent privés de la participation aux saints mystères, retenus dans l'état d'excommunication, et obligés de faire publiquement pénitence. Voici en quoi cette pénitence consistait. Ceux à qui elle était prescrite s'adressaient au *pénitencier*, qui écrivait leurs noms. Le premier jour de carême, ils se présentaient à la porte de l'église en habits de deuil, tels qu'en portaient les pauvres. Entrés dans l'église, ils recevaient, des mains de l'évêque, des cendres sur la tête et des cilices pour se couvrir; ensuite on les mettait hors de l'église, et l'on fermait les portes sur eux. Chez eux, ils passaient le temps de leur pénitence dans la solitude, le jeûne et la prière. Les jours de fête, ils se présentaient à la porte de l'église, mais sans y entrer. Quelque temps après on les y admettait pour entendre les lectures et les sermons, mais ils étaient obligés d'en sortir avant les prières. Au bout d'un certain temps ils étaient admis à prier avec les fidèles, mais prosternés. Enfin, on leur permettait de prier debout jusqu'à l'offertoire, et alors ils sortaient.

Il y avait quatre degrés de pénitence publique ou quatre ordres de pénitents. Ainsi, un homicide était quatre ans au rang des *pleurants*. Aux heures de la prière, il se trouvait à la porte de l'église revêtu d'un cilice, avec de la cendre sur la tête, sans être rasé. Il se recommandait aux prières des fidèles qui entraient dans l'église. Les cinq années suivantes, il était parmi les *auditeurs ;* il entrait dans l'église, puis sept ans dans les *prosternés ;* enfin, jusqu'à ce que les vingt ans de pénitence fussent accomplis, il prenait rang entre les *connisants*, *connitentes* ou *stantes*. Saint Basile marque deux ans pour le larcin, sept pour l'œuvre de la chair, onze pour le parjure, quinze pour l'adultère, vingt pour l'homicide, et la vie entière pour l'apostasie. Ce temps était souvent abrégé par les évêques, en considération de la ferveur des pénitents. On l'abrégeait encore à la recommandation des martyrs ou des confesseurs, et cette grâce se nommait *indulgence*. Si un fidèle mourait dans le cours de sa pénitence, on présumait son salut, et l'on offrait pour lui le saint sacrifice. Plusieurs faisaient la pénitence publique sans que l'on sût pour quels péchés. D'autres la faisaient en secret, même pour de grands crimes, lorsque la pénitence publique aurait causé du scandale ou les aurait exposés. On voyait aussi des personnes très-vertueuses et du plus haut rang prendre par humilité l'habit des pénitents. Lorsque les pénitents étaient admis à la réconciliation, ils se présentaient à la porte de l'église; l'évêque les y faisait entrer, et leur donnait l'absolution solennelle. Alors, ils se faisaient raser, quittaient leurs habits de pénitence et recommençaient à vivre comme les autres fidèles.

PÉNITENCERIE, PÉNITENCIER. Comme il y a des cas réservés au souverain pontife, et d'autres qui sont réservés aux évêques, le pape a établi un *grand-pénitencier*, ordinairement un cardinal, auquel il faut s'adresser pour obtenir le pouvoir d'absoudre des cas et des censures réservés au saint-siége, et qui dispense des empêchements qui ont pu rendre un mariage nul. De même, les évêques ont établi dans leur cathédrale un *pénitencier*, auquel ils ont donné le pouvoir d'absoudre des cas qui leur sont réservés. Tous les brefs de la *pénitencerie* sont absolument gratuits, et portent ces mots, *pro Deo*. Au douzième siècle, l'abus s'introduisit de racheter à prix d'argent ou par des aumônes les pénitences imposées pour l'expiation des crimes. Mais en 1215 le concile général de Latran avait déjà proscrit toute espèce de trafic en fait d'indulgences ou de rachat de pénitences : proscription renouvelée par le concile de Trente.

PÉNITENCIER, prison pénitentiaire où sont appliqués les différents systèmes de l'emprisonnement individuel. En France cette expression se restreint aux prisons militaires de cette espèce. Le château de Saint-Germain a longtemps servi de pénitencier militaire.

PÉNITENT, PÉNITENTE, celui ou celle qui pratique les exercices de la pénitence, celui, celle qui confesse ses péchés au prêtre. On donne le nom de *pénitents* à des dévots réunis en confrérie, faisant profession de pratiquer la pénitence publique, en allant en procession dans les rues couverts d'une espèce de sac, et se donnant quelquefois la discipline. Cette coutume fut établie à Péronne en 1020, par un ermite. Elle s'étendit au loin, en Hongrie surtout, où elle dégénéra en abus et produisit la secte des flagellants. En retranchant les superstitions qui s'étaient mêlées à cet usage, on a permis d'établir des confréries de *pénitents* en divers lieux d'Italie et ailleurs, à Lyon, à Avignon, dans le Languedoc, dans le Dauphiné. Il y a eu des pénitents *blancs, bleus, noirs*. Ceux-ci assistent les criminels à la mort, et leur donnent la sépulture. Henri III, ayant vu la procession des pénitents blancs d'Avignon, voulut être agrégé à cette confrérie, et en établit une à Paris.

Pénitents est encore le nom de plusieurs congrégations ou communautés de gens des deux sexes, qui, après avoir vécu dans le libertinage, se retiraient dans ces asiles pour expier leurs désordres passés. On a donné aussi ce nom aux personnes qui se dévouent à la conversion des femmes et filles perdues. Tels furent l'ordre de la Pénitence de Sainte-Madeleine, fondé en 1272, à Marseille; la congrégation des pénitentes de la Madeleine de Paris, dites *madelonnettes*; les pénitentes du Nom de Jésus, de Séville; les pénitentes d'Orvieto, en Italie; les *pénitents* de Nazareth et de Picpus ou du tiers ordre de Saint-François.

PÉNITENTIAIRE (Système). Jusque ici l'emprisonnement des criminels avait été de la part de la société surtout un acte de vindicte publique; la prison était un enfer avec ses divers degrés de supplices : le cachot, le secret, la gêne, les fers, la paille humide, le défaut de nourriture. Les prisonniers, vivant en commun, dans un horrible désordre, se livrant aux plus hideux excès, se corrompaient mutuellement par leur contact, et s'encourageaient aux vices les plus détestables. Chaque prison était une école de crime, de cynisme et d'effronterie. Aujourd'hui la société veut que l'expiation qu'elle inflige ait le double but de châtier et de moraliser; elle veut que la prison cesse d'être un lieu d'orgies, de corruption et de débauches; elle veut en faire non un lieu de délices, tant s'en faut! mais un asile de silence, de solitude, de travail et de méditation. Cette pensée est belle et grande. Voyons quels sont les moyens de la réaliser.

Cinq *systèmes* principaux se sont produits jusqu'à ce jour chez les différentes nations d'Amérique et d'Europe qui se sont posé ce problème à résoudre.

Le *système d'Auburn* consiste dans l'isolement des détenus dans des cellules individuelles, mais pendant la nuit seulement, et à les faire travailler, prendre leurs repas, se promener en commun pendant le jour, en observant le silence le plus rigoureux. Les prisonniers doivent travailler les yeux baissés et ne correspondre entre eux de quelque manière que ce soit; un geste, un regard, un instant de distraction sont autant de crimes. Les gardiens chargés de surveiller les prisonniers et de faire observer la loi sévère de l'établissement sont armés d'un nerf de bœuf; et la moindre infraction est instantanément punie d'un certain nombre de coups, que le gardien applique arbitrairement, sans qu'il ait besoin d'en référer à une autorité supérieure.

Le *système pennsylvanien* ou *de Philadephie*, dans sa rigueur première, était plus rationnel; il n'exposait pas du moins le condamné à une tentation continuelle. Ce système consistait à renfermer nuit et jour le prisonnier dans une cellule solitaire, où n'arrivait aucun bruit du dehors, où le condamné ignorait même si d'autres malheureux vivaient sous le même toit que lui, et cela sans travail, sans promenade, sans pouvoir proférer une parole ou échanger une pensée et un regard avec qui que ce soit, pendant des années, un demi-siècle, une vie tout entière.

Ce système produisit des résultats déplorables; il ne moralisait pas, il ne punissait pas, il abrutissait, il rendait fou, il tuait. Aujourd'hui le pénitencier de Cherry-Hill, qui a donné son nom au système de Philadelphie, admet le travail, les visites, l'instruction morale et religieuse; le dernier rapport constate que la santé des détenus s'y rétablit plutôt qu'elle ne se détériore.

Un troisième système mixte, qui a emprunté aux régimes d'Auburn et de Philadelphie différentes dispositions conciliables, est celui qu'introduisit dans nos maisons centrales l'arrêté ministériel du 10 mai 1839. Les détenus couchent séparément dans des dortoirs communs, éclairés et surveillés toute la nuit. Pour tout le reste, la règle est la même, la discipline est la même, les punitions sont les mêmes, sauf pourtant les coups de fouet et les coups de bâton. Mais cette réforme ne produisit aucun des fruits qu'on en avait espérés. La mortalité s'accrut bien au delà de son chiffre habituel, et la criminalité suivit une effrayante marche progressive.

Le système français de l'*emprisonnement cellulaire* consiste à renfermer les prisonniers soit dans des cellules sans aucune communication entre eux, mais avec l'utile distraction du travail, des promenades individuelles et d'un contact journalier avec les différents employés de la prison et les personnes honnêtes du dehors admises à les visiter. Ce système admet l'instruction scolaire, morale et religieuse, ainsi que l'exercice du culte. Suivant M. le docteur Lélut, les prisons cellulaires donnent un chiffre de maladies et de mortalité et même d'aliénations mentales inférieur à celui des prisons de l'ancien système. La loi sur la réforme des prisons fut votée par les chambres en 1844, après un rapport de M. de Tocqueville; elle ne fut appliquée qu'à un petit nombre de prisons. Le gouvernement actuel paraît y avoir renoncé, et cherche à résoudre le redoutable problème au moyen d'une nouvelle expérience, celle des colonies pénales.

En Angleterre le système pénitentiaire a traversé bien des vicissitudes et des phases diverses avant d'arriver à la transformation presque radicale qu'il a subie dans ces dernières années. Aujourd'hui il embrasse trois périodes distinctes : l'*emprisonnement cellulaire*, la *vie en commun dans des ateliers de travaux publics*, et la *transportation*. Les condamnés subissent généralement la première période de leur peine dans les prisons cellulaires de Pentonville et de Millbank. La durée de l'emprisonnement cellulaire est d'une année au plus ; mais elle peut être abrégée en faveur des détenus qui le méritent par leur conduite et leur travail. De petites gratifications en argent peuvent aussi leur être accordées au même titre ; mais la somme, au lieu d'être versée dans leurs mains, est portée à leur crédit et transmise au gouverneur de la colonie où ils seront transportés, pour être employée à leur usage de la manière et dans le temps qu'il jugera convenable. L'insubordination et les fautes sont réprimées par une série de peines disciplinaires, dont la plus sévère est le fouet.

Le premier mois de cellule est le plus pénible pour le détenu. Mais peu à peu le travail, les lectures choisies, les consolations et les encouragements du chapelain, la régularité des exercices et le calme de cette vie nouvelle, produisent leur effet. A la fin de l'année le condamné, si corrompu qu'il ait été, est transformé.

A la vie solitaire succède alors la commune, avec d'autres condamnés ayant subi la même épreuve; le lieu où ils sont soumis à des travaux d'utilité publique est la presqu'île de Portland, dans le comté de Dorset, à 130 milles de Londres. Le régime pénitentiaire de cet établissement est fondé sur l'instruction morale et religieuse largement développée. L'enseignement élémentaire, le choix des livres qui composent la bibliothèque, les chants en chœur, tous les exercices de la maison sont dirigés vers ce but important. La durée de cette seconde épreuve est proportionnée à celle de la peine entière; mais elle peut être abrégée en faveur de la bonne conduite et du travail. Comme la nature des travaux auxquels les condamnés sont soumis exige une grande dépense de force, ils reçoivent une nourriture substantielle; ils sont bien vêtus, confortablement couchés et suffisamment fournis de linge. Ils sont séparés la nuit et mis en cellule.

Les femmes et les enfants ne sont point soumis aux travaux publics; on ne transporte non plus que les femmes qui, par la force de leur constitution physique, peuvent supporter ce genre de peine. Le régime cellulaire ne paraît pas nuire à la santé des femmes.

Les enfants condamnés à la transportation subissent leur période d'épreuves dans la colonie agricole de Parkhurst, dans l'île de Wight. L'enfant qui arrive à la colonie est mis immédiatement en cellule; et il y reste quatre mois sans travail. On lui donne des livres; on s'occupe de son instruction religieuse; et il va deux fois par jour à l'école. Après ce temps ils sont admis au régime de la vie et du travail en commun. Ils sont employés à la culture, selon la mesure de leurs forces. En outre on les occupe à fabriquer ce qui est nécessaire à l'usage de la colonie; on les fait passer alternativement à la boulangerie, à la forge, au jardin, à l'atelier des charpentiers, à celui des tailleurs et des cordonniers; on leur fait tricoter leurs bas et laver leur linge. De cette manière, arrivés au lieu de transportation ils se trouvent propres à toutes espèces de travaux. Des gratifications leur sont accordées comme aux adultes, et le code disciplinaire est à peu près le même que celui de ces derniers.

C'est après avoir accompli leur temps d'épreuves dans ces divers établissements que les condamnés, hommes, femmes, enfants, reçoivent un billet de congé (*ticket of leave*) et sont embarqués pour la colonie où ils doivent subir le troisième et le dernier degré de leur peine.

PÉNITENTIEL, livre qui renferme les canons pénitentiaux ou les règles à observer durant les pénitences publiques. Les principaux ouvrages de ce genre sont le *Pénitentiel* de Théodore de Cantorbéry, du vénérable Bède, prêtre anglais, que quelques auteurs attribuent à Ecbert, archevêque d'York, celui de Rhaban-Maur, archevêque de Mayence, et le *Pénitentiel romain*. Ces livres, introduits au septième siècle, devinrent communs; et de simples particuliers y insérèrent des pénitences arbitraires. De cet abus naquit le relâchement. Aussi plusieurs de ces pénitentiels furent condamnés par un concile de Paris, sous Louis le Débonnaire, et par d'autres conciles.

PENN (William), quaker, célèbre comme fondateur et législateur de la colonie de Pennsylvanie, naquit à Londres, le 16 octobre 1644. Son père était le célèbre amiral *William* Penn, qui mourut en 1670. Dès sa jeunesse Penn annonça des dispositions à se séparer de l'Église dominante ; et lorsque plus tard il alla suivre les cours de l'université d'Oxford, il s'y associa avec d'autres étudiants pour se livrer à des exercices particuliers de dévotion, en même temps qu'il y suivit les prédications du quaker Thomas Loe. Il fut chassé de l'université pour cela, mais surtout pour s'être refusé à endosser le costume ecclésiastique qu'un ordre de la cour vint alors prescrire aux étudiants. Pour le distraire de la direction que prenaient ses idées, son père l'envoya alors à Paris et dans les Pays-Bas; mais rien n'y fit. Il alla ensuite en Irlande prendre l'administration des terres qu'y possédait son père, et s'y rencontra de nouveau avec Loe, qui acheva complétement de le gagner à la secte des quakers. Mis en prison à la suite de prédications dans lesquelles il s'en était pris à l'autorité temporelle, il finit par se faire expulser d'Irlande; et en 1666 force lui fut de revenir à Londres. Mais son père, quand il sut qu'il était décidément entré dans la secte des quakers, ne voulut plus entendre parler de lui. Quoique très-exalté lui-même, Penn ne laissa pourtant pas que de modérer le sombre fanatisme de Fox, le fondateur de la secte, et il fit adopter par ses co-religionnaires le principe de la tolérance chrétienne pour la base de leur foi. En 1668 il fut mis à la Tour à cause de son ouvrage intitulé *The sandy foundation shaken;* et c'est dans cette prison qu'il composa son célèbre livre *No cross, no crown* (Point de croix, point de couronne), et le mémoire apologétique *Innocency with her open face*, qui lui valut d'être remis en liberté. Il passa alors en Irlande, où ses prédications à Dublin attirèrent un immense concours d'auditeurs; mais là aussi il eut encore des démêlés avec la justice, pour avoir refusé de se découvrir devant le lord-maire qui l'avait fait venir auprès de lui. Le jury rendit bien un verdict de non-culpabilité; mais on le retint si longtemps en prison pour le payement des frais du procès, que son père, afin de lui faire rendre sa liberté, les paya secrètement de sa poche. William Penn entreprit alors avec Fox et Robert Barclay un voyage en Hollande et en Allemagne, pour y propager les doctrines religieuses des quakers. Lui et ses compagnons prêchèrent avec le plus grand succès à Amsterdam; ils réussirent moins en Allemagne, quoiqu'ils y eussent été l'objet de la protection toute particulière de la comtesse palatine Élisabeth, petite-fille de Jacques Ier. A son retour en Angleterre, Penn se réconcilia avec son père, qui lui donna 1,500 liv. st. (37,500 fr.) de rente et une créance de 16,000 liv. st. sur le gouvernement. Il épousa alors une fort belle fille, mais sans rien changer pour cela à ses mœurs et à son genre de vie, passablement pédantesque. La sévérité que le parlement crut à la fin devoir employer contre une secte qui réclamait la liberté de conscience et la liberté du culte même pour les catholiques, et qui s'attaquait aussi bien aux mœurs qu'aux institutions existantes, exposa William Penn, dans le cours des dix années suivantes, à de nombreuses poursuites judiciaires, et lui valut même divers emprisonnements. Menacé et tourmenté de tous côtés, Penn résolut alors d'aller fonder en Amérique un nouvel État, qui aurait pour bases les principes de la tolérance chrétienne et de l'amour fraternel. A cet effet il obtint du gouvernement, à titre de payement de la somme due à son père par l'État, la concession d'un immense territoire situé sur les bords de la Delaware, et qui lui fut cédé en toute propriété, avec le droit d'y fonder, sous la souveraineté de l'Angleterre, une colonie à laquelle il donnerait la législation qui lui conviendrait. Ce ne furent pas seulement les quakers, mais encore tous les individus persécutés pour fait de religion dans leur pays, qui répondirent à son appel et accoururent dans la colonie nouvelle, à laquelle on donna, d'après lui, le nom de *Pennsylvanie*. Après s'être fait précéder par deux bâtiments chargés de colons et des instruments les plus indispensables, il partit lui-même, en 1682, pour l'Amérique, laissant sa famille en Europe. A son arrivée, il convoqua les colons en assemblée générale, le 25 avril, et à cette occasion il conféra au jeune État une constitution en vingt-quatre articles, qui lors de la fondation des États-Unis, en 1776, devint la base de la constitution que se donna la nouvelle république. Il se mit en outre en rapport avec les Indiens, leur acheta de vastes parties de territoire sans les en expulser, et fonda la ville de Philadelphie. Bientôt sous sa direction se forma, avec les éléments les plus divers, une vigoureuse association libre, dans laquelle les quakers eux-mêmes oublièrent leurs béates rêveries et adoptèrent des principes plus libres. Penn revint en Angleterre vers la fin du règne de Jacques II, afin d'intervenir en faveur de ses coreligionnaires, durement persécutés par le parlement, mais qui n'eurent de repos et de tranquillité qu'après la chute des Stuarts, en vertu de l'acte de tolérance rendu en 1689 en faveur de tous les dissidents. Après l'avénement au trône de Guillaume III, ses ennemis l'accusèrent d'entretenir de criminelles intelligences avec les Stuarts, de sorte que le gouvernement exigea de lui une caution, et confisqua sa colonie, parce qu'il ne put fournir la somme demandée. Penn fut réduit à se cacher pendant longtemps; mais en 1693 il se présenta spontanément devant la justice, qui le déchargea alors complétement des accusations portées contre lui. Après avoir recouvré ses droits de propriété en 1696, il partit avec toute sa famille pour la Pennsylvanie, afin d'améliorer sa création, qui sous la direction des autorités royales avait beaucoup souffert. Mais de nouveaux embarras et sa sollicitude pour les quakers de la Hollande et de l'Allemagne le ramenèrent quelques années après en Angleterre. Sa première femme étant morte, il s'y remaria, se retira complétement dans la solitude malgré les instances de la reine Anne, qui aurait aimé à pouvoir jouir de ses entretiens, et écrivit alors celui de ses ouvrages qui a pour titre *Fruits of Solitude*. Penn n'avait pas pu fonder une colonie sans contracter des dettes assez considérables; et en 1712 il se vit contraint, par suite d'embarras d'argent, à vendre au gouvernement tous ses droits de propriété sur la Pennsylvanie, moyennant la somme de 280,000 livr. st. (7 millions de francs). Au total, on voit que, même au point de vue mondain et positif, il n'avait pas fait une affaire absolument mauvaise. Il mourut le 30 mai 1718, dans son domaine de Rushamb, comté de Buckingham. Ses œuvres complètes, précédées de sa biographie, parurent à Londres, en 1726. Consultez Clarkson, *Memoirs of the private and public Life of William Penn* (Londres, 1813); Hepworth Dixon, *William Penn, an historical biography, from new sources* (2ᵉ édit., Londres, 1853).

PENNES (du latin *penna*). On appelle ainsi, dans les oiseaux, les grandes plumes des ailes et de la queue. Les premières sont nommées encore, pour les distinguer, *pennes rémiges*, et les secondes *pennes rectrices*, ce qui indique leurs usages dans le vol des animaux qui les portent.

Pennes se dit aussi des petites plumes qu'on met au bout d'une flèche, pour les faire aller droit, d'où est venu le mot de trait bien *empenné* et de flèche *désempennée*. Les *pennes* se composaient de plumes d'oie ou de grue.

Penne ou *pennage*, en termes de blason, se dit des plumes d'oiseau adaptées à un chapeau sur un écu.

En termes de calfatage, il ne faut pas confondre la *penne* avec la *panne*. Celle-ci est une grossière étoffe de laine, coupée en morceaux ronds, de 10 ou 13 centimètres, dont on pose une demi-douzaine l'un sur l'autre, et qu'on attache par un clou passé dans le centre à un guipon, ou pinceau, servant au calfat à brayer ses coutures. La *penne*, au contraire, est un gros cordon de laine, très-peu tordu, réuni en houppe autour d'un bâton, et formant un autre guipon, qui braye mieux, mais dure moins.

Penne au moyen âge se disait enfin des créneaux d'une muraille de château ou du château même. Il y avait la *penne agénoise*, la *penne albigeoise*, et beaucoup d'autres.

PENNON, mot dont l'étymologie est restée douteuse, parce que son orthographe a varié. Le *pennon*, ou gros et beau *pennache* ou *panache*, disent les uns, était un large bouquet de plumes, un floquet qui ornait un casque, ou qui surmontait la tête ou la cervicale d'un cheval caparaçonné et chanfreiné. Le *pennon*, ou *panon*, ou *pendon*, disent les autres, vient ou du verbe *pandere*, ou du latin *pannus* (étoffe), parce que c'était de tout temps un genre d'insignes, une manière de pavillon ou de petit drapeau; de là le diminutif *panonceau* et tant d'autres, qui ont signifié flamme de lance, ou girouette féodale; de là aussi cette importance sociale dont jouissaient les personnages *à pennon*. En quelques pays, et quand la féodalité prit une sorte d'organisation, un certain nombre de *pennons* étaient dépendants d'une *bannière*.

On n'est guère plus d'accord sur la forme du pennon que sur son origine. Des écrivains disent que l'étoffe en était ondoyante et pointue; d'autres disent qu'elle était fourchue ou à plusieurs queues. Il est possible que suivant les gens, les temps et les provinces, elle ait été de diverses formes, et que ces pointes aient caractérisé des grades. Ce qui est indubitable, c'est que cette draperie était plus large ou plus longue que haute, et qu'elle différait par là de la bannière, ordinairement carrée; l'expression proverbiale faire de *pennon bannière* le prouve : ce dicton signifiait passer du rang de chevalier à celui de banneret. Cet avancement, à la fois militaire et féodal, s'il était octroyé en récompense d'un fait d'armes, donnait lieu à une cérémonie sur le champ de bataille. Le suzerain y faisait couper, par les mains du roi d'armes, la queue du pennon, qui s'équarrissait ainsi en bannière.

Des provinces, des domaines, partagés en *pennonages*, en *pennonies*, fournissaient pour la guerre des soldats que Froissart appelait *pennonceaux*. On *penoncellait* quand on déclarait, par la plantation d'un pennon, qu'on se rendait maître d'un pays. Une même tombe recevait et le pennonier mort et son pennon.

Le pennon, devenu plus militaire, cessant d'être féodal, ou, comme on dirait en quelques pays, d'être un *gonfalon*, est devenu une enseigne du premier ordre, hormis en la présence de l'oriflamme ou de la bannière nationale; il en était ainsi en France, et il est à remarquer même que chez les Anglais le *pennon de Saint-Georges* était l'étendard de premier ordre. Tout général d'armée avait son pennon; Jeanne d'Arc avait son pennon. Charles VII changea en cornette blanche le pennon royal; cela veut dire que le pennon, jusque là d'une couleur quelconque, d'une nuance arbitraire, commença alors à être blanc. Depuis les armées permanentes et royales, depuis que les levées n'eurent plus lieu en vertu d'un système féodal, les pennons disparurent; les cornettes, les guidons, les étendards, les drapeaux, les remplacèrent. Gᵃˡ Bardin.

PENNSYLVANIE, l'un des États-Unis de l'Amérique du Nord, d'une superficie de 1,450 myriamètres carrés, borné au nord par l'État de New-York et par le lac Érié, à l'est par la Delaware, qui le sépare du New-Jersey, au sud par la Delaware, le Maryland et la Virginie, à l'ouest par ce dernier État et par celui de l'Ohio. La chaîne des monts

Apalaches, qui traverse le territoire des États-Unis, dévie en Pennsylvanie de sa direction ordinaire vers le sud-est et le nord-ouest, pour se diriger alternativement à l'est et à l'ouest. Quoique les Montagnes Bleues (*Kittatinny*) s'élèvent à partir des rives du Susquehannah, c'est la grande chaîne de l'Alleghany qui donne son nom aux montagnes qui traversent cet État. La septième partie de son sol environ est de nature montagneuse; mais les pics n'atteignent jamais la ligne des neiges éternelles, et la plupart sont couverts de forêts. Le reste de l'État est un pays tantôt plat, tantôt onduleux, entremêlé de collines et de vallées. Ses cours d'eau les plus importants sont la Delaware, le Susquehannah, le Shuylkill, l'Alleghany et le Monongahela, qui se réunissent près de Pittsburgh pour former l'Ohio. D'ailleurs, il est peu de parties de l'Union aussi bien arrosées. Dans les montagnes le climat est constant, et l'hiver froid. La partie de l'État située à l'est des montagnes est sujette à de brusques variations de température, et à des excès de chaleur et de froid, qui, du reste, durent peu. A l'ouest la température ne s'élève ni ne s'abaisse pas autant, ni aussi brusquement, et est en général plus douce. Les principaux produits de l'agriculture sont le froment (le meilleur qu'on récolte aux États-Unis), le maïs, le seigle, l'avoine, le sarrasin, le lin et le chanvre. On récolte des fruits en abondance, et sur quelques points la culture de la vigne a été tentée avec assez de succès. Le sucre d'érable est un produit des parties occidentales et septentrionales de l'État, et fournit à peu près à la consommation locale. On trouve sur divers points de riches mines de fer, d'où l'on tire un minerai excellent, qui livre à peu près la moitié du fer consommé dans toute l'étendue de l'Union. On y rencontre aussi du cuivre et du plomb. Les richesses de l'État en anthracite et en houille bitumineuse sont inépuisables. Les gisements d'anthracite occupent une surface de 32 myriamètres carrés, et ceux de houille une surface de 697 myriamètres carrés. En 1851 on en tira pour 16 millions de dollars de charbon de terre. La chaux se trouve presque partout en abondance, et on rencontre aussi du marbre au sud-est. Le bétail est très-nombreux et représente une valeur de plus de 42 millions de dollars; les chevaux de trait de la Pennsylvanie sont renommés à bon droit.

Les premiers colons de la Pennsylvanie furent des Suédois, qui s'y établirent en 1638. Plus tard des Hollandais vinrent également s'y fixer; mais le véritable fondateur de la colonie fut William Penn, auquel elle est redevable aussi de son nom. L'État, qui accepta la constitution de l'Union Américaine le 13 décembre 1787, est divisé en trente-cinq comtés. Le siége du gouvernement fut transféré en 1790 de Philadelphie à Lancaster, et en 1812 à *Harrisburgh*, ville bâtie sur le Susquehannah, où l'on compte 8,173 habitants, et qui a de l'importance comme point de jonction de lignes de chemins de fer et de canaux, et comme centre de fabriques et de commerce; mais les villes les plus considérables sont Philadelphie et Pittsburgh. Il faut en outre mentionner *Lancaster*, avec 12,382 habitants; *Reading* (15,821 hab.); *Caston*, sur la Delaware (6,000 hab.); et *Érié*, sur le lac du même nom, bon port, avec 5,871 habitants. La population, qui en 1782 n'était encore que de 300,000 âmes, avait atteint en 1840 le chiffre de 1,724,022, et en 1852 celui de 2,311,786 habitants. On y comptait à ce moment 2,258,463 blancs et 53,323 nègres libres; mais il n'y existait plus d'esclaves. Les blancs sont pour la plupart des descendants d'Anglais, d'Écossais, d'Irlandais et d'Allemands. Le nombre de ces derniers dépasse un million, et celui des individus qui parlent allemand est de 300,000. L'élément allemand a donné à l'État la physionomie qui lui est propre. Par sa position géographique, de même que par ses conditions morales et politiques, la Pennsylvanie forme l'intermédiaire naturel entre le nord et le sud; aussi l'appelle-t-on la clef de voûte (*Keystone*) de l'Union. Les sectes religieuses les plus nombreuses sont les presbytériens avec les réformés unis (*associate reformed*), les anabaptistes, les méthodistes, les réformés allemands, les épiscopaux et les quakers. Les établissements d'instruction publique y sont très-nombreux. Il existe à Philadelphie une université, pourvue d'abondantes ressources pour l'étude de la médecine, et vingt colléges, tels que *Carlisle*, *Canonsburg*, *Washington*, *Pittsburgh*, *Meadville*, etc. Les colons allemands y ont quatre séminaires, et les herrnhutes possèdent de florissantes écoles à *Bethléem*, chef-lieu de la communauté, à *Nazareth* et à *Litiz*. L'État entretient aussi une école de sourds-muets et une maison d'éducation pour les orphelins à *Penn-Township*, non loin de Philadelphie.

La Pennsylvanie se distingue des autres États de l'Union par le grand nombre et l'importance de ses manufactures. Sur nul autre point de l'Union on ne rencontre autant de hauts fourneaux ni des usines si considérables, qui en général livrent à la consommation d'excellents produits. Après le froment, le fer en barres et la fonte, les bois de construction, les graines de lin et la poudre à canon constituent les principaux articles d'exportation. Le commerce de l'État s'étend jusqu'en Russie et en Chine, ainsi que dans la Méditerranée et les Indes occidentales. Il a pour principal centre Philadelphie. En 1852 on comptait dans l'État 54 banques roulant sur un capital de 19,125,477 dollars, un encaisse métallique de 6,500,000 dollars et une circulation de billets de 12,072,888 dollars. De la fin de juin 1850 à la fin de juin 1851 le chiffre des exportations s'était élevé à 5,356,036 dollars, et celui des importations à 11,168,171 dollars. L'État possédait à la même époque, outre une foule d'excellentes routes, 150 myriam. de canaux et 324 myriam. de chemins de fer. C'est en Pennsylvanie que fut construite la première grande route qu'il y ait eu aux États-Unis, et on n'évalue pas à moins de 1,060 myriamètres le parcours total de celles qu'elle possède aujourd'hui. La puissance législative de l'État se compose du sénat et de la chambre des représentants. Les membres de cette seconde assemblée, élus tous les ans, sont au nombre de cent. Les membres du sénat, élus pour trois ans, et qui se renouvellent chaque année par tiers, ne sont qu'au nombre de trente-trois. Le gouverneur, chargé de la puissance exécutive, reçoit un traitement annuel de 3,000 dollars. Il est élu pour deux ans par le peuple, et dans un intervalle de neuf ans ne peut remplir ces fonctions que pendant six ans. La Pennsylvanie envoie au congrès vingt-cinq représentants. Aux termes d'un amendement à la constitution adopté en 1850, tous les juges sont le produit de l'élection populaire. En 1850 les propriétés appartenant à l'État étaient évaluées à 31,392,736 dollars (dans ce chiffre les canaux et chemins de fer étaient compris pour plus de 29,500,000 dollars); les propriétés particulières soumises à l'impôt, à 497 millions de dollars, et en réalité à environ 722,500,000 dollars. En 1852 les revenus de l'État montaient à 8,580,000 dollars, et couvraient ses dépenses. Sa dette s'élevait à 40,114,236 dollars. C'est la plus considérable de celles qu'ont contractées les divers États de l'Union, et elle provient surtout des dépenses considérables faites pour la construction des canaux et des chemins de fer. La milice présente un effectif d'environ 276,000 hommes.

PENNSYLVANIEN (Système). *Voyez* PÉNITENTIAIRE (Système) et PRISONS.

PENNY, au pluriel *pence*, petite monnaie, jadis d'argent et aujourd'hui de cuivre, qui a cours en Angleterre comme monnaie de compte. Il en entre 12 au shelling et 240 à la livre sterling.

En 1832 la Société pour la diffusion des Connaissances Utiles fit paraître à Londres un journal populaire appelé *Penny-Magazine*, parce que chaque numéro en était vendu au prix modique d'un *penny*. Ce recueil, qui obtint aussitôt un immense succès, fut immédiatement imité sur le continent, notamment en France sous le titre de *Magasin Pittoresque*, et son succès n'y fut pas moindre. Peu de temps avant la fondation du *Penny-Magazine*, le libraire Chambers avait commencé à Édimbourg, dans des conditions de bon marché analogues, l'excellent *Edinburgh Journal* et ces deux recueils donnèrent l'impulsion première à un vaste ensemble de publications économiques, qui ont beaucoup contribué à propager l'instruction générale dans les plus basses classes et à extirper cette ignorance grossière qui dans le premier quart de ce siècle était encore le lot de la population laborieuse en Angleterre. Dans ces derniers temps les *Railways*, les *Standard-Libraries*, etc. (Bibliothèques de chemins de fer, d'élite, etc.), qui donnent des ouvrages complets pour un shelling, ont encore distancé les *Magazine* à un penny.

En 1850 on a fondé à Londres des *Penny-Banks*, afin d'offrir aux classes pauvres les moyens de placer leurs économies; et on a ainsi comblé une lacune qui existait dans les si utiles établissements de caisses d'épargne. Enfin, il y a aussi dans cette capitale des cabinets de lecture à un *penny*, où l'on trouve tous les journaux, toutes les revues, ainsi que des salles particulières où l'on peut écrire, causer d'affaires, fumer, et où l'on a réuni la plupart des *comforts* qu'autrefois on ne rencontrait que dans les clubs.

PÉNOMBRE. *Voyez* Ombre et Éclipse.

PENON, assemblage de petites plumes montées sur des morceaux de linge, traversées d'un fil, qu'on laisse flotter au gré du vent sur les vaisseaux pour en connaître la direction; on y substitue souvent une petite flamme d'étamine, qui remplit le même objet.

PENSÉE (du latin *pensare*, qui veut dire premièrement *peser*, et ensuite *connaître*). C'est avec raison que la partie de nous qui a pour objet de connaître les choses est appelée du nom même de *peser* ou *pensée*, comme étant le peseur par excellence, et l'unique peseur, vu que pour les connaître elle évalue leurs propriétés, et que dans le cas où il faut des instruments, comme dans ceux où il n'en faut point, c'est elle qui seule, déterminant le rapport, les pèse effectivement. Ainsi, dans l'appréciation d'un morceau d'or, la balance et la pierre de touche ne sont qu'un pur moyen dont elle se sert; c'est elle exclusivement qui l'apprécie, qui en comprend et énonce la quantité et la qualité. A la suite de l'opération extérieure et mécanique de la main et des yeux, la pensée exécute une opération intérieure et naturelle où n'entrent ni le poids, ni la pierre de touche, ni l'or, mais seulement leur représentation, qu'elle porte en soi, et qui est de deux sortes : d'abord, ce sont les images de ces objets tels qu'ils s'offrent aux sens; puis derrière ces images, et n'ayant rien de ressemblant avec elles, étant sans couleur, sans figure, sans étendue, ce sont les idées de quantité, de qualité, idées générales, indépendantes de toute quantité et de toute qualité particulières, mais qui conviennent à toutes et sont le poids ou l'unité véritable selon laquelle la pensée les évalue, les pèse toutes.

Il en est ainsi de chaque chose; elle est pesée ou connue par son idée. De là ces locutions usuelles, *peser* la conduite de quelqu'un, *peser* une affaire, pour dire les examiner, les considérer, les connaître parfaitement. On pèse la conduite par l'idée du devoir, une affaire par l'idée de l'utile. Les diverses sciences ne sont que les évaluations des objets que notre pensée, afin de les connaître, pèse au poids des idées. Elle y pèse l'univers, s'y pèse elle-même et y pèse Dieu. Avec les idées constituant son fonds, elle pèse l'univers; mais comme ces idées ne sont point leur propre unité, qui ne se trouve que dans les idées constituant la *pensée divine*, desquelles elles dépendent, c'est avec celles-ci, qui sont l'unité essentielle et absolue, qu'elle se pèse et pèse Dieu.

Partage exclusif de l'homme sur la terre, la pensée est véritablement ce qui l'élève au-dessus des animaux et de l'univers corporel. Qu'elle s'anéantisse en lui, et les sciences s'éteignent, les arts périssent, les champs demeurent incultes, les villes rentrent dans la poudre, les canaux se comblent, les chemins se ferment, la nature brute reprend partout sa sauvage domination, les peuples sont dissous et les individus épars errent dans les déserts avec les bêtes pour leur servir de pâture, ou plutôt, incapables de soutenir une existence tronquée, ils succombent dévorés par les éléments. Puisque l'homme n'est rien que par la pensée, qu'elle fait sa grandeur, sa dignité, sa force et le moyen pour lui de tout bien, il lui importe souverainement de la cultiver; c'est son premier intérêt, comme son premier devoir.

Bordas-Demoulin.

Le mot *pensée* a encore diverses acceptions : outre l'opération de l'intelligence, il signifie l'acte particulier de l'esprit, ce que l'esprit a pensé ou pense. Avoir de *mauvaises pensées*, c'est penser à des choses honteuses ou criminelles.

On donne le titre de *Pensées* à des ouvrages composés de réflexions détachées ou extraites; on dit : Les *Pensées* de Cicéron, de Sénèque, de Pascal, de La Rochefoucauld, de La Bruyère.

Pensée est encore synonyme de *méditation*, *rêverie* : On se perd, on s'égare dans ses *pensées*, on s'entretient avec ses *pensées*.

Pensée se prend pour façon de penser, opinion, ce qu'on croit : L'homme parle souvent contre sa *pensée*; Il est difficile d'entrer dans sa *pensée*, c'est-à-dire de comprendre, d'approuver les motifs qui le font penser de telle manière.

Pensée signifie *dessein*, *projet* : N'avoir la *pensée* de nuire à personne; et en style de dévotion, N'avoir aucune *pensée* de Dieu, de son salut, n'y faire aucune attention.

Pensée signifie aussi faculté de penser, esprit : La *pensée* dévore l'homme de génie. Lire dans la *pensée* de quelqu'un, c'est découvrir, apercevoir ce qui se passe dans son esprit.

Pensée, en littérature, en peinture, en architecture, en sculpture, première idée, esquisse, dessin, plan non encore arrêté, non fini.

PENSÉE (*Botanique*), nom vulgaire d'une plante du genre *violette*, la *viola tricolor* de Linné, que l'on appelle encore *herbe de la Trinité*. Ses pétales vifs et brillants, quelquefois veloutés, mais présentant toujours des couleurs différentes en se rapprochant de l'onglet, sont au nombre de cinq comme les divisions du calice; leur forme est ovale; ils sont inégaux dans leur grandeur : il y en a deux supérieurs, deux latéraux, puis un inférieur plus grand que les autres, terminé par un éperon; il y a également cinq étamines à anthères réunies, un style et un stigmate. La tige de la pensée est triangulaire; ses feuilles sont oblongues et incisées. Cette tige diffère de celle de la violette odorante en ce qu'elle se ramifie, et que les pédoncules qui supportent les fleurs axillaires sont plus longs que les pétioles des feuilles. On connaît deux variétés de pensées, l'une dite *pensée sauvage*, à pétales d'un blanc jaunâtre mélangé de violet pâle : à les voir si faibles et si grêles, on ne se douterait pas que par la culture on peut parvenir à leur donner cet éclat et cette beauté qui font notre admiration. Malheureusement, l'odorat n'est point aussi satisfait que la vue : cette belle fleur est à peu près inodore, et quoiqu'elle donne avec l'eau une teinte bleue magnifique, elle ne pourrait servir à faire du sirop de violette, qui serait sans odeur et sans goût.

C. Favrot.

PENSEUR. A proprement parler, *penseur* signifiant celui qui pense, tous les hommes seraient *penseurs*, puisqu'ils pensent tous. Mais le sens ordinaire de ce mot est plus restreint, et ne comprend que ceux qui pensent fortement, qui ont des vues profondes. Ainsi, *penseur* ne saurait se dire que des gens qui étudient les choses et non des gens qui les imitent, des savants et point des artistes. Chaque branche des connaissances a ses *penseurs*, mais en bien plus petit nombre qu'on ne l'imagine communément, parce qu'on les confond avec les *beaux esprits*, toujours moins rares et surtout propres par leurs aperçus superficiels et leur loquacité à frapper la multitude, qui s'arrête à l'extérieur, et à passer à ses yeux pour les maîtres de la pensée. Mais les connaisseurs les mettent à leur place. Au reste, il y a des degrés parmi les *penseurs* : les uns voient leur sujet sous toutes ses faces et à fond, et souvent y découvrent des vérités capitales : à eux appartient le génie; les autres ne voient le leur que sous un ou plusieurs grands côtés, y découvrent seulement des vérités d'une importance secondaire : ils n'ont que le talent élevé. Platon, Plotin, saint Augustin, Descartes, Leibnitz et Bossuet sont des *penseurs* du premier ordre en philosophie; saint Thomas et Malebranche, des *penseurs* du second. Au rang supérieur dans les mathématiques paraissent Descartes, Leibnitz, Newton; à l'inférieur, les Bernoulli, Huyghens, D'Alembert; entre les deux flottent Euler, Lagrange et Laplace. Après le titre d'*homme de génie*, celui de *penseur* est le plus honorable; il indique le sérieux, la gravité, la sagacité, le don de s'emparer avec vigueur de sa matière, enfin, suivant une large mesure, la plupart des belles qualités de l'esprit humain. BORDAS-DEMOULIN.

PENSEURS (Libres). *Voyez* LIBRES PENSEURS.

PENSION, PENSIONNAIRE, PENSIONNAT, du latin *pendere, pensum*, payer. Au propre le mot *pension* se dit d'une somme d'argent que l'on paye pour être logé et nourri chez autrui. Une *pension bourgeoise* est une maison dans laquelle on sert des repas communs à heure fixe, pour un prix déterminé.

Par extension, on nomme *pension* tout à la fois le prix payé pour la nourriture, le logement et l'instruction des enfants placés dans une maison d'éducation primaire, et cette maison elle-même. On appelle encore celle-ci *pensionnat*. Le maître de pension est le chef de l'établissement. L'écolier qui y reste à demeure est dit *pensionnaire;* le *demi-pensionnaire* est celui qui y reste la journée entière et y prend au moins un repas, mais qui n'y couche pas; il ne paye que *demi-pension*.

Tout Français âgé de vingt-cinq ans, ayant au moins cinq années d'exercice comme instituteur, ou comme maître dans un pensionnat primaire, peut, aux termes de la loi du 27 mars 1850, ouvrir un pensionnat primaire, après avoir déclaré son intention au recteur de l'académie et au maire de la commune, s'il est muni d'un brevet de capacité, ou d'un certificat de stage délivré par le conseil académique, ou d'un diplôme de bachelier, ou d'un certificat constatant qu'il a été admis dans une des écoles spéciales de l'État, ou du titre de ministre, non interdit ni révoqué, de l'un des cultes reconnus par l'État. Toutefois, les instituteurs communaux ne peuvent ouvrir de pensionnat qu'avec l'autorisation du conseil académique et sur l'avis du conseil municipal. Le programme de l'enseignement et le plan du local doivent être adressés au maire et au recteur. Le conseil académique prescrit, dans l'intérêt de la moralité et de la santé des élèves, toutes les mesures indiquées dans un règlement délibéré par le conseil supérieur. Les pensionnats primaires sont soumis aux prescriptions concernant la profession d'instituteur primaire public ou libre. La plupart de ces dispositions sont applicables aux pensionnats de filles.

Enfin, dans son acception la plus usuelle, le mot *pension* signifie une somme d'argent que l'on reçoit à termes fixes, soit en récompense de services rendus, soit à titre gratuit.

La *pension alimentaire* est celle que l'on paye à une personne pour subvenir à ses besoins. Lorsque la disposition est faite à pur titre de bienfaisance, elle rentre dans la classe des donations, et doit être consignée dans un acte de donation entre vifs ou dans un testament; lorsqu'elle résulte d'obligations naturelles auxquelles la loi civile a donné sa sanction, elle forme pour celui à qui elle est due une véritable créance.

Une pension alimentaire peut encore être due dans certaines circonstances, lorsque, par exemple, un créancier, usant de sa prérogative, retient un débiteur en prison et le met dans l'impossibilité de subvenir lui-même à ses besoins.

Les *pensions de l'État* sont des pensions alimentaires en rémunération des services qui lui ont été rendus. Les pensions données par le souverain sur les fonds de la liste civile ne doivent pas être confondues avec les pensions de l'État. Mais on ne faisait pas cette distinction autrefois. La *feuille des pensions* était la distribution de toutes ces faveurs du bon plaisir. On distinguait toutefois les *pensions ecclésiastiques* qui provenaient du pape, lequel autorisait la distraction sur un bénéfice d'une certaine portion de revenu applicable à un autre qu'au titulaire du bénéfice.

Dans l'état actuel de notre législation, nous ne connaissons plus que les pensions de retraite, civiles, militaires ou ecclésiastiques, à part celles qui dans certaines circonstances sont accordées à titre de récompense nationale par une loi expresse.

Est-il juste, est-il bon que l'État accorde des pensions de retraite aux hommes qui dans les différentes carrières civiles ont consacré la plus grande partie de leur existence à son service? Sans doute, à ne considérer que la rigueur absolue du droit, on pourrait dire que l'État ne doit plus rien aux fonctionnaires qui ne peuvent plus remplir leurs fonctions; mais il est évident que l'intérêt du service, non moins que l'équité, ne lui permet pas de les congédier purement et simplement et de les abandonner sans ressource dans leur vieillesse. Le traitement d'activité est une dette; la pension de retraite est une récompense, et à ce titre elle établit entre l'État et ses agents un lien moral que rien ne peut remplacer. C'est ce qui fait que toutes les nations civilisées ont adopté le système des pensions de retraite.

La première loi rendue sur cette matière, celle du 3 août 1790, s'était bornée à reconnaître que l'État doit des pensions à ceux de ses agents que l'âge et les infirmités ont enlevés à leurs fonctions. Elle ne prescrivit aucun moyen financier pour assurer le service régulier des pensions, qui jusqu'à l'an IV pesa tout entier et sans partage sur le trésor public. Aussi le gouvernement fut-il obligé d'en suspendre le payement pendant la crise occasionnée par les orages révolutionnaires et la guerre contre l'Europe. Ce fut pour obvier à cet inconvénient, et pour s'assurer en quelque sorte contre l'insolvabilité du trésor, que les employés des administrations centrales, et ensuite presque toutes les autres classes d'employés imaginèrent un expédient qui depuis cette époque est devenu la pierre angulaire de l'édifice. Chaque administration eut sa caisse de retraite, établie pour elle seule et alimentée avec les retenues faites sur le traitement des employés.

Le gouvernement comprit alors toute l'importance du parti qu'il pouvait tirer de cette institution pour alléger les charges du trésor public. Ce fut dans le but de la régulariser et de la développer qu'il revendiqua dès le principe et qu'il a depuis continué d'exercer le droit d'autoriser les caisses de retraite, d'en surveiller et d'en diriger l'administration. Lorsque les caisses de retraite ne se trouvèrent pas assez riches pour se suffire à elles-mêmes, l'État se fit constamment une règle d'en couvrir les déficits par des subventions qui avaient même fini par former les deux tiers des fonds nécessaires aux services des pensions.

La législation qui était venue régler cet état de choses au fur et à mesure qu'il se développait était un composé de pièces et de morceaux, de lois et de règlements disparates, sans rapports et sans liens entre eux, pleins de contradictions et d'anomalies choquantes. La loi du 9 juin 1853 les a fait cesser en les remplaçant par un ensemble de règles générales et uniformes. Tous les agents rétribués par l'État, fonctionnaires ou employés, ont droit à la pension, et tous sont soumis au versement de la retenue, fixée au vingtième de leur traitement. La règle de la retenue ne reçoit d'exception qu'à l'égard des ministres, des sous-secrétaires d'État, des préfets et des sous-préfets. Sous l'empire de cette nouvelle loi, plus de soixante-dix-sept mille fonctionnaires, tels que les instituteurs primaires au nombre de quarante-trois mille, les comptables des finances, les receveurs généraux, les receveurs particuliers, les percepteurs au nombre de huit mille, les facteurs ruraux au nombre de quatorze mille, etc., qui ne figuraient point jusqu'à présent sur la liste des pensions, y sont inscrits sous la condition commune de la retenue.

Le taux de la pension ne doit pas être inférieur à la moitié du traitement moyen touché dans les six dernières années, sans pouvoir être supérieur à 6,000 fr. Mais en considération de la nature particulière de certaines fonctions, des obligations qu'elles imposent, de la situation sociale qu'elles créent, on a tracé des catégories, sorte d'échelle mobile où le chiffre de la pension est tantôt inférieur et tantôt supérieur à la limite générale. Ainsi pour les ambassadeurs, dont quelques-uns touchent des traitements de 150,000 fr. et de 200,000 fr., la pension ne pourra pas excéder 12,000 fr., et pour les membres de l'ordre judiciaire, de la cour des comptes, pour les fonctionnaires de l'enseignement, et les ingénieurs des ponts et chaussées, qui ne reçoivent que des appointements modiques, la pension s'élèvera jusqu'aux deux tiers du traitement, sans pouvoir dépasser 6,000 fr. De même, la condition générale exigée pour être admis à la pension, c'est d'avoir soixante ans d'âge et trente ans de service; mais aux fonctionnaires qui ont passé quinze ans dans certains emplois désignés sous le nom de *service actif*, la loi ne demande que cinquante-cinq ans d'âge et vingt-cinq ans de service; dans ces deux cas même, elle dispense de toute condition d'âge le titulaire qui est reconnu par le ministre hors d'état de continuer ses fonctions. En outre, les actes extraordinaires de dévouement accomplis, ou les accidents graves éprouvés par un fonctionnaire dans l'exercice de ses fonctions, lorsqu'ils ont pour effet de le rendre incapable de continuer son service, créent en sa faveur un titre exceptionnel à la pension, quel que soit son âge ou son temps d'activité; les infirmités qu'il a contractées dans l'exercice de ses fonctions permettent d'abaisser la limite relative à l'âge et à la durée du service. Les droits des veuves et des enfants sont aussi l'objet de dispositions diverses selon les circonstances diverses qui peuvent se présenter.

Enfin, toutes les caisses spéciales de retraite ont été supprimées, les fonds en ont été dévolus au trésor public, en retour de quoi l'État s'engage à servir les pensions sur le budget général, et à les inscrire au grand livre de la dette publique.

L'excédant de dépenses que doit occasionner le service des nouvelles pensions ne s'élèvera pas au delà de trois ou quatre millions; encore cet excédant de charges ne doit-il peser sur le trésor qu'à l'époque, assez éloignée, où les nouveaux pensionnaires auront rempli les conditions voulues pour être admis à jouir de leurs droits; en attendant cette échéance, le produit des retenues qui seront versées par eux, ne laissera pas de procurer au trésor un bénéfice assez considérable.

Le décret du 28 juin 1853 a institué une caisse de retraites pour le service des pensions ecclésiastiques. Les ressources de cette caisse se composent : 1° d'une subvention prélevée annuellement sur le budget des cultes; 2° des intérêts de la dotation de cinq millions accordée par l'empereur sur le produit de la vente des bois de l'État que le décret du 27 mars 1852 a affecté à cette destination; 3° des dons et legs faits à cette caisse et régulièrement acceptés. Cette caisse a pour unique but de donner des pensions aux ecclésiastiques âgés, ou infirmes et nécessiteux, qui justifient de plus de trente ans de services et qui sont présentés par l'évêque diocésain; ces pensions accordées par l'État sont facultatives et viagères.

Il y a deux sortes de pensions militaires, les pensions *de retraite* et les pensions *de réforme*. Les pensions de retraite s'obtiennent à deux titres. Les unes sont accordées pour ancienneté de services, c'est-à-dire après trente ans de services publics accomplis, dont vingt ans au moins de services militaires. La pension d'ancienneté se règle sur le grade dont le militaire est titulaire et sur la durée des services jusqu'à un *maximum* qui ne peut être dépassé. Les autres pensions sont accordées pour cause de blessures graves et incurables, provenant d'événements de guerre ou d'accidents éprouvés dans un service commandé ou d'infirmités également graves et incurables et résultant des fatigues ou des dangers du service militaire. La pension pour cause de blessures ou infirmités se règle suivant leur gravité même, et d'après le grade dont le militaire est titulaire, quelle que soit la durée du service.

Les veuves de militaires tués sur le champ de bataille ou dans un service commandé; les veuves, non séparées de corps, de militaires qui ont péri à l'armée ou hors d'Europe, et dont la mort a été causée soit par des événements de guerre, soit par des maladies contagieuses ou endémiques, aux influences desquelles ils ont été soumis par les obligations de leur service; les veuves de militaires morts des suites de blessures reçues soit sur le champ de bataille, soit dans un service commandé, pourvu que le mariage soit antérieur à ces blessures; les veuves de militaires morts en jouissance de la pension de retraite ou en possession de droits à cette pension, pourvu que le mariage ait été contracté deux ans avant la cessation de l'activité ou du traitement militaire du mari, ou qu'il y ait un ou plusieurs enfants issus du mariage antérieur à cette cessation, ont droit à la pension. Elle demeure fixée au quart du maximum de la pension d'ancienneté affectée au grade dont le mari était titulaire, quelle que soit la durée de son activité dans ce grade. Néanmoins la pension des veuves des maréchaux de France est fixée à 6,000 francs; celle des veuves de caporaux, brigadiers, soldats et ouvriers ne peut pas être moindre de 100 francs. Après le décès de la mère, ou lorsqu'il y a eu séparation de corps, l'enfant ou les enfants mineurs des militaires morts dans les cas prévus ci-dessus ont droit, quel que soit leur nombre, à un secours annuel égal à la pension que la mère aurait été susceptible d'obtenir. Ce secours est payé jusqu'à ce que le plus jeune d'entre eux ait atteint l'âge de vingt-et-un ans accomplis; mais dans ce cas la part des majeurs est reversible sur les mineurs.

Les officiers réformés pour infirmités incurables constatées ou par mesure de discipline, et qui ont au moment de leur réforme plus de vingt ans de service effectif, doivent recevoir une pension dont la quotité est réglée d'après le minimum de la retraite de leur grade, à raison d'un trentième par chaque année de service effectif. Il n'y a point de droit à reversibilité pour les veuves et orphelins.

Le droit à la pension de retraite d'ancienneté est acquis pour les officiers de la marine et pour les marins de tous grades à vingt-cinq ans accomplis de service effectif. Ces pensions sont régies par des règles analogues, sinon identiques, à celles qui sont établies pour l'armée de mer. Elles sont payables comme dettes de l'État, sur la caisse des invalides de la marine.

[La loi du 26 avril 1855, sur la dotation de l'armée, porte que le maximum et le minimum de la pension de retraite fixés par la loi du 11 avril 1831 sont augmentés de 165 fr. pour les sous-officiers, caporaux, brigadiers et soldats. Le droit à la pension de retraite par ancienneté est acquis à ces militaires à vingt-cinq ans accomplis de service effectif. Le surcroît de dépenses résultant de cette mesure est prélevé sur l'actif de la dotation de l'armée, mais seulement en ce qui concerne les pensions des militaires des corps qui se recrutent par la voie des appels. De plus l'empereur a voulu que la pension des soldats amputés dans les dernières campagnes fût dans tous les cas élevée jusqu'à 600 fr. par an aux frais de sa liste civile.

Une autre loi du 26 avril 1856 a élevé du *quart* à la *moitié* du maximum de la pension d'ancienneté affectée au grade dont le mari était titulaire la pension à laquelle ont droit : 1° les veuves des militaires et marins tués sur le champ de bataille; 2° les veuves des militaires et marins qui ont péri à l'armée, et dont la mort a été causée par des événements de guerre; 3° les veuves des militaires et marins morts des suites de blessures reçues dans les mêmes circonstances, pourvu que le mariage soit antérieur à ces blessures. Le bénéfice de ces dispositions est applicable aux secours annuels accordés aux orphelins des militaires et marins dont il s'agit. Il s'ensuit que la pension des veuves des généraux de division est élevée de 1,500 à 3,000 fr.; celle des veuves des généraux de brigade, de 1,000 à 2,000 fr.; celle des veuves de colonels, de 750 à 1,500 fr.; celle des veuves de lieutenants-colonels, de 600 à 1,200 fr.; celle des veuves de chefs de bataillon, de 500 à 1,000 fr.; celle des veuves de capitaines, de 400 à 800 fr.; celle des veuves de lieutenants, de 300 à 600 fr.; celle des veuves de sous-lieutenants, de 250 à 500 fr.; celle des veuves d'adjudants sous-officiers, de 191 fr. 25 c. à 382 fr. 50 c; celle des veuves de sergents-majors et de maréchaux des logis chefs, de 166 fr. 25 c. à 332 fr. 50 c.; celle des veuves de sergents et maréchaux des logis, de 141 fr. 25 c. à 282 fr. 50 c; celle des veuves de caporaux et de brigadiers, de 126 fr. 25 c. à 252 fr. 50 c.; celle des veuves de soldats, de 116 fr. 25 c. à 232 fr 50. La même augmentation a lieu pour les veuves des marins revêtus des grades correspondants.

Une loi du 11 septembre 1807 avait constitué de hautes pensions pour certains fonctionnaires et pour leurs veuves. Elle était ainsi conçue : « Lorsque par des services distingués de grands fonctionnaires de l'empire, tels que ministres-maréchaux et autres grands-officiers, auront droit à une récompense extraordinaire, et que la situation de leur fortune le rendra nécessaire, le maximum de leurs pensions et de celles de leurs veuves et enfants pourra être élevé jusqu'à 10,000 fr. » Cette loi, qui subordonnait la concession des pensions exceptionnelles à deux conditions précises, *la distinction de services* et *la situation de fortune*, fut appliquée jusqu'à la fin de la Restauration. Au milieu des fréquentes modifications ministérielles de cette époque, les abus devinrent criants et la loi de 1807 fut abrogée par une loi du 31 janvier 1832. Le gouvernement dut alors recourir à des lois spéciales pour récompenser des services exceptionnels, et les chambres s'associèrent volontiers aux demandes de cette espèce. Cependant, le gouvernement actuel, trouvant que « l'obligation de recourir à des lois spéciales exclut la spontanéité qui ajoute au prix du bienfait; qu'elle a l'inconvénient grave, sur tout dans l'intervalle des sessions, de soumettre les personnes qui y ont droit à une incertitude et à une gêne prolongée; qu'elle livre à la discussion publique des considérations dont l'appréciation délicate est plus naturellement et plus utilement placée dans les mains du chef de l'État, dispensateur ordinaire des récompenses publiques, » présenta au corps législatif en 1856 un projet de loi portant : « Il pourra être accordé par décret impérial, aux ministres et aux autres grands fonctionnaires de l'empire, à leurs veuves et à leurs enfants, aux veuves et aux enfants des maréchaux et amiraux, une pension dont le maximum n'excédera pas 20,000 fr., lorsque, par des services éminents rendus à l'État, ces fonctionnaires auront mérité une récompense extraordinaire et que l'insuffisance de leur fortune rendra cette pension nécessaire. » Il est vrai de dire qu'une récompense demandée pour la veuve du maréchal Ney avait été précédemment assez mal accueillie. Mais le corps législatif avait voté des récompenses nationales aux héritiers de Philippe de Gérard, aux veuves des maréchaux Bugeaud, Oudinot et Saint-Arnaud. L'exposé des motifs de la loi de 1856 disait : « Quand il s'agit de services ordinaires, le sort des fonctionnaires militaires ou civils, celui de leurs veuves et de leurs enfants ont été soigneusement réglés par diverses lois et règlements. Mais rien n'est prévu pour les grands services rendus exceptionnellement dans les régions supérieures de l'autorité; les hommes qui les ont rendus, et qui peuvent y avoir compromis leur fortune et leur santé, leurs veuves et leurs enfants sont exposés à se trouver précipités tout à coup de la haute position qu'ils ont occupée dans la plus grande détresse. Une telle situation n'est pas moins contraire à la justice qu'à la dignité de l'administration; elle ne saurait se concilier avec les devoirs de la reconnaissance publique... La délégation permanente revendiquée par le souverain est tout à fait conforme à notre constitution et à notre état d'égalité sociale, qui permet au plus pauvre l'accès des plus hautes positions : elle est particulièrement nécessaire à une époque où de grandes circonstances peuvent appeler le pouvoir à honorer le mérite et à suppléer l'insuffisance de fortune. » Cependant, la commission du corps législatif chargée d'examiner cette loi accordait bien au chef de l'État le droit de donner des pensions au maximum de 20,000 fr. aux ministres, aux présidents des grands corps de l'État et aux ambassadeurs, lorsque l'insuffisance constatée de la fortune la rendrait nécessaire; mais elle réservait au corps législatif le droit de voter les récompenses nationales. Cette déclaration de principes ne fut pas acceptée par le conseil d'État. La commission voulait d'abord restreindre la loi aux veuves des fonctionnaires mentionnés dans le projet, elle voulait aussi réduire à 10,000 fr. le maximum des pensions des veuves; enfin, la commission demandait que la dépense générale dont cette loi était l'objet fût limitée à 500,000 fr. par an, et que les fonds accordés fissent chaque année un article spécial de la loi sur les dépenses publiques. Le conseil d'État accepta la limitation à 500,000 fr., et consentit à ce que le fonds de ces pensions fît chaque année un article spécial de la loi des finances. Il ajouta même que dans aucun cas ces pensions ne pourraient être cumulées avec d'autres pensions ou traitements payés sur les fonds généraux du trésor. La commission, non satisfaite, conclut au rejet de la loi; la discussion fut assez animée : M. le marquis d'Andelarre alla jusqu'à dire que « il ne voudrait pas que la porte fût ouverte à ce qu'il appelait des *mendiants dorés;* » la loi n'en fut pas moins adoptée le 2 juillet 1856 et promulguée le 17 du même mois. L. Louvet.]

PENSIONNAIRE. C'est le titre que prenait autrefois en Hollande le syndic des grandes villes ou des villes ayant voix délibérative; et dans chacune de ces villes il était investi des mêmes pleins pouvoirs que ceux qu'exerçait le *grand-pensionnaire*, le secrétaire d'État des états généraux ou des états de la province de Hollande, lequel autrefois, et même encore au temps de Barneveldt, était qualifié d'*avocat général* de la province de Hollande. Le *grand-pensionnaire* n'avait pas le droit de voter dans l'assemblée des états généraux, mais était seulement chargé de leur exposer les questions au sujet desquelles ils étaient appelés à délibérer. Il recueillait les voix, rédigeait les décrets, ouvrait les lettres adressées aux états généraux, négociait avec les ambassadeurs et les ministres étrangers, veillait à la rentrée et à l'emploi de l'impôt ainsi qu'au maintien des droits et priviléges de la province ou à ce qui pouvait intéresser sa prospérité. Il assistait aux assemblées des conseillers-députés chargés de représenter en l'absence des états la souveraineté nationale, et était de droit député perpétuel aux états généraux des Pays-Bas-Unis. L'influence de ce premier magistrat était extrême en Hollande et par suite dans tous les Pays-Bas, de sorte qu'on pouvait le considérer comme le premier ministre des états généraux. Ses fonctions duraient cinq années, à l'expiration desquelles il y avait le plus souvent réélection pour une nouvelle période de cinq années. La révolution de 1795 détruisit partout dans les Pays-Bas les fonctions de *pensionnaire*, de même que celles de *grand-pensionnaire*. Napoléon rétablit toutefois ce dernier titre pendant quelque temps, lorsqu'il plaça en 1805 Schimmelpenninck à la tête de la république batave en qualité de *grand-pensionnaire*.

PENSIONNAT. *Voyez* Pension.

PENSUM, du même mot latin, dont on a forcé l'acception, punition en usage dans les écoles, pensions et colléges, et qui consiste en un devoir supplémentaire, ou plus souvent encore dans un certain nombre de lignes ou de vers à copier. Le *pensum* est le tyran de l'enfance, qu'une discipline maladroite et barbare abêtit à plaisir. Quelle longue suite d'heures n'avons-nous pas perdues, tous tant que nous sommes, à cette occupation machinale et stérile, infligée sans mesure pour de légers méfaits. Le remède est pire que le mal. Ce n'est point un paradoxe d'affirmer que la faiblesse des études classiques de nos jours, le dégoût général des langues et des littératures anciennes sont le produit funeste de cette intempérance de pensums, *ultima ratio* des universitaires, grands et petits. Les établissements libres et ecclésiastiques ont le bon esprit d'user avec discrétion de ce mode de répression, ainsi que de tous autres en général. C'est un grand avantage qu'ils ont sur ceux de l'État.

PENSYLVANIE. *Voyez* PENNSYLVANIE.

PENTADÉCAGONE. *Voyez* PENTÉDÉCAGONE.

PENTAGONE (de πέντε, cinq, et γωνία, angle), nom particulier des polygones de cinq côtés. L'angle au centre du *pentagone régulier* est de 72°; son angle au sommet est de 108°. Pour inscrire un pentagone régulier dans un cercle donné, on construit d'abord deux côtés consécutifs du décagone régulier inscrit dans le cercle; en joignant les extrémités non communes de ces deux côtés, on a celui du pentagone. On remarque que le carré du côté du pentagone régulier inscrit est égal à la somme des carrés du rayon et du côté du décagone régulier inscrit dans la même circonférence. On a donc $c = \frac{1}{2}r\sqrt{10 - 2\sqrt{5}}$, ou approximativement $c = r \times 1{,}175\ldots$, en représentant le rayon par r, et le côté du pentagone régulier inscrit par c. La surface de ce polygone est donnée par la formule :

$$S = \frac{1}{4}c^2\sqrt{5(10 + 2\sqrt{5})}.$$

E. MERLIEUX.

PENTAMÈRES. *Voyez* COLÉOPTÈRES.

PENTAMÈTRE, mot servant à distinguer un vers latin ou grec rhythmé par cinq pieds, ainsi que l'indique son nom, composé des mots grecs πέντε (cinq) et μέτρον (mesure, pied). L'origine en est attribuée à Callinus, d'Éphèse. Les cinq pieds du vers pentamètre se distinguent ainsi : deux pieds dactyles ou spondées, un spondée et deux anapestes. Voici, comme modèle de cette division, un pentamètre que Théodore de Bèze a mis dans la bouche de Brutus

Ferre necem possum, non potui dominum.

La véritable place du vers pentamètre est à la suite de l'hexamètre : ils forment ensemble ce qu'on appelle le *distique*. Le pentamètre, léger, vif, gracieux, et quelquefois d'une piquante concision, tempère la pompe et la gravité de l'hexamètre. La muse élégiaque des Latins en a fait un heureux usage, mais peut-être est-il d'un effet plus frappant dans le petit cadre d'une épigramme ou d'une épitaphe.

PENTANDRIE (de πέντε, cinq, et ἀνήρ, homme, pris pour *étamine*), cinquième classe du système sexuel de Linné (*voyez* BOTANIQUE). Elle renferme tous les végétaux hermaphrodites ayant cinq étamines distinctes. Elle se divise en six ordres : *pentandrie-monogynie, digynie, trigynie, tétragynie, pentagynie*, et *polygynie*.

PENTAPÉTALE. *Voyez* PÉTALE.

PENTAPOLE (du grec πέντε, cinq, et πόλις, ville). On donna ce nom dans l'antiquité à une contrée de la Cyrénaïque où se trouvaient les cinq villes Arsinoé, Apollonie, Bérénice, Cyrène et Ptolémaïde. Il y avait aussi une Pentapole dans la Palestine, qui comprenait les villes de Sodome, Gomorrhe, Tseboïm, Adama et Tsohar ou Béla; ou bien aussi le district contenant les cinq villes de Judée habitées d'abord par les Philistins, savoir Ekron, Gad, Asdod, Ascalon et Gaza. Au moyen âge, la Marche d'Ancône, comprenant les villes maritimes de Rimini, Pesaro, Fano, Sinigaglia et Ancône, reçut encore le nom de *Pentapole*.

PENTARCHIE (du grec πέντε, cinq, et ἀρχή, gouvernement). On appelle *pentarchie* la forme de gouvernement politique dans laquelle le pouvoir exécutif, au lieu d'appartenir à un seul individu, comme dans une *monarchie*, est confié à cinq individus. Notre constitution de l'an III, avec son directoire, était une *pentarchie*.

On a encore employé cette expression pour désigner la prépondérance qu'exercent en fait sur le reste de l'Europe les cinq grandes puissances : l'Angleterre, l'Autriche, la France, la Prusse et la Russie.

PENTATEUQUE (du grec πέντε, cinq, et τεῦχος, livre), mot qui désigna d'abord un volume composé de cinq livres, et plus tard de préférence les cinq livres attribués à Moïse, qui se trouvent dans le canon de l'Ancien Testament et qui portent les noms de la *Genèse*, l'*Exode*, le *Lévitique*, les *Nombres* et le *Deutéronome* (*voyez* BIBLE.)

PENTATHLE (du grec πέντε, cinq, et ἆθλος, combat). Le pentathle constituait un des exercices gymnastiques auxquels se livraient les athlètes dans les jeux publics de la Grèce, ou plutôt il constituait la réunion de cinq de ces exercices en un seul; c'étaient, suivant un vers grec, le saut, la course, le palet, le javelot et la lutte; il en est qui pensent que le disque et le pugilat entraient dans le pentathle, à la place du palet et du javelot. Les athlètes qui avaient vaincu de suite dans ces cinq divers exercices recevaient le prix du pentathle, et étaient appelés eux-mêmes pentathles.

PENTÉCOSIARCHIE (de πεντηκόσιοι, cinq cents, et ἄρχω, je commande). *Voyez* PHALANGE (*Art militaire*).

PENTECÔTE (du grec πεντηκοστός, cinquantième). Chez les Juifs, la fête de la Pentecôte se célébrait le cinquantième jour après le 16 du mois de nisan, qui était le second jour de la fête de Pâques. On l'appelait pour cette raison la *fête des sept semaines*. On offrait alors au Seigneur, comme un témoignage du domaine absolu que lui reconnaissaient les Hébreux sur tout leur pays et sur leurs travaux, les prémices de la moisson du froment. Ces prémices consistaient en deux pains levés, chacun de deux *assarons* ou trois pintes de farine. Les traditions juives nous apprennent aussi que la fête de la Pentecôte avait encore pour objet de rappeler aux Israélites la promulgation de la loi sur le mont Sinaï. C'est principalement sous ce dernier rapport que la Pentecôte des Juifs est à nos yeux la figure de la Pentecôte des chrétiens.

Dans l'Église chrétienne, la Pentecôte se célèbre en mémoire de la descente du Saint-Esprit sur les Apôtres, qui arriva le cinquantième jour après la résurrection de Jésus-Christ. Avant de se dérober, par son ascension, aux regards de ceux qu'il avait appelés à continuer son œuvre, Jésus leur avait commandé de ne point s'éloigner de Jérusalem. Ils devaient y attendre l'accomplissement de la promesse qu'il leur avait faite au nom de son père : « Jean a baptisé dans l'eau, avait dit le Sauveur, mais vous, dans peu de jours, vous serez baptisés dans le Saint-Esprit. » Confiants dans les paroles du Sauveur, les Apôtres, après l'ascension, quittèrent la montagne des Oliviers et s'en retournèrent à Jérusalem. Le jour de la Pentecôte étant venu, lorsque tous les disciples étaient réunis dans un même lieu et dans un même esprit, à l'heure de tierce, on vit se réaliser les promesses de Jésus-Christ. La maison dans laquelle ils étaient rassemblés fut ébranlée tout à coup par un tremblement de terre, accompagné d'un vent violent et impétueux, image de l'esprit d'en haut, qui agitait leur âme. En même temps des lumières flamboyantes, semblables à des langues de feu, pénétrèrent dans la salle; elles se partagèrent et s'arrêtèrent sur chacun d'eux, images des langues nouvelles qu'allait faire éclater de la bouche des chrétiens le feu de l'intelligence et de l'inspiration dont leur cœur était embrasé. De ce jour date l'action non interrompue de l'Église apostolique. De ce jour date la promulgation de la loi nouvelle, de la loi de grâce.

M. L. BOUTTEVILLE.

PENTÉDÉCAGONE (de πέντε, cinq; δέκα, dix; et γωνία, angle), polygone de quinze côtés. L'angle au centre du *pentédécagone régulier* est de 24°; son angle au sommet est de 156°. L'arc soustendu par le côté du pentédécagone régulier inscrit est la quinzième partie de la circonférence : or, la fraction $\frac{1}{15}$ étant égale à $\frac{1}{6} - \frac{1}{10}$, on voit que cet arc est la différence de ceux que soustendent les côtés des hexagone et décagone réguliers inscrits dans le même cercle, et cette remarque donne le procédé d'inscription du pentédécagone régulier.

Si l'on considère le quadrilatère inscrit ayant pour côtés le diamètre du cercle et les côtés du décagone, du pentédécagone et du triangle équilatéral inscrits, on aura, en s'appuyant sur la relation qui existe entre le rectangle des diagonales et la somme des rectangles des côtés opposés de ce quadrilatère :

$$c = \frac{r}{4}\left[\sqrt{10+2\sqrt{5}} - \sqrt{3}(\sqrt{5}-1)\right],$$

c représentant le côté du pentédécagone régulier inscrit et r le rayon du cercle.

Par corruption, on dit aussi *pentadécagone*. Dans quelques auteurs on trouve pour synonyme *quindécagone*

E. MERLIEUX.

PENTÉLIQUE (*Pentelicon*), assez haute montagne de l'Attique, sur le sommet de laquelle le Céphisse prend sa source, d'où l'on découvre une vue aussi belle qu'étendue, et renfermant une magnifique caverne à stalactites, était déjà célèbre dans l'antiquité par le beau marbre qu'on en tire. Il servait aussi bien à la construction de temples et autres édifices de luxe, tels que le Parthénon dans l'Acropole, que pour des statues.

PENTENAIRE (Système), système de numération dont la base est cinq.

PENTHÉE, fils d'Échion et d'Agavé, fille de Cadmus, à qui il succéda comme roi de Thèbes, s'étant opposé à l'introduction du culte de Dionysos (Bacchus), fut mis en pièces sur le mont Cithéron par sa propre mère, qui, dans sa fureur de bacchante, le prit pour une bête fauve, et par d'autres Ménades, notamment par les sœurs de sa mère.

PENTHÉSILÉE, reine des Amazones, après la mort de sa mère Orithie, alla porter du secours à Priam, vers la fin du siége de Troie, et fut tuée par Achille. En la dépouillant de ses armes, Achille fut tellement frappé de sa beauté qu'il ne put s'empêcher de répandre des larmes. Thersite, ayant osé se moquer de cette faiblesse, fut aussitôt tué par Achille. Mais Diomède, irrité de la mort de Thersite, enleva le cadavre de l'Amazone et le précipita dans le Scamandre. On croit généralement qu'Achille avait été l'amant de cette reine avant la guerre qu'elle fit aux Grecs, et qu'elle en avait eu un fils nommé Caystre. Homère ne parle point de Penthésilée. Virgile lui donne un rang honorable parmi les héros venus au secours de Priam.

PENTHIÈVRE (Comtes de). Le comté de Penthièvre, en Bretagne, qui fut érigé en duché-pairie en 1569, date du commencement du onzième siècle.

Eudes ou Eudon, deuxième fils de Geoffroy, comte de Rennes et duc de Bretagne, fut, par suite du partage de la succession de son père, en 1034, le premier comte de Penthièvre. Il se qualifiait aussi du titre de comte de Bretagne, que son frère lui contestait, et que ses descendants prirent jusqu'au treizième siècle. Les comtes qui lui succédèrent furent *Geoffroy Botherel Ier*, son fils aîné; *Étienne*, son cinquième fils, qui acquit par mariage le comté de Guingamp; *Geoffroy Botherel II*, fils d'Étienne, son fils *Rivalion*, les deux enfants de celui-ci, *Étienne* et *Geoffroy*; ce dernier mourut sans postérité, léguant le comté de Penthièvre à *Alain*, fils de son grand-oncle, Henri de Tréguier. Alain se prononça contre Jean sans Terre, après l'assassinat de son neveu Arthur de Bretagne par celui-ci. *Henri*, fils d'Alain, fut fiancé avec Alix, fille du duc de Bretagne : Philippe-Auguste empêcha ce mariage, et soutint les prétentions qu'éleva sur le comté Olivier de Tournemine, parent de Henri. Philippe-Auguste dépouilla Henri d'une partie de ses possessions au profit d'Olivier de Tournemine. Après la mort d'*Hugues IX de Lusignan*, comte de la Marche, d'Angoulême, de Penthièvre, Yolande, sa femme, transmit le comté à son frère, *Jean Ier*, duc de Bretagne.

Après être demeuré de 1292 à 1327 dans la maison de Bretagne, le comté de Penthièvre fut transmis par *Jeanne la Boiteuse* à son mari *Charles de Châtillon*, dit de Blois, qui disputa longtemps les armes à la main la possession de la Bretagne à Jean de Montfort. *Jean de Blois*, son fils aîné, prétendit aussi les armes à la main au duché de Bretagne; il épousa la fille d'Olivier de Clisson, dont il eut quatre fils et deux filles. L'aîné de ceux-ci, *Olivier de Blois*, fit la guerre au duc de Bretagne Jean le Sage; celui-ci s'empara de son comté, et Olivier n'en obtint la restitution que par la médiation de son beau-père, Jean sans Peur, duc de Bourgogne; il s'empara plus tard, par trahison, de Jean le Sage, qu'il conduisit en captivité à Châteauroux; mais la duchesse de Bretagne s'empara de cette ville, qu'elle fit raser, délivra son mari, et obligea les Penthièvre à jurer foi et hommage au duc de Bretagne et à donner un des leurs pour otage. Ils manquèrent à leur parole, et Olivier, proscrit, fut obligé de prendre la fuite, après avoir vu ses États confisqués par le duc de Bretagne. *Jean de Blois*, son frère, lui succéda, et rentra en possession d'une partie de ses États, en 1448; il fut un des lieutenants généraux de Charles VII, sous qui il se distingua. *Nicole de Blois*, sa nièce, lui succéda, et apporta le comté de Penthièvre à *Jean de Brosse*, vicomte de Bridier, son mari, qui fut aussi lieutenant général des armées de Charles VII. Jean de Brosse ayant, sous Louis XI, refusé d'entrer dans la ligue du bien public, vit saisir son comté par le duc de Bretagne; il mourut en 1485, sans avoir pu en reprendre possession, après avoir cédé au roi ses droits éventuels sur la Bretagne. Son fils, *Jean II de Brosse*, ne fut pas plus heureux : Anne de Bretagne, femme de Louis XII, voulut lui faire quitter ainsi qu'à sa famille le titre de comte de Penthièvre. René de Bretagne, seigneur de l'Aigle, fils aîné de Jean II, n'eut également qu'un titre honorifique. Il suivit la fortune du connétable de Bourbon, et fut tué à la bataille de Pavie. *Jean III de Bretagne*, époux d'Anne de Pisseleu, d'abord comtesse, puis duchesse d'Étampes, se distingua dans un grand nombre de batailles; les comtés d'Étampes et de Chevreuse furent érigés en duchés en sa faveur.

Sébastien de Luxembourg, premier duc de Penthièvre, était le neveu de Jean III; il se distingua aux batailles de Dreux, de Jarnac et de Moncontour, et mourut en 1569, devant Saint-Jean-d'Angély, l'année même où Charles IX, pour reconnaître ses services, érigeait le comté de Penthièvre en duché-pairie, comprenant les terres de Guingamp, Moncontour, La Roche-Esnard, Lanizu et Jugon. Le duché de Penthièvre passa après lui à *Marie de Luxembourg*, qui l'apporta à son époux Philippe-Emmanuel de Lorraine, duc de Mercœur. Celui-ci profita des troubles de la Ligue pour tenter d'enlever la Bretagne au roi de France; il ne désarma la colère d'Henri IV qu'en accordant à *César de Vendôme*, fils naturel de celui-ci, la main de sa fille *Françoise de Lorraine*. *Louis-Joseph de Vendôme*, son petit fils, eut après lui le titre de duc de Penthièvre. Le duché passa, par sa femme, Marie de Bourbon, princesse de Conti, à François-Louis de Bourbon, prince de Conti, qui le vendit, en 1697, au comte de Toulouse, fils légitimé de Louis XIV, qui le laissa à sa fille, la duchesse d'Orléans.

PENTHIÈVRE (LOUIS-JEAN-MARIE DE BOURBON, duc DE), né à Rambouillet, le 16 novembre 1725, était l'unique descendant du comte de Toulouse, l'un des fils légitimés de Louis XIV et de Mme de Montespan. C'est de son mariage avec Marie-Thérèse-Félicité d'Este qu'était issue la duchesse douairière d'Orléans, mère du roi Louis-Philippe. Appelé par sa naissance à remplir les charges, purement honorifiques, de grand-amiral et de grand-veneur, le duc de Penthièvre avait reçu du marquis de Pardaillan, son gouverneur, une éducation très-bien dirigée, et qui n'excluait pas le goût du métier des armes. Le jeune prince se distingua, en 1743 et 1748, aux batailles de Dettingen et de Fontenoy : c'est ce qu'attestent ces vers de Voltaire :

> Penthièvre, dont le zèle avait devancé l'âge,
> Qui déjà vers le Mein signala son courage.

La mort du duc du Maine et de ses enfants avait investi le duc de Penthièvre de biens immenses, et entre autres du vaste domaine de Sceaux, qui a donné son nom à la commune de Sceaux-Penthièvre. Il fit de cette grande fortune le plus noble usage, fonda des hospices, et fut le protecteur des gens de lettres, que Florian, son ancien page, ne lui recommanda jamais en vain. Le farouche satirique Gilbert lui rendit hommage. Le duc de Penthièvre présida l'un des bureaux de l'Assemblée des notables, et s'y acquit une grande popularité en proposant des concessions qui faites à temps auraient prévenu une explosion funeste. On attribuait son penchant pour les idées nouvelles aux conseils de Mutricy, l'un de ses confidents intimes, dont il disait avec enthousiasme : « Mon secrétaire est en état d'être contrôleur général des finances. » Cependant, les orages de la révolution devenaient de plus en plus menaçants ; le duc de Penthièvre et la duchesse d'Orléans, sa fille, trouvèrent à Vernon un refuge inviolable. Déjà le 10 août avait vu enfermer au Temple Louis XVI et sa royale famille ; déjà la princesse de Lamballe, veuve du dernier des quatre fils du duc de Penthièvre, avait péri comme illustre et déplorable victime des massacres du 2 septembre. Le 20 du même mois les citoyens de Vernon plantèrent, comme sauve-garde, à la porte du château qu'habitaient le duc et sa fille un arbre décoré de tous les emblèmes de la liberté, avec cette inscription : A LA VERTU. On ne pouvait, au milieu d'aussi affreuses conjonctures, imaginer des formes plus protectrices : elles eurent tout leur effet. Cependant, le vertueux duc de Penthièvre succomba à tant de douleurs, le 4 mars 1793, âgé de soixante-cinq ans. Le décret qui exilait à Marseille les membres de la famille des Bourbons restés en France fut rendu le 6 avril suivant.

BRETON.

PENTONVILLE, prison cellulaire, établissement pénitentiaire modèle de l'Angleterre. Il est situé au nord de Londres, entre Pentonville et Holoway. Sur une rotonde centrale formant le noyau intérieur de la prison s'ouvrent en éventail quatre arcades d'une hauteur égale à celle du bâtiment. C'est sur ces arcades que donnent les cellules qui occupent trois étages superposés. Des galeries, auxquelles *on arrive* par de petits escaliers en spirale, construits en fer et à jour, conduisent aux étages supérieurs. Toutes les cellules ont 4 mètres 33 cent. de long sur 2 mètres 33 cent. de large et 5 mètres 66 cent. de hauteur. Elles sont blanchies à la chaux et éclairées par une fenêtre élevée et grillée. Elles renferment une tablette, un hamac, une table ; au-dessus se projette un bec de gaz, enveloppé d'un garde-vue, une cuvette en métal, scellée dans le mur et surmontée d'un robinet qui s'ouvre à volonté ; l'eau qui a servi s'échappe par le fond de la cuvette et est conduite par un tuyau dans un siége creux en pierre, recouvert d'une plaque de fonte à charnière. Vingt-cinq litres d'eau par jour sont mis à la disposition de chaque prisonnier, indépendamment de ce qui se consomme pour les bains, administrés à des intervalles réguliers dans une partie de l'établissement appropriée à cet usage. Un calorifère, disposé au rez-de-chaussée, distribue dans toutes les parties de l'édifice un air chaud qui pénètre dans les cellules par des trous pratiqués dans des plaques métalliques fixées dans le plancher, en même temps que l'air vicié s'échappe par d'autres ouvertures.

A toute heure du jour ou de la nuit, le prisonnier peut appeler l'aide ou le secours d'un employé dans sa cellule, en touchant un ressort, qui met en mouvement une sonnette. Dans la porte de chaque cellule est tout à la fois un judas fort étroit, recouvert de gaze et d'une fermeture, par lequel on peut, sans être vu, observer tous les mouvements du prisonnier, et un guichet par lequel on lui fait passer sa nourriture, qui est saine et abondante. La solitude n'est pas absolue à Pentonville ; elle n'existe que dans la mesure nécessaire pour préserver le condamné de tout contact corrupteur avec les autres détenus. On les fait sortir par détachements pour prendre l'air dans les cours. Mais en traversant les corridors, chaque prisonnier, dont la tête est couverte d'un bonnet garni d'une visière qui cache la figure et qui est percée de deux trous à la hauteur des yeux, précaution établie pour les empêcher de se reconnaître, doit se tenir à quatre mètres de distance de l'autre, ne communiquer avec lui ni par la voix ni par aucun signe, et chacun est bientôt enfermé dans un préau séparé. D'un bâtiment central auquel tous ces préaux aboutissent, un seul gardien peut observer tous les promeneurs. Le condamné, en outre, est visité régulièrement par le gouverneur, par le chapelain, par le lecteur des Saintes Écritures, le maître d'école, le contre-maître des travaux, et les membres de sa famille qui en ont reçu l'autorisation. Il reçoit dans sa cellule une instruction élémentaire, et s'il n'a pas de profession manuelle pour occuper sa solitude, il en apprend une qui lui servira de ressource après sa libération. Les exercices religieux se font à la chapelle, où les condamnés se rendent la tête couverte. La chapelle est divisée en stalles, où les assistants sont placés de manière à voir et à entendre le ministre du culte, sans se voir les uns les autres, et sans pouvoir communiquer entre eux. La bibliothèque de la prison est fort bien montée. Indépendamment de livres de morale et de piété, elle en contient beaucoup qui ne sont qu'instructifs et amusants, et divers ouvrages périodiques qu'on prête aux détenus qui ont rempli certaines conditions du règlement. La prison de Pentonville couvre, avec toutes ses cours et préaux, une surface de près de trois hectares.

PEPE. Trois Napolitains de ce nom ont joué un rôle important dans l'histoire contemporaine.

Gabriel PEPE, né en 1781 à Bojano, dans la province de Molise, étudia d'abord le droit. Lorsque fut fondée la république *Parthénopéenne*, en 1799, il prit du service dans l'armée franco-napolitaine, et dut en conséquence, après la restauration du pouvoir royal, se réfugier en France, où il fut placé dans la légion italienne. En 1806 il entra au service du roi Joseph, et plus tard à celui de Murat. Après la restauration de Ferdinand Ier, il obtint le grade de colonel, et le commandement d'un régiment en garnison à Syracuse. Quand la révolution éclata, en 1820, à Naples, il en épousa chaudement les intérêts, et fut nommé membre du parlement national. Ainsi que d'autres patriotes, il fut, après la restauration de la monarchie absolue, livré aux Autrichiens, qui le plongèrent dans les cachots d'Olmütz. Toutefois, il fut rendu à la liberté deux ans plus tard, et se retira alors à Florence. Il mourut dans son village natal, en 1849.

Florestan PEPE, né en 1780, à Squillace, en Calabre, était lieutenant en 1799, quand les Français entrèrent à Naples. Il prit du service sous les drapeaux de la république parthénopéenne, se réfugia en France à la restauration, et servit alors jusqu'en 1801 dans la légion italienne. En 1806 il entra, comme son frère, au service de Joseph, qu'il accompagna en Espagne, où il obtint le grade de général de brigade. Pendant la campagne de 1812, il conduisit jusqu'à Dantzig une division napolitaine. Plus tard, il fut fait prisonnier par les Russes. Remis en liberté, il fut chargé par Murat d'aller réprimer une insurrection dans les Abruzzes. En 1815, il combattit les Autrichiens dans la haute Italie ; après la fuite de Murat, il se chargea de maintenir la tranquillité publique à Naples jusqu'à l'arrivée des Autrichiens, et conserva sous la restauration le grade de lieutenant général que lui avait conféré Murat aux derniers jours de son règne. A la différence de son frère *Guillaume*, il demeura étranger aux machinations qui amenèrent la révolution de 1820. A la suite des événements de Palerme, le gouvernement l'envoya rétablir l'ordre en Sicile. Après avoir fait rentrer cette ville dans le devoir, il réussit à pacifier l'île. Mais la capitulation à laquelle il souscrivit, et qui semblait promettre aux Siciliens une indépendance politique, fut annulée par le parlement national. Force lui fut alors de résigner son commandement ; cependant, à l'approche des Autrichiens, il consentit, d'après le vœu exprimé par le parlement, à se mettre à la tête de l'état-major de l'armée. Quoiqu'il eût conseillé de se soumettre avant même que la lutte fût décidée, il perdit son grade au rétablissement du pouvoir absolu, et vécut ensuite dans la retraite. En 1848 il s'abstint de prendre part à l'insurrection italienne, et refusa le titre de pair du royaume de même que sa réintégration dans les cadres de l'armée active. Il mourut à Naples, en 1851.

Guillaume PEPE, frère cadet du précédent, né en 1782, à Squilace, entra, comme lui, dans les rangs de l'armée républicaine en 1799. En 1806 il prit du service sous Joseph, et fut nommé en 1809 officier d'ordonnance du roi Murat. En 1810 il commanda en Catalogne, sous le maréchal Suchet, un régiment napolitain, et passa général de brigade. Murat le créa baron, et lui fit don de plusieurs domaines. En 1815 il exerça un commandement contre les Autrichiens, et n'en conserva pas moins son grade de lieutenant général sous Ferdinand. Quand, en juillet 1820, la charbonnerie leva l'étendard de l'insurrection, le gouvernement, à qui la liberté de ses propos l'avait rendu suspect, donna ordre de l'arrêter. Pepe se déroba à l'exécution du mandat lancé contre lui, et le 6 juillet conduisit les deux régiments qu'il commandait au camp des insurgés à Avellino, où Lorenzo de Conciliis lui conféra immédiatement le commandement supérieur des troupes insurgées. Cette défection décida du triomphe de la révolution. Dès le 9 Pepe entrait à Naples à la tête de vingt mille hommes, et il remplaça alors Nugent dans le commandement en chef de l'armée. Sa conduite imprévoyante et la faveur avec laquelle il traitait en toutes occasions ceux des soldats qui avaient pris part à l'insurrection contribuèrent beaucoup à désunir les chefs et les partis. Après le départ de Ferdinand pour Laybach, il entra au conseil d'État chargé de seconder le prince régent dans l'accomplissement de sa mission. A l'approche des Autrichiens, le 20 février 1821, il fut appelé à commander le corps d'armée auquel était confiée la défense des Abruzzes. Mais les forces mises réellement à sa disposition montèrent à peine à 14,000 hommes, mal disciplinés, dont la plupart lâchèrent pied à l'approche de l'ennemi; et il dut alors se retirer avec les débris de son corps d'armée à Castel di Sangro. Quand tout fut perdu, il se réfugia à Barcelone, passa ensuite à Lisbonne, et de là se rendit en Angleterre; puis il revint à Madrid, où il tenta vainement de faire créer un corps composé d'étrangers. Condamné à mort par contumace à Naples, il s'établit plus tard à Londres, où il épousa une riche Anglaise, puis à Paris. Les événements de 1848 et l'amnistie accordée alors par le roi Ferdinand le ramenèrent à Naples, où il fut accueilli avec distinction par la cour et par le peuple. A peu de temps de là le roi l'appela au commandement du corps napolitain qui devait aller prendre part, sous les ordres du roi Charles-Albert, à la lutte pour la défense de l'indépendance italienne. Pepe était à peine arrivé sur les rives du Pô, que le roi Ferdinand (par suite, dit-on, de la révolution qui venait d'éclater en Sicile) changea d'idée et rappela son armée de même que la flotte qu'il avait envoyée croiser dans la mer Adriatique. C'est en vain que Pepe voulut essayer de retenir ses troupes sur le théâtre de la guerre; il n'y eut guère que 2,000 hommes qui répondirent à son appel et qui le suivirent à Venise, où il fut chargé du commandement en chef de l'armée nationale pendant toute la durée du siége. Dans cette position, il fit preuve d'autant de prudence que de courage et d'inépuisable activité. Le fait d'armes le plus remarquable qu'on cite alors de lui est la sortie qu'il effectua en personne (octobre 1849) de la citadelle de Marghera contre Mestre. Quand Venise dut capituler, Pepe s'embarqua sur *Le Pluton*, navire de guerre à vapeur de la marine française, à bord duquel il se rendit à Corfou. Après un court séjour à Paris, il alla se fixer à Nice, où il consacrait la plus grande partie de sa fortune à secourir ses anciens compagnons d'armes et coreligionnaires politiques. Il est mort au mois d'août 1855. On a de lui : *Relation des événements politiques et militaires qui ont eu lieu à Naples en* 1820 *et* 1821, et une *Relation historique des événements qui se sont accomplis dans la Péninsule italique pendant les années* 1847, 1848 *et* 1849 (Paris, 1850).

PEPE HILLO. *Voyez* DELGADO.

PÉPIE (du latin barbare *pipita*, corruption de *pituita*), maladie des volailles et des oiseaux, causée ordinairement par le manque d'eau, l'eau sale en boisson, la chair corrompue comme nourriture, et qui les empêche de boire et de faire leur cri ordinaire. Cette maladie se manifeste par une petite peau blanche qui couvre le bout de la langue; elle se guérit souvent par l'arrachement de cette peau, opération après laquelle on lave la plaie avec du vin ou avec de l'eau salée.

Au figuré, et populairement, Ne pas avoir la *pépie*, c'est boire volontiers autre chose que de l'eau ou bavarder. *Vous nous ferez avoir la pépie* veut dire : Vous ne nous donnez pas assez vite ou pas assez à boire.

PEPIN. On désigne ainsi toutes les graines d'arbres fruitiers munies d'une enveloppe coriace et non ligneuse. Ainsi, les semences des pommiers, poiriers, melons, courges, coignassiers, orangers, etc., sont de véritables pepins; mais il n'en est pas de même des arbres à noyaux, parce que l'enveloppe de la graine est tout à fait ligneuse.

PÉPIN. Plusieurs princes de la race carlovingienne ont porté ce nom. Un d'eux a régné sur la France.

PÉPIN LE VIEUX ou DE LANDEN, fondateur de la race carlovingienne, était originaire d'Austrasie. Il ne commence guère à jouer un rôle dans l'histoire que l'an 613, après la mort de Thierry II. Pour échapper à l'odieuse domination de Brunehaut, tutrice de ses arrière-petits-fils, fils de Théodebert II, il offrit la couronne à Clotaire II au nom des principaux seigneurs et des plus influents, tels que Radon et Arnolphe, plus tard canonisé sous le nom de saint Arnould. Nommé maire du palais pour prix de son dévouement, il fut plus tard (622) placé par ce prince avec Arnolphe, comme ministre et comme mentor, auprès de son fils Dagobert, auquel il venait de donner, avec le titre de roi, le royaume d'Austrasie à gouverner. Ansigise, fils d'Arnolphe, qui entra dans les ordres et devint évêque de Metz, épousa Begga, fille de Pépin, et c'est de ce mariage que naquit Pépin d'Héristal. Mais quand Arnolphe eut cédé sa place à Cunibert, évêque de Cologne, pour se retirer dans un couvent, Pépin fut l'objet de la méfiance du roi, qui l'obligea de venir vivre à Paris sous sa surveillance. La mort de ce prince lui donna la tutelle de son fils Sigebert III, roi d'Austrasie. Il revint à Metz, et gouverna de concert avec Æga, maire du palais de Neustrie et tuteur du second fils de Dagobert, Clovis II, jusqu'à l'année 640, où il mourut.

Pépin eut un fils, *Grimoald*, maire d'Austrasie en 642, qui proclama roi son propre fils Childebert, au détriment du jeune fils de Sigebert III, Dagobert. Mais le père et le fils furent étranglés en prison, à Paris, par Clovis II (656). Il laissait encore un petit-fils, Pépin d'Héristal.

PÉPIN LE GROS, ou PÉPIN D'HÉRISTAL ou D'HÉRISTEL, du nom d'un château qu'il possédait près de Liége, sur les bords de la Meuse, fut choisi par l'aristocratie austrasienne pour chef, avec son parent le duc Martin, fils de saint Clodulphe, quand, après de sanglants démêlés entre Ébroïn et Léger, une révolution renversa Dagobert II, qu'avait jadis exilé son oncle Grimoald, vingt ans après la mort de ce dernier (678).

Après la défaite et le supplice de Dagobert, qui avait été condamné à mort dans un concile d'évêques, Pépin et Martin eurent à combattre un ennemi plus redoutable, Ébroïn, le maire du palais de Neustrie, l'ennemi acharné de l'aristocratie territoriale. Ébroïn fut vainqueur à la journée de Loixi (680), et Martin fut mis à mort par lui. Mais il fut bientôt assassiné, et le nouveau maire, Warato, signa un traité de paix avec l'Austrasie. L'incapacité de son successeur, Berthaire (686), permit à Pépin de reprendre l'offensive et de porter la guerre dans la Neustrie. La victoire de Testry lui en assura la conquête, et Thierri III, fait prisonnier à Paris, devint l'esclave du vainqueur, comme il l'avait été d'Ebroïn. Toutefois, l'exemple de Grimoald ne fut pas perdu pour Pépin. Plein de modération dans son triomphe, et assuré qu'il ne pouvait placer sur le trône un *esclave* plus obéissant que son *maître* légitime, il le fit reconnaître roi d'Austrasie. Mais il prit pour lui-même le souverain pouvoir, et tint fièrement le sceptre à défaut de la couronne. Il s'était fait nommer maire du palais de Neustrie : cependant, nous le voyons s'établir à Cologne, et laisser à Paris pour veiller en sa place sur Thierri III un serviteur éprouvé, le Franc Nordbert, son lieutenant, qu'il fait maire du palais ; pour lui, duc d'Austrasie, il s'en va *régner* sur ses possessions, au milieu de soldats qui lui sont dévoués. Puis il marche contre le duc des Frisons, Radbode, pour le soumettre à l'autorité des rois franks, qu'il avait secouée (689 ou 690). Pépin lui livra bataille, et le défit. C'est à la suite de cette expédition que furent rétablies les assemblées du champ de mars connues sous le nom de *mallum*. Dans ces comices Pépin, entre autres lois de police intérieure, statua qu'un premier larcin serait puni de la perte d'un œil, que la peine du second serait l'amputation du nez, et que la troisième récidive mériterait la mort.

Sous Clovis III, l'aîné des fils de Thierry III, qui lui succéda dans les trois royaumes d'Austrasie, de Neustrie et de Bourgogne, Pépin fut toujours le seul et véritable roi. Il fit épouser Austrude, la veuve de Berthaire, à son fils aîné, Drogon, pour empêcher la faction vaincue de relever la tête. Clovis III mourut vers la même époque (695), et son frère Childebert III lui fut donné pour successeur. L'aîné des fils de Pépin, d'abord créé duc de Champagne, venait de recevoir un nouveau duché en Bourgogne, et était devenu un des plus puissants seigneurs parmi les Franks ; Grimoald, le plus jeune, nommé maire du palais de Neustrie, sans préjudice de ses duchés de Reims et de Sens, reçut en outre la mission de garder le roi. Outre les deux fils que lui avait donnés sa femme Plectrude, Pépin en avait eu un troisième, nommé Charles, d'Alpaïde, que quelques-uns regardent comme sa concubine, d'autres comme sa seconde femme ; les mœurs du temps permettaient, il est vrai, la polygamie aux hommes puissants. Mais l'influence des prêtres avait grandi, et ils ne craignaient plus d'élever la voix pour menacer les grands eux-mêmes des foudres de l'Église ; aussi vit-on saint Lambert, évêque de Maëstricht, reprocher en public à Pépin la honte de sa bigamie, témoigner tout son mépris à Alpaïde et la traiter comme une concubine. Dodon, frère d'Alpaïde, vengea par un meurtre sa sœur outragée : il fit assassiner le saint évêque. Lambert, aussitôt canonisé, fut placé au nombre des martyrs. La dévotion des peuples lui éleva un temple à Liége ; Plectrude et ses fils le regardèrent comme une sainte victime morte pour la défense de leurs droits, Alpaïde et son fils comme un ennemi sacrifié à leur honneur. C'est le seul fait important dans les treize années qui s'écoulent de 695 à 708. A cette époque, une nouvelle guerre éclate entre les Franks et le duc des Frisons, qui avait enfreint les traités conclus en 690. Radbode fut complétement battu, et tous les ans la Frise eut à subir une invasion nouvelle jusqu'au temps où Pépin unit les deux familles et les deux nations par le mariage de son fils Grimoald avec Theusinde, la fille du vaincu.

Il y avait pourtant encore des ennemis à soumettre : les Allemands, souvent désignés par le nom de Suèves, s'étaient détachés de la monarchie pendant le désordre des guerres civiles. Pépin marcha contre eux, vers l'an 709, à la mort de leur duc Gottfried ; il guerroya deux années de suite sans remporter un succès décisif, et alors il fut rappelé par la mort de Childebert III, qui laissa le trône à son jeune fils Dagobert III, âgé de douze ans environ. Deux ans plus tard (714), Pépin tomba dangereusement malade, et se fit transporter à sa maison de plaisance de Jopil, située sur la Meuse, vis-à-vis d'Héristal et près de Liége. Sentant sa fin prochaine, il voulut voir une dernière fois son second fils, Grimoald, que la mort de Drogon, survenue en 708, laissait comme seul héritier légitime. Mais un nouveau deuil l'attendait à son heure suprême. Grimoald fut tué par un Frank nommé Rangare, dans la ville de Liége, au moment où il était prosterné devant la châsse de saint Lambert. Charles n'avait pas été étranger à ce crime. A cette nouvelle, Pépin se dresse sur son lit de mort pour frapper le coupable et ses complices. Rangare périt dans les supplices et plusieurs autres avec lui ; Charles lui-même, déshérité par son père mourant, Charles, dont le nom germanique signifiait *le Valeureux*, et qui déjà s'était montré digne de ce glorieux surnom, fut mis en prison, sous la garde de Plectrude, sa marâtre.

Pépin mourut le 16 décembre de cette même année (714), après avoir gouverné la France en souverain pendant vingt-sept ans et six mois, sous les règnes successifs de trois rois *fainéants*. Drogon, son fils aîné, avait en mourant laissé deux fils légitimes, Hugues et Arnold. Pépin les confirma dans la possession des duchés de leur père ; mais il choisit pour maire du palais de Dagobert III, sous la tutelle de Plectrude, Théodoald, fils naturel de Grimoald, à peine âgé de six ans, hardiesse inouïe, qui attaquait le droit, incontestablement acquis au peuple, d'élever à cette dignité : c'était bien, selon l'expression de Montesquieu, mettre comme un fantôme sur un fantôme.

Mais ce fragile édifice allait bientôt s'écrouler. Quoique déshérité, quoique prisonnier, Charles était encore le mieux partagé : il héritait des talents et des projets de son père, et il allait bientôt conquérir le glorieux surnom de Charles Martel.

PÉPIN LE BREF, ou LE PETIT, avait atteint sa vingt-septième année quand Charles Martel, son père, avant de mourir, partagea la monarchie des Franks entre ses trois fils, comme si le sceptre de Clovis était déjà devenu l'héritage légitime d'une nouvelle race (741). L'aîné, Carloman, réunit à l'Austrasie les provinces de l'Allemagne qui en relevaient, savoir la Souabe et la Thuringe ; Pépin eut la Neustrie, la Bourgogne et la Provence ; enfin, son troisième fils, Grifon, né d'un second mariage avec Sonnichilde, reçut en apanage quelques comtés détachés de ces deux royaumes. Charles mourut le 21 octobre 741. Pépin et Carloman ne respectèrent pas longtemps les dernières volontés de leur père. Ils parvinrent aisément à persuader aux Franks que Charles lui-même n'avait pas le droit d'altérer les anciennes divisions d'Austrasie et de Neustrie ; et ils assiégèrent Grifon dans la ville de Laon, où Sonnichilde s'était réfugiée avec lui, s'emparèrent de leurs personnes comme de leurs possessions, et les condamnèrent à une réclusion perpétuelle.

Maître souverain d'un beau royaume, Pépin ne jugea point le moment favorable pour prendre le titre de roi : la révolte éclatait de toutes parts ; les grands de l'État soutenaient les rebelles, ou refusaient de se rendre à l'armée ; et cette orgueilleuse aristocratie, à peine revenue encore de la terreur que lui inspirait le vainqueur des Sarrasins, semblait vouloir se venger sur les enfants de son obéissance passive à la longue domination du père. La politique délivra Pépin de tous ces dangers (742) ; de concert avec Carloman, il éleva sur le trône un soi-disant dernier rejeton des Mérovingiens, qu'il nomma Childéric III. Pépin put désormais assurer le succès de son usurpation, en exigeant, au nom du maître légitime, une soumission qu'il eût alors vainement réclamée peut-être pour son propre compte. Les révoltes des Allemands, des Bavarois et des Gascons furent réprimées. Pendant les trois années qui suivirent (742-745) les deux frères, tantôt ensemble, tantôt séparément, forcèrent Hunold, duc des Aquitains, à reconnaître enfin la souveraineté de Pépin ; la guerre contre les peuplades germaniques se termina bientôt après. Le duc des Allemands, Théobald, fut déposé, et tous les princes qui de concert avec lui avaient secouru Odilon, duc des Bavarois, dans sa guerre contre les Franks, furent punis avec la même sévérité.

C'est à la suite de ces guerres que Carloman résolut de se consacrer au service de Dieu, dans le couvent de Saint-Benoît ; puis il se rendit à Rome, où il renonça aux grandeurs de ce monde, entre les mains mêmes du pape : c'était alors Zacharie (747). Pépin profita de cette abdication pour dépouiller ses neveux de leur héritage et pour se rendre seul possesseur du plus puissant royaume de la chrétienté. Vers cette même époque, Grifon, rendu à la liberté, vint vivre dans le palais de son frère; mais comme il n'avait jamais renoncé à l'espoir d'une souveraineté indépendante, il ne fut pas longtemps satisfait d'un rang aussi secondaire. Il se mit à la tête d'un parti de mécontents; il passa le Rhin (748), souleva les Saxons et les Bavarois contre l'autorité de Pépin, et alluma de nouveau la guerre civile de l'autre côté du Rhin. Pépin poursuivit Grifon et les rebelles jusque chez les Saxons, où il les força de chercher un refuge. Malgré l'alliance des Vénèdes et des Frisons, rien n'arrêta sa marche victorieuse, et pendant quarante jours il ravagea les pays situés à la droite de l'Ocker (le duché de Brunswick aujourd'hui); Grifon se rendit (749) auprès de Chiltrude, femme d'Odilon, duc de Bavière, qui venait de mourir, laissant un fils encore en bas âge. Les Bavarois désignèrent aussitôt Grifon pour tuteur de leur jeune duc Tassilon, et alors se forma contre Pépin une nouvelle ligue germanique. Lanfried, duc des Allemands, vint renforcer l'armée bavaroise. Mais une nouvelle apparition de Pépin détruisit encore la coalition. Grifon fit sa paix avec son frère, qui lui donna pour apanage la ville du Mans avec douze comtés. Ce fut la dernière expédition de Pépin, comme maire du palais.

Deux années de paix s'ensuivirent, pendant lesquelles Pépin acheva de disposer les esprits à l'accomplissement d'un grand projet, celui d'inaugurer en sa personne une nouvelle dynastie. Dans ce dessein, il flatta le clergé, qu'il voulait faire concourir à son élévation : Charles Martel, en dépouillant les gens d'église, s'était attiré leur haine; Pépin réussit à les apaiser, sans toutefois irriter les gens de guerre, que son père avait enrichis aux dépens des premiers. Une fois assuré de l'appui des évêques, il voulut mettre le pape dans son parti. Le souverain pontife, fatigué des caprices de la cour de Constantinople, et aussi du joug des Lombards, les maîtres de toute l'Italie, sentait bien que les Franks seuls pouvaient le soustraire à cette domination importune : aussi s'était-il depuis longtemps adressé à Pépin. Celui-ci, semblant se faire un cas de conscience de l'usurpation, consulta le chef de l'Église, pour savoir « lequel des deux était roi, ou celui qui, ayant été élu, vivait dans une perpétuelle débauche, sans prendre aucun soin de sa charge; ou celui qui, veillant jour et nuit pour le salut de l'État, joignait ses services au mérite de ses ancêtres ». Le pape répondit « que le royaume appartenait sans doute au dernier, et qu'il croyait que les Français étaient quittes envers Childéric du serment de fidélité, puisqu'il ne s'acquittait pas envers eux de ce qu'il leur avait solennellement promis : la nature des contrats conditionnels étant telle qu'une partie qui vient à manquer délie l'autre de sa promesse ». Sur cette réponse, Pépin se fit élire roi dans l'assemblée des états à Soissons, et sacrer par saint Boniface, évêque de Mayence, aux acclamations des grands et des prélats. Cette cérémonie eut lieu probablement le 1er mars 752.

C'est le premier sacre des rois de France dont fassent mention des historiens dignes de foi. Pépin dès ce moment est roi, roi légitimé « par l'autorité et le commandement du saint pape Zacharie, par l'onction du saint chrême, qu'il reçut des mains des bienheureux évêques de France, et par l'élection de tous les Franks ». Quant à Childéric III, dépossédé d'un vain titre, il va finir ses jours dans le couvent de Sithieu, nommé depuis Saint-Bertin, à Saint-Omer (755).

Mais la royauté, comme on le voit, n'est plus, ainsi que sous la première race, le privilége, le droit de la naissance; et de plus, en reconnaissant à l'Église le pouvoir de choisir et de déposer les souverains, le nouveau monarque venait de mettre la couronne à la merci du clergé, qui dès ce moment prit un rang politique dans l'État; et puis, qu'était devenue l'autorité royale sous les maires du palais? Pour se faire des partisans, n'avaient-ils pas laissé les grands seigneurs ériger en fiefs particuliers les domaines où l'État puisait toutes ses ressources, et préluder ainsi à la féodalité par le morcellement de la France? Cet affaiblissement du pouvoir royal se fera cruellement sentir sous les faibles successeurs de Pépin le Bref et de Charlemagne; la fermeté de ces deux princes n'en préviendra les funestes effets que pendant leur vie seulement.

Tandis que Pépin affermissait sa dynastie naissante, Astolphe, roi des Lombards, enlevait l'exarchat de Ravenne à l'empire d'Orient, et menaçait la capitale du monde chrétien. Le successeur de Zacharie, Étienne II, qui avait sollicité vainement le secours de l'empereur Constantin Copronyme, se mit en route le 14 octobre 753 pour se rendre en France, où il fut regardé comme le messager, comme l'oracle même de la Divinité. Sur le désir qu'en témoigna le roi frank, il renouvela pour lui la cérémonie du couronnement, et sacra ses deux fils, Charles et Carloman, aussi bien que sa femme, Bertrade (28 juillet 754); enfin, il appela les foudres de l'Église sur la tête de quiconque voudrait un jour ravir le sceptre à la famille de Pépin, faible barrière devant laquelle ne reculera pas l'ambition de Hugues Capet, car le prestige de l'huile sainte ne saura pas mieux défendre les rois fainéants de la seconde race que la légitimité n'avait défendu les descendants abâtardis du grand Clovis.

Dans sa reconnaissance, Pépin passa les Alpes à la tête d'une nombreuse armée, malgré les représentations de son frère Carloman, vint assiéger Astolphe dans Pavie, et reprit le chemin de ses États après avoir signé un traité de paix avec l'ennemi. Enhardi par l'éloignement des Franks, le roi lombard ne tarda pas à mettre le siége devant Rome; et le pape Étienne II se vit de nouveau forcé d'implorer le secours de son puissant allié (755). C'est alors qu'exploitant la simplicité de ces temps grossiers et crédules, il écrivit à Pépin une lettre qu'il prétendait ne lui transmettre que par les ordres de saint Pierre, le chef des Apôtres, le portier des cieux, comme si Dieu lui-même se déclarait contre la perfidie du prince son ennemi. En même temps il lui conférait le titre de *patrice romain*, c'est-à-dire protecteur de l'Église et chef du peuple de Rome, la dignité la plus éminente de l'empire, que les empereurs d'Orient avaient seuls le droit de décerner, et qui avait autorité sur le pape au lieu de relever de lui. Le pieux artifice d'Étienne produisit un effet prodigieux sur les Franks et sur leur roi. Pépin força les passages des Alpes pour la seconde fois, dicta la paix en vainqueur, et, reprenant au roi lombard l'exarchat de Ravenne, l'Émilie, la Pentapole, avec toutes les provinces qu'il avait conquises sur l'empire, en rendit la propriété à la cour de Rome, malgré les réclamations des ambassadeurs de Constantinople (756).

Les Lombards n'étaient pas les seuls ennemis à combattre. Pépin passa le Rhin pour combattre une nouvelle invasion de Saxons, refoula leurs hordes nombreuses jusque dans leurs propres foyers, sema la désolation dans leurs villes, leur imposa un tribut plus onéreux, et leur enleva un grand nombre de captifs (753-755). Vainqueur dans le midi comme dans le nord, Pépin continua l'œuvre de son père en cherchant à effacer des Gaules les derniers vestiges de la domination musulmane : après une guerre de plusieurs années, la prise de Narbonne par le roi frank enleva aux Sarrasins leur dernière place forte, et fit passer la Septimanie de la domination des Sarrasins sous celle de la France : le Visigoth Ansémond, qui s'était fait reconnaître comme souverain par les villes de Nîmes, Maguelone, Agde et Béziers, se déclara volontairement sujet de Pépin. A partir de cette époque, le midi fut le théâtre d'une guerre continuelle pendant les dernières années du règne de Pépin. Un autre ennemi s'y dressa encore contre lui, ennemi dangereux, car il opposait à ses prétentions une jalousie nationale plus profonde et l'héritage des haines paternelles : c'était Waïfre, duc d'Aquitaine, dont la capitale était alors Toulouse, et dont le puissant duché s'étendait de la Loire aux Pyrénées. Quand Grifon, quelques années avant, avait été déposséde de son apanage,

Waïfre s'était empressé d'ouvrir ses États au prince exilé, dans l'espoir sans doute d'armer les deux frères l'un contre l'autre et d'avancer ainsi la ruine d'une famille détestée. Pépin, qui l'avait pénétré, dissimula longtemps sa colère; mais lorsque le meurtre de Grifon, assassiné à son passage dans la Maurienne (753), comme il se rendait chez Astolphe, et plus tard la fin des campagnes d'Italie l'eurent délivré de toute inquiétude, il accusa Waïfre d'avoir usurpé les revenus de plusieurs églises de France et de Septimanie, et, sur le refus que fit le duc d'Aquitaine de restituer ces biens, l'assemblée générale des Franks, où les évêques étaient tout-puissants à cette époque, lui déclara une guerre d'extermination (760). Pendant neuf ans, les deux partis combattirent avec acharnement, le fer et la flamme en main, au milieu de la désolation générale, sans que leur fureur se ralentît : la mort de Waïfre, assassiné par des traîtres aux gages de son ennemi, put seule faire déposer les armes à ses partisans (768).

Astolphe était mort d'une chute de cheval, en 756, et le pape Étienne II le 24 avril 757. Paul Ier, frère d'Étienne, et son successeur sur la chaire de saint Pierre, ne tarda pas à demander la protection de Pépin contre le nouveau roi de Lombardie, Didier, renouvelant contre lui les plaintes qu'Étienne avait si souvent portées contre Astolphe. Pépin intervint par ses ambassadeurs. Lors des débats qui suivirent le supplice de l'anti-pape Constantin et l'élection d'Étienne III (28 juillet 768), l'Église l'appela encore à régler ses destinées; mais quand les messagers du saint-siége arrivèrent en France, le rôle de Pépin était fini dans ce monde. Le roi des Franks avait été atteint d'une hydropisie; il était alors à Saintes : vainement il sollicita l'assistance de saint Martin de Tours, ensuite celle de saint Denis; il rendit l'âme le 23 septembre 768, après avoir régné en tout vingt-sept ans sur la France, onze comme maire du palais et seize comme roi. Quand il sentit sa mort approcher, il rassembla tous les grands de l'État à Saint-Denis, et partagea sa succession entre ses deux fils, Charles et Carloman; mais les seigneurs ne respectèrent pas plus ses volontés qu'il n'avait lui-même respecté celles de Charles Martel, et ses dispositions testamentaires furent modifiées.

PÉPIN, second fils de Charlemagne et d'Hildegarde, vint au monde l'an 776, et porta le nom de Carloman jusqu'au jour où le pape Adrien Ier, successeur d'Étienne III, le tint sur les fonts de baptême, l'oignit de l'huile sainte et le couronna roi d'Italie, pour servir la politique de Charlemagne (17 avril 781). Élevé dans le royaume même qu'il devait gouverner, Pépin fit ses premières armes sous les yeux et à l'école même de son père, et dès l'année 787 on le vit seconder Charlemagne, en conduisant l'armée de Lombardie contre le duc de Bavière, Tassilon, l'ennemi des Franks. Malgré son titre, Pépin ne joua dans l'histoire que le rôle de vice-roi, choisi par Charlemagne pour représenter le pouvoir royal; mais il se montra digne de remplacer son père dans le gouvernement de l'Italie. Après avoir signalé sa vaillance dans une expédition contre les fières peuplades de la Pannonie, il résolut, en 793, de conquérir la principauté de Bénévent; mais le duc Grimoald-Storéseitz lui opposa une vigoureuse résistance; et la guerre ne fut suspendue qu'en 796. A cette époque, Pépin, sur l'ordre de Charles, pénétra dans la Germanie avec le duc de Frioul, Henri, passa le Danube, la Theiss, se rendit maître de Ring, vaste emplacement fortifié, de forme circulaire, où les Avares avaient entassé toutes les dépouilles de l'Orient. Vainqueur des Avares, il soumit presqu'au pas de course la Bavière, l'Istrie et une partie de la Dalmatie. A la fin de cette campagne, il continua les hostilités contre Grimoald-Storéseitz, et lui prit la ville de Chieti. La reddition du malheureux duc de Bénévent, assiégé dans sa capitale par toutes les forces de l'Occident, vint mettre un terme à cette guerre, qui durait depuis si longtemps (802).

Quelques années après (806), Charlemagne régla le partage de ses vastes États entre ses trois fils. Pépin, le second, alors âgé de trente ans, eut pour sa part, l'Italie et la Bavière avec ses conquêtes en Pannonie; de retour en Italie, il conduisit avec succès deux expéditions contre les Sarrasins, qu'il chassa de la Corse et de la Sardaigne. En 810 il entreprit la conquête de l'État Vénitien, situé au centre de ses possessions; mais cette république défendit vaillamment son indépendance; et le roi d'Italie, après s'être avancé à travers les lagunes de la Vénétie jusqu'à l'île du Rialto, fut repoussé par le doge Obelerio. En même temps sa flotte, qu'il avait envoyée soumettre la Dalmatie, était mise en déroute et battue par le général des Grecs. Au milieu des préparatifs d'une seconde expédition projetée contre Venise, Pépin mourut à Milan, le 8 juillet de cette même année 810 : il n'avait encore que trente-quatre ans. Sa dépouille mortelle fut déposée dans la basilique de Saint-Zénon, à Rome. Il laissait cinq filles et un fils, Bernard, que Charlemagne fit monter sur le trône d'Italie pour honorer la mémoire de son père, et que plus tard Louis le Débonnaire fit périr dans les plus cruels supplices. On conserve dans le recueil des lois lombardes quarante-neuf actes ou constitutions de Pépin comme roi d'Italie. DUMARTIN-TAILLEFERT.

PÉPIN LE BOSSU ou LE MOINE, autre fils de Charlemagne, né difforme, ne pouvait prétendre à rien chez un peuple aux yeux duquel les avantages physiques étaient indispensables à quiconque aspirait à exercer une autorité supérieure. Il fut donc renfermé dans un monastère, et il n'arrive que fort rarement aux chroniqueurs et aux historiens de faire mention de lui. Alors ils ne le désignent jamais autrement que sous les noms de *Pépin le Moine* ou *le Bossu*. Ce fils du grand empereur mourut à peu près au même âge que ses deux frères Charles et Pépin, c'est-à-dire à environ trente ans.

PÉPIN, nom de deux rois d'Aquitaine.

PÉPIN Ier naquit vers l'an 802; il était fils puîné de Louis le Débonnaire. Lorsque la mort de Charlemagne fit tomber sur la tête de son faible héritier toutes ses couronnes, le Débonnaire envoya en Aquitaine son fils Pépin avec la qualité de gouverneur (815). Deux ans après, aux comices nationaux d'Aix-la-Chapelle (juillet 817), ce monarque, si empressé de se décharger sur ses enfants du fardeau de l'empire, s'associa son fils Lothaire comme empereur, lui donna l'Italie; puis nomma en même temps Pépin roi d'Aquitaine, et Louis, son troisième fils, roi d'Allemagne. L'Aquitaine, la Gascogne, la marche de Toulouse, le Carcassèz, l'Avallonais, l'Autunais et le Nivernais entraient dans le partage de Pépin; mais ce prince se vit avec dépit subordonné à son frère Lothaire, et réduit à n'être toujours qu'un gouverneur de province avec le titre de roi.

De ce partage découlent toutes les guerres civiles qui troublèrent le règne de Louis le Débonnaire. Ce fut bien pis quand, à la mort d'Ermengarde, mère de ses trois fils aînés (818), le faible empereur épousa Judith de Bavière (819) : il fallut donner un royaume au fils qui naquit de cette union, d'abord stérile (823). C'est ce Charles le Chauve dont la naissance fut un malheur et une honte pour la famille impériale comme pour la France, et dont le long règne fut si désastreux. Judith, qui doit grossir la liste des reines et impératrices galantes, était une femme à grand caractère. Non contente d'avoir pour favori et pour amant le comte de Septimanie, Bernard, elle l'imposa comme conseiller et premier ministre au faible Louis. Les fils aînés de l'empereur soupçonnèrent ce seigneur d'être le père de l'enfant pour lequel on voulait les dépouiller. Aussi Pépin, qui peu d'années auparavant avait loyalement secondé son père dans une expédition contre les Bretons de l'Armorique révoltés (824), laissa, bien qu'il eût une armée sous ses ordres, envahir la Catalogne par les Sarrasins, qu'avait appelés Aizon, comte goth de la marche d'Espagne, et ennemi personnel de Bernard (827). Bernard se plaignit à l'empereur, qui déféra à la diète d'Aix-la-Chapelle (février 828) les comtes Hugues et Matfried, qui, dans cette campagne, avaient été les conseillers et les lieutenants de Pépin. Ils furent condamnés à mort; et bien que l'empereur leur fît grâce de la vie, la sentence rendue contre eux était pour le jeune roi d'Aquitaine un affront qu'il ressentit vivement.

Le moment vint où Louis réalisa les craintes de Pépin et de ses fils du premier lit. Par le capitulaire de Worms (829), il changea les bases du partage de Nimègue, et conféra le titre de roi au fils de Judith, avec la possession de la Souabe, de la Rhétie et de la Bourgogne helvétique; mais le jour où Louis revêtit Charles du manteau royal fut bien moins fatal, dit un contemporain, Paschase-Radbert (*Vie de saint Wala*), que celui où Bernard arriva à la cour pour y exercer son déplorable ministère. Sa présence dans le palais fut le triomphe du désordre, de l'insolence et de l'impudicité : il occupa le lit impérial, ajoute le même auteur. Il se forma à la cour une vaste conspiration contre l'impur favori. Les conjurés attendirent pour se déclarer que l'armée fût réunie, prête à marcher contre la Bretagne (830). Cette guerre périlleuse, et qui ne promettait aucun butin, déplaisait fort aux guerriers franks; il ne fut pas difficile aux princes de les gagner à l'insurrection. Pépin, qui avait levé son contingent en Aquitaine, prit d'abord possession d'Orléans, place la plus importante alors de la Gaule romaine; il en rendit le gouvernement au comte Matfried; puis, entouré des chefs de la faction contraire à l'impératrice, il se rendit à Compiègne, où il attendit ses frères. Louis le Débonnaire était alors à Saint-Omer. Au premier bruit du danger, Bernard s'enfuit en Gothie; Louis et son épouse se retirent dans des couvents. Une diète convoquée à Nimègue, diète où domine le parti germanique, rend le pouvoir à l'empereur, qui pardonne à Pépin et à ses frères.

Deux ans après (832), nouvelle révolte de Pépin, qui s'était échappé clandestinement de la cour de son père. Cette fois il eut pour auxiliaire ce même Bernard qui avait servi de prétexte à son insurrection. L'empereur se rend au midi de la Loire, à la tête d'une armée; les rebelles se dispersent, et dans un plaid solennel, tenu à Angeac près de Limoges, on examine la conduite du roi d'Aquitaine, qui se voit dépouillé de sa couronne, laquelle est donnée au fils de Judith. Cette disposition eut pour effet de rendre permanente en Aquitaine la guerre civile, qui se renouvela d'ailleurs dans le reste de l'empire. Pépin s'étant dérobé à la surveillance de ses gardes qui le conduisaient à Trèves, appelle les Aquitains aux armes; sa voix n'est pas méconnue. Tandis que Louis continuait à dévaster l'Aquitaine, Pépin harcelait ses troupes, surprenait ses postes détachés, et le contraignait à repasser la Loire. Bientôt il se réunit à ses deux frères, Lothaire et Louis, près de Rothfeld, dans la haute Alsace. Ce qui se passa dans cette plaine, appelée depuis *le Champ du Mensonge*, appartient plus particulièrement à l'histoire de Louis le Débonnaire et du pape Grégoire IV.

La dégradation de Louis (833) fut exploitée par le seul Lothaire, qui tenait son père dans une odieuse captivité. Pépin et Louis le Germanique, qui n'avaient pris aucune part à ces déplorables scènes, rougirent de l'oppression de leur père; ils s'aperçurent que Lothaire tendait à s'attribuer sur eux le pouvoir suprême; l'intérêt les rappela au devoir : ils sommèrent Lothaire de traiter leur père avec plus d'égard, levèrent des armées; et, en présence de l'indignation générale de l'empire, tombèrent la puissance et les prétentions de Lothaire. Pépin vint rejoindre à Paris son père : il se jeta à ses pieds, reçut son pardon et de nouvelles provinces (835).

Deux ans après, cédant aux suggestions de Judith, Louis, sans aucun motif plausible, fit un nouveau partage de l'empire, dans lequel il réduisit Pépin à l'Aquitaine (837). Il traite de même Lothaire et Louis, et enrichit le fils de l'impératrice des dépouilles de ses trois aînés. Tandis que Lothaire et Louis se disposaient à résister, Pépin se soumit, quoiqu'à regret, et assista avec son frère Charles le Chauve aux états de Kiersy, que présida son père, au mois de septembre 837. On le vit même, à l'assemblée qui eut lieu l'année suivante, promettre solennellement sa protection à son jeune frère; et pour prix de sa docilité le duché du Maine lui fut accordé par son père. Ce fut là le dernier acte politique de Pépin Ier. Il mourut le 13 décembre 838, à Poitiers, et fut inhumé dans l'église Sainte-Croix de cette ville. Il datait les années de son règne de l'an 814 ou 815, c'est-à-dire du moment où il fut nommé par son père gouverneur d'Aquitaine. Il laissait deux fils, Pépin II et Charles. Le royaume d'Aquitaine devait appartenir, selon les lois et les traités, à l'aîné de ces fils; mais Louis le Débonnaire n'hésita pas à sacrifier son petit-fils, pour enrichir à ses dépens le fils de sa femme.

PÉPIN II. Dès que Pépin Ier fut mort, Emnon, comte de Poitiers, fit proclamer Pépin II, fils aîné du roi défunt (839). Cependant, à la diète de Worms, Louis le Débonnaire, faisant un cinquième partage de ses États, donnait à Charles le Chauve la Neustrie et l'Aquitaine; et il fallut que le malheureux empereur consacrât les derniers jours d'une vie prête à s'éteindre à combattre son petit-fils, pour assurer l'exécution du décret de Worms. Pendant l'été de 839, il ravagea l'Aquitaine, dont les peuples fidèles défendaient contre lui leur souverain légitime, le fils de son fils, que lui-même leur avait donné pour roi. Louis le Débonnaire, ayant passé la Loire, s'empara des châteaux de Carlat et de Turenne; mais les chaleurs de l'automne multiplièrent les maladies pestilentielles dans son armée, et lui en enlevèrent plus de la moitié avant qu'il allât prendre ses quartiers d'hiver à Poitiers. Bientôt, il lui faut quitter l'Aquitaine pour aller combattre Louis le Germanique, un de ses fils, que le dernier partage avait porté à la révolte, et il meurt de fatigue et de chagrin, dans une île du Rhin.

La guerre se continue alors entre Charles le Chauve et Pépin II (840), dont le parti se relève. Il s'avance vers Bourges, dans le dessein de s'emparer de cette ville et d'enlever l'impératrice Judith. Charles le Chauve était alors en Neustrie, occupé à prévenir une révolte fomentée par son frère Lothaire; il accourt néanmoins au secours de sa mère avec une armée, et met en fuite Pépin. Bientôt il fait sa paix avec Lothaire, aux dépens de leur neveu, dont celui-ci s'était déclaré le protecteur; puis, ayant reçu le renfort d'une armée de Bourguignons et de Provençaux, il parcourt toute l'Aquitaine et reçoit le serment des principaux seigneurs. Ici se place la bataille de *Fontenay* entre Charles le Chauve et Louis le Germanique d'une part, Lothaire et Pepin II de l'autre (25 juin 841). Dans cette journée, qui vit périr la fleur de la population française, Lothaire et Pépin furent vaincus, et par le traité de Verdun (843) Lothaire abandonna encore une fois les droits si légitimes de ce jeune prince. Pépin protesta, les armes à la main, contre un partage qui le dépouillait d'une couronne. Il trouva un appui dans le duc des Gascons Sanche-Sancion, qui s'était rendu indépendant en Navarre, et dans le duc Bernard, comte de Barcelone. Charles le Chauve arrive en Aquitaine, met le siége devant Toulouse, et est obligé de le lever. Il revient l'année suivante (844) devant cette ville, surprend le comte Bernard, et fait subir à son grand-père putatif le châtiment de ses crimes politiques. Guillaume, fils de Bernard, embrasse la cause de Pépin, se jette dans Toulouse, et force encore une fois Charles le Chauve à lever le siége. Ce monarque avait compté, pour soumettre cette ville, sur un corps d'armée qui lui arrivait de Neustrie; mais Pépin surprit et dispersa cette armée, le 7 juin, auprès d'Angoulême. Après cette désastreuse campagne, Charles le Chauve se rendit à la diète de Thionville, où, de concert avec ses deux frères, il fit rendre un décret par lequel Pépin était sommé d'évacuer l'Aquitaine. Pépin ne tint aucun compte de cette sommation, et Charles, dont les États étaient dévastés par les Normands, descendit à des concessions temporaires; une entrevue eut lieu au couvent de Saint-Benoîtsur-Loire (juin 845 entre Pépin II et son oncle. La plus grande partie de l'Aquitaine fut abandonnée à Pépin; le roi de Neustrie conserva le Poitou, la Saintonge et l'Angoumois.

Pépin se montra peu digne d'exercer dans la paix un pouvoir pour lequel il avait si vaillamment combattu. Livré aux excès d'une brutale ivrognerie, il négligeait de défendre l'Aquitaine contre les Normands, qui prirent et brûlèrent Bordeaux. Les intrigues du roi de Neustrie fomentèrent le mécontentement. Les seigneurs, les évêques et les prélats d'Aquitaine, réunis à Orléans, déposèrent solennellement Pépin II, pour s'être rendu indigne de la couronne par sa négligence, et élurent à sa place Charles le Chauve (848). La guerre civile recommença donc, et pour se soutenir contre son adversaire Pépin appela les Sarrasins en deçà des Pyrénées. Pendant ce temps-là les Normands remontaient la Dordogne et brûlaient Périgueux. Aucun exploit ne signala cette guerre. Seulement, au printemps de l'an 849, Charles le Chauve devint maître de la personne de Charles, frère de Pépin. Ce jeune prince avait jusque alors trouvé un asile à la cour de Lothaire; mais voyant que son frère se maintenait en Aquitaine, il voulut partager son sort. Charles le Chauve le menaça d'abord de la peine capitale, comme rebelle; il se trouva heureux d'y échapper en recevant la tonsure cléricale des mains des évêques. Il monta en chaire pour annoncer au peuple qu'il s'y était soumis volontairement, et fut enfermé au couvent de Corbie.

C'est alors que le roi de Neustrie requit contre Pépin l'intervention de Lothaire et de Louis le Germanique, qui, réunis au congrès de Mersan (851), invitèrent à la soumission le prince indocile, en promettant de lui laisser quelques comtés pour y vivre lui et les siens dans une honorable indépendance. Le roi de Neustrie passe la Loire, se fait couronner à Limoges, repousse à la fois les Normands et les partisans de Pépin, se rend enfin maître de Toulouse, et voit son autorité respectée jusqu'au delà des Pyrénées. Pépin, comme autrefois le duc d'Aquitaine Waïfre, au temps du roi Pépin le Bref, disparaissait après les revers sans qu'on pût même soupçonner dans quel asile il allait cacher sa retraite. Dès que Charles le Chauve se fut éloigné, il se montra de nouveau aux Aquitains, ranima la confiance de ses amis, et, soutenu de l'alliance des Normands, reprit Toulouse (852); les Sarrasins le mirent en possession de la Septimanie. Toutefois, son triomphe fut de peu de durée. La brutale protection des infidèles et des païens fit un moment oublier aux Aquitains leur animosité contre les Franks. Ils se soulevèrent, et Sanche, marquis de Gascogne, qui jusque alors avait été un des plus zélés partisans de Pépin, le livra à Charles le Chauve. Le roi de Neustrie ne l'eut pas plus tôt en son pouvoir, qu'assemblant les seigneurs et les évêques de son royaume, il le fit tonsurer par leur autorité, et enfermer au couvent de Saint-Médard de Soissons.

Dès que Pépin ne put plus se livrer à ses vices, il recommença à intéresser ses sujets. « Il était doué d'une belle figure, dit Sismondi, et les peuples se plaisent à supposer que cet avantage extérieur est l'annonce des qualités qu'ils ont besoin de trouver dans un roi. » Les moines chargés de le garder s'efforcèrent de lui rendre la liberté; deux d'entre eux furent punis (852) pour avoir conspiré en sa faveur. Cependant, les Aquitains demandèrent à Louis le Germanique son fils Louis pour régner sur eux; et peu de mois après (854), Pépin, échappé *de son monastère*, ainsi que son frère Charles, rallia autour de lui la plus grande partie des populations d'outre-Loire. Le prétendant allemand, mis en fuite après une défaite, fut compris dans la réconciliation de son père et de son oncle. Charles le Chauve, désespérant enfin de soumettre les Aquitains à ses lois, leur offre un souverain particulier dans la personne de son fils Charles, âgé seulement de sept ans, qu'il fait couronner roi à Limoges (855). Il n'atteignit pas son but, car le parti de Pépin et même celui de l'Allemand Louis se soutinrent, et pendant dix ans les Aquitains ne cessèrent de promener leurs vœux du fils du roi de Neusrie au fils du roi de Germanie, puis à Pépin II. Deux fois, disent les Annales de Saint-Bertin, dans le cours de l'année 856, ils *méprisèrent* Charles, ils *méprisèrent* Pépin. Celui-ci, peu confiant dans la fidélité d'un peuple dont une longue guerre civile avait épuisé le dévouement et les ressources, recourut tour à tour à la valeur mercenaire des barbares qui dévastaient la France. Lui-même conduisit leurs bandes en Aquitaine. On assure que, pour plaire aux Normands, il avait embrassé le culte d'Odin; et en effet le paradis des guerriers normands, où l'on s'enivre éternellement d'hydromel, devait être assez du goût d'un prince adonné à l'ivrognerie.

Pépin, à la tête de ses féroces auxiliaires, s'empara de Poitiers, en 863. Il épargna la ville moyennant une grosse rançon; mais il brûla la cathédrale consacrée à saint Hilaire, l'un des sanctuaires les plus révérés des Franks. Il pénétra dans le Limousin et l'Auvergne, et pilla Clermont. Il vint ensuite, toujours avec ses Normands, assiéger Toulouse, sans pouvoir s'en rendre maître. Le comte de Poitiers Rainulfe lui fit alors demander une conférence, se déclarant prêt à embrasser son parti. Pépin II, qui trahissait sa patrie, ne se défia point d'un traître; il fut arrêté par Rainulfe et livré à Charles le Chauve. L'assemblée des Franks, réunie à Pistes, le condamna à mort comme traître et rebelle à la religion et à la patrie (864). Charles le Chauve lui fit grâce de la vie, et l'arrière-petit-fils de Charlemagne, étroitement gardé dans un couvent de Senlis, y mourut vraisemblablement; car les historiens depuis cette époque gardent sur lui un silence absolu. Quant à son frère Charles, il était devenu, en 856, archevêque de Mayence, et était mort l'an 863.

Charles Du Rozoir.

PÉPIN (Pierre-Théodore-Florentin), né en 1800, à Saint-Remy (Aisne), exerçait un commerce d'épiceries et de couleurs, tout à l'entrée de la rue du Faubourg-Saint-Antoine, et exploitait en outre, avec succès, dit-on, la spécialité des *haricots décortiqués*, pour la préparation desquels il avait monté une petite usine près de la gare d'Ivry. À l'époque des attentats des 5 et 6 juin 1832, il était capitaine dans la 8e légion; et comme il faisait notoirement partie de diverses sociétés secrètes, telles que celles des *Familles* et des *Saisons*, il fut accusé alors d'avoir fait feu de ses fenêtres avec plusieurs autres rebelles sur ses camarades de la garde nationale. Traduit devant le conseil de guerre, il fut acquitté. C'est lui qui fournit à Fieschi l'argent nécessaire pour construire la machine infernale dont l'explosion sur le boulevard du Temple, le 29 juillet 1835, fit une si grande quantité de victimes dans les rangs du brillant cortége au milieu duquel Louis-Philippe passait la revue de la garde nationale à l'occasion du cinquième anniversaire des *glorieuses Journées*. Après la perpétration du crime, Pépin alla se cacher à Lagny, chez un meunier de ses amis, nommé Collet. Rassuré par les versions contradictoires répandues pendant tout le mois d'août au sujet des auteurs présumés de l'attentat, et persuadé que Fieschi n'avait pas parlé, il revint tranquillement le 28 à son domicile. Mais à quelques heures de là on l'arrêtait, et sa demeure était l'objet d'une perquisition. En présence des officiers de police judiciaire qui venaient l'appréhender au corps, le sang-froid et le calme de Pépin ne l'abandonnèrent pas. Sous prétexte de prendre du linge et autres effets à son usage personnel, placés dans un cabinet attenant à sa chambre à coucher, il se déroba pendant quelques instants à la surveillance des gendarmes, et en profita pour s'échapper par une fenêtre donnant sur une cour voisine. Il était rarement arrivé à la police de se laisser plus complétement mystifier: aussi ne négligea-t-elle rien pour prendre sa revanche. Mais elle en fut pour ses frais pendant près d'un grand mois. M. Gisquet jetait déjà sa langue aux chiens, quand l'un des rédacteurs de *La Tribune*, le sieur E-t-l, qui avait appris par hasard dans les bureaux du *National* que Pépin était parvenu à se réfugier chez un autre de ses amis, le sieur Rousseau, qui habitait un petit domaine perdu au milieu de la forêt de Crécy, à une certaine distance de Meaux, s'empressa d'aller vendre au préfet de police, moyennant 100,000 fr. comptant, une révélation accueillie avec d'autant plus d'empressement qu'elle était complétement inespérée. L'affaire était d'une trop haute importance pour que M. Gisquet ne tînt pas à honneur de diriger en personne l'expédition destinée à replacer le complice de Fieschi sous la main de la justice. Il eut donc soin de faire dire partout à l'avance, à l'effet de colorer son départ de la préfecture avec un certain appareil, qu'il allait assister à une grande partie de chasse à laquelle l'avait convié un de ses riches amis. Tant de précautions ne furent pas perdues. L'expédition, que le dénonciateur républicain précédait en *éclaireur*, réussit à souhait. Pépin fut surpris à moitié nu, et ramené sous bonne escorte à Paris. Pour le reste de ce drame judiciaire nous renverrons à l'article FIESCHI. Ajoutons, car c'est là un détail que l'histoire ne doit pas négliger, que l'*inconsolable* veuve de Pépin, aussitôt que les délais voulus par la loi furent écoulés, se remaria avec son premier garçon, le jeune Minor-Lecomte, à qui son mari avait pris plaisir à inculquer ses doctrines politiques et son fanatisme républicain; et que M. et Mme Minor-Lecomte, restés propriétaires de l'ancienne *maison Pépin*, eurent à diverses reprises, pendant le règne de l'élu des 221, maille à partir avec la justice à l'occasion de petits complots où la force de l'habitude les poussait toujours à prendre une part d'intérêt. En 1848 la veuve Pépin avait été inscrite pour une pension annuelle de 1,200 fr. sur la fameuse liste des *récompenses nationales*, dont la révélation causa tant de scandale à l'Assemblée nationale.

PÉPINIÈRE, PÉPINIÉRISTE. Une *pépinière* est la réunion d'une foule de végétaux de toutes natures, destinés à être un jour transplantés dans d'autres localités ou d'autres terrains. Le *pépiniériste* est le jardinier qui cultive une pépinière. L'utilité de ces établissements est des plus incontestables : les anciens eux-mêmes en avaient senti l'importance; et aux jours heureux de Rome et de la Grèce, tous les regards se portaient vers cette partie si intéressante de l'industrie humaine. La pépinière est une heureuse amélioration pour l'agriculture; elle est la ressource du verger, des jardins, des forêts; elle nous fournit ces arbres gigantesques qui ombragent nos avenues, ces berceaux qui decorent nos jardins, ces fruits délicieux que la culture fait varier à l'infini, et ces fleurs dont l'éclat et le parfum nous apportent de nouvelles jouissances. C'est dans les pépinières que l'on cultive en grand toutes les plantes, les unes par semis, les autres par greffes, marcottes, boutures; on sait que les arbres fruitiers en général ne donneraient, si on ne les greffait pas, que des fruits sauvages : c'est donc dans le but et de rendre le fruit meilleur et de faire produire l'arbre plus tôt, que l'on pratique cette opération. Les pépinières ont pour but de conserver le végétal pendant sa jeunesse, jusqu'à ce qu'il soit devenu assez fort pour pouvoir, abandonné à lui-même dans un autre terrain, ne craindre aucun accident de la part des saisons ou des orages.

Les pépinières sont ordinairement formées de terrains clos ou non clos. La nature de ces terrains est à peu près indifférente; cependant, une terre absolument mauvaise ne conviendrait pas, parce que la végétation y serait languissante, et une vieillesse prématurée suivrait bientôt une jeunesse de souffrance et de maigreur. De même, il serait dangereux de tomber dans l'excès contraire, c'est-à-dire d'établir une pépinière dans une terre trop fertile, parce que la plante croît avec trop de rapidité, qu'elle s'habitue à cette fertilité du sol, et que lorsqu'elle vient à être transplantée dans une terre inférieure, elle éprouve un dépérissement rapide, qui est souvent suivi de la perte du végétal. Cette faute a donné de la prévention aux agriculteurs contre les arbres provenant des pépinières, parce que souvent l'arbre qui chez le pépiniériste avait une belle apparence est, au contraire, chétif et desséché lorsqu'il est resté quelque temps dans le terrain de son nouveau propriétaire. On doit donc choisir un terrain d'une bonté moyenne, exposé au levant, en plaine plutôt que sur un coteau : le sol doit être travaillé avec soin; on doit le débarrasser des pierres, qui nuisent toujours à la végétation, et entourer sa propriété d'une haie vive, pour préserver les jeunes plants de la dent meurtrière des bestiaux; on divise ensuite la terre en planches de huit à dix pieds de large, entre lesquelles on laisse un sentier où puissent passer deux personnes de front. Ces planches sont, pour les semis, soit des arbres fruitiers destinés à la greffe, soit des arbres forestiers, etc. Il faut avoir le soin, lorsqu'on fait les semis ou les plantations, de s'arranger de manière que les espèces que l'on plante ne viennent pas jeter trop d'ombre sur les espèces voisines, qui pourraient souffrir beaucoup de cet ennuyeux voisinage. Il faut également avoir le soin de ne pas remettre dans la même planche la même espèce d'arbre que celle qui y était auparavant, parce qu'elle y souffrirait et ne viendrait pas aussi bien, la terre étant un peu épuisée.

Quelques fois on sème les arbres assez écartés pour qu'ils puissent rester où on les a mis jusqu'à ce qu'ils soient assez forts pour être transplantés; d'autres fois, au contraire, on répand les graines très-serrées, et lorsque les petites plantes ont acquis assez de force, on les enlève pour les placer en quinconce dans un autre lieu de la pépinière. Les arbres fruitiers surtout, destinés à la greffe, exigent cette première transplantation. L'époque de la transplantation des arbres, ou de leur sortie de la pépinière, est extrêmement variable; chaque espèce exige des soins différents, demande des époques diverses.

Quoi qu'il en soit, l'entretien d'une pépinière exige de grands soins, de continuels travaux; il faut labourer au moins une fois l'an, sarcler à la houe plusieurs fois; puis, les semis du printemps, les transplantations de l'automne, la greffe, la marcotte, viennent tour à tour réclamer la vigilance du pépiniériste, et solliciter leur part dans la distribution du travail; mais aussi combien n'est-il pas ensuite dédommagé de toutes ses peines!

Les avantages qu'un pays retire des pépinières sont immenses : il suffira de dire que les fruits sont souvent la seule fortune d'une localité. Les pépinières servent aussi à acclimater et à propager les nouvelles espèces dans un pays. On sait à cet égard de quelle utilité la pépinière d'Alger a été pour nos provinces septentrionales d'Afrique.

Pépinière s'emploie aussi figurément, et signifie collection, réunion de personnes, de jeunes gens, destinés ou propres à un état, à une profession. C. FAYROT.

PÉPITE (de l'espagnol *pepita*), morceau d'or natif détaché de sa gangue et roulé par les eaux. Ces morceaux de métal prennent ce nom dès qu'ils ont à peu près la grosseur d'une lentille; au-dessous ce sont des paillettes ou graines d'or. On a quelquefois trouvé au Mexique, au Pérou, en Californie et en Australie des pépites d'un poids assez considérable. Ainsi, en 1855, on en a trouvé une pesant près de 30 kilogrammes, et évaluée à plus de 100,000 fr., aux mines de Maryborough en Australie.

PEPLUM ou PEPLUS. C'est le nom que les anciens donnaient à une légère robe de dessus sans manches, brodée ou brochée de pourpre ou d'or, et fixée par des agrafes sur l'épaule ou sur le bras. Chez eux le *peplum* remplaçait les robes à brocard dont nous parons nos saintes Madones; ils en ornaient les statues des dieux, et principalement des déesses. Le *peplum* de Vénus, qualifié de divin par Homère, était tissu de la main des Grâces. Toutefois, le *peplum* le plus fameux de l'antiquité était celui de Minerve. C'était une robe blanche sans manches, et toute brodée d'or, sur laquelle l'artiste avait représenté les faits et gestes de la déesse, de Jupiter et des héros en renom. Elle figurait dans les processions des Panathénées. L'usage d'Athènes fut imité par Rome, et ses matrones offrirent aussi tous les cinq ans une robe à Minerve. Le *peplum* n'était pas toujours traînant. Sur des statues antiques, nous le voyons quelquefois retroussé ou attaché avec des ceintures; assez ordinairement il laisse une partie du corps à découvert.

Sophocle appelle *peplum* la tunique fatale envoyée à Hercule par Déjanire, et Synesius donne ce nom à la robe triomphale des Romains.

PÉPON ou **PÉPONIDE.** Richard donne ce nom aux fruits charnus, indéhiscents ou ruptiles, à plusieurs loges monospermes éparses au milieu de la pulpe. Tel est le fruit des cucurbitacées.

PÉPOUSE, PÉPOUSIENS. *Pepuza* était une ville de Phrygie, détruite déjà du temps de saint Épiphane, et qui donna son nom aux *Pépousiens*. Ces sectaires prétendaient que Jésus-Christ était apparu à une de leurs prophétesses dans cette ville, qui était devenue pour eux la cité sainte. Ils attribuaient aux femmes les fonctions du sacerdoce, et enseignaient les doctrines des montanistes.

PERA. *Voyez* CONSTANTINOPLE.

PÉRAS. Les menus fragments de houille étant généralement de peu de valeur, on les réunit, dans certaines exploitations, en les enduisant de goudron de houille concentré et en comprimant le mélange à l'aide d'une presse hydraulique. En se servant de moules rectangulaires, on obtient ainsi des *péras* de même forme, très-faciles à arrimer dans les soutes des bateaux.

PERCALE, toile de coton, dont les premières pièces furent apportées en France des Indes orientales, surtout de Pondichéry, où il paraîtrait que cette espèce de toile aurait été imaginée. Aujourd'hui, nous fabriquons en France la percale avec une grande perfection, et cependant nous sommes encore, sur ce point inférieurs à l'Angleterre. La percale est bien supérieure au calicot; on en fait des robes, des chemises, etc. L'on s'en sert aussi pour rideaux, couvertures de lit, et quelquefois même pour linge de table et draps de lit, etc. Le fil de la percale est rond, le tissu en est ras, très-serré, etc. On fabrique beaucoup de percales imprimées pour robes, rideaux, couvertures, meubles, etc. Les bonnes percales durent longtemps; elles sont le plus souvent sans apprêt.

PERCALINE, diminutif du mot *percale*, désigne une toile de coton qui est également un diminutif de la *percale*. Le fil de la percaline est plat, le tissu clair, très-peu serré. La percaline imite la mousseline, ou plutôt ce n'est qu'une mousseline inférieure. La percaline n'est pas à poil ras, comme la percale; elle est, au contraire, cotonneuse et peluchée; elle a peu de consistance, et dure peu. On s'en sert surtout pour doublure de robes et autres vêtements, et aussi pour certaines couvertures. Vieille, elle perd tout son prix comme doublure, et ne conserve plus de chaleur. Il y a des percalines grises, mais il n'y en a pas de peintes.

PERCE-BOSSE. *Voyez* LYSIMACHIE.

PERCE-FEUILLE. *Voyez* BUPLÈVRE.

PERCE-MURAILLE. *Voyez* PARIÉTAIRE.

PERCE-NEIGE. On donne vulgairement ce nom à diverses plantes dont les fleurs apparaissent vers la fin de l'hiver; il s'applique plus particulièrement à quelques nivéoles. Les nivéoles forment un genre de liliacées, très-voisin des narcisses, dont elles diffèrent cependant en ce qu'elles n'ont pas un double limbe. Leur tube est très-court, adhérent à l'ovaire. Leur limbe est campanulé, à six divisions égales, épaisses et un peu calleuses à leur sommet. Nous ne citerons que la *nivéole printanière* (*leucoium vernum*, L.), la seule qui justifie le titre de *perce-neige*. Cette plante, que l'on trouve dans les sites montueux de la Suisse, de l'Italie, du midi de la France et de quelques contrées de l'Allemagne, présente des fleurs blanches, presque toujours solitaires, à l'extrémité d'une hampe peu élevée qu'entourent à sa base quelques feuilles planes, d'un vert foncé, produites par une bulbe arrondie.

PERCE-OREILLE. *Voyez* FORFICULE.

PERCE-PIERRE. *Voyez* BACILE.

PERCEPTEUR, celui qui est commis, préposé pour la recette, pour le recouvrement de deniers, de fruits, de revenus, d'impositions, de contributions.

PERCEPTION, recette, recouvrement de deniers, de fruits, de revenus, d'impositions : Être obligé de rendre compte du revenu d'un héritage après la *perception* des fruits. Il se dit quelquefois d'un emploi de percepteur : Solliciter une *perception*.

PERCEPTION (*Philosophie*), du latin *perceptio*. C'est l'acte par lequel l'âme connaît, aperçoit les objets qui ont fait impression sur les sens : *Perception* distincte, confuse, imparfaite; *Perception* du son, de la couleur, de la saveur, de l'odeur, de la solidité. Nous ne jugeons de la simplicité ou de la composition des objets que par le nombre des *perceptions* qu'ils produisent en nous.

La perception est la première et la plus simple des opérations de l'esprit, celle par laquelle il acquiert la conscience de ses idées. Dans la simple *perception*, l'esprit est le plus souvent purement passif; cependant, les impressions produites sur les sens ne causent point de perceptions, à moins qu'elles ne soient remarquées par l'esprit, ainsi qu'il arrive à ceux qui sont attentivement occupés à considérer un objet quelconque. Il faut aussi faire observer que les idées qui nous arrivent par la perception sont souvent modifiées par le jugement, sans que nous nous en apercevions. D'où il résulte que nous prenons pour une perception de nos sens ce qui n'est qu'une idée formée par le jugement. Ainsi, un homme qui lit ou écoute avec attention ne se préoccupe guère des lettres ou des sons, mais seulement des idées qu'ils excitent en lui. La faculté de la perception semble être ce qui distingue le règne animal des ordres inférieurs de la nature. La perception est le premier degré vers la notion, et ce qui en fait arriver tous les matériaux à l'esprit. Aussi moins un homme a de sens, et plus sont faibles les impressions qu'il reçoit, et plus aussi il se trouve loin de posséder les notions qu'on remarque dans d'autres hommes.

PERCEVAL (SPENCER), ministre anglais, né le 1er novembre 1762, était le second fils du comte irlandais John Egmont, qui portait en outre en Angleterre le titre de baron Lovel et Holland. Perceval, après avoir étudié le droit à Cambridge, s'établit comme avocat à Londres, et obtint de grands succès dans cette carrière. Ce qui contribua surtout à fonder sa réputation, ce fut la défense de Thomas *Payne*, qui avait été accusé de libelle. A l'occasion du procès intenté à Warren *Hastings*, il publia une brochure dont l'argumentation plut tellement au ministre Pitt, que celui-ci engagea l'auteur à venir le voir, et que bientôt il fit de lui son disciple. Grâce à sa protection, Perceval ne tarda pas à entrer à la chambre des communes, où il défendit la politique ministérielle, et où il fit preuve de grandes connaissances en matières de finances. Addington, qui en 1801 remplaça Pitt au ministère, nomma l'habile et dévoué défenseur de l'administration *sollicitor*, puis *attorney general*. Quand, à la mort de Pitt (1806), un ministère plus libéral prit la direction des affaires, Perceval devint le chef de l'opposition tory dans la chambre des communes. Mais par suite du changement de cabinet qui suivit la mort de Fox, il entra dans le ministère comme chancelier de l'échiquier. Défenseur zélé de l'aristocratie et de la haute Église, ennemi acharné de la France, sa capacité en affaires et son habileté de parole lui eurent bientôt acquis une grande importance. En 1808 il présenta au parlement un plan financier des plus hardis, aux termes duquel les rentes 3 pour 100 devaient être converties en annuités pour les porteurs de titres ayant atteint l'âge d'au mois trente-cinq ans; et quand, à la fin de l'année 1809, Portland, affaibli par l'âge, donna sa démission, Perceval le remplaça, avec le titre de premier lord de la trésorerie, dans les fonctions de chef du cabinet, qu'il exerçait déjà de fait depuis longtemps. Les whigs avaient espéré que l'élévation du prince de Galles (*voyez* GEORGES IV) aux fonctions de régent aurait pour résultat de faire entrer au pouvoir des ministres plus modérés; mais les tories conservèrent leurs portefeuilles. Perceval ne jouit pas d'ailleurs longtemps de son triomphe. Le 11 mai 1812, au moment où il entrait au parlement, il fut tué d'un coup de pistolet par un agent de change appelé Bellingham, qui croyait avoir à se plaindre des ministres. La famille de Perceval obtint une pension de 5,000 livres sterling.

PERCHE (*Ichthyologie*), genre de poissons de l'ordre des acanthoptérygiens, formant le type de la famille des *perçoïdes*, et ainsi caractérisé par M. Valenciennes : Sept rayons aux ouïes, cinq aux ventrales; des dents en velours aux mâchoires, au-devant du vomer et aux palatins; deux dorsales peu éloignées, ou même contiguës; un opercule osseux, finissant en pointe plate et aiguë; un préopercule dentelé, un premier sous-orbitaire offrant quelques petites dentelures à sa partie postérieure; des écailles rudes à leur bord.

Les perches vivent généralement dans l'eau douce. On remarque que l'accroissement de ces poissons est subordonné à la grandeur des masses d'eau qu'ils habitent. La *perche commune* (*perca fluviatilis*, L.), un de nos plus beaux et de nos meilleurs poissons d'eau douce, dépasse rarement de 45 à 50 centimètres en longueur. Cette espèce, commune dans nos rivières, nos lacs et nos étangs, ainsi que dans toute l'Europe tempérée et dans une grande partie de l'Asie, a le corps un peu comprimé, rétréci aux deux extrémités; son museau se termine en pointe mousse, et sa queue est presque cylindrique. Quant aux couleurs de ce poisson, elles varient suivant la nature des eaux qu'il habite. Le plus souvent le dos est d'un vert noirâtre, donnant naissance à cinq bandes de même couleur, qui vont se perdre sur les côtés, dont le fond est d'un jaune plus ou moins doré, passant au blanc presque mat sous le ventre. Quelquefois les bandes dont nous venons de parler sont plus nombreuses; quelquefois aussi elles sont remplacées par des macules plus ou moins grandes. Enfin, la coloration des nageoires offre aussi diverses variations.

La perche commune est très-carnassière : elle vit de petits poissons, d'insectes, de vers, de têtards. Dès l'âge de trois ans elle est en état de reproduire; elle multiplie beaucoup : il n'est pas rare de trouver jusqu'à 250 grammes d'œufs dans une perche d'un kilogramme.

PERCHE (*Métrologie*). On donnait autrefois ce nom à la centième partie de l'a r p e n t, et l'on distinguait deux sortes principales de perches correspondant aux deux sortes principales d'arpents, savoir : la *perche des eaux et forêts* et la *perche de Paris*. La première était un carré de 22 pieds de côté, et valait, par conséquent, 484 pieds carrés, soit 51 mètres carrés 7 décimètres carrés. La perche de Paris n'avait que 18 pieds de côté; elle contenait donc seulement 324 pieds carrés, ou 34 mètres carrés 19 décimètres carrés.

PERCHE, pays de France dans l'ancienne province du Maine, divisé en grand et petit Perche, ou *Perche-Gouët* et *Thimerais*. La capitale était M o r t a g n e, les villes principales Bellême et Nogent-le-Rotrou. Ce territoire fut, sous les Romains, habité par les Aulerces, les Saïens ou Essuens et les Lexoviens, et dépendit de la seconde Lyonnaise. Toutefois, il offre très-peu d'antiquités romaines. Dès la conquête de Rollon il appartint, en très-grande partie au moins, au duché de Normandie; au moyen âge, il eut des seigneurs puissants, les comtes de Bellême et de Mortagne, qui devinrent comtes d'A l e n ç o n.

PERCIER (CHARLES), architecte français, naquit à Paris, le 22 août 1764. Lié d'amitié avec F o n t a i n e, ils unirent de bonne heure leurs talents. A son avénement au pouvoir, Napoléon leur confia l'exécution de plusieurs monuments, entre autres de l'a r c d e t r i o m p h e du Carrousel et du grand escalier du L o u v r e. Devenus architectes du roi Louis-Philippe, les deux amis furent alors chargés de travaux d'arrangement au Louvre et aux Tuileries. Percier n'approuva pas les plans qu'on lui donna pour isoler le château des Tuileries du jardin; mais il consentit cependant à les diriger, et pour manifester son opinion, il refusa sa part des honoraires qui lui revenait. Nommé membre de l'Académie des Beaux-Arts en 1811, il obtint vers la fin de sa vie une pension et un logement au Louvre. Il mourut en 1838. Il a publié avec Fontaine et Bernier : *Palais, maisons et autres édifices modernes dessinés à Rome* (Paris, 1798, in-fol.); et avec Fontaine seulement : *Le sacre de S. M. l'empereur Napoléon, le 2 décembre 1804*, grand in-fol.; *Choix des plus belles Maisons de plaisance de Rome et de ses environs* (1810-1813, in-fol.); *Recueil de Décorations intérieures pour tout ce qui concerne l'ameublement* (1812). Comme architecte, il se faisait surtout remarquer pour la décoration, dans laquelle il excellait par le goût, l'élégance et la légèreté des détails.

PERCUSSION (*Physique*), du latin *percutere*, frapper. On appelle ainsi, en mécanique, l'impression produite par un corps sur un autre qu'il rencontre et qu'il choque, ou le c h o c et la collision de deux corps qui se meuvent, et qui en se frappant l'un l'autre altèrent mutuellement leur mouvement. La force de la percussion paraît dans certains cas beaucoup plus grande que celle de la pesanteur. Ainsi on enfoncera facilement un clou dans une table à l'aide de coups de marteau assez peu forts, tandis que ce même clou ne saurait être enfoncé dans cette même table par un poids immense qu'on mettrait dessus. Cette différence, dit D'Alembert, s'explique par les lois de la pesanteur. « Tout corps qui tombe, ajoute-t-il, s'accélère en tombant; mais sa vitesse, au moment de sa chute, est infiniment petite, de façon que s'il ne tombe pas réellement, mais qu'il soit soutenu par quelque chose, l'effort de la pesanteur ne tend qu'à lui donner au premier instant une vitesse infiniment petite. Ainsi, un poids énorme appuyé sur un clou ne tend à descendre qu'avec une vitesse infiniment petite; et comme la force de ce corps est le produit de sa masse par la vitesse avec laquelle il tend à se mouvoir, il s'ensuit qu'il tend à pousser le clou avec une force très-petite. Au contraire, un marteau avec lequel on frappe le clou a une vitesse et une masse fixées, et par conséquent sa force est plus grande que celle du poids. »

PERCUSSION (*Médecine*), du latin *percutere*, frapper. S'il est vrai qu'un art acquiert d'autant plus de précision qu'il emprunte davantage aux sciences dites *physiques*, c'est pour la médecine un véritable progrès que d'avoir appelé la percussion au secours du d i a g n o s t i c. Cette idée, si simple, d'utiliser l'oreille et le tact pour l'appréciation des maladies fut d'abord celle d'un médecin allemand, Awenbrugger, qui la fit connaître en 1761. Mais cette idée fût restée peut-être ensevelie, malgré quelques mots de certains auteurs célèbres, si C o r v i s a r t et L a ë n n e c ne l'eussent protégée de leur génie. C'est principalement M. Piorry qui a développé toutes les ressources que peut fournir la percussion pratiquée avec les doigts, soit immédiatement, soit par l'intermédiaire d'un autre doigt, ou d'une plaque de matière solide, que cet auteur nomme *plessimètre*.

L'utilité de la percussion est principalement basée sur ce fait, qu'à l'état normal les diverses parties du corps ont un son déterminé, dont les variations indiqueront des altérations possibles. Ainsi, chez l'homme en santé la poitrine, frappée du bout des doigts, rend un son assez clair : or, si le son devient obscur, on en conclura qu'il existe une obstruction des poumons (pneumonie, phthisie), ou un épanchement dans les plèvres (pleurésie, empyème), etc. D'après le même principe, la percussion du ventre pourra faire reconnaître une maladie du foie ou de la rate, une rétention d'urine, une hydropisie, etc. La percussion, qui peut indiquer le volume ou, mieux, l'étendue de certains organes à l'état naturel, instruira par conséquent des variations, en plus ou en moins, que cette étendue peut subir : ainsi, elle révélera l'augmentation de volume du cœur dans un anévrysme, de la rate dans une fièvre intermittente, etc., et permettra d'apprécier rigoureusement le degré de la maladie, et par suite les moyens d'y remédier. Il y a plus, la percussion décèle la nature solide, liquide ou gazeuse, des corps contenus dans les cavités viscérales, et même jusqu'à un certain point les variations de densité que les organes solides peuvent subir.

En conséquence, la percussion est devenue un moyen d'exploration indispensable au praticien. Quelquefois fatigante pour le malade, ou alarmante pour la pudeur, la percussion mérite bien qu'on lui pardonne ses inconvénients en faveur de ses avantages; les malades ne sauraient trop se pénétrer de cet axiome, que tout ce qui peut éclairer sur le siége et la nature du mal jette nécessairement du jour sur les moyens de le guérir.

PERCUSSION (Fusil à). *Voyez* FUSIL.

PERCY (Famille). *Voyez* NORTHUMBERLAND.

PERCY (PIERRE-FRANÇOIS, baron), l'une des gloires de la chirurgie militaire française, né le 28 octobre 1754, à Montagny, en Franche-Comté, alla étudier la médecine à Besançon. Reçu docteur en 1775, il entra en qualité d'aide major dans la gendarmerie de France, et de grade en grade il arriva jusqu'à celui de chirurgien en chef des armées et d'inspecteur général du service de santé militaire. C'est lui qui à l'armée du Rhin organisa les ambulances, corps mobile de chirurgie militaire qui dans les grandes guerres de la république et de l'empire, et depuis, rendit en toutes occasions tant de services aux différentes armées. De 1792 à 1815 Percy ne quitta les champs de bataille que pour s'enfermer dans les hôpitaux. Au plus vif de l'action, au milieu d'une grêle de balles et de boulets, on le voyait accourir partout où il y avait des blessés à soigner, et il posait les premiers appareils, pratiquait les opérations les plus indispensables, sur le champ de bataille même. Napoléon récompensa les services de Percy en le nommant baron de l'empire, commandant de la Légion d'Honneur, et professeur à la Faculté de Paris. Une ophthalmie grave, résultat des fatigues et des intempéries bravées pendant tant de campagnes, empêcha Percy de prendre part à l'expédition de Russie; mais il était à son poste à Waterloo. La seconde restauration devait comprendre dès lors ce patriote relaps dans son vaste système d'épurations. Elle le mit à la retraite comme professeur et comme inspecteur général du service de santé. Percy mourut à Paris, le 18 février 1825, à l'âge de près de soixante-et-onze ans.

PERCZEL (MAURICE), général hongrois à l'époque de la révolution, né en 1814, à Tolna, dans le comitat du même nom, entra comme sous-lieutenant dans le corps royal des ingénieurs, après avoir terminé à Pesth ses études philosophiques et juridiques. L'inactivité de la vie de la garnison le détermina, deux ans après, à quitter le service pour se mêler à la très-vive agitation politique dont sa patrie était alors le théâtre. Élu par le comitat de Tolna député aux diètes de 1840, 1843 et 1847, il s'y montra l'un des orateurs les plus violents de l'extrême gauche. Après les événements de mars 1848, il fut nommé conseiller au ministère de l'intérieur, et député de la ville d'Ofen à la diète. Mais il ne tarda point à se démettre de la première de ces fonctions afin de pouvoir plus librement combattre la politique pacifique du ministère Batthyany. Lors de l'ouverture de l'assemblée nationale, il forma avec Madaras et Nyarii le triumvirat d'opposition, qui se trouva d'abord isolé, mais auquel la marche des événements donna bientôt un nombre d'adhérents de plus en plus considérable, et qui au bout de quelques mois dirigea et l'assemblée et le gouvernement. Perczel fut aussi le premier qui dans l'assemblée nationale osa parler d'engager une lutte à outrance contre l'Autriche; ce qui lui valut de rudes attaques parlementaires et un duel avec le comte Chotek. Quand la guerre éclata, il leva un corps de volontaires, à la tête duquel, au commencement d'octobre 1848, il fit prisonnier le corps de Croates aux ordres de Roth et de Philippovich, attaché à l'expédition de Jellachich. Promu alors au grade de colonel, et nommé bientôt après général, Perczel combattit avec bonheur sur les bords de la Drave; le 17 octobre notamment, il remporta à Lelenya et à Kotori une victoire qui le mit en possession de l'île Murakœz, d'où le 9 novembre il fit une irruption en Styrie. A l'approche de Windischgrætz, rappelé avec son corps à Pesth ou à l'armée principale, il fut attaqué avec des forces supérieures et battu par Jellachich, le 29 décembre, près de Moor, par suite de la retraite précipitée de Gœrgei et lorsqu'il se trouvait en marche pour le rejoindre. Cependant, il réussit quelques jours après à rallier son corps à Pesth; et pendant que la principale armée hongroise se dirigeait vers le nord, il reçut l'ordre de se rendre à Szolnok, à l'effet de couvrir la rive gauche de la Theiss. L'attaque que de ce point il dirigea dans les journées du 23 au 26 janvier 1849 contre la brigade Ottinger, qui occupait la rive droite, est un des faits d'armes les plus audacieux qui aient signalé la guerre de Hongrie. Privé de son commandement par suite de son désaccord avec le gouvernement révolutionnaire, il se rendit à Tolna, où il opéra pour son propre compte à la tête d'un nouveau corps de volontaires, et par la position qu'il prit à Foldvar, il rendit la navigation du Danube impossible pour l'ennemi. Envoyé de nouveau au sud dans le courant de mars, il reprit l'offensive dès le 22, et remporta coup sur coup les victoires de Zombor, de Sirig et de Horgos; puis il débloqua Peterwardein, et enfin il enleva les redoutes de Saint-Tomas. Attaqué à peu de temps de là par Stratimirovich et repoussé jusqu'à Kacz, il répara bientôt cet échec en battant l'ennemi à partir du 13 avril dans une suite non interrompue d'engagements, en s'emparant de Tomasovacs et d'Uzdin, et en entrant le 10 avril à Pancsova. Mais l'impétueux Perczel ignorait l'art d'assurer ses avantages; et les Raitzes ainsi que les Serbes qu'il avait vaincus se soulevèrent sur ses derrières, tandis que par sa conduite altière et arbitraire il s'aliénait les officiers sous ses ordres et qu'il se brouillait avec le gouvernement. Privé de son commandement, dont on investit Vatter, Perczel resta inactif pendant quelques semaines; mais à l'approche des Russes, il leva encore un corps de 10,000 volontaires, à la tête duquel il rejoignit l'armée de la Theiss commandée par Dembinski, et prit une part glorieuse aux affaires de Szœreg (3 août) et de Temesvar (9 août). A la suite de la malheureuse issue de cette dernière bataille, il se réfugia en Turquie, où on l'interna d'abord à Widdin et ensuite à Schumla. Renvoyé de Turquie en 1851 et pendu en effigie à Pesth, il se rendit à Londres, et de là à Jersey, qu'il continue encore d'habiter.

Dans l'exil, il est le chef de l'opposition contre Kossuth, à la faiblesse duquel, notamment pour Gœrgei, il attribue la chute de la Hongrie. Comme agitateur et comme chef de guerillas, Perczel, pour ce qui est de l'ardeur et de l'activité, n'a pas eu d'égal, mais il n'a pas le calme nécessaire pour rendre des succès durables.

PERDICCAS, un des lieutenants d'Alexandre le Grand, l'avait suivi dans toutes ses campagnes; blessé au siége de Thèbes, il avait eu la plus grande part à la prise de Tyr, et s'était signalé à la bataille d'Arbelles. Lorsqu'il fut prêt d'expirer, Alexandre donna son anneau à Perdiccas, mais ne voulut pas se désigner un successeur, parce que Roxane, une de ses épouses légitimes, était enceinte. Perdiccas devint le ministre d'Aridée, fils naturel de Philippe de Macédoine, à qui les généraux grecs attribuèrent la royauté d'Alexandre; Roxane étant accouchée d'un fils, auquel on donna le nom d'Alexandre, on plaça celui-ci conjointement avec Aridée sur le trône de Macédoine. Perdiccas fut nommé tuteur du jeune prince, et aida sa mère à faire périr Statira, autre veuve du conquérant. Ayant appris qu'une colonie de Grecs établis dans la haute Asie par les soins du grand Alexandre était en marche pour retourner dans leur patrie, il envoya contre eux un de ses officiers avec une armée, et les fit exterminer jusqu'au dernier, car il craignait qu'un chef ambitieux ne se mît à leur tête pour lui dicter des lois. Il tenta ensuite d'épouser Cléopâtre, sœur d'Alexandre. Perdiccas, chargé de la tutelle de l'enfant de Roxane, fait tuer Méléagre, qui lui était adjoint dans ces fonctions; il marche contre Antigone, gouverneur de la Lydie et de la Phrygie, qui avait refusé de se soumettre aux ordres venus de Macédoine. Antigone se retire en Égypte auprès de Ptolémée. Perdiccas l'y suit; mais parvenu près de Memphis, il subit un échec au passage du Nil, où deux mille de ses soldats périrent dans les flots. Une sédition éclata dans son armée, et les chefs de la révolte ayant pénétré dans la tente de Perdiccas, l'assassinèrent, l'an 322 avant l'ère chrétienne.

SAINT-PROSPER jeune.

PERDRIX. Ces oiseaux, de l'ordre des gallinacés, avaient été rangés par Linné dans son grand genre *tetras*, qui comprenait, outre les *perdrix* proprement dites, les *francolins*, les *colins* et les *cailles*. Le genre *tetras* de Linné forme aujourd'hui la famille des *perdicinés*, ayant pour caractères généraux : Bec médiocre, convexe, robuste; ailes concaves; queue très-courte, arrondie, comme étagée; tarses complètement nus, munis ou dépourvus d'ergots.

Les *perdrix* proprement dites ont le bec plus large qu'élevé à la base; les pennes qui composent la queue ne dépassent pas de beaucoup leurs couvertures supérieures; le tour de l'œil est dénudé de plumes. Dans un certain nombre d'espèces, telles que la *perdrix grise*, la *perdrix de montagne*, etc., les deux sexes ont les tarses dépourvus de ce tubercule calleux qu'offrent, au contraire, les mâles d'autres espèces, comme la *perdrix rouge*, la *bartavelle*, etc. Ces oiseaux sont répandus dans toutes les parties du monde; partout on les considère comme un excellent gibier. On les trouve généralement en *compagnies*, excepté au moment de la pariade.

La *perdrix grise* (*perdix cinerea*, Br.), l'espèce la plus commune en Europe, se distingue par le roux clair qui occupe le dessus de sa tête, et par un croissant roux marron qu'elle a sur le ventre. Le goût de sa chair varie avec les localités : en France, la perdrix grise fait les délices de nos tables.

La *perdrix rouge* (*perdix rubra*, Br.) a les parties supérieures d'un brun rougeâtre. Son front est cendré. Les joues, la gorge et le haut du cou sont blancs, ainsi qu'un trait à l'angle postérieur de l'œil. Une bande noire descend sur les côtés du cou et se dilate sur la poitrine en un grand nombre de taches. Les plumes des flancs sont rayées de noir, de roux et de blanc, sur un fond d'un cendré bleuâtre. La perdrix rouge, plus répandue en Asie et en Afrique qu'en Europe, a dans nos contrées une distribution géographique beaucoup plus restreinte que celle de la perdrix grise.

La *perdrix bartavelle* (*perdix græca*, Br.), assez commune aux environs de Smyrne, se trouve dans les principales montagnes du midi de la France. Elle a les parties supérieures d'un gris cendré nuancé de rougeâtre, les joues, la gorge et le devant du cou d'un blanc pur, encadré par une bande noire qui prend naissance sur le front. Les plumes des flancs sont cendrées, coupées par une double raie noire et terminées de brun rougeâtre. L'abdomen est jaunâtre.

La chasse de la perdrix se fait ordinairement à l'aide de chiens couchants ou d'arrêt; ces chiens suivent leur piste, tombent à l'arrêt quand ils sont arrivés près d'elles, et le chasseur, en forçant l'arrêt, fait lever et partir les perdrix, sur lesquelles il décharge son arme. Les chasseurs émérites assurent que les heures les plus convenables pour la chasse des perdrix sont de dix heures à midi, et de deux heures à quatre, celles-ci étant toujours en mouvement aux autres heures pour chercher leur manger, et ne tenant pas.

On prend les perdrix au collet; on les prend aussi dans des filets à l'usage des braconniers et appelés *traînasses* et *pantières*. C'est la nuit que l'on emploie ces engins, dans lesquels les perdrix, chassées par des batteurs, effrayées par la lumière, vont s'engager d'elles-mêmes. La traînasse détruit chaque année un nombre prodigieux de ces volatiles.

On attire aussi les perdrix mâles à l'aide de femelles privées, élevées dans des cages, que l'on porte dans les cantons où il y a beaucoup de coqs; ces perdrix s'appellent *chanterelles*. On attire également le coq de la perdrix en imitant le cri de la femelle.

Un autre genre de filet se compose d'un filet en forme de cône, ouvert d'un côté; ce filet s'élève comme une *tonnelle* dont on lui a donné le nom; sa partie inférieure doit porter assez complétement à terre pour que les pieds des perdrix ne s'y embarrassent point. Des deux côtés de la tonnelle, et en avant de son ouverture, sont deux filets qui vont en s'élargissant à mesure qu'ils s'en éloignent; on les appelle *ailiers*, parce qu'ils forment en quelque sorte les ailes de la tonnelle. Une fois cet engin posé et préparé, le chasseur, portant devant lui une toile jaune tendue sur un châssis, et où un trou percé à la hauteur de l'œil lui permet de voir devant lui, cherche une compagnie de perdrix; celles-ci fuient sans cesse devant lui, mais sans s'envoler, la toile les gênant dans leurs évolutions plus qu'elle ne les épouvante; ainsi poussées pas à pas, elles s'engagent entre les deux ailiers, et arrivent sur la tonnelle; alors le chasseur, jetant sa toile, court à son filet et y enferme les perdrix. Cette chasse s'appelle *chasse à la vache*, du nom qu'on a donné à la toile jaune dont le chasseur se couvre pour s'y livrer.

PÈRE, c'est-à-dire *géniteur* : celui-là devient père qui engendre. Transporté de l'ordre physique dans l'ordre intellectuel, le rapport de génération s'exprime aussi par le mot *père*. Dans la langue du christianisme, l'homme qui convertit un autre homme à la foi, qui après sa conversion le guide, le maintient et l'affermit sur les voies du salut, devient son *père spirituel*. Le second doit au premier, pour l'avoir engendré en Jésus-Christ, l'amour et le respect que les fils portent à leur *père* selon la chair. De là le titre de *pères* donné aux membres de divers ordres religieux : les *pères de la foi*, les *pères capucins*, les *pères jésuites*, les *pères de la merci*, etc.; de là encore la qualification de *très-saint-père*, qui appartient au chef suprême du catholicisme. Il semble que ces hommes qui ont renoncé aux joies de la famille selon la chair, pour se dévouer exclusivement à la direction spirituelle des fidèles, prennent dans la grande famille selon l'esprit le rang, la mission et la suprématie que la paternité du sang donne à ceux qu'elle investit. La même extension de langage rend fréquent l'emploi métaphorique du mot *père*. Le catholicisme, dira-t-on, fut le *père* de la civilisation occidentale; Luther est *père* de la liberté moderne. Employé au pluriel, le mot *père* désigne aussi d'une manière générale les aïeux qui nous précèdent, à quelque degré que ce soit, et sans même emporter aucune idée de parenté.

Grand-père, c'est le *père* du *père*, c'est-à-dire l'aïeul paternel, parent au second degré dans la ligne ascendante. En droit, le *père naturel* est celui qui reconnaît pour sien l'enfant d'une femme à laquelle ne l'attache point le mariage légal. Le *père légitime* est le mari, que, sauf les cas d'absence ou d'impuissance accidentelle, la loi suppose toujours avoir engendré l'enfant conçu durant le mariage. Le *père putatif* est celui qui, vivant de bonne foi dans les liens d'un mariage nul, a procréé des enfants auxquels la loi donne le titre et les droits d'enfants légitimes, en considération de la bonne foi de leurs parents ou de l'un d'eux. Cette bonne foi, toujours présumée, n'existe cependant que si l'erreur dans laquelle le mariage fut contracté est une erreur de fait : l'ignorance du droit n'est jamais une excuse devant la loi, qui la répute impossible. Le *père adoptif* est celui qui, ayant adopté un enfant dans les conditions et selon les formes prescrites, prend vis-à-vis de lui des droits, un titre et des devoirs purement civils, mais analogues à ceux qui dérivent de la paternité proprement dite.

Père de famille, traduction littérale de l'expression latine *pater familias* : ces mots ont reçu de nos mœurs et de nos lois un sens bien différent de celui qu'y attachaient les coutumes et les lois primitives de Rome. Chez nous, tout homme marié et père, par cela seul est *père de famille*; les droits que ce titre confère se réduisent, à peu de chose près, à l'administration des biens de la femme et des enfants pendant la minorité; à la correction paternelle, qui ne peut s'exercer que par l'intermédiaire et sous le contrôle du magistrat; aux aliments que les enfants sont obligés de fournir à l'indigence du père. A Rome, au contraire, le père de famille avait sous sa puissance, — et sa puissance ne finissait qu'avec sa vie, ou par la perte du titre de citoyen, — non-seulement ses propres enfants, mais toute leur descendance, quelque âgés que fussent les enfants, de quelque haute dignité qu'ils fussent revêtus; tant que vivait le père, ils étaient assujettis à son autorité : ils étaient *fils de famille*, ils étaient *alieni juris*, ne s'appartenant point à eux-mêmes, n'ayant aucun droit sur leurs propres enfants, que le bon plaisir de leur aïeul, pouvait, par l'émancipation, par la dation ou adoption, par la vente, faire sortir de la famille et priver de tous les droits de la parenté civile. Au père de famille, et à lui seul, la pleine propriété, l'entière et libre disposition de tout ce que les fils et filles de famille pouvaient acquérir, n'importe à quel titre; au père de famille, du moins dans l'origine, droit absolu de vie et de mort, et pendant des siècles! droit de propriété, et de vente par conséquent, sur tous ceux qui composaient la famille.

Il y a loin assurément de cette sauvage et rigoureuse organisation de la primitive famille romaine à l'élastique et molle constitution que le Code Civil a faite parmi nous à la famille; et cependant, malgré les modifications nombreuses introduites par le droit canonique et le droit coutumier, il est encore aisé de voir que notre famille moderne n'est que le calque affaibli de cette famille antique. Plus nous irons, et plus nos mœurs et nos lois nous éloigneront de cette étroite dépendance où vivaient asservis au chef tous les membres de la famille; les idées chrétiennes et surtout l'esprit de liberté des temps modernes ont au contraire consacré à jamais le principe de l'affranchissement des générations nouvelles et de l'intervention continuelle de la société dans l'éducation et la direction des individus. Les sentiments d'amour filial, que tout homme trouve en germe dans son cœur, n'ont point souffert et ne souffriront point de cette dissolution de la puissance civile du père; ils y ont plutôt gagné en force ce qu'ils y gagnaient en liberté, et pour notre part, loin d'éprouver les craintes et les regrets de ceux qui la déplorent, nous croyons que si l'avenir apporte à la constitution de la famille des modifications nouvelles, ces modifications seront encore toutes en faveur d'une liberté plus grande.

Père se dit quelquefois en parlant des animaux : Le *père* de ce cheval est arabe. Le *père nourricier* est le mari de la nourrice d'un enfant; et, figurément, le *père nourricier* d'une famille est celui qui la fait subsister. En théologie, Dieu le *Père* est la première personne de la Trinité : Dieu le *Père* est vrai *père* à l'égard du Verbe éternel; Satan est le *père du mensonge*.

Dans l'ancienne Rome, on appelait les sénateurs *pères conscrits*. Charles Lemonnier.

Père se dit figurément de celui qui a beaucoup fait pour la prospérité, pour le bonheur ou pour le salut d'un peuple ou d'une classe nombreuse de personnes, qui agit envers ceux dont il prend soin comme un père devrait agir envers ses enfants : Louis XII fut surnommé *le Père du peuple*. Quelques généraux ont recherché le titre de *pères du soldat*. Cicéron fut appelé le *Père de la patrie*. On dit encore d'un maître qu'il est le *père de ses élèves*; d'un homme bienfaisant, qu'il est le *père des pauvres*. *Père* signifie aussi créateur, fondateur : ainsi Hérodote passe pour le *père de l'histoire*, Corneille pour le *père du théâtre français*. François Ier a été surnommé *le Père des lettres*.

Père est aussi le titre qu'on donne aux membres des ordres et des congrégations religieuses. Celui qui en a la direction prend souvent le titre de *père général*, *père gardien*, *père supérieur*. *Père en Dieu* est un titre qu'on donne quelquefois aux évêques, et même aux cardinaux. Le pape est aussi qualifié de *père des fidèles*.

On nomme encore *père spirituel* tout prêtre par rapport à celui ou à celle dont il dirige la conscience. Dans les ordres mendiants, le *père temporel* est le séculier qui a soin de recevoir les aumônes.

Père se dit figurément et familièrement d'un homme d'un rang inférieur, qui est d'un certain âge : *Le père un tel*. On nomme populairement *père la joie* un rieur, un homme qui excite les autres à la gaieté; *père Douillet*, un homme qui se plaint dès qu'il n'a pas ses aises; *père aux écus*, celui à qui l'on croit beaucoup d'argent.

De père en fils s'entend d'une transmission successive de père en fils.

PÉRÉFIXE (Hardouin de Beaumont), né en 1605, issu d'une famille napolitaine, était fils d'un maître d'hôtel du cardinal de Richelieu, qui prit soin de son éducation. Le jeune Péréfixe, après avoir brillé sur les bancs de la Sorbonne et dans les chaires de la capitale, fut nommé, en 1644, précepteur du jeune Louis XIV, qui entrait alors dans sa seizième année. Il remplit avec un soin religieux cette importante fonction, et obtint pour récompense l'évêché de Rhodez. Après avoir élevé l'enfance du jeune roi, on le chargea de diriger sa conscience. Péréfixe, pour former le cœur et l'esprit de son royal élève, avait composé deux ouvrages : le premier ayant pour titre *Institutio Principis*, est un recueil de maximes destinées à diriger la conduite d'un roi enfant; le second est la *Vie d'Henri IV*. Cette histoire, remarquable par l'élégante naïveté du style et par une simplicité pleine de charme, obtint un succès populaire, que le temps a confirmé; aussi l'Académie Française, en 1654, s'empressa-t-elle d'appeler l'auteur dans son sein; il y remplaça Balzac. Péréfixe parvint, en 1662, au siége archiépiscopal de Paris, et devint peu de temps après proviseur de Sorbonne et commandeur des Ordres du roi. Les querelles suscitées dans l'Église des Gaules par les cinq propositions de Jansenius occupaient alors tous les esprits : le prélat fut obligé d'y prendre part; mais la douceur de son caractère ne lui permit pas d'user de rigueur contre ceux qui refusaient de signer le formulaire imposé par le pape Alexandre VII. Il aima mieux s'occuper des besoins de son diocèse, où il introduisit d'utiles réformes. Né en 1605, il mourut en 1670, âgé de soixante-cinq ans. Saint-Prosper jeune.

PEREGRINUS, surnommé *Protée*, philosophe cynique du deuxième siècle de notre ère, naquit à Parium, dans la Troade; ses crimes et ses débauches l'en firent chasser. Il se fit chrétien, parvint sous Trajan aux premières dignités de l'Église, et fut emprisonné pour sa foi. Mis en liberté, il retourna dans son pays, et pour apaiser les rancunes dont il y était l'objet, il abandonna ses biens à ses concitoyens et passa ainsi pour un philosophe désintéressé. Le désintéressement n'était pourtant pas le fort de Peregrinus, car il n'avait pris le masque de la foi nouvelle que pour l'exploiter. Quand les chrétiens eurent reconnu le mobile de Peregrinus, il l'abandonnèrent, et celui-ci retomba dans l'indigence. Il parcourut alors le monde, se posa en cynique, en Égypte, à Rome, d'où il se fit chasser pour ses propos, à Athènes, où il déclamait sans cesse contre les grands. Vêtu misérablement, il affectait tous les dehors de l'austérité, ce qui lui fit des partisans et des admirateurs. Désireux d'occuper de lui le monde, Peregrinus fit publier qu'il se brûlerait lui-même sur un bûcher pendant la célébration des jeux olympiques, et il exécuta ce projet insensé, devant une foule incalculable de gens attirés par la promesse de ce spectacle si nouveau. Un individu paya un talent le bâton sur lequel s'appuyait Peregrinus en marchant au bûcher. Lucien a laissé un traité intitulé la *Mort de Peregrinus*.

PÉREIRE (Émile et Isaac). Ce n'est pas arbitrairement que nous réunissons dans une même notice ces deux frères, dont le nom a joué un si grand rôle dans l'histoire financière de notre époque. Unis non-seulement par les liens du sang, mais par une communauté complète de vues, d'études, de travaux, ils ont parcouru ensemble la même carrière, se sont appliqués aux mêmes entreprises, et leur existence s'est trouvée tellement mêlée que dans l'œuvre commune il serait à peu près impossible de discerner le contingent propre de chacun des deux frères.

Nés tous deux à Bordeaux, *Émile* en 1800, *Isaac* en 1806, d'une ancienne et honorable famille d'Israélites portugais, petits-fils de *Jacob* Péreire, inventeur de la langue des sourds-muets, membre de la Société royale de Londres, interprète du roi pour les langues étrangères, et l'un des esprits les plus originaux et les plus vigoureux du dix-huitième siècle, les frères Péreire vinrent se fixer à Paris, *Émile* en 1822, *Isaac* en 1823. Bientôt *Émile* se fit courtier, et se mit ainsi en relation avec toutes les sommités de la finance; *Isaac* entra comme comptable dans une maison de banque.

Mais les deux frères, déjà préparés par de fortes études et par des connaissances pratiques, devaient subir bientôt, à leur grand avantage, l'influence féconde des idées saint-simoniennes. Un philosophe obscur et contesté, Henri Saint-Simon, était mort le 23 mai 1825. L'héritage de ses idées, recueilli par M. Olinde Rodrigues, son disciple de prédilection, et transmis par lui à toute une pléiade d'esprits éminents, devint le sujet des élaborations les plus actives. MM. Enfantin, Bazard, Olinde et Eugène Rodrigues, Buchez, Laurent, Margerin, Duveyrier, formaient un petit cénacle où toutes les questions les plus importantes de l'ordre social furent agitées à la lumière des idées de Henri Saint-Simon. M. *Isaac* Péreire, rattaché à ce groupe par son cousin Eugène Rodrigues, y entraîna bientôt son frère *Émile*; et l'on peut encore retrouver avec intérêt dans *Le Producteur* de 1825 et de 1826, particulièrement dans les travaux économiques de M. Enfantin, le germe des idées sur la circulation et le crédit qui devaient défrayer la carrière si active des frères Péreire.

Lorsque survint, en 1830, la révolution de Juillet, l'école saint-simonienne, déjà fortement constituée, fit l'acquisition du *Globe*, que les doctrinaires abandonnaient pour entrer au pouvoir. Pendant plus d'un an, *Le Globe*, rédigé sous la direction supérieure de MM. Enfantin et Bazard, par MM. Michel Chevalier, Cazeaux, *Émile* et *Isaac* Péreire, etc., fut envoyé gratuitement à près de quatre mille lecteurs. Émile Péreire commença à la même époque à écrire dans *Le National*, qu'il ne quitta qu'en 1835, pendant que son frère *Isaac*, prenant une part active aux enseignements saint-simoniens organisés dans tout Paris, faisait sur les problèmes les plus importants de l'économie politique et de la finance des leçons dont la portée peut être aujourd'hui mieux appréciée qu'elle ne le fut alors. *Isaac* Péreire était à la même époque chargé de la tâche laborieuse de faire marcher en équilibre le budget de l'école saint-simonienne, lequel, ne se recrutant que de dons volontaires, suffit en dix-huit mois à une dépense d'environ 1,500,000 francs.

En novembre 1831, une scission ayant éclaté entre les deux chefs du saint-simonisme, MM. Enfantin et Bazard, M. *Émile* Péreire se retira de l'association; quant à M. *Isaac*, il suivit M. Enfantin jusqu'à l'entrée de ce dernier dans sa retraite de Ménilmontant.

A partir de ce moment, les deux frères ne cessèrent d'écrire, Émile dans Le *National*, Isaac dans *Le Temps*, dans *Le Journal des Connaissances utiles*, dans les *Débats*, où il introduisit le premier le compte-rendu journalier de la Bourse, qui fut bientôt adopté par tous les journaux, et où il soutint plusieurs discussions importantes, entre autres celle relative à la conversion de la rente.

De 1832 à 1835, *Émile* Péreire, qui avait conçu l'idée du chemin de fer de Saint-Germain, passa son temps en démarches multipliées et longtemps infructueuses pour obtenir des banquiers parisiens les cinq millions nécessaires pour former le capital exigé par cette entreprise, que vingt ans plus tard il devait vendre soixante millions. Enfin, en ayant obtenu la concession, il s'occupa comme directeur, conjointement avec son frère, nommé sous-directeur, de l'organisation de ce premier chemin de fer français, qui devait servir de modèle à tous les autres. Les négociations avec les chambres et la haute banque, les combinaisons financières formaient plus particulièrement dans cette œuvre la tâche d'*Émile* Péreire; quant à son frère *Isaac*, il se donna pour mission particulière l'organisation intérieure de l'exploitation et de la comptabilité. Le chemin du Nord, dû également à l'initiative d'*Émile* Péreire, offrit bientôt aux talents financiers et administratifs des deux frères un plus vaste théâtre. Leur position s'y fortifia, s'y agrandit; toutefois, jusqu'en 1852 personne ne prévoyait encore l'essor qu'ils étaient appelés à prendre et le rôle prépondérant que les événements leur ménageaient.

Dès les premiers jours de 1852, après que le coup d'État du 2 décembre eut imposé silence pour un temps aux agitations politiques, MM. Péreire entrèrent les premiers, avec toute l'ardeur d'une seconde jeunesse, dans ce grand mouvement d'affaires où devait se concentrer la vie du pays. C'est à cette époque qu'ils obtinrent la concession des chemins du Midi. Cette concession est une date dans leur vie. Jusque là, dans toutes les affaires qu'ils avaient faites, bien qu'ils en fussent réellement les promoteurs intellectuels, ils avaient cru devoir abriter leur incontestable habileté derrière le nom de quelque notabilité financière, et notamment de M. de Rothschild, avec qui ils avaient fait les chemins de Saint-Germain et du Nord. Le chemin du Midi et le canal latéral furent la première grande affaire où MM. Péreire figurèrent en première ligne.

C'est à la même époque qu'il faut reporter la fondation du Crédit mobilier. Cette institution puissante, qui a donné aux affaires d'industrie une si énergique impulsion, n'était au fond que la réalisation de la *Banque commanditaire* rêvée en 1825 par M. Jacques Laffitte. Fondé au capital de soixante millions, pouvant accroître ses ressources par l'émission d'obligations, dans la proportion (manifestement trop forte) de dix fois son capital, le Crédit mobilier, grâce à l'habileté de ses directeurs, a pu, sans se servir encore de la ressource des obligations, rendre à l'industrie, tant française qu'étrangère, des services signalés. Plus de douze cents millions prêtés aux chemins français en moins de quatre ans, les chemins autrichiens achetés au gouvernement autrichien au prix de 300 millions, un Crédit mobilier espagnol fondé à Madrid, la colossale affaire des chemins russes conclue en participation avec la haute banque de toutes les nations de l'Europe; à l'intérieur, de grandes industries, telles que la fabrication du gaz et les *omnibus*, fusionnées et centralisées, tels sont les services les plus marquants que le Crédit mobilier, toute incomplète que soit encore son organisation, a pu rendre aux grandes affaires, sans parler de la part considérable qu'il a prise dans les emprunts nécessités par la dernière guerre.

La fondation du Crédit mobilier a été importante également sous ce rapport, qu'elle a inauguré l'influence de la banque collective, des capitaux associés, en face des influences individuelles qui avaient dirigé jusque là les grandes maisons de banque.

MM. *Émile* et *Isaac* Péreire, parvenus au plus haut degré de la fortune et de l'influence, continuent de consacrer tout leur temps et tous leurs soins à la direction du Crédit mobilier et des grandes affaires patronées par cette institution. Possédant à la fois l'aptitude et la passion des affaires, ils paraissent destinés à exercer longtemps encore une action décisive sur la destinée de l'industrie française et européenne.

Adolphe Guéroult.

PÉRÉKOP, en langue tatare *Orkapon*, c'est-à-dire Porte d'Or, chef-lieu du district du même nom, dans le gouvernement de la Tauride (Russie), à 132 kilomètres au nord de Simféropol, est bâti au fond du golfe et sur l'isthme du même nom, qui rattache la Tauride à la Crimée. Cet isthme est situé entre la mer Noire et la mer Putride. Il a environ 10 kilomètres de long sur 6 de large. L'aspect de la ville, que protègent une citadelle et un petit château fort, est misérable. Ce ne sont que maisons couvertes en chaume, boutiques en bois, rues malpropres. Les habitants, au nombre de 3,600 suivant les uns, et de 1,000 seulement suivant les autres, sont des Russes, des Tatars, des Arméniens et des Juifs; ils font surtout le commerce du sel, que des caravanes viennent y charger en été. Ces marchés sont assez fréquentés. Pérékop résista longtemps et souvent aux efforts des Russes, qui ne s'en rendirent définitivement maîtres qu'en 1779.

PÉREMPTION (*Droit*), du latin *perimere*, éteindre, abolir. Toute procédure peut être anéantie avant jugement sur le fond, par divers moyens; ces moyens sont : le *compromis*, la *transaction*, l'*acquiescement*, le *désistement*, et, enfin, la *péremption*. La péremption est l'anéantissement, après un certain délai, de procédures non continuées, de jugements par défaut non exécutés, d'inscriptions hypothécaires non renouvelées. Elle est fondée en général sur la présomption, que les poursuites, que les réclamations n'auraient point cessé si le demandeur n'avait pas lui-même reconnu l'illégitimité de son droit; et elle a été introduite pour mettre fin aux contestations que l'opiniâtreté ou la mauvaise foi des plaideurs pourrait prolonger indéfiniment. Mais ce qu'il faut bien observer, c'est que par la discontinuation de poursuites pendant un certain laps de temps l'instance seule, c'est-à-dire la procédure, est éteinte, et non pas l'action; de telle sorte que la partie qui par sa faute a subi la péremption peut encore intenter son action, si toutefois elle n'est pas *prescrite*. La prescription anéantit sans retour le fond même des affaires; la péremption annule seulement les actes judiciaires et les formalités. L'article 397 du Code de Procédure civile décide que toute instance est éteinte par cessation de poursuites pendant *trois ans*. Dans certains cas, néanmoins, la péremption s'acquiert par un laps de temps beaucoup moins long : ainsi le commandement qui précède une saisie immobilière est périmé par trois mois; ainsi, dans le cas prévu par l'article 15 du *même code*, les instances des justices de paix sont périmées, au plus tard, par quatre mois, et *de plein droit :* ce qui n'est pas admis pour les autres tribunaux. Cette différence prend sa source dans la nécessité de terminer promptement les petites contestations soumises aux juges de paix. Si l'instance est périmée par la faute du juge, il est lui-même passible des dommages-intérêts, lesquels consistent dans l'obligation de payer tous les frais faits jusque là et dans la réparation de tout autre préjudice qui pourrait en résulter. Devant les autres tribunaux, le terme de la péremption est toujours de trois années; et en outre elle n'a jamais lieu de plein droit. Elle se couvre par les actes valablement faits par l'une ou l'autre des parties, c'est-à-dire par tous les actes ordonnés ou permis par la loi, et qui ne sont atteints d'aucun vice de forme. La partie intéressée doit donc la demander formellement, car le juge ne saurait la suppléer d'office. En appel, la péremption a pour effet de donner au jugement attaqué la force de *chose jugée*, c'est-à-dire que contrairement à la règle ordinaire, suivie en première instance, quand l'affaire portée en cour impériale a été périmée, l'action elle-même se trouve éteinte. Le législateur a considéré ici le silence gardé par l'appelant comme un acquiescement tacite au premier jugement.

La péremption éteint toutes espèces d'instances, et court contre toutes espèces de personnes, sans exception; contre l'État, contre les établissements publics, et même contre les mineurs, sauf leur recours contre les administrateurs et les tuteurs. Cette règle absolue est suffisamment justifiée par l'intérêt public, qui réclame l'extinction des procès; et elle n'est pas attentatoire aux droits des citoyens, puisqu'ils conservent encore leur action et leur recours.

Nous avons dit que la péremption était fondée, en principe, sur cette présomption que le demandeur avait reconnu l'illégitimité de son droit. Mais si cette présomption n'existe point, si la partie intéressée n'a pas pu ou n'a pas dû agir, si elle a eu le droit de ne pas agir, il s'ensuit naturellement que la péremption doit être interrompue. Ainsi, par exemple, dans les cas de force majeure, de décès de la partie ou de son avoué, de transaction non exécutée, d'incendie, d'occupation et d'invasion ennemie, et, pour les mineurs, d'impuissance absolue d'agir, à défaut de tuteurs, dans tous ces cas extrêmes, la péremption cesse de courir, et la loi en augmente le terme de six mois.

La péremption, étant une espèce de *prescription*, doit se compter par jours et non par heures. Ainsi, le jour où est arrivé le fait qui lui a donné naissance n'entre point dans le terme. La loi n'admet pas de fraction. Compter ce jour, ce serait faire commencer la *péremption* avant l'acte même qui en est l'objet. A. Husson.

PÉREMPTOIRE (Exception). *Voyez* Exception.

PÉRÉQUATION (du latin *peræquatio*, égalisation). Ce mot s'emploie, en parlant de l'impôt foncier, pour exprimer l'opération qui consisterait à répartir la contribution foncière d'une manière plus exacte, proportionnellement aux revenus dans les diverses parties de la France. La loi de finances du 15 mai 1818 reconnaissait déjà que la répartition de l'impôt foncier était faite sur des bases inexactes entre les départements. On renonça pourtant à l'idée de faire une répartition nouvelle; mais à mesure que l'accroissement des revenus laissa quelques fonds disponibles, on en fit profiter quelques départements, et on s'imagina même que la péréquation pourrait avoir lieu par dégrèvement. Mais cette mesure devait être bien insuffisante. Lorsqu'en 1851 le gouvernement proposa le dégrèvement de 17 centimes généraux, sans affectation spéciale sur l'impôt foncier, un débat s'éleva sur la question de savoir si le dégrèvement devait porter sur l'ensemble du pays ou s'il ne convenait pas d'en attribuer exclusivement le bénéfice à certaines parties du territoire surchargées. On renonça à ce système, et on procéda seulement à une nouvelle évaluation des revenus territoriaux. L. Louvet.

PÈRES CONSCRITS. *Voyez* Conscrits (Pères).

PÈRES DE LA FOI. *Voyez* Paccanaristes.

PÈRES DE L'ÉGLISE, *Patres Ecclesiæ*. On appelle ainsi, dans le sens le plus restreint, les docteurs et les écrivains de la primitive Église, qui fleurirent du deuxième au sixième siècle, et, dans une plus large acception, tous les docteurs et tous les écrivains de l'Église chrétienne, jusqu'aux scolastiques, qui datent du onzième siècle environ. La connaissance de leur vie et de leurs œuvres constitue une science particulière, dite *patristique* ou *patrologie*. La plupart des anciens Pères de l'Église furent, avant de se convertir au christianisme, des philosophes, des rhéteurs ou des avocats; circonstance qui donne l'explication de beaucoup de particularités de leurs opinions, de la méthode qu'ils suivaient dans leurs discussions, ainsi que de leur enseignement. « Les Pères sont une grande école de morale, et par conséquent une grande école d'éloquence, a dit M. Saint-Marc Girardin, mais ne sont pas toujours une école de goût. Les juger sur leur style, c'est les juger sur leur siècle. Il faut les juger sur leur âme et sur leur doctrine. » Les critiques sévères leur reprochent le luxe de leur rhétorique, la subtilité de leurs arguments, en même temps qu'ils leur font un crime d'employer trop souvent l'ironie, la satire, les plaisanteries désavouées par la décence. C'est qu'ils combattent l'erreur avec toutes les armes, avec le raisonnement et l'épigramme, avec la plaisanterie et avec l'indignation. Souvent même ils semblent préférer à la gravité d'un débat sérieux la vivacité des invectives ou la gaieté de la satire; et l'on surprend quelquefois saint Augustin, entre autres, se servant, dans sa guerre contre les dieux de l'Olympe, des mêmes armes que la philosophie du dix-huitième siècle devait employer contre le christianisme. Ce n'est pas tout à fait sans raison qu'on a dit qu'il y avait du Voltaire dans saint Augustin : et vraiment, Voltaire eût-il mieux trouvé que Minutius Félix, lorsque celui-ci dit aux païens : « Les hirondelles se posent sur la tête de vos dieux : si vous ne les chassez, elles feront leur nid et leurs ordures dans leurs bouches divines; l'araignée couvre leur face de sa toile, et ces dieux que vous nettoyez sans cesse, vous en avez peur! »

Les ouvrages des Pères sont consacrés à la défense de la

religion et de la société chrétiennes, à la réfutation des doctrines du paganisme, du judaïsme et des hérésiarques, à l'interprétation des livres saints, à l'exposition des doctrines morales et des dogmes de la foi, à l'histoire du christianisme, à l'instruction et à l'édification des fidèles; ils sont par conséquent ou apologétiques ou exégétiques, ou dogmatiques, ou moraux, ou historiques, ou polémiques, ou enfin ascétiques. De nos jours le clergé catholique (ce sont ses apologistes eux-mêmes qui le reconnaissent et le déplorent) a déserté à peu près complétement l'étude des Pères; ou du moins voilà plus d'un siècle qu'il n'est sorti de son sein un livre capable de faire apprécier aux fidèles le génie et les doctrines de ces hommes si grands par la pensée et par le talent; et c'est aux ouvrages de MM. Guizot, Villemain, Michelet et Saint-Marc Girardin que doit recourir celui qui veut avoir des notions vraies et impartiales sur les grands hommes et les grandes époques de l'Église.

Les plus célèbres Pères grecs sont : saint Clément, Origène, Eusèbe, saint Athanase et saint Jean Chrysostome. Les plus influents et les plus considérables parmi les Pères latins furent : Tertullien, saint Cyprien, saint Ambroise, saint Augustin, saint Jérôme et saint Grégoire le Grand. *Ephraïm Syrus* a aussi une grande importance. Les collections des Pères de l'Église les plus complètes que l'on possède et les plus estimées pour la correction des textes sont la *Maxima Bibliotheca veterum Patrum* (27 vol. in-folio, Leyde, 1677) et la *Bibliotheca veterum Patrum* de Galland (13 vol. in-folio, Venise, 1765-1779). Consultez Charpentier, *Études sur les Pères de l'Église* (Paris, 1852).

PÈRES DU DÉSERT. C'est le nom que l'on donnait aux anachorètes, aux cénobites qui se retiraient dans le désert pour s'y livrer à des pratiques pieuses et y faire pénitence.

PÈRES NOBLES. L'emploi de *père noble* est un des plus importants de la comédie et des plus difficiles, car le rôle qu'il est destiné à défrayer est en général assez monotone. Le *père noble* ne saurait avoir ni la verve des comiques, ni l'entrain des amoureux, ni l'aisance des financiers, ni l'acerbe des raisonneurs; il est obligé, par la nature même de son emploi, à poser toujours dans une majestueuse dignité, qui devient fatigante, car elle ressemble à une oraison perpétuelle; il faut qu'il moralise sans cesse, qu'il se montre sans cesse le bouclier de la famille. Aussi cet emploi souffre-t-il fort peu la médiocrité, et ne peut-on guère prononcer le mot de *père noble* sans rire, car on se représente toujours un acteur sec, roide, guindé, qui, après avoir traversé divers emplois, trouve une vétérance dans celui dont nous parlons ici, et vient y enfouir sa médiocrité. Dieu sait de combien de quolibets sont gratifiés les humbles et malheureux *pères nobles* des petites et même des grosses troupes de province. Et pourtant, l'emploi de *père noble* a compté, à la Comédie-Française surtout, ses légitimes illustrations, car il peut être rendu supportable, pathétique même, par l'artiste qui le tient. Le rôle d'*Harpagon*, pour n'en citer qu'un, entre mille, est du ressort du *père noble*, et l'on sait combien il exige de talent; il en est de même de don Diègue du *Cid*, et, à la rigueur, du roi Agamemnon dans *Iphigénie*. Dans l'opéra comique, dans le vaudeville, le *père noble* n'a pas moins d'importance; et en le voyant rempli par Ferville au Gymnase, on peut juger combien il gagne à être interprété par un artiste d'un véritable talent.

PEREZ (ANTONIO), ministre de Philippe II d'Espagne, dont le nom se rattache à l'un des épisodes les plus remarquables du règne de ce prince, était né en 1539, dans l'Aragon. Son père, secrétaire d'État sous Charles Ier et Philippe II, ne lui laissa point de fortune, mais lui fit donner une éducation distinguée, qu'il compléta par de longs voyages faits notamment en Italie. Revenu en Espagne, Ruy Gomez le présenta au roi, qui le promut aux fonctions de secrétaire d'État, quoiqu'il n'eût encore que vingt-cinq ans. Dans cette position, Perez jouissait de toute la confiance du roi, dont il dirigeait principalement la politique extérieure; mais son orgueil, sa rapacité et ses profusions lui firent une foule d'ennemis et d'envieux. Perez se croyait si sûr de sa puissance qu'il noua avec la propre maîtresse du roi, l'influente princesse d'Eboli, une intrigue amoureuse, qui bientôt ne fut plus un mystère pour personne, le roi excepté. Une complication inattendue fut la cause de sa chute. Don Juan d'Autriche, frère consanguin de Philippe II, avait envoyé en Espagne son confident Juan de Escovedo demander des secours. Mais comme cet homme s'était rendu odieux et suspect au roi, Philippe II résolut de se débarrasser de lui. Antonio Perez reçut dans le plus grand secret cette commission, et fit assassiner Escovedo dans la nuit du 31 mars 1578. La famille de la victime ne tarda point à signaler Perez comme l'auteur du meurtre, et ses ennemis profitèrent de la circonstance pour travailler à sa perte. Toutefois, le roi paraissait bien décidé à défendre son complice contre toutes les accusations dont il était l'objet, lorsqu'au mois de juillet 1579 Antonio Perez fut tout à coup arrêté, jeté dans un cachot, puis soumis à la question. Le prisonnier réussit pourtant à s'échapper. Il se réfugia d'abord en Aragon, pour pouvoir s'y présenter au roi sous la protection des priviléges spéciaux de cette province. Condamné à mort à Madrid, il fut protégé à Saragosse par les tribunaux, jusqu'au moment où le roi eut recours à l'inquisition pour se le faire livrer. La *justicia major*, qui l'avait jusque alors défendu envers et contre tous, se vit donc obligée de le remettre à l'inquisition (mai 1591); mais une émeute populaire contraignit le saint-office à délivrer son prisonnier. A partir de ce moment l'affaire d'Antonio Perez se confondit avec la question des *fueros*, défendue avec tant d'ardeur par les Aragonais. Philippe II marcha à la tête d'une armée contre la ville récalcitrante, s'en empara ainsi que de tout le pays d'Aragon, dont il anéantit les antiques priviléges, en même temps que le bourreau lui fit justice des hommes qui s'étaient le plus signalés dans la défense des franchises de leur pays. Quant à Antonio Perez, il fut encore assez heureux pour échapper à la vengeance de son maître. On l'accueillit avec distinction à Londres et à Paris, tandis que, condamné comme hérétique, on confisquait en Espagne tous ses biens et on déclarait sa famille infâme. Il vécut longtemps en Angleterre, dans la société des hommes les plus distingués. En 1595 il revint à Paris, où il passa le reste de ses jours, sans que l'espoir qu'il conservait toujours de voir un acte d'amnistie lui rouvrir les portes de son pays se réalisât. Il mourut à Paris, en 1611. Il a laissé d'intéressantes notices qui jettent la lumière la plus vive sur les événements de sa vie ainsi que sur le règne de Philippe II. Salvador Bermudez de Castro en a tiré les éléments d'une bonne biographie (Madrid, 1842); et M. Mignet s'en est aussi beaucoup servi pour son livre sur Antonio Perez (Paris, 1846).

PER FAS ET NEFAS, locution latine, usitée quelquefois par des écrivains français; elle signifie : *Par tous les moyens, permis ou défendus*; poursuivre un but *per fas et nefas*, c'est le poursuivre sans s'inquiéter du chemin à parcourir, et quoi qu'il puisse arriver.

PERFECTIBILITÉ. S'il est vrai que la perfection soit placée hors de l'atteinte des facultés humaines, en revanche, l'on peut dire de l'homme, et ce fait n'est plus contesté, qu'il est essentiellement *perfectible*, c'est-à-dire susceptible de se rapprocher indéfiniment de la perfection. C'est vers le mieux que l'humanité marche, telle est sa tendance de tous les jours, de tous les siècles, sur tous les points du monde habité; quelles que soient les ruines du passé, rien n'est perdu; la tradition se perpétue, et tout vient servir au jour marqué la grande loi du perfectionnement indéfini de l'espèce humaine : doctrine consolante, et qui rend les regrets moins vifs, alors qu'on suit de l'œil les effets puissants des civilisations antiques! solution admirable dans laquelle éclate et se montre toute la moralité de la création!

Loin qu'il s'agite toujours dans le même cercle, l'homme tend incessamment vers le vrai en toutes choses, c'est-à-dire vers le mieux. Oubliant pour un moment ses facultés puissantes et le degré d'aptitude qu'elles reçoivent des circonstances, qu'on se représente l'homme borné dans son activité à des habitudes invariables de conservation et de bien-être, c'en est fait de son intelligence si mobile, si flexible, et l'on n'osera plus attendre de lui rien de grand ni d'imprévu. Ce sera la destinée animale dans son admirable équilibre, mais aussi dans toute sa monotonie. Quelque aptitude que la brute déploie, on sent que son entendement ne peut franchir certaines bornes, et qu'elle s'agite incessamment dans le cercle des habitudes tracé autour de son espèce. Elle chemine sans avancer. Chez l'homme, au contraire, à part quelques principes d'organisation communs à la plupart des êtres animés, l'*imprévu*, c'est-à-dire l'infini, abonde. On sait ce qu'il a fait, nul ne peut dire ce qu'il fera encore, quelle destinée il accomplira, jusqu'où il s'élèvera.

C'est à cette doctrine, si bien faite pour élever l'homme à la hauteur de ses destinées, que se ralliait l'une des plus fortes intelligences du dernier siècle, J.-J. Rousseau, lorsqu'au début de l'*Émile* il s'écriait : « On connaît ou l'on peut connaître le premier point d'où part chacun de nous pour arriver au degré commun de l'entendement ; mais qui est-ce qui connaît l'autre *extrémité ?* Je ne sache pas qu'aucun philosophe ait encore été assez hardi pour dire : Voilà le terme où l'homme peut parvenir et qu'il ne saurait passer. *Nous ignorons ce que notre nature nous permet d'être...* » Comment, sans le secours de ce dogme sublime de la perfectibilité humaine, comment expliquer cette ardeur de recherches, cette soif du vrai qui, prenant les nations au berceau, fait tomber un à un les appareils grossiers de la barbarie ; cette fièvre intellectuelle qui les agite, qui les pousse au sommet des connaissances humaines ? Pourquoi, si l'homme n'est pas perfectible, s'il ne peut sans cesse avancer, pourquoi cette civilisation grecque que ne refroidit ni ne décourage le grand débris de la civilisation égyptienne gisant à ses côtés ? Pourquoi, en présence des grandes choses du siècle de Périclès, de l'éloquence de Démosthène et du merveilleux développement de l'art athénien, l'élément romain se met-il en marche pour fournir son immense étape ? Que veut sa littérature après l'immortelle poétique d'Homère ? Que signifie ce mouvement ascendant de l'ancienne Rome ? Qu'espère-t-elle enfanter que le sol attique n'ait possédé en germe et richement développé ? Serait-ce donc pour ajouter une ruine de plus aux ruines du passé, que ce grand peuple déploie son activité et qu'il étend sur le monde connu sa puissante domination ? Est-ce pour tomber à son tour, pour attrister les barbares par le spectacle de sa chute, pour paralyser leur élan, que la Rome antique marche au flambeau de la civilisation grecque ?.... Quel espoir la soutient, quel mobile l'excite, si ce n'est la noble confiance où elle est qu'on peut ajouter encore de belles pages au livre des destinées humaines ? Comment, au surplus, expliquer l'ardeur qui porte en avant la société moderne après la décadence du peuple roi ? Le christianisme, la découverte d'un nouveau monde, faits culminants destinés à changer la face des choses humaines, prouveraient seuls, s'il en était besoin, que l'art est infini, et que l'homme, indéfiniment soumis à l'action de tout ce qui l'entoure, est engagé dans une voie de perfectionnement dont il ne lui est pas donné d'entrevoir le terme.

C'est cette admirable perspective qui portait Condorcet à dire dans l'exposé qui précède son *Tableau historique de l'Esprit humain* : « Le résultat de l'ouvrage que j'ai entrepris sera de montrer, par le raisonnement et par les faits, qu'il n'a été marqué aucun terme au perfectionnement des facultés humaines ; que la perfectibilité de l'homme est réellement indéfinie ; que les progrès de cette perfectibilité, désormais indépendante de toute puissance qui voudrait les arrêter, n'ont d'autre terme que la durée du globe où la nature les a jetés. »

P. Coq.

PERFECTION. Au point de vue moral, comme au point de vue physique, la *perfection* est à la fois la réunion de toutes les qualités et l'absence de tous les défauts. Cette définition démontre combien la perfection est difficile à trouver ici-bas. La perfection est donc aussi difficile à trouver dans l'homme que dans ses œuvres, ses produits, les monuments qu'il élève, les productions artistiques ou industrielles qui sortent de ses mains ; l'examen, la critique y trouvent toujours à signaler quelque défaut, l'absence de quelques qualités. Le mot de *perfection* serait-il donc un non-sens ? Nous ne le pensons pas, car si la perfection est contestable à l'état absolu, elle existe certainement à l'état relatif. Prenons pour exemple nos grands maîtres en peinture : l'on pourra dire impunément d'eux qu'ils sont arrivés à la perfection dans les chefs-d'œuvre sortis de leur pinceau, tout en y trouvant à reprendre dans quelques parties, dans quelques détails.

En langage religieux, on appelle tout simplement *perfection* ou *perfection chrétienne* l'état le plus parfait de la vie chrétienne, de la vie religieuse. On appelle aussi *perfections divines* les qualités que la théologie reconnaît en Dieu.

PERFECTIONNEMENT. Ce mot est plus modeste et plus juste que celui de *perfection* ; le perfectionnement, c'est l'action d'améliorer, d'approcher de la perfection. C'est dans ce sens que l'on dira le *perfectionnement* d'une langue, d'une industrie, d'une constitution, etc.

PERFECTIONNEMENT (Brevets de). *Voyez* Brevets d'Invention.

PERFIDIE, acte le plus odieux que puisse commettre un homme, car il se compose de la préméditation du mal et de l'abus de toute espèce de confiance : on se glisse dans l'intimité d'une famille, on s'épanche avec elle, on lui donne des témoignages d'un attachement mensonger ; on arrache ses secrets jour par jour, puis on en profite pour amener sa perte. Cette réunion de circonstances basses, cruelles et abjectes, explique l'horreur que la perfidie inspire. En effet, une sorte de grandeur peut se mêler à la vengeance la plus féroce ; elle exige souvent une âme énergique ; elle punit des outrages que les lois sont impuissantes à condamner ; elle agit d'ailleurs au grand jour, provoquant tous les genres de mesures et de précautions de la part de ceux qu'elle médite de frapper. Mais comment nourrir de la méfiance contre l'ami prétendu qui pénètre dans notre cœur, semble partager tous nos maux, et en prendre sa part ? Ainsi, aux époques d'agitation, des *infâmes* s'introduisent auprès de certains hommes en opposition avec le pouvoir dominant, attisent leur irritation, et les précipitent dans des desseins dont ils n'auraient jamais eu la pensée ; puis ils courent les dénoncer, apportant des preuves dont ils sont sûrs, puisqu'ils les ont fait naître eux-mêmes. Dans les simples rapports du cœur, il arrive, à l'âge de la *sincérité*, qu'on s'attache à une jeune fille, qui vous porte le dévouement le plus absolu ; mais plus tard il faut s'en détacher pour faire fortune : on la place alors dans la nécessité de recourir à des démarches qui la compromettent devant l'opinion publique ; elle les risque, et on lui déclare qu'elle n'est pas digne de porter notre nom : couverte du manteau des convenances, la perfidie voit le monde se déclarer pour elle. Il y a des devoirs, des engagements qui d'un individu à l'autre sont sacrés ; ils peuvent maintes fois saper à sa base l'avenir le plus brillant : c'est un malheur auquel il faut se résigner. Mieux vaut perdre trésors et dignités que l'estime de soi-même : or, la perfidie dans tous les genres inflige une dégradation dont la conscience ne se relève jamais.

Saint-Prosper.

PERFORATION, (du latin *perforatio*), action de percer, de trouer. En médecine on désigne sous le nom de *perforation spontanée* la rupture subite de l'estomac ou des intestins. A la suite de cet accident, les matières se répandent dans la cavité du péritoine et y déterminent une péritonite toujours funeste. Cela arrive souvent dans la fièvre typhoïde, maladie dans laquelle une ulcération peut détruire la paroi intestinale et ouvrir une communication avec la membrane séreuse. Quelques ramollissements des parois de l'estomac peuvent avoir la même issue. L'endocardite peut également finir par une perforation.

PERGAME, importante ville de la Grande Mysie, en Asie Mineure, sur les bords du Caystros, devint célèbre plus tard comme capitale du *royaume de Pergame*, fondé par Philétærus, l'un des lieutenants de Lysimaque, l'an 283 av. J.-C. Lui et son successeur, Eumène Ier, qui régna de l'an 263 à l'an 241, se maintinrent indépendants dans la citadelle et le territoire environnant contre les Séleucides; et Attale Ier, que régna de 241 à 197, fut le premier qui prit le titre de roi. C'est pendant le règne de ce prince, à l'époque de la guerre contre Philippe II de Macédoine, que commencèrent les relations amicales des rois de Pergame avec les Romains : bonnes relations qui continuèrent sous son fils et successeur Eumène II, lequel mourut l'an 158 av. J.-C., dans la guerre contre Antiochus. Pour l'en récompenser, Rome lui fit don du restant de la Mysie ainsi que de la Phrygie et de la Lydie; et à partir de cette époque, sous Attale II et Attale III, le royaume de Pergame fut l'un des États les plus puissants de l'Asie Mineure. Le dernier de ces princes fut si fidèle à Rome, qu'à sa mort (en 133 av. J.-C.) il institua le peuple romain héritier de tous ses États. Les Romains s'en mirent en conséquence en possession, après en avoir chassé Aristonique, qui prétendait à la couronne; et en 131 ils en firent une province de leur empire, sous le nom d'*Asia*. Il existait à Pergame une grande et précieuse bibliothèque, fruit du goût des Attale pour les sciences et les lettres. C'était le siége d'une célèbre école de grammairiens. On perfectionna aussi beaucoup dans cette ville la préparation du parchemin (*charta Pergamena*).

PERGOLÈSE ou PERGOLESI (GIOVANNI-BATTISTA), naquit le 3 janvier 1710, à Casoria, petite ville près de Naples. Il fut reçu en 1717 au conservatoire *dei Poveri di Gesu-Cristo*. Gaetano Greco était alors à la tête de cette fameuse école. A l'âge de quatorze ans Pergolesi s'était déjà signalé par ses compositions, où la mélodie était sacrifiée à toutes les recherches du style scolastique; mais à peine fut-il sorti du conservatoire, qu'il changea totalement sa manière. Ses compatriotes ne rendirent pas à ses premiers essais toute la justice qu'ils méritaient; et l'opéra qu'il fit jouer au théâtre des Fiorentini, *San Guglielmo d'Aquitania*, n'eut aucun succès; quelques petits airs furent seulement applaudis. Le prince de Stigliano jugea mieux des talents de Pergolesi; il le prit sous sa protection en 1730, et lui procura des ouvrages pour le Teatro-Nuovo. Ce fut dans ce temps-là qu'il fit aussi l'intermède *La Serva Padrona*, pour le théâtre de San-Bartolomeo. Il écrivit en 1735, pour le théâtre Tardinone à Rome, l'opéra *Olimpiade*, ouvrage dont les beautés furent méconnues; un opéra de Duni, *Nerone*, obtint la préférence. On siffla Pergolesi; et pendant le tumulte une orange vint tomber sur l'auteur, qui tenait le piano dans l'orchestre. De retour à Naples, Pergolesi composa la messe, le *Dixit* et le *Laudate* que nous avons de lui. Le succès brillant de ces productions religieuses le consola des injustices qu'il avait éprouvées jusque alors. Il était attaqué depuis quatre ans d'un crachement de sang; on le voyait dépérir de jour en jour; ses amis l'engagèrent à prendre une petite maison sur le bord de la mer, au pied du mont Vésuve. Ce fut là que Pergolesi écrivit son *Stabat*, *Orphée*, cantate, et le *Salvé*, *Regina*, qui fut le dernier de ses ouvrages. Il mourut le 26 mars 1736, et sa réputation se répandit dans toute l'Europe. Les églises et les théâtres ne retentissaient plus que des compositions de ce maître. Rome voulut revoir son *Olimpiade*, que l'on remit à la scène avec la plus grande magnificence. Son *Stabat* a depuis un siècle figuré dans toutes les cérémonies musicales de la semaine sainte : ce n'est pourtant pas un ouvrage digne de la réputation dont il jouit; il y a beaucoup d'expression et de sentiment dans certaines strophes : le *Vidit suum* est ravissant, mais il règne dans cet ouvrage une trop grande uniformité de couleur, et la facture en est très-faible si on la compare au style des maîtres italiens de l'époque. Le chef-d'œuvre de Pergolesi, c'est *La Serva Padrona*, qui, fort bien traduite en français par Baurans, fit une révolution dans notre musique et fonda l'opéra comique français.

CASTIL-BLAZE.

PÉRI, PÉRI EN BANDE, PÉRI EN BARRE. *Voyez* BATON (*Blason*).

PÉRIANDRE, tyran ou souverain de Corinthe, compté au nombre des sept sages de la Grèce, succéda à son père Cypsélus, l'an 627 av. J.-C., et fit d'abord preuve d'autant de bonté que d'équité; mais du moment qu'il eut égorgé sa femme dans un accès de fureur, il se livra à l'égard de ses sujets aux actes de la plus cruelle oppression. Il mourut à un âge fort avancé, l'an 584. Diogène de Laerte nous a laissé une esquisse de sa vie, accompagnée de ses principales maximes.

PÉRIANTHE (de περὶ autour, et ἄνθος, fleur). Linné donnait ce nom à toute espèce de calice ou d'involucre. Les botanistes modernes désignent surtout par ce mot l'enveloppe des organes génitaux de la fleur, qu'elle soit simple ou double. Quelques auteurs réservent expressément le nom de *périanthe* à la partie supérieure du calice, toutes les fois qu'on peut la distinguer, d'une manière quelconque, de la partie inférieure. Le périanthe, qu'on nomme aussi quelquefois *périgone*, est un prolongement immédiat du pédoncule; il enserre directement les organes de la génération, et ne peut jamais être confondu, par sa consistance, son insertion et plus souvent par sa couleur propre, avec d'autres enveloppes florales moins immédiates, telles que les bractées, les spathes et les involucres. Le périanthe double se distingue en externe et en interne : l'un est le prolongement du pédoncule, l'autre est la continuité du corps ligneux.

PÉRICARDE (de περί, autour, et καρδία, cœur), sac membraneux de forme triangulaire, situé à la partie inférieure du médiastin antérieur, adhérent à l'aponévrose centrale du diaphragme et enveloppant le cœur à la manière des membranes séreuses, c'est-à-dire sans le contenir dans sa cavité. Le péricarde est composé de deux membranes, dont l'extérieure est fibreuse et l'intérieure séreuse; il facilite les mouvements du cœur au moyen d'une quantité plus ou moins grande de sérosité qu'il renferme.

PÉRICARDITE, inflammation du péricarde. Elle peut occuper la face externe ou la face interne de cette membrane, suivant qu'elle pénètre le tissu fibreux qui constitue l'enveloppe du cœur ou qu'elle s'étend sur la lame séreuse qui tapisse intérieurement cette enveloppe. Quand la phlogose est vive et étendue, ou reconnaît dans la région du cœur une chaleur plus élevée; le malade souffre quand il redresse fortement le côté gauche de la poitrine. Une forte pression, une percussion sur cette partie de la cavité pulmonaire lui sont également pénibles. Le malade ressent un poids, une gêne, une douleur continuelle vers la partie inférieure du sternum qui s'étend du côté gauche de la poitrine : cette douleur n'est pas toujours égale, elle est accompagnée d'ardeur et d'un sentiment de constriction augmentant par moments dans le bas de la poitrine. Si la phlegmasie influe sur le cœur, de grandes angoisses surviennent, des syncopes paraissent imminentes, une anxiété extrême tourmente le malade pour peu qu'il remue dans son lit. Dans tous les cas, les battements du cœur sont très-forts, irréguliers, inégaux; les pulsations de l'aorte deviennent plus sensibles; le pouls est petit, fréquent, intermittent; la face est rouge; des inspirations incomplètes s'arrêtent brusquement accompagnées de soupirs répétés, d'une toux sèche, etc. Ces symptômes sont plus ou moins nombreux, plus ou moins distincts selon que la phlogose s'est étendue davantage sur le cœur, sur les plèvres costales ou sur la plèvre diaphragmatique, selon que son foyer principal est sur l'une ou l'autre de ces parties. La percussion et l'auscultation donnent aussi des moyens de l'apprécier.

« L'inflammation du péricarde se communique ordinairement à la plèvre, dit le docteur Hoefer; plus souvent c'est la phlogose de la plèvre qui s'est étendue sur le péricarde; toujours il y a dans ces cas complication de la pleurésie et de la péricardite; mais les symptômes de la première maladie couvrent ceux de la seconde, et l'on méconnait la lésion du péricarde. La péricardite existe fréquemment avec la péripneumonie, avec les fièvres éruptives, la petite vérole, la rougeole, etc. Le travail de la phlogose fait éprouver de profondes modifications au tissu fibreux du péricarde. Il le rend, après un temps qui varie selon le degré de vivacité, d'énergie, de ce travail, plus épais, plus ferme, blanc, plus serré, comme cartilagineux. Il existe alors ce que l'on nomme des *péricardites chroniques*. On a trouvé des péricardes qui avaient acquis une épaisseur de 15 à 25 millimètres. On rencontre fréquemment la péricardite avec diverses autres lésions du cœur. Les causes extérieures de la péricardite sont des coups, des chutes sur la région du cœur, l'abus des liqueurs alcooliques, le refroidissement brusque du corps. Cette affection se rencontre principalement sur les ouvriers qui exécutent des travaux violents avec les bras. Les fortes émotions, les passions violentes prédisposent à des phlogoses du cœur et de son enveloppe; la péricardite doit s'observer souvent chez les grands orateurs; chez les artistes dramatiques, etc. Les causes organiques de la péricardite sont surtout les phlegmasies des organes respiratoires; la pleurésie du côté gauche la suscite presque toujours; elle est souvent déterminée par des phlogoses des organes encéphaliques, rachidiens, abdominaux. La suppression subite d'une hémorrhagie, d'un exanthème, peut la faire naître; enfin, elle est quelquefois la suite de la métastase d'une fluxion goutteuse. »

Les émissions sanguines tiennent le premier rang dans le traitement de la péricardite; la saignée générale pourra être souvent indiquée; l'application de sangsues à la région du cœur sera encore plus utile. Le repos est indispensable, la diète nécessaire. On devra éloigner avec soin du malade tout ce qui pourrait agir sur ses sens. On prescrira l'usage d'une boisson émolliente ou acidule, adoucissante ou tempérante, l'application de topiques mucilagineux ou amylacés. Des applications froides sur la région malade seront utiles; surtout si on augmente leur action par l'application de cataplasmes chauds ou de sinapismes aux jambes et aux pieds.

PÉRICARPE (du grec περί, autour, et καρπός, fruit), partie du fruit charnue ou capsulaire qui enveloppe les graines. Le péricarpe d'un fruit comprend tout ce qui dans ce fruit n'est pas de la graine. Les capsules, les gousses, les siliques, les follicules, les noix, etc., sont des péricarpes. Le péricarpe se compose toujours de trois parties superposées : l'*épicarpe* (d'ἐπί, sur), le *sarcocarpe* ou *mésocarpe* (σάρξ, chair; μέσος, milieu), et l'*endocarpe* (ἔνδον, en dedans). Pour en donner un exemple, ces trois parties sont représentées dans la pêche, par la peau, la chair et le noyau ou portion ligneuse. Il arrive fréquemment que ces trois enveloppes, ou l'une d'elles, surtout le mésocarpe, sont beaucoup moins distinctes. Certains fruits, comme la pomme, peuvent induire en erreur. La peau lisse de l'extérieur et la chair que l'on mange ne font pas partie du péricarpe dans ce fruit; elles appartiennent au calice, qui s'est soudé aux ovaires et qui s'est accru de manière à les envelopper entièrement. Le péricarpe est constitué dans la pomme par cette substance comme cartilagineuse qu'offre le milieu du fruit. Quelle que soit d'ailleurs sa structure, le péricarpe renferme une ou plusieurs cavités ou loges destinées à la graine ou aux graines; car chacune des loges peut contenir une seule ou plusieurs graines.

Le péricarpe reçoit les dénominations d'*uniloculaire*, de *biloculaire* ou de *polyloculaire*, selon qu'il renferme une, deux ou plusieurs loges. Les loges sont dites *monospermes dispermes*, *polyspermes*, etc., suivant qu'elles contiennent une, deux ou un nombre indéterminé de graines. Les cloisons qui séparent les loges sont vraies ou fausses : la position des cloisons fausses est opposée aux divisions du stigmate ou de chaque stigmate quand il y en a plusieurs, tandis que les vraies cloisons leur sont alternes. Les cloisons peuvent aussi être complètes ou incomplètes, c'est-à-dire qu'elles s'étendent dans toute la hauteur ou la largeur des loges, ou dans une partie seulement. Le péricarpe peut être, quant à sa superficie, *glabre*, *verruqueux* ou *ridé*; quant à sa pubescence, *velouté* ou *velu*; quant à son armure, *écailleux* ou *spinelleux*; quant à sa substance, *membranacé*, *ligneux*, *pulpeux*, ou *charnu*. Au péricarpe appartient aussi l'assemblage des vaisseaux nutritifs de la graine, d'abord enfermés dans le mésocarpe, qu'ils constituent quelquefois entièrement, et ensuite perçant l'endocarpe pour s'avancer dans la loge ou les loges du péricarpe. A la sortie de l'endocarpe, ce faisceau de vaisseaux prend le nom de *trophosperme* (τρέφω, je nourris, σπέρμα, semence; graine); et ses divisions sont appelées *funicules* ou *podospermes* (πούς; ποδός, pied). Dans les légumes (pois, haricots, fèves; etc.), le trophosperme est moins distinct que les funicules.

L. Louvet.

PÉRICLÈS. L'année de la naissance de Périclès ne nous est pas connue. Ce fut environ entre 500 et 490 avant Jésus-Christ. Il était fils de Xantippe, le vainqueur de Mycale, et d'Agariste, qui appartenait à une des familles les plus illustres d'Athènes. On ne sait rien de ses jeunes années : il était enfant quand Thémistocle remportait la victoire de Salamine; quand Aristide était payé de ses vertus par l'ostracisme. Il s'appliqua de bonne heure à des études fortes et sérieuses. Il corrigea les leçons du sceptique Zénon d'Élée par celles d'Anaxagore, qui dégageait la philosophie religieuse des entraves du polythéisme, et commençait à faire entrevoir à ses disciples cette unité divine que Socrate et Platon allaient bientôt révéler au monde. Telle fut l'école du génie de Périclès; et il entrevoyait déjà cette tribune d'Athènes, où il devait être le plus éloquent et le plus admiré. Parlons un peu de sa personne. Sa tête était remarquablement grosse, et avait la forme d'un oignon, ce qui le fit surnommer *Schizoképhalon*; il était admirablement fait, et sa figure avait ce dessin pur et régulier, ces lignes nobles et droites qui n'appartiennent qu'à la race grecque; il pouvait en un mot servir de modèle à son illustre contemporain et ami Phidias.

Sa démarche élégante et noble, sans arrogance, son regard imposant et doux, étaient autant de qualités naturelles qui n'étaient chez lui que des accessoires. Un de ses talents les plus remarquables était de choisir merveilleusement le temps pour tout. Il devina parfaitement quand le moment arrivait pour lui; et lorsque, Aristide étant mort et Thémistocle exilé, Cimon prit en main les rênes du gouvernement, il se retira des plaisirs qui l'entouraient, s'éloigna de la foule, ne s'occupa plus que de questions sérieuses, et marcha d'un pas ferme à la tribune. Dès qu'il y eut mis le pied, son sort fut décidé, et il s'était installé en maître dans cette monarchie de grands hommes sous lesquels le gouvernement démocratique d'Athènes avait le bonheur de plier.

Périclès, en se mêlant aux affaires publiques, n'avait qu'un parti à prendre, se traîner à la suite de Cimon, qui était à la tête du parti aristocratique, ou se poser comme son antagoniste. Un rôle secondaire ne pouvait lui convenir. Il se rangea du côté de la multitude, se constitua à la tribune le représentant de ses intérêts; mais jamais il n'y eut un chef populaire plus noble et qui fit rejaillir plus de dignité sur son parti. Périclès comprit que pour parvenir il fallait s'appuyer sur les masses et leur donner une impulsion intelligente et décidée. Beaucoup d'historiens l'ont accusé de cruauté dans les attaques qu'il dirigea contre Cimon : il fut injuste, mais non cruel. Il se contenta de l'ostracisme contre son rival. Il ne fit jamais aucune proscription.

Nous avons parlé de l'éloquence de Périclès : l'effet de ses discours était prodigieux; malheureusement, aucun de ces chefs-d'œuvre n'a survécu. Avant de monter à la tribune il se disait tout bas qu'il allait parler à des hommes libres, à des Grecs, à des Athéniens. De plus, il se rappelait au besoin les leçons du philosophe Zénon d'Élée, le dialecticien le plus habile de toute la Grèce.

Les détails de la lutte entre Cimon et Périclès ne nous sont pas tous parvenus. Il fit voter pour Cimon, couvert de gloire, chéri à Athènes, et qui n'avait d'autre tort que d'être du parti opposé à Périclès; il fit voter l'ostracisme, cet écueil terrible de la popularité, toute bien acquise qu'elle fût; et Cimon s'en alla chercher dans l'exil la place qu'y avaient occupée les Thémistocle et les Aristide. Périclès rencontre bientôt un nouvel adversaire dans Thucydide, beau-frère de Cimon, antagoniste dangereux, et chef de parti fécond en ressources. Quand il se sentit assez fort pour se passer de la multitude, il essaya de ramer contre le courant, et s'opposa à beaucoup de volontés factieuses. Il laissait subsister les formes républicaines, mais la république expirait sans qu'on s'en aperçût sous le poids du génie. Le jeu qu'il jouait avec la liberté, rôle pour lequel il appelait à son aide les prestiges et les fascinations de tous les arts, dura quarante ans. Il en sortit un grand homme et un grand siècle.

N'était-ce pas une chose merveilleuse qu'Athènes à cette époque? Vingt-cinq mille hommes libres, qui étaient parvenus à se faire les rois de la mer, qui se reposaient sur leur flotte sommeillant dans le Pyrée, et dont toute l'occupation, toute la vie alors, était de tailler des pierres immortelles, et de peindre sur des toiles dont ils faisaient des dieux; tout un peuple qui n'avait qu'une pensée, le beau, et dont la main habile atteignait à la perfection en tout, en poésie, en sculpture, en peinture, en médecine! Quelle époque, quelle réunion! Sophocle, Euripide, Eschyle, Phidias, Zeuxis, Hippocrate, et au-dessus d'eux Périclès dans sa tribune! puis Socrate, Anaxagore, qui révélaient à l'homme une partie de ses destinées! Chacun de ces hommes eût suffi pour immortaliser un siècle, et ils travaillaient tous avec le même génie à la même œuvre: l'un avec ses strophes, ses admirables tragédies, moule parfait, d'où la langue grecque sortait encore plus belle et plus pure; l'autre avec ses pinceaux et ses ciseaux; et Périclès enfin, avec sa parole, arme puissante, qui stimulait tous ces admirables travailleurs. Au-dessous de ces maîtres, le long des magnifiques Propylées, une jeunesse noble et passionnée, qui commente, qui creuse jusqu'au fond chacune des paroles du philosophe qu'elle aime, et qui l'arrête dans son chemin pour lui demander sa solution, et ce philosophe s'appelle Socrate! Une foule magnifique qui entre dans le Parthénon, et admire autant la majesté de l'ouvrier que celle de la déesse pour laquelle il a travaillé; un peuple tout entier qui écoute avec ivresse, terreur et orgueil Sophocle et Euripide; et les voûtes de l'Odéon qui retentissent des applaudissements frénétiques de la foule, et dominant ces bruits la voix grave et nombreuse de ces chœurs tragiques, où la morale trouvait toujours un abri!

Les Lacédémoniens étaient entrés avec une armée assez forte sur le territoire de Tanagre. Athènes arma tout de suite contre eux; le patriotisme de Cimon se réveilla à ce nouveau danger de son pays; il rompit noblement son ban, et vint combattre dans les rangs des Athéniens. Périclès, qui avait peur de la nouvelle gloire que son rival allait acquérir, arriva en toute hâte, et fit retirer Cimon. Cependant, un traité secret fut conclu, et on convint que Périclès ne s'opposerait pas au rappel de Cimon s'il se contentait du commandement d'une flotte de 200 voiles, qui devait attaquer le grand roi, et s'il laissait Périclès maître de la ville. Ces conditions furent acceptées. Cimon partit pour l'île de Cypre, et trouva une mort glorieuse au siége de Citium. Son beau-frère Thucydide continua sa querelle avec Périclès, jusqu'à ce que celui-ci l'eut fait exiler.

Nous allons voir par quels moyens admirables Périclès savait distraire les Athéniens de ces éternelles discordes, côté faible, par lequel il ne touchait que trop à l'humanité. Athènes regorgeait de citoyens, et cette masse, grossie tous les jours, allait devenir indisciplinable, quand Périclès recourut à ce système colonial qui avait déjà tant servi à la grandeur et à la sécurité de la Grèce. C'est ainsi que la Chersonèse, Naxe et Thurium en Italie reçurent le tribut de ces hommes qui restaient athéniens, loin de leur patrie, qui recueillaient les richesses d'un sol nouveau, et qui apportaient en échange les mœurs et les traditions de la civilisation la plus avancée de la Grèce. Périclès fit plus pour la gloire de sa patrie, pour l'honneur de l'antiquité: quand il se fut assuré la paix au dehors, quand il eut terminé des guerres, contracté des alliances, il se mit à travailler à son œuvre de gloire. Jusque alors Athènes avait été illustre par ses héros, par les grands événements auxquels elle avait présidé. Périclès voulut que les pierres de sa ville natale fussent immortelles, comme les grands hommes qu'elle produisait; il voulut que ce que la main d'Athènes aurait fait, la main du temps fût forcée de le respecter. Il fonda des monuments éternels, il sema des merveilles, et fit exécuter sur ce coin de l'Attique tout ce que l'imagination grecque entrevoyait d'idéal sous les voiles de l'Olympe qu'elle soulevait. Il fit un appel à tous les arts, à toutes les richesses de la Grèce. Il attira à lui tout l'or, tout le marbre qui était enfoui dans ce sol si fécond. Les richesses arrivèrent à Athènes, où les Phidias, les Zeuxis, les attendaient, avec les Callicrate et les Ictinus. En peu d'années, et comme par un ouvrier divin, deux merveilles sortirent de terre: le Parthénon, avec ses colonnes de marbre blanc; l'Odéon, avec son cintre éblouissant; l'Odéon, qui devait retentir des chants de toute la Grèce. Ces monuments sont les plus remarquables, mais ne sont pas les seuls que Périclès ait fait élever.

A mesure qu'Athènes se peuplait de ces merveilles, les ennemis de Périclès se déchaînaient contre lui; et les poëtes comiques traînaient sur les planches de leur théâtre le nom de l'homme qui leur bâtissait l'Odéon. La calomnie alla plus loin que la satire: Périclès avait, disait-on, pour maîtresse la femme de son fils. Il s'entendait avec Phidias, qui lui fournissait, sous prétexte d'avoir des modèles, toutes les plus belles femmes. De plus, les Athéniennes pénétraient par faveur dans les monuments non encore achevés, et on disait que c'était moins le monument que l'architecte qu'elles allaient voir. Voici comment Périclès fit taire tous ces bruits: « Vous trouvez donc, dit-il, dans une assemblée publique, que j'ai trop dépensé? » « Beaucoup trop! » cria-t-on de toutes parts! « Eh bien! reprit Périclès, je me charge de toutes ces dépenses; mais je mettrai seul mon nom à ces monuments, qui m'appartiendront. » Périclès connaissait bien le peuple d'Athènes. Il ne consentit pas à se dépouiller de la gloire de ses monuments, et se tut sur les dépenses.

Un des ennemis les plus acharnés de Périclès était Thucydide, beau-frère de Cimon, et qui lui avait succédé comme chef du parti aristocratique. Il était habile dans la direction d'un parti, adroit et profond dans ses discours, où il faisait voir combien il y avait d'instinct tyrannique dans le gouvernement populaire de Périclès. Un tel adversaire devenait tous les jours plus dangereux: il disposait du parti riche et influent; mais Périclès avait pour lui le peuple entier, qui tolérait la tyrannie pourvu qu'on l'exerçât en son nom! Il fit mettre aux voix, dans l'assemblée publique, la proposition de savoir qui devait se retirer et être banni, de lui ou de Thucydide; et l'immense majorité ayant voté contre Thucydide, Périclès resta plus affermi que jamais dans son autorité presque absolue.

Il faut parler maintenant de la passion que lui inspira Aspasie. Elle était originaire de l'île de Milet, et si belle qu'elle ressemblait aux déesses qui sortaient du ciseau de Phidias: l'île de Milet avait le triste privilége de fournir des courtisanes qui s'établissaient dans les villes, et, malgré leur condition, n'ouvraient leurs maisons qu'aux gens d'une condition élevée. Un jour, peut-être en compagnie de Socrate, Périclès entra chez Aspasie, et de ce jour il l'aima pour toute la vie. Ce n'était pas en effet une courtisane vulgaire que celle chez qui tous ces philosophes de la Grèce, tous ces hommes d'État, arrivaient en foule, moins pour les charmes de sa rare beauté que pour ceux de sa parole. Elle causait de sagesse avec Socrate, de politique et de beaux-arts avec Périclès, et de médecine avec Hippocrate. Plus d'un père de famille amenait chez elle sa femme et ses filles, pour apprendre d'elle l'art de l'éloquence et de la persuasion. Il y a, malgré la réprobation première, quelque chose de grand et de noble dans Aspasie. N'était-elle pas un peu l'image de la Grèce, telle qu'elle devait être deux siècles après, vendue à tous les étrangers, qui venaient de tous les coins du monde jouir de sa beauté et admirer son éloquence; grande par l'intelligence et le savoir, et en même temps perdue par un vice flétrissant; la première dans l'échelle de la science, et la dernière dans celle des mœurs; faible et attirant tout à elle, et semblant protégée par le temps, qui l'embellissait sans cesse. Était-ce sa beauté, son éloquence, son éclat, ou son malheur, qui attira Périclès, et qui l'attacha pour toujours à Aspasie? Peut-être était-ce cet assemblage inouï, et il voulut avoir le mot de cette énigme. Il était déjà marié; mais sa femme, dont il avait eu deux fils, Xantippe et Paralus, lui était devenue odieuse, et de son côté l'avait en horreur. Le mariage fut rompu, et Périclès, l'*Olympien*, épousa très-légitimement la courtisane Aspasie. Était-ce courage ou faiblesse?

Périclès mourut l'an 429 av. J.-C.

LACRETELLE, de l'Académie Française.

Sachant s'élever au-dessus des préjugés de sa caste, Périclès avait embrassé la défense des intérêts du parti démocratique; et il acheva la défaite de l'aristocratie en amoindrissant avec le secours de son ami Éphialtes les attributions de l'Aréopage. Ce fut lui aussi qui rendit possible aux plus pauvres citoyens de prendre part à toutes les délibérations de l'assemblée du peuple, en faisant décider que tout individu qui y assisterait recevrait une rémunération aux frais du trésor public. Sa politique n'avait point en vue la Perse, d'où il ne voyait poindre aucun péril, mais bien Sparte et la ligue du Péloponnèse. Quoique par là il ait donné lieu à la longue et sanglante guerre du Péloponnèse, il ne s'était pas trop exagéré les ressources d'Athènes et n'avait pas légèrement exposé l'État aux graves dangers qui plus tard résultèrent pour lui de cette guerre (*voyez* GRÈCE). Avec autant de résolution que d'habileté il avait borné toutes ses mesures à une prudente et efficace défensive. Malheureusement, en mourant il ne transmit pas son génie à ceux qui prirent le pouvoir après lui. C'était un homme d'État consommé. Il avait l'habitude de ne parler dans l'assemblée du peuple que très-rarement, et seulement lorsqu'il s'agissait d'affaires d'une haute importance; mais on comparait les effets produits alors par son éloquence à ceux de la foudre et des éclairs. De là le surnom d'*Olympien*, qu'on lui avait donné. Le discours admirable qu'il prononça pour honorer la mémoire des citoyens morts pour la patrie pendant la guerre de Samos enthousiasma tellement l'auditoire que les femmes le couronnèrent de fleurs. A la fin de sa glorieuse vie, le plus bel éloge qu'on put faire de lui fut de dire que pendant ses quarante années de magistrature il n'avait été la cause du deuil d'aucun de ses concitoyens.

PÉRICOPES (du grec περικοπή, division). On appelle ainsi les passages des Évangiles prescrits pour la lecture à l'autel et comme textes de sermons. Au quatrième siècle, le choix en fut limité aux livres canoniques de l'Ancien et du Nouveau Testament; mais originairement le choix en était laissé au prêtre. Le pape saint Grégoire le Grand composa un *lectionnaire* particulier, contenant les différents évangiles et épîtres prescrits pour chacun des dimanches et jours fériés de l'année. Au temps où dominait la stérile scolastique, il arrivait souvent qu'on substituât aux péricopes tirés des livres canoniques des passages de la *Morale* d'Aristote. Luther maintint dans l'Église protestante les péricopes de saint Grégoire, non pas tant à cause de leur excellence que parce que beaucoup de prédicateurs eussent encore été incapables de trouver de nouveaux textes et de les commenter. L'Église réformée, au contraire, laissa à ses prédicateurs liberté complète de choisir leurs *péricopes*. Dans la liturgie catholique, les *péricopes* lus à l'autel sont constamment restés les mêmes; mais le plus ou moins de liberté qu'ont les prédicateurs dans le choix de ces *péricopes* dépend des évêques et de leurs vicaires généraux.

PÉRIDIUM ou PÉRIDION. *Voyez* CHAMPIGNONS.

PÉRIDOT, substance vitreuse, d'un vert jaunâtre, formée de silicate de magnésie (silice, 43,7; magnésie, 56,3), avec une certaine quantité de protoxyde de fer. Le péridot est infusible, un peu plus dur que le quartz. Sa cristallisation s'effectue dans le système rhomboïque. Sa densité est 3,5.

On distingue deux variétés principales de péridot: la *chrysolithe* et l'*olivine*. La première est cristalline, à cassure vitreuse, et de couleur verte; quand ses cristaux sont assez volumineux, on les emploie quelquefois dans la joaillerie; mais ils sont peu estimés, à cause de leur faible éclat: les plus beaux se trouvent dans les roches basaltiques de l'Anatolie. Quant à l'olivine (*péridot granuliforme* de Haüy), elle se présente en petites masses grenues, de couleur variable.

PÉRIÉGÈTE, PÉRIEGESIS. Chez les Grecs le mot *periegesis* servait à qualifier l'action de conduire un étranger dans une ville, de lui en montrer les monuments et de lui donner tous les renseignements historiques relatifs à leur origine, etc. Le *périégète* était donc, au propre, ce que l'on appelle aujourd'hui un *cicerone*. Cependant, les Grecs employaient encore de préférence le mot *periegesis* pour désigner en géographie la description des monuments les plus remarquables d'une ville, d'un pays, des particularités relatives aux peuples et à leurs usages, etc. Aussi plusieurs auteurs, par exemple Hécatée, Denis, surnommé à cause de cela même *le Périégète*, et Pausanias, donnèrent-ils le titre de *periegesis* à ceux des ouvrages qu'ils composèrent en ce genre; et les Romains Avienus et Priscianus le conservèrent aux imitations qu'ils en firent.

PÉRIER. Trois frères, mécaniciens célèbres, ont porté ce nom. On leur doit la première pompe à feu qui ait fonctionné à Paris. L'un d'eux mourut très-jeune, à l'âge de vingt-quatre ans. Les deux autres, *Jacques-Constantin*, né à Paris, en 1742, et *Augustin-Charles*, son frère puîné, de la même ville, ne cessèrent de se seconder mutuellement dans leurs ingénieux et infatigables travaux. On leur doit, outre la pompe centrifuge, plus de cent machines à vapeur, des cylindres à papier, des machines à filer le coton, etc. Il est sorti de leur établissement un nombre prodigieux d'appareils d'usine. Ils eurent parfois plus de quatre-vingts ateliers en activité. En 1788 ils voulurent fonder une société pour la distribution de l'eau dans Paris; la même année ils établirent des moulins à vapeur à l'île des Cygnes pour remplacer les moulins à eau que la gelée empêchait de marcher. Pendant la révolution, ils fondirent plus de 1,200 pièces de canon pour les armées. Le système des assignats porta un coup fatal à leur fortune. Jacques-Constantin, mort en 1818, a écrit un *Essai sur les Machines à Vapeur*, ainsi qu'un grand nombre de mémoires insérés dans le recueil de l'Académie des Sciences, dont il était membre. Mais le plus beau titre des frères Périer à la gloire, ou plutôt à la reconnaissance publique, est la pompe à feu de Chaillot. Le rapporteur des prix décennaux, en 1811, donna les plus grands éloges à l'usine de Chaillot. « Cet établissement, dit le rapport, est le premier, et presque le seul en France, où l'on puisse faire exécuter toutes sortes de machines: on y fabrique la majeure partie des pompes à vapeur répandues dans le royaume, une grande quantité de pompes de toutes espèces, des balanciers, des découpoirs, des cylindres à papier...; ils fondent en fer ou en cuivre toutes sortes de pièces... C'est à eux qu'on a ordinairement recours pour la construction de manéges, d'assortiments de machines à filer le coton, etc. »

PÉRIER (CASIMIR) était né à Grenoble, le 12 octobre

1777. Sa famille, originaire de Mens, petite ville des environs, s'était enrichie par le commerce et l'industrie, et jouissait depuis longtemps d'une grande considération. Au moment où éclata la révolution il faisait ses études au collége de l'Oratoire à Lyon, où avaient aussi été élevés ses trois frères aînés, *Augustin*, *Alexandre* et *Scipion;* mais son éducation dut nécessairement se ressentir des agitations de l'époque et de la mobilité énergique de son caractère. Casimir Périer vint bientôt rejoindre son père à Paris, où il s'associa souvent aux entreprises de son frère Scipion. Atteint par la conscription en 1798, il partit comme adjoint du génie, et fit en cette qualité la campagne d'Italie de 1799 à 1800. A la mort de son père, en 1801, il abandonna la carrière militaire pour fonder à Paris, en société avec son frère Scipion, une maison de banque, qui déjà sous l'empire devint l'une des plus importantes de la capitale, et qui sous la Restauration se livra aux plus vastes spéculations industrielles. Le gouvernement royal, en favorisant ouvertement les folles prétentions de l'aristocratie nobiliaire et du clergé, indisposa vivement la bourgeoisie, qui l'avait d'abord accueillie avec tant d'enthousiasme. Dès lors l'opinion publique adopta comme ses représentants les hommes qui, à l'instar de Laffitte, de Casimir Périer, de Delessert, et autres notabilités de la finance, profitèrent de l'indépendance que leur assurait leur haute position commerciale pour réclamer le maintien des conquêtes civiles de 1789 et défendre la Charte, qui les avait solennellement consacrées, contre les attaques des énergumènes du parti ultra-royaliste, demandant à grands cris qu'on fît table rase des institutions créées par la révolution. En 1817, afin de se procurer les 300 millions qui lui étaient nécessaires pour solder le reste de la rançon due par la France aux alliés, le gouvernement traita avec des capitalistes étrangers, qui s'engagèrent à lui avancer environ les deux tiers de cette somme en échange d'une valeur de rentes presque double en capital. Cette convention désastreuse, qui serait inconcevable aujourd'hui, passée sans publicité ni concurrence, s'explique par l'état précaire où se trouvaient alors et le gouvernement et le pays ; mais elle prêtait à bien des critiques. Casimir Périer l'attaqua dans un écrit remarquable par la clarté, la vivacité et en même temps la mesure (*Réflexions sur le projet d'emprunt de seize millions* [Paris, 1817]). Cet opuscule produisit la plus vive sensation ; et aux élections générales qui eurent lieu à peu de temps de là Casimir Périer fut envoyé à la chambre des députés par la ville de Paris. Une fois arrivé à la chambre, il n'en sortit plus. Il y resta d'ailleurs toujours fidèle à son programme politique : le maintien des conquêtes politiques de 1789 et le respect de la Charte, ancre de salut pour la France. Il demeura donc étranger aux conspirations du parti libéral représenté par l'extrême gauche, et quand les élections de 1827 ramenèrent à la chambre une majorité décidée à combattre énergiquement les tendances du parti absolutiste et clérical, ce fut au centre gauche; et non à l'extrême gauche qu'il planta son drapeau. On se rappelle que le centre gauche défendit alors l'administration intelligente et loyale de M. de Martignac; et Charles X, qui parut un moment avoir enfin compris que le respect de la Charte, le jeu loyal des institutions représentatives dont elle avait doté le pays, étaient les plus sûres garanties du maintien de la maison de Bourbon sur le trône, fit à diverses reprises inviter aux cercles de la cour Casimir Périer, qui, en qualité de député de Paris, eut plusieurs fois l'honneur de faire la partie de whist du roi. A ce moment la haute bourgeoisie, satisfaite, s'était de nouveau franchement ralliée à la maison de Bourbon. Il ne fallut pas moins que le ministère insensé de M. de Polignac pour provoquer un divorce que Casimir Périer eût voulu éviter à tout prix. Aussi en présence de l'insurrection des 27, 28 et 29 juillet 1830, son attitude fut-elle des plus chancelantes et des plus équivoques. Il était d'avis de négocier avec la cour le retrait des fatales ordonnances du 25; et pour le décider à se jeter dans le mouvement, il fallut la déroute complète des troupes. Nommé le 29 membre de la commission municipale, il n'était d'abord pas d'avis de déférer la couronne au duc d'Orléans, et à ce moment encore il eût préféré toute autre combinaison à un changement de dynastie. Élu le 3 août président de la chambre des députés, qui s'arrogeait les pouvoirs d'une assemblée constituante, il résigna ces fonctions pour entrer comme ministre sans portefeuille dans le ministère du 11 août. Quand Laffitte devint président du conseil, le 2 novembre, Casimir Périer refusa de s'associer à un cabinet dont les tendances lui semblaient trop révolutionnaires, et reprit le fauteuil de la présidence de la chambre des députés. Redoutant de voir la révolution finir par dégénérer bientôt en une rupture complète de tous les liens sociaux, il assista d'abord silencieux à la marche des événements; et lorsque, le 13 mars 1831, sur la désignation de Laffitte lui-même, lequel se sentait hors d'état de supporter plus longtemps le poids écrasant de la situation faite à la France par un cabinet qui sans doute voulait la monarchie et la paix, mais qui ne savait guère maintenir les conditions de la monarchie et de la paix, il prit la présidence d'une nouvelle administration avec le ministère de l'intérieur; ce fut avec la ferme intention de clore enfin l'ère des révolutions. Naturellement ennemi du désordre, profondément attaché au principe d'autorité, de subordination, de respect pour la loi; inaccessible aux illusions spéculatives, il jugeait avec sévérité les agitations de la société moderne et surtout l'état maladif d'irritation et d'exigence développé par la révolution de 1830. Ce fut donc avec le sentiment d'un devoir à accomplir, avec la défiance d'un esprit chagrin et avec le courage d'un grand cœur qu'il accepta ce pouvoir qui aura toujours tant de charmes aux yeux des ambitieux vulgaires. On peut dire que de la présidence de Casimir Périer date le règne du système politique qu'on a appelé le juste-milieu, ainsi qu'une nouvelle époque dans l'histoire de la monarchie de Juillet. Le pays était fatigué d'émeutes; la presse républicaine effrayait le pays par ses tendances anarchiques : une telle situation donna à l'administration les forces nécessaires pour combattre énergiquement les doctrines et l'agitation révolutionnaires. Tandis qu'elle réprimait avec une sanglante sévérité l'insurrection carliste de la Vendée et les troubles provoqués au mois d'avril par le parti républicain, elle n'hésitait pas à dissoudre une chambre des députés qui lui marchandait son concours. Mais l'assemblée nouvelle, qui se réunit le 22 juillet 1831, se montra encore assez récalcitrante à l'endroit du ministère du *juste-milieu*; et le 18 octobre, après une lutte des plus vives, dans laquelle Casimir Périer fit vainement appel à toute son énergie, elle rejeta à une grande majorité le principe de l'hérédité de la pairie, qu'il défendait ouvertement. Cette défaite politique blessa Périer au cœur, et dès lors il reconnut son impuissance à maîtriser le torrent de la révolution. Les troubles qui éclatèrent sur tous les points de la France à la nouvelle de la chute de Varsovie, les cris de misère des classes travailleuses, l'insurrection des *canuts* de Lyon en novembre 1831 et le renouvellement de l'agitation carliste au printemps de 1832 dans le midi de la France, lui révélèrent complétement les proportions du volcan qu'il s'épuisait moralement et physiquement à vouloir comprimer. Les remarquables succès obtenus par sa politique à l'extérieur, l'indépendance de la Belgique sauvegardée, l'usurpateur dom Miguel humilié en Portugal par l'apparition d'une flotte française dans les eaux du Tage, l'occupation d'Ancône, furent autant de résultats qui à toute autre époque eussent vivement impressionné les esprits, et qui passèrent inaperçus au milieu du tumulte des partis. Lorsque le choléra éclata à Paris au mois de mars 1832, on le vit déployer une activité sans bornes pour prendre les mesures les plus propres à adoucir et à combattre ce fléau. Le dimanche 1er avril il accompagna le duc d'Orléans dans sa visite aux cholériques, qui encombraient l'hôtel-Dieu. Les jours suivants furent marqués dans la capitale par des scènes odieuses de barbarie, qui furent un outrage à la civilisation. Elles affligèrent d'autant plus cruellement Périer, qu'il ne put se défendre du soupçon qu'elles avaient été excitées par le machiavélisme du parti républicain. Le 6 il fut atteint lui-même du choléra. La maladie fut terrible : elle parut un instant conjurée, mais il était depuis longtemps consumé par la vie dévorante de la tribune et du pouvoir. Le mal reprit le dessus ; et après une douloureuse agonie, pendant laquelle dans son délire il se plaignait du non-accomplissement de promesses à lui faites et de la perte de sa popularité, il rendit enfin le dernier soupir, dans la nuit du 15 au 16 mai 1832, à l'âge de cinquante-cinq ans. Une foule immense suivit sa dépouille mortelle au cimetière de l'Est, où un monument a été élevé à sa mémoire avec le produit d'une souscription ouverte aussitôt parmi ses amis politiques.

Casimir Périer était d'une grande taille ; sa figure, mâle et régulière, offrait une expression de pénétration et de finesse qui contrastait avec l'énergie imposante qui l'animait par instants. Sa démarche, son air, son geste, avaient quelque chose d'irascible et d'impérieux. Dans les dernières années de sa vie ses traits s'étaient altérés et portaient une empreinte plus de souffrance que d'affaiblissement. Il avait des jours d'un abattement douloureux, auquel l'arrachait soudain toute provocation extérieure. En lui luttait sans cesse une raison froide et une nature passionnée. En général il jugeait rigoureusement les hommes ; et son langage était sans indulgence, quoique son cœur n'eût aucune haine. En résumé, avec ses qualités et avec ses défauts, Casimir Périer fut incontestablement l'une des grandes figures politiques de notre siècle.

En mourant, Casimir Périer laissa deux fils : l'aîné, *Paul* Périer, né en 1809, a continué les opérations de banque auxquelles son père était redevable de son immense fortune. Le cadet, *Casimir* Périer, né en 1811, embrassa la carrière diplomatique, qui naturellement devait s'ouvrir à deux battants devant lui sous la monarchie de Juillet, et fut de 1830 à 1846 soit secrétaire d'ambassade, soit chargé d'affaires de France près diverses cours étrangères. Il fit partie de la dernière chambre des députés comme député de Paris ; et les électeurs du département de l'Aube le choisirent pour leur représentant à l'Assemblée Nationale.

PÉRIER (Augustin), frère aîné de *Casimir*, naquit à Grenoble en 1772, et entra dans la maison de banque de son père. Il arriva à la chambre des députés en 1827, fut créé pair de France le 16 mai 1832, et mourut le 2 décembre 1833.

PÉRIER (Camille), le plus jeune des frères du précédent, né à Grenoble en 1785, fut nommé en 1808 auditeur au conseil d'État, et de 1828 à 1834 fit partie de la chambre des députés comme député de Mamers. Il fut ensuite élu dans la Corrèze, et reçut la pairie en octobre 1837.

PÉRIGÉE (du grec περί, près, et γῆ, terre). On appelle ainsi, en termes d'astronomie, le point de l'orbite d'une planète où celle-ci est à sa plus petite distance de la Terre. Ce mot est, en ce sens, l'opposé d'*apogée*.

PÉRIGNON (Dominique-Catherine de), maréchal de France, né le 31 mai 1754, à Grenade (Tarn-et-Garonne), appartenait à une famille noble, et entra de bonne heure au service en qualité de sous-lieutenant. Il était parvenu au grade de lieutenant-colonel, quand quelques mécontentements particuliers le déterminèrent à renoncer à la carrière militaire. A la révolution il vivait retiré dans son pays natal. Il accepta avec dévouement les fonctions de juge de paix, que ses concitoyens lui déférèrent à la presque unanimité. Peu de temps après, en septembre 1791, ils l'élurent pour leur représentant à l'Assemblée constituante. Mais il y siégea fort peu, parce qu'il rentra au service en qualité de commandant de la légion des Pyrénées-Orientales. Nommé bientôt après général de brigade, il mérita le grade de général de division par sa belle conduite au combat de Thuis, le 23 décembre 1793. Dugommier ayant été tué l'année suivante, sous les murs de Saint-Sébastien, Pérignon le remplaça dans son commandement, et chassa alors les Espagnols des positions qu'ils occupaient à Escola ; affaire qui fit tomber 200 pièces de canon entre ses mains et qui lui ouvrit les portes de Figuières (20 novembre 1794). Sa campagne de 1795 ne fut pas couronnée de moindres succès ; elle se termina par la prise de Rosas, et amena la conclusion de la paix entre les deux nations belligérantes. Pérignon fut nommé alors ambassadeur de la république française à Madrid, et fit preuve d'habileté comme négociateur, par le traité d'alliance offensive et défensive qu'il amena l'Espagne à conclure avec la France, le 22 juillet 1796.

A la fin de 1798 le Directoire rappela Pérignon de son ambassade pour lui confier un commandement à l'armée d'Italie. En 1799 il commandait l'aile gauche à la bataille de Novi, et fut fait prisonnier en s'efforçant, malgré une blessure grave, de protéger la retraite de l'armée. Ce ne fut qu'après une assez longue captivité qu'il fut échangé. A son retour en France, en 1801, il fut appelé par le premier consul à faire partie du sénat ; puis il eut mission de suivre les négociations ouvertes pour la délimitation des frontières respectives de la France et de l'Espagne. Lors de son élévation à l'empire, Napoléon comprit Pérignon au nombre des douze maréchaux de l'empire qu'il créa à cette occasion. Il le nomma en outre *comte* et le pourvut de la sénatorerie de Bordeaux. Deux ans après, en 1806, il l'appela à présider, en qualité de gouverneur général, à l'administration des duchés de Parme et de Plaisance ; puis, en 1806, à remplacer Jourdan dans le commandement supérieur des troupes françaises stationnées dans le royaume de Naples. Pérignon conserva cette position jusqu'en 1814, c'est-à-dire jusqu'au moment où Murat abandonna la cause de son beau-frère pour se joindre aux puissances coalisées. Il était à peine de retour à Paris, que la fortune des armes livrait cette capitale aux armées alliées.

Le maréchal Pérignon adhéra alors à la déchéance de Napoléon votée par le sénat ; et quelque temps après Louis XVIII le nommait membre d'une commission chargée de vérifier et d'apprécier les états de service des anciens officiers de l'armée émigrés au début de la révolution. Par une ordonnance royale en date du 4 juin 1814, le maréchal fut compris dans la nouvelle chambre des pairs établie aux termes de la charte constitutionnelle, et à cette occasion on le créa *marquis*. Quand, l'année d'après, Napoléon, débarqué à Cannes, marcha sur Paris, le maréchal Pérignon, qui se trouvait à ce moment dans une terre qu'il possédait aux environs de Toulouse, unit ses efforts à ceux de Vitrolles pour organiser les royalistes du midi afin de pouvoir, à leur tête, *courir sus à l'usurpateur*. Quoique ce beau zèle fût demeuré infructueux, la seconde restauration ne lui en sut pas moins gré, et l'en récompensa par le gouvernement de la 1re division militaire. Il mourut à Paris, le 25 décembre 1818.

PÉRIGONE. *Voyez* Calice et Périanthe.

PÉRIGORD, pays de France, dans l'ancienne province de Guyenne. Il était divisé en haut et bas Périgord, ou Périgord *blanc* et Périgord *noir*, parce que le bas Périgord abonde en forêts où dominent les essences résineuses. Le haut Périgord avait pour chef-lieu Périgueux, et pour villes principales Mucidan, Bergerac et La Force ; le bas Périgord avait pour capitale Sarlat ; Biron et Montignac en étaient les villes les plus importantes. Son territoire est aujourd'hui réparti entre les départements de la Dordogne (786,048 hectares) et de la Gironde (46,125 hectares). La province de Périgord tirait son nom des anciens *Petrocorii*, peuple qui, après avoir fait partie de l'Occitanie, fut compris par César dans la Gaule Celtique. Les vestiges d'antiquités celtiques et romaines sont très-nombreux sur le sol du Périgord ; on y rencontre beaucoup de *dolmens*, connus dans le pays sous le nom de pierres levées (*payra levada*), un grand nombre de tombelles et les restes de cinq grandes voies romaines. Le Périgord, dont la capitale, d'abord nommée *Vesunna*, prit ensuite le nom de *Petrocorium*, fut réuni à la seconde Aquitaine sous Valentinien, tomba au pouvoir des Goths vers le milieu du cinquième siècle, et fut conquis par

Clovis sur Alaric, en 507. Échappé aux mains débiles des derniers Mérovingiens, il fut une seconde fois reconquis par les Francs de Pépin, et les successeurs de Charlemagne en firent un comté qui passa au dixième siècle sous la domination des comtes de la Marche, par suite de l'extinction de la race de Bernard, son avant dernier comte, dont Boson Ier avait épousé la sœur. Les descendants de ces nouveaux seigneurs gardèrent leur suzeraineté jusqu'à la rébellion d'*Archambaud VI, dit le vieux*. Un arrêt du parlement confisqua ses biens, qui passèrent alors avec ses titres à *Louis*, duc d'Orléans, son ennemi personnel. Archambaud se rendit en Angleterre, et y prit du service. Ses efforts pour se remettre en possession de son patrimoine avec le secours d'une armée anglaise échouèrent complétement, et il mourut en 1425, au château d'Hauteroche. *Charles* d'Orléans, fils de Louis, vendit ce comté en 1437, pendant sa captivité en Angleterre, à *Jean de Blois*, dit de Bretagne, comte de Penthièvre, par l'intermédiaire du bâtard d'Orléans. La nièce de Jean de Blois, *Françoise*, apporta le Périgord en dot au seigneur d'Albret, dont la fille *Jeanne* épousa Antoine de Bourbon. Henri IV, fils d'Antoine, réunit définitivement le Périgord à la couronne, lorsqu'il monta sur le trône.

La famille des *Talleyrand-Périgord* descend d'*Hélie V*, dit *Talleyrand*, comte de Périgord.

PÉRIGUEUX, ville de France, chef-lieu du département de la Dordogne, sur la rive droite et près du confluent de l'Isle avec la Vézère; avec une population de 13,547 habitants, des tribunaux de première instance et de commerce, un évêché suffragant de Bordeaux, un bureau de garantie des matières d'or et d'argent, un lycée, une école normale primaire, une école de dessin linéaire, une bibliothèque publique de 20,000 volumes, un musée d'antiquités, une collection minéralogique, une société d'agriculture, des sciences et des arts, une société philharmonique, trois typographies.

On exploite aux environs de Périgueux des carrières de superbes pierres à bâtir; on y exploite aussi et on y prépare des pierres lithographiques estimées, des pierres à repasser les rasoirs et les canifs. La scierie et le polissage des marbres des Pyrénées occupe un grand nombre de bras. Enfin, la ville renferme des fabriques d'étamines, de cadis et de bonneterie, de coutellerie, de tournebroches, de clous, d'emporte-pièces et d'outils de cordonnier; des filatures de laine, des cireries, des huileries, des teintureries, des tanneries; on y fabrique de l'anisette, des liqueurs fines et des dragées estimées; et l'on y fait un grand commerce de volailles et de pâtés truffés renommés, de fer, de bois, de papier, épiceries, eau-de-vie, gibier, volailles et bestiaux.

C'est une ville de la plus haute antiquité, mentionnée dans les *Commentaires* de César sous le nom de *Vesunna*. Les Romains, après l'avoir conquise, en firent le centre d'un vaste territoire, et se plurent à l'embellir. Elle était placée au centre de réunion de cinq voies romaines, qui se dirigeaient vers Limoges, Caen, Agen, Bordeaux et Saintes. Deux aqueducs, dont les inscriptions sont aujourd'hui effacées, conduisaient l'eau dans ses murs. Elle possédait deux édifices où l'on rendait la justice. Une citadelle, construite par la famille de Pompée, la défendait; les environs étaient gardés par trois camps. Enfin, la tradition donnait à Vesunna un capitole. On voit encore près de cette ville les ruines d'un amphithéâtre antique, de forme ovale, dont les dimensions sont plus vastes que celles de l'amphithéâtre de Nîmes; on y distingue les voûtes qui soutenaient les sièges des spectateurs. Des tronçons de colonnes, de chapiteaux, de frises, d'architraves et de corniches font supposer qu'il était composé de deux étages d'ordre corinthien. Différents fragments d'antiquités trouvés à Périgueux paraissent se rapporter à des temples ou à des thermes; mais le monument le plus remarquable est la *tour de Vésonne*, vaste rotonde, que l'on suppose avoir été entourée d'une colonnade. Cette tour a encore 20 mètres de haut, et paraît en avoir eu beaucoup plus. Sa circonférence est de 65 mètres; ses murs ont 2 mètres d'épaisseur avec l'enduit. Les savants ne sont pas d'accord sur la destination de cet édifice colossal : les uns n'y voient qu'une tour ou une citadelle, d'autres les restes d'un temple consacré à Vénus, d'autres enfin y voient un tombeau semblable à celui de *Cæcilia Metella* sur la voie Appienne.

En définitive, l'ancienne et florissante cité romaine n'est plus qu'une ville pauvre, située dans une belle vallée et s'élevant en amphithéâtre sur le penchant d'une colline. Elle se divise en deux parties, l'ancienne cité et le Puy-Saint-Front, qui ont longtemps formé deux villes distinctes, et qui jusqu'en 1240 eurent de graves et fréquents démêlés. A cette époque, de communs désastres leur firent conclure un traité d'union. La ville unie de Périgueux, ceinte d'une même muraille, se gouvernait elle-même, ne relevait que du roi, et comptait parmi ses droits celui de battre monnaie. Dans les guerres contre les Anglais, le courage des habitants leur fit acquérir de nouveaux priviléges : ils furent exempts de la taille et des francs-fiefs. Périgueux a souvent été pris et repris dans les douzième, treizième et quatorzième siècles. Philippe-Auguste s'en étant emparé, saint Louis la rendit, ainsi que l'Aquitaine, aux Anglais; ses anciens possesseurs. Philippe le Bel la reprit sur Édouard II; mais en 1360 le traité de Bretigny la restitua aux Anglais; enfin, Charles V la reconquit, et depuis elle n'a pas cessé de faire partie du domaine de France. En 1575 les calvinistes s'en emparèrent : elle fut comprise au nombre des huit places de sûreté qui leur furent cédées par la paix de 1576, et ils la gardèrent jusqu'en 1581. Le prince de Condé réussit à s'en rendre maître en 1651; mais la majorité des habitants, ne partageant point ses opinions, secoua le joug en 1653. Sa position est saine et agréable! Néanmoins, la vieille cité est d'un aspect triste; les rues en sont étroites, mais les maisons vastes et solidement construites. On y remarque quelques restes curieux d'architecture gothique. La ville nouvelle a reçu de nombreux embellissements : les vieux remparts ont été démolis et remplacés par de beaux et vastes boulevards.

L'église cathédrale de Saint-Front est un des plus anciens édifices de la chrétienté : sa restauration peut dater de la fin du cinquième siècle ou du commencement du sixième, mais sa fondation est de beaucoup antérieure à celle de Sainte-Sophie de Constantinople, élevée par Justinien en 540. Son plan, qui est une croix grecque, annonce la patrie de son auteur. Les détails sont lourds, grossiers, mais la conception totale est majestueuse, grande, hardie, portant l'empreinte des dernières années du quatrième siècle. Les caveaux sont bâtis dans le système de construction des Romains. Le clocher a environ 83 mètres de haut. Il est remarquable par ses proportions, sa forme et les colonnes qui l'encadrent. L'église de l'ancien collége des jésuites se distingue seulement par un ouvrage de sculpture en bois très-précieux, représentant une Cène et une Annonciation, avec des ornements d'un très-grand fini.

Périgueux possède plusieurs promenades agréables. Le cours de Tourny, soutenu par de belles terrasses, est planté d'arbres magnifiques : il est situé dans la partie la plus élevée de la ville, et domine la vallée de l'Isle, sur laquelle on jouit d'une perspective pittoresque. On remarque encore à Périgueux un pont magnifique sur l'Isle; l'hôtel de la préfecture, le palais de justice, l'hôpital, les casernes, une assez jolie salle de spectacle.

PÉRIGYNE (de περί, autour, et γυνή, pistil). Cette épithète s'applique à la corolle d'une fleur, quand elle prend naissance sur la paroi interne du calice, comme cela a lieu dans les campanules, par exemple. Pareillement l'insertion des étamines est dite *périgyne* lorsqu'elles s'attachent, comme dans les rosacées, etc., à la paroi interne du périanthe, au-dessus de l'ovaire.

PÉRIHÉLIE (de περί, près, et ἥλιος, soleil). On désigne sous ce nom, opposé à aphélie, la position des planètes passant dans leur orbite à la plus courte distance où elles puissent se trouver du Soleil.

PÉRIJOVE (du grec περί, sur, vers, et du latin *Jovis*, Jupiter), nom donné par quelques astronomes au point de la plus petite distance des satellites de Jupiter à cette planète, c'est-à-dire à l'apside de leurs orbites.

PÉRIL, du latin *periculum*, danger. Ce mot est en effet synonyme à peu près absolu du mot danger; mais il indique un danger plus imminent, une perte plus entière; il ne s'applique guère qu'aux événements fortuits, où il va de la vie. Un poste *périlleux* est celui où l'on court risque de perdre la vie; par métaphore une *entreprise périlleuse* est celle qui expose celui qui la tente à de grands risques. Le *saut périlleux* est un tour de force des saltimbanques.

Dans la langue du droit, on dit qu'il y a *péril en la demeure* lorsqu'on redoute une perte irréparable; il faut alors immédiatement recourir à l'intervention de la justice pour qu'elle décide, tout au moins à titre provisoire, des mesures qui doivent être prises pour prévenir le danger.

Le tribunal rend alors un jugement provisionnel, qui ordonne soit un séquestre, soit un dépôt, soit toute autre mesure conservatoire, sans préjudice des droits respectifs des parties qui demeurent réservés au fond. Si l'imminence du danger est telle qu'on ne puisse pas même engager une instance régulière, on peut alors se pourvoir en référé devant le siége institué pour connaître provisoirement de toutes les contestations qui réclament une décision d'urgence.

On dit également prendre les *risques et périls* d'une chose, lorsqu'on se soumet à courir les chances de perte qu'une opération peut présenter.

PÉRIMÉ. *Voyez* Péremption.

PÉRIMÈTRE (de περί, autour, et μέτρον, mesure). On donne ce nom au contour d'une figure plane, lorsque ce contour est composé de lignes droites. S'il s'agit d'une figure curviligne, on emploie de préférence le mot *périphérie* (de περί, autour, et φέρω, je porte). Ainsi, on dira le *périmètre* d'un triangle, et la *phériphérie* d'une ellipse.

Les périmètres des polygones semblables sont entre eux dans le même rapport que les côtés homologues. Les périmètres des polygones offrent diverses autres propriétés, dont les plus intéressantes forment la théorie des *isopérimètres*.

PÉRINET-LECLERC. *Voyez* Leclerc (Périnet).

PERINO DEL VAGA, peintre, dont le véritable nom était *Buonaccorsi*, né en 1500, à Florence, mort en 1547, à Rome, fut d'abord l'élève de Ridolfo Ghirlandajo, et travailla ensuite comme aide dans l'atelier du maître florentin *Vaga*, puis dans celui de *Perino*; d'où les deux surnoms sous lesquels il est plus généralement connu dans l'histoire de l'art. Il se rendit ensuite à Rome, où l'art avait atteint son apogée avec Raphael, dont il ne tarda pas à devenir l'élève, l'ami intime et le commensal, et qu'il seconda dans ses travaux des *loges*, de même qu'au Vatican il exécuta sur les dessins de Raphael les figures des divinités planétaires qui ornent la grande salle de l'appartement Doria. Lui et Jules Romain furent les élèves les plus distingués de ce grand maître; et en raison de son extrême facilité ainsi que de sa grande force de production, il réussit à produire des œuvres dans l'esprit du style de Raphael, encore bien qu'il reste loin de lui sous le rapport de la beauté et de la profondeur. Mais Raphael une fois mort, le talent de Perino del Vaga, comme celui des autres élèves de ce grand maître, ne tarda pas à dégénérer complétement. Fait prisonnier lors du sac de Rome en 1527, Perino del Vaga n'obtint sa liberté que moyennant une grosse rançon, et se réfugia alors à Gênes, où il exécuta les décorations du palais Doria, qu'il orna de la manière la plus brillante d'ornements, de stucatures et de fresques mythologico-historiques. Plus tard il revint à Rome, où il réunit autour de lui un grand nombre d'élèves avec l'aide desquels il exécuta une foule de travaux, que leur style maniéré rend au total médiocrement attrayants. C'est encore lorsqu'il traite les sujets de la mythologie antique qu'il est le plus heureux; cependant, on a de lui quelques Madones et autres sujets religieux, datant de sa première époque et traités avec beaucoup de talent. On voit de lui au Musée du Louvre une toile délicieuse représentant une joute de chant de Muses et des Piérides sur le Parnasse. Le nouveau catalogue pourtant l'attribue, d'après Mariette, au Rosso. La galerie du cardinal Fesch à Rome possédait aussi de lui une Naissance du Christ traitée avec autant de vigueur que de légèreté. Diverses collections particulières possèdent encore d'admirables portraits de cet artiste.

PÉRIODE (*Astronomie, Chronologie*). En astronomie, ce mot, synonyme de *révolution*, se dit du temps qu'une planète met à parcourir son orbite : la *période lunaire* est de 27 jours 7 heures 43 minutes. En termes de chronologie, c'est un certain temps déterminé qui ramène successivement les mêmes phénomènes, les mêmes divisions. Les anciens nous ont transmis plusieurs *périodes* qui supposent une suite d'observations d'autant plus longues que ces observations étaient plus imparfaites : c'est ainsi que les Chaldéens avaient découvert qu'en 6585 jours $\frac{1}{3}$ la Lune fait 223 révolutions à l'égard du Soleil, 239 révolutions anomalistiques, et 241 révolutions par rapport à ses nœuds; ils ajoutaient $\frac{1}{135}$ de la circonférence pour avoir le mouvement sidéral du Soleil dans cet intervalle : telle était la *période chaldéenne*, encore nommée *période des éclipses*, parce qu'elle ramenait à peu près ces phénomènes dans le même ordre de succession.

D'autres périodes remarquables dans l'histoire de l'astronomie sont celles de Méton, de Calippe, la *période dyonisienne* ou *dictorienne* (*voyez* Cycle), etc., et chez les Égyptiens la *période sothiaque*.

Sur la réformation du calendrier romain qui s'est faite suivant l'année julienne, Jean Scaliger inventa la *période julienne*, composée de la multiplication des trois cycles ou révolutions ordinaires : de 15 pour l'indiction romaine, de 19 pour le nombre d'or ou cycle lunaire, et de 28 pour le cycle solaire, dont le produit est 7980. Elle n'est plus d'un grand usage dans la supputation des temps; il ne faut qu'ajouter 4713 à l'année de l'ère chrétienne, et l'on a l'année correspondante de la période julienne.

PÉRIODE (*Arithmétique*). *Voyez* Fraction.

PÉRIODE (*Grammaire*), du grec περίοδος, circuit, contour, formé de περί, autour, et ὁδός, chemin. On donne le nom de *période* à plusieurs phrases si bien liées ensemble qu'elles ont besoin les unes des autres pour former un sens complet, ou, pour mieux dire encore, la *période* est une phrase composée de plusieurs membres, liés entre eux par le sens et l'harmonie. La *période* fut, dit-on, inventée par les rhéteurs grecs qui avaient précédé Isocrate; mais ce fut ce dernier qui la perfectionna. « Ce qui donna lieu à cette invention, dit Marmontel, fut la prédilection de l'oreille pour certaines mesures et pour certaines cadences que le hasard avait fait prendre à l'élocution oratoire, et sa répugnance pour un amas informe de phrases tronquées et mutilées, ou immodérément diffuses.... Mais l'esprit autant que l'oreille dut indiquer les formes de la *période*, et le sentiment de l'harmonie ne fit que la perfectionner; car la pensée porte avec elle ses parties, ses intervalles, ses suspensions et ses repos; et comme elle naît dans l'esprit à peu près revêtue des mots qui doivent l'énoncer, elle indique au moins la forme qui lui est analogue.... Si la pensée n'est qu'une perception simple et isolée, la phrase le sera comme elle; mais si la pensée est elle-même un composé de perceptions correspondantes et liées par leurs relations réciproques, il faut bien que les mots qui doivent l'exprimer conservent les mêmes rapports, les mêmes liaisons entre eux. »

On sent, d'après cet exposé, de quelle utilité est la période dans le discours. Un style sans cesse coupé, composé de petites phrases isolées, qui sembleraient toutes se détacher avec roideur les unes des autres, ne serait pas longtemps sans faire éprouver la fatigue de la monotonie. De plus, la pensée, renfermée dans des limites si étroites, serait sans élan, et ne révélerait dans sa froide et sèche expression aucun développement des mouvements de l'âme. « Déployez, dit le cardinal Maury, déployez dans leur vaste étendue ces formes nombreuses et imposantes qui donnent au style de l'éloquence sa force, son élévation, sa véhémence, sa grandeur, ses richesses d'harmonie, en accélérant la gradation des pensées et des mouvements de l'orateur. » Cicéron, qui possédait à un degré si éminent les secrets et le génie de l'éloquence, comparait une suite de phrases coupées à un mur de cailloux sans ciment, et présentait la structure des *périodes* oratoires sous l'image d'une voûte spacieuse dont les arcs se combinent pour en dessiner et en soutenir les compartiments. Enfin, ce grand maître fixait l'étendue de chaque *période* à celle de quatre vers hexamètres ou de six pieds, qu'on peut prononcer d'une seule haleine.

Notre langue, à cause de son génie propre et des lois sévères qui lui sont imposées, est loin de se prêter aussi heureusement à la période que le grec et le latin, qui se pliaient à tous les mouvements de l'âme avec la plus grande flexibilité. Toutefois, nous avons eu des écrivains, des orateurs et des poëtes qui, dans leurs ouvrages, dans leurs discours, dans leurs vers, nous ont laissé de beaux et riches modèles de la période. Nous ne nous arrêterons point à la *période simple*, qu'on appelle encore *proposition*. La *période composée* a toujours plusieurs membres ; on en distingue de trois sortes : la *période à deux membres*, la *période à trois membres*, et la *période à quatre membres*. Une période ne doit avoir ni moins de deux membres ni plus de quatre. Il y a, en outre, des *périodes rondes* et des *périodes carrées*, ainsi nommées à cause de leur construction et de leur chute différente. La *période ronde* est celle dont les membres sont tellement joints, et pour ainsi dire emboîtés les uns dans les autres, qu'à peine aperçoit-on le lien qui les unit ; quelquefois les membres de la période ronde sont disposés de manière qu'on pourrait mettre le commencement à la fin sans nuire au sens, ni à l'harmonie. La *période carrée* est celle qui est composée de trois ou quatre membres égaux, mais distingués entre eux. Les rhéteurs reconnaissent encore la *période croisée* (*periodus decussata*), celle dont les membres sont opposés et forment antithèse.

Le *style périodique* doit être habilement entremêlé de phrases simples et isolées, qu'on nomme *incises*. Des périodes qui se succéderaient sans interruption deviendraient aussi monotones que le style coupé. C'est du mélange des périodes et des incises que naît surtout la variété des mouvements du style.

La période est naturellement placée dans les harangues, dans les plaidoyers, dans les sermons, en un mot dans tout ce qui est du domaine de l'éloquence ; et les habiles orateurs savent, selon la nécessité, abréger ou étendre la période, la précipiter ou la ralentir. Cicéron recommande singulièrement de varier les désinences, comme un moyen de charmer l'oreille par une variété de sons harmonieux. La période, considérée comme développement des mouvements de l'âme, trouve naturellement place dans la haute poésie. Mais elle est extrêmement difficile à dérouler dans les vers alexandrins ; elle doit donc y être sobrement ménagée, et variée avec art. Mais dans les petits vers elle a généralement de la grâce, pourvu qu'il n'y ait ni embarras ni obscurité dans la construction. La Harpe fait remarquer que généralement dans ce genre de poésie personne n'a manié la période mieux que Gresset, et il en cite plusieurs exemples qui peuvent servir de modèle.

CHAMPAGNAC.

PÉRIODE (*Médecine*). On a donné ce nom aux différentes phases sous lesquelles peut se montrer une maladie pendant sa durée ; les médecins se sont rarement accordés sur le nombre et la durée de ces périodes. On n'en distingue guère aujourd'hui que deux principales, la *période d'acuité* ou celle durant laquelle l'état inflammatoire va croissant, et la *période de chronicité*, qui vient ensuite. Ce mot désigne aussi parfois, en médecine, la révolution d'une fièvre qui revient à des époques réglées : ainsi, toutes les fièvres intermittentes ont des *périodes* ordinairement réglées.

PÉRIODE (*Musique*), phrase composée de plusieurs membres dont la réunion forme un sens complet : Une *période musicale*. Comme l'écrivain, le compositeur doit lier et arrondir ses *périodes*.

PÉRIODE. Ce mot employé au masculin se dit du plus haut point où une chose ou un homme puisse arriver : Être au plus haut *période* de sa gloire ; dans le dernier *période* de sa vie. On le dit aussi d'un espace de temps indéterminé : Long *période*, court *période* de temps.

PÉRIODIQUE, qui a ses *périodes*, qui revient à des temps marqués. Le mouvement des planètes est *périodique*.

Périodique se dit en littérature, ou plutôt en librairie, des ouvrages, tels que brochures, journaux, etc., qui sont publiés régulièrement, à des intervalles déterminés. La plupart des feuilles publiques sont livrées aux abonnés tous les jours ; la *périodicité* d'un écrit est *hebdomadaire*, *mensuelle*, etc., suivant qu'il paraît toutes les semaines, tous les mois. L'écrivain *périodique* est celui qui compose ce genre d'ouvrages.

On nomme *style périodique*, *discours périodique* un style, un discours, qui abonde en périodes. Il y avait autrefois des jeux *périodiques*, comme les jeux *olympiques*, qui revenaient régulièrement de quatre en quatre ans.

La *périodicité* est la qualité de ce qui est *périodique* : *La périodicité* d'un ouvrage, des mouvements d'une planète, etc.

PÉRIODIQUE (Fraction). *Voyez* FRACTION.

PÉRIODIQUES (Fontaines). *Voyez* FONTAINE.

PÉRIOECIENS (du grec περί, autour, et οἰκέω, habiter). On appelle ainsi, en termes de géographie, les habitants de la terre qui ont la même latitude, mais des longitudes opposées. Ils ont les mêmes saisons, la même longueur des jours et des nuits, les mêmes phénomènes des corps célestes ; mais les uns ont midi quand les autres ont minuit, attendu qu'il y a toujours entre eux une différence de douze heures à l'est ou à l'ouest. En ce sens, ce qui est au couchant pour les uns est au levant pour les autres. Aux jours équinoxes, le soleil se lève pour l'un de ces peuples, quand il se couche pour l'autre.

PÉRIOSTE (du grec περί, autour, et ὀστέον, os), membrane fibreuse, blanche, résistante, qui forme l'enveloppe des os et les revêt de toutes parts, excepté dans les endroits où ils sont comme encroûtés de cartilages. Le périoste contribue à l'accroissement des os, dit Nysten, en leur fournissant par sa face interne une exsudation albumineuse qui passe ensuite à l'état cartilagineux et finit par s'ossifier. Le périoste joue aussi un rôle important dans la formation du cal après les fractures.

PÉRIOSTOSE. Tuméfaction du *périoste* accompagnée souvent de nécrose des lames superficielles de l'os. La périostose est presque toujours un symptôme d'affection syphilitique constitutionnelle ; cependant, elle peut être déterminée aussi par une contusion. Elle a le plus souvent son siége sur les os larges.

PÉRIPATÉTISME, PÉRIPATÉTICIENS (du grec περιπατεῖν, se promener). On désigne ainsi la doctrine philosophique et les disciples d'*Aristote*, soit à cause de l'habitude où il était d'enseigner tout en se promenant, soit à cause de l'endroit où il faisait ses leçons, une allée touffue du Lycée.

La philosophie d'Aristote était appelée à jouer un grand rôle dans le monde. *Théophraste* rétablit bientôt l'école d'Aristote à Athènes, et suivit fidèlement sa doctrine ; mais celle-ci dévia ensuite sous Straton de Lampsaque, dit le Physicien, qui se déclara athée. Érasistrate, autre disciple, se livra tout entier à la médecine, en sorte que les Grecs ne tardèrent pas à préférer l'imagination brillante de la philosophie platonicienne à la sécheresse exacte et sévère de l'aristotélisme. Théophraste, resté dépositaire des ouvrages publiés par son maître, les transmit à Nélée, qui en vendit une partie à Ptolémée-Philadelphe pour la célèbre bibliothèque d'Alexandrie; mais ils périrent dans l'incendie qui la consuma. Une autre partie de ces écrits, tombée entre les mains des héritiers de Nélée, fut enfouie par eux dans un souterrain pour être soustraite aux exigences des rois de Pergame, qui recherchaient partout les livres des savants de la Grèce, afin de former des bibliothèques à l'instar des Ptolémées. Ce ne fut que trente ans après qu'on exhuma de cette sorte de tombeau les livres du philosophe de Stagire, à demi vermoulus et effacés. Dans cet état, Apellicon de Téos les fit transcrire et publier de nouveau suivant l'ordre qu'il crut le meilleur; mais il fallait encore en remplir les lacunes. Les copistes comblèrent sans doute les vides en y interpolant des leçons plus ou moins informes, qui en altérèrent à jamais le texte pour la postérité. Sylla transporta à Rome la vaste bibliothèque laissée par Apellicon; le grammairien Tyrannion donna une édition nouvelle, qui, loin de corriger les erreurs, au contraire, augmenta et consacra même les altérations. Enfin Andronicus le Rhodien rétablit les écrits d'Aristote dans leur pureté; Cicéron les avait lus.

La philosophie d'Aristote fut cultivée à Rome, mais ne fleurit jamais dans cette ville, centre, suivant les époques, de la politique et de la puissance d'abord guerrière, puis religieuse. Alexandrie et l'Orient, où les sciences brillèrent d'un éclat si vif, préférèrent la philosophie platonicienne, plus favorable aux élans de l'imagination poétique; les premiers Pères de l'Église, comme les néo-platoniciens, dédaignèrent la doctrine péripatéticienne, peu d'accord avec l'enthousiasme religieux et la vie contemplative, ou d'intuition pure, dans laquelle se plongeaient les Orientaux. Cependant, Galien étudia les ouvrages d'Aristote, il écrivit quelques commentaires érudits sur sa philosophie. Quoique Tertullien et d'autres orateurs chrétiens des trois premiers siècles eussent repoussé ses doctrines comme trop favorables au doute et au raisonnement, il y eut des sectes qui se passionnèrent pour sa philosophie; les carpocratiens furent anathématisés, parce qu'ils plaçaient l'image d'Aristote au même rang d'estime et d'adoration que celle de Jésus-Christ. Eusèbe cite même les antinomiens comme parvenus à ce degré d'impiété, qu'ils témoignaient plus de respect à ce sage païen qu'à la sagesse incréée.

Il faut l'avouer, la confiance extrême dans les forces de la raison humaine a pu, dans tous les âges, élever l'orgueil de l'intelligence jusqu'à nier la Divinité même. La doctrine de la sensation, suivant laquelle toutes nos idées dérivent de la sensibilité, dont Aristote fut le premier auteur (*nihil est in intellectu quod non fuerit prius in sensu*) put conduire par degrés l'analyse et l'induction jusqu'à se passer d'un principe intellectuel spécial distinct de la matière. Aussi le péripatétisme, après Théophraste, dégénéra-t-il facilement en matérialisme et en athéisme, entre les mains de Straton; comme la philosophie de Locke et de Condillac, fondée sur les mêmes bases de la sensation, donna naissance aux opinions du matérialisme si reprochées au dix-huitième siècle. Au contraire, les idées platoniciennes, partant de l'intuition intérieure et du principe d'intelligence ou d'action qui est en nous, portent aux contemplations les plus sublimes, et nous rattachent à la Divinité suprême directrice de l'univers. Il n'est donc pas surprenant que les docteurs de l'Église trouvassent le platonicisme bien plus religieux et décriassent le péripatétisme; c'est ce qu'on voit dans les écrits d'Origène, de saint Justin martyr, de saint Clément d'Alexandrie, de saint Irénée, d'Eusèbe, de saint Athanase, de saint Basile, de saint Grégoire de Nazianze, de saint Épiphane, de Faustin, de saint Ambroise, de saint Cyrille et de tant d'autres. *On nous appelle fidèles*, dit saint Chrysostome, *afin que par le mépris du raisonnement humain nous nous élevions aux grandeurs de la foi*.

Quelques autres docteurs, tels que saint Jérôme et saint Augustin, rendirent plus de justice à Aristote; mais bientôt les ténèbres que répandirent les barbares dans leurs irruptions sur toute l'Europe plongèrent les peuples dans la stupidité. Le neuvième et le dixième siècle entrevirent à peine un crépuscule de science; d'ailleurs, la rareté des manuscrits, l'ignorance de la langue grecque, ne permettaient guère de songer à la philosophie au milieu de l'oppression de la féodalité et de la torpeur d'esprit dont paraît frappé le moyen âge, plus superstitieux encore que dévot. Si les théologiens repoussaient la doctrine aristotélique, les clercs ne pouvaient atteindre la subtilité ou la profondeur de sa science; et d'ailleurs le style serré et précis d'Aristote exige une grande attention pour en bien saisir le sens. Seulement, quelques moines et autres ecclésiastiques réguliers occupaient leurs loisirs de ces graves études, mais isolément.

A cette époque les Arabes, au milieu de leurs conquêtes, se montrèrent jaloux de joindre à leur gloire militaire la splendeur des sciences et des lettres, et empruntèrent aux Grecs les écrits de leurs grands écrivains qu'ils s'approprièrent par des traductions. Aristote, génie éminemment encyclopédique, fut le premier qu'ils étudièrent; et un intérêt bien puissant se rattache à la mémoire de cet Alamoun, de ce khalife vainqueur de l'empereur de Constantinople, Michel Paléologue, exigeant comme condition de paix la communication des livres grecs. L'enthousiasme qu'inspirait Aristote fut si grand, qu'Alfarabius le lut quarante fois de suite; qu'Avicenne, Averrhoës, se consacrèrent à expliquer, à commenter sa doctrine, et qu'il y eut des universités uniquement destinées à enseigner sa philosophie. Les Sarrasins propagèrent cette étude dans toutes les régions qu'ils soumirent à leurs armes, comme en Espagne. Ils fondèrent un collége à Cordoue; le péripatétisme s'étendit dans toute la Péninsule et en Italie.

Vers le commencement du treizième siècle, les livres d'Aristote furent apportés en France par les croisés qui avaient pris Constantinople; et l'université de Paris enseigna bientôt sa doctrine. Cependant, un professeur, nommé Amauri, ayant voulu soutenir quelques principes de théologie par la logique et la physique de ce prince des philosophes, fut condamné comme hérétique dans un concile, et défense fut faite, l'an 1209, de lire, sous peine d'excommunication, les livres du Stagyrite, qui durent, en outre, être brûlés. Une autre assemblée d'évêques, sous Philippe-Auguste, et une bulle du pape Grégoire IX, fulminèrent anathème contre la métaphysique d'Aristote; on accusa même d'hérésie plusieurs professeurs de l'université attachés à ses doctrines. Toutefois, des théologiens célèbres de ce temps, comme saint Thomas, Albert le Grand, commentèrent habilement la doctrine péripatétique, et avec Pierre Lombard, le Maître des Sentences, fondèrent cette *scolastique* si fameuse, qui devint la méthode universelle dans ce temps; et qui paraît avoir été empruntée au génie subtil et spéculatif des Arabes; méthode qui dégénéra en cette habitude d'*ergoter*, si en vogue alors, et qui s'est perpétuée presque jusqu'à nos jours. On joutait de subtilité et d'adresse dans les raisonnements pour embarrasser son adversaire, plutôt que pour atteindre la vérité. Les maîtres ès arts devaient savoir à fond la logique, la métaphysique, la physique et les livres de l'âme d'Aristote. Le pape Nicolas V, restaurateur des sciences en Italie, vers l'an 1447 fit traduire ce philosophe en latin par les plus habiles auteurs; le roi Alphonse d'Aragon, épris de la métaphysique d'Aristote, se la fit expliquer par le cardinal Bessarion. Le pape Jean XXII, en canonisant saint Thomas et sa doctrine, sanctifia pour ainsi dire en même temps Aristote, dont ce grand docteur de l'Église était l'admirateur si exclusif. La dialectique s'éleva bientôt à un tel point de raffinement qu'il se forma, vers la fin du quatorzième siècle, comme deux camps ennemis qui disputèrent longuement, sous le nom de *nominaux* et de *réalistes*, sur les principes de la philosophie aristotélique. Il s'agissait des *entités modales*, *des distinctions de lieu interne et externe*, *de prédétermination physique*, *d'intentions réflexes*, *de l'univocation de l'être*, *de parties entitatives*, *de l'éduction des formes matérielles*, et autres agréments métaphysiques de cette espèce, qui faisaient les délices de ces combats subtils, charme puissant de nos aïeux dans ces universités où l'on combattait tout bardé d'arguments scolastiques, comme les chevaliers errants qui poussaient des bottes à tout venant, à travers monts et vaux. Il y avait eu déjà des guerres analogues dans la secte académique sous Chrysippe, Arcésilas, etc., soit à Alexandrie, soit en d'autres contrées. Cette grave dispute entre les *réalistes* et les *nominaux* subsiste encore, quoique sous d'autres appellations, dans la moderne métaphysique; car les nominaux établissaient, comme nos idéalistes, que tout cet univers n'est qu'un phénomène apparent de notre intelligence, ou, si l'on veut, une représentation toute fantasmagorique, qui peut n'avoir aucune réalité ni existence véritable; en sorte que si l'esprit humain n'était pas, il n'y aurait rien que le néant, ou tout au moins on ne pourrait prouver que quelque chose existe. Les *réalistes* soutenaient, au contraire, que même en l'absence de l'esprit humain, contemplateur de la nature, il existe un monde réel, un soleil, une terre, etc., qui nous sont révélés par nos sens. Deux sectes parmi les réalistes : l'une ayant pour chef saint Thomas, ou les *thomistes*, et l'autre Jean Scot, ou les *scotistes*, se disputèrent longuement sur la manière de comprendre *la distinction des formalités*, mais toutes les deux réunissaient leurs coups contre les *nominaux*. Tel fut le débordement d'écrits que produisirent ces ridicules querelles, telles furent les animosités entre les contendants, auxquels se joignirent les disciples d'Occam, de Biel, de Georges d'Arimini, etc., qu'un Vénitien, Patricius, compta plus de douze mille écrits sur la seule philosophie d'Aristote, tant on voulait raffiner et renchérir l'un sur l'autre dans cette ténébreuse et inintelligible scolastique!

A l'époque de la renaissance des lettres, le péripatétisme continua d'être la philosophie dominante; cependant, on anathématisa plusieurs de ses opinions contraires au christianisme : ainsi, en 1510, le concile de Latran condamna sa doctrine sur la Providence. Laurent Valla, Nizzolius, P. Ramus, se distinguèrent parmi les ennemis d'Aristote. Le dernier, qui niait même qu'on pût tirer une seule vérité de ses livres, périt victime de son ardeur à renverser cette grande idole. L'on essaya, en Italie surtout, de ressusciter le platonisme; il s'éleva donc encore une nouvelle guerre entre ces deux philosophies. L'hérésie de Luther tenta de bannir l'une et l'autre de la théologie. Cependant *le péripatétisme* trouva des soutiens, soit dans Pomponace, qui croyait à la puissance des démons, soit dans Zabarella et Picolomini, soit dans André Césalpin, etc. Parmi les protestants, Mélanchthon rétablit en honneur cette philosophie, ainsi que Taurell, Hermann Conringius, etc.

On sait comment s'est écroulé cet empire philosophique d'Aristote, si haut, si universel, sous les efforts des modernes. Descartes, Gassendi, Pascal, devancés par Bacon de Vérulam, mirent en honneur l'expérience, et les découvertes qui en furent le résultat renversèrent l'édifice fantastique de la métaphysique qui prétendait rendre raison de tout par de subtils raisonnements. Alors même le nom d'Aristote ne put être cité sans une sorte de ridicule, jusque sur le théâtre. Mais ce grand philosophe n'en a pas moins en quelque sorte tenu le sceptre de l'esprit humain, pendant les âges d'obscurité et d'ignorance, il est vrai; il n'en a pas moins soutenu l'intelligence et aiguisé la pensée, qui sans ses ouvrages fût demeurée ensevelie dans une profonde stupidité. J.-J. VIREY.

PÉRIPÉTIE. Ce mot (formé du grec περί, contre, sur, et πίπτω, je tombe) caractérise cette révolution subite, abrupte, qui change du tout au tout la fortune du héros d'une pièce dramatique, d'un poëme ou d'un roman. La péripétie est l'épée, suspendue avec art, et quelquefois invisible, qui coupe le nœud d'une pièce, circonstance qu'on nomme dénoûment. L'exposition et l'intrigue d'un drame mènent à sa péripétie. Aristote la divise en *simple* et en *double* ou *complexe*. La première est un changement, mais unique, d'une fortune heureuse en une mauvaise; la seconde passe en sens inverse et en même temps par ces deux états, qui se croisent. Les péripéties les plus belles sont les plus inattendues; aussi il n'y en a pas au-dessus de l'*Œdipe* de Sophocle, où ce roi, toujours sous l'influence de ses affreuses destinées, semble délivré de toutes ses terreurs par le voile qui va se lever sur sa naissance, et qui ce même voile levé se reconnaît avec horreur le meurtrier de son père et l'époux de sa propre mère.

La reconnaissance est quelquefois la péripétie elle-même, mais le plus souvent elle est un de ses moyens. Parfois le poëte, avec un artifice heureux et bien ménagé, la présente demi-cachée, incertaine et dans l'ombre, à l'esprit des spectateurs. Tantôt il se sert d'un vague présage, d'un oracle ambigu, tantôt d'un mot inexplicable pour le moment, ou d'un songe vain en apparence.

La comédie moqueuse, gaie, ou morale seulement, craindrait de prendre à la sanglante Melpomène le mot terrifiant de *péripétie;* elle se contente de celui, plus bourgeois, de *dénoûment*.

Comme il jaillit des grands poëmes épiques des sources variées d'une infinité de drames, ces poëmes ont plusieurs péripéties ascendantes, graduées, subordonnées à la grande, qu'elles préparent, et dont elles sont en conséquence les moyens. Les romans ont également leurs péripéties. Celle de la charmante pastorale de Longus est une reconnaissance. Les péripéties de la plupart de nos romans modernes sont lugubres ou sanglantes, et tiennent du drame. Celle de *Paul et Virginie* est une catastrophe déchirante, un horrible naufrage au port; celle de l'*Héloïse*, le morne désespoir d'un amant, avec un lit de mort, et celle de *Werther* un suicide. L'apologue a aussi ses péripéties : celle du *Loup et de l'Agneau* terrifie les enfants; celle de *La Laitière et du pot au lait* est touchante, celle du *Chêne et du Roseau* est majestueuse et morale. Les contes mêmes ont aussi leurs péripéties : celle de *Barbe-Bleue* a fait frissonner plus d'une petite fille.

L'histoire a aussi ses péripéties. Les plus retentissantes sont celles des empires et de leurs vastes cités. Palmyre a achevé la sienne dans les sables du désert, Babylone dans sa propre poussière, Jérusalem sous les boucliers des croisés, et Rome, Rome chrétienne attend encore la sienne. Mais il est une péripétie inévitable, la dernière de toutes, solennelle, terrible, universelle, celle de l'espèce humaine. Comme un grand drame, cette espèce a eu son commencement, et nécessairement elle doit avoir son milieu et sa fin. DENNE-BARON.

PÉRIPHÉRIE. *Voyez* PÉRIMÈTRE.

PÉRIPHRASE (du grec περίφρασις, formé de περί, autour, et φράζω, je parle). La signification de ce mot est parfaitement conforme à son étymologie. En effet, la *périphrase* est un circuit de paroles que l'on fait pour exprimer ce qu'on ne veut pas dire en termes propres. C'est donc avec raison que Quintilien a mis la périphrase au rang des tropes; car elle tient la place ou d'un mot ou d'une phrase. On fait usage de cette figure, ou par bienséance, lorsqu'il s'agit de gazer des idées basses ou obscènes, ou pour répandre plus de clarté dans le discours, ou pour orner une pensée commune, ou enfin par nécessité, quand on y est forcé, soit par la nature du sujet, soit par la pauvreté de la langue. Les orateurs et les poëtes tirent souvent de grandes beautés de l'emploi judicieux de la périphrase.

Il y a peu de figures dont l'effet s'étende plus loin sur le mécanisme de la pensée. La périphrase fait souvent la richesse du style, par les idées qu'elle rassemble ou réveille en passant, par les images accessoires qu'elle groupe autour d'une pensée commune. Mais il importe de ne l'employer qu'avec discernement, de ne jamais la prodiguer sans mesure. La périphrase, répandue avec profusion et sans goût, non-seulement énerve l'élocution, mais encore la rend quelquefois ridicule. Par exemple, pour dire que le *roi vient* il faudrait bien se garder d'imiter un mauvais poëte qui a dit avec une niaise emphase :

> Ce grand roi roule ici ses pas impérieux.

La périphrase, dont nous venons d'indiquer les diverses propriétés, diffère de l'*euphémisme*, en ce que celui-ci a principalement pour objet de dissimuler des idées désagréables, odieuses ou tristes. Il serait bon aussi de distinguer la *périphrase* de la *circonlocution*. Celle-ci pourrait être regardée comme une *périphrase* commune, familière, sans prétention de style, sans recherche dans l'élocution, tandis que la *périphrase* proprement dite serait la circonlocution oratoire ou poétique, destinée à embellir ou relever le discours. Le synonymiste Roubaud nous semble avoir très-bien établi cette différence. « Dans la conversation ordinaire, dit-il, nous usons de *circonlocutions* pour faire entendre ce que nous ne voulons pas ou ne pouvons pas dire d'une manière expresse ; et ces détours ne s'appellent pas des *périphrases*. Mais vous appelez *périphrases* des *circonlocutions* inutiles, superflues, étudiées, affectées, opposées à la simplicité naturelle de la conversation. Ainsi, la *circonlocution* sert plutôt à voiler, à déguiser, à affaiblir ou adoucir, par une manière détournée, ce que la *périphrase* a plutôt pour objet de développer, d'éclairer ou de renforcer, et d'étaler par une exposition plus circonstanciée et plus frappante. » CHAMPAGNAC.

PÉRIPLE. Parmi les divers documents qui peuvent nous permettre de juger de l'état des connaissances géographiques des anciens, on remarque deux ou trois relations de voyages exécutés le long des côtes de diverses contrées. Ce genre de navigation reçut des Grecs le nom de *périplous* (de περί autour, et de πλέω, je navigue), dont nous avons fait *périple ;* c'est la *circumnavigatio* des Romains. Nos voyages autour du monde répondent au mot *périple* dans son sens le plus complet.

Le premier *périple* dont le souvenir nous ait été transmis par l'histoire est celui d'Hannon. Ce navigateur, envoyé par le sénat de Carthage, pour fonder quelques villes sur les côtes d'Afrique, au delà des colonnes d'Hercule, s'avança ensuite jusqu'à une distance assez considérable du dernier des établissements. A son retour, il traça d'une manière succincte le récit de ce voyage, et le plaça dans l'un des temples de Carthage. On a émis quelques doutes sur cette relation, sans que rien les autorise. Il fallait se borner à la discuter. Plusieurs siècles après l'époque où Hannon exécuta sa grande reconnaissance de la côte occidentale d'Afrique, un Grec de l'Asie Mineure, Scylax de Carie, que l'on a surnommé l'*Ancien*, entreprit plusieurs voyages en Europe et en Asie. Le récit de ses excursions, connu sous le nom de *Périple de Scylax*, est tout ce qui nous reste de ses ouvrages. Le troisième et le quatrième *périple*, ceux qui méritent vraiment ce nom, sont l'ouvrage d'Arrien; ils sont intitulés *Périple du Pont-Euxin* (mer Noire) et *Périple de la mer Érythrée*. Le *Périple de la mer Noire* offre une description de toutes les côtes de cette mer, des détails sur les fleuves, les montagnes, les ports, les villes, les peuples et le pays qui les bordent. Le *Périple de la mer Érythrée*, ou golfe Persique, qui nous donne de si curieux détails sur la côte sud-est de l'Arabie, encore aujourd'hui à peine connue, a été traduit et enrichi d'une foule de notes précieuses par le docteur Vincent. C'est l'un des monuments géographiques les plus intéressants que nous ait légués l'antiquité.

Un genre de travaux qui chez les modernes se rapproche beaucoup du *périple* des anciens, ce sont les reconnaissances de côtes opérées par la marine. Il serait beaucoup trop long de les énumérer. Nous citerons surtout la belle exploration des côtes de la Méditerranée, par l'amiral Sidney-Smith ; celle des côtes du Brésil, par l'amiral Roussin; de la Nouvelle-Zélande et de la Nouvelle-Guinée, par Dumont d'Urville, celle de presque toutes les côtes d'Afrique, du golfe Persique, de la mer Rouge, par la marine anglaise; enfin, la reconnaissance des côtes de l'Algérie, par MM. Bérard et Dortet de Tessan. Oscar MAC-CARTHY.

PÉRIPNEUMONIE (du grec περί, autour, et πνεύμων, poumon), nom que l'on a donné à l'inflammation du poumon, et qui, peu exact, en ce qu'il faisait penser que la périphérie de ces organes est seule atteinte dans cette maladie, est généralement abandonné aujourd'hui pour le terme de *pneumonie*.

La péripneumonie est aussi une maladie des bestiaux, qu'engendrent les mauvais fourrages, notamment la balle des céréales donnée en excès. Le sel est considéré comme préservatif de cette maladie. Dans le Jura, pour préserver les bêtes à cornes de la péripneumonie, on donne tous les soirs à chaque animal une poignée de sel, à laquelle une fois ou deux par semaine on mêle par tiers ou par moitié de la poudre sèche de racines de grande gentiane. Cet amer excite d'abord l'appétit et donne du ton à l'estomac ; il a de plus la propriété de cicatriser promptement les lésions faites dans cet organe ou dans la bouche des animaux par des herbes malfaisantes, telles que les laîches et les chardons.

La péripneumonie règne quelquefois d'une manière épizootique sur l'espèce bovine, et y cause de grands ravages. On a reconnu que l'inoculation de cette maladie pouvait avoir de grands avantages ; si elle ne préserve pas toujours des effets de la contagion, au moins elle atténue d'une manière notable les effets du mal. En France on a constaté que sur une moyenne de 1,000 animaux inoculés avec la sérosité des poumons, 611 n'éprouvèrent que des effets bénins, 278 ont été guéris après avoir éprouvé des accidents gangréneux plus ou moins graves ; 111 ont succombé par suite des mêmes accidents. Des expériences faites en Belgique, en Hollande, en Angleterre, ont constaté que sur 5,400 animaux soumis à l'expérimentation, 106 seulement ont éprouvé des effets généraux, c'est-à-dire ont été atteints de la maladie, et 4,875 n'ont éprouvé que des effets locaux à l'endroit même où les piqûres ont été faites. En Hollande, 32 sujets inoculés ont été mis en rapport avec des péripneumoniques : tous ont été préservés, tandis que 5 animaux non inoculés mis dans le même endroit ont tous contracté la maladie. L'inoculation du liquide extrait des poumons d'un animal malade de la péripneumonie possède donc une vertu préservatrice. Néanmoins, un professeur de l'école de médecine vétérinaire de Toulouse pense que le meilleur moyen préservatif ne serait pas l'inoculation de la péripneumonie elle-même, mais bien celle de la fièvre aphtheuse, se fondant en cela sur des expériences directes et sur l'opinion de Sydenham, qui pense que les épidémies peuvent être remplacées les unes par les autres. Quant aux moyens curatifs, on préconise les révulsifs énergiques.

PÉRIPNEUMONIE (Fausse) ou **CATARRHE PULMONAIRE**. Voyez CATARRHE.

PÉRIPTÈRE (du grec περί, autour, et πτερόν, aile). Dans l'architecture des anciens, cette dénomination caractérise les temples dont le pourtour extérieur présente sur toutes ses faces un rang isolé de colonnes, distantes du mur d'enceinte du *naos* ou de la *cella*, de la largeur d'un entre-colonnement. Ils diffèrent du *péristyle* et de l'*amphiprostyle* en ce que l'un n'offrait un ordre que sur le devant, et l'autre devant et derrière, mais point aux côtés. Ils se distinguent aussi du *diptère*, qui avait sur les quatre faces deux rangs de colonnes, et du *pseudo-périptère*, qui n'avait que des colonnes engagées dans son mur d'enceinte, ou encore du *pseudo-diptère*, dans la disposition duquel on conservait l'espace propre à recevoir deux files de colonnes sur les ailes, en en supprimant toutefois une. Le *périptère carré* était hexastyle, c'est-à-dire avec six colonnes de front, comme le temple de l'Honneur et de la Vertu à Rome. Le *périptère rond*, ou *monoptère*, était environné d'un seul rang circulaire de colonnes, formant un porche qui régnait à l'entour d'une rotonde : tels étaient le *Philippeion*, ou rotonde de Philippe, à Olympie ; les temples de Vesta à Rome, de la Sibylle à Tivoli, et une petite chapelle près Saint-Pierre-in-Montorio, à Rome, bâtie rigoureusement dans le goût antique, par le célèbre Bramante. Le Panthéon de Rome est monoptère, mais il offre cette singularité, que son entrée est précédée d'un portique à huit colonnes; on y arrive par deux marches, et on doit remarquer qu'en général les temples des anciens étaient entourés de gradins, qui leur servaient de base; le portique de Pompée, la basilique d'Antonin, le septizone de Sévère, etc., etc., étaient des édifices *périptères*. Les temples construits selon cette donnée, qui sans doute était symbolique, sont fort communs en Grèce, et beaucoup de ruines assez bien conservées qu'on y trouve offrent la forme que nous venons de décrire : tels sont les temples de Minerve et de Thésée à Athènes, tous ceux qu'on voit en Sicile et dans la Grande-Grèce : ces derniers sont le plus souvent d'ordre dorique; enfin, parmi les ruines de Palmyre il existe un temple périptère d'ordre corinthien. Nos archaïstes modernes ont reproduit à Paris ce type architectural : l'église de La Madeleine est purement, à l'extérieur, un temple grec, un pécile antique, d'après le Parthénon d'Athènes. La Bourse est, comme La Madeleine, de forme *périptère*; toutefois, la façade principale de cet édifice est diptère, et il diffère du temple en ce qu'il n'a pas de fronton.

Le célèbre Perrault, dans ses notes sur le livre de Vitruve, dont il a en partie rétabli le texte, veut que le mot *périptère* soit proprement le nom d'un genre qui comprend toutes les espèces de temples qui ont des portiques de colonnes sur l'ensemble de leurs divers côtés.

A. Fillioux.

PÉRIS. Ce sont, dans la tradition persane, des êtres délicats, aussi bien du sexe masculin que du sexe féminin, d'une beauté merveilleuse, immortels et passant leurs jours dans le Djinnistân, ou *pays des fées*, au milieu de toutes les voluptés de la vie. Amis bienveillants de l'homme, ils le protègent contre les malins tours des Dews, ou mauvais génies.

PÉRISCIENS (du grec περί, autour, et σκία, ombre). Les anciens géographes appliquaient cette épithète aux peuples des zones glaciales, parce que leur ombre tourne autour d'eux, c'est-à-dire parcourt successivement tous les points de l'horizon en un seul et même jour.

PÉRISCOPIQUES (Verres). *Voyez* Lunettes.

PÉRISPERME. *Voyez* Endosperme.

PÉRISTALTIQUE (Mouvement), du grec περιστέλλω, contracter, retirer. C'est le nom d'un mouvement propre aux intestins, par lequel leurs parties sont comprimées de haut en bas, successivement les unes après les autres. Ce mouvement, semblable à celui des vers qui rampent, a aussi reçu le nom de mouvement *vermiculaire*.

PÉRISTOLE. *Voyez* Digestion, tome VII, page 586.

PÉRISTOME (de περὶ, autour, et στόμα, bouche). En botanique, on donne ce nom à l'ensemble des petites dents qui bordent circulairement l'ouverture de l'urne des mousses. En conchyliologie, on l'applique au contour de l'ouverture d'une coquille univalve.

PÉRISTYLE (du grec περί, autour, et στύλος, colonne). On nommait ainsi un temple environné en son pourtour intérieur d'un rang de colonnes isolées et parallèles aux murs, dont elles étaient distantes de la largeur d'un entre-colonnement. Le péristyle diffère du périptère en ce que le premier est un édifice orné de colonnes sur toutes ses faces extérieures, tandis que le second, comme nous l'avons dit, est environné d'un ordre intérieurement. Quelques basiliques de Rome, Sainte-Marie-Majeure, Saint-Pierre-aux Liens, Notre-Dame-de-Lorette à Paris, plusieurs palais en Italie, et la plupart des cloîtres, étaient construits en manière de péristyle. En architecture antique, tel est le sens dans lequel il faut prendre la signification du mot *péristyle*, qui cependant, d'après son origine grecque, veut dire, à la rigueur, *colonnes à l'entour*; c'est ce qui a fait croire qu'on pouvait l'appliquer à tout édifice qui a un entourage de colonnes, tant à son extérieur qu'à son intérieur, et même à toute galerie formée de colonnes isolées et construites autour d'une cour ou d'un édifice. Bien plus, on appelle aussi *péristyle* l'ensemble de colonnes qui forme le frontispice d'un monument. La règle imposée par l'usage a prévalu contre les distinctions faites par les archéologues, et ce mot, dans son acception très-large, se dit aussi des ordres placés en saillie sur la façade d'édifices qui sont pourtant désignés par le nom de *prostyle*, qui leur est propre. Les galeries, les promenoirs, les portiques composés de pieds-droits et ornés de pilastres, de colonnes adossées ou engagées, sont des *péristyles*. On a fait abus de cette dénomination en l'appliquant au Panthéon de Rome, à la façade du Panthéon de Paris, à la grande galerie dont Perrault a décoré le Louvre. Elle convient, par exemple, à ces vastes cours intérieures qui se succèdent dans les mystérieux temples de l'Égypte, et dont les murs offrent des lignes de colonnes dégagées formant des galeries couvertes. Elle conviendrait également aux cours des palais ou des couvents autour desquelles circulent des promenoirs formés de colonnes isolées : tels sont le Campo-Santo de Pise et le Palais-Royal à Paris.

A. Fillioux.

PÉRITESTE. *Voyez* Albuginée (Membrane).

PÉRITOINE (du grec περί, autour, et τείνω, je tends), membrane séreuse, mince, semi-diaphane et extensible, qui revêt la surface interne de la cavité abdominale, enveloppe la plupart des viscères contenus dans cette cavité et contribue à les fixer ou à les suspendre aux parois de l'abdomen. Chez l'homme, le péritoine forme un sac sans ouverture; chez la femme, les trompes utérines s'ouvrent dans sa cavité. Presque toute la surface externe du péritoine est adhérente, sa surface interne est libre, lisse et légèrement humectée de sérosité. Comme toutes les membranes séreuses, le péritoine paraît dépourvu d'artères, de veines et de nerfs; sa structure semble entièrement lymphatique. Le péritoine forme d'innombrables plis et anfractuosités. « Qu'on se figure, dit le docteur A. Le Pileur, une toile appliquée à elle-même dans son milieu de manière à former un long et large pli. Au fond et dans le dédoublement de ce pli est logé l'intestin, que nous supposons étendu en ligne droite. La toile qui l'embrasse adhère fortement aux trois quarts de la surface, puis vient se réappliquer à elle-même. Ses deux feuillets ainsi rapprochés sont unis par un tissu cellulaire lâche, qui en permet l'écartement dans la distension de l'intestin. Si maintenant on fronce ce pli à sa base, le limbe dans lequel l'intestin est contenu formera de nombreuses sinuosités qu'on a comparées à celles d'une manchette. La portion du pli située en arrière de l'intestin grêle se fixe en grande partie au-devant de la colonne vertébrale, entre la deuxième vertèbre lombaire et la fosse iliaque droite, et reçoit le nom de *mésentère*. Le cœcum, une partie du colon et le rectum, dans sa partie supérieure, sont fixés de même dans le bassin par le mésocœcum, le mésocolon et le mésorectum. Après avoir formé ces replis, dans lesquels il est plus ou moins exactement appliqué à lui-même, le péritoine se dédouble, et va recouvrant à droite et à gauche du rachis les organes contenus dans l'abdomen; il forme chez l'homme le ligament postérieur de la vessie; chez la femme il suspend de chaque côté l'utérus par un large repli transversal (ligaments larges); à la hauteur de l'ombilic il forme sur la paroi antérieure de l'abdomen plusieurs replis, dont le principal répond par sa base à la face supérieure du foie et la divise en deux lobes : c'est le ligament suspenseur du foie. Par un autre repli (ligament coronaire), le péritoine se porte de la face convexe du foie à la surface inférieure du diaphragme, tandis qu'inférieurement il contourne le bord antérieur du foie et tapisse la face concave de cet organe et la vésicule du fiel; il enveloppe de même l'estomac, la rate et les reins. Outre cette enveloppe intimement adhérente, et qui concourt à l'organisation des viscères abdominaux, le péritoine en fournit une autre à plusieurs d'entre eux. Le long du gros intestin on remarque des appendices graisseux formés par le péritoine, dont le repli destiné à contenir l'intestin se trouve plus large sur quelques points, en sorte que ses deux feuillets s'adossent l'un à l'autre. De même, après avoir enveloppé le foie, l'estomac et la rate et tapissé le diaphragme, la séreuse, beaucoup plus étendue que les surfaces qu'elle recouvre, forme de vastes replis d'une ténuité extrême, présentant un véritable réseau de tissu adipeux contenu entre les feuillets séreux adossés, et qui retombent sur les viscères abdominaux comme une sorte de tablier ou de *coiffe*, ainsi qu'on les nomme vulgairement : ce sont les *épiploons*. Les épiploons, après être descendus jusqu'au colon, se replient sur eux-mêmes, et présentent, au dire des auteurs, quatre feuillets séreux adossés. En arrière des vaisseaux biliaires, et sous la racine antérieure du lobe de Spigel, on trouve une ouverture qui donne entrée dans la cavité épiploïque, et que l'on nomme *hiatus de Winslow*. »

Le péritoine peut être le siége de hernies et de l'inflammation connue sous le nom de *péritonite*.

PÉRITONITE, inflammation du péritoine connue aussi sous le nom d'*inflammation du bas-ventre*. C'est une maladie fréquente, et souvent fâcheuse, ordinairement déterminée par les violences extérieures dirigées sur la cavité abdominale, comme les coups, les chutes; par les plaies de ces parties, l'immersion du corps dans l'eau froide pendant qu'il est en sueur, la suppression brusque de la sueur par un vent froid, le coucher sur une terre humide. Une injection irritante, l'épanchement dans le péritoine d'un liquide ou d'une matière quelconque, donnent également lieu à la péritonite, qui se déclare brusquement aussi à la suite d'une perforation de la vésicule du fiel, de l'estomac, des intestins, de la vessie, etc. Cette maladie peut encore être le résultat d'une grossesse extra-utérine. L'inflammation d'un des organes contenus dans l'abdomen finit habituellement par se propager au péritoine. Une hernie étranglée engendre fréquemment la péritonite. La présence d'une tumeur dans la cavité abdominale la détermine également. Elle peut naître aussi subitement à la suite de la rétrocession d'une éruption cutanée, de la goutte, etc. L'accouchement est une cause fréquente de la péritonite, et les circonstances particulières qui l'accompagnent ont paru suffisantes à quelques auteurs pour en faire une espèce à part, sous le nom de *péritonite puerpérale*. La suppression des lochies, la suppression de la sécrétion du lait, la produisent généralement. Quand la phlogose s'empare du tissu de la matrice et de ses annexes, elle s'étend toujours sur le péritoine, et prend le nom de *métro-péritonite*.

La péritonite se montre soit d'une manière rapide et violente : c'est la *péritonite aiguë*; soit d'une manière lente et avec des caractères peu tranchés : c'est la *péritonite chronique*. Il y a d'innombrables nuances intermédiaires entre ces deux modes, de même qu'entre la *péritonite générale*, qui envahit la totalité de la cavité abdominale, et la *péritonite partielle*, qui est limitée à quelques-uns des organes qui s'y trouvent. L'invasion de la maladie est quelquefois subite et instantanée; mais le plus ordinairement elle se montre graduellement et est précédée de malaise, de perte d'appétit, de frisson et de fièvre. Le symptôme le plus apparent et le plus caractéristique est une douleur aiguë, fixe, superficielle, augmentant par la pression et le mouvement, et qui se développe dans une partie quelconque du ventre, d'où elle s'étend par irradiation jusqu'à l'occuper quelquefois tout entier.

Si l'inflammation existe sur la partie du péritoine qui recouvre le bas-ventre, le malade ne peut supporter la plus légère pression sur la partie affectée, le poids des couvertures le gêne; il reste couché sur le dos, les cuisses fléchies sur le bassin, la tête relevée; il ne peut se remuer sans augmenter ses souffrances. Si l'inflammation a son siége sur la partie du péritoine qui recouvre le canal intestinal, la douleur est moins vive dans le bas-ventre, mais on ne peut toucher la partie phlogosée. Des inspirations très-courtes, très-pénibles, qui s'arrêtent, se coupent brusquement, un sentiment de constriction dans la partie inférieure de la poitrine, un hoquet très-douloureux, dénotent que c'est le péritoine diaphragmatique qui est affecté. Des nausées, des vomissements surviennent; ils sont accompagnés d'angoisses pénibles. Le malade rend par le haut des matières muqueuses, de couleur verte ou jaune. Il y a constipation ou diarrhée. Le malade est tourmenté de la soif; les urines sont rares, les traits de la face semblent tirés vers le nez et le front. Toujours le ventre est ballonné, tendu, sonore à la percussion. Le nombre et la gravité de ces symptômes sont subordonnés à l'étendue et à l'intensité du mal; ils peuvent marcher avec rapidité vers une fin funeste. Cependant, la péritonite simple présente en général les chances les plus favorables. Sa durée est de quinze à vingt jours. Quelquefois la péritonite laisse après elle des épanchements, qu'il faut évacuer par la ponction, ou bien des adhérences anormales, qui sont causes de douleurs permanentes et germes d'accidents fâcheux.

A l'autopsie on trouve la cavité abdominale plus ou moins remplie d'un liquide jaunâtre et limpide, ou trouble et même purulent, mêlé de flocons albumineux. Parfois les intestins et les autres organes sont agglutinés entre eux au moyen de fausses membranes accidentelles, molles et friables, quelquefois solides et complétement organisées.

Le traitement antiphlogistique est celui qui convient le mieux à la péritonite. La saignée générale est indiquée au début; on applique des sangsues en grand nombre sur l'endroit où la douleur est plus vive. On ordonne la diète, le repos, une tisane adoucissante, émolliente, acidule, à peine tiède, des demi-bains, des bains entiers, des fomentations émollientes sur le ventre. On a aussi essayé avec succès des topiques froids sur les parois abdominales. Les topiques dérivatifs et révulsifs sur des endroits de la peau plus ou moins éloignés du péritoine peuvent être utiles. Des lavements diversement composés selon les cas peuvent aussi offrir des avantages. Les médecins anglais vantent l'efficacité du calomel à l'intérieur. Enfin, des frictions sur l'abdomen et sur les cuisses avec l'onguent mercuriel ont été préconisées, mais sans que le succès en soit bien certain.

PERKINISME. On désigne ainsi, en médecine, une méthode curative consistant à passer légèrement sur les parties malades des aiguilles de métaux différents. Elle doit son nom à un médecin américain, appelé *Elisha* PERKINS, qui la mit à la mode aux États-Unis vers 1786, et qui écrivit à ce sujet une dissertation spéciale. Le docteur présentait sa méthode comme une panacée universelle, la fièvre jaune exceptée sans doute, puisque le savant homme en mourut comme un simple mortel. Son fils, *Benjamin* PERKINS, apporta les *Tracteurs métalliques* à Londres, en 1798, et eut quelque temps une grande vogue. Les effets produits par le perkinisme tenaient selon les uns à une action électrique, et selon les autres à l'imagination. Il était depuis longtemps oublié lorsque, il y a quelques années, un certain docteur Burg essaya de le remettre de nouveau en honneur à Paris, cette terre promise du charlatanisme. Consultez Burg, *Metallothérapie* (Leipzig, 1851).

PERKINS (N...), célèbre mécanicien, né aux États-Unis, fit en Angleterre la première application de ses inventions. C'est lui qui, en 1824, eut le premier l'idée d'appliquer la vapeur aux machines de guerre. Dans ses canons à vapeur, la chaudière était en fer forgé et d'une seule pièce; et avec une consommation peu considérable d'eau et de charbon de terre, il obtenait l'énorme pression de 20,000 pouces anglais par pouce carré, ou environ 1,400 atmosphères. Un canon de 4, qu'il construisit d'après ce système, produisait avec une livre de houille, les mêmes résultats qu'un canon de même calibre avec 4 livres de poudre. Ce canon lançait dix boulets pendant qu'un canon à poudre en lançait un, et présentait, selon l'auteur, peu de chances d'explosion. Il inventa aussi un fusil servi par la vapeur qui pouvait tirer quatre cents balles à la minute. La force de projection qu'il obtenait était telle que les balles traversaient successivement plusieurs planches, et qu'à une distance de cent pas elles allaient s'aplatir contre des plaques de fer. L'enthousiasme pour ses découvertes fut tel à cette époque, qu'on crut pouvoir en attendre des résultats prodigieux. On alla même jusqu'à lui attribuer l'espoir de construire une machine qui lançât de Douvres à Calais un boulet pesant 2,000 liv. Du reste, il n'a été fait aucune application en grand de son système, vraisemblablement parce qu'on aura reconnu que, dans de telles machines, l'immense tension de la vapeur pourrait entraîner l'explosion de la chaudière. On s'est beaucoup occupé aussi d'un moyen qu'il proposait pour faire tirer avec une seule plaque d'acier gravée un nombre indéfini d'épreuves. Perkins avait, disait-on, le secret de rendre à volonté l'acier tendre et dur, de manière qu'après avoir obtenu d'une première plaque dix mille bonnes épreuves, il pouvait, en la comprimant fortement contre d'autres plaques rendues douces et endurcies ensuite, obtenir par ce procédé, répété plusieurs fois, de nouvelles empreintes successivement en creux et en relief, et susceptibles de donner de belles épreuves.

PERKIN-WARBECK. *Voyez* WARBECK.

PERLE. Ce mot, suivant Ménage, vient de *perula*, basse latinité; de *berlen*, allemand, suivant Hofman; de *pernula* suivant Pline, de *pilula* suivant Saumaise, et selon d'autres du celtique ou bas-breton *perlezen*. C'est une substance calcaire, liée par un ciment albumino-glutineux, et figurée sous forme plus ou moins globuleuse ou ovale, que l'on trouve dans plusieurs sortes de coquilles, et principalement dans une espèce du genre *ostrea* (*voyez* ARONDE).

Nous donnerons un article séparé à la pêche des perles.

Chacun connaît les qualités qu'on recherche dans une perle : 1° le grand volume, 2° la netteté et la demi-transparence opaline, 3° la régularité de la forme, que l'on considère comme parfaite lorsqu'elle offre une complète sphéricité.

La perle est peut-être de tous les ornements recherchés par les femmes celui qui relève le mieux les attraits de la beauté chaste et modeste. Les perles étaient déjà employées à cet usage chez les anciens. Cependant, il n'en est question ni dans la Bible ni dans Homère, et il est à croire qu'elles avaient été découvertes et employées aux Indes bien avant que le commerce de l'Europe avec ces riches contrées les eût fait connaître aux Grecs et aux Romains. Une fois que ces peuples en eurent vu, ils y mirent un prix bien plus considérable qu'aux perles que produisaient la Méditerranée et les fleuves de l'Europe. Le luxe en tira le plus grand parti; les gens riches n'épargnèrent aucune dépense pour se procurer les plus belles perles. Ils prodiguèrent des sommes énormes pour en orner les agrafes, les chaussures, les colliers, et surtout les boucles d'oreilles. Jules César donna à Servilie, sœur de Caton d'Utique, une perle qu'il avait payée 6,000 grands sesterces (1,200,000 fr.); la perle que Cléopâtre avala, dit-on, après l'avoir fait fondre dans du vinaigre, avait coûté 10,000 grands sesterces (deux millions de notre monnaie). Le goût des perles se répandit chez les femmes de toutes les classes, et il était passé en proverbe qu'une belle perle servait en public de licteur à une femme et faisait ranger respectueusement devant elle la foule émerveillée. Pompée, dans son triomphe, avait apporté à Rome une immense quantité de perles; trente couronnes en étaient couvertes; son buste avait été pour ainsi dire modelé en perles. Mais ce fut surtout, selon Pline, après la prise d'Alexandrie que l'usage en devint plus général; on ne se contentait pas d'en avoir d'une rondeur parfaite et de l'orient le plus pur, on en voulait encore d'un volume très-considérable. Sous les empereurs, le luxe en ce genre ne connut plus de bornes; les femmes ornaient de perles leurs chaussures les plus communes; elles se plaisaient, dit Pline, à fouler aux pieds les perles les plus rares et à suspendre à leurs oreilles la valeur de deux ou trois riches patrimoines. Tertullien leur reproche d'en charger leurs bottines de campagne et de porter l'extravagance jusqu'à faire briller les perles dans la boue. Les chaussures de Caligula étaient presque tissues de perles. Lollia Paulina, femme de ce prince, même les jours ordinaires, portait dans sa parure pour plus de 40 millions de sesterces (8,000,000 de fr.) en perles, en émeraudes et autres pierres précieuses. Néron alla plus loin : il chargea de perles les sceptres, les masques de ses histrions, et les lits où il se livrait au milieu d'eux à la débauche. Ce fut à l'époque de la guerre de Jugurtha qu'on nomma *uniones* les plus grosses perles, à cause de la difficulté que l'on avait à les appareiller, et parce qu'elles étaient pour ainsi dire *uniques*.

Cette substance était trop recherchée pour qu'on n'eût pas l'idée de l'imiter. Paris a de temps immémorial été considéré comme le principal siége de la fabrication des *perles artificielles*, qui se divise en deux branches : 1° les perles imitant de loin la nature au moyen d'une vitrification incomplète; et 2° les perles absolument transparentes, mais dont la paroi intérieure a été recouverte par une substance presque opaque. Cette substance, connue sous le nom bizarre d'*essence* d'*Orient*, consiste dans les écailles d'*ablette* suspendues dans un épais coulis de colle de poisson.

Le *gris de perle* est une couleur approchant de celle des perles. On entend par *semence de perles* les plus petites perles qui se trouvent dans les huîtres ou coquilles de perles, et *nacre de perle* la substance intérieure de la coquille des moules à perles.

Les poëtes comparent les belles dents aux perles. *Jeter des perles devant les pourceaux*, c'est montrer, présenter à quelqu'un des choses dont il ne connaît pas le prix. On appelle la *perle des hommes, des femmes*, un homme, une femme des plus estimables, des plus appréciés.

Perles, en architecture, est une suite de petits grains ronds qu'on taille dans les moulures appelées *baguettes*.

La *perle* des chimistes, en philosophie hermétique, était la rosée du printemps.

PERLE (*Typographie*). *Voyez* CARACTÈRE.

PERLÉE (Couronne). *Voyez* COURONNE.

PERLES (Pêche des). C'est sur la côte occidentale de l'île de Ceylan que se trouvent les bancs d'huîtres perlières, et c'est dans ce lieu que s'en fait la pêche. Chaque année, une ordonnance du gouvernement est rendue pour en régler les conditions. Cette ordonnance indique le jour où se fera l'enchère, et détermine quels bancs seront exploités, soit à Arippo, soit à Chilow ou à Condatchy. Elle limite le nombre de bateaux que l'adjudicataire pourra employer pendant la durée de la pêche, qui est ordinairement de deux mois. Le jour venu, le gouvernement reçoit les soumissions et adjuge au plus offrant, et dès ce moment cet homme devient un personnage. Les enchérisseurs qui ont échoué s'adressent alors à lui, afin de faire un sous-marché et d'acheter le droit de pêche pour une partie des bateaux qui lui sont alloués. L'adjudicataire fait ordinairement des cessions considérables; mais il n'en reste pas moins responsable envers le gouvernement du prix de son bail.

Quelques jours avant l'ouverture de la pêche, les intéressés se rendent à l'endroit désigné, et là, sur une plage inculte, où la veille on ne voyait qu'une seule maison, celle destinée au propriétaire de la pêche, s'élève aussitôt un amas de huttes innombrables. Quelques pieux entrelacés de bambous, grossièrement recouverts de feuilles de cocotier, forment tout le matériel de ces huttes, et néanmoins ces habitations éphémères abritent souvent jusqu'à cent cinquante mille âmes. Les spéculateurs arrivent en foule de toutes les parties de l'Inde, et au milieu de cette variété infinie de costumes et de langages l'œil et l'oreille sont également dépaysés. Cet immense marché s'étend sur la plage à plus de cinq kilomètres, et présente le spectacle du mouvement perpétuel. Au centre de ce vaste bazar est un espace réservé au propriétaire de la pêche, qui y établit ce qu'ici l'on nomme des *coutlós*, c'est-à-dire des parcs fermés d'une clôture de pieux, où l'on dépose les huîtres, qu'on abandonne à l'action du soleil; elles se dessèchent et se putréfient en peu de temps, et il est ensuite plus facile d'en extraire les perles. Ces parcs sont coupés par des rigoles qui servent à écouler les eaux, et dont les issues sont munies de grilles qui retiennent les perles échappées des coquilles. Les plus considérables de ces parcs sont, ainsi que les rigoles qui les traversent, pavés en briques et cimentés à la chaux, aux frais du gouvernement. La masse énorme d'huîtres qui s'y trouvent entassées, et que la putréfaction décompose, exhale au loin une odeur infecte, dont la population ne paraît point incommodée.

Quand la décomposition est suffisamment avancée, on met les huîtres dans des auges faites avec des troncs d'arbres creusés; l'on jette dessus de l'eau de mer, et l'on procède au lavage. Les hommes chargés de cette opération sont tous placés du même côté de l'auge, les surveillants au centre et aux deux extrémités; cette disposition a pour but de mettre ces derniers en état de veiller à ce qu'on ne jette que les coquillages inutiles : ces coquillages sont d'ailleurs examinés de nouveau, et l'on y trouve souvent de la *coque de perle*, qui a une certaine valeur. Les ouvriers ne peuvent porter leurs mains à la bouche sous peine d'être sur-le-champ frappés de la baguette dont les surveillants sont armés à cet effet. Il arrive quelquefois, malgré cela, que des ouvriers essayent d'avaler des perles de prix; mais si par malheur ils s'y laissent prendre, ils sont aussitôt garrottés à un pieu, et un purgatif violent, administré de force, les contraint à rendre l'objet volé.

Les bancs se trouvant à quinze milles en mer, le signal pour le départ se fait tous les soirs à minuit. Les bateaux, que favorise un vent de terre, s'y portent avec rapidité, et arrivent à la pointe du jour. La pêche alors commence; le signal en est donné par un coup de canon parti du rivage. Les bancs à exploiter sont marqués par des bouées, et les bâtiments du gouvernement qui sont de garde ne permettent à aucune embarcation de pêcher hors de l'enceinte de ces limites. Chaque bateau, le patron et le pilote non compris, est monté par vingt hommes, au nombre desquels se trouvent dix plongeurs, dont cinq sont toujours à l'eau en même temps. Afin de descendre avec plus de rapidité, ces plongeurs mettent le pied dans une espèce d'étrier en pierre attaché au bout d'une corde fixée au bateau; ils sont munis en outre d'une autre corde, à laquelle tient un filet. Parvenus à environ dix ou douze brasses de profondeur, ils rencontrent le sol; ils se hâtent alors de remplir leur filet de tout ce qui s'offre à eux, puis ils lâchent l'étrier et remontent à fleur d'eau. Les plongeurs ont à craindre les requins, qui sont très-nombreux dans les eaux de Ceylan. Mais il y a toujours sur la côte de vieilles sorcières qui endoctrinent ces gens simples et crédules, en se disant douées du pouvoir d'ensorceler les requins, et qui garantissent le plongeur contre tout danger. On conçoit qu'une gratification rétribue cette espèce particulière d'assurance maritime : aussi se prélève-t-elle sur le salaire de chacun, et les vieilles font leurs affaires. Il arrive dans le fait très-peu d'accidents, ce qu'il faut attribuer sans doute au bruit causé par le rassemblement de tant de barques sur un même point et à celui qu'occasionnent les plongeons continuels, bruits qui effrayent et écartent les requins. Au surplus, chaque homme qui descend dans la mer est armé d'un couteau, pour se défendre en cas de besoin.

La pêche des perles est une opération dangereuse et pénible. Les hommes alternent entre eux depuis six heures du matin jusqu'à dix, que le vent de mer commence à souffler. Un des bâtiments de garde fait alors le signal du retour à la côte : aussitôt les embarcations se réunissent, et la flottille, secondée par la brise de mer, arrive vers les quatre ou cinq heures sur la plage. Les bateaux se dirigent vers leurs *coutiôs* respectifs. Chaque bateau des différents propriétaires a son pavillon distinctif, et ce même pavillon est hissé au *coutiô*. Là, ils débarquent le produit de la pêche. On le partage aussitôt; le propriétaire prend sa part, chaque employé la sienne. Les bateliers, ainsi que les plongeurs, sont payés en huîtres perlières, qu'ils revendent au bazar. Cela fait, et les huîtres parquées, la circulation redevient libre comme auparavant. Le marché s'ouvre alors : on vend, on achète, on spécule sur le salaire des mariniers, salaire qui ne laisse pas que d'être assez considérable, puisqu'on voit ces hommes se retirer chacun avec un bénéfice de 40 à 50 *pagodes*, ou environ 300 à 400 fr.

La perle est une maladie de l'huître, qui met sept ans à se développer complétement. Si le coquillage n'est pas pêché alors, l'animal meurt ou la perle se perd. Souvent, lorsque la saison est orageuse, les huîtres souffrent, et leur produit est beaucoup moindre. Peut-être qu'alors elles s'ouvrent et dégorgent leurs perles. La pêche des perles a toujours lieu dans le mois d'avril, parce que c'est alors que la mer est le plus calme. Elle est pour le gouvernement une branche importante de revenu; je l'ai vue rendre jusqu'à 100,000 livres sterling, ou 2,500,000 francs, et il y a des années où elle ne s'est pas affermée pour moins de 150,000 livres.

Cte DE NOÉ, ancien pair de France.

PERLET (ADRIEN), artiste dramatique, naquit à Marseille, en 1795. Il entra au Conservatoire en 1811; peu de temps après il y fut admis comme pensionnaire, et remporta le premier prix de déclamation, lequel exemptait alors de la conscription. Toutes ses études avaient été dirigées vers la comédie classique. Le hasard, et peut-être aussi le désir de faire fortune, le détournèrent de sa route. Il tenait en 1819, au théâtre royal de Bruxelles, le haut emploi comique dans l'ancien répertoire, lorsque M. Delestre-Poirson, qui venait de fonder le Gymnase dramatique, vint le chercher pour l'ouverture de son théâtre. Il y débuta par un rôle d'Italien dans le prologue, et par celui du bossu Rigaudin de *La Maison en loterie*. Le succès de Perlet fut tel que M. Delestre-Poirson consentit à l'engager au prix de trente mille francs, appointements énormes et inconnus en ce temps-là. Le dédit était de 80,000 francs. Perlet, depuis quinze mois, attirait la foule au Gymnase, et cette vogue extraordinaire excitait la jalousie de MM. les comédiens ordinaires du roi. Le Théâtre-Français avait alors le monstrueux privilége d'accaparer les artistes des autres théâtres, nonobstant les traités. Il y avait là un moyen sûr de faire pièce au Gymnase, qui, avec le jeune esprit de M. Scribe et le talent original de Perlet, avait l'impertinence de plaire à la bonne société parisienne. M. le duc de Duras, premier gentilhomme de la chambre du roi, intima donc à Perlet l'ordre d'entrer à la Comédie-Française. Qu'offrait-on à Perlet? Le titre de pensionnaire, quelque chose comme 3,000 fr. d'appointements, et l'obligation de jouer en double. Perlet avait la conscience de ce qu'il valait; sa fierté fut blessée. Il était l'idole du public, et il ne voulait être le second nulle part. Peut-être eût-il accepté le titre de sociétaire et de chef d'emploi; mais sa dignité se révoltait à l'idée de conquérir cette position par dix ou douze années de patience et d'humiliants dégoûts. Il refusa net d'obéir aux injonctions de l'autorité; il fit un procès, à l'effet d'obtenir le maintien de son engagement au Gymnase ou le bénéfice de son dédit. Il perdit son procès, et aux termes du jugement qui le condamna, tous les théâtres de Paris lui furent interdits.

Perlet prit alors une résolution héroïque. Il se fit acteur nomade. Paris entendit bien de temps en temps quelques échos du retentissement qui l'accompagnait dans les villes de la province et de l'étranger, mais Paris l'avait perdu pour toujours. Quelques années après, grâce à la protection de la duchesse de Berry, M. Delestre-Poirson fit lever l'interdit dont Perlet était frappé; mais il était trop tard : le comédien, bien accueilli partout, faisant fortune à souhait, avait pris goût aux voyages. D'ailleurs, il pouvait joindre à son nouveau répertoire les chefs-d'œuvre des maîtres de la scène, qui furent toujours l'objet de sa prédilection. Aussi, lorsqu'il revint à Paris, il ne traita que pour quatre mois avec le directeur du théâtre de Madame, et plus tard il signa encore un nouvel engagement de quatre mois. Perlet n'a donc joué en tout à Paris que vingt-trois mois. Il y créa huit rôles, dans *Le Parrain*, *Michel et Christine*, *Le Secrétaire et le Cuisinier*, *L'Artiste*, *Le Gastronome sans argent*, *Le Comédien d'Étampes*, *Le Landau* et *La Famille du Baron*. Il mit son cachet à tous ces rôles, et il montra un talent de premier ordre dans des caractères qui n'appartenaient pas à la haute comédie.

Une rare délicatesse d'intelligence, un esprit fin et d'une grande souplesse, une sensibilité extrême, une distinction naturelle, une physionomie des plus scéniques, telles étaient les qualités de Perlet. Il y joignait un art infini. Jamais comédien ne fut plus consciencieux, plus soigneux jusque dans les moindres détails, et ne chercha davantage la perfection. Il avait une élégance comique, même dans la caricature, et son jeu était toujours fin, spirituel et d'une merveilleuse variété. Il excellait dans les travestissements, et se grimait à ravir. Il était vraiment extraordinaire dans *L'Artiste* et dans *Le Comédien d'Étampes*. Il plaisait, il séduisait, il entraînait, et pourtant il ne vivait pas toujours avec le public en bonne intelligence. Il n'a jamais eu pour le spectateur ce sourire complaisant qui semble demander l'aumône d'un bravo; mais peut-être devant les exigences du public avait-il une fierté trop prompte à s'effaroucher. Perlet a eu au Gymnase plus d'une soirée orageuse. Il avait, dans un de ses rôles, un air qu'il chantait à merveille. La censure fit supprimer deux vers que M. Delestre-Poirson remplaça par deux autres rimes. Perlet ne voulut plus chanter cet air, que le public demanda obstinément. Le tapage fut tel que l'autorité intervint : Perlet fut arrêté; et il charmait les ennuis de sa prison en répétant sans cesse l'air qu'il avait refusé au parterre en tumulte. Il n'en fut pas moins applaudi quand il reparut sur la scène, car il avait un talent irrésistible.

Perlet renonça de bonne heure au théâtre, mais il en a toujours fait l'objet de ses études. Il publia en 1848 un ouvrage philosophique et littéraire, intitulé *De l'Influence de la Comédie sur les Mœurs*. Il y examine, définit et compare les divers caractères de la comédie depuis Molière jusqu'à nos jours. Ce petit traité, qui est rempli d'aperçus ingénieux et de piquantes observations, est suivi de deux lettres adressées à l'un de ses élèves, sur les rôles d'Alceste et de Tartufe. Il mourut à Paris, le 20 décembre 1850. DARTHENAY.

PERM, gouvernement de la Russie d'Europe, de 4,050 myriamètres carrés de superficie, des deux côtés de l'Oural central ou riche en minerai, borné par les gouvernements de Wologda, de Wjætka, d'Orembourg et de Tobolsk. Ses mines d'or, d'argent et de métaux de toutes espèces en font l'une des plus riches provinces de l'empire de Russie. Le pays est partagé en douze cercles, dont les principaux sont ceux de Perm, d'Iékatérinenburg et de Werchoturie; et le nombre de ses habitants était évalué en 1846 à 1,637,770. Dans cette population on compte un grand nombre de peuplades d'origine finnoise, telles que les Wotjækes, les Wogoules, les Permijækes ou Permiens. Cette dernière, il y a environ huit siècles, était déjà arrivée à un degré de civilisation assez avancé pour l'époque; et les nombreuses traces de galeries minières qu'on rencontre pratiquées dans l'Oural prouvent que les Permiens savaient déjà exploiter les mines. Cette province a pour chef-lieu *Perm*, avec 15,000 habitants, ancien siége de l'administration supérieure des mines. Cette ville est située sur la Kama, le principal affluent du Volga, sur la grande route militaire qui relie Saint-Pétersbourg et Moscou avec les provinces sibériennes, à environ 200 myriamètres de la première de ces capitales. Iékatérinenburg, ville située au milieu des mines, est plus importante que le chef-lieu. Il faut encore mentionner, en fait de villes, *Irbit*, à cause de sa foire, à laquelle on vient de Turquie, de Bucharie et de Perse (en 1849 le mouvement d'affaires qui s'y faisait était de 25,701,800 roubles d'argent), de ses mines et de son commerce de pelleteries; et *Werchoturie*, à cause des riches sables aurifères qu'on y a tout récemment découverts, de son importante fabrication de fer, et comme entrepôt du commerce de la Sibérie.

PERMÉABILITÉ (du latin *permeabilitas*, fait de *permeo*, composé de *per*, au travers, et *meo*, je passe), propriété d'un corps qui livre passage à un autre corps dans son intérieur, c'est-à-dire par les pores de sa propre substance. Encore bien que les adjectifs *perméable* et *imperméable* ne soient employés dans le langage vulgaire que relativement à l'action de l'eau sur les substances que l'on veut désigner, il est facile de juger, d'après la définition qui précède, que la propriété de perméabilité est susceptible d'une acception beaucoup moins restreinte (*voyez* IMPERMÉABILITÉ). PELOUZE père.

PERMESSE, fleuve de la Béotie ou de l'Aonie. Strabon dit que le Permesse et l'Olmius avaient tous deux leur source dans l'Hélicon, et que, joignant leurs eaux, ils se jetaient dans le marais Copaïs. Virgile dit du Permesse :

> Tum canit errantem Permessi ad flumina Gallum,
> Aonidum in montes ut duxerit una sororum,
> Utque viro Phœbi chorus assurrexerit omnis.

Ce Gallus était un poëte élégiaque, que Virgile représente ici errant aux bords du Permesse, et honorablement accueilli par Apollon et par les Muses habitant l'Hélicon, du sein duquel coulait le fleuve. Ainsi, le Permesse était consacré à Apollon et à sa cour; et de tous temps on a dit que les poëtes allaient puiser des inspirations dans ses ondes.

PERMIENS. *Voyez* FINNOIS.

PERMIS DE CHASSE. *Voyez* CHASSE (*Droit*).

PERMIS DE SÉJOUR, acte en vertu duquel un voyageur est autorisé à séjourner dans une ville. Aux termes d'un arrêté du 1er juillet 1800 (12 messidor an VIII), ces permissions sont nécessaires à ceux qui veulent séjourner à Paris pendant plus de trois jours. Une ordonnance de police du 8 septembre 1851 porte que tout étranger qui arrive dans le département de la Seine avec l'intention d'y résider ou d'y exercer une industrie doit se présenter dans les trois jours de son arrivée à la préfecture de police pour y obtenir, s'il y a lieu, un permis de séjour, à peine d'expulsion du territoire. Cette disposition n'est pas applicable aux étrangers voyageant pour leur plaisir ou leurs affaires, sans intention de résidence, et munis d'un passe-port de leur gouvernement, régulièrement visé.

PERMISSION (du latin *permittere*, permettre, accorder). On entend en général par *permission* toute autorisation de faire une chose que l'on ne pourrait point faire sans cette autorisation, ou de ne point faire une chose que l'on aurait à faire. Il est certain acte qu'un prêtre ne saurait faire sans l'assentiment, la permission *ad hoc* de son évêque; il est des fidèles qui demandent et obtiennent de celui-ci, en Carême, la permission de faire gras; les militaires ne peuvent s'absenter de leur quartier aux heures des appels sans une permission de leurs supérieurs, sous peine de punition; il leur faut également une permission pour rentrer après l'heure des appels; enfin, dans des conditions déterminées, leurs chefs peuvent leur accorder des permissions pour s'absenter de leur corps dans un délai qui ne saurait être de plus d'un mois; une permission de plus d'un mois prend le nom de congé, et ne peut être accordée que par le ministre.

PERMUTATION. On entend par ce mot la transposition qu'on fait des parties d'un même tout, pour en tirer les divers arrangements dont elles sont susceptibles entre elles; comme si, par exemple, on cherchait en combien de façons différentes on peut disposer les lettres d'un mot, les chiffres qui expriment un nombre, les personnes qui composent une assemblée, etc. Il y a donc cette différence entre les combinaisons et les *permutations*, que les premières sont les produits différents qu'on peut obtenir avec un certain nombre de parties sans en intervertir l'ordre; et que les secondes sont les produits différents donnés par l'interposition de ces mêmes parties, dont on intervertit l'ordre à volonté.

Pour trouver toutes les permutations possibles d'un nombre quelconque de termes, l'algèbre fournit des procédés aussi simples que faciles. Nous les résumerons en disant que pour trouver de combien de permutations est susceptible un nombre quelconque *n* de termes, il faut faire le produit continu des termes de la progression naturelle, depuis et y compris 1 jusqu'à ce terme *n* inclusivement : 1.2.3.4.... *n*. Si donc on a un mot quelconque, par exemple *pain*, et qu'il s'agisse de savoir combien de mots différents on pourrait former avec ces quatre lettres, ce qui donnerait tous les anagrammes possibles de ce mot, on trouve qu'ils sont au nombre de vingt-quatre, savoir : le produit des nombres consécutifs 1, 2, 3, 4. Un mot de cinq lettres, *amour* par exemple, donnerait lieu à cent-vingt permutations, un mot de six lettres à sept cent vingt, de sept lettres à cinq mille quarante. En fait de *permutations de mots*, ce vers suivant d'un jésuite de Louvain, le P. Bouhuys,

Tot tibi sunt dotes, Virgo, quot sidera cœlo,

est à bon droit célèbre par le grand nombre de permutations dont il est susceptible sans que les lois de la prosodie soient violées. En retranchant même les vers spondaïques, mais en admettant ceux qui n'auraient pas de césure, on arriverait à trois mille trois cent douze permutations, ainsi que l'a démontré J. Bernoulli. On cite encore ce vers de Th. Lansius,

Mars, mors, sors, lis, vis, Styx, pus, nox, fex mala, crux, fraus.

qui, tout en conservant pour la mesure le mot *mala* à l'antépénultième place, se prête à *trente-neuf millions neuf cent seize mille huit cents* arrangements différents.

Nous rapporterons encore cet autre exemple, bien frappant, de l'effet des permutations. Il y a trente-deux cartes dans un jeu de piquet. Comme c'est là un jeu fort répandu, et qu'on mêle les cartes à chaque coup, il semble que depuis le temps qu'on le joue il a dû se former bien des arrangements différents de ces trente-deux cartes, et que le nombre des arrangements possibles auxquels elles peuvent se prêter doive par conséquent se trouver depuis longtemps épuisé. On va voir combien à cet égard nous sommes encore loin de compte. Supposant en effet que tous les individus de l'espèce humaine répandus sur la surface de la terre sans distinction d'âge ni de sexe, au nombre de *deux milliards*, fussent devenus joueurs de piquet, et appariés deux à deux, en sorte que chaque couple jouât quatre cents coups par jour ; supposant en outre *qu'en mêlant les cartes, le même coup ne se trouvât jamais répété*, il faudrait encore à ces deux milliards de joueurs réunis, plus de *dix-huit mille milliards de millions de siècles* pour qu'ils épuisassent tous les changements d'ordres possibles des trente-deux cartes. Pour se convaincre de ce résultat, il suffit de remarquer que le nombre des permutations de trente-deux cartes différentes est représenté par le produit des trente-deux premiers nombres entiers, produit qui a trente-six chiffres.

Dans le langage administratif, *permutation* se dit de l'échange d'un emploi dans un corps, une administration, contre le même emploi dans un autre corps, une autre administration sans avancement. C'est ainsi que deux officiers, deux préfets, *permutent* lorsqu'ils prennent mutuellement la place l'un de l'autre dans des régiments ou des départements différents.

Permutation se dit quelquefois en grammaire du changement d'une lettre en une autre, qui appartient au même organe.

PERNAMBUCO, l'une des provinces formant l'extrémité orientale du Brésil, d'une superficie de 2,100 myriamètres carrés, avec plus de six cent mille habitants, est divisée en trois *comarcas*, et célèbre par le *bois de Fernambouc* et par *le bois jaune*, qu'on y rencontre en immenses forêts, de même que dans la province de Bahia.

Le chef-lieu, PERNAMBUCO ou *Fernambouc*, ville tout entourée d'eau, se compose du port, de la ville basse, *Recife*, dans une presqu'île de *Boa-Vista*, sur le continent, et de *San-Antonio*, dans une île du fleuve Caribaribe. D'ordinaire on comprend aussi dans Pernambuco la petite ville d'Olinda, qui en est très-rapprochée, siége d'évêché, mais où il n'y a encore que sept mille habitants. Pernambuco, où l'on compte soixante-cinq mille habitants, est un des grands centres commerciaux du Brésil. Le coton, le sucre, le bois de teinture, le rhum et les cuirs sont les principaux articles d'exportation.

PERNAMBUCO (Bois de). *Voyez* FERNAMBOUC (Bois de).

PÉRON (FRANÇOIS), né le 22 août 1775, à Cérilly (Allier), mort dans la même ville, le 14 décembre 1810, fut l'un des voyageurs qui ont su attacher le plus d'intérêt et de charme à leurs narrations, par l'exactitude des détails, la sagacité des vues et le mérite du style. On a peine à concevoir la célérité et l'étendue de ses études. C'était grâce au dévouement d'une mère restée veuve sans fortune qu'il avait pu acquérir les premières connaissances au collége de sa petite ville natale. Avec une âme ardente, Péron devait partager l'enthousiasme patriotique qui fit courir la France aux armes en 1792 : aussi s'enrôla-t-il à dix-sept ans dans l'un des bataillons de son département. Blessé au siége de Landau, fait prisonnier à la bataille de Kayserslautern (1793), emmené à Wesel, puis à la citadelle de Magdebourg, la lecture assidue des historiens et des voyageurs l'occupa tout entier durant sa captivité. Son échange (1794) fut suivi de sa réforme, causée par la perte d'un œil, suite de ses blessures. Après quelque séjour auprès de sa famille, une place d'élève à l'École de Médecine à Paris, obtenue du ministre de l'intérieur, à l'âge d'environ vingt ans (1795), le fit rentrer dans la carrière des fortes études. Attiré vers toutes les sciences par un instinct d'universalité, il s'attacha à la médecine l'histoire naturelle dans ses branches diverses, la zoologie, l'anatomie comparée, la chimie, la physique, sans cesser de cultiver les connaissances qui se rapportent à l'histoire, telles que la géographie et la jurisprudence. Il trouvait encore du temps pour les mathématiques et l'astronomie ; la poésie, qu'il aimait, l'étude des langues grecque, italienne, espagnole, lui servaient de délassement.

C'est ainsi qu'à vingt-cinq ans Péron se trouva préparé pour le voyage vers les terres australes, auquel il allait prendre une si belle part. Sa passion pour les sciences et, à ce que l'on assure, une autre passion contrariée, déterminèrent sa décision. L'appui de Jussieu et de Lacépède lui furent nécessaires pour réaliser son projet. Un mémoire adressé à l'Institut par leur conseil, sur le besoin de joindre à l'expédition un médecin naturaliste, qui recueillerait des observations sur l'anthropologie ou l'histoire naturelle de l'homme, le fit admettre comme zoologiste. On connaît les incidents malheureux qui pensèrent faire avorter entièrement ce désastreux voyage, rendu si funeste aux savants et aux équipages par la sordide avarice et la dureté du capitaine commandant les vaisseaux *Le Géographe* et *Le Naturaliste*. On ne dut qu'au dévouement de Péron, de son ami Le Sueur et de plusieurs de leurs dignes compagnons, la conservation de leurs nombreuses collections. Pour celle des mollusques, il leur fallut sacrifier la portion d'arack que ne pouvait leur refuser la cupidité du capitaine. Le scorbut, la dyssenterie, la famine, rien ne put les décourager. Les périls, les privations, les souffrances, rien n'arrêtait Péron dans le cours de ses observations ; à l'Ile de France, à Timor, sur les côtes de la Nouvelle-Hollande, dans l'île de King, où il perdit de vue pendant quinze jours le bâtiment qu'il montait, son courage, son sang-froid, étaient inaltérables. Le Sueur et lui suffisaient à tout. Dans la seule petite île de King, Péron recueillit plus de cent quatre-vingts espèces de mollusques et de zoophytes. Aussi leur collection renferma-t-elle plus de cent mille échantillons d'animaux, parmi lesquels on a compté plusieurs genres nouveaux, et plus de deux mille cinq cents espèces nouvelles, récolte plus considérable que l'ensemble de celles qu'avaient faites tous les naturalistes voyageurs des derniers temps.

C'est encore à Péron que l'on a l'obligation des observations nouvelles sur la phosphorescence de la mer, et sur la plus grande froideur de ses eaux à mesure que l'on parvient à une plus grande profondeur. C'est au courage de Péron et de son ami Le Sueur que l'on doit le squelette de l'énorme crocodile déposé au Muséum d'Histoire naturelle, et qu'ils parvinrent à tuer auprès de Timor. Mais si tout ce qui sert à la connaissance de l'homme et des races humaines est d'un plus grand prix que toute autre découverte, le plus beau titre de cet intrépide et habile voyageur à notre reconnaissance est dans les tableaux si fidèles et si intéressants qu'il nous a tracés de l'état des peuplades barbares de la Nouvelle-Hollande et de Van-Diemen, ainsi que de la colonie pénale établie par les Anglais dans la première de ces deux contrées.

De retour en France, en 1804, Péron y rapportait une santé délabrée par l'excès des travaux et des souffrances. Le germe de la maladie qui l'emporta se développait de jour en jour. Il ne s'en livrait pas moins, autant que le lui permettaient ses forces, et avec toute l'ardeur de son zèle, à la rédaction du *Voyage aux Terres australes*, continué et publié, après sa mort, par M. de Freycinet, de 1807 à 1816, en 3 vol. in-4°, avec atlas. Péron, après un séjour à Nice, s'était retiré à Cérilly. Il avait perdu son excellente mère; mais il y retrouvait deux sœurs, qu'il chérissait. Il mourut entre leurs bras et ceux de son ami Le Sueur.

AUBERT DE VITRY.

PÉRONÉ (du grec περόνη, agrafe), os long et grêle, placé à la partie externe de la jambe. Outre son usage d'offrir des points d'attache aux nombreux muscles destinés aux mouvements du pied, il sert surtout à consolider l'articulation de ce dernier avec la jambe, au moyen du rebord que son extrémité inférieure forme à la gorge de poulie constituée par le bout inférieur du tibia. Les chevilles correspondent à l'endroit où le tibia en dedans et le péroné en dehors donnent naissance à l'espèce de mortaise qui emboite le premier os du tarse. On trouve un péroné distinct chez tous les mammifères digitigrades et quelquefois ongulés; mais la plupart des mammifères à sabot, tels que le cheval, le bœuf, le cerf, etc., présentent à peine des traces de cet os. Dans les oiseaux, le péroné touche le fémur et sert à soutenir une partie du poids du corps; mais il se confond presque avec le tibia, si ce n'est supérieurement. Ces deux os sont très-distincts chez les reptiles, où, comme dans les oiseaux, le péroné se joint à l'os de la cuisse.

PÉRONNE, ville de France fortifiée, forteresse de troisième classe, sur la rive droite de la Somme, au milieu de marais, chef-lieu d'arrondissement du département de la Somme, avec tribunal civil, chambre consultative d'agriculture, conseil de prud'hommes, compte 3,999 habitants. Péronne fait un commerce assez considérable de grains, farine, vin, eau-de-vie, laine, sucre indigène; on y fabrique des enclumes en quantité importante. Péronne est une ville très-ancienne: les Mérovingiens y avaient des établissements. Clovis II la donna à Archinoald, son maire du palais. Ses principaux monuments sont l'hôtel de ville, le Château-Neuf, construit par Henri IV, l'ancienne tour Herbert, où furent enfermés Charles le Simple, le comte de Boulogne, après la bataille de Bouvines, et où Louis XI fut en quelque sorte le prisonnier de Charles le Téméraire; enfin, l'église paroissiale, construite par Archinoald, et où fut enterré un roi de la première race. Péronne soutint vaillamment, en 1536, un siége redoutable contre le comte de Nassau, et prit à cette occasion le nom de la Pucelle, qui ne l'a point préservée de l'occupation étrangère après nos désastres de 1815.

Sous Louis XI Péronne appartenait au duc de Bourgogne, Charles le Téméraire, à qui le roi l'avait donnée en 1466. Ce monarque choisit cette ville, à l'instigation de La Balue, pour lieu d'une entrevue avec le duc; retenu quelques jours par Charles le Téméraire, furieux de ce que les agents du roi avaient soulevé les Liégeois, Louis XI n'en sortit qu'après avoir signé un traité de paix qui lui imposait les plus dures conditions, l'abandon de la Champagne et de la Brie, l'obligation d'aider le duc à soumettre les Liégeois, etc. Louis XI vint se cacher honteusement à Amboise dès qu'il se vit libre; mais les Parisiens n'oublièrent pas l'échec que sa défiance et sa duplicité avaient essuyé à Péronne : ils dressèrent leurs perroquets à prononcer le nom de cette ville. Louis XI, irrité de cette malicieuse allusion, rendit un édit pour l'extermination de tous les oiseaux parleurs. En 1476 une assemblée des princes, des grands-officiers, des notables de tous les ordres, tenue à Tours, annula le traité de Péronne, comme ayant été arraché au roi par la violence, ce qui était exact.

C'est à Péronne que furent tenues, en avril 1558, les conférences entre le cardinal de Lorraine, au nom de la France, et le cardinal de Granvelle, au nom de l'Espagne, dans lesquelles ces deux puissances conclurent la paix, pour s'unir contre les protestants. C'est également à Péronne, en 1576, que fut signé le fameux acte d'association de la Ligue entre Henri III et le duc de Guise. Péronne donna encore son nom à un traité international conclu dans ses murs, vers la fin du règne de Louis XVI.

PÉRORAISON, nom que les rhéteurs ont donné à la conclusion d'un discours (du latin *peroratio*). Lorsque, dans la tribune ou dans la chaire, un orateur a fini d'exposer en détail les preuves de son sujet, sa tâche n'est pas encore remplie. Il lui reste à porter les coups décisifs, comme un général d'armée qui fait un dernier effort pour déterminer le gain d'une bataille. C'est alors qu'il entame sa *péroraison*, partie essentielle du discours, parce que c'est elle qui donne la dernière impulsion aux esprits. Dans les plaidoyers judiciaires, elle n'a pas généralement la même importance, excepté toutefois lorsque de grands intérêts sont en cause, comme la vie ou l'honneur d'un accusé innocent, d'un client, que l'on croit victime de la calomnie.

La *péroraison* a deux objets à remplir : d'abord, elle doit achever de convaincre par le résumé ou la récapitulation rapide des principales preuves; puis elle doit achever de persuader par l'emploi des mouvements oratoires. « Il faut, dit Quintilien, réserver pour la péroraison les plus vives émotions du sentiment. C'est ici ou jamais qu'il nous est permis d'ouvrir toutes les sources de l'éloquence et de déployer toutes ses voiles. Il en est d'un ouvrage oratoire comme d'une tragédie; c'est à la catastrophe du dénoûment que le théâtre doit retentir d'applaudissements universels. Cette dernière partie du discours doit être véhémente et passionnée : aussi les maîtres de l'art, dans l'antiquité, la surnommaient-ils le siége des passions (*sedes affectuum*). Un autre mérite de la *péroraison*, c'est d'être courte. Il ne faut pas laisser à ses auditeurs le temps de respirer, encore moins celui de se refroidir. Du moment que l'émotion s'est emparée des cœurs, il ne faut pas insister, car, suivant la remarque d'un antique rhéteur, *rien n'est si vite séché qu'une larme*. Si la nature du sujet donne lieu à une éloquence passionnée, le résumé, que Cicéron appelle *énumération*, doit être suivi d'un mouvement oratoire, qui sera d'indignation ou de commisération. Dans un plaidoyer relatif à une cause vulgaire, et dans lequel par conséquent il serait ridicule de faire usage de l'éloquence pathétique, la conclusion ne doit offrir que le résumé de la cause; il ne faut y rappeler que les points importants, et donner à chacun d'eux le plus de force, mais le moins d'étendue qu'il est possible.

Dans le barreau moderne, il est rare qu'on puisse employer les péroraisons pathétiques; mais elles étaient d'un grand usage chez les Romains. Cicéron nous en a laissé plusieurs modèles, entre autres celle de la harangue *Pro Milone*. « C'est là, dit Marmontel, qu'on voit l'orateur suppliant sauver à l'accusé l'humiliation de la prière, et lui conserver toute la dignité qui convient au caractère d'un grand homme dans le malheur. Mais ce qui est encore très-supérieur à cette supplication, c'est l'indignation qui la précède, et dans laquelle Cicéron démontre, avec une éloquence sans exemple, que si Milon avait attenté à la vie de Clodius, la république lui en devrait des actions de grâce, au lieu de châtiment. »

Dans l'éloquence de la chaire, où l'objet de l'orateur sacré est surtout d'émouvoir son auditoire de compassion pour lui-même et d'horreur pour ses propres vices, ou de terreur par la menace des peines éternelles, la péroraison peut s'élever souvent aux mouvements les plus sublimes et les plus touchants. Les sermons de Bossuet, de Bourdaloue, de Fléchier, de Massillon et de nos autres prédicateurs célèbres, aussi bien que ceux de Bridaine et de quelques-uns de ses émules, offrent, dans divers genres, des péroraisons qui sont, avec justice, fréquemment citées parmi les chefs-d'œuvre de l'art oratoire.

L'éloquence académique, malgré sa froideur habituelle, a su parfois trouver le pathétique dans la *péroraison*. J.-J. Rousseau, dans son fameux discours sur les sciences et les arts, et Thomas, dans son magnifique éloge de Marc Aurèle, l'ont prouvé de la manière la plus brillante.

Enfin, la tribune politique, en France comme en Angleterre, pourrait aussi fournir ses preuves. Nous n'en citerons qu'une seule, empruntée au géant de nos orateurs parlementaires, à Mirabeau. C'est la péroraison de son discours sur les finances : « Vous avez entendu naguère ces mots forcenés : *Catilina est aux portes, et l'on délibère!* Et certainement il n'y avait autour de nous ni Catilina, ni périls, ni factions, ni Rome; mais aujourd'hui, la banqueroute, la hideuse banqueroute est là; elle menace de consumer tout, vos propriétés, votre honneur; et vous délibérez! »

CHAMPAGNAC.

PÉROU, l'une des républiques de l'Amérique du Sud, appelée aussi *Bas-Pérou*, pour la distinguer de la république de **Bolivie**, comprenant la moitié méridionale de l'ancien empire des Incas, s'étend sur un prolongement de 260 myriamètres le long de la côte de l'océan Pacifique, et est bornée au nord par l'Ecuador, à l'est par le Brésil et la Bolivie, au sud par la Bolivie. Ce nom lui fut imposé par les Espagnols, quand ils découvrirent pour la première fois ce pays. Les habitants de l'ancien empire des Incas l'appelaient *Tahouantinsouyou*, mot qui exprimait la domination des Incas s'étendant vers toutes les parties de l'univers. Leur empire était en conséquence divisé, d'après les quatre points cardinaux, en quatre parties dénommées chacune d'après les peuplades particulières qui les habitaient. Les limites actuelles de ce pays s'étendent plus au nord et au sud que celles de l'ancienne vice-royauté espagnole, transformée de nos jours en république. Ces limites comprenaient une superficie d'environ 16,000 myriamètres carrés, avec une population dont le recensement n'a jamais été fait d'une manière bien exacte, qu'on évaluait en 1792 à 1,076,000 habitants, vers 1810, en y comprenant quelques provinces dépendant aujourd'hui de la Bolivie, à 1,250,000, en 1827 à 1,736,000, et en 1847 seulement à 1,373,736 habitants; différence qui s'explique par les guerres presque continuelles auxquelles ce pays a été en proie, et aussi par la diminution toujours croissante des Indiens. A une distance moyenne de 11 myriamètres du littoral du grand Océan, toute cette contrée est traversée par la chaîne des Andes (*voyez* CORDILLÈRES), qui varie d'élévation et comprend un grand nombre de plateaux situés en moyenne à 4,000 mètres au-dessus du niveau de la mer, et dont quelques-uns sont d'une immense étendue. Le plus grand de tous est le plateau du lac Titicaca, dont une partie dépend de la Bolivie. Le sol est cultivé jusqu'à une élévation de 3,500 mètres; au delà on ne rencontre plus que des pâturages utilisés pour l'élève du bétail. A 2,700 mètres d'élévation le maïs croît encore en abondance dans les parties bien arrosées. Au nord le plateau s'abaisse vers le fleuve des Amazones, et la chaîne de montagnes de même que leurs pics n'y sont point aussi élevés qu'au sud. La ville de Truxillo est le point de la chaîne dont l'accès soit le plus facile. Au sud, au contraire, le point de passage le plus bas, celui qui conduit d'Arequipa (2,456 mètres) à Puno (4,025 mètres), et qu'on désigne sous le nom de *Altos de Huessos*, est encore à 4,257 mètres d'élévation. Une foule de rivières considérables prenant leur source dans les Andes, telles que l'Huallaga, l'Ucayale, le Beni, etc., coulent dans la direction de l'est, et forment les affluents du fleuve des Amazones, provenant ici de leur réunion. C'est ainsi que le versant oriental des Andes est une contrée richement arrosée, et par suite extrêmement boisée, que les habitants désignent sous le nom de *Montaña real de los Andes*. Les plaines qui s'étendent plus loin à l'est sont encore peu connues. Des forêts primitives presque impénétrables y alternent avec d'immenses prairies, dont les plus connues sont les *Pampas del Sagramento*, entre l'Ucayale et l'Huallaga. Le versant occidental des Andes a peu d'étendue, et aboutit à un étroit désert de sables, qui, interrompu de temps à autre par quelques parties de territoire fertile, se prolonge tout le long de la côte du Pérou, jusqu'au Chili. La plus vaste de ces plaines de sable de la côte est celle de Sechura, située au nord. Les seuls endroits fertiles qu'on y rencontre sont les vallées formées à leur embouchure par les fleuves prenant leur source sur le versant occidental des Andes. C'est ce qui fait qu'on désigne aussi toute la côte du Pérou sous le nom de *Los Valles* (Les Vallées). Les lacs y sont rares, et ne se rencontrent que dans les Andes; le plus remarquable de tous est celui de Titicaca, lequel occupe une superficie d'environ 160 myriamètres carrés. Les conditions de climat de ces divers pays varient beaucoup. Sur le versant occidental des Andes, il règne de juin ou juillet à novembre ou décembre des brouillards persistants, qui y remplacent la pluie. Les orages sont presque inconnus dans cette région. L'été y est beau et la chaleur tolérable. Dans la Cordillère, l'hiver, caractérisé par de fréquents orages accompagnés de pluie, de grêle et de neige, dure de janvier ou février à juin. L'été se distingue aussi par la parfaite pureté de l'atmosphère et par la fraîcheur assez vive des nuits. La limite des neiges éternelles atteint au *Nevado de Guaracpta* 5,097 mètres d'élévation. Dans la partie est du pays la saison des pluies, ou ce qu'on appelle l'hiver, dure de février à juin avec une chaleur étouffante. Parmi les produits du pays, les plus importants sont l'or et l'argent; on y trouve aussi du platine, du mercure, du cuivre. M. de Humboldt a calculé que le produit total de l'exploitation des mines du Pérou depuis la découverte de ce pays jusqu'à l'année 1803 avait été de 1,232,455,500 piastres. Depuis la révolution, on manque à cet égard de renseignements certains. De 1826 à 1833 il fut frappé à **Lima**, avec de l'argent nouvellement tiré des mines, pour 16,938,281 *pesos*. Les mines d'argent du *Cerro de Pasco* sont les plus riches qu'il y ait au Pérou, et au nombre des plus importantes de toute l'Amérique. On en estime le produit annuel à 250,000 marcs d'argent, et il va toujours en augmentant. Il en est de même du produit des mines de mercure, notamment de celle de *Chonta*. Mais le manque de machines, de capitaux et de voies de communication paralyse l'essor puissant que promettrait une exploitation répondant à l'abondance du minerai existant. Sur les plateaux de l'intérieur le pauvre et insouciant Indien fait paître de nombreux troupeaux de lamas et d'alpacas, l'ancien et unique animal domestique des Péruviens, dont la laine, de même que celle des vigognes, forme depuis quelques années l'un des plus importants articles de l'exportation (depuis 1840 elle s'est élevée de 10,000 à 25,000 quintaux). L'exportation du **guano**, ou fiente d'oiseaux accumulée en masses énormes dans les îles de *Chincha*, de *Lobos*, etc., voisines des côtes, constitue aussi depuis quelques années une abondante source de profits pour le Pérou. Elle s'élève annuellement aujourd'hui à 138,000 tonnes, représentant une valeur de 3,845,000 piastres. Le pays produit aussi du salpêtre. On y cultive le maïs et toutes les autres espèces de céréales; les pommes de terre, le coton, le sucre, le café, le tabac, la salsepareille, et autres drogues. Il y a quelques années l'importation s'élevait à 7,180,000 piastres, et l'exportation à 8,798,000. Le commerce se faisait au moyen de 1,412 navires nationaux et étrangers, jaugeant 306,808 tonneaux. L'Angleterre dans ce chiffre figurait à elle seule pour les deux tiers; venaient ensuite le Chili, les États-Unis de l'Amérique du Nord, la France et l'Allemagne. Le mouvement commercial n'était pas évalué pour 1853 à moins de 25 millions de piastres. Les principaux articles d'exportation sont l'or, l'argent, le salpêtre, le guano, la laine de lama et d'alpaca, ainsi que le quinquina, qui provient de la Bolivie, mais dont la plus grande partie s'exporte du port péruvien d'Arica. Par suite du misérable état de l'industrie, l'importation comprend une foule d'articles de l'espèce la plus commune, et se balance généralement au moyen de remises métalliques en barres. Les habitants sont divisés en général en Hispano-Péruviens ou blancs (14 pour 100 de la population totale), en Indiens (60 pour 100), nègres (2 pour 100), métis, mulâtres, etc. (24 pour 100); mais dans le pays même on distingue encore dans ces diverses classes une foule de nuances; et en dépit de la lettre de la constitution, les classes de citoyens, bien qu'appelées à jouir toutes des mêmes droits, sont strictement séparées les unes des autres. Les habitants aborigènes à peau brune sont les plus nombreux dans les provinces lointaines et dans les Cordillères, mais très-rares sur le littoral, où au contraire habitent surtout les nègres, dont quelques-uns travaillent encore comme esclaves dans les plantations à sucre. Parmi les Indiens péruviens il faut distinguer les descendants des sujets civilisés des Incas, des Indiens sauvages fixés dans les parties orientales du pays. Les premiers sont chrétiens depuis longtemps déjà, et bien plus civilisés que les *Gauchos* de Buenos-Ayres, descendants des Espagnols. Ils parlent généralement la langue *quichua*, et dans les provinces méridionales au contraire l'*aymara*. Des ouvrages modernes continuent à citer les noms d'une foule de peuplades sauvages habitant les frontières orientales de la république. Il y a longtemps déjà que la plupart d'entre elles ont disparu, ou bien se sont confondues avec d'autres. Il y a fort longtemps aussi qu'un grand nombre d'entre elles, subjuguées par les missionnaires, ont perdu leur langue primitive et les mœurs qui les caractérisaient autrefois; et l'existence du reste ne repose que sur des traditions erronées. L'ethnographie de ces contrées est d'ailleurs aussi obscure que peu intéressante.

Le Pérou est divisé en treize *départements* et soixante-trois *provinces*, subdivisées à leur tour en districts et paroisses. Il y a à la tête de chaque département un *préfet*, qui réunit entre ses mains l'exercice des pouvoirs civil et militaire. D'ordinaire c'est un général qu'on revêt de ces fonctions. Les plus importants de ces départements sont ceux auxquels on a donné le nom de leur chef-lieu, Lima, Cuzco, Arequipa et Puno, dans le Pérou méridional. Lima est la capitale de la république et le siége du gouvernement. La configuration même du sol, l'éloignement qui sépare l'une de l'autre les villes les plus importantes de la côte et de l'intérieur, et une espèce d'indépendance née de ces conditions, ont contribué au maintien de la jalousie traditionnelle des grands centres de population, tels que Lima, Cuzco et Arequipa. Chacune de ces villes a plus d'une fois tenté de s'ériger en État indépendant. Ces rivalités réciproques et l'antagonisme des races sont les principales causes des guerres civiles qui ont désolé le Pérou dans ces vingt-cinq dernières années. Aux termes d'une constitution discutée à Huancayo, et acceptée le 10 novembre 1839, le pouvoir exécutif est exercé par un président, élu pour six ans, non rééligible pour la période immédiatement suivante, et touchant un traitement de 40,000 piastres. Quatre ministres lui sont adjoints. La législature se compose d'un congrès formé de deux chambres, celle du sénat et celle des députés. Les membres de la première de ces assemblées sont réélus par moitié tous les quatre ans; ceux de la seconde par tiers tous les deux ans : les uns et les autres sont élus par le suffrage universel. Ce congrès se réunit tous les deux ans, et ses sessions sont de courte durée. Entre lui et le président il y a, comme pouvoir intermédiaire, un conseil d'État composé de treize membres à la nomination des chambres, qui reste en permanence et qui est chargé de veiller au maintien de la constitution et à l'exécution des lois. Le pouvoir judiciaire est exercé par une cour suprême siégeant à Lima, par des cours d'appel établies dans tous les chefs-lieux de département, par des tribunaux d'arrondissement et par des justices de paix. Il existe en outre des tribunaux particuliers de commerce, des mines, des dîmes et des prises. Aux termes de la constitution, la religion catholique est la religion de l'État, et il n'y a que ceux qui la professent auxquels elle reconnaisse des droits politiques. La hiérarchie ecclésiastique au Pérou se compose de l'archevêque de Lima, des évêques de Truxillo, de Chacapoyas, d'Ayacucho, de Cuzco et d'Arequipa. Indépendamment du clergé séculier, il y a aussi un grand nombre de congrégations religieuses. La dîme est toujours la principale source des revenus du clergé. Les forces militaires se composent de l'armée permanente et de la garde nationale. La première, qui a à sa tête quatre grands maréchaux, quatre généraux de division et vingt-et-un généraux de brigade, compte six bataillons d'infanterie, trois régiments d'infanterie et une brigade d'artillerie. D'ordinaire elle se recrute par la voie de l'enrôlement forcé. Son organisation est en général des plus défectueuses, et jusqu'à ce jour elle a joué un rôle prépondérant dans toutes les révolutions. L'avant-dernier président, Castilla, a réussi récemment à remettre un peu d'ordre dans les finances, qui se trouvaient dans l'état le plus déplorable. En 1850 les revenus publics montaient à 10,945,000 piastres, et les dépenses à 9,285,000. L'excédant était employé à couvrir les dépenses extraordinaires ou à la liquidation de l'ancienne dette nationale et à celle des obligations reconnues par l'État. La dette extérieure, contractée en Angleterre, monte à 1,816,000 liv. st. ou 9,080,000 piastres, et l'intérêt, qui en 1850 était encore à 4 1/2 pour 100, s'éleva successivement, en vertu des traités, jusqu'à ce qu'il eût atteint en 1853 le taux de 6 pour 100. La dette intérieure se compose de bons du trésor, mis en circulation depuis la guerre de l'indépendance. Elle a été consolidée en 1850 sur le pied de 3 pour 100; et depuis 1854 le taux légal de l'intérêt est de 6 pour 100. Le gouvernement a affecté le produit du guano à la régularisation de la dette publique.

L'histoire la plus ancienne du Pérou se compose en grande partie de mythes, et ne nous est connue que par les ouvrages de Garcilasso de la Vega. La fondation de cet empire date environ du douzième siècle de l'ère chrétienne, et fut, dit-on, l'œuvre d'un couple d'époux, en même temps frère et sœur, Manco-Capac et Mama Oello, qui, envoyés par la divinité, le Soleil, apparurent aux environs du lac Titicaca, et commencèrent à civiliser les habitants primitifs, encore à l'état de la barbarie la plus grossière. Leurs successeurs, les Incas, introduisirent le culte du Soleil, et fondèrent un puissant et florissant État, sur des bases strictement théocratiques, exactement réglé jusque dans les moindres détails, où ne régnaient qu'une foi, une loi et une langue, et qui au seizième siècle s'étendait depuis les Andes de Pasto jusqu'au milieu du Chili et du Tucuman. Francisco Pizarre, qui, en accompagnant Nuñez de Balboa à Panama, avait le premier recueilli de vagues renseignements sur un riche et puissant État situé au sud, s'associa avec l'aventurier Diego de Almagro et le prêtre séculier Hernando de Luque à l'effet d'armer une expédition, qui partit de Panama en 1524, et, après avoir eu à supporter toutes sortes de pertes et à vaincre une foule de difficultés, atteignit en 1526 la baie de San-Mateo à Quito, y recueillit des renseignements précis sur le Pérou, puis s'en revint. La seconde expédition conduite par Pizzare, qui se composait de cent quatre-vingt-cinq hommes, débarqua en janvier 1531, s'avança lentement vers le sud, et au mois d'août 1532 prit possession de Caxamarca, singulièrement secondée qu'elle fut dans son entreprise, aussi injuste que follement téméraire, par la guerre qui existait alors entre Atahualpa et Huascar, les fils du douzième et dernier

Inca, Huana Capac. Atahualpa fut fait prisonnier et mis à mort, et les vainqueurs se trouvèrent maîtres de tout le pays jusqu'à Cuzco. Mais la discorde éclata parmi les *conquistadores*, et le parti qui l'emporta se déclara indépendant de l'Espagne. Il en résulta une guerre civile, et ce ne fut qu'en 1547 que la mère patrie réussit à faire rentrer dans le devoir la colonie révoltée. Une nouvelle insurrection des vainqueurs, qui éclata dans les provinces du sud, fut pareillement comprimée après une lutte qui ne dura que treize mois, et qui clôt la première période des annales sanglantes du Pérou, dont à partir de cette époque jusqu'en 1810 l'histoire perd tout intérêt, attendu que la tranquillité n'y fut plus troublée que par quelques insurrections d'Indiens ayant à leur tête de vrais ou de faux descendants de la famille des Incas. La plus redoutable de toutes fut celle de 1780. Le signal en fut donné par un chef habile et entreprenant, appelé Tupac-Amarou, qui, lui aussi, prétendait descendre en ligne directe des anciens Incas. A la tête des révoltés, Tupac Amarou marcha sur Cuzco, en annonçant l'intention de s'y faire couronner avec les solennités consacrées par ses ancêtres. Mais la résistance vigoureuse du gouverneur et des habitants de cette ville le força à renoncer à cette entreprise et de se retirer dans les provinces éloignées, où partout les bandes sous ses ordres commirent les plus odieuses atrocités. Jusque là les Indiens, sauf l'échec qu'ils avaient essuyé sous les murs de Cuzco, avaient toujours été vainqueurs, parce qu'ils n'avaient eu à lutter que contre des troupes mal organisées et contre un petit nombre de volontaires. L'arrivée sur les lieux de troupes bien disciplinées changea promptement la face des choses. En peu de jours le général del Valle, à la tête du corps d'armée espagnole envoyé de Lima et fort de 15,000 hommes, eut atteint l'armée rebelle, composée de 10,000 hommes et commandée par l'Inca en personne. Les troupes indiennes furent culbutées dès le premier choc, et l'Inca, réduit à chercher son salut dans la fuite, fut bientôt après fait prisonnier avec le plus grand nombre de ses lieutenants. Le malheureux Tupac-Amarou et presque tous les membres de sa famille expièrent dans d'affreux supplices le rêve de patriotisme ou d'ambition qui leur avait mis les armes à la main. Ceux qui avaient échappé à son désastre, entre autres deux de ses parents, essayèrent vainement de continuer la lutte. Bientôt, placés entre deux feux par l'arrivée d'un corps auxiliaire espagnol envoyé de Buenos-Ayres, ils furent exterminés, mais non sans avoir encore dévasté une foule de localités, où toujours ils versaient le sang à flots et avec un raffinement de cruauté et de barbarie qu'expliquent les longues vengeances amassées dans le cœur des Indiens par plus de deux siècles d'oppression.

Ce furent les républicains de la Plata soulevés contre l'Espagne qui les premiers entreprirent en 1810 une expédition ayant pour but d'expulser les Espagnols du Pérou. Il s'en suivit une longue guerre, mêlée de chances diverses, dans le haut Pérou et le Tucuman; guerre dans laquelle se distinguèrent du côté des Espagnols les généraux Goyeneche et surtout Pezuela, et du côté des Argentins Belgrano. Quoique victorieux, les Espagnols durent évacuer le haut Pérou en 1820, à l'effet de marcher à la rencontre de l'expédition organisée au Chili par lord Cochrane et le général San-Martin et de comprimer en même temps les insurrections qui avaient éclaté dans les provinces du nord. La désunion des Espagnols et aussi la trahison favorisèrent l'entreprise de leurs ennemis. Le 9 juillet 1821 San-Martin fit son entrée à Lima, et le 28 du même mois l'indépendance du Pérou y fut solennellement proclamée. L'armée espagnole, qui s'était retirée dans l'intérieur du pays, battit, il est vrai, les patriotes à Moquehua, le 19 janvier 1823, anéantit presque complétement leur armée et reprit possession de Lima sans coup férir, le 19 juin; mais force lui fut bientôt de l'évacuer, pour marcher à la rencontre de l'armée colombienne, commandée par Bolivar. En 1824 l'armée espagnole comptait 24,000 hommes de bonnes troupes, et tout faisait présumer qu'elle réussirait à conserver le Pérou à la mère patrie; mais de nouvelles divisions qui éclatèrent parmi ses chefs et la déposition du vice-roi La Serna paralysèrent tellement cette force imposante, que le général Sucre réussit à battre l'armée espagnole du nord, le 5 janvier 1826, sur le plateau de Junin, à lui faire déposer les armes le 9 décembre suivant, à Ayacucho, et à mettre ainsi fin à la domination de l'Espagne sur ces contrées. Callao seul, où commandait Rodil, tint encore jusqu'au 23 janvier 1826. Depuis cette époque l'histoire du Pérou ne présente que le spectacle d'une anarchie devenant toujours plus grande; d'une foule de révolutions, entreprises et exécutées souvent par des officiers subalternes; de guerres civiles terminées promptement, et au total assez peu sanglantes, mais éclatant dans toutes les provinces et se renouvelant chaque année; d'une législation inconstante et corrompue; d'un désordre administratif complet, de la détérioration de plus en plus visible des mœurs, de l'appauvrissement et du dépeuplement du pays, comme n'en a offert aucune autre des républiques de l'Amérique du Sud, en proie à tant de discordes, sauf les États-Unis du Rio de la Plata. Donner la liste complète de la foule de présidents et de *protecteurs*, ainsi que des nombreuses constitutions qu'on a vues se succéder au Pérou, ou encore tracer le tableau des guerres orgueilleusement commencées, malgré l'état de ruine où se trouvait le pays, en 1829 avec la Colombie, et en 1836 avec le haut Pérou, et desquelles résulta en 1838 une pernicieuse lutte contre le Chili, serait une tâche aussi fastidieuse qu'inutile.

C'est seulement à l'arrivée au pouvoir présidentiel du général don Ramon Castilla (19 avril 1845), le défenseur de la constitution violée par son prédécesseur, le général Vivanco, qu'il battit et exila, qu'on commença enfin à jouir d'un repos durable. Pendant les six années que dura l'administration de cet homme, aussi loyal que bien intentionné, plus d'un progrès fut accompli. C'est ainsi que l'ordre fut rétabli dans les finances, que des réductions furent opérées dans l'armée, dont on perfectionna l'organisation, qu'on construisit des navires à vapeur, qu'on créa à Bellavista des ateliers pour la marine ainsi qu'une fonderie de canons, l'un des plus beaux établissements de ce genre qu'il y ait dans toute l'Amérique du Sud, qu'on établit un chemin de fer entre Lima et Callao, qu'on développa diverses branches de l'industrie nationale, ou qu'on ouvrit de nouvelles sources de prospérité générale, telles que l'exploitation du guano. Ses fonctions expirèrent le 20 mars 1851, et il laissa le pays jouissant d'un ordre parfait et d'une prospérité toujours croissante. Pour la première fois depuis la fondation de la république on vit le pouvoir exécutif passer au successeur légalement élu d'un président. Ce successeur était le général don Jose Rufino Echenique, homme habile, qui, n'ayant point été mêlé aux luttes des anciens partis, n'avait pas d'intérêts politiques à faire triompher. Les partisans du général Vivanco, son concurrent, contestèrent d'abord sa nationalité, et prétendirent qu'il était natif de la Bolivie. Mais le congrès, convoqué extraordinairement, confirma le résultat des élections; et le 20 avril le nouveau président prit possession de ses fonctions pour une période de six années. Ses premiers actes inspirèrent une certaine confiance, notamment à l'égard de deux questions qui sont d'un grand intérêt pour le développement de l'Amérique; il se prononça de la manière la plus énergique pour la diminution des droits de douane et pour les encouragements à donner à l'émigration européenne, à l'effet de peupler progressivement le vaste territoire dont dispose la république. Les troubles qui éclatèrent au Chili n'eurent point de contre-coup au Pérou; et une insurrection fomentée par les généraux Vivanco et San-Roma, rapidement comprimée, se termina par la fuite des révoltés. Moins pacifique que Castilla, Echenique seconda les armements du général Florès, l'ex-président de l'Ecuador, qui recruta au Pérou un certain nombre d'aventuriers, surtout des Irlandais et des Allemands, et qui au commencement de mars 1852 mit à la voile de Callao pour Guayaquil. L'opinion publique, au Pérou, désapprouva cette politique, et le président se vit contraint de changer ses ministres. Le différend qui éclata en 1852 avec les États-Unis de l'Amérique du Nord relativement à la propriété des îles Lobos, si riches en guano, fut terminé par la médiation de l'Angleterre et de la France, qui se prononcèrent en faveur du Pérou. Ces îles furent alors formellement incorporées à la république, qui depuis lors y entretient une garnison permanente. Le fait de charger du guano sur des vaisseaux appartenant à des nations autres que celles qui sont liées par des traités de commerce avec le Pérou est qualifié de vol, et puni en conséquence. Consultez, indépendamment des anciens ouvrages d'Ulloa, de Helm, etc., Brackenridge, *Voyage to South-America* (Londres, 1820); Mathison, *Voyage to Chile, Peru*, etc. (1825); Basil Hall, *Journal*, etc. (1824); Stevenson, *Account of South-America* (1827); H.-A. Weddell, *Voyage dans le nord de la Bolivie et dans les parties voisines du Pérou, ou visite au district aurifère de Tepuanie* (Paris, 1852).

PÉROU (Baume du). Cette substance provient du *myroxylon peruiferum* (ou *myrospermum peruiferum*, Décandolle), arbre de la famille des légumineuses, qui croît spontanément dans le Pérou, la Nouvelle-Grenade et la Colombie. En incisant le tronc et les grosses branches de l'arbre, il en découle un suc jaune, pâle et visqueux, qui se concrète à l'air; on le recueille aussitôt dans des pots ou dans des boîtes de fer-blanc, et on obtient ainsi le *baume en coque*, qualité supérieure que distinguent son odeur suave, sa couleur rouge doré et sa demi-transparence. Le *baume noir*, que l'on se procure en faisant bouillir dans l'eau les branches du *myroxylon peruiferum*, est d'une odeur beaucoup moins agréable: sa couleur est d'un brun noirâtre, et sa consistance, qui augmente avec le temps, n'est d'abord pas supérieure à celle de la mélasse. Le baume du Pérou, doué de propriétés stimulantes énergiques, a eu divers usages en médecine. Son odeur balsamique provient de la forte proportion d'acide benzoïque qu'il renferme.

PÉROUSE (*Perugia*), chef-lieu de la délégation du même nom, dans les États de l'Église (56 myriamètres carrés et 210,300 hab.), au pied de l'Apennin et sur les bords du Tibre, compte, y compris ses vastes faubourgs, 32,000 hab., et sans cela 17,000 seulement. Il s'y trouve d'importantes fabriques de soieries. Elle est le siége d'un évêque, d'une petite université fondée en 1307, d'un collége noble et de plusieurs sociétés savantes. Elle a 45 églises, 48 couvents, une bibliothèque de 30,000 volumes contenant aussi des manuscrits rares, un grand hospice d'orphelins, et plusieurs édifices remarquables, ainsi que de magnifiques places publiques. Un intérêt particulier qu'offre Pérouse aux amis des arts, c'est le grand nombre de beaux tableaux qu'on y voit de Pietro Vanucci, qui naquit dans cette ville, et qui pour cette raison est appelé *il Perugino* (le Pérugin), ainsi que d'autres maîtres célèbres, tels que Raphael, Barocci, etc. Les plus beaux édifices publics de Pérouse sont les églises de San-Lorenzo, du quinzième siècle, de San-Agostino, de San-Pietro, de San-Domenico, où l'on voit le tombeau de Benoît XI, et de San-Bernardino, et le palais du gouvernement. Pérouse était sous le nom de *Perusia* l'une des douze anciennes républiques de l'Étrurie; elle se défendit très-longtemps contre les Romains, et fut ruinée dans les guerres civiles d'Antoine et d'Octave. Aujourd'hui encore on y voit de nombreux débris de monuments datant de l'époque romaine. Dans la première partie du moyen âge, elle se rendit indépendante, et s'empara d'une grande partie de l'Ombrie. Sa période la plus florissante fut au quinzième siècle, époque où les papes y résidèrent souvent. Plus tard elle fut pendant quelque temps dominée par les Baglioni, puis incorporée aux États de l'Église par le pape Paul III.

PÉROUSE (LA). *Voyez* La Pérouse.

PEROXYDE (du grec περί, sur, au-dessus, et du français *oxyde*). *Voyez* Nomenclature chimique.

PERPENDICULAIRE (en latin *perpendicularis*). Toute droite qui forme avec une autre deux angles adjacents égaux est dite *perpendiculaire* à cette dernière; les angles ainsi formés prennent le nom d'*angles droits*. Les premières notions de la géométrie suffisent pour reconnaître que par un point quelconque on peut toujours mener une perpendiculaire à une droite donnée: de plus, si le point est hors de la droite, on n'en peut mener qu'une; mais par un point situé sur une droite on peut élever à cette droite une infinité de perpendiculaires, correspondant à l'infinité de plans qui renferment la droite donnée; toutes ces perpendiculaires sont dans un même plan, qui lui-même est perpendiculaire à la droite donnée. Une droite est en effet perpendiculaire à un plan lorsqu'elle est perpendiculaire à toutes les droites qui passent par son pied dans ce plan. Enfin, un plan est perpendiculaire à un autre plan lorsqu'il forme avec celui-ci deux angles adjacents égaux.

La distance d'un point à une droite ou à un plan est mesurée par la longueur de la perpendiculaire abaissée de ce point sur cette droite ou sur ce plan.

La *perpendiculaire du vent*, en marine, est la ligne droite perpendiculaire à la direction du vent qui souffle. Cette expression est usitée en tactique: Le vaisseau sur la perpendiculaire du vent a deux quarts dans la voile. Il n'en est pas ainsi d'une escadre: L'armée peut être rangée sur la perpendiculaire du vent, et faire vent arrière. Pour qu'une armée soit rangée sur la perpendiculaire du vent, il faut que le vaisseau de tête relève celui de la queue dans la ligne de la perpendiculaire du vent; dans cet arrangement, l'armée peut faire route où le général le veut. On nomme encore en marine *perpendiculaire de la route* la direction perpendiculaire à l'aire du vent sur lequel on gouverne: la perpendiculaire de la route est droit par le travers; c'est la prolongation du petit axe du vaisseau.

PERPENDICULE (Niveau à). *Voyez* Niveau.

PERPENNA (Marcus) appartenait à la faction de Marius, et était l'un des lieutenants de Marcus Æmilius Lepidus. Lorsque celui-ci eut succombé en Sardaigne, l'an 77 avant Jésus-Christ, Perpenna conduisit les débris de son armée en Espagne à Sertorius, sous les ordres duquel ses propres soldats le forcèrent bientôt à se placer, et ne fut ni habile ni heureux dans la guerre qu'il soutint contre Metellus et contre Pompée. En l'an 72 il conspira avec plusieurs Romains contre Sertorius, pour qui il avait conçu autant de jalousie que de haine, et il l'assassina dans un banquet auquel il l'avait convié. Devenu, grâce à ce crime, chef de l'armée de Sertorius, il ne put pas résister longtemps à Pompée, commit faute sur faute, puis finit par tomber dans une embuscade et être fait prisonnier. Après avoir vainement essayé de racheter sa vie en livrant à Pompée les papiers de Sertorius, que le vainqueur se contenta de brûler, il fut condamné à mort et exécuté. Il ne faut pas le confondre avec le consul Perpenna, qui, l'an 130 avant Jésus-Christ, battit et fit prisonnier Aristonic, lequel disputait aux Romains le royaume de Pergame, que leur avait légué Attale III.

PERPIGNAN, ville de France, chef-lieu du département des Pyrénées-Orientales, sur la rive droite de la Têt, à 8 kilomètres de son embouchure dans la Méditerranée et à son confluent avec la Baïse, avec une population de 21,783 habitants.

Ville forte, place de guerre de première classe avec citadelle, c'est le chef-lieu de la onzième division militaire et de directions d'artillerie et du génie; elle possède une direction et un bureau de douanes, un bureau de garantie des matières d'or et d'argent, des tribunaux de première instance et de commerce, une bourse, un évêché suffragant d'Alby, un collége, une école normale primaire, une école de dessin et d'architecture, des cours de dessin linéaire, de physique, de chimie, de mécanique, de botanique, d'accouchement, une école gratuite de musique, une bibliothèque publique de 13,500 volumes, un musée de tableaux, des cabinets d'histoire naturelle et de physique, une société des sciences, belles-lettres, arts industriels et agricoles; une société lyrique, deux typographies, une pépinière départementale et un jardin botanique, un dépôt départemental d'étalons et d'étalons baudets, une bergerie impériale avec mérinos et chèvres du Thibet au Mas-Coli, une caisse d'épargne, des bureaux de bienfaisance, hôpitaux et hospices, une maison d'aliénés, un abattoir, des puits artésiens, des sources d'eaux minérales.

On récolte sur son territoire de bon vin rouge d'ordinaire; on y trouve des pépinières et des vastes plantations de mûriers, pour l'élève des vers à soie. La ville renferme des fabriques de drap et autres étoffes de laine, de bouchons de liége, de cartes françaises et catalanes, de chapellerie, de fouets d'alizier, dits de Perpignan, d'instruments aratoires, de peignes, de tricots de fil; des filatures de coton; des établissements pour le cardage des laines; des fonderies de cuivre et de cloches; des marbreries, des tanneries et pelleteries, des distilleries d'eau-de-vie, des fabriques d'huile et de savon. Le commerce consiste en vins du pays, Rivesaltes, Torremila et autres crus renommés du Roussillon; eau-de-vie, huile, laine, soie, fer, bouchons.

L'aspect de Perpignan est pittoresque. En y arrivant par la route de France, on voit ses habitations poindre derrière un massif de vergers, et s'élever graduellement jusqu'au vieux donjon des rois de Majorque. C'est la *vieille ville :* les agrandissements de celle-ci s'échelonnent successivement sur les pentes du relief qui règne, en formant différentes ondulations, du côteau du Puig jusqu'aux derniers ouvrages avancés de la citadelle. Le profil du sol offrirait une ligne horizontale de l'est à l'ouest, sur laquelle serait posé, du nord au sud, un triangle rectangle vertical. A gauche, les platanes de la promenade figurent une forêt; à droite, la végétation fluviatile des bords de la Têt forme un agréable contraste avec ce fourré sombre et majestueux, et l'œil démêle entre les cimes des arbres la chaîne éloignée des Albères. La masse de la cathédrale, le clocher de Saint-Jacques, les créneaux et les mâchicoulis du *Castiller*, aujourd'hui prison militaire, annoncent une de ces villes du moyen âge où de longs et précieux souvenirs sont conservés encore. Les embrasures des fortifications qui enceignent la place, les guérites, les échauguettes, montrent que l'on est près de l'un de ces lieux destinés à servir de boulevard à tout un royaume. D'un autre côté, la mer et ses vagues bleues, des coteaux allongés, couverts de vignes, et Castell-Rosselo, où l'histoire et la fable attendent le voyageur, tout cela forme un ensemble qui plaît, qui attache; et dans le lointain la cime étincelante du Canigou (*Canigò*) vient rappeler les Pyrénées, qui près de s'abaisser, et de disparaître sous les flots de la Méditerranée, se relèvent tout à coup, et jettent à 2,937 mètres d'élévation absolue cette masse immense dont les contours abruptes se dessinent sur l'azur des cieux. L'hôtel du corps municipal, celui de la députation, doivent être examinés. Le *Castiller*, l'ancien palais ou donjon de la citadelle, la cathédrale, dont le vaisseau a 80 mètres de long sur 20 de large et 29 de haut; le vieux portail de Saint-Jean, et quelques maisons dans le style du quatorzième et du quinzième siècle, méritent toute l'attention des artistes. Les rues sont en général étroites et tortueuses; mais la place publique, environnée d'arbres, est arrosée par des eaux pures, et les promenades extérieures offrent des lieux où sous un ciel de feu on trouve une agréable fraîcheur.

L'histoire de Perpignan n'est point dénuée d'intérêt. Au commencement du dixième siècle ce n'était encore qu'un simple alleu, *alode de Perpentani*, ou un hameau. En 1025 son église de Saint-Jean fut dédiée; en 1116 Arnaud Gauffred y fonda l'hôpital dit aussi de Saint-Jean; en 1162 la Coutume de cette ville est confirmée par le comte Gérard. Ce prince accorde en 1170 de nouveaux priviléges à Perpignan, capitale du comté de Roussillon, qui passe aux rois d'Aragon et de Majorque. En 1300 Jacques Ier fonde l'église paroissiale de la Réal de Perpignan, après avoir fait bâtir celles de Saint-Jacques et de Saint-Matthieu. Sanche, son fils, en 1324 posa, avec l'évêque d'Elne, les deux premières pierres de la basilique de Saint-Jean à Perpignan. Pierre III établit, en 1349, une université dans la capitale du Roussillon. Cette institution littéraire est conforme en entier à l'université de Toulouse. Jean Ier établit un consulat de mer à Perpignan; en 1408-1409 l'antipape Pierre de Luna tient un concile dans cette ville. Sept ans après, le désir d'éteindre le schisme réunit dans Perpignan, près de l'antipape, Ferdinand, roi d'Aragon, l'empereur Sigismond, les ambassadeurs du concile de Constance, ceux de Castille et quelques autres. En 1471 Louis XI, à qui le comté de Roussillon a été engagé par Jean II, roi d'Aragon, établit un parlement à Perpignan. Une tentative des Aragonais pour reprendre cette ville échoue, et le parlement est supprimé. En 1493 le roi Ferdinand et la reine Isabelle, à qui la France a restitué le Roussillon, viennent à Perpignan, et jurent la paix avec Charles VIII, en posant leurs mains sur les saints Évangiles dans l'église de la Réal. En 1536 Charles-Quint fait fortifier Perpignan selon le nouveau système adopté depuis peu, et il fait entourer d'une nouvelle enceinte le château des rois de Majorque. En 1542 le dauphin de France, Henri, assiége Perpignan : il ne peut s'en rendre maître; en 1560 Philippe II fait construire l'enceinte extérieure de la citadelle; en 1597 le maréchal d'Ornano tente en vain de s'emparer de Perpignan par surprise; en 1640 les habitants s'opposent, en vertu de leurs priviléges, à l'entrée d'un corps de troupes castillanes. Le commandant de la citadelle fait canonner et bombarder la ville. Sept cents maisons sont détruites; les troupes entrent par une brèche, et la ville éprouve de la part de ceux qui auraient dû la défendre toutes les horreurs d'un assaut. L'année suivante Louis XIII assiége lui-même Perpignan, qui se rend après un siége de trois mois, et a été depuis constamment unie à la France, ainsi que tout le Roussillon. Avant la révolution de 1789 la population de Perpignan était partagée en trois classes : le *bras militar* était formé des *nobles* proprement dits, des *bourgeois honorés*, et des *docteurs* en droit et en médecine; la seconde classe était celle des *mercadiers :* elle comprenait, en outre des négociants, les bourgeois vivant noblement et les notaires; la troisième renfermait les chirurgiens, apothicaires, peintres, sculpteurs et les *ménestrals* ou artisans. Tous concouraient à la formation du corps municipal, et les cinq consuls étaient élus chaque année par la voie du sort. Le corps de la ville avait le droit de conférer la noblesse à deux citoyens qui jouissaient dès lors des mêmes priviléges que les autres nobles du royaume. Perpignan, enfin, avait un hôtel des monnaies, un conseil souverain et une université. Son évêque avait le titre de *grand-inquisiteur;* mais il n'en remplissait pas les fonctions.

Ch^er^ Alexandre Du Mège.

PERPIGNAN (Bois de). *Voyez* Micocoulier.

PERQUISITION, du latin *perquirere*, rechercher. On nomme ainsi l'action de rechercher et de saisir au domicile d'un individu prévenu d'un crime ou d'un délit les papiers et effets en sa possession, les choses prohibées ou volées, les objets qui paraissent avoir servi à commettre le crime ou le délit ou bien en être le produit, enfin tout ce qui peut servir à la manifestation de la vérité. Le droit de perquisition appartient, en cas de flagrant délit, au procureur impérial et à ses auxiliaires, et dans tous les cas au juge d'instruction, qui peut le déléguer par une ordonnance, que l'on nomme dans la pratique *mandat de perquisition*. Les perquisitions doivent être faites en présence du prévenu ou de son fondé de pouvoir. Cette disposition est prescrite dans son propre intérêt, pour qu'il puisse surveiller par lui-même l'accomplissement des formalités destinées à garantir l'identité des objets qui seront produits pour ou contre lui. Hors le cas de flagrant délit, la loi ne conférant le pouvoir de faire les visites domiciliaires dont il s'agit qu'au juge d'instruction, il s'ensuit que le procureur impérial lui-même ne pourrait pas exercer ce droit. Le respect dont la loi doit environner le domicile des citoyens défendait de prodiguer un pareil pouvoir. Les perquisitions peuvent-elles avoir lieu pendant la nuit? L'affirmative paraît découler du texte de l'article 36, qui ordonne au procureur impérial de se transportez *de suite*, et surtout de cette considération grave, qu'il importe dans les cas de flagrant délit de saisir promptement tous les indices du crime. Chaque autorité ne peut faire de perquisition que dans son ressort. La loi néanmoins autorise les présidents de cour d'assises, les procureurs généraux ou leurs substituts, les juges d'instruction et les juges de paix, à continuer hors de leur ressort les visites nécessaires chez les personnes soupçonnées d'avoir fabriqué, introduit, distribué de faux papiers de l'État, de faux billets de la Banque de France. Cette disposition s'applique également au crime de fausse monnaie. Auguste HUSSON.

PERRACHE (Presqu'île de). *Voyez* LYON, tome XII, page 532.

PERRAULT (CLAUDE), fils d'un avocat au parlement de Paris, né en 1613, avait d'abord étudié la médecine; mais son génie le poussa bientôt à l'architecture. Colbert devina dans l'apprenti médecin l'homme illustre qui devait plus tard inventer la colonnade du Louvre. Il chargea Claude Perrault de traduire Vitruve, et à force de traduire Vitruve Perrault se prit de passion pour ce grand art de l'architecture. Lorsqu'en 1666 Colbert établit l'Académie des Sciences, il nomma Claude Perrault membre de cette académie, et en même temps il lui commanda cette tour massive et sans forme sur laquelle est établi l'Observatoire, œuvre malheureuse, qui n'annonçait guère le grand architecte.

Cependant, l'époque était favorable aux architectes. Louis XIV était rempli de cette belle passion des rois très-riches, et, à son exemple, chacun voulait se bâtir un palais. Ainsi, Versailles s'était élevé comme par enchantement. Ainsi, Versailles bâti, le roi se mit à penser au Louvre, ce monument si longtemps inachevé. Il y avait alors en Italie le cavalier Bernini, qui jouissait d'une grande renommée. Louis XIV le fit venir à grands frais du fond de l'Italie, tout exprès pour achever le Louvre. La marche de Bernini fut une marche triomphale. Le roi l'entoura d'honneurs, l'accabla de présents, et enfin il lui demanda un plan pour l'achèvement du Louvre. Avant de donner son projet, le cavalier Bernini voulut voir les plans qui avaient été déjà présentés à Colbert, et quand on lui montra sur le papier la colonnade de Claude Perrault : « Ce n'était pas la peine de me faire venir d'Italie à si grands frais, s'écria l'Italien, voilà notre maître! » A cette nouvelle, Colbert s'émeut; il réunit le conseil des bâtiments; il appelle Claude Perrault à lui expliquer son projet dans le plus grand détail, et enfin ces belles colonnes de l'ordre corinthien le plus pur sont unanimement adoptées. Et non-seulement la colonnade du Louvre est un chef-d'œuvre unique dans l'architecture moderne, mais encore dans la disposition de la cour du Louvre tout le génie de l'architecte s'est déployé. De grandes difficultés s'offraient pour l'achèvement complet de cette œuvre immense de Jean Goujon et de Philibert Delorme.

Ainsi Perrault conquit tout d'un coup cette grande renommée. Dès lors il eut sa part à tous les grands monuments de cette époque. La chapelle du château de Sceaux, l'allée d'eau à Versailles, portaient à bon droit le nom de Perrault. Les planches dont il a enrichi la traduction de Vitruve sont un chef-d'œuvre. On doit encore à Claude Perrault quelques dissertations médicales, des *Essais de Physique*, un traité remarquable sur la *Mécanique des Animaux*, un *Recueil d'un grand nombre de Machines de son invention*. C'est ce même Perrault contre lequel Boileau a rimé d'assez mauvaises épigrammes. Claude Perrault mourut le 9 octobre 1688.

PERRAULT (CHARLES), frère du précédent, né à Paris, le 12 janvier 1628, fut peut-être le premier homme d'esprit du dix-septième siècle qui se servit du paradoxe comme d'une chose plus facile à démontrer que la vérité. Le tour du paradoxe n'était pas encore venu dans cette époque, si remplie de bon sens et de raison. Pour commencer dignement cette œuvre nouvelle, Charles Perrault se mit à faire des vers burlesques sous Scarron, le grand maître en fait de burlesque. C'était, il faut le dire, malheureusement commencer. Il s'attacha donc d'abord au sixième livre de l'*Énéide*. Mais Charles Perrault comprit à temps tout le néant de ces bouffonneries, et pour se châtier comme il convenait, il se mit à traduire les *Institutes* de Justinien. Ce travail de légiste fut entrepris et achevé avec la même plume burlesque que vous savez : si bien qu'un beau jour le grave jurisconsulte redevint un poëte badin et tant soit peu amoureux, qui chantait toutes ces Iris en l'air dont s'était tant moqué Despréaux.

Décidément, et malgré ses brillants succès, malgré l'admiration de Fouquet, Charles Perrault n'était pas fait pour la poésie, même badine. Il y renonça, et, à la suite de son frère Claude, il entra dans le conseil des bâtiments, où il se montra homme intelligent, fidèle, dévoué, plein de lumières, ami des lettres et des arts et de ceux qui les cultivaient. Ainsi, il contribua puissamment à fonder l'Académie des Inscriptions et Belles-Lettres, l'Académie de Sculpture, de Peinture et d'Architecture. Il était lui-même un habile et fin connaisseur de tous les beaux-arts; et quand l'Académie Française lui ouvrit ses portes, il se trouva naturellement digne de ces honneurs littéraires par les grâces de son esprit. Ce fut alors qu'il se mit à soutenir son immense paradoxe *de la supériorité des modernes sur les anciens*, qui causa tant d'émoi à toute la littérature du siècle de Louis le Grand (*voyez* ANCIENS ET MODERNES). A peine ce manifeste fut-il lancé, que voilà Boileau, Racine, La Fontaine lui-même, oui, La Fontaine, qui s'indignent et qui prennent fait et cause pour leurs maîtres, les grands poëtes, les grands orateurs, les grands écrivains de l'antiquité classique. Ce fut de part et d'autre une lutte acharnée, spirituelle, éloquente, courtoise; et certes il fallut bien de l'esprit à Charles Perrault pour tenir tête, à lui tout seul, à ces rudes jouteurs. Dans cette foule de beaux esprits Charles Perrault n'en rencontra que deux seulement pour le soutenir : Saint-Évremond et Fontenelle. Mais depuis long-temps cette grande querelle est oubliée; et d'ailleurs Racine, Boileau et La Fontaine ne se sont-ils pas chargés de donner à Charles Perrault les meilleures raisons en faveur de son système ?

Un petit livre de Charles Perrault, qui a vécu et qui vivra plus longtemps que son *Parallèle des Anciens et des Modernes*, c'est le charmant livre qui le premier a amusé notre enfance, ce beau petit volume tout rempli de drames simples ou terribles, qui les premiers ont fait battre notre jeune cœur d'espérance ou de terreur; je veux parler des *Contes des Fées*, ce livre chéri des petits enfants, qui a doucement éveillé les imaginations les plus jeunes. Protégez-le donc de votre souvenir enfantin : vous le Petit-Poucet, vous le Chat-Botté, vous la Belle au Bois-Dormant. Les *Contes des Fées* de Perrault vivront en France aussi longtemps qu'il y aura en France des mères et des nourrices, des bonnes d'enfants et des petits enfants.

Plus tard, revenu des batailles littéraires, revenu des places importantes, revenu même de la gloire, Perrault se retira dans une maison obscure du faubourg Saint-Jacques, et là il se consacra tout entier à l'éducation de ses enfants. Là encore il écrivit les mémoires de sa vie, narration pleine de charme et de bonté, où se retrouve tout entier le galant homme, plein de cœur et plein d'esprit. Outre les ouvrages dont nous avons parlé, Charles Perrault a laissé encore : *Éloge des Hommes illustres du dix-septième siècle*, un très-bon livre; *Recueil de Prose et de Vers; Cabinet des Beaux-Arts*, et plusieurs comédies. Il mourut en 1703.

Il y avait encore dans cette famille *Pierre* PERRAULT, qui a laissé un *Traité de l'Origine des Fontaines*; et *Nicolas* PERRAULT, docteur en Sorbonne, grand ami d'Arnauld.

Jules JANIN.

PERRINET LECLERC. *Voyez* LECLERC (Perrinet).

PERRON (du grec πέτρος, pierre). C'est le nom que l'on donne en architecture à un escalier découvert et en dehors, composé d'un petit nombre de marches, que l'on construit sur un massif, au-devant d'un appartement peu élevé au-dessus du rez-de-chaussée, ou de quelque terrasse dans un jardin. C'est sur le perron de leur château que les anciens seigneurs venaient autrefois rendre la justice, entourés de leurs officiers.

Les Romains avaient établi sur les routes de nombreux perrons pour aider aux cavaliers à monter à cheval ; sous le moyen âge, il s'en trouvait également sur les grands chemins, dans les forêts même, et les chevaliers bardés de fer en montant les marches de ces perrons, pour se hisser à cheval, y trouvaient souvent des défis suspendus à des écus.

PERRON (Cardinal Du). *Voyez* Duperron.

PERRONET (Jean-Rodolphe), né à Surêne, en 1708, et mort à Paris, en 1794, fut l'un des plus célèbres ingénieurs des ponts et chaussées de son époque. Dès l'âge de dix-sept ans, on lui confia la direction de plusieurs constructions importantes, et il s'en acquitta avec une sagacité qui le fit nommer, en 1747, directeur de l'École des Ponts et Chaussées, nouvellement fondée; il mit le sceau à sa réputation par la construction de treize ponts élevés d'après ses plans : quelques-uns de ces ponts furent dans le temps considérés comme des chefs-d'œuvre, entre autres celui de Neuilly, qui fut le premier exemple d'un pont en plan horizontal ; ceux de Nemours et de Pont-Sainte-Maxence, et celui de Louis XVI à Paris. C'est à Perronet qu'on doit le canal de Bourgogne ainsi que le projet de rendre navigable et d'amener à Paris la rivière d'Yvette, projet dont le but a été atteint depuis par l'exécution du canal de l'Ourcq. Perronet était membre correspondant de la plupart des sociétés savantes de l'Europe. Lesage a publié en 1805 une Notice pour servir à l'éloge du célèbre ingénieur, à qui l'on doit aussi le tracé d'un grand nombre de routes et l'invention d'une foule de machines ingénieuses. On trouve dans le recueil de l'Académie des Sciences beaucoup de mémoires de Perronet, entre lesquels nous croyons devoir faire surtout remarquer celui qui a pour objet la *Recherche des moyens qu'on pourrait employer pour construire de grandes arches de pierre de 200 à 500 pieds d'ouverture*, etc. (Paris, 1796).

PERROQUET (*Ornithologie*), genre d'oiseaux appartenant à l'ordre des grimpeurs, dans lequel ils se distinguent par un bec court, gros, très-fort, convexe en dessus et en dessous, recourbé à la pointe de la mandibule supérieure, qui dépasse l'inférieure, recouvert à sa base d'une membrane où sont percées les narines, et renfermant, en opposition avec ce que l'on voit chez les autres oiseaux, une langue épaisse et charnue. Leurs doigts sont au nombre de quatre ; deux en avant, réunis par une petite membrane, deux en arrière, libres ; leurs ailes médiocres, mais fortes. Leur larynx inférieur, celui dans lequel se produit la voix, est d'une structure assez compliquée, ce qui explique comment ces oiseaux peuvent répéter assez intelligiblement les mots qu'ils entendent souvent prononcer. Les perroquets s'aident de leur bec, comme d'un point d'appui, quand ils grimpent, et se servent de leurs pieds pour prendre les aliments qu'on leur offre et rejeter ce qui ne leur convient pas. Leur nourriture consiste principalement en fruits, en bourgeons, en graines, en amandes, qu'ils savent dépouiller adroitement de leur enveloppe ligneuse. Déprédateurs des lieux qu'ils habitent, et gaspillant beaucoup plus d'aliments qu'il n'en faudrait pour leur consommation, ils sont très-redoutés des colons, qui emploient toutes les précautions qui sont en leur pouvoir pour les écarter des champs récemment ensemencés. On a remarqué que plusieurs substances dont l'action est très-innocente sur d'autres animaux sont vénéneuses pour les perroquets : tel est le persil, par exemple.

On ne trouve guère les perroquets que sous la zone torride, où ils habitent par bandes dans les forêts. C'est dans les troncs creux ou plus rarement au sommet des branches les plus élevées qu'ils construisent leurs nids, formés de bûchettes ou de petits branchages adroitement entrelacés, et garnis intérieurement de brins d'herbe ou de leur propre duvet. La femelle y pond deux à quatre œufs, qu'elle couve avec constance, tandis que le mâle, perché à quelque distance de là, veille à tous les besoins de la couveuse. Les différentes espèces vivent chacune de leur côté, par familles, sans jamais se mêler entre elles. Ce sont, de tous les oiseaux, ceux qui paraissent passer avec le moins de regrets à l'état de domesticité. Captifs, ils montrent un naturel colère, assez méchant, et se rendent très-importuns par les sons criards qu'ils font sans cesse entendre. Ils sont, selon quelques observateurs, susceptibles d'une certaine éducation musicale.

Ce genre d'oiseaux, très-nombreux, a été subdivisé en plusieurs groupes, dont les principaux sont : les *aras* du Nouveau Continent, les plus grands et les plus magnifiquement parés de tous les perroquets ; les *kakatoès* ou *cacatoès*, les plus grands perroquets de l'Ancien Monde, et que l'on distingue à leur plumage blanc et à la huppe dont leur tête est ornée; les *perruches*, distinctes des perroquets proprement dits, par leur queue longue et étagée, tandis qu'elle est courte et carrée chez ces derniers.

Dr Saucerotte.

PERROQUET (*Marine*). Les mâts d'un bâtiment s'élèvent par étages les uns au-dessus des autres ; chacun d'eux a sa voile et sa vergue particulières, qui forment avec lui un jeu de voile complet indépendant des autres. Le mât de perroquet est le troisième en élévation ; porté par le mât de hune, il supporte lui-même le mât de cacatois. Les voiles des perroquets servent dans les beaux temps. Lorsque le vent, trop violent, menace de les déchirer, on les serre sur leurs vergues et on les envoie sur le pont, afin de ne pas fatiguer le haut de la mâture dans les roulis et les tangages. La *perruche* est le troisième perroquet à bord des bâtiments à trois mâts : on l'appelle ainsi pour le distinguer du *grand* et du *petit perroquet*.

Mais d'où vient ce nom de *perroquet* ? Quel rapport peut-on trouver entre l'oiseau, le perroquet, et la voile qui porte son nom ? Nous ne saurions le dire. En admettant que le terme marin de *perroquet* soit sans signification, on reconnaîtra cependant qu'il a une sorte d'harmonie vibrante digne de la langue qui l'emploie. Les commandements pour la manœuvre des perroquets ont en mer un éclat prodigieux ; ils retentissent de la cime des mâts jusque dans les profondes cavités de la cale : « Cargue les perroquets ! Serre les perroquets ! » Et lorsque le temps devient maniable et permet de forcer de voiles : « Hors les perroquets ! » Ce dernier cri, cet ordre, lancé à pleine voix avec les intonations convenables, remue l'âme par un certain je ne sais quoi, réjouissant et triomphal comme le beau ciel qu'il annonce.

L. de Lespinasse.

PERROQUET DE MER. *Voyez* Labre.

PERROT D'ABLANCOURT. *Voyez* Ablancourt.

PERROTINE. Ainsi s'appelle, du nom de M. Perrot, son inventeur, une machine destinée à remplacer dans l'impression sur étoffes le travail manuel de l'application de la planche par le mouvement mécanique de celle-ci. Cette machine se compose : 1° d'un bâti en fonte sur lequel sont attachées les pièces fixes ; 2° d'une table en fonte à trois faces, portant à ses angles des rouleaux garnis à leur surface de pointes d'aiguilles qui, en piquant les étoffes qui passent dessus, empêchent qu'elles ne glissent : c'est sur cette table que s'opère l'impression ; 3° de chariots mobiles, sur lesquels sont vissées les planches gravées, et auxquels on donne la direction convenable pour que les planches se présentent bien parallèlement aux tables ; 4° de châssis à couleur, mobiles, dans des coulisses placées sur la table à impression, et qui prennent la couleur sur des rouleaux fixés à des distributeurs ; 5° de distributeurs mécaniques, composés chacun d'une auge en bois garnie de couleurs, d'une paire de rouleaux en cuivre qui prennent ces couleurs et les distribuent à d'autres rouleaux, ces derniers en drap ; 6° d'un régulateur ou appareil de division, destiné à délivrer exactement la quantité de toile qui doit être imprimée à la fois ;

7° enfin, d'une toile sans fin, embrassant un rouleau garni de pointes d'aiguilles, afin d'empêcher le glissement des étoffes qui passent dessus, et qui, après avoir passé sous un rouleau qui l'étend parfaitement et s'être appuyée sur un autre, embrasse la table de fonte, et revient ensuite à son point de départ.

L'étoffe à imprimer par la *perrotine* s'enroule sur une ensouple, passe entre des barres qui en font disparaître tous les plis, arrive sur un rouleau où elle se réunit à la toile sans fin, chemine avec elle, embrassant les trois faces de la table, remonte avec la toile sans fin, et est enfin reçue dans un étendage ou dans des paniers. Pendant cette opération, les trois chariots reçoivent, au moyen d'une manivelle mue par un homme, leur mouvement de va-et-vient, pendant qu'un excentrique imprime à trois châssis celui qui leur est propre, abaissant l'un, élevant l'autre, et faisant avancer le troisième de gauche à droite. Grâce à toutes ces ingénieuses combinaisons réunies dans une seule machine, celle-ci produit tout à la fois la distribution des couleurs, le mouvement de la toile, et enfin l'impression, par le fait d'un seul moteur appliqué à la manivelle.

PERRUCHE. Ce nom, que l'on applique vulgairement à la femelle d'un perroquet quelconque, est employé en ornithologie pour désigner un groupe du grand genre *psittacus*. Les perruches ont le bec moins gros que celui des aras, et à pointe moins crochue. Leur face est emplumée, avec le tour des yeux quelquefois nu dans une plus ou moins grande étendue. Leur queue est toujours au moins aussi longue que leur corps. L'espèce la plus anciennement connue en Europe est la *perruche d'Alexandre* (*psittacus Alexandri*, L.), originaire des Indes orientales, d'où l'on prétend qu'elle aurait été rapportée par le conquérant macédonien. Son plumage est vert, avec une tache rouge brun sur chaque aile, un collier d'un rose vif sur la nuque, et un demi-collier noir sous la gorge et les côtés du cou.

PERRUCHE (*Marine*). *Voyez* PERROQUET (*Marine*).

PERRUQUES. Les perruques se faisaient il y a peu d'années avec des cheveux tressés sur trois fils de soie, qu'on appliquait ensuite sur du filet taillé en forme de calotte. Cette méthode, assez bonne par elle-même, puisqu'elle a été reprise de nos jours avec des modifications, avait l'inconvénient de ne pas assez imiter la nature : il était trop facile de reconnaître dans la société une *tête à perruque*. Pour obvier à cet inconvénient, on a imaginé les perruques à cheveux implantés, qui sont le dernier effort du génie de l'artiste ; mais ces perruques étaient trop chères, et il était digne du talent des coiffeurs modernes de chercher un moyen terme, qui conservât le naturel des *implantés* et le bon marché des *tressés :* c'est un problème qu'ils ont résolu. Avec une pièce un peu plus grande qu'un écu de cinq francs, en cheveux implantés, qu'ils nomment *finission*, et avec ce qu'ils appellent un *raie de chair*, ils ont rendu à la *perruque à filet* le naturel qui lui manquait, et l'ont placée fort près de la *perruque implantée :* c'est un service rendu à l'art, qui mérite la reconnaissance des têtes chauves.

L'usage de se couvrir la tête de cheveux étrangers remonte à une très-haute antiquité. Xénophon nous apprend que les Perses et les Mèdes se servaient de cheveux artificiels pour remplacer ou pour augmenter le volume de leurs cheveux. Astyages le Mède portait une perruque très-fournie. Un passage du second livre de l'*Économie* d'Aristote fait aussi mention de cheveux postiches. Eustathe, Lucien, Élien, Polybe, Tite-Live, Varron, Ovide, Martial, Pétrone, Properce, Juvénal, Dion Cassius, Plutarque, Suétone, nous signalent de diverses manières l'emploi de faux cheveux ; et l'un d'eux (Juvénal) dit formellement que l'impératrice Messaline, femme de Claude, couvrait sa tête d'une perruque blonde lorsqu'elle allait se prostituer aux portefaix de Rome. L'empereur Othon portait perruque : on en trouve la preuve authentique dans l'examen des statues qu'on a conservées de ce prince. Suivant Lampridius, la perruque de Commode était tressée avec des cheveux de nuances diverses, parfumée et poudrée avec de la poudre d'or. Les perruquiers de Rome s'approvisionnaient en Germanie, le pays des belles chevelures blondes. Une preuve de l'usage général des perruques parmi les femmes de Rome, c'est que nous possédons plusieurs bustes de dames romaines avec des coiffures amovibles, que les sculpteurs y avaient adaptées pour les charger au gré de l'inconstance de la mode. Apulée, dans son *Ane d'Or*, décrit une procession faite en l'honneur de la déesse Isis, où les femmes déployaient une grande magnificence de costume, et notamment une richesse de chevelure souvent due à des cheveux d'emprunt ; il ajoute que les perruques étaient non-seulement en usage chez les Romains, mais aussi chez les peuples de la côte d'Afrique.

Les premiers temps du christianisme restèrent fidèles au culte des faux cheveux : je n'en veux pas d'autre témoignage que les fulminations répétées des Pères de l'Église, parmi lesquels on distingue Tertullien, Clément d'Alexandrie, saint Ambroise, etc., etc. Vers le douzième siècle, le goût des cheveux d'emprunt reprit une nouvelle faveur. Zonare, moine grec, Balzamon, Yves de Chartres, parlent de faux cheveux posés sur des têtes rasées, et que l'on faisait boucler ou bouffer pour leur donner plus d'agrément. Enfin, les gens d'église, malgré leurs déclamations presque continuelles, sont obligés eux-mêmes de rendre hommage à la perruque, et se font autoriser par les papes et les évêques à couvrir leur tête chauve.

En 1518 le duc Jean de Saxe écrivait à son bailli Arnold de Falckenstein, à Cobourg : « Vous me commanderez à Nuremberg une chevelure bien faite, mais en secret, de façon qu'on ne se doute pas que c'est pour nous, et surtout qu'elle soit ample et fournie, afin qu'elle puisse se mettre commodément sur la tête. » C'est la France qui devint ensuite la terre classique des perruques, et pendant longtemps elle eut le privilége d'en approvisionner toute l'Europe. Henri III, ayant perdu sa chevelure à la suite d'une maladie, remplaça par des cheveux postiches la coiffe alors en usage. Sous Louis XIII l'usage des perruques devint de plus en plus général, de sorte qu'au dix-septième siècle on n'était pas *homme du bel air* si l'on ne portait pas perruque. Cette intronisation de la perruque date de l'époque où le costume espagnol et les cheveux coupés court cédèrent la place à la mode flamande. On laissa tomber les cheveux longs sur le collet de dentelle. Bientôt la longueur et l'épaisseur des cheveux devinrent une affaire de coquetterie. L'exagération de la mode en vint à créer l'édifice à boucles si contraire à la nature et auquel la plus luxuriante chevelure n'eût pu suffire. La longue perruque régna despotiquement durant toute la seconde moitié de la vie de Louis XIV. C'était le complément nécessaire de la roide solennité du costume, à cette roide et solennelle cour de Versailles. Le roi exagérait même l'énorme grandeur de la perruque à cent boucles pour donner à sa cour un air d'imposante majesté. « Je dépouille la tête des sujets pour couvrir celle du souverain, » disait son perruquier Binette. La longue perruque s'élevait en haut édifice sur le dessus du front, et divisée par le milieu retombait en boucles luxuriantes des deux côtés de la tête jusqu'à la poitrine, laissant les épaules libres, mais flottant jusqu'au milieu du dos. Les perruques étaient si garnies et si longues, qu'elles pesaient assez communément jusqu'à deux livres. Les plus recherchées étaient blondes ; elles se vendaient jusqu'à mille écus. L'incommodité d'une telle coiffure la fit bannir du costume négligé, et l'on imagina pour la suppléer une *perruque écourtée*, dont Louis XIV lui-même se servait pour la matinée. On noua les boucles pendantes qui se mêlaient à tout mouvement un peu brusque ; ce qui forma la *perruque à nœuds*. Vers 1700 l'usage s'introduisit de poudrer à blanc la *longue perruque*. Cette innovation déplut au roi ; peut-être voyait-il dans ces frimas artificiels qu'on voulait jeter sur sa tête l'image de la vieillesse, qui lui était odieuse. Ce ne fut qu'à la fin de sa vie qu'il consentit à ce qu'on le poudrât un peu de manière à ne le blanchir que légèrement. Mais Louis XV porta dès l'enfance cette poudre, symbole de vétusté que son aïeul avait toujours repoussé. Dans cette forme la longue perruque s'est conservée jusqu'à nos jours en Angleterre dans le costume de la magistrature ; elle est portée par les présidents des cours de justice et par un assez grand nombre d'autres dignitaires de l'ordre civil. En France, le clergé se borna toujours à porter de simples calottes, auxquelles on attachait de petites boucles de cheveux. Sous la régence on inventa la *perruque à bourse*, qui imitait davantage les cheveux naturels. La partie pendante sur le dos fut divisée en deux portions, qu'on nouait en été, qu'on dénouait en hiver, et qui amenèrent l'usage de porter deux queues ou *cadenettes* entourées chacune d'un ruban. La *perruque à la brigadière*, terminée par deux grosses boucles de crin en tire-bouchon, nouées ensemble avec un ruban noir, fut la coiffure des cavaliers. Les gens du barreau, attachés aux vieux usages, conservèrent longtemps de vastes perruques chargées de boudins ; ils eurent des perruques *carrées*, à la *Sartine*, à *trois marteaux*. Mais bientôt la chevelure naturelle reprit le dessus sur toutes ces coiffures surannées.

En 1698, sous le règne de l'électeur Frédéric III, on établit en Prusse un impôt spécial sur les perruques. En étaient seuls exemptés les prêtres, les cuistres, les étudiants, les écoliers et les enfants au-dessous de douze ans. L'impôt était d'ailleurs proportionnel au rang de celui qui portait perruque ; les perruques étaient marquées d'une estampille par le fisc. Somme toute, cet impôt rapporta si peu, en raison des difficultés des recouvrements, qu'on dut y renoncer.

Un homme âgé porte *perruque*. Par une figure de rhétorique, on prend la partie pour le tout, et l'on dit : C'est une *perruque*, comme on dirait d'un vaisseau : C'est une *voile*.

PERRUQUIERS. Cette profession, qui a une origine commune avec celle des barbiers, baigneurs, étuvistes, est fort ancienne. Elle fut confirmée par arrêt du conseil du 5 mars et du 11 avril 1634. Le nombre des maîtres, qui était de quarante-huit, fut porté à deux cents, le 14 avril 1674 ; on dressa, en trente-six articles, des statuts enregistrés au parlement de Paris, le 17 août suivant, dont les principales dispositions portaient privilége en faveur des perruquiers pour la vente exclusive des cheveux ; obligation de mettre pour enseigne des bassins blancs, afin qu'on ne les confondît pas avec les chirurgiens, qui avaient des bassins jaunes ; et défense d'employer la tresseuse d'un confrère avant qu'elle en eût reçu congé. Sous l'ancien régime, les perruquiers se distinguaient par un caractère et une physionomie bien tranchées : gais, vifs, alertes, un peu *Figaro*, intrépides conteurs, ils se croyaient obligés d'amuser leurs pratiques au moyen d'anecdotes plus ou moins piquantes, que leurs courses continuelles les mettaient à même de recueillir ; maintenant, cette couleur primitive s'est effacée, l'égalité des droits a amené l'uniformité des manières ; le nom même de *perruquier* est tombé en discrédit : cela ne se dit plus qu'au village ; le coiffeur l'a remplacé.

PERSAN, PERSE. Mots par lesquels on désigne les habitants de la Perse, ce qui appartient à la Perse. *Persan* s'emploie en parlant de la Perse moderne et mahométane, et *Perse* en parlant de la Perse antique, dont les habitants professaient la religion de Zoroastre. Le *persan* (*voyez* PERSANES [Langue et littérature]) est l'idiome que parlent les habitants de la Perse mahométane.

PERSANES (Langue et littérature). Les langues anciennes et modernes de la Perse au sujet desquelles nous possédons des renseignements, et qu'on a l'habitude de comprendre sous la dénomination de *langues de l'Irân* ou *de l'Asie occidentale*, appartiennent toutes à la grande famille des langues indo-germaniques. Les langues anciennes sont à peu près celles dont suit l'énumération.

1° Le *Zend*, ou langue dans laquelle sont écrits les livres religieux de Zoroastre. C'était vraisemblablement celle qui dominait au nord de la Perse ; elle s'écrit de droite à gauche avec un alphabet d'origine sémitique, et se rapproche beaucoup du plus ancien sanscrit des Védas. Bopp a donné un aperçu de ses formes grammaticales dans sa *Grammaire comparée* (en allemand ; Berlin, 1833-1852). C'est Burnouf qui a créé l'étude scientifique de cette langue, dans laquelle se sont conservés beaucoup de fragments des anciens livres religieux de Zoroastre (*Voyez* ZENDAVESTA).

2° Le *pehlewi*, appelé aussi *houzvaresh*, ou l'ancienne langue de la Perse occidentale, encore peu connue aujourd'hui, est un mélange de mots persans et sémitiques où domine la grammaire persane. Les monuments qui s'y sont conservés ont, eux aussi, exclusivement trait à la religion de Zoroastre ; les plus importants sont : *a*, les traductions et paraphrases des anciens livres zend composés sous la domination des Sassanides, base unique de l'interprétation traditionnelle de ces livres parmi les Parses actuels (la seule qui ait été publiée jusqu'à ce jour est la traduction du *Vendidad*, publiée par Spiegel [Leipzig, 1853]) ; *b*, le *Boundehesh* (publié par Westergaard [Copenhague, 1851]), espèce de manuel dogmatique sur la religion de Zoroastre, et compilation de date assez postérieure. Les autres ouvrages de ce genre sont le *Wiraf-Nameh*, etc. On possède en outre un petit nombre d'inscriptions et une foule de légendes inscrites sur les médailles des Sassanides (l'exposition la plus complète qu'on en ait est celle qu'a donnée Mordtmann [Leipzig, 1854]).

3° L'*ancien persan*, l'antique langue de la Perse, telle qu'on la parlait au temps des Achéménides. Les seuls débris de cette langue, qui diffère beaucoup des deux langues précitées, se trouvent dans les inscriptions cunéiformes.

De ces langues anciennes proviennent :

4° Le *pârsi* ou *nouveau persan*, originairement la langue du sud-ouest de la Perse. Elle a un caractère plus moderne, parce qu'elle a perdu les anciennes formes de flexion de ses plus anciens dialectes persans ; elle a d'ailleurs beaucoup de douceur et de flexibilité. C'est dans les dissertations religieuses des Parses, ainsi que dans le *Schâh-Nâmeh* de Firdusi, qu'on la trouve employée avec le plus de pureté et écrite avec l'ancien alphabet de la langue zend (consultez Spiegel, *Grammaire de la Langue Pârsi* [Leipzig, 1851]). Depuis la domination des Arabes en Perse et la propagation de l'islamisme dans ce pays, le nouveau persan adopta un grand nombre de mots arabes, et on l'écrivit dès lors avec des caractères arabes. Il devint très-répandu dans le nord de l'Inde à la suite de la domination mongole ; et jusque dans ces derniers temps ç'a été la langue de la diplomatie, des classes élevées et élégantes et des cours de justice. Les principales grammaires sont celles de Lumsden (*Grammar of the Persian Language* ; Calcutta, 1810), de Jones (9e édition, Londres, 1828), de Wullers (Giessen, 1840), de Geitlin (Helsingfors, 1845), de Mirza-Ibrahim (traduite en allemand par Fleischer ; Leipzig, 1847), de Chodzko (Paris, 1852), etc. Les meilleurs dictionnaires originaux sont : le *Burhâni-Kâti* (Calcutta, 1818), le *Ferhengi-Schuuri* (2 vol., Constantinople, 1746), et l'*Heft-Kulzum* (7 vol., Lucknow, 1822) ; le *Lexicon Turc.-Arabic.-Persicum* de Meninski (nouv. édit., 4 vol., Vienne, 1780-1802) ; le *Dictionary Persian, Arabic and English*, de Richardson (augmenté par Johnson ; Londres, 1829) ; et le *Lexicon Persico-Latinum*, de Wuller (Bonn, 1853). La nouvelle langue persane compte d'ailleurs de nombreux dialectes, comme le kourde, qu'on parle sur les frontières occidentales de la Perse, le mésandérani, etc., qui ont été peu étudiés jusqu'à ce jour.

La nouvelle littérature persane se développa à partir de l'époque où l'islamisme trouva accès en Perse, et tous ses écrivains sont des mahométans. Les premiers ouvrages écrits en nouveau persan, tantôt de nature poétique, tantôt de nature historique, datent de l'époque des princes Samanides, au neuvième et au dixième siècle de notre ère. A partir de ce moment la littérature persane fut constamment cultivée en Perse même, ainsi que dans l'Inde, notamment la poésie et l'histoire, quelque violentes qu'aient été les tempêtes politiques qui désolèrent ce pays. La richesse de cette littérature est extrême. Hadji-Khalfâ en a donné un aperçu.

La poésie comprend une foule de petits poëmes lyriques, réunis en collections, dites *diwans*, de même que de plus grands poëmes historiques, romantiques et allégoriques, et une foule de contes et de récits en prose entremêlée de vers. Le plus ancien poëte connu est Rudegi, qui, vers l'an 952, traduisit en persan les fables de Bidpaï, par ordre de Nasr-Ben-Achmed, prince samanide. A l'époque des Ghasnévides il faut mentionner Firdusi, dont la vaste épopée nationale a servi de type à un grand nombre de poésies du même genre, par exemple au *Barsu-Nameh*, au *Sam-Nameh*, etc.; Anwari, savant panégyriste et auteur d'odes célèbres, qui vivait vers 1150; Nisâmi, le fondateur de l'épopée romantique, auteur d'une *Chamssé*, ou collection de cinq grands poëmes romantiques; Chakâni, qui vivait vers l'an 1200, l'un des plus savants lyriques; Ferid-ed-din-Attâr, qui vivait vers 1270, auteur de divers poëmes religieux et ascétiques, par exemple du *Mantiket-Eltaïr*, ou Entretien des Oiseaux, où il traite de la contemplation théosophique de Dieu, et du *Pend-Nâmeh*, ou Livre du bon Conseil (publié avec traduction française par Sacy; Paris, 1819); Djelâl-ed-din-Rûmi, contemporain du précédent, considéré comme le plus grand des poëtes mystiques; Saadi; Émir-Chosrou, contemporain de Saadi, qui à l'instar de Nisami composa une *Chamssé*; Hâfis, le plus célèbre des poëtes lyriques de la Perse, qui florissait vers l'an 1300; Djâmi, l'un des plus féconds et des plus gracieux poëtes persans, qui vivait vers 1400; Hatifi, auteur d'une *Chamssé*; Féisi, qui vivait vers 1540, à la cour du Grand-Mogol Akbar, et qui prit l'antique tradition hindoue de Nala et de Damayanti pour sujet d'une remarquable épopée (Calcutta, 1831). Les grands poëmes les plus récents des Persans sont le *Schehinschah-Nâmeh*, le Livre des Rois, qui raconte en vers l'histoire moderne de la Perse; et le *George-Nâmeh*, de Firos-beer-Kaus (3 vol., Bombay, 1839), qui décrit la conquête de l'Inde par les Anglais. Dans ses *Specimens of the popular Poetry of Persia* (Londres, 1822), A. Chodzko nous fait connaître la littérature populaire proprement dite des Persans, consistant en petites chansons sur les circonstances les plus simples de la vie, en ballades et en cycles de chants historiques. Les Persans sont le seul peuple mahométan qui ait aussi cultivé la poésie dramatique. Les pièces de leur théâtre se peuvent de tous points comparer aux Mystères de l'ancienne littérature française; la poésie en est tout à la fois naturelle et énergique. Consultez Chodzko, *Sur la Littérature dramatique des Persans* (Paris, 1844), avec des échantillons de cette littérature dans le texte (Paris, 1852). L'histoire des poëtes persans a été écrite par Dauletschah, dans son ouvrage intitulé : *Teskeret esschoara* c'est-à-dire Description des Poëtes, et par Louft-Ali-Beg, dont l'*Ateschkedah*, c'est-à-dire Temple de Feu, publié par Bland (Londres, 1844), continue l'histoire des poëtes persans jusqu'à nos jours. Consultez Hammer, *Histoire du beau Langage en Perse* (en allemand; Vienne, 1818). Dans la foule des collections de romans, de nouvelles, de contes, etc., nous nous bornerons à citer les suivantes : *Anwâri Sohéili*, c'est-à-dire Flambeaux de Canope, excellente imitation des fables de Bidpaï, ornée de tout le charme de la langue persane; *Behâri-Danisch*, c'est-à-dire Printemps de la Sagesse, composé dans l'Inde par Jnajet-Allah, et traduit par Scott, sous le titre de *Garden of Knowledge* (3 vol., 1799); *Tûti-Nâmeh*, c'est-à-dire Livre du Perroquet, publié en anglais et en persan par Hadley, en allemand par Iken et Kosegarten (Stuttgard, 1822); et *Baktijâr-Nâmeh*, c'est-à-dire Histoire du prince Baktijâr, publiée et traduite par Ousely, sous le titre de *Tales of Baktijar and the ten veziers* (Londres, 1801; Paris, 1839). C'est aussi de la Perse que la littérature hindoue a tiré sa grande richesse de fables et de contes.

La partie historique de la nouvelle littérature persane est aussi riche qu'importante. Les historiens persans traitent tantôt l'histoire générale des États mahométans, et tantôt d'une manière plus particulière celle des nombreuses dynasties arabes, persanes, turques et mongoles qui se fixèrent en Perse ou dans l'Inde. Mais il n'y a encore qu'une très-minime partie de leurs œuvres qui soit imprimée. Nous mentionnerons : le *Tarichi Tabari*, ou Abrégé en langue persane de la Grande Chronique arabe de Tabari, composé en 974 par El Balami (traduit en français par Dubeux, t. Ier; Londres, 1835); *Dschâmi Eltewarich*, c'est-à-dire Collection des Chroniques, histoire des Mongoles écrite vers l'an 1320 par le vizir Raschid-eddin (publiée et traduite par Quatremère, t. Ier; Paris, 1836); la Chronique de Wassâf, composée vers 1333, qui contient l'histoire des descendants de Djinghiz-Khan, et qui est écrite du style le plus pompeux; *Lubb Ettewarich*, c'est-à-dire Moelle des Chroniques, composée par Kaswini, vers 1370; l'Histoire de Timour (Tamerlan), écrite vers 1460, par Scherif-eddin-Jesdi (traduite en français par Petit de Lacroix; Paris, 1734); *Rauset Essafa* c'est-à-dire Champs de Gaieté, composé par Mirchond, vers 1520, grande histoire universelle, dont il a été publié divers fragments, par exemple *Histoire des Samanides*, par Wilken [Gœttingue, 1810] et par Defrémery [Paris, 1845]; *Histoire des Ghasnévides* [Berlin, 1832]; et *Histoire des Bouides* [Berlin, 1835], toutes deux publiées par Wilken; *Histoire des Sassanides*, publiée par Defrémery [Paris, 1844], et la traduction française par Sacy [Paris, 1793]; *Histoire des Ismaélites*, publiée par Jourdain [Paris, 1812]; *Histoire des Seldjoucides*, publiée par Vullers, le texte persan en regard de la traduction allemande [Giessen, 1837]; *Histoire de Djinghiz-Khan*, publiée par Jaubert [Paris, 1841]; *Histoire des Sultans de Kharesm*, publiée par Defrémery [Paris, 1842]; etc., etc.); l'*Histoire de l'Inde*, composée vers 1640, par Ferischta (2 vol., Bombay, 1831; traduite en anglais par Briggs, 4 vol., Londres, 1829); les *Tusukâti Timûr*, ou Institutions de Timour (publiées en anglais et en persan par White; Oxford, 1783); les *Wakiâti Babûri*, ou Événements du Grand-Mogol Babour, racontés par lui-même (traduits en anglais par Erskine; Édimbourg, 1826); les *Wakiâti Dschihângiri*, ou Événements du Gand-Mogol Dschihângiri (traduits en anglais par Price; Londres, 1829); le *Ajini Akbari*, ou Ordonnance d'Akbar, Description statistique de l'Empire du Mogol dans l'Inde sous Akbar (publié en anglais par Gladwin; 2 vol., Calcutta, 1783); l'*Histoire de Nadir-Schah* (nouv. édition; Téhéran, 1842; publiée en français par Jones, Londres, 1770); l'*Histoire des Afghans*, par Neamet-Ullah (traduite en anglais par Dorn; 2 vol., Londres, 1829); *Vie du chéick Ali-Hasin* (traduction anglaise et texte persan en regard, publiée par Belfour; 2 vol., Londres, 1830); et *Siyar Mutakherin*, contenant l'histoire de l'Inde de 1705 à 1782, par Gholam-Husain-Khan (2 vol., Calcutta, 1832; traduction anglaise, 3 vol., Calcutta, 1789). L'un des ouvrages historiques les plus récents, *Measiri Sultanijje*, contient l'histoire de la dynastie aujourd'hui régnante (Téhéran, 1825; traduit en anglais par Brydges, Londres, 1833).

Nous mentionnerons parmi les productions de la nouvelle littérature persane, en morale : le *Kâbûs-Nâmeh*, composé vers 1080, par un prince dilamitique; les *Achlâki-Nâsseri*, de Nassir-eddin-Tussi (vers 1270); les *Achlâki Muhsini*, de Hosséin-Wâïs-Kâschifi, écrits vers 1480 (Calcutta, 1809); et les *Achlâki Jelâli* (Calcutta, 1811; trad. en anglais par Thompson; Londres, 1839); en histoire religieuse : le livre intitulé *Ulémâi Islâm*, contenant des renseignements sur l'ancienne religion des Persans (texte persan par Olshausen; Paris, 1829), ainsi que le *Dabistân*, exposition de toutes les religions de l'Asie (Calcutta, 1809; traduit en anglais par Troyer, 3 vol., Londres, 1843); en rhétorique : *Hadaik-ul-Belaghet*, c'est-à-dire les Feuilles de l'éloquence, par Mirza-Katil (Calcutta, 1820); en géographie : *Heft Iklim*, ou les Sept Climats, par Amin-Achmed-Râsi; et *Adschaib-el-Buldân*, ou Merveilles des Pays, par Berdschendi; en médecine: le *Tochfet-el-Mumenîn*, de Mohammed-Mumin-Husséin, composé vers 1700; en philologie: les nouveaux grands dictionnaires de la langue persane qui ont été indiqués plus haut. Les Persans ont en outre traduit beaucoup d'ouvrages de l'ancienne littérature des Hindous, par exemple les poëmes épiques *Ramayana* et *Mahabharata*, les dissertations théologiques des Védas (*Upnekat*, trad. latine par Anquetil-Duperron; Strasbourg, 1804), etc. Le *Catalogue of the oriental Library of the late Tippoo, sultan of Mysore* (Cambridge, 1809), par Stewart, et le *Catalogue of several hundreds manuscript Works* (Londres, 1831), par Ousely, contiennent de précieux renseignements sur les productions nouvelles de la littérature persane. Consultez aussi Zenker, *Bibliotheca Orientalis* (Leipzig, 1846).

PERSAT (Victor). Voyez Dauphins (Faux).

PERSE (*Technologie*). On donnait autrefois ce nom à une étoffe que fabriquait exclusivement la Perse; c'était une toile peinte à grandes fleurs, dont on se servait pour robes de femmes, pour la décoration, la tenture des appartements, pour la garniture des meubles. Ces étoffes étaient d'un prix fort élevé. Quand l'industrie des toiles peintes prit son essor en France, vers la fin du dernier siècle, le genre perse, ou genre riche à fleurs, fut imité sons le nom de *calancas*. La fabrication des étoffes appelées *perses*, à l'imitation de celles dont nous parlons plus haut, a pris depuis lors un développement considérable, et nos manufactures d'indiennes produisent aujourd'hui une quantité considérable de perses communes.

PERSE, dans le sens le plus large, ou *Irân*, désigne le grand plateau de l'Asie antérieure, occupant une surface d'environ 33,000 myriamètres carrés, borné au nord par la vallée de Tourân, la mer Caspienne et les contrées du Caucase; à l'ouest par l'Arménie et les contrées que baigne le Tigris; au sud par le golfe Persique et la mer des Indes, et à l'est par l'Inde en deçà du Gange, qui constitue à son centre un second plateau, complétement isolé et tout entouré de montagnes. Sur sa frontière nord-est, l'Hindoukouh, ou Caucase indien, sépare cet immense plateau de celui de l'Inde ultérieure. C'est une contrée de nature alpestre, dont les pics, variant de 4,300 à 6,700 mètres, atteignent les limites des neiges éternelles, qui au sud s'étend jusqu'à la vallée du Kaboul, l'un des affluents de l'Indus, principal passage de l'Inde en Perse, et qui au nord se prolonge jusqu'à l'Oxus supérieur et aux montagnes du Turkestân. Elle sépare de la sorte, sur une largeur de 42 myriamètres, les vallées de l'Hindostân de celles de Tourân par des montagnes de la nature la plus sauvage et la plus inaccessible, précisément au point où ces vallées se rapprochent le plus l'une de l'autre. Outre qu'elles servent de trait d'union entre les plateaux de l'Asie antérieure et ceux de l'Asie ultérieure, les montagnes de la Perse ont toutes le caractère de chaînes et de contreforts. Ainsi, à l'ouest de l'Hindoukouh, le contre-fort septentrional du plateau de la Perse se compose du Paropamisus, région basse en comparaison de l'Hindoukouh, et qu'on désigne aussi sous le nom de Gouristân, qui se compose de trois chaînes de montagnes s'étendant chacune dans la direction du sud-ouest, s'abaissant de plus en plus à mesure qu'elles se prolongent vers l'ouest; de telle sorte que dans le Khorassân ce contre-fort a plutôt le caractère d'un versant escarpé du plateau, qui va se perdre dans la vallée de Tourân, que celui d'une chaîne proprement dite. Plus loin à l'ouest, à l'extrémité sud-est de la mer Caspienne, ce contrefort se relève pour former la chaîne haute, sauvage et couverte de forêts de l'Albors ou Elbours. Cette chaîne en se prolongeant le long du bord méridional de la mer Caspienne, s'abaisse abruptement de ce côté, mais d'une manière moins sensible du côté du second plateau intérieur de la Perse. Elle présente une grande quantité de pics coniques, entre autres le volcan *Demavend*, haut de 4,800 mètres, et du côté sud-ouest de la mer Caspienne se réunit aux montagnes de l'Aderbidjân, qui limitent le plateau de la Perse au nord-ouest, où il se confond avec celui de l'Arménie. Le contre-fort oriental du plateau de la Perse est formé par les montagnes servant de frontières à l'Inde et à la Perse; ce groupe, composé de plusieurs chaînes parallèles, s'étend depuis l'Hindoukouh, au sud, le long de l'Indus, à travers l'Afghanistân et le Beloudjistân jusqu'à la mer, et à l'est de ce fleuve s'abaisse de la manière la plus abrupte, tandis qu'à l'ouest, où cet abaissement a lieu insensiblement, il envoie une foule d'embranchements, et constitue la haute terrasse du Kélat, région alpestre de 2,700 mètres d'élévation en moyenne, avec des pics atteignant 4,000 mètres d'altitude. La plateau de la Perse n'est pas moins exactement fermé au sud, car le contre-fort qui le sépare de la mer se compose également de plusieurs chaînes parallèles s'élevant les unes au-dessus des autres en manière de terrasses, mais n'ayant point de dénomination commune. Il faut mentionner comme caractéristiques les vallées longitudinales qui se trouvent entre elles, disposées également en terrasses, et accessibles uniquement par d'étroits défilés; car dans toute l'étendue de ce contre-fort méridional, qui n'a pas moins de 140 myriamètres, on ne trouve pas un seul cours d'eau de quelque importance, pas une seule vallée transversale venant briser ces murailles de montagnes qui s'abaissent vers la mer et le golfe Persique. Ce système de montagnes conserve le même caractère après avoir pris une direction nord-ouest du côté du golfe Persique, et, avoir comme monts Zagros, séparé à l'est les vallées de l'Euphrate et du Tigris du plateau de la Perse, pour finir dans son prolongement nord-ouest par se confondre avec les montagnes du Kourdistân, lesquelles à leur tour se rattachent à celles de l'Aderbidjân, attendu que les chaînes du contre-fort septentrional et du contre-fort méridional du plateau de la Perse se croisent et s'entrelacent. Le centre de cette ligne verticale de la Perse n'est qu'une plaine de cailloux et de gravier, interrompue de temps à autre par des oasis, formant un immense désert de sel où croissent çà et là quelques plantes salines, et arrosé seulement par quelques marais salés, s'étendant depuis le 69e degré de longitude orientale jusqu'au lac Zareh, c'est-à-dire vers le 78e degré, où il se transforme en un désert de sable s'étendant à l'est jusqu'aux environs de Kandahar, et au sud jusqu'à la partie septentrionale du Beloudjistân. Les quelques cours d'eau qu'on y rencontre, et qui prennent leur source dans les montagnes qui l'entourent, se perdent dans le désert en lacs ou en marais. C'est ainsi que le plus considérable même d'entre eux, l'*Hilmend*, qui coule dans l'Afghanistân, se jette dans le lac de Zareh. Le plateau d'Irân n'a pas davantage dans ses autres parties de cours d'eau important. Les plus considérables sont encore: l'*Araxe*, qui forme pendant quelque temps la frontière entre la Perse et la Russie, puis qui se jette dans le Kour; le *Kisil-Osen* ou *Sefidrud*, qui, venant des montagnes du Kourdistân et de l'Aderbidjân, se jette dans la mer Caspienne, non loin de Rescht; puis le *Kerah* ou *Hawisd* et le *Karoun*, qui, venant des monts Zagros, se déversent dans le Schat el Arab; enfin, le Kaboul, qui prend sa source dans l'Afghanistân et se jette dans l'Indus. Les lacs les plus importants sont le *lac d'Urmia* (52 myr. carrés), entre le Kourdistân et l'Aderbidjân, et le *lac de Zareh* ou d'*Hamoun* (39 myr. carrés), dont il a déjà été fait mention.

En ce qui regarde le climat, il faut distinguer en Perse trois gradations: *Germasir*, ou le climat chaud et sec de la région des côtes, sur le golfe Persique et la mer des Indes; *Sirhad*, ou le climat plus froid et non moins sec de la superficie du plateau; et l'heureux climat intermédiaire des vallées et des terrasses des montagnes servant de contrefort au plateau. Le premier, quoique situé en dehors du tropique et manquant dès lors de pluies, est, en raison de sa chaleur extrême, un climat tout à fait tropical, où sur certains points la chaleur de l'été est aussi ardente que dans l'intérieur de l'Afrique, et dès lors fameux par son insalubrité. L'autre est remarquable par la continuelle sécheresse de son atmosphère, avec un ciel serein, pur et sans nuages, par la régularité des saisons, par la chaleur ardente du jour et de l'été, et par le froid extrême des nuits et des hivers. En effet, par suite de son élévation, la surface de la Perse, quoique située dans la zone des arbres toujours verts et des fruits du Sud, ne laisse pas que de se couvrir de neige en hiver. Il résulte de ces conditions de sol et de climat que la Perse doit être comptée en général parmi les plus arides contrées de la terre. Sauf de rares exceptions, toutes les montagnes manquent de forêts et même d'arbres, et la végétation est encore plus misérable dans les plaines. La conséquence immédiate de cette sécheresse est que l'irrigation du pays est des plus défectueuses, et qu'il n'existe de rivières et de ruisseaux que dans les montagnes et les contrées qui les avoisinent. Une autre conséquence, c'est que rien n'y prospère sans arrosement artificiel; que les seules parties de la Perse qui soient susceptibles d'être cultivées sont celles qu'on peut arroser; et que le reste ne se compose que de steppes ou de pacages, ou encore de déserts. De là l'importance pour la Perse d'un système d'irrigation qui jadis avait été exécuté sur la plus large échelle, mais qui a participé depuis à la décadence politique et sociale de ces contrées. L'arrosement ne pouvant avoir lieu que là où il existe des rivières et des ruisseaux, par conséquent que dans les vallées et sur les terrasses des montagnes servant de contre-fort au plateau, ou encore en partie dans la contrée qui entoure le désert intérieur et borde le pied de ces contre-forts, c'est là seulement qu'on trouve des terres cultivées. C'est surtout le cas dans les terrasses et les vallées où l'arrosement naturel vient en aide à la culture, et où par suite la végétation déploie toute la magnificence du climat du Sud. En descendant du plateau aride et nu vers le sud, on atteint, au milieu de montagnes encore complétement nues, des paradis fertiles et isolés, où le froment croit encore à 3,300 mètres, et l'oranger à 3,000 mètres d'élévation, ou les vergers alternent avec les bois de myrtes, avec les vignobles et avec les forêts, où les rosiers et les arbres fruitiers atteignent les proportions des arbres de haute futaie. Ceci se rencontre déjà moins souvent dans la région de la nature des steppes qui entoure le désert intérieur et dont nous avons parlé plus haut, qui se compose plutôt de pâturages, et qui n'est guère cultivée que sur les bords des cours d'eau descendant des montagnes, et bien moins encore dans les quelques oasis existant dans le désert au voisinage des sources. La faune du pays répond complétement à ces conditions du sol. Le chameau et le cheval jouent ici un rôle aussi important qu'en Arabie. Aux animaux sauvages qui animent là le désert, à la gazelle, au lion, à l'hyène, au chacal, etc., se joignent encore l'ours et le buffle, fuyant la chaleur tropicale; et ici aussi des sauterelles voyageuses transforment trop souvent en déserts le petit nombre de régions cultivées. Les contrées montagneuses de l'Hindoukouh au nord-est et de l'Aderbidjân et du Kourdistân au nord-ouest du plateau font exception à ce caractère général de la nature en Perse, de même que la contrée qui s'étend le long de la côte méridionale de la mer Caspienne, entre ce bassin et la crête du mont Elbours. Ces montagnes ont complétement le caractère des régions alpestres, pour ce qui est du climat et de la végétation. Les montagnes de l'Aderbidjân, notamment, ont une physionomie européenne, avec des arbres forestiers et des pâturages alpestres, comme en offrent les montagnes de l'Europe. La contrée située entre l'Elbours et la mer Caspienne est remarquable par les pluies abondantes qui y tombent toute l'année en raison du voisinage de cette grande mer intérieure. Aussi y rencontre-t-on une végétation d'une vigueur et d'un luxe comme n'en présente aucune autre partie de la Perse. Les versants des montagnes y sont couverts d'épaisses forêts, et dans les vallées qui s'étendent à leur pied la vigne, le mûrier, etc., croissent au milieu de champs où l'on cultive le riz, le maïs et le froment.

Au point de vue historique et politique, la Perse se divise en deux parties principales : l'*Irân oriental* ou Hérat, l'Afghanistân et le Beloudjistân, et l'*Irân occidental*, ou empire persan proprement dit. Ce dernier comprend, à l'exception du district de côtes du golfe Persique appartenant à l'iman de Mascate, toute la partie du plateau située à l'ouest de l'entrée du détroit d'Ormus et du lac de Zareh, et est borné au nord par les provinces transcaucasiennes de la Russie, par la mer Caspienne et par la vallée de Tourân; à l'est, par l'Afghanistân et le Beloudjistân; au sud, par le golfe Persique et la mer; et à l'ouest, par les contrées turques qu'arrosent l'Euphrate et le Tigris. Sa superficie est d'environ 16,000 myriamètres carrés, et on évalue sa population à plus de 10 millions d'habitants. Il est divisé en onze provinces, subdivisées en *ballouks* ou districts; à savoir : l'*Irak* ou *Irak Adschemi*, à peu près au centre; l'*Aderbidjân*, au nord-ouest; le *Kourdistân*, à l'ouest; le *Khousistân* avec le *Louristân*; le *Fars* ou *Farsistân* avec le *Laristân*; le *Kermân* ou la *Caramanie* au sud; le Kohistân ou Kouhistân, et le Khorassân à l'est; le *Taberistân*, le *Masanderân* et le *Gilân*, au nord, autour de la mer Caspienne. Les villes les plus importantes sont Téhéran, aujourd'hui résidence du chah, Ispahân et Tauris.

Les habitants de ce pays forment deux groupes principaux, les *Tadjicks* et les *Ihlats*. Les *Tadjicks*, descendants un peu mêlés des anciens Perses, des Mèdes et des Bactriens, constituent comme dans l'Irân oriental et le Tourân, la grande masse de la population fixe exerçant l'agriculture, les métiers et les arts, et professent l'opinion chiite des mahométans. Nous les trouvons ici dans leur pays originaire, comme dans les contrées précitées, à l'état de populations vaincues et subjuguées, et, par suite de leur long asservissement, en proie malgré les talents qui les distinguent, malgré leur finesse, leur vivacité et leur beauté, à la plus profonde démoralisation; aussi leur fausseté, leur hypocrisie, leur lâcheté et leur propension au mensonge sont-elles proverbiales dans toute l'Asie occidentale. Il faut comprendre parmi eux, comme appartenant à la même race, les *Parses* ou *Guèbres*, adorateurs du feu, qui ont conservé précisément une plus grande pureté de race et de mœurs, et qui habitent les provinces de Caramanie et de Farsistân, et surtout aux environs de Iesd; plus les *Loures*, vivant à l'état nomade dans le Khousistân et les contrées voisines du Kourdistân et du Farsistân; enfin, les Kourdes habitant le Kourdistân, l'Aderbidjân et le Khorassân. On désigne sous le nom d'*Ihlats* les nombreuses tribus d'origine turcomane qui errent avec leurs troupeaux sur les contreforts montagneux du pays, notamment au nord, et qui sont surtout très-nombreuses dans le Masanderân et l'Aderbidjân. Ce n'est que par exception qu'on les rencontre quelquefois sédentaires, pratiquant l'agriculture et l'industrie. C'est si non pour le nombre, du moins pour la puissance, la race dominante, qui a subjugué les *Tadjicks* sédentaires et leur a imposé la dynastie aujourd'hui régnante, d'origine turque, de même que comme sunnites sévères ils sont leurs adversaires religieux. Comme tous les peuples nomades, les *Ihlats* vivent dans la plus complète indépendance; la liberté dont ils jouissent et leurs habitudes belliqueuses les portent à ne considérer qu'avec le plus profond mépris les lâches *Tadjicks*, qu'ils ont subjugués. Outre ces deux principaux groupes de population, on rencontre encore en Perse des Arabes, au nombre d'environ 200,000 têtes, vivant à l'état nomade et comme pêcheurs dans les provinces du sud; plus, un certain nombre d'Arméniens, notamment dans les provinces du nord-ouest, de nestoriens chrétiens, sur les bords du lac d'Urmia, de Bohémiens, etc.

En ce qui touche la civilisation et les mœurs de ces populations, elles sont encore presque partout dans le même état de barbarie que le reste de l'Asie mahométane. Il reste aujourd'hui à peine quelques faibles traces de cette haute culture intellectuelle à laquelle la Perse était autrefois parvenue, et qui jetait encore un si vif éclat au moyen âge,

L'exécrable arbitraire et les extorsions continuelles d'un despotisme qui anéantit toutes les sources de prospérité pour se mettre momentanément en possession des avantages qui en proviennent ont produit une insécurité de la propriété qui rend impossible toute amélioration de la propriété foncière, notamment la création si pénible et si coûteuse du système général d'irrigation dont aurait tant besoin la culture du sol. En outre, les voies de communication sont mal entretenues et peu sûres, parce que les brigandages des bandes militaires en font autant de déserts. Néanmoins, plusieurs sources de produits y ont encore quelque importance, comme la culture de la soie, du riz, de la canne à sucre, de la vigne, des roses pour la fabrication de l'essence de roses, du coton et du tabac, de l'huile de ricin, etc., l'éducation des moutons et des chèvres, et surtout l'élève du cheval, l'exploitation de quelques mines de fer, de cuivre, de soufre et de turquoises, l'extraction du sel, la fabrication des châles, des tapis et des étoffes de soie, enfin celle des armes. Le commerce aussi, quoique bien déchu de ce qu'il était jadis, a toujours conservé de l'importance, à cause de l'heureuse position du pays, qui en fait l'intermédiaire obligé des caravanes entre l'Europe et l'intérieur de l'Asie. Il a pour principaux centres Abouschær, Schiras, Ispahân, Téhérân, Kaswin, et surtout Tauris. L'importation des marchandises d'Europe atteint annuellement le chiffre d'environ 45 millions de francs. Cet avantage que la Perse offre aux grands États européens pour l'écoulement de leurs produits sur ses marchés et la position du pays sur la limite qui sépare les possessions britanniques des possessions russes sont la cause de l'importance toujours croissante que la Perse prend pour l'Europe.

La constitution politique de la Perse a pour base le despotisme patriarcal en usage en Asie, et est une pure autocratie, limitée seulement par les vengeances secrètes auxquelles elle est constamment exposée, ou bien par les révoltes ouvertes qui éclatent contre elle. Le pouvoir absolu est aux mains d'un roi ou *chah*, de race turcomane, qui réside à Téhérân. La première dignité du royaume est celle du *sadri-azem* ou grand-vizir; après lui vient l'*ilimadod-dewlét*, ou ministre des affaires étrangères; puis le *leschkernouwis*, ou ministre de la guerre. Le clergé chiite du royaume a à sa tête le grand-*moustehid*, dont les fonctions répondent à celles du grand-moufti chez les Turcs. Il a sous son obédience aussi bien les hommes de loi, les *chéick-oul-Islam*, les *kadis*, et les *mollahs*, que les prêtres proprement dits, les *imams*. La justice est rendue en partie conformément aux prescriptions du Coran, en partie d'après d'antiques coutumes, notamment en matières criminelles et en affaires concernant l'intérêt public. L'administration des provinces, comme en Turquie, est exercée par des gouverneurs investis d'une autorité presque absolue, à l'instar du souverain leur maître, appelés *beglerbegs*, qui ordinairement sont des princes issus de la maison régnante, qui ajoutent à leur nom celui de *Mirza*, mais qui sont Turcomans. Ils oppriment sans pitié les malheureux *Tadficks*, tandis qu'ils ont rarement le pouvoir et les forces nécessaires pour châtier les hordes déprédatrices des *Ihlats*, placés sous l'autorité de leurs propres khans. A ces causes de désordre il faut ajouter l'influence exercée par une noblesse nombreuse et puissante parmi les *Ihlats*, qui se distingue par les titres de *khan*, *d'aga* et de *mirza* (il précède alors le nom propre), et qui ne contribue pas peu à l'oppression sous laquelle gémit le peuple. Les efforts faits dans ces derniers temps en Perse, surtout sous le règne du dernier chah par son fils, Abbas-Mirza, pour y introduire la civilisation européenne et opérer diverses améliorations matérielles ou administratives, n'ont pas produit de résultats durables. Il n'y a pas jusqu'aux efforts persévérants tentés pour organiser à l'européenne tout au moins une partie de l'armée, qui n'aient échoué contre le désordre matériel et moral résultat de l'état politique du pays. Les troupes régulières, parmi lesquelles il n'y a que six mille hommes de garde royale qui méritent vraiment ce nom, sont au nombre d'environ vingt mille hommes. Les troupes irrégulières, consistant partie en cavalerie, que les *Ihlats* doivent fournir, et partie en milices, que les villes doivent mettre sur pied, peuvent, dit-on, être portées à un effectif de deux cent mille hommes. La portion la plus brave, mais aussi la plus indisciplinée de cette armée est la cavalerie irrégulière. Les revenus du royaume ne dépassent pas en tous cas soixante à quatre-vingts millions de francs.

Dans l'antiquité on distinguait la province primitivement appelée *Persis* dans l'acception la plus restreinte, qui était bornée à l'est par la Caramanie, au nord par la Médie, à l'ouest par la Susiane, et au sud par le golfe Persique, de ce que plus tard on désigna plus particulièrement sous le nom d'*Empire des Perses*, qui déjà sous le règne de Cyrus s'étendait depuis la Méditerranée jusqu'à l'Indus, et depuis la mer Noire ainsi que la mer Caspienne jusqu'à la mer des Indes, et qui pendant quelque temps comprit aussi l'Égypte, la Thrace et la Macédoine. Les plus anciens habitants se composaient de diverses races, dont la plus importante était celle des *Pasargades*, et de cette multitude de hordes nomades qui plus tard fut désignée sous la dénomination générique de *Perses*. La plus noble famille des Pasargades était celle des *Achéménides*, qui seule pouvait arriver à la dignité royale. Vers l'an 640 av. J.-C., les Perses furent subjugués par *Phraortes*, roi de Médie, et un siècle plus tard les Mèdes, à leur tour, furent subjugués par Cyrus, fils de l'Achéménide Cambyse, avec lequel l'histoire de la Perse commence pour la première fois à sortir de l'obscurité des premiers âges. Pendant son règne (559 à 529 av. J.-C.), les Perses et les Mèdes réunis furent le peuple le plus puissant de l'Asie. Il vainquit aussi Crésus, conquit Babylone et soumit l'Asie Mineure. Son fils et successeur *Cambyse* (529 à 522 av. J.-C.) s'empara de Tyr, de l'île de Cypre et de l'Égypte; et ensuite, *Darius Hystaspis*, élu après le règne éphémère du faux Smerdis (521-485), soumit la Babylonie, qui s'était révoltée, la Thrace et la Macédoine. Son fils Xerxès Ier (485-465) échoua à Marathon et à Salamine dans ses efforts pour asservir la Grèce, et dut alors se borner à une meurtrière guerre de défensive. C'est sous Artaxerxès Ier *Longue-Main*, qui régna jusqu'en l'an 424 av. J.-C., que se manifestèrent les premiers indices de la décadence du pays. L'Égypte révoltée fut réduite après une lutte opiniâtre; la guerre de Grèce se termina par des désastres en l'an 449. Les changements de règne suivants se succédèrent rapidement, et au milieu d'actes de violence. Après quarante-cinq jours de règne, *Xerxès II* fut égorgé par son frère illégitime Sogdian, et celui-ci périt à son tour, après six mois de règne, massacré par un autre frère illégitime, Ochus, qui sous le nom de *Darius II* régna jusqu'en l'an 404 av. J.-C., et qui eut à comprimer plusieurs révoltes de gouverneurs de province, ce qui affaiblit de plus en plus l'empire. Force fut aux Perses de reconnaître à l'Égypte des rois particuliers. Les troubles intérieurs de la Grèce, dans lesquels ils intervinrent avec beaucoup d'habileté, les mirent seuls pendant quelque temps à l'abri d'une attaque générale de la part des Grecs. *Artaxerxès II* ou *Memnon* subit complétement l'influence de sa mère, *Parysatis*. Son frère Cyrus, dit *le jeune*, chercha à lui enlever le trône; mais Artaxerxès le battit et le tua. Artaxerxès III, fils de Memnon, affermit son trône en faisant mourir ses nombreux frères, et subjugua de nouveau l'Égypte, en l'an 350. Quand il eut été empoisonné avec ses fils, en l'an 308, par Bagoas, le trône passa à Darius III *Codoman*, qui, vaincu par Alexandre le Grand dans les trois décisives batailles du Granique, d'Issus, et de Gaugamèle, périt assassiné, l'an 330 av. J. C.; après quoi Alexandre se trouva maître de toute la monarchie perse.

Lorsque, après la mort d'Alexandre (323 av. J.-C.), l'empire des Macédoniens fut divisé, la Perse eut pour souverains les Séleucides. A ceux-ci succédèrent, en l'an

246, les Arsacides, qui fondèrent l'empire des *Parthes*, lequel subsista jusqu'à l'an 229 de notre ère. A cette époque Ardshir-Babekan (Artaxerxès) se rendit le maître de l'Asie centrale, et en transmit la souveraineté à ses héritiers, les Sassanides, qui régnèrent jusqu'en l'an 407. C'est avec eux que commence le caractère romantique de la chevalerie des Perses. Ardshir, fils de Sassan, régna de l'an 218 à l'an 241 de notre ère. Les guerres qu'il soutint contre les Romains se continuèrent sous son successeur Shapour ou *Sapor Ier* (qui régna jusqu'en 271), avec les empereurs Gordien et Valérien (ce dernier ayant eu le malheur d'être fait prisonnier, subit les outrages les plus cruels de la part du vainqueur), et ne se terminèrent qu'à la paix conclue en l'an 303, par le roi Narsès avec Dioclétien. Quand *Sapor II*, surnommé le Grand (309-380), fut parvenu à sa majorité, l'empire prit une vigueur nouvelle. Il châtia les Arabes à cause de leurs brigandages, et fit prisonnier le roi de l'Yémen. Ainsi qu'autrefois Ardshir, il somma alors l'empereur grec d'avoir à évacuer tout le territoire perse jusqu'au Strymon. Constantin le Grand, Constantin II et Julien lui résistèrent sans doute; mais Jovien dut acheter de lui la paix au prix de l'abandon des cinq provinces en litige et de la place forte de Nisibis. Sapor II fit aussi des conquêtes dans la Tatarie et dans l'Inde. Après lui il y eut alternativement des guerres et des traités de paix, sans qu'il se produisît d'ailleurs d'événements décisifs. Sous *Artaxerxès II* (380-383), *Sapor III* (383-388) et *Vararanes IV* (388-399) l'empire continua à jouir d'une grande prospérité. Les Arabes, les Huns et les Turcs furent alternativement les alliés ou les adversaires des Perses. *Iezdejerd Ier* (380-383), qui protégea les chrétiens, conquit en 412 l'Arménie. Après lui *Vararanes V* parvint au trône, avec l'assistance des Arabes, et fut heureux dans ses guerres contre Théodose II. Il battit les Huns, qui avaient envahi son territoire, les repoussa en leur faisant essuyer d'immenses pertes, et conquit le royaume d'Yémen. Il eut pour successeurs *Vararanes VI* et *Hormisdas III*. En l'an 457 *Firouz* ou *Phérosès* parvint au trône, avec l'appui des Huns; mais plus tard il leur fit la guerre, et perdit la vie dans une bataille qu'il leur livra, en 483. Valens ou Balash (488-491) dut même leur abandonner une partie de son royaume et leur payer tribut pendant deux ans. Mais à peu de temps de là les Sassanides parvinrent à une nouvelle grandeur et à une nouvelle puissance. *Kobad*, qui régna jusqu'en 531, vainquit les Huns; et quoique ces peuples, en 498, l'eussent aidé à reconquérir le trône qu'il avait perdu, il ne leur en fit pas moins plus tard la guerre avec succès, de même qu'à l'empereur Athanase, aux Indiens et à l'empereur Justinien Ier. Le plus jeune de ses fils, qui fut son successeur, *Kosrou-Anoushirvan* (531-579), se distingua autant par sa grande sagesse que par son extrême bravoure. Sous son règne le royaume de Perse s'étendit de la Méditerranée à l'Indus, du Iaxartes à l'Arabie et aux frontières de l'Égypte. Il guerroya avec succès contre les Indiens et les Turcs, de même que contre les Arabes, qu'il délivra de l'oppression d'une foule de petits tyrans. Il étouffa aussi les révoltes de son frère et de son fils. Les Lazes de la Colchide, fatigués de la domination grecque, se soumirent à lui; mais comme il voulut les transplanter dans l'intérieur de la Perse, ils se replacèrent sous l'autorité de Justinien, dont les armes étaient maintenant victorieuses. Anoushirvan mourut de chagrin, pendant les négociations entamées pour la paix. La guerre continua sous *Hormuz* ou Hormisdas IV (579-591) jusqu'au règne de *Kosrou* II, sous qui la puissance perse parvint à son apogée. Heureux à la guerre, il étendit en 616 ses conquêtes d'un côté jusqu'à la Chalcédoine, et de l'autre à travers l'Égypte jusqu'en Libye et en Éthiopie, et enfin jusqu'à l'Yémen. Les armes victorieuses de l'empereur Héraclius mirent un terme à ses succès. Il reperdit toutes ses conquêtes; son propre fils Sirhès le fit prisonnier et l'assassina, en 628. L'État marcha alors rapidement à sa ruine, au milieu de troubles incessants. *Sirhès* ou *Kobad-Shiroujeh* fut égorgé la même année. Il eut pour successeur son fils *Ardshir* ou *Artaxerxès III*, qui périt assassiné, en 629, par son général, Sarbas ou Shéhériar; et celui-ci, avant même d'avoir pu s'emparer du trône, fut renversé par les grands du pays. A la suite de diverses révolutions qui se succédèrent rapidement, *Iezdejerd III*, petit-fils de Kosrou, âgé alors de seize ans seulement, monta sur le trône, en 632. Il en fut renversé en l'an 636, par le khalife Omar, et la Perse devint alors la proie des Arabes et des Turcs.

C'est de la conquête de la Perse par les khalifes que date l'histoire du nouveau royaume de Perse. La domination des Arabes y dura 585 années (*voyez* KHALIFES), de l'an 636 à l'an 1220, mais ne tarda point à être purement nominale, d'une part parce que les gouverneurs de provinces réussirent à se rendre indépendants, et de l'autre parce que des princes persans et turcs arrachèrent à la Perse quelques-unes de ses provinces, qu'ils érigèrent en autant d'États particuliers. Au nombre des dynasties régnantes il faut mentionner au nord et au nord-est de la Perse : 1° La maison turque des *Thahérides*, dans le Khorassân (820-872). 2° La dynastie persane des *Soffarides*, qui renversa celle-ci et qui régna sur le Khorassân, ainsi que sur le Farsistân jusqu'en 902. 3° Les *Samanides*, qui en 874 se soulevèrent sous Ahmed, dans la province de Mavaralnar, dépendant du Khorassân, et qui s'y maintinrent jusqu'en l'an 999. Le fils d'Ahmed, Ismael, renversa les Soffarides, et arriva à jouir d'une grande puissance. 4° Les *Ghasnévides*, qui descendaient de Sebek-Tekin, esclave turc établi par les Samanides gouverneur à Ghasni et dans le Khorassân, lequel se rendit indépendant à Ghasni, dans la Perse orientale. Son fils Mahmoud conquit le Khorassân en 999, puis le Farsistân en 1012, et mit de la sorte fin à la domination des Samanides. En l'an 1017 il enleva l'Irak-Adjemi aux Bouïdes, et fit aussi des conquêtes dans l'Inde. Mais son fils Masoud perdit le Khorassân et l'Irak-Adjémi (1037-1044); et affaiblis par les Seldjoucides et des troubles intérieurs, les Ghasnévides, sous *Kosrou-Mélik*, devinrent la proie des Ghourides. 5° Les sultans de Ghour, qui furent rendus puissants en 1150 par Ala-eddin-Hosaïn, mais déchurent ensuite, tant à cause des guerres que leur fit le prince de la Khowaresmie, que par suite de leurs divisions intestines. 6° Les *schahs khowaresmiens* (1097-1230), dynastie fondée par Aziz, gouverneur de la Khowaresmie pour les Seldjoucides, et qui s'y rendit indépendant. Tagash détruisit en 1192 l'empire des Seldjoucides et enleva le Khorassân aux Ghourides. Son fils Mohammed conquit le Mavaralnar, dompta les Ghourides, s'empara de Ghasni, et rangea la plus grande partie de la Perse sous son autorité. Il succomba tout à coup, en 1220, sous les attaques du Mongol Djinghiz-Khan. Son héroïque fils, Djelal-eddin-Mankberni, continua encore, il est vrai, pendant dix années à faire les plus grands efforts pour se maintenir; mais il finit par être obligé de prendre la fuite, et mourut en 1230, dans une cabane isolée, au milieu des montagnes du Kourdistan. 7° Les *Bouïdes*, descendants de Bouïah, pauvre pêcheur, qui faisait remonter son origine aux Sassanides, parvinrent par leur valeur et leur habileté à se rendre maîtres de la plus grande partie de la Perse, et même, en 942, de Bagdad. La plupart firent preuve comme souverains de grandes qualités et de remarquables talents, et ils se maintinrent au pouvoir jusqu'en 1056, époque où Malik-Rahim se vit forcé de fuir devant les *Seldjoucides*. 8° Les *Seldjoucides*, dynastie turque, surgirent d'abord au Khorassân, où, en même temps que les Ghasnévides, ils parvinrent à exercer une grande puissance. *Togroulbeg-Mahmoud* en expulsa, en 1037, le fils ghasnévide du sultan Mahmoud, conquit ensuite le Mavaralnar, l'Aderbidjân, l'Arménie, le Farsistan, l'Irak-Adjémi et l'Irak-Arabi, où en 1055 il mit fin à la domination de Bouïdes à Bagdad, et fut reconnu à leur place en qualité d'*Émir-al-Omra* par les khalifes. Plusieurs de ses successeurs furent des souverains remarquables par leur activité et leur humanité. Mais peu à peu leur empire déchut; il finit par se diviser en quatre royaumes, dont les uns furent détruits en 1162 et 1195, par les schahs khowaresmiens, et les autres en 1139, par les Atabeks d'Alep, puis en 1194, par les Mongoles.

A partir de 1220 Djinghiz-Khan fit dominer en Perse les Tatares et les Mongols, qui s'y maintinrent jusqu'en 1405. Les provinces conquises par Djinghiz-Khan passèrent en 1229 au plus jeune de ses fils, *Tauli*, puis au fils de celui-ci, *Houlakou*, qui accrut ses possessions de la Syrie, de l'Anatolie et de l'Irak-Arabi, se rendit indépendant de la souveraineté du grand-khan, et fonda une dynastie particulière de Mongols dans ces contrées, celle des *Ilkhans*, laquelle subsista jusqu'à *Abousaïd*, mort en 1335, sans laisser d'héritier. Ses successeurs, issus comme lui de la race de Djinghiz-Khan, portèrent dès lors le titre de *khans de Perse*. Le royaume, qui était sans force, finit par être partagé. C'est alors qu'en 1387 arriva, à la tête d'une nouvelle horde de Mongols, le fameux Timour ou Tamerlan, qui conquit la Perse et remplit le monde d'épouvante depuis l'Hindostân jusqu'à Smyrne. Mais à la mort de ce conquérant (1405), la puissance des Mongols déchut en Perse, où les Turcomans devinrent alors prépondérants. Ces hordes nomades, habituées depuis des siècles à piller la Perse, enlevèrent aux *Timourides*, sous les ordres de Kara-Joussouf et de ses successeurs, la plus grande partie de ce pays; mais en 1468 elles furent vaincues par d'autres hordes turcomanes, commandées par *Ousoun-Hassan*, et se réunirent à elles. Celles-ci, à leur tour, durent céder la place, en 1505, à *Ismael-Safi*, qui sut faire du fanatisme religieux un instrument de sa politique, et dont la dynastie régna de 1505 à 1722. Ismael-Safi, dont le grand-père prétendait descendre d'Ali, enleva aux Turcomans (1505-1508) l'Aderbidjân et une partie de l'Arménie; il égorgea leurs deux princes, et après avoir conquis le Schirwan, le Diarbekr, la Géorgie, le Turkhestân et le Mavaralnar, il fonda sur les débris de leur empire un royaume qui comprenait l'Aderbidjân, le Diarbekr, le Fârsistân et le Kermân. Il prit le titre de *schah*, et introduisit la secte de chiites dans les pays conquis. Ses successeurs *Thamasp* (1523-1575), *Ismael II* (1576-1577), *Mohammed* (1578-1586), *Hamseh* (1586) et *Ismael III* (1587), soutinrent des guerres malheureuses contre les Turcs et les Ouzbeks. Ce fut seulement le grand schah Abbas (1587-1627) qui par ses victoires rendit à la Perse son ancienne puissance. Il enleva aux Turcs l'Arménie, l'Irak-Arabi, la Mésopotamie, les villes de Tauris, de Bagdad et de Bassora, aux Ouzbeks le Khorassân, aux Portugais Ormuz, aux Mongols le Kandahar, et châtia la Géorgie, qui avait refusé de lui payer tribut. Il rétablit en Perse un gouvernement régulier, fixa sa résidence à Ispahân, et par sa justice, sa tolérance, sa bienveillance éclairée et généreuse pour le commerce et les arts, rendit au royaume de Perse son ancien éclat. Les souverains suivants, *schah-Safi* (1629-1642) et *Abbas II* (1642-1666), guerroyèrent contre les Turcs et les princes de l'Inde, contre les premiers à cause de Bagdad, qu'ils se virent enlever, et contre les seconds à cause du Kandahar, dont ils réussirent à s'emparer de nouveau, en 1660. Sous le règne de *schah-Soliman* (1666-1694) le royaume perdit toute énergie, et sous son fils *Hussein* sa décadence fut complète. Les Afghans du Kandahar se rendirent indépendants en 1709, sous les ordres Mirweis, dont le fils *Mir-Mahmoud* conquit tout le royaume en 1722; après quoi il y régna la plus affreuse anarchie. Mahmoud étant devenu insensé fut renversé du trône en 1725 par *Ashraf;* mais celui-ci fut vaincu par *Thamasp-Kouli-Khan*, lequel, avec la coopération des Russes et des Turcs, plaça sur le trône, en 1729, le fils d'Hussein, *Thamasp*. Celui-ci ayant cédé aux Turcs la Géorgie et l'Arménie, Kouli-Khan le déposa, et le remplaça par son fils, encore mineur, *Abbas III* (1732). Kouli-Khan enleva alors de nouveau aux Russes et aux Turcs les provinces qui leur avaient été cédées, et à la mort d'Abbas III, arrivée en 1735, il monta lui-même sur le trône, sous le nom de *schah-Nadir*. Par ses exploits et la sévérité de son gouvernement il rendit à la Perse son ancien éclat. En 1735 il enleva Bahrein, et en 1736 Balkh au khan de Bokhara; puis il s'empara de Kandahar. En 1739 il envahit l'Hindostân, et contraignit le Grand-Mogol Mohammed non-seulement à lui abandonner quelques provinces riveraines de l'Indus, mais encore à lui payer un tribut considérable.

A la mort de schah-Nadir, arrivée en 1747, il y eut en Perse un interrègne rempli de troubles intérieurs, desquels résultèrent les plus horribles dévastations pour le royaume, dont quelques provinces se détachèrent pour se proclamer indépendantes. *Achmed*, de la race des Abdallihs, fonda alors dans l'Irân oriental le royaume des Afghans (*voyez* AFGHANISTAN), demeuré depuis cette époque perdu pour la Perse. L'Irân occidental, au contraire, se partagea en plusieurs petits royaumes indépendants, d'après ses différents gouverneurs, qui se rendirent indépendants. Tous ces petits États furent constamment à leur tour le théâtre des révolutions et des atrocités qui sont en Orient la suite ordinaire des changements de règne. Enfin, à la suite de longues et sanglantes luttes, un Kourde, et suivant d'autres renseignements un puissant chef persan, appelé *Kerim-Khan*, réussit à s'emparer du pouvoir suprême, après s'être successivement débarrassé de toutes ces petites dynasties, à rétablir l'ordre dans le pays et à consolider sa puissance. Par sa sagesse, par sa justice et par ses talents guerriers, il acquit l'amour de ses sujets et le respect de ses voisins. D'ailleurs il ne prit jamais lui même le titre de *khan*, et se contenta de celui de *vekil*, c'est-à-dire régent, et s'établit, en 1755, à Schiras, dont il fit sa capitale. Il mourut de mort naturelle, en 1779, fait devenu bien rare dans l'histoire de la Perse. Sa mort donna lieu à de nouveaux troubles, par suite des querelles de succession qui surgirent dans sa famille; et en 1784 un prince du sang, *Ali-Mourad*, finit par rester en possession du trône. Il n'y eut que le Masandérân où un eunuque, *Aga-Mohammed*, Turcoman de la race des Kadjares, homme issu d'une ancienne famille et doué de qualités peu communes, réussit à se rendre indépendant.

Ali-Mourad, qui marcha contre lui, mourut des suites d'une chute de cheval. Le règne de son successeur *Djaffar* fut une lutte perpétuelle contre Aga-Mohammed, qui le battit à diverses reprises, et qui, au moyen d'une conspiration, le fit assassiner. *Louff-Ali*, fils de Djaffar, livra vainement plusieurs combats acharnés, dans l'espoir de ramener la victoire sous ses drapeaux. Aga-Mohammed sortit vainqueur de la lutte, et conquit successivement presque tout l'Irân occidental. Le Khorassân et la Géorgie conservèrent seuls une indépendance factice. Il désigna pour son successeur *Babakhan*, son neveu, issu lui aussi de la race des Kadjares et né en 1768; qui, après l'assassinat d'Aga-Mohammed, en 1796, monta sur le trône, sous le nom de *Feth-Ali*, et établit sa résidence à Téhéran. Des guerres nombreuses consolidèrent son autorité, et il soumit même le Khorassân. Mais les intrigues rivales, fomentées en Orient par la Russie, l'Angleterre et la France, le placèrent dans une situation périlleuse, par suite de laquelle il se trouva engagé dans de nombreux conflits avec la Russie, qui déjà songeait à enlever à la Perse les provinces voisines de son territoire. C'est ainsi que, par le traité de paix conclu en 1797, il dut abandonner à la Russie Derbend et une partie des contrées riveraines du Kour. En 1802 la Géorgie, qui depuis longtemps déjà s'était jetée dans les bras de la Russie, fut déclarée province russe. Par le traité de Gulistan, signé le 12 octobre 1813, qui mit fin à la guerre malheureuse qu'à la suggestion de la France il avait déclarée à la Russie en 1811, Feth-Ali perdit tout ce qu'il possédait encore dans le Caucase, au nord de l'Arménie, et dut permettre au pavillon russe de se montrer sur la mer Caspienne. En 1826 Feth-Ali, cédant aux suggestions du prince royal Abbas-Mirza et de son favori Husséin Kouli-Khan, qui croyaient la Russie embarrassée par des troubles intérieurs, se décida à faire de nouveau la guerre à cette puissance. Les Persans envahirent le territoire russe sans déclaration de guerre préalable, déterminèrent une partie de la population musulmane à prendre les armes, et s'avancèrent jusque sous les murs d'Élisawetpol. Mais les généraux russes Iermoloff et Paskewitsch ne tardèrent pas à les battre dans diverses rencontres, et à leur enlever plusieurs places fortes, entre autres Érivân; après quoi les Russes franchirent l'Araxe, le 16 octobre 1827, et occupèrent Tauris le 31 du même mois. La paix que la Perse fut alors forcée de signer, le 22 février 1828, lui coûta tout ce qui leur restait de l'Arménie avec Érivân et le couvent d'Etch-miadzin; et elle dut en outre payer une contribution de guerre de 18 millions de roubles. Les extorsions auxquelles il fallut recourir pour se procurer cette somme exaspérèrent les populations; et l'ambassadeur russe à Téhérân, Griebojedow, ayant soustrait à l'esclavage des Persans plusieurs femmes géorgiennes, sujettes russes, la fureur du peuple éclata, le 12 février 1829, dans une émeute qui coûta la vie à l'envoyé russe, à sa femme et à la plus grande partie du personnel de sa légation; et pour éviter les justes représailles qu'aurait pu exercer la Russie, il fallut que la cour de Téhérân se soumît aux plus humiliantes conditions et punît exemplairement ceux qui s'étaient compromis dans cette émeute. C'est ainsi qu'environ 1500 individus eurent le nez, les oreilles et la langue coupés. La mort de l'héritier présomptif du trône Abbas-Mirza, arrivée en 1833, fut une grande perte pour la Perse. C'était le seul homme qui se fût sérieusement occupé de relever son pays de l'état d'abaissement dans lequel il était tombé. Il avait été l'instigateur de toutes les tentatives de réformes faites alors en Perse, notamment de celles qui avaient pour but de donner à l'armée une meilleure organisation. Le schah Feth-Ali mourut peu de temps après, le 20 octobre 1834. Les prétentions au trône qui s'élevèrent parmi ses descendants menacèrent la Perse d'une guerre civile; mais l'accord de la Russie et de l'Angleterre, qui garantirent le trône à *Mohammed*, fils d'Abbas-Mirza, fit reconnaître ce prince en qualité de schah. Il lui fut pourtant impossible de comprimer les intrigues de ses parents, qui se révoltèrent l'un après l'autre. Dans de pareilles circonstances, il était difficile que l'État ne marchât pas rapidement à sa ruine; et la rivalité de la Russie et de l'Angleterre, cherchant chacune à faire prédominer son influence en Perse, n'y contribua pas peu en démoralisant de plus en plus le gouvernement. C'est la Russie qui finit par l'emporter dans cette lutte de la diplomatie. C'est ainsi qu'elle détermina la Perse à entreprendre contre Hérat deux expéditions restées infructueuses, mais ayant pour but de placer sous l'influence russe ce boulevard situé sur la route conduisant de l'Asie occidentale aux Grandes-Indes. L'expédition victorieuse entreprise par les Anglais dans l'Afghanistân ainsi que l'occupation temporaire du port d'Abouschær eurent, il est vrai, pour résultat de faire prédominer, vers 1840, la politique britannique à Téhérân. Mais il n'en fut pas longtemps ainsi; le voisinage menaçant des Russes et l'état de débilité physique et intellectuelle dans lequel était tombé le schah, qui se trouvait complétement aux mains de son grand-vizir, vendu au cabinet de Saint-Pétersbourg, rendirent bientôt la prépondérance à la politique russe. On en eut la preuve dans le traité conclu le 7 juin 1847, à la suite de longues et difficiles négociations suivies pendant cinq ans à Erzeroum, afin de vider la querelle qui avait surgi entre la Perse et la Turquie au sujet de la délimitation de leurs frontières respectives, et plus encore dans le traité conclu avec la Perse, à Tiflis, en 1846, par le prince Woronzoff, plénipotentiaire russe. Ce traité livra à la Russie les ports persans de Rescht et d'Astérabad sur la mer Caspienne, pour servir de station à ses bâtiments de guerre. Il lui conféra en outre le droit d'exploiter les mines de la Perse, notamment les mines de houille, et à cet effet d'établir des étapes fortifiées entre ces deux ports. Les Persans s'engagèrent aussi à livrer désormais tous les déserteurs russes. C'est ainsi que la Perse se trouva de plus en plus placée sous la dépendance de la Russie; dépendance à laquelle il lui devenait désormais d'autant plus difficile de se soustraire, que la décadence du pays sous le faible gouvernement du schah était plus rapide. Après la mort d'Hadji-Mirza-Aghassi (1847), premier ministre du schah, qui dirigeait l'administration intérieure avec les pouvoirs les plus illimités, et après celle du schah lui-même, arrivée le 6 septembre 1848, le fils de ce dernier, *Nasir-Eddin* (né le 30 novembre 1829), qui à l'époque de l'avénement de son père avait déjà été désigné comme son héritier, lui succéda; et la reconnaissance de ses droits, faite avec autant d'empressement que d'énergie par la Russie et l'Angleterre, le mit à l'abri des contestations qu'eussent pu élever de nombreux compétiteurs. Le jeune souverain prit pour vizir *Mirza-Taghi-Khân*, fils d'un cuisinier, et désigna pour son successeur son fils, *Mehemed-Mirza*, âgé seulement de deux ans. Le nouveau gouvernement annonça d'énergiques réformes, la réduction des impôts les plus écrasants, l'intention de satisfaire aux réclamations des créanciers de l'État et d'indemniser les individus dont les propriétés avaient été précédemment confisquées, etc.; mais tout se borna à de belles promesses. L'intervention de la diplomatie eut pour résultat de faire liquider les créances des créanciers étrangers, à l'exception des Français. Aussi l'envoyé de France, le comte de Sartiges, accrédité à Téhérân depuis 1845, et qui le 24 juillet 1847 avait conclu un traité de commerce entre la Perse et la France, sans réussir toutefois à procurer à son gouvernement une grande influence sur la cour de Téhérân, et dont les événements survenus en France avaient singulièrement diminué la considération et l'importance, dut-il prendre ses passeports. Quant aux créanciers indigènes, ils ne reçurent non plus rien. L'augmentation des impôts, l'état de dégradation des routes, des ponts, des réservoirs, des caravansérails et autres établissements publics, les revenus publics follement dépensés en constructions de luxe, les prodigalités et le népotisme du ministre, les persécutions, les amendes et même les condamnations capitales qui étaient le lot de ceux qui osaient se plaindre, donnèrent lieu à plusieurs révoltes dans les provinces, à Schiras, à Ispahan, dans le Masanderân, dans le Kermân et dans le Khorassân; révoltes qui appelèrent la répression la plus sanglante. En janvier 1850, il éclata à Téhérân même un mouvement populaire pour réclamer le renvoi du tout-puissant ministre; mais il échoua, et amena l'arrestation de divers seigneurs qui s'y trouvèrent compromis. Mirza-Taghi-Khân, soupçonné d'avoir fait détruire par les Turcomans du Masanderân un dépôt russe à Asterabad, et même d'avoir excité la populace de Téhérân à saccager l'hôtel de l'ambassade russe dans cette capitale, d'avoir cherché à amener ainsi une rupture entre la Perse et la Russie, parvint pourtant à se remettre en grâce auprès du gouvernement russe, à force de condescendance et d'humilité, en accordant le remplacement du gouverneur du Masanderân, exigé par le cabinet de Saint-Pétersbourg, et surtout en entretenant les velléités belliqueuses du schah à l'égard d'Hérat. Mais l'influence de la mère du schah, dont il avait révélé les désordres à son fils, et les intrigues de tant de seigneurs qu'il avait profondément blessés, finirent par le renverser. Arrêté et chargé de chaînes, en novembre 1851, il fut conduit à la petite ville de Kaschwân, où plus tard il périt assassiné. Il fut remplacé par Mirza-Aga-Khân, vieillard de soixante-dix ans. Peu de temps après la mort de Taghi-Kân, il arriva en Perse des savants (entre autres le montaniste Czernota) et des officiers autrichiens, à qui leur souverain, sur la demande de la cour de Perse, avait permis de se rendre à Téhérân, à l'effet d'y fonder des établissements scientifiques et d'organiser l'armée persane à l'européenne. Mais ces officiers se virent trompés dans leur attente. On n'exécuta point le traité; on ne leur paya point leur solde, et on ne fit rien pour l'armée. Plus heureux, Czernota obtint du moins l'autorisation de fonder à Téhérân un collége de montanistes, qui en 1852 comptait déjà cent-trente-quatre élèves.

Depuis l'avénement de Nasir-Eddin au pouvoir, le Khorassân avait été de toutes les provinces de la Perse la plus turbulente. C'est là que le vieux parti persan, celui qui par des motifs religieux croit qu'il n'est pas permis d'obéir à la dynastie des Kadjars, compte le plus d'adhérents ; et il était soutenu par le gouverneur de la province lui-même, Assaf-ed-Daulad. La destitution de ce fonctionnaire amena un soulèvement du Khorassân, qui se déclara indépendant de la Perse. Le commandant de la ville principale, Medsched, se réfugia auprès de Yar-Mohammed, souverain d'Hérat. Celui-ci marcha à la tête d'une armée pour s'emparer de la province ; mais il fut battu par les habitants. Cette invasion donna lieu à une nouvelle expédition persane contre Hérat. A la mort de Yar-Mohammed, arrivée en 1851, lorsque Dotl-Mohammed, khan du Kandahar, et son fère consanguin Katountil-Khan, se disputèrent la possession d'Hérat, les Persans envahirent ce territoire en mars 1852, et s'emparèrent de la ville ; après quoi, le sultanat d'Hérat fut incorporé à la Perse en mai suivant. Mais alors les Anglais essayèrent d'obtenir du schah qu'il renonçât à sa conquête et reconnût l'indépendance d'Hérat. En conséquence, une flotte anglaise parut, le 30 septembre 1852, devant Abouschær, dans le golfe Persique, et y débarqua, le 2 octobre, un corps de 9,000 hommes. Une tentative d'assassinat commise sur la personne du schah, le 15 août 1852, par trois individus appartenant à la secte des Babis, fondée en 1838, et ainsi appelée du nom de son chef, fut suivie du supplice des coupables, mais ne fit qu'augmenter le fanatisme de leurs adhérents, et amena de nombreuses exécutions, opérées avec la plus révoltante barbarie.

Au début des hostilités entre la Russie et la Porte, en 1853, la cour de Téhérân prit ouvertement parti pour les Russes ; politique qui irrita à tel point les populations, que le gouvernement du schah crut dès lors prudent de ne rien entreprendre contre les Turcs.

Le 12 juillet 1855 un nouveau traité d'amitié et de commerce a été signé entre la France et la Perse, par M. Bouré, envoyé de Napoléon III à Téhérân, et par Mirza-Agha-Khan, premier ministre du schah. Au moment où nous mettons sous presse une ambassade solennelle du schah de Perse vient d'arriver à Paris (janvier 1857). Consultez les voyages en Perse de Chardin, Niebuhr, Olivier, Kinneir, Morier, Ousely, Ker Porter, Price, Fraser, Keppel, Drouville, Buckingham, Stocqueler, etc. ; Malcolm, *History of Persia* Londres, 1829) ; Herford Jones Bridges, *The Dinasty of the Kajars* (1833) ; Struve, *Résultats géographiques du Voyage en Perse fait par Lemm en* 1838-1839 (Saint-Pétersbourg 1851).

PERSE (Aulus PERSIUS Flaccus), célèbre poëte satirique, naquit en l'an 787 de Rome, de J.-C. 34, à Volaterre, vieille ville de l'Étrurie. Il était d'origine équestre. Son père, Flaccus, le laissa orphelin à six ans. Fulvia Sisenna, sa mère, épousa en secondes noces un Fusius, chevalier romain, qui la laissa veuve une seconde fois, après peu d'années de mariage. Perse, à l'âge de douze ans, vint à Rome, où il eut pour maîtres le grammairien Remmius Palémon et le rhéteur Virginius Flaccus. Ce Remmius Palémon, né d'un père esclave, avait appris les lettres en faisant le métier de pédagogue ; affranchi depuis, il était venu professer à Rome. D'après Suétone, c'était un homme souillé de tous les vices, mais qui captivait un auditoire par une rare facilité de parole et une mémoire prodigieuse. Tibère et Claude le méprisaient et le toléraient : ce qui prouve à la fois combien il avait de vices et combien il avait de talents. C'était aussi un versificateur habile : il improvisait des poëmes comme Stace. On ne sait rien du rhéteur Virginius Flaccus, autre maître de Perse, si ce n'est qu'il mourut sous Trajan et qu'il écrivit un traité de l'art oratoire. C'était le temps des traités, des prosodies, des grammaires. Jamais il n'y eut moins d'invention et plus d'hommes qui enseignaient l'art d'inventer. A l'âge de seize ans, Perse fit la connaissance du célèbre Annæus Cornutus ; il ne s'en sépara qu'à la mort. Cornutus lui apprit la philosophie stoïcienne ; il manqua de sens en lui laissant faire des satires : Perse était beaucoup plus propre à faire des traités. Cornutus avait acquis une grande gloire à enseigner aux jeunes Romains la sagesse ; il consacrait tout son temps et toutes ses facultés à cette profession, si belle et si stérile. Cornutus réussit-il à faire un sage? J'en doute ; on n'apprend pas à être sage comme on apprend à faire des vers. Perse connut Sénèque assez tard : il appréciait peu son genre d'esprit. Il fut très-aimé de Pætus Thraseas, celui en qui Néron voulut anéantir la vertu elle-même, dit Tacite ; il était même parent de sa femme, Arria. Perse avait des mœurs très-douces, une pudeur virginale, une belle figure, une tendresse exemplaire pour sa mère, sa sœur et sa tante. Il vécut dans la modération et la chasteté. Il avait le travail lent, et produisait peu. Il mourut à l'âge de vingt-huit ans, d'une maladie d'estomac, la huitième année du règne de Néron, laissant sa bibliothèque et une assez grosse somme d'argent à son ami Cornutus. Cornutus retint les livres, mais il abandonna l'argent à la sœur de Perse. Ce fut par ses soins que les satires du jeune poëte furent publiées : s'il en faut croire le biographe de Perse, dès qu'elles parurent, le public se les arracha. C'était une fureur. J'imagine que c'est sous l'impression de ce succès, dont il avait pu être témoin, que Quintilien a dit de Perse : « Un seul livre a valu à Perse beaucoup de gloire, et de vraie gloire. » Jugement laconique, comme tous ceux du prudent Quintilien sur tous les écrivains de son temps ; jugement très-contradictoire, selon moi, avec les doctrines littéraires de ce professeur, et avec la guerre, d'ailleurs fort inoffensive, qu'il faisait au mauvais goût. Perse était né sans génie : il n'y a point de recette qui en donne à ceux qui n'en ont point. Il a écrit des satires sans avoir d'imagination, ni même un fonds suffisant d'idées acquises ; il était doué d'un certain talent de style, et savait combiner des mots avec assez d'harmonie, mais les choses lui manquaient.

Si quelqu'un me demandait s'il y a profit, oui ou non, à lire et à étudier Perse, je lui répondrais : *Oui*, si vous êtes curieux en général d'avoir une opinion à vous sur tous les écrivains de quelque renom ; si, en ce qui regarde Perse, vous aimez un assez remarquable travail de style, par-ci par-là quelques mouvements satiriques, une chaleur de sectaire plutôt que de poëte inspiré, de l'amertume et quelquefois de l'indignation vraie, mais qui porte sur des vices en l'air, ou sur des travers généraux, désignés et rangés par ordre alphabétique dans les catéchismes de la morale stoïcienne plutôt qu'observés et touchés du doigt sur les classes ou sur les individus qui pouvaient en être infectés ; *oui* encore, si vous trouvez quelque plaisir à chercher sous cette enveloppe rude et gauche du stoïcien à peine sorti de l'école une âme ingénue, noble, généreuse, n'ayant que de bons instincts, conservant au milieu de la corruption de son pays la chasteté des mœurs et la chasteté de l'esprit, toutes deux si difficiles à garder, la seconde surtout, parce qu'on peut la perdre sans cesser d'être honnête homme ; une âme qui a l'innocence, sinon l'expérience, laquelle s'acquiert presque toujours au prix de celle-là ; *oui*, enfin, si vous voulez connaître et apprécier quels ravages peut faire une période de cent ans dans les esprits et dans la langue d'un pays, par les comparaisons que vous aurez à faire entre Perse et ses devanciers, et par la pensée qui vous viendra, comme à moi, que, malgré une éducation très-soignée, malgré une étude particulière et favorite d'Horace, qui se trahit par des imitations, non-seulement de ses tours, mais de ses idées, malgré une âme sincère et vraie, malgré des convictions vives, du talent, et toutes les conditions qui font sinon un grand poëte, du moins un bon écrivain, Perse n'a rien ajouté à la gloire littéraire de sa nation. Mais je répondrai : *Non*, si vous aimez les écrits simples, naturels, faciles, soit de cette facilité que Boileau tâchait de donner à Racine, soit de la facilité un peu molle et abandonnée de lord Byron et de Lamartine ; si vous estimez un écrit par le nombre des vérités utiles et agréables qu'il renferme, ou par l'agrément qu'on trouve à le lire, ou par le profit qu'on retire à l'étudier; si dans un satirique vous cherchez les détails de mœurs, les allusions, les noms propres, tout ce qui fait la vie de ce genre d'écrits, tout ce qui lui donne un caractère national; *non*, si vous êtes du tempérament de saint Jérôme, lequel jetait au feu les livres dont la lecture lui coûtait trop de peine, ou si vous n'avez pas cette patience allemande qui s'effraye de ce qu'elle comprend trop vite, qui suspecte tout écrivain dont le livre ne laisse rien à deviner, et dont le sac n'a pas de double fond; qui se reproche presque de ne pas payer son plaisir d'un peu de fatigue, et qui pousse le scrupule jusqu'à obscurcir un livre plutôt que de le trouver trop clair; *non*, enfin, si vous n'êtes pas d'humeur à lire des préfaces, des biographies, des mémoires et des commentaires sur ces préfaces, ces biographies et ces mémoires, et des notes sur ces commentaires; à tirer du greffe de l'Académie des Inscriptions et Belles-Lettres des dissertations très-profondes, qui ont endormi d'autres générations d'académiciens : le tout, pensez-y bien, comme travail préparatoire et d'éclaireur, avant d'aborder le poëte qui a donné lieu à toute cette dépense d'érudition; puis à en arriver au poëte lui-même, et là, grâce aux scoliastes, aux commentateurs du scoliaste, aux collations très-laborieuses qui ont été faites par d'autres, entre les manuscrits et les éditions imprimées, grâce à d'estimables bénédictins qui nous ont épargné les plus grosses difficultés de la lecture, à prendre une idée, peut-être très-fausse, et assurément très-contrôlable, d'un ouvrage dont personne ne vous parlera jamais, et d'un poëte dont vous ne trouverez jamais à qui parler.

D. Nisard, de l'Académie Française.

PERSÉCUTION. Dans le sens le plus étendu, *persécuteur* signifie homme pressant, importun, acharné, tyran, despote; *persécution*, obsession qui fatigue, vexation, poursuite injuste. L'Église a stigmatisé de l'épithète de *persécuteurs* les empereurs et les autres souverains qui ont usé de violences contre les chrétiens pour leur faire abjurer leur religion, ou contre les catholiques pour leur faire embrasser l'hérésie. Lactance a fait un traité *De la Mort des Persécuteurs*, dans lequel il s'est attaché à démontrer que tous ont péri d'une manière funeste et comme frappés de la vengeance divine.

Les *persécutions des chrétiens* furent le résultat naturel de l'antagonisme où le nouveau principe, nettement formulé, devait se trouver avec les anciens principes, menacés et compromis tout aussitôt dans leur base même. Tant que subsista l'État juif, des communes chrétiennes durent d'autant moins compter y être tolérées, que le fondateur de leur religion avait été mis à mort en punition de son opposition aux principes religieux qui avaient jusque alors dominé, et que le grand sanhédrin de Jérusalem ne pouvait pas pardonner à ses disciples de le tenir pour le véritable Messie, de rejeter la circoncision et la loi de Moïse ou de ne pas en reconnaître l'indispensable nécessité. Mais d'un côté ce grand sanhédrin manquant de la force nécessaire pour faire respecter ses prescriptions, et de l'autre les chrétiens s'abstenant de troubler le repos public, il n'y eut point en Palestine de persécution générale favorisée par les autorités romaines. Quelques chefs de la commune chrétienne de Jérusalem périrent seuls, victimes pour tous, tels que saint Étienne et les apôtres saint Jacques le Majeur et saint Jacques le Mineur, le premier vers l'an 35, et le second vers l'an 62. Mais dans les villes de l'Empire Romain où ils avaient des colonies, et où ils virent bientôt s'établir aussi des communes chrétiennes, les Juifs réussirent à exciter contre les nouveaux venus les défiances des autorités locales, qui vraisemblablement ne regardèrent d'abord les chrétiens que comme une secte juive peu importante. Quand Claude, à l'occasion d'une querelle que les Juifs orthodoxes et hétérodoxes eurent ensemble, les bannit de Rome, il serait difficile d'affirmer que ç'ait été là une *persécution des chrétiens*. Quand Néron attribua aux chrétiens l'incendie de Rome, dont lui-même était l'auteur, et quand sous ce prétexte il les livra, à partir de l'an 64, aux plus cruels supplices, ce fut là un acte de tyrannie et d'arbitraire, mais non d'intolérance religieuse; et cela prouverait tout au plus qu'on commençait dès lors à voir les chrétiens de mauvais œil.

On ne compte d'ordinaire, mais en se fondant uniquement sur des prophéties de l'Ancien Testament et l'Apocalypse, que *dix* grandes *persécutions des chrétiens*. La *première* semble ne pas s'être étendue au delà de Rome. Dans la *seconde* persécution, arrivée en l'an 95, et que Domitien ordonna parce que les chrétiens donnaient à Jésus le titre de roi, il périt un grand nombre de confesseurs de la foi chrétienne, notamment en Asie Mineure. On considère comme la *troisième* la loi rendue par Trajan contre les associations et les confréries secrètes, parce que plusieurs proconsuls romains, par exemple Pline le jeune en Bythinie, virent un délit dans le refus fait par les chrétiens de donner à l'image de l'empereur les marques de respect en usage, et qu'en général ils considéraient avec défiance le caractère indépendant de ces sectaires, qui rompaient avec la plupart des antiques coutumes nationales. Des accusations révoltantes, le plus généralement élevées et propagées par les Juifs, nourrirent cette aversion des païens contre les chrétiens. On les accusait de manger de la chair humaine dans leurs conciliabules et de se livrer entre eux aux vices les plus honteux; on disait que leurs espérances *millénaires* relatives au règne prochain de Jésus sur la terre, règne qui durerait pendant une période de mille années, n'équivalaient pas seulement à une déclaration de guerre contre l'antique religion nationale, mais encore servaient à dissimuler une conspiration permanente ayant pour but la destruction de l'Empire Romain et la fondation d'une nouvelle monarchie. Cependant, on regardait encore avec plus de mépris que de terreur les chrétiens, hommes appartenant pour la plupart aux classes les plus infimes de la société, croyant à la toute-puissance d'un prétendu sauveur mort crucifié, et enseignant la résurrection des corps; et c'est surtout à ce dédain, indépendamment de la protection légale que les empereurs Adrien et Antonin leur accordèrent contre les molestations de la multitude, qu'ils furent redevables de la tranquillité profonde dont, sauf quelques attaques particulières, celle de Celsus par exemple, ils jouirent alors pendant plus de cinquante années.

Vers l'an 165 ils eurent à supporter en Asie Mineure une éruption passagère de la fureur de la populace païenne; incident qui se rattache au supplice de l'évêque de Smyrne, Polycarpe. En même temps saint Justin expiait à Rome par le martyre le blâme qu'il avait jeté sur le philosophe Crescens.

En l'an 177 l'empereur Marc Aurèle ordonna la *quatrième* persécution contre les nouvelles communes chrétiennes qui s'étaient établies en Gaule, à Vienne et à Lyon; et un grand nombre de sectateurs du Christ subirent à cette occasion la mort des martyrs.

Vers la fin du second siècle, il se manifesta avec plus de force que jamais parmi les chrétiens un esprit d'association qui de tout temps leur avait été particulier; esprit tendant à faire des diverses communes chrétiennes isolées un corps, un tout religieux; en même temps, par ses efforts pour constituer une puissance disciplinaire et en cherchant toujours à agrandir ses attributions, le clergé provoqua de nombreuses collisions avec les autorités civiles. D'un autre côté, les chrétiens, dont le nombre allait toujours croissant, ne se gênaient plus guère pour tourner en dérision le culte des idoles, qui d'ailleurs déclinait de plus en plus; ils refusaient de remplir des fonctions publiques, de prêter serment au souverain et de servir dans les armées du paganisme gouverné par le démon. Ceci explique la nouvelle éruption de la fureur du peuple, qui à partir de l'an 192, date de la *cinquième* persécution, vengea dans des flots de sang les outrages dont les anciens dieux étaient l'objet; de même que le décret de l'empereur Septime Sévère provoqué par les discordes intestines des chrétiens eux-mêmes, décret qui en 202 défendit aux Juifs d'embrasser la religion chrétienne et eut pour suites des calamités encore plus rigoureuses pour les chrétiens d'Afrique. Beaucoup d'entre eux, cédant à la violence, abjurèrent le christianisme, dans le secret espoir d'y rentrer lorsque les temps seraient devenus plus calmes; mais il y en eut beaucoup aussi qui aimèrent mieux mourir que de renier J.-C., et à qui leur mort valut la couronne des martyrs, puis, lorsque ces temps de pieux héroïsme furent loin, la vénération des générations postérieures de chrétiens. Après cette persécution, et à partir de l'an 211, les chrétiens purent, sous Caracalla, Macrin et Héliogabale, librement pratiquer leur culte; et Alexandre Sévère leur accorda même des faveurs particulières.

L'empereur Maximin apporta quelques restrictions aux édits d'Alexandre Sévère, en l'an 235. C'est ce qu'on appelle la *sixième* persécution, bien que cet empereur n'ait réellement sévi par haine personnelle que contre des savants et des prêtres chrétiens, et qu'en réalité les persécutions auxquelles furent en butte quelques communes chrétiennes n'aient point été le résultat d'ordres émanant de lui. Il arrivait souvent que des haines privées, ou encore la superstition, déchaînassent tout-à-coup la populace contre les novateurs, en leur attribuant certaines calamités publiques, telles que tremblements de terre, inondations, sécheresses, famines, épidémies, incendies, etc. C'est ce qui arriva, par exemple, sous le règne d'Antonin.

L'empereur Dèce, en l'an 249, inaugura son règne par la *septième* persécution. Son caractère d'universalité, sa longue durée et l'impitoyable cruauté qui y présida, indiquent clairement de sa part l'intention d'anéantir le christianisme pour rétablir le paganisme, dont la désertion était, suivant lui, la cause de la décadence de l'empire. Grâce à l'emploi de ces moyens violents, Dèce ne laissa pas que d'obtenir de nombreuses apostasies.

La *huitième* persécution, qui eut lieu en l'an 257, sous le règne de Valérien, sévit plus particulièrement sur les prêtres, qu'on envoyait à la mort sans rémission.

La mort violente de l'empereur Aurélien mit un terme à la *neuvième* persécution, qu'il avait ordonnée contre les chrétiens en l'an 275.

La *dixième* persécution fut ordonnée en l'an 303 contre les chrétiens par l'empereur Dioclétien, à l'instigation de son collègue Galère et du philosophe Hiéroclès. Dans toute l'étendue de l'Empire Romain on détruisit leurs églises, on enleva et on brûla leurs livres saints, on interdit leurs assemblées, on les priva de leurs fonctions honorifiques, on enleva à leurs esclaves le droit de se racheter, et on employa tous les moyens que peut suggérer le génie de la cruauté, pour les déterminer à renoncer à leur foi. Comme on les accusa en outre de nourrir des projets de révolte et d'être les auteurs d'un incendie qui éclata dans le palais impérial de Nicomédie, ils subirent par milliers la mort des martyrs. Constance Chlore, autre collègue de Dioclétien, quoique favorablement disposé pour les chrétiens, ne put les mettre complétement à l'abri de la persécution dans ses provinces de Gaule et de Bretagne; et en Grèce, en Illyrie, en Italie, en Égypte, en Espagne, Galère et Maximin persévérèrent jusqu'en l'an 311 dans ce système, qui livrait surtout les prêtres des chrétiens aux plus effroyables supplices. Mais c'étaient là les dernières épreuves par lesquelles les chrétiens eussent à passer sous la domination romaine. Galère, épuisé moralement et physiquement, rapporta expressément, en l'an 311, son quatrième et dernier édit de persécution; et par son édit de tolérance, publié à Milan, Constantin le Grand rendit aux chrétiens la liberté de conscience en même temps que l'usage de leurs églises et leurs biens. En embrassant lui-même le christianisme, en l'an 332, il en fit désormais la religion de l'État dans l'Empire Romain. Depuis lors jusqu'au commencement du sixième siècle, sauf de courts intervalles, les chrétiens n'éprouvèrent plus de nouvelles persécutions que hors de l'empire, par exemple en 343 et en 414 en Perse, et en 437 en Afrique, dans l'Empire des Vandales, ou encore parmi les peuplades germaines, que des missionnaires s'efforçaient d'amener à la foi du Christ; car les efforts tentés plus tard encore par quelques empereurs romains partisans du paganisme, tels que Julien (361-363) et Eugène, à l'effet de le faire revivre, nuisirent plus à ces princes qu'au christianisme.

En revanche, à partir de la naissance de l'islamisme, les khalifes travaillèrent sans relâche en Asie et en Afrique à l'anéantissement du christianisme, et ne firent grâce qu'à quelques schismatiques, qui de nos jours encore jouissent du libre exercice de leur culte sous la protection des mahométans. Quelques communes chrétiennes ont eu en outre de sanglantes persécutions à subir, au Japon à partir de 1616; en Chine, vers 1750, en 1815 et en 1839; en Cochinchine et au Tonkin, de 1837 à 1839, et dans quelques autres contrées encore. Toutefois, les plus atroces persécutions dont les chrétiens aient été victimes sont celles auxquelles, depuis que l'hérésie fut érigée en crime, ils se sont livrés les uns contre les autres, tantôt par grossièreté de mœurs ou par égoïsme sacerdotal, tantôt par suite de cette exubérante énergie qui est le propre des convictions religieuses chrétiennes (*voyez* INQUISITION).

PERSÉE (*Astronomie*), nom d'une constellation de l'hémisphère septentrional, située au-dessous de Cassiopée, entre Andromède et le Cocher. Le catalogue britannique y compte soixante-sept étoiles. L'une d'elles, la *Tête de Méduse*, ou *Algol*, ou encore β de *Persée*, est remarquable comme étoile changeante. Une grande partie de cette constellation demeure toujours sur notre horizon et ne se couche jamais pour nous.

PERSÉE, fils de Jupiter et de Danaé : c'est un héros solaire grec. Il y a quelque folie à vouloir fournir des explications historiques sur ce personnage, quand on devrait se borner à rechercher la source des symboles et l'origine de ces antiques croyances. Or, la fable de Persée est une des formes de la religion du feu, et se rattache à la Syrie et à la Perse; seulement, elle a été élaborée par l'imagination des Grecs. Acrisius, roi d'Argos, père de Danaé, redoutant l'effet d'un oracle qui avait annoncé qu'il serait tué par son petit-fils, condamna Danaé à demeurer stérile, et en conséquence l'enferma; mais Jupiter se changea en pluie d'or, et la féconda. Quand Acrisius sut que Danaé était accouchée, il la fit jeter à la mer avec Persée, son fils; mais les flots portèrent ce coffre sacré jusque sur la grève de l'île Sériphe, où régnait Polydecte. Persée fut élevé dans le temple de Minerve, et il grandit assez vite pour secourir sa mère contre Polydecte, qui, d'abord leur protecteur commun, voulait maintenant la contraindre à l'épouser. Elle résista donc; alors Polydecte imagina d'envoyer Persée combattre les Gorgones. Au pied de l'Atlas était un réduit garni de fortes murailles et gardé par les filles de Phorcus, qui n'avaient à elles trois qu'un œil, dont elles se servaient tour à tour. Persée eut l'adresse de le leur enlever pendant qu'elles se le passaient. Traversant ensuite de sombres forêts, et gravissant des rocs escarpés, il rencontra sur son passage une multitude d'animaux et d'hommes pétrifiés par le seul aspect de Méduse, la plus terrible des Gorgones; mais Minerve lui avait prêté son égide et Pluton le casque d'invisibilité. Il eut soin de ne regarder Méduse que dans le reflet qu'en recevait son bouclier, et, la trouvant endormie elle et ses serpents, il lui coupa la tête. Aussitôt, du sang de la Gorgone jaillit le cheval Pégase, qui emporta Persée dans les airs. Ils arrivèrent d'abord chez Atlas, qui reçut mal le héros; mais celui-ci tenait dans un sac à franges d'or la tête pétrifiante : « Si vous ne voulez de mon amitié, lui dit-il, recevez du moins ce présent; » et sur-le-champ Atlas devient montagne. Persée ayant voulu laver ses mains teintes de sang, posa la tête de Méduse sur des plantes marines qu'il avait réunies sur le rivage, et ces plantes se pétrifièrent et produisirent le corail. Persée arriva en Éthiopie, au moment où un monstre marin allait dévorer Andromède; il le tua; puis, comme il se disposait à épouser cette princesse, l'ambitieux

Phinée, à qui elle avait été promise, accourut pour la lui disputer. Son armée était nombreuse ; déjà la victoire penchait de son côté, quand Persée pétrifia ses ennemis en leur présentant l'horrible tête de Méduse : tous demeurèrent dans la position où la mort les surprit. La description de ce combat est un des plus beaux morceaux des *Métamorphoses* d'Ovide. Il y a beaucoup d'autres traditions sur Persée : il porte secours à la reine des Amazones en Libye contre les Gorgones ; il met à mort Sardanapale. Enfin, il revient à Argos, où Prætus a usurpé les droits d'Acrisius : Prætus périt, Acrisius lui-même s'enfuit pour échapper à l'oracle ; mais Persée, qui a marché à lui sans le connaître, le rencontre en Thessalie pendant une fête solennelle, et l'atteint d'un coup de disque rond, dans lequel on veut reconnaître le disque du soleil anéantissant les ténèbres. Persée fit ensuite bâtir Mycènes par les Cyclopes ; plus tard, il fut tué par Mégapenthe, fils de Prætus. Persée laissa une fille et cinq fils, dont l'un, Alcée, fut père d'Amphytrion, le père d'Hercule. P. DE GOLBÉRY.

PERSÉE, le dernier roi de la Macédoine, fils naturel de Philippe III, succéda à son père, l'an 171 av. J.-C., et continua les armements que celui-ci avait commencés contre Rome, à l'effet de reconquérir les anciennes frontières de son royaume. Il conclut dans ce but des alliances avec les Grecs, les Thraces, les Illyriens, etc. ; mais son irrésolution, sa rapacité et sa cruauté furent autant d'obstacles à ce qu'il y eût unité et rapidité d'action dans les efforts communs. Le perfide roi Eumène de Pergame ayant révélé au sénat romain les plans formés par Persée, Rome fit marcher une armée contre lui. Les deux premières campagnes restèrent indécises ; mais Paule Émile (*Lucius Æmilius Paulus*) ayant été appelé au commandement des troupes romaines, acheva la soumission de la Macédoine, après la victoire qu'il remporta en l'an 168 av. J.-C., sous les murs de Pydna. La bataille n'avait pas duré plus d'une heure. Persée prit la fuite dès le commencement de l'action, et se réfugia dans l'île de Samothrace. Mais à peu de temps de là il dut se livrer aux Romains ; et il mourut après quelques années de captivité, à Albe.

PERSÉPHONE. *Voyez* PROSERPINE.

PERSÉPOLIS, jadis la brillante et immense capitale de l'Empire des Perses, et où était située la sépulture des rois, au voisinage de l'Araxe, était remarquable par ses monuments gigantesques, construits, suivant toute apparence, par divers souverains de l'époque la plus reculée. Pillée et détruite par les Macédoniens, l'an 330 av. J.-C., quand Alexandre le Grand eut définitivement vaincu Darius, elle se releva plus tard de ses ruines ; mais on n'en reconstruisit pourtant qu'une partie. A quelque distance au nord des ruines de l'antique Persépolis s'éleva, sous les princes mahométans, la ville d'Istachar ou Istakar ; mais elle eut la même destinée. D'admirables ruines, désignées par les indigènes sous le nom de *Tschil-Minar*, témoignent encore de la splendeur de la ville antique. Les inscriptions gravées sur ces monuments sont en caractères de trois espèces, qu'on appelle *écriture* c u n é i f o r m e, et rédigées aussi en trois langues différentes. Les ruines qui existent encore de nos jours ont été décrites de la manière la plus complète dans les Voyages de Niebuhr, de Ker Porter, de Rich, etc. Consultez Vaux, *Niniveh and Persepolis* (Londres, 1851).

PERSÉVÉRANCE, courage et constance d'une âme qui persiste dans la pratique de la vertu, malgré les tentations et les obstacles qui s'y opposent ; vertu chrétienne, qui donne la force de se maintenir dans la voie du salut, dans la foi, dans la charité. C'est, dit Bossuet, dans la vocation qui nous prévient et dans la *persévérance finale* qui nous couronne, que la bonté qui nous sauve paraît toute gratuite. La *persévérance finale* est le bonheur d'un homme qui meurt en état de grâce sanctifiante. On peut envisager la *persévérance* de deux manières, l'une purement passive, et c'est la mort de l'homme en état de grâce. Ainsi, les enfants qui meurent après avoir reçu le baptême et avant l'usage de la raison, les adultes qui sont tirés de ce monde immédiatement après avoir reçu la grâce de la justification, reçoivent de Dieu cette *persévérance passive*. L'autre, qu'on peut nommer *persévérance active*, est la correspondance de l'homme aux grâces que Dieu lui donne pour continuer à faire le bien et à s'abstenir du péché (*voyez* GRACE). Celle-ci dépend de l'homme, aussi bien que de Dieu ; mais il ne dépend pas de lui, disent les théologiens, d'être tiré de ce monde au moment qu'il est en état de grâce.

Persévérance signifie aussi c o n s t a n c e, *fidélité*. La *persévérance*, selon La Rochefoucault, n'est digne de blâme ni de louange, parce qu'elle n'est que la durée des goûts et des sentiments qu'on ne s'ôte et qu'on ne se donne point.

PERSIANI (FANNY TACCHINARDI Mme), célèbre cantatrice, née à Rome, le 4 octobre 1808. Son premier début lui valut une ovation. C'était à Livourne, en 1832 ; on montait *Francesca di Rimini*, opéra confié au talent de deux célèbres cantatrices. L'une d'elles manqua à l'appel, et le compositeur, qui connaissait la voix de Mme Persiani, la supplia de le tirer d'un si grand embarras. Avec la permission de son mari et de son père, elle y consentit, et obtint un succès qui décida de son avenir. Elle embrassa donc avec ardeur cette carrière d'artiste à laquelle son père, le fameux ténor Tacchinardi, ne l'avait pas destinée. Fanny avait cependant dès l'enfance donné des signes éclatants de vocation. Formée par son père dans l'art du chant, elle avait onze années à peine, qu'elle émut jusqu'aux larmes la célèbre cantatrice Mombelli, qui lui adressa un sonnet. Mariée en 1830 à M. Persiani, elle vivait obscure dans une maison de campagne aux environs de Livourne, quand le hasard vint la mettre en évidence.

Après son premier succès, elle signa un engagement pour Padoue. De là elle se rendit à Venise, où elle eut la P a s t a pour rivale, et conquit les sympathies du public vénitien par le talent qu'elle montra dans *Romeo e Giuletta*, *Il Pirata*, *La Gazza Ladra*, *L'Elisire d'Amore*. Nous la retrouvons à Milan au printemps de 1833, puis à Rome, où elle passe l'hiver de 1834. C'est là que furent écrites pour elle les partitions de *Misantropia e Pentimento* et *I Promessi Sposi*. Le rôle de Lucie dans *Lucia di Lammermoor* fut aussi écrit pour elle. Ce rôle a toujours été le triomphe de Mme Persiani. En 1835 elle le chanta à Naples. Allant par mer de cette ville à Florence, Mme Persiani essuya une tempête horrible, et arriva très-souffrante : elle devait chanter *I Puritani*. Elle demanda grâce ; mais l'impresario, fort de son traité, fut inflexible. La pauvre cantatrice, malade, s'avança sur la scène avec la profonde tristesse d'une victime ; mais sa voix trahit son courage, et son dévouement au-dessus de ses forces ne put fléchir le public florentin, auquel la cantatrice, indignée, a voué une rancune italienne. L'année suivante, à Bologne, elle retrouva tous ses moyens et la vogue qui l'avait un moment abandonnée : elle fit surtout sensation dans *La Sonnambula* et dans *Inès di Castro*. Un engagement pour le théâtre Italien de Paris lui fut proposé, mais elle dut auparavant se rendre à Livourne, à Venise, où Donizetti écrivit pour elle *La Pia di Tolommei*, et enfin à Vienne.

Elle débuta à Paris dans *La Sonnambula*, le 7 novembre 1837. C'est seulement dans la saison suivante que son talent et ses moyens purent se révéler à nous entièrement. Mme Persiani fut dès lors classée et placée au niveau des meilleures cantatrices. Ce qu'il y a de très-remarquable en elle, c'est la rare souplesse de son talent ; elle aborde avec un égal succès les rôles dramatiques où il faut de l'expression et de la puissance et ceux qui exigent la finesse, l'élégance et la légèreté. Elle a encore su mériter les suffrages dans *Il Matrimonio*, *Mathilde di Shabran*, *Linda di Chamouni*, etc. ; sa taille est petite, son visage est long et maigre, son front rêveur, sa tête blonde. Son organe n'a pas un timbre vigoureux, étoffé, éclatant ; les sons qu'elle exhale sont souvent maigres, parfois même criards, mais ses notes aiguës sont magnifiques. Il est impossible d'avoir dans les cordes hautes plus de vibration et de douceur. Ce qui la distingue encore, c'est l'agilité merveilleuse du gosier; elle a une facilité d'articulation sans égale. Enfin, ce qui surtout fait la supériorité de Mme Persiani, c'est sa méthode : elle conduit sa voix avec un art infini. DARTHENAY.

PERSICAIRE. *Voyez* RENOUÉE.

PERSICOT. *Voyez* EAU-DE-VIE.

PERSIENNE, espèce de croisée qu'on place en dehors des fenêtres. Garnies de lames de bois minces et inclinées de 45°, elles empêchent les rayons du soleil de pénétrer à l'intérieur, tout en laissant un passage libre à l'air. Ce sont donc des espèces de jalousies fixes. Les lames sont assemblées dans les montants des châssis, dans des entailles également inclinées de 45°, ou par des tenons et des goujons. Quelquefois on les fait mobiles. Ces espèces de croisées s'ouvrent à l'extérieur à un ou deux vantaux se repliant encore quelquefois sur eux-mêmes au moyen de charnières. Leur nom leur vient sans doute de ce qu'on les suppose avoir été imaginées en Perse.

PERSIGNY (JEAN-GILBERT-VICTOR FIALIN, comte DE), ancien représentant du peuple, ancien ambassadeur à Berlin, ancien ministre de l'intérieur, grand'croix de la Légion d'Honneur, sénateur, etc., etc. Il serait oiseux et de mauvais goût de chicaner ici M. Fialin sur le nom aristocratique qu'il avait cru autrefois pouvoir ajouter au nom de feu son père, comme le tenant de sa grand'mère dans la ligne maternelle, et que ses ennemis lui reprochaient si aigrement naguère d'avoir usurpé. En effet, il est aujourd'hui en mesure de produire des parchemins aussi parfaitement réguliers que s'ils avaient été authentiqués par un d'Hozier quelconque, puisque c'est sous ce nom de *Persigny* qu'en 1852, à l'occasion de son mariage avec mademoiselle Églé-Napoléone-Albine *Ney*, petite-fille du héros de la Moskowa et du banquier Laffitte, il a été créé *comte* par l'empereur, qui en même temps lui faisait don, comme cadeau de noces plus substantiel, d'une somme de 500,000, fr. Ainsi que Beaumarchais, il a donc en poche pour confondre les incrédules, sinon la quittance (il a été dispensé du payement des droits de sceau), du moins l'expédition en bonne et due forme de son titre. Aussi bien, loin de rougir de l'humilité de son extraction, il a, nous assure-t-on, le bon esprit d'en être fier et de comprendre qu'il y a bien plus de mérite à être le premier d'une race noble qu'à en être le dernier.

Jean-Gilbert-Victor FIALIN, comte de Persigny, est né le 11 janvier 1808, à Saint-Martin d'Estréaux (Loire), près de Roanne, où son père remplit quelque temps les fonctions de notaire. En 1825, à la suite de malheurs de famille, il fut réduit à s'engager dans le 3e de hussards, où par sa bonne conduite il ne tarda point à mériter les galons de brigadier. Plus tard, en raison des dispositions dont il faisait preuve pour son arme, il fut envoyé par ses chefs à l'École de Cavalerie de Saumur; et il utilisa son séjour dans cet établissement pour suppléer par un travail opiniâtre à ce que son éducation première avait eu de trop insuffisant. Quand il en sortit, en 1829, il fut incorporé avec le grade de maréchal des logis au 4e régiment de hussards, où il eut pour capitaine M. Kersausie, devenu à peu de temps de là l'un des coryphées du parti républicain. C'est vraisemblablement à cette circonstance bien fortuite que M. Fialin est redevable de sa brillante fortune; et voici comment :

En 1831 le ministre de la guerre, informé par sa police que le parti républicain travaillait sourdement le corps des sous-officiers, prit le parti de faire délivrer des congés de réforme à ceux dont les relations lui furent indiquées comme suspectes; et le maréchal des logis de la compagnie Kersausie se trouva tout naturellement compris dans cette élimination, opérée sur une assez large échelle.

Telle est la vérité exacte sur un incident fort simple de la vie de M. Fialin, dont les adversaires de la cause impériale n'ont pas manqué de s'emparer pour calomnier ses antécédents. Rendu ainsi à la vie civile, M. Fialin s'en vint, lui aussi, chercher fortune à Paris, où bientôt les prédications saint-simoniennes n'eurent pas de plus dévot auditeur. La ferveur de son zèle le fit même admettre parmi ceux à qui il fut donné d'accompagner le *Père* Enfantin dans sa retraite à Ménilmontant; et dans cette circonstance de la vie de M. Fialin on a l'explication de bien des fortunes contemporaines. La dissolution de la société saint-simonienne, prononcée au commencement de 1832 par le tribunal de police correctionnelle de la Seine, le rejeta sur le pavé. A la fin de la même année, il alla, nous ignorons dans quel but, faire un assez long séjour en Vendée, où Mme la duchesse de Berry tentait alors d'allumer la guerre civile.

A son retour à Paris, au commencement de 1833, M. Fialin de Persigny fut attaché à la rédaction d'une correspondance politique pour les journaux légitimistes de province, dirigée par MM. Lubis et Chauvin-Belliard, et expédiée chaque jour des bureaux de l'*Office de correspondance* fondé en 1830 par M. Placide Justin. Une année à peine s'était écoulée, et M. Fialin de Persigny avait pu reconnaître l'inanité des espérances du parti légitimiste, auquel il s'était momentanément rattaché. Sans se l'avouer à eux-mêmes, les principaux meneurs, eux aussi, en étaient depuis longtemps à désespérer du succès. Quelques-uns d'entre eux pourtant imaginèrent alors de mêler les Napoléonides survivants aux intrigues à l'aide desquelles on espérait ruiner peu à peu l'édifice de Juillet. Mais les ouvertures faites dans ce sens à la petite cour d'Arenemberg furent péremptoirement repoussées. C'est à cette occasion, dit-on, que s'établit entre celui qu'on appelait encore alors le *prince Louis* et M. Fialin de Persigny une de ces amitiés vives, profondes, inaltérables, comme on n'en ressent que lorsque le cœur est encore jeune. Aussi dès 1836 trouvons-nous M. Fialin de Persigny parmi les conspirateurs de Strasbourg. Arrêté alors, il parvint, on ne sait trop comment, à échapper à l'agent de police chargé de le garder et de le conduire en lieu de sûreté, et put ainsi regagner sans encombre la rive droite du Rhin, tandis que, moins heureux que lui, ses complices étaient tous placés sous la main de la justice. On se rappelle dans quelles circonstances eut lieu leur acquittement prononcé par une cour d'assises, à la juridiction de laquelle le gouvernement s'était cru le droit de soustraire le principal accusé. Quatre ans plus tard, on voit encore M. Fialin prendre part à l'échauffourée de Boulogne; mais cette fois, moins favorisé par son étoile, il est traduit devant la cour des pairs avec les autres inculpés, et condamné à vingt années de détention. Pour aggraver encore cette peine, le ministère décida qu'il ne la subirait point dans la même prison que Louis-Napoléon, mais dans la citadelle de Doullens. La santé de notre prisonnier d'État ne tarda point à se trouver tellement compromise par l'incommodité de ce séjour, que le gouvernement comprit qu'il assumerait aux yeux de l'histoire une grave responsabilité en persévérant dans ses rigueurs à l'égard d'un homme atteint d'une maladie de langueur, et dans lequel il ne devait plus voir qu'un vaincu désormais réduit à l'impuissance. Il autorisa donc la translation de M. Fialin de la citadelle de Doullens à l'hôpital militaire de Versailles; et bientôt celui-ci n'eut plus d'autre prison que l'enceinte de cette ville, où le souvenir de ses malheurs et l'aménité de ses manières lui facilitèrent l'accès des cercles les plus distingués et lui ouvrirent jusqu'aux salons officiels. D'ailleurs il n'était pas le seul des condamnés de l'affaire de Boulogne à l'égard de qui les ministres de Louis-Philippe fissent ainsi preuve de clémente générosité. A ce même moment ils permettaient au général Montholon, autre complice de M. Fialin, frappé par une condamnation identique, et qui la subissait au donjon de Ham, où bientôt il avait gagné de violentes douleurs rhumatismales, de venir se faire traiter dans une maison de santé de Chaillot, c'est-à-dire à Paris même. Ces actes de mansuétude du gouvernement de Juillet à l'égard des deux hommes placés le plus avant dans l'intimité et la confiance du prince qui à deux reprises avait eu recours à l'insurrection armée pour le renverser, ne furent pas assez remarqués au milieu de l'agitation de plus en plus générale des esprits qui signala les dernières années du règne du roi des barricades. Ils font cependant le plus grand honneur aux conseillers de ce prince, et prouvent combien, en dépit des violences des partis, nos mœurs politiques tendent à s'adoucir de plus en plus.

M. Fialin de Persigny utilisa les loisirs forcés que lui fit sa condamnation pour adresser, en 1844, à l'Académie des Sciences un mémoire contenant ses idées particulières sur le but véritable que se proposèrent les Égyptiens en élevant les montagnes de pierre vulgairement appelées *pyramides*. Suivant lui, ce furent là bien moins des monuments de l'orgueil des rois que des monuments d'utilité publique ; et ces gigantesques constructions étaient en réalité distinées à protéger la vallée du Nil contre l'invasion des sables du désert... Nous confesserons humblement notre incompétence sur cette grave question d'archéologie... et de physique.

La révolution de Février 1848 rendit à M. Fialin de Persigny toute sa liberté d'action, et il s'empressa d'en user de son mieux dans les intérêts de son auguste ami. C'est ainsi qu'il réussit à se faire admettre au nombre des membres du comité électoral dit *de la rue de Poitiers*, où étaient venus se grouper les hommes les plus influents des partis légitimiste et orléaniste. Ceux-ci comprirent que, pour mater la révolution triomphante, les débris épars du vieux parti napoléonien, estimés au plus alors à 3 ou 400,000 voix, n'étaient point à dédaigner; et que c'était s'assurer un appoint de quelque valeur que de s'adjoindre le conspirateur émérite de Strasbourg et de Boulogne, dans lequel d'ailleurs ils persistaient dédaigneusement à refuser de voir un homme sérieux. Nous aimerions pouvoir ajouter que les efforts personnels et le savoir-faire de M. Fialin de Persigny furent pour quelque chose dans le succès de la candidature de Louis-Napoléon d'abord aux fonctions de représentant du peuple et ensuite à celles de président de la république. Mais la vérité est que le neveu du grand homme ne dut ses millions de suffrages qu'à l'effroi et au dégoût inspirés par les fauteurs de l'anarchie et par leurs hideuses doctrines; qu'au mépris profond qu'éprouvaient les masses pour les hommes, incapables autant qu'insolents, alors placés à la tête des affaires de la France; qu'au glorieux nom dont il était l'héritier; enfin, qu'à son propre courage (*voyez* CHAMBORD). Sans doute les *mouches du coche* ne manquèrent pas alors, non plus que les intrigants; mais heureusement pour le grand parti de l'ordre, de la famille et de la propriété, heureusement pour la France et pour l'Europe entière, le bon sens public n'eut garde de voir en eux les représentants de la cause à laquelle la plupart s'étaient si subitement convertis et que déjà ils exploitaient avec tant d'impudeur...

A la suite de l'élection du 10 décembre 1848, le président de la république attacha officiellement à sa personne M. Fialin de Persigny en qualité d'aide de camp, et, pour lui donner le droit de porter un uniforme et une épée dans les salons de l'Élysée, lui ménagea un grade supérieur dans l'état-major général de la garde nationale de Paris. A quelque temps de là, deux départements, le Nord et la Loire, se le disputaient pour représentant à l'Assemblée nationale. C'est pendant la durée de son mandat législatif qu'il alla représenter temporairement la France près la cour de Berlin.

D'une brochure publiée par M. A. Granier de Cassagnac et contenant le *Récit complet et authentique des Événements de décembre* 1851, il résulte que Louis-Napoléon n'admit dans la confidence de ses projets de coup d'État que trois personnes : M. de Saint-Arnaud, ministre de la guerre; M. de Morny, représentant du peuple, et M. de Maupas, préfet de police; que pendant plus de quinze jours ces trois hommes arrêtèrent seuls avec le prince président tous les détails de cet acte immense, « dont le 18 brumaire n'égale ni la difficulté, ni l'habileté, ni la grandeur, » et dont le secret dès lors fut si bien gardé. Toutefois, la même brochure nous montre M. de Persigny, « dont l'abnégation égale le dévouement », assistant le 2 décembre, à six heures et demie du matin, à la prise de possession du local de l'Assemblée nationale par le 42e de ligne aux ordres du colonel Espinasse, et revenant en toute hâte rendre compte à l'Élysée du succès « de cette importante et délicate opération » ; circonstance qui démontre que Louis-Napoléon ne manqua pas de comprendre son vieil et fidèle ami au nombre des agents sûrs et dévoués qui, « avant la minute suprême qui précéda la mise en scène » furent mis au courant de ce qui allait se passer.

Le 22 janvier 1852, jour de la publication des décrets relatifs aux biens de la maison d'Orléans, M. de Morny ayant cru ne pas pouvoir conserver plus longtemps le ministère de l'intérieur, M. Fialin de Persigny, jusque alors complétement étranger à l'administration, mais plus ou moins suffisamment préparé à de telles fonctions par la part que pendant près de trois années il avait prise aux travaux de l'Assemblée nationale, fut appelé à recueillir le portefeuille du démissionnaire, qu'il conserva jusqu'en avril 1854; époque où, à son tour, sous prétexte de santé, il pria l'empereur d'agréer sa démission. Immédiatement remplacé par M. Billault, il refusa le titre honorifique de ministre d'État, et partit avec sa jeune femme pour une rapide tournée d'agrément en Suisse. On ne connaît pas encore bien au juste les causes de cette petite révolution de cabinet, dans laquelle on eut tort alors de voir une disgrâce absolue, un irréparable naufrage, puisque M. de Persigny a été nommé depuis ambassadeur en Angleterre, fonctions qu'il occupe encore au moment où nous imprimons.

PERSIL (du latin *petroselinum*), genre de plantes de la pentandrie-digynie, de la famille des ombellifères, renfermant quatre ou cinq espèces à racine fusiforme, pivotante, grosse et charnue, bisannuelle, à tige de 0^m,60 à 1^m,20, rameuse, striée, noueuse, à feuilles alternes, amplexicaules, deux fois ailées, à fleurs en ombelle au sommet des tiges, avec un calice entier, des pétales égaux, arrondis, à fruit ovoïde ou globuleux.

Le *persil commun* (*apium petroselinum*, L.; *petroselinum sativum*, Hoffm.), cultivé dans les jardins, est, dit-on, originaire de Sardaigne. L'ache, le céleri et le persil, qui ont tant d'analogie, ont toutes les parties odorantes et douées de propriétés échauffantes, mais à différents degrés. Le persil est des trois celui qui a joui de la plus grande réputation pour ses propriétés médicinales : il était employé comme apéritif, résolutif, diaphorétique, diurétique et vulnéraire; mais de nos jours il a été abandonné à l'art culinaire, comme condiment : « Le persil, dit le savant auteur du *Traité des Plantes usuelles*, rend les mets plus sains, plus agréables; il excite l'appétit et favorise la digestion. » L'opinion de Bosc sur cette plante est encore plus positive : « Otez le persil au cuisinier, c'est presque le mettre dans l'impossibilité d'exercer son art. »

La terre qui convient le mieux au persil est fraîche et légère, peu fumée : l'excès d'engrais lui enlève une partie de son parfum. On le sème au printemps de préférence, à la volée ou en rayons; on le sarcle deux mois environ après qu'il est en terre, et on l'arrose plus ou moins souvent, selon le degré de sécheresse.

Les principales variétés de cette espèce sont le *persil fin*, le *persil frisé*, le *persil à larges feuilles*.

P. GAUBERT.

PERSIL (JEAN-CHARLES), ancien procureur général à Paris, ex-pair de France, ex-président de la commission des monnaies, et ancien garde des sceaux, est né le 13 octobre 1785, à Condom (Gers). Destiné au barreau, il vint à Paris à l'âge de dix-neuf ans, et fit son droit en une seule année, ce qui était possible en raison des règlements alors en vigueur. Une seconde année de séjour à Paris lui servit à se faire recevoir docteur en droit; et il était à peine âgé de vingt-deux ans quand il publia la première édition de son *Régime hypothécaire*, qui fut suivie, deux années après, par ses deux volumes de *Questions sur les Hypothèques*.

Après avoir inutilement concouru pour une chaire à la faculté de droit de Grenoble, et n'avoir pas mieux réussi à Paris dans un concours où son condisciple M. Dupin aîné ne fut pas plus heureux que lui, il se consacra tout entier au Palais, où il ne tarda pas à se faire une grande et lucrative clientèle, non pas précisément comme orateur, mais comme l'avocat le plus expert en ce qui concernait les hypothèques. Sous la Restauration, M. Persil figura peu dans les procès politiques, car ce sont là de ces causes qui demandent avant tout que l'avocat sache faire appel aux passions d'un auditoire qui n'hésite pas à casser les arrêts de la justice lorsqu'ils ne flattent pas des idées préconçues ; et la spécialité de son talent l'appelait plutôt à discuter des questions de droit civil que des questions politiques ou de droit constitutionnel. Mais la position brillante qu'il s'était faite au barreau en exploitant sa lucrative spécialité faisait de lui un des hommes sur qui des électeurs privilégiés et bourgeois devaient naturellement jeter les yeux pour lui confier le mandat *législatif*; aussi, lors des élections générales qui eurent lieu en juin 1830, fut-il nommé, à une grande majorité, membre de la chambre des députés par le collége de Condom.

C'est à la suite de ces élections que le ministère Polignac tenta son insensé et funeste coup d'État du 25 juillet 1830. Quand parurent les ordonnances qui mettaient à néant la charte constitutionnelle, M. Persil se trouvait à Paris, et il fut l'un des soixante-deux députés qui, le 28 juillet 1830, protestèrent contre cette flagrante violation des droits de la nation. Il continua de siéger dans la chambre. Quelques mois après, lorsque le procureur général Bernard (de Rennes) refusa d'exécuter les ordres que lui transmit le garde des sceaux, et qu'au lieu de poursuivre les meneurs du parti républicain il donna avec éclat sa démission, sa place fut offerte, sur la recommandation de M. Dupin, à M. Persil, qui l'accepta.

Jusque là le rôle de M. Persil avait été celui d'un homme habitué à ne pas séparer l'ordre de la liberté; mais il ne sut point se tenir alors dans les bornes de la modération. Tout au contraire, dans les nombreux procès de presse qu'il décida le gouvernement à intenter, il apporta une exagération de zèle qui le rendit sans doute fort agréable à la cour, mais qui, par contre, souleva contre lui des haines non moins ardentes, non moins profondes que celles qui s'attachaient au passé de Peyronnet. Bientôt un conflit d'autorité éclata entre le procureur général et le procureur du roi, Charles Comte, qui ne partageait pas, à beaucoup près, l'ardeur de répression dont était animé son chef immédiat. M. Persil exigea la révocation de son subordonné, et l'obtint de Laffitte, président du conseil, en dépit de Mérilhou, garde des sceaux, qui dut par suite donner sa démission. Dans ses poursuites contre la presse et contre le parti républicain, M. Persil fut d'ailleurs généralement assez peu heureux, sans doute parce que le jury refusa de s'associer aux tendances réactionnaires que ces poursuites trahissaient de la part du gouvernement.

La nomination de M. Persil aux fonctions de procureur général à Paris avait eu pour résultat de le soumettre à la formalité de la réélection, et les électeurs de Condom lui avaient continué leur mandat. Comme membre de la chambre des députés, le procureur général compta bientôt au nombre des plus fougueux adversaires de l'idée de progrès et de liberté, confondue maladroitement par lui avec l'idée républicaine, qui n'en est que l'exagération ou la contrefaçon; et il n'hésita pas à renier de la manière la plus éclatante tous les précédents de l'opposition constitutionnelle de la Restauration. La Fayette qualifiait fort spirituellement le rôle de M. Persil dans le parlement, en disant qu'il appartenait au parti des *furieux de modération*.

La lutte entre les partis s'établit trop violente, tout au début du règne de Louis-Philippe, pour qu'un homme à opinions exagérées comme se montra M. Persil n'arrivât pas immédiatement à une grande importance. Quand donc le garde des sceaux Barthe quitta le ministère, en 1834, Louis-Philippe ne crut pas pouvoir trouver un homme plus capable de le remplacer que M. Persil, qui conserva le portefeuille de la justice jusqu'au mois de février 1836, époque où M. Thiers espéra réussir à imprimer une direction plus libérale à la politique du roi des Français. Le profond dissentiment qui éclata entre lui et ce prince au sujet de la politique à suivre à l'égard de l'Espagne amena dès le mois de septembre suivant la chute de l'administration dont il était le chef. M. Persil fut alors appelé de nouveau à remplir les fonctions de garde des sceaux dans le cabinet Molé; mais dès le mois d'avril 1837 il s'en séparait avec MM. Guizot, de Gasparin et Duchâtel, parce qu'ils n'avaient pas pu faire prévaloir dans le conseil leurs idées sur la nécessité de dissoudre la chambre. Le roi ne consentit d'ailleurs à se séparer de lui qu'en le dédommageant de son portefeuille par les lucratives fonctions de président de la commission des monnaies. Cette magnifique sinécure de 40,000 francs, avec logement à l'hôtel des Monnaies, n'empêcha pas M. Persil d'accéder peu de temps après à la fameuse coalition; et bientôt son opposition à M. Molé prit un caractère si haineux et si personnel, qu'au commencement de 1839 M. Molé résolut de faire un exemple en le destituant brutalement.

Une fois M. Molé renversé à son tour, M. Persil vit dans cette satisfaction donnée à ses rancunes la seule des réformes politiques pour lesquelles la France fût encore mûre. Il se détacha alors avec éclat de la coalition, et fit sa paix avec la *pensée immuable*, qui rendit ses bonnes grâces à ce pécheur contrit et repentant. En venant à résipiscence, en faisant son *mea culpa* au sujet de la coalition dans un document inséré le 25 avril 1839 dans le *Journal des Débats*, M. Persil déclarait qu'il appartenait plus que jamais au parti conservateur, à celui qui repoussait *toute réforme* et qui se proposait de conserver *intacte* notre législation politique. En conséquence, dès le 7 novembre 1839 M. Persil était appelé aux honneurs de la pairie, flanqués de la grasse sinécure que lui avait fait perdre sa révolte d'un instant contre le gouvernement personnel de Louis-Philippe. Il fut remplacé à la chambre des députés, où depuis longtemps il était condamné à l'impuissance, par son fils *Eugène* Persil, à qui les électeurs de Condom s'empressèrent de continuer le mandat électoral de son père, sans se soucier seulement de savoir à quel titre ce jeune homme se présentait aux suffrages de ses concitoyens. Eugène Persil étant venu à mourir, son frère, M. *Jules* Persil, le remplaça. La révolution de Février rejeta le père et le fils dans la vie privée; mais le 31 juillet 1852, après le coup d'État du 2 décembre, M. Persil a été appelé au conseil d'État, où il siége encore.

PERSIL DE MACÉDOINE. *Voyez* Bubon (*Botanique*).

PERSIQUE (Golfe), partie de la mer des Indes, dont il est déjà fait mention dans les auteurs de l'antiquité comme appartenant à la mer Érythrée, qui pénètre dans la direction du nord-ouest, entre l'Arabie et la Perse, dans le continent d'Asie, entre le 24e et le 30e degré de latitude septentrionale, sur une longueur de 96 myriamètres et une largeur variant de 35 kilomètres à 30 myriamètres, et qui occupe une superficie de 3,038 myriamètres carrés. Il faut en déduire 50 myriamètres carrés pour les nombreuses îles qu'on y rencontre et dont les plus célèbres sont: *Ormuz* ou *Hormuz*, d'après laquelle l'entrée du golfe est appelée *Détroit d'Ormuz*; l'île *Kischm* (21 myr. carrés) et les îles *Bahréin*, très-importantes pour la pêche aux perles. Ces îles se composent en partie de terrain ferrugineux et en partie de chaux calcaire, et présentent de nombreuses traces d'éruptions volcaniques. La plupart sont désertes, sans sources, et couvertes de pics aigus. Les côtes du golfe appartiennent généralement à la formation calcaire. Du côté de l'Arabie, où, à partir du cap ou Ras Mussendom jusqu'à Khor Abdilla, elles offrent un développement de 155 myriamètres, elles sont basses et sablonneuses, interrompues çà et là par quelques montagnes volcaniques. Du côté de la Perse, où leur longueur, à partir du Ras Koli jusqu'à Deribana, est de 116 myriamètres, les hautes terres, bien plus rapprochées de la mer, ne laissent souvent sur ses rivages qu'un fort étroit espace de côtes. Sauf le *Schat-el-Arab* (Fleuve des Arabes), c'est-à-dire l'Euphrate et le Tigre réunis, dont le delta occupe une étendue de 17 myriamètres, il n'y a que des fleuves d'une très-minime importance qui déversent leurs eaux dans le golfe. C'est du côté de la Perse que la navigation y présente le plus de sécurité, parce que la mer y a une grande profondeur encore tout près du rivage. En général, on rencontre partout sur cette côte de bons ancrages, soit dans les diverses baies, soit à l'abri des îles. L'ordre des courants périodiques du golfe Persique est précisément l'inverse de celui des courants de la mer Rouge; de mai à octobre le courant monte, d'octobre à mai il descend. Les géographes orientaux ont donné à ce golfe le nom de *mer verte*, et la vérité est à cet égard que le long de la côte d'Arabie il y a un long espace où l'eau a effectivement une apparence verdâtre. Néarque, amiral d'Alexandre, fit le premier connaître le golfe persique. Il revint de l'Inde à Babylone en remontant l'Euphrate. Ce fut Ératosthène qui, au troisième siècle avant J.-C., donna les premiers renseignements exacts qu'on ait eus relativement à ce golfe, et que Strabon reproduisit. Les Arabes, les Portugais et les Hollandais dominèrent tour à tour dans cette mer, mais jamais les Persans, dont le génie n'est pas porté vers la navigation. Aujourd'hui c'est le sultan arabe d'Oman ou de M a s c a t e qui en est le maître ainsi que de ces îles; et il domine même les côtes de la Perse. Ce fut seulement à partir de 1809 que le golfe Persique devint l'objet d'explorations exactes. Cette année-là, par suite de la hardiesse toujours croissante des pirates, la Compagnie anglaise des Indes orientales organisa à Bombay une expédition destinée à aller leur donner la chasse dans les eaux du golfe Persique, qui leur avaient jusque alors servi de refuge. On fouilla à cette occasion une bonne partie de la côte d'Arabie et des îles adjacentes. Une expédition nouvelle entreprise en 1819 contre ces pirates, dont l'audace demandait à être châtiée, n'eut pas moins de succès, même au point de vue purement scientifique. Mais une expédition autrement importante encore fut l'expédition exclusivement scientifique dont la compagnie des Indes fit les frais, et qui de 1821 à 1825 releva trigonométriquement toute la côte d'Arabie depuis le cap Mussendom jusqu'à l'embouchure du Schat-el-Arab.

PERSONNALITÉ. Dans son acception la plus large, ce mot signifie tout ce qui a rapport à la personne, tout ce qui lui est propre et la distingue essentiellement du reste. Sans le sentiment de la personnalité, l'homme n'aurait pas conscience d'une vie particulière, d'une existence individuelle, qui lui donne un rang distinct dans la création au milieu des autres êtres; il ne serait pas responsable : le sentiment de la personnalité entraîne seul la r e s p o n s a b i l i t é. En dehors de ce sens philosophique, on entend plus simplement par *personnalité* le caractère de ce qui touche la personne, la la qualité de ce qui est personnel. *Mettre en jeu sa personnalité*, c'est ne pas s'oublier assez, se mettre trop en première ligne, comme les écrivains qui prennent souvent le premier rôle dans leurs écrits, et qui s'expriment *à la première personne* au lieu de parler *à la troisième*. Ce défaut, qui n'est que de la vanité, peut dégénérer en un vice odieux, l'é g o ï s m e. Dans ce sens désobligeant, l'expression de *personnalité* s'applique encore à cet amour de soi poussé à l'extrême qui cherche à se satisfaire à tout prix, à cette préoccupation aveugle de soi-même qui fait qu'on rapporte tout à sa personne sans craindre de froisser ou de blesser autrui.

Enfin, on entend par *personnalité* un trait piquant, injurieux et personnel contre quelqu'un, une injure *ad hominem*, qui va à son adresse sans détour, et qui blesse d'autant plus qu'elle s'attaque, sous le voile transparent de l'allusion, à la conduite, au caractère personnel et à la vie privée des individus. Le théâtre, la tribune et la presse ne donnent que trop souvent l'exemple de *personnalités* offensantes.

JONCIÈRES.

PERSONNE, substance individuelle, d'une nature raisonnable et intelligente : telle est la définition de Boèce. Le latin *persona*, dans l'origine, a signifié le masque des acteurs dramatiques, et ceux-ci mêmes sont appelés *personati*, parce que leur masque était l'image du *personnage* qu'ils représentaient. Les êtres purement corporels, tels qu'une pierre, une plante, un animal, ne sont point nommés *personnes*, mais *substances* ou *suppôts*, *hypostases*, en latin *supposita*.

En parlant de Dieu, la théologie nous montre en lui le Père, le Fils et le Saint-Esprit; il a fallu les appeler *trois personnes*, puisque ce sont trois êtres subsistants et intelligents, dont l'un ne fait pas partie de l'autre. Mais il est clair qu'à l'égard de Dieu le mot *personne* ne présente pas exactement la même notion qu'à l'égard de l'homme : *trois personnes humaines* sont trois hommes ou trois natures humaines individuelles. En Dieu, les *trois personnes* sont une seule nature divine, un seul Dieu. En parlant du mystère de l'incarnation, nous disons qu'en Jésus-Christ il y a deux natures très-distinctes, la nature divine et la nature humaine; ce ne sont pas néanmoins *deux personnes*, mais *une seule personne divine*, parce que de l'union de la nature humaine avec la nature divine il résulte un seul individu ou un tout. Tout ce que fait l'humanité en Jésus-Christ, c'est la personne divine qui l'opère.

Personne a encore un grand nombre d'acceptions : ainsi, *acception de personne* signifie la préférence qu'on donne à une personne sur une autre. *Personne* se dit quelquefois des femmes seulement : *c'est une belle personne*.

Personne précédé d'un possessif se dit de la vie, du corps de celui qui parle, à qui l'on parle, ou dont on parle : J'ai répondu de sa *personne*; On s'est assuré de sa *personne*, on l'a arrêté; *Payer de sa personne*, c'est s'exposer bravement au péril; *Aimer sa personne*, c'est aimer ses aises; la *personne du souverain*, c'est le souverain : La *personne* du souverain est inviolable; Le souverain l'a attaché à sa *personne*. *En personne*, *de sa personne*, signifie soi-même : L'empereur commanda le siége en *personne*; il s'y porta de sa *personne*.

Parlant à sa personne, en jurisprudence, c'est parlant à lui-même.

Personne se dit, grammaticalement, de la conjugaison des verbes : *Personnes* du singulier, *personnes* du pluriel. La première *personne* est celle qui parle, la seconde celle à qui l'on parle, la troisième celle de qui l'on parle. On appelle lettre ou billet à la *troisième personne* une lettre ou un billet où celui qui écrit parle de lui-même à la troisième *personne*.

Personne est synonyme de *nul* ou de *qui que ce soit* : *Personne* ne sera aussi brave que lui. Au figuré et trivialement, *Il n'y a plus personne*, se dit quelquefois d'un homme qui a perdu la tête ou d'un homme qui est mort.

PERSONNE (*Droit*). C'est un être moral considéré sous le rapport des droits et des devoirs qui lui incombent dans la société. Les lois civiles règlent tout ce qui est relatif à l'état et à la capacité des personnes. Les Français y sont soumis, même en pays étranger. On distingue les personnes en *personnes publiques* et en *personnes privées*. Le sexe, l'état de famille, la qualité de citoyen ou d'étranger, l'âge établissent des différences entre les personnes. La condition des personnes doit être prise en sérieuse considération dans l'appréciation de la violence comme cause de nullité des contrats; elle influe sur la preuve des dépôts dans les cas où la preuve est admise.

Une *personne capable* est celle qui peut valablement contracter, qui a la capacité nécessaire. Une *personne incertaine* est celle qui n'est pas spécialement désignée. Une *personne intéressée* est celle qui a un intérêt quelconque à une affaire. On est *personne interposée* lorsqu'on prête son nom à un autre pour lui faciliter des avantages qu'il ne pourrait pas obtenir directement. Les *personnes sous puissance* sont les femmes mariées, les mineurs et les interdits.

On comprend sous le nom de *personne civile* un établissement, une commune, un hospice, parce que l'on considère les individus qui composent ces collectifs comme ne formant qu'une personne.

PERSONNEL. Le mot *personnel* désigne tout ce qui a trait à une personne ou plusieurs personnes. Dans les assemblées parlementaires on voyait souvent les orateurs profiter de ce que leur nom était prononcé dans les débats pour réclamer la parole pour un *fait personnel*. Le fait personnel leur permettait d'aborder la tribune sans s'être fait inscrire pour la discussion, et presque toujours ils profitaient de l'occasion pour entrer dans la question à l'ordre du jour. Quelquefois, cependant, le fait personnel demeurait dans les limites d'une *personnalité*.

Dans une acception administrative assez généralisée, on entend par *personnel* l'ensemble de personnes employées dans une administration. L'armée française, comme toutes les autres armées, est divisée en *personnel* et *matériel*; le matériel se compose des armes, des objets d'équipement, d'habillement, de tout ce qui est nécessaire au service; le personnel se compose non-seulement de tous les militaires sous les drapeaux, mais encore de toutes les personnes employées pour le service de l'armée, dans l'intendance, dans les vivres, dans les hôpitaux, etc. Dans chaque ministère, dans chaque grande direction administrative il y a une division, un ou plusieurs *bureaux du personnel;* c'est dans ces bureaux que sont enregistrés tous les fonctionnaires dépendant de ce ministère ou de cette direction; c'est dans ces bureaux que s'élabore le travail de l'avancement des divers employés inférieurs qui constituent le personnel.

PERSONNELLE (Créance). *Voyez* CRÉANCE.

PERSONNELLE ET MOBILIÈRE (Contribution), l'une des quatre principales contributions directes. Ce sont les commissaires répartiteurs de chaque commune qui, assistés d'un contrôleur des contributions, établissent la matrice du rôle de la contribution personnelle et mobilière de la localité. Ils portent sur cette matrice tous les habitants jouissant de leur droit et non réputés indigents, et déterminent la valeur des loyers qui doivent servir de base à la répartition individuelle. La matrice ainsi formée est immédiatement soumise au conseil municipal, lequel désigne les habitants qu'il croit devoir être exemptés de toute cotisation, ainsi que ceux qui lui semblent ne devoir être assujettis qu'à la seule taxe personnelle. Cette matrice, transmise au directeur des contributions directes du département, sert à ce fonctionnaire à dresser chaque année un tableau présentant par arrondissement et par commune le nombre des individus passibles de la taxe personnelle, ainsi que le montant de la valeur locative de leurs habitations. Des copies de ce tableau sont ensuite envoyées au conseil général et à chaque conseil d'arrondissement, qui tous en font la base des répartitions générales qui leur sont confiées. Lorsque le contingent personnel et mobilier des habitants d'une ville est payé par la caisse municipale de cette ville, cette caisse est un agent qui traite à forfait avec le Trésor; elle se couvre alors des sommes versées par elle, d'abord à l'aide de droits d'octroi, qui représentent la part due par chaque habitant dans l'impôt personnel, puis, pour l'impôt mobilier, à l'aide d'un rôle où chaque habitant figure au centime le franc de son loyer d'habitation.

La contribution personnelle et mobilière ne diffère de la contribution mobilière établie sous l'Assemblée constituante que par la suppression des taxes somptuaires.

PERSONNELS (Droits). *Voyez* DROIT.

PERSPECTIVE (du latin *perspecto* ou *perspicio*, je considère attentivement, j'examine de près), art de représenter sur une surface plane les corps ou objets quelconques, tels qu'ils paraissent vus à une distance et dans une position donnée. La perspective linéaire était connue des anciens dès le temps d'Eschyle; on en trouve des traces dans Vitruve, mais aucun écrit spécial ne nous est parvenu sur ce sujet. Certaines peintures d'Herculanum prouvent qu'elle était pratiquée dans l'antiquité, sinon aussi raisonnée qu'elle l'a été depuis; quelques bas-reliefs et quelques médailles le prouvent. Les modernes ont dû créer de nouveau cette science, et ils l'ont poussée jusqu'à la perfection. Albert Durer et Pietro del Borgo sont les premiers qui en aient donné les règles. B. Peruzzi et G. Ubaldi les ont étendues et perfectionnées vers 1600. Nombre d'auteurs y ont travaillé après eux; je ne citerai que les plus modernes, et par conséquent les plus complets, tels que Gérard de Lairesse, Lacaille, Valenciennes, et enfin Thibaut, le plus estimé de tous.

La représentation d'un corps quelconque par le moyen du dessin ou de la peinture est fausse sans l'observation des règles de la perspective. Cette partie de l'art, positive comme toutes les sciences mathématiques, est indispensable au dessinateur, autant que la connaissance des lois de l'équilibre l'est à l'architecte. Les règles de la perspective sont peu nombreuses. Il n'y a dans ces règles rien d'arbitraire; et dès qu'on est parvenu par leur moyen à mettre l'entendement d'accord avec les yeux, tous les phénomènes de l'optique s'expliquent. Dans une longue galerie, on remarque que toutes les lignes de bâtiment qui fuient devant soi, au lieu de demeurer pour l'œil telles qu'elles sont dans la réalité, semblent se rapprocher l'une de l'autre à mesure qu'elles s'éloignent du spectateur, et converger vers un seul point. C'est ce phénomène et d'autres de même nature qu'il s'agit de reproduire par le dessin.

La perspective a deux parties distinctes : la première a pour objet les lignes, et se nomme, par cette raison, *perspective linéaire;* la seconde a pour objet la modification de la lumière et de l'ombre, en raison de la masse d'air qui se trouve entre le dessinateur et l'objet qu'il représente; elle se nomme *perspective aérienne.*

La figure d'un corps, ayant longueur, largeur et profondeur, tracée sur une surface plane, s'appelle *plan*. Il y a deux sortes de plans : 1° le *plan géométral*, censé vu perpendiculairement ou à vue d'oiseau, et principalement à l'usage des architectes; 2° le *plan perspectif*, censé vu horizontalement ou à vue humaine, et à l'usage des peintres. Au moyen du plan géométral, les objets sont figurés, proportions gardées, dans leurs dimensions réelles et sans aucune déformation. Au moyen du plan perspectif, ils sont figurés, proportions gardées, dans leurs dimensions apparentes et avec une déformation plus ou moins considérable. Cette déformation apparente dépend de la position du spectateur, et varie selon qu'il est plus ou moins éloigné, plus ou moins élevé, et placé plus à droite ou à gauche de l'objet qu'il regarde. Chaque fois qu'il change de position, les lignes changent pour lui de direction, et par conséquent l'objet semble prendre une autre forme. Si l'on considère du haut d'un balcon un parterre qui se trouve directement au-dessous, la vue plonge perpendiculairement ou presque perpendiculairement sur les plates-bandes ou sur la corbeille de fleurs qui en occupe le milieu, et on les voit exactement comme elles sont tracées, c'est-à-dire que les carrés paraissent carrés, et que le cercle paraît rond comme sur le plan géométral. Si l'on descend ensuite dans le jardin, et que l'on considère ce même parterre d'une certaine distance, les figures ne sont plus les mêmes; les carrés ne semblent plus carrés, et le cercle paraît ovale; c'est l'effet du plan perspectif. Dans une rue tirée au cordeau, les maisons, au lieu de rester parallèles pour l'œil du spectateur, semblent se rapprocher entre elles à mesure qu'elles s'éloignent de lui, et former des lignes qui se dirigent vers un seul point, qui devient un sommet d'angle. Cette déformation ou ce changement apparent de formes s'opère pour tout ce que la vue peut embrasser. Les corps qui ont peu ou point de lignes droites subissent la même loi, bien que l'effet puisse en être moins sensible; les arbres d'une avenue ou ceux des boulevards en fournissent la preuve. Ce point dont nous venons de parler, et vers lequel se dirigent les lignes qui fuient devant nous, s'appelle *point de vue.*

Il se trouve directement en face du spectateur, à la hauteur de son œil, dans un éloignement indéfini; il monte ou descend avec l'œil, et se trouve par conséquent toujours à la hauteur à laquelle il s'arrête. Il suit de là que les lignes qui aboutissent à ce point changent de direction aussi souvent que ce même point change de place.

Les principales opérations de la perspective sont basées sur le point de vue. L'expérience a fait admettre en principe que le regard fixe n'embrasse un objet, quel qu'il soit, que lorsque l'œil est au moins à la distance de deux fois et demie ou trois fois la plus grande dimension de cet objet. Ainsi, en calculant sur le pied de trois fois, un mur de 6 mètres de long, vu de face, doit être dessiné de 18 mètres d'éloignement. Cette règle n'est à observer que pour les objets les plus rapprochés du dessinateur; car les objets plus reculés sont plus facilement embrassés par le regard fixe. On demandera sans doute quel inconvénient il y aurait à se trouver trop près de l'objet qu'on veut dessiner; le voici : si l'on veut représenter une pièce d'eau de 30 mètres de long, et qu'on se place à une distance moindre de 90 mètres du bord, on ne pourra en faire qu'une représentation fausse, par la seule raison que le regard fixe ne l'embrassant pas entièrement, on serait dans le cas de marcher ou de tourner la tête de droite à gauche ou de gauche à droite, ce qui occasionnerait à chaque mouvement un changement dans la direction des lignes qui forment les deux extrémités du bassin; car le point de vue, qui doit rester le même dès que l'opération est commencée, changerait à mesure qu'on changerait de position, ce qui ne peut se supposer dans un dessin. Il est à remarquer aussi que la représentation qu'on ferait d'une tour ou d'un clocher carré également vus de trop près, c'est-à-dire à une distance moindre que trois fois leur hauteur, ne serait que désagréable sans être fausse. Bien que l'on fût obligé pour les copier de lever, puis de baisser la tête, ce mouvement n'occasionnerait pas un changement dans la direction des lignes allant au point de vue; elles iraient seulement d'une manière trop rapide relativement à l'œil du spectateur, ou, ce qui est la même chose, du dessinateur.

Avant de commencer le dessin d'un tableau, il faut établir sur le plan perspectif trois lignes : 1° la *ligne de terre*, celle qui est la plus basse du tableau, et dont le dessinateur, en conséquence de la règle établie pour le regard fixe, est supposé à la distance de trois fois sa longueur. Cette ligne sert d'échelle de proportion pour tout ce qu'on doit représenter dans le tableau. On la divise en mètres fictifs, et ces divisions forment les mesures avec lesquelles on établit la grandeur primitive des objets, c'est-à-dire celle qu'on leur donne sur le plan le plus rapproché, qui est en effet la ligne de terre. 2° La *ligne d'horizon*, celle qui fixe l'exacte séparation du ciel et de la mer, dans toute la profondeur que la vue peut embrasser. Dans les plans perspectifs de terre, il faut supposer la ligne d'horizon, parce qu'alors l'horizon visuel est communément plus élevé que l'horizon rationnel. Les grandes plaines de certains déserts d'Asie ou d'Afrique peuvent être seules assimilées sous ce rapport à la mer : là l'horizon visuel et l'horizon rationnel se confondent en une seule ligne. Cette ligne monte ou descend avec l'œil, comme le point de vue, et se trouve toujours à la hauteur à laquelle il s'arrête. Il suit de là que pour déterminer la hauteur de la ligne d'horizon dans un tableau, on a une certaine liberté qui est dans la nature; cette faculté tient à ce que le dessinateur peut être assis ou debout, et placé dans un lieu plus ou moins élevé. 3° Une *ligne verticale*, qui sépare le tableau en deux parties, coupant la ligne d'horizon à angles droits et posant sur la ligne de terre.

On comprend aisément ce que c'est que la *ligne de terre*, en d'autres termes la ligne inférieure du cadre du tableau. Supposez donc que l'ouverture de ce tableau ait 50 mètres; vous divisez votre ligne en 50 parties, qui représentent autant de mètres, et ces divisions, comme nous l'avons dit, doivent servir à établir, dans des proportions justes, la grandeur des objets qu'on veut représenter sur le plan perspectif. Par exemple, pour établir la largeur d'une porte de 1 mètre, vue de face, mesurez avec le compas 1 mètre sur la ligne dont il s'agit; tirez des deux extrémités deux lignes au point de vue, et l'espace renfermé horizontalement entre ces deux lignes aura 1 mètre perspectivement, à quelque enfoncement que ce soit dans le plan du tableau. Quant à la hauteur de cette porte, selon qu'elle sera plus ou moins enfoncée dans le plan perspectif, l'opération à faire pour l'obtenir est tout aussi simple; il suffit de prendre sur les divisions de la ligne de terre sa hauteur primitive, 2 mètres par exemple, et de la relever verticalement, avec le compas, sur cette même ligne. Tirez du pied et du sommet de la ligne relevée, qui a 2 mètres, deux lignes aboutissant soit au point de vue, soit à tout autre point sur la ligne d'horizon, et l'espace renfermé verticalement entre ces deux lignes tirées aura 2 mètres perspectivement, à quelque enfoncement que ce soit dans le plan du tableau.

On doit comprendre plus facilement encore la *ligne d'horizon*, parce qu'elle tombe naturellement sous le sens. Cependant, cette faculté, qui lui est propre, de s'élever ou de s'abaisser en même temps que l'œil du spectateur a besoin, pour être tout à fait comprise, des leçons de l'expérience. Si l'on monte au haut d'une maison, à l'entrée d'une vaste plaine, ou mieux encore au bord de la mer, en portant la vue aussi loin qu'elle peut s'étendre, on observera une ligne de démarcation entre la terre et le ciel, ou entre le ciel et la mer, qui se trouvera directement à la hauteur de l'œil, sans qu'on ait besoin d'élever ou d'abaisser le regard. Si l'on descend au bas de la maison, et que l'on considère la même étendue de pays, on remarquera, non sans étonnement, que la ligne de démarcation dont nous avons parlé, et qui est la ligne d'horizon, aura descendu en même temps que le spectateur, et qu'elle se trouvera encore à la hauteur de son œil. L'horizon, ou la ligne qui le détermine, peut ainsi descendre indéfiniment, jusqu'à ce que le spectateur soit courbé très-bas, ou même couché sur le sol; alors cette ligne finira par se confondre avec la ligne de terre, et il n'y aura plus entre elles d'espace sensible à l'œil; mais cette ligne d'horizon, qui peut monter très-haut, comme dans les vues en p a n o r a m a, ne peut monter indéfiniment, à cause des bornes de la vue humaine. Supposons une personne dont la vue ait la faculté de s'étendre à 40 kilomètres; si elle peut se placer sur un point assez élevé pour qu'elle puisse embrasser ces 40 kilomètres de pays, la ligne d'horizon montera jusqu'à la hauteur de son œil; mais en admettant que cette personne puisse s'élever encore plus haut, la ligne ne la suivra plus, parce que sa vue ne pourra embrasser plus d'espace qu'auparavant. Dans une ascension en ballon, le spectateur arrivé à une certaine hauteur voit la ligne d'horizon sous ses pieds, jusqu'à ce qu'il ne distingue plus rien.

A l'égard de la *ligne verticale*, ce n'est réellement qu'une ligne de construction pour coordonner un tableau; elle serait tout à fait inutile si elle ne servait à déterminer, par son intersection avec la ligne d'horizon, la place qu'occupe sur cette ligne le point de vue, place qu'on pourrait à la rigueur déterminer sans cela, puisqu'il est de principe invariable que ce point se trouve directement en face du spectateur. Quoi qu'il en soit, c'est un moyen d'opérer régulièrement, cette ligne verticale étant censée partir des pieds du spectateur et couper à angles droits celle d'horizon.

Les lignes dont nous venons de parler étant établies sur le plan perspectif, les opérations à faire sont basées sur le *point de vue*, les *points accidentels* et les *points de distance*.

Le *point de vue* se trouve, comme nous l'avons dit, sur la ligne d'horizon, directement en face de l'œil du dessinateur ou spectateur. Les *points accidentels* se trouvent sur la ligne d'horizon, ailleurs que le point de vue, et à quelque endroit que ce soit, dans le tableau ou dehors. Les *points de distance* sont deux points qu'on place à droite et à gauche de la ligne verticale, sur le prolongement idéal de celle d'horizon, hors du tableau, et à une distance égale à celle qui se trouve entre le dessinateur et la ligne de terre, c'est-à-dire trois fois la longueur de cette même ligne. Par conséquent, s'il y a entre le dessinateur et la ligne de terre du tableau 50 mètres, il faut placer les points de distance, à droite et à gauche du point de vue, chacun à 150 mètres de ce point.

Dans une composition régulière, il est bon que le *point de vue* soit au milieu du tableau, parce qu'il est naturel qu'on se place directement en face d'un objet pour le considérer. Cependant, comme la nature peut se présenter sous toutes sortes d'aspects, on le met quelquefois ailleurs qu'au milieu, mais toujours dans le tableau et sur la ligne d'horizon, le dessinateur pouvant, par choix ou forcément, être placé ailleurs qu'au centre des objets qu'il veut représenter. C'est ce qui induit le spectateur, surpris d'abord par cette représentation peu ordinaire, à regarder le tableau de côté comme pour en découvrir le centre, autrement dit le *point de vue*. Il arrive même quelquefois que ce *point de vue* se trouve placé immédiatement sur le bord du tableau, soit à droite, soit à gauche. Les *points accidentels*, qu'on appelle ainsi parce qu'ils sortent de la règle établie pour le point de vue, n'ont pas de place déterminée sur la ligne d'horizon, et peuvent varier à l'infini, par suite des différentes positions des corps sur le plan perspectif. Les *points de distance* demandent une plus grande attention pour être bien compris. Il y avait impossibilité de figurer sur le plan perspectif le vrai point de distance, c'est-à-dire celui qu'occupe le dessinateur, parce que les rayons visuels sont censés aboutir perpendiculairement au plan de son tableau. Or, une ligne partant de l'œil pour aller aboutir perpendiculairement sur un plan quelconque ne pourrait être figurée pour cet œil que par un point, ce qui serait tout à fait nul dans la démonstration. On a donc imaginé de reporter ce point de distance sur le côté du plan, puisqu'on ne pouvait le mettre en face comme dans la nature, et par une opération ingénieuse, cela devient une seule et même chose.

Au *point de vue* aboutissent toutes les lignes droites couchées sur le plan, perpendiculaires à la ligne de terre, et qui la couperaient, dans la nature, à angles droits. Aux points accidentels aboutissent les lignes droites couchées sur le plan, qui ne sont ni perpendiculaires, ni diagonales par 45 degrés, ni parallèles à la ligne de terre. Aux points de distance aboutissent les lignes droites, diagonales, également couchées sur le plan, qui couperaient la ligne de terre par un angle de 45 degrés formant la moitié de l'angle droit. Ces diagonales ainsi dirigées ont la propriété de déterminer l'enfoncement des corps réguliers dans le plan perspectif. Il y a d'autres points accidentels qui ne se trouvent pas placés sur la ligne d'horizon, et qui sont déterminés par l'inclinaison des corps réguliers, en avant ou en arrière, sur le plan. Si un corps régulier est incliné en arrière, les lignes qui, s'il était posé à plat, aboutiraient à la ligne d'horizon, aboutissent à un point qui se trouve dans le ciel au-dessus de cette ligne : il prend le nom de *point accidentel aérien*. Si ce même corps est incliné en avant, les lignes qui aboutiraient à la ligne d'horizon aboutissent à un point qui se trouve sur terre au-dessous de cette même ligne : il prend le nom de *point accidentel terrestre*. On conçoit, d'après ce qui précède, qu'on ne peut préciser d'avance la place de ces derniers points, car ils dépendent de l'inclinaison plus ou moins grande des corps, de leur position plus ou moins irrégulière sur le plan, et par conséquent ils peuvent se trouver partout, dans le tableau ou dehors, excepté sur la ligne d'horizon.

Faisons maintenant deux remarques, qui résument en quelque sorte ce qui précède. La première, c'est que par suite de ces dispositions forcées de lignes, toutes celles qui sont parallèles entre elles, dans la nature et sur le plan géométral, cessent de l'être sur le plan perspectif (excepté celles qui sont parallèles à la ligne de terre), et forment des angles dont les sommets sont à l'un des points ci-dessus déterminés. La seconde, c'est que les corps au-dessous de la ligne d'horizon étant vus en dessus, ceux au-dessus étant vus en dessous, ceux à droite et à gauche de la ligne verticale étant vus de côté, il s'ensuit que les lignes qui sont au-dessus de celle d'horizon s'abaissent vers elles, que celles qui sont au-dessous y montent, que celles qui sont à gauche, tout en suivant cette loi, se dirigent à droite, et que celles qui sont à droite se dirigent à gauche. C'est là le principal secret de la perspective.

Perspective des ombres projetées. Les corps éclairés par une lumière quelconque projettent leur ombre sur le sol ou sur les corps environnants. Cette ombre ainsi projetée obéit, comme les corps qui la déterminent, aux lois de la perspective, et sa représentation par le dessin est astreinte aux mêmes règles que celles qui sont établies pour la représentation des corps. La première chose à observer, c'est que les ombres projetées sont toujours dans le sens directement opposé à la lumière qui les cause. Si le corps éclairant est plus grand que le corps éclairé, l'ombre forme une pyramyde dont ce dernier est la base. S'il est plus petit, l'ombre forme une pyramide dont le corps éclairé est le sommet. Si les deux corps, éclairant et éclairé, sont de même dimension, l'ombre ne forme pas pyramide, et elle reste enfermée dans des lignes parallèles. Les ombres produites par le soleil et celles que produit la lune sont renfermées dans des lignes qui restent toujours parallèles aux épaisseurs des corps; autrement dit, elles ont toujours la même largeur que les corps qui les déterminent. Cela semble contredire ce qui a été dit tout à l'heure au sujet des corps éclairants plus grands que les corps éclairés; pourtant le fait est exact, et en voici la raison : l'espace qui existe entre les astres et notre globe est si considérable, et les objets qu'ils éclairent sont si petits en comparaison de ces masses lumineuses, que les rayons qui arrivent jusqu'à eux ne peuvent former des angles sensibles. On peut s'assurer de ce fait en mesurant sur la terre l'ombre d'un tronc d'arbre, d'un poteau, et on la trouvera toujours de la même largeur que le corps qui la produit. Cette assertion n'a pas besoin d'être autrement démontrée. Mais si cette ombre, produite par le soleil ou par la lune, est toujours la même en largeur, il n'en est pas de même de sa longueur; le prolongement ou le raccourcissement de l'ombre projetée varie selon que l'astre est plus ou moins élevé au-dessus de l'horizon. Chacun peut voir son ombre très-raccourcie sur l'heure de midi, quand le soleil est à son point le plus élevé, et la voir s'allonger d'une manière gigantesque vers le soir, quand cet astre est à son déclin.

Il est donc question de trouver le moyen de tracer fidèlement la longueur, la largeur et la projection ou direction de l'ombre projetée, quel que soit l'aspect sous lequel elle se présente. On est convenu d'appeler le point d'où partent les rayons lumineux *foyer de la lumière*, et d'appeler *pied de la lumière* l'extrémité de toute ligne droite partant du foyer lumineux, aboutissant angles droits, et en tous sens, sur les plans environnants. Pour trouver la longueur et la projection d'une ombre quelconque, il faut : 1° déterminer la hauteur et le plan du foyer de la lumière, soit des astres, soit des lumières secondaires; 2° trouver le pied de la lumière, soit sur la ligne d'horizon pour les astres, soit sur le sol pour les lumières secondaires; 3° tirer du pied de la lumière une ligne touchant le pied du corps opaque, et se prolongeant au-delà; 4° tirer une autre ligne du foyer de la lumière, touchant l'extrémité supérieure du corps opaque, et la continuer jusqu'à ce qu'elle coupe la ligne précédente; le point d'intersection de ces deux lignes déterminera, dans tous les cas, la longueur et la projection ou direction de l'ombre portée.

Un seul point d'intersection, ainsi déterminé, ne peut suffire pour mettre en perspective l'ombre portée d'un corps plus ou moins volumineux, et qui a des côtés et des angles plus ou moins nombreux; mais il s'agit simplement de répéter la même opération autant de fois qu'il y a d'angles portant ombre, et de cette manière le résultat est immanquable. Les ombres projetées par le soleil ou par la lune étant toutes parallèles, et leurs lignes devant converger, selon le principe général, vers un point commun sur la ligne d'horizon, il faut déterminer un point accidentel, par exemple un *pied de lumière* reconnu, hors du cadre ou sur le bord du cadre, et y faire rapporter toutes les projections d'ombres du tableau. Diverses applications des mêmes règles, dans des sens différents, sont à faire lorsque le soleil est devant le spectateur, et par conséquent derrière les objets qu'il regarde; lorsqu'il est à droite ou à gauche, hors du tableau, et qu'il éclaire les corps de côté; enfin, lorsqu'il est derrière le spectateur, et qu'il éclaire ces mêmes corps de face. Le *pied de lumière*, pour toutes les lumières secondaires, lampes, bougies, feux de foyer, etc., se prend sur tous les plans environnants où une ligne droite partant du *foyer lumineux* peut arriver à angles droits. Les ombres portées par les lumières secondaires n'étant pas parallèles entre elles comme celles du soleil, elles ont toutes, selon leur plan, une projection différente, et se réunissent par le sommet vers le *pied de lumière*, qui se prend au bas d'une perpendiculaire directement abaissée du *foyer lumineux*.

Perspective des objets réfléchis dans l'eau. Les opérations relatives à la réflexion des objets dans l'eau se bornent à déterminer le niveau de l'eau, sous le pied même de ces objets, et à les représenter renversés, dans des dimensions égales, et dans le même éloignement de la ligne de niveau. Du reste, les lois de perspective pour les figures réfléchies sont absolument les mêmes que pour les corps réels, et il n'y a qu'un seul et même point de vue pour les uns et les autres. Tous les objets ne se trouvant pas directement au bord de l'eau, mais pouvant se trouver plus ou moins reculés, et sur un terrain plus ou moins incliné, il faut, pour trouver le niveau de l'eau, supposer que cette eau continue de s'enfoncer sous la masse de terre, et déterminer l'endroit où serait ce niveau, toujours directement sous le pied de l'objet.

On appelle *perspective sentimentale* celle qui s'applique aux objets qui ont peu ou point de lignes droites, tels que les corps animaux, les nuages, les arbres, les accidents de terrain. Les masses suivent les règles posées pour les corps réguliers; mais pour les détails l'observation et le jugement doivent suppléer aux règles, qui ne peuvent plus alors recevoir d'application précise.

La *perspective aérienne* n'a rapport qu'aux ombres pour le dessinateur, et aux couleurs pour le peintre; elle consiste dans une dégradation plus ou moins grande de la lumière et des couleurs, selon l'état de l'atmosphère, l'enfoncement des corps dans le plan perspectif, et les accidents de jour, qui varient à l'infini. A l'égard de la lumière, la perspective aérienne consiste à rendre les ombres plus faibles et les clairs moins brillants, à mesure que les corps s'éloignent du premier plan. A l'égard des couleurs, elle consiste à les atténuer ou à les modifier par l'interposition de la masse d'air entre le spectateur et l'objet qu'il regarde. L'air, en raison de sa teinte bleuâtre, produit le même effet qu'on obtient sur la palette en mélangeant une légère teinte de bleu avec les autres couleurs; il donne au jaune une teinte verdâtre, au rouge une teinte violette, etc. L'air chargé de vapeurs plus ou moins épaisses, n'ayant plus la même transparence ni la même teinte bleuâtre, atténue les couleurs dans une proportion plus forte, et leur donne un ton plus ou moins grisâtre. On comprend que ces tons peuvent varier presque à l'infini, et que l'observation attentive peut seule mettre le peintre en état de rendre la nature dans ses divers aspects.

On a dit trop souvent que les règles de perspective sont inutiles ou surabondantes, parce qu'il doit suffire au peintre, pour bien rendre un aspect quelconque, d'avoir des yeux et de copier juste. Cela pourrait être vrai, à la rigueur; mais on ne fait pas attention aux inconcevables perfections qu'on exigerait dans ce cas d'un dessinateur. Certes il lui faudrait un coup d'œil infaillible, la mémoire locale la plus fidèle, la plus parfaite sûreté d'exécution, un jugement exquis, une absence totale de préjugé. Ce mot de *préjugé* n'était pas attendu là; il est pourtant à sa place, et exprime d'une manière exacte la cause des difficultés qu'on éprouve dans la représentation des objets vus en perspective : on sait qu'un clocher qu'on aperçoit dans le lointain a 30 mètres de haut; comment se décider à le représenter venant à l'épaule d'un enfant près de soi? comment oser peindre un pigeon, sur le premier plan, plus gros qu'une autruche sur un plan reculé? comment oser dessiner deux lignes parallèles de manière qu'elles forment un angle? La main se refusera d'abord à tracer des figures si contradictoires, en apparence, avec la réalité; et ce n'est qu'après de longs efforts que l'esprit parviendra à la faire obéir : encore ses œuvres se ressentiraient-elles toujours de la mauvaise volonté qu'elle y mettrait, si on ne lui donnait des règles certaines dont elle ne pût s'écarter.

Perspective s'emploie aussi au figuré, pour signifier les événements heureux ou malheureux qu'on prévoit dans l'avenir. Charles FARCY.

PERSPICACITÉ (du latin *perspicacitas*, fait de *perspicax*, qui a la vue perçante), pénétration d'esprit qui fait apercevoir avec justesse et profondeur les choses difficiles à connaître.

PERSPICUÏTÉ. *Voyez* CLAIR, CLARTÉ.

PERSPIRATION (du latin *per*, à travers, et *spirare*, exhaler : transpiration). On appelle ainsi, en médecine, la transpiration insensible qui a lieu continuellement par les pores de la peau. Personne avant les expériences de Sanctorius n'aurait pu s'imaginer que cette transpiration pouvait être aussi considérable qu'elle l'est réellement. Ce savant eut le courage de passer la plus grande partie de sa vie dans une balance, où il se pesait à des instants donnés avec le soin le plus minutieux, à l'effet de déterminer les pertes produites sur son individu par les effets de la perspiration insensible. Il reconnut de la sorte que par cette espèce d'évacuation nous perdons environ les cinq huitièmes de la nourriture que nous avons prise. Dodard, qui répéta après lui la même expérience, tint compte des différences d'âge, et en arriva à conclure que c'est dans la jeunesse que l'homme perd le plus par la perspiration. Mais ces savants n'avaient pas suffisamment distingué les effets de la perspiration ou transpiration produits par les poumons, et dont la matière s'échappe par l'expiration, de ceux qu'il faut attribuer à la perspiration cutanée ou à celle qui a lieu par l'intermédiaire de la peau. Séguin, d'accord avec Lavoisier, entreprit de déterminer ces deux espèces d'effets séparément; et après avoir recherché, par la méthode ordinaire, le résultat total de la transpiration, il supprima celle qui a lieu par l'intermédiaire de la peau en appliquant sur cet organe une couverture d'étoffe imperméable à l'humeur qu'il transmet extérieurement. C'est par ce procédé qu'il parvint à apprécier la quantité de la transpiration pulmonaire; or, la moyenne entre les résultats de ces deux expériences donne sept onzièmes pour la proportion entre cette quantité et celle de la perspiration cutanée; c'est-à-dire que l'effet produit par la transpiration pulmonaire est plus du tiers de l'effet total.

PERSUASION (du latin *persuasio*), action de persuader, c'est-à-dire de porter quelqu'un à croire, de le décider à faire quelque chose.

En rhétorique, la connaissance et le choix des moyens de persuasion constituent l'invention.

On peut faire cette distinction entre le mot *persuasion* et le mot *conviction*, que celle-ci s'exerce sur l'entendement, tandis que la persuasion agit sur la volonté.

« La persuasion, suivant Diderot, est l'état de l'âme considéré relativement à la vérité ou la fausseté d'un fait ou d'une proposition, à sa vraisemblance ou à son défaut de vraisemblance, à sa possibilité ou à son impossibilité; c'est le jugement sincère et intérieur qu'elle porte de ces choses. »

La conviction doit être entière; la persuasion peut être plus ou moins forte. « Les anciens avaient fait de la *persuasion* une déesse, ajoute Diderot; c'était la patronne des poëtes et des orateurs. »

Fénelon recommande l'emploi de la persuasion dans la conduite des âmes. « Le règne de Jésus-Christ, dit-il, est au dedans de l'homme, parce qu'il veut l'amour. Aussi n'a-t-il rien fait par violence, mais tout par persuasion, comme dit saint Augustin : *Nihil egit vi, sed omnia suadendo*. L'amour n'entre point dans le cœur par contrainte : chacun n'aime qu'autant qu'il lui plaît d'aimer. Il est plus facile de reprendre que de persuader; il est plus court de menacer que d'instruire; il est plus commode à la hauteur et à l'impatience humaine de frapper ceux qui résistent que de les édifier, que de s'humilier, que de prier, que de mourir à soi, pour leur apprendre à mourir à eux-mêmes... La correction ressemble à certains remèdes que l'on compose de quelque poison : il ne faut s'en servir qu'à l'extrémité, et qu'en les tempérant avec beaucoup de précaution. La correction révolte secrètement jusques aux derniers restes de l'orgueil; elle laisse au cœur une plaie secrète qui s'envenime facilement. Le bon pasteur préfère autant qu'il le peut une douce insinuation; il y ajoute l'exemple, la patience, la prière, les soins paternels. Ces remèdes sont moins prompts, il est vrai; mais ils sont d'un meilleur usage. Le grand art, dans la conduite des âmes, est de vous faire aimer pour faire aimer Dieu, et de gagner la confiance pour parvenir à la persuasion. »

PERSUIS (Louis-Luc LOISEAU de), compositeur de musique, né à Metz, en 1769, fit ses études à Avignon, y fut professeur de violon, et vint à Paris à l'époque de la révolution. Persuis reçut les premières leçons de son père; elles furent bonnes et profitables : à vingt ans il s'était déjà avantageusement fait connaître par des partitions reçues et exécutées au théâtre de l'Opéra-Comique. En 1795 il obtint, au concours, la place de professeur de première classe au Conservatoire de Musique. Depuis, il fut nommé maître du chant au grand Opéra, maître de chapelle du roi après la Restauration, inspecteur général de la musique et premier chef d'orchestre de l'Opéra, et enfin directeur de l'Académie Royale de Musique et du Théâtre-Italien. Il remplit quelques-unes de ces fonctions en même temps. Doué d'une grande aptitude au travail, Persuis trouvait du temps pour tout. Sous sa direction, les deux premiers théâtres lyriques prirent une grande extension, et brillèrent d'un éclat jusqu'alors inconnu. Le travail opiniâtre auquel il se livrait contribua beaucoup à altérer sa santé, déjà chancelante; il demanda sa retraite, qui lui fut accordée, avec une pension honorable et les titres de chevalier de Saint-Michel et de surintendant honoraire de la musique du roi. En 1817 il se mit sur les rangs pour remplacer Méhul à l'Institut. La majorité des suffrages se réunit sur lui, et il reçut solennellement le titre dont on ne pouvait décorer un plus digne. Il ne jouit pas longtemps de ce nouvel hommage. Le 20 décembre 1819, peu de temps après sa nomination, il mourut, d'une maladie de poitrine. Il avait environ cinquante ans. Nous devons à son talent les opéras comiques de *La Nuit espagnole*, d'*Estelle et Némorin*, de *Phanor et Angela*, de *Marcel*, du *Fruit défendu*, de *Fanny Morna*, de *Léonidas*; les grands opéras du *Triomphe de Trajan*, avec Le Sueur, et de la *Jérusalem délivrée*; la musique des ballets de *Nina*, d'*Ulysse*, de *L'Épreuve villageoise*, du *Carnaval de Venise*. On lui doit encore le chant *Vive le roi, vive la France!* qui, s'il eût été consacré à chanter la gloire du peuple, aurait acquis peut-être une renommée égale à celle de *La Marseillaise*. Cette cantate est écrite avec toute la chaleur, la verve et la noblesse d'un grand maître. Persuis a droit encore à la reconnaissance des artistes pour avoir remis à l'Opéra la belle partition des *Danaïdes*, qui avait disparu du répertoire depuis trente années. De concert avec l'illustre Salieri, l'auteur de ce fameux opéra, il fit à la marche de l'ouvrage de nombreux changements, qui contribuèrent puissamment à la vogue qu'il obtint. Il occupa avec honneur et talent les différentes places qui lui furent accordées. Il était froid et sévère, mais, avant tout, bon et juste.

PERTE. C'est tout dommage que l'on souffre, toute diminution de bien et de profit, ou encore la privation d'une chose précieuse qu'on possédait.

En droit, la *perte de la chose due* est un mode d'extinction des obligations. Quand le corps certain et déterminé qui était l'objet de l'obligation vient à périr, et est mis hors du commerce, ou se perd de manière qu'on en ignore absolument l'existence, l'obligation se trouve éteinte, pourvu que la chose ait péri ou ait été perdue sans la faute du débiteur et avant qu'il ait été mis en demeure. Lors même que le débiteur est en demeure, et s'il ne s'est pas chargé des cas fortuits, l'obligation est éteinte dans le cas où la chose aurait également péri chez le créancier si elle lui eût été livrée. Le débiteur est tenu de prouver le cas fortuit qu'il allègue. De quelque manière qu'une chose volée ait péri ou ait été perdue, sa perte ne dispense pas celui qui l'a soustraite de la restitution du prix. La vente étant une convention parfaite entre les parties, et la propriété étant acquise de droit à l'acheteur, à l'égard du vendeur, dès qu'on est convenu de la chose et du prix, quoique la chose n'ait pas été livrée ni le prix payé, si la chose périt sans la faute du vendeur, la *perte* est pour le compte de l'acquéreur. Les *pertes* occasionnées au créancier par le retard que le débiteur a apporté dans l'exécution de l'obligation, ou par son inexécution causée par le dol de ce dernier, donnent lieu contre lui à des dommages-intérêts.

PERTE (*Médecine*). *Voyez* Hémorrhagie utérine.

PERTH, l'un des plus grands et des plus importants comtés de la haute Écosse, et qui présente réunis tous les caractères physiques particuliers à l'Écosse. Entrecoupé alternativement par de pittoresques collines et de délicieuses vallées, il renferme une foule de lacs et de rivières, dont les plus considérables sont le Tay, avec la magnifique cataracte de Mones, et le Forth. Le climat est pur, agréable et salubre. Sur 86 myriamètres carrés de superficie, on y compte 139,312 habitants, dont les principales ressources sont l'agriculture et l'élève du bétail, avec la fabrication des toiles, des cotonnades et des draps. Le comté est surtout célèbre par les chants d'Ossian, dont on y voit le tombeau, par le château de Macbeth, et par le grand nombre de ses monuments druidiques.

Le chef-lieu, Perth, sur le Tay, qui y est navigable, dans une situation ravissante, au milieu d'une belle plaine, est l'une des plus anciennes villes de l'Écosse, dont les rois y résidèrent à diverses reprises, où il se tint fréquemment des réunions du parlement et des assemblées nationales. Sa population est de 24,000 habitants, et on y trouve de grandes filatures de coton et d'importantes fabriques de tulles. Il s'y fait en outre un grand commerce. Il y a à Perth une école pour l'étude des sciences philosophiques, mathématiques et physiques. A quelques kilomètres de Perth est situé le château de Scone, où se faisait le couronnement des rois d'Écosse et où le prétendant Charles-Édouard tint encore sa cour en 1745.

PERTINAX (Publius Helvius). Commode avait péri, empoisonné par une de ses concubines, étranglé par un esclave. Les deux chefs de la conjuration, Lætus, préfet du prétoire, et Electus, chambellan du prince, voulaient sur l'heure donner l'empire à quelqu'un qui ne le dût qu'à eux. Leur choix, quelque temps incertain, se fixa sur un vieillard de soixante-sept ans, cher à la multitude, et qui vivait, dans la retraite et la pauvreté, à Rome, où il avait triomphé deux fois du Nord et de l'Orient, sur le dernier des amis de Marc-Aurèle, sur Pertinax. Ils allèrent, suivis de quelques prétoriens, frapper vers minuit à sa porte (1er janv. 193). A la vue de ces soldats armés, Pertinax se levant un peu sur son lit : « Je m'attendais toutes les nuits à un pareil sort, leur dit-il ; je restais seul des amis de Marc

Aurèle, et m'étonnais que son fils différât si longtemps de me réunir à eux. Exécutez vos ordres. — C'est l'empire et non la mort que nous vous apportons, reprit Lætus. Le tyran n'est plus. Succédez-lui ; le peuple, qui vous aime, ne peut qu'applaudir à notre choix, et trouvera son avantage où nous cherchons notre sûreté. — Pourquoi, répondit Pertinax, insulter un vieillard, et vouloir éprouver sa constance? A la cruauté pourquoi joindre la moquerie? — Lisez donc, lui dit Lætus, lisez cet écrit de Commode; lisez les noms de tous ceux qu'il voulait faire tuer cette nuit même : c'était notre arrêt de mort, le vôtre; il devint aussitôt le signal de la sienne. »

Pertinax s'abandonna enfin, quoiqu'à regret, à sa fortune; et ils convinrent d'attribuer à ses débauches la mort subite de l'empereur. La joie fut grande dans Rome à la nouvelle des événements de la nuit. On brisait, en l'injuriant, les statues de Commode. Mais le plus grand nombre gagna le camp des prétoriens, pour y soutenir Pertinax, que ceux-ci, à cause de ses vertus même, pouvaient hésiter à reconnaître. Il parut bientôt, et fit aux soldats, après Lætus, une harangue, dans laquelle, sans dissimuler ni son aversion pour l'empire ni ses projets de réforme, il leur promit cependant l'espèce de don (*donativum*) qui payait la bien-venue impériale. Et les prétoriens prêtèrent à Pertinax le serment de fidélité, et l'accompagnèrent au palais. De bonne heure Pertinax se rendit au sénat. Il fut, dès son entrée dans la salle des délibérations, nommé par acclamation *auguste*, *empereur*, *père de la patrie*, titres qu'il refusa. « Je suis faible et vieux, dit-il, et j'abdique. » Et prenant par la main Glabrion, il voulut le faire asseoir sur la chaire des empereurs : « J'accepte l'empire, dit ce patricien, mais pour vous le donner; » et tous les sénateurs joignirent leurs instances aux siennes. Enfin, vaincu, Pertinax déclara qu'il voulait faire revivre la république et rendre leurs droits au peuple et au sénat. » Une foule immense le suivit au Capitole, où furent offerts les sacrifices accoutumés, et le reconduisit au palais.

Né le 1er août 126, à Villa Martis, dans la Ligurie, d'Helvius Successus, affranchi, qui vendait du charbon, il dut, selon Capitolin, le surnom de *Pertinax* (persévérant) à l'opiniâtreté qu'il mit d'abord à continuer ce commerce. Son éducation fut soignée : il étudia sous Sulpitius Apollinaris, qu'Aulu-Gelle cite avec éloge, et ouvrit lui-même une école dans la Ligurie. Bientôt, embrassant le parti des armes, il devint centurion et chef d'une cohorte en Syrie, se distingua dans la guerre contre les Parthes, commanda en Angleterre et en Mésie, prit part à l'expédition contre les Germains, et passa dans la Dacie. Accusé alors de malversation, il fut rappelé par Marc Aurèle, qui, détrompé, lui donna le titre de sénateur, la préture, le commandement d'une légion stationnée dans la Rhétie et le pays des Noriques, et enfin le désigna consul. Il courut étouffer en Orient les séditions excitées par Cassius, contint les barbares au delà du Danube, et gouverna successivement les deux Mésies, la Dacie et la Syrie. De retour à Rome, après la mort de Marc Aurèle, il fut exilé dans le lieu de sa naissance par Perennis, favori de Commode. Perennis mort, Commode l'envoya en Angleterre apaiser les troupes, qui demandaient un autre empereur; il tenta, au péril de sa vie, de rétablir la discipline, et sollicita son rappel, qu'il obtint. D'abord chargé de l'approvisionnement de la ville, il alla ensuite exercer en Afrique un proconsulat difficile, et fut à son retour nommé préfet de Rome, où il achevait, dans la solitude, une vie suspecte à Commode, quand Lætus vint lui imposer l'empire.

Il s'en montra digne. Il ne changea rien à sa manière de vivre, et témoigna un grand éloignement pour l'étalage du pouvoir, qu'il songeait encore à abdiquer. Il dépouilla de tout faste inutile les repas qu'il donna. Aussi vit-on bientôt, l'esprit d'imitation y aidant, baisser le prix des objets de consommation. Redouté des barbares, il leur fit redemander le tribut que leur payait Commode : ils le rendirent, et ne remuèrent pas. Beaucoup de terres de l'empire étaient incultes : il en abandonna la propriété, libre de tout impôt pendant dix ans, à ceux qui les feraient valoir; il assujettit les prétoriens à une discipline rigoureuse, punit sévèrement les délateurs, abolit le crime de lèse-majesté, rappela les bannis, réhabilita la mémoire des condamnés, remplit le trésor épuisé, paya aux prétoriens une partie de ce qu'il leur avait promis, répara les édifices publics et les grands chemins, approvisionna la ville, diminua les impôts. Quatre-vingt-sept jours suffirent à ces réformes. Il en méditait beaucoup d'autres, et attendait pour les commencer celui de l'anniversaire de Rome : il ne devait pas le voir. Les prétoriens, secrètement encouragés par Lætus, le massacrèrent, le 18 mars 193. Les soldats plantèrent la tête de l'empereur au bout d'une pique, et allèrent de là s'enfermer dans leur camp, pour y vendre au plus offrant son trône ensanglanté. La nouvelle de cette mort plongea Rome dans la consternation. Julien, adjudicataire de l'empire, eut à peine le temps de rendre à son ancien ami les derniers honneurs. Sévère, qui, pour se concilier la faveur du peuple et des armées, prit quelque temps le surnom de *Pertinax*, lui fit de magnifiques obsèques. On consacra certains jours à célébrer par des jeux son avénement et sa naissance, et il eut, après les honneurs de l'apothéose, des autels, des temples et des prêtres (helviens). Son fils, qui devint le chef de ce nouveau culte, périt (l'an 216) sous Caracalla, pour avoir dit que parmi les surnoms glorieux décernés à ce prince on avait oublié celui de *Gétique*, qu'il avait si bien mérité par le meurtre de Géta son frère.

Th. Baudement.

PERTINENT, qui est tel qu'il convient : Raisons, excuses *pertinentes*. En termes de procédure, ce mot se dit d'un fait articulé qui a un rapport direct à la chose que l'on veut établir; d'un moyen qui appartient au fond de la cause, qui doit influer sur la décision.

PERTUIS (du latin *pertusus*, fait de *pertundo*, je perfore), passage étroit entre des écueils par lequel on arrive à un port, à un abri, à un mouillage. Ce mot est particulièrement en usage sur cette partie des côtes occidentales de France qui appartenaient jadis aux provinces de Poitou et de Saintonge. Là s'étendent le *Pertuis Breton*, qui sépare la partie septentrionale de l'île de Ré de la portion du département de la Vendée appelée le *Marais*; le *Pertuis d'Antioche*, large bras de mer, dont les eaux divisent la même île de Ré de celle d'Oléron; enfin, le *Pertuis de Maumusson*, canal peu large, situé entre cette dernière île et le continent.

Pertuis se dit aussi d'un passage étroit pratiqué dans une rivière aux endroits où elle est basse pour augmenter la hauteur de l'eau.

Enfin, *pertuis* est encore le nom d'un trou par lequel l'eau passe d'une écluse dans un coursier pour faire mouvoir une roue.

PERTUISANE, arme de main, dont la longueur n'excédait guère la taille d'un homme : c'était une espèce de hallebarde légère et d'un travail recherché. On a d'abord appelé *parthisane*, *partisane*, *partuzaine*, cette arme; ce qui a suggéré à quelques étymologistes que son nom répondait à celui des *partisans*, et que c'était un arme de partisan; mais le terme *partisan*, pris dans le sens de coureur d'aventures de guerre, n'est pas assez ancien pour justifier cette supposition. Une autre racine à laquelle on rattache l'expression *pertuisane* est plus vraisemblable; le vieux mot *pertuis*, pris sous l'acception de *porte* de château, et qui s'est d'abord écrit *partuys*, *partuis*, aurait produit *partisane* et *pertuisane*. Mais dans cette hypothèse il y a encore dissentiment entre les grammairiens, parce que quelques-uns d'eux croient qu'on a appelé *pertuisane* une arme propre à faire un large pertuis en transperçant un homme, tandis que d'autres écrivains veulent que la *pertuisane* soit l'arme du gardien d'une forteresse, l'arme du défenseur du pertuis d'un château ou d'un appartement. Et en effet les huissiers d'armes, les sentinelles de l'intérieur d'un palais avaient à la main une pertuisane, comme les gardiens de l'extérieur étaient armés d'une hallebarde. Un écrivain de la fin du quinzième siècle affirme qu'avant Louis XI le terme *pertuisane* n'était pas connu. Mais plus anciennement on se servait d'armes analogues : c'étaient la guisarme, l'angon, le bec de corbin.

A Marignan, un coup de pertuisane endommagea le buffle de François Ier, et en 1579, à Cahors, Henri IV fit voler en éclats deux pertuisanes dont il s'était successivement saisi pour combattre à pied et corps à corps. Il y a eu dans l'infanterie française, à la manière des Suisses et des Espagnols, des compagnies qu'on appelait *partuzaniers*, *partuzainiers*, *pertuzainiers*. En 1670 les officiers de grenadiers français étaient porteurs d'une pertuisane. En cette même année, l'ordonnance du 25 février défendait d'admettre aux montres et revues des troupes françaises les soldats pertuisaniers : cette ordonnance ne reconnaissait plus comme susceptibles de toucher régulièrement la paye du roi que des soldats nantis de mousquets. Ainsi, cette année 1670 est celle de l'abolition de la pertuisane des soldats d'infanterie de bataille; mais il fut laissé des pertuisanes aux soldats invalides, aux gardes de la prévôté, aux gardes de la manche, aux huissiers de palais royaux, aux gentilshommes du drapeau et aux râteliers des salles d'armes des bâtiments de mer. Du reste, si, comme nous l'avons insinué, il y a une distinction marquée à établir entre *pertuisane* et *hallebarde*, il ne faut cependant pas perdre de vue que, dans leurs récits, les historiens prennent fréquemment l'un pour l'autre ces deux termes.

Gal BARDIN.

PERTURBATION (du latin *per*, au travers, et *turbo*, je trouble). Ce terme exprime en astronomie les dérangements que l'attraction fait éprouver au cours des planètes. Si chaque planète en tournant autour d'un centre ne subissait d'autre force que celle qui la porte vers ce centre, elle décrirait un cercle ou une ellipse dont les aires seraient proportionnelles aux temps; mais chaque planète étant attirée par toutes les autres, dans des directions différentes et avec des forces qui varient sans cesse, il en résulte des inégalités et des perturbations continuelles : c'est le calcul de ces perturbations qui occupe spécialement les géomètres et les astronomes. Newton commença par celles de la Lune; plusieurs autres géomètres perfectionnèrent sa théorie. Euler donna le premier des calculs de cette espèce pour les inégalités de Saturne dans un mémoire qui remporta le prix de l'Académie, en 1748. Celles des autres planètes ont été calculées successivement. La recherche des perturbations célestes fait aujourd'hui une partie essentielle de l'astronomie. Quand on veut calculer les troubles qu'une attraction étrangère apporte au mouvement d'une planète dans son orbite autour du Soleil, il faut savoir combien elle agit sur le Soleil et sur la planète troublée : c'est la différence des actions qui est la *force perturbatrice*. C'est cette différence dont on calcule les effets; car si le Soleil et la planète étaient attirés également, on n'aurait à tenir compte d'aucune différence, l'observation n'indiquerait aucun changement.

La loi de la gravitation universelle n'avait pas pour les contemporains de Newton, et pour Newton lui-même, toute la certitude que le progrès des sciences mathématiques lui ont donnée. Euler et Clairaut, qui les premiers avec D'Alembert appliquèrent l'analyse aux perturbations des mouvements célestes, ne la jugèrent pas suffisamment établie pour attribuer à l'inexactitude des approximations ou du calcul les différences qu'ils trouvèrent entre l'observation et leurs résultats sur les mouvements de Saturne et du périgée lunaire; mais ces trois grands géomètres et leurs successeurs ayant rectifié ces résultats, perfectionné les méthodes et porté les approximations aussi loin qu'il est nécessaire, sont enfin parvenus à expliquer par la seule loi de la pesanteur tous les phénomènes du système du monde, et à donner aux théories et aux tables astronomiques une précision inespérée.

SÉDILLOT.

On sait que l'observation des perturbations d'Uranus a conduit M. Leverrier à la découverte de Neptune. La méthode employée par cet astronome a été revendiquée par Hoëné Wronski. Ce dernier donne en effet, dans ses *Prolégomènes du Messianisme*, une théorie qu'il nomme *atiologique*, théorie destinée, d'après les propres paroles de l'auteur, « à calculer la position d'astres inconnus qui exercent des anomalies dans le mouvement des astres connus ».

Perturbation, au moral, se dit du trouble, de l'émotion de l'âme à l'occasion de quelque mouvement qui se passe dans le corps. En médecine, c'est le trouble causé dans les fonctions animales par quelque maladie, et dans la marche d'une maladie par quelque remède énergique.

Le *perturbateur*, la *perturbatrice* est celui ou celle qui cause du trouble : Les *perturbateurs* du repos public. Une *force perturbatrice*, en mécanique, est celle qui trouble la régularité des mouvements.

PÉRUGIN (PIETRO VANUCCI, connu sous le nom du), parce que Pérouse (*Perugia*) fut le principal théâtre de sa gloire et sa patrie d'adoption, naquit en 1446, à Città della Pieve. Quelques auteurs ont prétendu qu'il était né à Pérouse; il est vrai que le nom de cette ville suit son nom dans une partie de ses principaux ouvrages; mais dans les autres il a mis *Città della Pieve*. Au reste, ce qui tranche toute difficulté, c'est qu'il obtint le droit de bourgeoisie à Pérouse, ce qui n'aurait pas eu lieu s'il était né dans cette ville. Ce fut à Pérouse qu'il étudia la peinture, sous un maître qui n'était pas très-habile, dit Vasari. Quel fut ce maître? D'après Bottari, ce fut un nommé Pietro; la tradition adoptée à Foligno veut que ce fut Nicolo Alunno. Après avoir étudié à Pérouse, le Pérugin alla à Florence. Ici, nouvelle incertitude : a-t-il ou n'a-t-il pas étudié chez le Verocchio? Les uns le nient, les autres l'affirment : dans cette dernière hypothèse, il aurait été le condisciple de Léonard de Vinci. Mariotti prétend qu'avant son départ pour Florence le Pérugin avait beaucoup appris sous Bonfigli et Pietro della Francesca, qui tenaient école à Pérouse, auxquels il dut ce talent pour la perspective qui lui valut tant de succès à Florence, et dont il imita aussi le dessin et le coloris. Ce qu'il y a de sûr, c'est que ses ouvrages produisirent une grande impression : il avait l'art de dégrader habilement la perspective de ses paysages, et cette dégradation était portée à un point *dont on n'avait pas encore vu d'exemple à Florence*, dit Vasari.

Après un séjour dont on ne connaît pas bien la durée, le Pérugin retourna à Pérouse, où il tint école à son tour. C'est là que le jeune Raphael lui fut présenté par son père, et celui-ci crut obtenir une grande faveur en faisant admettre son fils au nombre des élèves du peintre qui tenait alors le sceptre de la peinture. « Si, dit Quatremère de Quincy, en voyant Raphael, Pérugin, étonné de la précocité de son dessin, charmé de ses dispositions, de son extérieur, et des manières même de sa personne, pronostiquait qu'il devait bientôt devenir son maître, le jeune Raphael imitait Pérugin comme s'il ne devait jamais cesser d'être son élève : les copies de l'un ne se distinguaient pas des originaux de l'autre. Lorsque le disciple travaillait en société aux ouvrages du maître, ceux-ci n'en paraissaient pas moins être d'une seule main. » On sait que Raphael a conservé dans ce que l'on appelle sa première manière le style de son maître; mais son heureuse organisation, la vue des sculptures antiques que les Médicis avaient réunies dans leur palais, l'émulation que firent naître en lui les productions de Léonard de Vinci et de Michel-Ange, le mirent sur la route qu'il a semée de chefs-d'œuvre. Toutefois, Raphael, comme tous les autres élèves du Pérugin, conserva un grand respect pour son maître. Ce dernier avait été appelé à Rome par Sixte IV, et avait décoré au Vatican les voûtes de la salle de Saint-Charlemagne. Raphael, que Jules II y appela à son tour, respecta et protégea l'ouvrage du Pérugin. Ces deux grands artistes furent donc dignes l'un de l'autre : l'un sut promptement découvrir le rang que devait occuper son élève, et celui-ci sut apprécier les qualités qui distinguaient son maître.

A l'époque où le Pérugin parut, les mœurs ne favorisaient point l'étude du corps humain, science indispensable au peintre, et qui est aujourd'hui la base de son art; d'ailleurs, la peinture ne s'occupait guère que de sujets de dévotion, qui ne comportent pas l'emploi des nus : le peintre ne pouvait donc guère montrer sa supériorité que dans la manière de peindre les têtes, que dans la disposition architecturale de ses tableaux, et c'est justement où le Pérugin excella. Il montra peu de variété dans ses compositions : on lui en fit le reproche même de son vivant; mais il répondait qu'au moins on ne pouvait l'accuser de copier personne, et qu'au surplus c'était le moyen d'atteindre à la perfection.

Le Pérugin a exécuté un grand nombre d'ouvrages, soit à fresque, soit à l'huile. On en voit à Naples, à Rome, à Florence, et surtout à Pérouse. Comme presque tous ses élèves (et ils sont en grand nombre) ont imité sa manière, on attribue au maître beaucoup de tableaux qui ne sont pas de lui; quelques-unes même de ses dernières productions paraissent se rapprocher beaucoup des premiers tableaux de Raphael : c'est une étude à faire pour bien distinguer ce qui appartient véritablement au Pérugin; et cette étude n'est pas sans difficulté pour les tableaux dont l'authenticité n'est pas bien constatée.

Le Pérugin était né fort pauvre; en arrivant à Florence, il n'avait pas de lit pour se coucher; cet état de misère lui servit d'aiguillon et le poussa au travail. Ses talents, sa célébrité, lui firent acquérir une grande fortune; il épousa une femme jeune et fort belle, dont il était très-épris, et à laquelle il ne refusait rien de ce qu'elle pouvait désirer pour sa parure, quoiqu'il fût avare. Cette avarice lui porta malheur; il gardait toujours avec lui une cassette qui contenait tout son argent : des voleurs, informés de cette habitude, le dépouillèrent dans un des fréquents voyages qu'il faisait de Castello della Piève à Pérouse; et il s'en montra très-affecté, quoique ses nombreux protecteurs l'eussent en grande partie dédommagé de cette perte. Le Pérugin mourut dans la première de ces deux villes, à l'âge de soixante-huit ans.

P.-A. Coupin.

PÉRUGIN (Le), graveur. *Voyez* Bartoli.

PÉRUZZI (Balthazar), peintre et architecte célèbre de l'École de Sienne, né à Sienne, en 1481, se forma à Rome, où il prit plus particulièrement Raphael pour modèle, et fournit les plans de divers édifices que celui-ci fut chargé d'orner de ses peintures, notamment le palais Farnèse. Le pape Léon X lui confia les travaux de construction de l'église Saint-Pierre; mais ce ne fut pourtant pas son plan qu'on suivit. Son dernier ouvrage et en même temps son chef-d'œuvre fut le palais Massimi à Rome. Il mourut en 1536, empoisonné, et ce crime fut commis par l'envie. Son fils, *Giovanni Sallustio* Péruzzi, a aussi laissé un nom comme architecte.

PERVENCHE, genre de plantes de la famille des apocynées, dont le nom linnéen, *vinca* (de *vincire*, attacher, lier), rappelle l'extrême flexibilité des tiges.

La *petite pervenche* (*vinca minor*, L.), vulgairement *violette aux sorciers*, croît communément dans nos bois et nos campagnes, où l'on aime à retrouver en avril ses petites fleurs bleues ou blanches, qu'elle étale sans culture et terre à terre. Des bois et de la solitude des campagnes cette plante a depuis longtemps passé dans nos jardins, pour y former, par l'entrelacement naturel de ses tiges rampantes, d'agréables tapis de verdure. Ce qui surtout la fait rechercher, ce n'est pas tant le beau vert luisant de ses feuilles ovales et lancéolées que la rare propriété qu'elles ont d'échapper à la rigueur des hivers.

La *grande pervenche* (*vinca major*, L.) diffère surtout de la petite par ses proportions et l'attitude droite et élevée de ses tiges : du reste, mêmes sites, mêmes propriétés, mêmes fleurs.

Médicalement parlant, on n'a que peu de chose à dire de la pervenche. Elle jouit toutefois, ainsi que les autres plantes amères, de propriétés toniques et astringentes. Autrefois, il est vrai, elle était assez généralement employée pour tarir la sécrétion laiteuse; de nos jours encore, les garde-malades l'associent quelquefois, et toujours dans le même but, à la canne de Provence, autre puissance déchue, que le praticien éclairé tolère volontiers et conseille rarement.

En revanche, l'histoire de la pervenche est aussi curieuse que variée. Divers peuples en ont fait le symbole de la virginité; et jadis elle portait en France un nom qui était alors et qui est encore aujourd'hui, dans la bouche du peuple, synonyme de *virginité*. En Étrurie, elle s'enlaçait au front des jeunes filles qui descendaient vierges au tombeau; et la Belgique la semait sous les pas des jeunes mariées dont la réputation était restée intacte. Enfin, la pervenche peut revendiquer la prédilection d'un grand homme : nous voyons en effet, au sixième livre des *Confessions* de J.-J. Rousseau, qu'à la pervenche se rattachait l'un des plus agréables souvenirs et l'une des plus douces émotions de sa jeunesse.

Charles Laronde (de l'Allier).

PERVERSITÉ (du latin *perversitas*), synonyme de *méchanceté*, *dépravation*. La méchanceté est généralement un fait personnel, la perversité un fait général. La dépravation tient le milieu entre la méchanceté et la perversité : cette dernière est plus invétérée, plus impitoyable. On dit la *perversité* du siècle, des mœurs, d'un caractère, d'une doctrine. Dieu, suivant l'Écriture, fut obligé d'envoyer le déluge sur la terre, à cause de la *perversité* des hommes et de la corruption générale.

PESANTEUR. Tout corps abandonné à lui-même au-dessus de la surface de la terre tombe; et si rien n'arrêtait son action, il pourrait pénétrer jusqu'à son centre : cette tendance est désignée sous le nom de *gravité*, de *pesanteur* ou d'*attraction terrestre*. On se la représente comme si elle était produite par l'action du centre du globe sur tous les corps qui se trouvent à sa surface ou au-dessus; cette action s'exerce sur tous les corps, et les anomalies apparentes que l'on aperçoit dans beaucoup de circonstances s'expliquent facilement, comme nous allons le voir.

Tous les corps abandonnés à eux-mêmes dans un espace *vide d'air* tombent de la même manière; mais dans l'air, s'ils ont plus de poids sous le même volume, ils tombent en le traversant; dans le cas contraire, ils s'élèvent dans son sein en le déplaçant. La fumée qui sort de nos foyers, la vapeur d'eau qui sort d'un vase placé sur le feu, un ballon lancé dans l'atmosphère, s'élèvent; dans le vide, ils tomberaient comme les corps les plus denses. Que l'on introduise dans un long tube de verre, pouvant être fermé à ses deux extrémités, des corps différents, comme de l'or, qui pèse vingt fois plus que l'eau, du plomb onze fois, du bois, du liége, des barbes de plume, du papier, plus légers que ce fluide, en retournant le tube, ils tomberont les uns après les autres, comme dans le sein de l'atmosphère : mais que l'on enlève l'air du tube au moyen de la machine pneumatique, ils tomberont alors tous en même temps, comme s'ils étaient attachés ensemble. Dans le premier cas, ces corps tombaient avec des vitesses très-différentes, parce que l'air, opposant un obstacle égal à leur passage, devait réagir d'autant plus pour retarder leur chute qu'ils offraient moins de poids sous le même volume; tandis que dans le vide, rien ne s'opposant à l'action de la gravité, ils doivent tomber également.

Le mouvement de rotation de la terre sur ses pôles détermine tous les corps placés à sa surface à tendre continuellement à s'en éloigner, par l'action de la force *centrifuge*; cette action, s'accroissant des pôles à l'équateur, contre-balance la gravité, de telle sorte que les corps ne tombent pas avec la même vitesse sur tous les points de la terre : on peut donc obtenir pour ces points l'excès de la gravité sur la force centrifuge, en déterminant exactement le temps que des corps emploient pour tomber d'une hauteur donnée.

Un pendule d'une longueur donnée peut faire connaître l'action de la pesanteur pour un lieu quelconque de la surface de la terre, par le nombre d'oscillations qu'il produit pendant un temps déterminé. Ainsi, en nommant g la vitesse acquise au bout d'une seconde par un corps qui tombe dans le vide, cette quantité g pouvant être prise pour mesure de l'intensité de la pesanteur, on a, en vertu de la formule fondamentale que nous avons donnée à l'article PENDULE, $g = \frac{\pi^2 l}{t^2}$ (*voyez* CHUTE DES CORPS).

H. GAULTIER DE CLAUBRY.

Au figuré, on donne le nom de *pesanteur* à des indispositions passagères qui surviennent à quelque partie du corps, qui affectent comme un poids, et qu'on appelle tour à tour *pesanteur de tête*, *d'estomac*, *pesanteur* dans les bras, *pesanteur* dans tout le corps.

La *pesanteur d'esprit* est un état d'engourdissement et de torpeur, dans lequel on ressent dans les idées quelque chose de lourd et d'abattu. Nous autres Français, nous pouvons difficilement concevoir cet état comme habituel et permanent : il l'est cependant chez quelques hommes et chez quelques peuples. Il en est toutefois qui, malgré ce poids toujours gênant, fournissent leur course et parcourent la carrière. Dans le monde ancien, à côté de la légèreté d'un Alcibiade ou d'un Achille se trouve la pesanteur d'un Nicias et d'un Ajax ; et si nous considérons ces deux peuples, à qui l'on a fait si longtemps les honneurs de la primauté, les Grecs et les Romains, nous reconnaîtrons dans le monde romain le type de cette pesanteur d'esprit qui s'attache à toutes leurs œuvres et les empêche de faire autre chose que des conquêtes matérielles. Si Rome eut quelques fleurs, comme Horace ou Catulle, elle eut plus souvent des hommes pesants comme Fabricius ou Caton. A l'orient végète un peuple type vivant de la pesanteur d'esprit : depuis bien des siècles l'Empire du Milieu est là sans plus de vie qu'il n'en avait le jour où il naquit : la tête carrée et le cerveau déprimé des hommes de la Chine n'ont jamais pu s'élever à de hautes idées.

Théodore LEMOINE.

PESANTEUR SPÉCIFIQUE. *Voyez* DENSITÉ.

PESARESE (LE), célèbre peintre de l'école italienne. *Voyez* CANTARINI.

PESARO, le *Pisaurum* des anciens, dans la légation d'Urbino-Pesaro (États de l'Église), à l'embouchure de la Foglia dans l'Adriatique, siége d'évêché, est une ville agréablement située et très-bien bâtie, où l'on compte plusieurs belles églises, quelques remarquables palais et d'autres édifices. Quelques unes de ces églises sont ornées de beaux tableaux. Les habitants, au nombre d'environ 15,000, fabriquent des étoffes de soie, de la faïence et des articles de cristal, ou bien font le commerce des produits du sol. Le port n'est accessible que pour des bâtiments d'un faible tonnage. Les figues qu'on récolte aux environs de Pesaro, et qui constituent un important article de commerce pour les habitants, passent pour les meilleures que produise l'Italie.

PESCARA (FERNANDO-FRANCESCO AVALOS, marquis DE), célèbre général de Charles-Quint, né en 1489, de la famille d'*Avalos*, originaire d'Espagne, mais établie plus tard à Naples, entra au service de l'empereur en 1512, et fut fait prisonnier dès la même année à Ravenne par les Français. Dans sa prison il composa quelques poésies, qu'il dédia à sa femme, Vittoria Colonna, célèbre comme poëte. Rendu à la liberté, il contribua beaucoup, à la tête de l'avant-garde, au gain de la bataille de Vicenza (7 octobre 1513), puis, le 19 novembre 1521, à la prise d'abord de Milan, et ensuite de Côme, qu'il livra au pillage. Quoique simple commandant en second, il se distingua encore davantage en 1522, dans la campagne contre les Français, où il remporta la victoire de La Bicoque et aida à faire capituler Crémone, de même qu'il s'empara de Gênes, qu'il laissa aussi piller par ses troupes. Ensuite, il fut pour beaucoup dans la victoire remportée, le 24 février 1525, à Pavie, où le roi de France, François Ier, fut fait prisonnier. Appelé plus tard à commander en chef l'armée impériale, il excita la haine et l'envie des Italiens, à cause des grands pouvoirs dont il était investi. On lui offrit le royaume de Naples et d'autres avantages, s'il voulait se tourner contre l'empereur et chasser les Espagnols de l'Italie. Pescara, après s'être bien fait mettre au courant de cette conjuration, la révéla à Charles-Quint ; trahison qui ne fit qu'ajouter aux haines dont il était déjà l'objet, notamment de la part des Milanais. Il mourut d'ailleurs dans toute la force de l'âge, le 4 novembre 1525, sans laisser d'enfants.

Il eut pour successeur dans la dignité de capitaine général son neveu et héritier, Alphonse Avalos, *marquis de Pescara*, qui en 1532 commanda les forces autrichiennes dans la guerre contre les Turcs, qui accompagna Charles-Quint dans son expédition contre Tunis, et qui en 1543 contraignit le duc d'Enghien à lever le siége de Nice. Mais celui-ci lui fit essuyer à son tour, le 14 avril 1544, l'immense désastre de Cerisoles ; de sorte qu'il tomba dans la disgrâce de l'empereur. Cependant, il parvint à rallier les débris de son armée, avec lesquels il couvrit Milan, où il mourut, à la fin de mars 1546, objet de l'exécration des Milanais.

PESCENNIUS NIGER était gouverneur de Syrie depuis le règne de l'empereur Commode, lorsque les prétoriens, après avoir massacré Pertinax, son successeur, mirent l'empire à l'encan, et l'adjugèrent à Didius Julianus (en 193 après J.-C.). Tout le monde romain s'indigna de cette infamie. Tandis que les légions de la Grande-Bretagne proclamaient empereur Claudius Albinus et celles d'Illyrie Septime Sévère, les troupes de Syrie reconnurent en la même qualité Pescennius Niger. Tout semblait promettre le succès à ce général, vénérable par son âge, ses vertus, ses longs services. Le peuple de Rome le proclama, en présence même de Didius Julianus, qui assistait aux jeux publics. Tous les princes de l'Orient lui envoyèrent des ambassadeurs et lui offrirent des secours ; mais au lieu d'assurer son élévation, il aima mieux en jouir, et perdit un temps précieux à Antioche, occupé à s'enivrer des hommages de l'Orient. Cependant, Sévère accourait à Rome ; puis après y avoir fait reconnaître son autorité, il s'empressa de marcher contre Niger.

La guerre fut rude entre eux. Niger, sortant d'un repos trop longtemps prolongé, rassemble une nombreuse armée, garnit les passages de la Cilicie et du mont Taurus, et demande des secours aux princes d'Orient. Leur zèle était refroidi : tous lui en promirent, peu lui en donnèrent. Le roi d'Arménie déclara qu'il voulait rester neutre. Le proconsul d'Asie, Émilien, qui avait embrassé le parti de Niger, s'empressa d'occuper Byzance et Périnthe. Les troupes que Sévère envoya de ce côté sous les ordres de son lieutenant Candidus essuyèrent un échec devant cette dernière ville. Les légions d'Asie étaient nombreuses, mais inférieures en force et en courage à celles de l'Illyrie, de la Gaule et de la Germanie, qui combattaient pour Sévère. Celui-ci avait formé le siége de Byzance ; mais, laissant quelques troupes devant cette place, qui résistait trop longtemps, il va combattre Émilien, près de Cyzique. Émilien, défait, se réfugie à Cyzique, et de là dans une autre ville que l'histoire ne nomme point, et où il est mis à mort par l'ordre du vainqueur. Cependant, Niger avait proposé à Sévère de partager le souverain pouvoir ; celui-ci l'avait refusé avec mépris. Candidus attaque ensuite l'armée de Niger : le combat fut long et sanglant, et Niger, vaincu, se vit contraint de fuir jusqu'au mont Taurus. Sévère lui offrit une retraite honorable et la vie, s'il voulait renoncer à ses prétentions à l'empire. Niger hésita : il aurait accepté s'il n'eût consulté que son penchant ; mais cédant à l'ambition de ses amis, il rompit la négociation.

Laodicée et Tyr ayant embrassé le parti de Sévère, Niger, pour punir ces deux villes, les fit piller et brûler par les Sarrasins, ses auxiliaires. L'armée de Sévère, après de vains efforts pour franchir le mont Taurus, dont Niger avait fortifié les passages, était sur le point de se retirer, lorsque les éléments, en se déclarant pour la cause de Septime Sévère, en préparèrent le triomphe. Un furieux orage s'élève; l'eau tombe à torrents, et renverse tous les remparts. L'armée impériale passe alors le défilé sans obstacle, entre en Cilicie, et poursuit sa route jusqu'à la plaine d'Issus. Niger s'y trouvait avec toutes ses forces; il livra à ses ennemis une bataille décisive. Son intrépidité, son exemple et l'habileté de ses manœuvres semblaient décider pour lui la victoire, lorsque soudain un tourbillon de vent et de grêle, frappant au visage ses soldats, les remplit d'épouvante. Les troupes de Sévère, que ce fléau épargne et semble pousser contre l'ennemi, reprennent courage. Les partisans de Niger reculent et se dispersent; en vain leur chef essaye de les rallier; ils ne se défendent plus contre les impériaux, qui en font un horrible carnage. Vingt mille hommes périrent dans cette sanglante journée. Niger, qui voit Antioche au pouvoir du vainqueur, veut se réfugier chez les Parthes : il est tué dans sa fuite. Sa tête fut portée à Sévère (194), qui la fit planter au bout d'une pique, et promener de ville en ville, puis transporter à Rome.

Spartien, qui a écrit la vie de Niger, en parle avec éloge : « Pescennius, dit-il, était grand, d'une belle figure; ses cheveux tombaient avec grâce sur son visage; il avait la voix si forte que, quand le vent n'était pas contraire, on l'entendait dans le camp à mille pas de distance. Avec un teint vermeil, il avait le cou si noir que de là lui vint son surnom de *Niger*. » Spartien vante aussi sa tempérance et sa chasteté. Sa sévérité à maintenir la discipline fut extrême. Il aimait peu la flatterie. Sa fortune militaire remontait au règne de Marc Aurèle, qui estimait son mérite, sa bravoure et sa conduite austère. Septime Sévère, dans ses mémoires, s'attache à représenter Pescennius comme peu lettré, d'un caractère farouche, également porté à l'avarice et à tous les genres de débauches. Mais un acte public de Sévère empereur avait démenti d'avance les mensonges de Sévère historien. On avait érigé dans Rome à Pescennius une statue de marbre d'Égypte, avec cette inscription : « Tu vois Niger, qui fut la terreur des Égyptiens, l'allié de Thèbes, et qui voulut faire revivre l'âge d'or. Il fut aimé des rois, des nations et de l'immortelle Rome. Il fut cher aux Antonins et à l'empire, etc. » Sévère, qui avait fait périr ou exilé les amis et les parents de Pescennius, ne voulut cependant point qu'on effaçât ces vers, bien que ses courtisans l'y exhortassent : « S'il fut tel que le représente cette inscription, dit-il, que tout le monde sache quel homme nous avons vaincu; s'il ne le fut pas, qu'on croie du moins que c'est d'un pareil ennemi que nous avons triomphé; mais que tout reste, puisque l'inscription ne dit que la vérité. »

Charles Du Rozoir.

PESCHAWER ou **PISCHAWER**, **PESCHAUER** ou **PISCHAUER**, province du ci-devant royaume des Sikhs, incorporée comme le Pendjab, depuis 1849, aux possessions indo-britanniques, et qui forme aujourd'hui, au point de vue géographique, comme autrefois au point de vue politique, une partie de l'Afghanistân. C'est un plateau s'étendant des deux côtés de la rivière appelée Kaboul, depuis son embouchure dans l'Indus en amont et à l'ouest jusqu'aux fameux défilés de Kheiber. Dans cette direction sa longueur est de 81 kilomètres, et sa largeur de 42 à 60; elle est bornée au nord par les premiers contre-forts de l'Hindoukouh, et au sud par la continuation du Soufeidkouh. La plaine de Peschawer, sauf les parties désertes, pierreuses et dépourvues d'eau, situées à ses extrémités orientale et occidentale, est fertile et bien cultivée. Le nombre des habitants, qui se composent pour la plus grande partie de Tadjiks et d'Hindous mahométans, est évalué à 200,000.

La capitale, Peschawer, à 12 kilomètres de Kaboul, à 7 kilomètres de l'Indus, à 23 kilomètres du mont Kheiber, et située à environ 140 mètres au-dessus du niveau de la mer, à peu près au centre de la suite de collines qui limitent la vallée au nord et au sud, construite sur le versant d'une hauteur isolée, entourée de champs bien cultivés, de pépinières et de groupes d'arbres, notamment de dattiers, possède un château, ancienne résidence des rois de Kaboul, un grand bazar, qui se prolonge le long de toute la ville, avec de belles boutiques pour la vente des produits de l'Inde et du Khorassân, un grand nombre de maisons à trois étages et construites en briques, plusieurs mosquées, un temple à pèlerinages et une célèbre académie musulmane. Peschawer a sans doute quelques édifices plus beaux que ceux qu'on voit à Kaboul; mais pour l'aspect général et l'importance elle lui est de beaucoup inférieure. Avant les troubles intérieurs et les guerres qui ont ravagé cette contrée dans ces derniers temps, cette ville, qui florissait par son industrie et son commerce, comptait 105,000 habitants. Aujourd'hui sa population n'est plus que de 70,000 âmes, et même que de 50,000 suivant quelques versions. C'est l'empereur Akbar, qui construisit Peschawer, au seizième siècle. Elle devint ensuite afghane; et en 1829 Rundjet-Singh la fit passer sous la domination des Sikhs, auxquels les Anglais l'enlevèrent en 1849; mais dès la même année elle fut saccagée et pillée par le peuple montagnard des Afridis.

PESCHETEAU. *Voyez* Lophie.

PESCHIERA, place forte et bourg de 1,500 habitants, dans la province de Mantoue (Royaume Lombardo-Vénitien), qui a une certaine importance militaire à cause de sa position sur le chemin de fer de Milan à Vérone et sur la rive méridionale du lac Garda (au point où en sort le Mincio et sur la route qui vient du Tyrol et de là se bifurque pour conduire à Brescia, à Mantoue et à Vérone). C'est en quelque sorte un fort détaché, mais un peu éloigné sans doute de Mantoue. Ce bourg appartenait jadis à la République de Venise, qui en 1796, au début de la guerre, le laissa occuper par les Autrichiens, complaisance que Napoléon considéra comme une violation de la neutralité. Le général autrichien Beaulieu, au lieu de défendre cette place à tout prix, l'abandonna à Bonaparte après la bataille de Lodi; celui-ci chargea aussitôt le général Chasseloup de la mettre en état de faire une vigoureuse résistance, et lorsque plus tard il fit le siége de Mantoue, la possession de Peschiera le mit à même de couper les communications de Mantoue avec le Tyrol et avec le lac Garda. Le successeur de Beaulieu, Wurmser, quand il reprit l'offensive, et surtout lorsqu'il lui fallut se retirer sur le Mincio, sentit vivement combien cette place lui faisait faute. Il a été de nos jours encore question de Peschiera et de ses deux forts avancés, Mantella et Salvi, lorsqu'elle fut bloquée et canonnée, le 10 avril 1848, par les Piémontais aux ordres du général Manno. Obligés de capituler le 31 mai, les Autrichiens en reprirent possession dès le 14 août suivant.

PESCHITO, titre d'une traduction syriaque de l'Ancien et du Nouveau Testament (*voyez* Bible).

PESHAWER. *Voyez* Peschawer.

PESON. Cet instrument, qui est une véritable balance, porte aussi le nom de *balance de Lambert*. Sa pièce principale est un fléau coudé en équerre, qui se meut sur un pivot fixé transversalement au sommet de l'angle que forment ses deux branches. Quand la balance est au repos, l'une de ses branches se dirige perpendiculairement vers la terre; l'autre, qui est beaucoup plus courte, et à laquelle on suspend les choses que l'on veut peser, se tient parallèlement à l'horizon. La charge que l'on suspend à cette dernière branche la fait baisser plus ou moins, et l'autre branche, dont le bout se termine en pointe, indique, sur un arc de cercle convenablement gradué, le poids qu'il faudrait pour lui faire équilibre.

Teyssèdre.

PESSIMISME, PESSIMISTE. Comme l'optimisme est la croyance à l'ordre qui a tout réglé pour le mieux dans l'univers, le pessimisme est la négation de cet ordre. Attristé par les phénomènes qui semblent troubler, bouleverser même le système habituel des choses, désolé, révolté à l'aspect de tant de vices, de crimes et de misères, le pessimiste se persuade que le mal domine dans le monde. Il croit alors, ou que la nature est soumise à une puissance aveugle et mécanique, au destin, à la fatalité, au hasard;

ou, s'il admet un ordonnateur suprême, il circonscrit sa providence dans le maintien des lois générales, qu'il a établies sans aucun souci pour la conservation ou le bien-être de la multitude des objets créés. Pourvu que le système universel des choses se perpétue par la durée de ses principaux éléments, peu importent les luttes, les souffrances, les destructions partielles.

On entend plus communément par *pessimisme* cette manie des esprits chagrins et mélancoliques qui, à force de s'appesantir sur les maux dont ils ont été les témoins ou les victimes, s'exagèrent encore ce qu'il y a de trop réel dans ses misères, s'habituent à voir tout en noir, ne croient plus à la probité, à la bonté, à la vertu, et ne savent jamais prévoir et prédire que des malheurs ou des crimes. Convenons qu'il est des situations et des époques, trop fréquentes dans les annales de l'humanité, où les illusions et les préventions de cette maladie sembleraient justifiées par les faits.

On désigne encore sous le nom de *pessimistes* ces hommes qui, dans les temps de dissensions politiques, n'attendent le bien que de l'excès du mal, et qui coopèrent quelquefois très-volontiers au pis, afin d'arriver plus vite au mieux. Ainsi, l'histoire accuse Sunderland et Godolphin d'avoir hâté par de perfides encouragements la chute du dernier des Stuarts. Complices de Guillaume d'Orange, ils poussaient l'aveugle imprudence de Jacques vers le précipice, pour devenir les ministres du nouveau roi; la politique des Machiavel applaudit à ces trahisons. L'histoire les flétrit.

AUBERT DE VITRY.

PESTALOZZI (JEAN-HENRI), philanthrope qui par ses efforts pour améliorer le système d'éducation publique a laissé un nom justement honoré, naquit en 1746, à Zurich, où son père, qu'il perdit de bonne heure, exerçait la médecine. Il étudia d'abord la théologie ; mais ses débuts comme prédicateur n'ayant pas été heureux, il renonça à cette carrière pour se livrer à l'étude du droit. Puis, sous l'influence de la lecture de l'*Émile* de Rousseau, il abandonna encore cette direction à l'âge de vingt-deux ans pour se faire cultivateur. Il acheta à cet effet un petit domaine, auquel il donna le nom de *Neuhof*, et se mit à l'exploiter lui-même. Un an plus tard, il épousa la fille d'un négociant de Zurich. En vivant ainsi au milieu des populations ouvrières, il put apprécier l'étendue de leurs misères et de leurs souffrances, et dès lors il conçut le projet d'essayer de les adoucir et de les soulager. Dès 1775 il commençait sa carrière pédagogique en recueillant dans sa maison une cinquantaine de pauvres enfants abandonnés, qu'il arracha ainsi à la vie de vagabondage et de mendicité pour leur donner une éducation morale et pratique. Mais trop enclin à se laisser entraîner par ses premières impressions, et peu fait d'ailleurs pour diriger des entreprises industrielles, parce qu'il ne savait pas assez exactement calculer le prix de revient, il finit par s'endetter, et dut au bout de cinq ans fermer sa maison de refuge. Pestalozzi s'était ruiné; à son tour il apprit à connaître par sa propre expérience ce que c'est que la misère et les terribles luttes auxquelles elle condamne celui qui devient une fois son serf. Ses anciens amis ou l'évitaient soigneusement ou le baffouaient. C'est alors qu'il lui vint à l'esprit d'écrire sur les questions au sujet desquelles il avait recueilli à ses dépens des notions toutes spéciales, et de populariser par la voie de la presse les idées qu'il avait conçues pour le soulagement des souffrances de la classe nécessiteuse, en même temps que pour faire goûter ses idées en matière d'éducation et ses méthodes d'enseignement. Ce projet, il le réalisa de 1781 à 1798 dans une série de publications qui obtinrent un grand succès. Nous citerons plus particulièrement ici son roman populaire *Lucchardt et Gertrude* et ses *Recherches sur la marche de la nature dans le développement de l'humanité*. En 1798, avec l'appui du directoire suisse, il fonda à Stanz une maison d'éducation pour les enfants pauvres; mais au bout d'un an les calamités de la guerre et les rancunes de ses adversaires politiques le contraignirent à fermer cet établissement, où l'on compta un moment jusqu'à quatre vingts enfants, que seul il instruisait et élevait. Il s'établit ensuite à Burgdorf comme vulgaire maître d'école ; et bientôt, grâce aux sympathies que ses livres avaient excitées dans une certaine couche de la population, la modeste école devint un institut ou pensionnat à l'usage de la jeunesse des classes riches ou aisées. De nombreux livres d'éducation, *Comment Gertrude enseigne ses enfants*, *Le Livre des Mères*, etc., obtinrent une grande circulation, et en remuant les idées des masses servirent en même temps de prospectus à l'établissement pédagogique fondé par l'auteur. Mais, d'un autre côté, les idées démocratiques très-avancées qu'il développait de plus en plus dans ses écrits le brouillèrent décidément avec le parti aristocratique suisse, tandis qu'en 1802 le parti populaire l'envoyait à Paris défendre ses intérêts auprès du premier consul. En 1804 il transféra à München-Buchsee, près d'Hofwyl, son pensionnat, qui était devenu de plus en plus florissant, puis encore dans la même année, et afin de s'associer avec Fellenberg, de München-Buchsee à Yverdun, dont le château lui fut donné à bail par le gouvernement local. L'institut de Pestalozzi comptait pour élèves une foule de jeunes gens appartenant aux familles les plus distinguées et les plus riches de l'Europe. Mais bientôt la discorde se glissa entre Pestalozzi et son associé, et leurs démêlés, en ébranlant l'établissement commun, assombrirent le soir de sa vie. C'est vers 1815 et 1816 que son institut se trouva dans la situation la plus florissante; puis à partir de ce moment sa décadence fut rapide. Arrivèrent les embarras d'argent, et en 1825 Pestalozzi était contraint de fermer sa maison, après avoir dans cet intervalle de dix années consacré à la soutenir le profit que lui avait valu la publication d'une édition de ses *Œuvres complètes* (15 vol.; Stuttgard et Tubingue, 1819-1826), profit, qui s'était élevé à une cinquantaine de mille francs. Pestalozzi se retira alors à Neuhof, chez son petit-fils. Il mourut à Brigg, dans le canton d'Argovie, le 17 février 1827. Consultez Chavannes, *Exposé de la Méthode élémentaire de Pestalozzi, suivi d'une Notice sur ses travaux et ses principaux collaborateurs* (Lausanne); l'abbé Gérard, de Fribourg, *Rapport sur Pestalozzi et sa Méthode* (1805); Jullien de Paris, *Esprit de la Méthode de Pestalozzi précédé d'un précis sur l'Institut d'Éducation d'Yverdun* (2 vol. Paris, 1812).

PESTE (du latin *pessimus*, très-mauvais). C'est ainsi que les anciens ont voulu désigner la maladie la plus meurtrière qui ait jamais affligé l'humanité. La promptitude et l'excès de ses ravages l'ont fait considérer par les uns comme une colère des dieux, et par les autres comme une épreuve de salut envoyée par le saint prophète. Aussi l'histoire nous montre-t-elle qu'à toutes les époques les populations effrayées attribuèrent ce terrible fléau à des phénomènes surnaturels, contre lesquels tous les efforts humains étaient impuissants. Ils en avaient fait une divinité, fille de la Nuit et compagne de la Famine. On institua à Rome, pour éloigner la peste, des jeux nommés *Taurii*. La peste la plus terrible que mentionne l'histoire ancienne est celle qui ravagea la Grèce et une partie de l'Asie, l'an 431 avant J.-C., durant la guerre du Péloponnèse. Sophocle, dans sa tragédie d'*Œdipe*, attribuait à la colère de Mars la maladie pestilentielle qui ravageait Thèbes : il disait « que Mars, inexorable, sans bouclier et sans épée, remplissait la ville de monceaux de morts ». Les Israélites croyaient que c'était un démon exterminateur qui frappait sans pitié. Durant mon séjour en Égypte, j'ai souvent entendu le peuple attribuer la peste à un méchant génie armé d'arc et de flèches. Aussi les femmes et surtout les enfants évitent-ils de sortir le soir, afin que ce génie exterminateur, qu'ils supposent caché dans l'ombre, ne les perce pas d'un *trait acéré*.

Cette maladie, considérée comme contagieuse par la plupart des médecins, attaque toujours une grande partie de la population. Tantôt endémique, comme en Égypte ou à Constantinople, parfois épidémique, comme celle qu'on a observée en 1720 à Marseille, la peste est caractérisée dans le plus grand nombre de cas par des bubons, des charbons et des taches livides à la peau, terrible cortége de symptômes qu'accompagnent ordinairement la fièvre ardente et le délire. Les anciens médecins, ne pouvant expliquer d'une manière rationnelle les causes occasionnelles de la peste, se livrèrent à des hypothèses aussi vagues que puériles sur l'étiologie de cette maladie. C'est ainsi que quelques-uns l'attribuèrent à des éclipses, d'autres à des animalcules microscopiques, et quelques-uns enfin à des pluies de feu invisibles, qui, pénétrant dans l'intérieur du corps, y déterminaient une sorte de bouillonnement du sang. Les *iatrochimistes* du moyen âge et de ces derniers temps cherchèrent à expliquer le virus pestilentiel en voulant le faire admettre comme formé de matière arsénicale et nitro-sulfureuse. Toutes ces hypothèses ou, pour mieux dire, toutes ces rêveries étant tombées dans l'oubli, c'est dans l'ordre des choses physiques qui nous environnent qu'on a cherché les véritables causes de la peste. La plus appréciable de toutes serait, d'après Broussais, l'absorption d'un miasme délétère qui, pénétrant dans l'économie animale par la triple voie des organes pulmonaires, des organes digestifs, ainsi que par les pores de la peau, déterminerait une sorte d'empoisonnement miasmatique.

Mes observations durant mon séjour en Égypte, où cette affection est aussi fréquente que meurtrière, viennent toutes à l'appui de l'opinion de ce réformateur de la médecine. J'ai en effet constaté dans un grand nombre de cas, et particulièrement sur moi-même, que la cause la plus active du typhus pestilentiel provenait des émanations putrides, soit qu'elles se dégagent des matières végéto-animales en décomposition au fond des mares d'eau stagnante que laissent après elles les inondations du Nil, soit qu'elles proviennent des cimetières, où l'on inhume les corps en les couvrant à peine d'une légère couche de terre, soit, enfin, qu'elles s'exhalent des nombreux tombeaux qui, presque toujours placés dans le voisinage des habitations, et parfois même dans l'intérieur des cours et des caves, laissent échapper au travers de leurs joints mal fermés des odeurs infectes, qui sous certaines influences de chaleur et d'humidité acquièrent un caractère pestilentiel. Ces émanations, ainsi que celles qui s'exhalent de toute matière végéto-animale que l'on fait putréfier, sont probablement composées de gaz hydrogène carboné, phosphoré, de vapeurs ammoniacales, ainsi que d'acide carbonique. Ce fut pendant un court séjour à l'hôpital d'Abouzabel que je contractai le typhus pestilentiel, par suite de l'imprudence que je commis d'aller visiter le cimetière qui l'avoisinait, afin de remédier à son insalubrité. Pariset, en exagérant les conséquences de semblables faits, en a conclu que la peste n'existait pas dans l'ancienne Égypte, parce que, dit-il, on y pratiquait l'embaumement des cadavres humains ainsi que de ceux des animaux. Si l'on joint à toutes ces causes de viciation atmosphérique le mauvais régime et le défaut de propreté des vêtements chez la plupart des Orientaux, la singulière crainte qu'ils ont de se souiller en enterrant les corps des animaux, lesquels pourrissent en grand nombre autour de leurs habitations, généralement sales et peu aérées, on aura alors l'explication la plus plausible de la fréquence des épidémies pestilentielles qui ravagent ces belles contrées. Toutefois, il convient de faire observer que la plupart de ces causes d'insalubrité ont considérablement diminué en Égypte depuis le gouvernement éclairé de Méhémet-Ali. Aussi les épidémies pestilentielles y sont-elles moins fréquentes qu'autrefois.

Il nous reste à ajouter au nombre des causes que nous venons d'énumérer la durée plus ou moins prolongée de certains états électriques de l'atmosphère, que nous ne pouvons bien apprécier, et surtout les émanations subtiles qui, s'exhalant sans cesse des corps des pestiférés, doivent accroître durant une épidémie l'insalubrité de l'air et des lieux. De tout temps on a généralement indiqué au nombre des circonstances propres à favoriser le développement des affections pestilentielles les tempéraments délicats, les excès dans tous les genres, et surtout ceux de la débauche et de la table; l'épuisement par suite d'évacuations trop abondantes, et même par le seul effet d'une excessive fatigue; les affections tristes, comme le découragement, la nostalgie, et principalement la terreur que cause en général cette redoutable épidémie. Certains auteurs ont admis que les tempéraments sanguins et les constitutions les plus robustes étaient souvent les premières victimes de la peste. D'autres croient avoir observé que les femmes succombent proportionnellement en plus grand nombre que les hommes. Il en est d'autres, enfin, qui affirment que durant les épidémies pestilentielles les enfants et les vieillards succombent en moins grand nombre que les adultes. Serait-ce parce que l'insouciance des uns et la diminution de perception chez les autres les rendent moins accessibles à la terreur qu'inspire cette redoutable épidémie?

Les symptômes ordinaires de la peste sont ceux de la plupart des affections typhoïdes, dont elle paraît être la plus forte expression. Toutefois, il est essentiel de faire remarquer que les bubons et les charbons, aussi rares dans le typhus qu'ils sont fréquents dans la peste, semblent donner à cette maladie un caractère spécial. Mais gardons-nous bien d'admettre rien de positivement absolu à cet égard, l'expérience nous a montré des cas de peste sans bubons ni charbons, et nous a fait constater d'autre part des exemples de typhus d'Europe présentant ce genre de complication. Voilà pourquoi la dénomination de *typhus d'Orient* nous paraît préférable à celle du mot *peste*.

Le développement de cette maladie offre des formes et des nuances si variées, qu'il est impossible d'en tracer un tableau qui se rattache exactement à tous les cas de peste, d'où sont venues les distinctions peu rationnelles de *peste chaude*, *peste froide*, *bénigne*, *maligne*, *inflammatoire*, *nerveuse*, *foudroyante*, et de tant d'autres divisions, tout aussi erronées les unes que les autres, parce qu'elles ne sont basées que sur la prédominance d'un symptôme ou sur l'exagération de souffrance qu'éprouve tel organe ou tel appareil d'organes, suivant les diverses constitutions des malades. Toutefois, nous ferons observer qu'il est des cas de peste qui se déclarent avec une telle apparence de lenteur et de bénignité, qu'un observateur peu attentif ou peu éclairé pourrait se méprendre sur le caractère constamment grave de cette maladie.

Le plus ordinairement elle commence par une douleur au front, se dirigeant vers l'occiput; par une courbature douloureuse, s'étendant le long de la colonne vertébrale, gagnant bientôt les membres, et se faisant principalement sentir autour des grandes articulations. Les malades éprouvent une faiblesse extrême et des vertiges qui rendent leur marche chancelante; ils éprouvent aussi du trouble dans la vue, des tintements d'oreilles, des nausées et un état de stupeur physique et morale, qui est le caractère spécial de toutes les affections typhoïdes; ils ressentent, dans divers sens, des frissons qui alternent avec des bouffées de chaleur. Un sentiment de terreur chez les uns, ou tout au moins un état d'anxiété chez ceux qui ont le plus d'énergie, se manifeste au début de cette maladie. Les malades, soit par un sentiment instinctif du danger qu'ils courent, soit par une crainte malheureusement trop fondée sur l'observation des faits qui se passent autour d'eux, désespèrent presque tous de leur salut dès l'instant qu'ils sont atteints par l'épidémie. Bientôt, si la chaleur prédomine sur le frisson, comme cela arrive communément, les malades éprouvent un sentiment de chaleur brûlante à l'intérieur, surtout vers l'épigastre : il leur semble que le sang bouillonne dans les veines; le cœur bat violemment, et parfois donne lieu à une anxiété précordiale inexprimable; le pouls est variable, ordinairement fréquent et irrégulier; il se manifeste souvent des hémorrhagies nasales; la respiration devient gênée, stertoreuse, inégale et précipitée; souvent encore il se déclaire des vomissements jaunes ou verdâtres, quelquefois sanguinolents, et accompagnés de hoquet; la langue offre une teinte d'un blanc jaunâtre. Dans presque tous les cas, elle est rouge à la pointe et sur les bords; souvent encore il survient un dévoiement fétide et brun, ou des hémorrhagies intestinales, suivies de coliques et de prostration extrême des forces. La fièvre s'allume, devient intense; les yeux sont rouges et le regard féroce; les douleurs de tête augmentent, le délire se déclare, des mouvements convulsifs ont lieu. Dans d'autres circonstances, la stupeur augmente, le froid devient glacial, les malades tombent dans un accablement qui tient presque de la syncope et présente même l'apparence d'une asphyxie par gaz miasmatique, qui devient promptement mortelle, si le retour de la chaleur n'établit une salutaire réaction.

L'urine varie de couleur et d'odeur : tantôt elle est blanche ou floconneuse; d'autres fois elle est jaune ou sanguinolente; parfois même elle est brune et fétide; un de ses signes les plus caractéristiques consiste dans une couche de matière huileuse nageant à sa surface; elle répand aussi une odeur douceâtre, et nauséabonde. La sueur ainsi que toutes les autres excrétions des pestilentiels ont également une odeur douceâtre *sui generis*, qui s'imprègne aux vêtements, au lit, à toutes les parties de l'ameublement et même aux murs de l'appartement. Cette odeur est si tenace, qu'elle persiste longtemps après le malade, à moins qu'on ne la détruise par des fumigations chlorurées, ou bien par des lavages et une ventilation prolongée. Au milieu de cette scène de désordres généraux et locaux se déclarent des bubons, le plus ordinairement au-dessous de l'aine, et d'autres fois sous l'aisselle ou au cou; rarement on les voit paraître au jarret ou au pli du coude. Il se manifeste aussi des charbons plus ou moins nombreux, des taches pétéchiales de toutes les dimensions, et dont la couleur varie depuis le rouge pâle jusqu'au brun le plus foncé, se manifestant dans les diverses parties du corps, mais principalement au tronc et dans tous les endroits de la peau dépourvus de poils. Des pustules gangréneuses viennent quelquefois se joindre à toutes ces graves affections cutanées et compléter avec elles le caractère le plus tranché des maladies pestilentielles.

D'après Pariset, on pourrait indiquer comme signes précurseurs des bubons et des charbons pestilentiels une tache violette située sur le milieu de la langue et accompagnée de deux lignes blanches sur ses bords. Il prétend encore avoir observé que le pouls était plus dur et plus fréquent du côté où le bubon devait paraître. Nous sommes porté à considérer comme signes plus évidents de la prochaine apparition des bubons le sentiment douloureux et profond que l'on détermine en comprimant les régions du corps où doivent se développer ces tumeurs, quoiqu'il n'y ait encore aucun signe apparent d'engorgement ni de rougeur. Lorsque c'est au pli de l'aine ou au jarret, le malade éprouve de la gêne en marchant; si ces douleurs précursives se manifestent au cou ou sous l'aisselle, il y a alors difficulté d'avaler ou de mouvoir le bras. Une circonstance digne de remarque, et qui a été signalée par Larrey, c'est que l'inflammation qui constitue ces tumeurs atteint de préférence le tissu cellulaire qui environne les glandes plutôt que ces derniers organes. Les charbons se manifestent d'une manière plus immédiate en donnant lieu à des tumeurs circulaires de couleur rouge brun ou noir, de forme ordinairement aplatie, plus ou moins étendue, occupant toute l'épaisseur de la peau, et se terminant toujours par une escarre gangréneuse, du centre de laquelle s'écoule souvent une sanie jaune, putride et âcre. S'ils se manifestent, ainsi que cela arrive le plus fréquemment, sur des parties très-charnues, ils peuvent occasionner alors de profondes désorganisations. Ces deux exanthèmes n'offrent rien de fixe dans leur apparition; tantôt ils précèdent l'état fébrile, mais plus souvent l'accompagnent ou lui succèdent. Quant aux pétéchies et aux taches livides de la peau, la gravité du danger qu'elles indiquent est en raison directe de leur étendue, de leur nombre, et surtout de la couleur plus ou moins foncée qu'elles peuvent offrir; leur teinte varie depuis le rouge pâle jusqu'au noir brun, et leur étendue depuis la grandeur d'une lentille jusqu'à des plaques plus grandes que la main.

Nos observations et la lecture des principales relations pestilentielles nous ont démontré que la peste non-seulement n'offre pas toujours la même série de symptômes, ni un degré de gravité aussi effrayant, mais encore que les bubons, les charbons et les taches pétéchiales ne se présentent pas constamment. Ainsi, lorsque cette maladie sévit avec fureur dans une localité populeuse, on voit des individus en être atteints sur les places, dans les rues, et mourir en peu d'instants, comme si le miasme pestilentiel les avait subitement asphyxiés, et par conséquent sans que les charbons ni les bubons aient eu le temps de se manifester. On voit également d'autres personnes qui, sortant de chez elles en bonne santé, sont rapidement atteintes de débilité, de prostration extrême : elles ont peine à regagner le logis. Un froid glacial s'empare de tout leur corps, la réaction ne peut s'établir, ou bien elle ne s'effectue que d'une manière incomplète, et les malades succombent durant la période d'invasion. Il en est quelques-uns, au contraire, qui, sans éprouver un véritable mouvement fébrile ni aucun des dérangements fonctionnels que nous avons précédemment indiqués, ne s'aperçoivent de la peste qu'ils ont contractée que par l'apparition de bubons presque indolores, qui parfois même ne les empêchent pas de marcher et de vaquer à leurs affaires. Chez quelques-uns le mal, quoique s'annonçant avec les symptômes les plus graves, n'est cependant pas mortel; tandis que chez d'autres la maladie, quoique offrant en apparence un caractère de bénignité, devient cependant mortelle au moment où ils se flattaient d'une prochaine guérison.

Chez la plupart des malades, le mal se déclare avec tous les symptômes d'une violente inflammation gastro-intestinale; chez d'autres, suivant leur prédisposition organique, la peste donne lieu à des accidents cérébraux très-graves et à des désordres profonds des phénomènes de l'innervation. Dans d'autres circonstances, la peste se présente sous une forme catarrhale, qui s'accroît, envahit profondément les poumons, les engorge, et se termine bientôt par la mort. Enfin, nous n'en finirions plus si nous voulions décrire les différentes formes que peuvent prendre les affections pestilentielles. Nous établirons donc en principe général que, lorsqu'une épidémie de peste règne dans une contrée, on considère comme pestilentiels tous les individus malades qui présentent l'ensemble ou seulement une partie des nombreux symptômes que nous avons indiqués, et chez lesquels la maladie se déclare d'une manière brusque, insolite, presque toujours avec un caractère alarmant, parcourant rapidement ses périodes, et le plus souvent, enfin, avec apparition de bubons, de charbons et de pétéchies. En un mot, la présence *multiple* des charbons et des bubons constitue pour nous le caractère le plus spécialement distinctif de la peste, quoique ces exanthèmes ne soient pas constants.

La durée de la peste est variable comme ses symptômes : ordinairement elle est mortelle durant les trois premiers jours; si non, elle parcourt son complet développement dans le premier septénaire. Si le malade survit après le septième jour, il offre en général de nombreuses chances de guérison; mais rien de constant à cet égard. Relativement à son intensité et à sa durée, Desgenettes a divisé la peste en trois degrés, à l'aide desquels on peut préciser d'une manière assez exacte le *diagnostic* et le *pronostic* général de cette maladie. *Premier degré :* fièvre légère sans délire, bubons : presque tous les malades guérissent promptement et facilement. *Deuxième degré :* fièvre, délire, bubons qui se manifestent aux aisselles, et plus rarement à l'angle des mâchoires; le délire s'apaise vers le cinquième jour, et se termine, ainsi que la fièvre, vers le septième : plusieurs malades guérissent. *Troisième degré :* fièvre et délire considérables, bubons pétéchies, soit, charbons, simultanément, soit isolément : très-peu de guérisons.

L'autopsie cadavérique a démontré qu'en général les lésions les plus graves se trouvent dans les organes digestifs. Le baron Larrey dit avoir remarqué qu'en effet les organes digestifs étaient les premiers affectés, et les plus gravement altérés. Selon la plupart des auteurs, on y trouve des traces d'inflammation, et parfois même de gangrène. Très-souvent encore on y rencontre des ecchymoses, et dans certains cas de petits points pustuleux répandus sur la muqueuse intestinale. Nous n'avons pas eu occasion d'y constater le gonflement des glandes de Bruner ni de Peyer, que l'on observe presque constamment dans les cas de typhus d'Europe. Les glandes mésentériques sont fréquemment engorgées; il n'est pas même rare de trouver des taches gangréneuses sur divers points du mésentère. D'autres praticiens ont constamment trouvé la rate d'un volume considérable, et le système veineux gorgé de sang noirâtre; quelques autres ont constaté dans certains cas des traces d'inflammation pulmonaire, hépatique, des traces évidentes de méningite, de congestion et d'épanchement sanguin dans l'encéphale, ainsi qu'un ramollissement considérable de cet organe. On rencontre très-souvent des extravasations sanguines dans le tissu parenchymateux des principaux organes, et dans plusieurs points où abonde le tissu cellulaire. M. Lefèvre dit avoir trouvé des pétéchies dans le ventricule gauche du cœur. En général la décomposition putride des cadavres arrive promptement. Le corps se couvre presque en entier de taches livides, marbrées, très-étendues, la physionomie devient presque méconnaissable, et, chose remarquable, on voit souvent les hémorrhagies qui ont eu lieu durant la vie se continuer en quelque sorte après la mort, avec cette circonstance que le sang est noir, suinte lentement et en bavant.

Il est des contrées, avons-nous dit, où la peste est *endémique*, d'autres où elle est *épidémique*, et des localités, enfin, où elle se déclare d'une manière *sporadique*. Mais là où elle est endémique, elle peut présenter les deux autres caractères : c'est ainsi qu'en Égypte et à Constantinople, où se trouvent réunies toutes les conditions propres à donner naissance à la peste, elle y devient souvent épidémique durant la saison chaude et humide; tandis que durant le reste de l'année, et même pendant l'été, lorsque les conditions ne sont pas très-favorables à sa propagation, elle n'y apparaît qu'avec un caractère sporadique. Mais quelle que soit son origine première, doit-on considérer cette maladie comme éminemment contagieuse, ainsi qu'on l'a généralement cru jusqu'à ces derniers temps. Une étude approfondie de cette maladie, un examen attentif des localités où elle prend naissance, et la lecture consciencieuse des principaux ouvrages écrits sur cette matière, m'ont amené à considérer la peste comme pouvant se communiquer par infection miasmatique, mais non par *simple contact*, soit des pestiférés, soit des objets qui auront servi à leur usage. Puisque l'observation nous démontre que des émanations putrides activées par une chaleur humide, et surtout secondées par des dispositions de localités toutes particulières, peuvent engendrer la peste, il nous semble naturel d'admettre que les exhalaisons pestilentielles que répandent les malades doivent augmenter d'une manière toute particulière ces causes générales d'insalubrité atmosphérique. D'où il résulte que si durant une épidémie de peste on joint à l'action générale d'une atmosphère morbide celle, plus morbide encore, de l'appartement d'un pestiféré, on sera doublement exposé à contracter cette redoutable maladie. A plus forte raison en sera-t-il ainsi lorsqu'on respirera de trop près l'haleine des malades, lorsqu'on touchera trop longtemps leur peau imprégnée d'une sueur fétide, et surtout si la crainte, jointe à une fâcheuse disposition de santé, rend encore plus accessible à contracter le mal.

Le docteur Clot-Bey, qui nous a remplacé dans le service médico-chirurgical des armées du vice-roi d'Égypte, n'a-t-il pas essayé vainement de s'inoculer la peste! L'illustre Desgenettes, afin de rassurer l'armée française, n'avait-il pas le premier donné l'exemple d'un courage aussi héroïque! Aucun d'eux n'a été atteint de ce redoutable fléau, parce qu'il existait en eux une énergie morale qui, secondée par des soins hygiéniques bien entendus, leur permettait de réagir victorieusement contre l'action des causes délétères qui les environnaient de toutes parts. En 1825, après la terrible épidémie de peste qui l'année précédente avait enlevé soixante mille habitants du Caire, nous avons vu vendre les vêtements des pestiférés sur les places publiques sans qu'aucun cas de peste se soit de nouveau manifesté. Un de nos élèves a rapporté, dans un mémoire qu'il a publié sur la peste, qu'atteint par l'épidémie, il fut soigné par ses parents, qui couchaient dans la même chambre que lui, et quelquefois même sur son lit, sans que cependant aucun d'eux ait été atteint de la peste. D'après toutes ces considérations, et d'après un examen consciencieux des faits soumis à notre observation, nous sommes donc amené à conclure que le simple contact d'un pestiféré, et encore moins de ses vêtements, ne suffit point pour donner lieu à la peste (*voyez* CONTAGION).

Au nombre des mesures générales propres à préserver d'une épidémie de peste, nous indiquerons l'assainissement général de tous les lieux publics et des maisons en particulier, de sévères règlements de police pour que les objets de première nécessité soient abondants et de bonne qualité, une vigilance active de la part de l'autorité pour soulager autant que possible les besoins les plus urgents des classes nécessiteuses, les soins attentifs que les magistrats doivent mettre à calmer les craintes du public et à prévenir ainsi les terreurs paniques qui épouvantent parfois des populations entières; la précaution d'établir des hôpitaux-lazarets bien administrés, afin que les étrangers qui s'y présenteraient atteints de la peste ne puissent franchir la frontière pour porter l'épouvante dans le pays et peut-être même pour y donner lieu à un foyer d'infection miasmatique capable, par un concours de circonstances malheureuses, de donner naissance à une épidémie typhoïde ou pestilentielle. Ajoutons à toutes ces précautions celle, non moins importante, d'établir des tentes hors des villes et dans une exposition favorable pour y faire soigner le plus grand nombre possible de malades à mesure qu'ils seraient atteints des premiers prodromes de la peste. Disséminer les malades au lieu de les accumuler dans les hôpitaux, comme on le fait ordinairement; les transporter dans des endroits isolés et bien aérés, plutôt que de les laisser dans les lieux insalubres où ils ont contracté la maladie, tels sont les meilleurs de tous les moyens pour empêcher la propagation du mal.

Parmi les nombreux moyens qu'on a préconisés et mis en usage pour combattre la peste, les antiphlogistiques sont ceux qui nous paraissent préférables dans la majorité des cas. Lorsque la peste, ainsi que cela a lieu ordinairement, se manifeste avec prédominance inflammatoire des organes digestifs, réagissant avec violence vers l'encéphale et donnant lieu à la fièvre et au délire, les antiphlogistiques généraux et locaux, directs et indirects, tels que la saignée générale, les sangsues, soit à l'épigastre, soit à l'anus, soit au cou, suivant l'opportunité que présentent les irradiations phlegmasiques; les boissons fraîches et acidulées s'il n'y a pas de toux, tièdes et pectorales s'il existe de l'irritation bronchique; les fomentations et les cataplasmes sur l'abdomen, les demi-lavements d'eau de guimauve simple, ou avec addition d'un peu d'amidon lorsqu'il y a disposition à la diarrhée; les réfrigérants sur la tête, parfois même les affusions froides lorsque la peau est brûlante, ou bien, suivant les indications, des sinapismes, des bains tièdes; la diète, le repos, et le renouvellement de l'air de l'appartement, qu'on rendra aussi frais que possible, doivent constituer la base du traitement à employer dans cette circonstance.

Il est bien entendu que dans tous les cas l'énergie du

traitement antiphlogistique doit être relative à l'intensité de l'inflammation ou de la fièvre, à la constitution et à la force du sujet. Il faudrait bien se garder de trop débiliter le malade, afin d'éviter une dangereuse prostration qui nuirait aux crises éliminatoires des miasmes dont l'économie cherche à se débarrasser par la sueur, les urines, les bubons, etc. Toutefois, il est important de rappeler que l'inflammation n'est pas le seul agent de destruction qui menace la vie du malade. La lésion du système nerveux par suite de l'absorption des miasmes n'est pas moins grave. Il faut par conséquent les combattre, non-seulement dans leurs effets primitifs et secondaires, mais encore chercher à les neutraliser dans l'économie, et surtout soustraire le malade, si faire se peut, à la continuité de leur absorption. De là les avantages incontestables de l'isolement, du transport du malade hors de l'enceinte où règne l'épidémie; de là aussi l'utilité des fumigations chlorurées dirigées avec précaution, des lotions et des lavements d'eau simple avec additions de quelques gouttes de chlorure de soude ou de chaux, bien entendu que l'emploi de ces moyens doit toujours être subordonné à l'état d'excitation du malade.

Pour ce qui est des révulsifs à l'extérieur, des boissons excitantes et sudorifiques, des frictions générales avec de l'huile camphrée très-chaude, leur administration peut être utile dans les cas de peste où le pouls est petit, le frisson de longue durée et la réaction difficile. Les bains froids et les affusions générales peuvent être utiles lorsqu'une chaleur excessive tourmente les malades; mais pour ce qui concerne l'emploi des potions excitantes amères, composées de quinquina, de camphre et autres substances incendiaires analogues, nous sommes loin d'en conseiller l'emploi, les considérant comme généralement nuisibles. Nous en dirons autant de l'administration empirique des vomitifs et des purgatifs, qu'on employait autrefois au début de presque toutes les affections pestilentielles.

Pour ce qui concerne les bubons, on les couvre presque toujours de cataplasmes émollients, afin de diminuer l'inflammation et de faciliter la formation du pus, dont on hâte la sortie au moyen d'une petite incision. Dans les cas, peu ordinaires, où l'inflammation des bubons serait trop lente, on l'activerait par des cataplasmes d'oignons de scille. Nous ne croyons pas qu'il soit jamais nécessaire de les cautériser avec le fer rouge, ni de les extirper, ainsi qu'on l'a pratiqué plusieurs fois. Quant aux charbons, il convient, pour arrêter leur marche destructive, de les scarifier ou de les fendre plus ou moins profondément, après quoi on les panse avec des émollients, toujours préférables aux onguents excitants, qu'on employait précédemment. Nous ne croyons pas nécessaire d'indiquer un mode de traitement particulier pour les pétéchies ni pour les plaques livides de la peau, parce qu'elles disparaissent d'elles-mêmes dès l'instant que les malades guérissent de leur affection pestilentielle.

L. LABAT, ancien chirurgien du vice-roi d'Égypte.

Peste se dit, par extension, de diverses maladies qui font mourir beaucoup d'hommes ou beaucoup d'animaux.

Peste, au figuré, désigne certaines choses pernicieuses, funestes, qui corrompent les cœurs ou les esprits. Il se dit aussi des personnes dont le pouvoir est funeste, dont la fréquentation est pernicieuse.

PESTE NOIRE. On désigne ordinairement sous ce nom une épidémie qui au quatorzième siècle enleva une grande partie de la population du globe alors connu. Il paraît qu'elle commença en Chine, et que de là elle se répandit dans toute l'Asie, au nord de l'Afrique, et dans toute l'Europe, qu'elle ravagea de 1348 à 1350. Elle avait été précédée par des tremblements de terre, par les dévastations d'innombrables essaims de sauterelles, par une désolante stérilité et d'autres phénomènes naturels du même genre. L'état politique et religieux d'une grande partie de l'Europe ne contribua pas peu à la propager, en raison surtout de l'imperfection et de l'insuffisance des dispositions prises pour en arrêter les progrès, et aussi parce que l'ignorance et la superstition eurent bientôt découragé les esprits, état moral qui prédisposait encore davantage les corps à subir l'influence de la contagion. On pourra se faire une idée de l'énormité des ravages causés par le fléau quand on saura qu'en Europe seulement, d'après des renseignements certains, il ne périt pas moins de *vingt-cinq millions* d'individus dans ces trois années. On peut conclure des nombreuses descriptions que nous ont laissées les contemporains, que cette épidémie n'était autre que la peste d'Orient, accompagnée d'un développement particulier des bubons pestilentiels et d'une rapide inflammation des poumons dégénérant en gangrène, affection contre laquelle la médecine ne connaissait point de remède. L'opinion populaire considérait cette épidémie comme un châtiment de Dieu. On chercha à la détourner au moyen de diverses pratiques superstitieuses. La réapparition des *flagellants* et de cruelles persécutions exercées contre les juifs, dont 12,000 périrent brûlés vifs dans la seule ville de Mayence, furent les suites de cette erreur. Quand la peste eut disparu, il suffit de quelques années heureuses et du notable accroissement de fécondité qu'on remarqua chez les femmes, pour ramener le calme et la tranquillité dans les esprits. Parmi les médecins qui observèrent et décrivirent cette épidémie, il faut mentionner surtout Guy de Chauliac et Chalin de Vinario, et parmi les écrivains, Boccace. Consultez: *La Peste noire du quatorzième siècle*, par Hecker (Berlin, 1832).

PESTH ou PEST (*Pestum* ou *Pestinum*), en hongrois *Buda-Pest*, la plus grande, la plus belle et la plus peuplée des villes de la Hongrie, est située sur la rive gauche du Danube, en face d'*Ofen*, dans une plaine sablonneuse, et a environ huit kilomètres de circuit. Les Romains avaient fondé au même endroit une colonie appelée *Transacincum*. C'est dans un acte de donation de Geysa II, en date de 1148, que le nom de *Pesth* apparaît pour la première fois. Quand, après la déroute essuyée, en 1241, par Bela IV à Sajo, les Mongols inondèrent la Hongrie, Pesth, déjà ville importante et habitée par une population allemande, devint la proie de ces ravageurs du monde; mais après leur retraite elle ne tarda point à se relever de ses ruines; et alors elle partagea toutes les calamités qu'attirèrent sur le pays, à l'extinction de la descendance mâle d'Arpad, en 1307, les rivalités des divers concurrents à la couronne, puis les guerres des Hussites et plus tard l'armée des croisés de Georges Dosa. D'un autre côté, la fondation sur l'autre rive du fleuve d'Ofen, devenue plus tard la résidence des rois, contribua à accroître sa prospérité, comme firent aussi l'agrandissement de puissance que valurent au pays les règnes glorieux et florissants de Charles Ier, de Louis Ier et de Matthias Corvin, et les diètes générales du royaume, qui se tenaient à peu de distance de là, dans la plaine de Rakos, et qui attiraient quelquefois de quatre-vingt à cent mille individus. Après le désastre de Mohacs (1526), la ville passa sous la dure oppression des Turcs; et à la suite des siéges nombreux qu'eut à soutenir la citadelle d'Ofen, elle finit par ne plus être qu'un monceau de ruines. Après l'expulsion des Turcs, en 1686, elle se releva rapidement, grâce aux éléments d'industrie qu'y apportèrent de nouveaux colons, pour la plupart Allemands ou Raitzes, grâce encore à son excellente position commerciale, de même qu'au grand mouvement d'affaires qu'y provoquèrent les guerres contre les Turcs et le renouvellement de ses priviléges de ville libre royale. Aussi en 1723 avait-elle pris une telle importance qu'on y transférait le siége des hautes autorités judiciaires. Sa prospérité s'accrut encore sous Charles VI, qui en 1727 y construisit la belle caserne des Invalides, sous Marie-Thérèse, et surtout sous Joseph II, qui en fit la capitale de la Hongrie. En 1790 on y comptait déjà deux mille cinq cents maisons. Exposée aux inondations du Danube, elles ont eu quelquefois pour elle les suites les plus désastreuses. C'est ainsi que l'inondation de 1838 y fit écrouler deux mille deux cent quatre-vingts maisons. Aujourd'hui Pesth compte au delà de cinq mille cinq cents maisons et 128,000 habitants y compris la garnison, forte de 9,000 hommes, et les étrangers.

La ville est divisée en cinq quartiers principaux : la *ville intérieure*, la *Leopoldstadt*, la *Theresienstadt*, la *Josephstadt* et la *Franzstadt*. Le plus beau de ces quartiers est la *Leopoldstadt*; c'est là qu'on voit les plus beaux édifices publics et les plus belles habitations particulières, surtout sur la rive du Danube. Les trois derniers, avec leurs rues tortueuses, avec leurs maisons ne consistant le plus souvent qu'en un simple rez-de-chaussée, avec les immenses jardins et plantations qu'ils renferment, ressemblent à de vastes villages. Les édifices les plus remarquables de Pesth sont la caserne des Invalides; le *Joséphin*, dont la construction fut commencée par l'empereur Joseph, utilisé aujourd'hui comme caserne d'artillerie, comme dépôt de munitions et comme prison; le *Ludoviceum*, autrefois école militaire à l'usage de la noblesse hongroise, maintenant hôpital militaire; le Musée national, fondé en 1802, au moyen d'une donation faite en mourant par le comte François de Széchényi, avec une grande bibliothèque, un cabinet de médailles, riche surtout en médailles hongroises, etc.; le théâtre national, fondé et entretenu comme institut national, l'hôtel de ville. Un pont suspendu, chef-d'œuvre de hardiesse et l'ouvrage d'un ingénieur anglais, relie Pesth à Ofen. L'université de Pesth, qui possède un revenu propre de 70 à 80,000 florins, reçoit en outre de l'État une subvention annuelle de 100,000 florins. Elle compte cinquante professeurs et environ mille étudiants. Sa bibliothèque est riche de plus de soixante-douze mille volumes. On compte à Pesth quinze églises et un grand nombre de maisons religieuses.

Dans ces dernières années la suppression de la ligne de douanes qui existait précédemment entre l'Autriche et la Hongrie, la construction du chemin de fer du sud-est, qui doit relier Debreczin et Szegedin au centre de la monarchie, et surtout le développement considérable de la navigation à vapeur sur le Danube de même que sur les deux autres grands cours d'eau de la Hongrie, ont eu pour résultat de singulièrement modifier la situation du commerce de Pesth. Si maintenant les détaillants des divers comitats vont faire directement leurs acquisitions à Vienne et à Brunn, au lieu de les faire comme autrefois à Pesth, en revanche le commerce des produits du pays, comme les céréales, le colza, le vin, la laine, les cuirs, etc., y a pris d'immenses développements.

PESTIFÉRÉ (du latin *pestis*, peste, et *fero*, je porte), individu affecté de la peste. Autrefois les pestiférés étaient un objet d'épouvante pour tout le monde, parce qu'on leur attribuait presque sans restriction la désolante prérogative d'infecter tout ce qu'ils touchaient et de communiquer leur mal à toutes les personnes qui les approchaient. Aujourd'hui les pestiférés n'inspirent plus un sentiment de terreur aussi général, et deviennent l'objet des soins les plus dévoués, tant de la part des médecins que de ceux qui sont en position de leur porter secours. Le temps n'est plus où les médecins n'approchaient des pestiférés qu'après s'être frictionnés d'huile et s'être revêtus d'une sorte de domino en toile cirée, garni de gants de même étoffe, et affublés d'un masque que surmontait un énorme nez à corbin rempli de parfums désinfectants. La plupart d'entre eux se bornent aujourd'hui à ne pas respirer de trop près ni trop longtemps l'haleine des pestiférés, à s'imprégner le moins possible de leur sueur, et à redoubler de soins de propreté durant une épidémie de peste; mais c'est surtout leur courage, leur abnégation de toute crainte qui, malgré leur dévouement à soigner les pestiférés, les garantissent des atteintes de la maladie beaucoup mieux que ne pourraient le faire les antidotes et les divers préservatifs qu'on a préconisés à toutes les époques. Dr L. Labat.

PESTILENCE (du latin *pestilentia*), corruption de l'air, peste répandue dans un pays. En termes de l'Écriture, être assis dans la chaire de *pestilence*, c'est professer une mauvaise doctrine.

PESTILENTIEL, mot qui indique une qualité maligne ou qui tient de la peste. C'est ainsi que l'on désigne sous le nom de *maladies pestilentielles* et de *fièvres pestilentielles* celles qui règnent épidémiquement, et offrent par leurs symptômes et par leur caractère de gravité de l'analogie avec la peste. On appelle aussi *air pestilentiel* toute atmosphère miasmatique susceptible d'engendrer de graves maladies, qui offrent toutes pour caractère principal un état de torpeur, d'où dérive leur désignation générale d'*affections typhoïdes*. L. Labat.

PESTUM. *Voyez* Pæstum.

PÉTALE (en grec πέταλον), nom donné à chaque pièce entière de la corolle d'une fleur. Quand la corolle est d'une seule pièce, elle est dite *monopétale*; elle est *polypétale* quand elle est formée de plusieurs pièces, *tétrapétale* quand elle en a quatre, *pentapétale* quand elle en a cinq.

PÉTARD, machine d'assiégeant ou arme à feu du genre de celles qu'on appelait *boîtes de réjouissance*; mais les boîtes se tiraient verticalement et les pétards horizontalement. L'emploi du pétard avait pour objet de crever, de renverser la porte d'une enceinte fermée, mais sans fossés ni palissades. C'était, depuis l'invention de la poudre, un moyen d'attaque catabalistique, c'est-à-dire imitant l'effet du bélier des anciens et du fauteau de nos pères. Les efforts de la défense étant toujours venus à la suite des efforts de l'attaque, de même que les boucliers et les cuirasses ne sont venus qu'après les javelots et les épées, les habitants des villes construisirent des machicoulis pour jeter de l'huile bouillante sur les pétardiers : ceux-ci cherchèrent à s'en garantir au moyen des pavois, que tenaient au-dessus de leurs têtes les pavessiers. Les défenseurs de lieux fermés s'ingérèrent alors de creuser, en dehors des portes, un fossé pour triompher de cet obstacle : les troupes de siége eurent recours au pétard à escale ou à pont volant, c'est-à-dire susceptible de glisser comme sur une coulisse jusqu'à l'extrémité de deux longues poutres, comparables à une échelle, ou plutôt à un poulain de vigneron : des gens déterminés descendaient dans le fossé, et y implantaient des arbres ou des poutres verticales, qui servaient de jambes de force ou d'appui à l'escale. On poussait sur l'escale le pétard, au moyen de rouleaux, de cordes, de poulies. L'escale devenait ensuite une espèce de pont, dont après la rupture de la porte l'attaquant se servait.

Depuis ces innovations, ces raffinements, les châtelains, les citadins, recoururent à la ressource des portes revêtues de plaques ou de lames de fer : ils eurent des portes à meurtrières; ils établirent des bascules, des trappes, des traquenards, qui saisissaient le pétardier comme on prend au piége des animaux malfaisants. Les ingénieurs des villes défendues inventèrent ou imitèrent l'usage des herses sarrasines dressées à l'intérieur; ils plantèrent à l'extérieur des palissades; ils construisirent des barbacanes en dehors du fossé, et enfin imaginèrent les ravelins. Depuis lors les dehors, les avancées, les feux casematés, ont neutralisé en mille cas le pétard : les soldats chargés des attaques renoncèrent au pétard, devenu insuffisant contre des places susceptibles de ce genre de résistance, et ils en vinrent au moyen, plus savant et plus terrible, mais plus commode, de la bombe. Le pétard continua cependant à être la clef des bicoques, des vieilles places à simple chemise.

On pourrait ainsi suivre pas à pas les progrès de l'art de la fortification, en montrant que chaque découverte, chaque perfectionnement défensif, ont été le bouclier opposé à un genre nouveau d'insulte. Un écrivain italien, Strada, prétend que ce fut à la surprise de Bonn, en 1588, que fut mis en usage le premier pétard. Strada se trompe de plus d'un siècle, puisque Louis XI pétardait pendant l'attaque de Dieppe, en 1444, une bastille défendue par le parti anglais. Henri de Navarre pétardait Cahors en 1579, et le Béarnais, s'y précipitant après l'explosion, y mit en pièces deux pertuisanes, dont successivement il s'escrima.

Mézerai prétend que le pétard était sous ce règne une innovation de peu d'effet. Il y a dans cette assertion une double erreur, et Mézerai, comme on le voit, n'était pas beaucoup mieux informé que Strada. L'ouverture du trou du mineur au siége de la citadelle d'Anvers en 1832 et la révolte de Lyon, depuis le règne de Louis-Philippe ont concouru à prouver l'utilité et l'importance du pétard.

Il y a eu des pétards de diverses espèces : on en a fait en bois, en fer, en bronze ; on a obtenu des effets de pétards à l'aide de bombes, de fougasses, de sacs de poudre. Le pétard était une espèce de culasse à chambre conique, ayant 32 à 40 centimètres de longueur et 18 à 21 centimètres de gueule ; ses lèvres étaient carrément reployées en dehors, comme les bords des tuyaux en fonte pour conduire les eaux. Cette espèce de tonnerre ou de court canon, rempli de poudre et de terre bourrées et tamponnées, était fermé par un madrier, où les bords de l'arme s'inséraient dans une rainure : le pétard y était fixé à vis, qui traversaient le madrier et les trous du bord recourbé de l'embouchure. Au moyen de tire-fonds vissés en quatre endroits du bois de la porte, on appliquait et l'on arrêtait solidement le pétard, à l'aide de courroies ou de cordages, qui venaient saisir à plusieurs reprises ses anses et le maintenaient horizontal. On clouait en outre le madrier contre la porte, et l'on mettait le feu comme à un canon, mais de très-loin, à cause des dangers de l'opération. L'explosion trouvant du côté de la ville la ligne de moindre résistance, enfonçait la porte et était entraînée avec elle : on a vu des débris être jetés à trois cents pas. Le métier de pétardier était des plus périlleux ; il en fallait au moins deux avec une vingtaine de servants : il était rare que plusieurs n'y trouvassent pas la mort ; aussi, autant que possible, était-ce nuitamment et dans le plus grand silence qu'on plaçait le pétard. Le lieutenant général Feuquières fut obligé une fois de poser lui-même le pétard, son chef d'équipage venant d'y être tué, ainsi qu'il le raconte dans ses *Mémoires*. Gal Bardin.

Le *pétard* est aussi une pièce de feu d'artifice.

PÉTASE, chapeau ou bonnet garni de bords pour garantir du soleil, à la différence du *pileus*, bonnet sans bords. Le *pétase* ailé est le symbole de Mercure. Les Grecs portaient ordinairement en voyage le pétase, appelé aussi *pileus thessalicus*. Les voyageurs romains en usaient de même. Suétone remarque d'Auguste, comme une chose extraordinaire, qu'il portait un *pétase* dans son palais, lorsqu'il s'y promenait à l'air.

Petasus signifiait aussi tout ce qui avait la forme d'un *pétase*, tel qu'un toit rond avec des bords aplatis.

Auguste Savagner.

PETAU (Denis), jésuite, et l'un des plus savants hommes de son temps, naquit à Orléans, en 1583. Après une première éducation, soignée par un père qui aimait les lettres, le jeune Pétau vint à Paris faire son cours de philosophie. Il le termina par des thèses en grec qu'il soutint publiquement, et qui lui valurent le titre de maître ès arts. Casaubon l'engagea à donner une édition des œuvres de Synesius. Pétau en commença dès lors le travail : il n'avait que dix-neuf ans. Bientôt il obtint la chaire de philosophie à l'université de Bourges. Peu de temps après, il entra chez les jésuites. Destiné par ses supérieurs à l'enseignement, il professa avec succès la rhétorique à Reims et à La Flèche, puis à Paris, où il vint en 1618. En 1621 il fut promu à la chaire de théologie positive, et pendant vingt-deux ans il la remplit avec la plus grande distinction. En 1627 il fit paraître un ouvrage qu'on attendait depuis longtemps ; c'est un traité complet de chronologie, sous le nom de *Doctrina Temporum*. Le succès en fut immense. Cependant ses travaux affaiblirent sa santé. En 1644 il fut obligé de se démettre de sa chaire de théologie. Il mourut le 11 décembre 1652.

Pétau écrivait bien en latin, et il était si versé dans la connaissance de la langue grecque, qu'au rapport du P. Oudin, elle lui était plus familière que le français. Il eut des guerres longues et violentes à soutenir contre Saumaise et Scaliger. Le P. Pétau, malgré sa douceur, employa dans ses écrits polémiques une âpreté de paroles, une acrimonie, au moins égale à celle de ses adversaires. Tous les écrits du P. Pétau ne furent point également approuvés de sa compagnie. On dit qu'il pensa s'attirer de sérieuses affaires par quelques propositions mal sonnantes de sa *Théologie dogmatique*. Outre des éditions et des versions latines de Synesius, de Themistius, de saint Épiphane et de Julien, et des remarques sur le lexique d'Hesychius, il a écrit : *Orationes*; *Opera poetica*; *Opus de Doctrina Temporum* (2 vol. in-fol., 1627); *Uranologia, sive systema variorum auctorum qui de sphæra ac sideribus, eorumque motibus, græce commentati sunt* (in-fol., 1630); *Tabulæ chronologicæ regum, dynastiarum, urbium, rerum, virorumque illustrium a mundo condito* (in-fol., 1628); *Rationarium Temporum, in libros tredecim distributum* (1633-34, 2 vol. in-12); *La Pierre de Touche chronologique, contenant la méthode d'examiner la chronologie et d'en reconnaître les défauts* (1636); *Paraphrasis Psalmorum omnium, necnon canticorum quæ sparsim in Bibliis occurrunt, græcis versibus edita, cum latina interpretatione* (1637); *Græca varii generis Carmina cum lat. interpret.* (1641); *Theologica dogmata* (1644-50, 5 vol. in-fol.); *De la Pénitence publique et de la préparation à la communion* (1644) : c'est une réfutation du livre *De la fréquente Communion*, composé par Arnaud et Nicole.

A. Oc.

PÉTAUX ou **BIDAUX**. *Voyez* Goujat et Pataud.

PÉTÉCHIES (de l'italien *pedechio*, morsure de puce). On appelle ainsi des taches rouges ou pourprées, dont la grandeur varie depuis une tête d'épingle jusqu'à la grosseur d'une lentille, apparaissant par groupes sur la peau, sans que la pression du doigt puisse les faire disparaître, et qui s'en vont sans laisser d'écailles après elles et sans causer non plus de douleurs. Ces taches accompagnent tantôt symptomatiquement les irrégularités dans les fonctions digestives, les maladies suivies de fortes congestions à la peau, les éruptions cutanées et autres affections amenant l'affaiblissement du système vasculaire avec tendance à la décomposition du sang, par conséquent, les fièvres, le scorbut, etc., et tantôt les fièvres épidémiques, cas où elles se montrent tout au début de la maladie, comme dans les fièvres pourprées (*febres petechiales*) ou dans *morbus maculosus hæmorrhagicus Werlhofii*. Cette dernière affection n'est point épidémique ni suivie de fièvre ; elle est accompagnée d'un flux de sang s'échappant par la cavité buccale ; et lorsqu'il ne survient pas d'autres complications plus graves, elle n'est point dangereuse. On la traite ordinairement par les astringents, auxquels on joint avec avantage des bains tièdes et des lotions vinaigrées. On remarque aussi des *pétéchies* dans la peste.

PÉTERHOF, château impérial bâti sur les bords du golfe de Cronstadt, à 28 kilomètres de Saint-Pétersbourg et relié à la capitale par une route magnifique, qui n'est qu'une longue allée de parc. C'est tout à la fois le Marly et le Versailles de la Russie, tant ses jardins et son parc abondent en pièces d'eau, en cascades et en ouvrages hydrauliques de tous genres. Peut-être même l'emporte-t-il sur Versailles tant sous le rapport des immenses masses d'eau qu'on y a réunies, de l'étendue de ses jardins et du grandiose de son orangerie et de ses serres, que sous celui de la beauté de son site. Péterhof s'élève en effet sur une colline dominant au loin le golfe de Finlande, et qu'enveloppent de toutes parts des forêts séculaires ; on y jouit d'une vue admirable, et à l'extrémité de son vaste horizon s'élèvent les gigantesques ouvrages de Cronstadt. Péterhof fut, comme Saint-Pétersbourg, bâti par Pierre le Grand, et était la résidence favorite de ce prince. Son immense château est riche en souvenirs de toutes les époques. Dans l'un de ses salons on voit une admirable tapisserie des Gobelins, présent de Louis XVIII à l'empereur Alexandre, et représentant

Pierre le Grand assailli par la tempête au milieu du lac Ladoga; et dans un autre, les grandes toiles du célèbre Hackert représentant la bataille navale de Tschesmé et l'incendie de la flotte turque. Ce fut pour donner à l'artiste les moyens de mettre le plus de vérité possible dans la scène qu'il avait à reproduire que, par ordre de l'impératrice Catherine, l'amiral Orloff fit sauter en l'air, dans la rade de Livourne, une frégate chargée de poudre. Dans d'autres salons, on conserve encore les vêtements et les outils de Pierre le Grand. La chambre à coucher de cet empereur y est encore exactement dans l'état où elle se trouvait au moment de sa mort.

Péterhof est la résidence favorite de la famille impériale, qui tous les ans y passe la plus grande partie de l'été. Chaque année, au jour de la fête de l'impératrice Alexandra, le 1er (13) juillet, on y célèbre une fête qui attire ce jour-là à Péterhof plus de 100,000 individus venant à pied, à cheval, en voitures, en barques ou en bateaux à vapeur, pour voir jouer les grandes eaux et admirer l'incomparable illumination du parc tout entier.

La petite ville de Péterhof, qui s'est insensiblement bâtie près du château, compte aujourd'hui un millier d'habitants.

PETER-PAULS-HAFEN. *Voyez* PETROPAWLOWSK.

PÉTERSBOURG ou SAINT-PÉTERSBOURG, seconde capitale de l'empire et première résidence de l'empereur de Russie, dans le gouvernement du même nom (779 myriamètres carrés, avec 650,000 habitants), l'ancienne Ingrie, à l'embouchure de la Néwa dans le golfe de Finlande, à 70 myriamètres de Moscou, à 150 myriamètres de Berlin, fut fondée par Pierre le Grand, en 1703, dans un emplacement qu'il venait tout récemment d'enlever à l'ennemi. Il n'entrait pas d'abord dans les plans de ce prince de bâtir une nouvelle capitale sur les bords de la Néwa; tout ce qu'il voulait, c'était construire une forteresse capable de tenir les Suédois en respect, et profiter de cette situation si avantageuse pour créer en même temps quelques établissements commerciaux. Mais un grand nombre d'entre les ouvriers employés aux travaux de construction de la forteresse s'étant bâti des habitations aux environs, en même temps que quelques seigneurs venaient s'établir dans Wassili-Ostroff, grande île située entre les deux principaux bras de la Néwa, ainsi que dans l'île de Pétersbourg et du côté de l'Amirauté, Pierre le Grand résolut de fonder en cet endroit une grande ville en même temps qu'une forteresse, mais sans pouvoir cependant pressentir l'extrême importance et le brillant éclat que cette création devait avoir un jour. Le sol des environs de Saint-Pétersbourg est plat et marécageux et parfois sablonneux; c'est ce qui, joint à l'état inculte d'une grande partie des environs et à la violence des vents, en rend le climat généralement insalubre. Les vents dominants sont ceux de sud-ouest et de sud-est. Quand les premiers soufflent avec persistance, il en résulte souvent des inondations, parce que l'eau du golfe est poussée par la violence de la tempête vers l'embouchure de la Néwa, à l'écoulement de laquelle elle oppose une résistance qui la fait refluer et bientôt sortir de son lit. La plus terrible des inondations de ce genre dont on ait conservé le souvenir est celle qui arriva le 19 novembre 1824. Plusieurs centaines de personnes périrent dans cet affreux désastre, et des milliers d'individus y perdirent tout ce qu'ils possédaient; une foule de maisons s'écroulèrent, notamment dans les îles, et tous les ponts de la ville furent enlevés par la violence du courant. En été, la chaleur devient quelquefois extrême à Saint-Pétersbourg, et alors les soirées n'en paraissent que plus fraîches. Toutefois, comme on sait mieux s'y garantir contre le froid qu'au sud de l'Europe, les hivers y sont moins désagréables pour les étrangers que là. La Néwa, navigable à Saint-Pétersbourg pour les bâtiments des plus grandes dimensions, s'y partage en *Grande-Newka*, partant du nord et qui plus tard envoie un bras au sud-ouest, la *Petite-Newka*, et en *Grande* ainsi qu'en *Petite-Néwa*, entourant toutes deux *Wassili-Ostroff* (l'île Wassili ou Guillaume). L'aspect du fleuve et de ses rives majestueuses, vu de l'un des ponts de bateaux par un beau jour d'été, est un des spectacles les plus magnifiques qu'on puisse avoir. La ville a 28 kilomètres de circuit; sa partie méridionale, sur la rive gauche de la Néwa, avec le quartier de l'Amirauté, est la plus belle. Entre cette partie méridionale et la partie nord, c'est-à-dire la rive droite de la *Grande-Newka*, du côté de Wiborg, on trouve, en allant du sud au nord: 1° *Wassili-Ostroff;* 2° l'île de Saint-Pétersbourg proprement dite, avec la forteresse, l'île Pétrowski et l'île des Apothicaires; et 3° *Kamennoï-Ostroff, Krestowsky* et *Ielagin*, groupe d'îles admirablement cultivées, couvertes de jardins, de parcs et de magnifiques édifices impériaux à côté de modestes *datsches* (maisons d'été). Quelques points, d'où l'on jouit de la vue de la capitale et de celle de la mer, sont réellement de toute beauté, et par suite le rendez-vous du beau monde, en été comme en hiver, époque où on y élève ces montagnes de glace dont la descente à grande vitesse en traîneaux est un des plaisirs nationaux.

La ville est partagée en treize parties, subdivisées en quartiers. Peu de villes d'Europe possèdent une aussi grande quantité de larges et longues rues (on les appelle *perspectives*). Quelques-unes ont jusqu'à 40 mètres de largeur, et même plus. La *perspective de Newski* a 4,785 mètres, et, en y comprenant ses prolongements, voies qui pour être moins élégantes n'en sont pas moins droites, près de 7 kilomètres de longueur. Les rues les plus fréquentées sont pavées en blocs de bois, et bordées de chaque côté de magnifiques trottoirs; de même que les rives du fleuve et des canaux sont pour la plupart revêtues de magnifiques quais de granit. On remarque plus particulièrement le *quai Anglais*, sur le principal bras de la Néwa, où l'on voit amarrés des bateaux à vapeur et des bâtiments à voiles de presque toutes les nations du monde. Le pavage actuel, ainsi que l'éclairage, laissent beaucoup à désirer, et il n'y a encore d'éclairé au gaz que les rues principales. On manque aussi d'eau potable, et l'on est réduit à l'eau de la Néwa, à laquelle les étrangers ont beaucoup de peine à s'habituer. Les trois canaux de la ville sont désignés sous les noms de *Fontanka*, *Canal de Catherine* et *Moïka*. On les traverse sur de magnifiques ponts en pierre, ou en fer fondu (on ne compte pas moins de cent cinquante-deux ponts à Saint-Pétersbourg), tandis que jusqu'à ce jour il n'y a eu sur la Néwa que des ponts de bateaux. Le nouveau pont en pierre *Blagoweschtschensky*, imposant édifice, qui relie Wassili-Ostroff à la ville proprement dite, ne fut inauguré que le 4 décembre 1850. Parmi les nombreuses églises gréco-russes, il faut citer en première ligne l'église Isaac, non encore terminée, construite en granit et en marbre. Les quarante-huit colonnes d'ordre dorique en granit poli de Finlande, de 18 mètres d'élévation, et chacune d'un seul bloc, qui en forment le portique, peuvent donner une idée de la grandeur et de l'élévation de cet édifice. La perspective de Newski notamment abonde en églises; ainsi, on y voit deux églises grecques, dont la célèbre cathédrale de Notre-Dame de Kasan, la nouvelle église hollandaise, la nouvelle église protestante-allemande, une église catholique et une église arménienne. Tout à l'extrémité de la perspective de Newski et de la ville se trouve le couvent d'Alexandre Newski, siége du métropolitain, avec une grande église bâtie dans le style grec pur, et qui contient le sarcophage du saint, en argent massif. L'église Saint-Pierre-et-Saint-Paul de la citadelle est remarquable par sa flèche, haute de 53 mètres 33 centimètres, richement dorée et qu'on peut apercevoir, de même que celle de la tour de l'Amirauté, de presque tous les points de la ville. Elle renferme les tombeaux de tous les empereurs de Russie depuis Pierre le Grand jusqu'à Nicolas. Enfin, il faut encore citer l'église du couvent de Smolna, qui, commencée sous le règne de l'impératrice Élisabeth, n'a été terminée qu'en 1835. L'empereur l'a érigée en cathédrale à l'usage des jeunes gens élevés dans les écoles impériales. Les autres églises, devant être chauffées en hiver, sont nécessairement petites pour la plupart. L'orgue y fait aussi défaut, parce que dans le rit grec c'est le chant des prêtres qui en tient lieu. Parmi les chœurs de chantres, celui des chantres de la chapelle impériale a une réputation européenne. Du reste, presque tous les cultes reconnus en Europe, et même le mahométisme, ont leur temple à Saint-Pétersbourg, et jouissent non-seulement de la tolérance, mais encore de la protection du gouvernement. Il n'y a que les juifs, dont le nombre au reste est fort minime, qui n'aient point de synagogue. On compte à Saint-Pétersbourg quarante-six églises cathédrales et paroissiales gréco-russes, plus de cent oratoires particuliers, quarante-cinq chapelles, six cent vingt-six clochers, cinq églises catholiques, huit églises luthériennes, deux églises réformées, une église d'hernhutes, deux églises arméniennes-grégoriennes, plus de deux cents établissements d'instruction publique de différents degrés, entre autres une université, plusieurs colléges, un grand nombre de pensions, soixante-dix pharmacies, environ trois cents fabriques et neuf mille habitations particulières, parmi lesquelles une foule de brillants hôtels. Le *Palais d'Hiver*, construit en 1754, par Rastrelli, qui avant l'incendie du 29 décembre 1837 occupait une surface de 218,079 mètres carrés, situé sur la rive gauche de la Néwa, et demeure d'hiver de l'empereur, forme avec le *Grand* et le *Petit Ermitage*, qui y sont reliés par des arcades et où se trouvent un théâtre, une collection de tableaux, de médailles et de pierres précieuses, ainsi qu'une bibliothèque de 100,000 volumes, une façade de 183 mètres. Depuis l'effroyable incendie qui en détruisit toute la partie intérieure, il a été reconstruit avec encore plus de magnificence qu'autrefois. Plus loin à l'est, sur les bords du fleuve, on trouve le *Palais Constantin*, appelé précédemment *Palais de Marbre*, construit en granit et en marbre d'une teinte sombre, édifice à l'aspect triste, dont l'impératrice Catherine avait jadis fait présent à son redouté favori Grégoire Orloff. Indépendamment du *Palais de la Tauride*, avec un beau jardin, donné jadis à Potemkin par la même impératrice; du *Palais d'Aritschkoff*, situé sur la perspective de Newski, qu'habitait l'empereur Nicolas lorsqu'il n'était encore que grand-duc, et qu'a habité après lui l'empereur actuel lorsqu'il n'était aussi qu'héritier de la couronne; et du *vieux Palais Michailoff*, où résidait et où mourut l'empereur Paul Ier, et qui est occupé aujourd'hui par le corps des ingénieurs, il faut encore citer surtout le *nouveau Palais Michailoff*, auquel est attenant un parc, et qu'habitent le grand-duc Michel et sa famille. Construit de 1819 à 1825, sous la direction de Rossi, il a coûté 17 millions de roubles, et est un des plus beaux qu'il y ait en Europe. Un autre édifice magnifique, c'est le palais construit en 1844 à l'usage de la grande-duchesse Marie, épouse du duc de Leuchtenberg. Il y a encore dans l'île Ielagin un palais habité l'été par l'empereur, et dans Kamennoï-Ostroff un autre palais où habite également en été le grand-duc Michel. Ces deux palais sont entourés de jardins magnifiques.

Le nombre des édifices compris sous la dénomination de *bâtiments de la couronne* est très-considérable. On remarque surtout le magnifique bâtiment de l'Amirauté, avec sa flèche dont la dorure n'a pas coûté moins de 60,000 ducats, où viennent aboutir comme à un centre commun trois perspectives principales, entre autres celle d'Alexandre-Newski; le grandiose *bâtiment de l'État-Major*, couronné par un char triomphal et percé par un arc de triomphe; le *bâtiment du Sénat et du saint-synode dirigeant*; l'hôtel du ministère de la guerre et le beau manége de la garde; sur la perspective de Newski, le nouveau Théâtre Alexandre, qu'avoisine le *bâtiment de la Bibliothèque* contenant 445,000 volumes, outre un grand nombre de cartes et de plans; et non loin de là le *Gostinnoï-Dwor*, ou Salle aux Marchands, contenant trois cent quarante boutiques, qu'occupent de riches marchands; puis, dans les autres quartiers de la ville, le Grand-Théâtre, le Théâtre Alexandre et le Théâtre Michailoff, l'Arsenal, la Banque impériale, le Mont-de-Piété, les grandes maisons d'éducation à l'usage des femmes, l'hospice des orphelins, dans lequel sont recueillis chaque année plus de quatre mille enfants, et dont l'entretien coûte 5,500,000 roubles par an, enfin le *nouveau bâtiment de l'Amirauté*, où l'on peut construire les vaisseaux des plus fortes dimensions; dans Wassili-Ostroff, où, suivant les plans primitifs de Pierre le Grand, devaient s'élever les plus beaux édifices de la ville qu'il fondait, les bâtiments connus sous le nom de *colléges*, autrefois siéges des administrations supérieures et occupés aujourd'hui par l'université, la magnifique Bourse, ornée de deux rostres, entourée par un portique que soutiennent quarante-quatre colonnes; le grand entrepôt des marchandises, la Douane, l'Académie des Sciences et l'Observatoire, l'École des Beaux-Arts et les écoles militaires, où habitent environ quatre mille élèves, l'Académie russe; du côté de Wiborg, l'Académie de Médecine et de Chirurgie; enfin, dans divers quartiers de la ville les hôpitaux, entre autres l'hôpital général militaire, contenant des lits pour plus de deux mille malades, les grandes casernes et les maisons d'exercice.

En fait d'établissements d'instruction publique, il faut surtout citer l'université, fondée en 1819, qui en 1851 comptait soixante-huit professeurs et employés, et trois cent soixante-neuf étudiants (ils étaient avant au nombre de sept cents); le grand Institut pédagogique, destiné à former des maîtres pour l'enseignement supérieur; l'Académie religieuse du couvent de Newski; l'Académie de Médecine et de Chirurgie; cinq colléges, l'Institut oriental, le Corps des Mines, l'Institut technologique, et plusieurs autres établissements, tant impériaux que privés. L'Académie des Sciences, fondée par Pierre le Grand sur les plans de Leibnitz, et qui toujours compta dans son sein des hommes d'une réputation européenne, n'a rien perdu aujourd'hui de son antique renom. A la plupart des établissements que nous venons de mentionner est adjointe soit une bibliothèque (celle de l'Académie des Sciences est riche de 95,000 volumes), soit une collection d'art. Les différentes collections de minéraux, et de médailles du Corps des Mines, des Ermitages et de l'Institut oriental sont du plus haut prix, et le jardin botanique brille également par la beauté de ses serres. Les monuments les plus remarquables sont la colonne d'Alexandre, entre le Palais d'Hiver et l'État-Major général, la statue en pied de Souvaroff dans le grand Champ-de-Mars, l'obélisque de Roumjanzoff sur la place attenant à l'Académie des Beaux-Arts, et surtout la statue équestre en bronze de Pierre le Grand, œuvre de Falconet, qui a pour soubassement un bloc de granit de 16 mètres 66 centimètres de long sur 7 mètres de large et 5 mètres 66 de haut. En 1837 on a posé des deux côtés de la colonnade de Notre-Dame-de-Kasan les statues en pied et en bronze de Koutousoff et de Barclay de Tolly. Saint-Pétersbourg possède aussi deux arcs de triomphe grandioses, l'un sur la route conduisant à Riga, et l'autre sur la route de Moscou. La plupart des maisons de cette capitale ont un aspect agréable et sont construites en pierre. Beaucoup sont ornées de colonnades; et toutes sont couvertes en zinc ou en tôle, qu'on peint d'ordinaire en vert, en rouge ou en gris. Ce qui manque à Saint-Pétersbourg, ce sont les beaux jardins et boulevards de Moscou; elle ne peut montrer que le petit Jardin d'Été sur la Néwa, où se trouve la grille de fer si fameuse par sa hauteur, et les quinconces qui entourent l'Amirauté. Presque toutes les places publiques sont nues et sans ombre.

Le nombre des habitants, qui en 1750 n'était encore que de 74,200, était déjà au commencement de ce siècle de plus de 200,000. En 1839 il avait atteint le chiffre de 476,386. Dans les années suivantes, ce chiffre avait subi une diminution sensible; il n'était plus que de 449,060, dont 388,774 grecs orthodoxes, 25,005 luthériens, 7,864 réformés, 548 anglicans, 23,083 catholiques, 34 arméniens, 572 juifs et 2,214 mahométans. Depuis cette époque l'accroissement de la population a été minime. En 1848 on comptait à Saint-Pétersbourg 473,437 habitants, et en 1851 478,500. Le choléra qui y éclata à la fin de 1852 fit un grand nombre de victimes. Presque toutes les nations de l'Europe sont aussi représentées dans cette capitale; mais les Allemands, qui sont au nombre d'environ 30,000, forment la majorité des étrangers. Beaucoup de fonctionnaires publics de l'administration supérieure et inférieure, de savants, d'artistes, de marchands et de gens de métiers, comme la plupart des boulangers, de même que tous les pharmaciens, sont Allemands. La fabrique de Saint-Pétersbourg est sans doute importante; mais sous ce rapport comme sous celui de l'industrie cette capitale est encore bien en arrière de quelques autres villes de l'empire, notamment de Moscou. Parmi les fabriques les plus considérables figurent en première ligne les fabriques impériales de tapisseries, de glaces, de porcelaine, de cristaux et de papier; l'établissement impérial pour le polissage des diamants, d'où sortent aussi de magnifiques vases de malachite, la fonderie de l'Arsenal et la fabrique de poudre; puis la filature de coton appartenant au baron Stieglitz; la fabrique de drap du comte Komarowski; les ateliers pour la fabrication d'ustensiles en platine, et l'établissement d'affinage dans le bâtiment du Corps des Mines, etc. Le commerce extérieur se trouve pour la plus grande partie entre les mains des négociants étrangers, et se fait par Cronstadt; cependant, une grande partie des navires étrangers arrivent jusqu'à Saint-Pétersbourg même. Lorsque les eaux sont trop basses pour cela, on décharge les marchandises sur des bateaux plats, qui les y conduisent facilement. Depuis 1846 il existe à Saint-Pétersbourg une société de navigation à vapeur, et la ville possède déjà trente-sept bateaux à vapeur (le premier qu'elle ait eu fut acheté en 1815) en communication régulière avec les principaux ports de la Baltique, avec le Havre, Hull (depuis 1845) et Londres. C'est au mois d'août 1851 que le chemin de fer de Saint-Pétersbourg à Moscou a été livré à la circulation. En 1852 ont commencé les travaux du chemin de fer qui doit relier Saint-Pétersbourg à Varsovie, d'un parcours total de 106 myriamètres. Dès l'année suivante, il était en activité de service jusqu'à Gatschina. En fait de plaisirs sociaux et de divertissements publics, de théâtres, de concerts, de bals, de belles promenades, Saint-Pétersbourg l'emporte de beaucoup sur toutes les autres villes de la Russie, sauf Moscou, qui à cet égard est encore plus riche qu'elle, mais sans pouvoir ni l'une ni l'autre être comparées sous ce rapport soit avec Londres, soit avec Paris. Toutefois, il faut avoir vu ces deux capitales rivales pour se faire une idée de la foule compacte de piétons, de voitures et d'équipages de toutes espèces, du bruit et du tumulte dont la ville de la Néwa présente le spectacle. Ce qu'on appelle la *semaine du Beurre* (*Masslænitza*) et la semaine de Pâques, sur la place d'Isaac, sont les deux époques de l'année où les divertissements publics sont le plus nombreux. En été il y a émigration générale de la partie aisée de la population pour la campagne; où l'on va tout au moins, en partie de plaisir, visiter les magnifiques châteaux et les délicieux parcs des environs, par exemple Péterhof, Oranienbaum, Zarkoe-Selo ou Gatschina, Krasnoe-Selo, Strelna, etc. La foule se porte surtout le 1er (13) juillet, jour de fête de l'impératrice Alexandra, à Péterhof, et le 1er (13) mai à Katharinenhof, château impérial au milieu d'un vaste parc, que Pierre le Grand fit construire pour son épouse Catherine; et ces jours-là les routes qui y conduisent sont encombrées de piétons, de cavaliers, d'équipages, de gens venant pour voir et de gens venant pour être vus. Indépendamment de ces deux manières de *Longchamp*, le beau monde va dès qu'il fait beau se promener à Pawlosk, où un chemin de fer, construit en 1839, transporte les flâneurs en quelques minutes. Consultez Granville, *Petersburgh, a journal of travels to and from that capital* (2 vol., Londres, 1829).

PETERWARDEIN ou **PETERWARADIN**, chef-lieu des *Frontières militaires* esclavonnes-serbes, l'une des places les plus fortes de la monarchie autrichienne, est située sur la rive droite du Danube, dans une contrée marécageuse et malsaine. Elle est le siége du commandement général des trois régiments d'infanterie de Frontières esclavons et du bataillon de *tschaïkistes*, ainsi que d'un commandant de place et d'un état-major de régiment. Avec ses faubourgs, et non compris la garnison, forte de 2,000 hommes, on y compte une population de 1,500 habitants, de race allemande pour la plus grande partie. Elle possède quatre églises, une école principale, un hôpital militaire, et un arsenal qui contient une foule de curiosités provenant des guerres contre les Turcs. Un pont de bateaux réunit Peterwardein à Neusatz, qui lui fait face. Cette place forte en contient à bien dire deux. La forteresse supérieure, construite sur un rocher de serpentine assez élevé, isolé de trois côtés, et communiquant avec un ouvrage à cornes, est une vieille construction datant déjà de plusieurs siècles. Elle contient une caserne, un arsenal, un puits de niveau avec le Danube, et n'est habitée que par le militaire. Au pied de la montagne est située la forteresse inférieure, ou la ville proprement dite. Peterwardein s'élève sur les ruines de l'*Acumincum* des Romains, et son nom lui vient, dit-on, de Pierre l'Ermite. En 1688 les Impériaux en rasèrent les fortifications, et à quelque temps de là les Turcs réduisirent la ville en cendres. La paix de Passarowitz (21 juillet 1718) en assura définitivement la possession à l'Autriche.

Cette ville doit surtout sa célébrité à l'éclatante victoire que le prince Eugène y remporta, le 5 août 1716, sur le grand-vizir Ali. Dans les guerres révolutionnaires de 1848 et 1849, elle fut occupée par les insurgés hongrois; et le 6 septembre 1848 elle fut forcée d'ouvrir ses portes au corps autrichien qui en avait formé l'investissement.

PÉTHION. *Voyez* PÉTION.

PÉTIOLE, support, queue des feuilles, qui les attache à la tige ou aux branches. Une feuille *pétiolée* est celle qui est supportée par un pétiole. Ce terme est opposé à *sessile*.

Kirby donne ce nom à la partie étroite par laquelle l'abdomen de quelques hyménoptères est uni avec le thorax.

PÉTION ou PÉTHION (JÉRÔME), dit *de Villeneuve*, maire de Paris pendant la révolution, naquit à Chartres, en 1753, d'un procureur au présidial de cette ville. Il se fit recevoir avocat vers 1778, et en 1789 il fut nommé député du tiers aux états généraux. Il avait des traits réguliers, mais inanimés, une physionomie froide et sans expression, des yeux qui semblaient de verre, tant ils étaient fixes et immobiles, un air de suffisance pédantesque et de contentement de soi-même. Ajoutons que la coiffure qu'il avait adoptée, se rejetant tout en arrière, donnait à sa figure un développement qui la faisait paraître plus niaisement épanouie. Un débit lourd, lent, ennuyeux, un organe empâté, des gestes d'avocat de province, des phrases vides et boursouflées, fatiguèrent tout d'abord l'assemblée, au point que sa présence à la tribune était devenue un signal de sauve-qui-peut général.

Il fut l'un des premiers députés qui s'affilièrent au club breton, dont il ne tarda pas à être un des membres les plus assidus et les plus actifs. Aussi acquit-il peu à peu une certaine influence parmi ceux qui dès lors rêvaient la république, et six mois ne s'étaient pas écoulés depuis l'ouverture des états généraux que déjà ils l'avaient affublé du sobriquet de *Vertueux*. Pour continuer à bien mériter de ses nouveaux parrains, Petion ne manquait aucune occasion de déclamer contre la cour, le clergé, la noblesse. Ce fut lui qui demanda, dès 1790, une loi contre les suspects, et s'opposa, dans la même séance, à ce que le roi continuât à s'intituler Louis *par la grâce de Dieu*. Dans la question du *veto* suspensif, défendu par Mirabeau, il ne craignit pas de lutter contre le grand orateur, dont il devint dès lors l'ennemi et le perpétuel dénonciateur. La reine surtout était l'objet de son aversion. A mesure que l'assemblée s'avançait dans la voie des révolutions, Pétion voyait augmenter son influence, et à l'époque du fatal voyage de Varennes elle était telle que l'assemblée le choisit pour un des trois commissaires qui devaient ramener l'infortuné monarque à Paris. La Tour-Maubourg et Barnave étaient, comme on sait, les deux autres. L'aspect de cette royale famille descendue à un tel degré d'humiliation trouva Pétion insensible ; et sa conduite, qui contrastait d'une manière si odieuse avec celle de Barnave, prouva qu'il n'était susceptible d'aucun sentiment de générosité.

Dans la séance du 13 juillet 1791, Pétion demanda que le roi fût mis en jugement et jugé par l'assemblée ou par une Convention nommée *ad hoc*. Sa demande, bien qu'appuyée par Grégoire, Robespierre, Vadier et trois autres, ayant été repoussée, il imagina la fameuse pétition du Champ-de-Mars, qu'il fit colporter par son ami et compatriote Brissot. La Constituante ayant terminé sa longue session, Pétion fut porté en triomphe par la populace. Nommé maire de Paris, le 17 novembre, il alla le soir même aux Jacobins les remercier de sa nomination. Le 1er janvier 1792, il refusa de faire à la reine le compliment du nouvel an, disant que la ville de Paris ne devait rien à une femme, et déclarant que si l'on persistait à vouloir se transporter chez l'épouse de Louis XVI, ses principes lui interdiraient l'honneur de présider la députation de la ville de Paris. Nous le voyons ensuite organiser, de concert avec Collot d'Herbois, l'apothéose des soldats de Château-Vieux, qui s'étaient révoltés contre leurs officiers et avaient pillé la caisse de leur régiment. Pétion est aussi l'un des auteurs et le principal directeur de la journée du 20 juin. Vers six heures, Pétion se présente aux Tuileries envahies, revêtu de l'écharpe municipale ; et là, monté sur un fauteuil : « Peuple, tu viens de te montrer digne de toi-même : tu as conservé toute ta dignité au milieu des plus vives alarmes. Nul excès n'a souillé tes mouvements sublimes ; espère, et crois qu'enfin ta voix aura été entendue. Peuple, la nuit approche ; retire-toi. » Et la foule docile se retire aussitôt à la voix de son magistrat, qui se rend à l'Assemblée nationale. « On a eu, dit-il, quelques inquiétudes sur une foule de citoyens qui se sont portés dans les appartements du roi ; lui n'en a eu aucune, il sait trop combien depuis trois années entières sa personne a été respectée. Il sait que les magistrats du peuple veillent à ce qu'on ait toujours pour lui le respect qui lui est dû. » Valazé demande qu'il soit fait mention honorable du zèle et de la conduite de Pétion ; Becquey s'y oppose, et l'on passe à l'ordre du jour.

Le 6 juillet, un arrêté du département de Paris suspend Pétion de ses fonctions de maire : le roi confirme cet arrêté le 12, et le 13 l'assemblée le casse. Pétion, devenu alors véritable roi de Paris, fait paraître un écrit ayant pour titre : *Règle de ma conduite envers le peuple*. Dans cet écrit cauteleux, il fait comprendre assez clairement aux agitateurs que, quelques crimes qu'ils commettent, on ne les considérera que comme des citoyens *égarés*, qui peuvent dans tous les cas compter sur son appui. L'avis ne fut pas perdu : les émeutes devinrent périodiques, et il ne se passa pas un jour sans qu'on vît quelque *aristocrate* assommé dans les rues de Paris. A la fin de chacune de ces émeutes, Pétion arrivait, recommandait le respect à la loi, et retournait conspirer à la mairie : ce qui fit dire à Mme de Staël qu'il ressemblait à l'arc-en-ciel, qu'on ne voyait jamais qu'après l'orage. Quand les *Marseillais* arrivèrent à Paris, leurs premiers hommages furent pour le *vertueux* Pétion, qui les reçut à la mairie, leur recommanda de ne pas se diviser, et les envoya caserner dans le couvent des Cordeliers. L'anniversaire de la fédération approchait : les cris de *Pétion, ou la mort !* retentissaient partout. Le jour venu de la fédération, non-seulement ces cris de *Pétion, ou la mort !* redoublèrent, mais tous les factieux portaient cette devise écrite à la craie sur leurs chapeaux, et forçaient tous les passants de les imiter. Pétion, à la tête de ses Marseillais, arriva en triomphateur au Champ-de-Mars, où Louis XVI était venu auparavant par les derrières de l'Ecole-Militaire. Sa vie ce jour-là fut entre les mains de Pétion, qui daigna l'épargner.

Vers la fin de juillet, il imagina de faire proclamer *la patrie en danger*, et ce fut lui-même qui présida à cette cérémonie. Peu après il fit armer de piques la lie du peuple, qu'il incorpora dans les rangs de la garde nationale ; et le 3 août il vint demander à la barre de la Convention la déchéance du roi. La pétition qu'il lut, au nom des quarante-huit sections, avait été commandée par la commune, et rédigée par Chénier, qui prenait alors le titre de *citoyen passif des insurgents de la section de la Bibliothèque* ; la veille, il s'était rendu à onze heures aux Tuileries, et avait exigé que le roi, qui venait de se mettre au lit, lui fût représenté, sous prétexte qu'il s'était sauvé, déguisé en capucin. Le 9 au soir Pétion se présente à l'assemblée, lui annonce que le tocsin doit sonner à minuit, et qu'il manque de moyens pour arrêter l'insurrection. A onze heures il se rend auprès du roi ; il reste enfermé avec lui jusqu'à minuit, et au moment où il le quittait, en l'assurant *que tout se pacifiait*, le bruit effrayant du tocsin se fait entendre de tous côtés. Pétion descend alors sur la terrasse du château, où, après s'être promené quelque temps avec Rœderer et Sergent, il s'assied sur les marches de l'escalier. Il y est bientôt entouré d'une vingtaine de grenadiers du bataillon des Filles-Saint-Thomas, qui le tinrent plus de deux heures comme en otage, afin d'en obtenir des ordres qu'ils pussent exécuter sous sa responsabilité. Dans cette position, quoique assez embarrassé de sa personne, il conservait un calme apparent, et recevait de temps en temps quelques nouvelles qu'il écoutait d'un air inquiet. Un décret de l'Assemblée vint le tirer de perplexité, en lui ordonnant de se rendre à son poste, c'est-à-dire d'aller rejoindre ses complices.

On connaît la fatale issue de la journée du 10 août, le départ du roi et de sa famille pour l'Assemblée, leur séquestration pendant trois jours dans la loge du *Logographe*. Il fut décrété, le 13, sur la proposition de Manuel, que la famille royale serait transférée au Temple. Elle partit dans deux voitures : Manuel et Pétion, qui étaient dans celle du roi, dirigèrent la marche par la place Vendôme, où Pétion eut la cruauté de lui faire remarquer en passant les débris de la statue de Louis XIV. Le 31 août il se présenta à la barre de l'assemblée, à la tête d'une députation de la commune, et accompagné de Tallien, qui déclara que dans deux jours le sol de la liberté *serait purgé de la présence des conspirateurs qui étaient dans les prisons*. Deux jours après, la menace de Tallien était accomplie : les massacres de septembre avaient commencé. Dans les premiers jours Pétion se tint à l'écart, et y parut entièrement étranger. On le consigna, ou il se fit consigner à la mairie ; et il n'y parut ni pour provoquer le carnage, ni pour l'arrêter. Le troisième jour seulement, vers le soir, il se rendit à l'hôtel de La Force, et là, comme il le dit lui-même, dans une espèce de mémoire justificatif qu'il fit paraître ensuite, étaient « des hommes tranquillement assis devant une table, le registre d'écrous ouvert et sous leurs yeux, faisant l'appel des prisonniers ; d'autres hommes les interrogeant, d'autres faisant fonctions de jurés et de juges ; une douzaine de bourreaux, les bras nus, couverts de sang : les uns, avec des massues, les autres avec des sabres et des coutelas qui en dégouttaient, exécutaient les jugements. » Au reste, il ne dit pas qu'il ait fait le moindre effort pour sauver des victimes : et alors que venait-il faire là ? Pétion, qui avait ainsi, lui premier magistrat de la capitale, laissé massacrer tranquillement, et sans oser ou daigner y paraître, aux Carmes, à l'Abbaye, à Saint-Firmin, au Châtelet, aux Bernardins, à la Conciergerie ; qui s'était montré un instant à La Force pour n'y rien faire, ayant appris que depuis cinq à six jours on massacrait à Bicêtre, sans qu'il eût l'air de s'en douter, ses entrailles parurent enfin s'émouvoir, et il *s'empressa* de s'y rendre. Quand il arriva, quatre ou cinq mille personnes avaient été déjà massacrées. Il en restait environ deux mille qui attendaient leur tour, et qui s'étaient réfugiées dans les caves et les cabanons souterrains, où les assassins s'occupaient à les noyer avec des pompes. Pétion leur parla humanité, *philosophie*. Ses paroles furent repoussées avec dureté. Quoi voyant, il se retira, en leur adressant, dit-on, cet horrible adieu : *Eh bien ! mes enfants, achevez !*

Nommé ensuite député à la Convention par le département d'Eure-et-Loir, il fut le premier président nommé. Aussitôt sa nomination proclamée, Manuel demande qu'il y ait pour lui et les présidents qui viendront après des marques distinctives de leur dignité : « Lorsque Cinéas, dit-il, entra dans le sénat romain, il crut voir une assemblée de rois. La comparaison serait une injure pour une assemblée de philosophes occupés à préparer le bonheur de l'univers; il faut que tout ici ait un caractère de dignité et de grandeur. » Assez, assez ! crie-t-on de toutes parts; et la proposition de Manuel est rejetée. Ce qui n'empêcha pas Pétion d'être réélu maire de Paris, le 18 octobre suivant; mais il n'accepta pas. C'est un fait acquis à l'histoire que dans les derniers jours de septembre, à l'époque où l'armée prussienne marchait sur Paris, Pétion, Manuel et Kersaint allèrent au Temple trouver le roi, et obtinrent de lui, moyennant la promesse qu'il aurait la vie sauve, cette fameuse lettre par laquelle il priait Frédéric-Guillaume de faire retirer ses troupes du territoire français. Quand vint le procès de Louis XVI, Manuel et Kersaint s'honorèrent, en tenant leur parole au péril de leur vie; et en effet cette action, non moins louable que courageuse, leur valut à tous deux l'échafaud. Pétion ne manqua pas non plus tout-à-fait à la sienne : car s'il vota la mort, il vota en même temps l'appel au peuple et le sursis.

Ses anciens complices ne lui pardonnèrent pas ce qu'ils appelèrent sa *défection*, et, classé dès lors parmi les girondins, qui avaient imaginé, dans l'intention évidente de sauver le roi, les deux votes auxquels Pétion s'était associé, il ne lui resta d'autre ressource que de faire désormais cause commune avec eux. Enveloppé dans leur proscription, après la journée du 31 mai, il se sauva dans le département de la Gironde, avec Grangeneuve, Cussy, Birotteau, Guadet et Buzot. Tous ayant été mis hors la loi, sur la proposition de Robespierre, les quatre premiers furent exécutés à Bordeaux, par ordre de Tallien. Quant à Pétion et Buzot, ils disparurent; et l'on ignorait ce qu'ils étaient devenus, quand leurs cadavres furent trouvés dans un champ, près Saint-Émilion, à demi dévorés par les loups. Georges DUVAL.

Le fils de Pétion est mort obscurément à Trévoux (Ain), au commencement de janvier 1848.

PÉTION (ALEXANDRE-SABÈS), né à Port-au-Prince, le 2 avril 1770, d'un riche colon et d'une femme de couleur libre, a été l'un des plus dévoués promoteurs de l'indépendance des nègres, et a mérité, par son désintéressement, ses vertus républicaines et ses connaissances, d'être appelé le *Washington haïtien*. Lors des troubles qui signalèrent la révolution française dans l'île de Saint-Domingue, il prit le nom de *Pétion*, vraisemblablement en l'honneur du *vertueux* maire de Paris. Il contribua au soulèvement libérateur de sa patrie, tout en protégeant la vie des colons, et fut un des adjudants généraux et des compagnons d'armes les plus distingués de Toussaint-Louverture. Mais quand ce chef ambitieux voulut cimenter l'indépendance d'Haïti dans le sang des blancs et des hommes de couleur, Pétion l'abandonna, et se joignit au général Rigault pour lui résister. Il soutint un siége dans Jacmel, traversa avec 1,900 hommes une armée ennemie de 21,000, se réunit à Rigault, et lorsqu'il ne fut plus possible de lutter, se réfugia en France avec celui-ci.

Pétion revint à Haïti, avec l'expédition du général Leclerc, en qualité de colonel; quand aux excès des nègres les généraux français répondirent par des excès non moins blâmables, Pétion abandonna la cause de la France pour demeurer fidèle à celle de la liberté de son pays. Il s'allia à Dessalines pour faire à l'armée d'occupation cette guerre qui affranchit définitivement l'île de Saint-Domingue. Après la mort tragique de Dessalines, devenu empereur, Pétion fut nommé par Christophe son lieutenant dans la partie méridionale de l'île. Christophe s'étant fait proclamer roi sous le nom de *Henri Ier*, Pétion protesta les armes à la main contre cette usurpation de la souveraineté du peuple haïtien. Les provinces du sud et de l'ouest conservèrent, grâce à lui, la forme républicaine, et élurent Pétion leur président. Christophe voulut réduire la république haïtienne sous sa domination ; mais battu par les troupes de Pétion, en 1807, il fut obligé de se réfugier au Cap; trois ans après, Henri Ier renouvela sans plus de succès ses ambitieuses tentatives. Dès ce moment la république haïtienne put s'établir paisiblement, grâce à la sagesse de Pétion, qui la dota d'excellentes institutions administratives, dont il avait étudié les bases dans le séjour qu'il avait fait en France; grâce à sa droiture, à sa probité, elle parvint à une véritable prospérité. Le terme de la présidence de Pétion arrivé, il fut réélu pour quatre ans, ainsi que le permettait la constitution; mais Pétion ne voulut plus du pouvoir suprême, il désigna Boyer pour lui succéder, et, croyant avoir assez fait pour sa patrie, il se laissa mourir de faim, en mars 1818. Ses restes, transportés à Paris, reposent sous un modeste monument, au cimetière du Père-Lachaise.

PETIT, ce qui a peu d'étendue, peu de volume dans son genre, dans son espèce. En ce sens il est opposé à *grand* ou à *gros*. Il s'entend aussi d'une quantité numérique, et alors il est opposé à *nombreux*. Il se dit généralement de toutes les choses physiques ou morales qui sont moindres que d'autres dans le même genre. *Cela est bien petit* signifie : Cela est bien bas, peu noble. *Petit esprit* se dit d'un homme minutieux, qui attache de l'importance à de petites choses; ou d'un homme qui a des sentiments peu nobles, peu généreux. *Se faire petit*, c'est se placer, s'arranger de manière à occuper peu de place, et figurément, éviter l'éclat, ne point chercher à occuper de soi. *Se faire petit, être petit devant quelqu'un*, c'est s'abaisser devant lui par respect ou par crainte. *Être petit devant quelqu'un*, c'est aussi perdre beaucoup à être comparé avec lui. Les *petits soins* sont des attentions délicates, recherchées. Le *petit peuple*, c'est le peuple, le menu peuple. Les *petites gens* sont des gens de basse condition; un *petit marchand* est un marchand au détail, sans importance. Le *petit monde* se dit par opposition au grand monde, aux personnes opulentes et considérables.

Petit exprime quelquefois une idée d'affection. Il se dit substantivement des personnes qui manquent de naissance.

Du petit au grand veut dire par comparaison des petites choses aux grandes. *En petit* signifie en raccourci. *Petit à petit* veut dire peu à peu, par degrés peu sensibles. *Petit à petit l'oiseau fait son nid*, dit le proverbe; c'est-à-dire on fait peu à peu sa fortune, sa maison.

Petit se dit aussi de certains animaux nouvellement nés, par rapport au père et à la mère.

PETIT. Plusieurs médecins célèbres du siècle dernier ont porté ce nom.

PETIT (FRANÇOIS POURFOUR DU), né le 24 juin 1664, à Paris, fit ses études médicales à Montpellier, où il fut reçu docteur en 1690, et vint ensuite se perfectionner dans sa ville natale. Pendant vingt ans, de 1693 à 1713, il remplit les fonctions de médecin militaire; puis il s'établit à Paris, où il se fit, comme praticien et comme oculiste, une grande réputation, et où il mourut, le 18 juin 1741. Outre plusieurs mémoires sur l'anatomie de l'œil et l'opération de la cataracte, insérés dans les *Mémoires de l'Académie*, on a de lui une *Dissertation sur une nouvelle méthode de faire l'opération de la cataracte* (Paris, 1727); des *Lettres d'un Médecin des hôpitaux du roi à un autre Médecin* (Paris, 1710), et d'autres ouvrages, dans lesquels il a consigné soit ses propres observations, soit celles de ses confrères.

PETIT (JEAN-LOUIS), né le 13 mars 1674, à Paris, commença de bonne heure l'étude de l'anatomie, et fit dans cette science des progrès tels qu'à l'âge de douze ans seulement Littré pouvait l'employer comme répétiteur de son cours; position qu'il conserva pendant quelques années avant de se consacrer à la chirurgie. De 1692 à 1700 il fut attaché, en qualité de chirurgien, à l'armée, où en dernier lieu il remplit les fonctions de chirurgien-aide major à l'hôpital militaire de Tournay. Il revint ensuite s'établir à Paris, où il fit des cours publics sur l'anatomie et la chirurgie; et il y acquit une si grande réputation, que les rois de Pologne et d'Espagne, ainsi que divers autres souverains étrangers, le mandèrent auprès d'eux pour le consulter. En 1731 il devint directeur de l'Académie royale de Chirurgie, et il mourut le 7 avril 1751, après s'être immortalisé par les progrès qu'il fit faire à la chirurgie en même temps que par les instruments qu'il inventa pour rendre diverses opérations plus faciles et plus sûres. C'est ainsi qu'il imagina un tourniquet pour suspendre le cours du sang dans les artères, et qu'il trouva le moyen d'extraire les corps étrangers à l'œsophage. On a de lui un *Traité des Maladies des Os* (1723), et un *Traité des Maladies chirurgicales et des Opérations qui leur conviennent* (3 vol., 1773 et 1790).

PETIT (ANTOINE), né en 1718, à Orléans, était fils d'un pauvre tailleur, qui s'imposa les plus pénibles privations afin de pouvoir lui faire faire ses études classiques au collége d'Orléans et de lui fournir ensuite les moyens d'étudier la médecine et la chirurgie à Paris. Ses études terminées, les facultés de médecine et de chirurgie lui accordèrent, en considération de son rare mérite, le titre de docteur, en le dispensant d'acquitter les droits de diplôme, qui s'élevaient à une somme considérable et alors beaucoup au-dessus de ses ressources. Cet humble début n'empêcha pas Petit d'arriver promptement à une grande et brillante réputation et à se faire une lucrative clientèle. Deux mémoires qu'il adressa à l'Académie des Sciences, l'un relatif à quelques ligaments de l'utérus, l'autre à une espèce particulière d'anévrysme, déterminèrent cette savante compagnie à l'admettre dans son sein, en 1760. Huit ans après, Petit fut appelé à occuper au Jardin du Roi la chaire d'anatomie; et pendant de longues années ses leçons attirèrent un immense concours d'auditeurs, charmés par la diction facile, abondante et variée du professeur. Il se retira, vers 1776, à Fontenay-aux-Roses, près Paris, accordant régulièrement trois jours par semaine à ses nombreux malades de la capitale. Vint le moment où il sentit le besoin de se reposer des fatigues de l'enseignement et de céder sa chaire d'anatomie du Jardin du Roi à un successeur plus jeune et plus actif. Il désigna à cet effet un de ses disciples, l'illustre Vicq-d'Azyr; mais Buffon, en sa qualité d'administrateur du Jardin du Roi, donna la place à Portal.

Petit, qui ne s'était jamais marié, consacra à des créations utiles la plus grande partie de la fortune considérable qu'il avait acquise dans la pratique de la médecine. C'est ainsi qu'il fonda dans la Faculté de Médecine de Paris une chaire d'anatomie et une chaire de chirurgie; et il désigna pour les occuper Leclerc et Corvisart. C'était noblement rembourser à cette faculté le crédit qu'elle lui avait fait au début de sa carrière en lui accordant pour payer ses frais de diplôme le temps nécessaire pour qu'il pût arriver *ad meliorem fortunam*. Il n'oublia pas non plus sa ville natale dans ses libéralités : il consacra une somme de 100,000 fr. à établir à Orléans quatre médecins et deux chirurgiens chargés de traiter gratuitement tout habitant pauvre et de délivrer des consultations gratuites, les jours de marché, aux habitants. Il pourvut, en outre, aux émoluments de deux avocats et d'un procureur ayant mission de prendre gratuitement la défense des plaideurs trop pauvres pour pouvoir défendre leurs droits en justice. A la suite des troubles de notre première révolution, les biens affectés à ces fondations furent aliénés; mais la maison de consultation d'Orléans a continué de subsister, conformément aux intentions du fondateur, qui, incapable de rougir de son humble extraction, stipula au contraire expressément, en souvenir de son père, que le concierge de cet établissement serait toujours un ouvrier tailleur. Dans les dernières années de sa vie, le séjour de Fontenay-aux-Roses avait fini par devenir odieux à Petit, parce qu'il lui rappelait l'excellente mère qu'il y avait perdue, et qui avait longtemps fait les honneurs de sa maison. Il se retira alors à Olives, petit village situé près d'Orléans; mais il ne quitta point Fontenay-aux-Roses sans laisser aux habitants de cet endroit un souvenir durable de sa bienfaisance : il légua la maison qu'il y habitait à la commune, pour être affectée au logement gratuit d'un médecin. Il passa peu de temps dans sa nouvelle demeure, et y mourut le 21 octobre 1794.

On a de lui : *Anatomie chirurgicale de Palfin*, avec des notes de l'éditeur et un traité complet d'ostéologie (1753), *Rapport en faveur de l'inoculation* (1768), *Recueil de pièces concernant les naissances tardives* (1766), et *Projet de réforme de l'exercice de la médecine*; ouvrages, au total, peu considérables et assez négligemment écrits, mais qui abondent en vues ingénieuses. Dr ISID. BOURDON.

PETIT-BOURG. A 40 kilomètres de Paris, à 5 de Corbeil, dans la commune d'Évry-sur-Seine, s'élève à mi-côte, sur les rives de la Seine, un château que Louis XIV fit construire pour une de ses maîtresses, madame de Montespan; après avoir passé dans diverses mains, ce château, dont les dépendances et les communs sont fort vastes, situé dans une position salubre, entouré de jardins potagers précieux, de bonnes terres labourables, était en dernier lieu la propriété d'un fermier des jeux, M. Perrin, puis d'un spéculateur, M. Aguado, lequel s'en dégoûta parce que le chemin de fer d'Orléans, en vertu de la loi d'expropriation, lui avait enlevé une partie de son parc. Une société qui s'était fondée, sous la présidence du comte de Portalis, pour créer des colonies agricoles destinées à recevoir de jeunes garçons pauvres, et pour en faire soit des agriculteurs, soit des apprentis industriels, s'installa, le 26 août 1843, au château de Petit-Bourg; elle comptait alors 22 jeunes colons, tous orphelins; ce nombre s'élevait à 123 quelques années plus tard. Aujourd'hui Petit-Bourg est une colonie pénitentiaire; une partie des élèves s'adonne aux travaux de l'agriculture et de l'horticulture, l'autre apprend diverses professions industrielles.

PETIT-CANON. *Voyez* CARACTÈRE (*Typographie*).

PETIT-CHÊNE ou **GERMANDRÉE CHÊNETTE.** *Voyez* GERMANDRÉE.

PETITE CIGUË ou **PETITE ÉTHUSE.** *Voyez* ÉTHUSE.

PETITE CULTURE. *Voyez* CULTURE.

PETITE ÉGLISE. *Voyez* ÉGLISE (Petite).

PETITE GUERRE. *Voyez* GUERRE (Petite).

PETITE-POLOGNE. *Voyez* GRANDE-POLOGNE.

Au siècle dernier, on désignait sous le nom d'*habitués de la Petite-Pologne* les nouvellistes et les flâneurs qui se réunissaient d'ordinaire dans le Jardin du Palais-Royal, à Paris, autour de l'arbre de Cracovie, où le célèbre abbé *Trente mille hommes* les charma, pendant plus de vingt-cinq ans, en recommençant chaque après midi, quand le temps était beau, l'exposition de son plan de descente en Angleterre.

[On a aussi donné ce nom, sans que nous sachions pourquoi, à une partie du quartier de la Bienfaisance située aux environs de la place Delaborde, qui était habitée autrefois par une population pauvre, à peine abritée. Plusieurs romanciers se sont plu à donner une description de cette *Petite-Pologne*. « Pour peindre ce quartier, écrivait Balzac, il suffira de dire que les propriétaires de certaines maisons habitées par des industriels sans industries, par de dangereux ferrailleurs, par des indigents livrés à des métiers périlleux, n'osent pas y réclamer leurs loyers, et ne trouvent pas d'huissiers qui veuillent expulser les locataires insolvables. » Des maisons plus élégantes s'élèvent aujourd'hui sur cette terre, mais d'autres Petites-Pologne se sont formées ailleurs, notamment aux barrières de la grande ville, pour recevoir sinon les mêmes exilés, du moins les mêmes misères.

L. LOUVET.]

PETITE-RUSSIE. On appelle ainsi, par opposition à la Grande-Russie (*voyez* RUSSIE), une contrée située au midi de la Russie d'Europe, entourée par la Grande-Russie, les provinces polonaises et la Russie méridionale, et qui se compose des quatre gouvernements de *Kief*, de *Charkof* ou de l'Ukraine Slobode, de Tschernigof et de *Pultawa*, comprenant ensemble une superficie d'environ 3,300 myriamètres carrés, avec une population de près de six millions d'âmes. C'est en même temps l'une des contrées les plus fertiles et, à bien dire, le grenier d'abondance de l'empire. L'aisance, suite de la fertilité du sol et de l'activité industrielle des habitants, se manifeste partout dans cette contrée. C'est là que fut longtemps le centre d'action de la puissance russe, et dès l'an 882 le grand-prince Oleg de Novogorod transférait sa résidence de Novogorod à Kief, d'où, à la suite de l'invasion des Tatares, il fut, à partir de 1238, transporté à Moscou, après avoir d'abord été momentanément établi à Wladimir. La Petite-Russie demeura au pouvoir des Tatares jusqu'en 1320, époque où le grand-prince de Lithuanie, *Gedimin*, conquit l'empire, qui obéit dès lors aux souverains de la Lithuanie, puis à ceux de la Pologne, quand les Jagellons unirent, en 1386, la Pologne et la Lithuanie sous le même sceptre. Mécontente de ce changement, une partie de la population alla s'établir dans les contrées situées au delà du Dniepr, où elle continua à mener une vie guerrière, indépendante et nomade; elle se soumit cependant, en 1654, à la domination russe. En 1667 et 1686, les rois de Pologne cédèrent formellement aux Russes cette partie de la Petite-Russie, qui reçut dès lors le nom d'*Ukraine russe*, c'est-à-dire de *Pays frontière de la Russie ;* et en 1781 et 1792 on en forma les trois gouvernements de Kief, de Tschernigof et de Novogorod-Sewerskoï. Plus tard ce dernier nom fut changé en celui de *Pultawa*. Mais la ville même de Kief appartenait encore aux Polonais, et était considérée comme la capitale de l'Ukraine polonaise, située sur la rive occidentale du Dniepr, et qui comprenait aussi quelques parcelles de la Podolie. Ce fut seulement à l'époque du second partage de la Pologne, en 1793, que cette partie de la Petite-Russie passa sous la domination russe; et en 1796 on en forma le nouveau gouvernement de Kief. Avant cette fusion de l'Ukraine russe et de l'Ukraine polonaise, il s'était aussi formé une *Ukraine slobode* (aujourd'hui gouvernement de Charkof), par l'émigration de nombreuses familles de Kozaks, originaires des deux autres Ukraines.

La population de cette contrée se compose en grande partie de Petits-Russes (*Malorosses*) qui aiment à s'entendre appeler *Kozaks*, mot qui, dans la langue tatare, signifie *guerriers*, mais qui ne sont vraisemblablement qu'une tribu particulière des Grands-Russes, à laquelle se seront joints, à une époque déjà fort reculée, quelques hordes tatares. La grande majorité de la population professe la religion grecque.

PETITE SCYTHIE. *Voyez* DOBROUDSCHA.

PETITES-MAISONS. C'était au siècle dernier le nom d'un hôpital de fous à Paris, rue de Sèvres. Ce nom lui venait de ce que les cours qui le composaient étaient entourées de petites maisonnettes ou loges fort basses servant de logements aux malheureux qui s'y trouvaient. Cet hôpital avait été fondé en 1497, sous le titre de *Maladrerie de Saint-Germain*, pour y traiter les individus atteints du mal de Naples. Il dépendait alors de l'abbaye de Saint-Germain. En 1544 l'abbé cardinal de Tournon le céda au prévôt des marchands et aux échevins de Paris, qui le disposèrent pour y recevoir des pauvres hors d'état de gagner leur vie, de l'un et de l'autre sexe, ainsi que des enfants attaqués de la teigne. On y enferma aussi des libertins et des insensés. Il contenait plus de quatre cents vieilles gens nourries pour la plupart aux frais du bureau des pauvres. Plus tard il n'y resta plus que des femmes âgées et des fous. On connaissait surtout les Petites-Maisons comme hospice d'aliénés; et au figuré *envoyer quelqu'un aux Petites-Maisons*, c'était le traiter de fou.

On donnait encore ce nom de *petites maisons* ou *folies* à des maisons ordinairement situées dans des quartiers retirés, et appartenant à de grands seigneurs du temps de Louis XV. Décorées dans le goût le plus lascif, elles avaient pour la plupart coûté des sommes énormes, et servaient à des orgies.

PETITESSE, qualité de ce qui a peu d'étendue, peu de volume. Il signifie aussi *modicité*. Au figuré, il s'emploie pour *faiblesse, bassesse*. Il se dit aussi des actions qui dénotent la petitesse du cœur, de l'âme, de l'esprit : La petitesse de l'esprit fait l'opiniâtreté ; La petitesse de l'esprit est voisine de la méchanceté.

PETITE VÉROLE. *Voyez* VÉROLE (Petite).

PETIT-FEUILLANT (Le). *Voyez* MONTGAILLARD (Bernard de).

PETIT-FILS, PETITE-FILLE, petits-enfants, fils ou fille du fils ou de la fille par rapport à l'aïeul ou à l'aïeule (*voyez* ENFANT, DESCENDANT, PARENT, etc.).

PETIT-GRIS, variété d'écureuil dont la fourrure, grise et mêlée de quelques rares poils noirs, et brillante, douce, est fort recherchée; la pelleterie en fait une grande consommation. Les petit-gris dont elle fait les fourrures les plus précieuses et les plus recherchées viennent principalement d'Arkangel, de Kasan, et de la Sibérie.

PÉTITION (du latin *petitio*, fait de *peto*, je demande). Pris dans son acception la plus générale, ce mot signifie *demande*, et principalement demande formée près d'une autorité pour obtenir soit une grâce, soit le redressement de quelque grief. En Angleterre le *droit de pétition* est un droit attribué au peuple de faire des demandes, soit individuellement, soit collectivement, aux autorités constituées, et d'adresser au parlement des réclamations, des plaintes, des avis, des propositions d'intérêt public ou particulier. Le *droit de pétition* fut reconnu en France à l'origine de nos assemblées législatives. Le règlement de notre première Assemblée constituante portait : « Les pétitions seront ordinairement présentées à l'assemblée par ceux de ses membres qui en seront chargés ; néanmoins, les personnes étrangères qui, ayant des pétitions à présenter, voudraient parvenir immédiatement à l'assemblée, s'adresseront à l'un des huissiers, qui les introduira à la barre, où l'un des secrétaires ira recevoir directement leurs requêtes. » Ce droit de présenter des pétitions à la barre des assemblées dégénéra en abus pendant la révolution, et sous ce prétexte l'émeute parvint plusieurs fois à exercer une grande pression sur les délibérations. Aussi la loi les défendit-elle depuis. La constitution de l'an VIII accordait à toute personne le droit d'adresser des pétitions aux autorités constituées, et notamment aux chambres. Ce droit fut consacré par la charte de 1814, et conservé par la charte de 1830 ; mais toutes les pétitions devaient être présentées par écrit, jamais à la barre ni en personne. Une commission nommée par les bureaux, et renouvelée tous les mois, était chargée de leur examen, et un membre faisait un rapport sur chacune. Une séance publique devait être consacrée chaque semaine à entendre et discuter ces rapports, en suivant l'ordre des inscriptions ; les pétitions appuyées par un membre obtenaient des tours de faveur. Après la révolution de Février le *droit de pétition* fut maintenu et étendu auprès des deux assemblées nationales qui se succédèrent.

A la suite du rapport de la commission, les chambres passaient à l'ordre du jour ou renvoyaient les pétitions au ministre compétent. On essaya plusieurs fois de réglementer l'exercice de ce droit, dont on abusait parfois étrangement. Les assemblées perdaient beaucoup de temps à écouter des pétitions insolites ; les ministres se souciaient rarement des pétitions qui leur étaient renvoyées ; on demanda que les rapports fussent d'abord imprimés et distribués, et qu'on ne s'occupât que des pétitions qui en vaudraient la peine ; on demanda aussi que les ministres fussent tenus de rendre compte de celles qui leur étaient renvoyées. D'autres voulaient que les signatures en fussent légalisées, etc. Rien de tout cela n'aboutit. Les pétitions étaient encore un moyen d'agitation à certains moments, comme lorsqu'on demanda la réforme électorale sous Louis-Philippe, ou la révision de la constitution sous l'Assemblée législative. C'était du moins un moyen d'avertir les pouvoirs existants : « Le droit de pétition, disait en 1851 le journal *Le Pays*, est inhérent à l'existence d'un pays libre.... Le peuple délègue sa souveraineté, mais il ne l'aliène pas indéfiniment. Il se peut que ses délégués, durant le cours de leur mandat, aient besoin de s'informer des vœux du pays pour s'y conformer ou même pour les diriger. En dehors du scrutin, le peuple n'exprime pas de volontés; il n'exprime que des vœux : l'unique moyen qu'il a d'exercer ce droit inaliénable, c'est la pétition. » Cependant, la constitution de 1852 a enlevé au corps législatif le droit de recevoir et d'examiner des pétitions, droit qui n'appartient plus qu'au sénat. Il est interdit à la presse d'en rendre compte.

En Angleterre le droit de pétition est un des plus anciens et des plus respectés. O'Connell a pu dire, en invoquant les termes du statut qui établit la succession de la couronne sur la base des droits et des libertés du sujet : « Oui, le titre de S. M. au trône repose sur le droit de pétition, et le statut porte expressément : Toutes poursuites et toutes accusations à raison de l'exercice de ce droit sont illégales. » La première pétition qui ait été adressée à la chambre des communes date du règne de Henri VII. Elles se multiplièrent surtout sous le règne de Charles Ier. Délibérées dans des *meetings* nombreux, couvertes de milliers de signatures, elles étaient présentées à la barre du parlement par des députations, et il s'ensuivait souvent des désordres. Ces scènes furent souvent imitées depuis, sans que jamais la libre Angleterre songeât à renoncer à ce droit. En 1817 sir Francis Burdett présenta à la chambre des communes plus de six cents pétitions pour la réforme parlementaire. En 1839 une pétition de la convention nationale d'Angleterre, présentée par M. Attwood à cette même assemblée, avait plus d'un kilomètre de longueur et était revêtue de douze cent cinquante mille signatures.

En France les réclamations qu'on veut adresser à l'administration, les grâces que l'on veut demander, doivent se faire par voie de *pétition*. Cette voie est aussi la base des actions que l'on veut introduire devant les juridictions administratives. Aux termes d'une loi du 13 brumaire an VII, rigoureusement remise à exécution depuis 1849, les pétitions et mémoires, même en forme de lettres, présentées au gouvernement, aux ministres et à toutes autorités constituées, et aux administrations et établissements publics, doivent être écrites sur papier timbré en raison de la dimension, à peine d'une amende de cinq francs outre le décime et le droit de timbre. Il est fait défense aux administrations publiques de rendre aucun arrêté sur un acte non écrit sur papier timbré. Par la même loi sont exemptées du timbre les pétitions adressées aux chambres, celles qui ont pour objet des demandes de congés absolus ou limités ou de secours. Une loi de 1807 exemptait aussi les pétitions contenant des réclamations contre les résultats de l'expertise cadastrale. La loi exempte encore celles qui sont relatives à des réclamations sur les contributions directes personnelles et mobilières pour une taxe au-dessous de trente francs.

En 1855, un avis du préfet de police a défendu de s'approcher de l'empereur pour lui présenter des pétitions ni d'en jeter dans sa voiture. On arrêtera tous ceux qui tenteront de le faire. Les pétitions sont reçues à un guichet du château des Tuileries. L. LOUVET.

PÉTITION DE PRINCIPE (du latin *petere principium*, aller au principe), sophisme dans lequel on retourne au principe d'où l'on est parti, en prenant pour base et pour moyen de démonstration précisément ce qui est à prouver. Le *cercle vicieux* est une sorte de pétition de principe. En général, dans ce faux raisonnement on suppose vrai ce qui est en question, on cherche à prouver l'incertain par l'incertain, on alterne les principes et les conséquences. S'agit-il, par exemple, de prouver la justice de ce qu'une loi autorise ou condamne, sera-ce bien raisonner que de dire : « Ce qui est conforme aux lois est juste; or ceci est conforme aux lois, donc cela est juste? » Non, sans doute, c'est là poser la question en principe, car la question véritable est de savoir si la loi elle-même est juste. C'est donc une pétition de principe.

PÉTITION D'HÉRÉDITÉ. Tel est le nom que le droit français, après le droit romain, donne à l'action par laquelle l'héritier légitime ou le légataire universel, dans les cas où la loi le considère comme héritier, demande contre celui qui détient, soit à titre de simple possesseur, soit à titre d'héritier, le délaissement total ou partiel d'une succession ou d'une chose particulière dépendant de cette succession. La plupart des auteurs s'accordent à ranger cette action dans la classe de celles que l'on appelle *mixtes*, parce qu'elles sont à la fois *réelles* et *personnelles*; elle se prescrit par trente ans. L'héritier légitime qui l'intente doit justifier du lien de parenté qui l'unit au défunt; mais il est évident que vis-à-vis d'un étranger il n'est pas tenu d'établir qu'il se trouve parent le plus proche. Celui qui l'intente en fondant ses droits sur un testament est seulement obligé de produire un testament valide; c'est au défendeur d'établir la révocation de ce testament par acte postérieur. Nous avons dit que l'*action en pétition d'hérédité* ne peut être dirigée que contre des détenteurs à titre universel, c'est-à-dire qui se croiraient à tort héritiers, ou qui posséderaient simplement sans justifier leur possession par aucun titre, contre ceux qui posséderaient à titre particulier, par exemple à titre d'achat, de donation, etc., des effets singuliers dépendant d'une succession, l'héritier ou le légataire universel devrait intenter l'*action en revendication*, assujettie à la prescription de dix ans entre présents et de vingt ans entre absents. Charles LEMONNIER.

PETITION OF RIGHTS, ce qui veut dire *pétition pour le rétablissement des droits et des libertés*. Les Anglais désignent sous ce nom le cahier de doléances que le parlement remit en 1628 au roi Charles Ier. On y signalait particulièrement les illégalités que le roi commettait sans cesse, et on n'y réclamait que l'exercice des droits déjà garantis par la *Magna Charta* et par d'autres statuts. Ainsi le parlement demandait qu'à l'avenir personne ne pût plus être contraint de payer au roi des impôts, emprunts ou dons que le parlement n'eût pas préalablement consentis; que personne ne pût être arrêté arbitrairement ni en dehors des formes prescrites par la loi; que personne ne pût être arbitrairement chargé de fournir le logis et la nourriture à des soldats ou à des matelots; que les commissions militaires fussent abolies, sans pouvoir jamais être rétablies. La chambre haute essaya d'abord de repousser cette pétition; mais elle finit par y accéder. Pendant longtemps le roi refusa de consentir à ce qu'on exigeait de lui; mais voyant de quelles dispositions menaçantes le parlement était animé à l'égard de son favori Buckingham, il se rendit lui-même, le 7 juin 1628, à la chambre haute, et accorda tout ce qu'on lui demandait. Quoique Charles Ier tentât tout aussitôt de violer l'engagement si solennel qu'il venait de prendre, les principes si clairs et si positifs posés par le parlement dans sa *petition of rights* en ce qui touche la propriété et la sûreté des personnes, devinrent la base des libertés nationales du peuple anglais; et par la suite ils furent confirmés et en tant que besoin complétés par la célèbre *Declaration of rights*.

PETIT JAN. *Voyez* TRICTRAC.

PETIT-LAIT. *Voyez* LAIT et SÉRUM.

PETIT-MAÎTRE. La fatuité la plus ridicule n'est pas chose nouvelle dans ce beau pays de France. A toutes les époques de notre histoire, nous avons eu nos *fashionables* de ruelles et de boudoirs. Le *petit-maître* existe de temps immémorial : le nom seul est moderne; encore s'est-il souvent transformé : les muscadins de la révolution, les incroyables du Directoire, les dandys et les fashionables de la Restauration, les lions de nos jours appartiennent sous tous les rapports à la catégorie des *petits-maîtres*. Quant à l'origine du mot primitif par lequel on les a qualifiés, on peut choisir entre diverses versions. C'étaient de jeunes gentilshommes, dont l'esprit se dissimulait sous ce costume plein de recherches, libertins, joueurs, tapageurs, duellistes. Les premiers qui furent désignés par le nom générique de petits-maîtres furent, disent les uns, les gentilshommes de la suite de Condé, qui du temps de la Fronde imitaient dans leurs manières prétentieuses le ton fier et dominateur du maître; d'autres prétendent que le duc de Mazarin, fils du maréchal de la Meilleraie, ayant obtenu la survivance de la charge de grand-maître de l'artillerie, que possédait son père, on commença à appeler *petits-maîtres* les jeunes gens de qualité ses amis, qui, comme leur chef, se distinguaient par l'affectation de leurs manières non moins que par celle de leurs atours. Les petits-maîtres de nos jours sont les fidèles descendants de ceux-là : la présomption, la sottise, la vanité, forment leur cortége.

En gravure, on appelle *petits-maîtres* les élèves sortis de l'école d'Albert Durer, qui se livrèrent, comme lui, à la gravure sur bois; ce nom leur vint des petites proportions de leurs ouvrages et de la délicatesse de leurs travaux. Holbein est le plus célèbre des maîtres appelés *petits-maîtres*.

PÉTITOIRE. Il faut se garder, en droit, de confondre la possession et la propriété. En regard de l'action possessoire donnée soit au possesseur troublé, soit au possesseur évincé par violence (l'auteur du trouble ou de l'éviction fût-il le légitime propriétaire), pour se faire maintenir ou réintégrer, une action, tout opposée dans son origine, devait par contre appartenir au propriétaire, qui en vertu de son droit, ignoré, méconnu ou usurpé, prétend, contre le possesseur de sa chose, ressaisir la possession, qui ne doit appartenir qu'à lui : cette action donnée au propriétaire est l'*action pétitoire*. Plus il y a de divergence entre la source, la marche et le but de ces deux actions, plus il importait à la bonne et rapide administration de la justice qu'elles ne vinssent jamais se mêler l'une à l'autre; de là cette règle posée par l'article 25 du Code de Procédure civile, et développée par les deux articles suivants : « Le possessoire et le pétitoire ne seront jamais cumulés. » C'est-à-dire que le *demandeur au possessoire*, qui demande à être maintenu ou réintégré dans sa possession, ne peut, une fois l'instance engagée, et avant le jugement de ce premier procès, réclamer par l'*action pétitoire* le droit de propriété. Réciproquement, le *défenseur au possessoire* ne pourrait justifier le trouble ou la violence dont il aurait usé pour s'emparer de la possession, en offrant la preuve de sa qualité de propriétaire. Avant toute décision sur le fond du droit, le respect dû à la possession exige qu'elle soit rétablie ou maintenue telle qu'elle existait antérieurement à la violence ou au trouble. Les mêmes principes veulent que le *demandeur au pétitoire*, c'est-à-dire celui qui se prétend propriétaire, et par là fondé à réclamer la possession, s'il échoue dans sa demande, s'il est jugé n'être pas propriétaire, ne puisse revenir par la voie possessoire contester la possession du défendeur : tant que les choses étaient entières, les deux voies s'ouvraient également pour lui; mais le choix qu'il a fait du pétitoire lui interdit sans retour l'action possessoire; il ne saurait prétendre à se faire investir de la possession lorsqu'une décision provoquée par lui-même le déclare non propriétaire, car, encore une fois, la possession par elle-même n'est que la manifestation du droit de propriété; et si la loi lui donne des effets utiles, c'est uniquement d'après cette présomption, que, dans l'incertitude de ce droit, on doit le supposer là où le fait de possession semble indiquer son existence.

Charles Lemonnier.

PETITOT (Jean), peintre miniaturiste sur émail, naquit à Genève, en 1607 d'un père sculpteur et architecte. Il fut d'abord joaillier sous la direction de Bordier, avec lequel il s'occupa bientôt du perfectionnement des émaux. Après un voyage en Italie, ils passèrent l'un et l'autre en Angleterre, où ils se lièrent avec Mayerne, médecin du roi Charles Ier et chimiste habile. De nombreuses expériences tentées en commun les conduisirent à la découverte de couleurs qui surpassaient pour la vivacité et l'éclat tout ce que Venise et Limoges avaient produit de plus parfait. Bientôt Charles Ier attacha Petitot à sa personne, le logea dans White-Hall et le créa chevalier. Van Dyck le guida de ses avis dans les copies de ses tableaux que le roi l'avait chargé d'exécuter. Petitot s'attacha ensuite successivement à Charles II, puis à Louis XIV. A la révocation de l'édit de Nantes, il fut emprisonné au For-l'Évêque, puis chassé de France. Bossuet avait vainement essayé de le convertir. Il mourut à Genève, en 1691. L'Angleterre, la Russie et la France possèdent un grand nombre de ses émaux; au musée du Louvre, on conserve une quarantaine de portraits des personnages les plus célèbres du siècle de Louis XIV peints par lui. Petitot copia aussi quelques tableaux de Mignard et de Le Brun; on cite surtout sa reproduction de *La famille de Darius*. Son chef-d'œuvre est le portrait de la comtesse de Southampton, qui appartient maintenant au duc de Devonshire. Les émaux de Petitot, très-recherchés aujourd'hui, l'étaient également de son temps. Ses petits portraits sont exécutés avec une finesse extraordinaire; il savait donner aux cheveux une telle légèreté, une telle ténuité, qu'on se persuada qu'il employait des moyens mécaniques secrets. Cet artiste ne pouvait suffire aux commandes qui lui étaient faites et payées aux plus hauts prix. Aussi amassa-t-il rapidement une fortune de plus d'un million.

PETITOT (Messidor-Lebon), statuaire, fils d'un sculpteur médiocre, est né à Paris, en 1794. Il a eu pour maître Cartellier, et en 1814 il remporta le grand prix de Rome. A son retour d'Italie, il exposa d'abord *Ulysse chez Alcinoüs* (1819), puis un *Saint Jean-Baptiste* (1822); un *Chasseur blessé* (1824); *L'Abondance*, et une statue en bronze de Louis XIV, destinée à la ville de Caen (1827). On a vu ensuite de M. L. Petitot : *Une Fille de Niobé* (1831); l'*Invocation à la Vierge* (1835); les *Pèlerins calabrais* (1847). C'est d'après ses modèles qu'a été fondue la statue équestre de Louis XIV, qui orne la cour du château de Versailles; mais la figure du roi est seule de M. Petitot; le cheval est l'œuvre de Cartellier. M. Petitot est l'auteur des bas-reliefs de l'un des œils-de-bœuf du Louvre, et enfin des quatre statues allégoriques qui décorent le pont du Carrousel. En 1835 il a remplacé Roman à l'Académie des Beaux-Arts.

PETIT-PARANGON. *Voyez* Caractère (*Typographie*).

PETIT PÈRE ANDRÉ (Le). *Voyez* Boullanger.

PETIT-RADEL (Louis-Charles-François), né à Paris, le 26 novembre 1756, descendait d'une famille d'agriculteurs, dont le nom originaire était Compagnon, et dont onze membres firent partie de l'université comme hauts fonctionnaires, dans les quinzième et seizième siècles.

Deux des oncles de Petit-Radel se sont acquis une célébrité incontestée dans les arts, les sciences et la littérature.

Le premier, Louis-François, né à Paris, le 22 juillet 1740, était architecte, élève de Wailly, et avait remporté à l'Académie un troisième grand prix. Il était connu par sa probité, son désintéressement et son goût pour l'antiquité; il a dirigé les travaux du Palais Bourbon, de l'ancien hôtel du Trésor, de l'abattoir du Roule. Inspecteur général des bâtiments civils, membre du jury près l'École d'Architecture, il mourut en 1818.

Le second des oncles de Petit-Radel, Philippe, né à Paris, le 7 février 1749, après avoir fait d'excellentes études latines et grecques, fait son cours de philosophie au collége Mazarin, étudié la physique sous Nollet, les mathématiques sous l'abbé Marie, la chirurgie sous Brasdor, fut chirurgien-aide major aux Invalides, chirurgien major du roi aux Indes orientales, docteur régent de l'ancienne faculté de médecine de Paris, chargé de la chaire chirurgicale de cette faculté, soldat malgré lui dans les armées républicaines envoyées dans la Vendée, puis émigré à Bourbon; rentré en France en 1797, il fut nommé professeur à l'École de Médecine et de Chirurgie, élu en 1814 président de la Société de Médecine formée dans cette faculté, et mourut le 30 novembre 1815. Chrétien fervent, il vécut dans le célibat; il a publié des poésies latines, rédigé les articles chirurgicaux pour l'*Encyclopédie* par ordre de matières, publié ou traduit de l'anglais divers ouvrages de médecine, entre autres les *Institutions de Médecine*, 2 volumes in-8°, le *Dictionnaire de Chirurgie* faisant partie de l'Encyclopédie, le *Manuel de Médecine pratique* du docteur anglais Thompson, un cours des *Maladies syphilitiques* en 2 volumes; il a écrit un *Voyage historique, chorographique et philosophique en Italie*, en 1811 et 1812, qui forme 3 volumes.

Son neveu, Louis-Charles-François, fit son éducation littéraire au collége Mazarin, et fut reçu docteur en Sorbonne à dix-huit ans. Il embrassa l'état ecclésiastique, et fut nommé en 1788 vicaire général et chanoine de Saint-Lizier, en Conserans. Il s'essaya dans l'éloquence sacrée à Rouen et à Paris, et partit pour Rome en 1791. Le hasard amena là Petit-Radel à se préoccuper d'un point archéologique qui a été l'objet des recherches de toute sa vie, les constructions cyclopéennes ou pélasgiques, qui ont servi de substruction à la plupart des villes de la Grèce et à un grand nombre de villes d'Italie. Cette constatation, que de nombreuses recherches scientifiques faites depuis ont pleinement confirmée, a permis à Petit-Radel de rétablir, dans un ouvrage laborieux, en parfaite concordance avec Denys d'Halicarnasse et les marbres de Paros, ce principe que la civilisation primitive de l'Italie est due à des colonies pélasgiques, établies dans cette contrée huit siècles avant le siége de Troie, et qui désertèrent plus tard la péninsule italique. Le musée pélasgique de la bibliothèque Mazarine, dont Petit-Radel fut bibliothécaire-administrateur pendant les trente années qui ont précédé sa mort, est aussi son œuvre. Petit-Radel, à la suite de la première publicité qu'il donna à ses travaux sur une question si ardue, et dans le principe si contestée, fut élu en 1806 à l'Académie des Inscriptions et Belles-Lettres. Membre de l'Institut, il fut aussi de plusieurs académies étrangères.

La bibliothèque Mazarine est redevable à Petit-Radel d'un grand nombre d'améliorations; il en fit restaurer la colonnade, le grand escalier, la salle d'introduction, et en fit édifier la galerie des combles. Petit-Radel a publié des *Recherches sur la fondation des bibliothèques anciennes et modernes, jusqu'à la fondation de la bibliothèque Mazarine, et sur les causes qui ont favorisé l'accroissement successif du nombre des livres*. Ses remarquables travaux sur les monuments pélasgiques ou cyclopéens se composent de : 1° *Éclaircissements demandés par la classe des beaux-arts de l'Institut sur les constructions de plusieurs monuments militaires de l'antiquité*; 2° *Notice sur les Nuraghes de la Sardaigne*; 3° *Explication des Monuments antiques du Musée*; 4° *Mémoire sur l'origine grecque des fondateurs d'Argos*; 5° *Examen de la véracité de Denys d'Halicarnasse*; 6° *Défense de l'autorité de Denys d'Halicarnasse sur l'époque de la colonie d'Ænotrus*; 7° *Examen analytique et tableau comparatif des synchronismes de l'histoire des temps héroïques de la Grèce*, où il coordonne l'époque de la fondation des villes pélasgiques avec celle des anciennes dynasties du Péloponnèse, et remonte, avec Denys d'Halicarnasse et les marbres de Paros, jusqu'à 721 ans avant la guerre de Troie. Petit-Radel a également publié un *Mémoire sur les origines des plus anciennes villes d'Espagne*, et les *Questions académiques sur les origines russes*. Il est mort en 1836.

PETIT-ROMAIN. *Voyez* Caractère (*Typographie*).

PETITS APPARTEMENTS. Dans les palais royaux et princiers, indépendamment des *grands appartements*, appartements de parade, de réception, où s'étale toute la pompe officielle, se trouvent, attenant à ceux-ci, des appartements plus simples, d'où la grande étiquette semble bannie, et que par opposition à ceux-ci on a appelés *petits appartements*. Cette dénomination toute simple, toute naturelle, a pris une extension dans un sens fâcheux lors des débordements de Louis XV avec ses nombreuses maîtresses, parce que les *petits appartements* des palais royaux furent destinés aux orgies du souverain avec ses favorites; aussi ne prononçait-on le nom des *petits appartements* qu'en l'accompagnant d'idées de scandale, que justifiait la destination secrète que le maître leur avait donnée; c'est dans les *petits appartements* que le roi, dépouillé de sa grandeur, se plaisait à faire la cuisine, les ragoûts et les friandises qu'il éprouvait tant de satisfaction à manipuler de ses royales mains.

Madame de Mailly, duchesse de Châteauroux, fut la première grande-prêtresse des *petits appartements* de Versailles.

PETITS AUGUSTINS. *Voyez* Augustins.

PETITS GRANDS-LIVRES, nom que l'on a donné aux livres auxiliaires du grand-livre de la dette publique créés par le baron Louis, en 1819, et déposés dans chaque département, à la recette générale, pour le payement des rentes de l'État.

PETITS-PÈRES. *Voyez* Augustins.

PETIT-TEXTE. *Voyez* Caractère (*Typographie*).

PETRA, antique capitale des Nabathéens, située au milieu des déserts de l'Arabie Pétrée, à environ vingt myriamètres du golfe d'Arabie, fut fondée, à ce que rapporte la tradition, par Rechem, roi des Madianites, et devint, sous les empereurs romains, le siége d'un métropolitain. Les ruines qui existent encore aujourd'hui sous les noms de *Karek* ou d'*Hadsché*, et qui consistent en d'innombrables tombeaux taillés dans le roc vif, et autres ouvrages d'architecture, furent découvertes par les Anglais Irby et Mangles, et ont été visitées dans ces derniers temps par notre compatriote M. le comte Léon de Laborde.

PÉTRARQUE (Francesco Petrarca). Ce nom, qui ne rappelle aujourd'hui au plus grand nombre que le plus illustre poëte lyrique de l'Italie, était autrefois et à bon droit admiré encore bien autrement comme celui de l'érudit, de l'investigateur historique, du philosophe et du poëte latin le plus célèbre de son temps; et lui aussi il voyait dans ses ouvrages latins, où il croyait continuer la littérature latine du grand siècle, un titre bien plus réel de gloire que dans ses poésies italiennes. Né le 20 juillet 1304, à Arezzo, de parents originaires de Florence, il passa les premières années de sa vie à Ancisa, près de Florence, et à Pise, puis plus tard sa jeunesse à Avignon et à Carpentras. Pour se conformer aux volontés paternelles, il lui fallut pendant sept années étudier le droit à Montpellier et à Bologne; mais après la mort de son père, arrivée en 1326, il se livra complétement aux études classiques. Il n'y a pas jusqu'à la langue grecque avec laquelle, dans un âge déjà assez avancé de la vie, il n'ait cherché à se familiariser, sans trop y réussir cependant. Pétrarque figure à bon droit en première ligne parmi ceux qui concoururent au réveil de l'érudition classique. Toute sa vie il étudia les anciens; il recueillait partout des manuscrits latins, et même il en transcrivit plusieurs de sa propre main. C'est lui qui découvrit le premier manuscrit des Lettres de Cicéron *Ad Familiares*, et qui trouva le premier manuscrit de Quintilien, exemplaire d'ailleurs assez incomplet. Ses ouvrages en latin sont les premiers où, dans les temps modernes, l'on retrouve la véritable langue des Romains. Parmi les plus importants il faut citer : *De Vitis Virorum illustrium* depuis Romulus jusqu'à Jules César; *Rerum memorandarum*; *De Remediis utriusque Fortunæ*; *De Contemptu Mundi* ou *Secretum suum* et un grand nombre d'œuvres de moindres dimensions. A quoi il faut encore ajouter une énorme quantité de lettres en tous genres : *Ad Familiares*, *Ad Veteres illustres*, *Sine Titulo*, *Ad Posteritatem* et beaucoup d'autres qui n'ont point encore été imprimées. Toutefois, celles de ses productions qui contribuèrent le plus de son vivant à lui faire sa grande réputation, ce furent ses poésies latines, comme églogues, épîtres, etc., et surtout son *Africa*, poëme épique en neuf chants sur la seconde guerre punique; qui lui valut notamment d'être solennellement couronné comme poëte à Rome, au Capitole, le jour de Pâques de l'année 1341. Pour composer tant d'ouvrages au milieu d'une vie des plus agitées, il fallut de la part de Pétrarque des habitudes extrêmement laborieuses. La plus grande partie en furent commencés ou terminés à Vaucluse, près d'Avignon, où il possédait un petit domaine et où il passa un grand nombre d'années, non sans interruption toutefois.

Plus tard, en 1353, il quitta la France pour toujours, et habita dès lors l'Italie, tantôt à Milan, où il passa près de dix ans, tantôt à Parme, à Mantoue, à Vérone, à Venise, à Rome, et en dernier lieu à Arqua, village voisin de Padoue, où il acheta un bien en 1370, et où, dans la matinée du 13 juillet 1374, on le trouva mort la tête penchée sur ses livres. Un monument a été élevé à l'endroit où repose sa dépouille mortelle. Ses livres, dont il avait légué la plus grande partie à la république de Venise, ont péri par la négligence de ceux qui en avaient la garde. Pétrarque n'était pas seulement supérieur à son siècle par son érudition, il avait encore su s'élever au-dessus des préjugés et des superstitions qui le dominaient. Mais s'il repoussait les spéculations anti-chrétiennes des Aristotéliciens ou plutôt des Arabes, il était demeuré fidèlement attaché à la foi de ses pères. Plus avide de gloire qu'ambitieux, il se contenta, lorsqu'il se décida à entrer dans l'état ecclésiastique, de quelques médiocres bénéfices et refusa les hautes dignités qui lui furent offertes. En revanche, il aimait le commerce des grands. C'est ainsi qu'il s'était lié d'une étroite amitié avec les membres de la famille Colonna, à Rome, et qu'il passa un grand nombre d'années dans la société de divers princes italiens, notamment des Visconti, à Milan. Comblé de distinctions par le roi de Naples, Robert, chargé de missions diverses par plusieurs papes, il fut accueilli avec les plus grands égards par l'empereur Charles IV. Beaucoup d'hommes distingués de son époque, Boccace entre autres, furent au nombre de ses amis intimes. A diverses reprises, on lui confia des missions diplomatiques, par suite desquelles il lui fallut se rendre à Naples, en France, à Bâle, à Prague, à Venise, à Rome; et partout il lui fut fait l'accueil le plus flatteur, sans qu'on puisse dire qu'il ait précisément réussi dans ses négociations. Partant d'une idée essentiellement fausse, l'assimilation constante de l'Italie telle qu'elle se trouvait alors à ce qu'elle était sous la domination romaine, il proposa aux princes de son temps une foule de projets et de conseils dont l'application était radicalement impossible. Il n'y eut pas jusqu'à la folle entreprise de Cola Rienzi, pour laquelle il ne s'éprit d'abord du plus vif enthousiasme et au succès de laquelle il ne chercha à contribuer. En revanche, il fit preuve de la plus noble franchise dans les exhortations et les reproches qu'il adressa à plusieurs papes pour les déterminer à revenir se fixer à Rome, de même qu'à l'empereur Charles IV, en qui il mit bien vainement tout son espoir pour la pacification de l'Italie. Ce fut assez tard, en 1351, que Florence, pour le déterminer à s'associer à l'université fondée dans ses murs en 1348, lui offrit la restitution des propriétés de son père, qui avaient été jadis frappées de confiscation à la suite des querelles des *blancs* et des *noirs* auxquelles il s'était trouvé mêlé. Il refusa la position qu'on lui offrait, et ne fut pas remis dès lors en possession des biens paternels, qui du reste étaient d'une minime importance.

Les poésies italiennes de Pétrarque (on n'a pas de lui une ligne en prose) ont bien plus contribué à immortaliser son nom que tous ses ouvrages écrits en latin. La collection de ses *Rime* se compose de sonnets, de canzone, de ballades, de madrigaux, etc., dans lesquels il exprima d'abord son amour pour une dame provençale, qu'il désigne sous le nom de *Laure*, et plus tard la profonde douleur que lui causa sa mort, arrivée en 1348. Il travailla pendant plus de quarante ans à ces poésies, puisqu'en 1369 il s'occupait encore de les corriger, et que c'est en 1327 qu'il avait fait la connaissance de *Laure*. Cet amour, dont il tira une espèce de vanité, tout au moins dans les dernières années de sa vie ne l'empêcha pas plus que les convenances de son état (nous avons dit qu'il était entré dans les ordres) d'avoir plusieurs enfants naturels, entre autres une fille, dans la famille de laquelle il passa les dernières années de sa vie, et qui lui survécut. Ses *Trionfi*, qu'il composa de 1356 à 1370, et qu'il laissa inachevés, sont une faible production de sa vieillesse. On compte plus de trois cents éditions de ses *Rime* : la première parut à Venise, en 1470 : la plus correcte est celle qu'en a donnée Marsand (Padoue, 1819). Elles ont été traduites dans toutes les langues et l'objet des travaux d'un grand nombre de commentateurs, dont les plus distingués sont Vellutello, Gisualdo, Castelvetro, et de nos jours Tassoni, Muratori, Biagioli et Leopardi. Les Œuvres complètes de Pétrarque ont aussi été réimprimées à diverses reprises (Bâle, 1496, 1554 et 1581). La vie de ce poëte, pour laquelle ses divers ouvrages, notamment ses Lettres et son livre intitulé *Secretum suum*, ont fourni d'abondants matériaux, a été aussi écrite par un grand nombre d'auteurs, parmi lesquels il faut surtout citer Vellutello, Beccadelli, Tomasini, de La Bastie, de Sade, Tiraboschi, Baldelli, Ugo Foscolo et Blanc (dans la grande encyclopédie allemande d'Ersch et Gruber).

PÉTREL, genre d'oiseaux de l'ordre des palmipèdes, et de la famille des longipennes de Cuvier, ainsi caractérisé : Bec renflé, dont l'extrémité crochue semble faite d'une pièce articulée au reste de la mandibule supérieure; narines réunies dans un tube tronqué et couché sur le dos du bec, quelquefois à orifices distincts et séparés; doigts antérieurs unis par une large membrane; pouce nul, ou remplacé par un ongle rudimentaire. Les pétrels sont des oiseaux pélagiens par excellence. Ils parcourent des trajets immenses en peu d'heures, et s'avancent au large à plusieurs centaines de lieues. Ils recherchent les mers agitées, où on les voit en quelque sorte courir en frappant de leurs pieds avec une extrême vitesse la surface de l'eau. C'est de là, dit-on, que ces oiseaux, comparés à saint Pierre marchant sur les flots, ont été nommés primitivement *Péter* ou *Peterril* (petit Pierre), d'où plus tard a été tiré le nom de *pétrel*.

Les pétrels se nourrissent de mollusques et de crustacés, quelquefois de cadavres de cétacés, mais rarement de poissons. Ils ne se rendent à terre que la nuit. Cependant, à l'époque de la ponte ils y forment un établissement, qui dure jusqu'à ce que les petits puissent se suffire.

On trouve des pétrels d'un pôle à l'autre; mais chaque climat a ses espèces distinctes. Ces espèces, très-nombreuses, ont été subdivisées en *pétrels* proprement dits, *puffins*, *prions* et *thalassidromes*. Quelques ornithologistes font de ces divisions autant de genres, dont l'ensemble forme pour eux la famille des *procellaridées*.

PÉTRICOLE (de *petra*, pierre, et *colere*, habiter), genre de mollusques conchylifères dimyaires, de la famille des conques. Ce genre, très-voisin des *vénus*, a pour caractères distinctifs : Coquille subtrigone, inéquilatérale, avec le côté antérieur plus arrondi, et le postérieur plus aminci et un peu bâillant; charnière à deux dents sur chaque valve ou sur une seule. L'espèce type, le *petricola lamellosa*, vit dans la Méditerranée; elle est large de 24 millimètres; souvent elle se creuse un gîte dans les calcaires poreux. C'est de là que Lamarck a donné ce nom de *pétricole* à tout le genre, bien qu'il ne soit pas exclusivement composé de mollusques à coquilles perforantes, les seuls auxquels cette dénomination s'applique rationnellement.

PÉTRIFICATION (du latin *petra*, pierre, et *fio*, je deviens), résultat de l'action de substances minérales dissoutes par un liquide sur certains corps animaux et végétaux. Cette action leur donne les caractères généraux de la pierre, tout en leur conservant leur forme primitive. C'est la pétrification qui a formé les fossiles. Nous ne nous occuperons ici du phénomène de la pétrification que tel qu'on l'observe dans un grand nombre de fontaines dites *pétrifiantes*, ou plus exactement *incrustantes*. En effet, ces eaux ne changent pas en pierre la matière du corps que l'on y plonge;

elles l'incrustent seulement; elles remplacent par des molécules d'autres molécules. La singulière propriété dont jouissent leurs eaux résulte du long trajet qu'elles font sous terre à travers des masses calcaires ou autres, trajet pendant lequel elles se chargent de particules des roches qu'elles traversent. Maintenant, qu'on suppose un corps plongé dans un semblable liquide à l'état de repos. Il y aura d'abord déposition de molécules sur toute la surface du corps, puis destruction des parties intégrantes de ce corps, qui se trouveront remplacées à mesure qu'elles disparaîtront par une masse égale de particules minérales; enfin, le corps ne formera bientôt qu'une masse solide.

En général, les sédiments des pétrifications sont presque toujours calcaires ou siliceux, à cause de la friabilité de ces sortes de roches; et comme les masses calcaires forment une partie très-notable de l'écorce du globe, il s'ensuit que le nombre des sources qui en surgissent est considérable. La France en possède plusieurs : la plus célèbre est celle de Saint-Allyre, à Clermont-Ferrand. Parmi les autres fontaines incrustantes, nous mentionnerons celle qui sort du pied des falaises sur lesquelles s'élèvent le château d'Orcher, près d'Harfleur et sur les bords mêmes de la Seine. Cette source, assez curieuse, est à peine connue, à cause de son abord difficile. Ses eaux encroûtent des branches et des feuilles d'arbres, des coquilles de limaçons terrestres et des pierres même, dont elles font des espèces de tables. Près de Tivoli, dans le voisinage de Rome, les eaux de la *Solfatara* forment des concrétions blanches, ovales ou rondes, appelées *dragées de Tivoli*, à cause de leur parfaite ressemblance avec les dragées. TEYSSÈDRE.

PÉTRIN, PÉTRISSAGE. *Voyez* PAIN, PANIFICATION.

PÉTROBRUSIENS. *Voyez* BRUYS (PIERRE DE) et CATHARES.

PÉTROLE (de πέτρος, pierre, et ἔλαιον, huile), variété de bitume. Le *pétrole*, ou *bitume oléagineux* (*huile de Gabian* du commerce), est d'une consistance grasse et onctueuse, quelquefois visqueuse; sa couleur varie du brun au noirâtre; exposé à l'air, il acquiert une densité plus considérable, et avec le temps il finit même par devenir tout à fait solide. Chauffé en un vase clos, il donne pour produit une grande quantité de bitume liquide ou naphte; il s'enflamme avec facilité et brûle en répandant une fumée très-épaisse. Ce bitume, qui est beaucoup plus répandu que le naphte (*bitume liquide*), se trouve en Amérique, au Japon, dans les Indes orientales, en Grèce, en Moldavie, en Transylvanie, en Pokucie, en Gallicie, en Crimée, en Suède, en Sicile, en Italie et en France, où il est assez abondant. La principale source de ce pays existe dans le département de l'Hérault, à peu de distance de Pézénas, dans le village de Gabian, ce qui a valu au produit le nom commercial qu'il porte. Le savant minéralogiste Brongniart a fait au sujet de ce bitume une observation fort curieuse : c'est que les sources qui le fournissent sont presque toujours accompagnées de sources salées.

Le pétrole a été employé quelquefois en médecine dans les mêmes cas que le naphte, qui lui est préféré; aujourd'hui, il est à peu près inusité. Dans l'économie domestique et dans les arts, on le met en usage comme combustible, mais seulement après l'avoir purifié. Il est susceptible d'être employé pour les besoins de la marine, en remplacement du goudron; il paraît même qu'il l'emporte sur ce dernier pour l'entretien des cordages. P. LE COTTEREAU.

PÉTROMYZON. *Voyez* LAMPROIE.

PÉTRONE (TITUS PETRONIUS), écrivain romain fameux par ses descriptions obscènes. Natif de Massilia, et issu d'une famille équestre, il remplit diverses fonctions éminentes, telles que le proconsulat en Bithynie et le consulat à Rome, et jouit pendant quelque temps de la faveur toute particulière de Néron, aux fêtes et aux plaisirs duquel il prenait part comme conseil et comme ordonnateur, d'où le surnom d'*Arbiter* qu'on lui avait donné. « C'était, dit Tacite, un courtisan voluptueux, qui passait avec la même aisance des plaisirs aux affaires et des affaires aux plaisirs. Il donnait le jour au sommeil, la nuit aux affaires, aux festins et aux amours. Idole d'une cour corrompue, qu'il charmait par son esprit, ses grâces et sa prodigalité, il y fut longtemps l'arbitre du goût, le modèle de la vie élégante, le favori de l'empereur. Mais à la fin, supplanté par Tigellin, son rival, il prévint par une mort volontaire (en 67 av. J.-C.) la cruauté de Néron. Fidèle jusqu'à la mort à son maître Épicure, il regardait en souriant la vie qui s'échappait avec son sang de ses veines entr'ouvertes. Quand le sang coulait trop vite, il faisait fermer sa veine pour s'entretenir plus à loisir, non pas de l'immortalité de l'âme, mais de vers badins, de poésie légère et galante. Loin d'imiter les autres victimes du tyran, qui baisaient en mourant la main de leur bourreau, et qui léguaient leur fortune à leur avide assassin, il s'amusa dans ses derniers moments à écrire en abrégé les débauches de Néron; il le peignit outrageant à la fois la pudeur et la nature; il adressa à Néron lui-même ce testament accusateur, scellé de l'anneau consulaire, et il se laissa tranquillement mourir, comme s'il se fût naturellement endormi. » On a de lui, sous le titre de *Satiricon*, une espèce de roman ou, si l'on veut, d'histoire, une manière de comédie ou de satire en vers, écrite tantôt dans le latin le plus pur, tantôt dans la langue vulgaire, où les vers alternent avec la prose, dont quelques fragments seulement sont parvenus jusqu'à nous, et où l'auteur peint d'une manière saisissante les mœurs corrompues des Romains de son siècle. Certains commentateurs veulent que le *Satiricon* ne soit autre que l'espèce de testament accusateur que Pétrone, au dire de Tacite, dont nous venons de rapporter les paroles, aurait adressé à Néron en mourant.

Quelques savants modernes, par exemple Niebuhr et Weigert, pensent que le Pétrone dont parle Tacite n'est pas l'auteur du *Satiricon*, et ils l'attribuent à un Pétrone qui aurait vécu à une époque de beaucoup postérieure, vers la fin du second ou au commencement du troisième siècle de notre ère. Ce fut longtemps seulement après la première publication du *Satiricon* (Venise, 1499) que l'on en trouva, en 1662, à Traun en Dalmatie, un fragment beaucoup plus considérable que ce que l'on possédait encore, et demeuré inconnu jusque alors, le fameux *Festin de Trimalcion*, dont Frambotti donna bientôt après une édition (Pavie, 1664), et qui depuis a été compris dans toutes les éditions subséquentes du *Satiricon*. (Les plus estimées sont celles de Burmann [Utrecht, 1709; 2e édit., Leyde, 1743] et d'Anton [Leipzig, 1781]). Quant aux prétendus fragments de Pétrone qu'on aurait trouvés à Belgrade, dont F. Nodot donna une édition (Paris, 1694; et Amsterdam, 1756), et réimprimés par Marchena (Paris, 1800) d'après la bibliothèque de Saint-Gall, tout démontre que c'est là une mystification littéraire. Consultez la dissertation intitulée : *Deux écrivains classiques du troisième siècle, Curtius et Petronius*, que Niebuhr a insérée dans ses *Kleinen historischen Schriften* (Bonn, 1828).

[Je n'ai pas besoin de vous, savants, pour savoir si le *Satiricon* de Pétrone est un roman ou une histoire, une satire ou une comédie, une ménippée ou une tragédie; je me doute même, ne vous en déplaise, annotateurs que vous êtes, que vous avez tous raison, et que le *Satiricon* est tout cela à la fois. Oui, c'est une histoire, car le *Satiricon* nous transporte véritablement dans cette élégante et infâme corruption des mœurs romaines sous les empereurs; oui, c'est un roman, car ce sont là des aventures arrangées à plaisir; oui, c'est une satire, car il est impossible de mieux représenter ce mélange horrible de volupté et de terreur, de poésie et d'esclavage, de sang et de plaisir qui au temps de Néron et de Tibère ont souillé et ensanglanté à la fois les promontoires de Caprée et de Misène. Oui, c'est une satire et une satire terrible, le livre de cet élégant écrivain; il nous fait assister, non pas seulement au festin de Trimalcion, mais à toutes les orgies de cette société romaine énervée sous le double excès du luxe et de l'esprit, qui s'enivrait dans les villes des Césars, sur le golfe de Baies, à quelques pas de l'Achéron. Oui, enfin, c'est une satire ménippée, après avoir été une violente satire, ce récit saillant et fin, mêlé de vers et de prose, où sont débattues avec tant de légèreté et de grâce les plus hautes questions de la philosophie et de la morale, de l'art et du goût. Les incertitudes sur le nom du véritable auteur du *Satiricon* ne sont d'ailleurs pas moindres. Par une fatalité bien singulière et bien heureuse, il se trouve que ce nom de *Pétrone* est le nom de onze célèbres auteurs, tous gens de goût et d'esprit. Le Pétrone dont nous parle Tacite, dit un critique, ne peut pas être l'auteur du *Satiricon*, par la raison que le *Satiricon* n'est pas une satire contre Néron, par la raison que le *Satiricon* n'a pas pu être écrit d'un bout à l'autre dans un bain chaud, par un homme dont les veines sont ouvertes, par la raison que ce mourant de tant de courage, s'il eût voulu se venger en effet de ses assassins, n'eût pas employé le voile de l'allégorie au moment où il allait mourir, et par tant d'autres raisons que les commentateurs trouvent toujours. Je dirai à la dissertation : Laissez-moi! Le Pétrone dont parle Tacite est pour moi le véritable Pétrone. Il est homme de goût et d'esprit; il est homme d'État et homme de plaisirs; il dort le jour; la nuit, il s'amuse et il travaille; il meurt sous Néron, et il meurt en riant; il dit, comme Aristippe : *Vivamus dum licet esse bene;* voilà le Pétrone qu'il me faut; arrière les autres Pétrone! Je n'ai ni le temps ni la volonté d'aller chercher le véritable Pétrone dans cette douzaine de Pétrone écrivains et de Pétrone soldats dont vous parlez; laisse donc mon manteau, dissertation! et toi, commentaire, va-t'en loin d'ici! il y a assez longtemps que vous m'arrêtez sur le seuil de ce livre charmant, le *Satiricon*. Entrons donc, à présent que, grâce à ma dissertation, nous savons moins que jamais qui est l'auteur du *Satiricon*, et ce que c'est que le *Satiricon*.

Un jeune Romain qui a fait de bonnes études, qui sait les poëtes grecs, qui fait des vers, qui est dans toute la fougue de la jeunesse, dont la passion est sans frein comme l'esprit, arrive à Rome un beau jour, sous le règne de Néron, pour y chercher fortune. Ce jeune homme a compris de bonne heure, et même sur les bancs de l'école, que la rhétorique est une grande vanité. En ce temps-là, comme aujourd'hui, au sortir de l'école il fallait vivre. Ce n'est pas assez que d'être un bon rhétoricien et d'arriver la mémoire remplie des auteurs classiques au milieu de Paris ou de Rome, encore faut-il y trouver une petite place, un coin de terre à défricher, une vertu ou seulement un vice à exercer. Or, vertu ou vice, dans les grandes villes qui consomment chaque jour, et dans une si effrayante proportion, tant de vertus et tant de vices, d'ordinaire toutes les places sont prises. Notre jeune Romain, qui déjà regrette l'école, aborde une vieille femme en lui disant : « Bonne mère, ne sauriez-vous point où je demeure? » La vieille femme mène le jeune homme dans une maison de débauche. Où vouliez-vous qu'elle le conduisît? Cela vous apprendra, jeunes gens, à ne pas demander votre chemin à la première venue, et à le trouver vous-mêmes en vous faisant place dans la foule. Notre chevalier romain, qui voulait vivre de son génie, c'est-à-dire *vivre sans travail*, et qui pourtant ne voulait être ni poëte, ni rhéteur, ni musicien, ni improvisateur sous les portiques, prit tout d'un coup le parti le plus simple et le plus naturel : il se fit parasite. En ce temps-là le peuple romain tout entier n'était qu'un insatiable et vil parasite, qui vivait sans travailler, et qui tendait indignement la main à la sportule de ses empereurs. Tout ce peuple tendait la main et vivait d'aumônes. Pour le nourrir, ses empereurs avaient épuisé d'abord la Sicile, puis l'Égypte, puis l'Afrique; et cependant cette populace de citoyens romains, plus insatiable chaque jour, s'en allait en disant, plus affamée que jamais : *Panem et circenses* (des spectacles et du pain)! Ce que le peuple faisait en masse, des jeunes gens sans fortune pouvaient se le permettre à coup sûr. Ils se faisaient donc parasites sans honte et sans remords. C'est un métier perdu pour nos lauréats d'université. Tant mieux pour eux!

La première maison où notre jeune Romain alla demander à dîner, ce fut la maison d'un chevalier romain, nommé Lycurgue. Lycurgue! le nom est singulièrement choisi. Ce chevalier romain était un riche et élégant seigneur; il réunissait chez lui la meilleure compagnie, beaucoup de gens d'esprit et quelques belles femmes. De toutes ces femmes, l'honneur de ces banquets, Tryphène était la plus jolie. Tryphène, vicieuse Romaine de seize ans, à moitié Athénienne, fille de la Mer, comme Vénus, était la maîtresse d'un écumeur de mer, nommé Lycas. Voici donc l'amour qui se met de la partie. Notre aventurier a dîné chez Lycurgue; il voit la belle Tryphène, il lui dit : « Je t'aime, » dans ce langage romain de Pétrone, aussi doux déjà que l'italien de Pétrarque. Et le voilà qui s'enfuit avec la maîtresse du pirate. Mais avant de s'enfuir, notre homme dépouille la statue de la déesse Isis; il vole à la déesse sa robe de brocard et son cistre d'argent. Rome ne croit plus à rien, Horace vous l'a déjà dit : *Donec templa refeceris.* Rendre sa robe à la déesse Isis! à quoi bon? La robe de la déesse Isis couvrira le beau sein de la jeune Tryphène. Lycurgue, ainsi payé de son hospitalité, fait courir après les fugitifs. On a enlevé Tryphène, la maîtresse de son ami; on a dépouillé de son manteau la déesse Isis : un adultère et un sacrilége pour commencer.

Dans le *Satiricon*, la justice romaine n'est pas mieux traitée que la religion de l'État. Tout à l'heure vous avez vu dépouiller la déesse Isis; écoutez comment on traite les officiers de justice, *véritables oiseaux de nuit*, qui, voulant s'approprier le manteau, demandent à haute voix qu'on dépose entre leurs mains les objets en litige. La justice, disaient-ils, *prononcera sur ce différend.* Ne sont-ce pas là, je vous prie, et tout à fait, les officiers de justice dans *Gil-Blas?* Cependant, notre héros échappe à la justice; il rend à elle-même cette belle Tryphène, mais il garde, pour la vendre au brocanteur, la robe de la déesse Isis. La belle Tryphène s'en va comme elle était venue, se fiant, pour arriver, Dieu sait où, sur sa beauté et sur sa jeunesse. Je vous avertis que ce livre est un livre de galanterie, non d'amour. Le temps de l'amour romain est déjà bien loin des mœurs où nous sommes; Virgile, au siècle d'Auguste, a trouvé la passion romaine; Virgile a trouvé Didon, pauvre femme si abandonnée et si malheureuse; Virgile a trouvé ce chaste amour d'Orphée et d'Eurydice : *Te veniente die!* Il a mis ainsi la poésie latine sur cette voie nouvelle de la passion et des transports du cœur. Après Virgile sont venus de grands poëtes, qui eux aussi ont chanté avec toutes les grâces et toute la sincérité de la poésie leurs passions et leurs amours. Ovide a chanté l'amour comme un Français, Tibulle comme un Italien, Properce comme un Espagnol : ils ont été *amoureux*, comme dit Boileau, et voilà pourquoi ils ont été des poëtes. Horace, qui a fait de l'amour une moins grande affaire, l'a traité cependant avec une délicatesse sans égale. L'auteur du *Satiricon* n'est ni passionné comme Virgile, ni amoureux comme Properce et Tibulle, ni galant comme le galant Horace; il n'a pas d'amour, il a des sens. Ainsi donc ne vous effarouchez pas de ces violentes histoires d'amour que renferme le *Satiricon;* je ne ferai que les indiquer, et loin de m'en faire reproche, applaudissez à tout ce que je passe sous silence. Dans le *Satiricon* de Pétrone, l'orgie latine est racontée comme Salluste raconte la défaite de Jugurtha, c'est-à-dire comme une chose toute simple sous ce beau ciel et sous cet intrépide despotisme des empereurs, qui était devenu enfin le despotisme oriental.

Nous disions donc que le jeune homme, *Giton*, dans lequel Pétrone a personnifié tous les vices de la jeunesse romaine, après avoir étudié jusqu'à dix-huit ans les belles-lettres, récité les vers d'Homère et s'être pénétré des sévères enseignements de l'éloquence antique, n'avait rien eu de plus pressé que de s'affranchir de toute espèce de joug et de mener la vie d'un parasite et d'un bateleur. Singulière idée que Pétrone nous donne là de la jeunesse romaine, hélas! et pourtant trop véritable exemple de ce que peut devenir dans une société corrompue et corruptrice un jeune homme sans frein, sans fortune, sans famille, dont toutes les passions sont éveillées dès l'âge le plus tendre. Malheureux, il sait déjà plus de choses qu'il n'en devait savoir pour rester un citoyen utile et obscur. Au sortir de sa rhétorique, toutes les carrières vulgaires lui sont fermées, et à tout prendre, grâce à la belle éducation qu'il a reçue, il ne peut plus être qu'un grand homme ou un chevalier d'industrie.

La plus terrible des aventures de ce jeune chevalier romain, perdu au milieu de tant de vices et de tant de débauches, et aussi le plus formidable chapitre du livre de Pétrone, c'est sans contredit ce fameux *Festin de Trimalcion*, cité si souvent, et dont bien peu de gens pourraient dire les détails. Ne nous inquiétons pas des autres aventures de notre héros, suivons-le chez Trimalcion; à tout prendre, le Festin de Trimalcion, c'est tout le *Satiricon*. Ici Pétrone, à force d'esprit et d'ironie, s'élève peut-être à l'éloquence sinon à la concision de Tacite. Seulement, cette lamentable énumération de tous les excès que peuvent engendrer le luxe, la débauche et l'esclavage, Tacite l'eût faite si triste et si sévère qu'elle eût fait peur aux plus hardis. Tacite eût entouré l'orgie de Trimalcion de sa terrible raillerie, espèce de sombre accompagnement qui produit sur l'âme le même effet que le bruit des pas de la statue de pierre au souper du commandeur. Pétrone tout au rebours: il rit encore quand il veut s'indigner, et même à propos de Trimalcion il s'abandonne à sa gaieté naturelle avec une facilité et une aisance sans égales. Pétrone est un sceptique de bonne foi, qui ne croit plus à rien depuis qu'il ne croit plus à la liberté romaine. Que Rome meure tout à fait aujourd'hui ou qu'elle meure demain, qu'elle expire sous Néron ou qu'elle expire sous Tibère, qu'importe à Pétrone? Pour lui, Rome est morte le jour où mourut, dans les plaines de Philippes, le dernier Brutus, ce sublime plagiaire de Caton. Après Rome, pour un vrai Romain, il n'y a plus de république sur la terre, il n'y a plus de dieux dans le ciel. Dans l'opinion de ces sceptiques, qui étaient faits pour venir au monde au temps de Régulus, Rome, c'était le passé et l'avenir du monde; Rome, c'était le soleil. Or, maintenant que Rome n'est plus qu'une ombre, mettons à profit ce crépuscule de ténèbres, et livrons-nous à l'orgie. Ainsi ont raisonné les grands seigneurs de Florence devant cette terrible peste qui a inspiré les contes licencieux et charmants de Boccace; ainsi ont raisonné l'une après l'autre toutes les nations définitivement perdues. Hélas! c'était déjà, mais plus enveloppé de ménagements et de grâce, le raisonnement d'Anacréon quand il n'y eut plus de république athénienne. C'était déjà le refrain timide du poëte Horace quand Auguste eut ouvert le chemin à Tibère; fatal raisonnement que vous retrouvez toujours le même et sous les mêmes roses décolorées, dans les poëtes licencieux et galants du règne de Louis XV..... Et voilà pourtant comment finissent les grandes sociétés: par de petits soupers et de petits vers.

Bien que ce Festin de Trimalcion ne soit pas raconté par Tacite, cependant vous le lirez avec terreur, même dans les pages sans vergogne de Pétrone; car c'est là bien certainement la dernière orgie de Rome expirante. On a dit que Pétrone avait voulu vouer Néron à l'exécration du monde dans cet affreux chapitre: quand Pétrone écrivait ce chapitre, il ne pensait pas à Néron plus qu'il ne pensait à Domitien; il se disait tout simplement que puisque tout était mort dans l'Italie, et puisque lui-même il allait mourir, il pouvait bien fouler aux pieds cette illustre poussière et la jeter aux vents pour s'amuser à la voir emporter on ne sait où. Le Festin de Trimalcion, c'est la dernière volupté de cette Rome effrontée, qui ne vivait plus que de voluptés, c'est le dernier chapitre de l'histoire de Tacite, c'est le dernier vers de Juvénal, c'est la dernière saillie d'Horace, c'est la dernière épigramme obscène de Martial, c'est le dernier baiser d'Ovide, c'est le dernier feu de Properce, c'est la dernière invention d'Apicius, c'est le dernier soupir de Tibulle, c'est la dernière énigme de Perse, c'est la dernière déclamation de Suétone, c'est le dernier rôle de Néron. Donc, donnez-vous tous la main, vous, les maîtres, les poëtes, les corrupteurs et les tyrans de la ville éternelle, et dansez en rond autour de ce feu de joie où vous avez jeté vos dieux, vos lois, vos mœurs, vos familles, vos ancêtres, votre patrie et vos libertés. Aussi, voyez avec quelle prodigalité impitoyable Pétrone amoncelle dans cette oraison funèbre, la seule qui fût à la taille du cadavre romain, les voluptés sur les voluptés, les roses sur les roses, les parfums sur les parfums, les amours sur les amours.

Heureusement qu'à l'heure où s'accomplissait la dernière orgie romaine, Dieu, dans sa justice, remuait du fond de leur barbarie les Huns et les Vandales; il réveillait dans leur misère et leur assujettissement quelques pauvres pêcheurs de Jérusalem; il disait aux barbares: Allez là-bas vous enivrer d'or, de vin et de sang, car les Romains ont accaparé tout l'or, tout le vin et tout le sang de l'univers! Il disait aux Apôtres: Allez là bas, et dites à ceux que vous trouverez couchés sous le double joug de l'esclavage et de l'ivresse: Levez-vous, vous êtes libres! *Mane, Tekel, Pharès!*

Nous avons de M. Héguin de Guerle une excellente traduction du *Satiricon* de Pétrone. Jules JANIN.]

PÉTROPAWLOWSK ou PORT SAINT-PIERRE-ET-SAINT-PAUL, appelé encore AWATSCHA, chef-lieu de la presqu'île formant la province maritime russe du Kamtschatka, au nord-est de l'Asie, dans la partie septentrionale de la baie d'Awatscha, l'une des baies de la mer du Kamtschatka, est le siége du gouverneur russe et du commissaire de la Société de commerce russo-américaine. On y trouve une centaine de maisons construites à l'aide de troncs d'arbres juxta-posés, une petite église, environ 5 à 600 habitants, dont quelques Kamtschadales et une garnison de deux cents hommes, qui stationne là pour réprimer les révoltes assez fréquentes des Kamtschadales. Le port est sûr et spacieux. La distance de Pétropawlowsk à Saint-Pétersbourg est d'environ 1,300 myriamètres, et de Pétropawlowsk à Taurrogen, en face de Tilsitt, sur la frontière de Prusse, de plus de 1,400 myriamètres. Ce sont les deux points extrêmes de l'empire russe. Non loin de Pétropawlowsk on trouve le volcan d'Awatscha, qui dans la journée du 8 août 1827 lança une telle quantité de cendre et de poussière, que, comme il arriva autrefois à Pompéi, la ville se trouva plongée pendant plusieurs heures dans la plus complète obscurité. Le 6 mai 1841 elle éprouva aussi un violent tremblement de terre.

[La première nouvelle de la rupture de la Russie avec l'Angleterre et la France parvint au Kamtschatka au milieu du mois de juillet 1854. On procéda immédiatement à des mesures de défense. La frégate *Aurora* et le transport *Dwina* qui se trouvaient dans le port de Pétropawlowsk furent postés dans la baie à un point avantageux, et l'on construisit sept batteries en terre. Outre les marins et un faible détachement de soldats, on arma les fonctionnaires civils et quelques habitants. Le 29 août un navire à vapeur anglais entra dans la baie d'Awatscha, où il fut rallié le lendemain par cinq autres vaisseaux anglais et français. Les escadres alliées étaient commandées par les contre-amiraux Price, Anglais, et Febvrier des Pointes, Français. Le 30 août, à quatre heures, le contre-amiral anglais mourait et le commandement passait au capitaine Nicholson. Le 31 les vaisseaux alliés s'approchèrent du rivage, et ouvrirent un feu très-vif. Un lieutenant de vaisseau russe fut blessé et les pièces d'une batterie démontées. Les alliés débarquèrent alors 600 hommes, qui firent d'abord évacuer une batterie, puis se replièrent et se rembarquèrent devant un mouvement de matelots russes.

Un vapeur attaqua inutilement la frégate russe. Le feu des vaisseaux alliés fut ensuite dirigé contre une batterie russe, qui le soutint pendant plus de huit heures. La nuit mit fin au combat. Trois jours se passèrent ensuite à réparer les avaries des vaisseaux d'un côté, et à rétablir les batteries de l'autre. Le 4 septembre le combat recommença. Le vapeur remorqua les vaisseaux alliés près du rivage; deux batteries furent démontées, une descente fut exécutée et 650 hommes s'élancèrent sur la montagne Nikolskaïa, au nord de la ville. Ce détachement échoua devant les forces ennemies, bien dirigées : il dut battre en retraite. Les Anglais avaient 107 hommes hors de combat, les Français 102; les Russes avaient 37 hommes tués, 3 officiers et 75 hommes blessés. Parmi les officiers morts ils comptaient le prince Maksoutoff II. Les alliés avaient perdu le capitaine anglais Parker, le premier lieutenant français Lefebvre; plusieurs autres officiers étaient blessés. Un magasin et plusieurs maisons avaient été brûlées ou endommagées dans la ville. Le 7 septembre les escadres combinées partirent de la baie d'Awatscha, et une fois hors du port poursuivirent et capturèrent un vapeur russe qu'il fallut dégréer et brûler, et un bâtiment marchand russe.

Le 30 mai de l'année suivante, une flotte anglo-française, commandée par les contre-amiraux Bruce et Fourichon, composée de huit vaisseaux et navires à vapeur et forte de 354 canons, se présenta devant Pétropawlowsk. Elle trouva la place évacuée complétement : « Pas un vaisseau, dit le contre-amiral Bruce, pas un canon, pas une personne à voir; rien que des embrasures vides et des maisons abandonnées. » Trois résidents américains seulement y étaient restés. L'amiral Bruce apprit d'eux que les vaisseaux russes *Aurora*, *Dwina Olivutza* et les transports *Baïkal* et *Irtisch* étaient partis le 5 avril avec tous les canons, toutes les munitions de guerre, ainsi qu'avec tous les soldats et tous les employés du gouvernement, qui étaient au nombre de 800. Les Russes avaient cependant travaillé activement aux fortifications de Pétropawlowsk après le départ des flottes alliées l'année précédente : neuf batteries de 54 canons avaient été construites avec une extrême habileté, à l'aide de fascines fortement liées ensemble de 8 mètres d'épaisseur; elles étaient palissadées et remplies de terre, et quelques-unes étaient entourées de fossés avec chemins couverts. Tous les préparatifs possibles étaient donc faits, quand l'ordre d'évacuer la place arriva de Saint-Pétersbourg. L'amiral Bruce fit détruire les batteries; mais comme il n'avait rencontré aucune résistance, il crut devoir respecter la ville. Après bien des démarches, il put ouvrir des communications avec le capitaine Martinhof, commandant provisoire de la place, retiré dans l'intérieur, et obtint l'échange de deux prisonniers anglais contre trois prisonniers russes. La garnison russe était allée fortifier sans doute la garnison des établissements des bouches de l'Amour. Les escadres alliées se dirigèrent alors sur Sitka, sans rien rencontrer. [L. LOUVET.]

PETSCHÉNÈGUES (Les), peuplade sauvage et nomade, de race turque, qui se désigne elle-même sous le nom de *Kangli* ou de *Kanghar*, appelée par les Russes *Petschénégi*, par les Allemands *Pecinaci* ou *Picenazi*, et par les Grecs *Bisseni*. Ils habitaient originairement entre le Volga et l'Iaïk, et étaient séparés des Khazares par le Volga, tandis qu'au sud et au sud-est ils avaient pour voisins les Ouzes. Ils jouent un rôle important dans l'histoire de l'Europe depuis le neuvième jusqu'à la fin du onzième siècle; car ils renouvelèrent alors en quelque sorte l'époque de la grande migration des peuples. Leur première apparition dans l'histoire date de l'an 839, où ils firent irruption dans le royaume des Khazares; et en 867 on les retrouve guerroyant contre les Slaves de Kief, qui peu de temps auparavant étaient encore tributaires des Khazares. Mais les Khazares, les Ouzes et les Slaves s'étant réunis contre l'ennemi commun, les Petschénègues furent expulsés des contrées qu'ils occupaient, et dont les Ouzes prirent alors possession. Après avoir longtemps erré de côté et d'autre, les Petschénègues finirent par tomber sur les Hongrois, établis entre le Don et le Dniester, qui jusque alors avaient été soumis aux Khazares, et que, malgré le secours de ceux-ci, ils dépossédèrent de leurs terres, en l'an 833, après une lutte acharnée. Bientôt on les vit dominer de nouveau depuis les rives du Don jusqu'à celles de l'Alouta. A cette époque, qu'on peut considérer comme celle de leur plus grande puissance, ils se partagèrent en huit tribus, dont quatre étaient établies sur la rive orientale du Dniepr, près des frontières des Ouzes, des Khazares et des Alains; et les quatre autres, sur la rive occidentale du Dniepr, en Gallicie, en Transylvanie, sur les rives du Bog, en Moldavie et dans une partie de la Valachie. Plus tard, l'empire de Byzance fut plus particulièrement en proie aux attaques des Petschénègues. En 970, unis aux Russiens, ils marchèrent sur Constantinople. Entre les années 997 et 1038, au temps de saint Étienne, ils s'établirent sur les frontières de la Moravie. En l'an 1010 ils envahirent la Bulgarie et la Thrace; en 1028 ils s'avancèrent, dans l'une de leurs expéditions, jusqu'à Thessalonique, conquirent en 1048 une grande partie de la Bulgarie, et franchirent en 1049 le Danube, où ils s'établirent aux environs de Driadiza et de Nissa. A l'époque des croisades, où on les retrouve surtout en Servie, en Bulgarie, en Dardanie et dans la Petite Scythie, ils rendirent souvent extrêmement difficile la marche des croisés à travers ces contrées et leur firent essuyer plus d'un désastre. Postérieurement ils furent plusieurs fois battus par les Grecs et les Hongrois, bien que, unis aux Valaques, ils aient plus tard causé de grandes pertes au premier de ces deux peuples. Au douzième siècle, ils possédaient encore une petite partie de la Transylvanie, mais ils étaient déjà pour la plupart tributaires des Magyares, avec lesquels ils finirent par se confondre si complétement que dès le treizième siècle on ne trouve plus d'eux la moindre trace dans l'histoire.

PETSCHORA, en russe *Peczora*, fleuve qui prend sa source sur le versant occidental de l'Oural du nord, de plus de 105 myriamètres de longueur, avec un bassin de plus de 2,000 myriamètres carrés, traverse les trois gouvernements de Perm, de Wologda et d'Archangelsk (Russie). Sa pente est extrêmement faible; aussi la Petschora devient-elle déjà navigable à peu de distance de sa source. Mais elle reste couverte de glaces pendant la plus grande partie de l'année, ce qui fait que la navigation n'y a pas d'importance, surtout le fleuve traversant les fameux marais du gouvernement d'Archangelsk qu'on désigne sous le nom de *Tundea*, et où il ne saurait être question de commerce ni de mouvement industriel. Entre le 67° et le 68° degré de latitude septentrionale, la Petschora, après s'être partagée en un grand nombre de bras, entre lesquels se trouvent une foule d'îles n'ayant d'autres habitants que des chiens de mer, se jette dans la mer Glaciale du Nord sur la côte de Malaja-Semija. Son plus grand affluent est l'Usza, qui prend sa source dans le pays des Samoyèdes, et qui se réunit à elle près du bourg du même nom.

PETTO (In), du latin *in*, dans, et *pectus*, poitrine. Les papes nomment souvent des cardinaux dont la nomination ne doit être connue que longtemps après : ces nominations sont dites *in petto*, parce que l'acte en vertu duquel elles sont faites n'est que la manifestation d'un sentiment encore concentré dans le cœur du souverain pontife. Du consistoire et du Vatican cette expression est passée dans le langage usuel, chez les Italiens d'abord, puis en France, où s'est acclimatée l'expression italienne; et quand on dit d'une personne qu'elle a un projet *in petto*, on veut dire qu'elle a dans l'esprit une idée dont la réalisation est arrêtée d'avance.

PÉTULANCE. Aimable, folle, et compagne joyeuse, la pétulance est née française; et malgré les orages et les tribulations qui ont passé, brûlantes et terribles, sur le front de sa mère, la pétulance, séduisante fille, ne s'est point encore exilée. Elle préside toujours, comme autrefois, à ses fêtes, à ses banquets; elle est partout, elle perce malgré tout. En vain de nos jours, où tout se matérialise, où tout tend à devenir calcul et commerce, chercherait-on à l'étouffer; inutilement le progrès vient tout appesantir; on a beau chercher à changer les bons et joyeux repas de nos pères, qui duraient si longtemps et étaient si gais, contre des réunions monotones et quasi-silencieuses, où l'on avale à la hâte et en causant de choses sérieuses; le pétillant vin de Champagne revient toujours reconquérir ses droits et jouir d'un beau triomphe. A sa douce et vive influence, nos fronts s'éclaircissent, nos langues se délient, le masque d'Anglais que nous avions revêtu tombe, et nous nous reconnaissons Français à notre pétulance.

Revendiquons la pétulance comme notre bien; nul autre peuple n'en fut doté: l'Espagnol indolent est d'un courage sombre et concentré; l'Italien couve sa vengeance, la dissimule même au milieu des vapeurs de l'orgie; l'Allemand, lourd par habitude, peut s'élever à des contemplations continuelles et à d'étranges visions; mais s'il parvient à faire mousser son esprit comme sa bierre, ce n'est plus la blanche et légère écume du vin de Champagne, qui s'enfle et disparaît; celle-ci reste et se colle aux lèvres qui s'y trempent. L'Anglais s'attache à la matière, il veut en extraire tout le suc; il la tord et la tourmente dans tous les sens. La pétulance, au contraire, est cette fleur d'esprit que l'on voit poindre dans toutes les actions du Français : c'est par elle, notre instinct, que nous courons au danger, lorsque les autres peuples s'arrêtent pour l'attendre. Théodore LEMOINE.

PETUN, mot employé autrefois pour *tabac*; on disait aussi *pétuner* pour fumer.

PÉTUNIA, genre de plantes de la famille des solanées, ayant pour caractères : Calice monophylle, à cinq divisions profondes; corolle campanulée, monopétale; limbe à cinq échancrures; cinq étamines inégales; style filiforme; capsule oblongue, bivalve, polysperme. Les pétunias sont des herbes un peu visqueuses, à feuilles alternes, à pédoncules uniflores, axillaires et solitaires. Elles croissent spontanément dans l'Amérique du Sud, et la culture les a rendues communes dans nos jardins, et a même donné naissance à de nombreuses variétés hybrides. Les pétunias, mêlées aux pélargoniums, produisent un effet très-agréable. Leurs fleurs se succèdent pendant toute la belle saison.

Le nom de *petunia* rappelle l'affinité de ces plantes avec le tabac : en effet, celui-ci se nomme *petun* dans la langue des indigènes du Brésil.

PÉTUNSE, PÉTANZÉ ou **PÉTUNTZÉ**, nom sous lequel les Chinois désignent une variété de pegmatite, dans laquelle le feldspath est en décomposition. Le pétunsé étant facilement fusible, on l'emploie pour obtenir l'émail de la porcelaine. Quand on le destine à cet usage, on le choisit très-pur, parce qu'alors il offre une blancheur parfaite. En Europe, on trouve le pétunsé dans les environs de Limoges et d'Alençon, en Corse et en Piémont.

PEU, expression de quantité, l'opposé de *trop*, de *beaucoup*. *Peu* est quelquefois substantif : Le *peu* que je vaux, le *peu* de cas qu'on fait de cela, le sage vit de *peu*, etc. *Peu et bon* veut dire se contenter de peu, pourvu qu'il soit bon. A grands seigneurs *peu de paroles*, c'est-à-dire qu'il faut leur expliquer en peu de mots ce qu'on veut leur dire. *Excusez du peu*, se dit ironiquement à celui qui se plaint qu'on ne lui donne pas assez, quoiqu'on lui donne beaucoup; il se dit aussi quelquefois par celui même qui trouve qu'on lui donne trop. *Pour peu que* est une locution conjonctive. *Dans peu*, *sous peu*, sont des locutions adverbiales elliptiques, qui signifient *dans peu de temps*. *A peu près*, *à peu de chose près*, sont des locutions adverbiales, qui s'emploient quelquefois substantivement, comme dans cette phrase : L'*à peu près* suffit dans des choses qui n'exigent pas beaucoup de précision.

Le mot *peu* joue ce rôle particulier, dans les règles de participes où il est suivi d'un substantif, que lorsqu'il désigne *rien* ou *point*, comme dans cette phrase : le *peu* d'affection qu'il m'a montré, pour dire qu'il ne m'en a point montré, le participe est invariable. Ce dernier s'accorde au contraire avec le substantif, quand *peu* désigne une petite quantité, comme dans cette autre phrase : le *peu* de visites qu'il a reçues.

PEUCER (GASPARD), savant du seizième siècle, célèbre par ses ouvrages et par ses malheurs, gendre de Mélanchthon, né en 1525, à Bautzen, devint en 1554 professeur de mathématiques à l'université de Wittemberg, et en 1559 il y fut attaché à la faculté de médecine. A la mort de Mélanchthon, il devint à Wittemberg le principal représentant des idées de son beau-père, et sut si bien gagner la confiance de l'électeur Auguste, que celui-ci le nomma son médecin particulier, et qu'il disposa dès lors souverainement de toutes les chaires qui vinrent à vaquer dans l'université. En 1571 parut le nouveau catéchisme de Wittemberg, accusé tout aussitôt d'être essentiellement calviniste et d'avoir en vue de supplanter la doctrine de Luther. Peucer déploya une grande activité pour donner à ce catéchisme la plus grande circulation possible, et écrivit à cet effet en 1572 son *Exegesis perspicua controversiæ de cena Domini*, ouvrage tout calviniste, qui le rendit suspect de cryptocalvinisme et qui lui valut douze années de dure captivité, de 1574 à 1586, à Dresde, à Leipzig et à Rochlitz. Il ne fut rendu à la liberté que sur l'intercession de l'épouse de l'électeur, Agnès, et de son père, Jean-Ernest; après quoi, il fut nommé médecin du prince d'Anhalt, et se retira à Zerbst. Il mourut à Dessau, en 1602. Outre plusieurs dissertations d'astronomie, telles que *De Dimensione Terræ* et *De Nova Stella*, on faisait autrefois grand cas de son *Commentarius de præcipuis Divinationum Generibus* (Wittemberg, 1553) et de ses *Elementa Doctrinæ Sphericæ* (1551), où il traite aussi de l'histoire de l'astronomie.

PEULS, nom indigène des Foulahs.

PEULVAN. *Voyez* MEN-HIR.

PEUPLADE, multitude d'habitants qui passe d'un pays dans un autre pour le peupler. Il se dit aussi et plus fréquemment, comme diminutif de peuple, de certains rassemblements fixes ou errant dans des pays non encore civilisés. On envoie des missionnaires visiter les *peuplades lointaines*, une *peuplade sauvage*.

PEUPLE, nom collectif qui signifie une multitude d'hommes d'un même pays, vivant sous les mêmes lois, composant une même nation. Le peuple hébreu a été appelé le *peuple de Dieu*, et le peuple romain le *peuple-roi*. La *voix du peuple*, a-t-on dit, est la voix de Dieu, c'est-à-dire l'opinion générale est d'ordinaire l'opinion juste. Le *peuple*, considéré comme le synonyme élargi de *nation*, est un grand élément politique qui n'avait pas été soupçonné en France avant 1789. Au pluriel, *peuples* se dit quelquefois des habitants d'un État composé de diverses provinces, dont plusieurs ont été réunies par la conquête ou autrement, et qui sont régies par des lois, des coutumes particulières.

Peuple s'applique aussi quelquefois à une multitude d'hommes qui n'habitent pas le même pays, mais qui ont une même origine, une même religion : Le *peuple* juif est dispersé par toute la terre. Il se dit aussi des habitants d'une même ville, d'un même bourg, d'un même village.

Peuple désigne quelquefois une partie de la nation, considérée sous des rapports politiques : Le sénat et le *peuple* romains; ou la partie la moins notable des habitants d'une même ville, d'un même pays, considérée sous le rapport de l'instruction et de la fortune : c'est alors la *plebs*, le *vulgus* des Romains. Qui dit *peuple*, en général dit plus d'une chose : il y a, selon La Bruyère, le *peuple* qui est opposé aux grands : c'est la multitude; et le *peuple* qui est opposé aux habiles : ce sont les grands comme les petits. Les gens de cour, ajoute-t-il, méprisent le *peuple*, et ils sont souvent *peuple* eux-mêmes. Les grands traitent de *petit peuple*, de *menu peuple*, de *lie du peuple*, la portion de leurs concitoyens qu'ils supposent la plus méprisable, parce qu'elle est la plus pauvre, et qui souvent vaut mieux qu'eux.

Peuple, par extension, se dit d'une multitude de personnes considérées sous certains rapports qui leur sont communs : Le *peuple* des auteurs, un *peuple* de héros, un *peuple* d'adorateurs.

On appelle *peuple*, enfin, le petit poisson, l'alevin ou nourrain qu'on met dans un étang pour le peupler, et les rejetons qui viennent au pied de certains arbres, de certaines plantes.

[Dans le sens le plus large, le mot peuple, fait de *populus*, venant peut-être lui-même de πολύς, nombreux, désigne une agglomération d'hommes ayant la même origine, le même langage, les mêmes mœurs et habitant ordinairement le même sol. Tout peuple semble sorti d'une famille qui s'est multipliée, étendue, divisée et subdivisée sans cesser de former un seul corps. Si les peuples ont eu la même souche, comme le veut la *Genèse*, depuis longtemps du moins les rameaux en sont séparés. Il serait difficile de retrouver aujourd'hui leurs filiations, si ce n'est pour quelques branches : tel est l'objet de l'ethnographie. « La vie des peuples, a-t-on dit, est la matière de l'histoire. » Plusieurs fois des peuples trop pressés, quittant les contrées qu'ils habitaient, ont envahi des régions mieux partagées, et des peuples accusés de barbarie ont remplacé des nations plus civilisées, mais amollies. L'histoire fait mention de plusieurs migrations des peuples. Ailleurs les peuples sauvages ont été détruits et remplacés par des aventuriers plus avancés en civilisation.

Au sein d'une agglomération d'hommes soumis au même gouvernement, on appelle *peuple*, par opposition au prince, tous les sujets, à quelque classe de la société qu'ils appartiennent. Au droit divin ou à la légitimité des rois on a opposé dans ce sens la *souveraineté du peuple* comme base des sociétés. Le gouvernement du peuple par lui-même ou plutôt par des représentants de son choix constitue la *démocratie*. On peut dire du peuple ce que Sieyès disait du tiers état : Le peuple est tout. En lui réside la force de l'État. Les peuples ne sont pas faits pour les princes, mais le gouvernement doit être fait pour les peuples. Dans ce sens, le peuple c'est l'ensemble des citoyens : « Ceux-là seuls ne font pas partie du peuple, disait un publiciste, qui prétendent se tenir hors des droits et des devoirs communs aux citoyens. Chacun au même titre, et dans la proportion d'une égalité parfaite, fait partie du peuple. »

Ce nom de *peuple* a d'abord été réhabilité par Mirabeau. « Oui, disait le grand orateur, c'est parce que le nom de *peuple* n'est pas assez respecté en France ; parce qu'il est obscurci, couvert de la rouille du préjugé ; parce qu'il nous présente une idée dont l'orgueil s'alarme, et dont la crainte se révolte; parce qu'il est prononcé avec mépris dans les chambres des aristocrates ; c'est pour cela même que je voudrais, c'est pour cela même que nous devons nous imposer non-seulement de le relever, mais de l'ennoblir, de le rendre désormais respectable aux ministres et cher à tous les cœurs. Si ce nom n'était pas le nôtre, il faudrait le choisir entre tous, l'envisager comme la plus précieuse occasion de servir ce peuple que nous représentons, dont nous défendons les droits, de qui nous avons reçu les nôtres, et dont on semble rougir que nous empruntions notre dénomination et nos titres... Plus habiles que nous, les héros bataves qui fondèrent la liberté de leur pays prirent le nom de *gueux ;* ils ne voulurent que ce titre, parce que le mépris de leurs tyrans avait prétendu les en flétrir ; et ce titre, en leur attachant cette classe immense que l'aristocratie et le despotisme avilissaient, fut à la fois leur force, leur gloire et le gage de leurs succès. Les amis de la liberté choisissent le nom qui les sert le mieux, et non celui qui les flatte le plus; ils s'appelleront les *remontrants* en Amérique, les *pâtres* en Suisse, les *gueux* dans les Pays-Bas. Ils se pareront des injures de leurs ennemis; ils leur ôteront le pouvoir de les humilier avec des expressions dont ils auront su s'honorer. »

Depuis nous avons eu des *représentants du peuple*. Il y a eu aussi des *amis du peuple*, et dans toutes les occasions chacun a cru pouvoir parler au nom du peuple.

Cependant, ce nom de *peuple* est resté à la classe la plus infime de la société, celle que les Romains qualifiaient de *plèbe*, et que nous nommons le *prolétariat*. Mais pour les gens de noblesse, les manufacturiers, les gens de finances, les commerçants si riches qu'ils soient, sont des hommes du *peuple*. Pour ceux-ci les ouvriers forment le *peuple*, et il n'y a pas si longtemps que la petite bourgeoisie réunie dans la garde nationale qualifiait dédaigneusement d'*homme du peuple* tout ce qui n'avait pas le moyen de se pourvoir d'un uniforme. Et cela même sous la république, alors que la loi se promulguait et que la justice se rendait *au nom du peuple français !* Toutes ces distinctions prouvent combien ce mot *peuple* a de sens différents.

« Au fond, dit un religieux philanthrope, il n'y a rien d'injurieux pour personne dans cette distinction en classes *supérieure, moyenne* et *inférieure*, pourvu qu'on ne songe à fonder sur elle aucune espèce d'exclusion ni de privilége absolu. La classe la plus nombreuse est nécessairement inférieure aux autres du côté de la fortune, et partant de l'éducation; des lumières, de l'aptitude politique, etc. Il appartient aux hommes le mieux partagés à cet égard d'éclairer ceux qui le sont moins, de leur vouer une bienveillance toute particulière, pour les dédommager autant que faire se peut de l'apparente injustice du sort. Il appartient surtout aux gouvernements d'offrir à tous des moyens d'instruction, de même qu'il semblerait aussi de leur devoir de ne jamais laisser manquer personne qui veuille travailler, des moyens de subsistance. » Le peuple a cru un moment que c'était là non-seulement un devoir pour les classes supérieures, mais un droit pour lui ; ceux que l'on qualifiait de *socialistes* demandaient pour tous le droit au travail, à l'instruction, au crédit, comme on avait accordé à tous les droits politiques. La société constituée, effrayée du bouleversement qui pouvait s'en suivre, ne reconnut pas même au peuple les tristes droits à l'assistance. Et pourtant, comment ce peuple garderait-il convenablement les droits politiques, si son instruction comme son bien-être ne s'augmentaient considérablement? Comment la souveraineté pourrait-elle résider en lui, s'il restait ce que prétendait Voltaire, qui disait : « à l'égard du peuple, il sera toujours sot et barbare; ce sont des bœufs auxquels il faut un joug, un aiguillon et du foin? » Comment pourrait-il prétendre à la direction de la société, s'il restait soumis à l'oppression, facile à entraîner par la privation et l'incertitude du lendemain?

On s'est, il est vrai, en tous temps, occupé de l'instruction du peuple. Outre les livres classiques, on a beaucoup écrit pour lui, particulièrement pour son instruction morale ; mais le peuple, comme les enfants, est peu friand des livres faits pour lui. Il profite davantage de travaux qui semblent cependant au-dessus de sa portée par la forme, mais qui rendent mieux ses sentiments et ses idées.

La plupart des peuples ont des *chants populaires*, des airs nationaux, des danses particulières, des fêtes spéciales. L. LOUVET.]

PEUPLIER, genre d'arbres de la famille des salicinées (des amentacées de Tournefort), contenant quinze à vingt espèces, toutes dignes de fixer l'attention, et qui ont pour caractères communs : des feuilles alternes, longuement pétiolées, plus ou moins en cœur, plus ou moins dentées; des fleurs dioïques, qui apparaissent avant l'évolution des feuilles, les mâles en chatons cylindriques, chacune composée d'une écaille portant des étamines nombreuses; les femelles, de même structure, concaves, pédiculées, ayant l'ovaire au centre, un stigmate sessile, quadrifide, une capsule globuleuse, à bords rentrants, à plusieurs graines avec aigrettes. Tous ces arbres croissent avec rapidité et se reproduisent de boutures ou de rejetons, ils ont les racines traçantes ou pivotantes, le bois blanc, léger et tendre, développant peu de chaleur à la combustion, et très-propre aux ouvrages de menuiserie.

Le *peuplier blanc* (*populus alba*, L.), *ypréau blanc de Hollande, de Bourgogne*, se rencontre dans presque toute l'Europe, où il parvient aux plus hautes dimensions; il se développe avec rapidité et dans tous les terrains : ces qualités, jointes à la majesté de son port, à la grâce et à la régularité de sa cime, devraient le faire préférer dans bien des cas.

Le *peuplier grisard* (*populus canescens*, Smith), *grisaille*, *franc picard*, moins élevé que le précédent, à feuilles plus petites, moins anguleuses, moins velues, pousse en abondance dans nos forêts, là où il trouve une terre humide et légère.

Le *peuplier-tremble* (*populus tremula*, L.) a les feuilles presque rondes et dentées, toujours agitées, à cause de l'aplatissement extrême de leur pétiole ; il n'est point cultivé, mais il croît naturellement sur les montagnes et dans les bois : il sert, ainsi que le précédent, à chauffer le four des boulangers.

Le *peuplier d'Athènes* (*populus græca*), originaire de la Grèce, est un grand arbre à feuilles larges et d'un beau vert noir, multiplié de marcotte ou par greffe sur le peuplier d'Italie ; il produit un bel effet dans les jardins paysagers.

Le *peuplier de la baie d'Hudson* (*populus hudsonica*, Michaux), cultivé dans nos pépinières, où il se reproduit comme le précédent, porte de longs poils sur ses jeunes rameaux, qui à la seconde année sont parallèles au sol.

Le peuplier d'Italie, de Lombardie, peuplier pyramidal, peuplier cyprès, peuplier fastigié (*populus pyramidalis*, Rozier), probablement originaire de Perse, s'élève jusqu'à plus de 30 mètres ; il porte autour de sa tige droite des rameaux redressés et serrés : il forme des avenues, de grandes plantations qui peuvent donner une valeur considérable aux propriétés. Son bois, susceptible de recevoir un beau poli, s'emploie dans la sculpture, la menuiserie et la charpente. On le multiplie de bouture ; lorsqu'il a atteint trente ou quarante ans, dans une terre grasse et humide, il est à son maximum de croissance.

Le *peuplier noir* (*populus nigra*, L.) a le bois plus dur et plus fibreux que celui des autres peupliers ; ses jeunes tiges, flexibles et nombreuses, remplacent bien l'osier (osier vert). Il sert à fabriquer de fort jolies boîtes.

Le *peuplier de Canada* (*populus monilifera*) et le *peuplier de Virginie* (*populus virginiana*) ont une grande ressemblance ; le second ne se distingue guère du premier que par des feuilles plus grandes, plus en cœur, des rameaux plus gros et plus éloignés du tronc. Ils sont l'un et l'autre un bel ornement dans les jardins anglais. On trouve encore en Amérique d'autres espèces remarquables du même arbre, mais jusque ici d'une moindre importance. Le peuplier de Hollande, le noir et celui d'Italie, sont les seuls qui aient été cultivés pour leurs produits. P. Gaubert.

Parmi les arbres célèbres, on a cité le *peuplier de l'Arquebuse*, de Dijon, planté dans le joli jardin de ce nom, aux portes de la ville. A sa base, il offre 11 mètres de pourtour, 9 mètres 33 centimètres au-dessus du sol, et 6^{m},66 à hauteur d'homme. On lui donne plus de deux siècles.

PEUR. La *peur* est en général un mouvement subit par lequel l'âme est excitée à éviter un objet qui lui paraît nuisible (*voyez* Crainte et Frayeur). Richard, duc de Normandie, fut surnommé *sans Peur*. On appelle Bayard le chevalier *sans peur et sans reproche*. *Peur*, *frayeur*, *terreur*, marquent par gradation les divers états de l'âme, plus ou moins troublée par la vue de quelque danger. Cette vue vive, subite, cause la *peur* ; plus frappante et plus réfléchie, la *frayeur* ; si elle nous abat, la *terreur*. La *peur* est un faible de la machine qui tend à sa conservation ; la *frayeur*, un trouble plus persévérant ; la *terreur*, une passion accablante. On dit proverbialement : *La peur grossit les objets*, c'est-à-dire : On exagère ce qu'on craint. *Mourir de peur*, c'est craindre beaucoup. *Avoir peur de son ombre*, c'est trembler pour la moindre chose. *Être laid, être mis à faire peur*, c'est être fort laid, être fort mal vêtu. *En être quitte pour la peur*, c'est avoir eu plus de *peur* que de mal.

Peur s'emploie aussi hyperboliquement dans les usages du monde : *J'ai peur* de vous déplaire, de vous paraître indiscret.

Les Grecs et les Romains avaient personnifié la Peur. Ils la supposaient fille de Mars et de Vénus. Elle avait un temple à Sparte, près du palais des éphores, soit pour que ces magistrats eussent toujours devant les yeux la crainte de faire quelque chose d'indigne de leur rang, soit pour inspirer aux citoyens la crainte de violer les ordonnances et les lois. Thésée sacrifia à la *Peur*, afin qu'elle ne saisît pas ses troupes. Alexandre suivit cet exemple avant la bataille d'Arbèles. Rome honorait la Peur conjointement avec la *Pâleur*, depuis le vœu fait par Tullus Hostilius, dans une bataille contre les Albains. Les médailles anciennes représentent la *Peur* avec des cheveux hérissés, un visage étonné, la bouche ouverte, et un regard qui marque l'épouvante causée par un péril imprévu. Homère la place sur l'égide de Minerve et sur le bouclier d'Agamemnon.

PEUTINGER (Conrad), célèbre érudit, naquit en 1465, à Augsbourg, d'une famille patricienne. Après avoir étudié à Padoue et dans d'autres universités d'Italie, il fut nommé à son retour syndic de sa ville natale, qu'il fut chargé à diverses reprises de représenter à la diète de l'Empire, et à laquelle il fit accorder par l'empereur le droit de battre monnaie. Il mourut en 1547. Sa grande et précieuse bibliothèque, après être d'abord restée pendant quelque temps dans sa famille, finit par passer aux mains des jésuites d'Augsbourg. On a de lui diverses dissertations sur des points d'archéologie relatifs à l'Allemagne ; mais ce qui sauvera son nom de l'oubli, c'est d'avoir conservé au monde savant la carte appelée d'après lui *Tabula Peutingeriana*. Cette carte, dont l'auteur est demeuré inconnu, indique les routes militaires de la plus grande partie de l'empire d'Occident, et fut très-certainement dressée d'après un itinéraire du quatrième siècle, à l'époque de l'empereur Théodose, quoique d'autres veulent y voir une œuvre du treizième siècle. Peutinger, qui la tenait de Conrad Celtès, lequel l'avait trouvée dans l'abbaye des bénédictins de Tegernsée, et l'avait empruntée aux religieux, s'était chargé de la publier. Comme il négligea de s'acquitter de cette commission, ce fut Welser qui plus tard en publia quelques fragments sous le titre de *Fragmenta Tabulæ antiquæ ex Peutingerorum bibliotheca* (Venise, 1591). A partir de ce moment la carte entière disparut complétement, et ce ne fut qu'en 1714 qu'on la retrouva parmi les manuscrits de Peutinger. Le dernier rejeton de sa famille l'avait déposée chez un libraire, à qui elle fut achetée par le prince Eugène, qui en fit don à la Bibliothèque impériale de Vienne, où elle se trouve aujourd'hui. Le premier qui en ait donné une édition complète est Scheyb (Vienne, 1753) ; Katancsich l'a réimprimée dans son *Orbis antiquus* (Ofen, 1825). K. Mannert fut chargé par l'Académie de Munich d'en publier aussi une édition, qui a paru sous le titre de : *Tabula itineraria Peutingeriana, denuo cum Vindobonensi collata, emendata* (12 feuilles ; Leipzig, 1824) ; et dans une préface il a raconté les diverses vicissitudes de cette carte.

PEYREHORADE. *Voyez* Landes (Département des).

PEYRESC (Fabre de). *Voyez* Fabre.

PEYRON (Jean-François-Pierre), l'un des artistes qui concoururent à la réforme de la peinture française, naquit à Aix en Provence, le 15 novembre 1744. Ses parents, qui ne jouissaient que d'une fortune médiocre, lui firent pourtant donner une éducation assez soignée, dans le but de lui ouvrir la carrière administrative ; mais il manifesta un goût très-passionné pour les arts, et on lui donna pour maître un artiste d'Aix, nommé Arnulfi. Voyant qu'il fallait un plus grand théâtre à ses études, il vint à Paris en 1767, entra dans l'atelier de La Grenée l'aîné, puis il se mit à travailler seul. Se souciant peu de l'avis de tous ses condisciples, il étudia les œuvres du Poussin en dépit de l'espèce d'abandon dans lequel on semblait laisser ce maître pour courir après ce style chiffonné, prétentieux, maniéré, qui faisait encore fureur. En 1773 Peyron obtint le premier grand prix de peinture sur un tableau dont le sujet était *La mort de Sénèque.*

A cette époque, Vien, le maître de David, avait déjà commencé à réagir, mais d'une façon tout à fait discrète, contre le dessin lâche et la forme de fantaisie. Dès qu'il fut arrivé à Rome, Peyron oublia le Poussin et tout ce qu'il avait admiré; il trouva que Vien était un réformateur timide, et voulut aller beaucoup plus loin que lui; en conséquence, il se mit à dessiner, à peindre d'après le plus pur style grec. Il gagna sans doute beaucoup à cette étude, mais il y perdit des qualités précieuses en peinture, la fraîcheur du coloris et l'imagination. Dans son enthousiasme pour les bas-reliefs et les statues, il ne vit plus que la forme idéale; il oublia la nature et la vérité : néanmoins, quoiqu'il ne fût que pensionnaire, il exerça une véritable influence à l'académie de Rome sur ses condisciples, qui en grande partie suivirent son exemple, et partagèrent ses erreurs. Le premier tableau dans lequel il déploya tout son nouveau style représentait *Cimon se dévouant à la prison, pour en retirer et faire inhumer le corps de son père.* A Rome, il peignit encore deux autres sujets, qui sont : *Le philosophe Socrate retirant le jeune Alcibiade d'une maison de courtisanes*, et *La jeunesse d'Athènes tirant au sort pour être livrée au Minotaure.* Ces trois compositions, conçues à peu près dans le même système, eurent alors un grand succès.

Cependant, Peyron, qui depuis quatre ans était à Rome, et qui trouvait dans cette ville tant de beaux modèles de son art, ne voulut pas la quitter: il y demeura encore trois ans à ses propres frais. Il revint en 1781 à Paris. Deux années après, en 1783, l'Académie de Peinture lui ouvrit ses portes; en 1785 il fut nommé directeur de la manufacture royale des Gobelins : ce fut à cette époque qu'il peignit son grand tableau d'*Alceste.* Au salon de 1787 il exposa *Curius refusant les présents des Samnites*, et de plus un petit tableau plein d'intérêt, dont les figures n'avaient guère qu'un demi-mètre de hauteur : c'était l'esquisse finie d'une page historique, *La mort de Socrate.* Au même salon se voyait le même sujet, exécuté aussi sur une petite toile signée du nom de David. Peyron et David s'étaient, par l'effet du hasard, mis en présence l'un de l'autre; mais si on trouvait dans leurs ouvrages une grande conformité d'ordonnance, de dessin, de coloris, on y trouvait surtout une manière absolument opposée à celle de la précédente école. Le public comprit qu'ils avaient engagé une lutte, non pas entre eux, mais qu'ils avaient voulu, d'un commun accord, terrasser les derniers partisans du style *rococo.* Des applaudissements unanimes accueillirent les jeunes réformateurs, qui légitimaient leur audace par la supériorité de leur talent. Cette exposition eut un résultat décisif. Au salon de 1788 on vit figurer un second tableau de *La Mort de Socrate*, où les personnages étaient peints de grandeur naturelle : ce morceau capital mit le comble à la réputation de son auteur.

Peyron jouissait d'un certain bien-être, que semblaient lui assurer pour toute sa vie son traitement de directeur des Gobelins et des commandes importantes qui lui avaient été faites par la cour, lorsque les premiers troubles de la révolution éclatèrent. Il perdit alors sa place aux Gobelins, et dut renoncer aux travaux dont l'avait chargé le roi. Cet artiste n'eut pas le courage de résister à son changement de fortune : il tomba dans un état complet de découragement. Sa santé s'altéra; puis vinrent des infirmités, qui en le clouant dans son fauteuil le séparèrent de ses amis, qui l'avaient presque oublié quand il mourut, le 20 janvier 1815. Les dix dernières années de son existence ne furent qu'une longue agonie. Cependant, malgré son état de langueur, il travailla toujours, et il ne perdit qu'à ses derniers moments l'usage de ses facultés. Il peignit durant cette période de souffrance deux de ses tableaux les plus estimés : l'un représente *Paul-Émile s'indignant de l'état d'humiliation où se réduit Persée, qui en présence de sa famille se jette aux genoux de son vainqueur*; l'autre a pour sujet *Antigone sollicitant de son père Œdipe le pardon de son frère Polynice.* Dans le même temps, il produisit un second tableau des *Filles d'Athènes.* Enfin, aux derniers jours de sa vie, il exécuta deux petites compositions remarquables par une grande délicatesse de touche et un dessin spirituel : l'une est un *Pythagore avec ses disciples*; l'autre représente un *Entretien de Démocrite et d'Hippocrate.* Au musée du Louvre, on voit aussi de ce peintre une page allégorique, qui a pour sujet l'Étude et la Renommée. Il laissa encore neuf pièces gravées à l'eau-forte, dont quatre d'après ses propres ouvrages, quatre d'après Nicolas Poussin, et une d'après Raphael. A. FILLIOUX.

PEYRON (AMADEO), professeur de langues orientales à l'université et membre de l'Académie des Sciences de Turin, est né dans cette ville, en 1785. C'est l'un des savants les plus distingués qu'il y ait en Italie, et sa réputation européenne a pour base ses beaux travaux sur la langue copte. Son plus bel ouvrage dans ce genre est son *Lexicon Linguæ Copticæ* (Turin, 1835), qu'il fit suivre d'une *Grammatica Linguæ Copticæ*, avec des suppléments à son dictionnaire (Turin, 1841). Ses recherches sur les rouleaux de papyrus des musées égyptiens de Turin et de Vienne ont été imprimées dans les *Memorie* de l'Académie de Turin. On doit encore à ses savantes recherches des *Fragments des discours de Cicéron pour Scaurus, pour Tullius et contre Clodius* (Stuttgard), ainsi que les *Leges ineditæ Codicis Theodosiani*, publiées dans les *Memorie* de l'Académie. Il avait déjà fait paraître précédemment des *Fragmenta inedita* d'Empédocle et de Parménide (Leipzig, 1810). En 1848 le roi Charles-Albert l'appela à faire partie du sénat.

PEYRONIE (LA). Voyez LA PEYRONIE.

PEYRONNET (CHARLES-IGNACE, comte DE), l'un des ministres de Charles X signataires des fameuses ordonnances du 25 juillet 1830, naquit en 1775, à Bordeaux. Son père, simple procureur au parlement de cette ville, après s'être enrichi dans cette profession lucrative mais peu considérée, acheta un titre de noblesse peu de temps avant la révolution. Hostile au nouvel ordre de choses, il expia sur l'échafaud les regrets imprudents qu'il avait manifestés en faveur de l'ancien régime. Son fils dut alors fuir le sol français pour ne pas partager son sort; mais cet exil volontaire ne dura pas longtemps. Aussitôt après la journée du 9 thermidor il revint dans sa ville natale, où dès 1796 il se faisait recevoir avocat. Il eut ce qu'on appelle une jeunesse orageuse, et se fit bien plus connaître à Bordeaux par ses nombreux duels, généralement heureux, que par ses plaidoyers. Peyronnet attachait sans doute lui-même un grand prix à ses souvenirs de bretteur, puisque lorsqu'il eut à se fabriquer des armoiries, en raison du titre de *comte* que lui octroya Louis XVIII, en 1822, il plaça dans son écu une épée, et prit pour devise ces mots : *non solum toga.*

Quand, le 12 mars 1814, la ville de Bordeaux ouvrit ses portes aux Anglais et proclama le gouvernement royal, Peyronnet figura au nombre des plus énergiques meneurs de ce mouvement insurrectionnel. Oublié dans la répartition des récompenses et des grâces de toutes espèces distribuées alors, Peyronnet n'en vit pas moins avec une vive douleur s'accomplir l'année d'après l'étrange révolution qui ramena Napoléon aux Tuileries et qui chassa encore une fois les Bourbons de la France. Capitaine de la garde nationale, il tint à honneur d'accompagner la duchesse d'Angoulême jusqu'au navire qui devait la conduire en Angleterre. Cette preuve de dévouement et de respect pour le malheur n'était pas sans dignité, et elle valut à Peyronnet quelques persécutions de la part de la police impériale pendant les cent jours. Il en fut récompensé après la seconde restauration par sa nomination aux fonctions de président du tribunal civil de Bordeaux. Il intervint courageusement alors pour protéger la vie de quelques centaines d'hommes de la garde impériale, que la populace, toujours la même en tous temps et en tous lieux, voulait massacrer pour les punir d'avoir peu de jours auparavant obéi aux ordres de leurs chefs et fait feu sur des bandes insurgées.

L'avancement de Peyronnet fut rapide. Dès 1818 il était appelé à remplir les fonctions de procureur général à Bourges; et à quelque temps de là il était élu, dans cette ville, membre de la chambre des députés, où d'ailleurs pendant les deux premières années de son mandat électoral il ne fut guère remarqué. On fut donc assez généralement surpris d'apprendre qu'il était appelé à remplir les fonctions de premier substitut du ministère public près la cour des pairs convoquée pour juger la conspiration impérialiste du 19 août 1820. Peu d'accusateurs publics se montrèrent jamais plus sévères, plus âpres, plus inexorables; il en est peu aussi dont les efforts aient été couronnés de plus de succès. Son violent réquisitoire fit passer dans l'âme des juges ses convictions ardentes; et la cour, faisant droit à ses conclusions, rendit un arrêt qui condamna plusieurs des accusés à la peine capitale.

Après un tel résultat, considéré comme une notable victoire, il était naturel que Peyronnet fût devenu un personnage politique important; aussi une ordonnance royale en date du 14 décembre 1821 l'appela-t-elle à prendre le portefeuille de la justice en même temps que Corbière devenait ministre de l'intérieur et Villèle ministre des finances. Nous éviterons d'entrer ici dans l'histoire de ce triumvirat choisi parmi les coryphées de l'extrême droite, et qui dura près de sept années. Nous nous bornerons à rappeler les principales mesures politiques de cette triste époque, dont la responsabilité revient plus spécialement à Peyronnet. Comme début dans la carrière gouvernementale, il présenta au parlement dès la session de 1822 une loi restrictive de la liberté de la presse. En vertu du nouveau projet soumis aux chambres par le gouvernement, les tribunaux furent autorisés à suspendre et même à supprimer complètement les journaux dont les *tendances* leur paraîtraient de nature à compromettre la paix publique; faculté exorbitante et cependant parfaitement impuissante, qui valut au pays les irritants scandales des fameux *procès de tendances*, demeurés l'un des grands griefs de l'opinion publique contre le gouvernement de la Restauration. En 1823 il opina avec force dans le conseil pour qu'une armée française franchît les Pyrénées et allât renverser le gouvernement constitutionnel à Madrid. L'année d'après, quelques mois avant la mort de Louis XVIII, il fit rétablir l'odieuse censure, parce qu'il avait enfin reconnu l'inutilité des procès de tendance pour museler la presse.

La mort de Louis XVIII n'amena qu'une modification partielle dans le cabinet. L'influence de Villèle grandit encore sous le nouveau roi, et il n'eut garde de ne pas conserver pour collaborateurs des hommes tels que Peyronnet et Corbière, comme lui chers à ce qu'on nommait la *congrégation*. Dans la session de 1825, le garde des sceaux obéit fidèlement aux injonctions de ses protecteurs secrets, en présentant de nouveau à la sanction législative un projet de loi contre le sacrilége, écarté dans la session précédente comme mal élaboré et *insuffisant*, et dont cette fois les pénalités sévères nous reportaient en plein moyen âge. La réprobation universelle que cette loi souleva dans l'opinion tint surtout à la juste impopularité du ministre qui la présentait. Châteaubriand combattit à la chambre des pairs le projet de loi sur le sacrilége. La malignité publique ne manqua pas de voir de transparentes allusions et de poignantes personnalités dans la partie de son discours où il s'élevait d'une manière générale contre « ces hommes à foi douteuse qui se faisaient les vengeurs de la religion, et qui au sortir des orgies venaient instituer des supplices ». Quoi qu'il en soit, on ne saurait disconvenir que dans la défense de ce projet Peyronnet n'ait fait preuve de beaucoup d'habileté et de ressources d'esprit. Aussi fut-il adopté, sauf de légères modifications, par l'une et l'autre chambres.

En 1826 Peyronnet demanda aux chambres le rétablissement du droit d'aînesse. Cette loi inconcevable et inqualifiable fut rejetée par la chambre des pairs elle-même. L'année suivante, Peyronnet présenta encore aux chambres sa fameuse loi sur la presse, si niaisement qualifiée de *loi d'amour et de justice* dans un article du *Moniteur* dont la reproduction fut ordonnée à toutes les feuilles publiques. Aux termes de ce projet, tout écrit non périodique ne pouvait être publié qu'après un dépôt préalable, suivi d'un délai fixe, pour que le pouvoir eût le temps de l'examiner : tout écrit de cinq feuilles d'impression et au-dessous était astreint à la formalité du timbre; l'imprimeur déclaré responsable des délits commis par les écrivains, et le ministère public autorisé à poursuivre la diffamation, alors même que l'individu diffamé ne se plaignait pas. Ce projet de loi, qualifié tout aussitôt de *loi vandale*, attaqué de la manière la plus vive par La Bourdonnais lui-même, et qui provoqua de la part de l'Académie Française une protestation dans l'intérêt des lettres, souleva dans le pays une indignation non moins profonde que la loi du droit d'aînesse; elle fut de la part de la chambre haute l'objet de modifications telles que le cabinet dut la retirer.

A peu de temps de là, Villèle en appela à des élections générales, parce qu'il sentait le besoin de redonner à son administration un peu du prestige qui s'attache toujours au jeu des institutions représentatives, lors même qu'elles sont le plus faussées. Il avait cru l'emporter de haute main dans cette lutte contre l'opposition, tant ses mesures étaient bien prises. Le résultat général des élections donna cependant une immense majorité à ses adversaires. Force lui fut alors de se retirer, et Martignac fut chargé de constituer une administration nouvelle. Mais dix-huit mois après, Charles X profita de la première occasion favorable pour se débarrasser de conseillers qu'il considérait comme lui ayant été *imposés*. Le 11 août 1829, un ministère, tout à fait suivant son cœur, se forma sous la présidence du prince de Polignac, et le 16 mai 1830 Peyronnet fut appelé à y prendre le portefeuille de l'intérieur. En présence du résultat des élections générales auxquelles ils venaient, eux aussi, de faire appel, les ministres ne virent plus d'autre ressource pour sauver le trône qu'un coup d'État. Il paraît cependant certain que tel n'était pas l'avis de Peyronnet, lequel n'aurait même apposé sa signature au bas des ordonnances du 25 juillet que pour obéir à un faux point d'honneur. On sait le reste. Arrêté à Tours, au moment où il cherchait à gagner l'étranger, il fut conduit à Vincennes avec Polignac, Chantelauze et Guernon-Ranville, et condamné par la cour des pairs à une détention perpétuelle. Six ans après, une ordonnance fit remise de leur peine aux ex-ministres, qui eurent le bon esprit de se condamner désormais au silence et à l'obscurité.

Du donjon de Ham, où il était détenu depuis sa condamnation, Peyronnet écrivit en 1835 une *Histoire des Francs*. Au mois de septembre 1852 il prononça le discours de clôture du congrès scientifique de Toulouse. Il mourut à son château de Montferrand (Gironde), en janvier 1854.

PÉZÉNAS, l'ancienne *Pissenacum*, ou *Piscennæ* des Romains, mentionnée par Pline, qui parle avec éloge des étoffes qu'elle fabriquait alors, des laines qu'elle teignait, est une petite ville située sur le Peine, et à peu de distance de la rive gauche de l'Hérault, chef-lieu de canton du département de l'Hérault, à 734 kilomètres de Paris, et à 24 sud-est de Béziers, son chef-lieu d'arrondissement. Pézénas est célèbre par le commerce considérable qui s'y fait des eaux-de-vie; son marché, qui se tient tous les samedis, sert à établir la mercuriale des eaux-de-vie en Europe. Cette ville compte 7,375 habitants; elle possède un collége communal et une caisse d'épargne, et est le siége d'un tribunal de commerce. Il se fait à Pézénas un commerce considérable de vins et de spiritueux, de grains, d'olives, de drap, de toile, de poterie, de tuiles, de bougies, de produits chimiques : cette ville possède encore des moulineries et des filatures de soie,

La châtellenie de Pézénas appartenait simultanément à deux seigneurs, lorsque saint Louis la réunit au domaine royal, en 1261; le roi Jean l'érigea en comté, au profit de Charles d'Artois; ce comté passa plus tard dans la maison de Montpellier, puis au prince de Condé, et enfin aux princes de Conti.

PÉZIZE, genre de champignons ayant pour caractères: Réceptacle sessile ou pédiculé, creusé en forme de cupule; hyménium composé de thèques en forme de massue, mélangées avec des paraphyses simples ou rameuses, renfermant le plus ordinairement huit spores, qui à une certaine époque s'échappent brusquement sous la forme d'un nuage. Ces champignons, très-nombreux, se développent généralement sur des matières végétales en décomposition, ou même vivantes. On les rencontre jusqu'au niveau des neiges fondantes. Les mollusques terrestres et quelques insectes s'en nourrissent. L'homme ne les emploie à aucun usage.

Une des espèces les plus remarquables de ce genre est le *peziza cacabus*, qui croît à Java. Ce champignon n'a pas moins d'un mètre de haut; la cupule a $0^m,67$ de diamètre sur $0^m,54$ de profondeur; elle est d'une consistance molle, papyracée, rugueuse, tuberculeuse à sa surface, et striée vers sa marge; le pédicule qui la supporte est épais de huit centimètres, haut de $0^m,43$, et creux à l'intérieur.

On trouve aux environs de Paris le *peziza acetabulum*, qui croît au printemps sur la terre. Son réceptacle est charnu, fragile, d'une couleur fuligineuse, veiné en dessous; ses veines se continuent sur le pédicule, où elles forment autant de côtes saillantes.

PEZRON (Paul), chronologiste célèbre, naquit en 1639, à Hennebon, et mourut à Chessy, le 10 octobre 1706. Il fut successivement membre de la congrégation de Cîteaux, religieux à l'abbaye de Prières, élève en philosophie à Rennes et en théologie à Paris, secrétaire du vicaire général de la congrégation, don Jouand, directeur des novices à l'abbaye de Prières, sous-prieur du collége des Bernardins à Cîteaux, docteur en théologie, professeur dans la maison que les moines de Cîteaux avaient à Paris, visiteur des maisons de son ordre, et abbé de La Charnoie. Pezron s'adonna avec ardeur à l'étude de l'antiquité; entre autres ouvrages, il a publié: *L'Antiquité des Temps rétablie et défendue*, in-4°; *L'Histoire évangélique confirmée par la judaïque et la romaine*, ouvrage chronologique assez estimé, en 2 volumes in-12; *Antiquité de la nation et de la langue des Celtes, autrement appelés Gaulois*, ouvrage où il a établi ce système, adopté par quelques-uns, mais trouvé paradoxal par beaucoup d'autres, que les Gaulois étaient originaires d'Asie, et descendaient de Japhet, et que le celte, leur langue primitive, était antérieur au grec, qui lui aurait emprunté un grand nombre de mots. Pezron s'est aussi occupé, dans diverses dissertations, à spécifier les contrées qu'habitaient anciennement les Chananéens, et la topographie de la Terre promise. Il a laissé des traités scientifiques et philologiques qui sont demeurés inédits.

PFÆFERS ou PFEFFERS (Eaux de). Cet établissement thermal, qui jouit d'une grande et juste renommée, tire son nom d'une antique abbaye de bénédictins du canton de Saint-Gall, sécularisée en 1838, près de laquelle il est situé. Les eaux sourdent au milieu d'une fondrière que traverse la Tamina, et s'échappent par diverses crevasses, superposées les unes aux autres, de la paroi de rochers formant la rive gauche de cette rivière. Leur température est de 29°,75 à la source, de 29°,50 à l'établissement de bains, et de 27°,75 à Ragaz; et leurs effets les ont fait ranger au nombre des eaux alcalines terreuses. Elles se prennent comme bain et comme boisson.

PFAHLGRABEN (littéralement *fossé palissadé*). *Voyez* Diable (Mur du).

PFEFFEL (Gottlieb-Conrad), né à Colmar, en Alsace, le 28 juin 1736, et fit ses études à l'université de Halle. A la suite d'une longue maladie, il perdit complétement la vue, en 1757, et supporta avec la plus touchante résignation sa malheureuse destinée pendant plus d'un demi-siècle. Un mariage suivant son cœur, qu'il lui fut donné de contracter en 1759, contribua beaucoup à jeter quelques consolations sur son existence; et il se livra alors à la culture de la poésie, vers laquelle il s'était senti attiré dès sa première jeunesse. En 1773 il fonda dans sa ville natale un institut d'éducation à l'usage de la jeunesse protestante; et il continua de le diriger jusqu'à l'époque de la révolution. En 1802 il fut élu président du consistoire protestant de Colmar, et mourut le 1er mai 1809. Ses poésies brillent en général par la sensibilité, par l'esprit, par une douce gaieté et par une véritable philosophie. C'est dans la fable et la petite nouvelle en vers qu'il a surtout réussi. Ses œuvres en prose ont moins de mérite. Ses œuvres poétiques remplissent dix volumes (Tubingue, 1802-1810).

PHABÉ, une des Héliades.

PHACOCHÈRE (de φακή, verrue, et χοῖρος, cochon), genre d'animaux de la famille des Suilliens (ou cochons), ainsi nommés parce qu'on remarque une grosse verrue à chacune de leurs joues. Plus lourds et plus trapus que les cochons ordinaires, les phacochères ont le crâne plus large et le groin plus aplati. Leurs yeux, très-petits, environnés de saillies, ne semblent pas pouvoir leur offrir de grands secours. Leurs oreilles sont grandes. Quant à leur système dentaire, il est beaucoup plus herbivore que celui des cochons ordinaires. Les mœurs des phacochères n'en sont pas plus douces; car à l'état sauvage ce sont des animaux d'une férocité indomptable. Cependant, lorsqu'ils sont jeunes, on parvient à les apprivoiser; mais les résultats de l'éducation disparaissent à mesure qu'ils avancent en âge.

On ne connaît que deux espèces de phacochères; l'une propre au cap de Bonne-Espérance, l'autre aux îles du cap Vert.

Le *phacochère du Cap* (*phacochœrus edentatus*, Is. Geoff.), *pose à large groin* d'Allamand, *sanglier d'Afrique* de Buffon, a été nommé à tort *sus æthiopicus* par Gmelin, Vosmaer, Pallas, etc., et *phacochœrus æthiopicus* par Fr. Cuvier et A.-G. Desmarest, car il ne se trouve pas en Éthiopie. Son corps est d'un gris roux, avec la tête noirâtre. Une longue crinière, composée de soies grises et brunâtres, couvre le derrière de la tête, le cou et les épaules. Le phacochère du Cap a environ $1^m,35$ depuis le bout du museau jusqu'à l'origine de la queue, longue de 15 à 16 centimètres; sa hauteur entre les épaules est de $0^m,90$.

Le *phacochère d'Afrique* (*phacochœrus africanus*, Fr. Cuv.), ou *sanglier du cap Vert*, est de la taille de son congénère. Il s'en distingue principalement par la présence de deux incisives à la mâchoire supérieure et de six à l'inférieure.

PHAENNA. *Voyez* Grâces.

PHAÉTON, fils du Soleil et de Clymène, une des Océanides. Beau et bien fait, il inspira une violente passion à Vénus, qui lui confia le soin de ses temples. Cette distinction lui inspira de l'orgueil; il se vantait partout d'être le fils du Soleil. Épaphus, fils de Jupiter, lui ayant soutenu le contraire, Phaéton alla s'en plaindre à sa mère, qui le renvoya au Soleil, pour apprendre de sa propre bouche la vérité de sa naissance. Arrivé près du dieu, il le supplia de lui accorder une grâce qui prouvât à l'univers qu'il était son fils. Le Soleil, affligé de sa douleur, jura par le Styx de ne lui rien refuser. Phaéton le supplia de permettre qu'il conduisît son char un jour seulement. Le dieu, lié par son serment, fit tous ses efforts pour détourner le jeune téméraire de cette entreprise périlleuse. Ce fut en vain; Phaéton persista, et prit les rênes du char. Les chevaux du Soleil, ne reconnaissant pas la main de leur maître, se détournèrent du chemin accoutumé: tantôt, s'élevant trop haut, ils menacèrent d'embraser le ciel; tantôt, descendant trop bas, ils brûlèrent les montagnes et desséchèrent les fleuves; l'Afrique perdit sa verdure, les Éthiopiens prirent ce teint noir qu'ils conservent encore. La terre, calcinée jusque dans ses fondements, porta ses plaintes à Jupiter, qui foudroya Phaéton et le précipita dans l'Éridan (le Pô). Les nymphes du fleuve rendirent à son corps les honneurs funèbres. Ses sœurs le pleurèrent si amèrement que les dieux par pitié les changèrent en peupliers et leurs larmes en ambre; Cycnus, son ami, non moins sensible, fut métamorphosé en cygne.

C'est ainsi qu'Ovide chante la catastrophe de Phaéton. Hésiode fait de Phaéton un fils de Céphale et de l'Aurore; Apollodore, un fils de Tithon et de l'Aurore. D'autres lui donnent pour mère la nymphe Rhodé, fille de Neptune et d'Amphitrite. Aristote croit, sur la foi de quelques anciens, que du temps où Phaéton régnait sur un canton de la Grèce il tomba du ciel des flammes qui consumèrent plusieurs pays; d'autres y ont vu l'embrasement des villes criminelles de la Pentapole, ou le prodige de Josué, ou celui d'Ézéchias. On a crû y retrouver aussi une fable égyptienne, et l'on a confondu le deuil du Soleil à la mort de son fils avec celui des Égyptiens à la mort d'Osiris. Des auteurs plus positifs n'ont vu dans la fable qu'une aventure réelle dont un téméraire aurait été victime. Plutarque, qui adopte cette explication, avance qu'un Phaéton régna réellement sur les Molosses et se noya dans le Pô. Il ajoute que ce prince s'était livré à l'étude de l'astronomie et avait prédit d'horribles chaleurs qui désolèrent en effet son royaume. Eusèbe écrit dans sa Chronique que sous le règne de Phaéton, qu'il place vers l'an du monde 2530, il tomba du ciel plusieurs étoiles, qui selon l'auteur du livre *De Mundo* mirent le feu en plusieurs contrées de l'Occident. Lucien et Diodore de Sicile s'occupent aussi de cette fable.

Par allusion à l'aventure de Phaéton, les Français du siècle dernier avaient imposé ce nom à une espèce de chaise roulante, de cabriolet, ordinairement à deux roues, traîné par un seul cheval et brûlant le pavé, au risque, pour le petit-maître qui le conduisait lui-même, de se rompre le cou.

PHAÉTON (*Astronomie*). Voyez Cocher (*Astronomie*).

PHAÉTUSE, une des Héliades.

PHALANGE (*Art militaire*). La signification générale du mot *phalange* (φάλαγξ) est *corps de troupes*, *corps d'armée*, et cette signification n'a, comme on le voit, aucune relation avec l'organisation tactique, ni avec l'ordre de bataille du corps auquel on appliquait le nom de *phalange*. Tout corps d'armée rangé dans un ordre compacte, quelle que fût la profondeur des files, était une *phalange*. C'est même dans ce sens que les écrivains grecs donnent le nom de *phalange* aux armées romaines, lorsqu'elles étaient rangées en ordre plein.

Plus tard ce nom fut plus particulièrement appliqué à l'ordonnance tactique qu'adoptèrent les Grecs. Leur esprit systématique et géométrique leur avait fait assujettir l'art militaire à des règles tactiques, qui s'enseignaient dans des écoles, et le plus grand effort de la pratique fut de mettre ces règles en exécution sur le terrain, avec toute l'exactitude imaginable. Celui qui atteignait à la plus grande précision était sûr de la victoire; et une bataille était une lutte entre deux généraux, dont chacun tâchait d'entraîner son adversaire dans quelque faute qui désordonnât sa phalange, afin d'en profiter. Leur système de tactique fut donc subordonné aux lois de la géométrie et de la mécanique; et cette dépendance s'accordait mieux avec leur caractère national, en ouvrant un vaste champ à leur goût prédominant pour les systèmes et la dispute. Toute la nation devint tacticienne, parce que cette science s'enseignait dans les mêmes écoles où on apprenait la logique et la géométrie. Chaque citoyen connut la place qu'il devait occuper dans la phalange et les fonctions qu'il devait y remplir, mais il ne sût que cela; et le *phalangite*, terrible tant qu'il était uni à la masse de ses compagnons d'armes, devenait un être presque nul lorsqu'il était isolé.

Une des premières conséquences des règles de la mécanique qui dirigeaient la tactique fut l'*ordre profond*, lequel donnait plus de force d'impulsion à la masse des phalangites, et qui par le peu d'étendue de son front permettait au général d'avoir sous les yeux non-seulement tous les officiers, géométriquement placés à des distances égales, mais encore toute l'étendue de son armée. Une seconde conséquence, dérivée de la première, fut l'emploi des armes d'une grande longueur, qui utilisaient un plus grand nombre de rangs, et le rétrécissement du bouclier, nécessaire afin d'augmenter l'effet du choc, en serrant le plus possible les rangs de la phalange. Mais alors le phalangite, mal couvert par un petit bouclier et embarrassé par une longue pique, inutile dans les combats corps à corps, loin de pouvoir rien entreprendre lorsqu'il était isolé ou en petits pelotons, n'était pas en état de se défendre. Un grand nombre d'exemples tirés de l'histoire ancienne, et surtout la bataille de Taurasium, perdue par Pyrrhus, celle de Cynoscéphales, perdue par Philippe V, roi de Macédoine, et celle de Pydna, perdue par son fils Persée, prouvent que la phalange une fois subdivisée par les accidents du terrain n'était plus en état de résister à un ennemi armé pour les combats corps à corps.

La force et la division de la phalange varia chez les différents peuples de la Grèce, selon le nombre de troupes qu'ils pouvaient entretenir, et selon leur organisation politique. L'armée lacédémonienne était divisée par régiments ou *lochagies* de quatre à cinq cents hommes : il paraît qu'il y avait un régiment pour chacune des cinq tribus. Les dix tribus d'Athènes formaient dix régiments. La première phalange, composée de troupes régulières et restant toujours sur pied, fut celle qu'organisa Philippe, père d'Alexandre le Grand, et dont la force était de six mille hommes. Ce ne fut que sous Alexandre le Grand qu'elle prit la forme que décrivent Élien et Arrien sous le nom de *phalange macédonienne*, et dont les subdivisions peuvent s'appliquer à une armée quelconque.

Les Grecs n'eurent dans l'origine que deux espèces d'infanterie, les *hoplites*, ou pesamment armés, et les *psilites*, ou troupes légères. Plus tard ils sentirent la nécessité d'avoir une infanterie moyenne, plus mobile pour l'action que les hoplites, et plus capable de soutenir un choc que les psilites. Cette infanterie reçut le nom de *peltastes*, du petit bouclier rond ou carré, appelé *pelta*, dont elle fut armée. Dès lors la phalange des hoplites forma le centre ou le noyau du corps de bataille des armées; celle des peltastes, divisée en un certain nombre de sections, couvrit les ailes, et forma quelquefois la réserve; les psilites conservèrent le service irrégulier de troupes légères. Ces trois différentes espèces d'infanterie furent assujetties aux mêmes règles de formation, et subdivisées de même; en sorte que chaque division de la phalange des hoplites pouvait avoir à sa suite une division de peltastes et une de psilites : seulement, l'élément de formation, la *file*, était de seize hommes pour les hoplites et de huit seulement pour les autres troupes.

L'élément de formation de la phalange était la file de seize hommes, qui s'appelait *lochos* ou *stichos* : elle était commandée par le dernier homme, qui s'appelait *ouragos* ou *serre-file*, et remplissait les fonctions de nos sergents. Deux files formaient une *dilochie*, commandée par un *dilochite*; deux dilochies formaient une *tétrarchie*, commandée par un *tétrarque*; deux tétrarchies formaient une *taxiarchie*, commandée par un *taxiarque*, ou *centurion*; deux taxiarchies formaient une *syntagme* ou *xénagie*, dont le chef était le premier officier placé en dehors des rangs et des files. Le *xénague* avait près de lui un adjudant, un *ouragos* ou sergent de bataille, un porte-drapeau, un trompette et un héraut. La xénagie, qui formait un carré de seize rangs et de seize files, était le plus petit corps sur lequel la phalange pût se mettre en colonne. Deux xénagies formaient une *pentécosiarchie*, deux pentécosiarchies une *chiliarchie*, deux chiliarchies une *mérarchie* ou *télarchie*; deux mérarchies une *phalange simple* de 4,096 hommes. Les xénagues, les pentécosiarques et les chiliarques étaient les officiers supérieurs de la phalange; au-dessus d'eux étaient les officiers généraux. Chaque phalange simple était commandée par un *phalangarque* ou général, ayant sous lui un *mérarque* ou brigadier. Deux phalanges simples formaient une phalange double ou *diphalangarchie*, et deux phalanges doubles la grande phalange ou *tétraphalangarchie*, de 16,384 hommes. C'était l'armée proprement dite, dont le commandant était le général en chef, ayant sous ses ordres les officiers généraux et les sections des peltastes et des psilites.

Quoique la cavalerie fût organisée sur des principes semblables, et qu'elle fût également sous les ordres du chef de la grande phalange, comme son action et ses mouvements étaient tout à fait indépendants de ceux de l'infanterie, nous ne nous en occuperons pas.

Il ne faut cependant pas croire que toutes les armées grecques fussent composées d'un nombre exact de phalanges complètes dans toutes les armes : l'ordre que nous venons de décrire n'est que le thème de formation d'une armée, qu'on peut considérer comme purement idéal. L'élément dont on partait dans la pratique était la *xénagie*, de 2,564, pour les hoplites; la *centurie*, de 1,284, pour les peltastes et les psilites, et l'*hipparchie*, de 512 chevaux, pour la cavalerie. Le nombre de chacun de ces éléments, et par conséquent la proportion qui régnait entre eux, était à la volonté du général, ou, pour mieux dire, dépendait des circonstances de la guerre et de la constitution du peuple qui armait.

Les armes des phalangites ou hoplites étaient l'épée courte, la pique ou sarisse, de 6 à 8 mètres; le casque, le bouclier rond ou ovale, la cuirasse ou corselet, et les *cnémides* ou *bottines* de cuivre couvrant les jambes. Les peltastes portaient indifféremment un casque ou un bonnet arcadien; leur pique n'avait que 4 mètres; leur bouclier était rond ou carré, mais encore plus petit. Les psilites n'avaient que l'arc, les javelots et la fronde.

Dans l'ordre de parade, le phalangite occupait 2 mètres en rangs et files. Dans l'ordre du combat, il n'occupait plus que 1 mètre, et lorsqu'il fallait charger, il se serrait en masse, de manière que les boucliers se touchaient (*synaspismos*), et n'occupait plus qu'environ $0^{m},60$.

On conçoit qu'une ordonnance pareille et la double obligation d'avoir toujours sur le front les premiers rangs composés des meilleurs soldats, et de ne présenter à l'ennemi que le flanc gauche, couvert par les boucliers, ne permettaient pas d'employer un grand nombre de manœuvres. Elles se réduisaient en effet aux suivantes : *conversions individuelles*, pour la marche de flanc; *conversions par sections*, pour la formation des colonnes, qui se déployaient par des mouvements de flanc; *ordre à deux fronts*, qui se formait de deux manières, soit en faisant faire un demi-tour à la moitié des files, soit en joignant deux sections, dont l'une marchait par le flanc droit et l'autre par le flanc gauche, en sorte que les serre-files se trouvassent au centre. Si les deux sections se joignaient par la tête, les queues restant à distance, c'était un *embolon* ou coin; si au contraire elles se joignaient par la queue, c'était un *cœlembolon* ou coin concave. Les Grecs formaient aussi des carrés vides, dont deux côtés étaient plus longs que les autres, ou *plæsions*, et des *plinthions* ou carrés vides, aux quatre faces égales. Pour faire face en arrière, les Grecs faisaient usage des contre-marches par files, dont ils avaient trois espèces : dans la première, le chef de file faisait demi-tour, et les hommes du restant de la file, passant par sa droite, allaient se placer derrière lui; dans la seconde, le chef de file, après avoir fait demi-tour, se mettait en marche en arrière, et, passant par la droite du serre-file, le dépassait de toute la profondeur de l'ordre de bataille : les hommes du restant de la file le suivaient et se plaçaient derrière lui; dans la troisième, chaque file faisait sa contre-marche sur elle-même, en sorte que le chef de file venait remplacer le serre-file, et réciproquement. Gal G. DE VAUDONCOURT.

PHALANGE (*Économie sociale*). Ce mot, dans la théorie de Fourier, signifie la *commune sociétaire*, ou, si l'on veut, la commune dont toutes les familles sont associées en travaux de ménage, de culture, de fabrique, d'éducation, d'administration, etc... A. PAGET.

PHALANGE (*Anatomie*). On désigne par ce nom les petits os qui forment les doigts, parce qu'ils sont rangés les uns à côté des autres. On les divise en *phalanges des doigts* et *phalanges des orteils*. Les premières sont pour chaque main au nombre de quatorze, trois à chaque doigt, à l'exception du pouce, où il n'y en a que deux. Elles sont placées verticalement les unes au-dessous des autres. On les distingue par leur nom numérique, comptant de la base vers le bout des doigts, en *premières phalanges*, ou *phalanges métacarpiennes; secondes phalangues*, ou *phalanges moyennes* (*phalangines* de Chaussier); *troisièmes phalanges*, ou *phalanges unguéales*, *unguifères* (*phalangettes* de Chaussier), lesquelles terminent le doigt et supportent l'ongle. Les *phalanges des orteils* sont égales en nombre à celles des doigts, mais beaucoup plus petites, et d'une forme un peu différente. Les phalanges s'articulent les unes avec les autres, et de plus les premières sont unies aux os du métacarpe.

PHALANGERS, famille de mammifères marsupiaux, composée d'animaux dont l'extérieur rappelle à la fois celui des lémuriens et des sarigues. Les phalangers ont le museau assez saillant, terminé par un petit mufle dénudé. Leurs yeux sont gros, leurs oreilles médiocres et plus ou moins membraneuses. Leur corps trapu, peu élevé sur jambes, se termine le plus souvent par une queue préhensile. Leurs membres sont courts, forts, très-bien disposés pour grimper, et pourvus, en avant et en arrière, de cinq doigts, tous armés d'ongles en forme de griffes, sauf le pouce de ceux de derrière, qui est opposable aux autres, et onguiculé ou non. Le système de dentition des phalangers rappelle celui des musaraignes, mais est plus en rapport avec un régime presque entièrement frugivore. Enfin, les organes de la reproduction sont disposés comme ceux des autres didelphes; la poche abdominale de la femelle est assez ample.

Les phalangers, dont les plus grandes espèces sont de la grosseur du blaireau, habitent les forêts de l'Australie et de la Polynésie. Ce sont des animaux crépusculaires. Leur intelligence paraît très-bornée. Malgré leur odeur désagréable, les Papous les mangent volontiers.

On connaît une vingtaine d'espèces de phalangers, que l'on a distribuées en trois genres : 1° le genre *phascolarctos*, créé en 1816 par Blainville pour une espèce sans queue, le *phascolarctos fuscus*, qui vit à la Nouvelle-Galles, où il est connu sous le nom de *Koala*; 2° le genre *phalangista*, établi pour une quinzaine d'espèces à queue longue et plus ou moins préhensile, telles que les *couscous* des îles de l'archipel Indien; 3° le genre *petaurus*, renfermant le petit nombre d'espèces à queue non prenante, mais dont les flancs offrent une expansion aliforme de la peau, qui leur permet de s'élancer d'un arbre à l'autre, et leur a fait donner le nom de *phalangers volants*.

PHALANGINE. *Voyez* PHALANGE (*Anatomie*).

PHALANGIENS. *Voyez* ARACHNIDES.

PHALANGETTE. *Voyez* PHALANGE (*Anatomie*).

PHALANGITE. *Voyez* PHALANGE (*Art militaire*).

PHALANSTÈRE, édifice habité par une phalange, mot de la création de Fourier, et appartenant à son système, qui en a aussi reçu le nom de *système phalanstérien*.

Le *phalanstère* contient des logements et des appartements de toutes sortes pour toutes les fortunes et tous les goûts de ses habitants. Il contient en outre les quartiers de l'enfance et des études, les cuisines en soubassement ou en rez-de-chaussée, sur des cours spéciales; les bains, les salles de banquet, les grandes pièces de réception, de bals, de concerts; la bourse, le jardin intérieur ou jardin d'hiver, avec ses serres chaudes et ses promenades couvertes; le théâtre et le temple. Tous ces éléments, combinés dans l'ensemble le plus varié et le plus monumental, sont reliés par une vaste et haute galerie vitrée, chauffée en hiver, ventilée pendant les chaleurs, qui permet de vaquer à toutes les relations, à toutes les fonctions de la vie sociale, avec le plus grand charme, quel que soit l'état de l'atmosphère, et fait circuler le mouvement et la vie du centre à toutes les parties du grand corps architectural.

Jusque ici cependant la *commune phalanstérienne* n'a pu s'organiser; des fonds apportés à la *phalange* n'ont pu suffire à créer un phalanstère en Europe. L'Assemblée nationale de 1848 refusa les fonds et les terrains nécessaires à un essai de ce genre. En Amérique, un phalanstère, établi depuis une douzaine d'années dans le New-Jersey, a été vendu en 1855 à l'encan, 66,000 dollars environ; il en avait coûté plus de 100,000 aux actionnaires. Cependant, on annonçait encore dans la même année la création d'une colonie agricole phalanstérienne au Texas (*voyez* CONSIDÉRANT).

PHALANSTÉRIEN, nom que l'on donne aux partisans des doctrines de Charles Fourier, et qui tendent à la création de *phalanstères*.

PHALARIDE. *Voyez* ALPISTE.

PHALARIS, tyran d'Agrigente, en Sicile. C'est un de ces personnages moitié vrais, moitié fabuleux, comme l'histoire des premiers âges nous en fait apparaître fréquemment. Il naquit cinq cent soixante-douze ans avant J.-C., dans Astypalée, soit la ville de Crète, soit l'île de ce nom, l'une des principales Cyclades. Orphelin dès son enfance, il se rendit pourtant digne, par sa conduite et son habileté, d'obtenir, jeune encore, une part active dans les affaires publiques; mais devenu suspect, à raison de ses desseins ambitieux, il fut obligé de s'exiler. Réfugié dans Agrigente, il sut, par son affabilité, que relevaient ses largesses, gagner sur la multitude un ascendant à l'aide duquel, lors du tumulte occasionné par les Tesmophories, fêtes en l'honneur de Cérès législatrice, il parvint à s'emparer de l'autorité suprême. Le commencement de son règne fut paisible; et sa réputation comme général d'armée était telle que les Imériens, autre peuple de Sicile, voulurent lui confier la conduite de leur armée dans une guerre contre leurs voisins: projet dont le poëte Stésichore détourna ses concitoyens en leur récitant l'apologue si connu du cheval implorant le secours de l'homme pour se venger du cerf. Cependant, les Agrigentins, fatigués du gouvernement monarchique, précipitèrent violemment du trône le souverain qu'eux-mêmes s'étaient donné. C'est alors qu'on répandit cette fable, suivant laquelle un sculpteur athénien, nommé Périlaüs, se flattant d'arracher au tyran une magnifique récompense, lui présenta un taureau dont les flancs pouvaient contenir un homme pour y être brûlé à petit feu; mais Phalaris, indigné, fit mourir Périlaüs par le supplice de son invention, et consacra l'horrible machine dans le temple de Delphes. Le *taureau de Phalaris*, inventé par Périlaüs, devint bientôt proverbe et moralité contre les inventeurs de supplices et les hommes lâches, vils, qui fournissent des armes à la férocité des tyrans; ce fut pour la poésie un aliment dont elle s'est soutenue pendant plusieurs siècles. Mais pour avoir fait mourir Périlaüs, Phalaris ne renonça point à faire usage du taureau. Afin de charmer ses loisirs, il y faisait enfermer les plus nobles citoyens d'Agrigente, et leurs gémissements arrivaient à son oreille plus suaves que la plus ravissante harmonie. D'après cette histoire, on peut deviner que Phalaris termina sa carrière d'une manière violente, mais les historiens varient sur son genre de mort. Les uns le font mourir par suite de lapidation, d'autres assurent qu'il fut enfermé dans son taureau brûlant: ces derniers ont du moins le mérite de donner le dernier trait à la moralité.

Nous avons sous le nom de Phalaris un recueil de 148 lettres écrites en grec. (La meilleure édition est celle qu'en ont donnée Lennep et Valckenaër (Groningue, 1777; Leipzig, 1823). Charles Boyle, comte d'Orery, s'est efforcé d'en soutenir l'authenticité en s'appuyant d'autorités anciennes et respectables; mais Bentley et d'autres savants plus modernes n'ont voulu voir dans ces lettres que l'œuvre d'un sophiste demeuré pour jamais inconnu. Du reste, on est généralement d'accord sur leur antiquité fort reculée, et le très-érudit Tzetzès, l'une des autorités dont Boyle s'étaye, y reconnaît la véritable empreinte du caractère de Phalaris. Or, on y trouve les sentiments les plus honnêtes, les idées les plus généreuses. Le cœur capable, ou seulement jugé capable de les concevoir, n'a pu s'animer de cette cruauté révoltante qui se complait aux tortures de l'humanité. Mais rappelons-nous que Phalaris fut un de ces princes que la Providence a marqués pour tomber devant les fureurs populaires, et dès lors deux exemples pris dans l'histoire des temps modernes nous aideront à comprendre les exagérations et les calomnies dont on a poursuivi sa mémoire.

L. LAVIGNE.

PHALÈNE, Linné comprenait sous cette désignation générique tous les lépidoptères nocturnes. Le genre *phalène* de Linné, restreint par ses successeurs, est devenu dans la classification de Latreille la famille ou tribu des *phalénites*, ainsi caractérisée: Antennes sétacées, tantôt simples dans les deux sexes, tantôt pectinées ou ciliées dans les mâles seulement; palpes inférieurs couvrant toujours les supérieurs, de forme peu variée, souvent très-velus; trompe généralement grêle, plus souvent membraneuse que cornée; corselet plus souvent velu que squammeux; abdomen généralement long et grêle, excepté dans certaines femelles; ailes étendues horizontalement, ou en toit large et écrasé dans l'état de repos.

Les chenilles des phalènes sont nues, ou garnies seulement de poils rares et courts. Elles ont de dix à quatorze pattes, mais le plus généralement dix, dont six écailleuses, placées en avant, et les autres membraneuses. Toutes ces chenilles sont de celles qui ont reçu les qualifications d'*arpenteuses*, de *géomètres*, parce qu'elles semblent en effet, dans leur mouvement de progression, mesurer le terrain qu'elles parcourent. Ainsi, veulent-elles changer de place, elles approchent leur partie postérieure de leurs pattes écailleuses fixées au sol; puis, fixant alors les pattes membraneuses, elles allongent le corps; et ainsi de suite. Ces chenilles filent continuellement une soie qui les tient attachées à la plante sur laquelle elles vivent. C'est à l'aide de cette soie qu'elles descendent des plus grands arbres jusqu'à terre, et qu'elles remontent, en quelque sorte, sans marcher.

On range dans la tribu des phalénites les genres: *bombyx*, *cossus*, *phalène* proprement dit, *pyrale*, *teigne*, etc.

PHALEUCE ou **PHALEUQUE**, terme de versification grecque et latine. Il se dit d'une espèce de vers ayant cinq pieds, comme le saphique, dont le premier est ordinairement un spondée, quelquefois un iambe, le second toujours un dactyle; le troisième et le quatrième des trochées, et le dernier ordinairement un spondée, et quelquefois un trochée (*voyez* HENDÉCASYLLABE).

PHALLUS. Les Grecs appelaient ainsi le membre viril, surtout son simulacre, qui, comme symbole de la force de production de la nature, était analogue de tous points au *lingam* de l'Inde. Il jouait un grand rôle dans toutes les religions naturelles de l'Orient à l'exception du parsisme, était partout un objet d'adoration, donnait lieu à une multitude de mythes et était promené processionnellement dans les fêtes et cérémonies publiques. Souvent cet emblème était représenté uni aux parties sexuelles de la femme. C'est surtout dans l'ancienne religion égyptienne, où il se rattachait aux mythes d'Isis et d'Osiris, que le culte du phallus constituait une partie essentielle de la religion populaire. Venaient ensuite, sous ce rapport, les religions de la Phénicie, du reste de la Syrie, de la Babylonie et de l'Asie Mineure, où il se rattachait aux divinités d'Adonis et d'Atys. Il n'y eut pas jusqu'à la religion populaire des Grecs, qui fut transportée par la suite en Italie, où l'on ne pût aisément reconnaître des traces de l'ancien culte du phallus, qui s'y rattacha au mythe de Bacchus et de Priape, dans les fêtes dites *orgies*; où le simulacre du phallus était également promené en triomphe.

PHALSBOURG, ville de France, chef-lieu de canton

dans le département de la Meurthe, avec 5,192 habitants, un collége, une fabrication de liqueurs et de kirschenwasser renommée, des brasseries, des tuileries, des briqueteries, un commerce de bois, de planches de sapin, de grains et de vin. On y voit une fontaine qui est un chef-d'œuvre d'hydraulique. C'est une ville forte, place de guerre de troisième classe ; elle est située sur un roc élevé, à l'entrée des Vosges, et défend le défilé de Zabern. Elle a été cédée à la France en 1661, par le traité de Vincennes, et fortifiée par Vauban. C'est devant ses murs que fut arrêtée, au commencement du dix-huitième siècle, l'invasion de l'armée impériale, déjà maîtresse de la basse Alsace.

PHANÈRE (de φανερός, apparent, visible, découvert). Blainville a réuni sous le nom de *phanères* toutes les productions solides et adhérentes aux téguments. Tels sont l'épiderme, les poils, les plumes, les écailles, les cornes, les coquilles, les tests, etc.

PHANÉROGAMES (du grec φανερός, visible, et γάμος, mariage). On appelle ainsi les plantes pourvues d'organes sexuels apparents. Elles forment les trois quarts du règne végétal, et ont reçu cette dénomination de Linné, par opposition aux cryptogames, qui forment l'autre quart du règne.

PHANTASIASTES, secte d'hérétiques ainsi nommés de φαντασία, fantaisie, imagination, parce qu'ils soutenaient que le corps de Jésus-Christ n'était qu'imaginaire, et que sa mort n'avait été qu'apparente (*voyez* CORRUPTICOLES).

PHAON, jeune Mitylénien, d'une rare beauté. Suivant les poëtes, Vénus lui fit ce don en reconnaissance de ce qu'il l'avait passée de l'île de Chio sur la terre ferme, très-rapidement et sans demander aucun salaire. Elle lui remit un vase d'albâtre plein d'une essence précieuse, dont il ne se fut pas plus tôt frotté qu'il devint merveilleusement beau et inspira de l'amour à toutes les femmes de Mitylène. La célèbre Sapho s'attacha surtout passionnément à lui : il répondit d'abord à sa flamme, puis il devint volage, et la malheureuse Sapho se précipita dans la mer du haut du rocher de Leucade. Phaon, en mémoire de cette catastrophe, fit élever un monument sur la montagne voisine. Selon Élien, Phaon fut tué par un mari qui le surprit en adultère. Quelques auteurs prétendent qu'il fut aimé de Vénus.

Un autre PHAON, affranchi de Néron, lui resta fidèle dans sa mauvaise fortune, et lui offrit un asile dans sa villa, l'an 68 de notre ère.

PHARAMOND ou FARAMOND. Des autorités, suspectes à juste titre, nous présentent Pharamond comme le premier roi qui conduisit les Franks saliens de la rive droite sur la rive gauche du Rhin, comme le premier qui, maître d'une partie de la Belgique, essaya de former une nouvelle monarchie dans la belle contrée qui forme aujourd'hui la partie septentrionale de la France. Les romans historiques, sur lesquels trop d'écrivains se sont appuyés, nous donnent Pharamond comme le fils d'un Marcomir, ou Marcomer, chef de l'une des nombreuses tribus de la confédération franke, et qui paraît avoir joué un rôle assez important sous l'empereur Théodose Ier. On place entre les années 420 et 427 le règne de Pharamond, car nos historiens monarchiques attribuent l'ordre régulier du gouvernement royal, tel qu'on le connut beaucoup plus tard, aux temps même de l'invasion. Du reste, on ne dit rien ni de l'âge ni de la femme de Pharamond. Certaines chroniques, rédigées longtemps après l'époque où on le fait vivre, par des gens ignorants et crédules, lui donnent deux fils, dont la destinée est restée un mystère, et Clodion qui lui succéda. On mentionne quelquefois un autre de ses prétendus enfants sous le nom de *Didion*. On a aussi gratuitement attribué à Pharamond la rédaction de la loi Salique. Les documents de l'époque où l'on fait vivre ce prétendu roi des Franks gardent à son égard le plus absolu silence; le père de notre histoire nationale, Grégoire de Tours, n'en parle pas davantage. On trouve seulement son nom mentionné dans une simple ligne de la *Chronique* de Prosper Tyro, et encore nos meilleurs antiquaires regardent-ils cette ligne comme interpolée. A. SAVAGNER.

PHARAON. C'est le nom sous lequel plusieurs rois d'Égypte sont désignés dans l'Ancien Testament. Sans ponctuation ce nom se prononce *prah* ou *phrah*, et vient de l'égyptien *p-ra*, soleil, ou *p-uro*, roi. Plus tard on appela plus particulièrement *Pharaon* le roi sous le règne duquel les Israélites abandonnèrent l'Égypte. Aussi ce mot a-t-il passé par transmission sémitique, sous la forme de *phérôs*, dans les récits d'Hérodote. En effet Phérôs, fils de Sésostris, c'est-à-dire Ménephthès, fils de Ramsès II, fut le roi sous lequel eut lieu l'émigration.

Un jeu de hasard fort répandu, et qui date déjà de fort loin, a reçu le nom de *pharaon*, du roi d'Égypte dont la figure se trouvait autrefois dans les jeux de cartes, et qui était regardée comme une carte très-heureuse.

PHARAON (*Jeu*). Ce jeu faisait les délices et la ruine de nos aïeux. Les règles en sont fort simples, et il n'offre d'attrait que par la rapidité des chances de perte ou de gain. Là, comme à la roulette, au trente-et-quarante, ou au jeu, plus modeste, du vingt-et-un, le banquier lutte seul contre un nombre indéterminé de joueurs ou de *pontes*. On les nomme ainsi parce que chacun ponte, ou plutôt *pointe* (du mot italien *puntare*) une carte à son choix dans les cinquante-deux dont se compose le jeu entier. Lorsque chacun a couvert sa carte d'un enjeu, le chef de la banque *taille* avec un jeu pareillement de cinquante-deux cartes. Il tire d'abord une carte pour lui, qu'il met à sa droite, puis une carte pour les pontes, placée à sa gauche. La carte de droite fait gagner au banquier tout l'or et l'argent risqué sur la carte pareille pontée ou *pointée* par ses adversaires. En revanche, il double les sommes aventurées sur la carte de la gauche. Les autres coups se succèdent de la même manière ; mais quand il survient un *doublet*, c'est-à-dire quand la carte de droite et celle de gauche sont de même dénomination, telles que deux as, deux rois, deux dames, deux sept, etc., le banquier, après avoir ramassé tout l'argent de la carte de droite, prélève la moitié des sommes couvrant la carte de gauche. Cet avantage assez grand, puisqu'il y a, terme moyen, trois doublets dans deux tailles, n'est pas le seul. Le banquier arrivé même à fond de taille, c'est-à-dire au vingt-sixième coup, ne double point les enjeux de la dernière carte : les pontes retirent seulement la mise. Le bénéfice de la banque s'accroît à mesure que l'on approche de la fin : aussi, lorsqu'il ne reste plus dans la main du banquier que huit cartes et au-dessous, il est obligé d'en donner avis, afin de modérer l'ardeur des mises. On appelait *carte de .....* ou *carte anglaise* la première carte sortie à gauche, et qui avait moins de chances pour sortir la dernière aux tailles suivantes.

C'est au pharaon que le *paroli* a pris naissance : on l'indiquait par des plis ou cornes faits à la carte; un des plis avait le nom de *paix* : il annonçait que le ponte risquait seulement les sommes déjà gagnées sur la même carte, en retirant l'enjeu primitif. BRETON.

PHARAONS. *Voyez* BOHÉMIENS.

PHARE. Ce mot vient suivant quelques étymologistes du celtique *pharen*, qui veut dire *naviguer*, et suivant d'autres de *Pharos*, nom de l'île sur laquelle fut construit le phare le plus remarquable de l'antiquité. Le phare est un signal de nuit, qui avertit les navigateurs du voisinage d'un atterrage ou de quelque danger. Ce signal est ordinairement un feu allumé sur une tour. Le plus ancien phare dont l'histoire fasse mention est celui du promontoire de Sigée; il y en avait de semblables dans le Pyrée d'Athènes et dans la plupart des ports de la Grèce. Des feux allumés sur les montagnes les plus élevées tinrent lieu des premiers phares, qu'on plaça ensuite au sommet de tours, dont quelques-unes furent très-remarquables par leur architecture.

Le phare le plus fameux dans l'antiquité est celui de Pharos, dont nous venons de parler, et que Ptolémée Philadelphe fit construire de pierres blanches près de la rive d'Alexandrie en Égypte. Il fut élevé par le Cnidien Sostrate, l'an 470 de la fondation de Rome, et passa pour une des sept merveilles du monde. Il était à plusieurs étages, qui allant chacun en se rétrécissant donnaient à l'ensemble une forme pyramidale; chaque étage avait une galerie extérieure. Si l'on en croit les écrivains arabes, ce monument avait 1,000 coudées de hauteur : des tremblements de terre le réduisirent à moins de 400. On le répara dans la suite, et on ne lui laissa que 233 coudées. L'intérieur contenait plusieurs centaines de pièces et une foule d'escaliers, qui le faisaient ressembler à un labyrinthe : ces escaliers étaient construits de façon que les bêtes de somme les montaient facilement. En 1182, cet édifice, encore ébranlé par de nouveau tremblements de terre, n'était plus que de 50 coudées. Il y avait alors une mosquée sur le sommet : un dernier tremblement de terre le détruisit presque complétement en 1304, et il n'en resta plus que de légers vestiges. On le voit figuré sur quelques médailles et sur des monnaies d'Alexandrie, où il est surmonté d'une figure colossale tenant une haste; aux quatre coins sont des tritons sonnant de la conque.

Les Romains ont construit un grand nombre de phares, quelques-uns à l'imitation de celui d'Alexandrie : tel aurait été, suivant Suétone, celui que l'empereur Claude fit élever à Ostie. Il y en avait un autre à l'île de Caprée, qu'un tremblement de terre fit écrouler peu de temps avant la mort de Tibère. Pline parle des phares de Ravenne et de Pouzzoles. Il y avait, au rapport de Denys de Byzance, un phare célèbre à l'embouchure du fleuve Chrysorrhoas, qui débouchait dans le Bosphore de Thrace. Celui que les Romains avaient fait placer à Boulogne-sur-Mer, pour guider les vaisseaux qui passaient de la Grande-Bretagne dans les Gaules, subsistait encore en 1543. Ce phare octogone avait un circuit d'environ 66 mètres : il se composait de douze entablements ou espèces de galeries l'une sur l'autre. Chaque entablement, porté sur l'épaisseur du mur de dessous, formait un petit promenoir d'un demi-mètre, et le tout allait en se rétrécissant de manière à donner à la tour la forme d'une pyramide. Ce phare s'appelait depuis plusieurs siècles *Turris ordens* ou *Turris ordensis*; les Boulonnais le nommaient *Tour d'ordre*. Il est vraisemblable que *turris ordens* n'était que la corruption de *turris ardens*, épithète convenant mieux à une tour où le feu paraissait toutes les nuits. Il s'écroula en 1644. Quelques auteurs ont dit qu'il y avait un autre phare sur la côte opposée, et que la vieille tour qui subsiste au milieu du château de Douvres était le phare des Romains.

Les phares, quoiqu'en général très-utiles, sont devenus parfois funestes aux navigateurs, qui les ont confondus avec des étoiles de première grandeur voisines de l'horizon, ou avec des feux allumés près du rivage, ou qui ont même parfois confondu un phare avec un autre qui en était peu éloigné, comme le sont, par exemple, entre eux les phares qui se trouvent dans les passes à l'entrée de la rade de Brest. Cette confusion n'est plus guère possible aujourd'hui, grâce au nouveau système de phares, qui consiste dans une combinaison bien entendue des anciens feux fixes avec les feux tournants et à éclipses, dont on attribue la première idée à Borda. Lemoyne a proposé de substituer au feu de charbon de terre une lampe d'Argant; Fresnel et quelques autres ont introduit de grandes améliorations dans la construction et le mode d'éclairage des phares; aux feux réfléchis par des miroirs paraboliques on a substitué des feux réfractés par d'énormes lentilles. Ces feux, qui s'allument exactement toutes les nuits, sont nombreux sur nos côtes. Quelques-uns sont composés de deux tours; d'autres sont intermittents, parce qu'une moitié de la lanterne est aveuglée par une demi-cage de fer, qui tourne continuellement, et qui cache et découvre alternativement la vue du feu dans toutes les directions, ou bien tout l'appareil, tournant sur lui-même, transporte la lumière à tous les points de l'horizon dans un temps déterminé; les feux varient aussi parfois de couleur : ce sont ces variétés de formes qui les font reconnaître des marins et empêchent aujourd'hui de les confondre.

Suivant quelques vieux auteurs, *phare* signifie aussi *détroit*, comme le *phare de Messine*. Dans les vieux titres, on appelle *phares* ces chandeliers qui ont tout autour plusieurs cierges ou lampes allumées.

Phare peut s'employer parfois figurément, comme dans cette phrase : La philosophie est le *phare* qui doit guider les hommes dans la voie de la vérité. BILLOT.

PHARISIENS. Depuis le pontificat de Simon le Juste, qui avait définitivement fixé le texte des Saintes Écritures, l'esprit d'examen avait commencé à se répandre parmi les Israélites. Les discussions de la loi orale n'y contribuèrent pas moins que le contact des Grecs, dont les ingénieux systèmes philosophiques pénétraient en Judée en même temps que la loi de Moïse allait étonner la Grèce et l'Asie. On vit alors se former les sectes des pharisiens, des saducéens et des esséniens. La première, dont le fondateur est inconnu, tirait son nom du mot hébreu *parasch*, se séparer, parce qu'ils menaient une vie austère et retirée. Les pharisiens, comme précédemment les prophètes, représentaient le principe hiérarchique. Ils soutenaient l'opinion des récompenses après la vie, et croyaient à la résurrection générale des morts; mais ce qui les caractérisait surtout, c'était un zèle excessif pour les traditions ou la *loi orale*. Transformés bientôt en parti politique, ils s'appliquèrent à faire triompher leur système religieux aux dépens d'intérêts réels et positifs, donnant l'exemple de la stricte observation de la tradition et menant une vie simple. A leurs yeux, la scrupuleuse observation de toutes les cérémonies était ce qu'il y avait de plus estimable. La pauvreté volontaire des pharisiens, leur rigoureux attachement à toutes les ordonnances divines, toute cette sévérité imposa au peuple, qui voyait en eux ses héros, ses défenseurs. Les femmes sont, par leur constitution, plus susceptibles d'enthousiasme, et ce fut par l'enthousiasme qu'agirent les pharisiens. Mais l'enthousiasme n'exclut pas toujours la confusion des idées. Toutefois, les pharisiens exercèrent une grande influence sur les Israélites, et de nos jours encore leur doctrine a de nombreux partisans.

S. CAHEN.

Cette secte juive était une des plus nombreuses et des plus puissantes de la Judée à la venue de Jésus-Christ. On les voyait exalter à tout propos l'austérité de leurs principes, payer minutieusement la dîme, observer plus que tous le jour du sabbat, et purifier leurs vases et leurs meubles dès que l'étranger, ou même un autre Juif moins saint, moins parfait, y avait touché. Ils avaient en général une connaissance approfondie des lois et des livres sacrés, et se plaisaient à discuter des questions théologiques et philosophiques, souvent oiseuses et ridicules. Les *scribes*, ou docteurs de la loi, étaient tous dans leurs rangs. Ils ne voulaient pas d'étranger pour roi. Aussi proposèrent-ils insidieusement à Jésus, qui leur avait souvent reproché leur hypocrisie, la question de savoir s'il fallait ou non payer le tribut à César : on connaît la réponse de l'homme-Dieu. Souvent, ils devinrent redoutables à l'autorité. Mais leur crédit tomba, et ils furent en butte aux persécutions quand le grand-prêtre Hyrcan eut abandonné leur secte pour celle des saducéens. On les emprisonna, on les massacra, on força ceux qui échappèrent à fuir dans le désert; on prohiba leur doctrine sous peine de mort. La persécution continua sous Aristobule, fils d'Hyrcan, et sous Alexandre. Celui-ci plus tard leur rendit leurs honneurs et leurs biens. Ils ressaisirent alors leur puissance, et la gardèrent jusqu'à la ruine de Jérusalem.

PHARMACEUTIQUE (du grec φάρμακον, médicament), partie de l'art de guérir qui s'occupe de la composition et de l'emploi des médicaments. Employé adjectivement, le mot *pharmaceutique* s'emploie pour qualifier ce qui appartient à la pharmacie; c'est ainsi qu'on dit une *préparation pharmaceutique*.

PHARMACIE (du grec φαρμακεία, fait de φάρμακον, remède). C'est une science qui a pour objet l'étude des médicaments et des moyens de les préparer. L'origine de la pharmacie remonte sans doute à l'apparition de l'homme sur la terre, car dès que l'homme a été soumis aux maladies, il a cherché les moyens de se soulager et de les guérir; mais à cette époque d'ignorance et de barbarie la pharmacie devait se borner généralement à la préparation de quelques simples, qui aidaient seulement la nature; plus tard les prêtres s'emparèrent de la crédulité populaire, et dans les secrets de leur cloître ils préparèrent ces spécifiques merveilleux auxquels le hasard fit quelquefois opérer des guérisons. Les Gaulois ont eux-mêmes mis en pratique ces superstitions. Les druides avaient le gui, arbre parasite, alors en grande vénération et le fameux œuf de serpent, dont Pline lui-même nous raconte l'origine avec des détails très-circonstanciés.

Tandis que dans l'Occident la médecine et la pharmacie étaient abandonnées aux esclaves et aux charlatans, ces deux sciences se dépouillaient de leur enveloppe grossière et brillaient déjà avec éclat dans l'Orient. L'Arabie devint le berceau de la médecine et de la pharmacie, et les souverains de ces contrées ne trouvèrent pas de plus doux délassement après leurs conquêtes que de concourir aux progrès des sciences dans leurs vastes États. C'est en effet après de brillantes victoires qu'Almansor fonda l'immortelle Bagdad. Là se trouvaient des académies, des écoles de médecine et de pharmacie, où la jeunesse studieuse allait puiser les éléments d'une science aux progrès de laquelle elle devait concourir plus tard. Bientôt s'élevèrent des hôpitaux et des pharmacies publiques, où l'on s'exerçait aux opérations chirurgicales et aux manipulations pharmaceutiques; aussi des noms justement célèbres, tels que ceux de Mesna, de Geber, de Rasis et d'Avicenne, purent être placés à côté de ceux des premiers médecins de la Grèce et de l'Italie. C'est à cette époque que les Arabes commencèrent à chercher dans les productions naturelles les remèdes aux maladies qui affligeaient l'humanité; les plantes surtout fixèrent leur attention, et la botanique prit naissance.

Pendant ce développement intellectuel de l'Asie, que faisaient les peuples de l'Europe pour les progrès des sciences médicales? Guidés toujours par le même principe religieux, ils pensèrent, eux aussi, que dans les produits de la nature, ouvrage de la Divinité, il devait se trouver des propriétés merveilleuses; mais comme tout chez eux avait un caractère de superstition, c'était la nuit que les adeptes se livraient à leurs recherches infernales : les montagnes les plus escarpées, les vallées les plus profondes, les antres les plus affreux, voilà les lieux qu'ils fréquentaient de préférence; aussi les plantes les plus vénéneuses, les reptiles les plus hideux, les animaux les plus immondes, étaient toujours le produit de leur récolte. De là nous est venue cette multitude de préparations dégoûtantes, aussi répugnantes pour le malade que pour le pharmacien obligé de les préparer, et dont l'efficacité n'était rien moins que certaine; aussi en a-t-on fait justice et les a-t-on rayées complétement des formulaires pharmaceutiques.

A Rome, ceux qui vendaient les drogues pour les malades se nommaient *pharmacopolæ*, qui se traduit par *droguistes*, marchands de parfums. Mais cette profession était réservée aux esclaves et aux étrangers; un citoyen eût été déshonoré s'il eût exercé l'art des *pharmacopolæ*, que l'on mettait alors au rang des baladins et des mimes. Il y avait aussi des individus d'un rang moins élevé que l'on nommait *pharmaceutæ*, et qui étaient sans doute employés à la préparation des remèdes.

De toutes les sciences, la plus utile à la pharmacie est sans contredit la chimie. Eh bien, cette science si utile, ce sont encore les Arabes qui nous en ont dotés; ce sont eux qui les premiers ont dirigé leurs travaux dans le but de soulager l'humanité, et non point dans celui de satisfaire une cupide avarice, comme les alchimistes, dont tous les efforts tendaient à la transmutation des métaux *imparfaits* en or ou en argent. Déjà à cette époque l'illustre Geber employait les préparations mercurielles pour la guérison des maladies. Sabour-Ebn-Sahel, chef de l'école de Dschondi-Sabour, publia dans la seconde moitié du neuvième siècle, sous le titre de *Krabadin*, le premier dispensaire qui ait paru, et qui a servi de guide à ceux qui en ont publié depuis. Dès lors les dispensaires servirent de règles aux apothicaires arabes, et l'autorité veillait à la stricte exécution de ces règlements, et surtout à la bonne confection des médicaments.

C'est encore aux Arabes que l'Italie a dû la célèbre école de médecine de Salerne, la métropole scientifique du royaume de Naples. Les règlements de cette école respirent la sagesse et la sévérité; déjà nul ne pouvait être pharmacien sans avoir subi un examen et prêté serment de mettre tous ses soins dans l'exercice de son art. La contravention aux règlements était punie de la confiscation des biens, et la connivence des juges avec les coupables ne s'expiait que par la mort; ce qu'il y a de très-singulier, c'est que pas un rayon de lumière ne s'échappa de Salerne pour éclairer le reste de l'Europe. L'Espagne seule eut sa part dans cette distribution de lumières scientifiques, parce qu'elle était presque entièrement sous la domination des Arabes.

En France, la pharmacie fut pendant fort longtemps moins un art qu'un commerce, exercé par les épiciers, les apothicaires et les herboristes; cependant, l'autorité surveilla toujours cette industrie, malgré l'anarchie qui régna dans le commerce jusqu'au dix-septième et même au dix-huitième siècle. C'est seulement à l'époque du moyen âge que l'on vit les apothicaires former un corps particulier. Mais ils ne s'érigèrent en maîtrise ou corps de métier que lorsqu'ils furent réunis aux épiciers-droguistes et herboristes. Cette réunion causa dans la suite de violentes querelles, qui durèrent trois siècles. Outre les droguistes et les herboristes, qui en faisaient partie, on y comprit encore les chandeliers, jusqu'au milieu du quinzième siècle; leur patron était saint Nicolas. Comme toutes leurs marchandises étaient pesées, ils avaient en garde l'étalon royal des poids de Paris, avec pouvoir de visiter ceux des autres marchands de la ville, sans pour cela être eux-mêmes exempts de ces visites; mais elles n'avaient lieu chez eux que tous les six ans.

Dès le quatorzième siècle, les médecins et les apothicaires commencèrent ces querelles interminables de prépondérance : les premiers voulaient dominer les seconds; ceux-ci refusaient de se soumettre à cette servitude, mais ils ne purent l'emporter, et une ordonnance du roi vint confier aux médecins la surveillance des médicaments préparés dans les officines des apothicaires; toutefois, cette surveillance était plutôt pour s'assurer que ces derniers se conformaient bien à la prescription des médecins que pour juger de la bonne confection d'un remède qu'ils ne connaissaient pas eux-mêmes. Cette surveillance eut néanmoins de très-grands résultats, car elle se changea bientôt en visites régulières, qui furent organisées dès la fin du quinzième siècle, et qui se sont conservées jusqu'à nous.

Ce fut Charles VIII qui le premier, au seizième siècle, rendit une ordonnance pour régler le mode de réception des apothicaires et les conditions exigées pour être admis; ce fut là véritablement le premier code de cette corporation. Cette ordonnance souleva une foule de réclamations de la part des épiciers et des merciers, qui se voyaient ainsi enlever une partie de leur commerce; mais toutes leurs instances furent vaines : l'ordonnance ne fut pas rapportée, et quelques années après Louis XII sépara complétement les apothicaires des épiciers, et accorda aux premiers une jurande particulière. C'est de cette époque que datent les discussions les plus animées qui eurent lieu entre le corps des apothicaires d'une part et la faculté de médecine avec les épiciers de l'autre. L'orgueil était le seul mobile des médecins; la cupidité au contraire faisait agir les épiciers.

Placée entre deux ennemis, la pharmacie sortit victorieuse de cette lutte, qui fut longue, et s'étendit dans toute l'Europe. Entre la médecine et la pharmacie, c'était vraiment une lutte scientifique ; les uns cherchaient à l'emporter sur les autres à force de talent. Quant aux épiciers, les pharmaciens laissaient tomber sur ce corps ignorant tout le poids de leur mépris, regardant en pitié ces hommes qui, sans aucune connaissance, prétendaient disposer à leur gré de la santé publique. Toutefois, les épiciers ne se sont jamais reconnus pour battus, et, malgré les lois et ordonnances, ils débitent encore de nos jours des préparations évidemment du ressort de la pharmacie.

Avant la grande réforme de 1789, la science qui nous occupe ne faisait que de lents progrès; la chimie, cette nouvelle science, aujourd'hui partie essentielle de la pharmacie, n'avait pas encore laissé tomber le voile mystérieux dont l'avaient enveloppée les alchimistes. Un homme seul, le célèbre Baumé, avait contribué à l'agrandissement de son art; mais lorsque la révolution eut aboli les priviléges, la pharmacie dépouilla son antique vêtement pour revêtir celui de la nouvelle école: de là date la pharmacie chimique. Une loi nouvelle vient la régir; des hommes éminents sortent de son sein; ils étonnent l'Europe par leur savoir, et contribuent à relever cette profession, si longtemps regardée comme une des moins honorables et des plus serviles. La pharmacie grandit dès lors chaque jour, et ne tarda pas à prendre parmi les sciences le rang qu'elle occupait jadis chez les Arabes. Ce qu'il y a de surprenant, c'est que dans la célèbre Bagdad, cet antique berceau de la science pharmaceutique, la pharmacie est aujourd'hui aussi arriérée qu'elle était florissante autrefois.

Aujourd'hui en France la pharmacie n'a que de bien faibles rapports avec la pharmacie ancienne. A part quelques préparations officinales, dont l'efficacité a été plutôt reconnue qu'expliquée, tous les médicaments employés sont des médicaments chimiques; la quinine et la morphine se disputent le premier rang; puis viennent les préparations mercurielles et antimoniales.

La chimie, quoique bien vaste, n'est pas la seule science que doive connaître le pharmacien: toutes les branches de l'histoire naturelle lui sont nécessaires: une foule de produits tirés des trois règnes de la nature servent à la préparation des médicaments: il doit donc savoir les recueillir et les distinguer; la botanique et la matière médicale en sont les deux parties les plus importantes.

Le législateur a si bien compris l'importance de la pharmacie qu'il a créé des écoles spéciales pour son étude, et qu'il exige des examens, un stage, des diplômes pour son exercice.

C. Favrot.

PHARMACIE (École de). On peut trouver le germe de l'école de pharmacie dans la grande ordonnance de Charles VIII, en 1484, qui établit une maîtrise pour les épiciers, les apothicaires, les ciriers et les confiseurs, et prescrivit pour les recevoir des examens et des épreuves pratiques. Louis XII établit en 1514 une jurande distincte pour les apothicaires, qu'il sépara des épiciers, avec lesquels ils avaient fait corps jusque là. Louis XIII régularisa en 1638 le stage des élèves pharmaciens chez les maîtres et les examens qu'ils avaient à subir. Enfin, Louis XVI institua, en 1777, le collége de pharmacie, qui s'établit où il est toujours demeuré depuis lors, rue de l'Arbalète, dans la *Maison de Charité chrétienne* fondée en 1578 par le pharmacien Houil pour y *instituer à la piété, aux bonnes mœurs et en l'art de l'apothicairerie* un certain nombre d'orphelins. Des cours de chimie, de pharmacie, de botanique et d'histoire naturelle y étaient professés pour l'instruction des élèves. Vauquelin en fut le premier directeur.

Enfin, la loi du 11 avril 1833 organisa les trois grandes écoles de pharmacie de France, à Paris, à Montpellier et à Strasbourg. Indépendamment de ces grandes écoles, qui sont en quelque sorte les annexes des facultés de médecine existant dans ces trois villes, il existe en France dix-huit écoles préparatoires de médecine et de pharmacie, dont le siége est à Amiens, Angers, Arras, Besançon, Bordeaux, Caen, Clermont-Ferrand, Dijon, Grenoble, Limoges, Lyon, Marseille, Nantes, Poitiers, Rennes, Rouen, Toulouse et Tours.

Les élèves doivent y prendre des inscriptions, comme dans les autres facultés; ils doivent y suivre des cours publics de botanique, d'histoire naturelle des médicaments, de pharmacie, de chimie, de physique élémentaire et de toxicologie. Les examens sont au nombre de quatre, dont trois théoriques et un pratique, embrassant l'art tout entier; l'examen pratique consiste en neuf préparations pharmaceutiques indiquées par le jury d'examen: ce jury se compose des professeurs de l'école, auxquels sont adjoints deux professeurs de la faculté de médecine désignés par celle-ci.

PHARMACIEN, celui qui exerce la pharmacie, qui prépare et vend les médicaments. Ils ont succédé en France aux apothicaires. Il y en a de deux classes.

Aux termes d'un décret du 21 août 1854, les écoles supérieures de pharmacie confèrent le titre de *pharmacien de première classe* et le certificat d'aptitude à la profession d'*herboriste de première classe*. Les pharmaciens et les herboristes de première classe peuvent exercer leur profession dans toute l'étendue du territoire français. Les aspirants au titre de *pharmacien de première classe* doivent justifier de trois années d'études dans une école supérieure de pharmacie et de trois années de stage dans une officine. Il ne sera exigé qu'une seule année d'études dans une école supérieure de pharmacie des candidats qui auraient pris dix inscriptions aux cours d'une école préparatoire de médecine et de pharmacie. Les aspirants au titre de *pharmacien de première classe* ne peuvent prendre la première inscription, soit dans les écoles supérieures, soit dans les écoles préparatoires de médecine et de pharmacie, que s'ils sont pourvus du grade de bachelier ès sciences. Les droits à percevoir dans les écoles supérieures de pharmacie pour le titre de *pharmacien de première classe* montent à 1,390 fr. D'après le même décret, les jurys médicaux ont été supprimés à partir du 1er janvier 1855, en ce qui concerne la délivrance des certificats d'aptitude pour les professions d'officier de santé, sage-femme, pharmacien et herboriste de deuxième classe. Depuis la même époque, les certificats d'aptitude pour les professions de *pharmacien* et d'*herboriste de deuxième classe* sont délivrés soit par les écoles supérieures de pharmacie, soit par les écoles préparatoires de médecine et de pharmacie, sous la présidence d'un professeur de l'une des écoles supérieures de pharmacie. Les *pharmaciens de deuxième classe*, comme les officiers de santé et les herboristes de deuxième classe, ne peuvent exercer leur profession que dans les départements pour lesquels ils ont été reçus; s'ils veulent exercer dans un autre département, ils doivent subir de nouveaux examens et obtenir un nouveau certificat d'aptitude. Les aspirants au titre de *pharmacien de deuxième classe* doivent justifier de six années de stage en pharmacie; de quatre inscriptions dans une école supérieure de pharmacie ou de six inscriptions dans une école préparatoire de médecine et de pharmacie. Deux années de stage peuvent être compensées par quatre inscriptions dans une école supérieure de pharmacie ou par six inscriptions dans une école préparatoire de médecine et de pharmacie, sans que le stage puisse dans aucun cas être réduit à moins de quatre années. Le prix de diplôme des *pharmaciens de deuxième classe* monte en total à 460 francs.

Les pharmaciens sont responsables des méprises qui peuvent avoir lieu dans leurs officines, méprises très-graves, non-seulement parce qu'elles peuvent occasionner la mort par elles-mêmes, mais encore parce qu'elles peuvent en être cause en ne secourant pas à temps l'homme en danger. Ils ne peuvent vendre certaines drogues que sur ordonnance de médecin, et doivent copier cette ordonnance sur un livre spécial. Il leur est enjoint de mettre sur les médicaments à employer à l'extérieur une étiquette de papier couleur orange portant ces mots: *remède pour l'usage externe*.

Il existe des *pharmaciens militaires* dans les hôpitaux et aux armées depuis l'année 1591. Il y en eut à l'armée d'Italie en 1629, sous le ministère de Richelieu, et depuis cette époque toutes les armées actives en possédèrent. Leroy et Bayen portèrent les premiers le titre de pharmaciens en chef des camps et armées du roi. Aujourd'hui le service de santé compte un pharmacien inspecteur, cinq pharmaciens principaux de première classe; cinq pharmaciens principaux de deuxième classe; douze pharmaciens majors de première classe; vingt-quatre pharmaciens majors de deuxième classe; vingt-deux pharmaciens aides majors de première classe; quarante-quatre pharmaciens aides majors de deuxième classe; et un certain nombre de pharmaciens aides majors commissionnés.

PHARMACOLOGIE (du grec φάρμακον, médicament, et λόγος, discours). Cette science ne devrait pas seulement comprendre la connaissance de la composition des remèdes, ou *pharmacognosie*, mais encore celle des effets qu'ils produisent, ou *pharmacodynamique*. Cependant, il est plus généralement d'usage aujourd'hui de ne comprendre sous ce terme que la dernière de ces deux sciences, tandis que la première ressort du domaine de la pharmacie et est l'objet d'ouvrages spéciaux. Les anciens traitaient la *pharmacologie* tout à fait empiriquement. Au moyen âge il s'y mêla beaucoup de mysticisme, en raison surtout de la direction que lui imprima Paracelse. Il n'y a pas longtemps que quelques bons esprits, Wildebrand entre autres, essayèrent de construire, par les voies de la philosophie naturelle, une *pharmacodynamique*. La direction basée sur l'histoire naturelle qu'a reçue la médecine moderne a également remis en honneur la méthode expérimentale en matière de pharmacologie, et grâce aux travaux des Mitscherlich, des Bouillon-Lagrange, des Virey, etc., cette science marche de pair avec la chimie, la physiologie et l'anatomie pathologique; mais dans cette direction donnée elle a encore de bien grands progrès à faire pour répondre à toutes les exigences.

PHARMACOPÉE (du grec φάρμακον, remède, et de ποιέω, composer), traité qui enseigne la manière de composer et de préparer les remèdes. Tous les pharmaciens français sont tenus d'observer les recettes et les formules consignées dans une pharmacopée officielle, rédigée en commun par les professeurs de la Faculté de Médecine et de l'École de Pharmacie de Paris, mais plus généralement désignée sous le nom de *Codex*; expression qu'on a choisie pour faire entendre que le pharmacien doit se soumettre à ses prescriptions, comme les citoyens doivent obéir aux lois civiles de leur pays.

PHARMACOSIDÉRITE, variété de fer arséniaté, qui ne se trouve que dans quelques gîtes métallifères, particulièrement dans ceux qui renferment de l'étain et du cobalt, comme des mines du comté de Cornouailles, de Puy-les-Vignes (aux environs de Limoges) et de Schwarzenberg (Saxe). La pharmacosidérite (*würfelerz* des Allemands) se présente en cristaux appartenant au système tétraédrique; sa couleur est d'un vert olive ou de pistache. Enfin, elle est composée d'acide arsénique, de peroxyde et de protoxyde de fer, et de 18 pour 100 d'eau.

PHARNABAZE, satrape perse de la Bithynie, qui se trouva à diverses reprises mêlé aux luttes de Sparte et d'Athènes, figura d'abord sous le règne de Darius Nothus, vers l'an 411 av. J.-C., comme allié des Spartiales, mais fut battu par Alcibiade, que plus tard, à l'instigation de Lysandre, il assaillit en Phrygie et qu'il fit tuer. Mais il ne tarda point à faire preuve d'autant de perfidie à l'égard de Lysandre. Du reste, il resta fidèle à son nouveau souverain, Artaxerxès Memnon, dans la lutte que celui-ci eut à soutenir contre son frère Cyrus; et Sparte ayant pris les armes pour Artaxerxès, il détermina Conon, exilé d'Athènes, à prendre le commandement de la flotte des Perses, à la tête de laquelle celui-ci remporta une éclatante victoire dans les eaux de Cnide. Son crédit et son influence baissèrent avec le rétablissement de la tranquillité, résultat de la paix d'Antalcidas (387 av. J.-C.).

PHARNACE Ier, roi de Pont, grand-père de Mithridate le Grand, conquit, vers l'an 180 av. J.-C., la riche et importante ville grecque de Sinope, dont il fit la capitale de ses États. Les Romains l'empêchèrent de s'agrandir davantage; ils le contraignirent à abandonner la Paphlagonie et la Galatie, dont il s'était déjà emparé, et à conclure la paix avec les rois Eumène II de Pergame, Ariarathe V de Cappadoce, et Prusias de Bithynie.

PHARNACE II, fils de Mithridate le Grand, que par sa révolte (en 63 av. J.-C.) il détermina à se donner la mort, obtint de Pompée, en récompense de ce service, la possession du royaume du Bosphore. Après le désastre de Pompée à Pharsale (en 48), au moment où César se trouvait avoir la guerre d'Alexandrie sur les bras, Pharnace crut l'occasion favorable pour essayer de reconquérir les anciens États de son père. Il s'empara de la Cappadoce et de l'Arménie; il battit le légat de César, Domitius Calvinus, et Dejotarus à Nicopolis, se rendit ensuite maître du Pont, où ses ravages frappèrent aussi bien les habitants indigènes que les Romains. César ayant marché contre lui et repoussé ses offres d'accommodement, anéantit son armée à la bataille de Zelo (2 août 47 av. J.-C.). Pharnace s'enfuit alors dans son royaume du Bosphore, où tout de suite après l'un de ses serviteurs, Asander, l'assassina.

PHARSALE (Bataille de), 20 juin de l'an de Rome 705 (48 avant J.-C.). César s'était rendu maître de l'Italie et de l'Espagne, tandis que le sénat, réuni à Thessalonique, avait proclamé Pompée chef de la république. Celui-ci faisait de grands préparatifs, et, comparant le nombre de ses troupes, de ses vaisseaux, l'illustration de ses partisans avec la situation précaire de César et de ses fauteurs, il pouvait se croire bien supérieur à son rival. Cependant, César était passé en Épire avec son armée. Vainement il présenta la bataille à Pompée, qui voulait traîner la guerre en longueur; vainement aussi il tenta de le forcer dans ses retranchements devant Dyrrachium. Après des travaux et des privations inouïes et six combats acharnés, César, que Pompée aurait pu accabler s'il avait su achever sa victoire, se replia sur la Thessalie, et c'est de ce moment que va se préparer la bataille de Pharsale, cette journée qui décidera le sort du monde ancien.

Après la retraite de César, Pompée assembla un conseil de guerre. Afranius conseillait de retourner en Italie, disant que celui qui en serait le maître le serait bientôt de tout le reste. Pompée préféra l'avis de ceux qui lui dirent que l'armée de César, pressée par la famine, ne tarderait pas à venir se ranger sous ses drapeaux; qu'en tous cas on aurait bon marché de ce qui était échappé à la victorieuse journée de Dyrrachium; qu'au contraire il serait honteux à des vainqueurs d'avoir l'air de prendre la fuite comme des vaincus. Tous les peuples de l'Orient avaient les yeux attachés sur Pompée : comment abandonner la Grèce et l'Asie au pillage des barbares qui suivaient César? Et puis Pompée ne pouvait se décider à laisser compromis dans la Macédoine Metellus Scipion, le père de la jeune et belle Cornélie, sa nouvelle épouse. Il se met donc en marche vers la Thessalie, où il réunit son armée à celle de son beau-père. C'était précisément ce que désirait César, qui marchait alors contre ce même Scipion. Pompée vint camper dans la plaine de Pharsale, à la distance d'environ trente stades (4 kilomètres) du camp de César. Pharsale était située sur l'Énipée. Tous les géographes veulent que ce soit la même que *Farsa*. M. Pouqueville, dans son voyage en Grèce, nomme la Pharsale moderne *Sataldgè*; il a exploré ses murs et le camp de César. Pompée avait si bien disposé ses lieux d'approvisionnement dans les ports et sur le continent, qu'il pouvait continuellement faire venir ses subsistances par terre, et que tous les vents pouvaient lui en amener par mer. César, au contraire, n'avait que ce qu'il pouvait ou se procurer avec beaucoup de peine ou enlever de vive force. Mais l'ardeur de ses soldats n'en était pas ralentie. Ils brûlaient d'en venir aux mains. Si l'âge leur ôtait les forces nécessaires pour les pénibles travaux de campement, de fortification, de transport de vivres, ils sentaient que dix ans de combats les rendaient supérieurs, en un jour de bataille, à des troupes de nouvelle levée. En un mot, excédés de leurs fatigues, ils aimaient mieux affronter l'ennemi avec courage que de se laisser mourir de faim.

Pompée, qui réfléchissait sur toutes ces circonstances, regardait comme dangereux de faire tout dépendre de l'événement d'une bataille contre des troupes aguerries et réduites au désespoir. Il pensait qu'il était bien plus sûr de laisser l'ennemi dépérir d'inanition dans un pays stérile, où il n'avait ni la mer pour s'approvisionner ni des vaisseaux pour fuir. Il revint donc à son premier plan de temporisation, et l'on doit reconnaître qu'il montra dans cette occasion une véritable habileté. Mais dans une armée où il y avait tant de consulaires, tant de sénateurs, tant de chevaliers, tant de rois et de princes étrangers, que c'était à qui commanderait au général, personne, parmi ces hauts personnages, ne voulut comprendre que Pompée avait conçu le plan le plus sûr pour détruire son redoutable adversaire : les uns, jeunes et présomptueux, les autres, vieux et pesants, tous également incapables d'une tactique patiente, tous également avides de richesses, voulaient le combat, qu'ils regardaient comme gagné d'avance. Les chevaliers, fiers de leur nombre et de l'éclat de leurs armes, ne dissimulaient plus qu'il fallait promptement se défaire de César pour se débarrasser aussitôt après de Pompée. Enfin, on remarquait que ce général avait laissé Caton à Dyrrachium, par la crainte que ce généreux citoyen ne le forçât à déposer le commandement dès que la victoire serait obtenue.

Malheureusement pour Pompée, le soupçon d'ambition était trop bien fondé; il craignait tout à la fois de perdre son autorité, et ne voyait de sûreté pour la défense commune que dans le plan qu'il avait conçu. Dans cette perplexité, Pompée pouvait tout sauver en prenant tout sur lui; mais il manquait du courage le plus essentiel chez un général, celui de savoir rester ferme dans son sentiment; enfin, Pompée, qui n'était plus le maître, ordonna la bataille par obéissance. La nuit même qu'il donna cet ordre fatal, César avait détaché trois légions pour aller chercher des vivres : il s'y était déterminé dans la persuasion que Pompée ne renoncerait pas à ce système de temporisation, dont lui-même reconnaissait la sagesse. Ce ne fut pas sans une vive satisfaction qu'il apprit que son rival avait enfin cédé aux suggestions de ses imprudents conseillers : sur-le-champ il réunit toutes ses troupes, et prépara tout pour la bataille. Dans les sacrifices qu'il fit au milieu de la nuit, il invoqua Mars et Vénus, et fit vœu, s'il remportait la victoire, de bâtir à Rome un temple en l'honneur de Vénus *victorieuse*. Un météore de feu s'étant dirigé du camp de César vers celui de Pompée, où il s'éteignit, les pompéiens regardèrent ce phénomène comme le pronostic de la victoire; mais aux yeux de César ce fut le présage qu'il allait être l'auteur de la ruine de son rival. Cependant, l'allégresse régnait dans le camp de Pompée : la plupart des soldats couronnaient leurs tentes de lauriers, les jonchaient de feuillage, et faisaient préparer par leurs esclaves de splendides festins. Pompée, qui connaissait les vicissitudes de la guerre, gardait un profond silence; enfin, après avoir dit à ses amis que cette journée, quel que fût le parti vainqueur, serait l'aurore de longues et interminables calamités pour le peuple romain, donna des ordres pour la bataille.

L'armée de César était composée de 22,000 hommes, y compris 1,000 chevaux. Celle de Pompée était de 45,000 hommes, y compris 7,000 cavaliers. C'était dans les troupes d'Italie que chacun des deux chefs avait le plus de confiance : César n'avait pour auxiliaires que des Dolopes, des Acarnaniens, des Étoliens. Quant à Pompée, tous les peuples de la Grèce et de l'Orient étaient venus se ranger sous ses drapeaux : des Lacédémoniens sous le commandement de leurs deux rois, des Arcadiens, des Messéniens, des Achéens, des Béotiens, des Athéniens, des Macédoniens, des Thraces, des Bithyniens, des Phrygiens, des Ioniens, des Lydiens, des Pamphyliens, des Pisidiens, des Paphlagoniens, des Ciliciens, des Cypriotes, des Rhodiens, des Crétois, des Phéniciens, des Syriens, des Juifs, des Arabes. Dejotarus, tétrarque de la Galatie; Ariarathe, roi de la Cappadoce; Taxile, prince des Arméniens d'en deçà de l'Euphrate; Mégabate, lieutenant du roi Artabaze, roi des Arméniens d'au delà de ce fleuve, lui avaient amené des troupes. Enfin, Cléopâtre et son frère Ptolémée, encore enfant, qui régnaient tous deux en Égypte, avaient fourni à Pompée soixante vaisseaux; mais les immenses forces navales dont pouvait disposer Pompée demeurèrent oisives à Corcyre, faute essentielle que lui reproche Appien.

César, après avoir harangué ses troupes, laisse à la garde de son camp deux mille de ses soldats les plus âgés. Son armée, en partant, commença par abattre en silence les retranchements : les pompéiens à cette vue s'imaginèrent qu'ils se disposaient à fuir; mais Pompée en jugea autrement : il gémit secrètement d'avoir à combattre contre *des bêtes féroces* que la faim seule aurait pu dompter. Ses dispositions furent assez habiles. Après avoir placé quatre mille hommes de ses troupes d'Italie pour la garde du camp, il rangea le reste de son armée en bataille, entre la ville de Pharsale et le fleuve Énipée, en face de l'endroit où César les rangeait lui-même. Ils distribuèrent chacun leurs troupes romaines sur le front de bataille, en trois corps peu distants les uns des autres. Ils placèrent leur cavalerie des deux côtés de leurs ailes; des archers et des frondeurs étaient entremêlés dans les rangs. Pompée plaça derrière ses légionnaires les Macédoniens, les Péloponnésiens, les Béotiens et les Athéniens, qu'il savait accoutumés à tenir ferme et en silence à leur poste. Quant à ses auxiliaires de la Thrace et de l'Orient, il les laissa par pelotons hors de son ordre de bataille pour attendre les événements, cerner les ennemis, les poursuivre au besoin, enfin pour se jeter sur le camp de César. Pompée plaça à son aile droite les troupes d'Espagne et les légions de Cilicie, au centre deux légions de Syrie, à l'aile gauche deux légions que dans un autre temps il avait prêtées à César. Ce corps de bataille était commandé par Afranius, Metellus Scipion et Lentulus. Selon les uns, Pompée lui-même prit le commandement de l'aile gauche; suivant d'autres, il demeura à la réserve avec Afranius. Le corps de bataille de César avait pour chefs Sylla, Antoine et Cn. Domitius Calvinus. Lui-même se plaça à l'aile droite opposée à Pompée : selon Appien, il forma la réserve à la tête de la dixième légion. Cependant les deux chefs parcouraient les rangs, pourvoyant à tout, exhortant chacun à bien faire. Pompée donna pour mot d'ordre, *Hercule invaincu*, et César, *Vénus victorieuse*.

Lorsque tout fut prêt des deux côtés, on resta longtemps immobile et dans un profond silence. Les deux chefs mêmes s'attendrirent jusqu'à verser des larmes. Cette immobilité se prolongeait, lorsque Pompée, voyant l'impatience de ses alliés, craignit qu'ils ne missent le désordre dans ses rangs avant la bataille, et donna le signal. L'armée de César commença l'attaque en se portant en avant au pas de course; Pompée ne fit aucun mouvement : il espérait sans doute que les cohortes de son adversaire, fatiguées par la rapidité de leur marche, ne pourraient résister à ses troupes fraîches. Mais les soldats de César devinent l'intention de l'ennemi; ils s'arrêtent pour reprendre haleine. Le premier qui engagea le combat en lançant son javelot fut le centurion Crastinus. Il avait dit le matin à son général : « César, vous me louerez ce soir, mort ou vivant. » Suivi de cent vingt hommes, il se précipite dans les rangs ennemis, renversant tout ce qui osait lui faire tête. Un soldat pompéien l'attendit de pied ferme, et le tua roide d'un coup d'épée. Après sa victoire, César lui fit ériger un monument séparé, à côté de la fosse où furent enterrés tous les autres morts.

Cependant, la cavalerie de Pompée s'était chargée d'envelopper la dixième légion. César, qui avait prévu cette manœuvre, avait placé derrière la légion six cohortes de réserve, qui devaient, au moment de la charge, se porter au premier rang, le javelot en main, et, au lieu de le lancer, en porter la pointe au visage de l'ennemi : « Ces jolis danseurs, avait dit César, ne soutiendront pas de pareilles blessures. » Et en effet, ces jeunes délicats, plus habitués aux combats de l'amour qu'à ceux de la guerre, furent déconcertés par cette escrime désagréable, et ils prirent tous ensemble la fuite, moins pour sauver leur vie que leur beauté. La retraite de sa cavalerie découvrit le flanc droit de Pompée; les trois lignes de l'armée de César se réunirent et l'attaquèrent de front, tandis que les Germains, revenant de la poursuite des fuyards, la prirent en queue. Après une héroïque résistance, cette aile gauche commença à plier, et ne céda le terrain que pied à pied. Cependant les alliés prirent la fuite à la débandade, sans coup férir et en s'écriant : « Nous sommes vaincus! » puis, renversant leurs propres retranchements, ils se mettent à piller leur propre camp. César, pour empêcher les légions de Pompée de se rallier, eut alors l'excellente idée de faire proclamer par des hérauts dans tous les rangs de son armée : « Épargnez les citoyens romains, main basse sur les alliés. » Les hérauts s'approchèrent en même temps des vaincus, et les invitèrent *à rester en place sans rien craindre*. Cette proclamation, se propageant de proche en proche, devint en quelque sorte, dit Appien, le mot d'ordre de l'armée de Pompée; le combat cessa, mais non la tuerie des barbares. Pompée, voyant la déroute de son armée, tomba dans une morne stupeur; il quitta la partie, et se retira à petits pas dans son camp. Il entra presque seul dans sa tente, et s'assit sans dire une seule parole.

Pendant ce temps César suppliait ses troupes de ne pas s'arrêter jusqu'à ce qu'elles eussent enlevé le camp ennemi : C'est, disait-il, le moyen de finir d'un seul coup la guerre. Il leur tend la main en signe de supplication, et marche le premier. Les troupes, malgré l'excès de leur fatigue, cèdent aux conseils, aux prières, à l'exemple de leur général; le camp est attaqué. Aux cris des assaillants, Pompée sort enfin de sa stupeur : « Quoi, jusque dans mon camp! » s'écria-t-il. Et à ces mots, ayant pris un costume convenable au triste état de sa fortune, il monte à cheval avec quatre amis (les deux Lentulus, Favonius et son fils Sextus Pompée), puis disparaît de ce champ de bataille, où sa fortune vient de périr avec la liberté romaine. Que fait César? Il se repose dans la tente de Pompée, et mange le souper qui n'avait pas été préparé pour lui. Les soldats profitent également, pour apaiser leur fatigue et leur faim, des somptueux apprêts commandés dans toutes les tentes par la présomption des pompéiens.

Le nombre des Romains qui périrent dans cette journée fut du côté de César de trente centurions et de deux cents légionnaires; du côté de Pompée périrent dix sénateurs, entre autres L. Domitius, et environ quarante chevaliers; quant aux alliés, les *Commentaires de César* portent leur perte à 15,000; Asinius Pollion, cité par Appien, réduisait ce nombre à 6,000; des historiens l'élèvent jusqu'à 25,000. César, en parcourant le champ de bataille, dit en gémissant à la vue des morts du parti de Pompée : « Ils l'ont voulu! » Il incorpora les légionnaires vaincus dans ses légions victorieuses, et rassura sur leur sort les personnages de distinction qui avaient combattu contre lui. Le lendemain de la bataille, lorsque, selon l'usage, il fallut distribuer les récompenses militaires, César, d'une voix unanime, obtint sur ses compagnons d'armes les prix du premier et du second ordre. Même distinction fut décernée à la dixième légion. Enfin, le troisième rang fut dévolu au centurion Crastinus, dont les obsèques furent la dernière scène du grand drame de Pharsale.

Charles Du Rozoir.

PHARSALE (La), poëme de Lucain sur la guerre civile de César et Pompée, dont le dénouement fut la ruine de la république, décidée par la bataille de Pharsale.

PHARYNGITE, inflammation du pharynx.

PHARYNX (du grec φάρυγξ, gosier ou arrière-bouche). Le pharynx constitue un canal musculo-membraneux, symétrique et irrégulièrement infundibuliforme, qui est situé sur la ligne médiane, au-devant de la colonne vertébrale, au-dessous de la partie moyenne de la base du crâne, au-dessus du l'œsophage, derrière les fosses nasales, le voile du palais, l'isthme du gosier et le larynx. Cet organe est très-étroit en haut, se dilate au milieu, pour se rétrécir de nouveau en bas en se continuant avec l'œsophage. Sa paroi antérieure, qui manque au niveau des orifices postérieurs des fosses nasales et de la bouche, est contiguë inférieurement à la face postérieure du larynx, et présente les ouvertures gutturales des trompes d'Eustache ou trompes du tympan; un peu plus bas se trouve la face postérieure du voile du palais, et puis successivement de haut en bas la base de la langue, l'épiglotte, la glotte, enfin l'orifice supérieur de l'œsophage, au-dessus duquel le canal pharyngien présente toujours un rétrécissement très-brusque. Les muscles qui entrent dans la composition de cet organe sont les constricteurs inférieur, moyen et supérieur, enfin le muscle stylo-pharyngien. La membrane muqueuse, qui recouvre ces muscles et qui leur est adhérente par une couche de tissu cellulaire serré, continue avec celle des cavités buccale et nasale, et présente une teinte rouge très-prononcée et une surface lisse, dépourvue de villosités, mais offrant cependant quelques inégalités, dues à la présence des follicules mucipares. Les artères du pharynx sont fournies par la carotide externe, la thyroïdienne supérieure, la labiale, la linguale et la maxillaire interne. Les veines qui suivent le même trajet que les artères se rendent dans la jugulaire interne; enfin, les nerfs proviennent du glosso-pharyngien, du pneumogastrique et du tri-facial. Le gosier ou pharynx sert d'origine commune aux voies digestive et respiratoire; il donne passage à l'air pendant la respiration, et aux aliments et aux boissons lors de la déglutition; enfin, les parties qui constituent le canal pharyngien jouent un rôle important dans les diverses modifications des sons vocaux, surtout dans la voix aiguë ou *fausset*.

Dr Colombat (de l'Isère).

PHASCOLOME (de φάσκωλον, bourse, et μῦς, rat), genre de mammifères marsupiaux, dont on ne connaît bien qu'une seule espèce, le *phascolome wombat*, propre à l'Australie, où les colons anglais le nomment *badger*, c'est-à-dire *blaireau*, parce qu'il a en effet les allures de ce carnassier. Mais le phascolome devient souvent plus fort; il a la tête plus grosse, et ses habitudes sont fort différentes: à un naturel timide et intelligent, il joint un régime herbivore, ou frugivore. La chair de cet animal est bonne à manger. Sa fourrure, d'un brun grisâtre, pourrait être utilisée.

La formule dentaire des phascolomes présente une grande analogie avec celle des rongeurs. « Ce sont, dit M. Paul Gervais, des marsupiaux d'une organisation inférieure; ils doivent prendre rang à la fin de la série à laquelle ils appartiennent, et ils reproduisent, pour ainsi dire, parallèlement dans cette série, la fonction des cheiromys, des damans et celle des rongeurs eux-mêmes. »

PHASE (en grec φάσις). Les phases de la Lune sont les diverses apparences lumineuses sous lesquelles elle paraît à nos yeux.

On dit également les *phases* d'une éclipse de Lune, d'une éclipse de Soleil; les *phases* de Vénus et de Mercure, etc. Galilée regarda la découverte des phases de Vénus comme une des preuves les plus satisfaisantes qu'on pût donner du système de Copernic. Il est évident que si les planètes inférieures, Mercure et Vénus, tournent autour du Soleil, elles doivent avoir des phases aussi bien que la Lune, et paraître presque toujours ou en croissant ou échancrées. La grande lumière de Mercure et de Vénus empêchait d'apercevoir les phases : la découverte des lunettes d'approche, qui écartent les objets étrangers, fit voir à Galilée les phases de Vénus en 1610. Kepler s'en servit aussi bien que Galilée pour prouver que Vénus tournait autour du Soleil. Masius observa les mêmes phases dans Mercure, et plusieurs autres après lui.

Phase se dit figurément des changements successifs qui se font remarquer dans certaines choses : Cet auteur décrit dans son ouvrage toutes les *phases* de la civilisation moderne, SÉDILLOT.

PHASE, beau fleuve navigable de la Colchide, appelé de nos jours *Rioni*, qui se jette dans la mer Noire, et est resté célèbre par la tradition de l'expédition des Argonautes. C'est à l'embouchure du Phase que débarqua Jason, et que, secondé par Médée, il en rapporta la Toison d'Or.

PHÉACIENS, nom mythique d'une nation, qui, suivant Homère, habitait primitivement Hypérie en Sicile, près des Cyclopes, mais qui plus tard alla, sous la conduite de son roi Nausithoos, s'établir à Schéria ou Corcyre, aujourd'hui Corfou. Les Phéaciens, qui se livraient à la navigation, menaient joyeuse vie, toujours en festins animés par des chants. A son retour de Troie, Ulysse y fut jeté par la tempête, et y reçut l'accueil le plus bienveillant de leur roi Alcinoüs et de sa fille Nausicaa. Quelques géographes modernes, tels que Mannert et Ukert, y voient une obscure tradition des Tyrrhéniens. D'autres veulent n'y voir qu'un pays de fainéants ; d'autres encore traduisent d'après l'étymologie ce mot par *hommes de l'obscurité* ; suivant eux, il voulait dire, d'après des idées empruntées à une religion étrangère, *conducteurs de la mort*.

PHÉBÉ ou **PHŒBÉ**, fille d'Uranos et de Gæa, épouse de Cæos, dont elle eut Astérie et Latone, présidait après Thémis et avant Apollon à l'oracle de Delphes.

Phébé était aussi le nom de la fille de Tyndarée et de Léda, sœur de Clytemnestre.

Lorsque plus tard Phébus Apollon devint le dieu du soleil, on donna le nom de Phébé à Artémise, comme déesse de la lune.

PHÉBUS ou **PHŒBUS**. C'est souvent le synonyme d'Apollon, le dieu de la lumière, et quelquefois son épithète, comme nous le voyons dans Homère, qui finit plus d'une fois son vers harmonieux par φοῖβος Ἀπόλλων (le brillant Apollon). Le mot de *phébus*, ou plutôt *phœbus*, est composé de φῶς, lumière, et de βιος, vie. Ce sont les deux vertus dominantes du Soleil. La Lune, sa sœur, dut nécessairement partager cette épithète ou ce surnom avec le dieu Soleil ; elle s'appela donc *Phébé*, la *brillante*.

Phébus se dit aussi au figuré d'un style aux *sesquipedalia verba* (aux paroles ampoulées) ; il s'applique à cet *os magna sonaturum*, cette bouche qui s'est ouverte si grande pour dire de si petites choses. Le *phébus*, enfin, est de l'enflure, de la prétention et de l'obscurité ; quelques poëtes, quelques écrivains de nos jours, qui se cabrent au seul nom du classique Phébus, font du *phébus* sans s'en douter. Des néologismes arbitraires, chacun suivi d'un chapelet d'épithètes diversement chatoyantes ; un flux et reflux de comparaisons si ridiculement poétiques dans la prose, et si stérilement luxuriantes dans la poésie, laissent à peine, à travers des fourrés de mots, de phrases et de périodes, percer la pensée, quand il y en a. On appelle aujourd'hui ces écrivains du pompeux nom de *coloristes*. DENNE-BARON.

Quelques-uns font remonter l'origine de ce nom de *phébus* appliqué au style, à un traité sur la chasse dû à Gaston III, comte de Foix, surnommé *Phébus*, ouvrage intitulé *Miroir de Phébus*, mêlé de prose et de vers, dont le style emphatique et embrouillé aurait donné naissance au proverbe *faire du Phébus*.

PHÉDON naquit à Élis, ville du Péloponnèse. Pris en même temps que sa patrie, et, à ce qu'il paraît, réduit en esclavage, il fut racheté par Alcibiade ou par Criton, à la prière de Socrate, qui avait été frappé des heureuses dispositions manifestées dans sa physionomie. Il devint le disciple de son libérateur, l'un de ses amis les plus dévoués, et ne le quitta presque pas durant sa captivité. Après sa mort, il revint à Élis, y fonda la petite école de ce nom, où il enseignait la morale et le souverain bien, qu'il plaçait en Dieu. On lui attribue deux dialogues, intitulés, l'un *Zopyre*, l'autre *Simon*.

Est-ce afin d'honorer ce tendre attachement pour leur maître commun que Platon, voulant léguer au monde la mort de Socrate et le dernier entretien qu'il eut avec ses disciples, les fait rapporter par Phédon, et donne ce nom à l'ouvrage qui en contient le récit ? Une chose hors de doute, c'est que le nom de Phédon ne tient sa belle immortalité que de cet écrit. Aucun livre sorti de main mortelle ne mérite mieux de subsister impérissable et glorieux. L'analyse ne saurait en faire voir la majesté ; pour cela, il faut le lire. Là, pour la première fois, du moins avec développement, est donnée la grande preuve métaphysique de l'immortalité de l'âme, fondée sur les idées générales. Ces idées ayant quelque chose qui est indépendant de l'organisme, et qui ne connaît point de fin, il est indispensable que la pensée qu'elles constituent et l'âme, dont la pensée est le fond, l'aient aussi, ou qu'elles soient immortelles. Platon va plus loin, et prétend en déduire non-seulement que l'âme survit éternellement au corps, mais qu'elle l'a précédé. Lorsque nous découvrons, dit-il, quelque vérité nécessaire, et qui ressort ainsi directement des idées générales, par exemple que la surface d'un carré est égale au produit de sa base par sa hauteur, il semble que nous n'apprenions rien de nouveau, que nous ne fassions que nous souvenir de ce que nous savions déjà : ce qui suppose que nous l'avons appris auparavant, et exige que l'âme ait préexisté. Il est certain que la rencontre des vérités nécessaires semble nous les rappeler plutôt que nous les apprendre ; mais cela prouve simplement que ces vérités, qui ne sont autre chose que les idées générales perçues, forment notre pensée, nous-même ; ainsi, quand nous en rencontrons quelqu'une, comme c'est nous que nous rencontrons, il est naturel que nous ne paraissions pas étranger à nous-même. Pour expliquer ce semblant de réminiscence, nul besoin donc que notre âme ait vécu dans un monde antérieur.

Toutefois, sous cette hypothèse imaginaire se cache une haute vérité, la chute originelle, comme l'a remarqué Henri de Gand (*Som.*, part. 1re, art. 1er, quest. 4, nº 17). Si l'âme n'a point existé avant le corps, l'âme et le corps, c'est-à-dire l'homme entier a existé dans un état primitif de perfection, d'où, par le mauvais usage de sa liberté, il est tombé dans l'état actuel de corruption. Les croyances et les institutions du peuple juif l'attestent, les traditions des autres peuples l'annoncent plus ou moins clairement, et nous en portons l'irrécusable preuve dans le désordre de notre nature. Platon, si profondément versé dans l'étude des traditions et de l'homme, avait entrevu cette révolution fatale ; et pour s'en rendre compte, il a inventé sa théorie de la *réminiscence*. D'ailleurs, il dit que l'âme a été enchaînée au corps en expiation des fautes commises dans une autre vie. Aussi, le *Phédon* ne respire que le mépris des grandeurs, des richesses, des plaisirs, que la fuite du monde, le détachement des choses sensibles et l'amour des biens invisibles. La mort y est appelée *délivrance*, et la philosophie *l'apprentissage de la mort*, parce qu'enseignant à l'âme à rentrer en soi et à s'élever à la contemplation intérieure de Dieu, elle lui fait insensiblement rompre commerce avec le corps, et la dispose ainsi à la séparation totale et définitive. Parmi les autres preuves de l'immortalité de l'âme apportées par Platon, celle qu'il tire du principe que les choses naissent de leurs contraires montre que lui aussi, malgré son puissant génie, sommeille quelquefois comme Homère. C'est un combat de mots digne tout au plus d'Aristote, qui en philosophie ne se repaît que de vaines abstractions. BORDAS DEMOULIN.

PHÈDRE, l'épouse de Thésée, était fille de Minos, roi de Crète, et de Pasiphaé, et sœur d'Ariadne. Éprise de son beau-fils Hippolyte, on sait comment elle se vengea de son mépris. Quand la nouvelle de sa mort parvint à Athènes, Phèdre, disent les uns, avoua sa faute et se pendit. D'autres la font se pendre avant de revoir Thésée. Suivant d'autres, enfin, Thésée la tua.

PHÈDRE, le célèbre fabuliste romain, qu'on dit avoir

été l'affranchi d'Auguste, était peut-être originaire de Thrace ou de Macédoine. Il vint dès sa première jeunesse à Rome, à la cour d'Auguste, qui lui fit don de sa liberté. Persécuté ensuite par Séjan sous Tibère, il survécut à la chute de son ennemi, et mourut vraisemblablement sous le règne de Claude, à un âge très-avancé. On lui attribue communément cinq livres de Fables, qui existent encore aujourd'hui, composées d'après le modèle d'É s o p e, en ïambes de six pieds, intitulés : *Fabulæ Æsopiæ*. La langue n'en est rien moins que pure et correcte, et a souvent le caractère le plus vulgaire, qui permet de soupçonner de fréquentes interpolations du moyen âge, de même qu'on pourrait lui attribuer la morale sèche et dure des fables. Phèdre n'étant cité par aucun écrivain de l'antiquité comme l'auteur de ces apologues, et Sénèque disant expressément que les Romains ne se sont jamais essayés dans le genre des fables à la manière d'Ésope, on a dans ces derniers temps élevé des doutes sur leur authenticité, à l'instar de J.-F. Christ, qui, malgré le témoignage exprès des plus anciens manuscrits, les attribuait au savant archevêque de Manfrédonie, Perotti (mort en 1480). Quoi qu'il en soit, Phèdre était complétement oublié depuis plus de dix siècles, lorsque des protestants ayant pillé la bibliothèque d'une abbaye catholique, le bailli de cette abbaye sauva de la fureur des pillards quelques manuscrits précieux, parmi lesquels se trouvait celui de Phèdre. Un certain François Pithou acheta ou reçut en don du bailli le précieux manuscrit, et en fit cadeau à un autre Pithou, son frère, lequel rendit Phèdre à la vie, en faisant imprimer ses fables pour la première fois (Troyes, 1596), d'après un manuscrit qui disparut aussitôt, et ne fut plus remis en lumière qu'en 1830, pour servir de base à la nouvelle édition qu'en a donnée M. Berger de Xivrey (Paris, 1830). Dans la foule de commentateurs anciens et modernes de Phèdre on remarque surtout P. Burmann (Amsterdam, 1698), Bentley (dans son *Térence;* Cambridge, 1726), Schwabe (Halle, 1779), Orelli (Zurich, 1832) et Dresler (Bautzen, 1838). C'est tout récemment seulement qu'on a fait paraître un sixième livre de Phèdre, contenant trente-deux fables demeurées jusque alors inconnues, et d'abord d'après un manuscrit de Perotti, qui dès 1727 avait été trouvé à Parme et qu'on avait envoyé à Burmann, mais que celui-ci avait laissé de côté à cause de son état défectueux, illisible. On n'y pensa plus jusqu'à Casselli, qui le publia (Naples, 1809; 4e édit., 1817). Maï a donné ces mêmes fables d'après un autre manuscrit, bien plus Complet, dans sa *Collectio Auctorum classicorum e Bibliotheca Vaticana editorum* (tome III, Rome, 1832). Sa publication a servi de base à l'édition correcte qu'en a donnée Orelli, sous le titre de *Phædri Fabulæ novæ* XXXII (Zurich, 1832). Divers savants, Eichstædt et Jacob entre autres, tiennent, et avec des motifs très-plausibles, ces dernières fables pour l'œuvre d'un versificateur postérieur, tandis qu'Orelli croit à leur authenticité.

[Phèdre n'avait pas le génie de l'apologue. Le génie de l'apologue, c'est l'imagination, et une extrême finesse sous une extrême naïveté. Or Phèdre manque d'imagination, et au lieu d'allier la finesse à la naïveté, il est tantôt fin sans être naïf, et tantôt naïf sans être fin. Ce n'est pas un esprit naturellement enveloppé et énigmatique comme Ésope, mais un homme de bon sens qui s'enveloppe à force de travail par un procédé tout littéraire, et auquel il arrive souvent d'être encore plus énigmatique pour lui-même que pour les autres. Il est certaines fables où Phèdre, à force de chercher la profondeur, finit par ne pas se comprendre lui-même, et s'en tire, non comme il veut, mais comme il peut. Quand sa naïveté est involontaire, elle pourrait très-bien s'appeler d'un autre nom. Quand elle est volontaire, elle sent le travail, elle est dans les mots plus que dans les choses. Ésope est le fabuliste, et Phèdre le littérateur fabuliste. Quand Phèdre est fin, tout le monde s'aperçoit de loin qu'il a voulu l'être, lors même qu'il n'a pas annoncé d'avance qu'il allait y tâcher. Dans Ésope, la naïveté cache la finesse; dans Phèdre, les efforts de la finesse ne servent qu'à montrer une naïveté malheureuse. Ce n'est pas qu'Ésope soit un esprit naïf dans le sens absolu du mot : au contraire, peu d'esprits sont aussi compliqués et ont plus de détours; mais comme il a besoin de sa naïveté pour voiler ou pour se faire pardonner sa finesse, c'est une arme défensive qu'il manie admirablement; c'est une forme dont il habille toutes ses idées, afin qu'on dise de lui au besoin que s'il a fait le mal, c'est sans méchanceté. Mais Phèdre est naïf, lui, dans le sens d'ingénu, car on ne peut qualifier que d'ingénuité certaines fables d'une moralité trop indécise et d'un argument trop puéril, comme celles-ci, *La Femme en couches; Le Milan et les Colombes*; *Le Chien et le Crocodile*, et d'autres. C'est de l'esprit de Phèdre que l'on peut dire qu'il est sans détours, quelque peine qu'il prenne pour s'en donner beaucoup, et très-simple, quoi qu'il fasse pour se compliquer.

Vous ne trouverez pas non plus dans ses fables l'observation intime des mœurs des animaux. Il n'y a aucun trait fin sur leur allure extérieure, sur leurs mouvements, sur leurs habitudes; ce sont des personnages philosophiques sous la figure d'animaux. Ils ont de la vérité dans ce sens que les caractères qu'ils représentent sont vrais. Ainsi, le mulet chargé d'argent porte la tête haute; il fait sonner sa sonnette; le mulet chargé d'orge le suit d'un pas lent et tranquille : voilà bien la peinture abstraite de l'orgueilleux et de l'homme humble : mais d'ailleurs ce ne sont que des interlocuteurs sous le nom de bêtes. Ainsi encore, l'âne qui ne veut pas fuir à l'approche de l'ennemi a toute la dignité d'un philosophe pratique qui se résigne à tout événement; dans La Fontaine, il est tout à la fois âne et homme. Je le vois sur le pré, tondant l'herbe verte, âne par tous ses mouvements, par son appétit, par ses lourdes gambades; homme par ses réflexions, par sa résignation mêlée d'ironie. Phèdre n'a jamais regardé les animaux qui figurent dans ses fables; il fait leurs caractères généraux, et travaille sur les renseignements de l'apologue grec, de l'expérience populaire, sur les données courantes de l'histoire naturelle; mais il n'aime pas les bêtes, il ne les a pas vues jouer ni souffrir, il n'en a pas fait les amis de sa solitude : aussi, quoique très-habile dans sa description, il ne les décrit pas, il les indique, quelquefois si brièvement, qu'on dirait des hommes qui ont le ridicule de porter des noms d'animaux. L'animal paraît, dit ce qu'il avait à dire, et disparaît. Phèdre n'est pas même toujours très-sévère sur leurs caractères généraux; il fait jouer à celui-ci un rôle qui siérait mieux à celui-là d'après ce qu'on sait de ses instincts. De là le peu d'intérêt qu'on prend aux personnages de ses fables; on ne les voit pas par l'imagination; on ne peut pas faire des êtres vivants de ces profils effacés; il n'y a que leur qualité d'hommes qui plaise en eux.

Quant à l'imagination qui invente, qui trouve des sujets, qui pour chaque moralité bonne à dire fournit un cadre heureux et des personnages pittoresques, Phèdre me paraît en manquer complétement, quoiqu'il eût beaucoup de l'espèce de science qui y supplée. Il y a de l'imagination, tout au contraire, dans Ésope, quoique cette espèce de science ne s'y fasse pas sentir et en réalité n'y soit pas. Dans ses petites fables, si courtes, si dépourvues d'ornements, sans portraits, sans descriptions, le sujet est toujours si bien adapté à la moralité et la moralité au sujet, les bêtes sont si vraies dans leurs rapports entre elles comme bêtes, et les caractères qu'elles représentent si vrais aussi à l'égard l'un de l'autre, qu'on ne peut guère ne pas voir une imagination riche et heureuse sous cette espèce de mépris presque systématique de toute la parure d'accessoires où l'on est habitué de reconnaître l'imagination. Il semble que la pensée d'Ésope et la fable où il l'a encadrée sont sorties toutes deux simultanément de son cerveau; qu'il n'a pas trouvé l'une d'abord, et ensuite cherché l'autre; que sa tête est toute pleine d'animaux ruminants, bêlants, mugissants, hennissants, coassants, rugissants, au lieu d'être pleine de métaphores et d'images, comme sont d'autres têtes douées d'une autre sorte d'imagination. C'est ce que vous ne voyez pas dans Phèdre. Philosophe d'abord, ensuite fabuliste, son cerveau agit premièrement sur des abstractions, puis quand sa morale est trouvée, soit qu'elle s'applique à tous les temps, soit qu'elle contienne une allusion à son siècle, il cherche son apologue, il en essaye et discute plusieurs avant de se fixer à un. Il procède en littérateur, par la critique et par l'exclusion. Aussi ses inventions, même les plus ingénieuses, sentent-elles le travail et l'arrangement longtemps élaborés; on n'y trouve pas cette habitude naturelle, si remarquable dans Ésope, de tourner tout à l'apologue, de penser par des animaux, comme d'autres pensent par des abstractions; l'esprit de Phèdre est un esprit facile, intelligent, propre à bien faire toute espèce de besogne littéraire, qui s'est dirigé vers l'apologue par la raison que le genre était peu fréquenté : il a pensé qu'il pourrait plus aisément s'y faire un nom; mais il n'y a pas été d'instinct, et se serait accommodé également bien de tout autre genre.

S'il est vrai que Phèdre a très-peu de l'imagination spéciale du fabuliste, il faut dire qu'il possède tous les secrets d'art et d'étude qui peuvent en tenir lieu. Il dispose savamment les personnages; il sait les faire parler à propos et avec mesure; il entend bien le dialogue; il a la repartie courte et heureuse; il supplée à la chaleur par la convenance, à l'invention par le goût; s'il n'a pas tout ce qu'il faut, il n'a du moins rien de ce qu'il ne faut pas; s'il intéresse peu, il ne choque point; s'il ne sait pas faire sourire l'esprit par des scènes animées et des mœurs piquantes, il ne le rebute jamais par des charges ni par des mœurs forcées.

D. Nisard, de l'Académie Française.]

PHÉLIPPEAUX ou **PHÉLYPEAUX**. Les Phélippeaux ont été illustres dans la noblesse de robe, et les divers membres de cette famille ont occupé, du seizième au dix-huitième siècle, des postes importants dans l'État.

Paul Phélippeaux, seigneur *de Pontchartrain*, né à Blois, en 1569, mort à Castel-Sarrasin, en 1621, fut secrétaire des commandements de Marie de Médicis, et rédigea l'acte de réconciliation entre cette reine et son fils Louis XIII.

Louis Phélippeaux, son petit-fils, comte de *Pontchartrain*, né en 1643, mort en 1727, fut premier président du parlement de Bretagne, intendant des finances, poste dans lequel il vendit, au profit du trésor, des lettres de noblesse pour 2,000 écus, et chancelier de 1699 à 1714. Il fut lié avec les hommes les plus distingués dans les lettres du siècle de Louis XIV.

Il eut pour fils *Jean-Frédéric* Phélippeaux, comte de *Maurepas*.

Un autre membre de la même famille, *Raymond-Balthazar*, marquis de Phélippeaux, devint maréchal de camp, ambassadeur de France en Savoie, et enfin gouverneur du Canada, où il mourut, en 1713; il était né en 1671.

Balthazar Phélippeaux, issu d'une autre branche de la même famille, devint, à la fin du dix-septième siècle, secrétaire d'État au département des affaires générales de la religion réformée.

Il eut pour fils *Balthazar* Phélippeaux, marquis, puis duc de La Vrillière.

Le fils de ce dernier, *Louis* Phélippeaux, comte de Saint-Florentin, fut chargé par intérim, en 1770, du ministère des affaires étrangères, qu'il conserva un an; il est surtout célèbre par la grande quantité de lettres de cachet qu'il a signées. Né en 1705, il mourut en 1777.

PHELLANDRE (en latin *phellandrium*, du grec φελλός, liége, et ἀνήρ, ἀνδρός, mâle). Sous ce nom, Linné désignait un genre de plantes de la famille des ombellifères, réuni depuis au genre *œnanthe*.

PHELLOPLASTIQUE (du grec φελλός, liége, et πλάσσω, je forme). C'est le nom donné à un art inventé à Rome de 1780 à 1790, par un architecte du nom d'Agostina Rosa, et consistant à reproduire en liége découpé, sur une échelle réduite, les monuments de l'architecture grecque et romaine. Mey d'Aschaffenbourg perfectionna singulièrement cet art en le faisant servir aussi à la reproduction en miniature des monuments de l'architecture gothique. L'emploi de cette matière est facile et peu coûteux, et donne des résultats bien autrement satisfaisants que le bois, le papier mâché ou la pâte; car le liége a déjà par lui-même un grand avantage; c'est de pouvoir se prêter admirablement, en raison de sa contexture particulière, à l'imitation des matériaux de construction qui ont souffert des injures du temps. On imite ainsi en liége, avec une étonnante perfection, les monuments les plus compliqués de l'architecture, et l'illusion est complète quand on les exécute dans de certaines proportions et avec une grande exactitude dans les détails.

PHÈNE. *Voyez* Gypaète.

PHÉNICIE, PHÉNICIENS. Les Grecs et les Romains désignaient sous le nom de *Phénicie* le développement des côtes de la Syrie actuelle, long d'environ 22 myriamètres, avec une profondeur moyenne de dix à douze kilomètres, ensemble les îles voisines, qui s'étend depuis le fleuve Éleuthérus, près de la ville d'Arade, jusque par delà Tyr, aux approches du cap Carmel, quoiqu'à diverses époques on ait pu y comprendre plus de territoire aussi bien au sud qu'au nord. Tout ce petit pays n'est qu'un contrefort que le Liban envoie vers la Méditerranée, parfois sablonneux, mais au total fertile, où dans l'antiquité se pressait une population compacte, avec de nombreuses et importantes villes. Sans doute il convient assez peu à l'agriculture; mais on y suppléait au manque de céréales par la navigation, le commerce et l'industrie, à tel point que les développements pris avec le temps par l'industrie finirent par faire des Phéniciens le peuple commerçant et industriel le plus important de l'univers. Les Phéniciens donnaient eux-mêmes à la terre qu'ils habitaient le nom de *Canaan*, et appartenaient aux tribus cananéennes que leur langue faisait comprendre parmi les peuples sémitiques. Chez les Grecs, l'opinion s'était répandue qu'ils étaient arrivés de la mer Érythrée là où ils se trouvaient; et on a cherché à l'étayer en faisant remarquer les nombreuses analogies existant entre certains noms de lieu qu'on rencontre sur les bords du golfe Persique et les noms de lieu phéniciens. Mais cette opinion est peu fondée; et cette ressemblance des noms de lieu ou n'est peut-être que fortuite, ou provient d'anciennes colonies fondées dans ces parages par les Phéniciens. Le territoire était divisé en plusieurs petits États, gouvernés par des rois ou des princes, mais de telle sorte que l'un d'eux exerçait souvent la suprématie sur les autres, comme dans les anciens temps Sidon, par exemple, et plus tard Tyr. Après Sidon et Tyr les villes les plus importantes, formant avec leur territoire autant de petits États, étaient : Arade (aujourd'hui *Rouwâd*), en face du Tartus actuel (*Tortosa, Antaradus*), sur une petite île rocheuse, aujourd'hui déserte; Gebal (Byblus), aujourd'hui *Djoubiel*, dont les habitants, avec ceux de la ville de Béryte (aujourd'hui *Beyrout*), étaient distingués des races cananéennes sous le nom de *Giblites*; Tripolis, aujourd'hui *Tarablus*, etc.

Les traditions mythiques indiquent que la fondation des villes de Byblus et de Béryte datait d'une époque extrêmement reculée. Or, à l'époque de Josué, Sidon était déjà puissante depuis très-longtemps, ainsi qu'en témoigne Homère. L'une des plus anciennes colonies de Sidon était Laïs, au nord de la Palestine. Les médailles désignent encore comme telles : Kakkabé ou Kambé (c'est-à-dire Carthage), Hippone en Afrique; Citium, dans l'île de Cypre, et Tyr. Mais c'est vers l'an 1100 avant J.-C. que commence la période de puissance de Tyr, qui arriva à son apogée vers l'époque de David et de Salomon. Elle fut surtout le résultat de l'immigration des familles les plus distinguées de Sidon, et des richesses qui y arrivèrent des colonies de Gadès (Cadix) et de Tartessus, fondées en Espagne. Au dixième siècle av. J.-C. on cite surtout le roi Hiram, l'ami de Salomon, et au commencement du neuvième siècle Ethbaal, père de Jézabel, femme d'Achab. Ce fut son arrière-petite-fille Élissa (*Di-*

don) que le parti populaire contraignit à prendre la fuite avec un certain nombre de familles distinguées et à s'en aller fonder ou seulement agrandir la Carthage tyrienne. La puissance des Tyriens et le commerce des Phéniciens en général, de même que leur domination sur leurs colonies, furent minés par les expéditions des Assyriens dans l'Asie occidentale ainsi qu'en Égypte, puis plus complétement encore dans le cours du septième siècle par les Chaldéens, jusqu'à ce que le pharaon Hophra (*Apriès*) les anéantit totalement, au commencement du sixième siècle. Les colonies ou se rendirent indépendantes, ou passèrent sous les lois de souverains étrangers. Beaucoup d'entre elles échurent à Carthage, dont la puissance et la prospérité allèrent dès lors toujours en croissant. Plus tard la côte phénicienne fut conquise par les Perses, puis par Alexandre le Grand; et sous la domination romaine elle fut, comme aujourd'hui, comprise dans la Syrie. Au milieu de tous ces changements de maîtres, les Phéniciens conservèrent toujours, du moins jusque sous la domination des Perses, leur organisation politique, qui reposait sur les mêmes bases que l'État à Carthage : le peuple, des races aristocratiques, parmi lesquelles se recrutaient les membres d'un sénat, et une royauté héréditaire, à côté de laquelle existait un pouvoir sacerdotal. Chacune des cinq grandes villes avait son roi particulier, avec son sénat et son assemblée du peuple. Sidon, Tyr et Arade étaient les plus importantes; l'une d'elles exerçait l'hégémonie. Dans les temps les plus reculés, c'était Sidon; à partir du onzième siècle avant J.-C. ce fut Tyr; puis après son abaissement, au sixième siècle, ce fut de nouveau Sidon. Il n'y a pas de peuple au monde qui ait fondé autant de colonies que les Phéniciens. Ces fondations furent tantôt le résultat de circonstances politiques et sociales, mais eurent le plus souvent en vue des établissements commerciaux, surtout dans les îles et sur les côtes de la Méditerranée, par exemple en Syrie et en Palestine (Laïs, Hamath, Laodicée, Dor, Joppé), dans les îles de Cypre (Cition, Amathus, Paphos, etc.), de Théra, de Mélos, d'Oliaros, de Cythère et de Thasos, en Sicile (Héraclée, Panormus, Motyé), à Malte, à Cossura, en Sardaigne et dans les îles Baléares; au sud de l'Espagne (Tarsis ou Tartessès, Gadès); sur la côte d'Afrique (Carthage, Utique, Hippone, etc.). Aussi bien toutes les circonstances favorables se réunissaient pour faire des Phéniciens la première nation commerçante de l'ancien monde. La situation de cette fertile petite contrée sur les bords de la mer, avec une foule de promontoires et de baies bien abritées par des jetées naturelles, entre des régions florissantes et cultivées de bonne heure, telles que celles que baignent l'Euphrate et le Nil, en faisait l'entrepôt naturel des produits de ces deux pays et le centre du commerce entre l'Orient et l'Occident. Ajoutez-y une population assez active et assez industrieuse pour savoir tirer parti de tels avantages. Les marchands phéniciens pénétraient dans tous les pays par terre et par mer; aussi les mots *phénicien* et *cananéen* étaient-ils synonymes de commerçant; et cette propension des populations pour le commerce se manifestait aussi bien dans la mère-patrie que dans les colonies. A Memphis un quartier particulier avait été assigné pour demeure aux Tyriens. Dans toutes les grandes villes commerciales il existait des maisons et des associations de commerce phéniciennes. Dans les ruines de Ninive on a trouvé des poids portant tout à la fois l'estampille assyrienne et l'estampille phénicienne. D'Égypte et des ports de la mer Rouge les routes suivies par leur commerce les conduisaient en Nubie (on a découvert à Ipsambol une inscription phénicienne), en Arabie et dans l'Inde. La principale station de ce commerce était autrefois Ezjongeber près Élath, d'où, conjointement avec le roi Salomon, ils expédiaient une flotte commerciale à Ophir, au pays de l'or (vraisemblablement *Abhira*, à l'embouchure de l'Indus). D'autres voies les conduisaient aux rives de l'Euphrate et jusque sur les bords du golfe Persique. Ils entretenaient des relations suivies avec plusieurs points de la mer Noire et de l'intérieur de l'Asie Mineure, mais surtout vers l'ouest avec la Grèce, l'Italie et presque toutes les îles et les côtes de la Méditerranée, les côtes septentrionales et occidentales de l'Afrique jusqu'à l'île Cerné, et avec l'ouest de l'Europe jusqu'aux îles Britanniques. Les objets qui servaient d'aliment à leur commerce étaient extrêmement nombreux, ainsi qu'en témoignent et la description du commerce de Tyr qui se trouve au chapitre 27 du prophète Ezéchiel, et les noms de lieu phéniciens qu'on rencontre partout dans les contrées que nous venons de mentionner, de même que les dénominations phéniciennes de certaines matières commerciales, de certains poids et mesures existant en grec et dans quelques autres langues. Ils allaient chercher en Espagne de l'argent, dans l'Inde et en Afrique de l'or, et en Arabie des aromates et des épiceries. On considérait plus particulièrement comme constituant des articles spéciaux de leur industrie indigène les teintures de pourpre, dont ils rapportaient cependant les matières premières de Babylone, les tissus, les métaux travaillés, les verroteries (industrie fort ancienne aussi en Égypte), les ustensiles, les images et les ornements en métal, en ivoire, en bois d'ébène et en ambre. Il se peut qu'ils aient plutôt été facteurs et commissionnaires, pour plusieurs de ces articles, qu'ils ne les aient fabriqués eux-mêmes; de même il est difficile de voir en eux les inventeurs de l'écriture, encore bien qu'ils aient pu contribuer beaucoup à en propager l'usage, et l'on peut dire aussi que leur civilisation en général, quelque ancienne qu'elle fût, était surtout déterminée par leurs relations commerciales.

A partir de la fondation d'Alexandrie le commerce des Phéniciens marcha rapidement vers une ruine complète; et ce fut cette ville nouvelle qui bientôt devint le grand centre commercial du monde.

La religion des Phéniciens consistait essentiellement dans le culte de la nature. Ils admettaient une force physique mâle et une force physique femelle, se manifestant avec des formes et des modifications diverses, tantôt comme divinités générales, tantôt comme divinités particulières et locales. Les plus importantes de ces divinités étaient Baal, Dieu suprême du ciel (*Baalsamim*, comparé par les Grecs à leur Zeus ou à leur Chronos), et dieu particulier de la ville de Tyr (*Melcarth, Heraclès*); Astarté (il y en avait trois différentes : l'*Astarté* vierge de Sidon, l'*Astarté* carthaginoise [*Tanith*], et l'*Astarté* au culte impudique, c'est-à-dire Aphrodite); Baaltis de Byblus; enfin, Adonis et les huit Cabires. Il existait en outre une grande quantité d'autres divinités; et les Phéniciens adoraient encore comme autant de dieux particuliers le soleil, la lune, les plantes, les rivières, les sources, le feu et d'autres forces de la nature.

La langue phénicienne appartenait à la famille des langues sémitiques, et ressemblait beaucoup à la langue hébraïque. Nous ne la connaissons que par une centaine d'inscriptions, par des légendes de médailles, et par les noms propres, les gloses, les textes phéniciens ou puniques qu'on trouve dans quelques anciens écrivains (par exemple dans le *Pœnulus* de Plaute). Les Phéniciens possédaient aussi des ouvrages de littérature; mais il n'en subsiste plus que quelques fragments, et encore seulement en une traduction et une imitation grecques. De tous les écrivains phéniciens dont il est question dans les anciens auteurs, Sanchoniaton est le plus connu. Carthage, elle aussi, avait ses lettrés et sa littérature. Les recherches les plus savantes qu'on ait encore faites sur les Phéniciens sont celles de Movers. Depuis Gesenius, ceux qui se sont le plus occupés avec succès du déchiffrement des inscriptions phéniciennes sont Ewald, Jonas et le duc de Luynes.

PHÉNICOPTÈRE. *Voyez* FLAMANT.

PHÉNIX, oiseau fabuleux éclos de l'imagination des hiérophantes d'Égypte, et embelli encore par celle des poëtes grecs, qui lui ont donné son nom, lequel signifie *pourpre* dans leur idiome, mais qui n'a point cet équivalent ni dans la langue phénicienne ni dans la langue copte. Cet oiseau, de la grosseur d'un aigle selon Hérodote, ou d'un paon selon d'autres, avec lequel il avait beaucoup d'analogie par son aigrette et la richesse de ses couleurs, semées sur lui comme des pierres précieuses, apparaissait de cinq siècles en cinq siècles à Héliopolis, la ville du Soleil en Égypte. Hérodote nous le décrit comme suit, sur ouï-dire toutefois : « Il a une magnifique huppe sur la tête, les plumes du cou dorées, la queue blanche, mêlée de pennes incarnates, et des yeux éclatants comme des étoiles. »

Cet oiseau était-il mâle ou femelle? Il était mâle, assuraient les anciens. Quelques-uns disent qu'il était éthiopien. Plusieurs ajoutent avec Hérodote que lorsqu'il paraissait en Égypte, c'était pour y composer d'aromates le bûcher où il devait renaître de ses cendres. Pline, et avec lui Origène, l'un des pères de l'Église, lui donnent l'Arabie pour demeure. Nous lisons dans Hérodote que le phénix s'envole de l'Arabie pour déposer dans le temple du Soleil la dépouille de son père, enveloppée dans de la myrrhe pétrie en forme d'œuf. Voici, suivant lui, comment s'accomplit la renaissance du phénix. Lorsque ce merveilleux oiseau voit la fin de ses cinq siècles approcher, et qu'il se sent faiblir, il se forme un nid de bois résineux et odorant, dans lequel il s'éteint; mais de son corps il sort immédiatement un ver, d'où un autre phénix se voit éclore jeune, brillant et radieux.

Si nous en devons croire un autre auteur, cet oiseau serait indien, et il viendrait pendant cinq siècles se gorger d'aromates et d'encens sur le mont Liban. Toutefois, Pline assure naïvement que personne ne l'a encore vu ni s'arrêter, ni voler, ni se nourrir. Tacite parle aussi de l'apparition dernière du phénix, à laquelle cependant il n'a pas l'air d'ajouter grande foi. On compte quatre de ces apparitions : la première sous le roi Sésostris, la seconde sous Amasis, la troisième sous Ptolémée III, tous rois d'Égypte, et la quatrième sous Tibère. Les Chinois croient à l'existence de cet oiseau unique. Tout ce qu'on peut dire de cette merveille ailée, c'est qu'elle fut chez les païens le symbole de la chasteté et de la tempérance, et aussi l'image du soleil. Son apparition annonçait, à ce qu'il paraît, de grandes catastrophes, car Dion Cassius dit en propres termes : « Si les affaires d'Égypte ont quelque rapport avec celles de Rome, notons que le phénix se montra cette année, et certes ce fut la mort de Tibère qu'il vint annoncer au monde. » On dit mieux : sous l'empereur Claude il fut pris, mis en cage, apporté à Rome, et montré en public, car Pline dit expressément : « L'empereur Claude étant censeur, le phénix, ayant été pris, fut apporté à Rome l'an 800 de sa fondation, et exposé aux regards du peuple dans la place des Comices, ce qui est attesté dans les actes publics. » *Credat Judæus Apella* : laissons croire cela au Juif *Apella* d'Horace. Quoi qu'il en soit, le phénix n'en a pas moins fourni à Claudien le sujet d'un des plus jolis petits poëmes latins connus. Lactance a aussi traité très-poétiquement cette merveille. Toutefois, cette légende éthiopienne ou arabe s'accrédita tellement dans l'antiquité qu'elle finit par passer plus tard dans le cycle des légendes chrétiennes, où le phénix est le symbole de la résurrection des corps, et qu'on en fit en outre l'emblème de l'Empire Byzantin, dont il devait désigner l'éternelle durée, le constant rajeunissement, comme aussi l'immortelle gloire de son empereur.

Juvénal, qui n'était pas galant, s'écriant en parlant d'une bonne femme : *Rara avis in terris*, C'est l'oiseau rare sur la terre, fait allusion au phénix. Sénèque compare l'homme de bien à cet oiseau divin. Nous disons au figuré d'un enfant précoce : C'est un petit *phénix*.

Le mythe merveilleux du phénix renaissant de ses cendres semblerait n'être que l'allégorie du cycle caniculaire égyptien ou période sothiaque. Alors on supposait que l'oiseau prolongeait une vie de 1,461 années, qu'il venait du rivage indien, berceau de l'astre du jour; qu'il s'arrêtait à Héliopolis, et que là, sur un autel, il mourait consumé par les feux du soleil, et renaissait pour recommencer une nouvelle vie, ou, pour mieux dire, un nouveau cycle. Des fêtes splendides, des joies populaires et universelles célébraient sa renaissance. DENNE-BARON.

PHÉNIX (*Astronomie*), constellation australe formant un quadrilatère d'étoiles tertiaires au-dessus d'Achernar.

PHÉNIX (Huile de). *Voyez* HUILE (*Parfumerie*).

PHÉNIX, fils du roi Amyntor en Thessalie. Son père, vieillard jaloux, avait conçu de la passion pour une jeune fille du nom de Clytie, restée de glace devant ces amours surannées. Mais aimée de Phénix, elle le paya d'un tendre retour. Quelques-uns veulent qu'il feignit cet amour pour Clytie dans l'intérêt de sa mère, qu'il vengea ainsi de l'indifférence et de l'abandon de son vieil époux. Amyntor, outragé dans sa folle passion, dévoua au fouet des Furies vengeresses son malheureux fils, et, si l'on en croit Apollodore, lui fit crever les yeux. Une vengeance soudaine s'alluma au cœur du jeune prince; il armait déjà sa main du fer assassin, et allait commettre un parricide, lorsque illuminé tout à coup par les yeux de l'âme, la sagesse, il retint son bras, et, s'exilant de sa propre volonté, alla chercher un asile à la cour de Pélée, père d'Achille, le prince le plus hospitalier de son siècle. L'époux de Thétis lui confia l'éducation morale de son fils. Les Grecs le choisirent pour garder le riche butin d'Ilion, renfermé dans le temple de Junon, car il avait suivi son élève au siége de Troie. Il fut l'un des trois ambassadeurs qu'Agamemnon envoya à la tente d'Achille pour le fléchir et l'engager à sortir de son repos, si fatal à l'armée. Achille, fidèle à son caractère, resta inexorable.

Un autre *Phénix*, ou plutôt un Phénicien, fils d'Agénor et frère d'Europe, alla à la recherche de cette nymphe cananéenne enlevée par Jupiter de Crète. Ce prince, parcourant l'Asie Mineure, se fixa en Bithynie, où il laissa l'alphabet syriaque et l'art de teindre la laine en pourpre, coquillage précieux et commun alors dans les mers de Tyr et de Sidon. DENNE-BARON.

PHÉNOMÈNE (du grec φαίνομαι, apparaître, d'où le substantif latin *phænomenon*, apparence), mot désignant toute action, tout mouvement, tout effet, qu'on remarque dans le ciel, sur la mer, sur la terre, à l'aide d'observations astronomiques ou d'expériences physiques; tout ce dont la cause ne semble pas d'abord évidente, tout ce qu'on découvre dans les corps à l'aide des sens. On dit ainsi : Les comètes, les météores, sont des *phénomènes*. Par la circulation du sang, on rend compte du battement du pouls et de plusieurs autres *phénomènes* qu'on observe dans le corps humain. On étudie les *phénomènes* de l'attraction, de la pesanteur, de l'électricité.

En médecine, ce mot désigne tout changement perceptible aux sens survenu dans un organe, dans une fonction, chez l'homme sain, chez l'homme malade (*voyez* SYMPTOMES).

Phénomène, au figuré, se dit d'un événement extraordinaire, inattendu, de tout ce qui surprend par sa nouveauté, par sa rareté. Il s'applique aussi aux personnes qui surprennent par leurs actions, par leurs vertus, par leurs talents : Pic de la Mirandole était un *phénomène*.

PHÉRÉCRATE d'Athènes, l'un des plus remarquables poëtes de l'ancienne comédie attique, qui vivait vers l'an 430 av. J.-C., contemporain d'Eupolis et d'Aristophane, fut d'abord acteur, mais s'adonna plus tard avec succès à la poésie dramatique, et composa une suite de comédies où il ne prenait pas pour objet de ses railleries la politique, les événements du jour ou les caractères publics, mais les traditions mythologiques, quoiqu'il se permît de temps à autre d'amères allusions à des particuliers, tels qu'Alcibiade, et surtout les musiciens de son époque. La poésie lui fut aussi redevable d'un nouveau mode de vers appelé, d'après lui, *vers phérécratique*, et composé de sept syllabes : un spondée, un dactyle et un spondée. Meinecke a recueilli dans ses *Fragmenta Comicorum Græcorum* (Berlin, 1839) quelques fragments de lui, que les anciens déjà considéraient comme apocryphes.

PHÉRÉCYDE, un des patriarches de la philosophie, appartient à cette époque de transition où la tradition grecque, qui n'était que religion et poésie aux temps d'Orphée, d'Homère et d'Hésiode, se changeait en philosophie, grâce au génie de **Thalès**. Phérécyde, né dans l'île de Scyros, l'une des Cyclades, dans la 45e olympiade, était contemporain et, suivant quelques-uns, disciple de cet illustre Ionien, qui, simple particulier, exerçait sur les destinées politiques de sa patrie une influence non moins grande que celle qu'il exerçait sur les études philosophiques du monde grec. D'un autre côté, Phérécyde, que quelques-uns traitent d'*autodidacte*, de philosophe qui n'a pas eu de maître, est indiqué comme ayant été le maître de **Pythagore**, né comme lui près des côtes de cette Ionie, qui a donné sa science et ses arts au monde grec. Si ces indications des anciens étaient exactes, le philosophe de Scyros formerait le lien entre les écoles d'Ionie et celles de la Grande Grèce, qui ensemble instruisirent les plus éminents penseurs de l'Attique. Mais ces renseignements sont vagues et incertains. Diogène de Laerte, qui a recueilli sur les philosophes de la Grèce toutes les traditions qu'il pouvait rassembler, n'a trouvé sur Phérécyde que des anecdotes peu croyables.

Joignant aux conceptions d'une imagination nourrie par les sanctuaires les premières données de l'observation et de la réflexion, Phérécyde fut en état de composer *dix* livres de théogonie et de cosmogonie. Il les écrivit en prose, sous le titre mystique *Les Sept Antres* (*Heptamychos*). On dit quelquefois qu'il fut en Grèce le premier qui cessa de chanter ses doctrines ou de les mettre en vers; mais **Épiménide**, cet autre génie de transition, en qui se mêlaient la religion, la poésie et la philosophie, la prose et les vers, écrivit en prose avant le sage de Scyros, qui d'ailleurs a plusieurs points d'analogie avec le thaumaturge de Crète; car s'il est vrai qu'il n'a pas fait de prodiges comme ce dernier, il a du moins comme lui prédit l'avenir, à en croire Diogène. Il nous reste, disséminés dans divers auteurs, des fragments du livre de Phérécyde : ils sont peu considérables, mais ils indiquent que ce philosophe a connu les doctrines de l'Orient. En effet, il admettait deux principes qui seraient intervenus dans l'arrangement de l'univers, l'un, la terre ou la matière, l'autre, Zeus ou le principe ordonnateur. Au-dessus des deux en planait un troisième, le temps, *Kronos*, le Zérouané-Akéréné de la Perse. Sexte l'Empirique, en lui attribuant la doctrine d'un seul principe, n'est pas en contradiction avec Diogène, qui lui en attribue trois. A ce qu'il paraît, Sexte ne regarde comme principe que l'élément dont les choses auraient été faites, c'est-à-dire la *terre* ou la matière. Zeus pour lui n'était qu'un agent, et *Kronos* que le temps. Quant aux questions secondaires de la philosophie, celles qui se rapportent à l'homme, Phérécyde s'en occupa moins. Il doit cependant avoir enseigné le premier l'*immortalité* de l'âme : cela veut dire qu'il a été le premier qui ait posé ce dogme d'une manière philosophique; il est évident qu'il était reçu depuis longtemps dans les sanctuaires. Pythagore ayant expliqué l'immortalité de l'âme par le système de la métempsycose, on en a conclu que Phérécyde, *son maître*, lui avait donné cette doctrine. L'induction est d'autant plus illégitime, que les rapports entre ces deux sages sont plus douteux. MATTER.

PHÈRES, ville jadis puissante de la Thessalie, au voisinage du mont Pélion, avec une *acropole* et une source médicale célèbre dans l'antiquité sous le nom d'*Hypérie*, était, d'après la tradition, l'antique capitale du roi Admète et d'Alceste. Plus tard elle acquit une importance politique toute particulière, par la suite de tyrans qui y régnèrent et qui parvinrent à exercer à diverses reprises une grande influence sur les affaires intérieures de la Grèce. Au nombre de ces tyrans, outre Lycophron, qui occupa le trône vers la fin de la guerre du Péloponnèse, et dont le fils Jason s'en maintint en possession jusque vers l'an 378 av. J.-C., on cite surtout un certain Alexandre, à cause de sa cruauté sans exemple. C'est ainsi qu'on raconte de lui qu'il fit enterrer vifs plusieurs innocents, et qu'il faisait coudre des hommes dans des peaux d'animaux pour se donner le plaisir de les voir relancés et dévorés par ses chiens de chasse. Après un règne de treize ans, il périt assassiné par sa femme et les frères de celle-ci, l'an 337 av. J.-C. On voit encore aujourd'hui des restes considérables de l'antique Phères dans l'endroit appelé *Velestino*.

PHIDIAS, fils de Charmides, d'Athènes, le prince de la sculpture grecque, naquit, suivant les recherches les plus récentes, vers l'an 500 av. J.-C., et mourut âgé de soixante-dix ans environ, l'an 432. On a peu de renseignements sur l'histoire de sa vie. Il eut pour premier maître Hégias, sculpteur athénien ; mais plus tard il se rendit, on ignore dans quelle année, à Argos, où il entra dans l'atelier d'Agéladas, et il y eut pour camarades Myron d'Eleuthère, qui était plus âgé, et Polyclète de Sicyone, qui était un peu plus jeune que lui. C'est à peu près vers la bataille de Salamine qu'il cessa de suivre la direction d'un maître (an 480 av. J.-C.), alors que déjà il était âgé de plus de vingt ans. Ainsi c'est parvenu au complet développement de son intelligence qu'il avait assisté à la mémorable lutte de ses compatriotes contre les Perses, lutte dont le résultat ne fut pas seulement de faire triompher la Grèce et surtout Athènes des barbares, en dépit de l'énorme disproportion de leurs forces, mais aussi de briser les entraves qui avaient jusque alors empêché le libre et complet développement du génie grec aussi bien dans la politique que dans la religion, dans la science que dans l'art. L'époque comprise entre la fin des guerres des Perses et le commencement de la guerre du Péloponnèse est la plus brillante de l'histoire de la Grèce, parvenue à être indépendante, tant à l'intérieur qu'à l'extérieur. Or, la grandeur d'une époque se révèle autant dans les productions de la poésie (la tragédie peut alors citer les Eschyle, les Sophocle, les Euripide) que dans celles des beaux-arts; et elle n'eut pas d'expression plus élevée, plus complète que dans les œuvres de Phidias et dans les monuments construits sous sa direction. Que si les grandes idées et l'essor national qui s'étaient emparés de la Grèce, Athènes en tête, se reflètent dans les sujets que Phidias s'attacha surtout à traiter, le *Zeus* panhellénique d'Olympie (le Jupiter de tous les Grecs) et la Pallas, la déesse de la prudente direction de la guerre, d'un autre côté il faut reconnaître aussi que les circonstances extérieures ne laissèrent pas non plus que d'exercer l'influence la plus puissante et la plus favorable sur les œuvres du grand maître. Sous l'administration de Cimon commencèrent déjà les efforts faits lors de la reconstruction d'Athènes, qui avait été saccagée par les Perses, pour perpétuer par de magnifiques monuments d'architecture et de sculpture le glorieux souvenir des événements qui venaient d'avoir lieu; et dès cette époque Athènes pouvait montrer avec orgueil les œuvres les plus grandioses, parmi lesquelles figurait l'une des productions de la première période de notre artiste, la statue colossale en airain de Pallas *Promachos* (qui combat en avant), laquelle était placée dans la citadelle d'Athènes, et dont les navigateurs qui arrivaient à la hauteur du cap Sunium pouvaient déjà apercevoir le casque et le fer de lance. A l'administration de Cimon succéda celle de **Périclès**, qui fut encore autrement brillante, et pendant laquelle l'art manifesta la plus merveilleuse activité et parvint à la suprême perfection.

Périclès chargea le célèbre sculpteur de la direction de tous les travaux entrepris ou à entreprendre par ordre du peuple. Il suivit en cette qualité ceux du *Parthénon*, temple de Minerve, pour lequel il exécuta en même temps la statue de la déesse, haute de 13 mètres, placée dans l'intérieur, et plusieurs autres sculptures en ronde-bosse. Les ennemis de Périclès avaient d'abord imaginé d'accuser Phidias d'avoir dérobé une partie de l'or destiné à la statue, accusation dont le but était d'impliquer le chef de la république dans la procédure : forcés de renoncer à ce moyen par l'absurdité même de l'imputation, ils accusèrent l'artiste de sacrilége, pour avoir osé placer son effigie et celle de Périclès sur le bouclier de Minerve. Malgré le ridicule de cette nouvelle accusation, Phidias, menacé d'une arrestation, et craignant la sentence brutale d'un peuple fanatique, se réfugia chez les Éléens. Ce fut dans son exil qu'il commença son célèbre Jupiter olympien, qu'il termina vers la 85me olympiade. Ce magnifique ouvrage, qui passait pour une des merveilles du monde, était en ivoire et en or ; et de tous les chefs-d'œuvre créés par le génie des anciens, aucun, si l'on en excepte la Vénus de Praxitèle, n'excita une aussi vive admiration. C'est que l'esprit de vengeance qui l'animait contre son ingrate patrie, le désir de la déshériter de ce qu'il regardait comme le plus grand effort de l'art, enflammaient tout son être et le poussaient aux grandes choses. Les Éléens, sensibles à l'honneur que Phidias leur avait fait, ordonnèrent par une loi que ses descendants seraient seuls chargés de la garde de cette statue. Un des derniers ouvrages du célèbre artiste fut une statue en bronze, représentant le jeune Pantarcès, vainqueur à la lutte des enfants, la première année de la 86me olympiade. Phidias mourut à Élis, comblé de gloire et de richesses, la première année de la 87me olympiade (431 ans avant l'ère chrétienne). Selon quelques historiens, il aurait rendu le dernier soupir à Athènes, au fond d'un cachot, exténué par la maladie ou dévoré par le poison. Longtemps après sa mort, on allait encore visiter son atelier. Il règne une très-grande incertitude parmi les savants modernes sur toutes ces circonstances de la vie et de la mort de Phidias qui nous ont été transmises par les auteurs anciens. On peut consulter sur les ouvrages du fameux statuaire le *Catalogus Architectorum, Pictorum, Sculptorum*, etc., de Fr. Junius (Rotterdam, 1694, in-fol.); *Mémoires sur les ouvrages de sculpture qui appartenaient au Parthénon, et qu'on voit à présent dans la collection du comte Elgin à Londres*, par Visconti (Paris, 1818, in-8°); *Lettres adressées de Londres à M. Canova par M. Quatremère de Quincy* (Rome, 1820, in-8°); et Ottfried Muller, *Commentatio de Phidiæ Vita et Operibus* (Gœttingue, 1827). Émile GRANDIER.

PHILADELPHE (de φίλος, ami, et ἀδελφός, frère), surnom donné ironiquement à un Ptolémée, roi d'Égypte, qui avait fait mourir deux de ses frères.

PHILADELPHES (du grec φίλος, ami, et ἀδελφός, frère), nom tout à fait scolastique d'une société collégiale, formée entre de jeunes condisciples, au moment où ils se séparaient pour des destinations différentes, et dans l'incertitude de se revoir jamais. La société des *Philadelphes* a laissé quelques traces dans notre histoire secrète. Pour comprendre ce qu'elle pouvait devenir au milieu d'une révolution qui menaçait à tout moment de prendre le caractère d'une guerre civile, il suffit de supposer parmi ses néophytes les plus passionnés quelques hommes énergiques, vivement émus des maux de la patrie, un peu ambitieux peut-être, et que la chance des batailles avait dotés d'une forte épée. Si un homme pareil se rencontre, avec une haute renommée de bravoure, une éloquence irrésistible, une puissance entraînante de séduction, et cet ascendant du cœur qui soumet les caractères les plus indomptables, l'innocente association change de vues et d'objets sans s'en apercevoir. Elle devient un levier passif aux mains du génie ; et il ne lui faut plus que de l'extension et de la portée pour remuer le monde. Elle accomplit une destination dont la fin restera toujours étrangère à la plupart de ses membres, mais qui n'en est pas moins réelle et inévitable.

J'ai si souvent parlé de Jacques-Joseph Oudet, qu'il serait superflu de revenir ici avec beaucoup de détail sur ce brillant Achille des *Philadelphes*. Nul homme n'a jamais réuni à un plus haut degré, ni chez les anciens ni chez les modernes, les qualités supérieures qui font le chef de parti. Nul homme n'a repoussé avec plus d'ingénuité, ou dissimulé avec plus d'art, la prétention de s'arroger ce rôle odieux dans une société fraternelle constituée à droits égaux. L'intrigue est un mot dont il ne semblait pas même entendre le sens. Son privilége, c'était son organisation. Il était le premier partout, et sans contestation, parce que la nature l'avait fait le premier. Sa puissance ne pouvait être subordonnée aux débats de la discussion ou aux résultats du scrutin. L'autorité n'était pas pour lui chose acquise, mais chose due ; et le sceau en était imprimé sur son front comme celui du lion.

La direction politique donnée aux *Philadelphes* partit de Besançon, en 1802. La société comptait alors dans la garnison un certain nombre de membres dont le nom paraîtra peut-être assez significatif : on connaît Oudet. Sur Malet et sur Laborie, l'histoire ne me laissera rien à dire. Après eux venait Dulong, qu'elle oubliera peut-être, mais qui se faisait remarquer par un esprit de résolution inflexible et par une intrépidité stoïque dont on pouvait attendre les plus grandes choses. Le colonel Deleley et le colonel Foy, puritains en matières de devoirs militaires, ne trahissaient leur penchant pour l'opposition que par de malins sarcasmes ; c'étaient des frondeurs sans colère et sans arrière-pensée ; mais celui-ci révélait déjà cette haute puissance oratoire qui devait le rendre un jour capable de remuer le monde.

L'histoire des *Philadelphes* se résume en deux ou trois efforts malheureux, dont le premier fut déconcerté par l'espionnage, dont le dernier fut expié par la mort. Le premier fut maladroit, le dernier fut insensé. Il ne reste de tout cela qu'une vieille polémique sur laquelle je devais un jour m'expliquer, ne fût-ce que pour retrancher du catalogue, déjà trop long, de mes faibles écrits un livre auquel je n'ai pas fourni cinquante pages. J'arrive donc à l'examen critique des documents imprimés sur les *Philadelphes*.

Le premier ouvrage dans lequel Oudet soit très-explicitement désigné fut le pamphlet célèbre de Méhée, intitulé : *Alliance des Jacobins de France avec le ministère anglais*, et qui est, par une rencontre digne d'attention, la première production des presses impériales. « Le chef que vous m'engagez à vous faire connaître, dit l'auteur, est un homme de vingt-huit ans, d'une taille et d'une figure distinguées. Sa bravoure passe ce que je pourrais vous en dire. Il parle avec grâce et écrit avec talent. Les républicains ont en lui une telle confiance qu'ils le voient sans la moindre inquiétude dîner chez le premier consul quand il quitte son corps pour venir à Paris, et faire sa cour aux dames les plus répandues au palais consulaire ; voilà comme les républicains le considèrent. Si vous voulez que j'ajoute à ces traits celui que je crois avoir distingué en lui, c'est qu'il est d'une ambition démesurée, et qu'il se moque autant des républicains que des royalistes, pourvu qu'il arrive à son but. Je crois avoir gagné sa confiance en affectant, tête-à-tête avec lui, une morale beaucoup moins sévère que celle dont il se pare en public. Le premier consul fait tout pour se le concilier ; mais il n'y aurait pour cela qu'un moyen qui convînt à l'autre : ce serait de lui céder sa place. » A la perfidie près de ces inductions, le portrait est pris trait pour trait sur le modèle, et le nom n'avait pas besoin d'être écrit au-dessous. Méhée datait ces étranges révélations de Saint-Martin-en-Ré, où il était exilé avec cent cinquante jacobins ; et Oudet avait été placé à dessein dans la garnison de Saint-Martin-en-Ré, qui était aussi pour lui une espèce d'exil. On voit que la police n'y avait pas négligé ses moyens ordinaires d'investigation.

L'empire était venu. Le pouvoir absolu ne connaissait plus de bornes. Un grand nombre d'existences militaires furent sacrifiées aux soupçons, d'ailleurs très-fondés, du nouveau souverain. Terray, Deleley, Fournier et plusieurs autres, furent écartés du commandement. Il est inutile de dire qu'Oudet ne pouvait être épargné par cette mesure, dont la dénonciation officielle de Méhée l'avait rendu l'objet principal. Il disparut du sein de l'armée jusqu'à la bataille de Wagram, où un ordre exprès de l'empereur l'envoya recevoir le titre de baron, les épaulettes de général et dix-sept coups de lance. Il remplit sa mission tout entière, et mourut le lendemain.

Pour connaître la direction des Philadelphes, passée dans les mains de Malet, il faudrait être dans le secret d'une de ces procédures occultes de l'empire qui n'avaient de confidents que le délateur, le tribunal et le bourreau, celle de la première conspiration du brave et infortuné général Demandez à la publication périodique ; demandez à l'instruction judiciaire ce qui lui en a été révélé. La plupart de mes lecteurs ignorent peut-être qu'il y avait cinquante personnes en France frappées de mandat d'arrêt et de proscription pour cette conspiration inconnue, quand la seconde éclata. Celle-ci, on ne pouvait guère en faire mystère. Elle avait réveillé Paris à six heures du matin. Le feu de Grenelle en fit justice, et l'euphémisme impérial la scella d'une de ces phrases polytypées qui descendaient sous pli du bureau de l'*esprit public*. La plus haute des combinaisons du courage fut travestie en *échauffourée d'étourdis* ; et le nom lui en restera. Voilà comme on écrit l'histoire avec la presse et la police !

Il restait une question à faire, et je ne sais si personne osa se l'adresser dans le for intérieur de sa conscience, car la solution technique du commis et du gazetier, une *échauffourée d'étourdis*, était toujours là pour répondre. Comment ce délivreur de peuples, échappé après minuit à la garde du geôlier, avait-il trouvé en quelques minutes un chemin de fer pour parcourir la capitale, des presses à la vapeur pour multiplier sa pensée, une caisse ouverte pour remplir ses poches et celles des autres, un régiment au port d'armes pour le recevoir par acclamation, lui accusé, lui proscrit, lui qui n'était connu des soldats qu'à titre de rebelle et de factieux ? Comment s'était-il entouré, à une heure qui n'est plus celle du plaisir et qui n'est pas encore celle de l'étude, de ces graves enfants qui ne découchent jamais, que les rendez-vous de l'amour auraient laissés endormis, et dont pas un ne manqua au rendez-vous de la mort? Par quel singulier hasard confia-t-il la préfecture de police, dont dépendait sa sûreté, à un jeune professeur rempli d'idées mystiques et solennelles, mais qu'il n'avait jamais vu? Cela paraît fort inexplicable ; mais dans l'ordre de choses que le despotisme impérial nous avait fait les explications de la police expliquaient tout.

L'*Histoire des Sociétés secrètes de l'Armée* entreprit de donner, en 1814, la solution de ces questions ténébreuses. Les gens qui s'en souviennent savent comment elle fut accueillie. Elle eut aussi sa définition polytypée, sa petite phrase d'office : « *Un livre dont l'auteur semble s'être joué de la bonne foi de ses lecteurs.* » Cela passa, comme le mot d'ordre, des grands journaux aux petits. Le rédacteur de l'article *Malet* de la *Biographie universelle* était en mesure de discuter l'hypothèse simple et claire de l'historien des *Sociétés secrètes*, et elle en valait la peine, même à n'y voir qu'une hypothèse ; mais il était beaucoup plus commode de copier le lieu commun du journalisme. Une circonstance à laquelle on ne s'attend pas, et qui lui donne ici d'ailleurs une grande autorité, c'est qu'il faisait partie de cette société fantastique. Il était même, si je ne me trompe, un des membres de la jeune société qui la donnèrent, sans le vouloir peut-être, à la cause politique, par l'adoption d'Oudet et de ses braves et turbulents officiers. Il est vrai que M. Weiss, livré dès lors à des études fortes et sédentaires, pourrait bien n'avoir pas été introduit dans la région orageuse où se débattaient en expectative des intérêts encore imaginaires, mais dont la discussion n'était pas de nature à être abordée sans péril. Ce n'est pas à lui qu'il faut apprendre que les sociétés secrètes se subdivisent toujours en catégories plus ou moins avancées dans l'initiation aux mystères du plan général et aux moyens de l'exécuter. Ce n'est pas à lui qu'il peut être nécessaire d'expliquer les motifs de tendre sollicitude qui ont pu le faire écarter du centre d'action, quand ce centre d'action est devenu réel, et quand les missions de dévouement y sont devenues nominales.

Je suis pressé de dire que la légère polémique suscitée à l'occasion de l'*Histoire des Sociétés secrètes* ne me touche presque en aucune manière. A l'époque de la Restauration, j'arrivais de l'étranger, trop peu connu, grâce au ciel, pour être obligé de renouer des relations de parti dont j'avais presque absolument perdu le souvenir. Je n'ignorais pas que la société des *Philadelphes* existait toujours. Je le croyais du moins, comme je l'ai toujours cru. Je savais même qu'elle avait blasonné d'un sceptre l'écu de ses armoiries, et que cette illustre affinité d'intérêts lui avait suggéré un projet particulier de candidature royale, après la déchéance de Napoléon ; particularité fort obscure pour ceux qui ne l'ont pas connue, et dont je ne cherche pas à rendre ici le mystère plus diaphane. J'appris enfin, par une sorte de hasard, que la majorité active de la société s'était prononcée pour la monarchie constitutionnelle des Bourbons, comme la nation presque entière, et que les bons esprits s'y étaient généralement accordés à remettre l'épée philadelphique dans le fourreau. La publicité avait paru le moyen le plus sûr d'obtenir ce résultat, que repoussaient tous les efforts d'une minorité passionnée. Ce plan me fut communiqué par un de mes compatriotes, beaucoup moins connu par d'excellents travaux sur la grammaire générale que par je ne sais quelle application de la vapeur à l'économie culinaire. Convaincu qu'il n'y avait point de liberté possible en France hors de la monarchie, je me fis une espèce de devoir civique de concourir à son entreprise, et j'y contribuai en effet par deux fragments assez étendus : le premier est un portrait d'Oudet, que j'ai depuis reproduit fort souvent et sous différentes formes ; le second est une analyse raisonnée de la procédure de Malet, que je persiste à regarder comme une pièce d'une logique assez vive et assez pressante. Le reste de ma coopération fut purement négatif. Il se réduisit à supprimer une multitude de documents écrits et signés, à l'usage desquels me faisait répugner la pudeur méticuleuse du secret. Il est juste de convenir que cette réticence de la délicatesse donna beau jeu aux douteurs, et j'en accepte volontiers la responsabilité, car j'en fus coupable tout seul.

Cependant, l'impression n'était pas arrivée à sa fin que la majorité avait déjà changé de place. Deux de mes collaborateurs (j'en avais trois) s'étaient ralliés à la république ; et le parti de Bonaparte, chose étonnante, recrutait ses affidés les plus ardents au milieu d'une société composée pour le combattre. L'*Histoire des Sociétés secrètes* en pareilles circonstances était nécessairement le livre le plus intempestif qu'une naïveté étourdie eût jamais jeté dans la circulation ; et les bons journaux révolutionnaires la traitèrent en conséquence. Quant aux royalistes, ils accueillirent une révélation qui aurait dû faire briller à leurs yeux l'éclair du 20 mars, avec cette défiance dédaigneuse et sournoise qu'ils prennent pour de la finesse, et qui les a menés si loin dans la pratique et dans l'administration des affaires.

Le retour de Napoléon, machiné à visage découvert, et déjà effectué dans l'opinion quand on le projetait encore à l'île d'Elbe, m'affranchit d'une responsabilité qui n'avait plus d'objet, mais dans laquelle les véritables auteurs de l'*Histoire des Sociétés secrètes* ne s'étaient pas montrés fort empressés de réclamer leur part. Je vais la leur rendre pour l'acquit d'un simple fait littéraire, qui ne vaut guère la peine d'être éclairci ; et je le peux, sans les compromettre aux yeux de personne, car ils ne tardèrent pas à disparaître de la scène des événements. Un an après le 20 mars, plus ou moins, Rigomer-Bazin du Mans était allé se faire tuer au Mans, dans un duel politique ; Didier de Grenoble s'était fait fusiller dans sa province en expiation d'une conspiration républicaine, et Lemare était retourné à sa syntaxe et à ses marmites.

Après le 20 mars, le parti qui venait de triompher un moment n'avait plus de raison pour faire mystère de l'existence d'un instrument qui s'était brisé entre ses mains, et dont il sentait au moins le besoin de changer la forme et le nom. Le nom des *Philadelphes* reparut donc, sans exciter la moindre réclamation, un an ou deux après la publication de leur *histoire*, dans le *Voyage en Moravie* de Cadet-Gassicourt, écrivain de talent, fort connu par son dévouement à l'empire et par son antipathie pour la Restauration. Il est bon de remarquer sur ce livre, publié après coup, qu'il renferme littéralement le journal de la célèbre campagne de 1809, tel qu'il a été écrit par l'auteur en 1809, et que la prétention de n'y rien changer s'y trouve exprimée très-explicitement à deux ou trois reprises différentes. C'était donc en 1809 que Cadet-Gassicourt parlait des *Philadelphes*, dont le nom parut si nouveau en 1815 à ses amis politiques; c'était en 1809 qu'il surprenait innocemment le secret de leurs desseins, de leurs espérances, et même de leurs plus secrètes affections. C'était en 1809 qu'entraîné par un enthousiasme dont son admiration passionnée pour Napoléon aurait dû le défendre, il peignit le génie et la puissance morale d'Oudet sous les couleurs du panégyrique, ou plutôt de l'épopée, de manière à laisser bien loin tout ce qui a passé pour exagération sous ma plume. Et cependant, Oudet, mort si glorieusement à Wagram, et qui reçoit dans de si belles pages une si juste apothéose, était le seul officier supérieur qu'une raison d'État, inconnue jusque ici, n'eût pas permis de désigner dans le *bulletin!*

Voilà qui est sans doute fort extraordinaire; mais voici qui l'est bien davantage: Cadet-Gassicourt a pénétré si avant dans la confidence des Philadelphes, et cela n'était pas difficile à un homme profondément versé comme lui dans les arcanes des sociétés secrètes, au savant et ingénieux auteur du *Tombeau de Jacques Molay*, qu'il est parvenu à deviner le nom des hommes sur lesquels reposaient dès lors les destinées de la société, veuve de son illustre chef. C'est Malet, c'est Lahorie, c'est Piquerel! Passe encore pour Malet, quoiqu'il fût au cachot depuis un an! Passe encore pour Lahorie, quoiqu'il fût proscrit et fugitif depuis la conspiration de Moreau! Mais Piquerel, obscur sous-lieutenant alors, quelle autre prescience que celle d'une société secrète parfaitement organisée pouvait révéler en lui, à Cadet-Gassicourt, le lendemain de la bataille de Wagram, ce brave et habile capitaine, qui sut si bien mourir avec Lahorie et Malet? Et la conjuration de Malet, de Lahorie, de Piquerel, ne serait pas, du propre aveu de Cadet-Gassicourt, une conjuration de philadelphes!

Le nom d'Oudet figura encore une fois dans un ouvrage pseudo-historique, intitulé: *Mémoires du sergent Guillemard*, que j'ai entendu attribuer dans le temps à un M. Barbaroux, fils de cet éloquent et infortuné girondin que Mme Roland comparait à Antinoüs. Les *Mémoires du sergent Guillemard* sont un de ces romans historiés, si multipliés à une certaine époque, et dans lesquels un historien sérieux et sévère n'ira pas chercher des matériaux; mais je puis garantir qu'ils sont écrits, en ce qui concerne Oudet, sur d'excellents renseignements, et j'y ai appris des détails dont mes recherches ont depuis vérifié l'exactitude.

Charles Nodier, de l'Académie Française.

PHILADELPHIE, la ville la plus considérable de la Pennsylvanie, après New-York la plus grande, et pour ce qui est de la régularité et de la beauté de son architecture, la première ville des États-Unis, fondée en 1682, par William Penn, est célèbre dans l'histoire comme le lieu où l'indépendance des colonies américaines fut solennellement proclamée, en 1776; et jusqu'en 1800 elle resta le siége du gouvernement de la Pennsylvanie. Elle est située à environ 15 myriamètres de l'océan Atlantique, sur la langue de terre formée par la Delaware et le Schuylkill, qui mêlent leurs eaux à quelques kilomètres au-dessous de Philadelphie. Cette situation lui donne les avantages d'une ville maritime, et en même temps ceux de deux cours d'eau navigables. Un magnifique aqueduc (*Fairmont-waterworks*), composé d'une seule arche, de 133 mètres de développement, lui fournit comme eau à boire l'eau du Schuylkill. Ses rues, complétement régulières, droites, larges et bien pavées, sont garnies de trottoirs très-commodes. On remarque surtout sous ce rapport la rue du Marché, avec ses deux rangées de belles boutiques; et c'est là aussi qu'est située la Bourse. Les deux grandes et belles places publiques, *Washington-Place* et *Franklin-Place*, ont été récemment décorées de statues. En 1790 le chiffre de la population n'était encore que de 42,520 habitants; de 1820 à 1830 il monta de 108,116 à 167,188; en 1840 il était de 258,037; et en 1850 de 409,045, dont 84,000 Allemands, un grand nombre de Français, de gens de couleur libres. Si New-York est le grand centre commercial des États-Unis, Philadelphie en est le foyer scientifique et littéraire. On y trouve la *Pennsylvania-University*, qui fut fondée en 1755, et dont la faculté de médecine compte à elle seule 450 étudiants; plus, trois autres écoles de médecine, comprenant ensemble de 7 à 800 étudiants, un séminaire théologique, une centaine d'écoles du degré secondaire et 279 écoles primaires. Cette ville possède en outre une académie des sciences naturelles (depuis 1812), une académie des beaux-arts (depuis 1805), un observatoire, un jardin botanique, une société philosophico-américaine pour la propagation des connaissances utiles, une société de médecine, une société de chimie, une société de mécanique, une société d'agriculture, fondée en 1785 et pourvue d'une collection de minéraux et de modèles, un athénée, fondé en 1814, avec une riche bibliothèque contenant les ouvrages les plus usuels et un cabinet pour la lecture des journaux; le musée Peale, où l'on trouve la plus riche collection d'objets d'histoire naturelle qu'on puisse voir dans l'Amérique du Nord; un séminaire de missionnaires pour la conversion des nègres de l'Afrique (depuis 1818); deux sociétés d'arts; quatre théâtres, etc. Plusieurs des sociétés que nous venons de mentionner publient d'excellents recueils. En 1735 Franklin fonda à Philadelphie une *Bibliothèque Philadelphienne universelle*; le bâtiment spécial que cet établissement s'est fait construire en 1790, et sur le fronton duquel s'élève une statue de Franklin, en marbre blanc, est un édifice du meilleur goût et qui fait honneur à la ville. Outre une collection de plus de 55,000 volumes, il renferme un musée et diverses collections scientifiques, un cabinet de physique, etc. Les bibliothèques les plus considérables après celle-là sont celles de l'Académie des Sciences naturelles et de la Société Philosophico-Américaine.

On compte à Philadelphie 247 églises et chapelles à l'usage des différents cultes chrétiens. Ceux qui réunissent le plus d'adhérents sont le presbytérianisme et l'Église anglo-épiscopale, puis les méthodistes et les catholiques. Les juifs ont une synagogue. Philadelphie est le grand centre des quakers, qui y jouissent de divers priviléges particuliers, en vertu desquels ils ont pu fonder un hôpital, une maison de travail et plusieurs autres établissements de bienfaisance. L'une des fondations les plus grandioses en ce genre est la *Maison des Orphelins*, à la création de laquelle le banquier Stephan Gerard a consacré un fonds de deux millions de dollars, avec stipulation expresse dans l'acte de fondation que jamais prêtre ne pourrait franchir le seuil de l'établissement. Citons encore la *Maison publique des Pauvres et des Malades*, composée de divers bâtiments, et dont font partie un muséum d'anatomie, une clinique et une bibliothèque. La *Maison de Refuge*, fondée en 1826, a beaucoup contribué à l'amélioration des mœurs publiques. Philadelphie possède en outre une Maison de travail avec une Maison d'accouchement, un établissement pour les malades et les orphelins, une Maison d'aliénés, une société pour l'abolition de la traite des nègres, fondée en 1787, par Franklin, une société pour favoriser l'émigration étrangère, une société allemande de colonisation, qui a fondé un établissement et la ville de Hermann dans le Gasconnade County, État de Missouri. Outre des fabriques en tous genres et de nombreuses raffineries, on trouve encore à Philadelphie 50 imprimeries, de grandes et importantes librairies, etc. Cette ville possède la banque de l'État, fondée en 1791, une banque pennsylvanienne: en tout 15 banques, roulant sur un capital de plus de 10,500,000 dollars; un grand nombre de sociétés d'assurances, et diverses institutions à l'usage du commerce, tant intérieur qu'extérieur. Il y existe aussi depuis 1791 un hôtel des monnaies pour toute l'Union. En dehors de la ville, il y a des établissements de répression, dans lesquels on a introduit le système pénitentiaire, et le bel hôpital de la marine. La Delaware peut encore porter des vaisseaux sous les murs de la ville; le port est spacieux, et les chantiers de construction de l'Union sont d'une grande importance. Le commerce de Philadelphie avec les ports étrangers est très-considérable. En 1850 le chiffre de ses exportations, consistant surtout en farine, froment, coton, tabac, beurre, viande, fer ouvré, etc., s'était élevé à 5,500,000 dollars, et celui de ses importations à plus de 12,000,000. Le cabotage y a pris aussi de très-grands développements; il approvisionne les autres parties de l'Union de houille et d'autres produits de la Pennsylvanie. Après New-York et Baltimore, Philadelphie est en outre le grand rendez-vous de l'émigration allemande. Des chemins de fer mettent cette ville en communication avec les principaux centres de l'Union, des bateaux à vapeur avec ses principaux ports, de même qu'avec Liverpool, Londres, Brême et Hambourg.

PHILÆ, île du Nil, du côté sud de la première cataracte, forma longtemps l'extrémité méridionale de l'Égypte. Son nom hiéroglyphique était, comme plus tard son nom copte, *Pilak* (île frontière); et les écrivains arabes la mentionnent aussi encore sous le nom de *Bilak*. Il paraît qu'aux temps des Grecs on désignait ainsi diverses îles; de là la forme du pluriel donnée à son nom. Ce fut d'ailleurs assez tard qu'elle acquit de la célébrité. Les monuments les plus anciens qui y aient laissé trace jusqu'à nous sont du règne du roi Nectanebus, le dernier des *pharaons* indigènes. Le célèbre temple d'Isis y fut d'abord commencé, sous le règne de Ptolémée Philadelphe. On trouve des monuments bien autrement anciens dans les deux îles qui l'avoisinent, à *Bigeh* et surtout à *Konosso*. Quelques inscriptions gravées sur les rochers de cette dernière, qui n'est elle-même qu'une masse de rochers nus située au milieu du fleuve, remontent jusqu'aux temps d'Hyksos. C'est l'*Abaton* des anciens, que divers auteurs ont à tort confondu avec Philæ. Le nom hiéroglyphique de ce petit rocher, dans lequel Osiris, disait-on, avait été enseveli, était *P-i-oueb*, le champ sacré, τὸ ἅγιον πεδίον, ainsi que le traduit Plutarque. Il n'était accessible qu'aux seuls prêtres; et il semble qu'avec la suite des temps on ait transporté à Philæ l'idée de sainteté qui s'y rattachait. Au temps des Romains il y avait là une garnison romaine, dont les maisons en brique ont laissé de grands amas de ruines entre les différents temples. Elle a de nos jours des Nubiens pour habitants, et son nom arabe est *Gésiret-el-Birbé*, l'île des temples, ou encore *Anas-el-Wogul*. En langue nubienne on l'appelle *Berben-Arti*. Consultez Parthey, *De Philis insula ejusque nominibus* (Berlin, 1850).

PHILÆNI, nom de deux frères carthaginois qui se sont immortalisés en donnant une rare preuve d'amour de la patrie. Carthage et Cyrène étant en discussion au sujet de la délimitation exacte de leurs territoires respectifs, il fut convenu entre les deux nations que chacune d'elles ferait partir le même jour et à la même heure deux envoyés qui ne se seraient jusque alors jamais occupés de la question des frontières; et que le point où ces envoyés se rencontreraient servirait désormais de limite au territoire de chaque État. Mais en faisant une diligence extrême, les deux Carthaginois gagnèrent tellement d'avance, que lorsqu'on se rencontra les Cyréniens refusèrent d'exécuter la convention et de tenir le point où ils se trouvaient pour la limite des deux États, à moins que les deux Carthaginois ne consentissent à y être enterrés vivants. Ceux-ci accédèrent de grand cœur à cette condition; et en mémoire de cet acte de dévouement, dont il est fréquemment question dans les auteurs anciens, on construisit, sous le nom d'*Aræ Philænorum*, c'est-à-dire autel des Philæni, à l'extrémité sud de la grande Syrte, un monument qui n'existait déjà plus au temps de Strabon, bien que l'endroit en eût conservé le nom.

PHILAGATHE. *Voyez* JEAN XVI, pape.

PHILANTHROPIE (du grec φιλεῖν, aimer, et ἄνθρωπος, homme). Ce mot, très-moderne, et très-inutile, est censé remplacer un mot ancien, un mot simple et profond, dont le besoin populaire garantit l'immortalité et semble préparer la réhabilitation officielle. Autrefois, pour le monde éclairé comme pour tout le monde, l'amour du prochain s'exprimait par le mot *charité*. Et l'amour du prochain, c'était bien plus que l'amour de l'homme. Le terme de *prochain* emportait la double idée de l'homme en général, et de cette parenté, plus vaste encore, établie par l'Évangile entre les êtres aimants de la terre et du ciel. Qui disait *charité* disait *amour*, amour dans son immense domaine, amour de la Divinité elle-même, et dans ses images vivantes. L'amour de l'humanité, pris en dehors de tout cela, est une des plus ridicules, ou, si l'on veut, des plus funestes chimères de la philosophie moderne. Rien n'est plus difficile à aimer que l'homme; et la *philosophie* elle-même, envisagée d'un peu près, n'a guère été que l'opposition de la haine, c'est-à-dire de l'orgueil, à l'amour traditionnel, c'est-à-dire à l'humilité inhérente au christianisme. L'esprit de destruction et l'esprit d'incrédulité ont fait cause commune; et la manie du néant, accompagnée des crimes de 1793, n'a été que le fruit naturel du germe planté par l'Encyclopédie. *A bas Dieu, à bas l'homme!* tels seraient les cris synonymes de cette époque, si une époque pouvait bien dire ce qu'elle a voulu. Quand la foi fut à peu près morte dans les âmes, toutes les nobles choses qu'elle renfermait, et dont la société continuait d'avoir besoin, reçurent des noms nouveaux et brillants, à l'aide desquels on espéra les transporter dans un autre domaine et composer peu à peu un ordre d'idées, de sentiments, d'actions, qui tint l'homme quitte des lois divines sans lui rappeler désagréablement son abjuration. On remplaça les croyances par les opinions, les dévouements par les sympathies, le bon Dieu par l'Être Suprême, la charité par la philanthropie.

Aimer l'homme en vue de Dieu, et comme son représentant parmi les créations, c'était déjà une assez grande force, et Jésus-Christ lui-même n'y comptait pas de notre part; car, outre la haine affreuse qu'il s'attira tout de suite, ainsi qu'à ses disciples, en travaillant à rapprocher les hommes, il prédit l'éternelle et universelle fureur qui poursuivrait son œuvre; et le dix-neuvième siècle, qui sait l'histoire, est là pour dire si tout s'est accompli. Si le Fils de Dieu n'a pas réussi, qui donc aura compté mieux faire? Un temps viendra peut-être où cette tentative, déjà reconnue coupable, paraîtra d'ailleurs complétement burlesque. Réduire l'homme à aimer l'homme, c'est une prétention que Dieu n'a jamais eue, pas même quand il couvrait la terre de prodiges et de vertus plus étonnantes que tous les prodiges; mais ce qu'il jugeait impossible, bien des esprits l'ont déclaré facile, et ce thème est passé dans le langage du temps comme les idées consacrées par la forme proverbiale.

La philanthropie, envisagée sous tous les aspects, représentait complétement notre époque. Cette chose avec toutes ses dépendances, ou plutôt ce mot avec tous ses synonymes a pénétré aujourd'hui dans toutes nos habitudes. La poésie, la philosophie, la musique, se targuent d'être *humanitaires*. Dans l'anarchie profonde de nos croyances religieuses, littéraires, il y a un burlesque *credo* qui nous met tous d'accord; il y a une idée saugrenue qui va partout s'affermissant, quand les grands principes s'effacent ou s'altèrent à vue d'œil. Le siècle se dit le meilleur des siècles; il croit vouloir l'ordre, le bien, la vérité; il promet tout aux générations futures, et beaucoup déjà aux générations présentes. Dix-huit cents ans d'empire n'ont pas suffi au christianisme pour consoler l'humanité, pour l'éclairer, pour attirer même son attention. La philanthropie est plus expéditive; elle improvise de nouveaux cieux et une nouvelle terre; sa puissance est belle comme un prospectus, mais aussi n'est-ce qu'un prospectus. Parcourez avec la religion nouvelle l'incommensurable domaine qu'elle semble trouver étroit. Depuis la décadence de la vieille société, le génie inquiet de l'homme a cherché ardemment sa fin; il s'est ouvert mille routes inconnues, il a franchi le seuil de mille mondes, et la sphère sans cesse agrandie de son action et de ses mouvements appelle incessamment un objet qui la remplisse et la dépasse. Ce qu'il lui faut, c'est l'infini. Ce n'est pas moins que cela.

Il faudrait quelque chose de plus, que la philanthropie le lui promettrait encore. Êtes-vous artiste, et voulez-vous que l'art soit un foyer de lumière générale, une encyclopédie de sociabilité, la philanthropie n'a rien à vous refuser; demandez, faites-vous servir. Elle élèvera vos croches et vos soupirs à l'état symbolique; elle transfigurera la rime et la césure, et fera d'une faute de grammaire un germe d'évangile; elle montrera dans une croûte horrible l'avenir superbe de l'humanité. Êtes-vous industriel, la philanthropie va vous rendre trois fois grand: vous serez le patron des deux hémisphères, car la philanthropie n'entend pas qu'on s'en tienne à une des quatre parties du monde, encore moins à une nation, encore moins à sa famille, à ses amis, à tout ce qu'on peut connaître; avec une fabrique de gélatine, vous serez un apôtre; avec une manufacture de sucre indigène, vous serez un dieu; avec un embranchement de chemin de fer, vous serez bien autre chose encore; et pour ces nouveaux besoins un enthousiaste créera un barbarisme.

Ce qu'il y a de fâcheux dans cette exagération, c'est qu'elle est souvent sincère: nous sommes trop faibles aujourd'hui, trop indifférents, trop gauches dans le bien, pour ne pas nous croire forts, ardents, et pleins d'aisance et de majesté. De là vient cette gravité tant reprochée à l'époque. Les jeunes gens, cette partie jadis si vivante de la société, sont maintenant sombres et froids, non pas tant parce qu'ils manquent de foi et de candeur que parce qu'ils sont possédés de la rage d'en avoir trop. Ils rêvent progrès, fraternité, réforme. L'imagination est chez eux la raison, qui d'avance tue le cœur: sous ces formes rondes et mesquines, seul et unique emprunt fait à une nation grande en bien des choses, nos jeunes gens cachent une exaltation niaise, un orgueil fatigant, qui éclate çà et là d'une façon imprévue, montrant tout à coup dans des êtres universellement et naturellement négligés le fanatisme d'un art, d'un patriotisme, d'une philosophie inconnus, depuis l'origine du monde, à tout ce qui a mérité le nom de patriote, de philosophe et d'artiste. Philarète CHASLES.

PHILANTHROPIQUE (Société), institution de bienfaisance fondée en 1780, sous la protection spéciale du roi Louis XVI, et formée par la réunion de souscripteurs qui mettent des fonds en commun pour concourir au soulagement des malheureux. Ces fonds sont employés à distribuer des aliments aux indigents, par l'établissement de fourneaux; à donner des consultations gratuites et des médicaments aux malades, par les dispensaires que la société entretient dans divers quartiers de Paris; à aider certains établissements particuliers de charité, de travail et d'éducation élémentaire, et quelques sociétés de prévoyance et de secours mutuels. En retour des fonds qu'ils versent, les souscripteurs reçoivent des bons de portions et des cartes de dispensaire. Un comité de cinquante membres titulaires, choisis par tous les souscripteurs et se renouvelant par tiers tous les ans, et de vingt membres adjoints nommés par le comité, est chargé d'administrer les fonds, de distribuer les secours, de surveiller les fourneaux et les dispensaires, et de visiter les malades. Cette société, dont l'action salutaire se fait surtout sentir aux époques calamiteuses, a déjà rendu de grands services; dans ces derniers temps, elle a vu fonder par l'autorité d'autres fourneaux à côté des siens, et organiser par les bureaux de bienfaisance les secours à domicile pour les malades, à l'instar de ses dispensaires.

PHILÉMON et **BAUCIS**. Philémon, paysan de Phrygie, époux de Baucis, tous deux fort âgés, vivaient dans une petite cabane. Jupiter, sous la figure humaine, accompagné de Mercure, ayant voulu visiter la Phrygie, fut rebuté de tous les habitants d'un bourg auprès duquel demeuraient les deux époux, qui seuls les reçurent avec hospitalité. Les dieux se firent reconnaître en rendant intarissable le vin de leurs hôtes. Ils emmenèrent ensuite les deux vieillards au haut d'une montagne, et leur ayant dit de regarder derrière eux, ceux-ci virent tout le bourg et les environs submergés, excepté leur petite cabane qui avait été changée en un temple. Les deux époux souhaitèrent d'être les ministres de ce temple et de ne point mourir l'un sans l'autre. Leurs souhaits furent accomplis. Parvenus à la plus grande vieillesse, Philémon s'aperçut que Baucis devenait tilleul, et Baucis fut étonnée de voir que Philémon devenait chêne. Ils se dirent alors tendrement les derniers adieux. Tout le monde connaît la jolie fable mythologique de La Fontaine sur le sujet de *Philémon et Baucis*.

PHILÉMON, poëte distingué, originaire de Soles en Cilicie, fondateur de ce qu'on appelle la *nouvelle comédie grecque*, et qui florissait vers l'an 320 av. J.-C., était contemporain de Ménandre, à qui il disputa la prééminence, et sur qui il l'emporta même, au rapport de quelques critiques anciens. Les fragments de ses quatre-vingt-dix-sept comédies qui sont parvenus jusqu'à nous ont été recueillis par Meinecke, entre autres, dans ses *Fragmenta Comicorum Græcorum* (Berlin, 1849). M. W. Dindorf les a aussi ajoutés à son édition d'Aristophane publiée par MM. Firmin Didot frères (Paris, 1838).

PHILÈNES (Autels des). Voyez CARTHAGE et PHILÆNI.

PHILÉTAS, poëte élégiaque grec et ami d'Hermesianax, était originaire de Cos, mais vécut à partir de l'an 306 av. J.-C. à Alexandrie, à la cour de Ptolémée Lagus, qui lui confia l'éducation de ses enfants, et notamment celle de son successeur, Ptolémée Philadelphe. Son père, grammairien de mérite, le détermina à se livrer avec ardeur à l'étude de la critique d'Homère, et à y joindre celle de la poésie, suivant le génie d'un siècle où l'on faisait preuve de la plus grande érudition tout en composant des œuvres poétiques. La perte de ses élégies est d'autant plus à déplorer que les anciens critiques les mettent sur la même ligne que celles de Callimaque, et qu'elles servirent de modèle à Properce. La tradition veut d'ailleurs qu'il ait été si fluet, si mince, qu'il fallait lui attacher du plomb sous ses sandales pour l'empêcher d'être entraîné par le vent. Il mourut de la contention d'esprit que lui occasionnèrent les efforts qu'il fit en méditant sur un argument captieux. Schneidewin a recueilli dans ses *Delectus Peseos Græcæ* (Gœttingue, 1838) les fragments des œuvres de Philétas qui sont parvenus jusqu'à nous.

PHILHELLÈNES (du grec φιλεῖν, aimer, et Ἕλληνοι, Grecs), amis, partisans des Grecs. C'est ainsi qu'on appela à partir de 1821 tous ceux qui soutinrent de leur épée, de leur bourse ou de leurs vœux, la lutte engagée alors par la nation grecque pour parvenir à son indépendance politique. Dans le nombre, l'histoire conservera toujours le souvenir du généreux Eynard.

PHILIBERT ou **FILIBERT**, moine, puis abbé de Rebais en 650, fondateur de l'abbaye de Jumiéges, dont il fut le premier abbé, vers 654, mourut dans l'île de Noirmoutiers, le 20 août 684.

PHILIBERT Ier, dit *le Chasseur*, quatrième duc de Savoie, avait huit ans quand il perdit son père, Amédée IX. Yolande, sa mère, sœur de Louis XI, roi de France, lutta six ans pour conserver la régence. Poussée par des vues d'ambition, elle se ligua avec Charles le Téméraire, duc de Bourgogne. Vaincue avec lui, et plus tard emprisonnée par lui, elle fut cause que ses États perdirent le bas Valais, une grande partie du pays de Vaud, et leur protectorat sur la ville de Berne. La Savoie, réduite à briguer la protection de l'astucieux Louis XI, dont la politique était de diviser pour régner, se vit en proie aux dissensions et, plus encore, à la rapacité des ambitieux. Le gouverneur que le roi de France avait donné au jeune Philibert, soit par ignorance, soit peut-être dans le dessein coupable de le condamner à une nullité rassurante pour ses voisins, n'avait appris à son élève qu'à chasser, jouter et chevaucher. Exténué par la violence de ces exercices, il mourut à Lyon, en 1482, à l'âge de dix-huit ans, sans avoir exercé le pouvoir ni mérité d'autre titre que celui de *Chasseur*.

PHILIBERT II, dit *le Beau*, huitième duc de Savoie, n'avait que dix-sept ans quand la mort de son père, Philippe II, lui laissa la couronne, en 1497. Ce prince, qui, par son esprit et sa beauté, était l'orgueil de son père, montra dès sa jeunesse une prudence que l'on eût à peine osé attendre d'un vieillard. Fils d'un père belliqueux, auprès duquel il se distingua sous les murs de Gênes, issu d'un sang qui transmet le courage, élevé dans cette cour de France, où l'on rêva toujours la fortune et la gloire, on le voit cependant renoncer à l'attrait qu'auraient pour lui les hasards de la guerre, dans l'unique but de donner à ses peuples le repos et la prospérité. La France, l'Espagne, le Milanais, l'Empire et le royaume de Naples étaient en guerre. Chacune de ces puissances s'efforçait d'attirer le duc de Savoie sous ses drapeaux; il sut résister à toutes, et en même temps mériter leur estime, conserver leur attachement et les forcer à l'admiration. Consolider les anciennes institutions, en fonder de nouvelles, obtenir de plus amples concessions de la puissance impériale, établir de nouvelles lois pour de nouveaux besoins, remplir les caisses de l'État, avoir sur pied une armée nombreuse et bien aguerrie, que l'on tenait à la solde étrangère pour en décharger l'État, tels furent les bienfaits d'un règne de six ans, et l'ouvrage d'un prince qui mourut à vingt-quatre ans après avoir démontré la vérité de la sentence qu'il avait adoptée pour devise :

Pios juvat fortuna conatus.

L'abbé Rendu, Évêque d'Annecy.

PHILIDOR (Danican). C'est le nom d'une famille qui a donné à la France plusieurs musiciens distingués et un compositeur célèbre. *Michel* Danican, hautboïste de Louis XIII, fut surnommé *Philidor*, parce qu'il parvint à égaler un joueur de hautbois nommé *Filidori*. Depuis lors Michel Danican prit le nom de *Philidor*, et le transmit à sa famille. Il eut plusieurs fils, qui cultivèrent la musique avec le même succès, entre autres *Anne* Philidor, qui établit, en 1726, le concert spirituel, et *Michel*, père d'*André* Philidor.

Ce dernier, né à Dreux, en 1726, sut acquérir de bonne heure une double célébrité, et comme compositeur et comme joueur d'échecs. Il entra d'abord page dans la musique du roi sous Campra, alors maître de la chapelle. A onze ans il écrivit un motet, qui fut exécuté à la chapelle royale, et dont le roi lui fit compliment. Étant sorti des pages, il se fixa à Paris, s'y soutint en donnant quelques leçons et en copiant de la musique; et tous les ans il allait à Versailles faire exécuter un nouveau motet. En 1745 il partit pour la Hollande, l'Angleterre, l'Allemagne. Son goût se forma dans ces voyages, où il eut souvent occasion d'entendre les ouvrages des meilleurs maîtres d'Italie et d'Allemagne. Il essaya ses forces à Londres, en 1753, en mettant en musique l'ode anglaise de Dryden sur sainte Cécile. De retour en France en 1754, il fit chanter à Versailles un *Lauda Jerusalem*, qui parut trop italien; et comme la reine, épouse de Louis XV, n'aimait pas ce genre, il ne put avoir la place de maître de chapelle, qu'il espérait obtenir. En 1757 Philidor essaya de composer un acte d'opéra; mais Rebel refusa de le faire représenter. L'année suivante, il composa quelques morceaux pour *Les Pèlerins de La Mecque* à l'Opéra-Comique. Corbi, directeur de ce théâtre, lui ayant demandé un ouvrage entier, Philidor lui donna la partition de *Blaise le Savetier*, jouée avec le plus grand succès à la foire Saint-Laurent, en 1759. C'est de cette époque que date sa réputation.

Philidor était harmoniste profond, mais son chant manque quelquefois de mélodie et d'intérêt. Il passait pour avoir peu d'esprit : Laborde, un de ses plus chauds admirateurs, l'entendant au milieu d'un repas outrager à chaque minute le plus simple bon sens : *Voyez cet homme-là*, dit-il, *il n'a pas le sens commun; c'est tout génie.* Ce musicien célèbre mourut à Londres, le 30 août 1795. Son humeur toujours égale, sa probité, son désintéressement, malgré la modicité de sa fortune, l'avaient fait universellement chérir. Il peut être regardé avec Duni et Monsigny comme le créateur de notre Opéra-Comique. Là, ses meilleures partitions furent *Le Soldat magicien*, 1760; *Le Maréchal ferrant*, qui eut plus de cent représentations en 1761; *Sancho-Pança*, 1762; *Le Bûcheron*, 1763; *Le Sorcier*, 1764; *Tom-Jones*, 1765; *Les Femmes vengées*, 1775; *Zéline et Mélide*, *Le Quiproquo*, *La Nouvelle École des Femmes*, *L'Amitié au Village*, *Le Bon Fils*, *L'Huître et les Plaideurs*, *Le Jardinier de Sidon*, *Le Jardinier supposé*, *Le Jardinier et son Seigneur*. Il a composé aussi pour le grand Opéra *Bélisaire*, *Thémistocle*, *Persée*, poëme de Quinault, réduit par Marmontel, où l'on applaudissait deux chœurs très-animés et le chant de Méduse : *J'ai perdu la beauté qui me rendait si vaine*, chef-d'œuvre d'harmonie; *Ernelinde*, qui renfermait le beau chœur : *Jurons sur ces glaives sanglants*, transporté dans l'oratorio de Saül. Philidor a encore mis en musique le *Carmen sæculare* d'Horace. C'était à Londres en 1779. Cette partition passe pour la plus belle de l'auteur.

F. Danjou.

La réputation de Philidor est peut-être mieux établie aujourd'hui sur son habileté dans le jeu des échecs, et sur la clarté avec laquelle il en a tracé les préceptes. Homme presque universel et versé dans la connaissance des mathématiques, Philidor paraît n'avoir point été étranger à l'introduction de la fantasmagorie, dont il avait pu voir à Londres les premiers essais opérés par le fameux Cagliostro. C'était la passion des échecs qui avait conduit Philidor en Angleterre, comme elle lui avait fait entreprendre des voyages en Hollande et en Allemagne, où se trouvaient alors les athlètes les plus exercés et les plus dignes de se mesurer avec lui. L'un des fondateurs du club des Échecs à Londres, il en fut pendant trente ans l'un des membres et des correspondants les plus assidus. Ce fut en 1777 qu'il publia dans la capitale de l'Angleterre son *Analyse du Jeu des Échecs*.

Une pensée presque unique a semblé présider aux parties dont Philidor a tracé les indications : c'est de conserver et soutenir avec soin les pions au centre de l'échiquier. Plutôt que de dévier à ce principe, il négligeait quelquefois ce qu'on appelle le *coup juste*. Philidor est presque le premier qui ait approfondi les ressources qui se présentent aux fins de partie, soit pour regagner le *trait*, et par suite l'avantage dans une lutte qui semblait désespérée, soit pour rendre nulle, par un *pat* inattendu, la partie où la perte était inévitable. Sur la fin de sa carrière, Philidor fit des tours de force. A Berlin, il avait gagné une partie les yeux fermés; il renouvela la même épreuve à Londres en conduisant deux parties à la fois; il était presque aveugle. On voit dans une lettre de Diderot que si grande fut la contention d'esprit de Philidor qu'il faillit alors en devenir fou; le fait est qu'on le deviendrait à moins.

Breton.

PHILIPPE (Saint), apôtre et disciple de Jésus-Christ, originaire de Bethsaïda en Galilée, était vraisemblablement pêcheur de son métier, et, à l'instar de saint Pierre et de saint André, s'attacha à Jésus. Ce fut lui aussi qui décida son ami Nathaniel à en faire autant. Il assista au sermon de la Montagne, et après la mort de Jésus il habita Jérusalem. On dit qu'il alla prêcher la foi en son divin maître à Samarie, en Scythie, en Phrygie et dans quelques contrées de la haute Asie, enfin qu'il mourut de la mort des martyrs à Hiérapolis après l'an 80. Un Évangile qui porte son nom est apocryphe, et fut adopté par des sectes gnostiques. L'Église romaine lui a consacré, en même temps qu'à saint Jacques le Mineur, le 1er mai; l'Église grecque célèbre sa fête le 14 novembre, et a consacré à ce saint Jacques le 23 d'octobre.

Il est encore question dans le Nouveau Testament d'un autre *Philippe*, frère d'Hérode Antipas (saint Matth., 14, 3, 4, 16, 13; saint Luc, 3, 1); et d'un diacre *Philippe*, ordonné par saint Paul, qui prêcha le christianisme à Samarie, et qui plus tard se rendit à Césarée, où saint Paul le rencontra et où vraisemblablement aussi il mourut.

PHILIPPE, nom qui a été porté par cinq rois de Macédoine, dont l'histoire ne compte quelquefois que trois. Elle mentionne dès l'an 450 av. J.-C. *Philippe Ier*, fils d'Alexandre Ier, qui se révolta contre son frère Perdiccas II, roi légitime de Macédoine, mais qui échoua, bien qu'il eût l'appui des Athéniens.

C'est de *Philippe II*, fils du roi Amyntas II, et père d'Alexandre le Grand, que date à bien dire l'histoire de la Macédoine, contrée qui, si l'on en croit Justin, avait été tour à tour tributaire d'Athènes, de Sparte et de Corinthe. La civilisation méprisante d'Athènes appelait *barbares* les peuples qui habitaient au delà de la Thessalie. Un de leurs rois se présenta un jour aux jeux olympiques : il ne put y être admis qu'en prouvant qu'il était Argien de naissance et qu'il descendait d'Hercule. Le fils de ce roi fut Amyntas, qui eut trois enfants : Alexandre, Perdiccas et Philippe. Les deux frères aînés de Philippe régnèrent avant lui. Les troubles produits en Macédoine par un fils naturel d'Amyntas amenèrent les Thébains à y intervenir; et quand ils eurent rétabli l'ordre, ils exigèrent qu'on leur donnât en otage le frère de Perdiccas, dont ils venaient de défendre les droits au trône, Philippe, alors encore tout jeune, qui fut effectivement conduit à Thèbes et élevé dans la propre maison d'É p a m i n o n d a s, philosophe sévère et pratique, et surtout général habile, qui, trouvant de grandes dispositions dans l'élève dont l'éducation lui était confiée, lui donna des livres de stratégie, dont par la suite Philippe ne se servit que trop bien contre la patrie de son précepteur. Pendant dix ans la Grèce nourrit ainsi de ses lettres, de ses arts, de sa science, celui qui devait être son tyran et son fléau. Ce séjour forcé au milieu des Grecs, s'il initia Philippe à leur civilisation et à la connaissance de leur tactique, lui révéla en même temps les divisions intimes auxquelles étaient en proie les diverses populations de la Grèce. Son éducation terminée, il apprend que son frère Perdiccas vient de mourir, et que le trône de Macédoine est sans maître. Il s'échappe furtivement de Thèbes, et trouve en arrivant dans sa patrie des ennemis de toutes sortes à combattre. Les Illyriens, les Péoniens, Lacédémone et Athènes, arrivent sur ce terrain neutre, le ravagent et amènent tous un prétendant au trône. Philippe, inconnu, ou au moins oublié, parvient avec les seules ressources de son esprit et de son courage à se constituer le chef d'un parti puissant, qui écarte du sol de la Macédoine tous ces alliés inutiles et ambitieux, et place sur le trône Amyntas, le fils du dernier roi. Philippe n'en est d'abord que le tuteur; mais bientôt il se fait désirer et est proclamé roi lui-même (en 360 av. J.-C.). Il semble que la conquête de la Perse entra tout d'abord dans ses projets. A cet effet il améliora son armée par la création de l'invincible p h a l a n g e, et chercha surtout à obtenir l'hégémonie de la Grèce, afin d'avoir ainsi le commandement général de ses forces actives. Il eut le bonheur de découvrir dans ses États, dès les premiers temps de son règne, une mine d'or; ce qui lui assurait des conquêtes plus sûres et plus faciles que celles que pourrait faire son armée. Les fameuses mines de Crénides, en lui procurant un revenu de plus de 4,000,000 par an, lui fournissaient un genre d'arguments sans réplique chez ce peuple voluptueux et faisant du plaisir sa vie habituelle. Constamment il envoyait à Athènes des émissaires chargés d'or, qui le répandaient à profusion et portaient aux nues dans la place publique le nom de Philippe. La première occasion d'intervenir dans les affaires intérieures de la Grèce lui fut fournie par les Thessaliens, lorsqu'ils invoquèrent son appui contre l'oppression qu'exerçait sur eux le tyran de Phères; et il la saisit avec empressement. L'alliance que les Phocéens contractèrent avec ce tyran l'y mêla encore davantage. Dans cette lutte il occupa et défendit la Thessalie contre les Phocéens; et après la victoire il traita tout à fait en pays conquis la contrée qui s'était placée sous sa protection. Il se garda bien au contraire d'écraser les Phocéens, afin de laisser les deux partis s'affaiblir ainsi mutuellement. En même temps il s'empara de toutes les villes maritimes grecques de la côte de Thrace, depuis Byzance jusqu'aux limites de son royaume, afin de se créer de la sorte une marine. De toutes ces villes celle qui lui résista le plus longtemps fut Olynthe; mais la trahison la fit tomber en son pouvoir, l'an 348 av. J.-C. Comme beaucoup d'autres, elle fut détruite, pendant que Philippe, à qui s'était vendu Eschine, amusait les Athéniens avec des négociations de paix. Après avoir débarqué en Laconie et contraint les Spartiates à renoncer à l'espoir de récupérer la Messénie, il poursuivit le cours de ses conquêtes le long des côtes de la Thrace; mais ce fut en vain qu'il assiégea Périnthe et Byzance contre P h o c i o n. Le roi de Macédoine attaqua et vainquit ensuite les Scythes. Il retournait en Macédoine, emportant avec lui un riche butin, quand son armée fut attaquée par les Triballes, peuple barbare, que la vue de ses richesses avait séduits. Il courut les plus grands dangers dans cette attaque inopinée. Blessé à la cuisse, cerné de toutes parts, il allait tomber au pouvoir de ces barbares, quand son fils Alexandre, qui donna dans cette bataille les premières preuves de son courage et de son intrépidité, parvint à percer l'épaisse ceinture d'ennemis qui entouraient Philippe et à le sauver. Ici viennent encore se placer de nouvelles intrigues du roi de Macédoine contre les Athéniens. Afin d'avoir de nouveau un prétexte pour descendre en Grèce à la tête d'une armée, il employa Eschine à faire rendre aux Amphictyons un décret qui déclarait les Locriens d'Amphissa coupables d'avoir usurpé une partie de territoire appartenant au temple de Delphes, et qui chargeait le roi de Macédoine de prêter main forte à l'exécution de ce décret. Descendant alors en Grèce à la tête d'une nombreuse armée, il eut bientôt terminé la guerre contre Amphissa, et trahit alors ses véritables projets en occupant en même temps Élatée, la clef de la Béotie. Dans la consternation générale où se trouvait la Grèce, D é m o s t h è n e eut seul alors le courage d'appeler toutes les populations grecques à la défense du sol de la patrie; et son éloquence fut couronnée de succès. Mais après deux engagements heureux, l'armée des alliés fut complétement défaite par Philippe à C h é r o n é e, l'an 338 av. J.-C., où la victoire fut décidée par l'impétueuse valeur d'Alexandre. Le témoignage des historiens varie beaucoup sur la conduite que tint Philippe après la bataille. Selon les uns, il fit servir un banquet magnifique, s'enivra, tourna en parodie le décret par lequel Démosthène lui déclarait la guerre, et insulta les morts. A la fin il rencontra l'orateur athénien Démade, qu'il avait fait prisonnier : « O Philippe! lui dit celui-ci, les dieux t'ont donné le rôle d'Agamemnon, et tu ne rougis pas de jouer celui de Thersite. » Suivant d'autres, il défendit aux Macédoniens toute espèce de réjouissance, se montra humain et bienveillant pour les prisonniers. Ce qui ferait croire que cette version est exacte, c'est qu'il accorda la paix aux Athéniens sans trop profiter des avantages que lui donnait une telle victoire. Quelques courtisans lui proposaient de brûler Athènes : « A Dieu ne plaise, répondit-il, que je détruise la ville de la gloire, moi qui ne travaille que pour elle! » Épouvantée par le désastre de Chéronée, Thèbes ouvrit immédiatement ses portes au vainqueur. Athènes, qui fit de nouveaux préparatifs de défense, obtint une paix honorable, et les autres États recherchèrent à l'envi les bonnes grâces du vainqueur; de sorte que Philippe fut solennellement élu, dans une assemblée générale des peuples de la Grèce tenue à Corinthe, commandant de l'armée grecque destinée à attaquer la Perse. Les armements immenses nécessités par une telle guerre venaient à peine d'être terminés, lorsqu'il fut assassiné, l'an 336 av. J.-C., à Égée, en sortant du théâtre, par un certain Pausanias, qui, maltraité par un des proches parents du roi, avait fait un inutile appel à sa justice. Ainsi périt Philippe, victime, à l'âge de quarante-sept ans, d'une misérable vengeance privée, en même temps que de sourdes rumeurs accusaient son épouse Olympias, qu'il avait récemment répudiée pour épouser Cléopâtre, nièce d'Attale, et son fils Alexandre, de complicité dans cet attentat. On rapporte qu'à la nouvelle de la mort du roi de Macédoine, Démosthène, que la mort toute récente de sa fille plongeait dans le deuil, revêtit des habits de fête, se couronna de roses, et courut dans les rues en riant et en se réjouissant outre mesure. L'histoire ne peut que condamner ces indécentes démonstrations, que le patriotisme ne saurait faire excuser.

Philippe II de Macédoine est incontestablement l'une des plus grandes figures du monde antique ; cependant, il ne faut voir dans sa vie qu'une préface glorieuse à celle d'Alexandre le Grand. Quelques anecdotes et quelques mots de lui feront apprécier son caractère moral.

Il disait souvent qu'on amusait les enfants avec des osselets, et les hommes avec des serments; mot terrible, dont, bien des siècles après, un autre roi, notre Louis XI, fit un des chapitres de son catéchisme politique. — Cicéron rapporte que Philippe, s'appuyant sur un oracle de Delphes, qui lui avait prédit qu'avec des lames d'argent il conquerrait l'univers, répétait souvent qu'il ne regardait aucune forteresse comme imprenable dès qu'il pouvait y faire monter un mulet chargé d'or. — Il était occupé au siége de la ville de Méthone. Un jour, un jeune arbalétrier vint lui offrir ses services ; il se vantait d'atteindre toujours les oiseaux au vol : « Eh bien, lui dit Philippe, je t'emploierai quand je ferai la guerre aux étourneaux. » Cette saillie lui coûta cher. L'arbalétrier, nommé Aster, prit une de ses flèches, écrivit dessus : « A l'œil droit de Philippe, » et visa à ce but, qu'il était sûr d'atteindre. Philippe fit ramasser la flèche, sur laquelle il écrivit à son tour : « Aster, tu seras pendu si je prends la ville; » et Aster fut dans le fait pendu. — Peu de temps après, Philippe apprit trois nouvelles qui le remplirent de joie : il venait d'être proclamé vainqueur aux jeux olympiques; sa femme Olympias, fille de Néoptolème, roi des Molosses, était accouchée d'un fils, qui fut Alexandre le Grand; et un de ses généraux, Parménion, venait de remporter une victoire signalée. Il oublie alors qu'une flèche venait de le dévisager : « O Jupiter ! s'écrie-t-il, ne m'accorde pas tant de bonheur; envoie-moi au moins une petite infortune ! » — Dès qu'Alexandre fut venu au monde, Philippe lui choisit pour précepteur Aristote. Tout le monde connaît la lettre admirable que le roi écrivit à cette occasion au philosophe : « Je vous apprends, disait-il, que j'ai un fils ; je remercie les dieux, non pas tant de me l'avoir donné, mais de l'avoir fait naître du temps d'Aristote : j'espère que vous en ferez un successeur digne de moi et un roi digne de la Macédoine. » Aristote justifia en tout ces nobles paroles : il apprit à son élève toutes les sciences dont il était si profondément imbu, et qu'il agrandit de tout son génie. Il lui enseigna cette philosophie qu'il ne communiquait à personne, dit Plutarque, et en fit ce héros dont les exploits commencèrent sous les yeux de son père et se terminèrent à la conquête de l'Asie. — Les Athéniens avaient envoyé des secours à Olynthe, ville alliée de l'Attique; Philippe l'assiège. Ses armes allaient échouer devant une vigoureuse résistance, quand il découvrit une brèche par laquelle il pouvait introduire son mulet chargé d'or : il corrompit deux des principaux habitants, qui lui ouvrirent les portes de la ville. Après leur triomphe, les Macédoniens eurent honte des moyens qu'ils avaient employés, et appelèrent traîtres ces deux habitants. Ceux-ci vinrent se plaindre à Philippe : « Ne faites pas attention, dit celui-ci, à ce que disent ces hommes grossiers, qui appellent chaque chose par son nom. »

En résumé, on peut dire que le fond chez Philippe n'était pas entièrement perverti. Il était bon, souvent juste et clément. La corruption de ses mœurs a été exagérée; il avait les vices de la Grèce, plus impardonnables chez un roi que chez un particulier. Mais il les tempérait par de l'esprit et une gaieté naturelle. Au milieu d'une orgie, Philippe faisait oublier par une saillie que le chef de l'État allait perdre la raison. La perversité de son esprit, sa mauvaise foi, devenue proverbiale en Grèce, furent la plaie et le châtiment moral de sa vie : il visait à tout, et n'atteignit qu'à peu de choses; il semblait prendre plaisir à gâter lui-même, par un parjure inutile, une combinaison grande et profonde, due à son génie politique. Par un travers d'esprit inconcevable chez un homme éminemment ambitieux et conquérant, il tenait plus à faire adroitement une dupe qu'à gagner une ville de plus. Si quelque biographe scrupuleux voulait suivre une à une toutes les actions de sa vie, toutes ses phases de bonheur et d'insuccès, il trouverait toujours à côté d'une victoire une trahison qui la gâte, et un mécompte qu'il ne devait qu'à lui-même. Il ne faut pas douter que la conquête de l'Asie ne fût la plus grande, la plus impérieuse ambition de Philippe ; mais ce ne fut pas la première. Il était Grec, avait été élevé en Grèce, et ce pays glorieux et poétique brillait à ses yeux de tout l'éclat d'une patrie dont il voulait rester le seul arbitre.

Philippe III Arrhidée, fils naturel du précédent, et d'une danseuse appelée Philinna, et frère d'Alexandre le Grand, à qui il succéda nominalement. Comme il était devenu idiot, par suite d'une forte dose de poison que lui avait fait administrer Olympias, mère d'Alexandre, ce fut d'abord Perdiccas qui régna sous son nom; puis Antipater, et à la mort de celui-ci, son fils Cassandre. Après un simulacre de règne qui avait duré six ans et demi, Olympias le fit assassiner, l'an 317 avant J.-C., ainsi que son épouse Eurydice, et cent autres Macédoniens de distinction.

Philippe IV, fils de Cassandre, lui succéda sur le trône de Macédoine, et mourut la même année, après quatre mois de règne.

Philippe V ou *III Arrhidée*, fils de Démétrius II, monta sur le trône de Macédoine dans des circonstances bien différentes, l'an 221 avant J.-C., alors qu'une longue paix l'avait consolidé et que l'alliance des Achéens semblait garantir son indépendance contre tous conquérants étrangers. Mais les Romains, qui par l'heureuse issue de la seconde guerre punique avaient fondé leur domination sur l'Occident, cherchèrent alors à l'étendre aussi sur l'Orient. Une occasion favorable ne tarda point à se présenter, et ils la saisirent. Philippe, malgré le traité qui le liait avec les Romains, avait ravagé l'Illyrie, contrée placée sous la protection de Rome, et avait même envoyé aux Carthaginois des troupes auxiliaires qui avaient combattu contre Scipion à Zama. A ces griefs vinrent se joindre les demandes de secours adressées aux Romains par le roi Attale de Pergame et par la république de Rhodes qui redoutaient les projets ambitieux de Philippe ; et on résolut à Rome d'humilier le roi de Macédoine. Toutefois, la guerre ne prit une tournure favorable qu'après que le commandement de l'armée eut été confié à Titus Quintus Flaminius. A quelque temps delà toute l'Épire et la ligue Achéenne prirent parti pour les Romains, et Philippe lui-même, complétement battu à la bataille de Cynoscéphales (197 avant J.-C.), se voyait contraint de renoncer à l'hégémonie de la Grèce et d'évacuer toutes les villes et provinces grecques qu'il avait jusque alors occupées. Après ces revers, Philippe, naturellement défiant et cruel, prêta plus que jamais l'oreille aux flatteurs et aux calomniateurs. A l'instigation de Persée, fils naturel qu'il avait eu d'une concubine, il fit empoisonner son seul fils et héritier légitime, et mourut enfin, l'an 179 avant J.-C., de repentir de ce crime et des chagrins que lui causait l'altière conduite de Persée à son égard (*voyez* MACÉDOINE).

PHILIPPE (MARCUS-JULIUS), empereur romain, surnommé *l'Arabe*, né à Bosra, dans la Trachonitide, province d'Arabie, vers l'an 204 de notre ère, d'une famille obscure, s'éleva par son mérite et ses services à la dignité de préfet du prétoire, pendant la minorité du jeune Gordien. Dévoré d'ambition, aspirant à la couronne, il excita un soulèvement au milieu de l'armée impériale dans laquelle il se trouvait, et qui était alors employée à une expédition contre les Perses, fit déposer et mettre à mort le jeune prince, et réussit à se faire proclamer empereur à sa place, en 244. Puis, impatient de revoir Rome, il céda la Mésopotamie aux Perses, et revint en Syrie avec son armée. De là il entra enfin dans la capitale, où il tâcha de s'attirer l'amour du peuple par sa douceur et ses libéralités. Il fit creuser un canal au-delà du Tibre pour fournir de l'eau à un quartier qui en manquait. Il célébra les jeux séculaires, destinés à solenniser tous les cent ans la fondation de Rome : cette fête fut magnifique ; le peuple admira les chasses, les combats des bêtes dans le Cirque, ceux de deux mille gladiateurs s'entr'égorgeant jusqu'au dernier, et les différents jeux du *théâtre de Pompée*, qui durèrent trois jours et trois nuits ; mais, sur la fin des spectacles, la joie publique fut troublée par un incendie qui dévora la plus grande partie de ce dernier édifice. On a prétendu que ce fut à l'occasion de ces jeux séculaires que Philippe et son fils embrassèrent le christianisme. Ce qu'il y a de certain, c'est que les chrétiens furent sous son règne autorisés à faire publiquement profession de leur culte.

D'interminables guerres occupèrent la plus grande partie de la vie de Philippe. Il obtint de fréquents avantages sur les barbares ; mais sa mauvaise administration excita des mécontentements sur plusieurs points. La Syrie se révolta ; Jotapianus, Arabe d'origine, issu de l'ancienne race royale d'Émèse, prit le titre d'empereur, et entraîna une partie de l'Orient. Un autre aventurier, Pacatianus, en fit autant dans une autre province. Les légions de la Mésie et de la Pannonie se soulevèrent et proclamèrent un simple centenier, nommé Marinus. Philippe envoya contre ces rebelles une armée commandée par un sénateur appelé Decius. Les légions massacrèrent Marinus, et proclamèrent le général qui venait le combattre. Philippe, à son tour, courut à la rencontre du nouvel élu, avec une armée supérieure en nombre ; mais il fut vaincu, puis égorgé près de Vérone par ses propres soldats, à l'âge de quarante-cinq ans, après en avoir régné un peu plus de cinq. A la nouvelle de sa mort, les prétoriens massacrèrent à Rome, son fils, âgé de douze ans, qu'il avait associé à l'empire.

PHILIPPE, antipape. *Voyez* CONSTANTIN II.

PHILIPPE. Six princes de ce nom ont régné sur la France.

PHILIPPE Ier, quatrième roi de la race capétienne, était l'aîné des fils que Henri Ier eut d'Anne de Russie. Philippe naquit en 1053, et fut, à l'âge de six ans, sacré à Reims et reconnu roi dans une assemblée des grands et des prélats du royaume, à laquelle présida Henri Ier, son père, suivant la politique des Capétiens. On a conservé la formule du serment que l'archevêque Gervais fit prêter au roi enfant : « Moi, Philippe, qui, avec la grâce de Dieu, serai bientôt roi des Français, je promets devant Dieu et les saints, le jour de mon ordination, que je conserverai à chacun de vous ses priviléges canoniques, la loi qui leur est due et la justice ; qu'avec l'aide de Dieu je vous défendrai autant que je le pourrai, ainsi qu'un roi doit défendre tout évêque dans son royaume et toute Église qui lui est commise ; je promets aussi que j'accorderai au peuple qui m'est confié une dispensation des lois consistant avec la justice. » L'on sait encore que, malgré son jeune âge, Philippe lut à haute voix et signa ce serment, qui offrait beaucoup plus de garanties à l'Église qu'à la France.

Ceci se passait en 1059. Henri Ier étant mort l'année suivante, Baudoin V, comte de Flandre, eut la régence en vertu du testament du feu roi, son beau-frère, qui en avait exclu la reine mère, Anne de Russie. Le testament portait en outre que si Philippe mourait *sans hoirs de son corps*, les barons de France *tiendroient* Baudoin pour *roi de France* (Oudegherst, *Chron. et ann. de Flandres*). « Et cette tutelle, dit le moine contemporain Orderic-Vital, convenait bien à un tel chef, car il avait pour femme Adèle, fille de Robert, roi des Français. » Philippe, dont le nom grec indiquait l'alliance de la maison de France par sa mère avec la maison de l'empereur Basile, lequel se prétendait issu des rois de Macédoine, passa les sept années de son enfance, jusqu'à la mort de son tuteur, soit à Paris, soit dans les châteaux royaux. Ces années furent paisibles, et pour le jeune roi et pour le royaume. Baudoin, qui résidait en Flandre, venait de temps en temps visiter son pupille : on ne connaît le détail de sa régence que par cet éloge vague d'un contemporain : « Homme probe, attaché à la justice, il protégea Philippe avec bénignité jusqu'à l'âge de l'intelligence ; il administra le royaume avec vigueur, corrigea les rebelles et les esprits inquiets avec la verge du pouvoir, et enfin rendit au prince adolescent son royaume tout entier. » On a reproché au régent Baudoin d'avoir favorisé l'expédition qui, en portant Guillaume le Conquérant, son gendre, au trône d'Édouard le Confesseur, prépara la longue rivalité de la France et de l'Angleterre (1066). Philippe avait quatorze ans quand son tuteur mourut ; il fut alors entouré de courtisans et de flatteurs empressés à exciter ses passions et à le servir dans ses débauches. Le roi féodal n'avait, pour tenir sa cour, que les revenus de ses domaines royaux et quelques offrandes de ses vassaux ; il ne levait pas d'impôts, et la vente des évêchés et des abbayes servait le plus constamment à payer ses prodigalités. Alexandre II, qui de 1061 à 1073 occupa la chaire de saint Pierre, tonna contre ce scandale. Par ses ordres, le légat Pierre Damien, évêque d'Ostie, parcourut la France, et força Philippe à souffrir la destitution des prélats simoniaques. Qu'importait au jeune roi ? Il s'était fait payer d'avance, et il recommença de plus belle son odieux commerce. Le fameux Grégoire VII, successeur d'Alexandre, n'épargna point Philippe. Voilà ce qu'il disait de ce prince dans une lettre écrite la première année de son pontificat : « Entre tous les princes de notre temps qui, par une cupidité perverse, ont vendu l'Église de Dieu en dissipant ses biens..., nous avons appris que Philippe, roi des Français, tenait le premier rang. Il a tellement opprimé les Églises des Gaules qu'on peut dire qu'il est parvenu au comble de ce forfait détestable. » Philippe apaisa encore une fois le pontife par quelques soumissions, puis il retomba aussitôt dans les mêmes excès et dans d'autres encore.

Malgré son indolence, Philippe prit parti, en 1071, pour Arnould III, petit-fils de Baudoin V, contre Robert le Frison, usurpateur de la Flandre. Il s'engagea imprudemment dans un pays coupé de canaux, fut battu près de Cassel, et prit assez honteusement la fuite. Arnould ayant été tué dans le combat, Philippe fit, en 1074, un second armement en faveur de Baudoin, frère du défunt. Après s'être emparé de Saint-Omer, dont il traita les habitants avec cruauté, il opéra encore une fois sa retraite, et ne reparut plus en Flandre. Le repos et les plaisirs de ce monarque, si peu digne de commander à une noblesse chevaleresque, à une nation belliqueuse, furent encore troublés par sa rivalité avec Guillaume le Conquérant. Dans la guerre qui s'éleva entre celui-ci et son fils (1077), Philippe soutint secrètement Robert. L'humeur et la jalousie, plutôt que la politique, avaient suggéré à Philippe le désir d'humilier son belliqueux vassal. Ce vassal s'était fait roi, comme lui ; il était devenu bien plus puissant que lui. Par ses profusions en terres, Guillaume appelait les chevaliers de toutes les parties de la France à partager les dépouilles des Anglo-Saxons ; il débauchait à Philippe ses meilleurs soldats, ses conseillers les plus habiles, attirés par l'appât de ses largesses. Philippe, dès l'année 1075, avait soutenu les rebelles de Normandie contre Guillaume, qui vint les assiéger dans le château de Dol. Le roi de France se plaça de manière à couper les vivres à son adversaire, et, sans engager de combat, il le contraignit de se retirer avec perte. La même année, on voit Philippe, sortant de son apathie, porter la guerre dans les comtés de Crespy et de Valois, puis fortifier le comté du Vexin et le château de Montmélian pour les défendre contre le comte de Dammartin. En 1078, il fut honteusement défait dans une expédition contre Huon, seigneur du petit château du Puiset, qui avait étendu ses ravages dans le pays Chartrain et dans l'Orléanais. Philippe s'enfuit jusqu'à Orléans. La déroute du Puiset fut le terme de la carrière militaire de ce prince, qui désormais revint à ses plaisirs et à son indolence accoutumée. Ce monarque, quoique fort jeune encore (il avait environ vingt-cinq ans), alliait à son goût très-vif pour les femmes un penchant non moins prononcé pour la table : de là cet énorme embonpoint qu'il transmit avec sa gloutonnerie à son fils Louis le Gros, qui heureusement n'hérita point de sa honteuse apathie.

Cependant, la guerre éclata de nouveau entre Philippe et Guillaume au sujet de la possession du Vexin. Philippe, ne pouvant abaisser par les armes un vassal trop puissant, s'en vengeait par des plaisanteries. Comme il était d'une taille élevée et d'une très-belle figure, son embonpoint ajoutait à sa prestance royale. Guillaume était petit et replet; Philippe demanda un jour par dérision quand il accoucherait. « Qu'il attende les cierges que je présenterai à Sainte-Geneviève pour mes relevailles, » s'écria le conquérant : en effet, au mois de juillet 1087, il marche sur Paris, brûle Mantes sur son passage, et, sans une maladie mortelle dont il fut soudain surpris, il eût sans doute accompli sa menace. Ses fils se partagèrent ses États ; leurs discordes assuraient le repos de la France, et le règne de Philippe pouvait désormais être heureux et tranquille. Mais une passion funeste troubla son cœur et son royaume. Depuis 1086, arrivé à l'âge de trente-trois ans, il avait commencé à témoigner de l'éloignement pour Berthe de Hollande, avec laquelle il était marié depuis 1071. Il chercha un prétexte pour la répudier, et songea même à épouser Emma, fille de Roger, grand-comte de Sicile. Ce projet n'eut pas de suite, et Philippe se livrait à d'inconstantes et obscures amours, lorsqu'en 1092 il vit **Bertrade** de Montfort, mariée depuis quatre années à Foulques le Rechin, comte d'Anjou. Excommunié pour avoir enlevé et épousé cette princesse, il resta dix ans sous le coup de cette sentence. En vain, par l'organe de saint Yves, le clergé de France comparait cette princesse à Jézabel ; en vain le pape Urbain II voulut dissoudre ce mariage, et entraîner Philippe dans la première croisade (1094); en vain, par un anathème à la Grégoire VII, il l'excommunia, et le déclara déchu de sa couronne (1095) : rien ne put arracher le monarque des bras de sa Bertrade. Tout ce qu'il fit se borna à ne plus revêtir le costume royal ni porter sa couronne. Urbain, satisfait de cette déférence extérieure, traita avec indulgence Philippe, et continua dans ses lettres à l'appeler son *cher fils*. S'il exigeait que dans toute ville où se trouvait le roi le son des cloches et le chant des prêtres fût suspendu, il lui permettait de se faire dire des messes basses dans sa chapelle pour sa dévotion privée. Plusieurs prélats s'indignaient de cette indulgence du pontife, tandis que Philippe, lorsqu'il sortait d'une ville, et qu'il entendait aussitôt tous les prêtres entonner des antiennes, et toutes les cloches mises en branle, disait en riant à Bertrade : « Entends-tu, ma belle, comme ces gens nous chassent » (Chronique de Hugues de Flavigny).

Pendant la croisade, la guerre éclata encore une fois, au sujet du Vexin, entre Philippe et le roi d'Angleterre, Guillaume II, *le Roux*. Ce dernier fut l'agresseur (1097). « Tout le poids d'une guerre sanglante, dit Ordéric-Vital, tomba alors sur les Français ; car leur roi Philippe, par sa paresse et sa corpulence, n'était pas propre à la guerre, et son fils Louis était encore trop jeune pour combattre. » Le moment vint où Philippe, effrayé enfin de l'anarchie qui règne autour de lui, plus alarmé encore de légères infirmités qui venaient le troubler dans ses jouissances (des douleurs de dents et des démangeaisons à la peau), déposa (1101) sa puissance entre les mains de son fils **Louis le Gros**. Mais Bertrade, qui craint ce jeune prince, tente de l'empoisonner. Rien ne peut désabuser le malheureux Philippe ; loin de bannir une femme homicide, il se soumet enfin, pour la conserver, à une pénitence publique. Dans le concile ouvert à Paris le 2 décembre 1104, il se présenta, les pieds nus et en costume de pénitent, devant le légat Lambert, évêque d'Arras, jura solennellement qu'il cesserait de regarder Bertrade comme son épouse; qu'il n'aurait plus avec elle aucun commerce, aucune familiarité intime; qu'il ne la verrait plus qu'en présence de témoins respectables. A ces conditions, le roi fut réconcilié avec l'Église : toutes les censures prononcées contre lui furent révoquées. Mais ce ne fut là pour Philippe qu'un moyen de se parjurer en paix. Bertrade prit le titre de reine, que le clergé ne lui contesta plus ; les deux époux vécurent ouvertement ensemble ; ils ne se crurent plus obligés à aucune contrainte, et l'Église, désarmée, toléra cette union, que n'avaient pu dissoudre tant d'anathèmes. Habile à dominer les esprits, Bertrade réconcilia Philippe avec son premier époux. Cette réconciliation fut cimentée par une visite que Philippe et Bertrade firent au comte d'Anjou (1106), et l'on vit alors les deux époux de cette princesse manger à la même table, coucher dans la même chambre, l'un et l'autre également empressés de plaire à cette femme artificieuse, qui, ayant le roi placé à ses côtés, faisait ordinairement asseoir le comte d'Anjou sur un escabeau à ses pieds (Ordéric-Vital).

Vieilli par l'intempérance et non par l'âge, Philippe avait à peine cinquante sept ans, lorsque, étant à Melun, il sentit les approches de la mort. Dans ses derniers jours, il revêtit l'habit de moine bénédictin. Il éprouvait, dit-il aux grands qui l'entouraient, un si vif remords du désordre où il avait vécu, qu'il ne se jugeait pas digne d'être enterré à Saint-Denis. « Je crains bien fort, ajoutait-il, que mes péchés n'exigent que je sois livré au diable, et qu'il ne m'arrive ce que les livres rapportent qui est arrivé autrefois à Charles Martel. » En conséquence de cette volonté si solennellement prononcée, Philippe Ier, qui expira le 29 juillet 1108, fut enterré dans le couvent de Saint-Benoît sur Loire. Il avait régné quarant-huit ans. Charles Du Rozoir.

PHILIPPE II, septième roi de la race capétienne, naquit le 22 août 1165. Ce fils unique du roi **Louis VII**, venu au monde après vingt-huit ans de mariage avec trois femmes différentes, fut appelé d'abord *Dieu-Donné*, et plus tard *Auguste*, parce qu'il était né au mois d'août. Lorsque, en 1179, le jeune Philippe entra dans sa quatorzième année, Louis VII, qui approchait de la soixantaine, et qui en avait déjà régné quarante-deux, résolut de le faire couronner, pour lui assurer sa succession. Tous les princes voulurent assister aux fêtes brillantes du couronnement; trois des fils du roi d'Angleterre se rendirent des premiers à la cour de Louis VII : l'aîné, Henri au Court Mantel, avait déjà été couronné roi d'Angleterre; néanmoins, tel était dès lors le prestige attaché à la royauté capétienne que, laissant de côté sa royauté d'outre mer, il réclama dans la cérémonie l'office de sénéchal ou *dapifer*, se fondant « sur les droits du roi Kains, qui avoit fondé la ville de Caen, et sur ceux de Beduenus, comte d'Anjou, qui avoit été échanson de Charlemagne ».

On peut dire que du 1er novembre, jour du couronnement, au 18 septembre de l'année suivante, date de la mort de Louis VII, le jeune roi Philippe régna véritablement seul. Profitant de l'état maladif de son père, il chassa tous ses anciens serviteurs, se brouilla avec la reine Alix, sa mère, et se mit en possession des sceaux de l'État. Dirigé dans sa politique par Clément de Metz, son gouverneur et maréchal de France, il rechercha l'appui du comte de Flandre, Philippe d'Alsace, auquel son père l'avait recommandé; car il ne paraît pas bien sûr que ce prince ait eu le titre de régent, que lui donnent plusieurs auteurs. Le premier conseil qu'il donna au jeune prince fut véritablement conforme à l'intérêt de la monarchie : il lui fit épouser sa nièce Isabelle, qui devait lui apporter en dot Amiens, l'Artois, le Valois et le Vermandois, c'est-à-dire les pays entre la Somme et l'Oise. Ce mariage, qui rattachait la dynastie capétienne à celle de Charlemagne, dont les princes de Flandre étaient descendus par Judith, fille de Charles le Chauve, fut conclu par Philippe-Auguste sans le consentement de la reine sa mère et de ses quatre oncles, les comtes de Champagne, de Blois, de Sancerre, et l'archevêque de Reims; puis, sans attendre les grands, qu'il avait convoqués, il se fit couronner le 29 mai, jour de l'Ascension, avec sa femme, par l'archevêque de Sens, dans la basilique de Saint-Denis. Louis VII vivait encore. A cette nouvelle, la reine mère se retire dans un de ses châteaux : Philippe répond à cette démarche en la privant de tous ses revenus. Les quatre oncles prirent parti pour leur sœur; ils réclamèrent l'intervention du roi d'Angleterre, Henri II, qui engagea Philippe à promettre à la reine une pension de sept livres par jour, aussi longtemps que Louis VII vivrait, et la restitution de son douaire après la mort de son époux.

Ce jeune prince, qui se montrait si rigoureux envers sa mère, avait inauguré son administration par un édit contre les juifs, qui fut renouvelé l'année suivante (1181). Ils étaient expulsés du royaume, leurs biens confisqués, et leurs débiteurs libérés, à la charge de verser au trésor royal le cinquième de leurs obligations. Une telle mesure était alors fort populaire; et l'on ne connaissait pas de meilleur expédient financier. Les blasphémateurs ne furent pas mieux traités que les juifs : nobles, ils étaient condamnés à une forte amende; roturiers, jetés dans la rivière; les histrions et comédiens furent expulsés. Un autre édit sévit contre les *routiers*, soldats mercenaires que les rois anglais avaient répandus dans le midi, et qui pillaient pour leur compte. Philippe encouragea contre eux l'association populaire des *capuchons*. Enfin, les *cotereis* et *paterins*, sorte d'hérétiques du midi, furent condamnés à être brûlés. Ces différents actes rendirent le jeune roi très-agréable au peuple et au clergé. Les grands s'effrayèrent en le voyant si entreprenant. Le comte de Flandre l'abandonna pour se confédérer avec les oncles du roi. Il essaya en vain de ressaisir Amiens. L'intervention du vieux roi Henri II termina encore cette querelle; et Philippe obtint que le comte de Flandre rendrait une partie du Vermandois. La reine mère, qui s'était réunie aux mécontents, vaincue par la fermeté de son fils, se vit également obligée de se soumettre. Philippe n'avait pu voir sans être vivement offensé que, dans sa querelle avec le comte de Flandre, la jeune reine Isabelle avait pris parti pour son oncle. Il lui ordonna de s'éloigner de la cour, et déjà il avait assemblé un synode pour dissoudre son mariage, lorsque Isabelle parvint à le fléchir par une lettre affectueuse et soumise. Peu de temps après, elle mit au monde un fils, qui fut Louis VIII; mais elle mourut l'année suivante, victime de sa fécondité, en donnant le jour à deux enfants, qui ne vécurent point.

Bientôt éclate une nouvelle guerre entre le comte de Flandre et Philippe (1184); elle fut sanglante : le Flamand pénétra jusqu'à Dammartin, jurant qu'il irait à Paris planter ses drapeaux rue de la Calandre, ou du moins qu'il romprait sa lance contre la porte de la ville. Cependant, il jugea prudent de rentrer dans ses domaines : l'armée royale, rassemblée à Senlis, le força de hâter sa retraite. Les oncles du roi saisirent ce moment pour parler de paix : Philippe l'accorda, mais à condition que le comte de Flandre rendrait la ville d'Amiens, qui s'était révoltée, et tout le Vermandois, à l'exception de Péronne et de Saint-Quentin. Après cette pacification, Philippe fit sentir sa puissance à Hugues III, duc de Bourgogne, pour l'obliger à ménager les prélats de sa province, qui se plaignaient de ses exactions (1185). Maître de Châtillon-sur-Seine, après un siége de quinze jours, le roi se préparait à pousser plus loin ses conquêtes, lorsque Hugues III se soumit. Pour sûreté de la somme de trente mille livres, Philippe lui retint trois de ses châteaux; mais dès l'année suivante, satisfait de la soumission de ce puissant vassal, il lui rendit ces trois places et le tint quitte des trente mille livres. Ce procédé fit plus qu'une victoire, et le duc de Bourgogne se montra désormais très-empressé à se conformer aux volontés d'un suzerain à la fois si redoutable et si modéré (1186).

Le vieil Henri II apprit ensuite à connaître ce jeune roi déjà si habile. Il refusait de rendre Gisors et le Vexin, qui devaient rentrer à la couronne par la mort de Henri au Court Mantel, son fils aîné, époux de Marguerite de France, à qui cette province avait été donnée en dot. D'une autre part, un autre fils du roi d'Angleterre, Geoffroi, duc de Bretagne, étant venu à Paris se faire tuer dans un tournoi, Philippe et Henri II prétendirent tous deux à la garde noble des deux filles que cette mort laissait orphelines; enfin, une sœur de Philippe, Alix de France, qui avait été remise à Henri II, comme épouse destinée à son fils Richard, était retenue en Angleterre sans que ce mariage s'accomplit; Henri II passait même pour avoir violé ou séduit la jeune princesse. Philippe insistait pour que ce mariage s'accomplit : peut-être savait-il lui-même quelle circonstance odieuse rendait la chose impossible, et désirait-il la guerre avec toute l'ardeur d'un roi de vingt-deux ans; mais son rival, qui en avait cinquante-cinq, et qui avait tant de motifs de se défier des fils qui lui restaient, cherchait à éviter toute collision. Trois entrevues eurent lieu du 10 mars 1186 au 10 mars 1187, entre Trie et Gisors, sous l'*orme des conférences*, qui marquait la limite des deux États. Ces entrevues n'amenèrent que des trêves, dont la dernière expira au mois de juin. Tandis que Henri hésite à confier ses troupes à son fils Richard, Philippe s'empare d'Issoudun et de Graçay. Pour éviter de perdre Châteauroux, qui est près de se rendre, Henri demande une trêve de deux ans et abandonne Issoudun au roi de France.

Dès ce moment éclata aux yeux des deux nations l'intime et chevaleresque union qui s'établit entre Philippe-Auguste et Richard Cœur de Lion. Le prince anglais alla loger dans la même tente que le roi de France, coucha dans le même lit, but dans la même coupe. Les deux rois, dans une nouvelle conférence qu'ils eurent sous l'orme de Gisors, le 21 janvier 1188, prirent tous deux la croix, et ajournèrent leurs dissensions au sujet du Vexin et d'Alix jusqu'au 16 août suivant, toujours au même lieu. Cependant, Philippe était moins occupé d'une expédition lointaine que de faire sentir son autorité aux grands feudataires de France. Richard, que son père avait fait duc d'Aquitaine, avait pris les armes contre le comte de Toulouse, qui avait fait arrêter quelques marchands aquitains. Celui-ci, hors d'état de résister, eut recours à son protecteur féodal, et Philippe-Auguste somma Henri II de faire suspendre les hostilités. Henri II protesta qu'il n'avait aucun pouvoir sur son fils; Philippe, qui le savait mieux que personne, prit cependant ce prétexte pour s'emparer de tous les châteaux que le roi d'Angleterre possédait dans le Berry et dans l'Auvergne. Henri II se hâte de passer en France; il rassemble une armée. Les deux rois, sur le point d'en venir aux mains dans le Vexin, ont encore deux conférences sous le fameux ormeau, que Philippe fait abattre dans son dépit (octobre 1188). Déjà les deux armées n'attendaient plus que le signal du combat (18 novembre), lorsque Richard vint tout-à-coup se jeter aux genoux du roi de France, et, les mains dans les siennes, lui fit hommage pour tous les fiefs que le roi d'Angleterre tenait de la couronne de France, lui jurant en même temps fidélité envers et contre tous, excepté contre Henri II, qui, consterné de cette démarche, n'eut rien de mieux à faire que d'obtenir jusqu'au 13 janvier suivant une suspension d'hostilités. Pour prix de son éclatante défection, Philippe rendit à Richard tous les châteaux qu'il avait conquis dans le Berry, et lui permit de retenir le Quercy, que le prince anglais avait pris au comte de Toulouse. La guerre contre Henri continua, et Philippe, soutenu par Richard, s'empara du Mans, qui était regardé comme le berceau de la famille des Plantagenet, puis de Tours : par cette double conquête, il inquiétait la Normandie et la Bretagne, et dominait la Loire. L'intervention du légat du pape ménagea la paix (1189).

La mort de Henri II, en faisant monter sur le trône d'Angleterre son fils Richard Cœur de Lion, donnait à Philippe-Auguste un bien redoutable rival; mais le nouveau roi était tout occupé d'aller en Palestine. La croisade devenait de plus en plus nécessaire. Louis VII et Henri II avaient pris la croix, et étaient restés. Leur retard avait entraîné la ruine de Jérusalem, que Saladin avait conquise (1187). « Ce malheur, dit Michelet, était pour les rois défunts un péché énorme, qui pesait sur leur âme, une tache à leur mémoire, que leurs fils semblaient tenus de laver. » Quelque peu impatient que pût être Philippe-Auguste d'accomplir cette entreprise immense, il lui devenait impossible de s'y soustraire; en attendant, il en avait profité pour imposer au clergé, sous le nom de *dixme saladine*, une contribution du dixième de tous les biens. Avant leur départ, les deux rois firent un traité de garantie réciproque (30 novembre 1190), et Richard promit à Philippe *bonne foi et amour*. La mère et l'oncle du roi de France, Alix et Guillaume aux Blanches Mains, archevêque de Reims, eurent la régence, mais avec des restrictions qui prouvent que ce jeune prince avait deviné les règles fondamentales d'une bonne administration. Il ne voulut point que ses baillis ou préposés pussent être destitués par les régents, excepté pour meurtre ou un petit nombre de crimes qu'il avait spécifiés; il rendit aux églises la nomination de la plupart des bénéfices qui viendraient à vaquer; il interdit d'imposer à ses sujets de nouveaux impôts; enfin, il ordonna qu'on lui rendrait compte de l'administration du royaume trois fois par année. » Il alla prendre à Saint-Denis l'oriflamme que les rois capétiens se faisaient honneur de porter comme premiers feudataires du patron de la France, conduisit son armée à Vézelay, en Bourgogne. Là il trouva Richard; tous deux se rendirent ensemble à Lyon, d'où Philippe prit la route de Gênes pour s'embarquer, tandis que l'armée anglaise se dirigeait sur Marseille. Les succès des croisés se bornèrent à la prise de Ptolémaïs. La division était dans leur camp. Une maladie grave dont fut atteint le roi des Français, jointe au dépit d'être éclipsé par la valeur brillante de son compagnon d'armes, et sans doute aussi l'espoir de profiter, en Europe, de l'absence de Richard, engagèrent Philippe à s'embarquer presque seul, le 3 août 1191. Par une nouvelle transaction faite avec Richard, il avait juré sur les saints Évangiles d'observer la paix à son égard, et de défendre les États du roi d'Angleterre comme il aurait défendu sa bonne ville de Paris. Arrivé à Rome, il demanda au pape Célestin III de le délier de ce serment; le pontife refusa. Après avoir traversé l'Italie, Philippe arriva à Paris, le 27 décembre 1191, après une absence de dix-huit mois. Ce fut alors qu'il créa, sous le nom de *sergents d'armes*, la première garde permanente qu'aient eue nos rois. Elle était composée de gentilshommes. Philippe l'institua pour se défendre des assassins que le Vieux de la Montagne avait, disait-on, envoyés contre lui.

Pendant que Richard achevait seul la croisade et perdait la liberté en traversant les États du duc d'Autriche, Philippe conclut avec Jean sans Terre, frère de ce héros, un traité par lequel ils conviennent de se partager ses dépouilles; il excite au soulèvement les barons d'Aquitaine, s'empare d'Évreux, de Gisors, de tout le Vexin normand; mais il échoue au siége de Rouen (1192, 1193). Richard voit enfin tomber ses fers. Philippe l'apprend : « Prenez garde, écrit-il à Jean sans Terre, car le diable est déchaîné. » Philippe est trahi par son odieux allié, qui, pour rentrer en grâce auprès de son frère, lui livre Évreux, après avoir égorgé la garnison française. Le 12 mai 1194, Richard reparut en Normandie pour combattre Philippe-Auguste. Philippe s'empara de nouveau d'Évreux, et fit prisonnier le comte de Leicester, qui l'avait forcé précédemment de lever le siége de Rouen. Repoussé ensuite devant Verneuil, il ne put empêcher Richard de prendre Loches, et tomba dans une embuscade, à Freteval, près de Vendôme, où il perdit ses équipages et les registres de la couronne, que jusque alors nos rois portaient partout avec eux. Une partie de ces registres se trouvent encore aujourd'hui dans la Tour de Londres. Cet événement décida Philippe-Auguste à fonder à Paris les archives royales, où depuis lors furent déposés les papiers du gouvernement. Cependant, les deux rivaux étaient également épuisés; ils conclurent (23 juillet) un armistice pendant lequel chacun conserverait ses conquêtes. Libre de tout soin guerrier, Philippe-Auguste s'occupa d'assainir et d'embellir Paris.

Ce fut alors que, voulant peut-être acquérir un titre vieilli de domination sur l'Angleterre, Philippe fit demander en mariage Ingelburge, princesse de Danemark, qui lui fut accordée; mais Canut VI, son frère, refusa de faire la guerre à Richard, et c'est au dépit que Philippe conçut de ce refus qu'on doit attribuer l'invincible aversion que le jour même de son mariage (août 1193) il témoigna à cette princesse, aussi remarquable par sa beauté que par ses vertus. Il divorça avec elle pour épouser Agnès (que d'autres appellent Marie) de Méranie, fille de Berchtold, dont les terres s'étendaient dans le Tyrol, la Bohême et l'Istrie, et qui, du nom de son château de Méran, prenait le titre de duc de Méranie.

Cependant la guerre s'était renouvelée entre Philippe et Richard. Les deux rois étaient entrés chacun de leur côté dans le Berry, et l'on s'attendait à une bataille près d'Issoudun, lorsque Richard, par un de ces mouvements généreux dont il était susceptible, se rendit presque sans suite auprès de Philippe, lui fit de nouveau hommage pour la Normandie, l'Anjou et le Poitou, et arrêta avec lui les bases d'une paix qui fut signée à Galaon, près de Vaudreuil, le 15 janvier 1196. Richard céda Gisors et tout le Vexin normand à Philippe, qui lui abandonna ses conquêtes en Normandie et ses prétentions sur le Berry et sur l'Auvergne. La princesse Alix de France fut rendue au roi son frère, et mariée à Guillaume, comte de Ponthieu. La réconciliation ne fut pas de longue durée : dès l'automne de 1196, Philippe s'empara des deux châteaux d'Aumale et de Nonancourt. D'un autre côté, Richard, ayant soudoyé une nombreuse armée de Brabançons, porta le ravage par tout le Beauvoisis, et fit prisonnier Guillaume, évêque de Beauvais (1197). Le comte de Flandre, Baudoin IX, qui fut depuis empereur de Constantinople, s'allia à Richard pour recouvrer Aire, Saint-Omer et le comté d'Artois, que Philippe avait réunis à la couronne à la mort de Philippe d'Alsace. Le duc de Bretagne Arthur, les comtes de Blois, de Dammartin et de Champagne, entrèrent dans cette même alliance. Le comte de Flandre vint assiéger Arras; Philippe, l'ayant forcé à lever le siége (août 1197), le suivit sans précaution dans un pays coupé de canaux, et pour en sortir sain et sauf fut obligé de donner des otages à Baudoin. L'année suivante, Baudoin s'empara de Saint-Omer, tandis que Richard ravageait l'Ile de France. Philippe, avec un faible corps de cavalerie, fut surpris près de Gisors par l'armée anglaise. La prudence lui prescrivait de se retirer; mais Philippe, dans l'occasion, savait payer de sa personne. Enfonçant tout ce qui se trouvait devant lui, il allait entrer dans la place, lorsque le pont de l'Epte se rompit sous ses pas, et le précipita dans la rivière, où il aurait infailliblement péri, s'il n'eût eu assez de vigueur et de présence d'esprit pour rester ferme sur son cheval. Le pape Innocent III envoya un légat pour réconcilier ces deux implacables adversaires; et le 13 janvier 1199 ils concluent pour cinq ans une trêve pendant laquelle chacun conservait ce dont il était en possession. Cette trêve eût sans doute été bientôt violée, comme les autres, si quelques mois après Richard n'eût été trouver la mort au siége de Chaluz. Le soldat dont la flèche avait atteint le roi d'Angleterre périt dans les tortures; et l'on a fait honneur de cette barbarie à Philippe-Auguste.

A la nouvelle de la mort de Richard, Philippe déclara n'être plus lié par le traité qu'il avait fait avec lui, puis s'empara d'Évreux et de deux châteaux voisins. Cependant, comme il n'était pas préparé à la guerre, il accorda une trêve à Jean sans Terre, et eut avec lui, le 16 août 1199, une entrevue, dans laquelle il traita ce lâche prince avec toute la supériorité d'un maître. Jean convoitait le duché de Bretagne sur son neveu Arthur, qui même avait droit à la Normandie et à la couronne d'Angleterre. Les Aquitains, comme les Bretons, favorisaient la cause de ce jeune prince. La vieille Éléonore, son aïeule, s'était prononcée contre lui en faveur du roi Jean; elle voulait conserver l'unité de l'empire anglais, que l'élévation d'Arthur aurait divisé. Arthur en effet faisait bon marché de cette unité. Ce prince, tout breton, offrait au roi de France de lui céder la Normandie, pourvu qu'avec la Bretagne il eût le Maine, la Touraine, l'Anjou, le Poitou et l'Aquitaine. Jean eût été réduit à l'Angleterre. Philippe accepta volontiers : il entra en Bretagne, mettant des garnisons dans les meilleures places d'Arthur, faisant raser celles où il n'espérait pas se maintenir. Le neveu de Jean, ainsi trahi par le roi de France, allait se jeter dans les bras de son oncle, lorsqu'il apprit que celui-ci ne songeait qu'à le laisser mourir en prison. Préférant donc un protecteur intéressé à un parent perfide, il se confia derechef au roi de France. Nouveau traité de paix entre Philippe et Jean, au printemps de l'an 1200. Les deux rois abandonnent leurs alliés : Jean s'engage à ne plus donner de secours à Othon IV, son neveu, nommé roi des Romains; Philippe renonce à toutes les prétentions d'Arthur sur l'héritage de Richard, et borne ses droits à la seule Bretagne. Tous les seigneurs angevins, aquitains, normands qui s'étaient déclarés pour Arthur sont sacrifiés. Jean cède le comté d'Évreux à Philippe, qui le remet en possession du Vexin normand. En même temps fut arrêté le mariage de Louis, fils de Philippe-Auguste, avec Blanche de Castille, fille d'Alfonse VIII et, par sa mère Éléonore, nièce du roi Jean, qui lui donna pour dot Issoudun et tout ce qu'il possédait dans le Berry. Ce mariage d'un fils de France avec une princesse castillanne, mariage qui, par une combinaison singulière, était le résultat d'un traité avec l'Angleterre, non avec l'Espagne, fut béni par l'archevêque de Bordeaux, le 23 mai 1200.

Bien que cette paix fût avantageuse à Philippe-Auguste, il ne l'aurait pas acceptée sans sa brouillerie avec la cour de Rome. Un concile assemblé à Vienne, en Dauphiné, par l'ordre du pape Innocent III, avait frappé d'interdit le royaume de France (janvier 1200). La plupart des évêques de France se soumirent immédiatement à cette sentence. En vain le roi s'emporta contre eux; en vain il fit saisir le temporel du clergé : plus il usait de rigueur, plus le peuple, privé de sacrements, murmurait contre lui. Philippe consentit enfin à reprendre Ingelburge : Innocent leva l'interdit le 7 septembre 1200. Ce fut pendant cette querelle que, par un acte de haute politique, Philippe signala sa protection pour les écoles de Paris.

Philippe était enfin libre des inquiétudes que lui avait causées l'interdit; il ne prit aucune part à la quatrième c r o i s a d e. Il put alors s'occuper sans distraction de l'abaissement de la puissance anglaise. Le roi Jean venait d'enlever au comte de la Marche Isabelle de Lusignan, sa fiancée. Philippe le somma de se rendre à Paris, soit pour lui faire hommage du duché d'Aquitaine, soit pour répondre suffisamment, dans la cour du roi, son seigneur, aux choses que Philippe proposait contre lui. Jean ne comparut point, et Philippe s'empara d'une partie de la Normandie (1202). Arthur de Bretagne ayant atteint l'âge d'homme, Philippe-Auguste l'arma chevalier, lui fiança sa fille Marie, le reconnut duc d'Aquitaine, et reçut son hommage pour le Poitou, l'Anjou, le Maine et la Touraine. Arthur, avec deux cents chevaliers que lui donna le roi de France, et une armée que lui amenèrent les seigneurs poitevins, vint assiéger Mirebeau, où résidait son aïeule Éléonore, qui était sa plus grande ennemie. Jean vint au secours, délivra sa mère, et fit prisonnier Arthur, « qui disparut, dit l'historien Matthieu Paris; et Dieu veuille qu'il en ait été autrement que ne le rapporte la malveillante renommée! » On assura que Jean l'avait fait périr; et Philippe se porta pour vengeur et pour juge du crime. Il assigna une seconde fois Jean à comparaître à Paris devant la cour des pairs; et cependant il continuait à s'emparer des places de la Normandie.

Deux légats du pape Innocent III étaient venus dans le camp des deux rois leur commander la paix, sous peine d'interdit. Philippe, bravant cette menace, engagea ses barons à promettre par un acte authentique qu'ils ne l'abandonneraient pas s'il se brouillait avec l'Église. Onze princes ou barons signèrent cet engagement, dont l'un, celui d'Eudes III, duc de Bourgogne, nous a été conservé. Innocent III comprit dès lors qu'il avait mal jugé les temps et les hommes; aussi, changeant de langage, il écrivit de nouveau à Philippe, mais d'un ton plus convenable à une mission de paix (1203). La prise de Rouen, en 1204, acheva la conquête de la Normandie par Philippe en personne, tandis que Cadocu, chef des routiers, Guillaume des Roches, sénéchal d'Anjou, et Henri Clément, maréchal de France, s'emparaient pour lui du Poitou, de la Touraine et de l'Anjou. Poitiers ouvrit ses portes le 10 août 1204. L'année suivante Philippe s'empara de Chinon et de Loches, puis se rendit à Paris pour suivre le procès du roi Jean. Aux conquêtes de son suzerain féodal, à ses sommations juridiques, le prince anglais n'avait opposé que l'inertie, et s'était plongé en désespéré dans les plaisirs. Il fut condamné à la confiscation de ses provinces françaises. Philippe était déjà en possession de la plupart, son armée continua d'exécuter la sentence; et le roi Jean, qui passa en France avec une faible armée (juillet 1206), profita de l'absence de Philippe, retenu à Paris par la maladie de son fils Louis, pour s'emparer de Montauban et brûler la ville d'Angers. Dès que Philippe reparut, Jean demanda et obtint une trêve de deux ans, par laquelle il abandonna la Normandie, le Maine, la Bretagne, et les parties de la Touraine et de l'Anjou situées au nord de la Loire. Quant aux terres au midi de ce fleuve, il fut convenu que chacun des deux rois conserverait ce dont il était actuellement en possession. Durant cette trêve, Philippe, dont l'activité ne se reposait point, visita ses conquêtes du midi avec une armée, et prit Parthenay au comte de Thouars, partisan du roi Jean, qui n'avait point été compris dans l'armistice. Le roi de France se rendit ensuite à Rouen, dont il soumit les habitants à une forte contribution (1207). Dès l'année précédente, il s'était mis en possession, et comme père et comme suzerain, de la garde noble de la duchesse de Bretagne Marie, veuve de l'infortuné Arthur; ce qui mettait sous sa dépendance immédiate cet important duché.

Cependant, l'horrible croisade contre les a l b i g e o i s ensanglantait tout le midi de la France. Philippe-Auguste, qui n'y prit aucune part, et qui, seulement par condescendance pour Innocent III, y envoya deux fois son fils Louis (depuis Louis VIII), employa cet intervalle à assurer ses conquêtes et à régir sagement ses domaines, dont il avait plus que doublé l'étendue. Il ne se contentait pas, comme ses prédécesseurs, de se livrer sans contrôle à ses goûts ou à ses plaisirs. Plus élevée, sa politique tendait à réunir les seigneurs, pour s'appuyer de leur puissance, et il recouvra ainsi le rang de chef de l'aristocratie en France. C'est dans cet esprit qu'il avait relevé la juridiction de la cour des pairs et qu'il s'efforça d'avoir des assemblées nationales. Philippe-Auguste s'appuyait de ses grands vassaux pour résister à la cour de Rome. Les évêques d'Orléans et d'Auxerre ayant refusé, en 1209, de fournir des troupes pour une expédition en Bretagne, le roi saisit le temporel de leurs évêchés, et méprisa l'interdit dont ils frappèrent ses terres. On lui doit l'institution des m a r é c h a u x d e F r a n c e, comme attribution exclusivement militaire. Le premier il eut l'idée de remplacer les milices féodales par une milice soldée et permanente. Pour se procurer les fonds nécessaires, il vendit aux juifs, moyennant de grosses sommes, le droit de rentrer dans le royaume. Il établit des p r é v ô t s dans ses domaines. En 1217 il possédait soixante-sept *prévôtés*, dites de *France*, dont trente-deux acquises par lui. Philippe-Auguste aimait les études, et un poëte contemporain (Chrestien de Troyes) assurait que la protection et la libéralité de Philippe-Auguste et de son père avaient fait de Paris une seconde Athènes, une autre Rome. Le genre de littérature que Philippe favorisa le plus fut celui des romans de chevalerie; il récompensait largement les trouvères qui avaient fait preuve dans ce genre de fertilité et d'invention; il transportait autant qu'il le pouvait dans sa cour les institutions chevaleresques qu'il trouvait dans ce monde poétique : c'est ainsi qu'il donna une existence historique aux douze pairs de Charlemagne, paladins de France. Aux fêtes de la Pentecôte de l'an 1209, il arma chevalier son fils Louis, âgé de vingt-deux ans; et dans une cour plénière qu'il tint à cette occasion, il imita la splendeur des cours décrites dans les romans de chevalerie. En protégeant les études théologiques, il se montra toujours sévère envers les hérétiques, et fit brûler en 1210, au lieu nommé Champeaux, près de Paris, les disciples d'Amaury de Chartres, qui professaient que tout chrétien est membre du Christ, s'opposaient au payement des dîmes, et permettaient tous les plaisirs des sens lorsque la charité les avait sanctifiés. Cette rigueur avait sans doute pour but d'adoucir le courroux d'Innocent III.

Cependant, si le roi Jean était peu redoutable par lui-même, son or suscitait des ennemis au roi de France : il payait des subsides à son neveu l'empereur Othon IV; il s'entendait avec les seigneurs de France, qui voyaient avec peine l'immense accroissement des forces de Philippe-Auguste par la conquête des provinces normandes. Les comtes de Nevers et de Flandre épiaient une occasion favorable pour prendre les armes. Le comte de Boulogne, sans attendre les secours du roi Jean, attaqua, l'an 1212, Philippe, évêque de Beauvais, cousin du roi. Philippe-Auguste cita le comte de Boulogne devant la cour des pairs, et fit marcher contre lui son armée. Renaud de Dampierre, tel était le nom de ce seigneur, pour ne pas encourir la peine féodale, renonça aux cinq comtés (Boulogne, Dammartin, Aumale, Mortain et Warennes) qu'il tenait de la couronne, se retira d'abord chez Henri, comte de Bar, son beau frère, se rendit ensuite auprès d'Othon IV, puis à la cour du roi Jean, dont il se déclara solennellement le feudataire. Le prince anglais, par ses violences envers le clergé, avait encouru l'excommunication : sa tyrannie était si odieuse que Philippe recevait de presque tous les seigneurs anglais des messages pour l'engager à passer en Angleterre. Enfin, le pape Innocent III offrit à Philippe le royaume d'Angleterre; et cette fois ce roi si absolu se garda bien de contester le droit que s'attribuait le pape d'ôter et de donner des royaumes. Il convoqua pour le 18 avril 1213 une assemblée des états de son royaume à Soissons. Tous les seigneurs français consentirent à l'expédition, à l'exception de Ferrand, comte de Flandre. Philippe, pour persuader que le zèle de la religion le déterminait seul à attaquer l'Angleterre, jugea convenable de se laver du secret reproche que lui faisait l'Église : à l'assemblée de Soissons il déclara solennellement pour la seconde fois sa réconciliation avec Ingelburge, la mit en liberté, et lui rendit son rang à la cour. Tout était prêt pour l'expédition en Angleterre, lorsque Jean, qui se trouvait à Douvres, prêt à passer le détroit avec une armée sur laquelle il comptait peu, prit une résolution qui prouve qu'il ne manquait pas toujours d'habileté ni de prévoyance. Tout excommunié qu'il était, il mit son royaume sous la protection de saint Pierre, et se déclara vassal et tributaire du pape (15 mai 1213). Le légat, après avoir reçu l'hommage et le serment de Jean sans Terre, repassa aussitôt en France, et signifia au roi qu'il eût à se désister d'une expédition désormais impie, puisqu'elle serait dirigée contre un des fidèles et des feudataires de l'Église. On peut se figurer la colère de Philippe-Auguste à cette déclaration du légat. L'armement qu'il venait de faire lui avait déjà coûté soixante mille livres d'argent. Mais le légat l'engagea à tourner ses forces contre la Flandre. Le comte Ferrand était alors à la cour du roi de France, mais Philippe ne lui avait pas pardonné son opposition à la guerre contre l'Angleterre : « Qu'il parte à l'instant de la cour, s'écria le monarque, car, par tous les saints de France, ou la France deviendra Flandre, ou la Flandre deviendra France. » Philippe envahit en effet la Flandre, et la ravagea cruellement. Dam fut pillée, Cassel, Ypres, Bruges, Audenarde, Gand, rançonnées. Philippe assiégeait cette ville lorsqu'il apprit que sa flotte était bloquée par celle de Jean. Il ne put la soustraire à l'ennemi qu'en la livrant aux flammes, et il se vengea de cette perte en brûlant les villes de Dam et de Lille.

Alors se forma contre la France une coalition non-seulement en France, mais en Europe. Jean sans Terre, l'empereur d'Allemagne Othon IV, le comte de Flandre Ferrand, le duc de Brabant, le comte de Boulogne, en étaient les chefs. Au cœur de l'hiver (février 1214), Jean passa la mer et débarqua à La Rochelle. Il devait attaquer Philippe par le midi, tandis que les Allemands et les Flamands tomberaient sur lui du côté du nord. Le moment était bien choisi : les Poitevins, déjà las du joug de la France, vinrent en foule se ranger autour de Jean. La dernière campagne avait porté au comble la haine des Flamands contre les Français. Philippe-Auguste envoya contre Jean la meilleure partie de ses chevaliers, sous les ordres de son fils Louis. Lui-même se mit à la tête d'un corps imposant de noblesse et des milices que lui avaient fournies quatorze communes de Picardie. Les Flamands le laissèrent pendant un mois dévaster *royalement* leurs terres par des incendies. Il allait s'en retourner sans avoir vu l'ennemi lorsqu'il le rencontra entre Lille et Tournay, près du pont de Bouvines, sur la Marck (27 août 1214). La bataille de Bouvines est la première où l'on reconnaisse un esprit de nationalité : « La transformation est accomplie, dit Châteaubriand, les Francs sont devenus Français. » Le retour de Philippe dans sa capitale eut tout l'éclat d'un triomphe. L'on a conservé les vers satiriques qui furent faits sur le comte Ferrand *bien enferré*. Philippe, dans sa reconnaissance envers les communes, leur abandonna plusieurs prisonniers importants pour en tirer de grosses rançons. Tout prospérait au monarque *Auguste* : le même jour, dit-on, que la bataille de Bouvines, Louis, son fils, battait Jean sans Terre à Chinon, et rangeait sous ses lois l'Anjou et le Poitou. Jean, qui s'était enfui à Parthenay, demanda à traiter avec Philippe, qui, se laissant désarmer par une somme de 600,000 liv. sterl., lui accorda une trêve de cinq ans (septembre 1214).

Dès l'année suivante le roi Jean ayant été déposé par ses barons, ceux-ci offrirent la couronne d'Angleterre au prince Louis, qui accepta; mais Philippe-Auguste, pour ménager la cour de Rome, qui soutenait la cause du roi Jean, affecta de ne pas soutenir cette ambitieuse prétention de son fils. Il paraît qu'Innocent VIII ne fut pas dupe de ce faux-semblant, car le père, aussi bien que le fils, fut compris dans les bulles d'excommunication fulminées à cette occasion (1216). La guerre des albigeois tirait à sa fin. Philippe évitait d'y prendre part; il en tira pourtant avantage pour affermir dans les provinces du midi l'autorité royale, qui depuis Charlemagne y était presque entièrement méconnue. S'il accorda à Simon de Montfort, en 1216, l'investiture du duché de Narbonne, du comté de Toulouse et des vicomtés de Béziers et de Carcassonne, il eut du moins la délicatesse de refuser pour lui les États du comte Raimond VI, son parent, si cruellement dépouillé. En 1209, après la mort d'Amaury, roi de Jérusalem, les barons de la Palestine avaient envoyé à Philippe des députés pour lui demander un roi. Philippe leur donna Jean de Brienne, qui plus tard devint empereur de Constantinople. Trop occupé dans son royaume pour prendre part aux quatrième et cinquième croisades, il envoya souvent des secours aux chrétiens d'Orient. Par son testament, il légua au roi de Jérusalem, aux hospitaliers et aux templiers des sommes considérables.

Les dernières années de sa vie se passèrent dans une profonde paix. Le régent d'Angleterre Pembroke, pendant la minorité de Henri III, se garda soigneusement de violer la trêve de Parthenay, que Philippe voulut bien renouveler en 1219. Il mourut à Mantes, le 14 juillet 1223, dans la cinquante-huitième année de son âge; il avait régné quarante-trois ans. Outre la Normandie, la Touraine, l'Anjou, le Maine et la plus grande partie du Poitou, avec le domaine direct de la Bretagne et de l'Anjou, qu'il conquit sur les Anglais, ce grand roi réunit encore à la couronne les comtés d'Artois, de Vermandois, d'Alençon, de Valois et de Meulan. Enfin, ce qui vaut mieux que des acquisitions, souvent trop passagères, il s'occupa du bien-être du peuple.

Charles Du Rozoir.

PHILIPPE III, surnommé *le Hardi*, neuvième roi de la race capétienne, fils et successeur de Louis IX, né au mois de mai 1245, avait vingt-cinq ans lorsque le saint roi son père, en expirant sur la rive africaine, lui laissa, avec la couronne de France, la périlleuse nécessité de repousser les Maures de Tunis pour aller prendre possession de son héritage. Charles d'Anjou, roi de Sicile, qui avait engagé son frère Louis IX dans cette guerre, venait enfin lui apporter du secours : il n'arriva que pour être témoin de ses derniers moments. Avec l'aide du roi son oncle, Philippe le Hardi remporta sur les Maures quelques avantages qui le mirent en état de conclure avec eux une trêve de dix ans. Il quitta l'Afrique, et débarqua à Trapani en Sicile, après avoir été assailli par une horrible tempête, qui engloutit une partie de sa flotte et de son armée. Philippe rapportait d'Afrique le cercueil de son père et celui de son frère, le comte de Nevers; il continua son triste voyage poursuivi par la peste, qui, chemin faisant, moissonnait ses parents et ses plus braves chevaliers. A Trapani, il vit expirer, le 5 décembre, le roi de Navarre, Thibaut II, son beau-frère; à Cozensa, il s'arrêta pour soigner Isabelle d'Aragon, sa femme, qui mourut le 18 janvier 1271, quelques jours après l'enfant qu'elle venait de mettre au monde avant terme. De retour en France au mois de mai, il apprit que sa sœur Isabelle, veuve de Thibaut, atteinte du même mal que son mari, était morte à Marseille, le 27 avril précédent; enfin, au terme de son voyage, il déposa cinq cercueils dans les caveaux de Saint-Denis. Cependant, le mal contagieux, qui avait moissonné les siens et menacé sa vie, enrichit le nouveau roi des dépouilles de sa famille. Il hérita du comté de Valois, qui avait appartenu à son frère Jean Tristan. Trois mois après la funèbre cérémonie de Saint-Denis, le comte de Toulouse, Alfonse, frère de saint Louis, succomba près de Gênes, le 21 août 1271, à la maladie qu'il avait contractée en Afrique. Jeanne, sa femme, en qui s'éteignit l'antique maison de Toulouse, mourut le lendemain : le Poitou, l'Auvergne, la Touraine, le Rouergue, l'Albigeois, le comté de Toulouse, le Quercy, l'Agénois, le comtat Venaissin, vinrent alors doubler l'étendue des domaines de Philippe III. Le roi abandonna le comtat Venaissin au pape Grégoire X (1273); quant à l'Agénois et au Quercy, que le roi d'Angleterre, Henri III, réclamait en vertu d'un traité conclu avec Louis IX, Philippe se montra moins facile, malgré l'évidence du droit; il céda cependant l'Agénois, mais seulement après huit années de délai (23 mai 1279), et ne restitua jamais le Quercy. En prenant possession de l'héritage de Jeanne, il promit de respecter les priviléges de la noblesse et les franchises du peuple, et ne prit que le titre de comte de Toulouse. Il maintint en effet pour cette province, désormais appelée *Languedoc*, l'usage de voter dans des assemblées régulières, appelées *états*, les tailles et les subsides qu'elle consentait à s'imposer.

Philippe III, dans une guerre qui fut la seule heureuse de son règne, fit sentir sa puissance au comte d'Armagnac, qui, soutenu par Roger-Bernard III, comte de Foix, prétendait forcer à lui rendre hommage le sire de Casaubon, vassal du roi de France en sa qualité de comte de Toulouse. Les terres de Roger furent envahies. En vain le roi d'Aragon prit la défense du comte de Foix. Philippe, en personne, prit le château de Foix, et Roger vint se remettre à sa discrétion. Il fut garrotté sur-le-champ, puis enfermé dans une tour à Carcassonne, où il demeura dix-huit mois. Philippe, en lui rendant alors la liberté, lui accorda un généreux pardon : il l'arma chevalier, et lui rendit toutes ses forteresses. Cette clémence, non moins que la vigueur qu'il venait de déployer, assura la pacification du midi. La mort de Henri, comte de Champagne et roi de Navarre, qui n'avait qu'une fille en 1274, mit cette riche héritière sous la tutelle et garde féodale de Philippe III, qui la fiança avec Philippe, son second fils. Cette union excita le mécontentement des Navarrais; leur opposition était soutenue par les rois de Castille et d'Aragon, mais une armée française prit Pampelune. La Castille retira ses troupes, et la Navarre se soumit au gouvernement de la jeune reine (1276). Le mariage de Jeanne de Navarre, qui n'avait que trois ans, ne s'accomplit qu'en l'année 1284. Le jeune Philippe (depuis Philippe IV) était devenu l'héritier présomptif de la couronne, par la mort de Louis, son frère aîné.

Philippe III, comte de Toulouse, arbitre de la Navarre, prétendit donner un roi à la Castille. Le vœu national avait appelé à succéder à Alfonse X don Sanche, vainqueur des Maures, au préjudice des enfants de La Cerda, qui avaient pour eux les droits de leur naissance. Le roi de France fit de grandes menaces, rassembla une grande armée, prit l'oriflamme à Saint-Denis, et entra en Espagne jusqu'à Salvatierra. Là, il s'aperçut qu'il n'avait ni vivres ni munitions, et ne put avancer : cette expédition lui fit peu d'honneur. En 1485 ce monarque, non corrigé par l'expérience, alla encore perdre une armée en Espagne. Les Siciliens, après avoir égorgé les Français dans la fameuse journée connue sous le nom de *vêpres siciliennes*, avaient appelé le roi d'Aragon, don Pèdre, pour soutenir leur révolte contre le roi de Naples, Charles d'Anjou. Le pape Martin V, Français de cœur et de naissance, excommunia l'Aragonais, prêcha une croisade contre lui, et, en vertu du pouvoir illimité que s'arrogeaient alors les pontifes, offrit la couronne d'Aragon à Charles de Valois, second fils de Philippe le Hardi (7 mai 1284). Le roi eut l'imprudence d'accepter ce fatal présent : il assemble une armée nombreuse, et prend l'oriflamme à Saint-Denis. Tout promettait un succès facile. Don Pèdre était abandonné par son allié le roi de Castille et de son frère même, don Jayme, roi de Majorque, qui ouvrit le Roussillon à Philippe III. Le roi de France entra à Perpignan (mai 1285), et passa les Pyrénées. Elne fit quelque résistance, et tout y fut cruellement massacré; Gironne résista davantage. Philippe, qui avait fait vœu de la prendre, s'y obstina et y perdit un temps précieux. Peu à peu les fièvres se mirent dans l'armée; le découragement augmenta par la défaite de la flotte du roi. Il fallut songer à la retraite; tout le monde était malade, découragé. Philippe III revenait sur un brancard au milieu de ses chevaliers languissants. La pluie tombait par torrents. La plupart des soldats restaient en route. Le roi atteignit Perpignan, et y mourut, le 5 octobre 1285, non loin du port où son père s'était embarqué pour l'Afrique. Philippe avait quarante ans, et en avait régné quinze.

Ce prince est sans contredit un roi des plus médiocres. Il eut pour favori Pierre de La Brosse, ancien barbier de son père, qu'il laissa pendre plus tard au gibet de Montfaucon.

Louis IX en mourant avait dit à son fils : « Guerres et contentions, quelles qu'elles soient, aphise le plus tost que tu porras.... sois soignieux et diligient d'avoir de bons baillis et bons prévosts, et enquiers souvent d'eux et de ceux de ton hostel comment ils se maintiennent. » Ces sages conseils ne furent pas perdus pour Philippe III. Il tint la main à l'exécution des ordonnances qui défendaient ou limitaient les guerres privées. Il promulgua les premières ordonnances sur le ministère des avocats; il ne paraît point qu'il ait imposé à ses peuples aucune surcharge d'impôt, et cependant il se forma un trésor considérable, qui fut confié à la garde des templiers. C'est à la première année de son règne qu'on place l'institution des premières lettres d'anoblissement. Philippe les accorda à Raoul, son orfèvre ou argentier (1270), « attaque à la constitution féodale, dit M. de Châteaubriand. Il enjoignit aux gens de justice de ne pas molester les non-nobles qui acquerront des choses féodales. » Philippe III fit achever la rédaction des Coutumes de France, commencée sous saint Louis. Il força ses vassaux à respecter l'autorité judiciaire, que les rois ses prédécesseurs avaient commencé de s'arroger. Il maintint la jurisprudence des appels. Il exerça le droit exclusif d'établir de nouveaux marchés dans les bourgs et des communes dans les villes; il régla tout ce qui concernait les ponts, les routes et en général tous les objets d'utilité publique. Alors fut établi dans toute sa force le principe de l'inaliénabilité du domaine de la couronne. Charles Du Rozoir.

PHILIPPE IV, dit *le Bel*, dixième roi de la race capétienne, né l'an 1268, avait dix-sept ans lorsqu'il succéda à son père Philippe III sur le trône de France; il était déjà roi de Navarre et comte de Champagne et de Brie, par son mariage avec Jeanne de Navarre. « Peu de princes, dit Schœll, ont mieux calculé leurs plans avant de les entreprendre, et les ont poursuivis avec plus de constance. Ni les sentiments d'humanité, ni la justice, ni des considérations personnelles, ni les préjugés, n'avaient eu la moindre influence sur ses déterminations. Résolu de combattre le système féodal et sa hiérarchie, il ne perdit pas un instant de vue ce qui était l'objet constant de ses travaux. » (*Histoire des États européens*, tom. V, p. 155.) Ce prince, que M. Michelet a qualifié de *procureur*, de *banqueroutier*, de *faux monnayeur*, parvenu au trône à l'âge de dix-sept ans, parut peu susceptible des écarts comme des nobles penchants de la jeunesse : il n'aimait pas la guerre; il était irritable, vindicatif, orgueilleux. On le vit s'entourer de légistes : c'était un second ordre de lettrés, qui se séparait entièrement de celui des prêtres, dont ils eurent le courage d'arrêter par la loi les envahissements. Un de ses premiers actes législatifs fut de régler les droits et les devoirs de la bourgeoisie des villes (1287). Par une autre ordonnance, il exclut les prêtres de l'administration de la justice, et leur interdit de siéger non-seulement au parlement du roi et dans ses domaines, mais dans ceux des seigneurs (1287).

En l'année 1288 une autre ordonnance du roi défend qu'aucun juif soit arrêté à la réquisition d'un prêtre ou d'un moine sans qu'on ait informé le sénéchal ou bailli royal du motif de l'arrestation, et sans qu'on lui ait présenté copie du mandat qui l'ordonne. Il modéra aussi la tyrannie religieuse sous laquelle gémissait le midi, et défendit au sénéchal de Carcassonne d'emprisonner qui que ce fût sur la seule demande des inquisiteurs. Sans doute ces concessions étaient intéressées : le juif était chose du roi, l'hérétique était *taillable;* mais dans cette ordonnance on entrevoit avec plaisir une première lueur de tolérance religieuse. En 1291 il limita la faculté qu'avaient les gens d'église d'absorber par donation ou legs les terres du royaume. Il porta le droit que devait payer le donataire ecclésiastique à trois, quatre et même six fois le revenu du bien concédé : ainsi, toute donation d'immeubles faite aux églises profita désormais au trésor royal. On connaît les légistes principaux conseillers de Philippe : ce furent les frères Le Portier, normands et roturiers de naissance, qui prirent le nom d'une terre qu'ils avaient achetée dans leur pays. Enguerrand de Marigny, le plus célèbre des deux, fut chambellan, trésorier du roi, et capitaine de la tour du Louvre : il était appelé *coadjuteur et gouverneur de tout le royaume de France.* C'était, dit la chronique, un second roi, et tout se faisait à sa volonté. » Philippe le Bel alla jusqu'à souffrir qu'Enguerrand mît sa statue au Palais de Justice, à côté de celle du roi. Deux frères, Biccio et Musciato Franzesi, banquiers florentins, dont la fortune était colossale, étaient aussi en possession de la confiance de Philippe. Il leur emprunta souvent de l'argent, leur cédant en gage le revenu de plusieurs provinces. Par leur conseil, Philippe fit arrêter, le 1er mai 1291, tous les banquiers et marchands italiens établis dans le royaume. On les avertit qu'ils allaient être mis à la torture comme prévenus d'usure, au mépris des ordonnances de saint Louis. Pour se soustraire à cette rigueur, ils traitèrent avec leurs juges, et se rachetèrent à prix d'argent. La plupart quittèrent ensuite le royaume, et les deux Florentins, en remplissant les coffres de leur maître, se félicitèrent de s'être ainsi assuré le monopole du commerce français. Philippe s'applaudissait aussi d'avoir trouvé dans ses légistes des juges disposés à favoriser ses exactions. A leur tête, on doit signaler Pierre Flotte, Plasian et Nogaret, roturiers aussi, *chevaliers en droit*, qui accomplirent avec une impitoyable rigueur la transformation de la monarchie féodale en un despotisme fiscal, égoïste, cruel. « Mauvais lui-même et despote par nature, dit M. Guizot, Philippe IV précipita violemment la royauté vers le pouvoir absolu. » Un aperçu rapide des événements de ce règne confirmera ce jugement.

A la mort de son père, Philippe le Hardi, il avait été proclamé roi à Perpignan; il ramena l'armée en France, et après son sacre, qui eut lieu le 6 octobre 1285, il reçut l'hommage d'Édouard Ier, roi d'Angleterre, pour les provinces qu'il possédait en France. La guerre avec l'Aragon, à laquelle le nouveau roi attachait assez peu d'intérêt, se continua mollement. Stérile en événements, elle se termina enfin par les traités de Tarascon (1291) et d'Agnani (1295). La maison d'Aragon fut laissée en possession de la Sicile, et des dédommagements furent assurés à Charles de Naples, qui renonçait à cette île, et à Charles de Valois, qui renonçait au royaume de Naples, que le pape lui avait conféré. Le premier, déjà maître de la Provence, reçut du roi de France la moitié de la souveraineté d'Avignon; le second obtint l'Anjou et le Maine. En faisant la part aux autres, Philippe ne s'oublia point : il acheta à l'évêque de Maguelone ses droits sur Montpellier, que lui contestait don Jayme, roi de Majorque. Au nord, le roi de France acquérait en même temps Valenciennes, qui se donna à lui, au mépris des droits de Jean d'Avesnes, comte de Hainaut. Ce prince, loin d'oser résister, vint à Paris grossir le nombre des courtisans du jeune despote (1293).

Après cinquante années de paix, une querelle entre deux matelots anglais et normands, donna lieu d'abord à des rixes sanglantes entre les marins des deux nations, sans que les rois s'en mêlassent, puis à une rupture entre eux (1293). Édouard Ier, cité au parlement de Paris, reconnaît que la procédure est légale, et envoie en France son frère, Edmond, duc de Lancastre, pour donner satisfaction. Philippe, affectant de traiter cette affaire d'État comme une affaire judiciaire, avait mis ses légistes en campagne. Il amusa le trop confiant Édouard, lui offrit sa sœur, Marguerite de France, pour prix d'une soumission fictive, d'une simple saisie qui arrangerait tout. Les gouverneurs anglais ouvrirent leurs places par l'ordre exprès d'Édouard ; dès lors Philippe retira ses offres, et l'Aquitaine, ce grand duché qui avait tenu contre tous les efforts de Philippe-Auguste et de saint Louis, passa en peu de jours entre les mains de Philippe le Bel, non comme une conquête, mais comme une saisie judiciaire (1294).

L'étonnement d'Édouard égala son indignation en se voyant ainsi joué : il envoie des hérauts d'armes à Philippe pour lui déclarer qu'il renonce à son alliance, et lui cherche des ennemis en Flandre et en Allemagne; mais retenu par ses démêlés avec les Gallois et l'Écosse, il ne put lui-même passer sur le continent. La guerre se fit en Aquitaine avec désavantage pour les Anglais. Toutes les places dont les lieutenants d'Édouard s'étaient emparés sont reprises par les Français. Son frère Edmond y périt de maladie. Ses généraux, Jean de Saint-John et Mortimer, furent surpris près de Dax (1296) par le comte d'Artois, qui commandait en Aquitaine pour Philippe le Bel, et envoyés à Paris. Enfin, Jean II, duc de Bretagne, irrité de voir ses villes de Saint-Mahé et de Brest pillées par les marins anglais (1296), rompit avec Édouard, qu'il avait jusque alors très-bien servi, et fit alliance avec Philippe (janvier 1297), qui d'un autre côté soutenait depuis deux ans le roi d'Écosse, Jean Baliol.

Tandis que Gaultier de Châtillon, chargé de la défense de la Champagne, repousse le comte de Bar, dont il ravage les États, le roi conduit son armée en Flandre, contre Gui de Dampierre. Le duc de Bretagne lui amène dix mille hommes. Tout prospère au roi de France. Le comte d'Artois remporte pour lui sur les Flamands une grande victoire, près de Furnes; Raoul de Nesle les bat près de Comines; enfin, Lille ouvre ses portes à Philippe, qui l'assiégeait en personne (1297). Édouard n'arrive à Bruges qu'après les succès des Français : tous ses alliés étaient battus ou n'agissaient point. Philippe marche sur Bruges, où s'était renfermé Guy de Dampierre; les habitants à l'approche des Français montrent à leur comte des dispositions si peu favorables, qu'il abandonne cette ville à Philippe, et se retire en toute hâte à Gand.

Édouard, qui a déjà consenti à signer plusieurs trêves, conclut enfin la paix sous l'arbitrage de Boniface VIII. Philippe, en acceptant sa médiation, y mit pour condition que ce serait l'homme privé, Benoît Gaëtan, et non Boniface VIII, qui déciderait entre les deux couronnes. Le traité, qui fut signé à Montreuil-sur-Mer, le 19 juin 1299, laissa aux deux puissances ce qu'elles possédaient en Aquitaine. Édouard épousa (12 septembre) Marguerite, sœur de Philippe le Bel. Isabelle de France, fille de ce dernier, alors âgée de sept ans, fut fiancée à Édouard II, prince de Galles, et porta en dot à l'Angleterre les prétentions qu'Édouard III fit valoir sur la France à la mort du dernier des fils de Philippe le Bel. L'un des alliés d'Édouard, Adolphe de Nassau, ayant été tué dans une bataille contre Albert d'Autriche, son compétiteur (1298), Philippe le Bel, qui avait fourni à ce dernier des subsides, contribua par son alliance à lui assurer les suffrages des électeurs. Il eut avec lui, à Vaucouleurs (décembre 1299), une entrevue dans laquelle tous deux resserrèrent leur alliance, et, grâce à l'amitié que lui portait Albert, le roi de France ne fut point arrêté dans ses usurpations, soit en Franche-Comté, soit à Lyon, qui relevaient de l'Empire d'Allemagne.

Tandis qu'Édouard lutte en Écosse contre Wallace, Philippe ne perd pas de vue la Flandre : par ses ordres, à l'expiration de l'armistice conclu l'année précédente, une armée française, que commande son frère Charles de Valois (janvier 1300), s'empare de Béthune et de Douay, puis remporte deux avantages successifs sur Robert de Béthune, fils du comte de Flandre. Tout le pays, à l'exception de Gand, est au pouvoir des Français. Gui de Dampierre, suivant le conseil de Valois, se livre à la discrétion de Philippe le Bel, qui, ne se croyant pas engagé par la parole de son frère, jeta dans les fers le comte flamand, comme un vassal félon, et réunit tous ses domaines à la couronne. Durant cette guerre de Flandre, Philippe avait, en 1297, donné le premier exemple d'une création de pairie en faveur de Charles de Valois, comte d'Anjou, son frère; de Robert, comte d'Artois, son cousin, et de Jean II, duc de Bretagne, qui reçut ce titre avec indifférence, parce qu'il témoignait de son vasselage; mais le roi insista pour qu'il consentît à le recevoir.

En l'année 1300, Philippe visita la province de Flandre : comme il avait promis à ses nouveaux sujets de respecter leurs priviléges, il fut reçu avec enthousiasme. Les florissantes villes de Bruges, de Gand et d'Ypres lui prodiguèrent à l'envi tous les honneurs. Mais bientôt la tyrannie et les exactions du gouverneur, Jacques de Châtillon, révoltent ces peuples, si bien disposés pour la France. En vain les Flamands s'adressent à Philippe : l'avare monarque fait repousser par son parlement des plaintes dont la source alimente son trésor. La révolte éclate à Bruges (1302) : douze cents cavaliers et deux mille sergents d'armes français sont massacrés. Robert d'Artois, qui vient pour venger les Français, perd la sanglante bataille de Courtrai. Philippe le Bel comprit alors qu'il était sujet comme un autre aux revers de la fortune, et que les peuples savent quelquefois opposer aux volontés des rois une résistance efficace.

Il était au plus fort de ses démêlés avec Boniface VIII; il avait tout à craindre des dispositions du roi d'Angleterre Édouard; mais la vue de tous ces dangers redouble son énergie. Déterminé à ne céder ni à la cour de Rome ni aux Flamands, il songe en même temps à amasser de l'argent, à rassembler des soldats, à contenir le clergé, à calmer le mécontentement de ses peuples. Les coffres de l'État étaient vides; pour les remplir, il obligea tous ses baillis, tous ses receveurs, tous ses officiers, à apporter leur vaisselle d'argent à la Monnaie, et à contraindre les particuliers à y porter la moitié de la leur. En faisant fondre cette vaisselle, il ordonna à ses monnayeurs de falsifier le titre de ses espèces : par ce moyen, en rendant un poids égal d'argent monnayé en échange de la vaisselle, le roi gagnait sur ses sujets trompés environ six mille livres chaque jour. Mais, lorsque la falsification fut connue, les monnaies tombèrent à la moitié de leur ancienne valeur, et les particuliers se trouvèrent avoir perdu beaucoup plus que le roi n'avait gagné. D'autres ordonnances, car dans cette année 1302 Philippe le Bel en publia un grand nombre, imposaient des subventions pour la guerre de Flandre, tant aux nobles qu'aux roturiers. D'autres encore interdisaient les guerres privées, pendant que le royaume était en danger, ou appelaient à l'armée, pour servir à leurs frais, les sujets les plus aisés, forçant les autres à se cotiser en proportion de leurs revenus pour fournir un soldat; d'autres, enfin, défendaient de porter hors du royaume l'or, l'argent, les matières précieuses, le vin, le blé, et toutes les denrées nécessaires à la vie. Quarante-cinq prélats s'étaient mis en route pour se rendre au concile de Rome, convoqué par Boniface VIII pour entendre les plaintes du clergé français contre le roi. Le 21 octobre, Philippe publia une ordonnance pour saisir les biens de tout ecclésiastique qui serait sorti du royaume sans une permission expresse du roi. Afin de ramener à lui l'opinion, une grande ordonnance, très-populaire, avait été publiée le 23 mars pour la réformation du royaume. Le roi y promit une bonne administration, justice égale, répression de la vénalité, protection aux ecclésiastiques, égards aux priviléges des barons, garantie des personnes, des biens, des coutumes des bourgeois : il y développait, enfin, toutes les vues d'un gouvernement modéré. Mais en même temps qu'il annonçait la douceur, il s'assurait de la force. Il releva le Châtelet et sa police armée, ses sergents à pied, à cheval, de la douzaine, du guet. Il convoque le ban et l'arrière-ban, vend à des serfs la liberté, à des roturiers la noblesse, et se rend à Arras, où, au mois de septembre 1302, il se trouva à la tête de dix mille cavaliers et de soixante mille fantassins. Les Flamands, de leur côté, rassemblèrent quatre-vingt mille hommes. Philippe s'avança jusqu'aux environs de Douay. Pendant tout le mois d'octobre, il y eut de fréquentes escarmouches, dans lesquelles le fantassin flamand, avec son épieu, remporta souvent l'avantage sur le cavalier français. Des pluies continuelles, le manque de vivres, forcèrent Philippe IV de se retirer sans avoir pu livrer bataille. Il signa avec les Flamands une suspension d'armes pour tout l'hiver.

Cependant, en Aquitaine des soulèvements avaient lieu contre les Français. Bordeaux avait expulsé les officiers du roi. Philippe, plus empêché que jamais par les Flamands, et surtout par Boniface, veut à tout prix maintenir la paix avec Édouard; il lui rend le duché d'Aquitaine avec toutes les seigneuries qu'il lui avait enlevées; et la trêve de Montreuil est remplacée par le traité définitif de Paris (20 mai 1303). Tandis que les officiers du roi exercent contre Boniface à Anagni une brutale vengeance, les Flamands résistaient avec courage au lieutenant du monarque, qui avait établi son quartier général à Péronne. Malgré deux brillants combats dans lesquels les Flamands furent vaincus et mis en fuite, l'un près de Lille (18 avril 1303), l'autre près d'Arques, Philippe ne put les empêcher d'entrer en France, de brûler Térouanne et d'assiéger Tournay. Il ne sauva cette ville qu'en demandant une trêve, et en mettant en liberté le comte de Flandre, Gui de Dampierre, qui devait reprendre ses fers si la paix ne se faisait pas. Le vieillard remercia ses braves Flamands, bénit ses fils, qui s'étaient mis à la tête de cette insurrection nationale, et revint mourir, à quatre-vingts ans, dans sa prison de Compiègne.

Le manque d'argent avait sans doute forcé Philippe à cette trêve, qui nuisit à sa réputation, et qui le fit accuser de pusillanimité. Après avoir rempli son trésor en falsifiant pour la seconde fois les monnaies, en ordonnant de nouveaux subsides, en vendant des priviléges, surtout en Languedoc, qu'il visita cette année, favorisant ainsi les communes du midi pour accabler celles du nord, il fait un dernier effort pour finir la guerre. A la tête d'une nouvelle armée de douze mille cavaliers et de cinquante mille fantassins, il entre en Flandre. Son allié, le comte de Hainaut et de Zélande, était assiégé dans Zieriksée par Gui de Namur, fils du comte de Flandre, qui avait sous ses ordres quinze mille fantassins. Une flotte génoise, qu'a stipendiée Philippe, gagne une bataille navale devant Zieriksée. Le siége est levé, et Gui de Namur, fait prisonnier, est envoyé à Paris (1304). Cependant Philippe avait établi son quartier général à Tournay, après avoir forcé le passage de la Lys. Malgré une très-vive résistance, il se trouva en présence de soixante mille Flamands, à **Mons-en-Puelle**.

Après avoir remporté la victoire, il alla mettre le siége devant Lille, où Philippe de Rieti, l'un des fils du comte de Flandre, s'était retiré. Il ne doutait pas de la soumission des Flamands: il fut bien étonné lorsqu'il les vit revenir au nombre de soixante mille. Des hérauts vinrent lui demander une paix honorable ou le défier à la bataille. « N'aurons-nous jamais fait? s'écria le roi. *Je crois qu'il pleut des Flamands!* » Il assembla son conseil. Les grands de France, qui ne se souciaient pas de se battre avec ces désespérés, conseillèrent au roi de traiter avec eux. Le duc de Brabant et le comte de Savoie s'offrirent à lui comme médiateurs. Philippe ayant consenti à reconnaître l'antique indépendance des Flamands, la paix fut bientôt conclue. Le roi leur rendit leur comte Robert de Béthune, fils de Gui; il remit également en liberté Guillaume de Juliers et Gui de Namur, frères de Robert, ainsi que tous les barons flamands faits prisonniers durant cette guerre. Robert avait épousé l'héritière du comté de Nevers, et Louis, son fils, l'héritière du comté de Rhetel. Philippe le Bel promit de mettre Louis en possession de ces deux comtés français. De leur côté, les Flamands abandonnèrent au roi de France toute la Flandre française, avec Lille, Orchies, Douay, etc., et s'engagèrent à lui payer deux cent mille livres pour les frais de la guerre. En rentrant dans sa capitale, Philippe le Bel se rendit à **Notre-Dame**, monté sur le même cheval qu'il avait sous lui le jour de la bataille. Une statue équestre placée dans cette église en rappela le souvenir.

Cependant, la nation était mécontente: on parlait, on murmurait contre le roi; quelques bouches, respectées du peuple, le menaçaient des vengeances célestes. Un clerc de l'université, accusé de s'être exprimé trop librement, fut pendu par ordre du prévôt des marchands; l'université réclama ses priviléges violés, excommunia le prévôt et suspendit ses leçons. Une disette, que la mauvaise économie du roi changea en famine, parce qu'il voulut fixer le prix du blé et en approvisionner les marchés; une perquisition des grains, et d'autres mesures iniques et contradictoires portèrent au comble le mécontentement du peuple. Philippe défendit à plus de cinq personnes de s'assembler, soit dans les maisons, soit dans les rues.

Cependant, la mort avait délivré le roi de l'inimitié de Boniface VIII. Le fait le plus important des démêlés avec ce pontife pour l'histoire de ce règne est la convocation des des **états généraux** de 1302. « Le roi convoqua, dit Michelet, non plus les états du clergé et de la noblesse, non plus les états du midi, comme saint Louis les avait rassemblés, mais les états du midi et du nord, les états des trois ordres, clergé, noblesse et bourgeoisie des villes. Ces états généraux de Philippe le Bel ont été l'ère nationale de la France, son acte de naissance. »

Benoît XI, successeur de Boniface VIII (22 oct. 1303), hésita d'abord à s'engager dans la lutte qui avait été si fatale à son prédécesseur, et à offenser un adversaire qu'aucun respect divin ou humain ne pouvait retenir. En effet, Philippe le Bel, qui ne savait pas reculer, l'envoya féliciter de son exaltation par ce même Plasian, qui avait été l'accusateur de Boniface: il envoya au pape un mémoire contre ce pontife, qui pouvait passer pour une satire de la cour de Rome. Il se fit adresser à lui-même par ses légistes *une supplication du peuple de France au roi contre Boniface*. « Cet acte, dit Michelet, rédigé en langue vulgaire, était plutôt un appel du roi au peuple qu'une supplique du peuple au roi. » Benoît louvoya d'abord; bientôt il prit courage, et, par une bulle du 7 juin 1304, il excommunia tous les auteurs de l'attentat commis sur Boniface et tous ceux qui leur avaient *donné secours*, *conseil* ou *faveur*. Philippe le Bel parut compris dans cette bulle. Le 7 juillet Benoît XI était mort, empoisonné, dit-on, par un plat de figues. Les cardinaux, craignant de trouver trop aisément le coupable, ne firent aucune poursuite. Cette mort fit tomber l'Église dans la main de Philippe le Bel. Ici se place l'élection de Bertrand de Got, sous le nom de **Clément V**, et le marché satanique qui fut fait entre cet infâme pontife et le roi de France. Le nouveau pape, avouant hautement sa dépendance, se fit couronner à Lyon (14 novembre 1305). Philippe le Bel, à pied, conduisit la mule du pape par la bride. Après avoir donné pendant un certain trajet cet exemple d'humilité, il remit la bride à son frère Charles de Valois et au duc de Bretagne Jean II; puis, comme le cortége continuait sa marche, un mur chargé de spectateurs s'écroula, blessa Valois grièvement, Jean II mortellement, renversa le pape, et fit rouler la tiare dans la poussière.

Philippe le Bel ne quitta point le pape sans avoir obtenu de lui des décimes pour cinq ans sur le clergé de France. Les décimes ne rendant pas assez, il altéra les monnaies cinq fois dans le cours de cette même année. L'année suivante, il exploita les juifs. L'opération se fit en un même jour (22 juillet 1306), avec tant de secret et de promptitude que pas un juif n'échappa. Non content de vendre leurs biens, le roi se chargea de poursuivre leurs débiteurs, déclarant que leurs écritures suffisaient pour titre de créances. Après avoir enlevé aux juifs tout ce qu'ils possédaient, il les déporta, menaçant de la peine de mort ceux qui rentreraient en France. Insatiable dans ses exactions, il altéra encore les monnaies; puis, après avoir payé ses dettes en monnaie de bas aloi, il fit frapper des espèces au même titre qu'elles avaient sous saint Louis, et ordonna que la monnaie qu'il avait auparavant frappée ne fût plus reçue que pour le tiers de sa valeur nominale: « deux banqueroutes en sens inverse, » dit Michelet.

Le peuple était poussé à bout. Le roi logeait alors au Temple. La multitude, n'ayant pu être admise auprès de lui pour lui exposer ses plaintes, résolut de le soumettre par la famine: elle empêcha qu'on ne portât aucune provision au palais. Cependant, le bruit se répand qu'un riche financier, Étienne Barbette, est celui qui a conseillé au roi l'altération des monnaies. La multitude quitta le voisinage du Temple pour aller piller la maison de ce bourgeois. L'émeute finit ainsi; le roi mit ses archers en mouvement, et fit pendre des centaines d'hommes aux arbres de toutes les avenues de Paris. La terreur ramena le calme; et Philippe fit quelques sages modifications à ses fatales ordonnances (1306). On peut croire qu'alors l'effroi que lui avait causé le peuple le rapprocha des nobles; il leur rendit le combat judiciaire: c'était une défaite pour le gouvernement royal.

Cependant, l'implacable Philippe poursuivait auprès de Clément V le procès contre la mémoire de Boniface. Il offrait de prouver que ce pape était hérétique, et voulait en conséquence que ses ossements fussent exhumés et livrés au bûcher. Enfin il prétendait qu'il fût déclaré usurpateur de la papauté, et que ses actes fussent déclarés nuls. C'était demander le suicide de la papauté à Clément V, qui devait le cardinalat à Boniface. Philippe l'avait attiré à Poitiers (avril 1307), où il le retenait pour ainsi dire captif. Le pontife louvoya, gagna du temps; il fut heureux que Philippe lui demandât l'abolition de l'ordre des templiers. Il espérait que la poursuite de cette vengeance ferait quelque diversion à sa rancune contre Boniface VIII. Ici se place ce procès célèbre, dans lequel se dessina d'une manière si prononcée le caractère cruel et cupide de Philippe le Bel.

Fidèle à sa politique, Philippe convoqua à Tours, en l'année 1308, les états généraux du royaume pour délibérer sur ce procès. Les trois ordres, dociles, comme ceux de 1302, approuvèrent l'accusation, la saisie, l'arrestation, les supplices. Cependant, Philippe n'en poursuivit pas moins la mémoire de Boniface. Clément V, après avoir commencé l'instruction, parvint enfin à convaincre le roi que la sentence qu'il réclamait bouleverserait la chrétienté, et la bulle du 27 avril 1311 mit fin à ce scandale.

Si l'on en croit une chronique, les templiers sur le bûcher ajournèrent Philippe le Bel et Clément V à comparaître *dans l'an et jour au tribunal de Dieu.* « Le prince et le pontife, dit Châteaubriand, se présentèrent dans le délai légal à la barre de l'éternité. » Le 29 novembre 1314, Philippe le Bel, atteint depuis plusieurs mois d'une maladie de langueur, mourut à Fontainebleau avec beaucoup de calme, et en répétant à son fils des exhortations aux vertus qu'il n'avait point pratiquées. Quelques-uns le font mourir à la chasse, blessé par un sanglier. Il était temps qu'il mourût; son ordonnance (du 13 juin 1313) pour empêcher les seigneurs de battre monnaie, confirmée par les états généraux de 1314, soulevait contre lui les grands. La plupart des seigneurs de la Picardie, de l'Artois, du Ponthieu, de la Bourgogne et du Forez, avaient formé contre lui une dangereuse confédération. Philippe le Bel avait quarante-six ans : il en avait régné vingt-neuf. Ses dernières années avaient été marquées par des supplices contre les hérétiques. « A ses attaques contre les papes, dit Sismondi, on l'aurait pris pour un esprit fort; son intolérance seule prouvait son orthodoxie. » Il y eut encore des procès contre les sorciers, contre les belles-filles du roi, Marguerite, épouse de Louis le Hutin, et Blanche, femme de Charles le Bel, et leurs amants, les frères de Launay.

Philippe le Bel paraît avoir été exempt de faiblesses : dans son histoire, nulle trace d'amours illégitimes ni de prodigalités personnelles. Il comptait tous les jours avec son trésorier. Sa pénurie continuelle venait des dépenses de son gouvernement. Il ne fut pas étranger à l'amour des lettres. Il protégea constamment l'université. Il fit traduire pour son usage *La Consolation* de Boèce, le livre de Végèce sur l'*Art militaire*, et les *Lettres* d'Abeilard et d'Héloïse. Égidio de Rome, religieux dominicain, qui avait été son précepteur, avait écrit pour son élève un livre *De Regimine Principum*, dans lequel il lui inculqua le dogme du droit illimité des rois. Philippe le Bel est en effet le premier qui ait ainsi formulé ses ordonnances : *De la plénitude de notre puissance.* Ses ordonnances, dont M. Guizot a donné dans ses *Cours* une substantielle et judicieuse analyse, sont au nombre de quatre cent vingt-six. On y voit que Philippe le Bel s'occupait non-seulement des moindres détails de l'administration, mais même de la vie privée de ses sujets : témoin son ordonnance somptuaire, qui défend aux bourgeoises d'*avoir char* et aux bourgeois de porter *certaines étoffes*. Il peut être regardé comme le créateur de l'ordre judiciaire en France; il rendit sédentaire le parlement de Paris, régularisa l'établissement de celui de Toulouse, l'échiquier de Rouen et les grands jours de Troyes. Aucun roi ne travailla plus impitoyablement la matière imposable.

Charles Du Rozoir.

PHILIPPE V, dit *le Long*, à cause de sa taille élevée, treizième roi de la race capétienne, était le second des trois fils de Philippe le Bel. Philippe le Long était né en 1293 : il avoir épousé en 1306 Jeanne, héritière de la Franche-Comté. Comte de Poitiers, il jouit d'un grand crédit sous le règne de son frère aîné, Louis X, le Hutin, et fut chargé de plusieurs missions importantes. A la mort de ce prince, il se trouvait à Lyon pour faire élire un successeur à Clément V et faire cesser l'interrègne qui durait depuis vingt-sept mois. Son frère était mort ne laissant qu'une fille âgée de six ans, nommée Jeanne. Depuis l'avénement de Hugues Capet, la succession royale s'était transmise du père à l'aîné des fils survivants, sans passer une seule fois d'un frère à un frère, et sans que par conséquent il pût se présenter une question sur le droit des femmes à cette succession. Aucune loi d'ailleurs n'avait jamais réglé en France la succession à la couronne, et la loi salique n'avait rien de politique; elle ne réglait que les alleux, et non point la succession à la couronne. L'usage favorisait les droits des femmes; elles avaient été appelées à la succession de plusieurs monarchies et de la plupart des grands fiefs de France.

Dans cette situation neuve, Philippe le Long, digne fils de Philippe le Bel, raisonna juste, et fut audacieux; en un mot, il se montra homme d'État. Il commença par mettre la main sur la couronne, sauf à voir ensuite qui la lui disputerait. En conséquence, à son arrivée à Paris, « il résolut de se conduire en roi et de se mettre en possession du royaume jusqu'à ce qu'il en fût ordonné autrement par les barons; il entra au palais royal, et en fit fermer les portes, excepté une. La veuve de Louis X, Clémence de Hongrie, lui annonça formellement qu'elle était enceinte. Les barons du royaume ayant été convoqués, il fut ordonné que le comte de Poitiers serait gouverneur du royaume de France, et qu'il en percevrait tous les revenus. Si la reine accouchait d'un fils, le comte retiendrait la garde du royaume pendant vingt-quatre ans (un autre contemporain dit seulement dix-huit); si, au contraire, elle accouchait d'une fille, le comte serait dès lors reconnu par tous comme roi, etc. » (*Chronique du chanoine de Saint-Victor.*)

Quatre mois après la mort de Louis le Hutin, la reine accoucha d'un fils, qui fut nommé Jean (15 nov. 1316), et ne vécut que huit jours, juste assez longtemps pour que son nom se trouve sur deux ou trois chartes oubliées. Philippe le Long se fit aussitôt proclamer roi au préjudice de Jeanne, fille de son frère, et convoqua les pairs du royaume pour se faire couronner à Reims, le 13 janvier 1317. Il fit occuper par ses soldats les portes de cette ville, et les fit fermer pendant la cérémonie. Aussi plusieurs pairs ne voulurent point sanctionner par leur présence un acte qu'ils regardaient comme un acte de violence. Bientôt on en vint aux armes; le duc de Bourgogne, Eudes IV, prêta aux droits de la jeune princesse Jeanne l'appui de son bras; le comte de la Marche, Charles le Bel, frère de Philippe, se joignit à la ligue; mais bientôt on vit Eudes renoncer pour sa protégée non-seulement à la couronne de France, mais même à celle de Navarre, à laquelle elle avait un droit incontestable. Pour prix de cet abandon, le duc de Bourgogne reçut la main de Marguerite, fille de Philippe V, et le comté de Bourgogne en dot. Une assemblée des états du royaume, convoquée à Paris au mois de février, approuva le couronnement de Philippe, lui promit obéissance, ainsi qu'à Louis, son fils, qui fut reconnu pour son successeur et déclara que les femmes ne pouvaient succéder à la couronne de France.

Le fils de Philippe le Long étant mort le 18 février, cet événement, en faisant Charles le Bel héritier présomptif du trône, le disposa à soutenir dès lors avec beaucoup de zèle l'élévation de son frère. Le pape Jean XXII s'était empressé de reconnaître le nouveau roi; il s'arrogea le droit de lui donner des conseils et de se mêler des affaires du royaume. Il changea toute l'organisation des évêchés du midi. Philippe le Long fit ce que n'aurait pas fait son père, Philippe le Bel, en permettant ces changements sans que le pontife se fût concerté avec lui. On connaît peu de détails sur la vie de Philippe le Long; mais ses ordonnances indiquent qu'il s'occupa sérieusement du bien du royaume. Les états furent rassemblés trois fois pendant son règne, en l'an 1317 pour reconnaître son titre à la couronne, en l'an 1319 pour la réforme des finances, et le 19 juin 1321, à Poitiers, pour réformer les abus dont ses sujets étaient grevés et opprimés. Par ordonnance du 12 mars 1317, il donna une organisation militaire aux communes. Chaque province eut son capitaine général, chaque commune son capitaine d'armes; et sous prétexte que de *pauvres gens* vendaient leurs armes pour subvenir à leur subsistance, il fut ordonné qu'elles seraient déposées sous la garde du capitaine, qui ne les rendrait à leurs propriétaires qu'au moment où l'on aurait besoin de leurs services. Il régla la composition du parlement, en exclut les prélats et les hauts fonctionnaires ecclésiastiques. Ce prince enjoignit aux magistrats de n'avoir aucun égard aux lettres royales qui enfreindraient les lois et que l'importunité pourrait avoir arrachées.

Philippe le Long révoqua tous les dons de terres, rentes, châteaux, villes, bois, etc., qui avaient été faits par son père et par son frère; et l'ordonnance (29 juillet 1319) qu'il rendit à ce sujet a consacré en France la doctrine de l'inaliénabilité des domaines de la couronne. On doit savoir gré à Philippe le Long de ces estimables essais d'ordre et de gouvernement; on doit également applaudir à ses nombreuses ordonnances qui organisent le personnel, le travail et la compétence de la chambre des comptes, l'administration des eaux et forêts, l'office des receveurs, etc. Cherchant à combler le déficit des finances, il destina les confiscations à l'amortissement des rentes perpétuelles et viagères sur le trésor; enfin, il établit la gabelle du sel (1318) à quatre deniers par livre. Il s'occupa aussi de la fabrication des monnaies, non pour les altérer, comme l'avait fait son père, mais pour prévenir les fraudes, en donnant à la France l'unité des espèces d'or et d'argent. Il obtint des seigneurs qu'ils renonçassent au privilége d'en fabriquer dans leurs domaines. Philippe le Long forma aussi le projet d'établir dans son royaume l'unité des poids et mesures; mais l'opposition des barons et les préjugés du peuple l'empêchèrent d'exécuter cette réforme.

Le règne de Philippe le Long fut paisible. Pendant sa régence, il fut sur le point de faire une expédition en Flandre, pour soutenir les droits de Mathilde, sa belle-mère, à laquelle Robert, comte de Beaumont-le-Roger, d'accord avec les habitants de l'Artois, avait enlevé Arras et Saint-Omer. Philippe alla prendre l'oriflamme à Saint-Denis, le 30 octobre 1316, et se rendit à Amiens, où il se vit à la tête d'une armée nombreuse. Cependant, le régent Philippe, que l'intérêt plus important de se faire roi de France éloignait de cette guerre, conclut avec Robert un accommodement provisoire, qu'il cimenta en faisant épouser à ce seigneur la fille du comte de Valois, son oncle. En 1319 les Flamands obligèrent encore une fois Philippe à faire quelques préparatifs de guerre; mais ces démêlés se terminèrent sans combats; et le mariage de Louis de Rethel, héritier du comte de Flandre, avec Marguerite, l'une des filles de Philippe le Long, devint le gage de la paix entre les deux États (1320). On a reproché à Philippe le Long d'avoir permis au roi d'Angleterre, Édouard II, de ne pas venir en personne lui faire hommage pour son duché d'Aquitaine. Pendant tout ce règne, le pape Jean XXII fit sentir son influence sur le royaume d'une manière assez funeste. Non content de réformer l'université d'Orléans, fondée par son prédécesseur, Clément V, il soumit à sa censure l'université de Paris. A l'aide des tribunaux d'inquisition, alors établis par toute la France, il remplit le royaume, mais surtout le midi, de supplices appelés alors *sermons publics*. Les juifs, les bégards, les franciscains, les lépreux, furent tour à tour les victimes de cet esprit de persécution.

L'ardeur pour les croisades parut un instant se ranimer sous ce règne. Philippe le Long voulut renouveler et conduire une de ces saintes expéditions; le pontife, donnant cette fois un bon conseil, lui représenta l'état déplorable où serait réduit le royaume s'il partait; et Philippe se contenta de payer une somme considérable pour le saint-sépulcre. L'impulsion avait été donnée, elle électrisa les campagnes. De nouveaux *pastoureaux* s'organisèrent comme au temps de saint Louis: c'étaient des bergers et de pauvres paysans qui, égarés par quelques moines, abandonnaient le bétail et la charrue, pour aller délivrer le saint sépulcre. En attendant, ils parcoururent le pays, d'abord en mendiants, ensuite en pillards; partout ils égorgeaient les juifs et enlevaient leurs biens. A Paris, ils emportèrent de vive force le petit Châtelet, traversèrent cette ville et allèrent se ranger en bataille dans le Pré-aux-Clercs, comme pour défier le roi. On les laissa s'éloigner, et ils prirent la route du Languedoc, n'étant pas moins de quarante mille. Frappés par les foudres apostoliques, poursuivis à main armée par les sénéchaux de Carcassonne et de Beaucaire, ils périrent ou dans les combats ou dans les supplices. Vint ensuite le tour des lépreux. Un voyage que le roi avait projeté dans le midi leur inspira, dit-on, l'horrible projet d'empoisonner toutes les fontaines de l'Aquitaine. Le zèle sanguinaire des juges ecclésiastiques en prit occasion pour faire périr dans les plus horribles tortures les infortunés qu'atteignait cette absurde accusation. Ces rigueurs furent d'abord désapprouvées par Philippe, qui condamna quelques juges à l'amende, entre autres l'évêque d'Albi, pour avoir empiété sur ses prérogatives et sur les droits du fisc en poursuivant des crimes de lèse-majesté; mais se repentant bientôt de son humanité et de sa justice, et voulant, dit-il, « plus promptement laver la terre de la pourriture criminelle et superstitieuse des lépreux qui existaient encore, » il fit la remise aux juges fanatiques des peines prononcées contre eux. Ainsi fut encouragée une persécution sanglante contre les lépreux et les juifs, que l'on regardait comme leurs complices. On assure, dit le continuateur de Nangis, que le roi retira des dépouilles des juifs cent cinquante mille livres.

Mais déjà lui-même était frappé de cette maladie mystérieuse qui enleva dès la fleur de l'âge et Philippe le Bel et ses fils. Il mourut à Long-Champ, le 3 janvier 1322, après avoir vainement appelé à prolonger ses jours les secours de la médecine et la puissance des reliques. Éprouvant alors de vives terreurs pour avoir soumis son peuple à des impôts onéreux, il avait ordonné, pendant sa maladie, de suspendre la perception d'une partie de ces impôts. Un article de son testament portait « que les paysans qui avaient leurs héritages près de ses forêts fussent indemnisés pour les dommages que leur auraient causés *les bêtes rousses ou noires* ». Ce prince aima les lettres, et protégea ceux qui les cultivaient; la plupart des officiers de sa maison étaient poëtes. Lui-même composa des poésies en langue provençale. Naturellement porté à la douceur et à la modération, il répondit à ses courtisans qui le pressaient de punir l'évêque de Paris, prélat remuant, ennemi secret du monarque : *Il est beau de pouvoir se venger et de ne le pas faire.* Il avait régné cinq ans, et n'en avait pas trente. Il laissa quatre filles: Jeanne, mariée au duc de Bourgogne; Marguerite, femme du comte de Flandre; Isabelle, qui épousa le dauphin de Viennois, et Blanche, qui se fit religieuse. Il eut pour successeur son frère Charles le Bel, dont l'avénement confirma pour la seconde fois le principe de la prétendue loi salique.

Charles Du Rozoir.

PHILIPPE VI, dit *de Valois*, treizième roi de la race capétienne et chef de la branche de Valois, né en 1293, était âgé de trente-quatre ans lorsqu'il monta sur le trône, en 1328. Il était fils de Charles de Valois, frère de Philippe le Bel. Charles IV, en mourant, laissait sa seconde femme, Jeanne d'Évreux, enceinte de sept mois. Il nomma Philippe régent du royaume, à l'exclusion d'Édouard III, roi d'Angleterre, qui prétendait à ce titre comme neveu du roi mourant, étant petit-fils de Philippe le Bel, par sa mère Isabelle, sœur de Charles IV. Au bout de deux mois (1er avril) la reine mit au monde une fille; alors Philippe de Valois, fut proclamé roi, et couronné à Reims (le 29 mai 1328).

Pendant la régence, les prétentions d'Édouard et celles de Philippe avaient été solennellement débattues dans une assemblée de pairs ou de barons, tenue à Paris. Les ambassadeurs d'Angleterre avaient plaidé pour leur maître; et la solennité avec laquelle cette cause fut instruite et jugée contribua à décider pour jamais en France la grande question de l'exclusion des femmes du trône. A défaut de droits et de précédents qui eussent parlé en sa faveur, Philippe de Valois l'eût toujours emporté. Édouard III, qui n'avait que seize ans, et sous le nom duquel sa mère exerçait en Angleterre une domination odieuse et mal affermie, eût été pour la France un maître peu désirable. Peut-être aussi l'animosité naissante entre les deux nations française et anglaise influa-t-elle sur la détermination des barons, mais pas autant qu'on l'a prétendu. Philippe de Valois était aimé de la noblesse, dont il était le chef; il était connu des soldats, quoiqu'il eût acquis peu d'honneur dans son expédition en Italie en 1320, pour y soutenir le parti des guelfes et l'élection de Frédéric à la couronne d'Allemagne. Doué, comme tous ceux de sa race, d'une noble figure, il brillait dans tous les exercices du corps; il était brave de sa personne, généreux jusqu'à la prodigalité, tour à tour facile et emporté: que de titres pour le rendre cher et respecté des barons, qui espéraient voir en lui un défenseur de leurs droits féodaux! Philippe de Valois pendant sa régence s'était fait bien venir du peuple, qui haït tant les financiers, en faisant pendre Rémi, trésorier de Philippe le Long. Les biens de cette sangsue du fisc, confisqués par le régent, avaient servi à lui acheter des suffrages; enfin, il avait rendu une ordonnance fort sage pour réformer le tribunal du Châtelet, régler le salaire des officiers, obliger les juges à interroger les prévenus dans les vingt-quatre heures, garantir le secret des procédures, etc. Il fut donc proclamé roi sans opposition.

Une seconde succession royale restait encore à régler: c'était celle de Navarre. Le nouveau roi de France eût pu retenir cette couronne pour lui-même, en suivant l'exemple donné par Philippe le Long et Charles le Bel; il la rendit à Jeanne II de Navarre, fille de Louis le Hutin, qui avait épousé Louis, comte d'Évreux, prince du sang royal de France. Cet acte de justice fut en même temps un trait de politique, car il désarma l'opposition de Charles d'Évreux, qui, remis ainsi en possession de la Navarre, ne se fit pas prier pour confirmer la renonciation faite dix ans auparavant, au nom de sa femme, aux droits qu'elle pouvait avoir à la couronne de France et aux comtés de Champagne et de Brie. Édouard III avait encore élevé des prétentions sur la Navarre, alléguant les droits d'Isabelle sa mère, fille de Philippe le Bel et de Jeanne Ire, reine de Navarre; mais il fut encore écarté. Les Navarrais apprirent avec enthousiasme qu'ils allaient enfin recouvrer une indépendance dont ils étaient privés depuis plus d'un demi-siècle; et ils manifestèrent leur joie par le massacre de dix mille juifs.

Louis de Rhetel, comte de Flandre, se faisait un plaisir de violer les priviléges des cités flamandes; et les fréquentes révoltes de ses sujets ne le corrigeaient pas. L'avénement du fier Valois, qui ne cachait pas son dédain pour les franchises populaires, accrut encore son orgueil. Les gens de Bruges le malmenèrent. Louis se présenta au sacre de Philippe de Valois, reçut de lui l'ordre de chevalerie, et demanda au roi son suzerain secours et protection contre ses sujets. Philippe voyait un avantage politique à paraître à la tête d'une armée: c'était de se faire reconnaître par un plus grand nombre de vassaux. La noblesse accourut avec empressement sous les drapeaux d'un nouveau roi, dont elle attendait largesses et faveurs. Jamais armée plus brillante n'était entrée en Flandre: elle se composait de dix divisions. Les habitants de Bruges et d'Ypres, quoique non soutenus par ceux de Gand, vinrent, bien armés et en bon ordre, camper sur le penchant de la montagne de Cassel. Cette fois encore les chevaliers français l'emportèrent sur les manants flamands. Cassel fut rasé et réduit en cendres; Bruges, Ypres et Courtray furent démantelées, perdirent leurs priviléges, et furent rudement rançonnées. Deux ou trois cents bourgeois furent pendus ou noyés.

Édouard III, mécontent de l'exclusion qui lui avait été donnée pour la couronne de France et de Navarre, différait de faire hommage à Philippe VI: celui-ci, après l'avoir fait sommer de remplir ce devoir, fit saisir les revenus du duché de Guienne et du comté de Ponthieu, puis envoya une nouvelle sommation; Édouard se rendit enfin à Amiens avec une cour nombreuse, et trouva Philippe entouré d'une cour plus brillante encore, car les rois de Bohême, de Navarre, de Majorque, se faisaient un plaisir d'y résider, ne connaissant pas de séjour *plus chevaleresque* que Paris et la cour de France. Là le prince anglais fit hommage au roi (6 juin 1329), mais de bouche seulement et en termes généraux, sans se mettre à genoux, se découvrir, ni avoir les mains dans celles du roi son seigneur. Philippe ne reçut que conditionnellement cet hommage imparfait. Édouard déclara, par un acte exprès, que c'était un hommage lige, s'il résultait de la compulsation des archives d'Angleterre qu'il y fût tenu. Les deux rois se séparèrent mal satisfaits l'un de l'autre. Édouard ne se pressant pas de se déclarer, Philippe envoya en Angleterre le duc de Bourbon, les comtes de Tancarville et d'Harcourt, accompagnés de jurisconsultes, pour examiner, avec le parlement, les actes des hommages précédemment rendus aux rois de France par les rois d'Angleterre. En même temps le comte d'Alençon, frère de Philippe VI, marchant vers la Guienne avec une armée, pour châtier les Anglais qui avaient commis quelques hostilités, emporta d'assaut et ruina la ville de Saintes. Édouard ne fit plus alors difficulté de remplir son devoir de vassal: il signa l'acte de son hommage lige, tel qu'il est rapporté dans Froissart et conservé dans le trésor des chartes. Cette déclaration fut suivie (13 avril) d'une entrevue entre les deux rois à Saint-Christophe, près d'Hallate. Philippe admit comme suffisante l'explication qu'Édouard III avait donnée sur la nature de son hommage, et reconnut de son côté lui devoir 30,000 liv. de dédommagement pour la destruction de la ville de Saintes.

Tout favorisait alors l'élévation de Philippe. Le pape Jean XXII s'était empressé de reconnaître un prince assez pieux pour faire sa lecture habituelle de l'Ancien Testament. L'empereur d'Allemagne, Louis IV de Bavière, les rois de Castille et d'Aragon, avaient assez à faire chez eux pour ne pas troubler le nouveau roi de France, qui d'ailleurs avait pour amis, ou même pour protégés, les rois de Naples, de Bohême, d'Écosse, de Majorque, de Navarre. Enfin, Édouard III n'avait fléchi si facilement devant Philippe que parce que sa puissance était mal affermie; mais cette puissance devait bientôt se relever d'une manière bien fatale au premier des Valois et à la France. Philippe en quelques années eut l'art de mécontenter tout le monde: les bourgeois, par des ordonnances qui altéraient les monnaies; les marchands, en les forçant à baisser le prix de leurs marchandises; les artisans, en diminuant le prix de leurs travaux (1329-1340); les seigneurs, en laissant prononcer par son parlement l'exclusion de Robert III, comte d'Artois, au profit de Mathilde, fille du feu comte Robert II.

Ce procès durait depuis vingt ans. Condamné sous Philippe le Bel, Robert d'Artois avait vainement réclamé sous Philippe le Long et sous Charles le Bel. Plusieurs arrêts du parlement l'avaient débouté de ses prétentions. Robert avait épousé Jeanne de Valois, sœur de Philippe de Valois; il avait aidé puissamment ce prince à monter sur le trône de France; depuis lors il avait été son confident et son plus intime conseiller; enfin, il avait, plus que tout autre, contribué à la victoire de Cassel; et pour ce service sa terre de Beaumont-le-Roger venait d'être érigée en comté-pairie (janvier 1329). Avec tous ces titres à la faveur, il conçut l'espoir de voir pencher pour lui la balance de la justice sous le règne de Philippe de Valois; mais on ne pouvait revenir sur une chose jugée par trois ou quatre arrêts qu'en produisant des titres nouveaux; et Jeanne de Valois, épouse de Robert, ne cessait de dire à son mari que le roi, son frère, lui ferait justice s'il pouvait montrer quelque pièce nouvelle, *si petite qu'elle fût*. Robert suivit ce fatal conseil; il produisit un testament par lequel son oncle Robert II, comte d'Artois, l'appelait à sa succession au détriment de sa fille. L'imposture, quoique attestée par cinquante-cinq témoins, n'en fut pas moins déjouée. La Divion, veuve d'un chevalier qui avait fait fabriquer ce titre par son clerc, fut brûlée à petit feu, comme sorcière, et Robert III perdit à la fois son procès et son honneur. Dans son ressentiment, il sortit de France, se retira à Bruxelles, et sa femme en Normandie. Philippe de Valois, après avoir fait ajourner plusieurs fois ce seigneur, prononça contre lui au parlement l'arrêt de bannissement et de confiscation, le 8 avril 1332.

Robert trouva un asile en Angleterre, où Édouard III ne négligea rien pour le consoler de sa disgrâce; et comme Jeanne de Valois, comtesse d'Artois, ne cessait d'intriguer pour son mari, le roi Philippe, son frère, la fit enfermer dans le château de Chinon, tandis qu'il autorisait Gaston de Foix, fils de la sœur de Robert, à faire détenir au château d'Orthez sa mère, accusée d'impudicité. Tout ce qui tenait au bien du royaume semblait étranger à Philippe de Valois; il ne s'occupait qu'à satisfaire ses haines, ses préjugés et ses passions. Dès l'année 1329 il avait rendu deux ordonnances pour remettre en vigueur celles de saint Louis sur l'extirpation des hérésies. Tous les comtes, ducs, barons, sénéchaux et juges du royaume, étaient tenus de prêter main-forte aux inquisiteurs dès qu'ils en seraient requis. Après cela, qu'importait au bien présent de la France la fameuse discussion qui eut lieu cette même année devant le roi sur la limite des deux puissances, discussion à la suite de laquelle Philippe de Valois parut disposé à reconnaître la supériorité de la spirituelle sur la temporelle? Toutefois, des arguments présentés avec énergie par l'avocat du roi, Pierre de Cugnières, surgit la doctrine des appels comme d'abus, qui avec l'aide du temps devait miner cette puissance spirituelle. L'année même du procès de Robert d'Artois, Philippe, pour ramener à lui les seigneurs, les autorisa à se libérer de leurs dettes en ne payant que les trois quarts du capital (12 janvier 1331).

Cependant, sans prévoir ou craindre ce que pouvaient contre lui la haine et les intrigues de Robert d'Artois, il se faisait, par la duplicité de sa conduite, un ennemi de l'empereur Louis IV; il prétendait devenir lui-même empereur, chasser les Anglais de la Guienne, et méditait le projet d'une nouvelle croisade. Il avait marié, au mois de mai 1322, Jean, duc de Normandie, son fils aîné, avec Bonne, fille du roi de Bohême. La même année, il arma chevalier ce fils, dont le titre était déjà un acte d'hostilité contre le successeur de Guillaume le Conquérant. Le même jour Philippe fit épouser sa fille Marie au duc de Brabant; et quelques jours après, dans une cour plénière, où l'on comptait deux rois, cinq ducs souverains et princes du sang, des seigneurs, des chevaliers, des prélats et des notables de Paris, après avoir fait connaître sa résolution de partir pour la Terre Sainte, il fit jurer à tous les assistants sur des reliques d'obéir au prince royal en l'absence de son père, et de le couronner immédiatement si le roi venait à périr dans la croisade. Mais cet héroïque projet n'aboutit qu'à des exactions. A l'occasion du mariage de sa fille, il avait soumis tout le royaume à une aide féodale; en vain les peuples du Languedoc la refusèrent, parce que, disaient-ils, ils étaient régis par la loi romaine, et non par la loi féodale: Philippe les fit condamner par son parlement (2 décembre 1332), et tout le monde paya; enfin, il se fit accorder pour six ans, par le pape Jean XXII, les décimes du royaume de France.

Ce pontife, étant mort en 1334, eut pour successeur Benoît XII, pontife instruit et modéré. Philippe de Valois avait menacé Jean XXII de le faire poursuivre par la Sorbonne comme hérétique; il fatigua Benoît XII de ses exigences, lui demandant pour trois ans la disposition de tous les bénéfices de France, et pour dix ans le droit de lever les décimes par toute la chrétienté, puis le trésor amassé par Jean XXII, et qui se montait, dit-on, à trois cents millions. Benoît XII refusa tout, sauf le trésor de son prédécesseur, promettant de le remettre au moment où Philippe partirait pour la croisade. Il est probable qu'il augurait que ce moment n'arriverait jamais. Le roi, s'apercevant que le nouveau pape supportait impatiemment le joug de la France, alla le trouver à Avignon (mars 1335), sous prétexte d'un pèlerinage. La première entrevue eut lieu avec beaucoup de pompe et d'éclat. Benoît XII prononça, en présence de Philippe et des rois de Bohême, de Navarre, de Majorque et d'Aragon, réunis à Avignon, un sermon sur la Passion, qui excita une émotion si vive que tous ces princes voulurent recevoir la croix des mains du pontife. Aussitôt après, Philippe ordonna que dans tous les ports de la Méditerranée on lui préparât des vaisseaux de transport et des vivres pour soixante mille hommes; puis il écrivit aux rois de Hongrie, de Naples et de Chypre, ainsi qu'aux Vénitiens, qu'il allait incessamment se mettre en route à la tête des croisés. Malgré toutes ces démonstrations belliqueuses, sa grande affaire à Avignon fut de forcer Benoît XII à rejeter toute réconciliation avec l'empereur Louis IV.

De retour à Paris, Philippe ne s'occupa plus que de l'Angleterre. Il cherchait à rompre avec Édouard III, et les prétextes ne devaient pas manquer. Les deux rois se firent d'abord la guerre en Écosse. Philippe secourait les Écossais, qui, toujours battus, résistaient toujours. Par l'ordre du roi de France, son sénéchal en Agénois expulsa de terres contestées Aymeric de Durfort, vassal d'Édouard III. Le monarque anglais se plaignit vivement; mais comme il voulait en finir avec l'Écosse avant d'en venir à une rupture ouverte, il recourut à la médiation du pape Benoît XII. Philippe accepta d'abord cette médiation, puis, soit qu'il eût honte d'abandonner les Écossais, soit qu'il se laissât entraîner par l'ambition, il rompit la négociation (1336); et la terrible guerre qui pendant plus de cent ans mit aux prises la France et l'Angleterre allait bientôt commencer. Philippe somma d'abord Édouard *par foy et loyauté*, en sa qualité de pair de France, de lui livrer Robert d'Artois, qui avait voulu l'*envoûter* (faire mourir par magie), ainsi que le duc de Normandie, et qui avait, en outre, envoyé des assassins contre ce jeune prince et contre le duc de Bourgogne. Édouard ne tint compte de la sommation. Les deux rivaux, avant de se mesurer, cherchaient des auxiliaires et des alliés. Philippe prit à sa solde beaucoup d'infanterie légère et des galères de Gênes; il réconcilia le duc de Bourgogne avec le comte de Châlons, pour ôter aux Anglais le moyen d'exciter contre lui une diversion dans la Franche-Comté. Il acheta les services de Gaston II, comte de Foix, et donna ordre aux divers sénéchaux du Languedoc de se mettre à la tête de la noblesse et des milices du pays, pour saisir, au nom du seigneur suzerain, le duché de Gascogne. Afin de s'assurer de la Bretagne, il fit épouser l'héritière de ce duché, Jeanne de Penthièvre, à Charles, comte de Blois, son neveu (1337). Comme le faste et l'imprévoyance de Philippe de Valois le mettaient toujours aux expédients, il se trouvait sans argent avant l'ouverture des hostilités. Le 10 avril il fit arrêter tous les marchands italiens, et ne les relâcha que moyennant une rançon; puis il altéra les monnaies, qu'au commencement de son règne il avait remises sur l'ancien pied.

De son côté, Édouard chercha des alliés parmi les seigneurs des Pays-Bas et de la basse Allemagne, mais surtout parmi les bourgeois de Flandre, toujours mécontents de leur comte. Sans consulter ses sujets, Louis de Rhetel, tout dévoué à la France, avait ordonné que tous les Anglais fussent arrêtés dans les villes de Flandre. Édouard, par représailles, fit arrêter les Flamands en Angleterre. Édouard, ayant défendu l'exportation des laines, réduisit la Flandre au désespoir, et la força de se jeter dans ses bras. Les Gantois, qui cette fois se mirent à la tête du mouvement, prirent pour chef Jacquemart Artevelde, brasseur, qui, entrant en négociation avec Édouard, lui demanda de prendre le titre de roi de France. Édouard goûta fort cette logique; et ce fut comme roi de France qu'en 1339 il conclut son alliance avec les villes de Flandre. Déjà il avait proposé à l'empereur Louis de Bavière une alliance contre Philippe, *se prétendant roi de France* (26 août 1337). Enfin, il déclara la guerre à la France, publia, pour justifier sa conduite, un manifeste adressé à ses peuples, exposant les griefs qu'il avait contre Philippe, les avances qu'il avait faites pour la paix et les concessions auxquelles il avait consenti. Ce fut seulement le 7 octobre qu'il prit solennellement le titre de roi de France.

Quant à Philippe, convaincu qu'il n'était comptable de sa conduite envers personne, il ne publia aucun manifeste, aucune déclaration de guerre. Le comte d'Alençon, frère du roi, avait rassemblé une armée à Boulogne pour s'opposer à la descente des Anglais. Les Anglais ne parurent point sur cette côte, mais s'emparèrent de Cadsand, place d'armes du comte de Flandre, située entre l'île de Walcheren et la ville de L'Écluse, conquête de la plus haute importance, en ce qu'elle assurait la communication de l'Angleterre avec la Flandre. La lutte était engagée; l'intérêt du roi d'Angleterre était de brusquer la guerre, et celui du roi de France de la faire traîner en longueur. Plus riche et plus puissant, il voulait user son ennemi. On le vit pendant six années refuser constamment la bataille à Édouard, même à ses moindres lieutenants.

Durant la campagne de l'année 1338, les troupes de Philippe firent quelque conquête en Agénois; mais la noblesse du Languedoc était peu empressée de se rendre à l'armée. Ces fiers chevaliers se plaignaient que leur solde était réduite. Le roi fut obligé d'assembler les députés de la province, qui consentirent à cette réduction; mais pour indemniser la noblesse le roi rendit à ses justices seigneuriales une indépendance que la sagesse de ses prédécesseurs s'était efforcée de limiter. Édouard trouva la même froideur chez les barons flamands, ses alliés; ils alléguaient qu'ils ne pourraient défier le roi de France et entrer en guerre contre lui, si leur seigneur suzerain, l'empereur Louis IV, ne l'avait pas défié. Les bourgeois de Flandre n'étaient pas mieux disposés. Leur comte les avait désarmés par d'amples concessions; il avait rapporté des chartes de Philippe de Valois, qui redressaient les griefs dont les Flamands n'avaient cessé de se plaindre depuis l'an 1315. Édouard n'avait point amené d'Angleterre une armée suffisante pour entrer seul en campagne; il s'adressa à l'empereur, qui, à la diète de Coblentz (3 septembre 1338), reçut sa plainte contre Philippe de France, qui non-seulement lui retenait injustement la Normandie, l'Aquitaine et l'Anjou, enlevés à ses ancêtres, mais encore la couronne de France, son héritage maternel. Louis, s'exprimant comme aurait pu faire Charlemagne, prononça que Philippe serait déchu de toute protection de l'Empire jusqu'à ce qu'il eût restitué à Édouard ses héritages; et pour mettre celui-ci à même de les recouvrer, il le nomma son vicaire général dans toute la partie de l'Empire située sur la rive gauche du Rhin. Après cette comédie, dans laquelle Édouard ne jouait que le second rôle, il établit sa cour à Anvers. Tous ces détails prouvent combien c'était alors une grande affaire que d'attaquer le roi de France.

L'année 1339 fut marquée par quelques événements militaires. Philippe, voulant à force d'or ramener les Allemands, auxquels Édouard avait prodigué ses trésors, pressa la rentrée de tous les impôts ordinaires, et altéra de nouveau les monnaies. Il réussit, grâce à l'adresse et au dévouement du roi de Bohême; et Louis IV, au lieu d'attaquer la France, alla faire une expédition en Italie. La flotte française surprit et pilla la ville de Southampton, et fit un butin considérable sur la côte d'Angleterre. De son côté, Gauthier de Mauny, qui avait fait vœu aux dames d'Angleterre d'entrer le premier en France, s'empara par surprise de Thun-l'Évêque près Cambray. Philippe de Valois jugea prudent de renforcer la garnison de Cambray. Édouard, trouvant cette place trop bien gardée, ravagea le Cambrésis, entra dans la Picardie, puis alla passer l'Oise près de la ville d'Origny, qu'il livra aux flammes. Philippe avait son quartier général à Saint-Quentin: il se porta jusqu'à Buir-en-Fosse. Les deux armées restèrent en présence pendant plusieurs jours; enfin, Édouard, perdant l'espoir de forcer Philippe à la bataille, se retira sans autre résultat, après de si grands préparatifs, que d'avoir pillé deux provinces et fatigué son armée.

C'est alors qu'il fit avec les Flamands ce traité qui doubla ses forces. Les Français ouvrent la campagne de 1340 en incendiant le Hainaut, tristes représailles pour le ravage du Cambrésis. Cependant, le fils de Philippe de Valois, Jean, duc de Normandie, attaqua Le Quesnoy, d'où il fut repoussé par des canons et des bombardes: c'est la première fois que ces instruments d'un nouveau système de guerre sont signalés dans l'histoire. Le duc de Normandie vint ensuite assiéger Thun-l'Évêque, dont la garnison anglaise incommodait fort les habitants de Cambray. Le comte de Hainaut, avec ses vassaux et ses alliés, marche au secours de la place. Artevelde lui amena les milices de Flandre. De son côté, le duc de Normandie recevait sans cesse des renforts; le roi Philippe lui-même se rendit à l'armée française sans vouloir en prendre le commandement. L'Escaut séparait les deux armées: ni l'une ni l'autre ne le franchit. Le comte de Hainaut fit évacuer Thun-l'Évêque au travers du fleuve, et reçut dans son camp la garnison qui l'avait bravement défendu. Ce prince, que ruinait la solde de ses troupes, proposa à Philippe la bataille. Le roi lui répondit qu'il était bien aise de lui voir manger ainsi tout son bien, et qu'il ne combattrait que quand il y trouverait sa convenance. Ce fut alors qu'Édouard mit à la voile le 22 juin, à la tête d'une flotte considérable. Philippe avait destiné à lui disputer le passage une flotte de plus de 160 vaisseaux, montée par 40,000 hommes. L'impéritie du trésorier Bahuchet, qui, dit Froissart, « ne savoit que faire compte, » et qui pourtant était un des amiraux français, fit perdre au roi la bataille de L'Écluse. Le résultat politique de cette défaite fut immense contre les Français; ils n'osèrent plus tenir la mer, et le passage du détroit resta libre aux Anglais. Cependant, Artevelde amenait soixante mille Flamands au secours du comte de Hainaut. Édouard vint inutilement assiéger pendant deux mois la forte ville de Tournay, que défendit courageusement Godemar du Fay, brave chevalier, envoyé par Philippe de Valois. Le roi lui-même vint camper à trois lieues de Tournay, se contentant de tenir l'ennemi en échec. Pour forcer le roi de France à sortir de son inaction, Robert d'Artois tenta de surprendre Saint-Omer. Déjà il était maître d'un des faubourgs, lorsque survinrent le duc de Bourgogne et le dauphin d'Auvergne. Les Flamands, mis en fuite, eurent beau jeter leur butin, ils furent poursuivis, perdirent 1,800 hommes, et rapportèrent l'épouvante dans l'armée. Bientôt les Flamands d'Artevelde, comme saisis d'une terreur panique, abandonnent le siége de Tournay.

Édouard, dont le trésor était épuisé, n'était pas plus heureux ailleurs: ses troupes se défendaient avec désavantage dans la Guienne. Jeanne de Valois, sœur du roi de France, mère du comte de Hainaut et belle-mère du roi d'Angleterre, s'interposa pour porter les deux rois à mettre bas les armes: ses prières, appuyées par la médiation de Benoît XII, amenèrent une trêve de six mois (25 septembre 1340), qui fut bientôt après prolongée. Philippe de Valois, avant de retourner à Paris, récompensa le courage et la fidélité des habitants de Tournay en leur rendant leur commune et en leur abandonnant sans partage l'administration de leur ville. Pendant le siége, Édouard avait écrit au roi de France, qu'il nommait seulement Philippe de Valois, pour lui proposer un combat décisif, seul à seul, ou chacun à la tête de cent chevaliers, ou avec leurs deux armées. Le roi répondit que, sans se reconnaître sous la désignation de Philippe de Valois, il voulait bien lui rappeler qu'en violation de son vasselage il était entré sur le territoire français, et que pour l'en chasser il ne prendrait pas le conseil de son ennemi, mais qu'il choisirait le temps qui lui conviendrait à lui-même. Heureux Philippe s'il fût toujours resté fidèle à ce plan de temporisation ! Il serait sans doute sorti triomphant de cette lutte, dont jusque alors, malgré le désastre de L'Écluse, tout l'avantage était pour lui. Il en remporta bientôt un autre par sa politique : il sut engager Louis IV à retirer à Édouard le vicariat de l'Empire.

Alors commença la guerre de Bretagne. Jean III, souverain de ce duché, mourut en 1341. Deux concurrents, Jean de Montfort et Charles de Blois, prétendaient à son héritage. Cette contestation fut portée devant la cour du parlement, *suffisamment garnie de pairs;* elle fut discutée longuement, et décidée, par arrêt du 7 septembre 1341, en faveur de Charles de Blois, neveu du roi de France. Montfort quitta Paris sans prendre congé de Philippe, et en appela à son épée. La noblesse de Bretagne se partagea entre les deux rivaux.

Pendant ce temps-là Philippe força le roi de Majorque, Jayme II, à venir à Paris lui faire hommage pour ses possessions en Languedoc (1342). Il commença avec Humbert aux Blanches Mains les négociations qui devaient plus tard assurer le Dauphiné à la France. En même temps il fournissait des subsides au roi de Castille pour le siége d'Algesiras; mais toutes ces dépenses mettaient toujours ce monarque aux expédients. En 1343 il rendit l'ordonnance qui établit le monopole du sel dans tout le royaume, et à cette occasion Édouard III surnomma, dit-on, son adversaire l'*auteur de la loi salique*. Philippe convoqua aussi une assemblée d'états généraux pour établir l'impôt du vingtième sur les marchandises; enfin, il altéra encore une fois les monnaies, et pour prévenir la disette contraignit les fermiers à porter au marché tous leurs blés. Ces vexations fiscales sont peu de chose en comparaison d'une de ces exécutions sanglantes si familières aux Valois, et dont Philippe VI donna le premier l'exemple. Je veux parler du supplice d'Olivier de Clisson et de quatorze seigneurs bretons soupçonnés d'être partisans d'Édouard III. Toutefois, cette même année Philippe rendit de sages ordonnances pour attirer par des franchises les négociants étrangers dans les marchés de France. Il régularisa les appels au parlement et abrégea les délais judiciaires.

La guerre se renouvela en Guienne, à l'expiration de la trêve, avec succès pour Édouard, dont les troupes s'emparèrent de Bergerac et d'Angoulême. L'année suivante (1344), Philippe rassemble les états de la nation, tant à Paris qu'à Toulouse, et obtient d'eux de nouveaux subsides, en leur promettant la réforme de quelques abus (1346). Tandis qu'à la tête d'une puissante armée le duc de Normandie reprend Angoulême et quelques villes de l'Aquitaine, Édouard, suivant le conseil de Geoffroy d'Harcourt, banni de France, fait une descente en Normandie, prend Caen, Louviers, puis se dirige sur Paris, passe la Seine à Poissy, et pousse des partis jusqu'aux portes de Paris. Cependant Philippe de Valois se met en mouvement, et refoule vers la Picardie les Anglais épuisés. Édouard, parvenu à Crécy, se trouva serré de si près qu'il présenta la bataille. Le roi de France eût pu vaincre son ennemi sans combattre; mais en voyant les Anglais « le sang lui mua, dit Froissart, car il les haïssoit ». Puis il donna le signal de la bataille.

Après le désastre de Crécy, Philippe se rendit à Amiens, où il recueillit les débris de son armée. La bataille de Crécy, qui révéla l'*impuissance militaire du monde féodal* en présence des bandes populaires, eut alors pour la France un bien funeste résultat, l'établissement des Anglais dans le royaume. Édouard veut s'emparer de Calais. Durant ce siége si glorieux pour ses héroïques habitants, Philippe, après avoir obtenu de l'argent par l'altération des monnaies, par la gabelle, par les décimes ecclésiastiques, par la confiscation des biens des marchands lombards, lève une nouvelle armée, marche vers Calais, arrive en vue de cette ville; mais il ne peut forcer le passage, ni réussir à combattre Édouard, qui cette fois refuse le défi. Il se retire tristement, et licencie son armée (1347). Cependant les Anglais ravageaient le Poitou; mais l'épuisement était égal des deux parts, et sous la médiation du pape Clément VI, successeur de Benoît XII, le vainqueur de Crécy et de Calais signa, le 28 septembre 1347, une trêve avec le roi de France.

Ce n'était pas assez de la guerre pour décimer le monde. La peste, importée d'Orient en Italie, puis en France, moissonna le tiers de la population. Philippe de Valois, supposant que ce fléau était une punition des blasphèmes du peuple, redoubla la sévérité des peines portées contre ce crime. On devait couper pour chaque récidive une lèvre, puis l'autre, puis enfin la langue; on punissait aussi ceux qui n'avaient pas dénoncé les blasphémateurs (1348). Alors commença une nouvelle persécution contre les juifs, qu'on accusait d'avoir empoisonné les fontaines. Dans cette même année, Philippe destitua tous ses trésoriers, et ne rendit pas moins de onze ordonnances sur les monnaies. Indépendamment du Dauphiné, qu'il acheva de payer cette année, il acheta au roi de Majorque Montpellier et Latte (1349). Pour subvenir à toutes ces dépenses, il changea neuf fois les monnaies, mit en vente les prévôtés et autres magistratures; enfin, révoqua tous les dons que lui ou ses prédécesseurs pouvaient avoir faits d'aucune partie du domaine royal dans la vicomté de Paris. On ne saurait peindre la misère des peuples à la fin de ce règne. Les trêves avec Édouard, prolongées jusqu'à la fin de ce règne, laissaient la France surchargée de soldats, qui pour subsister continuaient à parcourir le pays comme des brigands. En 1349 la secte mystique et impudique des flagellants, née dans les Pays-Bas, vint encore augmenter le désordre. Philippe de Valois les fit condamner d'abord par la Sorbonne, puis par le pape Clément VI, et les repoussa de ses frontières. La peste lui avait enlevé sa première femme, Jeanne de Bourgogne (septembre 1349). Il épousa, cinq mois après, Blanche de Navarre, jeune et belle princesse qui avait été promise au duc de Normandie. Philippe VI, âgé de cinquante-huit ans, survécut peu à ce second mariage, qui fut pour le royaume une grande occasion de dépenses.

Il mourut le 22 août 1350, laissant deux fils : Jean, duc de Normandie, qui lui succéda, et Philippe, duc d'Orléans. Philippe de Valois, qui était fort ignorant, méprisait la science. Il était soupçonneux, cruel, avare, mais d'ailleurs vaillant, généreux pour ses courtisans, et ne manquant pas d'une certaine hauteur d'âme. Charles Du Rozoir.

PHILIPPE. Il y a eu cinq rois d'Espagne de ce nom :

PHILIPPE Ier, dit *le Beau*, était fils de Maximilien et de Marie de Bourgogne; il épousa, en 1496, Jeanne, fille de Ferdinand, roi d'Aragon, et d'Isabelle, reine de Castille. Cette alliance faillit renverser tout l'équilibre de l'Europe. Car quatre ans après, en 1500, Philippe et sa femme se virent déclarés héritiers de la couronne d'Espagne, par suite de la mort de l'infant don Michel. Dans cette même année 1500 Philippe eut un fils, qui naquit à Gand. Cet enfant tenait cachée dans son berceau la couronne impériale : c'était Charles-Quint. En 1502 Philippe et sa femme se rendirent en Espagne, où les états de Tolède et de Saragosse les reconnurent en qualité d'héritiers de la couronne. Le séjour de Philippe en Espagne ne fut pas long. Jeanne était laide, sans esprit, sans grâce; l'étiquette de la cour d'Espagne, d'autre part, lassait Philippe, auquel d'ailleurs la jalousie et la passion de la reine ne laissaient pas un instant de repos. Cependant, Jeanne se trouvait enceinte, et cette considération eût dû retenir l'archiduc; mais, sans rien écouter, il partit le 22 décembre. En traversant la France, il eut à Lyon une entrevue avec Louis XII. Là, l'archiduc, se faisant fort pour son beau-père, signa un traité par lequel ce dernier consentait à suspendre le cours des victoires que l'épée de Gonzalve lui gagnait dans le royaume de Naples. Ferdinand ne se regarda point comme engagé, et il eut parfaitement raison. Philippe, ne voulant pas laisser soupçonner sa bonne foi, vint se livrer à Louis XII, qui le reçut parfaitement, et le reconduisit avec beaucoup d'honneur.

Isabelle de Castille, belle-mère de Philippe, mourut à Médina del Campo, le 26 novembre 1504. Dans son testament elle ordonna que son époux Ferdinand porterait le titre de régent jusqu'à ce que le fils de Jeanne, Charles, eût atteint sa vingtième année; elle légua aussi à son mari la moitié des revenus qui proviendraient des Indes. Mais elle exigea, avant de signer ces dernières dispositions, la promesse formelle du roi d'Aragon de ne pas former de nouveaux liens. Quoi qu'il en soit, Philippe et Jeanne, qui l'avait rejoint, prirent le titre de *rois de Castille*. Ferdinand les fit proclamer sous ce même titre, et prit pour lui, en vertu du testament, le pouvoir. Philippe était trop habile pour ne pas comprendre contre qui avait été tournée Isabelle mourante; de son côté, Ferdinand sentait bien que l'archiduc n'était pas homme à se contenter du lot qui lui était fait. De part et d'autre, on rusa. Mais Philippe éprouva une bien vive terreur : on lui apprit que son beau-père songeait à convoler à de nouvelles noces. En effet, excité par le désir de déshériter Jeanne et Philippe, Ferdinand demanda en mariage, d'abord Jeanne, fille supposée de Henri IV, dont l'illégitimité avait fait monter Isabelle sur le trône de Castille. Puis, sur le refus d'Emmanuel, roi de Portugal, dans les États duquel Jeanne vivait pieusement retirée, de consentir à cette étrange union, il tourna ses vues vers la France; il sollicita la main de Germaine de Foix, fille du vicomte de Narbonne et de Marie, sœur de Louis XII. Dès qu'il eut appris ce nouveau projet, Philippe Ier traita : il ne voulait que gagner le temps d'arriver sur les lieux. Par le traité de Salamanque, du 24 novembre 1504, il fut stipulé que le gouvernement de la Castille continuerait à être exercé au nom de Jeanne et de Philippe, et sous la régence de Ferdinand; que la moitié des emplois et des revenus appartiendrait à l'archiduc, et l'autre à son beau-père. Cette convention n'était de part et d'autre qu'un mensonge : en effet, Philippe, après avoir forcé le duc de Gueldre à la paix, partit du port de Flessingue le 10 janvier 1506 : il emmenait avec lui sa malheureuse femme, une flotte considérable et de nombreuses forces de terre. Après avoir essuyé une affreuse tempête, dont la furie le jeta sur les côtes d'Angleterre, où il fut perfidement retenu pendant plus de trois mois par Henri VII, il aborda à La Corogne, le 28 avril. A la nouvelle de ce débarquement, la noblesse castillane se déclara tout entière pour l'époux de Jeanne : le traité de Salamanque fut déchiré. Ferdinand, sentant bien que toute lutte était impossible, s'engagea, par un traité, le 27 juin, à remettre la régence de Castille entre les mains de l'archiduc et à se retirer dans ses États héréditaires d'Aragon. Une fois maître de la Castille, Philippe ne montra plus la même prudence : il voulut arracher à Jeanne l'ombre de pouvoir qu'elle possédait, en la faisant déclarer incapable. Cette démarche outrageante choqua les Castillans, déjà irrités de la faveur des Flamands : aussi les états de Valladolid refusèrent-ils d'acquiescer aux désirs du prince. Ils proclamèrent Jeanne et Philippe reine et roi d'Espagne, et leur fils Charles prince des Asturies.

Trois mois après, Philippe, à la suite d'une orgie, mourait à Burgos, le 25 septembre 1506, à l'âge de vingt-huit ans. L'Espagne n'eut pas le temps de le connaître, de l'aimer ou de le haïr sur de justes causes. Seulement, elle était choquée de la légèreté de sa conduite.

PHILIPPE II, *roi d'Espagne* (1555-1598), fils de l'empereur Charles-Quint et d'Élisabeth de Portugal, naquit à Valladolid, le 21 mai 1527. Son éducation fut confiée à des prêtres. Son caractère dès sa jeunesse était fort remarquable : il était calme, réfléchi, obstiné au travail, maître de lui-même au milieu de la plus violente colère. En 1543, Charles-Quint traita du mariage de son héritier avec Marie, fille de Jean, roi de Portugal. L'empereur engagea ensuite les cortès d'Aragon et de Valence à reconnaître Philippe comme héritier présomptif de ces deux couronnes. Le prince quitta l'Espagne en 1548; de Gênes, où il vint débarquer, il se rendit à Milan, qu'il quitta pour la cour impériale de Bruxelles. Les états de Brabant, et ensuite ceux des autres provinces, reconnurent solennellement son droit de succession. Il fut reçu par toutes les villes avec une pompe extraordinaire. Mais rien ne put dérider son front austère. Nous avons vu l'esprit léger de Philippe Ier choquer les fiers Castillans; ici, la sombre grandeur de Philippe II produisit le même effet sur l'esprit liant et facile des bons Flamands. Le fils de Charles-Quint ne fut pas plus heureux en Allemagne. Aux Flamands comme aux Allemands, il ne cessait de parler de la pureté de la foi espagnole; dans toutes ses paroles perçaient des menaces contre les hérétiques. Cette fausse conduite et d'autres vues politiques engagèrent Charles-Quint à renvoyer son fils dans cette terre d'Espagne, après laquelle il soupirait toujours. Veuf de dona Maria de Portugal, Philippe épousa, en 1554, Marie, fille de Henri VIII, quoique cette princesse eût onze ans de plus que lui. La mort de Marie, arrivée en 1558, fit avorter les plans de monarchie universelle qui avaient été la base de ce mariage. Longtemps même auparavant Philippe avait dû renoncer à l'idée d'asservir les populations anglaises à ses volontés, et le parlement repoussa péremptoirement sa demande d'être couronné en même temps que la reine son épouse. Ne pouvant, en Angleterre, s'asseoir comme il l'eût voulu, n'espérant plus avoir d'enfants de la reine, qui accusait les hérétiques de sa stérilité, Philippe, après un séjour de quatorze mois, revint en Flandre. Du reste, une plus grande fortune l'y attendait. En effet, l'empereur convoqua les états des Pays-Bas à Bruxelles pour le 25 octobre 1555; et quelques semaines après il fit abandon à son fils de toutes les couronnes d'Espagne. Dès ce jour Philippe fut le plus puissant prince du monde, car, outre l'Angleterre, qu'il tenait sous sa main, il possédait les plus fertiles contrées de l'Europe, les Espagnes, Naples, la Sicile, le Milanais, la Franche-Comté et les Pays-Bas; hors d'Europe, son autorité était reconnue par Tunis, Oran, le cap Vert, les îles Canaries, et par une grande partie du Nouveau Monde. Il disposait des armées les mieux exercées et des généraux les plus expérimentés de l'époque. La prospérité de l'Espagne n'avait encore subi aucun temps d'arrêt; la nation était en voie de complet développement; et les contrées étrangères placées sous l'autorité de la couronne constituaient de précieuses possessions propres à accroître encore la puissance et la magnificence d'un souverain. Avec de telles ressources à sa disposition un esprit sage et créateur eût dû faire des choses extraordinaires. Le despotisme monotone et mécanique de Philippe II, l'inintelligente roideur avec laquelle il prétendit imposer au monde le cercle rétréci des pensées qui le dominaient lui-même, sa haine pour toute libre activité de l'esprit partout où il lui arrivait de se manifester, eurent pour résultats, après ses quarante années de règne, l'appauvrissement du pays, la paralysie de toutes les forces vives de la nation pendant plusieurs siècles, la défection d'une partie des possessions accessoires de la couronne et la décadence accélérée de la puissance espagnole.

La paix de Câteau-Cambrésis mit fin à la première guerre contre la France, guerre dont Philippe II avait hérité de son père et qui dura de 1556 à 1559. Cette paix fut onéreuse sans doute pour la France, qui dut rendre au duc de Savoie le duché de Savoie, la principauté de Piémont et la Bresse; au duc de Mantoue le marquisat de Montferrat, et aux patriciens de Gênes l'île de Corse; mais du moins moyennant 500,000 écus payables en huit années à Élisabeth d'Angleterre, qui avait succédé à Marie, la seconde femme de Philippe II, elle garda Calais. Elle eût pu obtenir de meilleures conditions en se pressant moins; car Philippe avait à cœur de se trouver libre de ses mouvements, afin de pouvoir réaliser son projet constant d'écraser en tous lieux l'hydre de l'hérésie, et notamment dans les Pays-Bas. C'est dans ce but qu'il épousa en troisièmes noces Élisabeth de France, qui dès le commencement des conférences pour la paix avait été promise à l'infant don Carlos : ainsi, le père supplantait le fils. Après s'être réconcilié avec le saint-siége, occupé alors par Paul IV, Philippe songea à la réalisation de ses projets sur les Pays-Bas, dont il voulait détruire les nombreux priviléges locaux, en même temps qu'à l'aide de l'inquisition il entendait leur imposer l'unité politique de l'Espagne. La duchesse Marguerite de Parme, sa sœur consanguine, qu'il institua régente de ces provinces, lorsqu'il en partit pour aller visiter ses royaumes d'Espagne, chercha vainement à lui inspirer à cet égard quelques idées de modération. Quoique, pour donner un semblant de satisfaction à l'opinion publique, il se fût décidé à rappeler le cardinal Granvelle (1564), odieux aux populations, il ne modifia en rien son système. Aussi l'opposition, qui se manifesta d'abord dans les rangs de l'aristocratie, finit peu à peu par gagner toutes les classes de la population; et quelques déplorables scènes de révolution fournirent au roi l'occasion, ardemment désirée par lui, de faire de la force et de la rigueur. L'éloignement de la gouvernante Marguerite des Pays-Bas, la mission du duc d'Albe (1567), l'érection du fameux tribunal de sang, le supplice d'Egmond et de Hoorn, les persécutions atroces dirigées contre plusieurs milliers d'individus, l'épuisement systématique du pays au moyen d'impôts excessifs provoquèrent, surtout dans les provinces du nord, cette insurrection du désespoir qu'Albe lui-même (rappelé en 1573) fut aussi impuissant à comprimer que Requesens, homme plus doux et plus conciliant, de même que ses successeurs, le rusé don Juan d'Autriche, et le duc Alexandre de Parme, l'un des plus grands généraux de son siècle. A partir de l'Union d'Utrecht (1579) la séparation des provinces septentrionales fut irrévocable; et l'horrible assassinat que Philippe II fit commettre par Balthazar Gérard sur la personne de son redoutable adversaire le prince Guillaume d'Orange (1584), ne put point rétablir son autorité dans ces contrées. Ces luttes acharnées n'avaient abouti qu'à appauvrir l'Espagne.

Philippe II avait été plus heureux contre les Turcs que dans les Pays-Bas; et à la journée de Lépante (1571) on avait vu la croix remporter sur le croissant le plus éclatant des triomphes. A la mort du roi Sébastien de Portugal, il réussit aussi à faire prévaloir ses prétentions à la couronne de Portugal et à réunir ce royaume à l'Espagne (1581). Quant à l'Espagne, toutefois, elle s'appauvrit toujours de plus en plus; le commerce et l'industrie y perdirent toute activité, en même temps que l'énergie de la nation s'éteignit sous l'action abrutissante du despotisme politique et religieux. Un seul acte, l'expulsion des *Moriscos*, fit à l'Espagne d'incurables plaies. Plus le système de Philippe se dessinait, plus il témoignait d'impatience à anéantir toute espèce de liberté civile et religieuse, et plus la résistance de ses adversaires naturels acquérait des proportions redoutables. Le plus dangereux de tous lui semblait être Élisabeth d'Angleterre, contre laquelle il arma en 1588 une immense flotte, connue dans l'histoire sous le nom d'Armada. De ce colossal armement, ce qui échappa à l'habileté et à l'intrépidité des marins anglais périt victime d'épouvantables tempêtes; et l'Océan furieux engloutit une flotte dont la construction avait épuisé les dernières ressources de l'Espagne. Le commerce maritime et la puissance coloniale de cette puissance reçurent d'incurables blessures. Philippe II échoua également dans ses efforts pour empêcher Henri IV d'arriver au trône de France, et d'accord avec les Guises et la Ligue pour imposer à ce pays un prince de sa propre dynastie. Henri déjoua toutes les intrigues organisées contre lui; et la guerre qu'il soutint contre les Espagnols porta les derniers coups à la puissance de Philippe II, tandis que les Anglais s'emparaient de Cadix et y détruisaient ses vaisseaux, et que les sept provinces unies des Pays-Bas arrachaient leur indépendance à force de victoires. L'état de ses finances était devenu tellement misérable que pour subvenir à ses plus pressants besoins Philippe II se voyait réduit à recourir aux expédients tantôt les plus bizarres et tantôt les plus violents. Pour comble de misère, Philippe II finit par être atteint d'une maladie dégoûtante (la maladie pédiculaire), à laquelle il succomba, le 13 septembre 1598. Il laissait l'Espagne profondément ébranlée, le commerce, la navigation et l'industrie anéantis, tandis que l'Église et le clergé avaient seuls vu leurs richesses prendre un prodigieux accroissement.

Philippe II avait été quatre fois marié. De son premier mariage il avait eu l'infant don Carlos, qui se brouilla avec son père, et mourut en 1568, d'une mort mystérieuse. Son mariage avec la reine Marie d'Angleterre demeura stérile. Deux ans après la mort de cette princesse (1560), il se remaria avec Élisabeth de Valois, fille du roi de France Henri II, de laquelle il eut l'infante Claire-Eugénie, mais qui mourut dès l'année 1568. Philippe II épousa alors en quatrièmes noces Anne, fille de l'empereur Maximilien II, dont il eut un fils, qui fut *Philippe III.*

PHILIPPE III, *roi d'Espagne* (1598-1621), fils de Philippe II et d'Anne d'Autriche, naquit à Madrid, le 14 avril 1578. Il ne ressemblait en rien pour le caractère à son terrible père, auquel il succéda n'ayant encore que vingt ans. La nature avait refusé à Philippe III les vertus et même quelques-uns de ces vices qui font les grands rois. A peine Philippe II eut-il rendu le dernier soupir que son fils résolut d'abandonner le poids des affaires à son favori, le marquis de Denia, qu'il créa duc de Lerma. Le roi était plus incapable que Louis XIII, et le duc de Lerma n'avait pas le génie de Richelieu. La dette de l'État s'élevait au chiffre énorme de 140,000,000 de ducats, et cependant lors du mariage de Philippe III avec Marguerite d'Autriche, mariage célébré à Valence, le duc de Lerma fit sortir des trésors de l'État au moins 1,000,000. Ces noces précédèrent celles de l'archiduc Albert avec l'infante Isabelle. Ces deux époux partirent pour les Pays-Bas avec la promesse formelle d'être soutenus par l'Espagne, toujours en guerre contre les Flamands, que l'on s'obstinait à considérer comme des révoltés. La lutte dura encore onze années, et acheva d'épuiser l'Espagne d'hommes, d'argent et de généraux; et en 1609 il fallut enfin se résigner à signer avec les états des Pays-Bas une trêve de douze ans. Ce traité, composé de trente-huit articles, avait été médité par un des plus grands citoyens dont puisse s'honorer la liberté, par Barnevelt. Il porta le coup le plus rude à la puissante maison d'Espagne, qui dès lors cessa d'effrayer sérieusement l'Europe. Si le duc de Lerma avait été homme d'État, il se fût hâté de mettre à profit le temps de paix pour remédier aux maux de l'Espagne; mais au lieu de cela on vit alors le roi et son favori s'engager dans une lutte aussi difficile qu'impolitique contre une population mauresque demeurée paisiblement en Espagne. Après la conquête de Grenade par Ferdinand le Catholique, ces Maures avaient embrassé la foi du Christ; mais on les soupçonnait, non sans raison, de mêler à leur nouvelle foi beaucoup de souvenirs de leurs vieilles croyances. Cette population payait bien les droits de l'État, et tandis que les Espagnols de race oubliaient la culture de la terre, les Maures avaient des terres fécondes et d'admirables moissons. Un édit publié en septembre 1609 enjoignit à toute la colonie mauresque de se tenir prête, sous trois jours, à partir pour les ports désignés comme lieux d'embarquement. Le fertile royaume de Valence perdit ainsi près de 120,000 de ses habitants de toutes professions. On garda tous les enfants au-dessous de sept ans, que les soldats espagnols, avec la permission du roi, baptisèrent et vendirent comme esclaves. Quelques Maures qui avaient échappé aux soldats voulurent, par amour pour la patrie, vivre dans les bois. Philippe mit leur tête à prix, et les fit traquer comme des bêtes fauves.

En 1611, le roi d'Espagne et la reine régente de France consentirent au double mariage de leurs fils et de leurs filles.

En août 1612, le duc de Pastrana, envoyé de Philippe, vint à Paris ratifier le contrat de mariage conclu entre Élisabeth de France et le prince des Asturies d'une part, et de l'autre entre le jeune Louis et l'infante Anne. En 1618, Bedmar organisa sa fameuse conspiration contre Venise, qui faillit anéantir la république patricienne. Calderona était, de simple domestique du duc de Lerma, devenu le favori de Philippe III. Le duc-ministre, qui sentit que son étoile pâlissait, choisit un moment favorable (1618) pour mettre Uzeda, son fils, sous les yeux du roi. Uzeda réussit : le duc de Lerma obtint la pourpre de cardinal; mais cette faveur fut la dernière : le roi lui enjoignit, dans un billet écrit de sa main royale, de quitter Madrid. Toutes les places qu'occupait le duc de Lerma tombèrent en partage à son fils Uzeda. Don R. de Calderona, comte d'Oliva, poursuivi par-devant les tribunaux, se vit condamné à la peine capitale, peine qu'il ne subit que le 21 janvier 1621. Malade depuis plusieurs mois, Philippe III mourut le 23 février suivant, sans avoir jamais régné, car ce fantôme de roi fut pendant toute sa vie dominé par deux ou trois favoris, rusés, intrigants, habiles même si l'on veut, dans le mauvais sens du mot, mais incapables de porter l'héritage de Charles-Quint. Notons toutefois un édit qui honore la mémoire de Philippe III, celui par lequel, lorsqu'il eut reconnu les funestes effets de l'expulsion des *Moriscos*, il accorda la noblesse et l'exemption de guerre à tous ceux de ses sujets qui cultiveraient la terre.

PHILIPPE IV. A Philippe III succéda son fils Philippe IV (1621-1665), qui n'avait encore que seize ans. Le comte d'Olivarez, premier ministre de ce roi enfant, n'était pas de taille à lutter contre le génie de Richelieu, qui, reprenant les projets d'Henri IV, forma une coalition contre l'Espagne et démasqua ses projets quand il vit la fortune abandonner les drapeaux espagnols, dans la lutte que le tout-puissant Olivarez, à l'expiration de la trêve de douze années conclue avec les Provinces-Unies, avait tout aussitôt recommencée contre ceux qu'on persistait toujours à appeler les *révoltés des Pays-Bas*. Les succès de la coalition furent rapides. Elle enleva à l'Espagne l'Artois et la Catalogne. En même temps le Portugal recouvrait son indépendance politique, et se donnait pour roi le duc de Bragance. Philippe attribuant ses malheurs à l'impéritie de son ministre le renvoya, sans que cette velléité d'énergie fit varier sa fortune. La mort de sa femme, Élisabeth de France, fille de Henri IV, et sœur de Louis XIII, lui enleva les influences secrètes que la cour de Madrid avait conservées jusque alors en France. Il fallut se résigner à traiter, et la paix se conclut enfin en 1659, dans l'île des Faisans; paix glorieuse pour la France, qui obtenait le Roussillon et une grande partie de l'Artois, et qui fut négociée pour l'Espagne par Louis de Haro, et pour la France par le cardinal de Mazarin, successeur de Richelieu. L'Espagne céda en outre à la France ses droits sur l'Alsace. La paix de l'île des Faisans, appelée aussi *paix des Pyrénées*, fut annulée par le mariage de l'infante Marie-Thérèse. C'est ce mariage qui, en dépit des renonciations bien formelles de l'infante, devait, quarante ans plus tard, donner à la maison de Bourbon des droits à la couronne d'Espagne. Débarrassé de la guerre contre la France, Philippe IV espéra triompher aisément de la *révolte* du Portugal; mais la déroute complète qu'essuya son armée à la bataille de Villaviciosa lui apprit quelles ressources et quelle énergie une nation combattant pour son indépendance puise dans la nécessité de vaincre ou de périr. Philippe IV, accablé par ce désastre, se vit réduit à négocier avec la maison de Bragance; mais il mourut le 17 septembre 1665, avant d'avoir eu le temps de signer le traité de paix définitif entre les deux pays. Il laissait la couronne à son fils Charles II.

PHILIPPE V, *roi d'Espagne* (1701-1746), d'abord duc d'Anjou, petit-fils de Louis XIV roi de France, et fils cadet du dauphin, était né à Versailles, le 19 décembre 1683. Le testament de Charles II, roi d'Espagne, issu de la maison de Habsbourg, l'appela à recueillir la couronne d'Espagne le 2 octobre 1700; mais ce ne fut qu'après douze années de guerre qu'il lui fut donné d'en jouir paisiblement (*voyez* GUERRE DE LA SUCCESSION D'ESPAGNE). Déclaré roi d'Espagne à Fontainebleau et proclamé à Madrid le 24 novembre 1700, il parvint bien à entrer dans sa capitale en avril 1701; mais la guerre qu'avait fait éclater en Europe la question de la succession d'Espagne ne tarda point à avoir également la péninsule pyrénéenne pour théâtre. L'adversaire de Philippe V, Charles III, de la maison de Habsbourg, rencontra le plus chaleureux appui parmi les populations de la Catalogne (1705). Il contraignit à deux reprises Philippe V à se sauver de Madrid; et ce fut bien moins le bonheur de ses armes ou encore son mérite que la situation générale de l'Europe qui fut cause que le petit-fils de Louis XIV resta en définitive possesseur du trône d'Espagne, de l'obédience duquel on ne détacha, dans l'intérêt du maintien de l'équilibre européen, que les Pays-Bas et le Milanais, attribués à titre d'indemnité à la maison d'Autriche. Pendant la lutte, Philippe V n'avait fait preuve ni de talents ni d'énergie; alors, comme plus tard, il y eut pour lui besoin impérieux de se trouver placé sous la domination absolue d'un caractère plus fortement trempé. Gouverné d'abord par le cardinal Porto-Carrero, que par reconnaissance il avait maintenu à son arrivée en Espagne dans ses fonctions de premier ministre; puis, et surtout après son mariage avec Louise-Marie-Gabrielle de Savoie (1701), par la célèbre madame des Ursins, il ne fit point espérer à ses sujets un règne plus prospère que ne l'avaient été ceux de ses trois prédécesseurs immédiats de la maison de Habsbourg. Il faut reconnaître toutefois que ce fut pourtant sous ce prince que l'Espagne sembla vouloir s'arracher à la profonde léthargie dans laquelle elle était ensevelie depuis plus d'un siècle. Cette révolution réelle fut l'œuvre de la seconde femme de Philippe V, d'Élisabeth Farnèse, qu'il avait épousée en 1714; femme spirituelle, remuante et même quelque peu intrigante, qui s'empara complètement de l'esprit de son époux, qui prit pour conseillers des hommes fins et habiles comme Alberoni, ou bien d'adroits aventuriers comme Ripperda, et par là réussit à insuffler une vie nouvelle à l'Espagne. Afin de pouvoir constituer à ses propres enfants des dotations avec les anciennes possessions espagnoles, elle arracha la monarchie au sommeil léthargique dans lequel elle était depuis si longtemps plongée, créa une armée et une flotte nouvelles, et introduisit de salutaires éléments de fermentation dans l'état de marasme et de stagnation où se trouvait le pays. Quant à Philippe V, il demeurait complètement étranger à tout le mouvement qui se faisait autour de lui. D'une intelligence faible et paresseuse, enclin d'ailleurs à la mélancolie, il se décida en 1724, pour pouvoir se livrer plus librement aux minutieuses pratiques d'une piété fort peu éclairée, à abdiquer en faveur de son fils Louis, qui n'avait pas encore plus de dix-sept ans. Mais le jeune roi mourut huit mois après; alors, cédant aux représentations du clergé et surtout aux instances d'Élisabeth, Philippe V se résigna à remonter sur le trône, c'est-à-dire à servir de prête-nom à l'autorité absolue exercée par Élisabeth et par Ripperda. La profonde tristesse du monarque dégénéra peu à peu en un dérangement complet des facultés intellectuelles. Il refusait de quitter son lit, de prendre de la nourriture et encore bien plus de s'occuper d'affaires. La voix ravissante du célèbre castrat Farinelli était le seul charme à l'aide duquel on pût triompher par instants de l'état de somnolence dans lequel son intelligence était constamment plongée, et à lui faire donner alors quelques signes apparents de volonté et d'activité. Il mourut le 9 juillet 1746. Il eut pour successeur son second fils du premier lit, Ferdinand VI, qui régna de 1746 à 1759. Parmi ses enfants du second lit, Charles, qui régna d'abord à Naples, puis en Espagne sous le nom de Charles III (1759-1788), fut un prince distingué par son esprit et par son énergie.

PHILIPPE. Trois ducs de Bourgogne ont porté ce nom.

PHILIPPE Ier, comte et duc de Bourgogne, surnommé *de Rouvre*, du lieu de sa naissance, près de Dijon, était le petit-fils du duc Eudes IV, à qui il succéda en 1349, à l'âge de quatre ans, sous la tutelle de Jeanne de Boulogne, sa mère. Il prit les rênes du gouvernement en 1360, et mourut un an après, sans laisser de postérité. Le duché de Bourgogne fut alors réuni pour peu de temps à la couronne par le roi Jean.

PHILIPPE LE HARDI, quatrième fils du roi Jean, était né à Pontoise, en 1342. Son père était encore captif en Angleterre quand il lui fit donation du duché de Bourgogne, mais sous la réserve de réversibilité à la couronne de France *faute d'hoirs*. Le même acte déclara le nouveau duc de Bourgogne premier pair de France. Cette qualité était déjà attachée au duché, mais le roi Jean crut devoir renouveler cette clause pour écarter les prétentions des ducs d'Aquitaine et de Normandie. Cette donation fut confirmée par Charles V. Philippe lui remit la Touraine, et prit dès lors le titre de duc de Bourgogne. Il resta néanmoins quelques mois à la cour du roi son frère, et ne fit son entrée solennelle à Dijon qu'au mois de novembre de l'année 1364. Là, sur le maître autel de l'abbaye de Sainte-Bénigne, il jura devant Dieu et sur l'Évangile de tenir, garder, faire tenir et garder par ses officiers les libertés, immunités, priviléges, franchises, que les ducs de Bourgogne avaient accordés aux maires, échevins et communes de Bourgogne.

Philippe, que son intrépidité à la bataille de Poitiers avait fait surnommer *le Hardi*, avait eu souvent à combattre contre le fameux prince de Galles, appelé *le prince Noir*, qui avait vaincu les Français dans les champs de Crécy et de Poitiers. Ce prince, à la tête de vingt mille hommes, avait pénétré en 1366 dans le Bourbonnais et la Bourgogne; le duc Philippe fit retirer dans les villes fermées les habitants des campagnes, leurs bestiaux, leurs récoltes, et fit enlever jusqu'aux fers des moulins pour affamer l'ennemi. Duguesclin, arrivé à la hâte sur les bords de la Loire, mit en pleine déroute le prince Noir, qui courut s'enfermer dans les murs de Bordeaux. La Bourgogne fut ensuite envahie par les *grandes compagnies*. Toutes les milices des communes de Bourgogne leur opposèrent la plus courageuse résistance, sans pouvoir les éloigner. Le duc Philippe en détruisit une partie, et traita pour l'éloignement de l'autre avec leur chef Duguast; mais aux grandes compagnies succédèrent les *Jacques Bonhomme*, ou la *jacquerie*. A la tête des milices des communes, Philippe en tua un grand nombre, et refoula le reste en Alsace, où l'empereur Charles IV acheva de les disperser. Après cette expédition, Philippe se rendit avec une suite brillante à Gand pour épouser Marguerite de Flandre, qui lui apporta en dot les comtés d'Artois, de Flandre, de Rhetel et de Nevers.

Cependant les Anglais refusaient d'exécuter le traité de Bretigny. Le duc de Lancastre avait débarqué à Calais; Charles V lui opposa le duc de Bourgogne, à qui il recommanda d'éviter le combat. Philippe le Hardi n'obéit qu'à regret aux ordres de son frère. La campagne se passa en escarmouches; la prudence du roi Charles et les mouvements militaires de Philippe fatiguèrent l'ennemi, et l'Artois et la Picardie furent délivrés sans combat. Sur ces entrefaites Charles le Mauvais, roi de Navarre, voulut profiter de l'absence du duc pour s'emparer de la Bourgogne; mais Philippe n'avait pas laissé le duché sans défense : il avait confié le commandement des principales places aux meilleurs capitaines bourguignons. Lui-même, à la tête d'une troupe choisie, se tenait prêt à se porter sur les points menacés. La mort de Charles le Mauvais rassura la Bourgogne alarmée. Mais Philippe avait eu le tort grave de sacrifier dans des guerres qui n'intéressaient que son frère la fortune, le repos et la vie des Bourguignons. Pour fournir aux frais de ces guerres, il écrasa d'impôts la nation.

Les Anglais étaient entrés en Champagne; Philippe accourt au secours de son frère, et les force à abandonner cette province. Une nouvelle insurrection des Gantois le rappelle dans ses États du nord; les insurgés, battus à Comines, furent entièrement défaits à Rosbecque; ils perdirent dans ce dernier combat trente mille hommes et leur chef, Artevelde fils. Le dauphin se distingua dans cette journée, qui assura à son oncle Philippe la possession de la Flandre.

Cependant à Charles V avait succédé son fils Charles VI, qui fut bientôt frappé d'aliénation mentale; et loin de chercher à remédier à son affreuse position, la reine, Isabeau de Bavière, ne faisait que l'aggraver. Ce fut le prélude de tous les maux qui devaient accabler la France pendant quarante années. Les états généraux nommèrent le duc de Bourgogne lieutenant général du royaume. Ses deux frères, les ducs d'Anjou et de Berry, s'étaient rendus odieux et méprisables, l'un par ses exactions, l'autre par son extrême pusillanimité. Le duc d'Orléans, frère du roi, n'avait pu voir sans jalousie le choix des états généraux et la préférence qu'ils avaient accordée au duc Philippe; mais on se rappelait ses prodigalités et ses liaisons adultères avec la reine Isabeau. Telle fut la cause de la déplorable rivalité des maisons d'Orléans et de Bourgogne.

Le mariage de son fils avec l'héritière du Hainaut avait ajouté cette province à ses vastes possessions; il acheta en 1390, des fils du comte d'Armagnac, le comté de Charolais, que ces seigneurs tenaient en fief relevant du duché de Bourgogne. A sa demande, Charles VI, dans un de ses moments lucides, rendit une ordonnance qui accordait un confesseur aux condamnés au dernier supplice. Depuis que la papauté était devenue une puissance temporelle, le sacré collége n'avait presque pas cessé d'être divisé en plusieurs factions, et l'Europe chrétienne avait en même temps plusieurs papes, qui s'excommuniaient réciproquement. Le conseil de Charles VI, pour mettre un terme à ces schismes scandaleux, députa en 1395 le duc Philippe au pape Benoît XIII, qui résidait à Avignon. Le duc déploya dans cette ambassade une magnificence extraordinaire, mais il n'obtint rien.

A son retour, il reçut à Lyon les envoyés de Sigismond, roi de Hongrie, qui réclamait son secours. Le duc permit au comte de Nevers, son fils, de se mettre à la tête de l'armée auxiliaire, et lui donna pour conseil le sire de Couci. Les armées française et bourguignonne réunies aux Allemands comptaient cent mille combattants. Mais Galeas de Milan, indigné de ce que sa fille Valentine, épouse du duc d'Orléans, avait été chassée de la cour de France, sous prétexte d'avoir *ensorcelé* le roi Charles VI, s'arrêta en Anatolie avec toutes les troupes sous son commandement. L'armée du comte de Nevers entra néanmoins en Bulgarie, et s'empara de plusieurs places fortes. Divers succès signalèrent l'ouverture de cette campagne, dont la fin fut si désastreuse. Le duc de Nevers fut fait prisonnier, ainsi que d'autres chefs, le 28 septembre 1396, dans une bataille qui avait coûté la vie à un grand nombre de Bourguignons et de Français. A la nouvelle de ce désastre, les états, convoqués, votent une taxe extraordinaire pour la rançon du comte de Nevers; elle fut bientôt prête. Le duc Philippe y ajouta des présents considérables en faucons, chevaux, armes, argenterie, étoffes précieuses, etc. Le comte de Nevers revint bientôt dans sa patrie. Une affreuse contagion dévorait la Bourgogne et la France. Le duc Philippe s'était éloigné de Paris pour se soustraire à la contagion. Il était parti pour Bruxelles avec son fils le comte de Rethel, à qui la duchesse de Brabant avait fait donation de ses États. Mais le duc, déjà atteint par l'épidémie, fut contraint de s'arrêter à Hall; il se fit porter dans l'église Notre-Dame, célèbre alors par ses miracles; son mal s'accrut encore dans le saint lieu; on se hâta de le transporter à l'hôtel du Grand-Cerf, où bientôt il expira, dans les bras de ses enfants, le neuvième jour de l'invasion de la maladie, le 27 avril 1404.

PHILIPPE LE BON, IIIe du nom, duc de Bourgogne, de Brabant et de Luxembourg, comte de Flandre, d'Artois, de Hainaut, de Hollande, de Zélande, etc., fils et successeur de Jean sans Peur, tué à Montereau, en 1419, naquit à Dijon, le 13 juin 1396. Il n'avait que vingt-huit ans lorsqu'il succéda à son père. Il apprit à Gand le fatal événement du pont de

Montereau. Ne respirant dès lors que haine et vengeance contre le dauphin, il convoqua une assemblée de tous les nobles de ses États, et fit inviter à cette assemblée Henri V, qui se trouvait alors à Rouen. Jean Flourre, en prononçant l'oraison funèbre du feu duc, exhorta son jeune successeur à l'oubli du passé, et lui cita l'exemple d'Adrien. Sa voix ne fut pas entendue ; les courtisans de Philippe, corrompus par l'or des Anglais, aigrissaient encore le ressentiment du prince et le décidaient à signer le honteux traité d'Arras, qui déclarait le dauphin déchu de ses droits à la couronne de France. Le duc eut bientôt rassemblé une puissante armée, à la tête de laquelle il marcha contre son compétiteur, s'empara des villes qui lui étaient restées fidèles et arriva à Troyes, où la plus honteuse, la plus inique spoliation fut consommée. La l'infâme Isabeau vendit et livra à l'Anglais sa fille, le trône de son époux et les droits de son fils ; et le duc de Bourgogne, délirant de fureur et de vengeance, signa cet acte de violation des droits les plus sacrés. Ce traité de Troyes (21 mars 1421) ayant reçu immédiatement la sanction du parlement de Paris et l'approbation de l'université, le roi d'Angleterre prit dès lors le titre de régent et héritier du royaume de France. Une assemblée de factieux, convoquée à Paris, *au nom du régent*, prit insolemment le titre d'états généraux. Philippe fut le seul prince français qui s'y présenta. On l'entendit demander à l'usurpateur vengeance de la mort du feu duc son père. Trop habile pour compromettre ses forces et son avenir, le prince anglais laissait agir le duc de Bourgogne. Aux orgies avaient succédé les brigandages et les assassinats. Les habitants d'Orléans, réduits à leurs propres forces contre les Français et les Bourguignons, offrirent à Philippe de mettre en séquestre dans ses mains leur cité et ses dépendances, apanage du duc d'Orléans, alors prisonnier en Angleterre. Philippe accepta ; mais le prince anglais rejeta l'offre des commissaires, et ne craignit pas d'ajouter à son insolent et imprudent refus des mots injurieux pour le duc de Bourgogne. Dès ce moment, s'il n'eut point Philippe pour ennemi, il cessa du moins de l'avoir pour auxiliaire.

La mort de Jean sans Peur était assez vengée. Philippe se souvint qu'il était Français. Charles VI n'était plus ; un enfant étranger occupait son trône, sous la régence du duc de Bedfort ; la France n'était plus qu'une province anglaise ; le duc de Bourgogne n'était plus que l'humble vassal d'un insolent usurpateur. Il sentit enfin que la vengeance l'avait entraîné trop loin : rendu à lui-même, à l'honneur, à la raison, il se réconcilia à Nevers avec le duc de Bourbon, son beau-frère. Ce fut le prélude de la chute de la domination étrangère : elle devait succomber dès que le duc de Bourgogne lui retirerait son appui. Cet événement fut célébré par des fêtes. Une députation du concile de Bâle vint l'engager à se réconcilier avec Charles VII. Un congrès général fut convoqué à Arras. Philippe partit d'Auxerre avec sa cour : on lui rendit à Paris les honneurs souverains, et les dames parisiennes supplièrent la duchesse d'engager son époux à donner la paix à la France. Malgré les sollicitations du régent, le duc persista dans sa résolution de se rendre au congrès ; presque toutes les puissances de l'Europe y avaient des plénipotentiaires ; le roi de France s'y fit représenter par vingt-cinq commissaires ; les ministres anglais s'y firent longtemps attendre, et leurs propositions indignèrent l'assemblée. Le duc ne put sans être attendri voir à ses pieds son épouse et la France. Les prélats qui assistaient au congrès dissipèrent ses scrupules, et la paix fut signée le 21 septembre 1435. Le roi Charles VII désavoua le meurtre de Jean sans Peur. Il s'obligea à payer au duc Philippe cent cinquante mille écus pour les joyaux volés à Montereau en 1419. Il lui céda la seigneurie de Saint-Gengoult, les comtés d'Auxerre, de Mâcon, de Bar-sur-Seine, et plusieurs villes de Picardie. Il l'exempta de foi et hommage pour les fiefs qu'il tenait de la couronne de France. Le duc Philippe signala ce grand événement par une promotion de chevaliers de l'ordre de la Toison-d'Or, dont il était fondateur et grand maître. Le mariage de son fils, le comte de Charolais, avec Catherine de France, fille de Charles VII, cimenta l'union des deux principales branches de la famille royale. Philippe avait envoyé à Londres le roi d'armes de son ordre pour faire part à cette cour de la conclusion du nouveau traité de paix. Le roi d'Angleterre le fit loger chez un cordonnier, et l'accabla de mépris. Les boutiques des Bourguignons établis à Londres furent pillées, et l'envoyé congédié sans réponse.

Indigné d'un tel outrage, le duc se hâta de réunir son armée à celle de Charles VII. Les Anglais furent chassés de Paris, et le duc Philippe leur eût enlevé Calais sans la défection des Flamands. Il ne s'occupait plus qu'à réparer les fautes de sa jeunesse. Le duc d'Orléans, prisonnier en Angleterre depuis la bataille d'Azincourt, avait obtenu la permission de repasser en France pour faire les frais de sa rançon : il n'avait pu se procurer la somme exigée ; il était retourné à Londres. Le duc de Bourgogne vint à son aide, et la rançon fut payée. Ces deux princes se rencontrèrent pour la première fois à Gravelines, en 1440. Ils s'embrassèrent avec la plus franche cordialité. Pour mettre le sceau à l'union des deux familles, dont la rivalité avait été si funeste à la France, le duc de Bourgogne donna en mariage au duc d'Orléans Marie de Clèves, sa nièce, avec une dot de cent mille saluts d'or.

La Bourgogne était la patrie de ses ducs, qui la gouvernaient avec modération ; mais ils traitaient leurs autres États héréditaires en pays conquis. Telle est l'unique cause des fréquentes insurrections, qui, réprimées avec plus de sévérité que de justice et de prudence, y renaissaient à de fréquents intervalles. Le duc Philippe, après avoir battu les insurgés, commandés par Jean de Nivelle fils, pardonna à tous ceux qui survécurent au combat. La paix se rétablit promptement : il parcourut la Flandre avec le duc d'Orléans et sa jeune épouse. La paix régnait dans tous les pays soumis à la domination du duc Philippe ; elle fut troublée par l'arrivée du dauphin, depuis Louis XI, qui vint chercher asile en Bourgogne : le duc lui assura une forte pension, et fit d'inutiles efforts pour le réconcilier avec le roi son père. Le dauphin ne reparut qu'après un exil volontaire de dix années.

Philippe le Bon montra toujours pour la France le dévouement le plus désintéressé. Il aimait la paix, et ne recula devant aucun sacrifice pour prévenir de nouvelles collisions ; mais placé entre le comte de Charolais, son fils, et Louis XI, il n'était pas en son pouvoir d'éviter la guerre. Le comte de Charolais, alors dans ses États du nord, avait fait arrêter Rubempré, qu'il soupçonnait, non sans raison, avoir été envoyé par Louis XI pour l'assassiner. Le jeune comte s'était mis à la tête de la *confédération du bien public*. La bataille de Montlhéry et le traité de Conflans terminèrent cette guerre. Louis XI, tout en promettant au duc Philippe et au comte de Charolais la plus sincère amitié, la plus entière confiance, faisait insurger Liége et Dinan : le duc eut bientôt mis les insurgés en déroute (1466). Il révoqua les priviléges de Liége et de Dinan, et cette dernière ville fut livrée au pillage pendant huit jours. Il entrait dans la politique de Louis XI d'occuper gravement le duc de Bourgogne hors de France.

Philippe fonda pour les deux Bourgognes (le duché et le comté) une université à Dôle, et augmenta les priviléges et les dotations de celle de Louvain pour ses États du nord. Il n'épargnait rien pour attirer les savants et les retenir dans les pays de sa domination. Il mourut à Bruges, en 1467, d'une esquinancie. Il avait été marié trois fois : 1° avec Michelle de France, fille du roi Charles VII ; 2° avec Bonne d'Artois ; 3° avec Isabelle de Portugal, qui lui donna trois fils, dont deux, Antoine et Josse, moururent en bas âge. Charles, qui lui succéda, était né à Dijon, le 10 novembre 1433. Le duc Philippe avait eu de ses maîtresses quatorze enfants, qu'il avait fait élever avec soin. Quelques-uns obtinrent de grandes dignités dans l'Église ; d'autres devinrent chefs de plusieurs familles distinguées. DUFEY (de l'Yonne).

PHILIPPE *le Magnanime*, landgrave de Hesse, né le 13 novembre 1504, succéda à son père, le landgrave Guillaume II, le 11 juillet 1509, sous la tutelle de sa mère Anne, fille du duc Magnus de Mecklembourg. Déclaré majeur à l'âge de quatorze ans, il régna sur toute la Hesse à partir de l'an 1518. En 1523 il épousa Christine, fille du duc de Saxe, Georges le Barbu. En 1525 le landgrave marcha contre les paysans de la Thuringe, qui avaient levé l'étendard de l'insurrection (*voyez* PAYSANS [*Guerre des*]). Dès l'année précédente il s'était prononcé en faveur de la réforme, et en 1526 il introduisit la doctrine évangélique dans ses États, et en 1527 il employa les biens confisqués des couvents à fonder à Marbourg la première université protestante qu'il y ait eu en Allemagne. Quand les réformateurs wittembergeois et suisses se séparèrent sur des points de doctrine, Philippe fit tout pour les concilier. Il présida à cet effet lui-même le colloque tenu à Marbourg (1-3 octobre 1529), mais sans pouvoir atteindre son but. Ce ne fut qu'en 1536 qu'on put réaliser à Cassel et à Wittemberg un projet de compromis connu dans l'histoire sous le nom de *Formule de concorde*. A partir de 1535, le landgrave Philippe de Hesse fut à la tête de la ligue de Schmalkalde avec Jean-Frédéric le Magnanime. Après la bataille de Muhlberg, se fiant aux assurances de son gendre, le duc Maurice de Saxe, il se soumit à l'empereur; mais Charles-Quint le retint prisonnier, contrairement aux termes de la capitulation. Il dut lui abandonner son artillerie et acquitter en outre une rançon de 150,000 florins. Il ne recouvra sa liberté qu'en 1552, et envoya alors des secours aux huguenots français. Depuis lors il ne s'occupa plus que de gouverner ses États avec sagesse, et après les avoir partagés par son testament entre ses quatre fils il mourut, le 31 mars 1567.

D'accord avec son épouse, Christine, qui mourut seulement en 1549, et avec l'autorisation de Luther et de Mélanchthon, il s'était remarié, du vivant de sa première femme, en 1540, avec Marguerite de Saale (vulgairement appelée la *landgrave de la main gauche*), et avait eu d'elle six fils et six filles. En 1541 sa fille Agnès avait épousé le duc Maurice de Saxe. Ce fut, à tout prendre, un prince généreux et brave, mais agissant avec trop d'entraînement, moins prudent qu'instruit et actif, qui rendit les services les plus signalés à la réformation, mais plus particulièrement à la Hesse.

PHILIPPE Ier, treizième comte de Savoie, l'un des neuf fils de Thomas Ier, avait dès sa jeunesse embrassé la carrière ecclésiastique, et conformément aux abus qui régnaient alors, il jouissait sans être prêtre de plusieurs bénéfices. Il avait été tour à tour gouverneur du patrimoine de saint Pierre, gonfalonier de l'Église romaine, évêque de Valence, archevêque de Lyon, et général de l'armée pontificale; de sorte qu'au besoin il quittait la mitre pour endosser la cuirasse, et après avoir assisté au concile de Laon, assis à côté du souverain pontife, Innocent IV, il allait se faire battre sous les murs de Turin par les armées d'Asti et du Montferrat, réunies aux partisans de l'évêque de Turin. Philippe, parvenu au pouvoir à l'âge de soixante ans, avec une santé qui commençait à s'affaiblir, conservait cependant une grande énergie de caractère : il termina de nombreux démêlés par la voie des négociations; mais quand ce moyen ne put lui suffire, il n'hésita pas à recourir aux armes. Avant de mourir, en 1585, ce prince, *beau de sa personne et ami de la justice*, fit publier dans ses États « que tous ceux qui se croiraient lésés dans leurs droits eussent à lui faire parvenir leurs réclamations, *afin que justice leur fût sans délai rendue* ».

PHILIPPE II, septième duc de Savoie, dit *sans Terre*, cinquième fils du duc Louis, né avec un caractère entreprenant, un esprit étendu, mais inquiet et ambitieux, fut élevé à la cour de France, où les exemples du dauphin (depuis Louis XI) ne contribuèrent pas peu à le jeter dans une fausse voie. Frondeur comme le prince français, il se révolta comme lui contre l'autorité de son père. Arrêté par les soins artificieux de Louis XI, qui l'avait attiré en France sous prétexte de le réconcilier avec son père, il fut enfermé pendant deux ans au château de Loche. Rentré en grâce avec sa famille, il ne tarda pas à se venger du roi de France en se rangeant contre lui sous les drapeaux de Charles, duc de Bourgogne. Le prince de Savoie se distingua par ses exploits. Louis, qui ne voulait pas avoir pour ennemi un guerrier aussi redoutable, se l'attacha par des bienfaits, et dès lors le prince de Savoie rendit à la France des services importants. Devenu le bras droit de Charles VIII dans l'expédition d'Italie, il lui fut aussi utile par ses conseils que par son éloquence et sa valeur. Philippe comptait cinquante-huit ans. Sa sagesse, les services rendus à son pays, avaient fait oublier les écarts de sa jeunesse, quand il fut appelé à gouverner les États de Savoie. Son règne, qui ne dura pas deux ans, fut fertile en réformes et en institutions. Il mourut en 1496. L'abbé RENDU, Évêque d'Annecy.

PHILIPPE DE CÉSARÉE. *Voyez* ÉCLECTIQUE (Médecine).

PHILIPPE DE NERI (Saint), fondateur de la congrégation des prêtres de l'Oratoire, en Italie, naquit à Florence, en 1515, d'une famille noble. A l'âge de dix-neuf ans, il alla à Rome, où, après avoir achevé ses études, il se consacra tout entier au service des pèlerins et des malades. Promu au sacerdoce à trente-six ans, il fonda dans l'église du *Saint-Sauveur del Campo* la célèbre confrérie de *la Sainte-Trinité*, destinée à procurer des secours aux pauvres étrangers que la dévotion amène à Rome; et peu de temps après il fonda aussi l'hospice des pèlerins, qui lors du jubilé de 1600 donna, dit-on, l'hospitalité pendant trois jours à 444,500 hommes et à 25,000 femmes. Ayant gagné Salviati, frère du cardinal de ce nom, Tarugio, qui fut depuis cardinal, l'illustre Baronius et quelques autres, Philippe de Neri commença à instruire les enfants. Ses disciples furent appelés *oratoriens*, de ce qu'ils se plaçaient devant l'église pour appeler le peuple à la prière. Leurs exercices spirituels avaient été transférés en 1558 dans l'église de Saint-Jérôme de la Charité. Philippe la quitta en 1574, pour Saint-Jean des Florentins. Le pape Grégoire XIII approuva la congrégation l'année suivante. Le fondateur détacha quelques-uns de ses enfants, qui répandirent l'ordre dans toute l'Italie. Le succès fut immense. On n'y faisait point de vœu; on n'y était uni que par un lien de charité; rien de despotique dans l'autorité du général, qui ne gouvernait que trois années. Saint Philippe mourut à Rome, en 1595, à l'âge de quatre-vingts ans. Il s'était démis du généralat trois ans auparavant, en faveur de Baronius, qui, par ses conseils, travaillait aux *Annales ecclésiastiques*. Les constitutions de l'ordre ne furent imprimées qu'en 1612. La recommandation principale du fondateur à ses frères est de faire tous les jours dans l'oratoire ou église des instructions à la portée de leurs auditeurs. Saint Philippe fut canonisé en 1622. O a de lui des *Lettres* (Padoue, in-8°, 1751), des *Avis spirituels* (*Ricordi*), et quelques poésies insérées dans les *Rime oneste*.

PHILIPPE-ÉGALITÉ. *Voyez* ORLÉANS (Louis-Philippe-Joseph, duc d').

PHILIPPEAUX (PIERRE), né à Ferrières, dans le Maine, en 1750, mort sur l'échafaud, le 5 avril 1794, fut envoyé par le département de la Sarthe à la Convention nationale; il remplissait alors des fonctions judiciaires. Il se prononça énergiquement pour le jugement et la condamnation à mort de Louis XVI, et vota pendant longtemps avec les jacobins. Envoyé plus tard en mission dans la Vendée, il s'y brouilla avec quelques-uns de ses collègues et avec les généraux de l'armée révolutionnaire; il les attaqua à la tribune, à son retour à la Convention, faisant remonter jusqu'au comité de salut public lui-même la responsabilité des actes qu'il leur reprochait. Philippeaux se tourna alors du côté du parti que l'on accusait de modérantisme; les Sociétés des Cordeliers et des Droits de l'Homme le déclarèrent traître à la patrie; il fut arrêté le 30 mars 1794, traduit devant le tribunal révolutionnaire, qu'il avait contribué à fonder, et condamné. Fouquier-Tinville lui ayant parlé ironiquement pendant les débats, Philippeaux lui répondit : « Il vous est permis de me faire périr ; mais m'outrager, je vous le défends ! »

PHILIPPES, *Philippi*, ville de la Macédoine, qui avait autrefois dépendu de la Thrace, située au nord-ouest d'Amphipolis, fut ainsi appelée du nom de son conquérant, le roi Philippe II, qui l'agrandit beaucoup, à cause des mines d'or qui s'y trouvaient ; et plus tard elle devint particulièrement célèbre par les deux batailles dans lesquelles Antoine et Octave vainquirent, l'an 42 avant J.-C., les républicains aux ordres de Cassius et de Brutus. L'apôtre saint Paul y fonda aussi une commune chrétienne, l'an 53 de J.-C. ; et c'est à elle qu'est adressée l'Épître aux Philippiens. Les ruines de cette cité portent encore aujourd'hui le nom de *Philippi* ou *Feliba*.

PHILIPPEVILLE, petite ville fortifiée de la province de Namur (Belgique), sur la frontière de France, compte environ 1,600 habitants, et possède dans ses environs d'importantes carrières de marbre ainsi que des usines pour la préparation du fer. Elle a pour origine le bourg de Coubigny, ancienne dépendance du Hainaut, que la sœur de Charles-Quint, Marie d'Autriche, fit fortifier en 1525, et auquel elle donna désormais pour nom celui de son neveu, Philippe II. La paix des Pyrénées (1659) céda Philippeville à la France. Assiégée et prise par les alliés en 1814, un des articles du traité de Paris l'incorpora au nouveau royaume des Pays-Bas.

PHILIPPEVILLE, ville maritime de l'Algérie, province de Constantine, chef-lieu d'une sous-préfecture et d'un cercle militaire, siége d'un tribunal de première instance et d'une justice de paix. Elle possède une chambre de commerce et une caisse d'épargne. Située à 360 kilomètres d'Alger et à 83 de Constantine, sa population à la fin de 1846 comptait 5,003 Européens et 849 indigènes ; aujourd'hui elle a 6,081 habitants, dont 1,054 indigènes. Placée non loin de Stora, au centre du golfe de ce nom, l'ancien *Sinus Numidicus*, qui s'étend sur une longueur d'environ 80 kilomètres, depuis le cap de Fer à l'est jusqu'au cap Boujarone à l'ouest, Philippeville est dans un enfoncement profond, à l'occident de Bone, par 4° 32′ de longitude orientale et 37° 5′ de latitude septentrionale. Cet enfoncement, fermé par le cap Skikida à l'est, offre un port spacieux, une rade sûre et fort étendue, une position agréable et salubre, un territoire très-productif et la facilité d'ouvrir avec l'intérieur de promptes communications. Le mouillage a près de 7 kilomètres d'étendue le long de la côte, à partir du fond de la baie. Des montagnes rocailleuses, incultes et parsemées de broussailles le protégent contre les vents de l'ouest, du sud-ouest et du nord-ouest. Entourée de ces rochers à pic sur le bord de la mer et de terres cultivables vers l'embouchure du Sefsaf, Philippeville présente la figure d'un entonnoir à double orifice dont l'un est la Méditerranée et l'autre la riche plaine du Sefsaf. Elle est bâtie sur l'emplacement de l'ancienne *Rusicada*. L'histoire ne parle pas de la ville romaine, qui pourtant a dû être très-étendue et renfermer une population considérable. L'aspect du sol et l'état des ruines peuvent faire présumer qu'elle a été détruite par une violente commotion des éléments terrestres, car rien n'est resté debout. Tout y indique cependant la résidence d'un grand peuple : un cirque où pouvaient s'asseoir 6,000 spectateurs présente à l'antiquaire des ruines précieuses ; des statues, des vases, des inscriptions, indiquent que cette ville était dédiée à Vénus, ou que du moins cette déesse y était l'objet d'un culte particulier et d'offrandes voluptueuses ; des arènes dont les murs semblent défier le temps, ont conservé, à demi écroulées, les voûtes d'où l'on tirait probablement les bêtes féroces pour la lutte des gladiateurs ; d'immenses citernes semblent, par leurs dispositions, avoir été de grands réservoirs soit pour la distribution des eaux dans la ville, soit pour l'alimentation des bains ; enfin, les bases d'un quai immense, quoique rongées pendant plusieurs siècles par les battements de la mer, rappellent que le commerce a dû être considérable sur cette partie de la côte d'Afrique.

Une colonne de travailleurs chargée d'établir la route de Constantine à Stora ayant pu exécuter ce travail sans être inquiétée, le maréchal Valée voulut profiter de cet état de choses pour jeter les fondements d'une ville nouvelle. La tête de la route ne se trouvait plus qu'à 36 kilomètres de la mer, lorsque 4,000 hommes du camp de l'Arrouch se portèrent sur les ruines de Rusicada, qu'ils occupèrent sans résistance, le 8 octobre 1838 ; quelques coups de fusil furent seulement échangés dans la nuit avec les Kabyles. L'armée se mit aussitôt à fortifier cette position : le sol, jonché de ruines romaines, lui fournit d'amples matériaux, et la ville, destinée à s'étendre sur le versant des collines dont les crêtes sont couronnées par les ouvrages de défense, reçut le nom de *Philippeville*, en l'honneur du prince qui présidait alors aux destinées de la France.

Quand l'armée française occupa ce point, Rusicada n'offrait qu'un amas de pierres recouvertes en majeure partie de plusieurs couches de terre. Les indigènes y avaient une trentaine de mauvaises chaumières, dont ils furent expropriés de leur plein gré moyennant 360 *fr*. En moins de trois ans la ville prit une extension considérable. Plus de quatre cents maisons y furent bâties en six mois. Création tout européenne, toute française, Philippeville réunit tous les éléments qui peuvent concourir à la formation d'une bonne colonie ; le bois et l'eau y sont en abondance ; la terre a jusqu'à cinq mètres de puissance végétale ; les jardins y donnent d'excellents légumes et les céréales y viennent en abondance. Philippeville a été pourvue d'un mur d'enceinte, protégé par des fortins et des meurtrières ; l'hôpital militaire est bâti dans de belles proportions, l'arsenal est le plus grand et le plus commode de l'Algérie, la caserne d'infanterie est un magnifique bâtiment. En 1847 une mosquée y fut inaugurée par le service des agents coloniaux pour le culte musulman.

Philippeville est le port naturel de Constantine. Elle sert d'entrepôt au commerce de transit de l'Europe avec Constantine et le sahara oriental. L'importation consiste surtout en étoffes, notamment des calicots blancs ou écrus désignés sous les noms de *guinées d'Écosse, bafta, mahmoudi*, etc., des toiles et des mouchoirs imprimés d'une qualité inférieure ; des draps légers appelés *londrins* ; puis du sucre, du café, un peu de soieries et des ouvrages de bimbeloterie. Les retours de Constantine consistent en numéraire, en laines, cuirs, sangsues, grains et bestiaux. Il y a au sud de Philippeville de vastes forêts de chêne-liége, et on trouve des marbres statuaires au cap Filhla. L'organisation municipale civile y fut instituée le 31 janvier 1848. Elle comprend aujourd'hui comme sections suburbaines *Saint-Antoine* et *Damrémont-Valée*. Au mois d'août 1856, une secousse de tremblement de terre a fait tomber le clocher de l'église et lézardé l'église. On dut évacuer l'hôpital civil et l'hôpital militaire.

L. Louvet.

PHILIPPINES. On désigne sous ce nom le groupe d'îles situées à l'extrémité nord-est de l'archipel des Indes orientales, qui, s'étendant surtout du nord au sud, comprend plus de mille îles et îlots, dont la superficie totale, évaluée autrefois à environ 5,000 myriamètres carrés, a été reconnue dans ces derniers temps, d'après des opérations faites avec une plus rigoureuse exactitude, n'être que de 2,467 myriamètres carrés. Les plus importantes sont *Luzon* ou *Manila* (1,356 myriamètres carrés), celle de toutes qui se trouve située le plus au nord ; *Magindanao* ou *Mindanao* (1,191 myriamètres carrés), celle qui est située le plus au sud ; et entre ces deux points extrêmes *Mindoro* (135 myriamètres carrés), *Samar* (168), *Leyte* (145), *Negros* (120), *Panay* (163), les îles *Bisayer* (75) et *Zébu* (69), avec l'îlot de *Matan*, où périt Magellan, ainsi que le groupe des *Babuyanes* (8 myriamètres carrés), situé au nord de Luzon, et l'île *Palavan* (249 myriamètres carrés) s'étendant au nord de Bornéo et de la mer de Mindoro. Toutes ces îles, qui forment la continuation de la grande chaîne de volcans qui entoure la côte orientale de l'Asie, sont d'origine volcanique et présentent un grand nombre de volcans encore en activité. Bien que les plus grandes présentent aussi de vastes plaines, toutes sont de nature montagneuse, et doivent être rangées au nombre des îles hautes. En outre, leurs côtes sont découpées par une foule de baies et de golfes offrant d'excellents ancrages. En ce qui est du climat et de la nature du sol, elles appartiennent aux plus ravissantes contrées tropicales de la terre. Quoique exposées à de fréquents ouragans et tremblements de terre, quoique malsaines dans leurs parties basses et humides, elles jouissent en général d'un climat beaucoup plus sain que les autres îles de l'archipel des Indes orientales. Parfaitement arrosées et dotées d'un sol excellent, elles présentent encore, quoique situées à l'extrémité de la zone tropicale du nord, toute la magnificence de la végétation des tropiques ainsi qu'une fécondité qui rivalise avec celle de l'île de Java ou du Brésil. Les principaux articles de culture et d'exportation sont le sucre, le chanvre, le tabac, les bois de teinture, l'indigo, le riz, le café, le coton, le bois d'ébène, le sagou. L'industrie locale livre à la consommation surtout des cordages, des cigares, des nattes, des tresses de chanvre et de paille. La richesse de la faune répond à celle de la flore, et est la même que dans les autres îles des Indes orientales. On y trouve surtout de nombreux troupeaux de buffles sauvages et d'innombrables essaims d'abeilles sauvages. La mer qui les entoure offre quantité de poissons et de crustacés, et parmi ces derniers l'huître à perles; tandis que les montagnes recèlent dans leurs flancs de grandes richesses métalliques, encore peu exploitées jusqu'à ce jour. La population se compose en partie des anciens aborigènes, appartenant à la race des Papous ou Nègres de l'Australie, appelés par les Espagnols *Negritos del Monte*, et habitant en petit nombre les parties les plus impraticables de l'intérieur, où ils vivent encore complétement à l'état sauvage; et en partie de peuplades de race malaise, qui, venant de l'extérieur, refoulèrent les aborigènes dans l'intérieur et occupèrent les îles, où elles forment aujourd'hui la majorité des habitants. Ils se divisent en plusieurs nations, qui, sous l'influence de la civilisation chinoise et japonaise, sont parvenues, elles aussi, à un certain degré de culture. On y rencontre en outre une grande quantité d'émigrés chinois, qui constituent surtout l'élément industrieux et commerçant de la population; plus, des esclaves nègres et des Européens, des Espagnols surtout; et enfin des métis provenus du mélange de ces races diverses. Les peuplades aborigènes ou ont été subjuguées et converties à la foi chrétienne par les Espagnols, qui occupent la plus grande partie de ces îles, ou bien forment sous l'autorité de leurs sultans et petits chefs particuliers des nations mahométanes indépendantes. L'occupation de ces populations consiste dans l'agriculture et dans le commerce et, de nos jours même encore, un peu dans la piraterie.

Les possessions espagnoles forment une capitainerie générale (l'unique qu'il y ait en Asie), de laquelle dépend depuis longtemps une partie (19 myriamètres carrés) des îles Mariannes ou des L a r r o n s. Depuis qu'en 1851 le sultan de Magindanao, qui jusque alors avait régné indépendant sur la plus grande partie de cette île et sur les îlots voisins de Bunwout et du groupe Serangani (739 myriamètres carrés), de même que les souverains des îles Soulan et ceux de l'île Palavan, dont les Espagnols n'avaient jusque alors possédé que 60 myriamètres carrés, se sont soumis à la domination espagnole, elles présentent une superficie totale de 3,754 myriamètres carrés, dont 1,214 pour la seule île *Manila*, avec plus de 2,000,000 d'habitants. Dès 1850 on évaluait la population totale de la capitainerie générale à 3,815,878 âmes; et d'après les derniers renseignements recueillis elle dépasserait aujourd'hui 4,500,000. Le principal siége de la domination espagnole est l'île de Luzon, où la ville de *Manila*, sur le Passig, avec un beau port, forme le chef-lieu de la colonie. Elle est la résidence du capitaine général et d'un archevêque; y compris les faubourgs, sa population est de 150,000 habitants, qui se livrent à un commerce fort actif.

Ces îles furent découvertes en 1521 par Magellan, qui leur donna le nom d'*archipel Saint-Lazare;* mais les Espagnols n'en prirent possession qu'en 1571, époque où ils y fondèrent la ville de *Manila*. Autrefois on y voyait arriver chaque année un vaisseau d'Acapulco, port du Mexique, ainsi que les galions de la Chine, avec une cargaison d'un à deux millions de piastres en or ou en marchandises; et le commerce avec l'Europe était monopolisé au profit d'une société privilégiée établie en Europe. Par suite du déplorable système colonial suivi par les Espagnols, cette colonie fut longtemps sans pouvoir prospérer. C'est dans ces derniers temps seulement, et par suite de la suppression du monopole concédé à la société de commerce espagnole, que le commerce y a pris les remarquables développements grâce auxquels cette colonie est devenue une source de revenus pour le trésor de la mère patrie. Mais c'est là pour l'Espagne une possession des plus précaires, complétement placée sous le bon vouloir des moines, qui exercent sur les habitants l'influence la plus illimitée. Plusieurs fois déjà des révoltes ont failli renverser toute l'administration coloniale espagnole. En 1836 les revenus nets de la colonie s'élevaient à 4,604,000 *roupies* (220 roupies font 100 piastres d'Espagne), et les dépenses à 3,132,000 *roupies;* d'où résultait un excédant de 1,472,000 roupies. En 1851, dans le commerce de l'Espagne avec l'Asie, l'importation avait figuré pour 12,490,280 réaux, et l'exportation pour 5,006,148 réaux.

PHILIPPIQUES, nom de quatre célèbres harangues prononcées par D é m o s t h è n e contre P h i l i p p e de Macédoine, lorsqu'il menaçait l'indépendance de la Grèce. Elles sont intitulées : la première, *De la paix;* la seconde, *De l'Halonèse*, ou plutôt *D'une missive de Philippe* (cette harangue est peut-être d'Hégésippe ou de quelque écrivain inconnu); la troisième, *Sur les événements de la Chersonèse;* et la quatrième, *Sur la déclaration de guerre de Philippe.* Ces quatre discours respirent l'indignation patriotique qui caractérisait Démosthène. La clarté, la méthode avec lesquelles y sont disposées les idées, les raisonnements, égalent la force avec laquelle il les exprime.

On donne le même nom à des discours prononcés par C i c é r o n sur les affaires publiques, et dirigées principalement contre Antoine. Cicéron les intitula *Philippiques*, à l'imitation des quatre fameuses harangues de Démosthène contre l'ennemi de l'indépendance grecque. Les *Philippiques* de Cicéron sont au nombre de quatorze; la seconde et la onzième surtout se font remarquer par une force de pensée et d'expression digne de Démosthène. Ce sont les dernières harangues que prononça Cicéron. Antoine s'en vengea par la mort de l'orateur.

On a encore donné ce nom de *Philippiques* aux odes satiriques de L a G r a n g e - C h a n c e l contre Philippe, duc d'O r l é a n s, régent de France, pendant la minorité de Louis XV. Il y a du génie dans ces strophes, écrites sous les inspirations des conciliabules de Sceaux, et qui ont eu un retentissement européen.

Enfin, on qualifie de *Philippique* en général tout discours violent et satirique.

PHILIPPONS, secte russe, ainsi appelée du nom de son chef Philippe Pustoswiæt, sous la conduite duquel elle abandonna la Russie, vers la fin du dix-septième siècle. C'est une branche des r o s k o l n i k s, sectaires qui se donnent eux-mêmes la dénomination de *starowerski* ou *vieux-croyants*, parce qu'ils tiennent avec une rigueur extrême à une vieille traduction de la Bible, la seule, suivant eux, dans laquelle il n'y ait pas de falsifications, ainsi qu'aux vieux livres de cantiques et de prières de l'Église grecque, qui n'ont été gâtés que vers le milieu du dix-septième siècle, lors d'une révision qu'en fit faire à Moscou le patriarche Nikon. Parmi ces vieux-croyants, on distingue surtout les *popistes*, dont les prêtres vivent dans l'état de mariage; et les *anti-popis-*

tes, dont font partie les Philippons, qui ne reconnaissent l'autorité ni du saint synode ni d'aucun chef spirituel quelconque. Ils tiennent pour nul le sacrement de l'ordre conféré aux membres du clergé russe, ne tolèrent par conséquent parmi eux aucun prêtre qui l'ait reçu, et ne confient dès lors l'exercice du culte qu'à leurs *stariks*, c'est-à-dire aux plus anciens de la commune. Ceux-ci n'en portent pas moins la qualification de *popes*, et considèrent le célibat ecclésiastique comme impérieusement prescrit par le christianisme. Les *anti-popistes* furent l'objet de nombreuses persécutions en Russie, parce qu'ils s'éloignaient le plus des usages et des préceptes de l'Église grecque. Aussi, vers l'an 1700, un essaim de roskolniks abandonna-t-il son siége principal, le couvent de Pomer sur la Wuig, dans le gouvernement d'Olonez; puis sous la conduite de ce Philippe Pustoswiæt, paysan rusé, il émigra partie dans la Lithuanie polonaise et partie dans la contrée appelée plus tard *Nouvelle Prusse orientale*, d'où (notamment des environs de Seyni) il y a déjà longtemps qu'il est venu s'établir dans le cercle de Sensburg, arrondissement de Gumbinnen (Prusse). On compte aujourd'hui dans ce cercle *dix* colonies de Philippons, présentant ensemble un effectif total de 500 âmes. Leurs établissements les plus considérables sont Eckartowo et Ladnepole, où ils possèdent des églises en propre. Cette population de bons cultivateurs, remarquable par ses habitudes de propreté, de sobriété et d'ordre, est vue avec faveur par le gouvernement et par les grands propriétaires. Elle jouit en général d'une grande aisance. Quand les Philippons s'établirent en Prusse, divers priviléges leur furent accordés par le gouvernement.

PHILIPPSBOURG, ville du cercle du Bas-Rhin (grand-duché de Bade), à l'embouchure de la Salzbach dans le Rhin, avec 2,000 habitants, était jadis une célèbre place forte de l'Empire, appartenant à l'évêché de Spire. L'évêque Philippe de Spire fit choix pour sa résidence d'un bourg qui s'appelait alors Udenheim, le nomma *Philippsbourg*, en l'honneur de son bienheureux patron, l'apôtre saint Philippe, et le fortifia en 1618 et 1623. Pendant la guerre de trente ans cette place forte fut alternativement au pouvoir des Suédois, des Français, des Impériaux, puis encore des Français, à qui le traité de paix de Westphalie reconnut le droit d'y tenir garnison. Dans les guerres qui eurent lieu entre Louis XIV et l'Allemagne, les Allemands s'en emparèrent en 1676; et la paix de Nimègue leur en attribua définitivement la possession. En 1688 les Français s'en rendirent maîtres de nouveau; mais ils la restituèrent encore une fois à l'Allemagne, aux termes de la paix de Ryswick, en 1697. Le même jeu se joua encore en 1734, époque où il ne fut pas difficile aux Français commandés par le maréchal de Berwick, qui y trouva la mort, de s'en rendre maîtres de nouveau; mais ils l'évacuèrent encore une fois l'année suivante. A l'époque des guerres de la révolution, elle fut bombardée et prise en 1799; en 1800 on en rasa complétement les fortifications. En 1803 la souveraineté en fut attribuée au duc de Bade.

En 1849, le 21 juin, une partie de l'armée révolutionnaire badoise commandée par le polonais Mniewski, fut battue sous les murs de Philippsbourg par les Prussiens, qui occupèrent alors la ville, et poursuivirent ensuite les insurgés jusqu'à Wiesenthal.

PHILISTINS, peuplade guerrière de race sémitique, qui habitait sur les bords de la mer les plaines situées au sud-ouest de la Palestine, pays ainsi appelé d'après eux. Dès l'époque des Juges on voit les Philistins en lutte contre les Israélites, qu'ils tinrent asservis pendant l'espace de quarante ans, jusqu'à ce que Samuel eut mis fin à leur domination. Toutefois, ils renouvelèrent leurs incursions à diverses reprises sous Saül et sous David, et plus tard encore. A l'époque des Machabées ils étaient sujets des rois de Syrie. Outre Béelzébub, ils adoraient *Astarté* et deux dieux-poissons, *Dagon* et *Atergatis*.

Dans l'espèce de langage argotique en usage parmi les étudiants allemands, le mot *philistin* désigne tout ce qui est étranger à l'université, *le bourgeois*.

PHILOCHORE, célèbre historien grec, natif d'Athènes, vivait vers l'an 300 avant J.-C., et écrivit, sous le titre d'*Atthis*, un grand ouvrage sur l'histoire d'Athènes et de l'Attique depuis l'époque la plus reculée, qui était coordonné d'après les années d'exercice des rois et des archontes; et qui, en dépit de la pauvreté et de la sécheresse du style, ne laisse pas que d'avoir une grande valeur intrinsèque, en raison des riches matériaux qu'il contient et que les historiens subséquents n'ont pas manqué non plus de consulter. Dans ses *Historicorum Græcorum Fragmenta* (Paris, 1844) Müller en a réuni et publié les fragments les plus appréciés.

PHILOCTÈTE, fils de Pœas et de Démonassa, excellent archer, conduisit les habitants de Méthone, de Thaumacie, de Melibée et d'Olizon à la guerre de Troie. Cependant l'armée le laissa en route à Lemnos, malade d'une blessure que lui avait occasionnée la morsure d'un serpent; et elle ne tarda point à avoir besoin de lui. Quant à lui, il finit par revenir sain et sauf dans sa patrie. Voilà tout ce qu'Homère nous apprend à son sujet. Des poëtes postérieurs ont considérablement augmenté et modifié cette légende.

Lors de l'expédition de Troie, nous dit-on, il aurait été mordu au pied par un serpent commis à la garde d'un temple, dans la petite île de Chrysé, peu éloignée de celle de Lemnos. La plaie s'envenima, et répandait une odeur si insupportable, que les Grecs, suivant en cela les conseils d'Ulysse, l'abandonnèrent sur la côte de Lemnos. Il y passa neuf années, en proie aux plus violentes douleurs. La dixième, enfin, il vit arriver à lui Ulysse et Diomède ou Néoptolème (suivant Sophocle), envoyés vers lui par les Grecs et chargés de le ramener, parce que sans lui il était impossible de prendre Troie. Philoctète possédait en effet l'arc et les flèches d'Hercule, qui suivant la décision du devin Hélénos, étaient indispensables pour qu'Ilion tombât au pouvoir des Grecs. A son arrivée dans le camp des Grecs, Apollon le plongea dans un profond sommeil pendant la durée duquel Machaon lui fit l'opération de sa blessure et la guérit. Alors Philoctète tua Pâris, et Troie fut prise. A son retour dans ses foyers, poussé par la tempête sur les côtes d'Italie, il y fonda Petilia en Lucanie et Cumessa près de Crotone. Dans sa tragédie de *Philoctète*, Sophocle nous peint les souffrances et les douleurs de ce héros; nous n'avons plus que quelques fragments de la pièce qu'Euripide avait composée sous le même titre.

PHILODÈME, de Gadara en Syrie, philosophe épicurien contemporain de Cicéron et d'Atticus, qui l'estimaient comme poëte, composa en langue grecque, outre quelques petits poëmes, qui se trouvent dans l'Anthologie, et quelques dissertations morales, deux grands ouvrages retrouvés tout récemment à Herculanum; l'un *Sur la Rhétorique*, publié d'abord dans les *Antiquitates Herculanenses* (tome V) et dans les *Volumina Herculanensia* (volume II; Oxford, 1825), et en dernier lieu par Gros, sous le titre de *Philodemi Rhetorica* (Paris, 1840); et l'autre *Sur la Musique*, dont Murr a donné une édition à Strasbourg, en 1804, d'après les *Volumina Herculanensia* de Rosini (Naples, 1793).

PHILOLAUS était l'un des principaux disciples de Pythagore. Ses ouvrages sur l'histoire naturelle ne sont pas parvenus jusqu'à nous; mais ils étaient tellement estimés dans l'antiquité que Platon en paya un exemplaire 100 *mines*, c'est-à-dire plus de 9,000 fr. de notre monnaie. Ses idées sur le mouvement de rotation de la Terre autour du Soleil furent acceptées par ses successeurs immédiats; mais il est vraisemblable qu'elles finirent par tomber dans l'oubli, parce qu'elles ne s'appuyaient pas sur des raisonnements mathématiques. Nicétas de Syracuse y rattacha l'idée du mouvement de la Terre sur son axe, ainsi que Cicéron nous l'apprend dans ses *Quæstiones academicæ*; et on croit que c'est ce passage de Cicéron qui conduisit Copernic à établir le véritable système du monde.

PHILOLOGIE (du grec φιλεῖν, aimer, et λόγος, discours). Le nom de cette science existait déjà chez les Grecs, et suivant son étymologie ne désigna d'abord que l'amour de la parole, le goût pour la conversation. Mais quand on voit dans Platon Socrate se qualifier de *philologue*, il faut entendre par là dans un sens plus restreint les entretiens scientifiques et publics qui étaient la base d'enseignement de la philosophie de Socrate. Quand plus tard, au temps d'Aristote, les systèmes de la philosophie et de la science en général se trouvèrent fixés, et lorsque par suite l'énergie du génie grec, qui jusque alors avait fait preuve d'une force de production toujours nouvelle, se trouva épuisée, à la *production* succéda la *reproduction*. La vie intellectuelle se nourrit des trésors du passé, qu'on se mit à recueillir, à conserver, à commenter, ou bien à répéter avec des modifications de formes et de combinaisons, afin de dissimuler sous une nouvelle apparence le défaut de production originale. Dès lors on exigea des classes polies et éclairées la connaissance de ce qui existait en fait d'ouvrages de littérature et d'art ; cette connaissance spéciale ne fut plus du domaine public, elle se retira dans l'école, et devint le privilége de ceux qui possédaient les moyens nécessaires pour l'acquérir, tandis que la masse du peuple tombait dans l'indigence et l'ignorance, et que ceux à qui on avait enlevé la liberté politique n'avaient plus de vie publique, et par conséquent rien qui les poussât aux grandes choses et aux nobles efforts. C'est à cette instruction générale, d'un caractère essentiellement reproducteur et historique, mais sans limitation à un genre de préférence à un autre, que les Grecs dans les derniers temps de l'antiquité donnèrent le nom de *philologie;* et ce mot passa aux Romains avec le même sens. Quand l'érudition universelle se rencontrait à un haut degré chez certains individus, on les appelait *philologues;* qualification honorable, qui quelquefois servait aussi de surnom. Les ouvrages encyclopédiques ou mêlés, relatifs à des genres divers, étaient appelés *philologiques;* et ce furent surtout les grammairiens qui à l'origine, en s'occupant spécialement de l'explication des poëtes, furent amenés à donner à la science ce caractère d'universalité. Les Romains furent initiés aux savants commentaires sur la langue par le Grec Cratès de Malle (169 ans av. J.-C.). Suivant la définition donnée par Cicéron, l'étude philologique et grammaticale embrassait la connaissance des poëtes grecs, les recherches de l'histoire, l'intelligence approfondie et raisonnée des mots et les règles de la prononciation. Non-seulement la langue grecque, mais aussi la langue latine et les antiquités romaines, furent le but d'investigations savantes et approfondies, auxquelles se livrèrent avec ardeur Terentius Varron, célèbre historien et polygraphe (116-27 ans av. J.-C.), Verrius Flaccus (sous Auguste), Asinius Pollio et d'autres. Les principes et les règles de la grammaire grecque s'adaptèrent à la langue latine. Quintilien et Aulu-Gelle furent des philologues dans le sens le plus étendu de ce mot. De riches et nombreuses bibliothèques arrivèrent à Rome à la suite des conquêtes dues à la brillante valeur des légions. La littérature romaine fut exactement calquée sur la littérature grecque. Bientôt les ouvrages romains eurent aussi leurs commentateurs, tels qu'Asconius Pedianus, qui approfondit les discours de Cicéron, et Ælius Donatus, qui étudia Térence (50 ans après. J.-C.). Plusieurs de ces savants ouvrirent des cours publics consacrés à l'explication des auteurs classiques romains. Donatus (350 ans ap. J.-C.) et Priscianus (l'an 524) sont comptés au nombre des principaux docteurs de la grammaire latine.

Lorsque le christianisme s'établit sur les ruines du paganisme, l'étude de l'antiquité grecque et romaine fut abandonnée, quelquefois même proscrite par les premiers néophytes, qui regardaient comme nuisible et blâmable tout ce qui rappelait les temps passés. On peut donc, à juste titre, les accuser sur plusieurs points de la décadence des sciences et des lettres pendant une grande partie du moyen âge. L'invasion des barbares vint ajouter à cette œuvre de destruction. Cependant, les clercs, pour remplir dignement leur mission, sentirent qu'ils avaient besoin d'une éducation littéraire, et qu'ils ne pouvaient se passer de la connaissance des langues anciennes. C'est ce qui explique comment le clergé chrétien reçut et conserva jusqu'à un temps meilleur le dépôt des sciences et de la littérature. Pendant toute la durée du moyen âge on se servit dans les abbayes de l'Occident d'un livre composé au cinquième siècle par Marcianus Capella, qui y avait compris précisément sous le nom de *philologie* l'idée de ce qu'on appelait alors les *sept arts libéraux* (le *Trivium :* grammaire, dialectique, et rhétorique; et le *Quadrivium :* musique, arithmétique, géométrie et astronomie); il est vrai que l'enseignement n'était dirigé que vers l'étude de la théologie. Alors la langue latine revêtit de nouvelles couleurs, où se reflétaient le manque d'une culture classique, l'influence des idées cléricales, et les efforts que faisaient pour se constituer toutes les langues modernes, encore dans l'enfance. Ainsi se forma ce latin du moyen âge, usité surtout parmi les moines. Les écoles que fondèrent Charlemagne et les savants, qu'il aimait et protégeait, ramenèrent l'attention publique sur l'étude de la langue latine. Ce ne fut cependant qu'à dater du dixième siècle que la lecture continuelle et surtout la copie exacte des anciens classiques épurèrent le goût et ramenèrent les esprits à une étude plus sérieuse, à l'adoption d'une latinité plus pure et plus correcte. C'est en cela surtout que la congrégation de Cluny, et plus tard l'ordre de Cîteaux et des chartreux (à dater du douzième siècle) ont rendu d'importants services.

Dans le onzième et le douzième siècle apparurent plusieurs hommes célèbres, nourris de l'étude approfondie et judicieuse de la littérature classique. Ce fut en Italie et au douzième siècle que furent fondées les premières universités, puis en France et en Angleterre. Il faut citer ici Lanfranc de Pavie et son élève, Anselme d'Aoste; le savant Gerbert (mort en 1003, sur le siége pontifical, sous le nom de Sylvestre II), l'évêque Abbon de Fleury (mort en 1004), et Bruno de Cologne (mort en 1001). La théologie scientifique conduisit à la philosophie, et celle-ci ramena l'attention sur les œuvres de Platon et d'Aristote. Abeilard, Bernard de Clairvaux, Jean de Salisbury, Roger Bacon et d'autres, comprenaient parfaitement le grec, et écrivaient en latin avec beaucoup de pureté et d'élégance. Mais ils eurent à soutenir une lutte longue et ardente contre l'intolérance et le fanatisme. L'issue de cette lutte fut fatale aux lettres : au treizième siècle, l'étude intelligente des classiques romains tomba dans l'oubli, et la bonne latinité disparut. Dans le treizième et le quatorzième siècle, il se forma quelques institutions spécialement consacrées aux langues orientales, notamment à l'arabe et à l'hébreu, dont la connaissance était nécessaire aux missionnaires qui entreprenaient la conversion des infidèles. Les relations qui s'établirent entre les chrétiens et les mahométans en Occident et en Orient lors des croisades favorisèrent ces études, dont les progrès ne furent cependant pas rapides. Ce fut au milieu du quatorzième siècle que s'éveilla de nouveau le goût pour l'étude de l'antiquité classique. La première étincelle jaillit de l'Italie. L'étude des langues et des littératures anciennes y prit un grand développement, et se propagea de là dans l'Europe entière. L'Italie devint le centre de la philologie. Dans toutes ses grandes villes, dans celles même qui ne possédaient pas d'université, des chaires pour l'enseignement de la littérature ancienne furent fondées et occupées par de savants professeurs. Partout on vit s'élever et fleurir des associations philologiques. L'exemple donné par Pétrarque et Boccace, qui avaient rassemblé de riches collections d'ouvrages grecs et latins, ne resta pas infructueux; des bibliothèques particulières et publiques furent fondées et enrichies par des dons et des acquisitions; des trésors littéraires et scientifiques, enfouis dans la poussière des cloîtres, furent mis au jour et utilisés. A Florence, le grand Cosme de Médicis (1429) fonda l'*Académie Platonique;* son neveu, Laurent de Médicis, marchant sur ses traces, réunit, après de longues et dispendieuses recherches, une magnifique collection où se pressaient tous les chefs-d'œuvre littéraires, scientifiques et artistiques. Il attira dans cette résidence, devenue l'asile des Muses, tous les savants de l'Europe. A Rome, Nicolas V; à Milan, Visconti; à Vérone, Della Scala; en Sicile, le roi Robert, suivirent cette noble impulsion. Alde Manuce établit à Venise une institution littéraire. Enfin, la découverte de l'imprimerie donna à la marche progressive des sciences et des lettres une impulsion que rien désormais ne pouvait paralyser.

Les œuvres des auteurs classiques se répandirent dans toute l'Europe avec une prodigieuse rapidité; les collections, les commentaires, les travaux des scoliastes, furent reproduits et popularisés. Grâce à l'imprimerie, les recherches des philologues furent moins pénibles que lorsqu'ils étaient obligés de recourir à des copistes pour étudier les chefs-d'œuvre de l'antiquité. Dès lors la lecture des classiques et la connaissance des langues anciennes ne furent plus limitées au but unique et restreint que se proposait l'Église. Bientôt parurent d'assez heureuses imitations des anciens; bientôt chacun eut à cœur, trop peut-être, de s'exprimer en termes plus classiques que ses devanciers, d'employer une latinité plus pure et plus correcte. Au nombre des philologues les plus distingués de cette époque, il faut citer : Léonard Bruni d'Arezzo (1370-1444), Poggio Bracciolini (1380-1459), Laurent Valla (1407-1457), Nicolas Perotti, François Philelphe, Pomponio Leti, Marsile Ficin (1433-1499) et Ange Politien (1454-92).

L'étude de l'antiquité, qui venait de renaître en Italie, passa bientôt les monts, et se répandit en France. Dans le quinzième siècle, on trouvait à Paris des Grecs et des Italiens professant la philologie, et l'on y publiait de nombreuses traductions françaises des classiques latins.

A la fin du quinzième siècle, l'Angleterre se distingua par des études philologiques profondes et consciencieuses; elle en était redevable à quelques savants formés en Italie. Cette étude se propagea des Pays-Bas en Allemagne, où elle fut puissamment secondée par une réforme sage et éclairée de l'enseignement scolastique. Les premiers philologues allemands puisèrent leur instruction dans les écoles d'Italie : ce sont Rud. Agricola (1442-85), K. Celtès (1459-1508), Jean Reuchlin (1454-1521), et Érasme (1467-1536).

A partir du seizième siècle, lorsqu'en Italie l'étude de l'antiquité cessa d'être suivie avec autant d'ardeur, la Hollande devint la véritable école de la philologie. Là les savants les plus distingués, les plus laborieux, firent preuve d'une infatigable persévérance, et rendirent d'éminents services; ils s'attachèrent à tout ce qui pouvait jeter quelque lueur nouvelle sur l'étymologie des langues anciennes; ils recherchèrent avec la plus scrupuleuse, la plus minutieuse attention, tout ce qui pouvait expliquer les difficultés grammaticales; plus tard, ils firent à la jurisprudence une application utile des études philologiques. Au nombre de ces doctes, il faut citer Hugo de Groot (Grotius, 1583-1645), Juste Lipse, Adr. Jongbe (Junius) Gruter, Daniel et Nicolas Heinsius; les Gronovius, Burmann, Perizonius, Lambertus Bosius, Siegebert Havercamp, Drakenborch, Oudendorp, Hemsterhuis, Wesseling, Lennep, Hoogeven, Valkenaër, Ruhnken, Wyttenbach, etc. La philologie orientale trouva aussi de savants interprètes : Erpen (1584-1624), Leusden, Adrien Reland, Albert Schultens, feront époque dans cette science (1686-1750).

Les services rendus par les Anglais à la philologie classique, au dix-septième siècle, sont attestés par les noms de Th. Creech, Barnes, Joh. Hudson, Baxter, Clarke, Joh. Taylor, Daves, Wakefield, Robert Wood, Zach. Pearce, Middleton, Potter, et surtout l'illustre critique Rich. Bentley. Les Anglais s'adonnèrent avec zèle à la philologie orientale; ils citent avec orgueil les noms de Selden, de Leigtfoot, de Walton, de Sam. Clarke, de Pearson, de Castell, et de Lowth.

En France, surtout depuis le commencement du seizième siècle et pendant toute la durée du dix-septième, la philologie a compté de nombreux sectateurs. Rappelons à ce propos les noms de Guill. Budé ou Budæus (1467-1540), Jac. Cujas, Brisson, Denis Godefroi (mort en 1622), de Lambin, de Muret, des savants imprimeurs Rob. et Henri Estienne, du célèbre polygraphe Scaliger, de son fils Jos.-Just. Scaliger, d'Adrien Tournebœuf, de Claude Saumaise, d'Isaac Casaubon, de Vigier, de Dufresne, de Lefèvre, de l'archéologue Montfaucon, du savant Dacier et de sa docte épouse, et surtout d'un grand nombre de jésuites. Il serait injuste de ne pas rendre ici hommage aux travaux consciencieux et utiles de MM. Didot, qui, par leurs profondes connaissances philologiques, sont arrivés à conduire l'art typographique en France à un degré de perfection qu'il n'a jusqu'à ce jour atteint dans aucun pays.

L'étude de la littérature classique a exercé en France une puissante influence sur la littérature nationale. Les Français, dans la tragédie surtout, se sont longtemps attachés à imiter les modèles anciens. Dans les temps modernes, les études philologiques ont été fort négligées, et nous ne pouvons citer que quelques savants modestes, travailleurs infatigables, tels que Villoison, Raoul-Rochette, Boissonade, Larcher, Gail et Burnouf. Au dix-septième siècle, la philologie orientale trouva en France de savants représentants, tels que Bochart, D'Herbelot, Le Jay, La Croze, Houbigant, etc.; et de nos jours Silvestre de Sacy, Langlès, de Chézy, Eugène Burnouf, etc.

PHILOMÈLE et PROGNÉ. Ces deux héroïnes, d'une rare beauté, étaient filles de Pandion, roi d'Athènes. Térée, roi de Thrace, homme dur et cruel, comme son peuple, étant venu au secours de Pandion dans une guerre contre les Thébains, s'éprit d'une violente passion pour Progné. Il l'obtint facilement de Pandion, et l'emmena en Thrace, dont il la fit reine. Cinq années s'étaient déjà écoulées, après ce fatal hymen, quand Progné, qui aimait tendrement sa sœur, se sentit naître au fond de l'âme une envie indicible de la revoir. Elle supplie son époux de faire exprès le voyage d'Athènes, et d'engager son père à la lui confier seulement pour quelques mois. Quoique assailli de noirs pressentiments, Pandion se laissa persuader. Térée et Philomèle abordent bientôt sur les côtes de Thrace. Térée, dont une brutale passion, à l'aspect de la ravissante beauté de cette princesse, avait allumé le sang, mit là à exécution son sinistre dessein. Non loin du rivage verdissait éternellement un bois d'ifs, de pins et de cyprès; de sa sombre enceinte surgissait un donjon isolé. Ce fut dans un de ses appartements que Térée, comme un tigre que l'amour rend furieux, enferma l'infortunée Philomèle, qui, glacée d'effroi à l'aspect de ce lieu sauvage, demanda, d'une voix tremblante, à son beau-frère : « Où est ma sœur ? » Le Thrace ne répondit point, mais il se jeta sur cette colombe, qu'il déshonora. L'infortunée remplit de ses cris ces voûtes retentissantes; elle dévoue à l'enfer l'exécrable Térée. Lui, dans sa rage et dans son trouble, tire son épée d'une main, et saisissant sa langue de l'autre, la lui coupe jusqu'à la racine, puis sur cette muette ruisselante de sang, au rapport d'Ovide, le barbare étancha jusqu'à satiété la soif âcre de sa passion.

Lorsque Térée entra dans son palais, la première question que lui fit son épouse fut aussi : « Où est ma sœur ? Elle est morte dans la traversée, répondit Térée. » Progné le crut, poussa des cris lamentables, éleva un cénotaphe à sa sœur, et arrosait chaque jour de ses larmes ce tombeau, hélas ! vide, qui n'enfermait qu'un vain nom. Toutefois, mutilée et déshonorée, la fille de Pandion nourrissait son cœur de rage et de vengeance. Les caractères alphabétiques avaient été récemment apportés en Grèce. Philomèle, par leur moyen, broda sur un canevas, avec des fils rouges et blancs, le drame sanglant de son voyage et sa captivité. Cette tapisserie, roulée, fut confiée à un garde ignorant, qui la remit aux mains mêmes de Progné. Celle-ci, à l'aspect de ce tableau d'horreurs, devint tout à coup furieuse comme une ménade. Justement, la nuit suivante, la Thrace célébrait les orgies de Bacchus, où les femmes ivres jouaient les premiers rôles. Vêtue d'une peau de panthère, Progné se précipite dans le bois tragique, arrache du donjon sa sœur muette, l'arme d'un thyrse aigu, et l'entraîne au palais de Térée. Là ce prince, à table, semblait se délecter d'un mets qu'il trouvait délicieux. Progné, demi-cachée sous des lierres et des pampres, entra soudainement, et son mari lui demandant où était le petit Itys, leur enfant : « Le voilà ! » dit horriblement cette ménade, en lui montrant du doigt le mets exécrable dont il mangeait; puis Philomèle, poussant des hurlements inarticulés, se précipita de la chambre voisine, et jeta sur la table la tête de l'enfant, que sa mère, agitée des Furies, avait tranchée elle-même. Le sang de l'innocent criait du fond des entrailles de Térée. Comme en démence, l'épée à la main, ce malheureux vole sur les traces des deux sœurs ; « mais elles fuyaient avec tant de légèreté, raconte Ovide, qu'on aurait dit qu'elles avaient des ailes : en effet, elles en avaient. » Progné fut changée en hirondelle, Philomèle en rossignol, Térée en huppe, et le petit Itys en chardonneret. Ceci a rapport aux mythes; mais la légende grecque veut que les deux princesses eurent le temps de gagner un vaisseau qui les attendait sur la côte, qu'elles retournèrent au palais de Pandion, à Athènes; et que ce roi, apprenant ce drame affreux, en mourut de douleur. Pausanias assure qu'on voyait le tombeau de Térée près d'Athènes.

Homère ne décrit point cette légende telle que la raconte Ovide ; il fait Philomèle fille de Pandare, fils de Mérops. Elle fut aussi changée en rossignol, qui, dans ses chants harmonieux et plaintifs, déplore la mort d'un enfant chéri, de son Ityle, mais qu'elle n'a tué que par mégarde, en place de son mari. DENNE-BARON.

PHILOMÈLE, général phocéen. *Voyez* GUERRE SACRÉE.

PHILOMÉTOR (de φίλος, ami, et μήτηρ, mère), surnom donné par antiphrase à Ptolémée VI, roi d'Égypte, parce que Cléopâtre, sa mère, le détestait.

PHILON, philosophe juif, naquit vers l'an 30 avant J.-C. Il était de race sacerdotale, et d'une des premières familles d'Alexandrie ; où son frère, Lysimaque, occupait le rang d'*arabarque*, c'est-à-dire premier magistrat des Juifs. A la plus profonde instruction dans la philosophie grecque Philon joignait une connaissance non moins vaste dans la doctrine de ses ancêtres. Quand il put prendre part au mouvement du monde scientifique, l'école d'Alexandrie était déjà devenue une arène, dans laquelle les divers systèmes de philosophie combattaient afin d'obtenir la prééminence; mais les champions des idées orientales se tenaient pour le moment à l'écart, et laissaient toute place aux défenseurs du judaïsme et de la philosophie païenne. Un autre Juif, Aristobule, avait engagé la lutte; il s'était efforcé de confondre les spéculations d'Aristote avec les inspirations de Moïse, et de prouver que toute la science philosophique des Grecs leur venait des Hébreux. A son tour, Philon voulut établir une conformité parfaite entre le platonisme et le pythagorisme et les traditions juives. L'adresse qu'il y fit voir, l'ardeur qu'il y déploya, furent telles qu'en l'entendant on disait dans Alexandrie : *Philon platonise*, ou *Platon philonise*, et qu'après avoir lu ses écrits l'historien Sozomène l'a surnommé *Philon le pythagoricien*.

Le dessein que Philon avait formé de concilier les Grecs et les Juifs par la commune origine de leurs systèmes ne fit que les aigrir au point d'occasionner entre les deux nations une guerre opiniâtre. Les Grecs, qu'appuyait le crédit d'Avilius Flaccus, préfet de l'Égypte, durent l'emporter sur leurs adversaires. Ce fut dans cette circonstance que les Juifs d'Alexandrie députèrent Philon pour plaider leur cause auprès de Caligula, et lui demander la confirmation des droits de cité qu'ils tenaient des Ptolémées et des Césars, et qu'on leur avait ôtés, ainsi que la restitution de quelques synagogues, dont on venait de les déposséder. L'empereur l'accueillit, mais refusa de faire droit à ses réclamations, parce que le gouverneur, Avilius Flaccus, consulté sur cette affaire, s'était prononcé contre les Juifs. Obligé de s'en retourner sans avoir réussi, Philon courut encore le danger de perdre la vie, et son frère Lysimaque fut mis en prison par l'ordre de Flaccus. Le ressentiment que l'illustre Juif en conçut nous a valu de sa part deux écrits fort intéressants : l'un a pour titre *Contre Flaccus*, et l'autre *Des Vertus, ou l'Ambassade à Caius*, titre où la maligne ironie de l'ouvrage s'annonce si bien par l'accolade fort étrange du mot *vertus* avec le nom de Caius Caligula. Saint Jérôme, Eusèbe, Suidas, et quelques autres anciens, rapportent que Philon, âgé de cent ans environ, fit un second voyage à Rome, pour y voir saint Pierre, qui l'admit à la communion chrétienne; et Photius ajoute qu'il abjura peu de temps après, par suite de quelque mécontentement. Tous les critiques judicieux rejettent ces faits comme entièrement dénués de preuves. En effet, on voit que, du moins pour la profession publique, Philon se montra toujours fidèle à la religion de ses pères. Du reste, le temps de sa mort est encore plus incertain que l'époque de sa naissance.

Philon avait composé un grand nombre d'ouvrages, dont la plupart sont perdus. Ceux que nous possédons, tous écrits en grec, étaient pour Origène l'objet d'une admiration sans bornes, et Photius, bien moins partisan du figurisme, reconnaît pourtant qu'on n'en saurait assez louer la sublimité des pensées, l'éclat du style et la force de l'expression. Ces écrits peuvent se diviser en trois classes, selon qu'ils concernent la cosmogonie et la législation de Moïse ou les événements consignés dans les annales judaïques. Les traités *De la Création du Monde*, l'*Hexaméron*, ou *Les Six Jours*, appartiennent à la première classe; *La Vie d'un sage qui se perfectionne par ses études, ou Abraham*, *la Vie de Moïse*, *l'Homme qui s'adonne à la vertu est libre*, *la Vie contemplative*, tiennent à la seconde; les traités *Du Décalogue*, *De la Monarchie* et *De la Circoncision*, formant la troisième classe, développent, outre le sujet indiqué, une foule de questions et d'idées qui ne se rattachent que de loin aux prescriptions de Moïse. En général, quelle que soit la matière dont s'occupe Philon, toujours ambitieux de plaire aux Grecs, en leur rappelant Platon et Pythagore, il emprunte le style et même le fond du système de ces deux philosophes, lorsqu'il s'agirait d'expliquer le code sacré des Juifs ou d'exposer les événements qui concernent cette nation.

Les ouvrages de Philon sont pleins de raisonnements sur toutes sortes de nombres. Il donne à chacun sa vertu particulière, et fonde sur cette base presque toutes ses explications de l'Ancien Testament. Malgré le profond savoir que cet écrivain a montré dans les Saintes Écritures, de graves critiques, tels que Huet, Scaliger et Mangey, savant éditeur des œuvres de Philon, pensent qu'il ne savait point l'hébreu. Cette opinion, déjà bien étonnante, devient tout à fait inadmissible si, comme l'assurent Origène et saint Jérôme, Philon est l'auteur de l'interprétation des noms propres cités dans le *Pentateuque* et dans les prophètes, traité qu'on a recueilli avec les œuvres de saint Jérôme. Outre les ouvrages que nous avons mentionnés, Anastase, dit *Sinaïte*, parce qu'il était moine du mont Sinaï, attribue à Philon une déclamation perdue, dit-il, depuis longtemps, et dirigée contre la divinité de Jésus-Christ : tout porte à croire que cet écrit n'a jamais existé, du moins comme véritable ouvrage de Philon. E. LAVIGNE.

PHILON de BYBLOS *en Phénicie*, grammairien qui vivait vers la fin du premier siècle de notre ère, composa, indépendamment de quelques autres ouvrages historiques, une traduction grecque de l'*Histoire de Phénicie* par Sanchoniathon en neuf livres, mais dont le premier seulement est parvenu jusqu'à nous dans la *Præparatio evangelica* d'Eusèbe, et encore dans un état de détérioration très-grande. En 1835 un certain Wagenfeld annonça à Brême qu'il avait obtenu par le colonel Pereira une copie complète de cette traduction provenant du couvent de Santa-Maria de Merinhao, dans la province portugaise d'Entre-Duero-et-Minho ; et bientôt après il la publia partie avec traduction latine et partie avec traduction allemande en regard (Lubeck, 1837). Mais il a été démontré jusqu'à la dernière évidence que tout cela n'était qu'une fraude littéraire (*voyez* SANCHONIATHON).

PHILON de LARISSE, philosophe, contemporain de Cicéron, qui habitait Rome et appartenait à la nouvelle Académie. Il est fréquemment cité aussi comme ayant été le fondateur de la *troisième Académie*.

PHILON de BYZANCE vivait vers l'an 150 av. J.-C., et, outre quelques ouvrages relatifs à la mécanique, écrivit aussi un ouvrage sur les sept merveilles du monde des anciens. La meilleure édition que nous en ayons est celle qu'en a donnée Orelli (Leipzig, 1816).

PHILOPATOR (de φίλος, ami, et πατήρ, père), surnom de quelques anciens rois d'Égypte et de Syrie, distingués par leur tendresse pour leur père, et donné par dérision à un Ptolémée, roi d'Égypte, qui avait empoisonné son père.

PHILOPOEMEN était fils de Craugis, de la ville de Mégalopolis. Il fut confié, au sortir de son enfance, à Ecdemus et Démophane, disciples d'Arcesilaus. Philopœmen montra dès son jeune âge tout ce qu'il devait être un jour. Plein de l'idée d'Épaminondas, il se proposa d'imiter en tout ce grand homme. Il ne voulut connaître ni jeux ni délassements ; il se soumit à la frugalité la plus grande : sans cesse il s'exerçait dans les travaux de la vie rustique et dans ceux de la guerre, espérant y trouver avec sa gloire le salut de sa patrie. Cependant, les vertus bienveillantes et douces dont Épaminondas était un parfait modèle, et qui sont si nécessaires pour le gouvernement des affaires publiques dans une cité libre, s'accommodaient peu avec l'humeur bouillante et emportée de Philopœmen. Celui-ci ne put jamais réussir à dompter entièrement son penchant à la colère ; aussi la fougue de son tempérament le rendait-elle plus propre aux exploits guerriers qu'aux détails du gouvernement.

Philopœmen avait trente ans lorsque la fortune lui offrit la première occasion de mettre en pratique ce qu'il méditait depuis longtemps. Le roi de Sparte Cléomène vint attaquer à l'improviste Mégalopolis. Philopœmen accourut sur la place publique, où avaient déjà pénétré les troupes lacédémoniennes, et par ses mesures, sa promptitude, sa bonne contenance et surtout sa valeur, il repoussa les ennemis. Peu de temps après, dans une bataille entre les Lacédémoniens et les Achéens, soutenus des Macédoniens, par une charge faite à propos, il détermina la victoire en faveur des Achéens, et mérita que le roi Antigone dit de lui que dans cette journée, où les vieux capitaines avaient montré peu de prudence, Philopœmen avait fait l'action d'un capitaine expérimenté. Sa sagesse et sa valeur fixèrent l'attention sur lui, et dans une des assemblées générales de la ligue achéenne, Philopœmen fut nommé préteur ou stratége de la ligue (c'est-à-dire général ou chef). Dès qu'il fut dans ce poste, il songea à exécuter les réformes qu'il avait méditées. Il donna aux troupes des armes plus complètes, et les forma à toutes les évolutions qui font la supériorité d'une armée, et auxquelles les milices achéennes avaient jusque alors refusé de s'exercer. Cette discipline ne leur fut point inutile dans une rencontre que les Achéens eurent bientôt avec le tyran de Lacédémone Machanidas. Celui-ci fut défait, et tué de la main même de Philopœmen. Les Achéens, charmés de cette action, en perpétuèrent la mémoire par une statue qu'ils élevèrent dans le temple d'Apollon à Delphes, et qui représentait Philopœmen au moment où il tuait le tyran.

Cependant, Philopœmen ne réussit pas toujours dans ses entreprises. Il fut malheureux dans un combat naval contre le successeur de Machanidas, Nabis. Ce tyran fut bientôt après assassiné, et cet événement jeta Sparte dans la confusion. Philopœmen s'y rendit aussitôt, et fit tant par force et par adresse qu'il y rétablit le calme, et adjoignit cette cité puissante à la ligue des Achéens. Les Lacédémoniens, en reconnaissance de ce service, voulurent faire présent à Philopœmen de l'argent qui provenait de la vente des biens confisqués de Nabis. Philopœmen refusa, remontrant aux Lacédémoniens que cet argent serait plus utilement employé à gagner leurs ennemis qu'à corrompre leurs amis. Nommé encore préteur ou stratége dans plusieurs circonstances difficiles, il se conduisit toujours avec une prudence et surtout une vigueur bien nécessaires dans ces temps malheureux. Les Romains commençaient à parler en maîtres dans la Grèce. Philopœmen prévit bien que la désunion serait la perte de sa patrie. Il chercha par tous les moyens possibles à prévenir, ou du moins à reculer ce moment; mais il fut mal secondé, et les hommes incorruptibles étaient devenus rares en Grèce. Cependant, la dignité de la ligue se soutint, grâce à Philopœmen, et ce grand homme sut encore, dans un temps où les Romains prétendaient à être les arbitres suprêmes de la Grèce, parler un langage inconnu après lui.

Enfin, il fut nommé pour la huitième fois préteur. Il avait alors soixante-dix ans. Messène voulait se séparer de la ligue. L'union des Achéens faisait leur force. Dans un moment si critique, une scission était un coup mortel. Les Romains encourageaient habilement ces dispositions dans les petites villes achéennes, et fomentaient les factions qui les déchiraient. Une de ces factions, dirigée par Dinocrate, qui haïssait Philopœmen, à cause de sa supériorité, voulait faire rompre à Messène le contrat qui l'unissait à la ligue. Philopœmen marche aussitôt contre elle. Il rencontre bientôt Dinocrate, et le met en fuite. Mais inquiet pour sa cavalerie, il retourne sur ses pas, et vent lui-même assurer le retour de ses cavaliers. Poussé par les Messéniens dans des lieux difficiles, il est sur le point de leur échapper; mais en franchissant un fossé son cheval s'abat, et le jette rudement par terre. A cette vue, les ennemis, accourant, s'empressent autour de lui et le relèvent avec respect. Cependant, le bruit de sa prise vole jusqu'à Messène. Tout le peuple sort en foule au-devant de ce héros, que le sort des combats avait si longtemps respecté, et qui terminait une vie si glorieuse par un si triste revers. La foule ne se lassait point de le considérer ; elle demanda à grands cris qu'on le fît paraître sur le théâtre aux yeux de tous. Les magistrats n'osèrent refuser cette demande du peuple. Mais aussitôt après Philopœmen fut jeté dans un cachot, et le conseil gouverné par la faction de Dinocrate, résolut sa mort. Il fut empoisonné. Ainsi mourut, 183 ans avant J.-C., à l'âge de soixante-dix ans, Philopœmen, le dernier des Grecs. Sa mort indigne fut vengée. Dinocrate fut contraint de se tuer, pour échapper à l'indignation des Mégalopolitains. Les autres complices de ce meurtre périrent tous misérablement.

A. OG.

PHILOSOPHALE (Pierre). Les alchimistes, qui se prétendaient les *philosophes* par excellence, donnaient ce nom à la transmutation des métaux. Recherchant avec un progrès continuel d'enthousiasme et de déraison la *panacée universelle*, ils attachèrent leur extravagant espoir aux préparations de la matière la plus parfaite à leurs yeux : c'est alors qu'ils commencèrent à tourmenter l'or d'une myriade de manières pour en faire sortir l'*alkaest*, le type de la puissance créatrice ; ils en voulaient connaître la nature première, la composition intime et originelle, pour en extraire l'élixir de l'immortalité.

Cependant, quelques-uns de ces fanatiques d'un culte imaginaire, mais à qui il restait assez de bon sens du moins pour reconnaître la vanité de leurs longs efforts, fatigués enfin de tant d'essais si multipliés et toujours infructueux pour découvrir cet arcane universel, divin, qui les eût en quelque sorte égalés au Créateur, avouèrent que l'or pur est le type de la perfection et de l'indestructibilité. Pour un temps du moins, ils cessèrent de lui demander la panacée universelle; ils reconnurent qu'il résistait à tous les procédés de décomposition, et qu'il sortirait peut-être toujours victorieux de toutes les épreuves. Mais ramenés à ces idées plus saines, il n'était pas dans la nature de ces hommes, si longtemps nourris de chimères, de se convaincre de l'immutabilité des autres métaux; ils ne voulurent plus voir dans la nature qu'une seule substance achevée et parfaite, ou dépouillée de toute souillure : cette substance était l'or. Toutes les autres substances métalliques alors connues devaient receler de l'or; mais dans elles ce *roi des métaux*, comme ils l'appelaient, par un abus de leur ridicule et emphatique jargon, l'or pur restait caché, enveloppé dans des ingrédients divers, qui en masquaient les propriétés essentielles; souillures dont le grand art des adeptes consisterait dorénavant à le débarrasser.

Les alchimistes, infatués de cette étrange préconception, commencèrent donc à l'envi de soumettre à toutes les épreuves imaginables les autres métaux : les uns voulaient procéder par voie d'élimination, tandis qu'une autre classe d'illuminés, également fanatiques dans le culte de l'alchimie, modifiaient l'extravagance de leurs émules par une extravagance plus grande encore. Pour ceux-ci, en admettant, comme les premiers, que l'or était l'unique substance achevée dans la nature, il ne s'agissait plus que de donner aux autres métaux ce qui leur manquait encore, pour atteindre au type de la perfection; leur art chimérique leur promettait ainsi par ses procédés de hâter le travail de la nature, pour ramener ce qu'ils appelaient ridiculement le métal imparfait au *sommum* de la métallisation, pour le mûrir, l'achever, le parfaire, en faire disparaître toute âcreté, à l'aide d'une incubation perfectionnée.

Toutes les sectes d'alchimistes, toutes, à l'envi les unes des autres, et avec une ardeur d'enthousiasme, une persévérance d'entêtement jusque alors sans exemple, et que peut seule expliquer la soif des richesses, et encore plus l'ambition d'attacher son nom à une espèce de miracle, se mirent à l'œuvre. Ils ne réussirent qu'à créer un langage hiéroglyphique, aussi absurde dans ses termes qu'ambitieux et hyperbolique. Ils poursuivaient le grand œuvre, plus généralement caractérisé par le nom de *pierre philosophale*, aujourd'hui tombée dans le domaine du ridicule, quand elle n'est pas l'expression de l'imposture et du charlatanisme.

Tous les métaux alors connus, à commencer par l'argent, le plus rapproché de l'or par beaucoup de propriétés qui leur sont communes, et, d'après les idées respectives des diverses classes d'alchimistes, offrant la substance qui, pour atteindre à la *royauté métallique*, avait le moins besoin ou d'épuration ou de sur-composition; tous les métaux, jusqu'à ceux qui se trouvent placés au plus bas degré de l'échelle des métaux alors mal à propos appelés *imparfaits*, furent soumis à des traitements bizarres, fatigants et d'une fastidieuse lenteur. Les instruments mêmes employés dans ces expériences laborieuses participèrent à la singularité des idées qui les avaient fait imaginer; et comme s'il n'avait pas suffi d'être absurde dans les conceptions, on appela à l'aide de la science occulte des pratiques infectes et dégoûtantes, dont la seule mention ferait soulever le cœur. Mais le feu surtout, porté jusqu'aux températures les plus élevées qu'il soit possible de produire dans nos fourneaux, fut l'agent à l'opération duquel les alchimistes demandèrent avec le plus de confiance la production de l'alkaest transmutatoire; ils en firent un emploi presque continuel, principalement dans le traitement de l'argent, pour le *mûrir* et lui donner la dernière teinture de la perfection aurifique.

On ne peut se défendre d'un sentiment d'admiration pour les vues de l'intelligence supérieure, qui permet souvent que les hommes suivent opiniâtrément le sentier de l'erreur, lequel, à leur propre étonnement, les conduit à quelque vérité utile. En effet presque tout ce que nous savons aujourd'hui sur l'or, presque tout ce que nous connaissons des propriétés essentielles d'un grand nombre d'autres métaux utiles dans les arts et la médecine, est dû aux travaux prodigieux auxquels se sont livrés les alchimistes, les chercheurs de la pierre philosophale.

PELOUZE père.

On peut lire dans l'*Histoire de la Chimie* de M. Ferdinand Hoefer et dans *L'Alchimie et les Alchimistes* de M. L. Figuier la description, généralement amphigourique ou figurée, que donnent de la *pierre philosophale* les différents adeptes. Van Helmont dit qu'elle avait la couleur du safran en poudre, et qu'elle était lourde et brillante comme du verre en morceaux. Paracelse la présentait comme un corps solide, d'une couleur de rubis foncé, transparent, flexible et cependant cassant comme du verre. Berigard de Pise lui attribue la couleur du pavot sauvage et l'odeur du sel marin calciné. Raymond Lulle la désigne sous le nom de *carbunculus*, mot que l'on peut traduire par petit charbon ou par escarboucle. Helvétius lui donne la couleur du soufre. Plus souvent elle est décrite comme une poudre rouge. Kalid, auteur du *Traité des trois Paroles*, dit que cette pierre réunit en elle toutes les couleurs, et qu'elle est blanche, rouge, jaune, bleu de ciel, verte.

Il y avait aussi la *petite pierre philosophale*, qui changeait les métaux en argent; mais elle était moins considérée. La grande pierre philosophale était l'objet de toutes les recherches des adeptes du grand art.

Au figuré, *Il faut qu'il ait trouvé la pierre philosophale*, se dit d'un homme qui fait une dépense fort au-dessus du revenu qu'il paraît avoir. *C'est la pierre philosophale* désigne une chose impossible à trouver. *Il ne trouvera pas, il n'a pas trouvé la pierre philosophale*, s'applique à un homme dont l'esprit est très-borné.

PHILOSOPHE (du grec φιλεῖν, aimer, et σοφία, sagesse), *ami de la sagesse*, tel est le titre que prennent depuis longtemps ceux qui font une étude spéciale de l'homme, de son origine, de sa destinée, de ses rapports avec l'univers et avec l'auteur de tout ce qui est. Ce titre remonte, dit-on, à Pythagore. Cicéron, qui a réuni dans ses écrits philosophiques les principales doctrines des différentes écoles de la Grèce, et Diogène de Laerte, qui a recueilli sur ces écoles et sur les chefs qui les avaient dirigées toutes les traditions qu'on possédait de son temps, rapportent, d'après Héraclide et Sosicrate, l'un dans ses *Tusculanes* (V, 3), l'autre dans ses *Biographies* (I, 12, et VIII, 8), qu'avant Pythagore les penseurs prenaient le titre de *sage* (σοφός ou σοφιστής), mais que Pythagore, plus modeste, ne voulait prendre que celui d'ami de la sagesse (φιλόσοφος). Comme Diogène reproduit, sans beaucoup de critique, à peu près tout ce qu'il trouvait dans les traditions de son temps, et qu'à l'époque de Cicéron même ces traditions étaient déjà fort altérées, on peut combattre cette anecdote, et on peut faire voir que le mot de *philosophe* ne remonte pas si haut. En effet, ce n'est pas l'école de Pythagore, c'est celle de Socrate qui paraît avoir introduit la nouvelle terminologie dont on fait honneur au sage de Crotone. Cette terminologie ne semble pas avoir été admise avant Socrate, car les juges de ce philosophe ne le distinguaient pas des autres sophistes de son temps, et, selon toute apparence, ce sont les disciples de Socrate qui ont employé les premiers le mot de *philosophe*. Dans son dialogue intitulé *Phèdre*, Platon fait dire expressément à Socrate, que Dieu seul est sage (σοφός); que quant à l'homme, il est plus convenable de le nommer ami de la sagesse (φιλόσοφος) que sage. Ce fait une fois établi, il en reste un autre à débattre sur le mot *philosopher*.

MATTER.

PHILOSOPHE INCONNU (Le). *Voyez* SAINT-MARTIN.

PHILOSOPHER. Ce mot paraît plus ancien chez les Grecs que celui de *philosophe*. Hérodote l'emploie au sujet de Solon. Cet Athénien, dit-il, voyagea comme un homme qui *philosophe*, ou qui cherche la sagesse, tâchant d'acquérir plus d'instruction. Il est probable que le mot de philosophe est né peu après, et que le maître de Platon, Socrate, n'a fait que s'en emparer comme du terme le plus propre à donner à la science la nouvelle tendance qu'il désirait lui imposer, tendance que ses disciples ne suivirent pas tous au même degré. Quoi qu'il en soit, le mot *philosopher* depuis cette époque a passé avec la science de Socrate et de son élève dans toutes les langues civilisées. Il a même peu changé d'acception ; il signifie encore aujourd'hui homme qui étudie les facultés de l'intelligence, et qui après les avoir reconnues, les applique à l'étude des principes et des lois des choses. Par cette définition, la philosophie elle-même se trouve indiquée, mais elle ne se trouve pas encore définie.

MATTER.

PHILOSOPHIE (du grec φιλεῖν, aimer et σοφία, sagesse). La philosophie n'est pas facile à définir. On l'a tenté maintes fois, les uns pour les initiés, les autres pour le vulgaire : ces définitions sont les unes meilleures que les autres, mais nulle n'est bonne d'une manière absolue. Ce qu'elles peuvent faire aisément, c'est de laisser entrevoir de quoi la science s'occupe, et c'est ce que les philosophes ont fait avec une abondance proportionnée à la variété des besoins. Les uns ont dit que la philosophie était l'étude de l'homme ou l'étude du *moi*, et celle des rapports qu'il a avec le grand ensemble des choses dont il fait partie, c'est-à-dire Dieu et le monde, y compris la connaissance des droits et des devoirs qui résultent de ces rapports. D'autres ont dit que la philosophie, ou la science de la raison humaine, était la science des raisons de tout ; qu'elle avait la mission de remonter aux principes et aux lois, et qu'en remontant jusque là elle devait trouver nécessairement les raisons des choses. D'autres encore, et Cicéron est de ce nombre, se sont bornés à dire que la philosophie était la science des choses divines et humaines. Cette première série de définitions va au vulgaire, et nous ne nous arrêterons pas à en faire sentir les vices ou les lacunes : ce serait chose trop aisée de faire remarquer, par exemple, que l'orateur romain a confondu la philosophie avec la science en général. Mais au lieu de nous arrêter à relever ces erreurs, nous aimons mieux donner des définitions plus scientifiques. On a appelé la philosophie la *science des vérités fondamentales de la connaissance humaine*, *la science de la nature des choses*, *la science des idées*, *la science de l'absolu* (voyez SCHELLING et HEGEL); la *science de la raison par les idées* (voyez KANT), *la science de la science*, *la science de la légitimité primordiale des opérations de l'intelligence* (voyez FICHTE). La philosophie est quelque chose de tout cela, mais elle est loin d'être tout cela. Elle est en effet beaucoup moins la science de l'absolu, ou celle de la nature des choses, qu'elle n'est celle *des raisons de nos opinions et de nos conjectures sur nous-mêmes et sur tout ce qui est en rapport avec nous*. Nous disons *la science des raisons de nos opinions et de nos conjectures*, nous ne disons pas de nos *connaissances*, parce qu'en effet elle ne nous donne pas la science. La science, c'est la certitude. Si la philosophie nous donnait la certitude, elle ne serait pas de la philosophie, elle serait dogme, foi, religion. Elle est au contraire observation et induction, elle est analyse et examen, elle est toujours raisonnement et souvent doute. La philosophie commettrait un suicide si jamais elle vidait le débat qui ne doit pas être vidé. L'homme, Dieu et l'univers sont livrés à nos méditations, ils ne sont pas donnés à nos solutions. Nos solutions tueraient notre destinée terrestre ; notre destinée est dans nos méditations. Prétendre qu'on enseigne la philosophie de l'absolu, c'est abjurer non-seulement la philosophie, c'est déclarer qu'on veut désormais abjurer le génie philosophique. Non-seulement nous ne pouvons pas atteindre la *raison* des choses, nous ne pouvons pas même atteindre la *nature* des choses. Tout ce que peut la philosophie, c'est donc nous rendre raison des opinions, des conjectures et des probabilités que nous parvenons à nous former au moyen de nos sensations, de nos idées et de nos inductions sur nous, sur les choses qui nous entourent et sur les principes qui les dirigent.

Dans ces limites seulement la philosophie est une science ; et quoique renfermée dans cette sphère, elle est la plus haute de toutes. Science générale des raisons de nos opinions, de nos conjectures et de nos convictions, la philosophie peut suffire à notre ambition et à la science, car c'est une science dont les lumières éclairent toutes les autres. C'est aussi celle de toutes que ne domine nulle autre, et qui les domine toutes. Reine de toutes, ayant des rapports avec toutes, elle profite du progrès de chacune d'elles, comme elles profitent chacune de la lumière qui les gouverne. Elle profite de toutes par la raison que, par ses branches, elle touche à toutes. Ses divisions sont nombreuses. Elle les varie d'âge en âge. Tantôt elle en crée de nouvelles, tantôt elle rejette de son sein celles qui sont devenues assez grandes pour pouvoir sans peine se détacher d'elle.

Sa première branche, et son point de départ, c'est l'étude du *moi*, des facultés, des forces, des puissances de l'âme, en d'autres mots, c'est la *psychologie élémentaire*, celle qui se borne à l'état actuel de l'âme, et la *psychologie transcendante*, celle qui cherche à déterminer la nature de l'âme et la destinée qui l'attend à la fin de sa mystérieuse union avec le corps. La psychologie proclame dans l'âme trois *puissances*, qui ne constituent pas trois êtres différents ou trois *entités*, pour parler la langue du moyen âge, mais une simple *triade*. Néanmoins, elles se distinguent suffisamment dans la nature pour que la science les reconnaisse dans leur caractère spécial. Ces trois puissances, la *sensibilité*, l'*intelligence* et la *volonté*, deviennent chacune l'objet d'une étude particulière. Ces trois études sont : l'*esthétique*, la *logique* et la *morale*; elles se subdivisent. L'*esthétique* se distingue en une théorie générale du beau et en plusieurs théories spéciales sur chacun des beaux-arts. La *logique* présente aussi deux branches, l'une théorique, qui expose les lois générales de la pensée, et l'autre pratique, qui analyse les préceptes qu'on doit suivre pour bien appliquer ces lois. La *morale* se divise d'une manière analogue. La morale générale examine la grande question du bien et du mal, celle de la loi naturelle et celle du devoir. La morale spéciale examine les devoirs un à un.

Telles sont les études fondamentales; cependant, la mission de la philosophie est loin d'être achevée quand elle a fait connaître à l'homme ses facultés et expliqué les lois qui en règlent les applications ; elle doit encore lui apprendre ses rapports avec ce qui est au-dessus de lui et au dehors de lui. Nos rapports avec le monde qui nous porte, qui nous appartient ou nous domine, et dont l'ensemble constitue la nature, sont l'objet de la *philosophie naturelle*, qui se subdivise en plusieurs sciences : ce sont les *sciences physiques*. Nos rapports avec Dieu forment l'objet de la *théodicée*, qu'on appelle quelquefois aussi la *théologie naturelle* ou la *philosophie religieuse*. Quelque nom qu'elle porte, on le sent bien, cette dernière branche de la philosophie, qui dans l'antiquité embrassait aussi la *pneumatologie*, étude morte aujourd'hui, en est de beaucoup la plus importante; car là ce n'est plus seulement de nos facultés et de leur application, c'est de notre dépendance et de notre maître, de notre origine, de notre fin, de nos présentes et de nos futures destinées qu'il s'agit. Dès lors, on le conçoit, c'est cette science qui donne à toutes les autres branches de la philosophie leurs principes suprêmes.

Tel est le déploiement que présente aujourd'hui la philosophie, la science des sciences. Cet ensemble n'a pas toujours été et ne sera pas toujours le même ; au contraire, il est dans sa nature de varier sans cesse. La philosophie doit présenter et a réellement présenté tantôt plus, tantôt moins de divisions. Quand elle était pauvre encore, et presqu'à son début, au temps de T h a l è s, de P y t h a g o r e et de S o c r a t e, elle ne se distinguait pas en plusieurs parties. P l a t o n, qui la reçut forte des mains de Socrate, et qui la fit audacieuse et riche, la divisa en *logique*, *physique*, *éthique*. A r i s t o t e, qui la rendit plus sage et plus féconde, changea peu ces divisions, mais il décomposa l'éthique en *morale*, *politique* et *économique*. Au portique, C l é a n t h e divisa la philosophie en *dialectique*, *rhétorique*, *éthique*, *politique*, *physique* et *théologie*. Les successeurs de ces divers chefs changèrent aussi peu ces distinctions que leurs doctrines; ils se bornèrent à répéter l'enseignement et à commenter les livres de leurs maîtres. Le moyen âge, guidé par Aristote et par le titre commun qu'un des éditeurs de ses œuvres, Andronicus de Rhodes, avait donné à une série de quatorze traités, fit de ces traités la principale branche de la philosophie. Andronicus, après avoir classé les écrits d'Aristote en Logique, Physique et Éthique, avait mis les autres sous le titre général de Μετὰ τα Φυσίκα, ce *qui vient après la physique*. En faisant de ces trois mots un seul, et en constituant ce *qui est au delà de la physique* en métaphysique, le moyen âge montra beaucoup plus d'audace et de foi que son guide. Sa métaphysique, science dont l'objet et les limites ne furent jamais bien déterminés, quoique les esprits les plus éminents, les saint Thomas d'Aquin et les Occam, s'en occupassent avec enthousiasme et avec une rare sagacité, fut un tissu d'hypothèses dénuées de fondements solides et d'argumentations qui péchaient par les prémisses. Négligée ou combattue par Ramus, Bacon, Descartes et Locke, cette métaphysique, dont l'étude offrait d'ailleurs à l'intelligence bornée par la loi de l'Église un admirable champ de bataille, bientôt ne se soutint plus que dans quelques écoles d'Allemagne et de Hollande. Wolf la réhabilita un instant. Il lui donna une forme plutôt qu'une base scientifique. Il la distingua en *ontologie*, *cosmologie* et *théologie métaphysiques*. Il divisa la cosmologie métaphysique en *somatologie* et *pneumatologie métaphysiques*, en y comprenant la *psychologie métaphysique*. Sous cette figure nouvelle et bien arrêtée, la métaphysique pouvait enfin se définir. C'était la science des idées que l'intelligence de l'homme parvient à se faire sur l'*être*, le *monde*, la *nature*, les *corps*, l'*esprit* ou les *esprits* et l'*âme humaine*. Certes, c'était là une science élevée et digne d'occuper la raison; mais elle méritait d'avoir de plus sûrs fondements que ceux qu'on parvint à lui donner. Kant la combattit à outrance. Après avoir montré que ses idées étaient sans contenu, il ne mit guère à la place des théories qu'il renversait que la critique même de ces théories, et c'était faire trop peu pour la science. On crut toutefois ce philosophe sur parole, et après ses attaques la métaphysique fut quelque temps abandonnée. Cependant, Kant lui-même avait publié une *Métaphysique de la Nature* et une *Métaphysique des Mœurs*. Critiquée plutôt que jugée, la métaphysique n'est pas condamnée. Elle a été frappée en France par une sentence politique plutôt que philosophique, mais elle n'a pas été frappée sous son vrai nom. La métaphysique n'est pas l'*idéologie*.

L'examen des diverses branches de la philosophie nous a fait entrevoir qu'elle a des rapports avec plusieurs sciences importantes : examinons ces rapports. Elle en a avec toutes les études, et elle les domine toutes, car elle leur donne à toutes des principes. Ayant pour objet le monde intellectuel et moral, elle se distingue des *sciences physiques*, qui ont pour objet le *monde matériel*, et des *sciences mathématiques*, qui ont pour objet les *formes d'un monde idéal appliquées au monde réel*. Mais si distincte qu'elle en soit, elle prête aux unes et aux autres le *point de départ* de chacune d'elles, la *méthode* qu'elle doit suivre, et l'*art* ou l'ensemble des règles qu'elle doit appliquer pour élever un édifice scientifique.

Les *sciences morales*, quelque cas qu'on en fasse, se rattachent essentiellement à l'étude de la loi morale et de l'auteur de cette loi, c'est-à-dire à la théologie. La théologie se distingue en *théologie naturelle* (rationalisme ou naturalisme) et en *théologie positive* (supra-naturalisme ou révélation). La philosophie paraît étrangère à celle-ci; mais celle-là n'est qu'une de ses branches. Or, la théologie naturelle a toujours sur la théologie positive une influence profonde : la philosophie exerce donc sur la théologie une action profonde. Souvent elle lui impose avec sa forme scientifique une partie de ses principes, et si la philosophie a quelques fois vécu de la théologie, à son tour la théologie a d'autres fois vécu de la philosophie. Les branches secondaires des sciences morales suivent la loi de la branche principale, et c'est toujours la philosophie d'un peuple qui, conjointement avec la religion, constitue sa morale. Il en est de même des *sciences politiques*. Elles empruntent toutes leurs principes à la philosophie. La principale des sciences politiques, celle de la législation générale et particulière (*chartes et codes*, ou *droit public* et *droit civil*), est toujours une de ces trois choses, écho de la religion, écho de la philosophie ou écho d'une transaction entre l'une et l'autre. Les branches secondaires des sciences politiques, l'*histoire sociale*, qui est à peine entrevue, l'*histoire du droit des gens*, qui est encore dominée par une diplomatie vulgaire, et qui ne saurait trouver ses vrais principes que dans une civilisation plus avancée, et l'*économie politique*, la favorite du jour, toutes ces études suivent les règles et l'esprit général qui président à la législation; c'est-à-dire que, suivant l'état de la civilisation, elles sont dominées par la religion, par la philosophie ou par une transaction entre elles.

Les lettres et les arts ne sont à leur tour qu'un grand déploiement de l'une des branches de la philosophie, de l'*esthétique*. Ayant pour objet le beau, les lettres et les arts suivent les préceptes du goût, et le goût n'est autre chose que le sentiment du beau éclairé par la raison. L'esthétique, science que depuis près d'un siècle on a eu raison de rattacher à la philosophie, serait peut-être mieux appelée la *philosophie du beau* ou la *philosophie de la littérature et de l'art*.

La philosophie est, quoiqu'à des degrés divers, la reine commune des lettres et des arts, comme elle est celle des sciences morales et politiques. Elle est encore, et dans d'autres limites, celle des sciences physiques et mathématiques. La philosophie offre aux uns et aux autres ces trois choses : 1° l'instrument investigateur ou la science de l'esprit humain; 2° l'art de l'investigation et de l'exposition, la méthode; 3° enfin, le principe suprême ou le point de départ lui-même. En d'autres termes, la philosophie fait les destinées et assure la fortune de toutes les sciences. En effet, c'est elle qui leur enseigne à toutes l'art d'observer et d'analyser, d'induire et de conclure, de composer et de systématiser.

Le vulgaire suppose un abîme entre la philosophie et les sciences physiques : ces dernières, à l'entendre, s'occupent d'un autre monde. Et sans doute, le monde physique n'est plus le monde moral et intellectuel, domaine de la philosophie, mais c'est la philosophie elle-même qui donne la distinction des deux mondes : c'est l'étude du *moi* qui conduit à la connaissance du *non-moi*. Puis la distinction du *non-moi* en deux grandes catégories, dont l'une est la cause et l'autre l'effet, l'une Dieu, l'autre l'univers, est encore le résultat de la philosophie. Après ce point de départ, il n'est pas dans les études physiques un seul pas que l'esprit humain pût faire avec quelque assurance sans le flambeau et le contrôle de la philosophie. C'est avec son secours qu'il procède à la description des divers êtres ou corps, que de cette description individuelle de tous il passe à la classification générale de tous, en règnes, en genres, en espèces; en individualités (*histoire naturelle* ou *zoologie*, *botanique*, *minéralogie*). C'est avec les mêmes secours qu'il étudie les forces isolées ou combinées, leurs actions et leurs rapports (*physique*), puis les compositions et les décompositions (*chimie*). C'est encore avec les mêmes secours qu'enfin d'une grande masse d'individualités il fait un globe, dont il sonde la stucture et les couches pour en expliquer l'âge, les métamorphoses et la durée (*géologie*), puis un univers, dont il ose chercher le commencement et la fin, les lois et les destinées, le but et l'auteur (*cosmologie élémentaire et transcendante physico-théologie*). C'est-à-dire que le point de départ des sciences physiques est dans l'étude du *moi*, ou dans l'anthropologie psychique, et le dernier pas dans la théodicée. Or, c'est bien là naître et mourir dans la philosophie.

Les sciences mathématiques sortent à leur tour du même sein, et reviennent s'y perdre de même. La conception du nombre et de la forme est suivant quelques philosophes, une abstraction précédée d'une observation; suivant d'autres, elle est bien plus, elle est une opération primitive, une fonction de la raison pure. Dans tous les cas, c'est à l'occasion du *non-moi* que le *moi* conçoit le nombre et la forme; et si telle est la naissance de cette conception, si c'est ainsi qu'elle jaillit du sein de l'intelligence humaine pour aller mesurer l'univers dans son ensemble et dans son détail, pour appliquer à tout ce qui est les idées de quantité, de grandeur, d'étendue, de fini ou d'infini, certes rien ne saurait être plus philosophique que la science de la forme et du nombre. Elle l'est dans toutes ses parties, soit qu'elle mesure la quantité par la voie de nombres déterminés (*arithmétique*) ou par celle de nombres indéterminés (*algèbre*), soit qu'elle mesure l'espace sur le globe terrestre (*géométrie*) ou celui des sphères célestes (*astronomie*). En effet, c'est toujours la même conception qui lui sert de régulateur suprême, et si elle trouve son origine dans une des opérations primordiales de l'intelligence humaine, si elle débute par la conception de la forme et du nombre, elle finit par la conception des lois du monde, d'un ordre de choses unique, d'un principe éternel et infini, d'une cause première. On le voit, si les mathématiques, dans leur course libre, longue, majestueuse et féconde, sortent du domaine de la philosophie pour cultiver des régions qui soient les leurs, elles partent, voyagent et reviennent au flambeau de la philosophie.

L'origine de la philosophie est celle de l'homme. L'homme dont l'intelligence n'aurait pas fonctionné de manière à se rendre raison d'elle-même, à avoir conscience de ses sensations et de ses sentiments, de ses pensées et de ses délibérations, des résolutions, des actes qui s'ensuivent, enfin des jugements internes qui succèdent à ces actes, cet homme n'aurait pas été l'homme intellectuel et moral. Au lieu d'être l'homme véritable, l'homme spirituel, il eût été l'homme dégradé, l'homme-animal. De quelle manière l'homme a-t-il débuté? L'histoire se tait sur cette question. Les conjectures varient. Elles peuvent varier. D'un côté, du côté de ceux qui veulent le début le plus flatteur pour notre espèce, on est en droit de faire valoir l'auguste condition dans laquelle l'homme primitif, roi de la création, a dû sortir des mains du Créateur. D'un autre côté, on peut en appeler à cette grande loi du progrès, qui est la loi du monde, et on peut fonder sur cette loi le système du début le plus modeste. Mais dans le doute où jettent des considérations contraires et qui se balancent, on ne peut refuser d'entendre la tradition, qui essaye de suppléer au silence de l'histoire. Cette tradition est universelle : elle atteste un début digne de l'homme, digne de son auteur, et il n'y a rien au monde qui puisse l'anéantir. L'on en peut inférer avec raison qu'une philosophie quelconque est aussi ancienne que l'intelligence humaine. Il est évident néanmoins que ce début dans la science ne fut pas la science, ne fut pas surtout cette science des écoles, cette chose timide, défiante, pleine de réserve et de doute, qui est le partage d'une civilisation avancée. Ce fut au contraire une science hardie, téméraire, pleine de foi et de solutions, car ce fut une chose d'intuition. En effet, dès son début l'intelligence de l'homme, loin de s'arrêter à elle-même, de s'interroger sur ses forces et de s'inquiéter des limites de son domaine, ne consulte que son impatience de faire des découvertes, franchit ces espaces, et s'élève par-dessus tout ce qui l'entoure à ce qu'il y a de plus haut. Elle remonte à l'origine du monde et à celle de son auteur. Elle n'a pas encore le *moi*, et elle a déjà la cause première. Elle n'a pas le *non-moi*, mais elle a l'univers. A la place d'une psychologie et d'une physique, elle a une théogonie et une cosmogonie. Elle a une pneumatologie avant d'avoir une logique, et avant de se rendre compte de la légitimité d'une seule de ses inductions, elle établit ses rapports avec les dieux et les esprits. Dans ces premières conceptions, la philosophie de l'humanité est à la fois sa religion et sa poésie, et au premier aspect on dirait que cette promiscuité primitive, que nous considérons comme un état de faiblesse plutôt que de puissance, est la condition normale de l'homme, puisque là est sa paix, là sa grandeur. En effet, là est son *âge d'or*, et point de doute que si l'homme était consulté sur sa destinée, il ne voulût jamais quitter cet Éden. Bientôt, dans d'autres pays, en Grèce, le génie de l'homme, suivant des principes contraires, s'est appliqué à rompre la primitive unité, à séparer d'abord la religion et la poésie, puis à détacher de toutes deux la philosophie, enfin à diviser la philosophie en plusieurs branches, et à subdiviser chacune d'elles en plusieurs ramifications encore. Alors naquit la véritable philosophie. Au moment où l'esprit humain cessait, sous la direction de Socrate, de se croire sur parole et s'examinant lui-même, mesurait ses moyens et se contenait dans ses limites, son vol audacieux était arrêté : elle passait des voies de la création dans celle de l'analyse. On le voit dans chacun de ses progrès.

Ces *progrès* et les *doctrines* qu'ils amenèrent, c'est l'histoire de la philosophie qui les explique en détail et qui les juge avec impartialité. Socrate apprit à la Grèce mieux qu'un système : il lui apprit une méthode, cette étude de l'intelligence qui légitime l'observation et l'induction, qui conduit à la science par le doute et à l'ignorance par la réflexion. L'innovation était grande, elle fut féconde. La Grèce eut bientôt ses plus illustres écoles; mais le plus célèbre des disciples de Socrate eut encore plus de plaisir à rentrer dans les voies anciennes qu'à marcher dans les nouvelles, à franchir qu'à cultiver le domaine que le maître avait marqué. Platon aimait à retrouver partout l'antique alliance de la poésie, de la religion et de la philosophie; il n'y croyait plus, mais il eût voulu que tout le monde y crût encore. Il fallait l'ascendant de son principal élève pour ramener définitivement et maintenir la philosophie dans la voie nouvelle. On y rentra, et on parcourut rapidement la carrière, passant de l'idéalisme de Platon au sensualisme d'Aristote, et du probabilisme de la seconde académie au scepticisme de la troisième. Là se termina la course de la philosophie grecque. Enésidème et Sexte l'Empirique ne firent que résumer le scepticisme, Plotin et Proclus qu'essayer, sur les traces de Platon, de Pythagore et d'Orphée, le retour à cette condition primitive du génie grec où la philosophie, la religion et la poésie, étroitement unies, formaient un seul ensemble. Le mysticisme veut toujours le point de départ de l'humanité : à ses yeux, l'histoire de l'homme n'est que celle de sa chute et son retour au sein de Dieu. Le mysticisme se relevait puissant au milieu de toutes ces âmes fatiguées par le doute, et les ranimait de son souffle vaporeux, si l'humanité ne trouvait que lui. Mais une autre doctrine, descendue de plus haut, une religion, une poésie et une philosophie nouvelle, plus pure, plus élevée, plus positive, inspirant plus d'enthousiasme, et engendrant une plus belle vie, une vie éclatante à la fois d'héroïsme et de résignation, étaient déjà venues remplacer la loi sacerdotale de Moïse, la théologie d'Orphée, la philosophie de Socrate, de Platon et d'Aristote. L'esprit humain laissa là Plotin et Proclus, pour s'attacher à saint Paul et à saint Augustin. Pendant tout le moyen âge, dévoué à ses maîtres, le monde chrétien se contenta d'abrégés ou de traductions d'Aristote, empruntés aux Arabes (*voyez* FRANCE [*Histoire de la philosophie*]). Lorsqu'au quinzième siècle on revint à Aristote lui-même, et qu'on y joignit Platon, le monde chrétien rentra dans les doctrines grecques, qu'il avait méprisées pendant douze siècles, et se débattit pendant deux cents ans entre le péripatétisme arabe, latin et grec, le platonisme ancien, nouveau et renouvelé, le mysticisme biblique, alchimique et philosophique, la vieille scolastique d'Albert le Grand, le nouveau rationalisme de Pomponace, et l'empirisme immoral de Machiavel. De cette crise sortit la philosophie moderne. Dès que le mysticisme platonicien de Marsile-Ficin eut fait son temps, et que La Ramée eut fini sa polémique contre Aristote, Bacon et Descartes donnèrent à l'esprit humain les méthodes et les principes sur lesquels, depuis deux siècles, il fonde ses doctrines. Le réalisme et l'idéalisme n'ont cessé et ne cessent encore de préoccuper les intelligences sous une forme ou sous une autre. Le *réalisme* de Bacon est devenu *sensualisme* dans l'école de Locke et de Condillac, *matérialisme* dans celle de quelques philosophes du dernier siècle. L'*idéalisme modéré* de Descartes est devenu un sage *spiritualisme* dans l'école de Leibnitz, un *idéalisme absolu* dans celle de Berkeley, un *criticisme* pratique dans celle de Kant. On a tenté des fusions fondées sur l'unité ou l'identité du *moi* et du *non-moi*, de la pensée et de la substance, du sujet et de l'objet. De ces tentatives, chimériques dans leurs principes, mais puissantes de déductions, les unes ont produit le panthéisme de Spinosa, les autres l'idéalisme scientifique de Fichte, d'autres encore la philosophie naturelle de Schelling et la science de l'absolu de Hegel. Plus sage que les écoles, un autre, reconnaissant dans le dualisme du *moi* et du *non-moi* un de ces faits qu'il y aurait folie à nier, et rendant justice avec l'impartialité de l'érudition aux faits et aux doctrines incontestables des deux systèmes contraires, a rejeté avec énergie les conséquences exagérées de l'un et de l'autre. L'éclectisme a ouvert aux débats philosophiques une ère nouvelle, une ère de conciliation, de justice et de tolérance (*voyez* FRANCE [*Histoire de la philosophie*]). D'autres écoles, au contraire, marchant constamment sur les traces de Locke et de Condillac, condamnent avec énergie, comme autant d'aberrations, toutes les tendances spiritualistes et idéalistes, et ne voient de philosophie véritable que dans les progrès des sciences positives. Également mécontente de l'une et de l'autre de ces directions, une seule école, conduite par des vues morales et politiques qui ont longtemps mené le monde, présente des doctrines philosophiques essentiellement dominées par la religion, essentiellement favorables à la théocratie. Enfin, nous voyons aussi quelques représentants du mysticisme et du scepticisme, dont la lutte remonte au berceau de la philosophie moderne, comme au berceau de la philosophie grecque, et dont la nôtre est une simple copie. Cette lutte, dont Montaigne et Hume, d'un côté, Bœhme et Saint-Martin, de l'autre, ont été, dans les derniers siècles, les organes les plus avancés, offre sans nul doute la page la plus piquante de l'histoire philosophique de cette période. Le scepticisme et le mysticisme sont, dans l'état normal de la société, des doctrines secondaires, qui exercent sur les nations d'autant moins d'influence que ce sont des systèmes d'élus. Mais ils ont dans d'autres temps une bien grande importance. Le scepticisme a mené le dernier siècle. Dès lors le mysticisme, conformément à la grande loi des réactions, peut mener le nôtre.

MATTER.

PHILOSOPHIE (*Typographie*). *Voyez* CARACTÈRE.

PHILOSOPHIE DE L'HISTOIRE, nom que l'on a donné à la recherche des lois du développement et de la marche des sociétés. Vico en jeta les fondements dans ses *Principes d'une Science nouvelle relativement à la nature commune des nations*. Le problème qu'il se posait est celui de la civilisation et des destinées terrestres du genre humain, problème qui fut inconnu aux philosophes de l'antiquité et au moyen âge, quoique le christianisme dût le rencontrer. Saint Augustin, Bossuet et d'autres grands esprits avaient bien envisagé d'un même coup d'œil la marche tout entière des sociétés, mais seulement en vue de la cité céleste. La critique humaine de l'histoire universelle restait à créer. Il était inévitable que les jurisconsultes, dans leurs recherches sur l'origine des droits et de l'ordre social, en traitassent une partie; cependant, la science du droit naturel, fondée par Grotius, Selden, Pufendorf, n'est pas encore celle des lois morales qui dirigent les sociétés à leur insu, dans leurs développements et leur décadence, et cela malgré le désordre apparent de leurs révolutions. « C'est qu'il n'est permis au génie même, disait un de nos collaborateurs, d'anticiper que de bien peu sur les révélations du temps, et qu'il fallait avoir vu des révolutions, en avoir pu comparer plusieurs et en avoir ressenti les effets pour concevoir la haute science sociale, qui de nos jours en est encore à sa naissance. » Cette science nouvelle ne pouvait être suffisamment établie par Vico; aussi est-ce uniquement dans l'étude des fables antiques, de la poésie, des langues, des mœurs des anciens que le philosophe de Naples va chercher les documents de l'histoire du genre humain, de la formation et du développement des sociétés.

La science nouvelle de Vico repose : 1° sur l'étude des lois providentielles qui régissent le monde depuis son origine dans leurs rapports avec tout l'avenir du globe; 2° sur la recherche de la vérité ou le principe de la certitude : critérium qu'il trouve dans le sens commun, c'est-à-dire dans l'assentiment universel du genre humain. Trois principes fondamentaux, attestés par le sens commun du genre humain, révèlent selon Vico la moralité et la sainteté de ses destinées : 1° *Dieu*, ou la religion, loi première et universelle des nations; 2° le *mariage*, ou l'ordre moral imposé partout aux passions humaines; 3° le *devoir sacré de la sépulture*, ou le pressentiment également universel d'un ordre de choses auquel notre vie est subordonnée. De ces trois faits ainsi dégagés il résulte que les sociétés ne sont point livrées à la merci du hasard, et que la Providence, en présidant à leur organisation et à leurs institutions fondamentales, a tracé sans doute le cours de leurs développements, de leurs périodes diverses et de leur renouvellement sur un plan que Vico expose. Suivant lui, l'histoire de l'humanité se compose de trois époques qui se renouvellent sans cesse : 1° l'*âge divin*, ou l'*idolâtrie;* 2° l'*âge héroïque*, ou la *barbarie;* 3° l'*âge humain*, ou la *civilisation*. Chaque révolution de la vie de l'humanité doit donc faire revivre l'idolâtrie, puis la barbarie, puis la civilisation. L'humanité doit toujours parcourir ce même cercle : venir du droit divin au droit de la force, puis au droit de la raison; passer de l'enfance à la virilité, et de la virilité à la décrépitude, pour voir se renouveler les empires et les nations sur la terre à peu près comme se succèdent les générations.

En Allemagne, Herder chercha aussi la loi de l'histoire du genre humain. Il la chercha non dans des inductions métaphysiques, mais dans l'étude des faits. Dans ses *Idées sur la philosophie de l'histoire de l'humanité*, il parcourt toutes les branches de la civilisation, la philosophie, la religion, la jurisprudence, le commerce, l'industrie, la poésie, l'art, sous tous les climats, à tous les âges; partout il montre sous quelles conditions les hommes se développent; et le résultat auquel il arrive, c'est que notre développement, la véritable destination de l'homme est un certain idéal intellectuel et moral. « Son ouvrage, dit M. Cousin, est un grand monument élevé à l'idée du progrès perpétuel de l'humanité en tous sens. » D'un autre côté, « son système, dit M. L. Spach, est peu favorable à la liberté et à la puissance de l'homme, qu'il regarde comme l'écolier passif de la nature; et pour rendre compte de certains développements de la civilisation, il a recours à des explications mystiques, au lieu de les rapporter à l'énergie de l'esprit humain. Herder admet un progrès continuel dans l'humanité, mais il en détermine mal les lois générales, et point du tout les lois particulières. »

Herder fut traduit en français par M. Quinet, Vico par M. Michelet. Depuis nous avons eu beaucoup d'autres *philosophies de l'histoire*. Des philosophes du dix-huitième siècle s'étaient aussi occupés de ces questions. « Une doctrine, dit M. Cousin, s'est élevée au milieu du dernier siècle, vaste comme la pensée de l'homme, brillante comme l'espérance, accueillie d'abord avec enthousiasme, aujourd'hui trop délaissée, et qui sera toujours l'asile des âmes d'élite. Turgot, qui apporta parmi nous la doctrine de la perfectibilité humaine, l'introduisit sans l'établir; et quant à l'homme célèbre qui sous le glaive révolutionnaire y trouva la consolation de ses derniers moments, ses pensées, consacrées en quelque sorte par la religion de la mort, sont plus hautes qu'exactes, et résisteraient mal à un examen un peu sévère. Condorcet ne connaît point assez les faits passés, et il les jette aisément dans des classifications arbitraires que briserait la moindre critique. L'objet qu'il assigne aux poursuites et à la marche du genre humain se ressent de la triste philosophie de son temps : ce but est presque tout matériel, en même temps qu'il est chimérique. Condorcet nous promet une vie plus longue sur la terre; mais ce n'est pas la durée, c'est la dignité de la vie qui en fait le prix, et l'immortalité toute seule ne vaut pas une heure de vertu. Le bonheur n'est certes pas à dédaigner : il est permis, il est juste, il est nécessaire de le poursuivre ; mais c'est le perfectionnement de notre être, de toutes nos facultés, surtout de nos facultés morales, qui est le vrai but de notre destinée. »

Aujourd'hui les idées ont pris une autre direction. « En n'assignant à l'humanité d'autre but qu'elle-même, dit M. Ed. Laboulaye, on s'est condamné à ne faire qu'une œuvre stérile. La fin de l'humanité ne peut être que celle de l'homme, c'est-à-dire une fin divine; et comme l'a dit spirituellement M. Bunsen, il n'y a de *philosophie de l'histoire* que pour celui qui croit vraiment que Dieu, et non pas le diable, ou son masque le hasard, gouverne le monde... S'il est une philosophie qui ramène à des idées graves et religieuses, certainement c'est la *philosophie de l'histoire*. A s'étudier lui-même, l'homme peut s'éprendre d'une folle vanité; quand il observe les événements et qu'il en cherche la loi, il se sent d'autant plus petit qu'il voit Dieu plus présent et plus grand. »

Cependant tout le monde convient que cette science est à peine au berceau. Il faut encore recueillir des faits, bien observer dans leurs détails et dans leur ensemble ceux qui sont connus, les rapprocher, les comparer, pour les ramener à des lois générales que le temps et les observations simplifieront sans doute, et dont les événements de l'avenir se chargeront de démontrer la justesse ou l'inexactitude.

L. Louvet.

PHILOSOPHIE NATURELLE ou LOIS DE LA NATURE. C'est la science qui a pour objet les forces de la nature, les propriétés physiques des corps et leur action réciproque. Par *lois de la nature* on entend certains axiomes ou règles générales de mouvement et de repos observées par les corps naturels dans leur action réciproque. Newton les a ramenées à trois :

1° Tout corps persévère dans le même état, soit de repos, soit de mouvement rectiligne uniforme, à moins qu'il ne soit contraint de changer cet état par l'action de quelque force ou de quelque agent étranger. Ainsi les projectiles persévèrent dans le mouvement qui leur a été une fois imprimé, tant qu'ils ne sont point retardés par la résistance de l'air ou par l'action de la gravité. Ainsi une toupie, une fois mise en mouvement, et dont les parties sont continuellement détournées de leur mouvement rectiligne par leur adhérence mutuelle, ne cessera de tourner sur elle-même qu'à cause de la résistance que lui opposera l'air et du frottement de la surface plane sur laquelle elle se meut. C'est ainsi que les masses, autrement grandes, des planètes conservent pendant longtemps, dans des espaces dénués de toute résistance sensible, leurs mouvements progressifs et circulaires. Comme le corps est passif en recevant son mouvement et la direction de ce mouvement, il les conserve ou y persiste sans modification, tant qu'il n'est pas influencé par quelque cause externe.

2° Le mouvement ou le changement de mouvement est toujours proportionnel à la force par laquelle il est produit, et a lieu dans la direction de la ligne droite suivant laquelle cette force lui est imprimée. Si une certaine force produit un certain mouvement, une force double produira un mouvement double, une force triple un mouvement triple, et ainsi de suite. Or, comme la direction de ce mouvement doit toujours être celle de la force motrice, il s'ensuit que si avant l'action de cette force le corps avait un mouvement, il faut y ajouter le nouveau mouvement, s'il a lieu du même côté, ou l'en retrancher, s'il a lieu vers le côté opposé : ou l'y ajouter obliquement s'il lui est oblique, et chercher le mouvement composé de ces deux mouvements, eu égard à la direction de chacun.

3° La réaction est toujours contraire et égale à l'action, c'est-à-dire que les actions de deux corps l'un sur l'autre sont mutuellement égales et de directions contraires, et doivent être calculées toujours dans la même ligne droite. Ainsi, tout corps qui en presse ou en tire un autre en est réciproquement pressé ou tiré. Par exemple, si je presse une pierre avec mon doigt, mon doigt est également pressé par la pierre. Si un cheval tire un poids au moyen d'une corde, le cheval est aussi tiré vers le poids; car la corde étant également tendue partout, et faisant un effort égal des deux côtés pour se relâcher, tire également le cheval vers la pierre, et la pierre vers le cheval, et empêchera l'un d'avancer autant qu'elle fait avancer l'autre. De même, si un corps qui vient à en choquer un autre en change le mouvement, il devra lui-même, par l'action de l'autre corps, subir un changement analogue dans son propre mouvement, à cause de l'égalité de pression. Quand deux corps viennent à se rencontrer, chacun d'eux s'efforce de persévérer dans l'état qui lui est particulier, et résiste à toute modification. Or comme le changement produit dans l'un ou l'autre de ces corps peut être mesuré par l'action qu'il excite sur l'autre, ou par la résistance qu'il éprouve de sa part, il s'ensuit que les changements produits dans les mouvements de chacun sont égaux, mais ont lieu en directions contraires; l'un n'acquiert de force nouvelle que ce que l'autre perd dans la même direction; et ce dernier ne perd pas non plus d'autre force que celle que l'autre acquiert. Il s'ensuit que, encore bien que par leurs collisions le mouvement qui est particulier à chacun d'eux passe de l'un à l'autre, cependant la somme de leurs mouvements, estimée dans une direction donnée, demeure la même et est inaltérable par leur action mutuelle l'un sur l'autre. Dans toutes les actions des corps, les changements sont égaux de part et d'autre, non pas dans la vitesse mais dans le mouvement, tant que les corps sont supposés libres de tout empêchement. A l'égard des changements dans la vitesse, ils doivent être en raison inverse des masses, lorsque les changements dans les mouvements sont égaux.

PHILOSTRATE (Flavius Philostratus), orateur et sophiste célèbre, qui fleurit vers la fin du second siècle après J.-C. Son père, Philostrate, était natif de l'île de Lemnos, et lui-même, après avoir professé l'éloquence à Athènes, passa la plus grande partie de sa vie à Rome, accueilli et protégé par les empereurs Septime Sévère et Alexandre. Les écrits d'un homme en possession d'une haute célébrité, et qui obtint la faveur des grands personnages du temps, font connaître à la fois la tournure de son esprit et l'état des lettres à cette époque. Le siècle où vécut Philostrate était déjà frappé d'une notable dégénération littéraire. Les sophistes grecs venaient compléter la maison d'un grand seigneur romain, et l'on conçoit ce qu'ont dû produire alors les lettres et l'éloquence. Des œuvres plus ou moins spirituelles, saupoudrées d'une érudition anecdotique, dépourvues de critique, riches de détails curieux pour nous, malgré l'incertitude dont sont frappés les récits, tels sont les écrits de Philostrate. Son principal ouvrage est la Vie d'Apollonius de Tyane. Aux questions religieuses qui se rattachaient à la vie de cet imposteur célèbre se mêlaient des doctrines pythagoriciennes, fort à la mode alors. L'impératrice Julie, épouse de Septime Sévère, se piquait de littérature; elle invita Philostrate, son savant favori, à écrire une vie du fameux sectaire. Le livre de Philostrate est un long roman où l'auteur parle de tout, d'histoire naturelle, de géographie, d'antiquités, de religion, d'une manière à récréer des esprits frivoles, mais sans critique et sans discernement. On a conjecturé que, dans la substance de cet ouvrage, l'autour voulait parodier la vie et les miracles du divin fondateur de notre religion. En effet, on ne peut méconnaître entre les deux existences de frappantes analogies. D'autres ont pensé que le but de Philostrate n'était ni si inspiré ni si profondément réfléchi. Voulant revêtir la vie de son héros de circonstances merveilleuses, il aura naturellement emprunté à celle du Christ des particularités propres à frapper l'imagination. L'impiété nous semble donc consister plutôt dans l'emploi coupable de quelques parties d'un divin récit que dans le but de le combattre et de le tourner en ridicule.

Philostrate a composé encore, sous le titre d'*Héroïques*, une série de biographies de héros homériques. Comme on ignore à quelles sources il a puisé ses récits, il est difficile d'accorder ou de refuser avec fondement sa confiance aux paroles du compilateur. Enfin, Philostrate a écrit les *Vies des Sophistes*, dont le premier livre contient les sophistes philosophes et le second les sophistes rhéteurs; et un traité intitulé *Les Images*, description d'une galerie de tableaux qui existait à Naples.

Les œuvres de Philostrate, reflet fidèle de l'état intellectuel de son siècle, accusent une grande frivolité, l'abaissement des gens de lettres, l'absence d'idées solides et morales; en un mot, elles attestent dans leur auteur un homme distingué, vivant au milieu d'un siècle dégénéré. La démoralisation romaine avait encore rencontré dans son principe un Tacite pour la flageller; plus tard, il s'était trouvé un écrivain fier et spirituel pour railler les vices : nous voulons parler de Lucien. Après Lucien, la décadence ne pouvait produire qu'un Philostrate, et moins encore par la suite.

F. GAIL.

PHILOTAS, fils de Parménion, l'un des lieutenants d'Alexandre le Grand; il était célèbre par son faste et son orgueil; aussi son père lui répétait-il souvent : « Mon fils, fais-toi plus petit. » Lorsque la jalousie des généraux d'Alexandre voulut perdre Parménion, des propos injurieux ou imprudents de Philotas firent arrêter ce dernier; il fut appliqué à la torture : les souffrances lui firent avouer tout ce qu'on voulut, une conjuration imaginaire dans laquelle il impliqua son père, ce qui entraîna la mort de celui-ci; il n'y avait pas un seul témoin contre Philotas, il n'en fut pas moins condamné et impitoyablement lapidé.

PHILOXÈNE, poëte grec dithyrambique du quatrième siècle avant l'ère chrétienne, est plus célèbre par quelques circonstances de sa vie que par ses ouvrages. Il était originaire de l'île de Cythère, et fort goûté à Syracuse, à la cour de Denys l'Ancien, à cause de son humeur gaie et joviale. Mais ce tyran, qui avait la vanité de vouloir passer aussi pour poëte, le condamna aux carrières pour avoir eu la franchise de lui déclarer qu'il tenait pour détestable un ouvrage de sa façon, au sujet duquel il avait voulu avoir son avis. Sa détention ne fut pas de longue durée; et il revint à la cour de Denis précisément pour assister à la lecture d'un nouveau chef-d'œuvre dont le tyran régalait ses courtisans, lesquels épuisaient à l'envi toutes les formules de l'éloge. « Qu'on me ramène aux carrières, dit Philoxène, quand vint son tour d'opiner; j'aime bien mieux y passer le reste de mes jours que d'être condamné à entendre de si mauvais vers. »

Philoxène était fameux dans l'antiquité par sa voracité, qui fut la cause de sa mort. Il succomba aux suites d'une indigestion causée par un polype de mer d'une grosseur énorme. Apprenant qu'il ne restait plus d'espoir de guérison, il se fit servir la tête du monstre, qui était demeurée intacte : « Autant que je la mange comme le reste, puisque je dois en mourir! » dit-il. Les fragments de Philoxène ont été recueillis par Bippart, dans ses *Philoxeni, Timothei, Telestis, dithyrambographorum, Reliquiæ* (Leipzig, 1843), et par Schmidt dans sa *Diatribe in dithyrambum Poetarumque dithyrambicorum Reliquias* (Berlin, 1845).

Il y a eu aussi plusieurs grammairiens grecs du nom de Philoxène, qui se sont occupés de la critique des œuvres d'Homère.

PHILTRE (du grec φίλτρον, dérivé de φιλεῖν, aimer), breuvage, médicament, qu'on croyait propre à inspirer de l'amour ou d'autres passions : *philtre* qui rend amoureux, *philtre* qui rend furieux. Les anciens connaissaient les philtres, et dans la confection de ces poisons ils invoquaient les divinités infernales. Il entrait dans leur composition diverses herbes ou matières, le poisson appelé *remora*; certains os de grenouille, la pierre *astroïte* et l'*ippomane*. Delrio ajoute qu'on y employait encore du sang menstruel, des rognures d'ongles, des métaux, des reptiles, des intestins de poissons et d'oiseaux, et qu'il y a eu des hommes assez impies pour mêler à tout cela de l'eau bénite, du saint-chrême, des reliques de saints, des fragments d'ornements d'église, etc. Il y avait au bon vieux temps des philtres *faux* et *véritables* : les faux étaient ceux que donnaient les vieilles femmes, les femmes débauchées. « Ceux-là, disent les jésuites de Trévoux, sont ridicules, magiques, contre nature, plus capables d'inspirer la folie que l'amour. Les *véritables* sont ceux qui peuvent concilier une inclination mutuelle entre deux personnes par l'interposition de quelque moyen naturel, magnétique. » Certains auteurs, Van Helmont entre autres, soutiennent qu'il y a des philtres de cette nature, et rapportent des faits pour le prouver. Quoi qu'en aient dit les révérends pères de Trévoux, les philtres sont de pures chimères. Sans avoir recours à ces moyens absurdes, on trouve dans la nature des philtres, ou si l'on veut des charmes dont la puissance n'est point douteuse : ce sont les grâces, la beauté, les dons du cœur et de l'esprit, la sympathie des caractères, et surtout ce désir, ce besoin, qui attire incessamment un sexe vers l'autre.

PHINEUS, fils d'Agénor, époux de Cléobule, fille de Borée et d'Orithie, régnait à Salmydesse, dans la Thrace; il la répudia pour épouser Idéa, fille de Dardanus. Il avait eu de la première deux fils, que leur marâtre accusa d'avoir voulu la posséder. Phineus leur fit crever les yeux et les fit emprisonner. Les dieux, irrités de ce crime, frappèrent Phineus de cécité, et le livrèrent à la persécution des Harpies, qui lui firent souffrir les horreurs de la faim en enlevant ou infestant tout ce qui était mis sur sa table. Phineus fut visité par les Argonautes, qui le consultèrent et obtinrent de lui les moyens de traverser les dangereuses roches Cyanées. Calaïs et Zéthès, qui faisaient partie de l'expédition, le délivrèrent des Harpies; mais il demeura toujours aveugle. — Un autre PHINEUS, fils de Belos et d'Anchinoé, frère d'Egyptos, de Danaos et de Céphée, oncle et fiancé d'Andromède, tenta d'assassiner Persée, qui le changea en pierre.

PHINTIAS ou PYTHIAS. *Voyez* DAMON.

PHLÉBENTÉRÉS (de φλεψ, φλέβος, veine, et ἔντερον, intestin), famille créée par M. de Quatrefages pour des mollusques gastéropodes (éolides, actéons d'Oken, etc.) présentant une disposition très-remarquable du tube digestif et de ses annexes. Selon son auteur, ce qui caractérise cette famille (dont il avait d'abord fait un ordre), c'est la fusion de la fonction digestive avec les fonctions de la respiration et de la circulation. Un naturaliste distingué, M. le docteur Souleyet, n'a pas partagé cette manière de voir : pour lui, ces trois grandes fonctions ne seraient nullement confondues chez les mollusques dont il s'agit; chacune d'elles aurait un organe propre, comme chez les mollusques supérieurs (*voyez* PHLÉBENTÉRISME).

PHLÉBENTÉRISME (de φλεψ, φλέβος, veine, et ἔντερον, intestin). L'étude des animaux inférieurs nous révèle une dégradation successive des divers appareils qui constituent l'animal. « En même temps que les appareils de la respiration et de la circulation se dégradent ou disparaissent, dit M. de Qratrefages, le canal digestif présente souvent une modification remarquable. Au lieu de former, comme d'ordinaire, un simple tube, on le voit se compliquer de prolongements plus ou moins nombreux, plus ou moins ramifiés, qui en général se portent vers la surface du corps. C'est cette disposition organique que je propose de désigner sous le nom de *phlébentérisme ;* elle paraît avoir pour effet tantôt de faciliter réellement l'acte de la respiration ; tantôt de suppléer à l'absence de quelque portion de l'appareil circulatoire ; tantôt, enfin, de remplacer en entier le système vasculaire des animaux supérieurs. On trouverait peut-être des exemples de phlébentérisme jusque dans les premières classes du règne animal ; mais on ne saurait au moins en contester l'existence dans un très-grand nombre d'invertébrés. » M. de Quatrefages cite les hydres, les actinies, particulièrement les méduses, de nombreux annelés, des arachnides, quelques crustacés, etc.

Cette question du phlébentérisme a amené entre MM. de Quatrefages et Souleyet une contestation qui a promptement dégénéré en dispute, et qui durerait encore si une commission académique ne fût intervenue en 1851 pour concilier les deux adversaires en accordant à chacun la part d'éloges que méritaient ses travaux. Il est à regretter que cette commission n'ait pu poser des conclusions plus précises.

Les veines de certains mollusques (comment oser dire *tous?*) s'ouvrent et se terminent brusquement dans l'abdomen, et leur estomac communique directement avec la grande cavité viscérale, où les systèmes digestif, circulatoire et respiratoire semblent confondus, l'intestin ramifié inférieurement suppléant à l'absence des vaisseaux et du cœur, qu'on ne peut retrouver dans ces animaux, dont le foie cependant est fort visible. M. Van Beneden, naturaliste de Louvain, affirme, quant à lui, qu'une multitude d'animaux invertébrés n'ont point de veines sanguines, et que c'est de l'eau pure et à peu près circulante qu'on prend en eux pour du sang. Il prétend même qu'en beaucoup de ces êtres l'eau peut remplacer le sang, et que cette eau s'introduit dans leurs organes tantôt par les ouvertures béantes du corps, et tantôt par imbibition ou par endosmose. Mêlée d'air et de nourriture, cette eau se joint au chyle, qu'elle complète, ou dont elle augmente la masse tout au moins. Voilà qui est positif : mais M. Van Beneden ne borne pas là ses observations ; il étend les mêmes remarques et les mêmes assertions aux tortues comme aux crocodiles, ainsi qu'à la classe des poissons cartilagineux, ce qui trouve appui dans quelques descriptions de Cuvier. Il ne lui semble pas plus surprenant de voir l'eau s'introduire dans les cavités naturelles du corps et au milieu des organes des animaux aquatiques, que n'est surprenante l'introducton de l'air soit dans les os et les plumes des oiseaux, comme l'a montré Hunter, soit dans les trachées des insectes. Voilà ce que M. Van Beneden publiait en octobre 1835 ; et c'était entrer dès lors dans cette guerre du phlébentérisme qui ne fit grand bruit à l'Institut qu'en 1844.

PHLÉBOTOME (de φλέβος, veine, et τέμνειν, couper), instrument dont on se sert, surtout en Allemagne, pour l'opération de la saignée. Il se compose d'une petite lancette ou flammette, qui est poussée par un ressort dans la veine qu'on se propose d'ouvrir. Le phlébotome n'est usité en France que dans la médecine vétérinaire.

PHLÉBOTOMIE (du grec φλέβος, veine, et τέμνειν, couper), partie de l'anatomie qui traite de la dissection des veines ; c'est aussi l'opération chirurgicale qui consiste dans une ouverture qu'on fait à une veine pour en tirer du sang (*voyez* SAIGNÉE).

PHLÉGÉTON (de φλεγέτειν, brûler), nommé aussi *Périphlégéton*, un des fleuves des enfers, roulait des torrents de flammes, et environnait le Tartare. On attribuait à ses eaux les propriétés les plus nuisibles. Il n'y avait sur ses bords ni arbre ni plante. Après un cours assez long, en sens inverse du Cocyte, il allait, comme ce fleuve, se jeter dans l'Achéron. Virgile, dans son *Énéide ;* Ovide, dans ses *Métamorphoses ;* Stace, dans sa *Thébaïde*, et Silius Italicus, dans son poëme sur *la Guerre Punique*, ont décrit le Phlégéton.

PHLEGMASIE, du grec φλέγμα, dérivé de φλέγω, je brûle. C'est le nom scientifique par lequel les médecins désignent les inflammations en général.

PHLEGME, PHLEGMATIQUE (du grec φλέγμα, qui brûle). L'orthographe du mot a changé, et l'on écrit aujourd'hui flegme.

Le mot *phlegme* ne sert plus qu'à désigner une sérosité, une humeur aqueuse, laquelle fait partie constituante du sang, du lait. Dans le langage ordinaire, il se dit de la pituite, des matières aqueuses, épaisses et filantes qu'on jette en crachant, en vomissant. Dans ce dernier sens il s'emploie ordinairement au pluriel.

L'ancienne chimie appelait aussi *phlegme* la partie aqueuse, insipide et inodore que la distillation dégage des matières plus ou moins humides. Le mot *phlegme* était aussi employé comme synonyme d'*eau*.

PHLEGMON (du grec φλέγω, je brûle). C'est le nom sous lequel les médecins désignent aujourd'hui plus spécialement l'inflammation du tissu sous-cutané libre ou séreux, quelles qu'en soient les causes. Autrefois ils définissaient le *phlegmon* une tumeur circonscrite, avec douleur, chaleur, rougeur et pulsation. C'est en effet sous cette forme que le *phlegmon* se produit et se développe. Occasionné d'ordinaire par des piqûres, des contusions, par la présence de corps étrangers dans les tissus, par des dispositions particulières difficiles à spécifier et qui se développent plus spécialement sous l'action de la chaleur, le *phlegmon* se révèle par des frissons, par la rougeur de la peau qui recouvre le tissu cellulaire attaqué, et enfin par la tumeur dont nous avons parlé. Quand le *phlegmon* se produit, ce qui arrive souvent, au crâne, à la paume de la main, au bout des doigts, il est accompagné d'une fièvre intense, de vives douleurs, d'insomnie, et de la perte de l'appétit. Au bout de huit à neuf jours, le *phlegmon* est arrivé à la période décroissante, et le mal s'en va de lui-même, peu à peu, ou bien se résoud en un abcès et se termine par suppuration.

PHLÉGRÉENS (Champs). *Voyez* CUMES.

PHLEUM, *Voyez* FLÉOLE.

PHLOGISTIQUE (du grec φλόγιστος, brûlé). Le *phlogistique* ou *feu fixe* est une des brillantes erreurs de Stahl, qui pendant près d'un siècle servit d'explication à tous les faits chimiques, fut la source d'une foule de découvertes, servit de prélude à la naissance de la chimie pneumatique, et fut défendu même par des hommes placés aux sommités de la science. D'après la théorie chimique de Stahl, les oxydes métalliques, alors *terres des métaux*, étaient indécomposables ; en se combinant avec le phlogistique, ils produisaient les substances métalliques. Les métaux étaient donc des corps composés de terre métallique et de phlogistique ; de sorte que tous les corps combustibles contenaient d'autant plus de ce même phlogistique que leur inflammabilité était plus grande ; ainsi le charbon, le noir de fumée surtout, en renfermaient de grandes proportions. Or, Stahl, en traitant un oxyde métallique par le charbon, réduisait le métal, et il croyait par là lui avoir communiqué le phlogistique que ce combustible était supposé contenir. À ses yeux, une série d'oxydes contenant plus ou moins d'oxygène lui offrait un métal plus ou moins *déphlogistiqué ;* en un mot, cet illustre chimiste voyait une combinaison là où nous voyons une décomposition ; il ne lui manqua, pour connaître son erreur et saisir la vérité, que le secours d'une balance.

Cette théorie fut cependant professée longtemps dans toute l'Europe savante, non sans avoir éprouvé en France quelques objections. Lavoisier eut l'honneur de renverser cette théorie en réduisant l'oxyde du mercure par l'action de la chaleur seule, et sans le secours du charbon ni d'aucun autre corps dit *phlogistiquant*. Il démontra en même temps qu'un oxyde ou une terre métallique, ainsi que l'avaient entrevu d'autres chimistes, diminuait de poids en redevenant métal, et que celui-ci, en se *déphlogistiquant* ou en s'oxydant, en prenait au contraire un plus grand. Ainsi, dans la théorie de Stahl, cette augmentation de poids n'entrait pour rien ; la notion de forme était son seul guide, tandis que Lavoisier a basé la sienne sur les changements de forme et de poids. En comparant les deux théories, on voit que d'après Stahl une terre ou oxyde métallique en passant à l'état de métal s'unit au phlogistique; le métal doit donc être plus pesant que l'oxyde, ce qui est l'inverse; par celle de Lavoisier, l'oxyde ne devient métal qu'en perdant un poids égal à celui de l'oxygène qu'il perd. Cette vérité est maintenant généralement reconnue de tout le monde savant.

On aura peine à croire que des hommes du plus haut mérite, tels que Priestley, Kirwan, etc., aient repoussé la théorie de Lavoisier pour défendre celle de Stahl. Comment concevoir que Priestley se soit si étrangement trompé en faisant servir ses brillantes découvertes et l'observation d'une multitude de faits chimiques, bien évidemment contraires à la théorie du phlogistique, à défendre cette doctrine avec un entêtement qui n'a eu d'autre exemple que celui qu'il mettait à soutenir ses controverses religieuses? Quoi qu'il en soit, la doctrine du phlogistique conservera toujours quelque intérêt, ne serait-ce que pour avoir terminé la résistance qu'opposait à la chimie expérimentale la physique scolastique. JULIA DE FONTENELLE.

PHLOGISTIQUÉ, combinaison supposée avec le phlogistique: ainsi, le gaz oxygène était connu sous le nom d'*air déphlogistiqué*, l'acide sulfureux sous celui d'*acide sulfurique phlogistiqué*, etc.

PHLOGOSE (du grec φλόγωσις, dérivé de φλέγω, je brûle), inflammation interne ou externe; ardeur, chaleur contre nature, sans tumeur.

PHLOMIDE. *Voyez* BOUILLON SAUVAGE.

PHLYCTÈNE (du grec φλύζω, faire effervescence). On appelle ainsi, en médecine, les ampoules des pustules ou vésicules séreuses qui s'élèvent sur la superficie de la peau dans certaines maladies, notamment dans le charbon. On détruit les *phlyctènes* en coupant l'épiderme. Quand elles sont bénignes, un peu de cérat camphré suffit pour les faire disparaître; mais quand elles sont les symptômes d'une maladie, elles ne cèdent qu'au traitement de cette maladie.

PHOCAS, simple centurion dans l'armée du Danube, fut choisi par celle-ci pour aller à Constantinople présenter à l'empereur une requête pour qu'il fût permis, à l'avenir, aux soldats de passer l'hiver dans leurs foyers. L'empereur Maurice rejeta cette demande, qui eût livré les provinces à l'invasion de l'ennemi. Alors, une sédition éclata parmi les troupes; Phocas, investi du commandement, marcha sur la capitale. A son approche, les habitants se soulevèrent; leur exemple entraîna les gardes du souverain. Phocas, revêtu de la pourpre, fit périr Maurice et ses fils: dépourvu de talents guerriers, il n'usa son pouvoir suprême que pour satisfaire son penchant pour la débauche: ce fût sa principale occupation durant un règne de quelques années. Poursuivi par des craintes continuelles, on le vit immoler à ses soupçons tous les personnages qui attiraient les regards de la foule par leur mérite, leur fortune ou leur rang. Constantinople, Alexandrie, Antioche, furent attristées par des supplices infligés à des citoyens de toutes les conditions, dont le seul crime était d'exciter les défiances du tyran. Il commença par faire expirer dans les tortures la femme et les filles de son prédécesseur, qu'il gardait prisonnières à Constantinople, et se livra sans retenue à tous les débordements de la cruauté la plus sanguinaire. Aussi fut-il bientôt en horreur à tous ses sujets. Il laissa les Perses ravager impunément l'empire. Haï même des siens, Phocas trouva un traître dans son gendre Crispus, qui poussa à la révolte Héraclius, exarque d'Afrique, qui s'empara de Constantinople. Phocas mené en présence du vainqueur, qui lui reprocha de n'avoir usurpé l'empire que pour accabler le peuple de maux, lui répondit: « Tâche de le mieux gouverner. » On lui trancha la tête, le 5 octobre 610. Il avait occupé le trône huit années; son âme était peinte sur sa figure, car il était d'une laideur repoussante; son langage et ses manières répondaient à la difformité de ses traits. Une colonne qui existe encore a été élevée à Rome, dans le Campo-Vaccino, à la mémoire de cet homme, dont le souvenir ne rappelle que des crimes. SAINT-PROSPER jeune.

PHOCÉA, planète télescopique, dont la distance solaire est 2,39, celle de la Terre étant prise pour unité. Elle a été découverte à Marseille par M. Chacornac, le 6 avril 1853. Ce même jour, M. de Gasparis découvrait Thémis, autre planète télescopique.

PHOCÉE (*Fochia*), ville de la Mésie, au sud-ouest, dans l'Éolide, près de l'embouchure du Caïque, sur le golfe de Cumes. Cette ville avait deux ports, Nausthatmos et Lamptera. Elle avait été fondée par des Phocéens sortis de la Phocide. Hérodote raconte que ses habitants, ne pouvant la défendre, l'abandonnèrent à Harpagus, et que, fuyant sur des galères à cinquante rames, dont ils étaient les inventeurs, ils emportèrent avec leurs femmes et leurs enfants ce qu'ils avaient de plus précieux. Quelques-uns y retournèrent, malgré le serment qu'ils avaient fait de n'y rentrer jamais. Les autres, plus consciencieux, se retirèrent à Alalie, qu'ils avaient bâtie vingt ans auparavant, dans Cyrnos (l'île de Corse); mais inquiétés dans cette halte par les Carthaginois et les Tyrrhéniens, ils durent cinq ans après chercher d'autres asiles en Italie, en Espagne, et sur la côte méridionale de la Gaule. Ils y bâtirent des villes, entre lesquelles Massilie (*voyez* MARSEILLE) tenait le premier rang.

PHOCÉENS, habitants de la Phocide. Ce peuple ne joua presque jamais qu'un rôle secondaire dans les affaires de la Grèce. Le seul événement important de son histoire est la *guerre sacrée*, pendant laquelle il soutint dix ans, avec un courage opiniâtre, les efforts de peuples plus puissants que lui. Les Phocéens avaient deux voix au conseil des amphictyons.

PHOCIDE, contrée de la Grèce proprement dite, ou Hellade, d'environ 25 myriamètres carrés, qui était bornée à l'ouest par le territoire des Locriens Ozoliques, au nord par la Doride, à l'est par le territoire des Locriens Opuntiques, et au sud par le golfe de Corinthe. Elle est en grande partie traversée par des montagnes, dont la plus considérable est le Parnasse, où se trouvait situé le bourg de Delphes, si célèbre par son oracle. Son principal cours d'eau est le Céphise. Ses plus anciens habitants furent les Lélèges, entremêlés de Pélasges et de Thraces; lesquels sont la souche des Phocéens, ainsi appelés, suivant la tradition, d'après un vieil Éolien, *Phocos*, qui gouvernait jadis ce pays. Plus tard ils constituèrent un État fédératif, et prirent part à la guerre des Perses, ainsi qu'à la guerre du Péloponnèse, dans laquelle ils prirent parti pour les Lacédémoniens. Sous le roi de Macédoine Philippe II, ils eurent à soutenir une guerre qui dura dix ans, de l'an 355 à l'an 346 av. J.-C., pour avoir refusé de se conformer aux décisions des amphictyons, qui les avaient frappés d'amende pour avoir usurpé une partie de territoire appartenant au temple de Delphes. Cette guerre est désignée d'ordinaire par les historiens sous les noms de *guerre sacrée* ou de *guerre de Phocide*.

Après la bataille de Chéronée, la Phocide partagea le sort du reste de la Grèce. Sous la domination romaine elle fut comprise dans l'Achaïe. Dans le royaume de Grèce actuel elle constitue avec la Locride un même département, dont le chef-lieu, *Salona*, est célèbre par une victoire que les Grecs remportèrent sous ses murs en 1825.

PHOCION, l'un des plus illustres généraux athéniens et l'un des plus beaux caractères des temps antiques, était né à Athènes, environ 400 ans av. J.-C. Lorsque Démosthène réussit à persuader aux Athéniens de pourvoir à la défense de l'île d'Eubée, cette clef de la Grèce, que menaçait l'ambitieux Philippe, ce fut sur Phocion qu'ils jetèrent les yeux pour la conduite de cette expédition. Leur attente fut complétement justifiée par les succès de ce général. Envoyé plus tard au secours de Périnthe et de Byzance, villes de la Thrace, assiégées par Philippe, il força ce monarque à la retraite, et cet échec signalé attiédit pendant près de deux ans l'ardeur martiale du Macédonien. L'intrigue exclut Phocion du commandement de l'armée qui combattit les troupes de Philippe dans les plaines de Chéronée. Malgré la supériorité numérique des forces de ce prince, on peut croire que la présence de ce chef habile eût changé la fortune de cette campagne, si courte et si décisive. Cependant, Phocion n'approuvait point la guerre, et la Pythie ayant déclaré que tous les Athéniens étaient du même avis, hormis un seul, il fit connaître hautement qu'il était ce citoyen dissident. Ce n'est pas que Phocion se fit illusion sur les desseins hostiles et ambitieux de Philippe; mais il jugeait la république d'Athènes trop énervée pour lutter avec succès contre un tel adversaire. Instruit par une longue expérience à suspecter ceux qui aspiraient à diriger le peuple, il regardait l'empressement belliqueux de Démosthène comme un moyen artificieux pour acquérir de l'ascendant sur l'esprit de la multitude. « Phocion, lui disait un jour l'orateur, le peuple te sacrifiera dans quelque accès de folie. — Et toi, répondit Phocion, quand il rentrera dans son bon sens. » A la mort de Philippe, Phocion ne se laissa point entraîner à l'enthousiasme général : « S'applaudir de la mort d'autrui, dit-il aux Athéniens, c'est la marque d'un cœur vil et d'un esprit étroit; que manque-t-il d'ailleurs à l'armée qui vous a vaincus à Chéronée? Une seule tête. » Quand Alexandre exigea que les Athéniens, pour conserver la paix, lui livrassent huit de leurs orateurs, Phocion insista pour que l'on cherchât à tout prix à désarmer le courroux du monarque, avis timide, répréhensible peut-être, et qui, s'il faut en croire Diodore de Sicile, fit expulser l'orateur de l'assemblée. Cependant, Plutarque dit que ce fut lui que les Athéniens députèrent à Alexandre pour calmer son ressentiment, et qu'il y réussit pleinement. Quoi qu'il en soit, l'histoire, qui perd à peu près de vue Phocion pendant le règne de ce prince, le retrouve pour exhorter les Athéniens à contenir les espérances que sa mort leur inspire, et à mesurer en paix les débris menaçants encore de la puissance macédonienne. Ses concitoyens lui demandant avec impatience quel moment il trouverait opportun pour faire la guerre : « Celui, répondit-il, où les jeunes gens seront disciplinés, les riches généreux et les ministres incorruptibles. » La défaite de Cranon vint justifier ses pressentiments. Ce grand homme ne se crut point quitte envers sa patrie parce qu'elle avait méprisé ses conseils. Député par les Athéniens à Antipater, qui l'estimait personnellement, il mit tout en œuvre pour fléchir sa colère, mais il ne put y parvenir. Le vainqueur plaça une garnison nombreuse au port de Munichie, et Athènes, rendue au régime aristocratique, humilia une seconde fois sa fierté sous le joug macédonien. Phocion, quoique déjà fort avancé en âge, fut mis à la tête des affaires. Il décora de quelque fermeté cette attitude équivoque, mais il ne tarda guère à se rendre suspect à ses concitoyens. Cependant, il se déclara contre les Macédoniens lorsqu'ils firent mine de s'emparer du port du Pirée, et cette conduite excita à leur tour la défiance des successeurs d'Alexandre. Polysperchon, leur lieutenant, le fit charger de fers et traduire à l'assemblée du peuple. Phocion dédaigna de se justifier du crime de trahison, qui lui était imputé. Quelques voix partirent de cette multitude insensée pour demander qu'il fût appliqué à la torture; mais la pudeur publique réprouva cette odieuse proposition. Phocion entendit avec un calme profond la sentence qui le condamnait à la peine capitale, et pria un de ses amis de donner douze drachmes au bourreau, qui refusait d'apprêter gratuitement le poison destiné à sa mort. Ce grand homme, que quelques écrivains ont surnommé le *second Socrate*, expira le 19 avril de l'an 417, léguant à son fils, pour tout bien, l'oubli du traitement barbare dont les Athéniens avaient usé à son égard. Ceux-ci rendirent tardivement à ses cendres les honneurs de la sépulture, et élevèrent à sa mémoire une statue en bronze.

Nul ne porta plus loin que Phocion cette simplicité de mœurs et ce désintéressement austère qui formaient le fond de la plupart des caractères que nous admirons dans l'antiquité. Antipater, dont il se proclamait *l'ami, mais non le flatteur*, disait « qu'il n'avait jamais pu rien faire accepter à Phocion, ni rassasier Démade. » Pauvre, et presque indigent, il n'avait cessé d'opposer les refus les plus opiniâtres aux offres les plus brillantes d'Alexandre. On sait que Démosthène l'appelait, avec autant de justesse que d'énergie, la *hache de ses discours*. Insensible à tout, excepté à la dégradation profonde de ses compatriotes, il les traitait avec une extrême rigidité. Il bravait leur courroux, et portait le mépris de leurs applaudissements à ce point, qu'un jour que son avis était approuvé avec éclat, il demanda à ses amis *s'il lui était échappé quelque sottise*.

A. Boullée.

PHOCYLIDE, poëte gnomique grec du sixième siècle avant l'ère chrétienne, natif de Milet ou de Chios, était généralement tenu autrefois pour l'auteur d'un poëme moral, que son style et son contenu indiquent au contraire devoir appartenir à l'époque chrétienne, peut-être bien au quatrième siècle après J.-C. On en trouvera des copies correctes dans les collections des *Poetæ Græci gnomici* de Brunck (Leipzig, 1817; nouv. édit.) et de Boissonade (Paris, 1823), ainsi que dans les *Poetæ Græci minores* de Gaisford (Leipzig, 1823).

PHOEBÉ. *Voyez* Phébé.

PHOEBUS. *Voyez* Phébus.

PHOENICOPTÈRE ou **PHÉNICOPTÈRE.** *Voyez* Flamant.

PHOLADE, genre de mollusques conchylifères dimyaires, ainsi caractérisé par Lamarck : Coquille bivalve, équivalve, transverse, bâillante de chaque côté, ayant diverses pièces accessoires sur la charnière ou au-dessous; bord inférieur ou postérieur des valves recourbé en dehors; animal dépourvu de fourreau tubuleux, faisant saillir antérieurement deux tubes réunis, souvent entourés d'une peau commune, et postérieurement faisant sortir un pied ou un muscle court, très-épais, aplati à son extrémité. La coquille des pholades est en général mince, fragile, blanche, à côtes ou stries dentées, rudes au toucher. La plupart de ces coquilles sont térébrantes, et permettent aux animaux qui les habitent de percer les pierres, le bois, ou de s'enfoncer dans le sable. Les pholades vivent, comme stationnaires, dans les trous qu'elles se sont pratiqués. Certaines espèces, telles que les *pholades dactyle, crépue, striée, scabrelle*, etc., servent d'aliment aux habitants des bords de la Méditerranée, où elles sont très-communes; on les nomme vulgairement *dails*.

PHONÉTIQUE (du grec φωνή, son, voix). Ce mot, synonyme de *résonnant, de retentissant*, s'emploie plus particulièrement aujourd'hui en linguistique pour désigner les sons des langues humaines. Ainsi on opposera leur élément *phonétique* à leur élément logique. Par *écriture phonétique* on entend celle dans laquelle les diverses intonations de la langue sont reproduites par des lettres isolées (comme, par exemple, dans les alphabets du sanscrit, du grec, du latin, etc.), à la différence de l'écriture syllabique ou de l'écriture figurée, dans laquelle des figures représentent des mots (comme les hiéroglyphes, les caractères chinois). Mais comme dans plusieurs langues modernes, qui emploient un alphabet qui leur était d'abord étranger, il s'est avec le temps introduit une différence plus ou moins sensible entre la prononciation des mots et la manière de les écrire, qui souvent rend difficile l'étude d'une langue aussi bien aux nationaux qu'aux étrangers, lesquels ont autant de peine les uns que les autres à l'écrire, on a songé à diverses reprises dans ces derniers temps à inventer un système *d'écriture phonétique*, d'après lequel les mots d'une langue devraient s'écrire comme ils se prononcent. De tous les essais de ce genre tentés depuis une dixaine d'années, celui qui a fait le plus de sensation est celui de Pitman et Ellis pour la langue anglaise, et que ses auteurs ont exposé sous le nom de *Système phonographique*. Quoiqu'on s'en soit déjà servi pour imprimer des bibles, des livres d'école et même des journaux, il est douteux qu'il parvienne jamais à complétement supplanter une orthographe qui a pour elle la force de l'habitude et la consécration des siècles. Il en sera probablement en Angleterre de ces essais de réforme orthographique ce qu'il en a été en France de la nouvelle orthographe proposée par M. Marle.

La *phonologie* est la connaissance systématique de la formation organique des sons dans une langue ou du *phonétisme*.

En musique, la *phonétique* apprend à faire un bon et juste emploi de la voix en chantant.

PHONÉTIQUE (Centre). *Voyez* ÉCHO (*Physique*).

PHONOCAMPTIQUE (Centre). *Voyez* ÉCHO.

PHOQUE. Cuvier a divisé sa grande famille des carnassiers carnivores en trois tribus, dont la dernière, celle des amphibies, renferme deux genres : les *phoques* et les *morses*. Toutes les espèces que ces deux genres renferment ont les pieds tellement courts et tellement enveloppés dans la peau qu'ils ne peuvent servir qu'à la reptation sur terre; mais dans la mer, ces pieds, garnis comme ils le sont de membranes interdigitales, deviennent de puissantes nageoires, et le poil serré et ras, le corps allongé et fusiforme, la colonne vertébrale flexible et munie de muscles puissants, concourent, avec les appendices locomoteurs des phoques, à en faire d'excellents nageurs. Aussi ces mammifères, essentiellement amphibies, passent-ils la majeure partie de leur vie dans les eaux, et ne viennent-ils guère à terre que pour se reposer au soleil, dans la belle saison et pour allaiter leurs petits.

Un grand nombre de naturalistes se sont successivement occupés de ces singuliers animaux. Linné, Erxleben, Illiger, Geoffroy Saint-Hilaire, Cuvier, de Blainville, Desmarets, Lesson, etc., en ont tour à tour fait l'objet de leur étude spéciale; et cependant, malgré la valeur et l'importance de ces nombreux travaux, nous devons encore avouer que dans le règne animal tout entier il n'existe peut-être pas une seule famille naturelle quelque peu importante dont l'histoire soit plus incomplète, plus fautive, plus surchargée d'erreurs. Le rang même que cette famille doit occuper dans la série animale ne paraît pas suffisamment déterminé; car si Cuvier la place avant l'ordre des marsupiaux, et immédiatement après les carnivores digitigrades, et si Temminck suit à peu près la classification de Cuvier, M. Duméril les rejette complétement à la fin de la série des mammifères, dans une famille qui précède immédiatement celle des cétacés, et Latreille a créé pour les amphibiens un cinquième ordre dans le type des mammifères.

Les phoques ont été connus des anciens, qui souvent les désignent comme les troupeaux du dieu Protée, et tous les naturalistes de l'époque dite de la *Renaissance* les mentionnent et les décrivent sous des noms divers; quelquefois même ils en donnent de grossières figures, comme Gesner, Aldrovande et Celsius. Plus récemment, Steller, Eggède, Crantz Molina et Erxleben se sont occupés spécialement de ces animaux, et en ont distingué de nombreuses espèces, et Boddaërt les a divisés en deux groupes : les *otaries*, qui ont une oreille extérieure, et les *phoques* proprements dits, qui en sont dépourvus. Enfin, Frédéric Cuvier a classé les phoques dans neuf genres distincts et nettement définis, en rejetant dans deux genres assez vagues toutes les espèces décrites par les voyageurs, mais qui ne lui étaient pas suffisamment connues. Cependant, comme cette dernière classification laisse encore beaucoup d'incertitude, nous croyons devoir adopter dans ces courtes notes la division établie par Boddaërt, et généralement admise encore aujourd'hui par les naturalistes.

Les *phoques* proprement dits ont quatre ou six incisives en haut, quatre en bas, des canines pointues et des mâchelières au nombre de vingt, vingt-deux ou vingt-quatre, toutes tranchantes ou coniques et sans aucune partie tuberculeuse. Ils ont cinq doigts à chaque pied; les pieds de devant demeurent enveloppés dans la peau du corps jusqu'au poignet, ceux de derrière jusqu'au talon. Leur queue est courte; leur tête ressemble à celle du chien, dont ils ont aussi le regard doux et expressif; comme lui aussi, ils s'attachent à ceux qui les nourrissent et s'apprivoisent aisément. Ils ferment leurs narines lorsqu'ils plongent, au moyen d'une espèce de valvules, et longtemps on a cru que chez eux le trou de Botal demeurait ouvert, comme chez les fœtus. Cette donnée anatomique paraît inexacte, et la physiologie de la respiration chez ces animaux plongeurs ne nous paraît pas encore suffisamment élucidée.

Les *otaries* diffèrent des phoques par leurs oreilles extérieures saillantes, et par la forme de leurs dents. Chez les otaries en effet les quatre incisives supérieures et médianes sont à double tranchant (singularité très-remarquable), les externes sont simples et plus petites, les incisives inférieures sont fourchues, et toutes les molaires sont simplement coniques. La membrane interdigitale des pieds de derrière se prolonge, chez les otaries, en une lanière qui s'étend au delà de chaque doigt. Leurs ongles sont menus et plats, et leur poil est moins ras que celui des phoques.

Toutes les mers nourrissent des phoques, mais dans les zones équatoriales ou tempérées, ces amphibies ne constituent jamais que de petites tribus isolées, tandis que dans les mers polaires ils forment d'innombrables légions, qui chaque siècle sont refoulées de plus en plus vers le centre des glaces par les Européens ou par les peuplades à demi sauvages qui habitent les terres désertes et nues qui sont semées dans les mers antarctiques. Les phoques des mers polaires habitent surtout les côtes désertes des îles Malouines, de la Terre-de-Feu, des îles Shetland, des Orcades et de la Nouvelle-Hollande. Certaines espèces affectent particulièrement les plages sablonneuses et abritées; d'autres préfèrent les rocs arides et battus des flots; d'autres, enfin, les hautes herbes qui bordent les îles. Ils se nourrissent de mollusques, de poulpes, de calmars, de poissons divers et même d'oiseaux marins, tels que les sternes et les mouettes. Ils se traînent sur terre avec grande difficulté, et n'avancent que par des efforts pénibles et des ondulations embarrassées; aussi ne viennent-ils à terre que rarement et pendant la belle saison. La tradition rapporte que pendant leur séjour sur la terre ferme ils ne mangent pas, mais qu'ils se lestent l'estomac avec des cailloux, qu'ils dégorgent à volonté. Steller et Peron leur attribuent aussi la faculté de pleurer. C'est surtout à la nature, à la variété des cris qu'ils poussent, plutôt qu'à aucune analogie de forme, qu'il faut attribuer les noms divers qui leur ont été donnés : *loup marin*, *ours marin*, *lion marin*, *veau marin*, etc., etc.

BELFIELD-LEFÈVRE.

PHORMIUM TENAX. *Voyez* LIN DE LA NOUVELLE-ZÉLANDE.

PHOROMÉTRIE (du grec φορά, action de porter, et μέτρον, mesure), partie de la haute mécanique qui traite de la capacité qu'ont les corps d'en supporter d'autres, c'est-à-dire qui calcule leur résistance contre une pression perpendiculaire. Cette partie de la mécanique est surtout d'une haute importance dans l'architecture.

PHOSPHATE. L'acide phosphorique peut se combiner en diverses proportions avec les bases salifiables, et donner lieu à des sels neutres, des sous-sels et des sur-sels. Les premiers ont pour caractère distinctif d'être indécomposables par l'action de la chaleur, et d'être vitrifiables, à l'exception de celui d'ammoniaque, dont la base se volatilise, et l'acide seul se vitrifie : ces sels sont aussi la plupart insolubles dans l'eau, et s'y dissolvent cependant par un excès d'acide, ou bien par l'addition de l'acide nitrique, etc.

Tous les phosphates sont le produit de l'art, à l'exception de ceux de chaux, de fer, de plomb, de manganèse, de magnésie, de potasse, de soude et ammoniaco-magnésien.

Le *phosphate de chaux*, avec excès de base, forme plus de la moitié de la charpente osseuse de l'homme; on trouve en Espagne, et particulièrement dans l'Estramadure, des mamelons qui en sont entièrement formés. Ce sel est employé pour la préparation du phosphore, de la gélatine, du phosphate de soude, du noir d'ivoire, de l'huile animale, de l'ammoniaque, etc. On l'employait jadis en médecine comme absorbant. L'*album græcum* n'est autre chose que les excréments des chiens nourris avec des os.

On trouve le *phosphate de soude* dans plusieurs liquides et sécrétions animales, surtout dans l'urine.

Le *phosphate d'ammoniaque*, qui existe dans l'urine humaine et quelques autres liquides animaux, forme, soit seul, soit en sel triple avec l'ammoniaque et la magnésie, une classe particulière de calculs urinaires.

Pour le *phosphate de fer*, *voyez* BLEU MARTIAL FOSSILE.

JULIA DE FONTENELLE.

PHOSPHÈNE (du grec φῶς, lumière, et φαίνω, je fais voir), phénomène fréquent dans l'amaurose ou la cécité, résultant de l'excès d'action de la rétine, et analogue à celui qu'on éprouve à la suite d'un choc violent sur l'œil, lequel fait *voir trente-six chandelles*, selon le terme vulgaire.

J.-J. VIREY.

PHOSPHITE, sel composé d'acide phosphoreux et d'une base. Tous les phosphites, excepté ceux de potasse, de soude et d'ammoniaque, sont insolubles dans l'eau. Tous décolorent le sulfate rouge de manganèse.

PHOSPHORE (de φῶς, lumière, et φορός, qui porte). Le phosphore a été découvert par l'alchimiste Brandt, qui, après en avoir fait un secret, le vendit à Krafft. Kunkel, qui s'était associé à ce dernier pour cet achat, ayant été trompé par lui, et sachant seulement qu'on le retirait de l'urine, se livra à un grand nombre de recherches, et parvint à le découvrir à son tour, en 1674. Ce ne fut cependant que soixante-trois ans après que sa préparation fut portée en France, et exécutée en présence de MM. Hellot, Duffay, Du Hamel et Geoffroy, commissaires nommés à cet effet par l'Académie des Sciences. Peu de temps après, Boyle parvint aussi à le préparer. En conséquence, ce combustible a porté longtemps les noms de *phosphore de Kunkel*, *phosphore d'Angleterre*. Ce ne fut que cent ans après la découverte du phosphore (1774) que Gahn et Schele découvrirent qu'il existait dans les os à l'état d'acide combiné avec la chaux et une substance animale, d'où on l'a extrait depuis.

Le phosphore à l'état de pureté est solide, demi-transparent, très-combustible, d'une consistance égale à celle de la cire, d'une saveur un peu âcre, d'une odeur alliacée; il est lumineux dans l'obscurité, et réfracte beaucoup plus la lumière que sa densité (1,77) ne semble l'indiquer; il fond à 43 degrés : si l'on porte sa température de 60 à 70, et qu'on le refroidisse tout à coup, il devient noir; par un refroidissement lent, il est transparent et incolore. Tous les phosphores ne partagent point cette propriété : il faut qu'ils aient été distillés de trois à dix fois. La distillation de ce combustible a lieu à environ 200 degrés. La lumière solaire le colore en rouge sans en troubler la transparence, tant dans le vide que dans l'air, l'azote ou l'hydrogène. Avec l'oxygène, au-dessous de 29 degrés, et sous une pression de 76, il n'y a pas un atome de gaz absorbé; mais si l'on réduit cette pression de 5 à 10 centimètres, la température restant la même ou diminuant de quelques degrés, il y a combustion, production de lumière, absorption complète de gaz oxygène, et formation d'acide phosphorique. Si, au lieu de diminuer la pression, on mêle le gaz oxygène avec l'azote ou l'hydrogène, il se produit le même effet. A la température et sous la pression ordinaire, il se réduit en vapeur dans tous les fluides élastiques qui n'exercent aucune action sur lui : alors, sa force de cohésion se trouvant vaincue, il devient propre à s'unir avec l'oxygène. Lorsqu'il est fondu et mis en contact avec l'air ou le gaz oxygène, il brûle avec une vive lumière et une chaleur très-intense : il est susceptible de former un oxyde et quatre acides, savoir les acides *hypo-phosphoreux*, *phosphoreux*, *hipo-phosphorique* et *phosphorique*. On obtient l'oxyde de phosphore en brûlant ce combustible dans l'air ou le gaz oxygène; on voit sur la capsule un résidu rougeâtre ou jaune orangé, qui est cet oxyde. La croûte blanche qui se forme au bout d'un certain temps sur les bâtons de phosphore conservés sous l'eau et dans l'obscurité, a été considérée, sous le nom d'*hydrate de phosphore*, comme une combinaison de ce corps simple avec l'eau. Mais M. Henri Rose a fait voir que ce prétendu hydrate n'est que du phosphore dans un état particulier d'agrégation. L'hydrogène, par son union avec le phosphore, forme deux gaz connus sous les noms de *gaz hydrogène protophosphoré* et *gaz hydrogène perphosphoré*. Enfin le phosphore se combine avec presque toutes les substances métalliques, ainsi qu'avec le soufre, le sélénium, l'iode, l'hydrogène et le chlore; il décompose le sulfate de cuivre et en précipite le métal réduit : il produit le même effet sur le nitrate d'argent et le chlorhydrate d'or.

Le phosphore existe dans la nature à l'état de phosphate, surtout de celui de chaux, ou bien à celui de phosphure. Cependant, Fourcroy et Vauquelin assurent l'avoir trouvé pur dans la laite de quelques poissons, dans une partie de la matière cérébrale et des nerfs de l'homme; tout porte à croire que les vers luisants, les bois phosphorescents, etc., en contiennent.

On extrait le phosphore des os calcinés des animaux, surtout de ceux de mouton; on les réduit en poudre, et on en forme avec l'eau une bouillie liquide, qu'on délaye peu à peu avec 80 parties d'acide sulfurique : après vingt-quatre heures, et quand l'acide a cessé d'agir, on y verse suffisante quantité d'eau bouillante, et l'on filtre, en remettant la liqueur sur le dépôt, jusqu'à ce qu'elle passe claire; on verse sur le marc de nouvelle eau bouillante, jusqu'à ce que la liqueur qui filtre ne soit plus acide. On évapore le tout en consistance sirupeuse; on en fait une pâte épaisse avec environ un tiers de son poids de charbon en poudre; on dessèche bien le tout, on l'introduit dans une cornue de grès lutée, à laquelle on donne graduellement un grand coup de feu. Le carbone décompose l'acide phosphorique de ce phosphate acide de chaux, s'empare de son oxygène; et le phosphore passe à la distillation dans un récipient en cuivre à moitié plein d'eau, et soigneusement luté avec la cornue. Dès que cette décomposition a lieu, il se dégage beaucoup d'oxyde de carbone et d'hydrogène carboné, et ce n'est qu'après environ quatre heures de feu que le phosphore commence à passer. Tant que l'opération dure, il y a dégagement de gaz oxyde de carbone et de gaz hydrogène phosphoré; lorsqu'il cesse, elle est terminée. Ce travail exige environ vingt-quatre heures. On purifie le phosphore en le redistillant, ou bien en le faisant passer à travers une peau de chamois neuve et bien lavée, qu'on plonge dans l'eau bouillante. On le moule ensuite dans des tubes de verre plongés dans l'eau chaude, d'où on l'extrait quand le tout est bien refroidi.

Le phosphore est employé pour analyser l'air, pour étudier l'action de quelques substances, pour faire des bougies, des briquets et des allumettes phosphoriques, etc. En médecine, il passe pour un puissant excitant, surtout des organes de la génération; mais son emploi est dangereux. Il doit être légèrement soluble dans l'eau, puisque celle-ci donne alors une mort prompte aux gallinacés.

JULIA DE FONTENELLE.

PHOSPHORE DE HOMBERG, nom donné autrefois au chlorure de calcium.

PHOSPHORESCENCE. La phosphorescence est la propriété dont jouissent quelques substances animales, végétales et minérales, d'émettre naturellement de la lumière, lorsqu'on les plonge dans l'obscurité, comme le phosphore; seulement, dans le cas de ce dernier corps, il y a une augmentation sensible de chaleur et une véritable combustion, tandis que beaucoup de substances phosphorescentes n'offrent pas ces phénomènes, du moins avec une intensité appréciable.

On connaît la propriété qu'ont le ver luisant et quelques insectes d'être lumineux. Aristote avait constaté que parfois les substances animales et végétales en putréfaction offraient un phénomène analogue. Longtemps après, Columba reconnut que certains insectes répandaient de la lumière, même quelque temps après leur mort. Mais c'est à trois jeunes gens de Padoue qu'on doit les premières observations sur ce sujet. Le jour de Pâques 1492, ayant acheté un agneau, quelques morceaux qui restèrent furent trouvés lumineux. En 1641 un fait à peu près semblable fut observé à Montpellier. Boyle s'est livré à de curieuses expériences sur ce point; il a constaté que la lumière du bois pourri s'éteint dans le vide et qu'elle se ranime après un long séjour dans l'air. Il observa aussi que la lumière durait fort longtemps quand on mettait un morceau de bois dans un tube étroit hermétiquement fermé, sans qu'aucun changement se manifestât quand on mettait ce tube dans le vide. Un poisson luisant lui donna les mêmes résultats. Dans un discours lu en 1680 à la Société Royale, il assure que de toutes les substances poissonneuses, celle qui donne le plus de lumière sont les œufs d'écrevisse bouillis. La phosphorescence se détruit par le grand froid. La pholade est un poisson qui est non-seulement lumineux, mais qui communique cette propriété à l'eau, au lait et au miel dans lesquels on la fait infuser. Plusieurs autres poissons jouissent également de la propriété de rendre lumineuse l'eau pure et l'eau salée. Enfin, les navigateurs ont eu occasion de remarquer la phosphorescence des eaux de la mer dans quelques-unes de ses parties, surtout quand elle est frappée par les rames ou quand celles-ci se heurtent contre un vaisseau. JULIA DE FONTENELLE.

Si l'on calcine des écailles d'huîtres avec du sulfure de calcium, on obtient un résidu que l'on rend phosphorescent à volonté, en l'exposant pendant quelques minutes à l'action des rayons solaires : M. Becquerel fils a substitué dans cette expérience la lumière électrique à celle du soleil, et les résultats ont été les mêmes. Certains sels doubles deviennent phosphorescents lorsqu'ils cristallisent, après avoir été dissous dans l'eau.

Quant aux substances organiques, leur phosphorescence est ordinairement accompagnée de dégagement d'acide carbonique. M. Becquerel range la phosphorescence dans la classe des phénomènes ayant l'électricité pour cause.

PHOSPHOREUX (Acide). Cet acide, qui a pour formule PhO^3, est solide, blanc, et d'une odeur alliacée. On le prépare en brûlant le phosphore dans des tubes étroits, où l'air ne pénètre pas en trop grande quantité à la fois. Il se dépose alors, sous forme d'une poussière blanche, à la partie supérieure du tube.

Combiné avec diverses bases, l'acide phosphoreux donne des phosphites. Il précipite en blanc l'eau de baryte, et le phosphite de baryte qui résulte de cette précipitation étant chauffé avec du charbon reproduit du phosphore. L'action de l'acide phosphoreux sur le nitrate d'argent donne un précipité rouge qui passe bientôt au noir. Ces diverses réactions distinguent l'acide phosphoreux de l'*acide hypophosphoreux*, dont la formule est PhO^2.

PHOSPHORIQUE (Acide). Cet acide, qui ne se trouve dans la nature qu'à l'état de combinaison dans les phosphates de chaux, de soude, de plomb, etc., a pour formule $PhO^5,3HO$. On l'obtient, dans les laboratoires, en traitant à chaud le phosphore par l'acide nitrique. Il est alors solide, blanc, inodore, d'une saveur franchement acide, et cristallise en prismes rhomboïdaux. On doit le préparer dans des vases de platine, car il attaque le verre et le grès.

Pour préparer l'*acide phosphorique anhydre*, dont la formule est PhO^5, on brûle du phosphore sec dans de l'oxygène parfaitement sec aussi; l'acide se dépose sur les parois du vase, sous forme de flocons blancs, inodores, d'une saveur acide, assez agréable.

L'*acide hypo-phosphorique* a, pour formule PhO^4.

PHOSPHORIQUE (Briquet). *Voyez* BRIQUET.

PHOSPHURE. Le phosphore, en s'unissant à un grand nombre de bases et de substances métalliques, produit des *phosphures*. L'un des plus remarquables est le *phosphure d'hydrogène* liquide. La plus petite quantité de cette substance suffit pour rendre inflammable au contact de l'air le gaz hydrogène phosphoré, l'hydrogène, le cyanogène, l'oxyde de carbone, etc.

PHOTIN, hérétique qui joua un rôle dans la longue querelle de l'arianisme, était originaire d'Ancyre en Galatie, et fut plus tard évêque de Sirmium en Pannonie. Marcellus d'Ancyre, son maître, avait déjà défendu l'*homousie* du Verbe en termes qui semblaient détruire la différence des personnes dans la Trinité. Photin en vint jusqu'à faire ouvertement profession de sabellianisme, déclarant que le *logos* était une force cachée en Dieu, qui avait agi dans l'homme Jésus plus que dans tous les prophètes précédents, mais qui se retirerait de lui après le triomphe du règne de Dieu. Il soutenait que non-seulement Jésus-Christ n'est qu'un homme, mais encore qu'il n'avait commencé à être le Christ que quand le Saint-Esprit descendit sur lui dans le Jourdain, et qu'il est appelé Fils unique par la seule raison que la sainte Vierge n'en a pas eu d'autres. Cette doctrine fut condamnée à Antioche en l'an 345, ainsi qu'à Milan en l'an 346; et Photin finit par être déposé de son siége dans le premier concile tenu, en l'an 351, à Sirmium. Ses adversaires ne l'appelaient par dérision que *Scotinus* (au lieu de Photinus), ce qui voulait dire *obscurantin*. L'hérésie de Photin a été renouvelée de nos jours par Socin.

PHOTIUS, patriarche de Constantinople, distingué par ses lumières et son érudition, et qui consomma la séparation définitive des Églises grecque et romaine, fut d'abord capitaine des gardes, puis secrétaire d'État sous l'empereur Michel III, et, après s'être fait successivement conférer les différents ordres sacrés dans l'espace de quelques jours, remplaça en l'an 857 le patriarche Ignace, qui venait d'être déposé. Mais en 862 il fut à son tour solennellement déposé par le pape Nicolas Ier, qui appela Ignace à revenir occuper le siége de Constantinople. Pour s'en venger Photius convoqua bien à son tour à Constantinople un concile, dans lequel il fit déposer et excommunier le pape en même temps que l'Église de Rome y était déclarée hérétique et schismatique; mais en 867, après l'assassinat de l'empereur, il ne lui en fallut pas moins se confiner dans un monastère et être frappé d'excommunication. Cette éclipse ne fut pas de longue durée; car à la suite des vifs démêlés qui surgirent entre Ignace et la cour de Rome au sujet de la juridiction à exercer sur les Bulgares nouvellement convertis à la foi chrétienne, Photius put revenir à Constantinople, où il se concilia les bonnes grâces du nouvel empereur Basile. En 877, à la mort d'Ignace, il se ressaisit de son siége, dont la possession lui fut aussi confirmée par le pape. Déçu dans l'espoir qu'il avait conçu de ranger la Bulgarie sous l'obédience de Rome, le pape renouvela l'anathème dont Photius avait déjà été frappé. A l'avénement au trône de l'empereur Léon, en 886, Photius fut encore une fois déposé et relégué dans un couvent d'Arménie, où il mourut en 892. Les lettres lui sont redevables de deux ouvrages d'une haute importance. L'un, intitulé *Myriobiblon* ou *Bibliotheca*, contient des appréciations sur plus de trois cents prosateurs grecs avec des extraits de leurs ouvrages, qui pour la plupart ont complétement péri. L'autre est un lexique grec. La dernière édition de la *Bibliotheca* est celle qu'en a donnée Bekker (2 vol.; Berlin, 1824). Imprimé pour la première fois par Hermann (Leipzig, 1808), le *Lexicon* de Photius a été réimprimé par Porson d'après l'unique manuscrit existant, et ayant appartenu autrefois à Gale (Londres, 1822).

PHOTOGRAPHIE (du grec φῶς, φωτός, lumière, et γράφω, j'écris). On donne ce nom à l'art de produire et de fixer les images des objets par l'action de la lumière sur certaines substances. Nous avons donné, à l'article DAGUERRÉOTYPE, l'histoire des premiers pas de la photographie. Nous rappellerons seulement ici que, dans le procédé de Daguerre, l'image se forme sur une plaque mince de cuivre doublée d'argent, exposée d'abord à la vapeur d'iode et rendue plus sensible à l'aide d'une solution de brome;

qu'après sa sortie de la chambre noire, cette image est rendue apparente par les vapeurs mercurielles, et fixée par un lavage dans une solution d'hyposulfite de soude, ou plutot de chlorure d'or, comme l'a indiqué M. Fizeau.

Dans la photographie sur verre et la photographie sur papier, dont nous devons parler ici, on obtient d'abord une image dont les teintes sont renversées, c'est-à-dire que les ombres de l'objet y sont représentées par des clairs, et réciproquement : c'est l'*image négative*. On l'emploie, comme un cliché, pour en former une infinité d'autres dont les teintes sont de nouveau renversées, et par conséquent ramenées à leur ordre naturel : celles-ci sont dites *images positives*. On a reconnu qu'il est préférable d'obtenir l'image négative sur verre pour les portraits, et sur papier pour les paysages.

Pour avoir une épreuve négative sur verre, on prend une plaque de cette matière, polie et nettoyée avec le plus grand soin. On la pose bien horizontalement, et on verse sur son milieu du collodion liquide contenant une dissolution d'iodure de potassium. On conduit cette opération de manière à former une couche mince et bien uniforme dans toute son étendue. Lorsque l'éther du collodion est évaporé, on transporte la plaque dans une pièce éclairée seulement par une faible lumière recouverte d'un verre orangé ou d'un papier de même couleur, et on la plonge dans de l'eau contenant un dixième d'azotate d'argent : l'iodure de potassium se transforme alors en iodure d'argent. La plaque étant sèche, on la place dans le daguerréotype, et on opère comme pour les plaques métalliques. On fait ensuite paraître l'image en plongeant la plaque de verre dans une dissolution légèrement chauffée d'acide pyrogallique avec addition d'acide acétique cristallisable; partout où l'iodure d'argent a subi un commencement de décomposition sous l'action lumineuse, il se forme un gallate d'argent. Ce dernier sel étant noir, c'est lui qui dessine l'image, que l'on fixe en lavant dans une dissolution d'hyposulfite de soude.

On opérerait de même avec du papier. Pour produire les épreuves positives, il suffit de recouvrir l'épreuve négative d'un papier imprégné de chlorure d'argent et d'exposer le tout à l'action de la lumière; de manière que les parties noires du *négatif* portent ombre sur le papier au chlorure d'argent. Celui-ci donne aussitôt une image positive, que l'on fixe encore par un lavage dans l'hyposulfite de soude.

On peut aussi obtenir de belles épreuves positives sur verre en plongeant la plaque, au moment où elle sort du daguerréotype, dans une dissolution saturée de protosulfate de fer. L'image est négative; mais si, après l'avoir lavée dans l'eau pour enlever l'excès de protosulfate de fer, on verse dessus de l'eau contenant un dixième de cyanure de potassium, l'image devient positive. Il ne reste plus, pour la conserver, qu'à la recouvrir d'un double enduit protecteur de vernis à tableau et de bitume de Judée. Pour voir l'image, on regarde à travers l'autre face du verre.

Du reste, les procédés photographiques varient à l'infini. Chaque jour amène de nouveaux perfectionnements : physiciens, chimistes, amateurs, tout le monde s'est mis à l'œuvre. Ainsi, le collodion offrait l'inconvénient d'une évaporation trop rapide : M. Schlumberger y a remédié en le dissolvant dans l'esprit de bois. Puis, au collodion on a substitué l'albumine, qui réussit mieux encore.

Un autre progrès important de la photographie est appelé à rendre d'immenses services aux artistes peintres. MM. Mayer frères et Pierson ont découvert le moyen d'appliquer la photographie, grandeur naturelle, aux toiles préparées pour la peinture à l'huile. Par ce procédé, les traits d'un portrait et même la reproduction identique d'un tableau sont transmis sur la toile, et ne demandent plus qu'à être terminés par l'artiste, qui n'a que le coloris et le fini à donner à son œuvre, la fidélité mécanique du daguerréotype lui ayant d'abord tracé son esquisse.

M. E. Becquerel est parvenu à trouver une substance impressionnable qui reproduit non-seulement les ombres, mais encore les couleurs des objets : malheureusement les images ne se conservent pas à la lumière; il reste à découvrir un moyen de les fixer. Beaucoup d'épreuves photographiques ordinaires s'altèrent également sous l'action prolongée des rayons lumineux. On en revivifie les tons en les plongeant dans un bain de chlorure d'or assez concentré; mais, suivant la manière d'opérer, on produit des teintes qui varient du rouge au bleu et au noir. La plupart des praticiens accusent le lavage à l'hyposulfite de soude (dont il est ensuite très-difficile de purger complétement le papier) d'être cause de la décoloration des épreuves. On a proposé de lui substituer l'ammoniaque qui, par sa volatilité, échappe à cet inconvénient.

La photographie, dont tout le monde peut apprécier l'utilité incontestable, a déjà rendu de nombreux services aux sciences, et particulièrement aux sciences naturelles. Parmi ses applications les plus récentes, nous citerons celle qu'a faite un jeune homme de Berlin, M. Schall, qui, après plus de quinze cents expériences, est parvenu à établir une échelle de toutes les nuances de la couleur noire que l'action de la lumière solaire produit sur le papier photographique; de sorte qu'en comparant la nuance que l'on obtient dans un moment quelconque sur un tel papier à celle indiquée sur l'échelle, on peut exactement connaître la force de la lumière du soleil.

La photographie s'est déjà montrée féconde, en enfantant plusieurs arts nouveaux. Qu'il nous suffise de rappeler ici la gravure héliographique. M. Niepce de Saint-Victor et M. Lemaitre, à l'aide du bitume de Judée, c'est-à-dire en perfectionnant le procédé ancien de Niepce, sont parvenus à reproduire sur acier les épreuves photographiques et à créer ainsi de véritables planches; MM. Lerebours, Lemercier, Barreswil et Davanne ont obtenu le même résultat sur la pierre lithographique; enfin M. Langton a pu produire directement des épreuves sur bois, et donner ainsi le plus grand secours à la gravure si répandue qui s'exerce sur cette matière. Depuis, M. Poitevin, ingénieur civil, a inventé l'*hélioplastie* dont nous allons dire quelques mots.

Ce dernier procédé de gravure repose sur la propriété qu'a la gélatine sèche, imprégnée d'un chromate ou bichromate, et soumise à l'action de la lumière, de perdre la faculté de se gonfler dans l'eau, et sur ce que, sans cette action, elle y prend un volume environ six fois plus grand. M. Poitevin applique donc une couche plus ou moins épaisse de dissolution de gelatine sur une surface plane, de verre, par exemple. Il la laisse sécher, et la plonge ensuite dans une dissolution de bichromate quelconque, pourvu que la base n'ait pas d'action sur la gélatine elle-même; il laisse sécher de nouveau, et fait agir la lumière soit à travers un cliché photographique, soit à travers une épreuve positive, soit même au foyer de la chambre obscure. Après l'exposition, dont la durée doit varier selon l'intensité de la lumière, l'opérateur plonge la couche de gélatine dans l'eau. Alors toutes les parties qui n'ont pas subi l'influence de la lumière forment des reliefs en se gonflant, tandis que celles qui ont été impressionnées forment des creux. Cette surface de gélatine ainsi gravée est transformée en planche métallique en la moulant en plâtre, à l'aide duquel on obtient, par les procédés connus, des planches métalliques; ou bien on la moule immédiatement par la galvanoplastie, après l'avoir préalablement métallisée. Par ce procédé, les dessins négatifs au trait fournissent des planches gravées en relief pouvant servir à l'impression typographique, tandis que les dessins positifs donnent des planches en creux que l'on peut imprimer en taille-douce. En opérant sur une couche de gélatine d'une certaine épaisseur, et en l'impressionnant à travers un cliché non formé par des traits, tel qu'un portrait photographique ou une reproduction de statue, par exemple, on obtient, après le gonflement des parties non modifiées par la lumière, une surface modelée dans le genre des reliefs sur médaille.

PHOTOMÈTRE, PHOTOMÉTRIE (du grec φῶς,

φωτός, lumière, et μέτρον, mesure). La *photométrie* est la partie de l'optique qui a pour objet de mesurer l'intensité de la lumière. Bouguer est le premier qui s'en soit occupé scientifiquement, et ses recherches furent encore dépassées par celles de Lambert (1760). Pour mesurer l'intensité de la lumière projetée par un corps servant à éclairer, on emploie le *photomètre*. De tous les instruments de cette espèce qui aient été proposés, le plus simple est celui de Rumford, et il avait déjà été indiqué par Lambert. Il consiste surtout en un plan placé verticalement et recouvert de papier, devant lequel se trouve, à quelques centimètres de distance, un bâton cylindrique épais d'environ 1 centimètre, ou tout autre corps mince. Quand on veut comparer la lumière projetée par deux bougies, on les place derrière ce bâton de telle façon qu'il projette deux ombres sur le plan translucide, et on éloigne ensuite de ce bâton l'une ou l'autre des deux bougies, jusqu'à ce que les deux ombres paraissent également obscures. Dans ce cas, l'intensité de la lumière est en raison inverse du carré de la distance du plan éclairé au foyer d'où elle émane. Ce procédé a fait connaître les résultats suivants : l'intensité de la lumière fournie par une chandelle bien mouchée étant 100, descend à 39 au bout de 11 minutes, n'est plus que de 16 au bout d'une demi-heure, et remonte à 100 lorsqu'on la mouche de nouveau. Les variations d'intensité de lumière d'une bougie sont comprises entre 100 et 60. Une lampe d'Argand ordinaire, à mèche cylindrique creuse, donne, lorsqu'elle brûle dans tout son éclat, autant de lumière que neuf chandelles bien mouchées.

Les physiciens se sont d'ailleurs servis des procédés les plus divers pour mesurer l'intensité de la lumière. Bouguer et Ritchie calculaient celle que projettent deux corps lumineux, par la force de l'éclairage qu'ils communiquent à un plan translucide. Wollaston proposa de faire renvoyer la lumière du soleil par une petite boule de verre luisant, et de comparer avec l'image de la flamme d'une lumière cette image observée à l'œil nu ou bien avec un télescope, procédé qui n'est autre que celui qu'on emploie pour comparer le Soleil avec une étoile. Lampadius mesurait l'intensité de la lumière d'après l'épaisseur des corps; par exemple, des vitres de corne, ne laissant plus passer en quantité appréciable à l'œil la lumière qu'il s'agit de mesurer. Leslie avait recours pour cela à la force du calorique contenu dans la lumière; enfin, Saussure et Landriani, aux effets chimiques. Le photomètre de Leslie n'est au fond qu'un thermomètre différentiel que Ritchie perfectionna. Arago a aussi proposé plusieurs procédés de photomètres plus exacts, fondés sur l'emploi des anneaux colorés et des phénomènes de polarisation.

Quant aux résultats trouvés par divers physiciens en comparant les intensités lumineuses de divers astres, ils paraissent entachés de nombreuses causes d'erreur. C'est ainsi que suivant Leslie le pouvoir éclairant d'une bougie serait douze mille fois moindre qu'une portion de même dimension de la surface du Soleil, et que le pouvoir éclairant de la Lune serait quatre-vingt-quatorze mille cinq cents fois plus faible que celui du Soleil; tandis que, dans la comparaison des pouvoirs éclairants des deux astres, Bouguer était arrivé à un résultat environ trois fois moindre, et Wollaston à un résultat huit fois et demie plus fort.

PHOTOPHOBIE (de φῶς, φωτός, lumière, et φόβος, crainte, aversion). On appelle ainsi la difficulté de supporter la lumière, difficulté qui dégénère quelquefois en impossibilité de percevoir le plus faible rayon lumineux. Cette affection est congéniale chez les albinos; dans tout autre cas, elle est accidentelle, et par conséquent doit être considérée comme maladie. Elle n'a point une cause unique : tantôt la maladie est due à une exaltation du système nerveux : c'est la *photophobie nerveuse;* tantôt elle est le résultat d'une inflammation, ou tout au moins d'une congestion sanguine de l'œil : c'est la *photophobie sanguine* ou *inflammatoire*. La première est commune chez les hommes exaltés adonnés aux travaux de l'esprit, chez les femmes nerveuses, vaporeuses, hystériques. La seconde survient après l'ophthalmie de diverses espèces, et après les opérations de cataractes. Considérée en elle-même, la photophobie n'est qu'un symptôme, mais souvent un symptôme précurseur d'une affection plus grave. Tout homme atteint d'intolérance de la lumière doit suspendre ses travaux, être très-réservé dans ses plaisirs, sévère pour son régime. Quelques bains de pieds aiguisés avec de l'acide chlorhydrique fumant, quelques graines de belladone prises à l'intérieur, la diminution du jour dans l'appartement, l'usage des lunettes bleues modérément colorées, triomphent souvent de cette incommodité. La photophobie inflammatoire doit être traitée par la saignée, les ventouses, les sangsues, les purgatifs.

CARRON DU VILLARD.

PHOTOPSIE (de φῶς, φωτός, lumière, et ὄψις, vue), vision factice d'étincelles de feu, symptôme assez commun dans un grand nombre de maladies des yeux, qui n'a pas une grande valeur pour le diagnostic, mais qui joint à d'autres signes peut l'aider.

PHRAATE, nom commun à plusieurs rois des Parthes de la race des Arsacides. Le plus connu d'entre eux est *Phraate IV*, qui à la mort de son frère Pacore et de son père Orode Ier, l'an 36 avant J.-C., battit le triumvir Antoine, puis, en l'an 20, pour se concilier les bonnes grâces d'Auguste, lui renvoya les étendards de Crassus et d'Antoine ainsi que les prisonniers romains demeurés parmi les Parthes, et qui régna jusqu'à l'an 4 de J.-C.

PHRANZA ou PHRANTZÈS (GEORGES). *Voyez* GEORGES.

PHRASE (du grec φράσις, fait de φράζω, je parle). La plupart des dictionnaires définissent la *phrase* une manière quelconque de parler, de s'exprimer. Les grammairiens donnent une définition plus restreinte et moins vague : ils appellent *phrase* une réunion de plusieurs mots qui forment un sens complet; ou, si l'on veut, ils désignent par ce nom les tableaux les moins étendus que puisse présenter la parole. Ainsi, tout énoncé qui est composé d'un sujet, d'un verbe et d'un attribut, ou, en d'autres termes, d'un nom ou substantif, d'un verbe et d'un adjectif, est une *phrase*, comme quand on dit : *La lune est brillante*. Pour qu'il y ait *phrase*, il faut que le sujet et son attribut soient liés par un verbe, exemple : *Dieu est tout-puissant*. Dans cette phrase, *Dieu* est le sujet ou le nominatif, c'est-à-dire la personne à laquelle va se rapporter l'affirmation du verbe; *tout-puissant* est l'attribut par lequel on exprime la qualité qui convient à l'Être suprême; et cet attribut est lié au sujet par le verbe *est*.

On distingue trois sortes de *phrases*, savoir : la *phrase simple*, la *phrase composée* et la *phrase complexe*. Toute phrase doit avoir au moins un sujet et un attribut. La *phrase simple* est celle qui n'a qu'un sujet et un attribut, ou un seul nominatif et un seul verbe, avec son régime, comme : *Le souverain gouverne l'État*. La *phrase composée* est celle qui a ou plusieurs sujets et un attribut, ou plusieurs sujets et plusieurs attributs. Exemples : *Le souverain et ses ministres gouvernent l'État; Louis XII fut un vaillant prince et le père de son peuple; Henri IV et Sully mettaient tous leurs soins à bien gouverner la France et à lui faire oublier les maux de la guerre civile*. On entend par *phrase complexe* celle qui n'a en propre qu'un seul sujet et qu'un seul attribut, mais dont le sujet ou l'attribut, ou tous les deux ensemble, renferment d'autres *phrases* qui les modifient et y ajoutent quelques circonstances. Ces *phrases* modificatives ont reçu le nom de *phrases incidentes;* elles sont introduites dans le corps de la *phrase* principale, soit par des pronoms relatifs, soit par des participes, soit par des conjonctions. Exemple de la *phrase complexe* :

> Son coursier, écumant sous un maître intrépide,
> Nage tout orgueilleux de la main qui le guide.
>
> (BOILEAU.)

Une *phrase* peut être tout à la fois composée et complexe, si elle a plusieurs sujets ou plusieurs attributs, et que ces sujets et ces attributs soient modifiés par des phrases incidentes.

L'assemblage de plusieurs *phrases*, ou simples, ou composées, ou complexes, dépendantes les unes des autres, et liées ensemble pour former un seul tout, se nomme *période*. Il y a nécessairement concordance et dépendance entre tous les mots qui composent la *phrase*. La concordance réunit tous les mots qui se rapportent à un seul et même objet. La dépendance unit à l'objet principal les mots qui indiquent les rapports d'un objet avec celui-là. En effet, comme le remarque Court de Gebelin, les mots d'une phrase expriment ou les qualités de l'objet dont il s'agit dans cette phrase, qu'on y peint, qui en est le sujet, ou ses rapports avec d'autres objets. Dans le premier cas, tous les mots d'une *phrase* s'accordent avec le mot principal, c'est concordance; dans le second cas, ils reçoivent les modifications nécessaires pour qu'on aperçoive le rapport qu'il y a entre eux et le sujet, pour qu'on s'assure qu'ils ne sont là qu'en second : c'est dépendance. La concordance règle les parties premières du tableau, celles qui en font l'essence; la dépendance ne règle que les parties secondaires.

Les règles relatives à la construction de la *phrase* sont très-importantes, la clarté et la force du discours dépendant absolument de l'arrangement des diverses portions qui en composent le tissu. Chaque mot doit se lier et avec ceux qui le précèdent, et avec ceux qui doivent le suivre, de manière qu'il n'y ait ni vide ni déplacement. Mais ces règles de la construction varient suivant le génie particulier des langues. A cet égard les langues *transpositives* et les langues *analogues* ne procèdent point de la même manière. Les premières confondent tellement la place des êtres, que l'on a été forcé, pour se reconnaître, d'inventer les déclinaisons, qui ne sont que le signe du rang que le mot devrait naturellement occuper dans la phrase. Les langues *analogues* sont beaucoup mieux réglées. Empruntons un exemple à M. de Bonald : « Une langue analogue dit : « Dieu commande « aux princes de conduire leurs sujets à la vertu. » Et dans cette phrase, *Dieu*, souverain, les *princes*, ses ministres, les peuples, qui sont les *sujets*, le verbe *commander*, qui exprime la relation du pouvoir au ministre, le verbe *conduire*, qui exprime la relation du ministre au sujet, la *vertu*, enfin, fin de toute volonté de Dieu et de toute action de l'homme, sont placés dans la phrase comme ils le sont en eux-mêmes et dans la pensée. Les Grecs et les Latins tourmenteraient cette phrase de mille manières, toutes à peu près dans le génie de leurs langues, hors la manière naturelle. » Si, d'un côté, la construction de la *phrase*, dans les langues *transpositives*, est plus facile, puisqu'on peut varier en tous sens, il est facile de comprendre aussi que dans les langues *analogues*, comme dans la nôtre, par exemple, la construction de la *phrase* répand beaucoup plus de clarté, par suite de sa fixité même. Les règles sont positives, que la phrase soit narrative, impérative, interrogative ou optative. Ces règles assignent la place que doivent occuper le sujet, le verbe et l'attribut; ces règles, enfin, sont celles de la logique elle-même.

On confond trop généralement le mot *phrase* avec celui de *proposition*. Les qualités bonnes ou mauvaises de la *phrase* suffisent pour montrer en quoi elle diffère de la *proposition*. Une phrase est bonne ou mauvaise selon que les mots qui la forment sont liés conformément ou contrairement aux règles de la langue; une proposition est bonne ou mauvaise selon qu'elle est en harmonie avec les lois immuables de la vérité. Une phrase est correcte ou incorrecte, élégante ou triviale, simple ou figurée; une proposition est vraie ou fausse, juste ou injuste, directe ou indirecte, etc.

Le mot *phrase* indique quelquefois le génie particulier d'une langue dans la manière d'exprimer les pensées.

Ne parler que par *phrases*, c'est avoir une façon de parler affectée et emphatiquement ridicule; c'est ce défaut qui a donné naissance au mot de *phrasier*, qu'on emploie comme substantif et comme adjectif. CHAMPAGNAC.

PHRASE (*Musique*). La phrase en musique est comme la phrase en grammaire : pour qu'elle soit bien construite, elle doit procéder logiquement, elle doit partir d'un point pour arriver à un but. En mélodie, la phrase est une suite de sons formant un sens non interrompu, qui se résout par une cadence sur une note essentielle du mode où l'on est. En harmonie, la phrase est une suite d'accords liés entre eux par des dissonances et résolue par une cadence absolue. Ce n'est pas chose facile que de bien *phraser* en musique. Le compositeur qui possède ce talent est à coup sûr un homme de sentiment et d'esprit; le chanteur qui dit bien la phrase, qui sait en bien faire sentir le sens et l'effet est un homme de goût, un homme bien précieux dans l'exécution musicale. Les phrases peuvent, selon le caractère et la mesure du morceau, être composées de trois, quatre, cinq, six, sept, huit, neuf ou dix mesures. Mais on ne coupe guère les phrases que par trois, quatre, six ou huit mesures. Celles de huit surtout sont d'un usage général. On ne peut introduire des phrases de différentes mesures dans un morceau à moins d'en changer le caractère et la mesure. Il ne faudrait pas, cependant, regarder notre définition comme une règle immuable. Les hommes de génie savent modifier avec bonheur tout ce qui entrave leur pensée.

PHRASÉOLOGIE. On désigne par ce nom la construction de *phrase* particulière à une langue, propre à un écrivain. On dit : la *phraséologie* de la langue grecque, la *phraséologie* de l'orateur Thomas. CHAMPAGNAC.

PHRATRIES. On appelait ainsi à Athènes certaines antiques classifications du peuple ayant pour base des rapports de race ou d'affinité de familles, et qui étaient plutôt de nature religieuse et de droit privé, que de nature politique. Chaque phratrie particulière se composait de trente familles; elles étaient au nombre total de douze, chiffre que ne modifia même point Clisthène. Les enfants nouveau-nés étaient inscrits sur certains registres propres à chaque phratrie, afin de pouvoir un jour justifier de leur droit de citoyen et réclamer leur héritage. La tenue de ces registres était confiée aux *phratriarches*; et l'un des premiers devoirs du membre d'une phratrie était en cas de meurtre de venir en aide aux parents de la victime, pour obtenir justice du crime, et si la victime n'avait pas de parents, pour faire punir le coupable. La *phratrie* répondait à la *curie* romaine.

PHRÉNÉSIE ou PHRÉNITIS (du grec φρενή, diaphragme). *Voyez* DIAPHRAGMITE et FRÉNÉSIE.

PHRÉNIQUE (Centre), du grec φρενή, diaphragme, *voyez* DIAPHRAGME.

PHRÉNOLOGIE (du grec φρὴν, esprit, et λόγος, discours) signifie au propre *traité sur l'esprit*. C'est aujourd'hui la dénomination le plus généralement adoptée pour désigner l'ensemble des doctrines de Gall sur les fonctions du cerveau, doctrines dans lesquelles on traite de l'anatomie, de la physiologie et de la pathologie du cerveau et du système nerveux, du crâne, de la forme de la tête, etc., de l'homme et des animaux. Ce système a pour bases, d'une part, l'étude attentive de l'anthropologie, l'observation réfléchie des hommes et des animaux dans leurs diverses situations, en tenant compte des penchants de l'animal; des observations pathologiques des maladies du cerveau et de l'esprit, et de l'autre une étude minutieuse et multiple des formes faite sur le cerveau et le crâne, d'après de sérieuses recherches anatomiques et physiologiques du cerveau des animaux et des hommes à l'état de santé comme à l'état de maladie (*voyez* les articles CÉRÉBRAL [Système], CERVEAU, etc.). Perfectionnée par Spurzheim, la phrénologie prétend que, toutes choses d'ailleurs égales, l'énergie d'une faculté de l'âme (comme l'amour de la progéniture, de la propriété, ou de la lutte) répond exactement à l'espace qu'occupe le développement de la partie du cerveau qui s'y rapporte; que les *organes* (nom qu'elle donne à ces parties du cerveau) agissent par leur grandeur sur la forme extérieure des os du crâne, et qu'on peut reconnaître d'une manière particulière l'existence ou l'absence de certaines facultés de l'âme à certaines protubérances ou *bosses*, à certaines cavités que présente le crâne des individus. Elle part des principes suivants.

L'homme et les animaux, en naissant, et en vertu de leur propre organisation, apportent des dispositions à manifester des penchants, des instincts, des talents et des qualités morales ou intellectuelles diverses, selon l'espèce à laquelle ils appartiennent. Tout nous prouve que c'est en vertu de leur organisation que les animaux ont des aptitudes industrielles, des penchants et des talents déterminés. Lorsque les dispositions innées ne sont ni trop faibles ni trop énergiques, l'influence de l'éducation sur l'individu est très-considérable. Mais il faut convenir qu'il y a des individus, en petit nombre, qui ont des facultés fondamentales très-énergiques : pour ceux-là l'éducation ne peut presque rien; il en est de même pour ceux qui ont des facultés excessivement faibles. Le *climat* et la *nourriture* modifient et n'engendrent pas non plus les instincts, les penchants et les facultés de l'homme et des animaux. Les *besoins* ne peuvent pas être également considérés comme la source de ces facultés. On a cru toujours que les objets extérieurs faisaient naître les instincts, les penchants et les facultés différentes : c'est une erreur, une idée fausse, que l'on a confondue avec le pouvoir réel que les circonstances extérieures ont de mettre en activité, de réveiller les facultés inhérentes à la nature de l'homme ou de l'animal.

L'homme a des qualités en commun avec les animaux, comme l'instinct de la génération, l'amour des petits; l'attachement, la douceur, la cruauté, etc., et pour les uns comme pour les autres l'origine est la même; seulement chez l'homme elles sont plus ennoblies, et prennent un caractère moral. L'homme, en outre, a des facultés qui lui sont propres; mais il ne faut pas conclure pour cela qu'elles soient l'ouvrage de son invention ou de l'action accidentelle du monde extérieur. Le Créateur lui a tracé le cercle dans lequel il doit agir ; il lui a assigné, au moyen de son organisation, les qualités et les facultés qui caractérisent l'humanité, et en vertu desquelles l'homme est et sera toujours ce qu'il est. Admettons donc que les dispositions primitives des facultés des animaux et de l'homme sont innées et que leur activité et leur manifestation sont prédéterminées par l'organisme. Aussi les qualités morales et les facultés intellectuelles se manifestent, augmentent et diminuent suivant que leurs organes se développent, se fortifient et s'affaiblissent. Quelle différence entre l'état physique et moral de l'enfance, de la virilité et de la vieillesse! Lorsque le développement des organes ne suit pas l'ordre graduel ordinaire, la manifestation de leurs fonctions s'écarte aussi de l'ordre accoutumé : il y a des talents et des penchants précoces ou tardifs. Si le développement est incomplet, il y a imbécilité partielle ou complète. Quand il y a un fort développement des organes cérébraux, il en résulte pour ces organes la possibilité de manifester leurs fonctions avec beaucoup d'énergie. La différence de l'organisation cérébrale des deux sexes explique le différent degré d'énergie de leurs facultés. Toutes les fois que la conformation des cerveaux est la même, les penchants et les facultés sont les mêmes, et *vice versa*. L'état de veille, de sommeil, et les rêves, prouvent aussi que l'exercice des facultés morales et intellectuelles est subordonné à l'organisation. L'âme ne devrait pas se fatiguer ni avoir besoin de repos, si elle pouvait exercer ses fonctions indépendamment de l'organisme. Tout ce qui change sensiblement, ou affaiblit, ou irrite l'organisme, et surtout le système nerveux, produit aussi des altérations considérables dans l'exercice des facultés intellectuelles. Personne n'ignore le désordre qui s'opère en nous sous le rapport de l'intelligence dans les maladies et à la suite de l'usage des boissons spiritueuses, des narcotiques, etc., etc. Il est donc prouvé que la manifestation des facultés de l'âme dépend de l'organisation. Voici les conditions nécessaires pour que la fonction de chaque organe puisse avoir lieu : 1° Chaque organe doit avoir atteint son degré de développement nécessaire : tant que les reins, le foie, l'estomac ne sont pas convenablement formés, ils ne peuvent pas exercer leurs propres fonctions. 2° L'organe doit être dans son état normal, c'est-à-dire sain : aussitôt qu'un organe est attaqué d'une maladie ou reçoit une lésion physique quelconque, sa fonction est altérée ; cette altération est pour le médecin l'un des signes les plus sûrs pour le diagnostic d'une maladie : une inflammation du poumon rend la respiration difficile, une inflammation de l'estomac dérange la digestion, l'inflammation du cerveau nous fait délirer, etc. 3° Plus un organe est ample, mieux il exerce sa fonction : à circonstances égales, un grand poumon respire mieux qu'un petit, un grand estomac digère mieux qu'un petit, de gros muscles exercent plus de force que des petits, etc. Les organes entre eux ont des sympathies qui sont dues à l'influence et aux rapports de communication de leurs systèmes nerveux.

Le cerveau est l'organe de la manifestation des facultés. La pluralité des organes du cerveau est un principe capital pour la phrénologie. Les hommes ont toujours été portés à chercher un indice extérieur ou une mesure pour les facultés intellectuelles. Leurs efforts furent jusque ici sans succès : ni le volume absolu du cerveau, ni les proportions entre le volume du cerveau et le corps, ou entre le cerveau et les nerfs, ou la moelle épinière, ni la ligne faciale de Camper, ni tant d'autres moyens, n'ont pu nous amener à des résultats concluants. Avec la même masse cérébrale on peut avoir des dispositions intellectuelles tout à fait différentes. La pluralité des organes du cerveau peut seule nous rendre compte de ces différences. Aussi nous observons que plusieurs auteurs anciens et modernes avaient entrevu que les différentes forces morales et intellectuelles de l'âme devaient avoir chacune leur organe particulier dans le cerveau; mais encore ils n'ont pu rien établir de positif, parce qu'ils ont toujours cherché des organes pour les qualités abstraites, ou les attributs généraux, tels que la volonté, la sensibilité, la raison, l'attention, le jugement, le désir, la mémoire, et ainsi de suite, tandis qu'il ne pouvait y avoir d'organe que pour les véritables facultés fondamentales, qui n'étaient pas encore connues.

Les facultés de l'animal sont d'autant plus multipliées que son cerveau est plus composé. En effet, on observe dans le cerveau une grande diversité de parties, et plusieurs de ses faisceaux fibreux ont des origines et une direction très-différentes. Les différences de structure de l'encéphale chez les différents animaux correspondent à des différences marquées dans ses fonctions. Les cerveaux des animaux carnassiers diffèrent complétement de ceux des animaux non carnassiers, etc. Une espèce d'animaux est douée d'une faculté dont une autre est privée : cela serait inexplicable si chaque fonction particulière du cerveau ne dépendait pas d'une partie cérébrale particulière. Les qualités et les facultés qui se trouvent chez tous les individus de la même espèce existent chez les divers individus à des degrés très-différents ; ce qui ne peut s'expliquer encore que par les différents degrés d'activité des divers organes. Qui ne sait que parmi les animaux il y a en quelque sorte des génies qui se distinguent par une qualité éminente des autres individus de la même espèce? Et chez l'homme, n'est-ce pas la même chose ? Quelle différence de penchants et de talents dans les individus de la même famille, dans une école, parmi le peuple, et partout, soit que l'éducation ait été la même, soit qu'elle ait manqué entièrement? Dans le même individu, ces différentes qualités primitives ou fondamentales existent à des degrés très-différents ; cela ne pourrait pas avoir lieu si chaque qualité primitive ne tenait pas à un organe particulier. On ne trouve pas un homme ou un animal ayant toutes les qualités de son espèce au même degré. Si le cerveau était un organe unique, homogène, toutes les qualités devraient se manifester avec la même force dans le même individu.

Les fonctions essentiellement différentes du cerveau ne se manifestent simultanément ni chez les animaux ni chez l'homme, et elles ne cessent pas non plus toutes en même temps. Elles varient suivant l'âge, les saisons et d'après quelque circonstance organique. Les talents précoces se manifestent avec le développement précoce d'une partie du cerveau, etc. Une contention d'esprit soutenue ne fatigue pas uniformément toutes les facultés intellectuelles. La principale fatigue n'est jamais que partielle, de façon que l'on peut se reposer tout en continuant de s'occuper, pourvu que l'on change d'objet. Cela serait impossible si dans une contention d'esprit le cerveau tout entier était également actif. L'origine et le traitement de certaines maladies mentales prouvent également la pluralité des organes. Le sommeil, les rêves et le somnambulisme nous en fournissent encore d'autres preuves. Le sommeil est l'état de repos de tous les organes de la vie animale; le rêve est l'activité partielle de ces mêmes organes. Dans le somnambulisme, il y a en activité non-seulement quelques organes intérieurs, mais aussi quelques-uns des sens extérieurs et quelques instruments du mouvement volontaire.

Bischoff, Spurzheim et autres cherchèrent à établir une classification méthodique des organes pour en faire un système : mais il n'y a encore rien d'arrêté définitivement.

La division des facultés généralement adoptée est celle de classer en deux ordres divers les facultés *affectives* et les facultés *intellectuelles* : les premières se subdivisent en *penchants* et en *sentiments*, les secondes en *sens extérieurs*, en facultés *perceptives* et en facultés *réflectives*. Les penchants ont leur siége dans les parties latérales et postérieures inférieures de la tête, les sentiments dans les parties supérieures, et les facultés intellectuelles dans les parties antérieures, inférieures et supérieures, c'est-à-dire au front. Nous suivrons cet ordre, mais dans la dénomination des organes nous ajouterons aux mots nouveaux la nomenclature de Gall.

PENCHANTS : 1° *Alimentivité.* C'est l'instinct qui porte les animaux à prendre de la nourriture : cette faculté n'était pas connue de Gall. Elle est généralement admise.

2° *Amativité*, instinct de la génération de Gall. L'impulsion qui pousse les deux sexes à s'unir pour la propagation de l'espèce est déterminée par l'action du cervelet. Le défaut ou l'excès de son développement produit des qualités opposées : dans Newton et Kant, l'éloignement des femmes; dans Byron et Mirabeau, la passion pour elles.

3° *Philogéniture*, amour de la progéniture. Il se manifeste dans tous les êtres animés, et plus fortement chez les femelles. Parmi les animaux qui vivent en mariage, le mâle a soin des petits comme la femelle.

4° *Habitativité.* Selon Spurzheim, cette faculté est celle qui porte les diverses espèces d'animaux à se choisir une habitation et à s'attacher à des régions déterminées : ce serait l'affection de cet organe qui donnerait lieu à la nostalgie.

5° *Affectionnivité*, attachement, amitié. Cette faculté nous porte à nous attacher non-seulement aux hommes et aux animaux, mais aussi aux objets qui nous entourent ou qui nous viennent des personnes que nous aimons. Probablement on doit à une modification de cet organe l'instinct au mariage et la sociabilité de certaines espèces.

6° *Combattivité*, instinct de la défense de soi-même et de sa propriété.

7° *Destructivité*, instinct carnassier. La nature a voulu que certaines espèces ne pussent vivre qu'au moyen de la destruction d'autres animaux. Le fort développement de cet organe donne le penchant au meurtre.

8° *Secrétivité*, ruse, finesse, savoir-faire. Cette faculté produit la tendance à cacher ses sentiments, sa pensée, etc.; si elle rend prudent, elle dispose au mensonge; trop faible, elle fait les hommes irréfléchis, et qui manquent de tact; trop forte, elle rend habile dans la duplicité et la tromperie : elle est utile aux diplomates, aux acteurs et aux personnes qui gouvernent, mais elle ne manque jamais aux voleurs adroits.

9° *Acquisivité*, sentiment de la propriété, instinct de faire des provisions. La propriété est une institution de la nature. La faculté produit la tendance à acquérir et le désir de posséder en général : sa grande activité donne le penchant à l'avarice ou au vol. Cet instinct se fait sentir dans toutes les classes de la société plus qu'on ne le pense; mais par l'éducation, les lois, etc., il se modifie et s'exerce d'une manière différente.

10° *Constructivité*, sens de construction, de mécanique, talent des arts, de l'architecture. Ce talent est inné, et peut exister isolé et très-fort dans un individu. C'est en obéissant à cet organe que les oiseaux font leurs nids, que le castor, le mulot, d'autres animaux bâtissent.

SENTIMENTS : plusieurs nous sont en commun avec les animaux.

11° *Estime de soi*, hauteur, fierté, amour de l'autorité. Ce sentiment est inné comme les autres. En société, quelques-uns dominent, et les autres obéissent : c'est la tendance générale des hommes. Il y a inégalité parmi eux. La nature a créé l'aristocratie des talents; ce qui fait que les uns montent et les autres descendent, les circonstances aidant.

12° *Approbativité*, amour de l'approbation, vanité, ambition, amour de la gloire. Ce sentiment nous porte à chercher l'approbation des autres, et à faire cas de ce que les autres pensent et disent de nous. Il est la source de l'émulation, du point d'honneur, de l'amour de la gloire et des distinctions; mais appliqué à des choses futiles, il dégénère en vanité. L'éducation actuelle tend à favoriser la vanité.

13° *Circonspection, prévoyance.* Le défaut de cet organe rend étourdi; son excès rend les hommes indécis, irrésolus, méfiants.

14° *Bienveillance*, bonté, douceur, compassion, sensibilité, sens moral. Gall croyait que cette faculté était aussi la source du sentiment du *juste*; les phrénologistes reconnaissent un organe à part pour cette faculté. La faculté de la bienveillance produit le désir du bonheur des autres; de là naissent la pitié, l'humanité, l'hospitalité, la générosité, la charité.

15° *Vénération*, sentiment religieux. La faculté produit le sentiment du respect, qui n'est que moral s'il s'adresse aux hommes, et devient religieux s'il est dirigé vers des êtres surnaturels. Ce sentiment est inné; il donne naissance aux cultes, qui sont variables, et à la superstition, quand le sentiment n'est pas dirigé par des facultés intellectuelles supérieures.

16° *Fermeté*, constance, persévérance, opiniâtreté. Cette faculté joue un grand rôle dans les individus. En leur donnant une grande persévérance dans leurs entreprises, elle fait de grands hommes ou de grands criminels; mal dirigée, elle produit l'obstination ou l'entêtement; faible, l'individu cède facilement à ses penchants dominants; il n'a pas de conduite fixe; il varie continuellement d'après les circonstances qui se présentent.

17° *Conscienciosité*, sentiment du juste. Cette faculté produit le sentiment de l'obligation morale, du devoir, du juste et de l'injuste; il est la base de la conscience et de la législation; sans lui, on ne sentirait pas le besoin d'être juste : il fait désirer et chercher la vérité.

18° *Espérance.* Cette faculté, d'après Spurzheim, fait croire à la possibilité de ce que les autres facultés désirent sans en donner la conviction. Elle procure des émotions gaies, trompeuses, agréables, et peint l'avenir en beau.

19°. *Merveillosité.* Ce sentiment cherche et voit en tout le merveilleux, le côté étonnant, miraculeux et surnaturel.

20° *Idéalité*, talent poétique. Ce sentiment donne de l'enthousiasme, de l'exaltation, de l'inspiration; nécessaire au poëte, il produit dans les arts le goût du sublime.

21° *Gaieté*, esprit caustique ou de saillie. Ce sentiment produit une manière particulière d'envisager les objets, et la tendance à faire rire et à chercher en tout le côté plaisant.

22° *Imitation*, mimique. Cette faculté est quelque chose de plus que la disposition à l'imitation; elle est la source de l'aptitude à exprimer par les gestes et les différents mouvements du corps les affections et les passions qui se passent dans notre intérieur; elle est la base du vrai langage universel que la nature a donné instinctivement aux hommes et aux animaux.

FACULTÉS INTELLECTUELLES : le premier genre traite des sens extérieurs; le deuxième des falcultés perceptives destinées à prendre connaissance de l'existence et des qualités des objets extérieurs.

23° *Individualité*. C'est la faculté moyennant laquelle l'esprit connaît les objets extérieurs et leur existence individuelle.

24° *Configuration*, sens ou mémoire des personnes. La faculté est destinée à juger les formes des corps indépendamment de leurs autres qualités. La mémoire des personnes est une qualité très-nécessaire : les animaux en sont doués.

25° *Étendue*. Cette faculté est regardée seulement comme probable.

26° *Pesanteur et résistance*. Pour apprécier ces qualités, les sens extérieurs ne suffisent pas, il faut une autre faculté. Les phrénologistes ne sont pas d'accord sur la nature et le siége de cet organe.

27° *Tactilité*. C'est la faculté cérébrale destinée à percevoir, à juger et à élaborer certaines sensations qui se rapportent au toucher, et c'est pour cela que nous avons cru devoir l'appeler *tactilité*, organe qui remplacerait le précédent, et dont le siége est ailleurs que là où l'ont placé les autres phrénologistes.

28° *Coloris*, sens des rapports des couleurs. Cette faculté ne dépend pas du sens de la vue; elle est la qualité indispensable pour le talent de la peinture.

29° *Localité*, sens des localités, sens des rapports de l'espace. Cette faculté donne à l'homme l'amour des voyages; les animaux émigrent par l'excitation de cet organe; dans certaines espèces, la faculté est beaucoup plus forte que chez l'homme; ils peuvent se diriger en parcourant même des lieux qu'ils n'ont pas encore vus.

30° *Calcul*, sens du rapport des nombres. L'on a vu pour cette faculté des talents précoces et extraordinaires, qui étaient nuls sous les autres rapports.

31° *Ordre*. Cette faculté et son organe sont généralement admis.

32° *Éventualité*, mémoire ou sens des choses, des faits, éducabilité, perfectibilité de Gall. Cette faculté, nous l'avons en commun avec les animaux. Leur domesticité est due apparemment à cet organe, et elle est toujours le résultat d'une prédisposition naturelle.

33° *Temps*. Cette faculté considère la durée, la succession, ou la simultanéité des objets, et elle est une des qualités indispensables au musicien.

34 *Tons*. Sens du rapport des sons, talent de la musique. Cette faculté ne dépend pas de l'oreille. L'organe du ton est à l'oreille ce que l'organe du coloris est à l'œil.

35° *Langage* (*Voyez* LANGAGE).

FACULTÉS RÉFLECTIVES : elles constituent ce qu'on appelle raisonnement ou réflexion.

36° *Comparaison*. Sagacité comparative. Elle donne le pouvoir de percevoir des ressemblances, des similitudes, des analogies; elle est d'un grand secours pour l'éloquence. Les divers instituteurs du genre humain se servirent, pour la multitude, de paraboles et d'allégories.

37° *Causalité*. Esprit d'induction, talent philosophique. Cette faculté perçoit le rapport des phénomènes entre eux et la dépendance existant entre la cause et l'effet, etc.

Plusieurs phrénologistes ont admis d'autres facultés fondamentales; mais n'étant pas encore adoptées, nous omettons d'en parler ici. FOSSATI.]

PHRYGANE ou FRIGANE, genre d'insectes de l'ordre des névroptères, privés de mandibules, et dont les ailes supérieures sont larges et plissées dans leur longueur. Ils composent, dans le système de Latreille, la famille des *plicipennes*, et ressemblent, au premier coup d'œil, à de petites phalènes, ce qui les a fait nommer par Réaumur *mouches papilionacées*. De Geer, qui les a beaucoup observés, dit que leur larve a intérieurement une organisation presque identique avec celle des chenilles.

Ces larves, que d'anciens auteurs ont nommées *lignipèrdes* et d'autres *charrées*, vivent toujours, comme les teignes, dans des fourreaux ordinairement cylindriques, recouverts de différentes matières qu'elles trouvent dans l'eau, comme des morceaux de gramen, de jonc, de feuilles, de bois, de racines, de graines, de sable, même de petites coquilles, souvent arrangés avec symétrie. L'intérieur de l'habitation forme un tube qui est ouvert aux deux bouts pour l'entrée de l'eau. Chaque larve traîne toujours son fourreau avec elle, et ne quitte jamais sa maison; seulement, elle fait sortir l'extrémité antérieure de son corps lorsqu'elle marche. Celui-ci, composé de douze anneaux, dont le quatrième, dans le plus grand nombre, offre un mamelon conique, est allongé, presque cylindrique, et présente deux rangées de filets blancs, membraneux et tous flexibles, qui paraissent être les organes de la respiration. Ce corps est porté par six pieds, dont les deux antérieurs sont ordinairement plus gros et les autres allongés. La tête est écailleuse, pourvue de fortes mandibules et d'un petit œil de chaque côté. Avant de passer à l'état de nymphes, les larves fixent leurs tuyaux dans l'eau, en les attachant à différents corps et en fermant les ouvertures par une porte grillée.

Les nymphes ont en avant deux crochets qui se croisent et qui ont l'apparence d'un nez ou d'un bec. Elles s'en servent pour percer une des cloisons grillées et sortir de leur tube lorsque le moment de leur dernière transformation est arrivé. Immobiles jusque alors, elles marchent ou nagent maintenant avec agilité, au moyen de leurs quatre pieds antérieurs, qui sont libres et pourvus de franges de poils serrés. Les nymphes des grandes espèces sortent tout à fait de l'eau, et grimpent sur différents corps, où s'opèrent leur dernière mue; les petites se rendent à sa surface et s'y transforment en insectes ailés à la manière des cousins; et comme leurs ailes ne sont pas encore assez sèches pour leur permettre de voler, elles se servent de leur ancienne dépouille comme d'un bateau.

La tête de l'insecte parfait est petite, et offre deux antennes sétacées ordinairement fort longues et avancées, des yeux arrondis et saillants, deux yeux lisses situés sur le front, un labre conique ou courbé, quatre palpes dont les maxillaires sont le plus souvent très-longs, des mâchoires et une lèvre membraneuse réunies. Le corps est le plus souvent hérissé de poils, et forme avec les ailes un triangle allongé. Les ailes sont simplement veinées, ordinairement colorées ou opaques, soyeuses ou velues. Les pieds sont allongés, garnis de petites épines à tous les tarses.

Les phryganes volent principalement le soir et dans la nuit, et elles sont d'une vivacité extrême; la lumière les attire dans les maisons, où elles exhalent une mauvaise odeur. Les petites espèces voltigent par troupes au-dessus des étangs et des rivières. Les espèces de phryganes les plus communes sont : la *grande phrygane*, la *phrygane fauve* et la *phrygane à rhombe*. N. CLERMONT.

PHRYGIE, contrée de l'Asie Mineure qui n'eut pas à toutes les époques de l'antiquité la même étendue ni les mêmes divisions. Les Phrygiens, qui vraisemblablement descendaient des *Bryges*, anciens peuples de la Thrace et de la Macédoine, s'établirent à l'origine par hordes diverses près de Nicée, sur les bords du Sangarius, d'où ils se répandirent successivement dans l'intérieur; de sorte qu'à l'époque des Perses ils avaient pour frontières au nord la Paphlagonie, à l'est le fleuve Halys, la Cappadoce et la Lycaonie, et au sud le mont Taurus. C'est pourquoi l'on donna à toute cette contrée le nom de *Grande Phrygie*. Mais une autre partie de la Phrygie s'étendit de bonne heure aussi jusqu'à l'Hellespont et à la côte méridionale de la Propontide; elle était séparée de la première par la Mysie, et designée d'abord sous le nom de *Phrygie sur l'Hellespont*, et plus tard, lorsqu'elle se trouva réduite au territoire de la Troade, sous celui de *Petite Phrygie*. Quant à l'histoire des Phrygiens, tout ce qu'on en sait, c'est qu'ils eurent d'abord des rois à eux, mais dont les noms de Gordius et de Midas appartiennent au domaine de la fable. Ravagée à diverses reprises, vers l'an 640 av. J.-C., par les Cimmériens, la Phrygie fut ensuite conquise par Crésus, puis par Cyrus l'Ancien, et finit par partager le sort des petits royaumes auxquels donna naissance le démembrement de l'empire d'Alexandre. En l'an 130 avant notre ère la plus grande partie de cette contrée fut incorporée comme province romaine à l'*Asia propria*. Le culte religieux des Phrygiens, qui, comme celui notamment qu'ils rendaient à Cybèle, ne laissa pas que d'exercer quelque influence sur les Grecs et sur les Romains, présentait un grand nombre de particularités. Bien que passant parmi les anciens pour avoir des habitudes paresseuses et l'esprit fort lourd, ce peuple excellait dans quelques arts, notamment dans le tissage des étoffes brodées d'or, et aussi à jouer de la flûte. Dans la musique des anciens, le *mode phrygien* avait un caractère véhément et guerrier : aujourd'hui on désigne ainsi un mode tendre et plaintif.

PHRYGIEN (Mode), un des principaux et des plus anciens modes de la musique des Grecs, inventé, dit-on, par Marsyas et conservé par l'Église dans le plain-chant, dont il forme le second des *tons authentiques*. Sa tonique est *mi*. Ce mode tient le milieu entre le lydien et le dorien, et est à un ton de l'un et de l'autre. Le caractère en était fier et guerrier, dit Rousseau; aussi était-ce, selon Athénée, sur le ton phrygien que l'on sonnait les trompettes et autres instruments militaires. « Ce mode, disait Léonard Poisson, est propre aux textes qui marquent beaucoup d'action, d'impétuosité, des désirs véhéments, des mouvements de colère, de fureur... Il exprime heureusement les ordres, le commandement et les menaces... Il a des bondissements dans ses progressions, et convient aux sujets qui annoncent l'orgueil, la hauteur, la cruauté, les paroles dures et celles qui traitent des combats spirituels ou corporels; il réveille avec plus de promptitude qu'aucun autre mode les affections du cœur : il est pathétique. Sur ce mode on varie heureusement les mouvements de force, de grandeur, de noblesse et de douceur. »

PHRYNÉ, l'une des plus célèbres hétaires qu'ait eues la Grèce, et dont le véritable nom était, dit-on, *Mnésarité*, était originaire de Thespie, en Béotie, où elle vivait pauvrement, d'un petit commerce de câpres. Quand elle arriva à Athènes, elle se trouvait dans tout l'éclat de la jeunesse et de la beauté, et elle y tira un parti extrêmement profitable de ses charmes. Elle compta bientôt au nombre de ses adorateurs le sculpteur Praxitèle et l'orateur Hypéride; le premier célébra ses charmes par son ciseau, et l'autre, en découvrant hardiment son sein en présence du tribunal la sauva d'une accusation d'athéisme portée contre elle par Euthias, dont elle avait repoussé les hommages. Cet événement mit le comble à sa réputation. A partir de ce moment elle voila ses charmes et n'accorda plus ses faveurs qu'à des prix excessifs. Que si un jour, à Éleusis, il lui arriva d'entrer toute nue à la mer en présence du peuple entier, peut-être n'eut-elle en cela d'autre but que de donner encore plus de piquant à ses attraits. Elle avait toujours cru impossible qu'il se rencontrât un mortel capable de résister à ses avances. Cependant, tous les manèges de sa coquetterie échouèrent contre la rigide vertu du philosophe Xénocrate; aussi en le quittant dit-elle que ce n'était pas à un homme, mais à une statue qu'elle avait eu affaire. Elle était déjà parvenue à un âge assez avancé, qu'elle était encore entourée d'un cercle d'adorateurs qui dépensaient des sommes énormes pour avoir la vaine gloire de pouvoir dire qu'ils l'avaient possédée. Sa statue par Praxitèle fut placée entre des statues de rois dans le temple de Delphes. Apelles, après l'avoir vue dans le bain, peignit sa Vénus Anadyomène. Thèbes avait été saccagée par les troupes macédoniennes. Phryné, qui possédait d'immenses trésors, offrit de la rebâtir à ses frais. Elle ne demandait qu'une pierre avec cette inscription : *Détruite par Alexandre, rebâtie par Phryné*. L'offre ne fut point acceptée.

[Phryné vivait environ 235 ans avant notre ère. Elle était surnommée *Sestos*, le crible, et *Clausigélos*, la pleureuse-rieuse. Elle avait une homonyme, distinguée par le nom de *Saperdion*, la sardine. Euthias, dont l'amour, sans doute trop peu libéral, avait été mal accueilli, traduisit Phryné devant le tribunal des héliastes, sous le poids de l'accusation la plus grave chez les Athéniens, le crime d'*asébie* ou d'irréligion, lequel entraînait la peine de mort. C'était la même accusation qui avait fait périr Socrate! On avait fait bien des recherches et des conjectures pour découvrir le chef d'accusation lancé contre Phryné. Un traité de rhétorique découvert dans un manuscrit grec de la Bibliothèque impériale, et publié par M. Seguier de Saint-Brisson, est venu dissiper cette obscurité. L'auteur inconnu de cet ouvrage y cite un exemple de la récapitulation qui paraît emprunté au discours d'Euthias, lequel ne nous est point parvenu. Il y disait : « Je vous ai montré l'impie Phryné se livrant effrontément à l'orgie, introduisant un dieu nouveau et rassemblant des thiases illicites d'hommes et de femmes. » M. Sauppe suppose que ce dieu nouveau était l'*Isodætes*, cité par Harpocration comme se trouvant dans le discours d'Hypéride pour Phryné. Ce lexicographe nous apprend que l'*Isodætes* était adoré par les femmes d'une vertu peu sévère. Plutarque nous enseigne que ce mot *Isodætes*, c'est-à-dire qui répartit également ses dons, était une épithète de Dionysius ou Bacchus Zagréus, et que cette divinité se rattachait aussi au culte orgiaque. Les thiases étaient des sociétés qui se réunissaient à jour fixe, avec autorisation, pour offrir un sacrifice à une divinité et faire un repas en commun. Ces corporations étaient reconnues et garanties par l'État à Athènes; c'est pourquoi l'orateur parle de thiases illégaux dans son accusation. « Il est assez curieux, dit M. Longueville, de voir ici Phryné accusée, comme Socrate, d'introduire dans l'État un culte nouveau, et de plus elle était encore, comme ce philosophe, poursuivie pour atteintes graves portées aux mœurs; mais sur ce point Euthias pouvait bien être un peu mieux fondé qu'Anytus. » On sait par quel moyen Hypéride sauva sa cliente. Barthélemy, suivant le récit du Pseudo-Plutarque, d'Athénée, d'Eustathe, de Syrianus, de Planude, etc., nous dit : « Hypéride, s'apercevant que son éloquence ne faisait aucune impression, s'abandonna tout à coup au sentiment qui l'inspirait. Il fait approcher Phryné, déchire le voile qui couvrait son sein, et représente fortement que ce serait une impiété de condamner à mort la prêtresse de Vénus. Les juges, frappés d'une crainte religieuse, et plus éblouis encore des charmes exposés à leurs yeux, reconnurent l'innocence de Phryné. » Selon Quintilien, Sextus Empiricus, Alciphron, etc., Phryné ne comptant point entièrement sur l'éloquence de son défenseur, et se voyant sur le point d'être condamnée, recourut d'elle-même au pouvoir de ses charmes, et se jeta aux pieds de ses juges en déchirant sa tunique et découvrant son sein. « On peut joindre à ces témoignages, dit M. Longueville, celui du poëte comique Posidippe de Cassandrie, beaucoup plus rapproché de l'époque (310 avant J.-C.). Au rapport de cet auteur, cité par Athénée, Phryné avait à grand'peine sauvé elle-même ses jours en pressant avec larmes la main de chacun de ses juges, et les héliastes étaient au nombre de plusieurs centaines. Ce dernier moyen est sans doute moins oratoire, mais peut-être est-il plus conforme au caractère et aux mœurs de la prestigieuse beauté dans laquelle les Athéniens croyaient voir Vénus Anadyomène, ou sortant de l'onde, quand elle s'offrait à leurs regards émerveillés dans les fêtes de Neptune. »

L. LOUVET.]

PHRYNICHUS d'Athènes, disciple et successeur de

Thespis, l'un des créateurs de la tragédie chez les Grecs, remporta pour la première fois dès l'an 511 av. J.-C. le prix de la tragédie. En l'an 476, c'est-à-dire trente-cinq ans plus tard, il monta une dernière fois sur la scène pour y recevoir la couronne du vainqueur. Il mourut d'ailleurs dans un âge fort avancé, et, à ce qu'on suppose, à Syracuse, à la cour de Hiéron. Phrynichus perfectionna les représentations théâtrales, en introduisant l'usage des masques de femme; et après sa mort, ses chœurs, dont Aristophane lui-même parle avec éloge, étaient répétés encore dans la bouche du peuple, alors que depuis longtemps déjà la venue d'Eschyle et de Sophocle avait fait oublier ses tragédies. Dans le nombre de ses pièces, aujourd'hui complétement perdues, les anciens mentionnaient surtout ses *Phœnisses* et sa *Prise de Milet*, à la représentation desquelles il n'y avait pas de spectateur qui pût retenir ses larmes. Cependant le poëte n'en fut pas moins sévèrement puni pour avoir mis sur la scène une calamité nationale.

Il y eut encore du même nom : 1° un poëte comique contemporain et rival d'Aristophane, et un général athénien traître à sa patrie, adversaire d'Alcibiade, qui amena la redoutable domination des *quatre cents*, et qui succomba sous le poignard des démagogues ; 2° un grammairien et sophiste, surnommé *Arabius*, originaire de Bithynie, et qui, vers l'an 180 de notre ère, composa un grand ouvrage de rhétorique, en trente-sept livres.

PHTHA, en langue hiéroglyphique *Ptah*, dieu égyptien que les Grecs comparaient à leur Hephæstos. C'était à l'origine le dieu local de Memphis, capitale des rois d'Égypte pendant la plus grande partie de l'ancienne monarchie, et qui partagea cet avantage avec Thèbes sous la nouvelle monarchie. Aussi son culte fut-il de bonne heure répandu dans toute l'Égypte, et son nom figurait-il dans la mythologie de la basse Égypte à la tête des sept grands dieux de la première dynastie des dieux. Son temple, construit à Memphis en même temps que cette ville par Ménès, le premier roi historique de l'Égypte, était le plus vaste et le plus magnifique de tout le pays, sans même en excepter peut-être celui d'Ammon à Thèbes.

PHTHISIE (du grec φθίσις, corruption, amaigrissement, fait de φθίω, je sèche, je dépéris). Dans sa véritable acception, ce mot indique un état de consomption, quel que soit l'organe malade qui la détermine : aussi la division la plus rationnelle des diverses sortes de phthisies doit-elle être basée sur l'indication de l'organe affecté. On a par conséquent admis non-seulement des *phthisies pulmonaires*, mais encore des *phthisies laryngées*, *hépathiques*, *mésentériques*, *spléniques*, *rénales*, etc., suivant que la maladie siége dans les poumons, dans le larynx, dans le foie, dans le mésentère, dans la rate, dans les reins, ou dans tout autre organe important, dont la lésion profonde peut donner lieu à un état de consomption mortelle. Toutefois, on désigne plus particulièrement sous la simple dénomination de *phthisie* le dépérissement plus ou moins rapide qui est causé par la destruction progressive des organes pulmonaires. Bayle, qui s'est occupé d'une manière toute particulière de ce genre de maladie, a établi sa division d'après le genre de lésion organique dont le poumon peut être le siége. De là sont venues les dénominations de phthisie *tuberculeuse*, *granuleuse*, *mélanée*, *cancéreuse*, *calculeuse* et *ulcéreuse*. Laennec, admettant que la phthisie pulmonaire est presque toujours due à la dégénérescence tuberculeuse des poumons, n'a désigné sous le nom de *phthisie pulmonaire* que la maladie qui résulte du développement des tubercules dans les poumons.

La phthisie pulmonaire est donc en définitive *toute lésion qui tend à désorganiser ou à ulcérer les poumons*. Les causes de la phthisie sont très-nombreuses : les unes sont *prédisposantes*, les autres *occasionnelles*, et d'autres *déterminantes*. Tantôt elles sont *congéniales*, d'autres fois elles sont *acquises*. Au nombre des premières nous placerons les prédispositions morbides qu'apportent en naissant les enfants qui proviennent de parents phthisiques, et certains vices de conformation thoracique; parmi les secondes nous mentionnerons les excès de tous les genres et tous les modes d'excitation pulmonaire. Quelle que soit cependant la variété des causes qui donnent lieu à cette maladie, nous sommes porté à admettre avec Broussais qu'en dernier lieu c'est toujours l'irritation ou l'inflammation du tissu pulmonaire qui préside à la formation de la phthisie. Aussi lui a-t-il conservé, pour les affections de cette nature, la dénomination de *pneumonie chronique*, qui est l'équivalent du mot *pulmonie*, dont on se servait précédemment, et qu'on remplace encore par le nom vulgaire de maladie de poitrine, d'où dérive également l'expression de *poitrinaire*, qu'on donne à ceux qui sont affectés de cette maladie.

La phthisie est caractérisée par la toux, la gêne de la respiration, les crachats muqueux et purulents, la fièvre lente, l'amaigrissement extrême et la faiblesse du corps. Arétée, ce peintre si fidèle des infirmités humaines, a tracé avec une effrayante vérité le tableau des divers symptômes que présente la phthisie : « Le nez, dit-il, est effilé, les pommettes sont saillantes, et leur coloration tranche sur la pâleur du reste de la face; les conjonctives sont luisantes et d'un léger bleu de perle, les joues caves, les lèvres rétractées; le col paraît oblique et gêné dans ses mouvements; les omoplates sont ailées, les côtes deviennent saillantes, tandis que les espaces intercostaux s'enfoncent; quelquefois la poitrine semble rétrécie, quelquefois même elle l'est réellement; lorsque la marche de la maladie est lente, le ventre est aplati et rétracté; les articulations semblent plus grosses, les ongles se recourbent, etc. »

On a divisé la marche générale de la phthisie en trois périodes, qui indiquent les divers degrés que peut présenter cette affection. La première période est parfois si lente et si cachée dans son invasion que certains auteurs l'ont désignée sous le nom de *phthisie occulte* ou de *phthisie commençante*. Rien en effet ne semble encore déceler la lésion du poumon : le malade éprouve seulement un peu de chaleur de poitrine, une légère oppression, un peu de toux sèche ou muqueuse, et quelques autres symptômes vagues d'excitation et de congestion pulmonaire, telle qu'une légère hémoptysie. La seconde période a été appelée *phthisie confirmée*; alors le développement successif des symptômes caractéristiques de cette maladie ne laisse plus de doute sur l'existence réelle de cette cruelle affection : la toux devient vive et fréquente, la fièvre lente se déclare le soir, et se termine par des sueurs à la poitrine; les crachats sont tantôt muqueux, parfois mélangés de pus ou de sang; l'amaigrissement augmente progressivement, les digestions deviennent laborieuses, quoique l'appétit soit en général assez prononcé; il survient enfin de graves perturbations dans les phénomènes de la respiration, qui dénotent une lésion profonde des poumons. La troisième période est toujours caractérisée par la désorganisation profonde du tissu pulmonaire : alors la fièvre hectique devient continue, présente fréquemment une exacerbation vers midi, et, durant la nuit les quintes de toux sont rapprochées et très-fatigantes, les crachats abondants, épais, de teinte variée; leur purulence paraît plus marquée : ils semblent alors être le résultat du détritus ou de la fonte pulmonaire, ce qui fait dire alors au vulgaire que le malade *crache ses poumons*. Les sueurs nocturnes sont abondantes, et parfois fétides; les chevilles s'engorgent, surtout le soir; l'enflure gagne progressivement vers le tronc; la diarrhée colliquative se déclare, épuise rapidement le malade, qui s'éteint dans une sorte de sommeil léthargique, et d'autres fois meurt subitement, au moment où on s'y attendait le moins, quelquefois même lorsqu'il se flattait d'une prochaine guérison.

La percussion et l'auscultation donnent aussi des moyens puissants d'investigation pour reconnaître cette maladie.

Prévenir le développement de la maladie lorsqu'il en est

temps encore, arrêter sa marche désorganisatrice, si cela est possible, ou bien en retarder les progrès, si l'on ne peut mieux faire; telles sont les indications à remplir dans le traitement de la phthisie. C'est surtout à l'occasion de cette maladie que le *principiis obsta* trouve une utile application.

Une fois que la phthisie est confirmée, il est presque impossible d'en arrêter les progrès destructeurs. Or, puisque l'excitation, l'irritation et l'inflammation des organes pulmonaires constituent le point de départ de cette affection, il faut donc les éviter avec le plus grand soin et les combattre par tous les moyens les plus convenables aussitôt qu'elles se manifestent. Ainsi, les individus dont la poitrine est délicate, étroite, mal conformée, et surtout ceux qui sont nés de parents phthisiques, doivent prendre les plus grandes précautions pour se garantir des catarrhes pulmonaires, et surtout de la *péripneumonie*, qui chez eux se termine presque toujours par la phthisie. Ils doivent aussi éviter avec soin toute fatigue trop prolongée de la respiration et de la voix, ne pas séjourner dans une atmosphère tenant en suspension de la poussière, ou bien des gaz excitants. Leur régime doit être léger, adoucissant et cependant nutritif, conditions qui se trouvent réunies dans le lait, les viandes blanches, les gelées, etc.; ils doivent en outre se vêtir chaudement, afin d'entretenir la perspiration cutanée, et faire usage de chaussures qui préviennent le froid aux pieds. Enfin, à tous ces moyens préservatifs, il faudrait surtout joindre les précieux avantages d'un climat doux, des voyages en voiture, et surtout de la navigation dans les pays chauds. S'il était impossible de recourir à ces derniers moyens, l'équitation et l'asination modérées pourraient y suppléer en partie.

Le traitement curatif de la phthisie doit être principalement basé sur l'emploi des adoucissants, des antiphlogistiques et des révulsifs. Vient ensuite l'administration de certains moyens spéciaux, tels que la digitale, la thridace, l'aconit, l'acétate de plomb, la belladone, les préparations opiacées, et dans quelques cas les fumigations légèrement chlorurées, ou bien avec addition de teinture d'iode. La plupart de ces agents thérapeutiques et de quelques autres qu'il nous est impossible de mentionner dans ce court aperçu de la phthisie ne sauraient être employés indifféremment ni d'une manière empirique : chacun d'eux est destiné à remplir une ou plusieurs indications, comme de calmer la toux, l'expectoration, l'état fébrile, l'oppression, l'insomnie, les sueurs nocturnes, le dévoiement, etc. En résumé, on ne saurait trop longtemps insister sur l'emploi des boissons adoucissantes, et sur celui des révulsifs, tels qu'un cautère au bras, ou un séton sur le côté de la poitrine correspondant au siége principal de la maladie. Si le crachement de sang a lieu, s'il menace de devenir abondant, une saignée et quelques sangsues au-dessous des clavicules peuvent être très-utiles. Ces évacuations sanguines peuvent également convenir lorsqu'il se déclare une exacerbation inflammatoire, accompagnée d'un point douloureux dans la poitrine. En un mot, il faut autant que possible arrêter ou diminuer l'inflammation, qui dans cette maladie préside à son développement et active sans cesse son action destructive sur les poumons. Des cataplasmes émollients sur cette région contribuent aussi à calmer la toux et à rendre l'expectoration moins pénible. Si le malade est sujet aux hémorrhoïdes, il faut les entretenir avec soin, et les rappeler par les moyens convenables, si elles venaient à se supprimer. Les mêmes précautions doivent être observées relativement au flux périodique chez les femmes; mais à tous ces moyens il faut surtout joindre autant que possible les inappréciables avantages d'un climat chaud, tel que celui de l'Italie, celui d'Alger, et mieux encore celui d'Égypte, où la phthisie est aussi rare qu'elle est fréquente en Europe.

Dr L. Labat.

PHTHISIE DES ENFANTS. *Voyez* Carreau (*Pathologie*).

PHTHORE et **PHTHORURE** (de φθείρω, je détruis). *Voyez* Fluor et Fluorure.

PHULUKH, sans doute le *Phul* de l'Écriture, le *Bolokos* des Grecs, le premier époux de Sémiramis, reine d'Assyrie. On avait mis en doute l'identité de Phulukh et de Phul, parce qu'il n'était pas démontré que ce roi eût fait une expédition en Palestine et parce que la demande d'un tribut à Menahem de Samarie, attribuée à Phul dans l'Écriture, était rapportée dans les inscriptions à un autre roi de date plus récente. Sir Henry Rawlinson a tiré des renseignements nouveaux d'une inscription trouvée dans les salles hautes du palais central de Nemrod. Cette inscription porte : « J'ai soumis à mes lois toutes les contrées depuis les bords de l'Euphrate jusqu'à la vaste mer du soleil couchant, qui comprennent Khetti, Akhasri, Tsuru, Khidunir, Khumrit, Hudumu et Palazta. » L'inscription parle ensuite d'une récente campagne entreprise par le monarque assyrien contre un roi de Damas, qui n'est connu que par son nom, Mariha, et qui était probablement le fils de Benhadad et le père de Rezin. Le roi de Damas fut pris, et un énorme tribut lui fut imposé. Entre autres choses, on lui demanda 20 talents d'or, 2,300 talents d'argent, 3,000 talents de cuivre et 5,000 talents d'airain. Après ce succès, qui probablement eut lieu en 750 av. J.-C., Phulukh retourna à Babylone, reçut l'hommage des Chaldéens, et sacrifia dans les cités de Babylone, Borsippe et Cuthe, à leurs respectives divinités tutélaires, Bel, Nébo et Nergal. « Ici, dit sir H. Rawlinson, l'inscription est malheureusement brisée, et il n'y a pas moyen de se procurer la connaissance des événements qui suivirent : la fondation de l'ère de Nabonassar et l'embellissement de Babylone par Sémiramis; mais il y a lieu d'espérer que les tables contenant la dernière partie de cette histoire se retrouveront dans les ruines du palais, auquel cas ces intéressantes questions seraient définitivement éclaircies. » Sir Henry Rawlinson place la campagne de Syrie entreprise par Phulukh ou Phul contre Menahem de Samarie, Mariha de Damas et leurs confédérés, vers l'an 754 avant J.-C. Phul probablement mourut en 747, laissant le gouvernement de Babylone à sa veuve Sémiramis, qui épousa Nabonassar, et fonda une nouvelle dynastie.

PHYLACTÈRE (du grec φυλακτήριον, antidote, préservatif, dérivé de φυλάσσω, je garde, je conserve). Ce mot désignait chez les anciens toutes sortes d'amulettes ou de préservatifs, qu'ils portaient sur eux pour se garantir des accidents qui auraient pu leur arriver. Les phylactères des Juifs étaient des morceaux de peau ou de parchemin bien choisis sur lesquels ils écrivaient avec soin des passages de la loi : ils les roulaient ensuite et les portaient au bras ou au front. Les premiers chrétiens ont aussi donné ce nom de *phylactères* aux châsses dans lesquelles étaient enfermées des reliques.

PHYLÉ, mot grec qui désignait au propre l'association de divers individus pour former une commune, et qui comme la tribu des Romains servait à désigner une antique division des races particulières à l'Attique, qui tenait de la division en castes, et dont les communes ou dèmes formaient autant de subdivisions. Dès la plus haute antiquité le peuple était divisé en quatre *phylés* ou tribus, dont les dénominations varièrent alternativement jusqu'au moment où Clisthène, après l'expulsion des Pisistratides, prit la direction des affaires publiques et chercha à s'attacher le peuple en portant à dix le nombre de ces tribus. Ces dix *phylés* furent alors appelées, d'après les noms de héros de l'Attique, Érechthée, Égée, Pandion, Léos, Acamas, Œnée, Cécrops, Hippothoon, Ajax et Antiochus; et servirent à la division des habitants libres de l'Attique, ou des citoyens d'Athènes, pendant les deux siècles les plus glorieux de l'histoire de cette république. Sous la domination des rois de Macédoine, on y ajouta encore deux autres *phylés*, appelées d'abord Antigonis et Démétrius; noms qu'elles échangèrent à peu de temps de là contre ceux d'Attalis et de Ptolémaïs. Enfin, une treizième *phylé* fut créée en l'honneur de l'empereur Adrien, et reçut son nom. Chaque *phylé* avait ses sanctuaires particuliers, ses terres communes, sa caisse particulière, administrée par ses propres fonctionnaires. Elles se réunissaient pour délibérer sur les affaires communales, ou bien pour procéder à l'élection des magistrats. Consultez Kutorga, *De Antiquissimis tribubus Atticis* (Dorpat, 1832).

PHYLLIDIENS, famille de mollusques désignés sous ce nom, tiré du genre *phyllidie*, pris pour type. Cette famille ne comprend que deux genres, savoir : celui que nous venons de nommer, et le genre *diphyllie*. Les phyllidiens constituent l'ordre des inférobranches, dans la classification de G. Cuvier et de Blainville. Ils ont été réunis aux nudibranches et aux apsyliens ou tectibranches pour former le nouvel ordre de mollusques gastéropodes proposé par M. Edwards sous le nom d'*opistobranches*. Voici la caractéristique que G. Cuvier donne des phyllidiens : Ces mollusques ont à peu près la forme et l'organisation des doris et des tritonies ; mais leurs branchies, au lieu d'être placées sur le dos, le sont, comme deux longues suites de feuillets, des deux côtés du corps, sous le rebord avancé du manteau, d'où le nom d'*inférobranches*. L. LAURENT.

PHYLLOSOME (de φύλλον, feuille, et σῶμα, corps). Ce genre de crustacés stomapodes est l'un des plus remarquables que l'on connaisse. Il se compose d'animaux dont tout le corps est tellement aplati qu'il existe à peine un intervalle entre les téguments des surfaces supérieures et inférieures, et qu'on comprend difficilement comment les viscères peuvent s'y loger. Les phyllosomes nagent lentement, à la surface de la mer, en agitant les appendices flagelliformes de leurs pattes. Transparents comme du verre, on ne pourrait les apercevoir dans l'eau si leurs yeux d'un beau bleu ne les décélaient pas. On les rencontre dans toutes les mers des pays chauds.

PHYSALIE (du grec φυσή, vessie), genre d'acalephes hydrostatiques (Cuvier), ainsi nommées parce que les êtres qui les composent, et qui appartiennent aux derniers degrés de l'échelle animale, réduits à une pulpe vivante, s'en vont flottant à la surface des eaux de la mer et s'y soutiennent à l'aide de vésicules remplies d'air. Les physalies, dont on distingue plusieurs espèces, n'habitent guère que les régions intertropicales. Elles se font remarquer par une vessie oblongue, diaphane comme la vessie naturelle d'une carpe, et produisant le même bruit quand, échouées sur le rivage, on les écrase avec le pied. Cette vessie, remplie d'air, les soutient à la surface de l'eau ; et M. de Quatrefages pense que ce n'est pas seulement un organe de suspension, mais encore un organe de respiration. On ne connaît pas encore exactement leur mode de développement, qui très-probablement comporte plusieurs transformations successives ou alternatives, comme celui des méduses. Dans la physalie, comme dans la plupart des animaux du même groupe, on peut distinguer un corps et des appendices. Le corps est formé par deux poches emboîtées l'une dans l'autre et laissant entre elles une sorte de double fond. La poche intérieure est remplie d'air, et communique au dehors par une ouverture ou un pore entouré d'une sorte de sphincter. Les parois de la poche extérieure se prolongent à la partie supérieure du corps pour former une crête, qui joue le rôle d'une espèce de voile, qui leur a fait donner aussi le nom de *galères* ou de *frégates*, d'après l'opinion très-douteuse qu'elle leur sert à naviguer à la surface des mers. Ces parois se prolongent aussi à la partie inférieure du corps pour donner naissance aux appendices. Il y en a de quatre sortes : des suçoirs, des bras très-extensibles et très-contractiles, pouvant acquérir jusqu'à dix mètres de longueur, et enfin des organes qui paraissent destinés à la reproduction. Tous les appendices sont creux, et communiquent avec le double fond placé entre les deux poches qui forment le corps ; ils y puisent aussi le suc nourricier qui entraîne partout avec lui des particules empruntées aux substances alimentaires. Les actes qui concourent à la préparation de ce liquide nourricier constituent un mode de digestion très-particulier. Si l'on observe l'animal au moment où il vient de saisir sa proie, soit, par exemple, un petit poisson, après une heure de séjour au milieu des tentacules qui l'enveloppent étroitement, on voit que ce même poisson a complétement changé d'état. Les chairs se réduisent en bouillie, les écailles sont dissoutes, les arêtes se ramollisent, et les vertèbres ne tardent pas à se désagréger. Alors les plus gros suçoirs entrent en action et charrient ces matériaux vers la cavité du double fond. A voir la manière dont les choses se passent, on doit présumer que les téguments de la physalie secrètent alors un acide, qui agit à la manière d'un véritable suc gastrique, qu'il se forme un vrai chyme, qu'en réalité chez cet animal la digestion est tout extérieure et que la chymification précède la déglutition. Faut-il considérer ces êtres problématiques comme des êtres simples ou comme des animaux multiples résultant de l'association d'individus distincts ? Question très-controversable, que M. de Quatrefages qui a fait une étude particulière de la physalie, se pose, mais sur laquelle il ne répond ni oui ni non. Ce savant semble admettre que la nature, restant fidèle à la grande loi des gradations, a trouvé ici un milieu entre l'unité et la pluralité.

PHYSCON, surnom sous lequel est quelquefois désigné dans l'histoire le roi d'Égypte Ptolémée VII Évergète II. Il signifie *le ventru*.

PHYSHARMONICA, nom donné par Ant. Haukel de Vienne à l'instrument à touches inventé par lui en 1821, et dans lequel les sons sont produits par des languettes de métal que fait vibrer le vent amassé au moyen d'une pédale. C'est, comme on voit, une sorte d'orgue expressif.

PHYSICO-THÉOLOGIE. On appelait ainsi autrefois la théologie naturelle, par opposition à la théologie révélée et positive. On donne aujourd'hui à ce mot une acception plus restreinte, et on le réserve presque exclusivement pour désigner l'essai de faire de l'ordre, de la beauté et de l'harmonie de la nature la base de la croyance en un créateur sage et intelligent. C'est ce qu'on appelle la *preuve physico-théologique* de l'existence de Dieu (*voyez* TÉLÉOLOGIE). L'importance qu'on attachait autrefois à cette preuve, que les Anglais et les Allemands s'étaient surtout attachés à développer, fut ébranlée par Kant, qui fit remarquer qu'elle ne conduisait pas à l'idée d'un créateur du monde, mais tout au plus à celle d'un architecte du monde.

PHYSIOCRATES. *Voyez* ÉCONOMISTES et PHYSIOCRATIQUE (Système).

PHYSIOCRATIQUE (Système). On appelle ainsi le système d'économie politique que François Quesnay introduisit le premier en France, qui avait pour but l'amélioration du sort des habitants des campagnes, et qui fixa l'attention de l'Europe pendant une longue suite d'années. Après l'apparition du *Tableau économique* de Quesnay (1758), il se forma une école particulière de philosophes sous la dénomination de *physiocrates* ou d'*économistes*. Les penseurs qui contribuèrent le plus à la propagation de ce système furent, en France, Dupont, Baudeau, Letrosne, Mercier, Turgot, et Mirabeau l'aîné ; et en Allemagne Iseline Schlettwein, Mauvillon et Schmalz. Tout récemment encore Arnd a voulu l'y ressusciter dans son *Traité d'Économie politique naturelle* (Hanau, 1845). Ce fut seulement sous le règne de Louis XVI que différents partisans de ce système, Turgot entre autres, arrivèrent à avoir part à l'administration. Mais ensuite il passa de mode, jusqu'au moment où la révolution de 1789 lui donna un grand nombre de représentants dans l'Assemblée nationale.

Voici les principales bases du *système physiocratique* : 1° La terre est l'unique source de la richesse nationale ; le travail de ceux qui mettent en œuvre les forces de la nature pour produire des matières brutes, comme les bergers, les agriculteurs, les pêcheurs et les mineurs, crée seul de véritables richesses ; tous les autres travailleurs ne produisent rien qui puisse accroître la somme des richesses. 2° Tous les citoyens d'un État se classent donc en *citoyens producteurs*, qui cultivent et utilisent le sol et qui augmentent la richesse nationale, et en *citoyens improducteurs*, tels que les savants, les artistes, les artisans et les marchands, qui tous doivent être nourris avec les produits de la terre, sans avoir immédiatement contribué à leur production. 3° La condition nécessaire du bien-être de ces deux classes est la liberté absolue de toutes les industries, du commerce, des importations et des exportations. 4° Toute richesse provenant uniquement de la terre, il ne doit y avoir qu'un impôt unique, l'impôt foncier et territorial, lequel doit avoir pour base le produit net de la propriété foncière.

On démontre les vices essentiels de ce système par les théorèmes suivants : 1° La richesse ne consiste pas uniquement dans les produits bruts, mais dans tout ce qui donne satisfaction aux besoins des hommes et qui dès lors a une valeur. La terre, il est vrai, est la mère de tout ce qui donne satisfaction à nos besoins, mais nous ne recevons ses dons que comme matières premières destinées à être perfectionnées par notre travail; il est peu de produits du sol qui puissent se consommer sans préparation ultérieure; et tout travail qui a pour but le perfectionnement de ces produits est tout aussi bien productif que celui qui est appliqué au sol. 2° La nature n'agit pas seulement en vue de donner des produits bruts, elle vient encore en aide à quiconque sait en profiter. L'eau qui fait tourner le moulin, le feu de la machine à vapeur, et même le génie de l'artiste, qu'est-ce autre chose que la nature nous aidant à produire? De même que le propriétaire foncier sait s'approprier une partie du sol et en tirer profit en se faisant payer comme rente l'usage de la production que contient son morceau de terre, de même le manufacturier sait s'approprier une force naturelle et conserver souvent pendant longtemps son application comme un secret, de manière à en tirer encore bien autrement de profit que le propriétaire foncier de son morceau de terre. Si l'artisan gagne déjà une rémunération supérieure au prix de la quantité de produits bruts nécessaire à son existence, combien ne doit pas être plus considérable le profit du travail artistique? 3° Un impôt unique basé sur la terre et excluant toute autre espèce d'impôts est inexécutable dans la réalité, pour peu que le poids de cet impôt doive être lourd. Si c'est aux produits du sol qu'il faut demander la totalité des contributions, le reste de la nation, dans un État commerçant tout à fait isolé, avec des frontières hermétiquement fermées, arriverait bien à en payer aussi sa quote part par l'élévation proportionnelle du prix des produits bruts; mais il faudrait toujours que le cultivateur et le propriétaire du sol en fissent les avances, ce qui serait pour eux une lourde charge. D'ailleurs, dans un État dont on ne peut anéantir les relations commerciales avec ses voisins, la ruine complète de l'agriculture serait l'infaillible conséquence d'un système d'impositions uniquement basé sur les produits du sol, parce qu'alors les autres classes de la nation ne manqueraient pas de se procurer à bien meilleur marché chez les peuples voisins les produits bruts dont elles ont besoin.

Malgré ces vices essentiels du système physiocratique, que Mirabeau l'aîné comparait avec assez de raison à un palais sans escalier, on ne peut disconvenir que sa propagation n'a pas laissé que d'être réellement utile à la science de l'économie politique, en mettant dans tout leur jour les défauts du système mercantile et en démontrant les effets salutaires qu'a partout la liberté de l'industrie.

PHYSIOGNOMONIE (du grec φύσις, nature, caractère, et γνώμων, indication). C'est la connaissance de la nature d'un individu d'après la conformation de ses traits, et surtout de sa figure, ou de sa *physionomie*. Depuis que les hommes vivent en société, et que l'adresse ou la ruse ont remplacé parmi eux la violence, ils ont eu besoin de découvrir par l'étude du physique les indices du caractère moral ou intérieur. Il a donc fallu observer avec soin les traits, les habitudes, la démarche; épier, en certains moments d'abandon, et dans les émotions imprévues, les passions qui se trahissent, soit sur le visage, mobile miroir de l'âme, soit dans les gestes du corps; de là est née cette science toute conjecturale, à la vérité, mais cependant fondée sur certains signes propres à dévoiler le fond des pensées ou des affections chez les hommes, puisque les animaux mêmes se décèlent dans les passions qu'ils éprouvent.

Telle est la dignité de la face humaine qu'elle réunit en elle seule tous les organes des sens. D'ailleurs, par le voisinage du cerveau, elle reçoit en communication des nerfs bien plus nombreux et plus développés que toutes les autres parties du corps; il n'est pas un seul de ses muscles qui ne soit animé par quelques rameaux nerveux. La cinquième paire, dite le *trifacial* (à cause de ses trois principales branches), s'y répartit presque partout; la portion dure de la septième paire, qui se distribue également à diverses régions, les nerfs oculo-moteurs de la troisième paire, et les pathétiques de Willis, ou ceux de la quatrième paire; la sixième paire, ou l'oculo-musculaire externe, concourent toutes plus ou moins au jeu de la physionomie dans ses affections. C'est même à cette grande susceptibilité vitale de la face que sont dus les maux fréquents dont elle est le siége, boutons, éruptions, taches, exanthèmes, dartres, érysipèle, etc., indépendamment des afflux variés de sang, des rougeurs, pâleurs, lividités, etc., qu'y font éclater d'abord les moindres émotions intérieures. Aussi tous les signes des physionomies sont plus manifestes à la tête qu'aux autres parties du corps; les yeux ne sont même qu'un prolongement du cerveau; l'homme paraît rassemblé tout entier dans son visage; un corps décapité est inconnu. Pourquoi se plaît-on à voir les portraits, les bustes des hommes célèbres, ou même des grands scélérats? C'est parce qu'on scrute avec curiosité dans leurs traits quelque indice de ces âmes fortes, de ces génies élevés, ou de ces caractères atroces qui les animaient.

La science physiognomonique, quoiqu'à beaucoup d'égards incertaine, consacre pourtant des bases fixes, des principes assurés en physiologie, ne fût-ce que ceux du tempérament; ils ne peuvent tromper le médecin habitué à lire l'expression des souffrances internes sur la face d'un patient, comme il reconnaît les indices de la santé sous des traits simulés de maladie ou de douleur. En vain le bilieux déguisera la violence de sa colère, ou le sanguin son humeur plus joviale, la vérité percera aux yeux de l'observateur exercé, et il faudra bien qu'elle soit connue; c'est donc à tort qu'on dit : *Fronti nulla fides*; l'erreur naît d'une imparfaite et superficielle étude.

Il y a longtemps qu'on l'a dit, l'âme correspond au corps ou le moral au physique, tout comme le physique reçoit le contre-coup du moral. L'un et l'autre se rapportent tellement qu'un homme ou un animal ne sauraient avoir un moral différent de celui de son organisation et de son tempérament. Chaque structure établit en effet une disposition morale analogue à sa nature, et un instinct qui lui est propre. Cela est manifeste chez les animaux, et ce ne peut être qu'une rare exception de voir une âme mâle dans une complexion efféminée. Plusieurs philosophes, et Aristote surtout, observant que chaque animal présente ses mœurs spéciales, supposèrent que les hommes dont la physionomie offrait des traits analogues à ceux de ces animaux annonçaient les mêmes habitudes : celles du bœuf, du lion, du cochon, de l'aigle, etc. De là naquit ce système physiognomonique développé par Jean-Baptiste Porta, et esquissé par le peintre Le Brun. Il s'est trouvé d'autres physionomistes qui établissent leur opinion d'après la conformation propre à chaque race, et qui jugent des qualités des individus d'après les caractères reconnus pour ces diverses nations, Français, Anglais, Italien, Grec, etc., ou les Mongols, les Nègres, etc. D'autres conjecturent les qualités d'après les tempéraments, et aussi les habitudes transmises par les parents à leurs descendants, car il y a des personnes timides, d'autres irascibles, d'autres luxurieuses, etc., par héritage, comme par complexion; cette méthode est l'une des mieux fondées sur les principes de la physiologie. Quelques auteurs s'attachent aux signes habituels des passions ou des sentiments imprimés sur la figure, comme à l'air triste ou gai, humble ou hautain, peureux ou audacieux, de certains visages avec un maintien analogue.

Tous ces caractères sans doute ont plus ou moins de valeur dans l'appréciation générale d'un individu, mais il ne faudrait pas s'attacher à un signe unique, qui peut résulter de quelque circonstance ou varier selon le genre de vie. Ainsi, l'homme craintif en s'habituant à l'état militaire peut contracter un air martial, tandis que l'homme audacieux comprimera sa fierté naturelle sous la soutane ecclésiastique. On doit tirer les indications *physiognomoniques*, indépendamment des traits de la figure, de la texture des chairs, du teint, de l'expression habituelle, des affections qui apparaissent, aussi des mouvements du corps, de la voix, enfin de tout l'ensemble de la constitution organique.

Les premières choses qui nous frappent dans un inconnu, indépendamment du sexe et de l'âge, sont la figure ou la forme générale, le tempérament qui dévoile la base du naturel, l'air, le maintien, l'habillement, enfin la condition ou le genre des occupations habituelles, et le rang qu'on occupe dans la société. Les sexes examinent d'abord leurs convenances ou leurs disconvenances mutuelles en amour : la jeunesse, la beauté. Les hommes entre eux comparent principalement leur condition civile, ou leur fortune, leur mérite, leur force. Les femmes entre elles remarquent surtout la parure ou la *mise* et les autres qualités par lesquelles elles peuvent plaire. Les semblables cherchent en quoi ils diffèrent, et les différents en quoi ils se ressemblent; l'homme estime ou méprise, mais la femme aime ou hait.

Les signes pris isolément, ou d'une seule partie, n'ont relativement de valeur qu'autant qu'ils sont en convenance avec ceux des autres parties; mais pour connaître le tout il faut juger d'après l'ensemble. De plus, sans que Polémon ou Adamantius en fassent témoignage, on peut bien croire que les physionomies inégales, telles que des yeux, ou le nez et la bouche de travers, indiquent un esprit pareillement ou louche, ou inégal, soit que cela dépende d'un imparfait déploiement de la boîte cérébrale, soit que les organes des sens n'aient pas reçu une énergie égale. Cela devient manifeste chez les individus dont l'ouïe est fausse, inharmonique, dont la vue se trompe sur les couleurs, les distances, etc. Ainsi, tous les sens doubles, dont la force sera bien symétrique, porteront à l'esprit des sensations plus justes, tandis que dans une structure imparfaite, le jugement restera boiteux, ou pourra clocher non moins que les jambes et les bras.

On fait porter l'étude physiognomonique sur six objets : 1° L'*expression de la figure*, soit chez l'homme, soit chez la femme, puisque chaque sexe a ses caractères naturels. Ainsi, un homme avec des traits efféminés et une femme avec des traits mâles présentent une interversion de nature qui indique des mœurs entièrement différentes de celles de leur propre sexe. 2° Le *mouvement corporel*. S'il est vif, il indique un tempérament plus excitable, plus nerveux; tandis que s'il est lent, il fait augurer ou la faiblesse ou l'apathie. 3° Le *ton de la voix*. Le plus grave et le plus fort désigne un tempérament mâle et robuste, tandis que la voix grêle, aiguë ou criarde exprime une complexion féminine, délicate, ou timide. 4° La *texture de la fibre*. Si la chair paraît sèche ou dure et solide, elle manifeste sans doute une complexion ferme et peu sensible; si la peau paraît douce, mollette, elle présage une constitution délicate, spirituelle, mais inconstante. 5° La *coloration* offre une indication utile, car si elle est vive, florissante ou vermeille, on en infère une complexion sanguine, mobile; la jaune fait présager la bile, comme le mélange de blanc mat indique le flasque tempérament pituiteux; le teint rose clair, dans un corps mince, flexible, appartient à la complexion nerveuse, sensible et timide de la femme. 6° Les *cheveux* ou *poils*, s'ils sont rudes et épais comme des crins ou des soies d'animaux, caractérisent une nature grossière, aussi apathique que celle de la brute, mais forte, audacieuse ou luxurieuse; les cheveux fins, soyeux, annoncent des fibres également délicates, mobiles, faibles. Les individus les plus velus sont ou très-mâles et vigoureux, ou passionnés. Les hommes des pays froids, à crinière épaisse, à barbe velue, sont plus brutaux, en général, que les méridionaux, à chevelure molle et flexible, ou frisée et crépue, dont le caractère est craintif.

Si l'on considère les dégradations successives de la figure humaine, on passera de l'Européen au Kalmouk, au nègre, au Hottentot, et de celui-ci à l'orang-outang, puis aux autres singes et à toute la série des animaux vertébrés. Cette modification de la tête chez les animaux est le résultat du prolongement graduel ou développement proéminent des mâchoires, tandis que le cerveau se recule et se rétrécit proportionnellement. Supposez une face ordinaire d'Européen dont on puisse reculer le front, le nez, avancer les mâchoires avec les lèvres, vous obtiendrez la face du nègre, auquel il ne manquera que le teint noir. En poussant plus loin cette opération, vous obtiendrez toutes les nuances de dégradation, et de la noble figure de l'Apollon vous parviendrez à produire celle d'un ignoble crapaud, comme on le voit dans un dessin annexé à l'œuvre *physiognomonique* de Lavater. C'est sur cette considération de l'angle facial que s'est fondé P. Camper dans son ingénieuse théorie. A mesure en effet que l'allongement des mâchoires est plus considérable, et que l'angle facial devient plus aigu, le crâne se rétrécit, comme si les organes de la manducation gagnaient chez les brutes tout ce que perdent les organes cérébraux ou de la pensée. Chez l'homme, au contraire, les instruments de la nutrition sont plus resserrés et rapetissés, à mesure que ceux de l'intelligence ont obtenu plus d'extension et de capacité. La brute semble tendre son museau vers la pâture, et rejeter son cerveau derrière le sens de l'appétit, comme si l'esprit ne devait être qu'en second ordre chez elle.

En effet les organes entraînent les êtres vivants dans le sens de leur action, et proportionnellement à leur énergie ou à leur développement. Donc plus les sens brutaux seront épanouis, plus l'être deviendra stupide, comme on le remarque chez les quadrupèdes à museau allongé. Ce n'est point sans raison qu'on traite de *lourde mâchoire* ou que l'on compare à l'âne certains individus pesants dont les organes de mastication sont beaucoup plus développés que ceux de la réflexion. Cette remarque s'étend jusqu'aux oiseaux qui semblent offrir des physionomies plus ou moins spirituelles (le perroquet, le serin, que la bécasse ou le canard, etc). On sait que la sculpture a donné au front sublime de Jupiter une noble saillie, tandis que les figures grotesques des dieux subalternes, comme celle des magots chinois, ont un front renversé. La dégradation de la physionomie humaine suit aussi celle des races, en descendant depuis l'Européen blanc au Mongol, à grosses pommettes saillantes, à l'Américain du Mexique, dont le front est naturellement aplati, puis aux diverses races nègres, à museau de plus en plus prolongé, depuis le Caffre jusqu'au noir Éboé et au stupide Hottentot, enfin, au misérable habitant de la terre de Van-Diemen, qui semble être arrivé à la dernière limite de l'humanité.

De plus, il y a des physionomies nationales permanentes : ainsi, les Juifs, malgré leur dispersion sous toutes les latitudes, ne se confondant point avec les autres peuples par des alliances, conservent leurs traits originels à travers les siècles. Cependant, les divers climats influent sur les formes du corps : ainsi, les habitants des contrées basses et humides présentent des traits arrondis, émoussés, imparfaitement développés, comme les Hollandais; tandis que dans les régions sèches, élevées, montagneuses, exposées à un air vif, les hommes sont caractérisés par des contours fortement dessinés, par des lignes anguleuses, rudes et profondes; aussi les premiers sont d'ordinaire gras et mous, les seconds plus maigres et plus vifs.

Parmi les peuples les plus policés, mêlés par des alliances multipliées, habitués à ce genre de vie doux et uniforme qu'entretiennent des relations civilisées, un commerce perpétuel de politesses, les physionomies perdent leurs caractères les plus âpres : c'est comme une monnaie dont le type s'efface et s'use. Il en est tout autrement des peuples isolés, sédentaires ; ils gardent la simplicité de leurs mœurs et la rudesse ou l'étrangeté de leur physionomie native. Ainsi, les habitants de la Forêt-Noire (Hercynie des anciens), diffèrent peu encore des antiques Germains que décrivait Tacite. On leur attribue en général de gros os et un large crâne presque carré. L'atrocité des Turcs et des Tatars-Oïgours, dont ces premiers descendent, et qui se peignait sur leurs figures, s'est pourtant adoucie dans les familles opulentes par leurs unions avec de belles femmes du sang circassien et mingrélien.

La nature du climat, le sol, les nourritures, le degré de civilisation, influent donc sur les physionomies. C'est encore ainsi que nos citadins présentent des physionomies moins âpres que celles du campagnard, dont la vie est rustique, l'éducation négligée. L'uniformité du genre de vie rend aussi les figures plus régulières, comme une existence tourmentée les rend, au contraire, irrégulières : c'est ainsi qu'en Égypte et en d'autres climats de plaines uniformes, dont la température reste constante, les physionomies se ressemblent beaucoup, tandis qu'elles varient dans les territoires coupés de montagnes ou de grandes inégalités, qui modifient la manière de vivre. Dans les régions froides, les individus paraissent plus longtemps jeunes, parce que la végétation animale y est plus lente ainsi que la puberté. C'est tout le contraire sous des températures ardentes, où les fonctions vitales s'accélèrent rapidement. Aussi la vieillesse y apparaît précoce et longue. Dans les gouvernements despotiques, sous lesquels les hommes vivent malheureux et opprimés, les visages portent l'empreinte d'une morne tristesse ou de l'austérité, comme on l'observe en Turquie et dans l'Orient. Les peuples heureux, au contraire, jouissant d'un régime de liberté, offrent l'image du contentement. L'ancien Romain présentait en tous lieux la fierté de son caractère, gravée sur sa figure. L'étourderie d'un Français évaporé éclatait jadis au premier coup d'œil, comme la bonhomie du Suisse, l'orgueil de l'Anglais, la pesanteur du flegmatique Hollandais, la fierté méprisante de l'Espagnol, la subtilité souple de l'Italien, etc.

Les traits sont arrondis, encore enveloppés, dans l'enfant naissant ; il n'a presque aucune physionomie ; on n'y voit qu'une vie toute machinale, qui consiste à se nourrir et à dormir ; aussi les individus conservant dans un âge plus avancé des traits enfantins sont très-disposés à cette vie organique : ils montrent peu d'affections et de pensées. De même, le sommeil efface les physionomies acquises et celles des passions, pour ne laisser subsister que l'empreinte originelle du caractère. La mort surtout ne laisse sur les figures que le masque de l'ossature ou la coupe naturelle des traits de la complexion, de l'âge et du sexe ; mais elle efface toute physionomie d'expression. A mesure que l'âge s'accroît, les caractères de famille et ceux de race se gravent principalement à cette époque, pour servir de trame première à la physionomie. Ainsi, en avançant dans la carrière de la vie les traits se renforcent, deviennent plus prononcés, plus durs, jusqu'à ce qu'ils se rendent âpres ou difformes dans la vieillesse par cette progression inévitable.

Il en résulte trois expressions principales dans la même figure, le *joli*, le *beau*, le *sublime* ou *sévère*. L'enfant est joli, pour l'ordinaire. La femme, le jeune homme, à la fleur de l'âge, sont beaux pour la plupart ; l'homme parvenu à la virilité tient du sublime par des traits plus fiers, par une physionomie plus majestueuse. Cette limite passée, on tombe dans les formes dures, anguleuses, arides de la vieillesse. Ainsi, le joli se peut rapporter au tempérament humide et enfantin, le beau à la complexion sanguine de la femme ou de l'adolescent, le sublime au tempérament bilieux et viril de l'homme fait, comme le sévère à l'humeur mélancolique du vieillard. Le caractère moral suit d'ordinaire la même progression. Une jolie femme ne peut pas avoir le même développement du naturel qu'une femme belle, et surtout qu'une femme virile et hommasse. La légèreté, le caprice, la coquetterie, toutes les nuances de la vanité sont trop souvent l'apanage des personnes jolies, même dans le sexe masculin, où elle prend un ton de fatuité et de suffisance. La grande beauté peut déployer un caractère plus décidé ou un fonds d'orgueil prononcé ; aussi une belle femme va plus loin dans le bien et dans le mal qu'une jolie femme. Plus les traits sont fortement dessinés, plus d'ordinaire l'énergie du caractère se manifeste. Les défauts des jolies personnes sont presque sans conséquence ou se changent aisément ; l'homme fort et bilieux devient capable de grands crimes ou de hautes vertus ; enfin, le mélancolique peut s'élever aux dernières limites du bien et du mal, comme si chaque tempérament donnait ainsi sa propre mesure. « Je ne crains pas, disait Jules César, la figure fleurie et brillante des Antoine et des Dolabella ; mais je redoute ces faces maigres et sombres des Brutus et des Cassius. » On sait combien l'événement justifia cette conjecture physiognomonique.

Les familles illustres, issues d'hommes héroïques ou d'un grand caractère, conservent, lorsqu'elles ne se mésallient pas, des traces de leur extraction dans leur physique comme dans leur moral. On connaissait dans l'ancienne Grèce la fierté innée des Atrides, la bravoure téméraire des Éacides, la vigueur des descendants d'Hercule ou des Héraclides. A Rome, les Scipion étaient hauts et magnanimes, les Appius audacieux, les Caton rigides, les Brutus âpres républicains. Dans nos âges plus modernes, les Guise étaient non-seulement animés du même esprit, remuant et ambitieux, mais encore ils se ressemblaient par la taille, la beauté fière et majestueuse, la valeur et la galanterie. La maison de Lorraine a toujours paru hautaine, avec sa *lippe*, ou lèvre inférieure avancée. Presque toute la branche royale de Valois était assujettie à des accès de folie, etc.

Chaque famille, dans ces anciens temps, se mésalliait peu, ou craignait de forligner ; par là se conservaient avec les héritages les caractères des races nobles ; ils se renforçaient même par leur continuelle répétition, par l'isolement des mœurs, par les mêmes occupations, par les affections de chaque rang. On en rencontre encore des exemples parmi les chefs des clans d'Écosse, les familles patriarcales en Suisse, etc. Au contraire, plus le sang des diverses races s'est mélangé dans nos temps actuels, au milieu de cette promiscuité universelle des individus, parmi les villes populeuses, plus les traits originels distinctifs se sont effacés, modifiés, pétris ensemble. Regardez les visages de nos modernes générations, vous n'y verrez que des traits communs, indécis, sans caractère ; il n'y a plus de formes propres, dans les âmes comme dans les corps vulgaires. En devenant semblable à tout le monde, chacun ne se ressemble plus à soi-même. Ainsi, les peuples abâtardis, dégénérés par ces adultérations multipliées, confusions de rangs, migrations, conquêtes, colonies, relations commerciales, etc., ont perdu chez ceux-ci tous leurs traits primitifs ; il n'y a plus de noblesse de sang ni de roture ; ainsi mixtionnés, les individus vont se détériorant sans cesse, et il n'en résulte plus qu'une lie de tempéraments ambigus et hétéroclites.

Outre les complexions connues et si bien décrites par les médecins, il est d'autres modifications de taille, de structure, qui changent encore les physionomies : ainsi, la constitution râblée ou courte, tenant de la nature des nains, présente des habitudes différentes de celles des individus élancés et grêles, qui se rapprochent, comme les flandrins, de la nature des géants. La constitution des phthisiques et des hectiques, à fibres maigres, tendues, irritables, à la poitrine décharnée, diffère aussi, sous le rapport moral, du tempérament apathique, aux membres massifs, charnus, à tissu cellulaire pâteux, gonflé de sucs violâtres, à peau épaisse et gluante, avec de grosses extrémités.

La plupart des physiognomonistes et L a v a t e r, le plus célèbre d'entre les modernes, observent des indices moraux de toutes les parties de l'organisme et même des actes les plus indifférents ; ils jugent, par exemple, de l'écriture et de la forme donnée aux lettres comme propres à indiquer la vivacité ou la lenteur. Un sot ne prend pas son chapeau et ne se tient pas sur les jambes comme un homme d'esprit, disait Swift. Les traits habituels de la face prennent quelque chose de l'affection éprouvée journellement par l'individu. Sans doute un ivrogne peut se reconnaître à sa trogne rubiconde. Nous avons vu des personnes deviner, à la démarche, le métier des hommes, comme les tailleurs, les cordonniers, les peintres d'enseignes, etc. Il y a des tournures qui décèlent un état dans nos sociétés actuelles ; l'homme de peine ou le fort de halle est autrement constitué que l'homme de cabinet, et le musicien que le danseur, le soldat que le prêtre, le marin que le bon piéton. C'est aussi par le choix des vêtements qu'on peut juger de certaines habitudes : tel aime les habits courts, serrés, les couleurs vives ou les ornements brillants, comme la jeunesse vive, pimpante, vaniteuse ; tel préfère les nuances sombres, les vêtements larges et faciles, comme les individus d'un âge mûr et qui n'ont plus la prétention de plaire. La préférence de certains aliments est aussi d'accord avec l'humeur : ainsi les femmes, les personnes douces, et même les dévotes, se plaisent aux nourritures sucrées, au laitage, etc., tandis que les hommes robustes ne craignent pas les substances âpres ou fortes. De même, l'usage des odeurs suaves annonce l'effémination ou dispose aux voluptés. L'extrême sobriété, au contraire, s'accompagne d'austérité ou de rigueur et de tristesse, tandis que l'amour de la table décèle la gaieté, la sociabilité. Ainsi, presque toutes nos actions portent l'empreinte de notre caractère moral. Pour ne citer que le style ou la manière d'exprimer sa pensée, Buffon a dit avec raison « que c'est l'homme même », « César écrivait, dit Quintilien, du même style dont il combattait. » Qui ne jugerait pas du caractère de Voltaire par ses ouvrages ?

Il serait presque infini d'examiner toutes les indications physiognomoniques qu'on peut tirer de l'homme en général et de ses diverses situations dans notre état social. En vain le politique se déguise, il est percé à jour par l'esprit profond qui a longuement étudié le cœur humain à travers son enveloppe. La science physiologique n'est pas étrangère à ces mouvements secrets de nos entrailles ; le cœur des rois et celui des femmes se défendent en vain des regards indiscrets de la curiosité publique ; le visage peut se murer, mais combien de traits, d'abord inaperçus, les trahissent ! La vraie politique est plutôt dans la franchise et la simplicité, aujourd'hui que tout est ruse ou passe pour l'être dans le monde. « Il n'y a pas moyen de tromper les Suisses, tant ils sont simples, s'écriait un fin diplomate de la cour de Rome. On voit d'abord à qui l'on a affaire. » Heureux les peuples qui conservent cette précieuse naïveté : on ne les trompe du moins qu'une seule fois ; mais la fausseté est exposée plus souvent à être dupée, par cela même qu'elle compte davantage sur ses finesses. J.-J. Virey.

PHYSIOLOGIE (du grec φύσις, nature, et λόγος, discours). Si l'on s'en rapportait à la seule étymologie, ce mot signifierait *science de la nature*. Aussi les savants de l'Allemagne, les professeurs de Halle et de Heidelberg ont-ils substitué à ce mot ambigu celui de *b i o l o g i e*, qui en effet a plus de précision. Ainsi, la p h y s i q u e s'occupe des agents universels et des phénomènes de la nature ; l'h i s t o i r e n a t u r e l l e embrasse tous les corps terrestres vivants et inanimés, dont elle étudie et décrit l'apparence extérieure ; l'a n a t o m i e isole, suppute et dépeint minutieusement les organes et les tissus des corps vivants ; tandis que la physiologie recherche quelle est l'action de ces organes, et quelles sont les lois de la vie. Le physiologiste est comme l'astronome, il est rarement athée, quoi que dise de contraire la calomnie. Voyez donc s'il serait possible d'assister longtemps au jeu des astres, aux mouvements spontanés des entrailles, sans apercevoir clairement cette main puissante qui donne temporairement la vie à la matière, comme à l'univers sa coordination et sa durée ! C'est dans ce sens-là que Fontenelle disait : « M. Méry a découvert dans nos organes tout ce que M. Cassini avait vu dans les cieux. »

Le mot *physiologie* est d'une date récente. A peine le prononçait-on il y a un siècle. Quand Duhamel, Fontenelle, de Mairan ou de Fourcy avaient à relater quelques travaux de physiologie, ils les inscrivaient sous le titre de *physique animale* ou d'*anatomie*. Boerhaave est, je crois, le premier qui prononça le mot de *physiologie* : mais il appartenait à Haller, le plus illustre de ses élèves, de consacrer à jamais le nom de cette science nouvelle par des découvertes et de beaux ouvrages. Avant eux, toutefois, on s'était souvent occupé d'études physiologiques. Sans parler d'H i p p o c r a t e, qui, quoi qu'en dise l'un de ses commentateurs, M. de Mercy, ne savait rien de bien précis sur les actes de la vie, il est certain qu'A r i s t o t e connaissait les phénomènes de la g é n é r a t i o n presque aussi bien que nous. G a l i e n, dans son ouvrage *De Usu Partium*, décrit assez précisément les fonctions de beaucoup d'organes ; mais comme il ne disséquait que des singes, il ne faudrait pas rigoureusement juger de la nature de l'homme d'après les œuvres de Galien. H é r o p h i l e et E r a s i s t r a t e connaissaient les nerfs et leurs fonctions quant à la sensibilité ; mais puisqu'ils confondaient les tendons et les ligaments avec les nerfs proprement dits, il n'y a pas grand parti à tirer de leurs ouvrages. V é s a l e et F a l l o p e s'appliquèrent à découvrir les fonctions des organes qu'ils décrivaient ou représentaient, Vésale principalement, lui qui fut accusé d'ouvrir des hommes vivants pour mieux apprécier le jeu de leurs organes.

Quoi qu'il en soit, la physiologie fit peu d'acquisitions importantes et irrécusables jusqu'à H a r v e y, lequel découvrit la c i r c u l a t i o n d u s a n g, et fonda sur des faits évidents la doctrine : *Omne ex ovo*. Jusqu'à lui la physiologie était une science mixte, moitié histoire, moitié roman, et quelquefois même fiction entière, quand elle avait pour précepteurs P a r a c e l s e et Van H e l m o n t, fous illustres, dont l'histoire des erreurs humaines éternisera les noms. Toutefois, il est vrai de dire que cet alliage de systèmes et de vérités de faits ne fut pas entièrement nuisible à la physiologie : cette science y gagna des suffrages et des partisans. L'attrait du roman fit passer avec lui l'aridité des axiomes. On fit alors de la physiologie comme Hérodote faisait jadis de l'histoire. Plus tard, alors que toutes les sciences eurent éprouvé leur rénovation, on essaya de réformer la physiologie. On se proposa surtout de rendre son langage plus sévère et de la libérer de tous les systèmes entravant ses progrès. Malheureusement, ce fut pour la rendre tributaire des sciences chimiques, tant il est vrai que pour les sciences comme pour les personnes, il s'en trouve toujours quelqu'une qui essaye de dominer les autres. Ce qu'avaient autrefois tenté les métaphysiciens à l'égard de la physiologie, les chimistes le réalisèrent de nos jours : il paraît arrêté que cette science ne sera jamais libre. Cependant, elle possède déjà assez de vérités irrécusables pour protester désormais contre tout asservissement étranger.

Dans la plupart de nos connaissances, il y a deux parts bien distinctes, et que malheureusement nous confondons presque toujours, et souvent à notre insu : il y a d'abord les faits évidents, dont nos sens portent témoignage, et qu'une tradition véridique lègue à nos descendants ; il y a ensuite tantôt les conclusions de l'esprit, et tantôt ses conjectures, opérations délicates, où l'intelligence interprète et poursuit un fait, passé le point au-delà duquel nos sens n'ont pu le suivre et le vérifier. Voici la source de nos erreurs, qui sont bien *nôtres*, puisque l'imagination les enfante et les diversifie jusqu'à l'infini selon sa puissance et selon sa portée; tandis que la vérité est approchant la même pour chaque homme, précisément parce que chaque homme la reçoit toute faite et semblable sans y rien ajouter. Aussi remarquerez-vous que, suivant en cela la pente de notre amour-propre, nous sommes plus attentifs à nos songes qu'à nos idées, et plus fiers de nos conjectures et de nos erreurs systématiques que des vérités que nous avons découvertes ou qu'on nous lègue. Malheureusement, nous sommes forcés ou de faire une science fort incomplète et partant disjointe, nous bornant aux seuls faits avérés, ou d'en combler les innombrables lacunes par des conjectures perpétuelles. Notre position est, à cause de cela, beaucoup plus difficile que celle des métaphysiciens, lesquels partent d'une abstraction pour arriver commodément et sans obstacle possible à d'autres abstractions. Nous, nous devons tenir compte des faits et ne jamais nous éloigner sensiblement des réalités, alors même que nos sens restent inactifs. Le métaphysicien fait commencer dans les nuages le fleuve qu'il conduit ensuite sans interruption ni mélange jusqu'aux profondeurs de l'Océan; tandis que le physiologiste, obligatoirement plus réservé, étudie modestement le même fleuve là où il va se jeter dans la mer; ensuite il doit en remonter le cours, en supputer les affluents, puis s'arrêter respectueusement là où sa source sort de la terre, sans presque oser remonter par la pensée jusqu'aux glaciers, jusqu'aux lacs ou aux réservoirs souterrains qui sans doute en sont l'origine. De la sorte, le doute et la curiosité commencent et terminent son étude, et c'est ainsi que naissent les hypothèses et les systèmes. Nous savons, par exemple, comment circule le sang dans ses vaisseaux; nous voyons les battements du cœur, le pouls des artères, le retour du sang vers le cœur par la voie des veines, mais comment circule ce fluide dans les vaisseaux capillaires? Nous l'ignorons. Mais d'où le cœur tire-t-il la cause de ses mouvements? Même ignorance. Nous en dirions autant des sensations, des mouvements volontaires, de la respiration, etc., etc. En quelque lieu que se porte notre attention, nous sommes trop heureux de saisir quelques anneaux de cette chaîne d'Homère qui va se perdre, invisible, dans les mains directrices de Jupiter. Dr Isidore BOURDON.

PHYSIOLOGIE VÉGÉTALE. La botanique embrasse un si grand nombre de sujets, qu'il a fallu, de même que dans le règne animal, la diviser en plusieurs branches, parmi lesquelles la physiologie tient l'un des premiers rangs, puisqu'on la fait marcher de pair avec l'anatomie des végétaux. La *physiologie végétale* traite des usages des divers ordres de parties anatomiques qui entrent dans la composition de tous les organismes végétaux, depuis les plus simples jusqu'à ceux dont la structure est la plus compliquée. En physiologie végétale, de même qu'en physiologie animale, il y a lieu d'établir trois ordres d'usages ou de rôles physiologiques des parties des végétaux : ces trois rôles physiologiques sont : 1° la *mise en œuvre des matériaux* de contexture des plantes qui agissent les uns comme sources et fluides nutritifs (sèves, etc.), les autres comme agents généraux organiques (tissus végétaux), et les troisièmes comme extraits de la sève par les tissus (produits et liquides sécrétés); 2° les *fonctions des organes* des végétaux en général, connues sous les noms de nutrition ou de la vie individuelle, et de reproduction ou de la vie de l'espèce; 3° enfin, l'*expression des formes* des diverses régions des plantes, considérées successivement et en général dans leur système inférieur ou radiculaire, caché dans le sol, et dans leur système supérieur, ou la tige, qui elle-même a donné lieu à la distinction de l'axe principal et des axes secondaires, et à celle du système appendiculaire depuis les feuilles cotylédonaires, caulinaires et florales (bractées), jusqu'à leurs analogues dans la fleur et le fruit.

On a aussi donné le nom de *physique végétale* à la physiologie des plantes, lorsqu'on entre dans l'explication des phénomènes physiques chimiques et vitaux de leur organisation. L'un des points les plus intéressants et les plus difficiles de l'organisation végétale, comparé à l'organisation animale, est la question de l'individualité et de la sexualité des plantes distinguées en *phanérogames*, *cryptogames* et *agames*. On sait qu'en raison même de cette énorme difficulté, ce point encore litigieux constitue l'une des questions les plus importantes et les plus curieuses, et réclame le recours aux lumières de la philosophie naturelle et à celles des sciences exactes. L. LAURENT.

PHYSIONOMIE. L'usage n'applique pas seulement ce mot à la forme particulière, aux linéaments du visage, mais aussi à son expression. Ainsi, on dit d'une personne qui a les traits réguliers qu'elle a une belle *physionomie*; de telle autre personne dont la figure immobile ne signifie rien, qu'elle manque de *physionomie*; que tout annonce dans la *physionomie* de telle autre quelque chose de noble ou de patibulaire. C'est dans ce dernier sens que la *physionomie* est considérée comme indice du caractère, de l'humeur et du tempérament même, *exstant indolis indicia in vultu et oculis*. Que d'observations intéressantes, d'aperçus curieux ne fournit point une pareille inspection! Les yeux et le front annoncent la pensée; les sourcils ajoutent à l'expression. Et aussi, que de mots, que de phrases même ne dit point clairement un regard tendre ou passionné ou menaçant, un sourire gracieux ou moqueur! Si le marbre ou la toile semblent s'animer et se mouvoir sous la main d'un habile artiste, que n'exprime pas une physionomie vivante sortie des mains du Créateur? La *physionomie*, c'est le miroir de notre âme, de l'*homme intérieur*; c'est un langage muet en raccourci avec toutes les nuances et tous les reflets des caractères et des passions. Voiler la face d'un homme, c'est reproduire le *jacet sine nomine corpus decapitatum*. Considérez comme le chien observe le visage de son maître pour tâcher de deviner sa volonté! Tel est enfin le langage *physiognomonique* que le mensonge ou la dissimulation fait de vains efforts pour ne point se trahir, efforts qui prouvent d'ailleurs que ce vice n'est pas moins contraire à l'économie organique qu'à la morale; que c'est à peine si un scélérat peut soutenir le regard de son juge sans lui laisser rien apercevoir à travers les mystères de sa profonde immoralité. Les Chinois n'interrogent pas, dit-on, autrement les criminels.

Il n'est pas rare de voir que le sourd-muet a une physionomie plus décidée, plus expressive que le parlant, et la raison en est bien simple, c'est que l'impatience naturelle des obstacles développe et fait jouer tous les ressorts d'une âme qui a besoin de s'épancher. C'est une flamme prête à jaillir de la cendre qui l'étouffe. La physionomie est en rapport avec la sensibilité de l'âme, avec l'énergie ou la vivacité des passions. Toutes choses égales, elle sera plus variée chez le sourd-muet méridional que chez le septentrional.

Dans la joie, le front s'épanouit; la tristesse le couvre ou le ride, la colère l'enflamme. Par la surprise, l'admiration ou la curiosité, la bouche s'entr'ouvre, le front se dresse et s'avance; si elle s'ouvre à l'excès, que l'œil s'égare et que les traits soient défigurés, c'est signe de fureur. La jalousie fronce le sourcil. Dans l'envie, l'œil s'efface ou se cache sous le sourcil; les dents se grincent et les joues se contractent. Le désespoir contracte les muscles du visage; le dédain ou le mépris élève les coins de la bouche, et ouvre les ailes du nez à des degrés divers. La timidité baisse les yeux. Ajoutez-y le vif incarnat qui colore les joues d'une jeune fille, et vous peindrez la pudeur. Le regard relevé annonce au contraire l'impudence ou l'orgueil. Telles sont les diverses expressions de physionomies sur chacune desquelles on ne saurait se méprendre. Mais qui peut être sûr de ne point se laisser tromper par un air de franchise, attendrir par des larmes feintes? Rien n'est donc plus vrai que ce qu'a dit un poëte : *Fronti nulla fides*. O physionomies trompeuses!

Toutefois, certains hommes sont allés plus loin; ils ont prétendu remarquer dans les diverses parties du corps humain des indices sur les aptitudes physiques et morales, sur les tempéraments. Les modernes attaquent la *physiognomonie* considérée sous ce dernier point de vue. « Il est permis, disait Buffon, de juger à quelques égards de ce qui se passe dans l'intérieur des hommes par leurs actions, et de connaître à l'inspection des changements du visage la situation actuelle de l'âme; mais comme l'âme n'a point de forme qui puisse être relative à aucune forme matérielle, on ne peut pas la juger par la figure du corps ou par la forme du visage. Un corps mal fait peut renfermer une fort belle âme, et l'on ne doit pas juger du bon ou du mauvais naturel d'une personne par les traits du visage, car ces traits n'ont aucun rapport avec la nature de l'âme; ils n'ont aucune analogie sur laquelle on puisse seulement fonder des conjectures raisonnables. Les anciens cependant étaient fort attachés à cette espèce de préjugés, et dans tous les temps il y a eu des hommes qui ont voulu faire une science divinatoire de leurs prétendues connaissances en physionomie; mais il est bien évident qu'elles ne peuvent s'étendre qu'à deviner ordinairement les mouvements de l'âme par ceux des yeux, du visage et du corps; mais la forme du nez, de la bouche et des autres traits ne fait pas plus à la forme de l'âme, au naturel de la personne, que la grandeur ou la grosseur des membres ne fait à la pensée. Un homme en sera-t-il moins sage parce qu'il aura des yeux petits et la bouche grande? Il faut donc avouer que tout ce que nous ont dit les physionomistes est dénué de fondement, et que rien n'est plus chimérique que les inductions qu'ils ont voulu tirer de leurs observations prétendues métoposcopiques. » Quoi qu'il en soit, on cite nombre d'exemples de personnes dont les conjectures ont été justifiées par les faits. Du reste, chaque peuple a un type de physionomie.

Physionomie se dit également du caractère qui convient à certaines choses : Les événements de ce siècle ont une *physionomie* particulière; cet ouvrage a une *physionomie* qui le distingue de tous les autres ouvrages du même genre. On dit bon *physionomiste*. Lavater est un célèbre *physionomiste*. Jean-Baptiste Porta, Robert Flud, Anglais, le sophiste Adamantius, ont écrit sur la physionomie. Nous avons la traduction du livre de la *Physionomie* d'Aristote par André de Lacuna.

Ferdinand BERTHIER,
professeur sourd-muet à l'Inst. des Sourds-Muets de Paris.

PHYSIONOTRACE, mot mal formé, par contraction de *physionomie*, avec le verbe *tracer*. Ce nom a été donné à une sorte de pantographe qu'on place verticalement, en y ajoutant un point de mire mobile tenant à un fil horizontal dont on éloigne le point de départ autant que l'on veut, et au moyen duquel on calque en deux minutes un portrait sur nature d'une manière infaillible, presque de grandeur naturelle. On réduit ensuite ce portrait avec le pantographe horizontal. On peut aussi employer ce moyen pour reproduire l'empreinte des médailles. Quenedey fut le premier qui, de concert avec Chrétien, mit ce genre de portraits au jour en 1788. Ils ne faisaient d'abord que des profils et ne gravaient que le trait sans ombres; mais après avoir amélioré leur invention, ils gravèrent un grand nombre de portraits ressemblants, dont la réunion offrait un recueil intéressant de personnages célèbres. L. LOUVET.

PHYSIONOTYPE (du mot *physionomie* contracté, et τύπος, empreinte). Appareil au moyen duquel on moule en plâtre la figure d'une personne vivante après en avoir pris l'empreinte. C'est un moule métallique flexible et doux, qui par son application sur le visage en saisit les traits dans l'espace d'une seconde, avec une fidélité telle que la plus légère expression peut être conservée. L'empreinte étant perçue mécaniquement, puisque les parties du moule se retirent en raison de la pression que le point correspondant du visage en contact exerce sur chacune d'elles, la ressemblance paraît infaillible. Pour obtenir ce résultat, le visage n'a besoin que de s'appliquer un instant contre l'instrument, et ce moule transmet l'empreinte au plâtre, au stuc, au carton, à la porcelaine ou au bronze, en autant d'exemplaires que l'on désire. Le physionotype, inventé vers 1834, et breveté, donna lieu à la formation d'une société en commandite par actions de 1,000 francs, dont M. Émile Girardin fut un des principaux promoteurs. On devait reproduire par ce moyen le buste des contemporains, dont on aurait composé un musée. Au moyen du physionotype un buste ne devait coûter que 150 fr.; un portrait en relief 70 fr.; un simple profil 25 fr. Suivant l'usage, les fondateurs de la société promettaient de mirobolants dividendes aux actionnaires; mais quand vint le moment de réaliser enfin ces belles promesses, il n'y avait rien en caisse. Tout le fonds social avait été absorbé par les annonces. Le tout aboutit donc à un vulgaire procès en police correctionnelle, auquel, à plus de vingt ans de distance, on fait encore souvent allusion dans la polémique de la presse.

PHYSIQUE. Dans le sens le plus général, la physique est la science du monde extérieur. Considérée dans toute l'étendue de son étymologie, qui vient du mot grec φύσις, la physique embrasserait l'étude de la nature entière, la description des êtres et des corps, la connaissance de leurs propriétés diverses, de leurs actions réciproques, l'étude enfin de tous les phénomènes qu'ils présentent à la perception de nos sens. Tel fut en effet dans l'origine l'immense cadre de la physique; mais l'accumulation des connaissances que l'homme acquit sur les divers objets soumis à son attention et l'inégalité des progrès qu'il fit dans les diverses branches de sa vaste étude nécessitèrent le partage de la physique générale en plusieurs sciences particulières, qui furent elles-mêmes ensuite ramifiées, suivant le besoin, en un nombre plus ou moins grand de sciences partielles.

Le premier partage qui fut fait sépara de l'étude des phénomènes inorganiques celle des êtres organisés, dont le principe vital restera probablement toujours un mystère impénétrable à l'œil de l'homme, et dont la science se bornera presque uniquement pendant longtemps encore à des travaux de description et de classification. Cette science comprend la *zoologie* et la *botanique*, qui classent les animaux et les plantes d'après leurs caractères extérieurs; l'*anatomie*, qui les étudie et les compare dans leur structure intime; et la *physiologie*, enfin, qui, empruntant des secours à l'étude des phénomènes inorganiques, cherche à expliquer le but des diverses parties qui composent les êtres organisés, les divers phénomènes qui se produisent en eux, sous l'action des agents extérieurs, et tâche de s'avancer le plus loin possible dans la connaissance de ces mystérieux mouvements auxquels sont dus la vie et la végétation.

De la physique générale, ainsi réduite aux phénomènes de la matière inerte, fut encore séparée l'*astronomie*, ou l'étude des phénomènes célestes, qui, procédant de lois générales moins complexes, faisait des progrès plus rapides, et ne pouvait s'accommoder de la marche plus lente des sciences ses compagnes. Par cette seconde soustraction, la physique se trouva bornée à l'étude des phénomènes inorganiques terrestres, et fut encore par la suite séparée en trois sciences distinctes : la *géologie*, sorte d'anatomie inorganique, qui aidée de la *minéralogie*, dont le rôle est de classer et de décrire les diverses espèces minérales, dissèque, pour ainsi dire, le globe terrestre, afin d'étudier les diverses couches dont il est composé et d'assigner l'époque et le mode de leur formation; la *chimie*, qui décompose et combine les corps de la nature, en étudie les éléments simples, et recherche les lois qu'ils suivent dans leurs actions réciproques; et, enfin, la *physique*, qui considère spécialement les phénomènes naturels dont ne résulte pas d'altération permanente pour les corps qui y sont soumis.

Mais si toutes les sciences dont nous venons de faire le dénombrement rapide, arrivées à un certain point de leur développement, ont dû être séparées, parce qu'il devenait difficile à une intelligence humaine d'en embrasser le vaste ensemble, il ne faut pas croire que chacune d'elles ait un but individuel et nettement défini qu'elle puisse atteindre indépendamment des autres. Chaque jour prouve combien il est difficile de tirer entre elles des lignes naturelles de démarcation. Outre les secours mutuels et puissants qu'elles se sont toujours prêtés dans leur marche, à mesure qu'elles vont, elles se rapprochent et se confondent de plus en plus; elles empiètent l'une sur l'autre, se disputent le terrain et la possession des phénomènes, et l'on peut déjà pressentir le temps où il sera nécessaire de les réunir de nouveau, pour former de leur ensemble la science complète de la nature.

La physique, cette science restreinte dont nous avons défini plus haut le but et les attributions, comprend cinq grandes divisions, ou parties principales : l'étude des propriétés générales des corps, où sont définies et expliquées les forces attractives et répulsives auxquelles sont soumises les particules de la matière, et les variations que ces forces subissent dans les changements d'état des corps; à cette étude se rattachent les phénomènes de l'acoustique, science des vibrations des corps sonores; viennent ensuite les trois divisions relatives aux phénomènes calorifiques, lumineux et électriques, divisions qui étaient au nombre de quatre il y a peu de temps encore, avant que l'on eût constaté d'une manière complète l'identité des phénomènes dus au magnétisme et à l'électricité.

Les grandes causes principales qui produisent tous les phénomènes de la nature paraissent être au nombre de trois, ce sont : le principe vital, la pesanteur universelle, et la cause, probablement unique, de la l u m i è r e, de la c h a l e u r et de l'é l e c t r i c i t é. Ainsi que nous l'avons déjà dit, la première de ces causes a été jusque ici un impénétrable mystère. La seconde, dont les lois ont été étudiées et complétement découvertes par l'astronomie, dans les effets qu'elle produit à grande distance, rentre dans le domaine de la physique pour les phénomènes de l'acoustique et les actions moléculaires qu'elle produit dans l'intérieur des corps. Mais c'est spécialement à l'étude de la troisième cause que se consacre, et doit se consacrer presque entièrement la physique; c'est vers la découverte de ses lois que tendent presque tous ses efforts; et plus elle va, plus elle semble approcher du point où les théories partielles qui la composent ne seront plus que des chapitres particuliers d'une loi générale qui les embrassera toutes. Déjà l'on reconnaît l'impossibilité de maintenir entièrement séparées ses trois théories principales : dans un grand nombre de cas, la chaleur produit de l'électricité; l'électricité développe de la chaleur et de la lumière; la chaleur et la lumière émanent des mêmes sources, ont une marche commune et des propriétés analogues; aussi l'explication des phénomènes de chaque espèce se rattache-t-elle de plus en plus à un seul principe général.

L'origine de la physique date de celle du globe. Les premières perceptions de l'homme ont constitué les premiers faits de cette science; mais elle n'a commencé à former un ensemble régulier de faits observés et de principes qu'au philosophe grec T h a l è s. De là elle passa aux diverses sectes philosophiques, qui la répandirent en Italie et dans tout le reste de l'Europe, où elle se mêla à celle des bardes et des druides. Ne connaissant que quelques faits épars, les étudiant mal, et ne sachant pas les relier entre eux, la physique fut à son origine une source abondante de superstitions et de fables, et les faits qui la constituaient s'exprimèrent par des symboles.

Les premiers philosophes qui s'en emparèrent, à défaut de l'expérience pour *découvrir*, employèrent le système pour *expliquer*, et la secte des péripatéticiens démontra par les sympathies et les antipathies la science de la nature. Cependant, quelques-unes de ses branches prirent du développement. Les propriétés générales des corps furent mieux étudiées et mieux connues, et tout ce qu'il y a de géométrique dans la marche de la lumière devint assez certain pour qu'A r c h i m è d e en pût faire ses belles et puissantes applications. Les autres parties étaient encore à cette époque dans un état profond de vague et d'incohérence; mais par le fait seul que le temps s'écoulait, les observations se multiplièrent, la physique marcha, et il devint possible de classer ces faits amassés sans ordre et de chercher les lois physiques propres à lier entre eux les divers phénomènes paraissant résulter d'une même cause. La découverte des premières de ces lois générales fut, pour ainsi dire, une nouvelle aurore pour la physique, et le jour qu'elle en reçut s'est graduellement accru depuis. Grâce aux travaux et aux recherches des plus puissants géomètres, des Galilée, des Newton, des Descartes, cette science est devenue de plus en plus riche et féconde; sa marche a été de plus en plus rationnelle et rapide, et les progrès faits par elle dans la dernière moitié du siècle qui vient de s'écouler sont des plus remarquables et des plus significatifs.

Outre l'*observation*, qui seule peut conduire à la découverte des faits, mais qui, ne sachant pas séparer dans chaque phénomène la cause principale qui le produit, des causes incidentes qui le modifient, ne mène à la vérité que par de longs et difficiles détours, les physiciens modernes savent invoquer avec la plus grande habileté l'art de l'*expérience*, qui au lieu d'étudier les phénomènes tels qu'ils arrivent naturellement, et avec toute leur complication, cherche à isoler le plus possible chaque force pour en bien observer les effets. Malheureusement l'art de l'expérience, qui est d'un si grand secours au physicien, ne peut pas toujours être employé par lui. Il est forcé dans bien des cas de s'en tenir à l'observation seule, et parfois même il doit recourir à l'*analogie*, moyen d'investigation très-puissant à la vérité, mais peu susceptible de conduire à des résultats infaillibles. Tels sont les trois procédés principaux que la physique emploie, séparément ou concurremment, pour s'avancer avec certitude dans le vaste champ qui lui est ouvert. Mais la connaissance et la mesure des phénomènes, quoique d'une importance extrême, ne sont pourtant pas le but le plus élevé de la science. Lorsque des faits ont été étudiés, lorsque des phénomènes ont été mesurés, il est nécessaire de les grouper, de les relier entre eux; et il résulte de ce travail l'énoncé de lois physiques propres à fournir l'explication des phénomènes de chaque groupe. Cela ne suffit pas encore. Évidemment, toutes les lois physiques relatives à une même classe de phénomènes doivent dépendre d'une loi unique qui les contient toutes, et dont elles ne sont que des conséquences mathématiques. Aussi, lorsque l'exactitude de chaque loi physique, convenablement soumise au calcul, a été vérifiée, non-seulement par la concordance des résultats du calcul avec les faits connus, mais aussi par l'annonce de faits nouveaux, confirmés par l'expérience; lorsque enfin la *théorie* des phénomènes qu'elle comprend a été définitivement constituée, il convient de rechercher ce lien commun qui les embrasse toutes, cette loi dont elles ne sont que des corollaires. C'est surtout ici que l'analyse mathématique, dont nous venons de montrer une importante application à la physique, devient indispensablement nécessaire. Partant de l'une des hypothèses auxquelles la considération des diverses lois physiques semble le plus rationnellement conduire, elle la traduit en langage algébrique, et en déduit des formules qui, outre leur concordance nécessaire avec les lois déjà découvertes, doivent encore, si l'hypothèse est exacte, annoncer des vérités nouvelles, constamment vérifiées par l'expérience. Ces diverses applications de l'analyse à la physique constituent la *physique mathématique*, science de création récente, mais qui possède déjà d'importantes théories.

L'emploi du mot *physique* n'est pas borné, dans la langue scientifique et dans la langue vulgaire, à ce que nous venons d'en dire plus haut. Ce mot subit un grand nombre de modifications, malgré lesquelles pourtant il se rattache toujours plus ou moins directement à l'acception principale que nous avons définie. D'abord, quelques sciences en font usage pour désigner une de leurs branches particulières, en indiquant par l'adjonction d'une épithète le sens plus restreint dans lequel ce mot est employé par elles. D'autres fois, *physique* est pris adjectivement, et sous cette forme ses emplois sont nombreux et variés. Par exemple, dans les sciences naturelles, dont l'objet est de classer et de décrire, on désigne par ces mots *propriétés physiques* les propriétés d'un corps immédiatement perceptibles à nos sens et dont l'examen ne demande ni son altération ni sa décomposition : telles sont la couleur, le goût, l'odeur, le son, la dureté, la transparence, l'état liquide, ou solide, ou gazeux, etc., etc.

Dans les ouvrages ou dans les discours qui traitent de la nature de l'homme se trouvent souvent mis en opposition ces deux mots *physique* et *moral*, employés comme adjectifs ou comme substantifs du genre masculin. Le premier désigne alors ce qui a rapport à nos sens, à la partie matérielle de notre organisation ; et le second ce qui a rapport à la raison, à la partie immatérielle de notre être. C'est ainsi qu'on distingue par *conviction physique* et *conviction morale* la conviction que nos sens ont créée en nous, de celle qui y a été amenée seulement par une opération de l'esprit.

Souvent aussi se trouvent mis en regard, tantôt adjectivement, tantôt substantivement, les deux mots *physique* et *métaphysique*. On doit entendre alors par la première de ces expressions la réunion de toutes les choses de la nature dont nous pouvons démontrer l'existence et la réalité au moyen de nos sens, convenablement aidés, s'il est nécessaire, des opérations de l'intelligence. Par la seconde, au contraire, on doit entendre l'ensemble des objets inaccessibles à nos sens, et qui, dépassant les bornes de notre nature, ne peuvent être connus de nous que par les investigations de l'esprit concluant par analogie.

Enfin, dans un sens assez usuel, on désigne par le *physique* l'ensemble des formes extérieures du corps et des traits du visage. C'est ainsi que l'on dit : Un *physique* agréable, un *physique* repoussant, etc., etc. L.-L. VAUTHIER.

PHYSIQUE (Instruments de). *Voyez* INSTRUMENTS.

PHYTOGRAPHIE ou PHYTOTECHNIE (du grec φυτόν, plante, γράφω, j'écris, ou τέχνη, art). C'est l'art de décrire les plantes, de faire connaître les diverses parties qui les composent et ressortir les caractères qui les distinguent les unes des autres (*voyez* BOTANIQUE).

PHYTOLITHE (de φυτόν, plante, et λίθος, pierre), végétal fossile. *Voyez* DENDROLITHE.

PHYTOLOGIE (du grec φυτόν, plante, et λόγος, discours), mot ancien, que quelques novateurs proposaient de substituer à celui de botanique, généralement adopté aujourd'hui, et qui, comme lui, s'applique à tout ce qui se rapporte à la science des végétaux. En réservant le nom de *phytologie* à l'ensemble des connaissances que demande l'art d'observer les plantes, le nom de *botanique* aurait été substitué à celui de *physiologie végétale*, qui résume tout ce que l'étude et les bases essentielles de leur vie et de leur économie peuvent offrir d'utile et d'intéressant. Ces changements n'ont pas prévalu.

On donne aussi quelquefois le nom de *Phytologies* aux traités qui s'occupent des végétaux.

PHYTON, mot grec qui signifie *plante*, et qui a été introduit dans la nomenclature de la botanique pour désigner l'individu végétal dicotylédone ou monocotylédone à son origine, et dans lequel Gaudichaud, auteur d'une nouvelle théorie, distingue, en procédant du sommet vers la racine, trois portions principales ou mérithalles, dont l'un limbaire, l'autre pétiolaire, et la troisième tigellaire, qui va constituer la racine, et trois nœuds ou collets intermédiaires à ces trois mérithalles. L. LAURENT.

PHYTOPHAGES (du grec φυτόν, plante, et φάγω, je mange). M. C. Duméril a formé sous ce nom une famille d'insectes coléoptères à quatre articles à tous les tarses, à corps arrondi, à antennes filiformes, et qui dans leur état de larves et d'insectes parfaits se nourrissent également de plantes : cette famille correspond au genre chrysomèle de Linné. BELFIELD-LEFÈVRE.

PHYTOSPERME (de φυτόν, plante, et σπέρμα, semence, graine). *Voyez* FOVILLA et FÉCONDATION.

PHYTOTECHNIE. *Voyez* PHYTOGRAPHIE.

PHYTOTOMIE (du grec φυτόν, plante, et τομή, section). Ce nom, qui signifie proprement *dissection des plantes*, est le synonyme ou l'équivalent d'anatomie végétale. L. LAURENT.

PHYTOZOOLOGIE, mot formé du grec φυτόν, plante, ζῶον, animal, et λόγος, discours, et créé par Necker pour indiquer la recherche de prétendues relations d'affinité des plantes et des animaux.

PIACENZA. *Voyez* PLAISANCE.

PIAN ou ÉPIAN. C'est le nom que l'on donne en Amérique à une maladie qui se manifeste par des tumeurs cutanées affectant la forme de fraises, de framboises, de champignons ; beaucoup de médecins classent cette maladie au nombre des affections syphilitiques.

PIANO, instrument de musique à cordes et à clavier, qui a succédé au clavecin. Dans le clavecin et l'épinette, les cordes étaient pincées par un bec de plume ou de cuir ; dans le piano, c'est un marteau mis en jeu par la touche et divers échappements qui viennent les attaquer. La corde pincée donnait des sons trop uniformes, tandis que le marteau est aux ordres de celui qui sait le maîtriser, et que le son acquiert plus ou moins d'intensité selon que la corde est frappée avec plus ou moins de vigueur. Dès le moment de son invention, le piano remporta une victoire complète sur le clavecin, qui disparut tout à fait. Le nouvel instrument, donnant des moyens d'expression jusque alors inconnus dans les instruments à clavier et modifiant les sons du *piano* au *forte* par degrés imperceptibles, reçut d'abord le nom de *piano-forte* ou *forte-piano*, comme exprimant les deux qualités qui le distinguaient. On l'appelle aujourd'hui tout simplement *piano*.

Si le piano ne peut se montrer avec avantage dans une vaste enceinte et au milieu d'une foule d'instruments, il prend bien sa revanche dans les salons, où il forme à lui seul une harmonie complète, soit qu'une main brillante exécute les sonates de Clementi ou de Mozart, ou qu'un habile accompagnateur soutienne la mélodie de la voix. Si le violon est le souverain des orchestres, le piano est le trésor de l'harmoniste et du chanteur. A la ville, à la campagne surtout, que de soirées dérobées à l'ennui et embellies des charmes de la musique ! On chercherait en vain à former un quatuor : le piano est là, c'est le point de ralliement ; deux ou trois voix exercées, une partition de Gluck, de Mozart ou de Cimarosa, et voilà tout de suite un concert délicieux. Les jeux brillants et variés de cet instrument, les licences que la main droite a pu se permettre à la faveur des groupes harmonieux exécutés par la main gauche, se sont introduits peu à peu dans l'orchestre, dont ils ont augmenté la puissance. Les appoggiatures ou retards d'une demi-mesure, les notes de passage que l'on fait arriver bon gré mal gré sur une batterie de violoncelle, en ayant soin de les accompagner de leur tierce, ces accords, tenus dans leur plénitude ou battus par les seconds violons et les violes, les cors et les bassons, tandis que le premier violon exécute des traits, dont la plupart des notes frappent à faux, auraient fait reculer d'horreur les Haendel, les Scarlatti, les Durante. Ces jeux nouveaux, adoptés pour l'orchestre, ces crescendo, qui arrivent jusqu'aux sons les plus aigus, nous viennent du piano, et l'oreille s'est accoutumée à beaucoup de résultats qui d'abord lui avaient paru désagréables. Si l'on ajoute encore une nouvelle octave au piano, les violonistes demanderont une cinquième corde pour passer les bornes qui leur sont assignées maintenant.

Le piano a rendu de grands services à la musique, mais il a porté un préjudice notable à plusieurs parties de cet art. Le piano est trop généralement cultivé ; on délaisse le violon, le violoncelle ; et le quatuor d'instruments à cordes, genre de musique du plus grand intérêt, que Haydn, Mozart, Pleyel, Beethoven et beaucoup d'autres compositeurs ont illustré, disparaît peu à peu des salons. On danse au piano, et l'on s'applaudit d'avoir substitué les mélodies indéterminées, le placage insipide de la touche, à l'archet énergique du ménestrel. On dira qu'il est bien plus facile de trouver un pianiste à contredanses que des violons de bal, et que les danseurs et les danseuses peuvent tour à tour passer à l'orchestre. Cette raison serait admissible s'il était prouvé que l'on pût danser aux sons du piano, et c'est ce que je n'admets point. Je dirai plus : la danse a disparu des salons en même temps que les violons, qui donnaient la vie à ses figures, à ses pas. On lui a substitué une sorte d'action monotone et sérieuse, une tranquille promenade qui seconde toujours, il est vrai, les projets galants de ceux qui s'y livrent, mais où l'on chercherait vainement la gaieté, le talent et même la grâce.

On a longtemps attribué l'invention du piano à Silbermann, facteur d'orgues saxon. Le premier piano qu'il a fait, vers 1750, existe encore à Strasbourg. Des auteurs dignes de foi donnent une origine plus ancienne au clavecin à marteaux, et s'accordent pour attribuer sa découverte à Cristofori, Florentin, qui en fit un en 1718. Le *clavicithérium*, monté avec des cordes à boyau; la *virginale*, dont les cordes étaient d'acier; le *clavicorde*, monté avec des cordes de laiton; enfin, le *clavecin*, étaient des instruments à clavier, dont les touches faisaient agir un montant de bois nommé *sautereau*, lequel portait à son extrémité un bec de plume ou de cuir qui pinçait la corde pour la mettre en vibration. L'*épinette* était un petit clavecin carré à une seule corde pour chaque touche; le clavecin en avait deux, et quelquefois un second clavier qui attaquait un troisième rang de cordes qui sonnaient l'octave des touches du grand clavier, et que l'on appelait *octavine*. Le piano rivalisa quelque temps avec le clavecin; ce dernier avait été perfectionné, autant que le système de l'instrument le permettait, par Rucker et d'autres facteurs allemands et français, et le piano était encore à son aurore. On a prétendu longtemps que le clavecin était préférable au piano pour l'accompagnement du chant. Les pianos fabriqués par les frères Érard vers 1780 firent disparaître ce préjugé; la victoire du nouvel instrument fut complète; le clavecin fut relégué dans les greniers, et n'en sortit que pour aller finir ses destinées au foyer domestique. Le piano commença à se répandre dans nos provinces vers 1780 : c'est mon père qui apporta le premier qui ait paru dans le midi de la France; il était de Johannes Kilianos Mercken, et portait la date de 1772. Il y a loin de ces essais encore informes aux instruments superbes, excellents, qui sortent des ateliers de nos habiles facteurs.

Le piano à forme de clavecin, vulgairement appelé *piano à queue*, est celui que l'on doit préférer; c'est le piano par excellence. Les cordes étant frappées dans le sens de leur longueur, on obtient des vibrations plus fortes et plus prolongées. La forme de ce piano est élégante et pittoresque : elle représente une harpe couchée horizontalement, le triangle rectangle produit par la réunion d'un grand nombre de cordes fixes qui composent une échelle de six octaves et demie. Le pianiste, les accompagnateurs, les chanteurs, sont placés de la manière la plus avantageuse auprès de ce piano. Les personnes qui recherchent l'exactitude de la symétrie préfèrent les pianos carrés, et se persuadent qu'ils figurent plus agréablement dans un salon. C'est une erreur que les œuvres de nos peintres auraient dû faire abandonner depuis longtemps. Il faut qu'un instrument ressemble à un instrument, et non pas à un meuble. Si l'on donnait à la harpe la forme d'un métier de tapisserie, si l'on redressait le cor comme un entonnoir et le basson comme le bâton d'un dais; si la guitare offrait le fidèle portrait d'une boîte à perruque, les peintres et les sculpteurs ne s'empareraient plus de ces objets communs et déplaisants pour les grouper avec art dans des trophées. Le grand piano, donnant un volume de son plus considérable et prolongeant ses vibrations, on peut réellement exécuter des mélodies larges sur cet instrument. Ses moyens sonores et la moindre facilité que présentent les touches de son clavier donnent plus de solidité au talent de l'exécutant, et le forcent en quelque manière à acquérir un beau style; tandis que les petits pianos, dont le mécanisme est si léger que la touche s'abaisserait en soufflant dessus, frappent la note sèchement, et l'on ne peut intéresser qu'en multipliant les sons à l'infini. De là viennent ces déluges de notes, ces variations insignifiantes, ces tours de force fastidieux que prodiguent certains pianistes français et allemands. Les artistes qui se sont le plus distingués en France pour la facture des pianos sont : les frères Érard, Freudenthaler, Pleyel, Pape, Petzold, Lemme, Dietz, Roller et Blanchet, Pfeiffer, Soufleto, Cluesman, Bell.

Ignace Pleyel, que sa musique instrumentale a si justement rendu célèbre, s'associa, en 1806, avec Charles Lemme pour la fabrication des pianos. En 1809 il livra au commerce des pianos carrés à trois cordes, six octaves, à table prolongée et à échappement, avec clavier à tiroir, sans être vissé. En 1826 son fils Camille se mit à la tête de cette entreprise, et fonda un établissement qui en peu d'années a acquis une grande importance et s'est placé au premier rang. En 1830 Camille Pleyel importa d'Angleterre un piano vertical d'une très-petite dimension, qu'il appela *pianino*, et dont l'invention est due à Wornum. On doit en outre à Camille Pleyel une foule d'améliorations qui sont généralement adoptées, telles que les sommiers prolongés et les pieds en X à bascule, etc.; il est parvenu à force de soins et d'essais à donner aux claviers de ses instruments une facilité, une égalité et une rapidité dans la répétition des notes qui ne laissent plus rien à désirer.

J'ajouterai d'autres noms encore à ceux que j'ai déjà cités : parmi les facteurs de Londres, on doit mettre au premier rang : John Broadwood, Stoddart, Tomkison, Clementi et Collard. Zeitter, Wornum, Graaf, Streicher, Stein, Lœsch, sont les facteurs les plus habiles de Vienne. Dans les départements de la France, on se livre maintenant avec succès à la facture des pianos. Sébastien Érard, Henri Pape, ont montré leur génie inventif dans les perfectionnements qu'ils ont donnés à diverses époques au mécanisme du piano. En 1808 Sébastien Érard fit le premier piano à queue avec le clavier en saillie, pour laisser voir les mains de l'exécutant. En 1823 il publia son nouveau mécanisme à double échappement, au moyen duquel on peut modifier le son sans que le doigt abandonne la touche. Procédé fort ingénieux, mais à l'égard duquel les avis sont encore partagés. Ce mécanisme, bien que trop compliqué, fait le plus grand honneur à Sébastien. Henri Pape a longtemps construit ses pianos en employant le mécanisme ordinaire; mais l'art lui est redevable d'une innovation importante : dans ses instruments, les marteaux qui autrefois touchaient la corde en dessous et la poussaient hors du sillet, la frappent par-dessus et l'attaquent avec plus de force et de soudaineté, cette manière de procéder n'exigeant pas autant de complication dans le système de l'échappement. La corde qui formait un angle au point du sillet, afin de résister aux efforts du marteau, qui tendaient à l'en détacher, est droite et vibre dans toute sa longueur. Pape avait déjà donné ce mécanisme aux pianos à queue; mais le piano carré devait en tirer de bien plus grands avantages, puisque l'on peut livrer à la *table d'harmonie* toute l'étendue de l'instrument. On sait que cette table est échancrée en triangle, et perd un quart de sa largeur quand il faut donner passage aux marteaux placés sous la corde. Dans les nouveaux pianos carrés de ce facteur, la table d'harmonie occupe tout le plafond du piano. Le mécanisme qui règne au-dessus, indépendant, frappe les cordes avec plus de vigueur, les affermit sur le sillet, et la table vibre dans tous les sens. Ces deux raisons contribuent également à augmenter les moyens sonores. La corde, attaquée par en haut, éprouve une pression plus régulière et reste plus longtemps d'accord. Le tirage, ne portant plus à faux, n'exige pas qu'on lui oppose autant de résistance, et l'instrument, moins grand et beaucoup moins lourd, donne des résultats plus brillants.

Nous avons encore les *pianos droits*, dont les cordes ont

la position verticale. Ces instruments tiennent beaucoup moins de place que les autres, et leurs résultats sonores sont très-satisfaisants.

L'étendue du piano est de six octaves, six octaves et demie, sept octaves même. CASTIL-BLAZE.

« Le piano, sur lequel tous les sons de l'échelle musicale, fixés à l'avance, n'attendent que la pression d'une main habile pour vibrer en gerbes d'accords harmonieux ou pour éclater en gammes rapides, serait le premier des instruments, a dit M. Halévy, si l'orgue n'existait pas. Mais l'orgue habite les hauteurs; il se cache dans l'ombre du sanctuaire. Il faut, pour le contraindre à parler, pénétrer sous son enveloppe sévère, s'y cacher à tous les yeux, respirer l'air qui va le faire palpiter. Le piano, au contraire, hôte de la maison, couvert d'habits de fête, ouvre à tous son facile vêtement; et comme il se prête aux passe-temps les plus frivoles aussi bien qu'aux études les plus sérieuses, comme il recèle en son sein tous les trésors de l'harmonie, il est de tous les instruments celui qui a le plus contribué à répandre le goût de la musique et à en faciliter l'étude. Popularisé par de grands artistes, il habite toutes les demeures; sous ses formes variées, il force toutes les portes. S'il est quelquefois voisin insupportable, il offre du moins à l'offensé une vengeance facile et des représailles toujours prêtes. Il est le confident, l'ami du compositeur, ami rare et discret, qui ne parle que quand on l'interroge et sait se taire à propos. »

Le piano, comme on sait, succéda au clavecin. « On nommait alors *piano-forte*, et quelquefois même simplement *forte*, le nouvel instrument, dit encore M. Halévy, à cause du passage facile qu'il permettait du *doux* au *fort*, et de l'heureuse opposition qui en résultait. Il avait réussi par la nouveauté de cette opposition, que ne pouvait produire l'articulation sèche et uniforme du clavecin. Les cordes du clavecin pincées par de légers becs de plume mis en action par la pression du doigt sur la touche, rendaient un son faible et criard à la fois, et toujours le même. Les cordes du *piano-forte*, frappées par des marteaux garnis de peau, produisaient des sons plus nourris, plus souples, plus variés, tout à la fois plus moelleux et plus brillants. Le jeu des pédales venait ainsi modifier le son, et pouvait en adoucir ou en fortifier l'intensité. De là le nom qu'il avait reçu. Mais combien était timide encore la sonorité de l'instrument naissant! Que son éclat alors si vanté paraîtrait terne aujourd'hui! Que son fort paraîtrait faible! On ne pouvait, à la vérité, exiger davantage de cette construction frêle et chancelante. Le *piano-forte* n'avait pas la solide encolure, la large poitrine, les flancs bardés de fer du *piano* de nos jours; et c'est lorsqu'il est parvenu à justifier, avec excès peut-être, la seconde partie de son nom, qu'a prévalu l'usage de la lui enlever. »

C'est particulièrement au piano droit que l'on doit la popularité de l'art musical, et la preuve en est dans le nombre prodigieux d'instruments de ce modèle fabriqués chaque année : plus de 25,000 pianos droits sont fabriqués et vendus annuellement en France. Une seule maison de Paris en fabrique plus de 100 par mois. Le piano droit a remplacé le piano carré. Celui-ci n'est pas cependant tout à fait tombé à l'étranger, et à l'exposition universelle de 1855 on voyait encore des pianos carrés remarquables par la qualité du son envoyés par deux maisons, l'une de Zurich, l'autre de Boston. Le piano à queue, par la grandeur de ses dimensions, permet aux cordes une étendue une ou deux fois plus considérable, et les notes de basse surtout acquièrent une sonorité et une force qu'on ne saurait espérer du piano droit; mais c'est dans les causes mêmes de cet avantage qu'il faut chercher les raisons qui le rendent d'un usage plus rare, notamment à Paris. Quelques-uns de ces magnifiques instruments faisaient l'admiration des connaisseurs à l'exposition universelle. Le piano d'Érard se faisait remarquer par la rondeur des sons, leur plénitude, leur force et leur beauté. Celui de Herz se plaçait en première ligne par sa magnifique qualité de son autant que par sa force égale dans toute l'étendue du clavier. Ceux de Pleyel brillent par des qualités plus douces; « ils sont propres surtout, dit M. Berlioz, à la musique intime, à l'expression des sentiments tendres et mélancoliques, au style de certains maîtres qui exigent moins de pompe et d'éclat que de distinction et de suavité. »

PIANORI (GIOVANI). Le 28 avril 1855, vers cinq heures et demie du soir, l'empereur Napoléon III, se dirigeant vers le bois de Boulogne, passait à cheval dans la grande allée des Champs-Élysées. Comme il approchait de la barrière de l'Étoile, à la hauteur du Château des Fleurs, mais de l'autre côté, presque à l'angle de la rue Balzac, un homme s'avance de la contre-allée vers l'empereur, qui était sans escorte militaire, ayant seulement à ses côtés deux officiers en bourgeois, savoir, à sa gauche, le lieutenant-colonel Valabrègue, à sa droite le colonel Ney. L'homme qui s'avançait portait la main à la poche intérieure de son paletot, comme s'il avait voulu en tirer un placet. Il était convenablement vêtu; sa figure indiquait le type italien. Arrivé près du cheval de l'empereur, cet homme tira de sa poche un pistolet à deux coups, de la longueur d'un pistolet d'arçon et à canons superposés; pressant les détentes, « calme, froid, maître de lui comme les assassins résolus, » dit l'acte d'accusation, il fait feu deux fois à un court intervalle. La présence du colonel Ney l'avait forcé de se placer presque de face, et c'est dans cette position qu'il tira le premier coup. Le colonel Ney s'étant alors rapidement porté sur lui, changea la direction du second coup et contribua à faire échouer cette tentative. Un agent attaché à la personne de l'empereur ayant vu la direction que l'individu prenait en quittant le trottoir et croyant qu'il allait présenter une pétition à l'empereur, marcha sur lui pour l'empêcher de l'aborder. Le voyant tirer un pistolet, il se précipita de son côté le poignard à la main, mais une voiture qui courait à fond de train et qui le heurta le força à faire un détour. Pendant ce temps les deux détonations se firent entendre. En arrivant près de l'individu qui venait de faire feu, il le saisit à bras le corps, et le terrassa en le blessant. A ce moment une voix qu'on pensa être celle de l'empereur s'écria : « Ne le tuez pas! » Entouré de tous côtés par des sergents de ville, qui tinrent les curieux à distance, l'assassin fut conduit au poste de la barrière de l'Étoile. L'empereur n'avait reçu aucune blessure; il continua sa promenade jusqu'au bois de Boulogne, où il devait rencontrer l'impératrice, et rentra tranquillement aux Tuileries.

Au poste on fouilla l'assassin. On trouva sur lui un passeport sarde au nom de *Antonio* LIVERANI. Il avait encore deux pistolets simples chargés et amorcés dans les deux goussets de son pantalon, ainsi qu'un couteau-poignard et un rasoir bien aiguisé. Vêtu en dessous d'un second habillement entièrement différent du premier pour la forme et la couleur, il avait encore sur lui une casquette, qui pouvait lui permettre de se rendre méconnaissable s'il n'était pas arrêté sur le fait. Garrotté et jeté dans un fiacre, il fut conduit à la préfecture de police. Loin de nier son action, il déclara se nommer *Giovani* PIANORI, être né dans les États Romains, et déclara qu'il en voulait à l'empereur à cause de l'expédition de Rome, qui avait ruiné son pays et sa famille.

L'instruction de cette affaire marcha rapidement, et Pianori comparut devant la cour d'assises de la Seine, le 7 mai 1855. Me Paillet, qui avait été chargé d'office de la défense de Pianori, crut devoir, presque au dernier moment, résigner ce mandat; Me Benoît-Champy prit sa place. M. Rouland, procureur général, occupait le siége du ministère public, assisté de M. l'avocat général Metzinger. M. Partarieu-Lafosse présidait l'audience. L'accusé était un homme jeune, très-brun, de taille moyenne, d'une figure fortement caractérisée, à l'œil vif et hardi; portant de légères moustaches, la barbe en collier; les cheveux courts. Il était sans cravate; son costume consistait en une sorte de vareuse brune, avec un gilet de laine rouge dessous. Il déclara se nommer Giovani Pianori, avoir vingt-huit ans, être cordonnier, né dans les États romains, dans une ville dont il ne se rappelait pas le nom. Il avait un accent italien tellement prononcé qu'on avait quelquefois de la peine à saisir le sens de ses paroles. L'acte d'accusation disait que Pianori était célibataire; qu'en 1849 il faisait partie, en qualité de soldat volontaire, de l'armée romaine; qu'il fut alors obligé de quitter les États Romains et de se réfugier avec beaucoup d'autres dans le Piémont, où il resta plusieurs années, jusqu'à la fin de 1853 ou au commencement de 1854. À partir de cette époque il s'était rendu à Bastia, de là à Marseille, où il avait séjourné pendant quelques mois, sous le nom de Liverani, travaillant pour des marins; puis ensuite on l'avait vu parcourir différentes villes de France, Lyon, Châlons-sur-Saône, puis Paris, où il avait pris un permis de séjour, toujours sous le nom de Liverani, sans qu'il apparaisse qu'il demandât au travail des moyens bien assurés d'existence. Il n'avait pas pu rester chez un maître cordonnier à qui il avait été recommandé. Après un séjour de quelques mois à Paris, il part pour Londres, où il arrive dans le courant de décembre 1854. Là il aurait trouvé le moyen de gagner 62 francs 50 centimes par semaine, mais il refuse de faire connaître chez qui. Il économise 30 francs sur cette somme, et il revient à Paris, le 26 mars, avec 300 francs. Depuis son retour il ne travaillait plus, et paraissait préoccupé, au dire de son logeur. « On peut donc affirmer, ajoutait l'acte d'accusation, que dans la réalité Pianori n'est ouvrier que de nom, et que ce n'est pas au travail que cet homme demande depuis longtemps déjà ses moyens d'existence. Ses mains ne portent pas les empreintes d'un rude labeur, et quand on l'a arrêté, il portait à ses pieds des bottines vernies, qu'il n'avait pas façonnées lui-même et qu'il avait achetées, malgré leur prix élevé. Il y a un mois qu'il a quitté Londres; Londres, ce centre des plus audacieux agitateurs, de ces hommes que la rage de la défaite pousse jusqu'à la fureur, et qui en sont arrivés à ce point que l'appel au crime est pour eux le seul moyen de servir leurs projets ambitieux, leurs appétits matériels et leur besoin de pouvoir. C'est au milieu de ces réfugiés que Pianori, réfugié lui-même, a passé plusieurs mois... C'est pendant qu'il était à Londres, qu'il avoue avoir acheté, moyennant 150 francs, le pistolet à deux coups saisi entre ses mains au moment où il venait de s'en servir contre l'empereur. C'est de Londres aussi qu'il a rapporté deux pistolets simples, également saisis sur lui au moment de sa tentative criminelle. Pourquoi ces armes? Il a acheté, dit-il, le pistolet pour faire le commerce, et il a reçu les deux pistolets simples d'un domestique pour lequel il avait travaillé, et qui ne pouvant lui donner d'argent, lui a remis en payement ces deux armes lorsqu'il allait partir pour l'Amérique. Une fois en possession de ces armes, Pianori quitte Londres, et se rend de nouveau à Paris. On sait qu'il n'y a pas travaillé sérieusement, et néanmoins il a trouvé le moyen de se procurer des vêtements de luxe et un couteau-poignard du prix de 11 francs. Un mois se passe pour lui dans l'inaction et dans la débauche; car la veille de son arrestation deux femmes de mauvaise vie sont venues le chercher à son logement. Pendant un mois il a pris soin, tout en ne travaillant pas, de cacher ses relations, ses démarches, et telle a été sa réserve, qu'il a su échapper à toute surveillance. Croira-t-on à sa haine contre l'empereur? Haine bien tardive, en vérité, et qui a bien longtemps attendu pour faire explosion! Non, Pianori n'a pas agi sous l'empire d'une inimitié personnelle; assassin résolu et payé, il a été le bras du parti qui lui a fourni le poignard et le pistolet, et qui à côté de ces instruments d'assassinat a placé dans la main du sicaire l'or et l'argent dont une partie a été retrouvée en sa possession lorsqu'il a été arrêté. » En conséquence, Giovanni Pianori était accusé d'avoir commis un attentat contre la vie ou la personne de l'empereur.

Dans son interrogatoire, Pianori protesta contre l'épithète de *révolutionnaire* donnée à l'armée de Rome dans laquelle il avait servi. « C'était en 1848, dit-il, nous nous battions contre les Autrichiens : ça n'était pas être *révolutionnaire*. » On lui lut deux dépêches télégraphiques du chargé d'affaires de France à Rome le concernant, et qui contenaient : « L'individu dont il est question se nomme *Senezio*, dit *Prizzi Gelino*; il est âgé d'environ trente ans, cordonnier de son état, marié, et il a deux enfants. Il a été condamné pour assassinat politique. Il s'est évadé de la prison de Servia, et il a servi dans les bandes révolutionnaires qui se sont battues contre les Français. Il n'a pas, comme on l'a cru, assassiné un officier de gendarmerie française. Il est revenu plus tard dans son pays pour y commettre de nouveaux crimes. » Tout ça ne se rapporte pas à moi, répondit Pianori. Cependant, il reconnut avoir reçu le surnom de *Senezio* dit *Prizzi Gelino*. La seconde dépêche portait qu'il avait été condamné à douze années de galères pour assassinat, accusé de deux incendies en février 1849, évadé de la prison de Servia le 30 avril 1853; noté comme assassin terrible. Pianori protesta contre toutes ces accusations : il avait seulement été en prison pendant six mois, sans savoir pourquoi; on lui avait mis la main dessus, disait-il, pour les affaires de Rome. Il prétendit qu'un rhumatisme l'avait empêché de travailler à Paris; il nia avoir été en rapport à Londres avec des réfugiés. Les femmes qui étaient venues chez lui étaient des blanchisseuses, à qui il devait donner du linge. Il ne se rappelait avoir tiré qu'un coup sur l'empereur. L'agent Alessandri s'était précipité vers lui, l'avait saisi par les bras et ils étaient tombés ensemble. Pianori prétendait avoir été frappé de deux coups de poignard par l'agent, un dans le dos, l'autre au bras. Il déclara en outre n'avoir pas prémédité le crime. « Ça m'est venu tout de suite. — Pourquoi? — Parce que le commerce n'allait pas; je ne travaillais pas. Il m'avait ruiné par la campagne de Rome; j'avais une femme et deux enfants, et de désespoir je m'étais donné à Bastia trois coups de couteau. Ça fait que le samedi en dormant sur mon lit, dans l'après-midi, le mot *expédition de Rome* m'est venu à la pensée. Ce mot en a réveillé un autre. J'ai pensé à la misère de mon pays, à la détresse de ma pauvre femme, de mes enfants, et ma tête s'est montée. J'ai pris mes armes et je suis parti... Vous savez le reste. — Qui vous a poussé à ce crime? — Personne. »

Dans l'interrogatoire des témoins, le procureur général demanda à l'accusé pourquoi il avait pris la précaution d'avoir une casquette sous ses vêtements, et pourquoi cette casquette se trouvait attachée par une courroie? il répondit : « Je ne sais pas. Au surplus, *si ce que j'ai fait était à recommencer, je ne le referais plus.* »

En présence de ces aveux le réquisitoire du ministère public fut court. « Cet homme, disait le procureur général, est une de ces recrues immondes racolées par l'esprit démagogique pour assassiner les rois et troubler le repos des nations. » Il expliqua aux jurés pourquoi ils avaient été saisis de cette affaire de préférence à une plus haute juridiction. « Quand on a affaire à un aussi vulgaire assassin, à un homme qui traduit ses doctrines à coups de pistolet, il faut une justice rapide : il n'est point du tout nécessaire de recourir à une grande solennité judiciaire. Aussi a-t-on fait ce procès pour apprendre aux pareils de cet homme qui seraient tentés de l'imiter que s'ils ne sont pas broyés à l'instant même par l'indignation publique, ils seront atteints, jugés et frappés par une justice rapide. Aussi l'empereur, se fiant pour la sauvegarde de sa vie à la bonne foi publique, ne demande-t-il pour toute protection que celle que la loi accorde à tout le monde. » Le défenseur fit appel à la miséricorde; il rappela que l'accusé était étranger à la France, qu'il était proscrit, exilé, qu'il avait une femme, deux enfants, qu'il démentait ce qu'on avait dit de ses antécédents, qu'un témoin avait déclaré qu'il avait considéré Pianori comme un ouvrier laborieux, plein de bonté et de douceur. « Messieurs les jurés, ajoutait Me Benoît Champy, ne vous rappellerez-vous pas surtout les paroles que l'accusé a prononcées à l'audience, paroles qui n'ont peut-être pas été assez bien comprises du jury; mais enfin le regret par lui manifesté du crime qu'il a commis, le repentir que l'accusé a manifesté à l'audience;

a été manifesté par lui à son défenseur avec une force et une énergie plus grandes, avant l'ouverture de ces débats. Son repentir, c'est là son premier, son plus grand titre à l'indulgence; c'est encore pour le défenseur une consolation et un espoir, car si votre justice doit être inflexible, peut-être les paroles de l'accusé retentiront-elles jusqu'à celui qui seul après vous pourrait détourner le glaive de la loi; et si d'impérieuses et suprêmes nécessités n'enchaînent pas la clémence, peut-être aux yeux de l'empereur trouveront-elles grâce devant lui; peut-être dans sa bonté et sa grandeur d'âme, après avoir protégé les jours de l'assassin au moment de l'attentat contre l'indignation publique, peut-être voudra-t-il se venger par un magnanime pardon, et condamner celui que vous aurez déclaré coupable au supplice d'un éternel remords et d'une reconnaissance sans bornes. » Pianori déclara n'avoir rien à ajouter à sa défense.

Après dix minutes de délibération, les jurés rapportèrent le verdict suivant : « Oui, à la majorité, l'accusé est coupable. » En conséquence, Pianori fut condamné à la peine du parricide. Il entendit cet arrêt avec la même impassibilité qu'il avait montrée dans le cours des débats, et se retira d'un pas ferme, sans prononcer une parole. Pianori forma un pourvoi en cassation, qui fut rejeté le 12 mai. Le 15 les journaux contenaient tous cette phrase : « Pianori, déclaré coupable, par la cour d'assises de la Seine, du crime d'attentat contre la vie de l'empereur, a subi la peine capitale aujourd'hui, à cinq heures du matin, sur la place ordinaire des exécutions. »

L. Louvet.

PIANOTYPE, machine à composer les caractères typographiques, inventée par MM. Adrien Delcambre et J. Young. Elle est formée d'un clavier et d'autant de réservoirs qu'il y a de caractères dans une casse d'imprimerie ordinaire, y compris les capitales, les chiffres, les signes de ponctuation, etc. Lorsqu'on applique le doigt sur les différentes touches du clavier, marquées chacune de la lettre ou du signe auquel elle correspond, les caractères s'échappent du réservoir, et glissent sur un plan incliné pour venir se ranger dans un long composteur, avec précision et régularité. Ce long composteur aboutit à l'appareil de justification, où la composition produite est arrangée en lignes, puis en pages. A cette machine est annexée une machine à distribuer, dans laquelle les caractères vont se ranger par sortes dans des réservoirs qui, une fois remplis, sont détachés et superposés à ceux du pianotype. Le pianotype, admis à l'Exposition des produits de l'industrie en 1844 et à celle de 1849 avec de notables perfectionnements, n'a pas donné dans la pratique tous les résultats qu'on pouvait en attendre. Quoiqu'il abrège beaucoup le temps et réduise considérablement le prix de la main-d'œuvre de la composition, les frais de correction se sont trouvés augmentés dans une proportion qui détruit en partie les bénéfices, et le haut prix de la machine l'a empêchée de se répandre. Cependant, une imprimerie emploie aujourd'hui à Paris ce procédé.

L. Louvet.

PIARISTES, ou *Pauvres de la Mère de Dieu pour les écoles pieuses*, appelés aussi Pères des écoles pieuses (*scholarum piarum*), en Pologne Piaren. On appelle ainsi les membres d'un ordre religieux qui, outre les trois vœux ordinaires de pauvreté, de chasteté et d'obéissance, en prêtent encore un quatrième, par lequel ils se consacrent à l'éducation gratuite de la jeunesse. Cet ordre fut fondé en 1607 par J. Casalanza, gentilhomme espagnol, mort à Rome, en 1648. Grégoire XV le confirma en 1621, et l'érigea en congrégation de clercs réguliers. Le pape Innocent XII, en reconnaissance des services rendus par lui au saint-siége et à l'Église, lui accorda les priviléges les plus importants des ordres mendiants.

Les piaristes ont pour but, comme les jésuites, de faire servir l'éducation du peuple à assurer la domination de l'Église de Rome. Ils portent aussi le même costume que les jésuites, sauf que leur manteau est plus court, et que leur habit se boutonne sur la poitrine avec trois boutons de cuir. Ils se propagèrent rapidement, surtout dans les États autrichiens, et ont une constitution toute semblable à celle des jésuites, sans s'être attiré le reproche de se mêler de politique. Les services importants et désintéressés qu'ils ont rendus à l'instruction publique ont fait le succès de leur institution. Aujourd'hui encore il y a en Hongrie et en Pologne un grand nombre de colléges et d'écoles confiés à leurs soins, et ils ont aussi d'importants établissements d'instruction publique en Bohême, en Moravie, en Silésie et en Autriche. Toutefois, leurs règles, en tant qu'elles sont relatives à l'éducation du peuple, ont été modifiées de manière à s'accorder avec la pensée politique qui régit l'État.

PIAST, souche de la plus ancienne des dynasties polonaises, naquit, suivant la tradition, vers le milieu du neuvième siècle, dans une basse condition, et fut proclamé duc de Pologne, à Kruzwice, près du lac de Goplo. Parmi ses descendants, les *Piast*, qui régnèrent en Pologne, pendant plus de cinq siècles, les plus célèbres furent : Mieczyslas Ier, Boleslas Chrobry, Ladislas IV et Casimir III. Les Piast ayant, à diverses reprises, partagé leurs États entre leurs enfants, ces partages donnèrent lieu à l'établissement dans cette maison de nombreuses lignes collatérales. La ligne mâle s'éteignit sur le trône de Pologne, en la personne de Casimir III, et la ligne féminine avec H e d w i g e. Les Piast régnèrent encore en Mazovie jusqu'en 1528. De toutes les branches de cette maison, ce fut celle de Silésie qui dura le plus longtemps; elle s'y était partagée en de nombreux rameaux, lesquels, en raison de leurs multiples alliances avec des familles princières allemandes, s'étaient pour ainsi dire germanisés. Les maisons ducales de Schweidnitz, d'Œls, de Glogau, d'Oppeln, de Teschen et de Liegnitz, qui toutes disparurent l'une après l'autre, se rattachaient au tronc commun de la famille des Piast. Celle-ci s'éteignit complétement en 1675, en la personne de Georges-Guillaume, duc de Liegnitz.

PIASTRE. Monnaie d'argent espagnole, qui vaut 8 réaux d'argent, et qui à cause de cela est nommée *pièce de huit*. C'est un peu plus que la valeur de nos pièces de 5 francs. Son nom indigène est *peso duro* ou *peso fuerte*, et par abréviation on dit ordinairement *duro* tout court. Dans le Levant on l'appelle *colonnato* ou piastre à colonnes, parce que les plus anciennes de ces pièces, frappées à l'usage de l'Amérique, portent deux colonnes au revers. Cette monnaie a cours dans tous les pays de la terre. Le *d o l l a r* des Américains du Nord n'en est qu'une imitation. La piastre italienne ou *scudo*, notamment la piastre des papes Clément XI et XII, est également une imitation de la piastre d'Espagne, et valait comme aujourd'hui 20 *paoli*. En Espagne comme en Italie les piastres anciennes gagnent jusqu'à 1 *paolo* sur les nouvelles.

La *piastre turque* n'est point une imitation de la piastre d'Espagne; c'est une monnaie d'argent particulière au pays, qui jusqu'en 1753 valut environ 4 fr. 40 c., mais dont le titre a été de plus en plus détérioré, et qui ne représente guère aujourd'hui qu'une valeur de 25 à 30 centimes. Le nom indigène est *gersch*, au pluriel *gourousch* ou *grousch*. On frappe aujourd'hui des pièces de 2, 5, 10, 20 *gourousch* en argent, de même que des demi-*gourousch* et des pièces d'or de 50 et de 100 *gourousch*.

La piastre turque se divise en 46 paras à 3 aspres.

PIAUHY, province de l'empire du Brésil, bornée au nord par une étroite lisière de côtes sur l'océan Atlantique, au nord-est par la province de Ceara, à l'est par celle de Parahyba, au sud-est par celle de Pernambuco, au sud-ouest par celle de Goyaz, à l'ouest par celle de Maranhao. Sa superficie est 3,219 myr. carrés; mais elle ne compte que 76,000 habitants, et même suivant d'autres données que 60,000. Piauhy est un pays plat, entrecoupé de petites collines nues, et ne devient montagneux que sur ses frontières méridionales et orientales. Les principaux cours d'eau sont le Paranahyba, le Piauhy, l'Urussuhy, le Yorguea, le Caniàde, etc. Les produits sont ceux des autres provinces tropicales du Brésil. Le chef-lieu est *Oeyras.*

PIAVE (La), fleuve du Royaume Lombardo-Vénitien, qui se jette dans la mer Adriatique. Il prend sa source dans les Alpes Tyroliennes, et après avoir baigné, dans son cours, Pieve di Cadore, Bellune, ainsi que le territoire de Feltre et de Trévise, il devient navigable à Noventa; se grossit des eaux du Cordevole et de celles du canal de Piavessa, puis se partage en deux bras, dont le principal se décharge dans l'Adriatique, à Cortelazzo, et l'autre plus au sud-ouest. Le 8 mai 1809 un engagement eut lieu sur les bords de la Piave entre les troupes françaises et italiennes aux ordres du prince Eugène, et les Autrichiens commandés par l'archiduc Jean, qui furent contraints de battre en retraite.

PIAZZI (Giuseppe), astronome, né en 1746, à Ponte, dans la Valteline, entra en 1764 dans l'ordre des théatins, à Milan, et fut nommé en 1770 professeur de mathématiques à l'université qu'on venait de fonder à Malte. Après la suppression de cet établissement, il se rendit à Rome, puis à Ravenne. Il fut ensuite attaché à l'une des églises de Crémone, et enfin nommé professeur de dogme à l'institut San-Andrea della Valle, à Rome. En 1781 il accepta une chaire d'astronomie et de mathématiques supérieures à Palerme, où il détermina le vice-roi à fonder, en 1789, un observatoire, dont il fut le premier directeur. En 1792 il publia ses premières observations, faites depuis 1791 seulement, et à peu de temps de là il commença son Catalogue d'étoiles. Le 1er janvier 1801 il découvrit la planète *Cérès*. Après avoir refusé les fonctions de directeur de l'observatoire de Bologne, il publia, en 1803, son premier Catalogue d'étoiles, qui contenait 6,784 étoiles, et dépassait de beaucoup en étendue et en exactitude tous ceux qui avaient paru jusque alors. En 1814 il acheva son second Catalogue, qui contient 7,646 étoiles. Il s'occupa aussi beaucoup des perfectionnements à introduire dans le système des poids et des mesures. Dans les dernières années de sa vie, Piazzi avait abandonné la direction de ses travaux astronomiques à son élève Cacciatore. Il mourut à Naples, le 29 juillet 1826. Après ses Catalogues d'étoiles, incontestablement les plus importants de ses ouvrages, nous citerons de lui : *Lezioni elementari di Astronomia* (2 vol.; Palerme, 1817).

PIBRAC (Guy DUFAUR, seigneur de), était fils d'un président au parlement de Toulouse, et naquit dans cette ville, en 1529. Son père prit le plus grand soin de son éducation; dès qu'il eut terminé ses études à Paris, il lui fit commencer son droit, sous le célèbre Cujas, et l'envoya ensuite à Padoue, se perfectionner dans cette science, où il suivit les cours professés par Alciat. De retour dans sa ville natale, Pibrac acquit promptement au barreau une réputation précoce, et fut pourvu d'une charge de conseiller au parlement de Toulouse. Charles IX le choisit pour une mission aussi importante que délicate, celle de représenter la France au concile de Trente; il y défendit habilement les franchises et les libertés de l'Église gallicane. L'Hôpital était alors revêtu de l'office de chancelier; il appela Pibrac à Paris, en 1565, et le fit nommer avocat général du parlement de cette ville. Mais, soit que Pibrac manquât de fermeté d'esprit, soit qu'il ne sût pas résister aux amorces de l'ambition, il consentit à prêter sa plume pour justifier les horreurs de la Saint-Barthélemy. Le duc d'Anjou élu roi de Pologne emmena avec lui Pibrac, dont les conseils, et plus encore l'érudition, lui furent d'une grande utilité, car Pibrac répondit en latin au nom de son maître à toutes les harangues qui furent adressées au nouveau monarque, et ravit d'admiration les Polonais. Apprenant la mort de son frère Charles IX, le roi de Pologne s'évada furtivement de son palais pour retourner en France. Pibrac, qui s'était pourtant mis en route avant lui, tomba entre les mains des Polonais, qui, attribuant la fuite du roi à ses conseils, voulurent l'en punir. Il parvint cependant à calmer leur ressentiment.

Le duc d'Anjou, devenu roi de France, sous le nom de Henri III, renvoya Pibrac dans son ancien royaume pour engager ses sujets à lui conserver sa couronne : cette négociation n'eut aucun succès. Henri, pour récompenser son zèle et ses services, nomma Pibrac président à mortier au parlement de Paris, et la sœur du monarque, Marguerite, le choisit quelque temps après pour son chancelier. Marguerite, qui avait épousé le roi de Navarre, depuis Henri IV, était mêlée à toutes les intrigues de la cour. Séparée de son époux, devenu chef des calvinistes, elle tenta de se faire pardonner le scandale de sa galanterie par un service signalé, et parvint à conclure un traité entre les deux partis. Pour faire réussir cette négociation, elle employa Pibrac, qui, marié et âgé de près de cinquante ans, avait cependant conçu pour la princesse la passion la plus vive. Quand elle eut réussi, elle rompit avec Pibrac, auquel elle reprocha durement sa témérité. Il paraît que ce dernier n'avait recueilli que des espérances; il crut devoir nier un amour dont il ne pouvait plus rien attendre, et il composa à ce sujet une apologie, dont le style passionné tend à démontrer ce qu'il s'efforce de démentir. Exilé de la maison de Marguerite, il entra en qualité de chancelier dans celle du duc d'Alençon, autre frère de la princesse; d'ailleurs, il ne garda pas longtemps cette fonction, et reprit sa place au conseil du roi et dans le parlement. Mais la perte d'un fils qu'il chérissait et d'autres chagrins, non moins amers, avaient détruit sa santé : il mourut en 1584, après une longue maladie.

Quoiqu'il eût pris part aux affaires politiques les plus importantes, la renommée de Pibrac ne lui aurait pas survécu si elle n'eût été établie sur des titres littéraires. En effet, ses quatrains moraux, au nombre de cent quatre-vingt-six, rendirent son nom populaire, non-seulement en France et dans toute l'Europe, mais encore en Orient, puisque son œuvre fut traduite en turc et en persan. Les quatrains de Pibrac sont en vers de dix syllabes, mais le langage en a tellement vieilli que dans deux éditions publiées en 1687 et en 1720, on a cru devoir les retraduire en français moderne. Il fut ami de Montaigne et de tous les hommes célèbres de son temps, qui parlent tous avec de grands éloges de ses talents.

Saint-Prosper jeune.

PIC (*Technologie*). Au bout d'un manche, long et solide, une masse de fer plus longue qu'épaisse, terminée en pointe aiguë, acérée, très-dure, sert à casser ce qui ne peut céder qu'à une vigoureuse percussion, et que l'on ne craint point de réduire en fragments irréguliers. Le carrier, le mineur, ont fréquemment cet outil entre les mains; le maçon l'emploie aussi, non pour construire, mais pour creuser l'emplacement des fondations ou pour démolir de vieux murs. L'agriculture y a souvent recours lorsqu'il s'agit d'excavations profondes dans des terrains pierreux, de défrichements de champs couverts de broussailles, etc. Lorsque la terre oppose moins de résistance, et qu'il ne s'agit plus que de l'*ameublir*, la pointe du *pic* peut être élargie, et alors cet instrument est transformé en *hoyau*. En général, lorsqu'on a besoin de vaincre une forte adhérence, si l'on craint d'employer la hache, ou si le marteau ne convient pas, c'est du *pic* que l'on fait usage.

Il fut un temps où l'on nommait *pic* une sorte d'ornement à l'usage des carrossiers, des selliers et même des tapissiers, qui l'appliquaient à quelques meubles d'appartements. L'exécution en était assez difficile pour que d'autres métiers y concourussent, que les *emporte-pièces* procurassent la multitude de petits cercles égaux dont il s'agissait de faire divers assemblages en les entrelaçant avec un tissu de même matière.

Ferry.

PIC (*Géographie*), montagne isolée ou détachée d'une chaîne, et dont le sommet paraît aigu lorsqu'on le voit de loin, quand même il ne le serait point réellement. Cette dénomination est plus rarement employée qu'elle ne pourrait l'être; elle convient à un très-grand nombre de montagnes dans toutes les parties du monde; en Amérique, l'immense chaîne des Andes en compterait plusieurs dans les régions volcanisées; les *Montagnes Rocheuses* ont aussi les leurs, etc. En Europe, les Pyrénées seules offrent quelques pics, dont le plus célèbre et le plus souvent visité est celui du *Midi*, auquel on arrive par la magnifique vallée de Campan. Dans les Alpes, d'autres comparaisons ont fourni d'autres noms pour les sommités aiguës ; les montagnards y ont vu des *dents*, des *cornes* (*horn*, en allemand), et le même système de dénomination est appliqué aux *Alpes Scandinaves*, dans l'idiome des habitants. On ne compte donc que très-peu de montagnes auxquelles les géographes conservent le nom de *pic*. Celle qu'une très-ancienne tradition religieuse a consacrée dans l'île de Ceylan doit être citée avant les autres (*voyez* ADAM [Pic d']). Le *pic de Teyde* ou de *Ténériffe*, dans l'île de ce nom, est la plus haute des montagnes qui portent le nom de *pic*. Le *Pic des Açores*, autre montagne dans l'île de *Pico*, guide très-sûrement les navigateurs vers les différentes parties de l'Amérique méridionale. Le plus bas de tous ces pics est celui de *Darby*, dans la Grande-Bretagne ; mais ses riches mines de plomb sont plus que l'équivalent de ce qui lui manque en apparence extérieure.

Malgré l'assertion de quelques étymologistes, les *puys* de la France, autrefois volcanisée, ne sont pas des *pics* : ces dénominations n'ont point de racine commune ; et quant aux analogies de formes, elles ne sont pas assez remarquables pour avoir influé sur les noms imposés à ces montagnes dans les idiomes de leurs habitants. FERRY.

PIC (*Métrologie*). *Voyez* COUDÉE.

PIC (*Ornithologie*), genre d'oiseaux dont les caractères sont les suivants : jambes couvertes de plumes jusqu'aux talons ; deux ergots par devant et deux en arrière, tous les quatre munis d'ongles très-pointus ; le cou gros et court ; bec long, robuste et pointu ; langue susceptible d'extension hors du bec, gluante, terminée en pointe assez dure pour percer les insectes contre lesquels l'oiseau la darde avec force ; queue roide et en forme de coin. Quelques espèces de *grimpereaux* ont été réunies mal à propos, par quelques ornithologistes, aux pics, dont ils n'ont point tous les caractères génériques ; et l'usage commun autorise en quelque sorte cette confusion, car en France même le *pic de muraille* n'est réellement qu'un grimpereau. En effet, les oiseaux de l'un et de l'autre genre ont plusieurs habitudes communes, des analogies aperçues par les observateurs les moins attentifs : tous ces oiseaux vivent sur les grands arbres, et se nourrissent presque uniquement d'insectes, qu'ils poursuivent sur la tige et les grosses branches, et même dans l'intérieur des arbres, lorsqu'ils peuvent y pénétrer. On voit et l'on entend souvent à une assez grande distance les coups de bec du pic occupé à déloger quelque proie, et dès qu'il l'aperçoit à sa portée, il l'a bientôt saisie. Quelquefois des grimpereaux moins robustes et moins bien armés mettent à profit ce que le pic n'a pas aperçu ou dédaigné ; mais cette ressource ne peut lui suffire : il doit supporter aussi les fatigues de la chasse ainsi que les mécomptes auxquels tout chasseur est exposé.

Aucune espèce de pic ne fait entendre des sons qui plaisent à l'oreille ; on les voit travailler sans cesse à se procurer leur subsistance, et mettre dans cette recherche une activité extrême. Ces oiseaux si bien constitués pour la force sont assez difficiles sur le choix de leurs aliments ; il y a des insectes qu'ils abandonnent aux espèces inférieures, et le nombre de ces mets de rebut est à proportion de ce qu'ils trouvent pour satisfaire leur sensualité. Les fourmis sont un de ces gibiers de prédilection, et les gourmands ne craignent point de quitter les arbres pour faire quelque séjour sur le sol où ils ont découvert une fourmilière. Après avoir bien reconnu les voies suivies par ces infatigables ouvrières, le pic jette sa langue en travers du sentier qui lui a paru le plus fréquenté, et lorsqu'elle est chargée de tous les captifs que sa surface gluante a retenus, l'oiseau la retire brusquement, imitant en cela l'industrie du fourmilier d'Amérique. Si ce moyen est trop lent au gré de son impatience ou de son avidité, il attaque la fourmilière, démolit à grands coups de bec cet édifice, ouvrage d'une nombreuse population, disperse les matériaux, arrive jusqu'aux larves (œufs de fourmi), qui sont principalement l'objet de sa convoitise.

Ce genre d'oiseaux est répandu partout où il y a de grandes forêts, de vieux arbres et beaucoup d'insectes. A la rigueur, l'Europe ne possède que quatre espèces, quoiqu'on ait l'habitude d'en compter cinq, parce que l'on y comprend le grimpereau d'Auvergne (*échelette* suivant quelques-uns, *ternier* suivant d'autres), dont l'habitude est de parcourir les murailles et les roches escarpées, de se loger dans les trous qu'il y rencontre et d'y placer son nid, ce qui l'a fait nommer *pic de muraille*. Les véritables pics établissent leur demeure dans les arbres creux, pourvu que l'on n'arrive à la cavité intérieure que par une ouverture assortie à leur taille, et dont au besoin ils ont augmenté le diamètre. On leur reproche les *dégâts* qu'ils commettent ainsi dans les forêts ; mais ils n'entament pas les arbres sains et vigoureux, et se bornent à élargir des trous qui ne sont pas leur ouvrage. Si l'on commet envers eux l'injustice de ne leur tenir aucun compte des services qu'ils rendent en diminuant le nombre des insectes très-bien nommés *ruine-bois*, le temps viendra peut-être où l'on croira devoir non seulement les épargner, mais les protéger, ainsi que les autres oiseaux insectivores, dont le nombre diminue beaucoup trop, au grand préjudice des campagnes et des vergers.

Parmi les espèces européennes, le *grand pic noir* est au premier rang ; vient ensuite le *pic vert*, ou trivialement *pivert* ; le troisième rang est occupé par le *pic rouge* (épeiche), et le dernier par le petit *pic noir*. Les mœurs de toutes ces espèces sont à peu près les mêmes, malgré la différence de taille et de force, car le grand pic noir n'est peut-être pas inférieur à la corneille, au lieu que le petit n'est pas aussi gros qu'un merle. Toutes ont du noir et plus ou moins de rouge dans leur plumage ; toutes se servent de leur queue comme d'un point d'appui, lorsqu'elles frappent vigoureusement avec le bec l'écorce et même le bois, qui ne résiste pas à leurs coups. Un préjugé populaire attribue à ces oiseaux l'extravagante habitude d'aller examiner s'ils ont percé d'outre en outre les branches, les tiges d'arbre qu'ils ont frappées ; il est sans doute superflu de rappeler le but de ces mouvements brusques, des recherches qui viennent immédiatement après la percussion.

Le pivert et l'épeiche sont plus communs en France que les pics des deux autres espèces ; celles-ci ne redoutent point les régions froides, et s'étendent plus loin vers le Nord. Nous ne placerons pas ici le détail de leurs caractères spécifiques, des différences de plumage entre le mâle et la femelle, etc. ; les descriptions les plus exactes, les plus minutieuses, ne parviennent pas à peindre ces objets. Par le même motif, on omettra la nombreuse nomenclature des pics répandus dans les autres parties du monde, quoique l'on y trouve ce que le genre possède en couleurs éclatantes et d'un agréable mélange ; le Nouveau Monde en montrerait à lui seul plus que le triple des espèces européennes, et le reste de l'ancien continent, ses grandes îles et l'Australie, apporteraient aussi leur ample contingent. Toutes les espèces de ce genre vivent à très-peu près de la même manière, quelle que soit la contrée qu'ils habitent. FERRY.

PIC et REPIC (*Jeux de cartes*). Au piquet, la chance qui autorise un joueur à compter *soixante* au lieu de *trente* est un *pic* ; celle qui donne le droit d'ajouter encore *trente* en comptant *quatre-vingt-dix*, est un *repic* : ces expressions ne sont plus guère usitées. De ce terme de jeu est venue l'expression proverbiale et populaire *tout de pic*, qui veut dire d'un seul coup, en une seule fois.

PIC (A). Dans le dictionnaire du marin, ce qui est *à pic*, par rapport à un autre objet, lui est perpendiculaire : un navire est *à pic* sur son ancre, quand le câble de l'ancre est tendu verticalement. Le vent est *à pic* quand le penon est pendant, le plus léger souffle de vent ne venant point l'agiter. FERRY.

PICA, perversion du goût, qui cause de l'éloignement pour les substances alimentaires et donne le désir de manger quelque substance inusitée ou nuisible, telle que chaux, plâtre, charbon, etc. Les femmes enceintes et les filles attaquées des pâles couleurs y sont sujettes. Ce mot vient, dit-on, de *pica* (pie). Les plumes blanches et noires de cet oiseau forment un contraste analogue à celui qu'offre l'appétit dépravé comparé à l'appétit naturel (*voyez* MALACIE).

PICADOR. *Voyez* TAUREAUX (Combats de).

PICARD (JEAN), astronome du dix-septième siècle, naquit à La Flèche, le 21 juillet 1620. On ignore entièrement comment il passa les premières années de sa vie. Ce qu'il y a de certain, c'est qu'il parvint à l'état ecclésiastique et au prieuré de Rillé en Anjou, et qu'à l'âge de vingt-cinq ans il observait déjà une éclipse de Soleil avec Gassendi; ce fut lui qui le remplaça dans la chaire d'astronomie du Collége de France. L'astronomie pratique, qui devait conduire plus tard à la connaissance du véritable système du monde, était encore dans l'enfance avant les travaux de l'abbé Picard. Comme tout se réduit presque, en astronomie pratique, à la détermination de l'inclinaison de certaines lignes, afin d'arriver ensuite à celle de leur longueur par les formules de la trigonométrie, Picard imagina l'application des lunettes aux quarts de cercle et aux secteurs pour la mesure des angles. Le micromètre est encore une autre de ses inventions principales, mais qu'il fit en société avec Auzout. Ce fut avec ces découvertes que Picard donna la première mesure de la terre sur laquelle on pût compter, et qui permit à Newton de s'assurer que la Lune est bien réellement soumise à la pesanteur terrestre, comme tous les corps dont nous pouvons observer la chute à la surface du globe. Non seulement Picard consacrait tout son temps et toutes ses facultés à la science objet de son culte, mais il ne craignait pas même de produire et de mettre en lumière les talents capables d'éclipser le sien. Ce fut lui qui forma Roemer. Ce fut encore lui qui proposa à Colbert d'attirer à Paris le célèbre Cassini, qui avait déjà une réputation établie. Le savant Italien sut tellement captiver l'attention du ministre et des autres protecteurs de la science, ou plutôt des dispensateurs des faveurs du pouvoir, que Picard en fut négligé. Celui-ci vit son heureux rival déclaré directeur de l'Observatoire royal, dont il avait eu la première idée; il l'y vit installé, et deux ans après on ne lui accorda à lui-même qu'un logement secondaire, où il se trouvait forcément réduit à une espèce d'inaction. Il passa languissant les dernières années de sa vie, par suite d'une chute qu'il avait faite dans une observation difficile. Ce fut le 12 juillet 1682 qu'il finit sa carrière, à l'humble demeure qu'on lui avait accordée à l'Observatoire.

F. PASSOT.

PICARD (LOUIS-BENOIT), naquit à Paris, le 29 juillet 1769. Placé entre la médecine et le droit, dont l'une était exercée honorablement par son oncle Gastelier, et l'autre par son père, il choisit le théâtre. Andrieux est son cicérone dans ce monde nouveau. A la représentation du *Badinage dangereux*, un mauvais plaisant trouva qu'il serait dangereux pour l'auteur de risquer souvent un pareil badinage. Par suite des vicissitudes de la cour, qui va parader forcément devant un public exigeant et cruel, le Théâtre de Monsieur parade à la foire Saint-Germain, et voit tomber, à peu de chose près *Le Masque*, comédie en deux actes et en prose, second essai de Picard. De Saint-Germain la troupe va planter sa tente, en 1791, dans la nouvelle salle de la rue Feydeau. Picard y fait jouer avec quelque succès *Encore des Ménechmes*. La même année il donna au Théâtre-Français trois petites comédies de circonstance, en vers, *Le Passé*, *Le Présent* et *L'Avenir*, dont l'*Almanach des Muses* de 1792 a conservé deux scènes, qui ne font pas regretter le reste. En 1792 *Les Visitandines*, refusées au Théâtre-Favart, paraissent avec éclat au Théâtre-Feydeau; en 1793 un troisième acte, au ton des circonstances; et la pudibonde année 1825 déguisa *Les Visitandines* sous le titre de *Pensionnat de jeunes Demoiselles*.

Le vaudeville réussit moins à Picard que l'opéra comique. A lui seul revient la chute de *L'Enlèvement des Sabines*, au Théâtre-Feydeau, 1792, et il s'adjoignit un collaborateur pour supporter le demi-succès d'*Arlequin friand*, au théâtre de la rue de Chartres. Des cinq comédies qu'il mit sur la scène la même année, *Le Conteur, ou les deux postes*, en trois actes et en prose, représentée au Théâtre-Français, et *Le Cousin de tout le monde*, en un acte et en prose, jouée au théâtre de la Cité, sont les seules qu'il ait jugées dignes de la réimpression. *La Première Réquisition*, donnée aussi à la Cité, n'était qu'une petite pièce de circonstance; mais *La Moitié du Chemin*, en trois actes et en vers, fut bien accueillie au Théâtre-Français de la République, ainsi que *La Vraie bravoure*, en un acte et en prose, dont Duval ne s'est pas montré père à demi en la faisant insérer dans ses œuvres. Il en est de même des *Suspects*, opéra comique en un acte, donné en 1795, au Théâtre des Amis de la Patrie, rue de Louvois, dont la collaboration est précédée d'*Andros et Almona, ou le philosophe français à Bassora*, opéra comique en trois actes, que ne purent mener à bonne fin ni l'allusion piquante de quelques scènes ni l'originalité de la musique. Les deux amis s'étaient séparés en 1794, pour faire chacun *La Prise de Toulon par les Français*, l'un au Théâtre-Favart, l'autre au Théâtre-Feydeau. Duval réussit mieux que Picard, dont l'allié puissant était Dalayrac. La même année reparaissent deux opéras comiques en un acte, depuis longtemps oubliés, *Rose et Aurèle*, au Théâtre-Feydeau, *L'Écolier en Vacances*, au Théâtre-Favart, ainsi qu'une comédie en un acte et en prose au Théâtre de la République, *La Perruque blonde*, tirée d'un conte d'Andrieux.

Mais jusque ici ce n'est que peloter en attendant partie, et l'homme d'esprit qui a appris tous les secrets de son art va entrer, jeune et rude jouteur, dans l'arène de la comédie de mœurs. *Les Amis de Collége* suivirent de près *Les Conjectures*. C'est la première pièce où Picard ait eu évidemment le but d'instruire en amusant. Des *Amis de collége* à *Médiocre et Rampant*, il y a un pas de géant, et ce pas Picard l'a fait dans le domaine de Molière. « Médiocre et rampant, et l'on arrive à tout, » a dit Beaumarchais. Ce mot-là a produit sinon un chef-d'œuvre, du moins une comédie à laquelle son originalité assurera un rang honorable dans la littérature, et qu'elle sauvera de l'oubli, quand bien même son mérite réel ne la rappellerait plus au théâtre, où les mœurs qu'elle retrace pourraient bien ne plus paraître vraisemblables, par cela même qu'elles seraient vraies. Ces mœurs sont celles d'une époque où la politesse commençait à remplacer la brutalité démagogique, et tenait lieu de l'étiquette, qui ne tarda pas à reprendre ses allures de contrefaçon sous l'empire. Cette comédie, comme les deux précédentes, et comme *Le Mari ambitieux*, ouvrage non moins remarquable, est écrite en vers.

Au goût qui avait entraîné Picard vers la scène se joignit l'intérêt de diriger par l'exemple comme par le conseil le théâtre qu'il s'était fait, et qu'il s'efforçait d'approprier à la nature de ses compositions. L'expérience justifia cette spéculation. Sous sa direction, ou plutôt sous son inspiration, se forma une troupe qui représentait avec un ensemble singulier des ouvrages qu'il accommodait aux aptitudes de ses acteurs: *La Petite Ville*, *Le Collatéral*, *Le Voyage interrompu*, *Monsieur Musard*, *Les Marionnettes*, furent joués par ses comédiens, animés de son esprit, avec une perfection qu'il n'aurait peut-être pas obtenue de comédiens plus habiles, mais moins dociles. Cependant, malgré le nombre et le mérite des pièces dont il augmentait son répertoire, il lui était difficile de soutenir un théâtre qui se bornait au seul genre de la comédie. En juillet 1804 on mit sous sa direction l'Opéra buffa Italien, qui jouait trois fois la semaine dans la salle Louvois: ce théâtre, placé sous la surintendance de Rémusat, porta dès lors le titre de Théâtre de l'Impératrice. Chargé d'une double direction, Picard ne discontinua pas ses travaux littéraires et dramatiques. Toutefois, en 1807 il cessa de paraître sur la scène, soit qu'il se trouvât fatigué d'un état où l'intelligence, la finesse, un masque jovial et spirituel, une diction naturelle et correcte, mais un peu monotone, ne pouvaient suppléer à la verve, à l'aplomb et à la profondeur qui lui manquaient pour faire un acteur parfait, soit qu'il voulût se livrer plus exclusivement à la composition, soit enfin qu'il tournât ses vues vers l'Académie, et qu'il craignît que le titre de *comédien* ne fût un motif d'exclusion. Il s'était mis sur les rangs, en 1806, pour la place que la mort de Colin d'Harleville, son ami, semblait lui réserver à l'Institut; mais ce ne fut qu'en 1807 qu'il succéda à Dureau-Delamalle. Le premier ouvrage de l'académicien, *Les Capitulations de Conscience*, fut joué au bruit des sifflets; et Picard prit sa revanche par le succès des *Oisifs* et de *L'Alcade de Molorido*. Quant à *La Vieille Tante*, Mlle Contat exprimait ses regrets de n'avoir pas été chargée du rôle principal : c'est l'éloge d'un rôle, mais une fraction ne tient pas lieu du tout. Le théâtre est redevable à la collaboration de Picard de plusieurs ouvrages remarquables, et particulièrement *L'Agiotage* et *Les Trois Quartiers*. Elle a produit aussi *Les Éphémères*, pièce philosophique très-haut placée dans le souvenir d'un petit nombre d'amateurs.

On a reproché à Picard d'avoir peint dans presque toutes ses pièces des mœurs bourgeoises, d'avoir choisi presque toujours ses personnages dans la classe moyenne de la société; mais il ne faut pas oublier à quelle époque Picard écrivait et quel était alors l'état de la société. Tout avait été nivelé par la révolution; les vainqueurs avaient laissé partout la trace de leurs mœurs, et ces mœurs régnèrent encore longtemps après que l'inégalité des conditions eut été ramenée par l'inégalité des fortunes. Picard a peint les objets qu'il voyait, et les seuls qu'il lui fût permis de prendre. Picard (a dit M. Villemain) eut pour lui l'invention, l'activité comique, le succès continuel et populaire. Comédien et poëte comme Shakspeare et Molière, il renouvela l'exemple de cette puissance théâtrale qui enchante doublement le public, et lui fait aimer dans l'auteur l'homme que chaque soir il voit et applaudit. Dans la mobilité de cette époque, dans ces subites transformations du gouvernement et des mœurs, il copiait la société à mesure qu'elle posait devant lui. Ses pièces ne sont pas seulement l'histoire, mais le journal du temps. Le mérite suprême de Picard, ce qui permet de prononcer ce nom à demi-voix après le grand nom de Molière, c'est le naturel, don précieux, rare, inimitable, que l'on cherche, et qui dès lors ne vient pas. Le naturel était la langue de Picard : sentiments, idées, expressions, tout lui échappait ainsi sans qu'il le voulût. On ne remarque pas si son dialogue est spirituel; il est mieux : il fait oublier l'auteur et entendre son personnage avec son parler, son accent, sa voix. L'expression la plus simple lui va si bien qu'il semble toujours un peu gêné dans les vers : c'est surtout en prose qu'il est excellent poëte comique. Picard devait cette vérité de style à son instinct d'observateur : il avait lu dans la vie humaine plus que dans les livres. S'il empruntait parfois aux moralistes quelque vue ancienne sur le cœur humain, il la rajeunissait par la perspective dramatique : un jour, un vers d'Horace lui donna toute une comédie charmante et nouvelle sur la plus vieille des vérités. Jusque là on avait coutume, au théâtre, de maintenir les caractères : c'était la règle. Il imagina de les bouleverser tous sous le vent de la fortune, et il tira de cette circonstance même la leçon et l'effet dramatique. Il fit *Les Marionnettes*, puis *Les Ricochets*; car souvent une idée heureuse lui servait deux fois. Un passage de La Bruyère lui inspira *La petite Ville*; et, comme son modèle, il avait deviné si juste dans les détails qu'il fut accusé de satires personnelles par plusieurs petites villes à la fois.

Dans des temps si fertiles en révolutions, Picard ne put cependant s'élever jusqu'à la comédie politique; la liberté manquait toujours au talent. Mais, avec l'énergie d'un honnête homme, il donna plus d'une fois à la comédie morale cette austère franchise qui ne s'arrête pas aux ridicules et touche à des vices profonds et sérieux. Les tentatives frénétiques de la cupidité, l'agiotage spéculant sur l'instabilité sociale, les calculs de la friponnerie, cachant et préparant une banqueroute sous la magnificence d'une fête, trouvèrent en lui un accusateur qui devançait le magistrat; et en attendant que la justice eût l'appui de la loi, il lui donna celui du talent et de l'opinion. Jules Janin.

PICARDIE. Ancienne province de France qui comprenait la Picardie et l'Artois. La *Picardie* proprement dite était bornée au nord par le Pas-de-Calais, l'Artois et le Cambrésis, qui la bornait aussi, à l'est avec la Champagne; elle avait l'île de France et une partie de la Normandie au sud, et la Manche la bornait à l'ouest. Son étendue du sud-est au nord-ouest était d'environ 180 kilomètres, et de 160 du sud au nord; mais dans sa partie septentrionale sa plus grande largeur, de l'est à l'ouest, n'était que de 32 à 40 kilomètres.

Ce pays fut habité anciennement par les *Ambiani*, les *Veromandui* et les *Morini*, peuples de la Belgique : il n'est connu sous le nom de *Picardie* que depuis le treizième siècle. On ne sait pas bien l'origine de ce nom, mais parmi les diverses opinions sur son étymologie, la plus vraisemblable est celle qui la fait dériver des *piques* dont les milices ou les communes du pays se servaient avec beaucoup d'adresse. Il est une des premières conquêtes des Francs dans les Gaules, et quand les grands vassaux du royaume eurent usurpé les droits régaliens à la fin du neuvième ou au commencement du dixième siècle, les comtes d'Amiens, de Boulogne, de Ponthieu et de Vermandois en partagèrent presque tout le domaine.

La Picardie, généralement parlant, est un pays plat et uni. Ses principales rivières sont la Somme, l'Oise, l'Authie et la Canche. Le terroir y est fertile en blé, en lin, en fruits, en pâturages; mais il ne produit pas de vin, à cause de la froideur du climat. Cette province se divisait en haute, moyenne et basse Picardie. La haute renfermait le *Vermandois* et la *Thiérache*; les principales villes de la Thiérache étaient La Fère, qui en était la capitale, Guise et Marle. La Picardie moyenne se composait du *Santerre* et de l'*Amiénois*. Le Santerre avait environ 80 kilomètres de long du sud au nord, et 40 dans sa plus grande largeur, de l'est à l'ouest. La Somme le traversait dans sa partie septentrionale. Sa capitale était Péronne; ses villes principales, Mailly, Moutdidier et Roye. La basse Picardie se composait du *Ponthieu* et du *Boulonnais*. A. Savagner.

PICARDS. *Voyez* Adamites.

PICCINI ou plus exactement PICCINNI (Nicolo), naquit en 1728, à Bari, capitale de la petite province de ce nom, dans le royaume de Naples. Son père, qui était musicien, le destinait à l'état ecclésiastique. Il lui fit faire ses études, et, de crainte de l'en détourner, il ne voulut pas lui enseigner la musique : on voit rarement réussir ces sortes de précautions. Le jeune Piccinni, que son génie dominait malgré lui, ne voyait jamais un instrument, et surtout un clavecin, sans tressaillir. Il s'exerçait en cachette à jouer les airs des opéras qu'il avait entendus, et qu'il retenait avec une facilité surprenante. Son père l'ayant conduit un jour chez l'évêque de Bari, Nicolo, se croyant seul, s'amusait sur le clavecin du prélat. Celui-ci l'entendit de l'appartement voisin; il vint à lui en l'applaudissant, et lui fit répéter plusieurs airs. La justesse et la précision du chant et de l'accompagnement le surprirent, et il engagea le père à mettre son fils au Conservatoire de *San-Onofrio*, que le fameux Leo dirigeait alors.

Il y entra au mois de mai 1742; il fut mis d'abord entre les mains d'un maître subalterne, dont il ne put supporter longtemps les leçons, dictées par une routine aveugle. Les objections qu'il lui fit sur sa manière d'enseigner lui attirèrent de sa part quelques vivacités. Choqué de cette injustice, Piccinni résolut, pour s'y soustraire, de travailler seul et d'après lui-même. Il se mit à composer, sans règles et sans autre guide que son génie, des psaumes, des oratorios, des airs d'opéra, ce qui fit naître l'envie ou l'admiration chez tous ses camarades. Il osa enfin composer une messe entière. Un des maîtres du Conservatoire qui l'avait vue en parla à Léo. Celui-ci désira l'entendre : Piccinni fit exécuter lui-même son ouvrage, et reçut des éloges unanimes. Après l'avoir grondé sur ce qu'il abusait du don de créer, qu'il possédait à un degré si éminent, Léo prit en amitié le jeune élève, et lui donna d'excellentes leçons.

Ce grand artiste mourut subitement quelques mois après. Heureusement pour son illustre disciple, il fut remplacé par le célèbre Durante, l'un des plus savants compositeurs qu'ait eus l'Italie. Durante eut bientôt distingué Piccinni : il eut pour lui une affection particulière, et se plut à lui montrer tous les secrets de son art. « Les autres sont mes écoliers, disait-il, celui-ci est mon fils. » Enfin, après douze ans d'étude, Piccinni sortit, en 1754, du Conservatoire avec un grand talent, et plein d'un feu, d'une fougue d'imagination, qui étaient impatients de se répandre. Le prince de Vintimille favorisa ses débuts à Naples, où Logroscino lui opposait une rivalité redoutable. Le jeune compositeur y donna successivement trois opéras bouffons; et *Zenobia*, cet opéra sérieux, et *Allessandro nell' Indie*, représenté à Rome en 1758, le placèrent au rang des plus grands maîtres. En 1760 parut sa fameuse *Cecchina*, qui excita une admiration portée jusqu'au fanatisme par l'Italie entière. Cet opéra et huit autres, parmi lesquels on distingue *L'Olimpiade* et *I Viaggiatori*, répandirent dans toute l'Europe le nom de leur auteur. La *Cecchina*, traduite en français par Cailhava, fut représentée avec un grand succès à Paris, en 1771, sous le titre de *La Bonne Fille*.

D'après les ordres de la reine de France, le marquis de Carracioli appela Piccinni à Paris : il y arriva en décembre 1776. L'*Iphigénie en Aulide* de Gluck avait signalé le commencement d'une révolution musicale; *Orphée et Alceste* venait de l'affermir. Marmontel, qui tient le premier rang parmi nos arrangeurs, retoucha le *Roland* de Quinault, et s'empressa de l'offrir à Piccinni pour le mettre en musique. On avait répandu que Gluck travaillait aussi à une pièce qui portait le même titre. « Tant mieux, dit l'abbé Arnaud, nous aurons un *Orlando* et un *Orlandino*. » Ce mot fut la déclaration de cette guerre des glückistes et des piccinnistes, si célèbre dans les fastes de notre musique. *Roland* fut applaudi en 1778; l'ouvrage était faible, mais *Atys* montra le talent et le génie du compositeur napolitain. Quoiqu'elle renferme des morceaux très-remarquables, *Iphigénie en Tauride* ne put se soutenir à côté de celle de Gluck. *Didon* est le chef-d'œuvre de Piccinni, et l'un des plus beaux ornements de notre scène lyrique. *Diane et Endymion* fut représenté en 1784, *Pénélope* en 1785, et c'est par *Adèle de Ponthieu* que l'on ouvrit la salle d'opéra, bâtie près de la porte Saint-Martin. Ces trois ouvrages ne restèrent point au répertoire : le dernier n'a pas même été publié. *Le Dormeur éveillé*, *Le Faux Lord*, opéras comiques du même auteur, avaient paru en 1783.

Piccinni quitta la France en 1791, pour retourner à Naples, où il écrivit plusieurs partitions. Ce grand artiste eut la maladresse de manifester des opinions qui déplurent à son roi, et dès ce moment il fut abandonné et réduit à un état d'indigence qu'il était bien loin de mériter. Il revint à Paris en 1798. Après un an de sollicitations, le gouvernement français créa pour lui une sixième place d'inspecteur du Conservatoire, et lui accorda des secours au moment où il succombait sous le poids de sa longue infortune : il mourut à Passy, le 7 mai 1800, âgé de soixante-douze ans.

Une mélodie noble, pure et gracieuse, pleine d'expression et de force dramatique sans exagération; des formes élégantes et grandioses, une harmonie ménagée avec art, une manière franche dans la conduite et la conclusion de la phrase musicale, des tours heureux pour concilier adroitement les agréments du chant avec la déclamation théâtrale, telles sont les principales qualités que l'on admire dans les partitions de Piccinni. Ce maître nous a laissé des modèles dans toutes les parties dont un opéra se compose : j'en excepterai pourtant l'ouverture. Le rôle de *Didon* est une des plus belles conceptions de l'esprit humain dans ce genre : tous les sentiments s'y trouvent exprimés avec autant de force que de vérité; le récitatif même est plein de charme et d'intérêt. CASTIL-BLAZE.

PICCINISTES. *Voyez* GLUCKISTES.

PICCOLOMINI, l'une des plus anciennes et des plus illustres familles d'Italie, était originaire de Rome, mais s'établit ensuite à Sienne, et acquit le duché d'Amalfi. Les membres les plus célèbres de cette maison furent :

Æneas-Silvius-Bartholomæus PICCOLOMINI, qui monta sur le saint-siége sous le nom de Pie II, et fut l'un des plus savants papes qu'ait eus l'Église.

Octavio PICCOLOMINI, duc d'Amalfi, né en 1599, entra de bonne heure au service d'Espagne à Milan, et arriva en Allemagne en qualité de capitaine dans un régiment que le grand-duc de Florence envoyait au secours de l'empereur Ferdinand II contre la Bohême révoltée. A la bataille de Lutzen, c'est lui, dit-on, qui commandait le régiment de cavalerie sous les coups duquel Gustave-Adolphe trouva la mort. En 1634 Wallenstein, qui s'était mis en état de rébellion contre l'empereur, lui confia le commandement en chef du pays au-dessus de l'Ens, et le chargea d'occuper les défilés de Salzbourg pour barrer le passage à toutes les troupes qui pourraient arriver d'Italie au secours de l'empereur, avec pouvoir de casser tout colonel dont le dévouement au duc ne lui paraîtrait pas bien sûr. D'accord avec quelques autres généraux de Wallenstein, il donna connaissance à l'empereur de son plan d'opérations, et, après s'être en toute hâte rendu secrètement à Vienne, il reçut l'ordre de prendre le duc de Friedland mort ou vif. On arrêta aussi les envoyés du duc chargés de venir à Vienne solliciter de l'empereur une enquête minutieuse. Pour récompense de l'exécution de la mission dont ils avaient été chargés, Piccolomini et Gallas, après la mort de Wallenstein, obtinrent une partie de ses biens. Après la bataille de Nordlingen (7 septembre 1634), dans laquelle les Suédois furent fort maltraités, Piccolomini avec Isolani s'avança jusqu'aux bords du Mein à travers le Wurtemberg. L'année suivante il fut envoyé avec un corps d'armée au secours du roi d'Espagne contre les Français, qu'il chassa des Pays-Bas. Il fut moins heureux dans ses efforts contre les Hollandais. Ses autres opérations heureuses contre les Suédois, par exemple lorsqu'en 1640 il força la place d'Hœxter à capituler, lorsqu'il fit prisonnier le colonel suédois Schlang, en 1641, à Neubourg dans le haut Palatinat, et en 1643 lorsqu'il vint délivrer la ville de Freiberg en Saxe, que les Suédois assiégeaient depuis plusieurs mois, déterminèrent le roi d'Espagne, Philippe IV, à prier l'empereur de le lui céder comme général de ses armées. Commandant en chef des armées espagnoles, Piccolomini ne fut pas moins heureux dans ses entreprises contre les Français et les Hollandais. En 1648, quand les Suédois victorieux envahirent les États héréditaires de l'Empire, Piccolomini fut rappelé en toute hâte par l'empereur, qui le nomma feld-maréchal. Mais la conclusion du traité de paix de Westphalie, qui eut lieu cette même année, mit un terme à son activité militaire. En revanche, il figura en 1649 en qualité de plénipotentiaire de l'empereur au congrès de Nuremberg, qui avait pour but l'exécution des clauses du traité; et ses services furent ensuite récompensés, en dépit de tous les obstacles, par son élévation à la dignité de prince de l'Empire. Déjà auparavant le roi d'Espagne lui avait restitué le duché d'Amalfi, que ses ancêtres avaient possédé comme fief relevant de la couronne d'Espagne. Piccolomini mourut à Vienne, en 1656. Sa gloire de général fut singulièrement obscurcie par les ordres cruels qu'il donna en 1640 contre les prisonniers hessois et lunebourgeois. Son fils Max, dans le *Wallenstein* de Schiller, n'est qu'une fiction poétique. Comme il mourut sans laisser de descendance, ses biens passèrent aux enfants de son frère.

PICCOLOMINI (MARIA), cantatrice italienne, est née en 1835, à Sienne. Quoique nièce d'un cardinal, elle fut élevée modestement. Ses dispositions musicales lui firent donner de bonne heure un maître de chant. Ses progrès furent rapides, et elle avait à peine atteint sa quinzième année, qu'une occasion se présenta pour elle de paraître sur la scène. On donnait un concert au théâtre de Sienne pour une œuvre de bienfaisance. Après bien des prières et bien des refus, ses parents consentirent à ce qu'elle s'y fît entendre. Elle chanta un air de Donizetti et l'air de *Béatrice di Tenda*. Son triomphe fut complet. A partir de ce moment elle n'eut point de repos qu'on ne lui eût promis de la faire débuter. Sa famille la conduisit à Florence. Romani se chargea de lui donner des conseils, et enfin en 1852 elle débuta dans *Lucrezia Borgia*. Elle joua ce rôle vingt fois de suite avec un succès d'enthousiasme. En moins de quatre années elle chanta sur vingt théâtres, et fut applaudie successivement à Rome, à Pise, à Reggio, à Palerme, à Udine, à Bologne, puis de nouveau à Rome, à Florence, à Vienne et à Vérone. C'est à Turin qu'elle chanta pour la première fois *La Traviata* de Verdi, pièce imitée de *La Dame aux Camélias*, qui était tombée à Venise, et qu'elle releva d'une manière extraordinaire. Le bruit de ce succès la fit appeler à Londres, dans l'été de 1856, et à la fin de la même année à Paris, où sa réputation s'est encore agrandie.

« Sa voix de soprano n'est pas d'un grand volume, a dit un critique, ni d'une agilité bien rare; mais elle est fraîche, pure et sympathique. Son jeu est vif et naturel. Quand elle s'anime, elle paraît grandir et dominer la scène.

PIC D'ADAM. *Voyez* Adam (Pic d').

PIC DE LA MIRANDOLE. *Voyez* Mirandole.

PIC DE MURAILLE ou ÉCHELETTE. *Voyez* Grimpereau et Pic (*Ornithologie*).

PICENUM, contrée de l'ancienne Italie centrale, formant aujourd'hui l'extrémité sud-ouest des États de l'Église et l'extrémité nord-est du royaume de Naples, située entre l'Apennin et la mer Adriatique, sur laquelle elle s'étendait depuis l'embouchure de l'Æsinus (aujourd'hui *Esino*) jusqu'à celle de l'Aternus (aujourdhui *Aterno* ou *Pescara*); et bornée au nord et à l'ouest par l'Ombrie, au sud, où le pays prenait le nom de territoire des Prætubiens (aujourd'hui l'*Abbruze ultérieure première*), par les Sabins, les Testins et les Marrucins. Dans les temps les plus reculés elle était habitée par des Ombres. Ils furent vaincus par les Sabins, dont, suivant la tradition, l'armée était précédée de la poix (*picus*) consacrée au dieu Mars; de là le nom de ce pays, et celui de ses habitants, *Picentes*. Les Picentes secondèrent les Gaulois Senons et ensuite Pyrrhus dans leurs luttes contre Rome. En l'an 268 av. J.-C., ils furent vaincus par le consul Publius Sempronius, et ils furent alors admis au nombre des alliés de la république romaine. Toutefois, les Romains transférèrent alors une grande partie de la population du Picenum à l'extrémité méridionale de la Campanie, sur les bords du golfe de Salerne, où la ville de *Picentia* devint la capitale des Picentins. En l'an 91 av. J-C., ce fut à Asculum, capitale des Picentes proprement dits, qu'éclata la guerre sociale, à la suite de l'assassinat du proconsul romain Quintus Servilius et de sa suite.

PICHEGRU (Charles), né à Arbois, en 1761, avait fait ses études chez les minimes. Il devint maître de mathématiques à l'école militaire de Brienne, dirigée par des religieux de cet ordre, et là donna à Bonaparte ses premières leçons dans la science qu'il professait. Il avait quitté ce collége pour s'engager dans l'artillerie, et allait être officier quand la révolution éclata. Il voulut alors joindre les émigrés rassemblés à Coblentz; mais il n'y fut pas reçu. Rejeté ainsi dans un ordre de choses qu'il n'approuvait point, il est par acclamation nommé commandant d'un bataillon de volontaires du département du Gard, la discipline, le conduit à l'armée du Rhin, parvient rapidement au grade de général de division, et ose accepter, à la fin de 1793, le commandement en chef de cette armée, qui vient de voir trois de ceux qui l'ont commandée porter successivement leur tête sur l'échafaud, Custine, Beauharnais et de Broglie. Pour rendre courage et confiance à des troupes battues et désorganisées, il substitue aux imprudentes et ruineuses opérations militaires précédentes une guerre de parti, de tirailleurs; fatigue par des mouvements rapides et continuels un ennemi contre lequel il n'eût pu lutter corps à corps, le déconcerte, et lui fait éprouver des pertes journalières. Hoche s'attribue tout l'honneur des succès ainsi obtenus, et Pichegru, qui fut son chef et son guide, est placé sous les ordres de ce général, intrigant et médiocre. Il n'en sert pas moins avec zèle; manifeste de nouveau ses utiles talents, qui sont enfin appréciés, et se voit à la tête de l'armée du nord, qu'il trouve aussi désorganisée et découragée que l'avait été avant lui l'armée du Rhin. C'était l'immanquable effet du système de Carnot, qui avait constamment ordonné des attaques sur le centre des Autrichiens, couvert par la forêt de Mormale, que défendaient des abbatis et des retranchements formidables. Il obtint difficilement de faire changer ce système, reçut carte blanche, tourna l'ennemi par sa droite, le battit, le 8 mai 1794, entre Menin et Courtray, le 10 juin à Rousselaer, le 13 à Hooglide. Toute la West-Flandre est envahie, le Wahal passé sur la glace, et le 19 janvier 1795 il entre à Amsterdam, où le 20 il fait prendre la flotte hollandaise, enchaînée par la gelée, en l'envoyant sommer par un escadron de hussards. Cette rapide et glorieuse campagne, si honorable pour le militaire, le fut également pour l'homme de conscience et d'honneur, car il osa ne pas faire exécuter le décret de mort contre les Anglais, et, après avoir empêché le pillage, il refusa les présents que les Hollandais, reconnaissants, lui offrirent. En passant de cette armée victorieuse à celle du Rhin, il réprima, le 12 germinal (1er avril 1795), une insurrection dirigée contre la Convention, qui pourtant lui inspirait le plus profond mépris. Ce qu'il voyait alors réveilla dans son cœur des sentiments monarchiques qui n'y avaient que sommeillé. Il accueillit les propositions qui lui furent faites au nom du prince de Condé. Il crut utile et exécutable une opération qui eût probablement réussi alors si le prince avait eu autant de courage de tête que d'intrépidité; si les Autrichiens, qui au début de la guerre s'étaient opposés à laisser les émigrés occuper Landau, qu'on était prêt à leur livrer, n'eussent pas préféré, dans l'espoir de s'agrandir, la continuation de la guerre à une prompte restauration; enfin, si les Anglais n'avaient pas encore spéculé sur la durée des hostilités. Mais laissons sur ce sujet parler le général lui-même : « Je ne ferai rien d'incomplet, disait-il dans une de ses lettres. Je ne veux pas être le troisième tome de La Fayette et de Dumouriez; mes moyens sont grands, tant à l'armée qu'à Paris. Je sais qu'il faut en finir; je sais que la France ne peut rester en république, et qu'il lui faut un roi, mais qu'il ne faut commencer ce changement que quand on sera sûr de l'opérer. Il faut, en faisant crier *Vive le roi* au soldat français, lui donner du vin et un écu dans la main. Il faut que rien ne lui manque en ce premier moment. Il faut solder mon armée jusqu'à la troisième ou quatrième marche sur le territoire français. » Il voulait que les Autrichiens bordassent ce territoire, mais le respectassent; et ils demandaient des places de sûreté, qu'il refusa de leur livrer. Il voulait que le prince de Condé vînt franchement se jeter dans ses bras avec les siens, et le prince ne l'osa pas sans l'aveu des Anglais, qui soldaient son corps, qui le surveillaient, et sans l'aveu aussi de leurs alliés. Montgaillard, l'un des agents de cette intrigue, la dénonça au Directoire; mais Pichegru était regardé alors comme une puissance : on se contenta donc de lui ôter son commandement, et de lui offrir l'ambassade de Suède, qu'il refusa. Nommé, en 1797, au corps législatif, il y devint le chef de l'opposition royaliste, dirigea mal cette majorité de ses collègues qui cherchait à rétablir la monarchie, espérant obtenir par des décrets ce qui ne pouvait réussir que par un coup d'État. Le comte de Rochecotte lui proposa d'enlever le Directoire à la tête des chouans qu'il avait introduits dans Paris; de lui livrer les pentarques et de disparaître, pour laisser à Pichegru l'honneur du succès, et, entre ses mains, le sort de ses ennemis. Le général s'y refusa, et Rochecotte lui dit : « Eh bien! je vous proteste que vous êtes perdu; Augereau est à votre porte : en un temps de galop, il sera sur vous, et vous enlèvera. Quant à moi, je me retire, très-peiné de n'avoir pu vous sauver, comme je le désirais. » Les événements du 18 et du 19 fructidor justifièrent cette prophétie. Pichegru, déporté à la Guïanne, dont il n'échappa qu'à travers mille dangers, accueilli à Londres avec la plus haute estime, devient chef et directeur d'une entreprise en faveur des Bourbons, se rend à Paris en 1804, et est livré à prix d'or par un nommé Leblanc, qui alors fut ignominieusement chassé de la Bourse, et qui ne reçut pas même tout le salaire dû à sa perfidie. Pichegru se préparait à une défense hostile, et fut trouvé mort dans son cachot. Comment cela eut-il lieu? Je l'ignore; mais le récit de son suicide vrai ou prétendu fut dans la même matinée affiché de deux manières différentes; son corps, exposé dans l'une des salles du Palais de Justice, était voilé presque en entier, et des sentinelles empêchaient d'en approcher : choses que je rapporte ici comme témoin oculaire. Sa mort, si subite, parut donc très-énigmatique. Au reste, Napoléon, dont à cet égard l'opinion est peu suspecte, disait à Sainte-Hélène, au docteur O'Meara, qu'il considérait Pichegru comme *le plus grand général qu'ait eu la république*.

Cte A. D'ALLONVILLE.

PICHLER (CAROLINE), auteur de nombreux romans, naquit à Vienne, le 7 septembre 1769, et était fille d'un référendaire au conseil aulique du nom de *Greiner*, qui avait épousé une lectrice de l'impératrice Marie-Thérèse, et qui fit donner à sa fille l'éducation la plus distinguée. Sa maison était un centre de réunion pour les gens de lettres et les artistes; l'esprit de la jeune Caroline se forma au milieu des entretiens élevés qui avaient lieu dans cette petite académie; et déjà, avant son mariage avec le conseiller André Pichler, elle avait fait paraître, sous le voile de l'anonyme, quelques poésies dans les almanachs; publications qui à cette époque jouaient dans la littérature le même rôle que de nos jours les revues. Ce fut son mari qui la détermina à signer ses *Paraboles* (1800). Encouragée par le succès de cet ouvrage, elle publia successivement son roman d'*Olivier* (1802), ses *Idylles* (1803), presque toutes œuvres de sa première jeunesse, et *Ruth*, tableau biblique en trois idylles (1805). Dans son *Agathoclès* (3 vol., 1808), elle essaya d'exposer les bienfaits et les progrès dont l'humanité est redevable au christianisme. Convaincue, comme Hormayr, qu'elle avait pris pour guide dans l'étude de l'histoire, qu'il est bon de populariser tous les grands souvenirs d'une nation au moyen des arts et de la littérature, elle publia ses *Comtes de Homberg* (2 vol., 1811), livre qu'elle fit suivre de quelques essais dramatiques allant au même but, mais, au total, assez faibles, et dans le nombre desquels nous ne signalerons que le drame historique de *Ferdinand II*. Elle était imbue de la même idée lorsqu'elle publia successivement *Le Siége de Vienne en* 1683 (3 vol., 1824), *Les Suédois à Prague* (1827), *La Reprise de Bude* (1829), *Henriette d'Angleterre* (1834) et *Frédéric le Belliqueux* (1831). Les romans non historiques de Caroline Pichler n'obtinrent pas un moindre succès, et eurent l'honneur d'être traduits dans plusieurs langues. Elle mourut à Vienne, le 9 juillet 1843. L'année d'après on publia d'elle un livre posthume, intitulé *Souvenirs de ma vie*. On y trouve sans doute beaucoup de pages intéressantes; mais le plus souvent il pèche par une prolixité fatigante, défaut qu'on peut aussi reprocher à la plupart de ses romans, et que ne compensent pas suffisamment leurs tendances éminemment honnêtes et morales.

PICK-POCKET (littéralement *piqué-poche*), nom que l'on donne en Angleterre aux filous ou voleurs *à la tire*.

PICOT (FRANÇOIS-ÉDOUARD), peintre d'histoire, membre de l'Institut, est né à Paris, en 1786. Placé de bonne heure sous la direction d'André Vincent, ses dispositions et son ardeur lui acquirent bientôt une honorable distinction : il remporta en 1813 le premier grand prix de peinture, et partit pour Rome. De retour en France, il prouva qu'il avait bien profité de son voyage. La *Mort de Saphira*, que possède aujourd'hui l'église de Saint-Severin, fut la première composition dont il dota la France. Elle brille par une composition bien ordonnée, des nus et des draperies remarquables. Vint ensuite l'œuvre capitale de cet artiste, *L'Amour et Psyché*, qu'on voyait dans la galerie du duc d'Orléans. Chargé d'exécuter deux plafonds au Louvre, l'artiste s'acquitta parfaitement de cette tâche, si difficile. L'un représente *Le Génie des arts découvrant l'Égypte à la Grèce*; l'autre, *Les villes du Vésuve, Pompeï, Herculanum* et *Italia demandant protection à Cybèle contre les éruptions du volcan*. Nous devons encore au pinceau de ce savant artiste un beau portrait de Talma, qui orne le musée de Versailles; un plafond allégorique dans la salle de 1830 et dans la galerie des batailles; l'Entrée du duc de Guise à Calais. L'église Notre-Dame de Lorette, à Paris, possède aussi une peinture de M. Picot; c'est à son talent qu'a été confiée la décoration de l'hémicyle représentant le Couronnement de la Vierge. Il a peint aussi l'abside de la coupole de Saint-Vincent de Paul. M. Picot, décoré dès 1824, fut élu membre de l'Institut en 1836.

PICPUS. En 1478 il est déjà parlé, dans un détail des confiscations de la chambre des comptes, d'une vigne au territoire de *Picquepuce*, situé dans le haut du faubourg Saint-Antoine, à Paris. En 1540 on trouve indiquée la ruelle de *Picquepusse*; on lit encore dans divers actes : *picpus*, *Piquepus*, *Picpuce* et *Picpusse*. Vers l'an 1600 les pénitents du tiers ordre de Saint-François, réformés par Vincent Mussard, s'établirent au village et dans la rue de Picpus, dans une maison qu'avaient occupée tour à tour les capucins et les novices jésuites. On leur donna alors le nom de *religieux de Picpus*, ou tout simplement *picpus*. Cette maison étant devenue insuffisante, Mussard fit commencer, en 1611, la construction de nouveaux bâtiments et d'une nouvelle église. Le roi Louis XIII posa la première pierre de cette église. Ce monument, qui a disparu à la suite de la révolution, possédait trois morceaux de sculpture du célèbre Germain Pilon, offerts par trois gentilshommes français, savoir : un *Ecce Homo*, un *Christ* et une *Notre-Dame de Pitié*. Les picpus avaient à Belleville une petite succursale, sous l'invocation de Notre-Dame de Miséricorde. En 1652 l'avant-garde du prince de Condé prit position dans le village de Picpus, qui fut compris dans l'enceinte de Paris à la fin de 1786. Le couvent fut supprimé en 1790, et devint une maison particulière. Il y avait auprès un cimetière, qui existe encore, où la famille La Fayette a son caveau, et qui pendant la révolution reçut les cadavres d'une foule de victimes, exécutées à la place du Trône. Sous la Restauration, Picpus devint un petit séminaire ou école ecclésiastique, par les soins de M. de Quélen. Dans ces derniers temps la communauté de Picpus a essayé de se relever, sous la direction de l'évêque de Chalcédoine. Un procès a révélé que, quoique non autorisée, cette communauté, dont fait partie la réunion des dames de l'Adoration perpétuelle dite du Petit Saint-Martin de Tours, possède une maison à Paris, rue Picpus, une maison à Coussay près de Poitiers, ainsi que la maison des Feuillants à Tours.

L. LOUVET.

PICQUOTIANE. *Voyez* PSORALIER.

PICROMEL. *Voyez* BILE.

PICROTOXINE. *Voyez* COQUE DU LEVANT.

PICTES (*Picti*). C'est le nom sous lequel on désigna, à partir du quatrième siècle après J.-C. les habitants celtes de la Calédonie, qui avec les Scots émigrés d'Irlande devinrent la terreur de la Bretagne romaine par leurs irruptions, et dont les ravages incessants déterminèrent les Bretons à invoquer le secours des Saxons. Par suite de la puissance toujours croissante des Scots, les Pictes durent se retirer dans les montagnes du nord de l'Écosse, où les Scots achevèrent de les soumettre complétement, en l'an 839. Leur nom disparaît à cette époque de l'histoire. Il est difficile qu'il soit dérivé du latin *pingere*, peindre, en raison de l'habitude où ils auraient été de se tatouer le corps; car cette habitude était commune à toutes les populations celtes. L'étymologie en est bien plutôt celle, comme celle du nom des *Pictones* ou *Pictavii* de la Gaule, dans la contrée désignée jusqu'à la fin du siècle dernier sous le nom de *Poitou*.

Sous le nom de *mur des Pictes* on désigne l'ensemble de murailles, de fossés, de remparts et autres ouvrages de défense élevés par les Romains à diverses époques, notamment sous les règnes d'Adrien et de Sévère, au nord de l'Angleterre, entre le golfe de Solway et les embouchures de la Tyne pour mettre à l'abri des irruptions perpétuelles des peuples du nord les provinces romaines situées au sud de cette ligne de défense. Elle s'étendait sur un espace d'environ 80 milles romains (11 myriamètres) et à peu près directement depuis le château fort de *Tunnocelum*, aujourd'hui *Bowness*, à l'ouest, jusqu'à *Segodunum*, qui forme aujourd'hui à l'est l'extrémité de la muraille, et se composait d'une suite de châteaux forts bien défendus et reliés entre eux par des routes militaires ainsi que par des murailles garnies de fossés. Les nombreux débris qui existent encore de cette œuvre gigantesque des Romains ont depuis longtemps déjà été l'objet des investigations des savants anglais; cependant, c'est Collingwood-Bruce, ecclésiastique de New-Castle sur Tyne, qui le premier en a fait l'objet d'un travail approfondi et régulier, dont il a communiqué au public les résultats dans son ouvrage intitulé : *The roman Wall* (Londres, 1851). Consultez aussi Wright, *The Celts*, *The Romans and the Saxons* (Londres, 1853).

PICTOR (Fabius). *Voyez* Fabius.

PIE, genre d'oiseaux de l'ordre des passereaux. La *pie commune* (*pica melanoleuca*, Vieill.) est un oiseau d'un beau plumage, de 40 à 48 centimètres de longueur, de la pointe du bec à l'extrémité de la queue; elle se trouve dans les cinq parties du Monde. La pie est moins grosse que la corneille; son bec fort, légèrement aplati sur les côtés, offre la mandibule supérieure plus arquée que l'inférieure; son plumage noir sur la tête, la gorge, le cou, le haut de la poitrine, la partie antérieure du dos et le dessus de la queue, donne de beaux reflets, qui varient du vert doré au violet; les grandes plumes de ses épaules, celles du bas de la poitrine, du ventre et des côtés du corps sont blanches. Elle a le caractère défiant et inquiet, l'odorat fin, deux qualités qui lui sont fort utiles pour vivre, comme elle le fait, autour des habitations; on remarque en elle, comme chez les corbeaux, une disposition singulièrement active à prendre et à cacher même des objets qui lui sont inutiles, comme des jouets, le dé, les ciseaux de la ménagère et des pièces de monnaie. La pie s'apprivoise facilement; elle apprend à dire quelques mots : elle amuse les enfants et les vieilles femmes à la campagne par sa vivacité et son babillage, devenu proverbial (*jaser comme une pie*). On la nourrit de pain, de viande, de fruits et de fromage blanc écrémé, qu'elle aime beaucoup, et que de son nom on appelle *fromage à la pie*. A l'état sauvage, elle présente la même variété de goûts dans son régime alimentaire : elle mange des grains, des fruits des insectes et des oisillons, et même, au grand dépit de la fermière, elle se permet souvent le petit poulet qu'elle peut saisir éloigné de sa mère.

La pie ne quitte guère le pays qui l'a vue naître; elle y vit par couple ou par famille de quatre ou cinq; elle construit au printemps, sur un arbre élevé, un nid grossier de branchages; la femelle y dépose cinq ou six œufs d'un vert bleuâtre tacheté de brun. Les chasseurs l'attirent en imitant avec une feuille de lierre le cri de l'effraie : aux premiers appels, geais et pies se rendent en hâte au lieu d'où partent les cris. Sa curiosité loquace est souvent une indication pour la remise des lièvres : si elle a vu un lièvre au gîte dans quelque coin d'un bois, elle y fait tapage, appelle ses compagnes, et cause souvent la mort de l'innocent quadrupède par son indiscrétion; aux affûts du printemps, les pies m'ont plus d'une fois signalé de cette manière le passage du gibier.

Le genre *pie* renferme plusieurs autres espèces, telles que la *pie bleue* (*pica cyanea*, Vieill.), que l'on rencontre en Espagne et dans les déserts de la Mongolie et de la Daourie; la *pie de Collie* (*pica gubernatrix*, Temm.), qui habite le Mexique; la *pie bleu de ciel* (*pica azurea*, Wagl.), propre au Brésil et au Paraguay; etc.

Le mot *pie* sert encore à désigner la couleur de quelques animaux : on nomme *pigeon-pie* un pigeon de petite espèce blanc et noir; ou bien chamois et blanc, dont la bigarrure se rapproche assez de celle de la pie; *cheval-pie*, celui dont la robe blanche est parsemée de grandes taches noires, baies ou alzanes.

On dit par plaisanterie d'un homme qui croit avoir fait quelque bonne affaire : *Il croit avoir trouvé la pie au nid.*

P. Gaubert.

PIE. On compte huit papes de ce nom.

PIE Ier. On n'est point d'accord sur le rang qu'il doit occuper dans la chronologie. Saint Jérôme et quelque autres le placent après Anicet. Hégésippe, saint Irénée et Eusèbe le mettent avant; cette opinion a prévalu. Il succéda, l'an 158, à Hygin, sous le règne des Antonins. C'était un Italien d'Aquilée. Son père s'appelait Rufin, et le visionnaire Hermas a passé pour son frère. On ne sait rien de sa vie. On doute même de la qualité de martyr, que Baronius lui attribue. Quant aux lettres et décrets que le père Pagi met sur son compte, la critique la plus orthodoxe en a fait justice. L'opinion commune le fait mourir l'an 167.

PIE II était le fameux *Æneas-Sylvius* Piccolomini, né en 1405, à Cossignano, en Toscane, de parents nobles, mais exilés. En sortant des écoles de Sienne, il fut amené au concile de Bâle, en 1431, par le cardinal Caponnica, et nommé secrétaire du concile. Il en soutint les droits et les intérêts contre le pape Eugène IV. Il y exerça successivement les fonctions de référendaire, d'abréviateur, de chancelier, d'agent général; fut envoyé comme négociateur en Allemagne, en Savoie et dans le pays des Grisons, et publia divers écrits, en vers et en prose, qui lui valurent une réputation européenne. Le pape Félix V voulut l'avoir pour secrétaire. L'empereur Frédéric III lui donna le même titre, en 1442, le fit son conseiller et lui confia plusieurs ambassades à Rome, à Milan, à Naples et dans d'autres capitales. La faveur de ce prince le fit changer de parti. Il reconnut, en 1445, ce même pape Eugène IV qu'il avait tant combattu, et reçut l'évêché de Trieste pour récompense. Nicolas V, successeur d'Eugène, le transféra au siége de Sienne, et Calixte III lui donna le chapeau de cardinal. Ses nombreux ouvrages firent trouver naturelle et méritée cette élévation subite. Enfin, à la mort de Calixte, en 1458, malgré la brigue du cardinal de Rouen, Æneas-Sylvius fut élu par un conclave de vingt-et-un cardinaux, et prit le nom de Pie II.

Son premier soin fut de reprendre comme pape le projet de croisade qu'il avait soutenu comme écrivain et négociateur, contre les Turcs et contre Mahomet II, qui venait de s'emparer de Constantinople. Il s'appliqua dans ce but à calmer les troubles de l'Italie, en reconnaissant Ferdinand pour roi de Naples, et s'achemina vers Mantoue pour ouvrir un concile, où il avait appelé les députés de toutes les puissances chrétiennes. Son éloquence échoua contre leurs intérêts. Les envoyés de Charles VII de France, blessés de l'exclusion de René d'Anjou, dont il avait méconnu les droits à la couronne de Naples, lui imposèrent pour condition première la déposition de Ferdinand. Cet éclat souleva des mécontentements dans tout le royaume de Sicile, et une grande partie de la noblesse se jeta dans le parti français; mais le fameux Scanderbeg, appelé par le pape en Italie, gagna sur eux la bataille du mont Ségian, et raffermit la domination des Aragonais. La cour de France fut encore blessée par un décret de Pie II, qui condamnait les appels aux conciles, comme impies et attentatoires aux priviléges du saint-siége.

Non content d'avoir chassé les Français d'Italie par les armes temporelles de l'Albanais, il menaça Charles VII de ses armes spirituelles s'il ne voulait point casser la pragmatique. Le roi de France fit protester en plein parlement contre ces prétentions par le procureur général Jean Dauvet, et fit appel au futur concile, malgré la bulle qui le lui interdisait. Mais la mort de ce roi ne tarda pas à changer la face des affaires. Louis XI, à la sollicitation de La Balue, abolit la pragmatique.

Pie II était déjà rentré à Rome pour apaiser les troubles sérieux qu'y excitait la faction d'un nommé Tiburce. Le supplice de cette espèce de tribun avait mis un terme à ces désordres. C'est alors qu'il reçut les ambassadeurs des souverains de Perse, de Trébizonde, d'Arménie et autres princes chrétiens de l'Orient. Mais les armées de ces princes ne suffisaient pas pour reconquérir Constantinople; et l'Allemagne leur ayant refusé son concours, ainsi que la France et l'Angleterre, ce projet de croisade échoua comme les autres.

Ne pouvant combattre Mahomet II, il essaya de le gagner à l'Église, et lui écrivit cette fameuse lettre, la 396e de son recueil, qui a été le sujet de tant de commentaires et de controverses. Il n'est pas prouvé cependant que cette lettre soit jamais parvenue à son adresse. Celle de Louis XI au pape est plus certaine. Pie II l'avait trompé relativement au royaume de Naples; mais le roi avait encore été moins sincère à l'égard de la pragmatique. Il s'ensuivit une correspondance fort aigre, fort violente. Les deux puissances se menacèrent, et Louis XI rendit trois édits foudroyants et qui ne plurent pas à la cour de Rome. Il eût fallu qu'en même temps Louis XI eût soutenu de ses armes les fils de René d'Anjou, qui tenait encore le château d'Altamura. Mais la mort de ce prince termina cette guerre de Naples, et celle de Pie II mit un terme à ses projets et à ses voyages. Ce pontife, miné depuis longtemps par la goutte, mourut à Ancône, le 14 août 1464. Le cardinal de Pavie et l'historien Platine ont fait son panégyrique. Philelphe, l'un de ses maîtres, a loué la beauté, la vivacité, les grâces de son esprit, et Floridus Sabinus le peint comme un orateur véhément et un poëte distingué. On trouve une notice des nombreux écrits de ce pape dans la *Nouvelle Bibliothèque des Auteurs ecclésiastiques* de Dupin.

PIE III, pontife juste et pieux, occupa trop peu de temps la chaire de saint Pierre. Fils de Nanne Todeschini et neveu de Pie II par sa mère, Lesamie Piccolomini, il portait aussi le titre de cardinal de Sienne; le conclave de 1503 le choisit pour succéder à Alexandre VI, dans l'espoir qu'il réformerait les mœurs du clergé de Rome. Il convoqua à cet effet un concile général; mais dès le sixième jour de son élection il fut atteint d'une maladie mortelle, qui vingt jours après le conduisit au tombeau. Sa mort, arrivée le 18 octobre, fut attribuée au poison, et quelques historiens en ont accusé le tyran de Sienne, Pandolphe Petrucci.

PIE IV fut élu le 15 octobre 1559, à la place de Paul IV. Il était, dit-on, de la famille de Médicis, mais des historiens plus sûrs appellent son père Bernard Medichino. Quoi qu'il en soit, son frère aîné fut le célèbre marquis de Marignan, titre qui fut porté successivement par deux de ses cadets; et sa sœur Marguerite fut la mère de Charles Borromée. Il se nommait *Jean-Ange* MEDICHINO, et il avait été fait cardinal par le pape Paul III. Mais son exaltation lui valut la faveur du grand-duc de Toscane, qui eut la complaisance de le reconnaître pour son parent. Le nouveau pape l'en remercia en donnant le chapeau de cardinal à Ferdinand de Médicis, son fils, et n'oublia dans cette promotion ni ses neveux ni ses cousins, au nombre desquels se trouva ce même Charles Borromée, qui fut canonisé après sa mort. Comme chef de l'Église, il crut devoir s'élever dans un bref contre Catherine de Médicis, qui avait convoqué en France un concile national et offert aux calvinistes le pardon de leurs offenses. Il s'indigna de cette espèce d'amnistie, et excita cette reine à la guerre contre Genève. Il écrivit en même temps au cardinal de Tournon pour l'engager à empêcher à tout prix la tenue de ce concile national; et voyant l'inutilité de ses efforts, il prit la résolution de rouvrir le concile général de Trente, qui, assemblé en 1542 par le pape Paul III, suspendu et rouvert plusieurs fois depuis cette époque, avait été interrompu de nouveau par Jules III. Paul IV avait résisté aux sollicitations de l'empereur Ferdinand, qui ne cessait d'en provoquer la continuation.

Le concile de Trente fut donc réinstallé le 18 janvier 1562, après une interruption de dix années. Mais l'audace des protestants, le caractère indépendant des théologiens français, l'opposition des évêques d'Espagne furent pour le pape une suite d'embarras et de chagrins qui ne finirent qu'avec le concile même. Pie IV n'atteignit ce but qu'en attirant à Rome le cardinal de Lorraine. L'influence de ce cardinal ne réussit point cependant à faire approuver par nos parlements les décrets du concile. Mais l'établissement des jésuites fut son ouvrage, et le consola d'un premier échec. En même temps fut terminée à Rome la longue dispute sur la préséance entre les ambassadeurs de France et d'Espagne, dispute qui avait occupé les pères du concile, et que termina le pape à l'honneur des Français. Pie IV eut alors à déjouer et à punir une conspiration tramée contre sa vie par les frères Accolti et autres libertins de la ville de Rome. La mort des conjurés rétablit l'ordre dans cette capitale, et le pape n'eut plus d'autre occupation que l'embellissement de la ville de Rome. La mort le surprit au milieu de ces travaux. Il expira dans les bras de son neveu Borromée, le 9 décembre 1565. On assure que l'institution des séminaires date de son pontificat.

PIE V fut son successeur immédiat. Né le 17 janvier 1504, d'une famille pauvre, que ses flatteurs essayèrent plus tard de rattacher à l'illustre maison des Consilieri de Bologne, *Michel* GHISLERI entra à l'âge de quatorze ans dans l'ordre de Saint-Dominique, et s'y distingua par la pureté de ses mœurs et la rapidité de ses progrès. Il devint commissaire général de l'inquisition, qu'il appelait le *tribunal de la justice de Dieu*. Son zèle ardent fut récompensé par le chapeau de cardinal, en 1566, sous le pontificat de Paul IV, et il prit le titre de *cardinal Alexandrin*, en mémoire de ce qu'il était né près d'Alexandrie, dans le village de Bosco. Pourvu successivement des évêchés de Sutri et de Mondovi, il parvint enfin à la tiare, le 7 janvier 1566. Ses règlements de police et discipline réformèrent les mœurs de son siècle; il relégua les filles publiques dans un quartier de sa capitale, obligea les évêques à la résidence, bannit le luxe de leurs palais, força les cardinaux à donner l'exemple de la continence et de la piété, interdit le trafic des indulgences. Les empereurs d'Allemagne sollicitaient depuis longtemps le mariage des prêtres; et comme ils désespéraient de l'obtenir du saint-siége, Maximilien venait d'assembler à cet effet une diète à Augsbourg. Pie V n'était pas homme à souffrir cet empiétement sur les droits du saint-siége. Il chargea le cardinal Commendon d'excommunier l'empereur et la diète s'ils passaient outre; mais l'affaire fut renvoyée à une diète nouvelle, et le légat fut assez prudent pour ne pas causer un nouveau schisme en Allemagne. La révolte des Pays-Bas contre Philippe II lui donna une autre occasion d'intervenir dans les querelles des rois et des peuples. Les historiens protestants mettent sur le compte de ce pontife toutes les conspirations papistes qui troublèrent le règne d'Élisabeth. Sa ligue contre les Turcs n'eut pas de succès, malgré la célèbre bataille de Lépante. Il ne put jamais y attirer ni les rois de Pologne et de France ni l'empereur d'Allemagne. Philippe II lui-même refusa les secours qu'il avait d'abord promis; et le pape fut obligé de recourir au roi de Perse Tecmèses, à Mutahar, prince d'Arabie, et au roi d'Éthiopie, Memnas. Pie V n'eut pas le temps de recevoir leurs réponses. Une fièvre lente, causée, dit-on, par les austérités de la vie monastique, minait depuis longtemps son existence. Elle finit le 1er mai 1572. Le bas peuple ne dissimula point la joie que lui fit éprouver la mort d'un maître aussi sévère, aussi ennemi de la licence, aussi terrible dans sa colère. Une qualité précieuse était mêlée à ses défauts, c'était une franchise à toute épreuve, et avec laquelle il disait tous ses sentiments sans en dissimuler aucun.

PIE VI se nommait *Jean-Ange* BRASCHI. Il était né à Césène, le 27 décembre 1717, d'une famille noble, mais pauvre. Admis à la familiarité de Benoît XIV comme secrétaire, il reçut de Clément XIII la charge d'auditeur et celle de trésorier de la chambre apostolique, et fut fait cardinal par Clément XIV, malgré sa sympathie pour les jésuites, que ce pape venait de frapper. Il lui succéda enfin, le 15 février 1775, grâce à l'amitié du cardinal de Bernis, dont le parti triompha dans le conclave. Ses premiers actes répondirent aux espérances du peuple, qui vénérait la pureté de ses mœurs, son zèle pour la religion et ses talents pour l'administration de l'Église. Il supprima les émoluments du préfet de l'*annone*, pour le punir d'avoir causé une disette dans Rome par sa négligence. Une vieille femme qui avait soigné son enfance fut appelée et recueillie dans son palais; et un conseil d'hommes distingués fut chargé par lui de l'éclairer sur les besoins du peuple et sur les moyens de gouvernement les plus propres à faire bénir son règne. Le saint-siége était soumis alors à de rudes épreuves : les souverains catholiques semblaient se liguer pour affaiblir sa double autorité. La cour de Naples, dirigée par Tanucci, avait subitement supprimé soixante-dix-huit monastères en Sicile, et forcé le pape d'accorder l'institution canonique au nouvel archevêque de Naples, qu'elle prétendait avoir le droit de nommer sans la participation du saint-siége. Mais le pape ayant refusé le cardinalat sollicité pour ce même archevêque, le roi menaça de s'emparer du duché de Bénévent, et mêla, en 1777, des protestations injurieuses à la présentation de la haquenée qu'il devait à chaque avénement de pape, comme preuve de vasselage envers le saint-siége. Pie VI résista avec sa modération ordinaire; les cours de France et d'Espagne se mêlèrent de cette querelle; mais la cérémonie fut supprimée, et, par l'entremise du cardinal de Bernis, le suzerain et le vassal consentirent à convertir cet hommage en cadeau pécuniaire.

L'empereur Joseph II méditait de son côté des réformes importantes, et les négociations du saint-siége ayant échoué contre ses résolutions, Pie VI ne voulut s'en rapporter qu'à lui-même. Les papes avaient souvent voyagé dans le moyen âge, avec toute la dignité des chefs de l'Église. Pie VI n'allait à Vienne qu'en suppliant. Il y reçut des honneurs extraordinaires; l'accueil de Joseph II fut respectueux et magnifique, mais il ne céda point aux vœux du pontife. Il persista dans son projet de suppression des congrégations et des ordres monastiques en Autriche, et le pape se résigna à cette victoire d'un siècle dont il ne connaissait que trop la puissance. Plus tard, en 1790, si la vanité eût pu entrer dans une âme aussi pieuse, il aurait joui de voir ce même empereur forcé de lui demander le secours des armes spirituelles du saint-siége pour réduire les peuples rebelles de la Belgique. Le frère de Joseph II, le grand-duc Léopold, essaya d'autres réformes en Toscane; mais son avénement au trône impérial modifia ses idées philosophiques, et Pie VI espéra de meilleurs jours, que la fortune ne lui réservait point.

Pendant cette première période de son pontificat, il avait entrepris d'utiles travaux, comme l'agrandissement du port d'Ancône, la construction de son phare, l'érection d'un arc de triomphe, l'embellissement de plusieurs églises, et l'assainissement des marais Pontins. Il s'occupait en outre d'accroître et d'enrichir le musée que, d'après ses conseils, avait fondé Clément XIV. Ce musée, qui prit le nom de musée Pio-Clémentin, fut visité de son temps par les voyageurs les plus illustres, notamment par Gustave III de Suède et par le comte du Nord, qui fut depuis le tsar Paul Ier. Mais ces travaux furent interrompus par la révolution, dont les contre-coups se firent sentir aux extrémités de l'Europe. La suppression des ordres religieux, des dîmes, des annates et des biens ecclésiastiques par l'Assemblée constituante, et plus tard la constitution civile du clergé, qui livrait au peuple l'élection des évêques, furent pour le saint-siége une série de malheurs et d'affronts que Pie VI essaya vainement d'arrêter. Son bref doctrinal est un chef-d'œuvre de modération. Mais la cour de Rome était sans force contre l'esprit réformateur de ces temps, et Pie VI ne put offrir qu'un asile aux prêtres qui furent bientôt forcés de s'exiler des terres de France. Cette cour fut dès ce moment au nombre des plus opposées à la révolution française, et la populace de Rome manifesta sa haine par le massacre de Basseville, envoyé de la nouvelle république. La vengeance fut différée, mais n'en fut pas moins terrible. Dès que la haute Italie fut soumise à nos armes, Pie VI, dont les États n'étaient plus couverts par les bandes autrichiennes, fut sommé d'annuler, de désavouer tous les brefs qu'il avait lancés contre la France nouvelle, et Bonaparte eut ordre de menacer en même temps le patrimoine de saint Pierre en s'emparant de la ville de Bologne. Le pape refusa la rétractation qu'on exigeait de lui; mais plus tard, par la médiation du chevalier Azara, ambassadeur d'Espagne, ses plénipotentiaires signèrent, le 19 février 1797, à Tolentino, le traité qui le dépouillait des deux légations de Bologne et de Ferrare, du comtat Venaissin, et qui lui imposait une contribution de trente millions de francs.

Le pape désavoua dans ce traité le meurtre de Basseville; mais, dix mois après, un nouvel assassinat, celui du général Duphot, attira sur Rome tous les malheurs d'une invasion. Le 29 janvier 1798 Berthier et l'armée française campèrent sous les murs de cette capitale, et le 15 février le peuple lui-même en ouvrit les portes. Un gouvernement révolutionnaire fut substitué à celui du pontife. Pie VI fut dépouillé de ses bijoux, de ses meubles, de sa riche bibliothèque, et reçut le 19 février l'ordre de quitter ses États. Le commissaire Haller n'eut égard ni à l'état maladif ni aux prières du pontife. Une voiture le transporta rapidement à Sienne, dont un tremblement de terre le chassa trois mois après. La Chartreuse de Florence fut sa seconde retraite; il y reçut les hommages du roi et de la reine de Sardaigne, qui lui offrirent un asile dans leur ville de Cagliari, où ils étaient forcés de se réfugier eux-mêmes. Il se refusa à leurs instances, et crut qu'il pouvait finir ses jours en Toscane. Mais l'approche des armées de Russie et d'Autriche réveilla les craintes du Directoire de France, et, malgré les infirmités dont il était accablé, le pape fut encore obligé d'abandonner cette retraite. On lui fit franchir les Alpes le 27 avril 1799, et, de station en station, il arriva le 14 juillet à Valence, où se terminèrent ses voyages et sa vie. Pie VI y mourut, le 29 août, à l'âge de quatre-vingt-un ans, après un pontificat de vingt-quatre ans six mois et quatorze jours. C'était le plus long qu'on eût vu depuis saint Pierre. Son corps fut d'abord inhumé dans le cimetière commun, et, chose étonnante! ce fut un protestant qui lui érigea un premier tombeau. Le concordat de Napoléon lui en donna un autre. Ses restes furent transportés dans la basilique de Saint-Pierre.

PIE VII fut le successeur immédiat de Pie VI, dont il était parent. Né comme lui à Césène, le 14 août 1742, du comte Scipion Chiaramonti et de Jeanne Ghini, le jeune *Grégoire-Barnabé* CHIARAMONTI s'était destiné de bonne heure à la vie monastique, et le 20 août 1758 il prit à Parme l'habit de Saint-Benoît. Pie VI lui conféra le titre d'abbé, qui lui donnait le droit de porter la mitre, et qui lui valut un grand nombre d'ennemis. Son oncle le protégea contre la calomnie, et lui donna successivement les évêchés de Tivoli et d'Imola, que suivit, en 1785, le chapeau de cardinal. Sa modération, sa charité et son courage à soutenir les prérogatives de l'Église lui attirèrent enfin la vénération du peuple, comme il avait gagné l'affection du pontife. C'est à Imola que vinrent l'atteindre la révolution et les armées de France. Les malheurs de Pie VI poussaient les peuples à la révolte; et c'est pour calmer des séditions inutiles que Barnabé Chiaramonti publia cette homélie fameuse qu'on lui a tant reprochée depuis. Il y prêchait l'obéissance aux puissances terrestres, et n'excluait pas même le gouvernement démocratique qui venait de succéder à celui du pape. Les amis de l'évêque d'Imola ont prétendu plus tard que la dernière moitié de cette homélie n'était pas sortie de sa plume.

Le conclave ouvert à Venise le 1er décembre 1799 se prolongea jusqu'au 14 mars 1800; et grâce à l'éloquence du prélat Consalvi, le cardinal Chiaramonti porta ce jour-là même le nom de Pie VII. Le nouveau pape fut sacré à Venise, dans l'église Saint-Georges, et prit deux mois après la route de Rome, qu'occupaient alors les troupes napolitaines, sous la protection des bannières de l'Autriche. Mais la bataille de Marengo avait déjà changé le sort de l'Italie, et Pie VII s'empressa de répondre aux ouvertures pacifiques du premier consul par l'envoi de l'archevêque Spina, le même qui avait reçu le dernier soupir du dernier pape. A l'instant même furent jetées les bases du concordat qui devait rendre la paix à l'Église de France; et malgré les intrigues du chevalier Acton, ministre du roi de Naples, le cardinal Consalvi vint terminer cette grande affaire dans le palais même du consul. Quelques personnes en jetèrent les hauts cris; une épigramme du temps disait : *Pio VI per conservar la fede, perde la sede; Pio VII per conservar la sede, perde la fede.* On le remplit de soupçons et d'alarmes sur les dispositions de la France, et quelques protestations d'émigrés ajoutèrent à ses afflictions. Mais le succès du concordat et la restitution de Bénévent et de Ponte-Corvo par les ordres du consul lui inspirèrent quelque confiance; les alarmistes avaient cependant raison. Les exigences de Bonaparte furent sans fin; il obtint à force d'importunités un concordat pour la république italienne. La création de cinq cardinaux français coûta moins au saint-père : c'était la conséquence du rétablissement de l'Église. Mais le consul prétendait avoir le droit de faire seul les articles organiques des deux concordats; et cette prétention était toujours combattue par le saint-siége.

Bonaparte ne pouvait cependant rompre avec lui; il aspirait à l'empire, et voulait renouveler à Paris le sacre de Pépin. La négociation fut longue; elle fut appuyée par le cadeau de deux bricks. Le nouvel empereur écrivit deux fois de sa propre main au pontife; et après avoir pris l'avis de ses cardinaux, Pie VII vint sacrer Napoléon sous les voûtes de Notre-Dame, qu'il érigea bientôt après en basilique. Le peuple de Paris et de la France entière rendit un digne hommage aux vertus du pontife, que Napoléon essaya de retenir et de fixer dans sa capitale. Paris s'entretint de ce projet, et l'alarme en fut donnée à Rome. « J'ai tout prévu, répondit le pape : j'ai signé une abdication conditionnelle; le cardinal Pignatelli en est dépositaire à Palerme, et si l'on me retient de force, Napoléon n'aura dans ses mains qu'un misérable moine. » Ses craintes furent vaines; il retourna dans la capitale du monde chrétien, mais ce ne fut pas pour longtemps. Napoléon commença ses attaques, en 1805, par l'occupation d'Ancône, sous le prétexte que les Anglais et les Turcs pourraient s'en emparer, et qu'il était devenu le protecteur du saint-siége. Bientôt le cardinal Fesch, oncle et ambassadeur de Napoléon, exigea le renvoi des Anglais, Russes, Suédois et Sardes, qui se trouvaient dans les États du pontife; Napoléon lui-même alla jusqu'à dire qu'il était empereur de Rome. Le refus et les observations de Pie VII irritèrent le nouveau César; il rappela son oncle, de peur que sa qualité de cardinal ne le fît fléchir, et le remplaça par Alquier. Il exigea la démission du cardinal Consalvi, et, tout en réclamant la reconnaissance de Joseph-Napoléon comme roi de Naples, il dépouilla le saint-siége des principautés de Bénévent et de Ponte-Corvo, dont il investit le prince de Talleyrand et le général Bernadotte.

Le langage et l'attitude de Pie VII furent depuis cette époque des modèles de fermeté; mais sa résistance aux caprices de Napoléon irrita la colère de cet inflexible conquérant. Le général Miollis occupa la ville de Rome le 2 février 1808, malgré les protestations du pontife, qui se renferma dans le palais de Monte-Cavallo, en déclarant qu'il n'en sortirait plus tant que sa capitale serait au pouvoir des étrangers. Il protesta en même temps contre l'usurpation des provinces d'Urbin, d'Ancône, de Macerata, que Napoléon venait d'annexer, par un décret, à son royaume d'Italie. Quelques mois après, le 17 mai 1809, un autre décret, daté de Vienne, réunit tous les États pontificaux à l'empire français, et le 10 juin le pavillon tricolore remplaça sur le château Saint-Ange la bannière de saint Pierre. Pie VII répondit à cet acte spoliateur par une bulle d'excommunication : elle n'arrêta point le général Miollis dans son zèle; il fit enlever le pape par le général Radet, dans la nuit du 4 juillet. Pie VII fut conduit à la Chartreuse de Florence, à Alexandrie, à Grenoble, à Avignon et enfin à Savone. Treize cardinaux furent appelés en même temps à Paris; mais comme ils refusèrent tous d'assister au second mariage de Napoléon, celui-ci signa l'ordre de leur exil, et leur fixa des résidences séparées. Bientôt il fait interdire à Pie VII de communiquer avec les évêques de l'empire, et le menace d'une déposition. Il assemble un concile à Paris, lui envoie cinq cardinaux à Savone pour lui arracher une adhésion aux actes de ce concile, et ne veut pas accepter le bref qui contient cet acte de condescendance. Avant de partir pour la fatale campagne de Moscou, il ordonna enfin la translation du saint-père à Fontainebleau, où il le retrouva après sa désastreuse expédition.

Là, vaincu par l'obsession de certains cardinaux, qui brûlaient de revoir l'Italie, et par l'opiniâtreté de Napoléon, Pie VII signa le 25 janvier 1813 un nouveau concordat, qui le dépouillait d'une partie de son autorité spirituelle. Mais les cardinaux Consalvi et Pacca lui ayant été rendus, lui conseillèrent une rétractation immédiate; et le 24 mars Napoléon la reçut au moment de repartir pour la Saxe. Des ordres terribles furent le châtiment de ce désaveu : la vue du pape fut interdite aux évêques et aux cardinaux; Pie VII fut traité comme un prisonnier d'État jusqu'au moment où, vaincu, refoulé au cœur de l'empire, Napoléon crut qu'il était de sa politique de se relâcher de sa sévérité envers un vieillard revêtu d'un aussi vénérable caractère. Le 23 janvier 1814, un ordre imprévu rendit le pape aux vœux de l'Italie. Son voyage lent et pénible fut cependant une espèce de triomphe, et le 24 mai il rentrait dans sa capitale, pendant que son persécuteur arrivait à l'île d'Elbe. Mais la nouvelle de l'évasion de l'empereur et de sa marche sur Paris vint jeter l'alarme dans le palais pontifical, et l'approche de Murat, qui s'annonçait comme son allié, vers la haute Italie, força Pie VII à quitter encore une fois sa ville et son peuple. Ce nouvel exil ne fut pas long : arrivé à Gênes vers le mois d'avril 1815, il en repartit le mois suivant pour revenir à Rome, qu'avaient délivrée la défaite et la fuite du roi Joachim.

Pie VII n'en avait point fini avec la France : le concordat de 1801 ne pouvait convenir à la restauration de Louis XVIII. Elle triompha de la résistance du vieux pontife, et lui arracha le concordat de 1817, qui rétablissait celui de François Ier, et créait de nouveaux diocèses. Cette création fut repoussée par les chambres françaises, et la transaction ne satisfit ni les anciens ni les nouveaux prélats : elle fut taxée par la *petite Église* d'erreur mutuelle; les dernières années de Pie VII en furent troublées. Il les employa cependant à remettre de l'ordre dans les églises d'Allemagne et d'Italie. Il eut la satisfaction de rentrer dans ses deux principautés de Bénévent et de Ponte-Corvo, et reçut successivement les visites de l'empereur d'Autriche et du roi de Prusse. On remarqua qu'il fut obligé de se faire soutenir pour saluer Frédéric. Les infirmités avaient en effet usé ses forces, et dans la soirée du 6 juillet 1823 une chute terrible lui fracassa le col du fémur : cet accident causa sa mort. Il expira le 20 août, à l'âge de quatre-vingt-un ans, après un pontificat de vingt-trois ans cinq mois et six jours.

Au milieu de tant de traverses, Rome lui avait dû des embellissements que la domination française avait achevés ou augmentés. Le cardinal Consalvi le suivit de près au tombeau, et ordonna par son testament que ses propres bijoux fussent vendus pour ériger un monument à son auguste bienfaiteur. Thorwaldsen a exécuté cette dernière volonté du cardinal, et a placé sur le cénotaphe les statues de La Modération et de La Force, véritables qualités de ce malheureux pontife.

PIE VIII se nommait *François-Xavier*, comte DE CASTIGLIONE. Né à Cigoli (Marche d'Ancône), le 20 novembre 1761, il entra de bonne heure dans l'état ecclésiastique. Successivement évêque de Montalto, puis de Césène, il fut créé cardinal en 1816. Il succéda le 31 mars 1829 à Léon XII, et ordonna la célébration d'un jubilé universel pour remercier Dieu de son avénement. Il sévit contre les carbonari et autres sociétés secrètes. On loue ses brefs pour l'embellissement de Rome, pour l'exhumation des monuments antiques, placés entre les monts Palatin et Capitolin, pour la restauration de l'ancien Forum et le déblayement de la voix Sacrée. Ce pape ne régna que vingt mois, et mourut le 30 novembre 1830. VIENNET, de l'Académie Française.

PIE IX, pape aujourd'hui régnant, fut élu en 1846, en remplacement de Grégoire XVI. Avant son élévation au trône pontifical, il s'appelait *Joseph-Marie*, comte de MASTAÏ FERETTI. Né le 13 mai 1792, à Sinigaglia, dans une famille riche, il aurait voulu suivre la carrière militaire; mais la faiblesse de sa constitution l'en empêcha, et il se décida alors à entrer dans les ordres. Après avoir fait ses études au collége de Volterra, à partir de 1816, il fut ordonné prêtre, puis attaché en 1823 à la mission apostolique du Chili. A son retour en Europe, en 1825, il fut nommé chanoine à Rome, et se consacra avec ferveur à secourir les pauvres. En 1827 Léon XII le créa archevêque de Spolète; en 1833 Grégoire XVI l'appela à occuper le siége d'Imola, et en 1840 il lui conféra le chapeau. C'est très-certainement à sa réputation de bonté et de charité qu'il fut redevable, en juin 1846, de son élection au trône pontifical, à la suite d'un conclave tenu au milieu de l'irritation profonde causée par le gouvernement dur et incapable de Grégoire XVI, et qui ne dura que trois jours. Ses premiers actes semblèrent inaugurer une ère nouvelle. Il débuta par une amnistie, s'entoura d'autres conseillers que ceux de son prédécesseur, et annonça de sérieuses réformes dans l'administration. La joie et l'enthousiasme de la population romaine ne sauraient se décrire. Pie IX devint l'objet d'un véritable culte. Comme ces essais de réforme coïncidaient avec une époque où une fermentation des plus vives se manifestait dans tous les pays de l'Europe, ce qui se passa alors à Rome produisit la sensation la plus profonde non-seulement dans le reste de l'Italie, mais encore en Europe. L'établissement d'une consulte d'État délibérante, la création d'une garde civique, et surtout les rapports pleins d'affabilité et de bienveillance du nouveau pape avec le peuple, parurent remplir les espérances que son avénement avait inspirées aux amis de la réforme. Mais quand le mouvement national et libéral de l'Italie, favorisé en partie à contre-cœur par Pie IX, en vint à exprimer des exigences plus élevées, la position du pape ne tarda point à se trouver complétement modifiée. La constitution de mars 1848, accordée sous le coup des événements de la révolution, lui fut arrachée. Pie IX condamna d'abord en secret, puis publiquement, la lutte contre l'Autriche; et ce fut contre sa volonté que se constitua le ministère libéral et laïque présidé par Mamiani. En même temps il appelait de ses vœux le moment où les armes autrichiennes décideraient le triomphe de la politique de restauration. Dès lors c'en fut fait de sa popularité, et le cri *Evviva Pio nono* cessa d'être le cri de guerre de l'opposition libérale. Il faut sans doute bien moins accuser Pie IX des déceptions qu'éprouva alors l'opinion, que les espérances exagérées qu'avait fait naître son exaltation à la chaire de saint Pierre. Le libéralisme de Pie IX ne provenait ni de convictions politiques ni des calculs d'un homme d'État sachant voir dans l'avenir; et ses premiers actes ne furent évidemment que l'expression de la bonté naturelle de son cœur. C'est elle qui lui dicta ses premières et bien modestes réformes, en même temps qu'il demeurait fermement attaché à la politique traditionnelle du saint-siége, et tout à fait étranger aux espérances constitutionnelles et nationales qui se rattachaient à son nom. Par suite de la faiblesse de son caractère, on pouvait s'attendre à voir des épreuves douloureuses le ramener à la politique de Grégoire XVI et de ses prédécesseurs. Les sauvages mouvements populaires qui éclatèrent à Rome en novembre 1848, l'assassinat de son ministre Rossi (15 novembre), le ministère démocratique qui lui fut imposé le lendemain par l'insurrection triomphante, mirent un abîme entre Pie IX et le libéralisme romain. Tandis que secondé par le comte de Spaur, ministre de Bavière à Rome, il réussissait à s'échapper de Rome sous un déguisement et à se réfugier à Gaète, le court épisode de la domination du parti démocratique se développait à Rome (*voyez* ÉTATS DE L'ÉGLISE). Un gouvernement révolutionnaire, dont fit plus tard partie Mazzini, prit la direction des affaires, en même temps qu'une assemblée nationale abolissait pour toujours le gouvernement pontifical et proclamait la république. Mais la défaite que l'armée sarde essuya en 1849 dans sa campagne de trois jours amena bientôt après une restauration à Rome. Répondant à l'appel du pape, les puissances catholiques avaient résolu de le rétablir dans la plénitude de son autorité; en conséquence les Autrichiens envahirent les légations, pendant qu'un corps expéditionnaire français débarquait à Civita-Vecchia. A la suite d'une lutte opiniâtre, Rome fut occupée en juillet 1849 par les forces françaises; mais ce ne fut que le 12 avril 1850 que Pie IX fit sa rentrée dans la capitale de ses États. Par deux édits en date de septembre 1849, il avait promis diverses réformes administratives, notamment la création d'un conseil d'État, l'établissement de conseils provinciaux, des réformes dans l'organisation judiciaire, etc.; et il avait accordé une amnistie très-restreinte. Mais, sauf d'insignifiants changements, l'ancien régime fut rétabli à peu près complétement après sa rentrée à Rome. De là le mécontentement général de la population, qui contraint le gouvernement à faire plus que jamais de la force, et qui lui impose comme une nécessité absolue la prolongation indéfinie des troupes étrangères sur le sol des États pontificaux. Comme chef de l'Église, Pie IX, malgré ses formes bienveillantes et conciliantes, n'a jamais répudié une seule des prétentions du saint-siége; et à cet égard il y a encore plus de déceptions que pour ce qui regarde la politique. Consultez Clavel, *La Vie et le Pontificat de Pie IX* (Paris, 1848); Balmes, *Pie IX* (Paris, 1848); Clerc, *Pie IX, Rome et l'Italie* (Paris, 1849). *Pii IX, Pontificis Maximi, Acta* (Rome, 1855), collection de tous les actes du pontificat de Pie IX, contenant d'une part ses allocutions dans les consistoires, ses encycliques, ses lettres apostoliques, ses brefs relatifs à la foi, aux mœurs ou à la discipline, et enfin de l'autre ses actes comme souverain temporel et regardant dès lors plus particulièrement les États pontificaux.

PIE IX (Ordre de), ordre de chevalerie créé par le pape actuel, le 17 juin 1847, à l'exemple du pape Pie VI, qui avait autrefois établi l'ordre des *Piani*, et dans le but de décerner de nouveaux insignes d'honneur, « qui, dit la bulle d'institution, élèvent et fassent briller, dans la société civile, ceux auxquels ils auront été confiés, de manière qu'ils soient pour les autres non-seulement un exemple, mais de plus un sujet d'émulation qui les porte à se distinguer par des actions éclatantes et à bien mériter du siége apostolique ». L'ordre de Pie IX se divise en deux degrés, dont l'un comprend les chevaliers de première classe, et l'autre ceux de la seconde. Les chevaliers de première classe reçoivent le titre de noblesse transmissible à leurs enfants; pour les chevaliers de la seconde classe, le titre de noblesse est personnel. L'insigne de l'ordre est une étoile d'or partagée en huit rayons d'azur, portant au milieu un écusson fond blanc, sur lequel est écrit en lettres d'or : PIUS IX ; l'écusson est entouré d'un cercle en or dans lequel est inscrite en lettres d'azur cette épigraphe : VIRTUTI ET MERITO ; sur le revers de l'écusson est écrit : ANNO MDCCCXLVII. Les chevaliers de première classe portent la décoration suspendue au cou avec un ruban de soie bleue, orné sur chaque bord d'un liseré rouge. Les chevaliers de deuxième classe portent la même décoration, d'un module moins grand, attachée par un ruban de la même couleur au côté gauche de la poitrine. De plus les chevaliers doivent avoir un habit particulier, de couleur azur, avec les parements rouges et des broderies d'or plus ou moins grandes selon les classes. Les chevaliers de première classe peuvent, en outre, porter sur la poitrine une grande plaque en argent, semblable à la décoration, quand ils en ont obtenu l'autorisation du pape.

Le 8 décembre 1856, le pape Pie IX a en outre institué une décoration de chevalerie militaire, avec une pension de 50 écus par an pour chacune d'elles, et 55 médailles spéciales de mérite, dont 35 auront une pension annuelle de 30 écus et 20 une pension de 25 écus. Les décorations sont destinées aux officiers et soldats des diverses armes pontificales qui se distingueront par quelque action d'importance reconnue utile au gouvernement. L. LOUVET.

PIÈCE. Ce mot comporte de nombreuses significations. Pris isolément, il signifie le fragment, la portion, la partie, le morceau d'un tout ; c'est ainsi que l'on dit une *pièce* de boucherie, de bois, une *pièce de terre* pour désigner une fraction de propriété : Mettre une *pièce* à un vêtement ; Mettre un objet en *pièces*, c'est le briser en un grand nombre de morceaux. *Pièce* désigne quelquefois un objet complet, faisant partie d'une collection d'objets semblables ; c'est dans ce sens que l'on dira : Les pommes sont à tant la *pièce* ; l'on dit d'un objet d'un seul morceau qu'il est *tout d'une pièce*, locution devenue familière au figuré, pour désigner, soit au physique, soit au moral, une personne roide dans ses mouvements, dans son allure ou dans ses appréciations et dans sa conduite. Le mot *pièce* désigne encore chacune des parties d'un appartement, d'un ameublement. Le mot *pièce* ajouté à une foule de mots en détermine le sens de diverses manières ; une *pièce* d'étoffe constitue une longueur d'étoffe dont la longueur et la largeur sont déterminées par les usages commerciaux, et que les marchands en détail débitent en coupons.

Une *pièce de monnaie* est une unité monétaire d'or ou d'argent, dont le chiffre varie selon la grandeur, son poids et selon les pays : *Donner la pièce à quelqu'un* dérive évidemment du mot pièce dans le sens que nous venons d'indiquer, et signifie lui donner quelque menue monnaie à titre de rémunération ; *Être près de ses pièces*, c'est n'avoir plus d'argent. — Une *pièce de théâtre* est une œuvre dramatique en un ou plusieurs actes ; on dit, par extension, *pièce* tout court ; la *grande pièce*, celle en plusieurs actes, est d'ordinaire précédée d'une *petite pièce*, en un seul, dans la composition du spectacle de chaque théâtre : *Jouer une pièce à quelqu'un*, lui *faire pièce*, c'est le rendre victime d'une malice, d'une mystification. — On désigne les canons sous le nom de *pièces d'artillerie*, de *pièces* ; c'est en ce sens que l'on dit : une *pièce* de 8, et que se fait le commandement : « Canonniers, *à vos pièces !* » — En procédure, on appelle *pièces* les différentes grosses ou les actes originaux qui constituent tous les éléments d'un procès ou d'une procédure ; un huissier ne doit jamais se présenter chez les parties contre lesquelles il instrumente sans être muni des *pièces* qui les concernent. — Les historiens appellent *pièces justificatives* les documents qu'ils donnent, à la fin d'un volume, à l'appui d'un fait ou d'une opinion qu'ils ont mentionnés ; les gens de procédure donnent le même nom aux documents imprimés dont ils font suivre les mémoires qu'ils mettent au jour dans les causes importantes ; ils appellent *pièce de comparaison* l'écriture et la signature qu'ils pourront comparer à une autre pièce d'écriture arguée de faux. — On dit en effet *pièce d'écriture* pour indiquer un morceau d'écriture d'une page écrit avec soin, et par extension, tout fragment d'écriture ; — les *pièces de conviction* sont les objets déposés au greffe, et qui sont produits à la charge d'un accusé dans un procès criminel ou correctionnel, tels que les vêtements de l'accusé ou de sa victime, dans les cas d'assassinat, l'arme dont il s'est servi, les objets qu'il a volés, les instruments à l'aide desquels il a accompli le vol, etc. — Sortons du Palais, et nous allons trouver encore de nombreuses acceptions au mot *pièce* : il signifie parfois ouvrage ; c'est dans ce sens que l'on dit : une *pièce* d'orfévrerie, une *pièce* de pâtisserie, une *pièce* de charpente ; il y a de *petites* et de *grosses pièces* de charpente, les *maîtresses pièces*, ou morceaux capitaux, et les petites, qui constituent par leur réunion tout un système de charpente. — Les ébénistes appellent *pièces de rapport* les petits morceaux de bois précieux dont ils incrustent les travaux de marqueterie ou de mosaïque. Le mot *pièce* appliqué aux animaux est, quand il s'agit de les compter, synonyme de tête, pris au figuré : ainsi l'on dira trois *pièces* de bétail pour trois têtes de bétail ; c'est dans le même sens que les chasseurs parleront de *pièces* de gibier, ou de pièces tout simplement, en détaillant le gibier qu'ils ont tué.

Être à la pièce, *aux pièces*, *à ses pièces*, c'est travailler à la tâche, et être payé en proportion de l'ouvrage que l'on a fait au lieu de l'être à la journée ; *pièce* se dit encore de compositions, soit musicales, soit poétiques ; c'est dans ce sens que l'on dit une *pièce pour piano*, une *pièce de poésie* ; au jeu d'échecs, on appelle *pièce* tout ce qui n'est pas pion.

Le mot *pièce* a donné lieu à quelques locutions familières ou proverbiales ; la pièce de bœuf étant d'ordinaire le morceau le plus considérable d'un repas, on a par extension dit que le principal article, l'article de fond d'un journal en était la *pièce de bœuf*, la pièce de résistance ; — on a dit d'une personne qui blessait par ses railleries qu'elle *emportait la pièce*, pour indiquer qu'elle mordait si cruellement qu'elle enlevait le morceau ; — on a dit des chaudronniers qu'ils mettaient souvent *la pièce à côté du trou* ; on a par extension appliqué cette expression aux personnes qui emploient pour atteindre un but tout autre moyen que celui qui peut les y faire arriver.

Rendre à quelq'un la monnaie de sa pièce, c'est riposter par un mauvais tour à un mauvais tour qu'on vous a fait ; — enfin, on dira de l'argument, du moyen sur lequel une personne comptera le plus pour la solution d'une affaire, que c'est la *meilleure pièce de son sac*, par allusion au sac dans lequel les hommes de loi plaçaient autrefois toutes les pièces d'un procès.

PIÈCE (*Métrologie*). Les marchands de bois, les charpentiers, avaient adopté autrefois une méthode particulière pour se rendre compte de la quantité de bois que peut contenir un arbre, soit rond, soit équarri ; l'unité de mesure était la *pièce*, son volume équivalait à 3 pieds cubes, ou bien on pouvait la considérer comme un chevron de 12 pieds de long sur 6 pouces, tant en largeur qu'en épaisseur. La pièce se subdivisait en pieds, pouces et lignes ; un pied était le 12me de la pièce, valant un prisme ayant 1 pied de long et 6 pouces d'équarrissage ; 1 *pouce de bois* était la 72me partie de la pièce, etc.

On appelle encore *pièce* le tonneau, d'une dimension variable suivant les pays, où l'on met le vin, l'eau-de-vie pour les vendre ; c'est ainsi que l'on dit une *pièce de vin*, une *pièce de cognac*, etc.

PIÈCES (*Blason*), figures héraldiques qui se placent dans l'écu. On distingue neuf pièces principales, qu'on appelle *honorables*, soit par rapport à leur ancienneté, soit plutôt par leurs caractères symboliques et la place qu'elles occupent dans l'écu. Ce sont : le chef, la fasce, le pal, la croix, la bande, le chevron, le sautoir, la barre et le pairle. Toutes ces pièces, quand elles ne sont pas multiples, doivent avoir en largeur deux parties des sept de la largeur de l'écu, dont leurs extrémités touchent ordinairement les bords. On se sert fréquemment de ces spécifications : *en fasce*, *en pal*, *en croix*, *en bande*, *en barre*, *en chevron*, *en sautoir*, *en pairle*, pour dire que les objets dont on parle sont posés dans le sens et la direction des pièces qu'on désigne, et non dans l'attitude ordinaire que leur assigne le blason.

Les autres pièces et figures héraldiques classées après celles dites honorables sont le *franc-canton*, carré long placé à l'angle dextre supérieur; le *canton*, plus petit; l'*orle*, espèce de bordure détachée; le *trécheur* (on prononce *trékeur*), orle plus étroit, qui très-souvent est fleuronné et contre-fleuronné; le *crancelin*, espèce de bande fleuronnée en forme de diadème; le *giron*, la *champagne*, la *plaine* (champagne plus étroite) : elles sont mouvantes du bas de l'écu, parallèlement au chef; la *pointe* (mouvante du bas de l'écu), la *pile* (mouvante du haut), l'*émanche*, le *gousset* (espèce de pal élargi en triangle vers le haut), le *chapé*, le *chaussé*, le *vêtu* (grande losange qui touche aux quatre côtés de l'écu), le *flanqué*, l'*enté en pointe*, le *mantelé*, l'*embrassé*, etc.; et parmi les *brisures*, le *lambel*, la *bordure*, la *filière*, l'*engrêlure*, le *bâton péri* et le *filet* en bande ou en barre (dans ce dernier cas marque de bâtardise).

LAINÉ.

PIED (du latin *pes*). On appelle *pied* l'extrémité inférieure du membre abdominal qui supporte le corps dans la station et la progression. Le pied est en général plus grand chez l'homme que chez la femme, de même qu'il est le plus souvent en proportion avec la stature des individus. Le pied s'articule avec la jambe à angle droit, et reçoit d'elle le poids du corps dans la station verticale, à peu près vers le tiers postérieur de sa face dorsale. La face supérieure ou dorsale du pied est plus ou moins convexe dans ses deux tiers postérieurs; sa face inférieure ou plantaire est concave d'avant en arrière, dans l'espace compris entre le talon et les articulations métatarso-phalangiennes. Les deux faces du pied sont séparées par deux bords, l'interne et l'externe; le premier est plus long que le second. Ils sont tous les deux un peu concaves dans leurs deux tiers postérieurs, et légèrement convexes dans leur tiers antérieur. L'extrémité antérieure du pied est formée par les orteils, qui sont rangés sur une ligne oblique de dedans en dehors; l'extrémité postérieure, ou talon, est arrondie, formée par la grosse tubérosité du calcanéum; c'est sur elle et les articulations métatarso-phalangiennes qu'a principalement lieu le point d'appui dans la station et la progression.

Le pied est composé d'un grand nombre de parties constituantes, telles que les os, les ligaments, les muscles, les vaisseaux et les nerfs, etc. Ce sont les os du pied qui en déterminent principalement la forme; ils sont divisés en trois régions, le *tarse*, le *métatarse* et les *phalanges*. Le *tarse*, composé de sept os, est placé postérieurement aux deux autres régions; il est plus large en avant qu'en arrière, et divisé en deux rangées, dont la première est composée de l'astragale et du calcanéum, la seconde du scaphoïde, du cuboïde et des trois cunéiformes. C'est sur la face supérieure de l'astragale qu'est placée la jambe, et que tombe par conséquent le poids du corps. Le *métatarse*, situé entre le tarse et les phalanges, est composé de cinq os longs, parallèlement placés les uns à côté des autres, mais qui offrent des différences sous le rapport de leur longueur et de leur volume. Les *orteils* forment la troisième région du pied, et sont composés chacun de trois phalanges, à l'exception du gros orteil, qui n'en a que deux. Les *phalanges* sont divisées en *métatarsiennes*, *moyennes* et *unguinales*; elles sont beaucoup moins longues que celles de la main, surtout les moyennes, qui sont presque carrées. Voilà la disposition des vingt-six os qui entrent dans la composition du pied. Ces os sont liés entre eux à peu près comme ceux de la main. Tous les os du pied présentent une mobilité plus ou moins grande, résultat de leur multiplicité.

Disons maintenant un mot des puissances motrices de cet organe de la progression. Ces puissances sont les muscles; les uns le meuvent en totalité et les autres en partie. Les premiers appartiennent à la jambe, les seconds au pied seulement; ils le portent dans l'extension, dans la flexion, dans l'adduction et l'abduction, etc. Indépendamment des os, des ligaments et des muscles, il entre encore beaucoup d'autres parties dans la composition du pied : ce sont des artères, des veines, des nerfs, des vaisseaux lymphatiques, des tissus cellulaires, graisseux, etc. Cet organe présente assez souvent des vices de conformation qu'on désigne sous le nom de *pied bot*, de *pied plat*, etc.

Dr Vincent DUVAL.

Pied, par analogie avec la place qu'il occupe chez l'homme et chez les animaux, et avec les fonctions qu'il y remplit, désigne en général la partie inférieure de la plupart des corps dont il supporte la masse, comme le *pied* d'un meuble, le *pied* d'un mur, le *pied* d'un arbre, d'une échelle, d'une montagne, etc. On l'applique également au talus, à la pente qu'on donne à des ouvrages de maçonnerie ou à d'autres corps pour les appuyer plus solidement : Ce rempart n'a guère de *pied*; Donnez du *pied* à cette échelle, pour dire en éloigner la partie inférieure du mur. *Pied* se dit quelquefois pour le corps entier, dont il n'est qu'une partie : Acheter deux cents *pieds* d'arbres, pour deux cents arbres; un *pied* d'œillet, etc.

Le *pied cormier*, en termes d'eaux et forêts, est un arbre qu'on laisse en guise de marque à l'extrémité d'un arpentage, d'un héritage; on le dit aussi des longues pièces de bois qui font encoignure des pans de charpente.

Suivant qu'on a cru reconnaître dans les feuilles ou dans les fleurs de certaines plantes de l'analogie avec le pied de quelque animal, on leur a donné le nom de ce dernier, précédé du mot *pied*, comme dans les plantes appelées *pied-de-lion*, *pied-de-veau*, *pied-de-chat*, *pied-d'alouette*, etc.

On nomme *pied-de-chèvre* une sorte de pince ou levier dont une des extrémités a la forme d'un pied de chèvre.

Pied droit, en termes d'architecture, est la partie du jambage d'une porte ou d'une fenêtre, qui comprend le chambranle, le tableau, la feuillure, l'embrasure et l'écoinson.

Pied, dans l'art culinaire et dans celui de la charcuterie, se joint à un grand nombre de dénominations particulières qui indiquent de quelle manière des pieds d'animaux ont été préparés pour le service de la table.

Au figuré, *lâcher pied* ou *lâcher le pied*, c'est reculer, s'enfuir; *Attendre*, *recevoir de pied ferme*, c'est recevoir bravement le choc de l'ennemi. *Trouver chaussure à son pied*, c'est trouver une chose qui convient, et quelquefois au contraire rencontrer quelqu'un qui nous résiste avec succès, qui se défend bien. *Avoir bon pied, bon œil*, c'est se bien porter, être actif, vigilant. *Ne pas se moucher du pied*, c'est être fin, difficile à surprendre. *Avoir le pied marin*, c'est, au sens propre, se bien tenir sur un vaisseau malgré le tangage et le roulis; et au sens figuré, c'est garder son sang-froid dans les circonstances difficiles. *Mettre quelqu'un au pied du mur*, c'est le mettre hors d'état de répondre. *Tirer pied ou aile* d'une affaire, c'est en tirer quelque avantage, de quelque façon qu'elle tourne. *Se tirer une grande épine du pied*, c'est surmonter une grande difficulté. *Ne savoir sur quel pied danser*, c'est être ruiné, ne savoir quel parti prendre. *Faire le pied de grue*, c'est demeurer longtemps à la même place. *Avoir un pied de nez*, c'est être trompé dans ses espérances. *Avoir un pied à l'étrier*, c'est entrer avantageusement dans une carrière. *Tenir à quelqu'un le pied sur la gorge*, c'est le contraindre à faire une chose. On dit d'un vieillard ou d'un homme très-malade qu'il a *un pied dans la fosse*; de quelqu'un qui a de grands sujets de tristesse, qu'il *sèche sur pied*, qu'il *voudrait être à cent pieds sous terre*; d'un vagabond, que c'est un *va-nu-pieds*; d'un homme qui ne mérite aucune considération, que c'est un *pied plat*. Les *valets de pied* sont les gens de livrée du roi ou des grands qui vont à pied dans les cérémonies. *Couper l'herbe sous le pied*, c'est supplanter quelqu'un. *Au pied de la lettre* veut dire, selon le sens littéral, le sens propre des paroles. Avoir d'une chose *cent pieds par-dessus la tête*, c'est en être tout à fait dégoûté, etc., etc.

PIED (*Malacologie*). *Voyez* MOLLUSQUES.

PIED (*Métrologie*), mesure de longueur qui fut en usage chez presque tous les peuples. Le pied de France, nommé *pied de roi*, parce qu'on le faisait remonter à Charlemagne, se divisait en douze pouces, chaque pouce en douze lignes, celles-ci en douze points, etc. Six pieds formaient une toise. La longueur du pied, qui différait suivant les provinces, varia également dans la capitale; la toise dont se servit Picard dans sa mesure d'une partie du méridien ne paraît pas être la même que celle qu'employa La Condamine pour la même opération, et qui est devenue le point de comparaison avec le système métrique. Cette dernière vaut 1^{m},949036, d'où il suit que le pied égale 0^{m},32484, le pouce 0^{m},02707, la ligne 0^{m},002256. Le pied carré égale 0^{m},1055; le pied cube 0^{m},034277.

Le pied anglais (*foot*) vaut 0^{m},30479; le pied de Vienne (*fuss*), 0^{m},316103; le pied du Rhin ou de Berlin, 0^{m},313854; le pied russe, 0^{m},304704; le pied de Varsovie, 0^{m},297769; le pied de Suède, 0^{m},296901; le pied de Danemark, 0^{m},313821; le pied de Hambourg, 0^{m},286490; le pied de Hollande, 0^{m},283056; le pied de Madrid ou d'Espagne 0^{m},282655; le pied de Portugal, 0^{m},338600; le pied de Rome, 0^{m},297896; le pied de Piémont, 0^{m},342510; le pied de Gênes (*palmo*), 0^{m},249095; le pied des Deux-Siciles, 0^{m},263670; le pied de Venise, 0^{m},347398; le pied de Milan, 0^{m},435185. En Saxe, on distingue le pied de Dresde, qui vaut 0^{m},28326, et le pied de Leipzig, qui vaut 0^{m},282655. En Suisse, il varie également dans les cantons; celui de Berne vaut 0^{m}2932; celui de Genève 0^{m},4879; celui de Zurich, 0^{m},3013.

L. LOUVET.

PIED (*Prosodie*). Dans les langues modernes dérivées du latin, on donne ce nom à la réunion de deux syllabes d'un vers sans compter, en français, les syllabes muettes de la fin des vers en rimes féminines : c'est ainsi que l'alexandrin est appelé un vers de six pieds. Mais dans les langues anciennes, les syllabes étant divisées en longues et en brèves, leurs diverses combinaisons produisaient des pieds d'une mesure différente : ainsi deux syllabes longues formaient le *spondée*; deux brèves le *pyrrique*; une longue et une brève constituaient le *trochée*; une brève et une longue composaient l'*iambe*. L'arrangement de trois syllabes donnait le *dactyle*, quand à une longue succédaient deux brèves; l'*anapeste*, quand au contraire deux brèves étaient suivies d'une longue; trois brèves formaient le *tribraque*, et trois longues le *molosse*.

On leur a donné le nom de pieds, dit la Grande Encyclopédie, « parce que comme les hommes se servent de pieds pour marcher, de même aussi les vers semblent avoir quelque espèce de pieds qui les soutiennent et leur donnent de la cadence ».

PIED BOT, difformité qui ne permet au sujet, lorsqu'il est debout, de toucher le sol qu'avec l'extrémité phalangienne, le bord externe ou le bord interne du pied, et même quelquefois avec le dos du pied ou le talon seulement : en admettant toutefois que l'affection n'est pas la suite d'une autre difformité, comme de la déviation des genoux en dedans, de la courbure des jambes dans ce sens ou en dehors. Les auteurs ont établi trois variétés de *pieds bots*, basées sur l'observation des diverses directions du pied, suivant que la pointe de celui-ci est déviée en bas, en dedans ou en dehors. Ces espèces ou variétés ont été nommées *pes equinus* (*pied équin, pied de cheval*), lorsque le malade ne peut toucher le sol qu'en appuyant sur les orteils et les articulations métatarso-phalangiennes; *varus* (*pied en dedans*), quand c'est le bord externe du pied ou une partie de sa face dorsale qui sert de point d'appui; enfin, *valgus* (*pied en dehors*), lorsque le pied pose seulement sur une partie de son bord interne. A ces trois variétés de déviation du pied nous en ajouterons deux autres, qui nous semblent tout à fait distinctes; nous appellerons la première *déviation du pied en dessous* : c'est celle où l'avant-pied est situé sous l'axe de la jambe, sous le talon, et où la face dorsale du cuboïde et des cunéiformes sert de point d'appui pendant la station et la progression; nous désignerons la seconde sous le nom de *déviation du pied en haut* : c'est celle dans laquelle la face dorsale du pied est appliquée contre la partie antérieure, interne ou externe de la jambe, le talon étant dirigé en bas.

Les différentes déviations du pied peuvent exister au moment de la naissance ou se développer accidentellement, soit pendant l'enfance, soit vers l'adolescence, ou même plus tard. Dans le premier cas, la difformité est nommée *congénitale* ou *native*; dans le second cas, elle reçoit le nom d'*accidentelle* ou de *consécutive*.

Les cas que nous avons observés le plus fréquemment sont les déviations natives en dedans, et après celles-ci les déviations accidentelles en bas et en dedans, affectant simultanément le même membre, ou, en d'autres termes, les pieds mixtes, *équins et en dedans*. Les déviations des pieds en dehors sont très-rares comparativement aux deux autres variétés, et les déviations en dessous et en haut encore plus rares que celles-ci. Environ un tiers des déviations des pieds en dedans sont déjà très-développées au moment de la naissance, les deux autres tiers ne présentant à cette époque qu'une déviation du pied en bas et un peu en dedans, difformité que les parents des jeunes enfants regardent ordinairement comme peu grave; mais lorsque les enfants commencent à marcher, cette légère difformité devient plus manifeste, et se transforme promptement en une véritable déviation en dedans. Si les petits malades ont pu être soumis à un traitement bien conçu, bien dirigé, le membre ne fût-il pas redressé complétement, la difformité change de nature, le pied est ramené sous l'axe de la jambe; mais il reste dévié en bas si la brièveté des muscles du mollet ne permet point un allongement suffisant pour le redressement total du pied. On observe rarement, au moment de la naissance, des déviations simples du pied en bas; c'est chez les enfants qui ont porté des machines qu'on les rencontre le plus fréquemment.

La cause efficiente des pieds bots natifs ou consécutifs est toujours la même, l'inégalité dans les forces musculaires antagonistes. Dans les pieds bots accidentels ou consécutifs, on voit pour ainsi dire la difformité se développer sous l'influence du raccourcissement de certains muscles et du relâchement de leurs antagonistes. Mais ce défaut d'antagonisme est alors secondaire, dans les dix-neuf vingtièmes des cas, aux paralysies qui surviennent après des convulsions. Nous pensons que la cause première de presque tous les pieds bots, qu'ils soient natifs ou consécutifs, dépend des convulsions suivies de paralysies partielles plus ou moins développées. Les enfants, dans le sein de leur mère, peuvent éprouver des lésions de l'appareil cérébro-spinal et des convulsions. Nous avons vu plusieurs fois des enfants naître hémiplégiques, etc. La persistance d'une mauvaise position dans le sein de la mère peut aussi être la cause du pied bot natif, etc. Les pieds bots consécutifs à la naissance, indépendamment des convulsions et des paralysies, peuvent naître sous l'influence de plusieurs autres causes : une position vicieuse pour éviter la douleur d'une blessure dans la jambe, une chaussure trop courte ou trop dure, peut aussi développer des pieds bots; car alors quelques muscles ont leurs points d'insertion rapprochés, tandis que quelques autres sont éloignés.

De tout temps on a cherché à guérir les pieds bots; mais les moyens dont on se servait étaient si défectueux qu'à peine deux sur cent arrivaient à être modifiés par les bandages, les massages et les attelles que l'on employait. Sur la fin du siècle dernier, Venel inventa une machine à l'aide de laquelle il parvint à guérir un assez grand nombre de ces difformités. C'est la machine de Venel, modifiée de toutes les manières par les orthopédistes qui se sont succédé depuis lui, qui sert encore aujourd'hui, et qui obtient quelquefois des résultats heureux lorsque les pieds bots sont peu difformes; mais quand certains muscles sont très-raccourcis, elle échoue constamment. Il n'en est pas de même de la section du tendon d'Achille. Celle-ci réussit toujours à guérir les pieds bots les plus difformes, souvent en quelques jours, jamais en plus de deux mois, même chez les sujets de plus de quarante ans.

La section du tendon d'Achille pour guérir les pieds bots équins a été pratiquée pour la première fois en 1782, sous les yeux et d'après le conseil de Thilennius. Ce médecin n'a pas eu occasion de la conseiller une seconde fois. En 1809 un chirurgien de Marbourg, Michaelis, a repris cette idée, mais à demi; il a traité plusieurs pieds bots en incisant une partie du tendon d'Achille seulement, et en distendant, en allongeant ce qu'il n'avait pas coupé. En 1812 Sartorius a pratiqué une fois la section du tendon d'Achille pour guérir un pied équin. Delpech, en 1816, a aussi guéri un pied bot équin très-difforme par la section du tendon d'Achille; et c'est à ce célèbre chirurgien que nous devons les idées les plus saines sur les causes des pieds bots, et les raisons les plus solides pour engager à pratiquer la section du tendon d'Achille dans les cas de pieds bots équins. En 1831 un chirurgien de Hanovre, Stromeyer, pénétré de l'exactitude des idées de Delpech sur les causes des pieds bots, et encouragé par le résultat de l'opération du chirurgien de Montpellier, se détermina à pratiquer la section du tendon d'Achille pour guérir les pieds bots. Cependant, malgré les heureux résultats obtenus par les chirurgiens que nous venons de mentionner, cette opération n'avait pas trouvé de crédit en France, lorsque, enhardi par les succès de nos devanciers, et surtout par nos expériences sur les animaux vivants, nous nous décidâmes à pratiquer cette opération, en 1835, sur un malade que nous eûmes la satisfaction de voir promptement débarrassé d'un énorme pied bot équin qui avait résisté à l'emploi de machines énergiques portées pendant plus de dix ans, sans aucun résultat avantageux. Un tel résultat dut nous encourager : nous répétâmes ce moyen curatif; nous l'étendîmes à tous les genres de pieds bots, et les succès que nous avons obtenus ont popularisé cette opération.

La description de notre procédé opératoire serait trop longue; nous nous contenterons de dire que la petite plaie que nous faisons pour introduire notre instrument à la partie antérieure des tendons n'est pas plus grande que celle de la saignée du bras, et qu'elle n'est pas douloureuse : les jeunes enfants ne quittent pas le sein pendant qu'on les opère. Après la section, il faut appliquer une machine extensive : c'est dans l'application de la mécanique que réside toute la difficulté, car il faut obtenir l'allongement de la substance intermédiaire dans l'espace de quinze à vingt jours.

Dr Vincent Duval.

PIED D'ALOUETTE, nom vulgaire des plantes du genre *delphinium*, de la famille des renonculacées, genre dont le nom latin, dérivé de celui du dauphin, fait allusion à la forme des fleurs avant leur épanouissement. Il a pour caractères : Calice composé de cinq folioles, dont la supérieure se prolonge en éperon à sa base; corolle formée de deux ou quatre pétales irréguliers, souvent soudés en un seul, terminé à sa base par un éperon engainé dans celui du calice; étamines nombreuses; un ou trois ovaires, quelquefois cinq; même nombre de capsules, renfermant plusieurs semences anguleuses.

Le *pied d'alouette des blés* (*delphinium consolida*, L.), très-commun dans nos moissons, apparaît un peu plus tard que les bluets et les coquelicots. Ses rameaux étalés offrent à leur extrémité des fleurs d'un bleu azuré, qu'accompagne un feuillage léger et profondément découpé. On nomme vulgairement cette plante *consoude*, *consoude royale*, parce qu'on lui attribuait autrefois la propriété de *consolider* les plaies. La science moderne ne lui en accorde d'autre que celle que possèdent ses fleurs, de fournir une assez belle couleur bleue, lorsqu'on les prépare avec l'alun.

Le *pied d'alouette des jardins* (*delphinium Ajacis*, L.) doit ce nom spécifique d'*Ajacis* à quelques lignes colorées de l'intérieur de ses corolles dans lesquelles l'imagination des poëtes a cru voir les premières lettres A I A, du nom du héros grec Ajax. Cette espèce, originaire de la Tauride, est parfaitement naturalisée dans nos jardins, où la culture en a obtenu d'innombrables variétés doubles et de toutes les nuances.

Le *delphinium staphisagria* de Linné est vulgairement nommé *herbe aux poux*, parce que ses graines servent à détruire la vermine. Ces graines renferment un poison assez violent, et entrent le poisson comme la coque du Levant.

PIED DE CIRE. *Voyez* Cire.

PIED DE COQ. *Voyez* Bouton d'Or.

PIED DE VEAU, nom vulgaire de l'*arum commun*.

PIÉDESTAL. C'est un mot employé dans le langage technique des architectes et des sculpteurs, pour désigner un corps solide de matière, qui supporte une colonne, un buste, un vase, ou tout autre objet d'art et d'ornement; il a dans plusieurs circonstances la même signification que le mot *stylobate*, qui est d'origine antique et s'applique d'une manière exclusive aux travaux d'architecture appelés aussi *soubassements*. Le terme dont nous faisons usage est emprunté à l'italien : de *piedestallo* ou *piedistilo* nous avons fait *piédestal*, qui se prend dans une acception très-large; c'est dans tous les cas la base d'un ordre architectural ou un support qu'on donne à des candélabres, à des figures d'animaux, à des cadrans solaires, à des tombeaux ou cénotaphes, etc. Sa partie inférieure, ornée de quelques moulures, se nomme *socle*; le corps carré ou rond qui porte sur le socle se nomme *dé*, et le couronnement du dé, qui est enrichi de moulures saillantes, se nomme *corniche*.

La forme et les proportions des piédestaux varient; ils admettent des détails décoratifs plus ou moins riches, selon la destination qu'on veut leur donner. Ils sont fabriqués en pierre, en marbre, en bronze, en fonte, en maçonnerie, en plâtre ou en bois, selon la pesanteur, le caractère ou la valeur des choses qu'ils doivent supporter et mettre en regard. Quant à leur forme, elle se modifie comme leur nature matérielle, et par les mêmes raisons. Il y en a qui sont carrés, circulaires, ovales ou triangulaires : l'emploi qu'on en fait est si fréquent, sujet d'ailleurs à tant de caprices, qu'ils ne sont soumis en apparence à aucune proportion régulière. Le goût, la pratique, la recherche de certains effets peuvent seuls dans ce cas guider les artistes et déterminer leur choix. Le plus souvent on ne leur donne en hauteur que le double de leur épaisseur; mais cependant cet usage n'a rien de fixe, puisqu'on y déroge dans plus d'une circonstance, par exemple toutes les fois que l'exigent la grandeur, les attitudes des statues, des groupes pour lesquels ils sont dressés. Parfois les piédestaux empruntent des formes au caprice, à la mode; quelquefois ils se rapprochent du cippe antique, ou adoptent des ornements en rocaille; on en a fait avec des ressauts, avec des angles arrondis ou chantournés. Hâtons-nous de dire pourtant que la forme quadrangulaire nous paraît la plus convenable pour un piédestal de statue, qui le plus souvent doit être simple et présenter un aspect solide et sévère; des profils purs et déliés enrichiront la dureté, la sécheresse naturelle des angles, et des décorations, telles que des moulures de bon goût encadrant des bas-reliefs couvriront ses quatres surfaces.

Considéré sous un autre point de vue et comme détail architectonique, le piédestal d'une colonne fait partie d'un ordre, et lui emprunte son nom. Ce n'est pas qu'il ait toujours été employé comme partie essentielle de la colonne : les monuments de Pestum, d'Agrigente et de Selinum n'offrent dans leur ordonnance rien qui réponde à ce genre de base. Leurs fûts de marbre alignés semblent sortir de terre comme des troncs d'arbre. Les piédestaux se sont donc introduits peu à peu par l'usage dans l'art de construire, et peut-être ne faut-il voir en cela que la nécessité pour les architectes de donner une certaine hauteur à des colonnes d'un seul bloc, dont le jet se trouvait trop court; puis, dans plusieurs cas, ils ornent et enrichissent un style qui manque de force et de relief; par exemple, les colonnes adossées à des façades, à des frontispices, ou engagées dans les pieds droits d'une arcade, les pilastres du genre plaqué qui portent sur un soubassement ou un appui continu, ne sauraient se passer de leur secours, et leur empruntent des saillies agréables et d'élégants profils; ils sont aussi placés fort convenablement sous les colonnes qui ornent les arcs de triomphe. Dans les édifices romains en général, dans les théâtres, les cirques, les palais, où se montre un usage fréquent des ordres superposés, des colonnes plaquées et des portiques en étage, les piédestaux sont d'un bon effet.

En réglant leurs proportions, on convint que chaque ordre aurait un piédestal qui lui serait propre; ses profils devaient répondre à la forme de la colonne qu'il supporterait. Chez les modernes, on a suivi la même théorie. Comme il y a cinq ordres, le toscan, le dorique, l'ionique, le corinthien et le composite, il y a cinq genres de piédestaux en architecture. On est convenu encore de donner différents noms aux piédestaux, selon leur destination et les formes qui dominent dans leur ensemble. Le *piédestal composé*, d'une forme très-indépendante, est indifféremment en carré long, en ovale, à pans coupés ou arrondis; celui qu'on appelle *continu* porte une rangée de colonnes sans faire saillie ni retraite. Les *piédestaux doubles* portent deux colonnes accouplées: tels sont ceux du portail de l'église Saint-Gervais. Les *carrés* ont une largeur égale à leur hauteur, comme ceux du style corinthien de l'arc des Lions à Vérone. Les *triangulaires* ont la forme d'un trépied; leurs angles sont quelquefois à pans coupés. Ces piédestaux s'emploient le plus souvent comme supports de groupes, de candélabres, de guéridons, etc. Le *piédestal en adoucissement* est caractérisé par son dé, qui a la forme d'une gorge ou d'une scotie; celui *en balustre* a son dé contourné en forme de balustre; celui *en talus* comporte un dé avec des faces inclinées: tels sont les piédestaux qu'on voit dans l'escalier du Capitole à Rome. Le *piédestal flanqué* présente des encoignures contournées ou ornées de pilastres attiques, de consoles, de figures; celui qu'on appelle *orné* a des moulures taillées d'ornements; ses tables sont fouillées ou saillantes sur ses faces, et enrichies de bas-reliefs, armoiries, chiffres, etc. Enfin, le *piédestal irrégulier* présente des faces qui ne sont pas d'équerre ou parallèles, des angles qui ne sont pas droits.

Le mot *piédestal* se prend quelquefois au figuré: ainsi, on dit d'un homme qu'il s'est fait un *piédestal* de son talent, d'une découverte, d'une industrie, d'un vice ou d'une vertu. A. FILLIOUX.

PIÉDOUCHE. On se sert de ce mot en sculpture pour désigner un piédestal de très-petite dimension, qu'on place sous de petits objets, tels que des figures, des vases, etc. Le plus ordinairement il sert de support à des bustes; la forme qu'on lui donne chez les modernes est celle d'un grand cavet, avec des moulures en haut et en bas. Il y a des piédouches circulaires ou carrés, avec de petits ressauts; ils sont ornés de moulures. Du reste, les proportions de ces sortes de bases ne sont déterminées que par la grandeur du buste ou de l'objet d'art qu'elles doivent supporter. Un petit cartel destiné à recevoir une inscription accompagne toujours une de leurs faces.

PIEDS (Baisement de). *Voyez* BAISEMENT DE PIEDS.

PIEDS (Lavement des). C'est là, en Orient, un des devoirs qu'imposent les lois de l'hospitalité, et que tout chef de famille est tenu d'accomplir lui-même ou de faire accomplir par l'un des gens de sa famille à l'égard de l'homme qu'il admet sous son toit. Jésus-Christ ayant, avant la cène, la veille de sa passion, accompli à l'égard de ses disciples la cérémonie du *lavement des pieds*, afin de les engager, par cet acte symbolique, à persévérer dans l'humilité, l'Église catholique considère le lavement des pieds comme une pratique sainte. Diverses sectes protestantes, entre autres les mennonites, pensent de même sur ce point, et ont conservé cette coutume de l'Église primitive. Le jeudi saint de chaque année il est d'usage que le pape lave lui-même les pieds de douze pauvres; cérémonie symbolique également en usage dans diverses cours catholiques. Charles X était très-exact à s'en acquitter. Le voltairianisme peut tourner cette pratique en ridicule: le vrai sage ne doit y voir qu'une pensée profondément philosophique, ayant pour but de rappeler à l'homme la vanité des grandeurs, et aux puissants de ce monde que les êtres les plus misérables et les plus infimes des associations humaines sont pétris de la même boue qu'eux-mêmes.

PIEDS POUDREUX (Tribunal des). *Voyez* GRANDE-BRETAGNE, tome X, page 460.

PIÉGE (du grec πάγη, dérivé de πηγνύω, je fiche, je serre). Ce mot indique effectivement l'action d'un lacet, d'un collet, d'un filet qui enveloppe, qui serre l'animal qui s'y est pris. L'homme en effet ne s'est point borné à faire aux animaux, forts ou faibles, la guerre à force ouverte, les armes à la main; il leur a, en outre, de temps immémorial fait la guerre de la ruse, et a dressé des piéges dans lesquels ils sont à sa merci, une fois qu'ils s'y sont pris.

Pour les oiseaux, pour les animaux timides, sans défense, pour le gibier, en un mot, ces piéges ont été d'une assez grande simplicité: les filets, les lacets, les collets, la glu, les cages à trébuchet en ont fait tous les frais.

Pour quelques petits animaux nuisibles dont il cherchait à se défaire, tels que les mulots, les rats, les souris, ces piéges ont aussi été fort simples: ils consistent encore en souricières, où l'appât, quand il est attaqué par une souris imprudente, fait décrocher une bascule qui l'enferme dans une boîte, grillée à l'une de ses extrémités, et dont elle ne peut plus sortir; en ratières, piéges percés d'un ou de plusieurs trous, où l'animal que l'on veut y prendre doit pour atteindre l'appât qu'il convoite briser avec ses dents des fils qui l'empêchent de l'atteindre, et qui une fois rompus donnent un libre jeu à un ressort terminé par un rond en fil de fer qui étrangle le rat à l'entrée du trou où il a imprudemment aventuré sa tête; enfin, d'autres piéges, plus simples encore, consistent en une ardoise ou une tuile, inclinées sur un appui fragile, que fait tomber le moindre mouvement du petit animal qui vient manger l'appât placé au pied de cet appui.

Pour les bêtes fauves, telles que le loup, le renard, etc., les piéges se composent de traquenards en fer, cercles à dents, appuyés sur le sol, et dont l'animal qui s'y prend fait partir la détente, en cherchant à dévorer la proie que l'on a placée au milieu. L'emploi de ces machines exige beaucoup plus de soin et beaucoup plus d'expérience qu'on ne pense, parce que les animaux carnassiers, habitués à toutes les ruses, sont beaucoup plus défiants que les autres. Il faut en effet bien étudier les habitudes des animaux que l'on veut y prendre, savoir discerner, par leurs traces, par leur piste, les lieux de leur passage; il faut plusieurs jours à l'avance les attirer par des chairs ou des graisses grillées, en donnant au sol la configuration qu'il aura lorsque le piége y aura été placé et dissimulé sous des terres meubles, du sable ou des herbes; il faut éviter que les carnassiers ne sentent le fer du piége par l'odorat, et pour cela le frotter avec des herbes odorantes. Quand on aura remarqué qu'ils sont venus plusieurs fois de suite enlever l'appât à l'aide duquel on les attire, on pourra fixer le piége en terre, et y attacher cet appât, avec la certitude que la bête fauve s'y prendra. Il est des veneurs qui attachent le piége à un pieu; cela a un double inconvénient, celui d'éveiller l'attention de la bête que l'on veut prendre, et celui de l'amener quelquefois, en voyant l'impossibilité de s'échapper, à ronger sa jambe et à s'amputer elle-même pour se sauver: le piége libre, au contraire, surtout quand on l'entoure de quelques branches d'arbre, permet à la bête qu'il serre de ses dents de fer de s'éloigner à une courte distance, en l'emportant avec elle, et assure bien plus facilement la capture de celle-ci.

Il est un autre piége dont on se sert quelquefois, et qui consiste en une bascule placée au-dessus d'un fossé, dissimulée par de la terre, du gazon, et que fait basculer le poids de l'animal qui s'y pose pour enlever l'appât dont on l'a garnie. Dans certains pays, dans l'Asie, dans l'Amérique, le piége est souvent d'une simplicité bien plus grande encore : il consiste en un grand trou, placé sur le passage des bêtes féroces que l'on veut prendre, couvert de branchages; le poids de celles-ci, quand elles passent sur ces branchages, les fait tomber dans ce trou : c'est ainsi que les populations indiennes prennent des tigres et même des éléphants.

De la vénerie le mot *piége* est passé dans le langage usuel, où il désigne tout ce qui est embûche, artifice : c'est dans ce sens que l'on peut dire que les désirs des sens sont des *piéges de l'amour*.

PIE-GRIÈCHE, genre d'oiseaux de l'ordre des passereaux, famille des dentirostres. Ce genre, répandu sur presque tout le globe, compte de nombreuses espèces; elles ont toutes le bec conique ou comprimé, plus ou moins crochu au bout. Les *pies-grièches* proprement dites ont le bec triangulaire à la base, comprimé par les côtés. Elles sont douées de plusieurs qualités qui donnent de l'intérêt à leur histoire : elles ont pour leurs petits l'affection la plus vive; elles ne se bornent pas, comme la plupart des oiseaux, à les soigner pendant le premier âge, elles les dirigent encore quand ils sont adultes. La famille reste en communauté pendant toute l'année, vit et chasse de concert jusqu'au temps de l'accouplement, où elle se sépare en couples pour former de nouvelles familles. Les pies-grièches de la plus grande taille, à peine grosses comme les grives, et les autres plus petites, montrent le plus grand courage : elles n'hésitent pas, malgré la délicatesse de leur structure, à se défendre contre les pies, les corbeaux et les oiseaux de proie; si même quelqu'un d'eux vient autour du lieu où le couple a établi son nid, le mâle et la femelle se précipitent avec fureur sur l'ennemi commun, et presque toujours l'obligent à fuir. « Rien dans la nature, dit Buffon, ne peint mieux la puissance et les droits du courage que de voir ce petit oiseau, qui n'est guère plus gros qu'une alouette, voler de pair avec les éperviers, les faucons et tous les autres tyrans de l'air, sans les redouter, et chasser dans leur domaine, sans craindre d'en être puni. » Cette énergie et leur appétit bien décidé pour la chair a déterminé quelques naturalistes à les ranger parmi les oiseaux de proie : « Elles doivent être mises au rang des oiseaux de proie, dit le grand naturaliste poëte, même des plus fiers et des plus sanguinaires. »

Les pies-grièches de notre pays sont au nombre de quatre : 1° la *pie-grièche grise* (*lanius excubitor*, L.), cendrée dessus, blanche dessous, noire sur les ailes, et la queue avec quelques bandes blanches, à l'œil entouré d'une bande de plumes noires; 2° la *pie-grièche à poitrine rose* (*lanius minor*, L.), que quelques-uns considèrent comme une variété de la précédente, forme, selon Cuvier, une espèce bien distincte : elle a le ventre roussâtre, les bandes noires des yeux réunies en un large bandeau sur le front; elle imite aisément le chant des autres oiseaux; 3° la *pie-grièche rousse* (*lanius rufus*, Briss.) a le dessus de la tête roux vif, le dos noir, le ventre et le croupion blancs; 4° l'*écorcheur* (*lanius collurio*, L.), plus petit que les trois autres, a le dos et les ailes fauves. Les trois dernières espèces ne restent pas en France pendant l'hiver; il est probable qu'elles émigrent dans les pays chauds; du moins on les retrouve au Sénégal.

On dit d'une femme d'humeur aigre et querelleuse : *Cette femme est une pie-grièche*. P. GAUBERT.

PIE-MÈRE, membrane mince, celluleuse, cellulofibreuse dans quelques points, qui revêt immédiatement le cerveau et la moelle rachidienne; située au-dessous de la dure-mère et de l'arachnoïde, elle tapisse l'encéphale extérieurement et pénètre dans son intérieur, ce qui la fait diviser en *pie-mère interne* et *pie-mère externe*. La pie-mère externe suit le cerveau dans tous les plis que déterminent ses circonvolutions; elle affecte exactement sa forme, quelques points exceptés (elle passe d'un corps restiforme à l'autre, au *calamus scriptorius*). Sa face externe présente de petites granulations agglomérées, connues sous le nom de *glandes de Pacchioni*, et considérées par quelques anatomistes comme des produits morbides, dus à la congestion du sang vers l'encéphale; elles se trouvent ordinairement sur la partie de la membrane qui correspond au sinus longitudinal supérieur. La pie-mère interne, plus mince et d'une texture plus délicate que l'externe, contracte avec les parties qu'elle tapisse une adhérence plus intime; ses principaux prolongements dans l'intérieur du cerveau sont la *toile choroïdienne* et les *plexus choroïdes*. On comprend bien d'ailleurs que cette division de la pie-mère en interne et en externe est purement artificielle, qu'elles ne sont point isolées l'une de l'autre : ainsi, la pie-mère qui tapisse la partie supérieure du cervelet et de la protubérance cérébrale s'unit à celle qui forme la toile choroïdienne par la large fente transversale qui de l'extérieur communique avec le ventricule moyen. P. GAUBERT.

PIÉMONT, principauté italienne, qui forme l'une des principales parties des États sardes, et qui depuis sa réunion à la partie sarde de l'ancien duché de Milan (105 myriamètres carrés et 810,000 habitants) et au duché de Montferrat (85 myriamètres carrés et 180,000 habitants), présente une superficie totale de 385 myriamètres carrés, avec une population de 2,810,000 âmes. Ce territoire est borné au nord par le canton du Valais et par la Savoie, à l'ouest par la France, au sud par le comté de Nice et le duché de Gênes; à l'est il confine aux parties du Milanais et du Montferrat qui y ont été adjointes. La principauté est partagée en six divisions : *Turin*, avec la capitale et trois provinces; *Alexandrie*, avec cinq provinces; *Coni*, avec quatre; *Novare*, avec cinq; *Ivrée*, avec deux; *Verceil*, avec cinq provinces. Le nom de ce pays lui vient de sa situation au pied de hautes montagnes. Du côté du nord et du côté de l'ouest il est entouré par les plus hautes chaînes des Alpes et couvert en partie lui-même de montagnes. Du côté du Valais, ce sont les Alpes Pennines, et du côté de la Savoie et de la France les Alpes Grecques et Cottiennes; au sud, sur les limites des territoires de Nice et de Gênes, s'étendent les Alpes Maritimes. Le principal cours d'eau est le Pô, qui reçoit les eaux de toutes les rivières de la contrée. Au centre du pays qu'il traverse, et où alterne une succession de montagnes et de collines, de vallées et de plaines, se trouvent les parties les plus belles et les plus fertiles, où l'on cultive toutes les espèces de céréales et de fruits, le maïs, le riz, le chanvre, les châtaignes, les olives, les truffes et la vigne. Il n'y a pas en Italie de pays où la culture de la soie ait pris plus de développements qu'en Piémont, où la récolte annuelle est évaluée à 22 millions de *lire*, et qui s'exporte pour la plus grande partie à l'état brut. Au moyen du flottage les contrées centrales, où les forêts font généralement défaut, sont approvisionnées de bois provenant des montagnes, richement boisées, des frontières septentrionales, occidentales et méridionales. Les habitants, race industrieuse et laborieuse, professent la religion catholique, à l'exception d'environ 22,000 Vaudois, qui habitent d'âpres vallées, situées au pied des Alpes (Lucerna, Perosa, Clusone et San-Martino), et qui se distinguent par l'intelligente exploitation d'un sol naturellement stérile. Outre l'agriculture, l'élève du bétail et la sériciculture, les populations piémontaises s'occupent encore de manufactures et de fabriques, notamment de soieries, de toiles et de lainages. Plusieurs milliers d'habitants vont chaque année parcourir le reste de l'Italie ou bien l'Allemagne et la France, où ils colportent surtout des gravures et des articles de mercerie, pour s'en revenir dans leurs foyers quand ils ont amassé un petit pécule.

Le Piémont comprend un certain nombre d'anciens marquisats et comtés. A l'époque de la domination française en Italie il faisait partie de l'empire français ; et après la chute de Napoléon il fut incorporé au royaume de Sardaigne.

[Le Piémont, comme l'indique le mot, est situé au pied des montagnes. Il est borné au midi par les Apennins, à l'ouest par les Alpes Maritimes, qui s'étendent depuis la Méditerranée jusqu'au mont Viso, par les Alpes Cottiennes, qui occupent l'espace qui est entre le mont Viso et le mont Cenis, par les Alpes Grecques, qui vont du mont Cenis jusqu'au col du Bonhomme, au nord par les Alpes Pennines, qui vont de ce col au mont Rose, et par la partie des Alpes helvétiques qui s'étend du mont Rose au Simplon ; à l'est, il est borné par le Tessin, qui le sépare de la Lombardie, et par le duché de Parme. On voit que le Piémont est protégé de trois côtés par les montagnes les plus élevées de l'Europe. Cette seule considération suffit pour expliquer l'esprit qui a prévalu depuis près de trois siècles dans les alliances politiques des princes de Savoie. Placés entre deux grandes puissances rivales et souvent en guerre, ils ont dû, pour l'intérêt de leurs peuples, s'unir de préférence à celle avec laquelle ils avaient un contact plus immédiat, et dont ils n'étaient séparés par aucun rempart.

Le Piémont, placé entre le 44e et le 47e degré de latitude, joint à la douceur du climat l'avantage d'être arrosé par d'innombrables courants, qui le rafraîchissent et le fertilisent. Le Pô, que les Grecs ont appelé l'*Éridan*, et que Virgile nomme *le roi des fleuves*, occupe le centre de la vallée ; il reçoit en Piémont le Tessin, la Sesia, la Doire-Baltée, la Doire-Ripaira, l'Arco, la Stura, le Tanaro et la Bormida. Les lacs du Piémont sont : le lac Majeur, le lac Orta et celui de Margozzo à l'ouest du lac Majeur ; le lac de Viverone, près d'Ivrée ; le petit lac de Barengo, près de Caluso, et celui d'Avigliano. Avant d'arriver aux divisions et aux institutions sociales qui dépendent des hommes, commençons par jeter un coup d'œil rapide sur tout ce qui tient au sol et à ses produits.

Les principales montagnes du Piémont sont les Alpes Pennines, les Alpes Grecques, les Alpes Cottiennes, les Alpes Maritimes et les Apennins du septentrion. Le mont Blanc paraît être le centre d'où partent les deux grandes chaînes Rhétienne et Apennine, qui appartiennent à un système unique. Les cimes les plus élevées sont le mont Blanc, le mont Viso et le mont Rose. La crête de ces deux chaînes s'abaisse vers tous les points qui correspondent aux vallées latérales, et forment ainsi des cols qui ont de tous temps servi de passage aux voyageurs. Les principaux cols sont le Simplon, le grand et le petit-Saint-Bernard, le mont Cenis, le mont Genèvre et le col de Tende.

L'aspect des Alpes du côté de l'Italie ne ressemble point à celui du côté opposé. En France, en Suisse et en Savoie, la chaîne Alpine centrale est devancée par plusieurs chaînes secondaires, qui semblent subordonnées à la chaîne principale, soit pour la hauteur, qui est toujours moindre, soit pour la direction, qui se rapproche plus ou moins d'une parallèle, de sorte qu'un plan incliné qui partirait du sommet des Alpes et qui atteindrait les plaines de la Bourgogne, toucherait au sommet de presque toutes les montagnes intermédiaires. Au contraire, du côté de l'Italie, on passe rapidement de la chaîne centrale dans les plaines du Piémont et de la Lombardie ; de sorte que, pour le spectateur qui est placé vers le centre du riche bassin du Pô, sur la coupole de la Superga, ou sur le sommet du dôme de Milan, les Alpes apparaissent dans leur immense circuit comme une muraille élevée à l'entour d'un magnifique jardin. Le Piémont cependant n'a pas cet aspect triste et monotone des grandes plaines : on trouve de distance en distance des mouvements de terrain, des collines ombragées qui satisfont le regard.

Comme tous les pays situés au pied des grandes montagnes, le Piémont possède plusieurs sources d'eaux minérales et thermales. Les principales sont : Aqui, sur les rives de la Bormida : leur température s'élève jusqu'à 60 degrés ; tout près de là, sur la rive opposée de la rivière, on trouve encore sept fontaines d'eaux thermales : les boues que l'on puise au fond du bassin de la source principale ont une grande réputation, et semblent la mériter par les cures qu'elles opèrent, ainsi que les eaux salées de Strevi, les eaux acidules et ferrugineuses de Grognardo, les eaux sulfureuses de Monastero, et enfin les eaux thermales de Vinadio et de Valdieri. Les substances qui forment la masse principale du bassin du Pô tiennent plus généralement de la nature des terrains primitifs. Les torrents et les rivières descendant immédiatement de la chaîne centrale transportent dans les plaines les granits, les porphyres, les serpentines, les quartz, les schistes, la diorite, le gneiss, la dolomie, les roches micacées, feldspathiques et talqueuses, les grès et le calcaire compacte. La collection des roches du cabinet de minéralogie de Turin, une des plus belles et des plus complètes de l'Europe, est en grande partie sortie des pavés de la ville, et par conséquent du lit des torrents et des rivières environnantes. Au premier coup d'œil, on voit que les silicates dominent tous les autres genres. Ainsi, de même que les terres du bassin du Rhône sont dominées par le calcaire, de même les terres du bassin du Pô le sont par la silice. Il serait difficile de généraliser un système sur la formation des Alpes du Piémont. Tout ce que les savants géologistes ont écrit sur ce sujet est plus ingénieux que digne de foi. Les faits généraux, analogues et constants, sur lesquels doivent s'appuyer les théories rationnelles, sont trop rares pour donner lieu à des inductions sûres. En parcourant les vallées, les cols, les ravins et les cimes rocailleuses, ce qui frappe davantage, c'est la variété des substances, l'incohérence des mélanges, le désordre des assises, la rapidité ou la lenteur des passages entre les éléments, la direction horizontale, inclinée, verticale, torturée, des couches terreuses ou cristallines. L'observateur qui cherche des analogies pour les grouper et en former des systèmes est à chaque instant déconcerté et forcé d'avouer que l'esprit humain ne peut pas toujours embrasser l'action de la nature. Voici quels sont les faits qui m'ont paru les plus généraux : 1° les cimes les plus élevées, celles qui se terminent en *aiguilles*, sont généralement en roches cristallines, granit, porphyre, protogine, micaschiste, etc. 2° Les masses qui viennent ensuite, ordinairement terminées par un plateau, sont du calcaire jurassique. 3° Entre ces deux grandes divisions, on trouve partout un mélange des éléments qui les constituent, ce qui a fait donner à la division intermédiaire le nom de *roche* ou de *montagnes de transition*. Là, on passe sans règle sûre des granitoïdes aux schistes talqueux, quartzeux, micacés, calcaires, argileux, et souvent aussi à des glomérates, à des brèches de diverses natures. 4° Ce qu'il y a de plus remarquable dans la géologie des Alpes du Piémont, c'est une grande masse de serpentine, que dans un certain système on appelle *couche*, et que dans un autre on appellerait *coulée* ou *filon*. Elle se montre dans la vallée de la Grande-Doire, qui conduit au petit Saint-Bernard ; dans celle qui aboutit au mont Rose, en suivant la Sesia, et dans celle de Suse, où cette roche, qui le dispute au vert antique, s'exploite sous le nom de *vert de Suse*. 5° Toutes les roches stratifiées sont inclinées à divers degrés, et l'inclinaison varie pour la direction dans toutes les localités. 6° Les collines qui sont dans la plaine, et qui se rattachent plus spécialement à la chaîne Apennine, appartiennent aux étages supérieurs du terrain crétacé : de ce genre est la colline de Turin, au-dessus de laquelle se trouve la Superga ; d'autres, plus petites, ne sont que des dépôts d'alluvions anciennes. 7° On trouve sur les roches du Piémont le cristal de roche, le grenat, l'améthyste et la topaze. Quelques rivières roulent des paillettes d'or ; l'on trouve aussi ce métal dans les schistes de la vallée de Macagnaga. Il y a plus de vingt espèces de marbres, environ deux cents espèces de coquillages fossiles, des ossements d'élans, de mastodontes, de rhinocéros, et des parties considérables de l'*autuhra cotherium*, qui a été trouvé dans les mines de lignites de Cadibona, près de Savone. On exploite en Piémont du lignite compacte, qui rentre dans l'espèce que l'on appelle *piciforme*.

L'abbé RENDU, évêque d'Annecy.]

PIÉMONTAISE (École). *Voyez* ÉCOLES DE PEINTURE, tome VIII, page 314.

PIERCE (FRANKLIN), président des États-Unis de l'Amérique du Nord, est né le 23 novembre 1804, à Hillsborough, dans l'État de New-Hampshire. Son père, *Benjamin* PIERCE, simple cultivateur, originaire du Massachusetts, avait pris part à la guerre de l'indépendance contre l'Angleterre. Après la paix il obtint le grade de général dans la milice du New-Hampshire, et, quoique manquant presque complètement d'éducation, il fut nommé, en raison de son esprit droit et loyal, grand-scheriff du comté de Hillsborough, et élu en 1827 gouverneur du New-Hampshire. Désireux de donner à ses enfants une éducation meilleure que celle qu'il avait reçue de ses parents, il envoya le jeune Franklin, dès qu'il eut achevé ses études élémentaires, au *Bowdoin-College*, à Brunswick, dans l'État du Maine. Franklin n'y fit d'abord que des progrès fort lents, mais montra dès lors ce caractère énergique qui le portait à chercher à suppléer par une patience infatigable à ce qui lui manquait sous le rapport de la rapidité de la conception. Aussi avant de quitter l'université le jeune Pierce était-il parvenu à se concilier à un haut degré l'estime de ses condisciples, qui lui avaient déféré la présidence d'une conférence désignée sous le nom de *société athénienne*. Malgré son goût pour l'état militaire, il se décida à embrasser la carrière du barreau, et en 1827 il débuta comme avocat dans sa ville natale. Là, suivant son habitude, il n'obtint d'abord aucun succès; mais avec le temps, il fit revenir l'opinion sur son compte, se créa une clientèle, et alla s'établir à Concordia, le chef-lieu du New-Hampshire, où sa clientèle s'agrandit encore. La politique ne tarda pourtant pas à le détourner de la carrière judiciaire. Zélé partisan de la démocratie, il seconda de toutes ses forces l'élection du général Jackson à la présidence de l'Union, en même temps qu'il obtenait lui-même (1829) un siége dans la chambre des représentants de l'État du New-Hampshire; et à partir de 1832 il remplit les fonctions de *speaker* (président) de cette assemblée. En 1833 il fut élu membre du congrès, à Washington; et en 1837, à l'âge de trente-deux ans, ses concitoyens firent choix de lui pour les représenter dans le sénat des États-Unis. Il y demeura fidèle aux habitudes et aux sentiments de sa jeunesse. Grave et modeste, il abandonnait volontiers la parole aux orateurs en renom; mais en revanche il déployait une grande et utile activité dans les réunions des comités, et il y combattit notamment avec une extrême énergie les plans de centralisation des whigs. Cependant, en 1842, il donna sa démission des fonctions de sénateur, et se retira dans le cercle de sa famille. Dénué de fortune, il reprit alors la pratique du barreau. Une assemblée démocratique préparatoire le désigna pour gouverneur du New-Hampshire; mais sa modestie ne lui permit pas d'accepter cet honneur. La guerre du Mexique, qui éclata à peu de temps de là, ouvrit une nouvelle carrière à l'activité de Franklin Pierce. Il entra comme simple volontaire dans les rangs de l'armée, et ne tarda point à obtenir le commandement d'un régiment de la milice. Pendant qu'on s'occupait encore de l'organisation de ce régiment, une place de général de brigade vint à vaquer, et on la lui accorda. Le 3 mars 1847 il s'embarquait à Newport avec ses troupes; le 28 juin il arrivait à la Vera-Cruz, où il alla rejoindre à la Puebla le corps d'armée aux ordres du général Scott. Blessé à la bataille de Contreras, il n'en fut pas moins désigné comme plénipotentiaire pour négocier avec Santana sur les conditions de l'armistice proposé par celui-ci. Mais ses efforts ne furent pas couronnés de succès. Il fallut reprendre les hostilités, et Pierce se distingua de nouveau dans les combats de Molino del Rey et de Cheputtepec. Pendant toute la campagne, il fut dans les meilleurs termes avec le général Scott, son ancien concurrent pour la présidence, de même qu'il se concilia l'estime et l'affection des officiers et des soldats. La guerre terminée, il prit son congé, se retira dans son pays natal, et reprit encore une fois la profession d'avocat. Quand en 1850 une assemblée démocratique se réunit à Concordia pour reviser la constitution du New-Hampshire, il en fut nommé président. Un honneur bien autrement grand ne devait pas tarder à lui être conféré. En 1852 les démocrates du New-Hampshire le portèrent comme candidat à la présidence des État-Unis; mais il s'y refusa de la manière la plus précise. Aussi à l'assemblée démocratique tenue ensuite à Baltimore, son nom ne fut-il pas placé sur la liste des candidats. C'est seulement lorsqu'il eut été impossible aux partis en présence de s'entendre après trente-cinq scrutins de ballottage successifs, qu'on remit son nom sur le tapis; et alors, au quarante-neuvième tour de scrutin, il fut nommé, à la majorité de deux cent quatre-vingt-deux voix contre onze, candidat démocratique à la présidence. Le parti aristocratique lui opposait le général Scott; mais aux élections qui eurent lieu en novembre le peuple se prononça à une grande majorité pour Franklin Pierce, qui en conséquence monta sur le siége présidentiel le 4 mars 1853. Peu de temps auparavant, il avait eu le malheur de perdre son fils unique, victime d'un accident de chemin de fer.

L'arrivée de Franklin Pierce au pouvoir fit concevoir par tous pays de grandes espérances au parti populaire, parce qu'à tort ou à raison on lui attribuait l'intention de faire prendre désormais à la politique extérieure des États-Unis une attitude capable de lui donner plus d'influence sur le règlement des affaires générales du monde. Dans son discours d'inauguration il s'exprima, il est vrai, avec une grande modération; cependant, diverses nominations dans le personnel diplomatique de l'Union semblèrent en contradiction manifeste avec les sentiments qu'il affectait à l'égard de l'Europe. Le trait le plus remarquable de sa présidence aura été sans doute la réprobation solennelle formulée par Franklin Pierce contre les menées des *abolitionnistes*, dans lesquelles il n'hésite pas à voir un grave péril pour le maintien de la constitution fédérale.

PIÉRIDES. C'était le nom des neuf filles de Piérus, qui osèrent défier les Muses, et qui furent changées en pies par Apollon après leur défaite.

Les poëtes donnent aussi ce nom aux Muses elles-mêmes, soit en mémoire de la victoire qu'elles remportèrent sur les filles de Piérus, soit à cause du mont Piérus en Thessalie, qui leur était consacré, parce qu'elles y étaient nées.

PIERRE. On donne ce nom aux matériaux les plus importants des constructions, matériaux de contexture très-variable, dans lesquels cependant on distingue deux grandes classes : les *pierres calcaires*, qui font effervescence très-vive avec les acides, et les *pierres siliceuses*. Les pierres calcaires se divisent en *pierres dures* (*roches, liais, etc.*), qui se débitent à la scie sans dents avec du sable et de l'eau, et *pierres tendres* (*Saint-Leu, Vergelé, Conflans, lambourdes, etc.*), qui se débitent à la scie à dents. Parmi les pierres siliceuses les plus employées comme *pierres à bâtir* sont le granit, le grès et la pierre meulière; on se sert aussi dans certaines localités du silex pyromaque; le porphyre est réservé pour la décoration (de même que le marbre, dans les pierres calcaires). Dans les pays où on les rencontre, en emploie comme matériaux de construction les pierres volcaniques (lave, trachyte, trapps, basalte).

Toute pierre dure pouvant être taillée pour entrer dans une construction reçoit le nom de *pierre de taille*.

Les pierres calcaires, dans la plupart des exploitations, se distinguent en *pierre de bas* ou *de haut appareil*, suivant qu'elles ont moins ou plus de 30 centimètres d'épaisseur.

La pierre dure est celle qui résiste en général le plus aux fardeaux et aux injures du temps. Il y a de la pierre tendre qui étant dégagée de son eau de carrière devient parfaitement bonne. La pierre poreuse et coquilleuse ne gèle pas aussi facilement qu'une pierre pleine, parce qu'elle rejette plus facilement l'humidité dont elle est imprégnée.

Rondelet, dans son ouvrage de l'*Art de bâtir*, a donné des tableaux extrêmement curieux de la force des pierres comparée à leur pesanteur spécifique ; il en a déduit :

1° Que dans toutes sortes de pierres la pesanteur, la force, la dureté, la nature du grain, la contexture plus ou moins serrée, sont des qualités qui semblent se déduire les unes des autres ;

2° Que les pierres dont la couleur tire sur le noir ou le bleu sont plus dures que les grises, et celles-ci que les blanches ou rousses, et qu'en général celles qui ont les couleurs les plus claires sont ordinairement moins fortes et moins pesantes ;

3° Que les pierres dont le grain est homogène et la texture uniforme sont plus fortes que celles dont le grain est mélangé, quoique ces dernières soient quelquefois plus dures et plus pesantes.

Dans les chantiers, on nomme *pierre fière* une pierre difficile à travailler, à cause qu'elle est sèche, comme la plupart des pierres dures. Une *pierre franche* est une pierre parfaite en son espèce, qui ne tient point de la dureté de la pierre de roche ni du tendre du moellon. Une pierre nouvellement tirée de la carrière et qui n'a pas encore jeté son eau est dite *pierre gelisse verte*. Une *pierre pleine* est une pierre dure, qui n'a ni cailloux, ni coquillages, ni trous, ni moye. Une *pierre débitée* est celle qui est sciée. On appelle *pierre d'échantillon* un bloc de pierre d'une mesure déterminée commandée de cette grandeur aux carrières. Une *pierre d'encoignure* est une pierre qui ayant deux parements cantonne l'angle d'un bâtiment. Une *pierre* est dite *en chantier* lorsqu'elle est calée par le tailleur de pierre et disposée pour être taillée. Une *pierre essuyée* est une pierre équarrie et taillée grossièrement avec la pointe du marteau pour être seulement employée dans le garni des gros murs et le remplissage des piles, etc. Une pierre entièrement taillée et prête à être enlevée pour être mise en place est une *pierre faite*. Une pierre travaillée à la laye ou marteau avec brettelures est dite *layée*. Une *pierre parpaigne* est une pierre qui traverse l'épaisseur d'un mur et qui en fait les deux parements. Une pierre dont les parements sont piqués à la pointe et dont les ciselures sont relevées est dite *pierre piquée*. Une *pierre retaillée* est celle qui ayant été coupée est retaillée avec déchet, et aussi celle qui ayant été tirée d'une démolition, est refaite pour être de nouveau mise en œuvre. On appelle *pierres fichées* celles dont le dedans des joints est rempli de mortier clair et de coulis ; *jointoyées* celles dont le dehors des joints est bouché et ragréé de mortier serré, de plâtre et de ciment. Une *pierre coupée* est une pierre qui ne peut servir où elle était destinée, parce qu'elle est mal taillée. Une *pierre délitée* est une pierre fendue à l'endroit d'un fil de lit et qui est taillée avec déchet. Une *pierre en délit* est une pierre qui n'est pas posée sur son lit de carrière, dans un cours d'assises, mais sur son parement ou délit en joint. Une *pierre feuilletée* est une pierre qui se délite par feuilles ou écailles, à cause de la gelée. Enfin, une *pierre gauche* est une pierre dont les parements et les côtés opposés ne se bornoient pas, parce qu'ils ne sont pas parallèles.

On désigne sous le nom de *première pierre* une pierre des fondations d'un édifice à la pose de laquelle une personne notable vient solennellement assister, et qui est scellée en sa présence et souvent par elle-même pour la première truellée : elle renferme ordinairement une urne, dans laquelle on met des médailles ou pièces de monnaie, une plaque indicative, le procès-verbal de la cérémonie, etc.

On nomme *pierres sèches* celles qui sont posées l'une sur l'autre, sans être liées par aucune espèce de ciment : la plupart des petits murs de clôture de certaines campagnes sont de pierres sèches. Un ouvrage à *pierre perdue* est celui qu'on élève dans l'eau, en y jetant de gros quartiers de pierre, comme dans les fondations de la plupart des digues. On nomme *pierres d'attente* les pierres qu'on laisse en saillie sur le côté d'un mur quand on veut y joindre, avec le temps, quelque autre bâtiment, pour que les pierres en soient mieux liées entre elles : on le dit aussi au figuré d'une chose qui n'est que commencée, et qu'on se propose de continuer. Une *pierre d'évier* est celle qui est taillée pour servir à l'écoulement des eaux d'une cour, d'une cuisine ; la *pierre à laver* est celle dont le dessus est légèrement creusé pour servir à laver la vaisselle ou d'autres corps.

La *pierre d'autel* est celle sur laquelle le prêtre consacre, et qui a été auparavant elle-même consacrée par un évêque.

Les bornes placées le long des grands chemins pour indiquer la distance se nomment *pierres milliaires*.

La *pierre de mine* est celle qu'on détache de la mine, qu'on bat, qu'on lave, et dont on tire le métal.

Pierre se dit aussi d'une sorte de gravier qu'on trouve dans quelques fruits, ainsi que des concrétions pierreuses ou calculeuses qui se forment quelquefois dans le corps de l'homme et des animaux.

Pierre s'emploie figurément dans ces phrases : *Une pierre de scandale*, pour ce qui cause du scandale : l'étymologie de cette locution est très-ancienne ; on l'employait au sens propre en parlant d'une pierre qui était au Capitole, et sur laquelle on faisait cession ; *une pierre d'achoppement*, pour une occasion de faillir, un obstacle au succès d'une affaire. Jésus-Christ est nommé la *pierre fondamentale* ou la *pierre angulaire* de l'Église. Au propre, la *pierre angulaire* est celle qui se met à l'angle, à l'encoignure d'un bâtiment. On dit qu'*il gèle à pierre fendre* quand il gèle très-fort.

Trouver des pierres dans son chemin, c'est au figuré trouver des empêchements, des obstacles à ce qu'on a dessein de faire. *Mener quelqu'un par un chemin où il n'y a pas de pierres*, c'est ne lui donner aucun relâche dans les affaires qu'on a contre lui, le poursuivre très-activement. *Jeter des pierres dans le jardin de quelqu'un*, c'est faire devant lui des railleries, des reproches à mots couverts pour qu'il se les applique. *Faire d'une pierre deux coups*, c'est faire deux choses par un seul moyen, profiter de la même occasion pour faire deux affaires. *Jeter la pierre à quelqu'un*, c'est l'accuser, le soupçonner, se déchaîner contre lui. *Jeter la pierre et cacher le bras*, c'est faire du mal à quelqu'un si adroitement et si secrètement qu'on n'en soit pas soupçonné. *Pierre qui roule n'amasse pas de mousse* veut dire que celui qui ne se fixe à rien est toujours pauvre.

PIERRE (*Médecine*), amas de sable ou de gravier qui se forme en pierre dans les reins, la vessie ou quelque autre partie du corps (*voyez* CALCULS, LITHOTRITIE, TAILLE, etc.)

PIERRE (Saint), surnommé le *prince des Apôtres*, appelé d'abord Simon, naquit dans une cabane de pêcheurs, à Bethsaïde, sur les bords du lac de Génésareth, ou mer de Galilée. Suivant les deux premiers évangélistes, saint Matthieu et saint Marc, il était, avec son frère André, occupé à jeter ses filets dans le lac quand Jésus les rencontra et leur dit : « Suivez-moi, je vous ferai pêcheurs d'hommes. » Ils quittèrent leurs filets, et le suivirent par toute la Galilée, comme ses deux premiers disciples. Saint Matthieu donne d'abord à Simon le nom de Pierre ; saint Marc lui fait imposer ce nom par Jésus quand il eut complété le nombre de ses douze apôtres. Saint Luc, le troisième des évangélistes, donne aussi de prime abord au premier des disciples le nom de Simon-Pierre ; mais il raconte autrement son entrevue avec le Fils de l'homme. Jésus, qui avait déjà guéri la belle-mère de Simon, était entré, dit-il, dans la barque de ce pêcheur pour échapper à la multitude qui le suivait. Il lui commanda de jeter ses filets dans le lac, et Simon, qui n'avait rien pris de la journée, fit une pêche si abondante qu'il fut obligé d'appeler ses voisins pour l'aider à remonter ses filets. Il reconnut alors le Seigneur, et le suivit pour pêcher des hommes. Saint Jean, le quatrième et dernier des évangélistes, introduit autrement saint Pierre sur la scène. C'est André, son frère, qui l'amène vers le Messie, et Jésus lui dit : « Tu es Simon, fils de Jean, et tu t'appelleras Céphas, c'est-à-dire Pierre. » C'était, a dit un annotateur, pour le distinguer de Simon le Cananéen et le onzième des apôtres.

Saint Matthieu ne dit plus rien de Pierre jusqu'au jour où Jésus lui commande de venir à lui en marchant sur les eaux. Saint Luc ne parle point de ce double miracle; saint Marc et saint Jean ne l'attribuent qu'à Jésus, et ne font pas marcher saint Pierre sur les eaux. Tous le regardent cependant comme le plus assidu des compagnons du divin maître. Il assista à toutes les guérisons miraculeuses opérées par Jésus, et fut le premier à le reconnaître pour le Christ, fils du Dieu vivant. C'est alors que Jésus lui dit : « Tu es Pierre, et sur cette pierre je bâtirai mon église, et les portes de l'enfer ne prévaudront pas contre elle; je te donnerai les clefs du royaume des cieux, et tout ce que tu lieras sur la terre sera aussi lié dans le ciel, et tout ce que tu délieras sur la terre sera délié dans le ciel. » Saint Matthieu est le seul des évangélistes qui rapporte ces paroles. Jésus annonça immédiatement après son voyage à Jérusalem; il prédit ses tortures, sa mort, sa résurrection, et saint Pierre ayant voulu le détourner de son dessein, Jésus le repoussa en lui disant : « Retire-toi, Satan, tu m'es à scandale, car tu n'as de goût qu'aux choses de la terre. » Pierre ne continua pas moins à le suivre, et peu de jours après il fut, avec Jacques et Jean, témoin de la transfiguration de Jésus sur une haute montagne, que la tradition a désignée depuis comme le mont Thabor. Peu de temps après, ayant entendu son maître dire qu'il serait difficile au riche d'entrer dans le ciel, Pierre lui demanda quelle serait leur récompense, à eux, qui avaient tout quitté pour le suivre, et Jésus leur promit douze trônes, du haut desquels ils jugeraient les douze tribus d'Israel.

Cependant, Jésus fit son entrée dans Jérusalem, et en célébrant la pâque avec ses disciples il leur prédit que l'un d'eux le trahirait. Pierre s'en indigna, et voulut protester de son dévouement jusqu'à la mort. Jésus lui répondit : « Avant que le coq ait chanté, vous m'aurez renié trois fois vous-même. » Il accompagna son Maître dans le jardin des Olives, et Jésus, qui lui avait recommandé de prier comme lui, le reprit trois fois de s'être endormi. En rentrant en ville, ils rencontrèrent une foule armée qui venait s'emparer de Jésus sous la conduite du traître Judas. Il y eut là un domestique du grand-prêtre, un soldat appelé Malchus, qui eut une oreille abattue d'un coup de glaive. Les trois premiers évangélistes attribuent cette action à un inconnu. Saint Jean affirme seul que saint Pierre frappa ce coup d'épée. Saint Matthieu et saint Marc racontent au contraire que les onze disciples fidèles s'enfuirent tous et abandonnèrent leur maître au lieu de le défendre. Ils ajoutent seulement que Pierre le suivit de loin, et qu'il s'assit auprès d'un feu que les soldats venaient d'allumer dans la cour du grand-prêtre. C'est là qu'interrogé par une servante et par deux hommes, il répondit trois fois qu'il ne connaissait pas le Galiléen. Le coq alors chanta, et Jésus lui jeta un regard de pitié qui lui fit verser des larmes amères. Saint Marc ajoute qu'à la troisième fois saint Pierre affirma son reniement par des serments exécrables. Les trois premiers évangélistes ne disent plus rien qui soit exclusivement applicable à saint Pierre. Saint Jean seul raconte qu'à sa troisième apparition Jésus lui demanda trois fois : « Simon, fils de Jean, m'aimez-vous plus que les autres? — Oui, Seigneur, répondit l'apôtre, vous savez que je vous aime. — Paissez mes agneaux, » répliqua le Christ. Voilà les textes dans toute leur simplicité.

Le reste de la vie de saint Pierre est consigné dans les *Actes des Apôtres*, rédigés et publiés par l'évangéliste saint Luc, disciple de saint Paul. Après la résurrection du Fils de l'homme, Pierre assembla les Apôtres et leurs disciples, au nombre de cent vingt, dans une maison de Jérusalem, et, sur sa proposition, le sort désigna Matthias pour remplacer Judas Iscariote et compléter le nombre des douze. Au moment où le Saint-Esprit descendit sur eux et leur communiqua le don des langues, le peuple juif, les entendant parler de diverses manières, se moqua d'eux, en disant qu'ils étaient ivres. Pierre repoussa cette injure, prêcha la divinité de son maître, et trois mille Israélites se convertirent à sa voix. La guérison d'un estropié prêta une nouvelle force à ses prédications; mis en prison avec saint Jean, il en convertit cinq mille autres, et força les juges à lui rendre la liberté. Emprisonné de nouveau avec ses compagnons, il fut délivré par l'ange du Seigneur; et, repris une seconde fois par Caïphe de ce qu'il continuait à prêcher, il répondit qu'il fallait obéir à Dieu plutôt qu'aux hommes. Saint Pierre n'était plus cet homme faible et timide qui avait voulu retenir son maître hors de Jérusalem, et qui l'avait renié trois fois. Le Saint-Esprit lui avait communiqué toute l'énergie d'un apôtre. Battu de verges par les chefs de la synagogue, chassé du temple et de la ville, il se rendit à Samarie pour aider saint Philippe à combattre Simon le Magicien et à confondre ses impostures. Il visita bientôt après les villes de Galilée et de Judée, guérit à Lidda le paralytique Enée, ressuscita Dorcas ou Tabithe dans Joppé. Le roi Hérode, fatigué des prédications de l'apôtre, résolut en vain de le faire périr; l'ange vint encore le délivrer la veille du jour assigné pour son supplice. Il se retira dans la maison de Marie, mère de Jean, où les disciples furent surpris de le voir reparaître, et les quitta le lendemain pour se réfugier dans un lieu que saint Luc ne nomme point. Mais il ne sortit pas de Jérusalem, car longtemps après, saint Paul et saint Barnabé y étant venus pour consulter les Apôtres sur la circoncision, à laquelle le faux apôtre Cérinthe voulait assujettir les chrétiens, saint Pierre trancha la question en disant qu'il ne fallait pas leur imposer un joug que les Juifs eux-mêmes n'avaient pu porter, et annonça pour la première fois avoir été choisi par Dieu entre tous pour faire entendre et croire aux gentils la parole de l'Évangile : c'est là ce que le père Pagi a appelé depuis le premier concile de Jérusalem, et il l'a fait présider par saint Pierre. Les *Actes des Apôtres* ne disent plus rien de lui. Saint Luc les consacre dès ce moment à raconter les voyages, les prédications et les miracles de saint Paul. Cet apôtre ne parle de saint Pierre que dans sa première épître aux Corinthiens, et dans son épître aux Galates. C'est là qu'est indiqué le voyage de saint Pierre à Antioche. Les derniers de ces documents contemporains sont deux épîtres de saint Pierre lui-même, qui date la première de Babylone, où il se trouve avec Marc l'évangéliste, qu'il appelle son fils. C'est là tout ce que les livres saints en rapportent. Philon et Josèphe, historiens juifs de cette époque, n'en parlent point. Saint Papias, évêque d'Hiéraple en Phrygie, raconte le premier les deux voyages de saint Pierre à Rome, et la fondation du siége apostolique. Hégésippe et Jules l'Africain parlent aussi du voyage de Rome. Eusèbe le fixe au règne de Claude, et Lactance, son contemporain, affirme que saint Pierre y vint sous Néron, pour y être crucifié.

De ces notions respectables s'est formée l'histoire des dernières années du prince des Apôtres. L'an 36 ou 37 de l'ère chrétienne, il établit l'Église d'Antioche, et occupa ce siége sept ans suivant les uns, plus longtemps selon les autres. Il alla pour la première fois à Rome l'an 42 ou 43, et y fonda le saint-siége sous l'empire de Tibère. Chassé de cette capitale l'an 46 avec tous les Juifs, il y revint à la fin du règne de Claude ou au commencement de celui de Néron. C'est alors qu'il y retrouva ce même Simon le Magicien, qu'il avait confondu en Samarie. Suivant Philastrius, historien des hérésies, saint Pierre disputa contre lui devant Néron, et le Magicien fut frappé de mort par un ange. Suivant Théodoret et autres, Simon défia l'apôtre de faire plus de miracles que lui, et il s'éleva dans les airs aux yeux de saint Pierre et de saint Paul. Leurs prières firent fuir les démons qui soutenaient l'imposteur; il tomba à terre, se cassa les jambes, et Néron le vengea dans le sang des deux apôtres. Saint Pierre fut condamné à être mis en croix, et demanda instamment à y être attaché par les pieds, pour que sa mort fût différente de celle de Jésus. Ce supplice est resté fixé à l'an 65. Le durée de son pontificat est de vingt-cinq ans suivant les uns, de vingt-deux suivant les autres, et il en est qui placent vers l'an 62 un dernier voyage qu'il aurait fait à Jérusalem, pour donner un successeur à l'apôtre saint Jacques le Mineur.

VIENNET, de l'Académie Française.

PIERRE Ier et PIERRE II, empereurs français de Constantinople. *Voyez* COURTENAY (Maison de).

PIERRE Ier ALEXEJEWITSCH, surnommé *le Grand*, czar de Russie (1682-1725), le créateur de la puissance de cet empire, et l'un des plus remarquables souverains qui aient jamais occupé un trône, naquit le 30 mai (11 juin, nouveau style) 1672, à Moscou. Il était le fils aîné issu du second mariage du czar Alexis avec Nathalie Kirilowna, la fille du boyar Nariscbkin. Son frère aîné Féodor (1676-1682) étant mort de bonne heure, Pierre, le seul des fils d'Alexis qui fût sain de corps et d'esprit, devait monter sur le trône en même temps que sa mère se saisirait de la régence en son nom. Dans cette combinaison on laissait de côté les droits d'un frère consanguin de Pierre et son aîné, d'Iwan, prince aussi faible d'esprit que de corps. Mais la sœur consanguine de Pierre, Sophie, issue du premier mariage d'Alexis, princesse pleine d'esprit et de résolution, réussit à déjouer ces arrangements. Une révolte, dans laquelle elle se servit pour la première fois des strelitz, eut pour résultat de faire proclamer collectivement Iwan et Pierre en qualité de czars et de donner à Sophie une influence décisive sur la direction des affaires. Tandis que cette princesse travaillait ouvertement à se débarrasser de ses deux frères et à s'emparer de la souveraine puissance en son propre nom, le jeune czar se préparait à son immortelle vocation. Doué par la nature d'un rare désir de s'instruire et d'une intelligence peu commune, il s'instruisait, sans suivre, à la vérité, de plan fixé à l'avance; mais il exerçait son esprit, se retrempait dans l'infatigable activité qui remplissait sa vie, et, en dépit de ses mœurs et de ses habitudes barbares, se montrait accessible à la civilisation, qui alors était encore chose complétement inconnue en Russie. Des étrangers instruits, tels que l'officier d'artillerie François Timmermann, de Strasbourg, et le Genevois Lefort furent ses premiers maîtres pratiques dans la science des mathématiques et dans l'art militaire. Ses jeux militaires à Preobraschensk et à Semenowsk furent pour lui des préparations à de plus grandes choses. Il apprit à connaître et à traiter les hommes, et se créa un entourage sur le dévouement duquel il pouvait compter. Sa sœur, la régente, continuait cependant à diriger les affaires à sa guise. Quoique son favori Galyzin n'eût pas recueilli de lauriers dans ses deux campagnes en Crimée, elle espérait réussir à retenir toujours loin du pouvoir son frère, qui arrivait à l'âge de l'exercer. Mais par son mariage (janvier 1689) avec Eudoxie Feodorowna Lapouchin, ouvrage de son habile mère, Pierre s'était fait un parti considérable parmi les grandes familles de l'empire; et dès lors il lui fut possible de combattre ouvertement les prétentions de sa sœur. Il commença par fort mal accueillir son favori au retour de la seconde campagne de Crimée, puis lui demanda ensuite à elle-même compte de son administration. Sophie gagna alors une partie des strelitz, commandée par Schaklowitoï, et le chargea d'attaquer à l'improviste le jeune czar à Preobraschensk et de l'y égorger. Ce fut à grand'peine que Pierre parvint à se réfugier dans le monastère de Troïtzk, où à son appel ses amis, une grande partie de la noblesse et même la plupart des strelitz vinrent se mettre à sa disposition. Les complices des conjurés furent alors punis, et Sophie fut elle-même renfermée dans un couvent. Au mois de septembre 1689, Pierre fit son entrée solennelle à Moscou en qualité d'autocrate, quoique conservant pour la forme la co-régence au nom de son frère Iwan jusqu'à la mort de ce prince, arrivée en 1697.

Son premier soin fut de se créer une armée répondant à l'état où était alors la civilisation en Europe et aux progrès faits par la science militaire. Après l'avoir d'abord complétée au moyen de recrues étrangères, puis après l'avoir fait instruire par des hommes tels que Lefort et l'Écossais Gordon, en même temps qu'il lui donnait pour officiers tous les compagnons de sa jeunesse, il ne tarda pas à avoir sous sa main une armée avec laquelle il put se défendre contre le vieux parti russe et contre les strelitz. Il songea ensuite à se créer une flotte, s'efforça d'ouvrir au commerce la Baltique ainsi que la mer Noire, et à partir de 1695 d'enlever aux Turcs la place forte d'Asoff. Il demanda des officiers et des ingénieurs à l'Autriche, au Brandebourg et à la Hollande, à l'effet de donner une plus forte organisation à son système militaire. Bientôt après on construisit une petite flotte, avec laquelle on battit les forces navales turques (1696); et Asoff, assiégé par Patrick Gordon, fut réduite à capituler. Toutes ces innovations, cette infatigable activité, les préférences qu'il témoignait aux étrangers, la lutte qu'il avait entreprise contre la barbarie, aigrirent secrètement le vieux parti russe, où l'ignorance le disputait à la bêtise, et ce ne fut que grâce à son imperturbable sang-froid que Pierre échappa (en février 1697) à une conspiration tramée contre sa vie. Au mois d'avril de cette même année 1697, il commença, non comme czar, mais comme simple attaché d'ambassade, son célèbre voyage à l'étranger, pendant la durée duquel il visita les provinces riveraines de la Baltique et le nord de l'Allemagne; puis, sous le nom de *Pierre Michaïloff*, vint s'établir en Hollande au bourg de Saardam, près d'Amsterdam, pour y apprendre à fond l'art de construire les vaisseaux. On conserve encore aujourd'hui à Moscou le certificat que le czar se fit délivrer, lorsqu'il quitta le chantier de construction de la Compagnie des Indes, où il travailla pendant quatre mois et demi en qualité de simple ouvrier charpentier. En voici la teneur exacte :

Je soussigné, Gerrit Claesz Pool, maître charpentier de vaisseau de la Compagnie octroyée des Indes orientales, certifie que Pierre Migaylof (faisant partie de la suite de la légation moscovite, ayant demeuré ici à Amsterdam dans le chantier de marine de la dite Compagnie à partir du 30 août 1697 jusqu'à cette date, et ayant travaillé sous notre surveillance) s'est toujours comporté comme un charpentier diligent et actif (suit l'énumération des divers travaux et études qu'il a faits, depuis les plus simples ouvrages jusqu'à l'achèvement complet d'un navire); en foi de quoi j'ai signé ce témoignage de ma propre main.

Fait à Amsterdam, au chantier de marine de la Compagnie des Indes orientales, le 15 janvier de l'an de grâce 1698.

GERRIT CLAESZ POOL,

Maître charpentier de vaisseau de la Compagnie octroyée des Indes orientales, à Amsterdam:

Il alla aussi visiter l'Angleterre, à cause de sa marine, et on l'entendit souvent dire que s'il n'avait pas été czar de Russie il aurait bien aimé être amiral anglais. Il se disposait à pousser son voyage jusqu'en Italie, lorsqu'il reçut avis d'une nouvelle conspiration des strelitz; et il se hâta alors de retourner dans ses États. Quand il arriva à Moscou (au commencement de septembre 1698), Gordon avait déjà comprimé la révolte; mais le czar tint à faire justice lui-même. Le sang des coupables coula pendant tout le mois d'octobre; et comme sa sœur Sophie était véhémentement soupçonnée d'avoir été pour quelque chose dans cette échauffourée, Pierre fit dresser devant son couvent vingt-huit potences auxquelles furent successivement pendus cent trente conjurés. Les individus auxquels il fit grâce de la vie furent condamnés à l'exil en Sibérie, et le corps des strelitz fut dissous. Son épouse Eudoxie, qui passait pour sympathiser avec le parti des vieux Russes (et dont tout le crime était peut-être de ne plus posséder l'amour de son mari), fut reléguée dans un couvent. A la place des strelitz, on forma une armée nouvelle, dans laquelle on n'eut plus égard pour l'avancement à la naissance, mais au mérite, et dans les rangs de laquelle on vit plus d'un fils de serf affranchi parvenir jusqu'au grade de général. En même temps le recouvrement de l'impôt fut simplifié et le costume national réglementé : les longues barbes furent proscrites et les voyages à l'étranger favorisés. On construisit un grand nombre de routes et de canaux ; on fonda des imprimeries et des écoles, et on combattit la superstition traditionnelle. Pour diminuer l'autorité du clergé, Pierre négligea, à la mort du patriarche de Moscou, Adrien, de conférer cette dignité, et réunit ainsi sur sa tête la suprême autorité religieuse au pouvoir souverain temporel.

Afin de réaliser son plan de prédilection, la fondation d'une ville commerçante pourvue d'un port de mer, Pierre fit la guerre à Charles XII de Suède. Il fut, il est vrai, complétement battu par Charles à Narwa (30 novembre 1700) ; mais cette défaite, comme il le dit lui-même, enseigna aux Russes les moyens de vaincre à leur tour. Après avoir réussi à remporter quelques avantages sur les Suédois, il atteignit enfin le but de toute son ambition en jetant les fondements (27 mai 1703) de la forteresse de Pétersbourg. La guerre contre les Suédois prit, surtout en 1704, une tournure encore plus favorable, et le caractère aventureux de Charles XII favorisa les entreprises de son prudent adversaire. D'abord son séjour en Pologne et en Saxe, puis sa malheureuse expédition en Russie même, fournirent au czar l'occasion de prendre l'avantage sur lui et d'anéantir la puissance suédoise à la bataille de Pultawa (8 juillet 1709). Après avoir fêté son triomphe à Moscou, il recommença la guerre en Livonie et en Karélie. Wibourg, Riga, Pernau, Reval et Kexholm tombèrent en son pouvoir en 1710; et la possession de ces places le rendit maître de toute la Livonie et de toute la Karélie. Le czar célébra ensuite, le 4 novembre 1710, dans sa ville bien aimée, à Saint-Pétersbourg, le mariage de sa nièce Anne, seconde fille d'Iwan, avec le duc de Courlande, Frédéric-Guillaume. La guerre contre la Turquie, que Charles XII réussit à lui mettre sur les bras l'année suivante, eut une issue malheureuse. Il s'en fallut de peu que le czar n'y perdît le trône et la vie ; et il dut s'estimer heureux, à la paix conclue à Husch, le 23 juillet 1711, de pouvoir acheter le salut de son armée et de son empire par la cession d'Asoff et de quelques autres lieux précédemment conquis sur les Turcs. Pour rétablir sa santé, le czar se rendit ensuite dans l'automne de 1711 à Carlsbad; et à son retour de ce voyage il célébra à Torgau, chez la reine de Pologne, le mariage de son fils unique, Alexis, avec la princesse de Brunswick-Wolfenbuttel. C'est à cette occasion qu'il promit à Leibnitz de faire faire dans son empire des observations sur les variations de l'aiguille magnétique. Il célébra publiquement, le 19 février 1712, à Moscou, son mariage avec Catherine, qu'il avait emmenée avec lui lors de la prise de Mariembourg, et dont il avait déjà eu lieu d'éprouver la fidélité et l'attachement dans la guerre de Turquie. Un mariage secret les unissait depuis 1707. Après avoir encore une fois visité Carlsbad la même année avec sa femme, puis après avoir pris les arrangements nécessaires avec les puissances étrangères, notamment avec le Danemark et la Prusse, il entreprit, dès qu'il fut de retour dans ses États, la conquête de la Finlande, qu'il eut achevée en peu de temps. Dès 1713 les Russes, pénétrant au delà d'Abo, étaient parvenus jusqu'à Tawasthuus ; et la prise de la forteresse de Nyslot équivalut à la conquête du reste de la Finlande. A sa rentrée à Pétersbourg, le 25 novembre 1714, jour anniversaire de la naissance de son épouse, le czar fonda en son honneur l'ordre de Sainte-Catherine. La mort de Charles XII put seule mettre fin à la guerre entre la Russie et la Suède; et la paix de Nystadt valut à Pierre l'acquisition de la Livonie, de l'Esthonie, de l'Ingrie et des deux bailliages de Wiborg et de Kexholm. Pendant ce temps il poursuivait à l'intérieur son œuvre réformatrice et traitait sans pitié les fonctionnaires publics récalcitrants ou prévaricateurs. Son fils unique, Alexis Pétrowitsch lui-même ne trouva pas grâce à ses yeux, et il n'hésita point à signer contre lui un arrêt de mort. Réunissant dans ses mains tous les pouvoirs, même le pouvoir spirituel, il dompta la noblesse et sut faire courber toutes les têtes sous son despotisme impitoyable, aux yeux duquel il n'existait point de différences basées sur le rang et la naissance. Après le rétablissement de la paix (22 octobre 1721), il prit officiellement le titre d'*empereur de toutes les Russies*. Quelques mois plus tard il déclara sa fille Élisabeth majeure; et en même temps il décidait (5 février 1722) que le souverain était toujours libre d'appeler à lui succéder sur le trône qui bon lui semblait; modification à la loi de succession qui a déjà valu à la Russie de bien terribles commotions. Une guerre qu'il fit à la Perse en 1722 et 1723 lui valut l'acquisition des villes de Derbent et de Bakou et des provinces de Ghilân, de Masanderân et d'Asterabad. Les mesures prises pour mettre Saint-Pétersbourg à l'abri des débordements de la Newa, si fréquents en automne, la continuation du canal de Ladoga, la fondation d'un Académie des Sciences (1er février 1725), à laquelle eurent une grande part les conseils de Leibnitz, les poursuites rigoureuses exercées contre les criminels d'État, les encouragements donnés aux travaux d'une commission de législation, la création de l'ordre de Saint-Alexandre Newskij, les réformes des ordres monastiques, la conciliation des différends religieux existant entre les *raskolniks* (vieux croyants) et les orthodoxes, l'expulsion de l'ordre des Capucins du territoire russe et la conclusion d'un nouveau traité de commerce avec la Suède occupèrent les dernières années du glorieux règne de Pierre Ier. Le 24 novembre 1724 il fiança sa fille Anne avec le duc Charles-Frédéric-Ulrich de Holstein-Gottorp. Ses travaux et ses excès épuisèrent avant le temps sa vigoureuse constitution. Déjà souffrant depuis longtemps, il prit, en s'efforçant de sauver un navire échoué sur la côte, un gros rhume, qui, à la suite d'une douloureuse maladie (strangurie), amena sa mort, le 8 février 1725. Conformément à ses dispositions dernières, son épouse, Catherine Ire, lui succéda sur le trône.

Rappeler les nombreuses créations de Pierre Ier, c'est le plus bel éloge qu'on puisse faire de ce prince. Sa main puissante arracha les Russes à la barbarie dans laquelle ils croupissaient, et c'est lui qui jeta les fondements de la merveilleuse puissance à laquelle la Russie arriva dans le siècle suivant. Quoique n'ayant pu complétement dépouiller lui-même la grossièreté de mœurs qui depuis si longtemps était le propre de sa nation, il n'en déploya pas moins une incessante activité pour développer par tous les moyens possibles les progrès de la civilisation dans son empire. A son œuvre on reconnaît, il est vrai, que peuple et pays passèrent subitement, et sans transition aucune, de la barbarie à la civilisation. Le manque d'originalité et de spontanéité existant dans un édifice social où tout est imitation, est donc resté le défaut du caractère russe. Lors de la fête séculaire célébrée à l'occasion de l'anniversaire de l'accession de Pierre le Grand au trône, on inaugura à Pétersbourg un monument, œuvre de Falconet, élevé à sa mémoire. L'artiste l'a représenté gravissant à cheval un rocher de granit. Au-dessous on lit cette inscription : *Petro Primo Catharina Secunda*, MDCCLXXXII. Ce monument, qui est l'une des merveilles de la capitale, couta douze annés de travail à Falconet. Six autres monuments non moins remarquables ont été élevés à la mémoire de Pierre le Grand, à Saint-Pétersbourg, à Cronstadt, à Pultawa, à Woronesch, à Ladeinoje-Pole, et à Lipezk. Consultez Voltaire, *Histoire de Pierre le Grand*; Ségur, *Histoire de Russie et de Pierre le Grand* (2e édit., Paris, 1829) ; le *Journal de Pierre le Grand jusqu'à la paix de Nystadt*, traduit du russe; et l'original russe de l' *Histoire de Pierre le Grand*, revue et corrigée de sa propre main par Catherine II.

PIERRE II ALEXEJEWITSCH, empereur de Russie (1727-1730), petit-fils de Pierre Ier et fils d'Alexis Petrowitch, né en 1714, monta sur le trône en 1727, à la mort de

Catherine Ire, et âgé seulement de treize ans, en vertu du testament de Catherine Ire, dicté à cette princesse par Menschikoff. Croyant son influence plus assurée sous un prince si jeune, que si le sceptre passait à la fille de Catherine, la duchesse Anne de Holstein, cet ambitieux avait fait insérer dans cet acte une clause en vertu de laquelle Pierre II devait épouser Marie, fille cadette de Menschikoff, qui se réservait d'épouser lui-même la sœur de l'empereur, Nathalie. L'influence de Dolgoroucki fit échouer ce plan, qui répugnait d'ailleurs à l'empereur. Menschikoff fut exilé en Sibérie avec tous les siens; et le jeune empereur était à la veille d'épouser une princesse de la famille Dolgoroucki, lorsqu'il mourut de la petite vérole, le 29 janvier 1730. Anne Iwanowna, duchesse de Courlande, monta alors sur le trône; son premier acte fut de rappeler les Menschikoff, et les membres de la famille Dolgoroucki périrent dans les supplices ou furent bannis.

Pendant le court règne de Pierre II, l'ex-impératrice Eudoxie, première femme de Pierre le Grand, avait été remise en liberté. Que si d'un côté un traité de délimitation de frontières avait été négocié entre la Russie et la Chine, de l'autre la Russie s'était vue contrainte de restituer à la Perse les conquêtes de Pierre Ier, les provinces d'Asterabad, de Ghilân et de Masanderân.

PIERRE III FÉODOROWITSCH, empereur de Russie (1762), appelé comme duc de Holstein-Gottorp, *Charles-Pierre-Ulrich*, était le petit-fils de Pierre le Grand, et issu du mariage de la fille de ce prince, Anne Petrowna, avec le duc Charles-Frédéric de Holstein-Gottorp. La descendance mâle des Romanoff s'étant éteinte déjà en la personne de Pierre II, l'impératrice Élisabeth, fille de Pierre Ier et de Catherine Ire, le déclara grand-duc et héritier du trône de Russie, le 18 novembre 1742, en vertu du décret de son père réglant l'ordre de succession. Il y avait à peine vingt-quatre heures que ce prince venait d'être désigné pour succéder à l'impératrice Élisabeth, que trois ambassadeurs suédois arrivèrent à Saint-Pétersbourg, lui apportant la nouvelle que le sénat de Stockholm l'avait élu roi. Pierre remercia les envoyés, et leur désigna comme digne de la couronne de Suède son oncle Adolphe-Frédéric de Holstein, dont l'élection eut lieu en effet. Le grand-duc Pierre, qui avait épousé, le 1er septembre 1745, la princesse Sophie d'Anhalt-Zerbst, qui dut à cet effet embrasser la religion grecque, fut proclamé empereur de Russie à la mort d'Élisabeth, arrivée le 5 janvier 1762 (25 décembre 1761, vieux style). On n'eut qu'à se féliciter des commencements de son règne. Sa justice, sa patience, sa clémence, qui se manifesta par le rappel de dix-sept mille exilés, firent bénir son nom. La noblesse russe put voyager librement hors de l'empire, liberté qu'elle n'avait point auparavant. Ce qui lui concilia aussi les suffrages de l'aristocratie, ce fut l'abolition de la chancellerie privée, tribunal cruel et tyrannique, devant lequel étaient traduits ceux que l'on voulait faire condamner comme coupables de haute trahison. Malgré ces prémices d'un heureux augure, la faveur nationale ne tarda pas à abandonner Pierre III. Il était animé des meilleures intentions et désirait sincèrement le bonheur de ses sujets; mais la faiblesse de son caractère, joint à la manie des améliorations, lui fit hasarder des réformes prématurées, qui indisposèrent les esprits et provoquèrent des murmures dans tous les ordres de l'État. Entre autres choses, il se proposait de toucher à la religion des Russes et d'y faire des changements qui l'auraient rapprochée de la communion protestante : il l'avait même déclaré positivement à l'archevêque de Novogorod. Pour faire une semblable tentative, il eût fallu l'ascendant et le bras de fer de Pierre le Grand. Ce n'est pas sans péril qu'on entreprend de violenter les croyances et de heurter les préjugés des peuples. Le jeune empereur en fit la cruelle expérience : une révolte éclata contre lui. Sa déchéance ayant été prononcée, le 6 juillet 1762, l'impératrice sa femme fut reconnue souveraine, sous le nom de *Catherine II*. Pierre III mourut sept jours après, dans la prison où on l'avait jeté (*voyez* CATHERINE).

CHAMPAGNAC.

PIERRE ou **PÈDRE**, nom qui a été commun à quatre rois d'Aragon, un roi de Castille, etc.

PIERRE-SANCHE ou don *Pèdre Ier*, fut proclamé roi de Navarre et d'Aragon aussitôt après la mort de Sanche, son père (1094). Don Pèdre mourut le 28 septembre (1104), après avoir perdu quelque temps avant son fils, qu'il avait eu d'Ygnès ou d'Agnès, que quelques historiens ont confondue avec Agnès fille de Guillaume de Poitou. Il avait aboli l'humiliante cérémonie des serments que les rois d'Aragon étaient obligés de prêter tête nue aux pieds du grand-justicier, qui pendant qu'ils les prononçaient leur tenait une épée nue sur la poitrine. Il eût été mieux à lui d'abolir la charge de grand-justicier, dont les prérogatives étaient telles qu'il pouvait rejeter les édits du roi, le citer lui-même devant les états généraux, et le faire déposer s'il touchait aux priviléges de la nation. Son frère Alphonse le Batailleur lui succéda.

PIERRE II ou don *Pèdre II*, fils aîné d'Alfonse II, fut, en 1196, proclamé à Darança roi d'Aragon et de Catalogne. En 1204, il épousa Marie, fille et héritière de Guillaume, comte de Montpellier. Le 11 novembre il alla à Rome, et y fut couronné par le pape Innocent II, auquel il s'engagea pour lui et ses successeurs à payer chaque année 250 doublons. En 1212 il gagna une bataille sur les mahométans. En 1213 il passa en France pour secourir le comte de Toulouse, et périt le 12 septembre, devant Muret, dont il faisait le siége. La reine Marie, qui était à Rome, afin de plaider sa cause contre le roi, qui voulait faire casser son mariage, y mourut, au mois d'avril de la même année selon Vaissette, ou 1219 selon Ferreras. Son corps fut inhumé dans le monastère de Sixena en Aragon. Il laissa de son épouse un fils, qui lui succéda.

PIERRE III ou don *Pèdre* III, fils de Jayme Ier et d'Yolande, fut couronné solennellement, avec Constance, fille de Mainfroy, roi de Sicile, qu'il avait épousée en 1262, dans la cathédrale de Saragosse, le 27 novembre 1276. Ce fut lui qui en 1681 se chargea de la noire conspiration des *vêpres siciliennes*. En 1282 il passa en Sicile, après le massacre des Français, et fut reconnu roi par tous les Siciliens, qui, craignant le ressentiment du roi Charles, se jetèrent entre les bras du roi d'Aragon. Le 18 novembre il fut déclaré publiquement excommunié à Rome par le pape Martin IV, qui renouvela l'excommunication l'année suivante. En 1284 Roger de Lauria, amirante d'Aragon, défait la flotte française, et prend Charles, prince de Salerne. Le pape fait prêcher une croisade contre don Pèdre, le déclare déchu de la couronne, et donne l'investiture du royaume d'Aragon à Charles de Valois. En 1285 Philippe le Hardi, roi de France, entre, à la tête de 10,000 hommes, en Catalogne par le Roussillon, où Jacques, roi de Majorque, frère du roi d'Aragon, lui avait livré passage. Les Français prennent plusieurs places; mais leur flotte est battue par Roger de Lauria, qui se rend maître de Roses, où ils avaient tous leurs magasins de vivres. La disette et les maladies les forcent à se retirer. Philippe meurt à Perpignan, le 6 octobre 1285. Don Pèdre le suit au tombeau le 10 novembre de la même année, après avoir reçu à Ville-Franche de Peñadas, où il était tombé malade, l'absolution des censures, sans néanmoins renoncer au royaume de Sicile, qu'il transmit par son testament à don Jayme, son second fils, laissant la couronne d'Aragon à Alfonse, son aîné. Don Pèdre eut encore de la reine son épouse une princesse, célèbre par sa sainteté, nommée Élisabeth, mariée, en 1282, à Denys, roi de Portugal. La reine Constance mourut à Barcelone, en 1300.

PIERRE IV, dit *le Cérémonieux*, était le fils d'Alfonse IV et de Thérèse, sa première femme. Proclamé roi après la mort d'Alfonse, son couronnement fut différé jusqu'au jour de la Pentecôte. Dès qu'il fut sur le trône, il se saisit des places fortes que son père avait données à la reine Éléonore et aux enfants qu'il avait eus de cette princesse, se fondant sur le serment qu'avait fait Alfonse de ne rien démembrer de ses États. La guerre civile s'éleva à cette occasion, mais fut terminée en 1338, par la médiation du pape. L'an 1339 don Pèdre reçoit l'hommage du roi de Majorque, don Jayme, qu'il dépouilla quatre ans plus tard de la plus grande partie de ses États. Don Jayme fit, l'an 1349, une tentative pour recouvrer ses États, et y périt, le 25 octobre. En 1356 don Pèdre entra en guerre avec la Castille. Cette guerre, sans être une guerre civile, en eut toutes les horreurs. D'un côté, l'on vit les deux frères utérins du roi d'Aragon, don Ferdinand et don Jean, qui depuis longtemps s'étaient retirés par mécontentement en Castille, commander les troupes castillanes; de l'autre, Henri de Transtamare, frère du roi de Castille, combattait dans l'armée aragonaise. Don Pèdre IV mourut en 1387, à l'âge de soixante-huit ans. Les Espagnols le regardent comme leur Tibère. Il avait épousé, en 1338, Marie, fille de Philippe d'Évreux, roi de Navarre, morte en 1346; en 1347, Éléonore, fille d'Alfonse IV, roi de Portugal, morte en 1348; en 1374, Éléonore, fille de Pierre II, roi de Sicile, décédée en 1374; Marthe, suivant Zurita, qui ne marque point son origine, morte en 1378; et enfin Sibylle de Fortia, qui lui survécut.

PIERRE, dit *le Cruel*, roi de Castille (1350-1369), fils et successeur d'Alphonse IX, naquit à Burgos, le 30 août 1334, et fut proclamé roi à Séville, aussitôt que l'on y eut appris la mort de son père. Son règne, qui n'est qu'une longue suite de cruautés, lui a valu le surnom de *Cruel*. L'an 1351 il fit mourir, à la sollicitation de sa mère, Éléonore de Gusman, maîtresse de son père. L'an 1353, le 3 juin, il épouse Blanche, fille de Pierre, duc de Bourbon, princesse la plus accomplie de son siècle; puis la quitte aussitôt après l'avoir épousée, la fait enfermer et la retient en prison. L'an 1354 il fait mourir le grand-maître de l'ordre de Calatrava, et fait élire à sa place le frère de Marie Padilla, sa concubine. Il épouse publiquement cette année Jeanne Fernandez de Castro, et l'abandonne: il eut d'elle l'infant don Jean. L'an 1358 il fait massacrer en sa présence don Frédéric, son frère, et traite de même don Jean, son cousin, fils d'Alfonse IV, roi d'Aragon; Éléonore, reine douairière d'Aragon, mère de ce jeune prince, est arrêtée, et mise à mort l'année suivante, par ses ordres. L'an 1361 il fait mourir Blanche de Bourbon, qu'il retenait en prison depuis huit ans. L'an 1362 don Pèdre égorge de sa propre main le roi de Grenade, qui était venu pour lui rendre hommage, sur la foi d'un sauf-conduit. Tant de cruautés occasionnent des mécontentements, des murmures, et enfin une révolte: elle éclate l'an 1366, et don Pèdre est chassé de ses États par Henri, comte de Transtamare, son frère naturel, avec le secours des troupes françaises, conduites par Bertrand Duguesclin. L'an 1367 don Pèdre est rétabli par le prince de Galles, qui gagne, le 3 avril, la bataille de Najéra ou de Navarette, dans laquelle Henri est battu et Bertrand Duguesclin fait prisonnier. L'an 1368 Henri rentre en Castille, prend plusieurs places, assiège Tolède, défait don Pèdre le 14 mars, l'oblige de se jeter dans Montiel, d'où, ayant voulu s'échapper à la faveur de la nuit, il est arrêté et conduit à Duguesclin. Henri, son frère, survint, et le tua, le 23 du même mois. Les historiens varient beaucoup sur les circonstances de cette mort, que Sponde, après Mariana, place le 23 mars. Le père Daniel met la bataille de Montiel le 15 août, et prétend que Mariana s'est trompé; mais il se trompe lui-même, et tous les modernes ensemble sont dans l'erreur sur l'année de cet événement, qu'ils placent en 1369.

Auguste SAVAGNER.

PIERRE ou PEDRO, rois de Portugal. Il y en a eu cinq de ce nom :

PIERRE Ier, dit *le Justicier* ou *le Sévère*, succéda à son père, Alfonse IV, surnommé *le Fier* ou *le Brave*. Né à Coïmbre, en 1320, il monta sur le trône en 1357. A dix-neuf ans, n'étant encore que prince royal, il avait épousé Constance de Castilla-Villena. Auprès d'elle était Inès de Castro, dont Pierre devint éperduement épris. Nous ne répéterons pas ici les détails du drame étrange et terrible auquel donnèrent lieu ces amours. Malgré toutes ces horreurs, la mémoire de Pierre le Justicier n'en resta pas moins chère aux populations du Portugal. Ce prince répétait souvent cette maxime: « Un roi qui laisse passer un seul jour sans faire du bien ne mérite pas le nom de roi. » Pendant les six ans qu'il occupa le trône les impôts furent diminués; le commerce, les pêcheries fleurirent, les améliorations sociales de Denys Ier, d'Alfonse IV, non-seulement continuèrent, mais s'accrurent; et Camoëns, ce flatteur des bons rois, ce fléau des tyrans, put dire un jour: « Celui-là fut un rude punisseur de vols, de meurtres et d'adultères. Rigoureux, terrible, faire du mal aux méchants, était sa plus douce jouissance. Garantissant par sa justice les cités de tous les excès qui les mettent en péril, il fit périr plus de brigands qu'Alcide ou que Thésée. » Pierre Ier mourut le 18 janvier 1367, à l'âge de quarante-huit ans.

PIERRE II, roi de Portugal (1683-1706), troisième fils de Jean IV, né en 1648, seconda les projets de la reine Marie de Savoie-Nemours, et contribua, par une machination pleine de scandale et de turpitude, à faire déclarer son frère Alfonse incapable de régner. On soutenait que le mariage de la reine n'avait pas été consommé. Devenu régent du royaume, Pierre, qui déjà était l'amant de sa belle-sœur, fit amnistier par l'absolution pontificale cette union adultère et incestueuse. Son avénement au pouvoir fut toutefois un événement utile au Portugal, qui se vit délivré d'un prince en démence et pourvu d'un souverain qui n'était pas sans talents politiques ni sans bonnes intentions. Pierre II monta sur le trône à la mort de son frère, arrivée en 1683. Sous son règne, un ministre éclairé, le comte d'Ericeira, retarda le progrès du monopole industriel et commercial de l'Angleterre, en réveillant l'activité de la nation. On lui doit des établissements utiles, des écoles, des manufactures. Il fit couvrir de vignobles la province de Douro-et-Minho, et de rizières celle d'Alem-Tejo. Mais après cet homme habile l'Angleterre étant parvenue à faire entrer le Portugal dans la grande alliance contre la France, ce malheureux pays retomba dans sa première langueur. A partir de là, et durant un demi-siècle, l'industrie, l'agriculture, le commerce et la navigation furent paralysés. L'énergie nationale, qui avait produit la révolution de 1640 et soutenu la guerre de l'indépendance contre l'Espagne, avait entièrement disparu. Dans l'intervalle du traité de 1668 à celui de Methuen, les colonies françaises, anglaises et hollandaises commencèrent à entrer en concurrence avec le Brésil pour les articles coloniaux, dont il avait eu jusque alors le monopole. Les juifs, que la sagesse de Jean IV avait tolérés, et dont les trésors avaient aidé ce prince à défendre sa couronne, persécutés de nouveau par Pierre II, émigrèrent en France, en Angleterre, en Hollande, et versèrent leurs immenses capitaux dans les compagnies commerciales de ces trois nations. Désormais attaché à la politique de l'Angleterre, le Portugal, humble satellite, adopta, dans la guerre de la succession, le parti autrichien. La flotte anglo-hollandaise, qui portait l'archiduc Charles, suivi de 8,000 Anglais, mouilla dans le Tage en 1704, et ce fut par les frontières du Portugal que ce prince pénétra en Espagne. Cette alliance fut fatale à Pierre II, dont les provinces furent affreusement ravagées par les bandes espagnoles. Lorsque l'armée anglaise abandonna la Péninsule, le Portugal risquait de se voir seul exposé au ressentiment de l'Espagne; mais la reine Anne le fit comprendre dans les stipulations de la paix d'Utrecht. Pierre II était mort dès 1706, à l'âge de cinquante-huit ans.

PIERRE III, second fils de Jean V, épousa sa nièce, Marie Ire, et monta ainsi sur le trône de Portugal, en 1777. Il mourut après sept ans de règne, en 1786, et par ses déférences pour l'Angleterre consolida plus que jamais la prépondérance britannique en Portugal.

PIERRE IV, fils aîné de Jean VI, est plus généralement connu sous le nom de dom Pedro.

PIERRE V, fils de la reine dona Maria, roi actuel de Portugal, est aussi plus connu sous le nom de dom *Pedro V*.

PIERRE, douzième comte de Savoie, septième fils de Thomas Ier, ne semblait pas appelé à régner dans un pays où l'on avait admis l'ordre de primogéniture. Destiné dès son bas âge à l'état ecclésiastique, il était chanoine de Valence en Dauphiné et prévôt de la cathédrale d'Aoste quand, sur le point de recevoir les ordres sacrés, il sentit percer à travers l'habit religieux cette humeur guerrière qui est pour ainsi dire le fond du caractère des princes de Savoie. Rentré dans le monde, il commence par conquérir le comté de Romont, dont il porte le titre. Vaillant, spirituel, actif, plein de justice et de fermeté, il gagne l'affection et la confiance de tout le monde. Quand le trône vient à vaquer en Savoie par la mort de son neveu, Boniface le Roland, les états généraux déclarent que le prince Pierre de Savoie est le *seul appui de l'État;* et comme ils le veulent à l'exclusion d'un descendant de la branche aînée, ils ajoutent que le *salut public est la suprême loi*. Comme ce prince recevait de l'empereur Richard l'investiture des duchés de Chablais et d'Aoste et le titre de vicaire général de l'Empire, le chancelier qui rédigeait le diplôme lui demanda ses titres; il répondit, en portant la main sur son épée : « Les voici. » Le palais de ce prince, comme celui de Béatrix de Provence, sa sœur, était ouvert aux poëtes et aux savants, qui préludaient au retour des beaux siècles de la littérature. Les qualités brillantes de Pierre, la rapidité de ses expéditions, la multitude de ses voyages, l'étendue de son génie, la beauté de son caractère, l'éclat de sa valeur, lui ont fait donner le nom de *Petit Charlemagne*. Après avoir, pendant un règne de cinq ans, pacifié, agrandi et réglé ses États, il mourut, au château de Chillon, en 1268.

L'abbé Renou, évêque d'Annecy.

PIERRE L'ERMITE était originaire du diocèse d'Amiens. Après avoir d'abord servi comme soldat, il s'était marié; et sa femme étant venue à mourir, il se fit ermite. Un pèlerinage qu'il entreprit à Jérusalem lui fournit l'occasion de connaître la triste situation des populations chrétiennes sous le joug des Sarrasins. Il en fut si péniblement affecté qu'à son retour en Europe il alla trouver le pape pour l'engager à organiser une croisade destinée à délivrer la Terre Sainte du joug des infidèles. Un appel que le pape adressa à la foule accourue au concile rassemblé en 1096 à Plaisance suffit pour réunir une armée considérable décidée à marcher sous les ordres de Pierre; mais cette armée fut à peine arrivée en Hongrie qu'elle y essuya une déroute complète, par suite de laquelle Pierre l'Ermite dut s'en revenir avec les débris de ses bandes aux lieux d'où il était parti. Plus tard il accompagna l'armée commandée par Godefroy de Bouillon, qui en 1099 s'empara de Jérusalem. Il fut nommé gouverneur de cette ville, mais ne tarda pourtant pas à revenir en France; et il mourut en 1115, au monastère d'Huy, qu'il avait fondé.

PIERRE dit *le Vénérable*, célèbre réformateur de Cluny, naquit en 1092 ou 1094; il avait vingt-huit ans lorsqu'il fut élu abbé de Cluny, et le nouvel abbé imposa une réforme sévère au couvent; il voulut rétablir la primitive pureté des mœurs et le respect de la hiérarchie. En moins de trois ans, sa pensée était réalisée, et Pierre le Vénérable put quitter l'abbaye pour aller visiter les succursales de l'ordre. Pendant son absence, Pons, abbé démissionnaire de Cluny, manifesta le désir de rentrer dans ses droits; il sema la division parmi les moines, et la vieille abbaye fut en proie à de tristes profanations. Pons, mandé à Rome par le pape Honorius, mourut dans la capitale de la chrétienté, et Pierre le Vénérable reprit avec ardeur le gouvernement du monastère; son église était en ruines, ses propriétés dévastées par les seigneurs du voisinage; Pierre fit rebâtir l'abbaye, et sa fermeté fléchit la rapacité des barons.

Alors un schisme éclatait : deux papes se disputaient la tiare; Pierre le Vénérable défendit la cause d'Innocent II contre Anaclet, et il fut secondé par saint Bernard. Innocent II, salué pape par toute la population en France, vint visiter l'abbaye de Cluny. Après son départ, Pierre le Vénérable tint un chapitre général de l'ordre : on y remarquait deux cents prieurs et plus de douze cents religieux de différentes nations. En 1134 il alla assister au concile de Pise tenu par Innocent II, où fut condamné Anaclet; puis il revint dans son abbaye, où il mourut, en 1156. On conserve de lui près de deux cents épîtres, adressées à divers personnages éminents; elles sont loin d'égaler en grâce, en éloquence, les sermons de saint Bernard, qui vivait à cette même époque. L'activité, la douceur, sont les traits saillants du caractère de l'abbé de Cluny. Jamais l'Église ne l'a canonisé dans les formes, mais le titre de *Vénérable* ajouté à son nom dit assez le respect qu'il inspirait à ses contemporains, et l'histoire a sanctionné cette pieuse désignation. A. Mazuy.

PIERRE DE CORTONE. *Voyez* Cortona.

PIERRE LE LOMBARD. *Voyez* Lombard (Pierre, dit le).

PIERRE (Jean-Baptiste-Marie), peintre français, naquit à Paris, en 1714. Élève de Charles Natoire, il peignit avec son maître la chapelle des Enfants-Trouvés, parvis Notre-Dame, où ils représentèrent la *Naissance de Jésus-Christ*, l'*Adoration des Mages* et celle *des Bergers*. Ayant composé, dans un nouveau salon au Palais-Royal, l'*Apothéose de Psyché*, le duc d'Orléans le nomma son premier peintre. Après la mort de François Boucher, en 1770, le roi le choisit à son tour pour son premier peintre, et le décora de l'ordre de Saint-Michel, avec le titre d'écuyer. A son retour de Rome, Pierre consacra son pinceau à la décoration des églises; il imita la manière large et facile de Natoire, et quoiqu'il fût un homme d'esprit, ses compositions n'offrent rien de remarquable; son coloris est gris, monotone, et ne produit aucun effet. Ses ouvrages les plus connus sont *Saint Pierre guérissant le Boiteux* et la *Mort d'Hérode*, deux tableaux qu'on voit à Saint-Germain-des-Prés. A Saint-Sulpice était un *Saint François en oraison dans le désert;* un semblable tableau se voyait à Versailles, dans l'église Saint-Louis. Il y avait une assez bonne composition de ce peintre à Paris, dans l'église Saint-Thomas du Louvre; c'était le *Martyre de saint Thomas de Cantorbéry*. Pierre peignit ensuite la coupole de la chapelle de la Vierge dans l'église Saint-Roch.

Après ce grand ouvrage, notre artiste abandonna sa palette et ses pinceaux pour se livrer entièrement à l'administration de l'académie. Son premier acte fut de supprimer l'Académie de Saint-Luc. Cette Académie tous les ans avait une exposition publique des ouvrages de ses membres. Après la suppression de l'Académie de Saint-Luc, les peintres en dehors de l'Académie royale exposaient tous les ans leurs ouvrages à la place Dauphine, le jour de la petite Fête-Dieu. Avant le passage de la procession, le commissaire du quartier visitait l'exposition pour voir s'il n'y avait rien contre les mœurs : elle avait lieu depuis le matin jusqu'au coucher du soleil; on y a vu souvent de bons ouvrages. Cette exposition libre a fini avec la révolution. Ce fut à la sollicitation du premier peintre que le comte d'Angivilliers obtint de Louis XVI qu'il serait établi à Paris une école de douze jeunes artistes, enseignés et entretenus aux frais de la liste civile. Il obtint également du directeur des bâtiments de la couronne qu'il fût fait tous les deux ans, par les professeurs de l'Académie, six tableaux d'histoire, pour être exécutés en tapisserie à la Manufacture royale des Gobelins; et aussi six statues en marbre des hommes qui avaient illustré la France à des époques différentes.

Pierre était un homme altier et vain; il s'opposa à l'admission à l'Académie de Mme Le Brun Vigée; il avait honte sans doute de siéger à côté d'une femme qui avait plus de talent que lui; mais comme cette dame avait pour elle Joseph Vernet, Doyen, Robert, plusieurs autres académiciens, et que la reine désirait qu'elle obtînt son admission, elle fut reçue. Pierre mourut à Paris, le 14 juin 1789. Il eut

vien pour successeur à la place de premier peintre du roi.
Cher Alexandre Lenoir.

PIERRE (Denier de saint). *Voyez* Denier de saint Pierre.

PIERRE (Patrimoine de saint). *Voyez* Église (États de l').

PIERRE À AIGUISER, PIERRE A FAUX. On donne ces noms à quelques grès siliceux à grain fin et à des quartz micacés, que l'on emploie pour aiguiser divers outils.

PIERRE À BRIQUET, PIERRE A FEU, PIERRE A FUSIL, noms vulgaires de certains silex noirs et blonds.

PIERRE À BROYER, pierre de porphyre sur laquelle les peintres et les marchands broyent leur couleur, au moyen d'une molette ou pierre taillée en cône, qu'on fait promener dessus : la base écrase les matières à broyer, et le haut sert à l'ouvrier pour la tenir (*voyez* Broyeur).

PIERRE À BRUNIR. *Voyez* Oligiste et Sanguine.

PIERRE À DÉTACHER. *Voyez* Argile.

PIERRE À JÉSUS, nom vulgaire du gypse laminaire, lorsqu'il est en grandes lames transparentes. On le nomme ainsi parce que dans certains pays les religieuses s'en servaient en place de verre pour encadrer des images en cire de l'Enfant-Jésus.

PIERRE À PLÂTRE. *Voyez* Gypse.

PIERRE ARTIFICIELLE. On donne ce nom aux *pierres fausses* imitant les pierres précieuses et aux compositions imitant la pierre, comme ces blocs de béton qui servent à former la base de gigantesques travaux hydrauliques.

La pierre artificielle employée aujourd'hui dans les constructions ordinaires, dans les ornements architectoniques, est formée de sable, de chaux, de litharge et d'huile de lin fraîchement préparée. Elle offre peu de solidité, mais au bout de quelques semaines elle acquiert la dureté du grès ordinaire, et au bout de quelques mois elle a durci au point de faire feu au briquet. Il a été reconnu par M. Heeren que la chaux n'est pas indispensable à la confection de cette pierre; la poussière qui se produit dans le travail du grès peut servir au même titre. Un excès de pierre à chaux diminue la dureté de la composition, tandis qu'une trop faible proportion en augmente la porosité. On obtient un résultat parfait en mélangeant à la poudre de grès 10 à 12 parties pour 100 de litharge; l'huile la meilleure est la plus ancienne. Quand le mélange est opéré, on le foule dans des formes où on le comprime. Les objets sur lesquels on veut appliquer cette pierre artificielle doivent être préalablement enduits d'huile de lin ou de vernis à l'huile.

PIERRE CONTRE LA PEUR. *Voy.* Pierre de Jade.

PIERRE D'AIGLE. *Voyez* Aétite.

PIERRE D'AIMANT. *Voyez* Aimant.

PIERRE D'AZUR. *Voyez* Lapis-Lazuli.

PIERRE DE BÉZOARD. *Voyez* Bézoard.

PIERRE DE BOLOGNE. Sous ce nom la baryte sulfatée a joui d'une grande réputation, due à la phosphorescence qu'elle présente lorsqu'elle a été calcinée.

PIERRE DE FOUDRE. *Voyez* Aérolithe.

PIERRE DE JADE, PIERRE CONTRE LA PEUR, NÉPHRITE, noms qu'on a donnés à un silicate de magnésie et d'alumine, verdâtre ou blanchâtre, compacte, d'un éclat gras, très-tenace, coupant le verre. Les Chinois nomment cette substance *yu*. Elle se trouve dans certaines rivières de la Chine, en blocs de $0^{m},05$ jusqu'à $0^{m},33$ de diamètre. La cour de Péking s'est réservé le monopole de cette pierre, qui ne se trouve qu'en Chine, d'où on l'expédie taillée de diverses manières, en coupes ou en objets d'ornement. Pendant un temps elle servit d'amulette aux enfants, au cou desquels on en suspendait pour les préserver de la frayeur, d'où son nom de *pierre contre la peur*. On l'appelle aussi *pierre néphrétique*, d'où l'on a fait *néphrite*, parce que dans l'Orient on lui attribue la propriété de calmer les coliques néphrétiques.

PIERRE DE LA LUNE. *Voyez* Aérolithe.

PIERRE DE LARD. *Voyez* Stéatite.

PIERRE DE LIAIS ou LIAIS, pierre calcaire dont le grain est fin, la texture compacte; elle se taille bien, et résiste à la gelée. Il y en a de trois espèces : le *liais dur*, le *liais ferault* et le *liais tendre*. Le liais dur se tire des carrières d'Arcueil, de Bagneux et des plaines de Montrouge. Le liais ferault, de mauvaise qualité, est extrêmement dur. Le liais tendre se tire des carrières de Maisons et de Saint-Cloud.

PIERRE DE LUNE. *Voyez* Œil de Poisson et Feldspath.

PIERRE DE SOLEIL. *Voyez* Feldspath.

PIERRE DE TAILLE. On donne ce nom à toute pierre dure ou tendre qui peut être équarrie ou taillée avec parement, ou même avec architecture pour la solidité ou la décoration des bâtiments.

PIERRE DE TOUCHE. On donne ce nom au quartz lydien, variété noire et compacte de quartz, et à quelques autres substances minérales très-dures, que les marchands emploient habituellement pour déterminer approximativement le titre des alliages d'or et de cuivre. Voici comment on opère : on fait sur une pierre de touche une trace de quatre millimètres de long sur trois de large environ avec l'alliage que l'on veut éprouver; puis on mouille cette trace avec une barbe de plume trempée dans une liqueur formée de 98 parties d'acide nitrique, 2 d'acide chlorhydrique, et 25 d'eau distillée. Le cuivre est dissous; on essuie légèrement, et on examine ce qui reste de la trace métallique. La teinte verte plus ou moins foncée que prend la liqueur, et l'épaisseur de la trace d'or pur qui reste sur la pierre, indiquent à peu près à un œil exercé le titre de l'alliage. D'ailleurs on peut faire des épreuves comparatives avec des *toucheaux*, fortes aiguilles dont le titre est connu d'avance.

Cette locution s'entend figurément de ce qui sert à faire connaître la nature et la qualité d'une chose : ainsi l'on dit que le malheur est la *pierre de touche* de l'amitié.

PIERRE D'IRIS. *Voyez* Iris (Pierre d').

PIERRE D'ITALIE. *Voyez* Pierre noire.

PIERRE DU LEVANT. *Voyez* Dolomie.

PIERRÉE, conduit fait à pierres sèches pour l'écoulement ou pour la direction des eaux.

PIERREFONDS, commune du département de l'Oise, à 16 kilomètres de Compiègne, avec 1,510 habitants, un établissement d'eaux minérales et les ruines grandioses et imposantes d'un château féodal, construit par Louis d'Orléans, en 1390. Il était flanqué de sept tours de 35 mètres d'élévation, et avait 3,276 mètres carrés de superficie. Le célèbre Rieux qui l'occupait au nom de la Ligue, y réunit une troupe de bandits, à la tête desquels il rançonnait le pays, pillait les voitures et les voyageurs. Il tint tête aux deux meilleurs généraux de Henri IV, le duc d'Épernon et le maréchal de Biron, qui l'assiégèrent inutilement. Sous Louis XIII un commandant nommé Villeneuve voulut recommencer le même jeu; mais assiégé par le comte d'Auvergne, il fut obligé de capituler, et Richelieu, peu de temps après, fit démanteler ce refuge obstiné du brigandage et de la rébellion. La dureté et l'épaisseur des matériaux firent renoncer à une démolition complète; on se contenta d'enlever les toitures et de pratiquer des ouvertures profondes de distance en distance dans les murs. Ces ruines, vendues en 1798, comme propriété nationale, pour la somme de 8,000 francs, et rachetées en 1812 par Napoléon au prix de 5,000 francs, appartiennent à la couronne. L'administrateur de la liste civile y fit exécuter sous le règne de Louis-Philippe des travaux qui en ont rendu l'accès plus facile et les abords plus agréables.

PIERRE INFERNALE. *Voyez* Caustique (*Thérapeutique*) et Nitrate.

PIERRE LATE. *Voyez* Drôme.

PIERRE LENTICULAIRE, NUMMULAIRE ou NUMISMALE. *Voyez* Nummulite.

PIERRE MÉTÉORIQUE. *Voyez* AÉROLITHE.

PIERRE MEULIÈRE ou MEULIÈRE. On donne ce nom à une variété de silex, le *silex molaire*, que distinguent sa cassure plate et sa texture cellulaire, criblée de cavités irrégulières, que remplit en partie une argile rougeâtre. La meulière appartient aux couches des dernières formations et les plus superficielles. On l'observe principalement aux environs de Paris, en bancs non continus, ou en blocs de dimensions variées, au milieu des terrains tertiaires d'eaux douces. La meulière doit ses divers noms à l'emploi auquel elle est consacrée depuis une époque très-reculée : elle sert à faire des meules de moulin, du moins quand elle est assez compacte et que l'on peut la débiter en gros blocs cylindriques. Quand la meulière offre une structure trop caverneuse, et aussi lorsqu'on ne l'obtient qu'en fragments irréguliers, on l'utilise comme pierre de construction ; elle est très-recherchée pour certains travaux.

PIERRE NAUTIQUE, nom que l'on a donné à l'aimant, parce que les premières boussoles consistaient en un vase rempli d'eau sur laquelle flottait une boîte contenant un morceau d'aimant.

PIERRE NÉPHRÉTIQUE. *Voyez* PIERRE DE JADE.

PIERRE NOIRE ou PIERRE D'ITALIE. Cette substance, que les dessinateurs emploient souvent comme crayon, est, suivant M. Cordier, un mélange d'anthracite et de matière phylladienne schisteuse, chargée plus ou moins de pyrite blanche. D'Omalius la nomme *ampélite graphique*. C'est une roche d'un noir grisâtre, laissant des traces sur la plupart des corps, surtout sur le papier. Elle contient quelquefois du calcaire ainsi que des débris de corps organiques, tels que des coquilles marines et des empreintes végétales. Elle forme des couches assez considérables dans l'étage ampélitique de la période phylladienne.

PIERRE OLLAIRE. *Voyez* SERPENTINE.

PIERRE PHILOSOPHALE. *Voyez* PHILOSOPHALE (Pierre) et ALCHIMIE.

PIERRE PONCE. *Voyez* PONCE.

PIERRERIES. *Voyez* PIERRES PRÉCIEUSES.

PIERRES (Coupe des). *Voyez* COUPE DES PIERRES.

PIERRES ALIGNÉES ou ALIGNEMENTS, processions de pierres, suivant tantôt une seule ligne, tantôt plusieurs lignes parallèles, et représentant dans ces derniers cas des allées ou des rues, telles que celles de Carnac, rangées sur onze lignes parallèles, et s'étendant l'espace de plusieurs kilomètres, pierres au nombre de 4,000, brutes, isolées dans une grande plaine sans arbres, en équilibre, quelquefois même mobiles, sans fondation, sans qu'aucun caillou, aucun fragment de pierre les supporte, et ayant de leurs débris servi à la construction d'un grand nombre de maisons de Brest ou de Lorient.

PIERRES BRANLANTES. Ces pierres, connues en France sous les noms de *pierres roulantes, pierres qui dansent, pierres qui virent, pierres folles*, etc., se composent de deux blocs de rocher, l'un posé sur l'autre. Leur point de contact est calculé de telle manière que le bloc superposé vacille au moindre choc, sans cesser de s'équilibrer, et Pline l'ancien, comme si ce merveilleux ne le satisfaisait point, rapporte qu'à Harpasa, ville d'Asie, on voyait une pierre pareille céder, il est vrai, à l'impression du doigt, mais rester immobile quand on faisait contre elle usage de toutes ses forces.

PIERRES COUVERTES. *Voyez* DOLMEN.

PIERRES DEBOUT. On appelle ainsi des pierres brutes, de forme à peu près pyramidale, et souvent de la même grandeur, qu'on trouve érigées d'une manière symétrique dans différentes contrées de France, notamment en Poitou et en Bretagne. On en voit aussi en Angleterre. Quelquefois, sur la sommité de deux de ces pierres on trouve placée transversalement une autre pierre pareille ; ce sont alors des *pierres levées*. Les pierres debout sont plus ou moins enfoncées en terre ; elles en sortent quelquefois jusqu'à la hauteur de deux mètres. Ces monuments sont portés sur des tertres artificiels de différentes hauteurs, formés de cailloux rassemblés. Tout fait penser que ce sont des monuments funéraires.

PIERRES FINES. *Voyez* PIERRES PRÉCIEUSES.

PIERRES FOLLES. *Voyez* PIERRES BRANLANTES.

PIERRES GRAVÉES, pierres fines ou substances imitant les pierres fines, sur lesquelles on a gravé des figures en creux ou en relief. Dans le premier cas on les nomme *intailles*, dans le second *camées*.

On fait remonter jusqu'à Scaurus et à Pompée les premières collections de pierres précieuses à Rome ; mais rien n'indique que ce fussent des pierres gravées. Mithridate avait une collection de ces pierres, et Pompée la consacra dans le Capitole. César en déposa aussi dans le temple de Vénus, et Marcellus en fonda une dans la cella du temple d'Apollon Palatin. Parmi les modernes, Laurent de Médicis est le premier qui ait fait une collection de pierres gravées. Elle a été augmentée par les soins de Cosme et de plusieurs de leurs successeurs. Cette collection fait partie de la superbe galerie de Florence.

L'exemple donné en Italie par les Médicis trouva des imitateurs dans les autres parties de l'Europe. Des collections de pierres gravées antiques furent formées dans divers lieux par les princes, les riches particuliers, les savants et les artistes. Les croisés en avaient rapporté beaucoup de l'Orient ; Peiresc fit chercher dans l'Ancien Monde les pierres gravées en même temps que les inscriptions, les manuscrits et les médailles ; il protégea ce goût par ses exemples. Les rois de France en avaient donné de très-précieuses à des églises et à des abbayes : ces riches ouvrages entrèrent bientôt dans le trésor de la couronne, dans les cabinets royaux et dans ceux des princes ; et dès le seizième siècle plusieurs collections jouissaient d'une célébrité méritée. Le temps a dispersé les unes et augmenté les autres ; et dans l'état actuel des choses on cite comme les plus remarquables, après le cabinet de la Bibliothèque impériale de Paris, parmi les collections publiques, celles de la galerie de Florence, dont on porte le nombre des pierres à plus de 4,000 ; du Vatican à Rome, du roi de Prusse, de l'empereur d'Autriche, du conseil de Leipzig, du roi de Danemark, au château de Rosenburg à Copenhague ; de l'empereur de Russie, qui contient les cabinets de Patter et d'Orléans ; et parmi les cabinets qui n'appartiennent pas à des souverains, on cite les anciennes collections Strozzi et Ludovici à Rome, Poniatowski en Russie, celles des ducs de Bersborough, de Devonshire, de Carlisle, de Bedfort et de Marlborough en Angleterre, et celles du duc de Blacas, du comte Pourtalès, et du baron Roger à Paris.

Quelques amateurs des deux derniers siècles, à l'exemple de Laurent de Médicis, ont fait graver leur nom sur des pierres antiques comme signe de propriété ; on raconte même que le célèbre Maffei se donna d'abord beaucoup de peine pour interpréter les lettres LAVR. MED. qu'il trouvait sur quelques pierres de *Laurent de Médicis*, grand-duc de Toscane.

Les savants s'adonnèrent bientôt à l'interprétation des pierres gravées, et Leonardo Agostini en publia, dès le commencement du dix-septième siècle, un recueil qui a eu depuis d'autres éditions ; celui de Lachaux parut à Rome, en 1720. Des érudits traitèrent aussi quelques points spéciaux d'antiquité par le secours des pierres gravées, et s'attachèrent à quelque classe particulière de ce genre de monuments, tels que Chifflet aux abraxas, Passeri aux pierres astrifères, et Ficoroni à celles qui portent des inscriptions. Mais bientôt après parurent les muséographies, ou description particulières des plus célèbres cabinets, et tels sont les grands ouvrages connus sous les titres de *Pierres gravées* de Gori, de Bossi, le *Museum Florentinum* du même Gori, la *Galerie de Florence*, par Vicar et Mongez, le *Museum Odescalchum*, par Galeotti ; la description des pierres en creux du cabinet du roi, par Mariette, celles des pierres du duc d'Orléans, par Leblond et Lachaux ; du cabinet de Vienne, par

Eckel ; des cabinets de Gravelles, de Grassier, de Stoch, par Winckelmann : du duc de Marlborough ; enfin, la description du cabinet impérial de Saint-Pétersbourg, par Kœhler, et la collection dont Millin commença la publication sous le titre de *Pierres gravées inédites, tirées des plus célèbres cabinets de l'Europe*, de format in-8°.

D'autres archéologues se sont occupés aussi de pierres gravées, soit spécialement, soit dans les ouvrages relatifs à diverses branches de l'archéologie, et de ce nombre sont le P. Montfaucon dans son *Antiquité expliquée*, le comte de Caylus dans son important recueil, et parmi les étrangers, Amaduzzi, Rasponi, Vivenzio et Raspe. Enfin, des savants justement renommés ont exposé avec plus ou moins d'étendue les éléments mêmes des études glyptographiques, ou leur bibliographie : tels sont pour ce dernier point Millin (1797) et de Murr (Dresde, 1806), et pour les rudiments de la science le sénateur Vettori (Rome, 1739), Busching (Hambourg, 1781), Aldini (Césène, 1789), Eschembourg (Berlin, 1787), Millin (Paris, 1795 et 1797) ; enfin, Kœhler (Saint-Pétersbourg, en 1810).

Pour la classification des pierres gravées comme pour toutes les autres classes de monuments antiques, on doit avoir égard à leur origine ; on formera donc autant de grandes divisions que ces origines seront diverses, par les peuples auxquels elles se rapportent, et ces grandes divisions seront au nombre de cinq, savoir : pierres asiatiques, pierres égyptiennes, pierres étrusques, pierres grecques et pierres romaines. C'est dans chacune de ces grandes divisions que chaque pierre doit être placée, d'après un système méthodique, sur lequel des auteurs accrédités ne se sont pas accordés en tous points.

On peut, après avoir déterminé les cinq grandes divisions indiquées, procéder à une classification spéciale par peuple, sans distinction des intailles d'avec les camées, sans rejeter même les pâtes antiques remarquables par le sujet ou le travail. Les pierres gravées asiatiques sont peu nombreuses, et peuvent être comprises sous les trois dénominations de mythologiques, historiques, sujets variés ou inconnus ; les pierres qui ne portent que des inscriptions appartiennent à l'une ou à l'autre des deux premières classes. Les pierres égyptiennes, sur lesquelles il n'existe encore aucun système certain de classification, parce que l'interprétation de leur sujet ou de leurs inscriptions ne pouvait pas précéder la découverte de l'alphabet des hiéroglyphes, exigent plus de détails. Les pierres gravées étrusques sont aussi en petit nombre, et quelques-unes se mêlent intimement par leur sujet avec l'histoire des Grecs. Mais le travail tout-à-fait étrusque les range de droit parmi les ouvrages des anciens peuples de l'Italie, et en fait une classe à part de toutes les autres. Les trois divisions proposées pour les pierres asiatiques, et qui se rapportent à la mythologie, à l'histoire, ou bien à des sujets variés ou inconnus, suffisent à la glyptographie des Étrusques. Les pierres grecques et romaines forment deux séries caractérisées par la différence des époques, qui en établit une très-positive aussi dans les sujets, les origines et l'état de l'art. Mais les grandes analogies qui existèrent dans les systèmes religieux, les mœurs, les usages et l'état moral des deux peuples permettent d'appliquer la même classification à la glyptographie de l'un et de l'autre.

A l'égard des pierres chrétiennes, il est bon de remarquer qu'elles sont l'ouvrage d'artistes grecs ou romains : l'unité dans le fait exige aussi l'unité dans la classification, et il suffit de ranger les sujets selon l'ordre chronologique.

CHAMPOLLION-FIGEAC.

PIERRES LEVÉES ou PIERRES LEVADES. *Voyez* DOLMEN.

PIERRES LITHOGRAPHIQUES. *Voyez* LITHOGRAPHIE.

PIERRE SPÉCULAIRE. On appelle ainsi le mica en grandes lames et le gypse laminaire, lorsqu'ils réfléchissent les objets à la manière des miroirs.

PIERRES PRÉCIEUSES, PIERRES FINES, PIERRERIES, GEMMES. On donne les deux premiers de ces noms à diverses substances minérales, telles que le rubis, le saphir, la topaze, etc., qui sont toujours assez rares et de grand prix dans les sujets un peu volumineux et exempts d'imperfection. Les expressions *pierreries*, *gemmes*, plus générales, comprennent en outre les émeraudes vraies et fausses, les grenats, les améthystes, les faux rubis, les opales, etc., et même les agates et les sardoines, etc. On peut aussi ranger les camées parmi les pierres précieuses.

Chez les modernes, l'importance des pierreries, leur abondance, l'opinion qu'on y attache (le diamant excepté peut-être) n'approchent pas de ce que nous ont fait connaître les écrivains de l'antiquité. Pline raconte que Scaurus, gendre de Sylla, est le premier à Rome qui eût possédé un écrin remarquable, lequel probablement lui provenait de la riche succession de son beau-père. On ne connut à Rome que ce seul écrin jusqu'à l'époque où Pompée, triomphant de Mithridate, plaça au Capitole celui qui avait appartenu à ce roi vaincu, le plus riche et le plus somptueux de tous les princes soumis par les armes des Romains. Varron, qui a ajouté beaucoup aux détails donnés par Pline, nous dit que cet écrin de Mithridate était infiniment plus somptueux que celui de Scaurus. Indépendamment des rubis, des topazes, des diamants, des émeraudes, des opales, des onyx, et de tant d'autres pierres précieuses d'un éclat et d'une valeur extraordinaires, on y voyait d'ailleurs une multitude d'anneaux, de bagues, de cachets, de chaînes d'or d'un travail exquis. Mais combien d'autres merveilles encore éblouirent tous les yeux lors du triomphe de Pompée ! un échiquier garni de toutes ses pièces, entièrement composées de pierres précieuses incrustées dans l'or ; trente trois-couronnes en perles ; la fameuse vigne d'or d'Aristobule, estimée par l'historien Josèphe, cinq cents talents (2,400,000 fr.) ; le trône et le sceptre de Mithridate ; son char éclatant d'or et de pierreries, qui avait appartenu à Darius ; le manteau brodé en or et en pierreries qui passait pour avoir été celui d'Alexandre : Pompée s'en revêtit. Venaient ensuite les armes de Mithridate, qui surpassaient en richesse et en éclat tout ce que l'imagination pourrait rêver. Son diadème et le fourreau de son épée étaient de vraies mines de gemmes précieuses ; mais ces objets ne parurent pas au triomphe de Pompée : on les avait volés ; ce fourreau avait coûté 400 talents (1,920,000 fr.).

César, à l'exemple de Pompée, consacra à *Venus Genitrix* six écrins, qu'il plaça dans le temple de cette déesse ; Marcellus, fils d'Octavie, en plaça un aussi dans le petit temple d'Apollon, sur le mont Aventin. On sait quel prix le même César mit à une perle qu'il offrit à Servilie. Il n'est personne qui n'ait entendu parler de la prodigalité de Cléopâtre dans ses orgies avec Antoine, lorsqu'il aborda en Égypte. Dans le premier repas que cette reine lui offrit, elle lui fit présent non-seulement du riche ameublement qui décorait le *triclinium*, mais elle y ajouta tout le service de table, c'est-à-dire qu'elle le pria d'accepter toute la vaisselle, qui était d'or, et tous les vases, également en or, qui avaient paru à table, tous enrichis de pierreries magnifiques. Le second repas, qui succéda, à deux jours d'intervalle, n'est pas resté moins célèbre dans les annales de l'antiquité. Cléopâtre y avala, dit-on, une perle de grand prix. Le luxe de *Lollia Paulina*, devenue depuis la femme de Caligula, est bien digne d'être cité : « J'ai vu, dit Pline, non pas dans une cérémonie publique, où d'ordinaire on étale tout le faste de l'opulence, mais dans un souper de fiançailles très-ordinaire, j'ai vu Lollia Paulina toute couverte d'émeraudes et de perles, que le mélange des couleurs rendait encore plus éclatantes. Sa tête, ses cheveux, sa gorge, ses oreilles, son cou, ses bras, ses doigts, en étaient surchargés. Et ces richesses, elle ne les tenait pas de la prodigalité de l'empereur, mais de son propre aïeul, Marcus Lollius : c'était la dépouille des provinces. » A son tour, Néron offrit à Jupiter Capitolin les prémices de sa barbe dans un vase d'or entouré de perles du plus grand prix. Lorsqu'il assistait aux jeux du Cirque, pour ménager sa vue, il se servait, en guise de lorgnon, d'une superbe émeraude concave non gravée; car les anciens respectaient trop cette pierre pour l'entourer par la gravure. Si l'on en croit Lampride, Héliogabale faisait mettre à sa chaussure des pierres précieuses d'une valeur inestimable, et tous les jours il en changeait, ne pouvant soutenir la vue de celles qui une fois lui avaient servi.

Déjà longtemps avant Héliogabale le luxe et la mollesse avaient fait de déplorables progrès chez le peuple roi. On n'y mettait plus de bornes à l'usage des innombrables pierres précieuses travaillées par les plus habiles artistes pour la parure des deux sexes. Les grands en décoraient leurs vêtements, pour en relever toute la magnificence. Les femmes en surchargeaient leur coiffure; les bracelets, les agrafes, les ceintures, éblouissaient les regards, et souvent même la bordure des robes offrait un galon de gemmes précieuses.

On retrouve de loin en loin quelque chose qui approche de ce luxe et de cette profusion dans les temps modernes. Rappelons ici le cadeau fait en Russie par le prince Potemkin à ses nièces les princesses Braniski, Galitzin, et à la comtesse Samoïlnow : il leur donna, pour paraître avec éclat dans une grande solennité publique, une garniture de robe composée de quinze archines (10 mètres 66 centimètres) en fil de diamant. On a vanté le costume hongrois du prince Esterhazy au sacre de la reine Victoria pour la richesse de ses pierreries. On se rappelle l'exhibition des **diamants de la couronne** en 1855 dans la rotonde du Panorama, lors de l'exposition universelle. Les souverains montrent tous dans les grandes solennités des parures d'un grand prix; les grands personnages les imitent, et du grand au petit les pierreries vraies ou fausses s'étalent au feu des bougies; plus d'un se ruinent pour poser des pierreries sur le cou d'une femme. Quelques actrices ont eu des écrins magnifiquement montés.

Les **camées** méritent moins le nom de *pierres précieuses* par la rareté et la valeur de la matière que par le travail de l'artiste. Pline rapporte, d'après Démostrate, que ce fut Scipion l'Africain qui le premier porta une **sardoine** à Rome, et que bientôt cette pierre fut fort estimée des Romains.

L'art de fabriquer des *pierres fines artificielles*, qui paraît il y a quelques siècles avoir jeté un certain éclat, s'était presque anéanti; ce n'est que depuis une soixantaine d'années qu'il a de nouveau commencé à renaître. Les nouveaux oxydes métalliques dont nous nous sommes enrichis (principalement les oxydes de chrome) ont sans doute beaucoup contribué au succès de la joaillerie fausse. Rien de si pur, rien de si éclatant que les topazes, les améthystes, les rubis, les émeraudes, les saphirs, etc., que l'on peut se procurer aujourd'hui à très-bas prix; ils surpassent de beaucoup en éclat, et surtout en volume, les véritables gemmes, qu'il est bien rare de trouver exemptes de défauts; mais il est une condition qui doit s'éloigner d'autant plus peut-être qu'on obtiendra toutes les autres : c'est celle de la *dureté*, dont jouissent les pierres véritables : on n'a pas non plus obtenu de pierres fausses qui réfractent doublement la lumière. Ebelmen ne doutait pas qu'on n'arrivât par la suite à fabriquer industriellement le rubis, le corindon, etc., qu'emploient la bijouterie, l'horlogerie, la tréfilerie, etc. Il obtenait le rubis spinelle, par exemple, en mélangeant ensemble 30 parties de magnésie, 25 d'alumine, 10 de chlorate de potasse et 35 d'acide borique : un mélange de 500 grammes de ces matières exposé pendant huit jours dans une moufle donnait des cristaux de rubis ayant jusqu'à cinq millimètres de côté. Par des procédés analogues, Ebelmen était parvenu à fabriquer le corindon, le péridot, et quelques autres. En reprenant les travaux de l'illustre chimiste, on peut donc espérer d'arriver à des résultats plus satisfaisants que ceux qu'ont donnés les diverses tentatives faites jusqu'à ce jour pour amener le carbone à l'état de **diamant**.

PIERRES QUI DANSENT, PIERRES QUI VIRENT. *Voyez* PIERRES BRANLANTES.

PIERRES ROULANTES. *Voyez* PIERRES BRANLANTES.

PIERRE TOMBÉE DU CIEL. *Voyez* AÉROLITHE.

PIERRIER, espèce de mortier, mais moins fort en métal que le **mortier** qui est destiné au tir des bombes. Son calibre est de $0^m,4060$ (15 pouces), sa chambre est en cône tronqué renversé. On s'en sert pour la défense des places, dans la proportion d'un vingt-unième du nombre des bouches à feu utilisées. Le pierrier est destiné à lancer des pierres sur l'ennemi, quand on n'en est éloigné que de 200 mètres environ. Pour le charger, on le dresse verticalement sur son affût; on verse la poudre dans la chambre, on met le papier de la gargousse par-dessus, et on le presse légèrement avec le refouloir. On place sur cette charge de poudre un plateau de bois, espèce de disque de $0^m,4015$ de diamètre et de $0^m,0451$ d'épaisseur, et dont les bords sont arrondis en quart de cercle; et sur ce plateau un panier d'osier qu'on remplit de pierres, environ un pied cube et demi de pierres, pesant de 40 à 50 kilogrammes. Quand on n'a point de panier, on charge le mortier d'une couche de terre et d'une couche de pierres alternativement jusqu'à la bouche.

Dans la marine, le *pierrier* est un petit canon de bronze, du calibre d'une livre de balles, monté sur une tige de fer mobile ou pivot, et que l'on introduit dans le chandelier fixé sur la muraille extérieure du navire pour en faciliter le pointage dans toutes les directions. On en garnit les passavants des navires de guerre de toutes les dimensions, et même quelquefois les hunes des vaisseaux, frégates et corvettes. Lorsqu'une embarcation est détachée d'un navire pour une expédition présentant quelque intérêt, on arme souvent son avant d'un pierrier, destiné à tirer à mitraille ou à balles sur l'ennemi. Les pierriers doivent avoir une platine adaptée comme aux caronades.

Martial MERLIN.

PIERROT, nom vulgaire du **moineau** franc.

PIERROT. C'est un des personnages habituels de la *parade*. **Paillasse** en est le niais à prétention et à jeux de mots; Pierrot en est le niais ingénu et sans ambition; son costume, quasi enfantin et, comme on dirait à l'Opéra-Comique, d'*une entière blancheur*, indique la simplicité de son âme... et de son esprit. Quelquefois, cependant, Pierrot devient dans la parade un être moins candide; il est le valet du beau Léandre, dont il sert les amours avec *mamzelle Zirzabelle*; lui-même est amoureux de la suivante, Colombine, et l'amour,

> Qui change en gens d'esprit les bêtes,
> Et rend bêtes les gens d'esprit,

produit sur lui, autant du moins que sa nature le comporte, le premier de ces effets. Aussi Pierrot n'a-t-il pas toujours été un acteur inamovible des tréteaux en plein vent; il a fait quelques excursions heureuses dans le monde dramatique. Plus d'une fois il monta sur le théâtre de la Foire et même sur celui de l'ancienne Comédie Italienne. Plusieurs parodies y furent intitulées de son nom, et *Pierrot-Romulus*, entre autres, travestit dans le temps une des tragédies de Lamothe-Houdart. Mais le plus beau triomphe théâtral de Pierrot, c'est de pouvoir, grâce à l'ingénieuse musique de Grétry, nous égayer encore tous les jours à l'Opéra-Comique, dans le *Tableau parlant*; et de nous entendre encore, après plus de quatre-vingts ans, répéter avec lui :

> Le bonheur de Pierrot
> Est dans sa Colombine;
> Colombine en Pierrot
> Trouve un bon lot, etc.

La veste longue de Pierrot, dont l'extrémité figure assez bien par derrière la queue de l'oiseau qui, dans le langage vulgaire, porte aussi ce nom, servit autrefois de modèle à une sorte de camisole blanche que les dames adoptèrent en négligé. Ce *pierrot* féminin est depuis longtemps relégué dans les modes de nos aïeules; mais le costume du pierrot masculin est encore très en faveur dans les bals populaires. Nos grisettes et nos lorettes surtout en raffolent, et en cela elles entendent très-bien leurs intérêts, car ce vêtement léger, y compris le chapeau malignement placé sur l'oreille, qui l'accompagne, fait de ces demoiselles des *pierrettes* très-piquantes. OURRY.

Sous la Restauration, Pierrot était en quelque sorte un mythe complétement oublié; il n'avait plus qu'un trône, et un trône bien modeste, au théâtre des acrobates de Madame Saqui, et aux Funambules, où Deburea u l'animait de la mobilité de sa physionomie impassible, de son allure disloquée et dégingandée, des coups de pied et des coups de poing qu'il distribuait à droite et à gauche, avec une insouciance, un laisser-aller qui semblaient le rendre complétement étranger à ces distributions de calottes pédestres et manuelles. Pierrot faisait les délices du public à six et huit sous de ces petites scènes populaires : après 1830 il déserta Madame Saqui, pour y laisser la place à des acteurs parlants. Debureau fils, Paul Legrand, conservèrent aux Funambules les bonnes et désopilantes traditions de Pierrot; ils ont même réussi à les propager, car naguère nous avons vu plusieurs scènes se rouvrir pour lui et la pantomime l'accueillir aux Folies-Nouvelles, aux Bouffes-Parisiens, au spectacle en plein vent du Pré-Catelan, et même aux Délassements-Comiques : que Pierrot demeure sur ces scènes, qui sont son domaine, et il y régnera en paix, fêté et applaudi; mais qu'il ne se hasarde point, comme cela lui est arrivé, sur des scènes d'un ordre plus élevé, il ne s'y trouverait point chez lui, et y succomberait bien vite à la tâche.

PIÉTIN, maladie du mouton. L'animal atteint de cette affection a dans la fourchette du pied des ulcérations qui sécrètent de l'humeur et qui se referment après avoir suppuré un jour ou deux; alors le pied de l'animal enfle, et si l'on ne peut arrêter les progrès du mal, les sabots tombent, le mouton se trouve dans l'impossibilité de marcher; il dépérit sensiblement, perd sa laine, et finit souvent par succomber. On a proposé en dernier lieu pour remède l'application dans la fourchette d'un petit paquet d'étoupe trempé dans le chlorure d'oxyde de sodium pur, en enveloppant le pied avec une bande de toile; après avoir renouvelé ce pansement, on lave pendant huit jours avec du chlorure allongé de cinq ou six parties d'eau.

PIÉTISME. *Voyez* PIÉTISTES.

PIÉTISTES, sobriquet donné ironiquement à quelques jeunes docteurs de Leipzig, qui depuis 1689 avaient ouvert des cours pour l'exposé de doctrines ascétiques sur le Nouveau Testament (*collegia philobiblica* ou *collegia pietatis*). Ils vivaient du reste dans une retraite sévère et dans la pratique rigoureuse des devoirs de la religion. On peut considérer comme leur chef le professeur Spener, qui déjà en 1670 avait ouvert des cours publics sur la Bible et les dogmes du christianisme, à la discussion desquels il admettait même les laïcs. Il s'était attaché à démontrer la nécessité d'une nouvelle réforme dans l'Église. La théologie luthérienne avait dégénéré en un rigoureux dogmatisme, et était devenue véritablement inintelligible pour le vulgaire. Spener demanda le rétablissement d'un véritable christianisme pratique, et déclara que la Sainte Écriture valait mieux que les livres symboliques; qu'il devait être permis aux laïcs d'étudier les livres saints; qu'il valait mieux une religion pratique que théorique. Ces doctrines furent accueillies avec une faveur générale, et il fut nommé en 1686 prédicateur de la cour, à Dresde. Malheureusement plusieurs de ses disciples montrèrent un orgueil et un esprit de séparatisme qui menaçaient l'Église de grands désordres. Il en résulta une lutte acharnée avec les partisans des anciens abus. La faculté de théologie de Leipzig força les jeunes docteurs élèves de Spener à fermer leurs cours, et lorsque ce dernier partit, en 1691, pour Berlin, afin d'y remplir les fonctions de pasteur et de premier conseiller du consistoire, ses partisans déclarés durent aussi quitter Leipzig, où les assemblées du *collége de piété* furent défendues. Ce qui caractérise le *piétisme*, c'est ce principe qu'il convient mieux à un chrétien d'être pieux que savant. La morale sévère des piétistes prohibe presque tous les plaisirs de la jeunesse, la danse, le jeu, la musique; ce sont à leurs yeux comme autant d'instruments de corruption. Ils croient qu'on peut tout de suite revenir à une vie sainte par le secours de la grâce. Ils attachent un haut prix aux pratiques religieuses, auxquelles ils se livrent en commun dans des maisons particulières. Du reste, ils n'ont jamais formé une secte particulière, bien que leurs adversaires les aient toujours considérés comme des hérétiques fort dangereux. Divers gouvernements protestants au commencement du dix-huitième siècle promulguèrent plusieurs ordonnances pour défendre leurs réunions. Aujourd'hui la Prusse, le grand-duché de Hesse et le Wurtemberg sont les pays de l'Allemagne où les *piétistes* comptent le plus d'adhérents.

PIETRO-BEY. *Voyez* MAUROMICHALIS.

PIETRO DE CORTONE. *Voyez* CORTONA.

PIEU, gros bâton pointu ou pièce de bois dont on se sert pour faire des enclos, des palissades. Les Grecs et les Romains s'en servaient pour fortifier leurs camps. On plantait aussi dans le camp, d'espace en espace, des pieux pour servir de but aux jeunes soldats qu'on exerçait à lancer le javelot.

Dans les supplices le pieu servait à attacher les criminels condamnés à être battus de verges. Une espèce de pieu sert aussi au supplice du pal.

En architecture hydraulique le pieu est une pièce de bois de chêne qu'on emploie dans sa grosseur pour faire les palées des ponts de bois ou qu'on équarrit pour les *files de pieux* qui retiennent les berges de terre, les digues, etc., servant à construire les batardeaux. Les pieux sont pointus et ferrés comme les pilots; ce qui en fait la différence, c'est que les pieux ne sont jamais entièrement enfoncés dans la terre, et que ce qui en paraît en dehors est ordinairement équarri.

On nomme *file de pieux* un rang de pieux équarris et couronnés d'un chapeau arrêté à tenons et mortaises, ou attaché avec des chevilles de fer, pour retenir les berges d'une rivière, d'un étang, ou pour conserver les chaussées d'un grand chemin.

Les *pieux de garde* sont des pieux placés au-devant d'un pilotis, plus nombreux et plus élevés que les autres, placés ordinairement devant une pile de pont ou au pied d'un mur de quai ou de rempart pour les garantir du choc des bateaux et des glaçons, et pour empêcher le dégravoiement.

Dans ces derniers temps, les Anglais ont imaginé des *pieux à vis* qui pénètrent dans la terre en tournant au lieu d'être frappés. L. LOUVET.

PIEVE DI CADORE. *Voyez* CADORE.

PIÉTÉ. Divinité qui présidait elle-même au culte qu'on lui rendait, à la tendresse des parents pour leurs enfants, aux soins respectueux des enfants envers leurs parents, et à l'affection pieuse des hommes pour leurs semblables. Elle était honorée surtout chez les Athéniens, et communément représentée sous la figure d'une femme assise, couverte d'un grand voile, tenant une corne d'abondance dans la main droite, et posant la gauche sur la tête d'un enfant. Un temple lui fut consacré à Rome par Acilius Glabrio, en l'honneur d'une jeune femme nommée Terentia, qui pénétrant dans la prison où son père était condamné à mourir de faim, le nourrit de son lait et lui sauva la vie. Cette divinité était aussi quelquefois représentée par une femme dont la tête était surmontée d'une flamme, et dont le bras droit était appuyé sur un autel antique entouré de festons : c'est ainsi que nous la voyons figurée sur un grand nombre d'anciennes médailles.

La *piété* est un sentiment religieux, une disposition du cœur à l'égard de l'accomplissement de nos devoirs envers Dieu. Beaucoup d'hommes, dans tous les temps, ont cherché à persuader aux autres et à se persuader à eux-mêmes que cette vertu consiste principalement dans les actes extérieurs du culte, mais le Christ a condamné d'une manière formelle cette interprétation facile dans ses reproches aux Pharisiens, qui se croyaient saints parce qu'ils affectaient tous les dehors de la dévotion et de la sainteté. La piété est une disposition tout intérieure dans laquelle sont à la fois compris respect, reconnaissance, adoration pour la Divinité, et qui se manifeste au dehors par des œuvres de repentance et de charité, ainsi que par l'accomplissement des devoirs et des pratiques extérieures du culte : c'est d'elle enfin que saint Paul a dit, dans sa première épître à Timothée : *qu'elle a les promesses de la vie présente et de la vie à venir.* L'Évangile a donné la plus haute et la plus belle définition de cette vertu, et l'a mise à la portée de l'intelligence de tous les hommes; cependant, avant le christianisme plusieurs philosophes célèbres, s'élevant au-dessus des superstitions de leur âge et de leur pays, avaient eu comme une révélation intime et secrète de ce qui caractérise la vraie piété : Socrate, Platon, Aristote et plusieurs autres l'ont honorablement définie, et Cicéron a dit d'elle : « Le meilleur culte que nous puissions rendre aux dieux, le plus chaste, le plus saint et le plus rempli d'une vraie piété, est de les adorer toujours d'une bouche et d'un cœur purs, sincères et incorruptibles. »

La *piété conjugale* est une affection profonde et sacrée, un dévouement touchant des époux l'un pour l'autre. L'un des plus célèbres exemples de cette vertu, dans l'antiquité, est celui d'Éponine, qui s'ensevelit sept années dans un souterrain où son époux Sabinus, l'un des chefs rebelles de la Gaule, s'était caché pour se soustraire à la vengeance de Vespasien, et qui refusa de lui survivre. Lady Russell, dans les temps modernes, offrit aussi en Angleterre un touchant exemple de piété conjugale, par l'espèce de culte qu'elle voua vingt ans à la mémoire de son mari, exécuté pour crime de rébellion.

La *piété filiale* est un sentiment d'amour et de profonde vénération des enfants pour leurs parents. Deux frères, Cléobis et Biton, ont donné, dans l'ancienne Grèce, un exemple célèbre de cette vertu en s'attelant eux-mêmes au char de leur mère dans une fête solennelle, et de nos jours, dans les temps les plus sombres de notre révolution, Mlle de Sombreuil, buvant un verre de sang humain pour sauver son père, a égalé les plus sublimes dévouements inspirés par la piété filiale dans tous les siècles.

Tous les peuples et presque toutes les religions ont considéré la mémoire des morts comme sacrée et digne des hommages des vivants. Ce culte, ce sentiment de piété pour les morts, a très-souvent été mêlé de graves abus, et est toujours et partout répréhensible lorsqu'il dégénère en adoration, et lorsqu'on rapporte à la dépouille mortelle de la créature l'hommage qui n'est dû qu'à son âme et à sa nature spirituelle. Cependant, malgré les dangers mêmes qui en sont quelquefois inséparables, l'usage d'honorer les morts sur leurs tombeaux est une des plus touchantes coutumes, et prend sa source dans les sentiments qui honorent le plus l'humanité. Émile DE BONNECHOSE.

PIÉTÉ (Mont-de-) *Voyez* MONT-DE-PIÉTÉ.

PIFFERARI ou **ZAMPOGNARI** (de l'italien *piffero*, fifre, et *zampognare*, chalumeau), joueurs d'instruments qui viennent des Abruzzes à Rome, dans le temps de l'Avent, et y font une ample récolte d'aumônes qu'ils emportent dans leurs montagnes. Leur costume est des plus pittoresques. Leurs vieux chapeaux pointus, leurs visages noirs et bistrés, leurs instruments, tout contribue à les rendre d'admirables modèles pour la peinture. Les Pifferari, qu'on appelle ainsi à Rome, mais qui portent dans leurs montagnes le nom de *Zampognari*, vont chaque année dans la ville éternelle, au temps de la Nativité, jouer des hymnes à la Madone et des noëls au Sauveur naissant. Leur musique a un caractère mélancolique, qui impressionne vivement. Leur répertoire se borne à trois airs, et comme pendant un certain temps leur instrument joue la même note, il en résulte une certaine monotonie pour les oreilles. Le peuple n'en a pas moins une grande passion pour ces concerts agrestes.

PIGAFETTA (ANTONIO), compagnon de Magellan dans ses voyages, naquit d'une famille considérée de Toscane, vers la fin du quinzième siècle, à Vicence. Animé dès sa jeunesse du désir de s'en aller quelque jour à la découverte de terres encore inconnues, il étudia avec ardeur les mathématiques et la navigation. Quand il s'éleva entre les cours de Lisbonne et de Madrid un différend au sujet des Moluques, Charles-Quint résolut d'envoyer une expédition, aux ordres de Magellan, à la recherche d'une route conduisant à ces îles par l'ouest. Pigafetta, que l'ambassadeur espagnol à Rome avait ramené avec lui en Espagne, sollicita et obtint l'autorisation de suivre cette expédition. Parti de San-Lucar, le 20 septembre 1519, il se trouvait aux côtés de Magellan dans le combat malheureux que celui-ci soutint à Zahu, aux îles Philippines, et où il périt avec cinquante-cinq des siens. Après avoir couru une foule de dangers, il était enfin de retour le 8 septembre 1522, à Séville, d'où il alla à Valladolid rendre compte en personne à l'empereur de son voyage. Il se rendit ensuite en France, puis en Italie, et y fut parfaitement accueilli tant par François Ier que par Clément VII.

A la demande du pape et du grand-maître de l'ordre des Hospitaliers, il composa, vraisemblablement vers 1524, un récit de son voyage, qui fut envoyé en double copie au pape et à la reine de France, Louise de Savoie. La première de ces copies fut brûlée en 1527 dans le grand incendie de Rome; la seconde fut publiée par Favre, et plus tard par Ramusio, mais seulement en abrégé. Amoretti en découvrit, il n'y a pas longtemps, dans la bibliothèque Ambroisienne, une copie complète, en mauvais italien, qu'il publia en italien corrigé et aussi en français, en y ajoutant des *fac-simile* de cartes marines dressées par Pigafetta, ainsi qu'un vocabulaire de la langue la plus généralement parlée aux îles Philippines et aux îles Moluques, recueilli également par Pigafetta, et dont postérieurement on a pu reconnaître la grande exactitude. Comme tous les voyages de cette époque, celui de Pigafetta contient, à côté de détails vrais et exacts, beaucoup de fables bizarres et d'erreurs; mais il n'en a pas moins une très-grande importance pour l'histoire des découvertes, et a été tout récemment de la part de M. de Humboldt l'objet de grands éloges. En 1524 Pigafetta était chevalier de l'ordre de Saint-Jean à Rhodes; plus tard il obtint une commanderie de son ordre à Novisa. On ignore le lieu et la date de sa mort.

PIGALLE (JEAN-BAPTISTE), que Voltaire qualifie du titre de *Phidias français*, naquit à Paris, en 1714, d'un maître menuisier des bâtiments de la couronne. Dès l'âge de sept ans, son père, qui voulait faire un artiste de son fils, lui mit le crayon à la main; mais celui-ci ne montra jamais aucune disposition pour le dessin; il préférait modeler; la nature lui avait refusé l'adresse et l'aisance nécessaire pour produire, il ne pouvait rien finir sans un travail opiniâtre : c'était à grand'peine qu'il surmontait les premières difficultés; et cependant, sous la direction de Robert le Lorrain, élève de Girardon, le jeune Pigalle, à force d'étude et de labeur, parvint à se mettre en état d'être reçu dans l'atelier de Le Moine, premier sculpteur du roi; bientôt après il gagna le grand prix de sculpture, et partit pour Rome : il avait vingt ans. A son retour, il s'arrêta à Lyon, où il modela quelques portraits, qui le firent connaître avantageusement et augmentèrent ses ressources; il eut encore l'occasion de modeler *trois évangélistes*, en bas-relief, pour les chartreux de cette ville. Ces ouvrages l'occupèrent près de deux ans, et furent suivis d'une statue de *Mercure attachant ses talonnières*, qu'il termina avant de revenir à Paris; cette figure n'arriva en cette ville que quatre mois après l'artiste. En la voyant, Le Moine lui dit : « Mon ami, je voudrais l'avoir faite. » Encouragé par cet éloge, Pigalle présenta cette figure à l'Académie, et y fut agrégé. Il fit ensuite une *Vénus*, dont Louis XV fit présent au roi de Prusse, Frédéric, en y joignant la statue en marbre du Mercure, que le roi lui fit exécuter de grandeur naturelle.

Ces deux statues furent reçues avec transport à la cour de Berlin. Pigalle crut qu'il devait se rendre dans cette capitale pour jouir de l'impression que ses ouvrages avaient produite. A son arrivée, il se présenta au palais du roi, et demanda à parler au monarque : « Vous direz à Sa Majesté, dit-il au valet de chambre, que c'est l'auteur du *Mercure* qui désire lui parler. » Frédéric, se méprenant, crut que c'était l'auteur du *Mercure de France*, qui avait critiqué amèrement sa poésie, et il fit dire à Pigalle qu'il lui donnait vingt-quatre heures pour sortir de ses États. Piqué d'une réception à laquelle il ne s'attendait guère, notre sculpteur partit pour Dresde, après avoir fait un tour à Potsdam, où ses deux statues étaient placées. Ses autres ouvrages, exécutés en France, sont le tombeau du maréchal de Saxe, qui lui fut commandé par le roi, en 1756, pour le temple Saint-Thomas, destiné aux luthériens de Strasbourg. Il fit ensuite la statue pédestre de Louis XV, formant un groupe allégorique avec les figures qui l'accompagnent : ce groupe fut exécuté en bronze, en 1765, pour la ville de Reims.

Ayant le désir de faire la statue de Voltaire, Pigalle alla à Ferney voir le grand homme, qu'il trouva extrêmement affaibli et affaissé par l'âge : au lieu de faire une statue d'un style noble et élevé, il eut la fantaisie de le représenter nu, et fit un corps décharné, ressemblant à un squelette. Quelques amis de Pigalle lui représentèrent que des draperies heureusement jetées sur ce corps décharné en déroberaient ce qu'il a de hideux, et ne permettraient aux yeux que de s'arrêter sur une tête tant de fois couronnée. Il n'écouta aucun avis, pas même ceux que lui donna le satirique Fréron. Cette statue est placée aujourd'hui à la bibliothèque de l'Institut, à qui elle a été donnée par M. d'Hornoy, ancien conseiller au parlement de Paris, petit-neveu de Voltaire.

Un autre monument funéraire, composé et sculpté par Pigalle, d'après les dessins de Cochin, comme celui du maréchal de Saxe, est celui du maréchal comte d'Harcourt, qui est dans une des chapelles de l'église Notre-Dame à Paris.

Pigalle, peu inventif, n'avait jamais manié que l'ébauchoir, et ne savait pas dessiner; aussi avait-il recours à Cochin, son ami, pour la composition des monuments qu'il devait sculpter. Ce dernier lui faisait des dessins soignés et finis des sujets qu'il voulait rendre, et Pigalle les traduisait en marbre avec une servitude telle qu'en voyant ses productions, on croit voir de la sculpture de Cochin. Considéré comme professeur, Pigalle a singulièrement contribué à la décadence de la sculpture; en effet, un style aussi mesquin dans les draperies, et une manière de faire aussi pauvre que la sienne, ne pouvaient avoir de succès que sous un règne frivole. Bouchardon, en mourant, le chargea de modeler les quatre vertus du piédestal de la statue équestre de Louis XV, élevée à Paris sur la place de ce nom. Une des plus jolies choses qu'il ait produites est *un petit Enfant qui tient une cage :* c'est un modèle de grâce et de vérité; et aussi *une jeune Fille qui retire une épine de son pied :* c'est son dernier ouvrage. On doit encore à cet artiste les bustes de Diderot, de l'abbé Raynal, de Maloët, de Peronnet, et de l'abbé Gougenot, son ami. Pigalle était du reste un homme distingué dans ses manières; il avait l'âme grande, noble et généreuse. Il mourut à Paris, en 1785, étant recteur et chancelier de l'Académie.

Chev. Alexandre Lenoir.

PIGANIOL DE LA FORCE (Jean-Aimar), né à Aurillac, en 1673, savant historiographe, souvent cité dans l'histoire statistique et monumentale de Paris et des anciennes provinces de France. Il consacra tous les jours de sa longue et laborieuse carrière à l'étude de la géographie et de l'ancienne organisation civile, militaire et judiciaire : c'est sur les lieux mêmes qu'il a recueilli les nombreux et importants documents qui ont servi de matériaux à ses ouvrages. Il a donné une attention toute particulière aux établissements civils et religieux. Ses principaux ouvrages sont : 1° une *Description historique et géographique de la France ;* 15 volumes in-12, 1753. Chaque province forme une histoire particulière, et comprend une notice générale sur son origine, depuis les temps les plus reculés, son étendue, sa population, ses productions agricoles et industrielles; l'indication de ses rivières, de ses montagnes; son gouvernement ecclésiastique, civil et militaire. Il décrit successivement les monuments de chaque ville, l'établissement des abbayes, des couvents, des églises cathédrales et paroissiales; ses diverses magistratures, ses gouverneurs. Mais on y chercherait vainement des renseignements sur les institutions municipales et sur la législation. 2° *Description de Paris,* (10 vol. in-12). L'auteur a suivi le plan de Germain Brice, mais sur une échelle plus large. Il a donné un abrégé du même ouvrage en 2 vol. in-12. 3° *Description du château et parc de Versailles, de Marly,* etc. (2 vol. in-12). Cette description est purement topographique. 4° *Voyage de France* (2 vol. in-12). Ce n'est qu'un itinéraire assez exact, mais restreint à l'indication sommaire des lieux. Piganiol a été l'un des collaborateurs de l'abbé Nadal au *Journal de Trévoux.* Il mourut à Paris, en 1753, âgé de quatre-vingts ans.

Dufey (de l'Yonne).

PIGAULT-LEBRUN (Guillaume-Charles-Antoine), romancier ingénieux, mais dont les trop nombreuses productions ont souvent mérité de graves reproches, naquit à Calais, en 1753. Il était fils d'un des principaux magistrats de cette ville, et sa famille comptait parmi ses aïeux Eustache de Saint-Pierre. La jeunesse de Pigault fut très-orageuse et féconde en aventures galantes et autres, par suite desquelles son père usa à son égard d'une sévérité tant soit peu romaine. A la demande de ce père, qui déjà l'avait fait mettre deux fois sous les verroux, une nouvelle lettre de cachet allait être lancée contre lui, quand les événements de 89 vinrent le soustraire à la rigueur paternelle. La révolution, avant laquelle Pigault-Lebrun avait déjà exercé plus d'un état, le trouvait comédien. Médiocre dans cet art, il fut néanmoins admis à cette fraction du Théâtre-Français dit *Théâtre de la République ;* mais il renonça bientôt, et avec raison, à jouer les ouvrages dramatiques des autres pour en composer lui-même avec plus de succès. Son drame de *Charles et Caroline*, où il avait mis sur la scène les incidents de son premier mariage, fut sa première pièce, mais non sa meilleure, malgré la vogue qu'elle obtint.

Lorsque la guerre fut déclarée en 92, Pigault, qui, malgré ses trente-neuf ans, n'avait pas une ardeur patriotique moins vive que ses autres affections, s'engagea comme soldat, et parvint rapidement au grade d'adjudant-général. Toutefois, il s'aperçut bientôt que la vocation littéraire était plutôt la sienne : il donna sa démission, et revint dans la capitale pour y suivre cette carrière, que lui facilita une place d'inspecteur de salines, obtenue sous le Directoire et qu'il perdit à la Restauration. Ce fut d'abord au théâtre qu'il consacra ses nouveaux essais, parmi lesquels on remarqua deux petites pièces qui firent fureur (*Les Dragons et les Bénédictines*, et *Les Dragons en cantonnement*), et qui n'avaient guère d'autre défaut que d'être trop empreintes de l'esprit du temps. Ce fut en 1795 que l'auteur dramatique devint romancier : il débuta par *L'Enfant du Carnaval.* Cette production d'une si folle gaieté dans sa première partie, et dont la seconde stigmatisait si énergiquement des turpitudes et des crimes encore tout récents, ce roman, dont on ne compte pas les éditions, en révélant le talent narratif de Pigault-Lebrun, montrait aussi déjà tout ce qu'il y aurait à blâmer dans ses compositions. Près de la verve, de l'originalité, se trouvaient aussi le cynisme et le mauvais goût; mais l'écrivain avait bien jugé son époque, celle des saturnales du Directoire succédant au sombre régime de la *terreur;* il savait qu'il y réussirait encore plus par les défauts de son livre que par son mérite, et il aurait pu s'appliquer l'épigraphe de *La Nouvelle Héloïse*, avec cette variante : « J'ai vu les mœurs de mon temps, et j'ai publié ces... gravelures. » Cette conviction dut le frapper bien plus encore en voyant ses deux romans subséquents, ses deux meilleurs ouvrages, *Les Barons de Felsheim* et *Angélique et Jeanneton*, accueillis d'abord avec moins de faveur par un public qui depuis leur a rendu justice, tandis qu'il se pâmait de rire aux grivoises aventures de *Mon oncle Thomas*, aux lubriques et irreligieuses bouffonneries de *La Folie espagnole*.

Le temps a remis tout à sa place, et les deux romans que j'ai cités plus haut sont regardés aujourd'hui, avec *Monsieur Botte*, où il a également respecté la décence, comme ses titres littéraires les plus remarquables en ce genre.

Il serait assez inutile d'y ajouter la longue liste d'autres romans déjà oubliés de la génération qui les a vus naître, et que prodigua pendant une trentaine d'années l'excessive fécondité de Pigault. Je voudrais n'avoir point à comprendre parmi ses écrits cette mauvaise compilation des sarcasmes de l'école voltairienne qu'il fit paraître sous le titre du *Citateur*. Elle fut d'abord saisie par la police impériale; mais, mécontent à cette époque du pape et du clergé, Napoléon fit délivrer à l'œuvre indévote un laisser-passer de tolérance, comme peu après il fut permis au roman de *Jérôme*, où la religion n'était guère moins raillée, de paraître avec quelques suppressions. L'écrivain néanmoins ne fut pas entièrement amnistié dans l'esprit de l'empereur, et lorsqu'un autre Jérôme, le roi de Westphalie, voulut nommer Pigault-Lebrun son bibliothécaire, Napoléon raya ce nom de sa main.

Une autre sorte de productions fit plus d'honneur au romancier que ces deux dernières. Son théâtre, quoique aussi trop volumineux, contient un certain nombre de pièces, telles que *L'Orpheline*, *Le Pessimiste*, etc., qui eurent des succès mérités. *L'Amour et la Raison*, et *Les Rivaux d'eux-mêmes*, conservés avec justice au répertoire de la Comédie-Française, sont deux jolis *marivaudages*. *Le Major Palmer*, *Le Petit Matelot*, lui valurent aussi à l'Opéra-Comique des triomphes, auxquels du reste il attachait peu de prix, car c'est de ce théâtre qu'il disait un jour, avec une fort maligne irrévérence : « Savez-vous ce qu'il faut pour réussir là? Un grand air au *ténor*, un autre à la chanteuse en vogue, puis un *duo* entre eux, et des imbéciles pour applaudir le tout. » Changerait-il d'avis aujourd'hui?

Pigault avait épousé en secondes noces la sœur de l'excellent comique Michot. Il occupait un emploi dans les douanes. Lorsqu'il prit sa retraite, il se retira à Valence, près de son gendre, M. Victor Augier, avocat du barreau de Lyon. Malgré son âge avancé, il n'avait point encore déposé sa plume, et ce fut là qu'il commença son *Histoire de France*. En dépit de son épigraphe : *La vérité, rien que la vérité*, elle n'est pas sans quelques traces de ses préventions habituelles. Il n'osa du reste, craignant les poursuites judiciaires de la Restauration, conduire sa narration plus loin que le règne de Louis XIII. Il fit paraître enfin dans ses dernières années quelques brochures en faveur du magnétisme, pour les merveilles duquel il avait une foi robuste, lui qui croyait à si peu de chose.

Revenu à Paris, Pigault-Lebrun alla habiter une petite maison dont il avait fait l'acquisition à La Celle, près Saint-Cloud. C'est là que l'auteur de *L'Enfant du Carnaval*, se reposant de ses nombreux travaux et des agitations de sa vie, fit une fin patriarcale, entouré de sa fille et de ses petits-enfants. Il y mourut le 24 juillet 1835, âgé de plus de quatre-vingt-deux ans. Le libraire Barba, enrichi par la vente des romans de Pigault, s'était engagé spontanément à lui payer une pension annuelle de 1,200 francs : c'est un trait de reconnaissance qui mérite d'être recueilli.

OURRY.

PIGEON. En réservant ce nom aux oiseaux que Le Vaillant appelle *vraies colombes*, nous leur reconnaîtrons pour caractères : Un bec voûté, mince, faible, plus ou moins allongé; deux mandibules à peu près égales, la supérieure légèrement recourbée du bout, et surchargée à sa base d'une peau molle; les tarses généralement peu élevés, terminés par une main faible, délicate, munie de quatre doigts séparés à leur naissance, placés de niveau, trois devant, un derrière, presque égaux, et armés d'ongles légèrement recourbés et peu piquants; la queue munie de douze pennes presque égales, et coupées par le bout; les ailes garnies de dix rémiges, dont la seconde ou la troisième est la plus longue.

Le pigeon vit par couples au fond des bois, sur les arbres, dans le creux des rochers, dans des demeures préparées par l'homme. Il se nourrit de graines, de semences, de salpêtre, de sel gemme, d'insectes, rarement de fruits ou de baies; macère ces aliments dans le gésier avant de les laisser pénétrer dans l'estomac; boit d'un seul trait, en plongeant le bec dans le liquide; roucoule, ne fait ordinairement que deux œufs par couvée, réitère cette ponte plusieurs fois l'année, ne divorce pas enfin une fois accouplé. Dans l'état sauvage, le pigeon a la taille d'une perdrix, le plumage cendré, bleu ardoise, nuancé de vert pourpre sur la poitrine, et de rouge doré sur les côtés du cou; les ailes marquées de deux bandes transversales noires, le dos blanc, la queue rayée de noir à l'extrémité, la pupille de l'œil foncée comme tous les oiseaux rameurs, et la cornée et les tarses d'un beau rouge corail. Dans l'état domestique, au contraire, cet oiseau revêt diverses livrées : c'est tantôt un plumage bigarré, tantôt une robe unie, blanc d'albâtre satiné, bleu légèrement pourpré, ou noir velouté. Quant à la grosseur, l'homme en a obtenu des variétés innombrables, doubles, triples et même quadruples de l'espèce primitive. Buffon pense que toutes ces variétés se réduisent à cinq, le pigeon domestique, le pigeon romain, le b i s e t, le pigeon de roche et le pigeon sauvage. Il les regarde comme autant d'espèces primitives, qu'il distribue en onze races pures : le *pigeon grosse gorge*, qui a la propriété d'enfler son jabot d'un volume d'air considérable; le *pigeon mondain*, le plus fécond de tous, et qui donne jusqu'à dix couvées par an; le *pigeon paon*, qui fait la roue comme son homonyme; le *pigeon cravate* ou à *gorge frisée*; le *pigeon coquille*, dont les plumes, à rebours derrière la nuque, se dessinent en forme de van ou de coquille; le *pigeon hirondelle*, aux ailes noires, blanc perlé sur le corps; le *pigeon carme*, à la taille ramassée, avec son frère le *pigeon glouglou*, dont le roucoulement imite le bruit du tambour; le *pigeon heurté*, à la nuance brusque; le *pigeon suisse*, le *culbutant* ou *pantomime*, rameur par excellence; et le *tournant* ou *batteur*. La plupart des naturalistes regardent comme des races secondaires, se liant à celles qui précèdent, le *pigeon de Norvège*, celui de *Crète* ou *de Barbarie*, le *pigeon frisé*, le *cavalier d'Albin* et le *messager*, au corps allongé, au vol rapide.

Toutes ces espèces ou variétés de pigeons sont communes à l'Europe; quelques races seules sont particulières à certaines contrées de cette partie du monde. L'Afrique, l'Asie et l'Amérique ont aussi leurs espèces propres, assez nombreuses. Le pigeon dans l'état sauvage ne s'accommode pas, comme dans l'état domestique, de toutes sortes de températures. En général, il préfère les pays chauds aux pays froids, et il s'expose même à passer les mers, quand les hivers sont trop rigoureux dans le midi de l'Europe. On le voit alors quitter par troupes les forêts, et gagner les rivages de l'Océan et de la Méditerranée, attendant pour partir un vent favorable et une belle nuit; afin d'éviter l'oiseau de proie. Néanmoins, l'Europe est leur pays de prédilection : ils y reviennent avec le printemps, et bientôt les bois, les rochers, les édifices, répètent leurs roucoulements. Ils bâtissent ordinairement leur nid sans art, avec de petites branches entrelacées, qu'ils enduisent légèrement de boue, et qu'ils tapissent de mousse et d'herbes sèches. La femelle y dépose deux œufs d'un gris blanc clair olivâtre, qu'elle couve alternativement avec le mâle pendant dix-huit ou dix-neuf jours. Les petits naissent velus, charnus et peu délicats. La mère les alimente les deux premiers jours avec une substance laiteuse ou séreuse, sécrétée pendant l'incubation dans la poche de son jabot, et à laquelle elle mêle les deux jours suivants quelques semences ou graines fortement macérées. Plus tard, le père et la mère nourrissent ensemble leur petite famille des aliments qu'ils ont amassés dans leur jabot. Au bout de vingt-cinq à trente jours, les petits quittent le nid; mais ils ne cessent de tourmenter leur père et leur mère, pour leur arracher la becquée que lorsque ceux-ci, jugeant qu'ils peuvent se nourrir seuls, les repoussent à coups d'aile et à coups de bec. Le pigeon sauvage fait ordinairement deux ou trois couvées au plus par an; les jeunes produisent l'année suivante. Il n'en est pas de même du pigeon fuyard ou de *colombier*, qui fait au contraire de quatre à sept couvées par an, et dont les petits élèvent le plus souvent de nouvelles familles dans l'année même. Mais le plus fécond de tous les pigeons est celui de volière, surtout le pigeon mondain, qui fait de dix à douze pontes par an, lorsqu'il est bien nourri.

Quoiqu'il existe de notables différences dans les mœurs des diverses variétés des pigeons, il est un point sur lequel toutes se ressemblent : je veux parler de cet esprit d'ordre, d'harmonie, d'association, qui caractérise cette race d'oiseaux par-dessus toutes les autres. Dans quelques espèces, des individus se rendent si familiers qu'ils se posent sur les animaux au milieu desquels ils vivent, et sur la tête des personnes qui leur jettent habituellement à manger. Ceux-là sont généralement hargneux et querelleurs : ils se battent jusqu'à s'arracher les plumes, jusqu'à faire couler le sang : il faut souvent pour chaque couple une double habitation. Il est toutefois un penchant commun à toutes les espèces : c'est l'amour, la fidélité, le dévouement du mâle pour sa femelle : ce sentiment date souvent du berceau. Les petits d'une même couvée naissent presque toujours d'un sexe différent et s'unissent dans la suite pour former de nouvelles familles. Le même attachement les anime pour leurs petits, qu'ils défendent au péril de leur vie contre les animaux malfaisants. Durant les hivers rigoureux, il n'est pas rare de trouver des mères mortes de froid dans le nid où elles couvaient.

Les anciens peuples du monde ne connaissaient que le pigeon sauvage, élevé par quelques nations au rang de divinité. Plus tard, chez les Romains et les Grecs, à qui l'on est redevable des premières variétés, ces oiseaux, qu'on prenait en grande quantité dans les forêts, étaient gardés captifs dans des cages ou des volières, où on les excitait à la reproduction par une nourriture échauffante. Formés insensiblement à l'état de domesticité, les pigeons sont devenus pour tous les peuples une branche considérable de commerce; et aujourd'hui il n'est pas de village, de hameau, de chaumière en France où on n'en élève pour en tirer profit. Toutefois, sous le règne de la féodalité, il n'y avait dans beaucoup de provinces que les seigneurs qui eussent ce droit. On ne connaît dans le commerce que les pigeons sauvages, les pigeons de colombier, les pigeons de volière, et les pigeons de fantaisie ou de curiosité. Les premiers sont peu estimés pour la table : ils sont le plus souvent maigres et durs; mais les pigeons de colombier, et surtout ceux de volière, connus sous le nom de *pigeons cauchois*, jouissent d'une excellente réputation auprès des gastronomes. Le moment choisi pour en orner une table confortable est celui où ils vont prendre leur volée; c'est aussi l'époque où on les retire du nid pour les porter au marché. Les restaurateurs à Paris les préparent de mille façons, en compote, à la crapaudine, cuits sur le gril, avec de la mie de pain dans une feuille de papier beurrée; rôtis bardés de lard, ou enveloppés dans des feuilles de vigne beurrées; en salmis, cuits dans leur jus avec du citron, ou aux petits pois.

Avant la découverte du télégraphe électrique, on recherchait beaucoup en Angleterre, en Belgique, en Hollande, en France, les pigeons messagers, dont on se servait, à cause de leur vol prompt et rapide, pour porter des nouvelles. Un de ces oiseaux est cité pour avoir franchi l'espace qui sépare Babylone d'Alep en quarante-huit heures, espace qu'un bon marcheur ne parcourrait pas en un mois; et un autre pour avoir fait le trajet de Bury-Saint-Edmond à Londres, qui en est éloigné de 72 milles, en moins de quatre heures.

Le catholicisme représente le Saint-Esprit sous la figure d'un pigeon ou d'une colombe. Cet oiseau est chez tous les peuples l'emblème de la douceur, de l'innocence, de la fidélité.

On nomme *aile de pigeon* une certaine disposition de cheveux qui figure une aile, de chaque côté de la tête. La couleur *gorge de pigeon* est une couleur changeante, suivant qu'elle est exposée à la lumière, comme la gorge des pigeons. *Pigeon* s'applique enfin figurément et familièrement à un homme qu'on attire par adresse pour le duper; c'est dans ce sens qu'on dit : *Un bon pigeon à plumer*.

Jules Saint-Amour.

PIGEON ANTARCTIQUE. *Voyez* Coléoramphe.

PIGEONNIER. La féodalité avait établi une profonde distinction entre un *pigeonnier* et un *colombier*, quoiqu'au fond ces deux modestes bâtiments fussent également destinés à loger des pigeons : l'un était l'apanage du *vilain*, l'autre du *seigneur*; aussi étaient-ils construits d'une manière différente. Pour avoir le droit de posséder un pigeonnier, il fallait être propriétaire au moins de trente-six arpents de terre en pleine culture. Aujourd'hui les mots *pigeonnier* et *colombier* sont synonymes. Jules Saint-Amour.

PIGMENT ou PIGMENTUM (du latin *pigmentum*, fard), matière colorante de la *peau*. Malpighi aperçut le premier le vrai siége de la coloration de la peau. Il reconnut que ni le derme ni l'épiderme ne sont colorés dans le nègre, mais seulement ce corps qu'il découvrit entre ces deux parties de la peau et qu'il nomma *corps muqueux* ou *corps réticulaire*. Cependant, Malpighi se trompa en supposant que le corps muqueux était disposé en réseau. Albinus corrigea cette erreur. Il vit que le corps muqueux du nègre formait une couche continue, et non une couche percée de trous, un réseau. Dans un dessin il signala les couleurs des diverses parties de la peau du nègre : le derme blanc, l'épiderme cendré, le corps muqueux noir. Meckel remarqua que dans les préparations anatomiques la matière colorante restait tantôt après le derme, tantôt après l'épiderme, suivant le degré de macération. Mitchell, guidé par l'action des vésicants sur la peau des nègres, reconnut que leur épiderme se composait de deux lames sous lesquelles se trouvait la couche muqueuse ou colorée. Cruikshank et Gaultier reconnurent encore d'autres lames intermédiaires. M. Flourens, dans ses dissections, s'aperçut que dans la peau des races humaines, quelles qu'elles soient, le *derme* peut se partager en deux portions, l'une composée de lames percées de grands trous, l'autre formant une membrane continue, polie, hérissée de papilles. La face externe de cette membrane, qu'il nomme *membrane pigmentale*, porte le pigmentum; sa face interne est toute hérissée de prolongements qui traversent les trous de la portion *aréolaire* du derme, se portent jusque sur la racine des poils, et n'existent que là où se trouvent des poils. La membrane pigmentale est d'une consistance à peu près égale partout, et assez épaisse pour pouvoir être divisée en deux feuillets. Renversée sur sa face externe, et cette face étant chargée du pigmentum, cette membrane prend à sa face interne une couleur bleuâtre; dépouillée du pigmentum, elle est d'une couleur blanche; l'épiderme est cendré, tout ce qui est derme est blanc. « Le pigmentum n'est qu'une simple couche, un enduit, un dépôt, ajoute M. Flourens, et non une membrane. La membrane qui le recouvre est une véritable membrane continue : c'est la lame interne de l'épiderme. De la face interne de cette dernière lame partent des prolongements pareils à ceux de la membrane pigmentale, et qui fixent l'épiderme à cette membrane. Il en part de même de la face de l'épiderme extérieur, qui le fixent à l'épiderme interne. » Partant de tous ces faits, M. Flourens appelle *appareil pigmental* ce que l'on nommait *corps muqueux* ou *réticulaire*. La lame externe du derme produit et reproduit sans cesse les deux lames de l'épiderme et le pigmentum. D'après le savant dont nous analysons ici le travail, la peau de la race blanche n'a point de pigmentum, du moins visible à l'œil nu : le microscope seul y en découvre quelques traces; excepté la peau du sein, autour du mamelon, laquelle a une coloration très-marquée. Dans l'Arabe, le même savant retrouve le pigmentum. Chez l'homme blanc basané, le pigmentum se montre aussi. Dans un fœtus de nègre la peau s'est trouvée sans pigmentum. Le pigmentum diffère suivant les races. C'est à une altération de sa production que l'on rapporte l'albinisme. « Lorsque nous comparons brusquement et sans intermédiaire la peau de l'homme blanc à celle de l'homme noir ou de l'homme rouge, dit M. Flourens, nous sommes très-porté à supposer pour chacune de ces races une origine distincte; mais si nous passons de l'homme blanc à l'homme noir ou à l'homme rouge par l'homme blanc basané, par l'Arabe; si nous faisons surtout attention aux parties de la peau colorées naturellement et sans hâle, dans l'homme de race blanche, ce n'est plus la différence, c'est l'analogie qui nous frappe.. Ici l'anatomie comparée de la peau nous donne, par l'analogie profonde et partout inscrite de la structure de cet organe, la preuve directe de l'origine commune des races humaines et de leur unité première. » L. Louvet.

PIGNEROL ou PINAROLO, province de la division de Turin, dans la principauté sarde du Piémont, avec une population de 123,233 habitants, répartie sur environ 17 myriamètres carrés. Elle confine à la France, se prolonge le long des Alpes Cottiennes, dont les romantiques vallées sont en grande partie habitées par des Vaudois, est fertile en vins, châtaignes, fruits et céréales; et ses riches vallées favorisent tout particulièrement l'élève du bétail.

Son chef-lieu, *Pignerol*, dans une situation magnifique au pied des Alpes, et traversé par la Limara, est le siége d'un évêché. On y voit une belle cathédrale, cinq autres églises, neuf couvents, un collége royal, d'importantes manufactures de soieries, de lainages et de cotonnades, de cuir, de papier et d'eau-de-vie. Les habitants, dont le chiffre dépasse 5,000, font un actif commerce en produits manufacturés, en vins et en céréales. Cette ville était autrefois une place forte d'une grande importance. Les Français, qui s'en emparèrent en 1536, furent obligés de la restituer à la Savoie en 1574. En 1632, nouvelle cession de Pignerol, de même que de la vallée de Pérouse, qui communique avec le Dauphiné. Cette acquisition donnait à la France une prépondérance marquée sur l'Italie; elle en accrut considérablement les fortifications, et rendit la forteresse imprenable; mais obligée de la rendre au duc de Savoie, en 1696, elle ne le fit qu'après l'avoir fait démanteler.

Placée à l'embouchure des hautes vallées des Alpes, à l'endroit où finit la plaine et où commence la montagne, sur un sol d'une grande fertilité, Pignerol est une ville agréable sans être belle.

PIGNON (du latin *pinna*, sommet, ou de *pineum*, fait de *pinea*, pomme de pin), partie supérieure d'un mur qui se termine en pointe et dont le sommet porte le bout du faîtage d'un comble à deux égouts. On voit dans quelques villes anciennes des maisons dont le pignon, appelé aussi *gable*, souvent en saillie sur le nu du mur, est couvert d'ornements délicats. Quelquefois le pignon est *à redents* ou découpé en forme de degrés d'escalier, surtout dans le nord de l'Europe. Des portails d'églises ogivales ont des porches plus ou moins saillants surmontés de pignons triangulaires fort aigus.

Proverbialement, *Avoir pignon sur rue*, c'est avoir une maison à soi, ou simplement avoir des biens immeubles, des héritages en propre.

En mécanique on donne le nom de *pignon* à une petite roue dentée dont les ailes ou dents engrènent dans celles d'une roue plus grande, et servent à transmettre le mouvement (*voyez* Engrenage).

Pignon se dit aussi de l'amande de la pomme de pin; d'une laine de qualité médiocre, qu'on sépare de la laine fine en cardant celle-ci; et enfin de ce qui sort du cœur du chanvre lorsqu'on le peigne.

PIGNORATIF (Contrat), du latin *pignus*, *pignoris*, gage). Sorte de contrat de gage ou de nantissement, emprunté au droit romain, et qui était en usage dans les pays de droit écrit et même dans quelques pays de coutume. Il avait pour objet de cacher la mise en gage d'un immeuble sous la forme d'une vente, et transportait la propriété de l'immeuble du débiteur au créancier. Relocation de l'immeuble était faite au débiteur par le même acte pour une somme équivalente aux intérêts qu'il avait à payer à son créancier, et l'on stipulait un délai pendant lequel il lui était permis d'opérer le rachat de sa propriété en remboursant le capital prêté. C'est, à peu de chose près, la vente à réméré.

PIIS (Antoine-Pierre-Augustin de), né à Paris, le 17 septembre 1755, mort en 1832, fut destiné dès son enfance à l'état militaire; mais sa santé ne lui ayant point permis de l'embrasser, il acheva au collége d'Harcourt les études qu'il avait commencées à celui de Louis-le-Grand. Il se fit ensuite littérateur, sous les auspices de l'abbé de Lattaignant et de Sainte-Foix, et débuta, en 1776, par donner une parodie à la Comédie-Italienne, où jusqu'en 1789 il fit représenter, soit seul, soit en collaboration, un grand nombre d'ouvrages avec un tel succès que ses acteurs, qu'il enrichissait par ses productions, lui firent une pension de 4,000 livres ; il composa aussi quelques compliments d'ouverture et de clôture pour le théâtre.

De Piis s'acquit en même temps une assez belle réputation de chansonnier par les chansons qu'il fit insérer sous le nom d'Auguste dans l'*Almanach des Muses*, par nombre de pièces fugitives, et par le recueil qu'il dédia en 1785 au comte d'Artois; *Les Augustines*, conte en vers, son *Recueil de Pièces fugitives et de Contes nouveaux* lui acquirent aussi une réputation de conteur agréable. Membre des sociétés du Caveau moderne, des Dîners du Vaudeville, des Soupers de Momus, sous l'empire et plus tard, il y paya largement sa part en contes, en chansons et en pièces de poésie légère : il publia, en 1785, un poëme en quatre chants, *L'Harmonie imitative de la langue française*, qui ne manque pas de mérite, malgré les imperfections que la critique y a signalées, ouvrage qui lui valut le titre de membre de plusieurs académies ou sociétés savantes de province.

Nommé en 1784 secrétaire interprète du comte d'Artois, de Piis perdit cette place au commencement de la révolution ainsi que toutes ses espérances de fortune; les Comédiens-Italiens non-seulement ne lui payaient plus sa pension de 4,000 livres, mais ils lui en refusaient même une de 1,200. De Piis cessa alors de travailler pour eux, et contribua à la fondation du Théâtre du Vaudeville, où il obtint pendant quelque temps des succès éclatants par divers ouvrages en collaboration. Il s'éloigna quelque temps de Paris, à l'époque de la terreur, conjura ensuite par des chansons ou des pièces patriotiques les soupçons que l'on pouvait avoir sur son civisme, se brouilla avec le Vaudeville, travailla pour le Théâtre des Troubadours, où ses intérêts furent compromis par une faillite directoriale, et entra ensuite dans les fonctions publiques.

Il fut tour à tour agent de la commune de Chennevières-sur-Marne, commissaire directorial du canton de Sucy, du premier arrondissement de Paris, l'un des cinq administrateurs du bureau central de Paris, après le 18 brumaire, et de 1800 à 1814 secrétaire général de la préfecture de police. Louis XVIII le nomma, après la première restauration, secrétaire général adjoint de la direction générale de la police; il fut après les cent jours, qu'il passa à la campagne, archiviste de la préfecture de police, en redevint pendant peu de temps secrétaire général, et reprit plus tard, à titre honorifique, la place de secrétaire interprète du comte d'Artois. De Piis avait la réputation justifiée d'homme aimable et d'homme d'esprit. Ses convictions politiques étaient assez mobiles; car après avoir chanté la république, le consulat, il chanta tour à tour l'empire et la restauration. Ses

Œuvres choisies ont été publiées en 1810; la plupart de ses productions lyriques et dramatiques ont également été publiées.

PILASTRE. Ce terme, dont nous faisons usage en architecture pour désigner un corps élevé sur une base carrée, est d'origine moderne et italienne; il est dérivé de *pila*, qui veut dire *pile*, et précisément cet ensemble solide de matériaux réunis pour soutenir une arcade ou le faîte d'un édifice. Chez les Latins, le mot *antæ* s'appliquait à ces piliers ou jambages placés aux deux côtés d'un portique, et aussi aux colonnes carrées qui font les coins d'un édifice. Le pilastre n'est, à proprement parler, qu'une colonne quadrangulaire. Ces montants font en effet l'office des colonnes, et de plus ils leur empruntent quelques-unes de leurs proportions, leurs piédestaux, leurs chapiteaux; comme elles, il se rapportent aux cinq ordres d'architecture dont ils prennent les noms, les ornements et les détails accessoires. Il y a des pilastres isolés au pourtour extérieur d'un édifice, et distribués de manière à former un péristyle; mais le plus souvent ils ne s'emploient qu'adossés à une façade ou engagés dans un mur à une plus ou moins grande épaisseur; leur surface apparente est toujours plane, et leur ordonnance est moins saillante que celle des colonnes, qui sont comme eux engagées dans l'épaisseur d'une muraille. Les constructions d'une haute antiquité, les monuments grecs, n'offrent que peu d'exemples de l'emploi des pilastres. On les trouve prodigués dans les constructions romaines, où ils accompagnent assez bien les cintres, et se prêtent à ces ornements nombreux de petite sculpture que n'admettait pas l'art grec. En général, ils ont plus ou moins de saillie, selon l'ordre d'architecture auquel ils appartiennent, selon les effets qu'ils sont destinés à produire, comme accessoires ou détails importants dans un ensemble monumental; enfin, selon le caractère de l'entablement qu'ils doivent supporter. Leurs fûts sont enrichis parfois de cannelures, de bossages, de refends, d'arabesques, etc., et surmontés de chapiteaux qui ont la même hauteur que ceux des colonnes; toutefois, ils en diffèrent par leur largeur: ainsi, il faut remarquer que dans l'ordonnance corinthienne des thermes de Dioclétien et du frontispice de Néron les chapiteaux ont douze feuilles d'acanthe au lieu de huit.

Les pilastres, à cause de leur forme lourde, massive et carrée, ne se détachent pas avantageusement sur une façade quand ils occupent toute sa hauteur. Ceux qu'on voit au nouveau palais du Louvre, du côté de l'eau, bien qu'ils ne prennent naissance qu'au-dessus de la première rangée de fenêtres, sont d'un effet peu satisfaisant; par cela même qu'ils font corps avec les murs de l'édifice, ils en dégagent peu la masse, et ne donnent pas ces profils déliés, élégants, qu'offrent les colonnades sous tous leurs aspects. Ils ne conviennent en aucune façon aux monuments qui ont de vastes alentours, ou qui sont placés sur une hauteur; enfin, ils n'appartiennent pas au grand style architectural. Il est pourtant des cas où on trouve quelque avantage à les employer; par exemple, ils ne sont pas déplacés dans un intérieur de petite dimension; ils occuperont beaucoup moins d'espace que les colonnes, et produiront un certain effet décoratif, simple et sévère, préférable sans doute à de grands murs tristes et dénués de tout ornement. A portée du regard, leur saillie, leurs détails, leurs chapiteaux, composent un ensemble assez riche. Les pilastres figurent assez bien dans les petits palais bâtis par Bramante, Palladio, Serlio. C'est surtout à l'époque de la renaissance qu'on les trouve utilisés avec un rare bonheur, et traités dans toutes les proportions; les architectes les introduisirent même dans les motifs les plus riches et les plus variés.

On est convenu de donner autant de largeur aux pilastres en haut qu'en bas. Il y a pourtant de célèbres architectes qui les diminuent par le haut, comme on diminue les colonnes; principalement lorsqu'ils les placent immédiatement derrière des colonnes. Quand ils accompagnent les pieds-droits d'une grande porte, comme dans les élégants hôtels du dix-huitième siècle, ils se passent de chapiteaux; des consoles riches, prenant naissance à leur faîte, et destinées à soutenir un balcon, leur en tiennent lieu.

En outre des pilastres qui correspondent aux cinq ordres, dorique, ionique, corinthien, toscan et composite, il y en a une foule d'autres qui, suivant leurs formes, leurs ornements, reçoivent différentes dénominations, dont voici les principales: le *pilastre attique* est plus court qu'aucun de ceux des cinq ordres; le *pilastre bandé* ou *rustique* est celui qui sur son fût a des refends ou des bossages: tels sont ceux du palais du Luxembourg et du Louvre des Valois; le *pilastre cannelé* a son fût décoré de cannelures; celui qu'on appelle *cintré* a son plan curviligne; le *pilastre en terme* est celui qui est plus étroit à sa base qu'à son sommet; enfin, les *pilastres accouplés* sont distribués deux à deux, et se touchent presque par leur base et leurs chapiteaux. A. Filloux.

PILATE (Ponce), en latin *Pontius Pilatus*, fameux par l'insigne lâcheté qu'il montra comme magistrat lorsque les Juifs lui demandèrent la mort de Jésus. On ne sait rien de positif sur sa famille et sa patrie; on conjecture seulement qu'il était Romain. Quoi qu'il en soit, il fut nommé préteur de la Judée en remplacement de Gratus, l'an 26 ou 27 de J.-C. Il administra cette province dix ans sous Tibère. Ce fut pendant ce temps que la populace juive, ameutée sourdement par les princes des prêtres et les pharisiens, traîna Jésus à son tribunal, demandant, avec menaces et vociférations, qu'il fût condamné et mis à mort, comme ayant blasphémé et excité la nation à se soulever. Pilate était convaincu de l'innocence de Jésus; il le renvoya à Hérode, roi de Galilée, qui se trouvait en ce moment à Jérusalem. Mais Hérode renvoya l'accusé devant Pilate. Alors, celui-ci, pressé de nouveau par les ennemis de Jésus, et croyant calmer la fureur de la foule par quelque satisfaction, livra le captif à ses gardes, avec ordre de le flageller cruellement. Mais ce supplice ne suffisait point; pour apaiser la rage de ces forcenés, il leur fallait la mort du juste: de toutes parts éclataient les cris: Qu'on le crucifie! qu'on le crucifie! Cependant, Pilate, convaincu de l'innocence de la victime qu'on lui demandait, cherchait à se dispenser de prononcer l'arrêt de mort. Mais lorsqu'il vit que les Juifs, loin de se rendre à ses raisons, le menaçaient lui-même de la colère de César, il fit conduire Jésus hors du prétoire, et prit place dans son tribunal, au lieu appelé en grec *Lithostrotos*, et en hébreu *Gabbatha*. Puis, voyant qu'il ne gagnait rien sur les esprits, et que le tumulte augmentait de plus en plus, il se fit apporter de l'eau, suivant le récit de l'évangéliste saint Matthieu, et, se lavant les mains devant le peuple, il s'écria: « Je suis innocent du sang de ce juste; c'est vous qui en répondrez. » Alors on entendit ces paroles: « Que son sang retombe sur nous et sur nos enfants! » Et Pilate abandonna Jésus à la rage de ses bourreaux, qui le crucifièrent.

La dureté de Pilate à l'égard de ses administrés donna lieu à des plaintes tellement nombreuses, que Tibère le priva de son gouvernement, l'an 36 de J.-C., et l'envoya en exil, près de Vienne en Dauphiné, où, selon Eusèbe, il se tua de désespoir deux ans après: suivant d'autres, il aurait été décapité sous le règne de Néron. Jusqu'à la fin des siècles la sentence qu'il prononça contre Jésus pèsera sur sa mémoire, jusqu'à la fin des siècles Pilate sera le type de ces magistrats pusillanimes qui, pour ne pas déplaire au despotisme, quel qu'il soit, auraient la lâcheté de prononcer des condamnations que réprouverait leur conscience. Ils auront beau s'*en laver les mains*, le sang innocent sacrifié laissera toujours une souillure que rien ne saurait effacer, et qui sera pour eux la marque de l'infamie.

C'est en faisant allusion à l'action de Pilate qu'on dit, dans le langage familier: *Je m'en lave les mains*, pour déclarer qu'on n'est pas responsable de ce qui peut arriver.

On regarde comme pièces apocryphes non-seulement le *Trésor admirable de la sentence* de Ponce Pilate contre

Jésus-Christ, laquelle sentence fut trouvée écrite, dit-on, sur parchemin en lettres hébraïques dans la ville d'Aquila, mais encore une *lettre* de Pilate à *Tibère*, dans laquelle ce préteur de la Judée rend compte des miracles et de la résurrection de Jésus-Christ. Quoique Tertullien cite cette lettre dans son *Apologie* pour les chrétiens, on a lieu de croire qu'elle n'est qu'une pieuse imposture. CHAMPAGNAC.

PILATE (Mont). On cite deux montagnes de ce nom. L'une en Suisse, entre les cantons de Lucerne et d'Unterwald, sur le bord occidental du lac de Lucerne, ramification des Alpes bernoises. Son point le plus élevé (le Tomlishorn) est à 2,343 mètres au-dessus du niveau de la mer. L'autre mont Pilate est en France, dans la chaîne des Cévennes, dans les départements de la Loire et du Rhône.

PILÂTRE DE ROZIER (JEAN-FRANÇOIS), né à Metz, le 30 mars 1756, se destina d'abord à la chirurgie; mais cette profession lui inspira tant de répugnance qu'il passa bientôt des amphithéâtres de l'hôpital dans le laboratoire d'un apothicaire, où il apprit les premiers éléments de la chimie, de la botanique et de la minéralogie. Revenu dans sa famille après trois ans d'apprentissage, il ne tarda pas à déserter la maison paternelle, et s'en alla, de compagnie avec un ami, tenter la fortune à Paris. Employé d'abord comme manipulateur dans une pharmacie, Pilâtre sut se concilier l'affection d'un médecin, dont la protection lui permit d'acquérir des connaissances plus positives. Le jeune adepte suivit les cours publics, et fit marcher, de concert avec l'étude des mathématiques et de la physique, celle de l'histoire naturelle, sans négliger la chimie, qui prenait alors véritablement le caractère d'une science. La mort de son protecteur n'abattit pas son courage : les découvertes de Franklin avaient fait sensation, et les expériences d'électricité étaient à la mode; Pilâtre profita de l'enthousiasme du moment pour se faire connaître, et ouvrit au Marais un cours public, où il expliqua ce merveilleux secret de la nature.

Ses études persévérantes amenèrent des résultats plus significatifs. L'Académie des Sciences accueillit avec indulgence quelques observations qu'il avait osé lui soumettre, et peu de temps après, Sage, un des professeurs dont il avait écouté les leçons, lui fit donner une chaire de chimie à Reims. Il n'y resta pas longtemps, et revint bientôt occuper à Paris la charge d'intendant des cabinets d'histoire naturelle et de physique de *Monsieur* (plus tard Louis XVIII). Alors il conçut l'idée d'offrir aux savants un vaste laboratoire pourvu de toutes les machines propres à essayer leurs découvertes; il donna un nouvel essor à la chimie et à la physique, en montrant l'usage des machines, leur utilité et leurs diverses applications au moyen d'une foule d'expériences. Aucune ne l'effrayait, et l'on dit qu'un jour, s'étant rempli la bouche de gaz, il mit le feu à l'extrémité de ses lèvres : ce qui lui fit sauter les deux joues. Il était dans toute l'exaltation de cette fièvre scientifique quand la découverte des aérostats, par les frères Montgolfier, vint révéler au monde étonné la possibilité de voyager dans les airs.

Pilâtre et un gentilhomme languedocien, le marquis d'Arlandes, voulurent s'associer à la gloire de Montgolfier; ils voulurent être les premiers navigateurs aériens que l'on eût encore vus depuis la chute de l'imprudent et trop malheureux Icare. Quelques jours seulement après la première ascension tentée au Champ-de-Mars, le 25 août 1783, les feuilles publiques annoncèrent que les deux courageux amis des sciences tenteraient eux-mêmes non pas seulement une courte ascension, mais un voyage dans les airs. Tout le monde repoussa cette idée comme impraticable : les aéronautes n'en persistèrent pas moins dans leur projet, et le 21 octobre suivant ils partirent des jardins de La Muette, traversèrent la Seine, et, après un trajet de 8 à 10 kilomètres, descendirent paisiblement de l'autre côté de Paris, vis-à-vis le moulin de Croullebarbe, près de la route de Fontainebleau. L'année suivante, au mois de janvier, il se rendit à Lyon, d'où il s'éleva avec Montgolfier lui-même. Après quoi, il fit à Versailles, en présence de la famille royale de France, du comte de Haga (le roi de Suède), du prince Henri de Prusse et de toute la cour, plusieurs ascensions couronnées du plus brillant succès.

Son esprit entreprenant ne s'arrêta pas à ce qu'il ne regardait que comme un essai : il forma le projet plus hardi de passer de France en Angleterre par la voie des airs. Malheureusement, dans la construction de son aérostat, pour lequel le gouvernement avait mis à sa disposition une somme de 40,000 francs, il eut l'imprudence de combiner le procédé de Montgolfier avec celui que venait d'imaginer Charles, bien que ce physicien eût annoncé que c'était mettre un réchaud sur un baril de poudre. Pendant que Pilâtre suivait les préparatifs de son périlleux voyage, un autre aéronaute, Blanchard, s'élançait de Douvres, et s'abaissait sur les côtes de France, dans les environs de Calais. Devancé, mais non pas vaincu, Pilâtre fit aussitôt publier son projet, depuis longtemps conçu, de s'élever de Boulogne-sur-Mer pour passer en Angleterre. Il se rendit donc à Boulogne, et le 15 juin 1785, vers sept heures du matin, il partit avec le physicien Romain. Ils étaient à peine parvenus à une hauteur de 4 à 600 mètres quand le ballon s'enflamma, et au bout d'une demi-heure, les deux malheureux voyageurs furent précipités à terre. Ils allèrent tomber non loin du village de Vimille, tout près de l'endroit où était descendu Blanchard en revenant d'Angleterre; Pilâtre était sans vie; son compagnon expira au bout de quelques minutes.

Rœderer a publié l'éloge de Pilâtre de Rozier; Lenoir, professeur d'anglais, son éloge funèbre, et Tournon de la Chapelle, la *Vie* et les *Mémoires* du même physicien (Paris, 1786, in-12). Ce dernier ouvrage est suivi de quelques notices de Pilâtre lui-même sur divers sujets de physique, sur la composition de la couleur connue sous le nom de *prune-monsieur*, sur quelques expériences d'électricité, sur les divers gaz, et enfin sur le moyen de prévenir les accidents occasionnés par l'air méphytique, avec quatre planches gravées sur bois. On peut voir encore quelques mémoires de lui dans le *Journal de Physique*.

DUMARTIN-TAILLEFERT.

PILAU, nom d'un mets dont l'usage est extrêmement répandu en Orient. Il consiste en riz qu'on a fait cuire dans de l'eau ou du bouillon, mais de telle façon que les grains en sont demeurés entiers et un peu durs, et sur lequel on verse du beurre fondu. Du reste il existe, pour ainsi dire, autant de façons différentes d'accommoder le pilau qu'il y a de provinces.

PILE, amas de plusieurs corps placés les uns sur les autres. On met le bois, des bombes, des boulets, des livres, des écus en *piles*.

On nomme *pile de cuivre* un ensemble de poids de cuivre, en forme de godets, se plaçant les uns dans les autres.

Au trictrac, *pile de malheur* ou *pile de misère* se dit lorsqu'un des joueurs, ne pouvant passer dans le jeu de son adversaire pour faire le jan de retour, est obligé d'entasser toutes ses dames en une seule pile dans le coin de son grand jeu.

Pile se dit aussi des massifs de forte maçonnerie qui séparent et soutiennent les arches d'un pont.

Pile se disait d'une grosse pierre servant à *piler*, à broyer, à écraser quelque chose. On ne l'emploie plus guère que dans cette phrase figurée : *Mettre quelqu'un à la pile au verjus*, c'est-à-dire parler mal de lui ou le tourmenter.

Pile se dit aussi du revers d'une monnaie. Autrefois le côté opposé avait souvent une croix; de là l'expression n'avoir *ni croix ni pile*, pour dire n'avoir point d'argent. Jouer *à croix ou pile* ou, comme on dit vulgairement, *à pile ou face*, c'est lancer une pièce de monnaie en l'air, pendant qu'un joueur nomme *croix* ou *pile*, ou bien *face* ou *pile*. Il gagne ou perd suivant que la pièce quand elle est tombée représente le côté qu'il a nommé ou le côté opposé. Figurément : *Je les jetterais à croix ou à pile* se dit en parlant de deux choses à peu près égales et dont le choix est indifférent.

En blason, *pile* est un pal aiguisé en forme d'obélisque renversé, la base étant mouvante du bord supérieur de l'écu. Cette pièce est rare en armoirie. Son nom vient du latin *pilum*, dard ou trait.

PILE ÉLECTRIQUE, nommée aussi *pile galvanique*, *pile voltaïque* ou *pile de Volta*. Pour construire cet instrument, Volta, son inventeur, plaçait l'un sur l'autre un disque de cuivre et un disque de zinc. Chacun de ces disques s'appelle *élément*. Sur cette réunion, qu'on nomme *couple métallique* ou simplement *paire*, il plaçait une rondelle de drap, imbibée d'un léger soluté salin; sur cette rondelle, un nouveau couple disposé dans le même ordre, puis une nouvelle rondelle de drap, et ainsi de suite, de manière à faire une colonne maintenue droite par trois tiges de verre, et commençant en bas par une pièce de cuivre, se terminant en haut par une pièce de zinc. Cette pile a reçu le nom de *pile à colonne*. Si, les doigts étant mouillés, on touche d'une main l'extrémité inférieure d'une pile ainsi disposée, et de l'autre main l'extrémité supérieure, on éprouve une secousse semblable à celle que produit la décharge de la bouteille de Leyde. En prolongeant le contact des doigts, il s'établit un courant, et il en résulte un frémissement électrique dans tous les membres. Enfin, lorsqu'on fait communiquer les extrémités ou *pôles* de la pile par des fils métalliques, et qu'on place entre ces fils certaine substance, certain corps, on obtient les effets les plus curieux.

Les piles à colonne offrent un grave inconvénient, en ce que le poids des disques supérieurs faisant sortir le liquide des conducteurs humides, la pile est bientôt hors de service. Cette disposition fût donc abandonnée dès que Wollaston eut imaginé la *pile à auges*. Dans celle-ci, les éléments sont placés et soudés deux à deux dans une auge en bois; chaque paire est séparée de la paire adjacente par un tube en verre ayant la forme d'un U, et qui est entouré d'un mastic isolant, composé de quatre parties de brique pilée, trois parties de résine et une de cire jaune. On applique d'abord une double plaque zinc et cuivre contre la paroi intérieure d'une des extrémités de la caisse ou auge, et on dispose successivement les autres plaques de champ, comme la première, et sur des plans parfaitement parallèles, en faisant correspondre la surface cuivre de l'un avec la surface zinc de l'autre. Chaque pile ne doit contenir au plus que 120 à 125 paires de plaques, afin que l'on puisse les transporter aisément et que la manœuvre en soit facile. Dans le but de remédier à l'action corrosive du liquide qui entoure les plaques, on attache tous les couples métalliques à une tige de bois verticale; cette tige est mobile, et de cette manière on peut, à volonté, plonger ou non les couples dans le liquide conducteur. Quand on a rempli l'auge d'un liquide composé d'eau unie à un quarantième d'un mélange à parties égales d'acide nitrique et d'acide sulfurique, on prend deux gros fils ou conducteurs métalliques soudés par une de leurs extrémités à une plaque de laiton; on fait communiquer une de ces plaques avec le pôle positif et l'autre avec le pôle négatif. Entre ces deux fils, plongeant dans l'auge de la pile, on place le corps que l'on veut soumettre à l'action de l'appareil, et en rapprochant ces deux conducteurs on produit à volonté les effets cherchés. Dans cette opération, les mains de l'opérateur tenant le corps à examiner doivent être bien sèches, et pour plus de sûreté, le corps peut être tenu avec une substance non conductrice, comme le verre, par exemple.

Quand une pile n'est pas assez forte pour produire l'effet qu'on désire, on réunit plusieurs piles ensemble, et on a alors ce qu'on appelle une *batterie voltaïque*. On peut facilement réunir deux, trois ou quatre piles, et même un plus grand nombre; cette réunion s'opère au moyen d'un fil de laiton terminé par deux plaques métalliques, ordinairement de laiton aussi, qu'on fait plonger l'une à l'extrémité positive de la première pile, l'autre à l'extrémité négative de la seconde, et ainsi de suite. La plus forte batterie connue aujourd'hui est celle de l'École Polytechnique, qui compte 600 paires de plaques, chacune de 81 centimètres carrés de surface. Quand une pile n'a plus d'action, que le liquide conducteur, en agissant sur le cuivre et sur le zinc, a perdu sa force, on le renouvelle en retournant l'auge, et la remplissant d'un nouveau liquide.

L'appareil désigné par Volta sous le nom de *tasses à couronne* n'est qu'une modification de la pile à auge, à laquelle il est toutefois bien inférieur. Il consiste dans une série de verres ou gobelets remplis d'eau saline, recevant chacun une des extrémités d'un arc métallique formé de deux lames, l'une de zinc, l'autre de cuivre, soudées bout à bout. Ces arcs sont disposés de façon que le côté cuivre du premier est dans le même vase que le côté zinc du second; le cuivre de celui-ci est avec le zinc du troisième, et ainsi de suite pour toute la série. Le premier et le dernier vase représentent les extrémités opposées de la pile.

Les piles humides ayant l'inconvénient de se détruire assez promptement, on a cherché à les remplacer par les *piles sèches*, lesquelles peuvent être mises en action sans le secours des acides et se conservent un peu plus longtemps. Desormes, Hachette cherchèrent les premiers à construire des piles sans conducteurs humides. Ces savants physiciens employaient, pour réunir les éléments, de la colle d'amidon, mêlée ou non avec du sel, de la gomme-gutte, du vernis et plusieurs autres substances. En 1811 Deluc construisit avec des rondelles très-minces de zinc et des feuilles de papier doré une pile qu'il appela *colonne électrique*, *électroscope atmosphérique*, dont l'énergie était très-forte. D'un autre côté, le professeur Zamboni, de Vérone, établit une pile également sèche, avec des disques de papier recouvert de zinc sur une des faces, et d'oxyde de manganèse sur l'autre. Le nombre des éléments des piles sèches peut aller à plusieurs milliers; on les dispose en colonnes verticales entourées de soufre fondu, afin de les isoler et de les garantir de l'humidité de l'air. Avec cette pile, le même Zamboni, Ramus à Munich, et Streisig à Vérone, construisirent des pendules électriques qui marquaient les heures, les minutes et les secondes, mais ces pendules n'étaient pas très-exactes.

On nomme *piles secondaires* des sortes de piles inventées par Ritter, qui ne sont autre chose qu'un assemblage de conducteurs imparfaits. Ainsi un ruban humide, un certain nombre de disques métalliques, séparés par des disques de carton mouillés, une bande de papier trempée dans de l'eau pure, comme Volta l'avait constaté, peuvent servir à former des piles secondaires. Les *piles en hélices* ont été imaginées pour développer au plus haut degré les propriétés calorifiques de la pile, et cela en étendant beaucoup les surfaces de communication.

Depuis les savantes applications dont la pile électrique a été l'objet, on a cherché à en perfectionner la construction. On doit à M. Daniell l'invention d'une pile à effet constant, découverte qui donna au galvanisme une impulsion nouvelle. Dans cette pile on emploie deux liquides séparés par une cloison perméable, nommée *diaphragme*, composée d'une membrane animale, de papier, de terre poreuse, de plâtre ou de bois. Toutefois, l'appareil de Daniell, bien que perfectionné, présente de notables inconvénients. En 1845 M. Jacobi proposa une nouvelle pile, due au prince Bagration, d'un effet plus constant quoique moins énergique, et qui consiste en un pot de fleurs ou tout autre vase imperméable à l'eau, rempli de terre saturée d'une dissolution assez concentrée de chlorure d'ammoniaque ou de sel ammoniaque, et dans lequel on place, à quelque distance l'une de l'autre, une plaque de cuivre et une plaque de zinc. On a ainsi un couple voltaïque dont l'action devient, dans un court espace de temps, d'une constance parfaite, et qui peut être maintenue dans cet état pendant des mois entiers, et, selon toute apparence, même pendant des années, pourvu qu'on prenne soin d'humecter de temps en temps la terre, et de renouveler, s'il est nécessaire, la plaque de zinc qui, comme cela s'entend, commence à se dissoudre aussitôt que le circuit est formé. Dans cette pile, on doit donner quelque épaisseur à la couche de terre, et les plaques ne doivent pas être trop petites, par la raison que la terre oppose une grande résistance au passage du courant. On pourrait placer dans la cave ou au grenier des centaines de ces vases, et on aurait une source perpétuelle d'électricité dont on pourrait disposer à son gré.

La pile de Grove est composée d'une plaque de platine, qui forme l'élément négatif, et d'une lame de zinc pliée de manière à embrasser le platine dans sa courbure. Les deux métaux sont séparés par un diaphragme poreux, contenant de l'acide nitrique concentré. Ce couple voltaïque est plongé dans un vase de verre plein d'acide sulfurique ou chlorhydrique étendu. Cette batterie est assez puissante, mais le gaz nitreux qui s'en échappe présente des dangers; il attaque tous les corps métalliques qu'il rencontre, et l'acide nitrique pénètre les tubes poreux et détruit promptement le zinc. On peut, à la vérité, remédier en partie à ces inconvénients, en faisant usage de potasse au lieu d'acide nitrique.

La pile de Smee est composée, comme la pile de Grove, d'une plaque de platine et d'une plaque de zinc. Le platine peut être remplacé par du palladium ou de l'argent recouvert de platine. Le seul liquide nécessaire pour exciter cette pile est formé d'une partie d'acide sulfurique et de sept parties d'eau. Dans le but d'utiliser le zinc quand il est trop usé pour servir dans sa batterie, M. Smee a imaginé d'en former une pile qu'il nomme *pile de débris*. Il place dans le fond d'un vase tous les fragments de zinc, et les couvre de mercure dans lequel il plonge un fil d'argent contenu dans un tube de verre, de manière qu'il ne communique par aucun point avec l'acide sulfurique étendu dont on remplit le vase. Une plaque d'argent platinisée est plongée dans le liquide, le plus près possible du mercure, mais sans y toucher. Pour exciter l'action galvanique, on ne se sert que d'eau aiguisée d'un tiers d'acide sulfurique concentré. M. Smee a remplacé l'argent ou le platine de la pile par du cuivre argenté, du fer ou du charbon de bois qu'il platinisait également. Cette pile n'a point de tube poreux, d'acides purs, ni de vapeurs délétères. Elle peut être maintenue en action pendant huit ou dix jours et plus, lorsqu'on a soin de renouveler l'acide.

M. Becquerel a aussi heureusement modifié la pile de Daniell.

M. Bunsen est l'inventeur d'une pile remarquable, qui n'est autre que la pile de Grove, dans laquelle le charbon est substitué au platine. Un vase de verre reçoit un cylindre de charbon préparé, garni, à sa partie supérieure, d'un anneau de zinc, auquel est soudée une tige sur laquelle on fixe le conducteur. A l'intérieur du cylindre de charbon, on place un diaphragme de porcelaine, qui reçoit à son tour un cylindre de zinc amalgamé, portant, comme le charbon, une tige à conducteur. Dans ce vase de verre, on verse de l'acide nitrique et de l'eau acidulée dans le diaphragme. Cette pile, d'un prix peu élevé, a aussi le grave inconvénient de dégager de l'acide nitreux. Enfin, une foule de modifications ont été apportées aux piles électriques depuis la découverte de la galvanoplastie. Rappelons seulement celle de M. Pulvermacher à fils de zinc et de cuivre en forme de chaîne que l'on voyait à l'Exposition universelle de 1855, et la *pile thermo-électrique* de M. Morren, construite en fer-blanc et bismuth.

Lorsque deux lames de platine ont été mises en contact, l'une dans le gaz hydrogène, l'autre dans le gaz oxygène, et qu'on les plonge ensuite dans l'eau acidulée par l'acide sulfurique, elles constituent momentanément un couple voltaïque, et la lame hydrogénée se comporte comme la plaque de zinc d'un couple ordinaire. Le phénomène devient plus durable si l'on prend soin de recouvrir chaque lame d'une cloche renversée et pareillement remplie de son gaz respectif; enfin, la réunion de plusieurs couples ainsi composés forme la *pile à gaz* telle que l'a imaginée M. Grove. « Dans cette singulière espèce de pile, dit M. Léon Foucault, l'action chimique qui alimente le courant a lieu entre les gaz qui se consomment peu à peu et finissent par disparaître. Bien que séparés et relégués dans des vases différents, l'hydrogène et l'oxygène vont à la rencontre l'un de l'autre à travers le liquide, et se combinent pour former une petite quantité d'eau, qui s'ajoute à la dissolution acidulée. Où a lieu cette combustion lente? Il est probable que c'est aux surfaces du platine, et que ce métal ne joue d'autre rôle que celui d'un simple conducteur perméable à l'électricité issue de cette action chimique. » D'après cela, M. Ed. Becquerel a apporté à la pile à gaz une modification qui écarte l'emploi de l'oxygène. Si l'on place une éprouvette d'un très-petit diamètre, remplie de gaz hydrogène, dans un vase contenant une dissolution de chlorure d'or, il n'y a pas d'action, et le niveau du liquide reste à peu près fixe. En introduisant alors un fil de platine dans l'éprouvette, de manière que ce fil se trouve en partie dans le gaz et en partie plongé dans le chlorure, on voit le gaz diminuer lentement de volume, et même au bout d'un certain temps disparaître complétement; en même temps l'or se précipite à l'état métallique sur la portion du fil de platine plongeant dans le chlorure, et qui ne cède rien à cette dissolution. Dans les mêmes conditions, un fil ou une lame d'or ne donne lieu à aucun effet appréciable. On peut donc former un couple voltaïque avec un seul liquide, deux lames de platine, et un seul gaz, pourvu que ce dernier soit en contact avec une des lames et avec le liquide; et en réunissant plusieurs couples on a une pile à gaz composée d'un seul gaz, d'un métal et d'un liquide.

L'appareil électro-magnétique que M. Augustin Carosio, Génois, a appelé *pile hydrodynamique*, est basé sur la théorie des équivalents électro-chimiques et sur la loi dite de Faraday, savoir : que le courant électrique est en raison directe de l'action chimique, et par conséquent que l'électricité qui sert à décomposer un gramme d'eau dans ses deux éléments, gaz oxygène et gaz hydrogène, est égale à celle qui résulte de la combinaison de ces deux mêmes gaz quand ils s'unissent pour former un gramme d'eau. La preuve évidente et incontestable de cette théorie est la pile à gaz de M. Grove, dans laquelle la quantité de gaz qui sert pour recomposer l'eau est exactement égale à celle qui se forme par la décomposition de l'eau elle-même. « La machine Carosio, dit M. Siemens, est essentiellement une machine calorique, avec cet important avantage sur les autres que les gaz, étant permanents, peuvent être employés à une température au-dessus de celle des corps environnants, savoir l'air ou l'eau, qui peuvent en conséquence être un médium pour céder une portion de leur chaleur, tandis que pour des machines qui opèrent à une température élevée cette chaleur doit être produite artificiellement. La seule force électrique dépensée dans ce cas est celle de la résistance des médiums conducteurs du courant; ce qui, même sous les plus favorables circonstances, rend nécessaire un supplément continuel de gaz d'une source étrangère pour maintenir la quantité. » Ainsi cette machine ne consume que ce qu'elle produit par sa propre force, et cette force, par opposition à celle de la vapeur, n'est pas limitée par la limitation des résistances; enfin, elle n'entraîne ni les frais ni les dangers du combustible : cependant, cette machine, brevetée et essayée à Gênes, à Londres et à Paris, n'a pas encore donné les résultats attendus.

La construction de la pile électrique est basée sur ce fait que lorsqu'on met en contact deux métaux différents, du zinc et du cuivre, par exemple, si ces métaux sont isolés, s'ils n'ont enfin que leur électricité naturelle, ils se constituent dans deux opposés d'électricité, c'est-à-dire qu'une fois séparés, l'un donnera des signes d'électricité positive, l'autre des signes d'électricité négative. Si la quantité des deux électricités était représentée par 1 dans chaque métal avant le contact, elle ne le sera plus que par 1/2 après le contact : on exprime l'état électrique du zinc par+1/2, celui du cuivre par—1/2. L'assemblage de deux lames doit être considéré comme une petite machine électrique ; le contact fait passer dans le zinc le fluide positif, et dans le cuivre le fluide négatif, jusqu'à ce qu'il y ait équilibre entre la force qui produit la décomposition de l'électricité naturelle et l'action attractive des deux fluides. Deux métaux différents séparés par un corps humide n'exercent plus l'un sur l'autre aucune action sensible ; mais l'électricité que l'on communique à l'un se répand librement dans l'autre; tous deux passent alors dans un même état électrique. Ainsi deux disques, l'inférieur de cuivre et le supérieur de zinc, étant superposés, si l'on place sur ce dernier un disque de carton ou de drap mouillé, et sur celui-ci deux autres disques, le premier de cuivre, le second de zinc, le disque cuivre de la seconde paire acquerra le même état électrique que le disque zinc de la première, et la condition du premier contact n'en sera pas moins remplie. Dans la disposition des couples que nous avons donnée, il est facile de voir que la force électrique du premier couple s'ajoute à celle du second, et ainsi de suite, et cela au moyen du liquide interposé entre les couples, qui sert de conducteur au fluide électrique. De là il résulte que la force de la pile, ou la tension à ses extrémités, est directement proportionnelle au nombre des couples. Cette tension est indépendante de l'étendue de surface des couples, du nombre de points par lesquels ils se touchent ; toutefois, il est indispensable de souder les disques, afin d'éviter l'interposition du liquide conducteur, qui anéantit par sa présence entre les deux éléments la force électro-motrice.

La promptitude avec laquelle l'électricité se transporte d'une extrémité à l'autre de la pile dépend du degré de propriété conductrice du liquide interposé entre chaque paire. L'expérience a prouvé que l'eau pure est un moins bon conducteur que l'eau alcaline, et on préfère à celle-ci l'eau mêlée d'acide sulfurique et d'acide nitrique. Le liquide n'a aucune influence sur la quantité d'électricité développée; il jouit seulement d'une propriété conductrice non parfaite, mais assez forte cependant, et sans lui tous les éléments de la pile auraient une charge électrique qui serait la même et égalerait celle qui se développe par le contact de deux éléments. Quand, dans une pile, c'est la rondelle de cuivre qui communique avec le sol, l'appareil se charge d'électricité positive; il est chargé d'électricité négative quand c'est la rondelle de zinc qui est en rapport avec le sol. Lorsque la pile est isolée par ses deux extrémités, une moitié est chargée d'électricité positive, l'autre moitié d'électricité négative, et toutes les quantités d'électricité des différents éléments sont détruites. Parmi les métaux, tous bons conducteurs de l'électricité, on a préféré le zinc et le cuivre, parce qu'on se les procure plus facilement, et qu'ils se constituent par leur contact dans un état d'électricité plus grand que la plupart des autres. La forme des plaques ne change rien au résultat. Les effets d'une pile dépendant principalement de sa tension, et celle-ci étant en raison directe du nombre des éléments, quelle que soit leur dimension, il vaut mieux se servir de petites plaques que de grandes. Les piles à grandes plaques ne conviennent que dans quelques cas, particulièrement dans ceux où l'on veut faire fondre des fils métalliques.

Diverses théories ont été établies pour expliquer les phénomènes de la pile. Après les travaux de Galvani, de Volta, de Wollaston et de tant d'autres observateurs, on en est encore à se demander quelles sont les circonstances essentielles qui concourent à la production du courant galvanique et quelle part on doit attribuer à chacune d'elles. L'action de la pile résulte-t-elle d'une cause unique résidant, comme le pensait Volta, dans le pouvoir électro-moteur des métaux en contact, ou, comme l'a dit plus tard Wollaston, dans l'ébranlement moléculaire des corps qui s'unissent chimiquement? Il est probable que ces deux causes agissent à la fois; mais les lois qui règlent le concert ou la lutte d'où provient leur résultante nous sont encore inconnues.

Les prodiges de la pile électrique surprennent par leur diversité. Faites circuler dans des conditions convenables l'électricité que fournit la pile, et vous obtiendrez les résultats suivants : une flamme apparaît, dont l'éclat, la constance et la pureté effacent toutes les autres lumières artificielles, et qu'on a nommée *lumière sidérale*; ou bien une chaleur se dégage, qui fond les métaux les plus réfractaires, ceux que les gigantesques fournaises des forges n'attaquaient seulement pas; ou bien une force motrice se développe, capable de supporter les plus lourds fardeaux, d'animer les machines et de transporter au loin son effort avec une vitesse incalculable; ou bien une action chimique prend naissance, qui pénètre les substances dans leur composition intime, sépare les éléments associés, et vient les apporter un à un dans des récipients préparés pour l'analyse ; enfin, une influence physiologique s'exerce sur les tissus organiques qui lui sont livrés, reproduisant en eux ces ébranlements intimes que l'innervation y excite d'ordinaire, mettant en jeu les organes, éveillant les fonctions, *galvanisant*, comme on dit, les cadavres, simulant, en un mot, les phénomènes auxquels se reconnaît la vie. Foyer de chaleur et de lumière, réservoir de forces motrices, sources d'actions chimiques et physiologiques, la pile touche ainsi par les points les plus essentiels à toutes les spéculations de la physique, comme à toutes les applications industrielles de cette science. D'abord l'eau est soumise à l'action de la pile, et le liquide se sépare immédiatement en gaz distincts. Un autre jour, on s'avise de faire agir la pile sur la potasse, et la potasse se décompose. Bientôt les autres alcalis se dédoublent également; toutes les substances subissent la même épreuve : des métaux inconnus apparaissent; la liste des corps simples est rectifiée; le système de la chimie minérale se constitue définitivement. Une autre fois, un physicien approche l'aiguille aimantée du courant de la pile, et la physique fait un pas immense : la propriété mystérieuse de la boussole est expliquée, les phénomènes du magnétisme terrestre rentrent dans la théorie de l'électricité, et la science fait un pas nouveau vers cette unité spéculative à laquelle elle aspire. Mais après avoir renouvelé la science, la pile tend aujourd'hui à renouveler l'industrie. Du laboratoire elle passe dans l'atelier. Citons cet art nouveau de l'étamage électrique et de la galvanoplastie. Citons encore ces fils télégraphiques qui déjà courent à la surface des continents, traversent le fond des mers; nerfs métalliques qui font circuler la vie sociale dans l'humanité aussi vite que la vie organique circule dans les êtres animés.

Ce n'est pas là pourtant tout ce que la pile promet de ressources à l'industrie. Les fanaux électriques sortis du laboratoire semblent annoncer la réalisation prochaine d'un mode d'éclairage supérieur à tous ceux qu'on a imaginés jusque ici. Les ingénieurs se servent de la pile pour faire jouer la mine, et par son moyen le feu peut agir dans l'eau même. La décomposition des minerais par l'électricité ne peut manquer de renouveler entièrement l'industrie métallurgique. Les cabinets de physique possèdent des roues que l'électricité fait tourner avec une vitesse de deux ou trois cents tours par minute. Un jour ces curieux modèles seront exécutés en grand et travailleront dans les ateliers, sur les navires, sur les chemins de fer, qui sait? sur des vaisseaux aériens peut-être ; car l'industrie aura alors réalisé l'utopie de la mécanique : un moteur léger et puissant à la fois. Les grands centres manufacturiers perdront leurs avantages; les forces mécaniques répandues jusque dans la chaumière permettront le grand travail, même à la famille la plus isolée. La physiologie, la thérapeutique, prétendent encore se servir de la pile, et nous pourrons la voir se transformer en un instrument approprié aux usages de l'agriculture ou de la médecine. Déjà elle foudroie comme une batterie d'artillerie les insectes qui tentent d'escalader le rempart métallique qui s'oppose à l'invasion de la tige des plantes. Le long de l'aiguille du chirurgien, elle transporte au sein des tissus l'action dissolvante de certaines substances; elle dissout d'elle-même les tumeurs variqueuses; elle apporte une action bienfaisante dans quelques maladies nerveuses, les paralysies, etc. Un jour sans doute elle donnera les moyens de modifier les secrétions morbides qui suintent à la surface de certaines plaies, de certains ulcères, par exemple.

Parmi les chimistes qui ont dû à la pile d'admirables découvertes, nous citerons Nicholson, Carlisle, Hizinger, Berzelius, Davy, Œrstedt, Ampère, Gay-Lussac, Becquerel, etc. La connaissance des propriétés dynamiques de la pile est due à Œrstedt, après qui sont venus Ampère, Faraday, Arago, Rudolphi, etc. Parmi les physiciens et physiologistes qui se sont occupés de faire avec le galvanisme des expériences sur le corps de l'homme et des animaux, sains, malades ou morts, nous trouvons Volta, Galvani, Humboldt, Fowler, Bichat, Nysten, Hallé, Legallois, Becquerel, Prevost, Dumas, Matteucci, Milne-Edwards, Magendie, Breschet, etc. Enfin, le galvanisme a surtout été essayé dans la thérapeutique, par Philip Wilson, Grupengiesser, Humboldt, Magendie, Fabré-Palaprat, notre collaborateur Andrieux, etc.

En 1852 un prix de 50,000 fr. a été institué par le gouvernement français en faveur de la découverte qui rendra la pile de Volta applicable avec économie soit à l'industrie, comme source de chaleur, soit à l'éclairage, soit à la chimie, soit à la mécanique, soit à la médecine pratique. Une commission a été nommée en 1857 pour examiner les travaux et les droits des concurrents. L. LOUVET.

PILES (ROGER DE), artiste et littérateur. Ce fut un de ces hommes qui n'excellent en rien, mais dont l'existence pourtant n'est pas inutile à leurs successeurs. Les tableaux qu'il a laissés, exécutés à la manière de Rubens, dont il était l'ardent admirateur, n'excitent ni éloge ni critique. Né à Clamecy, en 1635, il fit ses études à la Sorbonne, et devint, en 1662, l'instituteur du fils du président Amelot. Il suivit son élève dans plusieurs ambassades, notamment à Rome, où il se livra à son goût pour les arts. Plus tard, lorsque le jeune Amelot fut appelé à Venise, de Piles devint son secrétaire. En 1692 il fut envoyé par le ministère français à La Haye, pour acquérir, disait-on, des tableaux; mais les Hollandais ne tardèrent pas à découvrir que ce n'était pas là le véritable but de sa mission, et qu'il était venu pour s'entendre avec les amis de la France. Il fut en conséquence jeté en prison, et ce fut sous les verroux, pour charmer les heures de la captivité, qu'il entreprit son *Abrégé de la Vie des Peintres*. A son retour en France, il obtint une pension et le titre de membre de l'Académie de Peinture. Parmi ses toiles on cite le portrait de Mme Dacier et celui de Boileau. De Piles mourut à Paris, en 1709. Ses principales publications sont : des *Conversations sur la connaissance de la peinture*, des *Dissertations sur les ouvrages des plus fameux peintres, avec la vie de Rubens*; les *Premiers Éléments de la Peinture pratique*, un *Cours de Peinture par principes*, des *Dialogues sur le Coloris*, et son *Abrégé de la Vie des Peintres*. Ce dernier ouvrage contient plusieurs pages intéressantes sur l'origine de la peinture, sur les peintres grecs, sur l'école vénitienne, sur le goût des nations. C'est un petit volume, qui ne renferme pas des données bien neuves, des appréciations bien profondes, mais dans lequel se trouvent rassemblés, coordonnés, des matériaux qu'on ne rencontre ailleurs qu'épars et disséminés. V. DARROUX.

PILET (*anas acuta*, Linn.), oiseau du genre *canard*, excellent gibier, qui des contrées septentrionales des deux continents arrive en troupes au mois de novembre sur les rivages de la Picardie, d'où il se répand dans l'intérieur des terres, puis quand les froids ont cessé regagne la mer, pour se rendre dans le Nord, où il fait sa ponte et élève ses petits. Il a le dessus du corps et les flancs cendrés, rayés finement de noir, le dessous blanc, la tête tannée. Le mâle, long de 0^m, 65, a la queue terminée par deux pennes très-longues; la femelle est plus petite, à queue simplement conique. DÉMEZIL.

PILEUX (du latin *pilosus*, fait de *pilus*, poil), qui est garni de poils, ce qui a rapport aux poils. Le *système pileux* se dit de l'ensemble des poils des animaux.

PILIDIUM ou PILIDION. *Voyez* CONCEPTACLE.

PILIER. C'est, en architecture, tout corps isolé et massif, de forme simple et sans ornements, qui s'élève pour servir de support, dans l'ensemble d'un édifice, à une charge quelconque de charpente ou de maçonnerie. Les arcades, les voûtes en plein cintre, en ogive ou surbaissées; les plafonds, les combles des galeries et des grandes salles; quelquefois aussi les toits de certaines constructions d'une destination vulgaire, des halles, des auvents, par exemple, sont soutenus par des piliers. Le pilier doit être considéré dans l'histoire de l'art comme une forme primitive du support isolé, dont on se servit longtemps avant l'invention de la colonne. Les architectes n'emploient jamais les piliers que dans un style qui doit se passer d'ornement, et qui exige une rigoureuse simplicité. On les met le moins possible en apparence; ils ne sont qu'une chose utile, et par conséquent on ne s'est pas inquiété de leur donner des proportions régulières; leur figure varie selon le goût et le caprice de ceux qui en font usage : ainsi, on voit des piliers qui sont indifféremment ronds, quadrangulaires, polygones, diminués par le haut, sans aucun soubassement ou posant sur un dé; enrichis de moulures ou à peine dégrossis. Leur diamètre dépend de leur longueur ou du poids qui leur est imposé. On les bâtit le plus souvent à plomb. Cependant Scamozzi leur a toujours donné une certaine diminution sensible à mesure qu'ils s'élèvent, comme cela se pratique pour les colonnes.

Il y a néanmoins des piliers qui, par leur nature, exigent quelques ornements; nous voulons parler des pieds-droits qui accompagnent et forment les portiques en arcades : à cause de leur importance, il convient qu'ils soient décorés de sculptures en relief ou de pilastres d'un style riche et de moulures saillantes; des jambages nus seraient disgracieux. Si on veut donner des proportions aux piliers et les relever par quelques ornements empruntés aux différents ordres, il faut avant tout que leur diamètre soit subordonné à la masse qu'on leur impose; qu'ils ne soient ni trop minces ni trop épais; on pourra décorer leur faîte de consoles, de petites corniches; leur base, d'un socle et leurs fûts de cannelures torses ou droites, selon leur forme ronde ou quadrangulaire.

Dans l'architecture gothique, où la fantaisie domine, où il n'y a pas de proportions raisonnées, on voit des piliers grêles qu'on appelle du nom de *colonnettes* soutenir des masses qui semblent trop pesantes pour elles, et d'énormes massifs de maçonnerie, véritables piliers formés d'un faisceau de petites colonnes trop minces pour leur hauteur, qui supportent des voûtes élancées en ogive. Les formes de ces piliers sont si variées qu'on ne peut en donner aucune définition; on peut dire seulement que ceux de l'époque romane sont lourds et moins élevés que ceux de la période ogivale, et qu'ils sont quelquefois disposés dans un certain ordre, selon les règles et le nombre d'une symbolique religieuse. De même, l'on doit appeler du nom de *piliers* les supports isolés des édifices arabes, des vastes monuments de l'Inde et de l'Égypte. Ici, nous les voyons élancés; là ce sont des masses épaisses, d'un énorme diamètre, qui affectent des formes basses, lourdes et écrasées. Certes, le goût et la beauté ne sont pour rien dans des constructions de cette nature. On y trouve seulement la pensée religieuse revêtue d'un caractère sombre et mystérieux.

Dans la pratique de l'architecture, les piliers prennent différents noms. Les *piliers de carrière*, qu'on peut comparer aux supports dont on fit usage dans les constructions de forme primitive, sont à peine dégrossis : ce sont des masses de pierre qu'on laisse d'espace en espace dans une carrière pour en soutenir le ciel. Le *pilier buttant* est un corps de maçonnerie élevé pour soutenir la poussée d'un arc ou d'une voûte. Le *pilier de dôme* est un des quatre corps de maçonnerie isolés servant à porter la tour d'un dôme. Le *pilier buttant en console* est une sorte de pilastre attique dont la partie inférieure se termine en enroulement dans la forme d'une console renversée.

Le mot *pilier* se prend aussi au figuré : ainsi, l'on dit : *Pilier de cabaret, pilier d'estaminet*, d'un homme qui fréquente assidûment ces lieux de mauvaise compagnie.

A. Filliou.

PILIERS DU VOILE DU PALAIS. *Voyez* Palais (*Anatomie*).

PILLAGE. Nous devons, disent les savants, ce mot au latin ; mais il n'est pas assez vieux dans notre langue pour que cette opinion soit soutenable : c'est de l'italien *pigliare* (prendre) qu'il est sorti ; c'est pendant les expéditions d'Italie, dans le quinzième et le seizième siècle, qu'il a pris naissance. Les illettrés qui s'y battaient l'y francisaient en l'estropiant, de même que les écrivains à la suite de l'armée y mettaient en vogue le mot *sac* (*dare il sacco*, *mettere a sacco*) ; car dans l'incursion de Charles VIII la chevalerie, ou la conscription noble, comme disait Paul Jove, les Suisses, les Gascons, les lansquenets, ne se firent faute de sacs et de pillages, ou de *sacs à pillage* : telle est la vraie racine du mot *sac. Piller, pillage*, ne sont pas pris d'abord en mauvaise part, parce qu'en italien prendre, ce n'est pas piller ; de même, avant le quinzième siècle *gaignage, gagnage, gain*, qu'on ne peut aujourd'hui traduire que par *pillage* ou *bénéfice à main armée*, n'avaient pas une acception odieuse, parce que vivre de la guerre et de ce qu'on prenait était chose reçue. Quant au substantif *pillard*, créé plus tard, et lorsque des mœurs différentes commençaient à prévaloir, il a toujours comporté une idée de vol avec violence.

Au temps où la milice romaine était florissante, le pillage n'y était regardé comme punissable que quand l'intérêt public en était compromis, ou que la permission, disons même l'ordre de butiner, n'avait pas été donné. Le signal qui autorisait le dépouillement des habitants consistait dans l'exhibition de la haste sanglante (*hasta cruentata*) ; le pourpre de cette lance de saccage n'avait pas été arboré à l'attaque de Reggium, et la légion qui avant l'ordre, ou sans ordre, se permit le pillage fut mise à mort par décret, avec défense aux Romains de pleurer les 4,000 hommes immolés par les licteurs. Des historiens romains ont mentionné avec admiration ce prétendu pommier couvert de fruits et respecté tout une nuit au milieu d'un camp romain ; mais nous craignons que cette histoire ne soit un conte, comme tant d'autres citations des vieux annalistes.

M. de Barante, dans son *Histoire des Ducs de Bourgogne*, donne une idée des méthodes de pillage pratiquées au moyen âge ; celui de la ville de Luxembourg, en 1443, mérite d'être mentionné ici. Notre écrivain témoigne, par la forme de son récit, que c'était chose toute simple, tout usuelle. « Le pillage, dit-il froidement, appartenant de droit à l'armée (le mot *usage* eût mieux convenu que le mot *droit*), on régla qu'il serait partagé également. » Un ban annonça aux habitants qu'on allait régulièrement procéder à la spoliation de leurs habitations ; le héraut d'armes leur enjoignit d'avoir, en conséquence, à vider de suite les lieux, pour la plus grande facilité de l'opération. « Le seigneur de Crévant, au grand divertissement de ses compagnons, fit l'office de crieur ; il ne revint pas grand'chose de ce beau pillage : la part de chacun fut de 7 francs et demi. On demeura persuadé que les butiniers avaient bien fait leurs affaires. Les butiniers de Luxembourg devinrent fameux. » Ainsi furent pillés les pillards. Telle était la perversité des temps chevaleresques, que l'engouement aveugle de plus d'un écrivain moderne se plait encore à préconiser.

Quelquefois le pillage se rachetait. Louis XI s'étant rendu maître du Quesnoy, exigea 900 écus comptants qu'il fit distribuer à ses archers pour les dédommager de n'avoir pas pillé ; cet usage du rachat s'est conservé d'une manière bien singulière entre peuples catholiques. Les grands-maîtres de l'artillerie de France se sont habitués à s'emparer des cloches des villes prises, pour s'indemniser, disaient-ils, de la détérioration de leur matériel, comme si les habitants des villes foudroyées devaient être responsables des canons hors de service ; mais ces cloches se rachetaient, et l'argent qui en provenait devenait ce que devient l'argent provenant du pillage : l'arbitraire le répartissait ou s'en emparait. Un ordre donné par Napoléon, à la suite du siége de Dantzig, légitima cette vieille mode du rachat des cloches, et le fit tourner au profit de ses artilleurs.

Si nous revenons sur nos pas pour reprendre la marche des temps, Henri IV, par l'ordonnance du 3 novembre 1590, ne permit pas que le pillage des villes françaises emportées d'assaut durât plus de vingt-quatre heures, et ce qui s'y dérobait n'était pas le bénéfice du seul soldat ; Sully avait eu pour sa part deux ou trois mille écus du pillage du faubourg Saint-Germain. De là *à la poule au pot* il y avait encore loin ! Les historiens sont d'accord que l'armée de Gustave-Adolphe est la seule qui soit restée pure de pillage. Quant aux autres armées modernes, il n'en est pas qui aient droit de se faire accusatrice des autres. Depuis le temps où les châteaux de la noblesse se nommaient *recepts* (*receptacula*), c'est-à-dire entrepôts de pillage, jusqu'à la guerre d'Amérique, le pillage était regardé sinon comme le véhicule de la profession des armes, du moins comme le prix de l'assaut, l'encouragement des troupes légères, et la punition qu'un ministre ou un général d'armée étaient libres d'infliger aux populations dont ils étaient mécontents ; on en retrouve les preuves dans le Palatinat, deux fois mis à sac, et dans les horreurs des dragonnades au sein de la France. On en retrouve les preuves dans ce discours de Marie-Thérèse, qui, injustement attaquée, dit à ses Hongrois, à ses Tolpaches, à ses Croates : « A défaut d'argent, je vous donne tout ce que vous prendrez ; » ils répondirent : *Moriamur pro rege nostro ;* et les troupes légères sauvèrent la maison impériale.

En 1791 parurent les premières dispositions légales qui criminalisèrent le pillage, et c'est surtout au milieu des horreurs de 1793 que furent fulminées ces ordonnances qui faisaient fusiller un soldat s'il prenait un œuf ou une poule. Nous avons vu mettre à exécution ces dispositions draconiennes ; nous sommes loin cependant d'insinuer que cette rigoureuse législation n'ait pas été pour le simple soldat un vain épouvantail ; le pillage est resté et demeurera un fléau incurable, un accessoire forcé de la guerre ; seulement, depuis la guerre de 1756, bien plus que jadis, quantité de Français de haut grade sont restés irréprochables, et le mot *pillard* a recélé une pensée de lâcheté, une flétrissure. Le mot *pillage*, mais cela viendra, ne renferme pas encore une acception aussi honteuse. On le retrouve, si nous osons le dire, innocenté dans le *Mémorial de Sainte-Hélène*. L'empereur, y est-il dit, déclarait que « Pavie était la seule place qu'il eût livrée au pillage ; il l'avait promis pour vingt-quatre heures, mais au bout de trois heures il le fit cesser. » Napoléon oubliait apparemment le Jaffa de Bonaparte, comme nous voudrions oublier Mascara et Tlemcen. Gal Bardin.

PILLAU, place forte de la Prusse orientale, sur une langue de terre séparant le *Frisch-Haff* de la Baltique, forme l'avant-port de Kœnigsberg, d'Elbing et de Braunsberg, et passe pour la seconde ville maritime de la province. Elle a 4,800 habitants, qui s'occupent de construction de navires, de commerce maritime, de pêche, de préparation du caviar, et surtout de la pêche des esturgeons ; une citadelle bien fortifiée, un phare et une école de navigation. En 1852 il y entra 880 navires jaugeant 49,729 *lasts*, et il en sortit 852 jaugeant 48,000 *lasts*. Les importations consistent en vins, denrées coloniales, houille, pierre, huile de baleine, harengs, sel et fer ; et les exportations principalement en seigle et en froment, en légumes secs, en graines oléagineuses, en lin et en chanvre.

En 1812 Napoléon exigea du roi de Prusse qu'une garnison française occupât Pillau pendant toute la durée de la guerre de Russie; une division russe en fit le siége l'année suivante. La presqu'île à l'extrémité de laquelle est construit Pillau a reçu le surnom de *Paradis*, à cause des magnifiques points de vue qu'on y découvre et d'une forêt de hêtres de toute beauté qu'on y trouve.

PILLERSDORF (François, baron de), homme d'État autrichien, est né en 1786, à Brunn, en Moravie, d'un employé supérieur de l'ordre judiciaire. Dès 1807 il entra dans l'administration des finances. En 1830 il fut nommé chancelier de la chancellerie aulique; fonctions dans l'exercice desquelles le cercle de son activité se trouva singulièrement agrandi, quoique ses idées fussent peu d'accord avec la politique d'expectative et de compression qui était alors à l'ordre du jour. C'est précisément là ce qui le fit choisir pour ministre de l'intérieur, le jour où éclata à Vienne la révolution du 20 mars 1848, et nommer président du conseil le 4 mai suivant. L'insurrection italienne, les troubles de Vienne, de Prague, la marche dévorante des événements en Allemagne, furent autant d'obstacles qui empêchèrent M. de Pillersdorf de procéder à la réorganisation calme et modérée de l'empire d'Autriche qu'il avait projetée. Sous le coup des violentes manifestations de la garde nationale et des étudiants de Vienne dirigées contre la constitution qui était son œuvre, il se vit forcé d'abandonner la direction des affaires, le 8 juillet. Il fut alors élu par la ville de Vienne pour son représentant à la diète, où, par suite de la modération de son caractère, il lui fut impossible d'exercer aucune influence dans la lutte des partis extrêmes. A la dissolution de cette assemblée, il rentra dans la vie privée, mais publia alors diverses brochures sur des questions d'intérêt public. Plus tard, le rôle qu'il avait joué à l'époque de la révolution de mars, et notamment pendant les événements de septembre 1848, fut soumis à une espèce d'enquête disciplinaire dont le résultat fut de lui enlever le titre de conseiller intime et le cordon de l'ordre de Saint-Étienne.

PILLNITZ, château dans lequel le roi de Saxe passe habituellement l'été, est situé à environ 2 myriamètres de Dresde, dans une contrée ravissante, sur la rive droite de l'Elbe. C'était autrefois un vieux manoir féodal. En 1693 l'électeur Jean-Georges IV l'acheta, et en fit présent à sa maîtresse, la comtesse de Rochlitz, à la mort de laquelle il fit retour au domaine. En 1705 Auguste II en fit cadeau à la comtesse de Cosel. Plus tard il devint le séjour d'été du maréchal Rutocoski. Auguste II ne tarda point à s'y établir de nouveau, et l'agrandit par la construction de deux nouvelles ailes. Des réparations importantes y furent faites en 1788; mais la différence de style des divers bâtiments dont il se compose produit toujours un contraste choquant. Le vieux château, où se trouvait le *Temple de Vénus*, collection des portraits des plus jolies femmes de l'époque d'Auguste II, brûla en 1818. On l'a remplacé par un bâtiment de meilleur goût, où l'on remarque une immense salle à manger ornée de peintures à fresque par Vogel.

Ce fut au château de Pilnitz que se réunit, du 25 au 27 août 1791, un congrès fameux, sous le prétexte de délibérer sur les affaires de la Pologne. L'empereur Léopold II, le roi de Prusse Frédéric-Guillaume II et le comte d'Artois y conférèrent au sujet des mesures à prendre pour combattre la révolution française. L'archiduc François, devenu plus tard empereur sous le nom de *François II*, le prince royal de Prusse, devenu plus tard roi sous le nom de *Frédéric-Guillaume III*, l'ex-ministre Calonne et le marquis de Bouillé y assistèrent également. A bien dire, aucune ligue offensive contre la France n'était le but de ce qu'on appela la *Convention de Pillnitz;* mais il y fut résolu qu'on repousserait en commun par la force toute attaque de la part de la France et de la révolution. Il n'y eut que de simples pourparlers au sujet de l'alliance offensive et défensive entre la Prusse et l'Autriche, conclue provisoirement le 25 juillet 1791 à Vienne et définitivement à Berlin le 17 février 1792. Le 27 août la Prusse et l'Autriche adressèrent aux frères du roi de France la déclaration suivante : « Que les deux puissances regardaient la position actuelle du roi de France comme un objet d'intérêt commun pour tous les souverains de l'Europe; qu'elles espéraient que toutes les puissances partageraient à cet égard leur manière de voir, et que dès lors aucune d'elles ne se refuserait à agir en commun et dans la proportion des forces dont elle disposait pour prendre les mesures les plus propres à mettre le roi de France à même de poser, dans le libre exercice de son autorité souveraine, les bases d'une forme de gouvernement monarchique où seraient également ménagés les droits du souverain et les intérêts de la nation française. Qu'en conséquence l'empereur d'Allemagne et le roi de Prusse étaient décidés à réunir le plus promptement possible leurs forces respectives pour agir en commun, afin d'atteindre le but qu'ils avaient en vue. »

Cette déclaration, considérée tout aussitôt par la nation française comme la base d'une coalition formée pour l'anéantissement de ses droits, déchaîna toutes les passions populaires et contribua beaucoup au caractère de plus en plus violent que la révolution française prit dès lors.

PILON, instrument dont on se sert pour piler quelque chose dans un mortier. Il y a des pilons en fer, en fonte, en bois, en verre. Leur forme est en général celle d'un battant de cloche.

Pilon se dit aussi des gros maillets et marteaux qui dans les moulins à tan, à papier, etc., servent à piler, à briser, à hacher. On se sert encore de *pilons* pour bocarder ou briser les minerais (*voyez* Bocard).

Mettre un livre au pilon, selon l'Académie, c'est en déchirer les feuillets de sorte qu'ils ne puissent plus servir qu'aux cartonniers, qui les pilent pour les réduire en pâte; c'est aussi, par extension, tout simplement en vendre les feuilles en ballot à l'épicier pour en faire des sacs et des enveloppes. L. Louvet.

PILON (Germain), sculpteur français du seizième siècle, naquit suivant les uns dans la commune de Loué, au Mans, suivant les autres à Paris, on ne sait au juste en quelle année. Son père, qui se nommait aussi Germain, se fit remarquer comme sculpteur par de nombreux ouvrages dont il enrichit Le Mans. Il habitait Solesme, la patrie de sa femme, où il s'était retiré. Le couvent de Solesme, près de Sablé, est célèbre par des statues admirables, appelées vulgairement les *Saints de Solesme*, que l'on attribue à ce sculpteur. Il donna à son fils les premiers principes de son art, et l'envoya à Paris pour s'y perfectionner. Les morceaux les plus remarquables qu'il a sculptés à Paris sont : un *Saint François recevant les stigmates*, une *Mère de douleurs*, une *Résurrection*, le tombeau du chancelier Biragüe, les *Grâces*, et le tombeau du roi Henri II. Les *Grâces*, en un seul groupe de marbre, retirées, en 1792, de l'église des Célestins, où on établit une caserne, furent transportées au Musée des Monuments français, d'où elles sortirent, en 1816, pour être placées au Louvre. Ce groupe, d'une beauté et d'une élégance peu ordinaire, était couronné d'une urne en bronze qui contenait les cœurs de Henri II, de Charles IX et de Catherine de Médicis. Dans ce morceau précieux, Germain Pilon a représenté, sous les traits des compagnes assidues de Vénus, la reine Catherine de Médicis, la duchesse d'Étampes et Mme de Villeroy, qui passaient toutes trois pour les plus belles femmes de la cour. Médicis est reconnaissable à la fraise qui borde le collet de son vêtement.

On admire dans la sculpture de Germain Pilon un charme, un moelleux, qui le distinguent des autres artistes de son temps. Cependant, imitateur du style de Primatice, avec lequel il était lié, il montra souvent dans les draperies un genre chiffonné, qui n'est point admissible dans la sculpture. En cela, il diffère de la sévérité et de la correction de Jean Goujon, son contemporain.

Catherine de Médicis confia l'exécution du mausolée de Henri II à Germain Pilon; elle voulut y être représentée nue, comme endormie, et couchée auprès du roi, qu'elle avait tendrement aimé. Pilon s'est surpassé dans l'exécution de ces figures, qui sont deux chefs-d'œuvre. Sur les quatre angles du socle principal, formant piédestaux, sont placées des statues en bronze de deux mètres, représentant *La Force*, *La Prudence*, *La Justice* et *La Tempérance*. Dans les faces du même soubassement sont quatre bas-reliefs en marbre blanc, d'un style et d'un goût parfait, figurant *La Foi*, *L'Espérance*, *Les Bonnes-Œuvres* et *La Charité*; les piédestaux sont ornés de bêtes fantastiques, sculptées en marbre rouge, dont les têtes supportent des paniers remplis de fleurs et de fruits. Les statues colossales en bronze du roi Henri II et de la reine Catherine de Médicis, vêtus en habits de cour et de cérémonie, à genoux devant un prie-Dieu, placées au-dessus de la corniche, terminent le plus bel ouvrage de Germain Pilon.

Enfin, Germain Pilon avait sculpté en marbre le superbe mausolée de Guillaume Langey du Bellay, qu'on voyait dans la chapelle du Chevet-de-Saint-Julien, et pour lequel Jean du Bellay, cardinal et évêque du Mans en 1546, qui était alors à Rome, avait envoyé le marbre nécessaire. Il y avait également dans l'église des Bernardins de L'pâr, près du Mans, une statue de saint Bernard, sur le piédestal de laquelle notre sculpteur avait gravé son nom, particularité rare, car il n'était pas dans l'usage de signer ses ouvrages. En 1579, Germain Pilon exécuta, par ordre de Henri III, les trois mausolées de Maugiron, de Saint-Mégrin et de Quélus. Ces mausolées, élevés à Paris dans l'église Saint-Paul, avec toute la magnificence royale, furent entièrement détruits à la suite d'une émeute populaire qui eut lieu environ dix ans après leur érection. Germain Pilon mourut à Paris, dans un âge fort avancé, en 1590.

Chev. Alexandre Lenoir.

PILORI, du latin *pilorium* ou *spilorium* suivant Du Cange. C'était, sous la législation féodale, le poteau ou pilier surmonté de l'écusson du seigneur haut justicier, signe de son droit et de son pouvoir. Au milieu étaient fixés des chaînes et un collier de fer ou carcan que l'on passait au cou des patients exposés aux yeux de la foule. Le pilori était quelquefois une construction en charpente, sur laquelle le condamné était debout, le cou et les deux poignets retenus entre deux planches qui se rejoignaient. Cet appareil tournait sur un pivot, de sorte que la face du patient était offerte successivement au peuple qui l'entourait : tel était le pilori des halles, à Paris, avant le treizième siècle. Ce fut plus tard une tourelle octogone au milieu de laquelle était une roue, ou cercle de fer, percée de trous, où on faisait passer la tête et les bras des banqueroutiers frauduleux, des concussionnaires et autres, condamnés à cette peine infamante. Ils étaient exposés trois jours de marché consécutifs, et pendant deux heures chaque fois. Il y avait encore à Paris un autre pilori, celui de l'abbaye Saint-Germain, au carrefour des rues de Bussy, Sainte-Marguerite et du Four.

La peine du pilori fut abolie à la révolution, et remplacée ensuite par celle de l'exposition.

Dufey (de l'Yonne.)

PILOTAGE. C'était autrefois la science du pilote; aujourd'hui c'est une science étendue, qui embrasse toutes les connaissances nécessaires pour conduire et diriger un navire. Le *pilotage* consiste à savoir prendre la hauteur des astres au-dessus de l'horizon pour en conclure latitude, angles horaires, azimuts, etc.; à observer la variation, mesurer le sillage du bâtiment, estimer la dérive, corriger l'estime de la route et du chemin, observer les distances du Soleil à la Lune et aux étoiles, pour avoir la longitude; faire des relèvements, mesurer des angles, dessiner des vues de terre, sonder, etc. Comme on le voit, le *pilotage* est la science du navigateur.

Sous l'ancien régime, le pilotage était spécialement exercé à bord des bâtiments du roi par un marin qui avait le titre de *maître pilote* ou *premier pilote*. C'est à ce marin, qui n'était pas de race nobiliaire, et qui conséquemment ne pouvait pas devenir officier, qu'était confié le soin de la navigation du vaisseau; aujourd'hui les officiers généraux, supérieurs et inférieurs, dans les escadres et sur les bâtiments isolés, participent au *pilotage* dans la sphère de leur grade et de leurs fonctions.

Piloter c'est, strictement parlant, conduire et diriger un bâtiment. Piloter un navire en haute mer était le fait du pilote hauturier; aujourd'hui, c'est la science du navigateur. La conduite du bâtiment, sa direction le long d'une côte, dans un détroit, un golfe, une rade, un port, en évitant les bancs, les roches, etc., appartiennent aux pilotes côtiers et lamaneurs : c'est en effet ce que l'on appelle maintenant *piloter*. Lorsqu'un navire, à la suite d'une longue traversée, arrive en vue d'une terre inconnue, où qu'il ne doit pas approcher sans être *piloté*, il tire un coup de canon à poudre, ou fait un signal convenu avec un pavillon s'il n'a pas d'artillerie. Un pilote se rend immédiatement à bord.

PILOT-BOAT, excellente embarcation de l'Amérique du Nord. Il tient, pour le gréement, de la goëlette et du houary, mais il est plus voilé. Les mâts du *pilot-boat*, de brin de choix, sont très-longs, flexibles et fort liants; ces dernières conditions sont celles de la goëlette légère.

Martial Merlin.

PILOTE, celui qui exerce le pilotage. On distingue trois espèces de pilotes : le *pilote hauturier*, le *pilote côtier* et le *pilote lamaneur*.

Le premier, et le plus instruit, était sous l'ancien régime chargé de la direction de la navigation en haute mer à bord des bâtiments du roi; il rendait seulement compte de son *point* pendant la traversée au capitaine de vaisseau. L'exactitude de la direction, la précision de la route, reposaient exclusivement sur lui. Le grade et le titre de *pilote hauturier* ont été supprimés en 1791, et ses fonctions, réparties sur tous les officiers de l'escadre, division ou bâtiment. A la suite de l'émigration de 1791, qui se fit sentir surtout dans le cadre des officiers de vaisseau, la marine française trouva dans l'institution des *pilotes hauturiers* un grand nombre d'officiers, qui plus tard fournirent en grande partie les amiraux et les officiers supérieurs de la marine impériale. Le chef de *timonnerie* a conservé à bord des bâtiments de l'État une partie des fonctions de l'ancien *pilote hauturier*.

Le *pilote côtier* est un maître ou patron naviguant pour le petit cabotage, et qui a une connaissance spéciale de certaines côtes et de certaines parties de mer. Il connaît les terres à leur aspect, les écueils, les sondes, les courants et les marées. Il en est embarqué un à bord des bâtiments de guerre, et une fois hors des côtes il est attaché au service de la timonnerie.

Le *pilote lamaneur* est reçu et commissionné après justification de connaissances spéciales pour entrer et sortir toute espèce de bâtiments des rades, baies, rivières, havres, etc., de la localité où il veut exercer. Il doit être âgé de vingt-quatre ans, compter six ans de navigation, dont deux campagnes au service de l'État, et avoir subi un examen sur la manœuvre ainsi que sur la connaissance des marées. Il doit bien connaître aussi les amers et les écueils qui avoisinent les passes et les meilleurs mouillages des côtes environnantes. La garantie du *pilote lamaneur* prévient tous les reproches que pourraient faire au capitaine les assureurs dans le cas où un bâtiment toucherait. La marque distinctive du *pilote lamaneur* est une petite ancre d'argent portée à une boutonnière de l'habit ou de la veste. Les nations du Nord l'appellent quelquefois *locman*.

On donne, par extension, le nom de *pilotes* aux atlas qui contiennent des cartes et plans de côtes qu'accompagnent des instructions pour servir à diriger les navigateurs, tels que les ouvrages ayant pour titre : *Le Pilote du Brésil*, *Le Pilote de la Manche*, *Le Pilote des côtes d'Afrique*, etc.

Martial Merlin.

PILOTE (*Ichthyologie*), genre de poissons de l'ordre des acanthoptérygiens, famille des scombéroïdes. Les pilotes ressemblent beaucoup aux maquereaux; mais ils en diffèrent par leur première dorsale, dont les rayons sont libres. Ce nom de *pilote* a été interprété de diverses manières plus ou moins fabuleuses. Il paraît n'avoir d'autre origine que l'habitude qu'ont ces poissons de suivre les vaisseaux, comme les requins (dont Bosc affirme cependant qu'ils évitent l'approche), pour se nourrir de ce qui en tombe. Une espèce assez commune dans la Méditerranée est le *pilote conducteur* (*naucrates ductor*, Cuv. et Val.), le *fanfre* ou *fanfré* des matelots de la Provence et de Nice, que l'on nomme encore *fanfura* en Sicile, *pampana* à Messine; sa taille varie de 10 à 35 centimètres; sa couleur dominante est le gris bleuâtre.

PILOTIN. A bord des bâtiments de guerre, on donne ce nom aux *novices* les plus instruits, qui sont attachés au service de la *timonnerie*, lequel consiste à veiller l'horloge, à aider à faire des signaux, à jeter le *loch*, à sonder, aux manœuvres de l'arrière, etc. Sur les bâtiments du commerce au long cours, les pilotins se composent de jeunes gens destinés à devenir officiers de la marine marchande.

Martial MERLIN.

PILOTIS, gros *pieu*, pièce de bois pointue qu'on fait entrer avec force dans la terre pour asseoir les fondements d'un édifice ou de quelque autre ouvrage, lorsqu'on veut bâtir dans l'eau ou dans quelque lieu dont le fond n'est pas solide. On disait autrefois *pilot*, et on entendait par *pilotis* une réunion de pilots. On se sert ordinairement de bois en grume, de chêne ou de hêtre pour faire les pilotis. La pointe en est généralement armée d'un sabot en fer et la tête garnie d'un cercle ou *frette* pour l'empêcher d'éclater dans l'action du battage. On enfonce les pilotis au moyen d'une machine que l'on nomme *mouton*. Les pilotis sont fréquemment employés dans les terrains marécageux, mais ils enfoncent souvent à la longue, quoiqu'ils aient été battus, comme on dit, *à refus de mouton*. Les constructions hydrauliques, les ponts, les quais, les digues, etc., sont toujours construits sur pilotis. Des villes entières, comme Amsterdam et Venise, sont bâties sur pilotis.

PILPAY, PIDPAY ou PILPAI. *Voyez* BIDPAI.

PILULE. On appelle de ce nom des compositions pharmaceutiques plus ou moins consistantes, ayant une forme arrondie et une pesanteur qui varie depuis 13 milligrammes jusqu'à 954 milligrammes : quand ce poids est dépassé, on donne à la masse la figure d'une olive, afin d'en faciliter le passage dans l'œsophage, et elle prend ordinairement le nom de *bol*. Les infiniment petites *pilules* inventées par les homœopathes sont distinguées par le nom de *globules*. C'est, dit-on, la forme sphérique de ces préparations qui les a fait appeler du nom qui nous occupe, par corruption du mot latin *pila* (petite boule). Les *pilules* ayant été inventées pour obvier au dégoût que la plupart des substances pharmaceutiques inspirent aux malades, il en résulte qu'elles fournissent les moyens d'administrer les remèdes les plus actifs en trompant le goût, sens qui est souvent une sauvegarde pour notre vie : aussi sont-elles une des principales ressources des charlatans. C'est en roulant les pilules, encore humides, dans des poudres insipides ou douces, qu'on parvient à garantir le gosier de la saveur détestable des drogues. Telles sont les farines, les fécules, la poudre de réglisse, celle de lycopode, douée de la propriété de résister à l'action dissolvante de la salive. On a même imaginé de dorer et d'argenter les pilules, opération qui non-seulement préserve le palais, mais qui flatte encore les yeux.

Les pilules qui produisent une action purgative sont aux yeux du vulgaire les meilleures, surtout celles qui provoquent de copieuses évacuations d'humeurs. L'aloès, le jalap, l'extrait de coloquinte, la gomme gutte, le jus d'ail, etc., en sont les bases principales. On y a recours pour se purger commodément et sans se déranger de ses affaires quand on ressent quelque malaise, ou même pour prévenir un mal à venir. Il en est qu'on emploie aussi pour exciter l'appétit : telles sont celles qu'on nomme *d'avant-repas*, ou *grains de vie* ou *pilules gourmandes*. Souvent on en fait usage pour remédier à la constipation : cette ressource est surtout commune en Angleterre, où les seringues sont des objets d'une honte ridicule. La fameuse *pilule bleue* fait partie obligée du bagage de nos voisins d'outre-Manche. L'action de ces purgatifs, si faciles à conserver et à transporter, procure souvent les effets désirés; mais ce bienfait n'est ni durable ni général. L'usage de telles drogues devient un besoin d'habitude, et il finit assez fréquemment par aggraver les altérations de la santé auxquelles on voulait remédier. L'appétit, qu'on avait aiguisé par des *pilules gourmandes*, finit par se perdre; la bouche devient amère, des nausées s'ensuivent, puis arrivent toutes les nuances de la gastro-entérite. La constipation, loin de cesser, augmente souvent, et à la longue on voit communément se manifester les accidents qui caractérisent l'hypochondrie; fréquemment encore les hémorrhoïdes sont le produit de l'usage habituel des *pilules* purgatives, et principalement de celles dont l'aloès fait partie intégrante.

Bien que saupoudrées, les *pilules* inspirent toujours à la majorité du public une certaine répugnance, qui fait qu'on ne subit pas agréablement cette médication; de là vient que dans le langage figuré on désigne une action qui répugne par l'expression, *avaler une pilule*, comme, en faisant allusion à l'expédient de recouvrir les *pilules* d'or ou d'argent, afin de tromper le goût et séduire par la vue, on dit *dorer la pilule*, pour exprimer qu'on déguise par de belles paroles l'amertume d'un refus ou d'une disgrâce.

Dr CHARBONNIER.

PILULES PERPÉTUELLES. *Voyez* ANTIMOINE.

PILUM, arme de jet que portaient les hastaires et les princes dans la *légion romaine*. On n'est pas bien d'accord sur la forme de cette arme. En combinant ce que Polybe, Tite-Live, Denys d'Halicarnasse, Appius et Végèce disent de cette arme, Guischardt trouve que le *pilum* a eu de 2^{m} à 2^{m} 30 de longueur, que la hampe était deux fois plus longue que le fer, qui y était attaché au moyen de deux plaques de fer s'avançant jusqu'au milieu de la hampe et recevant les fortes chevilles de fer dont il était traversé. Marius ôta une de ces chevilles de fer, et il lui en substitua une de bois, laquelle se cassant par l'effort du coup, faisait pendre la hampe au bouclier percé de l'ennemi, et donnait plus de difficulté à arracher le fer. On sait de plus que c'était un gros fer massif et pointu, de 0^{m},56 de longueur, qui au sortir de la hampe avait 0^{m},03 de diamètre; il perdait insensiblement de sa grosseur jusqu'à sa pointe, qui était très-aiguë, et près d'elle se trouvait un hameçon qui retenait cet énorme stylet dans le bouclier qu'il avait percé. Le pilum était quelquefois arme de jet, et quelquefois aussi arme pour se défendre de pied ferme. Les soldats apprenaient à s'en servir de l'une et de l'autre manière. Dans la bataille de Lucullus contre Tigrane, le soldat eut ordre de ne pas lancer son *pilum*, mais de s'en servir contre les chevaux de l'ennemi.

Le *pilum* était l'arme particulière des Romains; aussitôt qu'ils approchaient de l'ennemi à une juste distance, ils commençaient le combat en le lançant avec beaucoup de violence. Par la grande pesanteur de cette arme et la trempe du fer elle perçait cuirasse et bouclier, et causait des blessures considérables. Les soldats étant désarmés du *pilum* mettaient à l'instant l'épée à la main, et ils se jetaient sur l'ennemi avec une impétuosité d'autant plus heureuse que souvent les *pila* avaient renversé les premiers rangs. Cet usage du *pilum* se trouve démontré dans les Commentaires de César, et surtout dans le récit de la bataille de *Pharsale*.

La pesanteur du *pilum* ne permettait pas de le lancer de loin. On laissait les vélites fatiguer l'ennemi par leurs javelots, avant que l'action fût générale. Les hastaires et les princes ne se servaient du *pilum* que quand l'ennemi était assez proche. La *pique* des triaires, propre pour le combat de main et celui de pied ferme, était plus longue, moins grosse, et par conséquent plus aisée à manier que le pilum, dont on ne faisait plus de cas lorsque le combat était engagé; les hastaires mêmes et les princes étaient obligés de jeter leur *pilum* sans en faire usage quand l'ennemi était trop près.

PIMENT. Ce nom a été donné à des fruits de plantes fort différentes. Assez généralement, c'est ainsi qu'on désigne les fruits d'une solanée, le *capsicum annuum* de Linné, connue aussi sous le nom de *corail des jardins*, à cause de la vive couleur rouge des fruits à l'état de maturité. Il y a dans ces fruits, de chaleur brûlante pour la bouche des personnes qui en assaisonnent leurs aliments, une multitude de variétés de forme et de volume, que distinguent les noms de *poivre long*, *poivre de Guinée*, *poivre de Cayenne*, etc. Le gros et long piment que l'on cultive dans les jardins, en Europe, se confit ordinairement au sel et au vinaigre, comme les olives et les câpres. Dans les Antilles et autres contrées chaudes, il croît naturellement des piments beaucoup moins volumineux, qui sont d'une force extrême; une de ces variétés, connue sous le nom de *piment enragé*, et qui a à peu près la forme d'un clou de girofle, n'est pas soutenable sur la langue; cependant, les grives et autres oiseaux en sont très-friands, et s'en chargent le jabot : on l'appelle aussi, pour cette raison, *piment des oiseaux*. Les bois et forêts l'offrent en abondance. On ne se douterait guère que cette substance brûlante a été, d'après l'expérience des médecins anglais aux Antilles, reconnue comme spécifique dans l'angine gangréneuse; on l'emploie en gargarismes : cette efficacité médicale est sans doute due à un principe astringent très-développé.

Une autre espèce de piment, le *piment de la Jamaïque*, est le fruit d'une myrtacée (*myrtus pimenta*, Lin.), connue assez généralement aux Antilles, où elle croît en abondance, sous le nom impropre de *bois d'Inde*. Ce myrte magnifique constitue un arbre de moyenne grandeur, très-rameux, à écorce fine, couleur de cannelle, avec un épiderme transparent, qui se déchire sans peine; ses feuilles, très-entières, sont grandes, épaisses, luisantes, très-odorantes, et ressemblent beaucoup à celles de la laurette (*prunus cerasus*). L'arbre se couvre de nombreuses fleurs, assez semblables à celles du myrte des jardins; elles sont remplacées par des baies violettes dans leur maturité, succulentes, sucrées et très-parfumées, mais qui échauffent beaucoup les personnes qui en mangent. Les ramiers, les grives, les merles et d'autres oiseaux, qui en sont très-avides, acquièrent par cette nourriture un fumet très-délicat, et s'engraissent beaucoup. Ce sont ces baies, cueillies avant leur maturité, desséchées au soleil ou à l'étuve, et pulvérisées, qui constituent la *toute-épice* des boutiques (*all spice* des Anglais). C'est l'objet d'une récolte assez lucrative aux Antilles, et principalement dans l'île de la Jamaïque. Le nom de *toute-épice* indique que ces baies participent à la fois de la saveur des quatre principales épices du commerce : la cannelle, le poivre, le girofle et la muscade. PELOUZE père.

PIMPRENELLE, genre de la famille des rosacées, composé de plantes herbacées vivaces, rarement frutescentes, qui croissent naturellement dans les parties moyennes de l'Europe, aux îles Canaries, etc. Ce genre a pour caractères : Feuilles alternes, pennées avec impaire, accompagnées de stipules adnées au pétiole; fleurs polygames, apétales, groupées en épis terminaux courts et serrés, pourvus de bractées et de bractéoles.

La *pimprenelle sanguisorbe* (*poterium sanguisorba*, L.) est très-commune sur les tertres, dans les prés secs et montagneux. Cette plante, autrefois très-estimée comme astringente, vulnéraire, diurétique, etc., jouissait aussi, disait-on, de la propriété d'augmenter la sécrétion du lait. Cependant son rôle s'était peu à peu réduit à figurer comme *fourniture* dans certaines salades. Mais depuis quelques années on a commencé de la cultiver en prairies artificielles. Cette culture offre des avantages, quoique le foin que l'on récolte ne soit réellement bon que pour les moutons.

PIN. Le mot *pin*, dérivé de πίνος, a pour racine grecque πιών, qui signifie *gras*. C'est en effet un caractère particulier des arbres de ce genre, qui fournissent les matières grasses de la résine et du goudron.

Les pins forment un des plus beaux ornements des forêts du Nord. Rien de plus élégant que leur disposition. Nous ne pouvons mieux faire connaître la jeune pousse de l'année qu'en la comparant aux candélabres de nos salons. La branche du milieu s'élève en effet perpendiculairement, et domine cinq à six autres branches qui l'entourent avec assez de grâce et de régularité. Sa position verticale, comparée aux branches qui l'environnent, et qui sont un peu courbes, lui a fait donner la dénomination de *flèche*. De l'extrémité de cette flèche s'élève l'année suivante une pousse semblable à celle-ci; en sorte que l'arbre se trouve pour ainsi dire étagé; le nombre de ces étages indique l'âge de l'arbre avec la précision la plus rigoureuse : autant d'étages, autant d'années. Les bourgeons ne sortent en général que de l'extrémité des branches : aussi le tronc lorsqu'elles ont été toutes coupées ne repousse-t-il jamais. Les feuilles, si capricieuses dans leurs formes, dentelées dans l'orme, arrondies dans le tilleul, sont menues et effilées dans le pin, ce qui leur a fait donner le nom d'*aiguilles*. Elles sont réunies au nombre de deux à cinq, selon les espèces, dans une gaîne cylindrique. Elles ne tombent qu'au bout de plusieurs années, et comme chaque printemps en amène de nouvelles, il en résulte que cet arbre n'est jamais dépouillé, et qu'il n'a pour ainsi dire pas d'hiver. Elles contribuent à la nourriture de l'arbre dans une plus grande proportion que les racines elles-mêmes : cela nous explique comment le pin, qu'on ne peut guère cultiver avec quelque succès dans les jardins de Paris, où l'art n'épargne rien pour bonifier le terrain, mais où l'air est étouffé, croît cependant merveilleusement dans les plaines arides de la Champagne et des Landes, et jusque sur les plus hautes montagnes des Alpes et des Pyrénées. C'est peut-être aussi à cette propriété nutritive des feuilles que l'on doit attribuer le peu de développement des racines, comparativement au tronc et aux branches. De la forme de ces feuilles, qui interceptent à peine les rayons du soleil et la circulation de l'air, il résulte encore un immense avantage, c'est que sur le même espace de terrain il peut s'élever quatre ou cinq fois plus de pins que d'arbres à feuilles larges, avantage qui se trouve encore doublé par une végétation active, qui leur fait atteindre très-rapidement leur maturité.

Les fleurs que portent les pins sont en général jaunes, et forment des faisceaux. Les fleurs mâles sont dépourvues de calice et de corolle, et composées seulement d'étamines disposées en forme d'écailles. Le pollen ou poussière fécondante qu'elles jettent est si abondant que souvent il a été pris par des habitants de la campagne pour une pluie de soufre. Les fleurs femelles ont seules un calice avec deux ovaires à la base interne. Le fruit, généralement appelé *pomme*, reste trois années sur l'arbre. C'est un cône formé d'écailles superposées et épaissies au sommet, et qui contiennent à leur base deux graines, dont chacune est surmontée d'une membrane assez semblable à l'aile d'une abeille, et au moyen de laquelle elle vole souvent à des distances fort éloignées, et va parfois peupler les points les plus escarpés d'une montagne.

Ce sont les pins qui fournissent ces belles mâtures de vaisseau, que nous allons souvent chercher dans le Nord; aussi faut-il bien se garder de les confondre avec les sapins, avec lesquels ils ont assez de ressemblance, mais qui sont loin d'atteindre ces belles proportions et de nous fournir une qualité de bois aussi supérieure. Outre les différences qui ne peuvent échapper à un œil exercé, nous en citerons d'essentielles. Le pin a constamment ses feuilles réunies de deux à cinq dans une gaîne particulière; dans le sapin, au contraire, chaque petite feuille est isolée. Les fleurs mâles des pins sont portées sur des chatons disposés en grappe, caractère qui ne se rencontre pas dans les fleurs du sapin.

On distingue plusieurs espèces de pins, dont les principales sont le *pin sylvestre* ou d'*Écosse*, le *pin maritime*, le *pin laricio*, le *pin de lord Weymouth*, le *pin pignon* et le *pin de Jérusalem*. On retrouve en France, dans nos jardins d'agrément, toutes ces espèces, mais on n'y cultive guère en forêt que le pin maritime et le pin sylvestre.

Le *pin maritime* (*pinus maritima*, Lam.) est celui qui peuple les landes sablonneuses des environs de Bordeaux. Il fournit de la résine en abondance. C'est là un des principaux produits de cette espèce de pin; et chose digne de remarque, c'est que l'extraction de cette résine ne nuit pas à la qualité du bois, et ne fait que le rendre plus léger. Les feuilles en sont assez longues et d'un vert plus tendre que dans les autres pins. Les pommes ont environ douze à quinze centimètres de longueur, proportion qu'elles n'atteignent jamais dans les autres espèces; la graine répond à leur grosseur. L'écorce est grisâtre et très-épaisse : elle se gerce comme celle de l'orme. Ce pin réussit dans les terrains les plus arides, pourvu qu'il y puisse enfoncer sa racine pivotante et presque unique, et qu'au dégel il puisse n'être pas déchaussé. C'est le plus hâtif de tous les pins, puisque l'âge de sa maturité est fixé en général à quarante-cinq ans; mais il est loin d'égaler pour la beauté du port le pin sylvestre, qui s'élève quelquefois jusqu'à vingt-sept mètres et au delà, tandis que le pin maritime en atteint tout au plus vingt. La qualité du bois est aussi bien différente : elle est tout à l'avantage du pin sylvestre.

Les feuilles du *pin sylvestre* (*pinus sylvestris*, L.) sont d'un vert assez prononcé; elles n'ont qu'une longueur de cinq centimètres environ, et sont réunies constamment deux par deux dans la même gaine. Elles sont aplaties par les deux faces qui se regardent, de telle sorte qu'en les joignant elles forment en sortant de la gaine un cylindre de deux millimètres de diamètre. La pomme et la graine sont très-petites, et à mesure que l'arbre grandit, l'écorce en devient roussâtre. Les racines étant traçantes, la couche de terre végétale la plus mince suffit pour le faire prospérer; cette couche peut même être argileuse ou crayeuse : aussi peut-il utiliser les terrains les plus ingrats et les plus stériles, et là où périrait le pin maritime lui-même, faute d'y pouvoir enfoncer sa racine pivotante, il peut encore réussir merveilleusement. L'accroissement de cet arbre est assez faible d'abord, mais après les dix premières années, il devient tellement rapide qu'il est quelquefois de $0^{m},60$ à 1 mètre par année. Ce pin varie beaucoup dans ses proportions : exposé au nord et dans un terrain humide, il peut s'élever jusqu'à près de trente mètres, tandis qu'il n'atteindrait peut-être qu'une hauteur de dix mètres dans une exposition au midi et dans un terrain sec et aride. Aussi a-t-on soutenu que les variétés de pin de Riga, de pin d'Écosse, de pin de Haguenau et de pin de Genève, qu'on avait voulu apercevoir dans les pins sylvestres, ne tenaient qu'à la diversité des conditions dans lesquelles se sont trouvées certaines forêts. Dans tous les cas, les nuances qui divisent les pins sylvestres sont bien faibles, et dans le commerce on ne rencontre pas séparément les graines de chacune de ces variétés.

C'est le pin sylvestre principalement qui est employé dans la construction des mâts de vaisseau. Pour cela, on l'écorce sur pied, ce qui donne à l'aubier la consistance du cœur du bois. La séve en effet ne pouvant alors circuler entre l'écorce et l'arbre, traverse l'aubier, et vient en resserrer les pores, jusqu'à ce que l'arbre périsse. Il fournit toutes les pièces nécessaires dans la charpente; et comme l'humidité a très-peu d'action sur cet arbre, on peut le considérer comme un de nos meilleurs bois indigènes pour pilotis, corps de pompe, conduits d'eau et étais de mines. De tous les bois réputés tendres, c'est le plus dur. Il peut être employé avec utilité dans la menuiserie : il n'a pour cet usage que le défaut de conserver une odeur de résine, qu'il ne garde cependant pas longtemps. Il brûle bien et fournit plus de chaleur qu'aucun autre bois, mais il se consume vite et pétille comme l'orme. Il fournit de la résine, mais en moindre quantité que le pin maritime; il est surtout propre à la production du goudron. Il donne un charbon fort compacte, très-employé dans les hauts fourneaux du nord de l'Europe. L'écorce est employée dans les tanneries. Dans les pays du Nord, elle remplace le liége pour soutenir les filets au-dessus de l'eau. En Laponie, on en fait encore de petites galettes, qui se conservent pendant un an. Pour cela, on a soin de la détacher de l'arbre au moment de la séve, de la laisser sécher à l'ombre, et de faire avec l'intérieur de l'écorce une farine que l'on délaye dans l'eau. En Suède, on la mêle avec la farine de seigle.

Victor Ségalas.

Pour délivrer la marine française du tribut que lui impose l'emploi des pins du Nord, on a tenté de substituer à ceux-ci le *pin laricio* ou *pin de Corse* (*pinus laricio*, L.), belle espèce qui croît en Corse, en Italie, en Autriche, en Crimée, etc. Cette tentative a pleinement réussi. Le pin de Corse atteint jusqu'à 40 et même 50 mètres de hauteur, et son tronc peut acquérir un diamètre énorme. L'île de Corse possède plusieurs de ces beaux arbres verts dont la dimension est remarquable : l'un, dans la forêt de Val-de-Niello, présente, mesuré à un mètre au-dessus du sol, une circonférence de 8 mètres; l'autre, dans la forêt de Marmano, offre, à la même hauteur, un pourtour de 7 mètres 3 décimètres.

PINACLE. C'était, dans l'architecture des anciens, un comble terminé en pointe, qu'on plaçait au haut des temples pour les distinguer des maisons des simples particuliers et des palais des hommes puissants et riches. Les combles de ces derniers édifices étaient plats ou en manière de plate-forme, comme les *villas* d'Italie. Le pinacle était donc dans le principe une forme consacrée, qui ne se voyait que sur les monuments religieux. Plus tard, de simples particuliers placèrent, comme marques de distinction, de pareils ornements au faîte de leurs maisons. Mais à Rome et dans l'empire romain tout le monde n'avait pas le *droit de pinacle*; on n'obtenait cette faveur que par un décret du sénat. Jules César jouissait de l'honneur du pinacle, que le sénat n'osa pas lui refuser. Le pinacle antique était décoré le plus souvent d'une figure de la Victoire, de la Renommée et d'ornements plus ou moins riches, selon le rang ou la qualité de ceux à qui ce privilége était accordé. Les maisons qui portaient sur leurs toits cette forme distinctive étaient regardées comme des temples.

Dans l'architecture du moyen âge, le sommet des toits coniques, des tours ou des pignons aigus, offre des amortissements ou des couronnements ouvragés en plomb, en fer ou en terre cuite. Quelquefois, c'est une petite base, sur laquelle s'élève une statue isolée, ou bien une petite pyramide ornée de feuillages. Ces détails d'architecture s'appellent des *pinacles*.

On appelait aussi de ce nom la galerie qui régnait autour du toit plat du temple de Jérusalem, et la tourelle bâtie au-dessus du vestibule du temple.

On dit au figuré *mettre un homme sur le pinacle*, c'est-à-dire le louer à outrance, en faire l'objet d'une exclusive admiration. On dit aussi *être sur le pinacle* (*supra pinnaculum vel fastigium*), en ce sens, qu'on est arrivé à une grande faveur, à une grande élévation de fortune.

A. Fillioux.

PINACOTHÈQUE. Les Romains appelaient ainsi l'endroit situé à l'entrée de l'*atrium*, qu'on ornait de statues, de tableaux et d'autres objets d'art. De nos jours, ce nom est synonyme de galerie de tableaux et d'objets d'art; et on cite surtout le magnifique édifice construit sous cette dénomination à Munich, par le roi Louis de Bavière.

PINAIGRIER (Robert), célèbre peintre sur verre, naquit à Chartres, vers 1490, selon Félibien. On ignore comment ses premières études furent dirigées, et l'on ne sait pas davantage s'il alla en Italie. A Paris, il travailla en concurrence avec Jean Cousin, et contribua à l'ornementation de plusieurs églises. Il peignit des vitraux à l'abbaye Saint-Victor, à Saint-Jacques-la-Boucherie, à l'hospice des Enfants-Rouges. On voit encore aujourd'hui à Saint-Gervais des vitraux de ce maître représentant l'histoire de la Vierge, le paralytique, la piscine et la résurrection de Lazare. Ceux de Cousin, qui leur faisaient pendant, ont été détruits. Saint-

Merry possède aussi de magnifiques verrières de Pinaigrier. Ce qui subsiste de son œuvre nous permet d'apprécier son prodigieux talent, et justifie le mot d'un Italien, rapporté par Sauval : *Sono delicato, dolcissime et di grandissima maniera.* L'église Saint-Hilaire à Chartres, supprimée à la révolution et démolie en 1804, était décorée de vitraux très-remarquables de cet artiste. L'un d'eux offrait la représentation du mystère de la Rédemption. On voyait le corps du Sauveur couché sur un pressoir; le sang en ruisselait de tous côtés; les évangélistes recueillaient cette précieuse liqueur; les docteurs de l'Église en remplissaient des barriques, qu'ils transportaient sur une charrette, conduite par un ange; des papes, des rois, des évêques, des cardinaux renfermaient ces barriques dans des caves ou les distribuaient au peuple. Dans le fond, des patriarches labouraient une vigne, les prophètes cueillaient le raisin, les Apôtres le portaient au pressoir; saint Pierre le foulait. Dans les têtes des principaux personnages, on reconnaissait Léon X, François Ier, Charles-Quint, Henri VIII, etc. Alexandre Lenoir, visitant cette église peu de temps après sa dévastation, trouva les verrières en si mauvais état qu'il ne put en transporter aucune au Musée des Monuments français. Depuis on est parvenu à recomposer avec leurs débris deux vitraux de l'église Saint-Père, mais il n'y a pas de sujet complet; ce n'est qu'un assemblage de fragments. Robert Pinaigrier se retira à Tours, vers la fin de sa carrière. La date de sa mort n'est pas connue. Il laissait trois enfants, *Nicolas, Jean* et *Louis.* Le premier eut seul de la réputation. On lui attribue deux grands vitraux de Saint-Aignan (paroisse de Chartres), et ceux de l'église inférieure de Notre-Dame de Chartres.

Nicolas PINAIGRIER, petit-fils de Robert, peignit des vitraux de 1618 à 1635, à Paris. Il travailla à l'église paroissiale de Saint-Paul, qui n'existe plus. Dans les charniers de Saint-Étienne-du-Mont, il fit une copie du *Mystère de la Rédemption*, œuvre de son aïeul.

PINCE. Ce mot s'applique à un grand nombre d'instruments et d'outils usités dans les arts et les métiers. On nomme aussi *pince* l'extrémité antérieure du pied des animaux ongulés, comme chez les sangliers, les cerfs, etc. On emploie ce mot, surtout au pluriel, pour désigner les dents antérieures et du milieu de la mâchoire de quelques animaux : les chevaux perdent ordinairement leurs *pinces* vers leur troisième ou quatrième année. Les *pinces* d'une écrevisse, d'un homard, sont cette partie de leurs grosses pattes avec laquelle ils pincent quand on veut les saisir. *Pince* se dit du devant d'un fer de cheval : on n'étampe jamais en *pince* les fers de derrière.

Le même mot, ainsi que *pincettes*, désigne cette sorte de tenailles (formée de deux leviers, comme tous les outils et instruments de même genre) dont on se sert pour remuer les bûches dans une cheminée.

Il y a en chirurgie quatre espèces principales de *pinces* ou *pincettes* : les *pinces à anneau*, servant au pansement; les *pinces à dissection*, avec lesquelles on saisit les parties qu'on veut disséquer ou couper; les *pinces de Museux*, servant pour la rescision des amygdales et autres tumeurs; les *pinces à polypes*, employées pour l'extraction de certains p o l y p e s. Le *forceps*, les *tenettes*, le *tire-balles*, etc., sont aussi de véritables pinces.

Pince, en termes de fonderie, désigne le bord, l'extrémité inférieure de la cloche, où frappe le battant.

Pince se dit aussi d'une barre de fer employée en forme de l e v i e r : celle qui est usitée en marine se termine en pointe par un bout, et par l'autre en pied de chèvre recourbé : quand on s'en sert par la pointe, elle agit comme levier de la première espèce; quand on l'emploie par le bout terminé en pied de chèvre, elle agit comme levier de la seconde espèce. On nomme encore *pince*, en marine, la partie la plus aiguë du devant d'un vaisseau, depuis le dessous du brion jusqu'à l'endroit où la levée de coltis commence à s'évaser, c'est-à-dire jusqu'au haut de son fourcat.

Pince se dit parfois de l'acte de pincer, de saisir avec force : *Avoir la pince forte* se dit de quelqu'un qui retient fortement, avec vigueur, ce qu'il a dans la main. *Craindre la pince* ou *en être menacé* veut dire, en langage populaire, craindre ou risquer d'être arrêté : c'est dans le même sens qu'on dit : *Gare la pince.*

PINCEAU (du latin *penicillum*, dont la signification est la même). Pris dans le sens propre, c'est un outil dont se servent les peintres; mais, par une double métonymie, on donne le nom de *pinceau* à tous les instruments employés pour peindre, quoique l'usage de la brosse soit bien plus général que celui du pinceau; puis on caractérise par ce dernier mot la manière de peindre propre au peintre dont on parle. Pour les pinceaux, on se sert de poils très-doux, comme ceux du petit-gris; les brosses sont faites de poils de porc. On fait aussi des brosses en poils de blaireau, mais on ne s'en sert que pour de certains usages. Pour laver, pour peindre en miniature, on emploie des pinceaux; les peintres à l'huile ne se servent que de brosses. Lorsque ce dernier genre de peinture fut inventé, les premiers peintres qui l'employèrent firent tous leurs efforts pour ne pas laisser apercevoir le mécanisme du pinceau : ils étaient sous l'influence de l'effet produit par la détrempe et par la fresque, où la nature de la couleur ne permet guère de retrouver la trace du pinceau; peu à peu les maîtres ont abandonné ce système; ils ont plus empâté leurs tableaux, et l'on a pu reconnaître l'art avec lequel ils mêlaient et fondaient leurs couleurs. C'est alors que l'on a dit le *pinceau* de l'Albane ou du Corrége; on a même été plus loin, et l'on a dit pour caractériser non la manière de peindre, mais les idées et les productions d'un peintre : Un *pinceau* aimable, enjoué, gracieux, sombre, terrible, etc. P.-A. COUPIN.

Dans une acception plus figurée, on emploie *pinceau* en parlant de la plume des écrivains, des poëtes, des orateurs : Il y a dans Bossuet, dans Corneille, d'admirables coups de *pinceau.* Donner à quelqu'un un vilain coup de *pinceau*, c'est dénigrer quelqu'un, le peindre en mal.

PINCEMENT, opération agricole, qui consiste à pincer, à couper avec le bout des doigts l'extrémité d'un bourgeon (*voyez* ÉBOURGEONNEMENT).

PINCHBECK, alliage de cuivre et de zinc formé ordinairement de 5 parties de cuivre et 1 de zinc.

PINÇON, marque qui reste sur la peau lorsqu'on a été *pincé*, serré fortement. Cette coloration est due à un petit amas de sang. Le pinçon est quelquefois assez douloureux, mais on éprouve un soulagement immédiat par l'évacuation du sang extravasé.

Pinçon est aussi, en termes de maréchalerie, un rebord mince élevé à la pince d'un fer, surtout à celle des fers de derrière, pour mieux les assurer ou pour garantir la corne.

PINÇON, navigateur. *Voyez* PINZON.

PINDARE, prince des poëtes lyriques, comme Homère est le coryphée des poëtes épiques, naquit la première année de la 65e olympiade (520 av. J.-C.), à Cynoscéphales, bourg des environs de Thèbes, en Béotie. Le ciel de cette contrée passait pour être peu favorable aux élans du génie; la moqueuse Athènes appelait un homme d'un esprit lourd *un Béotien.* « La postérité saura, dit dans sa sixième Olympique ce citoyen immortel d'un petit bourg obscur, si j'ai évité le proverbe ridicule *du pourceau béotien.* » Si nous en croyons les anciens, Pindare à la mamelle fut bercé aux accords de la lyre, car ils le font fils ou de Scopelinus, ou d'un certain Pagonidas, tous deux musiciens. Doué par le ciel de merveilleuses dispositions pour la poésie et la musique, il fut envoyé à l'école du célèbre Lasus, un des sept sages de la Grèce, qui amena à sa perfection le rhythme dithyrambique et composa des traités sur l'art musical qui ne nous sont point parvenus. Sous un tel maître, l'enthousiasme poétique du disciple ne tarda point à éclore; imbu des leçons religieuses et graves de ce sage, l'héroïsme, la vertu et les dieux devinrent seuls le sujet de ses chants. Sa piété était si grande, si vraie et si connue, que la maison qu'il habitait, voisine d'un temple de Cybèle, passait pour le temple même de la déesse. Il ne nous est resté de ce sublime poëte que quatre livres d'odes : les *Olympiques*, les *Pythiques*, les *Néméennes* et les *Isthmiques*. Elles traitent exclusivement des jeux de la Grèce, des palmes qu'on y remportait et des vainqueurs. Oh ! quels trésors tombés du génie de ce poëte le temps nous a ravis ! Pindare avait composé de magnifiques dithyrambes et des élégies pleines de larmes, au rapport d'Horace, et des élégies érotiques, si l'on en croit Athénée, qui nous en a transmis quelques vers. Il écrivit aussi des hymnes, des drames, et descendit même jusqu'à la prose. Quant aux reproches que l'on fait à Pindare d'être obscur, de se perdre dans les nues, ou encore d'abandonner ses héros et de se jeter sur l'éloge de quelques dieux, ils sont nuls. Pindare n'était point obscur pour ses contemporains ; pour le suivre dans les nues, il faut avoir des ailes, et les vainqueurs et les dieux dont il mêle les louanges forment dans ses odes comme un Panthéon intellectuel où se déploie aux yeux de l'érudit cette lignée de dieux, de demi-dieux et de héros dont la Grèce ne faisait qu'une même famille. S'il y a quelque chose d'obscur pour les modernes dans ce grand poëte, c'est la quantité et la composition métriques de ses vers. La première *olympique* et la plupart des autres odes sont composées de strophes, d'antistrophes et d'épodes. La première strophe et les suivantes sont de dix-sept vers ; les antistrophes sont semblables pour le nombre et la mesure des pieds ; les épodes sont de treize vers. La seconde *olympique* a ses strophes et ses antistrophes formulées avec quatorze vers chacune, et l'épode en compte huit. La dernière *néméenne* est divisée par stances de huit vers, et la neuvième par stances de douze. La quatorzième *olympique* est monostrophique, ou d'une seule strophe en deux sections. Quant aux mètres qui constituent ces odes, ils étaient, à ce qu'il paraît, subordonnés aux caprices ou aux inspirations du poëte-musicien ; car le rhythme influait sur le mètre au point d'allonger au besoin des sons brefs, ou de raccourcir des sons longs de leur nature. Quant au style de Pindare, il n'a qu'un défaut, si c'en est un, c'est de vous éblouir de l'abondance de ses images et du reflet de ses métaphores. Corinne, qui, plutôt encore par ses charmes, dit-on, que par ses vers, avait obtenu des juges jusqu'à cinq fois la palme lyrique sur Pindare, lui reproche de ne point semer ses images, mais de les jeter pêle-mêle comme d'un sac. Nous adoptons la comparaison et la spirituelle critique de la charmante muse antique.

Pindare touchait à sa soixante-quatorzième année : un jour, qu'extrêmement faible, étant au théâtre, d'autres disent au gymnase, il reposait sur les genoux du jeune Théoxène, son disciple, qu'il aimait d'un paternel amour, il s'y endormit pour ne plus se réveiller, la 83ᵉ olympiade (an 446 av. J.-C.). Il mourut plein d'honneurs et de richesses ; les Athéniens, qu'il avait loués, n'avaient point souffert qu'il payât l'amende que lui avait imposée la jalouse Thèbes, sa patrie : la cité de Minerve l'avait acquittée pour lui. La pythie de Delphes, en considération de son génie et de sa piété, lui avait accordé une part dans les sacrifices d'Apollon ; Agrigente et Syracuse le traitèrent avec respect ; et selon les ordres sévères d'Alexandre, l'épée macédonienne épargna dans Thèbes en cendre les descendants du poëte, la torche incendiaire sa maison. Pausanias vit de son temps à Thèbes la statue de ce poëte immortel. Ce fut en 1513 que pour la première fois l'imprimerie multiplia les rayons de ce soleil de la poésie ; c'est la précieuse édition *princeps*. En 1851 l'Académie Française a décerné à M. Ch. Poyard le prix qu'elle avait proposé pour la meilleure traduction de Pindare. On dit que M. Villemain en a une en portefeuille.

DENNE-BARON.

PINDARIS, c'est-à-dire *forbans*. C'est ainsi que dans l'Inde anglaise on appelait les hordes de brigands à cheval qui, depuis la destruction de l'empire des Mahrattes, pénétraient chaque année dans le fertile territoire de la Compagnie, y faisaient un riche butin et s'en retournaient dans leurs montagnes après avoir tout dévasté sur leur passage. Dans l'intérêt de la Compagnie des Indes, le gouverneur général marquis de Hastings se décida enfin à entreprendre l'extermination de ces brigands, dont on évaluait le nombre à quarante mille hommes, tous montés. Attaqués et traqués impitoyablement en 1816 sur les divers points de la péninsule, les Pindaris furent partout exterminés.

PINDE (Le), chaîne de montagnes de la Grèce, qu'on désigne aujourd'hui sous le nom de *Monts Agrapha*, entre l'Épire et la Thessalie. Elle est célèbre chez les poëtes anciens et modernes, comme consacrée à Apollon et aux Muses. Le Parnasse dans la Phocide, l'Hélicon dans la Béotie, et le Pinde dans l'Épire et la Thessalie, sont pris indistinctement par les poëtes pour le séjour des neuf sœurs, et ceux qui parviennent au sommet d'une de ces montagnes sont assurés d'avoir une place au temple de Mémoire, comme favoris d'Apollon et courtisans privilégiés des Muses.

PINDEMONTE (GIOVANNI, marquis), poëte italien, né en 1751, à Vérone, attira déjà sur lui l'attention par ses vers improvisés lorsqu'il était encore à l'école de Modène. Comme poëte dramatique il vint à un moment où le théâtre italien attendait encore un successeur de Maffei. Ses tragédies obtinrent les applaudissements de cette même foule qui accueillait avec indifférence les poésies d'Alfieri. L'imagination de Pindemonte était déréglée ; il avait le travail facile, mais manquait de goût. En 1790 il remplissait les fonctions de préteur de la république de Venise. Forcé de quitter cette ville, il résida pendant quelque temps à Paris, où il fixa l'attention du premier consul, qui le nomma membre du corps législatif d'Italie. Il mourut en 1812. Ses *Componimenti teatrali* parurent en 1804 (2 vol., Milan).

Son frère, *Ippolito* PINDEMONTE, né à Vérone, en 1753, obtint dès sa jeunesse une place honorable parmi les meilleurs poëtes de l'Italie. Formé par l'étude des classiques grecs et romains, il parcourut l'Italie, la France et l'Angleterre ; et les contrastes si tranchés que l'état social de ces pays lui offrit exercèrent une influence décisive sur la direction de son esprit. Ses sentiments démocratiques se transformèrent en opinions aristocratiques ; et renonçant aux joies de l'amour, il se jeta dans la dévotion. Ses *Viaggi* et *Abaritte*, romans qu'on lui attribue, contiennent les observations qu'il eut lieu de faire dans ses voyages ; et dans ses *Poesie campestri* il parle avec ravissement des mœurs et des paysages de l'Angleterre. Parmi ses meilleures productions, il faut signaler ses Poésies lyriques, et surtout ses Épîtres et Sermons. Il était membre de l'Institut d'Italie, passa la plus grande partie de sa vie à Venise, et mourut à Vérone, le 13 novembre 1828.

PINÉALE (Glande), du latin *pinealis*, qui ressemble à la pomme de pin, fait de *pina*, pomme de pin. *Voyez* GLANDE.

PINEAU. *Voyez* RAISIN.

PINEL (PHILIPPE), médecin célèbre par ses beaux travaux sur les maladies mentales, et qui fut en France pour les maisons d'aliénés ce que Howard fut en Angleterre pour les établissements de répression, naquit le 11 avril 1745, à Saint-André, près Lavaur (Tarn). Il étudia à Toulouse, où il fut reçu docteur en 1764, ce qui ne l'empêcha pas d'aller continuer ses études à Montpellier, où, pour exister, il donna des leçons de mathématiques. Après être venu, en 1778, à Paris, où il se consacra exclusivement à la médecine, il fut appelé en 1791 à la direction de l'établissement d'aliénés de Bicêtre, et en 1794 à celle de la Salpêtrière. Indigné des traitements cruels dont les aliénés étaient alors presque partout victimes, il introduisit un traitement plus humain des maladies mentales, alliant la fermeté à la douceur, et fut le premier à dire, dans son ouvrage *Sur l'aliénation mentale* (Paris, 1791 ; nouvelle édition, 1809), que c'est là une maladie qui demande surtout à être traitée par des moyens psychiques, de même qu'il fut aussi l'un des premiers à introduire une police et une surveillance convenables dans les maisons d'aliénés. Il croyait moins à l'efficacité du traitement physique, et était notamment opposé à l'emploi de la saignée dans ces affections. Il observait en général la méthode expectante. « C'est du temps, avait-il l'habitude de dire, qu'il nous faut attendre ce que l'art ne peut opérer. » Sa pathologie avait pour base la philosophie de Condillac, et il tenait plutôt compte des phénomènes qui se manifestent aux sens, qu'il ne cherchait à pénétrer dans l'essence même de la maladie. Sa *Nosographie philosophique* (Paris, 1798; 6e édition, 1818) n'en fit pas moins époque dans les annales de la médecine française, parce qu'elle répondait à un besoin généralement senti.

Membre de l'Institut et professeur à l'École de Médecine de Paris, il n'avait pas, à proprement dire, les talents du professeur. Cependant, sa clinique de la Salpêtrière et sa chaire de pathologie à la Faculté de Médecine attiraient un grand nombre de disciples, entre lesquels nous signalerons Esquirol, qui fut appelé à lui succéder. Il rédigea pendant longtemps la *Gazette de Santé*, fut le collaborateur de Fourcroy, pour l'ouvrage intitulé: *La Médecine éclairée par les Sciences physiques*, et fournit un grand nombre de travaux au *Dictionnaire des Sciences médicales* de Panckoucke. Il donna aussi une traduction française des *First Lines of the Practice of Physic*, de Cullen (Paris, 1785), ainsi qu'une nouvelle édition des œuvres de Baglivi (Paris, 1788). Nous citerons encore parmi ses nombreux écrits son *Discours sur la nécessité de rappeler l'enseignement de la médecine aux principes de l'observation* (Paris, 1806). Comme homme, Pinel jouissait à bon droit de la considération universelle. C'est lui qui aux jours de la terreur cacha pendant quelques jours dans sa demeure l'infortuné Condorcet. Il mourut à Paris, le 25 octobre 1826, sans laisser de fortune, parce qu'il avait toujours été extrêmement charitable.

Son fils, *Scipion* Pinel, médecin de la Salpêtrière, comme l'avait été son père, a composé divers ouvrages, justement estimés, entre autres: *Sur les causes physiques de l'aliénation mentale* (Paris, 1826); *Sur les altérations de l'encéphale* (1821); *Physiologie de l'homme aliéné, appliquée à l'analyse de l'homme social* (1833); et *Du régime sanitaire des aliénés* (1836).

PINEROLO. *Voyez* Pignerol.

PINGOUIN. Ce genre d'oiseaux appartient à cette singulière famille de palmipèdes sans ailes, ou n'offrant tout au plus que les rudiments de ces organes, et qui, par leur conformation exceptionnelle, paraissent presque aussi étrangers à la terre, sur laquelle ils n'avancent qu'avec peine, qu'aux régions de l'air, qu'ils ne peuvent fréquenter. Comme on a déjà décrit à l'article Manchot les traits généraux de leur organisation et le genre de vie, les besoins, les habitudes qui en dérivent, il ne nous reste ici qu'à signaler les caractères principaux qui distinguent le genre *pingouin*. Tandis que les manchots fréquentent les mers du Sud, les pingouins appartiennent exclusivement aux mers du Nord. Il est constant en effet que les individus décrits dans plusieurs voyageurs sous le nom de *pingouins du Sud* sont de véritables manchots. Quoique la brièveté des ailes chez les premiers ne leur permette pas de se soutenir, cependant ces organes portent des plumes; chez les seconds, au contraire, ce sont d'informes moignons, qui semblent au premier coup d'œil revêtus d'écailles. Les pingouins ont le bec large et comprimé en lame de couteau, emplumé à sa base, courbé vers sa pointe. Leurs pieds sont courts, et retirés sous l'abdomen. On n'en connaît encore que deux espèces: le *pingouin commun* ou *pingouin macroptère* (*alca torda*, L.), que nous voyons parfois en hiver sur nos côtes septentrionales. Il est de la taille du canard à peu près, noir dessus, blanc dessous. Le *grand pingouin* ou *pingouin brachyptère* (*alca impennis*, L.) est plus grand, de la même couleur.

Saucerotte.

PINGRÉ (Alexandre-Guy), savant astronome, naquit à Paris, le 4 septembre 1711; élevé chez les génovéfains de Senlis, il devint de bonne heure professeur de théologie, et il aurait sans doute poursuivi tranquillement la carrière qu'il avait embrassée, si les persécutions auxquelles il fut en butte, dans les querelles du jansénisme, n'étaient venues modifier ses idées d'avenir. Lorsque Lecat voulut fonder à Rouen une académie des sciences, il eut besoin d'un astronome, et jeta les yeux sur Pingré, son ami; celui-ci avait trente-huit ans: il se livra avec un zèle infatigable à des études qui lui étaient encore étrangères, et bientôt ses *observations* lui acquirent une juste renommée. L'Académie des Sciences lui accorda, en 1753, le titre de correspondant, et peu de temps après celui d'associé libre; il devint bibliothécaire de Sainte-Geneviève, à Paris, chancelier de l'université, et on lui éleva un petit observatoire, que l'on enrichit de plusieurs instruments. C'est alors qu'il composa un almanach nautique, l'*État du Ciel* pour 1754, et qu'il ajouta à l'*Art de vérifier les dates* le calcul des éclipses des dix siècles qui ont précédé l'ère chrétienne.

En 1760, Pingré partit pour les mers de l'Inde, et attendit à l'île Rodrigue le passage de Vénus sur le soleil: là il fut contrarié par le mauvais temps; mais plus heureux au cap Français, dans l'île Saint-Domingue, il put observer le passage de 1769. Les relations de trois voyages qu'il entreprit pour essayer les montres marines de Leroy et de Berthoud, et les méthodes qui servent à déterminer les longitudes, ont été publiées en 1768, 1773 et 1778. Huit ans après, Pingré faisait paraître sa *Traduction de Manilius*, travail estimable, mais qui laisse encore beaucoup à désirer. Pingré avait commencé de bonne heure une *Histoire de l'Astronomie*, depuis Tycho-Brahé; il voulait rassembler les observations du dix-septième siècle, mais il ne put reprendre son travail, souvent interrompu, qu'en 1786, et il le termina en 1790. L'Assemblée constituante avait ordonné l'impression de cet ouvrage, 364 pages étaient déjà tirées; mais la dépréciation des assignats fit tout suspendre. Pingré mourut en 1796. Nous ne parlerons pas des nombreux mémoires qu'il a insérés dans les recueils de l'Académie; son principal titre de gloire est sa *Cométographie*. Les orbites des comètes qu'il a déterminées sont au nombre de vingt-quatre.

Sédillot.

PINNATIFIDE ou PENNATIFIDE. On donne cette qualification aux feuilles et aux bractées qui, ayant les nervures pinnées, ont les lobes divisés jusqu'au milieu de leur largeur. Le *solanum pinnatifidum*, le *melampyrum pratense*, etc., nous en offrent des exemples.

PINNATIFOLIÉ ou PENNATIFOLIÉ se dit des feuilles pinnatifides.

PINNATIPARTI ou PENNATIPARTI. *Voyez* Pinnatiséqué.

PINNATISÉQUÉ ou PENNATISÉQUÉ. Decandolle appelle *pinnatiséquées* les feuilles qui, ayant leurs nervures pinnées, ont leur limbe divisé en plusieurs portions qui se prolongent jusqu'à la nervure moyenne. D'autres botanistes donnent à ces feuilles l'épithète de *pinnatipartites*.

PINNE (de *pinna*, nageoire), genre de mollusques conchylifères dimyaires, de la famille des mytilacés, ayant pour caractères: Coquille longitudinale, équivalve, cunéiforme (ses valves simulent imparfaitement les nageoires d'un poisson), bâillante au bord libre, pointue à l'extrémité antérieure, où aboutissent les crochets, qui sont droits; charnière latérale sans dents; ligament marginal linéaire, fort long, presque intérieur; animal allongé, assez épais, subtriangulaire; lobes du manteau réunis au bord dorsal, séparés dans le reste de leur étendue, et ordinairement ciliés sur les bords; lèvres foliacées, très-allongées, et se terminant par deux paires de palpes soudés dans presque toute leur longueur; pied grêle, conique, vermiforme, sécrétant un byssus soyeux qui part de sa base. Ce byssus, très-fin, forme pour chaque coquille une houppe de filaments de 12 à 16 centimètres de long. Avant que l'on eût appris à teindre la soie, il servait à confectionner de riches étoffes d'une belle couleur brune ou mordorée.

Les pinnes sont très-voisines des moules. Adanson réunissait même en un seul genre, sous le nom de *jambonneau*, les pinnes, les moules, les modioles, quelques avicules et certaines cardites. Aujourd'hui les pinnes forment un genre que la caractéristique que nous venons de donner limite parfaitement. Il renferme une vingtaine d'espèces, dont cinq ou six fossiles. Toutes les espèces vivantes sont comestibles, et plusieurs se font remarquer par leur grandeur. Telles sont la *pinne rouge* (*pinna rudis*), que l'on trouve dans l'océan Atlantique et sur les côtes d'Amérique, et la *pinne écailleuse* (*pinna squamosa*), qui vit dans l'océan Atlantique austral : la première atteint une longueur de 50 centimètres ; la seconde en a quelquefois de 58 à 60.

PINNÉ ou **PENNÉ** se dit des feuilles composées dont les folioles sont disposées de chaque côté d'un pétiole commun. Il s'applique également aux nervures qui offrent une disposition analogue.

PINNOTHÈRE (du français *pinne*, et du grec θηράω, je recherche), genre de crustacés de l'ordre des décapodes. Les pinnothères sont les plus petits des brachyaures. Le vulgaire, qui leur donne improprement le nom de *crabes*, les connaît comme parasites des moules, des pinnes, etc. Les pinnothères se logent entre les lobes du manteau de ces mollusques bivalves. Les femelles sont beaucoup plus nombreuses et plus grosses que les mâles.

PINNULE. On nomme ainsi, dans les instruments astronomiques, une sorte de conducteur des rayons visuels, ordinairement formé de deux petites plaques métalliques élevées perpendiculairement aux extrémités d'un autre corps, et percées de petits trous et de petites fentes correspondantes pour le passage des rayons lumineux. Dans les sextants et les cercles, les pinnules sont de petites tiges assujetties à vis par le pied, et dont le haut forme une plaque ronde percée d'un trou, où se place l'œil de l'observateur. Ce système, comme on le voit, se rapproche beaucoup, au moins par ses usages, des appareils micrométriques. On les emploie même parfois simultanément, comme dans le compas de variation, qui sert à la mer à l'observation des azimuts et des amplitudes : les pinnules de cet instrument consistent en petites plaques de cuivre dont le pied entre à queue d'hirondelle dans une coulisse qui lui est préparée sur la boite : l'une de ces pinnules est fendue par la moitié, et passe dans un curseur armé d'un verre colorié ; l'autre est vide dans son milieu, et cet intervalle est divisé par un fil vertical répondant diamétralement à la fente de l'autre pinnule. L'observateur, l'œil placé au verre oculaire, tourne sa boussole, et la dirige de manière à ce que le fil de l'autre pinnule coupe l'astre par le milieu.

PINSON, vulgairement *pinsar* ou *pinseur*. Cet oiseau, ainsi nommé de son habitude de pincer assez fortement la main qui le saisit, vient à la suite du moineau, dans l'ordre des passereaux, famille des conirostres. Il offre des ailes courtes comme celles de toutes les espèces de cette nombreuse tribu ; un bec court, robuste, conique, moins arqué que chez le moineau, plus long, plus fort que chez la linotte, dont il est voisin. C'est parmi les espèces ordinairement désignées sous le nom générique de *gros-becs* celle qui se fait le plus remarqer par la vivacité des couleurs chez le mâle, par son chant et par sa turbulente gaieté, qui a donné lieu à l'expression proverbiale : *Gai comme un pinson.* Quoique cet oiseau s'apprivoise moins que ceux des espèces congénères, et qu'il se façonne mal à la captivité, cependant on l'élève fréquemment dans des volières. Quand on le met en cage avec des serins ou des rossignols, il parvient quelquefois à imiter leur ramage, et même, parce que les pinsons aveugles passent pour des chanteurs infatigables, on a eu la cruauté de les priver de la vue afin de s'en servir avec plus de succès comme appeaux ou appelants dans la chasse aux pinsons sauvages, qu'on prend soit aux gluaux, soit aux filets. On mange leur chair avec plaisir quand ils sont gras. Les pinsons sont, comme toutes les espèces de cet ordre, des oiseaux de passage. Tous cependant ne nous quittent pas en automne, puisqu'on les voit s'approcher pendant l'hiver des lieux habités, pour y chercher une subsistance que leur refusent les champs. Mais si les froids sont trop intenses, ils succombent. Les insectes, les graines, forment leur nourriture habituelle. Ils nichent sur les arbres les plus touffus, et savent se servir de leur bec pour se faire respecter des autres oiseaux. Les mâles, fréquemment excités par la jalousie, se livrent des combats acharnés.

On compte trois espèces de pinsons, généralement répandues dans toute l'Europe : le *pinson ordinaire* (*fringilla cœlebs*, L.), qui anime nos campagnes de ses chants joyeux, est un peu plus petit que le moineau, a le dos brun-marron, la poitrine d'une belle teinte vineuse chez le mâle, grisâtre chez la femelle, avec deux bandes blanches sur l'aile, et du blanc aux côtés de la queue ; le *pinson de montagne* (*pinson d'Ardennes*, Buffon, *fringilla montifringilla* L.), qui niche ordinairement dans les forêts, est noir, maillé de fauve en dessus, entièrement fauve en dessous, avec le dessus de l'aile d'un beau jaune-citron ; le *pinson de neige* ou *niverolle* (*fringilla nivalis*, L.), que l'on trouve dans les rochers des Alpes, a le dos brun, maillé d'une teinte plus claire chez le mâle, blanchâtre dessous ; sa tête est cendrée, et sa gorge noire. Dr Saucerotte.

Le pinson a dans le nord de la France et en Belgique des amateurs passionnés, qui forment des sociétés où des prix sont accordés au possesseur de l'oiseau de ce genre qui répète le plus souvent son chant dans un temps déterminé. Des enjeux considérables sont parfois engagés dans ces tournois, non moins brillants que pacifiques. Dans un concours à Ath, en 1853, 163 pinsons se présentèrent : le premier prix fut gagné par un pinson qui répéta son chant 533 fois en une heure.

PINSON, navigateur. *Voyez* Pinzon.

PINSONNÉE, espèce de chasse au moineau.

PINSON ROYAL ou PINSON A GROS-BEC. *Voyez* Gros-Bec.

PINTADE ou PEINTADE, genre d'oiseaux de l'ordre des gallinacés. Ces oiseaux ont été nommés *pintades*, *oiseaux peints*, à cause des taches blanches, arrondies, semées sur le fond gris bleuâtre de leur plumage et placées avec assez de régularité pour qu'elles paraissent tracées par le pinceau d'un peintre, surtout chez la *pintade ordinaire* (*meleagris numida*, L.). Le nom latin des pintades, *meleagris*, en grec μελεαγρίδες, vient de ce que les Grecs, dans leur mythologie, les supposaient le produit de la métamorphose des sœurs de Méléagre ; les taches de leur plumage étaient des traces de larmes ; enfin, le mot *numida* est dû au nom de *poules de Numidie*, qu'elles avaient reçu des Romains.

Les pintades ont la tête nue, comme les dindons, des barbillons charnus, prenant naissance de la mandibule supérieure ; une crête calleuse au-dessus de la tête ; leurs pieds sont sans éperons ; leurs plumes croissent de longueur, du haut du cou à sa base ; plus fournies au croupion, elles leur donnent une forme convexe et comme bombée ; leur queue, courte et pendante, arrondit encore la ligne de leur corps.

De la grosseur de la plus forte poule, la pintade ordinaire a l'aspect de la perdrix ; d'un naturel criard et querelleur, elle se rend tellement incommode dans les basses-cours que les cultivateurs renoncent à l'élever, malgré la bonté de sa chair et l'abondance de ses pontes. « C'est, dit Buffon, un oiseau vif, inquiet et turbulent, qui n'aime point à se tenir en place, qui sait se rendre maître dans la basse-cour : il se fait craindre des dindons mêmes, et quoique beaucoup plus petit, il leur impose par sa pétulance. » La femelle couve de trois à quatre semaines, et, quoi qu'on ait pu dire, elle prend soin de sa famille, et l'amène à bien toutes les fois qu'elle est dans des circonstances qui lui permettent de se maintenir en bonne santé et qu'elle n'est pas importunée par des visites trop fréquentes autour du lieu de l'incubation ; mais ses petits sont beaucoup plus difficiles à élever que les poulets dans nos climats tempérés ; ils se nourrissent d'abord de menus grains et d'insectes; la viande hachée, crue ou cuite, les œufs de fourmi, un mélange de mie de pain, de persil et d'œufs durs, leur conviennent surtout; plus tard, ils s'arrangent du millet.

L'espèce que nous avons décrite est la plus répandue; cependant, on en élève une race dont la tête est surmontée d'une crête de plumes. P. GAUBERT.

PINTE (du bas latin *pinta*, que quelques-uns font venir du grec πινεῖν, boire), mesure dont on se servait en France pour mesurer le vin et les autres liqueurs en détail, et qui variait suivant les localités. L'ancienne *pinte de Paris* valait environ 93 centilitres.

PINTO-RIBEIRO (YANES), président de la chambre des comptes et garde des archives royales de Portugal, fut d'abord simple secrétaire du duc de Bragance et intendant de son palais. Le rôle qu'il joua dans la fameuse conspiration à laquelle son maître dut la couronne a rendu son nom à jamais célèbre.

Les rois d'Espagne étaient maîtres du Portugal depuis 1580; mais la haine des Castillans, la soif de la vengeance, l'amour de la liberté, fermentaient dans tous les cœurs. Les Portugais voulaient un roi de leur nation; leurs regards se portèrent sur Jean de Bragance. Sa naissance, sa popularité, sa haute position, tout le désignait. L'ambition qu'il n'avait pas, d'autres l'avaient pour lui. Sa femme, Louise de Gusman, voyait le trône comme le seul asile où son mari pût trouver sa sûreté. Pinto-Ribeiro était l'homme le plus capable de seconder les vues de la duchesse. Il se rendit à Lisbonne, sut se faire l'intermédiaire des mécontents, qui n'osaient communiquer entre eux, et enfin, sous les yeux de la police la plus active, forma et dirigea une vaste conspiration contre l'étranger. Les principaux chefs de ce parti étaient Michel d'Almeida, vieillard de quatre-vingts ans, mais qui joignait toute l'ardeur de la jeunesse à l'autorité que lui donnait son âge; l'archevêque de Lisbonne, parent du duc de Bragance; Pierre de Mendoça, chef d'une des familles les plus estimées du royaume; les deux Sylva, les deux Telles et leur mère, qui se conduisit en héroïne, et plusieurs autres seigneurs.

Ils résolurent d'offrir la couronne à dom Jean de Bragance, et députèrent à Villa-Viciosa Pierre de Mendoça pour lui apprendre cette résolution. Le duc, très-touché, refusa toutefois, et résista longtemps aux instances de la duchesse et à celles de Mendoça. — « Je compromettrais mes amis, dit-il; je partage votre haine pour l'étranger, mais je ne me crois pas né pour les grandes choses. — Mais, dit Mendoça, si nous combattions pour établir une république, nous seconderiez-vous? — Oh! de tout mon pouvoir. Je serais soldat, et non pas roi. — Qui aime son pays, reprit Mendoça, le sert comme il veut l'être. Nous avons besoin d'un chef, et non d'un soldat de plus. Est-ce inutilement que nous nous serions compromis? — Non, s'écria enfin Bragance, s'il y a des dangers à partager, comptez sur moi, je serai tout ce que vous voudrez que je sois. » Mendoça communiqua aux conjurés la réponse du duc dans une réunion qui eut lieu chez Pinto le 2 nov. 1640. Il fut convenu que le 1er décembre on attaquerait le palais de la vice-reine. La mort de Vasconcellos, l'odieux agent de Philippe IV et de son ministre Olivarez, fut résolue. C'était un sacrifice dû au long ressentiment du peuple. On convint d'épargner les autres ennemis, de traiter la vice-reine avec respect, de ne verser le sang que dans une absolue nécessité. Pendant ce temps, le duc et la duchesse soulevaient les provinces et s'assuraient de l'importante ville d'Evora. Le 1er décembre au matin, les conjurés, divisés en trois corps, se rendirent par divers chemins vers le palais. Michel d'Almeida, suivi d'un petit nombre d'amis, pénétra dans une des salles, et tira un coup de pistolet. A ce signal convenu, deux troupes attaquèrent impétueusement les gardes castillane et allemande, tandis qu'un troisième détachement se rendait chez Vasconcellos. Almeida ouvrit une croisée donnant sur une place publique: Portugais! s'écria-t-il, vive la liberté! la tyrannie espagnole est abolie; Jean IV est votre roi. — Qu'est-ce que Jean IV? demandèrent plusieurs voix. — Le duc de Bragance. — Le bon duc? oh! qu'il vive! qu'il vive!

Une autre scène se passait dans une autre partie du palais. Ceux qui étaient entrés chez Vasconcellos le cherchaient en vain. Une vieille femme à son service était seule dans son cabinet, tremblante et tout en pleurs. On lui ordonna de dire où son maître était caché : elle s'y refusa longtemps; mais on la menaça de la tuer, et dans sa terreur elle désigna d'un geste furtif une armoire dans le mur. Vasconcellos fut trouvé là retranché sous d'énormes liasses de papiers. Pâle et demi-mort, il se jeta à genoux, implorant merci. Mais percé de vingt coups de poignard, le misérable tomba à l'instant sans vie, et son cadavre fut lancé par une croisée. A cette vue, les gardes espagnole et autrichienne demeurèrent comme pétrifiées et se rendirent. Les conjurés, maîtres de tout le palais, allèrent chez la vice-reine, qui attendait en tremblant l'issue de cette lutte. « Madame, dit Almeida, le ciel est juste, Vasconcellos est mort.... — Eh bien, dit Marguerite, vous êtes vengés! contentez-vous de la mort d'un traître. J'écrirai au roi Philippe en votre faveur; il approuvera cet acte de sévère justice. — Madame, reprit le vieillard, ni Philippe ni vous n'avez plus ici la moindre autorité. » Marguerite pâlit, mais on la rassura en lui disant que tous les égards lui seraient prodigués. On exigea qu'elle écrivît au commandant espagnol de la citadelle de la livrer aux Portugais. Elle traça cet ordre en pleurant amèrement, bien qu'elle espérât qu'on lui désobéirait; mais le commandant céda la place. Des lettres semblables furent exigées pour les gouverneurs de tous les forts du royaume; aucun ne tenta de se défendre. Le même jour, Jean IV fut proclamé à Evora. Ainsi s'accomplit en quelques heures une révolution complète autant que juste.

Pinto mourut à Lisbonne, en 1643, trois ans après l'heureuse conspiration dont il avait été l'âme. C'était non-seulement un homme d'activité et de cœur, mais un savant laborieux et modeste. Ses ouvrages ont été réunis et publiés à Coïmbre en 1729, 1 vol. in-fol. Ce sont des *Réponses aux Manifestes du roi d'Espagne*, *Discours sur l'Administration*, etc. Il a laissé en manuscrit un *Recueil des Lois du Portugal* et un *Commentaire sur les Poésies lyriques de Camoëns*. On trouve une notice sur Pinto par le comte d'Ericeira dans les *Mémoires de Nicéron*. Pinto est aussi le héros d'une comédie historique de Népomucène Lemercier, premier essai de réforme dramatique tenté dans ce siècle. Pauline DE FLAUGERGUES.

PINTURICCHIO (BERNARDINO), célèbre peintre de l'école romaine, dont le véritable nom était *Betti*, naquit à Pérouse, en 1454, et fut le camarade du Pérugin dans l'atelier d'un vieux peintre de l'école d'Ombrie. Plus tard il devint son collaborateur, attendu qu'il fut chargé de mettre en couleur plusieurs de ses compositions de même que plusieurs compositions de Raphael. Ses derniers ouvrages prouvent qu'il avait fini par tomber dans une rapidité d'exécution tenant tout à fait du métier. Il mourut en 1513, de chagrin, dit-on, de n'avoir pas trouvé et gardé pour lui un trésor caché dans le couvent de Saint-François à Sienne, et que les moines ne découvrirent que parce qu'il voulut à toute force qu'on enlevât de la cellule où il devait travailler un vieux coffre qui y était placé. Peut-être cette tradition n'a-t-elle d'autre fondement que la prédilection dont il témoigne dans ses tableaux pour les ornements et les franges d'or. Les travaux de la première partie de sa carrière, par exemple un tableau d'autel qu'on voit à Pérouse et quelques fresques existant à Rome, ont le sentiment profond de l'école d'Ombrie dans toute sa force; tandis que la dégénérescence de son talent apparaît visiblement dans ses fresques de la cathédrale de Sienne (d'après les cartons de Raphael) et dans la cathédrale de Spello.

PINZON (MARTIN-ALONZO et VICENTE-YANES), deux frères dont le nom se rattache à la découverte de l'Amérique. Ils habitaient le petit port de Palos, lorsque Christophe Colomb se les associa dans son premier voyage. Alonzo Pinzon commanda *La Pinta*, une des caravelles de cette mémorable expédition, et son frère Vicente-Yañes s'embarqua sur le même navire en qualité de pilote. C'est la soif de l'or qui était le mobile des deux frères; et Colomb, dans le journal de son voyage, se plaint de leur insubordination. Avec l'or qu'il recueillit dans le voyage de 1492, Vicente-Yañes Pinzon put équiper à ses frais quatre bâtiments, avec lesquels il partit encore de Palos à la fin de l'an 1499, à la recherche de nouvelles régions aurifères. Après avoir dépassé les îles du cap Vert, il fit route au sud-ouest, et le 26 janvier de l'an 1500 il découvrit la terre du Brésil, par le 8e degré de latitude méridionale jusqu'au cap Saint-Augustin, qu'il appela cap de la Consolation, et où il débarqua pour prendre possession du pays au nom de la couronne de Castille. C'est à tort que les historiens portugais ont voulu attribuer cette découverte à Cabral, puisque celui-ci n'y toucha que le 24 avril de la même année.

On a récemment prétendu établir que les frères Pinzon n'étaient autres que des marins dieppois, du nom de *Pinson* ou *Pinçon*, qui auraient fait partie d'une expédition partie de Dieppe en 1488, sous les ordres d'un capitaine Cousin, et qui, après avoir relâché sur la côte de Congo, auraient découvert l'embouchure du fleuve des Amazones. Il résulte en effet de quelques passages d'anciens historiens qu'un certain Pinçon, qui commandait, dit-on, un des bâtiments de l'expédition de Cousin, fut mis en jugement à son retour et expulsé de la marine de Dieppe pour avoir désobéi à son chef pendant le voyage et provoqué une insurrection parmi les équipages. On a induit de là que l'exilé de Dieppe serait allé s'établir à Palos. L'identité de nom, la ressemblance de caractère, l'audace de Martin Alonzo, dont le bâtiment marchait toujours en avant lors de l'expédition de 1492 et du bord duquel partit le premier cri de *Terre*, la direction prise en 1499 par Vicente-Yañes, précisément vers le même point de la côte d'Amérique que Cousin est dit avoir découvert lorsque Pinçon le Dieppois l'accompagnait; tels sont les faits sur lesquels on a cru pouvoir se fonder pour reconnaître dans l'un des deux anciens compagnons de Christophe Colomb l'individu frappé par la condamnation du conseil de Dieppe.

PIOBERT (Guillaume), général d'artillerie, membre de l'Académie des Sciences, est né à Lyon, en 1793. Admis à l'École Polytechnique en 1813, il fut du nombre des élèves qui concoururent à la défense de Paris en 1814 et en 1815. Au sortir de l'École d'Application de Metz il fut attaché successivement au personnel et aux arsenaux, et différents mémoires qu'il adressa alors au ministre de la guerre sur des simplifications à apporter dans le matériel ayant attiré sur lui l'attention du gouvernement, il fut appelé en 1822 au dépôt central de l'artillerie et nommé capitaine en 1825. Il eut à cette époque la plus grande part aux modifications importantes qui furent apportées tant dans le matériel que dans l'organisation du personnel de son arme. En 1830 il fut envoyé à l'École de Metz afin d'y créer un nouveau cours d'artillerie théorique et pratique. Il quitta cette place en 1837, pour accompagner le général Valée en Afrique. Il se trouva à la prise de Constantine, et y gagna le grade de chef d'escadron. Au retour de cette expédition, il fut attaché définitivement au comité central d'artillerie. En 1840 l'Académie des Sciences de l'Institut le choisit pour remplacer Prony dans sa section de mécanique. Lieutenant-colonel en 1841, colonel en 1845, il a été nommé général de brigade en 1850.

On doit à M. Piobert : *Création d'un nouveau Système d'Artillerie de montagne; Établissement d'un nouveau Matériel d'Artillerie; Traité d'Artillerie théorique; Expériences sur les roues hydrauliques à axe vertical; Mémoires sur les effets des poudres des différents procédés de fabrication et sur la manière de les rendre inoffensives dans les bouches à feu.* L. Louvet.

PIOCHE, outil de fer ayant un manche de bois avec lequel il fait angle, et qui sert aux terrassiers, carriers et maçons pour remuer la terre, tirer des pierres, sapper, démolir, etc. Il y en a de plusieurs espèces : les unes dont le fer a deux côtés, comme un marteau, et un œil au milieu pour l'emmancher, le fer d'un côté est pointu; l'autre côté, en feuille de sauge, a le bout large et coupant. D'autres pioches s'emmanchent par le bout du fer, et sont plus ou moins pointues, plus ou moins larges. Toutes sont un peu courbes.

PIO-CLÉMENTIN (Musée), nom d'un musée du Vatican, à Rome, qui doit son nom aux papes Clément XIII, Clément XIV et Pie VI, ses fondateurs. Il contient une foule de chefs-d'œuvre. On y voit le *torse* d'Apollonius, les statues d'Apollon du Belvédère et le Laocoon. Une salle entière est consacrée aux animaux, parmi lesquels on remarque un cerf et un griffon d'albâtre, ainsi qu'un lion en marbre d'une grande beauté. Le *Jupiter romain*, représenté assis, la foudre à la main et l'aigle à ses pieds, est placé dans la dernière salle des bustes. Ce musée contient encore un cabinet orné de marbres précieux et d'un pavé en mosaïque provenant de la villa Adrien. On y voit un Ganymède, une Vénus et une Diane; viennent ensuite les salles des Muses, parmi lesquelles on admire surtout Melpomène. Une rotonde contient une tête colossale de Jupiter et une superbe vasque en porphyre. La salle de la Croix grecque possède une porte imposante. Un char antique a donné son nom à la salle de la Bigue (*Biga*), dont il fait le principal ornement. Enfin, on cite la galerie des Candélabres et le corridor des Cartes géographiques. Dans le catalogue de ces richesses, Pie VI figure à lui seul pour plus de 2,000 pièces.

PIOMBINO, principauté d'Italie placée sous la souveraineté du grand duc de Toscane, avec la ville forte du même nom, dont la population est de 4,500 habitants, sur le territoire de Sienne, est séparée par le canal de Piombino de l'île d'Elbe, qui pour la plus grande partie appartient à cette principauté. Sa superficie totale est d'environ 40 kilomètres carrés, et sa population de 25,000 âmes. On évalue ses revenus à 160,000 *lire*. C'était anciennement un fief impérial appartenant à la famille Appiani. A l'extinction de cette maison, l'empereur Ferdinand II la céda, en 1631, au roi d'Espagne Philippe IV, lequel, en 1634, en fit don à Nicolas Ludovisi, mari d'une petite-fille du dernier Appiani. La principauté passa ensuite par mariage, en 1681, à Hugo Buoncompagni, duc de Sora et d'Alcara. Antoine Buoncompagni ayant pris parti pour la France dans la guerre de succession, l'empereur confisqua en 1708 ce fief, qui plus tard fut restitué aux Buoncompagni sous la souveraineté de la Sardaigne. Les deux fils d'Antoine fondèrent les deux lignes encore existantes aujourd'hui, celle des Buoncompagni-Ludovisi et celle des Buoncompagni-Ludovisi-Ottoboni. En 1801 le roi des Deux-Siciles, Ferdinand IV, céda à la France le *Stato degli Presidi* ainsi que Piombino, où il n'avait que les droits de suzeraineté. Napoléon confisqua ce fief aux Buoncompagni pour en gratifier sa sœur Élisa Bacciocchi. Le congrès de Vienne rétablit les choses sur l'ancien pied, et rendit à la famille Buoncompagni-Ludovisi la principauté de Piombino ainsi qu'une partie de l'île d'Elbe, toutefois sous la suzeraineté de la Toscane, à la condition que le grand-duc indemniserait les Buoncompagni pour la perte de leurs droits de souveraineté.

PIOMBO (Fra Sebastiano del), célèbre peintre italien, était né à Venise, en 1485, et s'appelait de son nom de famille *Luciani*. Il renonça à la musique, pour laquelle il était d'abord passionné, afin de se consacrer à la peinture, sous la direction de Giovanni Bellini et ensuite sous celle de Giorgione. Quand il commença à peindre pour lui-même, la peinture de portraits fut le genre qu'il cultiva de préférence et celui aussi dans lequel il atteignit plus tard le plus haut degré de perfection. Sa réputation engagea un riche marchand de Sienne à lui confier la décoration de sa maison à Rome. On y admira généralement la délicatesse de son pinceau, et Michel-Ange, qui paraissait jalouser la réputation toujours croissante de Raphael, commença alors à employer Sebastiano del Piombo pour l'exécution de plusieurs de ses compositions, espérant allier ainsi l'éclat du coloris de l'école vénitienne au caractère grandiose de son invention. Quand Raphael eut peint sa célèbre *Ascension*, Sebastiano del Piombo fut déterminé par Michel-Ange à essayer de le surpasser par une *Résurrection de Lazare*; et cet ouvrage, qui contient des groupes entiers de l'invention de Michel-Ange, est considéré comme son chef-d'œuvre. Son *Martyre de sainte Agathe* peut aussi être placé à côté des productions des plus grands maîtres. Toutefois, ce qui constitue le mérite particulier de Piombo, ce sont ses figures et ses portraits. Son Pietro Aretino et son pape Clément VII étaient d'une ressemblance frappante et du coloris le plus parfait. Nommé par ce souverain pontife garde de ses sceaux (fonctions auxquelles fait allusion son surnom, *del Piombo*, qu'on lui donna parce que d'habitude le sceau attaché aux bulles pontificales est imprimé en plomb), il se vit forcé de prendre l'habit ecclésiastique. Depuis lors il se consacra à la poésie, et ne peignit plus qu'accidentellement, et surtout le portrait, par exemple celui de Julie de Gonzague pour le cardinal Hippolyte de Médicis, et celui du pape Paul III. Il mourut en 1547. Il existe encore à San-Pietro de Montorio une *Flagellation*, exécutée à l'huile sur pierre, d'après un procédé particulier de son invention.

PION. L'Académie, dans son Dictionnaire, nous apprend que le *pion* est la plus petite pièce du jeu d'échecs. Dans le volumineux complément à cet ouvrage, qu'on a publié il y a dix ans, on dit que ce mot se dit populairement d'un homme pauvre et sans appui; on eût dû ajouter que c'est ainsi que dans nos colléges et nos lycées les écoliers qualifient les maîtres subalternes chargés de les surveiller dans leurs classes et dans leurs récréations. Le terme officiel est *maître d'études* ou encore *maître de quartier*; mais l'écolier quand il parle de ce surveillant, toujours incommode et trop souvent inintelligent et brutal, se venge de sa tyrannie en le qualifiant de *pion*. Cette position infime dans notre système d'éducation publique est le plus ordinairement confiée à des jeunes gens sans fortune, qui se résignent à l'accepter provisoirement, afin d'avoir ainsi les ressources nécessaires pour continuer les études sérieuses qui doivent leur ouvrir des carrières, si non plus honorables, du moins plus honorées, et en tous cas plus lucratives.

PIONNIER (*Art militaire*). Dans l'Inde, pays natal du jeu d'échecs, le mot *pion* signifie *homme de pied*. Les Arabes et les Persans ont pris ce mot de la langue indienne; il s'est propagé dans les croisades, et il se retrouve dans le bas latin *pedones*, dans l'espagnol *peon*, dans l'italien *pedone*, dans le vieux français *pillon*, *pion*, *paonnier*, *piéton*. Avant d'employer le mot *pionnier*, les Français ont dit *fosseur*, *fossier*, *gastadour*, *picleur*, *terrailleur*, *tranchéour*. Le mot *pionnier* commençait à être en usage dans le quatorzième siècle, alors que le fantassin restait encore dans un discrédit fondé, alors que l'homme de pied, sauf quelques bandes d'aventuriers, n'était encore qu'un valet sans armes, un misérable fossoyeur. Aussi, *pionnier*, qui était originairement synonyme de *soldat*, ne signifiait-il plus dans les derniers siècles que *mercenaire non combattant* ou *terrassier*. Depuis la guerre de la révolution, des corps de pionniers se sont conduits avec valeur, et ont honoré la dénomination qu'ils portaient. Ce qui a pu contribuer à déconsidérer le mot *pionnier*, employé dans le sens de *terrassier*, c'est qu'une des ravalantes punitions de la milice romaine contraignait au travail du terrassier des soldats ou des troupes coupables. Depuis François Ier les mots *fantassin* et *pionnier*, jusque là d'égale valeur, ont commencé à se séparer : l'un est resté le nom du travailleur de siége, de l'ouvrier en fortifications, du fabricateur de routes et de chaussées; l'autre est devenu le nom du combattant à pied.

Le grand-maître des arbalétriers a eu dans le principe la haute main sur les *fossiers*, c'est-à-dire sur les pionniers primitifs; plus tard, les pionniers ont dépendu du grand-maître de l'artillerie. Ce genre de troupes a toujours été trop peu nombreux, et quantité de désastres de guerre en ont résulté. Pour tâcher d'y remédier, en prenant un biais, la loi a créé des sapeurs, qui ne sont en réalité que des pionniers armés et des militaires revêtus d'attributions plus étendues, plus savantes. Depuis le dix-neuvième siècle, il s'est vu en France des corps nègres organisés en pionniers; il a été ensuite formé, comme corps de discipline, des pionniers à peau blanche : ces circonstances n'étaient pas de nature à relever la qualification de pionnier. Il se voit dans l'armée russe des régiments dont l'institution est d'une incontestable utilité : ce sont des pionniers à cheval. Les Russes n'ont fait en cela qu'adopter des usages français qui avaient vigueur du temps de Louis XIV. Les fameux grenadiers à cheval de la maison militaire en étaient les pionniers à cheval, de même que les dragons français, armés de pelles et de haches, étaient les pionniers à cheval de la grosse cavalerie : nous nous rappelons avoir vu les restes de la légion de Saxe, alors nommée *dragons de Schomberg*, porter encore, avant leur émigration, une hache en guise de pistolet.

En mille circonstances, un pionnier dévoué est plus utile que le soldat le plus brave. Le bon soldat ne devenait dans les armées françaises qu'un pionnier à contre-cœur, ou même un travailleur séditieux. Le bon, le laborieux pionnier y était avili, conspué : de là tant de siéges offensifs dont le cheminement sans activité décimait une armée sans défense, et faisait le désespoir du général et de ses ingénieurs.

Gal BARDIN.

PIONNIERS. *Voyez* BACKWOODS.

PIORRY (PIERRE-ANTOINE), médecin de l'hôpital de La Charité, professeur de clinique à la Faculté, membre de l'Académie de Médecine de Paris et des Académies royales de Médecine de Madrid et de Stockholm, est un des savants les plus laborieux et des praticiens les plus zélés de notre époque. Les concours ont rempli de travail et d'agitation ses plus belles années, et il est juste d'ajouter qu'il a dû à ces concours ses titres les plus fructueux et ses succès. Homme aussi actif qu'éclairé, et grand ami de la vérité, il n'a pas cessé un seul jour d'en épier les traces. La médecine pratique, de même que la physiologie médicale, lui est redevable d'acquisitions importantes et fécondes. Personne n'a étudié avec plus de soin les signes des maladies, et principalement ceux des maladies de la poitrine. Son *Traité de l'Auscultation médiate* a été un vrai progrès, et c'est à ce titre que l'Académie des Sciences l'en a récompensé. L'instrument d'ivoire qu'il a inventé, il y a vingt ans et plus, sous le nom de *plessimètre*, a pour but de faire reconnaître plus précisément quel est le volume des organes internes, et quel en est l'état d'engorgement ou de vacuité. Jamais aucun médecin n'avait autant que lui étudié les engorgements de la rate, et montré leur fréquente connexité avec les fièvres intermittentes, qui selon lui n'ont pas d'autre cause organique que cet engorgement lui-même. Il a découvert, par exemple, que le sulfate de quinine, qui a la propriété de couper de pareilles fièvres, a pour effet simultané de dégorger la rate et de la rapetisser. Il a fait sur le volume normal du cœur et la cause des bruits de ses battements des recherches fort dignes d'estime, ne fût-ce que pour les investigations persévérantes dont elles témoignent. Il a judicieusement étudié et mis à profit l'influence de la pesanteur, reconnaissant avec probité qu'un autre observateur avait avant lui posé les lois essentielles de cette influence, jusque là méconnue, quoique manifeste; enfin, il faudrait passer en revue la science médicale presque entière pour ne rien omettre de ce qu'elle doit à M. Piorry, dont les premiers travaux remontent à quarante années. Il a publié un *Traité du Diagnostic*, en trois volumes in-8°, qui comprend 4,802 paragraphes et préceptes. Ses mémoires sont innombrables. Son dernier ouvrage de *Médecine pratique* se compose de huit ou neuf volumes, et c'est là qu'il expose la nouvelle nomenclature dont il est l'auteur. On a beaucoup critiqué cette nomenclature, parce qu'elle déroute une multitude de routines. Mais peut-être n'attache-t-il pas assez d'importance aux reproches de singularité et d'exagération qu'osent lui adresser même des amis. Il intitule son dernier ouvrage : *Traité de Pathologie iatrique*, au lieu de dire *médicale*, se résignant de la sorte à nuire au succès de son livre plutôt que d'être infidèle à son plan. M. Piorry a moins de partisans que d'adversaires ; mais le poids des uns compense le nombre des autres. Peut-être jouirait-il de plus de tranquillité s'il montrait moins de spontanéité, moins d'enthousiasme, deux qualités trop hautes pour qu'un noble esprit les répudie.

Isid. Bourdon.

PIPA, genre de reptiles batraciens de la famille des anoures. La seule espèce qu'on doive admettre est le *pipa de Surinam* (*rana pipa*, Linné ; *bufo* ou *pipa americana*, Seba), reptile hideux, qui vit dans les eaux douces de l'Amérique méridionale. La tête de cet animal amphibie est large, plate et triangulaire ; ses yeux sont petits, écartés ; ses narines sont prolongées chacune extérieurement en un petit tube cutané au sommet du triangle formé par la tête ; le museau est tronqué, la gueule très-fendue. Les pipas n'ont point de tympan visible, manquent de parotides et sont dépourvus de dents aux mâchoires ainsi qu'au palais. Ils n'ont point de langue : leur pharynx et leur œsophage réunis forment un large entonnoir, après lequel vient l'estomac et ensuite un intestin fort court. Le corps est nu, large, aplati, sans écaille ni carapace, sans verrues ni parotides ; les pattes postérieures sont de la longueur du corps seulement, la queue est nulle, l'anus arrondi, les doigts non armés d'ongles, les antérieurs libres, arrondis, égaux, et terminés par trois ou quatre petites pointes. Le pipa a l'aspect d'un crapaud ; sa couleur est d'un olivâtre sombre, parsemé de très-petits tubercules roussâtres. Quand la femelle pond ses œufs, le mâle, cramponné sur elle, les féconde à mesure ; puis il les place sur le dos de la mère, qui se rend à l'eau, où sa peau se gonfle et forme des alvéoles arrondies dans lesquelles ces œufs restent logés. C'est là qu'ils éclosent, et les petits n'en sortent qu'après avoir pris leurs quatre pattes et perdu leur queue.

PIPAGE ou **PIPAIGE**, droit qu'on payait autrefois sur chaque pipe de vin.

PIPE, petit tuyau de terre cuite ou d'autre matière dont un des bouts est recourbé et terminé par une espèce de petit bassin ou de vase qu'on nomme *fourneau*, et dans lequel on met du tabac en feuilles, ou quelque autre substance qu'on allume pour en aspirer la fumée. Ce mot vient de *pipeau*, chalumeau à l'aide duquel on hume toutes sortes de liqueurs.

La pipe joue un grand rôle dans nos sociétés modernes, et tous les efforts du cigare élégant et de bon ton ne semblent pas devoir encore de longtemps la détrôner. Sous le nom de *chibouke*, elle décore la ceinture de l'Arabe, dont elle est la compagne fidèle. Chez les Turcs, c'est un accompagnement obligé de tout luxe, de toute *voluptuosité*. L'Allemand dort avec la pipe à la bouche, et ne la quitte à peine que pour manger. La manie *pipière* est encore plus générale en Hollande. L'Anglais fait plus d'usage du cigare ; l'Espagnol ne fume guère que la cigarette et le cigare. En France, la petite pipe blanche fait la consolation de l'ouvrier, du pauvre, du soldat, du matelot ; les pipes élégantes sont réservées à la classe aisée, surtout dans les estaminets des villes.

Il serait peut-être moins difficile et moins long d'énumérer toutes les formes, toutes les matières qui n'ont pas encore été employées pour la confection des pipes à fumer que de faire connaître les innombrables variétés que le caprice a fait adopter. Pour ce qui est de la matière, les terres blanches ou naturellement colorées, la porcelaine, les métaux, l'ivoire, la corne, l'écaille, le buis et divers autres bois, l'agate, la cornaline, le succin ou ambre jaune, le talc, contribuent dans diverses proportions à la fabrication des pipes et des tuyaux de conduite de la fumée de tabac.

La pipe la plus chère, même par comparaison avec celle en or, est celle d'ambre jaune d'un grand volume, exempte d'imperfections. On en a vu se vendre quelquefois au prix énorme de deux mille écus. Après l'ambre, la matière la plus riche est cette espèce de talc ridiculement qualifiée d'*écume de mer*, variété de la craie de Briançon, très-voisine de la pierre ollaire : pour les pipes de luxe, c'est la matière le plus généralement employée. Au sortir du bloc, la pipe dite d'*écume de mer*, qui a pu être taillée avec beaucoup de facilité, conserve une certaine mollesse ; on la fait alors cuire à une chaleur très-douce, et pendant longtemps, après l'avoir imbibée d'huile de sésame parfumée. Au sortir du four, la pipe a acquis une moyenne dureté, et c'est alors qu'on s'occupe de lui donner le beau poli qui distingue cette variété. Les connaisseurs *fumologues* attribuent de grandes qualités, probablement chimériques, à ce genre de pipes : ils prétendent que le tabac y est meilleur. Quant aux pipes d'ambre jaune ou succin, il faut les doubler d'une substance incombustible ; elles sont toujours sujettes au grand inconvénient d'éclater par l'impression subite du froid, après qu'on y a fumé : aussi les heureux possesseurs de ces riches pipes les tiennent-ils toujours entourées d'une espèce de turban plus ou moins élégant, afin de les garantir d'une subite transition de température.

On fait en Turquie, avec des argiles colorées, des pipes qui, selon le travail, ont souvent une certaine valeur. Les Hollandais consomment une énorme quantité de pipes blanches. Dans leurs estaminets, on présente une pipe neuve à quiconque y vient faire la moindre consommation : aussi font-ils *blanchir*, en les repassant au feu, toutes les pipes qui ont une fois servi.

Nous avons parlé ailleurs du *culottage des pipes*.

Saint-Omer est en France le centre le plus important de la fabrication des pipes de terre ; viennent ensuite Givet et Forges.

[Les pipes en bois, en écume de mer, en ambre, etc., constituent une industrie à part. On fabrique plus particulièrement à Paris les pipes en ambre et en écume ; en Alsace et en Bretagne, les pipes en racine de fraisier et autres bois ; mais rien n'approche de l'industrie de l'Autriche et de la Prusse pour la confection et la sculpture des pipes dites d'écume de mer : on voyait à l'Exposition universelle de 1855 plusieurs de ces objets qui atteignaient le même prix que s'ils eussent été d'or ou de pierres précieuses.

A-t-on fumé dans l'antiquité ? Telle est la question à laquelle a donné lieu en Allemagne la publication d'un dessin contenu dans le *Recueil des Antiquités suisses* du baron Bonstetten. M. Walz y a répondu d'une manière intéressante dans la *Gazette d'Augsbourg*. Le dessin publié par M. de Bonstetten, dit-il, représente deux objets en argile assez semblables aux pipes de Cologne : l'auteur dit expressément que ce sont des pipes à fumer. Les auteurs de l'*Histoire du Canton des Grisons* avaient déjà parlé de ces objets, mais en les classant parmi les instruments servant aux augures. M. l'abbé Cochet, à qui l'on doit le savant ouvrage de *La Normandie souterraine*, en trouvant des objets analogues, soit entiers, soit à l'état de fragments, dans la nécropole romaine auprès de Dieppe, en 1845 et 1850, les avait considérés comme provenant du dix-septième siècle, ou peut-être du temps de Henri III et de Henri IV. Bien que les ayant découverts à une profondeur de 60 à 120 centimètres, il n'osa pas leur assigner une date plus ancienne. Lors des fouilles opérées en 1854 à Abbeville, des pipes de même forme furent tirées du sol : M. Louandre demanda qu'elles fussent rangées parmi les objets curieux de la bibliothèque ; mais comme on doutait de leur authenticité, on les mit bientôt de côté. Cependant, M. l'abbé Cochet changea d'opinion après avoir lu l'ouvrage de Collingwood Bruce, intitulé : *La Muraille romaine*, dans lequel il discute la question de savoir si les pipes trouvées à Pierce-Bridge et dans le Northumberland, et dont il donne un dessin, ainsi que celles découvertes plus tard, en 1852, soit à Bremenium, soit à

Londres, dans des endroits où l'on savait avoir existé des stations romaines, proviennent positivement des Romains. Dans le nord de l'Écosse on les appelle des *pipes de fées*; en Écosse des *pipes celtiques*; en Irlande des *pipes danoises*. M. Wilson, dans son *Archéologie de l'Écosse*, conclut en disant que le tabac n'a été introduit en Europe que comme une substance supérieure aux autres narcotiques, et que le chanvre était déjà connu des anciens comme un moyen d'assoupissement: les pipes trouvées en Écosse par M. Wilson auraient donc pu servir à fumer du chanvre. D'un autre côté, dans ses *Monuments celtiques du Hanovre*, M. Wæchter dit: « A Osnabrück on a trouvé dans des tombeaux des pipes d'argile de cinq à six pouces de longueur, et prouvant qu'on y a fumé. » M. Keferstein, dans ses *Antiquités celtiques*, tire de tous ces faits une conséquence fort grave. « Les Celtes, dit-il, ont fumé; les Chinois fument de temps immémorial; mais ce n'est pas d'eux que nous vient cette coutume. Les Celtes connaissaient, à n'en pas douter, l'Amérique; et c'est l'Amérique qui leur a fait connaître le tabac. Il n'est donc pas ridicule de dire que l'on fume en Allemagne depuis plus de cinq cents ans. » C'est aller, comme on voit, un peu loin. Suivant M. Walz, les pipes de Cologne descendent bien en droite ligne des pipes d'Amérique, qui leur ont servi de modèles, mais elles sont postérieures à la découverte du Nouveau-Monde par Colomb. Des troupes espagnoles importèrent l'usage de fumer dans les Pays-Bas, dans la seconde moitié du seizième siècle. Cet usage passa en Angleterre en 1580 avec des indigènes de la Virginie. Depuis la fin du seizième siècle, des pipes de terre furent fabriquées dans la Grande-Bretagne et dans la Hollande, et Cologne fut l'entrepôt de ce commerce en Allemagne. C'est pendant la guerre de trente ans que l'habitude de fumer se répandit en cette contrée. Aussi trouve-t-on fréquemment des pipes de cette époque, en argile, en plomb, en fer. Dans la collection d'antiques de l'université de Tubingue, on en conserve plusieurs en plomb, avec un tuyau très-court.

Donc on n'a fumé en Allemagne qu'après la découverte de l'Amérique. Mais fumait-on dans l'antiquité? Klemm, dans son *Histoire de l'Europe chrétienne*, dit oui: « La fumée de plantes enivrantes était connue, selon lui, des Scythes et des Africains longtemps avant l'introduction du tabac en Europe. Hérodote ne dit pas tout à fait cela des Scythes; il raconte seulement que chez ce peuple on répandait des grains de chanvre sur des pierres rougies au feu, et que l'on se délectait de la vapeur ainsi dégagée sous la tente. Il ne s'agit pas ici de fumer, mais simplement de produire de la fumée. De là à l'invention d'instruments permettant à chaque individu de jouir à part d'un plaisir que tous goûtaient en commun, il n'y avait qu'un pas. Les Hottentots sont aussi dans l'habitude de s'enivrer à l'aide de la fumée du chanvre. C'est une jouissance que tous les peuples sauvages se procurent spontanément, sans en recevoir l'exemple de personne. » Les Celtes et les Germains n'ont pas emprunté cet usage des Scythes et des habitants de la Thrace, reprend M. Walz; ils en sont eux-mêmes les inventeurs. C'est à ces peuples qu'il faut en conséquence attribuer la fabrication des pipes dont nous parlons; elles ont été, il est vrai, trouvées sur l'emplacement de stations romaines, mais il ne faut pas perdre de vue que les vaincus ont habité sur les terrains concurremment avec les vainqueurs. Ainsi les Grecs et les Romains ne paraissent pas avoir connu l'usage de la pipe; et de fait cela ne convenait pas à leurs mœurs. De plus, ces objets n'ont été trouvés dans aucun tombeau grec ou romain; enfin, nous ne connaissons dans la langue de ces deux peuples aucun mot pour désigner une pareille coutume.

Parmi les collections de pipes précieuses, la plus remarquable était sans contredit celle que le maréchal Oudinot avait réunie dans son château de Jeandheurs (Meuse). Il y en avait de tous les temps, de toutes les formes et de tous les pays, depuis l'humble pipe de terre contemporaine de l'importation du tabac en France par Nicot jusqu'aux pipes modernes, où l'art et l'excellence du travail surpassent la matière elle-même. Une des plus précieuses était la pipe de Sobieski, que le maréchal avait reçue du corps municipal de Vienne en Autriche, en remercîment de son administration comme gouverneur de cette capitale pendant son occupation par l'armée française sous le premier empire. L. Louvet.

PIPE (*Métrologie*), mesure de quantité employée pour le vin et l'huile, en usage en Espagne et en Portugal ainsi que dans quelques autres pays. La pipe de Porto est à la pipe d'Espagne et de Lisbonne comme 7 3/4 est à 6 1/3. Elle équivaut à 430 litres 66 centilitres de France. A Lisbonne la pipe d'huile équivaut à 1 2/13 de vin. La pipe mesure pour la houille équivaut à 58 de nos hectolitres.

En France la pipe ordinaire valait 423 pintes de Paris ou 1 muid 1/2, c'est-à-dire 393 litres 81 centilitres. Le tonneau de Bordeaux contenait deux pipes, ou 864 pintes; celui d'Orléans 2 muids, ou 576 pintes. La pipe de Cognac est une barrique d'environ 624 litres, et celle de Languedoc d'à peu près 610. En Bretagne la pipe était une mesure de capacité pour les matières sèches, grains, etc., et se composait de 10 charges de chacune 4 boisseaux.

PIPE (Académie de la). C'est ainsi qu'on désignait un cercle d'intimes qui se réunissaient presque tous les soirs, à partir de cinq heures de l'après-midi, autour de Frédéric Ier, roi de Prusse, à Berlin, à Potsdam ou à Wiesterhausen. Il se composait de ses ministres, des officiers de son état-major, de grands seigneurs ou de savants en passage par Berlin, et aussi de quelques honnêtes et spirituels bourgeois, sans compter des bouffons en titre ni ceux qui consentaient à être traités comme tels. Chacun y était tenu de fumer, pendant toute la durée des séances, ou tout au moins de tenir une pipe à la bouche, par manière de contenance. Chaque membre avait devant lui une canette de bière; de temps à autre circulaient des tartines de pain et de beurre, et vers la fin de la séance on offrait, à diverses reprises, du vin, dont chacun se versait à sa guise. L'amusement le plus ordinaire de ce cercle consistait à faire la lecture des journaux, puis des réflexions sur les événements politiques du jour, le tout assaisonné de quelques *cancans* sur la ville et la cour. On s'y permettait d'ailleurs une foule de plaisanteries, quelquefois du caractère le plus hasardé, que le roi lui-même acceptait de la meilleure façon du monde. Le bouffon ordinaire de ces réunions était un certain baron de Gundling, pédant lourd et bête, qui se prenait pour un Tacite, parce que le roi s'était un beau jour avisé de le charger (lui ivrogne émérite, ayant au plus les connaissances superficielles nécessaires pour rédiger une gazette) d'enseigner l'histoire aux cadets de son école militaire de Berlin. Il était de règle que personne ne se levât de son siége quand survenait un nouvel arrivant, fût-ce même le roi en personne. Les échecs et les dames étaient les seuls jeux qu'on y tolérât, et le roi y faisait souvent sa partie de *toccategli* avec le général de Flauss. L'*Académie de la Pipe* joue un grand rôle dans l'histoire de Prusse; aussi les envoyés étrangers ne manquaient-ils pas de renseigner fort exactement leurs cours respectives sur tout ce qui s'y disait. Les séances de l'*Académie de la Pipe* cessèrent parce qu'en violation du règlement établi il arriva un jour à l'un de ses membres, en présence du roi, de se lever en voyant le prince royal entrer dans le salon. Le roi se prit à cette occasion d'une si belle colère, qu'il quitta la séance, et oncques depuis ses collègues les *académiciens de la Pipe* n'eurent plus la permission de se réunir chez lui.

PIPE (Terre de). *Voyez* Faïence.

PIPEAU, PIPÉE, PIPERIE, PIPEUR, du latin *pipa* (chalumeau), *pipata* (cri que font entendre les oiseaux autour de la chouette), et du verbe grec πιππίζειν (imiter le chant des oiseaux). On appelle *pipeau* la tige creuse, ou tuyau percé d'une fente à son extrémité, à l'aide duquel on parvient à produire cette imitation, que l'on fait également avec des feuilles d'arbre placées entre les lèvres. Les oiseaux, attirés par le bruit des pipeaux, surtout dans la saison où ils s'accouplent, sont facilement pris, soit à la glu, soit au filet; les branches enduites de glu sur lesquelles on les prend prennent également le nom de *pipeaux*. Avec les pipeaux on imite le cri des *vanneaux*; au moyen d'une feuille de laurier, celui du *rossignol*; avec une feuille de poireau, celui de la chouette, qui fait accourir de tous côtés les oiseaux pour combattre cet ennemi redoutable, contre lequel ils se réunissent en masse : le chasseur qui se sert de pipeaux, qui fait la *pipée*, doit se cacher avec soin. Du mot pipée est dérivé le verbe *piper*, qui signifie, au figuré tromper, attraper; les joueurs habitués à mettre toujours la fortune de leur côté, les *grecs*, pour employer une expression moderne, savent se servir de dés *pipés*, de cartes *pipées* ou biseautées, pour duper les joueurs imprudents qui engagent la partie contre eux. Du jeu le mot *piperie* est passé dans le langage usuel, et piperie est devenu à bon droit synonyme de fourberie.

PIPISTRELLE. *Voyez* CHAUVES-SOURIS.

PIPPI (GIULIO). *Voyez* JULES ROMAIN.

PIQUANT se dit des espèces d'épines qui recouvrent le fruit de certaines plantes. Plusieurs coquilles offrent aussi des piquants. Enfin, chez quelques animaux, tels que les *hérissons*, les *porcs-épics*, les poils se transforment en épines acérées, qui portent le même nom.

PIQUE. On est convenu d'appeler *pique* la lance d'infanterie, et *lance* la pique des hommes de cheval. Cependant, il y a eu des lances innocentes ou de courtoisie, tandis que la pique a toujours été une arme sérieuse, meurtrière. La longueur de la lance n'a guère varié que de 2^{m},66 à 4^{m}; celle de la pique, à partir de la *sarisse* grecque jusqu'au *pilum* romain, a varié de 6^{m},66 à 1^{m},33. La hampe de la pique a toujours été en bois plein; il y a eu des hampes de lance en bois creux. Le mot *lance* est aussi vieux que le latin; le mot *pique* n'est pratiqué que depuis le quinzième siècle, quoique ce genre d'armes soit aussi vieux que l'existence de l'homme; d'un moyen de chasse ou de pêche il a fait un moyen de guerre. Il y a eu des piques rétractiles, que le bras lançait : telle était la *zagaye orientale*; il y a eu des piques dont la main ne se dessaisissait pas : telle était celle des triaires; il y a eu des piques que les machines névrobalistiques et même la primitive artillerie projetaient à coups perdus.

On a dit que les héros d'Homère et de Virgile portaient à la guerre deux piques; c'est une erreur : on a confondu en ce cas *pique* et *javelot* ou *javeline*. Les phalangites grecs ont eu de tout temps une pique dont la longueur a varié proportionnellement au nombre des rangs. Dans les légions romaines, les *princes* et les *triaires* n'eurent d'abord que la demi-pique; plus tard, la pique devint l'arme des triaires. La pique et les autres genres de hastes, soit vulnérantes, soit pures (*hasta pura*), ont été des armes d'honneur, que les Latins appelaient *honores*. Le moyen âge a appelé *bois* ou *long-bois*, *perche* ou *perchot*, l'instrument de guerre plus tard connu sous le nom de *pique*. *Faire halte* ou *alte* (*far alto legno*) était synonyme de porter verticalement la pique, parce qu'en s'arrêtant l'infanterie sous les armes dressait la pique. Dans le langage proverbial, il en est resté le dictum : *Porter bien son bois*, c'est-à-dire tenir l'arme haute comme une sentinelle en faction.

Un os aiguisé, un silex tranchant, un fer, une lame de bronze, ont été, suivant les pays, la partie vulnérante de la pique. Le cornouiller, le frêne, les bois durs, étaient consacrés à la fabrication des hampes; mais en Orient il s'en faisait même en cuir d'hippopotame roulé sur lui-même. Les Flamands, les Picards, se sont rendus célèbres par l'emploi de la pique; on a prétendu même que le grand usage de cette arme avait donné à la *Picardie* le nom assez moderne qui lui est resté. Les Suisses, restaurateurs de l'infanterie, empruntèrent de ces contrées la pique, ou du moins en appliquèrent le maniement aux vieilles formes de la tactique grecque; les Espagnols d'abord, les Français, sous Charles VII, Louis XI, Charles VIII, prirent en cela les Suisses pour modèles. La gendarmerie, habituée jusque là à décider du sort des combats, commença dès lors à perdre cette importance que la découverte des armes à feu finit par lui ravir tout à fait; des corps entiers d'aventuriers, une partie des francs-archers, et des archers de la maison, prirent la pique. Une ordonnance de 1553 parle de *piques sèches*, comme on eût dit : piques données aux recrues, aux apprentis soldats, et n'entraînant pas une paye, comme le faisait la hallebarde. De là, dans certaines provinces, est restée cette locution : *société* ou *soirée sèche*, c'est-à-dire réunion où l'on ne boit ni ne mange.

Les piques françaises, d'abord entremêlées d'arbalètes, ensuite d'arquebuses, diminuèrent sous le rapport du nombre et de la longueur, à mesure de la propagation des armes à feu et de la diminution du nombre des rangs à feu. Sous Henri IV, l'arme des piquiers s'était déjà sensiblement raccourcie. Les mousquets alors gagnèrent en quantité ce que perdirent les piques. Ils étaient sous ce règne à peu près en nombre égal à l'arme de main; au milieu du siècle, les piques étaient dans la proportion du tiers des mousquets. En 1703 il n'y avait ni piques ni mousquets, parce que le mousquet, en prenant une platine à silex, avait reçu le nom de *fusil*. En 1793 quelques bataillons armés de piques furent mis sur pied par le ministre Servan : ce genre de troupe eut peu de durée, parce que, de même que dans le siècle précédent, elle prit ou réussit à se faire donner des armes à feu, et fit ainsi cesser les railleries dont l'accablaient les bataillons à fusil. *Avoir la pique traînante*, comme on le faisait aux funérailles, c'était la porter le fer en arrière, et près de terre; avoir la *pique basse*, c'était la croiser en avant, comme quand on défilait à la revue ou qu'on chargeait l'ennemi; *lever la pique*, c'était cesser de combattre, se rendre, se déclarer vaincu après un choc dans lequel on avait le dessous; *faire long bois*, c'était marcher à la débandade, en tenant horizontalement la pique, le fer en arrière, car une troupe qui faisait route en marchant correctement ne devait pas espacer à plus d'une toise ses rangs, et dans ce cas la pique devait être diagonale. Gal BARDIN.

La *pique* joua un certain rôle dans notre première révolution. On en distribuait au peuple à défaut de fusils, et l'on en voyait dans toutes les émeutes. Dans les exécutions populaires, les têtes coupées étaient promenées au bout d'une pique.

Pique est aussi un terme du jeu de cartes, dans lequel il désigne une figure qui a la forme ou à peu près d'un fer de pique, d'où lui vient sans doute le nom qu'elle porte.

Le même mot sert aussi à désigner une brouillerie, une petite mésintelligence survenue entre des parents ou des amis.

Pique s'employait aussi autrefois pour désigner la mesure de certaines choses que l'on comparait à une pique, comme dans cette phrase : *Il y a une pique d'eau dans cet endroit de la rivière* : il est à peu près passé de mode dans ce sens, ainsi que dans celui de quelques acceptions figurées, familières ou proverbiales. On dit cependant encore : *Être à cent piques d'une chose*, pour dire très-éloigné de la vérité. *Être à cinq cents piques au-dessus* ou *au-dessous de quelqu'un*, *au-dessus* ou *au-dessous d'une chose*, signifie qu'on est bien supérieur ou inférieur à quelqu'un, ou qu'on parle d'une chose qui vaut beaucoup moins ou beaucoup mieux qu'une autre chose, à laquelle on la compare.

PIQUÉ. Tel est le nom que l'on donne à un tissu pur coton à grain losange continu, ou bien façonné à dessins; les piqués anglais jouissent d'une grande réputation, contre laquelle lutte assez avantageusement aujourd'hui la fabrique française, par le bon goût de nos dessins, leur variété, la vivacité et la fraîcheur de leurs couleurs : Saint-Quentin, Cambray et Mamers sont, en France, les villes où la fabrication du piqué français a pris la plus grande extension. Les piqués sont employés pour gilets. L'impression et l'apprêt de ce genre de tissu ont fait de notables progrès depuis un quart de siècle.

PIQUE-ASSIETTE. *Voyez* ÉCORNIFLEUR.

PIQUE-NIQUE. Cette expression, dont l'origine est inconnue, date d'à peu près un siècle. Le pique-nique est le festin des petites bourses, des pauvres; comme personne de ceux qui y participent ne serait assez riche pour payer le festin à lui seul, chacun paye son écot, et il n'y a ainsi ni amphitryon ni invité : chacun prend au même titre sa part des joies du pique-nique. C'est à Paris, parmi les artisans, que le pique-nique a pris naissance, et l'on voit souvent les pauvres gens célébrer leurs noces dans les humbles cabarets des barrières dans des repas à frais communs, où ils réunissent leurs parents et leurs amis. Bien des parties de plaisir à la campagne y sont aussi, pendant l'été, organisées à l'état de pique-nique.

PIQUET (*Levé des plans.*) Voyez JALON.

PIQUET (*Art militaire*). Ce terme a eu des acceptions très-dissemblables. Il a appartenu à la fortification : *piqueter* un terrain, c'est y tracer, au moyen de piquets ou de petits jalons, une indication de travaux à y exécuter. Il a appartenu au campement : les tentes sont retenues par des piquets; de là cette locution : *Planter le piquet*, pour signifier : S'établir sur un terrain. Il a signifié dans le service de garnison : agrégation d'hommes pour une mesure d'ordre. Dans le service de campagne, il a signifié : service expectant ou commandement du service des hommes premiers à marcher. Il donne l'idée, dans le langage de la cavalerie et du train, des pieux ferrés et à anneaux auxquels s'attachent, en campagne, les chevaux. Enfin, dans les deux derniers siècles, il a retracé des coutumes tombées tout à fait en désuétude, savoir : un genre de punition de cavaliers et de dragons et une forme systématique de tactique d'infanterie.

Le *piquet* infligé comme punition était un pieu de cavalerie, un pieu ferré, qu'on plantait à peu de distance d'un arbre ou d'un mur. Un des poignets du patient était attaché et retenait son bras dans une position verticale et la main en l'air; le pied du côté opposé au poignet posait à nu sur le bout supérieur du piquet, et l'homme était forcé de s'y tenir en équilibre à deux ou trois pieds de terre. Ce châtiment, aboli sous le ministère de Choiseul, présentait les plus graves inconvénients, parce que le militaire au piquet, en cherchant à changer de pied, risquait de se disloquer le bras, comme s'il eût subi l'estrapade; aussi depuis le milieu du siècle n'attachait-on plus les poignets, et une sentinelle veillait à ce que pendant deux heures l'un ou l'autre pied appuyât sur le piquet. Une ordonnance de 1716 imposait le le piquet en répression des fautes graves et dans les mêmes cas où les baguettes étaient infligées au fantassin; mais les baguettes étaient infamantes, et le piquet ne l'était pas. C'était une affaire de privilége, ou au moins d'exception, parce qu'on continuait à regarder l'homme de cheval comme d'une caste plus relevée que l'homme de pied.

Le *piquet* considéré comme une combinaison tactique d'infanterie a eu un peu plus d'un demi-siècle d'existence. C'était l'agglomération momentanée de certains hommes de toutes les compagnies d'un corps. Cet empelotonnement, en usage depuis que la totalité de l'infanterie n'était plus armée que de fusils, servait comme de pendant ou de contrepoids à la compagnie de grenadiers. Celle-ci tenait, mais non d'une manière jointive, la droite du bataillon ou du régiment; car il y avait des régiments d'un seul bataillon. Le piquet occupait également, et avec séparation, la gauche du corps. Ainsi, dans les marches de flanc, l'une de ces subdivisions était avant-garde, l'autre arrière-garde. En bataille, ces subdivisions étaient au besoin ou éparpillées en tirailleurs, ou réservées pour des coups de main.

Gal BARDIN.

On emploie encore aujourd'hui le mot *piquet* dans quelques colléges ou pensionnats de jeunes gens; mais il exprime alors une punition bien mitigée, et qui consiste à interdire tout amusement ou exercice gymnastique à l'élève, qui se tient debout et à peu près immobile pendant un temps et dans un lieu fixé. On dit ainsi : faire une heure, deux heures de *piquet*.

Être droit comme un *piquet* veut dire se tenir droit, d'une manière roide et affectée; on dit aussi de quelqu'un qui se tient debout et immobile, qu'il est planté là comme un *piquet*.

PIQUET (Jeu de). Le piquet est un jeu de cartes qui se joue avec trente-deux cartes; ceux qui le professent émettent la prétention d'en jouer les coups les plus difficiles comme feu M. Piquet lui-même; ce qui attribuerait à cet illustre inconnu l'honneur des diverses combinaisons qui constituent le jeu qui porte son nom.

Le piquet se joue à deux, à trois, ou à quatre personnes; mais le plus habituellement à deux.

Tout point annoncé et valable au piquet doit être montré. On commence par compter le point, en comptant les as pour onze, les figures pour dix, et chaque carte inférieure pour le chiffre qu'elle porte dans sa couleur; le point prime toutes les autres combinaisons marquantes; il se compose de cartes de la même couleur, soit cœur, soit pique, etc.; quand les deux joueurs ont le même point, personne ne le compte; cinq cartes dont le point est bon valent cinq points, et ainsi de suite. La séquence des cartes de même couleur constitue, si l'on a les huit cartes, une dix-huitième, qui fait compter dix-huit points indépendamment des huit du point de cartes, une dix-septième, une quinte, qui compte quinze pour une séquence de cinq cartes, une quatrième, qui compte quatre points, ou une tierce de trois cartes, qui en vaut trois; indépendamment des quintes, tierces, etc., dont nous venons de parler, les joueurs comptent quatorze pour quatre as, quatre rois, quatre dames, quatre valets, ou quatre dix, quand ils les ont dans leur jeu, et trois pour la réunion de trois as, trois rois, etc. Les as étant les plus forts, celui qui a quatorze d'as empêche son adversaire de compter tout autre quatorze, celui qui a trois as l'empêche de compter trois figures; le quatorze, si l'adversaire n'en a point un supérieur, empêche également celui-ci de compter trois as, ou trois rois, etc. Deux quintes d'égale force entre les mains des deux joueurs se neutralisent, et ne se comptent point. Quand chacun des joueurs a une quinte, c'est celle qui commence par la carte la plus forte, dont le point est supérieur à l'autre, qui est seule comptée. Les joueurs comptent un point par chaque carte qu'ils jouent, par chaque levée qu'ils font, dans l'ordre des cartes, et celui qui fait la dernière levée compte un de dernière. Celui qui arrive à faire sept levées ou plus, compte dix points de cartes en sus de ses autres points.

La partie commence en donnant, par deux, douze cartes à chaque joueur, et en en laissant huit au talon; le joueur premier en cartes en écarte cinq et en prend cinq au talon; le dernier en cartes en écarte trois et en prend trois; un joueur est cependant libre : si son jeu le lui permet, il n'écarte qu'une seule carte; le dernier peut, si le premier en a laissé quatre, trois ou deux, en écarter quatre, trois ou deux de plus que ses trois; s'il laisse des cartes à son tour, il peut ou les regarder ou ne point les regarder; s'il les a vues, le premier joueur a le droit de les voir à son tour, après avoir joué sa première carte; s'il ne les a point vues, son adversaire ne peut point non plus les voir. Dans le cas d'écart incomplet du premier joueur, le second doit prendre d'abord pour son écart les cartes que celui-ci a laissées. Tout joueur qui a douze cartes sans figures avant son écart comptera, avant d'écarter, dix points de cartes blanches; mais il devra étaler ses cartes devant son adversaire avant que l'écart ne soit fait, en lui disant d'écarter sur dix de cartes blanches.

Si l'un des deux joueurs a dans son jeu, soit par deux quintes et le point, soit par le point, une quinte et un quatorze, soit par le point, des quatorze, des quartes et des tierces, soit par le point, une quinte et des tierces, un chiffre qui le fait arriver, sans jouer, à trente points, il compte quatre-vingt-dix points au lieu de trente; s'il arrive à compter cent vingt en jouant sans que son adversaire ait fait une levée, il compte cent soixante; si au contraire le joueur premier en cartes arrive à compter trente points en jouant avant que son adversaire ait compté un point, il compte soixante au lieu de trente. Tout joueur qui fait les douze levées compte quarante points de capote en sus des points courants. Le joueur qui aura compté un point, une quinte, une tierce, un quatorze, un brelan de trois cartes qu'il n'aura point, *comptera à la muette*, c'est-à-dire que pendant le coup il ne marquera rien, tandis que son adversaire comptera tout ce qu'il pourra compter par son jeu ou par ses levées. Si un joueur donnait avant son tour, les cartes demeureraient dans l'état où elles se trouvent pour le coup suivant; le coup demeurerait *cacheté*, suivant l'expression consacrée par les joueurs, et celui à qui ce serait à donner donnerait avec d'autres cartes, pour le coup à jouer, en attendant que l'on reprenne en son ordre le coup cacheté. Le piquet à deux se joue ordinairement en cent, cent cinquante ou deux cents points. Quelquefois aussi on le joue à l'allée et la venue en deux coups, et c'est celui qui fait le plus de points qui gagne. On tire à qui fera, et d'habitude celui qui amène la carte la plus forte fait faire à son adversaire.

Au piquet à trois chacun joue pour son compte; chaque joueur ne reçoit que dix cartes. Celui qui fait a le droit d'écarter deux cartes et de prendre les deux qui restent au talon; il est toujours obligé d'en prendre une. Le point, les quintes, les quatorze, etc., comptent comme à deux. Si l'un des joueurs est capot, chacun de ses deux adversaires compte vingt de capote; si deux sont capots, celui qui fait les douze levées compte quarante. Le joueur qui arrive à vingt points avec son jeu avant d'avoir joué, sans qu'un seul de ses adversaires ait compté un point, compte quatre-vingt-dix; s'il arrive à vingt points en jouant, dans les mêmes conditions, il compte soixante. Le second ou le troisième joueur peut dans le même cas compter soixante, si les premiers joueurs n'ont point joué des cartes marquantes. A trois comme à quatre on peut compter dix de cartes blanches avant l'écart. Quand un joueur a le point, et qu'il n'est point premier, le premier doit, d'après les conditions usuelles, jouer dans le point, après avoir fait les levées qu'il peut ou veut faire. Il est de règle à trois de jouer de façon à faire un des joueurs capot, si le jeu annoncé s'est dessiné de façon à le permettre; à cet effet, le joueur qui a trois as devra jouer dans la couleur du quatrième as, après avoir fait dans les autres couleurs toutes les levées dont il sera assuré.

Dans le piquet à quatre les joueurs jouent deux contre deux; huit cartes non marquantes valent dix points de cartes blanches. Les deux partenaires qui ont en mains vingt points valables sans que leurs adversaires comptent rien comptent quatre-vingt-dix; s'ils font vingt en jouant, leurs adversaires ne marquant rien, ils comptent soixante; la capote compte quarante. Il est de règle au piquet à quatre, appelé aussi *piquet voleur*, que le partenaire qui ne peut point fournir sur une couleur s'en aille de celle opposée à celle qu'il désire, de cœur s'il fait une invite à carreau, de trèfle s'il faut jouer pique dans son jeu, et ainsi de suite.

Le piquet, par les innombrables combinaisons d'écart qu'il présente, par celles qui font gagner la carte, c'est-à-dire compter dix de plus, est un des jeux de cartes les plus amusants et en même temps un de ceux qui exigent le plus d'attention. Il est depuis longtemps popularisé, non-seulement en France, mais partout où les cartes françaises ont pris droit de cité.

PIQUETTE. Boisson acidule obtenue par la fermentation, au moyen d'une certaine quantité d'eau jetée sur le marc du raisin, quand le vin est coulé. On fait, dans les pays de vignobles, de la piquette plus ou moins bonne, selon les procédés qu'on emploie. Aux environs de Bordeaux, on remplit les futailles de râpe fraîche, on les fonce et on les bouche hermétiquement. A mesure que le besoin de faire de la piquette se fait sentir, on ouvre les tonneaux, où l'on met la quantité d'eau nécessaire; quelques jours après, la piquette est bonne à boire. Dans d'autres localités, une cuve qui a coulé cent hectolitres de vin peut recevoir environ douze hectolitres d'eau, mise par deux hectolitres chaque deux jours, et produit environ dix hectolitres de bonne piquette, qui peut passer l'été en la traitant comme le vin, et en la plaçant dans un local convenable.

La piquette est la boisson du pauvre : elle est saine et peu chère. La loi organique d'avril 1806 (sur les boissons) n'en parle pas plus que celle de 1816; ce qui autorise à présumer que le législateur entendait lui conserver ses franchises. Les premières instructions de la régie, sous Français de Nantes, furent rédigées dans cet esprit; mais le fisc ne s'accommoda pas longtemps de ces intentions débonnaires : il exigea que les piquettes fussent soumises aux droits d'*entrée* et de *mouvement*. A la vérité, sous le nom de *piquette*, beaucoup de vins entraient en fraude dans les villes; et, il faut en convenir, la ligne qui sépare un mauvais vin et une bonne piquette est difficile à déterminer. J.-D. GIMET.

PIQUEUR. En termes de vénerie, c'est un homme de cheval dont la fonction est de suivre et de diriger une meute de chiens. En termes de manége, c'est un domestique chargé de monter les chevaux pour les dresser, pour les exercer ou pour les mettre sur la montre.

On appelle aussi *piqueurs* les domestiques en livrée qui précèdent à cheval les équipages des souverains et des princes; la nuit ils sont ordinairement armés de torches allumées; les gens riches qui voyagent ont souvent des piqueurs qui vont devant, à une distance assez considérable, pour faire préparer les relais.

Sous le ministère de M. Decazes on appela *piqueurs* des gens qui, poussés par un mobile resté inconnu, se mêlaient aux foules pour y piquer les femmes à l'aide d'un poinçon ou d'un instrument piquant; pendant près d'un mois on ne parla à Paris que des *piqueurs*, dans lesquels beaucoup s'obstinèrent à ne voir que des agents de police, et qui disparurent ensuite comme ils étaient venus, sans que l'on sût pourquoi.

Piqueur se dit aussi d'un homme qui a soin de tenir le rôle des maçons, des tailleurs de pierre, des manœuvres ou d'autres ouvriers, de marquer quand ils sont absents et de surveiller leurs travaux. Ce mot s'applique également dans les chapitres à celui qui tient note des chanoines absents.

Piqueur, en termes de cuisine et de rôtisserie, est celui qui larde les viandes.

Figurément et familièrement, le parasite, l'écornifleur, est appelé *piqueur de table*, *piqueur d'assiette*.

PIQUEUR D'ESCABELLE. *Voyez* ÉCORNIFLEUR.

PIQUICHIN, soldat des troupes mercenaires au treizième siècle (*voyez* GOUJAT, PIQUEUR).

PIQUIER, soldat qu'on a aussi nommé *pique*, car un usage, maintenant effacé, caractérisait par le même terme et une arme portée et le porteur de l'arme. Servir dans les piques, c'est être *piquier*. Les *piquiers*, *picaires*, *piquenaires*, *picquichins*, étaient désignés en latin barbare par *picardus, picardi*, et le règne de Louis XI ou de son prédécesseur peut être regardé comme celui où une province de France, démembrement de la Belgique, a été généralement reconnue Picardie, et où un genre de troupe d'infanterie a été *pique*. Ce n'est pas que ce genre d'arme ne fût plus anciennement connu, comme le témoigne le célèbre *godendac* ou *bonjour* des Flamands, l'arme d'hast des terribles *pickeniers*, *pickenieven* de la Suisse allemande, et l'armement de quelques francs-archers; mais la France royale, c'est-à-dire du domaine direct de la couronne, n'a eu des corps de piquiers que depuis que la gendarmerie, qui formait encore presque toute l'armée sous Charles VII, perdit de son crédit, et vit s'entremêler de piques à pied les lances à cheval. Avant le quinzième siècle, l'idiome des Picards appelait *hokebos* les piquiers; les provinces qui ne parlaient pas l'idiome picard, et ne prononçaient pas le *ch* comme un *k*, les appelaient *hochebos*, c'est-à-dire remue-bois, venus du verbe *hocher*, équivalant à *mouvoir*, et du substantif *bos* ou *bois*, synonyme de *pike* ou de *pique*.

L'infanterie étrangère de Charles VIII comportait à peu près un *escopetier*, ou tireur d'arme à feu par neuf ou dix piquiers. Sous Louis XII et François Ier, les corps alors nommés *bandes*, *compagnies*, *lansquenets*, *fanterie*, *hommes de pied*, avaient à peu près un arquebusier par deux ou trois piquiers; une hallebarde commandait l'escouade ou escadre; des rondeliers formaient, sur un rang, une muraille du côté de l'ennemi. Henri IV avait deux mousquetaires pour trois piquiers. On voit combien s'étaient rapidement propagées les armes à feu portatives. Ce mélange de trois genres d'armes, ce mélange de piques, de hallebardes, de pistolets, dans un même corps, dont les proportions numériques et la composition variaient sans cesse, s'opposait à ce qu'il pût s'établir des principes raisonnés d'organisation et une tactique savante, parce que chaque maréchal de bataille décidait à sa manière de l'arrangement des hommes sur le terrain. Depuis l'an 1600, deux mousquetaires répondaient à un piquier. Les piquiers composaient, en ordre de bataille, un groupe central, qui, à mesure de la multiplication du feu, avait progressivement aminci sa profondeur. Ses rangs montaient dans le principe jusqu'au nombre de vingt, formant un carré plein, entouré d'archers ou d'arbalétriers ou de pistoliers. Cet encadrement devenait au besoin les *escarmoucheurs* ou l'infanterie légère du temps. Les rangs de piquiers n'étaient plus sous Henri IV que de dix ou douze, ayant la plupart du temps pour manches les tireurs d'armes à feu, ordonnés sur cinq ou six rangs. Les piquiers vétérans ou soldés (nous les appelons vétérans ou soldés pour les distinguer des piquiers à *pique sèche* sans corselet, sans denier de poche), ces piquiers vétérans ou d'élite, avaient bourguignote, pot en tête, cuirasse légère, tandis que les tireurs d'armes à feu n'eurent jamais, excepté peut-être dans le commencement, qu'un costume de drap et le chapeau.

La solde des piquiers était plus forte que celle des armes à feu, parce que leurs armes défensives, qui accompagnaient les piques d'élite, étaient un accoutrement plus dispendieux, parce qu'il fallait des hommes plus mûrs, plus robustes, pour combattre avec une pique pesant jusqu'à dix kilogrammes, enfin, parce qu'on trouvait moins de recrues disposées à se faire piquiers qu'il ne s'en présentait pour mousquetaires. Ce dernier métier, étant plus propre au rôle de maraudeurs, alléchait davantage les aventuriers. Les primitifs d r a g o n s étaient des piquiers ou du moins contenaient des piquiers jusqu'à l'époque où ils furent tous pourvus d'armes à rouet. Au milieu du dix-huitième siècle, ils reçurent, ainsi que les grenadiers, des fusils à b a ï o n n e t t e. Cette mode prévalut sur la pique, qui disparut totalement à la fin du siècle, quand il fut confectionné des baïonnettes d'une forme plus savante. Les troupes de l'infanterie française ne conservèrent des anciennes armes d'hast que la hallebarde, qui fut à son tour abolie pendant ou peu après la guerre de 1756. Gal BARDIN.

PIQÛRE se dit en général de toute solution de continuité faite par la pénétration d'un corps aigu ou *piquant* dans un autre corps; c'est même dans ce sens qu'il est employé en médecine, quoique l'on ne doive cependant pas désigner sous le nom général de *piqûres* toutes les plaies faites par instrument piquant : ainsi, la plaie résultant d'un coup d'épée, de baïonnette, par exemple, et même d'un coup de lance, qui aura pénétré dans le bas-ventre ou dans la poitrine, quoiqu'elle soit, à proprement dire, le résultat d'une *piqûre*, ne saurait cependant être qualifiée par ce terme; il ne doit en général s'appliquer qu'aux plaies par instrument piquant peu importantes et qui n'ont pas pénétré dans les grandes cavités, comme celles qui résultent d'un léger coup d'épée, de la piqûre d'une aiguille, d'un clou, d'une épine, d'une arête de poisson, d'un insecte à aiguillon, etc. Ce n'est pas que ce dernier genre de p l a i e soit toujours sans gravité, tant s'en faut, et l'on voit même assez souvent surgir à la suite des plus légères piqûres les accidents les plus graves, et dont la mort peut même être la suite : telles sont les piqûres que l'on se fait quelquefois dans les d i s s e c t i o n s; tels sont aussi les p a n a r i s, que produisent assez fréquemment les plus faibles piqûres du bout des doigts. Mais ici les accidents dépendant de la lésion incomplète des nerfs, du déchirement des parties lésées, ne paraissent point être la suite, au moins aussi immédiate, de la piqûre que dans les plaies pénétrantes.

Nous n'avons point en France d'insectes dont la piqûre soit assez dangereuse pour produire la mort. Les vipères mordent plutôt qu'elles ne piquent, quoique la plaie faite par ces animaux soit ordinairement rangée dans la classe des piqûres. On nomme *piqûre*, dans l'art vétérinaire, la blessure que font quelquefois à un cheval des maréchaux maladroits qui enfoncent, en ferrant, un clou jusqu'au vif. On appelle aussi *piqûres* ces légers trous ou sillons que font parfois les insectes dans du bois, des fruits, des étoffes, du papier, etc. C'est dans ce sens qu'on dit *piqûre de vers*, et c'est sans doute par allusion aux dégâts que cause quelquefois cette piqûre, qu'on dit familièrement d'une chose en bon état, *qu'elle n'est pas piquée des vers*.

On nomme encore *piqûres* des rangs de points-arrière, points faits symétriquement, soit pour coudre ensemble deux ou plusieurs étoffes mises l'une sur l'autre, soit pour orner certaines parties des vêtements. *Piqûre* se dit aussi d'ornements faits sur du taffetas ou d'autres étoffes, piquées symétriquement avec de petits fers.

Une des acceptions de ce mot s'est perdue dans la magistrature, avec l'institution qui y avait donné lieu : ainsi, *piqûre* signifiait autrefois à la chambre des comptes l'assistance ou l'acte de présence que faisaient les officiers civils à des processions ou à d'autres cérémonies religieuses; ces sortes de *piqûres* servaient à ceux qui les gagnaient, à peu près comme des *bons points* servent encore aujourd'hui aux écoliers dans certains colléges, où ils passent en compensation de quelques fautes.

Piqûre se disait figurément aussi autrefois d'une offense, et il a également cessé d'être de mode dans ce cas, quoique le mot *piquant* s'emploie très-bien encore dans des acceptions à peu près semblables : « Si la raillerie, a dit un auteur du dernier siècle, n'est pas un peu piquante, elle ne plait pas; mais je ne veux pas que les piqûres en soient profondes. »

PIRANESI, nom de plusieurs artistes romains du dix-huitième siècle.

Giambattista PIRANESI, dessinateur, architecte et graveur, né à Rome, en 1707, apprit à Venise le dessin ainsi que les éléments de l'architecture, et se rendit ensuite à Rome, où il s'occupa exclusivement de travaux archéologiques. Son ouvrage principal est relatif aux antiquités de Rome; l'art du dessin n'a jusqu'à ce jour rien produit de plus vivant, de plus exact; mais il ne faut pas s'en rapporter aveuglément à toutes les conjectures archéologiques de l'auteur. Il mourut en 1778.

Francesco PIRANESI, fils du précédent, né à Rome, en 1756, continua dignement l'ouvrage commencé par son père, et agrandit singulièrement la maison de commerce d'estampes et d'objets d'art que celui-ci avait établie. G u s t a v e III, pendant son voyage en Italie, étant venu visiter l'atelier de Piranesi, admira ses œuvres; et pour contribuer à la fortune d'un artiste dont il estimait le talent, ce prince le nomma consul de Suède à Naples. Cette faveur fut pourtant la cause indirecte de la ruine de Piranesi, qui se vit persécuter par le gouvernement du duc de Sudermanie, régent de Suède pendant la minorité de Gustave IV, parce qu'il avait favorisé l'évasion du baron d'Arnsfeldt, ambassadeur de Suède à Naples, accusé de haute trahison, et dont le cabinet de Stockholm réclamait l'extradition au gouvernement napolitain. Celui-ci se prêta à l'évasion de l'ambassadeur, et pour donner un semblant de satisfaction au gouvernement suédois, fit condamner par les tribunaux de Naples Piranesi à être pendu en raison du concours actif qu'il avait donné à la fuite du baron d'Arnsfeldt, mais en ayant soin de le faire évader, lui aussi, avant que la justice pût mettre la main sur lui. Retiré à Rome, Piranesi y continua son commerce de gravures. La *Biographie* Michaud le fait nommer alors ambassadeur de la république romaine en France, puis se réfugier à Naples (où il se fût bien gardé de paraître, à cause de l'arrêt rendu contre lui par contumace et qui subsistait toujours), et enfin sauver sa fortune, grâce à la protection de Napoléon. Ce sont là autant d'erreurs.

« La vérité est, dit le comte d'Allonville, notre honorable collaborateur, que lorsque les Napolitains et leurs alliés vinrent renverser l'éphémère république romaine, le gouvernement militaire qui s'établit alors à Rome prétendit faire exécuter l'arrêt rendu à Naples contre Piranesi, que je fus assez heureux pour recueillir dans mon logement, dont les planches furent sauvées et embarquées par mes soins à Civita-Vecchia, où je m'embarquai avec lui pour la France. »

Réfugié en France, Piranesi y fonda une manufacture de vases dits *étrusques*, qui ne réussit pas. Il y continua aussi la publication des œuvres de son père et des siennes propres, ce qui compose une masse de 1733 planches, et mourut à Paris, en 1810.

Petro et *Laura* Piranesi, frère et sœur du précédent, gravèrent sur cuivre avec talent, et secondèrent leur frère dans ses travaux.

PIRATE, PIRATERIE. Le *pirate* est celui qui court les mers sans être commissionné, comme le corsaire, par un gouvernement, dans le seul but de s'enrichir, ne connaissant ni loi, ni pavillon, ni amis, ni ennemis. On le désigne encore sous le nom d'*écumeur de mer* et de *forban*. Les pirates sont le fléau du commerce maritime. Aussi toutes les nations civilisées leur font la guerre, et il n'en reste plus aujourd'hui que dans quelques mers lointaines ou sur les côtes des pays en proie à la guerre civile, parce qu'au milieu du désordre général ils arborent successivement le pavillon de tous les partis. La mer Méditerranée, infestée jadis par la piraterie, organisée pendant plusieurs siècles d'une manière régulière dans la régence d'Alger, en est aujourd'hui à peu près délivrée, à part les pirates marocains de la côte du Riff, qui ne s'éloignent guère de leurs parages. Pourtant la guerre d'Orient a vu reparaître des pirates grecs et albanais, contre lesquels on a sévi avec la plus grande rigueur. Le châtiment réservé partout aux pirates est la peine de mort. On leur accorde rarement quartier, parce qu'ils se sont mis hors du droit des gens.

PIRÉE, port d'Athènes, situé à l'embouchure du Céphise, à environ 4 kilomètres de cette ville, à laquelle il était autrefois réuni par deux grandes murailles, dont on retrouve encore des vestiges, et qui furent construites l'une par Thémistocle, l'autre par Périclès. Lysandre, général lacédémonien, s'étant emparé de toute l'Attique après la bataille d'Ægos-Potamos, rasa ces murailles magnifiques, et porta un coup terrible au Pirée. Plus tard, Sylla, après la conquête de la Grèce, acheva la ruine de cette place maritime, qui sous Adrien n'était plus qu'une bourgade informe. Bientôt elle perdit jusqu'à son nom, et prit celui de *Porto Leone*, à cause d'un célèbre lion en marbre situé à l'entrée du port, et qui, rugissant et la gueule ouverte du côté de la mer, semblait prêt à s'élancer sur les navires qui venaient y mouiller. Ce lion, enlevé en 1686 par Morosini, doge vénitien, se voit maintenant à Venise, en face de l'arsenal. Lorsque le roi Othon vint, en 1836, prendre possession du royaume de Grèce, il débarqua au Pirée, et n'y trouva qu'une seule habitation. Il lui rendit son ancien nom, et depuis le Pirée a pris une certaine importance. Le 24 mai 1854 des troupes anglo-françaises débarquèrent au Pirée, et s'y installèrent, pour forcer la Grèce à respecter la neutralité pendant la guerre d'Orient. Elles y sont restées jusqu'à ce jour.

Au point de vue maritime, le Pirée se divise en trois parties : l'avant-port, le port et la vieille darse.

On entre dans l'avant-port en laissant à droite le cap Thémistocle, signalé par un tombeau pyramidal et un mât de pavillon, et à gauche l'île Psithalie, ou la pointe du continent qui est tout près. On peut mouiller dans l'avant-port, où l'on trouve des fonds qui ont depuis 6 mètres jusqu'à 33; mais on y est exposé aux vents d'ouest et de sud-ouest. La grande passe qui conduit de l'avant-port dans le port a 18 mètres de profondeur, et est comme le port lui-même accessible aux plus grands navires de guerre. Le fond de vase est d'une excellente tenue. Le port n'est exposé qu'au seul vent d'ouest, auquel on donne dans le pays le nom de *vent de Corinthe*.

La vieille darse est presque entièrement comblée. La quarantaine se trouve sur la pointe saillante, à droite de l'entrée de la vieille darse; près de là est le débarcadère, d'où l'on prend la route d'Athènes.

La population du Pirée, qui avant 1848 n'était que de 5,000 habitants, s'élève aujourd'hui à environ 7,000. La ville est construite sur un plan assez régulier. On y trouve cinq places, cinq fontaines, quatre églises du rite grec et une église catholique. Elle possède en outre une douane, une quarantaine, un chantier de construction, une école élémentaire, deux écoles communales, une fabrique de soie, une fabrique de spiritueux et divers établissements industriels. Depuis l'occupation on a pratiqué des débarcadères, construit des quais, restauré les rues, assaini le bazar et fait d'utiles plantations. La ville embellie a tout à fait changé d'aspect.

Le mouvement du port est considérable. Il reçoit 7,000 bâtiments par an en moyenne, savoir : 200 bateaux à vapeur et navires de guerre des différentes nations; 2,500 navires marchands d'un fort tonnage, et 4,300 caboteurs. Ces derniers présentent un ensemble de 130,000 tonneaux. La valeur des marchandises importées est évaluée à 3,500,000 drachmes; celle des marchandises exportées à 400,000 drachmes.

On trouve encore quelques traces de l'ancien Pirée, mais elles sont rares. A droite de la route d'Athènes, on voit les débris des grandes murailles. Sur la colline de Munychie, appelée aujourd'hui *Castelli*, on trouve les restes du théâtre de Bacchus, et au sommet de la même colline les ruines d'un ancien château destiné à protéger la ville et le port. Dans l'intérieur de la ville sont les ruines d'anciens thermes, ainsi que les restes d'un égout. Près de l'église Saint-Nicolas s'élève une petite colonne avec une inscription, ce qui indique l'emplacement de l'ancien *emporium*. Enfin, tout récemment on a découvert l'ancien aqueduc qui servait à approvisionner d'eau la ville, et qui va jusqu'à Daphné. Cet aqueduc communique avec plusieurs citernes. Il est assez bien conservé; mais sa restauration exigerait de grands frais. Sur la rive occidentale de l'isthme du Pirée, près de l'emplacement appelé *Phanari*, on voit un grand sarcophage en mauvais état et que les eaux de la mer recouvrent fréquemment : ce monument en ruines est le tombeau de Thémistocle.

PIRITHOÜS, personnage à la fois historique et mythologique des temps qui précédèrent la guerre de Troie. Roi des Lapithes, peuplade de la Thessalie, Pirithoüs, au dire des traditions poétiques, était fils d'*Ixion* et de la nymphe *Dia*; selon d'autres, fils d'Ixion et d'une nue, qui avait pris la ressemblance de Junon. Quelques-uns le font fils de Jupiter et de *Dia*.

La manière dont se forma l'indissoluble amitié entre Pirithoüs et Thésée est racontée par Plutarque, et peut avoir de la réalité, parce qu'elle porte le caractère de ces temps primitifs et chevaleresques. Les exploits de Thésée avaient inspiré à Pirithoüs le désir de connaître ce héros; Pirithoüs ne trouva rien de mieux que d'aller attaquer le territoire de l'Attique, où régnait Thésée, moyen infaillible de le faire venir au-devant de lui. En effet, le roi de l'Attique arriva aux frontières avec sa petite armée. Une fois en présence l'un de l'autre, les deux héros, charmés réciproquement de leur bonne mine et de leur courage, ne songèrent plus à se battre. Pirithoüs s'avança vers son rival, lui tendit la main, et offrit de payer les dégâts commis sur son passage, ce dont Thésée le tint quitte généreusement; dès lors la meilleure intelligence régna entre eux, et devint une constante amitié.

Le grand acte de la vie de Pirithoüs fut le massacre des Centaures. Pirithoüs, épousant Hippodamie, d'autres disent Laodamie, invita au festin de ses noces les personnages considérables du voisinage, entre autres les chefs centaures. L'un de ces derniers, Eurytion, épris de Laodamie et échauffé par le vin, voulut l'enlever : Thésée vole à la défense de son ami ; une rixe s'engage entre les Lapithes et les Centaures ; l'avantage reste à Pirithoüs et à Thésée, et les Centaures sont expulsés de la Thessalie. L'aventure du festin peut être un incident réel dans cette lutte entre deux peuplades ; la rivalité, les contestations relatives aux pâturages, durent être le fond de la querelle. Parmi les exploits de Pirithoüs, on cite sa présence à la chasse du fameux sanglier de Calydon, l'enlèvement d'Hélène en compagnie avec Thésée et sa descente aux enfers.

Pirithoüs, devenu veuf, avait formé le projet d'épouser Proserpine, femme de Pluton, et se fit accompagner aux enfers par son inséparable Thésée. Arrivés dans le ténébreux séjour, Pluton, qui connaissait leurs coupables projets, les retint prisonniers ; il condamna Pirithoüs au supplice d'Ixion, son père au supplice de la roue. Selon d'autres, ils furent délivrés par Hercule. Plusieurs historiens grecs, tels que Plutarque, Diodore et Élien, cherchent à démêler un fondement historique dans cette descente de Pirithoüs aux enfers. Ils prétendent que la criminelle tentative de ce héros fut dirigée contre l'épouse d'un certain roi des Molosses, nommée Proserpine ; que ce roi fit périr Pirithoüs, retint longtemps en captivité Thésée, et chercha à lui ravir l'Attique en indemnité. En général, les récits qui se rapportent aux personnages de cette époque sont multiples, contradictoires ; s'ils offrent une riche pâture à l'imagination, ils laissent très-peu de prise au jugement qui voudrait y saisir quelque chose de réel et d'historique. F. Gail.

PIROGUE. Il faut considérer la pirogue du sauvage, faite d'un seul tronc d'arbre, comme le premier rudiment des constructions navales. Les naturels des côtes d'Afrique et d'Amérique l'emploient fréquemment encore aujourd'hui, malgré le peu de stabilité de ces sortes d'embarcations, qui chavirent fréquemment. Les pirogues se conduisent à la pagaye, et vont aussi très-bien à la voile, ne faisant que *peler* l'eau, sur laquelle elles glissent rapidement. Il y en a qui sont faites d'écorces cousues ; d'autres sont recouvertes d'une peau d'animal, qui suffit seule quelquefois à la fabrication de la pirogue. Les pirogues les plus rapides sont celles de la Côte-d'Or : il faut, sur cette côte, pour qu'une pirogue soit admise au service d'un vaisseau, qu'elle l'atteigne sans voiles, quel qu'en soit le sillage.

PIRON (Alexis), né le 9 juillet 1689, à Dijon, était fils d'Aimé Piron, apothicaire poëte. « Les Muses, suivant l'expression du temps, aimaient à parler quelquefois avec lui le langage de l'ancienne Rome, et se prêtaient même souvent au patois du pays, qu'elles embellissaient de leurs charmes. » C'est-à-dire qu'Aimé Piron rivalisait avec Santeuil, qui l'honora de sa colère, et qu'il composa dans le dialecte bourguignon une infinité de petits poëmes, de chansons, de harangues et de pièces fugitives, dont la plupart ont été imprimées. Alexis Piron était donc à bonne école ; et quand vint le moment de prendre un état et de choisir entre le droit et la médecine, il se fit avocat, bien résolu pourtant, à la première bonne cause qu'il perdrait, de renoncer à sa profession. Il avait vingt ans, et l'indiscrétion d'un ami, du jeune Jehannin, qui depuis fut conseiller au parlement de Dijon, livre ses vers à la publicité, qui devait, la tradition aidant, faire de l'innocent Piron une espèce de Diogène français. Second secrétaire, aux gages de 200 livres par an, d'un financier homme de lettres, Piron fut bientôt en disgrâce, et revint à Dijon défendre le drapeau de sa ville natale contre les prétentions académiques de la ville de Beaune ; puis la faim lui commande le pèlerinage obligé de Paris, et Paris lui donne pour protecteur le chevalier de Belle-Isle, qui l'accouple à un soldat aux gardes françaises, dans un galetas à peine lambrissé, où dormaient une foule de mémoires manuscrits, de projets de négociations qu'il s'agissait de mettre au net proprement. C'était dix années de besogne assurée au prix de quarante sous par jour. Mais déjà six mois s'étaient écoulés, et Piron n'avait pas encore entendu parler de son salaire ; il lui fallut recourir au chien favori du chevalier pour présenter une requête en vers, qu'on ne vit au collier de la bonne bête qu'au bout de huit jours, qui durent paraître bien longs au pauvre poëte à jeun. Piron laisse passer devant lui le char de Law sans se cramponner à sa roue, et, rendu à lui-même, il se sentait assez embarrassé de sa personne, lorsqu'il voit entrer chez lui un homme tout effaré, qui lui dit : « Je suis Francisque, entrepreneur de l'Opéra-Comique : la police me défend de faire paraître plus d'un acteur parlant sur la scène ; MM. Lesage et Fuselier m'abandonnent ; je suis ruiné, si vous ne venez à mon secours : vous êtes le seul homme qui puissiez me tirer d'affaires ; tenez, voilà cent écus, travaillez, et comptez que ces cent écus ne sont pas les seuls que vous recevrez. » Cent écus ! Deux jours après *Arlequin-Deucalion* était créé, et Francisque donnait à l'auteur cent autres écus. *Arlequin-Deucalion* contenait une critique ingénieuse et comique de toutes les nouveautés dramatiques et lyriques du jour. Le succès fut immense, et Piron consacra pour un temps ses travaux à l'Opéra-Comique. Rameau, son compatriote, y attacha plusieurs morceaux de sa composition.

Il fallut toutes les sollicitations de ses amis, et surtout de Crébillon, pour déterminer Piron à risquer son talent comique sur la scène du Théâtre-Français. Son premier essai date de 1728, et le titre de *Fils ingrat* fit place à celui de *L'École des Pères*. Le public l'accueillit favorablement ; mais l'auteur, dans sa préface, se montre juge plus sévère, et blâme le genre mi-comique mi-dramatique dans lequel son sujet l'avait entraîné. Destouches, dans *Le Glorieux*, tira grand parti d'une des scènes principales, et Étienne, dans *Les Deux Gendres*, ne se fit pas faute d'habiles emprunts. En 1730 *Callisthène*, tragédie, n'eut qu'un médiocre succès. Elle fut retirée à la dixième représentation. Piron s'en vengea gaiement par une pièce charmante, intitulée *La Calotte du public*. *Gustave* eut un succès soutenu. Quelque temps après, il hasarda le même jour sur le Théâtre-Français *L'Amant mystérieux* et *Les Courses de Tempé*. *L'Amant mystérieux* tombe à plat, et la pastorale des *Courses de Tempé* réussit, ce qui ne prouva guère en faveur du goût du public. « Le public, dit Piron à ses amis du *Caveau*, m'a baisé sur une joue et m'a donné un bon soufflet sur l'autre. »

Enfin, en 1738, parut *La Métromanie*. Ce ne fut pas sans peine. Cette admirable pièce fut d'abord rejetée par les comédiens, et il fallut un ordre du ministre pour la faire jouer. Après le brillant succès dont elle fut suivie, on ne daigna pas l'inscrire sur le répertoire, et, oubliée pendant dix ans, elle n'aurait peut-être jamais reparu sur le théâtre sans Grandval, qui lors de sa rentrée en proposa la reprise à ses camarades. La province fut moins dédaigneuse que Paris, et *La Métromanie* fit recette partout. Comme on la jouait à Toulouse, à l'endroit de la scène où Francaleu dit à Baliveau :

> Monsieur le capitoul, vous avez des vertiges !..
> Mais apprenez de moi qu'un ouvrage d'éclat
> Anoblit bien autant que le capitoulat ;
> Apprenez........

un capitoul nouvellement élu, qui n'avait connu sans doute de sa vie d'autres vers que ceux du vieux dicton toulousain :

> Cil de noblesse a grand titoul
> Qui de Tholoze est capitoul,

prenant pour une insulte personnelle les vers adressés à Baliveau, se leva, et voulut faire cesser la représentation. On ne put le calmer qu'en lui livrant le nom de l'auteur, qui, tranquille à Paris, ne se doutait pas que cinq ou six fusiliers le cherchassent à Toulouse pour le mettre en prison. Un ennemi plus à craindre était l'abbé Desfontaines, qui ne pardonnait pas à Piron son amitié pour Rousseau, le poëte lyrique, expiant dans l'exil quelques vers de trop âpre satire. De là un feu roulant d'épigrammes, qui ne cessa que sur la tombe du pauvre critique. Voltaire fut moins généreux. *Fernand Cortez*, tragédie jouée pour la première fois le 8 janvier 1744, ne méritait pas que Piron compromît sa réputation de modestie par ce mot aux comédiens, qui lui demandaient des retouches : « Parbleu ! messieurs, tel autre travaille en marqueterie, mais moi je jette en bronze. »

Aux chagrins de cette chute vinrent se joindre les peines domestiques : la femme de Piron se mourait, et avec elle s'en allaient 2,000 livres de rente viagère. Le premier ami qui se présente est le maréchal de Saxe, qui fait accepter, non sans peine, cinquante louis au vieux poëte ; puis arrive un contrat anonyme de 600 livres de rente viagère ; et Piron charge en vain *Le Mercure* de découvrir le nom de son bienfaiteur. En 1750 la mort de l'abbé Terrasson laissa une place vacante à l'Académie Française. L'homme qui avait dit : « Ils sont là quarante qui ont de l'esprit comme quatre, » se présente chez Nivelle de La Chaussée, et sollicite sa voix en laissant au bas de sa requête ces deux vers, tirés de je ne sais quelle pièce de ce triste père du *comique larmoyant* :

En passant par ici, j'ai cru de mon devoir
De joindre le plaisir à l'honneur de vous voir.

Il ne fut pas plus respectueux avec les autres ; et comme on s'inquiétait déjà de son discours de réception : « Il sera bien simple, dit-il ; je me lèverai, j'ôterai mon chapeau, puis, à haute et intelligible voix, je dirai : Messieurs, grand merci ; et monsieur le directeur, sans m'ôter son chapeau, me répondra : Monsieur, il n'y a pas de quoi. » L'abbé de La Bletterie fut élu. Mais le bon plaisir du roi pouvait fermer la porte au janséniste, s'appelât-il même Louis Racine, et Piron avait encore quelque chance. Il se désista. Trois ans après, en 1753, Languet, archevêque de Sens, laisse un fauteuil vacant, qui enfin va recevoir l'auteur de *La Métromanie*. L'évêque de Mirepoix, au nom de la morale, opposa le *veto* de Louis XV, et l'Académie obtint pour le poëte de madame de Pompadour, comme fiche de consolation, une pension de mille livres. La compagnie députa à Piron MM. de Mairan, Mirabeau, l'abbé du Resnel et Duclos, pour féliciter Piron de cette faveur royale et lui exprimer le regret de ne pas le compter au nombre de ses membres. L'Académie de Dijon fit des avances à son illustre compatriote ; il ne s'y crut pas en mauvaise compagnie avec Bouhier, Crébillon et Buffon ; et il patienta avec ce seul titre jusqu'à quatre-vingt-trois ans.

Il mourut le 21 janvier 1773, sans avoir démenti un seul jour son inaltérable gaîté. Il avait commencé par sa fameuse *Ode à Priape*, et finit par la traduction des psaumes de la Pénitence. Son testament résume trop bien sa vie pour ne pas le transcrire littéralement. « Je me recommande à la postérité. J'espère plus dans son indulgence que dans celle de mes contemporains. Comme j'ai toujours fui la vaine gloire, et que je crains qu'une main amie ou ennemie ne barbouille mon tombeau d'une plate ou méchante épitaphe, je veux qu'on y grave celle-ci :

Ci gît Piron, qui ne fut rien,
Pas même académicien.

Je laisse mes ouvrages en proie à tous les journalistes, de quelque pays, profession, qualité et secte qu'ils soient, sauf l'hypothèque des satiriques, des critiques, des compilateurs, des plagiaires et des commentateurs. Le grand Corneille ne leur étant point échappé, il y aurait de l'indécence à moi, du ridicule même, de ne pas me laisser tourmenter, fouiller et saisir par ces baragers. Je laisse aux jeunes insensés qui auront la malheureuse démangeaison de se signaler par des écrits licencieux et corrupteurs, je leur laisse, dis-je, mon exemple, ma punition et mon repentir sincère et public. Je laisse enfin mon cœur à l'immortelle Académie Française, et la supplie de vouloir bien recevoir ce petit diamant, assez précieux pour sa rareté, n'y ayant chez le Mogol même aucuns joyaux qui vaillent un cœur vraiment reconnaissant. »

Théodose Burette.

PIS, mamelle de la vache, de la chèvre, de la brebis, etc.

Le pis des vaches est sujet à l'inflammation. Elle peut avoir plusieurs causes. Elle résulte souvent d'un état morbide de l'utérus, par suite des sympathies qui existent entre cette partie et les mamelles. Il en est de même d'un dérangement des organes de la digestion. Une marche longue et pénible après le vêlement et lorsque la mamelle est gonflée de lait, des blessures, des contusions, des meurtrissures, un refroidissement prolongé, un long repos sur une surface hérissée d'aspérités et la variole sont autant de causes de l'inflammation de la mamelle, que peut encore occasionner un séjour trop prolongé du lait dans cet organe. Cette inflammation attaque la structure glandulaire de la mamelle ou le tissu cellulaire qui sert à l'unir. Dans le premier cas, la maladie attaque généralement l'un des trayons ou mamelons, ou bien elle s'étend à la moitié ou même à la totalité du pis. Elle est toujours subite, rapide et dangereuse. Elle s'annonce par de la chaleur, de la douleur et de la dureté au trayon ou à la mamelle. La sécrétion du lait est suspendue en partie ou complétement. Si le lait coule, il est mêlé de parties coagulées et ressemble à du petit-lait ; quelquefois il est sanguinolent ou purulent. On saigne l'animal aux veines du cou ou aux veines abdominales ; on administre du sel d'Epsom ou sulfate de magnésie ; on applique des fomentations d'eau chaude à l'aide d'un bandage suspensoir qui soulage en même temps l'animal du poids de l'organe malade. On peut y joindre la nuit un cataplasme de son et de farine de graine de lin. Si la douleur est très-vive, on fait les fomentations avec une décoction de fleurs de camomille, et on emploie la ciguë pour les cataplasmes. On a soin de vider les trayons ; dans quelques endroits on coupe le bout du trayon, mais cette pratique exclut toute espèce de chance d'un rétablissement utile de cette partie ; il vaut donc mieux faire une incision perpendiculaire au trayon pour évacuer les matières concrétées ; souvent l'introduction d'une petite sonde ou d'une canule suffit pour l'évacuation des fluides viciés. Quand la maladie s'étend jusqu'au tissu glandulaire de la mamelle et qu'elle a pris un caractère indolent, un liniment d'iode appliqué deux fois par jour peut produire un bon effet. Enfin, si la maladie persiste, on peut encore sauver parfois l'animal et le rendre propre à la boucherie en pratiquant l'ablation totale ou partielle de la mamelle.

PISAN (Nicolas de Pise, *dit* le), *Nicola Pisano*, architecte et sculpteur, né vers 1200, à Pise, mourut après l'an 1266. Du Pisan date une ère nouvelle dans l'histoire de l'art italien ; en effet, après plusieurs siècles de dégénérescence et de barbarie pour la sculpture, ses ouvrages révélèrent tout à coup un retour à la liberté et à la beauté de formes de l'antiquité. Cette tendance au mieux disparut encore, il est vrai, au quatorzième siècle, mais pour se réveiller avec une nouvelle vigueur au quinzième siècle dans les œuvres des grands maîtres florentins. Ce fait a provoqué les explications les plus contradictoires. Ce n'est pas des artistes byzantins, ses maîtres, dit-on, que le Pisan avait pu apprendre son nouveau style, puisqu'ils étaient eux-mêmes tombés depuis longtemps dans une complète dégradation de l'art. Il est donc plus probable qu'il se forma lui-même par l'étude des antiques. Il paraît n'avoir décidément suivi pour la première fois la direction de l'antique que dans les célèbres bas-reliefs qui ornent la chaire du baptistère de Pise. La chaire de la cathédrale de Sienne et le magnifique sarcophage de Saint-Dominique à Bologne datent des derniers temps de sa vie. On lui attribue aussi, comme architecte, diverses églises de Pise, de Pistoie, de Volterra, etc.

Son fils et élève, *Giovanni* Pisano, né vers 1240, mort en 1320, fut comme architecte et sculpteur l'un des reprérentants les plus importants du style allemand, qui prévalut en Italie à partir de la fin du treizième siècle. C'est lui qui construisit à Pise le célèbre Campo-Santo. Il exécuta, dans l'église de Pérouse, les tombeaux d'Urbain IV, de Martin IV, et de Benoît XI, construisit la façade de la cathédrale de Sienne, et dirigea les travaux de divers édifices à Naples, à Orvieto et à Pistoie. Pour l'église épiscopale d'Arezzo, il exécuta la table de marbre du maître autel, ornée de figures sculptées, de feuillage et d'émail, qui coûta 30,000 florins d'or; pour Florence, les fonts baptismaux de l'église Saint-Jean; pour l'église de Saint-Dominique, à Bologne, le maître autel, et, dans sa ville natale, les chaires de la cathédrale et de l'église du Campo-Santo.

Andrea PISANO, né en 1280, mort en 1345, sculpteur et architecte, ami du Giotto, exécuta à Florence les statues qui ornent le clocher de la cathédrale et les belles portes de bronze du baptistère de la même église, œuvre où le style allemand se révèle avec une puissante énergie.

Victor PISANO, dit PISANELLO, peintre, né en 1368, à San-Vigilio sul Lago, dans le pays de Vérone, jouit d'un grand crédit à la cour pontificale, et mourut en 1448. Ce qu'on a conservé de lui, en fait de tableaux, à Rome, à Venise, à Vérone, à Pistoie, témoigne du faire d'un maître habile. Mais il est beaucoup plus célèbre par ses médailles, représentant le plus souvent des portraits, avec des revers symboliques bien imaginés et exécutés. Les têtes, notamment, de ces pièces, frappées pour la plupart de 1429 à 1448, appartiennent à ce qu'il y a de mieux en ce genre.

PISAN (CHRISTINE DE). *Voyez* CHRISTINE DE PISAN.

PISANG. *Voyez* BANANNIER.

PISANO. *Voyez* PISAN.

PISCATORY (THÉOBALD-ÉMILE-ARCAMBAL), ancien représentant du peuple, ancien député, ancien pair de France, ancien ministre plénipotentiaire en Grèce, est né à Paris, le 8 vendémiaire an VIII (30 septembre 1799). Son père, ancien caissier du trésor, est mort en 1851. Sous la Restauration, M. Piscatory alla défendre la cause de la liberté en Grèce. Revenu en France, il fut élu député à Chinon (Indre-et-Loire), en 1832. En arrivant au palais Bourbon, M. Piscatory s'associa à la majorité conservatrice. Nommé presque immédiatement membre de la commission d'Afrique, il fut envoyé en cette qualité en Algérie, et, contrairement à l'opinion de ses amis politiques, qui voulaient l'abandon de nos possessions africaines, à son retour, il se prononça en faveur d'une occupation restreinte. A part cette question, il soutint les différents ministères qui se succédèrent jusqu'à celui du 15 avril 1837. Alors il entra dans la coalition, et il fit au ministère Molé une guerre qu'il sema de traits d'esprit. Il se rangea ensuite dans la nouvelle majorité dont M. Guizot devint le chef, et qui amena la formation du ministère du 29 octobre 1840. Bientôt, cependant, des revers de fortune lui firent donner sa démission. En 1844 M. Guizot le chargea de représenter la France en Grèce, où le refroidissement avec l'Angleterre allait se faire le plus rudement sentir. Il eut à lutter contre les prétentions exorbitantes de cette puissance, et parvint cependant à maintenir le ministère Coletti jusqu'à la mort de cet homme d'État, ami de la France. En récompense de ses nouveaux services, M. Piscatory fut nommé pair de France, le 4 juillet 1846. Le 10 décembre 1847 il fut appelé à l'ambassade d'Espagne; mais la révolution de Février ne lui donna pas le temps de prendre possession de ce nouveau poste. Un des membres les plus actifs du comité électoral de la rue de Poitiers, M. Piscatory fut élu, le 13 mai 1849, dans le département d'Indre-et-Loire représentant à l'Assemblée législative. Il y siégea sur les bancs de la majorité, et se fit d'abord le défenseur des mesures ministérielles; il fut même un des membres de la fameuse commission chargée d'apporter des restrictions au suffrage universel; mais à la fin il se rangea parmi les membres de cette majorité que les mesures du président mécontentaient, et se prononça contre la révision de la constitution. Le coup d'État du 2 décembre 1851 le rendit à la vie privée. L. LOUVET.

PISCHAOUER. *Voyez* PESCHAWER.

PISCICULTURE (du latin *piscis*, poisson, et *cultura*, culture). Un savant allemand, nommé Jacobi, avait déjà, vers le milieu du siècle dernier, trouvé les moyens de remédier à la dépopulation des fleuves et des rivières, dépopulation que les progrès de l'industrie n'ont fait qu'augmenter depuis. Dans un mémoire qu'il publia en 1758, Jacobi raconte comment il fut conduit à cette découverte. On savait de son temps que les truites et les saumons, quand vient l'époque de la ponte, remontent les ruisseaux où une eau limpide coule sur un fond de gravier, et y choisissent une place où ils s'arrêtent, écartent les pierres avec leur tête et leur queue, et les rangent de manière à former des espèces de digues qui puissent faire obstacle à la rapidité du courant, et dans les interstices desquelles leur progéniture puisse être à l'abri. C'est là que la femelle dépose ses œufs en frottant son ventre sur le sol, afin d'en faciliter la ponte. A mesure qu'ils sortent, leur poids les précipite vers le fond pierreux; les uns passent derrière un caillou, les autres derrière un second; jusqu'à ce que toutes les anfractuosités du lit qui a été préparé pour eux en soient garnies. Dans cette position, le choc continuel de l'eau ne peut les entraîner, et il les conserve dans l'état de propreté indispensable pour leur développement ultérieur. On savait encore qu'au moment où la femelle venait de pondre, le mâle, en se frottant comme elle le ventre contre les cailloux, versait sa laitance sur les œufs, et que cette matière, entraînée par le liquide qui lui sert de véhicule, passait sur eux comme un nuage, les imprégnait de molécules fécondantes, et se dissipait après avoir troublé un instant la transparence de l'eau.

De cette observation à l'idée que ce qui se passe normalement dans la nature pourrait être artificiellement imité dans un récipient, il n'y avait qu'un pas, et c'est là ce que comprit Jacobi. En conséquence, après avoir versé une pinte d'eau bien claire dans un récipient, il saisit une femelle dont les œufs étaient à maturité, et les exprima par une légère pression dans ce récipient. Il prit ensuite un mâle, fit couler sa laitance par le même procédé, en versa suffisamment dans le récipient pour blanchir l'eau, à l'imitation de ce qui se passe dans la nature, et c'est ainsi qu'il obtint la fécondation artificielle. Afin que l'expérience fût complète et pût aboutir à des applications industrielles, il avait fait préparer d'avance, pour y déposer les œufs ainsi fécondés, de longues caisses à éclosion où, par les plus heureuses combinaisons, se trouvaient réunies toutes les conditions dont il avait vu les femelles entourer leur progéniture au fond des rivières où elles la déposent.

Les expériences de Jacobi réussirent pleinement. Les premières applications pratiques eurent lieu près de Nortelem (Hanovre). Cependant, malgré les efforts du comte de Golstein pour vulgariser les idées de Jacobi, nous ne savons pas que d'autres essais aient été tentés à cette époque. Spallanzani s'occupa bien de la reproduction des poissons, mais à un point de vue purement spéculatif. Un nouvel essai fut fait, en 1837, par M. J. Schaw, en Écosse. Enfin, en 1842, un simple pêcheur de La Bresse, nommé Remy, retrouva les procédés de Jacobi. Pour lui, ce fut une véritable découverte, car il ignorait les travaux de ses devanciers. Cette découverte dut coûter d'immenses recherches à un homme qui, étranger aux études physiologiques, fut obligé d'acquérir par ses seules observations les données nécessaires.

Joseph Remy est mort à La Bresse (arrondissement de Remiremont), au commencement de 1851; mais il a vu son œuvre grandir et prospérer. Dès 1848 M. Quatrefages annonçait qu'il était possible de semer du poisson comme on sème du grain. En même temps M. Coste, professeur d'embryogénie comparée au Collége de France, ayant répété les expériences de Remy, poursuivait sans relâche leur application pratique, que l'appauvrissement de nos ressources ichthyologiques rendait chaque jour plus nécessaire. Il obtint bientôt la création à Huningue d'un établissement modèle de pisciculture. Cet établissement a déjà distribué plusieurs millions d'œufs fécondés en France et à l'étranger. On lui doit la naturalisation du saumon du Danube, de l'ombre-chevalier des lacs de la Suisse. On peut voir un échantillon de ses produits dans le lac et la rivière factices du bois de Boulogne.

Les divers procédés de la pisciculture offrent trois périodes distinctes : 1° la récolte et la fécondation des œufs ; 2° l'incubation et l'éclosion ; 3° la nourriture et la dissémination. La récolte et la fécondation sont sans difficulté : il suffit de se procurer des poissons mâles et femelles dont la laitance et les œufs soient parvenus au degré convenable. Quant aux appareils propres à amener l'éclosion, le plus simple et le plus pratique est un double tamis en toile métallique inoxydable, destiné à soustraire les œufs fécondés à la voracité des rats d'eau, des poissons, des insectes, des oiseaux aquatiques ; on plonge ce double tamis dans un courant, à 10 centimètres environ de profondeur.

Les poissons éclos, il faut pourvoir à leur nourriture. Si ce sont des espèces herbivores, elles trouvent dans les eaux les aliments qui leur sont nécessaires. Mais il n'en est pas de même des espèces carnassières. Ainsi, Remy ayant vu les petites truites se nourrir, au moment de leur naissance, de la substance comme mucilagineuse qui entoure les œufs, avait songé à leur donner d'abord du frai de grenouille, plus tard de la viande hachée. Mais bientôt il modifia complétement ce régime, et, continuant à imiter les procédés de la nature, il se borna à semer à côté de ses truites des espèces herbivores plus petites qu'alimentaient les végétaux aquatiques, et qui servaient à leur tour de nourriture aux espèces carnassières. Cependant, toutes les tentatives qui ont été faites pour nourrir le jeune poisson, quand la vésicule ombilicale est résorbée, ont prouvé qu'il ne fallait pas essayer de le nourrir surtout en grande masse, et qu'il était préférable de répandre le poisson dans les eaux quelques jours après la disparition de cette vésicule. On a reconnu aussi que le transport des jeunes poissons, notamment de ceux qui habitent les eaux vives, était très-difficile, et qu'il était bien préférable de faire éclore les œufs dans les eaux mêmes où le jeune poisson doit être élevé.

La pisciculture, qui nous permettra peut-être un jour, comme le pensait Jacobi, de créer à volonté des métis et d'obtenir peut-être ainsi des variétés plus grosses ou plus succulentes, la pisciculture ne doit pas se borner à multiplier les poissons d'eau douce ; elle doit encore aviser aux moyens de propager et d'acclimater les poissons de mer. Ce problème est déjà résolu pour les espèces qui vivent alternativement dans les eaux salées et dans les eaux douces ; les fleuves servent alors à l'ensemencement des mers. Qui peut prévoir les conséquences de cette belle découverte ? En présence de la cherté des subsistances, tous les hommes de bon vouloir ne prêteront-ils pas leur concours à une industrie qui peut augmenter d'une quantité considérable la somme de nos produits alimentaires ?

PISCINE (du latin *piscina*, fait de *piscis*, poisson). C'était une sorte de petit étang artificiel, de réservoir, de vivier, où l'on nourrissait du poisson.

Dans l'*Écriture Sainte*, la *piscine* ou *piscine probatique*, s'entend d'un réservoir d'eau qui était proche du parvis du temple à Jérusalem, et où on lavait les animaux destinés aux sacrifices. Un ange y descendait une fois tous les ans pour en troubler l'eau, et la guérison de tout malade (de quelque affection qu'il fût atteint) qu'on y plongeait alors était infaillible. C'est dans cette piscine que se fit le miracle du *paralytique* de l'*Écriture*.

Piscine désigne encore dans les sacristies le lieu où l'on jette l'eau qui a servi à nettoyer les vases sacrés, les linges servant à l'autel et autres choses semblables. On nommait autrefois *piscine*, dans quelques monastères, la fontaine du réfectoire où les religieux se lavaient les mains, soit avant, soit après le repas.

PISE, une des plus belles et des plus anciennes villes d'Italie, chef-lieu du département du même nom (38 myr. carrés et 227,719 habitants) dans le grand-duché de Toscane, est située dans une charmante et fertile plaine, à 7 kilomètres de la mer, sur les bords de l'Arno, qu'on y passe sur deux ponts, dont l'un est le beau *Ponte-Marino*. Elle a des rues généralement larges, droites, bien pavées, et de belles et grandes places. Parmi quatre-vingts édifices consacrés au culte, on admire la cathédrale, édifice majestueux, construit au onzième siècle, par un architecte grec, avec une crypte supportée par vingt-quatre colonnes, de beaux tableaux et de magnifiques vitraux. Tout près s'élève la célèbre *Tour penchée*, construite au douzième siècle, par un Allemand nommé Wilhem. Du sommet à la base il y a une déviation perpendiculaire de cinq mètres. Cette tour est ronde, entièrement en marbre, et se compose de huit rangs de colonnes superposées, d'une élévation totale de 56 mètres. Elle est plate à son sommet et entourée d'une galerie. Les uns disent qu'elle fut construite ainsi à dessein ; mais les plus récentes recherches ont démontré que, comme d'autres édifices voisins de la mer, le sol sur lequel elle repose a subi un affaissement partiel. Si elle ne présente aucune fissure, cela provient uniquement de la parfaite cohésion de ses matériaux. En face de la cathédrale est situé le *Battisterio*, ou église de Saint-Jean-Baptiste, édifice rond, construit en 1152, par Diotisalvi, avec une coupole soutenue par de magnifiques colonnes et un écho multiple. La chaire est un des chefs-d'œuvre du Pisan. Entre ces deux églises est situé le *Campo-Santo*, cimetière dont la terre fut apportée de Jérusalem, et où l'on enterrait autrefois les citoyens qui avaient bien mérité de la république. Parmi les autres édifices, on cite l'église de la *Madonna della Spina*, remarquable par son architecture gothique, et celle de Saint-Étienne, avec le plus grand buffet d'orgues qui existe en Italie ; le palais de Saint-Étienne, ancien chef-lieu de l'ordre de chevalerie du même nom ; le palais du grand-duc, et le palais Lanfranchi, habité pendant quelque temps par lord Byron. Les curieux vont aussi visiter la *Tour de la Famine*, où moururent si misérablement *Ugolino* Gherardesca et ses enfants, en 1288.

L'université de Pise, dont on fait remonter la fondation à l'année 1330, fut réorganisée par Cosme Ier de Médicis, et était jadis en grand renom. Elle possède une bibliothèque riche de 60,000 volumes, un jardin botanique, une collection d'instruments de physique et un observatoire. Près de la ville est situé le grand établissement agricole de San-Rossore, dont dépend un haras, et où on élève aussi des chameaux.

La ville de Pise est bien déchue aujourd'hui de ce qu'elle était autrefois, alors que le nombre de ses habitants était de 150,000. Sa population actuelle est au plus de 22,000 âmes. A 1 myriamètre environ, au pied de la montagne de San-to-Giuliano, on trouve trente-six sources d'eaux chaudes et sulfureuses, qui étaient déjà célèbres du temps de Pline. La Chartreuse, située à 7 milles, mérite aussi d'attirer l'attention des touristes.

Pise florissait au moyen âge comme république, grâce à l'esprit de liberté et à l'activité commerciale de ses habitants. Ils conquirent sur les Sarrasins la Sardaigne, la Corse et les îles Baléares. Pise, rivale de Venise et de Gênes, fonda aussi des colonies dans le Levant. Lors des querelles des guelfes et des gibelins, fidèle à ce dernier parti et à l'empereur, elle soutint une guerre sanglante contre Florence, alliée de Lucques, de Sienne et du pape. Elle succomba enfin, battue sur mer par les Génois, et victime des dissensions intestines allumées dans son sein par la rivalité de quelques familles puissantes. Elle invoqua alors la protection de Milan, qui plus tard la vendit au duc Galeas Visconti, et les fils de celui-ci la revendirent à Florence (1406). La population, décimée par la famine, fut réduite à capituler. Mais en 1494, lorsque le roi de France Charles VIII envahit l'Italie, elle se souleva, prit parti pour lui, et, après quinze ans de luttes, parvint de nouveau à être indépendante. Convoitée par les États, plus puissants, qui l'avoisinaient, elle avait pour ennemis acharnés les Florentins, qui s'en vinrent l'assiéger en 1499. Cette entreprise échoua contre le courage et le dévouement des habitants, qui repoussèrent avec non moins de succès plus tard les attaques de Louis XII. Assiégée de nouveau par les Florentins, en 1404 et 1405, la famine seule contraignit sa brave population à se rendre, le 8 juillet 1509; et depuis lors Pise est toujours demeurée une partie intégrante du territoire toscan.

PISÉ. On appelle ainsi un genre de construction en terre rendue compacte, qui offre des grands avantages d'économie pour l'édification des demeures des habitants pauvres des campagnes, et qui convient surtout aux murs de clôture et aux bâtiments ruraux, tels que granges et étables. Il était déjà connu des Romains, qui l'avaient appris des Carthaginois. Pline rapporte qu'on faisait en Espagne et en Afrique des murailles en terre susceptibles de braver pendant plusieurs siècles la pluie, le vent et le feu, et plus solides que des murailles en briques. Ce mode de construction est fort simple. Il consiste à placer d'abord en regard deux cloisons en planches, aussi éloignées l'une de l'autre qu'on veut donner d'épaisseur à la muraille. Dans l'intervalle formé par ces deux cloisons mobiles, on jette de la terre ou de l'argile, sans autre préparation que de les prendre empreintes l'une ou l'autre de cette humidité naturelle qu'elles ont toujours à un mètre de profondeur du sol. On la foule successivement avec force, afin de lui donner la consistance nécessaire, et on continue jusqu'à ce que la muraille ait atteint la hauteur déterminée. S'il s'agit d'un bâtiment, il résulte de la juxtaposition des murailles qu'il est littéralement bâti d'une seule pièce. Les jours et les portes sont soutenues par des compartiments fixes en bois, servant aussi à supporter la charpente de la toiture. Toute espèce de terre dans laquelle se forment facilement, par les temps de pluie, des rigoles persistant quand le temps devient sec, convient aux constructions en pisé. Il faut cependant qu'elle ne contienne pas trop de pierres. L'argile ou la terre grasse ne peuvent être employées qu'avec une addition de sable et de gravier. La terre franche ne doit pas être augmentée de parties végétales.

Les avantages des constructions en pisé consistent dans leur bas prix de revient, dans l'absence de tout danger d'incendie et dans leur parfait état de sécheresse. La chaleur s'y conserve parfaitement, et les plus violents tremblements de terre ne les endommagent que faiblement. Quand elles se lésardent par suite de vétusté, il n'y a pas à songer à les réparer. Il faut alors tout abattre; mais dans ce cas les vieux matériaux brisés et concassés peuvent encore être employés de préférence à de la terre fraîche.

PISIDA ou PISIDÈS (GEORGES). *Voyez* GEORGES.

PISIDIE, ancienne contrée de l'Asie Mineure, qui comprenait les districts montagneux du versant septentrional du Taurus, et qui à l'origine n'était considérée que comme une partie intégrante de la Pamphylie. Les *Pisidiens* étaient un peuple brave et courageux, mais enclin au brigandage; aussi faisaient-ils l'effroi de tous leurs voisins.

PISIFORME (du grec πίσον, pois, et du latin *forma*, forme), os du carpe ayant la forme d'un pois, et nommé aussi os *orbiculaire*, *lenticulaire* ou *lentiforme du carpe*.

PISISTRATE était d'Athènes, fils d'Hippocrate et contemporain de Solon. Ce législateur célèbre, après avoir donné des lois à sa patrie, reçut pour garantie de leur exécution le serment de ses concitoyens, et résolut de s'éloigner pour leur laisser le temps de prendre racine dans les mœurs. A son retour, il trouva tout en feu. Les factions sévissaient plus que jamais. Lycurgue était à la tête de celle qui se composait des habitants de la plaine. Mégaclès, fils d'Alcméon, dirigeait la faction de la côte, à laquelle se joignirent les artisans et les ouvriers; enfin, Pisistrate, le plus habile et le plus entreprenant des chefs, tenait ceux de la montagne à sa disposition. Naturellement éloquent, doué de tous les avantages de la nature, il agitait facilement les passions populaires; surtout il se déclarait zélé défenseur de l'égalité des citoyens. Solon le devina sans peine; il essaya d'abord de le contenir dans le devoir par la douceur. Un jour, Pisistrate eut recours à un indigne stratagème : couvert de blessures, qu'il s'était faites, il parut subitement dans la place publique, où il se fit traîner en char, accusant ses ennemis et le sénat même de l'avoir ainsi traité, et disant qu'il était la victime de son patriotisme. Il convoqua sur-le-champ l'assemblée du peuple, et il fut résolu, contre l'avis de Solon, qu'on lui donnerait cinquante gardes pour sa sûreté personnelle. A dater de ce moment, le pouvoir fut entre ses mains; ses ennemis furent obligés de fuir. Solon ne craignait point sa colère et le blâmait hautement, reprochant aux Athéniens leur lâcheté. Comme on lui demandait où il prenait tant de courage, il répondit : « C'est ma vieillesse qui me l'inspire, » à la différence des vieillards ordinaires, qui tiennent beaucoup à la vie. Cependant, Pisistrate n'épargna rien pour le gagner, et Solon aima mieux tempérer son autorité que l'aigrir par la résistance. Il prit le parti d'adoucir les maux qu'il n'avait pu empêcher, mais il ne survécut pas plus de deux ans à la liberté. Pisistrate subit de nombreuses vicissitudes de fortune : chassé par Mégaclès et Lycurgue, il fut bientôt rappelé par le premier, qui lui donna sa fille en mariage; il se brouilla bientôt avec Mégaclès. Expulsé de nouveau, il subit un exil de onze ans. Ses artifices lui rendirent ensuite le pouvoir, et sa modération l'y maintint. Il affecta une exacte soumission aux lois; il était fort libéral; ses vergers et ses jardins étaient ouverts à tous les citoyens. Ce fut lui, dit-on, qui le premier ouvrit une bibliothèque publique à Athènes. On lui attribue aussi la réunion et la disposition des poëmes d'Homère. Il les fit réciter publiquement dans les fêtes qu'on appelait *Panathénées*. Il mourut après trois ans d'usurpation, laissant le pouvoir à ses fils, Hippias et Hipparque. DE GOLBÉRY.

PISISTRATIDES, nom que l'on a donné aux deux fils de Pisistrate, Hippias et Hipparque.

PISONS (Les), famille plébéienne de la race des *Calpurnius*, dont le nom apparaît pour la première fois lors de la seconde guerre punique, époque où, 216 av. J.-C., un *Caius* PISO fut fait prisonnier à la bataille de Cannes, et revêtit la préture en 211. Son fils, qui porta le même nom et fut consul en l'an 180, adopta Lucius Cæsoninus, qui prit plus tard le nom de *Lutius* PISO CÆSONINUS, fit la guerre en Espagne comme préteur (en 154 av. J.-C.), en Asie comme consul (en 148) : c'est de lui que cette branche de la famille porta désormais le surnom de Cæsoninus. Son fils, appelé comme lui, consul en l'an 112 et légat du consul Lucius Cassius en Gaule, mourut en 107, avec son chef, dans une expédition contre les Tigurins.

Le petit-fils de ce dernier, qui portait le même nom, revêtit la préture en l'an 61, maria sa fille *Calpurnie* à Jules César, et par l'influence de celui-ci obtint le consulat avec Aulus Gabinius, en l'an 58, lorsque *Clodius* était tribun du peuple. Il appuya Clodius dans sa lutte contre Cicéron, ce qui lui valut l'inimitié du grand orateur. Celui-ci l'attaqua de la manière la plus violente, devant le sénat, dans un discours qui est parvenu jusqu'à nous, à l'occasion de malversations qu'il l'accusa d'avoir commises dans l'administration de la Macédoine. En 49, après avoir été censeur l'année précédente, il tenta inutilement d'opérer une réconciliation entre le parti aristocratique et César, et, après l'assassinat du grand homme, en l'an 44, il ne fut pas plus heureux dans ses efforts pour le maintien de la paix publique.

Son fils, *Lucius Calpurnius* PISO CÆSONINUS, consul l'an 15 av. J.-C., favorisé par Auguste et par Tibère, qui lui confia la préfecture de Rome, fonctions dans l'exercice desquelles il fit preuve d'une remarquable habileté, mourut à l'âge de quatre-vingts ans, l'an 32 de notre ère. C'est très-vraisemblablement le Pison auquel Horace dédia, ainsi qu'à ses fils, son épître sur la poésie.

Lucius Calpurnius PISO, qui reçut, à cause de sa rare

loyauté, l'honorable surnom de *Frugi*, c'est-à-dire d'*honnête*, demeuré depuis attaché à tous les membres de la branche dont il fut la souche, fit rendre, en sa qualité de tribun du peuple, l'an 149 av. J.-C., la première loi portée contre les concussions (*Lex Calpurnia repetundarum*), par suite de laquelle fut établie la première *Quæstio perpetua*. Consul en l'an 133, il combattit la révolte d'esclaves qui avait éclaté en Sicile. Par son Histoire de Rome jusqu'à l'époque où il vivait, ouvrage que nous avons perdu, il appartient aux annalistes de la ville éternelle. Son petit-fils, *Caius*, premier mari de Tullia, fille de Cicéron, mourut très-jeune encore, en l'année 57 av. J.-C., après avoir revêtu la questure.

Lucius Calpurnius Piso Frugi Licinianus, adopté par Galba, désigné par lui pour son successeur et qui fut égorgé en même temps que lui par Othon, l'an 69 av. J.-C., appartenait, par adoption, à la branche *Frugi*.

A d'autres branches de la même famille appartinrent *Caius Calpurnius* Piso, qui, consul l'an 67 av. J.-C., et chef du parti aristocratique, combattit vainement la loi par laquelle *Gabinius* fit déférer à Pompée des pouvoirs illimités pour la guerre contre les pirates; *Cneius Calpurnius* Piso, qui, en l'an 65, prit part à la première conspiration de Catilina, laquelle n'éclata point, et qui, envoyé l'année suivante en Espagne, s'y fit battre; son fils, *Cneius*, qui, l'an 7 av. J.-C., fut consul avec Tibère, lequel, lorsqu'il fut parvenu à la pourpre impériale, lui confia le gouvernement de la Syrie; Germanicus, qui commandait en Orient, et qui avait eu des différends avec Cneius, périt empoisonné par lui, à Antioche, l'an 19 de J.-C., à l'instigation de Tibère, à ce qu'on suppose. Réduit à fuir ensuite devant Caius Sentius, à qui les partisans de Germanicus déférèrent l'administration de la province, Cneius se réfugia à Rome, où il se suicida, l'an 20 de J.-C., quand il vit que Tibère, cédant à l'indignation du peuple, qui voulait que justice fût faite du meurtrier, l'abandonnait et chargeait le sénat du soin de faire une enquête au sujet de la mort de Germanicus. Sa femme, Munacia Plancia, sa complice dans la perpétration du crime, se tua également en l'an 33, quand Tibère eut ordonné qu'elle fût comprise dans les poursuites commencées à l'occasion des faits mis à la charge de son mari.

Caius Calpurnius Piso trama, en l'an 65, de complicité avec Épicharis, belle courtisane, une conspiration contre Néron, qui fut découverte. Pison se donna la mort, mais après avoir eu la bassesse d'implorer sa grâce et de léguer ses biens au tyran dont il avait voulu délivrer la terre; et ses nombreux complices, parmi lesquels on distinguait Fenius Rufus, l'un des préfets du prétoire, Sénèque, Lucain, périrent, par l'ordre de Néron, dans les supplices les plus raffinés.

PISSASPHALTE. On nomme ainsi le bitume *glutineux* ou *piciforme*, parce qu'on imite assez exactement cette substance par un mélange de poix et d'asphalte. Le pissasphalte, plus connu sous les noms vulgaires de *goudron minéral*, *malthe*, est d'une consistance visqueuse et semblable à celle de la poix, mais devenant solide dans les temps froids; sa couleur est noire. Distillé, il donne du naphte, mais en quantité beaucoup moindre que le pétrole, et il laisse pour résidu une matière qui paraît identique avec l'asphalte; il brûle en répandant une fumée noire très-épaisse. Ce bitume se trouve constamment dans les gisements du pétrole et, en outre, dans les localités où ce dernier ne se rencontre point. En France, c'est dans les montagnes de l'Auvergne, au lieu dit *Puy-de-la-Pèze*, près de Clermont, et dans le département de l'Ain, aux environs de Seyssel, qu'on l'exploite particulièrement. Il est employé pour la fabrication de certains vernis destinés à préserver le fer de la rouille, et entre dans la composition de la cire à cacheter noire. En Suisse, on le mêle à une graisse qui lui donne le degré de mollesse convenable, et on s'en sert pour graisser les roues des charrettes; on peut également le substituer au goudron pour les embarcations de toutes espèces.

P.-L. Cottereau.

PISSENLIT, ainsi nommé parce qu'il provoque les urines. C'est un genre de plantes de la famille des synanthérées, tribu des chicoracées, renfermant plusieurs végétaux qui se distinguent par leurs qualités rafraîchissantes, apéritives et diurétiques. L'espèce la plus commune, le *pissenlit dent de lion*, ou simplement *dent de lion* (*taraxacum dens leonis*, Desf.) se trouve en abondance dans les prés et dans les lieux herbeux et incultes. Ses pousses se mangent en salade dans les premiers jours du printemps, ou cuites comme la chicorée. Il se caractérise par des feuilles toutes radicales, roncinées; une hampe terminée par un capitule à fleurons jaunes; un involucre à folioles nombreuses, inégales. Le *taraxacum palustre* de Decandolle n'en est qu'une variété, qui se distingue par les folioles extérieures de l'involucre, lesquelles sont dressées, tandis qu'elles sont étalées ou réfléchies dans le pissenlit dent de lion. L. Louvet.

PISTACHE. On donne ce nom aux amandes des fruits du pistachier franc. La pistache présente deux cotylédons volumineux, d'un vert gai, charnus et d'une saveur délicate et parfumée. La médecine en prépare des émulsions adoucissantes. La substance des pistaches est nourrissante, et constitue un aliment très-agréable. On mange les amandes en nature; on s'en sert dans la fabrication des dragées ou pralines. Mais la plupart des prétendues pistaches recouvertes de sucre que l'on trouve chez les confiseurs sont des semences extraites des fruits coniques d'une espèce de pin.

PISTACHE DE TERRE. *Voyez* Arachyde.

PISTACHIER, genre d'arbres et d'arbrisseaux, qui croissent dans la région méditerranéenne. Ce genre, de la famille des anacardiacées, a pour caractères : Fleurs dioïques, apétales, portées chacune sur un pédicelle muni d'une bractée, et réunies en panicules ou en grappes axillaires; fleurs mâles présentant un calice quinquéfide et cinq étamines; fleurs femelles ayant un calice à trois ou quatre divisions et un pistil à ovaire sessile; drupe sèche, à noyau osseux, monosperme.

Le *pistachier franc* (*pistacia vera*, L.), originaire de Syrie, d'où Vitellius l'importa en Italie, est un petit arbre, à feuilles pennées avec impaire, à fruits ovoïdes, de la grosseur d'une olive moyenne, jaunâtres, ponctués de blanc vers l'époque de leur maturité, teints de rouge du côté du soleil. Ces fruits renferment une amande bien connue sous le nom de pistache.

Le *pistachier térébinthe* (*pistacia terebinthus*, L.), qui habite l'Europe méridionale, l'Orient et le nord de l'Afrique, croît en France jusque dans le haut du département de Lot-et-Garonne. Cet arbre, à peu près de même taille que le précédent, fournit la térébenthine dite *de Chio*. Un insecte, en piquant ses feuilles, y détermine fréquemment la naissance de galles précieuses pour la teinture de la soie.

Tournefort avait trouvé dans les feuilles brusquement pennées et persistantes du lentisque un caractère suffisant pour en former un genre distinct. Mais Linné et ses successeurs n'ont vu dans cet arbrisseau qu'une espèce du genre *pistachier*, le *pistacia lentiscus*.

PISTIL, organe femelle de la fructification dans les plantes. Il occupe le plus souvent le centre de la fleur, et se compose de l'ovaire, qui contient les rudiments des semences; du style, qui est un filet surmontant, et du stigmate, qui est le sommet de ce filet.

PISTOIE. *Voyez* Pistoja.

PISTOJA, appelée par les Romains *Pistoria*, ville du grand-duché de Toscane, siége d'évêché, dans une situation ravissante, au pied des Apennins, avec des rues larges et droites, de vastes églises et quelques beaux palais. Elle est entourée de murs et protégée par une citadelle. Ses édifices les plus remarquables sont la cathédrale, qui date du douzième siècle et renferme un grand nombre de reliques, et les églises *dello Santo-Spirito*, où se trouve un magnifique buffet d'orgues; *dell' Umiltà*, monument d'une belle ordonnance; *San-Francesco*, avec des fresques de Léonard de Vinci; *San-*

Bartolommeo et *Carmine*, avec de beaux tableaux. Il faut encore mentionner le palais épiscopal, l'hôtel de ville, ainsi que le bâtiment désigné sous le nom de *Sapienza*, et contenant une bibliothèque. Le chiffre de la population est de 12,578 habitants. Les manufactures de fer sont importantes; il en sort d'excellents canons de fusil. L'horticulture y a pris de remarquables développements, et les melons d'eau qu'on y cultive sont à bon droit célèbres. On trouve aux environs de beaux cristaux de roche, que l'on taille et qui circulent dans le commerce sous le nom de *diamanti di Pistoja*. C'est dans la bataille livrée sous les murs de Pistoria que mourut Catilina.

PISTOJA (Leonardo da), peintre italien, surnommé *Malatesta*, s'appelait, à ce qu'il paraît, de son nom de famille *Grazia*, et florissait vers l'an 1540. Les œuvres de Léonard de Vinci exercèrent, dit-on, une influence décisive sur la direction de son talent. A Rome, il devint l'élève de Francesco Penni. Plus habile coloriste que dessinateur, il excellait surtout dans le portrait, et se faisait payer fort cher. Il travailla surtout à Lucques, à Rome et à Naples, où il mourut.

PISTOLE, monnaie d'or frappée en Espagne et dans quelques villes d'Italie, ordinairement de la valeur de 11 vieilles livres de France, du poids et du titre de nos anciens louis. Dans les guerres de 1628, elle a valu chez nous jusqu'à 14 livres. Aujourd'hui elle ne signifie plus familièrement que la valeur de 10 francs en quelque monnaie que ce soit. Ainsi, un sac de 100 pistoles est un sac 1,000 francs. Au figuré, être cousu de *pistoles*, c'est être fort riche.

Dans le langage des prisons, *pistole* exprime les douceurs de *literie*, d'ameublement, de *comfort*, qu'obtiennent à prix d'argent les détenus les plus aisés; car l'égalité n'existe pas plus en prison qu'ailleurs.

PISTOLET. Dans le *Traité de la Conformité du Langage* du savant Henry Estienne on trouve ceci : « A Pistoie (Pistoja en Italie) se souloit (on avait coutume de) faire de petits poignards, lesquels estant, par nouveauté, apportés en France furent appelés *pistoyers*, *pistoliers*, *pistolets*. Quelque temps après, estant venue l'invention de petites arquebuzes, on leur transporta le nom de ces petits poignards. » Mais avant de se servir du mot *pistolet*, on s'est servi des termes *pistolle*, *pistole*. C'est de ces expressions qu'était provenu *pistolétier*, ou soldat d'un genre de troupe à cheval armé du *pistole*. Les argoulets avaient le pistole : était-ce une dague que ces troupes apportaient d'Italie? était-ce une arme à feu? On s'est arrêté à cette dernière supposition, parce que le casque ou cabosset des argoulets était, dit-on, échancré à droite, pour permettre le placement de la crosse du pistolet contre la joue droite du tireur. Mais il y a à objecter à cette remarque que le pistole primitif était un pétrinal à crosse droite, dont la plaque de couche s'appuyait contre la poitrine, non contre la joue. Concluons-en que le mot *pistolet* vient de l'italien : dans cette langue, on appelait *pistolese* une arme blanche, et *pistola*, *pistoletta*, une petite arme à feu. Le jargon des soldats français a fait masculins, on ne sait pourquoi, ces derniers mots. Tout cela semble avoir peu de rapport avec la ville de Pistoja, dont parle Henry Estienne.

Des gravures de Gheyn, exécutées vers l'an 1600, montrent des cavaliers portant à l'arçon le pistole, espèce de mousqueton, outre les pistolets à canon un peu plus longs que celui des pistolets d'arçon actuels. De même qu'en italien *pistola* a eu pour diminutif *pistoletta*, nous supposons que le *pistolle* ou *pistole*, apporté d'Italie par la cavalerie légère que la France y recrutait, a eu en français pour diminutif le *pistolet*, mot que les Allemands ont emprunté à notre langue, et qui, au milieu du seizième siècle, fit oublier le mot *pistole*. Cette supposition est confirmée dans l'*Echo britannique*, qui appelle *demi-haque* (demi-arquebuse) le pistolet du seizième siècle. La notice ministérielle de 1806 sur les armes prétend les pistolets inventés en 1545 : ce dire est inexact, puisque les argoulets, déjà au service de France sous Louis XI, avaient le pistolet; on sait en outre qu'il y avait en 1544 à la bataille de Cérisoles des corps français d'infanterie combattant à coups de pistole. On sait un peu mieux l'histoire du pistolet depuis le commencement du dix-huitième siècle. En 1726, dit un officier prussien, M. Moritz-Meyer, le pistolet servait encore à lancer des traits à feu. « Dès 1570, dit Montluc, le pistolet à rouet de la cavalerie légère avait commencé à prévaloir sur la lance; mais ce fut surtout à la bataille d'Ivry que cette préférence se manifesta. » En 1610 la grosse cavalerie reçut généralement les pistolets. Le règlement du 25 août 1767 détermina l'espèce, les mesures, le poids de la paire de pistolets de cavalerie. Ils étaient à silex, et recevaient des cartouches de fusil. Les mineurs, les mameloucks, les porte-aigle, ont eu des pistolets de ceinture; la marine s'est servie de pistolets d'abordage; une décision de 1833 donnait des pistolets à percussion aux officiers de cavalerie et d'état-major; et les cabinets d'armes anciennes nous montrent des faulx d'armes, des sabres, des fouets, des masses d'armes, et même des bréviaires, qui ont été à pistolet.

Gal Bardin.

PISTOLET DE VOLTA. *Voyez* Électricité, tome VIII, page 404.

PISTOLÉTIER, soldat d'un genre de troupes du quinzième et du seizième siècle, qui était armé d'un pistole. Le mot *pistolier* a été à la fois synonyme et de *pistolétier* et de *pistolet*. Les argoulets, les carabins, les reîtres, les chevaucheurs, étaient des *pistolétiers*. L'ordonnance du 9 février 1547 donnait le pistolet aux archers du ban et de l'arrière-ban. Charles-Quint avait en 1554 deux mille pistolétiers à la bataille de Renty. Il y avait à la bataille de Saint-Quentin, en 1587, des pistoliers allemands. Cette désignation a été aussi celle des pandours. La manière de combattre des pistolétiers avait donné naissance au substantif *pistolétade*, combat de pistolétiers, et au verbe *pistoler*, tuer à coups de pistolet. Les arquebusiers à cheval différaient peu des pistolétiers, et commencèrent à s'appeler également *fuziliers*, quand l'arme à feu dont ils se servaient cessa d'être à rouet et fut organisée à fusil, c'est-à-dire à pierre.

Gal Bardin.

PISTOLIERS. *Voyez* Garde de Paris et Pistolétier.

PISTON. On nomme ainsi un cylindre de bois, de fer ou de cuivre, ordinairement garni de cuir et entrant à frottement dans le corps d'une pompe, pour servir, soit à élever l'eau, soit à raréfier ou comprimer l'air contenu dans un tube. On nomme *course du piston* l'espace déterminé qu'il parcourt alternativement lorsqu'on le fait monter et descendre. Dans les pompes les plus ordinaires, le cylindre ou piston fait en bois s'appelle *sabot*, *heuse*; il est percé d'un trou selon son axe, et sa base supérieure est surmontée d'une anse en fer. Le sabot, qui doit glisser contre la paroi du tuyau sans laisser aucune issue à l'air, est enveloppé ordinairement d'un cuir épais qu'on a soin de graisser, afin que le piston joue plus librement. Lorsque le corps de pompe est en bois, on le revêt intérieurement d'une lame de tôle, ou de fer battu, roulée en cylindre, dans lequel le mouvement du piston s'opère. Pour les corps de pompe faits avec plus de soin, et qui sont parfaitement alésés, on emploie de préférence des pistons métalliques.

Le piston de la machine pneumatique est formé d'un grand nombre de rondelles fortement réunies. Au milieu est un trou dans lequel une tige métallique bien rodée peut se tenir à frottement. Cette tige est terminée vers le bas par un cône qui forme l'ouverture du tube de communication avec le récipient lorsque le piston s'abaisse, mais qui le laisse libre quand on relève le piston; c'est au moyen de deux de ces pistons qu'on parvient à former un vide capable de faire mourir des animaux, flétrir des fruits, etc. Le piston de la machine à compression est entièrement massif; il glisse à frottement dans le corps de pompe, muni de deux soupapes. Lorsque le piston s'abaisse, tout l'air qui se trouve au-dessous, étant comprimé, force la soupape inférieure à s'ouvrir, et s'introduit dans le récipient destiné à le recevoir; puis, lorsque le piston est soulevé, il se fait un vide dans le corps de pompe, l'air s'y précipite par la soupape supérieure, qu'il ouvre en vertu de sa force élastique.

De nos jours, on a fait servir le système des pistons à enrichir l'art de la musique et à doter nos concerts d'un nouvel instrument, nommé *cornet à pistons*. Les trois pistons dont le cornet est ordinairement muni servent, au gré de l'artiste habile, à rompre ou à prolonger les ondulations du son. Quant au **fusil** connu sous le nom de *fusil à piston*, il n'a rien de commun avec le piston que le nom.

E. PASCALLET.

PITARD (JEAN), chirurgien de saint Louis, qu'il accompagna dans ses campagnes ainsi que dans ses croisades en Égypte et sur la côte de Tunis, remplit les mêmes fonctions sous les successeurs immédiats de ce prince, et mourut dans un âge fort avancé, vers l'an 1311. La fondation de l'École de Chirurgie de Paris, corporation désignée alors sous le nom de *Confrérie de Saint-Côme et de Saint-Damien*, sauvera toujours son nom de l'oubli. Ce fut lui en effet qui détermina saint Louis à créer cette institution, dont les statuts furent postérieurement l'objet d'une ordonnance spéciale de Philippe le Bel. En soumettant les individus qui exerçaient cette partie spéciale de l'art de guérir à l'observation d'un règlement propre à prévenir de nombreux abus, on leur fit acquérir une considération qu'ils n'avaient point encore eue. Le portrait de Pitard orne le péristyle de l'École de Médecine de Paris.

PITAVAL (FRANÇOIS GAYOT DE), jurisconsulte, né à Lyon, en 1673, embrassa d'abord la profession des armes, et plus tard étudia le droit. Reçu avocat en 1713, il mourut en 1743. Il est auteur d'un grand nombre d'ouvrages, aujourd'hui complétement oubliés; mais son recueil de *Causes célèbres et intéressantes* (20 vol.; Paris, 1734) est toujours consulté. Ce recueil a été continué par un avocat au parlement, du nom de Richer (né à Avranches, vers 1710, mort à Paris, en 1791), qui en publia la suite, en 22 volumes (Amsterdam, 1772-1788).

PITCAIRN, île située à l'extrémité méridionale du groupe des basses îles de l'Australie, tout entourée de rochers et dépourvue de port, serait sans aucune importance, en raison de son peu d'étendue, car elle n'a pas deux myriamètres de circuit, si la manière dont elle fut colonisée ne l'avait pas rendue célèbre. En 1790 huit matelots de l'équipage du navire anglais *Bounty*, qui s'étaient révoltés contre leur capitaine dans la mer du Sud, et s'étaient rendus avec leur navire à Otahiti, se réfugièrent de là à l'île de Pitcairn avec six Otahitiens et plusieurs Otahitiennes, sous la conduite du pilote Christian, et y fondèrent une véritable colonie. De l'union des Anglais avec les femmes otahitiennes provint une nouvelle génération, remarquable par la beauté de ses formes physiques, et qui grandit sous la direction bienfaisante, morale et religieuse d'Alexandre Smith, lequel se fit désormais appeler John Adams, et d'Édouard Young. A la mort d'Young, l'île Pitcairn formait une véritable communauté patriarcale, où régnaient la religiosité, la moralité et l'amour du travail. Cette petite république grandissait et prospérait, inconnue du monde entier, lorsqu'en 1808 le capitaine américain Folger, ayant touché accidentellement à l'île Pitcairn, rapporta la première nouvelle de l'existence de la colonie. Depuis, l'île Pitcairn fut visitée à diverses reprises, entre autres, en 1825, par le capitaine Beechey, à qui on est redevable d'une description fort exacte de cet établissement. A l'époque où il le visita, il se composait de soixante-six individus, qui habitaient le village de Pitcairn. Dans la crainte que l'accroissement successif et rapide de la population ne finît par dépasser les ressources du sol, et en raison du manque d'eau, devenu de plus en plus sensible, le gouvernement anglais, qui depuis la relation du capitaine Beechey avait déjà donné à ces colons des témoignages de sa sollicitude, les fit tous transporter, en 1830, à Otahiti. Mais ce pays n'était plus le paradis terrestre dont leurs pères leur avaient fait de si intéressants récits; et la corruption de mœurs des Otahitiens révolta à tel point les innocents habitants de l'île Pitcairn, qu'ils eussent préféré s'en retourner dans l'île qui les avait vus naître. Il n'y en eut pourtant qu'un petit nombre à qui, grâce à la générosité d'un Anglais, il fut donné de réaliser ce souhait; le reste dut, bon gré mal gré, demeurer à Otahiti. En 1841 la population de l'île Pitcairn était de 112 individus. En 1852 ils envoyèrent un des leurs en Angleterre solliciter du gouvernement de la reine Victoria la faveur d'être transportés, à bord d'un bâtiment de l'État, de l'île Pitcairn, où les ressources les plus indispensables à la vie, l'eau notamment, commençaient à leur manquer, à l'île Norfolk, autre petite île située entre la Nouvelle-Galles du Sud et la Nouvelle-Calédonie, à plus de 200 myriamètres de l'île Pitcairn, n'ayant guère plus de 2 myriamètres de circuit, mais bien plus fertile, et ayant autrefois servi de lieu de déportation pour les *convicts* récidivistes de Botany-Bay. L'aventure de l'équipage du *Bounty* a servi de sujet à bon nombre de romans et a inspiré à Byron son poëme intitulé : *Christian and his companions*. Consultez Beechey, *Narrative of a Voyage to the Pacific* (Londres, 1832).

PITHÉCUSES (Iles). *Voyez* ISCHIA.

PITHIVIERS, chef-lieu d'arrondissement dans le département du **Loiret**, sur le ruisseau de l'Œuf, avec 4,164 habitants, un tribunal de première instance, une chambre consultative d'agriculture, une récolte de vins communs colorés bons pour les mélanges, dits vins du Gâtinais. On y exploite de la pierre de taille, on y élève des abeilles, on y fabrique de la toile de chanvre, de la bonneterie, de la vannerie, des instruments aratoires, de la corderie; on y trouve des tanneries, des corroieries, des taillanderies, des fours à plâtre. Il s'y fait un commerce de vins, blé, cire, miel blanc, suif, laine, pâtés d'alouettes et gâteaux d'amandes renommés. Pithiviers est le centre du commerce du safran du Gâtinais, estimé le meilleur de l'Europe. C'est une ville ancienne, autrefois fortifiée. Elle possède plusieurs monuments gothiques et entre autres une abbaye avec une grosse tour carrée. Le clocher de l'église paroissiale, qui domine la ville, est remarquable par sa flèche aigue, torse et courbe.

Pithiviers fut prise par les Anglais en 1428, par le prince de Condé en 1562 et 1567, et en 1589 par Henri IV, qui en fit démanteler les fortifications.

PITHOU (PIERRE) naquit à Troyes, le 1er novembre 1539. Son père était un avocat très-distingué du barreau de cette ville. Après avoir commencé ses études dans la maison paternelle, il vint les achever à Paris, au collége de Boncourt, sous la direction de Pierre Galland et du savant Turnèbe. Il fit ensuite son droit à Bourges, où professait Cujas, qui conçut pour lui une vive estime et l'annonça au monde savant comme une lumière qui devait l'éclairer. Ce fut aussi là qu'il se lia d'une étroite amitié avec le jeune **Loisel**, son condisciple. Dès cette époque il avait écrit plusieurs essais sur différents points de la législation romaine, en même temps qu'il étudiait les monuments littéraires de l'antiquité. Reçu avocat à vingt-un ans, il suivit les audiences du parlement de Paris avec assiduité, et plaida à vingt-cinq ans sa première cause, qu'il gagna. Mais il était excessivement timide, et fut obligé de renoncer à une profession qui demande de la hardiesse. Il se borna à donner des consultations. Au milieu des nombreuses occupations que lui imposait sa clientèle, il trouvait encore du temps pour s'adonner à la culture des lettres. Le premier ouvrage qu'il publia parut sous le titre de *Mélanges rassemblés à mes heures perdues*. Quelque temps après, Pithou retrouva le *Code des Visigoths*.

Élevé dans le sein de la religion protestante, ainsi que ses trois frères *Jean*, *Nicole* et *François*, au commencement des persécutions religieuses, il se vit obligé de quitter Paris et de chercher un asile dans sa ville natale, dont le barreau le repoussa, comme calviniste. Il fut alors appelé par le duc de Bouillon à rédiger la coutume de Sedan, mission qui l'occupa pendant six mois environ. En 1568 il alla s'établir à Bâle, où il s'occupa de travaux historiques et donna des éditions de la *Vie de Frédéric Ier* par Othon de Freisingen, et de l'*Histoire* de Paul Diacre.

Les édits de 1570 rendirent Pithou au barreau de Paris, à ses livres, à ses amis. Il accompagna le duc de Montmorency dans son ambassade en Angleterre, et se trouvait de retour à Paris au moment de la Saint-Barthélemy, dont il faillit être victime. L'année suivante il abjura la religion réformée, acte qui n'est expliqué par aucun de ses biographes et qui n'aliéna à Pithou aucun de ses anciens amis. Il reprit alors ses travaux avec ardeur, et accepta des mains du duc d'Uzès le bailliage de Tonnerre. Vers cette époque il fit paraître une nouvelle édition des *Distiques de Caton*, ce gracieux poëme, le *Pervigilium Veneris*, dont il avait trouvé un manuscrit dans l'inépuisable bibliothèque de son père, une nouvelle édition des œuvres de Salvien, et les *Déclamations* de Quintilien l'aïeul. En 1580 il devint substitut au parlement de Paris. Dès les premiers mois de son installation il fut chargé de répondre au bref de Grégoire XIII contre l'ordonnance de Henri III rendue au sujet du concile de Trente. Pithou publia un mémoire rédigé avec une rare habileté, dans lequel il démasquait les vues secrètes des ennemis du roi, et définissait avec netteté et vigueur les rapports de l'État vis-à-vis de l'Église et de son représentant. Ce mémoire produisit à Rome la plus vive sensation, et recommanda son auteur à l'attention spéciale de la cour, qui le choisit pour remplir les fonctions de procureur général auprès de la chambre souveraine tirée du parlement de Paris et destinée à rendre provisoirement la justice en Guyenne.

Sa réputation était européenne; en 1589 Ferdinand, grand-duc de Toscane, le fit juge de ses prétentions sur les biens d'une maison princière d'Italie. En même temps il donnait une nouvelle édition de Juvénal et de Perse, publiait les traités d'un grand nombre d'anciens Pères de l'Église et docteurs, et imprimait un Pétrone complet, une collection des Capitulaires de Charlemagne et de Louis le Débonnaire; le *Recueil des Historiens de la seconde race*, divisé en deux volumes, qui renferment des chroniques, des annales, des chartes, et autres pièces inconnues, depuis 708 jusqu'en 990 : ces diverses collections ont été fondues depuis dans celles de Duchêne et de dom Bouquet.

Pithou continua de suivre le Palais pendant les troubles de la Ligue; mais il abandonna l'exercice de sa profession dès que le parlement subit le joug des factieux. Lié avec le savant Nicolas Lefèvre, qui fut depuis précepteur de Louis XIII, il fit paraître alors différents ouvrages, qui lui ont valu dans la *Bibliothèque* de Dupin une des premières places parmi les auteurs ecclésiastiques du seizième siècle. Dévoué de cœur à Henri IV, il fut un des auteurs de l'ingénieuse *Satire Ménippée*, et publia encore un mémoire intitulé : *Raisons pour lesquelles les évêques de France ont pu de droit donner l'absolution à Henri de Bourbon de l'excommunication par lui encourue même pour un cas réservé au saint-siége.*

Après l'entrée de Henri IV dans Paris, Pithou fut nommé procureur général au parlement installé transitoirement à Paris; il se consacra avec une ardeur juvénile à ses fonctions, et s'efforça d'effacer jusqu'aux moindres traces des haines et des guerres de parti. Fidèle à son culte pour les lettres, il fit ordonner que la collection de livres choisis rassemblée à grands frais par Catherine de Médicis serait transportée à la Bibliothèque royale. Dès que le parlement se fut constitué, Pithou résigna ses fonctions, et reprit sa place au barreau. Après l'attentat de Jean Châtel, il réussit à sauver les jésuites des rigueurs extrêmes dont la société était menacée. Enfin, il publia son grand ouvrage des *Libertés de l'Église gallicane*, et il s'acquit un nouveau titre à la reconnaissance du monde lettré, en lui révélant un des poëtes les plus élégants du siècle d'Auguste : nous voulons parler de Phèdre, dont les fables parurent en 1596. Pithou mourut deux mois apres, à Nogent-sur-Seine, le 1er novembre 1596.

P.-F. Tissot, de l'Académie Française.

PITIÉ. Dieu a permis le mal sur la terre; mais Dieu a mis la *pitié* dans nos cœurs, la *pitié*, mobile de nos plus tendres vertus; peine qui, courageusement acceptée, nous rend plus contents de nous-mêmes. La *pitié* a donné à l'homme, à ce dernier né de la création, l'empire sur tant de races d'animaux, où les individus ne sont guère unis que par la loi du plaisir et par de fragiles liens de famille, où la force reste perpétuellement farouche, où toute infirmité reste sans appui, excepté celle de l'enfance. C'est en partageant leurs maux que les hommes ont appris le secret d'unir leurs forces. Puisque les animaux font entendre des plaintes auxquelles répondent quelquefois ceux de leur espèce, on ne peut leur refuser une *pitié* instinctive; mais rien de plus fugitif en eux que ce sentiment. La *pitié* chez les animaux n'est pas plus réfléchie que la cruauté des uns, que l'instinct timide des autres, que cet amour maternel qui disparaît sans laisser la moindre trace, le moindre souvenir. La *pitié* chez les hommes joint à l'impulsion, au sentiment, la vivacité, la profondeur de la réflexion; d'ailleurs, elle est souvent un triomphe sur des penchants contraires, une manifestation glorieuse de la liberté de notre âme.

Point de limite à la pitié : elle fait revivre le passé le plus lointain, ressuscite des générations qui ne sont plus. *La postérité me plaindra*, ont dit souvent des héros, de grands citoyens et des sages, tombant sous les coups du crime ou opprimés par la tyrannie. Et voilà que la postérité au bout de trois mille ans répond à leur dernier espoir, et croit acquitter une dette personnelle, en plaignant des vertus si mal récompensées. La pitié s'étend jusqu'aux limites du globe; elle pénètre jusque dans ces lieux formidables destinés à des expiations, et des prières pour les morts, qui nous sont dictées par le christianisme, nous élancent tendrement hors de notre sphère. La pitié trouble et déchire Las Casas dans son cloître, et lui présente les tortures des Américains, égorgés en troupeaux par les Espagnols. La *pitié* nous délivre de la sécheresse de l'égoïsme, et répand sur nos traits une tristesse qui les embellit; nos regards deviennent alors plus profonds, plus pénétrants, plus recueillis : ce n'est pas la curiosité, c'est l'intérêt qui les anime; le malheureux y voit comme dans un miroir ses souffrances répétées, y lit le soulagement qu'il espère recevoir, qu'il a reçu déjà. Nos larmes, qui coulent avec les siennes, semblent lui dire que son être s'est multiplié; notre voix s'adoucit, et semble ménager en lui des organes fatigués; elle varie ses inflexions, ses accents. La *pitié* a créé dans toutes les langues des expressions douces, harmonieuses, des diminutifs caressants, que l'amour maternel, que l'amitié, que l'amour même, empruntent dans leurs plus tendres épanchements. Nos bras s'ouvrent pour recevoir un inconnu qui souffre dans notre sein; notre main le flatte, le rassure, et par la pression lui fait sentir profondément tout ce qui se passe dans notre cœur. Tous nos membres frémissent de la lésion qu'il a reçue; nos organes répondent aux siens; notre âme répond à son âme; et si dans ses regrets il a prononcé le nom de sa femme, de son ami, de sa mère, c'est comme si nous avions devant les yeux sa femme, son ami, sa mère, désespérés; et voilà des êtres absents et inconnus qui deviennent les objets de notre profonde sympathie.

Il nous semble que nos membres intacts éprouvent les mêmes douleurs que les membres fracturés de l'homme qui vient de faire une chute violente. Nous sommes exténués de la faim d'un pauvre voyageur. Nos nerfs tressaillent, se crispent sans lésion, sans commotion personnelle, et font pour éviter ou pour modérer un coup qui ne peut nous atteindre le même travail que ceux de l'homme qui le craint ou vient d'en être frappé; émotions fugitives, mais répétées, qui feraient de l'homme le plus infortuné de tous les êtres si Dieu n'avait attaché mille douceurs secrètes à la *pitié*. Le cœur éprouve alors des palpitations si vives, des émotions tellement alternatives de malaise et de soulagement, que cet organe semble dominer sur tout notre être; c'est pour cela qu'il est considéré comme le siége du sentiment. Tous nos gestes, toutes les attitudes de notre corps, expriment ou donnent le secours. Mais ces signes si multipliés, si éloquents, d'où émanent-ils? D'une sympathie aussi vaste que naturelle, qu'on ne peut expliquer que par l'admirable vers de Térence :

Homo sum, humani nihil a me alienum puto,

ou par ce beau vers de Voltaire, qui n'est point un raisonnement, mais qui vaut mieux que tous les raisonnements du monde :

Il suffit qu'il soit homme et qu'il soit malheureux.

Parmi nous, le sexe fort a reçu le plus de puissance pour porter du secours, et c'est le sexe faible qui exprime la *pitié* avec le plus de charme, qui l'éprouve avec le plus de constance et la signale avec le plus d'empressement. La sensibilité de la femme est plus promptement avertie, plus inquiète, plus troublée; celle de l'homme est plus calme, et se concilie mieux avec la raison et la justice; elle est plus collective, et peut créer de plus vastes moyens de soulagement. Comme il a plus souvent le désir et la force d'exposer ses jours pour l'être qui appelle sa *pitié*, c'est un bonheur qu'il puisse garder le sang-froid, le coup d'œil vif et sûr qui conviennent au courage. Mais voyez comme la femme sait bien surmonter sa faiblesse et vaincre tous les dégoûts que lui inspirent une constitution délicate, une imagination prompte à s'effaroucher!

Notre pitié peut être mêlée de fréquents et de subits retours sur nous-mêmes. L'expérience des maux soufferts, la crainte vague de ceux dont nous pourrions être atteints, donnent à ce sentiment plus d'énergie et plus d'activité; mais je nie que ces retours personnels fassent à eux seuls toute la pitié, et même qu'ils y soient nécessaires. En effet, nous plaignons diverses sortes de maux dont nous n'avons ni l'expérience ni le pressentiment. La Rochefoucauld dit dans ses *Maximes* : « La *pitié* est souvent un sentiment de nos maux dans les maux d'autrui. » Avec la restriction du mot *souvent* qu'emploie l'auteur, cette maxime offre un sens quelquefois vrai. Mais les matérialistes s'en sont emparés pour la rendre absolue, et, malgré toute la philanthropie dont ils décorent leur cruelle et grossière doctrine, leur adage favori est que la pitié est uniquement dans le sentiment de nos maux, réveillé par les maux d'autrui. Il faut s'entendre. Si l'on fait entrer dans l'expression *amour de soi* des idées d'orgueil, de vanité, je dirai que toutes ces impressions, quoiqu'elles contrarient et bornent nos affections sympathiques, les supposent pourtant. N'est-il pas évident que lorsque nous cherchons avidement l'estime et l'amour de nos semblables, nous nous sentons pour eux au fond du cœur quelque estime et quelque amour. Mais si l'on prend le mot d'*amour de soi* dans le sens purement matériel que lui donne Helvétius; si, comme lui, on n'y voit que l'instinct qui nous fait fuir la douleur physique et chercher le plaisir physique, je ne vois que contradiction et qu'absurdité à faire dériver la pitié d'un mobile qui la condamne et la repousse. En effet, dans l'hypothèse de la philosophie égoïste, qu'est-ce qui pourrait déterminer une pitié sèche et mensongère à aider, à défendre celui qui en serait l'objet? Pourquoi nous déranger? Pourquoi prolonger une impression déjà trop pénible? Pourquoi la rendre plus déchirante par une communication plus directe avec un être souffrant? Dira-t-on qu'un certain calcul d'intérêt personnel, qu'un espoir de secours réciproques nous engage à rendre notre pitié utile à celui qui l'inspire? Quoi! nous croirions à une reconnaissance vraie, nous qui n'éprouverions pas même une pitié sincère! N'entendez-vous pas tous les raisonnements que cet amour de soi, qui serait un véritable égoïsme de nature, opposerait à la pitié?

Loin que notre pitié soit une réaction purement physique, souvent elle surpasse de beaucoup les douleurs de celui qui nous l'inspire; souvent elle est excitée, lorsqu'il n'exprime aucun genre de souffrance, et souvent même lorsqu'il se livre aux transports d'une joie inconsidérée. La sécurité d'un homme qui ne connaît pas encore un malheur dont il vient d'être frappé par la perte de l'un des siens, par la perte de sa fortune, les rêves de bonheur qu'il forme devant nous, nous causent une impression plus déchirante que ne le feraient les signes les plus violents de son désespoir. Si la pitié était fondée sur l'égoïsme, comment pourrait-elle s'élever jusqu'au courage, jusqu'au dévouement? Quelle frénésie bizarre, entièrement contraire à ce puissant et unique mobile de nos actions, de nos pensées, l'amour de nous-même, le principe de la conservation de notre être, nous porterait à nous associer jamais au danger d'un inconnu, et quelquefois à détourner ses dangers sur nous-même? Ah! la pitié est pleine de nobles imprudences, que l'amour de soi, s'il était le seul mobile de nos actions, notre seul guide moral, repousserait avec épouvante! Sans doute, la pitié peut être encore excitée par d'autres mobiles, tels que la religion, la justice, et même l'amour de la gloire; mais qu'importe? puisque ces mobiles sont eux-mêmes un développement de nos facultés sympathiques et morales.

† Lacretelle, de l'Académie Française.

Pitié s'emploie dans quelques acceptions proverbiales : *Il vaut mieux faire envie que pitié*, dit-on depuis longtemps. *C'est grande pitié que de nous*, *c'est une étrange pitié que de nous*, signifie que la condition humaine est sujette à de grandes misères. *C'est grande pitié*, dit-on encore, *que de voir comment la corruption envahit le siècle.*

Pitié a quelquefois un sens qui marque plutôt du mépris que de la compassion : *Il raisonne à faire pitié*, c'est-à-dire il raisonne de travers; *Il chante à faire pitié*, il chante fort mal; *Vos menaces me font pitié*, je vous méprise, j'ai *pitié* de vous. *Regarder quelqu'un en pitié*, *avec des yeux de pitié*, c'est ne faire aucun cas de lui, le mépriser. *Regarder quelqu'un en pitié* signifie aussi quelquefois éprouver pour quelqu'un des sentiments de compassion : Son créancier l'a regardé en *pitié*, et lui a accordé du temps. On dit dans le même sens *Prendre en pitié*, pour dire Faire grâce.

PITO. *Voyez* Boissons.

PITRE, farceur des foires. Le *pitre* est un personnage moderne, dont le nom paraît venir de *pitre* et de *pitrepite*, deux sortes de liqueurs fortes qui conviennent aux palais usés et blasés; c'est la rocambole des goûts émoussés. Tel est en effet le pitre des tréteaux qui au fond n'est que le sosie du paillasse. H. Audiffret.

PITT, dit *le vieux*. *Voyez* Chatham.

PITT (William), dit *le jeune*, éminent homme d'État anglais, était le troisième fils du célèbre lord Chatham, et naquit le 28 mai 1759. En 1781 il débuta dans la vie publique, en entrant à la chambre basse, où il prononça son *maiden-speach* à propos d'un bill de réforme présenté par Burke pour diminuer les dépenses de la maison du roi. Lié d'abord avec les whigs, parti dont son père avait été l'un des coryphées, il combattit le ministère de lord North, appuya les propositions de réforme de l'opposition, et entra en juillet 1782 comme chancelier de l'échiquier dans le ministère Shelburne. De cette époque date son importance politique. Sans être précisément un esprit original, il faisait preuve d'une grande connaissance des affaires, d'une rare activité comme financier, et d'une éloquence sobre et lucide, qui devait triompher, en raison surtout de l'état de crise où se trouvait alors l'Angleterre. Déjà à cette époque il lui avait été impossible de s'entendre avec Fox; la sortie de celui-ci du ministère où Pitt vint prendre sa place, sa coalition avec lord North et les démarches ultérieures auxquelles l'excentrique Fox fut poussé par cette indigne association, devinrent la base de cet antagonisme irréconciliable qui remplit la vie publique de ces deux hommes d'État presque tout entière. La coalition réussit, il est vrai (au printemps de 1783), à renverser le ministère et à forcer Pitt de donner sa démission; mais dès la même année il s'offrait à Pitt une admirable occasion pour briser la coalition. Le ministère présenta au parlement l'*India-bill*, mesure dont le prétexte était le dessein de mettre un terme aux criants abus existant dans l'administration essentiellement mercantile de la Compagnie des Indes, mais qui avait en réalité pour but d'introduire un système nouveau, qui plaçait d'énormes influences entre les mains des ministres, de leurs parents et de leurs créatures. En dépit de l'énergique opposition de Pitt, ce bill, aussi inconstitutionnel qu'anti-royaliste, passa à la chambre basse; et ce fut seulement à la troisième lecture, et grâce à l'intervention personnelle du roi, que la chambre haute se décida à le rejeter. Georges III saisit cette occasion pour se débarrasser (décembre 1783) d'un ministère qui lui était antipathique, et chargea alors Pitt du soin de composer une administration; mission qui, en raison des circonstances, présentait les plus graves difficultés. Pitt ne tarda point à se voir dans la nécessité de dissoudre le parlement; mais à la suite d'une lutte électorale des plus vives il réussit à obtenir une majorité qui devint immédiatement la base de sa puissance. Il présenta alors un nouvel *India-bill*, dont les dispositions sont encore en vigueur aujourd'hui; puis il remit de l'ordre dans les finances délabrées, et prit des mesures propres à améliorer la situation du crédit. En ce qui touche la politique extérieure du pays, ses efforts tendirent à réparer les pertes dont la guerre d'Amérique avait été la source pour l'Angleterre; à cet effet, il conclut différents traités de commerce et réorganisa la marine en même temps que le système colonial. Il était parvenu à s'assurer ainsi d'une majorité compacte dans le parlement, et il jouissait à la cour d'un crédit illimité (surtout depuis qu'il avait fait échouer les efforts tentés par l'opposition pour faire instituer une régence pendant la maladie mentale du roi), lorsque éclata la révolution française. Ce ne fut pas seulement une aversion innée pour la France, mais surtout une répulsion profonde pour un mouvement démocratique qui menaçait d'infecter l'Angleterre à son tour, qui fit de lui tout d'abord l'un des adversaires les plus actifs et les plus implacables de la révolution. Appuyé sur l'antique constitution de son pays, ligué avec tous les éléments aristocratiques que contient l'Angleterre, il déjoua les efforts tentés par une opposition dans les rangs de laquelle brillaient des talents de premier ordre, les Fox, les Sheridan, etc., à l'effet de conclure la paix avec la France. Il profita de la terreur qu'inspirait la révolution pour faire adopter par le parlement des lois plus ou moins restrictives des libertés de l'Angleterre, telles que le bill des étrangers et la suspension de l'*habeas corpus*. A partir de l'année 1793 on le vit prendre part à la grande lutte engagée contre la France; et il ne tarda pas à être l'âme et la véritable force motrice de la coalition contre-révolutionnaire. Les revers essuyés par les armées des coalisés, notamment à partir de 1793, le triomphe de la révolution à l'intérieur, l'insurrection de l'Irlande et les troubles dont l'Angleterre elle-même fut le théâtre, tout cela joint à une crise financière par suite de laquelle la banque fut réduite à suspendre ses payements (1797), crise qu'il chercha à détourner par l'emploi de moyens hardis et inusités : tout cela mit le courage de Pitt à de dures épreuves, sans parvenir à l'ébranler. Aussitôt que la révolution française eut commencé à diriger à l'extérieur sa puissance militaire et à fonder sa prépondérance sur le continent, lutter contre la révolution fut à ses yeux lutter pour la grandeur et la puissance de l'Angleterre. La coalition qui se reconstitua en 1798 et 1799 fut encore une fois son œuvre. La corruption et l'intimidation opérèrent l'union législative de l'Irlande et de l'Angleterre (1800), et le pavillon anglais domina dans toutes les mers et dans toutes les colonies. Mais les charges financières et la dette publique du pays s'accrurent dans une égale proportion; le continent se courba sous l'épée victorieuse de Bonaparte; les puissances maritimes de second ordre essayèrent de se soustraire à la domination et aux violences du pavillon anglais; toute l'Europe invoqua la paix, et en Angleterre même cette opinion fit d'immenses progrès. Pitt comprit parfaitement que le système de Bonaparte ne devait pas tarder à provoquer un revirement complet de l'opinion, et il abandonna le pouvoir (mars 1803) à ceux de ses amis qui étaient moins compromis que lui. Le nouveau cabinet qui se constitua alors sous la présidence d'Addington conclut donc la paix d'Amiens; et les événements prouvèrent bientôt que Pitt avait calculé juste. Dès 1803 la guerre était inévitable; et le système suivi par Bonaparte en faisait une nécessité aux yeux des Anglais de tous les partis, sans en excepter Fox lui-même. En mai 1804 Pitt reprit donc la direction des affaires avec l'assentiment de la grande majorité de la nation, et la coalition de 1805 fut sa première œuvre; mais la malheureuse issue de la lutte engagée sur le continent, les désastres d'Ulm et d'Austerlitz triomphèrent de l'énergie physique de cet homme, déjà faible de constitution, et dont les travaux et les excès avaient épuisé les forces. Il mourut le 23 janvier 1806, à l'âge de quarante-sept ans : les dernières paroles qu'il prononça furent : *O my country!* (ô mon pays!). Toutefois, sa politique lui survécut; si les successeurs qu'on lui donna ne furent, en ce qui touche le talent, que *sa petite monnaie*, il ne leur en fut pas moins donné de recueillir neuf ans plus tard les fruits et la gloire du système qu'il avait créé. Pitt n'avait jamais été marié. Il avait dépensé sa fortune tout entière au service de l'État, de sorte que le parlement dut acquitter ses dettes. La reconnaissance publique lui fit en outre élever un monument à Westminster, où ses restes mortels avaient été déposés. Dans la vie privée il était d'une simplicité et d'une amabilité extrêmes. Ses adversaires eux-mêmes rendaient hommage à sa probité et à son désintéressement. On a recueilli en trois volumes ses principaux discours. Consultez Gifford, *Life of Pitt* (Londres, 1809); Thalkery, *History of Pitt* (2 vol.); Tomline, *Life of Pitt* (Londres, 1831.)

PITT (Le) ou LE RÉGENT. *Voyez* DIAMANT.

PITT (Ile). *Voyez* BROUGHTON (Archipel).

PITTACUS, l'un des sept sages de la Grèce, né vers l'an 648 av. J.-C, à Mitylène dans l'île de Lesbos, délivra son pays du joug de la tyrannie et fonda diverses institutions utiles. Mais vers l'an 589 il abdiqua volontairement la puissance suprême qui lui avait été confiée, pour rentrer dans la vie privée. Comme preuve de sa modération, on rapporte qu'il renvoya un jour à Crésus les trésors qu'il lui avait adressés, en faisant dire à ce prince qu'il avait déjà le double de ce qu'il lui fallait. « Sachez prendre le moment favorable » était sa maxime favorite. Il ne s'est rien conservé de ses élégies ni d'un ouvrage en prose qu'il avait composé sur les lois, à ce que rapportent les anciens auteurs. Diogène de Laerte cite de lui une lettre à Crésus; et il existe un petit poëme qu'on lui attribue et que Schneidewin a compris dans ses *Delectus Poesis Græcorum elegiacæ*, etc. (Gœttingue, 1839).

PITTI (Palais), *Palazzo Pitti*. *Voyez* FLORENCE.

PITTORESQUE, ce qui fait ou peut faire de l'effet en peinture. Ce mot vient du mot italien *pittore* (peintre). On dit : Un site *pittoresque*, un costume, une tête, une attitude *pittoresque*. Dans un sens plus étendu, on désigne par cette épithète l'effet général d'un tableau, sous le rapport de l'arrangement de ses diverses parties, et l'on dit : Un arrangement, une composition *pittoresque*. Enfin, par une acception devenue aussi fréquente que la première, ce mot signifie ce qui peint à l'esprit, comme il a signifié dans le principe ce qui peint aux yeux. C'est dans ce sens qu'on dit : Un style, une description, une expression, un vers *pittoresque*.

Il y a quelques années, une nouvelle signification, née de l'usage d'orner certains livres d'un nombre considérable de figures, a été donnée à ce mot. La gravure à l'eau-forte, la lithographie, et surtout la gravure sur bois, ont été mises à contribution pour ces publications, dites *pittoresques* (*voyez* Illustrations). Jadis on entendait par *Voyage pittoresque*, par *Guide pittoresque* du voyageur en France, en Allemagne, etc., un ouvrage écrit en vue de ce qui doit exciter l'attention du peintre sous le rapport des sites de la nature ou des œuvres de l'art. Charles Farcy.

PITTSBURGH, chef-lieu de la partie occidentale de l'État de Pennsylvanie, pour la population, la richesse et l'importance, la troisième ville (après la Nouvelle-Orléans et Saint-Louis) de toute la vallée du Mississipi, et comme ville manufacturière l'une des plus considérables de l'Amérique du Nord, est située dans une belle plaine, sur une langue de terre entre l'Alleghany et le Monongahela, dont les eaux désormais réunies prennent le nom d'Ohio, dans le comté d'Alleghany, au centre de la région houillière de la Pennsylvanie occidentale et au voisinage d'inépuisables gisements de fer. Elle provint, en 1765, d'un fort que les Français avaient construit là, en 1753, sous le nom de *fort Duquesne*, mais qui fut pris par les Anglais dans la guerre qui éclata bientôt après entre les deux peuples, et auquel les vainqueurs imposèrent alors le nom de *fort Pitt*. Les guerres contre les Indiens et les troubles dont les régions de l'ouest étaient le théâtre furent un obstacle à ses progrès jusqu'en 1793; mais à partir de cette époque ils furent des plus rapides, par suite de sa situation, éminemment favorable. Sa population, qui en 1800 n'était encore que de 1650 habitants, atteignait déjà en 1851 le chiffre de 55,317, et même de plus de 100,000 âmes en y comprenant les localités qui en dépendent. Sur ce dernier chiffre on compte dans la ville proprement dite environ 15,000 Allemands, et dans sa vaste banlieue plus de 30,000. Pittsburg est une ville construite en général avec une grande régularité et où il règne une extrême activité. Depuis 1827 une puissante machine hydraulique y déverse en abondance les eaux de l'Alleghany. Parmi les quarante églises et chapelles, on distingue plus particulièrement la cathédrale des anglicans, édifice dans le style gothique et d'assez bon goût. En fait d'établissements publics, le *Theological Seminary*, fondé à Pittsburgh même, en 1828, et le *Western Theological Seminary*, fondé à la même époque dans le faubourg d'Alleghany, méritent une mention particulière. Le premier est à l'usage des réformés associés, et le second à l'usage des presbytériens. Pittsburgh, qu'on peut appeler le *Sheffield de l'Amérique du Nord*, est le grand centre de l'industrie des fers. Ses grandioses usines livrent chaque année à la consommation pour plus de 9 millions de dollars de produits, comme machines à vapeur, presses à coton, etc. On y trouve en outre de grandes fabriques de cotonnades, des fabriques de céruse, des fonderies et des laminoirs de cuivre, et les plus importantes verreries de toute l'Union. Il y existe aussi des manufactures de chapeaux, de toiles cirées et d'étoffes de laine; ses fabriques de papier, d'agrès, d'ustensiles d'imprimerie, de cuirs et d'ébénisterie ne sont pas non plus sans importance. Par sa navigation sur l'Ohio jusqu'au Mississipi, Pittsburgh, qui possède 112 bateaux à vapeur et un cabotage de 30 à 40,000 tonnes, est en même temps la grande voie de communication des États de l'ouest avec ceux de la côte, attendu que le canal de la Pennsylvanie et de l'Ohio établit une communication par eau entre le bassin de l'Océan atlantique et celui du Mississipi. En échange des produits de sa fabrication cette ville reçoit une grande quantité de produits agricoles. C'est le grand marché des jambons de l'Ohio, de la poix, du beurre, des vaches, de la farine, du chanvre, du tabac, du coton, du sucre, des mélasses, du café et autres produits coloniaux qui remontent le Mississipi et l'Ohio comme fret de retour. L'Alleghany, qui n'est navigable que pour de petits bâtiments à vapeur, y amène des bois de construction. Chaque année on en charge plus de 400 bateaux plats, qui de Pittsburgh rapportent de la houille à Cincinnati et même plus loin encore, jusqu'à Louisville et Natchez. Il s'y fait aussi un grand commerce de potasse, d'eau-de-vie de grains, de tan, de sel, de fer brut et d'articles de boissellerie. Une grande activité règne aussi sur ses chantiers de construction. Enfin, Pittsburgh est le rendez-vous général des émigrants qui vont s'établir plus loin dans l'Ouest. A peu de distance de Pittsburgh, sur l'Alleghany, est situé un grand arsenal fédéral contenant de quoi armer 80,000 hommes.

PITUITAIRE (Glande), du latin *pituita*, pituite. *Voyez* Glande.

PITUITAIRE (Membrane), nom de la membrane muqueuse qui tapisse l'intérieur du nez.

PITUITE. Les anciens appelaient ainsi une humeur dont ils attribuaient la sécrétion à la glande pituitaire; la science a fait justice de cette erreur. On est convenu aujourd'hui d'appeler *pituite* toute humeur circulant lentement dans la partie où elle s'est amassée, et résultant du ralentissement des fonctions vitales; elle est liquide, d'une couleur pâle, opaque, transparente. Les accidents produits par la pituite sont une diminution de la circulation, l'engendrement de tumeurs molles, froides, le froid, la pâleur, la lassitude, le ralentissement du pouls, la laxité, la paralysie, l'excrétion d'humeurs pituitaires, la diminution des urines qui deviennent pâles ou visqueuses, la difficulté de respirer, des stagnations fréquentes, des obstructions. Les exercices du corps, l'habitation des lieux secs et élevés, l'usage d'aliments fermentés et épicés, de remèdes échauffants, stimulants, excitants, combattent les effets de cette humeur.

Depuis quelque temps, on donne plus particulièrement le nom de *pituite* aux mucosités des poumons et de l'estomac, dont une excitation bilieuse, produite souvent par l'habitude de fumer et par celle de boire de la bière provoque l'évacuation par la bouche : cette expectoration se fait avec des efforts qui provoquent parfois des vomissements fatigants pour l'estomac. Renoncer aux causes qui provoquent ainsi la pituite, ou ne s'y livrer qu'avec modération, c'est en détruire les effets.

PITYUSES (Iles). *Voyez* Baléares.

PIVERT. *Voyez* Pic.

PIVOINE, genre de la famille des renonculacées, composé de plantes herbacées, vivaces ou frutescentes, que la beauté de leurs fleurs rouges, rosées, blanches et même jaunes dans une espèce, fait rechercher dans tous les jardins où la culture est parvenue à la rendre parfaitement double. Le genre *pivoine* a pour caractères : Calice à cinq sépales inégaux, persistants; corolle à cinq pétales, quelquefois six ou dix; étamines très-nombreuses; deux à cinq pistils libres, uniloculaires, insérés sur un disque charnu, donnant autant de capsules folliculaires, coriaces, qui s'ouvrent longitudinalement sur leur ligne interne.

La *pivoine moutan* (*pæonia moutan*, Sims.), que l'on nomme vulgairement *pivoine en arbre*, ne forme cependant qu'un arbuste dont la hauteur moyenne est d'un mètre. Ses grandes et belles fleurs, roses ou blanches, et agréablement odorantes, se montrent au printemps. Cette pivoine, qui croît naturellement en Chine, a été naturalisée en Europe par J. Banks, en 1789. Nos jardins en possèdent déjà de nombreuses variétés, que l'on classe en trois races; la *pivoine de Banks*, la *pivoine papavéracée*, et la *pivoine en arbre odorante*. Les variétés de cette dernière race exhalent une odeur de rose très-prononcée.

Parmi les espèces à tige herbacée, la *pivoine officinale* (*pæonia officinalis*, L.) n'a guère d'officinal que son nom, car c'est à peine si quelques médecins l'administrent encore comme antispasmodique. Cependant, les propriétés énergiques de sa racine l'avaient fait considérer autrefois comme un remède puissant. Suivant les poëtes, le nom de cette plante était dérivé de celui du médecin Pæon, qui s'en servit pour guérir Pluton, blessé par Hercule. Quoi qu'il en soit, la pivoine officinale a le mérite incontestable d'être l'un des plus beaux ornements de nos parterres par ses variétés à fleurs rouge écarlate, ou cramoisi foncé, ou rose, ou couleur chair, ou panachées, etc. Cette plante croît naturellement dans les prés montagneux de l'Europe.

PIVOT. En mécanique usuelle, c'est l'extrémité d'un arbre qui s'appuie sur un plan quelconque et qui tourne dans une douille ou crapaudine, etc., etc. Cette extrémité, dans la pratique, est ordinairement taillée en cône; cependant, cette forme n'est pas de rigueur.

Pivot désigne, par analogie, dans les conversions qu'un corps de troupe exécute, l'aile sur laquelle on tourne, ou le point autour duquel se fait la conversion. Dans les conversions qui s'exécutent en marchant, l'homme qui est au pivot fait le pas de 16 centimètres.

Ce mot se dit figurément de ce qui sert d'appui, de soutien.

PIVOTANTE (Racine). *Voyez* RACINE (*Botanique*).

PIZARRE (FRANCISCO PIZZARRO), qui découvrit le Pérou et en fit la conquête, naquit à Truxillo, en Estrémadure. Il était le fils naturel d'un gentilhomme. Son éducation fut complétement négligée, et on l'employa d'abord comme gardeur de pourceaux. Fatigué des mauvais traitements dont il était l'objet, il prit la fuite, et alla s'engager comme soldat. Après avoir passé d'abord quelque temps en Italie, il s'embarqua avec d'autres aventuriers à Séville pour l'Amérique. Là il prit part à toutes les guerres dont les îles de Cuba et d'Hispaniola furent le théâtre, et il accompagna Ojeda dans son expédition au golfe de Darien, de même que Balboa dans son expédition à travers l'isthme de la mer du Sud. A cette occasion il l'emporta sur tous ses compagnons en courage, en constance et en esprit d'entreprise; aussi, quoique ne sachant pas même lire, le jugea-t-on digne d'exercer un commandement. Il était déjà parvenu à amasser une petite fortune, quand la cupidité et l'ambition le déterminèrent à s'associer avec Diego d'Almagro et Hernando Luque pour conquérir les régions situées sur les côtes de la mer du Sud, et qu'on supposait recéler de grandes richesses.

Le 15 novembre 1524 nos aventuriers partirent de Panama avec un seul navire monté par cent quinze hommes, pour s'en aller à la conquête d'un grand empire. Après avoir longtemps erré dans les mers voisines, ils découvrirent une côte basse et peu peuplée; puis la nécessité les contraignit à regagner le mouillage de l'île des Perles, où la famine et les maladies décimèrent leurs rangs. Renforcé néanmoins à deux reprises par Almagro, Pizarre parvint à compter sous ses ordres jusqu'à deux cents hommes, à la tête desquels, en mai 1526, il atteignit la baie de San-Matteo dans la province de Quito; et il suivit alors la côte jusqu'à Tumbez. Là il recueillit quelques renseignements sur l'existence d'un pays riche et civilisé, appelé le *Pérou;* mais le gouverneur de l'isthme de Panama, Pedro de Rios, mit obstacle à ce qu'il poursuivît la réalisation de son plan primitif. Revenu en 1527 à Panama, Pizarre fit de vains efforts pour triompher du mauvais vouloir de son adversaire, et se décida en conséquence à entreprendre le voyage d'Espagne. Ce ne fut pas sans peine qu'il réussit à réunir les ressources pécuniaires nécessaires pour parvenir jusqu'à l'empereur Charles-Quint; mais il revint enfin à Panama comblé de distinctions honorifiques et porteur d'un diplôme, en date du 28 juin 1529, qui l'autorisait à conquérir le Pérou jusqu'à une distance de 150 myriamètres au sud de Tumbez, et à gouverner ce pays avec le titre de capitaine général. Almagro fut d'abord vivement jaloux des titres et des avantages accordés à Pizarre, dont la conduite lui parut avoir été déloyale à son égard; cependant, il finit par se réconcilier avec lui, tout au moins en apparence. Pizarre avait ramené avec lui d'Espagne ses trois frères, mais avec des ressources si exiguës que ce fut seulement longtemps après que lui et ses associés parvinrent à réunir trois navires, cent quarante-huit fantassins et trente-sept cavaliers, à la tête desquels il débarqua en janvier 1531 dans la baie de San-Matteo. Après avoir fondé en mai 1532 la première colonie espagnole dans la baie de San-Michael, il marcha sur Caxamarca, à l'effet de mettre à profit les troubles qui régnaient alors parmi les Péruviens.

Peu de temps avant sa mort, arrivée en 1529, le douzième inca, Huayna Capac, avait partagé ses États entre ses deux fils, Huascar et Atahualpa; et une guerre civile avait été le résultat de ce partage. Atahualpa ayant sollicité l'appui et le concours des étrangers pour triompher de son frère, le perfide Pizarre résolut aussitôt d'abuser de la confiance qu'on lui témoignait, et proposa à l'inca d'avoir avec lui une conférence, qui eut lieu en effet le 15 novembre 1532. L'inca Atahualpa, surpris de l'audace de cette poignée d'aventuriers, ayant refusé de se rendre à discrétion comme on l'exigeait de lui, les Espagnols se ruèrent sur les 30,000 hommes qui l'entouraient; et le bruit de leurs armes à feu ainsi que la vue de leurs chevaux inspirèrent une telle épouvante à cette cohue, qu'ils la dispersèrent après en avoir fait un horrible carnage et après avoir fait prisonnier l'inca lui-même. Leur perte dans cette bataille n'avait été que d'un seul homme. Les vainqueurs arrachèrent d'abord au monarque captif une rançon évaluée à environ deux millions de douros; puis, sans souci pour la foi jurée, ils le firent périr dans les supplices. Il leur fut alors d'autant plus facile de se rendre maîtres d'un pays demeuré sans maître, que dans l'intervalle Almagro leur avait amené cent cinquante hommes de renfort. Les Espagnols continuèrent à marcher en avant, et parcoururent tout le pays sans rencontrer nulle part de résistance, mais en exerçant partout les plus affreuses cruautés. Quelques-uns de ces aventuriers, qui avaient acquis de grandes richesses, s'en revinrent à Panama; et alors ce fut à qui irait grossir les rangs de la petite armée qui venait de conquérir un pays où l'or était si abondant. En 1533 Pizarre, qui comptait maintenant sept cents Européens sous ses ordres, marcha à la tête de cinq cents hommes vers le sud. Après avoir soutenu plusieurs combats acharnés avec les Indiens, que le bruit de la poudre et la vue des chevaux ne frappaient plus de terreur comme autrefois, il s'empara enfin de la grande et riche ville de Cuzco, pour la possession de laquelle un démêlé des plus vifs éclata entre lui et Almagro. Quand les deux rivaux se furent mis d'accord, Almagro entreprit une mémorable expédition au Chili, et conquit une grande partie de ce territoire, pendant que Pizarre s'occupait de l'organisation intérieure de sa conquête; œuvre dans laquelle il fit preuve d'une habileté remarquable. En 1534 il fonda aussi la nouvelle capitale, *Ciudad de los Reyes*, appelée plus tard Lima. Toutefois, les atrocités incessamment commises par les vainqueurs finirent par provoquer une insurrection parmi les naturels. Pizarre se vit assiégé dans sa nouvelle ville, comme l'étaient à Cuzco ses trois frères, dont l'un même y périt. Quand ces fâcheuses nouvelles parvinrent au Chili, Almagro se hâta d'accourir pour profiter de la situation critique de son rival. Il battit les Péruviens, s'empara de Cuzco, et fit prisonniers les deux frères de Pizarre. Pendant ce temps-là celui-ci, qui s'était maintenu à Lima, envoyait cinq cents hommes aux ordres d'Alvarado secourir Cuzco, qu'il supposait être toujours assiégée par les Péruviens; et cette petite armée fut également défaite par Almagro. A la suite de négociations Pizarre obtint pourtant que ses frères fussent remis en liberté; mais ce résultat une fois obtenu, il les renvoya avec sept cents hommes secourir Cuzco. En avril 1538 l'armée des frères de Pizarre en vint aux mains à Salinas, à peu de distance de Cuzco, avec l'armée d'Almagro. Celui-ci, complétement battu dans cette rencontre, fut fait prisonnier; et Pizarre le fit condamner à mort et exécuter. Les partisans d'Almagro n'ayant point été compris dans le partage des terres qui eut lieu alors, se groupèrent à Lima autour du fils de leur ancien chef, et conspirèrent contre la vie de Pizarre. Ils ne mirent leur plan à exécution que le 26 juin 1541. Après avoir opposé une résistance désespérée, Pizarre et son beau-frère Alcantara succombèrent sous les coups des conjurés. Pizarre était un homme d'une valeur à toute épreuve. Il déploya comme général des talents remarquables, une prudence rare et une constance inébranlable; mais il se déshonora par son infâme perfidie, par sa rapacité et par la cruauté qui est le fond de tous les actes de sa vie. Consultez Prescott, *History of the Conquest of Peru* (Londres, 1846).

PIZZICATO, mot italien qui dans la notation pour les

instruments d'archet indique que certains tons ne doivent pas être rendus avec l'archet, mais pincés avec les doigts. Ordinairement il est suivi des mots *coll' a r c o*, qui indiquent qu'il faut reprendre l'archet.

PIZZIGHETTONE, petite ville fortifiée de la province de Crémone (Royaume Lombardo-Vénitien), chef-lieu d'une préture, avec 4,000 habitants, située au confluent du Serio et de l'Adda, qu'on y passe sur un pont, sur la route de Milan à Mantoue, entre Crémone et Lodi, est bien bâtie; mais l'air en est malsain. La citadelle fut construite au quinzième siècle, par le duc Philippe Marie Visconti de Milan. Pizzighettone fut prise en 1706 par les Impériaux, en 1733 par les Français et les Piémontais, en 1746 par les Français et les Espagnols, en 1796 et 1799 par les Français.

PLACAGE, sorte de recouvrement des ouvrages d'é b é n i s t e r i e, fait avec des bois durs et précieux, débités en lames tellement minces qu'il en faut appliquer jusqu'à dix, quinze et même vingt pour former l'épaisseur de deux centimètres et demi. On distingue deux sortes de placages: l'un se fait sur un bâti de menuiserie, en y appliquant des compartiments de bois précieux, d'ivoire, d'écaille, de métaux, réduits en feuilles, etc. : c'est le placage le plus commun; l'autre exige beaucoup plus d'art : il représente des fruits, des fleurs, des oiseaux, tous autres ornements, etc., et est connu sous le nom de *m a r q u e t e r i e*.

Placage se dit figurément des ouvrages d'esprit composés de morceaux pris çà et là, des parties d'ouvrages qui semblent avoir été faites à part et non d'après un dessein général.

PLACARD, nom que l'on donne, en architecture, à une décoration de porte d'appartement, en bois, en pierre ou en marbre, laquelle se compose d'un chambranle couronné d'une frise, d'un cavet et de sa corniche, portée quelquefois sur des consoles. Ce mot vient de *plaque*, *plaquer*.

PLACARD, écrit ou imprimé qu'on affiche dans les places, dans les carrefours. Anciennement, les édits à règlements qu'on voulait publier se mettaient en placards, et non en cahiers; et l'on disait, en style de chancellerie, que des lettres étaient scellées en *placard*, lorsque le parchemin gardait toute son étendue. Aujourd'hui, après la *saisie-exécution*, la loi veut que la vente soit annoncée un jour auparavant par quatre *placards* au moins, affichés au lieu où sont les effets, à la porte de la mairie, au marché et à la porte de l'auditoire de la justice de paix. Après la saisie immobilière, elle exige que l'adjudication préparatoire soit indiquée par des a f f i c h e s ou *placards*.

Placard se dit d'un écrit injurieux ou séditieux qu'on affiche ordinairement de nuit au coin des rues ou qu'on répand dans le peuple. A Rome, on en applique souvent sur *Marforio* et *P a s q u i n*. En France, il y a des peines sévères contre quiconque *placarde* dans les rues, les places ou tous autres lieux publics, aucun écrit, soit à la main, soit imprimé, gravé ou lithographié, contenant injure ou sédition.

En termes d'imprimerie on appelle *épreuve en placard*, ou simplement *placard*, une épreuve imprimée d'un seul côté de la feuille, et sans que la composition ait été mise en pages.

PLACE (du latin *platea*, qui a le même sens, ou, suivant Du Cange, de *placium*, terrain plat et uni, dans la basse latinité), lieu, endroit, espace qu'occupe ou que peut occuper une personne, une chose. Il faut laisser chaque chose à sa *place* et ne pas vouloir toujours s'emparer de la *place* d'honneur, sans quoi la *place* n'est pas tenable. « Celui, dit La Bruyère, qui prend la dernière *place* quand la première lui appartient, le fait par vanité : c'est afin qu'on l'y voie et qu'on s'empresse de l'en ôter. »

Place se dit figurément de la dignité, de la charge, de l'emploi qu'une personne occupe dans le monde : *Place* importante, *place* de confiance, solliciter une *place*. Après une révolution, les ambitieux font la guerre aux *places*. Un *homme en place* est généralement un homme revêtu d'un emploi honorable.

Place s'emploie quelquefois absolument pour signifier le lieu du change, de la banque, le lieu où les banquiers, les négociants, s'assemblent dans une ville pour traiter d'affaires. On dit, dans ce sens, négocier un effet sur *place*, avoir du crédit sur la *place*. *Place* se dit encore de tout le corps des négociants, des banquiers d'une ville.

PLACE, dans ses rapports avec l'architecture et les édifices, exprime plus d'une chose différente : 1° le lieu même, le terrain obligé ou choisi sur lequel on élève un bâtiment; 2° l'espace qu'on ménage à son aspect; 3° l'emplacement qu'on laisse vide ou qu'on pratique au milieu d'une ville pour le besoin ou pour l'agrément; 4° celui qui doit servir d'accompagnement à certains objets de décoration. Selon la première des distinctions, *place* n'est qu'un synonyme vague d'*emplacement*. La place de chaque monument doit être déterminée par sa nature ou par sa destination. Il y a des monuments dont la place doit être au centre de la ville. C'était toujours celle du *forum* dans les villes antiques. Rien ne contribue plus à la magnificence des aspects d'une ville que la position élevée de certains monuments, dont les masses pyramidales dominent les autres constructions. Les anciens choisissaient toujours une semblable place pour un temple. Malheureusement, les villes modernes, formées par une agrégation inordonnée de maisons, de rues, de quartiers, nous montrent presque toujours leurs grands édifices manquant d'une place convenable. Sur ce point comme sur tous les autres la basilique de Saint-Pierre de Rome ne laisse rien à désirer. Un autre inconvénient pour les édifices est d'être précédés de trop vastes emplacements. Un espace démesuré rapetisse à l'œil l'effet d'une belle architecture; Saint-Jean de Latran, à Rome, et l'hôtel des Invalides, de Paris, en sont des exemples.

Un des premiers besoins des villes est la salubrité, et rien n'y contribue plus que les places publiques, vastes bassins d'air et qui sont en même temps pour les habitants des lieux de réunion et de promenade. Aucune ville sur ce point n'a porté le luxe aussi loin que Londres. Ses nombreux *squares* gazonnés et plantés d'arbres font une agréable diversion à ses uniformes maisons de briques. Nous avons parlé avec détails des places de P a r i s. Rome moderne a hérité de l'ancienne de plusieurs places, parmi lesquelles on distingue la *Navone*, qui a succédé à un grand cirque, et qui sert tout à la fois de marché, de promenade, et où les eaux des belles fontaines qui la décorent procurent, dans les grandes chaleurs, le moyen de la convertir en un grand lac. N'oublions pas dans cette énumération une des plus belles places de l'Europe, celle de Saint-Marc, à V e n i s e, dont l'étendue est de 350 mètres, conquis sur la mer. Il est peu de villes qui n'aient une ou plusieurs places publiques, qui deviennent des marchés, ou des foires, des lieux de spectacle, de divertissement ou de promenade.

PLACE (Commandant de). Les *commandants de place* sont divisés en trois classes, suivant l'importance de la p l a c e f o r t e qu'ils commandent : ceux de première sont pris parmi les officiers revêtus du grade de colonel; ceux de seconde, parmi les lieutenants-colonels, chefs de bataillon ou majors; ceux de troisième, parmi les capitaines. Il y a en outre des commandants de postes militaires, de citadelles, forts ou châteaux. Les devoirs des *commandants de place* sont nombreux. En temps de paix, ils dirigent la police des troupes de leur garnison, veillent à la conservation des fortifications et des établissements militaires dépendants de leur commandement. En temps de guerre, ils doivent défendre jusqu'à la dernière extrémité la place confiée à leur garde, et ne la rendre par capitulation que lorsqu'il existe une brèche accessible et praticable au corps de la place, et après avoir soutenu un assaut, si un retranchement intérieur a été pratiqué derrière cette brèche. La responsabilité du commandant d'une place diminue lorsqu'elle a un gouverneur ou un commandant supérieur. Cette responsabilité est encore partagée par le conseil de défense, composé des commandants de l'artillerie et du génie, et des chefs de corps de la garnison. Le commandant d'une place a sous ses ordres, selon l'importance du poste qui lui est confié, un *major de place*, un ou plusieurs *adjudants de place*, un secrétaire archiviste, et autant de portiers-consignes qu'il y a de portes de communication avec l'extérieur. Son autorité s'étend sur tous les militaires qui font partie de la garnison. Les troupes de service sont spécialement sous ses ordres, et n'appartiennent pas à la police de leur corps pendant toute la durée de ce service. Ces emplois sont donnés comme retraite à d'anciens officiers à qui leur âge ou leurs infirmités ne permettent pas de servir activement dans l'armée, mais dont on peut encore utiliser le talent et l'expérience. SICARD.

PLACE (Major de). *Voyez* MAJOR DE PLACE.

PLACE D'ARMES. Dans les villes de guerre ou de garnison, c'est le nom que l'on donne à un emplacement central où les troupes se réunissent les jours de grande parade, de revue, et en cas d'alerte ou d'alarme, pour y recevoir des ordres. Dans les places régulières, la *place d'armes* est carrée ou rectangulaire; son étendue est proportionnée à la force de la garnison. Les principaux édifices, tels que l'hôtel de ville, la maison du commandant militaire, la grande église, ont ordinairement leur entrée et leur façade sur la place d'armes. Les principales rues de la ville doivent aboutir à la place d'armes, et l'on doit aussi de cette place pouvoir conduire aisément et promptement les troupes au rempart.

En fortification, on appelle *places d'armes* des espaces de dimension déterminée par des règles fixes, et destinés, près des points d'action, à recevoir les troupes qui doivent soutenir l'attaque ou la défense de ces points. Ainsi, dans l'intérieur des places, ils existe des places d'armes, près des bastions, où les soldats que l'on envoie de la grande place viennent relever ceux qui sont de garde ou qui combattent. Les places d'armes du chemin couvert sont situées aux angles de la contrescarpe, et destinées à recevoir les troupes d'infanterie qui doivent défendre les glacis et les abords du fossé, et au besoin faire des sorties sur l'ennemi. Ces places d'armes sont saillantes ou rentrantes, suivant l'angle lui-même du chemin couvert; elles sont palissadées et garnies de banquettes. On doit bien observer que l'angle que les faces des places d'armes font avec le chemin couvert ne doit jamais être aigu, mais droit ou un peu obtus; autrement, les soldats placés sur les banquettes seraient exposés à faire feu sur ceux qui seraient chargés de la défense des autres faces du chemin couvert.

Dans les travaux de siége, le maréchal de Vauban a mis en usage des places d'armes. Elles sont toujours occupées par des troupes disposées à soutenir celles qui travaillent aux approches de la place et à repousser les sorties de la garnison. Martial MERLIN.

PLACE FORTE, PLACE DE GUERRE. Les places de guerre sont de plusieurs espèces : les *places fortes* proprement dites, qui se divisent en trois classes, et les *citadelles, forts, châteaux* et *postes militaires*. Une ordonnance royale du 31 mai 1819 a classé ainsi toutes les places de la France, et a réglé la composition et l'organisation du personnel de leurs états-majors.

Les places de guerre, en raison de leur destination pour la protection des frontières, forment souvent une double et même une triple ceinture de défense : on dit, d'après cela, qu'une place de guerre est de *première*, de *deuxième* et de *troisième ligne*, suivant la position qu'elle occupe sur la frontière. Il ne faut donc pas confondre une place de première ligne avec une place de première classe. Une citadelle, un fort, peuvent être des places de première ligne, bien que n'appartenant qu'aux dernières classes des forteresses; de même qu'une place de première classe peut n'être qu'une place de troisième ligne. Un arrêté des consuls, du 19 vendémiaire an XII, a considéré comme circonstance aggravante de la désertion l'absence de son poste dans une place de première ligne, et l'a frappée d'une augmentation de deux ans de la peine du boulet ou des travaux publics, selon que cette peine s'appliquait à la désertion à l'étranger ou à l'intérieur.

Quelques économistes se sont plu à révoquer en doute la nécessité de conserver des places fortes en France. Dans la session législative de 1829, la commission de finances, sous le prétexte spécieux d'un prétendu nouveau système de guerre, mais dans le but avoué d'obtenir de mesquines et à la fois imprudentes économies, insinua la possibilité de réduire nos cent trente-huit places fortes à *quelques grandes places d'armes sur nos frontières, pour servir de refuge et de point d'appui à nos armées et contenir les opérations de l'ennemi*. Nous ne nous sentons pas le courage de discuter sérieusement cette opinion. Le général du génie Valazé en a fait victorieusement justice dans plusieurs écrits.

Une ordonnance du roi, du 1er mars 1768, encore en vigueur, a réglé toutes les parties du service dans les places et dans les quartiers. Un décret impérial, du 24 décembre 1811, a complété les dispositions du règlement qui précède. Ce dernier décret est remarquable par la responsabilité énergique qu'il fait peser sur la tête des commandants ou gouverneurs des places de guerre. L'article 3 surtout mérite d'être cité. « Il (le gouverneur ou commandant de la place) se rappellera que les lois militaires condamnent à la peine capitale tout gouverneur ou commandant qui livre sa place sans avoir forcé l'assiégeant de passer par les travaux lents et successifs des siéges, et *avant d'avoir repoussé au moins un assaut au corps de place sur des brèches praticables.* » (Circulaire de Louis XIV, du 6 avril 1705.) On voit, d'après cela, que si un gouverneur ou commandant est contraint de subir une capitulation, sur l'avis toutefois du conseil de défense, il ne peut le faire qu'après avoir repoussé un assaut au corps de place. Pour cela, dès le commencement du siége, il a dû construire et ménager, en arrière des bastions ou des fronts d'attaque (art. 109), les réduits ou retranchements nécessaires pour se défendre encore et obtenir une capitulation honorable, lorsque la brèche a été enlevée par l'assiégeant.

Bien que les forteresses soient divisées en places de plusieurs classes, et en citadelles, forts, etc., cependant, dans les règlements et dans les relations des siéges, le mot générique *place* s'applique à toutes les enceintes fortifiées. Ainsi, on dit, même d'un château fort et de tout ce qui est fortification permanente : le feu de la *place* s'est soutenu toute la nuit; on a lancé quelques bombes dans la *place*; la garnison de la *place* a effectué une sortie, etc. Cette expression ne s'applique jamais aux fortifications passagères ou de campagne, telles que redoutes, lunettes, blockhaus, fortins, etc.

Les propriétés des habitants de l'intérieur et des environs des places de guerre sont soumises à des servitudes qui leur sont imposées par la défense de l'État. Différentes lois ont réglé les conditions auxquelles sont assujetties la conservation ou l'érection des constructions dans le rayon militaire des places, citadelles, forts, châteaux et postes; les circonstances qui donnent lieu à indemnités en cas de démolition, et enfin la quotité de l'indemnité.

Martial MERLIN.

PLACENTA (mot latin qui signifie *gâteau*), masse charnue et spongieuse, analogue à la substance de la rate, tissue et entrelacée d'une infinité de veines et d'artères, attachée au fond de l'utérus pendant la grossesse et faite pour recevoir le sang destiné à la nourriture du fœtus. Son nom lui vient de ce qu'elle a la forme d'un gâteau. Après l'accouchement, l'utérus a encore à se débarrasser du placenta ou *délivre* (*voyez* DÉLIVRANCE).

Placenta est aussi, en botanique, le nom de la partie interne du péricarpe à laquelle la graine est attachée.

PLACER, mot espagnol, passé depuis peu dans notre langue, qui désigne les mines de métaux précieux : c'est sur les *placers* de la Californie, et aujourd'hui de l'Australie, que se forment les grandes agrégations de chercheurs d'or :

le précieux minerai recueilli sur les *placers* est ensuite expédié vers les villes.

PLACET (corruption du latin *placeat*, qu'il plaise, ou plaise à...), supplique que l'on adresse au souverain, aux ministres ou aux juges, pour leur demander une grâce, justice ou faveur. Ce nom vient de ce qu'autrefois les suppliques commençaient par le mot *placeat*.

PLACIDIE (GALLA PLACIDIA), fille de Théodose Ier, sœur d'Arcadius et d'Honorius, naquit à Constantinople, vers l'an 388. Pendant le siége de Rome par les Goths d'Alaric, elle fit périr sa cousine Serena, injustement soupçonnée d'intelligences avec l'ennemi. Tombée avec la ville au pouvoir du vainqueur, elle échut en partage au beau-frère du roi goth, à Ataulf, sur lequel elle eut bientôt un ascendant irrésistible. Malgré le refus dédaigneux d'Honorius de consentir à cette union, il l'épousa à Narbonne, en 414. Les noces furent célébrées dans la maison d'un des plus riches citoyens de cette ville, nommé Ingenuus, et avec une magnificence extraordinaire. Placidie, adorée de son époux, qui n'agissait que d'après ses ordres, lui inspira le projet d'une guerre contre les Vandales, dans laquelle il périt, malheureusement assassiné. Rendue aux Romains en échange d'une rançon considérable, cette princesse se vit forcée par Honorius d'épouser Constance, l'un de ses généraux. Mais l'ambition triompha de ses répugnances, et son crédit tout-puissant sur son frère lui avait permis de faire associer Constance à l'empire, lorsqu'il mourut la laissant mère de deux enfants en bas âge, dont l'un était Valentinien III. Tout à coup une profonde disgrâce succéda à l'éclat de sa faveur : elle fut chassée de la cour, et elle dut se réfugier à Constantinople. Après la mort d'Honorius, Théodose son neveu lui donna une armée et ses deux meilleurs généraux pour combattre l'usurpateur Jean. Les droits de Valentinien furent reconnus. Placidie régna trente-cinq ans sous son nom. Les démêlés d'Aetius et de Boniface signalent tristement cette période. Placidie mourut en 450, à Rome.

PLACITE. *Voyez* NUMMULITE.

PLACUNE (de πλάξ, plaque), genre de mollusques conchylifères monomyaires, dont l'animal est inconnu. Les coquilles des placunes sont libres, irrégulières, aplaties, presque équivalves. Ce genre n'offre encore que trois espèces, qui toutes trois vivent dans l'océan Indien, ou dans la mer Rouge. L'une (*placuna placenta*), plane, presque ronde, demi-transparente et nacrée, atteint une largeur de 18 centimètres, et porte vulgairement le nom de *vitre chinoise*, qui rappelle l'usage auquel elle sert en Chine. Une autre (*placuna sella*), à peu près de même grandeur, est courbée et irrégulièrement sinueuse, lamelleuse et ondée; elle portait autrefois le nom de *selle polonaise*.

PLÆSWITZ, village de Silésie, dans l'arrondissement de Breslau, avec un château, un parc et 500 habitants, est célèbre dans l'histoire par l'armistice qui y fut signé le 4 juin 1813 entre les Français d'une part et les Prussiens et les Russes de l'autre (*voyez* MIL HUIT CENT TREIZE [Guerre de]).

PLAFOND. C'est un corps de matériaux qui forme le ciel d'un appartement : ainsi, ce mot s'applique à la surface de dessous d'un plancher. Il y a des plafonds *droits* ou *cintrés* : ceux pour lesquels on adopte cette dernière forme, qui n'est usitée que dans les grands édifices, sont construits en brique ou en pierre; les autres sont lambrissés avec des lattes qu'on recouvre de plâtre ou de mortier en terre glaise, mélangé de bourre; on les peint ensuite en blanc d'impression, et on applique sur leur surface des ornements de sculpture, tels que des rosaces et des corniches. S'ils doivent être rehaussés de peintures, on leur donne autant que possible de la solidité, parce que les couleurs, pour ne pas s'altérer, exigent des fonds très-sains. On les divise en compartiments qui sont encadrés par des moulures saillantes. Ces espaces, ménagés avec symétrie, s'appellent *caissons*, *tympans*, *voussures*, etc. On voit de ces différentes sortes de plafonds dans les grands hôtels, les palais, les résidences royales et dans quelques églises modernes. Il y en a de très-riches à Versailles, à Fontainebleau, à Saint-Cloud, au château de Richelieu, etc., etc.

Le *plafond de pierre*, qui a l'avantage d'être le plus solide de tous, se rencontre fréquemment dans les édifices antiques : c'est le *laquear* des Romains. Dans quelques constructions égyptiennes, il est formé par de grandes dalles; mais en général c'est la surface de dessous d'un plancher ou voûte, construit en pierres d'échantillon. Tels sont ceux des péristyles du Panthéon, de l'église Saint-Sulpice, du Palais-Royal, du porche de l'Assomption et ceux des deux galeries périptères de la façade du Louvre.

On appelle *plafond marqueté* celui sur la face duquel on a appliqué une toile pour y peindre quelque sujet d'histoire ou des ornements; nous citerons en ce genre les plafonds de la galerie de Versailles, ceux des galeries du musée Charles X au Louvre.

Le *plafond de corniche* est la surface de dessous du larmier d'une corniche, qui est unie ou ornée de sculptures.

Dans le langage des artistes, on entend par *peintures de plafond* non-seulement celles des surfaces planes, mais encore celles qui ornent une voûte en cintre, en ogive ou en dôme. Les anciens ont décoré de peintures les plafonds de leurs monuments; mais à juger d'après ce qu'on a découvert de leurs ouvrages en ce genre, ils ne peignaient sur le *laquear* que des arabesques, des figures chimériques ou des guirlandes de fleurs et de fruits. Les modernes ont traité d'une tout autre manière cette peinture monumentale. Les époques héroïques, l'allégorie, les fastes de l'histoire, les apothéoses religieuses, leur fournissent de beaux sujets pour le champ vaste d'une coupole : en effet, un artiste doit, surtout dans ces occasions, qui ne s'offrent qu'à de rares intervalles, développer des idées grandes et ingénieuses. Toute œuvre qui décore un édifice public prend une importance dont il faut bien se pénétrer; elle aura de la durée et plus d'une génération jugera de son mérite. Un programme est d'ordinaire imposé aux peintres qui sont chargés de ces sortes de travaux; c'est mal entendre les intérêts de l'art que de suivre une pareille méthode : il vaudrait mieux sans doute donner toute liberté à l'imagination des artistes, quand il s'agit surtout d'un genre aussi susceptible de choix et qui prête plus que tous les autres à l'idéal. Pour ce qui est de l'exécution et des effets à produire, le peintre devra donner à ses couleurs de l'éclat et de la vivacité, agrandir les espaces, multiplier les plans, faire un ciel lumineux; de manière que l'esprit ne se préoccupe pas de la solidité de la voûte. Le mouvement des figures doit être harmonieux et se rattacher à l'action principale du sujet. Quant au dessin, il demande plus de noblesse que d'énergie dans un ensemble à grandes machines, où les masses passent avant les détails.

Quelques architectes, s'appuyant mal à propos de certains exemples fournis par les anciens, se récrient contre les grandes peintures employées comme décoration dans les monuments. Tout le monde conviendra que la peinture anime l'architecture, supplée à ses effets, repose agréablement la vue fatiguée de la monotonie des murailles blanches, remplit des espaces, des cadres vides, concourt enfin à expliquer, ce qui fort souvent n'est pas inutile, la destination, le caractère spécial d'un édifice public. Des peintures d'un caractère local le feront mieux connaître que l'architecture, dont les types sont le plus souvent peu significatifs. Un plafond bien entendu porte le mouvement et la vie dans toutes les parties d'un intérieur qui n'offrirait sans lui qu'un espace triste et solitaire; la sculpture est d'un aspect froid, elle a plus de sévérité que d'éclat; la peinture qu'elle encadre lui donne du ressort et du relief, tandis qu'elle se détache mal sur des fonds gris et solides.

Les plus célèbres architectes, Brunelleschi, Bramante, Palladio, Serlio, Vignole, Michel-Ange, Philibert Delorme, etc., etc., Lunghi, Borromini, Bernin, Bruant, Juvara,

Mansard, Servandoni, ont ménagé dans les voûtes et les plafonds des édifices qu'ils ont construits des emplacements vastes, avantageux, bien éclairés, que couvraient ensuite de leurs compositions riches, ingénieuses, savantes, les Allegri, les Zuccaro, les Pellegrini, les Tibaldi, les Primatice, les Lanfranc, les Piètre de Cortone, etc., etc. Vouet, Philippe de Champaigne, Ambroise Dubois, Romanelli, Perrier, Bourdon, Le Brun, Lesueur, Mignard, Jouvenet, Lafosse, Lemoine, et de nos jours, les Ingres, les Gros, les Delacroix, les Ziegler, ont illustré de leurs peintures les murailles et les plafonds de nos palais, de nos châteaux, de nos églises.

Que de beaux ouvrages à citer! ce sont d'abord les peintures naïves des Ghirlandajo, des Pérugin; puis les pendentifs de la chapelle Sixtine par Michel-Ange, les loges du Vatican par Raphael, l'*Apothéose d'Homère* par Ingres, etc. Tous ces chefs-d'œuvre sont peints en plafonds ou sur des murs. Faut-il parler de la coupole de Parme par le Corrége, des voûtes peintes des églises de Todi, de Jésus, des Saints-Apôtres; des fresques de la Chiesa-Nuova, des beaux plafonds des palais Caprarola, Barberini, Pitti; de ceux qui décorent le palais des Tuileries, les châteaux de Versailles, de Fontainebleau, de Saint-Cloud; l'hôtel de ville de Paris, l'hôtel Lambert; des coupoles qu'ont voit dans les églises des Invalides, de l'Assomption, de Saint-Sulpice, de Notre-Dame-de-Lorette, de la Madeleine, au Panthéon, au Val-de-Grâce, etc.

Le caractère du dessin qui convient aux ouvrages de cette espèce doit être r latif aux dispositions de l'emplacement où ils doivent figurer; la distance d'où les figures doivent être vues, les voussures sur lesquelles on les trace, exigent des ménagements particuliers, qui concernent également la régularité des contours et la justesse des proportions. Une figure s'élève-t-elle sur la voussure du plafond, la partie inférieure, se raccourcissant aux yeux du spectateur par la ligne courbe sur laquelle les contours sont tracés, doit être un peu exagérée dans sa longueur; au lieu que la partie supérieure, qui paraît s'allonger physiquement, doit être réduite à une forme un peu raccourcie. Cette altération à laquelle les objets sont soumis par la nature même du fond solide doit être d'autant plus sensible qu'ils s'élèvent davantage vers le centre de la voûte; il fallait donc trouver un moyen de leur conserver leurs véritables proportions. En dessinant d'après nature, de la distance et du point de vue d'où l'ouvrage doit être regardé, on réussit du premier coup. Un carton exactement tracé sur un plan horizontal ne produirait que des figures incorrectes s'il était placé sur une superficie concave. Les personnages représentés dans une coupole étant vus de bas en haut, leurs contours doivent prendre une marche circulaire, en s'élevant au-dessus de l'œil pour former leur raccourci. On facilite cette illusion en ne montrant que le dessous des têtes, des pieds, etc. Ce serait agir contre l'ordre naturel que faire voir le dessus des objets, qui ne sont aperçus que d'un point de vue très-bas. Cette affectation doit être néanmoins ménagée; car il faut que le spectateur puisse reposer ses regards sur quelques têtes expressives et belles. Les premiers maîtres, qui manquaient souvent la perspective, éludaient les difficultés; ils ne connaissaient pas les secrets de cet art, qui sait montrer des figures vues de bas en haut, et qui calcule les effets des hauteurs tendantes à des points de vue. En vain réussirait-on à donner aux peintures d'une coupole les teintes et la consistance convenables, si l'on négligeait les moyens de les faire *plafonner*. C'est ainsi qu'on nomme cette science du dessin, qui a l'avantage de représenter debout et sur des lignes perpendiculaires des personnages qui sont physiquement couchés sur un plan horizontal, ou quelquefois sur une courbe irrégulière. Les Grecs connaissaient la perspective, mais n'en faisaient qu'un usage discret; les Romains n'avaient pas hérité de toute la science des Grecs, et ils n'ont pas pratiqué les principes du raccourci dans leurs plafonds. Les figures étaient simplement placées sur un champ vertical. Raphaël n'osa pas aller plus loin que l'antique; il recherchait surtout des contours suaves, et ne voulait pas les sacrifier aux règles de la perspective. Les voûtes des loges du Vatican sont peintes dans ce système. Cet exemple donné par Raphael a été suivi par Mengs dans son plafond de la villa Albani. Les élèves de Sanzio furent plus audacieux que leur maître; ils adoptèrent toute la science de la perspective, et Jules Romain introduisit les raccourcis dans les peintures des plafonds.

Quand, au-dessus d'une galerie qui semble étroite, règne une longue voûte, on la divise par des ornements de sculpture. C'est dans ces divisions qu'Annibal Carrache, Cortone, Le Brun et même Nicolas Coypel, ont déployé toutes les ressources ingénieuses de leur goût et de leur talent. La peinture à fresque est celle qui convient le mieux aux plafonds: elle est lumineuse et durable; mais ce procédé tombe chez nous en désuétude; les ouvrages du Primatice, de Nicolo, de Mignard, de Romanelli, de Lafosse, par leur belle conservation, font pourtant connaître la supériorité incontestable de ce procédé. Voyez au contraire comme se sont détériorées les peintures à l'huile: Le Brun se désaccorde et pousse au noir; le plafond d'Hercule, par Lemoine, dans le palais de Versailles, est couvert de taches jaunes.

A. Fillioux.

PLAGAL (Mode). *Voyez* Mode (*Musique*) et Authentiques (*Musique*).

PLAGE (du latin *plaga*, dérivé du grec πλάξ, chose plate et unie). On nomme ainsi le bord de l'eau, la grève, ou cet espace assez généralement uni, couvert de sable ou de cailloux, à peu près horizontal et au niveau de l'eau, et qui s'étend depuis l'endroit où finit la lame jusqu'à celui où commence la végétation. La plage au bord de l'Océan offre ainsi plus ou moins de surface suivant l'état des marées, le flux ou le reflux: elle ne varie guère sur les bords de la Méditerranée, où ce flot se fait à peine sentir. La mer dépose ordinairement sur la plage, quand elle se retire, une plus ou moins grande quatité d'herbes marines, et surtout de coquillages, qui font presque toute la fortune de quelques pauvres habitants du littoral. Un navire en perdition, par suite d'un gros temps qui le jette à la côte, est fort heureux quand il peut trouver une plage pour y échouer, car il y a alors sauvetage ordinaire de l'équipage, et souvent aussi d'une partie de la cargaison, quoique plus ou moins avariée; ce qui n'arrive guère sur les bords de la mer où il n'y a pas de *plage*, c'est-à-dire où l'eau est sans cesse en contact avec des rochers plus ou moins hauts et escarpés.

Le mot *estrade*, chez les habitants du littoral, est ordinairement employé pour *plage*. On dit: *Battre l'estrade*, pour dire Parcourir la plage ou le sable du bord de la mer.

Plage, en poésie, se dit de toute espèce de climats, de contrées ordinairement lointaines.

PLAGIAIRE, Plagiat. Le *plagiaire* est l'auteur qui s'approprie les pensées et les ouvrages d'autrui; le *plagiat*, c'est l'action du plagiaire, le vol littéraire. Ces mots viennent originairement du latin *plaga*, et indiquaient la condamnation au fouet, *ad plagas*, de ceux qui avaient vendu des hommes libres pour des esclaves. Cela n'a rien de commun avec le plagiat des auteurs; toutefois, Martial s'est servi une fois du mot *plagiarius* dans le même sens que nous l'employons en français. Qui n'a dans la mémoire ce vers des *Femmes savantes*:

Allez, fripier d'écrits, impudent *plagiaire*!

« On pourrait appeler *plagiaire*, dit Voltaire, tous les *compilateurs*, tous les faiseurs de dictionnaires qui ne font que répéter à tort et à travers les opinions, les erreurs, les impostures, les vérités déjà imprimées dans les dictionnaires précédents; mais ce sont des plagiaires de bonne foi, ils ne s'attribuent pas le mérite de l'invention... Le véritable plagiat est de donner pour vôtres les ouvrages d'autrui, de coudre dans vos rapsodies de longs passages d'un bon livre avec quelques petits changements; mais le lecteur éclairé, voyant ce morceau de drap d'or sur un habit de bure, reconnait bientôt le voleur maladroit. »

« Il se trouve des gens assez peu sensés, dit La Mothe le Vayer, pour soutenir qu'on ne doit jamais se prévaloir du travail des anciens auteurs, prétendant que nous devons produire de nous-mêmes des pensées qui égalent les leurs, en ajoutant que ceux qui se servent des productions des anciens resteraient muets si ces anciens n'avaient pas parlé. Cela serait juste, sans doute, si ceux qui respectent l'antiquité se prévalaient crûment de ce qu'elle nous a laissé, sans y rien mettre du leur. Mais ceux qui ont du goût sauront donner des applications neuves aux pensées des anciens, et illustrer souvent le travail de ceux qui les ont devancés. » Toutes les nations ont été plagiaires à l'égard les unes des autres. Eusèbe, dans la *Préparation évangélique*, établit que les Grecs l'ont été à l'égard des barbares, et il trouve dans ces larcins un argument en faveur de l'*Écriture Sainte*. Les Romains ont été les plagiaires des Grecs; la littérature moderne n'est qu'un plagiat de la littérature ancienne. Combien resterait-il de vers à Virgile si on lui ôtait tous ceux qu'il a imités d'Homère? à Boileau, si on retranchait de ses œuvres tous ceux qu'il a traduits d'Horace, de Perse ou de Juvénal? Mais il a toujours été reçu dans la république des lettres qu'on pouvait emprunter aux anciens, et que même parmi les modernes il n'était pas défendu de le faire de nation à nation. Cependant tout le monde n'est pas convenu de cette maxime. Scudéri, qui avait bien ses raisons pour se distinguer de Corneille, le sublime imitateur des tragiques espagnols, s'est vanté, dans la préface d'*Alaric*, de n'avoir rien pris dans les Italiens ni dans les Espagnols, ajoutant que « ce qui est estude chez les anciens est volerie dans les modernes ». La Mothe le Vayer est du même sentiment. « Prendre des anciens, et faire son profit de ce qu'ils ont écrit, c'est comme pirater au delà de la ligne; mais voler ceux de son siècle, en s'appropriant leurs pensées et leurs productions, c'est tirer la laine au coin des rues, c'est ôter les manteaux sur le Pont Neuf. »

Il est assez difficile de distinguer le *plagiat* de la rencontre des pensées : cette rencontre est inévitable, et Voltaire l'a bien reconnu en disant : « On nous donne peu de pensées que l'on ne trouve dans Sénèque, dans Lucien, dans Montaigne, dans Bacon, dans *Le Spectateur anglais*. On peut même dire que la plupart de leurs pensées étaient également empruntées. Il est fâcheux que le temps ne nous ait pas conservé le livre du sophiste grec Arétadès, sur la *Rencontre des Pensées*. Porphyre, cité par Eusèbe, nous apprend qu'on trouvait quelquefois dans les ouvrages de l'historien Ephore jusqu'à trois mille lignes de suite copiées mot pour mot. Quand on lit, dans le texte, les *Vies de Plutarque*, il est impossible de ne pas reconnaître à la différence du style, d'une phrase à l'autre, qu'il empruntait de côté et d'autre sans citer ses auteurs; et en vérité on ne peut faire un crime à l'historien de cette sorte de *plagiat*, car l'histoire ne s'invente pas, à moins qu'on n'en fasse un roman comme Quinte-Curce chez les Romains, et chez nous Varillas, qui n'a point manqué d'imitateurs. Ces larcins étaient si fréquents chez les Grecs que quelques auteurs se firent une occupation sérieuse de les remarquer. Aristophane le grammairien fit un recueil des choses que le comique Ménandre avait pillées. Un autre composa six livres intitulés : *Endroits de Ménandre qui ne sont point de lui*. Philostrate d'Alexandrie fit une critique semblable sur les tragédies de Sophocle. Les larcins de l'historien Théopompe furent rassemblés dans un livre intitulé : *Les Chasseurs*. Au reste, si l'on veut voir jusqu'à quel point s'étendait chez les anciens la licence de s'emparer du bien d'autrui, en fait d'ouvrages d'esprit, il faut consulter le livre de Thomasius, *De Plagio litterario*. Duaren, professeur en droit civil à Bourges, au seizième siècle, a également publié un *Traité des Plagiaires*, curieux, mais trop court pour un sujet si abondant. Nous avons de célèbres écrivains qu'on peut comparer à Michel-Ange, qui prenait dans les tableaux des autres grands maîtres non-seulement le goût et l'esprit, mais les attitudes, les caractères de tête, les draperies, et souvent l'ordonnance entière. A la renaissance des lettres, les *plagiaires* se donnèrent beau jeu. Un grand nombre de savants publièrent comme leurs des ouvrages qu'ils n'avaient fait que traduire ou imiter de livres encore manuscrits. C'est ainsi que Léonard Arétin Bruni publia sous son nom une *Histoire des Goths*, qui lui fit beaucoup d'honneur, tant que l'on ignora qu'il n'avait fait que la traduire du grec de Procope. Ce trait, qui ne fut révélé qu'après sa mort, « attira sur sa mémoire une espèce d'infamie, » dit Bayle.

Ce qui souvent décèle le *plagiat*, malgré les déguisements dont le voleur entoure son larcin, ce sont les fautes qu'il emprunte à l'auteur, sans avoir assez de science pour les apercevoir ni les corriger. « C'est le propre de ceux qui composent aux dépens de leur prochain, dit Bayle : ils enlèvent les meubles de la maison et les balayures aussi ; ils prennent le grain, la paille, la balle, la poussière en même temps. » On a comparé les *plagiaires* à la perdrix, en leur appliquant ce verset du prophète Jérémie : « Celui qui acquiert des richesses, et non point selon le droit, est une perdrix qui couve ce qu'elle n'a point pondu. » Il y a cependant des *plagiaires* qui n'imitent pas en tout la perdrix : ils ne se donnent pas la peine de couver : ils prennent les pensées et les paroles d'autrui toutes formées, faisant à cet égard comme le geai de la fable que cite La Fontaine :

> Il est assez de geais à deux pieds comme lui
> Qui se parent souvent des dépouilles d'autrui,
> Et que l'on nomme *plagiaires*.

Tous les poëtes, tous les satiriques, ont peu ménagé les plagiaires; et cependant qui ne l'a pas été? *Le Plagiaire* a été, en 1746, joué sur la scène française par Boissy, puis la même année sur le Théâtre-Italien. Il n'est pas de livre d'anecdotes où l'on ne trouve quelque trait malin contre les *plagiaires*. Si quelque poëte accusé de plagiat s'est avisé de dire que les plus longs poëmes ne lui coûtaient rien, quelque plaisant ne manque pas de lui répondre : « Je le crois bien; qui doute qu'on n'ait à bon marché ce qu'on vole à tout le monde ! » Un plagiat célèbre dans l'antiquité fut celui du poëte Bathylle, qui se déclara furtivement auteur du distique : *Nocte pluit tota*, etc., composé par Virgile, impudent larcin dont l'auteur de l'*Énéide* se vengea par son immortel *Sic vos non nobis*, etc. Horace a également dénoncé à la postérité les plagiats de Celsus, en l'engageant à faire usage de ses propres richesses, et en ne pas se parer de celles que contenait la bibliothèque d'Auguste, de peur, ajoutait-il, que si les oiseaux venaient en foule lui reprendre leurs plumes, la corneille, dépouillée, ne devînt la risée commune. Parmi les modernes, le plagiaire le plus éhonté a été le P. Labbe, jésuite, qui défigurait des traités entiers pour se les approprier, et, afin de détourner le soupçon de ses emprunts, insultait aux savants dont il usurpait les productions. Un des plus fameux débats à propos de plagiat fut celui de Furetière avec l'Académie Française, qui accusait ce confrère d'avoir soustrait des articles discutés en commun pour en enrichir le *Dictionnaire* qu'il publia de son côté. Le succès de son livre, le peu d'importance des emprunts, donnèrent gain de cause à Furetière aux yeux du public; mais il n'en fut pas moins expulsé de l'Académie : l'esprit de corps n'est ni clément ni généreux. De cette querelle, il reste des *factums* de Furetière aussi peu connus aujourd'hui qu'ils sont piquants. Il y expose, à propos du plagiat et des plagiaires, une théorie pleine de justesse. « On n'a jamais vu, dit-il, de procès pour des revendications de mots et de proverbes. S'il y a eu des plaintes faites contre des amateurs plagiaires, ces différends n'ont été traités que dans les tribunaux fabuleux du Parnasse, où les auteurs n'ont combattu que la plume à la main. Encore n'ont-elles été formées que quand quelqu'un s'est voulu attribuer des secrets, des inventions, des machines, un grand nombre de pensées extraordinaires, des traités entiers, et autres choses de conséquence, qui appartenaient à d'autres, et on n'a point été à cet excès de ridicule de se plaindre d'un vol de paroles qui sont dans la bouche de tout le monde... On ne doit pas accuser un auteur de larcin quand il ne dit que des choses triviales, qui tombent en l'esprit de tous ceux qui ont la plume à la main, ou qui ne se peuvent dire en deux façons. »

Il est une sorte de plagiat assez commun parmi les érudits : lorsqu'ils travaillent sur quelque sujet déjà traité par un moderne, ils prennent chez celui-ci l'indication des sources, vérifient ces mêmes sources, et allèguent les auteurs originaux, sans citer leur guide intermédiaire. Sans doute un auteur qui prend la peine de vérifier les passages que d'autres ont exploités en devient le possesseur légitime; il est en droit de ne citer que les auteurs originaux qu'il a consultés, et il serait injuste de le nommer *plagiaire ;* toutefois, la bonne foi et une juste reconnaissance demanderaient qu'il reconnût les obligations qu'il peut avoir à l'auteur qui lui a montré les sources. Cette délicatesse est assez rare parmi les savants; et je ne connais guère que Bayle qui à cet égard ait joint l'exemple au précepte. Des plagiaires moins excusables sont ces auteurs dramatiques qui, prenant le plan et même des vers d'une ancienne pièce oubliée, font représenter leur tragédie ou comédie, sans prévenir le public de ce qu'ils doivent à quelqu'obscur devancier. Ce fut là, il y aura bientôt cinquante ans, le grand crime de l'auteur des *Deux Gendres*. Heureusement pour lui que la représentation, tant sollicitée par ses envieux, de la vieille comédie de *Conaxa*, prouva toute la supériorité du voleur sur le volé : car, en pareil cas, le public, juge souverain du talent, donne toujours gain de cause à l'auteur assez fort pour tuer ceux qu'il vole.

Les hommes de génie ont tous eu la conscience d'être plagiaires. « Je trouve des perles dans le fumier d'Ennius, » disait Virgile. « Je prends mon bien où je le trouve, » disait Molière. Et qui a fait plus d'emprunts à nos anciens poëtes que Voltaire? Que serait Montaigne, sans ses plagiats? Et Charron, sans ses emprunts, non-seulement aux anciens, mais à Montaigne lui-même? Un moine, dom Cajot, a cru faire merveille en publiant, en 1765, un in-8° intitulé *Les Plagiats de J.-J. Rousseau sur l'éducation*. Il y établissait la conformité de plusieurs endroits de l'auteur d'*Émile* avec d'autres passages de Sénèque, Aulu-Gelle, Montaigne, Crouzas, Locke, etc.; mais il fallait surtout indiquer à qui Rousseau avait volé son style, sa manière, son éloquence. Il est dans la chaire de vérité des plagiaires qui débitent comme leurs des morceaux entiers tirés d'autres sermonnaires; mais la manière dont ils ajustent leurs vols au contexte de leur sermon décèle le plagiat. Les prédicateurs de cette trempe n'ont pas la bonne foi de cet abbé de La Roquette, qui achetait des sermons tout faits, et dont on pouvait dire par conséquent :

> Moi, qui sais qu'il les achète,
> Je soutiens qu'ils sont à lui.

Mettrons-nous au nombre des plagiaires ces opulents amateurs de littérature qui publient sous leur nom des livres commandés à d'obscurs et complaisants gens de lettres; ces députés qui font faire leurs discours, ces ministres qui font rédiger leurs exposés des motifs, ces avocats qui ne lisent pas même les factums qu'ils signent, et qui cependant en tirent gloire et profit? Il ne faut pas confondre avec les plagiaires ceux qui, sans dérober le travail d'autrui, ont prêté leur nom à des auteurs qui voulaient se mettre à couvert de la responsabilité de leurs propres ouvrages : c'est ainsi qu'en ont usé en Italie plusieurs cardinaux pour publier des écrits licencieux ou satiriques, sans compromettre leur dignité ou se faire des ennemis. Bayle compare ces prête-nom à ces valets complaisants qui, pour épargner certaines disgrâces à leurs patrons ecclésiastiques, prennent sur leur compte une paternité équivoque.

Charles Du Rozoir.

PLAGIAT. *Voyez* Plagiaire.

PLAGIURES. *Voyez* Cétacés.

PLAID, vieux mot qui signifiait autrefois au singulier ce que disait un avocat, les moyens qu'il faisait valoir pour la défense d'une cause. Au pluriel, *plaids*, dans la pratique, était devenu, par une espèce de métonymie, synonyme d'*audience*, et dans les justices inférieures on disait *tenir les plaids*, pour tenir l'audience, et *les plaids tenant*, pour dire à l'audience. Guillemeteau.

Plaid s'est dit des assemblées dans lesquelles se jugeaient les procès, sous les deux premières races des rois de France. Les *plaids généraux* se tenaient deux fois l'année et en plein air; ceux des simples seigneurs s'appelaient *plaids particuliers* ou *assises*, et se tenaient plus fréquemment, à des époques différentes. On nommait *plaids francs*, les séances dans lesquelles on instruisait des procès contre des absents. *Plaid de l'épée* était synonyme de haute *justice*; les *plaids inférieurs* étaient une justice subalterne. Le *service du plaid* était le devoir du vassal qui était tenu d'assister son seigneur quand celui-ci rendait la justice. *Plaid* s'est dit aussi des jugements rendus dans les plaids, et particulièrement des jugements prononcés sur des procès discutés en présence du roi et de ses principaux ministres.

PLAIDEUR se prend tantôt en bonne, tantôt en mauvaise part : dans le premier cas, il se dit des gens qui ont quelque procès à soutenir, et qui à cet effet sont en instance devant les tribunaux. Leur sort est en général digne de pitié; car, outre l'inquiétude qui les assiége sur l'issue du procès, quand le litige est important, ils ont à surmonter tant d'obstacles, à vaincre tant de difficultés, à combattre tant de craintes, et, quelque bon droit qu'ils aient, tant à redouter de l'erreur inhérente à l'organisation humaine, et dont les magistrats ne sont pas plus exempts que les autres hommes, qu'on ne saurait trop avoir de commisération pour ceux que la nécessité et une défense bien légitime entraînent dans l'arène judiciaire. Parmi les nombreuses vertus dont devait autrefois faire provision un plaideur, il en était une bien indispensable, la patience. Tout le monde connaît la spirituelle explication donnée par un plaideur des quatre P majuscules qui figuraient, comme signe de sa dignité, au-dessus de la porte du cabinet d'un premier président du parlement de Paris : *Pauvres plaideurs, prenez patience.* En mauvaise part, *plaideur* est synonyme de *chicaneur*, et il sert à désigner les hommes dont toute la vie n'est qu'une longue lutte judiciaire; qui se nourrissent de procès, aiment par-dessus toute chose à plaider, et ne respirent à l'aise que dans une salle d'audience. Quelle que soit votre position, Dieu vous garde de ces gens-là! — C'est une race maudite, dont le voisinage donne la mort : avec elle, il n'est pas de repos possible, pas de contestation futile, pas d'espoir de transaction. Leur passé, c'est un procès; leur présent, encore un procès; leur avenir, toujours un procès. Ils n'ont eu toute leur vie affaire qu'à des fripons, et les magistrats ont toujours vendu leur conscience et leur justice aux intrigants qui étaient leurs adversaires. Avez-vous, par mégarde ou par imprudence, causé le plus léger dommage à l'un de ces maniaques? Vite un procès; en vain vous offrirez cent fois la valeur de la réparation que vous devez, vous recevrez pour toute réponse un inflexible : *la justice prononcera.* Ils ont une manière spéciale d'épeler et de lire couramment le Code : ils l'interprètent toujours au gré de leurs passions ou de leurs intérêts. Ce caractère est, au surplus, tracé de main de maître dans *les Plaideurs* de Racine. Guillemeteau.

PLAIDOIRIE, PLAIDOYER. Les deux mots *plaidoirie* et *plaidoyer*, que l'on confond assez volontiers aujourd'hui dans le langage habituel, ont cependant, au moins dans le sens primitif, deux acceptions différentes. *Plai-*

doirie, c'est l'art de plaider, de discuter une cause, et, par extension, l'exercice, la profession de plaider. Cette dernière signification était beaucoup plus employée autrefois que de nos jours. Les anciens barreaux étaient en effet presque tous divisés en avocats plaidants et en avocats consultants, et il n'était pas rare de voir chacune de ces deux portions du barreau se livrer exclusivement à la partie qu'elle avait spécialement embrassée : aussi disait-on : *Il se livre à la plaidoirie*, par opposition à : *Il se livre à la consultation ; il a quitté la plaidoirie, et ne fait plus que consulter*. Aujourd'hui, ces divisions du barreau sont à peu près abolies par l'usage, et si l'on trouve encore quelques anciens avocats s'occupant exclusivement de consultations, du moins n'en rencontre-t-on plus qui se bornent exclusivement à la plaidoirie. *Plaidoyer* se disait du discours, de la défense prononcée à l'audience par l'avocat pour développer et soutenir le système de son client. *Plaidoirie*, de nos jours, s'emploie plus communément pour exprimer la même chose. *Plaidoyer* ne se dit guère plus aujourd'hui que pour désigner les défenses écrites et lues à l'audience.

Qu'il ait écrit ou qu'il improvise, l'avocat doit toujours observer les mêmes règles et garder la même mesure. L'ordre et la clarté doivent être les deux qualités premières auxquelles il doit s'attacher; toutes les fois qu'on sollicite l'attention des autres il faut avant tout éviter de la fatiguer. Il ne faut pas cependant, et dans l'espérance de mettre plus d'ordre dans le développement de ses moyens, établir beaucoup de divisions et de subdivisions, car l'esprit des juges, quelque attentifs qu'ils puissent être, finit par se perdre dans ce dédale de chapitres, de sections et de paragraphes : il faut toujours, autant que possible, réduire la cause à sa plus simple expression, sans nuire aux développements qui lui sont nécessaires et qu'elle peut comporter. Il est encore un écueil qu'on n'évite pas assez dans certains barreaux, c'est celui de la répétition. Beaucoup d'avocats, quand ils ont trouvé un moyen qui leur paraît décisif, ne croient jamais y pouvoir trop revenir; ils le présentent, le représentent, le discutent et le discutent encore. Enfin, il est bon aussi de ne jamais prendre que le ton qui convient à la cause qu'on défend, et de ne pas être pathétique et solennel à propos d'un mur mitoyen ou d'un fossé comblé. Toute *plaidoirie* qui contiendra l'exposé clair et lucide du point de fait, l'énonciation de la question ou des questions à juger, une division simple et facile et, selon que la cause le comportera, les raisons de décider chaque question développées avec logique, et en se fondant sur les textes, la doctrine et la jurisprudence; enfin, un résumé et une conclusion, me paraîtra toujours une plaidoirie complète.

GUILLEMETEAU.

PLAIDS. *Voyez* PLAID.

PLAIDS COMMUNS (Cour des), *Court of common pleas*. *Voyez* COURTS.

PLAIE (du latin *plaga*), solution de continuité des tissus vivants, qui n'est causée ni entretenue par un vice intérieur. Les plaies offrant de nombreuses différences par rapport à la nature des agents vulnérants, ainsi que par rapport aux parties intéressées, on a établi deux principales divisions de ces lésions : l'une est fondée sur le mode d'action vulnérante qui produit la plaie, et l'autre est relative à la région du corps ou bien à l'organe lésé. C'est ainsi que les plaies ont été divisées en *plaies par instrument tranchant*, *plaies par instrument piquant*, et *plaies par instrument contondant*. On a placé parmi ces dernières les plaies par *armes à feu*, parce qu'elles sont toujours accompagnées de profondes contusions des parties. Relativement à la région qu'occupent les plaies, ou à l'organe qu'elles intéressent, on les distingue en *plaies de la tête*, *de la face*, *du cou*, *de la poitrine* et *des extrémités*. Lorsqu'on veut les désigner d'une manière plus spéciale, on indique l'organe blessé ou le système d'organe qui a été intéressé.

La gravité des accidents qui les accompagnent a fait distinguer aussi les plaies en *simples*, en *composées* et en *compliquées*. Les *premières*, consistant ordinairement en de simples incisions qui n'intéressent que la peau, sont susceptibles de cicatrisation immédiate, c'est-à-dire sans suppuration préalable. Les *secondes* comprennent dans leur étendue la lésion simultanée de plusieurs organes; les *troisièmes* sont celles qui donnent lieu à de graves complications, telles qu'une abondante hémorrhagie, le tétanos, la gangrène, etc. Les plaies dites *venimeuses* rentrent dans cette dernière catégorie. On désigne sous la dénomination de *plaies à lambeau* les sections dans lesquelles les tissus détachés en partie ne tiennent plus au reste du corps que par un pédicule plus ou moins large. Lorsque le lambeau est complétement détaché, on dit alors que la *plaie est avec perte de substance*. On a appelé aussi *plaies par arrachement* celles qui sont produites par une traction violente. Parfois, elles offrent beaucoup de gravité; nous citerons entre autres les plaies qui sont le résultat du passage rapide d'un boulet de canon ou d'un rouage de mécanique. Une circonstance digne de remarque, c'est que lors de l'arrachement partiel ou complet d'un membre, il n'y a pas ordinairement d'hémorrhagie, ce qui est dû à la rétraction et à la torsion qu'éprouvent les vaisseaux immédiatement après l'arrachement des parties. Enfin, il est des *plaies mortelles* : telles sont celles qui atteignent profondément le cerveau, les plaies du cervelet, celles de la moelle allongée, les plaies du cœur, pour peu qu'elles soient profondes, etc.

Les indications curatives des plaies sont relatives à leurs causes, aux organes blessés, ainsi qu'aux accidents qui peuvent se déclarer. Les plaies par simple incision n'offrent d'autre indication à remplir que la réunion immédiate, dite *par première intention*. Après les avoir lavées et débarrassées des corps étrangers qu'elles peuvent renfermer, on attend que le sang cesse de couler, et l'on procède aussitôt au rapprochement des bords de l'incision, soit avec du taffetas d'Angleterre, si elle est superficielle, soit avec des bandelettes agglutinatives, si elle est profonde, soit enfin au moyen de quelques points de suture, comme dans les cas de division étendue du cuir chevelu, la section des lèvres, des oreilles, celle des parois du bas-ventre, etc. Parfois, il est possible de seconder l'emploi de ces divers moyens par l'application du *bandage unissant*, et par une position convenable qu'on donne au membre ou à la partie blessée, position qui doit avoir pour objet le plus grand rapprochement possible des bords de la plaie. On peut poser en principe général que trois jours étant à peu près la durée nécessaire pour obtenir la *réunion par première intention*, c'est-à-dire la cicatrisation sans suppuration, il convient de n'enlever le premier appareil qu'après ce laps de temps : bien entendu que dans aucun cas il ne faudrait renouveler l'application des points de suture. On continue donc les autres moyens unissants jusqu'à parfaite consolidation de la cicatrice, en ayant bien soin de condamner la partie malade au repos le plus absolu, et en s'abstenant aussi de toute application d'onguent, de baume, de teinture, etc. Le régime sévère et l'usage des boissons adoucissantes est également utile durant le traitement de toute espèce de plaie qui offre un peu de gravité.

Lorsque la plaie a eu lieu par piqûre, et qu'elle est accompagnée de peu de douleur et d'un léger gonflement, les applications émollientes et résolutives suffisent; mais si elle est suivie de vives douleurs, d'inflammation, de tuméfaction, de fièvre, il faut alors joindre aux émollients l'application d'un nombre suffisant de sangsues autour de la piqûre, pratiquer s'il le faut une saignée, et recourir même au débridement, qui convertit la piqûre en une simple plaie par incision. En général, ces plaies ne se compliquent de graves accidents que lorsqu'elles ont été produites par un instrument dont la pointe était rude, irrégulière, ou bien lorsque des filets nerveux un peu considérables ont été incomplétement déchirés. Quant aux phénomènes de l'étranglement inflammatoire, ils se manifestent surtout lorsque la piqûre a intéressé des tissus musculaires renfermés dans de fortes gaines aponévrotiques.

Dans une plaie *contuse*, les chairs ayant été froissées, meurtries, et en partie même désorganisées, il ne faut pas employer les moyens de *réunion immédiate*. On commence d'abord par des applications émollientes, qui calment la douleur et facilitent, en cas de besoin, la chute des escarres; on y joint ensuite l'emploi de quelques légers résolutifs, et lorsqu'on a obtenu un dégorgement des bords de la plaie, on tente alors, si cela est possible, de les rapprocher, pour obtenir une cicatrisation plus prompte et plus régulière que celle qu'aurait pu procurer la nature abandonnée à ses seuls efforts. On comprend aisément que dans de pareils cas la cicatrisation immédiate, ou *par première intention*, est impossible, parce que la suppuration est inévitable et ordinairement très-abondante. Les plaies par *armes à feu* étant la plus haute expression des plaies contuses, et présentant constamment une escarre qui tapisse la surface de tout le trajet parcouru par le projectile, il faut, outre les moyens que nous venons d'indiquer, procéder, si cela est nécessaire, à l'extraction des corps étrangers, et débrider ensuite la plaie, lorsqu'on a lieu de craindre un étranglement inflammatoire de la partie blessée. Ce débridement plus ou moins profond, mais toujours très-douleureux, a pour objet de simplifier autant que possible la nature compliquée de ces plaies en les rapprochant de celles causées par instrument tranchant. Le traitement des plaies d'armes à feu repose sur l'exécution des préceptes suivants : 1° extraire les corps étrangers que recèle la blessure, tels que la balle et les parties de vêtement qu'elle peut avoir entraînées avec elle; 2° prévenir l'étranglement inflammatoire des parties blessées lorsque de fortes lames aponévrotiques les enveloppent, et que cette complication d'étranglement inflammatoire est réellement imminente; 3° combattre par des antiphlogistiques généraux et locaux l'inflammation qui s'y établit, et panser ensuite la plaie avec beaucoup de ménagement. De simples cataplasmes émollients ou bien des plumasseaux de charpie enduits de cérat de Galien suffisent dans la plupart des cas.

Les plaies par *arrachement* se guérissent quelquefois assez rapidement et sans complication d'accidents graves. Ainsi, on a vu les doigts, la main entière, la jambe, le bras, l'omoplate même, être arrachés par une roue de mécanique sans que la mort en ait été le résultat, tandis que le même genre de lésion produit par un boulet ou par un biscaïen est souvent accompagné de commotion grave, de fractures irrégulières et de plusieurs autres accidents fréquemment mortels. Ces plaies ne réclament qu'un petit nombre de soins spéciaux. Si leur surface est par trop irrégulière, il convient de les régulariser en excisant quelques-unes des parties saillantes : tels sont entre autres des bouts de tendon, des lambeaux de peau inutiles, ainsi que des esquilles osseuses qui seraient dans le même cas. Après quoi, l'on procède au rapprochement des bords de la plaie, que l'on soumet au traitement ordinaire de celles qui suppurent pour arriver à la cicatrisation. C'est ce que l'on appelle en chirurgie *réunion par seconde intention*.

Les plaies *envenimées* causées par des armes empoisonnées doivent disparaître aujourd'hui du cadre des lésions chirurgicales; car il n'est plus de pays, à moins que ce ne soit chez quelques peuplades sauvages inconnues, où l'on ait encore recours à ce cruel moyen de destruction. S'il faut en croire quelques historiens, et même certains voyageurs du siècle dernier, ces armes empoisonnées consistaient dans des lances ou des flèches dont la pointe, plus ou moins rugueuse, aurait été trempée dans le suc de plantes vénéneuses. Quant aux balles mâchées, que de lâches ennemis ont voulu rendre irrégulières, afin de causer des plaies plus meurtrières, elles diffèrent peu, pour le résultat, des balles les plus polies, même lorsqu'elles seraient en or, comme celles que firent fondre quelques preux chevaliers pour avoir l'honneur de tuer François Ier ou Charles-Quint.

Les piqûres d'abeille, de guêpe et de scorpion sont souvent accompagnées de douleurs très-vives, et parfois même d'accidents graves, soit à cause du venin qu'elles injectent au fond de la plaie, soit par le seul effet de l'aiguillon ou dard qui reste dans la blessure, surtout lorsque ce dernier a traversé un filet nerveux. Il faut avoir soin, lorsqu'on veut procéder à son extraction, de ne pas presser sur l'extrémité blanchâtre qui forme un renflement à sa base, parce qu'on exprimerait de cette vésicule un liquide âcre qui, pénétrant dans la piqûre, augmenterait encore sa vive douleur. Des fomentations huileuses, opiacées et thériacales, ou, plus simplement encore, l'application de compresses trempées dans ce même calmant, remédient avec beaucoup de succès à la douleur et au gonflement. On a aussi employé dans cette circonstance les lavages d'eau vinaigrée froide et fortement salée. Toutefois, les applications émollientes et anodines nous semblent préférables à toute application de liquide ou d'onguent irritant. Les morsures de la vipère et des animaux enragés exigent un traitement particulier. Pour compléter ce qui nous reste à dire d'important sur la thérapeutique des plaies, nous établirons en principe que l'hémorrhagie renfermée dans de justes bornes est plutôt avantageuse que nuisible à la guérison de ces blessures, et qu'il ne faut l'arrêter par les moyens appropriés qu'autant qu'elle serait trop abondante. C'est alors qu'on peut employer, selon l'occurrence, l'eau froide, les corps absorbants, comme l'amadou, les toiles d'araignée, certaines poudres siccatives et même astringentes, la compression directe sur le vaisseau ouvert ou sur le tronc artériel du membre, la ligature ou la torsion artérielle, etc. Si la plaie venait à se compliquer de tétanos, de gangrène, d'affection typhoïde, de pus de mauvaise nature; si elle était accompagnée de fracture, de lésion articulaire, etc., il faudrait recourir à l'emploi de moyens spéciaux. Dr LABAT.

On entend par les *plaies de Notre-Seigneur* ou les *cinq plaies* les blessures qui furent faites à Jésus-Christ le jour de sa passion; et par les *plaies d'Égypte* les fléaux dont Dieu punit l'endurcissement de Pharaon. Dans ce sens, frapper d'une *plaie*, de *plaies*, c'est accabler d'un ou de plusieurs fléaux.

Proverbialement, un homme qui ne demande que *plaies et bosses* est celui qui ne recherche que querelles, que procès, que malheurs, dans l'espérance d'en profiter ou par une pure malignité.

Les *plaies* des arbres sont les ouvertures qui se font ou qui sont faites à l'écorce des arbres.

Plaie signifie encore figurément ce qui est très-préjudiciable à un État, à une famille, à un homme: Le désordre des finances est la *plaie* d'un empire. Ne lui parlez point de la mort de son ami, cela rouvrirait sa *plaie*. Dans ce sens, *Mettre le doigt sur la plaie*, c'est indiquer nettement ce qui met dans une situation fâcheuse un peuple, une famille, un individu.

PLAIN-CHANT, nom qu'on donne dans l'Église romaine au chant ecclésiastique, et dont l'étymologie vient du latin, *planus cantus*, chant uni. On peut considérer le *plain-chant*, tel qu'il existe encore, comme un précieux reste de l'ancienne musique grecque. Malheureusement, les modifications qu'y ont apportées les chrétiens en l'introduisant dans leurs églises, et l'appliquant aux psaumes, lui ont enlevé sa plus grande énergie. Telle qu'elle est encore, rien de plus noble, de plus élevé que cette musique majestueuse par laquelle l'homme transmet à l'Éternel ses supplications et ses louanges. Les temps les plus reculés ont eu leur musique religieuse. Les Hébreux ne chantaient-ils pas les sublimes cantiques de Moïse, de Débora, de David, de Judith, des prophètes? David ne se borna pas à écrire ses Psaumes, il établit des chœurs de chantres et de musiciens. Quant aux instruments à vent et à cordes dont on prétend que les Hébreux se servaient, nous n'avons rien de bien positif à cet égard. Nous savons seulement par les livres saints que Moïse fit faire des trompettes d'argent pour en sonner pendant les sacrifices.

A la naissance du christianisme, le chant fut admis dans l'office divin, et les solennités de l'église en reçurent un éclat et une pompe vraiment dignes de leur but. Saint Augustin dit que l'impression qu'il ressentit de l'audition de la musique religieuse fut immense : « Combien je versai de pleurs ! dit il, quelle violente émotion j'éprouvai, Seigneur, en entendant dans votre église chanter des hymnes et des cantiques à votre louange ! En même temps que ces sons touchants frappaient mes oreilles, votre vérité coulait par eux dans mon cœur ; elle excitait en moi les mouvements de la piété. » L'invention du *plain-chant* appartient à saint Athanase, qui en introduisit l'usage dans l'Église d'Alexandrie. L'archevêque de Milan, Ambroise, y apporta des modifications et en formula les règles. Il voulut garantir le chant ecclésiastique de sa ruine. Le pape Grégoire, musicien habile, perfectionna encore le *plain-chant*, et lui donna la physionomie qu'il conserve à Rome et dans quelques églises de la chrétienté. Ce dernier genre est plus mélodieux ; mais la mélodie est moins grave, moins sérieuse. Jean-Jacques Rousseau, dans son *Dictionnaire de Musique*, déplore la funeste habitude que l'on a d'arranger le plain-chant à la moderne : « Il n'y a, dit-il, rien de plus ridicule, de plus plat que ces plains-chants accommodés à la moderne, *pretintaillés* des ornements de notre musique et modulés sur les cordes de nos modes, comme si on pouvait jamais marier notre système harmonique avec celui des modes anciens, qui est établi sur des principes tout différents. »

La substitution du chant grégorien au chant ambrosien donna naissance à de graves contestations. L'Église gallicane n'admit qu'avec beaucoup de peine le chant grégorien : elle prétendait qu'il avait une forme par trop mondaine. Un ouvrage imprimé à Francfort, en 1594, donne les détails d'une querelle suscitée à propos de l'ancien *plain-chant*. « Le très-pieux roi Charles (Charlemagne), y est-il dit, étant retourné célébrer la Pâque à Rome avec le seigneur apostolique, il survint durant les fêtes une querelle entre les chantres romains et les chantres français. Les Français prétendaient chanter mieux et plus agréablement que les Romains ; les Romains se disaient plus savants dans le chant ecclésiastique, qu'ils avaient appris du pape saint Grégoire, accusant les Français de corrompre, écorcher et défigurer le vrai chant. La dispute ayant été portée devant le seigneur roi, les Français, qui se tenaient forts de son appui, insultaient aux chantres romains ; les Romains, fiers de leur grand savoir, et comparant la doctrine de saint Grégoire à la rusticité des autres, les traitaient d'ignorants, de rustres, de sots et de grosses bêtes. Comme cette altercation ne finissait pas, le très-pieux roi Charles dit à ses chantres : « Déclarez-nous quelle est l'eau la plus pure et « la meilleure, celle qu'on prend à la source vive d'une « fontaine, ou celle des rigoles qui n'en découlent que de « bien loin. » Ils dirent tous que l'eau de la source était la plus pure. « Remontez donc, reprit le roi, à la fontaine de « saint Grégoire, dont vous avez corrompu le chant. » Ensuite, le seigneur roi demanda au pape Adrien des chantres pour corriger le chant français, et le pape lui donna deux chantres très-savants et instruits par saint Grégoire luimême, Théodore et Benoît. Il lui donna en outre des antiphoniers de saint Grégoire, notés par lui-même en notes romaines. De retour en France, Charlemagne envoya l'un de ces chantres à Metz, et l'autre à Soissons, ordonnant à tous les maîtres de chant des villes de France de leur donner à corriger les antiphoniers français et d'apprendre d'eux à chanter. Ainsi furent corrigés les antiphoniers français, que chacun avait altérés par des additions et retranchements à sa mode, et tous les chantres de France apprirent le chant romain, qu'ils appellent maintenant chant français ; mais quant aux sons tremblants, flattés, battus, coupés dans le chant, les Français ne purent jamais bien les rendre, faisant plutôt des chevrottements que des roulements, à cause de la rudesse de leur gosier. Du reste, la principale école de chant demeura toujours à Metz, et autant le chant romain surpasse celui de Metz, autant le chant de Metz surpasse celui des autres écoles françaises. »

On voit par cet extrait que Charlemagne était un grand admirateur du plain-chant. Le roi Robert aussi se livrait avec beaucoup d'ardeur à ce genre de composition. Il a laissé plusieurs répons et antiennes qu'on admire encore comme de précieux morceaux de musique d'église.

Le plain-chant ne se note que sur quatre lignes, et l'on ne se sert que de deux clefs : la clef d'*ut* et celle de *fa*. Il n'existe qu'une seule transposition, un bémol et deux figures de notes, la *longue*, ou *carrée*, à laquelle on ajoute quelquefois une queue, et la *brève*, qui est faite en forme de losange. On compte dans le plain-chant huit tons réguliers : quatre sont appelés *authentiques*, et l'invention en est due, selon les uns, à saint Miroclet, évêque de Milan, et selon d'autres à saint Ambroise, qui, vers l'an 370, choisit ces quatre tons pour en composer le chant de l'église de Milan. Les quatre autres tons, dont on attribue l'invention à saint Grégoire ou à Gui d'Arezzo, s'appellent tons *plagaux*. Pour donner le ton du chœur il est urgent de savoir bien distinguer le ton *authentique* du ton *plagal* ; car si le chant est dans ce dernier ton, il faut prendre la finale à peu près dans le médium de la voix, tandis que si le chant est dans le ton *authentique*, il faut la prendre dans le bas. Si l'on manquait à ce soin, il arriverait ou que les voix seraient forcées, ou qu'on ne les entendrait pas.

PLAINE. Ce mot, évidemment dérivé de *plan*, terme de géométrie, désigne en géographie une vaste étendue de terrain dont le niveau n'est interrompu par aucune élévation du sol ou du moins qu'un fort petit nombre d'accidents de ce genre. Si l'on considère la hauteur absolue de la localité à laquelle on l'applique, on distinguera les *hautes plaines* ou plateaux, et les *basses plaines* ou vallées. En ce qui est de leur physionomie extérieure, les plaines diffèrent beaucoup les unes des autres suivant la nature du sol et les conditions du climat ; les effrayants déserts de sable et les fertiles savanes forment, à cet égard les deux extrêmes opposés. Les plus grandes plaines de la terre sont, en Asie le désert de Kobi ; en Afrique, le désert de Sahara ; les *Llanos* de l'Amérique du Sud et les *pampas* de Buenos-Ayres. En Europe, le pays qui s'étend depuis la Gallicie jusqu'aux limites de l'Asie près de Kasan ne forme qu'une immense plaine, interrompue seulement par un petit nombre de collines. En Hongrie, la contrée baignée par le Danube et par la Theiss forme une plaine de plus de 700 myriamètres carrés. La contrée qui s'étend depuis le Jutland jusqu'au Harz et depuis l'Elbe jusqu'à l'Escaut n'est guère autre chose qu'une plaine. En fait de plaines petites, mais parfaitement unies, on peut citer en France les landes qui s'étendent de Bayonne à Bordeaux ; en Espagne, la lande de la Manche ; en Allemagne, la lande de Lunebourg, etc. En fait de hautes plaines ou plateaux nous mentionnerons celles de Quito et de Mexico.

Plaine, dans le sens général, désigne indistinctement les champs, les prairies ou les surfaces unies d'une nature quelconque, comme les *plaines de sable* qui forment la plupart des déserts de l'Afrique. Dans le langage poétique, *la plaine liquide* c'est la mer. Par extension, les poëtes nomment aussi *plaine* l'immensité de l'espace qui nous entoure.

Plaine s'est dit de la partie des bancs de la Convention où siégeaient les députés modérés, et que l'on nommait aussi le *Marais* (*voyez* Côté droit, Côté gauche).

Plaine, en termes de blason, désigne la pointe de l'écu quand il est coupé en carré et qu'il en reste sous le carré une partie qui est d'autre couleur ou émail que l'écu. La plaine servait quelquefois à indiquer la bâtardise de celui dans les armes duquel on la remarquait.

PLAINE (*Technologie*). *Voyez* Plane.

PLAINTE (du latin *planctus*, soupir, gémissement, lamentation), témoignage de douleur, de regret, d'affliction,

Plainte signifie aussi ce qu'on dit, ce qu'on écrit, pour faire connaître le sujet qu'on a de se plaindre de quelqu'un. Il y a des *plaintes* fondées, mal fondées, exagérées. On écoute des *plaintes*, on ferme l'oreille à des *plaintes*, on étouffe des *plaintes*. Autrefois, les cahiers des états généraux contenaient les *plaintes* et doléances des peuples qui en demandaient justice.

En justice, la *plainte* est une déclaration par laquelle on défère à la justice quelque injure, dommage ou autre excès qu'on a souffert de la part d'un tiers. Cette déclaration doit être reçue par le juge d'instruction, ou par le procureur impérial, ou par un des officiers de police auxiliaires du procureur impérial; et si la partie plaignante s'adresse à quelque agent subalterne, tel qu'un garde, celui-ci doit la renvoyer à l'officier de police judiciaire compétent, excepté dans le cas de flagrant délit, où les gardes forestiers ou champêtres doivent agir avec célérité. Bien que le plaignant ait le droit de se porter partie civile, et quoiqu'il y ait une grande analogie entre la *plainte* et la *demande* de réparation, il existe une différence essentielle entre ces deux espèces d'actions. On peut être plaignant sans être partie civile; mais on ne peut être partie civile sans être plaignant. Les plaignants, disent les auteurs, ne sont point réputés parties civiles s'ils ne le déclarent formellement, ou par la plainte, ou par acte subséquent, qui peut se faire en tout état de cause; et cette qualité de plaignant ne les assujettit pas au payement des frais, tandis que la partie civile doit toujours, et dans tous les cas, être condamnée au remboursement des frais envers l'État, sauf son recours contre les condamnés. Du reste, et alors même qu'ils auraient pris la qualité de partie civile, ils peuvent y renoncer, pourvu qu'ils en fassent la déclaration dans les vingt-quatre heures; mais une fois qu'ils ont donné leur désistement, il ne leur est plus permis de reprendre la poursuite et de se porter de nouveau partie civile. Néanmoins, tout en se désistant de la qualité de partie civile, le plaignant peut persister dans sa plainte, puisque l'une des qualités n'est pas la conséquence forcée de l'autre. Dans tous les cas, le plaignant qui, en matière correctionnelle, déclare qu'il veut se rendre partie civile est tenu de consigner entre les mains du receveur de l'enregistrement les sommes présumées nécessaires pour l'instruction de la procédure. En matière criminelle, il n'en est pas de même; mais lorsque l'affaire est jugée, l'exécutoire des frais peut être décerné contre lui, et il peut même être poursuivi pour le payement par la voie de la contrainte par corps. D'ailleurs, il est bien nécessaire que l'on sache que la partie civile est toujours tenue du remboursement des avances faites par le trésor public, lors même que l'accusé ou le prévenu aurait été déclaré convaincu du crime ou du délit qui aurait fait l'objet des poursuites, sauf le recours de la partie civile contre le condamné. Nous avons dit tout à l'heure que les plaignants peuvent se porter parties civiles en tout état de cause; ils peuvent donc intervenir aux débats et demander acte de leur intervention et des conclusions qu'ils prennent en dommages-intérêts; mais cette faculté leur est interdite aussitôt que les débats ont été déclarés clos. Mais si le plaignant borne ses prétentions à se faire restituer les choses qui peuvent lui avoir été dérobées, il n'a pas besoin de se rendre partie civile; il lui suffit de se présenter après le jugement et d'en demander la remise; elle ne lui sera pas refusée, s'il résulte de l'instruction et du jugement que les choses qu'il réclame lui ont réellement appartenu.

DUBARD.

PLAISANCE, en italien *Piacenza*, la *Placentia* des anciens, duché de la haute Italie réuni au duché de Parme. Limité par le Pô et les Apennins, par le Riglio et la Bardoneggia, il contient une population de 134,000 habitants sur une surface de 20 myriamètres carrés.

Son chef-lieu, PLAISANCE ou *Piacenza*, ville fortifiée, bâtie sur le Pô, compte 31,000 habitants. Les Autrichiens ont le droit d'entretenir une garnison dans la forteresse. Siége d'évêché, Plaisance est une ville bien bâtie, où abondent les églises et les couvents, avec des rues droites et spacieuses, et de belles places publiques, parmi lesquelles on remarque surtout la place du Marché, ornée des statues d'Alexandre Farnèse et de son fils Ranuccio. Elle possède un théâtre, un collége, une bibliothèque publique, riche de 36,000 volumes, et plusieurs hôpitaux. Cette ville fut fondée par les Romains, l'an 218 av. J.-C., en vue d'arrêter la marche d'Annibal. Les Gaulois la détruisirent ensuite presque complétement; mais les Romains la reconstruisirent et la fortifièrent. Au moyen âge, époque où il s'y tint des conciles, en 1095 et en 1132, elle fut tour à tour dominée par diverses familles de sa haute noblesse; elle passa ensuite aux mains des Visconti, et finit par appartenir à la famille Farnèse. Depuis lors elle partagea toujours le sort de Parme.

PLAISANCE (Duc de). *Voyez* LEBRUN.

PLAISANT. Les Espagnols, a-t-on dit, ont le génie de voir le ridicule des hommes bien mieux que nous; les Italiens de mieux l'exprimer. Cela peut être vrai du plaisant, mais non pas du comique. Tout ce qui est risible n'est pas ridicule, tout ce qui est comique n'est pas plaisant. Une maladresse est *risible*, une situation qui expose le vice au mépris est *comique*, un bon mot *plaisant*. Boileau, qui ne reconnaissait de vrai *comique* que Molière, disait de Regnard qu'il n'était pas médiocrement *plaisant*, et il traitait de *bouffonneries* toutes les pièces qui ressemblaient à celles de Scarron. C'est la plus juste application des trois mots *comique*, *plaisant* et *bouffon*. Le *comique* est le ridicule qui résulte de la faiblesse, de l'erreur, des travers de l'esprit ou des vices du caractère. Le *plaisant* est l'effet de la surprise réjouissante que nous cause un contraste frappant, singulier, nouveau, aperçu entre deux objets, ou entre un objet et l'idée disparate qu'il a fait naître. C'est une rencontre imprévue qui, par des rapports inexplicables, excite en nous la douce convulsion du rire. La *bouffonnerie* est une exagération du *comique* et du *plaisant*. *L'Avare* et le *Tartufe* sont deux personnages *comiques*; le Crispin du *Légataire* est un personnage *plaisant*; *Jodelet* est un personnage *bouffon*. Ceux qui promettent toujours d'être *plaisants* ne le sont presque jamais, et bien des gens qui croient l'être ne sont que ridicules.

PLAISANTERIE, paroles qui divertissent, raillerie, badinage. *Plaisanter* ne signifie autre chose dans son acception originelle qu'exciter à la joie sans sujet arrêté. Ce ne sont pas ceux qui s'amusent d'une aventure risible qui plaisantent. Ce sont ceux qui, sur quelque chose de sérieux ou d'indifférent, réveillent la gaieté et la joie par quelque idée divertissante. Dans des affaires sérieuses, ou dans un travail pénible, souvent une plaisanterie délicate, jetée à propos et en passant, ranime, dissipe l'ennui causé par une attention trop soutenue, et empêche de sentir la lassitude. Quelquefois on s'en sert comme d'un détour pour parvenir à certaines vues. Une plaisanterie placée à propos est le moyen le plus sûr de renverser les obstacles qu'un chicaneur ou un sophiste nous oppose; elle rend si petites et la personne qui nous combat et la difficulté qu'on nous présente, qu'on n'y fait plus attention. Socrate et Cicéron l'ont souvent employée avec succès. Un léger badinage a souvent détruit des préjugés enracinés.

La différence qu'il y a entre le *ridicule* et le *plaisant* ne consiste pas essentiellement dans l'intention de celui de qui elle vient. Le véritable talent de plaisanter est rarement le partage des esprits légers, dont la gaieté fait le caractère dominant. Les meilleurs plaisants sont d'un caractère réfléchi. Le sobre Cicéron, propre aux affaires graves, pouvait avec raison se moquer de l'incapable Antoine, qui avait passé sa vie dans la débauche. « Il y a deux sortes de *plaisanteries* dit le grand orateur dans ses *Devoirs de l'homme*, l'une ignoble, effrontée, méchante, obscène; l'autre, élégante, polie, ingénieuse, agréable. » Moins les moyens dont on se sert pour rendre une chose plaisante frappent les yeux, plus ils sont subtils; moins les gens épais aperçoivent la plaisanterie, plus elle a de sel. Le sérieux des philosophes corrige moins qu'une plaisanterie fine et ingénieuse; mais il faut éviter qu'elle se prolonge trop. Rien ne plaît moins qu'une plaisanterie continuelle.

Ce que les Grecs appelaient *sel attique* et les Latins *urbanité* n'était autre chose vraisemblablement que ce que la bonne compagnie et les gens de bon goût regardent comme la bonne *plaisanterie*. « Tout ce qui intéresse la réputation, dit La Bruyère, ne doit point passer pour *plaisanterie*. Il ne faut jamais en hasarder une, même la plus adoucie et la plus permise, qu'avec des gens polis ou qui ont de l'esprit. Il est difficile de se ménager dans l'emportement d'une plaisanterie à laquelle tout le monde applaudit. On a vu les amitiés les mieux cimentées s'altérer par d'innocentes plaisanteries. Dès qu'elles peuvent avoir du danger, le plus sûr est de s'en abstenir. »

Ce mot s'emploie dans de nombreuses acceptions : *Entendre bien la plaisanterie, Entendre plaisanterie*, c'est prendre bien les choses dites en plaisantant, ne point s'en offenser. *Entendre bien la plaisanterie*, c'est aussi savoir plaisanter finement sans offenser. On dit dans le même sens : *Manier bien la plaisanterie. Ne pas entendre la plaisanterie* signifie quelquefois être susceptible ou sévère. L'homme qui *ne plaisante pas*, avec qui *il ne faut pas plaisanter*, c'est l'homme exact, rigide, sévère, dur, susceptible.

PLAISIR, terme générique, exprimant toute espèce de *jouissance*, de *bonheur*, de *contentement*, de *satisfaction*, d'*allégresse*, de *divertissement*, de *délectation*, de *volupté*, ou de *grâce* et de *faveur* que l'on peut éprouver, soit par le corps, soit par l'esprit, dans cette vie. Le plaisir et la douleur sont les conditions inévitables d'existence de toutes les créatures vivifiées par un appareil nerveux. La constitution humaine, la plus nerveuse parmi tous les êtres sensibles, est donc la plus emportée naturellement vers les jouissances ; et dans l'ordre moral ou intellectuel, non moins que dans ses organes matériels, sa gloire est souvent de leur résister.

Les philosophes cyrénaïques ne reconnaissaient point d'autre félicité que le plaisir, ni de mal que la souffrance corporelle. Sans doute, nos corps ont besoin de sentir. Le défaut de perceptions, qu'on appelle l'*ennui*, est peut-être la pire de toutes les affections. La satiété monotone des biens serait insupportable, et l'habitude perpétuelle de jouir ôtant le charme des plaisirs, il ne reste que des maux à subir ou des voluptés désordonnées à poursuivre. Aussi les plaisirs deviennent-ils insipides nécessairement à quiconque en jouit sans relâche; ils augmentent même à l'excès la sensibilité pour la moindre douleur, tandis que l'habitude des souffrances rend celles-ci plus tolérables. Elle aiguise donc la pointe des voluptés, en sorte que le misérable n'est plus accessible qu'au bien, et le fortuné qu'à la peine. Ainsi, les conditions peuvent se compenser, et Zénon a pu dire : « J'aime mieux être furieux que voluptueux. »

Ce que nous appelons *bonheur* n'est pas même l'exemption de tous les maux ; car ceux-ci sont un complément si nécessaire à la félicité que nous ne nous sentirions pas heureux si nous ne pouvions point être malheureux. Il faut éprouver de la faim pour avoir du plaisir à manger; et d'ailleurs des aliments toujours sucrés affadissent bientôt; les délices de l'amour se perdent par la satiété. Sardanapale était malheureux; il s'ôta toutes les voluptés à force d'en abuser, et ne pouvait être guéri que par le malheur. En vain ce roi d'Assyrie proposait des prix à quiconque inventerait de nouveaux raffinements, tous ses plaisirs se tournaient en peine par l'énervation et le blasement : *corruptio optimi pessima*. Tel que Tantale altéré au milieu des eaux, ou ce roi Midas, changeant en or tout ce qu'il touchait, il manquait des biens les plus essentiels à l'existence.

Les plaisirs physiques sont opposés à la réflexion, ou peu compatibles avec les facultés intellectuelles et morales. La volupté tout animale est la seule jouissance des bêtes; comme elle se rapporte à l'organisme, elle a été nommée *la pâture de tous les maux*. Si ces plaisirs tout physiques ne peuvent pas être le but de la félicité humaine, et s'il en est de plus délectables dans notre moral, le vrai bonheur qui comble le genre humain, qui se suffit seul, et que personne ne peut nous enlever, est la satisfaction qu'on recueille à bien agir, à bien penser ; c'est la vertu et le génie. Plus les actes de la vertu et du génie sont parfaits, plus ils excitent une indicible joie. Archimède s'élance transporté et nu hors de son bain, après avoir découvert le problème de la couronne d'or d'Hiéron. La vive félicité, cherchée par tant de philosophes, ne consiste que dans cette *perfection de notre être intellectuel et moral*.

Comme la plus vive ou la plus intense des voluptés corporelles est celle qui engendre un être animé, et comme la douleur la plus profonde, la plus terrible, est celle qui cause la mort, il s'ensuit que la première consiste dans le mouvement qui organise et rassemble, la seconde dans les actes qui divisent et détruisent. La Providence, en attachant la souffrance à côté de la jouissance, s'est servie de ces deux contre-poids pour mouvoir ou pour tenir en équilibre la nature des animaux. Mais la plante, n'ayant point comme eux cette unité ou tendance de toutes ses parties vers un centre commun, vers un cerveau, et pouvant être divisée sans périr, n'éprouve ni douleur ni plaisir. De même, cette tendance étant interrompue dans l'animal par le sommeil, la sensibilité cesse. La nature eût été cruelle envers les végétaux en leur donnant de la sensibilité avec tant d'occasion de souffrances, et si peu de moyens de s'y soustraire. Il fallait, au contraire, que les êtres animés pussent reconnaître par la douleur tout ce qui les détruit, et par le plaisir tout ce qui les fait vivre; aussi ces sensations sont-elles toujours proportionnées à la faculté de se mouvoir.

Dès la naissance, tous les animaux recherchent le bien-être, la volupté, comme l'élément propre de leur vie. La nature est flattée par tout ce qui la soutient, comme manger, dormir, et par l'éloignement de tout ce qui la contrarie ou lui fait violence; enfin, par tout ce qui amplifie et agrandit notre être physique et moral. Il est agréable d'être aimé, parce que notre existence semble en être doublée. Plus une fonction est nécessaire, plus la nature y attache d'attraits; car la propagation, qui conserve l'espèce, devient un but plus sacré que la nutrition, qui conserve seulement l'individu. Le plaisir fait rentrer dans la nature, la douleur en fait sortir; et si des êtres quittent l'existence par le suicide, c'est pour se soustraire à de longues et cruelles misères.

On peut considérer le plaisir comme un mouvement parfait de vie qui appelle l'amour; et la douleur, comme un acte destructeur qui cause la haine. Plus une volupté est ardente, plus elle accélère l'action vitale et en use les ressorts : elle nous accable ou nous consume promptement. La joie et la volupté parvenues à une exaltation extrême causent la mort en dilatant à l'excès le cœur et le cercle vital. La tristesse, la douleur, au contraire, resserrant avec excès la puissance vitale, l'étouffent au dedans. Autant la vie s'épanouit, se gonfle comme une sphère, dilate les organes par l'afflux du sang, de la chaleur animale, et court au-devant de la jouissance, autant elle se resserre, se concentre au dedans, fait pâlir et refroidir l'extérieur dans la souffrance. Le plaisir, étant naturel, agit moins sur nous, tandis que la douleur affecte plus vivement, parce qu'elle nous est plus opposée. Enfin, autant la beauté, la conformité, les sympathies, et tout ce qui tend à l'unité, à l'ordre, inspirent la volupté, autant la discorde, les disgrégations, les plaies, etc., font horreur à la nature. De là viennent encore l'agrément des consonnances musicales et le déplaisir des dissonnances.

Deux personnes qui s'embrassent, une mère qui caresse son fils, éprouvent un plaisir que ne produit pas tout autre objet. Un cadavre ne rend pas sentiment pour sentiment comme un être qui vit. Ce qui cause le plus de sympathie est cette communication douce au moral comme au physique. Cette chaleur vivifiante se gagne; elle émeut et ranime; elle appelle l'amour, cette flamme innée qu'un sexe aime à retrouver dans un autre; et qu'il exprime de tout son corps pour en recevoir à son tour. Aimer, c'est exhaler sa vie; elle jaillit dans les regards, elle s'avance sur les lèvres, elle embrase l'haleine; le cœur s'ouvre, les bras s'étendent pour attirer la personne aimée; le feu, sortant des entrailles, voudrait incorporer, confondre deux âmes dans un seul être. Ainsi, tous les corps vivants se soutiennent de concert par cette transfusion universelle de l'élément vital.

Il y a trois genres de voluptés et de douleurs : 1° celles qui n'intéressent que le corps, 2° les plaisirs moraux, 3° les intellectuels. Cependant, ceux de l'esprit se mêlent souvent à ceux du corps, et le moral affecte également le physique. Les plaisirs purs de l'âme consistent dans un repos, comme la contemplation, l'admiration, ou dans la bonne conscience, cette satisfaction intérieure qui rehausse notre propre estime après une action vertueuse. Les plaisirs et les peines du cœur viennent des passions ou des affections morales, tandis que ceux du corps dépendent d'un ébranlement des organes. Les nerfs étant le siége propre de la sensation, la rupture de leurs fibrilles cause les douleurs les plus poignantes ou les plus aiguës. De plus, chaque tissu organique développe son genre de souffrance comme de volupté, puisqu'il sent à sa manière, surtout dans l'état d'inflammation. Une égale cause de plaisir ou de douleur affecte inégalement divers individus, à cause de la tension ou de l'excitabilité diverse de leurs fibres.

Il y a des voluptés fades, mollasses, émoussées, qui résultent de la détente des fibres, et avoisinent le dégoût; il y a des plaisirs extérieurs piquants, vifs, excitants; il en est de chatouillants; d'autres sont âcres, mordants. Les jouissances intimes causent cet épanouissement qui fond de joie les entrailles, ou un contentement ravissant, universel, au lieu que les plaisirs externes sont partiels ou bornés à l'organe affecté. Les peines morales, se portant vers le cœur, font une impression universelle, comme les plaisirs les plus délicieux nous pénètrent jusqu'au centre.

Quoique les sens soient les principaux instruments des plaisirs, tous ne dégradent point également les fonctions les plus nobles de l'intelligence. La vue et l'ouïe, par exemple, ayant beaucoup de relations avec l'organe de la pensée ou le cerveau, reçoivent seules des notions du beau, du sublime : aussi les beaux-arts sont de leur domaine; ils émeuvent le plus l'âme, et par eux se transmettent les passions. Le toucher et le goût sont, au contraire, tout sensuels ou physiques : ils n'ont rien qu'on puisse qualifier de beau, et leur abus plonge même dans les vices d'intempérance et d'incontinence. Plus un sens est inférieur, plus il procure de voluptés animales et individuelles; les sens supérieurs donnent, au contraire, des plaisirs moraux et universels. L'odorat, qui est intermédiaire, participe de ces deux genres; il tient aux sens inférieurs par les odeurs des aliments, et par celles qui excitent à l'amour, mais il se rattache aux sens supérieurs par les odeurs suaves, comme l'encens dans les temples, qui exalte l'imagination et l'esprit. Ainsi l'œil, l'oreille, tiennent plus de l'intellect; le toucher et le goût des voluptés du corps; et l'odorat est le lien des uns et des autres.

Plus on fait emploi des sens inférieurs, plus les supérieurs s'affaiblissent avec l'esprit. Ainsi, la débilitation d'un sens accroît la prépondérance de son antagoniste; et nous sommes entraînés par cet ascendant, soit qu'un fréquent usage y attire davantage l'élément sensitif, soit que l'inaction de l'autre diminue son aptitude. Ainsi, les enfants, ayant besoin de manger souvent, deviennent naturellement gourmands; mais lorsque l'organe sexuel se développe à l'époque de la puberté, l'amour succède à la gourmandise, et le tact au goût, deux sens qui corrompent le plus la vigueur de la pensée. La vive sensibilité du palais diminue celle du cœur et décèle toujours des sentiments bas. Voir et ouïr peuvent seuls donner des voluptés honnêtes et louables. La peinture, la sculpture, l'architecture, la danse ou la pantomime flattent la vue; la musique, l'éloquence, la poésie et tous les rhythmes cadencés sont du ressort de l'oreille.

On comprend que l'organisme variant selon la constitution, l'âge, le sexe, les passions, les habitudes des individus, les jouissances des uns pourraient être des peines pour d'autres personnes; les maladies, les climats offrent aussi leurs influences. Ainsi, ce qui plaît à un corps à l'état de santé est repoussé par le fiévreux, comme déplaisant ou nuisible. Il suit de là que certains individus mal organisés appètent des jouissances maladives ou qui chez d'autres exciteraient de la douleur. Mais d'ailleurs, les points extrêmes et opposés de la faculté de sentir étant inséparables, ils se délogent réciproquement; car souvent l'un commence où l'autre se termine. Les torturés au sortir de la *question* la plus horrible ressentent, dit-on, un bien-être inexprimable; au contraire, après les jouissances les plus ravissantes je ne sais quel secret déplaisir s'empare de l'âme, comme si le sentiment avait son flux et son reflux. Pour obtenir même le plaisir le plus complet, il faut reculer de quelques pas vers la douleur, afin de prendre plus d'élan. Les gourmands aiguisent leurs jouissances par la faim. L'ennui, le malaise, rendent le contraste de l'amusement plus piquant. En amour, les voluptés assaisonnées de peines et chèrement achetées ne sont-elles pas bien autrement délicieuses que des plaisirs trop faciles? S'il est vrai que nous ne sentions aucun bien sans l'opposition des maux, ceux-ci deviennent donc aussi une sorte de bienfait de la nature. Il y a plus, poussées à l'extrême, les sensations inverses peuvent se convertir en leur contraire. Les jouissances, comme les souffrances absolues, universelles, dans l'individu, font perdre connaissance, accablent ou ne sont plus senties; elles s'accompagnent également de gémissements et de plaintes; la joie excessive pleure comme le chagrin; le plaisir et la douleur se confondent dans la p i t i é; de secrètes voluptés se glissent dans la mélancolie, et les amertumes de l'existence sont mélangées de quelques douceurs. On n'outre-passe donc jamais la borne des peines sans éprouver le contre-coup des plaisirs, comme si la nature aspirait à rétablir un équilibre de biens et de maux dans les êtres sensibles.

De plus, nos sens peuvent se dépraver ou recevoir des impressions insolites. On a vu, dans l'hypochondrie, des hommes d'un goût désordonné appéter des excréments, sentir des odeurs, entendre des voix, etc., où nul autre n'éprouvait rien de semblable. Il y a des plaisirs, pour nous inexplicables, comme ceux de la cruauté ou de la jouissance dans le mal, qui ne peuvent dépendre que d'une rétroversion de sensibilité. Il faut être modifié différemment pour aimer le crime que pour se plaire dans les actions vertueuses, car après l'émotion de l'attentat, le cœur du criminel est souvent le premier à s'en punir. Ce n'est donc que la santé de l'âme, comme celle du corps, qui peut donner des plaisirs purs et une vie heureuse, autant que le comportent les circonstances. Par la modération l'âme acquiert plus de solidité et de *densité*, comme parle Bacon, pour empêcher nos facultés de s'évaporer dans les passions et de vains plaisirs. Le contentement intime n'accompagne pas moins la droiture du cœur que le bien-être ne résulte d'une plénitude de santé. Maître de lui-même, l'homme solide règle ses jouissances pour économiser son existence : alors tout en lui s'équilibre et correspond au dedans comme au dehors.

Plaisir se dit de certaine pâtisserie fragile, comme les *o u b l i e s*, se détruisant facilement.

On appelait autrefois *plaisirs du roi* toute l'étendue de pays qui était dans une capitainerie royale, où la chasse était réservée pour le roi.

Les *menus plaisirs* sont les petites dépenses qu'un jeune homme fait pour son divertissement. C'étaient autrefois certaines dépenses royales, réglées par une administration particulière, et ayant pour objet les cérémonies, fêtes et spectacles de la cour. Il y avait un intendant, un trésorier des *menus plaisirs* ou simplement des *menus*, et un hôtel appelé les *Menus-Plaisirs*, qui contenait les bureaux, les magasins, les ateliers de cette administration.

On appelle *faire plaisir* accorder une faveur ou une grâce. *Car tel est notre bon plaisir*, formule de lettres de chancellerie par laquelle le roi marquait sa volonté dans les déclarations ou édits. *Conte fait à plaisir*, conte de pure invention, fait exprès pour divertir. *Se tourmenter à plaisir*, c'est-à-dire sans sujet, comme si l'on y trouvait du plaisir. On dit qu'*où règne la contrainte il n'y a point de plaisir*; car la liberté, le repos, etc., causent du contentement, ainsi que le souvenir des maux passés. Les animaux mêmes éprouvent du plaisir dans la supériorité, la victoire, les caresses, la société de leurs semblables quand elle ne leur apporte point de concurrence; la colère et d'autres passions paraissent aussi agréables : on se complait dans ses œuvres et à faire ce qui est défendu, etc.

J.-J. Virey.

PLAN (en latin *planus*). Le plan est la plus simple des surfaces de la géométrie. On le définit généralement : *une surface avec laquelle une ligne droite peut coïncider dans toute son étendue, suivant quelque position qu'on l'y place*. Cette définition a l'avantage de présenter immédiatement à l'esprit une idée assez rigoureuse du plan. Beaucoup des objets auxquels donne naissance l'industrie en présentent à leur surface qui sont plus ou moins parfaits, et parmi lesquels on doit distinguer, comme approchant le plus de la rigueur géométrique, les faces des miroirs et des glaces dont nos appartements sont décorés. Dans leurs relations entre eux, avec la ligne droite, la sphère et les autres solides, les plans donnent naissance à divers théorèmes, qui forment une partie importante de la géométrie. Énonçons seulement quelques définitions et quelques propriétés fondamentales de la théorie des plans.

De la définition du plan il résulte qu'une droite ne peut être en partie dans un plan, et en partie en dehors. Deux droites qui se coupent ou qui sont parallèles déterminent un plan, c'est-à-dire que par ces droites on peut toujours faire passer un plan et qu'on n'en peut faire passer qu'un seul; en d'autres termes, trois points non situés en ligne droite déterminent un plan. De là on conclut que l'intersection de deux plans est une ligne droite.

Une droite est parallèle à un plan quand elle ne peut le rencontrer, à quelque distance qu'on les prolonge l'un et l'autre. Deux plans sont parallèles lorsqu'ils remplissent la même condition.

Quand une droite rencontre un plan, on peut par le point où elle le perce tirer dans le plan un nombre quelconque d'autres droites avec lesquelles la ligne incidente fera généralement des angles différents. De tous ces angles, le plus petit possible est celui qu'on nomme l'*angle de la droite et du plan*. On obtient directement la ligne donnant le plus petit angle possible, en abaissant d'un point quelconque de la ligne incidente une perpendiculaire sur le plan et joignant son pied au point d'intersection de la droite inclinée. Si la ligne incidente était telle qu'il y eût égalité parfaite entre tous les angles faits à la base, ces angles seraient tous droits, et la droite serait p e r p e n d i c u l a i r e au plan.

Quand deux plans se coupent, l'a n g l e qu'ils font entre eux se mesure par celui de deux droites partant d'un même point de l'intersection, et menées dans chacun des plans perpendiculairement à cette ligne : ces droites se trouvent toutes deux dans un troisième plan perpendiculaire à l'intersection des deux autres.

On nomme généralement *plan horizontal* tout plan parallèle à l'h o r i z o n, et *plan vertical* tout plan perpendiculaire à l'horizon : les plans des a l m i c a n t a r a t s sont horizontaux ; ceux des cercles de hauteur sont verticaux. Mais en géométrie descriptive ces dénominations *plan horizontal*, *plan vertical* indiquent seulement les deux plans sur lesquels s'effectuent les p r o j e c t i o n s, sans rien préjuger sur leur position relativement à l'horizon. Nous dirons à l'article Projection ce que, dans la même science, on entend par *plans cotés*. En p e r s p e c t i v e, on appelle *plan géométral* le plan horizontal passant par la base du tableau qui est nommée *ligne de terre*, et l'on donne le nom de *plan horizontal* à celui qui passe par l'œil de l'observateur.

Dans la théorie de la lumière, le mot *plan* est fréquemment employé. Ainsi, l'on nomme *plan de réflexion* le plan passant par le rayon incident et normal à la surface réfléchissante : ce plan contient le rayon réfléchi. Pour les substances transparentes que la lumière pénètre, on appelle *plan de réfraction* un plan parfaitement analogue à celui dont nous venons de donner la définition ; ce plan contient le rayon réfracté. On se sert aussi de l'expression *plan de polarisation*, mais il convient de chercher dans l'article Polarisation le sens de cette expression, qu'il serait trop long d'expliquer ici.

En géodésie, on appelle *plan* la représentation d'une partie limitée de la surface de la terre (*voyez* Levé des Plans). Quand la portion de terrain que l'on veut représenter est assez considérable, la sphéricité de la Terre oblige à employer des modes particuliers de représentation, et le *plan* prend alors le nom de c a r t e.

En architecture, et dans tous les arts qui sont obligés d'employer le dessin pour exprimer leurs conceptions, on appelle *plan* la représentation, sur un plan horizontal, d'un objet qui y serait placé dans sa position naturelle. Quelquefois on suppose l'objet que l'on dessine coupé à une hauteur déterminée par un autre plan horizontal : c'est ainsi que sont représentés, dans les projets d'architecture, les divers étages d'un édifice. Quelquefois on étend, par figure, l'idée de *plan*, et on l'applique à l'ensemble du projet dont il n'est qu'une partie. C'est dans une acception de ce genre que l'on dit : Un *plan* de conduite; et en langage de stratégie : Un *plan* de campagne.

Dans les décorations de théâtre, les divers *plans* sont marqués par les diverses séries de coulisses parallèles au rideau.

Dans l'ancien langage des sciences mathématiques, on appelait *nombre plan* un nombre formé du produit de deux autres : 20, produit de 5 par 4, est un *nombre plan*. On appelait aussi *lieu plan* un l i e u g é o m é t r i q u e dont la recherche pouvait être faite au moyen de la ligne droite et du cercle. De cette désignation résultait, pour les problèmes conduisant à trouver des lieux géométriques de ce genre, le nom de *problème plan*.

L.-L. Vauthier.

En peinture, on nomme *plan* une figure planimétrique au moyen de laquelle, par de simples lignes, on retrace sur une échelle plus ou moins grande ce qui dans la nature est en relief et plus ou moins élevé. Un artiste doit avant tout faire le plan de son tableau, c'est-à-dire tracer à plat la disposition de tous les objets qui doivent entrer dans sa composition : ainsi, les figures, les groupes, les meubles ou accessoires qui doivent occuper le devant du tableau, ou bien les monuments qui en ornent le fond, doivent être indiqués avec précision. Ces dispositions prises, l'artiste lui-même ou un géomètre les mettent en perspective et indiquent par des procédés mathématiques la forme et la hauteur de chacun des objets, suivant la place qu'il occupe dans la nature ou dans la composition. Mais quoique ce plan soit un morceau d'ensemble, on a l'habitude d'en parler comme s'il pouvait être divisé en plusieurs parties, et on dit : les premiers *plans* sont bien, ceux du fond ne sont pas assez lumineux ; les figures du second *plan* sont trop courtes, celles du troisième ou du quatrième *plan* paraissent être dans la vapeur. Cette façon de parler est certainement vicieuse, mais elle est reçue, et on ne pourrait la remplacer que par des périphrases moins faciles à comprendre. La diminution des objets ou des figures en proportion de l'éloignement où ils se trouvent est un effet rigoureux de la perspective; mais si l'artiste veut qu'une figure du troisième plan domine sur celles du devant, il élève ce plan ainsi que l'a fait Le Sueur dans son tableau de saint Paul faisant brûler à Éphèse les livres des Gentils, Jouvenet dans le *Magnificat* et dans la *Résurrection* de Lazare. Dans ce dernier tableau, le groupe du Christ est sur un terrain élevé, et sa hauteur l'emporte sur les groupes des trois premiers plans. Dans les deux premiers tableaux, la figure de saint Paul et celle de la Vierge sont placées sur les marches du péristyle. Par ce moyen, les figures, quoique d'une dimension inférieure à celle des premiers plans, acquièrent cependant la supériorité sur elles. Le mot *plan* étant ainsi employé en peinture pour signifier le plus ou moins d'enfoncement des différentes parties d'un tout, on l'a également adopté en parlant de la figure humaine : ainsi, on dit que dans un portrait les *plans* sont bien sentis; que les *plans* du menton ont de la justesse, mais que les *plans* du nez manquent de caractère et sont trop arrondis. DUCHESNE aîné.

PLANARD (EUGÈNE DE), auteur dramatique, né à Millau, en 1783, appartenait à une bonne famille du Rouergue. Fils d'émigré, il fut jeté en prison avec sa mère pendant la terreur, et n'en sortit qu'après le 9 thermidor. Quelques années plus tard il vint faire son droit à Paris. En 1806 il fut employé aux archives du conseil d'État, et fut nommé plus tard secrétaire de la section de législation. Il mourut à Paris, en novembre 1853. En 1807 il avait donné au théâtre Louvois son premier ouvrage dramatique, *Le Curieux*, comédie en un acte et en vers. La même année il fit représenter au Théâtre Français *Le Paravent*, comédie en un acte et en vers; et en 1813 *La Nièce supposée*, en trois actes et en vers, jouée avec succès par Mlle Mars. En 1815 il composa pour l'Opéra *La Belle au bois dormant*, opéra-féerie en trois actes. Il a fourni une foule de libretti à l'Opéra-Comique, entre autres à Auber : *Le Testament et les billets doux* (1819); *La Bergère châtelaine* (1820); *Emma* (1821); à Bochsa, *La Lettre de Change* (1816); à Onslow, *Le Colporteur* (1828); *Les États de Blois* (1837); à Hérold, *L'auteur mort et vivant* (1821); *Marie* (1826); *Emmeline* (1829); *Le Pré aux Clercs* (1832); à M. Caraffa, *Le Solitaire* (1822); *Sangarido* (1827); *La Violette* (1828); *Le Livre de l'Ermite* (1831); *La Prison d'Édimbourg* (1833); à M. Marliani, *Le Marchand forain* (1834); à M. Halévy, *L'Éclair* (1835); à M. Ambroise Thomas, *La double Échelle* (1837); *Le Perruquier de la Régence* (1840); et enfin à M. Cadaux, *Colette* (1853). L. LOUVET.

PLAN-CARPIN (JEAN DU), moine italien, compatriote et ami de saint François de Sales, l'un des plus intrépides frères mineurs de son siècle, est célèbre par la relation qu'il a laissée de son voyage en Asie. Il naquit vers 1182, à *Piano-Carpino*, ou *Pian-di-Carpine*, localité nommée aujourd'hui *Piano-della-Magione*, sur la route de Peruse à Cortone, et l'on pense qu'il appartenait à la famille des seigneurs de ce bourg. Chargé en 1221 de répandre par la parole la doctrine de son ordre, custode de la Saxe et de Cologne, provincial d'Allemagne, il reçut en 1230 des franciscains, ses frères, la mission d'assister à la translation du corps de leur fondateur, obtint la direction de la province d'Espagne, fut envoyé par Grégoire IX, comme provincial, en Barbarie, et reprit en 1241 les rênes de la province de Cologne. Innocent IV, qui appréciait ses hautes facultés, le dépêcha, en qualité de nonce, vers le grand-khan des Mongols. Il partit de Lyon le 16 avril 1245, jour de Pâques, avec deux autres franciscains, Étienne de Bohême et Benoît de Pologne, traversa l'Allemagne, la Bohême, la Pologne, la Russie, rencontra les premiers avant-postes tatars à Kief, s'enfonça dans la Komanie, en passant au travers des campements de plusieurs chefs mongols, et arriva enfin auprès de Batu, khan du Kiptchak, qui garda quelques-uns de ses gens, et le fit conduire avec ses deux confrères à la Syra-Ordou, résidence du kakhan Kouyouk.

Chemin faisant ils atteignirent les dernières limites du pays des Komans, aux bords de l'Oural, visitèrent les marais des Kanghites et les villes ruinées du Turkestan, gravirent les premiers degrés du plateau central, parvinrent dans le Kithaïr-Noir, s'arrêtèrent à Iymyl, passèrent sur les terres des Naymanes, et arrivèrent, après bien des fatigues, à la Syra-Ourdou, distante d'une demi-journée de l'Ordou-Balik, ville impériale du Karakorum. C'était dans l'intervalle de deux élections de khans. Reçus par l'impératrice-mère, ils assistèrent à la dernière, reçurent des pelisses de renard doublées d'ouate et des kaftans d'honneur, et rentrèrent à Lyon, en février 1248, trois ans environ après leur départ.

La réponse latine du grand-khan au pape est vraiment curieuse. Il faut croire que le saint-père en fut satisfait, puisqu'il adressa des paroles pleines de reconnaissance au frère Carpin en le sacrant, à quelque temps de là, archevêque d'Antivari, métropole de la Dalmatie. Mais il y a loin des rives du Rhône à la Syra-Ordou, 7,600 kilomètres au moins. Carpin, dans son ambassade, avait éprouvé bien des privations et des fatigues; il était déjà vieux au retour; il s'éteignit au mois d'août 1252. Sentant sa fin prochaine, il s'était occupé avec ardeur d'écrire la relation de son voyage; mais souvent il en avait laissé prendre des copies, ce qui explique l'existence de plusieurs versions différentes. La bibliothèque impériale de Paris en possède deux manuscrites, celle de Leyde une, le Muséum britannique une, Hakluyt en a publié une cinquième, et Vincent de Beauvais lui a consacré trente-et-un chapitres de son *Speculum historiale*. Tout prouve que le manuscrit de Leyde est la relation originale. Il a successivement appartenu à Petau, à Duchesne, à Vossius, et a été publié récemment dans les *Mémoires de la Société de Géographie de Paris*.

PLANCHE. L'acception la plus ordinaire de ce mot est un terme de menuiserie par lequel on désigne un fragment scié d'un arbre, quelle que soit sa longueur, mais ordinairement de la largeur de $0^m,32$, et de $0^m,027$ d'épaisseur; car lorsque l'épaisseur est seulement de $0^m,013$, c'est une *volige*, et à $0^m,067$, un *madrier*.

Les peintres, autrefois, peignaient leurs tableaux sur bois; mais c'était sur un assemblage de plusieurs planches, qui recevaient le nom de *panneau*.

Les plus anciennes gravures ont été faites sur bois, et on a conservé le nom de *planche* à la tablette dessinée, travaillée, creusée, gravée, dont on tirait des épreuves sur toile ou sur papier. On ne sait pas à quelle époque cet art a commencé à être exercé, mais on a des planches en bois datées de 1423 et de 1445. Lorsqu'en 1452 Maso Finiguerra eut découvert le moyen de tirer épreuve d'une plaque de métal gravée, cet art prit un développement assez rapide, et plusieurs des termes du plus ancien de ces arts passèrent au nouveau; le graveur sur métal donna le nom de *planche* à la plaque de cuivre sur laquelle il avait gravé un dessin, et dont il tirait des épreuves d'une apparence à peu près semblable à celle qu'on tirait des planches gravées sur bois.

DUCHESNE aîné.

Le mot *planche* vient, suivant quelques étymologistes, du latin *planca*, et, suivant d'autres, du grec πλάξ, *tabula*. Les maréchaux nomment *planche* un fer de forme particulière qui s'adapte au pied des mulets. En termes de jardinage, on nomme *planches*, et quelquefois *couches* ou *carreaux*, de petites surfaces de terrain, ordinairement parallélogrammiques, en lesquelles on divise un jardin, et qui servent à la culture de fleurs ou de légumes.

Figurément, *Sauver une planche du naufrage*, c'est sauver quelques débris de fortune dans une ruine plus ou moins complète. On dit de même que *C'est une planche dans un naufrage*, d'une dernière ressource qui reste dans un désastre. *Faire planche*, c'est tenter le premier une chose difficile, dangereuse et qui sera imitée. En termes de natation, *Faire la planche*, c'est se tenir sur le dos sans mouvements apparents. En termes de théâtre, *Monter sur les planches*, c'est être en scène, jouer la comédie sur théâtre public, ou, au figuré, *se donner en spectacle*.

Le mot *planche* a en marine plusieurs acceptions : la *planche de canot* est celle qui sert à débarquer sur une grève : elle a par un bout une entaille garnie d'un erseau qu'on capelle par-dessus la tête de l'étrave, qui se loge dans l'entaille ; ce qui la retient au canot ; de petites tringles qui la traversent à $0^{m},487$ les unes des autres empêchent de glisser en marchant ; on nomme *planche de roulis* celle qui s'adapte quelquefois aux cadres (espèces de couchettes suspendues) pour empêcher qu'on ne tombe en dormant ; la *planche de charge* est celle qu'on suspend sur le côté des vaisseaux marchands à l'appel du palan d'étai, pour empêcher que les objets qu'on embarque ou qu'on débarque ne frottent contre les flancs du vaisseau. On dit d'une voile carrée qu'elle fait *planche*, quand au plus près elle est bien tendue sans faire sac, sans rider ni grimacer ; c'est le chef-d'œuvre ou plutôt l'écueil du voilier, car une voile ainsi orientée ne se voit jamais. On dit de même que la mer est unie comme une *planche* quand elle n'a pas ou presque pas de houle On appelle aussi *jour de planche*, en marine, le temps convenu pour charger et décharger les navires du commerce.

On nomme *planchéier* l'acte de garnir une surface quelconque de planches.

PLANCHE (Gustave) est né à Paris, le 16 février 1808. Son père était un riche pharmacien, dont l'établissement se trouvait au coin de la rue du Mont-Blanc et du boulevard. M. Gustave Planche fit avec quelques succès ses études au collége Bourbon. Destiné à suivre la profession paternelle, il négligea singulièrement l'École de Pharmacie pour les beaux-arts et la littérature, sa vocation véritable, lisant énormément, étudiant avec passion les antiques et les toiles des maîtres au Louvre, visitant les collections particulières, assistant régulièrement aux ventes de tableaux et s'initiant à l'art contemporain dans la compagnie de ses adeptes, grands ou petits. Après avoir débuté dans *L'Artiste*, il entra à la *Revue des Deux Mondes* en 1831. Son premier article, la *revue du salon*, eut un grand retentissement. La critique n'avait jamais depuis Diderot montré plus de raison, plus de goût, plus d'intelligence ; jamais elle ne s'était exprimée dans une langue plus correcte et plus pure. Plus tard il aborda le terrain, plus difficile, de la critique littéraire, et cette fois encore il gagna d'emblée son bâton de maréchal. Ayant ainsi pris possession du domaine entier de l'esthétique, il continua de passer alternativement en revue, selon les hasards de la production ou de son caprice, les œuvres des artistes, des poëtes ou des musiciens. Il serait impossible de présenter autrement qu'en bloc la masse énorme de travaux qu'il a éparpillés depuis vingt-cinq ans dans la *Revue des Deux Mondes*. D'ailleurs les principaux de ces articles ont été rassemblés sous le titre d'*Études sur l'école française; Portraits littéraires* ; quelques-uns sont des morceaux d'une incontestable valeur. Ils sont intitulés *La Poésie, Le Théâtre et le Roman contemporains, Les Royautés littéraires, De l'État du Théâtre en France, Les Amitiés littéraires, Moralité de la Poésie, De la critique française*, *De la langue française*, etc. Lorsque Balzac acheta, en 1836, la *Chronique de Paris*, il acquit la collaboration exclusive de M. Gustave Planche, dont il admirait le talent et dont il redoutait surtout les attaques. La plume du célèbre critique en effet est de celles qui ont fait aux vanités contemporaines les plus cruelles blessures. Du reste, il subit trop souvent le joug de M. Buloz, le directeur de la *Revue des Deux Mondes*, qui lui impose ses amitiés et ses rancunes, et qui se sert de lui, comme d'un épouvantail, pour tenir en bride les hauts et puissants personnages qui patronnent son recueil. Quelques années auparavant il avait été momentanément attaché à la rédaction du *Journal des Débats*. Vers 1841 M. Planche, ayant fait un héritage assez considérable, partit pour l'Italie, où il resta cinq ans, absorbé dans ses études artistiques et sans écrire une ligne. Il ne reparut dans la lice qu'à l'occasion du salon de 1846, et fit preuve d'un talent plus mûri et d'une autorité plus grande encore. Son mérite comme écrivain est universellement reconnu ; sa manière est solennelle, majestueuse, peut-être même a-t-elle trop d'ampleur dans la forme, trop d'harmonie dans la période. Au moment de l'exposition universelle il a donné un série d'articles vraiment supérieurs. C'est toujours la même sûreté de jugement, le même savoir profond, le même style magistral, simple et pur. M. Gustave Planche a écrit dans *L'Artiste* un portrait littéraire, *L'Homme sans nom*, dont il est lui-même le sujet. *Le Globe* a publié de lui des traductions de Thomas Moore.

PLANCHER désigne un assemblage horizontal de solives recouvert de planches, ou de pièces de fer entre-croisées et séparant les étages d'une maison ou formant l'aire inférieure d'un rez-de-chaussée. *Plancher* est quelquefois synonyme de *plafond*, mais au propre l'un est le dessus, l'autre le dessous. Suivant le nombre des étages et le degré de solidité qu'on veut donner à la maison, les planchers se construisent différemment, et ne sont que rarement composés de planches et de solives seulement, ce qui les rend très-incommodes à cause du bruit que font, pour ceux qui habitent au-dessous, les locataires des étages supérieurs : tel est l'usage d'Angleterre, où l'on est obligé d'étendre des tapis pour amortir ce bruit. Souvent les planchers se font avec un massif de mortier ou de plâtre qu'on recouvre de briques ou de carreaux de terre cuite. On se sert aussi du bois, soit en planches, soit en compartiments de *parquet* ou de *marqueterie*. A Naples, où les maisons ont beaucoup d'étages, les solives des planchers reçoivent une forte couche de maçonnerie, qu'on revêt d'un enduit susceptible du plus beau poli. A Venise, cette maçonnerie se mêle d'éclats de marbre, qui donnent à tout l'ouvrage l'apparence du marbre.

Le *plancher des vaches* est une locution figurée, ordinaire aux marins, pour désigner la terre. *Vous me feriez sauter au plancher*, dit-on à quelqu'un par qui l'on est poussé à bout, qui dit des choses absurdes.

PLANCHER DU CERVEAU. *Voyez* Dure-Mère.

PLANCHETTE (*Levé des plans*). On donne ce nom à une sorte d'instrument composé d'une planche mince montée sur un pied et qui sert à relever des angles et des alignements sur le terrain. Les angles s'y tracent avec une règle garnie de pinnules à ses deux extrémités sur une feuille de papier étendue et fixée sur la planchette au moyen d'un châssis, sans qu'on ait besoin de les mesurer, et le dessin se trouve tout fait et réduit à la dimension qu'on a voulu lui donner. Lorsqu'on veut faire usage de cet instrument pour tracer un plan, il faut prendre sur le terrain une base dont les extrémités sont marquées par l'instrument d'un côté, par un piquet de l'autre. On dirige d'abord la règle vers le piquet de manière à le voir à travers les deux pinnules ; alors on tire le long de la règle une ligne à laquelle on donne autant de parties de l'échelle du plan qu'il y a de mètres par exemple entre le piquet et le pied de la planchette. On dirige ensuite la règle vers les points du terrain à noter, et à mesure qu'on en rencontre en faisant tourner la règle, on tire une ligne indéfinie. Lorsqu'on a ainsi parcouru tous les objets qu'on veut voir, on laisse un piquet à la place de l'instrument et on transporte celui-ci à l'autre extrémité de la base où se trouvait un piquet ; là on recommence les mêmes opérations qu'on a faites à l'autre station, c'est-à-dire qu'on vise successivement les mêmes objets avec la règle, et qu'on trace le long de cette règle des lignes indéfinies allant vers ces objets. Ces lignes, rencontrant les premières, donnent la représentation exacte des distances respectives des objets. Pour s'orienter, la planchette est ordinairement munie d'une boussole. L. Louvet.

PLANCHETTE (*Botanique*). *Voyez* Mache.

PLANÇON. *Voyez* Bouture.

PLANCQUES (Famille des). *Voyez* Béthune (Famille de).

PLANCUS (Lucius Munatius), orateur et général romain, né à Tibur, vers l'an 73 avant Jésus-Christ, suivit d'abord César en Afrique et dans les Gaules, puis s'attacha au parti de Pompée, et revint encore à César. Après l'assassinat du dictateur, il sembla d'abord disposé à soutenir la cause de la république et à suivre sur ce point les exhortations de Cicéron, son maître; plus tard il se réunit à Lépide et à Antoine. Sa défection lui fut payée par la tête de son frère, qu'il fit porter sur les listes de proscription, comme Lépide y avait laissé inscrire le sien. Dans la suite il servit longtemps Antoine; mais il l'abandonna pour Octave. Ce fut à sa sollicitation que le sénat décerna à ce dernier le titre d'Auguste. Il avait été consul (en 42 avant J.-C.) et censeur (en 22 avant J.-C.), et avait été chargé de commandements importants dans la Gaule et dans l'Asie. Il fonda *Lugdunum* (Lyon), pendant qu'il était proconsul dans les Gaules. Horace a adressé à Munatius Plancus la septième ode de son premier livre : *Laudabunt alii claram Rhodon*, etc. Il fut aussi l'ami de Catulle. On a quatorze lettres de Cicéron à Plancus et onze de celui-ci au grand orateur.

Son frère, *Caius Potius* Plancus, proscrit par les triumvirs (en 43 avant J.-C.), offrit sa tête aux bourreaux afin de sauver ses esclaves, qu'on avait mis à la torture pour les forcer à révéler sa retraite.

PLANCY (Collin DANTON, dit de), neveu du fameux Danton, né en 1794, aux environs d'Arcis-sur-Aube, est auteur des ouvrages suivants : *Dictionnaire infernal; Dictionnaire féodal; Mémoires d'un Vilain au quatorzième siècle; Taxe des parties casuelles de la* boutique du pape, *rédigées par Jean XXII et publiées par Léon X, selon lesquelles on absout,* argent comptant, *les assassins, les parricides et les empoisonneurs; Dictionnaire critique des Reliques et des Images mystérieuses; Dictionnaire de la Folie et de la Raison; Biographie pittoresque des Jésuites; Le Diable peint par lui-même.* Écrits au point de vue de l'incrédulité et du scepticisme, qui étaient si fort à la mode dans les dernières années du siècle passé, et que remirent en vogue sous la restauration les intolérables prétentions du parti prêtre ainsi que les menées envahissantes de la congrégation, tous ces livres, dont plusieurs ont eu les honneurs de deux et même de trois éditions, déversent le sarcasme et le ridicule sur le catholicisme et ses dogmes, sur l'Église romaine, ses usages et ses ministres. On doit au même écrivain *L'Art de tirer les cartes*, plusieurs romans, tant originaux que traduits, des pièces de théâtre et des éditions des œuvres de Sainte-Foix, de Perrault, de Luce de Lancival et de Rabaut-Saint-Étienne, avec notices critiques, des *Mille et un Jours*, etc. Son bagage littéraire ne se montait pas en 1840 à moins d'une cinquantaine de volumes in-8°. A ce moment il semble qu'il ait été pris de doutes sérieux sur la voie qu'il avait d'abord suivie pour arriver à l'immortalité. En effet, on a vu alors M. de Plancy refaire la plupart des ouvrages dont nous venons de citer les titres, mais cette fois au point de vue de l'orthodoxie non pas seulement la plus irréprochable, mais encore la plus ardente. On ne saurait nier que dans cette manière de retourner ainsi son œuvre philosophique et littéraire, comme il eût pu faire d'un vieil habit, M. Collin Danton, dit de Plancy, n'ait fait preuve d'une grande souplesse de talent comme écrivain et d'une remarquable élasticité de convictions comme penseur. Elle autorise la critique à dire qu'évidemment il s'est toujours ignoré lui-même, et que sa vocation véritable était la politique, où, protégé par le nom et la mémoire de son oncle, il eût nécessairement fait une grande fortune. Il préféra maladroitement monter une imprimerie-librairie en Champagne, à Plancy, sous le nom de *Société de Saint-Victor*, et publia avec approbation de NN. SS. les évêques quelques ouvrages de piété, qui n'ont pas eu, à ce qu'il paraît, tout le succès désiré.

PLANE ou **PLAINE**, outil composé d'une lame de fer acéré dont le tranchant est sur la longueur et n'a qu'un biseau. Les deux bouts sont recourbés, du côté du tranchant et sont munis chacun d'un petit manche ou poignée de bois. On s'en sert pour donner certaines façons, certaines courbures au bois; en font particulièrement usage les tonneliers, treillageurs, etc. L'action de dresser le bois et de l'unir au moyen d'une plane se nomme *planer*.

PLANÉTAIRE (Système). *Voyez* Planète et Solaire (Système).

PLANÈTE. Quand on observe attentivement le spectacle d'une nuit étoilée, on s'aperçoit bientôt qu'il n'y a pas une immuabilité parfaite dans la position relative de tous les points lumineux dont est semée la sphère céleste. Quelques-uns d'entre eux, les plus brillants et les plus volumineux, dans le mouvement général du système autour de la terre, éprouvent des déplacements, par rapport aux constellations, dessinées, dans leur invariable forme, par les groupes des étoiles fixes. Si, frappé de ces mouvements particuliers, on suit avec attention, dans leurs apparitions nocturnes successives, les corps qui en sont doués, on remarquera que leurs déplacements par rapport aux étoiles fixes ne suivent pas une marche constante et régulière. Ces déplacements, assez considérables un certain jour, diminueront graduellement de grandeur, deviendront nuls après un temps plus ou moins long, puis, changeant de sens, iront en augmentant, pour diminuer ensuite, s'arrêter et reprendre leur marche primitive. Enfin, si, curieux d'avoir quelque notion sur la nature de ces corps lumineux, on emploie pour les observer les instruments dont se sert l'astronomie, on les verra, brillants dans une portion de leur surface et sombres dans l'autre, subir des phases plus ou moins complètes, semblables à celles que la Lune nous offre sur une plus grande échelle, et l'on apercevra circulant autour d'eux d'autres corps plus ternes et plus petits, qui les suivent dans leur marche à travers le ciel. Ces points lumineux de nos ciels nocturnes, que nous ne remarquerions pas sans une attention toute particulière, ce sont des mondes comme celui que nous habitons, ce sont les planètes, qui suivies de leurs lunes, fidèles satellites, entourées de leurs anneaux rayonnants, circulent, comme nous, dans d'immenses orbites autour du radieux Soleil, centre commun de chaleur et de vie.

Longtemps on n'a compté que six planètes, Mercure, Vénus, la Terre, Mars, Jupiter et Saturne; c'est le fameux astronome anglais Herschell qui a découvert la septième dans le siècle dernier, et lui a donné le nom d'*Uranus*, qu'elle porte concurremment avec le sien. Mais par une admirable prévision de son génie, Pythagore, qui voyait avec raison dans la nature une harmonie unique, simple, universelle, ayant un centre commun, et aux yeux duquel les sept planètes connues alors (en comptant la Lune) étaient en rapport avec les sept tons pleins de la musique, s'étonnait qu'il y eût un si immense intervalle entre Jupiter et Mars. Et après Pythagore, Kepler, ce poëte des astres, si exact, si positif et en même temps aventureux devin dans les sciences, soupçonna aussi la présence d'un ou de plusieurs globes intermédiaires entre Mars et Jupiter. Leur conjecture, cachée jusque alors dans les secrets de l'univers, reçut une première vérification au commencement de ce siècle par la découverte successive de Cérès, Pallas, Junon et Vesta. Près de quarante ans s'étaient écoulés lorsque Astrée vint s'ajouter à cette liste, qui depuis s'est tellement augmentée que la lacune que signalait la loi de Bode est aujourd'hui (fin de 1856) comblée par quarante-deux petites planètes. Enfin, pour compléter le catalogue des planètes de premier ordre, nommons Neptune, dont la découverte a été l'une des plus belles conséquences des progrès de l'astronomie.

Les planètes, qui sont des corps opaques doués d'un mouvement de rotation autour d'un axe passant par leur centre, et qui reste toujours parallèle à lui-même, se déplacent encore, par un mouvement de transport ou de translation, dans des orbites elliptiques très-voisines de la forme circulaire, et dont le Soleil occupe un des foyers. Ces orbites, où les planètes sont emportées d'orient en occident, sont toutes comprises dans des plans menés par le centre du Soleil, et qui se coupent tous suivant des lignes passant par ce point, en faisant l'un sur l'autre des angles assez faibles. Les lignes d'intersection de ces divers plans avec celui de l'orbite terrestre, nommé aussi *plan de l'écliptique*, ont reçu pour chacune des planètes le nom de *ligne des nœuds*, désignation qui se rapporte à l'une de leurs propriétés astronomiques, que nous expliquerons plus loin.

Circulant comme la Terre autour du Soleil, et tournant autour d'un axe comme elle autour de ses pôles, les planètes ont, comme nous, des jours et des années. Comme nous aussi elles ont des saisons et présentent directement aux rayons du Soleil diverses lignes de leur surface, suivant la position qu'elles occupent dans leurs orbites. Il y a donc une parité complète entre ces astres et la Terre; il y a donc une sorte de concitoyenneté entre elles et nous. Pour compléter la ressemblance, quelques planètes ont, comme la Terre, un ou plusieurs satellites, qui tournent autour d'elles, comme la Lune autour de nous, et qui réfléchissent la lumière du Soleil à leurs faces qui sont dans l'ombre. A la vue de toutes ces analogies, il est naturel de supposer qu'elles sont aussi couvertes d'habitants; et sans qu'on puisse rien affirmer sur ce point, non plus que sur la structure dont pourraient être doués ces êtres inconnus, l'existence démontrée d'atmosphères gazeuses autour de quelques planètes pourrait faire penser que leurs conditions de vitalité ne sont pas différentes de celles propres aux êtres organisés qui peuplent notre globe.

Relativement à leurs distances au Soleil, les planètes doivent être rangées dans l'ordre suivant. Mercure est celle qui a la plus petite orbite; puis viennent Vénus, la Terre, Mars; les nombreuses petites planètes telles que Cérès, Pallas, etc., dont nous donnerons plus loin le catalogue; puis Jupiter, Saturne; puis Uranus, si loin du Soleil et de nous qu'il avait longtemps tourné inaperçu dans son ellipse immense; puis enfin Neptune. La durée des révolutions complètes de chaque planète autour du Soleil, ou ce qu'on nomme l'*année planétaire*, sans être proportionnelle à la distance au Soleil, varie dans le même sens que cet élément. Ainsi, en rapportant la mesure des années planétaires au jour et à l'année terrestre, on trouve approximativement les nombres suivants : pour Mercure, 87 jours; pour Vénus, 224; pour Mars, 2 ans; pour Jupiter, 12; pour Saturne, 30; pour Uranus, 84; pour Neptune, 164.

Avec ce que nous venons de dire on peut certainement se figurer sans peine l'ensemble des mouvements planétaires, et voir chacun de ces astres tracer dans l'espace, autour du Soleil, sa courbe lumineuse. Rien de plus simple que cette conception. Mais si l'on ramène son esprit vers la Terre, si l'on se représente un observateur placé sur un point de ce globe, que les instincts de nos sens nous portent à regarder comme immobile, et qui cependant, lui aussi, court dans l'immensité, tournant successivement tous les points de sa surface vers le ciel, qui semble tourner autour de lui; si l'on se figure tous les effets fictifs dont les mouvements de la Terre doivent compliquer les mouvements réels des planètes; si l'on se représente celles-ci tantôt apparaissant la nuit sur notre horizon, tantôt n'y apparaissant pas, se déplaçant, par rapport aux étoiles fixes semées dans les profondeurs du ciel, un jour dans un sens et le lendemain dans un autre; tantôt se rapprochant, tantôt s'éloignant du Soleil, enchevêtrant leurs marches les unes dans les autres; si l'on se figure tout cela, on concevra sans peine les profonds mystères que devaient présenter les mouvements des planètes et les difficultés inextricables dont leur explication devait paraître entourée. Pour le faire mieux comprendre encore, nous allons décrire, avec quelque détail, les apparences de ces mouvements, ce qui nous donnera lieu de définir diverses expressions employées dans la théorie des planètes.

Mercure et Vénus, se mouvant entre nous et le Soleil, présentent dans leur marche des apparences bien différentes des planètes dont l'orbite enveloppe la Terre. Aussi commencerons-nous par elles; et comme nous allons examiner leurs déplacements par rapport au Soleil et aux étoiles, nous rappellerons préalablement un fait astronomique dont le souvenir évitera bien des redites : c'est que le Soleil ne marche pas avec les étoiles fixes, qu'il se déplace chaque jour relativement à elles par un mouvement d'occident en orient, que l'on distingue par l'épithète de *direct*, du *mouvement rétrograde*, qui a lieu d'orient en occident.

Cela posé, le soir, dans la lueur du crépuscule, on aperçoit quelquefois aux bords de l'horizon, du côté de l'occident, un astre qui se couche bientôt à la suite du Soleil. Supposons que le lendemain à la même heure cet astre soit un peu plus élevé sur l'horizon que la veille, et par suite un peu plus éloigné du Soleil, alors son déplacement continuera dans le même sens, et chaque jour il s'écartera du Soleil par un mouvement de sens direct, par rapport à lui et aux étoiles. Si l'on se sert de lunettes pour suivre la marche de l'astre pendant le jour, on le verra se lever après le Soleil, de même qu'il se couche après lui, et l'accompagner dans le ciel, tout en s'en écartant progressivement. Cet astre est la planète Mercure. Elle ira ainsi, jusqu'à une distance du Soleil correspondante à un angle de 23 ou de 24°, en ralentissant de plus en plus son mouvement direct; alors elle ne se couchera et ne se lèvera qu'une heure trente-cinq minutes après le Soleil. A cet instant son mouvement direct par rapport aux étoiles étant devenu tout à fait égal à celui du Soleil dans le même sens, son mouvement se trouve tout à fait nul par rapport à lui; mais le ralentissement du mouvement direct sur les étoiles continuant, la planète rétrograde vers le Soleil. Arrivée à 18° de l'astre, son mouvement par rapport aux étoiles s'annule un instant pour devenir aussi rétrograde, et elle se rapproche du Soleil avec une vitesse accélérée. Bientôt elle l'atteint, le dépasse, et continue son mouvement rétrograde jusqu'à 18° de l'autre côté. Là, son mouvement rétrograde sur les étoiles s'annule et devient direct, et elle continue à s'éloigner du Soleil jusqu'à 23°, point où son mouvement direct sur les étoiles devenant plus grand que celui du Soleil, elle marche vers lui pour l'atteindre et recommencer, après l'avoir dépassé, la série de mouvements que nous venons de décrire.

Une révolution complète de ce genre se nomme une *révolution synodique*, et Mercure emploie de cent vingt à cent trente jours pour l'effectuer. Quand on observe la planète avec une lunette, on la voit changer d'aspect suivant sa position par rapport au Soleil. Au moment où nous avons supposé que nous commencions à suivre son mouvement, lorsqu'elle disparaît le soir à l'horizon, un peu après le Soleil, son disque est à peu près plein; mais, lorsqu'elle s'en éloigne, la partie lumineuse du disque diminue, pour n'être plus qu'un demi-cercle dont le diamètre est opposé au Soleil, dans la plus grande digression de la planète, lorsqu'elle est à 23° du Soleil. Pendant sa rétrogradation, son disque, toujours convexe vers le Soleil, s'échancre de plus en plus. Enfin, on ne peut plus suivre la planète, noyée dans la lumière du Soleil; mais bientôt on l'aperçoit de l'autre côté, et son disque, toujours convexe vers le Soleil, se remplit chaque jour, devient un demi-cercle à sa plus grande digression occidentale, et s'accroît de plus en plus jusqu'à ce qu'on perde de nouveau la planète dans le feu du Soleil.

Des apparences que nous venons de décrire, on se trouve, avec un peu de réflexion, porté à conclure, ainsi que les astronomes l'ont fait, que l'astre qui y donne lieu n'est autre chose qu'un corps opaque circulant autour du Soleil et éclairé par lui, passant entre le Soleil et nous dans son mouvement rétrograde, passant au delà dans son mouvement direct, et par suite marchant d'orient en occident. Toutes ces inductions se trouvent confirmées par la mesure du diamètre apparent de la planète, dont la grandeur s'accroît beaucoup, de l'opposition à la conjonction, du moment où la planète nous présente sa face éclairée à celui où elle nous montre sa face obscure. Il arrive même quelquefois, dans cette dernière position, que la planète passe sur le disque du Soleil, qu'elle traverse en six heures environ, et où elle dessine un cercle noir. Ce dernier fait est très-concluant.

Ce que nous venons de dire pour Mercure peut s'appliquer entièrement à la planète Vénus, qui, elle aussi, paraît sur l'horizon tantôt après le coucher, tantôt avant le lever du Soleil. L'amplitude de sa course est seulement plus grande que celle de Mercure. Ses plus grandes digressions sont de 45° de part et d'autre du Soleil, et ses stations par rapport aux étoiles ont lieu à 38°. Il résulte de cette différence d'amplitude que Mercure, qui est toujours très-voisin du Soleil, n'est presque jamais visible sur l'horizon; tandis que Vénus, qui peut se lever ou se coucher à trois heures de distance du Soleil, et dont la grosseur et l'éclat sont assez considérables, a toujours été très-remarquée; c'est elle qui, changeant de rôle, était tantôt *Vesper*, l'étoile du berger, et *Lucifer*, l'étoile du matin.

Examinons maintenant les mouvements apparents des planètes dont l'orbite enveloppe la Terre, et qui par suite ne passent jamais entre elle et le Soleil. Prenons la planète Mars au moment où elle se lève un peu avant le Soleil. Elle sera animée alors par rapport à lui d'un mouvement rétrograde, et par rapport aux étoiles d'un mouvement direct plus faible que celui du Soleil dans le même sens. Le mouvement rétrograde de la planète s'accroît chaque jour par la diminution du mouvement direct, qui devient nul à 138° du soleil, c'est-à-dire lorsque Mars se lève neuf heures un quart environ avant lui. A partir de cette position, sa marche, par rapport aux étoiles, devient aussi rétrograde, et il s'éloigne de plus en plus rapidement du Soleil jusqu'à son opposition, qui a lieu lorsqu'il est à 180° du Soleil, et qu'il passe à minuit à la partie supérieure de notre m é r i d i e n, que le Soleil traverse à midi. A partir de là, son mouvement, continuant dans le même sens, il se rapproche du Soleil aussi vite qu'il s'en était éloigné; lorsqu'il n'en est plus qu'à 138° vers l'orient, son mouvement sur les étoiles redevient direct, et il atteint enfin le Soleil, pour recommencer, à partir de la conjonction, la révolution synodique que nous venons de décrire, et qu'il accomplit en deux ans environ. Les mouvements de Jupiter, de Saturne et d'Uranus présentent des apparences analogues. Il n'y a de différence que dans la position des points où leur mouvement change de sens par rapport aux étoiles, et dans la durée de leur révolution synodique, qui est d'autant plus longue qu'elles sont plus éloignées du Soleil.

Mars présente des traces sensibles de phases, mais il ne s'échancre jamais comme Vénus et Mercure. A la conjonction et à l'opposition, son disque est parfaitement circulaire, et ses altérations les plus considérables ont lieu lorsqu'il se lève six heures avant ou six heures après le Soleil. Sa forme est alors ovale; mais le demi-contour circulaire est toujours tourné vers le Soleil, comme nous l'avons dit pour Mercure et Vénus. Les trois autres planètes n'ont que des phases presque insensibles. Toutes ces apparences s'expliquent fort bien en admettant que ces planètes sont des corps opaques éclairés par le soleil et qui circulent autour de lui dans des orbites qui embrassent la Terre. L'existence de ce dernier fait est évidente, puisque à l'opposition nous nous trouvons entre elles et le soleil. Les variations du diamètre apparent en offrent d'ailleurs une confirmation péremptoire. Ce diamètre est plus grand à l'opposition, lorsque les planètes passent à minuit au méridien, qu'à la conjonction, lorsqu'elles marchent avec le Soleil.

Tels sont, en ne tenant pas compte de légères aberrations dont il serait trop long de parler ici, les mouvements des planètes et les explications que l'astronomie moderne en fournit. Les anciens, qui regardaient la Terre comme immobile, devaient nécessairement trouver des difficultés beaucoup plus grandes à s'en rendre compte. Ils avaient été obligés d'imaginer pour cela des séries très-compliquées de mouvements circulaires superposés les uns aux autres; d'inventer les *épicycles* et les *déférents*; de regarder les planètes comme se mouvant sur des cercles, dont les centres se déplaçaient eux-mêmes sur d'autres cercles. Tout cela était fort embrouillé, supposait des faits évidemment faux et laissait beaucoup de mouvements apparents inexpliqués. Ce système fut, avec des modifications plus ou moins grandes, celui des Égyptiens, des philosophes grecs et des astronomes arabes, et fut même longtemps accrédité parmi les savants d'Europe. L'un d'eux, Tycho-Brahé, observateur des plus habiles, tout en n'admettant pas le mouvement de la Terre, réduisit le sytème des anciens à une plus grande simplicité. Il ramena tous les mouvements planétaires à avoir le Soleil pour centre; mais bien des choses restaient obscures encore, et c'est seulement lorsque Copernic, reprenant les idées de Pythagore, fit voir qu'il était plus rationnel de supposer la Terre mobile autour du Soleil que le Soleil mobile autour d'elle; c'est seulement lorsque K e p l e r eut découvert les lois des mouvements planétaires, que leurs bizarreries apparentes furent complétement expliquées.

Les lois de Kepler ont conduit N e w t o n à la découverte de l'a t t r a c t i o n universelle, et lui ont permis de formuler la théorie des mouvements des corps célestes.

Outre leur mouvement de translation autour du Soleil, les planètes sont aussi douées, comme la Terre, d'un mouvement de rotation sur elles-mêmes. Pour chacune d'elles, ce mouvement est de même sens que celui de la Terre, c'est-à-dire qu'il a lieu d'occident en orient. Pour toutes, la durée d'une rotation complète ou d'un jour solaire n'est pas complétement déterminée encore, à cause du vague des données qui peuvent y conduire. On connaît mieux la position des axes autour desquels cette rotation s'effectue, et qui pour chacune d'elles sont diversement inclinés sur le plan de l'orbite. De cette inclinaison résulte pour leurs divers points, suivant la position qu'elles occupent dans leurs orbites, des différences plus ou moins tranchées d'exposition au Soleil, ou des différences de saison plus ou moins grandes.

Les mouvements des planètes ont nécessairement dû frapper dès l'origine l'attention de ceux qui ont observé le ciel. Aussi l'histoire de leur science remonte-t-elle aux patriarches et aux bergers chaldéens. Les Grecs leur ont donné le nom qu'elles portent, et qui est dérivé du mot πλάνετης (errant). Les principaux métaux leur étaient consacrés. Au Soleil, le roi des astres, était voué l'or, le roi des métaux; à Saturne le plomb, à Jupiter l'étain, à Mars le fer, à Vénus le cuivre, et à Mercure le métal qui porte son nom. L'argent était consacré à la Lune sous le nom de Diane. Ces idées, conservées avec grand soin par l'alchimie, se trahissent encore dans la chimie moderne par le nom de quelques-uns des produits auxquels donnent lieu les opérations du laboratoire (*voyez* ARBRE DE SATURNE, ARBRE DE DIANE). L.-L. VAUTHIER.

Les anciens représentaient chaque planète par un signe particulier; à Mercure correspondait un caducée; à Mars une lance et un bouclier, etc. Neptune est figuré par un trident. Quant aux petites planètes situées entre Mars et Jupiter, les astronomes les désignent simplement par un cercle au centre duquel est placé un nombre rappelant l'ordre de leur découverte : ainsi Cérès est représentée par 1; Pallas par 2, etc. Nous allons en donner la liste, en les rangeant dans l'ordre de leur distance au Soleil, que nous représenterons par d, en indiquant l'ordre de leur découverte et en donnant les principaux éléments de celles qui ont été forcément omises dans ce *Dictionnaire*.

Ces planètes sont : *F l o r e*, 8e; *Harmonia*, 40e (découverte par M. Goldschmidt, le 3 mars 1856; $d = 2,27$, en prenant pour unité la distance de la Terre au Soleil; excentricité, 0,046; inclinaison, 4° 15' 48"); *M e l p o m è n e*, 18e; *Victoria*, 12e; *Euterpe*, 27e (M. Hind, 8 novembre 1853; $d = 2,35$; excentricité 0,175; inclinaison, 1°35' 30"); *V e s t a*, 4e; *U r a n i a*, 30e; *I r i s*, 7e; *M é t i s*, 9e; *P h o c é a*, 24e; *M a s s a l i a*, 20e; *I s i s*, 42e (M. Pogson, 23 mai 1856; $d = 2,41$; excentricité, 0,213; inclinaison, 8° 34'45"); *H é b é*, 6e; *L u t e t i a*, 21e; *Fortuna*, 19e M. Hind, 22 août 1852; $d = 2,45$; excentricité, 0,156; inclinaison, 1°33′18″); *Parthénope*, 11e; *Thétis*, 17e; *Fides*, 37e (M. Luther, 5 octobre 1855; $d = 2,52$; excentricité, 0,058; inclinaison, 3° 31′ 36″); *Amphitrite*, 29e (M. Marth, 1er mars 1854; $d = 2,55$; excentricité, 0,075; inclinaison, 6° 7′ 41″); *Égérie*, 13e (M. de Gasparis, 2 novembre 1850; $d = 2,58$; excentricité, 0,089; inclinaison, 16°32′14″); *Astrée*, 5e; *Pomone*, 32e; *Irène*, 14e; *Thalie*, 23e; *Eunomia*, 15e (M. de Gasparis, 29 juillet 1851; $d = 2,65$; excentricité, 0,189; inclinaison, 11° 43′ 50″); *Proserpine*, 26e; *Junon*, 3e; *Circé*, 34e (M. Chacornac, 6 avril 1855; $d = 2,68$; excentricité, 0,112; inclinaison, 5° 26′ 55″); *Léda*, 38e (M. Chacornac, 12 janvier 1856; $d = 2,74$; excentricité, 0,156; inclinaison, 6° 59′ 18″); *Atalante*, 36e (M. Goldschmidt, 5 octobre 1855; $d = 2,75$; excentricité, 0,298; inclinaison, 18° 42′ 9″); *Cérès*, 1re; *Lætitia*, 39e (M. Chacornac, 8 février 1856; $d = 2,77$; excentricité, 0,116; inclinaison, 10 °28′ 10″); *Pallas*, 2e; *Bellone*, 28e (M. Luther, 1er mars 1854; $d = 2,78$; excentricité, 0,155; inclinaison, 9° 22′ 33″); *Polymnie*, 33e; *Leucothée*, 35e (M. Luther, 19 avril 1855; $d = 2,90$; excentricité, 0,108; inclinaison, 8° 23′ 4″); *Calliope*, 22e (M. Hind, 16 novembre 1852; $d = 2,91$; excentricité, 0,103; inclinaison, 13° 44′ 52″); *Psyché*, 16e; *Thémis*, 25e; *Hygie*, 10e; *Euphrosine*, 31e (M. Fergusson, 1er septembre 1854; $d = 3,16$; excentricité, 0,216; inclinaison, 26° 25′ 12″). Les éléments de l'orbite de *Daphné*, 41e (M. Goldschmidt, 22 mai 1856), ne sont pas encore connus.

En considérant ce grand nombre de petites planètes découvertes depuis quelques années, on a pu se demander si ce nombre ne serait pas illimité. Mais, comme l'a remarqué M. Leverrier, si l'ensemble des petites planètes connues et inconnues représentait seulement une masse totale comparable à celle de la Terre, le calcul montre qu'une telle masse donnerait lieu à des *perturbations* qui produiraient dans la longitude héliocentrique de Mars périhélie une inégalité qui en un siècle s'élèverait à 11 secondes. Or une telle inégalité, si elle eût existé, n'aurait pu échapper aux astronomes. Comme ils ne l'ont pas signalée, on est conduit à penser que dès à présent, et quoique l'orbite de Mars n'ait pas reçu ses derniers perfectionnements, elle ne comporte pas néanmoins une erreur en longitude supérieure au quart de l'inégalité qui résulterait d'une masse troublante égale à celle de la Terre. De ces considérations M. Leverrier a conclu que la somme totale de matière appartenant aux petites planètes connues et inconnues situées entre Mars et Jupiter n'excède pas le quart de la masse de la terre.

PLANEUR. *Planer*, c'est dresser et unir un métal en le battant à froid sur un tas large et bien dressé, avec un marteau dont la tête est aussi fort large, légèrement arrondie et dressée avec soin. Le planeur dresse les feuilles de cuivre, d'acier, etc., qu'on destine à la *gravure*.

PLAN GÉOMÉTRAL. *Voyez* PERSPECTIVE.

PLANIMÈTRE (du latin *planus*, plan, et du grec μέτρον, mesure). On donne ce nom aux instruments qui servent à mesurer la surface des figures tracées sur le papier. Les plus parfaits de ces instruments sont le planimètre de MM. Opikoffer et Ernst, celui de M. Beuvière, et le dynamomètre à compteur de M. Morin. Leur description suppléerait difficilement à la vue de ces instruments, et exigerait au moins l'emploi de figures assez compliquées.

PLANIMÉTRIE (du latin *planus*, plan, et du grec μέτρον, mesure). La planimétrie est l'art de mesurer les surfaces planes, ce qui comprend les opérations géométriques nécessaires pour en représenter la figure sur le papier et pour en évaluer la grandeur en unités de mesures déterminées. Les opérations nécessaires à la reproduction des figures planes tracées sur le sol ou déjà représentées sur un dessin consistent toujours, quel que soit le système employé, à partager, ou supposer partagée en triangles, la figure que l'on veut reproduire, et à tracer sur le papier des triangles semblables à ceux-là en les disposant entre eux comme ils le sont sur la figure que l'on copie. Comme les moyens dont on fait usage pour mesurer les angles ou les côtés des triangles de la figure primitive peuvent donner lieu à des erreurs plus ou moins grandes, et que ces erreurs sont généralement dépendantes de la grandeur relative de ces éléments, on conçoit qu'il y ait dans le nombre infini de manières de partager une figure plane en triangles un système qui doive conduire à des erreurs moins grandes que toutes les autres. C'est surtout du choix de ce système que résulte la perfection des procédés de la planimétrie. Quant à l'art d'évaluer en unités de mesure déterminées la surface d'une figure plane, il consiste toujours à transformer, par la pensée, par des moyens graphiques, ou par le calcul, la figure que l'on mesure en un rectangle équivalent, dont il est facile ensuite d'évaluer la surface en unités superficielles ou d'opérer la quadrature. Le plus souvent, c'est au triangle que l'on ramène la figure, mais on sait par la géométrie que la surface d'un triangle est égale à la moitié de celle d'un rectangle de même base et de même hauteur; d'où il suit que la transformation en triangle revient alors à ce que nous avons dit précédemment. Il faut distinguer la *planimétrie*, qui ne s'applique jamais qu'à la représentation d'une partie fort restreinte de la surface de la terre, de la *géodésie*, qui comprend au contraire les grandes opérations géométriques nécessaires à la reproduction d'un terrain d'une grande étendue.

La *planimétrie* est souvent mise en opposition avec la *stéréotomie*, qui est l'art de mesurer les solides.

L.-L. VAUTHIER.

PLAN INCLINÉ. On nomme *plans inclinés* tous ceux qui occupent des positions intermédiaires entre celle du *plan* horizontal et celle du plan vertical. En mécanique, c'est une surface propre à modérer la *chute des corps*, en affaiblissant l'action de la pesanteur par une résistance continuelle. Le plan incliné est très-souvent employé comme transformation de mouvement; et tout le monde a vu élever en le faisant glisser ou rouler sur des planches ou des poutres inclinées un fardeau qui eût demandé trop de force pour être soulevé directement.

Qu'on se figure un plan incliné reposant par sa base sur un plan horizontal, et appuyé contre un plan vertical, parallèle à l'intersection des deux premiers. Si l'on coupe cet assemblage de trois plans par un quatrième plan, qui soit vertical et perpendiculaire à l'intersection dont nous venons de parler, nous obtiendrons pour section un triangle rectangle, dans lequel le côté horizontal est ce qu'on nomme *la base*, le côté vertical *la hauteur*, et l'hypoténuse *la longueur* du plan incliné. Il va sans dire que l'angle de l'hypoténuse avec le côté horizontal mesure l'inclinaison du plan.

Cela posé, on démontre, par les lois de la statique, que pour soutenir un corps pesant sur un plan incliné, il faut employer une force qui soit à celle nécessaire pour le soutenir verticalement dans le rapport de la hauteur du plan à sa longueur, si le lien par lequel on tire le corps est parallèle au plan incliné; et dans le rapport de la hauteur à la base, si le lien est horizontal. Dans la première position du lien, on gagne toujours quelque chose à la présence du plan incliné; dans la seconde, on y perd dès que la hauteur est plus grande que la base; ce qui arrive quand l'inclinaison dépasse un demi-angle droit. Il résulte de ce qui précède que si l'on adosse deux plans inclinés de même hauteur, mais de longueur différente, et que l'on place sur eux deux corps liés par un fil parallèle aux deux plans, et passant sur une poulie de renvoi fixée à leur sommet, il faudra, pour que ces corps se fassent équilibre, que leurs poids soient proportionnels à la longueur des plans, et que le plus lourd repose sur le plus court des deux plans inclinés. Ce que nous avons dit pour le cas où l'on soutient un corps serait également vrai pour le cas où l'on voudrait le faire mouvoir, si le plan incliné ne devait donner lieu à aucun frottement. Mais les relations sont autres que celles énoncées et deviennent plus compliquées lorsqu'on fait entrer cette force résistante dans les éléments de la question. Il ne faut pas croire, du reste, que le frottement puisse être un obstacle à l'emploi des plans inclinés dans la pratique. Il n'y a pas de transformation de mouvement, il n'y a pas de machine qui ne soit soumise à des résistances de ce genre, généralement même plus considérables que sur les plans inclinés, où l'on peut les atténuer beaucoup, en se servant de cylindres sur lesquels les fardeaux roulent au lieu de glisser.

On démontre facilement, en mécanique rationnelle, que les lois du mouvement sont absolument les mêmes pour un corps qui tombe librement sous l'action de la gravité et pour un corps obéissant à cette action, mais forcé de se mouvoir le long d'un plan incliné; c'est-à-dire que si l'on examine le mouvement de l'un et de l'autre, on verra que leurs vitesses croissent toutes deux en raison du temps de leur chute, et que les espaces parcourus par eux depuis leur point de départ croissent en raison du carré du temps. On prouve, de plus, qu'en supposant le plan sans frottement, les espaces parcourus dans le même temps par le premier et le second corps seront dans le rapport de la longueur du plan incliné à sa hauteur. L'espace que parcourt un corps tombant verticalement est si considérable qu'il est fort difficile de pouvoir en observer le mouvement pendant plus de trois ou quatre secondes; mais les plans inclinés, pouvant produire tel ralentissement de vitesse que l'on veut, sans rien changer aux lois du mouvement, offrent un moyen naturel et facile d'observer et de déterminer ces lois. C'est aussi de cette manière que Galilée s'y est pris pour faire les expériences par lesquelles il a déterminé tous les faits relatifs à la chute des corps pesants qu'il a consignés dans son ouvrage, *De Motu Graviorum*.

De ce qui précède il résulte que si l'on abandonne au sommet d'un plan incliné deux corps à l'action de la gravité, l'un librement, l'autre le long du plan, ils parcourront dans des temps différents le premier la hauteur, le second la longueur du plan; mais cet espace parcouru, ils posséderont tous deux la même vitesse. Il résulte encore bien simplement de la loi donnée plus haut que si l'on décrit un demi-cercle sur un diamètre vertical, et que l'on imagine plusieurs plans inclinés passant par diverses cordes issues de l'extrémité supérieure de ce diamètre, un corps pesant partant de ce point supérieur parcourra dans le même temps ces diverses cordes et le diamètre vertical. Si l'on retourne la figure, il est encore vrai que des corps partis au même instant des extrémités des cordes arriveront aussi en même temps au point le plus bas en suivant le diamètre ou les diverses cordes.

L.-L. VAUTHIER.

PLANISPHÈRE (du latin *planus*, plan, et du grec σφαῖρα, sphère). On doit généralement entendre par ce mot toute projection d'une sphère sur un plan; mais on n'en fait guère usage que pour désigner les projections de la sphère céleste. Il arrive quelquefois pourtant qu'on l'emploie aussi pour le globe terrestre. La sphère céleste n'est, comme on sait, qu'une fiction. Quoique les étoiles fixes doivent être évidemment à des distances différentes de la Terre, on imagine qu'elles sont toutes sur la surface d'une sphère d'immense rayon dont la Terre est le centre. Cette sphère est la sphère céleste, et les positions qu'y occupent les étoiles sont celles des points suivant lesquels les rayons menés de la terre aux étoiles rencontrent sa surface. Une fois cette fiction admise, et la sphère céleste étant partagée par des méridiens et des parallèles correspondants à ceux de la Terre, on conçoit facilement que l'on puisse projeter la sphère céleste sur un plan, comme on le fait pour notre globe. Les systèmes de projection sont à peu près les mêmes. On sait que pour rendre visibles toutes les parties de la Terre, on la suppose partagée en deux hémisphères que l'on projette l'un à côté de l'autre, ainsi que cela se voit sur les mappemondes. Pour la Terre, on opère généralement la section en deux hémisphères, par un plan méridien, parce que les parties situées vers les pôles, et qui se trouvent le plus déformées, sont d'une faible importance. Pour la sphère céleste, il n'en est pas de même: on veut quelquefois représenter, surtout avec précision, les constellations polaires, et l'on fait alors la section en deux hémisphères par le plan de l'équateur, qui n'est autre chose que celui de la Terre prolongé. Quels que soient, du reste, le partage en hémisphères et le système de projection employé, il arrive toujours qu'un grand nombre de constellations sont déformées, ce qui est un grave inconvénient, parce que c'est leur figure seule qui les distingue et les fait reconnaître.

L.-L. VAUTHIER.

PLANORBE (de *planus*, plan, et *orbis*, orbe), genre de mollusques gastéropodes pulmonés, de la famille des lymnéens, ayant pour caractères : Coquille discoïde, à spire aplatie ou surbaissée, dont les tours sont apparents en dessus et en dessous; ouverture sans opercule, oblongue, lunulée, très-écartée de l'axe de la coquille et à bords tranchants; animal conique, très-allongé, fortement enroulé, à manteau simple sans collier; cou allongé; deux tentacules filiformes, très-longs, avec les yeux à leur base interne; bouche armée supérieurement d'une dent en croissant, et inférieurement d'une langue hérissée; pied ovale.

Les planorbes habitent les eaux douces des régions tempérées. Les nombreuses espèces de ce genre sont généralement très-petites : la plus grande de toutes, le *planorbe corné*, si commun dans nos rivières, est large de 25 à 30 millimètres.

PLAN PERSPECTIF. *Voyez* PERSPECTIVE.

PLANS (Levé des). *Voyez* LEVÉ DES PLANS.

PLANT (du latin *plantare*, planter), scion qu'on tire de certains arbres pour les planter en terre. *Plant* se dit aussi des élèves qu'on fait de graines semées afin de les replanter. Ce mot se prend encore pour le lieu où l'on a planté de jeunes arbres, et même pour la chose plantée; c'est dans ce sens que l'on dit : Un *plant d'artichauts*, *de fraisiers*, *de pommiers*, etc. *Jeune plant*, *nouveau plant* se dit des vignes qui ne font que commencer à produire, des arbres fruitiers nouvellement plantés, des arbres forestiers jusqu'à l'âge de vingt à trente ans.

PLANTADE (CHARLES-HENRI), compositeur dramatique, naquit à Pontoise, en 1767. Il reçut des leçons de musique de Langlé, de Hullmandel et de Petrini. Une sonate qu'il publia pour la harpe et quelques recueils de romances l'ayant fait connaître, il devint maître de chant de Mlle Hortense de Beauharnais, qui après son élévation au trône de Hollande lui continua sa protection. Le succès de ses romances lui fit obtenir plusieurs poëmes d'opéras comiques; quelques-uns furent bien accueillis du public. En 1797 il était entré en qualité de maître de chant à l'institution de Saint-Denis. En 1802 il fut chargé du même enseignement au Conservatoire, avec Garat; mais ce dernier lui voua dès lors une haine implacable. Plantade ne quitta cependant sa place du Conservatoire que lorsqu'il eut obtenu celle de maître de chapelle du roi Louis-Napoléon. Après l'abdication de ce prince, Plantade revint à Paris, et fit exécuter une messe à Saint-Eustache. Il était toujours directeur de la musique de la reine Hortense, et obtint encore l'emploi de maître de chant et de directeur de la scène à l'Opéra, emploi qu'il conserva jusqu'en 1815. A la réorganisation du Conservatoire, il y rentra comme professeur, et y resta jusqu'à la réforme opérée en 1828 dans cette école. Il avait été nommé maître de musique de la chapelle du roi, vers la fin de 1815. La révolution de 1830 lui fit perdre cette place et le mit dans la gêne, car il avait toujours été homme de plaisir. Il mourut le 19 décembre 1839. Parmi ses compositions on cite encore : *Les Deux Sœurs* (1791); *Au plus brave la plus belle* (1794); *Palma, ou le voyage en Grèce* (1797); *Romagnesi* (1799); *Le Roman* (1799); *Zoé, ou la pauvre petite* (1800); *Bayard à La Ferté* (1811); *Le Mari de Circonstance* (1813); etc. Il avait fait avec Habeneck une *Blanche de Castille* pour l'Opéra, qui n'a pas été représentée. Il a écrit quelques morceaux du *Jaloux malgré lui*. On lui doit en outre des messes, des motets, un *Te Deum*, etc.

PLANTAGENET est le surnom de la maison française d'Anjou qui en 1154, lors de l'extinction de la dynastie normande, monta sur le trône d'Angleterre, mais qui en 1485 en fut expulsée par la maison de Tudor (*voyez* GRANDE-BRETAGNE). Henri Ier d'Angleterre, dernier roi de la maison de Normandie, perdit par accident, en 1120, son fils unique, le prince Guillaume. Mathilde, fille unique de Henri, et mariée depuis l'an 1110 à l'empereur Henri V, hérita en conséquence du droit à la couronne d'Angleterre ainsi que des prétentions à celle de France, de préférence à divers collatéraux mâles. L'empereur étant mort en 1125, Henri appela aussitôt sa fille en Angleterre, fit confirmer ses droits au trône dans une assemblée de la nation, et la fiança en même temps avec Geoffroy Plantagenet, fils du comte Foulques d'Anjou, alors âgé de quinze ans. Quoique cette alliance avec une maison étrangère fût mal vue dans le peuple, le mariage s'accomplit en 1130, et les seigneurs du royaume reconnurent solennellement de nouveau que le droit d'hériter du trône appartenait à Mathilde et à ses héritiers directs. Cette princesse se rendit ensuite en Normandie, et y accoucha en 1132 d'un fils, le prince Henri. A la mort du roi Henri Ier (1135), son neveu Étienne de Blois réussit cependant, avec l'appui des seigneurs, à s'emparer de la couronne. Mathilde essaya bien pendant plusieurs années de soutenir son droit par la force des armes; mais sa hauteur et la dureté avec laquelle elle traitait en toutes occasions les seigneurs compromirent irrémissiblement son bon droit. Toutefois, l'usurpateur Étienne ne tarda pas à avoir un redoutable concurrent dans Henri, fils de Mathilde et de Geoffroy Plantagenet. Le jeune Henri reçut en 1150 de sa mère le duché de Normandie et le comté du Maine, et l'année suivante la mort de son père le fit hériter des comtés d'Anjou et de Touraine. En outre il épousa, en 1152, la riche héritière Éléonore de Guyenne, que le roi de France, Louis VII, avait répudiée six semaines auparavant pour cause d'adultère, et qui apporta en dot à son second époux la Guyenne, le Poitou et des prétentions sur le comté de Toulouse.

Henri envahit l'Angleterre en 1153, à la tête d'une armée considérable, et au mois de novembre, aux termes d'un traité conclu à Winchester, il contraignit Étienne de Blois à le reconnaître pour son successeur et héritier. Étienne de Blois étant venu à mourir en 1154, le fils de Mathilde, aux termes de ce traité et du droit de sa mère, monta sans contestation sur le trône d'Angleterre sous le nom de Henri II et comme premier roi de la maison de Plantagenet ou d'Anjou. Les enfants issus de son mariage avec Éléonore furent : *Henri*, qui mourut sans enfants, en 1182, avant son père; *Richard Cœur de Lion*, qui succéda le premier à son père, régna de 1189 à 1199, et mourut sans laisser de postérité; *Geoffroy*, qui périt à Paris, dans un tournoi, en 1186, et qui de son mariage avec Constance, héritière de Bretagne, laissa un jeune fils, Arthur; *Jean sans Terre*, qui à la mort de Richard Ier usurpa la couronne; *Mathilde*, qui épousa *Henri le Lion*, et *Éléonore*, qui se maria avec Alfonse le Bon, de Castille.

Jean *sans Terre*, qui régna de 1192 à 1216, dépouilla son neveu Arthur, lequel, en sa qualité de fils de Geoffroy, était plus rapproché que lui du trône, et l'assassina de ses propres mains, en 1202. Du mariage de Jean avec Isabelle d'Angoulême provinrent : *Henri III*, qui à la mort de son père fut placé sur le trône par le comte de Pembroke, *Jeanne*, qui épousa le roi d'Écosse, et *Éléonore*, qui épousa d'abord le comte de Pembroke, et ensuite le célèbre comte de Leicester; enfin, *Richard*, comte de Cornouailles. Ce dernier fut élu et sacré roi de Rome en 1257, et mourut, en 1271, considéré comme l'homme le plus riche qu'il y eût dans toute la chrétienté. Sa descendance s'éteignit en 1300.

Henri III, dont le règne (1216 à 1272) fut à la vérité le plus long, mais aussi l'un des plus agités et des plus faibles dont fasse mention l'histoire d'Angleterre, eut de son mariage avec Éléonore de Provence : *Édouard Ier*, qui lui succéda sur le trône; *Marguerite*, qui épousa le roi d'Écosse, et *Edmond le Bossu*. Edmond le Bossu, mort en 1296, reçut de son père le comté de Lancastre, et devint aussi, par une donation du pape, roi titulaire de la Sicile. Il eut de son mariage avec Blanche d'Artois deux fils, dont l'aîné, Thomas, fut décapité en 1321, pour sévices commis sur la personne du roi Édouard II, mais fut canonisé en 1389. Après son exécution, le second fils d'Edmond le Bossu, *Henri*, comte de Monmouth, reçut le comté de Lancastre. Celui-ci mourut en 1345, laissant pour héritier un fils, *Henri*, en faveur de qui le roi Édouard III érigea le comté de Lancastre en duché. Mais le premier duc de Lancastre n'eut qu'une fille, *Blanche*, qui porta l'héritage du titre et des biens de sa maison au comte de Richmond, Jean de Gand.

Édouard Ier (1272 à 1307), prince d'un grand caractère, fut d'abord marié avec Éléonore de Castille, puis avec Marguerite de France. Ses enfants du premier lit furent : Édouard II, qui lui succéda sur le trône; *Jeanne d'Acre*, mariée au comte de Glocester, et en secondes noces avec lord Mounthermer; *Élisabeth*, mariée en secondes noces au comte d'Hereford, et devenue de la sorte la souche commune des maisons d'Exeter et de Courtenay; et le marquis de *Cornouailles*. Les enfants du second lit furent : *Thomas*, comte de Norfolk, de la fille duquel descendent les maisons de Norfolk, de Suffolk, de Carlisle, d'Effingham et de Salisbury; *Edmond*, comte de Kent, qui pendant la minorité d'Édouard III périt sur l'échafaud, victime des intrigues de Mortimer; du mariage d'Edmond avec Marguerite Wake provint *Jeanne*, la belle *damoiselle de Kent*, qui épousa en troisièmes noces le prince Noir.

Édouard II, prince faible, complétement dominé par ses favoris Spencer et Gaveston, épousa Isabelle de France, qui le fit assassiner, en 1327. Il eut d'elle son successeur au trône, *Édouard III*, et *Jeanne*, qui épousa le roi d'Écosse.

Édouard III, l'un des plus remarquables princes qui aient régné sur l'Angleterre, eut de son mariage avec Philippine de Hainaut : *Édouard*, dit *le Prince Noir*; *Lionel*, duc de Clarence; *Jean* de Gand; *Edmond*, duc d'York; *Thomas*, duc de Glocester. Des cinq branches que forma alors la famille des Plantagenets, la plus jeune s'éteignit la première dans sa descendance mâle. Thomas, prince courageux, impétueux et aimé du peuple, excita les soupçons jaloux du roi Richard II, et périt traîtreusement assassiné par son ordre, non loin de Calais, en 1397. De son mariage avec Éléonore Bohun il laissa un fils, *Humfried* ou *Honfroy*, qui mourut en 1399, sans postérité, et deux filles, *Anne* et *Éléonore*, dont la première épousa le comte Stafford, et la seconde le comte d'Essex.

Édouard, surnommé *le Prince Noir*, fils aîné d'Édouard III, mourut avant son père, en 1376, et laissa de son mariage avec l'héritière de Kent un fils qui, à l'âge de onze ans, succéda sur le trône à son grand-père, sous le nom de Richard II. Son cousin, *Henri IV*, fils de Jean de Gand, lui enleva le trône, en 1399, et le fit assassiner en prison, en l'an 1400. Richard, quoiqu'il fût marié, ne laissa point d'enfant, de sorte qu'en lui s'éteignit la descendance du Prince Noir.

Lionel, duc de Clarence, second fils d'Édouard III, doué de presque autant de qualités que son grand-père, mourut en Italie, en 1368. De son mariage avec Élisabeth de Burgh, héritière d'Ulster, il laissa une fille, son unique héritière, *Philippine*, qui épousa Edmond Mortimer, comte de la Marche, mort en 1381. De ce mariage provinrent : *Roger*, désigné comme héritier par Richard II, qui n'avait pas d'enfants, mais qui périt en Irlande dès l'an 1398; *Edmond*, qui mourut en prison, en 1402; *Jean*, qui périt sur l'échafaud, en 1425, comme prétendant à la couronne; et *Élisabeth*, qui épousa Henri Percy. Il n'y eut que *Roger*, fils aîné de Mortimer et de l'héritière de Clarence, qui continua cette lignée. Il eut pour fils *Edmond* Mortimer, mort en prison, en 1424. *Anne*, fille de Roger, hérita en conséquence par la mort de son frère, et par celle de son oncle Jean, des droits au trône de la maison de Clarence, et elle les porta dans la maison d'York, par suite de son mariage avec le duc Richard d'York.

Jean de Gand, duc de Richmond, troisième fils d'Édouard III, gouverna pendant les dernières années de la vie de son père et encore après l'avénement au trône de Richard; mais il se rendit odieux au peuple par son incurie, et au clergé en prenant la défense de Wicleff. Par son mariage avec *Blanche*, héritière de Lancastre, il devint duc, et fonda ou plutôt renouvela la maison de Lancastre. A la suite d'un second mariage, conclu avec *Constance*, fille de Pierre le Cruel, roi de Castille et de Léon, il s'efforça de faire valoir ses droits sur ces deux royaumes, et quand il eut échoué, n'en prit pas moins le titre de roi. Jean épousa en troisièmes noces *Catherine* Boet, veuve de Swynford, dont les enfants furent déclarés, en 1497, aptes à succéder à la couronne. Il mourut le 3 février 1399; et au nom de la maison de Lancastre, ou de la *rose rouge*, devait bientôt se rattacher le souvenir d'une des plus horribles époques de l'histoire d'Angleterre. Les enfants de Jean, issus du premier lit, étaient: *Henri IV*, qui usurpa la couronne d'Angleterre au détriment de Richard II, et *Philippine*, mariée au roi Jean Ier de Portugal; en raison de quoi, Philippe II d'Espagne, à titre d'héritier et de descendant de cette princesse, éleva plus tard des prétentions à la couronne d'Angleterre. De son second mariage Jean eut *Catherine*, mariée au roi de Castille Henri III. De son troisième mariage il laissa : *Jean de Beaufort*, comte de Somerset; le *cardinal de Winchester*, mort en 1447; *Jeanne*, dont le petit-fils fut le célèbre comte de Warwick, et de laquelle descendent les comtes de Westmoreland et d'Abergavenny. La maison de Lancastre se partagea alors pour former deux lignes, une qui usurpa le trône en la personne de Henri IV, et une autre que continua Jean de Beaufort. Henri IV, premier comte de Derby, puis duc de Hereford, fut, en l'année 1398, exilé en France, à l'occasion d'une querelle qu'il eut avec Richard II; mais il revint en Angleterre immédiatement après la mort de son père pour recueillir l'héritage de la maison de Lancastre. Richard le lui ayant confisqué, il renversa ce faible prince du trône, en 1399, et s'en maintint en possession, quoique la maison de Clarence y eût plus de droits que lui.

Du mariage de Henri IV avec Marie Bohun, cohéritière de Hereford, provinrent : *Henri V*, qui lui succéda sur le trône; le *duc de Clarence*, qui périt à Beaugé, en 1421; le *duc de Bedford*, qui pendant la minorité de Henri VI exerça la régence en Angleterre et en France, et qui mourut sans laisser d'enfants, en 1435; le *duc de Glocester*, qui mourut également sans postérité, parce que Henri VI le fit assassiner, en 1446, à l'instigation du cardinal de Winchester.

Henri V, qui régna de 1413 à 1422, réussit non-seulement à conserver la couronne d'Angleterre, usurpée par son père, mais voulut encore assurer la couronne de France à sa descendance. De son mariage avec Catherine de France naquit un fils, *Henri VI*, à qui échurent, à l'âge de neuf mois, les couronnes de France et d'Angleterre. Mais après que la couronne de France lui eut été enlevée par l'héritier légitime, Charles VII de Valois, Richard, duc d'York, se souleva contre lui en Angleterre. Ce dernier était, par représentation de sa mère, l'héritier de la maison de Clarence, et avait par conséquent au trône d'Angleterre des droits plus directs que ceux de la maison de Lancastre, arrivée à la couronne par l'usurpation de Henri IV. Richard d'York périt les armes à la main, à Wakefield, en 1460; mais son fils Édouard IV le remplaça tout aussitôt, et s'empara du trône, en 1461. Ainsi commencèrent les luttes dynastiques des maisons d'York et de Lancastre, ou les guerres de la *rose rouge* et de la *rose blanche*. L'infortuné Henri VI fut égorgé en prison, par ordre de son rival, en 1472. De son mariage avec la fameuse *Marguerite d'Anjou*, il laissait le prince Édouard, qui en 1471, après la bataille de Tewksbury, tomba au pouvoir d'Édouard IV et fut massacré par les frères de ce prince. Ainsi se trouva éteint le principal rameau de la maison de Lancastre, qui pendant soixante ans avait usurpé la couronne.

Jean de Beaufort, comte de Somerset, issu du troisième mariage de Jean de Gand, mourut en 1410, et laissa de son mariage avec *Marguerite* de Hollande, fille du duc de Kent, deux fils : *Jean*, duc de Somerset, et *Edmond*. Celui-ci remplit sous le règne de Henri VI, après la mort de Suffolk, les fonctions de ministre, et périt en 1455, à la bataille de Saint-Albans. Les ducs de Beaufort actuels sont ses descendants.

Le duc Jean de Somerset, mort en 1444, eut, de son mariage avec Marguerite de Blesto, une fille, Marguerite de Beaufort, héritière de la maison de Lancastre. Elle épousa Edmond Tudor, comte de Richmond, et eut de ce mariage Henri Tudor de Richmond, qui, en 1485, renversa du trône la maison d'York en la personne de Richard III, et qui, au mépris des droits de sa mère, morte seulement en 1509, s'adjugea lui-même la couronne d'Angleterre, sous le nom de Henri VII.

Edmond, duc d'York, quatrième fils d'Édouard IV et fondateur de la maison d'York, ou de la rose blanche, fut un prince lâche et incapable. Il mourut en 1402. Il eut de son mariage avec *Isabelle* de Castille deux fils : *Édouard* et *Richard*. Édouard, comte de Rutland et duc d'York, personnage de tous points infâme, périt en 1415, à la bataille d'Azincourt, sans laisser de postérité. Son frère Richard hérita dès lors des titres et des biens de la maison d'York, mais périt à peu de temps de là sur l'échafaud, comme complice d'une conspiration. Par son mariage avec *Anne*, héritière de Clarence, ses descendants avaient des droits à la couronne d'Angleterre, que leur déniaient les princes de la maison de Lancastre. Son fils unique, le duc *Richard II* d'York, fit donc valoir ses prétentions contre le faible Henri VI, et commença en 1452 une guerre dynastique. Au moment où Richard allait atteindre le but de son ambition, il fut complétement battu, le 31 décembre 1460, à la bataille de Wakefield. De son mariage avec Cécile Nevil, fille du duc de Westmoreland, provinrent: *Édouard*, qui continua la lutte contre la maison de Lancastre et qui parvint enfin à se faire couronner roi, en 1461, sous le nom d'*Édouard IV*; *Élisabeth de la Pole*, qui épousa le duc de Suffolk; *Marguerite*, qui épousa Charles le Téméraire, duc de Bourgogne; *Georges*, duc de Clarence; et *Richard*, duc de Glocester. Édouard, trois ans après être parvenu à la couronne, épousa Élisabeth de Woodville. Ce mariage déplut au duc de Clarence, qui avait espéré succéder à son frère. Le roi, à l'instigation de Richard, le plus jeune et le plus rusé de ses frères, résolut donc de se débarrasser du duc de Clarence, et, en 1478, il le fit traduire devant la chambre des lords et condamner à mort comme coupable de haute trahison. A titre de grâce particulière, Clarence obtint la permission de choisir le genre de mort qui lui conviendrait le mieux. On raconte qu'il fit choix d'une tonne de malvoisie, dans laquelle on le noya. Quand Édouard IV mourut, en 1483, il laissa deux enfants encore en bas âge : *Édouard V*, qui devait lui succéder sur le trône; et le *duc d'York*; plus une fille, la princesse *Élisabeth*. Mais le duc de Glocester fit secrètement assassiner ses deux neveux à la Tour, et s'empara de la couronne sous le nom de *Richard III*. De son mariage avec la fille du comte de Warwick, le roi Richard eut un fils, *Édouard*, qui mourut dès 1484. Henri de Richmond, fils de l'héritière de Lancastre, mit alors à profit le mécontentement qu'éprouvait la nation de cette sanglante usurpation. Le 6 août 1485 il débarqua sur la côte du pays de Galles, à la tête d'un corps d'exilés anglais; et après avoir gagné la bataille de Bosworth, dans laquelle périt Richard III, il monta sans plus de résistance sur le trône tout souillé du sang des Plantagenets, sous le nom de *Henri VII*, et fut le premier roi de la maison de Tudor. Comme le droit de la maison de Lancastre ne se fondait lui-même que sur l'usurpation de Henri IV, et que d'ailleurs la mère, encore vivante, venait avant le fils, Henri chercha à donner à sa conquête un caractère légitime en épousant *Élisabeth*, fille d'Édouard. Cette réunion de la *rose rouge* avec la *rose blanche* mit un terme aux luttes qui avaient dévasté l'Angleterre pendant plus de vingt-cinq ans. Warwick, fils du duc de Clarence, passa sa vie en prison, en sa qualité de dernier rejeton mâle des Plantagenets, et périt sur l'échafaud, en 1499.

PLANTAIN (en latin *plantago*), genre de plantes de la *tétrandrie-monogynie*, de la famille des *plantaginées*, ayant pour caractères : fleurs hermaphrodites, à calice de quatre divisions, à corolle quadrifide avec le limbe réfléchi, pourvue de quatre étamines longues, d'un style; fruit capsulaire, formé de deux ou quatre loges, ouvert transversalement.

Les principales espèces de plantain sont : *le plantain à grandes feuilles* (*plantago major*, L.), dont les racines sont fibreuses et vivaces, les feuilles grandes, radicales ; sept nervures, rétrécies en pétiole et luisantes ; les tiges, anguleuses, un peu velues, hautes de 21 à 27 centimètres, s'élèvent du milieu des feuilles, et sont terminées par des fleurs verdâtres disposées en un long épi. Le plantain pousse partout, sur les chemins, le long des haies, dans les jardins, etc.; il fleurit en été. Sa graine plaît beaucoup aux chardonnerets et aux autres petits oiseaux; ses feuilles sont mangées par les chèvres et les moutons. Lorsqu'il envahit les prés, il y remplace des herbes plus utiles et plus productives; il doit donc en être extirpé. Un livre tout entier, écrit par Thémison, chef de l'école médicale méthodique, pour célébrer les vertus du plantain dans le traitement des maladies, prouve de quel crédit il a joui auprès des médecins. Chacun se plaisant à lui trouver quelque propriété nouvelle, il devint un remède universel, et conserva sa vogue jusqu'au temps où une analyse éclairée vint démontrer qu'il jouit d'un pouvoir faiblement astringent, et que c'est la seule qualité qui lui assigne un rang parmi les plantes officinales. L'eau distillée de plantain, qui inspire encore aujourd'hui une si grande confiance contre les maux d'yeux, n'est pourtant pas en réalité plus efficace que l'eau fraîche de rivière ou de fontaine.

Le *plantain moyen* (*plantago media*), plus petit que le précédent, a les feuilles un peu velues, marquées de cinq nervures et appliquées sur la terre; son épi, très-court, ses fleurs, blanches, le distinguent encore du *grand plantain*. Il croît dans les lieux secs.

Le *plantain lancéolé* (*plantago lanceolata*) a les feuilles longues de 16 à 21 centimètres, droites, lancéolées, marquées de trois à cinq nervures, les hampes anguleuses, velues, longues de 33 centimètres. On le cultive en Angleterre comme fourrage; la disposition droite de ses feuilles permet de le laisser pousser dans les prés, au milieu des autres plantes, dont il ne gêne point la croissance. Le *plantain moyen* et le *lancéolé* ont les mêmes propriétés médicinales que la première espèce décrite.

Le *plantain corne de cerf* (*plantago coronopus*) croît dans le midi de l'Europe : en plusieurs lieux on le mange cuit ou en salade.

Le *plantain maritime* (*plantago maritima*), à racines vivaces, à feuilles demi-cylindriques, dressées, croît sur les bords de la mer, où les bestiaux le recherchent de préférence à tous les autres végétaux. P. Gaubert.

PLANTAIN D'EAU. *Voyez* Alisma.

PLANTATION. La plantation est : 1° l'action de planter; 2° le terrain ensemencé ou couvert des plantes qu'on veut y faire croître. Sous ce dernier point de vue, il y a autant de plantations différentes que d'espèces de cultures. On donne encore le nom de *plantation* en général à une colonie agricole ordinairement éloignée de la métropole. Les Anglais, plus fréquemment que les autres peuples, emploient ce mot dans cette acception (*voyez* Planteur).

PLANTE. Ce nom, qui convient à tous les végétaux, prend toutefois très-souvent une signification plus restreinte, en s'appliquant à ceux qui ne sont pas ligneux. Dans certaines locutions, l'usage ne permet pas de remplacer le mot *plante* par *végétal*: c'est ainsi que l'on dit exclusivement *plantes grasses*, *plantes médicinales*.

PLANTE AUX OEUFS. *Voyez* Aubergine.

PLANTE DES PIEDS. C'est le dessous des pieds de l'homme, la partie qui pose à terre et sur laquelle le corps porte quand on est debout.

PLANTES (Naturalisation des). *Voyez* Acclimatation.

PLANTES (Jardin des). *Voyez* Jardin des Plantes.

PLANTEUR. Ce mot, synonyme de ce que nous entendons par *cultivateur* en Europe, est d'origine tout anglaise : ce n'est que dans les îles d'Amérique soumises à la domination britannique qu'on le connaissait il y a une soixantaine d'années. Dans nos îles françaises, on appelait le planteur *habitant*, comme si tous les autres domiciliés n'habitaient pas, et la plantation était appelée *habitation*; mais partout chez les Anglais c'était *planteur* et *plantation*. Nous voudrions en parlant des planteurs anglais n'avoir à remarquer rien de plus triste ni de plus odieux que cette différence dans les dénominations : malheureusement, le système anglais de la plantation coloniale (du moins dans les Antilles) rappelle de plus sanglantes images. C'est en effet à ce système barbare qu'a été due la démoralisation, l'altération de la douceur et de l'humanité française dans une classe trop nombreuse de nos compatriotes américains. Ce système anglais, je vais l'exposer dans toute son horrible nudité, et le formuler par les termes sacramentels et invariables qui l'avaient réduit à un effrayant apophthegme : « Pour tirer le parti le plus avantageux d'un noir *traité* en Afrique, il ne faut pas avoir à le nourrir plus de trois ans ! » Pas un planteur anglais de la Barbade, de la Grenade, de Saint-Vincent, Saint-Christophe Antigoa, etc., qui ne vous répétât cette horreur épouvantable. Hélas ! elle n'a trouvé que trop d'échos dans nos colonies !

Hâtons-nous cependant, pour l'honneur de l'espèce humaine, de dire que l'infection n'a été ni subite ni générale. A côté d'une plantation *anglisée* (c'était le mot consacré), on trouvait encore de nombreux planteurs humains et bons ; en sorte qu'il est vrai de dire que dans sa généralité le système de l'esclavage des noirs aux colonies françaises révoltait beaucoup moins par la somme des traitements barbares que par quelques exemples diaboliques et par l'arbitraire de la puissance sans contrôle qui en livrait la perpétration au gré de la colère, de la légèreté et du caprice. Les planteurs hollandais renchérissaient en général sur la cupidité et la barbarie anglaises. Les Suédois et les Danois, avec un système de culture mieux entendu et plus productif que celui des Français, n'étaient pas plus inhumains ni plus cruels que ceux-ci. Mais, qui le croirait ? c'était chez les Espagnols, chez les descendants des féroces compagnons de Pizarre, que l'on retrouvait parmi les planteurs le plus de figures humaines. Là, du moins dans les temps modernes, l'esclave noir devenait une espèce de compagnon intéressé au succès de la plantation, et en quelque sorte un membre de la famille du planteur.

L'hyperbolique poésie de ce mot fameux : « Je crois voir chaque morceau de sucre teint du sang d'un homme, » a bien pu prêter au ridicule déversé par les beaux esprits de salon et fournir de précieux quolibets aux élégantes Parisiennes humant leur *moka*; mais au fond ce mot était d'une affreuse vérité ! Les mœurs des *planteurs américains* sont encore peu connues en Europe, malgré les fréquents et nombreux rapports qui existent depuis longues années entre l'Europe et les Antilles : ces mœurs et coutumes offrent le plus étonnant assemblage de tout ce qu'il y a de noble, d'aimable dans l'homme, et des turpitudes, des atrocités, fruits d'une éducation généralement mauvaise, sous l'influence des distinctions de castes. Pelouze père.

PLANTIGRADES (du latin *planta*, plante du pied, et *gradior*, marcher), nom sous lequel Cuvier réunit les animaux qui forment la première tribu des *carnivores*. Ils ont tous cinq doigts à tous les pieds, et se reconnaissent au premier coup d'œil, en ce qu'ils appuient, comme les insectivores, la plante entière du pied sur la terre lorsqu'ils marchent ou qu'ils se tiennent debout. Cette disposition leur donne en général de la facilité pour se dresser sur leurs pieds de derrière. Ils participent à la lenteur, à la vie nocturne des insectivores; et la plupart de ceux des pays froids passent l'hiver en léthargie. Les genres appartenant à cette tribu sont : les *ours*, les *ratons*, les *pandas*, les *benturongs*, les *coatis*, les *kinkajous* ou *pottos*, les *blaireaux* et les *gloutons*. DÉMEZIL.

PLANTIN (CHRISTOPHE), imprimeur célèbre, né en 1514, à Montlouis, au-dessus de Tours, mort en 1589, à Anvers. Homme d'une grande instruction et connaissant plusieurs langues étrangères, il fonda à Anvers, vers 1555, une imprimerie, qui ne tarda pas à être la plus considérable et la plus célèbre de son siècle. Il eut souvent plus de vingt presses en activité. A certaines époques, il lui arriva d'avoir à payer jusqu'à 100 ducats par jour en salaires d'ouvriers. Son établissement possédait la plus riche collection de types connue, et il était en état d'entreprendre des impressions dans toutes les langues alors connues en Europe.

Les impressions de Plantin appartiennent aux chefs-d'œuvre de l'art typographique, et se recommandent autant par leur élégante exécution que par leur correction. Afin d'arriver aussi près que possible de la perfection, il offrait même des primes à ceux qui lui signaleraient des fautes typographiques dans des épreuves déjà corrigées. Dans la masse d'éditions remarquables sorties de son officine, nous signalerons plus particulièrement la *Biblia polyglotta* (8 vol. in-fol. 1569-1572). Plus tard, Plantin transféra à Leyde une partie de son imprimerie, et abandonna la direction des presses qu'il laissait à Anvers à son neveu *Raphelengh*, qu'il renvoya ensuite à Leyde, lorsque lui-même s'en revint à Anvers, attiré par l'invincible charme des souvenirs des plus heureuses années de sa vie. Il laissa pour héritage, à ses trois filles, trois imprimeries situées à Anvers, à Leyde et à Paris. Celle d'Anvers appartint à Jean van Morst (*Johannes Moretus*), mari de sa seconde fille et ami intime de Juste Lipse. Raphelengh eut la seconde. La troisième fut donnée par lui à Gilles Bey, mari de la plus jeune de ses filles. Les officines d'Anvers et de Leyde soutinrent pendant longtemps avec honneur la grande et juste réputation du nom de Plantin. Le signe caractéristique des éditions Plantines est une main tenant un compas ouvert, avec cette devise : *Labore et constantia*.

PLANTOIR, outil servant à transplanter les jeunes plantes que l'on a semées et élevées sur couche. Le plantoir n'est le plus souvent qu'un petit bâton, pointu du bout qui doit faire les trous, et courbé de celui que le jardinier tient dans la main. Quelquefois le bout pointu est garni de fer.

PLANTON, sous-officier ou soldat de service auprès d'un officier général ou d'un officier supérieur, pour transmettre ses ordres et ses dépêches. Les généraux de division commandant les divisions actives ou territoriales, les généraux de brigade commandant une brigade ou un département, les commandants de place et les membres du corps de l'intendance ont des plantons de chacun des corps qui sont sous leurs ordres; les colonels, les majors et les quartiers-maîtres, ont aussi des plantons pris dans leurs corps respectifs. On en met quelquefois à la porte des casernes, pour en surveiller la police extérieure et empêcher que personne n'y entre ou n'en sorte s'il n'en a la permission et le droit. Les plantons des troupes à cheval prennent le nom d'*ordonnance* lorsqu'ils sont employés auprès des officiers généraux ou qu'ils montent à cheval pour porter des dépêches. SICARD.

PLANUDE (MAXIME), savant moine de Constantinople, qui fut envoyé à Venise en 1327, par l'empereur Andronic l'ancien, en qualité d'ambassadeur, et qui vivait encore en 1353, mérita bien des lettres, non pas tant par ses propres recherches que par ses traductions en grec d'auteurs latins encore enfouis pour la plupart dans les bibliothèques, et surtout par sa collection (assez mal choisie du reste) des poëmes de l'*Anthologie grecque*. Nous avons de lui en propre, outre une biographie d'Ésope mêlée de contes ridicules, quelques épigrammes, des lettres, des discours, ainsi que diverses observations sur la grammaire et la syntaxe grecques.

PLAQUÉ, application sur cuivre d'une lame d'argent plus ou moins épaisse. Quand c'est une lame d'or, on dit plus communément du *doublé*. Je pourrais presque certifier que le plaqué a été inventé en France, vers l'an 1785. Les Anglais, suivant leur usage, s'en emparèrent immédiatement et le perfectionnèrent pendant le cours de la révolution de 1793, époque de bouleversement, où cette industrie, comme toutes les autres, languit chez nous ignorée. A partir de 1810 le placage prit en France, un développement rapide, et ses produits purent soutenir la comparaison avec la plus belle orfévrerie.

Quand dans une œuvre quelconque de plaqué le cuivre représente 950 millièmes, et la feuille d'argent qui l'entoure 50, cet état de choses prend la dénomination technique de *vingtième*. Pour confectionner du *dixième*, il faut que la feuille de cuivre pèse 900 millièmes et la feuille d'argent 100 millièmes. Qu'on n'oublie pas de remarquer en passant que la solidité du plaqué consiste dans l'épaisseur du cuivre, puisque, l'argent étant mis en rapport avec cette épaisseur, il en résulte nécessairement le plus ou moins de durée de l'objet confectionné.

Voici maintenant, d'après M. Stéphane Flachat, quelle est en abrégé la fabrication de cette orfévrerie en doublé : « Le plaqueur prend une plaque de cuivre rouge pur, pesant 10 kilogrammes et ayant à peu près deux centimètres d'épaisseur; il en gratte la surface qui doit recevoir l'argent, fait ensuite passer son cuivre sous le laminoir, afin d'en resserrer les pores et pour l'unir. On le gratte de nouveau pour en ôter les piqûres qui peuvent y rester et tout corps étranger; puis on prend un lingot d'argent, d'un poids calculé d'après le titre auquel on veut plaquer. Si le titre doit être du vingtième, le poids du cuivre étant de 10 kilogrammes, celui d'argent sera 750 grammes; on le lamine de manière à lui donner une surface non-seulement égale à celle du cuivre, mais avec un excédant pour déborder la plaque, afin que les rebords de la feuille d'argent puissent être assez grands pour les reployer en dessous de la plaque de cuivre, sur laquelle on applique une couche de blanc à la gomme, afin que de ce côté l'argent n'adhère pas au cuivre. D'après ce travail, l'on voit qu'il a fallu employer 250 grammes en plus que la vingtième partie de la plaque de cuivre qui a servi à l'enveloppe, et que l'on fait tomber en donnant un coup de lime sur le bord, après que les deux plaques sont soudées. Ce moyen est pour plaquer d'un côté seulement. Lorsque l'on veut plaquer des deux côtés à la fois, l'on applique une feuille d'argent de chaque côté de la plaque avec un petit excédant pour déborder d'une quantité égale à l'épaisseur du cuivre, plus une ligne, pour accrocher les deux feuilles d'argent ensemble.

« Avant d'envelopper le cuivre avec la feuille d'argent, on passe sur la surface une forte dissolution de nitrate d'argent, ce que les ouvriers appellent *amorcer*; puis on pose les deux plaques l'une sur l'autre, on rabat au maillet de bois les rebords de la plaque d'argent autour de celle de cuivre, on les fait chauffer jusqu'au rouge brun, et on les passe au laminoir. Dans cette opération, les deux métaux s'étendent également, et à quelque point qu'on les réduise, ils conservent les mêmes rapports d'épaisseur et le même titre. Si l'on a commencé au vingtième, le laminoir conserve la même proportion de vingtième. »

L'art d'argenter l'acier est moins ancien. On peut par

ce moyen avoir des mouchettes, des couteaux, qui réunissent à la beauté et aux avantages de l'argent la dureté de l'acier. Le procédé consiste à étamer d'abord l'acier et à y coller par ce moyen une feuille d'argent pur.

Dans la crainte sans doute d'entraver le développement de cette industrie, les lois qui régissent la fabrication et le commerce des matières d'or et d'argent ont abandonné aux fabricants de plaqué le soin d'appliquer eux-mêmes le poinçon du titre à chaque produit qu'ils confectionnent; et sous prétexte que la vérification de ce titre serait difficile, l'administration fait preuve d'une grande indulgence pour sa sincérité. Cette tolérance a causé les plus grands maux à l'industrie dont nous nous occupons. La concurrence a établi une baisse considérable dans les prix de vente. Alors le titre a été réduit dans les produits ordinaires à un minimum dérisoire. Et non-seulement la quantité du métal fin a été réduite à la proportion du 120e et même du 150e, mais on a encore employé du laminé tellement mince que les produits n'ont plus d'autre consistance que celle du plâtre, ou plutôt celle des corps étrangers qui les soutiennent. Les consommateurs, trompés sans pudeur sur le titre et sur la solidité, restent persuadés qu'il n'est point d'œuvre en plaqué susceptible d'une durée satisfaisante; et notre orfévrerie plaquée est repoussée des marchés étrangers, où celle des Anglais est admise, bien que nous ne manquions pas en France d'hommes distingués capables de lutter avantageusement contre l'étranger, surtout pour l'élégance et le gracieux des formes. A. Fillioux.

PLAQUEMINIER, genre d'arbres et d'arbrisseaux des contrées intertropicales, appartenant à la famille des ébénacées. Il a pour caractères : Feuilles alternes, très-entières; fleurs polygaines, en petit nombre, sur des pédoncules axillaires; calice profondément divisé en quatre lobes, plus rarement en trois ou six; corolle urcéolée, ayant pareillement quatre divisions, ou encore trois ou six; étamines des fleurs mâles insérées à la partie inférieure de la corolle, en nombre double ou quadruple des divisions de celle-ci; étamines des fleurs hermaphrodites plus ou moins mal conformées et moins nombreuses; baie globuleuse, à plusieurs loges monospermes, accompagnée par le calice.

Le *plaqueminier de Virginie* (*diospyros Virginiana*, L.) est un arbre de taille moyenne, dont le tronc acquiert de 6 à 7 décimètres de diamètre. Son fruit, à chair molle, visqueuse, est d'abord un peu acerbe; mais vers la fin d'octobre il s'adoucit en mûrissant, et devient comestible. Les Américains, qui l'estiment beaucoup, le mangent comme des nèfles; ils en font du cidre et des gâteaux.

Le *plaqueminier lotus* (*diospyros lotus*, L.), ou *plaqueminier d'Italie*, naturalisé dans le midi de l'Europe, n'est encore cultivé que pour l'ornement des jardins, car son fruit est doué d'une âpreté qui empêche de le manger.

Mais le genre *plaqueminier* renferme plusieurs espèces qui fournissent le bois d'ébène, d'où l'ébénisterie a emprunté son nom. De ce nombre sont le *plaqueminier ébénier* (*diospyros ebenum*, Lin. fils), grand arbre des Indes; le *plaqueminier faux ébénier* (*diospyros ebenaster*, Wild.), de Ceylan; le *plaqueminier à bois noir* (*diospyros melanoxylum*, Roxb.), des Indes et de Ceylan; etc.

PLASTIQUE, *art plastique*, partie intégrante de la sculpture. On appelle ainsi l'art de faire des figures avec des matières molles, telles l'argile, la cire, le plâtre, etc.; mais dans le langage ordinaire ce mot est employé comme synonyme de *sculpture* en général. Chez les Grecs ce fut, dit-on, Dibutade de Sycione qui le premier confectionna des images d'argile; et on retrouve encore souvent aujourd'hui d'anciennes œuvres de sculpture grecque ou égyptienne d'argile ou de terre cuite qui semblent avoir été à l'origine enduites d'une couche de peinture. On employa le plâtre dès une très-haute antiquité pour des travaux de stucature, comme le prouvent quelques pièces de la villa d'Adrien à Tivoli, les bains de Titus, les tombeaux qu'on trouve à Pompéi. Les Grecs n'apprirent que fort tard l'art de mouler des figures en plâtre; et ce fut, dit-on, un certain Lysistrate, contemporain d'Alexandre le Grand, qui l'inventa. Dans les temps modernes, c'est par Mengs que l'art de mouler en plâtre a été porté à sa perfection. On prétend que Lysistrate moulait aussi en cire, matière que les Romains employaient souvent pour confectionner des bustes, des pièces de jeu, etc.

Dans une acception plus générale, on appelle *plastique* l'art du sens extérieur qui se représente lui-même les formes organiques et n'a besoin pour les produire ni du dessin ni de la couleur. La *plastique* nous apprend à connaître la beauté des formes représentée comme réalité tangible, et indépendante de la couleur, de même que du jeu artificiel de la lumière, à la différence de la peinture. En revanche, la reproduction exacte de la réalité, l'*illusion*, est bien moins le but de la *plastique* que celui de la peinture; et voilà pourquoi elle renonce à la couleur. En effet, on n'a point encore pu démontrer que les anciens employassent la couleur dans leur *plastique*; et la preuve qu'on prétendait en trouver dans une statue récemment déterrée à Naples paraît, assure-t-on, se rapporter à une statue de marbre de couleur. En 1853 deux artistes, Gibson et Emilie Wolff, ont fait à Rome des essais de plastique colorée, qui, quelque bien qu'on en ait dit, répondent mal à la nature essentielle de la *plastique*.

La querelle sur la prééminence de la *plastique* ou de la peinture est aussi ancienne que l'art. Que si Michel-Ange nommait celle-là le premier des arts et ne plaçait dédaigneusement celle-ci qu'au second rang, un tel jugement ne doit pas nous empêcher de rendre à chacun de ces deux arts la justice qui lui est due. Si la peinture a pour elle le charme de la couleur, l'illusion, à laquelle elle peut s'abandonner sans danger, une plus grande liberté et sa richesse extérieure, l'avantage de la plastique, c'est de pouvoir représenter sous toutes ses faces à la fois le modèle le plus parfait des formes organiques; c'est ce qu'elle a de précis, de clair et de positif. Elle représente essentiellement ce qui est durable, le caractère; tandis que la peinture saisit l'expression fugitive du moment, et lui donne l'expression qui lui convient. Il est donc permis de dire que la plastique est surtout l'art de l'antiquité, et la peinture celui des temps modernes.

Dans la philosophie scolastique, on donnait le nom de *plastique* à ce qui a la puissance de former. On disait la vertu, le pouvoir, la force, les formes *plastiques* des animaux, des végétaux. On a aussi nommé *matière plastique* ce que les physiologistes modernes appellent *fibrine*.

PLASTRON (de l'italien *piastrone*). C'est le nom qu'on donne à une cuirasse qui ne couvre que le devant du corps, ou à la pièce de devant de la cuirasse que portent certains cavaliers à la guerre. On le dit aussi de la pièce de cuir rembourrée et matelassée dont les maîtres d'armes se couvrent la poitrine pour recevoir les coups qu'on leur porte sur cette partie. On le dit encore d'un morceau de bois garni d'une petite pièce de fer percée de plusieurs trous à moitié de l'épaisseur, et que les ouvriers se mettent sur la poitrine pour y appliquer la tête ou la partie supérieure de leur foret quand ils veulent s'en servir à pratiquer quelques trous.

Dans l'histoire naturelle, on donne ce nom à une partie de la carapace des chéloniens.

Plastron, en termes d'architecture, désigne un ornement de sculpture en manière d'anse de panier, avec deux enroulements.

Plastron désigne aussi figurément un homme en butte aux sarcasmes ou aux importunités d'un autre, ou encore celui qui essuie des railleries ou des réprimandes pour le compte d'un autre.

On nomme en marine *plastron nautique*, ou *nautile*, ou *scaphandre complet*, une sorte de tunique ou de vêtement propre à aller dans l'eau et d'un tissu imperméable à l'action de celle-ci.

PLATA (La), *Rio de la Plata*, fleuve qui détermine géographiquement l'un des trois grands bassins de l'Amérique méridionale, situé à l'est des Andes, et qui reçoit les eaux de toutes les rivières qui prennent leur source sur le versant sud du plateau central du Brésil, de même que celles qui proviennent des Andes entre les affluents méridionaux du fleuve des Amazones et le Rio Negro de la Patagonie, et deviennent elles-mêmes d'immenses cours d'eau avant de se déverser dans le Rio de la Plata, sans parler d'une foule de rivières magnifiques, mais dont les proportions paraissent minimes en comparaison de l'immense volume d'eau des grands fleuves qu'on rencontre en Amérique. Le Rio de la Plata provient de la réunion du *Paraguay*, du *Parana* et de l'*Uruguay*, trois cours d'eau immenses; et en raison de son énorme largeur, on peut dire qu'il n'a qu'un très-petit parcours, car il ne prend ce nom de *Plata* qu'à l'endroit où l'Uruguay confond ses eaux avec celles du Parana, qui déjà s'est grossi du Paraguay. On se fera une idée des colossales proportions du bassin du Rio de la Plata, en songeant que les sources de ses affluents les plus septentrionaux sont situes par 13° de lat. sud, celles de ses affluents les plus occidentaux sur la crête des Cordillères du haut Pérou, à peu de distance du lac de Titicaca, et son embouchure par 35° de latitude sud. Les régions unies par cet immense réseau de cours d'eau offrant la plus grande diversité et parfois une richesse extrême de produits, la navigation intérieure ne peut manquer d'y prendre quelque jour d'importants développements. Insignifiante aujourd'hui, parce que la plus grande partie de ce vaste territoire n'est encore qu'un désert, à peine connaît-on de nom quelques immenses cours d'eau, tels que le *Pilcomayo*, situé dans le haut Pérou, qui sont appelés à en faire un jour partie.

Le *Rio de la Plata* proprement dit se jette dans l'océan Atlantique, où son embouchure n'a pas moins de 28 myriamètres de large. Dans son cours inférieur il ne présente qu'un seul bon port, Montevideo; on n'y trouve ensuite que des rades mal abritées contre les violences des vents du sud-ouest (appelés *pamperos*), telles que celle de Buenos-Ayres, et les nombreux bancs de sable qui garnissent ses côtes en rendent l'approche des plus dangereuses pour les bâtiments d'un fort tirant d'eau. La marée s'y fait sentir à 35 myriamètres en amont, jusqu'à San-Nicolas sur le Parana; mais elle n'influe sur la navigation que sur une étendue comparativement minime. Ses eaux, chargées de limon, communiquent une teinte jaunâtre à l'Atlantique jusqu'à plus de 30 myriamètres de son embouchure. La longueur totale du fleuve est de 336 myriamètres, et la superficie de son bassin de 38,780 myriamètres carrés. La vallée du Rio de la Plata, séparée de celle du fleuve des Amazones uniquement par une crête peu élevée, se rattache sans solution de continuité à la vallée plus méridionale de la Patagonie, et occupe avec celle-ci une superficie de 53,200 myr. carrés. Dans sa région septentrionale elle comprend le grand Chaco, à son centre les Pampas, et à son extrémité sud les horribles solitudes de la Patagonie, qui commencent au Rio Negro, autrement appelé Cousou-Leouwou. Au point de vue politique ce bassin comprend la partie sud-est de la république de Bolivie, les provinces sud et sud-est de l'empire du Brésil, les États de la Plata ou République Argentine, les républiques du Paraguay et de l'Uruguay.

Juan Diaz de Solis ayant par hasard découvert le Rio de la Plata en 1514, on ne tira aucun parti de sa découverte avant l'année 1525, époque où Cabot et Garcia, remontant le Parana et l'Uruguay, allèrent explorer le Rio Vermejo. Quelque temps après don Pedro de Mendoza partit de Séville avec quatorze navires portant à bord près de 3,000 hommes, et s'en alla fonder cette même année 1525 la ville de Buenos-Ayres. De cette époque datent la prise de possession et la colonisation successive de ce pays, tant à l'est qu'à l'ouest; et telle fut l'origine de la vice-royauté espagnole de la Plata, qui avec les îles Falkland comprenait une superficie de 36,448 myr. carrés, comptait une population de 1,500,000 âmes, et rapportait à l'Espagne environ 22 millions de francs par an. Elle se composait des provinces du Pérou méridional, de Tucuman, du Chili oriental et du Paraguay, ou bien des intendances de la Paz, de la Plata, du Paraguay, de Santa-Cruz, de Sierra, etc. Elle avait pour chef-lieu Buenos-Ayres. L'intendance de la Plata avait pour chef-lieu la Plata ou Chuquisaca en Bolivie.

PLATA (États-Unis du RIO DE LA), *Provincias unidas del Rio de la Plata*, ou *République Argentine*, confédération de quatorze États de l'Amérique du Sud, qui s'étendait du 59° au 72° de longitude occidentale et du 19° au 41° de latitude méridionale, mais qui n'existe plus aujourd'hui, ou du moins qui, depuis qu'un renvoi indiqué par nous au mot ARGENTINE (République) nous astreint à en parler, s'est divisée pour former deux États indépendants : la *République Argentine*, et l'Etat de *Buenos-Ayres*. La ci-devant confédération des Provinces-Unies du Rio de la Plata, autrefois vice-royauté de Buenos-Ayres, ne comprenait pas moins de 30,000 myriamètres carrés. Cet immense territoire est borné à l'est par l'océan Atlantique, l'Uruguay, le Brésil et le Paraguay, au nord par la Bolivie, au sud par la Patagonie, et à l'ouest presque entièrement par le Chili. Que si les limites méridionales n'en ont pas encore été fixées d'une manière bien précise dans les plaines à perte de vue des Pampas, et si d'ordinaire les géographes les portent jusqu'au Rio Colorado, du côté du Chili la chaîne des Andes constitue, une ligne de démarcation naturelle, qu'on ne peut franchir, à une élévation de plus de 3,300 mètres, que par cinq passages d'une difficulté extrême, ceux de *Planchon*, de *Portillo*, d'*Uspallata*, de *Los Patos* et de *Rioja*. De nombreuses Cordillères, les unes courant parallèlement à la chaîne principale, d'autres, telles que les sierras de Salta, de Tucuman et de Cordova, se croisant avec elle, s'étendant au loin de l'ouest à l'est jusqu'aux rives de la Plata, mais n'atteignant nulle part l'altitude des montagnes du centre, remplissent le nord-ouest et le nord de ce territoire et s'élèvent entre le Salado du sud, le Dulce, le Salado du nord, l'Yucanes, le Blanco, le Vermejo et le Pilcomayo, la plupart affluents du Rio de la Plata. Ce pays, à l'exception de la partie située au sud du 35° de latitude méridionale, forme, avec ses plateaux et ses terrasses, la moitié occidentale de l'immense bassin du Rio de la Plata, ce gigantesque frère du fleuve des Amazones, cette grande artère de l'État de Buenos-Ayres et de la République Argentine, de même que du Paraguay, de l'Uruguay et des parties sud-ouest du Brésil qui l'avoisinent. Ces dernières contrées, au moyen des rivières l'Uruguay, le Paraguay et le Parana, dont la jonction produit le Rio de la Plata, ont leur débouché naturel dans ce fleuve immense, dont le bassin s'élève de tous côtés en amphithéâtre, et qui va se confondre avec l'Océan à Buenos-Ayres. Ce sont ces conditions physiques qui permettent à Buenos-Ayres et à Montevideo, comme seuls ports d'exportation et d'importation des contrées arrosées par la Plata, d'en monopoliser tout le commerce. La plus grande partie de ce pays se compose de vastes plaines, les unes à l'État de *Pampas*, et servant de pâturages aux nombreux troupeaux de bêtes à cornes qui constituent la grande richesse des populations; les autres, et c'est le plus grand nombre, susceptibles d'être mises en culture. Le climat, quoique sujet à de grandes variations, est généralement salubre et même fort agréable ; c'est seulement dans la partie septentrionale de la plaine qu'en été les chaleurs deviennent souvent intolérables.

Les principaux produits et articles d'échange sont les peaux, les cornes de bœuf et le suif, qu'on expédie de Buenos-Ayres pour l'Europe, de même que les mulets, dont on envoie chaque année des quantités considérables au Pérou, les peaux de diverses bêtes fauves, les plumes d'autruche, le vin, l'eau-de-vie, un peu de coton, etc. Les habitants, au nombre d'environ 2,500,000 âmes, tous catholiques, sont très-inégalement répartis. La province de Buenos-Ayres est celle où la population est le plus compacte; vient ensuite celle de Cordova. Les régions de l'extrémité méridionale avoisinant le Rio Colorado et le Rio Negro (Cousou-Leouwou) ne sont habitées que par des Indiens nomades, les redontables *Pehuenches* et autres tribus semblables, et portent en conséquence le nom de *Despoblados* (dépeuplées). Les blancs, d'origine espagnole ou tout au moins européenne, vivent concentrés dans les villes. Dans les centres commerciaux, notamment à Buenos-Ayres, il y a beaucoup d'Allemands, bien mieux vus en général des créoles que les Anglais et les Français. Parmi les métis, les *Gauchos*, provenant du mélange des Indiens avec les Espagnols, en sont arrivés à former une race particulière. Les nègres et les mulâtres sont fort rares aujourd'hui; en revanche, les Indiens à moitié civilisés sont beaucoup plus nombreux dans l'intérieur du pays qu'autrefois. Des quatorze États dont se composait naguère la confédération des États-Unis du Rio de la Plata, ceux de Buenos-Ayres, de Corrientes, d'Entre-Rios et de Santa-Fé, sont riverains du cours inférieur de la Plata; ceux de San-Luis-de-la-Punta et de San-Jago-del-Estero, sont au centre; ceux de Catamarca, de Jujoy, de Mendoza, de Rioja, de Salta, de San-Juan-de-la-Frontera et de Tucuman, appartiennent à la partie occidentale. Tous ces États sont dénommés d'après leur chef-lieu, à l'exception d'Entre-Rios, où le siége de l'administration est à Bajada.

Les contrées baignées par le Rio de la Plata furent découvertes en 1515, par Juan Diaz de Solis, que la cour d'Espagne avait chargé d'une expédition de découvertes. Diego Garcia, Sébastien Cabot, qui, en 1530, remonta même le Paraguay et l'*Adelantado*, Pedro de Mendoza, qui, en 1535, fonda l'Assomption au Paraguay et Buenos-Ayres, continuèrent les découvertes. En 1573 don Juan de Garay fonda la ville de Santa-Fé et reconstruisit Buenos-Ayres, que les Indiens venaient de saccager, tandis que des Espagnols pénétraient du nord dans les territoires formant aujourd'hui les provinces de Salta, de Tucuman et de Cordova, et y fondaient des établissements. Sauf les luttes à soutenir contre les Indiens, la colonisation ne rencontra point d'obstacles. L'extrême richesse du pays en pâturages fut cause que de 1530 à 1552 on y transporta beaucoup de bêtes à cornes et de chevaux. Buenos-Ayres, au temps de la domination espagnole, faisait originairement partie du Paraguay; et il en fut ainsi jusqu'à l'année 1777, époque où fut créée la vice-royauté de Buenos-Ayres (ou du Rio de la Plata), laquelle comprenait une superficie de 36,000 myriamètres carrés, parce que le Paraguay, l'Uruguay et ce qu'on appelait le haut Pérou (aujourd'hui la Bolivie) en dépendaient. La tranquillité la plus profonde régna dans ces contrées jusque dans les premières années du dix-neuvième siècle; mais il n'en fut plus ainsi à partir de 1806, dès que Buenos-Ayres, par suite de la guerre qu'ils avaient déclaré à l'Espagne, fut tombé par surprise au pouvoir des Anglais, qui offrirent aussitôt leur appui à la population pour lui aider à secouer le joug de l'Espagne. Ces provocations ne produisirent à ce moment aucun effet; et quelques semaines plus tard les Espagnols, commandés par Liniers, expulsaient les Anglais, dont une tentative nouvelle en 1808 échoua complétement. Néanmoins, ces deux incidents ne laissèrent pas que d'éveiller les premières idées d'indépendance; idées qui, grâce à l'appui qu'elles rencontrèrent de la part des négociants anglais, gagnèrent ensuite toujours plus de terrain. C'est de la sorte que Buenos-Ayres devint le berceau de l'indépendance de l'Amérique du Sud, alors que les événements survenus dans la mère-patrie à la suite de l'invasion de l'Espagne par Napoléon provoquèrent dans les colonies espagnoles de l'Amérique une crise décisive.

Un parti libéral s'y constitua à partir de 1806; et le vice-roi Eisneros, arrivé à Buenos-Ayres en 1809, ayant apporté dans son administration autant de dureté que d'arbitraire, les libéraux réussirent, après une lutte de courte durée, à déposer le vice-roi et à constituer une junte de gouvernement sous la présidence de don Cornelio Saavedra. Ce fut le signal de la séparation de l'Amérique du Sud d'avec l'Espagne, et la guerre contre la mère-patrie commença tout aussitôt. L'âme de ce mouvement fut don Mariano Moreno. Institué secrétaire du sénat, il déjoua toutes les intrigues du vice-roi en chassant un jour tous les fonctionnaires espagnols, qu'on força à s'embarquer. Toutefois, la discorde éclata bientôt au sein de la junte. Moreno et ses amis, partisans des mesures de rigueur, de même que d'une direction énergique à imprimer à la marche de la révolution, furent évincés. Moreno mourut à quelque temps de là, pendant qu'il s'acquittait d'une mission dont il avait été chargé pour l'Angleterre. C'est alors que le nom de *République Argentine* fut donné au nouvel État par la junte. Moins d'une année s'était écoulée depuis la déclaration d'indépendance, et déjà la révolution avait gagné toutes les provinces de l'intérieur. La junte réussit dans ses entreprises contre la Banda-Oriental. Les Espagnols ayant tenté en juillet 1811 une sortie de Montevideo, furent repoussés et battus avec des pertes considérables, non loin de *Las Piedras* par quelques centaines de *Gauchos* aux ordres d'Artigas. Tandis que les choses se passaient ainsi sur ce point, une division d'insurgés était surprise et détruite par des troupes espagnoles; et le résultat de cet échec fut de replacer momentanément le haut Pérou sous la domination de l'Espagne. Le président Saavedra partit à la tête des troupes; mais on le déposa pendant son absence, et une assemblée nationale institua en septembre 1811 un triumvirat, composé de Serratea, de Chiclana et de Passo. Tous les trois mois on devait, par une élection nouvelle, procéder au remplacement de l'un des membres de ce triumvirat. Mais en 1812 l'*Asamblea* ayant donné pour successeur à Serratea le citoyen Medrano, ce choix déplut aux troupes, qui renversèrent le gouvernement existant et instituèrent un autre triumvirat, composé de Pena, Fonte et Passo. Un traité de paix conclu le 21 octobre 1812 avec le général espagnol Elio reconnaissait encore Ferdinand VII comme souverain; mais il n'en fut pas longtemps ainsi. Par suite de la découverte d'une conspiration fomentée par les Espagnols, et après la victoire de *Campo del Honor*, remportée dans la guerre contre le haut Pérou (24 septembre 1812), une assemblée nationale constituante se réunit le 30 janvier 1813; et sa première mesure fut de répudier le pavillon et les couleurs de l'Espagne et de placer la puissance suprême entre les mains d'un directeur. On élut pour remplir ces fonctions don Gervasio Posadas, qui n'était point à la hauteur d'une pareille position, et qui abdiqua au profit de son neveu, don Carlos Alvear. Mais celui-ci, jeune homme sans expérience, fut bientôt déposé et banni. Son successeur, le général Rondeau, qui s'appuyait sur l'armée et en conséquence lui permettait tout, fut, lui aussi, chassé. Ramon Balcarce, qui foula aux pieds tous ses devoirs, eut le même sort. On confia alors le gouvernement à une commission; et il en fut ainsi jusqu'au mois de mars 1816, où le général San-Martin ayant repoussé les Espagnols, qui du haut Pérou avaient envahi la province de Tucuman, l'assemblée constituante se réunit pour la seconde fois à San-Miguel de Tucuman. Le 9 juillet eut lieu la proclamation solennelle de l'indépendance des *États-Unis du Rio de la Plata*. Juan Martin Puyrredon, élu le premier directeur, conserva cette position pendant deux années; mais il lui fallut se réfugier à Montevideo, lorsque le général Ramirez se souleva contre lui, s'empara de Buenos-Ayres et y fut accueilli en libérateur. Ramirez marcha tout aussitôt après contre le général Carrera, Chilien d'origine, qui avait réuni quelques troupes dans l'intérieur; mais abandonné par une partie de ses troupes, il fut battu, fait prisonnier et fusillé par Échague, son subordonné, qui s'était révolté contre lui. Tout le territoire des États-Unis de la Plata fut alors pendant l'espace de neuf années consécutives le théâtre des désordres les plus sauvages et d'atrocités sans nom. Les gouverneurs, ambitieux et cupides, se succédaient sans cesse, et les partis en appelaient incessamment à l'insurrection les uns contre les autres. Il n'existait pour ainsi dire plus de lien commun entre les différents États, et il ne se rencontrait jamais personne qui inspirât également confiance à tous les partis. On proposa, il est vrai, en 1816 une constitution fédérative; mais les provinces, habituées à l'isolement, ne voulurent point en entendre parler. Du 10 novembre 1819 à la fin de janvier 1821, le gouvernement ne fut pas changé moins de vingt fois de suite à Buenos-Ayres.

Enfin, en 1821, le gouvernement parut avoir acquis un peu plus de stabilité, du moins à Buenos-Ayres; mais le traité de paix conclu avec le Brésil au sujet de la **Banda-Oriental** amena de nouvelles révolutions. La paix ayant en effet été signée le 27 avril 1828, à Rio de Janeiro, sous la médiation et la garantie de l'Angleterre, paix qui constituait la Banda-Oriental en État indépendant comme *République de l'Uruguay*, le général de l'armée argentine, Lavalle, revenant de l'Uruguay à la tête de quelques régiments rompus aux fatigues de la guerre, déclara que les chefs de la république étaient des hommes incapables et indignes de la confiance du pays. Lavalle entra à Buenos-Ayres le 1er décembre 1828. Le gouverneur don Manuel Dorrego fut déposé, et Lavalle élu à sa place. De 1820 à 1828 les troubles de l'intérieur n'avaient été provoqués que par l'ambition et la cupidité de quelques individus; maintenant ils eurent pour principale cause la diversité de principes politiques existant entre le parti des *unitaires* et celui des *fédéralistes*. Les premiers, qui voulaient un gouvernement central fort, responsable à l'égard du peuple, avec un chef commun pour toutes les provinces, investi de pouvoirs très-étendus, se groupaient autour de Lavalle. Les fédéralistes, partisans de l'indépendance de chaque État et ne voulant d'organe commun qu'en ce qui concernait les affaires étrangères ou bien encore pour la défense du pays, prirent pour chef don Juan Manuel de **Rosas**, propriétaire riche et considéré, mais *gaucho* pur sang. Rosas était déjà venu au secours de Dorrego à la tête d'une petite troupe. Après sa déposition, il accrut l'effectif de son corps à Santa-Fé, puis marcha sur Buenos-Ayres, dont il intercepta tous les approvisionnements, de sorte que Lavalle dut négocier, puis se retirer à Montevideo en juillet 1829. Rosas rentra à Buenos-Ayres aux acclamations de la population; mais dès que la tranquillité publique fut rétablie et qu'il y eut un gouvernement constitué, il se retira dans son domaine. Peu de mois après, il fut élu gouverneur de Buenos-Ayres pour trois années. Dès lors ce fut Rosas qui dirigea seul les affaires publiques à Buenos-Ayres. Toutefois, les unitaires n'étaient point encore domptés. Au mois d'avril 1829, le général Paz, partisan de Lavalle, occupa Cordova, gagna à sa cause les provinces de San-Inan, de Catamarca et de Mendoza, et à trois reprises (1831) battit complétement le général fédéraliste Quiroga. Il ne restait plus à Rosas que les provinces de Buenos-Ayres et de Santa-Fé, voisines des côtes; mais au mois de décembre 1830 Paz ayant convoqué une convention nationale à Cordova, en même temps que de l'est Lavalle marchait sur Buenos-Ayres, il se mit en campagne à la tête de 8,500 hommes formant trois divisions aux ordres de Lopez, de Viamont et de Quiroga. Paz tomba par hasard entre les mains de Rosas; et les unitaires, devenus hésitants sous les ordres de La Madrid, furent battus par Quiroga dans la province de Tucuman. Les partis se firent encore équilibre pendant quelque temps; les pouvoirs de Rosas expirèrent, et on lui donna pour successeur le général Balcarce. Mais cet ambitieux commit une foule d'actes arbitraires et despotiques, de sorte qu'en 1833 il éclata une révolution nouvelle. La ville de Buenos-Ayres courut même risque d'être affamée par les insurgés; et Balcarce, qui dans ces circonstances crut prudent de déposer ses pouvoirs, prit la fuite. Viamont, son successeur, ne resta au timon des affaires que pendant quelques mois. Plusieurs citoyens ayant refusé le pouvoir suprême à eux confié par l'élection, les représentants se virent forcés en 1834 de déléguer la puissance exécutive à leur président. Au milieu de cette confusion et de cette désorganisation le peuple ne voyait de sauveur possible que Rosas, qui dans l'intervalle avait infligé une sanglante défaite aux Indiens. Après avoir refusé cinq fois de suite la présidence, il finit par l'accepter, en 1835, à la condition qu'on l'investirait temporairement de pouvoirs extraordinaires. Il fut donc nommé tout à la fois gouverneur et capitaine général de la province; mais il était *dictateur* de fait. Rosas eut alors recours aux mesures de repression les plus sévères, surtout lorsque d'autres fédéralistes influents, tels que Quiroga et Lopez, furent morts, le premier victime d'un assassinat.

Les querelles auxquelles donnèrent lieu l'Uruguay et l'intervention des puissances européennes qui en fut le résultat ouvrent un chapitre nouveau dans l'histoire de la République Argentine. Dans l'Uruguay don Manuel Oribe fut élu président le 1er mars 1835, en remplacement de don Fructuoso Ribera. Ce dernier fut appelé au commandement de l'armée; mais par suite d'une mésintelligence qui survint entre lui et le président, il perdit cette position et fut remplacé par don Ignacio Oribe. A partir de ce moment Ribera, devenu l'ennemi personnel du président, fit cause commune avec les unitaires et avec Lavalle, qui s'était réfugié dans l'Uruguay, et rattacha à ses intérêts les nombreux Français établis à Montevideo. Oribe, conformément aux traités, invoqua les secours du dictateur et les reçut malgré une protestation du ministre-résident de France. Ribera, battu en 1837 à Carpintéria, fut réduit à se réfugier sur le territoire brésilien, d'où il continua à faire une guerre de guerillas. Sur ces entrefaites l'amiral français Leblanc vint exiger de la République Argentine une indemnité pour les pertes et dommages éprouvés par les sujets français. Rosas s'étant refusé à entrer en négociations, Buenos-Ayres fut déclaré (1838) en état de blocus par les Français. En même temps ceux-ci soutenaient le général Ribera, qui assiégeait Montevideo, de sorte qu'Oribe se vit forcé d'abdiquer la présidence et de se réfugier à Buenos-Ayres, tandis que Ribera rentrait à Montevideo et s'y faisait élire président. Les provinces de Corrientes et d'Entre-Rios se soulevèrent, et au mois de février 1839 la guerre fut déclarée à Buenos-Ayres. Dans les provinces les unitaires commencèrent également à armer, pendant qu'à Buenos-Ayres même une conspiration s'organisait contre Rosas. Menacé de toutes parts, le dictateur connaissait bien ses implacables ennemis; et le même jour il en fit arrêter et fusiller soixante-dix des plus influents. Les diplomates anglais et français réussirent enfin à aplanir le différend survenu entre la République Argentine et la France; le 31 octobre 1840 le blocus, qui durait depuis deux ans, fut levé. Lavalle, l'ennemi mortel de Rosas, fut battu le 16 novembre 1840 à Santa-Fé, et bientôt après à Luxan. Forcé de se réfugier dans la province de Tucuman, il fut surpris près de Jujuy et mis à mort. Pendant ce temps-là Oribe, que Rosas avait promu au grade de général de brigade, avait expulsé, au mois d'avril 1842, le général unitaire Paz de l'Uruguay et vaincu les unitaires dans les provinces de Santa-Fé et de Corrientes. Ces succès relevèrent le courage des partisans du dictateur. Le 11 avril 1842, jour anniversaire de l'élection de Rosas, ses fidèles se répandirent furieux dans les rues, et y massacrèrent sans pitié tous les unitaires qui leur tombèrent sous la main. Le 19 avril Rosas fit bien fusiller quelques-uns des meurtriers les plus compromis; mais il est certain que ces atrocités n'avaient point été commises à son insu. Comme pour assurer le triomphe complet du président sur le parti qui lui était opposé, on reçut alors la nouvelle que le dernier appui du parti unitaire, le général Lopez, venait d'être battu près du Chaco par Oribe. En outre la flotte argentine, commandée par le commodore Browne, avait remporté des avantages sur l'escadre de l'Uruguay (aux ordres de Coe et plus tard de Garibaldi). Comme il était de l'intérêt du dictateur de rétablir dans ses fonctions son ami Oribe, « le loyal président de l'Uruguay », le commodore Brown reçut l'ordre de bloquer Montevideo, tandis qu'Oribe, sans accepter l'offre de médiation de l'Angleterre et de la France, envahissait l'Uruguay vers la fin de 1842, battait le 6 décembre 1842 près d'Arroyo-Grande l'armée de Montevideo commandée par Ribera, puis marchait sur Montevideo. Rosas ayant aussi refusé l'offre de médiation qui lui fut faite le 5 décembre, les diplomates anglais et français intervinrent dans ces débats de la manière la plus impérieuse et la plus arbitraire. Ils exigèrent de l'un et de l'autre parti la suspension sans conditions des hostilités. Ils défendirent à Oribe lui-même de franchir les frontières de l'Uruguay; mais celui-ci, sans y avoir égard, vint assiéger Montevideo du côté de la terre, le 16 février 1843. La ville était défendue par le général Paz, que secondait une légion française. Les chargés d'affaires des puissances maritimes, auxquels se joignit celui du Brésil, refusèrent toujours cependant de reconnaître le blocus de Montevideo de même que les prétentions d'Oribe. La complication des choses amenée par l'envoyé anglais, Buseley, et par l'envoyé français, Deffaudis, en vint à ce point, que le 2 août 1845 les vaisseaux anglais et français attaquèrent et enlevèrent l'escadre des États-Unis du Rio de la Plata. En même temps les amiraux Lainé et Inglefield déclaraient en état de blocus toutes les places de l'Uruguay occupées par des troupes argentines, et le 18 septembre suivant les différents ports de la province de Buenos-Ayres. Pendant ce temps-là les troupes argentines commandées par Oribe s'étaient emparées de tout l'Uruguay, à l'exception de la seule ville de Montevideo, où dominait le parti de Ribera, qui, toutefois, ne se trouvait point dans la ville.

Le véritable but que les puissances maritimes, l'Angleterre, la France et le Brésil, avaient eu en intervenant ainsi dans les affaires du Rio de la Plata apparut manifestement au milieu des événements de 1845. Jusque alors le prétexte mis en avant pour justifier l'intervention avait été le désir d'assurer l'indépendance de l'Uruguay; maintenant la libre navigation du Parana en devint le principal motif. En novembre 1845 une flotille de 110 bâtiments de commerce remonta même la rivière jusqu'à Corrientes, malgré Rosas et les batteries qu'il avait fait établir à la *Vuelta de Obligado*, qu'on ne put réduire au silence, le 20 novembre, qu'après une canonnade de huit heures. En juillet 1846 l'Anglais Hood arriva porteur de propositions de paix; mais les négociations qui s'ouvrirent alors n'aboutirent à rien, et la guerre recommença de plus belle. Ribera, notamment, avait occupé quelques villes de l'Uruguay. Le frère d'Oribe, don Ignacio, le battit, et à la suite d'une campagne qui dura vingt-sept jours, lui reprit toutes ses positions, à l'exception de Montevideo et de la *Colonia del Sacramento*. Il arriva alors de nouveaux plénipotentiaires anglais et français, lord Howden et le comte Waleski, qui essayèrent de mettre fin au conflit, mais qui repartirent en juin 1847 sans avoir pu obtenir de résultats réels de leurs efforts. En mai 1847, le président provisoire de Montevideo, don Joaquim Suarez, s'étant refusé à un armistice proposé par lord Howden, les Anglais déclarèrent le blocus levé. Ce blocus, dont le maintien était confié uniquement à deux vaisseaux de guerre, et qui dès lors ne pouvait être bien rigoureusement observé, avait pourtant beaucoup nui aux intérêts anglais dans ces mers et n'avait fait les affaires que des spéculateurs français et italiens de Montevideo. Dans l'intérêt de ses nationaux, la France n'en maintint pas moins sa déclaration de blocus, et cela en dépit des nouvelles protestations de l'envoyé des États-Unis de l'Amérique du Nord. Ce fut seulement après la révolution de Février que le gouvernement provisoire de France se décida, dans le courant de l'été, à lever le blocus de Buenos-Ayres; mais il continua à l'égard des ports de l'Uruguay occupés par Oribe. Dans les longues négociations qui s'ouvrirent alors et qui durèrent jusqu'en 1850, on ne put rien terminer. Il en surgit au contraire un nouveau conflit avec le Brésil. Le 1er août 1851 le général brésilien Caxias franchit la frontière de l'Uruguay, en même temps qu'une escadre brésilienne, aux ordres de l'amiral Grinsell, remontait le Parana. A la suite de divers échecs et défections essuyés par les troupes du dictateur, celui-ci quitta Buenos-Ayres en janvier 1852 pour prendre en personne le commandement de son armée. La bataille de Santos-Luzarès, livrée le 3 février 1852, aux environs de Buenos-Ayres, mit fin à son pouvoir tyrannique. Rosas, déguisé en *gaucho*, parvint à regagner Buenos-Ayres, où, à l'aide d'un travestissement, il fut encore assez heureux pour pouvoir se réfugier avec ses deux filles et ses deux fils à bord d'un vaisseau de guerre à vapeur anglais, le *Locuste*, qui, le 22 avril suivant, le débarquait à Cork en Irlande. Un gouvernement provisoire, présidé par Urquiza, s'était constitué à Buenos-Ayres immédiatement après le désastre de Santos-Luzarès. Le 13 mai la législature élut don Vincent Lopez en qualité de capitaine général gouverneur de Buenos-Ayres. Un mois après, elle votait le rétablissement de la confédération argentine, en même temps qu'elle reconnaissait le général Urquiza en qualité de général en chef de la confédération et qu'elle l'autorisait à prendre, sous le titre provisoire de *directeur général* de la confédération, toutes les mesures nécessaires à la sécurité du pays. Un mois après Urquiza se saisissait de la dictature, et prononçait la dissolution de la législature. Le 11 septembre une révolution nouvelle éclatait à Buenos-Ayres, et mettait fin aux pouvoirs d'Urquiza. Le 30 octobre suivant il était remplacé dans les fonctions de gouverneur et de capitaine général par le docteur Alsina, qui dès le 6 décembre se retirait, et à sa place on élisait le général Pinto. Un an après, le 20 novembre 1853, nouveau revirement de l'opinion; et le général Urquiza était encore une fois élu à l'unanimité président de la république des États-Unis du Rio de la Plata, tandis que Buenos-Ayres s'en détachait pour former un État indépendant, ayant à sa tête le docteur Pastor Obligado. Un traité, conclu le 20 décembre 1854 et ratifié le 28 du même mois, consacrait solennellement cette séparation.

Pour le quart d'heure donc, et en attendant quelqu'une de ces révolutions qui semblent l'état normal des contrées arrosées par le Rio de la Plata, les ci-devant États-Unis de la Plata forment deux républiques indépendantes, l'une appelée *République Argentine*, a encore pour président le général Urquiza, et pour siége de gouvernement *Parana*; l'autre, désignée sous le nom d'*État indépendant de Buenos-Ayres*, a pour capitale la ville de Buenos-Ayres. La superficie de la première est évaluée à 28,270 milles géographiques carrés. Elle comprend les provinces de *Corrientes*, *Entre-Rios*, *Santa-Fé*, *San-Luis della Punta*, *Cordoba*, *Mendoza San-Juan de la Frontera*, *Rioja*, *Catamaria*, *Santiago del Estero*, *Tucuman*, *Salta* et *Jujuy*. L'État de Buenos-Ayres comprend une superficie de 5,230 milles géographiques carrés. L'Angleterre, la France et les États-Unis ont officiellement reconnu cet état de choses.

PLATA (La), ancien nom de Chuquisaca, capitale de la Bolivie.

PLAT-ALLEMAND, *Plattdeutsch*. On appelle ainsi la langue parlée dans les basses contrées de l'Allemagne septentrionale, depuis les bords du Rhin jusqu'au *Kurische-Haff*, dialecte très-doux, qui était autrefois en usage dans la plus grande partie de l'Allemagne. Les langues qui en dérivent sont l'anglo-saxon, le flamand, le hollandais, le danois et le suédois. Il a été écrit en plat-allemand un grand nombre de livres de jurisprudence, de poésies, de chroniques, de drames. C'est à partir seulement de la réformation que le haut-allemand, dialecte employé par Luther pour sa traduction de la bible, l'emporta décidément sur le plat-allemand.

PLATANE (du latin *platanus*), arbre de première grandeur, de la monœcie-polyandrie, de la famille des platanées, qui offre deux espèces principales: le *platane d'Orient* et le *platane d'Occident*.

Le *platane d'Orient*, originaire des bords de la mer Caspienne, se fait remarquer par sa grosseur et son élévation, par la beauté de son feuillage et la qualité de son bois, dont on fait des meubles d'une grande valeur. Sa tige est couverte d'une écorce mince d'un blanc grisâtre, qui chaque année se détache par plaques irrégulières; ses feuilles alternes, longuement pétiolées, à cinq lobes aigus, luisantes d'un très-beau vert, ont jusqu'à six pouces de diamètre; ses fleurs portent les sexes séparés : elles sont disposées en boules, au nombre de trois ou quatre, sur des pédoncules axillaires; une seule, la dernière, est mâle. Lorsque le platane est placé dans une terre profonde et fraîche, il pousse rapidement. Les nombreux avantages qu'il présente à l'exploitation pour la charpente et la menuiserie le font préférer à une foule d'autres arbres, dont la croissance est moins rapide. Il est d'un effet admirable en avenues et en massifs; il donne un ombrage des plus épais et supporte la taille sans éprouver aucun dommage, ce qui permet de lui donner des formes variées.

Le *platane d'Occident*, ou *de Virginie*, originaire de l'Amérique septentrionale, assez semblable au précédent, en diffère toutefois par les feuilles, qui sont plus grandes, avec trois divisions anguleuses et lobées, par une écorce plus blanche, se détachant en écailles plus larges; en outre ses boules sont jaunâtres et de plus de 27 millimètres de diamètre, tandis que celles du platane d'Orient sont brunes et rarement de cette longueur.

Ces deux espèces se reproduisent par semences, par boutures et par marcottes; le premier moyen est rarement employé à Paris et dans les environs, parce qu'ils manquent souvent, et qu'ils demandent deux années de plus pour fournir un plant convenable. P. GAUBERT.

PLATANE (Faux). *Voyez* ÉRABLE.

PLATANISTE, plaine de la Grèce, ainsi nommée de la quantité de platanes qu'on y cultivait et où les jeunes Spartiates faisaient leurs exercices gymnastiques; elle était bordée d'un côté par l'Eurotas, de l'autre par une petite rivière qui vient y mêler ses eaux, et d'un troisième côté par un canal qui sert de point de communication entre ces deux rivières. On se rendait au Plataniste par deux ponts, sur l'un desquels était placée la statue d'Hercule, ou de La Force, qui dompte tout; et sur l'autre celle de Lycurgue, ou de la Loi, qui règle tout. P. GAUBERT.

PLAT-BORD. *Voyez* BORD.

PLATEAU. Ce mot, dérivé de *plat*, s'entend du fond de bois de grosses b a l a n c e s. Il se dit aussi d'espèces de plats plus ou moins grands en bois, en porcelaine, en verre, en tôle vernissée, etc., sur lesquels on sert ordinairement le thé, le café, le chocolat, des rafraîchissements, etc. On donne le même nom à une sorte de table à pieds fort bas ou d'un grand plat qu'on met au milieu d'une table à manger, et sur lequel on range différents ornements.

Le *plateau électrique* est une pièce de verre plate et circulaire, que l'on rend électrique en la faisant tourner entre deux coussins (*voyez* ÉLECTRIQUE [Machine]).

Plateau se dit aussi en général de tout terrain élevé et qui s'étend en p l a i n e. Dans la stratégie on entend par là un terrain élevé, plat et uni sur lequel on peut placer un corps de troupes ou une batterie de canons.

En termes de chasse, *plateau* est le nom des fumées des bêtes fauves lorsqu'elles sont plates et rondes.

PLATE-BANDE. On appelle ainsi, en termes d'horticulture, tout espace de terre long et étroit, circulaire ou droit, ou en compartiments, labouré ou en gazon, ou sablé, qui renferme un parterre ou fait partie de son dessin. On les borde en buis, en mignardise, en statice ou en herbes potagères, et quelquefois avec des tringles de bois.

En termes d'architecture, une *plate-bande* est une moulure plate et carrée, ayant peu de saillie; ou encore, dans la baie d'une porte ou d'une croisée, la pierre portée par les deux jambages, ou l'assemblage de plusieurs claveaux en nombre impair, qui en forment la fermeture.

PLATÉE, ville de la partie occidentale de la Béotie, située dans une plaine au pied du Cithéron, au sud-ouest de Thèbes, avec de célèbres temples de Minerve et de Junon, fut détruite par les Perses après la bataille de Marathon, puis reconstruite. Saccagée à deux reprises par les Thébains, dans le cours de la guerre du Péloponnèse, elle demeura en ruines jusqu'à ce que Philippe de Macédoine en ordonna la reconstruction.

L'an 479 av. J.-C. les Grecs, commandés par P a u s a n i a s et par A r i s t i d e, anéantirent dans une bataille livrée sous les murs de Platée l'armée des Perses, de beaucoup supérieure en nombre à la leur et commandée par Mardonius, qui y fut tué. Cette victoire, qui coïncida avec la déroute complète que Xantippe fit essuyer à la flotte des Perses à Mycale, assura l'indépendance de la Grèce.

PLATE-FORME (de l'italien *piata forma*), c o u v e r t u r e d'une maison sans comble et couverte en terrasse.

Il se dit encore d'une pièce de bois disposée sur les murs de face et assemblée en queue d'aronde avec des entailles pour recevoir le pied des chevrons d'un comble.

C'est aussi un plancher fait de plusieurs gros ais ou madriers, qu'on établit sur plusieurs rangs de pilotis pour asseoir la maçonnerie.

Plate-forme, ou des pièces de bois chevillées et posées sur des racinaux, est aussi le nom d'une espèce de terrasse d'où l'on découvre une belle vue dans un jardin.

Dans l'art militaire, c'est un lieu préparé avec des madriers ou des planches pour recevoir et placer le canon que l'on veut mettre en batterie.

En marine, la *plate-forme de l'éperon* ou *de la poulaine* est un établissement ou espèce de plancher formé en caillebotis, en avant du vaisseau, sur l'éperon, entre les deux lisses supérieures des herpes, pour servir aux matelots qui s'y tiennent ou qui y passent pour aller sur le beaupré, à poser leurs pieds.

PLATINE (*Chimie*), de l'espagnol *platina*, diminutif de *plata*, argent : petit argent. Découverte dans le seizième siècle, au milieu des lavages d'or de quelques parties de l'Amérique du Sud, la mine de platine resta assez longtemps sans aucune importance; mais retrouvée successivement dans diverses localités, elle a fini par attirer d'une manière particulière l'attention des savants, et a procuré aux arts de très-grands avantages. L'Amérique n'est pas la seule partie du monde dans laquelle on connaisse le platine : on en a trouvé des gisements abondants en Sibérie, dans les monts Ourals, et son extraction est devenue un objet d'une grande importance pour ce pays. Le minerai de platine se rencontre sous la forme de grains, disséminés dans du sable qui renferme de l'or et du diamant; on le découvre quelquefois en *pépites* d'un assez gros volume. M. de Humboldt en a trouvé en Amérique une pépite pesant 500 grammes, et de la grosseur d'un œuf de pigeon : dans l'Oural, on en a rencontré cinquante-cinq plus pesantes et une de 1,750 grammes.

Ce minerai renferme en même temps un grand nombre de substances, du p a l l a d i u m, du r h o d i u m, de l' i r i d i u m, de l' o s m i u m, etc. Le platine, séparé en grande partie des métaux étrangers qui l'accompagnent, est employé pour la fabrication d'un grand nombre d'ustensiles et d'appareils destinés aux opérations chimiques des laboratoires ou des arts; mais s'il peut rendre de grands services sous ce rapport, son prix élevé empêche de le faire servir aussi généralement qu'on le désirerait; d'ailleurs, ce métal, inattaquable par un très-grand nombre de corps, se trouve cependant attaqué par un assez grand nombre encore pour ne pouvoir l'employer dans beaucoup de circonstances : ainsi, le plomb, l'arsenic, le soufre, le phosphore, l'oxyde de manganèse, la potasse, la soude, les cendres elles-mêmes, l'attaquent plus ou moins fortement. Comme la réparation des vases fabriqués par son moyen est toujours très-coûteuse, cette condition défavorable en limite l'emploi : quand on aperçoit quelque déchirure ou une perforation, on ne peut y porter remède qu'au moyen d'une soudure à l'or; mais si l'accident est arrivé sur une trop grande étendue, il faut détruire le vase et redissoudre le platine comme si on traitait le minerai lui-même. Si le platine pouvait se souder sur lui-même comme le fer, il serait toujours possible, et le plus souvent même facile, de réparer les accidents qu'éprouveraient les ustensiles fabriqués par son moyen; malheureusement, une fois qu'il a été martelé ou laminé, il n'est plus susceptible d'adhérer avec lui-même, et l'or est le seul moyen à employer pour en réunir diverses parties.

Le platine est moins blanc que l'argent, susceptible de prendre un beau poli; on peut le réduire par le laminage en feuilles très-minces; il peut également donner à la filière des fils assez fins. Il est plus mou que l'argent; sa ténacité est très-grande : un fil de deux millimètres de diamètre peut supporter sans se rompre 112 kil. 500; c'est par conséquent le métal le plus tenace après le fer. Le platine est de tous les corps connus le plus pesant : il pèse de 21 à 22 fois autant que l'eau. A aucune des températures produites par nos fourneaux, le platine ne peut être fondu; mais en le soumettant à l'action d'un jet d'oxygène et d'hydrogène, ou à la flamme d'une lampe d'alcool, dans laquelle on dirige un courant d'oxygène, il fond et même on le voit bouillir, et dans le premier cas il brûle en lançant des étincelles. Si on introduit quelques fragments de feuilles de platine dans un espace renfermant un mélange d'oxygène et d'hydrogène, et qu'on élève la température, les deux gaz, au lieu de détoner avec violence en brisant les vases qui les renferment, se combinent lentement pour produire de l'eau. Si on se servait au contraire de platine divisé sous forme d'éponge, que l'on obtient par la calcination du chlorure de platine et d'ammoniaque, au moment du contact il se produirait une détonation violente, sans qu'on eût la peine d'élever la température : cette éponge de platine jouit de la propriété de déterminer la combinaison de l'hydrogène et de l'oxygène à un tel degré qu'il suffit de diriger sur elle un jet d'hydrogène pour qu'elle rougisse immédiatement par l'action de l'oxygène de l'atmosphère dans lequel elle est plongée, et détermine la combustion de l'hydrogène. On a fait servir cette curieuse propriété à la construction de **briquets** au moyen desquels on peut se procurer instantanément de la lumière.

Aucun acide n'attaque le platine, excepté le mélange des acides nitrique et chlorhydrique, connu sous le nom d'*eau régale*, qui ne le dissout même que difficilement quand il a pris de la cohésion par le martelage. La dissolution est jaune, et présente comme caractère distinctif et très-important de former avec les sels de potasse et d'ammoniaque un précipité jaune peu soluble, qui, calciné au rouge, donne du platine métallique pulvérulent, et mêlé avec un sel de potasse, quand le précipité a été obtenu avec cette base; en éponge et pur, quand on a employé un sel d'ammoniaque entièrement volatil. C'est par ce dernier moyen que l'on se procure le platine destiné à fournir des vases, ustensiles ou bijoux, quels qu'ils soient.

Le minerai de platine est traité par l'eau régale, qui dissout le platine, du palladium, du rhodium, et un peu d'iridium; pour les besoins des arts, après avoir évaporé en consistance sirupeuse, on étend d'eau la liqueur, et on la précipite par une dissolution saturée à froid de sel ammoniac; le précipité jaune obtenu est chauffé au rouge peu intense, et fournit du platine en éponge, que l'on chauffe au rouge blanc dans un disque en fer, dans lequel on le comprime, et on le bat avec un marteau pour le réduire en une masse bien homogène; ou bien on forme avec de l'eau et le platine divisé une pâte que l'on comprime; on la laisse sécher, on la chauffe dans un creuset, et on la soumet à l'action du marteau.

On est généralement dans l'erreur relativement à la valeur du platine, que l'on croit plus cher que l'or.

On se sert du platine pour faire un grand nombre d'instruments de chimie, et particulièrement pour confectionner des vases destinés au travail de l'acide sulfurique, à l'affinage de l'argent aurifère; on en fait quelquefois des médailles, des bijoux, etc. H. GAULTIER DE CLAUBRY.

D'après des recherches allemandes, le platine aurait été connu des Romains, qui étaient parvenus à le travailler, et il aurait été également employé par quelques alchimistes au moyen âge. Ce n'est cependant que vers le milieu du siècle dernier qu'on commença à l'importer d'Amérique en Europe en quantité assez considérable, et c'est Tugot et Daumy, ou, d'après d'autres, Jeannety, tous trois orfèvres, qui parvinrent les premiers à le travailler en grand; quelques années plus tard Wollaston découvrit le procédé actuellement en usage pour le traitement des minerais qui le contiennent.

Les oxydes de platine sont au nombre de deux. La chaleur rouge les réduit complétement; le protoxyde n'est connu qu'à l'état d'hydrate d'un brun noir, très-peu stable; le peroxyde s'obtient à l'état d'hydrate d'un jaune ocreux. Les sels de protoxyde sont vert-olive ou brun noirâtre. Les sels de peroxyde sont jaune brun ou fortement colorés. L'hydrogène sulfuré les précipite en brun foncé; ils ont de la tendance à former des sels doubles. Le peroxyde se combine avec les alcalis pour former des *platinates*, insolubles dans l'eau, mais solubles dans les acides. Le *protochlorure de platine* est vert-olive peu stable, insoluble dans l'eau. Le *perchlorure* rouge brun quand il est concentré, jaune orange en dissolution, est soluble dans l'eau et l'alcool. Le perchlorure de platine a beaucoup de tendance à se combiner avec les chlorures alcalins pour former des chlorures doubles. Le chlorure double de platine et de potassium est d'un très-beau jaune orangé, peu soluble dans l'eau.

M. Debette évalue la production annuelle du platine de 2,150 à 2,300 kilogrammes, savoir : Colombie et Brésil, 250 à 300 kilogrammes, Oural de 1,900 à 2,000. Cependant la Sibérie en a à peine produit dans ces dernières années. Pendant longtemps les seuls gisements de platine connus étaient situés dans l'Amérique méridionale. Le platine de l'Oural était en partie converti en monnaie ou plutôt en médailles.

M. **Hoefer** a introduit les sels de platine dans la matière médicale. Il les recommande surtout dans le traitement des maladies syphilitiques, comme n'offrant pas les mêmes inconvénients que les sels de mercure. L. LOUVET.

PLATINE (*Technologie*). On donne ce nom dans les arts et métiers à différents objets : 1° à un grand rond de cuivre jaune, un peu convexe, monté sur des pieds de fer, et dont on se sert pour sécher et pour repasser le linge; 2° à une pièce à laquelle sont attachées toutes celles qui servent au ressort d'une arme à feu : la platine d'un **fusil**, d'un pistolet; 3° à chacune des deux plaques qui servent à soutenir toutes les pièces du mouvement d'une montre ou d'une pendule; 4° en imprimerie, à la partie de la **presse** qui foule sur le tympan; 5° en serrurerie, à la plaque de fer attachée à une porte, au-devant de la serrure, plaque percée de manière à donner passage à la clef : verrou à *platine*, *platine* de loquet.

PLATINE (BARTHÉLEMI SACCHI, plus connu sous le nom de), né en 1421, au village de Piadena (en latin *Platina*), entre Crémone et Mantoue, substitua au nom de sa famille celui du lieu de sa naissance. Il avait d'abord embrassé l'état militaire; mais il abandonna bientôt cette profession pour se livrer à l'étude des sciences. Accueilli à Rome avec la plus généreuse bienveillance par le cardinal **Bessarion**, il obtint du pape Pie II une charge d'abréviateur apostolique. C'était le corps le plus savant de la cour pontificale. Mais Paul II, successeur de Pie II, supprima les abréviateurs, sans même leur rembourser les finances qu'ils avaient payées pour leurs charges. Ils se plaignirent : accusés du crime de lèse-majesté et d'hérésie, tous furent mis à la question; quelques-uns ne purent soutenir la violence des tortures, et se déclarèrent coupables. Platine subit ce douloureux supplice, et ne recouvra sa liberté qu'après une longue détention; mais il ne rentra dans la jouissance de ses charges que sous le pontificat de Sixte IV, successeur de son implacable ennemi. Le nouveau pontife lui confia l'administration de la bibliothèque du Vatican. Un avenir de paix et de bonheur commença pour Platine. Placé au centre des arts et des sciences, il se livra tout entier à son goût pour les études historiques, et composa plusieurs ouvrages qui lui ont mérité une place distinguée parmi les historiens d'Italie. Il mourut en 1481, âgé de soixante ans.

Ses principaux écrits sont : *Histoire des Papes*, depuis saint Pierre jusqu'à Sixte IV, auquel il la dédia et par l'ordre duquel il l'avait entreprise. Cet ouvrage parut pour la première fois à Venise, en 1479. Platine a souvent sacrifié la vérité aux exigences de sa position; mais s'il a cru devoir ménager quelques pontifes, il a montré pour le plus grand nombre une inflexible impartialité; *Panégyrique du cardinal Bessarion*; un traité *De Pace Italiæ componenda et de bello Turcis inferendo; Histoire de Mantoue et de la famille des Gonzagues;* un traité *Sur les moyens de conserver sa santé et sur la science de la cuisine.* Toutes les œuvres de Platine sont écrites en latin; mais son style manque d'élégance et de pureté. DUFEY (de l'Yonne).

PLATOF (MATWEY IWANOWITSCH, comte), général de cavalerie russe et hetman de l'armée du Don, né sur les bords du Don, le 6 août 1757, d'une ancienne famille noble de cette contrée qui était venue jadis de Grèce s'y établir, commença sa carrière militaire dans les campagnes de Turquie de 1770 et 1771. Nommé en 1801, par Alexandre Ier, hetman de l'armée du Don, il fit preuve d'un grand talent comme administrateur, et se rendit surtout célèbre par la part qu'il prit à la campagne de 1812. Après l'évacuation de Moscou par les Français, il les poursuivit sans relâche pendant toute leur retraite, leur faisant éprouver des pertes sensibles aux affaires de Wiæsma, de Dorogobusch, de Swenichi, de Smolensk, de Borisof, de Pogouljanka et de Kowno. Quand le théâtre des opérations militaires eut été transféré en Allemagne, il s'empara de Marienwerder, Marienburg, Dirchau et Elburg, battit le général Lefèvre à Altenbing; et après la bataille de Leipzig il poursuivit l'ennemi dans sa retraite avec l'infatigable activité dont il avait fait preuve pendant la campagne de Russie. Dans la campagne de France, il fut vainqueur à Laon, s'empara de Nemours, occupa Arcis et Versailles, et entra à Paris avec l'armée alliée. Aucun chef dans l'armée russe n'exerçait une aussi énergique influence sur les hommes placés sous ses ordres. Et pourtant les Kosaks de Platof avaient pour sa personne autant d'affection que de crainte. C'est que s'il savait au premier caprice leur casser inflexiblement la tête d'un coup de pistolet, en revanche il les laissait habituellement se livrer sans contrainte à leur ardeur pour le pillage. En reconnaissance de ses services, l'empereur Alexandre l'éleva à la dignité de comte. Il mourut le 3 juin 1818, dans la Slobode d'Elantchizki, sur les bords du Don.

PLATON, avec son célèbre disciple Aristote, le plus important et le plus profond penseur qu'ait produit la Grèce, né à Athènes, l'an 429 av. J.-C., était fils d'Ariston et de Perictione. Il descendait d'une des plus illustres familles d'Athènes, qui faisait remonter son origine jusqu'au roi Codrus. On l'avait d'abord appelé *Aristote;* plus tard on lui donna le nom de *Platon*, à cause de la largeur de son front suivant les uns, ou de sa poitrine suivant d'autres. On n'a que fort peu de renseignements sur sa première éducation; mais il est permis de croire qu'on lui apprit tout ce qu'on apprenait alors aux jeunes Grecs nés dans une condition libre, c'est-à-dire la grammaire, la musique et la gymnastique. Peu importe de savoir s'il figura réellement, suivant quelques traditions, comme athlète dans les jeux publics de la Grèce. Ce qui paraît mieux établi, ce sont les essais poétiques auxquels il se livra dans sa jeunesse, tels que vers, dithyrambes, poëmes lyriques et jusqu'à une vaste tétralogie dramatique que, d'après les conseils de Socrate, il s'abstint de faire représenter. Quoiqu'en relation de bonne heure avec un disciple d'Héraclite, Cratyle, ce fut surtout sa liaison avec Socrate qui décida de sa direction philosophique. Il fit sa connaissance à l'âge de vingt ans, et il suivit ses leçons jusqu'à sa mort, c'est-à-dire pendant huit ou neuf ans. La catastrophe saisissante par laquelle se termina la vie de Socrate dut faire une profonde impression sur l'esprit de Platon, et semble l'avoir affermi dans son aversion naturelle pour la démocratie. Après la mort de Socrate, le séjour d'Athènes était plein de périls pour ses amis et pour ses disciples. Platon, lui aussi, s'éloigna donc de sa ville natale, et alla se fixer pendant quelque temps à Mégare, auprès d'Euclide. Il paraît avoir fait dans cette ville une étude toute particulière des spéculations de l'école éléatique. Cette étude, jointe à celle des doctrines de l'école pythagoricienne, agrandit l'horizon de ses idées, et fait comprendre comment ses investigations philosophiques embrassèrent un cercle bien autrement vaste que les idées élémentaires de Socrate. De Mégare il alla voyager à l'étranger, d'abord à Cyrène et en Égypte, puis en Italie, où il eut des relations avec les pythagoriciens les plus importants, tels que Archytas de Tarente, Timée de Locres, etc., et enfin en Sicile. Peut-être s'y rendit-il à l'invitation de Dion, le beau-frère du tyran de Syracuse, Denis l'ancien, qui aurait espéré exercer quelque influence sur l'esprit de Denis grâce à Platon. Mais la gravité et la franchise du philosophe athénien déplurent bien vite au tyran. Il livra donc son hôte, en sa qualité de citoyen d'Athènes, d'une ville contre laquelle il était alors ligué avec Lacédémone, à Pollis, envoyé des Spartiates à sa cour, qui le vendit à Égine comme esclave. Anniceris de Cyrène le racheta pour lui rendre sa liberté; et Platon, âgé alors de près de quarante ans, s'en revint à Athènes pour commencer ses enseignements dans un gymnase situé hors de la ville et appelé l'*Académie*. Plus tard Platon alla encore deux fois à Syracuse; la première, à la demande de Dion, peu de temps après la mort de Denis l'ancien, en l'an 368. Mais Denis le jeune ne s'accommoda pas mieux de la morale sévère de Platon que n'avait fait son père; et peu de temps après le bannissement de Dion, Platon dut s'en retourner à Athènes. Denis, qui lui avait promis de rappeler son oncle au bout d'un an, prit prétexte de la guerre qui sévissait alors pour différer de tenir son engagement, et finit par mettre pour condition au rappel de Dion, que Platon viendrait le visiter de nouveau. Ce prince envoya donc un de ses vaisseaux à Athènes, pour y chercher Platon; et notre penseur, âgé alors de soixante-neuf ans, se décida à entreprendre ce nouveau voyage. Les pythagoriciens lui avaient garanti la loyauté des intentions de Denis; et cette précaution n'était pas superflue, car sans le crédit d'Archytas, il est douteux que Platon, qui indisposa de nouveau par sa franchise le tyran, fût cette fois revenu sain et sauf à Athènes. Les rapports que Platon entretint avec les souverains de Syracuse autorisent à penser qu'il avait en vue de faire prévaloir en pratique les principes politiques auxquels il s'était arrêté; idée justifiée jusqu'à un certain point par maintes circonstances de la vie publique des Grecs et aussi par l'exemple des pythagoriciens. De retour de ce troisième voyage en Sicile, Platon passa le reste de ses jours à Athènes. Il mourut à l'âge de quatre-vingt-deux ans, l'an 348 av. J.-C., le jour anniversaire de sa naissance; et la mort vint le frapper à l'improviste, au milieu des joies d'une noce.

La philosophie de Platon est le premier exemple d'un mouvement d'idées embrassant à la fois la dialectique, la physique et l'éthique (ou la morale); et c'est de lui que date la distinction qui dès lors exista dans la philosophie grecque entre ces parties fondamentales de la science philosophique. Platon ne bornait point l'horizon de la philosophie au cercle d'idées morales dans lequel Socrate s'était renfermé. Il connaissait trop bien les spéculations antérieures à Socrate pour ne pas trouver dans les contradictions qui les divisent un motif pour essayer de les concilier et pour faire de la science un tout. Ses œuvres ont essentiellement le caractère de recherches susceptibles d'être étendues et rectifiées; et vers la fin de sa vie sa manière de voir semble avoir subi une modification qui la rapprochait des idées pythagoriciennes; modification dont il est du reste assez difficile de se rendre bien clairement compte, d'après ce que nous en dit Aristote. Ce n'est donc pas pur effet du hasard si tous les ouvrages de Platon ont la forme du dialogue : le dialogue représente la forme naturelle de la production vivante de la pensée, et cette forme se rattache étroitement à la manière de penser de Platon. Souvent il aime à indiquer symboliquement, sous une forme poétique et mythique, ce qu'il lui serait difficile à lui-même d'exprimer en idées nettement posées ou encore de les rendre sous cette forme accessibles à l'intelligence; et quelques-uns de ses mythes appartiennent aux plus magnifiques créations du génie grec. Toutefois, cet élément poétique et symbolique ne domine pas tellement dans ses ouvrages, qu'ils y tiennent lieu de tendances scientifiques et de contenu spéculatif. Les dialogues les plus importants de Platon ont une dialectique d'idées si abstraite, qu'il est impossible d'admettre qu'il ait tenu la poésie pour la véritable expression de la science philosophique. On conçoit cependant que sa philosophie ait été si diversement conçue, interprétée et appliquée, surtout comme on manque de renseignements historiques sur l'ordre dans lequel ses ouvrages se succédèrent; circonstance qui ouvre une vaste carrière aux opinions les plus opposées. Dans sa traduction allemande de Platon, Schleiermacher a tenté avec plus de finesse que de bonheur de représenter les œuvres de son auteur comme formant un grand tout systématique. Suivant lui, Platon aurait commencé à développer son système dès ses premiers écrits, de telle sorte qu'en persévérant à suivre ce plan, il aurait méthodiquement procédé à l'exposition de ses idées. Le dialogue de *Phèdre* serait l'esquisse, l'avant-propos de tout le système. Viendraient ensuite les dialogues élémentaires de Socrate ayant trait à la dialectique comme moyen, et aux idées comme véritable objet de la philosophie, tels que *Protagoras*, *Parménide*, *Lysis*, *Lachès*, *Charmide*, *Eutyphron*, *Apologie*, *Criton* et divers autres petits dialogues. Les dialogues dialectiques ou intermédiaires formeraient une seconde série, dont le but est de développer la différence existant entre la science vulgaire et la science philosophique et de l'appliquer aussi bien à la physique qu'à l'éthique. Schleiermacher range dans cette catégorie le *Banquet*, l'*Homme d'État*, *Phédon*, *Philebos*. Il place dans la troisième série les ouvrages objectivement scientifiques, le *Timée*, le *Critias* et les dix livres *De la République*, auxquels se rattachent les livres *Des Lois* (dont l'authenticité a de nouveau été contestée dans ces derniers temps). K.-F. Herman a proposé, en opposition à Schleiermacher, un ordre présentant le tableau de la formation individuelle et successive du cercle de pensées de Platon : comment, lié d'abord aux étroites limites de la philosophie socratique, peu à peu il étendit toujours davantage et développa plus complétement ses recherches. Ce principe de classification est beaucoup plus satisfaisant que celui de Schleiermacher; mais faute de témoignages extérieurs, il restera toujours sous ce rapport une large carrière ouverte aux suppositions et aux combinaisons.

[Platon le premier apprit à la pensée à se connaître, et à fonder sur cette connaissance la connaissance de tout le reste. Ceux qui avant lui travaillaient à savoir considéraient les objets sans égard à ce qui les représente à la pensée dans la pensée elle-même, qu'ils étudiaient aussi de cette manière, ne songeant pas plus à examiner par quoi et comment elle peut se connaître que par quoi et comment elle peut connaître les autres choses. Aussi n'obtenaient-ils par-ci par-là que des notions vagues, confuses; et s'il arrivait qu'elles fussent vraies, il leur était impossible de s'en assurer, faute du principe de la science. Socrate commença à s'enquérir de ce principe, ou à rechercher ce qui fait en nous que nous savons; et il trouva que ce sont les idées générales, que chacun porte en soi, lesquelles se rencontrent à découvert ou cachées, bien ou mal prises, dans toute notion, selon qu'elle est claire ou obscure, vraie ou fausse. En rentrant en lui-même pour les regarder avec attention, il vit, et quiconque fera ce retour d'une manière sérieuse verra également que ces idées contiennent les raisons de tout ce qu'il nous est donné de comprendre, et sont elles-mêmes leur propre raison. De sorte qu'elles se connaissent elles-mêmes et fournissent le moyen de connaître ce qui n'est point elles. Mais si les idées ont une source en nous, puisqu'elles constituent notre entendement, elles ont une source plus haute en Dieu, de qui elles constituent aussi l'entendement. Elles se divisent en deux ordres, dont un seul nous appartient, dont l'autre appartient à Dieu; et il faut les considérer à la fois dans ces deux ordres pour les embrasser avec toute leur étendue et leur réalité. Or, Socrate paraît s'être arrêté au premier, et ne les avoir envisagées que comme constitutives de notre entendement. Du moins, cela ressort de Xénophon, qui passe pour le rapporteur fidèle de ses entretiens, et Aristote autorise pareillement à le croire. En créant les esprits, Dieu a produit l'image de lui-même, et les idées générales, qui constituent tout esprit créé, sont la copie des idées générales correspondantes qui constituent l'esprit créateur. En créant les corps, il a produit aussi une certaine image de lui-même, puisqu'il les a faits d'après ce qui en lui les lui représente éternellement (*Voyez* PENSÉE); et les propriétés générales qui se rencontrent dans les corps et y forment ce qu'ils ont de fondamental sont à leur manière une copie de ce qui leur répond en Dieu.

Ainsi, les idées qui subsistent dans lui comme raison souveraine ou incréée, en nous comme raison subalterne ou créée, subsistent dans les corps comme rapport animal, végétal, minéral. C'est pourquoi notre intelligence, quoiqu'elle ne voie et ne comprenne jamais que ce qui est en elle-même, voit et comprend ce qui est hors d'elle, au moyen d'elle-même, qui pour soi en est la représentation. L'extrême différence des deux copies, dont la première donne les esprits et la seconde les corps, c'est que l'une connaît et que l'autre ne connaît point. Quoique ces copies, ou les esprits et les corps, soient des êtres réels, qu'ils aient une substance propre, cependant, comme ils l'ont d'emprunt, comme ils ont été faits tout ce qu'ils sont, ils ne sauraient vivre et se conserver qu'autant qu'ils se trouvent unis à leur modèle, leur auteur, et enveloppés de son action souveraine. D'où il suit que nos idées dépendent immédiatement à l'intérieur des idées divines, et qu'elles doivent sans cesse s'élever à elles et leur rester unies, afin de se soutenir et être dans leur force. Tel est le fond de l'enseignement de Platon, qui le répand dans ses ouvrages avec une intarissable profusion de faces, d'aperçus et de tours. Résumé dans le *Parménide*, qui a pour objet la nature des idées, dans le *Timée*, où est exposée l'origine de l'univers, il se montre à chaque instant ailleurs, mais seulement par quelqu'un de ses points, selon le besoin du sujet. Ainsi, vers le milieu du *Phédon*, il est dit et répété que l'âme porte en soi les notions essentielles, et que ce n'est que par soi qu'elle juge de ce que les choses sont en elles-mêmes; sur la fin du *Sophiste*, que les êtres physiques sont formés avec un art divin; par conséquent, ils ont en eux une empreinte de la Divinité; sur la fin du 6e livre de la *République*, que l'idée du bien, sous laquelle ici sont comprises toutes les idées générales, est Dieu, et que l'âme montre l'intelligence lorsqu'elle s'attache à lui, et que lorsqu'elle s'en détourne elle semble la perdre. C'est par ce fond que l'école platonicienne est celle du vrai, qu'elle se distingue et de l'école écossaise, qui, admettant les idées en nous, nie qu'elles dépendent d'idées supérieures subsistant en Dieu, et de l'école malebranchiste, qui n'admettant d'idées qu'en Dieu, nie qu'il y en ait en nous; et de l'école sensualiste, qui, n'admettant d'idées ni en nous ni en Dieu, prétend qu'elles sont formées, par abstraction, dans les impressions des sens; écoles du faux, qui ruinent ou sont invinciblement entraînées à ruiner les idées, anéantir le savoir et nous déposséder de la vérité.

Mais puisque Platon s'éloigne de Socrate, d'où vient qu'il s'efface devant lui et ne parle que par sa bouche? C'est afin de lui rendre hommage et de se servir de son nom célèbre et de sa manière dramatique, et éminemment propre à populariser un enseignement. Il le peut d'autant mieux qu'il ne s'éloigne qu'en marchant sur la même ligne; que, pour apprendre à la pensée à se connaître complétement, il la pousse à se regarder non-seulement dans soi-même, mais dans Dieu, où se trouve la raison primitive de tout ce qu'elle est. Quoique Socrate se tût sur les idées divines, parce qu'il était plus occupé à répandre l'utile et pressante instruction qu'il possédait qu'à se la développer davantage, il ne s'ensuit nullement qu'il les rejetât, et, en faisant entendre le contraire, Aristote lui prête sa propre erreur. Platon obtint de son siècle le surnom de *divin*, et la postérité le lui a conservé. Il faut le dire, aucun mortel ne le mérite mieux. Mais d'ordinaire on n'exalte par là que la magnificence, la pompe et la mélodie de son langage, le charme délectable que respirent ses peintures du sentiment. Sans doute même à cet égard il souffre peu de comparaisons. Mais l'énergie, l'opulence, l'enchantement du style, ne sont que la partie inférieure, j'oserai presque dire grossière de son génie. Voulez-vous le voir dans sa sublimité, suivez-le dans les rues, dans les ateliers, dans les places publiques, où, sous la personne de Socrate, il va avec son ton simple et badin, sa conversation naïve, ses propos familiers, instruire les ignorants, démasquer les faux sages, qui, s'emparant des connaissances acquises, les gâtent pour renverser les maximes du bon sens et de la morale, aveugler les esprits, corrompre les cœurs, gagner du crédit et de la fortune, et flétrir leur époque en lui imprimant le nom d'époque des sophistes. A l'entendre toujours parler de laboureurs, de vignerons, de cuisiniers, de bûcherons, de charpentiers, de tisserands, de marchands, de joueurs de lyre, de pilotes, on le prendrait pour un bon campagnard, un homme de ménage, de boutique, ou tout au plus pour un maître d'école, si on ne le voyait entouré continuellement des fils des premières familles, et dans les assemblées des rhéteurs et des sophistes, qui pâlissent à sa vue, et si en même temps ses entretiens n'étaient, dans leur abandon et leur simplicité, si accomplis et ne décelaient une culture parfaite. Aussi, sous ce langage et ces objets communs, qu'il cache un sens profond, une sagesse relevée et un art admirable de les communiquer! Il semble ne discourir qu'inspiré par les occasions et le hasard; ce qu'il dit paraît plutôt l'expansion ingénue de la nature que le fruit de l'étude. Cependant, on sent que cela est assis sur des principes si fermes, sur une méditation si étendue et si suivie, qu'il est impossible de méconnaître en lui un homme qui a sondé tous les recoins de la pensée, et qui sait où est le vrai et où est le faux, qui écoute ou provoque les objections avec l'assurance de ne voir surgir aucune vérité, aucune erreur nouvelle. Il affecte l'ignorance; et en effet il n'a pas le savoir mensonger qui est en vogue, il n'a pas non plus ce savoir empirique qui est fondé, mais qui ne réside que dans la mémoire. Le sien est d'intelligence : c'est pourquoi il semble toujours spontané. Avec cette maîtresse connaissance de soi, cette domination des idées premières, il entreprend hardiment d'éclairer les autres; il les travaille, il les presse par ses questions faites si à propos, par ses exemples si sensibles, si bien choisis, jusqu'à ce qu'ils aperçoivent ces idées là, et qu'à leur clarté pure ils voient disparaître les lueurs vagues dont ils étaient si fiers ou les ténèbres de leur ignorance native. Ne lui croyez pas la prétention de leur enseigner quelque chose, il ne s'attribue, suivant son langage, que le talent des sages-femmes, celui d'aider les âmes à enfanter, ou à trouver en elles-mêmes et y mettre au jour ce qu'il y cherche avec elles. Quelquefois, d'interrogation en interrogation, de réponse en réponse, il les conduit avec tant de subtilité et d'adresse, qu'il leur fait parcourir en tous sens la pensée, en les alléchant par l'espoir de découvrir ce que c'est que la sagesse, l'amitié, le courage, et finit par les laisser déçues et dans une incertitude inquiétante; de sorte que vous le prendriez lui-même pour un de ces sophistes dont les leçons ne sont que mécomptes et dont il s'est déclaré l'implacable ennemi. Mais si on y regarde de près, on s'aperçoit qu'il a obtenu un résultat non moins important que s'il avait mis en lumière l'objet particulier de sa recherche; il a exercé les esprits avec lesquels il converse, il les a fait réfléchir, il leur a appris à voir d'un coup d'œil dans chaque principe la longue chaîne des conséquences qui en découlent, et à surprendre les liaisons de ces conséquences avec les conséquences d'autres principes. Et qu'il finisse ou qu'il ne finisse point par éclaircir le point dont il s'agit, il a rempli son objet, qui est de conduire à philosopher. Voilà ce qui fait Platon grand et justifie son titre de *divin*; car la grandeur réelle, qui nous rend semblables à Dieu, c'est de connaître et d'aimer la vérité, objet unique de la connaissance et de l'amour divins.

Nous avons déjà indiqué que Platon dispute aisément de pompe et d'énergie avec quel poëte et quel orateur que ce soit; mais qui approche de Platon dans les *Lois* et la *République?* On dirait le langage d'êtres supérieurs à l'humanité, qui daignent s'entretenir de ses intérêts avec un amour infini pour elle et une connaissance parfaite de sa nature et de son état. Il y règne je ne sais quel sentiment profond de notre dignité et de nos misères, quelle assurance et quel calme venant d'en haut, quelle auguste persuasion qu'on sent, qu'on goûte, qui ravissent, et qu'on ne peut rendre. C'est une composition d'une beauté unique, d'un attrait indéfinissable : il faut la contempler. Le *Télémaque*, si universellement vanté, d'une perfection si populaire, et où l'on voit l'influence des *Lois* et de la *République*, n'en est pourtant qu'un pâle reflet. Remarquons en passant que sa *République*, qu'on appelle imaginaire, à peu de choses près, subsistait vivante à Sparte. Cette domination absolue de l'État sur ses membres et cette destruction de l'individu, qui en sont l'essence, la société ancienne les réclamait comme son seul fondement solide, à cause de l'extrême faiblesse de la raison dans la multitude, où elle ne pouvait servir de lien social, et où elle devait être remplacée par une autorité propriétaire universelle des personnes et des biens, et de laquelle chacun fût supposé tenir tout ce qu'il avait et tout ce qu'il était. Admirons Platon de l'avoir si bien compris.

BORDAS-DEMOULIN.]

PLATONICIEN, PLATONIQUE. Le premier de ces mots s'emploie pour désigner les personnes et les choses qui ont rapport à Platon, et l'on dit : Un philosophe *platonicien*, une idée *platonicienne*. Le second est réservé pour les choses, et n'est guère en usage que dans ces deux locutions : *Amour platonique, année platonique*. L'*amour platonique*, c'est un amour dégagé des sens, un amour spirituel de deux personnes qui s'aiment dans la beauté éternelle. Cette expression provient de ce que Platon a dit que l'amour basé sur les sens et entaché de désirs charnels n'est qu'une forme inférieure de ce sentiment. L'*année platonique*, c'est la révolution qui ramène tous les corps célestes dans le même état. BORDAS-DEMOULIN.

PLAT-PIED ou PIED-PLAT, termes du langage familier par lesquels on entend désigner un individu indigne de toute espèce de considération, nous dit l'Académie. Les pieds larges et aplatis ne sont pas précisément, aux yeux des artistes, un élément de beauté physique. Honoré de Balzac, qui était affligé de ce léger vice de conformation, avait trouvé le moyen d'en tirer vanité et d'y voir une preuve authentique de la noblesse de sa race. Quand on le mettait sur ce chapitre, il n'y avait rien de plus divertissant que de l'entendre longuement expliquer comment à l'origine ce terme de *plat-pied* était un terme générique par lequel les orgueilleux vainqueurs Franks désignaient les vaincus, les Gaulois, qui tous avaient les pieds larges et aplatis. Les Balzac d'Entragues, pieds-plats de père en fils, étaient donc de noblesse gauloise, c'est-à-dire d'une noblesse de bien meilleur aloi que la noblesse franque. Où diable l'orgueil ne va-t-il pas se nicher?

PLATRAS. *Voyez* GRAVOIS.

PLÂTRE. C'est le gypse ou sulfate de chaux impur, desséché, improprement dit *calciné*. Les plâtres varient beaucoup pour la force d'adhésion. Le sulfate de chaux régulièrement cristallisé et presque pur ne donne à la cuisson qu'un plâtre sans force, tandis que les plâtres de Montmartre et de Lagny, qui jouissent de beaucoup de force et qui conservent de l'adhésion pendant un temps comparativement très-long, proviennent d'un gypse en petits cristaux agrégés au moyen d'un ciment naturel de carbonate de chaux. Le plâtre dit *brûlé*, ou trop calciné, perd considérablement de sa qualité. Dans les fours à plâtre ordinaires, où, pour l'économie du temps et la facilité de la charge, on entasse le gypse en fragments assez volumineux, les morceaux sont très-sujets à être brûlés à la superficie, tandis que le noyau n'a pas été suffisamment atteint par la chaleur. Quand on a besoin de se procurer un plâtre supérieur, le mieux est de réduire la pierre en fragments de la grosseur d'un œuf de poule, et d'exposer ces fragments dans un four de boulanger à la retraite du pain; ou mieux encore, par un procédé que nous n'avons pas vu mettre en pratique, mais qui nous a personnellement parfaitement réussi: c'est de pulvériser la pierre crue, et de placer cette poudre dans un chaudron sur le feu; la matière ne tarde pas à éprouver une véritable ébullition par le dégagement de l'eau de cristallisation du sulfate de chaux, qui se réduit en vapeur. On reconnaît que le plâtre est suffisamment cuit quand l'intumescence de la matière cesse, et qu'elle retombe tranquille dans le chaudron.

Chacun sait que les plâtres gardés longtemps après leur cuisson, et surtout après leur pulvérisation ou battage, perdent leur force: on dit alors que le plâtre est *éventé*.

Le sulfate de chaux régulièrement cristallisé en grandes lames prend le nom de *miroir d'âne*. Il donne un plâtre faible, mais ordinairement d'une grande blancheur, avec un grain très-fin. Il convient pour les petites figurines.

L'usage immense du plâtre, surtout à Paris, est bien connu. *Ville de boue et de plâtre*, a-t-on dit quelque part, en parlant de la métropole de la civilisation; mais ces carrières de Montmartre, qui ont fait pendant tant de siècles l'orgueil de Lutèce, menacent enfin d'un prochain épuisement; heureusement qu'on découvre chaque jour de nouveaux gisements de gypse sur la rive droite de la Seine. A Lagny, sur la Marne, on trouve en abondance un gypse différemment cristallisé, à peu près semblable à celui d'Italie. On en fait des figurines, des cartels de pendule, des vases, etc. C'est un véritable albâtre gypseux, semi-transparent. C'est l'*alabastrite*.

Si le plâtre était exempt du défaut de la *poussée*, en termes de l'art, et s'il résistait mieux aux intempéries des saisons, ce serait une des plus précieuses substances extraites par l'homme du sein de la terre. PELOUZE père.

Le gypse grossier, plus communément désigné sous le nom de *pierre à plâtre*, forme, par la multiplicité de ses usages l'une des roches les plus importantes des terrains tertiaires. Le gypse grossier, privé par une forte chaleur de son eau de cristallisation, et réduit en poudre fine, forme le *plâtre de Paris*; celui-ci, délayé dans l'eau, absorbe rapidement ce liquide, pour remplacer l'eau de cristallisation qu'il a perdue, et se constitue presque aussitôt en masses solides et compactes. C'est à cette propriété qu'est dû l'emploi si général du plâtre dans les constructions. Mélangé avec de la colle de peau, le plâtre forme une pâte connue sous le nom de s t u c. L'emploi du plâtre dans le m o u l a g e est généralement connu. Un autre usage de plâtre d'une haute importance en agriculture, c'est son application à l'a m e n d e m e n t des prairies artificielles. L'introduction de ce procédé en France remonte à la guerre de sept ans et nous vient, dit-on, de l'Allemagne: les premiers essais furent faits dans le département de l'Isère, et bien que les résultats obtenus aient dépassé de beaucoup tout ce que l'on pouvait espérer d'un semblable mode d'engrais, l'industrie agricole a à regretter que ce procédé ne soit pas assez généralement adopté dans une multitude de localités, où la proximité des couches gypseuses rendrait son application extrêmement avantageuse.

BELFIELD-LEFÈVRE.

Il y a une différence essentielle à établir entre le *plâtre* et le m o r t i e r. Le plâtre gâché augmente de volume en faisant corps, au lieu que le mortier diminue, surtout lorsqu'il n'a pas été massivé. Voilà pourquoi il y a des précautions à prendre lorsqu'on se sert de plâtre pour certains ouvrages, tels que les voûtes, les cheminées, qu'on adosse aux murs isolés, les plafonds, etc. Les anciens firent peu d'usage du plâtre dans leurs constructions. Il paraît qu'ils ne s'en sont servis que pour les enduits intérieurs: encore ne l'employaient-ils pas pur. Vitruve en blâme l'usage, parce que le plâtre, faisant corps plus promptement que le mortier avec lequel on le mêle, l'enduit est sujet à gercer. Peut-être là où il était abondant l'employaient-ils comme nous, dans la construction des maisons ordinaires. Comme cette matière dure peu en comparaison du mortier, il peut se faire que ces enduits aient été détruits depuis longtemps.

Plâtrière est un nom commun à la carrière d'où l'on tire la pierre à plâtre, et au lieu où on la cuit dans les fours. Le *plâtrier* est le cuiseur et le marchand de plâtre.

Au figuré, *Battre quelqu'un comme plâtre*, c'est le battre excessivement. Dire d'une femme qu'*Elle a deux doigts de plâtre sur le visage*, c'est la représenter comme se fardant beaucoup.

Plâtre se dit aussi de tout ouvrage moulé en plâtre. Les plâtres de la frise sont les ornements en plâtre qu'on y voit. Le plâtre d'une statue, d'un buste, est le modèle en plâtre de ce buste, de cette statue. Un *plâtre antique* est une figure, un bas-relief de plâtre moulé d'après l'antique. On a tous les plâtres de la colonne trajane. L'École des Beaux-Arts à Paris a une belle collection de plâtres. On désigne par *premier plâtre* d'une statue celui qui est sorti le premier du moule. Le *plâtre* d'une personne est le masque de plâtre avec lequel on a pris l'empreinte de son visage.

Plâtres, au pluriel, sont les légers ouvrages en plâtre d'un bâtiment, comme les enduits, ravalements, lambris, corniches, languettes de cheminée, plinthes, scellements, etc., ou des ouvrages de sculpture, moulés et coulés en plâtre dans des creux, comme frises, rosaces de plafond, coins de corniche, masques, festons, bas-reliefs, etc.

On reconnaît la bonne qualité du plâtre à une espèce d'onctuosité qu'il laisse aux doigts et que les ouvriers appellent *amour*. On nomme *plâtre blanc* le plâtre qui a été *rablé*, c'est-à-dire dont on a ôté le charbon dans la plâtrière. Le *plâtre gris* est celui qui n'a pas été rablé, c'est-à-dire qui est mêlé de charbon de cuisson. *Plâtre gras* se dit du plâtre qui étant cuit à propos est le plus aisé à manier et le meilleur, parce qu'il prend aisément, se durcit vite et fait bonne liaison. Le *plâtre au panier* est le plâtre qui est passé au mannequin et qui sert pour les crépis. Le *plâtre gros* est le plâtre qu'on emploie comme il vient du four, et dont on se sert pour *épigeonner*, c'est-à-dire sans le plaquer ni le jeter, mais en le levant doucement par *pigeons* ou poignées avec la main ou la truelle. Le *plâtre au sas* ou *plâtre fin* est le plâtre qui, passé au sas ou tamis, sert pour les enduits d'architecture. Le *plâtre serré* est celui où il y a peu d'eau, et qui sert pour les soudures des enduits. Le *plâtre clair* est celui où il y a beaucoup d'eau et qui sert pour ragréer les moulures traînées. Le *plâtre noyé* est un plâtre qui nage presque dans l'eau, et qui ne sert que de coulis pour ficher les joints.

PLATTE-MONTAGNE (MATTHIEU). *Voyez* MONTAGNE (Matthieu).

PLATTEN (Lac de) ou *Balaton*, en Hongrie, le plus grand lac qu'il y ait au sud de l'Europe, situé entre les comitats de Samogy, de Szalad et de Verzprim, comprend environ 12 myriamètres carrés de superficie. Les eaux en sont douces, mais au total assez peu profondes (12 mètres). Ce lac est assez poissonneux, et ses rives abondent en oiseaux de tous genres. Ses rives septentrionales sont garnies de montagnes couvertes de vignobles; partout ailleurs ses rivages sont plats. Le pays d'alentour abonde en plantes rares et en richesses minérales. Une foule de légendes romantiques des Magyares se rattachent au lac de Platten; les unes remontant à l'antiquité la plus reculée, les autres relatives aux guerres soutenues contre les Turcs. En 1848 et 1849 les bords du lac de Platten furent à diverses reprises le théâtre de combats sanglants.

PLATTENBERG. *Voyez* MONTAGNE (Matthieu).

PLATT-INDIGO. *Voyez* BLEU DE PRUSSE.

PLATYCÉPHALE (de πλατύς, large, et κεφαλή, tête), sous-genre de poissons établi par Cuvier dans le genre *chabot* pour vingt-et-une espèces offrant les caractères suivants : Tête très-déprimée, tranchante par les bords, armée de quelques épines, mais non tuberculeuse; sept rayons couverts d'écailles aux branchies; des palatins à une rangée de dents aiguës; grandes ventrales à six rayons, placées en arrière des pectorales. Les platycéphales habitent principalement la mer des Indes.

PLATYRRHININS. *Voyez* SINGE.

PLAUEN, importante ville de fabrique, située en Saxe, dans une belle vallée, sur les bords de l'Elster blanc, compte plus de 13,000 habitants, et était jadis le chef-lieu du cercle du Voigtland. C'est le grand centre de la fabrication des mousselines, des batistes, des jaconas, des étoffes brodées et brochées de Saxe; et on y trouve de grandes manufactures de toile de coton. Cette ville conservera longtemps le souvenir du terrible incendie qui y éclata dans la nuit du 9 au 10 septembre 1844, et qui ne dévora pas moins de cent cinquante maisons.

PLAUTE (MARCUS-ACCIUS), l'un des plus anciens poëtes comiques de Rome, contemporain d'Ennius, naquit vers l'an 254 av. J.-C., à Sarsine, en Ombrie. On ne sait rien de sa jeunesse; seulement on le voit tout d'un coup arriver à Rome à l'âge de chercher aventure. Il avait à la fois l'esprit des affaires et l'inspiration poétique; il devint chef d'une troupe de comédiens, qui prospéra par son administration et par ses ressources d'auteur. Ses succès matériels lui donnèrent un goût fâcheux de spéculations : il quitta le théâtre pour le négoce, et s'y ruina. Dans sa détresse, il fut réduit à se mettre au service d'un meunier, et tourna philosophiquement la meule sans perdre sa verve en désespoir inutile. Pour relever sa fortune, il sollicita de nouveau son génie, et composa, dit-on, trois comédies durant ce temps d'épreuve. Son talent lui rendit tout ce qu'il avait perdu, et sa renommée devint un des plus grands faits de l'époque. Rentré dans sa voie naturelle, Plaute ne s'avisa plus d'en sortir. Il écrivit un grand nombre de pièces, dont la plupart sont perdues. Parmi les cent vingt qu'on lui attribuait, Varron n'en donnait que vingt-trois pour authentiques. A l'égard des autres, tantôt on était trompé par des ressemblances de nom, tantôt par le calcul des copistes, qui grossissaient les recueils dans l'unique vue du débit. La critique moderne n'en voit que vingt de parfaitement authentiques.

L'introduction de l'art dramatique à Rome n'avait précédé que de vingt ans l'apparition de Plaute. Pendant près de cent vingt ans, le peuple-roi s'était extasié devant des tréteaux où se jouaient d'ignobles parades, appelées *saturæ*, mot qui signifie *mélange confus et capricieux*. Puis était venu Livius Andronicus, qui avait essayé l'imitation de la comédie grecque, imitation barbare et digne de ses juges. Vers le même temps, Nævius, entré dans la même voie, l'avait suivie un peu plus librement. Son public s'imaginait avoir une langue, et Nævius l'aidait à rire du patois des Osques, peuple perdu politiquement dans la société romaine, mais dont le patois avait survécu chez les Volsques et dans la Campanie. Tout marchait vite à Rome; la civilisation, les lettres, les plaisirs raffinés, y suivaient le progrès de la conquête extérieure, et Plaute avait pu s'élever à la comédie véritable, c'est-à-dire à l'une des formes les plus accomplies de la pensée humaine, sans cesser d'être compris et fêté par la majorité du public. Érasme, Scaliger, Rapin, Muret et La Harpe, ont été trop sévères pour ce poëte, qu'ils ont fait dur, grossier, maladroit, ignoble. Marmontel l'a justifié en peu de mots lumineux; Hoffmann l'a fait plus longuement : il a expliqué une grande partie de ses prétendus défauts par des nécessités de temps, de mœurs et de lieux. Plaute a le grand mérite d'exprimer la physionomie nationale et de parler réellement la langue nationale, deux titres littéraires qui sont inséparables. Aussi son théâtre se maintient-il au delà des bornes connues de la popularité. Selon le témoignage d'Arnobe, ses pièces étaient encore courues sous Dioclétien. Faire rire un peuple est un privilége plus important qu'on ne pense, et Plaute eut cela de commun avec Molière, qu'il donna à la vie réelle de la couleur, du mouvement et de la variété, et resta par là même plus présent au bon sens et à l'imagination des masses que les poëtes voués à la peinture du merveilleux et de l'idéal. Plaute ne donna point à son génie de chaînes aristocratiques, il ne travailla pas pour l'élite des amateurs; il alla droit au peuple romain, qui, comme le peuple de tous pays, se composait dans l'ordre littéraire et philosophique de membres attachés à toutes les classes, à celle des patriciens aussi bien qu'à celle des artisans. Quand la comédie n'est plus nationale, ce n'est plus la comédie. Plaute n'oublia jamais cette vérité, et l'appliqua avec une vérité qui étonne tous les vrais juges de la société romaine. Le trait dominant de sa physionomie poétique est d'énergie. Plaute saisit vivement les sujets, il accuse avec force les contours et les couleurs; et la familiarité et d'assurance, la témérité même de son style, empêchent qu'on ne s'y arrête au point d'en être choqué. Tout au rebours de Térence, Plaute ne s'avisait point d'embellir le vice; il ne le rendait pas intéressant par la mélancolie, par les beaux sentiments, par les prestiges du savoir-vivre. Plaute se moque véritablement, puissamment, constamment de la volupté, de la prodigalité, de la paresse et de tous les travers que la raison de la foule aime à voir poursuivis et que le très-grand monde s'amuse à couvrir de beaux noms. Inspiré par le gros bon sens de la foule, qui est le vrai bon sens, il tient beaucoup à être compris. Il prend donc ses types, ses incidents, ses locutions, dans le domaine commun : il est contemporain, il est Romain, c'est-à-dire que tout en lui est nettement accusé.

Plaute n'est pas seulement railleur, il est encore éloquent et sévère. Quand il a peint les ridicules de l'amour, de l'avarice, de la morgue, de la lâcheté; quand il a dissipé le vain prestige de la dignité nationale, il lui arrive quelquefois d'élever le ton et de risquer franchement les grands traits de morale. Observateur né des dispositions populaires, il n'a garde d'oublier que la foule veut être instruite, disciplinée, initiée aux plus nobles lois de l'ordre intellectuel. Plaute nous introduit dans le gynécée au fort des querelles de ménage; il nous fait asseoir à la table des courtisanes, nous jette dans ces hideuses orgies, dans ces abîmes de crapule, dont les gens distingués se faisaient gloire. Nous coudoyons ces esclaves, si gais et si misérables, dominant par le vice leurs dominateurs par la loi, et s'étourdissant à force de dépravation sur la menace générale, sanguinaire, inexorable, qui gronde sans cesse au-dessus de leur corps incliné. Avec Plaute, nous nous rendons à la promenade de Vénus-Cloacine, rendez-vous des galants émérites, des fils de famille corrompus par leurs pédagogues, des esclaves fanfarons affranchis par la baguette du préteur. Nous parcourons les rues du Vélabre, séjour de l'industrie, de l'agiotage, du vol, du luxe sans goût et de l'oisiveté bourgeoise et famélique. Le résumé historique des œuvres de Plaute les dépasserait de beaucoup en étendue. Quelque atroce qu'ait été le génie politique de Rome, quelque digne qu'elle ait été de succéder aux crimes et aux infamies de Carthage, de la Grèce et de l'Asie, on aime à voir avec Plaute qu'elle avait encore du bon et à pressentir en elle l'instinct qui la fera tressaillir un jour à ce vers de Térence :

Humani nihil a me alienum puto.

Dans la pièce des *Captifs*, on voit un esclave dévoué, un maître reconnaissant, deux hommes tout à fait hommes, choses possibles dans la société romaine, puisque son peintre le plus croyable le témoignait ainsi. Dans la *Mostellaria* et dans la *Cistellaria*, les courtisanes, ces grandes puissances du temps, sont ravalées avec une admirable énergie, et l'on voit, à la verve confiante de Plaute, qu'il se connait des échos dans la majorité des spectateurs. Il faut surtout rendre hommage au *Rudens*, protestation simple et magnifique en faveur de la Providence, expression manifeste d'un sentiment général de foi que la licence et la férocité de la vie publique ne pouvaient étouffer.

A tous ces titres, Plaute a profondément excité l'attention des poëtes dramatiques et des critiques sérieux et sans système. Molière lui a pris tout *Amphitryon*, presque tout *L'Avare*, et une foule de ces traits qu'il appelait son *bien*. Avec *Les Ménechmes*, Regnard a fait *Les Méprises*, Trissin *I Simillimi*. Le père Larrivez a tiré de la *Mostellaria* sa pièce des *Esprits*, et Rotrou son *Retour imprévu*. La *Casina* nous a donné *Les Folies amoureuses*, une partie du *Mariage de Figaro* et l'*Elizia* de Machiavel. Du *Miles gloriosus* Corneille a fait son *Matamore*, souche de cette vivace engeance des fanfarons, qui est à peine morte aujourd'hui sur notre scène. Andrieux avait trouvé son *Trésor* dans le *Trinummus*. Le registre de ces emprunts serait beaucoup trop long, surtout si nous savions tous ceux qui menacent Plaute, ou qui lui sont promis, quand l'étude des anciens, décidément remise en honneur, aura ramené les poëtes comiques dans la grande voie qu'il a tracée, dans la voie des études pratiques et populaires. Philarète CHASLES.

PLÈBE, PLÉBÉIENS. *Voyez* PLEBS.

PLÉBISCITE (du latin *plebis scitum*), littéralement ordre de la plèbe, décision législative rendue par les plébéiens, sur la proposition d'un magistrat plébéien, d'un tribun. Les assemblées du peuple, suivant la tradition, commencèrent sous Romulus même, avec les comices par curies; les comices par centuries datent de Servius Tullius. Après leur retraite sur une colline au delà de l'Anio, les plébéiens eurent des assemblées particulières (*concilia*), sous la présidence de leurs tribuns. Pendant près de deux cents ans les actes émanés de ces conciliabules n'eurent pas force de loi par eux-mêmes: il fallait qu'un décret du sénat les eût sanctionnés; mais la persévérance du parti populaire finit par l'emporter; à la suite d'une nouvelle retraite des plébéiens sur le Janicule, une loi des comices (*lex Hortensia*) reconnut les plébiscites obligatoires pour tous les citoyens. Depuis les lois et les plébiscites ont formé tout ensemble les deux sources du droit. Mais ces derniers devinrent plus fréquents que les lois. Ils survécurent à la république, et il y en eut encore sous les deux premiers empereurs.

Les plébiscites portent le nom de *lex* aussi bien que les lois proprement dites; et les Romains à partir du milieu de la république ne les distinguèrent pour ainsi dire plus. Quant à la manière dont étaient votés les plébiscites, les uns croient que les sénateurs n'y prenaient point part, les autres, et c'est l'opinion le plus généralement admise, pensent qu'ils étaient confondus dans les comices par tribus, avec les autres citoyens, et que leurs suffrages, comme les suffrages de ceux-ci, se comptaient par tête.

En France, on a donné ce nom de *plébiscite* aux actes par lesquels le peuple français réuni dans ses comices fut appelé à sanctionner dans un vote de *oui* ou *non* le coup d'État du 2 décembre 1851 et le sénatus-consulte qui rétablit l'empire héréditaire en faveur du prince Louis-Napoléon. Après le coup d'État du 18 brumaire, la constitution de l'an VIII, et plus tard les sénatus-consultes qui établirent successivement le consulat à vie, puis l'empire, avaient déjà été soumis à une formalité analogue; seulement, les votants signaient sur des registres.

PLEBS. La commune des *plébéiens* se constitua dans l'ancienne Rome tout de suite après la destruction d'Albe par Tullus Hostilius, mais surtout après la conquête d'une partie du Latium par Ancus Marcius; événements à la suite desquels on incorpora à l'État romain un grand nombre d'habitants, dont les uns s'établirent à Rome, surtout sur le mont Aventin, et dont les autres restèrent dans leurs foyers; qui ne furent point admis dans le *populus* des patriciens, mais qui ne furent pas non plus placés dans leur clientèle, et qui formèrent, comme sujets de l'État, peut-être sous la protection spéciale des rois, une commune de propriétaires fonciers, personnellement libres, mais astreints au service militaire et privés de droits politiques. Servius Tullius en fit des citoyens proprement dits (*cives*). Il songea aussi à leur organisation intérieure par la création des tribus; il leur accorda le droit de trafiquer des propriétés romaines (*commercium*), et les répartit en classes et en centuries, dans les comices desquelles il leur accorda le droit de vote (*suffragium*). Peut-être songeait-il aussi à leur accorder le *connubium* (droit de mariage) avec les patriciens, de même que le droit de parvenir aux hautes fonctions publiques (*honores*); mais il ne réalisa pas son plan. Au commencement de la république l'un et l'autre semblent leur avoir été refusés; il en résulte qu'ils étaient alors des citoyens investis de moins de droits que les autres, qui supportaient le plus lourd des charges du service militaire, attendu que c'étaient eux qui constituaient la grande masse de l'armée romaine et sur qui pesait aussi la plus grosse partie de l'impôt, et qu'ils n'étaient point admis à posséder des terres de l'État, lesquelles étaient affranchies du *tributum*. L'appauvrissement, qui en fut la conséquence, la rigueur de l'ancienne législation relative aux dettes et l'arbitraire des magistrats provoquèrent, en l'an 494 av. J.-C., la première retraite de la *plebs*, qui alla camper en armes sur le Mont Sacré; et alors commença entre les deux ordres la longue lutte conduite par la *plebs* avec une admirable modération. Les tribuns, magistrats particuliers accordés aux plébéiens, ne devaient à l'origine fonctionner que comme chefs de la commune, et uniquement chargés de procurer aux citoyens l'exercice du *droit de provocation*. Mais ils dépassèrent bien vite leurs attributions, convoquèrent les plébéiens à des assemblées particulières, les *comices de tribus*, pour procéder à des élections, à des jugements et à des résolutions légales. Après l'abolition des décemvirs, dont la législation embrassait non-seulement un droit privé commun, mais encore des matières politiques, ces résolutions furent reconnues obligatoires pour le peuple tout entier; et à cet égard les comices de tribus furent assimilés aux comices de centuries. Des patriciens participèrent maintenant aussi aux comices de tribus; mais de même que leurs lois furent désignées sous le nom de résolutions du peuple ou de plébiscites, ces comices de tribus demeurèrent toujours, comme assemblées, distincts de ceux du *populus*, mot employé dès lors pour désigner le peuple tout entier exerçant sa souveraineté dans les comices de centuries. La loi rendue par le tribun Canulejus en l'an 445 av. J.-C. leva la prohibition du *connubium*; mais la création des fonctions consulaires des tribuns militaires, fonctions déclarées accessibles aussi aux plébéiens et qui leur facilitaient l'entrée du sénat, ne donna point satisfaction à l'appétence des plébéiens pour les hautes fonctions publiques. A cet égard ce fut seulement les lois *Liciniæ* qui, en l'an 366, complétèrent leur triomphe. Une place dans le consulat fut alors assurée à la *plebs*, en même temps qu'on lui garantissait une part équitable dans l'utilisation des terres appartenant à l'État. A la vérité, les patriciens tentèrent d'abord à plusieurs reprises de revenir sur ces concessions faites aux plébéiens, ou tout au moins de les amoindrir; ce qui, en l'an 286, amena même une seconde retraite de la *plebs* sur le Janicule, conflit auquel le dictateur Hortensius parvint à mettre un terme. Mais ces diverses tentatives de résistance furent inutiles, et toutes les magistratures de même que les plus hautes fonctions sacerdotales finirent par être accessibles aux plébéiens. Les comices patriciens de curies perdirent toutes leur puissance, et la différence entre les deux ordres cessa enfin d'avoir une signification de fait (*voyez* PATRICIENS). En revanche, de la fusion des deux ordres résulta la classe des nobles ou *nobiles*; et dès lors les familles de sénateurs, de même que les familles de chevaliers, tendirent toujours de plus en plus à former des ordres distincts (*ordines*). Il en résulta qu'à l'ancienne signification du mot *plebs* s'en ajouta une nouvelle, attendu que la *plebs* ou l'*ordo plebeius* servit désormais à désigner de préférence ceux qui n'appartenaient ni à l'*ordo senatorius* ni à l'*ordo equestris*. La position infime que les affranchis occupaient relativement aux citoyens nés libres, tant pour les droits que pour les honneurs civils ; la tendance à les restreindre dans les *tribus urbaines*, et cette circonstance que les individus qui se livraient au négoce, et qui pour la plupart étaient des affranchis, moins honorés dans les idées romaines que ceux qui se livraient à l'agriculture, appartenaient généralement à ces tribus urbaines ; cette circonstance, disons-nous, contribua à abaisser encore davantage ces tribus en comparaison des tribus agricoles et à provoquer une distinction entre la *plebs urbana* et la *plebs rustica*. Avec la suite des temps, quand Rome se fut agrandie et que les mœurs se furent corrompues, la grande masse de la population infime de la ville, qui jouait un grand rôle dans les dissensions civiles, et à qui on était obligé de fournir du blé et d'autres ressources alimentaires pour la faire vivre, parvint à exercer la prépondérance dans la *plebs urbana* ; l'autre renferma surtout les petits propriétaires et les cultivateurs, dont le nombre allait à la vérité toujours en diminuant, et les citoyens des municipes. Elle était plus estimée ; et c'est dans son sein que se conservèrent aussi le plus longtemps l'esprit honorable et le sentiment de subordination de l'ancienne *plebs*. Ce mot *plebeii*, dans une acception particulière, servit à désigner les citoyens dans les municipes, à la différence de leurs décurions, de même que plus tard, sous les empereurs, à désigner les gens du commun (qualifiés d'*humiliores* ou de *tenuiores*), par opposition aux gens bien nés (*honestiores*).

Dans la langue du moyen âge, le peuple serf et taillable à volonté était qualifié de *misera contribuensque plebs*.

PLÉIADES (*Astronomie*), groupe d'étoiles placées sur le cou du taureau : ce nom vient du mot πλειάς (pluralité), et nom de πλεῖν (naviguer), comme l'ont prétendu quelques érudits, qui avaient remarqué que c'était vers le temps du lever héliaque des Pléiades, c'est-à-dire au printemps, que l'on commençait les voyages de long cours. Les poëtes disent que les Pléiades étaient filles d'Hespéris et d'Atlas ; c'est pourquoi on les appelle aussi *Hespérides* et *Atlantides*. Les noms des sept principales étoiles des Pléiades sont : *Alcyone*, *Electra*, *Celæno*, *Taygeta*, *Maia*, *Mérope*, *Astérope*. On les aperçoit facilement à droite du *baudrier d'Orion*, en remontant un peu vers le nord.

[Bien qu'il soit toujours mention des *sept Pléiades*, et que ce nombre ait déterminé celui des membres des *pléiades poétiques*, on n'aperçoit plus depuis longtemps, dit l'*Encyclopédie*, que *six* étoiles dans cette constellation. Il y a apparence qu'une d'elles a disparu très-anciennement, car au temps d'Ovide on n'en comptait que six ; peut-être voulait-on expliquer l'absence de cette septième *pléiade* en racontant qu'*Electra*, l'une d'elles, avait éprouvé une si grande douleur en voyant la prise et la désolation de Troie, qu'elle n'avait pu soutenir la danse de ses sœurs, et qu'elle avait été se cacher dans le cercle arctique.

Chev. Alex. du Mège.]

PLÉIADES POÉTIQUES, réunion de sept poëtes. L'origine de ces associations remonte à l'époque des Lagides et au temps de la plus grande gloire de l'école d'Alexandrie ; leur nom venait de celui qu'on avait donné aux sept filles d'Atlas, dont l'intelligence et le génie furent célèbres.

L'instituteur de la première fut le roi Ptolémée Philadelphe. Parmi les poëtes grecs que sa libéralité attira en Égypte, il en distingua particulièrement sept, auxquels il accorda de grands honneurs, et qui composèrent la *pléiade*. Le plus connu fut sans aucun doute Callimaque.

Je ne chercherai pas à établir que l'académie fondée par Charlemagne fut une imitation de la *pléiade* d'Alexandrie. Cependant, il y a beaucoup de ressemblance entre les deux institutions. Alcuin, sous le nom de *Flaccus Albinus* ; Angilbert, sous celui d'*Homère* ; Adélard, que l'on surnomma *Augustin* ; Riculphe, devenu *Damétas* ; Paul-Varnefrid, auquel Charlemagne donne les plus honorables épithètes, et Charlemagne lui-même, sous le nom de *David*, ont formé en quelque sorte cette *pléiade* ; mais nous en trouvons une bien distincte aux quatorzième, quinzième et seizième siècles en France : c'est la *Compagnie des sept Mantenadors del gay Saber* (mainteneurs du gai savoir), à Toulouse. En 1323, ils écrivirent une lettre ainsi conçue : « Aux honorables et aux preux seigneurs, amis et compagnons auxquels est donné le savoir, d'où croît aux bons joie et plaisir, sens, valeur et courtoisie, *la très-gaie Compagnie des sept Troubadours de Toulouse*, salut, et, de plus, vie joyeuse... » On connaît les noms des membres de cette *pléiade* à l'époque où elle écrivit cette lettre : c'étaient Bernard de Panassac, damoiseau ; Guillaume de Lobra, bourgeois ; Beringuier de Saint-Plancat, Pierre de Mejanaserra, changeurs ; Guillaume de Gontaut, Pierre Camo, marchands ; et Bernard Oth, greffier de la cour du viguier de Toulouse. Au seizième siècle, les poëtes donnèrent souvent dans leurs vers les noms de *sainte* et de *savante pléiade* aux *mainteneurs de la gaie science* ; mais ceux-ci allaient bientôt voir briller une autre constellation poétique. Sept jeunes femmes, cultivant avec succès la poésie, et dont du Verdier nous a conservé quelques ouvrages, Catherine Fontaine, Bernarde Deupie, Claude Ligoune, Françoise Marrie, Andiéte Peschaira, Esclarmonde Spincle, et Johanne Perle, formèrent la *nouvelle pléiade tolosaine*.

Ronsard a été le fondateur de la *pléiade française*. Elle fut composée de ce même Ronsard, de Daurat, de du Bellay, Remi Belleau, Baïf, Ponthus de Thiard et Jodelle, tous grands hommes pour ce temps-là, dit un auteur, mais si fortement infatués du grec qu'on en trouve presque autant que de français dans leurs ouvrages. Cette *pléiade* a cependant rendu de très-grands services. Si elle a produit, si elle a fait naître beaucoup de méchants vers, heureusement oubliés aujourd'hui, elle a aussi offert dans Paris le premier exemple de l'association des gens de lettres, de la première académie.

On a essayé pendant le dix-septième siècle de faire une autre *pléiade* avec les poëtes modernes qui faisaient de bons vers latins. Il était question non pas de les réunir en une sorte de corps académique, mais d'en composer une auréole de gloire pour la France. On ne put cependant convenir ni des noms de ceux qui devaient la composer, ni des rangs qu'ils devaient occuper entre eux, ni du poëte qui aurait obtenu la première place, et auquel on aurait donné le nom de la plus brillante des étoiles qui composent le groupe des Pléiades, *lucidissima Pleiadum*. Néanmoins, selon Baillet, ceux qui devaient composer cette *pléiade poétique* étaient les pères Rapin, Commire, de La Rue, Santeuil, Ménage, du Perrier et Petit.

Ch^er^ Alexandre du Mège.

PLEIGE. *Voyez* Pléjure.

PLEINE-LUNE. *Voyez* Lune.

PLEIN-RELIEF. *Voyez* Bas-Relief.

PLÉJURE ou PLEIGE, du latin barbare *plegius*, dont les Anglais ont fait *pledge*, ancien terme de pratique, qui signifie *caution* ou *fidei jussum*. Dans quelques coutumes, on employait ce mot pour désigner celui qui se portait caution judiciaire, et dans d'autres pour toute caution en général.

PLÉNICORNES (de *plenus*, plein, et *cornu*, corne). *Voyez* Corne.

PLÉNIPOTENTIAIRES (Ministres), de deux mots latins, qui signifient *ayant pleins pouvoirs*. Les ministres plénipotentiaires sont les agents diplomatiques du second ordre, accrédités par le gouvernement français. Ils joignent ordinairement à ce titre celui d'*envoyés extraordinaires*.

PLÉNITUDE. Il ne faut pas confondre ce mot avec *plein*, quoiqu'ils aient tous deux, au sens propre, la même signification, c'est-à-dire qu'ils désignent l'état d'un corps, d'un espace donné, entièrement rempli par un autre corps,

Ce n'est guère en effet qu'en médecine que *plénitude* s'emploie au propre. La *plénitude*, en médecine, est l'état de quelques parties ou plutôt de vaisseaux engorgés et distendus par une surabondance de liquide (*voyez* PLÉTHORE).

Plénitude se dit figurément des choses, pour indiquer qu'elles sont entières, parfaites, au *maximum* où elles puissent atteindre : La *plénitude* des facultés, de la vie, de la puissance, de la grâce, etc. La *plénitude du cœur* désigne l'abondance des sentiments affectueux dont on est rempli, pénétré. *Jésus-Christ vint au monde dans la plénitude des temps* : cette locution de l'Écriture indique l'époque marquée pour l'accomplissement des prophéties qui avaient annoncé la naissance, la mort et la résurrection du Rédempteur du monde.

PLENUM, mot latin répondant de l'autre côté du Rhin à ce que nous entendons par *assemblée plénière* ou *générale*. La Confédération germanique, représentée par la diète de Francfort, se compose des mêmes membres quand elle se réunit en *plenum* que lorsqu'elle se rassemble en comités; mais le mode de votation n'est pas le même. Si chaque souverain y a une voix, en revanche les grandes puissances y en ont plusieurs. L'acte fédéral stipule que certaines questions seront nécessairement traitées *in plenum*.

PLÉONASME (du grec πλεονασμός, abondance), figure de rhétorique par laquelle on emploie des expressions qui semblent surabondantes pour le sens, mais qui donnent au discours de la force ou de la grâce. Le *pléonasme* est donc l'opposé de l'*ellipse*. Il ajoute, pour exprimer la passion, des mots que la grammaire rejetterait comme superflus, etc. Le *pléonasme* devient alors une beauté dans le langage : témoin ces vers, dans le *Tartufe* de Molière :

> Je l'ai *vu*, dis-je *vu*, de mes propres yeux *vu*,
> Ce qui s'appelle *vu*,

Dans l'imprécation de Camille contre Rome :

> Que le courroux du ciel, allumé par mes vœux,
> Fasse pleuvoir sur elle un déluge de feux !
> Puissé-je *de mes yeux* y voir tomber la foudre !

De mes yeux est évidemment de trop; mais la circonstance donne à ces mots beaucoup d'énergie; rien ne peint mieux la passion. Mais quand cette surabondance de mots est inutile, quand elle n'ajoute rien à l'étendue ou à l'énergie de la phrase, c'est un défaut; ce n'est plus un *pléonasme*, c'est une *périssologie*, une abondance stérile et vicieuse, qu'il faut supprimer. CHAMPAGNAC.

PLÉSIOSAURE (de πλησίος; voisin, et σαῦρος, lézard), genre de reptiles fossiles, voisin des ichthyosaures, mais ayant la queue et le corps plus courts. La tête des plésiosaures ressemble, par sa forme générale, à celle des crocodiles. Elle est supportée par un long cou, qui n'a pas moins de trente à quarante vertèbres. Les dents sont grêles, pointues, un peu arquées et cannelées longitudinalement. Les nageoires sont plus allongées que celles des ichthyosaures.

On compte environ seize espèces de plésiosaures. Quelques-unes ont près de dix mètres de longueur. Ces gigantesques reptiles se rencontrent dans les terrains jurassiques d'Allemagne, de France et surtout d'Angleterre.

PLESKOFF ou PSKOFF, depuis 1777 l'un des gouvernements de la Russie d'Europe, qui contient une partie de l'ancienne grande principauté de Novgorod, à savoir l'ancienne principauté de Pleskoff, et qui est limité par les gouvernements de Pétersbourg, de Novgorod, de Tver, de Smolensk, de Witespk et de Livonie. Ce pays est plat, entrecoupé de collines seulement sur quelques points, en général sablonneux, mais quelquefois aussi marécageux, cependant susceptible de culture et arrosé par une foule de cours d'eau généralement assez riches, qui se jettent soit dans le lac d'Ilmen, soit dans celui de Pskoff, ou encore dans la Duna. L'agriculture est la principale ressource des habitants, qui cultivent aussi le chanvre, le lin, les légumes et les fruits de toutes espèces. Les forêts sont peu giboyeuses, l'industrie et le commerce peu importants. La population se compose, pour la plus grande partie, de Russes. On trouve aussi sur les bords du lac de Pskoff un petit nombre d'Esthoniens, dans les villes beaucoup d'Allemands. Sur une superficie d'environ 566 myriamètres carrés, ce gouvernement compte une population de 775,000 habitants, dont 2,000 seulement ne professent pas la religion grecque. Près des onze douzièmes de la population se composent de paysans, soit de la couronne, soit de la noblesse.

Le chef-lieu de ce gouvernement est *Pskoff*, ou *Pskoffa*, sur la Welikaïa, siége d'archevêché, avec une population de 12,000 âmes, une soixantaine d'églises, dit-on, beaucoup de fabriques, un séminaire, un collége et plusieurs écoles. Au mois de février de chaque année, il s'y tient une foire importante. La ville de Pskoff avait jadis des institutions républicaines, et comptait alors plus de 60,000 habitants; mais dès l'an 1509 Ivan Wassiliévitch s'en empara, et la réunit à l'empire russe.

PLESSIMÈTRE (du grec πλήσσω, je frappe, et μέτρον, mesure), nom d'un instrument inventé par M. Piorry, et dont on se sert dans la percussion. Le plessimètre consiste dans une plaque de bois ou mieux d'ivoire, plaque mince, soutenue par un rebord plus épais, et large de 40 à 54 millimètres. Afin de mesurer plus exactement l'étendue des organes percutés, l'instrument doit être gradué en centimètres.

PLESSIS (DU). *Voyez* DUPLESSIS-MORNAY et RICHELIEU.

PLESSIS-LÈS-TOURS, ancien château, aujourd'hui ruiné, célèbre par le long séjour qu'y fit Louis XI, et où il mourut. Il est situé sur le territoire de la commune de La Riche.

PLESSWITZ. *Voyez* PLÆSSWITZ.

PLESSY-ARNOULT (Mme JEANNE-SYLVANIE), sociétaire de la Comédie Française, est née à Metz, en 1819. Son père était comédien. Elle fut élève de Samson et de Michelot; enfant, elle joua dans une alcôve, chez Firmin; encore au Conservatoire, elle commençait à jouer, avec une grande réputation de salon; dans le cours de 1834, la jeune élève, alors âgée de quinze ans, jouait sur un petit théâtre de société de la rue de Lancry; MM. Thury et Cavé l'ayant entendue, le premier lui alloua la pension d'élève du Conservatoire; la Comédie française ne tarda pas à engager la jeune artiste, et le 4 mars 1834 elle débutait rue Richelieu par le rôle d'Emma de *La Fille d'Honneur*. Elle fut rappelée par la salle entière, émerveillée de sa beauté, de l'aisance de son jeu, un peu minaudier; son extrême jeunesse, sa fraîcheur et son joli visage satisfaisaient les plus exigeants. Elle créa immédiatement un rôle dans *La Passion secrète*, de M. Scribe. Dès la fin de 1834, Mlle Plessy était nommée sociétaire de la Comédie-Française, et la Russie lui faisait de brillantes propositions, qu'elle refusait. *La Camaraderie*, *Les Indépendants*, *La Marquise de Senneterre*, *Valérie*, *La Calomnie*, *Le Verre d'eau*, *Mademoiselle de Belle-Isle*, *Les Demoiselles de Saint-Cyr*, *L'Héritière*; et dans l'ancien répertoire, *Le Bourru bienfaisant*, *Le Philosophe sans le savoir*, *Le Misanthrope*, et un nombre considérable de créations dans des œuvres nouvelles d'une importance secondaire, mirent complétement en relief le talent vrai, sympathique de Mlle Plessy, qui s'était rapidement posée à une des premières places sur notre première scène. Elle y jouait les ingénues avec un véritable charme.

Au mois de juillet 1845, un événement inattendu mit en émoi le monde dramatique : Mlle Plessy venait de quitter furtivement la Comédie-Française et de partir pour la Russie; on apprenait en même temps qu'elle venait d'épouser un homme de lettres, M. Arnoult. Cette fuite, dont les détails furent très-piquants, produisit une vive sensation. La Comédie-Française poursuivit impitoyablement la belle fugitive, et la fit condamner à 100,000 francs de dommages-intérêts, pour lesquels elle fit saisir et vendre son mobilier et ses propriétés : Mlle Plessy pouvait un peu se consoler de la rigueur de cette exécution, car Saint-Pétersbourg, où elle est fidèlement demeurée dix ans, lui donnait 65,000 francs d'appointements et 20,000 francs de congé. Après s'être acquittée envers la Comédie-Française, Mlle Plessy y reparut un jour, pour jouer le rôle d'Araminthe, à la représentation de retraite de son professeur Samson; elle fit exprès pour cela le voyage de Saint-Pétersbourg à Paris; elle en fut bien dédommagée par les applaudissements d'un public qui ne l'avait pas oubliée, et qui sut apprécier le talent que le ciel de la Russie avait mûri.

Devenue veuve, et après avoir rempli tous ses engagements en Russie, Mme Plessy est revenue, en 1855, toujours belle, toujours excellente actrice, à la Comédie-Française, où elle a été accueillie à bras ouverts et où elle n'avait jamais été remplacée. Elle y a repris avec succès le rôle de Mlle Rachel dans *Lady Tartufe*, et a retrouvé, dans ses créations de l'ancien et du nouveau répertoire, ses nombreux admirateurs d'autrefois; elle y a pris avec avantage les rôles marqués et de grande coquette.

PLÉTHI. *Voyez* KRÉTHI.

PLÉTHORE, mot grec qui signifie seulement *réplétion*, quoique l'on ait voulu exprimer par cette dénomination la surabondance du sang ou des humeurs. Quelques auteurs ont cru devoir admettre des pléthores *bilieuses*, *laiteuses*, *salivaires*, *spermatiques*, pour désigner une sécrétion trop abondante de bile ou de lait, de salive ou de sperme, donnant lieu, soit à leur accumulation dans le corps, soit à leur évacuation trop fréquente. D'autres, enfin, divisant la pléthore en *générale* et en *locale*, ont rapporté à cette dernière les congestions de chaque système d'organe: telle serait d'après eux la pléthore *pulmonaire*, *cérébrale*, *hépathique*, etc. Les anciens avaient fait des divisions plus singulières encore de la pléthore. Ils admettaient une *plethora ad molem* (*plethora ad vasa*), une *plethora ad volumen*, une *plethora ad spatium*, une *plethora ad vires* (*plethora spuria*), dénominations bizarres, qui exprimaient divers états morbides relatifs à la pléthore. Le progrès des sciences médicales devait inévitablement faire justice d'un jargon aussi absurde: on ne désigne plus aujourd'hui sous le nom de *pléthore* que la trop grande abondance de la masse du sang ou de la lymphe relativement à la capacité de leurs vaisseaux. Nous diviserons par conséquent la pléthore en *sanguine* et en *lymphatique*; toutefois, lorsqu'on se sert du mot seul de *pléthore*, on désigne alors l'abondance trop grande du sang.

La *pléthore sanguine* est-elle due à une trop grande quantité de sang relativement aux besoins de l'économie? ou bien ce dernier est-il seulement trop vitalisé, c'est-à-dire trop riche en fibrine? Ces questions ont été longuement discutées. On peut conclure que tout individu pléthorique possède non-seulement une masse de sang trop abondante, mais encore très-riche en fibrine: ce qui rend ce liquide éminemment vitalisé, d'une couleur rouge très-vive, et facilement concrescible au contact de l'air. L'*âge adulte* et l'*âge viril*, étant la plus haute expression de la vie, sont plus sujets à la pléthore que l'enfance et la vieillesse. L'usage habituel d'aliments succulents et très-nourrissants, le sommeil prolongé, le défaut d'exercice, la quiétude morale, les boissons stimulantes et nutritives, le séjour habituel dans un appartement d'une température chaude et égale, surtout dans les contrées du Nord, où la sueur est presque nulle; la suppression d'évacuations accoutumées, et principalement la suppression des hémorrhagies périodiques, telles que le flux menstruel, les hémorrhoïdes, les saignements du nez, l'oubli d'une saignée qu'on avait l'habitude de se faire pratiquer à certaines époques de l'année, et particulièrement au printemps, sont les causes les plus générales de la pléthore. Mais une des causes les plus puissantes pour la production de la pléthore, c'est une grande énergie des forces digestive et pulmonaire, donnant, par conséquent, lieu à une abondante sanguification. La cause essentielle de la pléthore est donc dans la constitution de l'individu, puisque sans cette prédisposition on ne devient point pléthorique, quoique l'on soit soumis aux diverses influences qui produisent ordinairement cet état. Il est cependant une sorte de *pléthore accidentelle*, qui est déterminée par l'amputation d'un ou de plusieurs membres. On conçoit aisément que dans ce cas les forces digestives restant les mêmes, les poumons conservant aussi la même puissance de sanguification, et le cœur son énergie première, il doit en résulter pour l'économie animale, plus restreinte dans son étendue qu'elle ne l'était primitivement, une surabondance de sang et de vie qui doit amener la pléthore et toutes ses fâcheuses conséquences.

Les premiers indices de la pléthore sont fournis par l'appareil circulatoire: telle est la coloration rouge de la peau, et surtout de la figure, le gonflement des veines, la chaleur et l'intumescence de la peau, l'engourdissement général, un sentiment de lassitude douloureuse et d'oppression, des battements de cœur et à la tête par suite du plus léger exercice; viennent ensuite des vertiges, des pulsations artérielles aux tempes, des tintements d'oreilles, surtout lorsqu'on incline trop le corps ou que l'on se couche la tête trop basse; le pouls est dur, plein et fréquent; les facultés morales éprouvent une sorte de torpeur; le sommeil, d'abord profond, finit par devenir agité; les yeux sont habituellement rouges, l'appétit diminue, la constipation survient, et si l'on ne porte pas un prompt remède à cet état de malaise, qui n'est point encore une maladie confirmée, les désordres les plus graves ne tardent point à se développer. Chez les uns, ce sont des congestions cérébrales, qui arrivent quelquefois jusqu'à l'apoplexie; chez d'autres, ce sont des hémorrhagies nasales, pulmonaires, hémorrhoïdaires, utérines, etc. Parfois le mal se traduit par une fièvre inflammatoire, une gastrite violente, une phrénésie, un accès de folie, ou toute autre maladie aiguë.

Le traitement de la pléthore sanguine doit toujours reposer sur deux points essentiels: le premier, qui consiste à remédier aux symptômes plus ou moins graves causés par la pléthore; le second, qui a pour objet de prévenir le retour de l'état pléthorique. Pour remplir la première indication, on a recours à la saignée, aux sangsues appliquées à l'anus ou à toute autre partie du corps, suivant l'occurrence; viennent ensuite les évacuants purgatifs, les légers sudorifiques, et les diurétiques, qui, en provoquant des excrétions abondantes, diminuent et appauvrissent la masse du sang; bien entendu que l'abstinence ou tout au moins une diète sévère et rafraîchissante sont des conditions indispensables pour seconder l'emploi de ces moyens curateurs. Lorsque l'équilibre est rétabli, et que les fonctions organiques ont repris leur action régulière, il faut alors s'occuper à prévenir le retour de l'état pléthorique. Pour obtenir ce résultat, nous conseillerons en première ligne un régime alimentaire peu nutritif, tempérant, et aussi restreint que possible; un usage très-modéré des boissons excitantes, un exercice actif et prolongé, un sommeil de courte durée, des distractions morales assez puissantes pour préoccuper vivement; s'il existe une prédisposition aux congestions cérébrales ou pulmonaires, l'application d'un fonticule au bras ou à la jambe, voire même de provoquer l'établissement d'un flux hémorrhoïdal par l'application réitérée d'un petit nombre de sangsues sur la marge de l'anus, et par l'administration de quelques pilules aloétiques. A plus forte raison faudrait-il mettre ces moyens en usage pour rappeler des hémorrhoïdes naturelles ou un flux menstruel supprimé. En dernier lieu, et comme dernière ressource, on aurait recours à la saignée déplétive par la lancette, dans le cas où les autres moyens préventifs de la pléthore seraient insuffisants.

La *pléthore lymphatique*, d'après le professeur Sanson, est l'exagération du tempérament du même nom: on l'observe chez les enfants et les femmes. L'embonpoint, joint à la mollesse et à la flaccidité des chairs, la pâleur de la peau, la rondeur des formes, la grosseur des articulations, la lenteur et le peu d'énergie des mouvements musculaires, la tendance à l'inaction, enfin, l'apparition et la disparition fréquente de tumeurs i   es au cou et aux aines, sont les signes auxquels on ne saurait méconnaître cet état. Il est ordinairement produit par l'abus des aliments farineux, aqueux, et le régime exclusivement végétal, joints à l'habitation dans les lieux sombres, humides et froids; mais une prédisposition est nécessaire pour le contracter. On peut établir en principe général que les causes productrices de la *pléthore sanguine* constituent les meilleurs moyens de guérison de la *pléthore lymphatique*, et *vice versa*. En effet, la réciprocité est telle entre ces deux dispositions morbides, que l'une d'elles prédomine toujours en l'absence de l'autre. Il faut donc favoriser le plus possible l'*hématose* et la nutrition, en plaçant le malade dans des conditions opposées à celles qui ont provoqué ou déterminé sa *pléthore lymphatique* : ainsi, l'on doit conseiller comme base de traitement les bonnes viandes rôties, aromatisées et accompagnées d'un jus succulent; un vin généreux, du chocolat, du café, de l'eau ferrugineuse, en boisson et en bain; des frictions sèches et aromatiques, des vêtements de laine appliqués immédiatement sur la peau, un exercice en plein air et au soleil, des voyages dans les pays chauds, l'équitation au trot ou au galop, et, s'il est possible, quelques vives émotions d'amour, de gloire ou d'ambition. Dr L. LABAT.

PLEURÉSIE (en latin *pleuritis*), inflammation de la plèvre. Cette inflammation constitue une maladie grave, qu'on reconnait aux caractères suivants : vive douleur dans un des côtés de la poitrine, siégeant ordinairement sous le sein, variant néanmoins de siége et d'étendue, augmentant par les divers mouvements imprimés au thorax. Difficulté de respirer occasionnée tant par cette douleur, qui *coupe* la respiration, que par un épanchement de sérosité plus ou moins abondant qui comprime le poumon. Toux sèche, courte, entrecoupée par la douleur qu'elle réveille. Si l'on frappe avec le bout des doigts sur une des côtes qui correspondent au liquide épanché, la poitrine, au lieu de résonner comme à l'ordinaire, ne rend qu'un son mat. Si l'on applique l'oreille sur le même point, on n'entend plus le murmure particulier de la respiration, mais bien un bruit analogue à celui qui résulterait de l'action de souffler dans un tuyau de plume (souffle bronchique), ou bien l'on n'entend rien; et si dans cette position on fait parler le malade, l'oreille perçoit une voix particulière (égophonie), analogue au bêlement du chevreau, au son du jouet d'enfant appelé mirliton, ou bien encore au bredouillement du personnage comique nommé *polichinelle*. Si l'on mesure la poitrine à une certaine période de la maladie, la demi-circonférence du côté malade offre plus d'ampleur que du côté opposé. La plupart de ces phénomènes sont dus à la présence d'un liquide dans la cavité de la plèvre, liquide qui lui-même est le produit de l'inflammation. Dans le début, le malade éprouve du frisson, bientôt suivi de fièvre plus ou moins forte, soif, etc., qui l'obligent à garder le lit jusqu'à ce que l'art ou la nature ait procuré la guérison ou du moins l'amendement des symptômes.

La pleurésie présente des variétés, suivant qu'elle est *aiguë* ou *chronique*, *manifeste* ou *latente*, c'est-à-dire ne se révélant que par des phénomènes obscurs, suivant qu'elle occupe un seul ou les deux côtés de la poitrine (*simple* ou *double*), qu'elle est *circonscrite* ou *diffuse*, *périphérique* ou *interlobaire*; qu'elle produit de la *sérosité*, du *pus*, du *sang*; qu'elle est *isolée* ou *compliquée* de *pneumonie*, de *tubercules*, de *péricardite*, etc. Il y a des pleurésies *sèches* ou sans épanchement. On conçoit que, d'après toutes ces particularités, les symptômes doivent offrir des modifications très-variées.

De toutes les causes qui peuvent engendrer cette maladie, la plus commune et la plus active est le froid, soit appliqué à la surface du corps actuellement en sueur ou simplement échauffé, soit ingéré avec l'air ambiant ou des boissons trop fraîches, alors que la chaleur est excitée par un exercice violent, le séjour dans un lieu trop échauffé, etc. Que de jeunes existences moissonnées pour avoir cédé au besoin de réfrigération occasionné par les exercices du corps la danse en particulier! que de fois la mort s'est offerte sous la forme d'une glace savoureuse ou d'une agréable fraîcheur tombant, par une croisée entr'ouverte, sur des épaules nues, humides et brûlantes! A part cette cause extérieure de la pleurésie, il en est de plus mécaniques, telles que les coups, les plaies pénétrantes du thorax; ou de plus intimes, telles que les inflammations répercutées ou propagées, les tubercules pulmonaires, etc.

La pleurésie est une affection qui à l'état aigu demande à être combattue avec vigueur et discernement, double condition qui rend indispensable la prompte intervention d'un homme de l'art. Tout ce que nous pouvons dire en thèse générale, et sans rien préjuger sur les exigences de chaque cas en particulier, c'est qu'il faut le plus souvent commencer par l'emploi des saignées générales et locales proportionnées aux conditions de la maladie; puis aux vésicatoires sur le point affecté, aux médicaments qui provoquent les selles, les urines ou les sueurs; puis, lorsque, par le fait de la négligence du malade, de l'impéritie du médecin ou de l'intensité de la maladie, l'épanchement n'est plus susceptible d'être résorbé, il faut procéder à son évacuation directe au moyen de l'opération appelée *paracentèse* ou ponction du thorax, et qui consiste à ouvrir une issue au liquide au moyen du bistouri ou du troquart, dernière ressource de l'art, qui le plus souvent ne fait que retarder la catastrophe, lorsque pourtant elle ne la hâte pas, et à laquelle néanmoins quelques malades ont dû leur guérison, rares succès qui suffisent pour légitimer un moyen extrême.

Les anciens, et encore aujourd'hui les gens du monde, donnent le nom de *fausse pleurésie* à des affections très-diverses et généralement obscures, dont quelques symptômes simulent ceux de la pleurésie. Telles sont le catarrhe aigu, la phthisie accompagnée de points douloureux dans la poitrine, et surtout le rhumatisme du thorax ou *pleurodynie*, qui s'accompagne de douleurs plus ou moins vives pendant l'inspiration, la toux, etc., avec mouvement fébrile quelquefois. Ces signes se rencontrent en effet dans la pleurésie; mais avec les moyens de diagnostic fournis aujourd'hui par la percussion, l'auscultation, la mensuration, etc., il est rare qu'on puisse commettre de semblables erreurs.

Dr FORGET.

PLEURONECTE (du grec πλευρὰ, côté, et νήκτης, nageur : qui nage sur le côté), famille de poissons de l'ordre des malacoptérigiens, offrant un caractère bien remarquable dans la disposition de leur corps, qui, au lieu d'être symétrique, comme celui de tous les autres animaux vertébrés, présente une disparité évidente entre les deux moitiés latérales. Les yeux des pleuronectes sont placés du même côté de la tête, tantôt à droite, tantôt à gauche; leur bouche est oblique, leurs nageoires, impaires, ne sont pas sur la ligne médiane du corps, mais déjetées d'un côté ou de l'autre; leurs pectorales sont de longueurs inégales et placées l'une au-dessus, l'autre au-dessous du corps; leur forme, toujours excessivement aplatie et très-large comparativement à la longueur, leur a fait donner le nom vulgaire de *poissons plats*. Quand ils nagent, ils prennent une position oblique, de manière que leurs yeux regardent directement le ciel. Du reste, ces poissons nagent assez mal; ils se tiennent habituellement dans la profondeur des eaux, cachés dans la vase, où ils cherchent leur nourriture. Pour surprendre leur proie, ils restent continuellement immobiles, et ne remuent que lorsqu'ils sont reconnus par quelque ennemi. Aussi les pêcheurs ont besoin d'une grande habitude pour trouver leur gîte, qui n'est reconnaissable qu'à la saillie que le limon fait au-dessus de leur corps. La plupart des pleuronectes sont recherchés, à cause de la bonté de leur chair.

Réunis en un seul genre, les pleuronectes sont très-nombreux en espèces; Cuvier les a classés en sept sous-genres, savoir : les *plies*, qui comprennent le carrelet et la limande; les *flétans*; les *turbots*, auxquels se rapporte la **barbue**; les **soles**; les *monochires*; les *achires* et les *plagusies*. L. Louvet.

PLEUROTOME (de πλευρά, côté, et τομή, coupure), genre de mollusques gastéropodes pectinibranches, de la famille des **canalifères**, ayant pour caractères : Coquille turriculée ou fusiforme, prolongée par un canal droit plus ou moins long, avec une fente caractéristique sur le bord droit de l'ouverture; animal muni d'une trompe cylindrique, sortant d'une bouche en forme de fente longitudinale; tête aplatie, offrant à ses angles deux tentacules pointus, à la base et en dehors desquels sont situés des yeux sessiles; pied ovale, court, mince sur les bords, portant à son extrémité postérieure un opercule corné, terminé en arrière par une pointe très-aiguë; manteau ne différant de celui des **fuseaux** que par une fente sur le côté, correspondant à celle de la coquille.

Les pleurotomes sont carnivores. On en trouve quelques petites espèces dans la Méditerranée. Mais les plus grandes, dont la longueur excède rarement neuf centimètres, habitent les mers des pays chauds.

PLEURS, **larmes**, gouttes d'humeur limpide qui sortent de l'œil par l'effet d'une impression vive, soit physique, soit morale. Par exagération, être *tout en pleurs*, être *noyé de pleurs*, *fondre en pleurs*, c'est pleurer abondamment. *Essuyer ses pleurs*, c'est se consoler; comme *essuyer les pleurs de quelqu'un*, c'est le consoler.

On appelle *pleurs de la vigne* l'eau qui s'en échappe quand elle a été taillée.

On nomme *pleurs de terre* les eaux de pluie qui coulent, qui filtrent entre les terres.

PLÈVRE (du grec πλευρά, côté), membrane très-mince, qui d'une part revêt la surface interne des deux cavités latérales du **thorax**, et de l'autre enveloppe les deux **poumons** contenus dans ces cavités. Il existe donc une *plèvre gauche* et une *plèvre droite*. Cette membrane est diaphane, lisse et humectée d'une sérosité qui adoucit le frottement réciproque des poumons et des côtes pendant les mouvements de la **respiration**. Dr Forget.

PLEXUS, mot latin dérivé de *plecto*, j'entortille, j'entrelace, et qu'on a fait passer dans la langue française pour désigner un entrelacement de plusieurs branches ou filets de **nerfs**, ou même de vaisseaux quelconques. Les plexus présentent des réseaux complexes, à mailles plus ou moins serrées, formant des **anastomoses** nombreuses et variées, d'où émanent d'autres branches qui vont se rendre aux organes ou à d'autres plexus. Les plexus nerveux appartiennent spécialement les uns au système des nerfs encéphaliques, les autres au nerf trisplanchnique ou grand sympathique. Quelques-uns, comme le plexus pharyngien, paraissent formés par ces deux espèces de nerfs à la fois.

PLEYEL (Ignace), né en Autriche, en 1757, mort à Paris, le 14 novembre 1831, reçut des leçons de composition de Joseph Haydn, à Vienne; il quitta ce maître, en 1786, pour aller faire un voyage en Italie. Il y fut accueilli partout de la manière la plus flatteuse, et vint ensuite à Paris, où de grands succès l'attendaient. Après un séjour de peu de durée, il s'éloigna de cette capitale pour aller à Strasbourg prendre la direction de la chapelle de la cathédrale. C'est là que ce maître a composé ses premiers quatuors pour deux violons, viole et violoncelle, et quelques recueils de sonates pour le piano. Ces ouvrages, dans lesquels on remarquait une mélodie facile, un harmonie que tout le monde comprenait aisément, et dont l'exécution ne demandait pas l'habileté nécessaire pour rendre les œuvres de Haydn, eurent une vogue prodigieuse. Pleyel devint sur-le-champ l'auteur favori des amateurs qui jouaient du violon et des pianistes. Il produisit beaucoup, il écrivit même des symphonies qui n'étaient pas sans mérite. Tout cela est maintenant oublié; Pleyel n'a pu survivre à l'époque, aux musiciens pour lesquels il a composé. Ses ouvrages sont *chantants*; je me sers de l'expression adoptée alors pour les caractériser; mais ce chant, cette mélodie, manquent souvent d'élévation, et l'harmonie en est stérile. Au lieu d'être dessinés et fortement intrigués comme ceux de Haydn et de Mozart, ses quatuors ne sont guère que des sonates dialoguées. Le nom de Pleyel n'en devint pas moins célèbre dans toute l'Europe. Ce compositeur, voyant les énormes bénéfices que les marchands obtenaient en vendant sa musique, se fit éditeur, et prit le parti de la publier lui-même. Il joignit plus tard à cette nouvelle industrie la fabrication des pianos. Ce double commerce lui réussit. Pleyel laissa en mourant une belle fortune à ses deux fils, Camille et Gabriel, qui se livrèrent avec un rare succès à la fabrication des pianos. Castil-Blaze.

PLEYEL (Joseph-Étienne-Camille), fils du précédent, naquit le 18 décembre 1788. Son père dirigea ses premières études musicales, qu'il acheva sous Dussek. « Il acquit sous ce maître, dit un critique, une pureté de style, une élégance, une expression que peu de grands pianistes possédaient alors... Tout jeune encore, et lorsque les instincts tapageurs de l'enfance invitent l'exécutant novice à tracasser les touches et à s'enivrer avec bonheur du bruit qu'il fait autour de lui, Pleyel jouait avec âme, avec douceur, avec une grâce délicate et pudique. » Il apprit aussi l'harmonie et la composition, et publia un grand nombre de morceaux originaux, des fantaisies, des nocturnes, des mélanges, etc., sur des motifs des principaux opéras de Rossini et d'Auber. Il quitta la composition pour s'occuper de la fabrique de pianos qu'avait créée son père. Il dut rompre avec les errements suivis par Ignace Pleyel, et s'associa Kalkbrenner. Leur maison, fondée en 1825, parvint bientôt à un haut degré de prospérité. Des médailles d'or aux expositions de 1827, 1839 et 1844, récompensèrent Pleyel des perfectionnements nombreux et importants qu'il apporta dans la fabrication des pianos. Décoré en 1834, il fut mis hors de concours en 1849, et après sa mort une médaille d'honneur vint encore honorer ses travaux à l'exposition de 1855. Camille Pleyel était mort en effet le 4 mai 1855. L. Louvet.

PLI DU COUDE. *Voyez* Coude.

PLIE, genre de poissons de l'ordre des malacoptérygiens subbrachiens, famille des pleuronectes. Ces poissons, de forme rhomboïdale, et ayant presque tous les yeux à droite, ont pour caractères génériques : Une rangée de dents tranchantes à chaque mâchoire; le plus souvent des dents en pavé aux pharyngiens; dorsale ne s'avançant que jusqu'au-dessus de l'œil supérieur, et laissant, aussi bien que l'anale, un intervalle entre elle et la caudale.

La plupart des plies appartiennent aux mers d'Europe. Les principales espèces sont : la *plie franche* (*pleuronectes platessa*, L.), ou **carrelet**; la **limande** (*platessa limanda*, L.); la *pole* (*platessa pola*, G. Cuv.), qui ressemble beaucoup à la **sole**, et dont la chair est aussi recherchée; le *flet* ou *picaud* (*platessa flesus*, L.); *la plie large* (*platessa latus*, G. Cuv.); etc.

PLIER, PLOYER. Ces deux verbes ne sont pas du tout synonymes, et c'est à tort que de respectables autorités, entre autres le *Dictionnaire de l'Académie* et la *Grammaire des Grammaires*, affirment que le second est tout à fait hors d'usage depuis longtemps, à l'exception de la poésie. *Plier*, c'est mettre en double, par plis, de manière qu'une partie de la chose se rabatte sur l'autre. *Ployer* c'est mettre en forme de boucle ou d'arc, de manière que les deux extrémités de la chose se rapprochent plus ou moins. *Plier* se dit des corps minces et flasques, ou du moins fort souples, qui se plissent facilement et gardent leurs plis. *Ployer* se dit des corps roides et élastiques, qui fléchissent sous l'effort et tendent à se rétablir dans leur premier état. On *plie* de la mousseline; on *ploie* une branche d'arbre. *Plier* et *ployer* s'emploient quelquefois l'un et l'autre dans le sens de *courber*, *fléchir*, *céder*; mais alors *plier* indique un effet plus grand, plus marqué, plus approchant de ce qu'on entend rigoureusement par *pli*. En marchant, vous *ployez* le genou : dans une génuflexion profonde, vous le *pliez*.

PLINE (Caius Plinius Secundus), dit *l'ancien* ou *le Naturaliste*, naquit à Côme, l'an 23 de J.-C., la neuvième année du règne de Tibère. Il vint de bonne heure à Rome, où il entendit le grammairien Apion, espèce de crieur public à la voix retentissante, et que Tibère appelait ironiquement la cymbale du monde (*cymbalum mundi*). Pline ne vit point cet empereur, retiré à Caprée; mais sur ce qu'il dit des pierreries de Lollia Paulina, qui en portait pour sept ou huit millions dans ses jours de parure ordinaire, on a conjecturé qu'il alla quelquefois à la cour de Caligula. Pourvu d'un commandement dans la Germanie, il la parcourut tout entière, et y composa un traité sur l'art de lancer le javelot à cheval, ainsi qu'une vie de L. Pomponius, son général et son ami. De retour à Rome, vers l'âge de trente ans, il écrivit, tout en s'essayant dans la carrière du barreau, une histoire en vingt livres des guerres de Germanie, dont il avait, sur la foi d'un rêve, conçu l'idée et le plan quand il y guerroyait lui-même. Il surveillait en même temps à Côme l'éducation de son neveu Pline le jeune, et travaillait, pour la compléter, à un grand ouvrage sur l'art oratoire. Pline employa la plus grande partie du règne de Néron, dont l'ombrageuse tyrannie suspectait tout genre d'étude élevé, à composer un ouvrage de grammaire, un traité en huit livres sur la propriété des mots. Nommé, par Vespasien sans doute, procurateur en Espagne, il y séjourna quelques années, et visita la Gaule, où il assure avoir vu une pierre tombée du ciel. On a dit, mais sans le prouver, qu'il servit ensuite sous Titus dans la guerre contre les Juifs. Il vaut mieux, comme on l'a fait, placer à cette époque de sa vie la composition de l'histoire de son temps en trente-un livres, laquelle faisait suite à celle d'Aufidius Bassus et remontait jusqu'au règne de Tibère. Pline, qu'il eût ou non servi sous Titus, n'en fut pas moins très-aimé de ce prince, auquel il dédia la dernière, la plus considérable et la seule aujourd'hui connue de ses œuvres, l'*Histoire de la Nature*, en trente-sept livres, ouvrage aussi varié que la nature elle-même, a dit son neveu, et qu'on a appelé avec raison l'*Encyclopédie des anciens*. Il embrasse en effet, dans un ordre méthodique, l'astronomie, la physique, la géographie, l'agriculture, le commerce, la botanique, la médecine, les arts mécaniques et les arts de luxe, aussi bien que l'histoire naturelle proprement dite; et il est un des dépôts les plus précieux des connaissances de l'antiquité, puisqu'il se compose, nous dit l'auteur, des extraits de deux mille volumes, la plupart inconnus, même de son temps, et aujourd'hui perdus. Aussi Pline fut-il l'homme le plus laborieux qui ait jamais existé. L'histoire naturelle de Pline fut ainsi le lent produit de bien des lectures, de bien des veilles laborieuses, et elle n'est guère qu'une vaste compilation. La nature ne lui avait pas donné le génie d'observation qu'en avait reçu Aristote. Il ne prit même point à ses auteurs ce qu'ils avaient de plus important, et ne rendit pas toujours leur vrai sens. Souvent inexact et incomplet dans la description des êtres les plus communs, il n'omet aucune des choses singulières et des croyances superstitieuses favorables aux contrastes qu'il aime à établir, ou aux déclamations chagrines dont il poursuit la Providence et l'homme. Il rapporte avec une puérile complaisance toutes les fables des voyageurs et des poëtes grecs sur les hommes sans tête, sans bouche, à un seul pied, à longues oreilles; sur les animaux à tête humaine, sur les chevaux ailés, sur les vertus merveilleuses des plantes, etc. Les savants ne lui reconnaissent plus aujourd'hui d'intérêt véritable que celui qu'il emprunte de quelques détails de géographie et d'histoire, de la peinture des mœurs anciennes, et de ses connaissances dans les arts, dont il suit les progrès et décrit les productions; indiquant les procédés des plus grands artistes, citant, à propos des couleurs, les tableaux les plus célèbres; à propos des pierres et des marbres, les plus belles statues.

Les exemplaires d'un ouvrage qui touchait à tant de sciences se multiplièrent à l'infini, et il est peu d'anciens auteurs qu'aient plus souvent reproduits la main des copistes et l'imprimerie, et défigurés davantage la critique des savants. Pline n'eut pas les douze mille commentateurs d'Aristote, mais il n'en fut pas moins torturé par ceux, en plus petit nombre, qui entreprirent de le rectifier; et l'un d'eux (Hermolaüs Barbarus), le trouvant, selon ses expressions, « semblable à une maison pestiférée ou infestée des lutins, » y corrigea plus de cinq mille passages, ajoutant souvent aux fautes et à l'obscurité du texte : « médecin redoutable, a-t-on dit de lui, et qui fit à Pline plus de plaies qu'il n'en guérit ». La compilation de Pline a servi longtemps, avec l'ouvrage de Dioscoride, à grossir d'autres compilations, où l'on ne faisait malheureusement entrer que ce qu'il y avait chez eux d'inexact, de puéril et de merveilleux. Deux auteurs surtout l'ont copié, Tertullien, dans son *Apologétique*, et Solin, dans son *Polyhistor*, Solin, qui en a gardé le surnom de *Singe de Pline*. Mais ce qu'ils n'ont pu reproduire, c'est son imagination, c'est son éloquence, ce sont les beautés sévères de son style, qui lui ont conquis une place éminente parmi les écrivains du dernier âge des lettres romaines. Il fut le modèle de Buffon, qui l'estimait beaucoup et le surpassa par un goût plus sûr.

Pline périt peu de temps après la publication de son grand ouvrage, et le même jour qui vit disparaître Pompéia et Herculanum. Il commandait à Misène la flotte qui gardait la Méditerranée occidentale, lorsque arriva dans le mois d'août cette grande éruption du Vésuve dont les cendres volèrent, dit-on, jusque dans l'Afrique, la Syrie et l'Égypte. Il fit appareiller aussitôt, et se dirigea, pour y porter des secours, vers les endroits de la côte où le péril était le plus grand, et d'où chacun fuyait, la tête couverte d'épais coussins, à cause des pierres vomies par le volcan. Pour lui, il notait à chaque instant sur ses tablettes les variations successives du phénomène, et, pour le mieux observer encore, il ne craignit pas d'aborder à Stabie, malgré de violentes secousses de tremblement de terre, et une pluie toujours croissante de cendres et de pierres brûlantes. Il sut garder ou affecter un courage et une gaîté qu'il ne put toutefois inspirer à sa suite, et deux esclaves seulement restèrent auprès du malheureux Pline, qui périt bientôt victime de son ardeur à interroger la nature. Son corps, retrouvé trois jours après sous la cendre, le témoigna mieux que les sandales laissées, dit-on, par Empédocle au pied de l'Etna.

T. Baudement.

PLINE (Caius Cæcilius Plinius Secundus), dit *le jeune*, naquit à Côme, sous Néron, de Lucius Cæcilius et de la sœur de Pline l'ancien. Il s'essaya de bonne heure dans la poésie, et à quatorze ans il avait composé une tragédie grecque. Envoyé en Syrie, comme tribun, il y consacra tous ses loisirs militaires aux leçons du stoïcien Euphrate. Son père mourut vers cette époque; Pline l'ancien, n'ayant point d'enfants, s'empressa de l'adopter, lui fit prendre son nom, et lui donna pour tuteur Virginius Rufus, célèbre pour avoir dédaigné l'empire. Pline n'avait que dix-huit ans lorsque son oncle périt sous les cendres du Vésuve. Il était resté à Misène, avec sa mère, qu'il ne voulut point quitter, et y bravait, à côté d'elle, les menaces de l'éruption, qui purent à peine le distraire de la lecture de Tite-Live. Il entra dans la carrière du barreau, plaida sa première cause à dix-neuf ans, et acquit bientôt une célébrité dont il n'y avait pas eu d'exemple depuis Cicéron. Il plaida plusieurs fois devant le sénat, en présence de Trajan, qui un jour, craignant pour la frêle santé de l'avocat les suites d'une longue plaidoirie, le fit, à diverses reprises, prier par un affranchi de ménager ses forces; il le désignait même familièrement par un diminutif (*corpusculum*) qui peignait à la fois la petitesse de sa taille et la délicatesse de sa complexion. Dans un siècle où des lois furent nécessaires pour réprimer la cupidité des avocats, Pline n'accepta jamais rien, et il vit dans sa clientèle des provinces romaines et des peuples entiers.

Nommé questeur, tribun du peuple, et préteur sous Domitien, il fit servir son crédit à protéger ceux que frappait la haine du tyran. Dès que la justice eut reparu, il poursuivit les délateurs, et vengea les mânes de leurs victimes. Il parvint ainsi à écarter du consulat celui qui avait fait périr Helvidius, son ami, dont il honora la mémoire par un ouvrage à sa louange. Nerva et Trajan le rappelèrent aux fonctions publiques, et il devint successivement préfet du trésor, consul, augure, commissaire de la voie Émilienne, proconsul en Bithynie et dans le Pont. Son administration proconsulaire a laissé des traces dans l'histoire. De retour de Bithynie, Pline donna aux douceurs de la vie privée tout ce qu'il put dérober de temps aux affaires publiques, et passait la plus grande partie de l'année dans une belle maison de campagne, située au bord du lac de Côme, et qui subsiste encore, ou bien dans celles qu'il avait à Tusculum, à Tibur et à Préneste. C'est dans ces retraites délicieuses qu'il s'occupait, quand ses yeux, souvent malades, le lui permettaient, et à revoir ses plaidoyers, et à écrire des parties d'histoire, et à faire des vers quelque peu licencieux. Jeune et remplie d'agréments, Calpurnie, sa seconde femme (on ne sait rien de la première), partageait sa passion pour les lettres, et composait quelquefois sur la lyre des airs pour ses poésies, pour les plus chastes sans doute. Elle ne lisait que ses ouvrages, et les apprenait même par cœur. S'il plaidait, elle chargeait toujours quelqu'un de venir l'informer des moindres impressions de l'auditoire; s'il lisait en public, elle se ménageait, derrière un rideau, une place d'où elle pût s'enivrer des applaudissements donnés au lecteur.

Pline venait à Rome, soit pour l'exercice de ses fonctions, soit pour assister aux conseils de l'empereur et aux lectures publiques, dont il s'efforçait de soutenir l'institution, déjà ruinée, soit pour voir les amis qu'il avait dans le sénat, à la cour et dans les lettres : Quintilien, Suétone, Silius Italicus, Martial, Tacite. Il se félicitait surtout de l'amitié constante qui l'unit à ce dernier, dont il revoyait les ouvrages et consultait le goût pour les siens. Riche d'un patrimoine considérable, Pline put s'abandonner sans réserve au penchant d'une libéralité excessive. Il secourut dans leurs besoins Martial et Suétone, dota la fille de Quintilien, fit don à l'un de ses amis de 300,000 sesterces, afin qu'il pût entrer dans l'ordre des chevaliers; de 400,000 à un autre, pour l'achat d'un équipage de guerre; à sa nourrice, d'une ferme qui en valait 100,000; il rendit à un esclave, avec la liberté, un legs que la loi l'autorisait à retenir, et à un fils déshérité par sa mère les biens qu'elle lui avait légués à lui-même; il assura un fonds de 500,000 sesterces pour aliments à des personnes libres, éleva des autels aux dieux, leur bâtit des temples, fonda une bibliothèque publique et des écoles, en paya les maîtres, et créa des pensions pour ceux que le défaut de fortune mettait hors d'état d'étudier. Il employa noblement le crédit dont il jouissait auprès de Trajan. Ingénieuse à deviner les désirs ou les besoins des autres, prompte à les satisfaire, son amitié, toujours active, tenait ouverte pour ceux qu'il en jugeait dignes la source des faveurs impériales. Il avait appris de son oncle à connaître le prix du temps : aucun de ses loisirs n'était perdu pour l'étude. On lisait pendant ses repas, ou bien l'on récitait des vers. Il ne se promenait qu'avec un livre, ou avec des amis dont la conversation valait des livres. Il avait réglé pour l'hiver et pour l'été l'emploi de toutes les heures de sa vie. On ne sait quelle année vit finir une vie si pleine; il avait, dit-on, quand il mourut environ cinquante ans.

Il ne nous reste de Pline le jeune qu'un recueil de *Lettres* et le *Panégyrique de Trajan*. « On ne conçoit pas, a dit Voltaire, comment Trajan put avoir assez de patience ou assez d'amour-propre pour entendre prononcer ce long discours; il semble qu'il ne lui ait manqué pour mériter tant d'éloges que de ne les avoir pas écoutés; » et cette phrase a été répétée depuis, sur l'autorité d'un tel nom, par tous ceux qui ont parlé de Pline sans l'avoir lu. Mais il nous apprend lui-même que ce panégyrique ne fut pas prononcé devant Trajan, et qu'il n'étendit qu'au bout de quelques années, par le conseil de ses amis, le remerciment fort court qu'il avait lu dans le sénat, quand cet empereur l'eut déclaré consul; remerciment qui avait eu d'ailleurs un si grand succès que trois années de suite on en pria l'auteur de le réciter publiquement. C'est se tromper encore que d'appeler ce discours un chef-d'œuvre d'éloquence. Pline l'a, il est vrai, enrichi de belles images et de sentences profondes; mais on y désirerait plus de force et de simplicité; il a beaucoup d'esprit, mais il le veut trop montrer; il éblouit le lecteur, mais ne l'éclaire pas de cette douce lumière qui pénètre et émeut la raison; l'artifice de sa phrase est souvent ingénieux, mais son style, comme celui de Sénèque, est coupé, sautillant, plein d'antithèses. Pline, qui admirait tant Cicéron, est bien loin d'égaler son modèle; il subissait fatalement, et à son insu, l'influence de son époque; et dans le même temps Quintilien lui-même combattait la décadence dans un langage parfois emprunté d'elle. Pline n'est pas élevé, nombreux, facile, entraînant comme Cicéron, mais il a des pages dignes de lui.

Ses lettres sont pleines d'esprit, d'agrément et de variété; mais on y retrouve quelques-uns des défauts du panégyrique. Elles n'ont pas toujours l'abandon qui convient au style épistolaire; ses moindres billets, et plus d'un est charmant, ont dû lui coûter beaucoup de temps et de travail. Pline dans ses lettres est encore auteur; publiées, s'il faut l'en croire, à la prière de ses amis, elles font un ouvrage; et sa vanité, défaut qu'on lui a justement reproché, a même fait supposer qu'il en composa plusieurs exprès pour ce recueil. Quoi qu'il en soit, elles abondent en détails curieux sur les mœurs des écrivains et sur l'état, assez peu florissant, des lettres. Le recueil en resta longtemps ignoré pendant le moyen âge, et Sidoine Apollinaire est jusqu'au treizième siècle le seul écrivain qui en fasse mention. Vincent de Beauvais n'en avait pu découvrir que cent environ; et le dixième livre, qui contient la correspondance de Pline et de Trajan, ne vit pas le jour avant le seizième siècle. Mais dès qu'on eut retrouvé tout, les savants de profession se jetèrent sur cette proie nouvelle, et Pline eut à passer par les mains de quinze commentateurs.

T. Baudement.

PLINTHE. On nomme ainsi, en architecture, une sorte de pièce plate et carrée formant en quelque sorte le support ou la semelle de l'ensemble qui s'élève dessus. On conçoit en effet que tout corps placé dans une position perpendiculaire doit avoir un empattement ou un autre corps qui le reçoive et en forme le pied : les colonnes ont des bases et des piédestaux, et ceux-ci ont des *plinthes*. On en distingue de plusieurs sortes : la *plinthe de figure* est celle qui consiste seulement en une base plate, ronde ou carrée, pour porter une statue; la *plinthe ravalée*, comme on en remarque dans beaucoup de palais de Rome, notamment dans celui de Farnèse, est celle qui a une petite table refouléc, quelquefois avec des ornements, comme *postes*, *guillochis*, *entrelas*, etc.; celle dont le plan est circulaire, ainsi que le tore, se nomme *plinthe arrondie* : telle est celle que Vitruve donne au toscan; on s'en sert toutes les fois qu'il convient de supprimer les angles, parfois incommodes, d'un plateau quadrangulaire. Celle qu'on nomme, enfin, *plinthe de mur* consiste dans une moulure plate et haute, qui dans les murs de face indique la ligne des planchers, et sert à porter le larmier d'une souche de cheminée et l'égout d'un chaperon de mur de clôture.

Ce mot vient du grec πλίνθος, qui signifie *brique*, soit parce qu'on plaçait peut-être autrefois sous les colonnes, quand on les faisait en bois, des briques ou des dalles de terre cuite, soit plutôt à cause d'une ressemblance de forme entre la plinthe et la brique. La plinthe se nommait autrefois *tailloir*, et nous l'appelons encore aujourd'hui *socle*, les Italiens *zoccolo* (semelle), par suite de la nature des fonctions qu'elle remplit en architecture.

PLINTHION ou **PLÆSTON**. *Voyez* PHALANGE (*Art militaire*).

PLIQUE. On désigne par ce nom un entre-croisement inextricable de la chevelure, qui devient en totalité ou en partie semblable à la bourre. Quelquefois les cheveux sont réunis, agglutinés, mêlés en mèches séparées plus ou moins longues. Selon quelques observateurs, leur masse grossit encore par l'afflux d'un liquide sanguinolent. En pareils cas, ces mèches justifient assez, par leur ressemblance avec les plis des serpents, la peinture poétique des têtes des Gorgones et des Furies. Cette dégénérescence du système pileux a été observée non-seulement sur des hommes, mais encore sur des individus des races chevaline et bovine. Comme l'affection que nous signalons se montre principalement et presque exclusivement en Pologne, elle fut désignée anciennement par le nom de *maladie sarmate*, *polonaise*, etc. On en a rencontré quelques cas dans diverses parties de l'ancienne Germanie, et même en France. La plique a été considérée par les uns comme une altération spéciale du système pileux et bornée à son étendue; d'autres, au contraire, l'ont rattachée à une altération générale ou constitutionnelle, comme les scrofules, par exemple. Les causes qui l'engendrent sont aussi très-variées, selon le dire de plusieurs. De nombreuses contestations se sont élevées parmi les médecins au sujet de la plique : l'auteur les remplacera par le résultat de quelques observations qu'il a pu faire personnellement en Pologne durant la campagne de 1806. Ce ne fut pas sans difficulté qu'il put voir des exemples de cette affection : les individus qui en étaient affectés répugnaient, par une sorte de honte, à se découvrir la tête : ce ne fut que par l'intervention officieuse des curés qu'il put y parvenir et acquérir les notions suivantes.

La plique se rencontre assez communément sur la chevelure des paysans, qui en général est tenue plus ou moins courte. Ces cheveux sont gras, ne peuvent être effectivement mieux comparés qu'à la bourre, principalement sur les côtés de la tête, assez souvent sur le derrière, rarement sur le sommet; quelquefois les cheveux sont *pliqués* en totalité. Chez les paysannes polonaises, qui conservent pour la plupart leurs cheveux dans toute leur croissance, il n'est pas rare d'en trouver des portions mêlées ou comme agglutinées; mais il est difficile de les isoler par mèches. L'ensemble de la chevelure est quelquefois mêlé dans toute sa longueur, ce qui néanmoins ne l'empêche pas de croître. Dans aucun cas l'observateur, qui toutefois n'exprime ici que le résultat de ses propres recherches, n'a pu découvrir des cheveux pliqués avec une augmentation de masse et un aspect sanguinolent. L'état de la chevelure dans la plique lui a paru révéler ostensiblement la cause de cette affection : comme on l'observe principalement sur les régions de la tête les plus comprimées par des bonnets de peau de mouton, que les paysans portent presque toute l'année jour et nuit, et qui servent de point d'appui durant le sommeil, il est facile de concevoir que cette pression doit produire à la longue un mélange de cheveux aussi inextricable.

Après de longues maladies, il n'est pas rare chez nous de voir les cheveux se mêler au point qu'on ne peut remédier à cet accident que par le secours des ciseaux. Si dans ces cas on abandonnait la chevelure avec l'incurie qui est propre aux Polonais, il est très-présumable qu'il en résulterait une plique indigène, et tout aussi légitimement caractérisée que celle de la Pologne. L'opinion qu'on expose ici a été émise par plusieurs médecins; elle paraît prévaloir d'ailleurs parmi les paysans polonais, car c'est plutôt pour prévenir le feutrage des cheveux qu'ils les tiennent très-courts, surtout sur les parties latérales et postérieures de la tête, que pour continuer une coutume dictée, dit-on, par un pape, pour relever leur roi Casimir des vœux qu'il avait faits en France comme moine de l'abbaye de Cluny. Toutefois, divers médecins font dériver la plique d'une affection de la racine des cheveux et des poils en général, et ils appuient leur opinion sur des faits qu'il serait injuste de dédaigner. On a en conséquence distingué une *plique fausse* et une *plique vraie*. Quoi qu'il en soit, les circonstances qui ont motivé cette distinction peuvent avoir été mal interprétées. Il n'y a rien d'extraordinaire à voir le système pileux radicalement affecté avant d'être pliqué chez les individus qui vivent dans la malpropreté la plus dégoûtante, qui sont converts de vermine des pieds à la tête, et qui passent un long hiver dans une cabane fortement chauffée, où l'air malsain ne serait pas respirable si le large poêle qui ordinairement sert de lit n'était pas chauffé en dehors; on doit ajouter qu'ils se nourrissent en grande partie de porcs maigres et rongés, ainsi que leurs maîtres, par des parasites. Il n'est pas surprenant que la peau du crâne se gonfle et s'irrite aussi sous une chevelure feutrée, et que l'altération des bulbes capillaires s'ensuive. Alors tantôt cette affection bulbeuse sera primitive, tantôt elle sera consécutive; et c'est ainsi qu'on pourra expliquer les effets par une même cause, et reconnaître que des états qui diffèrent en apparence sont réellement similaires. Dans de telles circonstances hygiéniques, il n'est pas non plus surprenant de rencontrer la plique avec des constitutions débiles et maladives. Au surplus, les chirurgiens des régiments russes ne considèrent pas cette altération de la chevelure comme une maladie primitive et constitutionnelle : ils ne voient dans cet état anormal qu'un résultat de la malpropreté et de l'incurie. En conséquence, dès qu'un Polonais pliqué revêt l'habit martial, les ciseaux font promptement disparaître le feutre dégoûtant qui nous occupe, et il n'est pas démontré que ce moyen ait des inconvénients et qu'il faille respecter la plique comme une crise salutaire. On peut croire encore que cette affection cesserait d'être commune en Pologne si les paysans de ce malheureux pays étaient traités avec humanité, au lieu d'être dégradés et ravalés à l'état de la brute par la tyrannie des nobles polonais.

Dr CHARBONNIER.

PLISSER, faire des plis. Il ne se dit qu'en parlant des plis que les tailleurs et les ouvrières en linge ou les blanchisseuses font à certaines sortes d'habits ou d'ouvrages : on plisse une chemise, un jabot, des manchettes, une collerette, etc.

PLOCK ou **PLOZK**, gouvernement du royaume de Pologne, borné par les gouvernements d'Augustowo, de Varsovie, par la Russie et par la Prusse, compte, sur une superficie de 218 myr. carrés, une population de 547,455 habitants, répartie en 45 villes et 3,921 villages. Il a été composé avec l'ancienne voïvodie de Plock, le pays de Dobrzyn et une partie de la Masovie. Sous la domination prussienne, il faisait partie de la province de la Prusse orientale; et lorsque celle-ci appartint au duché de Varsovie, il formait le département de Plock.

Son chef-lieu, *Plock*, ville bâtie sur la rive droite de la Vistule, qui n'y a pas moins de 23 mètres d'élévation, est au total assez bien bâtie. Siége d'évêché, de diverses autorités supérieures civiles et militaires, la ville renferme 12,000 habitants. Parmi ses nombreuses églises, on remarque surtout la cathédrale, édifice du seizième siècle, renfermant les restes mortels des ducs de Pologne Ladislas, Hermann et Boleslas III. C'est une des plus antiques cités de la Pologne, et elle était autrefois la résidence des ducs polonais de ce nom.

PLOEN, petite ville du duché de Holstein, située dans une contrée romantique, entre le grand et le petit lac de Plœn, compte 2,700 habitants, et possède un collége ainsi qu'un vieux château féodal. En 1564 elle passa au duc Jean le Jeune de Holstein-Sonderbourg, et à sa mort, arrivée en 1622, elle devint la résidence de la ligne fondée par ce prince dans la maison de Holstein, celle de *Holstein-Plœn*, qui s'éteignit en 1761 dans sa descendance mâle.

PLOERMEL, ville de France, chef-lieu d'arrondissement dans le département du Morbihan, sur l'Hirel, avec 5,635 habitants, un collége, un tribunal de première instance, un comité d'agriculture, un commerce de bestiaux, de laine, de chanvre, de miel, de toile, d'étoffes de laine, de fil de chanvre. Cette ville fut autrefois importante et bien fortifiée. Son église paroissiale date du douzième siècle; elle est décorée de beaux vitraux, et sa tour, soutenue par quatre gros piliers, a servi à la triangulation des cartes de Cassini. A un kilomètre de Ploermel se trouve un vaste étang, dont les eaux pures et vives, alimentées par la rivière de Duc, qui le traverse, forment en s'échappant au milieu des rochers une cascade de plus de sept mètres. Ploermel existait déjà au dixième siècle. Elle fut en 1222 livrée à Pierre de Dreux, duc de Bretagne, par Amaury de Craon; Charles VIII la saccagea en 1487; l'année suivante le duc François II la reprit, et en fit démolir les fortifications, qui, rebâties peu de temps après, furent abattues de nouveau, en 1591, par le duc de Mercœur.

PLOMB. Le plomb est peut-être de tous les métaux le plus anciennement connu. Les caractères fort saillants de ce métal, la facilité de sa réduction et ses propriétés physiques, qui le rendent si utile dans les arts, étaient bien propres à fixer l'attention des premiers hommes qui s'occupèrent de l'étude des minéraux. C'est probablement pour cela que les anciens l'avaient dédié à Saturne. Ce qui dut frapper davantage, c'est le poids considérable qu'il présente sous un faible volume; aussi sa densité, ou, comme on dit vulgairement, sa pesanteur, est-elle devenue proverbiale, bien qu'il ne soit pas cependant le plus pesant de tous les métaux. La couleur du plomb est d'un blanc bleuâtre; son éclat, assez grand sur les surfaces fraîches, se ternit promptement à l'air, à cause de la rapidité de son oxydation. Il donne par le frottement une odeur qui lui est propre, et laisse sur les doigts ou sur le papier une teinte bleuâtre; son poids spécifique est de 11,35; ce qui ne l'empêche pas d'être assez tendre pour se laisser entamer facilement, même par l'ongle, et de fournir ainsi un moyen de le distinguer sur-le-champ de l'étain devenu terne par suite d'une longue exposition à l'air. Deux cent soixante degrés de chaleur suffisent pour le liquéfier. Sa grande fusibilité fait qu'on l'emploie avec avantage pour souder les autres métaux. La soudure des plombiers est un alliage composé d'environ moitié de plomb et d'étain. Il se moule assez bien dans les creux qu'on lui prépare, dans les matrices de fer ou de cuivre. On est parvenu à obtenir des tuyaux de plomb non soudés, de tous les diamètres; on en a même coulé des statues, qui ont été dorées ensuite. Telle est celle qui surmonte la fontaine et la colonne triomphale de la place du Châtelet à Paris. Enfin, le plomb se fait encore remarquer par la facilité avec laquelle il s'étend sous le laminoir et se convertit aisément en feuilles très-minces; mais on a reconnu qu'arrivé à un certain point, ses bords se crevassent. Les Chinois obvient à cet inconvénient en introduisant jusqu'à 4 p. 100 d'étain dans celui dont ils se servent pour doubler leurs boîtes à thé. Ils fabriquent, dit-on, les feuilles destinées à la confection de ces boîtes au moyen de deux tuiles larges et plates, doublées de papier fort, qu'ils placent l'une sur l'autre, et qu'ils entrouvrent par un coin pour y introduire le plomb fondu destiné à la feuille. Il pressent ensuite fortement avec le pied sur le métal en fusion, et de cette manière évitent les gerçures ordinaires produites par la compression à froid.

Le plomb s'oxyde rapidement à l'air; mais, comme beaucoup d'autres métaux, il est préservé d'une complète oxydation par la première et la plus mince couche d'oxyde qui puisse se former, parce que celle-ci remplit à l'égard du reste de la masse la fonction d'une enveloppe imperméable à l'air. Voilà pourquoi on trouve tant d'économie à l'emploi du plomb dans la couverture des édifices. Les grandes feuilles destinées soit à cet usage, soit à la confection des chaudières d'évaporation, se coulent au moyen d'un vase de fonte qui verse le métal dans toute la largeur de la table unie qui doit servir de moule à cette planche de plomb, que l'on passe et repasse ensuite sous des laminoirs pour l'amener à l'épaisseur convenable. Le plomb est surtout un métal bien précieux pour la préparation de l'acide sulfurique, en vertu de la propriété dont il jouit de résister à l'action de ce puissant réactif. C'est dans des chambres et des chaudières de plomb que se font toutes les manipulations relatives à cette préparation.

Étant par son poids susceptible de recevoir beaucoup plus de mouvement que la plupart des autres corps, le plomb a dû être choisi de préférence pour servir de projectile dans les armes à feu. De là l'usage des balles et du plomb de chasse en grenailles.

Si l'on peut à peine indiquer tous les usages du plomb à l'état métallique, il devient plus difficile encore de rappeler tous ceux de ses oxydes ou des sels qui l'ont pour base. Il suffira de nommer la litharge, le minium, le massicot, qui sont des oxydes de plomb diversement préparés, et dont les usages en peinture et dans l'art de fabriquer le verre-cristal, le flint-glass, sont si connus; la céruse, dont les applications sont si nombreuses, et que nous fabriquons maintenant avec autant de perfection qu'on l'a fait longtemps et presque exclusivement en Angleterre et surtout en Hollande; enfin, beaucoup d'autres sels à base de plomb, qui servent dans la teinture des étoffes et dans la médecine externe. De si nombreux emplois exigent annuellement une masse de plomb énorme; aussi les mines et les exploitations de ce métal sont-elles abondamment répandues dans plusieurs parties du monde. Il se trouve sous un assez grand nombre de combinaisons dans la nature. Quelques-unes d'entre elles seulement sont assez abondantes pour être exploitées comme mines de plomb. Le sulfure ou la galène est le véritable minerai du plomb des minéralogistes; il fournit à lui seul plus des 999 millièmes du plomb livré au commerce.

Les différents minerais de plomb se trouvent presque toujours réunis dans le même gîte; ils forment des filons et de petites veines dans les terrains de plus ancienne formation; mais c'est principalement dans les terrains de transition que sont exploités la plupart des filons qui contiennent ce métal. Les mines de la Saxe, de l'Angleterre et de la France sont dans cette position. Les terrains secondaires renferment aussi quelques mines de plomb. Cependant, on peut dire qu'elles y sont rares, proportionnellement à celles qui existent dans les terrains de transition; et de plus, elles paraissent contemporaines au terrain; du moins, elles n'y sont pas disposées à la manière des filons. Nous devons ajouter que telle est l'utilité de ces précieux minerais qu'on peut déjà tirer parti des plus pauvres qu'on trouve en découvrant une mine, en les vendant sous le nom d'*alquifoux*, comme pour vernir la poterie commune, cela se fait dans le département de l'Isère. Quant au traitement du minerai, on conçoit qu'il doit varier d'après la nature des substances associées au plomb. F. Passot.

On connaît deux oxydes de plomb, le *protoxyde* (litharge ou massicot) et le *deutoxyde* ou *oxyde puce*. Le minium paraît être un oxyde particulier; ces oxydes sont facilement réduits par l'hydrogène, le charbon, le soufre, les corps combustibles, les métaux très-oxydables. Le deutoxyde, ou oxyde puce, est de couleur puce foncée; chauffé au rouge il se réduit à l'état de protoxyde, en laissant dégager de l'oxygène. Composé de 867 parties de plomb et de 133 d'oxygène, on l'obtient soit en traitant le minium par l'acide nitrique, soit en décomposant un sel de plomb par un chlorite alcalin en excès.

Les sels de plomb sont tous à base de protoxyde; en général il sont incolores. Les principaux sont le *sulfure*, qui se trouve dans la nature sous le nom de *galène*. Le *sulfate de plomb* est blanc, grenu et pesant, insoluble dans l'eau et la plupart des acides; l'acide hydrochlorique le dissout en le transformant en chlorure. Le *nitrate de plomb* est très-soluble, cristallise facilement. Le *chlorure de plomb* est d'un blanc satiné, cristallise en aiguilles ou en écailles nacrées, peu soluble dans l'eau, davantage dans l'acide hydrochlorique et insoluble dans l'alcool, se fond très-aisément en une masse d'un blanc perlé, translucide comme de la corne et se vaporise à la chaleur rouge. Il se combine avec l'oxyde de plomb en formant des oxychlorures jaunes; l'un d'eux est employé en peinture sous le nom de *jaune de Turner*. Le *carbonate de plomb* est très-employé dans les arts sous le nom de céruse. Avec l'acide acétique et le chrome, le plomb donne des acétates et des chromates très-employés dans l'industrie (*voyez* CROCOÏSE).

Voici d'après M. Debette la production annuelle du plomb en Europe : Angleterre, 392,000 quintaux métriques; Espagne, 312,000; Hartz, 53,000; Empire d'Autriche (Carinthie, Bohême, Hongrie), 51,000; Prusse (Bords du Rhin et Silésie), 16,000; France, 8,000; Russie, 7,000; Pays de Nassau, 6,000; Saxe, 4,500; Savoie, Piémont, 2,500; Suède, 800. En tout 852,800 quintaux métriques, qui, au prix moyen de 50 fr. le quintal métrique, représentent une valeur de 42,640,000 fr.

Trois mines de plomb argentifère sont exploitées en France; ce sont : les mines de Poullaouen (Finistère), de Vialas (Lozère) et de Pontgibaud (Puy-de-Dôme). A côté, et comme dépendances de ces mines, sont situées des usines où on traite le minerai pour en extraire l'argent. Le plomb est vendu ensuite soit à l'état de métal, soit à l'état de litharge. En 1847 ces trois usines, avec l'usine de Saint-Mamet (Haute-Garonne), traitant alors des minerais de Bagnères de Luchon, produisirent 5,541 quintaux métriques de litharge marchande, valant 282,258 fr., et l'usine de Vialas produisit en outre 1,015 quintaux métriques de plomb marchand, valant 43,645 fr. En 1848 les produits de plomb tombèrent de 6,556 à 4,479 quintaux métriques, et en valeur de 325,903 à 198,139 fr. En 1849, on trouve pour 174,200 fr. de litharge et 70,378 fr. de plomb : le département de la Haute-Garonne cesse de traiter ce minerai. En 1850 la production du plomb en France est un peu supérieure; la litharge figure pour 194,228 fr., et le plomb pour 81,535 fr. L'année suivante les produits du plomb montent à 16,067 quintaux métriques, valant 587,751 fr. En 1852 la production du plomb s'accroît considérablement puisque les produits de ce métal dans les départements des Bouches-du-Rhône, du Finistère, de la Lozère et du Puy-de-Dôme s'élèvent en poids à 29,271 quintaux métriques, et en valeur à 1,260,505 fr., dont 1,036,179 fr. de plomb et 224,326 fr. de litharge.

On estime le produit du plomb extrait des mines de la Grande-Bretagne de 1848 à 1852 à 450,880 tonnes de minerai (4,576,432 quintaux métriques) et à 308,108 tonnes de plomb (3,127,296 quintaux métriques).

Quoique l'existence des mines de plomb ait été constatée dans presque tous les États de l'Union américaine et quoique la plupart de ces minerais soient en exploitation, les États-Unis, cependant, tirent de l'Europe la plus grande partie de leur approvisionnement. On se contente d'enlever les filons qui se trouvent à la surface de la terre, et c'est seulement à Phœnixville (Pennsylvanie), et dans quelques mines de l'Arkansas qu'on creuse plus profondément. Le plomb des États-Unis est argentifère; mais jusque ici on ne s'est livré à aucun travail pour séparer les deux métaux, parce que le minerai n'est pas assez riche en argent. Le produit annuel des mines de plomb des États-Unis s'élève à 18 ou 20,000 tonneaux, qui sont fournis par les États d'Illinois, Wisconsin, Missouri, Arkansas, Virginie, Pennsylvanie et New-York. L. LOUVET.

Il est souvent question dans l'histoire des *plombs de Venise*. C'était une toiture de plomb du palais de Saint-Marc, sous laquelle se trouvaient des prisons, où les détenus souffraient horriblement de la chaleur.

On appelle *colique de plomb* ou *des peintres* une colique violente produite par l'action du plomb.

Au figuré, *Il lui faudrait un peu de plomb dans la tête*, se dit d'un homme qui a la tête légère, d'un étourdi. *Mettre du plomb dans la tête de quelqu'un*, c'est encore lui casser la tête d'un coup de fusil ou de pistolet. En termes d'imprimerie, *Lire sur le plomb*, c'est lire un passage sur la composition même.

Plomb se dit aussi d'un petit sceau, d'une petite empreinte de plomb que dans les manufactures on attache aux étoffes pour en certifier la qualité ou l'aunage, et que dans les douanes on attache aux ballots, caisses, coffres, colis, etc., pour attester qu'ils ont payé les droits et pour empêcher qu'ils ne soient ouverts avant d'être arrivés au lieu de leur destination.

Plomb désigne aussi un morceau de plomb ou d'autre métal, suspendu à une ficelle, et dont les maçons, les charpentiers, etc., se servent pour élever leurs murs, leurs pans de bois perpendiculairement à l'horizon.

C'est encore un morceau de plomb, qu'on appelle aussi *plomb de sonde*, fait en cône, enduit de suif à son extrémité, et attaché à une corde nommée *ligne*, avec lequel on sonde la mer, pour savoir combien il y a dans ce lieu de brasses d'eau, et de quelle qualité est le fond.

Plomb se dit de ces cuvettes, ordinairement de plomb, qu'on établit aux différents étages d'une maison pour y jeter les eaux ménagères qui s'écoulent ensuite par des tuyaux de descente.

C'est encore l'hydrogène sulfuré qui se dégage des fosses et des puits, et l'espèce d'asphyxie qui saisit quelquefois les ouvriers lorsqu'ils viennent à respirer ce gaz. Le *plomb* se forme de plusieurs gaz ou principes délétères, les gaz acide hydrosulfurique, ammoniacal et azote. Il attaque le corps humain avec plus ou moins de violence, selon que les fluides qui en forment la masse se trouvent dans telle ou telle proportion dans le système aériforme méphitisé (*voyez* MÉPHITISME). C'est ainsi qu'il cause dans certains cas des douleurs extrêmes à l'estomac, un resserrement du gosier et des cris involontaires, puis des convulsions, bientôt suivies de l'asphyxie complète. En d'autres circonstances, le *plomb* détermine instantanément l'asphyxie et la mort : tel est l'effet du gaz hydrosulfurique : il frappe comme s'il foudroyait. Quant aux moyens employés pour rappeler à la vie les personnes attaquées subitement par le *plomb*, ils sont absolument les mêmes que pour les asphyxiés (*voyez* ASPHYXIE).

PLOMB (Blanc de). *Voyez* CÉRUSE.

PLOMB (Mine de). *Voyez* GRAPHITE.

PLOMBAGE, action de plomber, de garnir de plomb, de marquer avec un plomb. La douane et d'autres administrations appliquent un plombage pour sceller en quelque sorte des sacs ou autres objets dont elles ont vérifié le contenu. *Plomber*, c'est mettre, attacher, appliquer du plomb à quelque chose, en quelque lieu : on *plombe* les filets pour qu'ils descendent au fond de l'eau. *Plomber* la vaisselle de terre, c'est la vernir avec du plomb.

Plomber une dent, c'est remplir de plomb en feuille une dent creuse, afin de la conserver, et par extension la remplir de quelque autre métal, comme de feuilles d'or, d'argent, ou d'un alliage tendre qui se durcit lorsqu'il est en place.

On a aussi appliqué le *plombage* pur au fer. Cette opération conserve, dit-on, au fer toute sa ténacité et son nerf, et en pénétrant tous les pores de ce métal, il le rend inoxydable et lui communique une grande malléabilité. Le fer se prête alors à froid à toutes les transformations qu'on veut lui faire subir.

En termes de terrassier et de jardinier, *plomber* c'est presser, battre, fouler des terres pour les affermir, et afin qu'elles s'affaissent moins.

Plombé s'emploie adjectivement, et signifie livide, couleur de plomb : cet homme a le teint *plombé*, le visage *plombé*.

PLOMBAGINE. *Voyez* GRAPHITE.

PLOMB DE CHASSE. On nomme ainsi les petits grains de plomb dont on charge les fusils pour la chasse. Il reçoit encore dans le commerce le nom de *grenaille* ou *granule*. Le plus petit s'appelle aussi *cendrée*. Pour obtenir des projectiles d'une forme parfaitement sphérique, on emploie du plomb rendu légèrement aigre au moyen d'un alliage d'environ un millième d'arsenic ou d'antimoine. On le coule dans des vases percés d'ouvertures de différentes grosseurs, suivant le calibre qu'on désire; mais en passant par les trous de ces sortes de passoires, le plomb ne formerait que des gouttelettes allongées, s'il ne traversait une grande colonne d'air avant de venir se refroidir précipitamment dans l'eau froide. Pendant leur chute, ces gouttes de plomb fondu prennent la forme sphérique des gouttes de pluie par suite de la pression de l'air, et en arrivant dans l'eau froide elles conservent cette forme en se solidifiant. C'est pour cela que dans les fabriques de plomb de chasse on établit des passoires en tôle sur le haut d'une tour ou d'un puits profond, et on a soin de les maintenir à une température convenable au moyen de fourneaux qui les séparent. Quand on a recueilli le plomb après le refroidissement, on le passe dans des tamis ou cribles de dimensions variées, selon le numéro qu'on veut obtenir, et en rapport avec les trous des passoires dans lesquels le plomb a été coulé; enfin, on achève de séparer le plomb informe du plomb arrondi en faisant rouler tous les grains sur un plan incliné où les grains défectueux s'arrêtent. Pour accomplir la dernière opération, qui est celle du lissage, on fait tourner les petits plombs avec un peu de plombagine dans des *rodoirs* ou tonneaux mus sur un axe horizontal. Pendant plusieurs années, on a fabriqué du plomb de chasse dans la tour Saint-Jacques-la-Boucherie, à Paris. Les *chevrotines*, ou gros plomb, dont on se sert pour tirer le chevreuil et autres bêtes fauves, quoique plus petites que les balles, sont néanmoins, comme ces dernières, coulées dans des moules. L. Louvet.

PLOMBERIE. C'est l'art de fondre et de travailler le plomb. C'est aussi le lieu où on le coule et où on le travaille. Le *plombier* est l'ouvrier qui le fond, le façonne, le vend façonné, ou le met en œuvre dans les bâtiments, les fontaines, etc. Le *plombeur* est celui qui plombe les marchandises, les étoffes.

Pour couler du plomb en feuilles, on étend sur une longue table en chêne à rebords une couche de sable fin et humide, dont on rend la surface parfaitement unie au moyen de la *plane*, ou règle de bois chauffée préalablement que l'on passe plusieurs fois dessus. Ensuite deux ouvriers tiennent par les deux bouts une sorte de râteau, appelé *râble*, dont le corps se compose d'une planche aussi longue que la table est large et dont l'épaisseur porte sur la surface du sable. Un autre ouvrier verse le plomb en fusion en haut de la table, où le râble le retient d'abord, puis les deux ouvriers le descendent rapidement tout le long de la table, qui est légèrement inclinée; le plomb coule à mesure jusqu'au bas de la table, se refroidissant aussitôt pour former une grande plaque à peu près partout de la même épaisseur. Pour obtenir des feuilles très-minces, on substitue au sable sur la table une étoffe de laine, ou une toile de coutil graissée avec du suif; et la table est plus inclinée. Ces procédés sont inférieurs au laminage pour obtenir des plaques de l'épaisseur désirée. Pour donner d'autres formes au plomb, on emploie des moules en bronze, que l'on fait chauffer pour que le plomb en fusion pénètre bien dans toutes les cavités. Autrefois, pour faire des tuyaux de plomb, on rapprochait et l'on soudait les deux bords d'une plaque contournée en cylindre; depuis on se servit de moules formés d'un cylindre creux dans lequel on plaçait un autre cylindre concentrique plus ou moins gros, selon l'épaisseur qu'on voulait donner à la matière, et ainsi l'on obtint des tuyaux sans soudure; puis on est parvenu à laminer les tuyaux sortis sans soudure de la fonte, et l'on a doublé ou triplé leur longueur en diminuant leur épaisseur. Le plomb se soude au moyen d'un fer chaud que l'on promène sur les parois à réunir, en y coulant un amalgame de soudure dont la résine facilite l'adhésion. Le plomb a été remplacé en grande partie par la fonte de fer et le zinc. On s'en sert pourtant encore principalement pour les conduites d'eau et de gaz. L. Louvet.

PLOMBIÈRES, petite ville du département des Vosges, à 5 lieues d'Épinal, à 105 lieues de Paris. C'est une bourgade de peu d'importance, qui doit sa célébrité à ses eaux thermales, et la plupart de ses anciens monuments au roi Stanislas. Plombières renferme de nombreuses sources minérales, la plupart thermales, servant à alimenter un grand nombre de baignoires, des douches de toutes espèces et des bassins à piscines, ou bains communs. On n'y comptait autrefois que douze sources, mais le nombre s'en est accru. On y voyait alors le grand bain, ou Bain romain, le Bain des dames, l'Étuve de Bassompierre, la Source du Crucifix, les Capucins, la Source d'Enfer et la fontaine Bourdeille, cette dernière ferrugineuse et froide (14° cent.). Il y a de ces sources dont la température s'élevait jusqu'à 64° cent.; mais aujourd'hui noms et températures ont un peu changé. C'est ainsi qu'on a découvert en 1854 une nouvelle source minérale chaude dans le jardin du Bain impérial. Recueillie dans un bassin réfrigérant, l'eau de cette source nouvelle ne marque que 26° cent. Elle avoisine deux autres sources, qui furent découvertes en 1829, et dont la température était de 28° pour l'une, de 16° pour l'autre. La source nouvelle ne fournit que 6 litres par minute, ou 8,640 lit. toutes les vingt-quatre heures. Vers la fin de la saison 1854, on s'aperçut que la température du Bain romain baissait d'une manière inquiétante. On découvrit bientôt qu'il était parvenu dans ces conduits, de construction romaine, une fissure permettant l'introduction d'eaux étrangères et non minérales, dont le sol de la contrée offre çà et là des sources multipliées. Les réparations faites avec soin et sans retard, non-seulement le Bain romain a récupéré sa température normale, mais cette température originelle s'est accrue de deux degrés.

Il a été trouvé de l'arsenic dans les sources de Plombières de même qu'en beaucoup d'autres, et l'on a pensé que ce poison distillé à doses insaisissables n'était peut-être pas étranger aux vertus médicatrices et incontestables des eaux de Plombières.

Il reste beaucoup à perfectionner dans l'analyse chimique des eaux; je n'en veux pour preuve que le fait suivant, qui concerne Plombières. Le célèbre et exact Vauquelin ne trouvait que six principes fixes dans ces eaux, et ces principes réunis donnaient par litre un total pesant 0,50 centigrammes. Aujourd'hui que nos chimistes ont signalé dans les mêmes eaux jusqu'à douze ou quatorze principes fixes, c'est-à-dire six à neuf principes nouveaux, que ne pouvait y chercher Vauquelin, aujourd'hui néanmoins les plus habiles ne trouvent que de 6 à 31 centigrammes de principes fixes dans un litre d'eau. Le Bain impérial n'en contient même que 98 milligrammes, c'est-à-dire moins de 10 centigrammes, moitié plus que la rivière de l'Angronne. Qu'ont donc pu devenir les 50 centigrammes trouvés par Vauquelin? Les sources ont-elles changé de composition sans perdre de leurs vertus? Les principes salins seraient-ils épuisables, ou dans la manière actuelle d'analyser brûle-t-on une plus grande somme de principes? Ce qu'aucun chimiste n'admet, c'est que Vauquelin se soit trompé ou ait exagéré ses résultats d'analyse.

Toujours est-il que Plombières est en pleine prospérité. On y reçoit dans une saison jusqu'à 1,800 malades, dont 400 gratuitement. Les quatre établissements actuels ont été améliorés, les bassins agrandis, les douches perfectionnées. La source Sainte-Catherine, longtemps égarée, est enfin retrouvée; elle excelle dans quelques maladies des yeux. Les eaux en sont recueillies dans une cuvette de marbre blanc. Voisin du Bain romain, le Bain impérial a été fort amélioré et augmenté. Les douches écossaises (jets simultanés d'eau chaude et d'eau froide) y sont isolées du service des bains, et isolées même pour les deux sexes, ce qui n'avait pas encore été réalisé.

Les affections gastriques et intestinales, à l'état non aigu, les rhumatismes chroniques, ainsi que les paralysies, telles sont les affections dans lesquelles les eaux de Plombières sont employées le plus efficacement. Il est d'autres circonstances maladives dans lesquelles on les conseille, mais avec des succès moins fréquents; ce sont les métrites, les déplacements de l'organe utérin, les leucorrhées, les ulcères scrophuleux et certaines affections de la peau. Sans ses promenades,

Plombières serait un triste séjour; mais on peut faire de charmantes parties champêtres à la Filerie, au moulin Joly, à la Feuillée, au Val-d'Ajol, à la fontaine Stanislas, au Saut-de-la-Cuve, cascade effrayante, près de laquelle un peintre connu par de bons ouvrages, M. Laurent, s'est bâti une petite maison rustique, où il chante sans cesse. Les promenades Marie-Thérèse et Caroline sont aussi fort agréables. Joséphine est la seule des illustres visiteurs dont aucun lieu de Plombières n'ait gardé le nom, bien que plus d'une voix y bénissent sa mémoire. Son petit-fils, l'empereur Napoléon III, a signalé l'assez long séjour qu'il a fait à Plombières en 1856 par des actes généreux, par des améliorations, des encouragements et surtout des projets.

Dr Isidore BOURDON.

PLONGEUR, homme accoutumé à rester assez longtemps plongé dans l'eau, à une certaine profondeur, pour y faire des recherches ou des opérations qui ne pourraient être exécutées autrement. Outre les habitudes nécessaires pour l'exercice de cette profession, et qui sont le résultat de l'apprentissage, il faut une organisation particulière, qui supporte une suspension prolongée du besoin impérieux de respirer. On ne manquera sans doute point de plongeurs tant que le fond des mers sera susceptible d'une exploitation profitable, à la profondeur d'un petit nombre de brasses : lorsqu'il ne s'agira que de la pêche du corail, des éponges, des perles, etc., l'art des machines pourra se dispenser de venir au secours de l'industrie; mais pour descendre à des profondeurs plus considérables, ou dans des lieux où l'on manque de plongeurs exercés, s'il est question de retirer du fond de la mer les débris d'un naufrage, etc., il est très-utile de pouvoir seconder les efforts du courage au moyen de quelque appareil : la cloche du plongeur s'acquitte de cet emploi.

FERRY.

PLONGEUR (Cloche à). *Voyez* CLOCHE DE PLONGEUR.

PLOTIN, le philosophe le plus distingué de l'école néo-platonicienne, intelligence puissante, qui transporta au cœur de la société romaine les subtilités des philosophies brahmanique et perse, et qui, joignant l'exemple aux préceptes, vint montrer au sensualisme de la ville des Césars l'ascétisme et l'austérité des gymnosophistes, naquit à Lycopolis, sur les bords du Nil, vers l'an 205 après J.-C. Ce ne fut qu'à vingt-huit ans qu'il eut conscience de sa vocation, et alors il entra dans l'école d'Ammonius Saccas, qu'il fréquenta plus de onze ans. D'Égypte il entreprit un voyage vers les régions de l'Orient, et tout porte à croire qu'il fut initié aux mystérieuses réunions des mages et des brahmes. Il paraît toutefois que son insatiable curiosité ne fut pas alors complétement satisfaite, car à trente-neuf ans il s'engagea dans les armées romaines que Gordien menait en Asie, dans l'espoir de saisir à leur suite toute la profondeur des préceptes professés par les prêtres perses. L'expédition ayant échoué, Plotin eut beaucoup de peine à sauver sa vie, et ne revit Rome avec les débris de l'armée qu'un an après son départ. Là, il établit une école de philosophie, où en peu de temps on vit affluer un concours immense d'auditeurs et de disciples de tous rangs, de tous âges, de tous sexes. On vit des dames romaines cultiver la philosophie sous sa direction, et il eut des disciples jusque dans le sénat. Son costume, son silence mystérieux, ses jeûnes fréquents et austères, la nouveauté et la sublimité de ses dogmes, produisirent une sensation extraordinaire, et lui méritèrent à un haut degré la vénération des masses. L'empereur Gallien et l'impératrice Salonine eurent même le projet de lui faire reconstruire dans la Campanie, sur l'emplacement d'une cité ruinée, une ville où il réaliserait la république idéale de Platon. La vieillesse ayant obligé Plotin à cesser ses leçons de philosophie, il se fit transporter en Campanie, chez les héritiers d'un de ses amis, qui pourvurent à tous ses besoins jusqu'à sa mort, arrivée l'an 270 de J.-C.; il avait alors soixante-six ans. « Je fais, dit-il en expirant, un dernier effort pour ramener ce qu'il y a de divin en moi à ce qu'il y a de divin dans l'univers.

Les opinions de Plotin nous ont été conservées par Porphyre, le plus ardent de ses disciples et de ses admirateurs, pour lequel il composa vingt-quatre livres. Il en avait déjà réuni vingt-et-un, qui joints aux neuf qu'il écrivit depuis forment la totalité de ses œuvres. Elles sont divisées en six sections, appelées *Ennéades* (du grec ἐννέα [neuf]), parce que chacune contient neuf traités ou chapitres. En 1492 Marsile Ficin fit imprimer à Florence une traduction latine de Plotin avec des sommaires et des analyses sur chaque livre. Cette version, qui est rare et recherchée, fut réimprimée à Bâle en 1559, et plus tard, en 1580, avec le texte grec. Les œuvres de Plotin se font remarquer par une immense érudition, un génie élevé, une imagination vive et hardie, toute brillante d'idées sublimes et ingénieuses; mais elles sont presque toujours si abstraites que la lecture en est difficile et ennuyeuse. Peut-être y a-t-il à craindre aussi que ses dogmes ne nous soient pas parvenus dans toute leur pureté par l'intermédiaire de Porphyre, qui peut bien les avoir rédigés sous l'influence de ses propres idées.

La dernière parole de Plotin est l'expression la plus complète de sa philosophie. Rapprocher l'homme de l'esprit qui anime le monde, de ce qui émane de Zeus, le dieu des dieux; isoler l'âme du corps, l'élever jusqu'à la contemplation de la Divinité, voilà ce que le sage mourant recherchait par-dessus toutes choses. Il était alors logique pour lui comme pour les gymnosophistes que le corps ne constituait qu'une enveloppe indigne de tout soin, de toute attention. Il soutenait même que les corps n'ont pas d'existence réelle et qu'ils ne sont qu'un produit éphémère et variable de l'âme. Ne nous étonnons donc pas de le voir rougir d'être logé dans cette prison fragile, refuser de jamais dire ni le jour, ni le mois, ni le lieu de sa naissance, et rejeter tout remède dans les maladies fréquentes que lui occasionnaient ses abstinences et son application. Comme Platon, il admettait l'âme du monde, c'est-à-dire une substance spirituelle, répandue dans toutes les parties de l'univers et communiquant à chacune la vie et le mouvement; mais il prétendait (et en cela il différait de Platon) que les facultés inférieures de l'âme, l'imagination, la mémoire, les passions ne venaient point de l'âme du monde, mais du corps.

PLOUCQUET. *Voyez* PLOUQUET.

PLOUQUET (GOTTFRIED), né en 1716, à Stuttgard, où son père était aubergiste, a laissé la réputation d'un métaphysicien ingénieux. Après des études théologiques faites à Tubingue, il fut nommé pasteur à Rothenbourg, et remporta à quelque temps de là un accessit à l'Académie de Berlin, par une dissertation sur les monades, qu'il adressa à ce corps savant, à l'occasion d'un concours. Ce succès attira sur lui l'attention du gouvernement de Wurtemberg, qui en 1750 l'appela à occuper la chaire de logique et de métaphysique à l'université de Tubingue. Profondément versé dans la connaissance de la philosophie ancienne, et imbu des œuvres de Leibnitz, de Malebranche, de Locke et de Descartes, il attaqua divers philosophes de l'école moderne, entre autres Helvétius, Kant et Robinet. Il mourut le 13 septembre 1790, et avait dû renoncer, huit ans auparavant, à l'enseignement oral, par suite d'une attaque de paralysie; mais jusqu'à ses derniers moments il continua de travailler et de lire la Bible. On a de lui, indépendamment d'un grand nombre de dissertations, *Fundamenta Philosophiæ speculativæ* (1759), ouvrage qui obtint de nombreuses éditions, et *Methodus calculandi in logicis* (1763); *Institutiones Philosophiæ theoreticæ*.

PLOYER. *Voyez* PLIER.

PLOZK. *Voyez* PLOCK.

PLUIE. Lorsque des gouttelettes qui constituent les nuages s'agglomèrent au point de devenir assez pesantes pour tomber rapidement, elles constituent la *pluie*. Ce phénomène a lieu très-fréquemment lorsqu'il existe des nuages, et on l'observe aussi, quoique rarement, lorsqu'il n'y en a pas. Il suffit pour sa production que la vapeur répandue dans l'air éprouve un abaissement de température assez subit. On appelle *pluie*, vulgairement, celle qui touche le sol, mais il arrive souvent qu'il pleut sans que les gouttes arrivent jusqu'à terre, et il est facile de remarquer ces sortes de pluies quand on se trouve élevé sur une montagne. On voit de longues stries qui descendent des nuages et disparaissent à des hauteurs différentes; c'est que là elles rencontrent des couches d'air suffisamment échauffées pour les réduire de nouveau en vapeurs, et ces vapeurs remontent pour former de nouveaux nuages.

La pluie a pour causes premières l'évaporation à la surface du sol, par la chaleur solaire, et la condensation de cette vapeur dans les hautes régions de l'atmosphère, par suite de la basse température qui y règne, puis pour causes secondaires toutes celles qui font varier ces deux premières. Il ne doit donc point paraître surprenant qu'en général les lieux situés sous la zone torride soient ceux qui reçoivent la plus grande quantité de pluie annuelle, et que cette quantité diminue ordinairement à mesure que l'on s'approche des pôles. La statistique météorologique nous fournit un autre fait, non moins général, mais plus difficile à comprendre d'abord. C'est que le nombre des jours pluvieux augmente à mesure que la quantité d'eau diminue. Ainsi, le nombre des jours pluvieux d'une année sera plus nombreux en Espagne qu'en Afrique, et plus nombreux encore en France qu'en Espagne. Cela provient, selon nous, de ce que l'on ne compte pour jours pluvieux que ceux où, le temps étant couvert, la pluie arrive jusqu'à la surface du sol; il est incontestable que les causes de changements de température et de perturbations atmosphériques diminuent à mesure qu'on s'avance de l'équateur aux pôles, c'est-à-dire de cette zone où il y a toujours un jour et une nuit en vingt-quatre heures, avec un *maximum* d'activité dans toutes les productions naturelles, à ces deux points du globe où il n'y a rigoureusement parlant qu'un jour et une nuit par année, avec une inertie générale en rapport avec la quantité de lumière et de chaleur reçue. D'où nous devons conclure que si l'on comprenait sous le nom de jours pluvieux tous ceux où il y a formation de pluie, que cette pluie arrive ou non jusqu'à la surface de la terre, on trouverait toujours le nombre de ces jours proportionnel à la quantité de pluie.

Un autre fait non moins remarquable vient prouver que nous sommes bien dans la vérité, c'est que le nombre des jours pluvieux augmente dans tous les pays proportionnellement à l'élévation du sol, c'est-à-dire qu'il est toujours plus grand sur les montagnes que dans les pays plats, quoique la somme totale d'eau tombée y soit réellement plus petite. La raison de tout ceci est facile à concevoir. L'air imprégné de vapeur est spécifiquement plus léger que l'air sec à la même température, il tend donc à s'élever jusque dans les plus hautes régions de l'atmosphère, mais il ne peut s'élever sans donner lieu à un courant correspondant d'air froid, descendant des plus hautes régions pour le remplacer à la surface de la terre. Eh bien, c'est principalement le mélange d'un air chaud saturé de vapeur avec un air froid et sec qui détermine la formation de la pluie. C'est donc à la rencontre des deux courants en sens contraire que doit avoir lieu cette formation; et comme ce point de rencontre est d'autant plus voisin du sommet des montagnes que celles-ci sont plus élevées, il n'y a donc rien de surprenant que les pluies soient plus fréquentes sur les montagnes que partout ailleurs. Les nuages y sont fixés par l'électricité, et les vents en les agitant, ou plutôt en les comprimant, en expriment la pluie, comme la pression de la main le fait d'une éponge humide.

Il ne tombe pas seulement de l'atmosphère de la vapeur condensée ou de l'eau; les observations ont prouvé que d'autres substances, de natures fort diverses peuvent aussi en tomber, quoique très-rarement. Assurément il n'y a jamais à la rigueur eu des *pluies de sang*, *de soufre*, *de cendres*, *de fer*, etc., mais des chutes de substances qui en présentaient les apparences, comme du pollen des fleurs de certains arbres, des animalcules infusoires, etc. L'analyse de plusieurs de ces matières pulvérulentes y a démontré la présence de la plupart des éléments terreux et métalliques qui composent les corps inorganiques ordinaires. Puisque les faits sont hors de doute, la constance des propriétés générales des corps inertes ne permet pas d'y voir plus de merveilleux que dans la chute de la pluie, de la neige et de la grêle. Ce qu'ils ont d'extraordinaire ne doit plus consister pour nous que dans la longueur des intervalles auxquels ils se renouvellent. D'après l'ensemble des expériences des physiciens de nos jours, nous pouvons poser en principe que l'état naturel de tous les corps isolés les uns des autres est l'état gazeux, à quelque température qu'on les suppose. Si par le refroidissement et sous une pression donnée on peut toujours faire passer les corps de l'état gazeux à l'état liquide, et de l'état liquide à l'état solide, on peut toujours aussi les maintenir à l'état gazeux, malgré le refroidissement, en diminuant la pression. Ainsi, nul doute pour nous que les substances terreuses et métalliques dont se composent les météorites ne puissent exister d'une manière permanente à l'état gazeux dans les hautes régions de l'atmosphère. Le défaut de pression les y soustrait aux changements d'état dus aux différents degrés de température de celles qui sont à la surface de la terre. Ce qui a empêché jusque ici les physiciens d'en admettre tous l'existence au-dessus de nos têtes, c'est une autre suite de la pression, qui consiste à faire pénétrer les gaz de natures diverses les uns dans les autres, au point de les réduire en un composé parfaitement homogène, malgré la différence de leurs poids spécifiques. Mais dès qu'il est reconnu que la pénétration est seulement un effet de la pression, ou, ce qui revient au même, de la force expansive des gaz, il est évident qu'il n'en peut plus être ainsi dans les hautes régions atmosphériques, où la force expansive est réduite à son minimum. Ces gaz doivent nécessairement y être séparés et disposés par couches, comme les liquides à la surface de la terre, suivant leur pesanteur spécifique : de sorte que la composition de la partie supérieure de l'atmosphère peut très-bien différer considérablement de celle de sa partie inférieure : nous la croyons même aussi compliquée que celle de l'écorce du globe, avec la seule différence d'une disposition par couches concentriques plus prononcées. Et s'il en est ainsi, nous devons considérer les hautes régions de l'atmosphère comme une sorte de laboratoire où des ruptures accidentelles d'équilibre entre les éléments gazeux amènent la production de toutes les combinaisons qui peuvent s'y former à des températures excessivement basses. Voilà comment nous concevons la formation de toutes ces masses ferrugineuses considérables et de ces pluies de matières pulvérulentes, de soufre et de liquides rougis par des oxydes métalliques.

F. Passot.

On évalue ainsi qu'il suit la quantité moyenne d'eau qui tombe annuellement en différentes villes : 308 centimètres au Cap français (Haïti); 284 à La Grenade (Antilles); 249 dans la Carfagnana; 205 à Calcutta; 156 à Kendal (Angleterre); 140 à Gênes; 130 à Charlestown; 124 à Pise; 95 à Naples et à Douvres; 94 à Milan; 89 à Lyon; 86 à Liverpool; 84 à Manchester; 81 à Venise; 76 à Lille; 73 à Utrecht; 53 à Londres et à Paris; 46 à Pétersbourg; 43 à Upsal.

On a encore trouvé qu'il tombait en moyenne annuelle en Angleterre 83 centimètres d'eau; au nord des Alpes, 65; au sud, 92; 100 dans vingt-et-une localités du continent européen, 182 dans dix-neuf autres; enfin on calcule qu'il tombe chaque année une moyenne de 60 centimètres sur toute la surface du globe; c'est-à-dire que si cette eau restait partout où elle tombe, au bout d'un an la terre entière serait couverte d'une couche d'eau de 60 centimètres.

En réunissant dans chaque zone parallèle à l'équateur un grand nombre d'observations, afin de faire disparaître l'effet des circonstances locales qui ont sur ce phénomène la plus grande influence, comme on peut le voir en comparant Londres et Kendal par exemple, on a reconnu que la quantité annuelle moyenne de pluie augmente à mesure qu'on se rapproche de l'équateur, en sorte qu'elle suit les progrès de la température des zones. Le nombre des jours pluvieux suit une marche inverse; ainsi entre 12° et 43° de latitude nord, ce nombre n'est que de 78 ; il est de 105 entre 43° et 46°, de 134 à la latitude de Paris, et s'élève à 161 dans la zone comprise entre 51° et 60°.

La quantité de pluie est plus grande en été qu'en hiver, quoique dans cette dernière saison il y ait un plus grand nombre de jours pluvieux que dans l'autre; assez souvent dans nos climats la pluie qui tombe en juin, juillet et août équivaut à celle qui correspond aux neuf autres mois de l'année. La pluie tombe en plus grande abondance le jour que la nuit. Dans un même lieu la quantité de pluie est d'autant moins considérable que le pluviomètre dans lequel on la reçoit est plus élevé au-dessus du sol, ce qui semble indiquer que les gouttes de pluie augmentent de volume d'une manière sensible dans leur passage au travers des couches inférieures de l'air. Une différence de 4 mètres entre les niveaux de deux pluviomètres occasionne quelquefois une différence de près de 11 centimètres sur la quantité d'eau recueillie, lors même que la totalité de la pluie ne surpasse pas 49 centimètres dans le pluviomètre supérieur. A parité de circonstances, il tombe plus de pluie dans les pays montagneux que dans les plaines; le long du golfe Adriatique, par exemple, la quantité annuelle de pluie est d'environ 70 centimètres, tandis que dans les montagnes du Frioul, à Feltre, à Toluezzo et dans la Carfagnana elle surpasse souvent 271 centimètres. L. Louvet.

Au figuré, *Parler de la pluie et du beau temps*, c'est s'entretenir de choses indifférentes. *Faire la pluie et le beau temps*, c'est disposer de tout, régler tout par son crédit, par son influence. *Après la pluie le beau temps* signifie souvent : Après un temps fâcheux, il en vient un meilleur; la joie succède à la tristesse. Une *pluie d'or* s'entend de grandes libéralités, de grandes largesses. En termes d'artificier, une *pluie de feu* est la chute d'un grand nombre d'étincelles produites par une certaine composition de matières inflammables.

PLUIE D'ÉTOILES, nom sous lequel on désigne quelquefois l'apparition des étoiles filantes.

PLUMASSERIE, PLUMASSIER. L'art à su mettre en œuvre les plumes, ces magnifiques dépouilles des oiseaux, et les faire servir à la parure, surtout chez les Orientaux. En France, elles ont été aussi très-recherchées dans les temps des joutes, tournois et carrousels, où l'on ne se piquait pas moins de magnificence que de galanterie et de bravoure. Durant le quatorzième et le quinzième siècle, l'art de la *plumasserie*, qui consiste à teindre, blanchir et monter toutes sortes de plumes d'oiseaux, fit encore de grands progrès en France. On donne le nom de *plumassier* tout à la fois et au fabricant, et à l'ouvrier qui prépare les plumes, et au marchand qui les débite : ces plumes, lorsqu'elles sont préparées, servent à la parure des hommes et des femmes et à l'ornement de certains meubles, tels que dais et ciels de lit, etc. On en garnit des chapeaux, des robes, etc. L'ouvrier qui dispose les plumes en aigrettes s'appelle aussi *panachier*.

Toutes les plumes qui ont assez de consistance pour supporter les apprêts préalables sont employées. Plus elles ont d'éclat et de finesse, plus on les préfère; les plus estimées sont surtout celles d'autruche, de héron, de paon, de coq, d'oie, de vautour, de cygne, etc... Ce commerce est assez important. Les plumes d'autruche sont celles qui entrent le plus dans la composition des ornements dont nous avons parlé, et cela à cause de leur éclatante blancheur, de leur longueur, de la souplesse, de la beauté de leurs franges, et de la facilité qu'elles ont d'être nettoyées et de prendre diverses teintures, sans opposer à leur action cette huile tenace dont semblent imprégnées presque toutes les autres plumes. Celles qu'on nomme *façon d'Alger* sont très-estimées; les plumes des mâles ont le plus de prix : elles sont plus larges, plus touffues; la soie en est plus fine et les couleurs plus décidées. On estime aussi les plus noires, qu'ils portent sur le dos. Dans les deux sexes, ce sont les plumes des ailes et de la queue qui sont les plus chères; celles des femelles se divisent en *blanches*, en *grises* et en *bailloques* ou couleurs mêlées, telles que le *gris*, le *petit-gris*, la *pointe-plate*. Toutes les plumes de basse qualité se frisent au couteau pour faire des manchons et des palatines. Les plumes d'autruche, naturellement *noires*, n'ont pas besoin de teinture; cependant, pour en augmenter le noir et le lustre, on les frotte d'une eau semblable à celle dont on se sert en *pelleterie* pour les fourrures noires ou brunes. On emploie une eau de savon pour celles que l'on veut conserver dans leur blanc naturel, et on les soufre ensuite afin d'en accroître l'éclat. Au reste, les plumes blanches sont aptes à recevoir presque toutes les couleurs.

On appelle *plumes brutes*, dans le commerce, celles qui n'ont reçu aucun apprêt, et *plumes en fagot*, celles qui sont encore en paquets; la *masse* est la quantité de cinquante plumes; la *botte* en comprend cent. On ne vend ainsi en masses et en bottes que les plumes blanches et fines. Autrefois les plumassiers faisaient une grande consommation de ces dernières plumes pour les *panaches*, que les hommes de guerre portaient sur leur casque, les courtisans sur leur bonnet, les femmes sur leur coiffure : ces bouquets de plumes se plaçaient au-dessus de l'oreille, relevés par des aigrettes de héron.

Le *paon*, outre les belles plumes de sa queue, fournit de très-jolies aigrettes, que l'on fait avec la huppe qu'il a sur la tête, et qui est composée de tiges nuées, verdâtres, qui portent à leur sommet des espèces de fleurs de lis azurées. Le *héron noir*, ou *héron fin*, fournit une plume très-rare et d'un grand prix.

Les plumassiers confectionnent aussi ce que l'on nomme des *plumets* : or, un *plumet*, en termes de plumasserie, n'est souvent autre chose qu'une simple plume d'autruche placée à plat et cousue sur les bords d'un chapeau. C'est aussi un bouquet de plumes que les militaires portent à leur chapeau, à leur schako, à leur casque.

Les premiers statuts des maîtres plumassiers de Paris et leurs lettres d'érection en corps de jurande ont été octroyés par Henri IV, au mois de juillet 1599; ils furent confirmés par Louis XIII, en 1612, et par Louis XIV, en 1644. Enfin, en 1691, les charges de jurés de cette communauté furent érigées en titres d'office. E. Pascallet.

PLUME, PLUMAGE. Ce n'est qu'aux habitants des airs qu'appartient ce léger vêtement, si bien approprié à leur destination; car si quelques mammifères sont doués de la faculté de voler, ils ne le doivent qu'à un prolongement des téguments qui les recouvrent. Arrêtons nos regards un instant sur la structure de ces productions organiques, où tout est combiné avec la prévoyance la plus admirable pour préserver les plus frêles espèces des intempéries atmosphériques, tout en leur permettant d'en faire les plus puissants leviers contre la résistance du fluide aérien. Voyez ce tube creux, et cependant si fort; cette tige remplie de la substance la plus spongieuse et la plus légère, ces barbes terminées par des crochets que l'animal entrelace pour offrir une lame plus impénétrable à l'air. Tandis que les *rectrices*, ou ces plumes du croupion destinées à soutenir l'oiseau dans le vol, ont des deux côtés des barbes également épanouies, les *rémiges*, ou ces grandes plumes de l'aile destinées à porter le premier choc au fluide, ont les barbes externes beaucoup plus fortes et moins étendues que les internes. C'est à des glandes situées vers le croupion que les oiseaux (notamment les espèces aquatiques) empruntent cette matière graisseuse dont ils oignent leurs plumes pour les rendre impénétrables à l'air et à l'eau, imperméabilité que favorise d'ailleurs leur disposition étagée. Quelques parties du corps de l'oiseau en sont totalement dépourvues ou n'offrent qu'un simple duvet. Il est des plumes qui, garnissant en forme d'aigrette ou de huppe le cou ou le dessus de la tête, ne paraissent avoir d'autre destination que la parure de l'espèce, comme on le voit dans le paon. D'autres, flottant avec grâce près des rectrices de la queue, et d'une structure plus délicate que les autres, deviennent pour l'homme des insignes du rang et des objets de mode (*voyez* MARABOUT, AUTRUCHE, OISEAU DE PARADIS, etc.). Quel luxe de couleurs, quelle richesse de reflets dans la robe de ces espèces qui peuplent la zone torride! D'après les observations d'Audebert, leurs couleurs changeantes paraissent dues à la décomposition des rayons lumineux qui s'interposent entre les barbules. Les *plumes* doivent leur production à une sécrétion analogue à celle des poils. Nous n'avons pas à revenir sur le phénomène de la *mue*. Quelques mots, pour terminer, sur le parti le plus précieux que l'industrie humaine ait tiré de la plume. Outre le *burin*, le *style*, à l'aide duquel ils écrivaient sur des tablettes enduites de cire, les anciens employaient aussi, quand ils voulaient tracer des caractères à l'encre ou avec une teinture quelconque, un petit roseau, *calamus*, qu'ils tiraient principalement de l'Égypte, et dont plusieurs peuples de l'Asie se servent encore aujourd'hui. C'est au septième siècle que l'on entend parler pour la première fois des *plumes à écrire*, qui paraissent avoir été employées d'abord concurremment avec le roseau, et ne finirent par prévaloir exclusivement qu'au dixième siècle. On se sert généralement des plumes d'oie pour écrire, des plumes de corbeau et de cygne pour dessiner.

Quant à l'usage des *lits de plumes*, il n'est pas nouveau, car nous voyons par plusieurs épigrammes de Martial (*lib.* 14) qu'ils étaient déjà en usage chez les Romains, qui les tiraient de l'Égypte (*voyez* ÉDREDON, EIDER, CANARD, OIE).

SAUCEROTTE.

Au figuré, le mot *plume* a une multitude d'acceptions : *Se parer des plumes du paon*, c'est s'attribuer la gloire d'autrui ; *Jeter la plume au vent*, c'est agir en désespéré, s'abandonner aux événements. *La belle plume ne fait pas le bel oiseau*, c'est un proverbe synonyme de celui-ci : « L'habit ne fait pas le moine. » On dit : *Il y a laissé de ses plumes*, d'une personne qui n'a pas réussi dans une entreprise. On dit dans le même sens : *Les associés ont eu de ses plumes*, *ils se sont partagé ses plumes*, etc. *Il a complétement perdu ses plumes* signifie : Il est tout à fait ruiné. *Prendre la plume*, *mettre la plume à la main*, *poser la plume*, etc., sont autant d'expressions figurées pour dire écrire, et cesser d'écrire, commencer une lettre et la terminer, etc. *Homme de plume* s'entend le plus souvent comme synonyme d'homme de lettres; c'est aussi dans ce sens qu'on dit d'un bon écrivain, d'un auteur réputé, etc. : C'est une bonne *plume*, une *plume* brillante, féconde, etc.

On appelle *plumes métalliques* des espèces de plumes d'un métal assez dur pour résister et durer longtemps, et en même temps assez flexibles pour former les liaisons les plus fines. L'invention des plumes métalliques, dont l'usage est aujourd'hui très-répandu, est dû à un mécanicien fort ingénieux, nommé Arnoux. On y emploie le platine, l'argent, le laiton, l'acier, le fer, etc.

PLUME A ÉCRIRE, PLUME D'OIE, PLUME DE FER. La *plume de fer* est la cause finale des maux qui accablent de nos jours la société tout entière. Il y a dans je ne sais quel poëte une éloquente imprécation contre le premier qui aiguisa le fer et qui fit une épée de cette masse inerte; mais par le ciel! maudit soit, et cent fois plus maudit, le premier qui fit du fer une plume! Celui qui a fabriqué la première épée n'a tué, à tout prendre, que des corps, celui qui a fabriqué la plume de fer a tué l'âme, il a tué la pensée! Vil scélérat, qui a armé l'espèce humaine d'un stylet plus formidable que tous les poignards empoisonnés de l'Italie!

Il suffit de comparer entre elles la plume de fer dont on se sert de nos jours et la bienveillante plume d'oie, dont se servaient nos bons et spirituels aïeux. La plume de fer, cette invention toute moderne, nous jette tout d'un coup une impression désagréable. Cela ressemble, à s'y méprendre, à un petit poignard imperceptible, trempé dans le venin. Son bec est effilé comme une épée; il a deux tranchants comme la langue du calomniateur. A ce bec vous ajoutez un manche, un morceau de bois tout sec et tout nu, difforme, et dont le contact vous blesse la joue pendant que votre main est cruellement meurtrie à force de presser sur ce fer, qui crie et qui crache tout autour de vous votre pensée. Ainsi dans la plume de fer (*plume* et *fer!* il faut déjà faire hurler deux mots de notre langue pour parler de cette affreuse machine) tout est rude, triste, sévère, froid au regard, froid à la main.

Mais la plume d'oie, au contraire, voilà une facile et bien aimée confidente de nos pensées les plus chères! Elle s'associe à mille heureux et bienveillants souvenirs. Nous l'avons vue se jouer mollement sur l'onde, ou se sécher au soleil, brillante de mille perles; cette plume, elle est la cousine germaine du fin duvet, sur lequel nous reposons notre tête le soir; l'animal qui la porta nous a donné ses petits et ses œufs; elle ne nous trahira pas. Quelle différence dans le double aspect de ces deux instruments de la pensée, qui portent à tort le même nom! La plume d'oie est blanche, nette et légère! Son tuyau flexible frémit de plaisir entre les doigts qu'elle anime. Son duvet caresse légèrement la joue; son bec docile se prête à toutes les combinaisons du style; elle va doucement à son but, sans efforts, sans aucun de ces affreux crachements et de ces bruits aigus de la plume de fer. A travers ce limpide canal il vous semble que vous voyiez vos idées descendre lentement et en bon ordre, l'une après l'autre, comme elles tombent en effet d'une tête bien faite.

Le moindre inconvénient de la plume de fer, c'est d'être toujours et à chaque instant toute prête à écrire sur toutes sortes de sujets. Vous ne prenez pas la plume de fer, c'est elle qui vous prend; elle vous tient par la bride, et il faut marcher avec elle. Il faut aller, il faut courir à droite et à gauche, çà et là, par monts et par vaux! C'est la machine à vapeur de la pensée. A mesure que votre main se fatigue et s'irrite à tenir cet affreux stylet de brigandage, votre esprit s'irrite aussi et s'emporte malgré lui; il est à la fois plus irréfléchi et plus impitoyable. Rien ne l'arrête et rien ne lui fait peur. Vous demandez pourquoi un tel, d'un esprit doux et sémillant, est terrible et sans pitié la plume à la main? Il écrit avec une plume de fer! Pourquoi ce bonhomme qui autrefois s'amusait à pêcher à la ligne et à nager en grenouille se plaît aujourd'hui dans d'obscures et d'ignobles calomnies qui n'amusent personne et qui lui font horreur et dégoût à lui-même? C'est l'influence de la plume de fer! Vous parlez de la poudre à canon, du feu grégeois, des chartes constitutionnelles, misères! comparés à la plume de fer.

Mais la plume d'oie! la plume d'oie, au contraire, c'est la plume qui enfante les chefs-d'œuvre. Nous lui devons les plus beaux livres qui aient honoré l'esprit humain et la langue française; elle est la mère de toute réflexion. Grâce à elle, l'homme était forcé autrefois d'écrire sa pensée avec une sage lenteur, et ces lenteurs, c'était autant de gagné pour la beauté du style. La plume d'oie loin d'être toujours prête comme la plume de fer, exige au contraire mille petites préparations. D'abord il faut la tailler de vos mains, et c'est là un moment solennel dans votre travail. Tout en aiguisant le bec de votre plume, votre pensée s'aiguise d'elle-même; vous allez chercher l'idée dans le fond de votre cerveau, tout comme vous allez chercher la moëlle de votre plume; quand votre plume est taillée, il vous la faut essayer avant de vous mettre à l'ouvrage, et c'est encore un petit délai dont votre pensée profite si votre pensée n'est pas bien nette encore, si vous ne voyez pas d'un coup d'œil ce qui est la première condition de l'écrivain, le commencement, le milieu et la fin de votre discours.

Je sais bien quelles objections pourront me faire quelques esprits à demi savants en faveur de la plume de fer. Elle descend, diront-ils, du stylet antique : *Sæpe stylum vertas.* Mais quelle mauvaise et fallacieuse défense! Le stylet antique traçait les lettres sur un enduit de cire qui en amortissait singulièrement la furie, la plume de fer ne trouve en son chemin pas un obstacle; obligé de se frayer la route dans cette couche résistante, il allait au pas; elle court au galop. Il gravait à grand'peine quelques lignes qu'il était toujours facile d'effacer en retournant contre les lignes écrites l'autre bout de la plume; la plume de fer grave sur le papier comme on graverait sur du cuivre, et elle ne revient jamais sur ses pas. C'est une improvisation qui ne sait ni s'effacer, ni se corriger, ni s'arrêter; il faut qu'elle marche. Tant pis pour les erreurs! Tant pis pour les crimes, tant pis pour les calomnies qu'elle jette en chemin.

On m'assure que de grands génies, qu'il faudrait tuer à bout portant, s'occupent, à l'heure qu'il est, à perfectionner la plume de fer. Perfectionner la plume de fer, grand Dieu! Eh, malheureux! dans quel but? Ce perfectionnement consisterait à trouver une plume de fer qui portât elle-même et qui distillât son encre, comme le serpent porte et distille son venin. Par ce moyen, une rapidité nouvelle serait ajoutée à cette rapidité déjà effrayante; la main de l'écrivain resterait constamment fixée sur le papier sans même que l'esprit eût pour se reconnaître le léger intervalle qui sépare encore la plume de fer de l'encrier où elle s'abreuve. Si nous tombons encore dans ce progrès-là, c'en est fait, la fin du monde est proche, l'esprit humain reste sans défense contre ses propres excès, et la société envahie soudain par une improvisation sans fin, sans terme et sans contre-poids, en reviendra à la grande confusion de Babel. En vérité je ne connais pas de danger plus terrible que le progrès!

Jules Janin.

PLUMITIF. On appelle ainsi, dans la langue du Palais, la feuille d'audience sur laquelle on porte, aussitôt qu'ils sont rendus, les minutes des arrêts et des jugements; le *greffier au plumitif* est celui qui tient la plume aux audiences. L'ordonnance du mois d'avril 1667, titre XXVI, article 5, voulait que le juge qui avait présidé vît à l'issue de l'audience, ou le jour même, la rédaction du greffier; qu'il signât le *plumitif* et paraphât chaque sentence, jugement ou arrêt. Ces dispositions ont été reprises et développées par le décret impérial du 30 mars 1808, qui règle la police et la discipline des cours et tribunaux. En portant sur la feuille d'audience du jour les minutes de chaque arrêt ou jugement dès qu'ils sont rendus, le greffier doit faire en marge mention du nom des conseillers, juges et membres du ministère public qui y ont assisté. Le magistrat qui a présidé doit vérifier cette feuille à l'issue de l'audience ou dans les vingt-quatre heures, et signer chaque minute, ainsi que le greffier, et les mentions faites en marge. Si le président se trouve par accident dans l'impossibilité de signer la feuille, elle doit l'être dans les vingt-quatre heures suivantes par le plus ancien des juges qui ont assisté à l'audience; si le greffier ne peut signer, le président en fait mention en signant. Si les signatures prescrites n'ont pas été données dans les délais et par les personnes que nous venons d'indiquer, il en est référé à la première chambre de la cour royale, qui, sur les conclusions du procureur général, peut autoriser à signer un des juges qui ont concouru au jugement. Les feuilles d'audience doivent être d'un format semblable et réunies par année en forme de registre. Toutes ces règles sont communes aux arrêts des cours et aux jugements des tribunaux de première instance. Charles Lemonnier.

PLUMPUDDING. *Voyez* Pudding.

PLURALITÉ (du latin *pluralis*, plusieurs). Dans une assemblée délibérante avoir la *pluralité des voix*, c'est en avoir le plus grand nombre. Les votes se décident à la pluralité des voix.

La *pluralité des mondes* s'entend de l'opinion qui par induction place des êtres vivants et intelligents dans toutes les planètes, dans tous les mondes que nous apercevons ou que nous pouvons concevoir dans le ciel. Cette idée, émise par les plus anciens philosophes, a été soutenue par Huyghens et par Fontenelle.

PLURIEL. Les grammairiens ont donné cette dénomination au nombre qui marque la pluralité (du latin *pluralis*, sous-entendu *numerus*). Le nombre *pluriel* marque de sa présence les noms, les verbes, les pronoms, les adjectifs. En français la marque du pluriel est l'*s*, sauf quelques exceptions. Quand le substantif est au pluriel, l'adjectif qui s'y rapporte prend le même nombre. Il y a des noms qui n'ont pas de pluriel, comme *faim*, *soif*, etc.; il y en a d'autres qui, au contraire, n'ont que le pluriel, comme *matines*, *vêpres*, *ténèbres*, *délices*, *gens*, etc. Un verbe est au pluriel quand ce qu'on affirme se rapporte à plusieurs personnes ou à plusieurs choses. Le pluriel, dans un verbe, est désigné par les noms ou les pronoms personnels qui le précèdent. Il y a des langues où le singulier redoublé tient lieu du pluriel, lequel manque véritablement.

Pluriel s'emploie aussi adjectivement : un nombre *pluriel*, une terminaison *plurielle*. Champagnac.

PLURIVALVE (du latin *plures*, plusieurs, et du français *valve*). *Voyez* Coquille.

PLUS et **MOINS**. *Voyez* Signes (*Mathématiques*).

PLUSIAQUES (Terrains). *Voyez* Clysmiens (Terrains).

PLUS-QUE-PARFAIT, nom du dernier des temps passés du verbe. Ce temps se trouve deux fois dans la conjugaison, à l'indicatif et au subjonctif : à l'indicatif, le *plus-que-parfait*, que des grammairiens appellent *prétérit relatif*, sert à représenter un événement comme ayant déjà été fait lorsqu'un autre événement est arrivé. Exemple : *J'avais terminé un ouvrage intéressant lorsque vous êtes arrivé.* Ainsi, le *plus-que-parfait* marque doublement le passé; mais la chose ou l'action exprimée par ce temps du verbe est celle qui fait le principal objet de la personne qui parle. Au subjonctif, le *plus-que-parfait* a pour fonction de désigner une chose absolument passée et accomplie; mais ce n'est qu'après un verbe à l'imparfait, au prétérit, au plus-que-parfait de l'indicatif, ou à un des deux conditionnels, comme dans ces phrases : *Je ne* savais *pas que vous* eussiez *accompagné le roi*; *vous n'*avez *pas* cru *qu'on vous* eût tendu *un piége*; *nous* avions ignoré *que cette dame vous* eût accordé *sa main*; *vous* auriez trouvé *mal que nous* eussions contrevenu *à la consigne*, etc.

Champagnac.

PLUS-VALUE. On appelle ainsi la somme qu'une chose vaut au delà de ce qu'on l'a prise ou achetée.

Aux termes de l'article 51 de la loi du 6 mai 1841 sur l'expropriation pour cause d'utilité publique, si l'exécution des travaux doit procurer une augmentation de valeur immédiate et spéciale au restant d'une propriété expropriée partiellement, cette augmentation est prise en considération par le jury dans l'évaluation du montant de l'indemnité.

PLUTARQUE, l'un des plus beaux génies de l'antiquité, naquit, ainsi qu'Épaminondas et Pindare, dans une partie de la Grèce longtemps décriée pour la stupidité de ses habitants, en Béotie. Il vit le jour à Chéronée. On fait remonter l'époque de sa naissance, dont on ignore la date précise, aux dernières années de l'empire de Claude. Il reçut, au sein de sa famille, une éducation distinguée, qu'il alla perfectionner à Athènes, la capitale, même après sa ruine politique, du monde littéraire. Il y étudia sous le philosophe Ammonius d'Alexandrie, y approfondit les principes de toutes les sectes, s'attacha à celle de l'académie, et adopta les dogmes de Platon et de Pythagore. De retour à Chéronée, il fut d'abord, avec un de ses concitoyens, député vers le proconsul de la province. On l'envoya ensuite à Rome, où le firent dès lors connaître sa pratique des affaires et sa vaste érudition, où devaient bientôt le rendre célèbre les conférences publiques qu'il y fit plus tard, dans sa langue, sur la philosophie, l'histoire et la littérature. Il y passa ainsi, non sans faire en Grèce plusieurs voyages, quarante années suivant les uns, vingt-deux suivant les autres ; et il ne put cependant, d'après son propre aveu, trouver le temps d'apprendre à fond la langue latine. Il revint enfin se fixer dans sa petite ville. On le vit de là régir en quelque sorte la Grèce et l'Illyrie, dont Trajan, si l'on en croit un écrivain, assujettit les magistrats à ne rien faire que de l'avis de Plutarque. Il s'y était marié, et le portrait qu'il a laissé de sa femme (Timoxène) nous la montre ornée de toutes les qualités qui pouvaient assurer leur bonheur. Ils eurent quatre fils : deux moururent au berceau, et le troisième nous a laissé le catalogue des ouvrages de son père. Timoxène lui donna plus tard une fille, longtemps désirée, qu'ils eurent la douleur de perdre à l'âge de deux ans. Plutarque exerça avec un grand zèle les fonctions que lui confia sa patrie, celles d'archonte et de grand-prêtre d'Apollon ; il fut en outre attaché au sacerdoce du temple de Delphes. Mais l'importance de ces dignités ne l'empêchait pas de descendre parfois à des offices bien moins relevés, d'entrer dans les plus petits détails de la police administrative. « Je prête à rire aux étrangers qui viennent à Chéronée, nous dit-il lui-même, lorsqu'ils me voient occupé en public à mesurer de la tuile ou à charger de la chaux et des pierres ; mais j'aime à le faire pour ma patrie. » C'est au milieu de ces soins pour elle que la mort dut le surprendre, mort aussi calme que sa vie fut belle, mais dont l'époque est ignorée. Il est des écrivains qui la reculent jusqu'au règne d'Antonin, ce qui lui donnerait quatre-vingt-dix ans. Le nombre prodigieux de ses ouvrages, dont il nous reste à peine la moitié, fait d'ailleurs présumer qu'il poussa loin sa carrière.

On ne sait à quelle cause attribuer le silence que les écrivains latins contemporains de Plutarque ont gardé sur ses ouvrages, qui ont tout embrassé l'histoire, la métaphysique, la morale, la politique, la religion, la physique, la littérature. Ils n'ont pas tous, il est vrai, le même intérêt ni le même mérite, et plusieurs de ses traités portent des traces de déclamation qui accusent la profession de sophiste, à laquelle l'avait d'abord condamné le besoin de faire sa réputation. Mais ces taches une fois reconnues, combien ne doit-on pas le louer d'avoir su échapper à la pernicieuse influence de son siècle, par le naturel et la vérité qui le distinguent. On l'a dit crédule, parce que, n'excluant pas de ses récits ce qui peut faire connaître les croyances populaires de l'époque qu'il veut peindre, il a paru les partager, comme ce qu'il conte de Pyrrhus, que d'un coup de son cimeterre il pourfendit un cavalier armé de pied en cap, et que les deux moitiés du corps tombèrent en se séparant ; gigantesque exploit, dont il fallait rire avec Plutarque, au lieu de chercher, comme un de ses traducteurs, à l'expliquer dialectiquement. Au reproche de superstition il a lui-même répondu d'avance par son *Traité contre la Superstition*, qui est peut-être le plus rude coup que l'on ait porté au monstre. On a pu relever dans ses ouvrages des inexactitudes, des oublis, des erreurs, des contradictions. La longueur de ses phrases rend souvent ses récits obscurs et sa narration traînante. Il n'a point cette pureté du langage attique qui fait le charme des productions du beau siècle de la Grèce. Ce n'est pas qu'il ne se fût nourri de la lecture des meilleurs modèles ; il avait voué aux anciens un véritable culte, et il se défend, dans la vie de Nicias, de paraître lutter avec Thucydide, « ce qui, dit-il, serait d'un fou ». Mais il n'était pas né à Athènes, et il écrivait au milieu de la décadence.

Un grand mérite de Plutarque, c'est de toujours rapprocher ses idées de la pratique. Sa morale, quoique très-austère, l'est beaucoup moins que celle des stoïciens, dont il était l'ennemi ; il est moins roide et moins tendu que Sénèque : l'un nous guide et l'autre nous pousse, a dit Montaigne. Plutarque est le philosophe ancien qui a le plus approché de la morale chrétienne. De là les vers célèbres d'un évêque grec, lequel priait Dieu, s'il consentait à retirer des enfers quelques infidèles, de lui accorder le salut de Platon et de Plutarque, qui avaient sans les connaître, pratiqué ses lois divines. Plutarque plaît aux imaginations tendres et vives, ainsi qu'aux esprits les plus sérieux. Comme La Fontaine, il charme tous les âges. Jean-Jacques en fit à neuf ans « sa lecture favorite », et Montaigne « les délices de toute sa vie ». — « Plutarque est le Montaigne de la Grèce, » a dit Thomas ; et c'est les avoir dignement appréciés tous deux.

T. Baudement.

PLUTON, en grec *Hadès* (l'invisible), dieu cosmogone, symbolisant les enfers, *infera* (les lieux bas), était frère de *Poseidôn* (la mer) et de *Zeus* (le ciel), et tous trois étaient fils de *Chronos* (le temps). Ce dernier, qui consume tout ce qu'il enfante, avait dévoré Pluton ainsi que ses autres frères, mais ce père sans pitié les rendit à l'existence, en les rejetant à l'aide d'un breuvage que lui avait fait prendre Rhéa, leur mère, c'est-à-dire la nature ou la puissance divine, qui fit sortir du sein du chaos, qui était de toute éternité, les éléments des choses. C'est l'emblème de la création. Dès lors Pluton se dévoua tout entier à Zeus, son frère (*Jupiter*, ainsi que le nommèrent les Latins) ; c'est l'indissoluble alliance du ciel et de la terre. Il secourut ce frère, et aida à son triomphe dans la guerre des Titans ou des fils de l'*argile*, comme signifie leur nom hellénique. Ce fut à cette époque que ce dieu reçut des Cyclopes un casque d'airain qui le rendait invisible et Jupiter les foudres célestes. Cette lutte des Titans contre l'Olympe symbolise les convulsions terrestres et la coordination primordiale du globe en une masse hétérogène, caverneuse et sombre, tandis que les feux légers et purs, symbolisés par les armes fulgurantes des Cyclopes, montèrent vers le ciel, allant former les astres ou les grondants météores.

Au partage de l'univers entre les trois fils du Temps, Hadès eut pour empire les abîmes de la terre ; et comme les métaux et les pierreries sont cachés dans leur sein, les Latins trouvèrent convenable de l'appeler Pluton, du grec Πλοῦτος (richesse). On donne même au teint de ce dieu la couleur jaunissante de l'or. Son palais était creusé dans le Tartare, la *profondeur des profondeurs*. La Faim, mauvaise conseillère, la Misère honteuse, les pâles Maladies, la Vieillesse, qui n'a plus de sang, gémissaient couchées le long de son noir vestibule ; un chien à trois têtes gardait la porte de fer du palais. Roi taciturne des ombres vaines, n'ayant encore pour ministres que les Euménides et les Parques (car Minos, Éaque et Rhadamante n'étaient point encore descendus chez les morts), son air était si lugubre et si sévère que nulle vierge, nymphe ou déesse, ne voulait partager son trône et encore moins sa couche. Un jour, le dieu, brûlé d'amour, racontent les mythes, attela à son quadrige d'or ses quatre chevaux infatigables, Orphneus, Æthon, Nyctée et Alastor (l'Obscur, le Brûlant, le Nocturne et le Terrible), et, saisissant leurs rênes dorées, s'élança par un gouffre plutonien les uns disent dans la fertile plaine d'Éleusis, d'autres dans les prés riants d'Enna, où il ravit, occupée à cueillir des fleurs, la jeune fille de Déméter, Proserpine. Thésée et Pirithoüs descendirent aux enfers pour enlever au dieu des mânes sa nouvelle épouse. Le dieu, de sa fourche redoutable, à la fois son arme et son sceptre, tua ce dernier, puis chargea de lourdes chaînes l'audacieux roi des Athéniens, que délivra bientôt Hercule.

Pluton était si haï que, bien qu'il fût au nombre des douze grands dieux et l'un des huit qu'il fût permis de figurer en or, en argent ou en ivoire, il n'avait chez les Latins presque ni temples ni autels. Les victimes, noires, non mutilées, mais stériles, qu'on lui immolait, la tête abaissée, les membres liés, étaient égorgées, avec de l'encens entre les deux cornes, au bord d'une fosse qui recevait leur sang, et du vin, dont les mânes se désaltéraient avec délices. Les cuisses de l'animal étaient seules dévouées au dieu infernal, le reste était réduit en cendres. Le peuple se serait donné de garde d'en manger : il aurait cru être frappé de mort ou de malédiction ; les prêtres avaient le même scrupule, la même terreur. Jamais la musique d'un hymne ne fut consacrée à ce dieu, parce qu'il passait pour inexorable. Le cyprès à la sève lente, le seul arbre qui doit suivre son maître chez les morts, la triste et échevelée capillaire, qui aime l'humidité des tombeaux; le buis, à l'aubier pâle, lui étaient consacrés. Les Latins furent prodigues de surnoms envers ce dieu terrible; ils lui donnèrent entre autres ceux de *Summanus* (le souverain des mânes) et de *Vejovis* (le Jupiter de malheur); ceux de *Dis* et d'*Orcus* étaient d'origine hellénique. Le culte de ce dieu avait été porté de Grèce dans le *Latium* et l'Étrurie par les Pélasges; il avait un temple sur la cime neigeuse du Soracte. En Grèce, les villes de Thèbes, de Sicyone, de Pylos et de Nisa, l'honoraient d'un culte particulier.

La Grèce et l'Italie ne furent point les seules nations qui sacrifièrent à Pluton; les Sarmates et les Suèves l'adoraient, et la plupart l'appelaient le *dieu noir*. Les Gaulois nos ancêtres se vantaient de tirer leur origine de ce dieu terrible; ils le nommaient *Teutatès*, et lui bâtirent un temple sur le mont *Lucotitius* (aujourd'hui la montagne Saint-Jacques); ils y immolaient des victimes humaines.

On représente ordinairement Pluton assis sur un trône de soufre, ou de buis, ou de fer, et même d'or; quelquefois ayant la fille de Déméter (*Cérès*) à ses côtés, et Cerbère à ses pieds. Une triste couronne d'ébène ou d'adianthe le fait aisément reconnaître. DENNE-BARON.

PLUTONIENNE (Formation). Les géologues nomment ainsi, par opposition à la formation volcanique, les roches qu'ils supposent s'être formées à une grande profondeur de la terre, sous l'action d'une haute température. Les laves de volcans qui se solidifient en stratifications à la superficie même de la terre ou dans son voisinage sont des *formations volcaniques*. Mais lorsque les mêmes matières arrivent à se solidifier à une grande profondeur dans les entrailles de la terre, cela a lieu bien plus lentement, sous l'action d'une température beaucoup plus élevée et d'une très-haute pression. Le résultat de la solidification est alors très-vraisemblablement tout autre, et constitue une roche plus crystalline. Les roches auxquelles on suppose une origine de cette nature, telles que le granit, la syénite, le quartz porphyre, le grünstein, etc., ont reçu en conséquence le nom de *roches plutoniennes*. On y comprend également les roches qu'on suppose être provenues d'autres roches à une grande profondeur, sous l'action d'une haute pression et d'une haute température, par *métamorphose*, tels que le gneiss et le chiste micacé, qu'on nomme ordinairement à cause de cela *roches métamorphiques plutoniennes*. On ne peut pas naturellement assister à la formation des roches plutoniennes, puisqu'elle a lieu à une si grande profondeur. Quand on en rencontre des résultats quelque part à la surface de la terre, par exemple des granits ou des gneiss, on ne peut se rendre compte d'un tel phénomène qu'en supposant que la surface primitive a été bouleversée, détruite et emportée à une grande profondeur. Mais des cataclysmes pareils ont dû toujours exiger beaucoup de temps; c'est ce qui fait qu'on ne rencontre à la superficie actuelle de la terre, en fait de roches plutoniennes, que celles qui ont dû être formées il y a déjà fort longtemps, encore bien qu'il puisse encore à ce moment même s'en former de toutes pareilles à une grande profondeur. Les roches plutoniennes que nous connaissons sont donc en même temps des roches fort anciennes.

PLUTONIENS, nom que l'on a donné aux géologues qui supposent que toutes les formations terrestres sont dues à l'action du feu (*voyez* CHALEUR TERRESTRE).

PLUTUS, le dieu des richesses, comme l'indique son nom grec *Ploutos*. Dès sa naissance, ce dieu de l'argent fut bercé sur les genoux de la Paix, et naquit, selon Hésiode, de Cérès et de Jasion, dans l'île de Crète. Il devint boiteux et aveugle : boiteux, parce que les richesses dont il est le symbole arrivent lentement, et aveugle, parce qu'il les distribue fort mal, plutôt aux méchants qu'aux bons. Ce qu'il a de commun avec Pluton, c'est d'être, ainsi que lui, un dieu souterrain, mais habitant des mines à la surface du globe, où il garde et admire ses trésors : c'est le *Mammon* des Hébreux. On le représente vieux, et une bourse à la main. DENNE-BARON.

PLUVIALES (Eaux). *Voyez* EAUX (*Législation*).

PLUVIER, genre d'oiseaux de l'ordre des échassiers, que l'on rencontre sur les rivages de toutes les parties du globe. Ils ont pour caractères : bec médiocre, droit, arrondi à la naissance, conique, renflé à l'extrémité de la mandibule supérieure; narines concaves, linéaires, couvertes par une membrane, situées dans une rainure longitudinale; tarses longs, réticulés ou scutellés, trois doigts seulement en avant; le pouce manquant complétement; ailes éperonnées ou simples, pointues et atteignant l'extrémité de la queue, qui est courte et composée de douze rectrices.

Les pluviers sont des oiseaux sociables, migrateurs. Ils se nourrissent principalement de vers de terre. On dit que pour faire sortir ceux-ci de leur retraite ils frappent constamment la terre avec le pied. Ils mangent aussi des insectes coléoptères et quelques mollusques. En général, ils ne construisent pas de nid : la femelle choisit sur la terre ou dans le sable un petit enfoncement, et y pond de trois à six œufs, dont la couleur varie selon les espèces.

La plupart des pluviers ont une chair très-délicate. Le *pluvier doré* (*charadrius pluvialis*, L.), surtout lorsqu'il est gras, est un gibier très-estimé. À l'époque de la pariade, son plumage est en dessus d'un noir profond, taché d'un jaune doré très-vif; le front et les sourcils sont blancs, les côtés du cou variés de noir, de blanc et de jaune; toutes les parties inférieures sont d'un noir profond. L'hiver cet oiseau revêt une autre livrée : tout le dessus du corps est d'un noir de suie taché d'un jaune doré; les parties inférieures sont blanches. Cette espèce, que l'on trouve en Europe, en Asie et dans l'Afrique septentrionale, n'est que de passage en France.

Parmi les six autres espèces qui habitent l'Europe, celles qui passent également en France sont le *grand* et le *petit pluvier à collier* (*charadrius hiaticula*, L., et *charadrius minor*, Meg.), qui, vivant sur le bord graveleux des rivières, portent tous deux dans quelques-uns de nos départements le nom vulgaire de *gravière*; le *pluvier guignard* (*charadrius morinellus*, L.) et le *pluvier à collier interrompu* (*charadrius cantianus*, L.).

PLUVIMÈTRE, PLUVIOMÈTRE, OMBROMÈTRE ou UDOMÈTRE (du latin *pluvia*, pluie, ou du grec ὄμβρος, pluie, ὕδωρ, eau, et μέτρον, mesure), instrument qui sert à mesurer la quantité de pluie tombée dans un endroit. Il est composé d'un vase en cuivre étamé, en fer-blanc, en tôle vernie, etc., d'une ouverture déterminée, et d'une certaine profondeur, muni ordinairement d'un tuyau gradué à sa base inférieure. L'élévation de l'eau dans le tube montre la quantité de pluie qui tombe en différents temps sur une surface déterminée. Au besoin on renverse chaque jour l'eau de l'instrument dans un tube gradué d'une capacité connue. M. Flaugergues a imaginé un pluvimètre qui indique la quantité d'eau tombée par chaque vent. C'est un entonnoir tournant autour d'un axe par le moyen d'une girouette et dégorgeant l'eau qu'il reçoit par un canal dont l'ouverture est toujours opposée à la direction du vent dans un récipient divisé en huit parties répondant aux huit vents principaux. L. LOUVET.

PLUVIOMÈTRE. *Voyez* PLUVIMÈTRE.

PLUVIOSE (du latin *pluviosus*, pluvieux), cinquième mois du calendrier républicain. Il commençait le 20 ou le 21 janvier, et finissait le 18 ou le 19 février.

PLYMOUTH, port de mer et place forte du Devonshire (Angleterre), entre le Plym et le Tamar, au point où ces deux cours d'eau se jettent dans une baie du Canal entourée de hauts rochers calcaires, forme avec *Stonehouse* et *Plymouth-Dock*, qu'on appelle *Devonport* depuis 1824, une seule et même ville, peuplée de 102,382 habitants. La ville proprement dite n'en compte que 52,221, elle est irrégulièrement construite, et les rues en sont étroites. *Stonehouse*, beau village, contient des casernes pour 6,000 soldats de marine. *Devonport*, avec 50,159 habitants, un hôpital pour la marine royale et un commerce assez important ne date que de 1760, mais l'emporte de beaucoup sur Plymouth pour la beauté des maisons et des rues. Plymouth est important surtout comme port militaire, où stationne constamment une partie de la flotte anglaise, et par les immenses établissements qui s'y rattachent pour la construction et l'équipement des vaisseaux, tels que docks, chantiers, forges, ateliers pour la construction des machines, corderies, magasins et arsenaux. La ville et ces divers établissements sont défendus par un vaste ensemble de fortifications. Elle a deux ports, appelés *Catwater* et *Hamoase*, où environ 4,000 ouvriers sont constamment occupés à la construction des vaisseaux. A l'entrée de la baie où est situé Plymouth se trouve le rocher d'*Eddystone*, avec son phare, haut de 27 mètres et célèbre par la hardiesse de sa construction. Mais une construction gigantesque bien autrement fameuse est celle du brise-lames (*break-water*), auprès de laquelle les célèbres *murazzi* de Venise ne paraissent qu'une miniature. Il consiste en une jetée en pierre construite au milieu de la mer, directement à l'entrée de la baie. Elle a 1533 mètres de développement, 20 mètres d'élévation en moyenne, 100 mètres de profondeur et 12 mètres de largeur. Elle porte deux phares, et sa construction coûta environ 36 millions de francs. Cette jetée met la baie à l'abri de tous les vents. Un aqueduc conduit à Plymouth l'eau à boire dont elle a besoin. La ville possède de beaux bains de mer. Le chemin de fer du sud-ouest de l'Angleterre la relie à Londres, à Exeter, etc., et un chemin de fer, de construction toute récente, la fait communiquer avec Truro, Falmouth et Penzance. L'activité manufacturière et commerciale n'y a point, toutes proportions gardées, de bien grandes proportions. Le commerce avec l'Amérique du Nord, avec les Indes occidentales et avec la Baltique est parvenu à y prendre d'assez notables développements. Toutefois, il s'y fait un immense cabotage. Depuis le 15 décembre 1850, la malle aux lettres pour Sierra-Leone, le cap de Bonne-Espérance et l'Australie, part tous les mois de Plymouth avec un bateau à vapeur de la *General-screw-steam-shipping Company*; et le 5 de chaque mois une nouvelle compagnie de navigation à vapeur (l'*Eastern-steam-Navigation Company*) expédie un de ses bâtiments à Alexandrie, et de Suez à Calcutta, Singapore et en Chine.

Plymouth est aussi le nom de diverses localités de l'Amérique du Nord, ainsi que du chef-lieu du comté du même nom, dans l'État de Massachusetts, sur le cap Cod-bay, joli port de mer, mais dont les eaux sont peu profondes, avec 5,717 habitants, dont la construction des navires, la pêche du hareng et la fabrication des cotonnades, constituent les principales industries. C'est la plus ancienne ville de la Nouvelle-Angleterre; elle fut fondée le 22 décembre 1620, par cent-un puritains.

PLYMOUTH (Frères). *Voyez* Frères Plymouth.

PNEUMA, πνεῦμα, *souffle*, et par extension *esprit*. C'est, dans la cosmologie des gnostiques, le nom du germe vital intellectuel dans le monde, qui provient du Dieu suprême, éternel et bon; et par rapport à l'anthropologie, c'est l'intelligence divine implantée dans la nature humaine par le Dieu suprême. A cet égard, la *psyché* (ψύχή), comme germe vital, physique et sensuel, œuvre du demiurge, et l'*hylé*, comme principe du mal, comme la matière et le siége proprement dit du mal, sont l'opposé du *pneuma*. Tout le bonheur de l'humanité devait, dans la philosophie gnostique, consister en ce que le *pneuma* remporterait la victoire sur la *psyché* et l'*hylé*, s'affranchirait de la puissance du demiurge et reviendrait au Dieu souverainement bon. La vie ascétique et contemplative était le moyen d'y parvenir. Au point de vue historique, les gnostiques considéraient le genre humain sous trois faces différentes; suivant eux les païens étaient sous la domination de l'*hylé*, les juifs sous celle du demiurge, et ils voyaient dans les chrétiens des *pneumatiques* (πνευματικοί). D'après leur philosophie en effet le Dieu suprême avait été révélé par le Christ; c'est lui qui, élevé au-dessus de tous les êtres, avait créé un monde d'esprits bien heureux. Les esprits humains (πνεύματα) étaient des étincelles provenant de lui.

On donne le nom de *pneumatologie* à la théorie relative à l'ensemble des esprits du monde.

PNEUMATIQUE (du grec πνεῦμα, souffle, vent), science qui a pour objet les propriétés physiques de l'air, c'est-à-dire sa matérialité, sa pesanteur, son élasticité, etc. Ce mot s'applique par extension à l'étude des propriétés analogues que possèdent les autres gaz permanents différents de l'air. On appelle dans ce sens *physique*, *chimie pneumatiques*, la partie de la physique, de la chimie, qui traite de l'air et des différentes espèces de gaz.

PNEUMATIQUE (Briquet). *Voyez* Briquet.

PNEUMATIQUE (Cuve). *Voyez* Cuve.

PNEUMATIQUE (Machine), du grec πνεῦμα, vent, air. Il suffit d'avoir vu fonctionner une pompe à épuisement pour se faire une idée plus ou moins exacte du mode d'action de la machine pneumatique. L'élévation du piston dans le corps de pompe fait un vide au-dessous de lui qui permet à l'eau de s'y introduire. Telle est à peu de chose près le jeu de la pompe pneumatique, avec laquelle on épuise ou du moins l'on raréfie l'air d'un vase hermétiquement fermé de tous côtés, excepté l'ouverture qui le met en communication avec l'intérieur du corps de pompe. Il n'y a de différence essentielle que dans la nature de la force qui détermine l'introduction de l'air dans le corps de pompe; et cette force n'est pas autre chose que la tendance permanente de l'air à remplir autant d'espace qu'on peut lui permettre d'en occuper. Dans les expériences très-exactes, ou lorsqu'on veut opérer sur de grands vases, on emploie une machine composée de deux cylindres verticaux ayant même diamètre et chacun leur piston, qui agit par aspiration. La tige de chaque piston est dentée; elle s'engrène dans un arc de cercle fixé à l'extrémité d'un levier mu par une manivelle, et ayant son point d'appui au milieu de l'espace qui sépare les deux cylindres. Du bas de chaque cylindre part un tuyau de conduite qui vient déboucher sur un plateau horizontal. On couvre ce plateau d'une cloche de verre appelée *récipient*; un enduit dont on entoure le bas de la cloche sur le plateau intercepte tout passage entre l'air extérieur: en faisant jouer les pompes pour aspirer l'air qui se trouve sous le récipient, on diminue de plus en plus la masse de cet air; on le raréfie. C'est ce qu'on appelle improprement *faire le vide*, car le vide rigoureux ne se fait qu'au-dessus de la colonne d'un baromètre. Mais enfin on approche toujours assez près du but pour pouvoir considérer et étudier les corps placés sous le récipient comme étant dans le vide.

Telle est la construction de cette précieuse machine, qui a fait à elle seule une révolution dans le monde savant, en changeant ou en rectifiant la plupart de nos idées sur les effets de la pression de l'air, sur la respiration des animaux, sur la combustion des corps, et sur la vaporisation des liquides. C'est avec son secours qu'on s'est principalement assuré que la présence de l'air est indispensable à l'entretien de la vie, puisque les animaux tombent et meurent dans un air trop raréfié; que la combustion des matières les plus inflammables ne peut avoir lieu dans le vide, malgré la plus forte chaleur, et que les liquides s'y évaporent jusqu'à entrer en ébullition à une faible température, puisque tous ces phénomènes sont constamment les suites de l'épuisement ou de la soustraction de l'air par le jeu des pompes aspirantes de la machine. F. Passot.

On doit l'invention de la machine pneumatique à Otto de Guerike, bourgmestre de Magdebourg, qui en fit l'expérience à la diète de Ratisbonne en 1654. Gaspard Schot a le premier écrit sur ce sujet. La machine pneumatique a été perfectionnée depuis par Hook, Robert Boyle et Papin.

PNEUMATIQUES. *Voyez* Montanistes.

PNEUMATIQUES (Les), secte médicale, née au premier siècle de l'ère chrétienne, qui admettait l'existence d'une espèce de génie de l'air comme moteur dans les corps humains vivants, à l'état sain et à l'état morbide.

PNEUMATOLOGIE (du grec πνεῦμα, esprit, et λόγος, discours), science des *esprits*. Les esprits sont les êtres intermédiaires entre la Divinité et les hommes; la pneumatologie est donc sœur de l'anthropologie et de la théologie : c'est, dans tous les cas, une science aussi variable que l'une et l'autre; ou plutôt ce n'est pas une science, c'est tout au plus un ensemble d'opinions, de croyances et de traditions, soit philosophiques, soit populaires. La pneumatologie ne fleurit que dans les temps primitifs de l'humanité ou dans l'âge d'or, et aux époques de décadence des peuples. Elle s'éclipse des écoles dans les siècles d'examen et de critique : elle devient alors le partage du vulgaire et de quelques élus. Dans l'antiquité, ce sont les peuples de l'Inde, de la Perse, de la Chaldée et de l'Égypte qui ont le plus brillé par leur pneumatologie. Dans les systèmes de l'Inde, la terre, les eaux, l'air et les cieux étaient tout peuplés de génies. La Perse fut plus sobre que l'Inde, la Chaldée que la Perse, l'Égypte que la Chaldée; mais partout le *dualisme* qui est dans la nature et dans l'homme se refléta dans ces libres créations.

C'est peut-être la pneumatologie de la Perse qui le présentait sous les formes les plus arrêtées. Là les bons génies, distingués en trois grandes classes, les *amshaspands*, les *izeds* et les *ferouërs*, formaient, sous les ordres de leur chef Ormuzd, une armée d'esprits purs, saints et célestes, combattant pour la cause et l'empire de la lumière contre l'armée des *dews* et de leur chef Ahriman, à qui obéissaient l'empire des ténèbres et les hommes qui en faisaient les œuvres. La pneumatologie de la Chaldée, qui a dû offrir de grandes analogies avec celle de la Perse, nous est peu connue. Il nous en est parvenu toutefois quelques traditions par les théosophes de la Judée et par les partisans de la *kabbale*, qui sans nul doute avaient fait de riches emprunts à la Chaldée comme à la Perse, soit pendant, soit après l'exil. *Philon* fait voir à quel point les croyances de l'Orient dominaient de son temps celles de la Grèce et de la Judée. La Judée ne nous ayant pas laissé d'autres monuments que les livres de Philon, nous ne parlerons pas de sa pneumatologie. Quant à la Grèce, elle rattachait facilement les emprunts faits à l'Orient à ses anciennes traditions. Deux philosophes, *Socrate* et *Platon*, enrichirent la pneumatologie grecque d'une manière remarquable, l'un par l'hypothèse de son démon familier, l'autre par l'acception toute nouvelle qu'il donna au mot *démon*. Cependant, après eux la pneumatologie mourut dans les écoles : le scepticisme la tua. Le mysticisme la ressuscita.

Maxime de Tyr, *Plutarque* et *Apulée* disposèrent les esprits à recevoir la démonologie de l'Orient; *Ammonius Saccas*, *Plotin*, *Porphire*, *Jamblique*, *Proclus* et *Marin* leur en donnèrent une plus riche, et qu'ils prétendirent rendre plus utile. En effet, ces philosophes apprirent non-seulement à classer les esprits en bons et en mauvais, en *agathodémons* et *kakodémons*, ils enseignèrent aussi l'art de s'en faire servir. Cependant, les *gnostiques* vinrent encore renchérir sur les nouveaux platoniciens et sur les kabbalistes, car ils révélèrent à leurs adeptes, sur la chaîne des êtres qui rattache l'homme au *Dieu inconnu*, une science plus positive, plus hardie, et en apparence plus régulière que toute autre. Les soi-disant disciples de saint Jean, dont Norberg a publié le code, ont en quelque sorte rivalisé sous ce rapport avec les gnostiques; mais bientôt les créations ou les rêveries des uns et des autres s'évanouirent devant les doctrines du christianisme; elles disparurent du moins des écoles. La scolastique du moyen âge se garda bien de la rétablir, mais la pneumatologie vulgaire ne disparut pas du sein des peuples non chrétiens, ni au midi ni au nord.

Les *houris* de Mahomet et les *walkyries* d'Odin se gravèrent profondément dans les traditions nationales, et des croyances analogues à celles des peuples scandinaves et mahométans se propagèrent, à titre de superstitions, même parmi les fidèles du moyen âge. Lorsque avec l'arrivée en Occident des réfugiés de Constantinople la philosophie grecque vint remplacer la scolastique latine, la pneumatologie savante, celle des platoniciens, reparut plus puissante que jamais. Marsile *Ficin*, *Pic de La Mirandole*, *Reuchlin*, et les nombreux disciples de ces savants mystiques repeuplèrent le monde de légions d'esprits. Parmi ces hardis *pneumatologues*, on distingue surtout les deux *Van Helmont* et *Paracelse* ou Bombast de Hohenheim, qui prirent dans les traditions populaires ou qui ajoutèrent à ces traditions les quatre ordres d'esprits élémentaires, les *gnômes*, les *salamandres*, les *sylphes* et les *ondines*, c'est-à-dire les génies de la terre, du feu, de l'air et de l'eau.

Quand la philosophie moderne, grâce aux efforts de *Pomponace* et de *La Ramée*, de *Bacon* et de *Descartes*, eut enfin triomphé de tous les genres de mysticisme et de néoplatonisme, la pneumatologie s'anéantit de nouveau. *Locke* et *Leibnitz* ne la reconnurent pas; *Wolf* en forma une section de sa métaphysique : elle n'est plus aujourd'hui qu'un chapitre de la psychologie transcendante ou rationnelle. Quelques inductions sur les esprits supérieurs aux nôtres, voilà tout ce qui nous reste d'une science jadis si riche et si fameuse : à peine même si ces inductions méritent plus que le nom de conjectures.

La pneumatologie ancienne est morte dans les écoles de philosophie, mais elle n'est pas morte partout : elle vit dans les traditions des poëtes, dans celles du peuple, dans celles des mystiques. Si les sylphes, les gnômes, les salamandres et les ondines n'existent plus que dans les créations de l'art, des esprits intermédiaires entre Dieu et l'homme existent encore dans la foi du vulgaire et dans celle des théosophes : Van Helmont et Paracelse n'ont plus d'adeptes, mais *Bœhme* et *Swedenborg* en ont encore. Nous avons vu de nos jours *Saint-Martin*, et Jung-Stilling. Ce dernier a même transporté sa théorie sur le terrain de la révélation elle-même.

MATTER.

PNEUMATOMAQUES (du grec πνεῦμα, esprit), nom que les Grecs donnaient aux *macédoniens*, parce qu'ils combattaient la divinité du Saint-*Esprit*.

PNEUMATOSE (du grec πνεῦμα, vent), nom générique des maladies venteuses, ou produites par un développement, une accumulation de gaz dans une cavité naturelle; ce qui les distingue de l'*emphysème*. La pneumatose prend différents noms suivant le viscère où elle se produit; ainsi on a nommé *pneumato-carde* (de καρδία, cœur) la pneumatose du cœur; *pneumato-céphale* (de κεφαλή, tête), une collection de gaz formée dans les vaisseaux ou dans les membranes de la tête; *pneumato-péricarde*, un épanchement aériforme dans la cavité du péricarde; *pneumato-rachis*, une accumulation de gaz dans le canal vertébral; et *pneumato-thorax* (de θώραξ, poitrine), une accumulation de fluides élastiques dans les cavités thoraciques. Quelques-uns remplacent *pneumato* par *pneumo* dans ces noms composés, et disent *pneumo-thorax*, *pneumo-rachis*, etc.

Autrefois on entendait par *pneumatose* la formation ou la génération des esprit animaux dans le cerveau ou dans les nerfs.

PNEUMONIE (de πνεύμων, poumon), ou, plus improprement *péripneumonie*, désigne, dans le langage médical, cette maladie que l'on nomme vulgairement *fluxion de poitrine*. C'est l'inflammation du parenchyme, ou de la substance même des *poumons*, laquelle s'accompagne presque toujours, quand elle est de quelque étendue, d'un état inflammatoire des *bronches* et de la *plèvre*. La pneumonie est une affection essentiellement aiguë, dont la marche rapide n'embrasse guère une durée de plus de vingt jours, dans les cas même où elle se prolonge le plus, tandis que, légère ou très-intense, et rapidement mortelle, elle peut se terminer en moins d'une semaine. Quant à la pneumonie à l'état *chronique*, son existence est si rare, si contestable même dans l'esprit de beaucoup de médecins, qu'elle ne doit pas nous occuper. La pneumonie, quand elle envahit les deux poumons, est excessivement grave. Par bonheur, c'est le cas le plus rare; elle n'occupe même communément qu'une portion plus ou moins restreinte du poumon affecté.

Les causes essentielles ou premières de la pneumonie nous échappent, comme celles de toutes les maladies dont l'origine se cache dans les mystères les plus profonds de l'organisme, et nous sommes contraints de nous en tenir à l'étude des circonstances dans lesquelles cette affection prend le plus communément naissance. Ainsi, l'on a observé que la pneumonie régnait particulièrement à la fin de l'hiver et au printemps, qu'elle atteignait de préférence les adultes à tempérament sanguin (bien qu'aucun âge, aucun tempérament n'en soit à l'abri); que les individus exposés par leur profession aux intempéries de l'air y étaient particulièrement sujets. aussi la voit-on fréquemment se développer par suite de l'exposition à une température froide et humide, particulièrement si l'on était en sueur. Mais plus souvent la maladie se déclare sans qu'on puisse en expliquer l'apparition autrement que par l'influence d'une prédisposition intime, dont la nature nous échappe.

La pneumonie débute souvent tout à coup, et sans symptômes précurseurs, par de la gène et par de la fréquence dans la respiration, de la douleur dans un des côtés de la poitrine (si la plèvre est affectée), par de la toux, suivie de l'expectoration de crachats visqueux, teints de sang. On observe en même temps les phénomènes généraux d'une fièvre intense. A ces signes s'en joignent d'autres, qui résultent de l'application de l'oreille sur les parois de la poitrine, et du son qu'elles rendent par la percussion. Si la pneumonie doit s'arrêter à la première période, on voit au bout de peu de jours les symptômes perdre peu à peu de leur intensité. Mais si elle doit passer à la seconde, ces symptômes augmentent progressivement, et la maladie prend assez de gravité pour se terminer dans une proportion presque égale par la guérison et par la mort, à moins qu'un traitement énergique et bien dirigé ne parvienne à enrayer les progrès rapides du mal. Lorsque, parvenue au second degré, la maladie continue, au contraire, à marcher, la gêne croissante de la respiration, la décomposition des traits, l'extrême faiblesse, annoncent à l'œil le moins exercé une issue prochainement fatale.

La pneumonie, nous sommes heureux de le dire, quoiqu'on ait voulu de nos jours prouver le contraire par des chiffres, la pneumonie est une des affections dans lesquelles l'utilité d'un traitement prompt et énergique se fait le mieux sentir, l'une de celles où le praticien habile peut remporter le plus beau triomphe. De larges saignées du bras, secondées par des applications de sangsues sur la poitrine, et par l'emploi des émollients à l'intérieur, constituent ordinairement le traitement de la première période. Celui de la seconde réclame souvent l'emploi des vésicatoires. C'est surtout alors que les préparations antimoniales (l'émétique particulièrement, à la dose de 265 à 318 milligrammes dans une potion) se montrent d'une efficacité merveilleuse. J'en ai vu, pour ma part, des effets si admirables, dans des cas si graves, sur des individus tellement différents d'âge, de tempérament, etc., que je n'hésite pas aujourd'hui à regarder cette médication comme d'une utilité supérieure à celle des émissions sanguines elles-mêmes (non pas que je pense cependant qu'il faille négliger celles-ci).

Dr SAUCEROTTE.

PNEUMONIE CATARRHALE. *Voyez* CATARRHE.

PNYX, place publique d'Athènes, de forme circulaire, en partie taillée dans le roc vif, qui était située sur une colline à l'ouest de l'Aréopage, et qu'on orna plus tard de statues, et dont le côté ouvert était tourné du côté de la ville. C'est là qu'avaient régulièrement lieu les assemblées et les délibérations du peuple avant qu'on employât à cet usage le théâtre de Dionysus. Il existe encore de nos jours sur cet emplacement les ruines d'un édifice qui était construit en amphithéâtre.

PÔ, l'*Eridanus* des anciens, qui lui donnaient aussi le nom de *Padus*, le plus grand fleuve de l'Italie et l'un des rares fleuves de l'Europe qui coulent dans la direction de l'est. Un vaste bassin se déroule entouré d'une chaîne de montagnes, qui s'étend depuis la côte orientale de la mer Adriatique, près de Trieste, jusqu'aux confins de la Toscane, en parcourant dans son vaste circuit le Tyrol, l'Illyrie, la Suisse, la Savoie, le Dauphiné, la Provence et les États de Gênes. Cette immense couronne de rochers, que l'on appelle la *chaîne des Alpes*, et qui prend en Italie le nom d'*Apennins*, verse les eaux de ses pluies, de ses neiges et de ses glaces éternelles dans une magnifique vallée sillonnée par mille courants; immense bassin évalué à 1,028 myriamètres carrés, entouré de remparts de granit, et que les hommes se sont partagé sous les noms de *Piémont*, *Lombardie*, *Parme*, *Modène*, etc.; vaste amphithéâtre, dont l'arène fut toujours couverte de combattants, où l'on vit accourir pêle-mêle ou tour à tour les peuples de l'Orient, ceux de d'Afrique, les Gaulois, les barbares du Nord et ceux du Midi, où la terre est pétrie du sang de toutes les générations, où les peuples de l'Europe moderne, Français, Russes, Espagnols, Allemands, semblent s'être donné rendez-vous pour s'égorger. Les torrents qui descendent du haut des montagnes, les sources qui s'échappent de leurs flancs, les mille ruisseaux qui coulent à leur pied, se réunissent dans la plaine, et sous les noms de *Bormida*, *Tanaro*, *Stura*, *Dora*, de *Trebia*, de *Tessin*, de *Sesia*, d'*Adda*, d'*Oglio*, etc., vont alimenter un fleuve qu'on appelle *Pô*; fleuve majestueux, que l'on a placé dans le ciel ou que l'on a emprunté au ciel pour le placer sur la terre. Après avoir pris naissance au pied du mont Viso, dans les Alpes Cottiennes, dont les cimes n'ont jamais été foulées par le pied de l'homme, le Pô s'avance fièrement à peu près en ligne droite jusqu'à la mer Adriatique, en suivant presque constamment le 45e parallèle. Non, ce n'est pas sans raison que les anciens l'appelaient *le roi des fleuves*; les eaux dont il porte le tribut à la mer ont avant d'y parvenir prodigué la vie à six millions d'habitants; il traverse, et il embellit, il vivifie le plus riche, le plus beau pays du monde, celui où l'on voit briller la civilisation et la pensée jusque sur le frontispice de la cabane du pauvre, celui qui est à juste titre appelé le *berceau des arts*, et que les ambitieux et les conquérants de tous les siècles ont convoité comme la toison d'or, comme le fruit du jardin des Hespérides. Le Pô semble avoir eu dans les temps passés une impétuosité qui n'est plus la même. Virgile le dépeint ainsi :

Proluit insano contorquens vortice silvas
Fluviorum rex Eridanus, camposque per omnes
Cum stabulis armenta trahit.

(*Georg.*, lib. I.)

Ce fleuve rencontre sur son cours Turin, ville d'ordre et de richesse, ville spontanée, qui naquit d'une seule idée, et que l'œil peut embrasser d'un seul jet; Plaisance, qui tire son nom de la beauté de ses alentours, et Crémone, qui donna le jour au poëte Vida. La vallée du Pô est d'une fertilité que rien n'égale; ses plaines se couvrent de mûriers, de riz, de blé, de vignes, de gras pâturages et de nombreux troupeaux. Il en était déjà ainsi dans l'antiquité, car Virgile dit encore :

Et gemina auratus taurino cornua vultu
Eridanus, quo non alius per *pinguia culta*
In mare purpureum violentior influit amnis.

(*Georg.*, lib. IV.)

L'abbé RENDU, évêque d'Annecy.

Le Pô a comme voie de communication une grande importance pour la haute Italie; mais dans son cours inférieur, malgré les digues dont on l'a entouré; il cause souvent par ses inondations de grands ravages. Des quatre bras principaux de son delta, qui va toujours en augmentant, le *Po di Goro* (sur les frontières des États de l'Église), le *Po Grande* ou *della Maestra*, le *Po della Donzella* ou *Ginocca*, et le *Po della Tolle*, c'est aujourd'hui le *Po della Donzella*, celui dont on fait le plus usage comme voie de communication; les autres bras offrent trop peu de profondeur. Le Pô est susceptible de porter des charges de 2,300 quintaux, et la navigation à vapeur s'en est emparée. La navigation et le commerce y ont beaucoup d'activité, favorisés qu'ils sont par le grand nombre d'affluents et de canaux communiquant avec ce fleuve; et le traité récemment conclu par l'Autriche avec Modène, Parme et les États de l'Église pour sa libre navigation, n'a pas peu contribué à leur imprimer un immense essor.

POA ou **PATURIN** (du grec πόα, *herbe*), genre de graminées ayant pour caractères des épillets ovales, composés d'un nombre de fleurs indéterminé, sans arête, disposées en panicule, glumes un peu obtuses, membraneuses à leurs bords. Les paturins sont d'excellentes plantes pour les bestiaux. On les voit répandus avec profusion dans presque tous les pays connus; chaque espèce se pliant aux localités qu'elle habite. Les unes semblent destinées aux endroits secs, les autres aux terrains frais, d'autres encore aux plaines ou aux lieux montueux ou incultes; on en trouve enfin dans les sables les plus arides comme dans les mares et les lieux inondés.

La plus grande et la plus belle espèce est le *paturin aquatique*, commun sur le bord des rivières, des étangs, dans les marais et les fossés aquatiques, et qui s'élève à deux ou trois mètres du fond des eaux, donnant des épillets allongés d'un jaune verdâtre, ou panachés de vert, de jaune et de violet. Cette plante produit un bel effet sur le bord des eaux, dans les jardins paysagers; elle est d'une grande utilité pour élever le sol des lieux inondés, et concourt à la formation de la tourbe. Les bestiaux la recherchent quand elle est jeune; ils la dédaignent plus tard. Ses fanes fournissent une bonne litière. Le *paturin des marais* croît également dans les lieux humides. Le *paturin des prés* est très-répandu dans les terrains frais. Le *paturin comprimé* croît dans les mêmes terrains, parmi les décombres, sur les vieux murs. Le *paturin à feuilles étroites* et le *paturin commun* ne sont que des variétés du paturin des prés.

Le *paturin annuel* est cette graminée si commune que l'on rencontre partout, dans les terrains incultes comme dans les terres cultivées, dans les villes, les campagnes, le long des routes, dans les rues peu fréquentées, entre les pavés des cours, plante qu'il est si difficile de détruire, et qui ne cesse de se multiplier quoique piétinée, arrachée, broutée; elle ne craint ni le froid ni la chaleur; si les sécheresses l'altèrent, les moindre pluies la raniment; enfin, luttant contre l'intempérie des saisons et contre les efforts de l'homme, elle couvre en peu de temps d'une belle verdure les sols stériles et abandonnés.

Le *paturin des forêts* se plaît à l'ombre des bois. Le *paturin bulbeux* croît dans les terrains les plus arides, sur les pelouses sèches, sur les vieux murs. Le *paturin des Alpes*, auquel on attribue l'excellent goût du lait des vaches qui le broutent, présente ce singulier phénomène d'ovaires qui germent entre les glumes, en sorte que la semence a déjà poussé des feuilles lorsque, séparée de la plante mère, elle tombe en terre pour prendre racine. Le *paturin à crête* croît dans les terrains secs, dans les sables les plus arides. Il y forme de grosses et hautes touffes, que les bestiaux recherchent au printemps.

Le *paturin maritime* et le *paturin des sables* viennent sur les côtes maritimes, et servent à retenir les sables des bords de la mer. Leur pâturage donne à la chair des animaux qui y puisent leur nourriture un goût des plus délicats. Bruce a découvert en Abyssinie une espèce de paturin nommé *teff* dans le pays, dont les semences, quoique grosses seulement comme une tête d'épingle, servent à faire un pain d'assez bonne qualité. L. Louvet.

POCHADE, terme dont les peintres se servent pour caractériser une peinture faite vivement, sans recherches ni études. Il faut distinguer la *pochade* d'une e s q u i s s e et d'une é b a u c h e. L'esquisse est pour le peintre une manière de traduire sa pensée, de lui donner une forme, de se rendre compte de l'effet qu'elle peut produire, telle qu'il l'a conçue. S'il en est content, il aura encore bien des études à faire avant de transporter son sujet sur la toile où il doit être exécuté; là, après avoir arrêté le trait, le contour de chaque figure, il prend ses pinceaux, et il *ébauche*, c'est-à-dire qu'il couvre toute sa toile d'une manière à peu près égale, comme rapport et valeur de ton et d'effet, afin de se ménager les moyens de revenir sur son *ébauche*, et de pouvoir la pousser à la vigueur qu'il veut donner à son tableau. La *pochade* n'est rien de tout cela: c'est une petite débauche d'artiste, qui représente chaudement et rapidement un sujet qui lui a plu, une tête qui a un certain caractère, sans s'occuper ni de la correction du dessin ni de l'élégance de la touche; enfin, c'est une saillie ou un *impromptu*. P.-A. Coupin.

POCHE, espèce de petit sac de toile, d'étoffe, etc., attaché à un habit, à un gilet, à une robe, à un tablier, à un vêtement quelconque, pour y mettre ce qu'on veut porter ordinairement sur soi. *Mettre en poche*, c'est figurément mettre en réserve. *Payer de sa poche*, c'est payer de ses propres deniers ou avec l'argent qu'on destine à ses menues dépenses personnelles, à ses plaisirs, argent qu'on nomme encore *argent de poche*. *Argent de poche* ou *sou de poche* se dit aussi de la partie de la solde militaire dont le soldat a la libre disposition. *Jouer de la poche*, c'est débourser, donner de l'argent. *Manger son pain dans sa poche*, c'est manger seul ce qu'on a, sans en faire part à personne. *Acheter, vendre chat en poche*, se dit d'un marché dans lequel l'objet vendu ou acheté n'est bien connu que de l'une des parties. *Avoir ses mains dans ses poches*, c'est ne rien faire. Au figuré, *N'avoir pas toujours eu ses mains dans ses poches*, c'est s'être enrichi du bien d'autrui; *N'avoir pas toujours ses mains dans ses poches*, c'est être sujet à *dérober*.

Poche se dit aussi d'un grand sac de toile dans lequel on met du blé, de l'avoine.

Il se dit encore d'une espèce de filet dont on se sert pour prendre des lapins.

On emploie quelquefois ce mot en anatomie pour désigner les dilatations des viscères creux; il est alors synonyme de v e s s i e et de b o u r s e. Il s'entend aussi du j a b o t des oiseaux, de cette partie dilatée du gosier où ils reçoivent d'abord leurs aliments. Il se dit également d'un sac, d'un sinus, qui se forme dans un abcès, à une plaie.

POCOCKE (Edward), orientaliste, né le 8 mai 1604, à Oxford, où il fit aussi ses études, était chapelain d'une factorerie anglaise à Alep, profita de cette occasion pour apprendre à fond la langue arabe, et fut nommé ensuite en 1636 professeur des langues orientales à Oxford. Expulsé d'Oxford en 1640, par suite des trouble du temps, il vécut dans la retraite jusqu'en 1647, époque où il fut rappelé à sa chaire, et l'année suivante on lui confia en outre l'enseignement de la langue hébraïque. Ses opinions royalistes furent pour lui la source de nombreux désagréments. Il mourut le 10 septembre 1691. Parmi ses travaux il faut surtout mentionner la traduction des Épîtres de saint Pierre, saint Paul et saint Jude d'après un manuscrit de la bibliothèque Bodleyenne; le *Specimen Historiæ Arabum* (Oxford, 1649; nouvelle édition, 1806); *Porta Mosis* (1655); *Carmen Abu Ismaelis Tograi*, et *Gregorii Abul Faraji Historia Dynastiarum*. Il prit aussi une part importante à la publication de la *Polyglotte* de Walton.

POCOCKE (Richard), de la famille du précédent, né en 1704, mort évêque de Meath, en 1765, parcourut la Grèce et l'Orient de 1737 à 1741. On fait aujourd'hui encore grand cas de sa *Description of the East and some other Countries* (2 vol. Londres, 1743-1745).

PODAGRE (du grec ποῦς, ποδός, pied, et ἄγρα, capture), goutte qui attaque les pieds. On le dit généralement d'un homme goutteux, en quelque partie du corps qu'il ait la goutte : le pauvre homme est tout *podagre*.

PODESTAT (en italien *podestà*). C'est ainsi qu'on appelle en Italie le fonctionnaire de l'ordre civil et administratif qui remplit dans les villes des fonctions analogues à celle de nos maires. Dans les républiques italiennes du moyen âge, il n'était pas rare de voir le *podestà* investi de la dictature.

PODIEBRAD ET KUNSTAT (GEORGES BOCZKO DE), roi de Bohême (1458 à 1471), fils de Herant de Kunstat et Podiebrad, seigneur riche et considéré du parti hussite, naquit en 1420. Dès sa première jeunesse il se précipita avec ardeur dans le mouvement hussite; cependant, pendant toute la durée du règne de Sigismond, lui et sa famille appartinrent toujours à la fraction modérée de ce parti. Lorsque, après la mort de Sigismond, les seigneurs catholiques, ligués avec les villes, combattirent, en 1438, l'élection d'Albert V d'Autriche (comme empereur d'Allemagne, Albert II), Podiebrad se réunit à Tabor aux états utraquistes et proclama pour roi de Bohême Casimir de Pologne. Albert leur déclara tout aussitôt la guerre, et les réduisit bientôt à une telle extrémité qu'ils furent réduits à se jeter dans la forteresse de Tabor, placée sous les ordres de Lipa. Par une audacieuse attaque qu'il tenta contre les assiégeants, Podiebrad délivra les chefs utraquistes d'une imminente catastrophe. Il fit lever le siége de Tabor, et força Albert à se retirer à Prague. Podiebrad jouit dès lors d'une grande autorité parmi les utraquistes, et devint après Lipa le personnage le plus considérable de ce parti. Quand, après la mort d'Albert (1439), Lipa prit la régence au nom de Ladislas, roi mineur, Podiebrad fut capitaine de cercle dans le cercle de Kœniggrætz, où dominaient les utraquistes; et à la mort de Lipa (1444), il fut nommé lui-même lieutenant général du royaume. Il fit alors entrer complétement le parti utraquiste dans ses plans, s'empara par surprise et nuitamment de la capitale (1449), en expulsa tous les barons et fonctionnaires catholiques, et fit même prisonnier Meinhardt de Neuhaus, qui lui avait été adjoint comme collègue dans la régence. La guerre qui en résulta entre lui et Ulrich de Neuhaus se termina, en 1451, par l'élargissement de Meinhardt. En 1450 il fut enfin reconnu sur tous les points du pays en qualité de lieutenant général du royaume, et il conserva ce titre, alors même que Ladislas, délivré de vive force des mains de l'empereur Frédéric, eut pris lui-même les rênes du gouvernement. Mais Ladislas mourut (1457) des suites de la peste, et alors les états proclamèrent à l'unanimité Podiebrad roi de Bohême (7 mai 1458). A partir de ce moment il put développer toute la profondeur de son génie. Peu après, il était reconnu par l'empereur Frédéric et par les électeurs d'Allemagne. Une fois en tranquille possession du trône, il consacra tous ses soins à faire naître la prospérité dans ses États. Sa première mesure réparatrice fut de remédier à l'avilissement de la monnaie; il organisa ensuite le système d'églises et d'écoles du pays, et s'efforça d'amener à l'amiable la fin des dissensions religieuses. Sur les plaintes répétées des catholiques, il bannit en 1461 du royaume les taborites, les picardites et autres sectes, et il alla même jusqu'à solliciter du pape la confirmation des *compactata*, parce qu'on la lui demandait. Mais le pape s'y refusa, et, par une bulle en date de décembre 1463, déclara publiquement Podiebrad atteint et convaincu d'hérésie. Tous les princes voisins de la Bohême eurent beau adresser des remontrances à la cour de Rome, afin de l'engager à procéder en cette matière avec plus de modération; pour toute réponse, Pie II frappa Podiebrad d'excommunication. Tout aussitôt le vindicatif légat du saint-siége en Bohême, Rodolphe, appela les catholiques à la révolte. Podiebrad eut en vain recours à toutes les mesures de conciliation. Une armée de croisés allemands envahit même la Bohême, en 1466; mais elle fut exterminée à la bataille de Riesenberg. Le pape lança encore contre Podiebrad une nouvelle bulle d'excommunication, et détermina le roi Matthias de Hongrie à envahir la Moravie. Podiebrad protesta en faisant appel à un concile général de l'Église. Rappelant ensuite auprès de lui les héros de Tabor, qu'il avait naguère forcés de fuir à l'étranger, il réussit bientôt à triompher des révoltés. Il battit une armée de croisés silésiens à Munsterberg et à Frankenstein, et une armée de croisés allemands à Neuern; puis, quand l'empereur Frédéric l'eut trahi, il força encore ses ennemis à lui accorder une trêve avantageuse. L'année suivante, son fils Victorin envahit l'Autriche, et y porta le fer et le feu. Les Hongrois, qui étaient entrés sur le sol de la Bohême, se virent acculés à Willemow et contraints d'accepter une trêve. Malgré la générosité avec laquelle Podiebrad s'était conduit à son égard, le roi Matthias le trahit dès l'année suivante, et se fit couronner à Olmutz comme roi de Bohême et margrave de Moravie. Podiebrad convoqua aussitôt une diète à Prague, et y proposa pour lui succéder sur le trône l'héritier de la couronne de Pologne, tandis que ses fils n'hériteraient que des domaines de leur famille. Ce ne fut qu'à regret, mais sur les instances pressantes du roi, que l'assemblée accéda à cette proposition. Tout aussitôt la Pologne se déclara en faveur de Podiebrad, et l'empereur Frédéric en fit autant. Ses sujets catholiques eux-mêmes se réconcilièrent avec lui; aussi ne fut-il pas difficile de contraindre les Hongrois à faire la paix. Mais peu de mois après, le 22 mars 1451, la mort surprenait Podiebrad. Ses fils, Victorin et Henri de Munsterberg, rentrèrent dans les rangs des simples gentilshommes bohêmes, mais n'en rendirent pas moins encore des services signalés à leur patrie dans les temps orageux qui suivirent.

PODIUM. Par ce mot, qui signifie en général un piédestal continu, on désignait, surtout à Rome, la rangée de places intérieures qui se prolongeait autour du cirque, et qui servait en même temps de base massive aux rangées de gradins supérieures. Le *podium* avait assez de largeur pour qu'on y pût circuler; et afin qu'on y pût mieux voir, qu'on y fût plus à l'abri des attaques des bêtes féroces auxquelles on livrait l'arène, il était garni de grilles de fer. C'est là que prenaient place, pour assister aux jeux du cirque, les grands personnages, les membres de la famille impériale, les premiers magistrats et les prêtres. Il ne s'y trouvait pas de siéges fixes, et chacun des spectateurs privilégiés qui y étaient admis devait y faire apporter sa propre chaise. D'autres désignent par *podium* une loge impériale particulière, qui était garnie de fenêtres et d'une porte s'ouvrant ou se fermant à volonté, et aussi la place réservée aux plus hauts personnages entre l'orchestre et le *proscenium* au théâtre.

Au moyen âge, on se servait du mot *podium* pour signifier le pic d'une montagne. Plusieurs auteurs en font dériver le mot *puy*.

PODLACHIE ou PODLÉSIE. C'est le nom sous lequel était désignée autrefois une voïvodie de l'ancienne Pologne, couverte de nombreuses forêts, située à l'est de Varsovie, entre la Mazovie et la Lithuanie, que traversait le Boug, et qui avait pour chefs-lieux Bielsk et Drohiczyn. Lors de l'érection du royaume actuel de Pologne, en 1815, on donna également le nom de *Podlachie* à une voïvodie ayant pour chef-lieu Siedlce. Cette division territoriale, d'une superficie bien moins considérable que l'ancienne, a été supprimée en 1844.

PODOLIE, gouvernement de la Russie d'Europe, d'environ 542 myr. carrés, et qui fait partie des provinces occidentales de la Russie. Il comprend l'ancienne voïvodie du même nom, ainsi qu'une partie de l'ancienne voïvodie de Braclaw, qui jusqu'au partage de la Pologne avait appartenu à la Petite-Pologne, mais qui fut incorporée de nouveau, en 1793 et 1795, par Catherine II à l'empire de Russie, et dont, en 1796, on forma la division administrative actuelle. La Podolie est située entre les gouvernements de Volhynie, de Kief et de Kherson, la province de Bessarabie et le royaume de Gallicie. Le climat en est très-tempéré, et c'est une des plus riches et des plus fertiles contrées de la Russie. On y voit partout la plus luxuriante végétation, notamment depuis les rives du Bog jusqu'à celles du Dniester, depuis Mohilef jusqu'à Kamenez. Elle abonde aussi en contrées romantiques, parsemées de rochers et montagnes; on cite surtout celle qui, aux environs du bourg de Dumanow, s'élève à 550 pieds au-dessus du niveau de la Smotriza, et qui présente les anfractuosités les plus pittoresques. Le Dniester, qui forme la frontière méridionale de cette province, et le Boug en sont les cours d'eau les plus considérables. Les grains et les fruits de toutes espèces réussissent à merveille dans ce gouvernement; le rendement du froment notamment y est d'une incroyable abondance. C'est le principal objet d'exportation de la province; et dès le quinzième siècle les marchands de Venise étaient en possession d'approvisionner la Grèce et les îles de l'Archipel de froment de Podolie. Le sarrasin, le maïs, le millet, le chanvre et le lin, ainsi que le tabac et le houblon y sont cultivés sur une large échelle. Les melons d'eau, la vigne et les mûriers y abondent; mais en revanche les forêts y sont rares. De riches pâturages y favorisent l'élève du bétail; et aujourd'hui les bœufs de la Podolie viennent approvisionner jusqu'aux marchés de Berlin. Ce gouvernement possède aussi d'excellents haras. Le commerce, presque exclusivement aux mains des juifs, qui y sont très-nombreux, et l'industrie n'y ont encore acquis que peu d'importance. Sur les 1,703,000 habitants qu'on y compte, les Petits-Russes forment la grande majorité : ce sont eux qui constituent la population agricole. On y compte aussi, avec beaucoup de Polonais (race à laquelle appartient la majorité de la noblesse) ainsi que des Arméniens et des Grecs faisant le commerce ou exerçant des métiers, des colons Allemands, et enfin des Bohémiens. Les fonctionnaires publics sont en général des Grands-Russes. Beaucoup de sectaires connus sous les noms de *Roskolniks* et de *Philippons* se sont fixés en Podolie. Le chef-lieu de ce gouvernement est *Kamenez*.

PODOMÈTRE, PÉDOMÈTRE ou COMPTE-PAS (de πούς, ποδός, pied; μέτρον, mesure). *Voyez* ODOMÈTRE.

POE (EDGAR ALLAN) naquit à Baltimore, en 1813. Son père et sa mère, comédiens de profession, le laissèrent orphelin en bas âge et sans ressources; mais il fut recueilli et adopté par un riche négociant, M. Allan, dont il joignit le nom au sien. On l'envoya faire une partie de ses études en Angleterre; puis il revint en Amérique, et entra à l'université de Charlottesville, où il se fit remarquer par sa merveilleuse intelligence, mais dont il fut chassé pour sa conduite désordonnée. Brouillé avec son père adoptif, il partit pour la Grèce, dans l'intention de prendre part à la lutte de l'indépendance contre les Turcs. On ne sait ce qu'il devint pendant plusieurs années; mais on le retrouve à Saint-Pétersbourg, compromis dans une triste affaire et n'échappant à la justice russe que grâce à l'intervention de son consul. De retour dans sa patrie, il se fit admettre à l'école militaire de West-Point, et s'en fit encore expulser par son caractère indisciplinable. Peu de temps après, il publia un premier volume de poésies, qui révélait déjà un talent supérieur. La misère le fit quelque temps soldat; mais il revint encore à la vie littéraire. Un prix qu'il remporta dans un concours fondé par une revue le fit nommer directeur du *Southern Literary Messenger*, recueil qui lui doit sa prospérité. Il épousa alors sa cousine *Virginia* CLEMM, jeune fille belle, charmante, mais sans fortune. Au bout de deux ans, il perdit la direction de son journal, et parcourut alors les principales villes de l'Union, fondant, dirigeant des revues ou y collaborant par des articles critiques, philosophiques et des contes très-étranges et très-intéressants. Ses travaux littéraires suffisant à peine à le faire vivre, il imagina de donner des *lectures* de ses compositions, et le succès dépassa toute ses espérances. Des jours plus heureux allaient luire pour Edgar Poe, quand il succomba, le 7 octobre 1849, à une attaque de *delirium tremens*, maladie terrible produite par l'abus des liqueurs alcooliques. Edgar Poe a écrit un poëme cosmogonique, *Eureka*, différentes poésies, un roman, le *Récit d'Arthur Gordon Pym*, et un grand nombre de contes et de nouvelles. M. Charles Baudelaire en a rassemblé et traduit quelques-uns sous le titre d'*Histoires extraordinaires* (Paris, 1856).

POECILE ou PÉCILE, en grec ποικίλος, synonyme de *stoa*. On appelait ainsi chez les Grecs une vaste salle supportée par des colonnes et ornée de peintures, à laquelle on arrivait par une galerie ou allée voûtée, où étaient exposés des tableaux. Ces espèces de salles figuraient au nombre des principaux ornements des villes. Le *Pœcile* d'Athènes, construit sur la place du marché, à l'ouest de l'Acropole, était célèbre entre tous. A l'entrée s'élevait la statue de Solon; et l'intérieur était orné des images de divers grands hommes, tels que Hercule, Thésée, Sophocle, ainsi que de tableaux représentant d'importants événements, par exemple le sac de Troie, le combat des Amazones, la bataille de Marathon. On y remarquait surtout les peintures dont Polygnote avait décoré les murailles. C'est dans cette *stoa* qu'enseignait le philosophe Zénon; d'où les noms de *stoïque* et de *stoïcienne*, donnés à lui et à son école.

POECILOPODES (de ποικίλος, varié, diversifié, et πούς, ποδός, pied), famille de crustacés entomostracés.

POÊLE, drap mortuaire, grande pièce d'étoffe noire ou blanche, quelquefois mêlée d'ornements et de broderies, dont on couvre le cercueil pendant les cérémonies funèbres. Pendant la marche du convoi et la cérémonie, les coins du poêle sont quelquefois portés par des personnages de distinction ou des amis du défunt. Les poêles sont plus ou moins riches, plus ou moins ornés, suivant la qualité de la personne défunte, suivant la richesse du convoi commandé aux pompes funèbres.

On donne le même nom au voile qu'on tend sur la tête des mariés pendant une partie de la messe qui se dit pour la bénédiction nuptiale. *Mettre un enfant sous le poêle* se dit en parlant d'un enfant né avant le mariage, qu'on a reconnu et légitimé et sur lequel on étend en effet le poêle à la cérémonie du mariage à l'église.

Poêle est encore le nom du dais sous lequel on porte le saint-sacrement aux malades et dans les processions, et de celui qu'on présente aux souverains, aux princes, lorsqu'ils font une entrée solennelle dans une ville.

POÊLE, espèce de fourneau de terre ou de fonte dont on se sert pour chauffer un appartement. Les poêles en métal, dont l'usage est à peu près général dans les contrées du nord de l'Europe, sont ceux qui procurent la chaleur la plus prompte et la plus vive; mais ils ont pour inconvénient, quand ils arrivent à un certain degré de température, de dépouiller l'air de la pièce où ils sont placés d'une grande partie de son oxygène. C'est là ce qui fait généralement préférer les poêles de briques et de faïence, qui répandent une chaleur plus douce et plus égale. Quand il entre dans la décoration de l'appartement, ainsi qu'il est d'usage, le poêle se construit sur les dessins de l'architecte. Les procédés imaginés pour donner issue à la fumée des poêles par-dessous les planchers, et se soustraire ainsi à la nécessité de tuyaux apparents, ont rendu la composition de cette espèce de fourneaux susceptible de beaucoup plus d'élégance et de variété qu'elle ne l'était autrefois.

Les Romains connaissaient deux sortes de poêles : les premiers, espèces de *calorifères*, étaient des fourneaux bâtis sous terre, en long, dans le gros mur, et ayant de petits tuyaux à chaque étage qui répondaient dans les chambres. Les seconds étaient des sortes de fourneaux portatifs que l'on changeait de place à volonté.

Poêle s'entend aussi, surtout en Allemagne, de la chambre commune où est un poêle.

POÊLE ou POÊLE A FRIRE, ustensile de cuisine, ordinairement en fer battu, dans lequel on fait fondre de la graisse ou du lard, ou dans lequel on met de l'huile, et qui sert à faire des fritures, des omelettes, des crêpes, etc. Anciennement les poêles avaient une très-longue queue, sur le bout de laquelle il suffisait de frapper un petit coup pour retourner les omelettes et les crêpes, mais qu'il fallait se garder d'abandonner si on ne voulait voir ce que contenait la poêle renversé dans le feu. De là le proverbe employé encore au figuré, bien que les poêles à petite queue se tiennent toutes seules sur le feu : *Est bien embarrassé celui qui tient la queue de la poêle!*

La *poêle à confiture* est de cuivre, sans queue, mais avec deux mains ou poignées de fer pour la mettre sur le feu ou l'ôter. On la nomme plus communément *bassine*.

Dans plusieurs métiers on donne le nom de poêles à des ustensiles qui servent à faire fondre diverses matières.

POELENBURG (Cornélis), surnommé *Brasco* ou *Satyro*, célèbre peintre hollandais, né à Utrecht, en 1586, fut l'élève de Bloemaert, dont il quitta bientôt l'atelier pour aller demander des inspirations aux campagnes de Rome et la pureté du dessin aux œuvres de ses immortels artistes; mais quant à la correction, sa main trahit toujours sa volonté, il ne put jamais rendre que la nature : et il faut avouer qu'on ne l'a jamais mieux comprise et mieux reproduite. Qu'on se représente de petites toiles largement massées, terminées et retouchées avec soin, où un clair-obscur magnifique fait ressortir des fonds vagues et délicieux, presque toujours ornés de fabriques empruntées aux sites des bords du Tibre, peuplées de satyres, de nymphes et autres figures mythologiques; qu'à cela on joigne un coloris suave, harmonieux, une touche pétillante d'esprit et de finesse, et on aura une faible idée des productions de Poelenburg. Du reste, sa manière a certains rapports avec celle d'Elzhaimer, dont il suivit les leçons en dernier lieu. Malgré tout l'enchantement qu'il éprouvait au milieu de la nature du Midi, il revint au bout de quelques années dans sa patrie, et y jouit de l'estime générale. Son nom parvint aux oreilles de Charles Ier, qui le fit venir à Londres; mais l'ennui qu'il ressentit bientôt loin des sites de son pays le rappela à Utrecht. C'est là qu'il mourut, en 1656. Notre musée du Louvre possède huit tableaux de Poelenburg.

POELLNITZ (Charles-Louis, baron de), auteur de mémoires qui ont fait beaucoup de bruit de son temps, né le 25 février 1692, à Issomin, dans l'archevêché de Cologne, était le fils d'un ministre d'État de l'électeur de Brandebourg. De bonne heure, il brilla par son esprit et par ses connaissances; mais c'était un homme dénué de caractère. Après avoir dissipé son patrimoine, il parcourut une grande partie de l'Europe, fort peu chargé d'argent le plus ordinairement, mais trouvant dans toutes les cours bon accueil, à cause de ses qualités aimables. Il servit en Autriche, dans les États de l'Église et en Espagne; mais il ne put se tenir nulle part, jusqu'à ce que Frédéric le Grand, qui reconnut en lui un homme d'esprit, l'eut pris pour lecteur. Dans cette position, Pœllnitz eut beaucoup à souffrir des caprices et de la mauvaise humeur du roi; maintes fois disgracié, il sut toujours revenir sur l'eau, et il finit même par obtenir de Frédéric la place de directeur de son théâtre. Après avoir à deux reprises embrassé le catholicisme, parce qu'il y trouvait intérêt, puis après être deux fois rentré dans le sein du protestantisme, par le même motif, il se fit catholique une troisième fois, et mourut en 1775. Il y a beaucoup d'observation et de finesse d'esprit dans ses *Lettres et Mémoires* (Amsterdam, 1735), qui pendant longtemps furent excessivement lus. Son *État abrégé de Saxe sous le règne d'Auguste III, roi de Pologne* (Francfort, 1734), fit aussi beaucoup de bruit. Mais l'ouvrage qui l'a rendu le plus célèbre, c'est *La Saxe galante*, que quelques auteurs lui contestent d'ailleurs. On le tient aussi avec beaucoup de vraisemblance pour l'auteur de l'*Histoire secrète de la duchesse d'Hanovre, épouse de Georges Ier, roi de la Grande-Bretagne* (Londres, 1732). Après la mort du baron de Pœllnitz, Brunn publia ses *Mémoires pour servir à l'histoire des quatre derniers souverains de la maison de Brandebourg, royale de Prusse* (2 vol.; Berlin, 1792). Tous ces ouvrages ont eu les honneurs de nombreuses éditions, contrefaçons et traductions.

POÊLON. *Voyez* Casserole.

POÈME. Ce mot, qui vient du grec ποίημα, substantif du verbe ποιέω, je fais, et par extension je crée, désigne spécialement tout ouvrage d'esprit ou d'imagination soumis au joug d'un rhythme quelconque. Il appartenait au génie pénétrant des Grecs d'appeler cette émanation, ou parlée, ou chantée, ou écrite, de l'âme, du cœur et du sentiment, une *création :* en effet, un beau poëme est le miroir de la nature morale et physique. Dans la plupart des langues d'Occident et d'Europe, si peu accentuées, et dans la nôtre surtout, le poëte a appelé la rime à son secours.

Des critiques ont impérieusement avancé que tout poëme assez étendu pour mériter ce titre serait imparfait et rejeté des lecteurs s'il n'était non une imitation de la nature complexe, mais seulement et expressément une imitation de la belle nature. Ont-ils oublié que le divin Homère a opposé Thersite, contrefait, louche, effronté comme un chien, au majestueux Agamemnon, le roi des rois, qui le châtia sur le dos d'un revers de son sceptre aux clous d'or; que le divin poëte jeta, pour faire ombre au tableau, le vieux mendiant Irus, sale, déguenillé, au milieu de la troupe luxueuse, étincelante de pourpre et de jeunesse des prétendants? Ce peintre sublime, qui étala les tableaux enchanteurs de l'île magique de Circé, des riants vergers d'Alcinoüs, a-t-il dédaigné de décrire le toit à porcs du bon Laerte, le père du grand Ulysse? Milton, qui, pour colorer les célestes ailes de Gabriel archange, trempa ses pinceaux dans l'arc-en-ciel, se fit-il scrupule de tremper ces mêmes pinceaux dans la vase fangeuse des fleuves d'enfer, horribles teintes, propres à peindre l'accouplement monstrueux de la Mort et du Péché. Ces contrastes sont admirables. Rapportons-nous-en sur ce point au législateur de notre Parnasse, qui dit dans son code :

> Il n'est point de serpent ni de monstre odieux
> Qui par l'art imité ne puisse plaire aux yeux.

Tous les genres de poëmes sont nés de la nature ou de l'idéal, qui lui-même est aussi ce je ne sais quoi inexplicable de la nature, mais qui, indécis, se reflète dans la transparence du ciel. Sur les limites finissantes de l'âge d'or, quand déjà commençait à blanchir aux yeux l'âge d'argent, et que les passions des hommes, perdant un peu de leur innocence, s'allumaient plus vivement dans leur cœur, l'amour, la jalousie, la vanité, l'intérêt, les arts naissants, jetèrent avec la vie sociale quelques troubles, mais bien légers encore, dans leurs champêtres demeures. Cette vie nouvelle, ces troubles, des pasteurs à l'âme tendre, aux sentiments délicats, aux impressions vives, les chantèrent d'une voix rustique, simple, naturellement éclose sur leurs lèvres, comme les fleurs sur les buissons voisins : riantes décorations d'une scène improvisée au milieu des chèvres, et que Flore avait peintes. Ces petits drames, que souvent l'écho seul écoutait, les Grecs les nommèrent *poëmes bucoliques*.

Bientôt des bourgs, des villages s'élevèrent, et les passions humaines, se rembrunissant, prenaient insensiblement la teinte de l'âge de fer, peu éloigné. La simplicité s'effaça, les ridicules naquirent, enfants de l'orgueil maladroit; de malins observateurs, au génie rieur et caustique, les peignirent, puis les mirent en scène dans des tombereaux roulant de village en village : ces drames, bouffons d'abord, les Grecs les nommèrent *poëmes comiques* ou *comédies*. Mais tous ces rudiments poétiques tenaient de la grossièreté de leurs auteurs, et l'âge d'argent se polissait vers sa pente. A ce déclin de la félicité humaine, l'art se montra en même temps que le mensonge; et il se trouva des hommes d'une imagination patiente, mesurée, qui soumirent à des règles, à des lois, non-seulement les œuvres de l'esprit, mais plus tard les arts eux-mêmes, mais les sciences positives, telles que l'astronomie, l'agriculture et d'autres. Les Grecs appelèrent les œuvres de ceux-ci *poëmes didactiques*.

Cependant les hommes, inquiets, soucieux, étaient entrés dans l'âge de fer; pour ne pas démentir son triste nom, ils se hâtèrent de forger en épées, en lances, en boucliers, en casques, en armes offensives et défensives ce soc de leur charrue, qui leur donnait naguère de faciles et abondantes moissons; puis ils s'entr'égorgèrent; puis leur raison, appauvrie avec la nature, nomma cette action de l'héroïsme. Des hommes d'un génie vaste et fort, mais sans innocence, se trouvèrent aussi qui dans des œuvres de longue haleine, où intervenaient les dieux, célébrèrent les cités en cendre, les femmes et les enfants égorgés, et ces pluies de sang humain qui engraissaient la terre devenue marâtre. Les Grecs nommèrent ces œuvres pompeuses *poëmes épiques* ou *épopées*. Mais l'ardeur des plaisirs vifs, dispendieux, magnifiques, croissait avec la corruption; des hommes encore s'offrirent qui démembrèrent l'épopée, que l'on chantait en plein vent, et de ses brillants lambeaux composèrent avec un art infini une action séparée et dialoguée, dont la scène fut un théâtre de marbre et d'or, un palais bâti à Melpomène. Et les Grecs nommèrent ces œuvres nouvelles *poëmes dramatiques* ou *tragédies*

Il y avait déjà longtemps à cette époque que les hommes, surtout ceux de l'âge d'or, avaient chanté leur félicité et leurs amours; mais l'art n'avait point encore inventé ces kinnors, ces harpes, ces lyres, qui accompagnaient les rhythmes pleins de majesté et de nombre que des poëtes inspirés tirèrent depuis de leur idiome. Ces œuvres admirables, accord de la poésie et de la musique, d'abord hymnes chantés aux dieux, les Grecs les appelèrent *poëmes lyriques* ou *odes*. Toutefois, les vices sales et hideux, non les vices aimables de la volupté, cette déesse d'Épicure, qui avec Psyché, ou l'âme, s'était depuis longtemps enfuie, de dégoût, dans l'Olympe, infestaient l'âge de fer. Alors des hommes rigides arrachèrent aux Euménides leur fouet de couleuvres, et en fustigèrent les citoyens éhontés et les Messalines. Les œuvres âcres, nées de leur indignation, les Grecs les nommèrent *poëmes satiriques* ou *satires*.

Voilà tous les genres principaux de poëmes qui dominent sur le Parnasse; les autres en découlent, et ne sont que secondaires. Bien entendu que pour être *poëmes* il faut que toutes ces œuvres soient rhythmées, c'est-à-dire écrites en vers. Nous ne pouvons appeler du nom de *poëme* une prose poétique? Cependant, nous convenons que la prose élevée, choisie, ornée d'harmonieuses périodes, consacrée à de grandes images ou aux riants tableaux de la nature, est susceptible de présenter les plus belles fleurs de la poésie, bien qu'elle ne soit nullement poëme. Un poëme est le cadre d'une action, d'un sentiment, d'une peinture, où, comme dans une sonate, un air, un opéra, toutes les mesures sont comptées, carrées même, si l'on veut, mais où les points d'orgue, où les récitatifs n'en ont pas moins une expression musicale, d'autant plus charmante quelquefois qu'elle est libre, aventureuse, et sans joug de la mesure, cette rigide maîtresse. C'est ainsi que la prose poétique, si comparable au point d'orgue et au récitatif en musique, sans être un poëme, peut encore une poésie admirable. Disons donc que le *Télémaque* nous offre un parfum de poésie tour à tour onctueuse comme celle de l'*Évangile*, tour à tour douce comme celle de l'*Odyssée*, ce dernier rayon mourant du génie d'Homère; disons que *Paul et Virginie* reflète une candeur de poésie qui n'a de comparable que la blancheur et la mélancolie d'un lis des champs; et respirons avec volupté dans *Les Martyrs* ce bouquet de poésie formé des fleurs du Liban, de l'Hymète, de Lucrétile et des frais bocages de la Gaule. DENNE-BARON.

POËME (*Art dramatique*). On appelle ainsi, au théâtre, les paroles d'un opéra ou d'un opéra comique, On donne également le nom de *livret*, qui vient de *libretto*, des Italiens, nos prédécesseurs dans l'opéra, à la pièce dont la partition du musicien vient ensuite faire un opéra, un opéra comique, ou une opérette, suivant le mode ou la longueur de cette pièce. Le mot *poëme* s'applique plus spécialement à la partie écrite d'un opéra.

La banalité de ces sortes d'ouvrages dépasse souvent aujourd'hui toute expression. Autrefois on les nommait *drames lyriques*. Il ne faut pas croire d'ailleurs qu'il soit si facile d'écrire des poëmes d'opéras. La Fontaine et Voltaire y ont échoué, tandis que Quinault y excella. Jean-Jacques Rousseau composa les paroles de sa musique. Jouy, M. Scribe et d'autres ont fait des opéras qui ne seraient peut-être pas supportables à la lecture, et que la musique des grands maîtres sauvera pourtant de l'oubli. Les musiciens sont devenus aussi d'une exigence insupportable; au lieu de chercher à rhythmer; des paroles, il leur faut des paroles qui entrent dans leurs rhythmes; de là des compositions surprenantes de sottises. On a fini par s'imaginer que la musique pouvait tout faire supporter : on aurait peut-être tort de s'y fier. « Le chant qui fait passer bien des choses, a dit un critique, le bruit de l'orchestre qui couvre la moitié des platitudes qu'on débite, ne sont qu'un léger palliatif aux stupidités dont on nous inonde, et il en arrive toujours assez malheureusement aux oreilles du public pour qu'il ne prenne pas un beau jour le parti extrême d'abandonner le théâtre à ses vieux radotages et à ses vulgarités incurables. Les directeurs intelligents ne peuvent donc que s'effrayer de cet appauvrissement graduel, de ce rapide épuisement d'imagination et de veine chez les auteurs qui travaillent spécialement pour les musiciens, chez les plus renommés *faiseurs de paroles*, comme ils veulent bien s'appeler eux-mêmes par modestie ou par conscience; toujours est-il que les bons poëmes, comme on dit aussi, mais avec un peu trop d'orgueil, deviennent introuvables. »

POËS. *Voyez* HOCCO.

POÉSIE. La poésie est l'expression la plus haute et la plus noble de la pensée humaine : elle s'élève si fort au-dessus de ses manifestations habituelles que les anciens n'ont pu l'expliquer que par l'intervention directe de la Divinité. De là ces fables antiques d'Apollon, des Muses et de Pégase, qui expriment la possession de l'âme humaine par l'esprit divin. En effet, dans les transports poétiques, l'esprit de l'homme paraît ne plus s'appartenir; il est comme emporté par l'impulsion d'une force supérieure et étrangère. Les poëtes ont été les premières dupes de cette illusion que le vulgaire a facilement partagée. Le mouvement irrésistible de la pensée, les alternatives de transport et d'épuisement, les caprices de l'inspiration rebelle à la volonté qui l'appelle ou qui la repousse, les saisissements soudains et les abattements imprévus, toutes ces vicissitudes du travail poétique ont contribué à faire assigner à la poésie une céleste origine. Dès lors la poésie n'a plus été que la voix du ciel entendue sur la terre, et les poëtes les instruments involontaires de ce commerce mystérieux. Le génie mystique de Platon a essayé de donner à ce mythe, créé par l'imagination et la crédulité populaire, la rigueur d'une théorie philosophique. Cette théorie de l'inspiration divine, de l'exaltation mentale, cette assimilation de la folie et de la poésie, ne supporte pas l'examen. Cependant, elle a été prise au sérieux par un grand nombre d'écrivains, même chez les modernes, et mise en pratique, notamment par Georges de Scudéry et Desmarets de Saint-Sorlin, qui déclare sérieusement que Dieu a mis la main aux neuf derniers chants de son poëme de *Clovis*.

Nous nous garderons bien d'admettre ces doctrines, qui rendraient les poëtes irresponsables, et qui mettraient tant d'extravagances à la charge de l'esprit de Dieu. Il n'y a de divin dans la poésie que la vocation, c'est-à-dire cette influence secrète dont parle Boileau. Les poëtes comme les autres hommes sont soumis à la loi universelle du travail. Ce qu'ils appellent inspiration n'est que la plénitude de la pensée et l'exaltation des forces de l'intelligence. Lorsqu'un vase est rempli, il déborde; lorsque les développements intérieurs de la pensée ont donné des ailes à l'âme, elle prend son essor et s'envole. Le phénomène de l'inspiration n'est pas autre chose; c'est une conséquence des lois qui président à la génération intellectuelle. L'inspiration varie suivant la nature des intelligences; elle est plus rare ou plus fréquente, selon qu'elles sont plus ou moins fécondes, plus ou moins actives : elle est plus ou moins élevée en raison de leur élévation naturelle. Il y a des cerveaux dont le bouillonnement n'a pas d'intermittences, et qui vivent sous le charme d'une inspiration continue. Ce tempérament poétique est une véritable maladie voisine de la frénésie. Le propre du génie est la puissance de méditation, le don de se contenir jusqu'à ce qu'il ait recueilli et mesuré ses forces pour la course qu'il prépare, comme le généreux étalon dont Virgile a dit :

Collectumque premens volvit sub naribus ignem.

Ces réserves faites, tâchons de reconnaître quel est l'essence de la poésie, son objet, ses moyens d'expression, son but et ses développements.

Dans l'âme humaine, la poésie est le sentiment vif du beau, du sublime et du ridicule. La théorie de ces trois sentiments est l'objet d'une science que les Allemands ont abordée avec succès, et à laquelle ils ont donné le nom d'*esthétique*. Si à ces principes de la poésie on ajoute la faculté qui choisit et qui combine les images, ou l'idéalisation, et le mouvement de l'âme qui la porte à exprimer ses émotions et ses idées sous une forme sensible, on aura réuni toutes les conditions internes ou psychologiques de la poésie, c'est-à-dire le goût et le génie; le goût qui se compose des trois sentiments que nous avons nommés, et le génie, qui est la plus haute puissance de l'abstraction, de l'imagination, de la raison et de l'enthousiasme.

L'objet de la poésie est multiple : l'esprit poétique est en contact avec trois mondes divers : l'humanité, la nature et Dieu; c'est à ces trois sources qu'il s'abreuve et s'enivre. La poésie se rencontre dans les événements de l'histoire, dans les passions de l'humanité et dans ses travers, dans le spectacle de la nature et dans la contemplation de la puissance infinie du Créateur. Par la combinaison et le choix de ces éléments divers, le poëte peut faire vibrer toutes les cordes de l'âme, exciter l'admiration, l'effroi, la sympathie, arracher des larmes ou provoquer le rire, et produire chez les autres les émotions qu'il éprouve. Pour arriver à ces différents effets, la poésie ne dispose que de deux instruments, le son et la matière; elle n'a pas d'autres moyens d'expression; elle est ou phonétique ou plastique. Le son est le plus puissant de ses organes; par ses diverses modifications, il se prête à l'expression de tous les sentiments, de toutes les idées, et même à la peinture de toutes les formes physiques. Le langage met en dehors l'âme humaine tout entière avec une admirable précision; la **musique** ne convient guère qu'à l'expression des sentiments, mais elle leur prête une merveilleuse puissance. La poésie plastique, c'est-à-dire la **peinture**, la **sculpture** et l'**architecture**, produit des effets analogues, mais dans une sphère moins étendue. Ces deux formes de la poésie se trouvent réunies et combinées, en proportions diverses, dans les représentations théâtrales et dans les pompes de la **liturgie**.

Le but de la poésie, quelle que soit la forme qu'elle revêt, quel que soit le langage qu'elle emploie, n'est pas l'exacte imitation de la réalité; si elle se plaçait sur ce terrain, elle serait vaincue d'avance dans sa lutte contre le réel, qui aurait toujours sur les productions de sa rivale l'avantage de la vie et du mouvement. La poésie ne peut prétendre à l'empire et même à l'existence qu'à la condition de créer; elle ne saurait, comme la Divinité, créer les éléments de ses œuvres. Sa création consiste dans le choix et l'assemblage des éléments qui lui sont donnés, et la conception d'un idéal dont elle poursuit la réalisation. Lorsqu'elle emprunte ses matériaux à l'histoire, il faut qu'elle ajoute à la réalité par l'enchaînement plus rigoureux des événements, et qu'elle donne une vie nouvelle aux personnages qu'elle met en scène par le relief des caractères et la concentration des sentiments. Si elle se borne à l'expression des émotions de l'âme, il faut qu'elle les relève par l'isolement et l'exaltation, et qu'elle les grave par le choix de mots colorés et pleins d'images. Lorsqu'elle veut rivaliser avec les beautés de la nature physique, elle doit choisir entre les formes déjà marquées du caractère de la grâce, de la beauté et du sublime, et les épurer encore. C'est par là seulement qu'elle se fait un domaine, où elle règne souverainement. La poésie n'est pas l'esclave, mais l'émule de la réalité; elle est destinée à créer et à suivre dans ses créations les procédés de l'intelligence divine. Dieu est le poëte par excellence; il a marqué ses œuvres du triple caractère de l'intelligence, de la force et de l'amour intime. Les fragments de son œuvre immense qui tombent sous nos sens élèvent la pensée humaine à des conceptions supérieures aux images qu'elle saisit : elle conçoit au delà de ce qu'elle voit, et elle tend à réaliser ce qu'elle a conçu. C'est par là qu'elle a créé cette grande famille idéale, dont les figures sont plus vraies que la réalité, puisqu'elles se rapprochent davantage du type divin, dont la société humaine n'est qu'une image altérée; c'est par là qu'elle a surpassé, à l'aide du marbre, de l'airain et des couleurs, la beauté physique éparse dans les ouvrages de la nature; c'est en vertu de la même puissance qu'elle a trouvé ces harmonies ineffables qui semblent un écho des concerts célestes, et qu'elle a dressé ces hardis monuments dont les vastes proportions et l'indestructible solidité sont comme un symbole de l'immensité de l'espace et de l'éternelle durée.

Puisque telle est la puissance de la poésie, il n'est pas difficile de reconnaître quelle est sa mission. C'est d'épurer les âmes par le spectacle de la beauté, de les élever par le sentiment de l'admiration, de les aguerrir et de les fortifier par la peinture des passions, des misères et des grandeurs de l'humanité; en un mot, de les ennoblir et de les tremper plus vigoureusement; c'est aussi, par sa conception de l'idéal, de remuer sans cesse le possible, et de pousser indéfiniment le genre humain vers des destinées meilleures. Lorsqu'elle ne s'écarte pas de ce noble rôle, elle est le plus puissant auxiliaire de la morale et le meilleur instrument de civilisation. Sans la poésie, l'humanité, sans cesse courbée vers la terre, resserrée dans le cercle étroit des besoins physiques et des intérêts matériels, ne serait que le complément du règne animal, et non plus l'intermédiaire entre Dieu et la nature. Combien donc sont aveugles ou coupables ceux qui la méconnaissent ou qui la dénaturent! que dire de ces hommes qui détournent la poésie au service des mauvaises passions, qui en font un instrument de blasphème ou de corruption, et qui s'en servent pour énerver et dépraver les âmes! *Corruptio boni pessima* (il n'y a rien de pire que la corruption du bien).

Voyons maintenant quelles sont les différentes phases de la poésie, comment elle se transforme suivant les époques et la disposition des esprits, en partant de ce fait, qu'elle a pour ressort la foi et l'amour.

Aux époques où les questions religieuses et sociales sont résolues, lorsque le besoin de croire est satisfait, et que la sécurité s'est établie dans les âmes avec la foi, la séve intérieure se répand au dehors; l'esprit s'attache aux objets de son culte. Le premier élan de la poésie la porte vers l'auteur des choses. Elle embrasse l'univers, et s'y confond dans son enthousiasme et dans sa reconnaissance : c'est l'époque des **hymnes** sacrés, des théogonies et des cosmogonies poétiques. Plus tard, elle s'abaisse vers l'humanité; elle s'éprend de ses hauts faits, elle les célèbre en poëmes inspirés : c'est l'époque des épopées et des cycles héroïques; ensuite, elle s'intéresse aux passions et aux douleurs de ces familles héroïques dont les noms sont mêlés aux traditions de l'épopée; elle entre dans un cercle plus étroit, et il ne lui faut plus qu'un pas en arrière pour retomber sur elle-même : aussi longtemps qu'elle s'intéresse à Dieu et à l'humanité, qu'elle sort d'elle-même pour se porter au dehors, c'est que les croyances qui sont le ressort de l'âme la poussent au dehors d'elle-même; mais ces croyances, ces principes d'affections extérieures, s'affaiblissent peu à peu par une loi fatale; dès lors les liens qui la rattachent au monde extérieur se détendent et se brisent, et elle retombe sur elle-même avec les ruines qu'elle a faites et qui l'oppressent. Ainsi, la poésie, dans ses circonvolutions, décrit une spirale, dont le point de départ est l'infini, et le terme l'âme de l'homme isolée et réduite à elle-même. Quatre mots résument ce mouvement de la pensée : l'ode, l'épopée, le drame, l'élégie. Plus la croyance a été neuve, énergique et profonde, plus le ressort de l'âme a été vigoureux, plus son impulsion au dehors a été puissante. Son premier essor atteint Dieu; après avoir plané quelque temps dans ces hautes régions, elle se joue longtemps dans le cercle immense de l'histoire héroïque, et dans le cercle plus étroit des passions sociales, et finit par retomber sur elle-même après avoir perdu les ailes qui la soutenaient dans son vol.

C'est alors que, privée des aliments qui faisaient sa force et son énergie, elle se prend à elle-même, et vit de sa propre substance. C'est là son supplice : aussi pousse-t-elle de douloureux gémissements; en vain se débat-elle pour remonter, pour s'abreuver aux sources de vie qui l'avaient rendue heureuse, puissante et féconde; elle n'a de prise que sur son trouble et ses douleurs; elle gémit ou blasphème : regrets ou imprécations, c'est là toute sa vie. GÉRUSEZ.

POÉSIE LYRIQUE. *Voyez* LYRIQUE (Poésie).

POÉSIES FUGITIVES. *Voyez* FUGITIVES (Poésies).

POËTE. Ce nom, qu'ont formé les Hellènes de leur verbe Ποιέω, je fais, est le seul qu'ils aient eu pour traduire le verbe *bara*, si énergique, dont se sert Moïse pour peindre l'acte de Dieu tirant l'univers du chaos, l'acte de la création enfin. Ποιητής était chez eux quasi synonyme de *créateur*. Il est passé depuis Orphée dans presque tous les idiomes de l'Europe, où il est resté. Dans la langue de David et de Salomon, si concise, si puissante, si près du berceau du monde, et conséquemment des premières sensations humaines, le poëte était un prophète, homme rhythmique et inspiré : il était appelé *roë* (voyant). Il partageait cette appellation avec la corneille, qui chez les Grecs et les Romains prédisait l'avenir. *Tsophnat*, ou le *caché*, était aussi son nom, à cause de la solitude, si agréable aux grands génies et si propice à leurs hautes conceptions.

Chose étonnante, les Latins connurent mieux la vocation du poëte que les Grecs; au nom de *poeta* ils ajoutèrent celui de *vates* (devin), rappelant ainsi à la mémoire qu'une pythonisse, Phémonoé, fut la première qui, à Delphes, rendit ses oracles en vers hexamètres. Les poëtes prophètes de la Judée chantaient ordinairement sur le kinnor, harpe ou lyre gigantesque, les courtes périodes ou versets rhythmés, et parfois rimés, de leurs hymnes nationales. Les poëmes hébreux n'ont point eu de modèles. La sombre Égypte seule ne chanta point à la face du ciel, tout occupée qu'elle était d'analyser les merveilles de la création qu'elle portraisait avec des dieux mystérieux, ministres cachés des éléments qu'ils représentaient. Pendant que le sistre lugubre de Misraïm donnait un concert à ses momies dans les entrailles de la terre, les hypogées des hiérophantes, il s'élevait de la Grèce naissante des symphonies admirables de poëtes, qui montaient vers l'Olympe. Les coryphées de ces symphonies primitives furent Linus et Orphée, et cet Amphion, dont les accords étaient si puissants que, sitôt qu'il prenait la lyre, les pierres se mouvaient et s'élevaient en ordre. La trompette juive fit tomber Jéricho, et la lyre grecque éleva Thèbes. Puis vint le sage et pieux Hésiode, qu'éclipsa, cent années après, le soleil homérique, l'*Iliade*.

Les Gaulois, nos ancêtres, nommèrent leurs poëtes si graves, et non moins cruels qu'eux, bardes (de *bardit*, hymnes des combats, qu'ils chantaient en tête des armées). Des poëtesses demeuraient dans l'île de Sein; elles prédisaient l'avenir : c'étaient les pythies des Gaules. Puis, plusieurs siècles après, dans les temps chevaleresques, quand l'amour et la galanterie eurent adouci notre férocité guerrière, troubadours et trouvères, c'est-à-dire *inventeurs*, furent les noms pacifiques que nos aïeux leur donnèrent. Les premiers étaient nés sous le ciel bleu du midi, les seconds dans les brumes du nord : tous, enfants des Gaules, étaient, sous la protection immédiate des damoiselles, les chantres des fêtes, des banquets, des carrousels, des défis en champ clos, et même des hauts faits d'armes. Les princes avaient des victoires à célébrer, des défaites à déplorer, et de longs loisirs à bercer dans les camps : ils attachèrent un poëte à leur personne, et le décorèrent du nom pompeux de *poëte lauréat*. Ces poëtes chantaient comme chantent des poëtes gagés; souvent l'inspiration leur manquait, mais parfois aussi, selon que les sujets les saisissaient, elle jaillissait brûlante de leurs lèvres.

Du cerveau d'Homère sortit tout armée cette *Iliade* guerrière. Lucain lui-même n'est-il pas créateur lorsque d'un vieux chêne presque mort il fait le grand Pompée? Shakespeare, nouveau Prométhée, prenant du feu de l'enfer et du ciel, et du sable africain, en pétrit le cœur d'Othello. Corneille évoqua dans les tombeaux de Rome la grande âme de Cinna; l'Esprit-Saint inspira Racine, et il fit *Esther*. Dieu dit à Molière d'arracher en public le masque aux faux dévots, et, riant de son profond rire, Molière créa le *Tartufe*. La Genèse fait échanger quelques paroles d'où dépend le salut du genre humain, à deux belles et terribles figures, Ève et Satan; et le génie presque sexagénaire de Milton s'en empare, et la mère de la vie et l'ennemi du genre humain, ainsi que les avaient vus les anges et les démons, sont tirés, par la seule force de l'imagination du poëte, l'une de l'Éden et l'autre du Tartare. En aussi peu de temps que le fils de Maïa eût formé Pandore, Voltaire forma sa Zaïre; et il la donna jeune et belle, comme il l'appelle, au sérail des sultans. Toutefois, il fallait au nouveau monde une créature à lui, et il naquit dans ses savanes une jeune fille d'une étrange beauté, telle que nous n'en connaissons pas, d'un amour ardent comme la flamme, bien que pur comme le ciel, et d'une mystérieuse mélancolie, qui aima, souffrit et mourut chrétienne : c'est cette jeune fille que Châteaubriand nomme Atala. Il y eut sur la terre une sainte à laquelle il fut beaucoup pardonné parce qu'elle avait beaucoup aimé, mais on n'avait pas encore vu une femme, dans une lutte sans fin de vertus et de voluptés, être envoyée par son amant même à la félicité des élus : le Christ fit Madeleine, et M. de Lamartine Laurence. Dans la plaine de Sennaar, à la voix puissante de M. Victor Hugo, les briques de Babel remontent en spirale dans les airs, et la nue ardente promène une seconde fois sur l'Égypte le feu du ciel.

Le poëte dispose dans son imagination, dans son talent, de toutes les couleurs que le peintre a sur sa palette; la nature les lui offre à chaque pas en profusion : comme le peintre, il peut les nuancer à l'infini; comme lui, il peut semer à pleines mains des roses d'un parfum céleste sous les pieds blancs de l'Aurore, et pailleter d'étoiles scintillantes la robe noire de la Nuit; mais cette haleine des roses matinales descendant des jardins éthérés, les pinceaux du peintre ne sont-ils pas impuissants pour nous en donner une idée seulement? Bien plus, ainsi que le musicien, le poëte a dans les trésors de son art les rhythmes, la mélodie et presque toutes les voix, les cris, les murmures, les plaintes, les accents de la nature. Mais cette belle prérogative, de quelles tribulations, de quelles angoisses, de quelles infortunes, de quelles avanies, de quels exils, de quelles persécutions, de quel dénûment, la plupart des grands poëtes ne l'ont-ils pas payée! Quand l'âme du poëte plane dans les champs éthérés, ivre de la flamme céleste qu'elle boit à sa source, elle jouit de la félicité des esprits; mais sitôt l'exaltation tombée, le poëte, précipité sur la terre, glacé, nu, tremblant, objet de mépris, ne fait point un pas qu'il ne se heurte à quelque calamité. Hélas! s'il est vrai qu'il n'y a qu'illusion sur la terre, c'est le poëte qu'elle facisne par-dessus tous; brillant mirage, elle l'attire et fuit devant lui. L'auréole rayonne-t-elle au front du poëte vivant, quand il meurt il a la foi qu'il se couche dans sa gloire comme le soleil, et voilà que le caprice, la mode, le goût même, et puis la destinée et le temps soufflent sur cette couronne lumineuse, qui s'efface insensiblement, et ne laisse plus aux regards qu'une tête vulgaire et dans l'ombre : tel fut Du Bartas, proclamé par son siècle le *prince des poëtes*. Quelquefois une branche d'immortalité, un laurier toujours vert, est tressé pour rafraîchir ce front du poëte qu'a brûlé son génie longtemps méconnu; la couronne est prête, mais, miné par l'infortune, son corps est tombé en ruines avant le triomphe : tel fut le Tasse. Quelquefois, d'une main tenant l'épée et de l'autre la lyre, jeté par la foudre dans l'océan furieux, auquel il dispute une sublime épopée, un poëte guerrier, les veines taries pour la gloire de l'État, revient rendre, tout mutilé, ses derniers soupirs dans un hôpital, ô honte! vis-à-vis le palais même du monarque qu'il immortalisa : tel fut Camoëns. Le vrai poëte s'écrie avec Gilbert :

> Savez-vous quel trésor eût satisfait mon cœur ?
> La gloire!

Le grand poëte et le conquérant ne se soucient en rien d'une illustration dorée; Napoléon, dans sa munificence, n'estimait l'or que comme un moyen de conquête, et Corneille, au milieu des éclairs de son génie, que comme un moyen d'existence. Le poëte fonde ou croit fonder un monument indestructible sur les lointaines limites de l'avenir; il marche à travers les ronces, les roches et les précipices, vers un horizon qui s'agrandit, mais recule. Sa pitié s'étend jusque sur les animaux, sur tout ce qui respire, sur les fleurs, si belles et qui vivent si peu, sur les arbres, qu'abat la cognée, et sur les pierres, insensibles même. Une statue de femme ou de héros, gisant, mutilée et sans honneur dans le sable, fait rouler des pleurs sous sa paupière. Il honore Dieu, l'appelle son père. Il tient à sa parole, à ses serments; il ne trahit jamais; et dans les grandes douleurs, comme Rachel, il ne veut point être consolé, puis, comme le saint, il accepte le martyre de la vie pour une auréole. C'est dans leurs amours que les vrais poëtes ne ressemblent à pas un des hommes; si sur la terre ils ne trouvent point, quoiqu'il s'en trouve, une femme digne de leur flamme éthérée, leur imagination crée aussitôt un être, divin assemblage de beauté, de grâce et de vertus; ils donnent à leur gré à la chevelure de cette nouvelle Pandore ou la teinte noire de l'ébène ou l'éclat de l'or et de l'ambre; à leurs yeux, ou la pureté du saphir ou les sombres éclairs du jais; et si cela leur plaît, ils la gratifient d'une taille de palmier et d'une démarche de reine; puis ils en font jusqu'à la mort la maîtresse de leur cœur et de leurs pensées. La noble et charmante Béatrix, sortie du cerveau brûlant du Dante, s'attacha à lui et ne le quitta plus; elle descendit avec son amant dans l'enfer, et mangea avec lui le pain de l'exil : ce ravissant fantôme enchanta ses malheurs! La jeune Laure, si pleine de grâces, aux ardeurs du midi, baignait à côté de Pétrarque ses appas fantastiques dans les eaux transparentes de Vaucluse. Le divin Tasse, dans son cachot, prêtait l'oreille; il croyait entendre une voix enchanteresse, un frôlement harmonieux d'une robe de soie; il croyait voir, toucher la jeune sœur du duc de Ferrare, cette ravissante Éléonore, qui, par un doux rayon de ses yeux tombé sur l'infortuné, le frappa d'amour et de démence. Cette quasi-réalité, pire que l'illusion, consuma son âme. Le poëte est la proie des objets extérieurs; enfin, le grand poëte est souvent un holocauste allumé par le feu de la nue dans un désert, il y brille, s'y consume, monte au ciel, et ne laisse à sa famille que des cendres.
DENNE BARON.

Le mot *poëte* s'applique aussi aux femmes. *Poëtesse* est plus rare et plus élevé. Jadis un *poëte crotté* était un mauvais poëte; aujourd'hui, les mauvais *poëtes* vont souvent en tilbury et éclaboussent les autres. *Poëtereau* est un terme de dédain par lequel on salue familièrement un très-mauvais poëte.

POËTES CYCLIQUES. *Voyez* CYCLIQUES (Poëtes).

POÉTIQUE, qui concerne la poésie, qui appartient à la poésie, qui est propre, particulier à la poésie.

Poétique est aussi un traité de l'art de la poésie : les *quatre poétiques* sont celles d'Aristote, d'Horace, de Vida et de Boileau. Celle d'Aristote est fort estimée; le commentaire de Dacier est peut être le meilleur ouvrage de cet érudit. Nous avons encore des *poétiques* de Castelvetro, Vossius, Scaliger, La Ménardière, Hédelin. La première *poétique* française en date est celle de Thomas Sibilet, qui a donné les règles de tous les genres de poésie en usage du temps de Henri II.

Par extension, la *poétique* des beaux-arts, de la musique, etc., c'est l'exposition, l'explication de ce qu'il y a d'élevé, d'idéal dans les beaux-arts, dans la musique, etc.

POÉTIQUE (*Typographie*). *Voyez* CARACTÈRE (*Typographie*).

POÉTIQUE (Licence). *Voyez* LICENCE POÉTIQUE.

POGGE (Le). *Voyez* POGGIO.

POGGIO (BRACCIOLINI), savant philologue italien, né à Terra-Nova, en Toscane, vers 1380, obtint sous le pontificat de Boniface IX, les fonctions de secrétaire apostolique, qu'il conserva sous sept papes, sans devenir plus riche pour cela. Envoyé en 1414 au concile de Constance, il s'y occupa bien moins des questions théologiques qu'on y agitait, que de la recherche d'anciens manuscrits tant dans cette ville que dans diverses parties de la Suisse. Ses soins furent couronnés de succès, car en furetant ainsi dans tous ces dépôts des trésors littéraires de la vieille antiquité, il découvrit dans une vieille tour d'un monastère de Saint-Gall, sous des monceaux de poussière, les œuvres de Quintilien. Plus tard il déterra divers morceaux de Cicéron, de Silius Italicus, de Valerius Flaccus, d'Ammien Marcellin et de Lucrèce, un traité de Frontin, *De Aquæ Ductibus*, et divers autres ouvrages. A son retour en Italie, il fut nommé secrétaire de la république de Florence, en 1453, et il mourut dans cette ville, en 1459, à soixante-dix-neuf ans. D'une femme jeune, riche, belle et de bonne famille, qu'il avait épousée, il avait eu une fille et cinq fils, tous hommes de talent, mais dont le plus célèbre, Jacques Poggio, dont on a plusieurs ouvrages, fut pendu à l'une des fenêtres du palais de Florence pour avoir trempé dans la conspiration des Pazzi.

On a du Pogge une histoire de Florence en latin, un traité élégant *De Varietate Fortunæ*, des épîtres, des harangues, une traduction de Diodore de Sicile, et un recueil de contes plaisants, mais trop souvent obscènes et licencieux, intitulé *Facetiæ*.

POGONAT (CONSTANTIN). *Voyez* CONSTANTIN IV.

POIDS, pesanteur, qualité de ce qui est pesant : le *poids* d'un fardeau, le *poids* de l'air, de l'eau, de l'or, etc.

En physique, le *poids* d'un corps est une mesure de la *masse* ou quantité de matière que renferme ce corps. Cette masse est une chose absolue, invariable, indépendante du temps et de l'espace, tandis que le poids varie avec la position du corps dans l'univers, et l'époque à laquelle il s'y trouve. Par exemple, le même corps, transporté en divers points du globe, à des hauteurs différentes, relativement au niveau des mers, variera plus ou moins dans son poids, qui en définitive n'est que la force avec laquelle il se trouve attiré vers le centre de la Terre. Newton a pu calculer les différents poids qu'acquerrait un même corps transporté successivement à la surface des planètes, de la Lune et du Soleil. Mais ces variations dans le poids d'un corps ne peuvent être accusées par le moyen d'une balance ordinaire, puisque l'attraction à laquelle le corps est soumis se fait également sentir sur les poids qui servent à l'équilibrer. On y arriverait à l'aide d'un peson à ressort. La force musculaire pourrait aussi servir à reconnaître ces différences : ainsi, un homme de notre globe, transporté sur Jupiter, serait écrasé sous son propre poids, considérablement augmenté par l'attraction puissante de cette planète; tandis qu'au contraire il pourrait faire des bonds prodigieux à la surface de la Lune, dont l'attraction est relativement très-faible.

Le poids des corps est cependant une mesure exacte de leur masse ou quantité de matière, puisqu'en un même lieu la pesanteur agit sur ces corps en raison directe de leur masse; c'est-à-dire qu'en un même point de la surface du globe, par exemple, deux masses égales pèsent également, et que deux masses, l'une double de l'autre, ont des poids dans le rapport de 2 à 1. Ces mêmes corps transportés simultanément en d'autres points du globe, et par la pensée à la surface de toute autre planète, auraient toujours des poids proportionnels à leur masse.

La mesure des masses par les poids, à l'aide d'une balance, est aussi utile et même plus fréquente que la mesure de l'étendue. Les poids et les *mesures* ont coexisté dans tous les systèmes imaginés, tant chez les anciens que chez les modernes; et les peuples qui, comme les Américains, n'avaient pas l'usage des poids, étaient aussi dépourvus de mesures. Nous avons vu à l'article Mesure que le système le plus anciennement connu et dont les traces ont subsisté jusqu'à ce jour était basé sur la longueur du pied naturel, dont le cube donnait l'unité de volume; et que ce volume rempli d'eau faisait l'unité de poids, sous le nom de *talent*. Le talent des anciens peuples de l'Asie et de l'Afrique, le talent de Moïse, était donc le poids d'un pied cube d'eau prise sans doute à la température ordinaire; il valait 18 kilogrammes, et se subdivisait en 50 *mines*, chacune de 60 *sicles* ou de 120 *drachmes*. Tous les systèmes imaginés depuis ne sont que des imitations plus ou moins heureuses de ce système primitif. Dans le cours du moyen âge et des temps modernes, les talents sont devenus des *quintaux*, et les mines ont reçu le nom de *livres*, déjà employé par les Romains. Beaucoup de personnes s'imaginent que le système *métrique* se distingue de tous les autres en ce que les poids sont liés aux capacités et aux longueurs; mais c'est là une idée de tous les âges, obscurcie à la vérité par la confusion des systèmes féodaux. Il était en effet naturel de prendre pour unité de poids le poids d'un certain volume d'eau, et jamais on n'a eu recours à d'autres liquides. Plusieurs graines, telles que le blé, les pois, les fèves, etc., ont, à la vérité, servi à peser les corps légers, mais ces petites unités se trouvaient liées par des rapports simples aux gros poids du commerce.

Dans le système métrique, l'unité de poids est le poids d'un centimètre cube d'eau pure dans le vide, au *maximum* de densité, qui arrive à 4 degrés du thermomètre centésimal : voilà les deux conditions qu'avaient négligées les anciens, et que les savants de nos jours ne pouvaient omettre; car l'eau varie de densité ou de poids, sous le même volume, avec la température et la pression atmosphérique. Tout le monde sait qu'un corps placé dans l'air pèse moins que dans le vide de tout le poids de l'air qu'il déplace; en sorte que cette perte est d'autant plus grande que l'air est plus comprimé, et que le corps occupe plus de place pour la même quantité de matière. Dans les circonstances atmosphériques ordinaires, un kilogramme de platine perd 60 milligrammes en passant du vide dans l'air, un kilogramme de cuivre rouge s'allège de 138 milligrammes, et un kilogramme de cuivre jaune de 148 milligrammes. Tous ces poids, égaux dans le vide, ne le sont plus dans l'air, et c'est un inconvénient inévitable de la pratique. Bien plus, deux corps de nature diverse, l'un très-dense et l'autre très-léger, faisant équilibre au même poids sur la balance, ne pèseront plus également dans le vide, et cette différence de masse, que l'on peut négliger dans les relations ordinaires du commerce, serait une cause d'erreur sensible pour les opérations délicates de la physique. Ces recherches scientifiques paraissent avoir attiré la sollicitude des commissaires du système métrique plus que les besoins réels du commerce. Et certes ce ne sont point des marchands qui eussent érigé en unité de poids ce *gramme* si mince et si chétif. On a du prendre une unité mille fois plus forte, le *kilogramme*, et retrancher la seconde moitié de ce mot pour abréger les écritures et le discours. Si les peuples étrangers n'ont point admis notre système métrique, la plupart ont fait une révision de leurs anciens systèmes, qu'ils ont généralisés.

Saigey.

A la suite de l'exposition universelle de 1855, il s'est formé une société internationale pour l'uniformité des poids et mesures et des monnaies, que présida M. de Rothschild. Un comité central international siège à Paris, et des comités locaux correspondant avec le comité central se sont formés dans les pays étrangers : ils doivent réunir leurs efforts pour amener tous les peuples à adopter un système uniforme de mesures et de monnaies; déjà plusieurs nations ont consenti à se rapprocher de l'étalon métrique.

Au figuré, *Avoir deux poids et deux mesures*, c'est juger différemment d'une même chose, selon les personnes, les circonstances, les intérêts. *Agir avec poids et mesure*, c'est agir avec sagesse et circonspection.

Poids se dit encore des morceaux de cuivre, de plomb, de fer ou de pierre qu'on attache aux cordes d'une horloge, d'un tourne-broche, pour lui donner du mouvement.

Poids, figurément, au sens moral, est tout ce qui fatigue, oppresse, chagrine, embarrasse. *Porter le poids du jour, de la chaleur*, c'est endurer toute la peine, faire tout le travail pendant que les autres se livrent au repos ou au plaisir.

Poids est encore synonyme d'importance, de considération, de mérite, de force, de solidité. On dit dans ce sens : Des raisons, une autorité, un témoignage, un exemple, un homme de *poids*.

POIDS (Faux). *Voyez* Faux Poids.

POIDS et MESURES (Vérification des). Une ordonnance royale, en date du 17 avril 1839, rendue en exécution de l'article 8 de la loi du 4 juillet 1837, soumet la vérification des poids et mesures destinés et servant au commerce, à des agents spéciaux placés sous la surveillance des préfets. Il y a un vérificateur par chaque arrondissement communal, et son bureau est, autant que possible, établi au chef-lieu. Cet emploi est incompatible avec toutes autres fonctions publiques et toutes professions sujettes à la vérification. Les poids et mesures nouvellement fabriqués ou rajustés doivent être présentés au bureau du vérificateur avant d'être livrés au commerce. Cette disposition a été complétée par le décret du 15-30 juillet 1853, qui soumet les fabricants et marchands de poids et mesures à l'obligation de présenter dans le délai de trois mois, au bureau de vérification, les mesures et instruments de pesage neufs. Aucun poids ne peut être soumis à vérification s'il ne porte d'une manière lisible et distincte le nom qui lui est affecté par le système métrique. Indépendamment de cette vérification primitive, les poids et mesures dont font usage tous les commerçants compris dans un tableau dressé chaque année par le préfet, sont soumis à une vérification périodique, à l'effet de constater si la conformité de ces poids et mesures avec les étalons n'a point été altérée. Cette vérification a lieu tous les ans, mais les vérificateurs sont autorisés à faire, soit d'office, soit à la demande des autorités locales, des descentes inopinées et extraordinaires chez les assujettis. Les vérificateurs dressent leurs procès-verbaux dans les vingt-quatre heures de la constatation par eux faite d'une contravention.

POIDS SPÉCIFIQUE. *Voyez* Densité.

POIGNARD. Ce mot, dérivé du latin *pugio*, *pugionardus*, a eu, en roman et en français, une multitude de synonymes, qui révèlent le grand et vieux usage du poignard, ainsi que les innombrables modifications que sa forme a éprouvées. On peut s'en faire une idée en rassemblant, en imagination toutes les lames, depuis le couteau à gaîne, nommé *alicette*, ou *anchois*, ou *bistouri*, jusqu'au *cand-*

jiar oriental, jusqu'au *cris* malais. Le poignard a été abandonné depuis que le perfectionnement des armes à feu a rendu si rares les combats corps à corps; cependant, l'escrime espagnole enseignait encore dans l'avant-dernier siècle le jeu du poignard; maintenant, il n'est plus en Europe qu'une arme de voyageur ou de sicaire. Les soldats romains, depuis leurs communications avec l'Asie, et surtout depuis l'érection de l'empire, portèrent le poignard : on le nommait *parazone*, parce qu'il s'attachait à la ceinture, *ad zonam*. La chevalerie, par une abréviation ou une antiphrase, appelait *miséricorde* et *merci* le poignard qui servait à égorger le vaincu. Au moyen âge, un couteau ou *coutel* que portaient les *coutiliers* ou valets qui servaient l'armée était une espèce de poignard tranchant, à l'aide duquel ils achevaient les blessés, quand la hache ou la masse ne suffisaient pas. Les archers aussi étaient pourvus d'une arme de ce genre. Siam, la Chine, la Cochinchine, ont excellé, depuis une antiquité mal connue, à fabriquer des lames empoisonnées, au moyen des sucs de plantes vénéneuses ou de la bave de reptiles malfaisants. Des poignards italiens, qu'on fabriquait à Venise, à Milan, à Pistoia, et qui sont d'un admirable travail, sont percés à jour de mille trous; des antiquaires supposent, mais d'autres le nient, que ces cavités étaient destinées à recéler au besoin du poison. Celui dont on se servait était de l'arsenic amalgamé dans de la graisse.

Au quinzième siècle, on portait des poignards dont la gaîne était attenante au fourreau de l'épée. Depuis le règne des Valois et le costume à l'espagnole, les Français élégants portèrent des poignards en habit de cour, à peu près comme les moines et les paysans portaient leur couteau de cuisine : ces poignards, élégamment engaînés, pendaient à droite ou au bas du buste, tantôt la pointe en bas, tantôt en l'air. Ils disparurent depuis le règne de Henri IV. Des Vénitiennes portaient le stylet caché dans leur sein; des dames et même des paysannes espagnoles le tenaient enfilé dans leur jarretière. Les poignards de Saragosse, comme le témoigne Rabelais, étaient célèbres.

Sous Louis-Philippe, on a donné à l'infanterie un sabre-poignard, qui n'est ni un poignard ni un sabre.

Gal BARDIN.

Poignarder, c'est frapper, blesser, tuer avec un *poignard*.

Au figuré, *C'est un coup de poignard* se dit de la surprise et de la douleur que cause un événement extrêmement fâcheux, et en général de tout ce qui peut blesser ou offenser vivement quelqu'un. *Avoir le poignard dans le cœur, dans le sein*, c'est éprouver une douleur, un déplaisir extrême. On dit, dans un sens analogue : *Mettre, plonger, enfoncer le poignard dans le sein, dans le cœur. Tourner à quelqu'un le poignard dans le cœur, lui tourner le poignard dans la plaie*, c'est s'appesantir sur quelque objet qui le blesse ou l'afflige vivement; *Mettre, tenir à quelqu'un le poignard sur la gorge*, c'est vouloir le contraindre à faire quelque chose.

Poignarder s'emploie aussi figurément, et il signifie alors causer une extrême douleur, une extrême affliction : *Lui faire ce reproche, serait le poignarder*. On dit familièrement, d'un homme très-curieux, très-jaloux, très-avare : *La curiosité, la jalousie, l'avarice le poignarde*.

POIGNARD, nom que les marchands donnent aux moyens brochets.

POIGNET (du latin *pugnus*, poing), endroit où le bras se joint à la main (*voyez* CARPE).

POIL (du latin *pilus*). Les poils sont des prolongements filiformes garnissant l'enveloppe extérieure des animaux et des plantes. Il y en a qui ne sont que des appendices épidermiques, comme ceux des plantes et des animaux à sang froid; d'autres, propres aux animaux à sang chaud, traversent les couches profondes de la peau et sortent d'une petite poche qu'on nomme *bulbe*. Chaque bulbe, lorsqu'il est complétement développé, est composé d'une enveloppe extérieure fibreuse et d'une seconde membrane collée à la surface interne de la première et formée elle-même d'un très-grand nombre de vaisseaux. Ces deux membranes sont percées de deux ouvertures : l'une, interne, qui sert à laisser entrer dans le bulbe les nerfs et les vaisseaux; l'autre, externe, qui est destinée à laisser sortir le produit du bulbe. L'intérieur du bulbe est rempli par un fluide de nature diverse, sécrété par la membrane interne ou vasculaire. On croit que le bulbe sécrète la *matière pileuse* sous forme de petits mamelons coniques qui s'emboîtent, et que ces petits cônes sont successivement poussés au dehors au fur et à mesure que de nouveaux produits de sécrétion de même forme soulèvent les anciens.

Suivant les formes que revêtent les produits organiques sécrétés par les bulbes pileux, les poils reçoivent différentes dénominations. On appelle *poils composés* ceux qui sont formés de deux substances, l'une extérieure et dure, l'autre intérieure plus ou moins spongieuse, molle et blanchâtre : tels sont les *plumes* des oiseaux, les *piquants* des porcs-épics, des hérissons, des échidnés, etc.; les *poils simples* ne sont constitués que par la substance dure, cassante et cornée, qui forme l'enveloppe des précédents : tels sont les *cheveux* de l'homme, les *crins*, la *laine*, les *soies*, la *bourre* et le *jar*.

Quant à la direction de leur implantation, les poils sont *rudes* ou *hérissés*, lorsqu'ils sont presque perpendiculaires à la peau; *couchés* et *lisses*, lorsqu'ils sont bien appliqués au corps; *retroussés*, lorsqu'ils ont une direction inverse des autres, comme sur les bras de l'homme et des premiers singes; *en épis*, quand ils sont implantés de manière à s'irradier plus ou moins complétement d'un centre, comme dans les cheveux de l'homme et de plusieurs singes. La forme des poils est encore plus variable. Ils sont *flexueux* chez les élans, les porte-musc, les cerfs; *aplatis* dans la plupart des rats, des échimys; *herbiformes* dans les paresseux à deux doigts, dans la queue de l'hippopotame; *tubuleux* dans la queue du porc-épic; *fusiformes* dans les cas ordinaires; *coniques, moniliformes* dans les moustaches de certaines espèces de phoques; *vésiculeux*, enfin, dans une espèce de rongeurs de l'Inde.

Sous le rapport de la place qu'ils occupent, les poils prennent différents noms. On les appelle *cheveux* lorsqu'ils croissent sur le crâne : ils ne sont bien développés que chez l'homme et chez plusieurs singes; *sourcils* lorsqu'ils forment au-dessus des yeux une bande étroite plus ou moins longue. Les *cils* sont de longs poils qui bordent les paupières : ceux de la paupière supérieure sont recourbés en haut, et ceux de la paupière inférieure sont recourbés en bas; ces derniers manquent souvent : les édentés aquatiques n'en ont aucune trace. Les *favoris* sont en quelque sorte la continuation des cheveux; ils passent devant l'oreille pour aller rejoindre la barbe. La *barbe* est formée par les poils ou les crins qui entourent la mâchoire inférieure et qui se prolongent quelquefois jusqu'à la partie antérieure du cou. Ces deux dernières espèces de poils n'existent bien développés que chez les adultes mâles de l'espèce humaine, surtout dans la race caucasienne; viennent ensuite la race tatare, la race malaise, la race caraïbe et enfin la race nègre, où ces poils sont crépus et courts comme les cheveux. Les *moustaches* ne sont que la bande de poils de la barbe qui orne la lèvre supérieure de l'homme. Chez plusieurs autres animaux il y a également à la lèvre supérieure un pinceau de poils nommés *vibrices*, qui sont très-longs chez les chats, les phoques, les loutres, et en général chez les carnassiers nocturnes, ainsi que chez les écureuils et les rats. Les poils plus ou moins frisés que l'on rencontre en différentes parties du corps de l'homme, de l'orang-outang, du chimpanzé, etc., n'ont pas reçu de dénominations spéciales. On nomme *crinière* les poils allongés qui garnissent une partie de la ligne dorsale et d'autres fois une portion de la région antérieure du corps. Ils sont le plus souvent susceptibles d'être relevés ou hérissés par l'action des muscles peaussiers. Le lion, les civettes, les hyènes, les porcs-épics, les agoutis et les chevaux en sont pourvus, ainsi que les sangliers, les pécaris, la girafe, beaucoup d'antilopes, les buffles, etc. On observe encore des flocons ou pinceaux de poils, sans désignation particulière, à l'extrémité de la queue, des oreilles, à la mâchoire inférieure, à la racine des épaules, au pâturon, au poignet, etc., de plusieurs animaux. Les *brosses* sont des amas de poils qui n'existent qu'à la partie externe et supérieure du métatarse de quelques espèces de cerfs et d'antilopes. Les premiers poils qui recouvrent l'homme dans son enfance se nomment *lanugo*. Ils offrent sur tous les points le même degré de développement; mais ils n'ont pas de persistance : ils tombent au bout de quelque temps.

A l'exception de l'homme, la présence, l'absence, la rareté ou l'abondance des poils, sont en rapport avec le plus ou moins d'épaisseur de la peau; sortes d'appendices de cet organe, ils semblent en effet d'autant plus longs que celle-ci est peu épaisse; ainsi le pelage est bien fourni dans les carnassiers, les rongeurs, qui ont la peau mince; il est peu épais dans les ruminants, encore plus rare chez les pachydermes, et il manque entièrement dans les cétacés, tous animaux munis d'un cuir énorme.

Les poils ne présentent pas les vives couleurs qui sont propres à la majorité des plumes. Leurs couleurs ordinaires sont le rouge et les nuances intermédiaires à cette couleur et au jaune vif; le noir profond et les nuances intermédiaires au blanc et au rouge, le gris, le cendré, le brun, etc. Ces teintes ne sont pas répandues au hasard; chaque famille affecte en général une coloration particulière. Souvent les poils sont *annelés*, c'est-à-dire de couleurs différentes dans leur longueur depuis la base jusqu'à la pointe. Le climat exerce une action puissante non-seulement sur la coloration, mais encore sur la nature et sur les mues des animaux. Ainsi, les espèces constamment blanches sont propres aux régions glaciales, et les teintes les plus vives appartiennent aux animaux des régions tropicales. En même temps le poil de dessus ou *jarre* domine dans le pelage des animaux particuliers aux pays chauds, tandis que c'est le *duvet* et la *bourre* qui constituent presque à eux seuls la robe des espèces polaires. Enfin, chacune de ces sortes de poils se succède, ainsi que les saisons, dans le pelage des animaux des zones tempérées.

Les ongles, les griffes et les sabots se forment comme on sait de la même manière que les poils : ce sont, en quelque sorte, des poils qui se soudent et s'imbriquent les uns aux autres. Quant aux poils qui ne sont que des appendices de l'enveloppe extérieure, nous voyons les insectes en offrir de très-cassants; c'est là, par exemple, ce qui rend les piqûres de ceux des chenilles si incommodes et ce qui a pu les faire passer pour venimeuses. Ces poils affectent différentes formes et occupent diverses parties du corps : les uns sont disposés en brosse et servent à la récolte du pollen, comme dans les abeilles; les autres sont ou des armes défensives ou des appareils de préhension.

Dans les végétaux les poils peuvent se montrer sur tous les organes extérieurs, qu'ils soient exposés à l'air et à la lumière, ou bien qu'ils soient enfoncés dans la terre. Ils sont plus abondants en général sur les plantes qui vivent au grand air et dans des lieux secs ou arides que sur celles qui sont abritées. La structure des poils des plantes est fort simple : ce sont des cellules épidermiques placées bout à bout, avec ou sans communication directe entre elles. Les poils servent à protéger les végétaux et à augmenter leur surface absorbante. Ils sont ordinairement libres d'adhérence entre eux, mais ils se soudent pourtant quelquefois par leurs côtés et donnent naissance à des espèces d'écailles. Quelques-uns sont implantés sur des glandes, et leur servent de canal d'excrétion; d'autres sont les soutiens de petites poches glandulaires. L. Louvet.

La consommation des poils de diverses espèces d'animaux est immense en Europe et en Asie. Le poil ou laine des moutons est un des premiers objets de commerce qui existent. C'est l'aliment de toutes les manufactures de drap et d'une grande partie de la chapellerie. Celle-ci met en œuvre plusieurs autres espèces de poils, tels que ceux de castor ou de bièvre, de chèvre, de chameau, de lapin, de lièvre, de chien, etc., etc. D'autres poils, tels que ceux de bœuf, de vache, de veau, de cheval, etc., servent encore pour des étoffes grossières. Les déchets des poils et retontes des draps ont été dans ces derniers temps mis à profit pour le service de diverses manufactures. Chaptal a le premier conseillé de les saponifier par la combinaison avec l'alcali caustique en dissolution bouillante. Il en résulte des liqueurs savonneuses extrêmement détersives et décrassantes, qui sont fort utiles et fort économiques. Pelouze père.

Les *poils* en botanique sont des filets plus ou moins souples ou roides, plus ou moins longs, plus ou moins serrés, qui naissent sur certaines parties des plantes, et qu'on regarde comme des tuyaux conducteurs des liqueurs renfermées dans les glandes. Ces filets sont carrés ou cylindriques, droits ou couchés, fourchus ou simples, subulés ou en hameçon, étoilés ou crochus, à double ou à triple crochet, etc. Ces diverses figures ont, suivant certains botanistes, des caractères assez tranchés pour pouvoir servir à classer ces plantes.

Poil est encore le nom d'une maladie assez ordinaire aux nourrices, et qui empêche le lait de sortir aisément.

POILLY, nom d'une famille de célèbres graveurs français, dont les membres les plus connus sont :

François de Poilly, né à Abbeville, en 1622, mort à Paris, en 1693. Son père, qui était orfèvre, lui donna les premiers éléments du dessin. Il eut ensuite pour maître Pierre Duret, et se perfectionna dans son art par un long séjour à Rome. De retour à Paris, il publia un grand nombre d'estampes d'après les maîtres, et grava aussi beaucoup de portraits. Louis XIV le nomma, en 1664, son graveur ordinaire. Poilly était un très-bon dessinateur; tous ses ouvrages sont au burin, à la réserve d'un portrait de Baronius, qu'il fit à l'eau-forte pour être mis en tête des œuvres du savant cardinal. Son œuvre est très-considérable, quoiqu'il donnât beaucoup de temps et de soin à finir ses planches. Son burin est très-brillant, bien qu'un peu monotone, parce qu'il ne variait pas assez le grain et la largeur de ses hachures; mais ce défaut est racheté par la pureté des formes et la suavité de l'exécution. Il a toujours su conserver l'esprit, la noblesse et les grâces des grands peintres qu'il a copiés.

Nicolas de Poilly, son frère et son élève, né à Abbeville, en 1626, mort à Paris, en 1696, a surtout excellé dans le portrait, quoiqu'il ait gravé aussi plusieurs sujets de sainteté ou d'histoire. Il laissa deux fils, *Jean-Baptiste* de Poilly, qui le surpassa, et mourut à Paris, en 1728, membre de l'Académie de Peinture, et *François* de Poilly, mort en 1723, qui fut également un graveur de quelque talent. Avec le fils de ce dernier le nom des Poilly s'éteignit dans l'obscurité.

POINÇON (du latin *pugiunculus*). C'est un instrument de fer ou d'autre métal destiné à percer ou à graver quelque chose; on dit ainsi : un *poinçon* ou *aiguille* de graveur.

On nomme aussi *poinçon* un instrument servant à marquer les pièces d'or et d'argent. Il y en a de trois espèces : celui du fabricant, celui du titre, et celui du bureau de garantie. Il y a en outre deux petits poinçons, l'un pour les menus ouvrages d'or, l'autre pour les menus ouvrages d'argent, lorsque leur petitesse ne leur permet pas de recevoir les trois espèces de poinçons précédents. De plus il y a un poinçon particulier pour les vieux ouvrages dits de hasard, un autre poinçon pour les ouvrages venant de l'étranger; enfin, un *poinçon dit de recense*, que l'autorité publique fait appliquer chaque fois qu'elle craint quelque infidélité relative aux titres et aux poinçons. Les lingots d'or et d'argent affinés sont marqués d'un poinçon particulier.

C'est avec un morceau d'acier gravé en relief, et nommé aussi *poinçon*, qu'on frappe les coins qui servent à l'empreinte des monnaies et des médailles.

On appelle également *poinçon*, en typographie, un morceau d'acier où est gravée en relief la lettre ou type qu'on imprime sur la matrice servant à la fonte des caractères d'imprimerie (*voyez* FONDEUR EN CARACTÈRES).

Le *poinçon*, en termes de manége, était autrefois un manche armé d'une pointe de fer avec laquelle le cavalier piquait la croupe du cheval qu'il voulait faire sauter et ruer.

Le même mot désigne aussi une sorte de tonneau ou de mesure de capacité contenant environ les deux tiers d'un muid.

Les dames se paraient autrefois la tête d'un joyau nommé *poinçon* ou aiguille de tête.

L'arbre vertical sur lequel tourne une machine, la grue, par exemple, s'appelle également *poinçon*. Les maçons et tailleurs de pierre se servent du même mot pour désigner un outil de 66 à 80 centimètres de longueur, qui leur sert à faire des trous.

Poinçon se dit encore, en termes de charpenterie, de la pièce de bois debout assemblée avec les arbalétriers ou les jambes de force dans une forme de comble. C'est aussi, dans les vieilles églises qui ne sont pas voûtées, une pièce de bois à plomb, de la hauteur de la moitié du cintre, qui, étant retenue avec des étriers et des boulons, sert à lier l'entrait avec le tirant.

POING. On désigne sous ce nom la main fermée : *Donner un coup de poing*; et aussi la main ouverte : alors le *poing* est la partie comprise depuis l'endroit où la main s'attache au bras jusqu'à l'extrémité des doigts : *Couper le poing.*

POINSINET (ANTOINE-ALEXANDRE-HENRI) n'est guère connu aujourd'hui que comme l'homme dont la crédulité, la naïveté et la vanité ont permis de faire l'homme le plus mystifié de toute la France. Il y a des volumes sur les mystifications dont il a été la victime, et il est le héros d'un vaudeville où on le voit les essuyer de la meilleure foi du monde. C'est à Poinsinet que l'on persuada qu'il pourrait acheter la charge d'écran du roi, et il s'y prépara très-sérieusement en se laissant pendant quinze jours acculer contre un bon feu qui lui rôtissait littéralement les jambes. C'est aussi à Poinsinet que l'on fit accroire qu'il avait été nommé membre de l'Académie de Saint-Pétersbourg, et que pour aller occuper sa place et en recevoir les émoluments il fallait qu'il apprît le russe; Poinsinet étudia six mois, sous un professeur que ses mystificateurs lui désignèrent, et au bout de ce temps-là, lorsqu'il croyait parler le russe, il ne savait que le bas-breton.

Né à Fontainebleau, en 1735, d'une famille attachée au service de la maison d'Orléans, Poinsinet, devenu homme, se livra à la littérature : il fit une grande quantité de pièces de théâtre, comédies ou opéras comiques, dont une seule est restée au répertoire de la Comédie-Française, *Le Cercle, ou la soirée à la mode*. Il fit partie de l'Académie des Arcades et de celle de Dijon. Après avoir parcouru l'Italie, il voyageait en Espagne, dans l'idée d'y propager la musique italienne et les ariettes françaises, lorsqu'il se noya, en 1769, dans le Guadalquivir.

POINSINET DE SIVRY (LOUIS), né à Versailles, le 20 février 1733, mort à Paris, le 11 mars 1804. A dix-neuf ans, il débuta par les *Églédes*, recueil de poésies dédiées à Églé : cet ouvrage fut suivi d'une traduction en vers d'Anacréon, Sapho, Moschus, Bion, Tyrtée, et autres poëtes grecs. En 1759 il donna au théâtre la tragédie de *Briséis*, dans laquelle, à l'aide d'une fiction heureuse, il a renfermé presque toute l'action de l'*Iliade*. Une autre tragédie *Ajax*, fut jouée en 1762. Il fit imprimer, en 1789, une troisième tragédie, *Caton d'Utique*, que les circonstances empêchèrent de représenter. Il a laissé de plus une traduction entière de Pline le naturaliste, accompagnée d'un texte raisonné et de commentaires, une traduction en vers et en prose d'Aristophane et de Plaute, une édition latine d'Horace avec un commentaire, plusieurs comédies qui n'ont pas été jouées, telles qu'*Aglaé*, *Le Valet intrigant*, etc.; un traité *De la Politique privée*, un traité *Des Causes physiques et morales du Rire*; des *Recherches sur les Médailles et les Hiéroglyphes des anciens*, un ouvrage *Sur l'Origine des Sociétés*, un petit roman intitulé *Le Phasma*; il a fourni en outre une multitude d'articles à la *Bibliothèque des Romans* et à différents journaux.

POINSOT (LOUIS), membre de l'Institut, sénateur, est né à Paris, le 3 janvier 1777. Après avoir fait ses études à l'École Polytechnique, il fut nommé successivement professeur de mathématiques aux lycées de Paris, professeur d'analyse à l'École Polytechnique, inspecteur général de l'université, membre de la première classe de l'Institut, section de géométrie, en remplacement de Lagrange, membre du conseil de l'instruction publique, du Bureau des Longitudes, pair de France, sénateur, etc. On lui doit différents ouvrages de mathématiques, savoir : *Mémoire sur la composition des moments et des aires; Théorie générale de l'équilibre et du mouvement des systèmes; Mémoire sur la géométrie de situation; Sur les principes fondamentaux du calcul infinitésimal; Recherches sur l'algèbre et la théorie des nombres; Application de l'algèbre à la théorie des nombres; Recherches sur l'analyse des sections angulaires; Mémoire sur la composition des moments en mécanique; Théorie et détermination de l'équateur du système du monde; Théorie nouvelle de la rotation des corps; Réflexions sur les principes fondamentaux de la théorie des nombres*, etc. Mais le livre qui a le plus contribué à sa réputation a pour titre : *Éléments de Statique*, ouvrage dans lequel toutes les démonstrations des théorèmes ont pour base la théorie des couples, théorie qui lui appartient; ce qui faisait dire à Fourier dans un rapport à l'Institut : « Cet ouvrage présente cela de remarquable qu'il renferme des principes nouveaux dans une des matières les plus anciennement connues, inventée par Archimède et perfectionnée par Galilée. » L. LOUVET.

POINT (*Technologie*), du latin *punctum*, fait de *pungere*, percer, piquer. C'est une piqûre qui se fait dans de l'étoffe avec une aiguille, enfilée de soie, de laine, de fil, etc.

En termes de broderie et de tapisserie, on distingue le *point d'Angleterre*, le *point de croix de chevalier*, le *point de Hongrie*, le *point de Saxe*, le *point turc*, le *point de chaînette*, etc.

En tapisserie, on appelle *gros point* une sorte de point où l'aiguille prend deux fils du canevas, et *petit point* celle où l'aiguille ne prend qu'un point.

Point se dit encore d'une sorte de dentelle de fil faite à l'aiguille qui prend diverses dénominations selon les lieux où elle se fait ou la manière dont elle est faite, comme le *point de Gênes*, le *point de Venise*, le *point d'Espagne*, le *point d'Angleterre*, le *point de France*, le *point d'Alençon*, le *point d'Argentan*, le *point coupé*, le *point à la reine*, etc.

Point se dit aussi des petits trous qu'on fait à des étrivières, à des courroies, à des soupentes de carrosse pour y passer l'ardillon.

C'est encore certaines marques faites d'espace en espace sur une espèce de règle dont les cordonniers se servent pour prendre la mesure d'un soulier, et les chapeliers celle d'un chapeau. On dit figurément de deux personnes qui ne se conviennent pas ou se conviennent par leurs caractères, leurs habitudes, etc., qu'*elles ne chaussent pas* ou qu'*elles chaussent à même point*. *Faire venir quelqu'un à son point*, c'est l'obliger, l'engager adroitement à faire ce qu'on veut.

POINT (*Géométrie*). Euclide définit le *point* une quantité qui n'a point de parties et qui est indivisible. Suivant la définition de Wolf, c'est ce qui se termine soi-même ou ce qui n'a d'autres limites que soi-même. D'Alembert ne voit dans le *point*, la *ligne* et la *surface*, que des abstractions de l'esprit, attendu qu'il n'existe réellement pas dans la nature de surface sans profondeur, de ligne sans largeur, et de point sans étendue Tout ce qui existe a nécessairement les trois dimensions. D'autres ont dit que le point est l'extrémité de la ligne, comme la ligne est l'extrémité de la surface, comme la surface est l'extrémité du solide, regardant le point comme le lieu où une ligne droite ou courbe cesse d'être continuée, ou l'endroit de cette ligne qu'on veut indiquer.

Une ligne n'en peut couper une autre qu'en un *point*. Trois *points* quelconques étant donnés, pourvu qu'ils ne soient pas en ligne droite, on pourra toujours y faire passer un cercle ou une partie de cercle. Ce sont des problèmes fort communs que de tirer une parallèle, une perpendiculaire, une tangente, etc., d'un *point* donné.

Par *point d'inflexion* on entend en haute géométrie celui où une courbe se plie ou se fléchit dans un sens contraire à celui où elle était auparavant quand elle tourne, par exemple, sa convexité vers son axe, ou quelque autre point fixe du côté duquel elle tournait sa concavité.

En mathématiques transcendantes, on entend par *point simple d'une courbe* un point tel que, quelque direction qu'on donne à l'ordonnée, elle n'aura jamais en ce point qu'une seule valeur, à moins qu'elle ne soit tangente, cas où elle aura deux valeurs seulement. Quand la courbe revient vers le côté où elle commence, ce retour est appelé *point de rebroussement*. Par *point singulier* on entend un point où l'ordonnée étant supposée touchante peut avoir plus de deux valeurs. Tels sont les points d'inflexion, de rebroussement, de serpentement, etc. Par points *double*, *triple*, *quadruple*, *multiple* on entend un point commun où se coupent deux, trois, quatre, etc., en général plusieurs branches d'une courbe.

POINT (*Grammaire*), petite marque ronde qui sert de signe de ponctuation, et que l'on place aussi sur quelques lettres comme l'*i*, le *j*. Le point se redouble quelquefois, on l'appelle alors *deux points* dans la ponctuation, *tréma* sur les lettres : *ï*, *ë*, *ü*. Le point se joint aussi à la virgule, et fait alors le *point et virgule*.

On nomme *points voyelles*, ou absolument *points*, certains caractères qui servent à marquer les voyelles dans quelques langues orientales.

Proverbialement et au figuré, *Mettre les points sur les i*, c'est être d'une grande exactitude. *Il faut avec cet homme mettre les points sur les i*, cela veut dire il faut être avec lui d'une exactitude scrupuleuse ; et dans un autre sens, il faut prendre avec lui les plus grandes précautions. *Il n'est bon qu'à mettre les points sur les i* se dit d'un homme qui ne s'applique dans les ouvrages d'esprit qu'à des minuties, et aussi de ceux qui en toutes choses n'ont qu'une exactitude minutieuse et inutile.

POINT (*Marine*). En termes de marine, on entend par *point* le calcul du chemin qu'a fait le vaisseau pendant les vingt-quatre heures ; calcul qu'on fait tous les jours et ordinairement à midi, après avoir fait l'observation de la hauteur du soleil à son passage au méridien. On doit alors marquer sur la carte le point ou le lieu précis où on estime que se trouve le navire. C'est ce qu'on appelle *faire son point*.

Par *point de partance* on entend le point que l'on fera sur les cartes marines au moment de perdre la vue des terres du pays d'où l'on part.

POINT (*Médecine*). On appelle ainsi un élancement de douleur qui prend le plus ordinairement au côté et au dos, et qui occasionne une douleur *poignante*. Le *point de côté* se montre surtout dans la pleurésie et la pneumonie.

POINT (*Hydraulique*). En termes d'hydraulique, le *point de partage* est le bassin où l'eau s'étant rendue, se distribue par plusieurs conduits, en différents endroits, comme les châteaux d'eau ou bassins de distribution. Le *point de sujétion* est le point déterminé d'où part un nivellement, et celui où il doit finir dans un nivellement en pente douce. Dans une autre acception, le *point de sujétion* est la hauteur déterminée d'où l'eau part, ou bien la hauteur du lieu où doit se rendre l'eau.

POINT (*Optique*). En catoptrique et en dioptrique, on entend par *point de concours*, celui où se rencontrent les rayons convergents : on l'appelle plus ordinairement *foyer* ; par *point d'incidence*, la surface d'un miroir ou de tout autre corps où tombe un rayon ; par *point de dispersion*, celui où les rayons commencent à être divergents ; par *point de réfraction*, celui où le rayon se rompt sur la surface d'un verre ou sur toute autre surface réfringente ; par *point de réflexion*, celui où un rayon est réfléchi sur la surface d'un miroir ou de tout autre corps ; par *point radieux*, celui qui renvoie les rayons, d'où partent les rayons.

POINT (*Anatomie*). On appelle *points ciliaires* des petits trous qu'on observe dans la face interne des paupières, et qui ne sont que les orifices des petits conduits excrétoires des glandes ciliaires. Les *points lacrymaux* sont les orifices des petits conduits qui vont aboutir au sac lacrymal.

POINT (*Blason*) se dit de la division de l'écu en plusieurs carrés, tantôt au nombre de neuf, tantôt de quinze, dont les uns sont d'un émail, et les autres d'un autre, qu'on appelle aussi *points équipollés*.

POINT (*Jeu*). Aux jeux de cartes, *point* se dit du nombre que l'on attribue à chaque carte, et qui varie dans différents jeux. L'as au piquet vaut onze points, les figures dix, et les autres cartes le nombre qu'elles marquent. *Point* se dit encore au piquet et à quelques autres jeux du nombre de points que composent ensemble plusieurs cartes de même couleur. *Avoir le point*, c'est avoir en cartes d'une même couleur un plus grand nombre de points que son adversaire. C'est aussi dans la plupart des jeux le nombre que l'on marque à chaque coup de jeu, et celui dont on est convenu pour le gain de la partie.

Donner, rendre des points à quelqu'un, c'est supposer, en commençant la partie, qu'il a déjà gagné ce nombre de points, et au figuré, être plus fort que lui sur n'importe quoi.

POINT (*Métrologie*), douzième partie de la ligne.

POINT (*Musique*), petite marque en forme de point que l'on met après une note, et qui sert à la faire valoir une moitié en sus de sa valeur naturelle. Ainsi une blanche suivie d'un point vaut trois noires.

POINT (*Rhétorique*). Ce mot s'entend des parties qui forment la division de certains discours, de certains ouvrages, et particulièrement des sermons.

POINT (*Sculpture*). *Voyez* PRATICIEN et COPIER (Machine à).

POINT ACCIDENTEL, POINT DE DISTANCE. *Voyez* PERSPECTIVE.

POINTAGE (*Artillerie*). C'est l'action de diriger une pièce de canon, une bouche à feu quelconque vers un point déterminé ; on donne aussi ce nom à la direction elle-même : ainsi, l'on dit qu'un *pointage* est vicieux lorsque les projectiles lancés n'atteignent pas le but ; on dit, rectifier le *pointage*, ce qui s'applique, comme on le voit, à la direction elle-même, et non à l'action de diriger. Dans les batteries de siége ou de place, les canonniers doivent se porter à l'épaulement au moment où le coup part, pour vérifier l'exactitude du tir et rectifier le *pointage* s'il y a lieu.

Le *pointage* ne consiste pas toujours à diriger la ligne de mire vers le but que l'on doit atteindre. Cette direction varie selon la distance à laquelle se trouve l'objet à frapper, soit en deçà, soit au delà du *but en blanc* ; on se sert pour cela d'une *hausse*, ou petite échelle graduée, qui est fixée à la culasse pour les pièces de campagne, et qui est mobile et portative pour les pièces de gros calibre et les obusiers.

Pointer c'est l'art de diriger une pièce de manière que le projectile puisse donner à l'objet sur lequel on tire. Pour *pointer*, on dirige la pièce au moyen de la *vis de pointage*, de manière que l'œil du pointeur, les points les plus élevés de la plate-bande de culasse (ou de la hausse), du bourrelet de volée et l'objet à atteindre soient sur une même ligne. Martial MERLIN.

POINTAGE (*Marine*). C'est l'opération de trouver sur la carte, au moyen du *quartier de réduction*, le lieu de la mer où se trouve un bâtiment ; autrement, c'est pointer les routes parcourues dans les vingt-quatre heures, pour les réduire en une seule, déduire la latitude et la longitude estimées et déterminer la route à suivre.

Pointer, c'est mettre le point d'intersection de la latitude et de la longitude reconnues sur une carte réduite, pour indiquer dans quel lieu du monde on se trouve et connaître la route qui reste à faire pour se rendre à sa destination. Il est de rigueur de *pointer* la carte tous les jours et chaque fois que l'on veut changer de route.

Pointer se dit aussi, en marine, de la direction des boulets. *Pointer à démâter*, c'est tirer sur les mâts d'un vaisseau ennemi pour les lui couper et le désemparer de ses manœuvres. *Pointer en plein bois*, c'est diriger les coups de manière que les boulets puissent donner dans le corps du vaisseau ennemi. *Pointer à l'horizon*, c'est raser avec de la mitraille le point du bâtiment que l'on combat. Enfin, *Pointer à couler bas*, c'est ajuster le canon de manière que tous les coups puissent donner à la ligne de flottaison et un peu au-dessous. Martial Merlin.

POINT CULMINANT. C'est, en termes d'astronomie, le point de l'écliptique situé dans le méridien.

Point culminant se dit aussi de la partie la plus élevée de certaines choses, comme d'une chaîne de montagnes.

POINT D'APPUI. *Voyez* Appui.

POINT DE DROIT, POINT DE FAIT. En termes de jurisprudence, le mot *point* est synonyme de *question*. Lorsqu'on dit, par exemple, qu'il faut distinguer le *point de droit* du *point de fait*, on entend par ces mots que l'appréciation d'une question de droit doit être indépendante des faits auxquels cette question se rattache.

POINT DE VUE. C'est le point sur lequel la vue se dirige et s'arrête dans un certain éloignement. En perspective, c'est le point que le peintre ou le dessinateur choisit pour mettre les objets en perspective.

Point de vue se dit aussi du lieu où il faut se placer pour bien voir un objet, du lieu où l'objet doit être mis pour être bien vu. Il s'emploie aussi figurément : *Considérer une affaire sous son vrai point de vue*, *Traiter une question à son point de vue.*

Point de vue signifie encore un objet ou un assemblage d'objets qui frappe, qui invite à le regarder : *Jouir d'un beau point de vue.*

Mettre une lunette d'approche à son *point de vue* ou à son *point*, c'est en allonger ou raccourcir le tube de manière qu'il y ait entre le verre objectif et l'oculaire la juste distance pour voir distinctement l'objet vers lequel on dirige la lunette.

POINT D'HONNEUR. Ce qu'on regarde comme touchant l'honneur, comme intéressant l'honneur, comme règles et maximes d'où les hommes font dépendre l'honneur. La passion dominante des gentilshommes était autrefois le *point d'honneur* ; les maréchaux de France en étaient juges souverains. Il existe un traité *du Point d'Honneur*, par Courtin.

Un édit du 13 janvier 1771 avait réorganisé près de chaque sénéchaussée des *conseils du point d'honneur*, chargés de juger les différends et querelles survenus entre les gentilshommes. Les membres de ces conseils s'appelaient *officiers du point d'honneur*. Les décrets du 28 mai et du 27 septembre 1791, relatifs au remboursement des charges et offices militaires, assurèrent des pensions aux titulaires des offices du point d'honneur ; mais la Convention, par la loi de 19 thermidor an II (6 août 1794), supprima inexorablement les pensions des officiers du point d'honneur, et rapporta les deux décrets précités.

Le *point d'honneur*, en termes de blason, se dit de la place qui dans un écu répond au milieu du chef et au-dessous.

POINT D'ORGUE. *Voyez* Orgue (Point d').

POINTE. Ce mot, dérivé du latin, est passé au figuré de son sens propre, où il désigne le bout piquant ou aigu d'une épine, d'une arme, etc. Au figuré, on l'emploie pour désigner une sorte de bon mot moins inoffensive que le bon mot, surtout quand il s'agit d'une épigramme. La pointe doit en effet y justifier ce vieux proverbe : *Dans la queue est le venin*. Pour donner un exemple de pointes d'épigrammes, nous citerons les derniers vers de celles que se décochèrent Boileau Despréaux et Saint-Pavin. Le dernier ayant dit de Boileau :

> S'il n'eût mal parlé de personne,
> On n'eût jamais parlé de lui.

Boileau répondit par six vers dont voici la pointe.

> On sait fort bien que ses paroles
> Ne sont pas articles de foi.

Dans le couplet, la pointe est généralement inoffensive ; l'on y appelle pointe l'opposition, la figure qui s'y trouve en général dans le dernier ou les deux derniers vers.

Dans le langage ordinaire, la pointe consiste en une repartie vive, acérée, piquante, qui tient beaucoup de l'épigramme, ou qui constitue une véritable épigramme en prose.

POINTE, POINTE FINE, POINTE SÈCHE. *Voyez* Gravure.

POINTE (*Blason*), partie basse de l'écu.

POINTE A CALQUE. *Voyez* Calque.

POINTE A PÎTRE (La). *Voyez* Guadeloupe.

POINTEUR. On donnait autrefois ce nom à un officier ou à un chef de pièce, qui était chargé de pointer la pièce avant de la tirer ; maintenant, ce sont les canonniers qui manœuvrent la pièce qui pointent. Celui d'entre eux qui a ce soin s'appelle le *canonnier de gauche*. Les officiers rectifient le pointage lorsqu'il y a lieu. Martial Merlin.

POINTILLÉ. *Voyez* Gravure, Tome X, page 502.

POINTILLEUX, qui aime à pointiller, à reprendre ; qui élève des difficultés sur les moindres choses, qui conteste sur de vaines formalités, qui demande des éclaircissements sur la moindre parole équivoque ; qui est chicaneur, susceptible, exigeant dans le monde. « Jamais, dit Fléchier, on ne fut si *pointilleux*, si délicat qu'aujourd'hui : on s'offense de tout, et l'on ne veut jamais être offensé impunément. Il y a des amis si *pointilleux* qu'il faut toujours être sur ses gardes avec eux, tant leur amitié est fragile. »

Pointiller, c'est ou chicaner, faire de vaines objections, des difficultés sur des riens, ou piquer quelqu'un, lui dire des choses désobligeantes, le quereller sur un sujet qui n'en vaut pas la peine. Ménage a dit sensément : « Il faut s'attacher à la substance des choses sans *pointiller* sur des paroles et des syllabes. »

La *pointillerie* est donc une picoterie, une contestation sans fin sur des bagatelles. Un écrivain du dernier siècle a dit : « Toutes les petites *pointilleries* de grammaire ne font qu'affaiblir et dessécher les esprits. » Qu'aurait-il dit des graves discussions de nos jours ?

POINTS CARDINAUX. *Voyez* Cardinaux (Points).

POINTS ÉQUINOXIAUX. *Voyez* Équinoxes.

POINTS SOLSTICIAUX. *Voyez* Solstices.

POINT TYPOGRAPHIQUE. *Voyez* Caractère (*Typographie*).

POIRE, fruit du poirier, de forme oblongue, ombiliqué au sommet, portant au centre cinq loges cartilagineuses, garnies de semences allongées, qui sont revêtues d'une pellicule brune à l'époque de la maturité. La poire qui provient des sujets cultivés est un de nos meilleurs fruits ; plus de trois cents espèces ou variétés figurent dans nos jardins. La petitesse, la dureté et l'âpreté au goût que nous offre la poire sauvage, comparées au volume énorme, à la douceur et au moelleux de tant de beaux fruits, font sentir l'influence merveilleuse de la culture. La poire sauvage n'est pas mangeable elle sert seulement à faire une piquette d'assez mauvaise qualité : on l'a nommée avec raison *poire d'angoisse*. Ensuite, on a dit familièrement, au figuré, Faire avaler des *poires d'angoisse* à quelqu'un, pour dire, lui donner un grand chagrin, lui causer quelque mortification. Enfin, on a appelé *poire d'angoisse* un instrument en forme de poire et à ressort que des voleurs mettent par force dans la bouche des personnes qu'ils dépouillent pour les empêcher de crier.

Le mot *poire* est encore employé en différents sens figurés : *Garder une poire pour la soif*, c'est ménager, réserver quelque chose pour les besoins à venir. *Entre la poire et le fromage*, c'est-à-dire sur la fin du dîner. Une perle en *poire* est une perle de figure oblongue comme les poires, et plus grosse par en bas que par en haut. *Poire* se dit aussi du contre-poids de la balance romaine, parce qu'il a la forme d'une poire. Une *poire à poudre* est une sorte de petite bouteille de cuir bouilli ou de quelque autre matière, dans laquelle on met de la poudre de chasse.

Quant aux *poires* (fruit), ne pouvant énumérer ici toutes les espèces, nous nous bornerons à parler des plus estimées : l'*amiré joannet*, mûre la première, vers la fin de juin, est petite, allongée, jaune, à chair tendre, blanche, peu savoureuse; le *petit muscat*, à fruits nombreux, en bouquets, a la peau d'un vert jaunâtre, la chair un peu jaune, agréable au goût, et légèrement musquée : elle mûrit au commencement de juillet; le *muscat-robert*, mûre quinze jours plus tard, est un fruit presque rond, jaune-vert, à chair tendre et très-sucrée; le *muscat fleuri*, le *muscat-roye*, mûrissent plus tard; le *hâtiveau*, petite, avec des marbrures d'un rouge vif, mûrit vers la mi-juillet; le *rousselet hâtif*, le *rousselet de Reims*, le *rousselet d'été*, le *rousselet d'hiver*, sont quatre espèces de différentes saisons : la plus estimée de ces poires est le *rousselet de Reims*; elle est excellente crue, séchée, en compotes; on en fait des confitures sèches ou liquides très-agréables. Les *poires de bon chrétien d'été*, *bon chrétien d'Espagne*, sont deux beaux fruits gros et savoureux, qui méritent tous les soins des amateurs; la *bon chrétien d'hiver* est plus grosse que les précédentes, de 10 centimètres de diamètre, à chair mûre en janvier ou février, et placée au premier rang parmi les espèces cultivées. Les douze ou quinze espèces de *bergamotte* sont de bons fruits, juteux et sucrés, mais pourtant inférieurs aux précédents. Citons aussi la blanquette. Les *beurrés gris*, *blanc d'automne* (ou doyenné), *d'Angleterre*, *romain*, *d'hiver*, etc., sont encore des poires de choix. Le *beurré*, dit le savant auteur du traité des plantes usuelles, est la poire par excellence : belles formes, finesse de goût, suc abondant et parfumé, elle réunit tout ce qui distingue un fruit excellent.

P. GAUBERT.

POIRE (Fausse). *Voyez* COUCOURDETTE.

POIRÉ, boisson fermentée, spiritueuse, faite avec les poires. Lorsque les fruits sont de bonne qualité et que l'opération est menée avec soin, le poiré, clair et limpide, est supérieur à beaucoup de vins blancs. Il contient une grande quantité d'alcool, qui peut être séparé et servir aux mêmes usages que l'alcool de vin. Les poires un peu âpres sont celles qui donnent le meilleur poiré : telles sont la poire sauvage, le certeau, le sucré vert, etc. Cette boisson, mise en bouteille, se conserve plusieurs années.

Le poiré se prépare à peu près comme le cidre, et s'y trouve souvent mêlé, ainsi que le cormé. Les cidres marchands sont souvent un mélange de ces trois boissons. Le poiré est ordinairement plus limpide, moins pesant et plus enivrant que le cidre. Quelques grands poirés jouent fort heureusement l'aï et encore mieux le *carcavellho* quand ils ne sont pas mousseux. Si la fermentation du poiré est interrompue avant d'avoir parcouru toutes ses périodes, et que dans cet état on l'enferme dans des bouteilles soigneusement bouchées, il devient mousseux à la manière des vins de Champagne.

PELOUZE père.

POIREAU, nom vulgaire de l'*allium porrum*, espèce du genre ail. Le poireau diffère des autres espèces d'ail par sa bulbe oblongue et tuniquée, par sa tige unique, cylindrique, solide, par ses feuilles toutes radicales, engaînantes, creusées en gouttière, longues et glabres. Originaire d'Espagne, le poireau est bisannuel, à fleurs rougeâtres, disposées en tête au sommet de la tige, et renfermées dans une spathe bivalve. Il est cultivé dans toutes les parties tempérées de l'Europe : les pauvres le mangent cru avec le pain, et il sert dans tous les ménages pour donner du goût à la soupe. On sème le poireau dans les premiers jours du printemps, puis on repique le plant en l'espaçant de quelques centimètres. L'habitude de supprimer la moitié des racines et d'écourter les feuilles est une double opération au moins inutile; car les sujets confiés à la terre dans leur entier poussent bien lorsque les racines sont convenablement étendues. Un sol substantiel, maintenu frais par de fréquents arrosages, est celui qui convient le mieux à cette plante. Aux approches de l'hiver, on arrache les poireaux pour les enterrer dans un lieu abrité de la gelée, et là, couverts de paille ou de litière longue, on les conserve sains et frais malgré la rigueur de la saison. Le poireau est doué de propriétés diurétiques qui peuvent être utilisées dans le régime alimentaire.

P. GAUBERT.

POIREAU, nom donné improprement aux verrues et à plusieurs espèces d'excroissances.

POIRE D'ANGOISSE. *Voyez* POIRE.

POIRE DE TERRE. *Voyez* HÉLIANTHE.

POIRÉE, plante du genre bette. La *poirée* (*beta vulgaris*, L.) a de grands rapports avec sa congénère la betterave. On la nomme aussi *blette*. C'est une plante potagère, rafraîchissante, qui a peu de saveur, ce qu'exprime ce dernier nom, dérivé de βλιτος, qui signifie, en grec, vil, commun, insipide. Elle croît naturellement partout, et se sème d'elle-même dans les jardins. Sa racine est blanchâtre, longue d'environ dix à douze centimètres, épaisse à son collet de quelques millimètres, et divisée en fibres chevelues, les tiges qui en partent sont en partie couchées sur terre et en partie droites, branchues, longues de trente centimètres, à peu près cannelées, le plus souvent rougeâtres, pleines de suc, garnies de feuilles alternes, presque semblables à celles de la pariétaire, mais moins longues, lisses et relevées d'une nervure qui parcourt toute leur longueur et qui donne des branches latérales allant se terminer à son contour. Ces feuilles jouissent de propriétés émollientes, qui les font employer pour panser les vésicatoires et les cautères.

L'insipidité des feuilles de poirée les fait aussi rechercher pour mêler à l'oseille, et en corriger l'acidité. Mais il est des variétés de cette espèce, telles que la *bette* ou *poirée à cardes blanches*, la *bette* ou *poirée à cardes rouges*, la *bette* ou *poirée à cardes jaunes*, dont les pétioles et les nervures épais et charnus ont souvent une largeur de cinq à huit centimètres sur une épaisseur proportionnée; on les accommode et on les mange comme le cardon d'Espagne. Il faut surtout citer la *bette* ou *poirée à cardes jaunes blanches*, que les horticulteurs de Paris ont portée à une dimension vraiment outrée, et très-remarquable dans les pétioles et nervures de ses feuilles, ou, pour parler plus *culinairement*, dans ses *côtes* ou *cardes*, qui atteignent jusqu'à une épaisseur de dix centimètres, quand la qualité du jardin potager et les arrosements donnés à temps et avec abondance le permettent; quand ce mets est préparé comme le cardon, il l'égale presque en qualité, et il est certain que la culture de la poirée est plus facile et surtout beaucoup moins dispendieuse que celle du cardon.

POIRIER, genre d'arbres et d'arbrisseaux de l'icosandrie-monogynie, de la famille des rosacées. L'espèce la plus importante de ce genre est le *poirier commun* (*pyrus communis*, L.), bel arbre qui croît naturellement dans toutes les forêts de l'Europe, à tige grosse et droite, revêtue d'une écorce brune; à feuilles ovales, lancéolées, aiguës, dentées, portées sur de longs pétioles; à fleurs en corymbe, sur un pédoncule commun : leur calice est à cinq divisions; leur corolle, composée de cinq pétales, entoure une vingtaine d'étamines, cinq styles terminés par des stigmates simples.

A l'état sauvage, le poirier prend la forme pyramidale, et s'élève jusqu'à 15 et 20 mètres; ses rameaux sont terminés par des épines; sa racine, pivotante, pénètre dans presque tous les terrains. Il ne porte de fruit que tous les deux ou trois ans, et alors il en est surchargé. Quoique ces petites poires sauvages soient fort du goût des vaches et des cochons, la culture de l'arbre qui les produit serait une mauvaise spéculation, car il est des espèces cultivées dont la croissance est plus rapide, le rapport annuel, et les fruits plus doux et plus juteux.

Le *poirier sauvage* a le bois d'un grain très-fin et très-beau ; il est facile à travailler. Jeune, il sert à former les greffes les plus durables ; pourtant, on reproche aux sujets greffés sur sauvageon de donner des fruits moins gros, moins doux, et plus longs à paraître que ceux des greffes sur *franc*. Le *poirier cultivé* perd ses épines et se couvre de feuilles plus larges, mais aucune de ses nombreuses variétés ne se reproduit de semis ; il se multiplie par *boutures*, par *marcottes*, par *greffe* sur *sauvageon*, sur *coignassier*, sur *épine*, sur *franc*. La greffe sur coignassier, la plus employée de toutes, a l'avantage de se mettre plus tôt à fruit, de donner des poires plus grosses et en plus grand nombre ; l'arbre qui en résulte d'ailleurs est plus facile à diriger. La greffe sur franc, qui convient mieux pour les grands arbres, produit des sujets plus robustes, mais dont les fruits sont sujets à différer de qualité dans la même variété selon la nature du pied (*franc* est le produit du semis des variétés cultivées).

Toutes les expositions, celle du nord exceptée, conviennent au poirier ; il prospère dans une terre profonde, légère et un peu humide. Ces données toutefois veulent être modifiées selon la nature du sujet qui porte la greffe : ainsi, le poirier greffé sur épine est moins délicat que le poirier greffé sur coignassier. P. Gaubert.

POIS, genre de plantes de la diadelphie-décandrie, de la famille des légumineuses, présentant un calice en cloche à cinq divisions, dont deux supérieures plus courtes ; une corolle papilionacée, des étamines diadelphes, un style triangulaire, creusé en carène ; une gousse oblongue, polysperme.

Le *pois cultivé* (*pisum sativum*, L.) a la tige faible, peu rameuse, haute de 0m,30 à un mètre, d'un vert glauque ; des feuilles ailées à deux ou trois paires de folioles ovales et entières ; les fleurs blanches, réunies deux ou trois ensemble sur un pédoncule axillaire ; les racines annuelles, fibreuses et pivotantes. Le pois cultivé est originaire des parties méridionales de l'Europe ; il diffère du *pois des champs* (*pisum arvense*, L.) par ses folioles, plus grandes et non dentées, par ses pédoncules polyflores et ses fleurs blanches. Celui-ci en effet porte sur chaque pédoncule une seule fleur de couleur purpurine. On croit généralement que le pois cultivé n'est qu'une variété de celui des champs ; sa graine, fraîche, est un de nos meilleurs légumes ; sa tige et ses feuilles un excellent fourrage.

La culture a produit un grand nombre de variétés : les unes ont la gousse parcheminée, non comestible, et les autres tendre et d'un goût agréable. Les *pois à parchemin* sont *nains* ou *ramés* : les nains sont le *pois de Francfort*, le *pois baron*, le *petit pois de Blois*, le *pois nain à bouquet*, le *pois Michaux* (pois quarantain) ; ce dernier est de tous le plus fréquemment cultivé aux environs de Paris.

Toutes les variétés précédentes sont hâtives ; elles demandent une terre légère et sablonneuse, peu de fumier, car cet engrais les pousse avec trop de vigueur en tige et en feuilles au détriment du fruit : ce qui leur convient surtout, ce sont les façons fréquentes, les terreaux bien consommés et les débris de végétaux. On sème les pois ou à la fin de novembre pour la primeur, ou au printemps : cette dernière époque est assurément de beaucoup préférable pour les personnes qui ne font point une spéculation de la culture des pois, car les soins, les dépenses, les attentions de chaque instant que réclament les semis d'hiver ne leur font gagner qu'une quinzaine de jours sur ceux du printemps, et encore faut-il qu'ils réussissent. Trois binages et quelques mouillures, selon l'état de la terre, amènent à bien les pois semés après les froids.

La seconde série de la première section (*pois à parchemin ramés*) se compose des *pois dominé*, *Laurent*, *suisse* ou *grosse cosse hâtive*, *commun*, *sans pareil*, *Marly*, *vert d'Angleterre*, etc. Toutes ces variétés, plus élevées que les précédentes, demandent le secours des rames. Le *pois sans parchemin* ou *pois mange-tout* s'élève jusqu'à 2m,30 ou 2m,60 ; les six variétés qu'on cultive le plus souvent sont ou à fleurs blanches ou à fleurs rouges. Les rames leur sont nécessaires comme aux précédents ; ils sont, comme eux moins difficiles sur la qualité de la terre ; un fond franc et qui conserve la fraîcheur leur convient surtout. Leurs gousses, sans enveloppe parcheminée, se cuisent bien, et font une purée agréable.

C'est surtout en vert que les pois sont un excellent légume ; pourtant, ils offrent encore une ressource précieuse lorsqu'ils sont desséchés, mais alors ils sont plus difficiles à digérer. Les petits pois verts se mangent au jus, au beurre frais, au sucre ; plus avancés vers la maturité, ils font, avec le lard, un ragoût nourrissant et savoureux. Pour les conserver, on les écosse, on jette les grains dans l'eau bouillante, où on les laisse de deux à quatre minutes ; puis on les retire, on les passe à l'eau froide, et on les fait sécher sur un linge blanc à l'ombre ; enfin, on les renferme dans des bouteilles pour l'usage. On peut aussi, une fois les pois écossés, les renfermer dans des bouteilles bouchées avec soin, ou dans des boites de fer-blanc hermétiquement fermées ; plonger ces vases dans l'eau bouillante pendant une heure : au bout de ce temps, les retirer et essuyer l'extérieur avant de les serrer. Le *pois crochu* et le *clamart* sont ceux qui se prêtent le mieux à la conservation. Les pois cultivés pour fourrage se sèment, se gouvernent et se récoltent comme les autres plantes à gousses. P. Gaubert.

POIS A BOUQUETS, POIS A FLEURS. *Voyez* Gesse.

POIS A CAUTÈRE, corps globuleux, pisiformes, placés dans la plaie d'un cautère pour exciter la suppuration, et pour empêcher le rapprochement des lèvres de la plaie. On choisit pour faire les pois à cautère des substances végétales, dures et poreuses : ce sont ordinairement des pois secs ou de petites boules de racine d'iris de Florence bien polies. Celles-ci possèdent des propriétés excitantes qui doivent les faire préférer aux pois toutes les fois que le cautère pâlit, suppure peu ou présente sur ses bords un aspect blafard. Leur grosseur est proportionnée à la grandeur de l'exutoire. Les pharmaciens qui les préparent en ont de vingt-quatre grosseurs : ce sont ceux de huit à quinze qui sont le plus employés. P. Gaubert.

POIS CHICHE (en latin *cicer*), genre de plantes de la famille des légumineuses, caractérisé par des gousses rhomboïdales et renflées, contenant une ou deux semences globuleuses irrégulières. Le calice est à cinq divisions étroites, aiguës, presque aussi longues que la corolle. Le peu de semences contenues dans ses gousses lui a fait donner le nom de *chiche* en français. En admettant que le pois chiche soit le *cicer* des Latins, ce légume serait connu de toute antiquité. Les Romains le plaçaient parmi les plantes alimentaires en usage chez les pauvres. La seule espèce connue, le *pois chiche à tête de bélier* (*cicer arietinum*, Linn.), a sa tige rameuse, diffuse, un peu velue, ainsi que les feuilles imparipennées. Les fleurs sont petites, blanches ou d'un pourpre violet, portées sur un pédoncule axillaire uniflore ; les gousses courtes, velues, pendantes, renferment une ou deux semences épaisses, irrégulières, qu'on a comparées à une tête de bélier. Cette plante croît au milieu des champs dans les contrées méridionales de l'Europe. Dans le midi de la France, on la cultive sous le nom de *garvance*, dont on distingue plusieurs variétés : les petits pois chiches, qu'on mange pendant l'été, et les gros, qu'on réserve pour l'hiver. Les pois chiches sont nourrissants, mais d'une digestion quelquefois difficile. Il vaut mieux les réduire en purée.

Torréfiés et pulvérisés, on a essayé de les substituer au café. Leur farine passe pour émolliente et résolutive. Dans le Nord, cette plante, qui ne craint pas le froid, est cultivée comme fourrage, et elle offre pendant l'hiver un bon pâturage aux bestiaux. Dans les pays chauds, les feuilles pendant la floraison exsudent une liqueur visqueuse, contenant de l'acide oxalique, selon Deleuze. L. LOUVET.

POIS DE PIGEON. *Voyez* LENTILLE.

POIS DE SENTEUR. *Voyez* GESSE.

POIS FULMINANTS. Avec l'argent fulminant, ou fulminate d'argent, qui détone violemment quand on l'expose à une chaleur légère, quand on le frotte même avec la barbe d'une plume, ou quand on laisse tomber dessus une goutte d'eau, on fait des *pois*, des *bombes*, des *bougies*, des *cartes* ou des *bonbons fulminants*. Pour cela, on met une très-petite quantité d'argent fulminant encore humide dans un pois ou un petit globe rempli de sable, et on entoure le tout d'un papier mince, sur lequel on étend un peu d'eau gommée : ces *pois* ou *bombes fulminantes* éclatent avec violence quand on les jette par terre ou qu'on les écrase avec le pied. Pour faire les *cartes fulminantes* on dédouble la carte et on y glisse une parcelle d'argent fulminant; puis on recolle les feuillets, et quand on veut allumer la carte ou la déchirer, une forte explosion a lieu.

POIS GESSE, POIS BRETON, POIS VIVACE, POIS ÉTERNEL. *Voyez* GESSE.

POISON, nom donné à toute substance qui détruit la santé ou anéantit entièrement la vie lorsqu'elle est introduite dans l'organisme, soit par ingestion, soit de toute autre manière. Les poisons sont tirés des trois règnes de la nature; aussi les a-t-on divisés longtemps en *poisons minéraux*, *végétaux* et *animaux* : ces derniers portent plus particulièrement les noms de *venins* ou de *virus*. Aujourd'hui on range les poisons dans quatre classes : 1° *irritants*, âcres, corrosifs, acides : alcalis concentrés, mercure, arsenic, cuivre, antimoine, plomb, argent, cantharides, gomme gutte, coloquinte, ricin, etc.; 2° *narcotiques*, agissant sur le cerveau sans enflammer les organes qu'ils touchent : opium, acide prussique, laurier-cerise, laitue vireuse, etc.; 3° *narcotico-âcres*, agissant sur le cerveau, et enflammant les parties sur lesquelles ils sont appliqués : ciguë, digitale pourprée, noix vomique, etc., etc.; 4° *septiques* (putréfiants), venins et virus.

On emploie en médecine les poisons les plus énergiques, et souvent avec grand succès; mais il faut les administrer à très-petite dose, sans cela on donnerait lieu à l'empoisonnement. Cependant, cette règle offre quelques exceptions, dont on peut citer pour exemples le roi Mithridate et les modernes toxicophages Allemands.

Le décret du 8 juillet 1850 prohibe la vente des substances vénéneuses suivantes : acide cyanhydrique, alcaloïdes végétaux vénéneux et leurs sels; arsenic et ses préparations; belladone, extrait et teinture; cantharides entières, poudre et extrait; chloroforme; ciguë, extrait et teinture; cyanure de mercure; cyanure de potassium; digitale, extrait et teinture; émétique; jusquiame, extrait et teinture; nicotiane; nitrate de mercure; opium et son extrait; phosphore; seigle ergoté; stramonium, extrait et teinture; sublimé corrosif.

Quiconque veut faire le commerce de ces substances doit, aux termes de l'ordonnance du 29 octobre 1846, en faire préalablement la déclaration devant le maire de la commune, en indiquant le lieu de son établissement. Les chimistes fabricants ou manufacturiers, employant ces substances, sont également tenus d'en faire la déclaration. Ces substances ne peuvent être vendues qu'aux commerçants, chimistes, fabricants ou manufacturiers ayant fait cette déclaration, ou aux pharmaciens. Elles ne doivent être livrées que sur la demande écrite et signée de l'acheteur. Tous achats ou ventes de substances vénéneuses doivent être inscrits sur un registre spécial, coté et paraphé par le maire ou par le commissaire de police. Les inscriptions sont faites tout de suite et sans aucun blanc, au moment même de l'achat ou de la vente; elles indiquent l'espèce et la quantité des substances achetées ou vendues, ainsi que les noms, professions et domicile des vendeurs ou des acheteurs. Les fabricants et manufacturiers employant des substances vénéneuses en doivent surveiller l'emploi dans leur établissement et le constater sur un registre spécial.

La vente des substances vénéneuses ne peut être faite, pour l'usage de la médecine, que par les pharmaciens et sur la prescription d'un médecin, chirurgien, officier de santé, ou d'un vétérinaire breveté. Cette prescription doit être signée, datée et énoncer en toutes lettres les doses desdites substances, ainsi que le mode d'administration du médicament. Les pharmaciens doivent transcrire ces prescriptions tout de suite et sans aucun blanc sur un registre spécial. Ils ne rendent les prescriptions que revêtues de leur cachet, et après y avoir indiqué le jour où les substances ont été livrées ainsi que le numéro d'ordre de la transcription sur le registre. Ce registre est conservé pendant vingt ans au moins, et doit être représenté à toute réquisition de l'autorité. Avant de délivrer la préparation médicale, le pharmacien y appose une étiquette indiquant son nom et son domicile, et rappelant la destination interne ou externe du médicament. L'arsenic et ses composés ne peuvent être vendus, pour d'autres usages que la médecine, que combinés avec d'autres substances, et par les pharmaciens seulement, à des personnes connues et domiciliées. Les quantités livrées ainsi que le nom et le domicile des acheteurs doivent être inscrits sur le registre spécial. La vente et l'emploi de l'arsenic et de ses composés sont interdits pour le chaulage des grains, l'embaumement des corps et la destruction des insectes.

Les substances vénéneuses doivent toujours être tenues par les commerçants, fabricants, manufacturiers et pharmaciens dans un endroit sûr et fermé à clef. L'expédition, l'emballage, le transport, l'emmagasinage et l'emploi doivent être effectués par les expéditeurs, voituriers, commerçants et manufacturiers avec les précautions nécessaires pour prévenir tout accident. Les fûts, récipients ou enveloppes ayant servi directement à contenir les substances vénéneuses ne peuvent recevoir ensuite aucune autre destination.

A Paris et dans l'étendue du ressort de la préfecture de police, les déclarations sont faites devant le préfet de police.

Indépendamment des visites qui doivent être faites en vertu de la loi du 21 germinal an XI, les maires ou commissaires de police, assistés, s'il y a lieu, soit d'un docteur en médecine, soit de deux professeurs d'une école de pharmacie, soit d'un membre du jury médical et d'un des pharmaciens adjoints à ce jury, désignés par le préfet, doivent s'assurer de l'exécution des dispositions de l'ordonnance précitée. Ils visitent, à cet effet, les officines des pharmaciens, les boutiques et magasins des commerçants et manufacturiers vendant ou employant lesdites substances. Ils se font représenter les registres, et constatent les contraventions. Leurs procès-verbaux sont transmis au procureur impérial.

Poison se dit figurément des maximes pernicieuses, des écrits et des discours qui corrompent le cœur ou l'esprit : Les productions licencieuses sont un *poison* mortel pour l'innocence; Le *poison* de la flatterie corrompt les meilleurs rois. Il se dit aussi des choses qui troublent la raison, agitent le cœur, nuisent au bonheur de la vie : L'amour et l'ennui sont de dangereux *poisons*.

POISONS (Cour des). *Voyez* COUR DES POISONS.

POISSARD (Genre), littérature longtemps à la mode, créée par Vadé, à l'imitation du langage ordinaire des poissardes ou dames de la halle, et qui se distinguait souvent par la naïveté des images, par l'énergie de l'expression; mais on s'y heurtait aussi trop souvent contre des termes grossiers, des images obscènes, des comparaisons viles. En définitive, c'était un langage à part, plus vrai que le burlesque, moins ignoble que l'argot, affectant une allure franche et dégagée, élidant les *e* muets à la fin et même au milieu des mots, alliant des pronoms de première personne au singulier avec des verbes au pluriel, bravant les liaisons vicieuses, et important sans retenue et sans pudeur dans la bonne société tout le vocabulaire des halles, des marchés et des ports. Tous les ans on réimprime un *Catéchisme poissard* donnant la manière de rire et de s'amuser sans se fâcher en société pendant le carnaval. Autrefois les masques en usaient et *s'engueulaient* en passant, par manière de plaisanterie; aujourd'hui la police a défendu cet usage; d'ailleurs, il n'y a plus de masques dans les rues. *Les dieux s'en vont!*

POISSARDES, femmes qui vendent du poisson, et, par extension, toutes les marchandes ou *dames* de la halle, toutes les femmes aux manières hardies, aux expressions grossières. « Sous l'ancienne monarchie, les *poissardes*, dit Mercier, avaient le privilége d'être introduites jusque dans la galerie du château de Versailles et d'y complimenter le monarque à genoux. On leur donnait ensuite à dîner au *grand commun*, et c'était un des premiers officiers du chef de la maison du roi qui en faisait les honneurs. Le repas était splendide. » Leur langage hardi et vulgaire a donné naissance en genre poissard.

POISSON. « Les poissons, dit Cuvier, sont des animaux aquatiques, vertébrés, à sang froid et respirant par des branchies. » Cette définition, adoptée par les naturalistes modernes, ne peut être plus claire et plus précise. *Aquatiques*, c'est-à-dire vivant dans un liquide plus pesant et plus résistant que l'air, leurs forces motrices ont dû être calculées et disposées pour la natation dans tous les sens : de là les formes de moindre résistance de leur corps, la plus grande force musculaire de leur queue et de leurs nageoires, la brièveté de leurs membres, leur expansibilité, les téguments lisses ou écailleux et non hérissés de poils ou de plumes. *Vertébrés*, c'est-à-dire qu'ils ont un squelette intérieur, le cerveau et la moelle épinière enveloppés dans la colonne vertébrale, les muscles en dehors des os, les organes des quatre premiers sens dans la cavité de la tête, etc. *Ne respirant que par des branchies* et par l'intermédiaire de l'eau, c'est-à-dire ne profitant pour rendre à leur sang les qualités artérielles que de la petite quantité d'oxygène contenue dans l'air mêlé à l'eau : ainsi leur sang a dû rester froid. Quant à leurs sensations, les poissons sont de tous les vertébrés ceux qui donnent le moins de signes apparents de sensibilité; leur cerveau est peu développé comparativement à celui des oiseaux et des quadrupèdes, et les organes extérieurs des sens ne sont pas de nature à lui imprimer des ébranlements puissants. N'ayant point l'air élastique à leur disposition, ils sont demeurés muets ou à peu près, et tous les sentiments que la voix réveille ou entretient ont dû leur demeurer étrangers; leurs yeux comme immobiles, leur face osseuse et fixe, leurs membres sans inflexions et se mouvant tout d'une pièce, ne laissent aucun jeu à leur physionomie, aucune expression à leurs émotions; leur oreille, sans limaçon à l'intérieur, doit leur suffire à peine pour distinguer les sons les plus frappants : et qu'avaient-ils affaire du sens de l'ouïe, eux qui sont condamnés à vivre dans l'empire du silence et autour desquels tout se tait? Leur vue même, dans les profondeurs où ils vivent, aurait peu d'exercice, si la plupart des espèces n'avaient, par la grandeur de leurs yeux, un moyen de suppléer à la faiblesse de la lumière. Mais dans celles-là même l'œil change à peine de direction; son iris ne se dilate ni ne se rétrécit, et sa pupille demeure la même à tous les degrés de la lumière. Aucune larme n'arrose cet œil, aucune paupière ne l'essuie ou ne le protège; toujours fixe, cet organe n'a ni la vivacité ni l'expression qui le distinguent dans les classes supérieures. Ne pouvant se nourrir qu'en poursuivant à la nage une proie qui nage elle-même plus ou moins rapidement, n'ayant de moyen de la saisir que de l'engloutir, un sentiment délicat de saveur leur aurait été presque inutile ; aussi voit-on, par la nature et la structure de leur langue, que cet organe est réduit à des fonctions très-bornées. L'odorat ne peut être non plus aussi continuellement en exercice chez les poissons que dans les animaux qui respirent l'air libre, et dont les narines reçoivent sans cesse les émanations environnantes. Enfin, leur tact, presque annulé à la surface de leur corps par les écailles, et dans leurs nageoires par le défaut de flexibilité des rayons, a été contraint de se réfugier au bout de leurs lèvres, qui même dans quelques-uns sont réduites à une dureté osseuse et insensible. Ainsi, les sens extérieurs des poissons leur donnent peu d'impressions vives et nettes; la nature qui les entoure ne doit les affecter que d'une manière confuse; leurs plaisirs sont peu variés; ils n'ont de souffrances à craindre du dehors que les douleurs produites par des blessures effectives. Leur besoin continuel, celui qui seul, hors la saison de l'amour, les agite et les entraîne, leur passion dominante, en un mot, doit être d'assouvir le sentiment intérieur de la faim; dévorer est presque tout ce qu'ils peuvent faire, quand ils ne se reproduisent pas : c'est uniquement vers ce but que semblent calculés toute leur structure, tous leurs organes de mouvement. Poursuivre une proie ou échapper à un destructeur font l'occupation de leur vie : c'est ce qui détermine le choix des différents séjours qu'ils habitent, le peu d'instincts et d'artifices particuliers que la nature a accordés à quelques-unes de leurs espèces et l'objet principal de cette variété de formes qu'elle leur a réparties : les filaments pêcheurs de la baudroie, le museau subitement lancé en avant du filou et du sublet, la commotion terrible que donnent la torpille et le gymnote, n'ont pas d'autre objet. Les variations de la température les affectent peu, non-seulement parce qu'elles sont moins grandes dans l'élément qu'ils habitent que dans notre atmosphère, mais encore parce que, leur corps prenant la température environnante, le contraste du froid extérieur ou de la chaleur intérieure n'existe pas pour eux. Les amours des poissons sont froides comme eux, et ne supposent que des besoins individuels. A peine a-t-il été donné dans quelques espèces aux deux sexes de s'apparier et de jouir ensemble de la volupté; dans les autres, les mâles poursuivent le frai plutôt qu'ils ne cherchent leurs femelles; ils sont réduits à féconder des œufs dont ils ne connaissent point la mère, et dont ils ne verront pas les produits. Les plaisirs de la maternité sont également étrangers au plus grand nombre; quelques femelles seulement portent pendant quelque temps leurs œufs avec elles. A quelques exceptions près, les poissons n'ont point de nid à construire, point de petits à nourrir et à défendre; en un mot, jusque dans les derniers détails, leur économie tout entière contraste avec celle des oiseaux. Et, cependant, ces êtres à qui il a été ménagé si peu de jouissances ont été ornés par la nature de tous les genres de beautés : variété dans les formes, élégance dans les proportions, diversité et vivacité de couleurs, rien ne leur manque pour attirer l'attention de l'homme; et il semble que ce soit cette attention que la nature ait eu en effet le dessein d'exciter : l'éclat de tous les métaux, de toutes les pierres précieuses dont ils resplendissent, les couleurs de l'iris qui se brisent, se reflètent en bandes, en taches, en lignes ondulées, anguleuses et toujours régulières, symétriques, toujours de nuances admirablement assorties ou contrastées, pour qui avaient-ils reçu tous ces dons, eux qui ne peuvent au plus que s'entrevoir dans ces profondeurs, où la lumière a peine à pénétrer? Et quand ils se verraient, quel genre de plaisirs pourraient réveiller en eux de pareils rapports?

Nous avons dit ailleurs quels furent les progrès de l'ichthyologie. Aujourd'hui les poissons forment, dans la classification zoologique, la quatrième classe du grand embranchement des vertébrés. Cuvier les a distribués en neuf ordres, répartis en deux séries. La première série, celle des *poissons osseux*, renferme six ordres; les trois autres composent la seconde série, celle des *poissons cartilagineux* ou *chondroptérygiens* (de χόνδρος, cartilage, et πτέρυξ, nageoire). Les ordres de la première série sont : 1° les *acanthoptérygiens* (de ἄκανθος, épine), dont l'espadon nous offre le type; 2° les *abdominaux* (tanche, etc.);

3° les *subbrachiens* (merlan, etc.); 4° les *apodes* (anguille, etc.); ces trois derniers ordres sont réunis en une subdivision qui porte le nom de *malacoptérygiens* (de μαλακός, mou); 5° les *lophobranches* (hippocampe, etc); 6° les *plectognates*. Les chondroptérygiens se divisent en chondroptérygiens à branchies libres et chondroptérygiens à branchies fixes. Les premiers forment le 7e ordre, celui des *sturioniens* (esturgeon, polyodon, etc.). Enfin, les derniers se subdivisent en deux ordres : l'un, sous le nom de *sélaciens* (*plagiostomes* de Duméril), est formé par les genres *chimère*, *squale*, *marteau*, *ange*, *scie* et *raie*; l'autre, ou les *suceurs* (*cyclostomes* de Duméril), contient les genres *lamproie*, *ammocète* et *myxine*.

L'élément qu'habitent les poissons n'a pas permis d'avoir sur leurs mœurs des renseignements aussi précis que sur celles des mammifères, des reptiles et des oiseaux. Cependant quelques-uns, tels que l'épinoche, ont laissé découvrir de curieux mystères. Le nombre de ces observations s'accroît tous les jours, et l'extension de la pisciculture facilitera à l'avenir cette intéressante étude. Les Grecs avaient déjà distingué les poissons par leurs principales habitudes, et Aristote, en plusieurs endroits de son ouvrage, fait la différence des espèces qu'il appelle *saxatiles*, parce qu'on les pêchait près des côtes bordées de rochers, de celles qu'il nomme *ruades*, et qui, vivant en troupes, ne se montraient qu'à certaines époques. Toutefois, il ne confondait pas ces dernières avec celles qui se réunissent en grandes bandes et ne sont pas soumises aux migrations que l'instinct ou le besoin impose à d'autres. Les saisons, observe l'illustre Cuvier, ne sont pas pour la migration et pour les époques de la propagation des régulateurs invariables; plusieurs poissons fraient en hiver; c'est vers l'automne que les harengs viennent du Nord répandre sur nos côtes leurs œufs et leur laite; c'est dans le Nord que certaines espèces montrent la fécondité la plus étonnante, et nulle part ailleurs la mer ne nous offre rien d'approchant de ces myriades de morues et de harengs qui attirent chaque année des flottes entières de pêcheurs. En général, les poissons de passage, qui descendent ou remontent une côte, ne s'y montrent point sur tous les points; ils semblent affectionner des parages déterminés, et préférer pour se réunir certaines eaux où ils stationnent à des époques fixes. Ils y arrivent pour la plupart en troupes si nombreuses et si serrées qu'ils forment des bancs immense, et sont pour les pêcheurs d'une capture facile. Le phénomène des migrations des poissons a été observé dans presque toutes les régions du globe; chaque pays compte un certain nombre d'espèces qui ne se montrent sur les côtes qu'à des époques fixes et déterminées par des circonstances difficiles à expliquer, si ce n'est par la nécessité de se procurer une nourriture plus abondante, et la recherche des parages convenables à la conservation du frai.

Les poissons doivent encore être considérés comme ressources alimentaires. Les hommes recherchèrent de tous temps cette nourriture saine et délicate. Favorisées par le voisinage de la mer, les populations grecques, en s'adonnant à la pêche, s'attachèrent à distinguer les meilleures espèces. Les cuisiniers grecs savaient donner aux poissons diverses préparations, dont il est parlé dans les anciens auteurs qui ont écrit sur la diététique; ils avaient plusieurs manières de les apprêter avec le sel, de les mariner avec de l'huile et des aromates, et le poisson en *escabeche* des Espagnols et des Italiens n'en est sans doute qu'une imitation. Malgré le peu de notions qui sont parvenues jusqu'à nous sur la cuisine grecque, nous savons pourtant qu'on préparait alors la chair de l'espadon avec de la moutarde, celle du congre avec du sel et de l'origan, la dorade avec de l'huile, du vinaigre et des pruneaux. Galien fut le premier qui prescrivit de saler le thon, parce que dans cet état sa chair est moins compacte. Athénée nous a transmis quelques préceptes sur les assaisonnements, et Xénocrate, Eschyle et Sophocle ont parlé des sauces au poisson. On avait poussé si loin à Athènes la prédilection pour les productions de la mer que, par une loi de police, il était prescrit d'appeler sur-le-champ les acheteurs au bruit de cylindres d'airain pour que chacun pût se procurer du poisson frais, au moment où il était apporté au marché. On assure même que pour obliger les marchands à le vendre plus vite il leur était enjoint de rester debout.

Pline nous a fait connaître les poissons les plus estimés à Rome, et dans ce nombre figure le scare, que les gourmets préféraient à toutes les autres espèces. Après le scare, le foie de la lotte jouissait d'une grande réputation; mais le reste du corps n'était pas estimé. Le mulet, que nous autres modernes regardons comme un poisson commun, était réputé alors un des mets les plus délicats; les meilleurs gastronomes se plaisaient à le voir expirer sur la table pour jouir de ses changements de couleurs; les plus sensuels le faisaient mourir dans la saumure, et Apicius fut le premier qui inventa ce raffinement de luxe. La saumure usitée en pareil cas était composée avec du sang de scombre ou de maquereau : c'était le fameux *garum sociorum*. Il a déjà été fait mention, à l'article Pêche, des viviers où les Romains conservaient les poissons; ajoutons que Lucullus, le plus fastueux des patriciens, fit couper une montagne dans les environs de Naples pour ouvrir un canal et faire remonter la mer et les poissons jusqu'au milieu de ses jardins. Pompée lui donna à ce sujet le surnom de *Xerxès en toge*.

Le mot *poisson* a donné lieu à plusieurs acceptions figurées. Dire d'un homme : *Il avalerait la mer et les poissons*, c'est le signaler comme un ivrogne ou un gourmand. *Être comme le poisson dans l'eau*, c'est se trouver bien, être à son aise quelque part. *Rester muet comme un poisson*, c'est rester interdit. *N'être ni chair ni poisson*, c'est n'avoir point de caractère, flotter entre les partis. *La sauce fait manger le poisson* signifie que les circonstances qui environnent une affaire font passer sur ses désagréments.

POISSON (*Métrologie*), ancienne petite mesure, la moitié d'un demi-setier, la huitième partie d'une pinte. Ce mot vient de *potio*, potion, dont on a fait d'abord *posson*, puis *poisson*.

POISSON (Huile de). Cette matière s'extrait des poissons, soit en les soumettant à une forte pression, soit en faisant fondre leur graisse. On distingue les huiles de poisson en *huiles de baleine* et *huiles de morue*. Le commerce range dans la première catégorie non-seulement les huiles provenant des baleines, mais encore celles que l'on retire des harengs, des sardines, des dauphins, des marsouins, etc. L'huile de baleine a une désagréable odeur de poisson; sa densité est 0,93; elle se dissout dans un volume égal d'alcool à 75° centigrades. On l'ajoute aux huiles de graines destinées à l'éclairage. Par le repos, elle laisse un résidu graisseux, qui peut servir à fabriquer une substance analogue au blanc de baleine.

L'huile de morue diffère de la précédente en ce qu'elle ne se congèle pas comme celle-ci à la température de la glace fondante. L'air ne l'altère que beaucoup plus lentement; en outre, l'huile de morue offre une onctuosité qui la fait préférer à l'huile de baleine dans divers emplois, comme ceux qu'exigent les travaux du corroyeur.

POISSON, nom d'une famille d'acteurs célèbres dans l'histoire du théâtre français. *Raymond* Poisson, le chef de cette dynastie comique, natif de Paris, ayant perdu en bas âge son père, qui était un mathématicien distingué, fut pris en amitié par le duc de Créqui, premier gentilhomme de la chambre du roi et gouverneur de Paris, et élevé par lui. Entraîné par sa passion pour la comédie, Poisson abandonna son protecteur, et, renonçant aux avantages qu'il en pouvait espérer, il alla jouer en province. Quelques années après, Louis XIV ayant assisté à une de ses représentations, en fut si charmé, qu'il le choisit pour un de ses comédiens ordinaires et le remit dans les bonnes grâces de Créqui, qui resta le protecteur de sa famille. C'était un acteur d'un talent original, mettant dans tous ses rôles beaucoup de gaieté, d'esprit et de naturel. On lui attribue à tort l'invention des rôles de Crispin, qu'il jouait du moins à ravir. Il mourut à Paris, en 1690. Il avait composé plusieurs comédies charmantes, qui révèlent peu d'invention sans doute, mais où les caractères sont bien tracés et dont le dialogue est excellent : on cite particulièrement *Le Baron de la Crasse* et *Les Femmes coquettes*. Il y en a une édition de 1687 formant 2 vol. in-12.

L'aîné des fils de Raymond Poisson prit le parti des armes, se distingua en qualité de volontaire sous les yeux de Louis XIV, au siége de Cambray, et y fut tué. *Paul* Poisson, second fils de Raymond, né en 1658, fut d'abord porte-manteau de Monsieur, frère de Louis XIV; mais ayant hérité des talents de son père pour jouer dans le comique, il ne put résister à son goût pour le théâtre. Il le quitta et y remonta plusieurs fois, et se retira enfin à Saint-Germain-en-Laye, où il mourut, le 28 décembre 1735.

Philippe Poisson, fils aîné de ce dernier, né en février 1682, après avoir été comédien cinq ou six ans, se retira avant son père à Saint-Germain-en-Laye, où il mourut, le 4 août 1743, à l'âge de soixante ans, laissant plusieurs comédies, entre autres *Le Procureur arbitre* et *L'Impromptu de Campagne*.

François-Arnould Poisson de Roinville, frère cadet du précédent, naquit en 1696. Son père, le destinant à l'état militaire, lui fit obtenir une compagnie de cavalerie; il abandonna cette position, s'embarqua pour les Indes, et de retour en France, joua la comédie en province. Il vint ensuite à Paris, et sollicita un ordre de début pour la Comédie-Française. Son père l'apprit, et s'y opposa par tous les moyens; enfin, par l'entremise d'un ami, il réussit à convaincre son père en jouant devant lui; celui-ci l'embrassant alors avec tendresse, fit les démarches nécessaires, et Arnould Poisson débuta, par le rôle de Sosie, en 1722. Reçu sociétaire l'année suivante, il joua pendant vingt-huit ans avec le plus grand succès. « Tous les rôles lui étaient également familiers, dit un biographe; tour à tour naïf, suffisant et ridicule, il représentait au naturel La Fleur dans *Le Glorieux*, Turcaret et Pourceaugnac. Sa taille était petite et difforme; sa figure fort laide, mais si comique qu'on ne pouvait le voir sans éclater de rire Malgré son grand talent, on lui reprochait deux choses très-importantes, le défaut de mémoire et un bredouillement qui faisait perdre souvent ce qu'il disait. » Il mourut le 24 août 1753. Préville lui succéda. Les difficultés des débuts d'Arnould Poisson ont fourni à M. Samson le sujet d'une spirituelle petite comédie, intitulée *La famille Poisson*. L. Louvet.

POISSON (Jeanne-Antoinette). *Voyez* Pompadour.

POISSON (Siméon-Denis), célèbre géomètre, naquit à Pithiviers (Loiret), le 21 juin 1781. Appartenant à une modeste famille, il fut destiné à l'état de chirurgien, et, dans ce but, envoyé à Fontainebleau, auprès de l'un de ses oncles, chirurgien dans les hôpitaux militaires que possédait alors cette ville. Il y suivit le cours de Billy, professeur de mathématiques à l'école centrale, et y prit le goût des sciences exactes. Dès l'âge de seize ans Poisson avait acquis toutes les connaissances exigées pour entrer à l'École Polytechnique. Il fut reçu le premier de la promotion de 1798, et dans cette école il se fit promptement remarquer par Lagrange et Laplace.

La haute réputation acquise à l'École Polytechnique par l'élève Poisson le fit dispenser unanimement des examens subis à la fin de la deuxième année d'études pour l'admission dans les services publics : on le nomma répétiteur adjoint du cours d'analyse. Plus tard le cours fut confié au jeune Poisson. Après avoir professé trois ans comme suppléant, Poisson fut élevé, en 1805, au rang de professeur titulaire. A peine âgé de vingt-cinq ans, il s'était déjà acquis une réputation solide et juste; il devint bien vite indispensable dans les services où il fallait beaucoup de science et un grand zèle. Le Bureau des Longitudes compta bientôt Poisson au nombre de ses membres adjoints; en 1812 l'Institut de France l'appela à venir remplir le fauteuil laissé vacant par la mort de l'illustre Malus; enfin, la faculté des sciences de Paris s'empressa de l'accueillir comme professeur de mécanique. En 1815 Poisson cessa de professer à l'École Polytechnique, où il occupa désormais le difficile emploi d'examinateur permanent. A partir de 1820 il exerça les hautes fonctions de conseiller de l'université. En 1837 il fut élevé à la pairie, et devint doyen de la faculté des sciences. Il mourut en 1840.

Poisson a commencé sa carrière à une époque où Laplace et Lagrange avaient presque achevé de mettre la dernière main à la mécanique céleste. Toutefois, il a su lier son nom aux grands et immortels travaux qui ont porté l'astronomie à un degré inouï de perfection. Si d'ailleurs la mécanique céleste n'était plus à faire, on n'en saurait dire autant de la physique mathématique, de la mécanique rationnelle, de l'analyse; Poisson a publié sur ces diverses parties des connaissances humaines une ample série d'œuvres importantes. Il me semble caractérisé par le titre de *géomètre physicien*. On pourrait l'affirmer, n'eût-il publié que ses beaux mémoires de 1812 et de 1813 sur la distribution de l'électricité à la surface des corps, mémoires dont les résultats vérifiés par l'expérience sont devenus classiques. Mais là ne se bornent pas à beaucoup près, en physique, les œuvres de Poisson. Le plus souvent, dans les questions de physique traitées à l'aide de l'analyse, on considérait les molécules de la matière comme juxta-posées : on ne tenait pas compte explicitement des forces moléculaires attractives ou répulsives, qui agissent à chaque instant d'un point matériel à l'autre, et font varier leurs distances relatives. Cependant, il faut dire que Laplace, dans son *Traité des Phénomènes capillaires*, et d'autres géomètres ont eu égard, autant qu'ils l'ont pu, à ces forces si difficiles à scruter. Mais jusqu'à Poisson les essais de cette nature ont été bornés : il semble, lui, s'être imposé de créer un traité complet de physique mathématique, en pénétrant dans la constitution intime des corps, en tenant compte des distances réciproques des particules de la matière, des influences si compliquées qu'elles exercent les unes sur les autres, et de celles qu'elles éprouvent de la part des divers agents physiques, chaleur, lumière, électricité, magnétisme On conçoit les difficultés nombreuses que s'est créées Poisson en voulant pénétrer aussi avant dans les phénomènes de la nature et en expliquer les lois complètes; l'analyse mathématique a dû souvent lui refuser ses secours, et il a fallu que le physicien reculât les bornes de cette analyse, en fit grandir la puissance d'investigation pour vaincre les obstacles qui surgissaient à chaque pas.

C'est le mémoire présenté à l'Institut le 20 juin 1808 qui plaça irrévocablement Poisson parmi les géomètres du premier ordre. Lagrange avait annoncé le premier, en 1776, que les grands axes des planètes et leurs moyens mouvements restent invariables, ou, pour mieux dire, ne sont soumis qu'à des inégalités périodiques. Mais il ne put y parvenir qu'en se contentant d'une approximation que son génie avait en vain cherché à étendre. Ce principe joint à cet autre, que les inégalités séculaires des excentricités et des inclinaisons des orbites planétaires sur l'équateur sont toujours renfermées entre des limites fort étroites, assure la stabilité du système du monde. On sent toute la grandeur d'une telle conclusion, mais on sent aussi qu'il importe de la fonder sur des bases inébranlables et non sur une simple approximation. Or, c'est ce qu'a fait Poisson, dans le mémoire présenté à l'Institut en 1808, où il donna toute la rigueur désirable au théorème posé par Lagrange, en étendant les limites des approximations. Poisson avait à peine vingt-sept ans lorsqu'il achevait ce beau travail; il eut alors l'honneur insigne de stimuler le génie de Lagrange, qui semblait endormi et fatigué depuis un assez grand nombre d'années. Lagrange, électrisé par les recherches de son ancien élève, se remit au travail avec ardeur; presque coup sur coup, il lut à l'Institut trois mémoires sur la *Variation des constantes arbitraires*, comparables aux meilleures productions de ses rivaux et de lui-même.

La série des grands ouvrages publiés par Poisson, hors des *Mémoires de l'Institut* et du *Journal de l'École Polytechnique*, commence à une nouvelle théorie des *phénomènes capillaires*, qui date de 1831. En 1832 Poisson a doté les grandes écoles scientifiques de la seconde édition de sa *Mécanique*. La première édition avait été rédigée de 1809 à 1811, principalement à l'usage des élèves de l'École Polytechnique; elle était beaucoup plus restreinte que la seconde, où l'on puise tous les éléments nécessaires pour aborder les auteurs qui ont écrit sur les phénomènes les plus compliqués de l'astronomie, sur la nouvelle physique mathématique, etc. Poisson a publié en 1835 un *in-quarto* sur la théorie mathématique de la chaleur, auquel il a joint un supplément en cette même année. A la fin de 1837 il publia sur le calcul des probabilités un ouvrage d'un haut intérêt, non-seulement par la lucidité qui règne dans l'exposé des principes de ce calcul, mais aussi et surtout par l'application qu'il en a faite à la question des jugements : Poisson signale dans cet ouvrage de mathématiques et de haute statistique une loi remarquable, qu'il a nommée *la loi des grands nombres*, et qui semble s'appliquer à toutes choses. Auguste CHEVALIER.

POISSON BOULE, POISSON BOURSOUFLÉ, POISSON ARMÉ. *Voyez* DIODON.

POISSON D'AVRIL. Le *poisson d'avril* n'est autre chose que le *maquereau*, que l'on pêche plus habituellement dans ce mois. Au figuré, on nomme *poisson d'avril* une attrape, un piége innocent que l'on tend à quelqu'un le premier jour d'avril. *Donner un poisson d'avril*, c'est, dit l'abbé Tuet, dans ses *Proverbes français*, faire faire à quelqu'un une démarche inutile pour avoir occasion de se moquer de lui. Cette mauvaise plaisanterie n'a lieu que le premier jour du mois d'avril. Quant à son origine, elle est le sujet de plusieurs versions, dont voici la plus accréditée : Louis XIII faisait garder à vue, dans le château de Nancy, un prince de Lorraine dont il n'avait pas à se louer; ce prisonnier trouva le moyen de tromper les gardes et se sauva le premier jour d'avril, en traversant la Meuse à la nage; ce qui fit dire aux Lorrains que *c'était un poisson qu'on avait donné à garder aux Français*. Il est probable cependant que l'usage de *donner un poisson d'avril* remonte plus haut que Louis XIII. Bellingen, dans son *Étymologie des Proverbes français*, suppose que l'on a voulu faire allusion à la *passion* du Christ, qui arriva vers le mois d'avril : « Les juifs, dit-il, firent faire diverses courses à Jésus-Christ à cette occasion pour se moquer de lui et pour lui faire de la peine, le renvoyant d'Anne à Caïphe, de Caïphe à Pilate, de Pilate à Hérode, et d'Hérode à Pilate; » et de là il veut qu'on ait pris cette impie ou plutôt ridicule coutume de faire courir et de renvoyer d'un endroit à un autre ceux dont on veut se moquer. L'ignorance du vulgaire, dont nous n'avons du reste que trop de preuves en ce genre, aurait transformé le mot de *passion* en celui de *poisson*, et la succession des siècles aurait insensiblement effacé la mémoire du terme originel pour y substituer ou consacrer celui que l'on emploie aujourd'hui.

POISSON DE SAINT-PIERRE. *Voyez* ZÉE.

POISSON-FEMME. *Voyez* DUGONG.

POISSON-FLUTE. *Voyez* LAMPROIE.

POISSON ROUGE. *Voyez* DORADE DE LA CHINE.

POISSONS (*Astronomie*). Les Poissons, qui forment le douzième signe du zodiaque, sont fort peu remarquables : l'un des poissons est placé le long du côté méridional du carré de Pégase, l'autre entre la tête d'Andromède et la tête du Bélier; l'étoile α, au nœud du lien des Poissons, qui est de la troisième grandeur, se trouve sur la ligne même du pied d'Andromède par la tête du Bélier et sur la ligne menée des pieds des Gémeaux par Aldebaran à 40° à l'occident de celui-ci.

On donne aussi le nom de *Poisson* à une constellation de l'hémisphère austral, qui renferme douze étoiles. La plus belle, qui est de première grandeur, est appelée *bouche du poisson* ou *Fomalhaut* (en arabe *fom al haut*); elle est indiquée par la ligne menée de l'Aigle à la queue du Capricorne et prolongée 20° au delà.

Parmi les douze constellations méridionales ajoutées, il y a deux cents ans, aux catalogues anciens, et gravées dans les cartes de Bayer, on trouve mentionné le *Poisson volant*.

POISSONS PLATS. *Voyez* PLEURONECTES.

POISSONS VOLANTS. *Voyez* DACTYLOPTÈRES et EXOCET.

POISSY, ville de France, chef-lieu de canton dans le département de Seine-et-Oise, à 15 kilomètres au nord-ouest de Versailles, à 29 kilomètres de Paris, sur la rive gauche de la Seine, avec une caisse d'épargne et une maison centrale de force et de correction pour hommes. C'est une station du chemin de fer de Paris à Rouen et au Hâvre. On y compte 4,300 habitants. On y exploite des pierres calcaires et des moëllons; on y trouve une féculerie, une distillerie, des fabriques de chaussons de tresse, de toile, de toile cirée, de coutellerie. Il s'y fait un commerce de blé, et il s'y tient un marché hebdomadaire de bestiaux pour l'approvisionnement de Paris, le plus considérable des marchés de ce genre en France. A la maison de correction les industries suivantes sont en activité : la serrurerie, la bijouterie en faux, l'ébénisterie, la chapellerie, la corroierie, la cordonnerie, la confection d'habits, la bonneterie, la ciselure en bronze, le retordage et le tissage du coton, la coutellerie, la fabrication des perles dorées, la chaussonnerie de tresse, etc.

On voit à Poissy une belle église, bâtie par Philippe le Hardi, sur l'emplacement du château royal où naquit saint Louis; un pont sur la Seine, remarquable par sa longueur. La maison de correction est établie dans un ancien couvent d'ursulines. Ancienne capitale d'un petit pays de l'Ile de France appelé le *Pincerais*, c'était jadis une place forte, entourée de murailles flanquées de tours. Il s'y tint en 1561 une célèbre conférence entre les catholiques et les réformés. *Voyez* POISSY (Colloque de).

POISSY (Caisse de). On désigne sous ce nom une banque spéciale créée en faveur du commerce de la boucherie de Paris, à l'effet de faciliter ses relations avec les éleveurs et les marchands de bestiaux, tant à Sceaux qu'à Poissy, aux marchés aux vaches grasses et à la halle aux veaux de Paris. Les fonds en ont été faits au moyen d'un cautionnement de 3,000 fr. imposé à tous les bouchers de Paris et de sommes versées par la caisse municipale.

La nécessité d'assurer l'approvisionnement de Paris et d'y régulariser le mécanisme du commerce de la boucherie fit de bonne heure comprendre l'utilité d'intermédiaires entre les marchands forains et les bouchers de la capitale. Une ordonnance rendue à la date du 22 novembre 1375, par le prévôt des marchands Aubriot, a pour objet de réglementer cette partie du service public. On y voit que ces vendeurs, dont le nombre était encore indéterminé, devaient fournir un cautionnement de 60 livres parisis, « faire bon le payement des marchands dans les huit jours de la vente, » et que pour l'acquit de cette obligation ils étaient contraignables par la saisie de leurs biens et l'emprisonnement de leur personne. Leur commission était de six deniers par livre sur les ventes et achats opérés par leur intermédiaire, et nul d'entre eux ne pouvait être à la fois vendeur et marchand de bestiaux. Des lettres patentes du roi Charles VI, en date du 7 novembre 1392, fixèrent à douze le nombre de ces intermédiaires, dont les fonctions furent érigées en offices. En 1644 une ordonnance porta ce nombre à 26. En 1655 ils furent supprimés, en même temps que des officiers créés en 1644, au nombre de 60, sous le nom de vendeurs de bétail *à pied fourché*, et chargés d'exercer leurs fonctions dans les foires et marchés qui se tenaient à vingt lieues autour de Paris. Il s'établit alors, sous le nom de *grimbelins*, des banquiers qui faisaient des avances aux bouchers à un taux modéré, mais à très-courts termes, et qui, si le délai fixé s'écoulait sans que le remboursement de leurs avances eût eu lieu, exigeaient des retardataires des intérêts usuraires. Cet état de choses amena force ruines dans le commerce de la boucherie, et eut pour résultat de faire renchérir la viande à Paris. En janvier 1684, le lieutenant de police crut remédier au mal en défendant à tous banquiers et autres intermédiaires, sous peine de confiscation, au profit de l'hôpital général, des sommes par eux avancées, de se trouver dans les marchés à bestiaux ou aux environs, pour s'y entremettre et y faire des avances aux forains et aux bouchers. Mais cette ordonnance souleva, de la part des bouchers et des marchands de bestiaux qui n'étaient pas assez riches pour se passer de l'intermédiaire des prêteurs d'argent, de si vives réclamations, que le parlement l'infirma par un arrêt rendu dès le mois d'août suivant. L'industrie des *grimbelins*, momentanément gênée, s'exerça donc de plus belle et sans aucune contrainte; mais les criants abus qui en résultèrent bientôt décidèrent le gouvernement à créer en 1707, sous la dénomination de *trésoriers de la caisse de Poissy*, cent officiers destinés à remplacer les intermédiaires supprimés en 1655. Ces trésoriers étaient tenus de payer comptant aux marchands forains le prix des bestiaux vendus aux bouchers et autres particuliers solvables, moyennant le droit d'un sou par livre, payable par les marchands, sur le prix de tous les animaux vendus, même quand ils n'auraient pas fait l'avance de ce prix.

Les bouchers devaient rembourser dans les huit jours les avances faites pour leur compte par la caisse, qui pouvait les y contraindre par toutes *voies dues et raisonnables*, voire même par corps, et qui, de plus, était autorisée à exercer au nom de ses débiteurs eux-mêmes le payement des fournitures faites par eux à crédit à des tiers. Cette organisation ne subsista guère que sept ans. Supprimée en 1714, la caisse de Poissy fut rétablie sur les mêmes bases en 1733, et mise alors en ferme. Elle continua de fonctionner de la sorte jusqu'en 1776, époque où eut lieu une nouvelle suppression. En 1779, force fut encore de la reconstituer, mais en réduisant son droit de commission de 5 pour 100 à 3 1/2, payables par moitiés par le vendeur et par l'acquéreur, avec un délai de quatre semaines accordé aux bouchers pour rembourser les avances qui leur étaient faites au taux de 6 p. 100 l'an. La révolution détruisit encore une fois la caisse de Poissy, comme elle fit de toutes nos autres institutions financières.

En 1802 le gouvernement de Bonaparte, premier consul, réorganisa la caisse de Poissy, à laquelle des décrets impériaux, en date du 6 février 1811 et du 15 mai 1813, donnèrent des bases encore plus larges. Une ordonnance royale en date du 22 décembre 1819 remplaça par une taxe fixe de 10 francs par bœuf, de 6 francs par vache, de 2 fr. 40 c. par veau, et de 70 c. par mouton, l'ancien droit de 3 p. 100 établi, au profit de la ville de Paris, sur le montant des achats faits par les bouchers. Depuis la loi du 10 mai 1846 les droits de consommation ont été réunis aux droits sur la viande, et encaissés avec les droits d'octroi à partir du 1er janvier 1847. Ainsi depuis cette époque les produits de cette caisse, dont le fonds central est formé par 501 cautionnements de 3,000 francs, soit une somme totale de 1,503,000 francs, ne sont plus composés que des intérêts des sommes avancées aux bouchers.

Voici la manière dont fonctionne aujourd'hui la caisse de Poissy. Chaque mois le syndicat de la boucherie présente au préfet de police le tableau des crédits nécessaires pour le mois suivant, et le préfet en arrête la quotité, qui ne saurait être moindre que le cautionnement de chaque boucher, à moins de déclaration contraire de sa part. Tout boucher qui outrepasse son crédit est tenu de verser à la caisse, soit la totalité, soit l'excédant de ce qu'elle aura à payer pour lui. Les avances aux marchés de Sceaux et de Poissy sont faites par engagements de vingt cinq à trente jours, emportant contrainte par corps; à la halle aux veaux, sur bordereaux à huit jours d'échéance. L'intérêt est de 5 p. 100.

POISSY (Colloque de). Lorsque les états généraux de France furent convoqués en 1561, il fut ordonné que les députés du clergé se réuniraient à Poissy, et ceux des deux ordres séculiers à Pontoise. Entre autres demandes, ceux-ci témoignèrent le désir qu'un concile national fût assemblé pour ramener l'accord entre les catholiques et les calvinistes. L'assemblée du clergé à Poissy devait, dans les vues de la cour, former une sorte de concile national, pour qu'il pût prononcer sur la controverse qui divisait toute la France, et s'engager au nom de l'ordre, si on parvenait à le déterminer à quelque grand sacrifice. Tous les évêques français y avaient été convoqués; par diverses causes cependant, il ne s'en trouva qu'une cinquantaine de présents. Ils avaient été appelés à s'occuper d'abord de la réformation des mœurs et de la discipline, tandis que les députés des deux autres ordres rédigeaient leurs cahiers; mais bientôt ils furent avertis qu'ils devaient entrer en conférence avec les principaux ministres de la réforme.

Bientôt ces conférences commencèrent. Dix ministres du saint Évangile, estimés les plus habiles de France, étaient arrivés à Saint-Germain, chacun accompagné par deux gentilshommes de sa province; en même temps deux illustres réfugiés, Théodore de Bèze, et Pierre Martyr Vermiglio de Florence, qui, après avoir eu une grande part à la réformation d'Angleterre, était alors le chef de l'Église de Zurich, avaient été appelés par les ministres français, pour les diriger par leur prudence et leur savoir. Le réfectoire des religieuses de Poissy avait été préparé pour les conférences, auxquelles le roi se rendit en cérémonie le 9 septembre à midi (1561), accompagné de sa mère, du duc d'Orléans son frère, du roi et de la reine de Navarre, des princes et des grands-officiers de la couronne. Six cardinaux, trente-six évêques, et un grand nombre de docteurs en théologie représentaient l'Église catholique. Le chancelier leur dit qu'il les regardait comme un concile national convoqué pour éclairer les novateurs par la persuasion, ou les convaincre de mauvaise foi, et après leur avoir recommandé la modération dans la dispute, il fit introduire les ministres de la réforme, qui se rangèrent derrière la balustrade.

Théodore de Bèze s'étant mis à genoux avec tous ses confrères pour prier à haute voix, prit ensuite la parole, avec modération, avec méthode et avec éloquence. Il exposa quelle était cette foi pour laquelle on les avait crus dignes du supplice; il montra d'abord en quoi les novateurs s'accordaient avec l'Église romaine, puis en quoi ils différaient; il s'exprima sans amertume, et il fit évidemment une impression profonde sur ses auditeurs. Lorsqu'il arriva cependant à l'article de la présence réelle dans l'eucharistie, il déclara qu'il croyait le corps du Seigneur aussi éloigné de son symbole dans la sainte cène que le ciel est éloigné de la terre. Le cardinal de Tournon interrompit alors Théodore de Bèze, et releva ses paroles comme un blasphème dont il se montra vivement scandalisé. Il protesta de sa douleur de ce que le jeune roi Charles IX avait été conduit à cette conférence pour entendre de telles impiétés, et il le supplia du moins de suspendre son jugement jusqu'à ce qu'elles eussent été victorieusement réfutées. Ce fut le cardinal de Lorraine qui se chargea de cette réfutation, mais il l'ajourna jusqu'à la séance du 16, à laquelle toute la cour assista de la même manière. Il commença par déclarer que s'il professait avec tout le clergé une obéissance implicite à l'autorité royale dans toutes les matières temporelles, c'était à son tour le roi qui devait obéir à l'Église et à ses seuls représentants, les évêques, dans tout ce qui tenait à la foi. C'était aussi comme juges que les évêques devaient prononcer sur ces hommes qui s'étaient séparés de l'Église, et qui, annonçant leur repentir, se disaient disposés à y rentrer dès qu'on les aurait convaincus de leurs erreurs. Cependant, il promettait que les évêques les considéreraient aussi comme frères dès qu'ils se seraient soumis. Pour les convaincre de leurs erreurs, il ne s'attacherait point à les suivre dans tous leurs raisonnements; il se contenterait seulement d'établir deux vérités, l'autorité de l'Église, représentée par les évêques en matière de foi, et la présence réelle du corps et du sang de Jésus-Christ dans le saint-sacrement. Le cardinal développa ensuite ces deux principes; ses raisonnements parurent convaincants aux évêques et aux docteurs de Sorbonne. Aussi le cardinal de Tournon, se levant, déclara en leur nom à tous qu'il ne pouvait y avoir que des gens de mauvaise foi qui ne se rendissent pas à une telle évidence, et que le roi devait exiger des ministres qu'ils signassent immédiatement ces deux articles ou les chasser ignominieusement de sa présence. Théodore de Bèze demanda à répondre tout de suite; mais la cour était fatiguée du discours du cardinal de Lorraine, qui avait duré deux heures; et elle s'ajourna à une autre séance.

Dans l'intervalle entre cette séance et la suivante, Hippolyte d'Este, cardinal de Ferrare, arriva en France avec la qualité de légat du saint-siége. Il persuada à Catherine de Médicis qu'il n'y avait que du désavantage à la grande solennité qu'elle avait donnée aux conférences ou *colloque* de Poissy; qu'il valait mieux en écarter le roi et les jeunes princes, et en faire retirer aussi le cardinal de Tournon et les plus violents des ecclésiastiques, qui ne faisaient qu'aigrir les esprits; enfin, il l'engagea à renvoyer les représentants du clergé aux états généraux. En effet, à la troisième séance, le 24 septembre, la reine ne parut plus accompagnée que des princes du sang et de quelques conseillers d'État. Cinq évêques et quelques docteurs demeurèrent seuls chargés de soutenir la controverse contre les ministres; et le cardinal de Lorraine, renonçant au rôle de champion, prit celui de président de la conférence.

Théodore de Bèze entreprit la réfutation du discours du cardinal de Lorraine; il fut secondé par Pierre Martyr, tandis que deux docteurs de Sorbonne, Despences et Xaintes, soutinrent l'argumentation du côté catholique. Bèze, ramené toujours à la doctrine de la transsubstantiation, s'efforçait de rédiger sa croyance dans les termes les plus rapprochés et de la confession d'Augsbourg et de celle de l'Église romaine. « La foi, disait-il, rend présentes les choses promises, et fait reconnaître au fidèle, par l'efficace de la parole, la présence du vrai corps et du sang de Jésus-Christ dans la cène. » Mais aucune explication rationnelle ne pouvait satisfaire les docteurs de Sorbonne; c'était la confession du mystère dans toute son apparente contradiction qu'ils voulaient arracher aux réformés. Jacques Lainez, général des jésuites, qui avait suivi comme théologien le cardinal de Ferrare, mais dont la société était toujours repoussée de France par la défiance du parlement, fut admis à parler à son tour dans cette troisième conférence; il traita les réformés de singes et de renards, et il protesta que la conférence permise à Poissy était en scandale au monde chrétien, car la condamnation de l'hérésie nouvelle devait être renvoyée au concile de Trente rassemblé pour cet effet.

L'aigreur qui se manifestait dans cette conférence faisait perdre à Catherine de Médicis l'espoir d'une conciliation; et l'on commençait à reconnaître que des antagonistes ne peuvent pas se convaincre par la dispute, et que la prétention des évêques d'être juges de la controverse était inconciliable avec celle des protestants, qui voyaient en eux leurs adversaires. A la persuasion des Châtillon (le cardinal Odet, Coligny et Dandelot), Catherine fit choix de cinq des théologiens les plus modérés parmi les catholiques: ceux-ci, réunis avec cinq des plus illustres ministres, dressèrent une confession de foi relative à la sainte cène, qui par son ambiguïté semblait répondre aux opinions des deux partis. Le cardinal de Lorraine et l'assemblée du clergé de Poissy déclarèrent, à la première lecture, que cette confession signée par Bèze, Martyr, Marlorat, des Gallards et L'Espine, chefs du parti protestant, répondait pleinement à leurs opinions; mais la Sorbonne, l'ayant examinée avec plus de critique, la condamna comme hérétique, captieuse et insuffisante. Cette dernière tentative de conciliation ayant échoué, les catholiques et les protestants ne furent plus mis en présence les uns des autres après la conférence du 26 septembre. Ce *colloque de Poissy*, auquel on avait attaché tant d'espérance, n'eut donc pour résultat que d'envenimer des haines déjà trop fortes, et contribua peut-être à hâter les guerres de religion.

A. SAVAGNER.

POITIERS, ville de France, chef-lieu du département de la Vienne, sur le penchant d'une colline, au confluent de la Boivre et du Clain, avec une population de 29,277 habitants, un évêché, suffragant de Bordeaux, et dont le diocèse se compose des départements des Deux-Sèvres et de la Vienne, une académie universitaire, comprenant les départements de la Charente, Charente-Inférieure, Indre, Indre-et-Loire, Deux-Sèvres, Vendée, Vienne, Haute-Vienne, une faculté de droit, une faculté des sciences, une faculté des lettres, une école préparatoire de médecine et de pharmacie, un lycée, une école normale primaire départementale, une école primaire supérieure, une école gratuite de dessin et d'architecture, une bibliothèque publique de 25,000 volumes, un cabinet de médailles et d'antiquités, un cabinet d'histoire naturelle, un jardin botanique à l'école de médecine, une société d'agriculture, des belles-lettres, sciences et arts, une société des antiquaires de l'ouest, deux journaux politiques, deux typographies, des tribunaux de première instance et de commerce, une bourse, une chambre consultative des arts et manufactures, des comices agricoles, une caisse d'épargne, un abattoir public, une pépinière départementale, une magnanerie modèle départementale, etc. C'est une station du chemin de fer de Paris à Bordeaux.

On y trouve des fabriques de drap, de grosse draperie, de couvertures de laine et de coton, d'amidon, de vinaigre, de liqueurs, de couleurs, de porcelaine, de faïence, de poterie, de plumes d'oie à écrire, de paniers et autres articles en osier, de verres à vitres; des filatures de laine, de coton, de soie; des moulins à foulons, des brasseries, des scieries, des tanneries, corroieries, mégisseries, peausseries et teintureries. Il s'y fait un commerce important de graines de trèfle, de luzerne et de sainfoin; de laine, vin, blé, chanvre, lin, cire, miel, cuirs et peaux de mouton, peaux d'oie et de lièvre préparées pour fourrures.

La plupart des rues de Poitiers sont excessivement escarpées et pénibles à parcourir, tant par la rapidité des pentes que par la mauvaise nature des pavés; toutes sont étroites, tortueuses, mal bâties; elles n'aboutissent qu'à des places sans régularité et sans étendue. Cependant, son ensemble offre un aspect pittoresque et agréable, à cause de sa situation en amphithéâtre sur une colline presque entièrement cernée par les deux rivières. De vieilles murailles flanquées de tours l'environnent, et on y entre par six portes, dont quatre ont un pont sur le Clain. Elle a dû être autrefois beaucoup plus peuplée qu'aujourd'hui, car son enceinte renferme plus de jardins, de champs et de prairies que de maisons. Le parc de Blossac, qu'un intendant a baptisé de son nom, est une promenade qui parerait les plus belles villes. La cathédrale est un des plus beaux édifices gothiques de la France; l'église Notre-Dame-la-grande est un superbe échantillon d'architecture romane, dont on attribue la fondation à Constantin; l'église de Saint-Jean est aussi un monument d'une haute antiquité, et celle de Sainte-Radegonde a été fondée par cette pieuse reine des Francs, qui y a été enterrée. Les ruines de l'église Saint-Hilaire attestent son ancienne magnificence. Poitiers n'a gardé que quelques vestiges des nombreux édifices romains qu'elle possédait; on y voit encore le tombeau de Claudia Varenilla, quelques restes du palais Gallien, ceux d'un amphithéâtre à un kilomètre de la ville. Le monument celtique appelé la *Pierre-Levée* est à pareille distance vers le nord : c'est une énorme table de pierre brute, qui a environ six mètres dans sa plus grande largeur, et près d'un mètre d'épaisseur; elle n'est aujourd'hui soutenue que par un seul pilier, aussi brut que la Pierre-Levée elle-même. Quatre autres piliers qui la soutenaient se sont écroulés, et celui qui subsiste penche beaucoup vers sa ruine. Le transport de cette pierre est un tour de force attribué, par la tradition populaire, à sainte Radegonde, qui la porta sur sa tête et les piliers dans son tablier; par Bouchet, à Éléonore, fille de Guillaume X, qui la fit élever pour servir de limite à un champ de foire; par Rabelais, à Pantagruel, qui la prit dans une vigne et la porta en cet endroit pour amuser les étudiants ses camarades à grimper et à écrire leurs noms dessus.

Poitiers était autrefois la capitale du Poitou. Elle paraît avoir été celle des *Pictavi* ou *Pictones*, sous le nom de *Limonum*, que lui attribue Danville d'après Ptolémée, et non sous celui d'*Augustoritum*, que lui attribuent Piganio et autres, d'après Valois. Elle a été six fois assiégée et pillée, savoir : en 410 par les Vandales, en 454 par les Huns, en 730 par les Sarrasins, en 846 et 866 par les Normands, et en 1346 par les Anglais, sans compter les guerres de religion. Son territoire a été le théâtre de trois batailles mémorables : celle de 507 (bataille de Vouillé), où Clovis défit et tua, dit-on, Alaric II, roi des Visigoths; celle de 732 (bataille de Tours, selon presque tous les historiens), où Charles Martel anéantit la puissante armée de Sarrasins commandée par Abdérame, qui y perdit, selon les historiens du temps, de 3 à 400,000 hommes, nombre évidemment exagéré; et celle de 1356, où le roi Jean fut fait prisonnier.

POITIERS (Bataille de). Pendant que le roi d'Angleterre Édouard III ravageait la Picardie, son fils, le prince Noir, traversait en vainqueur l'Auvergne, le Limousin, le Berry et une partie du Poitou. Parvenu à Poitiers avec 8,000 hommes seulement, il rencontra le roi Jean, qui en avait 16,000. Dès que le jour parut, le roi de France fit dire la messe et communia avec les enfants de France et les princes du sang. On assembla ensuite le conseil de guerre, et personne n'osa ouvrir le seul avis salutaire, qui était de s'abstenir de l'attaque dans ce pays si mal disposé. L'armée française était divisée en trois corps de 16,000 hommes d'armes, outre les gens de pied. Le frère du roi, le duc d'Orléans, commandait le premier corps; le duc de Normandie et deux de ses frères étaient à la tête du second; enfin, le roi lui-même, accompagné de Philippe, le plus jeune de ses fils, qui fut depuis Philippe le Hardi, avait sous ses ordres la troisième division. L'Anglais était placé dans un fourré de vignes et de haies, qui lui servaient de remparts, et dont il avait habilement tiré parti. On ne pouvait pénétrer jusqu'à l'ennemi que par un chemin où quatre hommes de front pouvaient à peine passer. Le roi fit descendre de cheval une partie de sa cavalerie, lui fit ôter ses éperons et couper ses lances, le combat devant être presque corps à corps. On allait donner le signal, et cette grande armée allait se remuer, quand on vit arriver dans le camp le cardinal de Périgord. Il offrit en vain un arrangement avec le prince de Galles. Le combat fut résolu, mais on le remit au lendemain.

La division commandée par le duc d'Orléans commença l'attaque. Trois cents hommes d'armes à cheval, sous la conduite des maréchaux d'Andreghem et de Clermont, furent reçus à coups de traits par les Anglais cachés derrière les haies. Ils se replièrent en désordre sur la division du duc de Normandie. Alors une terreur panique s'empara de ses soldats : les chevaux blessés faisaient reculer les hommes. Le duc d'Orléans prit la fuite, sans même avoir tiré l'épée. Le duc de Normandie et les princes, ses frères, furent entraînés par la déroute de leur division. Toute l'énergie nationale s'était réfugiée dans le corps d'armée commandé par le roi, qui fit des prodiges de valeur, mais qui était trop faible à lui seul pour résister à l'armée anglaise. Le roi Jean se battit comme un héros; il était admirablement secondé par son fils Philippe, âgé de treize ans, qui fut blessé en parant un coup porté à son père. De toutes parts, on criait au roi : « Sire, rendez-vous ! rendez-vous! » Son casque était tombé, et il combattait encore quand un chevalier français, réfugié en Angleterre depuis un meurtre qu'il avait commis dans une guerre particulière, s'approcha de lui, et lui cria de se rendre. « A qui me rendrai-je? répondit le roi. Je ne me rendrai qu'à mon cousin le prince de Galles. Qu'on me mène vers lui! — Sire, reprit le chevalier, je suis Denys de Morbec, seigneur d'Artois; je sers le roi d'Angleterre, parce que je ne puis être au service de France, ayant forfait tout le mien. » A ces mots, le roi Jean détacha le gantelet de sa main droite, et le remit au seigneur d'Artois, en lui disant : « Je me rends à vous. »

Six mille hommes périrent du côté de la France. La plus belle noblesse arrosa de son sang ce triste champ de bataille : à la tête de ces nobles victimes, il faut compter le duc de Bourbon et d'Athènes, le maréchal de Clermont, qui furent tués; les quatre comtes de Melun, les seigneurs de Pompadour, et beaucoup d'autres noms illustres, qui furent pris les armes à la main. Le prince de Galles découvrit de loin une troupe de gens d'armes à pied qui escortaient un prisonnier et son jeune fils, et qui semblaient se disputer le droit de l'accabler de menaces et d'injures. Le prisonnier, c'était le roi Jean. S'incliner devant ce malheur auguste, délivrer le prince de cette soldatesque brutale, fut l'affaire d'un instant pour le gentilhomme anglais.

Il fit dresser plusieurs tables sous sa tente, et à la table d'honneur il fit asseoir le roi Jean, Philippe son fils, et les plus nobles des gentilshommes français qui partageaient la captivité de leur monarque. Voici en quels termes Froissart raconte ce banquet, où le vainqueur ne se distinguait du vaincu que par sa déférence et sa courtoisie : « Et servoit toujours le prince au devant de la table du roi, et des autres tables si humblement comme il pouvoit. Ni oncques ne se voulut seoir à la table du roi, pour prière que le roi lui scût faire : ains disoit toujours qu'il n'étoit mie encore si suffisant qu'il appartenist de lui seoir à la table d'un si haut prince et d'un si vaillant homme que le corps de lui étoit et que montré avoit à la journée. Et toujours s'agenouilloit devant le roi, et disoit bien : « Cher sire, ne veuillez mie faire simple chère, pourtant si Dieu n'a voulu consentir huy votre vouloir : car certainement monseigneur mon père vous fera toute l'amitié et tout l'honneur que il pourra, et s'accordera à vous si raisonnablement que vous demeurerez bons amis ensemble à toujours. Et m'est avis que vous avez grande raison de vous réjouir, combien que la besogne ne se soit tournée à votre gré; car vous avez conquis aujourd'hui le haut nom de prouesse, et avez passé tous les mieux faisant de votre côté. Je ne le dis mie, cher sire, pour vous lober; car tous ceux de notre partie, et qui ont vu les uns et les autres, se sont par pleine science à ce accordés, et vous en donnent le prix et la couronne si vous la voulez porter. » LACRETELLE, de l'Académie Française.

POITIERS (DIANE DE). *Voyez* DIANE DE POITIERS.

POITOU. Cette province avait la Bretagne et l'Anjou au nord; la Touraine, le Berry et la Marche à l'est; l'Angoumois, la Saintonge et l'Aunis au sud, et l'Océan à l'ouest. Elle avait environ 240 kilomètres de longueur de l'est à l'ouest, et 110 à 120 du sud, au nord. A l'époque de la conquête romaine, elle était habitée par les *Pictones* ou *Pictavi*, peuples de la Celtique, qui lui ont laissé leur nom; depuis Auguste, elle fit partie de l'Aquitaine. Après avoir été soumise par César et comprise dans la seconde Aquitaine, elle resta sous la puissance des Romains jusqu'au milieu du cinquième siècle, où elle tomba au pouvoir des Visigoths. Clovis la conquit sur ces peuples au commencement du sixième siècle. Eudes, duc d'Aquitaine, et ses successeurs la possédèrent depuis la fin du septième siècle jusqu'après le milieu du huitième, époque à laquelle Pépin la conquit sur Waïfre, dernier duc d'Aquitaine de la race d'Eudes, et la réunit à ses possessions. Pépin et ses successeurs la firent gouverner par des comtes, qui se rendirent héréditaires vers la fin du neuvième siècle, et qui ne tardèrent pas à prendre le titre de ducs d'Aquitaine. Ce duché d'Aquitaine et le comté de Poitiers passèrent dans la maison des rois d'Angleterre au douzième siècle. Le roi de France Philippe-Auguste confisqua le Poitou sur Jean sans Terre, roi d'Angleterre, au commencement du treizième siècle, et ce pays fut définitivement cédé à la France par le traité de l'an 1259. Le roi saint Louis en avait alors déjà disposé en faveur d'Afonse son frère, après la mort duquel il fut réuni à la couronne en 1271. Les Anglais le reprirent en 1356, et il leur fut cédé avec la Guienne en 1360 par le traité de Bretigny. Le roi Charles V le reconquit sur eux, et le donna à Jean, duc de Berry, son frère, après la mort duquel Charles VI en disposa en faveur de Jean son fils, qui mourut jeune et sans enfants; dès lors le Poitou est toujours resté uni à la couronne.

Le terrain du Poitou consiste en plaines, en bois et en pâturages; il n'y a que deux rivières navigables, la Vienne et la Sèvre-Niortaise. On y compte neuf à dix ports ou hâvres le long de la côte, qui a plus de 80 kilomètres d'étendue; mais il n'y en a aucun de considérable, et il ne peut entrer que des barques de 150 tonneaux dans celui des Sables d'Olonne, qui est le principal. Cette province, très-fertile en blé, produit aussi du vin et nourrit beaucoup de bétail, particulièrement de grands mulets, qui se répandent par toute la France. On la divisait en haut et bas Poitou. Le *haut Poitou*, qui s'étendait vers le levant, était plus beau, plus sain et plus fertile que le *bas Poitou*, qui régnait au couchant, le long de la côte. Le haut Poitou avait pour villes Poitiers, Châtellerault, Montmorillon, La Trimouille, Saint-Savin, Loudun, Richelieu, Mirebeau, Thouars, Lusignan, Rochechouart, Vivonne, Parthenay, etc. Les villes du bas Poitou étaient Niort, Saint-Maixent, Fontenay-le-Comte, Maillesais, Luçon, Beauvoir-sur-Mer, les Sables d'Olonne, La Garnache, Mortagne, etc. Du bas Poitou dépendait l'île de Noirmoutiers. Le Poitou forme aujourd'hui, avec les marches communes de Poitou et de Bretagne, trois départements : celui de la Vienne à l'est, celui des Deux-Sèvres au centre, celui de la Vendée à l'ouest. A. Savagner.

POITRINAIRE. *Voyez* Phthisie.

POITRINE. C'est une grande cavité conoïde, légèrement aplatie en avant, qui occupe le milieu du tronc. Elle reçoit une grande quantité de vaisseaux sanguins et lymphatiques, de nerfs, en devant de la région dorsale de la colonne vertébrale. Elle est composée d'os, de cartilages, unis par des ligaments, et entourée de muscles nombreux. Destinée à recevoir les organes principaux de la respiration et de la circulation, la poitrine est formée en avant par le sternum, sur les flancs par les côtes, et en arrière par la région dorsale de la colonne vertébrale. La forme de la poitrine est celle d'un cône tronqué, dont la base est en bas. La circonférence supérieure, ou le sommet, est petite, ellipsoïde. La circonférence inférieure, ou la base, est très-étendue, surtout transversalement. La cavité de la poitrine renferme au milieu le *cœur* et l'origine des gros vaisseaux, et sur ses parties latérales les deux *poumons*.

Le terme *affection de poitrine*, employé vulgairement, est synonyme de *phthisie pulmonaire*, de même que *poitrinaire* est vulgairement employé comme synonyme de *phthisique*. On dit dans ce sens une *poitrine* faible, délicate, une fluxion de *poitrine*, une inflammation, une hydropisie de *poitrine*.

Poitrine signifie, en parlant des animaux qu'on mange, une partie des côtes avec la chair adhérente : de la *poitrine* de veau, de la *poitrine* de mouton.

POITRINE (Fluxion de). *Voyez* Pneumonie.

POIVRE. On donne ce nom aux fruits des poivriers. Ce sont de petites baies, que l'on récolte avant leur maturité. Par la dessiccation, elles se rident et prennent la couleur brune qu'on leur connaît dans le commerce, et qui fait donner quelquefois au poivre ordinaire le nom de *poivre noir*. Ce que l'on connaît sous le nom de *poivre blanc* n'est que le même fruit dépouillé de son enveloppe extérieure. Mais la falsification hollandaise substitue souvent à ce procédé, assez long, une espèce de peinture des grains noirs, et l'usage de ce prétendu poivre blanc n'est pas toujours sans danger, parce qu'il entre dans cette peinture de la céruse. C'est principalement depuis Rasapour jusqu'au cap Comorin que les Hollandais récoltent le gros poivre noir de bonne qualité; celui qu'on recueille sur la côte du Malabar, depuis le mont Élie jusqu'à l'extrémité méridionale de la côte, est plus petit et inférieur pour le parfum. Le poivre noir, que les Français achètent des Anglais et des Hollandais, est de trois sortes : le *malabar*, le *jamby* et le *bilipatan*. Ce dernier est le moins estimé en Europe, à cause de sa petitesse, de son aridité et de son peu de mordant.

On appelle *poussiers* ou *grabeaux de poivre* les fragments des grains brisés. On ne se douterait pas de l'art avec lequel ces *grabeaux* et poussiers de poivre sont reformés en grains à l'aide d'une matière agglutinative, et vendus comme poivre en grains. Nous avons vu pratiquer cette manipulation chez un épicier en gros de Paris, qui l'avait apprise en Hollande.

Le poivre, très-usité comme condiment, favorise la digestion. Avant le cubèbe, il était fréquemment employé dans les officines. Dans les pays chauds, on en prépare des liqueurs fermentées. D'après Pelletier, le poivre noir du commerce renferme une huile balsamique, une matière colorante gommeuse, une matière extractive, des acides gallique et tartrique, de l'amidon, de la bassorine, du ligneux, une petite quantité de sels alcalins et tartreux, et enfin la *pipérine*, substance particulière non alcaline, signalée pour la première fois, en 1820, par Œrstedt. Pelouze père.

POIVRE (Petit). *Voyez* Gattilier.

POIVRE (Côte de). *Voyez* Malabar.

POIVRE (Pierre), voyageur, naturaliste et administrateur célèbre, naquit à Lyon, le 22 août 1719. Il fixa de bonne heure, par son aptitude et ses heureuses inclinations, l'attention des missionnaires de Saint-Joseph, et ce fut sous les auspices de cet ordre qu'il fit son cours de théologie. Après avoir consacré quatre ans à l'étude de l'histoire naturelle et des arts du dessin, il partit pour la Chine avec un petit nombre de ses confrères. Arrivé à Canton, il remit au vice-roi une prétendue lettre de recommandation qu'un Chinois lui avait procurée à son passage dans l'Inde, mais qui n'était en réalité qu'une odieuse délation. Victime d'une méprise qu'il ne put expliquer, Poivre fut conduit en prison. En homme supérieur, il fit tourner cette première épreuve au profit de la mission qui lui était confiée, étudia la langue du pays pour se justifier, devint libre, recouvra les bonnes grâces du vice-roi, et, après un séjour de deux ans dans la Chine et la Cochinchine, riche d'une foule d'observations utiles, il se mit en devoir de repasser en France pour enrichir la science du tribut de ses découvertes. Cette traversée lui fut fatale; le vaisseau qu'il montait fut attaqué et pris par les Anglais au détroit de Banca; le jeune voyageur eut le poignet droit emporté dans l'action : « Ah! s'écria-t-il, je ne pourrai plus peindre! » Ce fut sa seule exclamation. L'amputation du bras fut pratiquée par un chirurgien anglais.

Poivre, que cet événement éloignait sans retour du ministère ecclésiastique, fut emmené prisonnier à Batavia, puis rendu à la liberté. Il visita Merguy, Pondichéry, Madras, la Martinique, et fit voile pour la France sur un bâtiment hollandais, qui fut pris par un corsaire à l'entrée de la Manche, et repris par les Anglais. Poivre fut conduit à Guernesey, et ne revit sa patrie qu'à la paix de 1748, après sept ans d'absence. Les notions précieuses qu'il rapportait, sa facilité à s'énoncer dans plusieurs langues orientales, fixèrent sur lui l'attention de la Compagnie des Indes. Son séjour à Batavia l'avait pénétré de la possibilité d'enlever aux Hollandais le monopole de la culture des arbres à épices fines jusque alors concentrée dans les seules Moluques. Il fit part à la Compagnie de ce projet, et fut chargé de le mettre immédiatement à exécution. Poivre parvint à Manille à travers d'immenses difficultés, s'engagea au milieu d'un archipel semé d'écueils, bravant, pour ainsi dire, à chaque pas la mort qui, dans le code barbare des Bataves, menaçait sa témérité, et aborda enfin à Timor, dont le gouverneur lui livra un certain nombre de plants de muscadiers de Banca et de girofliers d'Amboine, que Poivre transporta à l'île de France, où ils furent distribués immédiatement aux cultivateurs de la colonie. Cette importante et périlleuse conquête n'excita que l'indifférence et l'ingratitude de la Compagnie qui l'avait provoquée, et pour laquelle elle devait être une source immense de bénéfices. Dégoûté des hommes, Poivre se retira dans une maison de campagne sur les bords de la Saône, et chercha à oublier dans les travaux de l'agriculture et l'étude de l'économie politique les mécomptes qui avaient accueilli ses efforts.

Cette laborieuse retraite, honorée des faveurs du gouvernement et du diplôme de correspondant de l'Académie des Sciences, dura neuf ans. La dissolution de la Compagnie des Indes avait livré à un désordre absolu l'administration des Iles de France et de Bourbon. Le duc de Praslin, secrétaire d'État de la marine, songea à Poivre pour y porter remède. L'illustre voyageur accepta, après quelque hésitation, le titre d'intendant de ces colonies. Il partit au mois de mars 1767 pour l'île de France, où, par les soins d'une administration probe, vigilante et éclairée, il rétablit l'ordre, et fit renaître l'abondance. On doit citer surtout les encouragements qu'il donna à l'agriculture, à l'éducation des troupeaux; l'industrie avec laquelle il combattit la reproduction des sauterelles, qui chaque année dévoraient les céréales de la colonie; les travaux qu'il ordonna pour remplacer le Port-Louis par une construction solide et spacieuse, et surtout la sollicitude avec laquelle il peupla de toutes les richesses végétales de l'un et de l'autre hémisphère le magnifique jardin de Montplaisir, que Melon appelait l'*une des merveilles du monde*. Des contrariétés particulières, fruit trop accoutumé des efforts qui ont le bien public pour mobile et pour objet, firent désirer à Poivre de reprendre le chemin de sa modeste retraite : il revint en France en 1773. Ses services, longtemps négligés, furent récompensés, sous le ministère de Turgot, par une pension de 12,000 livres et par des marques particulières de la satisfaction de Louis XVI. Une hydropisie de poitrine l'enleva, le 6 janvier 1786.

Ce savant philanthrope a laissé des manuscrits précieux, mais aucun ouvrage imprimé. « Il y a déjà assez de livres, objectait-il modestement à ceux qui le sollicitaient de publier les produits de ses nombreuses et intéressantes observations. Sa veuve épousa plus tard Dupont de Nemours. L'une de ses filles s'était mariée à Bureaux de Pusy.

POIVRE A QUEUE. *Voyez* CUBÈBE.

POIVRE DE GUINÉE, nom vulgaire du fruit de certains *capsicum*. *Voyez* PIMENT.

POIVRE DE LA JAMAÏQUE. *Voyez* MYRTE.

POIVRE DES MOINES, POIVRE SAUVAGE. *Voyez* GATTILIER.

POIVRE DES MURAILLES. *Voyez* JOUBARBE.

POIVRIER. Linné avait établi sous ce nom un genre de plantes de la diandrie-trigynie. Ce genre, dédié à Poivre, gouverneur des Iles de France et de Bourbon au siècle dernier, réuni à quelques autres, forme aujourd'hui la famille des *pipéracées*, et a été lui-même subdivisé en plusieurs groupes génériques, sous les noms de *peperomia, pothomorphe, macropiper, chavica, cubeba* et *piper*. C'est au genre *chavica* qu'appartient le bétel (*piper betle*, L.; *chavica betle*, Miquel). Nous avons donné un article particulier au cubèbe. Nous ne parlerons ici que des poivriers proprement dits, formant actuellement le genre *piper*.

Ce genre renferme environ une trentaine d'espèces, généralement des arbustes grimpants, rarement de petits arbres, qui croissent spontanément dans les Indes orientales, dans les îles de la Sonde et aux Philippines. Leurs feuilles sont alternes, pétiolées, le plus souvent coriaces. Leurs fleurs en chaton, unisexuelles ou hermaphrodites, sont accompagnées de bractées coriaces. Les baies, sessiles, oblongues ou globuleuses, renferment une graine de même forme qu'elles (*voyez* POIVRE).

Le *poivrier ordinaire* (*piper nigrum*, L.) est celui dont Poivre dota nos colonies, et que la culture a répandu dans toutes les parties chaudes de l'Asie et de l'Amérique. C'est une plante sarmenteuse et grimpante, dont la culture est des plus faciles. Elle donne généralement deux récoltes par an, le produit de chacune pouvant s'élever à plus de sept kilogrammes. Cette culture fournit annuellement au commerce une quantité de poivre évaluée à vingt-cinq millions de kilogrammes, dont un tiers est transporté en Europe.

POIX. C'est une substance résineuse, demi-fluide, susceptible de se fondre très-facilement, dont la couleur est variable, et dont l'origine peut être végétale ou minérale. Il y a donc, comme on le voit, plusieurs substances qui portent le nom de *poix*. La première et la plus importante est celle que l'on connaît sous le nom de *poix blanche* et que les pharmaciens emploient sous celui de *poix de Bourgogne*. Elle a une couleur jaunâtre, une dureté moyenne, un aspect résineux, se ramollissant avec une extrême facilité par l'action de la chaleur; sa saveur est amère, et son odeur rappelle celle de la térébenthine. Cette substance découle de divers arbres de la famille des conifères, particulièrement du pin maritime, du sapin, etc. Elle se solidifie sur le tronc de ces arbres; on l'y recueille en hiver, et on la conserve dans des tonneaux jusqu'à ce que la récolte soit terminée; à ce premier état, elle est très-impure, renferme beaucoup de débris de végétaux, et porte le nom de *galipot*: ce n'est qu'après l'avoir fondue et filtrée à travers un lit de paille qu'elle prend celui de *poix de Bourgogne*. Comme on le voit, cette substance n'est autre que de la térébenthine qui s'est solidifiée à l'air en perdant son huile volatile. La poix blanche est employée par les ciriers, qui en mêlent un peu dans les cierges communs; dans les campagnes, on la fait brûler dans les églises au lieu d'encens. Quoique d'un bas prix, cette substance est cependant falsifiée dans le commerce avec une fausse poix de Bourgogne, faite en fondant un mélange de poix noire, de colophane et de térébenthine, que l'on agite avec de l'eau pour lui donner une couleur jaunâtre. Mais l'eau qu'elle contient en grande quantité, et l'odeur désagréable de la poix noire, indiquent facilement la fraude.

Une deuxième variété de poix, c'est celle dont la couleur est noire, l'odeur forte et désagréable et la saveur amère; on la connaît sous les noms de *poix noire, poix grasse*; sa cassure est brillante à froid, mais elle se ramollit facilement, et peut se malaxer entre les doigts, auxquels elle s'attache, lorsqu'on n'a pas le soin de les mouiller. On l'obtient par la combustion, dans un four haut et étroit, de toutes les matières qui proviennent soit de la purification de la térébenthine ou du galipot, soit des éclats de bois résultant des entailles faites aux pins et aux sapins pour faciliter l'écoulement de la térébenthine. On met le feu à la partie supérieure du fourneau; la résine ne tarde pas à fondre et à couler dans un tuyau qui la conduit dans une cuve contenant de l'eau. Le noir de fumée qui se produit abondamment dans cette opération la colore en noir. Arrivé dans la cuve, ce produit se sépare en deux parties, l'une liquide, qui vient surnager, et que l'on nomme *huile de poix*; l'autre à demi solide, que l'on fait bouillir jusqu'à ce qu'elle devienne cassante : c'est alors la poix noire. Elle est usitée dans les arts pour enduire les cordages, les fils, les bois, et tout les corps qui craignent l'humidité. On en fait surtout usage en Angleterre, où on la rend élastique en y mêlant une solution de caoutchouc dans l'essence de térébenthine, et chauffant le tout pour rendre l'union plus parfaite.

La poix sert encore à donner de la ténacité aux fils qui servent à coudre les souliers. En médecine, elle a plusieurs usages externes; elle entre surtout dans la préparation de certains emplâtres. Autrefois, on l'employait dans les maladies de la tête, surtout contre la teigne; mais l'usage en a été abandonné, pour recourir à des moyens plus efficaces et moins douloureux.

Ce que l'on connaît dans les arts sous le nom de *poix-résine* ou *résine jaune* n'est que le résidu de la distillation de la térébenthine, que l'on a brassé fortement avec de l'eau pour lui enlever sa transparence, et lui communiquer une couleur jaune sale : c'est celle qu'emploient le ferblantier et l'étameur pour souder le fer-blanc, le cuivre, etc.

Ch. FAVROT.

POIX, bourg de France, du département de la Somme, à 26 kilomètres d'Amiens, avec 1,194 habitants, fut érigé en duché-pairie sous le nom de Créqui, en 1652. Ce duché s'éteignit en 1687; mais Poix conserva le titre de principauté jusqu'à la révolution. Ce titre appartient à la famille de *Noailles.*

POIX DE MONTAGNE. *Voyez* BITUME DE JUDÉE et PISSASPHALTE.

POKUCIE. On appelait ainsi, depuis une époque fort ancienne, la partie de la Gallicie occidentale située entre le Dniestr, le Pruth et les monts Carpathes, et qui touche à la Bukowine. Les habitants de cette contrée montagneuse, les Russniaques surtout, ont conservé un grand nombre d'usages et de chants populaires à eux. Le chef-lieu de la Pokucie est *Kolomyi.*

POLACRES. On appelle ainsi, dans la Méditerranée, des bâtiments dont le gréement consiste en deux mâts à pible, c'est-à-dire d'un seul morceau, et un artimon portant une hune et un hunier, avec un bout de beaupré. Ils portent ordinairement des voiles carrées; cependant, quelques-uns ont une sorte de voile en pointe, qui a aussi le nom de *polacre.* On appelle *polacron* une petite polacre.

POLAIRE, ce qui est auprès des pôles, ce qui appartient aux pôles.

POLAIRE (*Géométrie*). Si autour d'un point A, situé dans le plan d'une section conique, on fait tourner une transversale sur laquelle on prend le point conjugué harmonique de A par rapport aux deux points où cette transversale rencontre la courbe, le lieu de ce point est une droite, qui reçoit le nom de *polaire* du point A par rapport à cette courbe; réciproquement, le point A est dit le *pôle* de cette droite. La considération des polaires donne d'importants théorèmes, dont l'ensemble constitue la *théorie des polaires*, qui, grâce aux travaux des géomètres modernes, se fait remarquer à la fois par la simplicité de sa méthode et par la généralité de ses énoncés, dont voici l'un de ceux que l'on peut regarder comme fondamentaux : Les polaires des différents points d'une droite passent toutes par le pôle de la droite.

E. MERLIEUX.

POLAIRE (Étoile). *Voyez* ÉTOILE POLAIRE.

POLAIRE (Ordre de l'Étoile). *Voyez* ÉTOILE POLAIRE (Ordre de l').

POLAIRE (Mer). *Voyez* MER GLACIALE.

POLAIRES (Cercles). *Voy.* CERCLES (*Cosmographie*).

POLAIRES (Coordonnées). *Voyez* COORDONNÉES.

POLAIRES (Terres). On appelle ainsi en général les terres voisines du pôle du Nord et du pôle du Sud jusqu'aux cercles polaires. On distingue en conséquence les terres polaires du Sud et les terres polaires du Nord. Cependant, quand il est question de terres polaires, on n'entend d'ordinaire désigner que les terres polaires du Nord. Il n'y a que l'Amérique qui, à bien dire, ait des terres polaires du Nord; et l'Archipel arctique américain s'y rattache entièrement. Cet archipel se divise en deux groupes principaux; les îles situées à l'est, et les îles situées à l'ouest de la presqu'île *Boothia Felix*, dont la côte septentrionale forme, à peu près sous le 74° degré de latitude nord, l'extrémité septentrionale du continent américain. Le groupe oriental est à son tour subdivisé en deux groupes par le détroit de Davis, la baie de Baffin et le détroit de Barrow. Le premier comprend l'*archipel de Baffin et de Parry*, ou les îles de *Cumberland*, de *Southampton* et de *Cockburn*, encore assez peu connues; le second se compose des terres découvertes au nord du détroit de Barrow (*Northdevon*, les îles situées entre le Détroit des Baleines [*Wallfischsund*], le *Smithsund* et le *Wellingtoncanal*), du Groënland et du Spitzberg. Le groupe occidental de l'Archipel arctique n'est encore que fort peu connu. Il comprend les îles de *North-George*, nommées ordinairement, d'après le navigateur qui les découvrit, *Iles Parry* (on en compte cinq grandes, dont celle de *Melville* est la plus considérable), situées à l'ouest depuis le canal de Wellington (parcouru au printemps de 1851, ainsi que le canal Victoria, qui en est la continuation, par Penny), sous les 74° et 75° degrés de latitude septentrionale. Plus loin encore au Nord on trouve les îles de *Northcornwall*, de *Victoria-Archipel*, de *Northkent*, découvertes en 1852 par Belchers. Au sud du détroit de Barrow on connaît les îles de *Northsomerset*, séparées de la *Boothia-Felix* par le détroit de Bellot (découvert en 1852 par Kennedy, et la *Terre de Wollaston*, qui, d'après les recherches de Rae (1851), se rattache à la *Terre de Victoria*, et plus loin encore (selon Mac Clure) à la *Terre du Prince Albert.* Au sud-ouest des îles Parry, Parry aperçut pour la première fois, en 1820, la *Terre de Bank.* En 1852 Mac Clure découvrit et parcourut, entre la *Terre de Baring* et la *Terre du Prince-Albert*, le *Détroit du Prince de Galles*, qui se jette dans le détroit de Barrow, fournit ainsi le moyen de tourner le continent et forme le fameux passage du Nord-Ouest, si longtemps recherché par les navigateurs. Les expéditions au pôle nord envoyées à la recherche du capitaine Franklin ont confirmé l'existence d'une *mer polaire* ou d'un *bassin polaire* plus ou moins libre de glace. Ce fait, signalé par Penny en 1851, lorsqu'il pénétra dans le canal Wellington et le canal Victoria, fut constaté d'une manière plus précise en 1852 par Belcher, qui en reconnut la côte au voisinage du 77° parallèle. Le 17 août 1849, le capitaine Kellet découvrait aussi dans l'île Harold (par 71° 20′ de lat. sept., et 175° 30′ de long. orien.) l'extrémité méridionale de la terre polaire, dont l'existence avait déjà été maintes fois mentionnée par les Russes. Wrangel en avait déjà décrit une partie sous le nom de *cap Yakan.* On dit qu'Andrejeff l'avait découverte encore plus tôt, c'est-à-dire en 1762, qu'il lui donna le nom de *Tikingen*, et qu'il y plaçait une race d'habitants, les *Kraïhaï.*

Dans une acception plus large on comprend d'ordinaire sous la dénomination de *Terres polaires* toutes les parties des continents de l'Asie, de l'Europe et de l'Amérique qui s'étendent au Nord au delà du cercle polaire. De même les mers glaciales du Nord (arctique) et du Sud (antarctique) sont souvent désignées sous le nom de *Mers polaires.*

POLARIMÈTRE, instrument construit sur les indications de M. Biot, et adopté par l'administration des douanes pour mesurer la quantité de sucre cristallisable contenue dans un sucre brut quelconque. Cet instrument a été ainsi nommé à cause de l'influence qu'exerce le sucre cristallisable sur la polarisation de la lumière.

Le polarimètre de M. Biot a été employé en médecine pour apprécier la quantité de sucre que renferme l'urine des diabétiques.

POLARISATION. C'est une propriété de la lumière dont la découverte est récente encore, mais que les travaux de quelques-uns des plus célèbres savants modernes, de Laplace, Malus, Brewster, Biot, Arago et Fresnel, ont portée, avec une rapidité sans exemple, à un très-haut degré de perfection, sous le point de vue expérimental et le point de vue théorique. Les phénomènes nombreux et singuliers auxquels donne lieu cette propriété de la lumière ont fourni des données nouvelles sur la constitution intime des corps, et des armes puissantes pour combattre dans la lutte entre la théorie de l'émission et des ondulations. La lumière, à la rencontre d'un milieu différent de celui où elle se trouve, subit généralement dans sa marche deux modifications particulières, connues sous le nom de *réflexion* et de *réfraction.* La première de ces modifications est soumise à des lois simples et uniformes pour toute espèce de milieu; mais il n'en est pas de même de la seconde. La réfraction, qui pour les milieux homogènes, tels que les gaz, les liquides et les corps solides transparents non cristallisés, comme le verre, la colle, la gomme, etc., s'opère d'après une loi unique et de la plus grande simplicité, devient un phénomène plus complexe lorsqu'on passe aux milieux cristallisés. Toutefois, pour ceux de ces milieux dans lesquels la forme primitive est un polyèdre régulier, les lois de la réfraction simple subsistent encore; mais lorsque la forme primitive est différente du polyèdre régulier, ces lois changent et se compliquent. Au lieu d'un seul rayon réfracté, situé dans le plan normal à la surface passant par le rayon incident, ainsi que cela a lieu dans la réfraction simple, il se produit au passage d'un rayon lumineux dans un milieu cristallisé de la seconde espèce deux faisceaux réfractés différents. Lorsque la forme primitive est un polyèdre semi-régulier, l'un de ces faisceaux suit la loi ordinaire de la réfraction simple, et l'autre une loi toute différente; lorsque la forme primitive est un polyèdre tout à fait irrégulier, les deux faisceaux suivent tous deux des lois nouvelles. Ces deux genres de cristaux sont tous deux nommés *biréfringents;* mais une différence caractéristique qu'ils présentent fait appeler les premiers *cristaux à un seul axe*, et les seconds *cristaux à deux axes.* Si l'on taille une face plane dans un cristal à un axe, et qu'on y fasse tomber un rayon lumineux, l'un des rayons réfractés, le rayon ordinaire, suivra, comme nous l'avons dit, la loi de la réfraction simple, et se trouvera dans le plan normal à la face d'incidence, tandis que l'autre, le rayon extraordinaire, sera généralement à droite ou à gauche de ce plan. Mais si l'on fait tourner le rayon lumineux ou le cristal, il arrivera, pour une certaine position, que le rayon extraordinaire, sans coïncider avec le rayon ordinaire, se trouvera, comme lui, dans le plan normal à la surface contenant le rayon lumineux. Cette position du plan normal, qui jouit de certaines relations avec la disposition intérieure des molécules du cristal, est nommée sa *section principale.* Il est toujours facile d'ailleurs de retrouver cette section, d'après la définition que nous venons d'en donner. Cela posé, il doit paraître évident que si l'on regarde un objet au moyen d'un cristal biréfringent à un seul axe, on en verra deux images, et que si l'on interpose entre son œil et l'objet deux cristaux de ce genre, on devra voir quatre images. C'est en effet ce qui arrive en général. Mais si l'on fait tourner l'un des deux cristaux en laissant l'autre fixe, on n'apercevra que deux images dans les quatre positions rectangulaires, où les deux sections principales seront parallèles ou perpendiculaires entre elles. Pour le cas de parallélisme des deux sections principales, l'image ordinaire à la sortie du premier cristal ne donnera lieu qu'à une autre image ordinaire, et l'image extraordinaire qu'à une seconde image de même genre. Pour le cas de perpendicularité, au contraire, l'image ordinaire ne donnera lieu qu'à une image extraordinaire, et l'image extraordinaire qu'à une image ordinaire. Dans toutes les positions autres que celles-là, il y aura quatre images, dont l'éclat seulement sera différent.

De ce que nous venons de dire, il résulte évidemment que la lumière qui a traversé un cristal biréfringent a acquis des propriétés nouvelles, ou plutôt a subi des modifications qui la distinguent de la lumière naturelle. Ce n'est pas d'ailleurs seulement par sa réfraction à travers un cristal biréfringent que la lumière peut acquérir ces propriétés nouvelles; elles peuvent aussi résulter de sa réflexion simple, sur des corps polis, sous certaines incidences. Si l'on fait tomber, par exemple, un rayon lumineux sur une plaque de verre poli dont on aura noirci la face inférieure sous un angle de 35° environ, la lumière réfléchie jouira des propriétés que possède le rayon ordinaire émergent d'un cristal à double réfraction; c'est-à-dire que si l'on reçoit perpendiculairement le faisceau réfléchi, sur un cristal de ce genre, il se divisera généralement en deux faisceaux d'inégale intensité; mais si l'on fait tourner le cristal, il n'y aura qu'une réfraction ordinaire et extraordinaire, suivant que sa section principale sera parallèle ou perpendiculaire au plan de réflexion. Ces modifications que subit la lumière dans les circonstances que nous venons d'examiner, et dans quelques autres que nous énoncerons plus loin, ont reçu le nom de *polarisation.* Cette dénomination provient de ce que dans le système de l'émission on admet, pour expliquer ces phénomènes, que les molécules lumineuses ont deux *pôles*, qui, n'occupant pas de position déterminée dans la marche ordinaire de la lumière, peuvent prendre une orientation particulière sous certaines influences; peuvent, par exemple, lorsque la lumière est réfléchie sous un angle de 35° sur le verre, se placer de manière que la ligne qui les joint dans chaque molécule soit parallèle au plan de réflexion. C'est de cette hypothèse, qui n'a rien de réel, que sont nées diverses dénominations relatives à la lumière polarisée : ainsi, l'on appelle *plan de polarisation* le plan de réflexion suivant lequel la lumière a acquis ces propriétés nouvelles; on dit que la lumière est *polarisée* suivant ce plan, et l'on nomme *angle de polarisation* l'angle d'incidence pour lequel elle se polarise, et qui de 35° pour le verre est un peu différent pour les autres substances.

Sous quelque angle qu'un rayon lumineux tombe à la surface d'une lame de verre, il y en a toujours une partie qui se réfracte. Lorsque l'angle d'incidence est celui de polarisation, une partie notable de la lumière réfractée se trouve aussi polarisée. Mais elle l'est inversement de la lumière polarisée par réflexion, et se trouve par rapport à elle comme le rayon extraordinaire par rapport au rayon ordinaire. Il résulte de cette polarisation par réfraction que si l'on superpose plusieurs glaces ou lames de verre à faces parallèles, et si l'on fait tomber sur elles un rayon lumineux sous l'angle de polarisation, une partie de la lumière non polarisée au passage de la première lame se polarisera au passage de la seconde; une nouvelle fraction se polarisera au passage de la troisième, et ainsi de suite, de sorte qu'avec un nombre suffisant de lames on pourra obtenir un rayon émergent entièrement polarisé.

Il ne faut pas croire du reste que la polarisation puisse avoir lieu seulement dans les circonstances précédentes. Il y a toujours, quel que soit l'angle d'incidence d'un rayon lumineux sur un corps transparent, une portion plus ou moins grande de sa lumière polarisée par réflexion et par réfraction. Seulement, cette fraction est très-faible pour d'autres angles que celui de polarisation, et ne peut guère être mise directement en évidence. Mais on peut prouver son existence par le moyen des lames de verre superposées dont nous avons parlé plus haut, et qui polarisent complétement le rayon qui en émerge, quel que soit l'angle sous lequel il y est tombé, pourvu qu'il y en ait un nombre assez considérable. Des phénomènes semblables à ceux fournis par des lames de verre s'observent dans certains cristaux formés de lames minces superposées et peu adhérentes entre elles, pourvu que l'épaisseur du cristal soit assez grande. La lumière en sort alors complétement polarisée. C'est ce qui arrive pour une foule de corps, et en particulier pour l'agate, la nacre de perle et la tourmaline. L.-L. VAUTHIER.

POLARITÉ. Il ne faut pas confondre ce mot avec *polarisation. Polarisation* désigne une modification particulière que peut subir la lumière ou que peuvent subir en général les deux autres agents physiques, la chaleur et l'électricité; *polarité* désigne la propriété dont jouit l'agent physique d'avoir subi cette modification. *Polarisation* désigne quelque chose d'actif, *polarité* quelque chose de passif.

Le mot *polarité* est surtout employé dans cette expression, *polarité magnétique*, pour indiquer la propriété dont jouissent les aimants naturels ou artificiels de présenter deux pôles des noms contraires. L.-L. VAUTHIER.

POLATOUCHE, genre de mammifères rongeurs, séparés des écureuils en ce que la peau de leurs flancs, s'étendant entre les jambes de devant et de derrière et formant une sorte de parachute lorsqu'ils les écartent, leur donne la faculté de se soutenir en l'air quelques instants et de faire de très-grands sauts. Leurs pieds ont de longs appendices osseux, qui soutiennent une partie de cette membrane latérale. On a divisé les polatouches en deux sections, les *polatouches* et les *ptéromys*.

Les *palatouches* comprennent l'*assapanick* ou *polatouche* de Buffon, qui se trouve au Canada et aux États-Unis jusqu'en Virginie, et qui a le pelage d'un gris roussâtre en dessus, blanc en dessous; c'est un petit animal très-timide, triste et nocturne comme tous ceux de son genre; le *polatouka* (*sciurus volans*, L.), un peu plus grand que le précédent, pelage d'un gris cendré en dessus, blanc en dessous, et qui se trouve dans presque toutes les forêts de bouleaux et de pins du nord de l'Europe, en Sibérie, en Laponie, en Livonie, en Finlande, en Lithuanie, en Suède : on cite une variété blanche : le *sik-sik*, un peu plus petit que l'écureuil, pelage d'un brun roussâtre en dessus et sur la tête, avec une raie noire sur les flancs, le corps blanchâtre en dessous; il habite les forêts les plus froides de l'Amérique septentrionale.

Les *ptéromys* (de πτερόν, aile; μῦς, muscle) renferment le *taguan* ou *grand écureuil volant* (*sciurus petaurista*, L.) des Moluques et des Philippines, qui a la grandeur d'un chat, le pelage brun pointillé de blanc en dessus, gris en dessous, la queue presque noire; le *ptéromys brillant* (*pteromys nitidus*, E. Geoff.) de Java, qui ressemble au taguan, avec le pelage d'un brun marron foncé en dessus, roux brillant en dessous, la queue presque noire; le *ptéromys flèche* (*sciurus sagitta*, G. Cuv.), aussi de Java, qui a 15 centimètres de longueur, le pelage d'un brun foncé en dessus, blanc en dessous, et la queue d'un brun clair.

L. LOUVET.

POLDERS, nom que l'on donne en Flandre et en Hollande à des terres d'alluvion, entourées de digues et rendues susceptibles de culture. Les simples alluvions formées par le dépôt des parcelles de terre grasse entraînées par les eaux intérieures vers l'embouchure des fleuves s'appellent *schoren* ou *schooren*. Ces *schooren*, que la mer couvre et découvre deux fois par jour, produisent une herbe fine que paissent les moutons. Le flux de la mer y dépose deux fois le jour une couche de limon qui élève insensiblement le sol à la hauteur convenable pour qu'il puisse être cultivé. Le temps nécessaire à cette espèce de création dépend de la force et de la direction des courants occasionnés par le flux et reflux. Il s'écoule souvent un siècle, dit l'illustre Cuvier, avant que les sables rejetés par la mer présentent assez de fixité pour retenir les dépôts de limon, et permettre la végétation de plantes spontanées; il faut ensuite un nouveau terme de trente ou quarante ans avant qu'un *schoore* parvienne au degré de maturité nécessaire pour l'entourer de digues, et le convertir avec avantage en terre labourable. Ce travail une fois effectué, on fait un léger labour, et on y jette la semence, sans avoir besoin d'employer du fumier; et pendant les premières années la récolte est trois ou quatre fois plus abondante que celle des meilleures terres. Les *polders* sont particulièrement propres à la culture de la garance. On y trouve une quantité prodigieuse de lapins. Presque toutes ces conquêtes faites jadis par les Flamands sur la mer sont aujourd'hui soumises à la Hollande. DE REIFFENBERG.

POLE (*Ichthyologie*). *Voyez* PLIE.

POLE. Ce mot, qui vient du verbe grec πολεῖν (tourner), a dans les sciences des acceptions diverses, dont nous allons indiquer les principales. On sait que le mouvement de rotation de la Terre s'effectue toujours autour d'un même diamètre, comme si la Terre était traversée dans cette direction par un a x e matériel. Les points où ce diamètre rencontre la surface de la Terre en sont nommés les *pôles*. De même que la Terre, toutes les planètes ont des pôles, dont l'axe est plus ou moins incliné sur le plan de leur orbite, et autour desquels elles effectuent invariablement la rotation qui leur donne le jour et la nuit. Privés de lumière et de chaleur pendant six mois de l'année, ne voyant jamais le soleil qu'à une faible hauteur au-dessus de leur horizon, et ne recevant d'après cela ses rayons que très-obliquement, les pôles doivent nécessairement avoir toujours une température extrêmement basse. Aussi l'accès en est-il fermé par d'immenses mers de glace, et n'est-ce qu'à une assez grande distance que l'on commence à apercevoir des traces de végétation et de vie.

Les deux pôles de la Terre se distinguent par deux noms particuliers. Le pôle dont nous sommes le plus rapprochés se nomme *pôle arctique*, et, par opposition, l'autre se nomme *pôle antarctique*. On les appelle aussi quelquefois le premier *pôle boréal*, et le second *pôle austral*, du nom des hémisphères auxquels ils appartiennent respectivement.

Aux pôles de la Terre correspondent deux points remarquables de la sphère céleste, ceux autour desquels elle paraît effectuer chaque jour son mouvement de rotation. Ces deux points sont les *pôles du ciel*; ce sont eux qui ont reçu les premiers le nom de *pôles*, et qui l'ont porté seuls tant qu'on a cru la Terre immobile. Si l'on se figure la Terre placée au centre d'une sphère immense, de la sphère céleste, son axe ira en percer la surface quelque part. Si l'on imagine maintenant que la Terre se meuve, l'axe, sans cesser de rester parallèle à lui-même, ira rencontrer la sphère en des points différents, qui paraîtront d'autant plus rapprochés entre eux que son rayon sera plus grand, et qui sembleront enfin, pour un rayon tel que celui de la sphère céleste, se confondre en un seul. Ces deux points du ciel correspondront aux pôles du globe, et il est évident, quand on regardera la Terre comme immobile, que le ciel paraîtra circuler autour d'elle en tournant sur ces points. De là le nom de *pôles*, que les Grecs leur avaient donné. Il est facile de voir en outre que si l'on a quelque signe particulier pour reconnaître dans le ciel la position des pôles, on peut, à cause de leur correspondance avec ceux de la Terre, s'en servir pour évaluer la l a t i t u d e d'un lieu où l'on se trouve, ou la distance de ce point à l'équateur, laquelle est connue quand on sait sa distance au pôle.

En géométrie, si l'on suppose un cercle quelconque tracé sur la surface d'une sphère, on nomme *pôles* de ce cercle les points de la surface sphérique rencontrés par le diamètre perpendiculaire à son plan. D'après cette définition, tous les cercles dont les plans sont parallèles ont les deux mêmes pôles. La propriété principale de ces points, c'est qu'ils peuvent servir pour décrire sur la surface de la sphère les cercles dont ils sont les pôles, comme servent les centres pour décrire les cercles sur un plan.

Le mot *pôle* a encore un autre sens en géométrie, quand on l'emploie dans la théorie des p o l a i r e s.

Les sciences physiques emploient également ce mot. Lorsqu'on approche d'un aimant naturel ou d'une aiguille aimantée de la limaille de fer, elle s'y attache en se dirigeant plus particulièrement vers certains points qui paraissent être les centres de l'action magnétique; ces points portent le nom de *pôles*. Tous les a i m a n t s naturels ou artificiels en ont au moins deux; mais ils en manifestent souvent un plus grand nombre. La définition que nous venons d'en donner permet toujours de les reconnaître facilement.

L.-L. VAUTHIER.

POLÉMARQUE. C'est le titre particulier que portait à Athènes le troisième des neuf a r c h o n t e s. A l'origine, c'est lui qui commandait l'armée à la guerre; mais plus tard, lorsque, par suite des progrès de la démocratie, on apporta de nombreuses restrictions à l'autorité des archontes, le *polémarque* ne fut plus chargé que du soin de faire ensevelir ceux des citoyens qui étaient morts en combattant pour la patrie, et aussi d'arranger les difficultés de commerce qui survenaient entre les nationaux et les étrangers.

POLÉMIQUE (du grec πολεμικός, fait de πόλεμος, guerre, combat). On a d'abord donné ce titre ou cette épithète à des ouvrages de discussion, particulièrement en matière de théologie. Plus tard on en a fait l'art de disputer, et le terme de *c o n t r o v e r s e* lui est devenu synonyme en matière de religion. On donna ensuite le nom de *polémique* à tout écrit où l'on entreprit la défense ou la censure de quelque opinion. Le champ de la polémique s'étendit à toutes les sciences, à la littérature et à la politique. Les pamphlets, les journaux, en sont les principaux organes.

POLENTA, mets farineux, fort en usage en Italie, et qui se compose d'une bouillie de farine de maïs ou de froment salée. La polenta se prépare quelquefois aussi avec de la fécule de pommes de terre.

POLICE, du grec πολιτεία, ensemble de la législation et du gouvernement d'une cité. Ce mot, si l'on ne consultait que son étymologie, prendrait un sens bien différent de celui qu'il présente aujourd'hui. La *police* est une des plus importantes parties de l'administration d'une commune, d'une province, d'un empire; mais ce n'en est qu'une partie. Elle a pour objet d'assurer l'exécution des lois qui garantissent la tranquillité de l'État, la sûreté et le bien-être des particuliers. Dès que les hommes vivent en société, ils doivent se soumettre à des règles qui assurent leur sécurité commune. Pour la police il n'y a point d'étrangers; les lois de police et de sûreté obligent tous ceux qui habitent le territoire.

Dans une société bien organisée, il y aura presque autant de polices spéciales que de branches d'administration.

On distingue principalement la police en *police administrative et municipale* et *police judiciaire*.

La première s'occupe d'établir ou de maintenir le bon ordre dans les choses qui sont d'un usage commun, soit par leur nature, soit par la destination de la puissance publique, soit par les habitudes des citoyens. Elle s'occupe des subsistances, des approvisionnements, de la propreté et de la salubrité publiques, de la police sanitaire, de la police médicale, de l'éclairage, de la construction des bâtiments et de la petite voirie, des poids et mesures, de la circulation des personnes, de celle des voitures et de la police du roulage, des communications terrestres, des eaux, des mines, des maisons de tolérance, des établissements dangereux, insalubres ou incommodes, du maintien de l'ordre dans les fêtes et réunions publiques, des établissements de répression, de la police rurale, et enfin, dans l'ordre moral, de la police de la presse.

La police administrative est exercée dans toute la France par le ministre de l'intérieur, lorsqu'il s'agit de prescrire des mesures générales; dans les départements et les communes par les maires, sous la direction des préfets et des sous-préfets. A Paris elle est exercée par le *préfet de police*.

La police judiciaire a pour objet la recherche des crimes et des délits et leur répression, l'arrestation des prévenus et leur renvoi devant l'autorité judiciaire, l'exécution des mandats de ce pouvoir, la surveillance des condamnés libérés, la répression du vagabondage et de la mendicité, la recherche des individus évadés.

Nous ne pouvons mieux signaler la nature, les caractères et le but de la police administrative qu'en transcrivant les paroles de l'orateur du gouvernement chargé de présenter les premiers chapitres du Code d'Instruction criminelle.

« Tant qu'un projet, disait-il, reste enseveli dans le cœur de celui qui le forme, tant qu'aucun acte extérieur, aucun écrit, aucune parole ne le manifeste au dehors, il n'est encore qu'une pensée, et personne n'a le droit d'en demander compte. Mais cette pensée peut être la mère d'un crime : or bien des crimes peuvent être prévenus par la prévoyance utile et par la surveillance salutaire d'hommes exercés de longue main à surveiller les méchants et à pénétrer leurs intentions les plus secrètes. La vigilance d'une bonne police ne laisse souvent ni l'espoir du succès ni la possibilité d'agir. Un autre résultat de la police administrative est que l'homme se trouve enveloppé au premier pas qu'il fait pour commettre un crime; c'est alors l'instant où la police judiciaire peut et doit se montrer. »

L'écueil presque inévitable que rencontre l'institution de la police, c'est la composition du personnel de ses agents. A la différence de l'Angleterre, où le criminel seul redoute l'homme de police, que protége la sympathie générale, l'opinion publique en France attache un caractère d'infamie à ce métier, et ceux qui le font ne se recrutent en effet que parmi ces hommes déclassés que l'impuissance d'exercer tout autre métier a jetés dans cette triste carrière; trop souvent même on ferme les yeux sur leur passé, quel qu'il soit, si l'on en attend des services. Ces agents d'une moralité suspecte sont toujours, on le conçoit, prêts à faire de faux rapports, plutôt que de n'avoir rien à rapporter, de peur de paraître inutiles, oisifs ou incapables. Et l'on ajoute foi à leurs assertions. Sans même attendre un ordre ou une insinuation, sûrs en cas de succès de n'être pas désavoués, et dans tous les cas de n'être pas punis, ils deviennent agents provocateurs; ils font germer l'idée du crime chez l'homme qui ne l'aurait pas conçue; ils l'y sollicitent, ils l'y entraînent.

Au reproche d'employer des agents pris au dernier degré de la corruption : « Trouvez-moi des honnêtes gens qui veuillent faire ce métier-là, » répondait un lieutenant de police sous l'ancien régime. De nos jours, une personne grave signalait justement comme une amélioration apportée au régime de la police de Paris le refus constant d'admettre dans la *brigade de sûreté* des criminels flétris par une condamnation publique. Et cependant, point de police sans espions. Étrange contraste entre le but et les moyens : la police se propose la conservation des propriétés, de la sûreté et de la morale; et ce sont les hommes les plus capables de troubler la sûreté, d'attenter à la propriété, de corrompre la morale, qu'elle doit choisir pour instruments. La police, d'ailleurs, secrète, politique ou judiciaire, n'a jamais reculé devant l'emploi des moyens les plus odieux, tels que la violation du secret des lettres, etc.

Calculez ce qu'a de menaçant tout ce qui appartient à la police : l'arbitraire et le secret, l'habitude de condamner ou d'absoudre sans juger, celle d'accorder aux dénonciations des plus vils des hommes la confiance que dans les mêmes circonstances la probité la mieux établie n'obtiendrait pas toujours; la protection, enfin, qui couvre non-seulement les erreurs, mais les fautes, mais les crimes, des agents qu'on a employés. L'importance dont il est de prévenir ou de réprimer les attentats, voilà l'excuse que l'on donne aux autres et à soi-même : c'est celle aussi qu'allègue l'inquisition.

Il est évident que la loi ne pouvant approprier ses prescriptions à tant de besoins que doit satisfaire la police, à tant de maux qu'elle doit prévenir, laissera toujours à son action quelque chose d'arbitraire. Restreindre cet arbitraire dans les bornes d'une stricte nécessité, ne le confier qu'à des mains sûres et prudentes, c'est à quoi se doivent étudier le législateur et le gouvernant. Une réforme n'a rien d'impraticable, sans diminuer l'énergie des moyens d'action de la police. L'irresponsabilité ne devrait pas être son partage. Il ne serait pas impossible de préciser les cas où l'arbitraire de la police dégénère en vexation. Que dans ces cas on cesse d'opposer aux plaintes des citoyens l'article de la constitution de l'an VIII qui défend de traduire en justice sans autorisation un fonctionnaire coupable et ne laisse de recours à l'opprimé que l'espoir d'obtenir de l'administration le droit de poursuivre l'administration dans la personne de ses agents. Avant 1789 la police était subordonnée aux grands corps judiciaires; et les parlements lui firent plus d'une fois sentir leur autorité. Cette subordination, il est vrai, avait fini par n'être que nominale. On pourrait lui rendre sa réalité dans une juste mesure. Le gouvernement issu de la constitution de 1852, tout en se référant aux grands principes de 1789, a singulièrement exagéré l'action et le domaine de la police. Le régime des autorisations préalables a été appliqué à un grand nombre d'industries, aux bureaux de placement, aux cafés, cabarets et autres lieux semblables, aux journaux, aux affiches, etc. Les journaux peuvent être supprimés administrativement. La preuve par témoins des faits imputés au gouvernement n'est plus admise; le droit d'interpellation a péri avec la tribune; le droit de pétition n'a rien de sérieux; le jury ne connaît plus des délits de la presse; les maires, nommés directement par le pouvoir central, ne présentent plus aucune garantie d'indépendance.

L'histoire de la police remonte en France jusqu'à Charlemagne. On trouve dans divers capitulaires de ce prince des règlements de police que l'anarchie féodale fit ensuite tomber en désuétude. La police grandit plus tard avec la royauté; des lieutenants généraux et particuliers en furent spécialement chargés. Ce fut La Reynie qui remplit le premier les fonctions de lieutenant de police. Le plus célèbre de tous est le marquis d'Argenson, qui remplit ces fonctions difficiles et délicates de 1697 à 1718; on le regarde comme le fondateur de la police secrète, à laquelle on dut longtemps une grande sécurité, mais qui donna lieu aussi à de graves abus. Parmi ses successeurs, il faut nommer Sartines (1762-74), non moins actif que lui, mais d'une moralité plus équivoque; Lenoir (1774-1784), qui appliqua surtout ses vues philanthropiques à l'état des indigents; et dans un temps plus rapproché de nous le fameux Fouché, ministre de la police, Pasquier, Decazes, Delavau, Debelleyme, Gisquet, Delessert, Caussidière, Carlier. Quelquefois les souverains, ne se fiant pas assez à la police générale de l'État, exercèrent, à l'aide d'agents infimes et dévoués, une contre-police destinée à la contrôler et à la suppléer.

Dans un sens plus restreint, le mot *police* s'applique à l'ordre qui doit régner dans une réunion quelconque. C'est dans ce sens que l'on dit *police d'une assemblée*, *police d'audience*; il est de règle constante que dans toute assemblée la police appartient au président.

Dans la langue du droit, le mot *police* a aussi une tout autre signification, et même alors il a une tout autre origine; il vient du mot latin *pollicitatio* (promesse), et se prend comme synonyme de *contrat*; c'est encore l'expression consacrée pour le contrat d'assurance, qui a conservé le nom de *police*.

Le mot *police*, pris dans sa plus grande extension, comme synonyme d'organisation sociale et de civilisation, a donné le verbe *policer*, c'est-à-dire civiliser, adoucir les mœurs.

POLICE (*Typographie*). *Voyez* CARACTÈRE (*Typographie*).

POLICE (Bonnet de). On donne ce nom à une coiffure militaire, qui ne se porte qu'au corps de garde pendant la nuit, et pendant le jour par les hommes de corvée, aux exercices des recrues dans le quartier; le matin, aux écuries, et enfin dans les salles de discipline. L'ancien bonnet de police était d'une seule pièce de drap et se terminait en pain de sucre. On lui substitua le *pokalem*, autre bonnet de police garni d'un tour en cadis, dont les deux côtés, terminés en pointe, s'abattaient ou se redressaient à volonté. Le pokalem fut remplacé à son tour par un bonnet à queue avec des revers de la couleur tranchante de l'uniforme : ce dernier était orné de cordonnets et d'un gland. La forme et les couleurs tranchantes du bonnet de police ont beaucoup varié. On l'a remplacé dans un temps par une petite casquette ou *képi*. Les pans des habits hors de service sont ordinairement employés à la confection des bonnets de police. Lorsque les troupes prennent les armes, le bonnet de police s'attache au-dessous de la giberne au moyen de deux petites courroies.

POLICE (Lieutenant général de). *Voyez* LIEUTENANT GÉNÉRAL DE POLICE.

POLICE (Préfecture de). Les attributions du préfet de police ont été fixées par les arrêtés des 12 messidor an VIII et 3 brumaire an IX, par la décision du ministre de la police générale, en date du 25 fructidor an IX; par la loi du 22 germinal an XI; par l'article 6 de l'arrêté du gouvernement du 1er messidor suivant, et maintenues par le décret du 21 messidor an XII. Son autorité s'étend sur tout le département de la Seine et sur les communes de Saint-Cloud, Sèvres, Meudon et Enghien, du département de Seine-et-Oise; il a aussi la police du marché de Poissy, du même département. Il exerce ses fonctions sous l'autorité immédiate des ministres, et il correspond directement avec eux pour les objets qui dépendent de leurs départements respectifs. Il est membre du conseil général d'administration du Mont-de-Piété et de celui de l'assistance publique. Il est chargé, sous l'autorité du ministre de l'intérieur, de tout ce qui est relatif au régime administratif et économique des prisons, maisons de dépôt, d'arrêt, de justice, de force, de correction, de détention et de répression situées dans le département de la Seine, ainsi que de la police de ces établissements; il en nomme les employés. Outre la direction du personnel de l'administration centrale, aussi nombreux que celui d'un ministère, le préfet de police est chargé de celle des commissaires de police. Il a ensuite sous ses ordres une quantité d'agents dits de la police active; les uns portent un uniforme, et composent le corps nombreux des sergents de ville; les autres n'agissent que dans l'ombre, ce sont les agents secrets. En outre, un corps militaire spécial, celui des sapeurs-pompiers, est mis sous ses ordres; la garde de Paris étant placée directement sous les ordres du ministère de la guerre depuis la loi du 2 avril 1849. Un conseil d'hygiène et de salubrité siége près de la préfecture de police.

Le budget de la préfecture de police fait partie du budget général de la ville de Paris; mais, en raison de leur importance, les comptes de la police sont soumis chaque année à un vote spécial de la commission municipale.

Les recettes confiées à la préfecture de police consistent en perceptions faites par les préposés de l'administration dans les services qui concernent l'approvisionnement de Paris, la salubrité des rues de la capitale, la sûreté des personnes, la petite voirie, etc., etc. Elles se sont élevées en 1853 à 5,627,618 francs.

Le chiffre des dépenses est évalué à 8,713,895 francs 70 centimes. Elles sont divisées en quatre grandes catégories : les *services généraux*, qui comprennent l'administration centrale, les commissariats de police et la police municipale; les *services spéciaux*, halles, marchés et abattoirs, pesage et mesurage publics, petite voirie, police de la Bourse, police des ports, dégustation des boissons, arrosements, éclairage, établissements insalubres et dangereux, Morgue, salubrité, dispensaire; *le corps militaire*; les *frais généraux*, pensions, secours et dépenses diverses, etc.

POLICE (Préfet de). *Voyez* PRÉFET.

POLICE (Salle de). On réserve dans les casernes occupées par les troupes deux ou trois chambres particulières du rez-de-chaussée, dans le but d'y enfermer les sous-officiers et les soldats punis pour des fautes ordinaires contre la discipline. Ces chambres prennent le nom de *salles de police* ou de *salles de discipline*. Elles sont soumises à la police particulière des corps, et sont placées sous la surveillance du commandant de la *garde de police* (garde du quartier de la caserne), qui en a les clefs. Les sous-officiers sont punis de la salle de police pour des fautes contre la discipline intérieure; les caporaux et les soldats encourent la même peine lorsqu'ils manquent aux appels du soir, et pour mauvais propos, pour désobéissance, querelle, ivresse, etc. Les salles de police des sous-officiers sont toujours séparées de celles des soldats. Les hommes auxquels cette punition est infligée ne sont dispensés d'aucun service militaire; ils assistent à toutes les classes d'instruction auxquelles ils sont attachés, et reprennent leur punition au retour; ils reçoivent la nourriture ordinaire. Ils sont en outre exercés deux fois par jour, et pendant deux heures, au peloton dit de *punition*. Les soldats sont employés à toutes les corvées du quartier. Les salles de police n'ont pour tout ameublement qu'un lit de camp, garni de demi-fournitures de couchage, et quelques accessoires nécessaires aux besoins journaliers.

En route, les sous-officiers et les soldats punis de la salle de police marchent avec leur compagnie ou à la *garde de police*. Ils reprennent leur punition en arrivant au gîte. En campagne, les hommes punis sont placés au poste avancé de la *garde du camp* (garde de police).

POLICE (Tribunal de). Il est institué pour juger les contraventions, à l'exception des infractions aux lois de donanes, de contributions indirectes, d'octrois, qui sont de la compétence des tribunaux correctionnels. Le tribunal de police, à la différence des tribunaux plus élevés, qui doivent toujours être composés de trois juges au moins, se compose soit du juge de paix, soit du maire, selon les règles de compétence tracées par le Code d'instruction criminelle (art. 139 et suiv., 166 et suiv.). Les tribunaux de police tenus par les maires n'existent que dans un très-petit nombre de communes; leur établissement est facultatif.

Lorsque le juge de paix remplit les fonctions de juge de police, celles du ministère public sont attribuées à un commissaire de police, au maire, ou à son adjoint. Les citations sont notifiées par huissier; le délai est d'au moins vingt-quatre heures, plus celui des distances, sauf les cas urgents dans lesquels le juge de paix peut délivrer une cédule pour permettre de citer les parties dans les mêmes jour et heure. Le tribunal de police peut encore être saisi par une ordonnance de la chambre du conseil, ou par un arrêt de la chambre des mises en accusation. Avant le jour de l'audience il peut, sur la réquisition du ministère public ou de la partie civile, estimer ou faire estimer les dommages, dresser ou faire dresser des procès-verbaux, faire ou ordonner tous actes requérant célérité. Si la personne citée ne comparaît pas en personne ou par un fondé de procuration spéciale, au jour et à l'heure fixés par la citation, elle est jugée par défaut. On a trois jours pour former opposition au jugement par défaut. L'instruction de l'affaire est publique, à peine de nullité. Elle se fait dans l'ordre suivant : les procès-verbaux, s'il y en a, sont lus par le greffier; les témoins, s'il en a été appelé par le ministère public ou la partie civile, sont entendus s'il y a lieu; la personne citée propose sa défense et fait entendre ses témoins; le ministère public résume l'affaire et donne ses conclusions, après quoi la partie citée a encore le droit de proposer ses observations. Le tribunal de police doit prononcer le jugement dans l'audience où l'instruction a été terminée, ou au plus tard dans l'audience suivante.

Lorsque le juge de police est le maire, les fonctions du ministère public sont exercées par l'adjoint ou par un conseiller municipal désigné par le procureur du roi; celles de greffier par un citoyen proposé par le maire, et qui prête serment devant le tribunal de police correctionnelle. Les parties et les témoins sont cités sans ministère d'huissier, par un simple avertissement du maire, qui donne publiquement son audience dans la maison commune et observe toutes les dispositions concernant l'instruction et les jugements au tribunal du juge de paix.

Les jugements rendus en matière de police peuvent être attaqués par la voie de l'appel. Le pourvoi en cassation peut également avoir lieu dans la forme et les délais prescrits.

POLICE CORRECTIONNELLE (Tribunal de). On l'appelle plus simplement *tribunal correctionnel*. Ce n'est qu'un démembrement du tribunal civil; c'est la chambre de ce tribunal qui est chargée de la répression des délits qui entraînent l'application d'une peine excédant cinq jours d'emprisonnement. Ils connaissent en outre de tous les délits forestiers qui sont poursuivis à la requête de l'administration, et des contraventions en matière de contributions indirectes et de douanes. Ces tribunaux peuvent prononcer au nombre de trois juges. Ils sont saisis de la connaissance des délits de leur compétence, soit par le renvoi fait par ordonnance de la chambre du conseil, soit par l'appel du tribunal de police, soit par la citation donnée directement au prévenu et aux personnes civilement responsables du délit par la partie civile, et à l'égard des délits forestiers, par le conservateur, inspecteur ou sous-inspecteur forestier, ou par les gardes généraux, et dans tous les cas par le procureur impérial. Dans les affaires relatives à des délits qui n'entraînent pas la peine d'emprisonnement, le prévenu peut se faire représenter par un avoué; néanmoins, le tribunal peut ordonner sa comparution en personne. Si le prévenu ne comparaît pas, il est jugé par défaut. On a cinq jours pour former opposition, à compter de la signification. La preuve des délits se fait comme celle des contraventions (*voyez* PROCÈS-VERBAL et TÉMOINS) L'instruction est publique, à peine de nullité. Le procureur impérial, la partie civile ou son défenseur, et à l'égard des services forestiers, le conservateur, inspecteur ou sous-inspecteur forestier, ou, à leur défaut, le garde général expose l'affaire; les procès-verbaux ou rapports, s'il en a été dressé, sont lus par le greffier; les témoins pour et contre sont entendus, s'il y a lieu, et les reproches proposés et jugés; les pièces pouvant servir à conviction ou à décharge sont représentées aux témoins et aux parties; le prévenu est interrogé; le prévenu et les personnes civilement responsables proposent leur défense; le procureur impérial résume l'affaire et donne ses conclusions; le prévenu et les personnes civilement responsables du délit peuvent répliquer. Le jugement est prononcé immédiatement, ou au plus tard à l'audience qui suit celle où l'instruction a été terminée. Nous ne reviendrons pas ici sur ce qui concerne le jugement, son exécution, et l'opposition qu'on peut y faire.

Le Code d'instruction criminelle et la loi du 20 avril 1810 avaient conféré aux cours impériales la connaissance des appels des jugements rendus par tous les tribunaux de police correctionnelle placés dans le département où elles ont leur siége, et de ceux des tribunaux placés aux chefs-lieux des départements compris dans leur ressort; mais pour tous les autres départements, ils avaient laissé au tribunal du chef-lieu le soin de prononcer sur les appels dirigés contre les jugements des tribunaux d'arrondissement. En outre, pour quelques départements très-éloignés du siége de la cour impériale, le tribunal du chef-lieu du département voisin avait été érigé en juridiction supérieure. La volonté de ne pas trop éloigner le juge du justiciable avait été la considération déterminante de cette exception au principe de l'organisation judiciaire. Une loi votée par le corps législatif dans sa session de 1856 attribue sans aucune exception, et d'une manière exclusive, aux cours impériales la connaissance des jugements rendus par tous les tribunaux de police correctionnelle. L'expérience avait démontré que les appels de police correctionnelle ne dépassaient pas la proportion de cinq pour cent, et que les affaires où il était nécessaire d'entendre de nouveau les témoins étaient dans le nombre de trois pour cent avec le nombre des appels. Les merveilleux changements survenus dans l'état de la viabilité et dans les moyens de locomotion par toute la France permettaient d'ailleurs de substituer au désordre des anomalies et des exceptions la régularité d'une hiérarchie constante et parfaite. En outre, cette loi a modifié l'article 189 du Code d'instruction criminelle, dans le but de faire diminuer le nombre des affaires où les témoins seront de nouveau entendus. Les notes des greffiers doivent reproduire *toutes*, et non pas seulement les *principales*, dépositions des témoins; elles contiendront aussi les réponses des prévenus; elles seront communiquées au ministère public et soumises au président pour être vérifiées et approuvées par lui; enfin, les vérifications seront faites dans un temps rapproché de la communication et de la prononciation du jugement, lorsque les souvenirs seront récents et sûrs.

POLICE D'ASSURANCE. *Voyez* ASSURANCE (Contrat d').

POLICE GÉNÉRALE (Ministère de la). Il fut créé le 12 nivôse an IV, par le Directoire exécutif, qui avait senti le besoin de fortifier l'action de la police, en la concentrant dans des mains spéciales. Un certain nombre d'attributions furent détachées du ministère de l'intérieur, et ce septième ministère fut constitué. Il fut chargé de l'exécution des lois relatives à la sûreté et à la tranquillité intérieures de la république, de la garde nationale sédentaire et du service de la gendarmerie pour tout ce qui se rapporte au maintien de l'ordre public. Il eut de plus la police des prisons, maisons d'arrêt, de justice et de réclusion, et la répression de la mendicité et du vagabondage. Ce ministère fut supprimé par un arrêté du gouvernement consulaire, du 18 fructidor an x, et réuni au ministère de la justice. Il fut réorganisé avec ses anciennes attributions par un décret impérial du 21 messidor an XII (10 juillet 1803), subdivisé en trois grandes sections, dirigées par trois conseillers d'État. Ce ministère fut supprimé de nouveau lors de la chute du gouvernement de Napoléon. La Restauration le rétablit, et le supprima encore par ordonnance royale du 18 décembre 1818; mais il n'y eut de changé que le titre. Il fut maintenu de fait sous le titre de *direction générale de la police*, qui fut supprimée par une autre ordonnance, du 21 février 1820. La police générale forma alors une division du ministère de l'intérieur

[Le 22 janvier 1852, le ministère de la police générale fut rétabli. Il avait dans ses attributions : l'exécution des lois relatives à la police générale, à la sûreté et à la tranquillité intérieure de la république, le service de la garde nationale, de la garde républicaine, de la gendarmerie, pour tout ce qui est relatif au maintien de l'ordre public; la surveillance des journaux, des pièces de théâtre et des publications de toutes natures; la police des prisons, maisons d'arrêt, de justice et de réclusion; le personnel des préfets de police et des départements, des agents de toutes sortes de la police générale; la police commerciale, sanitaire et industrielle; la répression de la mendicité et du vagabondage : en même temps des inspecteurs généraux et des inspecteurs spéciaux de police furent nommés dans les départements. M. de Maupas fut chargé de ce portefeuille. « C'est à vous, lui disait le président dans une lettre, que je confie cette noble et importante mission de faire parvenir sans cesse jusqu'à moi la vérité, qu'on s'efforce trop souvent de tenir éloignée du pouvoir. » Le ministère de la police avait été créé en effet, disait-on, pour inaugurer un nouveau système. « A côté du danger des conspirations et des complots, disait M. Bonjean au corps législatif, danger matériel, immédiat, et en quelque sorte brutal, il existe un autre danger, plus redoutable encore pour un gouvernement, celui du désaccord entre les populations et lui; désaccord qui n'est d'abord qu'un dissentiment sourd, qui s'empreint bientôt de passion, aboutit à la haine, et finit par laisser le gouvernement au jour des crises dans un isolement et un abandon où il succombe. Ces exemples mémorables que présente notre histoire ne pouvaient être perdus pour le gouvernement. Émanation du vœu national, il ne veut gouverner que selon le vœu national; mais pour cela il faut qu'il connaisse fidèlement, en quelque sorte jour par jour, heure par heure, les sentiments, les opinions, les vœux du pays; c'est dans ce but qu'a été créé le ministère de la police générale. Ce n'est point une inquisition contre les personnes, le petit nombre des inspecteurs en exclut l'idée, mais une sorte d'enquête permanente ouverte au sein du pays pour que le gouvernement puisse éclairer l'opinion si elle s'égare, ou rectifier lui-même sa marche, s'il y a lieu, d'après les indications du sentiment public. » Cependant, ce système ne fut pas généralement accueilli d'une manière favorable. On craignait ces agents irresponsables placés à côté des agents responsables de l'autorité. Les inspecteurs généraux et spéciaux furent supprimés en mars 1853, et remplacés par des inspecteurs extraordinaires, qui devaient aller visiter temporairement les départements, et par des commissaires départementaux sous la direction du préfet. Le 10 juin 1853, le ministère de la police générale fut lui-même supprimé, et la police redevint une direction générale du ministère de l'intérieur, alors occupé par M. Fialin de Persigny. « Votre majesté, disait ce ministre en 1854, a jugé qu'elle pouvait renoncer à une organisation défensive que le retour du calme, le silence des factions et la confiance sympathique du pays dans le pouvoir concouraient à rendre superflue, et cette opinion a été pleinement justifiée par l'événement. » On voit que le ministre de l'intérieur ne jugeait pas cette institution en 1854 comme le commissaire du gouvernement en 1852. Les commissaires départementaux furent aussi eux-mêmes supprimés. « Une expérience de près d'une année, disait encore M. Fialin de Persigny, a suffi pour démontrer qu'ils n'apportaient aux préfets qu'un concours très-contestable, et que leur intervention gênait l'action des sous-préfets et portait atteinte à leur autorité. » Du 1er mars au 10 juin 1852, le ministère de la police avait donné quatre-vingt-onze avertissements aux journaux publiés à Paris ou dans les départements; *Le Corsaire* avait été supprimé.

L. LOUVET.]

POLICE JUDICIAIRE. Cette branche de la police est exercée sous l'autorité des cours impériales, à la différence de la police administrative, qui s'exerce exclusivement sous la direction de l'administration générale. Les fonctionnaires chargés de la police judiciaire prennent le nom d'*officiers de police judiciaire*, et l'article 9 du Code d'Instruction criminelle attribue cette qualité aux gardes forestiers, aux commissaires de police, aux maires et adjoints, aux procureurs impériaux et à leurs substituts, aux juges de paix, aux officiers de gendarmerie, aux juges d'instruction; aux préfets des départements et au préfet de police à Paris, qui peuvent faire personnellement ou requérir les officiers de police judiciaire, chacun en ce qui le concerne, de faire tous actes nécessaires à l'effet de constater les crimes, délits et contraventions et d'en livrer les auteurs aux tribunaux chargés de les punir.

Parmi ces officiers il en est deux auxquels aboutit toute la police judiciaire, le procureur impérial et le juge d'instruction; chacun de ces magistrats n'agit sans le concours de l'autre que dans le cas de flagrant délit. Parmi les autres officiers de police judiciaire, il en est une partie à qui la loi donne le titre d'*officiers auxiliaires* du procureur impérial. Ce sont les juges de paix, les officiers de gendarmerie, les maires et leurs adjoints; les commissaires de police. Les officiers auxiliaires agissant en cas de flagrant délit ont la même compétence que le procureur impérial. Ce magistrat peut continuer lui-même les actes commencés par ses auxiliaires ou les autoriser à les continuer. Les préfets et le préfet de police ont les mêmes droits que les officiers de police *auxiliaires*; mais ils ne sont pas classés parmi eux, la loi n'ayant pas voulu soumettre à l'autorité du procureur impérial des magistrats de l'ordre administratif. Hors du cas de flagrant délit, les officiers de police judiciaire se bornent à recevoir les plaintes et les dénonciations et à les renvoyer au procureur impérial.

POLICEMAN (littéralement *homme de police*), nom que l'on donne aux agents ordinaires de la police à Londres. Avant 1830 chaque paroisse de Londres avait ses *constables* particuliers et sa juridiction indépendante. Cette division de l'autorité gênait souvent l'action de la police. En 1841 une loi centralisa tout le service, et le plaça sous les ordres d'un bureau de police composé de trois magistrats soumis eux-mêmes au contrôle du secrétaire d'État de l'intérieur. Le personnel de la police de Londres se composait en 1854 de 20 surintendants, 128 inspecteurs, 541 sergents de police, et 4,761 *policemen* : au total 5,453 agents; la dépense s'élevait à 8,500,000 fr. Chaque *policeman* a sous son inspection un îlot de maisons, qu'il peut pour ainsi dire embrasser du regard; grâce à sa surveillance, qui jamais ne chôme et qui en une demi-heure s'étend sur toute sa circonscription, le *policeman* connaît bientôt à fond le personnel qui habite sa section; il sait les habitudes de chacun, et peut donner des renseignements précis sur la moralité de tous ses administrés. Du reste, cette surveillance est facile dans une ville où la plupart des familles habitent une maison, et « où l'on peut savoir, comme l'a dit M. Vivien, si l'individu qui entre la nuit rejoint son domicile ou s'introduit dans celui d'autrui ». Cette connaissance des lieux et des êtres fait que le *policeman* peut donner à qui l'interroge le nom des rues, l'adresse des habitants, l'indication de leur profession, ou tous autres renseignements. Les gardiens des passages à Paris pourraient donner une idée assez exacte du rôle des *policemen* anglais.

L'uniforme du *policeman* consiste en un pantalon de drap bleu et un habit de même couleur, à collet droit et boutonnant sur la poitrine; sur le collet est un numéro qui indique la compagnie et une lettre qui correspond à la section. L'habit est serré à la taille par une ceinture de cuir verni. Le chapeau est en feutre noir et de forme bourgeoise. Un manteau court en drap ou en caoutchouc, selon le temps, complète son costume. La nuit il porte à sa ceinture une lanterne sourde, dont la lumière est tournée du côté de son corps, et qui n'éclaire la voie publique qu'en cas d'accident. En outre il est muni d'un petit bâton avec bout d'ivoire, symbole respecté de la loi anglaise; enfin, pour avertir ses voisins, le *policeman* porte une crécelle, dont le son criard se fait entendre à une grande distance. Comme on voit, ce costume est tout civil, et le *policeman* n'est pas armé. « C'est là, dit un publiciste, un signe caractéristique de l'esprit du peuple anglais; il respecte les agents civils, tandis que l'uniforme du soldat lui paraîtrait attentatoire à la liberté individuelle. »

Pour terminer ce tableau de la police de Londres, disons que sur différents points de la ville sont établis des chefs-lieux de section, espèces de corps-de-garde où se trouvent les inspecteurs et les brigadiers qui dirigent le service, reçoivent les rapports et gardent momentanément les individus arrêtés, jusqu'à ce qu'ils soient conduits devant le magistrat.

D'après un rapport publié en 1856, le nombre total du corps de la police employé sur divers points de la capitale s'élevait à 5,817 hommes, dont la moyenne pour le service de jour est de 2,272, et pour le service de nuit de 3,545. Des surnuméraires font la patrouille dans différentes divisions, s'ils n'ont pas à remplir les lacunes résultant de maladies ou d'autres causes. Dans la période quinquennale de 1850 à 1856, 1,276 *policemen* ont été renvoyés, 4,407 ont donné leur démission. Pendant cette même période 264 *policemen* ont été traduits devant les tribunaux de police de la métropole pour divers délits; sur ce nombre 68 ont été condamnés, et 196 mis hors de cause.

POLICE MÉDICALE. Elle comprend tout ce qui a rapport à l'art de guérir, et se compose de dispositions d'une nature bien distincte, puisque les unes règlent l'exercice de la profession de *médecin*, et les autres tout ce qui est relatif à l'exercice de la *pharmacie*. Sous la dénomination de *médecins*, la loi comprend les médecins et les chirurgiens, les officiers de santé et les sages-femmes. Pour exercer l'art de guérir sur le territoire de l'empire français, il faut avoir subi devant une faculté de médecine ou un jury médical les épreuves orales à la suite desquelles on a obtenu soit le titre de docteur, soit le grade d'officier de santé; et les commissaires de police sont chargés de veiller à ce que les tableaux placés aux maisons des médecins, chirurgiens et officiers de santé, n'énoncent pas d'autre qualité que celle qu'ils sont en droit de prendre. Cette précaution a pour but d'empêcher l'officier de santé d'usurper le titre de docteur. Tout docteur est tenu, dans le délai d'un mois après la fixation de son domicile, de présenter son diplôme au greffe du tribunal de première instance et du bureau de la sous-préfecture de l'arrondissement dans lequel il veut s'établir; et tous les ans il est formé et publié dans chaque département, par les soins des préfets, une liste de tous les médecins, chirurgiens, officiers de santé et sages-femmes autorisés à exercer.

Un arrêté du parlement, en date du 25 septembre 1600, reproduisant les anciens statuts qui réglaient l'exercice de l'art de guérir, recommandait à tout médecin nouvellement admis de s'unir à ses confrères, dans un esprit commun de bienveillance envers les personnes qui réclament les secours de la médecine, de ne pas chercher à capter la faveur, de s'abstenir de visiter le malade qui ne l'aurait pas appelé expressément, de refuser d'entrer en consultation avec des empiriques, avec toute personne non agréée au corps des médecins, d'exiger, après une consultation, que l'avis de la majorité fût communiqué par la voix du plus ancien, au malade, à ses parents ou à ses amis, avec tous les ménagements voulus par la prudence; dans les consultations, s'il était le plus jeune d'âge et d'exercice, d'opiner le premier et d'un ton modeste; dans les réunions médicales, de témoigner du respect aux plus anciens et des égards aux plus jeunes. Il est à regretter que quelques-unes de ces prescriptions soient complétement tombées en désuétude et n'aient point été comprises dans les dispositions de la loi du 19 ventôse an XI (10 mars 1803), qui a réglé tout ce qui a trait à l'exercice de la profession médicale, sauf les cas ou les modifications qui ont été l'objet des arrêtés ministériels du 24 avril 1810 et du 16 mars 1816.

Aux termes de cette loi, les docteurs peuvent seuls exercer les fonctions de médecin et de chirurgien juré près les tribunaux et celles de médecin et de chirurgien en chef dans les hospices. Eux seuls sont chargés, par les autorités administratives, des divers objets relatifs à la salubrité publique. Les cas où a lieu l'intervention légale des médecins sont déterminés par les articles 25, 81, 174 et 231 du Code Civil, 44 et 83 du Code d'Instruction criminelle, 160, 309, 317 et 331 du Code Pénal.

La question de la *responsabilité* médicale a donné lieu tout récemment à de nombreuses et vives discussions; mais de ce débat est résulté que c'est là en définitive une responsabilité purement morale et toute de conscience, ne pouvant entraîner aucune action juridique, si ce n'est en cas de captation, de vol, de fraude ou de prévarication.

Les officiers de santé, soumis à la même déclaration de domicile que les docteurs, sont autorisés là où il n'y a pas de pharmacien à fournir des médicaments simples ou composés aux personnes près desquelles ils sont appelés.

Les *sages-femmes*, astreintes aux mêmes obligations pour le domicile que les officiers de santé, ne peuvent en cas d'accouchement laborieux recourir à l'emploi d'instruments sans appeler un docteur ou un médecin et chirurgien anciennement reçu.

Les contraventions à la loi qui règlent l'exercice de la profession médicale commises par des personnes qui n'ont pas satisfait aux épreuves voulues sont punies d'une amende de 1,000 fr. en cas d'usurpation du titre de docteur, de 500 fr. en cas d'usurpation de la qualification d'officier de santé, et de 100 fr. pour immixtion dans les attributions des sages-femmes sans avoir subi les examens auxquels elles sont assujetties.

A l'exercice de la pharmacie se rattachent indirectement et accidentellement certaines dispositions relatives aux herboristes, épiciers et droguistes. Le pharmacien doit exercer personnellement sa profession, toute location ou cession lui étant interdite. Il lui est défendu de livrer des préparations médicinales ou drogues composées quelconques autrement que sur la prescription d'un docteur ou d'un officier de santé, et il doit se conformer pour la préparation et la composition des médicaments aux formules décrites par le *Codex*. Il ne peut cumuler avec sa profession le commerce de l'épicerie ni vendre aucun remède secret. Il est tenu d'avoir un registre coté et paraphé par le maire ou par le commissaire de police, sur lequel il inscrit les noms de ceux à qui il croit pouvoir vendre des substances vénéneuses, l'emploi proposé et la date exacte de l'achat. Des visites sont faites au moins une fois l'an dans son officine par des délégués de l'autorité, chargés d'y vérifier l'état des drogues qui s'y trouvent.

Les docteurs en médecine ou en chirurgie, les officiers de santé et les pharmaciens qui ont traité une personne pendant la maladie dont elle meurt, ne peuvent profiter des dispositions entre vifs ou testamentaires qu'elle aurait faites en leur faveur pendant tout le cours de cette maladie.

L'action des médecins, chirurgiens ou pharmaciens, pour leurs visites, opérations ou médicaments, se prescrit par un an. Quand ils révèlent, en dehors des cas prévus par la loi, les secrets qui leur sont confiés dans l'exercice de leur profession, ils sont punis d'un emprisonnement de six mois et d'une amende de 100 à 500 fr.

POLICE MILITAIRE. La police des armées n'a pas seulement pour objet de réprimer ou de punir; elle veille aussi au maintien de l'ordre, à la sûreté individuelle, au bien-être des troupes. Cette police a encore pour but de garantir les habitants et leurs propriétés des atteintes des soldats enclins au pillage, au vol, à d'autres excès réprouvés par les lois du pays. Chez les Grecs, la police des armées était exercée par des magistrats spéciaux, et qu'on renouvelait chaque année. Les fonctions de ces magistrats consistaient à faire respecter les lois militaires en vigueur, à assurer la subsistance des troupes et à veiller au maintien de la discipline. Chez les Romains, la police des camps et des armées était confiée aux consuls, aux édiles, aux préteurs, aux tribuns militaires, aux centumvirs, aux décemvirs, etc.; des licteurs et autres agents secondaires étaient chargés d'exécuter les ordres et les sentences consulaires. Sous les empereurs, les édiles furent remplacés par un corps de troupe de 1,000 hommes, et le *prefectus vigilum* eut la haute police des villes et des camps. Lorsque les armées romaines occupaient un pays, elles avaient le plus grand respect pour la religion, les mœurs et les usages des vaincus. C'est à cet esprit disciplinaire qu'elles durent leurs triomphes et souvent la paisible possession de leurs conquêtes.

Pendant toute la durée du système féodal en France, les troupes s'organisèrent sans méthode et sans ordre. L'institution des *commissaires des guerres*, en 1355, contribua à ramener dans les camps la police et la discipline qui en étaient bannies depuis la fin du règne de Charlemagne. Ces administrateurs furent chargés de veiller à l'exécution des ordonnances et des règlements militaires. On établit plus tard une police régulière dans les places de guerre, dans les villes de garnison et aux armées. Les *prévôts* furent chargés de la sûreté publique, de connaître des crimes et délits commis par les *gens de guerre* dans l'étendue de leur ressort; de faire arrêter les vagabonds, les déserteurs, les filles publiques, les traînards, etc., etc. Les archers et la maréchaussée (gendarmerie) les secondaient dans toutes les opérations relatives à leurs fonctions.

Depuis la dernière ordonnance sur le service des troupes en campagne, la gendarmerie remplit aux armées les mêmes fonctions que dans l'intérieur: elle est chargée de la surveillance des délits, de la poursuite et de l'arrestation des coupables, de la police, du maintien de l'ordre, etc. Le commandant de la gendarmerie d'une armée prend le titre de *grand-prévôt*, le commandant de la gendarmerie d'une division celui de *prévôt*. Leurs attributions embrassent tout ce qui est relatif aux crimes et délits commis; ils protègent les habitants contre le pillage ou toute autre violence, surveillent l'exécution des règlements relatifs aux prohibitions de chasse et des jeux de hasard, et écartent de l'armée les femmes de mauvaise vie. Dans les marches, la gendarmerie suit les colonnes, arrête les pillards et fait rejoindre les traînards.

Les services administratifs, les corps de toutes armes, les écoles militaires, les équipages, sont aussi soumis à des règlements particuliers de police.

La police des places de guerre est sous la responsabilité immédiate des commandants de place, la police intérieure des corps sous la surveillance des colonels. Enfin, la police d'une brigade, d'une division, d'une armée, sont également placées sous la garde des généraux qui en ont le commandement.

SICARD.

POLICE MUNICIPALE DE PARIS. Les règlements ont déterminé d'une manière précise les attributions de la police municipale: « Maintien de la tranquillité et du bon ordre dans Paris; exécution des lois et ordonnances de police; surveillance générale des douze arrondissements; recherches dans l'intérêt général et dans l'intérêt des familles; recherches des maisons de jeu; surveillance des voitures, des brocanteurs, de la prostitution, du transfèrement des détenus, des maisons et hôtels garnis; recherche, surveillance et capture des malfaiteurs dans les affaires d'assassinat, d'incendie, de fausse monnaie, de vol, de faux, d'escroquerie, de vagabondage; recherches relatives aux condamnés évadés, aux libérés en surveillance ou ayant rompu leur ban; exécution des mandats et perquisitions; surveillance et recherches dans les communes rurales; rondes de nuit, etc., etc. Dès le sixième siècle le service de la police de Paris était confié à une garde spéciale, appelée *guet*, qui se divisait en deux corps bien distincts: le guet des métiers, fourni gratuitement par les habitants, espèce de milice bourgeoise, et le guet du roi, entretenu et payé par le trésor royal. Au quatorzième siècle, un certain nombre de portes étaient confiées au guet des métiers. C'étaient, à raison de six hommes par chaque porte, les carreaux au delà du guichet du Châtelet pour la garde des prisonniers, la cour du Palais pour les saintes Reliques, La Madeleine en la cité, la fontaine des Saints Innocents, les piliers de la Grève, la porte Baudoyer, etc. Le service du guet des métiers était réglé par les *clercs du guet*, qui remplissaient à peu près l'office de nos sergents majors; ces agents, mal surveillés, laissèrent s'introduire de tels abus en trafiquant des dispenses de garde, qu'une ordonnance de 1559, rendue par Henri II, supprima le guet des métiers et remit tout le service au guet royal, dont l'effectif fut augmenté.

La garde de police fut maintenue dans cet état jusqu'en 1561. A cette époque les guerres de religion modifièrent complétement l'organisation du guet, et la tutelle de Paris fut remise en entier aux bourgeois. Mais bientôt le service devint tout à fait nul; chaque jour on avait à déplorer de nouveaux attentats. Une déclaration de Charles IX du 20 mars 1563 rétablit le service du guet royal, sous la direction de César Brancho de Cèse, maréchal des logis du roi, avec 50 hommes de cheval et 100 hommes de pied. Cet état de choses subsista sans changement jusqu'au règne de Louis XIV, qui créa de nouvelles compagnies et réglementa de nouveau le service. Remanié sous Louis XV, le guet fut supprimé en 1786.

La sûreté de Paris fut alors confiée à deux corps: la garde de Paris proprement dite et l'ancien guet; la garde de Paris, payée par le roi, et le guet, soldé par la ville, comprenaient un effectif de 1,093 hommes. Outre ces deux corps, les gardes françaises et deux compagnies de Suisses étaient encore affectées au maintien de la tranquillité publique. Enfin, l'hôtel de ville avait aussi une garde spéciale, appelée *garde de la ville*, qui, composée de 300 hommes, ne paraissait que dans les cérémonies auxquelles assistaient les autorités parisiennes. Quant à la banlieue, elle était sous la surveillance de la *maréchaussée de l'île de France*, composée de 100 hommes, commandés par le *prévôt de l'île*.

Les événements de 1789 modifièrent complétement cette organisation. Avec le dernier lieutenant de police, Chiroux de Crosne, le guet, les suisses et les gardes de Paris sont supprimés.

La direction de la police est successivement attribuée au comité permanent, au bureau municipal, au comité révolutionnaire, à la commission administrative et au bureau central, tandis que le service de la ville est confié à la garde nationale, qui devient alors la seule force publique chargée de veiller à la sûreté de la capitale. On sait les services rendus à cette époque par cette milice citoyenne. Toutefois, et malgré son zèle, elle fut bientôt déclarée insuffisante; et la Convention nationale, par un décret du

9 messidor an III, créa, pour lui venir en aide, une *légion de police* qu'elle mit à la disposition du Directoire.

L'existence de cette troupe fut de courte durée ; ayant plusieurs fois désobéi à ses chefs, elle fut bientôt supprimée par arrêté du Directoire du 10 floréal an IV, et l'armée et la garde nationale restèrent encore une fois chargées seules de la police des rues de Paris. Au bout de quelques années de ce régime un arrêté du 12 vendémiaire an VI ordonna la formation d'une garde municipale pour la ville de Paris, remplacée en 1813 par un corps appelé *gendarmerie impériale de Paris*, dont le colonel portait le titre de *colonel d'armes de la ville de Paris.*

Il prit à la Restauration le nom de *gendarmerie de Paris*, et fut maintenu sans changement jusqu'à la fin du règne de Charles X. A cette époque, une ordonnance du préfet de police, M. Debelleyme, ordonna la création d'un corps de sergents de ville.

La révolution de 1830 supprima les sergents de ville, en même temps que la garde royale et la gendarmerie de Paris; et la garde nationale reprit le service des rues de Paris pour quelques jours. Le 16 août 1830 une ordonnance créait la *garde municipale*, et le préfet de police, M. Girod (de l'Ain), rétablissait les sergents de ville le 8 septembre de la même année.

La révolution de 1848 devait encore une fois changer cette organisation, déjà si souvent ébranlée par les événements politiques. Pendant les premiers jours qui suivirent le 24 février, la police fut confiée à divers corps révolutionnaires, auxquels on adjoignit les bataillons de la garde nationale et de la garde mobile. Le 22 mars 1848 un arrêté du gouvernement provisoire ordonna la création d'un corps spécial sous la dénomination de *gardiens de Paris.* Au mois de mars 1849 ils reprirent leur ancien nom et leur ancien costume de *sergents de ville.* Le 2 avril suivant la *garde républicaine*, qui avait remplacé l'ex-garde municipale, fut distraite des attributions du préfet de police, et passa sous la direction immédiate du ministre de la guerre. Enfin, elle a encore une fois changé son nom contre celui de *garde de Paris;* et un décret impérial du 17 septembre 1854 a réorganisé la police municipale de Paris sur le modèle de la police de la ville de Londres.

POLICE SANITAIRE. C'est cette branche de la police générale qui s'occupe spécialement de l'hygiène et de la santé publiques. La propagation de la vaccine, la fondation et l'entretien des hôpitaux et hospices, des asiles, des crèches, etc., la création de bains publics, l'institution de médecins des bureaux de bienfaisance, de médecins des morts, chargés de constater les décès, de commissions sanitaires pour veiller à la propreté des maisons, rentrent à différents égards dans la police sanitaire, aussi bien que les règlements relatifs aux lazarets, aux quarantaines, aux établissements dangereux, insalubres ou incommodes, aux noyés et asphyxiés, aux inhumations, aux cimetières, aux maladies épidémiques et épizootiques, etc. *Voyez* CONSEIL D'HYGIÈNE PUBLIQUE ET DE SALUBRITÉ.

POLICHINELLE. Ce grotesque personnage n'est chez nous, malgré toute sa renommée populaire, qu'une importation de l'étranger, et son nom même une traduction du mot italien *Pulcinella.* Naples est son pays originaire, Naples, plus fière du berceau de son *Pulcinella* que du tombeau de Virgile, et qui abandonnerait pour assister à l'une de ses représentations jusqu'à celle du fameux miracle annuel de saint Janvier. On connaît en effet l'anecdote de ce prédicateur napolitain qui, voyant l'église et son sermon désertés par un auditoire empressé de courir aux bouffonneries de Polichinelle, n'imagina rien de mieux que de s'écrier, en saisissant un crucifix et le présentant au peuple : *Ecco il vero Pulcinella!* mot qui eût été impie chez nous, et qui n'était là qu'un moyen oratoire, qu'une sorte de pieux artifice pour retenir les chrétiens dans le temple.

Polichinelle en venant s'établir chez nous, s'il n'y fut pas l'objet d'un engouement aussi exalté, n'y obtint pas cependant un succès moins durable, puisqu'il s'est prolongé jusqu'à nos jours, et nous survivra longtemps encore. Dès nos premières années, nous avons tous fait connaissance avec Polichinelle, que l'on a mis dans nos mains en forme de jouet. Les premières impressions de l'enfance, toujours vives et profondes, ne nous laisseront plus oublier sa double bosse, son chapeau en tricorne, ses jambes disloquées et son costume multicolore, comme celui d'Arlequin. Un peu plus tard, nous avons assisté, dans les bras ou sous la garde de notre *bonne*, à ces spectacles en plein vent donnés sur les tréteaux élevés devant une baraque renfermant quelques expositions de curiosités. Nous avons ri, avec toute la naïveté, tout l'abandon du jeune âge, des burlesques débats de ce *comique* de bas étage, tantôt avec le *chat* de son maître, tantôt avec le *commissaire*, toujours assommé par lui, pour dénouement obligé. Ce qui n'a pas moins excité notre hilarité, c'est le son de voix grêle et criard que se procure, à l'aide d'une *pratique* (petit morceau de tôle ou de ferblanc mince et sonore placé dans la bouche), l'homme, caché aux regards du public, qui est chargé de parler pour Polichinelle, car le prédécesseur de *Mayeux* n'est autre chose qu'une marionnette.

Polichinelle ne borne pas là ses triomphes populaires; c'est aussi un acteur de première classe au théâtre enfantin des *Ombres chinoises.* Jadis, et lorsque les grands enfants ne rougissaient pas de s'amuser ouvertement à des spectacles de marionnettes, il fut aussi le comique principal du *Théâtre de la Foire.* Fuzelier, D'Orneval, etc., composèrent un assez grand nombre de pièces où figurait son nom, et *Polichinelle* chez les Forains, comme plus tard *Arlequin* au Vaudeville, devint le parodiste habituel des héros des tragédies et opéras nouveaux. De nos jours le malin bossu a compté encore un grand succès dramatique. Grâce au mime Mazurier, dont la *désinvolture*, la facilité à disloquer en quelque sorte tous ses membres, égalaient, surpassaient même ceux du Polichinelle mécanique, *Polichinelle-Vampire* fit courir tout Paris à la Porte-Saint-Martin. Plus d'une fois aussi ce burlesque personnage vint égayer nos théâtres de société, où des amateurs surent reproduire ses manières, son langage et son bizarre organe.

La popularité de *Polichinelle* a depuis longtemps fait aussi de sa physionomie, son allure et son costume grotesques, un des travestissements en faveur dans nos bals masqués; et pourtant n'est pas qui veut à la hauteur de ce personnage. Si de tous temps l'esprit a été reconnu comme le partage des bossus, combien n'en faut-il pas pour répondre à tout ce que doit promettre en ce genre la double bosse de cet enfant du sol napolitain?

Le nom de *Polichinelle* s'applique aussi assez communément parmi nous soit, par analogie, aux individus contrefaits, soit, métaphoriquement, à ces gens qui, de même qu'il n'y a rien de ferme, de bien ordonné dans ses mouvements, n'ont aucune fixité dans leur conduite ou dans leurs opinions, et sont, à son exemple, toujours prêts à plier ou à suivre la direction qu'on leur imprime. Sous ce dernier rapport, de combien de gens Polichinelle est le patron, ou le type, comme on dit plus volontiers aujourd'hui!

On appelle *secret de Polichinelle* ce qui est public, ce que tout le monde sait. OURRY.

POLIDORO CALDARA DA CARAVAGGIO. *Voyez* CARAVAGE.

POLIGNAC (Famille de). Cette noble maison, tombée d'une très-ancienne illustration dans une longue, profonde et complète obscurité, n en ressortit, durant le dix-septième siècle, que par l'éclat dont la revêtit *Melchior*, abbé puis cardinal de Polignac, homme également distingué comme politique et comme littérateur. Né au Puy-en-Velay, le 11 octobre 1661, ses études, qu'il fit à Paris, furent des plus brillantes. Il venait de les terminer quand le cardinal de

Bouillon l'emmena à Rome comme conclaviste, lors de l'élection du pape Alexandre VIII; et les succès qu'il eut près du souverain pontife contribuèrent à pacifier les querelles occasionnées par la *déclaration du clergé de France*, de 1682, service très-important alors. De retour en France, il réussit autant près de Louis XIV qu'il l'avait fait dans la capitale du monde chrétien, et que généralement il réussissait dans la société, éminemment distinguée, de cette époque; et cela par un savoir sans pédantisme, un esprit sans prétention, des manières aussi nobles que polies; mais tout en portant dans les salons l'amabilité la plus facile et la plus gracieuse, il ne s'en livrait pas moins dans son cabinet à de sérieuses et profondes études.

Envoyé en Pologne près de Jean Sobieski, il y obtint l'honorable suffrage de ce monarque; et à la mort de ce héros, parvint, grâce à son habileté et à son éloquence toute cicéronienne, dans la langue même de l'orateur romain, à faire élire, en 1696, le prince de Conti, que sa lenteur seule à arriver priva d'un trône qu'en son absence une faction opposée parvint à lui ravir. L'abbé, puni des fautes commises par celui qu'il servit avec autant de zèle que de talent, fut rappelé, s'enferma quatre ans dans son abbaye de Bon-Port, ne se vit renaître à la faveur qu'en 1702; et Louis XIV l'envoya à Rome, en 1706, pour y seconder, du crédit qu'il s'y était précédemment acquis, les négociations du cardinal de La Trémouille. Ce crédit s'y accrut encore de l'estime qu'il y inspira pour ses talents, son savoir, et surtout son caractère.

Chargé, en 1710, de traiter à Gertruidenberg avec des plénipotentiaires hollandais, qui mettaient dans leurs procédés la hauteur la plus insultante : « On voit bien, leur dit-il, que vous n'êtes pas accoutumés à vaincre. » Il conserva dans une position difficile sa dignité et celle de son gouvernement; et plus tard, au congrès d'Utrecht, répondant à des ministres bataves qui menaçaient de le chasser de leur pays : « Nous n'en sortirons pas, leur dit-il, nous traiterons de vous, chez vous, et sans vous. » Ayant obtenu la pourpre par la nomination conservée au prince anglais expulsé, et le traité qu'il venait de négocier confirmant l'exclusion de ce prince du trône britannique, il ne voulut pas y apposer sa signature, et ne se décora du chapeau qu'à Anvers, le 10 février 1713, après la rupture du congrès.

Rentré, après tant de services, non dans l'oubli, mais dans une complète nullité, à la mort de Louis XIV, il s'attacha à la société de la duchesse du Maine, en fit le charme, et fut compromis dans cette intrigue qu'on voulut faire passer pour une dangereuse conspiration (*voyez* CELLAMARE). Néanmoins, tandis que plusieurs subirent la prison ou se virent menacés du supplice, on se contenta de lui infliger un exil, qui dura de 1718 à 1721. Ses talents, dont on sentit avoir besoin, le firent envoyer pour la troisième fois à Rome, en 1724. Il y concourut à l'exaltation de Benoît XIII, près duquel il fut nommé ambassadeur de France, ainsi que près de son successeur, Clément XII; termina les différends suscités par la bulle *Unigenitus*, puis rentra dans sa patrie en 1730, chargé de bienfaits et d'honneurs à la cour et dans l'Église. Les lettres lui avaient également payé un juste tribut, car, reçu à l'Académie Française en 1704, il l'avait été à celle des Sciences en 1715, et à celle des Inscriptions et Belles-Lettres en 1717 : glorieux trophées dont l'éclat était justifié par de vastes connaissances, son éloquence entraînante et pure dans la langue latine, et surtout par ce que l'on connaissait alors de son *Anti-Lucrèce*, le chef-d'œuvre de la poésie latine moderne. Ce poëme n'était pas encore conduit à la perfection qu'il pouvait lui faire atteindre, quand le cardinal mourut, à Paris, le 20 novembre 1741. Mais le professeur Lebeau et l'abbé de Rothelin le terminèrent, en conservant la couleur poétique de l'auteur. Il fut publié en 1745. Bougainville en a donné en 1750 une traduction assez estimable. Qu'y devient pourtant ce charme virgilien dont le cardinal sut parer son admirable poëme?

Les Polignac, tombés de nouveau dans l'obscurité, semblaient ne pas devoir en sortir, quand des circonstances fortuites les lancèrent dans la voie des plus hautes faveurs. Parlons d'abord du comte *Jules*, depuis duc de Polignac; de cet homme si bon, si loyal, si désintéressé, que vinrent chercher des bienfaits qu'il obtint sans les désirer et qu'il vit disparaître sans en éprouver un profond regret : philosophe pratique, toujours au-dessus de la bonne et de la mauvaise fortune, que des romanciers prétendus historiens n'eussent pas injurié s'ils l'avaient connu. Un trait honorable de sa vie fut de contribuer avec zèle, quoiqu'à son détriment, aux réformes, qui montèrent alors, en total, à quarante millions, lors de la séance royale du 19 novembre 1787, où l'État eût été préservé d'une révolution sans la gaucherie du ministère. Un autre fait qui l'honore, c'est de ne point être venu en 1814 se placer sous cette pluie de faveurs dont tant d'autres furent inondés; c'est encore d'avoir désapprouvé à cette époque la direction politique de ses enfants. Cet excellent homme nous fut enlevé en 1817. Il eut quatre frères : un chartreux défroqué et marié à sa servante, le plus stupide animal qui fut jamais; l'évêque de Meaux, le comte *Héraclius* et le comte *Louis*, établi en Russie, ainsi que deux sœurs, la comtesse Diane, et Betzi, mariée au gentilhomme de la chambre Sabakine. Il laissait trois fils, *Armand*, *Jules*, *Melchior*, et une fille, duchesse de Grammont.

L'épouse chérie du duc de Polignac, à laquelle il survécut, et qu'il regretta sincèrement, née Polastron, avait été élevée par sa respectable tante Mme d'Andelau. Unie à dix-sept ans, en 1767, au comte Jules, dont la fortune était aussi médiocre que la sienne, elle avait passé les huit premières années de son mariage à la campagne, vouée aux devoirs doux et sacrés d'une épouse et d'une mère; mais la comtesse Diane, sœur aînée du comte, ayant été nommée dame d'honneur de madame Élisabeth, cette femme, aussi laide et aussi méchante que sa belle-sœur était bonne et jolie, attira celle-ci à la cour; sa figure enchanteresse, que relevait encore une extrême modestie, fixa les regards de la reine; sa réputation sans tache lui inspira de l'estime, son esprit lui plut; son caractère, mieux connu, acheva de la subjuguer, et Marie-Antoinette se dit : *Voilà celle qui doit être mon amie*. Et ce choix si flatteur pour l'une ne pouvait que faire honneur à l'autre. La reine eut dès lors une société particulière, comme Marie Lesczinska en avait eu une; mais cette société, réunie dans le salon de Mme de Polignac, mieux choisie que celle de l'épouse de Louis XV, se composait de ce que la cour avait de plus distingué, n'était pas secrète, et pourtant on en médit comme si elle eût voilé de coupables mystères : calomnies répandues par l'orgueil blessé de ceux qui ne purent en faire partie, et qui, de proche en proche, égarèrent l'opinion. Les Polignac étaient peu riches : la maison de la comtesse Jules, devenue duchesse, étant celle de Marie-Antoinette, il fallut en couvrir la dépense; de là ces faveurs exagérées par l'envie, que pourtant madame de Polignac ne sollicita jamais, repoussa quelquefois, et n'accepta que comme des dons, rendus chers et sacrés, d'une amitié sincèrement partagée; aussi quelqu'un ayant dit à la duchesse que cette amitié pourrait lui être enlevée : « Non, répondit-elle, je connais trop bien le cœur de la reine pour le craindre; si pourtant ce malheur m'arrivait, mon âme sans doute en serait brisée, mais en perdant l'amie, je ne ferais rien pour ramener à moi la souveraine. »

Il fallut une longue négociation pour lui faire accepter la place, si ambitionnée, de gouvernante des enfants de France : ce ne fut de sa part qu'un acte de dévouement à celle dont la tendresse était son plus précieux trésor. Des événements inattendus rompirent enfin non des liens chaque jour plus resserrés, mais cette chaîne de jouissances douces et pures dont l'habitude a fait un impérieux besoin du cœur. La reine, tremblant pour son amie, contre laquelle une haine aussi féroce qu'injuste s'était élevée, la força à fuir. Dès lors Mme de Polignac, frappée plus encore que Marie-Antoinette des traits journellement lancés contre cette auguste princesse, languit, s'affaiblit de jour en jour, et mourut de douleur à Vienne, le 9 décembre 1793, moins de deux mois après qu'elle eut appris la mort de celle dont pourtant on était parvenu à lui cacher l'odieux supplice.

La duchesse de Polignac n'a point laissé de mémoires, quoi qu'on en ait dit dans la *Biographie universelle*. Mais sa belle-sœur a fait imprimer une courte notice sur cette femme aussi cruellement injuriée qu'elle le mérita peu.

Deux des trois fils de la duchesse de Polignac furent compromis dans une conjuration dont Pichegru était le chef et Georges Cadoudal l'un des instruments les plus actifs. Leur procès fut remarquable par une lutte de dévouement fraternel, dans laquelle chacun d'eux plaidait la cause de l'autre aux dépens de sa propre cause. « Mon frère est jeune et sans expérience, disait *Armand* de Polignac : c'est moi qui l'ai entraîné; s'il y a un coupable, c'est moi qui le suis, et il ne doit pas en être la victime. — Je suis seul, sans fortune, sans état, disait le comte *Jules*, et mon frère est marié. Ne livrez pas au désespoir son intéressante épouse; que je sois frappé, et non pas lui. » Condamnés à une détention sévère d'abord, puis réduite à une réclusion dans une maison de santé, ils y devinrent la dupe du général Malet, qui leur persuada que son dessein était de rétablir les Bourbons, quand ce brouillon ne tendait réellement qu'à la renaissance de la république; et ils s'échappèrent en janvier 1814, pour aller rejoindre à Vesoul Monsieur, comte d'Artois.

Le comte Armand devint duc par la mort de son père. Le comte Jules reçut du pape le titre de *prince* romain. Celui-ci, nommé ambassadeur à Vienne, ne put y pénétrer les vues profondes du prince de Metternich; envoyé à Londres, où sa loyauté le fit estimer, sa mince sagacité ne donna aucun ombrage au cabinet de Saint-James. Porté au ministère le 8 août 1829, dans des circonstances critiques, c'était un poids trop lourd pour ses faibles reins. Le prince de Polignac était un homme d'esprit, de cœur, de conscience, mais aveuglé par ce qui n'aveugle pas souvent ses semblables, une fidélité sans bornes à celui qu'il espéra servir utilement, sans être doué des talents nécessaires pour y parvenir; entêté parce qu'il était vertueux, médiocre parce qu'il était entêté. Abusé par le succès du coup d'État que Louis XVIII opéra sans trouble le 5 septembre 1816, en s'appuyant sur l'article 14 de la Charte constitutionnelle, il osa en tenter un nouveau fondé sur ce même article 14, mais dans un sens contraire : or, dans cette hasardeuse entreprise, il n'avait ni apprécié les forces de ses adversaires, ni préparé de puissants moyens de réussite, ni calculé les résultats possibles de la défaite ou du succès; et il perdit la branche aînée des Bourbons. Cte Armand D'ALLONVILLE.

Ministre des affaires étrangères et président du conseil, le prince de Polignac signa les ordonnances qui produisirent la révolution de juillet 1830. Il accompagna Charles X jusqu'à Cherbourg; puis il s'en revint, et le 15 août on l'arrêta à Saint-Lô, déguisé en domestique, et on le conduisit de là à Vincennes. Quoique défendu avec beaucoup d'habileté par Martignac, il fut condamné par la cour des pairs, le 21 décembre de la même année, à la détention perpétuelle et à la mort civile. Il subissait sa peine au château de Ham avec Peyronnet, Chantelauze et Guernon-Ranville, cosignataires des fatales ordonnances, lorsque l'amnistie du 29 novembre 1836 le rendit à la liberté. Il alla alors s'établir en Angleterre. Pendant sa captivité il a écrit des *Considérations politiques* (Paris, 1832). Il est mort le 29 mars 1847. Il avait épousé en 1816 miss Campbell; devenu veuf, il se remaria en secondes noces avec la marquise de Choiseul, fille de lord Rancliffe.

Son fils, aujourd'hui chef de la famille, *Jules-Armand-Jean-Melchior*, duc de POLIGNAC et prince romain, né le 12 août 1817, est au service de Bavière.

Camille-Henri-Melchior, comte de POLIGNAC, troisième fils du duc, né le 27 décembre 1781, partagea à l'époque de la révolution et sous l'empire le sort de sa famille. Nommé colonel lors de la restauration, il obtint plus tard le grade de maréchal de camp. Au moment où éclata la révolution de Juillet, il était menin du dauphin et gouverneur de Fontainebleau. Il se retira à l'étranger, puis il rentra en France, et mourut à Fontainebleau, en février 1855.

POLIGNY. *Voyez* JURA (Département du).

POLISSAGE, action de *polir*, de faire disparaître les aspérités que les outils laissent sur les objets. Les matières que l'on emploie au polissage varient en raison de la dureté des objets : le diamant et les autres pierres dures se polissent au moyen de la poussière de diamant; l'acier, les métaux, les marbres, les granits se polissent avec certaines poudres, comme l'émeri, le tripoli, etc. Enfin, les matières moins dures, comme la corne, l'écaille, l'ivoire, les os, l'albâtre, le bois, se polissent avec la prêle, la pierre ponce, le verre pilé, etc. L'or et l'argent se polissent aussi avec des poudres, mais de préférence on les polit au brunissoir.

POLITESSE. Picard, ayant à peindre les vices du grand monde, a pu dire avec justesse :

> La fausseté préside aux conversations,
> Dirige les discours, règle les actions;
> Et cette fausseté se nomme *politesse*.

Mais juger de la politesse par ces vers serait aussi absurde que de regarder le Tartufe comme le type de la dévotion. La politesse ainsi définie n'est que l'hypocrisie de la politesse, comme la dévotion du héros de Molière n'est que l'hypocrisie de la véritable dévotion. Voltaire donne une autre idée de la politesse dans ces vers charmants, si propres à en faire sentir le prix et à la faire aimer :

> La *politesse* est à l'esprit
> Ce que la grâce est au visage;
> De la bonté du cœur elle est la douce image,
> Et c'est la bonté qu'on chérit.

Tel est le beau caractère que doit avoir la politesse. Envisagée sous ce point de vue, elle devrait être le principe et la base de toute éducation sociale. C'est surtout aux époques de révolution, alors qu'il y a confusion entre tous les rangs, ambition dans tous les esprits, alors que chacun prétend être l'égal de ses supérieurs et le supérieur de ses égaux, qu'il convient de réclamer contre l'oubli que l'on fait de la politesse.

Il est utile de rappeler que la politesse n'est ni un masque ni un déguisement dont on doive se parer dans certaines circonstances; elle ne doit pas être considérée comme une comédie. Elle est au contraire l'âme de la vie sociale. Beaucoup de gens la font consister uniquement dans la connaissance et dans la pratique de certains usages, de certaines façons de parler et d'agir; ils ne veulent voir que la superficie; allons au fond. Et d'abord, laissons là les distinctions qu'une investigation minutieuse a signalées entre la civilité, l'honnêteté et la politesse. Par civilité nous entendons la pratique de tous les égards, soit en actions, soit en paroles, que les hommes doivent à leurs semblables dans la société. La civilité, que Montesquieu regardait comme « une barrière que les hommes mettent entre eux pour s'empêcher de se corrompre, » embrasse l'honnêteté, qu'on ne saurait séparer de la bienséance, comme l'a dit Cicéron, et la politesse, qui est à l'égard des hommes ce qu'est le culte public par rapport à la Divinité.

On ne parle ordinairement que de la politesse des manières; mais n'y a-t-il pas aussi la politesse des mœurs? La première ne doit-elle pas être l'expression fidèle de la seconde? N'importe-t-il pas à la société que les manières polies des hommes ne soient que leurs sentiments mis en action? Et ne suit-il pas de là que le meilleur moyen de réformer, de polir son extérieur est de commencer par réformer, polir en quelque façon l'intérieur même? Voilà donc la politesse des mœurs, c'est-à-dire l'éducation morale considérée comme fondement de la politesse des manières. Toutes deux doivent présider ensemble à l'éducation sociale. C'est leur réunion qui fait qu'on est en même temps honnête homme et homme honnête. Or l'honnête homme est celui qui ne se permet rien de contraire aux lois de la vertu, et dont toutes les intentions sont pures, même lorsqu'il se trompe; l'homme honnête est celui qui observe les préceptes de la politesse. Mais ce dernier n'est qu'un jongleur s'il n'a pas la politesse des mœurs. L'honnête homme sans la politesse des manières ne cesse pas d'être estimable, mais il court risque d'être jugé défavorablement, d'après les apparences. « Avec de la vertu, de la capacité et une bonne conduite, dit La Bruyère, on peut être insupportable. Les manières, que l'on néglige comme de petites choses, sont souvent ce qui fait que les hommes décident de vous en bien ou en mal. » Il est donc du plus haut intérêt que cette double politesse, dont l'une doit être la conséquence de l'autre, occupe quelque peu l'attention des autorités chargées de veiller à l'éducation des générations naissantes. Il serait honteux pour la France qu'elle perdît à la fin cette ancienne réputation d'exquise politesse qui l'avait placée à la tête de la civilisation européenne.

POLITIEN (Ange), *Angelo Poliziano*, l'un des savants qui contribuèrent le plus à la restauration des lettres au quinzième siècle, et l'un des hommes les plus spirituels de son temps, naquit en 1454, dans la petite ville de Monte-Pulciano. Dès sa première jeunesse il chercha, dans ses *Stanze per la giostra di Giuliano di Medici*, où il célébrait une victoire remportée par Giuliano Medici dans un tournois, à manier une forme de vers, l'*ottave*, jusque alors assez rarement employée; et par les perfectionnements qu'il y apporta il fraya la route à l'Arioste et au Tasse. Quoique par la suite il se soit consacré à des travaux plus sévèrement scientifiques, on n'en doit pas moins reconnaître la richesse d'invention, la délicatesse de style et l'ampleur d'images qu'il y déploya. Laurent de Medicis l'honora de son amitié, et lui confia l'éducation de son jeune frère et de ses trois enfants. Au milieu des trésors de l'antiquité que Laurent de Médicis prenait plaisir à réunir chez lui, Ange Politien se voua avec ardeur à l'étude des anciens, et la continua encore plus tard, lorsqu'il fut appelé, en 1480, à occuper la chaire de littérature grecque et latine au lycée de Florence. Son enseignement eut un succès tel, qu'on accourait à ses leçons des contrées les plus lointaines de l'Europe, et que les hommes les plus instruits de l'époque ne dédaignaient pas de venir grossir la foule de ses auditeurs. Mais les nombreuses inimitiés que lui suscitèrent sa grande réputation comme savant et la faveur de Laurent de Médicis lui inspirèrent un vif dégoût de la vie. Aussi, après la mort de son protecteur, Pico de Mirandola, qui avait été son maître en philosophie, le chagrin abrégea-t-il rapidement ses jours. Il mourut en 1494. Ses travaux philologiques eurent surtout pour objet l'interprétation et la restitution des textes des écrivains de l'antiquité, défigurés par des copistes ignorants. Sous ce rapport, on doit une mention spéciale à ses *Miscellanea* (Florence, 1489). On a aussi de lui des traductions latines de divers auteurs grecs, notamment de Callimaque et d'Hérodien. Il composa également en latin des odes, des élégies et des épigrammes, qui brillent par la grâce et par la légèreté du style. Il est en outre l'auteur de divers poëmes remarquables. Son histoire abrégée de la conspiration des Pazzi, *Pactianæ Conjurationis Commentariolum* (dernière édition, Pise, 1800), passe à bon droit pour un modèle d'exposition historique et de latinité; toutefois, les jugements qu'il émet sur le fond même de l'affaire ne sont pas exempts de prévention. Il rendit en outre d'inappréciables services à la science du droit romain, dont les diverses lois furent de sa part l'objet de recherches historiques et archéologiques. Une édition complète de ses œuvres parut à Bâle, en 1553 (in-fol.). Consultez O. Mencken, *Historia Vitæ Angeli Politiani* (Leipzig, 1736); Serassi, *La Vita di Ang. Poliziano* (Padoue, 1751), et Bonafous, *De Angeli Politiani Vita et Operibus* (Paris, 1845).

POLITIQUE (du grec πολιτικός, qui concerne les villes, fait de πόλις, cité). Dans le sens étymologique, la *politique* serait l'*art social;* dans la réalité, c'est l'*art des gouvernants*. Quant à la politique telle qu'on la conçoit aujourd'hui, ses maximes et ses procédés doivent varier suivant le but qu'elle se propose : si les intérêts généraux sont ce qui l'occupe, elle profitera de toutes les connaissances qui peuvent contribuer au bien de l'humanité, et prendra soin d'accroître ce trésor si précieux; mais le plus souvent ses vues ont moins de portée, et ses projets ne sont pas aussi généreux. Comme on voit les choses tout autrement de bas en haut que de haut en bas, le savant précepteur de Paul Ier, empereur de Russie, ne persuada pas à son élève monté sur le trône qu'un *autocrate* était *au service de son empire*, et que cette *charge* impose des devoirs dont il n'est point permis de s'écarter.

S'il est une vérité mise hors de doute par tout le pouvoir du raisonnement et l'autorité de l'expérience de tous les siècles et de tous les lieux, c'est que la somme totale du bonheur augmente pour une nation à mesure qu'il y est distribué plus également entre tous les individus. Mais pour être bien convaincu de ce résultat des lois de la nature, il ne suffit point de consulter les annales écrites, où l'on ne trouve rien qui révèle les infortunes obscures, les larmes répandues en secret, les misères qui ne connaissent pas même le soulagement de la plainte : le malheur qui se tait, les douleurs concentrées, peuvent offrir une apparence de calme, et l'observateur attentif sait la distinguer du repos de l'âme. Le gouvernant se dispense volontiers de ces observations, et s'il est investi d'un grand pouvoir, s'il a besoin de coopérateurs, et s'il ne dédaigne point les conseils, il est bien rare qu'on lui fasse connaître l'état réel du peuple qui lui est soumis. La politique a donc presque toujours en vue des intérêts qui ne sont pas ceux des gouvernés; mais elle se plaît à faire croire que toutes ses pensées, tous ses efforts, sont pour le bien public. Le grand Frédéric ne craignait point d'en convenir, et, pour donner à tous ses sujets une bonne opinion des maximes qui dirigeaient sa conduite, il composa *L'Anti-Machiavel*, ouvrage au-dessous du médiocre, où les vices du raisonnement ne sont ni déguisés ni rachetés par le mérite du style. Si on ne tenait compte aux chefs des nations que du bien qu'ils ont voulu et su faire, leur éloge serait très-court; mais les historiens et même l'opinion contemporaine leur attribuent, au moins en grande partie, ce que l'on a fait sans eux et qu'ils n'ont pas empêché de faire, les résultats du progrès des connaissances et d'une meilleure direction des recherches. C'est ainsi que le médecin reçoit souvent l'expression d'une reconnaissance qui ne lui est pas due pour des guérisons dont la nature seule a fait tous les frais.

La politique est donc très-distincte de l'état social, et il lui faut des procédés particuliers, appropriés au but qu'elle veut atteindre. Il serait à désirer sans doute que ce but fût toujours indiqué par une judicieuse philanthropie; mais, dans tous les cas, on n'y parvient pas sans une habileté secondée par quelque instruction. On peut comparer avec justesse le talent et le savoir dont un chef de gouvernement ne peut se passer aux facultés de l'homme qui possède la *science des affaires* et fait prospérer les siennes. Si le peuple gouverné est dans un état stationnaire, ce qui suppose un caractère docile, une humeur paisible et peu de curiosité, les fonctions des gouvernants deviennent très-faciles; la politique n'est plus qu'un métier, dont l'apprentissage exerce peu l'intelligence. Mais les nations qui ressentent encore l'effervescence de la jeunesse ne se laissent point gouverner aussi commodément. En Europe, et dans toutes les parties du monde occupées par les races européennes, l'âge de la maturité des peuples est encore très-éloigné; tous veulent qu'on les traite en raison de leur état présent et de l'avenir qu'ils se promettent. La prudence conseille donc à la politique de suivre la marche des peuples vers le perfectionnement social.

Quelle que soit la forme du mécanisme gouvernemental, c'est en le simplifiant qu'on le perfectionne; mais il importe surtout de lui appliquer une force motrice bien appropriée à sa nature. La politique n'a pas perdu l'habitude de consulter Montesquieu, sans tenir compte des changements survenus dans les choses dont on a conservé les noms. A mesure que l'instruction est plus répandue et qu'elle embrasse plus d'objets, la raison publique se fortifie; quelques illusions sont dissipées; on s'accoutume à douter de ce qui n'est point assez clair.

On n'a parlé jusqu'à présent que de la politique intérieure, dont l'action s'arrête aux frontières de l'État; celle qui franchit ces limites et embrasse les relations extérieures porte le nom de *diplomatie*. Pour le diplomate, un coup d'œil sûr, une connaissance exacte des personnes et des lieux, le tact qui fait découvrir les résistances à éviter et ce qui cédera sans de trop grands efforts, etc., sont des moyens de succès auxquels rien ne peut suppléer. FERRY.

Selon Aristote, la base de la politique ou art social doit être l'honnête et le juste. Selon Platon, la véritable science politique consiste à rendre les hommes plus heureux, en les rendant plus modérés et plus sages, c'est-à-dire plus vertueux; aussi pour ce grand philosophe la politique est la science qui produit ou fait régner la justice dans une république. « Ces principes sont loin d'avoir été suivis dans la pratique, a dit un docte magistrat. Il semble au contraire que les hommes qui ont, à divers titres, été appelés à gouverner leurs semblables aient adopté des maximes tout opposées, et qu'ils aient fondé leur puissance sur les trois grands arts de tromper, de corrompre et de faire peur. » Machiavel a fait reposer les principes de la politique sur la ruse, Hobbes sur la force. Fénelon, Montesquieu et les autres philosophes ont proclamé des principes contraires, plus en harmonie avec la religion et la morale. Suivant Daunou, la politique est à la fois une puissance, une science et un art. « Comme puissance, dit-il, son histoire se confond avec celle des empires; comme science, elle offre un système de faits généraux à recueillir dans cette même histoire; comme art, elle doit consister en préceptes, en pratiques, dont la source est encore la même. La question est de savoir si cet art ne sera qu'artifice, si ces préceptes n'exprimeront que les intérêts immédiats et personnels des gouvernants, s'il ne s'agit que d'un simple jeu entre les dépositaires, les agents et les sujets du pouvoir, que des expédients, des astuces, des tours d'adresse par lesquels on peut le conquérir, le conserver, l'étendre; ou bien si, fondés sur l'intérêt de la société entière et par conséquent sur les véritables intérêts des gouvernants eux-mêmes, les règles de cet art se confondent avec celles de la morale, et n'admettent d'autre prudence que celle qui se concilie avec la justice et l'humanité. »

On qualifie *hommes politiques* ceux qui se livrent à l'étude du droit public et à la pratique des affaires du gouvernement. On donne le nom de *grands* ou *profonds politiques* aux hommes qui, dans l'exercice du pouvoir suprême, ont exercé une grande influence sur les peuples et su faire triompher leurs systèmes et leurs vues. Alexandre, César, Auguste, Mahomet, Louis XI, Henri IV, Pierre le Grand, Frédéric II, Napoléon, Sully, Richelieu, Mazarin, Washington, passent pour de grands politiques.

Les *maximes politiques* sont des préceptes à l'usage des hommes d'État.

POLITIQUE (Domicile). Voyez DOMICILE.

POLITIQUE (Économie). Voyez ÉCONOMIE POLITIQUE.

POLITIQUES (Droits). Voyez DROITS POLITIQUES.

POLITIQUES (Parti des). A trois reprises, cette dénomination servit, au temps des guerres de religion, à désigner des hommes que l'opinion publique accusait d'indifférence religieuse ou politique. En 1568 on affubla de ce nom ceux qui, quoique catholiques, inclinaient à la paix. De ce nombre était le chancelier de L'Hôpital; et Catherine de Médicis redouta singulièrement, à un instant donné, que ce parti modéré ne se fortifiât. Aussi mit-elle tout en œuvre pour le combattre. Six ans plus tard on appela encore *politiques* ou *mal-contents* les membres d'une cabale formée à la cour, en haine surtout du despotisme de Catherine de Médicis, et peut-être bien aussi pour mettre sur le trône le duc d'Alençon, frère de Charles IX, qu'on eût détrôné sans attendre que la mort en fît justice. Le roi de Navarre, Marguerite, sa femme, La Môle et Coconnas étaient à la tête de cette espèce de conspiration; elle n'aboutit qu'au supplice de plusieurs des conjurés, entre autres de La Môle et de Coconnas. Enfin, après la mort de Henri III on appela encore du nom de *politiques* un tiers parti, qui pendant quelque temps ne voulut pas plus reconnaître les droits de Henri IV que ceux du roi de la Ligue, du cardinal de Bourbon, proclamé sous le nom de *Charles X*.

POLK (JAMES KNOX), président des États-Unis de l'Amérique du Nord, de 1845 à 1849, naquit le 2 novembre 1795, dans le *Mecklenburg County*, État de la Caroline du nord. Son père, qui descendait d'une famille originaire d'Irlande, était un bon fermier, qui plus tard alla s'établir dans l'État de Tennessee. Le jeune Polk fit des études distinguées à l'université de la Caroline du nord, et embrassa la carrière du barreau. Dès 1823 on l'élut membre de la législature de l'État de Tennessee, où il s'était établi comme avocat. Ami personnel et politique du général Jackson, il contribua beaucoup à le faire nommer membre du sénat; service que Jackson n'oublia jamais. En 1825 Polk était nommé membre de la chambre des représentants, et apportait à Washington les principes politiques auxquels il est demeuré fidèle toute sa vie. Démocrate ardent, il commença aussitôt l'opposition la plus violente contre l'administration du président Adams; et sous celle de Jackson on le compta parmi les plus fermes soutiens de son parti. Au mois de décembre 1827 il fut nommé membre du comité des affaires étrangères; et quelque temps après, président d'un comité spécial, il présenta au congrès un rapport sur l'excédant du revenu public, rapport dans lequel il déniait au congrès le droit d'imposer le peuple au delà des sommes strictement nécessaires pour couvrir les dépenses publiques. En 1832, membre du comité des finances, il protesta avec la minorité contre le renouvellement du privilége de la banque. Les partisans de cet établissement financier s'en vengèrent en cherchant à l'empêcher d'être réélu dans le Tennessee; mais il l'emporta à une grande majorité, après une lutte des plus vives. En 1835 la chambre des représentants l'élut pour son président; et dans la session extraordinaire du congrès provoquée en 1837 par le président Van Buren il reçut une seconde fois ces fonctions, dans l'exercice desquelles il fit preuve d'une impartialité à laquelle ses adversaires eux-mêmes furent obligés de rendre justice, et qui lui valut de la part de la chambre des remercîments votés à l'unanimité. Au mois de septembre 1837 il fut pour la troisième fois appelé à occuper le fauteuil présidentiel, qu'il garda jusqu'au mois de mars 1839; après quoi il fut élu gouverneur du Tennessee. Il se mit alors sur les rangs pour la vice-présidence; mais le parti whig l'emporta, et dans la réaction générale qui se manifesta alors contre le parti démocratique il perdit jusqu'à sa place de gouverneur du Tennessee, qu'il chercha inutilement à se faire rendre en 1843. Force lui avait donc été de rentrer dans la vie privée, lorsque la convention démocratique réunie en mai 1841 à Baltimore l'adopta pour candidat à la présidence. Le parti qui jusque alors avait flotté entre Buren et Cass applaudit à cette nomination; et aux élections qui eurent lieu à quelque temps de là Polk l'emporta sur son célèbre concurrent Clay, à une majorité de 65 voix (170 contre 105). Dans la mémorable période de quatre ans pendant laquelle il fut revêtu de la première dignité de la république, il fut toujours à la hauteur du rôle dont on l'avait cru digne. La guerre qui avait commencé contre le Mexique fut menée avec autant de vigueur que de succès; et le traité de paix, signé dans la capitale même de l'ennemi, adjugea aux États-Unis l'importante province du Nouveau-Mexique et les riches régions aurifères de la Californie. En même temps un traité honorable mettait fin aux différends depuis longtemps pendants entre l'Angleterre et les États-Unis au sujet du territoire de l'Orégon.

Le pays était respecté au dehors et florissant à l'intérieur lorsque Polk remit les rênes de l'État entre les mains de Taylor, qu'on lui avait donné pour successeur. Il s'en revint alors au Tennessee, avec le dessein de vivre désormais tranquille, au sein de sa famille; mais la mort l'enleva dès le 15 juin 1849, à Nashville. Sans être un génie supérieur, Polk se distinguait par son esprit éminemment pratique et par la loyauté de son caractère. Il ne manquait ni de connaissances positives ni de talent oratoire; mais il fut redevable de la plupart de ses succès à son inébranlable constance et à son ardeur fiévreuse pour le travail. Rien de plus honorable que sa vie privée.

POLKA, nom d'une danse généralement adoptée de nos jours dans les salons, dont les uns font un mot polonais, parce qu'ils tiennent la Pologne pour le pays d'où cette danse est originaire, et que les autres font dériver du mot bohême *pulka*, qui signifie moitié, parce que c'est une danse à deux temps. Si l'on n'est pas d'accord sur l'étymologie du nom, toujours est-il incontestable que ce fut à Prague que pour la première fois la polka se produisit, vers 1835, et qu'elle était originaire des environs de Gätschin. En 1839 l'air de la polka obtint le plus grand succès à Vienne. En 1840 le danseur Raab dansa la polka sur le théâtre de l'Odéon, à Paris; et air et danse se répandirent aussitôt avec la plus incroyable rapidité dans nos salons. De la capitale, la polka triomphante se répandit ensuite, bien que singulièrement modifiée, dans tous les pays du monde. Dans sa forme actuelle la polka présente beaucoup d'analogie avec la *schottisch*, sauf qu'on marque un peu plus le pas. La musique en est très-simple et à quatre temps. On distingue la *polka hongroise*, la *polka bohémienne*, la *polka nationale*, etc. De *polka* on a fait le verbe *polker*, qui signifie danser la polka.

POLL, vieux mot anglais, qui veut dire *tête*, d'où l'expression de *poll-tax*, synonyme de taxe par tête, capitation. Chaque électeur, lors des élections pour le parlement, étant tenu de donner sa voix en personne, comme le nombre des votants, ou des *têtes*, décide du résultat de l'élection, on emploie l'expression *to poll* pour désigner et l'action de voter aux élections et celle d'enregistrer les votes. *The poll*, c'est le registre des élections et par métonymie l'acte même de l'élection. Avant la réforme électorale, le *poll* restait parfois ouvert pendant huit jours consécutifs. Les abus auxquels cela donnait lieu déterminèrent à réduire ce délai à deux jours; et tout récemment on a proposé de le réduire encore à une seule journée. Aux élections qui ont lieu au sein des universités de Cambridge et d'Oxford, le *poll* reste ouvert tant qu'il se présente des membres ayant qualité pour voter (*fellows*), et n'est fermé que vingt heures après le dernier vote.

En Amérique, où les élections ont lieu par *ballot*, mot synonyme de notre expression *scrutin secret*, les votes inscrits sur des bulletins de vote sont déposés dans des caisses *ad hoc*, dites *poll* ou *ballot-boxes*.

POLLEN (du latin *pollen*, poussière) se dit en botanique de cette poussière très-fine qui avant la fécondation est renfermée dans la partie de l'étamine des fleurs appelée *anthère*. Le pollen a la forme de grains jaunes, orangés ou rougeâtres, naissant libres dans les cellules de l'endothèque. Leur surface est tantôt lisse, tantôt rugueuse, mamelonnée, rayée, sillonnée, etc. Chaque grain se compose de deux membranes, l'une extérieure, ayant la singulière faculté de se contracter brusquement par le contact d'un liquide; l'autre intérieure, très-mince, transparente, ayant la faculté contraire de prendre de l'extension par le même contact. Lorsqu'un grain de pollen est porté sur un stigmate, organe toujours humide, la membrane intérieure, pressée par l'enveloppe extérieure qui se contracte, en sort brusquement par un ou plusieurs côtés, sous la forme d'un tube mou, qui crève et laisse épancher au dehors la *fovilla*, liquide huileux, analogue à la cire, dans lequel nagent une infinité de granules qui ne peuvent être distingués qu'à l'aide d'un microscope grossissant de trois cents diamètres. Aucun ovule ne se développe, aucun embryon ne se forme, s'ils n'en ont été imprégnés.

BOITARD.

POLLET (Le), **POLLETAIS**. *Voyez* DIEPPE.

POLLION (CAIUS ASINIUS POLLIO), Romain d'origine plébéienne, né l'an 75 av. J.-C., est connu par la part qu'il prit aux événements politiques de son siècle, et plus encore par son activité littéraire et son amour pour les lettres. Dans la guerre civile, il s'attacha, en l'an 49 av. J.-C., à la fortune de César; et après avoir heureusement échappé à la défaite de Caius Curio en Afrique, il le suivit à Pharsale, puis dans ses guerres d'Afrique et d'Espagne. César, en l'an 45, le nomma préteur, puis lui confia l'administration de l'Espagne ultérieure, où il se trouvait encore lors de l'assassinat de son protecteur. Il y combattit sans bonheur Sextus Pompée. Quand Lépide et Antoine se réconcilièrent, en 43, il les rejoignit à la tête de trois légions, et il administra alors en qualité de légat de ce dernier la Gaule transpadane, où il eut occasion de faire un bienveillant accueil à Virgile. Après la guerre de Pérouse il contribua à la conclusion (an 40 av. J.-C.) de l'arrangement de Brindes. Après avoir obtenu le consulat, il alla en qualité de légat d'Antoine combattre en Illyrie et en Dalmatie les *Parthini*, dont il prit d'assaut la capitale *Salonæ*, et à l'occasion desquels il obtint en l'an 39 les honneurs du triomphe. Depuis lors il vécut surtout pour l'étude, tout en continuant de s'occuper encore comme sénateur et comme avocat, jusqu'à l'an 5 après J.-C., qu'il mourut, à l'âge de quatre-vingts ans, dans sa *villa* de Tusculum. Ses ouvrages littéraires, ses discours, ses tragédies et une histoire de la guerre civile en 17 livres, qui jouissaient d'une grande réputation, ont péri. Il y faisait preuve d'un vif amour pour l'antiquité et d'une franchise toute républicaine, qu'il apportait également dans les jugements qu'il avait lieu d'émettre au sujet de la littérature contemporaine. Ami des sciences et des lettres, il aimait à protéger ceux qui les cultivaient, et dont il mérita, en fondant la première bibliothèque publique qu'il y ait eu à Rome, de même que des exercices pratiques sur l'éloquence (déclamation).

Son fils, *Caius Asinius* POLLIO, surnommé *Gallus Saloninus*, fut consul l'an 8 de J.-C. Il écrivit un ouvrage, aujourd'hui perdu, dans lequel il faisait le parallèle de l'éloquence de Cicéron et de celle de son père, et se prononçait en faveur de ce dernier. Tibère le fit mourir, en l'an 33, non-seulement pour le punir de la liberté et de la franchise de ses propos, mais encore par suite de la haine qu'il lui portait comme ayant épousé sa première femme, Vipsania Agrippina, qu'il aimait beaucoup, et qu'il lui avait fallu répudier par ordre d'Auguste. Consultez Thorbecke, *De C. Asinii Pollionis Vita et studiis doctrinæ* (Leyde, 1820).

[Il ne faut pas confondre Asinius Pollion avec *Vedius* POLLION, son contemporain, ce terrible gastronome, qui pour manger de bon poisson jetait ses esclaves aux *murènes* de ses viviers. Auguste, ami de cet autre Pollion, pensa être témoin de cette barbarie, un jour qu'il dînait chez notre homme. Un esclave, échappé des mains qui allaient le précipiter dans les flots se réfugia aux pieds de l'empereur; Auguste, révolté d'une telle barbarie, fit briser sous ses yeux tous les cristaux de Vedius et combler son vivier.

CH. DU ROZOIR.]

POLLOCK (ROBERT), poëte anglais, né en 1799, à Muirhouse, dans le comté de Renfrew (Écosse); étudia pendant cinq ans la théologie à l'université de Glasgow, et publia alors sous le voile de l'anonyme quelques contes en prose, intitulés : *Tales of the Covenanters* (5e édit., Édimbourg, 1850). D'une constitution frêle et d'une vive sensibilité, l'ardeur avec laquelle il se livrait au travail développa chez lui le germe d'une maladie de poitrine; et peu de temps après qu'il eut reçu les ordres, au printemps de 1827, il ne devint que trop manifeste que son mal était sans espoir. Cela ne l'empêcha pas de mettre la dernière main à son poëme *The Course of Time* (20e édit., Édimbourg, 1853), qui produisit une vive impression dans le monde religieux. Le succès de cet ouvrage fournit à l'auteur les moyens de tenter un voyage en Italie, dans l'espoir qu'un climat plus doux soutiendrait sa débile existence. Mais il ne put pas aller plus loin que Southampton, où il mourut, le 17 septembre 1827. Son poëme, qui lui assigne une place honorable parmi les poëtes anglais, est écrit d'un style qui rappelle tantôt la sublimité de Milton, tantôt la tristesse élégiaque de Young ou de Cowper. Les admirateurs de son talent lui ont élevé un monument dans le cimetière de Millbrook, où repose sa dépouille mortelle.

POLLUTION (du latin *polluo*, je profane), profanation de la semence par quelque attouchement impudique, émission involontaire de la liqueur spermatique. « La pollution, dit le docteur Hoefer, est ou une crise naturelle à l'aide de laquelle la nature se débarrasse d'une humeur superflue, ou bien c'est un état maladif. Dans ce dernier cas elle est presque toujours une suite très-grave de l'onanisme et des autres abus vénériens. La liqueur spermatique s'évacue tantôt insensiblement, tantôt avec les urines ou par l'expulsion des matières fécales, sans aucune sensation de plaisir; tantôt elle est rejetée convulsivement la nuit, au milieu de rêves bizarres. » Les pertes involontaires de la liqueur séminale ont une influence marquée sur les facultés physiques et morales. L'imbécillité, l'hypocondrie, la mélancolie, en sont les suites ordinaires. Le traitement consiste surtout dans l'éloignement de la cause. Pour remédier à la faiblesse des organes génitaux on prescrit des applications froides d'eau pure, d'eau vinaigrée, de glace, à l'aide de linges, d'éponges, de vessie; des lavages, des affusions, des douches. Les lavements d'eau fraiche peuvent être utiles; les bains de rivière et de mer, accompagnés de la natation, rendent de grands services; l'exercice à pied procure en partie les mêmes avantages. On a vanté certains médicaments toniques, comme les préparations de fer et de quinquina; on a tenté quelques opérations chirurgicales sur les conduits éjaculateurs; mais les préceptes les plus salutaires sont d'éloigner de l'esprit les images lascives, de ne se coucher ni sur le dos ni sur le ventre, ni dans un lit mou ou trop garni de couvertures, et enfin de ne point s'endormir avec l'estomac plein.

POLLUX. *Voyez* Castor.

POLLUX (Julius), fameux grammairien, né à Naucrate en Égypte, florissait dans le deuxième siècle de l'ère chrétienne, vers l'an 180. S'étant fait un nom à Rome, il fut un des précepteurs de Commode, fils de l'empereur Marc Aurèle, et devint professeur d'éloquence à Athènes, à la place d'Adrien de Tyr. On a de lui un *Onomasticon* ou Dictionnaire grec, dont la meilleure édition est celle d'Amsterdam, 1706, en grec et en latin, avec des notes. Les mots y sont disposés non dans l'ordre alphabétique, mais selon l'analogie du sens.

Un autre *Julius* Pollux, historien grec, qui vivait en Orient sous l'empereur Valens, vers l'an 364, a donné : *Historia physica, seu chronicon ab origine mundi usque ad Valentis tempora* (Munich, 1792, in-8°).

POLO (Marco), Vénitien, dont le grand mérite est d'avoir le premier fourni à l'Europe des renseignements sur l'intérieur de l'Asie à une époque où l'on entreprenait bien rarement des voyages dans de si lointaines contrées et où ceux qui s'y aventuraient s'attachaient bien plus à se donner l'apparence d'êtres extraordinaires que d'instruire leurs contemporains. C'est avec quelque raison que certains auteurs regardent Marco Polo comme celui qui mit sur la voie de l'invention de la poudre à canon, de la boussole, de l'imprimerie, de l'astrolabe, etc., parce qu'il avait vu tout cela dans l'intérieur de l'Asie, et que les récits qu'il en faisait provoquèrent les méditations des penseurs. Pendant des siècles on a tenu pour des contes en l'air et pour les produits de sa crédulité des choses qu'il racontait, et dont on n'a eu la confirmation que tout récemment. Il a grand soin d'ailleurs de distinguer ce qu'il a vu de ses propre yeux, et qu'il décrit alors avec beaucoup d'exactitude, de ce qu'il sait seulement par ouï-dire. Il était le petit fils d'un noble Vénitien, dont les deux fils, *Nicolo* et *Maffeo*, entreprirent ensemble, en 1254, un voyage à Constantinople. Apprenant qu'il venait de se créer sur les bords du Volga un puissant empire tatare, ils s'y rendirent; et à la suite de diverses aventures ils firent la connaissance du grand-khan de Koublaï, qui les engagea à inviter le pape de Rome à lui envoyer quelques missionnaires chrétiens. Nos deux voyageurs s'en revinrent en conséquence en Italie, en 1269. Mais Nicolo Polo trouva sa femme morte, et le fils dont il l'avait laissée enceinte à son départ âgé de quinze à seize ans. Le pape Clément IV était mort, et l'élection de son successeur traîna tellement en longueur que les deux frères résolurent de partir pour l'Orient sans s'être acquittés de leur commission. Le jeune Marco, fils de Nicolo, les accompagna. En Palestine, ils apprirent que Tebaldo Visconti, qui résidait dans cette contrée, venait d'être élu pape. Aussitôt ils l'allèrent trouver, et obtinrent de lui les prêtres qu'ils désiraient et dans la compagnie desquels ils retournèrent au Koublaï. Le jeune Marco gagna la faveur du grand-khan, qui le chargea de diverses missions en Chine et dans les contrées les plus éloignées. Marco Polo fut même nommé gouverneur de la province de Kiang-Nan. Ce ne fut qu'avec le plus vif regret que le grand-khan consentit à se séparer de lui, ainsi que de son père et de son oncle, lorsque le désir de revoir leur pays natal les porta à s'en retourner. En 1295, après une absence qui avait duré vingt-quatre ans, ils abordèrent heureusement et chargés de trésors en Italie. C'est dans le voyage de Marco Polo qu'on trouve racontés tous ces détails. Quant à ce qui a trait au reste de sa vie, les renseignements qu'on possède à ce sujet proviennent de récits et de traditions que Ramusio, qui vivait deux cent cinquante ans plus tard, recueillit; mais la plupart présentent beaucoup d'invraisemblance. On ne sut pas plus tôt à Venise que les Polo étaient de retour, que ce fut à qui briguerait leur amitié. Marco Polo ne pouvant qu'évaluer par millions la richesse et la population de la Chine, en reçut le sobriquet de *Messer Marco Millioni*; et deux cent cinquante ans plus tard on appelait encore son palais *Il corte del Millioni*. Marco Polo jouissait aussi à l'étranger d'une grande considération. Ayant été fait prisonnier par les Génois à la bataille de Curzola, il fut traité par les vainqueurs avec beaucoup de distinction; et c'est à Gênes, dit-on, que, fatigué d'avoir constamment à raconter de nouveau ses aventures, il écrivit la description de son voyage. Il n'est pas bien établi de quelle langue il se servit à cet effet. Ramusio dit que ce fut du latin, et Baldelli prétend que ce fut du français. D'autres pensent qu'il employa le dialecte vénitien, ou encore le dialecte génois. Après avoir été rendu à la liberté, il mourut à Venise, vraisemblablement en 1323. Son père, Nicolo, était mort en 1316. La première édition imprimée en langue italienne du récit des ses voyages parut à Venise, en 1496. Ramusio la réimprima dans ses *Navigazioni e Viagi* (2 vol., Venise, 1559). Le comte Giovanni-Battista Baldelli en a donné la première édition critique (*Viaggi di Marco Polo* [4 vol., Florence, 1827]), d'après le texte de *La Crusca* dans la bibliothèque Magliabecchi. Les deux premiers volumes contiennent la *Storia delle Relazioni vicendevoli dell' Europa e dell' Asia* jusqu'en 1258, ouvrage du comte Baldelli lui-même; les deux autres renferment le voyage de Marco Polo sous le titre de *Il Millione di Marco Polo*. Le manuscrit parisien de la relation du voyage de Marco Polo fut imprimé en langue française en 1824, aux frais de la Société de Géographie. Consultez Zurla, *Di Marco Polo e degli altri Viaggiatori veneziani* (2 vol.; Venise, 1819).

POLOCK ou **POLOZK**, ville du gouvernement de Witepsk (Russie), sur la Duna, à l'endroit où la Polata vient s'y jeter. Siége d'un archevêque grec uni, on y trouve une école de cercle pour les nobles, plusieurs églises grecques et catholiques, un *Kreml*, et 11,000 habitants, qui font un commerce assez important. C'était autrefois la capitale d'un duché particulier qui s'étendait le long des deux rives de la Duna. Elle fut ensuite prise par les Tatars, puis en 1564 par les Russes; auxquels Étienne Bathory l'enleva en 1579. Plus tard, elle fit partie du royaume de Pologne, comme chef-lieu d'une voivodie dépendant de la Lithuanie; mais en 1772 elle retomba sous la domination russe.

Dans la campagne de 1812 de nombreux combats eurent lieu aux environs de Polock.

POLOGNE, la plus vaste plaine qu'il y ait en Europe. A l'époque de sa plus grande puissance comme État politique, elle comprenait un territoire de plus de 9,000 myriamètres carrés, et se divisait généralement en *Pologne* et *Lithuanie*. La première se subdivisait en *Grande* et en *Petite Pologne*, et chacune de ces provinces à son tour en plusieurs voivodies. Sur ce territoire habitaient alors plus de 15 millions d'habitants, qui, dominés par environ 100,000 familles, participaient aussi peu à la liberté de leur république qu'aux riches produits de leur sol. Le blé et le froment, le chanvre, le bois, le miel et la cire, d'excellents chevaux, d'immenses troupeaux du bétail de la plus belle espèce, d'inépuisables mines de sel, constituaient les richesses naturelles et commerciales du pays, auxquelles des fleuves poissonneux, aboutissant soit à la Baltique, soit à la mer Noire, procuraient d'avantageux débouchés. Toutefois, sauf Varsovie, Bromberg, Posen et quelques villes voisines de la Silésie, l'industrie y était dans l'état le plus déplorable, et l'agriculture y était demeurée à l'état de l'enfance. Les Slaves, qui au neuvième siècle possédaient les fertiles contrées riveraines de la Vistule et qu'on comprenait sous la dénomination commune de *Léchites* ou *Laches*, se divisaient en une foule de peuplades. Dans le nombre, les *Polanes* ou *Slaves* habitaient la plaine de la Wartha, entre la Netze et l'Oder; les *Masoviens* ou *Masoures*, les bords de la Vistule centrale; les *Bialochrobates* ou *Chrobates* blancs, les sources de la Vistule; les *Silésiens*, les deux rives de la Vistule. Les plus anciennes villes du territoire des Polanes étaient Kruszwica, Gnesen, Posen et Kalisch; dans le pays des Masoures, Plock, Czersk et Dobrin; dans le pays des Bialochrobates, Cracovie, Wislica et Lublin. Avec le temps les Polanes parvinrent à exercer la prépondérance sur les diverses tribus de leur race; et c'est ainsi que leur nom devint la dénomination commune des familles léchites. Les Léchites, comme tous les autres Slaves, étant divisés en communes, il fallut du temps pour en faire un tout politique ayant une importance historique. Ils ne laissèrent pas cependant que de prendre une part active aux luttes de leurs frères slaves contre les Franks en Allemagne. Les plus anciennes traditions des Bialochrobates se rattachent à Cracovie et ses environs. *Krakus* est mentionné comme un prince digne de respect et comme le fondateur de Cracovie; *Wanda* était sa fille. Les plus anciennes traditions des Polanes se rattachent au lac Goplo; on désigne comme les plus anciens princes *Lech* et des familles entières de princes du nom de *Leszek* et de *Popiel*. A la mort du dernier des Popiel, les Polanes élurent pour prince Piast, et sous son fils *Ziemonvit* la tradition commence à acquérir plus de certitude. C'est après la conversion au christianisme de *Micislas Ier* que la Pologne entre dans l'histoire comme État politique.

Sous le fils de Micislas Ier, *Boleslas Ier Chrobry* ou le Grand (992-1025), véritable fondateur de la puissance de la Pologne, ses limites s'étendirent à l'ouest jusqu'à Glogau et Krossen, au nord jusqu'aux côtes de la Poméranie et de la Prusse, à l'est jusqu'à Kieff. Boleslas arracha Cracovie aux Bohêmes, conquit la Moravie, la Lusace et la Misnie, et pénétra jusqu'à Magdebourg, en promenant partout le fer et le feu. En l'an 1000 il reçut à Gnesen la visite de l'empereur Othon III, qui lui accorda le titre de roi. De longues luttes intérieures surgirent lorsque *Boleslas III* partagea ses États entre ses quatre fils, tout en laissant à l'aîné d'entre eux, comme souverain de Cracovie, une espèce de prééminence sur les autres princes. C'est à cette époque, où le peuple demeurait à l'extérieur dans une complète inaction, que se consolida de plus en plus la domination des familles aristocratiques de la Pologne. Conrad, duc de Masovie, ayant ensuite invoqué le secours des chevaliers de l'ordre Teutonique contre les Prussiens révoltés, et cet ordre ayant conquis de 1230 à 1404 tout le littoral de la Baltique depuis l'Oder jusqu'au golfe de Finlande, la Pologne perdit sa ligne de défense septentrionale et son commerce maritime. *Ladislas Ier Lokjetek* (1305-1303) fut le premier qui de cette masse de territoires mouvants fit de nouveau un tout compact et homogène, et qui réunit la Grande Pologne avec la Petite Pologne; après quoi *Casimir III*, dit le Grand, s'efforça d'introduire dans l'État une organisation sociale régulière. Avec lui s'éteignit, en 1370, la race mâle des Piast. C'est alors que la noblesse, à laquelle Ladislas Ier avait déjà accordé une espèce de diète, et à laquelle Casimir III, lors de la diète tenue en 1347 à Wislica, avait concédé une participation à la législation, commença à vendre sa voix aux successeurs des rois défunts moyennant certains privilèges personnels qu'il fallut leur accorder au détriment de la masse de la nation. La réunion de la Pologne avec la Hongrie sous le roi *Louis* (1370-1382) fut donc inutile et même préjudiciable à la consolidation de la monarchie. La réunion de la Pologne avec la Lithuanie fut quelque chose de moins contre nature. Elle s'effectua à partir de 1386, lorsque *Hedevige*, fille de Louis, élue reine après la mort de son père, se vit contrainte d'épouser *Jagellon*, grand-prince de Lithuanie, demeuré païen jusque alors, et qui en recevant le baptême prit le nom de *Ladislas II*. C'est avec lui que la famille des Jagellons monta sur le trône de Pologne. Mais les Lithuaniens demeuraient toujours séparés des Polonais par la langue et les mœurs; et ce ne fut qu'à la longue que le christianisme devint le lien commun qui de ces deux peuples de même race ne fit plus qu'une seule et même nation. Mais dès lors tout au moins ils se trouvèrent plus forts pour combattre leur ennemi commun, l'ordre Teutonique. Sous les successeurs de Jagellon, *Ladislas III* (1434-1444), qui après une vacance du trône de deux ans eut pour successeur *Casimir IV* (1446-1492), puis *Jean Ier Albert* (1492-1501) et *Alexandre* (1501-1506), et surtout sous *Sigismond Ier* (1506-1546) et Sigismond II (1546-1572), la Pologne sembla même un moment récupérer les frontières naturelles qu'elle avait perdues. Aux termes du traité signé à Thorn, en 1466, les chevaliers de l'ordre Teutonique durent céder à la Pologne Kulm et le cours de la Vistule jusqu'à Elbingen, en même temps que reconnaître le droit de suzeraineté et de protection de la république polonaise sur les territoires possédés par l'Ordre. Le grand-maître, le duc Albert, dut également reconnaître que son duché héréditaire de Prusse relevait de la Pologne. En 1558 la Livonie fut réunie à la Lithuanie; et en 1561 la Courlande devint un fief polonais. C'est ainsi, surtout lorsque, à partir de 1569, la noblesse lithuanienne forma une seule et même assemblée avec celle de la Grande et de la Petite Pologne, que la Pologne arriva à être l'État le plus puissant de l'est de l'Europe. Mais en même temps la noblesse, en mettant à l'encan le trône, dont elle contesta souvent l'hérédité aux Jagellons, acquit le droit de représenter seule la nation, à l'exclusion de l'ordre de la bourgeoisie. En 1404 elle avait déjà commencé à tenir des diètes de district, dans lesquelles elle délibérait sur la conduite qu'elle avait à tenir dans les assemblées générales et où elle se divisait en factions. A la diète tenue en 1430 à Wilna, elle obtint aussi le droit pour chacun de ses membres de ne pouvoir être emprisonné que lorsqu'il serait arrêté en flagrant délit, ou bien lorsqu'il serait condamné par les voies de droit. La diète tenue en 1454 à Nieszawa lui concéda le droit exclusif de décider de la paix et de la guerre; et c'est à partir de 1468 que se constituèrent les diètes de Pologne proprement dites, composées de députés nommés à raison de deux par chaque district, mais astreints au mandat impératif et n'ayant pas le droit de voter d'après leurs convictions propres. En même temps on supprimait toutes distinctions de rang entre les gentilshommes. Sous *Alexandre* la diète obtint même le droit de battre monnaie, celui de la promulgation des lois et celui de surveiller la manière dont fonctionnaient les tribunaux. Le roi ne put choisir que dans la noblesse indigène les archevêques, évêques, voïvodes, castellans et ministres, lesquels constituaient dans la diète le premier ordre du royaume ou le sénat. En décidant à la diète tenue à Wilna, en 1563, que les *dissidents* jouiraient des mêmes droits et priviléges que les catholiques, on évita les querelles religieuses qu'on pouvait redouter de la propagation des doctrines de la réformation. La race des Jagellons s'éteignit en la personne de Sigismond II.

Depuis lors la Pologne fut réellement un royaume électif, et il en fut ainsi jusqu'à la constitution du 3 mai 1791. Henri d'Anjou (*voyez* HENRI III, roi de France), élu roi de Pologne en 1573, jura comme roi électif les premiers *pacta conventa*, la capitulation électorale ou le contrat que tous les rois postérieurs durent passer avec la nation libre, c'est-à-dire avec la noblesse, et qui restreignait beaucoup trop leurs droits et leurs prérogatives. Lorsque, à la mort de son frère Charles IX, Henri III, après quatre mois de règne, s'enfuit secrètement pour monter sur le trône de France, Étienne *Bathori* fut élu roi, en 1575. A sa mort, arrivée en 1580, le parti Zamoiski, en appelant au trône le prince suédois *Sigismond III*, crut réunir les deux premières couronnes du Nord. En cela il ne fit que provoquer non-seulement des déchirements intérieurs, mais encore la sanglante querelle avec la Suède, à laquelle mit fin, en 1660, la paix d'Oliva, qui accorda à la Suède une prépondérance marquée sur la Pologne. Le faible Sigismond III (1580-1632) avait eu pour successeurs ses fils, *Ladislas IV* (1632-1648), prince rempli de talents, et *Jean II Casimir* (1648-1672). Sous le règne de ce dernier, les faibles liens qui rattachaient encore les diverses parties du corps social se rompirent complétement; et l'anarchie devint l'état normal du pays, lorsque le *liberum veto*, en vertu duquel un seul député pouvait annuler toutes les décisions rendues contrairement à son avis par le reste de la diète. Des rancunes de parti favorisèrent la défection des Kosacks, qui aux termes de la trêve de treize ans conclue en 1654 à Andrussoff, allèrent se placer sous la protection de la Russie, en 1667; après quoi on céda à la Russie Smolensk pour la seconde fois; puis Kieff, les rives du Dniepr et la partie occidentale de l'Ukraine. C'est alors que le roi *Jean Casimir*, dans le discours qu'il adressa à la diète (4 juillet 1661), lui prédit avec raison comment et par qui la Pologne serait un jour partagée. A la mort de Jean Casimir, la petite noblesse réussit à faire élire roi *Michel Wisniowiecki*, qui n'était à aucun égard digne d'un tel honneur. Son successeur, le brave roi *Jean Sobieski* (1674-1696), confirma ces diverses cessions de territoire par la paix signée en 1686; en revanche, la Russie prit l'engagement de l'assister dans la conquête de la Moldavie et de la Valachie. Après sa mort, le trône sembla devoir être adjugé au plus offrant. L'abbé de Polignac, notamment, fut chargé par le roi de France, Louis XIV, de dépenser des sommes immenses pour faire élire le prince de Conti. L'électeur de Saxe, Auguste II, l'ayant emporté sur le parti français, et s'étant rattaché à Pierre Ier de Russie, la république de Pologne, impuissante à se protéger elle-même, et qui cependant regardait l'armée saxonne comme un péril pour sa liberté, se trouva engagée par la versatilité et l'ambition du cardinal Radziejowski dans la guerre du Nord, qui fit de la Russie la première puissance de cette partie de l'Europe, et entre les mains de laquelle le sort de la Pologne se trouva désormais placé. En 1704, sous la pression des armes victorieuses de la Suède, la diète détrôna l'électeur de Saxe, et élut pour roi Stanislas Leszcynski, voïvode de Posen, qui dès 1706 était contraint de restituer la couronne à Auguste II. A la mort de ce prince, les troupes russes disposèrent du trône de Pologne, et la couronne fut adjugée à l'électeur de Saxe, Auguste III. La vénalité et le luxe firent dès lors des progrès égaux parmi la noblesse polonaise, de manière à paralyser d'abord puis à anéantir complétement les forces vitales de l'État. Pour combler la mesure des éléments de désordre, on avait restreint, en 1717, les droits constitutionnels dont les dissidents étaient en possession depuis plus d'un siècle. Les jésuites avaient attisé le feu, et le tribunal de sang qu'ils firent illégalement établir à Thorn, en 1724, provoqua des haines implacables. Enfin, dans les diètes de 1733 et de 1736 on résolut d'exclure les dissidents des fonctions de députés, de juges, et de leur interdire en général tous les emplois publics. Toutes les passions se trouvaient donc en proie à la plus vive fermentation, quand Catherine II plaça sur le trône de Pologne son favori, le comte Stanislas-Auguste Poniatowski. Trop faible pour comprimer l'orgueilleuse anarchie de la noblesse, ce prince flotta indécis entre la protection de la Russie et la dignité indépendante de la république, tantôt invoquant celle-là, tantôt revendiquant celle-ci; conduite qui finit par lui faire perdre l'estime générale. Le fanatisme des évêques Soltyk de Cracovie et Manalski de Wilna, qui s'opposa au rétablissement de la liberté de conscience, fut la principale cause de la guerre civile qui précipita le pays dans les plus affreux désordres et le conduisit à sa ruine finale. La Russie prit en mains la cause des dissidents : une confédération générale s'ensuivit, et la diète se trouva placée sous l'influence complète de la Russie. La confédération de Bar se forma en opposition à cet état de choses avec l'appui de la France, et la guerre contre la Russie éclata. Des troupes étrangères dévastèrent le pays; et la conduite barbare et insensée de quelques chefs polonais provoqua chez les trois grandes puissances voisines de la Pologne un tel mépris des droits naturels de la nation polonaise, qu'elles regardèrent la Pologne comme un pays où, suivant l'expression de Catherine, il n'y avait qu'à se baisser pour y prendre.

Au milieu de cette désorganisation intérieure, le gouvernement autrichien jugea les circonstances favorables pour reprendre possession des villes du comitat de Zips, que la Hongrie avait engagées à la Pologne depuis 1402; et par cette conduite il fournit aux deux autres voisins de la Pologne, la Russie et la Prusse, un prétexte tout trouvé pour réaliser enfin les plans de partage qu'ils avaient depuis longtemps conçus. Le ministre russe fit connaître, sous la date du 2 septembre 1772, la résolution des trois puissances; et la république de Pologne finit par accéder, le 18 septembre 1773, à ce premier traité de partage, qui enleva à la Pologne près de 2,800 myriamètres carrés sur les 9,000 qu'elle avait compris jusque alors (*premier partage*). L'Autriche reçut pour sa part le comitat de Zips, la moitié de la Voïvodie de Cracovie, une partie de celle de Sandomir, la Russie-Rouge et des parties des pays de Belz et de Pokutie; ensemble 857 myriamètres carrés et 2,700,000 habitants; la Prusse, toute la Prusse polonaise : à l'exception de Danzig et de Thorn et de la Pomérélie : ensemble 502 myriamètres carrés, avec 416,000 habitants; la Russie, la Livonie polonaise, la moitié de la voïdovie de Poloczk, les voïvodies de Witepsk et de Mstisläff, et une partie de celle de Minsk : ensemble 1,392 myriamètres carrés, avec 1,800,000 habitants. C'est la Russie qui maintenant dirigea les affaires intérieures de la malheureuse république. Les Polonais comprirent alors clairement quel but politique ils devaient avoir en vue, et comment jusque alors, dans leur fatal aveuglement, ils avaient toujours agi contre leurs propres intérêts. Encouragés par le roi de Prusse, Frédéric-Guillaume II, qui leur promettait son appui, ils songèrent, pour consolider leur indépendance, à se donner une constitution nouvelle. On parla de supprimer l'élection royale, de rendre la couronne héréditaire et d'admettre le tiers état dans l'assemblée nationale. Telles furent les bases de la constitution du 3 mai 1791, à laquelle Fox et Burke donnèrent les plus grands éloges, et qui fut approuvée par la Prusse elle-même. Mais la Russie la repoussa par sa déclaration en date du 18 mai 1791, et, comme toujours, elle trouva des alliés dans une partie de la noblesse polonaise elle-même, qui, trahissant les intérêts de sa patrie, forma à Targowicz une confédération contre la constitution déjà acceptée par la diète. A ce moment la Prusse déserta la cause de la république par cette déclaration que le roi chargea Lucchesini d'adresser aux Polonais, sous la date du 8 juin 1792 : « La république a « eu le plus grand tort de se donner à son insu et sans sa « coopération une constitution, qu'il n'avait jamais été dans « les intentions du roi d'appuyer; » et consentit, en 1793, à un *second partage* de la Pologne. La Russie eut pour sa part 3,187 myriamètres carrés avec 3 millions d'habitants, le reste des voïvodies de Polosk et de Minsk, la moitié des voïvodies de Nowgorodek et de Brzesc, l'Ukraine, la Podolie et la moitié orientale de la Volhynie; la Prusse, 742 myriamètres carrés avec 1,100,000 habitants, les voïvodies de Posen, de Gnesen, de Kalisch, de Lenczic, et la moitié de la voïvodie de Rawa avec Danzig et Thorn, la moitié de la voïvodie Brzesc et le petit pays de Dobrzyn avec la forteresse de Czenstochau. La Russie employa la violence pour contraindre les membres de la diète, révoltés d'un tel procédé, à sanctionner le morcellement de leur patrie. Le reste de la Pologne, ensemble 2,003 myriamètres carrés avec 3,500,000 habitants, se trouva dès lors complétement placé sous la tutèle de la Russie. C'est à ce moment, au mois de mars 1794, que Kosciuszko appela ses compatriotes aux armes et se mit à la tête de la confédération de Cracovie. Dans la lutte sainte qui s'engagea alors pour la délivrance de la patrie, Varsovie et Wilna purent être délivrées de la présence de l'étranger. La bataille de Raclawice (4 avril 1794), Varsovie assiégée par les Prussiens, secourue dans les journées du 5 et du 6 septembre 1794, sont les événements les plus mémorables de la vie de la nation polonaise. Mais il était trop tard, et ces sublimes efforts furent inutiles. Sans forteresses, sans alliés, sans tactique et même sans armes, la Pologne, obligée de lutter contre la Russie, la Prusse et l'Autriche, devait succomber après la bataille de Maciejowice, livrée le 10 octobre, et après la prise de Praga (4 novembre), alors même qu'il aurait régné plus d'union parmi ses enfants et qu'elle aurait compté dans leurs rangs un plus grand nombre de caractères héroïques, tels que Kosciuszko. C'est alors qu'eut lieu en octobre 1795 le *troisième partage* de la Pologne. La Russie eut pour sa part 1,421 myriamètres carrés avec environ 1,200,000 habitants; la Prusse 699 myriamètres carrés avec près de 1,000,000 d'habitants; et l'Autriche, 583 myriamètres carrés avec plus de 1,000,000 d'âmes. Une pension de retraite fut accordée au roi Stanislas-Auguste, avec obligation de la manger à Saint-Pétersbourg, où il mourut, en 1798. Il ne resta plus aux Polonais qu'un sentiment national douloureusement blessé, une haine profonde pour les Russes et les Allemands, de vaines espérances d'être quelque jour secourus par la France, et les sympathies de l'opinion publique. Le bénéfice total de ces divers partages avait été pour la Russie de plus de 5,950 myriamètres carrés avec 4,600,000 habitants; pour l'Autriche, de plus de 1,500 myriamètres carrés avec 5,000,000 d'âmes; et pour la Prusse, d'environ 1,890 myriamètres carrés et de 2,550,000 habitants.

L'extension de la puissance de Napoléon, dans les armées duquel un certain nombre de Polonais commandés par Dombroswki se couvrirent de gloire, rendit à une partie de la Pologne un semblant d'existence nationale. En 1807 le *duché de Varsovie* fut le résultat de la paix de Tilsitt et des cessions de territoire imposées à la Prusse. On lui donna pour souverain *Frédéric-Auguste* de Saxe, et on l'organisa sur les mêmes bases que la confédération du Rhin. Sans doute on fit alors beaucoup d'efforts pour relever le moral des masses; mais ce fantôme de Pologne réorganisée n'était qu'un des moyens de la politique de Napoléon. La prospérité matérielle du pays souffrit des mêmes charges écrasantes qui ruinaient les autres contrées placées sous l'action de cette politique; la guerre, la conscription et le système continental furent des obstacles absolus à son développement. Le pays n'en prit pas moins une part glorieuse aux guerres soutenues par Napoléon, tant contre l'Autriche qu'en Espagne; et la paix conclue à Vienne en octobre 1809 accrut le territoire du duché de Varsovie de la partie occidentale de la Gallicie. L'esprit national et militaire du peuple polonais en fut vivement aiguillonné, et on conçut de nouveau l'espoir de voir Napoléon décréter sérieusement le rétablissement de la véritable Pologne. La campagne de 1812 prouva combien peu ces espérances étaient fondées; et pourtant le succès de cette campagne dépendait de l'attitude que garderait la Pologne. Mais tout ce que Napoléon voulait faire de la Pologne, c'était d'en tirer le plus de soldats possible, et la pensée ne lui vint pas de chercher à y ressusciter le vieil esprit national. Aussi le peuple demeura froid et indifférent; et il n'y eut que la partie de la nation que la gloire militaire rattachait à Napoléon qui continua à le seconder avec le même zèle dans les luttes subséquentes. L'issue de la campagne de 1812 ne tarda point à mettre fin à l'existence du duché de Varsovie. Le congrès de Vienne décida que la ville de Cracovie formerait à l'avenir avec son territoire une république indépendante, se gouvernant d'après ses propres lois; que le territoire commençant sur la rive droite de la Vistule ainsi que le cercle de Tarnopol cédé à la Russie par la paix de Vienne feraient retour à l'Autriche; que diverses parties de Posen et de Kalisch seraient cédées à la Prusse; et que tout le reste de la Pologne serait réuni à la Russie comme *royaume de Pologne*, de telle sorte qu'il dépendrait de l'empereur d'en déterminer les limites, mais sous la condition qu'il aurait une administration complétement distincte de celle de l'empire russe.

Une constitution octroyée aux Polonais le 27 novembre 1815 par l'empereur Alexandre leur promit une représentation nationale composée de deux chambres, la liberté de la presse, l'indépendance des tribunaux, la responsabilité des ministres, et une administration distincte présidée en l'absence du czar par un gouverneur général. Le premier vice-roi fut le général Zajonczec; mais on lui adjoignit un commissaire russe, Nowosilzoff, chargé spécialement de la direction de la police secrète, et le grand-duc Constantin, comme gouverneur militaire russe. La première diète s'ouvrit, il est vrai, le 27 mars 1818; mais on vit bientôt combien peu le système constitutionnel était viable en Pologne. L'attitude de l'empereur prouva qu'il se repentait déjà des concessions faites en 1815. Dès le mois de mars 1819 on rétablit donc la censure, en même temps qu'on prohibait toutes les associations et qu'on défendait aux régnicoles d'aller étudier dans les universités étrangères. La seconde diète, qui s'ouvrit en septembre 1820, ayant repoussé diverses propositions du gouvernement, la représentation nationale encourut aussitôt la disgrâce de l'empereur; et avant qu'elle se réunît de nouveau (1825) la périodicité de ses réunions, fixée tous les deux ans par la constitution, avait été supprimée de même que la publicité de ses délibérations. La mort de l'empereur Alexandre empira encore l'état des choses. L'influence du grand-duc Constantin, homme violent et dénué de formes, devint alors sans bornes, surtout lorsque après la mort de Zajonczec on ne jugea pas même devoir établir un semblant de vice-roi pour le remplacer. L'idée de secouer le joug de la Russie faisait pendant ce temps-là toujours plus de progrès dans le pays. Des sociétés secrètes organisées dans la jeunesse, dans l'armée, de nombreuses associations littéraires servaient à propager cette idée ou contribuaient à réveiller l'esprit national polonais. Ce n'étaient pas encore des conspirations; mais avec le système russe tel qu'il se produisait, les efforts scientifiques pour réveiller et exciter l'esprit national polonais devenaient le travail préparatoire des conspirations. Parmi les savants, ce furent surtout Lelewel, et parmi les poëtes Adam Mickiewicz, qui dirigèrent cette opposition nationale sur le terrain de l'intelligence; et dans la jeune génération Maurice Mochnacki était un des plus remuants. Dès le commencement de l'année 1820 il s'était formé à Wilna une société nationale littéraire, qui avait eu pour fondateur

Thomas Zan, et qui comptait aussi Mickiewicz parmi ses membres. Cette société fut dissoute en 1823, et plusieurs de ceux qui en faisaient partie, Zan entre autres, furent frappés de condamnations sévères. Diverses conspirations militaires s'étaient aussi formées; elles se rattachaient en partie à d'anciennes associations datant de l'époque du duché de Varsovie. En montant sur le trône, l'empereur Nicolas hérita d'une procédure commencée au sujet d'une de ces sociétés. Ce prince renvoya au sénat le soin de décider du sort des individus appartenant à l'ordre civil compromis dans cette affaire, et le sénat les acquitta; décision au sujet de laquelle l'empereur exprima hautement et dans les termes les plus vifs son mécontentement. Tous ces faits avaient produit une fermentation extrême, dont témoigna la dernière diète, ouverte au mois de mars 1830. Les événements survenus à l'étranger, les révolutions de France, de Belgique, etc., aggravèrent encore la situation.

C'est alors que l'insurrection éclata à Varsovie, le 29 novembre 1830. Une poignée d'étudiants et d'officiers subalternes, effrayés par la nouvelle qu'il était arrivé de Saint-Pétersbourg de nouveaux ordres d'arrestation, assaillit le soir le *Belvédère*, résidence du grand-duc Constantin, faillit s'emparer de la personne de ce prince, et le força à évacuer la capitale de la Pologne avec une partie des troupes (le reste avait défectionné). La révolution était un coup de main entrepris avec une audace extrême et qui avait réussi; mais rien n'était prêt pour la lutte qui devait nécessairement s'ensuivre. Heureusement les Russes, de leur côté, se trouvèrent pris tout aussi au dépourvu; et par là ils donnèrent au mouvement le temps de se déployer dans toute sa force et sa puissance. En raison des dispositions de l'esprit public, ce délai aurait été d'une immense importance, si on avait su en profiter avec de la vigueur et de l'unité d'action, si les anciennes discordes de partis et de classes n'avaient pas paralysé tous les efforts. Après la réussite du coup de main, ce fut d'abord l'aristocratie qui prit la direction des affaires. Czartoryiski, Lubecki et leur ami Chlopicki n'hésitèrent point à saisir le pouvoir. Les mêmes éléments entrèrent dans la composition de la commission exécutive et du gouvernement provisoire qui se succédèrent rapidement, encore bien que par égard pour le parti démocratique on y eût compris Leiewel. Mais alors la discorde des partis éclata manifeste. Tandis que les démocrates insistaient pour qu'on rompît irrémissiblement avec la Russie, et qu'on fît appel à toute l'énergie révolutionnaire, l'aristocratie et surtout Chlopicki penchaient pour un accommodement amiable avec le czar. C'est dans ce courant d'idées qu'on laissa le grand-duc se retirer paisiblement avec ses troupes, qu'on envoya une inutile ambassade à Saint-Pétersbourg, qu'on n'arma que mollement, et qu'on appréhenda manifestement de lâcher la bride à l'énergie révolutionnaire. Il s'écoula un temps précieux, pendant lequel la Russie arma; et la réponse que fit alors le czar à l'ambassade (elle était présidée par Lubecki) fut qu'il exigeait une soumission sans conditions. Chlopicki, qui dans l'intervalle s'était saisi de la dictature et combattait sans ménagements l'agitation du parti démocratique, fut confirmé dans cette position par la diète qui se réunit en décembre; mais l'insuccès de la mission envoyée à Saint-Pétersbourg déjoua tous ses plans; et le 16 janvier il déposa ses pouvoirs. Dans le gouvernement qui lui succéda, l'aristocratie avait encore la prépondérance; et le prince Michel Radziwill fut élu général en chef de l'armée. La rupture avec la Russie était maintenant devenue inévitable. La diète brûla aussi ses vaisseaux en prononçant, le 25 janvier 1831, l'exclusion de la maison de Romanoff du trône de Pologne.

Pendant ce temps-là le feld-maréchal Diebitsch franchissait le Boug avec environ 120,000 hommes et 400 bouches à feu. Deux divisions, aux ordres de Kreutz et de Geismar, devaient franchir la haute Vistule, tandis que la grande armée, divisée en trois corps, commandés par Schachowski, Rosen, et Pahlen, marcherait droit sur Varsovie. A partir du 17 février 1831 les combats se succédèrent sans interruption. Le jour où Skrzynecki arrêta à Dobre l'ennemi, qui avait deux fois plus de forces que lui, Dwernicki battait le corps de Geismar à Stoczek, et déjouait par les avantages qu'il remportait sur Kreutz tout le plan d'opérations de l'aile droite de l'ennemi. Le 19 les divisions de Szembeck et de Zymirski se battaient à Wavre contre les corps de Rosen et de Pahlen; et malgré les éclatantes preuves de bravoure qu'elles donnèrent, les troupes polonaises ne purent, dans cette rencontre, empêcher l'ennemi de se maintenir à Grochow. Le général en chef russe attendit alors l'arrivée du corps de Schachowski. Celui-ci, quoique battu le 24 et le 25 par Kruckowiecki, parvint cependant à opérer dans la soirée du 25 sa jonction avec l'armée principale. Il en résulta que le 25 les Polonais se virent attaqués à Grochow. Il se livra alors, notamment aux approches du bois de ce nom, quelques-uns des plus terribles combats dont fasse mention l'histoire des guerres modernes. La victoire resta longtemps incertaine, et pencha tantôt d'un côté, tantôt de l'autre; mais à la fin l'arrivée du corps de Schachowski contraignit les Polonais à battre en retraite. Chlopicki, qui s'était mis à la disposition de Radziwill, et qui avait pris part jusque ici à toutes les luttes, tantôt comme soldat, tantôt comme général, se retira à ce moment. Radziwill, lui aussi, déposa le commandement, et il eut Skrzynecki pour successeur. Après l'échec qu'il avait essuyé dans la première bataille rangée, Diebitsch se tint sur la défensive. L'armée russe principale se retira sur les bords de la haute Vistule. Les corps commandés par Geismar et Rosen restèrent sur la route de Praga, et souffrirent beaucoup d'une sortie exécutée, le 1er avril, par les Polonais. En revanche, les Polonais échouèrent dans leurs efforts pour écraser le corps de Pahlen, qui put tout au contraire regagner la position de Dembe, tandis que Diebitsch occupait celle de Sielce. Les Russes étaient paralysés dans leurs opérations par les soulèvements populaires qui avaient éclaté sur leurs derrières en Lithuanie, quoique les Polonais ne profitassent que fort incomplétement de ces mouvements; et l'expédition tentée en Volhynie avec des forces trop peu considérables par Dwernicki y succomba (19 avril) sous les efforts d'un ennemi disproportionnellement supérieur en nombre. Pendant ce temps-là les deux armées principales étaient demeurées plusieurs semaines en observation, et il en fut ainsi jusqu'à l'attaque dirigée par Diebitsch, le 26 mai, contre Ostrolenka; mouvement qui donna lieu à l'une des plus chaudes actions de toute la guerre. Les Russes furent, il est vrai, rejetés sur la Narew avec des pertes énormes, et se trouvèrent hors d'état de poursuivre les Polonais avec vigueur; mais de son côté aussi l'armée polonaise, aux trois quarts anéantie, dut se retirer à Varsovie. L'épuisement des Polonais, aussi bien que les divisions qui continuaient à les déchirer, les empêchèrent de profiter de la mort de Diebitsch, arrivée le 10 juin, afin de porter à l'ennemi dans ce moment favorable des coups rapides et vigoureux, et furent cause qu'ils éparpillèrent leurs ressources en une foule d'attaques malheureuses. Le nouveau général en chef de l'armée russe, Paskewitsch, commença par opérer le passage de la Vistule, sans que les Polonais tentassent de s'opposer à ce mouvement, et par se rapprocher de ce côté de Varsovie, mal fortifiée sur ce point. L'état dans lequel se trouvait la capitale ne présageait que des désastres. Tandis que le zèle patriotique des populations des campagnes se refroidissait visiblement, à Varsovie les partis s'épuisaient en vaines querelles. L'aristocratie semblait n'avoir pas encore perdu l'espoir d'un arrangement et reculer devant une défense poussée à toute extrémité; quant à la démocratie, elle voyait de la trahison partout, et provoquait dans les masses d'inutiles fureurs. Paskewitsch s'étant alors rapproché de Varsovie, Skrzynecki, malgré les instances de la diète, recula devant une bataille générale, et les Russes purent ainsi arriver à quelques heures seulement de la capitale. A ce moment (10 août) Skrzynecki fut dépouillé de son commandement, et remplacé par Dembinski ; mais le nouveau général en chef évita, lui aussi, un engagement général, et se replia jusque sous les murs de Varsovie. C'est sous l'impression produite par ces événements qu'éclatèrent les sanglantes scènes de la nuit du 15 au 16 août. Plusieurs généraux, détenus comme prévenus de trahison, furent arrachés des prisons où ils se trouvaient et égorgés. La fureur du peuple s'exerça sur des individus complétement innocents ; et le gouvernement, à la tête duquel était alors Czartoryiski, fut forcé de donner sa démission. Kruckowiecki, fut placé comme président à la tête du nouveau pouvoir. Cependant, on commençait à souffrir à Varsovie du manque de vivres. Sur la proposition d'Uminski le conseil de guerre décida d'envoyer sur la rive droite de la Vistule un corps de 20,000 hommes, dont Ramorino obtint le commandement. Czartoryiski et les familles de la haute noblesse le suivirent, et lui firent perdre tant de temps, que lorsque, le 6 septembre, Varsovie se trouva attaquée dans ses immenses retranchements, il ne put plus arriver à son secours. Défendues sans talent, et sans unité, les principales fortifications furent emportées au bout de quelques heures. Le 8 septembre la ville était réduite à capituler. L'armée aux ordres de Malachowski, le gouvernement, présidé par Niemojowski, se retirèrent par Modlin sur Plock, où Rybinski prit le commandement en chef. Ramorino parut un instant vouloir continuer la guerre pour son propre compte ; mais dès le 17 septembre il était contraint de se réfugier de l'autre côté des frontières de la Gallicie. Quant à l'armée principale, dans le sein de laquelle s'étaient réfugiés les membres du gouvernement et de la diète, il ne lui resta plus, le 8 octobre, d'autre ressource que d'aller chercher un asile sur le territoire prussien. Elle était encore à ce moment forte de 22,000 hommes ; le corps aux ordres de Ramorino en comptait 11,000, et celui du général Rosycki, dans le pays de Cracovie, était fort de 6,000 hommes. Ainsi se termina une insurrection qui reproduisit fidèlement les anciens traits du caractère polonais, ses côtés brillants comme ses ombres, la bravoure et l'enthousiasme, avec l'égoïsme, l'esprit de parti et un étroit orgueil de caste. Comme à l'époque des partages du dix-huitième siècle, la Pologne dut plutôt ses désastres à elle-même qu'à la force de ses ennemis.

Après la défaite vint le châtiment. La constitution de 1815 fut abrogée, les principaux fauteurs de l'insurrection furent envoyés en Sibérie ou condamnés à servir comme simples soltats ; la plupart des officiers furent bannis, et de nombreuses confiscations prononcées. On supprima les universités de Varsovie et de Wilna ; on licencia les classes supérieures des gymnases et de l'école des cadets de Kalisch, dont les élèves furent transférés dans des écoles militaires russes. Comme on peut bien le penser, les soldats polonais furent incorporés dans l'armée russe. L'amnistie du 1er novembre 1831 contenait tant d'exceptions, qu'elle n'apporta aucune modification essentielle à ce système de dénationalisation et de châtiment de la Pologne. La constitution fut remplacée par le statut organique du 14 (26) février 1832, qui supprimait la diète et y substituait un conseil d'État, dont les membres étaient à la nomination de l'empereur et n'avaient pas besoin d'être nés polonais. Les impôts furent réglementés d'après les bases existant en Russie. La direction suprême de l'administration, précédemment aux mains de ministres responsables, fut confiée à un conseil d'administration présidé par le gouverneur général Paskewitsch. Un article spécial du statut garantissait aux Polonais la liberté de religion et celle des personnes ainsi que la sécurité des propriétés ; mais une autre disposition décidait que dans les procès intentés à l'occasion de crimes contre la sûreté de l'État on se conformerait aux prescriptions légales en vigueur en Russie. Une sévérité extrême dans la surveillance de la police, la clôture hermétique du pays, auquel tout rapport avec l'étranger était interdit, et la compression absolue de la presse, à moins qu'elle n'agit dans le sens russe : tels furent les corollaires de ce système. Quelques audacieuses tentatives faites (1833) pour provoquer de nouvelles insurrections n'aboutirent qu'à provoquer de la part de la police un redoublement de sévérité, tant à l'égard des hommes qu'à l'égard des livres et des journaux. Quand l'empereur Nicolas vint en Pologne, dans l'automne de 1833, il ne visita que les fortifications élevées aux approches de Varsovie ; un an après il n'admit à son audience que les fonctionnaires russes. Enfin, revenant, en octobre 1835, de Kalisch par Varsovie, il admit une députation du conseil municipal à lui présenter ses hommages, mais lui fit un accueil rien moins que gracieux. En même temps le plan de *russifier* complétement la Pologne apparut de plus en plus visible. Les biens des émigrés qui n'avaient point profité de l'amnistie, confisqués au profit de la couronne, servirent à constituer des majorats concédés à des Russes, à la condition de ne pouvoir être transmis héréditairement qu'à des individus professant la religion grecque. C'était fonder en pleine Pologne une aristocratie russe, et en même temps ouvrir à la religion grecque, si étroitement liée au système politique russe, l'accès de ce pays. D'après le plan d'instruction publique arrêté en 1833, la jeunesse polonaise devait surtout apprendre la langue russe et être instruite de tout ce qui a trait à la Russie. Les anciens établissements d'instruction publique furent modifiés en ce sens ; de même que des livres nouveaux, rédigés dans un sens conforme au but qu'on se proposait, furent substitués à ceux qui jusque alors avaient été en usage dans les écoles. Personne ne pouvait être admis à suivre les cours des universités russes, entrer dans l'armée, et surtout à partir de 1840 obtenir des fonctions publiques à moins de connaître parfaitement la langue russe. Les voivodies furent transformées en *gouvernements*. Un ukase de 1842 assimila le système monétaire polonais au système russe.

Pendant ce temps-là l'émigration polonaise, qui, même dans l'exil, reproduisait les anciennes divisions de la Pologne, travaillait sans relâche à provoquer un nouveau soulèvement ; et c'était surtout le parti démocratique, devenu à la longue prépondérant, qui maintenant avait la haute main dans la direction des affaires. A cet effet on partagea l'ancien royaume de Pologne en cinq régions (Posen, Cracovie, Gallicie, royaume de Pologne, Lithuanie) placées chacune sous la direction supérieure de chefs particuliers, et de nombreux émissaires parcoururent ces divers territoires. Il se forma une vaste association, et un ouvrage de Modlicki, intitulé *Des Vérités vitales du Peuple polonais* (Bruxelles, 1844), où sous la forme d'un catéchisme se trouvaient exposées de la manière la plus détaillée les mesures à prendre pour opérer une insurrection en Pologne, fut répandu à plusieurs centaines de milliers d'exemplaires. En même temps une partie de la noblesse, en se rapprochant des bourgeois et des paysans et en propageant des doctrines socialistes et communistes, s'efforçait d'agiter les masses. Il fut convenu qu'un soulèvement éclaterait à la fois dans chacune des cinq régions. Mais l'une des opérations les plus importantes, ayant pour base d'action les places fortes de Posen et de Thorn, échoua tout d'abord. Louis Mieroslawski, qui avait été désigné pour chef de l'insurrection polonaise, fut fait prisonnier à Guesen, et on arrêta un grand nombre de Polonais de distinction dans le grand-duché de Posen, ainsi que dans la Prusse occidentale. Une tentative faite de Kournik, dans la nuit du 2 au 3 mars, pour s'emparer de Posen échoua, de même qu'un essai tenté à Siedlce pour insurger la Pologne russe ; et les individus compromis dans ces deux mouvements étaient condamnés à mort ou envoyés en Sibérie. L'insurrection qui éclata à Cracovie sembla devoir prendre des développements plus menaçants. Là, Tyssowski avait pris comme dictateur la direction des choses ; mais là aussi les chefs du mouvement étaient contraints dix jours après d'évacuer la ville dans la nuit du 2 au 3 mars et de l'abandonner à l'occupation commune des Russes, des Autrichiens et des Prussiens. L'insurrection de la Gallicie prit le caractère le plus tragique. Au lieu de se laisser entraîner à la révolte par les nobles, les paysans, opprimés par les corvées, se soulevèrent dans le cercle de Tarnow contre les gentilshommes eux-mêmes. De nombreuses bandes de paysans, sous les ordres d'un nommé Szela se réunirent dans les cercles de Tarnow, de Jaslo, de Sandecz et de Rzeszow, attaquèrent les châteaux, les pillèrent et les brûlèrent, et égorgèrent plusieurs centaines de propriétaires nobles. Cracovie perdit son indépendance par suite de cette insurrection; et en vertu d'une convention intervenue entre les puissances de l'est, elle fut placée désormais sous la souveraineté de l'Autriche.

L'insurrection avait sans doute été comprimée, mais il ressortait d'une foule de symptômes que la fermentation persistait toujours, surtout dans les parties prussienne et autrichienne de la Pologne, tandis que dans le royaume la *russification* continuait son chemin. Le calme ne s'était pas encore fait dans les esprits, lorsque éclata la révolution de 1848, qui provoqua tout aussitôt une agitation nouvelle. La plus grande partie de l'émigration polonaise se jeta avec une énergie extrême dans le mouvement révolutionnaire. En France, en Allemagne, en Italie, partout surgirent des révolutionnaires polonais déclarant une guerre à mort à l'ordre de choses établi; et il sembla qu'une ère nouvelle allait commencer pour la Pologne. Il n'y eut pas jusqu'à la Pologne russe elle-même, c'est-à-dire là où le gouvernement était le plus en mesure de réprimer rapidement un coup de main, en raison de la masse de troupes qu'il avait eu la précaution d'y concentrer, où les anciens vœux du pays ne se formulassent; et une députation partit pour Saint-Pétersbourg pour réclamer, bien inutilement d'ailleurs, le rétablissement de l'ordre de choses créé en 1815. Mais la question se décida ailleurs. La résolution que prendrait la Russie dépendait évidemment du résultat des efforts tentés par les Polonais en Autriche et en Prusse. Aussitôt après la révolution survenue à Vienne en mars 1848, une amnistie avait été proclamée à Cracovie. La Pologne autrichienne devint immédiatement le rendez-vous des émissaires de l'émigration; et les autorités locales ayant cherché à mettre des entraves à l'arrivée des émigrés qui y accouraient de toutes parts, il éclata le 26 avril un mouvement qui ne put être comprimé qu'à la suite d'une lutte des plus vives. Le gouvernement chercha à rétablir la tranquillité en promettant le rachat des corvées aux frais de l'État et en publiant une nouvelle amnistie. En Prusse, à la suite de l'insurrection du 18 mars, on avait remis en liberté les chefs de la conspiration polonaise de 1846 demeurés jusque alors prisonniers; et une députation polonaise qui pétitionna pour la réorganisation de la nationalité polonaise obtint la promesse qu'il serait donné satisfaction à ses vœux. Cette promesse, qui n'était rien moins qu'agréable à la partie allemande de la population, n'eut pas plus tôt été faite, que des masses armées de Polonais se réunirent en même temps dans la partie orientale du grand-duché de Posen, où elles tentèrent, à Plescheff, à Schroda et autres lieux, de résister aux autorités et aux troupes prussiennes. Le gouvernement prussien envoya alors en qualité de commissaire à Posen le général Willisen, qui, pour tâcher de concilier les deux partis, conclut avec les révoltés un compromis aux termes duquel il y eut engagement pris, d'une part, de la réorganisation de la nationalité polonaise, et de l'autre de l'abstention immédiate de toute résistance armée. Mais cet arrangement mécontenta également les deux partis. Les Polonais continuèrent à s'armer, et la population allemande, notamment à Posen même, défendit par tous les moyens légaux et avec une extrême énergie sa cause contre la réorganisation projetée de la nationalité polonaise. Un ordre du cabinet, en date du 27 avril, fit deux parts du territoire du grand-duché de Posen : l'une, où il devait être procédé à la réorganisation de la nationalité polonaise, qui aurait sa constitution propre, son système d'instruction publique, d'administration et d'organisation judiciaire à part; l'autre, qui ferait partie de la Confédération germanique. Malgré ces concessions, l'agitation insurrectionnelle n'en continua pas moins. A Gortyn et à Kozcewin les troupes prussiennes furent audacieusement attaquées, et des flots incessants de nouveaux émigrés continuèrent à attiser le feu de l'insurrection. Le 29 avril il y eut à Xions un engagement des plus vifs, dans lequel les Polonais furent repoussés; mais le lendemain, sous les ordres de Mieroslawski, ils prenaient leur revanche, et battaient les troupes prussiennes à Miloslaff. Enfin, le général Pfuel fut envoyé sur les lieux avec des pouvoirs illimités. Celui ci proclama l'état de siège, dispersa les bandes insurgées, fit prisonnier Mieroslawski, et vers la fin de mai, grâce à ses mesures énergiques, l'insurrection touchait à son terme. Pendant ce temps-là on n'avait point interrompu la réorganisation de la nationalité polonaise. Une *ligne de démarcation*, définitivement fixée plus tard par le général Schæfer agissant en qualité de commissaire de l'Empire, sépara la partie du grand-duché de Posen incorporée à l'Allemagne, de celle qui devait recevoir un gouvernement national, et dans laquelle Kroscewcki fut placé à la tête d'une administration polonaise en même temps qu'un acte d'amnistie couvrait tous les faits qui se rattachaient à l'insurrection. Plus tard encore cette ligne de démarcation fut confirmée à une grande majorité (février 1849) par le parlement de Francfort, en dépit de l'opposition comme des efforts des démocrates et du parti ultramontain. La politique de restauration, qui l'emporta partout à partir de 1850, mit fin toutefois aux concessions faites aux Polonais. Dans la Pologne russe, la politique d'incorporation continua impassible son œuvre, et en 1850 fut prise la décisive mesure de la suppression de la ligne de douanes qui avait jusque alors subsisté entre la Pologne et la Russie. En Autriche également, toute la politique pendant les années 1850 et 1851 eut en vue la Gallicie, afin d'organiser complétement cette province comme le reste des États autrichiens. On y favorisa de grandes entreprises d'intérêt public, et notamment la construction de chemins de fer, en même temps qu'on s'efforçait d'y comprimer de plus en plus tout esprit de nationalité. En Prusse, le gouvernement, d'accord avec les chambres prussiennes (février 1850), supprima la fameuse *ligne de démarcation*; mesure qui devait être le préliminaire du rétablissement complet de l'ancien ordre de choses. Pendant ce temps-là l'émigration polonaise cherchait et trouvait dans les luttes dont la Hongrie fut le théâtre, en 1848 et 1849, un nouveau théâtre pour son activité; mais dans la Pologne proprement dite, sauf le résultat des mouvements de 1848, l'élément polonais a partout perdu du terrain.

Le *royaume de Pologne* actuel comprend une superficie de 1,632 myr. carrés, et est borné au nord par la Prusse et la Russie, à l'est par la Russie, au sud par la Gallicie et par le territoire de Cracovie incorporé aux domaines héréditaires de la maison d'Autriche, à l'ouest par la Prusse. Le chiffre de la population était en 1818 de 3,345,000 habitants, en 1850 de 4,810,735. On y compte 4,255,241 catholiques, environ 250,000 grecs unis, plus de 250,000 luthériens et réformés, 274 mahométans et 554,944 juifs restés à un degré de civilisation très-infime et que le gouvernement russe s'attache surtout à dénationaliser. Depuis 1845 le royaume est divisé en cinq gouvernements civils (au lieu de huit qu'il en contenait auparavant) : *Radom* (autrefois Sandomir et Kielce), 318 myr. carrés et 927,302 hab.; *Lublin* (autrefois Podlachie et Lublin), 384 myr. carrés et 1,018,701 hab.; *Varsovie* (autrefois Kalisch et Varsovie), 478 myr. carrés et 1,531,485 hab.; *Plock*, 232 myr. carrés et 547,455 hab.; *Augustowo*, 239 myr. carrés et 622,195 hab., qui a pour chef-lieu *Suwalki*. Ces deux derniers gouvernements n'ont point été modifiés dans leurs délimitations. Il faut encore ajouter la population de la capitale, Varsovie, qui est de 163,597 hab. On compte 453 villes et 22,560 villages. Les villes les plus importantes sont Varsovie, Plock, Kalisch et Lublin, et les forteresses les plus considérables *Alexandrowsk*, près de Varsovie, *Modlin* ou *Nouveau-*

Giorgiewsk, *Demblin*, à l'embouchure du Wieprz dans la Vistule, et *Zamosc*. Le pays n'est en grande partie qu'une immense plaine. C'est seulement dans la partie méridionale qu'on rencontre des hauteurs, séparées du plateau de la Gallicie par la vallée de la Vistule. Les plus saillantes sont les montagnes de Sandomir ou de *Lysa-Gora* (montagnes bariolées), entre Kielce et Opatoff, dont le pic le plus élevé atteint, au mont Sainte-Catherine ou de la Couronne, une altitude absolue de près de 700 mètres. La région de montagnes et de collines fournit du fer, du plomb, du zinc, de la calamine, du soufre, du marbre et de la houille. La cinquième partie du territoire est occupée par des forêts. Quoique l'on en tire aujourd'hui bon parti, et qu'on apporte beaucoup d'activité dans l'exploitation des mines de fer et de calamine et dans l'exploitation des hauts fourneaux, l'agriculture n'en constitue pas moins la grande industrie et la principale source de richesses du pays. Les domaines confisqués à la suite de la révolution de 1830 ont été répartis entre de nombreux colons, et les améliorations importantes qu'ils ont introduites dans la culture ont trouvé des imitateurs parmi les grands propriétaires fonciers; or, comme le gouvernement, et surtout la banque de Varsovie, font à l'agriculture, au moyen de diverses combinaisons, les avances qui lui sont nécessaires, la culture du sol est en voie de progrès toujours croissants. Les mesures rigoureuses prises dans un intérêt politique pour interdire l'accès du pays aux étrangers ont eu pour résultat d'imprimer un rapide et puissant essor à l'industrie, notamment aux nombreuses fabriques créées par des Allemands. Au premier rang il faut placer la fabrication des étoffes de laine, qui réagit sur l'élève de la race ovine, et qui en 1849 livrait déjà à la consommation pour 1,779,136 roubles d'argent de drap de toutes qualités, ainsi que d'autres étoffes de laine, des tapis, des châles, etc. La filature du coton et la fabrication des cotonnades est également en voie d'accroissement, et avait livré dans la même année 1849 pour 2,648,226 roubles d'argent de produits. Il faut ajouter l'industrie des toiles, qui prend des développements de plus en plus considérables, la fabrication de la grosse quincaillerie, etc. On fabrique aussi des étoffes de soie, des cuirs, des voitures, du verre, du papier, des papiers de tenture, des bougies, etc. On compte plus de trente fabriques de sucre de betteraves, et un grand nombre de raffineries, de fabriques d'huile, de vinaigre, d'arak et de liqueurs, de brasseries, etc. La suppression de la ligne de douanes entre la Russie et la Pologne, en 1851, n'a pas peu contribué à donner une impulsion des plus vives à l'extension de l'industrie manufacturière. Le commerce, qui consiste surtout en exportations de grains, de bois, de graines oléagineuses, de chevaux, de bestiaux, de crins et autres matières brutes, et en importations de denrées coloniales, de matières tinctoriales, de cotons bruts et d'articles de l'industrie étrangère, est singulièrement favorisé par la Vistule, qui devient navigable dès qu'elle entre sur le territoire polonais. Ce fleuve partage la plaine de Pologne en deux parties à peu près égales, et constitue par conséquent la voie de communication la plus naturelle et la plus économique entre les gouvernements méridionaux, où les grains et les bois abondent, et la Baltique. C'est l'extrême bon marché de ce moyen de transport qui, joint à l'excellente qualité des froments de Pologne, leur permet de soutenir sur tous les marchés de l'Europe la concurrence des grains de la Russie méridionale; et il favorise de même l'exportation des autres produits du sol. Dantzig, situé aux environs de l'embouchure de la Vistule, est par conséquent le grand entrepôt du commerce d'exportation et d'importation de la Pologne; aussi le commerce de la Pologne avec la Prusse l'emporte-t-il de beaucoup en importance sur celui qu'elle fait avec la Russie et l'Autriche, et qui a lieu presque exclusivement par eau. La navigation à vapeur organisée sur la Vistule par une société d'actionnaires créée à Varsovie a singulièrement contribué aussi au développement du commerce extérieur; et il en a été de même du grand nombre de routes nouvelles construites dans ces derniers temps et qui toutes viennent aboutir à Varsovie, du canal d'Augustowo, qui réunit le Niémen à la Narew et par suite à la Vistule, de l'établissement d'une communication par eau avec Kieff sur le Dniepr, de la construction d'un chemin de fer entre Varsovie et Cracovie, et de celle d'une autre voie ferrée destinée à relier Varsovie à Saint-Pétersbourg, dont les travaux ont été commencés en avril 1852 sur les deux têtes de ligne à la fois. En ce qui est du mouvement commercial, l'importation totale monta en 1850 à 10,161,991 roubles d'argent (dont 5,957,502 pour la Prusse seulement, 2,773,590 pour la Russie, et 1,450,899 pour l'Autriche); et l'exportation seulement à 5,249,804 (dont 3,858,138 pour la Prusse, 960,620 pour la Russie et 431,001 pour l'Autriche). L'importation avait dépassé celle de 1849 de 1,858,492 roubles d'argent; mais l'exportation avait diminué de 2,434,413. La vente des marchandises sur les marchés de l'intérieur s'était élevée en 1850 à 6,602,681 roubles d'argent; tandis qu'en 1849 elle avait été de 6,862,877 roubles, et en 1848 de 7,806,154. Les revenus de la douane s'étaient élevés en 1851 à 1,407,039 roubles d'argent. L'exportation russe par la Pologne était évaluée pour la même année à 4,852,226 roubles; et l'importation à 9,015,372. La banque de Varsovie, qui seconde surtout l'industrie minière et l'industrie agricole, possédait en 1850 un capital de 8,400,340 roubles d'argent. On manque de renseignements récents sur les autres intérêts de la Pologne. En 1844 la recette totale du trésor avait été de 14,773,736 roubles d'argent, et en 1830 la dette publique était évaluée à 200,000,000 de florins de Pologne, soit environ 125,000,000 de francs. En ce qui est du système d'éducation publique, il existe maintenant 14 écoles de voïvodie, 23 écoles préparatoires, 762 écoles primaires et 2 écoles normales d'instituteurs primaires, une école polytechnique à Varsovie et une école d'agriculture à Marimont. Le résultat de l'agitation de 1846, dont le principal foyer fut dans les écoles, a été de porter le gouvernement à apporter encore de nouvelles restrictions au développement de l'instruction publique. Il n'y a que les jeunes gens des classes supérieures à qui il soit permis de suivre les classes des gymnases. Pour obtenir un emploi public, il faut avoir fait ses études dans une université russe. La langue russe, déclarée langue officielle des tribunaux et des affaires, doit être enseignée dans les écoles; et les nombreuses troupes russes stationnées dans le pays contribuent à la propager dans les plus basses classes de la population. Déjà dans la cathédrale grecque de Varsovie les cérémonies du culte se célèbrent avec bien autrement de pompe que dans la cathédrale catholique, quoique le gouvernement russe ait à soutenir une bien rude lutte contre l'opiniâtre persévérance de l'Église romaine. Outre les ouvrages originaux de Naruszewicz, de Niemcewicz, de Bandtke, de Lelewel et de Mickiewicz, consultez Rulhière, *Histoire de l'Anarchie de Pologne et du démembrement de cette république* (4 vol.; Paris, 1807); les excellents *Mémoires sur la Pologne et les Polonais depuis* 1788 *jusqu'à* 1815, d'Oginski (Paris, 1826), et les *Observations sur la Pologne et les Polonais*, etc, du même (Paris, 1827); Soltyk, *La Pologne; précis historique, politique et militaire de sa révolution*, etc. (Paris, 1833); Brzozowski, *La Guerre de Pologne en* 1831 (Leipzig, 1833).

POLONAISE, danse nationale de Pologne qui s'est répandue dans toute l'Europe, mais en subissant de nombreuses et profondes modifications. La musique en est constamment une mélodie à trois temps, consistant en deux répétitions de six, huit et dix mesures. Plus tard, on y a joint encore un trio d'autant de parties et même deux trios. La polonaise a quelque chose de caractéristique dans son mouvement, qui est à trois temps et plus lent que celui du menuet. La polonaise de Kosciuszko (*Frères, levez-vous pour la vengeance!*) est justement célèbre. On est redevable aussi au prince Michel Kléophas Oginski de compositions extrêmement remarquables en ce genre. On a également adapté le mouvement des polonaises (*alla Polacca*) à des morceaux de musique instrumentale d'un caractère brillant, à des variations de polonaises et même à des parties de chant dans des opéras, par exemple Spohr, dans son *Faust*.

POLONAISES (Langue et littérature). La langue polonaise est de tous les rameaux dont se compose la souche des langues slaves le plus vaste et le plus étendu; et Dobrowski la regarde avec la langue bohême comme le principal dialecte occidento-slave. Elle l'emporte en harmonie et en flexibilité sur presque tous les autres dialectes slaves, et ne le cède à aucune autre langue pour ce qui est de la brièveté et de la précision. Sans se servir d'articles, elle a une déclinaison complète en sept cas, à savoir, outre les cinq cas connus de la langue latine, un cas particulier dit *instrumental*, et un autre appelé *local*. La conjugaison est formée de même, et peut exprimer par des formes particulières une foule de nuances de temps et de rapports de sexes que d'autres langues ne sauraient rendre. La formation des mots y est aussi d'une richesse extrême. Sans doute la langue polonaise a un grand nombre de consonnes rudes, qui la différencient d'une manière frappante du russe; mais par le mélange des voyelles dans la prononciation elle conserve son harmonie. De tous les dialectes slaves, c'est elle seule qui, à l'exception de l'ancienne langue ecclésiastique slave, ait des syllabes nasales, comme l'*on*, l'*in* du français. En raison de la facilité avec laquelle elle se prête à la composition des mots, la langue polonaise peut imiter avec bonheur toutes les finesses de la prose classique; elle convient moins à la reproduction des œuvres poétiques, parce que l'accent tombe presque toujours sur la dernière syllabe du mot. En polonais, la prosodie gît aussi dans l'accent du mot (consultez Krolikowski. *Prozodya Polska* [Posen, 1821]); mais jusqu'à présent les poëtes, à l'exemple des Français, se sont toujours bornés à compter les syllabes, sans faire attention à leur quantité.

La langue polonaise se sépara de bonne heure de la souche commune des langues slaves : et ce fut d'abord avec la langue bohême qu'elle présenta le plus d'analogie. Après l'introduction du christianisme en Pologne, la langue latine exerça beaucoup d'influence sur sa formation. Par suite de l'immigration d'un grand nombre de colons et de gens de métier allemands, elle se mélangea, à partir du quatorzième siècle, de beaucoup de mots allemands, surtout pour ce qui est de l'art et de l'industrie. Devenue langue littéraire seulement au seizième siècle, elle se développa rapidement, et parvint à remplacer la langue latine, qui jusque alors avait été en Pologne la langue des classes éclairées et celle des affaires politiques. Mais elle déchut dès le dix-septième siècle. Au dix-huitième siècle elle s'enrichit, mais toujours à son détriment, de dépouilles enlevées à la langue française, qui dominait alors en Europe. Sous le règne de Stanislas-Auguste, elle prit un vigoureux essor, que les transformations politiques subies plus tard par la Pologne n'ont pu entraver; et depuis une trentaine d'années elle a été cultivée avec un soin tout particulier. Les principaux dialectes qu'on rencontre aujourd'hui en Pologne sont : le *grand-polonais*, parlé dans le pays de Posen; le *mazoure*, en Masovie; le *petit-polonais*, qui forme la langue écrite, le plus harmonieux de tous, celui qui se parle dans le royaume et en Gallicie; le *lithuanien*, qui se prête le mieux au chant, et le *prussien* et le *silésien*, défigurés par des germanismes.

Toute l'histoire de la *littérature polonaise* peut se partager en cinq périodes bien tranchées. Les origines de cette littérature remontent jusqu'à l'époque antérieure à l'introduction du christianisme, c'est-à-dire jusqu'aux purs éléments slaves conservés dans des proverbes, des chants et des légendes populaires, qu'on a mis de nos jours le soin le plus louable à recueillir et à colliger. Parmi les plus anciens monuments de la littérature polonaise il faut mentionner l'hymne en vers composé par saint Albert en l'honneur de la vierge Marie, *Boga Rodzica*. Ces premiers germes furent étouffés par la civilisation latine, venue en Pologne à la suite du christianisme. Il se forma alors une littérature polono-latine, dont les premiers fruits furent les chroniques de Martin *Gallus* (vraisemblablement la traduction latine de son nom de *Kurek*, coq), de Vincent Kadlubek, de Boguphal (évêque de Posen, mort en 1353), de Martin Strzébski, appelé aussi *Polonais* (il était confesseur du pape Nicolas III, et mourut en 1379), qui toutes datent du douzième et du treizième siècle. Après une longue somnolence, ce fut le roi Casimir III qui inaugura une ère meilleure pour la littérature. Il ne fonda pas seulement des villes et ne se borna point à protéger l'agriculture et l'industrie, il fit encore rédiger en 1347 un code à lui, le célèbre statut de Wislica; et il fonda la même année l'université de Cracovie, qui toutefois ne fut complétement organisée qu'en 1400, par Ladislas Jagellon, lorsqu'il y eut été autorisé par le pape. Devenue dès lors et demeurée longtemps le principal foyer des sciences et des lettres en Pologne, elle a surtout produit d'illustres mathématiciens. La première imprimerie qu'il y ait eu en Pologne fut établie en 1490, à Cracovie, par un certain Haller. Parmi ceux qui contribuèrent à l'élan que prit alors la culture des sciences, il faut surtout mentionner Jan Dlugosz.

Dans la *seconde période*, la littérature polonaise, qui jusque alors avait généralement employé pour ses productions la langue latine, commença à se servir de la langue nationale. Cette seconde période embrasse le seizième siècle; c'est l'époque glorieuse des règnes de Sigismond Ier (1507-1542) et de Sigismond II Auguste (1542-1572); on la considère comme l'*âge d'or* de la littérature polonaise. Les sciences en général, et en particulier l'étude des lettres grecques et latines, furent l'objet de la faveur spéciale de ces princes, dont le premier accorda des lettres de noblesse à tous les professeurs de l'université de Cracovie. La réforme, favorisée en secret par le gouvernement, ne contribua pas peu au développement que prit en Pologne la culture des lettres, et notamment la poésie. Nicolas Rej, de Naglowic, qui vécut à la cour des deux rois Sigismond et mourut en 1568, est considéré comme le père de la poésie polonaise. Ses poésies satiriques, écrites dans une langue énergique, mais souvent grossière, témoignent d'un véritable talent poétique. Après lui vinrent les deux frères Kochanowski, Jan Rybinski, professeur à Dantzig en 1581, Sep. Szarzynski, dont les excellents poëmes ont été publiés de nouveau par Muczkowski (Posen, 1827); Szymon Szymonides, dit *Simonides*, à qui ses odes latines ont valu le surnom de *Pindare latin*, et dont les idylles polonaises, composées sur le modèle de celles de Théocrite, se lisent encore aujourd'hui avec plaisir.

Les historiens de cette période sont Marcin et Joachim Bielski, Lukasz Gornicki (1535-1591), auteur d'une histoire de la couronne de Pologne, réimprimée pour la dernière fois en 1804 à Varsovie; Maciei Stryjkowski, archidiacre de Livonie et auteur d'une importante *Chronique de Lithuanie* (Kœnigsberg, 1582); Paprocki, auteur de divers ouvrages chronologiques et héraldiques, pour la plupart en vers; Marcin Cromer, auteur d'une Histoire de Pologne en latin, etc.

La *troisième période* est comprise entre l'année 1621 et l'année 1721, époque de décadence générale de la littérature et des sciences, qui coïncide avec la domination des jésuites. On peut cependant citer alors quelques noms glorieux, tels que ceux du jésuite Casimir Sarbiewski, auteur de remarquables poésies latines; de Vespasius Kochowski, l'historiographe du roi Jean Sobieski; d'Opalinski, voïvode de Posen, auteur de piquantes satires, écrites malheureusement avec beaucoup trop de négligence; d'Alan Bardzynski; de Chroscynski, traducteur de Lucain; du jésuite Nagurczewski, traducteur de l'*Iliade* d'Homère et des *Églogues* de Virgile.

Dans la *quatrième période*, qui commença vers le milieu du dix-huitième siècle, la littérature polonaise prit un nouvel essor, dû en partie à l'influence exercée par la France et ses mœurs et en partie aux nobles encouragements dont les lettres furent l'objet, sous le règne de Stanislas-Auguste, de la part de divers seigneurs polonais, tels que les Czartoryiski, les Jablonowski, etc. Konarki traduisit en polonais diverses pièces du répertoire du Théâtre-Français; c'est à lui que Varsovie fut redevable, en 1765, de l'érection d'un théâtre permanent; et quoique de nombreuses tentatives de drames eussent été faites en Pologne depuis le quinzième siècle, on le considère comme le père du théâtre polonais. Il mourut en 1773. Des hommes distingués perfectionnèrent l'œuvre qu'il avait commencée. Le jésuite Bohomolic traduisit, lui aussi, un grand nombre de pièces du Théâtre-Français. Citons surtout Naruszewicz, l'excellent traducteur de Tacite, et Ignace Arasicki, le représentant de la littérature polonaise au dix-huitième siècle. En fait de poëtes, on remarque surtout à cette époque Trembecki, chambellan du roi Stanislas-Auguste, mort en 1812, dont le principal ouvrage, *Zoflowka*, contient la description poétique des jardins de la princesse Potocka; Wegierski, auteur d'une imitation du *Lutrin* de Boileau; Ludwik Osinski, traducteur de Corneille, mort en 1838, et qui de 1818 à 1831 remplit les fonctions de professeur de littérature polonaise à Varsovie; Boguslawski, auteur du drame *Les Cracoviens et les Gorales*.

Les tristes temps qui succédèrent à la période brillante du règne de Stanislas-Auguste ne détruisirent pas complétement les premiers germes d'avenir qu'elle avait laissés, et beaucoup de bons esprits demandèrent alors aux lettres des consolations pour les calamités qui accablaient leur pays. Dès 1801 l'historien Tadeusz Czacki, Fanciszek Dmochowski, et l'évêque Jan Albertrandy fondaient à Varsovie la Société des Amis des Sciences, qui sous la présidence du conseiller d'État Staszyc produisit une foule de fruits remarquables, et qui subsista jusqu'en 1832, époque où elle fut supprimée, en même temps qu'on transférait à Saint-Pétersbourg sa bibliothèque, riche de 50,000 volumes. Parmi ceux qui méritèrent bien des lettres à cette époque, il faut citer Ossolinski, Kolontaj et Potocki. C'est ainsi que loin de sommeiller sous la domination étrangère, le génie littéraire a pu se préparer dès lors en silence à produire des œuvres destinées à entretenir le feu sacré. Ici se pressent les noms de Karpinski, de Woronicz, de Niemcewicz et de Brodzinski, dans les poésies desquels se réveilla l'esprit national. A Wilna, devenu depuis 1815 le grand foyer de la vie intellectuelle de la Pologne, il se réunit un certain nombre de jeunes gens, qui, avec Mickiewicz à leur tête, formés à l'école des poëtes anglais et allemands, imprimèrent un nouvel essor à la littérature nationale, qu'ils affranchirent des liens du classicisme français. Parmi les compagnons et les successeurs de Mickiewicz il faut citer Malczeski, Goszczynski, Zaleski, Tomas Padura, Édouard Odysnec, traducteur de *La Fiancée d'Abydos* de lord Byron, et de *La Dame du lac* de Walter Scott; Julian Korsak, poëte lyrique et élégiaque, qui s'est surtout rattaché à l'école anglaise; Alex. Chodzko, traducteur d'un grand nombre de poëmes orientaux; Antoine Gorecki, auteur de fables pleines de gaieté et d'esprit; Stephan Garczynski, qui quitta la Pologne avec Rybinski, mort à Avignon, en 1833, auteur d'un poëme épique; Slowacki, le plus fécond des poëtes polonais modernes. La plupart des noms que nous venons de citer en dernier lieu appartiennent à l'émigration polonaise de France, au sein de laquelle il s'est développé une école poétique d'une remarquable originalité. C'est aussi à l'émigration polonaise de France qu'appartient Michel Czajkowski (aujourd'hui *Méhémet-Zadik-Pacha*), l'un des meilleurs romanciers de la Pologne.

La direction nouvelle suivie en poésie ne tarda point à se manifester dans d'autres branches de la littérature. A côté de Lelewel, le plus remarquable des historiens polonais, on peut citer les noms de Bandski, de Maciejowski, du comte Raczynski et du comte Plater. On a de Narbutt, à Wilna, une excellente histoire de Lithuanie; du bibliothécaire Lucaszewicz, à Posen, d'excellents matériaux pour l'histoire de la réformation en Pologne, et de bons ouvrages sur les événements dont ce pays a été théâtre dans la dernière guerre de l'indépendance. Nous nous contenterons de citer ici les noms de Mockacki, de Wrotnowski et de Karl Hoffmann.

POLTRON, POLTRONNERIE. La *poltronnerie* est un manque de courage, le *poltron* est un lâche, un pusillanime. Il y a cette différence entre le lâche et le poltron, que le lâche recule, tandis que le poltron n'ose avancer : le premier ne se défend pas, il manque de valeur; le second n'attend point, il pèche par le courage. Il ne faut pas compter sur la résistance d'un lâche ni sur le secours d'un poltron (*voyez* LACHETÉ).

On fait venir ce nom de *poltron* de ces jeunes miliciens qui au moyen âge se coupaient le pouce pour ne pas servir, comme on voit encore aujourd'hui des jeunes gens s'enlever un doigt pour obtenir leur exemption. On les nommait *pulce-tronc*, pouce tronqué.

Dans la fauconnerie, on appelait *oiseau poltron* celui à qui l'on avait coupé les ongles des doigts de derrière.

POLTROT DE MÉREY (JEAN), né dans l'Angoumois, vers l'an 1525, accompagna, comme page, le baron d'Aubeterre en Espagne, et y exerça le métier d'espion pendant la guerre qui avait éclaté entre la France et ce pays. Plus tard il devint l'une des créatures de Soubise, embrassa avec ardeur les doctrines du protestantisme, et assassina, en 1563, le duc François de Guise à Orléans. Arrêté dès le lendemain de la perpétration de ce crime, il fut condamné par le parlement à être déchiré avec des tenailles ardentes, tiré à quatre chevaux, puis écartelé.

POLYADELPHIE (de πολύς, beaucoup, et ἀδελφός, frère), dix-huitième classe du système sexuel de Linné (*voyez* BOTANIQUE). Elle renferme les plantes à étamines soudées en plus de deux faisceaux par leurs filets. Linné la divise en trois ordres : *polyadelphie-pentandrie*, *polyadelphie-icosandrie* et *polyadelphie-polygynie*.

POLYAMATYPES (Caractères). *Voyez* CARACTÈRE (*Typographie*).

POLYANDRIE (de πολύς, beaucoup, et ἀνήρ, homme, pris pour *étamine*), treizième classe du système sexuel de Linné, renfermant les plantes dont les fleurs ont plus de vingt étamines hypogynes (*voyez* BOTANIQUE). Suivant le nombre des pistils, cette classe a été divisée par Linné en sept ordres : *polyandrie-monogynie*, *polyandrie-digynie*, *polyandrie-trigynie*, *polyandrie-tétragynie*, *polyandrie-pentagynie*, *polyandrie-hexagynie* et *polyandrie polygynie*. Pour le sens propre du mot *voyez* POLYGAMIE.

POLYBE, l'un des principaux historiens grecs, né vers l'an 203 av. J.-C., à Mégalopolis en Arcadie, était fils de Lycortas, l'un des chefs de la ligue achéenne et l'ami intime de Philopœmen, qui l'éleva de manière à pouvoir lui faire suivre la carrière des armes et de la politique; et à l'âge de vingt-quatre ans il fut adjoint à une mission envoyée auprès de Ptolémée Épiphane négocier un traité d'alliance. Quand la guerre éclata entre le roi de Macédoine Persée et les Romains, Polybe fut également député au consul romain Marcius, pour lui faire part de la résolution qu'avaient prise les Achéens de mettre leurs forces militaires à sa disposition. Il resta quelque temps au camp romain, et s'en revint ensuite avec les demandes de Marcius pour s'opposer à ce qu'on fit droit aux exigences d'Appius, général en chef de l'armée romaine, qui prétendait contraindre les Achéens à lui envoyer un plus grand nombre d'auxiliaires. Vers ce temps-là, il ne fut plus possible de se faire illusion sur le projet qu'avaient arrêté les Romains de soumettre les républiques de la Grèce. Polybe prit part à tout ce que ses concitoyens crurent devoir faire pour sauvegarder leur indépendance. Aussi, lorsque les Romains, après avoir triomphé de Persée, ne crurent plus devoir garder de ménagements, fut-il du nombre des mille otages qu'ils exigèrent des Achéens. Tandis que le plus grand nombre de ses compagnons d'infortune étaient dispersés dans les différentes villes d'Italie, Polybe obtenait l'autorisation de résider à Rome; et là ses vastes connaissances, ses vertus et ses talents lui méritèrent bientôt la protection de quelques-uns des sénateurs les plus influents, notamment des deux fils de Paul Émile. Ce ne fut qu'au bout de dix-sept ans que les

Romains rendirent la liberté à leurs otages; mais Polybe, peu désireux de revoir sa patrie dans l'état d'abaissement et d'humiliation où elle se trouvait, prit alors du service sous les ordres de Scipion Émilien, qu'il accompagna dans son expédition d'Afrique, où il assista à la prise et au sac de Carthage. La guerre ayant fini par éclater entre les Achéens et les Romains, Polybe accourut à l'armée du consul Mummius, à l'effet d'intercéder en faveur de ses compatriotes. Il assista à la destruction de Corinthe, et vit transformer l'Achaïe en province romaine, conservant toujours au milieu de ces déplorables événements son désintéressement et l'amour qu'il avait voué à sa patrie. Les Romains lui confièrent la délicate mission de présider à la réorganisation des villes de la Grèce, et il s'en acquitta à l'égale satisfaction des vainqueurs et des vaincus. Aussi les habitants de l'Achaïe reconnaissants lui érigèrent-ils plusieurs statues. Plus tard Polybe accompagna Scipion au siége de Numance. Mais après la mort de son ami il revint se fixer dans son pays, où il mourut, des suites d'une chute de cheval, l'an 121 av. J.-C.

Polybe est l'auteur d'une histoire qui va de l'an 220 à l'an 157 av. J.-C. Elle se composait de trente-huit livres, outre deux livres contenant un résumé de l'histoire romaine depuis la prise de Rome par les Gaulois. Bien que les affaires de Rome en soient le principal sujet, il y est également fait mention des événements qui se passaient à la même époque dans les autres pays; de là le titre de Ἱστορία καθολική, c'est-à-dire d'*Histoire universelle*, que Polybe avait donné à son ouvrage. Nous n'avons plus de bien complets que les cinq premiers livres de cet excellent travail, ainsi que des extraits de l'ouvrage faits par Constantin Porphyrogénète, et d'importants fragments des autres livres, qu'Angelo Maï a pu dans ces derniers temps augmenter à l'aide d'un manuscrit par lui trouvé dans la bibliothèque du Vatican. On doit vivement regretter la perte de ce qui a péri; car pour ce qui est de l'exactitude et de la fidélité du récit, de même que pour l'importance des renseignements politiques et militaires, il n'y a pas d'écrivain de l'antiquité qui l'emporte sur Polybe. Non content de raconter les événements dans l'ordre où ils se sont passés, Polybe remonte aux causes qui les ont préparés et amenés; il développe les circonstances qui en ont accompagné et modifié la marche, enfin leurs résultats et leurs conséquences. Il est, on peut le dire, le père de la philosophie de l'histoire. Jamais l'histoire n'a été écrite par un homme d'un plus grand sens, d'une perspicacité plus grande, d'un jugement plus sain et plus libre de tout préjugé. Son style, toutefois, n'est pas sans taches. Le temps n'était plus où la langue grecque était parlée dans toute sa pureté : Polybe écrivit dans le nouveau dialecte qui se forma après la mort d'Alexandre le Grand. Un long séjour hors de sa patrie, et quelquefois parmi des peuples barbares, l'habitude de parler latin et même carthaginois, tout cela l'avait peut-être rendu un peu étranger à sa langue maternelle. Bien que sa diction soit toujours noble, il y mêle des termes étrangers, des latinismes. On y trouve des phrases puisées à l'école philosophique d'Alexandrie, et des passages empruntés à divers poëtes. Il aime aussi un peu les digressions; mais celles qu'il se permet, on doit le dire, sont toujours instructives.

Beaucoup d'auteurs anciens, historiens ou autres, ont porté des jugements sur Polybe. Tite-Live le copie souvent, et presque mot pour mot. Denys d'Halicarnasse dit tout crûment que Polybe n'entend rien à l'art d'écrire, et que personne n'est capable de supporter d'un bout à l'autre la lecture de ses livres; mais il faut de l'indulgence pour un guerrier : il y a peu de Césars. D'ailleurs Marcus Brutus n'en jugeait pas ainsi : il en faisait des extraits, et s'en occupait encore la veille de la bataille de Philippes. Il est vrai que Longin, dans son *Traité du Sublime*, et Quintilien, dans une longue nomenclature d'historiens grecs, ne citent même pas le nom de Polybe; Photius n'en parle qu'incidemment et sans s'y arrêter; Lucien ne dit que ces mots dans son livre des longues vies : « Polybe, fils de Lycortas, Mégalopolitain, revenait de la campagne; il tomba de cheval, fut malade, et mourut à l'âge de quatre-vingt-deux ans. » Mais Cicéron le proclame tout haut : *bonus auctor in primis;* Velleius Paterculus dit expressément que c'est un homme d'un esprit distingué; Pausanias a pour lui la plus grande estime, et Plutarque enfin le cite souvent et volontiers.

Outre son Histoire générale, Polybe avait écrit quatre autres ouvrages, dont aucun n'est parvenu, même mutilé, jusqu'à nous. C'étaient une *Vie de Philopœmen*, qu'il cite lui-même (livre X de son Histoire), et des *Commentaires sur la Tactique*, qu'il cite également dans son livre IX. Nous ne parlerons pas de ses lettres, d'une entre autres sur la situation de la Laconie, adressée à Zénon de Rhodes (liv. XVI) : quel homme d'État, quel écrivain n'a pas eu de correspondance? Mais il ne paraît pas qu'on ait jamais réuni les épîtres de Polybe en un corps d'ouvrage : donc, on ne peut dire qu'elles ont été perdues. Probablement, la notice que Pausanias nous donne sur Philopœmen, dans son huitième livre, et surtout la biographie de ce grand capitaine, que nous devons à Plutarque, sont tirées des mémoires de Polybe, lesquels, à ce compte, ne seraient pas tout à fait perdus pour nous. Le troisième ouvrage était l'*Histoire de la Guerre de Numance*, dont Cicéron parlait à L. Lucceius avec une si grande envie de voir cet historien suivre l'exemple de Polybe. Sans doute le voyage qu'il fit en Espagne, lors du second consulat de Scipion, lui en donna l'idée et lui en fournit les matériaux : il n'en subsiste plus d'autre souvenir que la lettre de Cicéron. Enfin, le quatrième ouvrage perdu de Polybe faisait voir, dit Geminus (*Elem. Astron.*, c. XIII), que les terres australes ne sont pas inhabitées. Certains commentateurs pensent que Geminus avait en vue simplement le trente-quatrième livre de l'Histoire générale, tout consacré à la géographie; cependant, il donne à l'ouvrage dont il parle ce titre, bien significatif : Περὶ τῆς περὶ τὸν ἰσημερινὸν οἰκήσεως (*Des habitations autour de la ligne équinoxiale*).

Les éditions les plus estimées de Polybe sont celles d'Isaac Casaubon (Paris, 1609), de Jacques Gronove (3 vol.; Amsterdam, 1670), d'Ernesti (Leipzig, 1764), avec la traduction latine et le commentaire de Casaubon, de Schweighæuser (9 vol., Leipzig, 1788-1795). La plus récente est celle qu'en ont donnée MM. Firmin Didot, dans leur *Bibliothèque grecque* (Paris, 1839), et pour laquelle on n'a pas manqué de mettre à profit les travaux des précédents éditeurs.

POLYBRANCHES (du grec πολύς, plusieurs, et βράγχια, branchies). *Voyez* NUDIBRANCHES.

POLYCARPE, l'un des disciples de saint Jean suivant la tradition, fut, dit-on, l'un des premiers évêques de Smyrne. Jeté en prison lors de la persécution des chrétiens qui eut lieu en l'an 167, il souffrit le martyre en 169. L'Église catholique célèbre sa fête le 26 janvier.

POLYCHROMIE (du grec πολύς, plusieurs, et χρῶμα, couleur). C'est ainsi qu'on désigne le procédé d'enduire de couleurs variées des édifices ou des ouvrages de sculpture, à l'instar des anciens : Pausanias, Pline l'ancien et Vitruve parlent positivement de statues peintes. C'est tout récemment qu'on a reconnu qu'il ne fallait point, comme quelques écrivains, considérer la peinture qui recouvrait divers bas-reliefs et statues en marbre comme des preuves ou des vestiges de l'enfance de l'art, ou encore comme une addition postérieure, ayant eu pour but de donner satisfaction à un goût dépravé; mais que c'était là, au contraire, le résultat d'un loi de l'art qui se développa sous l'influence de l'idée religieuse, loi suivant laquelle tous les arts étaient appelés à se prêter un mutuel appui. De même que les Hindous, les Égyptiens avaient l'usage de recouvrir de couleurs toutes les productions de l'architecture et de la sculpture. Les couleurs dont on faisait le plus généralement usage étaient le blanc pour les vêtements, le vert et le bleu pour les oiseaux, le rouge pour les quadrupèdes, etc. Les Perses, les Phéniciens et les Babyloniens déployaient autrement de magnificence, car ils ornaient les palais de leurs rois et les temples de leurs idoles, d'or, d'argent, de pierres précieuses et d'ivoire, les statues de chaînes précieuses et d'autres insignes. L'art des Grecs ayant l'Égypte pour point de départ, on s'explique facilement que chez eux les premières statues d'idoles sculptées en bois aient été recouvertes de couleurs vives, et que les visages de ces statues, comme c'était le cas pour l'Apollon d'Amphiclée, aient été dorés. Dès lors les temples devaient rivaliser avec les statues sous le rapport des ornements et de la peinture. Mais peu à peu l'art s'affranchit des liens de l'idée religieuse que nous venons de mentionner; et à partir du siècle de Périclès on ne voit plus de peintres ni d'architectes grecs employer des couleurs, ou encore l'or et l'ivoire, pour rehausser la valeur de leurs œuvres.

En ce qui est de la polychromie architecturale, la peinture n'était pas toujours employée seule, et souvent on avait recours au brillant poli du marbre. Mais jamais les Grecs ne purent renoncer à l'usage de faire servir la peinture à orner les murailles des édifices publics, de même qu'à égayer l'intérieur des habitations. L'époque la plus brillante de l'art en Grèce, c'est-à-dire la période comprise entre l'an 280 et l'an 460 av. J.-C., nous fournit de nombreux exemples de l'emploi architectural de la polychromie. Cet usage passa des Grecs aux Romains. Dans les villes qu'ensevelirent un jour les cendres du Vésuve, les colonnes et les murailles extérieures des édifices sont enduites d'une couche de peinture; et la colonne Trajane à Rome était surtout renommée à cause des brillantes couleurs dont elle était revêtue. Quand, sous les empereurs, l'usage de peindre les murailles et d'imiter de la sorte les ornements architectoniques, devint général, il est vraisemblable qu'on orna de cette manière, qui prêtait tant à l'illusion, les façades d'un grand nombre d'édifices. Les plus anciens reliefs et statues d'idoles en argile ou en bois qu'aient eus les Grecs étaient peints et richement ornés; leurs premières statues de marbre continuèrent à être enduites d'une couche, d'abord de couleur tranchée, puis successivement adoucie; Phidias et Praxitèle eux-mêmes n'hésitèrent point à enluminer ainsi leurs chefs-d'œuvre. On voit au *Museo Borbonico* de Naples une remarquable statue d'Apollon en marbre dont les cheveux portent encore visiblement la trace d'une peinture blonde, et dont le bas de la draperie est orné de bandes rouges avec de petites fleurs blanches. Dans la glyptothèque, à Munich, il y a aussi une statue de Leucothée, où l'on remarque aisément des traces de la dorure des cheveux et de dessins rouges et verts qui ornaient les longues draperies. Pareil usage exista également à Rome; à cet égard on peut citer le buste d'Antinoüs que possède la galerie du Louvre. Il était enduit d'une légère couche de peinture, et les yeux étaient figurés par des diamants que l'artiste y avait enchâssés. On a trouvé à Herculanum et à Pompéi un grand nombre d'antiques de ce genre. Les recherches sur la polychromie des anciens ont donné lieu dans ces derniers temps à une foule d'ouvrages. Dans son *Jupiter olympien* (Paris, 1814), Quatremère de Quincy a traité cette matière de la manière la plus complète. Pour nous borner aux écrivains français qui s'en sont également occupés, nous citerons encore : Letronne, *Lettres d'un Antiquaire à un Artiste sur l'emploi de la peinture historique murale dans la décoration des temples* (Paris, 1825); et Raoul Rochette, *Peintures antiques inédites* (Paris, 1836), et *Lettres archéologiques sur la Peinture des Grecs* (Paris, 1840).

POLYCLÈTE, de Sicyone, l'un des plus célèbres sculpteurs qu'ait eus la Grèce, et qui florissait dans la 87e olympiade, ou vers l'an 432 av. J.-C., était élève d'Ageladès, et excellait surtout à manier l'airain. Connaissant ce qu'il y avait de spécial dans son talent, il s'attachait avant tout à l'élégance. Son œuvre n'embrassait guère qu'un cercle d'athlètes et de beaux jeunes gens. Il aimait aussi à faire des statues de femme. On peut dire qu'il créa l'idéal du jeune homme. Ses ouvrages étaient sans prix. On vantait surtout son *Diodoumenos*, ou jeune homme couronné, statue si belle par l'expression délicate des chairs, qu'elle fut payée 100 talents, c'est-à-dire 470,000 francs de notre monnaie; ses trois *Astragalizontes*, ou jeunes garçons nus jouant aux dés, que Titus avait dans son palais; son *Apoxiomenos*, ou athlète se frottant avec un strigil, et surtout son *Doryphore*, ou garde des rois de Perse. Dans cette admirable statue, toutes les proportions du corps humain étaient si heureusement observées, qu'on accourait de toutes parts l'étudier comme le modèle le plus achevé de la perfection; ce qui la fit appeler par les connaisseurs le *canon* ou la *règle*. A l'occasion d'un concours de sculpture ouvert à Éphèse, l'Amazone présentée par Polyclète l'emporta sur celles de Phidias, de Clésidas, de Cydon et de Phradmon. Cependant, jamais il n'atteignit, comme Phidias, à la majesté des dieux.

On dit que c'est Polyclète qui établit en principe la nécessité de faire porter sur une seule jambe le centre de gravité du corps de l'homme, artifice qui sauve ce qu'il y a de roide et de disgracieux dans le parallélisme des deux côtés du corps, et dont l'emploi est essentiel pour donner de la grâce à la pose. On raconte qu'il avait écrit sur la loi des proportions un ouvrage où il établissait que la beauté consiste dans la symétrie de la structure des membres et dans une stature moyenne et gracieuse. Les anciens disaient *des mains faites par Polyclète*, comme on dit aujourd'hui *des mains peintes par Van Dyck* pour désigner de belles mains.

POLYCOTYLÉDONÉS (du grec πολύς, beaucoup, et du français *cotylédon*). *Voyez* DICOTYLÉDONÉS.

POLYCRATE, célèbre tyran de l'île de Samos, sur laquelle il régna de l'an 540 à l'an 523 av. J.-C., avait été, au dire d'Hérodote, si heureux dans toutes ses entreprises et avait acquis de si immenses richesses, que le roi d'Égypte Amasis, avec lequel il avait contracté alliance, l'engagea à offrir volontairement aux dieux un sacrifice, témoignage tout à la fois d'humilité et de reconnaissance pour une faveur si remarquable de la destinée. Polycrate suivit ce conseil, et jeta dans la mer celui de ses bijoux auquel il tenait le plus, un anneau précieux. Mais, à la surprise générale, cet anneau fut retrouvé quelques jours après dans le ventre d'un poisson qui lui avait été offert en présent par un pêcheur, à cause de sa grandeur peu commune. Quand Amasis apprit ce fait, effrayé d'une si constante prospérité, il rompit son traité d'alliance et d'amitié avec le tyran de Samos, et lui fit dire par un héraut que, prévoyant qu'il devait bientôt lui arriver quelque grand malheur, il ne voulait pas avoir à s'affliger de l'infortune d'un ami. Cette prévision se réalisa quelques années plus tard. Au moment où Polycrate allait se trouver maître de toute l'Ionie et des îles voisines, il tomba dans une embûche que lui tendit Orontes, satrape perse, qui le fit mettre en croix. Cette légende a fourni le sujet d'un poëme à Schiller. Tout despote qu'il fût, Polycrate n'en protégeait pas moins les arts et les sciences. Sa cour était le rendez-vous des artistes et des poëtes les plus célèbres, et il y appela entre autres A n a c r é o n.

POLYDACTYLIE (du grec πολύς, beaucoup, et δάκτυλος, doigt), conformation tératologique qui consiste dans la présence d'un plus grand nombre de **doigts** qu'on n'en compte d'ordinaire.

POLYDORE VIRGILE ou VERGILE, né à Urbino, vers 1470, embrassa l'état ecclésiastique, et professa les belles-lettres à Bologne. Chargé par le pape Alexandre VI d'aller en Angleterre recevoir le denier de saint Pierre, tribut qu'on payait alors au saint-siége, Henri VIII, charmé de son esprit, le retint près de lui, et le nomma, en 1507, archidiacre de Wells. Mais le climat d'Angleterre étant contraire à sa santé, il obtint la permission d'aller respirer un air plus chaud dans son pays natal, où il mourut, vers 1555, après avoir publié plusieurs ouvrages en latin, entre autres une *Histoire d'Angleterre*, dédiée à Henri VIII, et qui va jusqu'à la fin du règne d'Henri VII (Bâle, 1534), ouvrage aussi curieux qu'intéressant; un *Traité des Prodiges* (Amst., 1671,), dont on a une traduction française par Belleforest (Paris 1576); et enfin des *Corrections sur Gildas*. Cet historien écrit avec une élégante pureté; il narre assez bien, mais il est quelquefois inexact, et souvent superficiel. Élevé sous une domination étrangère, on peut lui reprocher encore de n'avoir pas assez connu l'état des affaires d'Angleterre.

POLYÈDRE (du grec πολύς, plusieurs, et ἕδρα, base). On appelle ainsi, en géométrie, tout solide terminé par des plans ou des surfaces planes qui sont les *faces* du polyèdre. Ces plans sont nécessairement terminés eux-mêmes par des lignes droites, qu'on nomme *côtés* ou *arêtes* du polyèdre. Les polyèdres reçoivent des dénominations spéciales en raison du nombre de faces qu'ils présentent. Ainsi, celui qui a quatre faces est appelé *tétraèdre* ou p y r a m i d e *triangulaire*; celui de cinq, *pentaèdre;* celui de six, *hexaèdre;* celui de huit, *octaèdre;* celui de douze, *dodécaèdre;* celui de vingt, *icosaèdre*. Quel que soit un polyèdre, il offre toujours cette remarquable propriété que le nombre de ses sommets augmenté du nombre de ses faces est égal au nombre de ses arêtes plus deux.

On appelle *polyèdre régulier* celui dont toutes les faces sont des polygones réguliers égaux et dont tous les angles solides sont égaux entre eux. Les polyèdres réguliers ne sont pas, comme les p o l y g o n e s réguliers, en nombre indéfini. On reconnaît *a priori* qu'il ne peut en exister que cinq savoir: trois dont les faces sont des triangles équilatéraux (le tétraèdre, l'octaèdre et l'icosaèdre réguliers), un formé par des carrés (l'hexaèdre régulier, ou c u b e), et un terminé par des pentagones réguliers (le dodécaèdre régulier). Cette limitation résulte de la nécessité où se trouvent les faces d'un angle solide de former une somme plus petite que quatre angles droits.

POLYGAMIE, terme dérivé de deux mots grecs: πολύς, plusieurs, γάμος, mariage, et désignant la coutume de se marier avec plusieurs femmes: « *cas pendable* parmi nous, dit notre Molière, mais fort usité dans beaucoup de contrées ». La femme qui peut prendre beaucoup de maris, comme il arrive au Thibet et ailleurs, et comme le fait la reine des a b e i l l e s, exerce la *polyandrie*. On appelle, au contraire, *polygynie*, en botanique, la pluralité des parties femelles chez les plantes.

Dans le règne animal, la *polygamie*, ou l'union vague, est plus commune que la monogamie, même chez les singes, qui sont peut-être le type originel de l'homme à l'état de nature. La plupart des carnassiers et des rongeurs n'ont même aucune femelle attitrée, mais fécondent, au temps du rut, toutes celles dont ils peuvent jouir. On a dit cependant que le castor, l'éléphant, les rhinocéros et les hippopotames étaient monogames; mais les autres genres, soit de pachydermes (comme les cochons, les chevaux), soit de rongeurs, ne le sont nullement. Au contraire, beaucoup d'herbivores ruminants sont polygames: aussi dans ces espèces le nombre des femelles naît plus considérable pour l'ordinaire que celui des mâles, et, par une admirable prévoyance, la nature a rendu les premières chastes et les seconds très-ardents. Les phoques étant polygames, et même très-jaloux, se font une sorte de sérail de leurs femelles, dont ils deviennent les gardiens et les tyrans. Parmi les oiseaux, le plus grand nombre est polygame, surtout chez les gallinacés, les palmipèdes, etc. Mais on trouve des exemples de monogamie dans la famille des colombes, des cigognes, des hirondelles, des pies, et peut-être de tous les oiseaux rapaces, aigles, faucons, etc., qui s'apparient au printemps. Cette monogamie ne subsiste pas toujours après la couvée, excepté chez les pigeons.

En général, les races qui vivent en troupes sont polygames, tandis que les espèces solitaires *se marient*, ou sont monogames. D'autres, sans l'être, n'ont que des unions indéterminées, ou prennent sans choix ce qu'ils trouvent à leur portée. Les reptiles n'ont aucune femelle assignée; toutes celles de leur espèce leur conviennent au temps du rut. Les poissons ne s'accouplant pas pour la plupart, ils ne sont ni monogames ni polygames. Il y a des espèces chez lesquelles on n'a jamais trouvé que des femelles, comme les anguilles, les fistulaires, les lamproies, etc. Lorsque les femelles sont plus nombreuses que les mâles, parmi les insectes, elles harcellent ceux-ci, plus inertes, pour les exciter à les féconder: ainsi les mouches asiles et d'autres font en quelque sorte violence à leurs mâles. C'est le contraire dans les espèces où les femelles sont peu nombreuses; en général, la provocation appartient au rôle masculin et au sexe surabondant. Parmi les républiques d'abeilles et d'autres hyménoptères, les mâles prédominent en nombre, mais les femelles ont besoin de plusieurs accouplements pour féconder l'énorme quantité d'œufs qu'elles déposent. Ainsi s'établit la polyandrie.

Dans l'espèce humaine, on appelle *polygame* l'homme qui prend plusieurs femmes en mariage, selon la coutume de tous les peuples mahométans, hindous et autres, quoiqu'il n'y ait parfois que b i g a m i e: c'est plutôt une *polygynie*. Il est une autre sorte de polygamie inverse, ou plutôt de *polyandrie*, dans laquelle une seule femme peut prendre plusieurs maris à la fois; ce qui est contraire à la nature, car évidemment la volupté alors est plus consultée que l'intérêt de la propagation. En effet, un homme peut féconder plusieurs femmes, mais une femme avec plusieurs hommes n'engendre presque jamais d'enfants, comme on le remarque dans les prostituées. Cependant, cette coutume est adoptée au Thibet, au Boutan, et dans quelques castes malabares de l'Hindoustan, par des raisons particulières. Dans nos régions tempérées et les climats polaires, la nature n'accorde pour l'ordinaire qu'une seule femme à chaque homme: le nombre des individus de chaque sexe naît à peu près égal. Sous des cieux plus ardents, elle institue la polygamie, soit en créant plus de femmes que d'hommes, soit en hâtant la précoce floraison des premières et usant trop tôt les mâles. Le but de ces différences paraît manifeste, car les habitants des pays froids sont plus lents en amour, leurs femmes plus longtemps fécondes et moins exposées aux avortements que dans le Midi. Dans les contrées brûlantes, l'amour s'éveille de bonne heure, s'enflamme avec violence, et s'use bientôt: toutes les floraisons y sont rapides. Ces femmes si précoces, ou pubères à dix ans, sont vieilles et stériles à trente; il faut donc compenser ce défaut de durée de leur fécondité par leur grand nombre. Aussi les générations se succèdent plus rapidement sous les tropiques, et plus lentement sous les cieux froids du septentrion; aussi les Méridionaux sont déjà vieux dès le temps de leur jeunesse, et les Septentrionaux encore jeunes dans l'âge de la caducité. La grande ardeur des Méridionaux, toutefois, et la polygamie paraissent moins favorables à la multiplication de l'espèce que le chaste amour et la monogamie sous nos cieux plus froids.

La cause de la surabondance du nombre des femmes sous des cieux ardents (et dans les grandes villes à mœurs corrompues) et celle des hommes dans les pays froids (et les villages à mœurs plus pures) dépend de deux sources principales: 1° de l'affaiblissement des hommes du Midi ou de leur énervation et de leur vigueur dans les pays froids et les lieux chastes; 2° de l'usage de la polygamie et de la monogamie, qui s'entretiennent par leur cause même. Il est reconnu que les hommes robustes ou d'une constitution virile engendrent communément plus de garçons que de filles: l'être relativement le plus fort prédomine dans la reproduction. Sous la zone torride, les hommes étant efféminés par la chaleur, la précocité et la multiplicité de leurs jouissances, au contraire, donc, le sexe féminin obtiendra la prépondérance.

Nous avons montré, dans notre *Histoire naturelle du Genre humain*, que la polygamie avait été en usage parmi tous les peuples de la terre, sans exception, à l'état sauvage. Pelloutier et d'autres auteurs l'ont prouvé à l'égard des

Celtes ou Gaulois, nos ancêtres, ainsi que des peuples de la Germanie; ils ont prouvé en outre qu'elle existe encore de fait dans les trois quarts de la race humaine, bien qu'en réalité un grand nombre d'hommes vivent dans la monogamie. Les Athéniens ont été bigames, d'après leurs lois, et Socrate même avait deux femmes : ce qui est beaucoup pour un sage. Parmi tous les barbares, dit Tacite, les Germains étaient monogames; encore leurs princes ou chefs prenaient-ils plusieurs femmes. C'est d'ailleurs l'état originel des premiers humains de s'emparer de plusieurs femelles, dit Aristote, ainsi que Théophilus Alethæus (nom supposé de Pierius Valerianus), dans sa *Polygamia triumphatrix* (Londini, 1682, in-4°). La polygamie s'étend même jusque sous les glaces du pôle, chez les Esquimaux, les Kamtschadales, etc.

Au contraire, la *monogamie* ne s'étend guère au delà des nations civilisées de l'Europe et de leurs colonies ou émanations dans les deux Indes, où le christianisme maintient cette loi. Une religion de chasteté et de modération met un obstacle à sa propagation dans les contrées chaudes d'Asie et d'Afrique, comme l'avouent naïvement ces peuples : ils ne peuvent se résoudre à quitter leurs femmes. Aussi le christianisme n'a pu prendre racine que sous des cieux froids, où les sexes sont moins fougueux dans leurs voluptés, tandis que l'islamisme, promettant son paradis avec ses *houris* voluptueuses, s'est facilement propagé dans les climats brûlants. La religion du dalaïlama, ou le schamanisme, au milieu des plus rigoureuses contrées de la Sibérie, ne s'oppose point à la polygamie, car les prêtres schamans des Samoïèdes et des Ostiaques, jusque sous le pôle arctique, prennent autant de femmes qu'ils en peuvent nourrir.

La monogamie est fondée sur l'égalité presque parfaite des sexes, la polygamie sur l'inégalité et l'esclavage des femmes. Il faut que le polygame possède seul tous les biens et toute l'autorité; qu'il achète ses femmes, les renferme en un sérail, les nourrisse et obtienne sur elles des droits très-étendus : tel a été l'esprit des codes civils et religieux de l'Asie : celui de Manou, le *Zend-Avesta* de Zoroastre, les cinq *King* de Confucius parmi les Chinois, le *Koran* de Mahomet, etc. : la femme n'y est considérée que comme une propriété, un instrument de volupté. Ainsi, la plus douce, la plus belle moitié du genre humain, est immolée aux plaisirs de l'autre par l'abus de la puissance.

Nous devons à la monogamie une plus grande vigueur de courage et de liberté, car il y a moins de causes d'énervation. Nous lui devons les lois de la galanterie, puisque les femmes étant maîtresses de leurs faveurs, il faut que les hommes se fassent préférer et choisir par le beau sexe. Il suit encore des différences entre les monogames et les polygames que beaucoup d'hommes n'étant point pourvus d'une femme dans les froides régions, où domine le plus grand nombre de mâles, ceux-ci tiennent moins à la société, à la patrie, sont disposés aux migrations, aux voyages dans des colonies lointaines, à refluer les armes à la main, comme le Tatar mongol, dans les contrées méridionales. Le polygame des régions tropicales, au contraire, chargé de plusieurs femmes et d'une nombreuse famille dès son jeune âge, dans son harem, s'éloigne peu, car son énervation corporelle lui permet peu la volonté et le pouvoir de ces entreprises. Il se laissera donc opprimer, parce qu'il adhère à trop d'intérêts.

Enfin, le despotisme qui s'introduit nécessairement dans la famille par la sujétion des femmes dans les sérails du polygame ne manque pas de s'établir dans le gouvernement civil des peuples soumis à cette coutume. Il faut que la puissance du prince et des lois prête force aux particuliers pour maintenir l'esclavage d'une moitié tout entière de l'espèce humaine. Les pays polygames sont donc des climats de servitude, tandis que le respect pour les femmes et leur liberté sont de puissantes garanties pour l'indépendance et la liberté civile. C'est encore par le même principe que les mœurs des monogames se conservent plus pures; car en laissant à la femme cette confiance, cette faculté de se donner, elle sent le besoin de se faire respecter et considérer; tandis qu'une femme vendue, en Asie, au plus offrant, qu'elle ne connaît pas, et qu'elle ne peut aimer peut-être, ne se croit tenue à rien par celui qui l'achète pour son propre plaisir. Elle le trompera, si elle le peut, à la première occasion favorable : de là viennent la nécessité de la clôture et la jalousie. Puisque l'homme polygame ne cherche qu'à satisfaire sa volupté, la femme esclave ne peut point avoir d'autre morale.

Il suit de ces faits que la présence simultanée de plusieurs épouses est contraire au bonheur domestique et entraîne le despotisme social. La succession de plusieurs femmes paraît, au contraire, la condition la plus favorable à la production d'un grand nombre d'individus; elle constitue la véritable polygamie naturelle. Enfin, la monogamie nous semble l'état le plus propre au grand développement de la civilisation, par l'égalité des sexes, l'émulation qui s'établit entre les individus. De plus, la conservation des mœurs et la vigueur du corps et de l'esprit qui en résulte sont encore des avantages que ne peut présenter la polygamie.

J.-J. VIREY.

On ne saurait, il est vrai, attribuer à Mahomet l'invention de la polygamie : la Bible atteste que cette pratique était reçue longtemps avant lui en Orient; il chercha seulement à la régler, et il borna la polygamie à quatre femmes légitimes. Peut-être même penchait-il à la monogamie, puisqu'il dit dans un endroit du Koran : « Si vous craignez d'être injuste, n'épousez qu'une seule femme ou une esclave. » A la vérité, Mahomet ne prêcha pas d'exemple, puisqu'au lieu de se borner toute sa vie à une seule femme, comme au temps où il était le mari de la veuve Khadidja, il en eut jusqu'à neuf. Les imams ne manquèrent pas de l'imiter, et de proche en proche la polygamie s'appuya sur le Koran; aussi bien le Koran devait-il à la polygamie une grande partie de son succès. M. Barthélemy Saint-Hilaire croit pourtant que si les ulémas armés du texte du Koran voulaient s'en servir habilement, ils pourraient faire triompher peu à peu la monogamie en Orient. « Il paraît d'après une citation de Montesquieu, dit-il, que l'empereur Valentinien, vers la fin du quatrième siècle, essaya d'établir la polygamie. Malgré la permission impériale, elle fit peu de progrès, et Théodose n'eut pas de peine à l'abolir. Les usages y résistaient, non moins que la croyance religieuse. Au contraire, en Égypte, l'usage est beaucoup plus fort que la loi, et la loi n'a fait que le suivre docilement. »

Montesquieu, comme on sait, a recherché les causes de la polygamie en Orient, et les a trouvées dans les raisons suivantes : la précocité des femmes, le peu qu'elles coûtent à nourrir, sous ces climats fortunés; et enfin le plus grand nombre de naissances féminines. M. Barthélemy Saint-Hilaire combat ces raisons. La précocité des femmes ne saurait être selon lui une cause de la polygamie, puisque dans nos climats aussi les femmes pourraient souvent être mères beaucoup plus tôt que la loi et les mœurs ne le permettent; quoique dans nos climats il naisse plus de garçons que de filles, les femmes sont pourtant en plus grand nombre que les hommes : il y aurait donc également lieu à la polygamie dans nos régions; enfin, la facilité d'entretenir de nombreuses épouses ne peut se rapporter aussi qu'aux classes riches, et dans le bas peuple on y supplée par la facilité de la répudiation; rien n'empêcherait encore cet usage de s'introduire sous nos latitudes. « A mon sens, ajoute ce savant professeur, la véritable cause de la polygamie, c'est bien plus la perversité des hommes que l'influence très-contestable du climat. Cette perversité, il appartient à tous ceux qui la jugent et qui la déplorent de la combattre; et ce serait désespérer bien à tort de l'Orient que de s'imaginer qu'elle ne peut pas y être vaincue. » Cependant on sait que les protestants ont cru devoir admettre la polygamie en faveur des nouveaux convertis de l'Inde. On sait aussi que les mormons ont adopté la polygamie, et lui doivent peut-être une bonne partie de leurs prosélytes.

« Le plus grand mal de la polygamie, à mon sens, dit

encore M. Barthélemy Saint-Hilaire, c'est d'avoir corrompu et dégradé le mariage. Il n'existe pas avec ses conditions indispensables chez les nations orientales; il n'y en a jamais qu'une apparence, même dans les unions les plus sincères, puisque le divorce est toujours menaçant et toujours facile. Quand les hautes classes comprennent et respectent si peu la sainteté de ce nœud qui unit le mari et la femme, le père et la mère de famille, ce serait un miracle que plus bas on le comprît et on le respectât davantage. »

POLYGAMIE (*Droit*). *Voyez* BIGAMIE.

POLYGAMIE (*Botanique*), vingt-troisième classe du système sexuel de Linné (*voyez* BOTANIQUE), qui la divise en trois ordres : *polygamie-monœcie*, *polygamie-diœcie* et *polygamie-polyœcie*.

POLYGLOTTE (du grec πολύς, beaucoup, et γλῶττα, langue). Ce mot indique, dans son acception la plus générale et la plus ancienne, un ouvrage qui est écrit et imprimé en plusieurs langues.

Il y a plusieurs Bibles *polyglottes*; la première en date est celle qui fut imprimée de 1514 à 1517, à Alcala de Hénarès, par ordre du cardinal Ximénès, et qui coûta des sommes immenses. Cette Bible, appelée indifféremment la Bible d'Alcala ou de *Complute* (parce que le nom latin d'Alcala est *Complutum*), contient en six magnifiques volumes in-8° le texte hébreu, la paraphrase chaldaïque, la version grecque des Septante, à laquelle on a joint une interprétation littérale en latin; enfin, l'ancienne édition latine dite *Vulgate*. La seconde Bible *polyglotte*, appelée aussi *Bible royale*, parce qu'elle fut faite par ordre et aux frais de Philippe II, a été imprimée par Plantin, à Anvers, en 1572, sous la direction du savant bénédictin Arias Montanus. Elle contient tout ce qui était déjà dans la Bible de *Complute*, avec d'importantes additions, et surtout des vocabulaires et notes grammaticales, qui la rendent aussi précieuse qu'utile pour éclaircir les difficultés des différents textes. La troisième *polyglotte* est celle de Paris, imprimée en 1645, sous la direction de Le Jay. Elle contient, en fait de textes et d'interprétations, tout ce qui se trouve dans la Bible de Philippe II, et de plus une traduction arabe avec une interprétation latine; mais il y manque un apparat et des dictionnaires, qui sont dans la *polyglotte* de 1572. La quatrième *polyglotte* est celle d'Angleterre, imprimée à Londres, en 1657 : on la nomme aussi la *Bible de Walton*, du nom de son éditeur. Elle n'est pas si belle que celle de Le Jay, mais plus ample et plus commode. On y a mis la Vulgate, selon l'édition revue et corrigée par le pape Clément VIII, ce qu'on ne trouve pas dans la polyglotte de Paris, où la Vulgate est telle qu'elle était dans la Bible d'Anvers avant la correction. La polyglotte d'Angleterre contient en outre une version latine interlinéaire du texte hébreu. On trouve de plus dans la polyglotte d'Angleterre quelques parties de la Bible en éthiopien et en persan; elle a aussi l'avantage de contenir des *prolégomènes* sur le texte des originaux et sur les versions, avec un volume de diverses leçons de toutes ces différentes éditions; enfin, l'on y a joint un dictionnaire en sept langues, composé par Castel, en 2 volumes, ce qui fait un total de 8 vol. in-fol.

Bayle, dans les *Nouvelles de la République des lettres*, parle plusieurs fois du projet d'une nouvelle Bible *polyglotte*, conçu par quelques érudits protestants, dans l'intérêt de leur communion. Ce projet ne fut point exécuté. On peut aussi mettre au nombre des *polyglottes* deux Pentateuques que les juifs de Constantinople ont fait imprimer en quatre langues, mais en caractères hébreux. La première de ces éditions est de 1547, la seconde est de 1551. La Bible de Hutter, imprimée à Hambourg, en l'an 1599, en douze langues, hébreu, chaldéen, grec, latin, allemand, saxon ou bohême, italien, espagnol, anglais, français, danois, polonais ou slavon, occupe aux yeux des protestants un rang distingué parmi les Bibles en plusieurs langues, dont il nous serait facile de présenter ici une longue liste. Le premier modèle de toutes ces Bibles se trouve dans les *Hexaples* d'Origène, qui le premier avait placé sur six colonnes parallèles six textes différents de l'Ancien Testament.

Une singularité de ce genre, qui ne doit pas être omise, c'est l'impression de l'*Oraison dominicale* (*voyez* PATER NOSTER) en quatre-vingt-dix langues, et en caractères propres à chacun de ces idiomes, qui fut faite en 1805 par M. Marcel, directeur de l'Imprimerie impériale, pour être présentée à Pie VII, lorsque, pendant son séjour à Paris, le vénérable pontife visita ce bel établissement. Cette publication in-4° est un chef-d'œuvre typographique.

La science n'est point demeurée en arrière de la piété pour mettre au jour des éditions polyglottes. En 1551, le frère Ambroise d'A Calepio, si connu en France sous le nom de *Calepin*, publia la première édition de son dictionnaire en sept langues : latine, hébraïque, grecque, française, italienne, allemande, espagnole et anglaise. Ce lexique, rempli de fautes, a été réimprimé en 1681 : il ne jouit plus d'aucune estime. Depuis lors il a été publié, dans divers idiomes, de nombreux ouvrages de ce genre. Les traductions polyglottes d'auteurs anciens ne sont pas rares. L'Hésiode traduit en latin et en italien avec le texte grec occupe un rang parmi les livres de ce genre les plus estimés. En 1833, M. D'Altet de Lutange a publié les odes d'Anacréon, traduites par lui en vers français, avec le texte en regard, et suivies de cinq traductions aussi en vers des mêmes odes, et par divers auteurs, en latin, italien, espagnol, anglais et allemand.

Il me reste à parler d'une acception nouvelle du mot *polyglotte*: on l'applique ironiquement, si l'on en croit les dictionnaires, à celui qui affecte la connaissance de plusieurs langues : par exemple : Cet homme est un vrai *polyglotte*. J'ai peine à m'expliquer ce dédain des lexigraphes pour un mot si utile, et qui manque véritablement dans notre langue.

Charles DU ROZOIR.

POLYGNOTE, l'un des peintres les plus célèbres de la Grèce, natif de Thasos, vécut de l'an 450 à l'an 410 environ av. J.-C., à Athènes, où il avait acquis le droit de cité. Ami intime de Cimon et amant heureux de la belle Elpinice, sa sœur, il voulut immortaliser la femme qu'il aimait en plaçant son image dans son tableau des Troyennes. Cimon le chargea, avec Micon et Pænanus, d'orner de peintures le Pœcile d'Athènes. Les deux principaux tableaux qu'il y exécuta représentaient des scènes du siége de Troie : l'un, une assemblée des chefs après l'enlèvement de Cassandre; l'autre, des Troyennes prisonnières, avec Cassandre au milieu d'elles. Dans le *lesché* (1) de Delphes, il y avait de lui des tableaux représentant la prise de Troie, le départ des Grecs et la visite d'Ulysse aux enfers. Le vestibule du Parthénon contenait aussi plusieurs tableaux de Polygnote, que vraisemblablement Périclès y avait fait transporter d'ailleurs. Il s'en trouvait également dans le temple des Dioscures et dans les Propylées. Il est à présumer que tous ces tableaux étaient exécutés sur bois. En ce qui touche leur valeur artistique, il paraît que Polygnote fut le premier à remplacer la roideur et l'immobilité des figures des anciens peintres par du mouvement, de la vie, de l'expression et du caractère, qui sut varier avec art les plis des draperies, qui fit de la peinture encaustique, enfin qui excella à peindre en tétrachromes, c'est-à-dire à exécuter des tableaux à l'aide de quatre couleurs.

POLYGONE (*Géométrie*). Ce mot, dérivé de πολύς, plusieurs, et γωνία, angle, désigne toute figure plane terminée par des lignes droites. Le triangle est le plus simple de tous les polygones; car deux droites qui se coupent comprennent un espace indéfini, qui ne peut être limité que par au moins une troisième droite. Le polygone de quatre côtés se nomme *quadrilatère*; celui de cinq, *pentagone*,

(1) On appelait *lesché*, dans les villes de la Grèce, un édifice public où on se réunissait pour causer et pour faire des affaires. Les gens sans aveu y pouvaient passer la nuit. Aussi, quoique fort nombreux partout (selon Proclus, il n'y en avait pas moins de 360 à Athènes), tout homme appartenant aux classes élégantes et polies évitait-il avec soin d'y entrer.

celui de six, *hexagone*, celui de sept, *heptagone*; celui de huit, *octogone*; celui de neuf, *ennéagone*; celui de dix, *décagone*; celui de onze, *undécagone*; celui de douze, *dodécagone*; celui de quinze, *pentédécagone*. Les autres polygones sont simplement désignés par le nombre de leurs côtés.

Les polygones ont des propriétés communes à tous. Telle est celle relative à la somme de leurs angles, laquelle somme est égale à autant de fois deux angles droits qu'il y a de côtés dans le polygone moins deux. Telle est encore l'expression du nombre des diagonales. La théorie de la similitude en donne aussi de nombreux exemples.

Un *polygone régulier* est celui dont tous les côtés et tous les angles sont respectivement égaux entre eux. Un tel polygone peut toujours être inscrit dans un cercle; il peut toujours aussi lui être circonscrit. La première de ces propriétés permet de construire un polygone régulier d'un nombre quelconque de côtés : il suffit de diviser une circonférence en autant de parties égales. Rien ne semble plus simple; cependant, la géométrie élémentaire s'est bornée pendant des siècles à résoudre le problème pour les polygones réguliers dont le nombre de côtés appartient à l'une des séries : 3, 6, 12, 24, etc.; 4, 8, 16, 32, etc.; 5, 10, 20, 40, etc. Enfin, Gauss est parvenu à démontrer, dans ses *Disquisitiones arithmeticæ*, que des procédés analogues pouvaient s'appliquer à tous les polygones dont le nombre de côtés est de la forme 2^m+1, pourvu que ce nombre soit premier. On sait donc aujourd'hui inscrire le polygone régulier de 17 côtés, et, par suite, ceux de 34, de 68, etc.; on sait également inscrire les polygones réguliers de 257, de 4,097 côtés, etc., et tous ceux qui en dérivent par la bisection des axes. E. Merlieux.

POLYGONE (*Fortification*), figure qui détermine la forme générale d'une place de guerre. Le *polygone extérieur* est formé de lignes unissant deux à deux les angles saillants des bastions. Le *polygone intérieur* est formé par les courtines de l'enceinte, prolongées jusqu'à ce qu'elles se rencontrent dans l'intérieur des bastions.

Martial Merlin.

POLYGONE (*Artillerie*), lieu où les artilleurs s'exercent, en temps de paix, au tracé et à la construction des batteries, au tir du canon, au jet des bombes et des obus, aux manœuvres de force, et en appliquant à ces divers exercices les principes de la théorie. Le polygone des écoles d'artillerie est le plus souvent de forme irrégulière; il est entouré de haies ou de palissades, fermé de barrières et planté d'arbres dans tout son pourtour. Son étendue est fixée de manière à ce qu'elle puisse fournir au besoin une ligne de tir de 1,200 mètres dans le sens de la longueur, sur une largeur moyenne de 600 mètres.

Le polygone est pourvu du matériel et des bâtiments nécessaires à l'instruction des artilleurs, autant que les localités le permettent. Chaque année, à l'ouverture des travaux d'instruction, les batteries sont reconstruites, les fossés régularisés et la butte réparée : cette dernière est fouillée à la fin de la campagne, afin d'en retirer les projectiles qui ont pu s'y loger.

Les manœuvres de ponts, lorsqu'elles ne peuvent avoir lieu au polygone, s'exécutent sur quelques-uns des points les plus à portée de l'emplacement de l'école, dont les localités sont propres aux dispositions particulières qu'exigent ces manœuvres. Les manœuvres d'ensemble et les travaux d'instruction s'exécutent selon les dispositions qui sont faites à ce sujet par le commandant de l'école.

Martial Merlin.

POLYGONES (Nombres). Si l'on écrit les termes d'une progression arithmétique commençant par l'unité, et que l'on ajoute chaque terme à tous ceux qui le précèdent, on forme ainsi une suite de nombres qui sont dits *nombres polygones*. Si la raison de la progression est égale à l'unité, ces nombres ne sont autres que les *nombres triangulaires*, dont il a été parlé à l'article Figurés (Nombres). Suivant que la raison de la progression devient 2, 3, 4, etc., les nombres polygones prennent respectivement les noms de *nombres quadrangulaires*, *nombres pentagones*, *nombres hexagones*, etc. Dans le cas de la raison 2, les termes de la progression arithmétique forment la suite des nombres impairs; les nombres qu'on obtient en les combinant d'après la règle que nous avons énoncée sont donc évidemment les carrés des nombres entiers consécutifs. On reconnaît que les nombres triangulaires, quadrangulaires, pentagones, jouissent de cette propriété, que l'on peut toujours représenter les polygones qui les désignent en disposant convenablement un nombre de points égal au nombre d'unités qu'ils renferment. De là leurs noms particuliers et leur nom générique de *nombres polygones*.

Les nombres polygones de rang n ont pour expression, savoir : le nombre triangulaire, $\frac{n(n+1)}{2}$; le nombre carré, n^2; le nombre pentagone, $\frac{n(3n-1)}{2}$; etc.

POLYGRAPHE (du grec πολύς, beaucoup, et γράφειν, écrire). Ce mot ne se trouve pas dans nos anciens dictionnaires; il indique un auteur qui a écrit sur plusieurs matières : les *polygraphes* font une classe à part dans les bibliothèques. Les principaux *polygraphes* grecs sont Aristote, Platon, Xénophon, Plutarque, et surtout Lucien, que l'on a comparé à Voltaire. Il paraît que Théophraste, dont nous n'avons que les *Caractères*, avait écrit sur toutes les branches connues de la science. Le roi des Hébreux, Salomon, qui avait tout vu et tout connu, depuis le cèdre jusqu'à l'hysope, l'auteur des *Proverbes* et du *Cantique des Cantiques*, ne peut-il pas être mis au nombre des *polygraphes*? Caton l'ancien, dont nous ne possédons que des fragments, le docte Varron, dont un ou deux traités nous sont seuls parvenus; enfin, Cicéron, dont les chefs-d'œuvre ont triomphé de l'injure du temps, furent aussi des *polygraphes*. Sénèque, qui a composé des consolations, des traités de morale, une satire contre l'empereur Claude, des lettres philosophiques; qui, enfin, a écrit sur l'histoire naturelle, mérite bien aussi une place distinguée parmi les *polygraphes*, surtout s'il est, comme la chose paraît prouvée, l'auteur de la plupart des tragédies qu'on a attribuées à *Sénèque le tragique*.

Lors de la décadence de la littérature romaine, il y eut des compilateurs qui avaient quelque affinité avec les polygraphes : tel fut Solin, surnommé *Polyhistor*. Plusieurs Pères de l'Église, aussi savants qu'éloquents, sont d'éminents polygraphes. Après la chute de l'empire d'Occident, on trouve Ausone, Isidore de Séville, le vénérable Bède, Cassiodore, etc., qui réclament ce titre. Au moyen âge, Alcuin, le savant Gerbert, le moine Bacon, écrivirent sur toutes les sciences connues. Lors de la renaissance, la plupart des érudits se piquaient d'être des hommes universels. Aussi, à l'exemple de Pic de La Mirandole, eurent-ils la prétention d'écrire de *omni re scibili* (sur tout ce qu'il était possible de savoir). Aujourd'hui les limites des sciences diverses sont trop étendues pour qu'il soit permis à un polygraphe de donner une carrière si vaste et si facile à son érudition et à son imaginative. Les grands auteurs du siècle de Louis XIV ne cherchèrent point l'universalité du talent et de la science; ils s'attachèrent seulement à exceller dans une partie, et c'est à cette sage détermination que la France est redevable de tant de chefs-d'œuvre.

Le dix-huitième siècle, époque d'érudition superficielle, a produit une foule de polygraphes. Après La Mothe et Fontenelle, dont on lit aujourd'hui si peu de chose, nous pouvons citer Voltaire, Montesquieu, J.-J. Rousseau, Duclos, Diderot, D'Alembert, Thomas, Condillac, Mably et plusieurs autres. Les trois premiers sont la gloire de ce siècle : quelques-unes des productions des autres préserveront à jamais leurs noms de l'oubli; mais qui n'admire la fécondité et l'étendue du génie de Voltaire? Si l'on excepte ses comédies et ses traités scientifiques, il a été pour tout le reste l'émule, sinon l'égal des premiers génies dans chaque genre. Deux femmes de nos jours ont mérité d'être mises au rang des *polygraphes*, Mme de Staël et Mme de Genlis, qui pour la personne comme pour le talent fut si fort au-dessous de sa rivale. Les divers genres dans lesquels a excellé Châteaubriand lui mériteront sans doute l'honneur d'être rangé un jour sur les catalogues dans la série des *polygraphes*.

On appelle aussi *polygraphe* une machine qui fait mouvoir à la fois plusieurs plumes à écrire. Les *polygraphes mécaniques*, invention anglaise, ont été importés à Paris, en 1805, par Rochette père. Au moyen de deux plumes adaptées à cette machine, on peut tracer simultanément deux minutes de ce qu'on écrit. Charles Du Rozoir.

POLYGRAPHIE. Ce mot, qui a la même étymologie que *polygraphe*, n'a rien de commun pour la signification avec ce terme. Il se trouve dans nos plus anciens lexiques, et signifie l'art d'écrire de plusieurs manières secrètes, qui pour être lues supposent une clef ou la connaissance d'un chiffre convenu. *Polygraphie* signifie également l'art de déchiffrer l'écriture *polygraphique*. La *polygraphie* a précédé chez les modernes la *sténographie*, que le dictionnaire de Trévoux appelle la *stéganographie*. Trithème, Porta, Vigénère et le père Nicéron ont écrit de la *polygraphie* ou des *chiffres*. Les Grecs ne connaissaient point cette science; ils n'ont jamais su employer que la *scutale* lacédémonienne. On prenait deux rouleaux ou cylindres de bois entièrement égaux, dont chacun restait en la possession de l'un des deux correspondants. Celui qui écrivait tortillait autour d'un de ces rouleaux une *scutale* (lanière) de parchemin fort étroite, et écrivait dessus ce qu'il avait à mander, puis il la détachait en l'envoyant à son correspondant, lequel, en l'appliquant sur le rouleau qu'il avait en sa possession, replaçait les mots et les lignes dans la même disposition qu'ils avaient été écrits et les lisait facilement. C'est au moyen de la *scutale* qu'au temps de la guerre de Xerxès le Lacédémonien Pausanias, qui commandait l'armée des Grecs, entretenait à Sparte des intelligences hostiles à la liberté de sa patrie. Le secret de sa *scutale*, livré aux éphores, découvrit ses criminels projets, qu'il expia par une mort cruelle. Les Romains ne connurent pas davantage la *polygraphie*, ou écriture en chiffres; mais ils faisaient usage de *notes* sténographiques pour recueillir les discours de leurs orateurs. Charles Du Rozoir.

POLYMNIE, POLYMNÉIE, ou POLHYMNIE, la muse des hymnes, et, par la suite, la muse de la *rhétorique*, l'art de bien dire, et de la *pantomime*, fut l'inventrice des rhythmes mélodieux de la poésie lyrique, ce qu'atteste la lyre ou barbyton, un de ses attributs. Fille de Mnémosyne, Plutarque tire le nom de cette divinité de πολύς, beaucoup, et de μνεία, mémoire, comme qui dirait la déesse des grands souvenirs. Muse bien aimée d'Horace, le lyrique romain, il est plus naturel de dériver l'étymologie de ce nom de πολύς, beaucoup, et de ὕμνος, hymne. Sur des monuments antiques, elle est représentée debout, la main droite élevée, enveloppée dans sa draperie et son menton reposant dessus; c'est l'attitude de la méditation. Le fameux sarcophage du Capitole et les fresques d'Herculanum la figurent de même, dans les chœurs des Muses, ses sœurs. Parfois elle est représentée avec une simple couronne de fleurs dans ses cheveux, modestement disposés; les perles leur prêtent parfois leur candeur, et parfois aussi les pierreries leur éclat, emblèmes des suaves ou pompeuses paroles qui sortent de ses lèvres. Elle est habillée d'un vêtement blanc sur lequel le laurier d'Apollon tombe en élégantes guirlandes. Elle tient aussi un sceptre de la main gauche, non celui de la royale Melpomène, du commandement, mais le sceptre qui soumet les esprits et impose l'admiration à ceux qu'il subjugue. Chez les Latins, ses figures ou ses statues tenaient, ainsi que nous le voyons par ce qui nous en reste, un *volume*, ou rouleau, sur lequel étaient tracés ces illustres noms : Cicero, Demosthenes, et quelquefois le mot svadere (persuader). Cette muse empiétait alors sur la déesse Pithô (la Persuasion). Avec de tels attributs, Polymnie devait être la muse de la rhétorique; quand elle avait un masque à ses pieds, ainsi qu'elle est figurée dans un bas-relief antique, elle était la muse de la pantomime, ce que justifie un vers d'Ausone, dont le sens exact est : « Polymnie exprime tout de la main, et parle du geste. »

Denne-Baron.

POLYMNIE (*Astronomie*), planète télescopique découverte par M. Chacornac, dans la nuit du 28 au 29 octobre 1854, à l'observatoire de Paris. Elle brille d'un éclat de neuvième à dixième grandeur, et paraît animée d'un mouvement rapide. Elle avait pour élément : ascension droite, 2 heures 34 minutes 55 secondes; déclinaison boréale, 16°58′43″.

POLYNÉSIE. *Voyez* Australie.

POLYNÉSIQUE (Race). *Voyez* Race.

POLYNICE. *Voyez* Etéocle.

POLYNOME (de πολύς, beaucoup, et νομή, part; division). Ce terme, opposé à *monome*, s'applique, en algèbre, à toute expression composée de plusieurs termes unis par des signes d'addition ou de soustraction. Les polynomes de deux, trois et quatre termes, ont reçu respectivement les noms de *binome*, *trinome* et *quadrinome*. C'est à tort que quelques auteurs remplacent le mot *polynome* par *multinome*, expression hybride, qui doit être rejetée.

POLYPE (de πολύς, plusieurs, et πούς, pied). Les polypes sont des animaux rayonnés, gélatineux, à corps allongé, contractile; n'ayant aucun autre viscère intérieur qu'un canal alimentaire, à une seule ouverture entourée de tentacules, qui varient pour la forme et le nombre. Ils se reproduisent par bourgeons, par divisions ou par des œufs. On en a formé deux ordres, les *polypes nus*, c'est-à-dire sans enveloppe dure, et les *polypes à polypiers*, enveloppés d'une substance solide, calcaire ou cornée. Un sac gélatineux, dont l'ouverture forme la bouche et la tête de l'animal, le bout du sac sa queue, et les petits barbillons de l'ouverture ses bras, voilà tout le polype. Il se tient fixé par la queue aux plantes aquatiques ou aux autres corps solides environnants, la tête en bas, dirigeant dans tous les sens les appendices dont il est couronné; au moindre attouchement il se retire, se contracte, et n'est plus qu'un atome visqueux. Le sac du polype représente tout le système digestif : l'animal est carnivore, et se nourrit de petits insectes et d'animalcules aquatiques; lorsqu'un petit ver se trouve à sa portée, il l'entortille dans ses barbillons, et l'engloutit; quand le sac est plein, il se contracte de nouveau, et demeure jusqu'à la fin de sa digestion dans une espèce de torpeur. Le corps du polype est transparent : on peut suivre à travers sa substance les différentes modifications et ballottements de la matière alimentaire. Quand les polypes ont avalé et digéré un de ces petits vers rouges qui se trouvent si fréquemment dans les eaux bourbeuses, leur corps adopte une couleur plus ou moins rouge; quand ils se sont nourris de certaines espèces d'animalcules infusoires, ils prennent une nuance d'un beau vert. Les polypes d'eau douce sont très-voraces; lorsqu'ils s'emparent d'un corps qui ne peut être contenu tout entier dans leur tube digestif, ils en avalent toujours ce qu'ils peuvent, et pendant que leur estomac digère la partie engloutie, leurs bras retiennent l'autre en dehors. Il leur arrive d'avaler avec la proie celui de leurs bras qui la porte dans la bouche, et l'on a vu des polypes les introduire à dessein dans l'estomac afin d'y retenir la proie pendant la digestion et l'empêcher de s'échapper. Trembley a observé deux polypes se disputant un pauvre ver qu'ils tenaient enlacé : chacun d'eux se pressait d'engloutir le malheureux animal; et s'étant rencontrés bouche à bouche, le plus vigoureux des deux adversaires termina la querelle en avalant son concurrent. Il semblait que c'en était fait de ce dernier; mais point du

établissement. C'étaient : pour l'analyse et la mécanique, Lagrange et Prony; pour la stéréotomie, Monge et Hachette; pour l'architecture, Delorme et Baltard; pour la fortification, Dobenheim et Martin de Campredon, auxquels succédèrent Catoire et Say; pour la physique, Hassenfratz et Barruel; pour la chimie, Fourcroy, Vauquelin, Berthollet, Chaptal, Guyton-Morveau et Pelletier; pour le dessin, Neveu, Mérimée, Lemire jeune et Bosio. A la même époque se rattache la décision prise par les comités de la Convention de publier le *Journal Polytechnique*, journal qui s'est continué depuis, et où l'on trouve d'excellents mémoires des professeurs et des élèves eux-mêmes. De 1798 à 1799 il fut présenté au *Conseil des Cinq Cents* et à celui *des Anciens* le projet d'une nouvelle loi, qui, bien qu'adoptée par les Cinq Cents, fut rejetée par les Anciens. Néanmoins, les modifications suivantes furent admises : 1° Chaque candidat, en se présentant à l'examen, devait déclarer à quelle partie des services publics il se destinait et l'ordre dans lequel il préférait, au besoin, s'attacher aux autres parties; 2° le nombre total des élèves fut réduit à 200 ; 3° les élèves devaient rester deux ans à l'École: ceux qui ne pourraient pas passer aux écoles d'application resteraient une troisième année, après laquelle ils seraient renvoyés s'ils n'avaient pas acquis le degré d'instruction exigé; 4° les élèves auraient un uniforme.

C'est dans cette période de temps que se prépara l'expédition d'Égypte. Les professeurs Fourier, Berthollet, Monge, et trente-neuf élèves allèrent prendre part aux dangers et à la gloire de l'armée d'Orient.

Le 16 décembre 1798, une nouvelle loi, rédigée sous les auspices de Laplace, ministre de l'intérieur, ajouta aux services de l'École celui de l'artillerie de la marine, et retrancha l'*aérostation*. Elle accorda aux élèves le titre de *sergent d'artillerie* et le traitement correspondant, et permit au conseil de perfectionnement constitué pour fixer les relations nécessaires entre l'École Polytechnique et les écoles d'application des services publics de laisser les élèves une quatrième année, soit pour cause de maladie, soit pour raison de défaut de places dans les services publics; mais cette faculté ne pouvait être accordée qu'à vingt élèves. Pendant le court intervalle de paix qui suivit le traité de Lunéville, des étrangers célèbres visitèrent l'École : c'étaient Volta, Brugnatelli, Rumford, Humboldt. On vit la diplomatie elle-même placer l'enseignement de l'École au nombre des avantages stipulés en faveur des nations avec lesquelles la France contractait, car un article de la capitulation conclue le 27 septembre 1803 entre la France et la Suisse porte : « Qu'il sera admis, sur la présentation du landamman de la Suisse, vingt jeunes gens de l'Helvétie, après avoir subi les examens prescrits par les règlements. »

En 1804, Napoléon décréta pour l'École une nouvelle organisation, d'après laquelle les élèves devaient être formés en corps militaire et casernés. Le général Lacuée fut nommé gouverneur, et l'on choisit l'ancien collége de Navarre, pour y placer l'École. Pendant l'année qu'il fallut employer aux travaux nécessaires pour approprier les bâtiments de ce collége à leur nouvelle destination, l'empereur fit deux modifications importantes à son décret du 16 juillet 1804 : 1° La réunion de la caserne et de l'École dans un même emplacement; 2° l'obligation imposée aux élèves de payer une pension. Elle fut portée à 800 fr., et l'élève devait en outre se pourvoir d'un trousseau et se fournir les livres de tous genres et les instruments qui lui seraient nécessaires : « Nous nous réservons, disait le dernier article, de statuer sur le sort des sujets distingués qui se seront présentés au concours, et à qui la modicité de leur fortune ne permettrait pas de payer la totalité de la pension. » Dès le 6 février 1806 il décréta qu'un crédit de 42,000 fr. serait ouvert sur les fonds généraux de l'instruction publique, pour tenir lieu de pension aux élèves anciens ou nouveaux qui furent jugés avoir besoin de ce secours. Plus tard, une somme de 30,000 fr. fut accordée annuellement pour le même objet. Le nombre des répétiteurs des leçons fut augmenté; il leur fut donné des adjoints; un cours de grammaire et de belles-lettres fut professé par Andrieux; dans le progamme d'admission on introduisit avec prudence quelques conditions nouvelles relatives au dessin et à l'instruction linéaire. Chaque élève reçut, avec l'habit d'uniforme, un fusil d'ordonnance et une giberne, et tous firent l'exercice des armes sous un drapeau portant cette inscription : *Pour la patrie, les sciences et les arts.*

De 1806 à 1811, le programme de l'institution subit quelques changements notables. Le conseil de perfectionnement s'occupe surtout des moyens de favoriser les progrès des élèves, en faisant distribuer le *précis des leçons*, et décide : 1° que les candidats, après avoir déclaré, suivant l'usage, le service auquel ils se destinaient, désigneraient subsidiairement tous les autres dans l'ordre suivant lequel ils désiraient y être placés; 2° que les élèves, à la fin de la deuxième année d'études, seraient classés par ordre de mérite dans une liste arrêtée d'après les examens de sortie ; 3° que chacun d'eux, suivant le rang qu'il occuperait dans cette liste, serait placé dans le premier, le second ou les autres services qu'il aurait désignés.

Cependant, on ne put bientôt plus satisfaire aux demandes, toujours croissantes, des services publics, et Napoléon, le 30 août 1811, décréta que l'artillerie ne tirerait désormais ses élèves que de l'école militaire de Saint-Cyr, du Prytanée de La Flèche, et de tous les lycées de l'empire. L'École pourtant fournit encore à ce corps à différentes reprises un assez grand nombre de sujets. Les désastres de 1814 exaltèrent le patriotisme des élèves, qui demandèrent à aller immédiatement combattre dans les rangs de l'armée. La réponse de Napoléon fut, dit-on, qu'il n'était pas réduit à *tuer sa poule aux œufs d'or*. Bientôt un décret impérial ordonna la formation d'un corps d'artillerie de la garde nationale, lequel devait consister en douze compagnies, dont trois composées des élèves de l'École Polytechnique. De nombreux détachements furent commandés chaque jour pour le service des batteries qui défendaient les abords de la capitale; et les élèves qui n'étaient pas occupés à la garde des barrières s'exerçaient sans relâche à la manœuvre du canon. On n'a pas oublié leur noble et courageuse conduite dans la journée du 30 mars (*voyez* PARIS [Bataille de]).

Aussi l'École, qui se trouva considérablement réduite par un grand nombre de démissions, fut-elle considérée par la Restauration comme mal disposée à l'égard de son gouvernement. Pendant les cent jours, les élèves furent de nouveau formés en compagnie d'artillerie, exercés à la manœuvre et au tir des bouches à feu, et enfin obligés à un service militaire sous les murs de la ville, jusqu'au 3 juillet, jour où Louis XVIII rentra dans Paris. Les études reprirent alors, et à la fin de cette année des changements importants eurent lieu dans le personnel : Hassenfratz, démissionnaire, fut remplacé par Alexandre Petit; Lacroix, par Poisson; Arago devint professeur titulaire du cours de géométrie descriptive; J. Binet succéda à Poisson dans les fonctions de professeur de mécanique; Cauchy professa le cours d'analyse. Cependant, on accusait toujours l'École d'être animée d'un mauvais esprit. Un mouvement d'indiscipline fut le prétexte de son licenciement, lequel eut lieu le 3 avril 1816. Elle fut toutefois reconstituée par l'ordonnance du 4 septembre de la même année, qui la plaça sous la protection du duc d'Angoulême; elle ne permit que trois années de séjour au lieu de quatre, supprima tout l'appareil militaire, porta la pension à 1,000 francs; vingt-quatre bourses furent établies; les fonctions d'examinateur pour l'admission furent déclarées incompatibles avec celles de professeur et de répétiteur; la composition du conseil de perfectionnement éprouva quelques modifications. En 1822 on revint au casernement et aux formes sévères du régime militaire. Le comte de Bordesoulle fut nommé gouverneur. Le ministre de la marine, le marquis de Clermont-Tonnerre, obtint du roi une ordonnance qui autorisait l'admission annuelle de six élèves dans le corps des officiers de la marine impériale, et on ouvrit ainsi une nouvelle carrière aux élèves de l'École. On sait la part active que les élèves prirent à la révolution de Juillet. Leur rôle à la révolution de Février fut moins brillant, mais tout aussi utile. Ils se mirent à la disposition du gouvernement dès le premier moment où il fut constitué, et réussirent presque partout à contenir les fureurs aveugles du peuple.

L'École Polytechnique n'a pas besoin d'être louée devant la France ni même devant l'étranger. Son plus brillant panégyrique se trouve dans les mesures prises par les nations civilisées pour imiter cette institution. L'auteur de cet article a entendu dire à l'empereur Alexandre, au congrès d'Aix-la-Chapelle, que c'était *une des plus belles institutions humaines*, et cette opinion a été partagée par tous les souverains. V. DE MOLÉON.

POLYTHALAME (du grec πολύς, plusieurs, et θάλαμος, niche). *Voyez* COQUILLE.

POLYTHÉISME, l'une des trois grandes formes auxquelles se ramène en dernière analyse toute la variété des systèmes religieux. En effet, on admet ou que tout est Dieu, c'est le *panthéisme;* ou qu'il est un seul Dieu, c'est le *monothéisme;* ou qu'il y a plusieurs dieux, c'est le *polythéisme*. Le polythéisme n'est pas le système rationnel, il n'est que le système populaire; mais il est ancien. Son *principe* n'est pas un principe; ce n'est qu'une induction erronée, une induction qui conclut de la variété des phénomènes secondaires à la variété des forces supérieures, des puissances intelligentes qui les produisent, en un mot des *dieux*. Le polythéisme remonte à l'enfance du genre humain : il n'est pas la foi primitive de l'homme; mais s'il n'est pas primitif, il est à tel point ancien qu'on en ignore l'origine. Il a été la foi primordiale des peuples de l'Asie et de l'Afrique. Ceux qui le regardent, à tort, comme la conception première de la raison humaine prétendent en reconnaître les vestiges jusque dans les codes sacrés des Juifs. Ils invoquent à cet effet : 1° le nom d'*Élohim*, qui est un pluriel; 2° le célèbre anthropomorphisme que renferment ces mots : *Faisons l'homme;* 3° les noms de *Tubalkaïn* et de *Jabal*, qu'ils assimilent à Vulcain et à Apollon, et qu'ils considèrent comme des débris d'un polythéisme vaincu; 4° le penchant presque invincible que le peuple de Dieu n'a cessé de montrer pour cette doctrine. Mais, on le voit, ce ne sont pas là des arguments, ce ne sont pas du moins des raisons. Le monothéisme est, au contraire, la pensée la plus constante et la plus fondamentale de toutes les parties du code mosaïque et judaïque. Dès lors la question de la priorité entre le polythéisme et le monothéisme se résout par celle de la priorité entre les monuments religieux de la Judée et ceux de l'Inde ou de l'Égypte. Cette question est loin d'être tranchée; elle ne saurait l'être dans l'état de la philologie orientale. Le polythéisme a d'ailleurs été longtemps la foi de la majorité et celle des nations les plus célèbres. De Moïse à Jésus-Christ, le seul peuple des Juifs a professé le monothéisme, et ce peuple même, qui a trouvé dans sa religion la source de sa plus grande célébrité, n'a pas toujours professé ses principes avec la même ferveur. Il a souvent partagé les erreurs de ceux qui étaient ses maîtres, car le polythéisme régnait partout. Pour plaire à tant de nations diverses, le polythéisme a dû revêtir des formes variées; il en a revêtu un grand nombre.

Ses annales présentent cinq *systèmes principaux*. On les distingue par les divers cultes auxquels ils ont donné lieu. En effet, on a adoré les dieux sous la forme de l'homme ou celle de l'animal, qui en est comme la contrefaçon. On les a adorés sous le symbole du soleil et des astres, ou sous celui du feu, qui en est comme l'image. Enfin, on les a adorés sous la forme de tout autre objet qui offrait quelque chose de spécial. Ces cinq systèmes se désignent sous les noms d'*anthropolâtrie*, de *zoolâtrie*, d'*astrolâtrie*, de *pyrolâtrie* ou de *fétichisme*; mais c'est la science moderne qui a fait cette terminologie, ce n'est pas l'antiquité.

L'*anthropolâtrie*, c'est le polythéisme grec et romain, dont l'Apollon et la Vénus sont les plus belles idéalités que puisse concevoir le génie d'un artiste ou d'un poëte. Les plus grands dieux de l'Olympe sont, comme Vénus et Apollon, des hommes grandis, embellis, divinisés, et en un mot, faits dieux par l'homme. Si l'anthropolâtrie domine dans le polythéisme gréco-romain et en constitue le caractère, tout n'y est pourtant pas anthropolâtrie. Il s'y trouve d'abord des éléments de zoolâtrie et des éléments de démonologie. Les premiers percent évidemment dans le symbolisme de Pan et dans celui des satyres, des faunes et des centaures. Les seconds se montrent moins dans le culte public et dans la mythologie populaire que dans les traditions des sanctuaires et dans les enseignements des écoles : témoin le génie de Socrate et les esprits des nouveaux platoniciens, êtres ou abstractions auxquelles on ne prêtait pas immédiatement la forme humaine. On y trouve d'autres éléments encore, de grandes personnifications cosmologiques et astronomiques; mais toutes ces créations finissent par une anthropolâtrie.

La *zoolâtrie* pure ne se trouve nulle part. Dans le polythéisme de l'Égypte et de l'Inde règne une sorte de transaction entre la zoolâtrie et l'anthropolâtrie. On serait toutefois autorisé à dire que c'est la zoolâtrie qui y domine, puisqu'elle fournit habituellement dans le symbolisme des principales divinités la partie principale, la tête, et que les Juifs, quand ils imitent le culte de l'Égypte, choisissent le bœuf Apis pour leur idole.

L'*astrolâtrie* et la *pyrolâtrie* se rapprochent et se confondent de leur côté comme les deux systèmes dont nous venons de parler. Elles dominent dans les religions de la Chaldée et de la Perse; mais aucune des deux formes que nous venons de nommer n'est exclusive dans les systèmes de ces deux contrées; et dans la religion de la Babylonie et de la Syrie nous voyons une troisième forme du polythéisme, l'anthropolâtrie, se joindre à l'astrolâtrie. Quand cette dernière est toute à peu près pure, comme nous la montre l'Arabie antique, on lui donne le nom de *sabéisme*.

Le cinquième système, le *fétichisme*, n'est qu'un grossier mélange des trois derniers dont nous venons de parler. Le fétichisme embrasse tout : il n'exclut que l'anthropolâtrie. En effet, le sauvage vénère une sorte de puissance divine dans tout objet qui frappe son imagination, dans le rocher, dans la montagne, dans une simple pierre, dans un animal. Cependant, il n'adore jamais sous la forme de l'homme. Ce serait une sorte de panthéisme qu'il professerait s'il allait jusque là, mais ce serait le panthéisme du sauvage. On pourrait dire avec la même raison que ce serait l'athéisme de l'homme de la nature; car il est bien évident qu'au fond le fétichisme est athée : il a la nature, il n'a pas la Divinité. Un exemple frappant montre à quel point le fétichisme, le panthéisme et l'athéisme se touchent; c'est l'état religieux de la Chine, où le peuple adore les serpents et leur offre des sacrifices, tandis que certains mandarins sont panthéistes ou athées, et que d'autres professent une sorte de théisme platonique (*consultez* les Mémoires de M. Abel Remusat). Le fétichisme, ayant un plus grand nombre d'objets de culte que tout autre genre de polythéisme, offre aussi une plus grande variété de nuances. Il a non-seulement varié dans l'antiquité, il varie encore dans les temps modernes, et de peuplade à peuplade, de famille à famille, d'individu à individu. Il est de tous les genres de polythéisme celui qui a toujours exercé et qui exerce encore sur l'esprit et le cœur l'influence la plus funeste.

Il est des genres de polythéisme qui s'accordent, ainsi que l'anthropolâtrie de la Grèce, avec un haut degré de civilisation : les anciennes religions de la Perse, de l'Égypte et de l'Inde l'attestent. Il en est d'autres qui plongent ou retiennent l'intelligence dans l'abrutissement, qui sont incompatibles avec toute espèce de progrès moral ou politique. Il n'est pas de nuance de polythéisme qui ne conduise à la superstition · ici, ce sont des terreurs poignantes et continuelles; ailleurs, des sacrifices cruels, ridicules ou infâmes. On offre à des divinités indignes d'indignes hommages; on ne leur offre pas seulement des fruits, des fleurs et des animaux, on égorge en leur honneur ici des enfants, ailleurs les hommes roux, plus loin les naufragés; on leur immole jusqu'à l'honneur et la vertu. Aberration plus fondamentale que toute autre, le polythéisme jette naturellement l'imagination et les affections de l'homme dans les plus déplorables excès. L'aveuglement qui l'enfante est son plus fort appui. Il vit du fanatisme qu'il inspire et des sacrifices qu'il commande. Mais partout où la civilisation vient rompre le charme, il s'évanouit. C'est une ombre effrayante et ensanglantée qui peu à peu se retire devant le flambeau de la raison; car la raison, nous l'avons vu, c'est le monothéisme. Partout où pénètrent les missionnaires du monothéisme moderne, c'est-à-dire du christianisme, le polythéisme disparaît. Déjà il a quitté l'Europe, déjà les autres parties du monde ne lui offrent plus pour asile que des pays sauvages, des bois, des déserts ou des solitudes peu accessibles. L'Inde est à la veille de passer au monothéisme, et la Chine, qui presque seule encore nous montre le polythéisme joint à de fortes institutions, paraît devoir passer par l'athéisme et le panthéisme au système que depuis si longtemps elle repousse avec une invincible opiniâtreté.

Les ouvrages qui combattent le polythéisme sont tous anciens, à l'exception des belles pages de M. de Chateaubriand. Personne ne s'attaque plus maintenant à cet ennemi vaincu. Les missionnaires eux-mêmes, qui luttent contre les derniers restes du polythéisme, en parlent avec un calme parfait (*consultez* les *Lettres des Missionnaires*). Les ouvrages qui exposent le polythéisme avec impartialité, ceux-ci pour l'historien et l'antiquaire, ceux-là pour le philosophe ou pour l'homme d'État, sont les plus importants. La grande composition de B. Constant, *De la Religion*, et ses deux volumes sur le *Polythéisme romain*, s'adressent au philosophe et à l'homme d'État, qui, toutefois, sont aujourd'hui fort indifférents pour le polythéisme. L'ouvrage de Creuzer, dont M. Guignault nous a donné une traduction, s'adresse à l'historien et à l'antiquaire, dont la curiosité pour le polythéisme de Rome et d'Athènes, de Memphis et de Babylone, de Persépolis et de Calcutta, ne saurait mourir.

MATTER.

POLYTYPAGE (du grec πολύς, plusieurs, et τύπος, type, caractère). Ce mot a d'abord été employé pour désigner les premiers essais qui ont été faits dans l'art de la stéréotypie.

POLYXÈNE, fille de Priam, fut une héroïne d'une grande beauté et d'une grâce ravissante. Achille, auquel une trêve avait permis de la voir, en devint épris; il envoya un hérault à Hector pour lui demander la main de son illustre sœur. Il lui fut répondu que l'époux d'Andromaque et Priam y consentaient, s'il voulait abandonner la cause des Grecs et passer dans le camp troyen. A l'idée de trahison, la grande âme d'Achille s'indigna; il repoussa loin cette honteuse condition. Mais l'obstacle ne devait qu'irriter et doubler les feux de l'amour dans ce cœur impétueux. Le sang des Grecs et des Troyens confondu inonda de nouveau et encore longtemps la plaine de l'Ida, lorsque Hector enfin tombé sous la lance de l'impitoyable Achille, le char du vainqueur l'eut trois fois traîné autour des murailles d'Ilion. A ce déchirant spectacle, le vieux Priam, dans son désespoir, résolu d'embrasser les genoux d'Achille pour qu'il lui rendît le corps défiguré de son fils, emmena avec lui, comme un des moyens les plus puissants d'amollir ce cœur de fer, la belle et jeune Polyxène. Les sanglots, les pleurs, les cheveux vénérables de l'illustre vieillard traînant dans la poussière qu'il baisait, le plus grand roi de l'Asie collant ses lèvres suppliantes sur ses mains redoutables, et Polyxène en deuil, dont la douleur rendait les charmes si touchants et si nobles, fondirent, pour ainsi parler, le cœur d'airain du vengeur de Patrocle. Achille céda, et redemanda à Priam la main de la sœur d'Hector. Le vieillard la lui accorda pour prix des restes précieux qui lui étaient rendus.

Il y avait dans l'espace entre les deux camps un temple d'Apollon : son autel fut fixé pour la célébration de cet hymen; on s'y rendit; mais là le lâche Pâris, à l'insu du généreux Priam, caché derrière une colonne, tendit son arc, et il en partit une flèche qui replongea Achille tout entier et à jamais dans le Styx, en le perçant au talon. Polyxène, qui aimait autant la renommée du héros que le héros lui-même, dit une légende, en haine de son lâche frère, l'adultère amant d'Hélène, se retira au camp des Grecs, où Agamemnon combla d'honneurs cette vierge-épouse. Mais une nuit, à la faveur d'un ciel sans lune et sans étoiles, elle se déroba de la tente splendide qu'on lui avait dressée, et courut se percer le sein sur le tombeau de son époux. Selon une autre légende, elle aurait suivi Pâris, et, rentrée dans le palais de Priam, elle y aurait vécu d'amertumes jusqu'à la chute d'Ilion. A cette époque l'ombre menaçante d'Achille l'aurait demandée pour victime expiatoire, et la tombe de ce héros sans pitié aurait bu le sang de cette nouvelle Iphigénie. Cette fière et ravissante héroïne se découvrit elle-même le sein, et tendit la gorge au farouche Néoptolème, le fils de son époux, qui, se faisant prêtre et bourreau, y plongea son épée jusqu'à la garde. Pausanias assure que si Homère a passé sous silence ce drame, c'est qu'il lui faisait horreur. Mais comment le poëte grec en aurait-il parlé, puisque cet horrible sacrifice n'eut lieu qu'au retour des Grecs. On veut qu'il se soit accompli en Thrace, contrée barbare : alors c'eût été sur un cénotaphe achilléen, car le tombeau du héros thessalien dut être élevé sur la rive d'Asie, non loin de la plaine de Troie.

Une mort si lamentable et si héroïque remplit l'âme des Grecs de pitié et d'admiration; ils rendirent à Polyxène de magnifiques honneurs funèbres. Sophocle et le tendre Euripide s'emparèrent de ce sujet. Sénèque a aussi traité cette légende héroïque, que des vases et bas-reliefs antiques ont très-souvent reproduite et que traça l'habile pinceau de Polygnote.

DENNE-BARON.

POMACANTHE (du grec πῶμα, opercule, ἄκανθα, épine), genre de poissons de la famille des squammipennes, dont le préopercule, comme celui des holacanthes, est armé d'un fort aiguillon, lequel devient une arme très-puissante à ajouter à celles que fournissent les aiguillons de la dorsale et de l'anale. Les pomacanthes se distinguent des holacanthes en ce que leur sous-orbitaire et leur préopercule ont constamment le bord entier et sans dentelures. Leur corps est d'ailleurs beaucoup plus haut. Aux Antilles, les Anglais les désignent sous les noms de *flat-fish* et d'*indian-fish*; nos colons français leur donnent le nom de *portugais*; les Espagnols d'Amérique, notamment de La Havane, les appellent *chirivita*; nos marins les appellent *dorades*. Parmi les principales espèces, nous citerons : le *pomacanthe doré* (*pomacanthus aureus*, Cuv.), dont le corps est tout entier coloré d'un jaune plus ou moins doré, avec des taches noirâtres sur chacune des écailles, mais très-inégales en grandeur et en intensité. Sa mâchoire inférieure avance plus que la supérieure. Il atteint de 32 à 40 centimètres. Les Anglais de Saint-Thomas le nomment *parry*. Le *pomacanthe noir* (*pomacanthus paru*, Cuv.) est aussi grand, mais le fond de sa couleur est d'un brun noirâtre, uni sur la tête et sur les nageoires et semé de traits verticaux un peu arqués et disposés en quinconce sur tout le corps. L'aiguillon du préopercule est jaune. A la Martinique, où il porte le nom de *portugais*, on en pêche du poids de six à sept kilogram., et il y est très-recherché. Le *pomacanthe arqué* (*pomacanthus arcuatus*, Lacép.) est d'une couleur générale mêlée de brun, de noir et de doré, qui renvoie, pour ainsi dire, des reflets et fait ressortir les cinq bandes qui partagent son corps, de manière à faire paraître l'animal comme revêtu de velours et comme orné de lames d'argent.

L. LOUVET.

POMARD ou **POMMARD**, village du département de la Côte-d'Or, avec 1,227 habitants, célèbre par ses vins rouges fins, qui sont des meilleurs de la côte beaunoise. Ils sont produits par le clos de Cîteaux, de la Plâtrière, de la Commareine et les vignes de Rugiens, des Épenots, des Argillières, de Pezerolles, des Boucherottes.

POMARÉ. *Voyez* OTAÏTI.

POMBAL (Dom SÉBASTIEN JOSEPH CARVALHO, comte d'Oeyras et marquis DE), ministre portugais, l'un des hommes les plus remarquables de son temps, était né en 1699, au château de Soure, près de Coïmbre. Son père, capitaine dans l'armée, était de petite noblesse; sa mère appartenait à l'illustre famille des Mendoza. Il étudia le droit à Coïmbre, mais entra ensuite au service. Expulsé de Lisbonne pour quelques fredaines de jeunesse, il revint dans son pays natal, où il passa plusieurs années uniquement occupé de sciences et de littérature. Il épousa ensuite, contre le gré de ses parents, une riche veuve, dona Teresa de Noronha-Almada; et l'opposition que son orgueilleuse famille fit à ce mariage rendit encore plus vif chez lui le désir de ne devoir son élévation qu'à lui-même. Il alla à la cour, et obtint en 1739 sa nomination au poste de secrétaire d'ambassade à Londres. C'est là qu'il conçut le projet d'affranchir son pays des chaînes du système commercial de l'Angleterre. En 1745 il fut, il est vrai, rappelé à Lisbonne par le nouveau ministre, Pierre de Motta; mais la reine, qui protégeait Carvalho, le fit charger d'une mission pour Vienne, où bientôt après il fut accrédité en qualité d'ambassadeur de Portugal. Sa première femme étant morte victime de la vengeance de sa famille, il se remaria à Vienne, avec la jeune comtesse de Daun. Rappelé aussi de Vienne, par suite de l'antipathie qu'il inspirait au roi Jean V, il rechercha la protection des tout-puissants jésuites; mais il demeura l'objet des haines implacables de la haute noblesse. Jean V mourut enfin, en 1750, et son successeur, Joseph Ier, appela Carvalho à occuper le ministère des affaires étrangères, depuis longtemps le but de toute son ambition. Il réussit à dominer de plus en plus le roi, qui, par suite de la crainte que lui inspirait son frère dom Pedro, donna son approbation aux plans de son ministre, quelque hardis qu'ils fussent. Le royaume était réduit à l'état d'impuissance la plus extrême. L'Angleterre, les jésuites et la haute noblesse pillaient les richesses de l'État, qui se trouvait sans armée, sans flotte, sans commerce, sans agriculture. Le ministre adopta le système politique du mercantilisme, et dans cette voie ne laissa pas que d'obtenir quelques succès. Un homme de la trempe de Carvalho était seul capable de résister aux attaques dirigées maintenant contre lui par l'inquisition, à qui il avait interdit les *auto-da-fé*, par les jésuites, qu'il avait chassés du Paraguay, par la haute noblesse, à laquelle il avait enlevé ses possessions princières dans les colonies, et par le haut clergé, au pouvoir duquel il avait mis des bornes. Lors de l'effroyable tremblement de terre qui dévasta Lisbonne le 1er novembre 1755, Carvalho, au milieu de la désolation générale, fit preuve d'autant de courageux sang-froid que d'actif dévouement. Le roi l'en récompensa en le créant *comte d'Oeyras*, et en le nommant en 1756 premier ministre; de sorte qu'il fut désormais libre d'exécuter les plans qu'il avait formés, et qui étaient hardis pour l'époque. Les jésuites, de même qu'un grand nombre de seigneurs, ayant tout fait pour perdre le hardi novateur dans l'opinion publique, il dévoila leur politique au Paraguay, et finit par prendre la résolution de les éloigner tout à fait de la personne du roi. Ils perdirent leurs emplois de confesseurs, et eurent ordre de se retirer dans leurs colléges. Une conspiration contre la vie du roi, qui fut blessé dans la nuit du 3 au 4 septembre 1758, mit enfin aux mains du ministre ses mortels ennemis. Après s'être livré à une enquête minutieuse, et avoir à dessein rassuré les coupables, il fit arrêter, dans la nuit qui suivit la célébration des noces de sa fille, auxquelles avait assisté toute la haute noblesse (12 décembre 1758), le marquis de Tavora et sa famille, le jésuite Malagrida, et le lendemain le duc d'Aveiro et divers autres gentilshommes. Le ministre et un membre du tribunal dirigèrent l'instruction du procès, qui se termina le 13 janvier 1759, par d'horribles exécutions pratiquées sous les fenêtres du château de Belem. Le duc d'Aveiro et le marquis de Tavora, en leur qualité de chefs du complot, périrent sur la roue; on étrangla les fils et le gendre du duc, et la femme du marquis eut la tête tranchée. Les jésuites furent véhémentement soupçonnés d'avoir dirigé l'exécution du projet de régicide; mais le marquis de Tavora révoqua ensuite par écrit les inculpations qu'il avait élevées contre eux. Le ministre ne les en dénonça pas moins au pape comme étant les instigateurs de toute cette conspiration; et le pape ayant tardé à lui accorder l'autorisation qu'il sollicitait de traduire les accusés devant les tribunaux séculiers, il en fit exécuter quelques-uns en prison. Quant au père Malagrida, qui avait prophétisé la mort du roi, il fut condamné à être brûlé vif, et cet *auto-da-fé* fut exécuté en 1761. Dès le 3 septembre 1759 un décret royal avait banni du Portugal tous les autres jésuites, comme rebelles et ennemis du roi. Ceux-ci n'obtempérant qu'avec lenteur à cet ordre d'exil, Pombal les fit embarquer de force et conduire dans les États de l'Église. Il en résulta une querelle des plus vives avec le saint-siége. En 1760 le tout-puissant ministre renvoya le nonce du pape par delà les frontières; et il était à la veille de soustraire complétement le Portugal à l'autorité de la cour de Rome, lorsque Clément XIII mourut. Son successeur, Clément XIV, ayant bientôt après supprimé l'ordre des Jésuites, une réconciliation à opérer entre les deux gouvernements fut dès lors chose facile. Pendant la guerre, de courte durée, dans laquelle il se trouva engagé contre l'Espagne, le ministre confia le commandement de l'armée portugaise à un général allemand, le comte de Schaumbourg-Lippe, qui opéra une réforme radicale dans son organisation. Pombal s'attachait avec une prévoyante sollicitude à favoriser le développement de tout ce qui pouvait contribuer à la prospérité du pays; il améliora notamment le système d'instruction publique, et s'efforça de faire prévaloir le tutélaire principe de la tolérance. Créé *marquis de Pombal* en 1770, il avait atteint l'apogée de sa fortune politique, lorsque le roi Joseph Ier mourut, en 1777, laissant le trône à sa fille Maria, l'ennemie acharnée de Pombal. Pombal dut alors se démettre de tous ses emplois; les prisonniers d'État furent aussitôt remis en liberté en même temps qu'on abolissait la plupart des institutions de sa création. Il avait remis à la jeune reine un trésor de 78 millions de *cruzades*; mais la haine de ses ennemis l'emporta sur le souvenir de ses bons services. Les seigneurs firent tout pour l'envoyer à l'échafaud. La reine ordonna que le procès des régicides serait l'objet d'une enquête; et Pombal ne se sauva qu'en exhibant les preuves originales de cette conspiration, qui n'avaient pas été publiées jusque alors. Il mourut dans l'isolement, le 8 mai 1782, au bourg de Pombal. L'histoire de sa vie a été singulièrement défigurée par l'esprit de parti, notamment par son biographe, un ex-jésuite, et dans les *Anecdotes du ministère de Pombal* (Varsovie, 1784). L'apologie de Pombal par lui-même, insérée dans les *Matériaux de Statistique* de Dohm, prouve tout au moins que comme ministre il ne s'était point enrichi. Consultez *L'Administration du marquis de Pombal* (4 vol.; Amsterdam, 1788); Smith, *Memoirs of Pombal* (2 vol.; Londres, 1843).

POMELIÈRE. *Voyez* ENZOOTIE.

POMERANCIO. *Voyez* RONCALI.

POMÉRANIE, en allemand *Pommern*, duché appartenant aujourd'hui à la Prusse, borné à l'ouest par le Mecklembourg, à l'est par la Prusse occidentale, au sud par le Brandebourg, au nord par la Baltique. L'Oder le divise en Poméranie ultérieure et Poméranie citérieure (*Hinter* et *Vorpommern*), l'une à l'ouest, l'autre à l'est de ce fleuve. Avec quelques parties de ce qu'on appelait autrefois la Nouvelle-Marche (*Neumark*) et quelques contrées de la Prusse occidentale, il forme la province prussienne du même nom, divisée en trois arrondissements (Stettin, Kœslin et Stralsund) et vingt-six cercles, avec une superficie d'environ

400 myriamètres carrés et une population de 1,253,900 habitants, dont 11,100 catholiques, 9,700 juifs, et une centaine de mennonites.

Cette province est la contrée de l'Allemagne la plus basse et la plus plate; peu de collines en interrompent la fatigante uniformité. Les côtes de la Baltique, dans la Poméranie ultérieure, sont bordées de dunes de sable, dont les tempêtes modifient souvent la configuration. Son plus grand cours d'eau est l'Oder; et sur les côtes on en rencontre en outre un certain nombre de petits, navigables jusqu'à une certaine profondeur en amont. Le sol en est généralement sablonneux et d'une médiocre fertilité. Les céréales sont le principal produit de l'agriculture; ceux du règne minéral consistent en un peu de fer, en alun, sel, ambre, chaux, marne et tourbe. Les habitants sont d'origine allemande; mais dans le nombre il se trouve aussi un certain nombre de Cassoubes, parlant un dialecte particulier. L'industrie n'y a pris que de faibles développements; cependant, on fabrique dans le pays d'assez bonne toile. Le commerce y a plus d'importance. Son centre est Stettin, dont le port est à *Swinemunde*. Il existe une université à Greifswald, et on y compte en outre un certain nombre d'établissements d'instruction secondaire.

La Poméranie constituait jadis une partie importante du royaume des Wendes : à partir de 1062 elle eut ses ducs particuliers, dont la souche fut un certain Suantibor, et le plus remarquable Bogislas X, dit le Grand. Le christianisme y fut introduit au douzième siècle. La descendance mâle des ducs wendes de Poméranie s'éteignit en 1637, en la personne de Bogislas XIV. Aux termes des traités, c'est à la maison électorale de Brandebourg que le pays eût dû alors faire retour; mais comme les Suédois l'avaient occupé pendant toute la guerre de trente ans, ils s'arrangèrent de façon à conserver la Poméranie citérieure avec l'Ile de Rugen. Par suite de la guerre du Nord, ils durent en abandonner la plus grande partie à la Prusse, aux termes de la paix conclue à Stockholm en 1720, ainsi que les îles de Wollin et d'Usedom. La Suède ne conserva plus que la partie située entre le Mecklembourg, la Baltique et la Peene, avec l'île de Rugen. Les traités de 1815 adjugèrent ce restant de la Poméranie suédoise à la Prusse, et la Suède fut dédommagée de cette perte par la cession de la Norvège, enlevée au Danemark. Aux termes de la paix de Kiel, le Danemark avait reçu la Poméranie suédoise en échange de la Norvège; mais en 1815 il lui fallut encore céder ce bien faible dédommagement à la Prusse, en échange du petit pays de Lauenbourg.

POMERANUS. *Voyez* Bugenhagen.

POMÉRELLIE, *Pomerania parva.* C'est le nom qu'on donnait jadis à la partie de la Prusse occidentale comprise entre la rive gauche de la Vistule, la Poméranie, le grand-duché de Posen et la Baltique, et où se trouvent les villes de Schwetz, de Konitz, de Stargard et de Dirschau. Ce pays avait autrefois ses souverains particuliers; mais à partir de l'an 1290 il fut incorporé à la Pologne, qui pour le conserver eut de longues luttes à soutenir avec les Poméraniens, les margraves de Brandebourg et l'ordre Teutonique. En 1310 les chevaliers de l'ordre Teutonique en firent la conquête; mais en 1466 force leur fut de l'abandonner à la Pologne, qui en resta en possession jusqu'au premier partage de 1772.

POMMADE. C'est en général une composition molle et onctueuse, faite avec de la cire ou de la graisse de certains animaux, à laquelle on mêle divers ingrédients suivant les usages qu'on en veut faire. Les pharmaciens et les parfumeurs se sont exclusivement réservé la préparation de ces mélanges; mais une grande différence existe entre les pommades des pharmaciens et celles des parfumeurs. Les premières sont de véritables médicaments externes, les secondes sont des objets de toilette et de coquetterie.

Autrefois on faisait entrer des pommes dans la préparation des pommades : de là le nom qu'elles portent. Mais aujourd'hui on a complétement rejeté ces fruits, soit parce qu'ils sont inertes, soit plutôt parce que, en raison des acides qu'ils contiennent, ils possèdent des propriétés nuisibles.

Les anciens pharmacologues confondaient sous le nom de *pommades* les onguents et les pommades proprement dites; maintenant on a séparé ces deux sortes de médicaments, et l'on a réservé le nom de *pommades* à des composés de matières grasses d'une consistance molle, chargés de différents principes aromatiques et médicamenteux, mais ne contenant jamais de matières résineuses. Dans le nombre, il en est qui ne sont que de simples mélanges, opérés mécaniquement, et dans lesquels le principe médical ne se trouve mêlé que très-imparfaitement; d'autres au contraire contiennent la substance active à l'état de dissolution dans le corps gras lui-même : aussi sont-elles plus énergiques que les précédentes; quelques-unes enfin résultent d'une action chimique bien manifeste entre les corps gras et les composés, ordinairement de nature minérale, qu'on leur adjoint : dans ces cas-là les graisses sont devenues acides, et ont formé avec la substance minérale un véritable sel. Telles sont les pommades des pharmaciens. Les procédés de prépararation varient avec chacune.

Quant aux pommades pour la toilette, elles se présentent en général beaucoup plus simples : ce ne sont jamais que des mélanges de corps gras avec des huiles volatiles, mélanges que l'on fait quelquefois avec l'huile volatile elle-même, ou plus souvent en faisant *digérer* les corps gras sur les fleurs aromatiques : c'est ainsi que l'on prépare les pommades au jasmin, à la rose, etc. (*voyez* Parfumerie). La *pommade aux concombres* est peut-être la seule qui fasse exception : c'est réellement un excellent cosmétique, un véritable trésor pour conserver la blancheur du teint et effacer les taches produites par les rayons du soleil.

Dirons-nous un mot de ces pommades vantées dans les journaux pour faire croître les cheveux, et auxquelles des hommes honorables ont attaché leur nom : il nous suffira de dire que tous les corps gras produisent cet effet, et que la *graisse d'ours* ou *de lion* ne vaut pas mieux pour cela que l'axonge ou *graisse de porc*. Le charlatanisme seul, qui ne cherche qu'à faire des dupes, pourrait dire le contraire.

On se sert aussi du mot *pommade* pour exprimer un exercice de voltige exécuté par les écuyers des cirques, exercice qui consiste à tourner au-dessus du cheval, en ne se tenant appuyé avec les mains que sur le pommeau de la selle : ce tour exige de la souplesse et beaucoup d'habileté, le point d'appui ne présentant que peu de surface.

C. Favrot.

POMMAGE. *Voyez* Cidre.

POMME, fruit du pommier. Ce fruit est oblong ou arrondi, quelquefois déprimé, généralement ombiliqué à ses deux extrémités; il est creusé de cinq loges dispermes, revêtues d'un endocarpe cartilagineux. Les pommes sont ou acides-sucrées, ou simplement acides, ou douces-sucrées, ou amères, ou acerbes. Les premières et les troisièmes figurent sur nos tables, surtout les acides-sucrées, telles que les reinettes, dont on prépare des gelées, des sucres de pommes, des compotes, des charlottes et autres préparations; pour le raisiné, on préfère les douces à chair ferme. Les meilleures pour donner un cidre agréable, généreux et de bonne conservation, sont les amères, mélangées d'environ un tiers de douces.

Le cidre, et par conséquent la culture du pommier, remonte à une haute antiquité. Saint Jérôme atteste que ce breuvage fut connu des Hébreux; d'après les récits du naturaliste Pline et de Diodore de Sicile, les Romains estimaient beaucoup les pommes qui provenaient des Gaules; Tertullien et saint Augustin parlent du cidre des Africains. Dans les *Capitulaires* de Charlemagne, il est question des fabricants de cidre et de poiré.

Un de nos plus célèbres Normands, Bernardin de Saint-Pierre, donne ainsi, dans une ingénieuse fiction, l'origine des pommiers de sa province : « La belle Thétis, dit-il, jalouse de ce que, à ses propres noces, Vénus eût remporté la pomme, qui était le prix de la beauté, sans qu'on l'eût admise à la concurrence, résolut de s'en venger. Un jour donc que Vénus, descendue sur cette partie du rivage des Gaules, y cherchait des perles pour sa parure et des coquillages pour son fils, un triton lui déroba sa pomme, qu'elle avait mise sur un rocher, et la porta à la déesse des mers. Aussitôt Thétis en sema les pepins dans les campagnes voisines, pour y perpétuer le souvenir de sa vengeance et de son triomphe. Voilà, disent les Gaulois celtiques, la cause du grand nombre de pommiers qui croissent dans notre pays et de la beauté singulière de nos filles. »

On sait aussi quel rôle la pomme joue dans l'histoire. Pour éviter les frais qu'occasionnaient les noces, Solon ordonna que les nouveaux époux ne mangeraient qu'une pomme avant de se mettre au lit, la première nuit du mariage.

Si les traditions mythologiques parlent de quelques pommes fameuses qui ont joué un grand rôle dans les religions anciennes, et qui n'ont pas manqué d'inspirer une pieuse aversion, l'histoire aussi cite deux princes, l'empereur Constantin et Ladislas Jagellon, roi de Pologne, qui avaient conçu une vive répugnance pour le fruit qui causa la ruine de Troie, qui séduisit Atalante comme il avait séduit Ève, et qu'Hercule eut tant de mérite à ravir au jardin des Hespérides.

Louis Du Bois.

Parmi les innombrables variétés de la pomme, on distingue, dans les *pommes à couteau:* les *reinettes* (*reinette du Canada*, l'une des plus grosses pommes connues, *reinette grise*, *reinette blanche hâtive*, *reinette d'Angleterre hâtive*, etc.); les *apis* (*petit api*, *api noir*, *api blanc*, *api étoile*); les *fenouillets* ou *pommes-anis;* les *calvilles*, très-grosses (*calville blanche*, *calville rouge d'hiver*, *calville cœur-de-bœuf*); les *pigeonnets* ou *cœur de pigeon;* les *passe-pommes*; les *pommes de glace;* etc. Les *pommes à cidre* offrent aussi un grand nombre de variétés.

Pomme s'emploie dans plusieurs acceptions figurées et proverbiales. La *pomme de discorde* se dit d'un sujet de division entre plusieurs personnes. *Donner la pomme* à une femme, c'est juger qu'elle l'emporte en beauté sur d'autres. Ces deux acceptions font allusion à la célèbre pomme adjugée par Pâris, et qui mit la discorde entre Junon, Minerve et Vénus.

Dans les arts *pomme* désigne divers ornements de bois, de métal, etc., faits en forme de pomme ou de boule : une *pomme* de lit, de chenet, une canne à *pomme* d'or, etc.

Pomme a différentes acceptions en marine. La *pomme* d'un mât est une boule de bois, de forme aplatie, qui surmonte chaque mât d'un navire ; la *pomme* de la girouette, une pomme dans laquelle passe le fer de la girouette ou le paratonnerre : elle est plate, ronde, environnée d'un cercle de métal pour la consolider. Il existe encore à bord des vaisseaux des *pommes* de racage, des *pommes* gougées, des *pommes* de tournevire, d'étai, de tirevieille, etc.

Pomme se dit aussi des feuilles des choux et des laitues quand elles sont compactes et ramassées : chou *pommé*, laitue *pommée*. On appelle vulgairement fou *pommé*, sottise *pommée*, un fou achevé, une sottise complète.

POMME D'ADAM. *Voyez* LARYNX.

POMME D'AMOUR. *Voyez* TOMATE.

POMME DE CHÊNE. *Voyez* GALLE.

POMME D'ÉGLANTIER, excroissance velue produite sur les branches de l'églantier par la piqûre d'un insecte.

POMME DE PIN, fruit du pin (*voyez* CÔNE).

La *pomme de pin* a été fréquemment employée comme ornement dans les arts, même dans l'antiquité. On en voit sur beaucoup de bas-reliefs orner l'extrémité des thyrses qui décorent les frises. Elle a été employée toute seule dans les angles des plafonds, des corniches doriques et ioniques. On s'en est servi encore pour couronner les couvercles des vases et pour l'amortissement des édifices circulaires qui se terminaient par une couverture voûtée ; mais le plus notable exemple de l'emploi de la *pomme de pin* comme ornement et couronnement d'un édifice est celui du mausolée de l'empereur Adrien. D'après les plus sûres indications, et de sa masse, qui est encore entière, et des restes nombreux de colonnes dont on l'a dépouillé, ce mausolée devait se terminer par une coupole aplatie que surmontait la *pomme de pin* colossale, en bronze, qui est aujourd'hui placée à l'extrémité d'une cour du Vatican, et au sommet de la double rampe d'un escalier en avant de la grande niche du belvédère.

POMME DE TERRE, nom vulgaire de la *morelle tubéreuse*, espèce du genre *solanum*, de la famille des solanacées. Cette plante doit son nom aux gros tubercules, plus ou moins arrondis ou allongés, que produisent ses racines ; elle présente une tige creuse, anguleuse, haute de 0m,30 à 1 mètre; ses feuilles sont pinnées et décurrentes, à folioles ovales, entières et velues en dessous ; elle porte des fleurs en corymbe, sur des pédoncules droits et velus : ces fleurs sont ou blanches, ou d'un blanc gris entre-mêlé de rouge, ou violettes, selon les variétés. Dans quelques-uns de nos départements, la pomme de terre porte à tort les noms de *truffe*, *patate;* on l'a aussi appelée *parmentière*, en l'honneur de l'homme célèbre qui en a répandu la culture en France.

Originaire de l'Amérique, la pomme de terre fut apportée en Europe vers le milieu du seizième siècle; les Espagnols la trouvèrent cultivée dans le Haut-Pérou, et la transportèrent dans leur pays ; l'amiral anglais Walter Raleigh en rapporta de l'Amérique septentrionale en 1585. A partir de cette époque, la pomme de terre se répandit dans toute l'Europe, non sans difficulté toutefois. Des préjugés absurdes empêchèrent longtemps d'apprécier à sa juste valeur cette précieuse ressource ; c'était pour beaucoup un aliment dangereux ou au moins grossier, à peine bon pour les bestiaux. Les choses en étaient à ce point, vers la fin du siècle dernier, lorsque Parmentier commença une suite de travaux théoriques et pratiques pour ramener à la culture de la pomme de terre. Il fut assez heureux pour triompher des préjugés, et tout le monde fut convaincu des avantages de cette culture. En effet, quelle autre plante, d'un rapport aussi abondant, produira 28 pour 100 de fécule ?..... Ce rapport de la fécule aux autres éléments constituants n'est pas fixe, on le prévoit bien ; il varie nécessairement selon les variétés, selon les années et la nature du terrain. Vauquelin a constaté que les plus riches sont : l'*orpheline*, la *décroizille*, l'*oxnoble*, la *petite-hollande*, la *tardive-ardenne*, la *brugeoise*, la *jaune haricot*, la *gelingen*, la *belle ochreuse*, la *long-brin*. Toutes lui ont donné plus de cent grammes de fécule sur cinq cents de pulpe brute.

Nous ne pouvons énumérer ici toutes les variétés de pommes de terre, les unes blanches ou jaunes, les autres rouges ou violettes, mais pourtant bien distinctes, puisque, rondes, longues ou plates, elles se reproduisent chacune avec ses caractères propres. Les principales sont : la *grosse blanche tachée de rouge* (pomme de terre à vaches, rustique), la *blanche longue* (blanche irlandaise), la *jaune ronde aplatie*, la *rouge oblongue*, la *rouge longue* (très-connue à Paris sous le nom de *vitelotte*), la *rouge ronde*, la *violette hollandaise*, la *petite blanche chinoise*, la *rouge à corolle blanche*.

Les terres compactes et argileuses conviennent peu aux pommes de terre; elles se plaisent surtout dans les sols siliceux riches en humus ; elles veulent avant tout un milieu meuble, où leurs tubercules se développent à l'aise. On peut multiplier la pomme de terre par ses graines ou par ses tubercules. Les semis permettent d'obtenir des variétés nouvelles ; mais ils ne donnent de produits qu'au bout de deux ans. L'agriculture emploie donc la seconde méthode, qui constitue une véritable multiplication par boutures. Comme ces tubercules craignent la gelée, il est bon de ne les planter qu'après les froids, depuis avril jusqu'en juillet.

Lorsque les tiges ont atteint quelques décimètres de hauteur, un sarclage les débarrasse des mauvaises herbes ; puis, un peu avant la floraison, le buttage à la houe ou à la charrue accumule la terre autour de chaque pied et l'ameublit. Des cultivateurs ont constaté que cette dernière opération augmentait la récolte de près d'un tiers, et que pour hâter la formation des tubercules, pour en augmenter la grosseur, il suffisait de pincer le sommet des tiges à cette époque. Il est un moyen simple de se procurer des pommes de terre dans les villes : il suffit de déposer dans la cave, sur une couche de sable et de terre ordinaire, des pommes de terre bien saines ; elles germent, se développent et donnent naissance à de nouveaux tubercules qui acquièrent une saveur égale à celle des racines recueillies dans les champs.

Au temps de la récolte, vers novembre, le cultivateur en possession de produits abondants doit aviser aux moyens de les conserver : il laisse d'abord sécher sur le champ, pendant un ou deux jours, les pommes de terre arrachées, puis si la place manque dans les bâtiments de la ferme (grange, cellier, grenier), il les entasse dehors, en les enveloppant de paille longue recouverte de terre, ou bien il pratique dans le sol une fosse proportionnée à la quantité des pommes de terre; il la tapisse de paille sur toutes ses parois, et y dépose sa récolte, qu'il recouvre comme les parois intérieures.

L'usage des pommes de terre sera désormais l'obstacle le plus efficace au retour de ces disettes affreuses qui ont désolé plusieurs fois les plus belles contrées de l'Europe : mangées seules, elles remplacent le pain; mêlées aux autres substances ou végétales ou animales dont l'homme se nourrit, elles amènent une notable diminution dans la consommation des céréales. Cuites sous la cendre ou à la vapeur, dans une marmite au fond de laquelle on met de l'eau en ébullition, elles fournissent au pauvre un repas substantiel et agréable; soumises à la fermentation, elles donnent une assez bonne eau-de-vie. Enfin, pour nos animaux domestiques, elles peuvent, crues ou cuites, remplacer en totalité ou en partie les autres végétaux. P. GAUBERT.

Dans l'été de 1845, année peu favorable à la récolte du froment, le bruit se répandit, d'abord en Belgique, puis en France, que la pomme de terre était *malade*. Ce bruit n'était que trop fondé. La maladie progressa à la manière des épidémies et des épizooties les plus remarquées et les plus récentes. Elle procéda d'abord de l'est à l'ouest, ensuite du nord au midi, comme la grippe, le typhus et le choléra. De l'Allemagne on la vit passer en Belgique et en Angleterre, ensuite dans le nord de la France, puis dans la banlieue de Paris. Il lui fallut quelque temps pour se diriger vers le centre et vers le midi, qui, heureusement pour lui, ne vient le dernier qu'en fait d'épidémies.

Quand on remarque tant de similitudes dans les effets, il est permis de penser qu'il existe quelque analogie dans les causes. Or la cause des épidémies étant dans l'air même, dans son intime constitution, dans sa température, n'est-il pas vraisemblable qu'il en est ainsi de la *maladie de la pomme de terre*? Probable qu'elle a sa cause dans l'atmosphère, dans l'influence fâcheuse d'un été froid, et dans ce quelque chose de spécial et d'impénétrable qu'on nomme *influence épidémique*? Et en effet, quel que soit le sol et quelle qu'ait été la variété de pomme de terre, c'est d'abord la tige de ce végétal qui a été frappée, altérée; cette tige, en beaucoup de lieux, s'est fanée, flétrie, pourrie ou desséchée. Il n'est resté que le pied, la tête s'est anéantie. Or, quelque ignorant qu'on soit en botanique, on doit penser que la tige n'est pas sans influence sur la racine. La tige étant morte, la racine ne peut plus végéter seule. Je conçois que cette racine absorbe dans le sol des sucs nourriciers, des sels excitants, sa part de l'humus et des engrais; mais c'était la tige qui portait les feuilles, et c'est par ces feuilles que la plante absorbait et décomposait l'air; c'est par les feuilles encore vertes et actives que les plantes exhalent et respirent : les feuilles sont les poumons de tout végétal. Sans feuilles pour décomposer l'air et le combiner, sans respiration, sans oxygène ou sans carbone, que veut-on que deviennent les racines? Comment pourraient-elles prospérer? Gorgées de sucs bruts qu'elles absorbent spontanément, elles en restent nuisiblement abreuvées dès qu'ont disparu les surfaces foliacées par qui ces fluides eussent été élaborés et en partie exhalés. Quand on étête un arbre, le pivot radical finit par s'anéantir, ou au moins s'atrophie. Comment ce qui est vrai pour une grande plante deviendrait-il faux pour une petite? Ce qui arrive pour le chêne subsiste pour l'hysope et la pomme de terre; la racine ne va pas sans la tige, pas plus que la vie sans la respiration ou la respiration sans feuilles. Les feuilles sont indispensables non-seulement à la prospérité des racines et des fleurs, mais encore à la maturité des fruits. De ce qui précède il y a deux conclusions à tirer : 1° que la *maladie de la pomme de terre* a sa cause dans les qualités de l'air, puisqu'elle débute par la partie aérienne de la plante, par la tige et les feuilles, ces organes respiratoires; 2° que l'affection du tubercule radical n'est qu'une conséquence de l'altération de la tige.

Disons ici qu'un grand nombre de causes ont été assignées à cette altération. Les uns ont pensé que la *maladie* était due à une espèce de champignon, cryptogame parasite. D'autres ont cru à l'existence d'une pourriture comparable à celle des fruits. Un médecin de La Châtre a parlé d'une gangrène végétale, qui pouvait être inoculée d'une racine à l'autre; et il prétend l'avoir transmise à des balsamines. Ce serait à son avis une gangrène contagieuse et même héréditaire, ce qui ne soutient pas l'examen. Un autre agronome insiste sur une gelée blanche, qui de la tige de la plante se serait étendue jusqu'à la racine, dont l'albumine aurait été de la sorte altérée et noircie. D'autres ont inculpé le vent, et d'autres une espèce d'*acarus* analogue à l'insecte de la gale. Enfin, on en a accusé des larves ressemblant à des scolopendres et portant dix-sept anneaux et trente-quatre paires de pattes ; et notez bien que ce sont des hommes la plupart bien connus qui ont ainsi compliqué l'étiologie de cette *maladie* nouvelle de la pomme de terre.

Aucune de ces suppositions ou découvertes n'infirme la théorie que nous avons exposée. Champignons, animalcules ou moisissures, tous ces parasites des deux règnes n'atteignent jamais que des êtres affaiblis ou déjà souffrants. Les champignons, les mousses et les agarics n'attaquent que des végétaux déjà vieux et pour le moins en décadence, sinon malades. La muscardine n'atteint le ver à soie que lorsque l'animal a souffert, dans les mauvaises années ou sous l'empire de soins malentendus. Les vers intestinaux eux-mêmes ne s'attaquent qu'à des êtres faibles, qu'à des enfants peu surveillés ou mal nourris. Enfin, les parasites de toutes espèces témoignent d'une constitution vicieuse et d'un équilibre rompu ; ils signalent une dissolution prochaine ou déjà commencée. C'est quand il y a déjà fermentation qu'on voit apparaître les végétations de Turpin, les animalcules de Needham, les anguilles de la farine, comme disait Voltaire, les cryptogames de M. Fée, les arthrodiés de Bory Saint-Vincent et de Vautier. Toutes ces *forêts* de moisissures et les peuplades d'infusoires sont la conséquence de la maladie, et non sa cause. Il en est de même de la gangrène et de la gelée, qui ne gagnent les racines que parce que ces racines sans tiges sont déjà malades. Cela dit sur les causes du mal, étudions le mal lui-même, qu'on a tant de fois décrit depuis cinq ans.

Dans le premier moment on confondit la maladie nouvelle soit avec la *frisolée* (où les feuilles jaunissent avant le temps), soit avec la *gangrène sèche* et la *viridité*, dernière altération dans laquelle la couleur des tubercules seule est changée, le contact de l'air l'ayant rendue verte, du vert des tiges. Mais on s'accorda bientôt sur le genre d'altération qui constituait la maladie. On vit partout que les tubercules altérés, fréquemment gorgés de sucs disséminés et surabondants, brunissaient par zones en s'amollissant. On vit même la fécule se disséminer par grains dans un liquide coloré, quelquefois fétide. Le tissu du tubercule devenait tantôt mou, tantôt friable, et dès lors peu susceptible d'être attaqué par la râpe. On aperçut aussi beaucoup de granules vides et privés de leur fécule; comme si, de même que pour la pomme de terre *mère* qu'on transplante, ce restant de la tige, ne tirant plus rien du dehors par ses feuilles mortifiées, s'alimentait aux dépens de ses racines, en reprenant pour elle la fécule amassée. C'est ainsi que les abeilles se nourrissent l'hiver du miel qu'elles ont élaboré pendant la belle saison.

Au reste, cette *maladie* est partielle; elle n'attaque qu'une portion du tubercule, et surtout les tubercules les moins avancés, les plus éloignés du point de maturité. On a remarqué que les pommes de terre rondes ne sont *malades* qu'à la surface, tandis que celles qui sont oblongues le sont au centre, là où il apparaît une petite cavité naturelle après la cuisson. On a vu aussi que toutes les espèces n'en sont pas également atteintes, et que celles des jardins sont plus épargnées que celles des champs.

On peut ordinairement isoler la partie saine de la partie altérée, et les points épargnés peuvent être mangés sans crainte. On a même nourri des animaux avec la portion *malade*, sans qu'ils parussent en souffrir. Mais il est de règle à présent d'utiliser pour l'industrie les tubercules plus altérés, ceux, par exemple, qui tombent en dissolution. D'abord on en obtient quatorze pour cent de fécule grise, au lieu de dix-huit pour cent de fécule blanche que fournissent les tubercules sains. Ensuite, du sirop de fécule on peut extraire du sucre par la fermentation, ou de l'alcool en le distillant; sans compter qu'avec le résidu inerte de la pomme de terre altérée, que ce résidu soit ou non composé de champignons, on fabrique du carton et de bon papier d'emballage, qu'on reconnaît à sa couleur et à ses grumeaux. Grâce à la chimie, rien n'est perdu. Mais on doit plus que jamais regarder de près et flairer la fécule, le sucre et l'eau-de-vie dont on fait provision. Un point sur lequel tout le monde est d'accord, c'est en ce qui concerne les mesures à prendre pour la récolte et la conservation de la pomme de terre, et ces mesures justifient notre manière de voir quant aux causes du mal.

Mûrs ou non, les tubercules doivent être arrachés sans retard aussitôt que les feuilles et tiges se flétrissent, comme frappées du mal. Il faut soigneusement isoler les racines des feuilles ou *fanes*, qui ne sont bonnes qu'à être brûlées. Cependant M. Philippar voudrait qu'on s'en servît pour engrais, et vraisemblablement il a raison : il n'y aurait à cela aucun danger. Mais, à cause du préjugé d'hérédité possible, s'il est fait usage des tiges altérées, il est bon que ce ne soit que par exception et comme essai.

La fouille terminée, il doit être fait deux lots de la récolte: d'un côté les tubercules sains, qu'il faut un peu couvrir, afin que l'air ne les verdisse point, et ne pas trop entasser, de crainte qu'ils ne fermentent. Jamais de silos, à raison de l'humidité; se préserver de tout lavage, ce qui aggraverait le mal en celles qui en porteraient le germe. Ensuite on visite sa provision, comme s'il s'agissait de fruits dont on suit la maturité. Les tubercules avariés composent l'autre lot, qu'on peut ou consacrer totalement à l'industrie, comme nous l'avons dit, ou employer partiellement aux usages culinaires, ce qui n'a pas d'inconvénient. Cette portion de la récolte peut servir dans les fermes à nourrir et engraisser des animaux, surtout des porcs. Quoi qu'ait pu penser de contraire le comice de Metz ou le docteur Decerfz, qui les compare au seigle ergoté, les pommes de terre *malades* n'ont rien de malfaisant, même la portion *malade* n'a rien de plus vénéneux que la *tacho* ou la pourriture d'une poire gâtée.

C'est sans motif qu'on a paru craindre que le mal ne fût transmissible d'une année à l'autre, propagé qu'il pourrait être par les pommes de terre mères. Les maladies épidémiques sont quelquefois contagieuses, mais elles ne sont jamais héréditaires. Elles sont trop soudaines et trop éphémères pour se transmettre d'une génération à l'autre. Pour les deux règnes organiques, il n'y a d'héréditaires que les altérations lentement introduites et insensiblement progressives par qui l'organisme est à la longue modifié dans son essence, mais modifié avec maintien d'une harmonie nécessaire entre les rouages altérés et faussés, c'est-à-dire sans que l'équilibre vital soit rompu. En conséquence, les maladies chroniques sont les seules qui puissent impliquer l'hérédité. Isid. BOURDON.

POMME ÉPINEUSE. *Voyez* DATURA.

POMMER (Le docteur). *Voyez* BUGENHAGEN.

POMMERSCHE-HAFF ou STETTINER-HAFF. *Voyez* HAFF.

POMMIER, genre d'arbres et d'arbustes de la famille des pomacées, de l'icosandrie-pentagynie du système sexuel, ayant pour caractères : Calice persistant à cinq divisions; cinq pétales; étamines nombreuses; ovaire infère; cinq styles soudés à leur base. Le fruit est une mélonide (*voyez* POMME) renfermant dans une pulpe très-épaisse une capsule cartilagineuse à cinq loges, à semences ou pepins cartilagineux. On connaît onze ou douze espèces de pommiers, presque toutes propres aux parties boréales de l'ancien continent. Les principales sont le *pommier commun* (*pyrus malus*, L ; *malus communis*, Decand.,) le *pommier acerbe* (*malus acerba*, Mérat), et le *pommier paradis* (*malus paradisiaca*, Spach). On appelle encore ce dernier *pommier de Saint-Jean*, à cause de la précocité de ses fruits, qui mûrissent dès le mois de juillet. Les pommiers varient de taille, depuis un mètre jusqu'à la hauteur d'arbres assez forts. Leur écorce, astringente et réputée tonique, fournit une teinture jaune. Leur bois, d'un grain fin et serré, est recherché par les menuisiers, les tourneurs et les ébénistes. Il fournit aussi un charbon de bonne qualité. Mais c'est surtout pour leurs fruits que les pommiers sont d'une haute importance, surtout dans les pays où le climat ne permet pas de cultiver avantageusement la vigne.

Quelques pommiers exotiques sont recherchés dans nos bosquets, non pour leurs fruits, qui sont sans usage, mais pour la beauté de leurs fleurs. Tels sont le *pommier de Chine* (*malus spectabilis*, Desf.), le *pommier à bouquets* (*malus coronaria*, Mill.), etc., dont les fleurs répandent au printemps une odeur très-agréable.

POMMIER DE GOA. *Voyez* CARAMBOLIER.

POMOERIUM. On appelait ainsi, à Rome, l'espace consacré qui s'étendait tout le long et des deux côtés de la muraille ceignant la ville, et dont les limites étaient déterminées par des pierres indicatives (*Cippi*). Cet espace demeurait soustrait à tout usage. Ce qu'on appelait les auspices urbains (*auspicia urbana*) devaient être placés en dedans du *Pomœrium*, qui marquait en même temps les limites de la paix urbaine; aussi, pour les comices de centuries, les citoyens de centurie se réunissaient-ils en dehors de cet espace.

POMOLOGIE, science qui a pour objet la connaissance des fruits et leur production. Comme connaissance de tous les fruits comestibles des arbres (*pomaceæ*), elle fait partie de la botanique. Elle se borne toutefois à lui emprunter les règles propres à discerner et à connaître les genres et les espèces des arbres à fruit, et elle s'occupe surtout de la classification technique des diverses espèces que le botaniste ne considère que comme des variétés d'un petit nombre de genres. Il n'est guère possible de développer scientifiquement un système pomologique, attendu que l'apparition continuelle de nouvelles espèces et la diversité infinie des noms des fruits, noms qui diffèrent pour chaque sorte, non pas seulement de province à province, mais souvent de localité à localité, rendraient une telle entreprise extrêmement difficile. On s'est beaucoup plus occupé en Europe de cultiver les arbres à fruit que de les classer méthodiquement.

Les Romains considéraient les arbres des contrées plus chaudes qu'ils introduisaient dans leur pays, comme un butiu digne d'ajouter aux pompes de leurs triomphes. Ils rapportèrent le **cerisier** de l'Asie Mineure, l'**abricotier** de l'Arménie, le **pêcher** et le **prunier** de la Syrie. Virgile composa à l'usage de ses concitoyens un véritable cours pratique de la culture des arbres à fruit. Pendant longtemps ce genre de culture ne fut point connu hors de l'Italie; mais les Romains l'introduisirent dans les Gaules quand ils en eurent fait la conquête. C'est à Charlemagne que l'Allemagne fut redevable de cette utile culture; cependant, il est exact de dire que les moines de l'ordre de Saint-Benoît, qui se consacrèrent surtout à la culture de la **vigne**, contribuèrent encore plus que les lois du grand empereur à répandre et à populariser ce genre de culture dans cette contrée. Les fréquentes expéditions des empereurs en Italie, de même que les croisades, donnèrent aussi occasion aux Allemands d'apprécier les riches produits des contrées plus chaudes; les villes libres impériales du sud, en raison de leurs relations commerciales si étendues, les répandirent bientôt partout. Au seizième siècle, la culture des arbres à fruit avait déjà lieu sur une large échelle à Augsbourg, à Ulm et à Nuremberg, où dès 1621 parut l'*Hortipomologie* de Knab. Plusieurs princes allemands accordèrent aussi une attention toute particulière à ce genre de culture. La culture des arbres à fruit n'en resta pas moins pendant longtemps encore dans un état de grande infériorité en Allemagne, jusqu'à ce que l'importation d'espèces nouvelles, provenant des célèbres pépinières des chartreux de Paris, y fut venue l'améliorer.

En France, la pomologie doit une grande partie de ses progrès aux observations et aux travaux du célèbre **La Quintinie**, jardinier de Louis XIV. Le *Traité des Arbres fruitiers* par Duhamel est resté classique sur cette matière. Grâce à l'inépuisable fertilité de leur sol et à la douceur de leur climat, les Pays-Bas ont pu porter la culture des arbres à fruit à un haut degré de perfection pratique.

POMONE, déesse des fruits, était originaire d'Étrurie : « Elle vécut, dit Ovide, au temps de Procas, qui tenait sous ses lois la nation environnant le mont Palatin. Parmi les hamadryades du Latium, aucune ne cultivait les jardins avec plus d'adresse, aucune ne soignait avec plus d'amour les jeunes arbrisseaux. Ce n'étaient point les forêts ni les fleuves qu'elle aimait, c'étaient les vergers aux rameaux fructueux. » C'est de là qu'elle tire son nom (de *pomum*, fruit). Belle, fraîche et jeune, elle était l'objet de la passion des pans, des faunes, des satyres, de Priape surtout, et même du vieux Sylvain, dont les yeux à la vue de la nymhe s'animaient de tous les feux de sa jeunesse passée. Mais la nymphe n'avait de passion que pour ses vergers : une haie épaisse et élevée l'y défendait contre toute amoureuse attaque. Vertumne seul, qui, ainsi que le raconte Properce,

> Ennemi des combats, et né dans l'Étrurie,
> A quitté sans regret son antique patrie,

fut le plus assidu et surtout le plus tendre de ses adorateurs. Ce dieu, comme l'indique son nom, ayant la puissance de se *convertir* en mille formes diverses, après en avoir épuisé un grand nombre pour séduire Pomone, prit enfin celle d'une vieille. Sous cette apparence rassurante pour la pudeur, il étala, pour capter le cœur de la nymphe insensible, toutes les fleurs de la morale érotique, dont la dernière fut celle ci : « Vois cet orme près de nous, vois ces immenses rameaux chargés de grappes aux grains enflés de nectar d'une vigne qu'il s'est associée pour compagne. Si ses pampres ne couvraient pas son tronc solitaire, il n'offrirait rien à cueillir que des feuillages, et si cette vigne ne se fût pas mariée à cet orme, sur les bras duquel elle repose, elle languirait couchée sur la terre. » Enfin, Vertumne en dernier ressort, ne craignit pas de jeter quelque vague terreur dans l'âme toute neuve de la nymphe des vergers. Il lui raconta la légende d'Anaxarète, dont les froids mépris forcèrent Iphis son amant à se pendre, et dont Vénus vengea la mort funeste en changeant l'insensible en une roche dure comme le fer. La nymphe d'Étrurie céda aux raisonnements poétiques de la vieille. Vertumne, reprenant sa forme divine, parut à ses yeux dans sa florissante jeunesse : depuis ce temps, ils ne purent se passer l'un de l'autre. Ils ornèrent à l'envi de beaux jardins le sol de la riante Italie, et lui léguèrent les fruits délicieux qui naissent aujourd'hui de son sein. L'empire des vergers leur fut dévolu par les Romains. Pomone symbolisait chez eux la fructuation.

Pomone et Vertumne avaient un temple et de communs autels à Rome : le prêtre de la première s'appelait *flamen pomonalis.* On représentait Pomone éternellement jeune, avec un frais sourire, une gorge un peu forte, une robe longue, tombant en plis légers, dans le giron de laquelle elle a recueilli des rameaux chargés de fruits vermeils; quelquefois elle les tient dans sa main charmante, ou elle s'en est fait une couronne parfumée autour de la tête. Elle porte parfois aussi dans sa main une corbeille pleine des fruits de nos climats, des grappes mûres avec leurs pampres, ou bien une corne d'abondance. La pomme est son fruit de prédilection. Dans sa patrie, les Étrusques la couronnaient de myrte sans bandelettes. DENNE-BARON.

POMONE (*Astronomie*), **planète** télescopique découverte par M. Goldschmidt, dans la nuit du 26 au 27 octobre 1854. Elle est comparable pour son éclat aux étoiles de dixième ou onzième grandeur; on lui donnait pour ascension droite 2 heures 24 minutes 22 secondes et pour déclinaison boréale 14° 54′ 35″.

POMOTOU (Archipel). *Voyez* DANGEREUX (Archipel).

POMPADOUR, hameau du département de la Corrèze, avec 618 habitants et un château dont la fondation remonte au douzième siècle, et qui fut donné avec ses dépendances, en 1745, par Louis XV à sa maîtresse, qui en prit le nom. On y voit un haras, fondé en 1763.

POMPADOUR (JEANNE-ANTOINETTE POISSON, marquise de), née à Paris, en 1720, suivant la plupart des biographes, et en 1722 suivant Soulavie. Son père, François Poisson, était employé dans l'administration des vivres des armées. S'il faut en croire les mémoires du temps, il n'avait conservé son modeste emploi et n'avait échappé à des poursuites rigoureuses que par l'intervention des protections que sa femme s'était ménagées dans la haute finance. Plus tard sa fille satisfit ses créanciers. Le Normand de Tourneheim, fermier général, s'adjugea les honneurs d'une paternité fort équivoque, et fit élever la petite Jeanne comme sa fille. Elle était née artiste. D'habiles maîtres secondèrent ses heureuses dispositions, et ses brillants progrès dans la musique, la déclamation, le dessin et la gravure sur cuivre et sur pierres fines, surpassèrent toutes les espérances. A ces talents précieux, elle réunissait une figure charmante, à la fois belle et jolie, une tournure parfaite, beaucoup d'esprit et l'art de se mettre avec un goût exquis. Elle faisait les délices de la société brillante qui fréquentait les salons du riche financier. Jeanne Poisson se vit entourée de prétendants : ce n'était plus la pauvre fille d'un petit commis, mais l'enfant d'adoption d'un fermier général. Le jeune Le Normand d'Étioles, son neveu, demanda et obtint la main de Mlle Poisson. Il aimait, et n'était pas aimé; c'était un double malheur. Jeune, d'un extérieur agréable, homme d'esprit et d'une régularité de mœurs alors inconnue à la cour, et très-rare dans la haute finance, il avait pour sa femme toutes les prévenances, tout le dévouement de l'amant le plus passionné. Sa fortune était considérable, et celle de son oncle lui était assurée. Son épouse lui devait tout. Mais, environnée d'hommages et de séductions, elle oubliait qu'elle était épouse et mère; et l'infâme veuve Poisson lui avait sans cesse répété qu'elle était un morceau de roi. Le vieux Le Normand de Tourneheim devenait, peut-être à son insu, le complice de cette femme. Mme d'Étioles rêvait le même avenir. Elle réunissait dans ses salons toutes les illustrations de la cour et de l'Académie; elle avait appris à apprécier les unes et les autres; et c'est sans doute à ses relations intimes avec les poètes, les artistes et les philosophes de son temps qu'il faut attribuer ses sympathies pour les savants, qu'elle protégea quand elle fut parvenue à cette haute position qui avait été le rêve de sa jeunesse.

La dernière des trois sœurs Mailly, qui avaient été successivement les favorites de Louis XV, Mme de Châteauroux, n'était plus. La place était vacante, et Mme d'Étioles n'eut plus qu'une pensée, qu'une ambition : celle de succéder à Mme de Châteauroux. Elle fut puissamment secondée dans son projet par Binet, son parent, valet de chambre du roi, et agent secret de ses plaisirs. Binet indiquait à sa belle parente les jours, les heures et les lieux de chasse du roi, ses promenades; il l'introduisait au château les jours de *grand couvert.* Mme d'Étioles ne négligeait rien pour fixer l'attention du monarque par l'élégance recherchée de sa toilette et de son équipage. Elle se trouvait partout sur son passage. Louis XV, blasé, n'avait pu être fixé par aucune des beautés que lui avaient fournies la cour et la haute magistrature, et la place de Mme de Châteauroux n'était pas remplie. Mme d'Étioles en eût été pour ses frais de coquetterie et ses courses; ses agaceries n'eussent obtenu aucun résultat, si l'officieux Binet ne l'eût rappelée au souvenir du roi. Un soir qu'il allait se mettre au lit, il dit à son valet de chambre qu'il était fatigué de voir toujours de nouveaux visages, sans trouver une seule femme à laquelle il pût s'attacher. Binet, enhardi par cette confidence, parla d'une personne bien digne de lui plaire; mais elle était sa parente, elle était mariée. Quoique éperdûment amoureuse du roi, elle était singulièrement attachée à ses devoirs. Il rappela alors au roi une dame qu'il avait souvent rencontrée dans ses chasses au bois de Senart. L'ordre de lui procurer un entretien avec cette belle dame fut le dernier mot du roi. Mme d'Étioles, comme on peut le penser, fut exacte au rendez-vous. C'était le soir. Le lendemain matin le roi la renvoya, comme il avait en pareil cas renvoyé Mme de Lauraguais, la présidente Du Portail, et tant d'autres, qu'il ne revit plus.

Cependant, Mme d'Étioles, ivre de bonheur, attendait avec impatience un second rendez-vous; elle se croyait sûre de son triomphe. Un mois entier s'était écoulé sans que le roi lui eût donné un souvenir. Enfin, dans une de ses causeries intimes, mais toujours vagues, il s'avisa de demander à Binet des nouvelles de sa parente. « — Elle ne fait que pleurer, dit l'*honnête* valet; elle n'aime Sa Majesté que pour elle-même, et nullement par ambition ni par intérêt; sa position est brillante, sa fortune est considérable. Sans son amour pour Sa Majesté elle serait heureuse. — Eh bien, si cela est, dit le roi, je serai charmé de la revoir. » Ce second rendez-vous fut décisif, et Mme d'Étioles ne coucha plus à son hôtel. Ses fréquentes absences étonnèrent son mari, qui ne tarda pas à en apprendre la cause. Il aimait sa femme; il ne négligea rien pour la ramener à ses devoirs. Menaces, prières, tout fut inutile. L'épouse infidèle cessa de se contraindre, et courut chercher un asile à Versailles. M. d'Étioles reçut l'ordre de se rendre à Avignon, et de ne pas en sortir. Une fièvre ardente mit ses jours en danger. Enfin, rendu à la santé, à la raison, il demanda et obtint la permission de revenir à Paris. Il finit comme tant d'autres. Les plus hauts emplois dans les finances lui furent prodigués; sa fortune s'accrut de 400,000 liv. de rente; il obtenait tout ce qu'il demandait pour lui et ses amis, évitait par ordre tous les lieux où pouvait se trouver sa femme. Il n'existait plus entre eux que des relations épistolaires et la communauté de nom, qui cessa bientôt. Mme d'Étioles fut titrée *marquise de Pompadour :* c'était le nom d'une ancienne famille noble du Limousin, dont le dernier héritier mâle était mort en 1710. Sa mère mourut peu de temps après; son père, qui avait obtenu sa grâce avant même qu'elle fût déclarée favorite, vécut obscur et tranquille, sans regret du passé, sans souci de l'avenir. Les grandes dames n'avaient pu sans dépit et sans jalousie se voir préférer une femme de finance, une petite bourgeoise. La favorite leur ouvrit ses salons, et les plus irritées s'empressèrent de grossir sa cour; elle comprit que le seul moyen de retenir le roi était de le distraire, de l'arracher à ses préoccupations; il aimait les réunions intimes; les exigences de l'étiquette lui pesaient. Chaque soir fut marqué par un petit souper, chaque jour par un concert, une partie de chasse. Alors commencèrent les spectacles des petits cabinets. Mme de Pompadour choisit les acteurs, les actrices et les premiers danseurs et chanteurs parmi les notabilités de la cour. Des théâtres s'élevèrent dans les châteaux de Versailles, de Bellevue. Madame de Pompadour jouait les principaux rôles dans la comédie et l'opéra. *La troupe*, dont Mme de Pompadour était la directrice, fit ses débuts, le 20 décembre 1747, par *Le Mariage fait et rompu*, comédie en trois actes, de Dufresny, et par le ballet d'*Ismène.* La favorite débuta, le 30 du même mois, par le rôle de *Lise* dans la comédie de *L'Enfant prodigue*, et celui de *Zénéide* dans la petite pièce de ce nom. Ces spectacles se continuèrent sans interruption les hivers suivants jusque vers le milieu de l'année 1753. Ces fêtes, ces spectacles, ces concerts, ces petits soupers, ces voyages dans les résidences royales, ces revues, ces plaisirs si brillants, si variés, fatiguaient le roi sans le distraire. Il paraissait moins empressé auprès de la favorite. Au risque de compromettre sa santé, elle s'était imposé un régime violent, et se nourrissait de chocolat fortement vanillé. Le docteur Quesnay parvint à l'y faire renoncer. Louis XV aimait le changement, mais il était retenu par l'habitude. La maréchale de Mirepoix le connaissait bien : « C'est votre escalier, disait-elle à Mme de Pompadour, que le roi aime, il est habitué à le monter et à le descendre. Mais s'il trouvait une autre femme à qui il parlerait de sa chasse et de ses affaires, cela lui serait égal au bout de trois jours. » La favorite s'inquiétait peu des fréquentes infidélités du prince; elle avait vu sans jalousie Mlle de Romans et d'autres maîtresses du prince. Elle ne redoutait que les grandes dames. Mme de Coislin l'aurait supplantée si elle ne se fût perdue elle-même par sa maladresse. Le roi en était fort amoureux; mais, au lieu d'exciter, d'entretenir les désirs du prince, elle se livra *comme une fille*, et fut quittée de même.

Mme de Pompadour se résigna au rôle modeste, mais plus sûr, d'*amie nécessaire.* Elle se fit ministre. Ses relations avec les hommes d'État lui avaient appris quelques mots de la science politique. Louis XV la crut fort habile, et le conseil des ministres se rassembla dans l'appartement de sa maîtresse. Les affaires les plus importantes de l'État et de l'Europe se décidèrent dans un boudoir. Le choix des ministres, des ambassadeurs, des généraux, dépendit d'un caprice de femme; l'abbé de Bernis, favori de la favorite, entra au conseil. La diplomatie étrangère exploita à son profit la circonstance. Le premier ministre de Marie-Thérèse détermina cette princesse à sacrifier sa fierté aux exigences de sa position, et l'impératrice-reine écrivit à Mme de Pompadour en l'appelant *ma cousine.* Ce mot bouleversa la tête de la favorite, et changea le système politique de la France. Le honteux traité de 1756 mit à la disposition de l'éternelle ennemie de la France ses trésors et ses armées. Ce traité était l'ouvrage de l'abbé de Bernis, qui en eut honte, et n'osa pas en accepter la solidarité : il devait à Mme de Pompadour sa prodigieuse élévation, mais elle l'avait fait trop puissant pour qu'il ne fût pas ingrat. S'étant montré moins complaisant et moins docile, il fut remplacé par Choiseul, dévoué à la maison d'Autriche, dont il était né sujet. A des traités honteux succédaient de honteuses défaites; et la déroute de Rosbach ne fut que la déplorable conséquence du mauvais choix des généraux. Une intrigue de femme avait fait remplacer d'Estrées par Soubise. La dilapidation scandaleuse du trésor public était le moindre des malheurs de la France. Il ne faut pourtant pas oublier que madame de Pompadour encouragea les arts, les lettres, les sciences, protégea les philosophes, et soutint de son puissant patronage l'œuvre des encyclopédistes. Elle contribua à l'expulsion des jésuites. Mme de Pompadour s'amusait à donner des sobriquets aux ministres qu'elle affectionnait : elle appelait Moras son *gros cochon*, Paulmy-d'Argenson sa *petite horreur*, et le cardinal de Bernis son *pigeon pattu*. Les historiens contemporains ne sont point d'accord sur les portraits qu'ils ont faits de Mme de Pompadour. M. de Lévis lui refuse une figure expressive. Il est démenti sur ce point par tous les auteurs contemporains. L'abbé Soulavie, que l'on accusera peu de flatterie, l'a peinte ainsi dans ses belles années : « Outre les agréments d'une belle figure, pleine de vivacité, Mme de Pompadour possédait encore au suprême degré l'art de se donner un autre genre de figure ; et cette nouvelle composition également savante était un autre résultat des études qu'elle avait faites des rapports de son âme et de sa physionomie. Ce ton langoureux et sentimental qui plaît à tant d'individus, ou qui plaît au moins dans beaucoup de circonstances à tous les hommes sans exception, Mme de Pompadour savait le créer, le manier et le reproduire au besoin, au point qu'elle avait ce qu'on a le moins à la cour, et ce que l'Écriture appelle *le don des larmes*; mais ce don, la dame ne l'avait que comme les comédiens habiles en présence d'un public observateur de l'impression qu'ils éprouvent. Louis XV à cet égard était le public de Mme de Pompadour. Comment donc pouvait résister à l'empire d'une telle comédienne un roi nul et apathique, quand cette femme était, suivant les circonstances, ou même à son gré, belle et jolie tout à la fois... Ces différents caractères étaient au besoin les variétés de son visage; elle était à volonté superbe, impérieuse, calme, friponne, lutine, sensée, curieuse, attentive, suivant qu'elle imprimait à ses regards, sur ses lèvres, sur son front, telle inflexion ou tel mouvement, si bien que sans déranger l'attitude du corps son visage était un parfait Protée. »

Elle se multipliait pour plaire à son royal amant ; elle se travestissait, suivant les circonstances, en jardinière, en sœur grise, en fermière, en princesse. Ses lèvres étaient pâles et flétries, suite de la triste habitude qu'elle avait contractée de se les pincer et de les mordre...... Ses yeux étaient châtains et brillants, ses dents très-belles, ses mains parfaites... Elle avait inventé des *négligés* que la mode avait adoptés, et qu'on appelait les *robes à la Pompadour*, dont les formes, semblables aux vestes turques, pressaient le cou, étaient boutonnées au-dessus du poignet, adaptées à l'élévation de la gorge, collantes sur les hanches et dessinaient la taille. Sa beauté n'eut qu'un éclat passager. Elle avait vieilli avant le temps, et ne pressentait que trop sa fin prochaine. Sa maladie fut longue et douloureuse; et si ce fut un poison, comme on le disait d'avance, il fut bien lent. Louis XV vit passer son convoi avec indifférence. L'événement le plus funeste de la vie de Mme de Pompadour, et qui eut le plus d'influence sur le dépérissement de sa santé, fut la mort de sa fille Alexandrine, qu'elle avait eue de M. d'Étioles et dont elle avait rêvé le mariage avec le duc de Fronsac; le refus humiliant qu'elle essuya de la part du père de ce jeune seigneur dut lui apprendre la juste valeur d'un dévouement de courtisan. Elle aimait sincèrement son frère, qu'elle fit marquis de Marigny et surintendant des bâtiments; le grand seigneur improvisé sut du moins justifier son élévation par son zèle pour les progrès des arts et se concilier l'estime et la reconnaissance des grands artistes de l'époque.

Son testament et son codicille ont été publiés par Saulnier, à la suite des anecdotes de sa vie. Elle avait nommé le prince de Soubise son exécuteur testamentaire. Son cabinet se composait d'une riche et précieuse collection de livres, de tableaux, de pierres gravées et de curiosités rares. Elle mourut le 15 avril 1764, à l'âge de quarante-quatre ans.

Mme de Pompadour, éloignée de la cour, lors de l'attentat de Damiens, comme Mme de Châteauroux lors de la maladie du roi à Metz, avait été plus heureuse que cette dernière; son absence n'avait été qu'un court interrègne, et elle avait bientôt reconquis tout son empire sur le monarque. Elle expira les rênes de l'État dans les mains. Transportée de Choisy à Versailles, elle eut le privilége, réservé aux seules personnes de la famille royale, de mourir dans le palais. Elle ne se dissimula point que sa dernière heure allait sonner. Le curé de La Madeleine, paroisse de son hôtel à Paris, vint lui apporter les secours de la religion, et à l'instant où il se disposait à se retirer : « Un moment, monsieur le curé, lui dit-elle, nous nous en irons ensemble. » A peine eut-elle rendu le dernier soupir qu'elle fut portée sans bruit, sans pompe, à son hôtel à Paris. Son frère Marigny recueillit son immense succession. Elle s'était montrée généreuse envers ses amis et tous ceux qui avaient été à son service. Elle avait légué au roi son hôtel de Paris. La clause de son testament était ainsi conçue : « Je supplie le roi d'accepter le don que je lui fais de mon hôtel de Paris, étant susceptible de faire le palais d'un de ses petits-fils. Je désire que ce soit pour monseigneur le comte de Provence (depuis Louis XVIII). » Cet hôtel, où furent exposés, au milieu du plus riche mobilier, les curiosités les plus rares, ses tableaux, sa bibliothèque, une vaisselle magnifique, fut ouvert aux amateurs : la vente dura plus d'une année.

Les registres secrets de Louis XV, qui ont été découverts depuis, et publiés à l'occasion du procès de Louis XVI, et dont l'authenticité n'est point contestée, énoncent les sommes payées par le trésor à Mme de Pompadour et à son frère, le marquis de Marigny, en 1762 et 1763 : elles s'élèvent pour ces deux années à 3,456,000 livres. Elle avait reçu du roi en 1749 un hôtel à Fontainebleau, la terre de Crécy, le château d'Aulnay, *Brimborion* sur Bellevue, bâti pour elle à grands frais ; les seigneuries de Marigny et de Saint-Remy ; en 1752, un hôtel à Compiègne, un hôtel à Versailles, l'Hermitage, qu'elle rétroceda ensuite à Louis XV ; le château de Bellevue, où la noble troupe des spectacles des petits cabinets donna plusieurs représentations; la terre de Ménars, l'hôtel d'Évreux à Paris. Ce dernier immeuble coûta 800,000 francs. Le roi y fit depuis des embellissements considérables. C'était un des plus somptueux hôtels de la capitale. Ces hôtels, ces palais, étaient plus richement meublés que ceux du monarque. Louis XV fit en outre compter au frère de Mme de Pompadour, le 7 mars 1773, 150,000 francs pour rente viagère, et le 11 juillet de la même année, aussi pour rente viagère, 400,000 francs, et le même jour, pour l'aider à payer les dettes de Mme de Pompadour, 230,000 francs. M. Le Roi, bibliothécaire de la ville de Versailles, a publié en 1853, dans le *Journal de l'Instruction publique*, un état des dépenses de Mme de Pompadour pendant tout le temps de sa faveur, qu'il avait trouvé manuscrit dans les archives du département de Seine-et-Oise. Il a été composé sur des notes dont un grand nombre sont de la main de Mme de Pompadour elle-même. On y voit que cette maîtresse n'a pas coûté moins de 36 millions à la France.

On publia après sa mort, sous la rubrique de Liége (1766), des *Mémoires écrits par elle-même* (un vol. in-12). Ces *Mémoires* ne sont point authentiques. Il a été reconnu qu'ils sont l'ouvrage de Mme de Vaucluse. Ses *Lettres*, auxquelles on a ajouté une suite, sont aussi d'une main étrangère ; mais elles sont mieux écrites que ses *Mémoires*, et l'auteur a d'ailleurs parfaitement exprimé les opinions, les sentiments de Mme de Pompadour et ses relations les plus intimes. Cette connaissance parfaite de la vie intérieure de la favorite a pu faire croire que c'était l'ouvrage de Crébillon fils, l'un de ses plus fervents et de ses plus obséquieux serviteurs.

DUFEY (de l'Yonne).

POMPADOURA. *Voyez* CALYCANTHE.

POMPE (du grec πομπή, entourage), appareil extraordinaire où se déploie toute la magnificence soit des souverains, soit des communautés civiles, soit des communautés religieuses, soit des individus riches et puissants. La cavalcade qui ouvrait les jeux du cirque s'appelait *pompe*. Ce mot s'applique surtout aux grandes solennités, aux cérémonies réellement publiques. Cette magnificence se déploie le plus ordinairement dans le couronnement et le sacre des rois ou des papes, lors de la première entrée des souverains dans leur capitale, etc., etc. Chez les Grecs, principalement à Athènes, les fêtes religieuses, qui étaient aussi des fêtes nationales, se célébraient avec un éclat extraordinaire, avec toute la pompe que cette ville d'une si haute civilisation pouvait déployer. On vante la pompe qui éclatait dans la marche des rois de Perse et dans celle d'Antiochus le syrien, qui réunissait dans ces circonstances cinquante mille hommes. Dans ces derniers siècles, on a vanté la pompe de la cour de Louis XIV.

En langage religieux, renoncer au monde et à ses *pompes*, c'est renoncer au monde, à ses vanités, à ses plaisirs faux et frivoles. On dit de même renoncer à Satan, à ses *pompes*, à ses œuvres.

On dit enfin au figuré la *pompe* du style, des vers, de l'éloquence, quand, en parlant ou en écrivant, on se sert d'expressions choisies, relevées et magnifiques.

A. Savagner.

POMPE, machine très-commune, servant à élever l'eau, et dont la partie principale consiste en un cylindre dans lequel joue un piston. On en attribue l'invention à Ctésibius, mathématicien d'Alexandrie, qui vivait environ 120 ans avant J.-C.; mais il y a plus d'apparence qu'il perfectionna seulement cette invention. On connaît aujourd'hui trois sortes de pompes, la *pompe foulante*, la *pompe aspirante* et la *pompe aspirante et foulante*.

La *pompe aspirante* se compose d'un *corps de pompe* ou cylindre creux dont la partie inférieure plonge dans le réservoir contenant le liquide à élever, soit directement, soit par un *tuyau* dit *d'aspiration*, qui en forme comme le prolongement. A leur point de réunion se trouve une soupape qui, s'ouvrant de bas en haut, permet à l'eau de passer du tuyau d'aspiration dans le corps de pompe, et qui, en s'abaissant, empêche l'eau au contraire de redescendre du corps de pompe dans le tuyau d'aspiration Le piston est percé d'un trou recouvert d'une soupape semblable, et sa tige est attachée à l'extrémité d'un levier dont le jeu le fait monter et descendre alternativement. Lorsque le piston s'élève, le vide se fait dans le corps de pompe, et l'équilibre se trouve rompu entre les forces qui maintenaient l'eau de niveau dans le réservoir et le tuyau d'aspiration. La pression atmosphérique pesant davantage sur la surface libre, l'eau monte dans le tuyau, la première soupape s'ouvre et la laisse passer, tandis que celle du piston reste immobile, pressée qu'elle est par le poids de l'air. Lorsque le piston descend, le jeu des soupapes est inverse; la soupape inférieure se ferme et arrête l'eau; la supérieure s'ouvre pressée par l'eau ou l'air qui se trouve entre le piston et la soupape inférieure, et le fluide est enlevé par le piston à l'ascension suivante, autant que son jeu le permet, en même temps qu'une autre colonne remonte dans le corps de pompe pour passer au-dessus du piston et être encore enlevée à un autre coup du balancier. La pression de l'air atmosphérique qui fait monter l'eau dans la pompe étant égale à une colonne d'eau d'environ 10m4 de hauteur, il s'ensuit que le tuyau d'aspiration doit avoir moins que cette hauteur, car l'effet pratique ne répond pas entièrement à la théorie.

Dans la *pompe foulante* le corps de pompe plonge dans le réservoir. Son extrémité inférieure est fermée par une soupape s'ouvrant seulement de dehors en dedans. Une autre soupape adaptée à la paroi s'ouvre de dedans en dehors, et communique avec un tuyau d'ascension. Quand le piston, qui est plein, s'élève, la soupape inférieure s'ouvre, et l'eau entre dans le corps de pompe; lorsqu'il descend, cette soupape se ferme, et l'eau refoulée s'échappe par la soupape latérale. Par ce moyen l'eau peut monter à une hauteur indéfinie, le piston exerçant sur le fluide un refoulement dont la force n'a de limite que dans la puissance qui le fait mouvoir.

Pour la *pompe aspirante et foulante* on n'a qu'à ajouter un tuyau d'aspiration à la pompe foulante, ou à remplacer le piston à soupape de la pompe aspirante par une soupape dans la paroi du corps de pompe et un piston plein.

Dans toutes ces pompes le déversement de l'eau n'a lieu que pendant la marche du piston dans un seul sens : il y a intermittence dans l'émission du liquide; pour que le jet soit continu, on a proposé divers moyens, entre autres la combinaison de plusieurs corps de pompe communiquant à un même tuyau et ayant un jeu de piston en sens inverse, ou bien les deux pistons contraires jouant dans un même corps de pompe, ou enfin un piston à double effet aspirant et refoulant. Le meilleur procédé est d'employer un réservoir d'air, cavité communiquant par une ouverture avec le fluide de la colonne d'ascension. L'air qui y est contenu éprouvant la même pression que le fluide se contracte notablement; et quand le mouvement du piston est rétrograde, cet air comprimé se détend, presse le fluide et en fait continuer l'émission, quoique avec une diminution graduelle de force.

Quand les pompes sont fixes et à demeure, on peut les faire mouvoir par les chevaux, les cours d'eau, la vapeur. Elles servent alors à l'alimentation publique, aux irrigations, aux épuisements.

L. Louvet.

La *pompe à incendie* consiste en une bâche dans laquelle plongent une ou deux pompes aspirantes et foulantes qui communiquent avec un même tuyau destiné à diriger le jet d'eau sur le point incendié. Les tuyaux ou boyaux en cuir, cloués ou même cousus avec du fil métallique ou en toile, s'ajustent sur le conduit du corps de pompe au moyen d'une garniture métallique, et peuvent être réunis entre eux par un moyen analogue; l'extrémité est armée d'un tuyau métallique conique par lequel l'eau s'élance au travers de l'atmosphère. La pompe est placée sur une semelle en bois, et peut être facilement transportée; elle est mise en mouvement par un levier, dans les œils duquel on passe une barre en bois servant à manœuvrer les pistons; ce travail, assez pénible en lui-même, le devient encore plus pour les personnes qui n'en ont pas l'habitude, parce qu'elles ne se contentent pas de baisser le piston, elles le relèvent aussi; tandis que les sapeurs, habitués à cette manœuvre, n'agissent qu'en pesant sur levier et peuvent travailler beaucoup plus longtemps.

On a aussi appliqué la vapeur aux pompes à incendie, surtout en Amérique. M. Arnoux a imaginé une pompe d'une grande puissance à vapeur et à air par condensation, sans piston ni clapet.

La *pompe à feu* n'est qu'une pompe dont le service se fait au moyen de la vapeur. Elle a été inventée en Angleterre au dix-huitième siècle, et ce sont les frères Périer qui l'ont introduite chez nous en 1781. La machine de Chaillot fut leur première œuvre. Quoique les pompes à feu se modifient, elles se réduisent toujours au principe d'une pompe aspirante et foulante. La belle machine de Marly, qui fournit d'eau la ville de Versailles, celles de Chaillot et du Gros-Caillou atteignent ce premier but.

Sur les vaisseaux, il y a aussi des pompes pour vider l'eau qui peut les envahir. Les pompes aspirantes simples dites *à la royale* sont les seules qui puissent servir sur les vaisseaux. Le pied de ces pompes est ensaboté ou garni d'une plaque de plomb qu'on nomme *crapaud*, et qui est percée de trous pour empêcher les immondices de pénétrer dans la pompe : celle-ci, dans sa plus grande simplicité, se compose de deux corps de bois séparés par un tuyau cylindrique en fonte, auquel les retiennent des vis et des écrous. Sur les vaisseaux marchands, c'est une chemise de cuivre qui remplace le corps de fonte. Les corps de bois, dont l'inférieur se nomme *corps d'aspiration*, et le supérieur *corps de dégorgement*, sont coniques, et armés d'une *chopine* et d'une *heuse*. C'est à la chopine qu'est fixée la soupape d'en bas, laquelle se nomme *clapet*, de même que la soupape du piston. La heuse, à peu près pareille à la chopine, s'introduit par en haut : c'est le *piston* proprement dit, emmanché d'un bâton et armé de son clapet, ou soupape. Comme le piston ne ferme jamais bien hermétiquement, on *charge* la pompe avant de s'en servir, c'est-à-dire qu'on y introduit de l'eau pour empêcher dans le tube la pression de l'air qui y pénétrerait toujours un peu; et qui ne s'exerce alors que sur l'eau de la cale qui monte plus facilement. Cette pompe n'est rien moins que parfaite, et le maniement en est difficile; car, d'après ces principes de mécanique, que les résistances sont comme les carrés des vitesses, et qu'un fluide contenu dans un espace ne peut passer dans un autre espace plus petit durant un même temps donné qu'en augmentant de vitesse, il résulte que celle de l'eau doit s'accroître beaucoup pour passer par la soupape du piston durant le temps de la descente de celui-ci; cet accroissement est dans le rapport de la différence du carré du diamètre transversal du corps de pompe, qu'on nomme aussi *corps de battement*, au carré du diamètre transversal du trou du piston; d'où il résulte que celui-ci rencontre beaucoup de résistance pour descendre. Le déplacement ou la vacillation du manche du piston augmente tellement encore cette résistance que, malgré le vide qui se trouve en dessous de ce même piston quand on l'a soulevé, il ne redescendrait pas seul si l'on n'avait la précaution d'attacher au haut du bâton plusieurs boulets dont l'action est encore sollicitée par l'effort d'un ou de deux hommes qui les attirent en bas au moyen d'une corde. A ces causes de résistance il en faut ajouter une autre, dépendant de ce que la soupape du piston ne s'élève pas perpendiculairement, mais obliquement au plan du piston avec lequel elle fait un angle de 45°. On nomme *brimbale* le levier suspendu au mât qui met en jeu le piston. Le *martinet* est l'assemblage des cordes par lesquelles on met ce levier en mouvement. La brimbale des vaisseaux marchands de médiocre grandeur est une sorte de levier à main, appuyant sur la pompe même. Deux ou trois hommes le font mouvoir. La pompe n'aspire pas toute l'eau de la cale; on dit qu'elle *franchit*, ou qu'elle est *franche*, quand elle ne peut plus aspirer.

La *pompe à chapelet* dont on a inutilement essayé l'usage à bord, mais qui sert encore à terre pour les assèchements, avait, entre autres inconvénients, celui d'occuper le double de monde, et de tenir deux fois autant de place que la pompe à la royale, sans en donner le double résultat.

On nomme à bord *pompe de poulaine* une petite pompe ajustée sur l'étrave et sur les barbes des bordages, et avec laquelle on retire de l'eau de la mer pour laver les ponts, matin et soir.

POMPÉE naquit l'an 106 avant J.-C., d'une famille équestre. Il était fils de Cneius Pompeius Strabo, qu'un coup de tonnerre était venu soustraire à la haine des Romains. Mais on ne le confondit pas dans la réprobation universelle: sa vie était d'une pureté sévère, sa parole une garantie certaine de la vérité; son accueil était gracieux et ouvert, sa parole éloquente et forte. Les femmes admiraient et aimaient le jeune Pompée; mais jusqu'à son mariage l'histoire ne signale qu'une seule de ses maîtresses, la belle et célèbre courtisane Flora. Pompée eut dès sa jeunesse une occasion de déployer cette magnanimité qui devait être une des qualités éclatantes de son caractère. Un jour, un certain Terentius, son ami, son compagnon de tente, résolut de porter un coup mortel à Strabon en tuant son fils. Instruit du complot, il n'en laissa rien paraître, et à souper il traita Terentius mieux que jamais. Puis il se retira dans la tente de son père. Le meurtrier dans les ténèbres ne frappa qu'une couche vide. Alors il ameuta les soldats, qui déployèrent leurs tentes et parlaient de se rendre à l'ennemi. Pompée se montre, et les conjure de ne pas déshonorer ainsi leur capitaine. Mais ses prières n'étaient point écoutées. Il court à la porte du camp, et se couchant en travers: « Que celui qui veut aller à l'ennemi passe sur mon corps, » s'écria-t-il. Tant de résolution en imposa à ces hommes, et l'ordre se rétablit dès qu'on sut que le pardon de Terentius était accordé. Voici un autre trait relatif à la simplicité de ses mœurs. Il était un jour très-malade, et les médecins déclaraient que la seule chose qui pouvait le guérir était une grive. La saison en était passée, et on ne pouvait en trouver que dans les jardins du riche Lucullus. Pompée ne voulut pas absolument qu'on la demandât. « Eh quoi! dit-il, Pompée ne pourrait-il pas vivre si Lucullus n'était pas un gourmand? » Il se recoucha, et attendit en paix sa guérison, qu'un autre remède lui procura.

Après la mort de son père, Pompée, comme son héritier, fut accusé de malversation et de rapine. Il était très-jeune encore; mais son éloquence fut si puissante, qu'il fut entièrement disculpé, et qu'Antistius, qui présidait les juges, offrit sa fille à l'éloquent accusé. Antistia fut donc la première femme de Pompée. Ce fut à cette époque que sa carrière militaire commença. Cinna avait été assassiné dans son camp: Carbon le remplaçait. Il était aussi redouté à Rome que son prédécesseur, et Sylla allait marcher contre lui. Pompée, qui était alors dans les terres de son père, leva trois légions, avec ses propres ressources. Ces nouvelles légions furent partout victorieuses: et bientôt une armée tout entière, que le consul Scipion dirigeait contre lui, passa dans son camp. Aussi, quand Sylla le vit arriver devant lui, il descendit de cheval, et salua du titre d'*imperator* ce jeune guerrier, qui n'était pas même membre du sénat. Il l'envoya ensuite rejoindre Metellus dans les Gaules et partager le commandement avec lui. Bientôt la Sicile et l'Afrique lui offrirent de nouveaux champs de bataille. En Sicile, il triompha de Porsenna et de Carbon. En Afrique, il vainquit Domitius, dans une sanglante bataille où ses troupes massacrèrent dix-sept mille de leurs ennemis. Il soumit tous les rois barbares, pénétra dans la Numidie, et renouvela pour longtemps cette terreur du nom romain que le temps avait affaiblie. Il délassait son armée de la guerre par la chasse aux lions et aux éléphants. Quarante jours lui suffirent pour tous ces exploits. De retour en Italie, il trouva sur le rivage un ordre signé de Sylla, de licencier son armée, et de revenir sur-le-champ près de lui. Les soldats de Pompée subirent en frémissant cette humiliation, et poussèrent des cris de révolte contre Sylla. Celui-ci n'avait d'autre motif que de façonner et de plier à son gré la volonté de ses lieutenants. Il vint jusqu'aux portes de Rome, félicita Pompée, et lui donna le surnom de *Magnus*. Malgré ses répugnances, il consentit même à célébrer son entrée par les honneurs d'un triomphe. Pompée se présenta monté sur un char traîné par quatre éléphants d'Afrique; mais les portes de la ville se trouvèrent trop étroites, et il dut se contenter de faire atteler quatre chevaux à son char.

Bientôt après Sylla mourut. Son testament contenait une vengeance contre Pompée: il était le seul de ses amis qui eût été oublié dans les legs. Pompée sut de nouveau se montrer magnanime, car il honora les funérailles de Sylla. Cependant Pompée sollicita et obtint d'aller commander en Espagne avec Metellus contre Sertorius. L'avantage resta longtemps incertain des deux côtés. Au combat qui eut lieu près de la rivière de Sucron, Pompée eut à payer de sa personne: tombé, presque seul, dans un gros d'ennemis, sa ressource fut de leur abandonner son cheval, qui était magnifiquement sellé et caparaçonné en or. Mais après la mort de Sertorius, Perpenna, qui lui succéda, fut bientôt vaincu.

De nouvelles victimes s'offrirent aux coups de Pompée victorieux et de retour vers Rome. Son armée massacra six mille gladiateurs échappés à la défaite que leur avait fait essuyer Crassus. Il eut pour la seconde fois les honneurs du triomphe; on le nomma aussi consul, et on lui adjoignit pour collègue Crassus, qui faisait tout alors pour traverser cette ambition naissante. Crassus avait pour lui le sénat; mais le peuple tout entier était du côté de Pompée, qui lui semblait tout dévoué. Il affectait le plus grand respect pour la magistrature qui émanait du peuple. Un vieil usage voulait que les généraux se présentassent devant les censeurs pour rendre compte de leur conduite: cet usage était tombé en désuétude; Pompée le rajeunit, et sut en tirer parti pour sa popularité. Il sortait peu de sa maison, et quand il se montrait en public, c'était toujours escorté de la foule de ses clients. Il disait qu'un homme de guerre se rapetisse dans la vie civile, et qu'il doit peu s'y mêler. Aussi ne resta-t-il pas longtemps dans l'oisiveté.

Autour de Rome et de ses vastes conquêtes s'étendait un ennemi déjà terrible, et qui menaçait de tout envahir, un ennemi qui enveloppait de tous côtés cet immense royaume, fermait toutes ses issues, anéantissait tout son commerce : nous voulons parler des pirates. Rome, occupée de ses guerres civiles, allait laisser échapper de ses mains l'empire des mers. Les pirates menaçaient même la terre. Ils débarquaient sur les côtes d'Italie, pillaient les villes et les maisons de campagne. Rome ne s'émut et ne s'alarma que quand elle vit tous ses négociants ruinés, et surtout quand l'extrême renchérissement des vivres lui fit pressentir la famine. L'attaque fut résolue. Mais quelle puissance, quelle dictature, opposerait-on à un ennemi aussi formidable? Geminius fut le premier à mettre en avant le nom de Pompée. Il fallait proposer son édit, lui donner une autorité absolue sur toute la mer qui s'étend depuis les colonnes d'Hercule, lui ouvrir un crédit illimité sur tous les receveurs publics, et mettre à sa disposition quinze membres du sénat qui deviendraient ses lieutenants. Le peuple, que le nom de Pompée entraînait toujours, lui accorda plus même que Geminius n'avait demandé en son nom : cinq cents voiles, cent vingt mille hommes, cinq mille chevaux, deux trésoriers généraux et vingt quatre lieutenants, tous choisis dans les plus nobles familles. Pompée divisa en treize régions toute l'étendue de la mer. Les pirates, pris à l'improviste et séparément, ne purent résister à un armement aussi imposant. Tous ces vaisseaux étendirent leurs ailes, et regagnèrent leur guêpier, la Cilicie. Pompée les y suivit, et n'eut pas de peine à les vaincre. En quarante jours, il avait nettoyé les mers de la Toscane, les côtes de la Sardaigne et de la Corse : il reparut à Rome, et repartit bientôt pour les mers de la Grèce. Pompée ne sut pas être impitoyable vis-à-vis de ceux qu'il avait vaincus. Il attaqua les corsaires dans la ville de *Coracesium* en Cilicie, où ils s'étaient retirés dans leurs châteaux. Il prit quatre-vingt-dix superbes galères garnies d'éperons, et fit 20,000 prisonniers. Il n'en massacra aucun. Mais voyant des hommes courageux et forts, et des femmes belles et jeunes, il donna des terres à ces proscrits, et colonisa ainsi la Cilicie.

Dès que Rome apprit les nouvelles victoires de Pompée, le peuple, sur la proposition du tribun Manilius, lui laissa le commandement de toutes ces armées, le nomma gouverneur de la Bithynie, de la Phrygie, de la Cappadoce et de l'Arménie, ce qui était lui donner plus de pouvoir que jamais général n'en avait eu à Rome. La guerre contre Mithridate avait été glorieusement conduite par Lucullus; Pompée, en lui succédant, avait à compléter son œuvre. Ses manœuvres consistèrent donc à chercher à envelopper un ennemi qui se dérobait toujours. Ce fut une pénible course le long de l'Euphrate, de l'Araxe et des vallées qui avoisinent le mont Taurus. Une nuit cependant, comme la lune éclairait les deux armées, les coups de Pompée ne frappèrent plus dans l'ombre, et ses flèches atteignirent un but. Dix mille barbares marquèrent par leurs cadavres, à l'aube naissante, la place où le combat avait eu lieu. Quant à Mithridate, il passa au milieu des ennemis avec 800 cavaliers. Pompée traversa le fleuve Cyrus, et se mit à la poursuite des Albaniens. Il fallait s'enfoncer dans des pays brûlés par le soleil : on remplit d'eau 10,000 peaux de chèvres, et après quelques jours de fatigue l'armée romaine rencontra et triompha facilement de 60,000 barbares à pied et de 12,000 à cheval. Dans cette affaire, Pompée fut blessé à l'épaule par le frère du roi, nommé Cosis; mais il se vengea du barbare, et le perça de sa javeline. Les Romains voulurent pénétrer jusqu'à la mer Caspienne; mais les serpents et les reptiles qui dormaient sur le rivage se réveillèrent et intimidèrent les triomphateurs, qu'ils contraignirent à revenir sur leurs pas et à prendre le chemin de l'Arménie. Quelque temps après il apprit que Mithridate, trahi par son fils Pharnace, s'était empoisonné. Pompée reçut en même temps des présents de Pharnace; entre autres, il lui fit offrir le corps de son père. Pompée s'en détourna avec horreur. Il reprit en toute hâte le chemin de l'Italie.

Cependant, Rome ne voyait pas revenir sans effroi ce vainqueur si puissant. Les Romains comprenaient que tant de victoires étaient une arme dangereuse contre leurs libertés, et que leur indépendance succomberait sous un général victorieux. Le riche Crassus s'éloignait de Rome avec ses trésors. Les grands seigneurs se renfermaient dans leurs palais. Mais dès qu'il eut mis le pied en Italie, Pompée, loin de son armée, suivit avec quelques domestiques la route de Rome, comme s'il fût revenu de sa maison des champs. Les populations, joyeuses, s'empressèrent autour de lui, et lui firent une escorte qui n'avait rien d'effrayant pour la liberté. Pompée, qui voulait avoir des amis dans les consuls qu'on allait nommer, envoya prier le sénat de surseoir à l'élection jusqu'à son entrée à Rome. Une prière dans la bouche de Pompée avait une telle autorité que le sénat allait y obtempérer, lorsque Caton, cette sentinelle toujours en éveil sur la frontière des libertés publiques, se leva, et, parlant des anciennes coutumes et de l'indépendance de l'élection consulaire, fit rejeter la demande de Pompée. Celui-ci essaya de ramener à lui cette vertu incorruptible : il proposa à Caton d'épouser une de ses nièces. Celui-ci refusa cette alliance illustre, car il avait pénétré les motifs secrets de Pompée. Du reste, jamais les portes de Rome ne s'étaient ouvertes pour un triomphe plus éclatant. Il dura deux jours entiers. Des bannières précédaient Pompée : elles portaient écrites les noms des nations qu'il avait vaincues, c'est-à-dire le royaume de Pont, l'Arménie, la Cappadoce, la Médie, la Colchide, l'Albanie, la Syrie, la Palestine, la Judée, l'Arabie, les corsaires qu'il avait anéantis, les mille châteaux, les neuf cents villes, les huit cents vaisseaux, qu'il leur avait pris. Il rapportait 20,000 talents en bijoux et en or. Il avait augmenté de 35 millions le revenu de la république. De plus, marchaient à la suite de son char triomphal les fils de Tigranes, avec sa femme et sa fille; le roi des Juifs Aristobulus, la sœur de Mithridate et cinq de ses enfants, et tous les capitaines des corsaires.

Que tenterait maintenant cette ambition qui s'était rassasiée de toutes les joies, de tant de victoires? où s'arrêteraient ces conquêtes qui avaient embrassé le monde? César seul pouvait résoudre le problème. Ces deux hommes sentaient que l'un devait écraser l'autre. César commença par obtenir de Pompée qu'il se brouillât avec Cicéron; puis il le rapprocha de Crassus, double manœuvre qui éloignait de lui un conseiller dangereux et éloquent, et qui, unissant Crassus et Pompée, n'en faisait plus pour César qu'un seul adversaire, qu'il saurait dompter.

L'enjeu de la partie qui allait se jouer entre eux était l'empire de Rome. Ils résolurent de tâter le terrain, et pour sonder en toute sécurité, pour avoir le temps de se faire en secret des partisans dévoués, ils contractèrent ensemble une alliance de famille qui semblait devoir faire deux parents éternellement liés de ces deux rivaux. Pompée épousa Julia, la fille de César. Pendant quelque temps, il ne fut occupé que des charmes de sa nouvelle épouse. Il l'emmenait avec lui dans ses maisons de campagne, passait tout son temps auprès d'elle, et négligeait absolument les choses publiques. Cependant, il fit rappeler Cicéron pour combattre l'influence de Clodius, qui avait déserté son parti et ne cessait de le charger auprès du peuple. Cicéron fit passer au sénat la proposition de charger Pompée de faire venir du blé à Rome; ce qui était lui confier de nouveau le commandement de forces importantes, tant sur mer que sur terre.

Cependant, César, du fond de la Gaule, remplissait l'Italie de son nom. Sa popularité était telle alors que pendant qu'il hivernait à Lucques, tous les hommes illustres de Rome, deux cents sénateurs, ayant en tête Pompée et Crassus, vinrent le trouver et le féliciter. Ce fut là que fut conclu entre César, Pompée et Crassus, ce traité mystérieux, ce triumvirat, où chacun devait essayer de gouverner à trois avant de gouverner seul; ce triumvirat, qui fit ouvrir le tombeau de la république romaine. Il fut convenu que Pompée et Crassus demanderaient le consulat aux prochaines élections, que l'un aurait le gouvernement de l'Afrique, l'autre celui de l'Asie, et qu'ils travailleraient tous dans un but commun. Tous les candidats se retirèrent devant Pompée et Crassus. Lucius Domitius fut le seul que les conseils de Caton engagèrent à ne pas céder : « Reste, lui disait-il : tu ne combats pas pour toi, mais pour les libertés de Rome ! » Le parti indépendant fut vaincu ; on en vint aux mains : Caton fut blessé à l'épaule, parce qu'il avait abandonné le dernier le lieu de l'élection. Pompée et Crassus furent nommés. L'Asie fut donnée à Crassus, l'Afrique à Pompée. Cette élection violente avait porté un coup fâcheux à la popularité de Pompée ; des jeux qu'il donna au peuple la lui assurèrent de nouveau. Il ouvrit un magnifique théâtre, dont il avait fait prendre le modèle en Grèce ; il y fit combattre dans l'arène cinq cents lions et des éléphants. Non-seulement il laissa à ses lieutenants le commandement de ses armées, mais tout son temps se passait à l'intérieur, dans des fêtes où présidait son esclave favori, Demetrius, et dans ses maisons de campagne, où il vivait entièrement occupé de sa femme Julia. Après quelque temps de bonheur, elle mourut en couches, et son enfant ne lui survécut pas. Ce lien d'amour qui unissait César à Pompée changea en se brisant toute la face du monde. En outre, Crassus fut tué en Asie après une sanglante défaite ; il n'y avait donc plus un tiers importun qui pût s'interposer entre ces deux rivaux.

Pompée fut le premier qui attisa le feu sous la cendre qui le couvrait : il fit une harangue où il rappela qu'il s'était toujours départi des emplois publics et des magistratures qu'il avait exercées, aussitôt que la loi de son pays le lui avait ordonné, laissant entendre par là qu'il était temps que le vainqueur des Gaules licenciât ses armées. Ensuite, les créatures de Pompée parlèrent sourdement de la nécessité où la république serait bientôt d'élire un dictateur. Cette opinion souleva un violent orage dans l'assemblée du peuple. Bibulus alors parla d'élire un seul consul. Caton se joignit à cet avis, dans l'intérêt bien compris de la chose publique. Le sénat ratifia cette mesure, et Pompée fut nommé seul consul, avec la permission de s'adjoindre un collègue s'il voulait. Il épousa alors Cornélie, fille de Metellus Scipion, veuve de Crassus, femme très-jeune et très-belle, qui captiva de nouveau Pompée. Au milieu des graves événements qui se préparaient, il se renferma dans ce nouvel amour, qui le distrayait de la chose publique. Il s'adjoignit pour collègue son beau-père Scipion, se fit confirmer pour quatre ans dans ses divers gouvernements, et obtint de prélever mille talents par an sur les fonds publics pour entretenir ses soldats. Une des mesures les plus habiles de Pompée fut de lier à son parti Cicéron, que les manœuvres de César en avaient d'abord détaché. Cicéron était une voix toujours admirée dans le sénat. Le courage de l'orateur et du citoyen venait de délivrer Rome de cette conjuration terrible et atroce dont Catilina était le chef. La popularité de Pompée était égale dans le peuple, que sa loi agraire lui avait gagné, et au sénat, où Cicéron dominait. Il tomba dangereusement malade. Plutarque raconte que toute l'Italie se mit en deuil, supplia les dieux, et fit des réjouissances magnifiques lors de sa guérison. Ces démonstrations publiques furent une des causes de la guerre civile. Pompée était très-accessible à l'orgueil ; il se disait qu'aucun ennemi ne serait en état de résister à un homme qu'on déifiait ainsi. César arrivait sur Rome avec une armée qu'il avait rendue invincible. Le Rubicon était passé : « Qu'importe ! disait Pompée, c'est moi qui ai fait César ; je mettrai moins de temps à le défaire. » C'était lui qui avait en main les intérêts de la chose publique. Le sénat, les libertés de Rome, s'appuyaient sur son épée ; mais lui, plongé dans une mollesse coupable à son âge, et dans les circonstances qui l'entouraient, laissait les populations italiennes s'approcher de Naples où il habitait, pour jeter de l'encens sur son autel, se renfermait dans sa maison avec sa nouvelle épouse Cornélie, et quand on lui disait que César marchait sur Rome, que César allait étouffer sous ses pieds les dernières libertés romaines, Pompée répondait sans détacher ses yeux de Cornélie : « Qu'importe ! Ne savez-vous pas qu'en quelque endroit de l'Italie que Pompée frappe du pied, il en sortira des légions tout armées et prêtes à lui obéir ? »

César était dans Rome aussi, ou du moins son or y était pour lui. Il avait gagné le tribun Curion, dont il avait payé les dettes immenses, Marc-Antoine, Pison. Dans une assemblée du peuple, où l'on avait agité la question de savoir lequel de César ou de Pompée devait poser les armes, un plus grand nombre s'était levé pour César que pour Pompée. Cependant, César n'était plus qu'à quelques journées de Rome : une terreur panique s'emparait de ses habitants ; les plus considérables se portaient chez lui, et là on lui demandait ce qu'il avait à opposer à César. Pompée parla faiblement des deux légions qu'il avait prêtées à César, et d'une force de trente mille hommes. « Où sont, se demandait-on, ces légions qui devaient sortir de dessous terre ? » Caton proposa et fit adopter de nommer Pompée général avec un pouvoir absolu. Pompée déclarait partout que ceux qui resteraient dans la ville et ne le suivraient pas seraient considérés comme partisans de César. A la tête d'une armée forte de sept mille chevaux, et d'un grand nombre de fantassins, au bout de neuf jours de siége il s'empara de Brindes, et fit embarquer pour la Grèce les deux consuls et toute son armée. Ainsi, voilà Rome sans magistrat, sans sénat. Ce fut une faute capitale que d'abandonner ainsi le sol de l'Italie et le trésor public. La flotte, partie de Dyrrachium, aborda en Macédoine. Brutus, celui qui devait tuer César, Caton, Cicéron lui-même, après de longues et prudentes hésitations, vinrent rejoindre Pompée. Pour César, il entra sans difficulté dans une ville déserte ; il ne se livra à aucune vengeance, et ne fit pas tomber une tête. Il ne s'arrêta pas longtemps à Rome. Il retourna en Espagne, où il s'empara de quelques troupes de Pompée, et de là se mit à poursuivre de près son illustre rival. La tactique de César fut d'user et d'affaiblir par des escarmouches savantes le corps formidable de l'armée ennemie, et de prouver à ses soldats qu'il était possible après tout d'attaquer cette masse imposante. Cette conduite faillit lui coûter cher. Dans une de ses défenses, Pompée se battit avec tant de courage que deux mille des ennemis restèrent sur le champ de bataille. César se réfugia dans son camp, où il ne fut pas poursuivi, et le soir, causant avec ses amis, il dit : « Nous étions vaincus aujourd'hui si nous eussions eu affaire à un ennemi qui sût vaincre. » La disette força bientôt César à aller chercher d'autres ressources : il passa en Thessalie ; là, au-dessus de Larisse, près du fleuve Apidanus, il arriva dans une plaine stérile, et qu'on appelait Pharsale. Pompée le rejoignait lentement. Là fut livrée une des plus sanglantes batailles de l'antiquité. Pompée y vit périr sa fortune avec la liberté romaine. Réduit à prendre la fuite, escorté de quelques amis fidèles et de quelques esclaves, il erra pendant longtemps, et quand son cheval fut lassé, il l'abandonna, et, traversant la vallée de Tempé, se mit à genoux sur le bord du fleuve et but de son eau. Il arriva le soir sur le rivage de la mer, et dormit dans une cabane de pêcheurs. Le lendemain, il renvoya ses esclaves, et, avec les deux Lentulus, Favonius et quelques autres, monta sur un bateau de rivière, aperçut de loin un vaisseau marchand, se dirigea vers lui, et, appelant le patron, il lui demanda asile à son bord. « Cet homme, dit Plutarque, était occupé à raconter à ses matelots un songe qu'il avait eu la nuit, dans lequel Pompée lui était apparu vaincu et suppliant. C'était bien lui, c'était le grand Pompée ; c'était la même figure, résignée, mais fière, abattue, mais encore noble. Il fit diriger le vaisseau vers Mytilène, où était sa femme Cornélie. Il restait sur le pont, silencieux et comme perdu dans la contemplation de la mer. Arrivé à l'île de Lesbos, il envoya un courrier pour prévenir Cornélie. Elle attendait, d'après les dernières lettres de Pompée, le récit d'une victoire facile et éclatante, et voilà ce que le messager lui dit : « Si vous voulez le voir encore, il est là sur un seul vaisseau, et qui n'est pas à lui ! » Cornélie tombe sans connaissance à ces mots ; puis bientôt elle revient à elle, traverse la ville en courant, et se jette dans les bras de Pompée : « O mon époux, lui dit-elle, ce n'est pas ta mauvaise fortune que je pleure, c'est la mienne : me comprends-tu? Publius Crassus, mon premier mari, est mort, tué de la main des Parthes, et il fallait seulement que ma vie fût liée à la tienne pour changer en malheurs inouïs la fortune du grand Pompée. O Pompée! Pompée! pourquoi t'ai-je connu, et que ne me suis-je couchée, comme je le voulais, dans le tombeau du grand Crassus! » Pompée la releva, et lui répondit : « N'accuse pas la fortune, Cornélie; il y a peu d'hommes qu'elle ait favorisés aussi longtemps que moi. Parce qu'elle ne m'avait jamais abandonné jusque ici, tu as cru que je l'avais maîtrisée : voilà ton erreur. Ne la maudis pas, Cornélie, et pense que puisque de ce que j'étais elle m'a fait ce que je suis maintenant, de ce que je suis elle peut me refaire ce que j'étais. »

Cornélie rassembla ses bijoux et ses esclaves. Pompée s'embarqua avec sa femme, et fit voile sans s'arrêter jusqu'à Attalie, dans la Pamphylie. Il fut rejoint par soixante sénateurs. Caton, lui apprenait-on, avait rassemblé les débris de son armée. Sa flotte restait encore tout entière. Ces nouvelles relevèrent un peu Pompée; mais il pleura amèrement la faute qu'il avait faite de combattre si loin de sa flotte, au milieu des terres. Où irait-il? Dans quelle province aborderait-il pour reconstruire une armée et rejoindre les forces qui lui restaient? Pompée inclinait pour aller chez les Parthes. On réunit les opinions, et le funeste conseil d'aller en Égypte prévalut. « Vous trouverez, lui disait-on, un jeune roi pénétré de reconnaissance pour tout ce que vous avez fait pour son père. » Voilà ce qu'on disait : mais ce qu'on ne savait pas, c'est que tout était décidé à la cour d'Égypte par Photin, esclave anobli et favori suprême. Lors donc qu'un messager fut venu demander la bienvenue pour Pompée, Photin rassembla son conseil, composé d'esclaves et d'affranchis. On ne savait quel parti prendre, quand un Grec, Théodote de Chio, qui enseignait la rhétorique au jeune Ptolémée, broda un discours sur ce thème. « Si vous recevez Pompée, vous avez César pour ennemi et Pompée pour maître : si vous le renvoyez, Pompée se vengera un jour de ce que vous l'avez chassé, et César de ce que vous ne l'avez pas retenu. Vous n'avez donc qu'une chose à faire, qu'une mesure à prendre, c'est de tuer Pompée. » Puis, il ajouta en souriant : « Un mort ne mord pas. » Dans cette réunion infâme, il ne se trouva pas une voix pour flétrir cette opinion. La mort de Pompée fut résolue, et on en chargea Achillas, Septimius et Salvius. Septimius et Salvius avaient autrefois commandé des compagnies sous Pompée. Ils prirent une barque, cachèrent leur épée, et renforcés de quelques soldats, ils se dirigèrent vers la galère de Pompée. Celui-ci, comme par un pressentiment secret, embrassait en pleurant Cornélie et tous ses amis, qui étaient sur le pont. Achillas s'approcha de la galère : « Seigneur, dit-il à Pompée, il faut que vous descendiez dans cette barque; les eaux sont basses, et il y a des joncs le long du rivage qui empêcheraient votre vaisseau d'aborder. » Pompée, voyant la figure sinistre de ces hommes, devina une partie de ce qui l'attendait : il n'était plus temps de reculer; déjà les vaisseaux du roi d'Égypte se dirigeaient tout armés sur lui. Il embrassa une dernière fois Cornélie et ses amis, et descendit dans la barque. Sa contenance fut calme et digne. « Mon ami, dit-il à Septimius, ne me reconnais-tu pas? N'as-tu pas servi sous moi! » N'obtenant point de réponse, il se remit à lire une harangue grecque qu'il avait composée pour Ptolémée. Son supplice ne fut pas long. Comme la barque abordait, et au moment où il mettait le pied sur la terre d'Égypte, Septimius le frappa par derrière, Achillas et ses compagnons redoublèrent. Dès lors un cri déchirant partit de la galère de Pompée, qui emmenait Cornélie à force de rames : un homme s'enveloppa dans son manteau sans dire une seule parole; un corps tomba sur le rivage, et c'en était fait du grand Pompée (an 48 av. J.-C.). Son affranchi Philippe resta seul pour veiller auprès de ce tronc informe, dont les meurtriers avaient coupé la tête. Quand la curiosité des Égyptiens se fut rassasiée sur ce cadavre, il l'enveloppa de sa propre tunique, et, aidé d'un vieux Romain qui habitait l'Égypte, il rassembla quelques planches de bateau que le flot avait poussées sur le rivage, fit un bûcher et consuma ces restes précieux. A ce moment un vaisseau passait sur la mer; un homme était sur le pont : c'était Lentulus, ami de Pompée. Il distingua de loin un bûcher et un esclave qui l'alimentait. « Qui est, se demandait-il, celui qui est venu se reposer ici de ses travaux? » Une voix secrète et le souvenir de Pharsale le firent penser à Pompée. Il descendit, et de la sorte trois Romains honorèrent les funérailles de Pompée, et prièrent sur son bûcher. La récompense de Lentulus pour cet acte de piété fut, quelques instants après, d'être tué par des Égyptiens qui passaient, et qui s'indignèrent de voir un homme qui honorait et qui s'agenouillait devant leur victime.

LACRETELLE, de l'Académie Française.

POMPÉE (CNEIUS), fils aîné du grand Pompée, se trouvait en Syrie au moment de la bataille de Pharsale; il passa d'Antioche en Afrique, puis en Espagne, où bientôt il se trouva à la tête de treize légions formées des débris de l'armée d'Afrique, de nombreux auxiliaires et d'une flotte formidable. Mais attaqué par César en personne, il perdit la bataille de Munda, et périt dans sa fuite, en 45 avant J.-C.

POMPÉE (SEXTUS), frère du précédent, lui amena en l'an 46 un grand nombre de vaisseaux qu'il avait rassemblés sur les côtes de la Pamphylie, de Cypre et de l'Afrique. Après la bataille de Munda, il gagna les monts de la Celtibérie, où il continua à faire une guerre de partisans contre les lieutenants de César. Après la mort du dictateur il obtint du sénat le droit de rentrer à Rome avec une forte indemnité pour la perte des biens de son père, sept cent millions de sesterces, et reçut le titre de commandant maritime des provinces romaines. Mais le deuxième triumvirat, qui venait de se former, fit porter le nom de Sextus sur les tables de proscription. Alors Sextus se rendit maître de la Sicile, conquit la Sardaigne, la Corse, bloqua, affama Rome et contraignit Antoine et Octave à signer avec lui la paix de Misène, qui en lui laissant les trois grandes îles lui promettait l'Achaïe et le consulat pour l'année suivante. Cette paix fut courte. Dès l'an 37 Sextus perdit, par la défection de Ménas, la Sardaigne et la Corse avec soixante vaisseaux. Pourtant le sort des armes ne favorisa point d'abord Octave, qui fut battu à Cumes, à Scylla, à Tauromininm; mais enfin l'habileté d'Agrippa, qui remporta les victoires de Myles et de Nauloque, ravirent à Sextus la Sicile. Il s'enfuit en Asie, voulant s'offrir en suppliant à Antoine; mais il crut ensuite pouvoir le forcer à entrer en partage avec lui, fut battu et pris par Titius, et périt en prison, à Milet (an 35 avant J.-C.).

POMPÉI, ville de la Campanie, célèbre par son commerce, à 24 kilom. au sud-est de Naples, au pied du Vésuve, fut en grande partie détruite par un tremblement de terre en l'an 63 de J.-C.; et en l'an 79 une éruption du Vésuve l'ensevelit en même temps qu'Herculanum sous une couche de cendres de 6 mètres d'épaisseur. Des fouilles pratiquées, à partir de 1748 jusqu'à ce jour, avec plus ou moins d'activité à peu de distance du village *Torre dell' Annunziata*, en ont remis en lumière à peu près le quart; mais c'est le quartier le plus beau et le plus riche de la ville. Ces fouilles ont eu pour résultat non-seulement de donner une idée plus nette et plus positive de la manière de vivre des anciens, mais encore de toutes les ressources qu'ils employaient pour embellir l'existence. En effet, cette petite bicoque, qu'en raison de l'exiguïté de ses rues, de ses temples et de ses maisons particulières, on ne saurait comparer à Herculanum, n'en abonde pas moins sur tous les points en œuvres plastiques et architecturales. Tout ce qui a été susceptible d'être transporté en a été enlevé et orne aujourd'hui le *Palazzo dei Studj* à Naples. Les rois Charles III et Murat firent pratiquer les fouilles avec une ardeur extrême. Dans les parties de la ville remises en lumière on voit un amphithéâtre, deux théâtres, deux places entourées de portiques, un forum, une basilique, des thermes, huit temples, etc. On n'y comptait que 170 personnes devenues victimes de l'éruption. Les peintures murales et les mosaïques semblent n'avoir rien perdu de leur fraîcheur. Consultez Gell et Gandy, *Pompeiana, or topography, edifices and ornaments of Pompeii, by Gell and Gandy* (Londres, 1817-1832); Wilking, *Views of Pompeia* (Londres, 1832); Cook, *Delineations* (Londres, 1827); Raoul Rochette, *Choix des Peintures de Pompeï* (Paris, 1844).

POMPELMOUSES. *Voyez* PAMPLEMOUSSE.

POMPES FUNÈBRES (Administration des) à Paris. Avant 1789 des officiers publics appelés *crieurs de corps et de vins* étaient chargés du soin de régler les funérailles. A ces fonctions ils joignaient l'office, moins sérieux, de crier les vins dans les tavernes, les légumes et les viandes sur les marchés, et dans les carrefours les enfants et les chiens perdus. A cette époque les cérémonies funèbres dans Paris étaient à peu près nulles; les corps pris à domicile étaient transportés dans des voitures communes disposées pour recevoir cinq ou six bières; les indigents décédés étaient placés dans des cercueils banaux et jetés nus dans la fosse commune. La marche des convois était livrée à la merci des porteurs, et souvent on les voyait, abandonnant leur fardeau à la porte, entrer dans les cabarets et en sortir ivres, pour de là, au milieu des huées de la populace, porter les corps dans les cimetières, où de grandes fosses les recevaient pêle-mêle. L'institution des *crieurs de corps* était encore en pleine vigueur au moment de la révolution; seulement dans quelques endroits les hôpitaux et les hospices avaient également été mis en possession du droit de *tendre aux funérailles*. Ce droit fut consacré par l'arrêté préfectoral du 21 ventôse an IX et par le décret du 23 prairial an XII, qui pour le privilége de faire les fournitures funéraires substituèrent aux hôpitaux et aux hospices les fabriques des églises et des consistoires. Les transports à dos d'hommes furent interdits, excepté pour les corps des enfants; enfin des chars attelés de deux chevaux, marchant au pas, accompagnés d'un ordonnateur et de trois porteurs en costume remplacèrent les cercueils banaux et les bras des mercenaires avinés; de plus, un linceul et une bière gratuite furent fournis à tout citoyen décédé dans l'indigence. Une taxe, instituée en l'an IV, servit à rembourser la commune des dépenses qu'elle était obligée de faire pour pourvoir aux frais du convoi des malheureux.

Le premier entrepreneur des pompes funèbres de Paris reçut pour l'exécution du service commun le produit de la taxe d'inhumation payée par le riche; mais cette ressource était insuffisante, et il fallut trouver un moyen d'augmenter les revenus de l'entrepreneur pour qu'il pût remplir ses nouvelles obligations. On lui permit alors de traiter de gré à gré avec les familles aisées pour la fourniture d'accessoires que leur vanité consentirait à employer pour augmenter la pompe des funérailles. Le décret du 23 prairial an XII, dont les principales dispositions régissent encore la matière, ne fit que consacrer d'une manière officielle ce système. Enfin, un arrêté du 11 vendémiaire an XIII assura à l'entrepreneur le droit exclusif de faire tous les transports et toutes les fournitures du service extraordinaire, à la charge par lui sur les produits de son marché de faire aux fabriques des églises et des consistoires une remise réglée amiablement. Un arrêté du 25 pluviôse de la même année compléta cet ensemble de dispositions en arrêtant un tarif général des frais et des droits à percevoir pour les transports et fournitures. Le décret du 18 mai 1806 confirma ces prescriptions en réglant d'avance les tarifs et en les graduant par classes. C'était une heureuse innovation; on sentait la nécessité de ne point abandonner les familles à leur propre ignorance et de fixer d'avance des combinaisons de fournitures qui répondissent aux désirs et à la fortune des parents, soit qu'ils voulussent déployer un certain faste, soit au contraire qu'ils entendissent se restreindre à la plus stricte dépense. Les tarifs, divisés en six classes outre le service ordinaire, furent ensuite homologués par le décret du 18 août 1811.

La sixième adjudication du service des pompes funèbres de la ville de Paris, qui a eu lieu le 24 novembre 1852, a apporté de grandes améliorations à l'ancien état de choses. Le nouveau tarif a établi un plus grand nombre de classes (il y en avait déjà neuf depuis l'ordonnance du 25 juin 1832), en ce sens que dans les sept premières classes, à côté du tarif variable de la première section de chaque classe, est placé le tableau de la deuxième section, tableau invariablement fixe, et auquel on ne peut rien ajouter ni retrancher; les familles sont par là soustraites aux obsessions de l'entrepreneur, qui pourrait profiter de leur inexpérience et de leur douleur pour dénaturer complétement le caractère des classes, en surchargeant les commandes fixes d'objets supplémentaires. Enfin, la taxe municipale a été considérablement réduite au profit des indigents, et les frais du convoi du pauvre portés de 40 francs à 18 francs 75 centimes.

POMPIERS. Au moyen âge, lorsqu'un incendie éclatait, on se contentait de jeter de l'eau avec des seaux sur les bâtiments enflammés; on se servait encore de crocs, de cordes et d'échelles, et presque toujours la manière d'éteindre les flammes consistait à faire ce qu'on appelle *la part du feu*. C'est encore à peu près là ce qu'on fait en Orient et dans beaucoup de localités. Cependant les incendies étaient fréquents à Paris, et afin de porter remède à ces sinistres, une ordonnance de police, du 19 juillet 1371, enjoignit « à toutes manières de gens, de quelque condition ou état qu'ils soient, de mettre un muid plein d'eau à leurs huis, crainte du feu, sous peine de 10 sols parisis d'amende. » Au mois de janvier 1524, un incendie qui dura deux jours ayant détruit en grande partie la ville de Meaux, le parlement, craignant pour la capitale, ordonna que tous les habitants fissent le guet le soir, à partir de neuf heures, dans les endroits qui leur seraient assignés; en outre, chacun devait mettre sur sa fenêtre une lanterne garnie d'une chandelle et se munir d'eau. Aucun changement ne fut apporté à ce système jusqu'à la fin du dix-septième siècle. Au mois de mai 1618, les flammes dévorèrent le Palais de Justice. On craignit un instant pour toute la Cité; on répandit sur la voie publique l'eau des puits et de la Seine et on dirigea cette eau vers la cour du Palais. Cet amas d'eau entouré de foin et de paille mouillés forma une espèce de lac qui arrêta le progrès du feu et préserva les maisons voisines. Peu de temps après, le 23 octobre 1621, le feu détruisit le pont au Change; le 20 juillet 1631, la Sainte-Chapelle fut incendiée; en 1656, le pont de bois des Tuileries, qui a été remplacé par le Pont-Royal, devint aussi la proie des flammes.

L'édilité s'occupa de prendre de nouvelles mesures contre le fléau. Une ordonnance du lieutenant de police de La Reynie, du 7 mars 1670, prescrivit à tous les maîtres maçons, charpentiers et couvreurs de la capitale de faire connaître leurs demeures aux commissaires des quartiers, « afin qu'ils fussent requis en cas d'incendie et pussent se rendre où il serait nécessaire, à l'effet de travailler à découvrir, détacher, couper ou abattre, ainsi qu'il serait jugé le plus expédient. Une amende de 300 livres était prononcée contre les maîtres qui n'auraient pas répondu à l'ordre des commissaires; ils étaient de plus interdits de la maîtrise. Quant aux compagnons dont les maîtres devaient se faire assister, ils étaient également punis d'amende s'ils ne se rendaient pas sur le théâtre de l'incendie, déchus de la faculté de devenir maîtres et enfin chassés des chantiers pendant un an. Des crocs et des seaux furent déposés chez les conseillers de la ville, chez les quarteniers, les échevins, les dizainiers et les notables, et lorsqu'un feu était signalé, on mettait ces instruments à la disposition des habitants. Une ordonnance du prévôt des marchands Robert de Pommereu, du 31 juillet 1681, règle la répartition de ces objets et prescrit l'apposition d'affiches faisant connaître aux Parisiens les lieux de dépôts des ustensiles contre l'incendie. Enfin, les puits et puisards devaient être tenus en bon état et garnis de seaux, de poulies, de chaînes ou de cordes, sous peine de 50 livres d'amende.

Au mois d'octobre 1699, sous le lieutenant de police d'Argenson, un gentilhomme provençal, le sieur Dumourier du Perrier, ayant vu fonctionner des pompes à Landau et à Strasbourg, obtint du roi Louis XIV le privilége d'en établir un magasin à Paris et de les vendre à l'exclusion de tout autre pendant trente années. Par lettres patentes du 17 avril 1722, le roi donna trente pompes à la ville de Paris et nomma le sieur du Perrier directeur des pompes. « Ces pompes, placées, dit M. F. Camus, à qui nous empruntons tous ces détails, sous les ordres du lieutenant général de police, étaient servies par soixante gardiens recevant chacun un salaire de 100 livres. Ces gardiens portaient une sorte de calotte ou casquette en feutre, recouverte d'un tissu de fil de fer; la visière était relevée, l'habit était court et de couleur bleu foncé, les boutons blancs, les parements et le col jaunes. La direction des pompes fut placée rue Mazarine, en face la porte des Quatre-Nations. Sur l'entrée une plaque de marbre portait ces mots : *Pompes publiques du roi pour remédier aux incendies sans qu'on soit tenu de rien payer*. Quant aux autres pompes, des affiches, renouvelées tous les six mois, indiquaient les lieux où elles étaient déposées et la demeure des soixante gardiens. »

Les gardiens devaient être instruits au maniement des pompes et inspectés tous les mois. Une somme de 40,000 fr. une fois payée, et 20,000 fr. par an pendant la durée de son privilége furent accordés au sieur du Perrier pour l'entretien de ce service. Outre ces trente pompes, la ville en possédait plusieurs placées sous les ordres directs du prévôt des marchands. Au mois d'octobre 1737 un incendie ayant éclaté à la chambre des comptes, les gardes françaises et les Suisses furent employés pour la première fois au service des pompes. En 1760 Morat succéda à du Perrier dans la direction du service des pompes, et sous son administration l'organisation des garde-pompes reçut de grandes améliorations. Le nombre des hommes fut porté à 80; on créa six corps-de-garde et des dépôts de voitures à eau pour le service des incendies. L'hôtel du directeur fut transporté rue de la Jussienne, où il resta jusqu'à la révolution. En 1770 l'effectif des gardiens s'éleva à 146 ; la calotte en feutre fut remplacée par un casque de cuivre. Morat recevait du roi pour l'entretien du corps 70,000 livres par an. En 1781 le feu détruisit la salle de l'Opéra; vingt-et-une personnes périrent. Les administrations théâtrales furent forcées de recevoir des pompiers pendant les représentations. En 1785 l'effectif du corps fut porté à 221 hommes, entraînant une dépense de 116,000 livres. Enfin, en 1789 le corps des pompiers de Paris était composé de 263 gardes pour faire fonctionner 56 pompes et 42 tonneaux. La discipline était très-sévère; ils ne devaient accepter aucune rémunération pour les secours par eux donnés dans les incendies.

A la révolution Morat quitta le commandement, et le remit au sieur Deville, son neveu; mais la place fut mise au concours, et le sieur Picard-Ledoux l'emporta. L'effectif fut alors porté à 3 chefs et 270 hommes, divisés en trois brigades de 90 hommes, nécessaires pour le service journalier de 70 corps de garde, possédant 60 pompes et 54 tonneaux. Les pompiers furent armés pour la première fois d'un sabre; enfin, une loi du 9 ventôse an III (27 février 1795) fixa l'effectif à 376 hommes, et le plaça sous l'inspection du ministre de la guerre. Un arrêté des consuls du 17 messidor an IX (6 juillet 1801), rendu sur la proposition du ministre de la police Fouché, détermine l'effectif à 293 hommes, et crée des pompiers surnuméraires et des pompiers élèves. Pour être admis à ce titre, il fallait avoir de dix-huit à trente ans, savoir lire et écrire, et avoir exercé la profession de maçon, de charpentier, de couvreur, de plombier, de menuisier, de charron, de serrurier, de sellier, ou de vannier. Les gardes-pompiers étaient casernés et logés par la ville.

Le 1er juillet 1810 un violent incendie éclata chez le prince de Schwartzenberg, pendant un bal qu'il donnait à l'occasion du mariage de l'empereur avec Marie-Louise. On s'en prit aux pompiers; le commandant, qui était absent de Paris ce jour-là, fut destitué, et un décret du 11 septembre 1811 réorganisa le corps. Les pompiers, appelés pour la première fois *sapeurs pompiers de la ville de Paris*, furent placés sous les ordres du ministre de l'intérieur et du préfet de police. On les arma d'un fusil à baïonnette, et on les chargea de concourir avec la gendarmerie au service de sûreté de la capitale. Le bataillon se composa de 566 hommes, divisés en quatre compagnies. Bientôt le gouvernement étendit cette organisation à toutes les grandes villes de France, et une circulaire du ministre de l'intérieur, du 6 février 1815, prescrivit aux préfets de créer des compagnies de pompiers volontaires dans les communes de leurs départements. Dans toutes les organisations de garde nationale qui ont eu lieu depuis, ces compagnies de sapeurs pompiers ont été maintenues.

Le régime des pompiers de Paris fut à peine modifié sous la Restauration. Une ordonnance de 1836 porta l'effectif à 643 hommes, en mettant à la charge de la liste civile la solde d'une compagnie qui devait faire le service des châteaux royaux. Une ordonnance de 1841 assimila ce bataillon aux autres corps de l'armée, et en fixa l'effectif à 808 hommes de troupes. Après la révolution de février 1848 les sapeurs pompiers procédèrent d'eux-mêmes à l'élection d'un nouveau chef, qui fut reconnu par le gouvernement provisoire. A la suite des événements de juin de la même année on leur enleva leurs fusils, comme armes inutiles; bientôt cependant on leur rendit un mousqueton à sabre-baïonnette, et on leur donna une tunique pour uniforme. Le 11 mai 1850 le général d'Hautpoul fit rétablir le chef « qui commandait le bataillon lorsque la sédition l'en avait chassé ». Le bataillon fut licencié, et le nouveau corps des sapeurs pompiers fut placé sous l'autorité du ministre de la guerre pour tout ce qui concerne le recrutement, le commandement militaire, la police intérieure, la discipline, l'avancement, les récompenses et les gratifications; en 1852 la dépense supportée par la ville de Paris s'éleva à 543,289 fr. 99 c. Un décret du 10 février 1855 créa une sixième compagnie; ce qui porte à 944 hommes, dont 25 officiers, l'effectif du bataillon. Un autre décret du 20 février 1855 forma, aux frais de l'État, une septième compagnie, dite *compagnie expéditionnaire*, qui fut envoyée à Constantinople, et qui y resta jusqu'à l'évacuation de la Turquie par nos troupes après la campagne de Crimée.

Londres est une des capitales où les secours contre l'incendie sont le mieux organisés. Il y a dans les diverses paroisses et les principaux établissements publics des pompes et des *firemen* toujours prêts à se porter où l'on a besoin d'eux. Les machines sont transportées avec la vitesse de la poste, et la vapeur entraîne sur la Tamise des pompes flottantes destinées à inonder les propriétés riveraines et les navires en feu. Cependant, l'incendie ravage souvent aussi cette grande cité.

Presque partout les ouvriers maçons, couvreurs, charpentiers, sont chargés du travail de l'extinction du feu. En Russie l'extinction des incendies fait partie du service des troupes. A Madrid une compagnie d'artilleurs est spécialement chargée de ce service. L. LOUVET.

POMPIGNAN (LEFRANC DE). *Voyez* LEFRANC DE POMPIGNAN.

POMPILE, insecte hyménoptère, voisin des guêpes et des sphèges. Il a le corps et la couleur des guêpes, dont il ne diffère que parce que ses ailes supérieures ne sont pas doublées sur la longueur dans l'état de repos; il diffère des sphèges en ce que son abdomen n'est pas pédiculé ou uni au thorax par un anneau très-long et fort mince ; d'ailleurs ses mœurs sont à peu près les mêmes. Les pompiles se creusent des trous dans le sable et les terres argileuses, ou bien ils profitent de quelques cavités qu'ils rencontrent dans des terrains variables; la femelle y dépose un œuf, puis les deux parents y apportent et y accumulent les corps paralysés et souvent mutilés d'araignées ou d'autres insectes à corps mous, comme certaines chenilles ou des larves de phytophages. M. Duméril a vu plusieurs fois des pompiles et des sphèges fondre tout à coup sur des toiles tendues par des araignées pour les attirer par un mouvement brusque, les saisir aussitôt par le dos, les piquer de leur dard, leur couper instantanément les pattes qui restent sur le tapis, et les enlever rapidement en l'air, tout cela avec une vélocité merveilleuse. Lorsqu'ils ont réuni dans leur nid un nombre suffisant de victimes pour servir au développement de l'être sans pattes qui doit sortir de leur œuf, les pompiles l'abandonnent; mais ils ont soin d'en boucher l'entrée d'un couvercle ou d'un opercule solide, qu'ils construisent en composant une sorte de mortier ou de ciment avec du sable ou des particules de terre mêlées à la salive qu'ils dégorgent, pour aplanir la surface et masquer ainsi l'orifice du trou, afin d'en dérober la vue aux ennemis de leur progéniture. La larve se nourrit des corps paralysés, mais non privés de vie, qui sont à sa disposition. Elle se transforme en nymphe, puis en hyménoptère dans cet espace resserré; elle sort alors de son trou, et ne se nourrit plus que de fleurs. Réaumur, qui a observé les mœurs de ces animaux, les nommait *guêpes solitaires*. L. LOUVET.

POMPONE. *Voyez* POMPONNE.

POMPONACE. *Voyez* POMPONAZZI.

POMPONAZZI (PIETRO), en latin *Pomponatius*, d'où l'on a fait en français *Pomponace*, l'un de ces Italiens qui, aux quinzième et seizième siècles, cherchèrent à affranchir la philosophie de l'autorité de l'Église. Né d'une noble famille, à Mantoue, l'an 1462, petit de taille, mais plein de vie, et réfléchissant sur une physionomie brillante tous les dons de l'intelligence; homme d'une éloquence un peu populaire, mais d'ailleurs toute dramatique, toute pittoresque; versé dans toutes les sciences de son temps, il fut bientôt le premier professeur de l'Italie. Il occupa des chaires à Padoue et à Bologne : sa célébrité remplit l'Europe. Ses adversaires égalaient presque en nombre et en puissance ses admirateurs, quoique toute la jeunesse, quoique le cardinal Bembo et le pape Léon X fussent de son côté.

Ce fut dans des leçons profondément méditées et dans trois *traités* fondamentaux que Pomponace exposa ses doctrines, sous prétexte de donner celles d'Aristote, dont il prétendait rétablir les plus purs enseignements. Ses doctrines se résument toutes en ces mots : *Affranchir les opinions de la philosophie des dogmes de la religion*. Mais ces mots, il ne pouvait les prononcer. Tout ce qu'il pouvait attaquer alors ouvertement, c'était le règne de la scolastique. Tout en se réduisant à combattre la scolastique, il avait encore besoin de précautions et de détours. Italien et formé par des Grecs, il sut non-seulement faire parler la raison, sans trop se faire persécuter, mais encore porter des coups funestes à ce qu'il prétendait respecter la religion.

Pour arriver à son but, il s'attaqua aux questions fondamentales, à celles de l'âme, de l'immortalité, de la Providence, du destin, de la liberté et des miracles.

Son premier désir fut de dégager, dans son traité *De Immortalitate Animæ* (Bologne, 1516), la doctrine de l'âme, ou, comme il disait, l'âme elle-même, des liens où elle lui semblait emprisonnée. A ses yeux le dogme de l'immortalité de l'âme était plus que douteux, complétement incertain, et n'était d'ailleurs d'aucun intérêt ni pour la morale ni pour la politique. A cette époque cela était d'une audace extrême; mais le mauvais état où se trouvait la philosophie et le débat qui était ouvert entre Aristote et Platon sur la doctrine de l'âme permirent à Pomponace de soutenir son opinion et de combattre celles qui lui étaient contraires : c'est que les doctrines sur l'âme étaient déplorables. Les platoniciens enseignaient trois âmes différentes, l'une *végétative*, commune aux animaux et aux plantes; l'autre *sensitive*, commune aux hommes et aux animaux; la troisième *rationnelle*, commune aux hommes et aux anges. Les péripatéticiens se distinguaient en deux camps. Les uns n'admettaient pour la pensée de tous les êtres intelligents qu'un principe unique et universel; les autres enseignaient des âmes *individuelles*, mais *mortelles* suivant la philosophie, *immortelles* d'après la religion. Pomponace avait trop de science et de raison pour ne pas sourire intérieurement de ces théories. Il montra qu'aucune d'elles, pas même celle d'Aristote, ne pouvait établir l'immortalité : tel fut l'objet de son premier traité, traité plein de scolastique et plein d'arguties, mais plein aussi d'une grande érudition, et allant par mille détours au but que s'était proposé l'auteur. Ce but, nous l'avons dit, était de dégager la philosophie, qui aspirait à l'indépendance, de la croyance à une destinée immortelle et fatale. Nous n'avons pas besoin de dire que Pomponace dépassa le but, et que la doctrine qu'il mit en place de celle qu'il combattait est absurde. Pomponace savait cela : dans sa conscience, il n'avait nulle envie, nous le croyons, d'ôter à la religion la plus haute de ses espérances. Mais pour obtenir ce qu'il voulait, pour enlever la philosophie à ce qu'il appelait le *despotisme de la religion* et ce qui n'était que l'*absolutisme de la théologie*, et la rendre maîtresse de traiter toutes les questions de la philosophie comme elle l'entendait, il pensait devoir aller jusqu'à l'absurde : il savait revenir de loin. Ce qu'il croyait au fond de son âme, et ce qu'il voulait qu'on crût sur la question de l'immortalité, il le dit nettement à la fin de son traité : « La question de l'immortalité de l'âme est, comme celle de l'immortalité du monde, un problème sur lequel la raison ne peut décider ni pour ni contre, et sur lequel Dieu seul peut donner la certitude. Pour moi, il suffit que saint Augustin, qui vaut bien Platon et Aristote, ait cru à l'immortalité pour que j'y ajoute foi moi-même. Je soumets, au surplus, toutes mes opinions au saint-siége. »

Quand se fut calmée la tempête qu'avait soulevée son premier traité, qui n'était qu'une introduction au débat principal, Pomponace en publia un second (*De Fato, libero Arbitrio et Prædestinatione, libri quinque*). Il y voulut faire voir que l'homme est réellement libre, qu'il l'est à l'égard de la Providence comme à l'égard du destin.

Après avoir affranchi, dans certaines limites, et au moyen de ses précautions ordinaires, un certain nombre de questions, il résolut d'affranchir d'un seul coup la philosophie tout entière, de montrer à l'Église qu'elle aurait tort de vouloir encore lancer les foudres de l'anathème, qu'elle-même pourrait un jour avoir besoin de tolérance de la part des philosophes, et que, suivant certains signes précurseurs, son règne était près de finir. Tel fut l'objet d'un troisième traité de Pomponace, qui fut encore d'une audace extrême (*De naturalium Effectuum admirandorum Causis, sive de incantionibus, Opus* [Bâle, 1556]). Suivant lui, tout se passe dans le monde *naturellement*, d'après des lois tracées à la nature par son créateur; et à ces lois ni lui ni aucune puissance du ciel et de la terre ne sauraient déroger. Et partant de cette idée, il établit qu'il n'est dans l'histoire, soit profane, soit sacrée, aucun fait, si extraordinaire qu'il paraisse, qui soit une violation des lois de la nature, qui soit un miracle. Ce mot si hardi, l'addition d'un correctif, d'un autre mot pouvait seule le faire passer : Pomponace l'y mit : « C'est en *philosophie*, dit-il, qu'il n'y a point de miracle. » Et il ajouta qu'en *religion* c'était autre chose, que les miracles de Moïse et ceux de Jésus-Christ étaient vrais, pour lui comme pour tous les fidèles, par la seule raison que la religion les enseignait.

Cette profession de foi, loin d'être de sa part une simple précaution oratoire, précaution qui n'eût certainement trompé ni Léon X ni le cardinal Bembo, ses protecteurs et ses admirateurs, était d'autant plus sincère qu'elle était plus profondément philosophique. En effet, en sa qualité de philosophe, Pomponace regardait l'établissement d'une religion comme l'une des révolutions morales les plus difficiles. A ses yeux, pour fonder des croyances nouvelles il ne fallait pas moins que des miracles, c'est-à-dire des faits extraordinaires, qui placent ceux par les mains desquels ils s'accomplissent au-dessus des lois de la nature. Ces faits sont néanmoins accomplis en vertu de lois immuables, par ces mêmes êtres privilégiés qui, nés sous d'heureuses étoiles, sont destinés aux missions du prophétisme, de l'apostolat et des plus hautes fonctions religieuses ou politiques. Dans son jugement sur les religions établies, Pomponace osa déclarer qu'il ne les considérait nullement comme *éternelles;* qu'à ses yeux toutes le institutions, et même celles de *ces fils de Dieu qui établissent des cultes nouveaux*, étaient *transitoires;* qu'elles n'étaient pas plus éternelles que ceux qui avaient mission de les fonder; que notamment les religions, à mesure que l'humanité se perfectionne, ont besoin de se perfectionner elles-mêmes, et que chacune d'elles par conséquent a son période de progrès, de calme et de décadence. Appliquant ces principes généraux à la religion devant laquelle il plaidait l'émancipation de la philosophie, Pomponace osa lui dire qu'elle même était arrivée au déclin; que pour elle-même semblait passée l'époque de l'enthousiasme et du progrès, et que, voyant cesser tous ses miracles, elle devait sentir l'approche de sa fin. C'est ici que commença la grande aberration de Pomponace. En effet, ce philosophe ne se borna pas à demander la libre discussion, il crut n'avoir rien fait tant qu'il n'aurait pas préparé la ruine du pouvoir qui jusque là avait régné sur la philosophie; et, sans avoir fait d'études spéciales d'histoire, il trancha la question de la perpétuité du christianisme avec une légèreté inconcevable. On sait comment les contemporains de Pomponace accueillirent ses déclarations si audacieuses et à quel degré de scepticisme elles conduisirent successivement les rationalistes italiens, anglais, français et allemands. Cependant, nous devons constater quatre grands faits, qui, malgré tous les torts de Pomponace, marquent la carrière de ce philosophe: 1° Pomponace a posé la loi de la perfectibilité humaine, qu'on croit communément d'une origine plus récente; 2° Pomponace a posé la loi des institutions et des doctrines, en montrant qu'elles ont leur temps, et que pour vivre toujours elles ont sans cesse besoin de réformes; 3° Pomponace, dans ses ouvrages, sinon dans ses leçons, a ôté à la théologie l'autorité magistrale qu'elle exerçait sur la philosophie depuis l'élévation du christianisme sur le trône de l'empire, et a donné aux modernes la libre discussion; 4° si Pomponace est le créateur des mauvaises doctrines de l'école sceptique et antireligieuse, il est aussi le principal auteur des doctrines philosophiques qui ont illustré les grandes écoles d'Italie, de France et d'Angleterre.

Dans notre manière de concevoir ce philosophe, il ne fut ni un athée ni un hypocrite. Nous avouons qu'on peut le concevoir différemment, et trop souvent cela est arrivé; mais sans entrer à cet égard dans aucune controverse, nous dirons que si les livres de Pomponace sont ouverts à tout le monde, ces livres pour être jugés ont besoin d'être appréciés dans leurs rapports avec les personnes et les choses contemporaines. Sa cause était à tel point difficile à gagner, qu'en frappant les coups les plus exagérés et les plus téméraires il désespérait encore de la victoire. A l'égard de la sincérité de sa profession de foi chrétienne, nous dirons ce qu'il disait lui-même de l'immortalité de l'âme. Il lui suffisait que saint Augustin crût à celle-ci pour y croire à son tour: il nous suffit que Léon X crût, sinon à la piété, du moins à l'orthodoxie de Pomponace pour y croire nous-même. MATTER.

Pomponace avait été marié trois fois. Il mourut vers 1525, à Bologne. Le cardinal Hercule de Gonzague, qui avait été l'un de ses élèves, fit transporter ses restes mortels à Mantoue, où il ordonna de les déposer dans le caveau qui servait de sépulture aux Gonzague. Il lui fit en outre ériger une statue en bronze dans l'église Saint-François de cette ville.

POMPONIUS ATTICUS. *Voyez* ATTICUS.

POMPONIUS LÆTUS. *Voyez* LÆTUS.

POMPONIUS MELA. *Voyez* MELA.

POMPONNE (SIMON ARNAULD, marquis DE), neveu du grand Arnauld, fils d'Arnauld d'Andilly, né en 1618, porta d'abord le nom de *Briotte*, puis celui *d'Andilly*, et enfin celui de Pomponne. Dès l'âge de vingt-trois ans il fut employé en Italie en qualité de négociateur. Il y conclut plusieurs traités, et fut ensuite intendant des armées du roi à Naples et en Catalogne. Ami de Fouquet, il partagea d'abord sa disgrâce; mais il put revenir à Paris en 1665, et à la fin de la même année il fut nommé ambassadeur extraordinaire en Suède. Il demeura trois ans à cette cour, fut envoyé à La Haye en 1669, et retourna une seconde fois à Stockholm en 1671. La même année, le ministre des affaires étrangères Lionne mourut. « Je fus quelque temps à penser à qui je ferois avoir cette charge, dit Louis XIV, dans ses *Mémoires*, et après avoir bien examiné, je trouvai qu'un homme qui avoit longtemps servi dans des ambassades étoit celui qui la rempliroit le mieux. Mon choix fut approuvé de tout le monde. Mais l'emploi que je lui ai donné se trouvoit trop grand et trop étendu pour lui. Enfin, il a fallu que je lui ordonnasse de se retirer, parce que tout ce qui passoit par lui perdoit de la grandeur et de la force qu'on doit avoir en exécutant les ordres d'un roi de France. » Le marquis de Pomponne fut privé du ministère des affaires étrangères en 1679. Sa disgrâce ne l'empêcha pas d'être considéré comme un ministre plein de probité et d'esprit. Ces qualités le faisaient chérir dans le monde, qu'il préférait aux affaires publiques. Après la mort de Louvois, le roi lui rendit le titre de ministre d'État avec entrée au conseil. Il mourut à Fontainebleau, le 26 septembre 1699. On a de lui l'histoire de la négociation de sa première ambassade en Suède.

« C'étoit, dit Saint-Simon, un homme excellent, par un sens droit, juste, exquis; qui pesoit tout, faisoit tout avec maturité et sans lenteur; d'une modestie, d'une modération, d'une simplicité de moyens admirables, et de la plus solide, de la plus éclairée piété. Ses yeux montroient de la douceur et de l'esprit, toute sa physionomie de la sagesse et de la candeur; une dextérité, un art, un talent singulier à prendre ses avantages en traitant; une finesse, une souplesse sans ruse qui savoit parvenir à ses fins sans irriter; et avec cela une fermeté, et quand il le falloit, une hauteur à soutenir l'intérêt de l'État et la grandeur de la couronne que rien ne pouvoit entamer. Avec toutes ces qualités, il se fit aimer de tous les ministres étrangers comme il l'avoit été dans les pays où il avoit négocié. Poli, obligeant, et jamais ministre qu'en traitant, il se fit adorer à la cour, où il mena une vie égale, unie, et toujours éloignée du luxe et de l'épargne, ne connaissant de délassement de son grand travail qu'avec ses amis, sa famille et ses livres. »

POMPONNE (NICOLAS-SIMON ARNAULD, marquis DE), fils aîné du précédent, fut brigadier des armées du roi, et mourut ne laissant qu'une fille.

POMPONNE (ANTOINE-JOSEPH ARNAULD, chevalier DE), frère du précédent, embrassa comme lui la carrière des armes, et prit part comme colonel de dragons à la bataille de Fleurus, où il enleva deux redoutes. Il mourut en 1693.

POMPONNE (HENRI-CHARLES ARNAULD, abbé DE), frère puîné des précédents, naquit à La Haye, en 1669. A l'âge de quinze ans il fut pourvu de l'abbaye de Saint-Maixent; neuf ans après, le roi l'ayant nommé à celle de Saint-Médard de Soissons, il remit la première. A la mort de son père, Louis XIV lui dit: « Vous pleurez un père que vous retrouverez en moi; et moi je perds un ami que je ne retrouverai plus. » Nommé ambassadeur à Venise, l'abbé de Pomponne y soutint l'honneur de la France. La fermeté formait son caractère. Dans les charges de chancelier, de garde des sceaux, surintendant des finances et des ordres du roi, qu'il obtint ensuite, il réussit à se rendre utile. Il fut élu membre de l'Académie des Inscriptions et Belles-Lettres en 1743, et mourut en 1756. L. LOUVET.

POMPONNE-BELLIÈVRE. *Voyez* BELLIÈVRE.

PONANT (de l'italien *ponente*, le couchant, fait de *pono*, je me couche). C'est, dans les ports de la Méditerranée, le côté de l'ouest ou du soleil couchant, du vent de l'ouest.

On a aussi entendu par le *ponant* les côtes maritimes et

les ports de France qui sont situés sur l'Océan, pour les distinguer de ceux de la Méditerranée.

PONCE (Pierre), roche feldspathique plus ou moins vitreuse, ordinairement grisâtre ou blanchâtre, fragile, dure au toucher, rayant le verre et l'acier, fusible au chalumeau, d'une texture légère, qui lui permet de nager sur l'eau. Ce produit volcanique est d'une grande utilité dans beaucoup d'arts. Les parcheminiers et les marbriers choisissent les plus grosses et les plus légères; les corroyeurs emploient les plus pesantes et les plus aplaties; les potiers d'étain font usage des plus petites. La porosité, la légèreté comparatives et l'aspect fibreux du tissu de cette pierre indiquent bien l'action du feu sur elle; c'est en effet une véritable scorie des fourneaux volcaniques. On en tire d'immenses quantités de l'île de Santorin, dans l'Archipel grec, et de Candie.

Poncer, c'est se servir d'une pierre ponce pour enlever d'une superficie quelconque les aspérités qui la rendent raboteuse. Ainsi, l'orfèvre *ponce* la vaisselle d'argent, le chapelier tond en partie ses chapeaux à la pierre ponce, le corroyeur enlève par le même moyen ce qui reste de parties charnues desséchées sur son cuir, le parcheminier *ponce* le parchemin pour l'adoucir.

Le mot *ponce*, dans le commerce des toiles, se dit d'une espèce d'encre, composée de noir de fumée broyé à l'huile, qui sert à l'impression des marques de fabrique au chef de la toile.

C'est encore un petit sachet qui sert à poncer, et qui consiste en un morceau de toile claire qu'on emplit de charbon pilé, si l'on veut *poncer* sur une surface blanche, ou de craie en poudre, de plâtre fin, si l'on veut poncer sur une surface noire. On calque un dessin avec la ponce.

PELOUZE père.

PONCE (PAUL), *Paulo-Jacquio* PONZIO TREBATTI), né en Toscane, au commencement du seizième siècle. Le nom même de cet artiste a donné lieu à plus d'une incertitude. Vasari le mentionne en ces termes dans la *Vie du Primatice* : « En ce même lieu (Fontainebleau) a fait aussi beaucoup de figures de stuc en ronde bosse un sculpteur également de nos pays, nommé Ponzio, qui y a très-bien réussi. » Félibien n'a fait que reproduire ce passage en l'un de ses entretiens sur la peinture. Sauval, en son Histoire de Paris, indique en plus d'un lieu les œuvres de cet artiste, qu'il ne nomme jamais autrement que maître Ponce. Germain Brice l'appelle Paul Ponce; et c'est ainsi qu'on l'a le plus souvent désigné jusqu'à notre siècle, où l'on a ajouté le nom de Trebatti. Il restait à déterminer s'il était le même que Ponce Jacquio, nom que l'on avait trouvé dans les mémoires de la chambre des comptes. C'est ce que des documents récemment publiés par M. le comte de Laborde, les comptes des sépultures de Saint-Denis, ont irrécusablement prouvé. D'ailleurs, le bas-relief d'André Blondel de Rocquencourt, le monument le plus authentique de Ponce, et les deux statues de bronze du tombeau de Henri II, que les comptes des sépultures de Saint-Denis attribuent à Ponce Jacquio, sont bien évidemment l'œuvre d'un seul et même artiste. Émeric David détruisit l'opinion erronée qui attribuait à Ponce une large participation au tombeau de Louis XII, qu'on sait aujourd'hui être l'œuvre du seul Jean Juste. Ponce vint travailler en France vers l'an 1530; le premier ouvrage que l'on connaisse de lui est le tombeau d'Albert Pie de Carpi, érigé en 1535, qui ornait autrefois la nef de l'église des Cordeliers, et la dernière mention de son nom dans les comptes des bâtiments royaux est sous l'année 1571. C'est donc une carrière d'environ quarante ans consacrée à la France. Outre le mausolée du prince de Carpi et celui d'André Blondel de Rocquencourt, le musée du Louvre possède la statue en pierre de Charles de Magny, capitaine des gardes de Henri II, attribuée à Ponce depuis Germain Brice, qui ornait l'église des Célestins, et le buste en bronze d'Olivier Lefebvre d'Ormesson, qui lui est également attribué, et qui provient de l'église des Bons-Hommes de Passy.

PONCE DE LÉON (*Fray* LUIS), l'un des plus célèbres poëtes lyriques de l'Espagne, naquit en 1527, vraisemblablement à Grenade. En 1544 il entra à Salamanque dans l'ordre de Saint-Augustin, et fut reçu docteur, puis nommé professeur de théologie à l'université de cette ville. La réputation qu'il se fit comme savant commentateur de la Bible excita ses envieux à l'accuser d'avoir manqué aux commandements de l'Église en entreprenant une traduction en espagnol du Cantique des Cantiques avec une explication de son sens mystique, et ils rendirent ainsi son orthodoxie suspecte au tribunal de l'inquisition de Valladolid. Il dut en conséquence languir pendant cinq années dans les cachots du saint-office. Il y vécut, disait-il plus tard, dans un tel repos et dans une telle joie de l'esprit, que lorsqu'il eut été rendu à la lumière du jour et à l'amitié des siens, il regrettait parfois sa solitude. La religion le soutenait, comme de nos jours elle releva Silvio Pellico; et quand l'inquisition ellemême, ne pouvant faire un criminel de cette âme innocente, eut enfin pardonné à Luis de Léon tout le mal qu'elle lui avait fait, il ne trouva dans son cœur que pardon et oubli. Professeur de théologie, il remonta dans sa chaire, comme s'il en fût descendu la veille; et plein d'indulgence pour les hommes, il recommença son cours par ce mot sublime : *Je vous disais hier...* Plus tard on le nomma provincial de son ordre; mais il mourut avant d'avoir pu exercer cette charge, le 23 août 1591. Quarante ans après sa mort, Quevedo publia, pour la première fois, ses œuvres poétiques, dont la meilleure édition est celle qui a paru à Madrid, de 1804 à 1816, en six volumes.

Dans ses poésies originales, de même que dans ses nombreuses traductions d'anciens poëmes classiques et bibliques, il fait preuve d'une correction de style peu commune et d'une enchanteresse harmonie de versification. Il réussit surtout dans ses odes religieuses, où règne un pieux enthousiasme. Pour l'élévation de la pensée, la chaleur des sentiments, la simplicité de l'expression, il est sans rival; et Cervantes, qui rarement a mal placé son admiration, ne peut assez le louer. « Génie sublime, qui étonnes le monde, lui dit-il dans sa *Galatée*, je te respecte, je t'adore et je te suis. » Voyez les *Poesias espirituales*, dans le *Tesoro de los Escritores misticos españoles* (Paris, 1850).

Parmi ses ouvrages en prose, remarquables par un style onctueux et brillant, on cite surtout ses dissertations ascétiques *De los Nombres de Cristo* et *La perfecta Casada*.

PONCELET (JEAN-VICTOR), général de brigade, grand-officier de la Légion d'Honneur, ex-professeur de mécanique appliquée aux écoles d'artillerie et du génie de Metz, est né à Metz, le 1er juillet 1788. La géométrie lui doit d'importants travaux : au premier rang il faut placer son *Traité des Propriétés projectives des Figures* (Paris, 1822), qui fut suivi de deux mémoires remarquables : l'un *Sur les centres des moyennes harmoniques*, l'autre *Sur la théorie générale des polaires réciproques*, présentés tous deux à l'Académie des Sciences en 1824, et insérés dans les années 1828 et 1829 du *Journal de Crelle*. M. Poncelet a encore publié : *Cours de Mécanique appliquée aux machines* (Metz, 1826); *Cours de Mécanique industrielle* (Metz, 1829); *Mémoire sur les Roues hydrauliques verticales, à aubes courbes* (Paris, 1826); etc. Le *Mémoire sur les Roues hydrauliques* obtint, en 1825, le prix de mécanique fondé par Montyon; il a été reproduit dans plusieurs recueils scientifiques. On trouve d'autres mémoires de M. Poncelet dans les *Annales de Mathématiques* de Gergonne, dans le *Mémorial de l'Officier du Génie*, dans les *Annales de Physique et de Chimie*, etc. En 1834, M. Poncelet a succédé à Hachette dans la section de mécanique de l'Académie des Sciences.

PONCE PILATE. *Voyez* PILATE (Ponce).

PONCHARD (JEAN-FRÉDÉRIC-AUGUSTE), célèbre chanteur, naquit à Paris, le 8 juillet 1780. La révolution, en faisant fermer les églises, força son père, qui était maître de musique de Saint-Eustache, à se rendre à Lyon. C'est là que le jeune Ponchard fit ses études musicales; puis il entra comme violoniste au grand théâtre. Ses dispositions pour le chant le firent entrer au Conservatoire de Musique de Paris en 1808. Il y reçut des leçons de Garat, et brilla dans les concerts du Conservatoire. En 1812 il débuta à l'Opéra-Comique, où il se fit applaudir par son chant expressif, sa bonne vocalisation et le goût de ses ornements. On le remarqua dans le *Tableau parlant*, *Picaros et Diego*, *Zémire et Azor*, *Les Événements imprévus*, *Le Chaperon rouge*, *La Dame blanche* et *Masaniello*.

Ponchard se retira du théâtre de l'Opéra-Comique en 1834. Il avait été nommé professeur de chant au Conservatoire en 1819. Personne ne chantait le *cantabile* et la romance avec plus d'âme et de succès.

PONCHARD (Marie-Sophie-Callault, Mme), femme du précédent, née à Paris, en 1792, entra au Conservatoire en 1806, et y reçut les leçons de Garat. Elle joua au théâtre de Rouen en 1817, et entra à l'Opéra-Comique l'année suivante. Sa timidité la fit d'abord froidement accueillir ; mais plus tard elle obtint de grands succès, notamment dans *Le Cheval de bronze*. Elle prit sa retraite en 1836, et chanta encore seulement cette année au théâtre de Rouen, pour finir sa carrière théâtrale dans la ville où elle l'avait commencée.

Eugène Ponchard, fils des précédents, a écrit dans les journaux *La Patrie* et *Le Ménestrel*; *Charles* Ponchard, artiste de l'Opéra-Comique, a créé avec succès le rôle de Lélio dans *Bonsoir, monsieur Pantalon*. L. Louvet.

PONCIS (par corruption *ponçif* ou *ponsif*), dessin qui a été piqué et sur lequel on passe le petit sachet appelé *ponce* ou bien une *poncette* formée de morceaux de feutre imprégnés d'une poudre de résine mêlée avec du noir de fumée ou du blanc de céruse. Les poncis servent aux décors, à fixer les dessins de broderie, etc. Dans ce dernier cas on passe un fer chaud sur le dessin poncé. On se sert aussi de *poncis* pour marquer les dessins sur la faïence, sur des abat-jour de lampe, etc.

Dans le langage des beaux-arts, on appelle *poncis* les dessins dans lesquels on remarque certain type convenu, un calque ou une copie trop apparente, une routine dont l'artiste ne sort pas. L. Louvet.

PONCTION (du latin *punctio*, fait de *pungere*, piquer). Ce mot désigne une opération chirurgicale ayant pour objet l'évacuation d'un fluide amassé dans une cavité naturelle ou accidentelle du corps humain, et consiste dans une ouverture qu'on pratique avec un instrument aigu. On comprend généralement sous cette dénomination les ouvertures pratiquées avec des aiguilles, des lancettes, des bistouris, etc., pour vider des amas de sang ou de pus; mais elle désigne plus particulièrement l'évacuation du liquide épanché dans les sacs formés par les membranes séreuses, dont l'amas est connu sous le nom d'*hydropisie*. La ponction ou *paracentèse* est une ressource d'une utilité irrécusable; mais, quelle que soit sa valeur, on ne doit la considérer que comme un moyen extrême ou accessoire.

Dr Charbonnier.

PONCTUALITÉ, dernier degré de l'exactitude. C'est une des qualités les plus utiles de la vie, mais à laquelle, faute d'éclat, on refuse toute espèce d'attention. La ponctualité fertilise le temps; elle en augmente ainsi l'étendue. Le chancelier D'Aguesseau apprit une langue étrangère pendant les vingt minutes d'attente que sa femme lui imposait avant de se mettre à table pour dîner. De nos jours, Cuvier a été professeur, homme d'État, a embrassé toutes les sciences et en a inventé une nouvelle, l'*anatomie comparée*. Nul n'a déployé une ponctualité plus rigide dans la distribution de ses heures de travail : chaque instant avait sa mission à remplir; cette dernière ne variait jamais : une vie strictement divisée suffit à tout. La ponctualité a quelque chose de relatif : elle ne doit pas être la même chez les savants que chez les gens du monde. Néanmoins, tous les plaisirs de la société seraient troublés si chacun ne venait pas à peu près à l'heure; il faut donc une certaine ponctualité, même pour s'amuser. Saint-Prosper.

PONCTUATION (du latin *punctum*, point), art ou action de *ponctuer*, c'est-à-dire d'indiquer dans le discours écrit, par des signes convenus, la proportion des pauses que l'on doit faire en lisant. Le discours étant un composé d'un grand nombre de phrases diverses, on a dû inventer des signes qui fissent connaître l'étendue ou la durée de chacune de ces parties, ou, pour parler plus explicitement, le lieu où elles commencent, celui où elles finissent, le rapport plus ou moins grand qu'elles ont entre elles, le ton qu'il convient de leur donner en les prononçant. Sans ces indications, au lieu de la netteté et de la clarté si nécessaires pour l'intelligence du discours, l'ouvrage le plus logique serait une sorte de chaos pour les lecteurs. L'usage de la ponctuation était connu des anciens. Aristote, Cicéron, saint Jérôme et d'autres encore, témoignent dans leurs ouvrages qu'ils sentaient la nécessité de cette distinction raisonnée des signes destinés à marquer les repos et les mesures; mais l'usage de ces signes n'était pas général, car il existe grand nombre de manuscrits anciens qui n'en portent aucune trace. Il y a donc tout lieu de croire que la pratique, sinon l'invention, de l'art de ponctuer n'a été introduite dans la grammaire comme tout à fait obligatoire que dans les temps modernes, et principalement depuis l'invention de l'imprimerie.

La ponctuation contribue à l'intelligence du sens, et prévient l'obscurité du style. Il n'en faudrait pas davantage pour établir son importance. Des exemples tirés de nos meilleurs écrivains pourraient montrer qu'il n'y a pas, à l'égard de ces principes, une certitude bien arrêtée. Pourtant, il y a pour la ponctuation des règles généralement reconnues, que nous indiquerons sommairement, ainsi que l'emploi qu'il convient de faire des divers signes.

Les signes de la ponctuation sont : la *virgule* (,), le *point-virgule* (;), les *deux points* (:), le *point final* (.), le *point d'interrogation* (?), le *point d'admiration* ou *d'exclamation* (!), les *points de suspension* (...), le *tiret* (—). Le sens de la phrase est-il un peu suspendu, mettez une virgule (,); l'est-il un peu plus, mettez le point-virgule (;); la suspension a-t-elle encore un degré de plus, c'est le cas de mettre les deux points (:); si le sens de la phrase est complet, mettez le point final (.). S'agit-il d'une phrase interrogative, d'une question, il faut la terminer par le point d'interrogation (?); la phrase exprime-t-elle quelque mouvement de l'âme, comme la surprise, la terreur, la joie, elle se termine par le point d'exclamation (!); quand on laisse échapper quelques phrases interrompues et sans liaison entre elles, alors pour marquer la suspension on emploie plusieurs points de suite (...). Enfin, pour marquer la séparation qu'il y a dans le dialogue entre la demande et la réponse, ou pour détacher dans le discours des propositions distinctes, on emploie le tiret (—).

Telles sont les règles les plus générales de la ponctuation; leur observance plus ou moins exacte est le résultat de l'intelligence et de la manière de sentir. Les signes de la ponctuation sont en quelque sorte les notes musicales du discours. Le savant Court de Gébelin regrette qu'on n'ait pas un plus grand nombre de signes de ponctuation. « Il serait à désirer, dit-il, qu'on en eût pour déterminer le ton qu'on doit donner à quelques sentiments différents de l'interrogation et de l'exclamation, et qu'on plaçât différemment les signes interrogatif et exclamatif, qui sont quelquefois beaucoup trop éloignés du commencement de la phrase; en sorte qu'on en a déjà lu une partie avant de s'apercevoir du ton avec lequel on doit la lire. »

Les hébraïsants et les orientalistes emploient le mot *ponctuation* pour désigner les points qui dans les langues de l'Orient suppléent les voyelles. Champagnac.

Le père Montfaucon attribue à Aristophane le grammairien, qui vivait deux cents ans avant J.-C., l'invention de la ponctuation. Alcuin la remit en usage au neuvième siècle. On se servit d'abord seulement du point. Placé au bas de la ligne, il indiquait une petite pause, nommée *comma* en grec, *incisum* en latin, *virgule* chez nous; placé au milieu de la ligne, le point indiquait une pause plus grande; on l'appelait *kolon* chez les Grecs, *membrum* chez les Latins; c'est notre *deux-points;* mis en haut de la ligne, le point terminait le sens. Du quatrième au septième siècle on se servit du point simple, de la virgule ou de quelque autre ornement fort simple. Dans le moyen âge on figura parfois le point par une sorte de 7, et les deux points par 77; on se servit aussi de points en triangle. Au dixième siècle le discours est terminé par différents signes, tels que le virgule surmontée de deux points, le *j* avec un point dessus, le 7, notre point d'admiration, deux guillemets, deux ou trois points l'un sur l'autre, etc. Dans le onzième siècle au lieu du point on se servit du chiffre arabe 5 et du point avec la virgule, qu'on nommait *demi-membre* ou *semi-kolon*. La ponctuation du douzième siècle varia beaucoup; les trois points l'un sur l'autre y furent en usage, ainsi que le trait d'union à la fin des lignes. Pendant le treizième siècle la ponctuation fut négligée; mais à partir de l'invention de l'imprimerie elle se fixa, et devint à peu près ce qu'elle est aujourd'hui, sauf un emploi plus fréquent des divers signes en usage, notamment de la virgule. Les écrivains dits *romantiques*, qui affectent les phrases incidentes, les coupent souvent par des tirets (—); les auteurs dramatiques abusent aussi des points de suspension (...). L. Louvet.

PONDÉRATION (du latin *ponderatio*, action de peser, de mettre en équilibre, fait de *pondero*, je pèse). Considéré sous un certain aspect physique général, comme composé d'os et de muscles, le corps humain est un système où tout est parfaitement lié et équilibré. De là résulte à l'état de repos un arrangement déterminé des divers éléments qui le composent, et à l'état de mouvement une réaction des diverses parties les unes sur les autres, une sorte de réflexion de mouvements ayant lieu de proche en proche, une relation harmonique des déplacements, quelque rapides et quelque brusques qu'ils soient. L'observance exacte des règles que la nature indique à ce sujet est ce que l'on nomme *pondération* en peinture et en sculpture.

Lorqu'un corps est en repos, pour que son état soit stable, il faut qu'il y ait une certaine relation entre la position de son centre de gravité et celle des points par lesquels il repose sur le sol. Sans cela, il se mettrait en mouvement de lui-même et éprouverait une chute. Cet état d'équilibre est instinctivement cherché et trouvé par nous quand nous reposons sur nos deux pieds ou sur un seul. Lorsqu'il y a mouvement, dans la marche par exemple, les lois de l'équilibre à l'état de repos ne sont pas à chaque instant satisfaites : ainsi, quand un des pieds est soulevé et se porte en avant, l'équilibre est rompu, et il y aurait chute s'il ne se posait bientôt à terre. Il en est de même dans tous les autres cas, de sorte qu'il résulte du mouvement des conditions d'équilibre un peu différentes de celles à l'état de repos, et variables avec sa vitesse. Léonard de Vinci a posé quelques règles qui semblent toutes devoir être observées dans le plus grand nombre de cas, surtout lorsqu'il n'y a pas d'action violente à représenter. En voici quelques-unes : Dans une figure, le pied qui soutient le corps doit être tourné du même côté que la tête; la tête, dans son mouvement, quel qu'il soit, ne doit pas dépasser les épaules; la main ne doit jamais s'élever plus haut que la tête, ni le poignet dépasser la hauteur de l'épaule; quand un bras est levé, toutes les parties doivent suivre le même mouvement, la cuisse s'allonger et le talon s'élever, etc. Quoique ces règles soient convenables et sages, comme toutes celles du même genre données par les poétiques, et quoiqu'il ne faille pas s'y soustraire sans motif, il est visible qu'on tomberait dans le froid et le compassé si l'on voulait trop s'assujettir à leur joug. Elles doivent être regardées comme de prudentes bornes indiquant un écueil à éviter.

Nous avons dit que les rigoureuses lois de l'équilibre sont fréquemment violées dans un corps en mouvement. Il n'y aurait, d'après cela rien d'absurde à représenter dans une composition de peinture ou de sculpture une figure dont la pondération ne pourrait pas convenir à l'état de repos. Mais comme l'immobilité est l'état réel et inévitable d'une statue et des personnages d'un tableau, quelle que soit la rapidité du mouvement que leur pose indique, il y a quelque chose de peu rationnel à représenter un mouvement dont le terme doit être nécessairement très-court; et l'esprit se trouve toujours gêné en contemplant une composition de ce genre.

Pondération s'entend aussi bien de l'harmonie générale d'une composition que de la pose des diverses figures qu'elle contient. Ce serait folie que de vouloir poser quelque règle à cet égard-là; mais, pour peu qu'on ait le sentiment des arts, on comprend qu'il doit y avoir encore sur ce point certaines règles sinon de symétrie, du moins de régularité, qui, sans être nettement posées par personne, sont acceptées de tous.

Pondération s'emploie encore en politique pour désigner un certain équilibre des pouvoirs d'un État qui leur permet de se contre-balancer mutuellement, et qui s'oppose aux empiétements des uns ou des autres. Le système constitutionnel présente sinon dans la pratique, du moins en théorie, un des exemples les plus parfaits d'une *pondération de pouvoirs*. L.-L. Vauthier.

PONDICHÉRY, ville de la côte de Coromandel, dans l'ancienne province de Cariate, à environ 10 myriamètres de Madras, à 408 myriamètres de l'île de La Réunion et à 1,708 myriamètres de Brest, chef-lieu des établissements français dans l'Inde, siège d'une cour impériale, d'un tribunal de première instance et d'un préfet apostolique, résidence du gouverneur général, compte 21,000 habitants, dont environ 700 Européens. Un large canal, bordé d'arbres, la divise en deux parties, nommées la *Ville blanche* et la *Ville noire*. A l'est, et sur les bords de la mer, est la *Ville blanche*, habitée par les Européens; à l'ouest est la *Ville noire*, habitée par les indigènes. La *Ville blanche* renferme 4 à 500 maisons, généralement de construction élégante; l'hôtel du gouvernement et l'église des missions étrangères, bâtie par les jésuites, en sont les édifices les plus remarquables. La *Ville noire* compte environ 3,800 habitations, dont plus des trois quarts en briques. Le reste se compose de cabanes en terre, recouvertes en chaume. De beaux cocotiers, régulièrement plantés, ombragent chacune de ces habitations, et donnent à cette partie de la ville l'aspect le plus pittoresque. La ville possède un collége pour les Européens et des écoles pour les Hindous, un jardin botanique, l'un des plus considérables qu'il y ait dans l'Inde, une bibliothèque publique, une imprimerie, un mont-de-piété, un vaste bazar, une filature modèle de soie et de coton, et de belles promenades, établies sur l'emplacement des anciens remparts, entièrement détruits depuis longtemps. Elle n'a point de port, mais une rade ouverte, où la mer brise sans cesse et forme une barre qui rend le débarquement difficile en temps ordinaire et très-dangereux pendant la mousson du nord-est.

Le *territoire* de Pondichéry a 279 kilomètres carrés de superficie. Il est divisé en trois districts : *Pondichéry*, renfermant la ville et 11 *aldées* ou villages hindous; *Villenour*, 45 aldées; et *Bahour*, 36 aldées. En 1839 la population totale de cet établissement français était de 79,743 habitants. Les Hindous s'adonnent particulièrement à la culture du riz et de l'indigo. On évalue de 25 à 30,000 kilogr. la quantité d'indigo qu'ils récoltent annuellement. La plus grande partie de cette substance tinctoriale est employée dans le pays même pour la teinture des toiles bleues dites *guinées* et des toiles blanches que les contrées voisines envoient à Pondichéry.

PONEY, de l'anglais *pony*, nom que les Anglais donnent à un cheval de fort petite stature, à une espèce de cheval nain. Les *ponies* forment des races particulières, qu'on rencontre dans les plus petits échantillons aux îles Shetland, en Islande, en Norvège, dans l'île d'Œland et en Corse. Ceux du pays de Galles, du comté de Galloway, de la Sardaigne et des montagnes d'Espagne sont déjà un peu plus grands. On peut encore ranger dans la catégorie des *ponies* les chevaux des Kosaks, ceux de la Pologne, de l'Ukraine, de la Lithuanie, de la Hongrie et de la Grèce, qui déjà sont de taille moyenne. Les *ponies* sont des animaux très-vifs et très-faciles à dresser. Quoique impropres à tout travail rude, ils portent parfaitement leur cavalier, pourvu qu'il soit léger, et s'atellent très-bien à une voiture. Aussi les amateurs en font-ils grand cas en Angleterre. Il n'y a pas de troupe d'écuyers ambulants qui dans son personnel n'ait au moins un *pony*, dont l'extrême docilité et l'agilité charment toujours la foule.

PONGERVILLE (JEAN-BAPTISTE-ANTOINE-AIMÉ SANSON DE), membre de l'Académie Française, est né en Picardie, le 3 mars 1792. Ses premières années s'écoulèrent chez son père, magistrat distingué, qui lui fit donner une instruction solide. Le jeune Pongerville manifesta dès son enfance un goût extraordinaire pour l'art qu'il a cultivé avec tant de succès. Il s'exerçait à composer des vers, à ébaucher des poëmes, des pièces de théâtre, sans autre but que de charmer les moments qu'il passait en famille dans la solitude des champs. Le poëte Millevoye, son compatriote, reçut le premier ses confidences poétiques; l'auteur d'*Emma* et de *la Chute des feuilles* dans les essais imparfaits du jeune adepte vit briller un talent réel; il l'encouragea. A l'âge de dix-huit ans, le jeune homme lut le poëme de Lucrèce, qu'une prudence respectable écartait alors des études classiques; il le lut avec tout l'intérêt que cet ouvrage peut inspirer, et les difficultés mêmes que présente la latinité de ce poëme furent un aiguillon pour lui. Il fit son étude de Lucrèce, et les nobles pensées, les images, les scènes de la nature, entassées dans ce grand ouvrage, sympathisèrent avec l'esprit du jeune poëte, qui, simple dans ses goûts, méditatif par instinct, retrouvait dans le poëte romain les scènes champêtres dont il était sans cesse le témoin et l'admirateur. Il traduisit Lucrèce d'abord comme étude, et puis, trouvant chaque jour plus d'attrait à son travail, il résolut de devenir l'interprète du poëte philosophe. Il abandonna tous les ouvrages qu'il avait commencés, pour ne plus s'occuper que de son auteur favori. Il envoya un chant de son poëme à Raynouard, secrétaire perpétuel de l'Académie Française, en le priant de prononcer un arrêt qui pour lui serait irrévocable. L'auteur des *Templiers*, étonné de voir tant de difficultés si heureusement vaincues, lui répondit : « Venez terminer votre ouvrage à Paris; le succès vous y attend. » M. de Pongerville se rendit à cet appel. Après quatre ans d'un travail opiniâtre, le jeune poëte publia une traduction qui, comme celle de Delille, fut mise au rang des ouvrages les plus originaux de notre époque; les éditions de ce poëme se multiplièrent rapidement, et le public ami des lettres, qui ne connaissait ce chef-d'œuvre de poésie que par fragments, put apprécier tout ce qu'il devait à Lucrèce et à son interprète. On put aussi connaître combien les poëtes modernes avaient puisé d'images et de pensées dans ce vaste trésor, et combien l'interprète s'élevait au-dessus de tous ceux qui avaient imité son auteur.

Après avoir si heureusement reproduit Lucrèce en vers, le poëte le traduisit en prose, et il a prouvé par cette version, qui rend tout ce que la prose peut rendre, combien il s'était identifié avec le poëte romain : on applaudit à ce double tour de force, où le prosateur se montra digne du poëte. M. de Pongerville traduisit bientôt Ovide, et trouva des couleurs assorties aux nuances brillantes de son auteur. La grâce et la volupté, l'esprit et le sentiment du chantre des *Métamorphoses*, reparurent dans notre langue poétique; et sous le titre d'*Amours mythologiques* M. de Pongerville enrichit notre littérature des plus belles conceptions d'Ovide. L'auteur, à qui l'Académie Française ouvrit ses portes dès son éclatant début, ne se reposa point après le succès : il publia plusieurs épîtres philosophiques, où de hautes pensées sont reproduites avec une grande supériorité de talent. *L'Épître aux Belges*, l'*Épître au roi de Bavière*, l'*Épître sur l'indépendance des lettres*, sont surtout empreintes d'une verve mordante et philosophique, qui rappelle la vigueur et le coloris du maître à qui nous devons *La Promenade* et l'*Épître à Voltaire*. M. de Pongerville est auteur d'un grand nombre d'articles littéraires et de notices biographiques insérés dans les principaux recueils périodiques; il est aussi l'un des membres choisis par l'Académie Française pour composer l'histoire alphabétique de la langue et de la littérature. Charles NODIER, de l'Académie Française.

Après le coup d'État du 2 décembre 1851, M. de Pongerville a été nommé membre de la commission d'examen des ouvrages destinés au colportage. Conservateur adjoint au département des imprimés de la Bibliothèque impériale, il est passé en 1854 au département des cartes et collections géographiques.

PONGO. *Voyez* CHIMPANZÉ.

PONIATOWSKI, famille princière de Pologne, qui fait remonter son origine à l'antique maison italienne des Torelli, descendant des comtes de Guastalla et Monte-Chiarugolo. Son illustration date de *Stanislas* PONIATOWSKI, né en 1677, qui dans la guerre du Nord embrassa le parti de Stanislas Lesczinski et de Charles XII, avec qui il fit la campagne de Russie, et qu'il contribua beaucoup à sauver lors du désastre de Pultawa. Le roi de Suède l'envoya ensuite de Bender à Constantinople, où il réussit à déterminer le sultan à déclarer la guerre à la Russie. Charles XII une fois mort, il se rattacha à la fortune d'Auguste II, qui le nomma voïvode. Lesczinski, à la mort d'Auguste, étant rentré en Pologne comme prétendant, Poniatowski prit de nouveau parti pour lui, mais fut alors fait prisonnier par les Russes à Danzig. Quand il recouvra sa liberté, il se réconcilia, à la demande de Lesczinski lui-même, avec Auguste III, qui le combla alors de distinctions. Il mourut en 1762. De sa seconde femme, née princesse Czartoryiska, il laissa plusieurs enfants, dont l'un fut roi de Pologne sous le nom de Stanislas-Auguste; un autre, *Casimir* PONIATOWSKI, né en 1721 et élevé à la dignité de prince, fut grand-chambellan pendant le règne de son frère, et mourut en 1800; le troisième, *André* PONIATOWSKI, créé prince de l'Empire en 1765, mourut à Vienne, en 1776, avec le grade de quartier-maître général au service d'Autriche; le dernier, *Michel* PONIATOWSKI, entra dans les ordres, devint archevêque de Gnesen et primat du royaume. Comme il mourut subitement, à Varsovie, lors de l'insurrection de 1794, le bruit se répandit généralement qu'il s'était empoisonné à cause des terreurs que lui inspirait le sentiment de son impopularité.

PONIATOWSKI (JOSEPH, prince), né le 7 mai 1762, à Varsovie, était fils d'*André* et d'une comtesse Kinska. Il choisit de bonne heure la carrière militaire, et entra d'abord au service d'Autriche. Mais il résidait le plus souvent à Varsovie, et devint le favori du roi son oncle. Rappelé dans sa patrie en 1789, ainsi qu'un grand nombre de Polonais qui avaient pris du service à l'étranger, il fut nommé général-major dans l'armée nationale, et contribua activement à sa réorganisation. Pendant la campagne de 1792 le roi son oncle le mit à la tête de l'armée, et il avait alors sous ses ordres Kosciuszko et Wielhorski. Lorsque son oncle eut accédé à la confédération de Targovicz, il donna sa démission, ainsi que la plupart des meilleurs officiers; mais quand, en 1794, Kosciuszko reprit les armes pour la défense de sa patrie, il alla aussitôt se placer sous ses ordres, oubliant noblement qu'il avait été son supérieur. Sa bravoure et son dévouement lui méritèrent l'estime générale. Kosciuszko lui confia le commandement d'une division de l'armée, à la tête de laquelle il rendit de grands services pendant les deux siéges de Varsovie. Peu de temps après la reddition de cette ville, il se retira à Vienne, et repoussa les offres de Catherine II comme celles de Paul, qui l'avait nommé lieutenant général et chef du régiment de Kasan. Il vécut alors en simple particulier dans ses terres situées près de Varsovie, jusqu'à la création du duché de Varsovie, où il accepta le portefeuille de la guerre. En 1809 il commanda l'armée polonaise chargée d'empêcher les Autrichiens d'occuper le duché de Varsovie, et avant l'arrivée des Russes, les contraignit, par l'habileté de ses manœuvres, à évacuer le territoire polonais; après quoi il pénétra en Gallicie jusqu'à Cracovie. Au rétablissement de la paix, il reprit ses fonctions de ministre de la guerre, et les conserva jusqu'en 1812. A ce moment il prit le commandement des troupes polonaises destinées à faire la campagne de Russie dans les rangs de la grande armée. Après avoir pris part à tous les événements importants de cette guerre mémorable, et s'être couvert de gloire surtout à la bataille de **Leipzig**, où Napoléon le créa maréchal de France sur le champ de bataille même, il reçut le 19 octobre à Leipzig l'ordre de couvrir la retraite de l'armée française. Déjà les colonnes ennemies étaient entrées dans les faubourgs de Leipzig et avaient jeté des troupes légères sur l'autre rive de l'Elster, quand le prince, avec une suite peu nombreuse, parut sur le bord de cette rivière, dont les Français avaient déjà fait sauter le pont. Les moments étaient précieux. Bien que la hauteur et l'escarpement des rives fussent peu propres à en permettre le passage, Poniatowski, déjà blessé, se précipita dans l'Elster, dont les eaux avaient beaucoup grossi et eurent bientôt englouti l'intrépide cavalier et sa monture. Le corps du prince Poniatowski ne fut retrouvé que le 24, et deux jours après on l'ensevelit, avec tous les honneurs dus à son rang. Plus tard, ses restes furent embaumés et transportés à Varsovie. En 1816 l'empereur Alexandre permit de les inhumer dans l'église de Cracovie, où reposent tous les rois et héros de la Pologne.

Poniatowski n'a laissé qu'un fils naturel, né en 1810, appelé comme son père *Joseph* Poniatowski, et qui fit partie comme engagé volontaire de l'expédition d'Alger en 1830. Il était parvenu au grade de chef d'escadron, lorsqu'il mourut à Tlemcen, le 18 février 1855, laissant un fils, fourrier dans le même régiment de chasseurs que lui. Il avait été adopté par sa tante, la princesse Tyzkiewicz, sœur de son père, qui a fondé diverses institutions de charité à Valençay, et qui mourut à Tours, en 1834.

Casimir Poniatowski, mentionné plus haut, laissa un fils, *Stanislas* Poniatowski, né le 23 novembre 1747, qui pendant le règne de son oncle fut grand-trésorier de Lithuanie, staroste de Podolie et général de l'armée royale polonaise. Plus tard l'empereur de Russie le nomma conseiller intime. A partir de 1804 il résida à Vienne, et plus tard pendant longtemps à Rome. En 1826 il vendit à l'Anglais Sykes la belle *villa* dont il était propriétaire, près de la voie Flaminienne, avec toutes les sculptures antiques qui la décoraient. Il mourut à Florence, le 13 février 1831. En lui s'éteignit le dernier rejeton mâle *légitime* de la maison de Poniatowski.

PONS (Robert), dit *de Verdun*, naquit à Verdun, en 1759. Lorsque éclata la révolution, il était avocat et s'était fait connaître par des poésies légères, notamment par des contes et des épigrammes. Nommé accusateur public en 1792, il fut envoyé la même année à la Convention nationale par le département de la Meuse. Dans le procès du roi, il vota la mort sans appel et sans sursis, et le 19 septembre il fut élu secrétaire de la Convention. Accusé par Saint-Just, au mois d'octobre suivant, d'avoir demandé le rapport de la loi contre les Anglais et les étrangers, il parvint à se justifier. L'année suivante, il fit décréter en principe qu'aucune femme prévenue de crimes capitaux ne pourrait être mise en jugement si elle était reconnue enceinte. Plus tard, le 18 janvier 1795, il fit annuler un jugement de la commission militaire de Nantes qui condamnait à la peine de mort la veuve du général vendéen Bonchamps, faisant valoir en sa faveur la générosité avec laquelle son mari mourant avait sauvé la vie à plusieurs centaines de prisonniers républicains. Il travailla beaucoup dans le comité de législation, auquel il était attaché et au nom duquel il fit une foule de rapports. Il passa ensuite au Conseil des Cinq Cents, où, le 3 décembre 1797, il prononça un discours sur les enfants mineurs des émigrés, et soutint la nécessité de les soustraire à l'empire de leurs parents, pour les élever dans des principes conformes au nouvel ordre de choses. Le 22 mars 1799 il fut porté à la présidence des Conseils, se montra favorable au coup d'État du 18 brumaire, et échangea en 1800 les fonctions de législateur contre celles de commissaire près le tribunal d'appel du département de la Seine. Il fut ensuite nommé substitut du procureur général près la cour de cassation, et enfin avocat général près la même cour. Il exerça ces fonctions jusqu'en 1814 : à cette époque il fit acte d'adhésion à la déchéance de l'empereur, et donna sa démission peu de temps après la première restauration. Réintégré après le 20 mars, la seconde rentrée du roi Louis XVIII le rendit à la vie privée. Banni comme régicide ayant accepté des fonctions publiques pendant les cent jours, par suite de la loi du 12 janvier 1816, Pons se retira d'abord en Belgique; mais il fut autorisé à revenir en France en 1819, grâce aux infatigables démarches d'Andrieux et à l'intervention de MM. Roy et Decazes. Il mourut à Paris, le 16 mai 1844. Il a publié : *Mes Loisirs, poésies diverses* (1780, in-12; 2e édition, 1807, in-8°); *Opinion dans le procès du roi* (1792, in-8°); *Portrait du général Souwarow* (1795, in-8°). L'histoire lui reprochera toujours d'avoir poursuivi avec acharnement devant le tribunal révolutionnaire la condamnation de dix-huit jeunes filles qui avaient félicité le roi de Prusse lors de son entrée dans cette ville en 1792.

L. Louvet.

PONS (André), dit *de l'Hérault*, naquit en 1773, à Cette (Hérault), d'un père espagnol, qui le destinait à l'état ecclésiastique. Il fit son éducation dans un couvent de Picpus. Il entra dans la marine marchande, fut bientôt officier, et reçu capitaine en 1790. Il avait embrassé avec ardeur les principes de la révolution, et prit part au siége de Toulon. Arrêté après le 9 thermidor, il resta longtemps en prison, et fut amnistié par le dernier décret de la Convention. Il reprit le commandement d'un navire marchand, fut arrêté par les Anglais, et conduit en Toscane, où il fut remis en liberté. Arrivé en France, il fut choisi comme électeur aux deux Conseils. Envoyé à Paris, il dénonça la conduite illégale du Directoire pendant les élections, dans une lettre qu'il intitula *Pons à Barras*. Il dut alors s'éloigner de Paris, prit le commandement d'un vaisseau qui allait de Cette à Toulon; et dans cette ville il reçut un ordre qui l'attachait à l'armée d'Italie. Bientôt il en fut nommé chef d'état-major. Il y organisa la division navale, reçut le commandement de la flottille du lac de Garda, et rendit de grands services à l'armée après sa défaite. Peu favorable au coup d'État du 18 brumaire, il n'obtint point l'avancement qu'il méritait, et quitta l'armée navale d'Italie. Le gouvernement consulaire lui offrit pourtant d'y retourner avec le commandement en titre de la division qu'il avait plusieurs fois commandée par intérim. Mais Pons s'était marié, et avait pris l'engagement de ne pas retourner à l'armée. Lacépède l'appela à des fonctions supérieures de la grande-chancellerie de la Légion d'Honneur. Il le pressa d'écrire un *Mémoire sur les causes de la décadence de la marine militaire*, qui fut présenté à l'empereur. Pons fut ensuite nommé administrateur général des mines de l'île d'Elbe. Il les releva de leur état de décadence; et quand l'empereur déchu débarqua dans sa nouvelle souveraineté en 1814, il prit son premier repas chez Pons. C'est lui qui prépara secrètement les vaisseaux sur lesquels Napoléon revint en France. Il l'accompagna dans cette expédition, et composa le *Chant du Retour*. Au moment de toucher la terre Napoléon lui noua un ruban de la Légion d'Honneur à la boutonnière. Envoyé en qualité de commissaire extraordinaire impérial dans les départements du midi, il fut arrêté à Marseille; mais le maréchal Masséna parvint à le sauver. Il rejoignit Napoléon à Paris, et fut nommé préfet du Rhône. Pons présida à la convention qui fut faite avec les Autrichiens pour la reddition de Lyon, après la défaite de Waterloo et le retour des Bourbons.

Il retourna ensuite à l'île d'Elbe, d'où il voulait aller rejoindre l'ex-empereur à l'île Sainte-Hélène; mais ses démarches à ce sujet n'aboutirent qu'à le faire transporter à Goritz, puis à Fiume. Enfin, il put s'établir à Carouge, puis à Gênes, et ensuite rentrer en France; mais il n'arriva à Paris qu'après mille tracasseries. Dans la capitale, il prit la direction d'une vaste administration industrielle. La révolution de Juillet arriva. Il protesta contre le titre de *commission municipale* que prirent les hommes chargés de la direction du mouvement après la victoire. Il fut néanmoins nommé préfet du Jura par le roi Louis-Philippe; mais il fut bientôt destitué. Il mourut à Paris, en mars 1853. Il avait vu l'année précédente liquider en sa faveur une pension temporaire de 2,780 fr. pour quinze ans de services publics. Il a publié : *Le Congrès de Châtillon* et l'*Histoire de la Bataille et de la Capitulation de Paris en* 1814; et la *Chronique de Paris* inséra de lui, en 1836, de curieux *Souvenirs de l'île d'Elbe.*

PONS (Louis), astronome qui s'est rendu célèbre par la découverte d'un grand nombre de comètes, né le 25 décembre 1761, à Peyre (Hautes-Alpes). Il commença par être concierge de l'observatoire de Marseille. Initié à la connaissance du ciel par Jacques, par Thulis et par Gambart, qui dirigèrent successivement cet établissement, il mérita d'en être plus tard nommé directeur-adjoint. Il était secondé dans ses travaux par une vue extrêmement puissante et par une rare mémoire. Il lui suffisait de regarder une étoile par la lumière la plus faible, pour préciser si elle lui était déjà connue ou bien s'il ne l'avait encore jamais aperçue. Ses découvertes furent vraiment merveilleuses; et il était depuis longtemps célèbre dans le monde savant, quand il fut appelé, en 1819, à la direction de l'observatoire fondé à Martia par l'archi-duchesse de Parme Marie-Louise. Mais n'ayant pas trouvé là tout l'appui sur lequel il avait droit de compter, il accepta, en 1825, la direction de l'observatoire du musée de Florence. Il mourut dans cette ville, le 14 octobre 1831. De 1801 à 1827 il n'avait pas découvert moins de trente-sept comètes, et il avait calculé l'orbite de plusieurs d'entre elles; mais vers cette époque sa vue l'abandonna en partie.

PONSARD (François) est né en 1814, à Vienne (Isère). Son père était avoué, et destinait son fils à succéder à sa charge. Il commença ses études au collége de sa ville natale, et les acheva à celui de Lyon, où il se lia avec son compatriote Charles Reynaud, qui avait comme lui le goût de la poésie. Ils vinrent ensemble à Paris, sous prétexte de faire leur droit, mais en réalité pour se livrer sans gêne à leurs goûts littéraires. Une traduction en vers du *Manfred* de lord Byron, premier essai de Ponsard, n'eut aucun succès, et il fut obligé de retourner à Vienne, où il végéta longtemps comme obscur avocat, jusqu'au moment où le succès étourdissant qu'obtint sa tragédie de *Lucrèce*, représentée pour la première fois à l'Odéon, en 1843, décida de sa vocation et de sa réputation comme poëte dramatique. Charles Reynaud, cet ami dévoué, aidé de M. Achille Ricourt, un particulier enthousiaste de la littérature et des beaux-arts, avait fait toutes les démarches préalables pour faire recevoir la pièce au Théâtre de l'Odéon. Cette pièce, qui par sa contexture et par la versification se rattachait à l'école classique, fit considérer le poëte par les partisans de l'ancien théâtre national comme un vengeur des iconoclastes qui depuis une vingtaine d'années étaient en possession exclusive d'exploiter la scène française; et ils s'empressèrent de saluer en lui le restaurateur de ce qu'on a nommé assez improprement l'*école du bon sens.* Les autres ouvrages donnés depuis par M. Ponsard, les tragédies *Agnès de Méranie* (1846), pièce bien supérieure à *Lucrèce; Charlotte Corday* (1850), qui accusait encore un progrès sensible dans le talent de l'auteur; *Ulysse* (1852), dont la musique des chœurs, très-originale, est l'œuvre de M. Gounod; sa comédie en un acte *Horace et Lydie* (1850), n'obtinrent pas à beaucoup près le même succès. En 1853, enfin, M. Ponsard prit sa revanche de ses chutes par un étourdissant succès; *L'Honneur et l'Argent* eut cent représentations à l'Odéon. Pourtant cette pièce est écrite sur des données rebattues et des situations vieilles et usées, et la versification en est médiocre; mais elle ne dépassait pas le niveau des intelligences vulgaires. *La Bourse*, jouée en 1856, ne réussit pas autant.

L'absence des situations vraiment dramatiques fait beaucoup trop défaut dans les œuvres de M. Ponsard. Dans la peinture des mœurs des anciens Romains, il avait fait preuve d'un juste sentiment de la réalité; il a été moins heureux dans ses études sur le moyen âge, sur l'antiquité grecque, l'époque révolutionnaire moderne et les mœurs contemporaines. Après avoir une première fois réussi au delà de toute espérance avec une action des plus simples, il crut avoir fixé le goût public; et pour le satisfaire encore davantage, il simplifia tellement l'action dans son second ouvrage, qu'elle est pour ainsi dire nulle. Il n'avait pas compris que son succès avait surtout été une affaire de contraste, qu'il tenait à ce qu'on était las des pièces où la plus grande part des succès revient au machiniste. Toutefois, il ne laissa pas que de se jeter alors dans une voie nouvelle. Que si dans *Agnès de Méranie* l'action était nulle, il tenta d'en mettre beaucoup dans sa *Charlotte Corday*, et n'y réussit qu'à moitié. Comme imitation de Corneille et d'André Chénier, la poésie de M. Ponsard ne porte le véritable cachet ni de la poésie antique ni de la poésie moderne. C'est une poésie neutre, incapable de prendre un essor original. Manquant d'originalité, de style, de poésie et d'invention, il n'a rien de ce qui constitue le chef d'école. Comme homme privé, il n'y a qu'une voix sur la complète honorabilité de son caractère. En 1856 il a été élu membre de l'Académie Française, en remplacement de Baour-Lormian.

PONT, ouvrage en pierre, en bois, en fer, élevé d'un bord à l'autre d'une rivière, d'un canal, pour les traverser. Cette nature de constructions, destinées à établir, à activer, à multiplier les rapports de tous genres entre les diverses populations, exige, en raison même des causes de destruction ou au moins de dégradation auxquelles elle est constamment soumise, l'emploi de précautions scrupuleuses et attentives, qui ont toujours la plus grande influence sur la durée et la solidité des travaux. Dans l'histoire de tous les peuples, on voit les phases des ponts se lier essentiellement aux vicissitudes politiques et sociales des nations. Ainsi, le nombre des ponts s'accroît, se multiplie avec les développements de la civilisation, dont ils sont à la fois un élément et un symptôme; ils disparaissent dans les temps de barbarie et à la suite des démembrements des empires.

L'art de construire les ponts remonte à l'antiquité la plus reculée. Toutefois, on doit s'étonner avec raison de ce que l'histoire, qui nous a conservé d'ailleurs des descriptions si étonnantes de monuments des anciens, ait gardé sur la construction des ponts un silence presque absolu. Elle cite seulement en effet quelques ponts construits par Darius, Xerxès, Pyrrhus, dont elle ne donne aucun détail, et dont on n'a retrouvé aucune trace. On avait reconnu sans doute qu'une condition essentielle à la conservation d'un pont dépendait de la facilité avec laquelle les eaux du fleuve pouvaient s'écouler en toutes circonstances par le débouché du pont, et qu'en conséquence il convenait de réduire autant que possible l'épaisseur et le nombre des piles, qui, établies dans le lit même du fleuve, sont un obstacle à l'écoulement des eaux. Cette condition, qui exigeait des arches d'une grande ouverture, jointe à l'ignorance dans laquelle les anciens ont été pendant longtemps sur l'art de construire les voûtes, fait présumer qu'ils n'employèrent d'abord que du bois dans la construction des ponts. Ils avaient sans doute beaucoup d'analogie avec celui que César construisit sur le Rhin, et qu'il décrit dans ses *Commentaires.*

La construction des ponts en maçonnerie date de la découverte de la coupe des pierres. Les Romains furent les premiers qui leur donnèrent de la solidité et de la magnificence. On leur attribue la construction de ceux, en petit nombre, que possédaient les divers États de l'Europe avant le douzième siècle de l'ère chrétienne. On comptait sept ponts principaux dans la ville de Rome. Entre autres ponts construits par les Romains dans les pays occupés par leurs armées victorieuses, on doit citer le *pont de Trajan*, qui fut construit par l'architecte Appollodore de Damas, et détruit par Adrien, pour mettre un obstacle aux irruptions des barbares; le *pont de Salamanque*, sur le Tormes, dont les uns attribuent la construction, d'autres la réparation seulement à Trajan; le *pont* détruit d'*Alcantara*, en Portugal, construit par C. Julius Lacer, gouverneur de la province; et enfin le *pont du Gard*.

C'est au douzième siècle de notre ère seulement que remonte la construction des ponts importants de la France qui présentent le plus d'ancienneté. Antérieurement, les rivières n'étaient franchies que par le moyen de bateaux ou de bacs. Une association, connue sous le nom de *Frères du pont*, ou *Pontifes*, s'établit en France et en Allemagne : ses membres fixèrent d'abord leur séjour près des principaux passages des rivières, prêtant secours aux voyageurs, tandis que d'autres frères réunissaient des quêtes nombreuses qu'ils consacraient au rétablissement des ponts. Du douzième au quinzième siècle, les ponts de Bonpas sur la Durance, celui d'Avignon, ceux du Pont-Saint-Esprit, de La Guillotière, du Saut-du-Rhône, et plusieurs arches isolées, furent établis sur divers points de la France. Le premier pont qui fut construit en pierre à Paris fut celui de Notre-Dame. D'autres suivirent. Bientôt les divers points de la France virent successivement se multiplier les ponts, à mesure que les besoins des populations en démontraient la nécessité. Le pont Louis XVI à Paris et celui de Neuilly, dus au talent du célèbre ingénieur Perronet, furent construits en anse de panier et à arc moindre qu'une demi-circonférence. Cette dernière forme de voûte fut désormais consacrée, et employée dans la construction d'une grande quantité de ponts qui ont été entrepris depuis.

Au nombre des ponts de pierre que les voyageurs ont mentionnés dans leurs relations, on doit citer comme un des plus intéressants celui de la Basse-Terre (Guadeloupe, l'une des Antilles). Ce pont, d'une seule arche, a été construit en 1773, derrière le fort Richepanse, sur la rivière du Gallon. C'est une construction des plus hardies et des plus grandioses, et qui ferait honneur à une des grandes capitales de l'Europe. Si l'on en croit une tradition locale, le roi de France fut tellement frappé des dépenses auxquelles s'élevait cette construction qu'il demanda à Sartines si ce pont avait été bâti avec des écus de six livres. Enfin, nous mentionnerons le pont de Bordeaux, qui traverse la Garonne devant cette ville.

Ponts en charpente. Bien que ce genre de ponts fût exclusivement en usage lorsque l'on ignorait l'art de construire les voûtes, l'économie qu'il présente encore en justifie souvent l'emploi, malgré les inconvénients que comporte ce système de construction. Le plus grand de ces inconvénients est surtout la facilité avec laquelle la faiblesse des palées des ponts en charpente permet qu'ils soient détruits ou emportés par les corps que le courant entraîne, et notamment par les glaces. C'est ce motif qui a fait adopter presque exclusivement pour les ponts en charpente moderne un système mixte, qui consiste à construire seulement en bois la partie du pont située au-dessus du niveau des hautes eaux, et à établir en maçonnerie les ouvrages inférieurs du pont, c'est-à-dire les culées et les piles.

Ponts en fer. Cette branche importante d'architecture s'est enrichie en France, depuis peu d'années, d'une ressource nouvelle, plus durable que celle de la charpente, celle de l'emploi du fer pour la formation des arches ou travées des ponts. Les Anglais s'attribuent ce genre de ponts; mais, si l'on en croit le *Moniteur universel*, un peintre lyonnais du dernier siècle aurait conçu le premier en Europe le projet d'un pont de fer, dont la longueur devait être de 254 pieds et la largeur de 18 pieds 6 pouces : il était destiné à occuper la place qu'occupe aujourd'hui à Lyon celui de Saint-Vincent, et devait être d'une seule arche. Ce projet aurait éprouvé le sort de beaucoup d'autres, et serait resté sans exécution. Il en a été de même d'un projet de pont de fer qui fut présenté, dit-on, à Louis XVI en 1783, par M. Vincent de Montpetit. Les Anglais eurent au moins le mérite de la première exécution, et le premier pont en fer coulé et forgé fut construit par eux en 1793, sur la rivière de Warmouth. Dix ans plus tard, la capitale de la France voyait s'élancer sur la Seine deux ponts du même genre : le pont des *Arts*, et le *pont d'Austerlitz*, qui a été depuis reconstruit en pierre. L'année 1836 a vu terminer dans l'intérieur de Paris un nouveau pont en fonte de fer, celui du Carrousel, d'un modèle élégant. Le pont d'Austerlitz n'est plus en métal, mais le pont d'Arcole ou de l'Hôtel-de-Ville, qui était suspendu, a été remplacé par un pont formé d'un plancher en fer reposant à l'aide de tympans également en fer sur douze arcs ou fermes en tôle.

Ponts suspendus. L'origine de ces ponts est fort ancienne. Les habitants de quelques parties de l'Amérique méridionale construisent de temps immémorial des ponts de cordes ou de lianes pour franchir des torrents ou des vallées profondes. Mais ces ouvrages grossiers ne donnent, on le sent bien, qu'une idée très-imparfaite des ponts élégants que l'on suspend de nos jours. Les Américains des États-Unis n'en ont pas moins le mérite de la perfection que ces ponts ont atteinte aujourd'hui, et dont l'application est journellement répétée en France et en Angleterre. Ils joignent à une extrême légèreté une grande économie dans les frais de construction et les dépenses d'entretien; enfin, ils se prêtent à l'exécution d'ouvertures beaucoup plus grandes que celles des autres genres de ponts dont nous avons parlé. Dans ces ponts, le plancher, droit et horizontal, est suspendu par des tiges verticales au-dessous de chaînes courbes et flexibles en fer, et même de câbles en fil de laiton, soutenus par des poteaux ou des massifs en pierre, placés sur les deux rives. Le premier essai de ce genre fait en France a été projeté et construit en 1822 par MM. Séguin frères sur le Rhône, entre Tain et Tournon. Ce pont, qui a 189 mètres de longueur, est soutenu par des câbles en fil de fer, et présente deux travées en fil de fer. Ce premier essai de *pont en fil de fer* avait à peine été couronné de succès que six autres ponts suspendus s'établissaient presque immédiatement sur le Rhône. Dans les années qui suivirent, les ponts suspendus se sont propagés sur tous les points de la France. Paris compta aussi plusieurs ponts suspendus dans son enceinte; mais l'accident survenu au pont d'Angers, qui se rompit pendant le passage d'un régiment, est venu jeter des doutes sur leur solidité, et on y a renoncé : à Paris plusieurs ont été reconstruits soit en pierre, soit en fer.

Ponts tubulaires. On nomme ainsi des ponts formés d'immenses tubes en fonte s'emboîtant les uns dans les autres, et qui servent notamment au passage des chemins de fer. On cite dans ce genre le pont Britannia, qui unit l'Angleterre à l'Irlande; le pont Victoria, au Canada, reliant les deux rives du Saint-Laurent; et le pont de la Quarantaine, à Lyon, réunissant les deux gares des chemins de fer.

Il nous reste maintenant quelques mots à dire sur les *ponts mobiles*, qui sont de plusieurs espèces, les ponts de bateaux, les ponts volants, les ponts-levis et les ponts tournants. Leur nom indique suffisamment qu'ils ne sont que d'un usage provisoire ou éventuel, et qu'ils permettent d'interrompre à volonté la communication entre deux rives; ou bien encore qu'ils facilitent la navigation d'une rivière ou d'un passage à des barques à voiles, et, dans d'autres cas, qu'ils suppléent aux ponts fixes dont la profondeur du lit de la rivière ou la rapidité de ses eaux rendrait la construction impraticable.

Pont de bateaux. Ce genre de pont est destiné aux grands fleuves et aux rivières larges, rapides et profondes, parce qu'il peut supporter les fardeaux les plus pesants, et qu'il est à l'abri de la submersion par les grandes eaux. Il consiste dans un plancher que l'on établit sur des bateaux régulièrement espacés entre eux, et placés dans le sens du courant. Ces bateaux sont attachés entre eux par de forts câbles, et amarrés soit à des ancres, soit par l'avant et l'arrière à des *cinquenelles*, ou très-gros câbles, qui traversent le fleuve d'une rive à l'autre. La construction des ponts de bateaux sur les grandes rivières est fort ancienne. Sémiramis s'en servit lors de son expédition dans l'Inde, Xerxès dans sa campagne contre les Grecs, et Darius dans ses guerres contre les Scythes. Il y avait à Rouen un fort beau pont de bateaux, qui s'élevait et s'abaissait par le flux et le reflux; il a été remplacé par un pont de pierre. Il existe encore aujourd'hui plusieurs ponts de bateaux sur le Rhin, notamment à Kehl, devant Strasbourg, et à Deutz, devant Cologne.

Pont volant. Il se compose ordinairement de deux bateaux longs, étroits et profonds, réunis, et portant une plate-forme ou tablier de pont. C'est à l'extrémité de ce tablier qu'est fixé le treuil autour duquel s'enroule un câble retenu par une ancre ou grappin. Ce câble est soutenu par des nacelles; sa longueur doit être une fois et demie la largeur de la rivière. L'ancre est jetée à peu près au milieu de la rivière, lorsque le courant est uniforme; mais s'il est plus fort près d'une rive, on la jette plus près de la rive opposée. On met un gouvernail à l'arrière de chaque bateau, et on réunit leurs barres par une traverse, qui permet à un seul homme de les manœuvrer.

Il existe une autre espèce de *pont volant*, plus simple que le précédent, et que l'on nomme *traille*. Il est d'une construction analogue, mais il est seulement retenu par un câble tendu en travers de la rivière; sur ce câble roule une poulie simple, au crochet de laquelle on amarre un cordage, que l'on attache par son extrémité à l'un des angles de devant du pont volant, à l'angle de droite pour passer sur la rive droite, à l'angle de gauche pour passer en sens contraire. Le pont, ainsi retenu, s'incline naturellement par rapport au courant, et donne à passer.

Il existe encore pour le passage des petites rivières, des canaux ou des fossés inondés, diverses espèces de ponts mobiles, tels que les *ponts roulants*, *ponts tournants*, *ponts de radeaux*, *ponts de tonneaux*, *ponts de chevalets*, *ponts de cordages*, etc. Plusieurs de ces ponts ne sont plus en usage maintenant; d'autres, en petit nombre, n'ont qu'une destination purement militaire.

Pont-levis. C'est simplement un tablier qui, de la porte d'un château, d'une place de guerre, descend et se place sur les bords d'un fossé, d'un canal, d'un chenal, etc. Ce tablier tourne autour de l'une de ses arêtes comme charnière. Au-dessus de ce pont, et à une hauteur déterminée, se trouve un châssis parallèle au pont, et des bras duquel pendent des chaînes fixées aux extrémités du côté extérieur du tablier. Lorsque l'on agit avec force sous la culée de ce châssis, le mouvement se communique au pont au moyen des chaînes, et en agissant comme levier. Ces ponts ne peuvent avoir plus de 4 à 5 mètres de volée, ce qui en restreint de beaucoup l'usage.

Il existe encore dans plusieurs places fortes une autre espèce de *pont-levis*, dont les bras ou flèches, par la disposition du pont, ne sont pas vues de la campagne. C'est aux Allemands qu'est dû ce système. Martial MERLIN.

Proverbialement et figurément, *Laisser passer l'eau sous les ponts*, c'est ne pas se mettre en peine de ce qui ne dépend pas de nous. *Il passera bien de l'eau sous les ponts entre ci et là* ou *d'ici à ce temps-là* se dit d'une chose qu'on croit ne devoir pas arriver si tôt. *La foire n'est pas sur le pont* se dit pour exprimer que rien ne presse. *Il faut faire un pont d'or à l'ennemi* veut dire : Il est toujours sage de lui faciliter la retraite, et de ne pas le réduire au désespoir. *Faire un pont d'or à quelqu'un*, c'est lui faire de grands avantages pour le déterminer à se désister de quelques prétentions, à quitter une place, un emploi.

Figurément, aux jeux de cartes, *faire un pont*, *faire le pont*, c'est courber quelques-unes des cartes et les arranger de telle sorte que celui contre qui on joue ne pourra guère couper qu'à l'endroit qu'on veut.

PONT (*Marine*), nom que l'on donne aux planchers d'un bâtiment, faits en fortes planches de chêne et de sapin clouées, en coupant à angle droit tous les baux d'un bout à l'autre. Les petits bâtiments n'ont qu'un pont, les frégates, les corvettes en ont deux, les vaisseaux de ligne en ont trois, non compris les *faux-ponts* et les *gaillards*. Les ponts sont séparés entre eux par un espace de deux mètres de hauteur. C'est sur ces ponts que s'établissent les batteries de canons. Le pont inférieur s'appelle *premier pont*; c'est celui qui porte la première batterie d'un vaisseau. *Pont sur gueule*, c'est le pont le plus élevé d'un bâtiment quelconque : il est tout à découvert et de plain-pied, c'est-à-dire sans fronteaux ni passavants. On le désigne aussi quelquefois par le nom de *pont courant*.

Martial MERLIN.

PONT, en latin *Pontus*, en grec Πόντος, mer. Les anciens donnaient originairement ce nom à toute la côte méridionale du *Pont-Euxin*, ou mer Noire, dans sa plus large acception, du temps des Perses à la partie de cette même côte comprise entre le cap Jasanium et le fleuve Halys, puis à une province particulière de l'Asie Mineure, et en dernier lieu à un royaume de cette même Asie Mineure, situé entre la Bithynie et l'Arménie. De même que la possession en alterna fréquemment entre des satrapes et des souverains, les délimitations en varièrent aussi beaucoup. Sous la domination des Perses, le Pont, comme partie de la Cappadoce, formait un gouvernement particulier, qui finit par échoir à un fils de Darius, Artabaze, avec le droit de le transmettre à ses descendants. Antipater, souverain de la Petite Arménie, céda à Mithridate, l'un des descendants d'Artabaze qui possédait la partie occidentale du Pont, la contrée s'étendant depuis Trébizonde jusqu'au fleuve Thermodon. Plus tard, il se constitua sous un autre prince, appelé aussi Mithridate, un nouveau royaume, qui vers l'époque de Pharnace reçut la dénomination de *royaume de Pont*, laquelle ne devint pourtant générale que sous Mithridate le Grand. Sous le règne de ce prince, le royaume de Pont, dont les limites reçurent une extension immense, parvint à une prospérité extrême, mais de courte durée, parce que Mithridate fut vaincu par Pompée, l'an 64 av. J.-C., dans la lutte qu'il avait engagée contre les Romains, et se tua de désespoir. Après la dissolution du royaume, la partie qui avoisinait la Galatie, sur les bords de l'Halys, fut comprise dans la Galatie. La partie limitrophe, sous la dénomination de *Pont Galate*, reçut un prince particulier. Un descendant de Mithridate, Polémon, obtint d'Antoine la partie centrale, qui prit dès lors le nom de *Pont Polémonien*, avec Sinope pour capitale, et dont dépendaient en outre toute la contrée voisine de Trébizonde et toute la côte jusqu'au Phase. La partie orientale du littoral portait le nom de *Pont Cappadocien*.

Au deuxième siècle de l'ère chrétienne, il s'opéra une nouvelle division de cette contrée; la plus grande partie en fut réunie à la grande province de Cappadoce, laquelle à son tour se divisa aussi sous Dioclétien et sous Constantin. Lorsque les Latins eurent repris Constantinople en 1204, Alexis Comnène fonda dans le Pont un nouveau royaume, qui subsista jusqu'au temps de Mahomet II, lequel le réunit à ses autres conquêtes (*voyez* TRÉBIZONDE). Les très-nombreuses antiquités qu'on y a rencontrées ont été décrites dans différents récits de voyages en Asie Mineure, et plus particulièrement par Hamilton, dans ses *Researches in Asia Minor, Pontus and Armenia* (2 vol.; Londres, 1842).

PONT A BASCULE, machine servant à peser les voitures de toutes espèces, pour s'assurer si le chargement n'en excède pas le poids déterminé par les règlements. C'est un tablier qui pèse sur des ressorts disposés dans un caveau inférieur, et auxquels correspond un indicateur qui précise la force de la pression supérieure, et conséquemment le poids, le chargement qui l'opère. La loi du 29 floréal an x, sur la police du roulage créa en France les ponts à bascule, que l'on établit à l'entrée des villes.

PONT-A-MOUSSON, ville de France, chef-lieu de canton dans le département de la Meurthe sur la Moselle, dans un vallon agréable, avec 7,843 habitants, un collége, une bibliothèque publique de 6,000 volumes, une typographie. On récolte du vin dans les environs. Pont-à-Mousson est le siége d'une fabrication de broderies très-recherchées. On y trouve des fabriques de poterie, de pipes, de pierres factices, de miroirs, de sucre de betterave, de vinaigre, d'huile, des chamoiseries, des tanneries, des teintureries, des cireries, des distilleries. On y fait un commerce considérable de bois de construction et à brûler, de planches de sapin, de charbon de terre, fer, grains, vins et eaux-de-vie. Il y existe des sources ferrugineuses. Cette ville, fondée au douzième siècle, possède une église gothique du treizième, un bel hôtel de ville, un hôpital, de vastes casernes de cavalerie, et de jolies fontaines. C'est une station du chemin de fer de Nancy à Metz.

PONTARLIER, ville de France, chef-lieu d'arrondissement dans le département du Doubs, sur le Doubs, avec 4,953 habitants, un tribunal civil, un bureau de douanes, un collége, une caisse d'épargne, un comice agricole. On y trouve des fabriques de boissellerie, de faulx, de clous, d'outils divers; des fonderies de métaux, des forges, des martinets, des hauts fourneaux, des scieries hydrauliques, des fabriques de sucre de betterave, des distilleries de liqueurs, de kirschenwasser, d'extrait d'absinthe, des tanneries, des corroieries. Il s'y fait un commerce considérable de produits manufacturés, de grains, de vins, de fromages façon gruyère, de crême, de chevaux de trait et de bestiaux, de bois de sapin, de cuir travaillé, d'horlogerie. Situé à l'extrémité d'une vaste plaine, au milieu des montagnes du Jura; dans le passage de France en Suisse le plus fréquenté, bâti avec régularité et élégance, Pontarlier est dominé par le château de Joux, construit sur la cime d'un rocher presque inaccessible. C'est une ville très-ancienne, qui était une des plus importantes de la Franche-Comté. Elle fut appelée successivement *Pons Claverici*, *Pons Alei*, *Pontalia*, etc. Jusqu'au quatorzième siècle, elle forma deux parties distinctes, l'une désignée sous le nom de *Morieux*, l'autre sous celui de *Pontarlier*. Cette dernière subsiste seule maintenant.

PONT-AUDEMER, ville de France, chef-lieu d'arrondissement dans le département de l'Eure, sur la rive gauche de la Rille, avec 6,310 habitants, des tribunaux civils et de commerce, un bureau de douanes, une bibliothèque publique, un cabinet d'histoire naturelle et d'archéologie, une caisse d'épargne, une salle de spectacle, des tanneries, corroieries et mégisseries renommées, une fabrication de cuirs vernis, articles de sellerie, éperonnerie, plaqués pour équipage, des fabriques de bonneterie, de chaudronnerie, de colle-forte, de cordages, des filatures de coton, des blanchisseries, une raffinerie de sel, un commerce de grains, lin, bestiaux. La ville est entourée de vieux murs et de fossés profonds, avec un port sur la Rille, creusé par ordre de Louis XIV et revêtu de maçonnerie. Elle fut prise plusieurs fois par les Anglais, que Charles VIII en chassa définitivement en 1449.

PONT-AUX-ÂNES et GUIDE-ANES. On appelle ainsi, dans le langage des colléges, tout ouvrage destiné à faciliter l'intelligence des langues étrangères, et notamment des langues mortes; livres uniquement faits pour venir en aide à la paresse et à l'ignorance, donnant à ceux qui les consultent des explications superficielles, qu'ils apprennent plus ou moins bien par cœur, sans jamais approfondir les matières dont il y est question et sans qu'ils aient besoin d'acquérir les notions préalables que font pourtant supposer ces explications. On devra dès lors ranger dans la catégorie des *ponts-aux-ânes* et des *guide-ânes* les dictionnaires des langues, soit mortes, soit vivantes, où les noms sont déclinés dans tous leurs cas, les verbes conjugués dans leurs différents temps et modes; toutes choses qu'un élève parvenu à une certaine force doit depuis longtemps avoir apprises par l'étude de la simple grammaire. Nos manuels du *baccalauréat ès lettres* et *ès sciences* ne sont non plus autre chose que des *ponts-aux-ânes* et des *guide-ânes*; à plus forte raison doit-on appliquer cette épithète à toutes les traductions interlinéaires, grâce auxquelles on voit tous les jours réussir dans les épreuves de l'examen un candidat de tous points parfaitement ignorant. Du langage des écoles, cette expression a passé dans le langage usuel; et on dit familièrement de tout ce qui n'offre aucune espèce de difficulté : C'est un vrai *pont-aux-ânes*.

PONT-CHARTRAIN (Famille de). *Voyez* PHELIPPEAUX.

PONT D'ARC. *Voyez* ARDÈCHE (Département de l').

PONT-DE-L'ARCHE, ville de France, chef-lieu de canton dans le département de l'Eure, sur la rive gauche de la Seine au-dessous du confluent de l'Eure, avec 1,815 habitants et un pont de vingt-deux arches sur la Seine. C'est une station du chemin de fer de Paris à Rouen et au Hâvre. Cette ville a été fondée en 854, par Charles le Chauve, qui y bâtit un château dans lequel se réunirent deux conciles, en 862 et 889, et en deux autres occasions les assemblées des grands du royaume. Ce fut la première place de Normandie qui se soumit à Henri IV.

PONT DE VAROLE. *Voyez* CÉRÉBRAL (Système).

PONT DU DIABLE. *Voyez* DIABLE (Pont du).

PONTE (*Jeux*). *Voyez* HOMBRE et PHARAON.

PONTE, célèbre famille de peintres vénitiens, originaire de Bassano. *Voyez* BASSAN.

PONTE (LORENZO DA), *librettiste* italien, né en 1749, à Cenéda, après avoir longtemps vécu à Venise, puis à Trévise, en donnant des leçons de littérature, vint à Vienne, où, sur la recommandation de Salieri, il fut nommé poëte du théâtre italien de cette capitale. C'est là qu'entre autres *libretti* d'opéra, il composa pour Mozart ceux de son *Figaro* et de son *Don Juan*. Par suite des entraves de toutes espèces mises à l'exploitation des théâtres sous le règne de Léopold Ier, il alla ensuite se fixer à Trente, où il épousa la fille d'un petit marchand anglais. Après avoir pendant longtemps échoué dans ses efforts pour obtenir un emploi, il finit par être appelé au théâtre italien de Londres. Mais il perdit aussi cette position, et fonda alors un petit commerce de librairie, qui ne lui réussit guère. Poursuivi par des créanciers intraitables, il s'enfuit en Amérique, où sa femme et ses enfants l'avaient déjà précédé, et s'y fit une position en donnant des leçons d'italien. Tourmenté du démon de la spéculation, il abandonna encore cette voie pour se jeter dans les chances du commerce, et finit par fonder à New-York un opéra italien, qu'il dirigea jusqu'à sa mort, arrivée le 17 août 1838. Consultez son autobiographie, *Memorie di Lorenzo da Ponte* (4 vol., New-York, 1823-1827).

PONTE-CORVO, principauté dépendant de la délégation de Frosinone (États de l'Église) et enclavée dans le royaume de Naples, et dont le chef-lieu, *Ponte-Corvo*, est situé sur le Garigliano, à trois myriamètres de Frosinone, fut réunie aux États pontificaux par le pape Jules II. De 1806 à 1810 elle fut possédée par Bernadotte, à qui Napoléon l'avait donnée, et qui en porta le titre jusqu'au moment où il fut élu prince royal de Suède.

PONTE-CORVO (Prince de). *Voyez* BERNADOTTE.

PONTÉCOULANT (GUSTAVE DOULCET, comte DE), naquit au château de Pontécoulant (Normandie), en 1765. Fils d'un major général des gardes du corps, il en fut lui-même nommé sous-lieutenant en 1783. Il embrassa néanmoins avec chaleur les principes de la révolution, et fonda le club de Vire. Élu député à la Convention, il fut nommé commissaire à l'armée du nord lors du siége de Lille. Il défendit le ministre Pache, accusé de négligence dans l'approvisionnement des armées, et proposa d'enfermer le représentant Louvet trois jours à l'Abbaye pour avoir publié, sans la soumettre à l'assemblée, la rédaction du décret de l'expulsion des Bourbons. Dans le procès de Louis XVI, il vota la culpabilité, repoussa l'appel au peuple, et se prononça pour le bannissement à perpétuité avec la détention jusqu'à la paix. Cette opinion n'ayant pas prévalu, il opina pour le sursis. Il fit ensuite décréter que le conseil exécutif tirerait vengeance de l'assassinat de Basseville à Rome. Il s'attacha alors au parti de la Gironde : le 18 avril il s'opposa au renouvellement du tribunal révolutionnaire, et le 16 mai il dénonça la commune de Paris à l'occasion de l'arrestation du rédacteur du *Véritable Ami du Peuple*. Le 31 mai il protesta contre toute délibération, déclarant que la Convention n'était pas libre. Couthon demanda alors qu'il fût mis en arrestation dans son domicile, ce qui ne fut pas décrété. Le 6 juin Pontécoulant réclama la lecture d'une lettre de Vergniaud, alléguant qu'il y aurait oppression si les lettres des représentants arrêtés n'étaient pas lues ; il s'opposa au décret d'accusation contre Buzot, et signa la protestation contre la révolution du 31 mai. Décrété lui-même d'accusation et mis hors la loi, le 30 octobre, il fut obligé de se cacher, et dut son salut à Mme Lejay, libraire, qu'il épousa plus tard. Ce fut pendant sa lutte avec la montagne qu'il refusa, dit-on, de défendre Charlotte Corday. En 1794 il rentra à la Convention avec les autres proscrits, y défendit Robert Lindet, et se montra en général opposé aux mesures réactionnaires. Élu président le 4 juillet 1795, il imposa silence aux tribunes, qui témoignaient leur indignation contre Joseph Lebon.

Réélu au Conseil des Cinq Cents, il s'éleva contre le décret d'arrestation de plusieurs députés à l'occasion des événements de vendémiaire, et demanda qu'on suivît à leur égard les formes constitutionnelles. En 1796 il demanda avec instance la levée du séquestre sur les biens des pères et mères d'émigrés. Il défendit aussi la liberté de la presse, *par qui et pour qui* la révolution avait été faite. Menacé par le coup d'État du 18 fructidor, il se tint éloigné des affaires publiques et ne reparut au Conseil qu'au 18 brumaire. Il fut alors nommé préfet de la Dyle, et appelé au sénat en 1805. En 1807 il accompagna l'ambassadeur Sebastiani à Constantinople, et fut envoyé en 1811 à Caen comme commissaire extraordinaire. Il remplit encore en 1813 une mission à Bruxelles, pour y soutenir par des mesures de salut public le pouvoir chancelant de Napoléon. Il vota en 1814 la déchéance de Napoléon, et fut créé pair de France par Louis XVIII. Napoléon lui laissa ce titre en 1815. Le 16 juin il combattit plusieurs articles d'une résolution de la chambre des représentants qui lui paraissaient excéder leurs pouvoirs, mais il appuya avec force un article de cette même résolution qui déclarait traître à la patrie quiconque tenterait de dissoudre les chambres. Dans la séance du 20, il prit la défense du général Grouchy contre les assertions du maréchal Ney. Dans la même séance il fut élu membre de la commission nommée pour examiner l'acte d'abdication et la déclaration de Napoléon au peuple français. Il s'opposa ensuite à la proposition faite par Lucien Bonaparte pour que la chambre prêtât serment à Napoléon II. Il fut peu de temps après nommé par le gouvernement provisoire l'un de ses commissaires près les souverains alliés. Ils les rencontrèrent à Haguenau ; mais ceux-ci ayant mis pour condition à toute négociation que Napoléon fût livré entre leurs mains, les commissaires revinrent à Paris. Pontécoulant s'abstint de reparaître à la chambre des pairs ; après la rentrée du roi, il se trouva compris dans l'ordonnance royale du 24 juillet 1815, qui déclarait démissionnaires tous ceux qui avaient accepté une seconde nomination de Napoléon. L'ordonnance du 5 mars 1819 le rappela à la chambre haute. Il prit une part active aux travaux de cette assemblée, et se distingua parmi les membres de l'opposition libérale. Après la révolution de Juillet, il prêta serment au nouvel ordre de choses, et se rangea parmi les membres conservateurs. La révolution de Février le rendit à la vie privée. Il mourut le 3 avril 1853.

M. de Pontécoulant avait deux fils ; l'un a publié un *Traité élémentaire de Physique céleste, ou précis d'astronomie théorique et pratique*.

PONT-EUXIN, ancien nom de la mer Noire. Les mœurs sauvages des habitants de ses côtes lui firent donner le nom de *Pontus Axenus* (des mots grecs πόντος, mer, et ἄξενος, inhospitalière). Dans la suite, le commerce ayant adouci ces barbares, on substitua à ce nom d'*Axenus* celui d'*Euxenus* (εὔξενος, hospitalière). L'expédition des Argonautes rendit dans l'antiquité cette mer célèbre. On lui supposait autrefois une communication souterraine avec la mer Caspienne.

PONTHIEU, ancien pays de France, qui faisait partie du gouvernement de Picardie. Son nom lui venait du grand nombre de ponts qu'on y rencontrait, à cause de l'abondance des eaux et des marécages. Il était néanmoins abondant en grains, en fruits et en pâturages, et il avait le commerce de la mer. Il avait de 60 à 70 kilomètres du sud au nord, et de 40 à 50 de l'est à l'ouest. La plus grande partie du Ponthieu appartenait anciennement à l'abbaye de Centule ou de Saint-Riquier, ou à d'autres monastères. Il fut ensuite gouverné par des comtes, qui se rendirent indépendants et héréditaires à la fin du dixième siècle. Le comté de Ponthieu passa de leur postérité dans la maison d'Alençon, au commencement du douzième siècle, et ensuite successivement dans celles de Dammartin, de Castille et d'Angleterre. Il fut confisqué en 1380 sur Édouard III, roi d'Angleterre, et réuni à la couronne de France, possédé ensuite par la maison de Bourgogne, réuni une seconde fois à la couronne par Louis XI, et une troisième en 1526, par le traité de Madrid. La rivière de Canche bornait le Ponthieu au nord, et le séparait du Boulonais ; l'Océan le bornait à l'ouest, et la rivière de Bresle le séparait de la Normandie au sud ; il avait l'Artois et le bailliage d'Amiens à l'est. La Somme, qui le traversait du sud-est au nord-ouest jusqu'à son embouchure dans la mer, le divisait en partie *septentrionale* et partie *méridionale*. La première était le Ponthieu proprement dit, et s'étendait entre la Somme et la Canche. L'autre, qui était entre la Somme et la Bresle, s'appelait le *Vimeu*, et faisait anciennement partie de la Neustrie. Les principaux lieux du Ponthieu étaient Abbeville, capitale du pays ; Montreuil, Rue, Saint-Riquier, le Crotoy, Crécy, les deux abbayes de Saint-Josse, celles de Forêt-Moutiers et de Valloire, Boufflers. La principale place du Vimeu était Saint-Valery ; puis venaient Lieudieu, Gamaches, les abbayes de Sery et de Selincourt, Cayeux.

Le Ponthieu et le Vimeu appartiennent aujourd'hui au département de la Somme. A. SAVAGNER.

PONTIFE, homme revêtu d'un saint ministère, et qui a juridiction et autorité dans les choses de la religion. Plutarque tire l'étymologie de ce mot, *pontem facere*, du soin que leur avaient confié les premiers rois romains de réparer le pont de bois Sublicius, qui conduisait au delà du Tibre. Ce nom a été donné de même à des religieux qui se dévouèrent dans le moyen âge à la construction des ponts. D'autres auteurs le font dériver de *posse facere* (pouvoir faire, pouvoir sacrifier) ou du latin *pontifex*, altération de *potnifex*, mot formé du grec πότνιος (auguste, vénérable, homme faisant des choses augustes, remplissant des fonctions sacrées).

Les *pontifes* dans l'ancienne Rome avaient la direction des affaires religieuses ; ils connaissaient de tous les différends qu'elles suscitaient, réglaient le culte et les cérémonies, recevaient les vestales, offraient les sacrifices, faisaient la dédicace des temples, jugeaient de l'autorité des livres qui contenaient les oracles, et corrigeaient le calendrier. Ils formaient un collége qui lors de leur première institution par Numa Pompilius ne fut composé que de quatre pontifes, pris dans le corps des patriciens. Plus tard on en adopta quelques autres, choisis parmi les plébéiens. Sylla en porta le nombre à quinze, dont les huit premiers étaient appelés les grands pontifes, *pontifices majores*, et les sept autres, les petits pontifes, *pontifices minores*, quoiqu'ils ne formassent tous ensemble qu'un même corps. Ce nombre varia souvent. Les pontifes étaient regardés comme des êtres sacrés ; ils avaient le pas sur tous les magistrats, et présidaient à tous les jeux du cirque, de l'amphithéâtre et du théâtre donnés en l'honneur des divinités. En interpellant le peuple, ils lui disaient : *Mes enfants!* Leur habillement consistait en une de ces robes blanches bordées de pourpre qu'on appelait *prétextes*, et que portaient les magistrats curules.

Le *grand-pontife* était à leur tête; il avait la direction universelle de toutes les cérémonies, tant publiques que particulières. Cette dignité, créée par Numa, était toujours conférée à un membre du collége des pontifes, élu dans les comices par les tribus. On le choisit d'abord exclusivement parmi les patriciens; mais le peuple n'avait garde de leur abandonner ce privilége, et l'an de Rome 500 Tiberius Coruncanus, plébéien, fut élu grand-pontife. Après la mort de Lépide, Auguste prit le grand-pontificat; et depuis lors tous les empereurs, jusqu'à Gratien, revêtirent cette dignité. Le grand-pontife prescrivait les cérémonies, expliquait les mystères, avait la direction des vestales, les recevait, punissait celles qui avaient péché, gouvernait les prêtres et les ministres des sacrifices, dictait la formule des actes publics, présidait aux adoptions, conservait les annales, réglait l'année, examinait les causes qui concernaient le mariage, pouvait seul accorder les dispenses, et ne rendait compte de sa conduite ni au sénat ni au peuple. Sa dignité était inamovible. Malgré ce vaste pouvoir, il y avait pourtant, hâtons-nous de le dire, certaines résolutions qu'il ne pouvait prendre sans l'avis du collége; et on avait le droit alors d'appeler à ce corps des décisions de son chef, comme il était permis d'appeler au peuple des décisions du collége. Le grand-pontife ne pouvait sortir de l'Italie : Crassus fut le premier qui contrevint à cet usage; ses successeurs l'imitèrent, et la loi *vatinia* autorisa le grand-pontife à tirer au sort les provinces à gouverner. Il lui était au reste défendu de résider ailleurs que dans une demeure de l'État, de convoler à de secondes noces, de regarder ou de toucher un cadavre. Aussi plantait-on un cyprès devant la maison d'un mort pour empêcher le pontife d'y entrer, et de contracter ainsi une souillure. La consécration de cette magistrature religieuse se faisait avec des cérémonies extraordinaires.

Le *souverain pontife, grand-prêtre*, ou *grand-sacrificateur*, chez les Juifs était le chef de la religion; les autres sacrificateurs et les lévites lui étaient soumis. Aaron, frère de Moïse, fut le premier revêtu de cette dignité; ses descendants lui succédèrent. Il fallait que leur vie fût irréprochable; ils ne montaient à l'autel que le jour du sabbat, le premier jour de chaque mois, et aux fêtes solennelles auxquelles tout le peuple était convié; mais sur la fin de la république juive, plusieurs ambitieux, qui n'appartenaient pas à la race d'Aaron, furent intrus dans cette place importante. La série des pontifes a duré 1,598 ans, depuis Aaron jusqu'à la prise de Jérusalem et la destruction du temple. Leur autorité était devenue civile au retour de la captivité de Babylone; et le titre de *grand-sacrificateur* équivalait à celui de chef suprême des Juifs. Après la conquête de la Palestine par les Romains, ce pouvoir fut subordonné à celui des rois, tétrarques ou proconsuls, auxquels ils confiaient l'administration de la province. Le souverain pontife avait seul le droit d'entrer dans le sanctuaire une fois l'année, le jour de l'expiation générale. Dieu l'avait proclamé son interprète et l'oracle de la vérité. Revêtu des ornements de sa dignité, de l'*urim* et du *thummim*, il répondait aux demandes, et Dieu lui révélait alors les choses futures ou cachées. Il lui était défendu de porter le deuil de ses proches, même celui de son père, de sa mère, et d'entrer dans un lieu où gisait un cadavre. Il ne pouvait épouser ni veuve, ni femme répudiée, ni une fille trompée, mais seulement une vierge de sa race; et il devait garder la continence tout le temps de son service. Le grand-prêtre portait un caleçon et une tunique de lin d'un tissu particulier, et sur la tunique une longue robe hyacinthe ou bleu céleste, au bas de laquelle régnait une bordure composée de sonnettes d'or et de petites grenades de laine de diverses couleurs. Cette robe était serrée par une large ceinture en broderie, celle probablement que l'Écriture nomme *ephod*, consistant en une écharpe dont les deux bouts, passant sur les épaules, venaient se croiser sur l'estomac, et, repassant derrière, servaient à ceindre la robe. A cet *ephod* étaient attachées sur les épaules deux grosses pierres précieuses, sur chacune desquelles étaient gravés six noms des tribus d'Israel. Par devant, sur la poitrine, là où l'écharpe se croisait, on fixait le *pectoral* ou *rational*, pièce d'étoffe carrée, d'un tissu précieux et solide, large de trente centimètres, dans lequel s'enchâssaient douze pierres précieuses différentes, sur lesquelles on gravait les noms des douze tribus. Quelques auteurs pensent que le rational était double, et formait une espèce de poche, renfermant cet *urim* et ce *thummim* dont il est si souvent question. La tiare du pontife, beaucoup plus précieuse et plus ornée que celle des autres prêtres, se faisait remarquer principalement par une lame d'or descendant sur le front, et s'attachant derrière la tête par deux rubans. Sur cette lame on lisait ces mots : *Consacré au Seigneur.*

Le *souverain pontife*, dans l'église chrétienne, est le pape.

Dans la liturgie catholique, le nom de *pontife* s'applique aux prélats en général : L'office du commun des martyrs et des *pontifes*. Plusieurs religions, plusieurs sectes, l'ont aussi donné à leur chef. Robespierre le prit quand il institua sa fête de l'Être-Suprême. Il a la même acception dans le style élevé, quand l'orateur s'écrie : « Et vous, *pontife du Dieu vivant*, achevez d'offrir pour nous le sacrifice de réconciliation ! »

PONTIFES (Frères) ou *faiseurs de ponts*, frères hospitaliers qui construisaient des hospices le long des rivières pour secourir les voyageurs, et établissaient des bacs pour faciliter les communications d'une rive à l'autre. Les premiers dont il soit question dans l'histoire se montrent sur les bords de l'Arno en Toscane. Parmi eux se distingua saint Benazet, qui en 1177 présidait à la construction d'un pont sur le Rhône, à Avignon. On mit onze ans à l'achever. L'ordre des frères pontifes se répandit beaucoup dans le treizième siècle. En 1265 il entreprit le pont Saint-Esprit, encore sur le Rhône. Les hospitaliers du pont Saint-Esprit acquirent bientôt une réputation de grandes richesses. En 1519 l'ordre fut sécularisé.

Les *hospitaliers du Haut-Pas* ou *de Lucques* étaient aussi des frères pontifes. Ils portaient comme tous les faiseurs de ponts un *grelet* ou marteau de maçon sur leurs manteaux. Ils furent supprimés par Pie II; mais on les retrouve en France encore longtemps après leur suppression.

PONTIFICAL, livre dans lequel sont contenus les prières, les rites, les cérémonies qu'observent le pape et les évêques dans les sacrements, la confirmation, l'ordre, la consécration des évêques et des églises, etc. Quelques historiens ont attribué le *Pontifical romain* à Grégoire VII : c'est une erreur. Ce pontife peut l'avoir retouché, y avoir ajouté quelques pratiques; mais le pape Gélase y avait déjà travaillé plus d'un siècle auparavant.

PONTIFICAT. C'était à Rome la dignité de grand-pontife. Il se dit parmi les catholiques : 1° de la dignité de pape; 2° du temps pendant lequel un pape exerce son autorité.

PONTINS (Marais). *Voyez* MARAIS PONTINS.

PONTIQUES (Guerres). *Voyez* MITHRIDATE.

PONTIVY. *Voyez* NAPOLÉONVILLE.

PONT-L'ABBÉ. *Voyez* FINISTÈRE.

PONT-L'ÉVÊQUE. *Voyez* CALVADOS.

PONT-LEVIS. *Voyez* PONT.

En termes de manége, *ponts-levis* se dit des sauts du cheval lorsqu'il se cabre plusieurs fois de suite en se dressant très-haut.

PONT-LEVOY, commune du département de Loir-et-Cher, avec 2,580 habitants, une ferme-école au domaine de La Charmoise, et une institution qui prend le titre de *collége*,

C'était autrefois une célèbre abbaye de bénédictins de la congrégation de Saint-Maur.

PONT-NEUF. On a donné longtemps, et l'on donne encore rétrospectivement le nom de *ponts-neufs* à des chansons populaires, sur un air très-connu, dont le ton satirique n'était pas toujours fort épuré; ce nom, qui date du règne de Louis XIV, vient de ce qu'à la fin de celui de Louis XIII et au commencement de celui de son successeur le *Pont-Neuf*, à Paris, était le rendez-vous des joueurs de gobelets, des charlatans, des chanteurs et marchands de chansons. Quelques-uns de ces marchands, tels que le Savoyard et le cocher de M. de Verthamont, composaient eux-mêmes de ces chansons satiriques, dont le genre grivois n'excluait pas une certaine verve. Pendant près d'un siècle, le *pont-neuf* a régné sans partage près de la statue de Henri IV, d'où il gagnait l'atelier, le cabaret et la barrière; les seigneurs de la cour ne dédaignaient pas, souvent, de venir l'entendre chanter au milieu d'une foule où les filous faisaient parfaitement leurs affaires. Le *pont-neuf* de nos vieux ménétriers a aujourd'hui disparu avec son nom, grâce aux formes plus épurées qu'a prises la chanson.

PONTOISE, ville de France, chef-lieu d'arrondissement dans le département de Seine-et-Oise, à 32 kilomètres de Paris, au confluent de la Viosne et de l'Oise, avec une population de 5,637 habitants, un collége, une bibliothèque publique de 3,500 volumes, un tribunal civil, des fabriques de bonneterie, de produits chimiques, des corderies, des tanneries, des mégisseries, des vanneries, des fours à plâtre, de nombreux moulins à farine, un commerce de grains, de farine, de bestiaux, de veaux renommés. C'est une ville bien bâtie, mais dont les rues sont étroites et très-escarpées, à cause de sa position en amphithéâtre sur le penchant d'une colline. On y remarque un beau pont sur l'Oise, l'église de Saint-Maclou, un bel hôpital, et l'on y voit les restes des vieilles murailles dont elle était autrefois environnée. C'est une station du chemin de fer du nord. Cette ville fut prise en 1419 et en 1437 par les Anglais, dont Charles VII la délivra en 1441. Les états généraux y furent assemblés en 1561, et le parlement de Paris y fut transféré en 1652, 1720 et 1753.

PONTON (*Artillerie*). On donne ce nom à des bateaux qui, placés sur des rivières, des canaux, à des distances déterminées, et couverts de poutrelles et de madriers, composent un pont et donnent passage aux troupes, aux équipages et au matériel de toutes espèces d'une armée ou d'une expédition. Il existait autrefois des pontons de diverses espèces : en osier poissé recouvert de toile cirée, en cuir bouilli, en fer-blanc, en cuivre. Ces derniers étaient encore en usage dans l'armée française lorsqu'un arrêté du 12 floréal an XI les supprima et les remplaça par le bateau d'avant-garde. Ces pontons de cuivre étaient composés d'une carcasse à claire voie, recouverte extérieurement de feuilles de laiton. Les plats-bords étaient parallèles; l'avant et l'arrière-bec étaient terminés carrément. Les Hollandais se servirent les premiers de ces pontons construits en fer-blanc; les Français leur en prirent à l'affaire de Fleurus, et les imitèrent en les modifiant, sous le règne de Louis XIV. Leur forme et leur construction ne permettaient pas de les employer au passage des troupes, parce qu'ils naviguaient mal.

Le pont de bateaux militaire diffère peu du pont de bateaux ordinaire. Il est plus régulier et construit plus méthodiquement que celui du génie civil, et conséquemment de nature à être monté et utilisé beaucoup plus promptement. Les bateaux se transportent sur des voitures nommées *haquets;* mais quand il est possible on les fait arriver par eau, en les assemblant par quatre ou par huit, afin d'employer moins d'hommes pour les conduire. Il y a à la suite des ponts de bateaux des nacelles destinées à porter les cordages qui retiennent les ponts et qui servent à passer les pontonniers sur la rive opposée. On établit autant que possible deux ponts à côté l'un de l'autre pour pouvoir traverser la rivière sur l'un, la repasser sur l'autre, et éviter par là les encombrements et les accidents. Lorsque le pont est établi, on ne laisse avancer les voitures que successivement et à une certaine distance les unes des autres. La cavalerie ne doit défiler que sur deux hommes de front et pied à terre. On veille à ce que les objets charriés par les eaux, et susceptibles d'endommager les ponts, ne puissent arriver jusqu'à eux, et à cet effet on dirige vers les rives les corps flottants dont le choc serait dangereux.

Dans le siége d'une place située sur une rivière, les ponts servent à établir des communications entre les corps de l'armée : ils doivent être placés, autant que faire se peut, en amont de la ville, afin que les assiégés ne puissent se servir du courant pour les détruire au moyen de troncs d'arbre, de bateaux chargés de pierres, ou de brûlots. Dans la guerre de campagne, les ponts doivent être à portée des grands chemins, d'un abord facile, et placés de manière que la rive de départ domine la rive opposée. Il faut éviter de les établir au-dessous des tournants, dans les endroits couverts par des bois ou des rochers; mais si l'on y est absolument obligé, on doit jeter en amont sur la rive une chaîne de postes dont les sentinelles puissent avertir de l'arrivée des corps lancés sur le pont, afin qu'on ait le temps de se prémunir contre leur choc. On doit enfin chercher à profiter des îles pour diminuer l'étendue des ponts et abréger le travail.

Un *équipage de pont* se compose de 35 haquets, 35 chariots de parc, 4 forges de campagne, en tout, 74 voitures à six chevaux de trait par voiture, 444 chevaux. Quatre haquets sont chargés chacun d'une nacelle et de sept poutrelles; trente sont chargés chacun d'une nacelle et de sept poutrelles; un haquet de rechange ne porte que le rancher et les jumelles de la sonnette. Les tolets, rames, gaffes et écopes sont répartis dans les bateaux et nacelles. Quant aux chariots, dix-sept d'entre eux sont chargés chacun de trente-six madriers. Les autres transportent les divers agrès et objets dont la place n'a pas été indiquée sur les haquets : on les charge de 900 à 1,000 kilogrammes. On recouvre d'un prélat les ancres et les cordages.

Équipage d'avant-garde : quatre bateaux, avec lesquels on peut former un pont de 36 mètres; cinq haquets et quatre chariots de parc à six chevaux par voiture, 54 chevaux. Chacun des quatre premiers haquets contient un bateau, quatre tolets pour rames et un pour gouvernail, trois rames, deux gaffes, deux écopes, deux poutrelles, une pelle et une pioche. Le cinquième porte dix-sept poutrelles, dont cinq de culée. Les quatre chariots sont chargés des divers agrès. Les voitures marchent dans l'ordre suivant : les haquets chargés des nacelles, un chariot de parc chargé d'un corps-mort, de piquets, de masses et d'un chevalet à chapeau mobile; alternativement deux haquets chargés de bateaux et un chariot de parc chargé de madriers; un chariot de parc chargé d'un corps-mort, etc., le haquet de rechange, les autres chariots de parc, les deux chariots de parc avec caisses d'outils, les forges.

En route, les bateaux sont surveillés par des pontonniers, qui les arrosent si le temps est sec. Lorsque l'équipage de pont doit voyager par eau, on forme des trains avec les bateaux; et le tablier établi sur les bateaux de ces trains supporte les poutrelles, les madriers, les haquets, etc.

Les armées ou les expéditions ne sont pas toujours pourvues d'un équipage de pont : dans ce cas, on utilise pour le trajet des rivières les ressources locales. Ainsi, à défaut de bateaux-pontons, on emploie ce qu'on appelle dans l'artillerie des *bateaux du commerce.* On réunit ces bateaux pour déterminer l'ordre dans lequel ils seront sous le tablier et savoir la hauteur à donner à la culée. Si les bordages sont trop faibles ou trop évasés, on les réunit par des travées entaillées, et sur ces travées on établit un ou plusieurs chapeaux. Si les bordages sont trop bas, on construit dans le bateau un chevalet, dont le chapeau porte les poutrelles. Si on a de longs bateaux, mais en trop petite quantité, on fixe solidement, au milieu de leur longueur, deux diaphragmes peu éloignés, et on scie les bateaux. Sur des rivières peu rapides, et à défaut de ces derniers bateaux, on construit des ponts de radeaux. Il n'est fait usage pour cela que de bois légers. Le bout que chacun des arbres oppose au courant est coupé en sifflet, et le bec de ce sifflet placé en dessus. Les arbres sont espacés de 135 à 162 millimètres, pour laisser un cours plus libre à l'eau. On les réunit par deux ou quatre traverses, selon la longueur du radeau; de plus, un ou deux madriers en écharpe sont fixés entre les traverses : ces dernières se lient aux arbres avec des harts, des chevilles ou des broches. Les ponts de radeaux sont construits dans l'eau, et dans l'endroit de la rive où le courant est le moins rapide. On peut faire les radeaux avec des tonneaux, et on obtient alors un *pont de tonneaux*. Chaque radeau se compose de tonneaux de même capacité. Les tonneaux se réunissent de deux manières différentes : 1° en faisant un châssis de quatre supports parallèles reliés par quatre traverses, et en plaçant les files de tonneaux dans les deux cases extrêmes ; 2° en faisant un châssis de deux supports seulement, qui embrasse les deux files de tonneaux juxtaposés. Ce radeau a un roulis dangereux. Si le courant est rapide, on forme une espèce d'avant-bec en plaçant en amont des radeaux un tonneau en long. En plaçant les bondes en dessus, et faisant au tablier un trou correspondant, on peut vider les tonneaux qui se remplissent et construire le pont avec un faible excès de résistance. Les poutrelles portent sur tous les supports d'un radeau et sur deux supports seulement du radeau suivant, s'il y en a quatre. Quand les tonneaux sont petits, on en prend deux pour composer un rang. Un pont de radeaux de tonneaux ne peut guère servir qu'au passage de l'infanterie, sur des rivières peu larges et peu rapides. Cet équipage ne dispenserait donc pas d'avoir des équipages de bateaux pontons pour effectuer les passages de vive force et pour tendre des ponts sur les grands fleuves.

Les *ponts de chevalets* ne s'établissent ordinairement que sur des rivières tranquilles, qui n'ont pas plus de deux mètres de profondeur. Ils offrent l'avantage de pouvoir être construits avec des corps de support qu'on peut se procurer facilement ; mais ils sont moins solides que les autres ponts, pouvant être culbutés si les eaux devenaient un peu rapides.

Martial Merlin.

PONTON (*Marine*), grand bâtiment carré, un peu plus long que large, à fond plat et à quatre faces droites, dont on se sert dans les ports militaires pour toutes les opérations de l'intérieur. Il est d'une forte construction, porte un grand mât au milieu, garni de caliornes, etc., et deux cabestans montés l'un en avant, l'autre en arrière. On peut aussi le remorquer en rade pour servir à relever un bâtiment coulé, une carcasse, etc.

Les *pontons pour le carénage* servent à abattre les vaisseaux. Ce sont de vieux vaisseaux rasés jusqu'au premier pont, et munis de cabestans, mâts de redresse, écoutilles d'appareil, etc. Ils sont lestés en conséquence de l'effort que font les apparaux en abatant le bâtiment. Le ponton est garni dans sa longueur de fortes caliornes et palans établis sur les côtes du bâtiment, pour servir à coucher les vaisseaux sur le côté, ou pour les abattre afin d'en découvrir les parties submergées.

Il existe encore une autre espèce de *ponton*, plus connu sous le nom de *cure-môle*, garni de roues, de grandes cuillers et de chaînes, et que l'on emploie à curer les ports, au moyen d'hommes que l'on fait marcher dans deux grandes roues de la machine.

Nous ne terminerons pas cet article sans parler d'une dernière espèce de *ponton*, auquel les Anglais ont donné une cruelle célébrité. C'étaient, dans les rades de Portsmouth, Plymouth et Chatam, de vieux vaisseaux de ligne désarmés, grillés à tous les sabords, et dans lesquels on avait entassé huit à neuf cents prisonniers français. Le cœur se soulève à l'idée de tout ce que nos braves et infortunés compatriotes ont supporté de tortures physiques et morales dans ces repaires infects. Qu'on se figure huit cents prisonniers confinés jour et nuit, pour un temps dont il était impossible d'entrevoir le terme, dans les entre-ponts d'un vaisseau, où chacun n'avait pour se mouvoir et se coucher qu'un espace de 2 mètres de long sur 60 centimètres de large, et pour se nourrir que 120 grammes de pain gluant, un peu de mauvaise viande ou de morue avariée, quelques décagrammes de légumes secs ou de pommes de terre ; qu'on se représente ces malheureux rationnés d'eau et d'air, ne pouvant monter sur le pont que trois fois par jour, ayant à subir sans cesse les vexations de détail de misérables agents subalternes, qui renchérissaient encore sur la tyrannie des chefs. Cependant, rien ne pouvait motiver la barbare cruauté que les Anglais exerçaient sur nos infortunés prisonniers dans leurs prisons flottantes !

Martial Merlin.

Après les événements du mois de juin 1848, les malheureux prisonniers entassés dans les forts de Paris furent expédiés dans les ports et jetés dans de nouveaux *pontons*, ou vieux vaisseaux démâtés, qui devaient les garder jusqu'à leur transportation. Ce régime dura longtemps encore ; puis on en réunit à Belle-Isle, on en expédia dans les lieux de transportation, et les *pontons* se vidèrent lentement.

PONTONNIERS, corps de militaires affectés au service des pontons et à l'établissement des ponts militaires. L'organisation de l'artillerie française, par la loi du 18 floréal an III (17 mai 1795), comprenait un bataillon de pontonniers composé de huit compagnies de 72 hommes chacune. L'ordonnance du 31 août 1815 a conservé ce même bataillon, qui sous le gouvernement de Louis-Philippe est devenu un régiment, quoiqu'il n'eût plus que six compagnies.

Les *pontonniers* doivent être forts, actifs, intelligents et intrépides dans les occasions périlleuses où ils se trouvent souvent à l'armée. Le service des ponts exige de bons bateliers et de bons ouvriers en bois et en fer.

Martial Merlin.

PONTORMO, peintre florentin, né à Pontormo, en 1493, dont le véritable nom était *Giacomo* Carrucci, eut pour maître Andrea del Sarto. Mais celui-ci devint si jaloux du talent de son élève, auquel Raphael et Michel-Ange eux-mêmes avaient rendu hommage, que par ses mauvais traitements il le força à déserter son atelier. Du reste, le Pontormo ne justifia qu'à moitié les appréhensions de son maître, car il ne peignit qu'un petit nombre de tableaux d'histoire, entre autres la *Visitation de Marie*, dans l'Annunziata. Mais en revanche il réussit admirablement dans le portrait; ses productions en ce genre passent pour les meilleures de l'école florentine. Il mourut en 1556.

PONTORSON. *Voyez* Manche (Département de la).

PONTREMOLI, chef-lieu de la Lunigiana, dans le duché de Parme.

PONTS (Deux-). *Voyez* Deux-Ponts.

PONT-SAINT-ESPRIT, ville de France, chef-lieu de canton du département du Gard, sur la rive droite du Rhône, avec 5,851 habitants, un port sur le Rhône, que l'on y traverse sur un pont de 800 mètres de long formé de 26 arches en plein cintre, commencé en 1265, sous saint Louis, et terminé par Philippe le Bel, en 1309. Il s'y fait un commerce de vins, d'huile et de soie.

PONT-SAINTE-MAXENCE, ville de France, chef-lieu de canton du département de l'Oise, sur la rive gauche de l'Oise, avec 2,444 habitants et un très-beau pont sur l'Oise, l'un des chefs-d'œuvre du célèbre Perronet, formé de trois arches d'une courbe légère et hardie, que supportent deux groupes de quatre colonnes. On voit près de là les ruines d'un pont que l'on croit être de construction romaine. C'est une station du chemin de fer de Saint-Quentin. On exploite dans les environs des pierres de taille et l'on y trouve des fours à chaux. La ville possède quelques taillanderies, tanneries, corroieries et mégisseries. Il s'y fait un grand commerce de blé pour Paris, de vin, de laine, de cuirs et de bestiaux.

PONTS-DE-CÉ (Les). *Voyez* MAINE-ET-LOIRE.

PONTS ET CHAUSSÉES. On appelle ainsi en France l'ensemble des travaux d'utilité publique se rapportant aux voies de communication, et l'on entend par *corps des ponts et chaussées* le corps d'ingénieurs spécialement et exclusivement chargé de la direction et de la surveillance de ces travaux. Ce n'est qu'en 1739 qu'il se forma une administration régulière des ponts et chaussées, avec les contrôleurs des finances pour ministres. Avant cette époque les questions de voirie dépendaient des trésoriers, bien que l'existence de fait de cette administration fût démontrée par d'anciens témoignages. Elle fut redevable de son organisation à Daniel Trudaine, intendant des finances, et à Perronet, premier ingénieur, qui fondèrent une école des ponts et chaussées et imprimèrent aux travaux publics un grand développement. Auparavant on choisissait dans les généralités les ingénieurs de ce corps parmi les hommes reconnus pour avoir fait preuve de talent en architecture ou dans la pratique des constructions; ainsi les ingénieurs, qui sortaient rarement des provinces où on les employait, ne se préparaient à l'exercice de leur art que par des études isolées, presque toujours incomplètes; la plupart même ne s'étaient jamais occupés d'études théoriques et ne connaissaient d'autres guides que l'imitation et la routine. On avait vu à la vérité un petit nombre d'hommes prendre un essor élevé; mais ces exceptions se détruisaient par la règle générale.

Le corps des ponts et chaussées vit enfin son existence sanctionnée par un arrêt du conseil et des lettres patentes de 1750, qui établissaient un architecte premier ingénieur, quatre inspecteurs généraux, vingt-cinq ingénieurs en commission pour les pays d'élection, et un certain nombre de sous-inspecteurs pour suivre les ouvrages. Les pays d'états avaient en outre leurs ingénieurs ou agents particuliers. Un arrêt du conseil de 1770 vint modifier ces dispositions. Trois nouveaux ingénieurs furent établis pour la généralité de Paris; les sous-inspecteurs furent érigés en inspecteurs, et leur nombre fut fixé à cinquante. La loi du 17 janvier 1791 apporta de nouveaux changements à cet état de choses. Elle fit passer l'administration des ponts et chaussées de la direction du ministre des finances sous celle du ministre de l'intérieur. Elle créa une administration centrale, composée d'un premier ingénieur et de huit inspecteurs généraux. *L'assemblée* des ponts et chaussées, aujourd'hui *conseil général*, était formée du premier ingénieur, des huit inspecteurs généraux, des ingénieurs en chef, inspecteurs de département et des ingénieurs présents à Paris. Le premier ingénieur était choisi par le roi, parmi les inspecteurs généraux, et ceux-ci, pris parmi les ingénieurs en chef de département, étaient nommés au scrutin par le premier ingénieur et les inspecteurs généraux. Le même décret organisait l'école des ponts et chaussées.

La loi du 19 janvier 1791 fut bientôt modifiée par celle du 18 août de la même année; et enfin le corps des ponts et chaussées fut constitué, tel à peu près qu'il est aujourd'hui, par le décret impérial du 25 août 1804 (7 fructidor an XII). Cinq inspecteurs généraux, quinze inspecteurs divisionnaires, deux inspecteurs divisionnaires adjoints, cent trente-quatre ingénieurs en chef, trois cent six ingénieurs ordinaires, quinze aspirants et soixante élèves sont établis par ce décret. Les ingénieurs en chef et ordinaires sont divisés pour chaque grade en deux classes. Tout ce qui se rapporte au service, aux fonctions et aux résidences des ingénieurs, tout ce qui concerne la composition et les attributions du conseil général des ponts et chaussées, les nominations et les avancements, les titres, etc., se trouve ainsi fixé par ce décret. De légères modifications ont été apportées depuis aux dispositions qu'il contient, surtout en ce qui concerne le nombre des ingénieurs, qui doit nécessairement varier avec les exigences du service. Quelques-unes de ses bases principales ont été plus fortement altérées par l'ordonnance royale du 19 octobre 1830, mais elles ont été presque entièrement rétablies par celle du 8 juin 1832; en sorte que c'est toujours dans le décret de 1804 qu'il faut chercher les principes généraux de l'organisation et du service des ingénieurs des ponts et chaussées.

Chaque département possède actuellement un ingénieur en chef de première ou de seconde classe, ayant sous ses ordres un nombre d'ingénieurs ordinaires variable selon l'étendue du département et les besoins du service. Ces ingénieurs dirigent, sous la surveillance de l'ingénieur en chef, les divers travaux de route, de canal, d'amélioration de rivière, qui sont faits sur les fonds de l'État ou sur ceux des départements. Sur les côtes, ils sont en outre chargés des divers ouvrages qui se rapportent aux ports de commerce et à la construction des phares. Lorsqu'un département contient un travail très-considérable, dont la conduite par l'ingénieur en chef du département demanderait trop de temps et de soins, un ingénieur en chef spécial, auquel sont adjoints des ingénieurs ordinaires, est chargé de la direction de ces travaux. On distingue par l'épithète d'*extraordinaires* les services de ce genre, des services de département, nommés *services ordinaires*. Ces ingénieurs ont sous eux des agents nommés *conducteurs* et *piqueurs*, rangés en diverses classes, qui avant le vote de l'Assemblée législative ne pouvaient jamais arriver au grade d'ingénieur. Les ingénieurs ordinaires sont chargés, chacun pour le service qui le concerne, de la rédaction des projets devant régler la confection des travaux et servir de base aux adjudications qui en sont faites à des entrepreneurs. Ces projets, révisés, s'il y a lieu, par l'ingénieur en chef ou approuvés par lui, sont envoyés au conseil général des ponts et chaussées, à Paris, qui doit les examiner et les modifier s'il en est besoin. Ce conseil général, présidé par le directeur général des ponts et chaussées, se compose des huit inspecteurs généraux et d'un certain nombre d'inspecteurs divisionnaires, renouvelés le premier janvier de chaque année. Les autres inspecteurs divisionnaires présents à Paris ont droit d'y siéger, et peuvent s'occuper, conjointement avec les autres membres, de l'examen et de la discussion des grands projets de travaux publics. Lorsque les projets ont été examinés par le conseil général, sur le rapport de l'un de ses membres, ils sont renvoyés aux ingénieurs en chef, et l'on peut procéder à leur exécution. Enfin, pendant la durée des travaux ils sont inspectés par les inspecteurs divisionnaires, qui doivent parcourir tous les deux ans, par une tournée générale, une des seize circonscriptions dans lesquelles la France est divisée pour eux. En 1836 l'administration des ponts et chaussées fut distraite du ministère de l'intérieur et annexée à celui du commerce; en 1839 on créa un ministère spécial des travaux publics, et on la comprit dans ses attributions. Elle dépend aujourd'hui du ministère de l'agriculture, du commerce et des travaux publics. Auguste MONNIER.

L'institution du corps des ponts et chaussées a soulevé de graves critiques. « Il ne convient pas, dit J.-B. Say, que les travaux dont le public doit payer les frais soient dirigés par l'administration ou par ses agents. Ils sont intéressés à faire durer les travaux et à multiplier les dépenses. Depuis longtemps en France les hommes qui ont à cœur les intérêts de l'État réclament contre le corps des ponts et chaussées, qui, quoique en général composé d'hommes de beaucoup de mérite, n'empêche pas que nous n'ayons des routes souvent impraticables et que nous ne manquions des constructions les plus nécessaires. Ce corps coûte beaucoup et produit peu. Comme toutes les corporations, il nuit au développement de l'industrie personnelle et à l'émulation qui fait naître en d'autres pays des ingénieurs civils libres. L'industrie particulière a recours à leur art comme on a recours à l'art d'un médecin, d'un avocat, et ils ne peuvent espérer beaucoup d'emploi qu'à force d'activité et de talent; ils sont personnellement responsables de leurs engagements. C'est un mauvais calcul pour une nation que d'avoir des savants patentés, qui prennent part à l'administration, sont soutenus par l'esprit de corps et font usage d'une autorité autre que celle de la science et de la nature des choses. L'administration est responsable de leurs fautes, et les erreurs de leurs calculs retombent sur les peuples. »

PONTS ET CHAUSSÉES (École des), rue des Saints-Pères, à Paris. Cette école est placée sous l'autorité du ministre du commerce, de l'agriculture et des travaux publics, et dirigée par un inspecteur général, directeur, et par un ingénieur en chef, inspecteur des études, assistés du conseil de l'école. Son but spécial est de former les ingénieurs nécessaires au recrutement du corps des ponts et chaussées. Elle admet exclusivement en qualité d'élèves ingénieurs les jeunes gens annuellement choisis parmi les élèves de l'École Polytechnique ayant terminé leur cours d'études et ayant satisfait aux conditions imposées par les règlements. Elle admet en outre à participer aux travaux intérieurs de l'école des élèves externes, français ou étrangers. Elle en admet également à suivre les cours oraux. Les conditions d'admission ont été réglées par un arrêté ministériel en date du 18 février 1852.

Les leçons orales ont pour objet : 1° la mécanique appliquée au calcul de l'effet dynamique des machines et de la résistance des matériaux de construction; 2° l'hydraulique; 3° la minéralogie; 4° la géologie; 5° la construction et l'entretien des routes; 6° la construction des ponts; 7° la construction et l'exploitation des chemins de fer; 8° l'amélioration des rivières et la construction des canaux; 9° l'amélioration des ports, la construction des travaux à la mer; 10° l'architecture; 11° le droit administratif et les principes d'administration; 12° l'économie politique et la statistique; 13° la construction et l'emploi des machines locomotives et du matériel roulant des chemins de fer; 14° les dessèchements, les irrigations et la distribution d'eau dans les villes; 15° la langue anglaise; 16° la langue allemande.

Les études durent trois ans. Les élèves sont divisés en trois classes. Ils sont pendant quelques mois de l'année envoyés dans les départements pour y faire l'application, sur les travaux, des principes qu'ils ont reçus, seconder les ingénieurs dans leurs opérations et s'exercer sous eux à la formation des devis, détails et projets de toutes natures. A l'expiration de la troisième année, les élèves cessent de faire partie de l'école pour entrer dans le corps des ponts et chaussées avec le grade d'aspirant ingénieur.

La bibliothèque et les galeries de modèles sont ouvertes aux élèves ingénieurs, aux élèves externes et aux ingénieurs des ponts et chaussées.

Cette école fut fondée en 1747, par l'intelligente initiative de Trudaine et de Perronet, dans le but de donner aux ingénieurs du corps des ponts et chaussées un système complet d'enseignement, qui sans arrêter l'élan du génie élevât l'instruction moyenne à toute la hauteur désirable. Elle fut à son origine composée de soixante élèves, divisés en trois classes de vingt chacune, et de dix surnuméraires. La faveur plutôt que le mérite décidait de l'admission des candidats, qui, n'ayant aucune condition d'admission à satisfaire, ne subissaient pas non plus d'examen préalable. Supprimés de fait à la révolution, les cours de l'École des Ponts et Chaussées furent constitués de nouveau par le décret de l'Assemblée nationale du 17 janvier 1791. La Convention, par deux lois des 9 mars et 16 septembre 1793, mit les élèves des ponts et chaussées à la disposition de l'administration de la guerre, le nombre des ingénieurs n'étant plus en rapport avec les besoins du pays. L'école fut organisée sur des bases plus étendues par la loi du 30 vendémiaire an IV (22 octobre 1795) et le décret du 7 fructidor an XII (24 août 1804). Enfin, elle a reçu depuis cette époque de nouveaux développements, consacrés par le décret du 13 octobre 1851.

PONZA (Iles), groupes d'îles situées dans la mer Tyrrhénienne, au sud de la rade de Terracine et du cap Circello, dans les États de l'Église, et dépendant de la province napolitaine de *Terra di Lavoro*. Appelées par les anciens *Pontiæ insulæ*, elles sont d'origine volcanique, couvertes de lave, de scories, de pierre ponce, de tuf, de basalte et de cendres, composées pour la plupart de rochers nus qu'en raison de leur nature poreuse la mer mine et ronge incessamment, peu ou point cultivées, et médiocrement peuplées. L'île principale, appelée *Ponza*, longue de quatre milles italiens, mais large seulement de six cents pas, a un port fortifié, mais accessible seulement à des navires de petite dimension. On y voit des cellules taillées dans le roc vif pour les galériens et une foule de grottes. Ses habitants, au nombre d'environ un millier, sont répartis entre plusieurs petits villages, ou bien habitent des cavernes. Ils vivent de la pêche, du commerce et de la culture du sol. Du temps des Romains *Pontia* était un lieu de bannissement, où périrent entre autres Néron, fils de Germanicus, par ordre de Tibère; les sœurs de Caligula, par ordre de leur propre frère; et Flavia Domitilla, par ordre de Domitien. Les Anglais s'en emparèrent en 1813, mais l'évacuèrent en 1814.

L'île *Vendutena*, la *Pandataria* des anciens, où furent exilées la fameuse Julie, fille d'Auguste, puis Octavie par ordre de Néron, et Agrippine, épouse de Germanicus, par ordre de Tibère, longue de deux milles italiens et large de cinq cents pas, semble être le reste d'un immense cratère. On y compte 500 habitants. Elle est complétement dénuée d'arbres, mais ne laisse pas que de produire des céréales, des légumes et de la vigne.

San-Stefano, masse de lave de deux milles de circuit, formant un ancien cratère à deux orifices, défendue par des bastions creusés dans le roc vif et par une petite garnison, est utilisée comme lieu de déportation.

Zanone, qui n'a qu'un mille de circuit, présente les ruines d'un vieux couvent sur la crête d'un rocher fort élevé.

Palmarola, île au caractère sauvage et sinistre, est, suivant la tradition populaire, la demeure du démon.

POPAYAN, chef-lieu du département de Cauca et de la province du même nom, dans la république de la Nouvelle-Grenade (Amérique du Sud), est situé sur les bords du Cauca, dans la grande vallée qui sépare les Cordillères du Quindiu de celles de Choco, dans un des sites les plus ravissants qu'on puisse voir au monde, au pied des grands volcans de Sotara et de Puracé, et compte 20,000 habitants. Autrefois, sous la domination espagnole, Popayan était une ville très-florissante et siége d'un gouvernement; mais elle est aujourd'hui singulièrement déchue de ce qu'elle était alors, tant par suite du tremblement de terre qui la dévasta en 1834, qu'à cause des incessantes guerres civiles ou extérieures que la Nouvelle-Grenade a eu à soutenir. Toutefois, c'est encore une des plus florissantes cités de cette république. Elle est le siége d'un évêché, d'une université de second rang et d'un collége. Quoique le commerce et l'industrie y aient bien souffert de la décadence où est tombée l'exploitation des mines, elle est toujours importante, comme étape entre Quito et Bogota.

POPE. C'est ainsi qu'on appelle les prêtres dans l'Église grecque. Les *protopopes* sont des prêtres d'un degré supérieur, répondant aux *archipresbytères* de la primitive Église.

POPE (Alexandre), célèbre poëte anglais, naquit à Londres, le 22 mai 1688. Son père, riche marchand de toiles, se retira des affaires peu de temps après la naissance de son fils, et vint fixer sa résidence à Binfield, près de Windsor. Il était catholique, et le jeune Pope reçut les premiers éléments d'éducation dans la maison paternelle, par les soins d'un prêtre qui vivait dans cette famille. A l'âge de huit ans, on le plaça au séminaire catholique de Twyford, près de Winchester; mais il quitta cette maison dès l'âge de douze ans, et ne suivit plus les classes d'aucune école. Il n'en continua pas moins avec une ardeur extrême à se former lui-même. La poésie, pour laquelle il s'était senti du goût de bonne heure, demeura son occupation favorite. Après s'être essayé dans quelques traductions, il écrivit à l'âge de seize ans ses *Pastorals*, qui, par l'élégance du style et la beauté de la versification, excitèrent l'admiration générale. En 1711 il fit paraître son *Essay on Criticism*

(Essai sur la Critique), regardé aujourd'hui encore comme l'un des meilleurs poëmes didactiques que possèdent les Anglais, et au sujet duquel les éloges et les recommandations d'Addison dans son *Spectator* ne contribuèrent pas peu. Outre quelques bagatelles, il composa bientôt après son *Rape of the Lock* (Enlèvement de la boucle de cheveux), poëme satirique et comique, dont le sujet est le rapt d'une boucle de cheveux que, dans un accès de galanterie, lord Petre se permit à l'égard de mistress Arabella Fermor; qu'il était sur le point d'épouser; licence fort mal prise par celle qui en avait été l'objet, et dont le résultat fut la rupture du mariage projeté. Ce poëme eut un succès prodigieux, et il est encore considéré comme une des productions les plus distinguées de la muse anglaise. Nous reconnaîtrons avec tous les critiques que les vers sont élégants, vifs et précis; mais nous ne pourrons admirer de même la création de ces fades sylphes que l'auteur suppose attachés à la toilette des dames, qui gardent leur pommade et veillent à leurs papillotes. Johnson ne peut trop s'émerveiller à la vue de ce petit peuple, né du cerveau du poëte. Quant à nous, nous ne voyons là que fadeur et afféterie. Et Pope n'a pas craint de donner au chef de ces sylphes le nom d'Ariel! d'Ariel, cet esprit charmant, enfant de l'imagination de Shakespeare, personnification de la bonne pensée, qui fait toujours le bien avec charme, avec grâce, et qui anime une des plus merveilleuses compositions dramatiques qui aient jamais été écrites, *La Tempête!*

En 1713 Pope fit paraître le poëme descriptif *Windsor Forest*, dont la plus grande partie était déjà composée en 1704, et où il l'emporta de beaucoup sur son modèle, le *Cooper's Hill* de Denham. Il entreprit alors la traduction d'Homère, qui l'occupa pendant douze années (de 1713 à 1725). Il traduisit seul l'*Iliade*, et l'*Odyssée* en société avec Broome et Fenton. Du produit de ces travaux, qui lui valurent plus de 8,000 liv. st., il acheta un domaine à Twickenham, dans lequel il vint s'établir avec ses parents. Ces traductions, dans lesquelles il est resté bien peu de chose de l'antiquité, accrurent plus sa fortune que sa réputation. En 1716 parut son *Epistle from Eloisa to Abelard* (Epître d'Héloïse à Abeilard), dont le mérite fut généralement apprécié et qu'on regarde à bon droit comme son chef-d'œuvre. Il y règne une correction élégante, une chaleur de pensées, une vivacité d'expressions qu'on ne rencontre pas toujours dans Pope. L'ombre des cloîtres se projette sur tout le poëme, et le catholicisme y respire. Nous qui aimons maintenant le réel, et qui cherchons surtout les peintures vigoureuses, si nous interrogeons les lettres d'Héloïse et d'Abeilard, et les articles de Bayle, écrits avec une verve sensuelle, nous trouverons quelque mécompte dans la lecture de Pope. Ce n'est pas là cette passion ardente d'Héloïse qui bravait tout, avouait tout, se rappelant avec délices des choses dont le souvenir ferait rougir une mondaine, mais qui enflammait une abbesse. Ce n'est pas sous ce point de vue qu'il faut lire l'épître d'Héloïse à Abeilard. Il s'agissait du temps de Pope d'épurer la passion qu'on faisait parler, d'idéaliser ce qui était grossier : il a pleinement réussi. C'est un admirable morceau de poésie, dont Colardeau, il faut le dire, n'a donné qu'une très-pâle idée dans une traduction beaucoup trop vantée.

L'édition des œuvres de Shakespeare qu'il entreprit bientôt après lui fit peu d'honneur, et l'entraîna dans une violente polémique avec Theobald, autre éditeur de Shakespeare. Les haines, tantôt personnelles, tantôt littéraires, qu'il provoqua surtout par ses *Miscellanies*, publiées en société avec Swift (3 volumes), le portèrent de plus en plus à la satire, qui dès lors domine dans presque tout ce qui sortit de sa plume. En 1728 il donna les trois premiers livres de sa *Dunciade*, où il ne manqua pas de faire aussitôt figurer Theobald au premier rang parmi les *dunses* (dans une seconde édition, ce nom fut remplacé par celui de Colley Cibber). Le quatrième livre ne parut qu'en 1742. Mais dans l'intervalle Pope avait publié bon nombre d'*Imitations of Horace*, d'épîtres, de satires et d'essais de morale. Ses œuvres satiriques témoignent d'un esprit brillant; mais une fois qu'il était irrité, il ne connaissait plus de bornes : il déchirait sans pitié, et ne rougissait pas de s'abaisser jusqu'à la vulgarité. Il n'y a qu'une seule des productions de la dernière partie de sa carrière qui n'appartienne point, ou du moins qui n'appartienne que de fort loin au genre satirique. Nous voulons parler de son *Essay on Man* (Essai sur l'Homme), poëme philosophique publié en 1733, dans lequel il a donné des preuves brillantes de son talent de prêter les charmes de la poésie à l'exposition d'idées toutes philosophiques. C'était son œuvre de prédilection; il voulut l'avoir traduite dans toutes les langues, et chercha même à la faire traduire en vers latins.

Pope mourut dans son domaine de Twickenham, en 1744. Les derniers moments de sa vie avaient été assombris par la défense faite à tous les catholiques, par suite du débarquement du prétendant en Écosse, de s'approcher de Londres de plus de 10 milles.

Le caractère de Pope a été diversement jugé, et on l'a accusé généralement d'avoir été fort peu sociable. Cependant, son fidèle attachement pour Swift et pour Gay prouve qu'il était susceptible d'amitié. Ses grands défauts, ce furent son excessive vanité, ce désir immodéré d'obtenir de la gloire comme poëte, qui le mettait hors de lui-même dès qu'on s'avisait d'exprimer le moindre blâme sur ses ouvrages. Comme poëte, il faut l'inscrire au premier rang parmi les poëtes anglais du second ordre. Aucun autre écrivain ne l'a surpassé, et bien peu l'ont atteint pour ce qui est de la beauté de la forme. On peut dire de lui qu'il est essentiellement le poëte de l'art. Là où l'imagination, l'esprit, le goût et l'intelligence suffisent, il n'est distancé par aucun rival. Les éditions les plus estimées de ses œuvres complètes sont celles qu'ont données Warburton (1751), Warton (1797), Bowles (1804) et Johnson (1812).

POPELINE ou **PAPELINE**, étoffe dont la chaîne est de soie et la trame de laine lustrée. Cette étoffe fut d'abord fabriquée en soie, chaîne et trame, dans le comtat Venaissin, lorsqu'il appartenait au pape, d'où lui vint son nom de *papeline*. Elle fut imitée de bonne heure par les Anglais, qui substituèrent à la soie, pour la trame seulement, la laine longue et rase de leurs troupeaux de Leicester : la chaîne resta en soie. En imitant l'étoffe du comtat pontifical, les anglais lui laissèrent son nom, qu'ils traduisirent en *popeline*. La popeline, étoffe désormais anglaise, est composée d'une chaîne de soie cuite et d'un rempli ou trame en laine brillante. La popeline se fait de toutes les nuances, soit en fond uni, soit en fond façonné. Elle est apprêtée au moyen d'un outil mécanique nommé *dressing-machine*, qui augmente le lustre des laines longues, naturellement brillantes. Le brillant de la popeline, l'apparence de son grain, la grâce des plis qu'elle forme, et enfin sa durée, en rendirent l'usage universel en Angleterre, particulièrement celui de la popeline d'Irlande, dont le grain est plus rond et plus fin. En 1825 on essaya de refaire de la popeline en France. M. C. Beauvais parvint à saisir le mécanisme de la *dressing-machine*, et l'importa en France. On se procura des laines rases, et la popeline fut d'abord bien accueillie; mais on y introduisit tant de coton qu'elle fut bien vite discréditée. On l'a vue revenir fortement à la mode dans ces derniers temps.

POPELITAINS. *Voyez* CATHARES.

POPILIUS LÆNAS (CAIUS), d'une famille plébéienne, consul l'an de Rome 582 (avant J.-C. 173), fut occupé pendant sa magistrature à faire la guerre aux Liguriens; il fut une seconde fois consul, quatorze ans après (596 de Rome, avant J.-C. 158). Mais les dignités dont il fut revêtu n'auraient pas tiré son nom de l'oubli sans sa fameuse ambassade auprès du roi de Syrie Antiochus Épiphane. Ce prince voulait profiter de la minorité de Ptolomée VI (Philométor), roi d'Égypte, pour s'approprier l'île de Cypre et tout le territoire qu'arrosait la bouche Pélusiaque du Nil. Popilius est envoyé vers ce prince par le sénat avec C. Decimius et C. Hostilius, pour lui enjoindre de sortir de l'Égypte. Les trois ambassadeurs se présentent au monarque comme il était à la tête de son armée victorieuse. Antiochus tend la main à Popilius, chef de l'ambassade; le Romain la refuse, et, lui remettant le décret du sénat, lui ordonne de commencer par en faire lecture. Le prince lit, et répond qu'il en délibérera dans son conseil. Alors Popilius, qui tenait une baguette à la main, trace autour d'Antiochus un cercle sur le sable : « Avant de sortir de ce cercle, lui dit-il, donnez-moi la réponse que je dois porter aux Romains. » Atterré par cet ordre impérieux, Antiochus répond en balbutiant : « Je ferai ce que veut le sénat. » Alors Popilius lui donna la main, comme à l'ami et à l'allié du peuple romain, et dès le jour même Antiochus sortit de l'Égypte. Rome était alors la souveraine des rois; et son langage était d'accord avec sa puissance.

L'action de Popilius a donné lieu à une expression proverbiale, qui s'emploie pour exprimer une situation dont on ne saurait sortir, un dilemme auquel on ne peut répondre. Napoléon affectionnait particulièrement cette locution, qui se retrouve fréquemment dans les articles de discussion officielle qu'il envoyait au *Moniteur*.

Charles Du Rozoir.

POPPÉE était fille de Tit. Ollius, l'un des amis de Séjan et des complices de ses crimes. Comme elle était, par sa mère, petite-fille de Poppeus Sabinus, elle préféra le nom le plus illustre au plus obscur. Riche et belle, elle était douée d'un esprit agréable, et de fausses apparences de modestie cachaient la licence de ses mœurs. Elle était mariée à Rufus Crispinus, chevalier romain, et préfet des cohortes prétoriennes sous Claude, lorsqu'elle fit la connaissance d'Othon, favori de Néron. Ce fut lui qui se chargea de la vanter à ce prince. Pour elle, elle sortait peu, et se voilait toujours, comme par un sentiment de pudeur excessif. D'abord, elle feignit l'amour le plus entier pour l'empereur; mais par un retour de conduite fort habile, elle le traita ensuite avec beaucoup de hauteur. Othon, jeune débauché, rivalisait de magnificence avec Néron. Celui-ci en conçut une jalousie violente, et l'eût peut-être fait périr sans le conseil de Sénèque, qui l'engagea à le reléguer en Lusitanie, sous prétexte d'un commandement, dont il s'acquitta à son honneur.

Cependant, Poppée, devenue maîtresse de Néron, aspirait à devenir son épouse; mais comment faire répudier Octavie tant qu'Agrippine vivrait? Elle irrita donc le fils contre la mère, en l'accusant de railleries au sujet de la déférence qu'on lui supposait pour elle; elle le traitait de pupille, qui, loin de régner, n'était pas même libre comme tout autre Romain, puisqu'on lui défendait de l'épouser; elle le suppliait, pour le piquer au vif, de la rendre à Othon : ainsi ce fut cette femme ambitieuse qui fraya pour l'empereur le chemin qui le conduisit au plus atroce de ses crimes. Enfin, il prit le parti de répudier Octavie, qu'il haïssait si violemment que plus d'une fois il avait eu la pensée de l'étrangler de ses propres mains. Douze jours après s'en être séparé, il épousa Poppée. Celle-ci osa faire accuser la malheureuse Octavie d'adultère avec un musicien nommé Eucerus; ses femmes furent mises à la question, et elle fut reléguée en Campanie, et confiée à la surveillance d'une garde. Les statues de Poppée furent brisées par le peuple. Le bruit s'étant répandu que l'empereur reprenait Octavie, une foule empressée se dirigea vers le palais; mais tout à coup les soldats la dispersèrent, et rétablirent les statues renversées. De ce moment, la mort d'Octavie fut résolue; Néron manda Anicet, le meurtrier de sa mère, lui commanda d'avouer un adultère avec Octavie. Ce misérable déclara qu'elle avait essayé de le séduire, pour pouvoir par ce moyen disposer de la flotte dont il était le chef, et qui croisait à Misène; il lui imputa aussi de s'être fait avorter elle-même pour cacher ses désordres. On enferma Octavie dans l'île de Pandataria, et peu de jours après on lui signifia l'arrêt de sa mort. Toutes ses supplications furent vaines; on lui lia les membres, et ses veines ayant été ouvertes, on la mit dans un bain chaud; mais Poppée ne fut satisfaite que quand on lui eut apporté la tête de sa rivale.

Enfin, elle donna une fille à Néron, qui honora la mère et l'enfant du titre d'*augusta*. Le sénat vota des actions de grâces aux dieux et un temple à la fécondité, ainsi que des jeux solennels. Souvent cette femme assistait avec Tigellin aux conseils de l'empereur, qu'ils excitaient en commun contre tout ce que Rome avait d'illustre. La peine due à ses crimes vint de ces mêmes fureurs. Dans un emportement, Néron lui donna un coup de pied dans le ventre; elle était grosse : elle en mourut; il la fit ensuite embaumer à la manière des Orientaux, et porter dans le tombeau des Jules, où il prononça lui-même son éloge funèbre. Il consuma dans ces funérailles plus de parfums que l'Arabie n'en produit en une année. Poppée avait poussé le luxe si loin que les mules de ses voitures avaient des sangles dorées, et qu'on prenait tous les jours le lait de cinq cents ânesses pour lui en faire un bain, qui devait entretenir la fraîcheur et la blancheur de sa peau.

De Golbéry.

POPULACE, terme collectif, le bas peuple, le menu peuple, la *plebecula* des Latins.

POPULAIRE (du latin *popularis*, fait de *populus*, peuple), qui est du peuple, qui concerne le peuple, qui appartient au peuple. Il y a des opinions, des erreurs, des préjugés *populaires* : ce sont ceux qui sont répandus dans le peuple; il y a des façons de parler, des expressions, des termes *populaires* : ce sont ceux qui manquent de noblesse; ils ont parfois beaucoup d'énergie. Un *gouvernement populaire*, un *État populaire* est une forme de gouvernement, un État où l'autorité est entre les mains du peuple. L'*éloquence populaire* est celle qui est capable de faire impression sur le peuple, sur la multitude. Une vérité devient *populaire* lorsqu'elle se répand jusque dans le peuple. Rendre une science *populaire*, c'est contribuer à la répandre, la vulgariser, la rendre accessible à tous les esprits.

Populaire signifie également qui recherche, qui se concilie l'affection du peuple, qui jouit d'une certaine popularité. Henri IV était un roi *populaire*. A leur avénement, les princes sentent toujours le besoin de se populariser. Un gouvernement est *populaire* quand il répond aux instincts du peuple, qu'il satisfait ses passions, ses idées.

Des manières affables et *populaires* sont des manières familières et faciles, qui ne sont pas toujours pour cela communes.

Il y a des airs, des chants, des livres *populaires*; les uns parce qu'ils ont été faits pour le peuple, les autres parce qu'ils sont connus, aimés du peuple.

POPULARES. *Voyez* Optimates.

POPULARITÉ, faveur du peuple, estime publique. Dans toutes les sociétés, sous tous les gouvernements, on a brigué la faveur populaire; mais elle est surtout recherchée dans les États démocratiques, où le choix du peuple confère les emplois. « Alors, dit M. de Kératry, on caresse le peuple par des discours, on épouse ses querelles, on se fâche de sa colère, on le flatte dans ses penchants, on affecte les goûts qu'il adopte, on se détache de ceux qu'il dédaigne. » L'amour excessif de la popularité n'est pas une des moindres plaies des gouvernements démocratiques; il entraîne trop souvent dans l'oubli du devoir. Pour conserver cette renommée populaire qui menace à chaque instant de vous échapper, on fait les sacrifices les plus chers à la conscience : on abandonne ses sentiments, on déserte sa bannière, on combat ses amis. Il n'est point d'holocauste qui suffise jamais à la faveur populaire. Prompte à s'inquiéter des succès qu'elle fait obtenir, des couronnes qu'elle décerne, des pouvoirs qu'elle confère, on voit la popularité changer continuellement l'objet de son culte, renverser les statues qu'elle a élevées, briser les piédestaux qu'elle a dressés; c'est ainsi qu'il est passé en proverbe que du Capitole à la roche Tarpéienne il n'y a qu'un pas. Néanmoins, tout homme qui se trouve mêlé aux affaires publiques est naturellement entraîné à rechercher la popularité. Elle n'a pas toujours sa source dans une ambition coupable. Des gens de bien ont pu la mépriser, mais les plus grandes âmes s'y sont montrées sensibles. Si pour quelques-uns elle a été un moyen de succès contre les libertés de leur pays, pour le plus grand nombre elle a été un instrument utile de nobles projets et de grands travaux qui assurent à leur nom une véritable gloire.

Mais en reconnaissant que la faveur populaire peut devenir l'objet d'une poursuite légitime, on ne saurait trop blâmer certains moyens employés pour l'obtenir ou la conserver. A force de flatter le peuple, on en devient l'esclave. Certes, il est doux de se voir honoré de ses concitoyens, d'être accueilli par les acclamations d'une foule qui ne vous connaît que sur la renommée, de la voir apprécier vos services et prête à seconder vos intentions; mais cette popularité n'a de prix que pour le citoyen intègre qui peut se rendre le témoignage de la mériter par son dévoûment au bien public; elle ne flatte que celui qui, sans la braver ni l'ambitionner, suit dans tous ses actes les inspirations d'un cœur ferme et droit, que n'ébranlent ni les fumées du pouvoir ni l'encens de la multitude; elle n'est calme que pour celui qui se sent toujours le courage d'y renoncer, au moins pour un temps, dès qu'elle voudra le pousser dans une fausse voie, dès qu'il lui faudrait l'acheter au prix d'un repentir. Ce n'est pas cependant qu'il faille mépriser les avertissements de l'opinion publique; et le pouvoir n'est jamais sûr dans des mains impopulaires, quelle que soit d'ailleurs leur intégrité.

« Il y a deux sortes de popularités, disait M. Jules Janin, la popularité des intelligences élevées et la popularité de la rue; celle-ci est misérable, dangereuse : tôt ou tard elle se change sinon en honte, du moins en dangers ; l'homme de cœur ne doit s'inquiéter ni des louanges de la foule ni de son blâme; la conscience parle plus haut que l'émeute, plus haut que le journal, plus haut que la tribune; il faut se méfier de la faveur d'un certain peuple plus encore que des faveurs d'une courtisane gangrénée; enfin, on doit dire même de la popularité véritable ce que M. Guizot disait de l'ambition : Méfions-nous de la popularité, mais n'y renonçons jamais...? La seule popularité que puissent envier les gens de cœur et de talent en ce monde est celle qui prend sa source dans la conscience, et non pas dans la fantaisie des peuples; la popularité que consacre l'histoire, et non pas celle que donne l'émeute; la popularité des grands hommes de tous les temps, et non pas cette popularité banale que le peuple de chaque matin partage indistinctement entre l'orateur qui le fait trembler et le baladin qui le fait rire. La popularité, juste ciel! mais nous avons eu des chanteurs *populaires* pour un air qu'ils chantaient bien, des comédiens *populaires* pour avoir porté des guenilles, des écrivains *populaires* pour des bouts-rimés, des femmes *populaires* pour l'éclat de leurs vices et le nombre de leurs amants ! »

Ainsi que l'a dit Casimir Delavigne dans sa comédie intitulée *La popularité :*

> La poursuivre en esclave ou la fuir est faiblesse ;
> Elle te reviendra comme elle te délaisse.
> Accepte son appui, s'il ne te coûte rien.
> Ne l'aime pas pour elle, aime-la pour le bien,
> Et reste indifférent quand elle t'abandonne;
> Car la seule fidèle est celle qui couronne
> Des travaux accomplis et des jours sans remords;
> Mais son laurier, mon fils, n'ombrage que les morts.

L. Louvet.

POPULATION. Il est difficile de préciser avec exactitude le nombre des habitants qui couvrent notre planète. Les géographes ont émis à cet égard des opinions très-diverses. On peut cependant assurer qu'en portant ce nombre à un milliard environ, on sera plutôt au-dessus qu'au-dessous de la vérité. La surface du globe est de 51 milliards d'hectares, c'est-à-dire mille fois plus grande que la France, en confondant ensemble les terres et les mers. La surface totale des terres représente à peu près 13 milliards d'hectares. En admettant une population d'un milliard, on trouve qu'il y aurait en moyenne 77 habitants par 1,000 hectares de terre. En tenant compte de l'espace occupé par la mer, on n'aurait que 20 habitants pour 1,000 hectares. Balbi n'évalue la famille humaine tout entière qu'à 737 millions. Il répartit cette population de la manière suivante, entre les cinq parties du monde : Europe, 237,700,000; Asie, 390,000,000; Amérique, 39,000,000; Afrique, 60,000,000; Océanie, 20,000,000; total, 736,700,000. En admettant ces chiffres, on trouverait que pour 1,000 hectares l'Europe contient 228 habitants; l'Asie, 89; l'Afrique, 20; l'Océanie, 18; l'Amérique, 10. Mais l'évaluation de Balbi est trop faible, quoiqu'elle dépasse de beaucoup cependant celle de divers savants. Ainsi, Volney comptait moins de 450 millions d'habitants sur la surface entière de la planète. Il y a trente ans, Malte-Brun n'en supposait que 640 ; mais Letrone a estimé que le chiffre de 900 millions était plus exact; Hassel avait adopté celui de 940. L'erreur de Balbi vient de ce qu'il s'est refusé à admettre des calculs dignes de foi cependant sur la population de la Chine. Il n'attribue au Céleste Empire que 170 millions d'habitants; il paraît pourtant positif qu'il n'y en a pas moins de 360, ce qui élèverait la population totale du globe à 920 millions, celle de l'Asie à 580 millions en totalité, ou à 130 habitants par 1,000 hectares.

Il est remarquable que la masse de la population de l'ancien continent se trouve réunie à ses deux extrémités. L'Europe, dans la partie occidentale, renferme les populations serrées de l'Angleterre, de l'Allemagne, de la France et des péninsules. Vers les confins les plus reculés de l'Asie, à l'orient, stationne, dans un mystère presque impénétrable, le populeux empire de la Chine, avec son avant-garde du Japon. Entre l'Europe et l'Asie s'étend, au milieu des mers, la jeune Amérique, qui semble destinée à devenir le forum du genre humain, le rendez-vous des trois grandes races, blancs, rouges et noirs.

Sous les auspices de la paix l'espèce humaine pullule. C'est ce que montrent bien clairement les relevés statistiques livrés à la publicité. Ainsi, les publications de Porter établissent que dans le Royaume-Uni l'accroissement annuel de la population est de 1,58 pour 100 ; d'où il résulte que chez nos voisins la population sera doublée en quarante-huit ans. Le nombre des habitants de la France paraît ne croître que de 4/5 pour 100 chaque année : en supposant cette loi permanente, la population sera doublée chez nous dans quatre-vingt-huit ans seulement. Aux États-Unis, la population augmente bien plus rapidement encore que chez nos voisins d'outre Manche, soit en vertu de sa propre force expansive, soit à cause des arrivages nombreux d'émigrants européens. Les recensements décennaux y accusent un accroissement annuel à peu près constant de 3,50 pour 100.

La question de la *population* peut être étudiée sous une foule d'aspects. On peut la considérer sous le point de vue des diverses races, des religions, des formes du gouvernement. On peut rechercher dans l'histoire les caractères physiologiques, intellectuels et moraux qui à diverses époques ont assuré la prééminence à divers peuples. Nous nous bornerons ici à l'examiner dans ses rapports avec le paupérisme et l'amélioration du sort des classes laborieuses.

Le développement des populations européennes ne date pas de quelques années seulement; il est facile d'en retrouver les indices en remontant les siècles. Ainsi, il paraît qu'en 1066 l'Angleterre proprement dite ne comptait que 2 millions de population. Elle en a 16 aujourd'hui. Les Gaules en avaient 4 millions du temps de César; elles en ont maintenant 40. L'Europe, qui est peuplée maintenant de 230 millions d'habitants, semble devoir arriver à en avoir 500 avant la fin du vingtième siècle. Cependant, de nos jours, en plus d'une occasion, dans nos villes de fabrique, la population a déjà semblé surabondante. Supposez qu'une cause quelconque paralyse subitement l'écoulement des produits des manufactures anglaises, et certes il y aura transitoirement surabondance de bras, surabondance de bouches surtout, à Manchester et à Birmingham. Il semble donc qu'il y ait du danger, dans l'état actuel de l'industrie, à ce que le genre humain obéisse trop au précepte : « Croissez et multipliez. » Malthus, frappé des maux dont le spectacle se déroulait autour de lui, sonna le tocsin. Il montra, dans un écrit qui a fait époque, la population tendant de plus en plus à dépasser la limite des subsistances. Il attribua à cette reproduction excessive tous les maux contre lesquels les sociétés et les individus luttent sur cette terre. Le sujet appelle les méditations de tous les esprits élevés, de tous les bons citoyens. Rassurons-nous, cependant, ne fût-ce que parce que la peur est mauvaise conseillère. La théorie de Malthus, dégagée des raisonnements spécieux et des faits intéressants dont il l'avait entourée, est inexacte. A plus forte raison les sinistres prophéties de certains publicistes, d'ailleurs distingués, qui ont exagéré les prophéties de Malthus, ne se réaliseront pas La cause réelle, intime du mal, n'est pas dans le développement de la population. Le plus pressant de nos dangers n'est pas la famine.

D'après Malthus, pendant que les subsistances tendent à croître suivant une progression arithmétique, la population tend à se développer dans une progression géométrique. Or, il suffit d'ouvrir les yeux pour se convaincre que ce principe est faux, radicalement faux. Car, à ce compte, la quantité moyenne de subsistance dont un homme dispose serait moindre aujourd'hui qu'il y a cinquante ans, beaucoup moindre qu'il y a un siècle, et infiniment moindre qu'il y a vingt siècles, tandis qu'il est notoire qu'aujourd'hui le genre humain est mieux, plus sainement, plus abondamment nourri qu'il y a cinquante ans, beaucoup mieux qu'il y a un siècle et qu'il y a vingt siècles, même en comparant les pays les plus peuplés actuellement à ceux qui autrefois ont été les plus prospères. Et ce n'est pas seulement notre estomac qui est mieux traité; le genre humain est de nos jours mieux logé, mieux vêtu que du temps de nos pères. Le confort, l'aisance, et même le luxe, vont toujours croissant au lieu de se restreindre. La vie intellectuelle est, comme la vie matérielle, plus complète et plus pleine. M. H. Everett de Boston, qui a publié une réfutation curieuse de l'*Essai sur la Population* de Malthus, remarque avec raison que la multiplication des hommes sur un territoire circonscrit amène la division du travail, et avec elle toutes les découvertes. « Tous les perfectionnements des machines, dit-il, des procédés et des arts nouveaux, ainsi que les sciences qui les éclairent et les dirigent, et enfin la surabondance des produits, viennent infailliblement à la suite. Dans la Grande-Bretagne, la population n'a été que doublée depuis un siècle, tandis que dans le même espace de temps le produit de ses manufactures est peut-être devenu mille fois plus grand. En réduisant ce rapport et en supposant qu'une population double soit en état de décupler seulement le produit de son travail, les moyens de subsistance seraient quintuples pour chaque individu. En poursuivant cette progression pour des populations croissantes comme les nombres 1, 2, 4, 8, etc., les moyens de subsistance seraient représentés par 1, 10, 100, 1000, etc. »

L'hypothèse fondamentale de Malthus est donc démentie par les faits. Cette disproportion entre la population et les subsistances, qu'il présente comme l'origine du mal dans ce monde, n'existe pas ou existe de moins en moins. L'opinion des pessimistes sur la dégradation dont l'espèce humaine est menacée à raison de sa reproduction exagérée n'est pas mieux justifiée par l'histoire : suivant eux, l'homme réclamerait bientôt la terre entière pour lui seul. Une partie des animaux domestiques, le cheval par exemple, devrait nous céder la place, afin que le sol employé à la culture de l'avoine et des fourrages fût ensemencé en blé; l'homme, en retour, serait donc réduit un jour à faire les fonctions de bête de somme, et traînerait une existence misérable, écrasée de travail. Or, tout le passé du genre humain atteste une tendance inverse; de plus en plus, l'homme se dégage de la matière, et asservit la nature au lieu d'être asservi par elle. Les progrès de la mécanique et des sciences naturelles multiplient tous les jours la masse de produits qui correspond à une quantité donnée de travail; et ainsi nous marchons vers un régime où tout homme aura de plus en plus sa part de loisir et d'indépendance matérielle.

Jusque ici nous avons admis avec Malthus et d'autres écrivains que le développement continu et général de la population était un fait au-dessus de toute contestation; mais en est-il réellement ainsi? On a posé cette conclusion générale à la suite de raisonnements très-particuliers, en traçant, par exemple, le tableau de la population anglaise, depuis l'année 1688 jusqu'à présent; mais cette série croissante ne prouve rien, si ce n'est que l'Angleterre a de plus en plus grandi politiquement depuis un siècle et demi. En 1688 l'Angleterre n'était guère qu'une puissance du second ordre; actuellement elle est à son apogée politique et commercial. Les traités de 1815 l'ont mise au sommet de la pyramide européenne, jusqu'à ce que quelque coup de vent du nord vienne l'en renverser. L'Angleterre ne peut plus monter, elle ne peut que descendre; et déjà sa constitution, qui fit sa prospérité et sa grandeur, semble sur le penchant de sa ruine. L'Angleterre subit la destinée de toutes les choses de ce monde, qui grandissent, sont un moment stationnaires et ensuite déclinent. Tant qu'elle décrivait sa ligne ascendante, elle croissait rapidement en population. Si sa prééminence s'affaiblit, le chiffre de sa population subira la même loi.

Pour raisonner sur la population avec quelque certitude, il faut d'autres prémisses que les faits relatifs à un coin du globe placé dans des circonstances tout exceptionnelles. Les causes qui modifient la population sont très-nombreuses et très-complexes. L'ensemble de ces causes agit de telle sorte qu'en réalité la population ne se développe qu'avec une lenteur infinie comparativement à la puissance théorique de reproduction dont l'espèce est douée. Les Montmorency auraient eu le temps, depuis les croisades, d'atteindre le chiffre de trente ou quarante millions, et il n'y a plus de Montmorency. Rien donc n'est moins certain que cette multiplication indéfinie de l'espèce dont on nous fait peur. A certains moments le genre humain procrée en abondance; en d'autres instants il semble frappé de stérilité. Ici la population gonfle, là elle se contracte. Dans le même pays telle classe s'étend, telle autre est forcément restreinte par une force invincible. Hélas! s'il est vrai que pour la gloire de l'espèce, l'on voit de temps en temps, dans la suite des siècles, des peuples nouveaux surgir et propager, en se multipliant, les sciences et les arts sur des terres jusque là vouées à la barbarie, n'est-il pas trop vrai aussi que les peuples et les civilisations périssent? Les ressorts de la vie collective des nations sont presque aussi mystérieux que ceux de la vie de l'individu. Ces riches empires de l'Asie, ces admirables colonies dont la Grèce avait bordé l'Asie Mineure, la Grèce elle-même, et l'Égypte sa mère, que sont-elles devenues? Et Rome et l'Italie, est-ce l'excès de la population qui aujourd'hui les dévore? Faut-il gémir et accuser le ciel lorsque de nouvelles générations, animées d'une ardeur jusque alors inconnue, se répandent sur quelques parties de ce globe, dont la race humaine est la dominatrice intelligente et le plus bel ornement? Ou plutôt ne devons-nous pas craindre que cette croissance inouïe, dont nous sommes les témoins, ne soit qu'un accident passager dont nos plus proches neveux verront la fin? Il y a de la place encore sous le soleil, même dans notre belle France. Au lieu d'accueillir les nouveau-venus par des imprécations et des menaces, recevons-les à bras ouverts, car jusque ici les pays les plus peuplés ont été les plus puissants et les plus prospères.

Il est évident que le chiffre de la population a été de tous temps et sera toujours limité par la quantité des subsistances, puisque d'un côté il faut manger pour vivre, et que de l'autre on ne jette jamais de blé à la mer, sauf le cas de la *Cérès corrompue* de Scarron. Mais, nous l'avons déjà dit, la limite est élastique; le rapport qui existe entre la population et les subsistances est tel que la quantité ou, ce qui est équivalent, la qualité et la variété des subsistances allouées à chacun des membres de la famille humaine va toujours en augmentant. L'ouvrier anglais a un meilleur ordinaire que l'ouvrier parisien, et celui-ci se traite mieux que le paysan de nos provinces. Et cependant, le paysan a une pitance qui, toute maigre qu'elle est, est bien autrement substantielle que celle de l'Égyptien sujet des Pharaons. Sans doute, la surface du globe ne peut produire qu'un quantité limitée d'aliments, et, à la rigueur, si la population augmentait simultanément sur tous les points avec rapidité, si la guerre, la peste, le désordre des idées et la corruption des mœurs, les révolutions et les mauvais gouvernements, et je ne sais quelles autres causes ignorées qui règlent la population, ne défaisaient dans certaines contrées et en certains moments ce que font en d'autres temps et d'autres lieux les habitudes d'ordre et de travail, la sainteté du mariage, le sentiment religieux et les bons gouvernements, nous serions infailliblement réduits un jour à ne plus pouvoir admettre de nouveaux hôtes. Malthus et ses disciples auraient raison. La croissance de la population serait alors l'origine du mal sur la terre. Mais ce jour luira-t-il jamais? Et s'il doit venir, est-il proche ou éloigné?

De bonne foi, la surface habitable du globe ou seulement celle de l'Europe approche-t-elle de son *maximum* de culture et de produit? Les économistes les moins enthousiastes reconnaissent qu'en France il serait possible d'élever les subsistances au niveau d'une population double et même triple; disons le double, pour que l'on ne nous accuse pas d'hyperbole. La superficie de la France est de 53 millions d'hectares. Celle des continents et des îles est de 13 milliards d'hectares; pour tenir amplement compte des grands déserts et des terres polaires, réduisons ce chiffre à 9 milliards; il restera une superficie habitable 170 fois plus grande que la France. Si celle-ci peut nourrir sans difficulté 70 millions d'habitants, le globe entier est donc en état d'en héberger 12 milliards. Or, les évaluations les plus hautes ne portent la population du globe qu'à un milliard; il nous reste donc une grande marge. Et remarquons que les terres dont la capacité nourricière est la plus grande, c'est-à-dire les régions équinoxiales, sont demeurées à peu près vides. Jusque ici l'homme n'a pas été de force à lutter contre la vigoureuse nature de ces riches climats; il a fallu qu'il se renfermât dans le Nord, qu'il s'y préparât par l'étude et par le travail à aborder cette rude joûteuse. Aujourd'hui l'homme est en mesure d'entrer dans la lice contre la nature tropicale, avec la certitude de la vaincre. Aujourd'hui, en deçà et au delà des mers, un instinct invincible commence à pousser les peuples vers le soleil, témoins les tendances des Moscovites vers Constantinople et la mer Noire, les nôtres vers Alger, celles des Anglais, vers l'Inde, celles des Anglo-Américains vers l'empire de Montézuma.

S'il est hors de doute que sur le globe, pris dans son ensemble, il y ait place pour douze fois au moins autant d'hommes qu'il en existe aujourd'hui, il faut reconnaître que certains pays, et particulièrement, ceux d'Europe, ne sont pas extrêmement éloignés de leur *maximum*. Mais pour ceux-là mêmes le commerce et la colonisation peuvent, si l'on sait les régler convenablement, reculer indéfiniment la difficulté.

Qu'y a-t-il de déraisonnable à penser que nous tirerons un jour en grande quantité d'Amérique, d'Afrique et du grand archipel d'Asie, des farineux nouveaux ou des aliments analogues, qui tiendront lieu de blé, ou du blé même en retour des objets manufacturés et des produits d'art et de goût que nous leur enverrons? Les régions équinoxiales produisent sans effort, moyennant la culture la plus insignifiante, la banane et divers tubercules, tels que l'iuca, d'où s'extrait le manioc, l'igname, la patate. Sur les plateaux exhaussés au-dessus du niveau de la mer, elles fournissent en abondance le maïs et le quinoa. Telles sont dans ces pays la fertilité du sol et la fécondité de la nature que la même superficie qui chez nous semée en blé nourrirait un individu, plantée en bananes dans les colonies ou sur le continent américain entre les tropiques, en nourrit sans peine cinquante. Au Mexique, le maïs se reproduit dans la proportion de 300 à 400 pour 1, et les champs de blé y donnent communément un produit triple de celui des meilleures terres de France. Répétons-le, tous ces produits du sol, une fois séchés au soleil ardent des contrées équinoxiales, sont aisés à conserver et à transporter. « La banane sèche, dit M. de Humboldt, est un aliment d'un goût très-agréable et très-sain... Le pain de manioc est très-nourrissant : la fécule de manioc, râpée, séchée et boucanée, est presque inaltérable; les insectes et les vers ne l'attaquent pas. » Les peuples des tropiques pourraient donc nous approvisionner des aliments les plus usuels. Les terres équinoxiales deviendraient le grenier de l'Europe.

S'il y a pour la civilisation un péril à redouter, ce ne doit pas être la famine. Admettons, sans hésiter, que l'état de l'Europe est fait pour inspirer de sérieuses alarmes, aussi bien que pour faire concevoir les plus belles espérances. Mais affirmons que si nous avons lieu d'être inquiets, ce n'est nullement parce qu'en Europe la population dépasse les subsistances. L'Espagne, qui est relativement dépeuplée, est dans la position la plus critique; elle est cent fois plus proche de l'anarchie que l'Angleterre, la Belgique et la Hollande, où la population est serrée et se condense chaque jour davantage. La cause du mal est bien plus dans les exigences de nos cervelles et de nos nerfs que dans celles de notre estomac. Les faits à l'aide desquels Malthus a cru démontrer que la population menaçait de déborder prouvent seulement la fâcheuse condition de l'industrie en général et des manufactures en particulier. La population paraît surabondante seulement parce que à certains moments, à cause de l'imprévoyance sociale, à cause de la vicieuse organisation de l'industrie, à cause de l'imperfection des règles qui gouvernent les relations internationales, un morne silence succède dans les ateliers à une activité démesurée, et que les bras se trouvent sans emploi, sans que rien ait été préparé pour subvenir à la faim et à la soif du travailleur pendant la durée de ces déplorables entr'actes. En un mot, Malthus et ses continuateurs ont mis sur le compte de la population ce qui ne doit être imputé qu'à l'influence exercée sur la condition de la classe ouvrière par des lois, des usages, qui ne conviennent plus à notre temps; et le remède aux souffrances qu'ils ont signalées consistera non à réduire le chiffre de la population, ce qui d'ailleurs est plus impossible que de faire remonter les fleuves vers leur source, mais à introduire dans les lois qui régissent la constitution sociale des peuples, dans les idées et les mœurs qui dominent les lois, et dans le code qui régit les rapports de peuple à peuple, des modifications conformes à l'importance qu'a acquise l'industrie, aux droits reconnus des classes laborieuses, et aux prétentions qui ont été encouragées et même provoquées chez elles.

C'est en substituant au paupérisme un bien-être permanent et régulier, fondé sur le travail, que l'on verra s'évanouir tous les inconvénients attribués à la population par beaucoup d'économistes. Le dernier mot de quelques philanthropes, qui consistait à recommander aux classes pauvres de s'abstenir d'avoir des enfants, répugne à la fois à la morale et au bon sens. Le pauvre n'a sur la terre d'autre jouissance que son amour pour sa femme et sa tendresse pour les siens. Les consolations de la famille adoucissent pour lui les angoisses de sa position précaire, et l'élèvent par instants au niveau du riche. Et où en serait l'ordre public, grand Dieu, si le pauvre n'avait pas de famille! Quel œil pourrait mesurer les excès dont seraient accompagnées alors les perturbations commerciales! Le travail, qui crée la richesse, en est arrivé à ce point qu'il nous donne aujourd'hui les moyens de sortir des embarras dont Malthus avait été frappé, et seul il en a la puissance. C'est en protégeant le travail, en l'organisant au sein de chaque peuple et entre les nations, que l'on permettra à la population de se développer plus encore que par le passé, sans qu'il en résulte aucun danger pour l'ordre social, aucune souffrance pour les hommes.

Aujourd'hui il n'y a plus, comme du temps d'Aristote, deux natures, la nature libre et la nature esclave; il n'y a que des hommes dont l'égalité virtuelle est inscrite en tête de nos lois. Il n'y a plus de conquérants et de conquis, de seigneurs et de vassaux, de nobles et de vilains; la nation se compose de citoyens appelés tous indistinctement, selon leur capacité et leurs mérites, leur moralité et leur intelligence, à toutes les fonctions. Dès lors nous sommes prêts et mûrs pour que le principe d'association se développe chez nous en embrassant, dans un ordre hiérarchique, toutes les classes, tous les rangs, tous les ordres d'aptitude, d'éducation et de fortune. Déjà même en France le procédé de l'association hiérarchique a reçu de nombreuses applications. Notre armée est une grande association qui est hiérarchique et essentiellement démocratique en même temps, car tout soldat y a son bâton de maréchal dans sa giberne. Les ouvriers de la marine sont organisés d'après le principe de l'association hiérarchique; il est pourvu à leur éducation dans la jeunesse, à leur avancement dans la vie active, à leur retraite sur leurs vieux jours. Le sentiment d'association et de solidarité entre les diverses classes révèle aussi son existence progressive en France par diverses institutions en faveur des ouvriers. Ces germes d'association doivent se développer. L'association serait parfaite si l'industrie était organisée à l'instar de l'armée; si dans l'atelier, comme sous les drapeaux, le chef avait subi l'épreuve de l'initiation en passant par les grades inférieurs. L'hygiène et la moralité des classes laborieuses gagneraient infiniment à ce régime. L'association doit bannir le paupérisme, assembler en un ordre social régulier les éléments sans cohésion des sociétés modernes. Elle permettra à la population d'atteindre un chiffre inouï, parce qu'elle fournira le moyen de tirer tout le parti et tout le produit possibles d'une masse donnée d'efforts.

Michel Chevalier, conseiller d'État.

POPULEUM (Onguent), du latin *populus*, peuplier. On donne ce nom à un onguent calmant fait avec des germes de peuplier noir, de l'axonge et des feuilles de pavot, de belladone, etc.

POQUELIN. *Voyez* Molière.

PORBUS (Pierre), né à Gouda, vers l'an 1510, vint s'établir à Bruges, où il pratiqua la peinture avec un grand succès. Son chef-d'œuvre représente *saint Hubert* : il le fit pour la grande église de sa ville natale. Sur les volets, qui depuis furent transportés à Delft, il avait tracé divers sujets de la vie de ce saint. Chargé de lever le plan des environs de Bruges, il le peignit à la détrempe sur une grande toile. Le dernier de ses ouvrages dont on fasse mention est le portrait du duc d'Alençon, qui était venu chercher une couronne en Belgique. Pierre Porbus mourut à Bruges, en 1583, et suivant d'autres le 30 janvier 1584. Le musée du Louvre possède de lui une *Résurrection du Christ*.

PORBUS (François), fils et disciple du précédent, l'éclipsa dans son art. Né à Bruges, en 1540, il étudia aussi sous Frank Floris. Ses portraits sont de la plus grande beauté, ce qui n'empêche pas qu'il n'ait peint avec non moins de perfection l'histoire et les animaux. Son mérite suprême est la vérité des formes et du coloris. Quant à l'invention, elle manque de chaleur, chez lui comme chez son père et son fils. Son chef-d'œuvre est le *Martyre de saint Georges*, qu'il fit pour une confrérie de Dunkerque. On cite encore *La Circoncision*, *Le Paradis terrestre*, le *Baptême de Jésus-Christ*, *Jésus au milieu des docteurs*, etc.

PORBUS (François), dit *le jeune*, fils du précédent, naquit à Anvers, en 1570. Il n'a pu être l'élève de son père, puisqu'il n'avait que dix ans quand ce dernier mourut, mais il est manifeste que plus tard il étudia sa manière. Il le surpassa dans le genre historique, comme dans l'histoire; et c'est un fait très-remarquable que cette progression de talent dans trois artistes de la même famille. Pendant son séjour à Paris, il fut chargé de peindre pour l'hôtel de ville deux tableaux dont les sujets sont tirés du règne de Louis XIII : l'un représente *Le Roi, encore enfant, recevant les hommages des magistrats municipaux* ; l'autre *La Majorité du roi*. Le musée du Louvre possède six tableaux de Porbus le jeune : 1° *La Cène*, composition pleine d'harmonie et de richesse, et où l'on ne trouve pas cette roideur que l'on a souvent l'occasion de blâmer dans les Porbus ; 2° le portrait du garde des sceaux Guillaume du Vair; 3° un petit portrait en pied de Henri IV, ganté et cuirassé ; 4° un autre portrait de ce prince, habillé de velours noir; 5° un portrait en pied de Marie de Médicis; 6° *Saint François d'Assise recevant les stigmates*. Porbus mourut à Paris, en 1622.

De Reiffenberg.

PORC. *Voyez* Cochon.

PORC A MUSC, nom donné quelquefois au pécari.

PORC DE HAIE. *Voyez* Échidné.

PORC DE RIVIÈRE, nom donné quelquefois au cabiai.

PORCELAINE. Sa fabrication est sans contredit un des beaux triomphes de l'industrie française, et la perfection de nos porcelaines date déjà de loin. Malgré l'incontestable supériorité de la porcelaine française sur celle de tous les pays du monde, principalement pour la blancheur de la pâte, l'éclat de l'émail ou couverte, et surtout pour la solidité des dorures et le bon goût qui préside aux formes des pièces et aux ornements, on ne peut encore, tant les habitudes s'enracinent profondément, parler de *porcelaine* sans rappeler la Chine et le Japon. Force nous est donc, au début de cet article, de nous occuper pour un instant de la porcelaine fabriquée dans ces contrées. Les relations des voyageurs, la plupart ignorants en fait d'art et d'industrie, sont à cet égard le plus souvent contradictoires et quelquefois absurdes et ridicules. Il serait difficile de concilier entre eux tant de récits divers; mais, pour donner une idée des causeries du monde sur la porcelaine chinoise, nous allons transcrire les passages les plus saillants des notes de nos missionnaires.

« C'est une ancienne erreur, peut-être inventée pour faire valoir la porcelaine, que la matière dont elle est composée soit faite de coquilles d'œufs ou des écailles d'une espèce d'huître pulvérisées; c'en est encore une que cette matière soit de cent à deux cents ans à se préparer et à se mûrir. La porcelaine, comme toutes les autres poteries, se fait avec de la terre, ou plutôt avec une espèce de pierre molle et blanche qu'on tire des carrières du Quangsi. Il n'est pas facile de s'imaginer combien la porcelaine est commune dans toutes les provinces de la Chine : on en fait non-seulement toutes sortes d'ustensiles de ménage, mais on s'en sert à couvrir les toits des maisons et à incruster les murailles; aussi y en a-t-il de très-vilaine, et celle qui se fait à Fokien est si noire et si grossière qu'elle n'approche pas même de notre faïence la plus ordinaire. La porcelaine la plus fine et la plus estimée est celle de Quangsi (ou *Kiamsi*, entre *Canton* et *Nanking*), et l'on croit que sa beauté vient de la qualité des eaux dont on se sert à préparer la matière, car on y apporte la terre d'ailleurs. Parmi les plus belles de cette province, on en distingue de trois couleurs : de jaunes, de grises, et de blanches peintes en bleu; les jaunes, quoiqu'elles ne prennent pas si bien le poli et qu'effectivement elles n'approchent pas de la finesse des autres, sont toutes réservées pour l'usage du palais de l'empereur et de sa propre personne, n'étant pas permis à d'autres de porter cette couleur. Les grises sont hachées d'une quantité de petites lignes irrégulières, qui, dans leur confusion même, font un très-bel effet; en sorte que ce vase semble rompu en autant d'endroits, ou qu'il est composé de toutes ces pièces jointes l'une à l'autre; mais, après qu'on y a passé un vernis, et qu'on l'a mis sur un petit feu, tout est très-propre et très-uni. On fait une grande différence parmi les curieux de l'Europe entre ce qu'on appelle de l'*ancienne* et de la *nou-*

velle porcelaine, non qu'en effet celle qui se travaille présentement à la Chine soit moins belle que celle qui s'y travaillait autrefois, mais parce que les marchands européens ou n'ont point de goût pour en faire le choix sur les lieux, ou n'ont plus commerce avec les bons ouvriers, ne se souciant que de la quantité et du débit, sans se mettre en peine de la finesse et du beau. » (Savary des Brulons, *Dictionnaire du Commerce.*)

« Les Chinois nomment *thski* les ouvrages de cette poterie fine et précieuse qu'en Europe, et particulièrement en France, on appelle *porcelaine:* ce dernier nom, qui n'est guère connu dans la Chine que par quelques ouvriers ou quelques marchands qui en font commerce avec les Européens, semble venir de *porcellana*, qui en langue portugaise signifie une *tasse* ou une *écuelle;* y ayant bien de l'apparence que les Portugais, qui ont été les premiers d'entre les nations chrétiennes qui aient eu connaissance de la Chine et qui aient fait quelque négoce à Canton, donnèrent d'abord à tous ces ouvrages de *thski* le nom qui ne convenait qu'aux tasses et aux écuelles. Ce qui doit cependant paraître assez bizarre, c'est que les Portugais, par qui ce nom semble être passé à toutes les autres nations d'Europe, ne l'ont pas conservé pour eux, et appellent *loca*, en leur langue, ce que les autres nomment communément *porcelaine.* Il se fait de la porcelaine dans diverses provinces de la Chine, particulièrement dans celles de Foukien, de Canton et de Kimtetchim; mais celle qui se fabrique dans les ateliers de cette dernière est la plus estimée : c'est elle que, par distinction, on appelait autrefois en langage chinois, et comme en espèce de proverbe, *les bijoux précieux de Jaotcheou.* Il entre dans la composition de la porcelaine deux sortes de terres et deux espèces d'huiles ou vernis. Des deux terres, l'une s'appelle *petuntse*, et l'autre *kaolin.* A l'égard des huiles, celle qui se tire des *petuntses* se nomme *yeou de petuntse*, c'est-à-dire *huile de petuntse*, ou *tsido petuntse*, ce qui signifie *vernis de petuntse.* L'autre, qui se fait avec de la chaux, s'appelle *huile de chaux.* Le kaolin est parsemé de corpuscules qui ont quelque éclat. Le petuntse est simplement blanc, mais très fin et très-doux au toucher. Toutes ces deux terres se trouvent dans des carrières à vingt ou trente lieues de Kimtetchim, ville où sont établis les ateliers dans lesquels se font les plus belles porcelaines de toute la Chine, et où ces terres, ou plutôt les pierres dont on fait ces terres, sont transportées sur un nombre infini de petites barques qui montent et descendent sans cesse la rivière de Jaotcheou. L'huile ou vernis qui est la troisième matière que les Chinois font entrer dans la composition de leurs porcelaines fines est une substance blanchâtre et liquide, qu'on tire du petuntse, c'est-à-dire de la pierre dure dont on fait le petuntse. La préparation de l'huile de chaux est bien plus longue et bien plus diversifiée. On prend d'abord de gros quartiers de chaux vive, qu'on dissout en y jetant légèrement de l'eau avec la main. Sur cette poudre on fait un lit de fougère sèche, et sur la fougère un autre lit de chaux amortie, et ainsi alternativement jusqu'à ce qu'il y ait une hauteur raisonnable; après quoi, on met le feu aux fougères. Lorsque tout est consumé, l'on partage les cendres qui restent sur de nouveaux lits de fougère sèche, où l'on met pareillement le feu : ce qu'on recommence jusqu'à cinq ou six fois de suite, et même davantage, l'huile en étant d'autant meilleure que les cendres sont plus recuites. Sur cent livres environ de petuntse, on ajoute une livre d'une pierre assez semblable à l'alun (les Chinois l'appellent *chekao*) : cette pierre se rougit auparavant au feu, et ensuite se réduit dans un mortier, ou sur le marbre, en une poudre impalpable. C'est comme la présure qui donne la consistance à cette huile, que d'ailleurs on a soin d'entretenir toujours liquide. Cette huile est très-facile à sophistiquer : suffisant d'y mettre de l'eau pour en augmenter le volume, et d'y ajouter du *chekao* à proportion pour la conserver dans la consistance qu'elle doit avoir. On met ordinairement dix mesures d'huile de petuntse contre une mesure d'huile de chaux. » (*Extrait de la relation du missionnaire père jésuite d'Entrecolles.*)

Bornons ici ces citations. Avant d'aller plus loin, quelques mots feront disparaître l'obscurité du procédé chinois. Les noms d'*huile de petuntse*, d'*huile de chaux*, sont ridicules, et doivent être traduits par ceux-ci : *petuntse très-divisé et suspendu dans l'eau; lait de chaux vive.* Le petuntse chinois n'est qu'un feldspath adamantin, fusible, à cause de la potasse que cette espèce contient toujours en quantité notable; leur kaolin n'est, comme le nôtre, qu'une argile provenant de la décomposition du feldspath, mais qui a perdu sa potasse par le lavage. Le *chekao* paraît être du spath fusible ou fluor, aidant beaucoup à la demi-fusion qui constitue la porcelaine. Quant à la combustion de la fougère, elle a pour résultat d'ajouter une quantité notable de potasse dans la composition. Tout ce fatras est donc ramené à des conditons fort analogues à celles de notre fabrication européenne. Prenons pour exemple la porcelaine française : on y emploie le feldspath et le kaolin de Saint-Yrieix près de Limoges. Comme les Chinois, nous augmentons la fusibilité par l'emploi d'une certaine dose de belle chaux vive. Notre couverte en émail n'est que de l'huile de petuntse, plus de la chaux, c'est-à-dire le feldspath broyé finement et mélangé à un lait de chaux; tout s'explique ainsi facilement. La cuisson de la porcelaine exige une très-haute température. Sa couverte, très-dure et très-résistante aux corps tranchants, ne fond complétement et ne recouvre les pièces d'un émail bien vitrifié, uni et brillant, qu'au 160e degré du pyromètre de Wedgwood. C'est ce haut degré de température nécessaire qui élève tant le prix de la porcelaine, et qui occasionne tant de déchets, de deuxième, troisième choix, et rebuts, à cause du gauchis des pièces dans le four. Ce grand feu oblige d'ailleurs à de minutieuses précautions pour la confection des étuis ou *gazettes* qui enferment et supportent les pièces dans le four. Ces étuis exigent une terre très-réfractaire, et une cémentation complète avec de la poudre de terre déjà cuite.

Dans tout ce qui précède, nous n'avons eu pour objet que la porcelaine dite *dure*, à pâte et couverte purement terreuses. Mais on connaît aussi la porcelaine dite *tendre* ou à *fritte:* c'est la première qui ait été fabriquée à Sèvres. Elle consiste en un mélange d'argile marneuse et de minium. La pâte et la couverte en est tendre, s'éraillant facilement par l'action des corps durs, et elle résiste très-peu à la brusque transition du chaud au froid. Sous bien des rapports la porcelaine tendre est donc fort inférieure à la dure; mais elle offre quelques avantages dont celle-ci est privée : les peintures, la dorure, les ornements de toutes espèces font un bien plus bel effet sur la porcelaine tendre; les couleurs s'y imbibent, s'y fondent mieux, et conservent plus de vivacité. C'est cette espèce de porcelaine qui a commencé la réputation européenne de la manufacture de Sèvres, et aujourd'hui qu'il ne s'y en fabrique plus, les curieux, et surtout les amateurs étrangers, mettent des prix fous à ce qu'on appelle l'*ancien Sèvres.* Quelques manufactures de grossière porcelaine à fritte existent actuellement en France, notamment à Saint-Amand dans le département du Nord, et chacun connaît les produits de celle de Tournay en Belgique, qu'on retrouve principalement chez tous les restaurateurs de la capitale.

Réaumur, Darclay de Montamy, le comte de Milex, le comte de Lauraguais, et quelques autres, se sont, les premiers en France, occupés de la fabrication de la porcelaine. On fonda d'abord à Rouen, d'après quelques-uns de leurs essais qui avaient réussi, une petite fabrique, qui fut par la suite transportée à Saint-Cloud. Le duc d'Orléans se déclara protecteur de cette industrie; mais on ne connaissait pas alors les matériaux naturels de la porcelaine dure; toutes les vues se tournèrent donc sur la composition d'une fritte plus ou moins tendre. Enfin, le petuntse et le kaolin du département de la Haute-Vienne ayant été découverts, la face de la fabrication changea complétement, et nous fûmes dotés de la *porcelaine dure*. Dès ce moment cette industrie prit de l'essor; d'abord le besoin d'ouvriers intelligents la fit concentrer à Paris ou dans ses environs, malgré la cherté du combustible et des transports de Limoges à Paris. Mais aujourd'hui il existe plusieurs vastes manufactures de porcelaine dure dans la Haute-Vienne, et de nouvelles découvertes de kaolin ont fait naître d'autres manufactures en France, notamment dans le ci-devant Berry, dans la Manche, le Calvados, etc. La manufacture de Bayeux, dont les produits ont d'ailleurs peu de blancheur et d'éclat, fournit aujourd'hui à presque tous les limonadiers de la capitale et de plusieurs autres grandes villes des tasses et ustensiles d'une grande solidité, et qui résistent comparativement très-longtemps à la chaleur des liqueurs bouillantes.

Nous ne dirons rien de la décoration de la porcelaine. Cette partie est à l'apogée de sa gloire. Qu'il suffise de rappeler nos expositions des produits de l'industrie, et de mentionner les noms des Drolling, des Langlacé, de la célèbre Mme Jaquotot, tous artistes du premier rang, qui ont choisi pour champ de leur illustration des pièces de porcelaine. L'établissement modèle entretenu à grands frais à Sèvres par le gouvernement a sans doute rendu de grands services à l'industrie porcelainière, en encourageant les talents et en conservant les traditions du bon goût. Mais on pourrait bien contester l'utilité de cette coûteuse manufacture, aujourd'hui que plusieurs fabriques particulières la surpassent en perfection. A l'étranger, les fabriques de porcelaine de Dresde, de Berlin, de Russie, veulent rivaliser avec les nôtres. La porcelaine de Saxe n'est ni bien blanche, ni fort élégante, mais elle a beaucoup de solidité. Quant aux Anglais, si avancés dans plusieurs genres d'industrie, et spécialement dans les meilleures fabrications de faïence et de poterie, ils ne brillent pas en porcelaine; leur porcelaine de Chelsea est grise, peu élégante et assez fragile.

On appelle encore *porcelaines* des toiles de coton peintes en bleu. Les plus belles se fabriquent aux Indes; mais on les imite assez bien en Europe, particulièrement en Hollande.

PELOUZE père.

Un des plus grands perfectionnements apportés dans ces derniers temps à la fabrication de la porcelaine, c'est la substitution de la houille au bois dans le chauffage des fours. Les premiers essais avaient donné des produits imparfaits; mais on a enfin obtenu de bons résultats à la manufacture de Sèvres. Il en résulte une économie que M. Ebelmen évaluait en moyenne à plus de la moitié; cependant, il faut conserver la cuisson au bois pour quelques couleurs délicates.

Quand elles sont convenablement préparées, les pâtes du Limousin sont les meilleures d'Europe. La Prusse nous oppose ses kaolins roses, qui donnent les plus étranges résultats. Berlin fabrique à prix réduits des *lithophanies*, dont la finesse et la suavité surpassent les plus beaux dessins. Ce sont des plaques de porcelaine à pâte quelquefois colorée dont les parties plus ou moins épaisses forment au jour des dessins, grâce aux clairs et aux ombres résultant de leur plus ou moins de diaphanéité. Ce produit, si recherché et si peu coûteux, des fabriques prussiennes obtiendra la plus grande vogue le jour où la translucidité y égalera la finesse; mais jusqu'à présent la lumière transmise par ces tableaux est trop peu considérable. Le problème consisterait à la rendre assez abondante pour que les lithophanies pussent remplacer les vitraux; les colorations diverses des différentes parties de la pâte rendraient complète la solution de ce changement.

L'Angleterre ne fabrique guère que de la porcelaine tendre; mais la division du travail y est extrême, et lui permet d'atteindre les dernières limites en fait d'habileté et de bon marché. Tel comté réunit plus de deux cents fabriques, qui n'exécutent chacune qu'un seul objet. Cependant la porcelaine dure commence à y être fabriquée, et l'application de la cuisson à la houille pourra bien y attirer ce travail. Il ne nous reste donc pour lutter avec avantage que le goût artistique de nos modeleurs; malheureusement la mode les entraîne trop souvent dans la bizarrerie.

Les porcelaines tendres françaises fabriquées à Saint-Amand-les-Eaux, près de Valenciennes, luttent avec les porcelaines anglaises.

« De tous les renseignements sur l'origine et l'histoire de la fabrication de la porcelaine en Chine, au Japon, en Saxe et en France, dit M. Et. Delécluze, il résulte que ce genre d'industrie a commencé à être appliqué dans l'Empire du Milieu sous la dynastie des Hans, vers le règne d'Auguste à Rome; que vers 621 de notre ère un ouvrier, devenu célèbre en Chine par son habileté, y répandit l'usage et le goût de la porcelaine, et provoqua l'établissement de plusieurs manufactures à Tchan-nan, où plus tard, en 1004, on établit la manufacture impériale, qui y est encore; que ce n'est qu'en 1211 après J.-C. que la fabrication de la porcelaine a pris un grand développement et a atteint sa perfection au Japon; que les Portugais, en relation de commerce avec ce pays, n'introduisirent ce genre d'industrie en Europe qu'en 1518; que la première porcelaine *dure* faite à l'instar de la Chine n'a été fabriquée en Saxe qu'en 1706, et enfin en France en 1770. »

M. Stanislas Julien a publié : *Histoire et Fabrication de la Porcelaine chinoise*, traduite du chinois, accompagnée de notes et d'additions de M. A. Salvetat, chimiste de la manufacture de Sèvres, augmentée d'un mémoire sur la porcelaine du Japon, traduit du japonais par le docteur Hoffman, professeur à Leyde.

PORCELAINE (*Malacologie*), genre de mollusques gastéropodes pectinibranches, de la famille des enroulés, ayant pour caractères : Animal ovale, allongé, involvé; manteau garni en dedans d'une bande de cirrhes tentaculaires, pouvant se recourber sur la coquille et la cacher; tête pourvue de deux tentacules coniques fort longs; yeux très-grands à l'extrémité d'un renflement de ces tentacules; coquille ovale, convexe, presque complétement involvée; spire tout à fait postérieure, très-petite, souvent cachée par une couche calcaire, vitreuse, déposée par les lobes du manteau; ouverture longitudinale, très-étroite, un peu arquée, échancrée à chaque extrémité, à bords généralement dentés dans presque toute leur étendue. C'est à leur surface lisse, brillante et polie que ces coquilles doivent leur nom de *porcelaines*.

L'une des plus belles espèces de ce genre est la *porcelaine tigre* (*cypræa tigris*, L.), propre à la mer des Indes, depuis Madagascar jusqu'aux Moluques. Sa coquille, fort grosse, très-bombée, épaisse et d'un blanc bleuâtre, est ornée d'un grand nombre de taches noires, arrondies, éparses, et d'une ligne dorsale, de couleur ferrugineuse en dessus, très-blanche en dessous.

On trouve sur les côtes des Maldives, dans les mers de l'Inde et dans l'océan Atlantique, la *porcelaine cauris* (*cypræa moneta*, L.), dont la coquille, petite, déprimée, plate en dessous, à bords très-épais, généralement d'un blanc jaunâtre, porte vulgairement le nom de *monnaie de Guinée* (*voyez* CAURIS).

Plusieurs espèces se rencontrent sur nos côtes. La plus commune est la *porcelaine coccinelle* (*cypræa coccinella*, L.). Sa petite coquille, grisâtre, fauve ou rosée, avec ou sans taches, ne présente pas de sillon dorsal.

PORCELAINE (Peinture sur). La porcelaine est depuis le commencement de ce siècle devenue l'occasion de peintures assez bien exécutées pour qu'on les considère comme une œuvre de l'art. Ce procédé de la peinture sur porcelaine est le même que celui de la peinture sur émail, sur lequel il a cependant l'avantage, d'une part, que la porcelaine offre un champ plus grand que ne peut faire la plaque d'émail, et d'autre part, que la peinture sur porcelaine admet l'usage de substances colorantes qui, sans être tout à fait exemptes de changer au feu, présentent même avant de passer sous le moufle la couleur et à peu près la nuance qu'elles devront avoir définitivement.

L'usage le plus convenable comme le plus magnifique de la peinture en porcelaine est pour l'ornement des vases et des poteries. Toutefois, on a fait des copies de tableaux et des compositions originales, et même des portraits d'après nature qui le disputent aux ouvrages à l'huile et en miniature.

La manufacture de Sèvres, où toutes les parties de l'art du porcelainier ont fait tant de progrès, fournit des plaques qui ont jusqu'à un mètre de diamètre, et il se trouve des artistes assez intelligents et assez habiles pour exécuter sur ces plaques des tableaux très-satisfaisants, d'après les plus grands maîtres, bien que le procédé de la peinture sur porcelaine ne se prête pas de lui-même à une manière de faire beaucoup plus large que celle de la miniature. Le peintre sur porcelaine a en outre à satisfaire une multitude de conditions fort difficiles à remplir, pour s'assurer que son ouvrage sortira sans accident de l'épreuve du feu, à laquelle il faut qu'il passe à deux ou trois reprises dans le cours du travail.

Parmi les peintres sur porcelaine les plus distingués de l'époque, nous citerons seulement Béranger, Jaccobber, F. Robert, Langlacé, Mme Jaquotot et Ab. Constantin.

PORCELAINE DE RÉAUMUR, nom que l'on a donné au verre dévitrifié, et qui devient alors une matière presque entièrement opaque. On sait que le verre perd sa transparence quand, après l'avoir fondu on le laisse refroidir très-lentement ou lorsqu'on le soumet à un ramollissement prolongé. Pour obtenir ce produit, Réaumur indiquait le procédé suivant : On mettra dans de très-grands creusets, tels que les gazettes des faïenciers par exemple, les ouvrages de verre qu'on voudra convertir en porcelaine. On remplira les ouvrages et tous les vides qu'ils laissent entre eux de la poudre faite d'un mélange de sable fin et de gypse. Il faudra faire en sorte que cette poudre touche et presse les ouvrages de toutes parts, c'est-à-dire que ceux-ci ne se touchent pas immédiatement et qu'ils ne touchent pas non plus les parois du creuset. La poudre ayant été bien empilée, bien pressée, on couvrira le creuset, on le lutera et on le portera dans un endroit où l'action du feu soit forte. Quand on retirera et qu'on ouvrira la gazette, on verra les objets qu'elle renferme transformés en une belle porcelaine blanche. « Réaumur, dit M. Pelouze, considérait le plâtre calciné comme une des matières les plus propres à changer le verre en une porcelaine blanche. Il attribuait au sable cette même propriété, et il ajoutait que le sable très-blanc, tel que celui d'Étampes, donne avec le gypse une poudre composée qui doit être employée de préférence au plâtre seul ou au sable seul. » Réaumur pensait que les arts tireraient un parti avantageux du verre dévitrifié. Il s'en occupa de 1727 à 1739. « Depuis lors, dit M. Pelouze, on a essayé plusieurs fois d'introduire la porcelaine de Réaumur dans le domaine de l'industrie. On en a fait des bouteilles, des carreaux d'appartement, des porphyres, des mortiers, des vases de diverses formes, des capsules et des tubes destinés à certaines opérations de chimie. » Cependant, l'expérience n'a pas réalisé les espérances de Réaumur. Deux circonstances rendent très-difficile la fabrication économique de la porcelaine de Réaumur, d'abord la nécessité de soumettre les objets à un ramollissement prolongé, qui devient un obstacle considérable à la conservation de leurs formes, et ensuite la longueur de l'opération, qui nécessite des dépenses considérables de main d'œuvre et de combustible.

M. Dumas ayant fait en 1830 l'analyse comparative d'un verre cristallisé et d'un verre amorphe transparent, retirés l'un et l'autre d'un même creuset de verrerie, considéra le premier comme une combinaison définie plus riche en silice et moins chargée d'alcali que le second, et par conséquent moins fusible. Il regardait donc la dévitrification comme une cristallisation du verre due à la formation de composés définis, infusibles à la température actuelle au moment de la dévitrification. Il admettait que cette infusibilité relative était le résultat tantôt de la volatilisation de la base alcaline, tantôt d'un simple partage dans les éléments du verre, les alcalis passant alors dans la portion qui conservait l'état vitreux. Cependant, Berzelius, comme tous les verriers, ne voyait dans la porcelaine de Réaumur qu'une masse vitreuse cristallisée. « Le verre en se dévitrifiant, dit M. Pelouze, ne subit aucune altération ni dans la nature ni dans la proportion des matières dont il est formé. Les cristaux agglomérés en formes de boules isolées les unes des autres dans une masse de verre transparente ne diffèrent pas de celle-ci quant à leur composition ; cela résulte des analyses en grand nombre que j'ai faites du verre cristallisé et du verre transparent. L'analyse chimique est ici corroborée par une observation physique non moins certaine. Si un changement de composition se produisait dans une masse de verre lentement refroidie, il y laisserait des traces de son existence par des bulles, des stries, par un signe quelconque d'hétérogénéité, tandis que les parties non modifiées présentent un éclat, une transparence et surtout une homogénéité parfaite. Mais de toutes les expériences, la plus simple comme la plus décisive pour démontrer que la dévitrification consiste uniquement en un simple changement physique du verre, consiste à maintenir des plaques de verre posées sur la sole d'un four à recuire jusqu'à ce que la dévitrification soit complète, ce qui a lieu ordinairement après vingt-quatre heures, ou au plus quarante-huit heures. Leur poids reste constamment le même; et si l'on opère sur un verre blanc de belle qualité, il est absolument impossible de distinguer autre chose que des cristaux dans la masse dévitrifiée. Ces cristaux donnent par la fusion un verre transparent de composition identique avec celui dont ils proviennent. Coulé sur une table en fonte, roulé sous forme d'un morceau de glace, ce verre subit, par un ramollissement prolongé, une seconde dévitrification. Les mêmes expériences de fusion et de cristallisation ont été répétées une troisième fois sans que la composition du verre opaque ou transparent ait subi le moindre changement. La seconde et la troisième dévitrification s'effectuent d'ailleurs comme la première sans aucun changement de poids dans les plaques vitreuses. »

Après la dévitrification, une plaque de verre ressemble à un morceau de porcelaine, mais on l'en distingue facilement quand on la brise. On la voit formée d'aiguilles opaques ténues et serrées, parallèles les unes aux autres et perpendiculaires à la surface du verre. Le verre dévitrifié est un peu moins dense que le verre transparent; sa dureté est considérable, car il raye facilement ce dernier et fait feu au briquet. Quoique cassant, il l'est beaucoup moins que le verre ordinaire. Il est mauvais conducteur de la chaleur, mais il conduit très-notablement l'électricité des machines. Tous les verres à glaces, à vitres et à bouteilles qu'on trouve dans le commerce sont dévitrifiables. Le cristal lui-même ne fait pas exception : il se dévitrifie sans que l'oxyde de plomb qu'il contient s'en sépare. Il prend l'aspect de la porcelaine, mais sa cassure est lisse, homogène, et on n'y remarque plus la texture fibreuse. Les verres à base de potasse, comme ceux de Bohême, subissent la dévitrification beaucoup plus difficilement que les verres de soude. La dévitrification semble rendue beaucoup plus facile par l'introduction de matières réfractaires ou difficilement fusibles dans le verre pâteux, telles que les cendres du foyer, le sable, et, chose curieuse, par le verre lui-même, réduit en poudre fine, ou par le mélange des matières avec lesquelles on le forme. Les verres colorés semblent se comporter dans la dévitrification absolument comme le verre blanc. L. Louvet.

PORCELAINE OPAQUE ou DEMI-PORCELAINE. *Voyez* Faïence.

PORC-ÉPIC, genre d'animaux mammifères de la classe des rongeurs. Son nom lui vient, selon les uns, de ce que la chair de ces animaux ressemble assez à celle du cochon, et de ce que ses piquants sont semblables aux barbes d'un épi de blé; d'autres prétendent que les Anglais, les Italiens et les Espagnols, donnant aux porcs-épics un nom qui signifie en français *porte-épines*, nous en avons fait *porc-épic*. Le genre *porc-épic* renferme une douzaine d'espèces, dont deux seulement, le *porc-épic d'Italie* et l'*urson*, sont bien connues. La première est propre aux climats chauds de l'Europe et de l'Asie, aux contrées septentrionales de l'Afrique; la seconde est particulière au nord de l'Amérique. Les porcs-épics sont sauvages et solitaires; ils se creusent des terriers, vivent de fruits, de graines et de racines. Ils produisent peu. Leur voix a quelque chose du grognement du cochon; leur museau est gros et renflé. Ces animaux ont beaucoup de rapports avec les **hérissons**, mais ils en diffèrent par la forme, par les aiguillons, par les pieds et les oreilles, etc.

Le *porc-épic d'Italie* (*hystrix cristatus*, L.) est plus grand que le lièvre, et la forme de sa tête, si l'on en excepte les oreilles, qui sont très-sensibles, est toute pareille à celle de la marmotte. Tout le corps du porc-épic est couvert de piquants, qu'il dresse pour sa défense, en même temps qu'il se roule en boule; ils sont creux et ouverts à leur extrémité, assez semblables à des tuyaux de plume. Le porc-épic a la faculté de mouvoir ses piquants par la contraction de son muscle peaussier. Outre ces piquants, son corps est couvert de longues soies noires ou brunes. Quelquefois les aiguillons du porc-épic atteignent jusqu'à trente ou quarante centimètres de long; mais sur le cou, les épaules, la poitrine et le ventre, ils sont toujours plus courts, grêles et colorés uniformément d'un brun noirâtre, tandis que sur la partie supérieure ils sont mélangés de noir et de blanc. Sur la nuque se trouvent des soies et des piquants très-allongés, formant une espèce de huppe, qui a souvent plus de trente centimètres. La queue est difficile à apercevoir, entourée qu'elle est de longs tuyaux creux de couleur blanche. Bien qu'originaire des climats les plus chauds, le *porc-épic d'Italie* vit et se multiplie même dans nos pays, et particulièrement dans celui qu'indique son nom. A l'état de captivité, il n'est ni féroce ni farouche, et ne paraît jaloux que de sa liberté. On le nourrit de mie de pain, de fromage, de fruits, etc. Quoiqu'un peu fade, la chair de cet animal n'est pas mauvaise à manger : elle sert de lard au cap de Bonne-Espérance, après qu'on l'a fait fumer et sécher à la cheminée. Le porc-épic est pourvu comme le castor de très-longues et fortes dents incisives, à l'aide desquelles il peut couper les bois les plus durs; et comme ses pattes sont armées de griffes également fortes et longues, il peut creuser facilement la terre la plus dure : il s'en sert pour se construire des terriers, auxquels il donne plusieurs issues. Jamais il ne détruit d'arbre pour s'en construire une demeure, à l'exemple du castor. Le porc-épic établit ordinairement sa retraite loin des lieux habités : il n'en sort guère que le soir. Irrité ou effrayé, on le voit redresser tous ses piquants, mais il ne lance pas, ainsi qu'on l'a prétendu, ses épines contre ses ennemis; seulement, s'il se trouve menacé de trop près, il se précipite sur son adversaire à reculons, afin de préserver sa tête, et souvent il fait des blessures assez graves, l'extrémité de ses épines pénétrant très-avant dans la chair. Lorsque l'hiver arrive, ces animaux s'endorment, dit-on, comme les marmottes; mais ils se réveillent bien plus facilement, et dès les premiers beaux jours du printemps, on les voit sortir de leur terrier.

L'*urson* de Buffon (*hystrix dorsatus*, L.) est de la même grandeur et à peu près de la même forme que le castor, ayant comme lui à l'extrémité de chaque mâchoire des incisives fortes et tranchantes, puis une double fourrure, la première de poils doux et longs, et la seconde d'un duvet plus doux encore. Les piquants de l'urson sont courts et presque cachés dans les poils; la queue est blanche; le ventre n'a que des soies, et les oreilles sont entièrement cachées. « Cet animal, dit Buffon, fait sa bauge sous les racines des arbres creux; il dort beaucoup, fuit l'eau et craint de se mouiller. En été il boit, en hiver il avale la neige; sa principale nourriture est l'écorce du genièvre. » E. PASCALLET.

PORC-ÉPIC (Ordre du), autrement dit *du Camail* ou *d'Orléans*, nom donné à un ordre de chevalerie institué en 1394, par Louis, duc d'Orléans, fils de Charles V, à l'occasion de la naissance de Charles d'Orléans, son fils et son successeur. Cet ordre était composé de vingt-cinq chevaliers, en y comptant le prince, qui en était le grand-maître. L'habillement consistait en un manteau de velours violet, le chaperon, le mantelet d'hermine, et pour collier une chaîne d'or, de laquelle pendait sur l'estomac un porc-épic, avec ces mots : *Cominus et eminus* (de loin et de près). On croit généralement que le duc n'avait pris pour la devise de son ordre la figure du porc-épic qu'afin de montrer à Jean, duc de Bourgogne, qu'il ne manquait ni de courage ni d'armes pour se défendre. Cet ordre fut aboli peu de temps après l'avénement de Louis XII à la couronne. E. PASCALLET.

PORCHE. On a fait abus de ce terme d'architecture en l'appliquant à une foule de constructions, qui diffèrent essentiellement les unes des autres. Ainsi, dans un sens très-général et consacré par l'usage, il sert à désigner un vestibule ou lieu couvert placé en avant-corps d'un frontispice, au-devant de l'entrée principale d'un temple, d'une **église**, d'un palais, d'un hôtel, etc. Comme on le voit, le mot *porche* s'emploie dans ces différents cas pour ***péristyle***, ***portique***; pour toute disposition de plusieurs colonnes isolées et dégagées sur la façade d'un édifice, et destinées à supporter un fronton ou un simple entablement, un plafond ou une voûte. Pris dans sa véritable et logique acception, le nom de *porche* convient seulement à une œuvre en maçonnerie qui est un des caractères distinctifs du style gothique religieux. Au quatorzième siècle, il est vrai, l'architecture civile en fit usage. On peut se convaincre que la plupart des maisons construites à cette époque présentent à leur rez-de-chaussée, le long des rues, des auvents ou porches, et juger encore par ceux qui restent de la physionomie singulière qu'avaient les villes du moyen âge avec ces larges trottoirs couverts et en forme de cloîtres, dont les gracieuses arcades et les plafonds étaient supportés par des poteaux en bois sculpté, des pilastres ou des colonnes de pierre. Toutefois, dans un temps plus reculé les églises seules avaient des porches. Dans les basiliques romano-byzantines, ces ouvrages ont été détruits; dans quelques-uns de ces édifices ils étaient placés intérieurement, quoique séparés de la nef et des bas-côtés, car on doit penser que dans le principe et par leur destination selon la symbolique chrétienne, c'était précisément ce local particulier où se réunissaient pendant les cérémonies du culte les nouveaux convertis et les néophytes en attendant qu'il leur fût permis d'entrer avec leurs frères dans l'intérieur du temple.

Les *porches* prennent, d'après la diversité de leurs formes architecturales, différents noms, dont voici les principaux : les *porches cintrés* représentent dans leur plan une portion de cercle; ceux qu'on appelle *circulaires* ont leur plan rond et dans la forme d'un cercle, comme, par exemple, celui de l'église *della Pace*, à Rome, construit sur les dessins de Pietro de Cortone. On les dit *fermés* si les espaces compris entre leurs piliers ou jambages, si leurs entre-colonnements sont garnis de grilles de fer : tel est celui de l'église Saint-Germain l'Auxerrois, qui est le seul porche de ce genre qu'on puisse trouver à Paris.

On nomme aussi *porche* une cage de menuiserie avec plafond, pratiquée au dedans d'un édifice, pour former double porte; on voit dans la plupart des églises de Paris, à Saint-Germain-des-Prés, à Saint-Sulpice, à Saint-Eustache, de ces sortes de vestibules, qu'on appelle *tambours* quand ils sont de petite dimension. A. FILLIOUX.

PORCHER, nom que l'on donne au conducteur de porcs (*voyez* COCHON).

PORCHERIE ou TOIT A PORC. *Voyez* COCHON.

PORCHERONS (Les). C'était le nom d'un hameau qui existait encore au siècle dernier, sur l'emplacement d'une partie du quartier de la Chaussée d'Antin, à peu près à l'endroit où se trouve aujourd'hui la rue Saint-Lazare. Il s'était formé aux alentours d'un ancien château situé presque en face de la rue de Clichy, et sur la porte duquel on lisait : *Hôtel du Coq*, 1320; et se composait uniquement de guinguettes où se rendait de préférence la joyeuse canaille parisienne, et que ne dédaignait pas souvent de fréquenter le beau monde de ce temps-là, à cette fin de s'y former aux joyeusetés des manières et du style poissards.

PORCIA. *Voyez* PORCIUS.

PORCIUS, nom d'une race plébéienne de Rome, dont il n'est question dans l'histoire que vers le troisième siècle avant Jésus-Christ. Des diverses familles qui portaient ce nom, celle qui y ajoutait celui de *Caton* est la plus célèbre, parce qu'elle compta au nombre de ses membres Caton le Censeur, qui la fit admettre dans l'ordre de la noblesse, et son petit-fils Caton d'Utique.

Ce dernier eut d'Atilia une fille appelée *Porcia*, qui hérita des sentiments républicains de son père et qui se distingua par la grande pureté de ses mœurs. Elle épousa d'abord Marcus Bibulus, consul en l'an 59 et qui mourut en l'an 48, puis, en l'an 45, Marcus Brutus. Elle garda fidèlement à son mari le secret qu'elle lui avait arraché de la conspiration contre César, tandis qu'il combattait en Grèce. A la nouvelle de la perte de la bataille de Philippes, dans laquelle son frère puîné, Marcus Porcius Caton, avait péri de la mort des braves, elle s'asphyxia à Rome, l'an 42 avant Jésus-Christ, par la vapeur du charbon.

Le promoteur des célèbres lois Porciennes (*leges Porciæ*), qui interdisaient aux magistrats soit de faire fustiger, soit d'envoyer au supplice des citoyens romains et leur assurait le droit de *provocation*, appartenait peut-être à la famille des Læca, dans laquelle on mentionne un tribun du peuple, Publius, en l'an 199, et le sénateur Publius, dans la maison duquel Catilina réunit ses complices.

PORC MARIN, nom que l'on a quelquefois donné au marsouin.

PORDAGE (JOHN), écrivain mystique anglais, né vers 1625, mort à Londres, en 1698, était médecin de sa profession. Il présidait une petite confrérie d'illuminés anglais, dans laquelle on se nourrissait de la lecture des œuvres de Jacob Bœhm, et est auteur d'une *Théologie mystique* ainsi que d'un traité intitulé *Sophie*. Il prétendait avoir des révélations, et compta parmi ses disciples Thomas Bromley et Jeanne Leade, fameuse inspirée, qui introduisit parmi les adeptes le culte de la *Sophie*, dont celui de *Marie* dans l'Église catholique ne leur offrait que l'image, et dont Pordage avait puisé l'idée première dans Jacob Bœhm.

PORDENONE, peintre vénitien. *Voyez* REGILLO.

PORE (du grec πόρος, ouverture, conduit, passage), interstice existant entre les parties solides des corps, lequel est vide de la propre substance de ces corps (*voyez* POROSITÉ). En physiologie, on nomme particulièrement *pores* les petits trous, les ouvertures presque imperceptibles dont la peau d'un animal est criblée, et par où sort la matière de la transpiration. Les *pores exhalants* sont ceux qui répondent aux extrémités artérielles très-fines et à travers lesquels sort l'humeur de la transpiration. Les *pores absorbants* sont ceux qui laissent entrer les liqueurs qu'on applique au corps, et qui s'insinuent par les vaisseaux lymphatiques dans les veines. *Pores* se dit aussi des canaux des os lorsqu'ils sont très-fins, ainsi que des ouvertures de ces canaux.

PORÉE (CHARLES), jésuite, né à Vendes, près de Caen, en 1675, entra chez les jésuites en 1692, et mourut à Paris, en 1741. Il fut choisi en 1708 pour succéder au P. Jouvency dans la chaire de rhétorique du collége de Louis-le-Grand. Pendant trente-deux ans qu'il occupa cette chaire avec éclat, il eut la double gloire de former d'excellents élèves et de produire des ouvrages qui l'ont placé au nombre des beaux esprits les plus distingués du commencement du dix-huitième siècle. Poëte et orateur, il écrivit surtout en latin. Sa latinité, aux yeux des connaisseurs, passe pour être moins pure et moins élégante que celle du P. Jouvency; en revanche, il avait plus d'esprit, plus d'élévation, un style plus vif et plus fort de pensées. L'abbé Desfontaines a été trop loin lorsqu'il a dit que Sénèque et Pline le jeune auraient envié le style du P. Porée. Il est certain du moins que dans ses compositions latines Porée affectait d'imiter la diction de ces deux auteurs, et il aimait à en convenir. « Il me serait facile, disait-il, de prendre comme un autre le style nombreux et périodique de Cicéron; mais dans mes discours publics j'ai à parler devant un auditoire que ce style ennuierait si je l'employais. »

Voltaire, le plus illustre de ses disciples, porta toujours la plus tendre affection au P. Porée, qui ne savait s'il devait être plus fier des succès littéraires de son élève qu'affligé de ses sentiments irréligieux. « C'est ma gloire et ma honte, » s'écriait-il en soupirant. Tous ceux qui avaient étudié sous ce vertueux instituteur conservaient pour sa personne une vénération tendre; Voltaire lui fit hommage de sa tragédie d'*Œdipe*. Lorsqu'un autre de ses disciples, le chanteur Tribou, entra à l'Opéra, il vint voir le P. Porée, et lui avoua le parti qu'il avait pris. Le bon religieux gémit sur cette destinée de son élève, et l'exhorta du moins à la vertu, qui peut se pratiquer dans tous les états; puis, entraîné par son goût pour les arts, il voulut juger par lui-même de ce que le jeune homme pouvait attendre du parti qu'il avait embrassé. Tribou chanta un air fort tendre; le charme du talent produisit son effet sur le sensible vieillard; deux ruisseaux de larmes coulaient de ses yeux; il embrassa Tribou, en s'écriant : « Ah! malheureux, vous ne sortirez jamais de là. »

On a du P. Porée deux recueils de harangues latines. Ces discours offrent un grand nombre de tours ingénieux, de pensées fines, d'expressions vives et saillantes. On a reproché à cet écrivain des gallicismes : serait-ce parce que son latin est aisé, coulant, et trop intelligible, parce qu'il a évité l'abus des inversions, qui rend si obscurs les écrits de tant de modernes latinistes? On a blâmé avec plus de raison le P. Porée d'avoir prodigué les antithèses. Bien que la langue latine comporte plus que la nôtre cette figure, il est certain qu'il en a souvent fait abus.

On a encore de lui six tragédies et cinq comédies latines. Les tragédies, publiées en 1745 par le P Griffet, avec un éloge de l'auteur en latin, offrent plusieurs morceaux pleins d'élégance, de noblesse et de pathétique. Le dialogue est souvent animé, éloquent; mais la contexture des pièces est d'un homme qui n'a aucune connaissance du théâtre : « défaut très-excusable, dit La Harpe, dans un jésuite qui n'y allait jamais, et qui travaillait pour des écoliers ». Ses pièces ne sont que des espèces de pastiches, des copies de nos plus belles tragédies. Il emprunte quelquefois à Corneille; mais il a prêté à Voltaire. Les prologues de ces tragédies et de ces comédies sont pour la plupart en vers français, avec des chœurs et des intermèdes, mis en musique par Campra. Les cinq comédies latines en prose de cet ingénieux rhéteur ont été publiées en 1749, par les soins du même éditeur. Le comique en est gracieux et toujours décent; on y admire le talent avec lequel l'auteur sait amener une morale à la fois douce, judicieuse et tout à fait à la portée des jeunes gens. Le P. Porée a composé quelques pièces fugitives où il y a de la poésie et de l'imagination.

On possède un assez beau portrait du P. Porée, avec cette légende, qui n'était point dictée par la flatterie : *Pietate an ingenio, poesi an eloquentia, modestia major an fama?*

Le P. Porée eut un frère, *Charles-Gabriel* PORÉE, né à Caen, en 1685, mort en 1770, qui fut bibliothécaire de Fénelon, puis curé en Auvergne, puis chanoine de Bayeux. Il s'est fait estimer par plusieurs *Dissertations* et *Mémoires* imprimés séparément ou dans les recueils de l'Académie de Caen.

Charles DU ROZOIR.

POROROCA. *Voyez* AMAZONES (Fleuve des) et BARRE D'UN FLEUVE, BARRE D'EAU.

POROSITÉ. Les particules solides des corps sont loin de se toucher, même dans les substances les plus compactes. L'expérience a prouvé qu'il existe dans tous des cavités plus ou moins grandes appelées *pores*, et que par conséquent les corps sont tous plus ou moins *poreux*. L'existence des pores est facile à démontrer pour toutes sortes de substances. Elle est déjà rendue incontestable par ses effets pour les corps organisés végétaux et animaux. Il faut bien que ceux-ci soient nécessairement criblés de canaux en tous sens pour qu'ils puissent croître par *intussusception*, c'est-à-dire en s'assimilant de nouvelles substances autant à l'intérieur qu'à l'extérieur. Et d'ailleurs le microscope est assez puissant pour nous permettre de les voir, au besoin, dans le plus grand nombre des circonstances. C'est en vertu de la porosité du bois qu'il nous est donné de le pénétrer de substances colorantes, ou seulement de le vernir à l'extérieur, comme d'en réunir solidement entre eux différents morceaux avec de la colle. C'est même pour obvier aux inconvénients de la porosité, en empêchant les agents atmosphériques de le pénétrer trop facilement, qu'on est obligé de le recouvrir de vernis jusque dans l'intérieur de nos appartements. Les substances animales sont encore plus perméables, car c'est par leurs pores que s'insinuent tous ces gaz, tous ces poisons, qui altèrent si profondément la santé, et produisent le plus souvent la mort prématurée des animaux. Sans la porosité de nos organes, nous serions inaccessibles aux maladies contagieuses, aux intempéries des saisons, même à la peste, mais aussi aux effets salutaires des agents naturels capables de produire des phénomènes opposés : aux vertus des médicaments et aux influences des changements de température les plus avantageuses. Telle est la porosité des êtres organisés en général, que si leurs pores sont pénétrés de substances inorganiques, ils peuvent se décomposer et disparaître sans que leurs formes disparaissent avec eux. Voilà précisément ce qui explique tout le mystère de la fossilisation de ces corps organiques, antédiluviens, qu'on trouve si fréquemment dans le sein de la terre. La place qu'occupait la matière qui les composait sous leur volume apparent était réellement si peu de chose, en comparaison de l'espace resté vide entre leurs pores, que cette matière a bien pu disparaître après que les pores ont été remplis de matière inorganique, sans que la forme de ces corps en ait éprouvé un changement sensible.

Quant aux corps inorganiques eux-mêmes, des faits d'un autre ordre n'en prouvent pas moins péremptoirement leur porosité; le bois se laisse pénétrer par l'eau; la lumière passe au travers d'une lame de verre; tous les métaux, sans exception, sont plus ou moins poreux : une boule d'or creuse que l'on remplit d'eau se couvre de gouttelettes de ce liquide quand on la soumet à l'action d'une presse. Une preuve encore que les métaux, dont les molécules qui les composent semblent si rapprochées, sont poreux, c'est qu'ils diminuent de volume lorsqu'on les frappe ou qu'on les comprime. Ainsi, le flan qui est préparé pour recevoir les reliefs d'une pièce de monnaie diminue de volume en recevant l'action du balancier. Ajoutons que la pression exercée par les eaux sur les cailloux du fond de la mer suffit pour faire pénétrer ces eaux dans ces derniers comme dans une éponge, quelle que soit leur dureté naturelle. Ajoutons que le temps même suffit, à défaut d'une grande pression, pour faire pénétrer les eaux pluviales jusqu'au centre des rochers les plus durs, car nous ne connaissons point de carrières dont les *pierres* n'aient besoin d'une exposition plus ou moins longue à l'air, pour leur dessèchement, comme les arbres qu'on abat dans nos forêts encore pénétrés de sève; ce n'est même qu'à la filtration des eaux de pluie à travers les rochers que nous devons ces sources d'eau vive si pures, si limpides, des pays de montagnes. Enfin, telle est la grandeur des cavités ou de l'espace existant entre les molécules des corps les plus durs, que les mathématiciens ne calculent plus aujourd'hui les phénomènes physiques et chimiques résultant de leurs actions mutuelles que par les mêmes formules qui servent à calculer les phénomènes astronomiques, et qui, par conséquent, supposent entre les molécules des distances, proportionnellement à leurs volumes aussi grandes que celles qui existent entre les astres proportionnellement à la grandeur de notre système planétaire. F. Passot.

PORPHYRE (du grec πορφύρα, pourpre, parce que le plus beau porphyre est rouge). Les minéralogistes anciens ont longtemps confondu sous le nom de *porphyre* des substances très-diverses, dont le seul rapprochement était d'offrir de petites parties éparses dans une pâte : aussi regardaient-ils comme des porphyres, des laves, des brèches, des poudingues, et même des grès, qui en diffèrent essentiellement; les minéralogistes modernes, pour éviter la confusion qui résultait de cette dénomination commune, ont réservé le nom de *porphyre* à des roches à base feldspathique, compacte, quelque peu amphibolique, et contenant disséminés des cristaux de feldspath ou d'autre nature. Les porphyres, comme on le voit, appartiennent aux anciennes formations, et sont produits par cristallisation. Leur origine est en cela bien différente de celle des grès, des poudingues, etc., qui proviennent de dépôts.

Quoique les porphyres soient essentiellement composés d'une matière pétrosiliceuse et de cristaux de feldspath disséminés dans la pâte, cependant ils peuvent contenir du quartz, du mica, de l'amphibole, des oxydes de fer, du cuivre, des pyrites, etc. Ce sont même ces substances accessoires qui forment les nombreuses variétés de porphyres qui existent dans la nature, et dont quelques-unes sont d'un prix inestimable. En raison même du feldspath qu'ils renferment, quelques porphyres sont susceptibles d'éprouver des modifications qui les font tout à fait changer d'aspect ; ces changements ont même fait croire à quelques minéralogistes que ces porphyres étaient formés par la réunion de plusieurs variétés; mais il n'en est point ainsi, puisque les objets en porphyre que nous a légués l'antiquité égyptienne ou romaine éprouvent ces transformations, même sous nos yeux.

Un des plus beaux porphyres que nous possédions est la variété connue sous le nom de *porphyre rouge antique*, ou *d'Égypte*. Sa couleur est d'un rouge bien prononcé, passant au pourpre foncé ; les cristaux de feldspath y sont régulièrement disséminés, et d'une blancheur parfaite. Quand leur teinte est légèrement rosée, ils contiennent du fer. Ce beau porphyre a été trouvé dans les déserts situés entre le Nil et la mer Rouge, et près du mont Sinaï. Les Égyptiens s'en servaient pour leurs cuves sépulcrales, leurs statues, leurs obélisques même; et l'un des plus beaux morceaux de ce porphyre que la main de l'homme ait jamais travaillés, c'est l'obélisque de Sixte-Quint à Rome. A Constantinople, on voit aussi à Sainte-Sophie deux énormes blocs de porphyre, sous forme de colonnes, d'une hauteur de 13^{m},33. Venise, Rome et l'Italie tout entière nous montrent à chaque pas des monuments en porphyre, tous plus remarquables les uns que les autres par la beauté de leur teinte et par le fini du travail : ici, ce sont les colonnes de l'église Saint-Paul à Rome, celles du baptistère de Saint-Jean de Latran; plus loin est le tombeau d'Agrippa, devenu maintenant le mausolée de Clément XII ; ceux de sainte Constance et de sainte Hélène, enrichis de magnifiques sculptures ; à Venise, l'église de Saint-Marc est surchargée d'ornements en porphyre.

Les nouvelles fouilles de Pompéi et d'Herculanum offrent encore chaque jour aux regards des curieux des preuves du luxe inouï des anciens Romains. Cette substance, si rare, si recherchée, y est répandue avec une profusion sans exemple. Les urnes, les vases, les bains, les tombeaux de porphyre, s'y rencontrent partout, et dans un état parfait de conservation, comme si ces vases sortaient depuis peu de la main du sculpteur. Parmi les beaux morceaux de porphyre qui se trouvent dans d'autres localités, on cite le tombeau de Théodoric à Ravenne ; c'est une cuve égyptienne, où plusieurs personnes pourraient se baigner à l'aise ; elle est d'une seule pièce. A Paris, on remarque le tombeau du comte de Caylus, dans l'église de Saint-Germain-l'Auxerrois ; la cuve du roi Dagobert, à Saint-Denis ; les colonnes et les statues qui ornent le Muséum ; enfin, on voit à Metz, dans la cathédrale, une superbe cuve de porphyre rouge, qui sert de fonts baptismaux, et qui fut découverte par les habitants dans les ruines des bains antiques de la ville.

C'est avec les débris et les tronçons de ces colonnes et de ces monuments, renversés par la main du temps, que l'on fait ces mortiers, ces tables, et tous ces ustensiles qui servent aux pharmaciens et aux marchands de couleurs pour pulvériser quelques-unes des substances qu'ils emploient. Par ce moyen, qu'ils nomment *porphyrisation*, ils parviennent à obtenir des poudres impalpables, qu'ils ne pourraient se procurer par aucun autre moyen mécanique.

Il y a encore d'autres variétés de porphyre rouge, mais elles sont moins belles que celle dont nous venons de parler. La France en possède quelques carrières : telles sont celles de Roanne, sur les bords de la Loire; celles des Vosges et de la Corse ; enfin, celles de Saulieu, en Bourgogne.

En Suède, aux environs de Blyberg, existent des carrières de porphyre rouge-violet, qui passe bientôt au violet-clair. Il est extrêmement dur, et se rapproche beaucoup du porphyre rouge antique. C'est un bloc de ces carrières qui sert de piédestal à la statue de Gustave III. Une vaste manufacture est établie à Elsvedalen. Là le porphyre est débité en tables à l'aide d'une scie hydraulique très-puissante; puis on le polit avec l'émeri et le rouge d'Angleterre; mais les difficultés que l'on éprouve pour cette opération lui donnent un prix très-élevé, que lui mérite d'ailleurs son inaltérabilité par les agents chimiques.

Une autre variété de porphyre, qui ne le cède en rien pour la beauté au porphyre rouge antique, c'est celle qui a une couleur verte, et que les Italiens ont nommée *serpentin antique* ou *ophyte*, parce qu'il ressemble à la peau d'un serpent de ce nom. Il est extrêmement rare, et ne se rencontre que dans la haute Égypte : les anciens l'employaient pour faire des urnes funéraires. Sa pâte est d'un vert noir très-foncé, avec des taches blanches, dues à du feldspath divisé dans la masse; souvent elle contient de l'amphibole ou du pyroxène. Plusieurs minéralogistes ont pensé que ce porphyre avait une origine volcanique; mais des observations récentes ont prouvé que cette assertion était erronée, et que c'est une roche de première formation. Dans les localités que nous avons citées précédemment, on rencontre beaucoup de porphyre vert; mais il est bien loin d'égaler celui dont nous venons de parler. C'est encore à Rome que l'on en trouve les plus beaux morceaux : on en voit deux belles colonnes au Capitole. Les niches qui décorent la nef de Saint-Jean-de-Latran sont aussi ornées de vingt-quatre colonnes de porphyre vert : on en trouve encore à Venise, dans l'église de Saint-Marc; enfin, la grande galerie du musée à Paris renferme de grands et magnifiques vases de porphyre vert antique.

Il y a encore plusieurs variétés de porphyre antique de diverses nuances, mais nous avons indiqué les plus belles, qui pourront donner une idée de cette roche si précieuse et si rare. C. FAVROT.

PORPHYRE, célèbre philosophe néoplatonicien, né l'an 233 après Jésus-Christ, dans la douzième année du règne d'Alexandre Sévère, à Tyr ou à Batanea, colonie des Tyriens en Syrie, fut d'abord disciple de Longin. Ce rhéteur, trouvant son nom de famille *Malchus* trop dur à l'oreille, lui donna celui de *Porphyre*, qui lui paraissait plus euphonique. Malchus ou Porphyre appartenait à une famille chrétienne; mais des coups de bâton que lui avaient mal à propos appliqués quelques-uns de ses coreligionnaires l'avaient, dit-on, déterminé à apostasier. Il avait dix-huit ans au moment où il vint grossir le nombre des auditeurs de Longin, et était déjà très-versé dans la philosophie et dans les lettres; aussi ne tarda-t-il pas à être une des gloires de l'école d'Athènes. Les succès qu'il y obtint ne semblent pourtant pas avoir pu triompher de la vague tristesse à laquelle son âme était en proie; et à l'âge de vingt ans il se rendit à Rome, dans l'espoir d'y trouver ou des distractions ou une direction philosophique satisfaisant plus complétement son esprit. Une sobriété extrême, des veilles excessives, des disputes continuelles et ardentes lui brûlèrent bientôt le sang et achevèrent de tourner son esprit à l'enthousiasme et à la mélancolie. Il suivait déjà depuis quelque temps les leçons de Plotin, sans que le calme se fût fait dans ses idées. Tout au contraire il éprouvait les plus effrayantes hallucinations, et se trouvait dans cet état de l'âme voisin de la démence où le suicide apparaît comme le seul remède possible à des souffrances vraies, quoique indéfinissables. Plotin, qui avait été frappé des sombres dispositions d'esprit de son nouveau disciple, et qui s'était senti pris pour lui d'une vive sympathie, surveillait toutes ses démarches avec une active et inquiète tendresse. Il le trouva un jour assis à la pointe du promontoire de Lilybée, versant des larmes amères, tirant de profonds soupirs de sa poitrine; il avait les yeux fixement attachés sur l'eau ; il repoussait les aliments qu'on lui présentait; il craignait l'approche de ses semblables ; en proie à un accès de mélancolie qui grossissait à son imagination les misères de la nature humaine et qui lui représentait la mort comme le bien suprême pour tout être qui pense, qui sent et qui a le malheur de vivre, il voulait mourir. Plotin, comprenant la gravité du péril où se trouvait son jeune ami, eut aussitôt recours à toutes les ressources de l'éloquence la plus vive et la plus sympathique pour sauver Porphyre de la fureur tranquille et sourde à laquelle il était en proie. Porphyre, pénétré de reconnaissance, voua de ce moment au maître qui l'avait sauvé du suicide l'attachement le plus profond, passa auprès de lui six années, et à sa mort continua à enseigner sa philosophie avec le plus grand succès à Rome, où s'écoula la plus grande partie d'une vie qui se prolongea beaucoup plus qu'on n'aurait pu attendre d'un homme de son caractère, et où il mourut, l'an de Jésus-Christ 305, sous le règne de Dioclétien, à l'âge de soixante-douze ans. Doué de connaissances plus générales et plus étendues que son maître, littérateur d'un goût fin et éclairé, géographe, astronome et même musicien, Porphyre lui fut de beaucoup inférieur sous le rapport de la profondeur des pensées. Comme lui d'ailleurs il enseignait une philosophie toute mystique, et s'efforçait de s'unir à Dieu par l'extase; il prétendait même avoir été une fois honoré de la vue de Dieu. On a de lui une *Vie de Pythagore* (publiée par Holstenius, à Rome, en 1630; jointe par Kuslner aux œuvres de Jamblique, Amsterdam 1707; et par Kiesling, Leipzig, 1816); un essai *Sur l'Abstinence des Viandes* (publiée par Rœhr, Utrecht, 1767; traduit en français par Aurigny, Paris 1747); une *Vie de Plotin* (traduite en français par le même); une dissertation *De Antro Nympharum* (publiée par Gœns, Utrecht, 1765); des *Questions homériques* (Venise, 1521), qui offrent un commentaire ingénieux de quelques passages du grand poëte grec; une *Lettre à Marcella*, son épouse, retrouvée et publiée en 1816 par Angelo Maï à Milan; une *Introduction aux catégories* d'Aristote (Paris, 1546), ouvrage qui en conservant le souvenir des anciens sur la nature des universaux, donna naissance pendant le moyen âge à la fameuse querelle des *réalistes* et des *nominaux*. Enfin, il recueillit et mit en ordre les cinquante-quatre traités composés par Plotin, son maître, et contenant l'ensemble de son système philosophique. Il les revisa et les publia en six sections, composées chacune de neuf morceaux, et qu'il nomma *Enneades*, mot grec qui signifie *neuvaines*. Porphyre avait fait une étude approfondie de la Bible, et avait été vivement choqué des contradictions qui s'y trouvent. Les prophéties de Daniel n'étaient, selon lui, que le récit d'événements accomplis longtemps auparavant. L'éternité des peines réservées à l'homme dans l'enfer lui paraissait en contradiction flagrante avec l'infinie bonté de Dieu. Adversaire déclaré du christianisme, il écrivit, vers l'an 270 quinze livres pour combattre une religion qu'il accusait de rendre les hommes méchants et malheureux ; méchants, disait-il, en multipliant les devoirs à l'infini et en pervertissant l'ordre des devoirs; malheureux, en remplissant les âmes de remords et de terreurs. L'ouvrage de Porphyre contre les dogmes chrétiens fut réfuté par Méthodius, évêque de Tyr, par Eusèbe, par Apollinaire, par saint Augustin, par saint Jérôme, par saint Cyrille et par Théodoret. Toutes ces réfutations des critiques dirigées contre le christianisme par l'un de ses ennemis les plus habiles n'étaient pas également heureuses. L'un croyait avoir répondu à Porphyre lorsqu'il lui avait dit qu'il était *l'ami intime du diable*; un autre imitait sans s'en apercevoir le ton de Porphyre, en le traitant d'*impie*, de *blasphémateur*, d'*insensé*, de *calomniateur*, d'*impudent* et de *sycophante*. Pour défendre le christianisme, il n'était pas nécessaire d'accumuler tant d'injures. Valentinien et Théodose ordonnèrent de détruire tous les exemplaires de l'ouvrage de Porphyre; et la réfutation même qu'en avait faite Méthodius fut comprise dans ce décret de proscription, parce qu'en raison des citations étendues qu'elle en contenait, elle parut offrir tout autant de dangers que le texte original. Le peu qui s'en soit conservé se trouve dans les écrits de saint Jérôme et notamment dans son commentaire sur Daniel.

PORPHYRE (Saint), dit *d'Andrinople*, vivait sous le règne de Julien l'Apostat; il fut comédien, et le Martyrologe romain raconte, à la date du 15 septembre, que, voulant se faire baptiser par moquerie, il fut éclairé par une lumière céleste, et se déclara chrétien. Il eut aussitôt la tête tranchée.

PORPHYROXYNE (de πορφύρα, pourpre, et ὀξύς, éclatant), matière cristalline blanche, soluble dans l'alcool, l'éther et les acides étendus, trouvée dans l'opium du Bengale par M. Merk, qui l'a nommée ainsi parce que, traitée par l'acide chlorhydrique, elle donne une solution pourpre. Les sels d'étain précipitent cette solution à l'état de laque rouge.

PORPITE. *Voyez* Nummulite.

PORPORA (Nicolo), l'un des plus grands musiciens dont on ait conservé le souvenir, et que les Italiens ont surnommé le *patriarche de la mélodie*, naquit à Naples, en 1685. Il apprit la musique en Italie, et fit exécuter ses premiers opéras, à partir de 1726, à Venise, où il eut d'abord beaucoup de difficultés à se maintenir contre Vinci, qu'il éclipsa ensuite complétement. En 1729 il se rendit à Dresde, où l'électeur le prit pour maître de chapelle; mais dès 1731 il revint dans sa patrie, où il fonda une école de chant, de laquelle sortirent les plus grands chanteurs du dix-huitième siècle, tels que Farinelli, Cafarelli, Salimbeni, Uberti, que Frédéric II avait l'habitude de nommer *Porporino*, en l'honneur de son maître, la Gabrielli, etc. Les directeurs de l'opéra de Londres s'étant brouillés avec Hændel, Porpora accepta, de même que Farinelli, leurs offres en 1732; mais il ne réussit pas dans cette capitale aussi complétement qu'on devait l'espérer. Vers 1754 il revint pour la seconde fois en Allemagne, et se fixa à Vienne, où il donna des leçons de chant. Il fut nommé ensuite premier professeur au *Conservatorio degli Incurabili*, à Venise, et finit par se retirer à Naples, où il mourut, en 1767, dans le plus complet dénûment. Les opéras qu'il écrivit pour Naples, Rome et Venise, dépassent le chiffre de cinquante. Dès 1730 il avait fait paraître plusieurs cantates, qu'il fit suivre de douze autres pour une seule voix; elles obtinrent le plus grand succès, mais les douze sonates qu'il composa pour violon sont les seules de ses productions que les amateurs considèrent comme tout à fait hors ligne. Les six trios pour deux violons et une basse qu'il écrivit pendant son séjour à Londres prouvent qu'il avait, au contraire, bien plus de dispositions pour la musique instrumentale que pour le chant. Selvaggi a publié la collection complète de celles de ses œuvres qui se trouvaient à Rome; mais il en existe beaucoup d'autres dans les archives de Naples. Le caractère général de sa musique est grave et noble; on le considère comme un modèle pour le récitatif.

PORQUEROLLES. *Voyez* Hyères (Iles d').

PORRENTRUY (*Pons Reintrudis*, en allemand *Bruntrut*), ville de Suisse, au canton de Berne, chef-lieu d'un district enclavé dans les départements du Doubs et du Haut-Rhin. Population, 3,000 habitants. Elle est située sur la rivière d'Aleine, au confluent du ruisseau de Fontenais et du torrent périodique de Creugena, traversé par un pont qui a probablement donné son nom à la localité. L'origine de cette ville remonte à des temps très-reculés, comme l'attestent les nombreuses médailles romaines et d'autres antiquités découvertes à différentes époques sur son territoire ou dans ses environs. Cependant, on ne sait rien de positif sur son histoire avant la période germanique. Au onzième siècle, cette ville faisait partie du comté de Montbéliard; elle en fut démembrée vers 1136, par le partage des enfants du comte Thierry Ier, et échut à son fils aîné Frédéric, qui fut le premier comte de Ferrette. Les comtes de cette maison y exercèrent l'avocatie jusque vers le milieu du treizième siècle, et y nommèrent les avoués ou baillis. Déjà, dans le même temps, l'évêque de Bâle avait la nomination des maires, officiers investis de l'administration de la justice inférieure, et partageait la juridiction sur les gens de main-morte avec les églises collégiales de Saint-Ursanne et de Moutiers-Grandval. Leurs droits respectifs furent réglés par une convention dont on fixe la date vers 1234. Quant au spirituel, Porrentruy a relevé du diocèse de Besançon jusqu'en 1779. La souveraineté en appartint depuis 1236 jusqu'en 1270 tantôt aux comtes de Ferrette, tantôt aux comtes de Montbéliard. Ensuite, ces derniers la reprirent en fief des évêques de Bâle jusqu'en 1283, et l'achetèrent à réméré en 1386, après que cette ville eut été successivement engagée à différents personnages par les évêques, dans le cours du quatorzième siècle. En 1461 l'un d'eux, Jean de Veuningen, la racheta aux comtes de Montbéliard, moyennant la somme de 22,500 florins du Rhin; et depuis cette époque les évêques de Bâle en gardèrent la possession jusqu'en 1792. Ils y fixèrent leur résidence en 1528, à la suite de l'introduction de la réforme à Bâle; et dès ce moment cet évêché fut plus connu sous le nom de *principauté de Porrentruy*.

Pendant la guerre de trente ans la principauté de Porrentruy fut tour à tour occupée, rançonnée, pillée par les Impériaux, les Français et les Espagnols. En 1635 elle soutint un siége de six jours contre une armée française et suédoise aux ordres du maréchal de La Force, et forte de 20,000 hommes.

Au moment où Custine fit occuper les gorges du pays de Porrentruy, en vertu du traité conclu en 1780 entre la France et le prince-évêque, celui-ci quitta furtivement sa résidence épiscopale, dans la nuit du 27 avril 1792. A partir de cette époque Porrentruy a subi de singulières vicissitudes. D'abord capitale de la *République Rauracienne*, lorsque Rengguer, neveu de l'évêque Gobel, y eut fait proclamer cette forme de gouvernement le 24 mai 1792, cette ville devint chef-lieu du département du Mont-Terrible, formé du territoire de cette république éphémère, réunie à la France par décret du 23 mars 1793. Par l'annexion de ce département à celui du Haut-Rhin, en 1800, Porrentruy devint simple chef-lieu du 4e arrondissement du Haut-Rhin. Cette ville, qui fut la grande route de l'invasion en 1814 et 1815, eut beaucoup à souffrir du passage des masses de troupes qu'elle dut loger et nourrir. En vertu du traité de Paris de 1814, elle devait rester comme enclave à la France; elle en fut néanmoins détachée, malgré le vœu du conseil municipal et de la population, par l'astuce de quelques ambitieux, qui firent arriver dans cette ville une garnison autrichienne appelée de Bâle, au moment où le commissaire de la France, se présentait seul, sans escorte, pour en prendre possession, au nom du roi. On ne voulut pas recommencer la guerre pour cette ville, et Porrentruy demeura sujette du gouverneur d'Andlau, jusqu'au congrès de Vienne de 1815, qui, par sa résolution du 20 mars, donna cette ville au canton de Berne, avec la plus grande portion de l'ancien évêché de Bâle. Dès ce moment Porrentruy est descendue au rang de chef-lieu de bailliage ou district bernois.

Porrentruy est une ville peu commerçante : séparée de la

Suisse par une chaîne de montagnes élevées, traversée par de mauvaises routes; enlacée du côté de la France par la double ligne des douanes suisses et françaises, cette localité est forcément étrangère au grand mouvement commercial que l'on rencontre dans les autres villes de la frontière suisse. Son isolement fatal a fait tomber tous les établissements industriels qui commençaient à prospérer sous la domination française. On y remarque une imprimerie, deux lithographies, un excellent atelier de reliure et quelques établissements d'horlogerie. Son principal commerce consiste en planches, en bois de construction, en cuirs et en horlogerie; la vente des épiceries est alimentée par le commerce interlope.

Le *district* de Porrentruy est formé de trente-deux communes, formant vingt-huit paroisses; sa population est de 26,000 habitants. Quant au spirituel, il relève de l'évêque de Bâle, qui réside à Soleure. J. TROUILLAT.

PORSENNA était roi de la ville de Clusium en Étrurie lorsque le roi Tarquin fut chassé de Rome. Celui-ci trouva un asile dans ses États avec ses partisans; et en l'an 507 av. J.-C. Porsenna s'en vint même assiéger Rome, qui serait tombée en son pouvoir sans le courage dont fit preuve Horatius Coclès. La légende romaine ajoute que la froide intrépidité de *Mucius Scævola* le décida ensuite à entrer en négociations. Ayant reconnu la loyauté des Romains, qui lui renvoyèrent Clélie, qui lui avait été remise en otage et s'était évadée avec plusieurs de ses compagnes, il fit sa paix avec eux, leur abandonna les provisions qu'il avait réunies dans son camp, renonça à ses projets de restauration en faveur de Tarquin, et restitua même aux Romains le territoire qu'il les avait forcés de céder aux Véiens; après quoi, une paix durable exista entre lui et Rome.

Niebuhr a démontré que ce récit témoigne des désastres que Porsenna avait fait essuyer aux Romains, qui avaient été contraints d'abandonner à Porsenna un tiers de leur territoire, peut-être même de recevoir une garnison étrusque dans leurs murs. Pline, dans son *Histoire naturelle*, parle d'après Varron, d'un merveilleux monument étrusque appelé le *tombeau de Porsenna*.

PORSON (RICHARD), le plus grand critique qu'ait eu l'Angleterre après Bentley, né en 1759, à East-Ruston, dans le comté de Norfolk, reçut sa première éducation à Eton, et alla ensuite terminer ses études à Cambridge, où il fut reçu agrégé (*fellow*). Mais sur son refus de souscrire les trente-neuf articles symbole de l'Eglise d'Angleterre, il fut forcé de renoncer à son bénéfice; ce qui ne l'empêcha pas de devenir par la suite professeur de langue grecque dans cette même université. Il mourut à Londres, en 1808. La variété de son érudition, sa rare sagacité comme critique, et la force prodigieuse de sa mémoire, font regretter qu'un penchant à l'ivrognerie, qui ne fit que prendre plus de force avec l'âge, ait été un obstacle à son activité littéraire, et même fini par lui enlever l'usage de ses facultés intellectuelles. On lui doit de remarquables éditions critiques d'Eschyle et d'Euripide. Ce fut lui qu'on chargea de réviser le texte pour la splendide édition d'Homère faite aux frais de lord Grenville; il y ajouta des variantes à l'Odyssée, d'après un manuscrit d'Harley. Le *Morning-Chronicle*, journal édité par son beau-frère, Perry, publia aussi beaucoup d'articles de lui sur divers sujets. Après sa mort, Kidd publia un choix de ses opuscules, sous le titre de *Tracts and miscellaneous Criticisms of R. Porson* (Londres, 1815).

PORT, lieu sur une côte ou la mer, s'enfonçant dans les terres, offre aux bâtiments un abri contre les vents et les tempêtes : Villes bâties auprès d'un *port*, *port* de mer, *port* naturel, *port artificiel*, formé par des moles ou des jetées en mer; *port* à fond vaseux. Un *port de toute marée* est celui où les navires peuvent entrer en tout temps, parce qu'il y a toujours assez de fond; un *port de barre* est celui dont l'entrée est fermée par un banc de sable ou de roche, et où les navires ne peuvent entrer qu'avec la marée. *Capitaine*, *lieutenant*, *maître de port*, officiers de marine préposés à l'entrée et à l'agencement des navires dans un port. Un *port franc* est celui où les marchandises ne payent point de droits tant qu'elles n'entrent pas dans l'intérieur du pays. L'institution des ports francs a été fort avantageuse au commerce. Il se dit aussi de l'édifice situé près d'un port, et dans lequel on entrepose en franchise les marchandises destinées à être exportées.

Au figuré, faire naufrage au *port*, c'est échouer dans une entreprise au moment où elle semblait près de réussir. Arriver à bon *port*, c'est arriver heureusement et en bonne santé au lieu où l'on voulait aller.

Port se dit aussi des lieux sur les rivières où les navires, les bateaux, abordent, où les bâtiments chargent et déchargent les marchandises.

Au figuré, *port* est un lieu de calme, de tranquillité, au sortir des orages de la vie. Arriver à bon *port*, c'est l'état d'un homme de bien qui est mort et que l'on croit jouir du bonheur éternel. *Port de salut* est une retraite paisible, à l'abri du danger. Les monastères étaient jadis des *ports de salut* pour les âmes froissées par le contact du monde.

Port ou *Pas*, dans le langage des montagnards pyrénéens, est un passage ménagé par la nature entre deux anneaux de la grande chaîne.

Port se dit aussi de la charge d'un bâtiment, du poids qu'il peut porter : le *port*, la capacité d'un vaisseau, se mesure par tonneaux, dont chacun pourrait contenir mille kilogrammes pesant d'eau de mer; et quand on dit qu'un vaisseau est du *port* de mille tonneaux, on n'entend pas qu'il porte mille futailles pleines de marchandises, mais que l'eau de mer qui serait contenue dans l'espace que la capacité du vaisseau occupe, en enfonçant dans la mer, pèse autant que mille tonneaux qui en seraient pleins à raison de mille kilogrammes chacun. Il se dit aussi du prix qu'on paye pour le transport des effets que voiturent les rouliers, les messagers, les chemins de fer et pour celui des lettres qu'on reçoit par la *poste* : les chemins de fer prennent tant pour le *port* des marchandises; se ruiner en *ports* de lettres; *port* franc, lettre franche de *port*. *Port permis*, dans la marine marchande, est ce qu'un capitaine de navire ou un passager peut charger pour son compte sans avoir de fret à payer.

Port signifie encore le maintien d'une personne, la manière dont une personne se tient debout, marche, se présente; son air, sa mine, sa contenance : Avoir le *port* d'une reine, un *port* de reine, se dit d'une femme qui a la taille belle et l'air noble.

Port, en botanique, aspect, ensemble d'une plante, sa forme distinctive.

En musique, le *port de voix* est un agrément du chant qui se marque par une petite note, et qui se pratique en montant diatoniquement, par un coup de gosier, d'une note à celle qui la suit. L'ancienne école abusait beaucoup de ce moyen.

PORTAIL. On comprend d'ordinaire sous cette vague et très-large désignation tout frontispice d'architecture, quel que soit, d'ailleurs, le caractère distinctif de son style ou la forme des détails et des ornements qui l'accompagnent; toute élévation servant de façade ou d'entrée principale à un grand édifice. Dans les monuments de l'antiquité grecque et romaine, il n'existe pas de façades qui puissent prendre le nom de *portails* : ainsi, l'art romano-byzantin nous en fournit les premiers exemples. Plus tard, ils furent adoptés par les architectes gothiques, puis modifiés par ceux de la renaissance, qui, enfin, ont transmis à leur tour aux artistes modernes cette forme consacrée depuis des siècles. Ce n'est donc pas seulement un motif ingénieux qu'on peut soumettre à d'heureuses combinaisons, et traiter d'une manière neuve, indépendante et originale, puisqu'on peut y employer à son gré toutes les ressources qui, à différentes époques historiques, enrichirent l'art des architectes; mais encore une tradition de la symbolique chrétienne. Ainsi, malgré leurs aspects variés et capricieux, ils décorent le plus souvent des édifices consacrés au culte. Comme les porches, ils annoncent une destination fixe et précise dans un monument, bien qu'ils diffèrent à plusieurs égards, comme nous allons l'expliquer, de ces dernières constructions, qui sont placées en avant-corps ou en appentis, et se détachent tout à fait des principales lignes d'une façade. Les portails se composent de colonnes superposées adossées au nu d'un mur ou peu saillantes, et se rangeant sur les côtés des portes, qu'elles encadrent sans les masquer ou les déguiser derrière leurs fûts alignés. Les temples de forme périptère ne présentent, comme on le sait, sur toutes leurs faces, que des rangs de colonnes espacées; et le mot *portail*, si on l'applique à ces monuments, doit se prendre pour *portique* ou *péristyle*. Ainsi, on ne dira pas le *portail* de la Madelaine ou de la Bourse. Cependant, s'il ne s'agissait que d'une ordonnance prostyle, comme il y en a à l'église Sainte-Geneviève ou Panthéon de Paris, à Saint-Pierre de Rome, etc., on pourrait, à la rigueur, lui donner le nom de *portail*, qui en fait d'architecture moderne convient surtout aux frontispices des églises bâties par les pères jésuites. Nous avons dit en commençant cet article qu'on appelait ordinairement *portail* l'entrée principale d'un édifice religieux. Néanmoins, si ses abords sont dégagés, il a des portails latéraux : tels sont ceux construits par Oppenord à l'église Saint-Sulpice, ceux de Saint-Germain l'Auxerrois, de Notre-Dame, etc.

Dans le style gothique, les portails représentent la grande et les deux moyennes entrées, la rosace, les tours, enfin tout l'ensemble de la façade d'une cathédrale du moyen âge, avec ses pinacles, ses niches, ses dais, ses culs-de-lampe, ses rinceaux, et le luxe de ses sculptures déliées, fleuries, jetées à profusion. Parmi les plus beaux portails gothiques, on cite ceux des églises de Reims, de Bourges, de Strasbourg, de Chartres, de Notre-Dame de Paris, de Saint-Riquier en Picardie. Nous citerons comme très-remarquables dans le goût byzantin ceux de Saint-Marc à Venise, des églises de Poitiers et de Civray; enfin, en architecture moderne, ceux de Saint-Gervais, de Saint-Sulpice, de Sainte-Geneviève, des Invalides et de Saint-Pierre de Rome.

A. Fillioux.

PORTAL (Antoine, baron), premier médecin des rois Louis XVIII et Charles X, président d'honneur de l'Académie de Médecine, professeur d'anatomie au Collége de France et au Jardin du Roi, membre de l'Académie des Sciences, etc., naquit à Gaillac (Tarn), le 5 janvier 1742. Il fit ses études à Alby et à Toulouse, et prit le grade de docteur en médecine à Montpellier. Six mois après sa réception, il fit des cours publics d'anatomie et de physiologie. Venu à Paris en 1766, il fut bientôt associé aux travaux de Sénac et de Lieutaud, et succéda à Ferrein dans la place de professeur d'anatomie au Collége de France. En 1777 Buffon lui fit donner la chaire d'anatomie au Jardin du Roi. Malgré les travaux de l'enseignement, il se livra avec zèle à la pratique de la médecine, et sut acquérir une clientèle brillante. A la restauration, Louis XVIII le nomma son premier médecin, place qu'il conserva sous Charles X. A la fondation de l'Académie de Médecine, il en fut nommé président d'honneur perpétuel. Il mourut en 1832. Portal a publié un grand nombre d'ouvrages de médecine. Son *Cours d'Anatomie médicale* contient une foule de faits remarquables. Il a encore écrit des observations sur la rage, sur le rachitisme, sur la phthisie, sur les maladies du foie, sur l'hydropisie, sur l'épilepsie, etc.

PORTAL (Pierre-Barthélemy, baron de), ancien ministre de la marine, pair de France, était né le 31 octobre 1765, à Albarèdes, près Montauban (Tarn-et-Garonne), d'une ancienne famille protestante, célèbre dans les annales du Languedoc. Cette famille, qui de 1204 à 1423 fut élevée vingt-deux fois aux honneurs du capitoulat, s'illustra encore par sa fidélité à ses croyances religieuses, ce qui la fit décimer par les proscriptions et dépouiller à deux reprises de ses biens, sous Charles IX et sous Louis XIV. Pierre-Barthélemy de Portal, qui devait ajouter un nouveau lustre à son nom, fut élevé, quoique protestant, au collége des jésuites de Montauban, car il était alors interdit à ses co-religionnaires d'avoir des instituteurs de leur communion. Il alla ensuite s'établir à Bordeaux, où il plaça des capitaux dans des armements maritimes. La fortune semblait lui sourire, quand la révolution éclata et vint lui enlever ce qu'il avait acquis. Poursuivis comme lui, deux de ses frères cherchèrent un refuge dans les rangs de l'armée. Après le 9 thermidor, Portal arma de nouveaux bâtiments, et rétablit en peu de temps sa fortune. En 1802 il était membre du conseil de commerce de Bordeaux, et ses collègues étaient tellement persuadés de sa supériorité, qu'ils le chargèrent de rédiger un mémoire au premier consul sur le traité de commerce conclu en 1786 avec l'Angleterre. Nommé adjoint du maire de Bordeaux, il travailla activement à rétablir le crédit de cette place importante, en avançant, sans intérêts, des fonds considérables. En 1811 le conseil de commerce lui donna une nouvelle preuve de confiance en l'envoyant plaider auprès de l'empereur les intérêts du commerce maritime.

Après quelques entrevues, Napoléon lui offrit spontanément le titre de maître des requêtes au conseil d'État, et l'attacha, le 2 juillet, au comité de l'intérieur. Deux ans après, Portal fut envoyé à Bordeaux en qualité de commissaire civil, pour coopérer à toutes les mesures de salut public que nécessitait la gravité des circonstances. Lorsque l'empereur eut abdiqué, Portal prêta serment à Louis XVIII, et conserva ses fonctions au conseil d'État. Il refusa de les garder pendant les cent jours, et se retira dans sa terre de Penardières, près de Montauban, où il apprit la seconde restauration et sa nomination de conseiller d'État en service ordinaire, attaché au comité de la marine. Peu de temps après, il devint l'un des négociateurs de la paix générale. Nommé, en 1816, commissaire du roi à la chambre des députés, il fit preuve, dans la discussion du projet de loi des finances, des vues les plus élevées sur le crédit public; ce fut lui qui proposa, dans la même session, au nom du ministre des finances, la création d'une caisse des dépôts et consignations. Ces nouveaux services le firent appeler, en 1817, à la direction supérieure des colonies.

En 1818 les électeurs de Montauban l'élurent député. Peu de temps après, le 29 décembre, le roi lui confia le portefeuille de la marine et des colonies. Le nouveau ministre s'empressa d'appeler l'attention des chambres sur le dépérissement de notre puissance navale. En 1820, il présenta au parlement le premier budget qui ait mis nos forces maritimes sur un bon pied. C'est de son ministère que date en effet la réorganisation, on pourrait dire la résurrection de la marine française. Portal n'hésita pas à déclarer aux chambres qu'il fallait ou éviter une dépense inutile, en supprimant la marine, ou porter le budget de ce département de 44 à 65 millions. Les fonds qu'il réclamait lui furent successivement accordés, malgré la pénurie du trésor, et pendant longtemps le budget de 1820 fut considéré comme le budget normal de la marine. Malheureusement son trop court passage aux affaires ne lui permit pas de réaliser dans son entier le plan de réforme qu'il avait conçu. Portal sortit du ministère le 14 décembre 1821, lors de l'entrée de Villèle aux affaires, et il céda son portefeuille à M. de Clermont-Tonnerre. En même temps, Portal était nommé ministre d'État et appelé à la pairie, avec le titre de baron.

Le baron Portal prit une part des plus actives à tous les travaux législatifs de la chambre des pairs. Appelé à faire partie d'un grand nombre de commissions, il a été rapporteur d'une foule de projets de loi. Attaché à la charte et défenseur des libertés constitutionnelles, il prêta serment à la nouvelle dynastie que la révolution de Juillet amena sur le trône, et il continua de participer aux travaux de la chambre jusqu'en 1837; alors l'altération de sa santé l'éloigna des affaires publiques. Il se retira à Bordeaux, où il mourut, le 11 janvier 1845. On a publié depuis les *Mémoires du baron Portal, ministre de la marine et des colo-*

nles, et ministre d'État sous Louis XVIII et Charles X, contenant ses plans d'organisation de la puissance navale de la France (1 vol. in-8°).

Le baron Portal a laissé trois enfants, dont un fils, M. *Pierre-Paul-Frédéric*, baron de PORTAL, conseiller d'État honoraire, qui s'est occupé de travaux archéologiques, et à qui l'on doit : *Les Couleurs symboliques dans l'antiquité, le moyen âge et les temps modernes* (1837); et *Les Symboles des Égyptiens, comparés à ceux des Hébreux* (1840). L. LOUVET.

PORTALIS (JEAN-ÉTIENNE), jurisconsulte distingué, ministre des cultes sous le premier empire, naquit le 1er avril 1746, à Bausset (Var). Après avoir fait ses études chez les oratoriens de Toulouse et de Marseille, il se consacra à la jurisprudence, et s'établit ensuite comme avocat à Aix, en 1765. Son instruction solide et un remarquable talent de parole lui assurèrent en peu d'années une grande réputation et une nombreuse clientèle. Il se fit en outre avantageusement connaître par un écrit dirigé contre les prétentions du clergé, *Sur la distinction des deux puissances*, et par un mémoire intitulé : *Consultation sur la validité des mariages protestants en France* (1770). Au moment où éclata la révolution, menacé par des ennemis personnels, il abandonna Aix pour se retirer avec sa famille, d'abord à Lyon, et ensuite à Paris, où toutefois il fut mis en état d'arrestation, et où il demeura détenu jusqu'à la fin du règne de la terreur. Il s'établit alors comme avocat à Paris, et fut nommé, en 1796, député de cette capitale au Conseil des Anciens. Aussi influent comme orateur que modéré dans ses opinions, il combattit la politique du Directoire, et fut en conséquence, à la suite de la révolution du 18 fructidor, condamné à la déportation en Guyane. Il se déroba par la fuite à l'exécution de cet arrêt de proscription, et se réfugia en Allemagne. Après la journée du 18 brumaire, Bonaparte lui permit de rentrer en France, et utilisa son savoir et ses talents en lui confiant avec Tronchet, Bigot de Préameneu et Maleville, la rédaction du Code Civil; mission dans l'accomplissement de laquelle Portalis rendit à son pays des services dont le souvenir est impérissable. En septembre 1801, il fut appelé à siéger au conseil d'État, où il contribua activement au rétablissement du gouvernement monarchique. Après avoir donné dès 1801 une organisation nouvelle aux cultes, et avoir été créé sénateur en 1803, il fut nommé par Napoléon, en juillet 1804, ministre des cultes. Ses dernières années furent attristées par une ophthalmie qui lui fit perdre presque complétement l'usage de la vue. Il mourut le 25 août 1807. Par ordre de l'empereur, ses restes mortels furent déposés en grande pompe au Panthéon. Son ouvrage posthume, *De l'usage et de l'abus de l'esprit philosophique en France pendant le dix-huitième siècle* (2 vol., Paris, 1820; 3e édition, 1833), est d'une haute importance pour l'histoire du dix-huitième siècle.

Son fils *Joseph-Marie*, comte PORTALIS, sénateur, ancien président de la cour de cassation, est né le 19 février 1778 à Aix. Revenu de l'exil avec son père, et préparé par de fortes études spéciales, il entra dans la carrière diplomatique, et accompagna, en qualité de secrétaire de légation, le général Andréossy, d'abord à Berlin et ensuite à Londres. En 1804 il fut accrédité auprès de la diète de Ratisbonne, en qualité de ministre plénipotentiaire. Il fut plus tard attaché, en qualité de secrétaire général, au ministère de son père, appelé au conseil d'État, puis à la direction générale de l'imprimerie impériale. Ayant osé parler contre la nomination de l'abbé Maury à l'archevêché de Paris, Napoléon le traita de *traître* en plein conseil d'État, lui enleva tous ses emplois, et le bannit de la capitale le 5 février 1811. Sur l'intervention du comte Molé, M. Portalis obtint cependant, deux ans après, l'autorisation d'y revenir, et fut même nommé président de la cour impériale d'Angers. Quoiqu'il se fût hautement prononcé en faveur des Bourbons en 1814, Napoléon ne lui enleva point cette position pendant les cent jours, et on le vit figurer au champ de mai, où il représenta sa compagnie. A son second retour à Paris, Louis XVIII le nomma conseiller à la cour de cassation, conseiller d'État, attaché en cette qualité au comité de législation, et enfin pair de France, lors de la grande fournée de 1819. En 1824 il fut fait président de chambre à la cour de cassation. Lors de la chute du ministère Villèle, on lui confia les sceaux en remplacement de Peyronnet. Polignac ayant été appelé à composer un nouveau cabinet au mois d'août 1829, M. Portalis fut nommé premier président de la cour de cassation et membre du conseil privé. La révolution de Juillet trouva en M. Portalis des sympathies sincères, qui lui permirent de prêter serment à la dynastie nouvelle qu'elle intronisait, et de conserver pendant tout le règne de Louis-Philippe la première présidence de la cour suprême.

[M. Portalis garda également la première présidence de la cour de cassation pendant tout le temps de la république; mais il fut admis à faire valoir ses droits à la retraite et nommé premier président honoraire le 18 décembre 1852. Il céda alors sa place à M. Troplong. Au moment du coup d'État du 2 décembre 1851, il avait fait partie de la commission consultative et avait été nommé ensuite sénateur. Il fait encore partie du conseil impérial de l'instruction publique. C'est lui qui a publié l'ouvrage posthume de son père, dont nous avons cité le titre; il l'a fait précéder d'un Essai sur l'origine, l'histoire et les progrès de la littérature française et de sa philosophie.

Son fils, le vicomte *Frédéric* PORTALIS, né à Paris, en 1803, conseiller à la cour d'appel de Paris, député du Var, mourut à Passy, en 1846. Il avait épousé la fille du baron Mounier. Son frère, *Ernest* PORTALIS, né le 17 octobre 1816, maître des requêtes au conseil d'État, lui succéda à la chambre des députés.

Le baron *Auguste* PORTALIS, qui pendant tout le règne de Louis-Philippe se signala parmi les membres de l'opposition la plus avancée, et qui après avoir figuré depuis 1837 comme député de Meaux à l'extrême gauche, a été membre de l'Assemblée constituante, où il fit preuve du républicanisme le plus ardent, était le neveu du premier président de la cour de cassation. A la révolution de Février il avait été nommé procureur général près la cour d'appel de Paris; c'est en cette qualité qu'il lança un mandat d'amener contre les ex-ministres de Louis-Philippe, mandat que le délégué à la préfecture de police, Caussidière, se borna à faire afficher dans Paris. Portalis donna sa démission lorsque l'Assemblée constituante eut refusé l'autorisation de poursuites contre MM. Louis Blanc et Caussidière après l'affaire du 15 mai. Il est mort à Plombières, le 28 janvier 1855. Son père, frère de l'ancien ministre des cultes, *Dominique-Melchior-Toussaint-Ange-André*, baron PORTALIS, mourut à Paris, à l'âge de soixante-dix-neuf ans, le 22 septembre 1839. L. LOUVET.]

PORT-AU-PRINCE ou PORT RÉPUBLICAIN. *Voyez* HAÏTI.

PORT-COCKBURN. *Voyez* BATHURST.

PORT-CROS. *Voyez* HYÈRES (Iles d').

PORT D'ARMES, *Voyez* CHASSE.

PORT DES LETTRES, DES IMPRIMÉS, etc. *Voyez* POSTES (Administration des).

PORTE. En architecture, comme dans le langage usuel, ce terme est affecté à la désignation des ouvertures pratiquées de plain-pied dans la muraille d'une maison ou d'une enceinte quelconque pour lui servir de dégagement et d'issue. Ce mot *porte* s'entend aussi de l'ensemble des détails dont se composent les ouvrages mobiles de bois ou de métal destinés à clore les ouvertures dont nous avons parlé plus haut.

La partie de la porte qui appartient à l'architecture et fait corps avec elle est la plus importante, puisque l'autre partie, qui est mobile, lui emprunte sa forme, qui du reste ne varie guère que dans trois modes principaux : le cintre, l'ogive et le quadrangle. Les Arabes et les Chinois donnent à leurs portes des configurations singulières : ce sont des trèfles ouverts, des arcs surbaissés ou chargés de dentelures. Rien ne justifie cette excessive variété de bizarres motifs ; ce sont purement des fantaisies, contraires le plus souvent au bon goût et à la solidité. Aux époques reculées et dans l'enfance de l'art, les hommes durent trouver d'abord la forme quadrangulaire en hauteur, et l'appliquer aux ouvertures de leurs habitations, tant à cause de la simplicité logique qu'elle présentait qu'en raison de l'emploi facile des matériaux les plus grossiers. Ainsi voyons-nous qu'à la rigueur elle se compose de deux jambages, sur lesquels porte un linteau. Dans quelques constructions de la plus haute antiquité, celles entre autres qu'on appelle *cyclopéennes*, on trouve des portes formées par trois blocs de pierre, dont deux, espacés verticalement, supportent le troisième, qui est placé en ligne horizontale. L'usage des cintres en maçonnerie marque une période nouvelle dans l'art de construire. Sa date dans l'antiquité n'a rien de précis.

Les portes, dans leurs plus imposantes dimensions, et qui par elles-mêmes étaient des monuments, furent celles qui servaient d'entrée aux grandes villes. En Égypte, en Orient, on trouve les vastes ruines de ces constructions, et on peut juger par ce qu'il en reste, par l'emplacement qu'elles couvrent, du style grandiose de leur architecture. Des vestiges remarquables en ce genre existent en Italie et dans quelques villes gallo-romaines enceintes de murs. Celles qui accompagnent les murailles romaines se distinguent par leur ordonnance, riche en détails de sculpture. En France, comme modèle de style, nous indiquerons la porte d'Aroux à Autun. Le caractère architectonique des arcs de triomphe diffère de celui des portes de ville en ce que dans ces derniers il y a deux ouvertures ou arcades égales. Les monuments triomphaux ont une seule arcade, ou une grande arcade accompagnée de deux plus petites. Néanmoins, chez les modernes on a confondu ces masses monumentales sous une même désignation : on dit dans plusieurs cas *porte* pour *arc triomphal ;* et de véritables portes ont été bâties dans le style consacré aux arcs de triomphe. Une des magnifiques constructions de ce genre bâtard est celle qu'on appelle à Berlin la porte de Brandebourg. La porte San-Gallo à Florence est un véritable arc de triomphe. Paris eut aussi ses portes construites en manière d'arcs triomphaux. Telles étaient celles de Saint-Antoine et de Saint-Bernard ; et on appelle encore *portes* les monuments élevés à la gloire de Louis XIV et placés à l'extrémité des rues Saint-Denis et Saint-Martin.

Vitruve, dans ce qu'il dit sur la forme et l'ordonnance des portes, n'a en vue que celles des temples. Il définit trois espèces de portes, l'ionique, la dorique et la corinthienne, qui toutes sont quadrangulaires, c'est-à-dire du genre de celles à linteau. Quant aux portes cintrées, dont Vitruve ne parle pas, les architectes modernes ont cherché à fixer leurs proportions, et d'après les préceptes émis par eux, *les portes en plein cintre* de l'ordre qu'on a nommé *toscan* doivent avoir en hauteur deux fois leur largeur. Les portes de plein cintre dans l'ordre dorique ont en hauteur deux fois la mesure et un sixième de leur largeur. Les portes de même forme et d'ordonnance ionique ont en hauteur deux fois et un quart leur largeur. Celles qu'on nomme *corinthiennes* ont en hauteur deux fois et demie la mesure de leur largeur.

Les plus beaux modèles de portes dans l'architecture antique se trouvent sur les façades des temples. Celle de *la maison Carrée* de Nîmes est des plus belles et des mieux conservées. On peut citer encore la porte du Panthéon à Rome, celles du Panthéon de Paris et de l'église de la Madeleine. Au moyen âge, les voûtes élancées, les frontispices en pignon triangulaire et décorés en placage ne pouvaient s'accorder avec les portes à linteau : ainsi, dans les édifices de cette époque, elles sont en tiers point ; dans certains pays, la nature des matériaux dut être favorable à cette forme. Il est difficile en effet de trouver des linteaux d'un seul bloc de pierre, et d'ailleurs la forme ogivale des arcades, comme nous l'avons dit, constituait tout un style. Au temps de la renaissance, on revint à l'arc en plein cintre ou surbaissé, en anse de panier. Mais les ornements de cette époque sont beaucoup plus abondants, beaucoup plus riches que ceux de l'antique. Les portes de ce style sont gracieuses et sévères, sans présenter des lignes dures et trop précises. Au dix-huitième siècle, l'architecture civile s'enrichit. On emploie les colonnes, les plates-bandes sculptées, les frontons, dans la composition des portes de palais. A Paris, le plus grand nombre des hôtels un peu remarquables du faubourg Saint-Germain ont leur porte ornée de colonnes, quelquefois accouplées et dégagées. L'architecte Boulanger construisit beaucoup de ces belles entrées, qui par leur riche ordonnance semblent appartenir à des monuments publics. On en a fait dont les pieds droits représentent des trophées, dont l'entablement est orné de bas-reliefs ; quelques-unes, telles que celles du Palais-Royal, du Palais-Bourbon, du palais de la Légion-d'Honneur, sont accompagnées de colonnades, et ressemblent plutot à des portiques qu'à des portes d'entrée.

Considérées comme dégagements à l'intérieur des édifices et des habitations, les portes, sauf quelques accessoires, offrent les mêmes formes et la même décoration que celles qui sont placées à l'extérieur ; celles qui servent d'entrée et de communication aux différentes pièces d'un appartement ont une simple baie, ouverture quadrangulaire sans aucun accessoire. Les grandes pièces d'un hôtel ont leurs portes revêtues de chambranles ou de bordures avec des moulures exécutées en plâtre ou en bois ; quelquefois elles sont surmontées de panneaux ou de tableaux appelés *dessus de porte*. Dans les palais qui ont de vastes intérieurs, des salles de réception ou des galeries, la hauteur des plafonds permet de pratiquer des portes cintrées accompagnées de colonnes ou de pilastres, des quadrangles surmontés de frontons, de plates-bandes supportées par des consoles, et des couronnements avec des sculptures en ronde bosse ou en bas-relief.

La partie servant de clôture dans une porte se compose d'un ou de deux *battants* ou *vantaux*. Le bois et le métal sont les matières les plus propres à faire des vantaux. Les plus simples ouvrages de ce genre sont ordinairement arrasés, et présentent une surface lisse. Les portes à compartiments sont susceptibles d'ornements en tous genres ; dans les riches intérieurs, ils consistent quelquefois en placages de bois précieux, en revêtements d'acajou, de citronnier, de bois de rose, d'ébène, etc. La décoration des baies doit, dans tous les cas, s'accorder avec celle des vantaux. Un chambranle simple n'encadrerait pas bien une porte richement travaillée.

Les *portes cochères*, servant de clôture extérieure aux maisons particulières ou édifices publics, ont leurs battants formés par de forts assemblages en bois de charpente. On y pratique le plus souvent des panneaux avec figures, mascarons, moulures en ove, en perle, en feuille d'eau, etc. Les portes en bois, particulièrement aux époques du moyen âge et de la renaissance, ont souvent offert à la sculpture des champs propres à recevoir des ornements riches, des sujets historiques ou religieux traités en bas-relief. Nous citerons comme exemples plusieurs portes d'église et des vantaux du Vatican dans la galerie dite des *Loges de Raphaël :* ils sont sculptés d'après les dessins de cet artiste ou de quelque élève de son école, par Jean Barile. L'exécution, la composition de ce morceau, sont d'un goût parfait. Au Louvre, à Paris, se voient encore des portes du même genre ; dans une des galeries on trouve des battants sculptés sur les dessins de Le Brun. La porte principale de Notre-Dame, qui est en bois et fort belle, fut faite sous la direction de Soufflot ; elle représente le Sauveur et la sainte Vierge.

La peinture s'est aussi employée à décorer les compartiments de certaines portes d'ornements, d'arabesques et de figures. Il y a des battants recouverts en métal plaqué sur un fond de bois : tels sont ceux de la porte antique du Panthéon d'Agrippa.

Les belles portes de bronze, productions de l'art chrétien et moderne, ne remontent pas au delà du onzième siècle. C'est à Constantinople que s'étaient conservées les pratiques traditionnelles de la fonte; ce fut dans cette dernière ville que, vers le milieu du onzième siècle, le consul romain, Pantaleonus, alla faire exécuter les portes destinées à la basilique de Saint-Paul. L'inscription qu'elles portent indique le nom de leur auteur : *Staurachios Tuchitos de Chio*. C'est aussi de Constantinople que furent apportées, au treizième siècle les belles portes de bronze qui décorent l'église Saint-Marc à Venise. Cependant, nous voyons au douzième siècle l'art de fondre le bronze s'introduire en Italie. Bonano, artiste de Pise, fondit en 1180, pour la cathédrale de cette dernière ville, des portes de bronze. Celles de la cathédrale de Novogorod sont du style byzantin de la même époque, et de fabrication grecque. N'oublions pas les portes du baptistère de Florence et celles de l'ancienne basilique de Saint-Pierre. Citons à Paris la porte de La Madeleine; celle qui sert d'entrée à la cour du Louvre par le côté de la colonnade de Perrault, peut être appelée *grille*. Le métal y est employé en ornements qui sont à jour et en ronde bosse: c'est un travail très-beau, mais qui diffère des anciens vantaux de bronze en ce que la partie inférieure de la porte est de bois. Indiquons encore comme fort remarquables les portes de fer travaillé en ornements à jour qui ferment quelques-unes des salles du Louvre, et particulièrement celles de la galerie d'Apollon. A. Fillioux.

PORTE (*Fortification*). Les changements survenus dans les méthodes de l'art de la guerre ont apporté de considérables modifications dans la matière, les formes, les dimensions, l'emplacement des portes des enceintes fortifiées, des châteaux, des ouvrages de tous genres. Au temps de la fortification dominante, et avant l'invention des dehors, les portes d'une place de guerre étaient, le plus ordinairement, au nombre de quatre, comme au temps des camps romains; mais quel qu'en fût le nombre, elles étaient ordinairement entre deux tours qui les flanquaient et les défendaient à coups de flèches. Les assiégeants parvenant à se préserver des traits des archers au moyen de la tortue arrivaient au pied même des portes; ils les attaquaient à coups de bélier, ou, si le temps et un bélier leur manquaient, ils allumaient de grands feux qui leur assuraient bientôt l'ouverture de la place. Les garnisons, pour se défendre contre l'incendie de leurs portes, les recouvrirent à l'extérieur de cuirs saignants; ils en fortifièrent les faces par des garnitures de bronze ou de fer. Ils établirent à une certaine hauteur des ouvertures pour pouvoir inonder les foyers incendiaires du dehors. Pour résister mieux à l'exostre ou au bélier, ils disposèrent les portes non plus entre deux tours rondes, mais au milieu d'une tour carrée, surmontée de mâchicoulis; ils garnirent la cage de la porte de contre-portes ou doubles portes; ils y pratiquèrent des herses. L'invention de l'artillerie, les moyens plus puissants d'attaque, l'insulte entamée de loin, ayant rendu d'une faible ressource ces moyens défensifs, les barbacanes furent imaginées; les fossés s'élargirent et se revêtirent; les ponts-levis rendirent plus difficile l'approche; les abords des portes furent mis à couvert au moyen de palissades, de bailles, de braies, dominées par les bretèches. L'artillerie se perfectionnant, les insultes des portes eurent lieu à l'aide du pétard. On y avait recours principalement contre les places qui n'étaient pas encore disposées suivant le système de la fortification rasante, système italien qui depuis peu venait de prévaloir. C'étaient surtout les enceintes à simple chemise qui avaient à redouter le pétard, mais les places d'armes plus importantes cessèrent bientôt d'en craindre les atteintes. Leurs portes furent percées dans un ravelin ou une demi-lune. Les abords en furent protégés par des éperons, furent couverts par des dehors; elles communiquèrent avec l'intérieur des fossés; elles cessèrent d'être vues de la campagne. Les règlements de l'avant-dernier siècle s'occupèrent de l'ouverture et de la fermeture des portes, de la manière dont le service y doit être fait, des règles de police et de propreté qui en assurent et en facilitent la communication, des soins que leur sûreté et la conservation de leurs clefs exigent. Ces règles se ressentaient des temps orageux où elles avaient été établies, et des troubles de la minorité de Louis XIV. Depuis longtemps, à raison des progrès sociaux, elles étaient devenues trop rigoureuses. La législation en cela n'était plus d'accord avec les mœurs nouvelles, avec les besoins du commerce, avec le bien-être des habitants des places. Depuis l'ordonnace de 1768, recopiée en partie des rescrits du siècle précédent, les principes qui y étaient posés avaient reçu, si ce n'est légalement, du moins dans la pratique, des adoucissements, hormis en temps de guerre. Aujourd'hui la législation militaire de la France attend encore un peu plus de liberté à l'égard de la police des portes des places de guerre. Gal Bardin.

PORTE (Veine-), tronc de veine assez considérable qui reçoit le sang de l'estomac, de la rate, du pancréas et des intestins, et qui le distribue dans le foie.

PORTE-AIGUILLONS. *Voyez* Hyménoptères.

PORTE-BALLE. *Voyez* Colportage, Colporteur.

PORTE-CIGARE. *Voyez* Cigare.

PORTE-CROIX. *Voyez* Croix.

PORTE DE FER. *Voyez* Danube et Balkan.

PORTE-DRAPEAU, PORTE-ÉTENDARD. *Voyez* Drapeau.

PORTE DU SÉRAIL, nom d'une hauteur comprise dans l'enceinte de Constantinople et qu'on regarde comme ayant été le premier berceau de Byzance.

PORTÉE, ventrée, totalité des petits que les femelles des animaux quadrupèdes portent et mettent bas en une fois (*voyez* Gestation).

Portée se dit aussi de la distance à laquelle un canon, un fusil, un pistolet, un arc, peut lancer un boulet, une balle, une flèche. Une *portée de fusil* se dit d'une distance peu considérable. *A la portée de la main* se dit d'une chose qui est assez près de quelqu'un pour qu'il y puisse atteindre avec la main. *Portée* se dit aussi en parlant de la voix, de la vue, de l'ouïe.

Portée au sens moral signifie l'étendue, la capacité de l'esprit, puis la force, la valeur, l'importance d'un raisonnement, d'une expression.

En termes de chasse, c'est la partie d'un taillis la plus haute où le bois du cerf laisse des traces en faisant plier les branches.

En termes d'architecture, c'est l'étendue libre, le dessous d'une pierre, d'une pièce de bois, etc., placée horizontalement dans une construction et soutenue par un ou plusieurs points d'appui. C'est aussi la partie d'une pierre ou d'une pièce de bois ainsi placée qui porte sur le mur, sur un pilier, etc.

PORTÉE (*Musique*), assemblage de cinq lignes parallèles dont on se sert pour écrire la musique, à l'aide de points appelés *notes*, qu'on pose sur ces lignes et dans les intervalles qu'elles forment entre elles. Mais comme ces lignes ne suffisent pas à toutes les notes qu'on peut avoir besoin de placer, on ajoute au-dessus et au-dessous de la portée, au fur et à mesure que cela est nécessaire, d'autres lignes, supplémentaires, qu'on nomme *lignes accidentelles* ou *fausses lignes*. Celles-ci, loin de se prolonger horizontalement comme les premières, doivent au contraire, pour l'intelligence de la lecture, n'avoir juste que la longueur nécessaire au point qui forme la note.

La portée du plain-chant, qui, au rapport de Kircher, avait autrefois huit lignes, une pour chaque degré de la gamme, a été réduite à quatre, qu'elle conserve encore aujourd'hui, depuis qu'on a imaginé de placer aussi des notes dans les interlignes. Charles Béchem.

PORTE-ÉCUELLE. *Voyez* Discoboles.

PORTEFAIX. On appelle ainsi dans les villes de commerce les ouvriers habitués à transporter des fardeaux, à aider au déchargement des marchandises, etc. On appelle forts les portefaix de la halle de Paris. L'expression de *crocheteur*, dérivée des crochets dont se sert, en guise de hotte, une certaine classe de portefaix pour transporter sur le dos des fardeaux plus ou moins lourds, est regardée à bon droit comme une insulte et par le robuste fort et par cet honnête *commissionnaire*, médaillé par la préfecture de police, qui se tient à peu près à chaque coin de rue de Paris à la disposition de qui veut lui confier des paquets ou des fardeaux à transporter, toujours prêt à scier le bois, à le descendre à la cave, etc., etc.

Dans les ports de mer, le portefaix trouve en général un emploi et plus constant et plus lucratif de sa force. A cet égard la ville de Marseille offre au curieux et à l'observateur l'exemple d'une corporation de portefaix qu'on peut à bon droit montrer comme modèle à toutes les classes ouvrières de France. Ils ne sont pas moins de 10,000, unis entre eux par le fort lien des associations de secours mutuels. On compte dans cette ville jusqu'à 120 de ces associations, entre lesquelles un conseil général électif, dont le premier fonctionnaire prend le titre de *président du grand conseil*, entretient une précieuse et fraternelle unité. La corporation des portefaix de Marseille a aujourd'hui plus de dix-huit siècles d'existence; elle date de l'époque où le commerce de la plus grande partie de la Méditerranée était aux mains des Phocéens. Jamais portefaix n'a manqué à ses engagements; jamais non plus il ne meurt à l'hôpital : la corporation y pourvoit. Quand un bâtiment entre dans le port, le négociant à qui il appartient en fait avertir le maître portefaix qui travaille d'habitude pour lui. Celui-ci a sous ses ordres une petite armée. Il commande 10, 20, 50, 100 hommes, choisit un magasin, et y transporte les marchandises, sans que le négociant s'en occupe davantage. Non-seulement ce négociant confie sa marchandise à la probité du portefaix, mais il laissera au besoin son portefeuille et sa caisse à sa merci. Jamais, de mémoire commerciale, portefaix n'a commis de vol; jamais portefaix ne figura sur la sellette de la police correctionnelle, et jamais on n'en rencontre qui soit en état d'ivresse. Il y a tel portefaix de Marseille dont on évalue la fortune à plus de 300,000 francs; et ceux qui sont parvenus à accumuler un capital de 50 à 80,000 francs sont nombreux. Beaucoup de fortunes intermédiaires existent en outre entre ces deux chiffres. Un négociant qui a besoin de se concerter avec un portefaix, le dimanche ou un jour de fête, prend le chemin d'Endoume, village aux portes de Marseille, où tout maître portefaix a sa *bastide*. Celui-ci offre sans faste, mais sans servilité, d'excellent vin vieux au patron, qui trouve notre portefaix au milieu d'une famille, au front de laquelle brille la candeur. Jamais le concubinage, cette honte et ce fléau de nos sociétés modernes, n'est venu s'asseoir à ce modeste foyer. La pudeur y a quelque chose de farouche. Jamais on ne verrait, sur le Cours ou à La Cannebière, la fille d'un portefaix donner le bras à un militaire, fût-il son propre frère. La mère met son orgueil à combler son armoire de linge bien blanc, et les bijoux qu'elle laisse porter à ses filles sont le signe de l'honorable aisance à laquelle le père de famille est arrivé par son travail, son intelligence et sa probité.

PORTEFEUILLE, nom que l'on donne à une enveloppe ordinairement composée de deux feuilles de carton, réuni par un de leurs côtés au moyen d'une bande de parchemin, de peau ou d'étoffe, que l'on nomme *dos*; aux trois autres côtés sont fixés plusieurs cordons pour les fermer. Quelquefois on ajoute sur deux côtés une pièce triangulaire en toile, en percaline ou en soie, et on lui donne le nom de *joue*. Ce qui vaut mieux, c'est d'attacher à chacun des côtés, le dos excepté, un morceau de tissu carré. Celui du devant doit être de toute la grandeur du portefeuille et sans cordons; les deux autres n'ont que la moitié de cette dimension, et se fixent par deux ou trois cordons au milieu. C'est un usage assez généralement adopté en Angleterre pour mieux garantir les estampes ou les dessins de la fumée du charbon de terre.

On fait aussi des portefeuilles pour renfermer des papiers d'affaires : ceux-là sont ordinairement couverts en maroquin; les joues sont de même nature; l'intérieur a plusieurs compartiments, et, au lieu de cordons sur le devant, ils ont un rabat aussi en maroquin, au milieu duquel est une plaque de métal avec une agrafe, qui entre dans la serrure placée au milieu d'un des plats. Ces portefeuilles, contenant des pièces importantes ou de grande valeur, sont habituellement renfermés dans un secrétaire ou dans un bureau.

On fait aussi des portefeuilles pliés en *serviette* : il n'entre aucun carton dans la composition de ceux-là; ils ne sont formés que d'une peau avec des doublures en soie, et n'ont aucune fermeture; ils contiennent cependant quatre poches ou compartiments qui servent à placer des papiers de diverses natures, sans qu'ils puissent être égarés ni gâtés en les mettant dans sa poche.

Le mot *portefeuille* est encore pris figurément pour désigner non le contenant, mais le contenu : ainsi, pour exprimer qu'un artiste a rapporté des dessins curieux de ses voyages, on dit qu'il a rapporté un beau *portefeuille*. Si on veut parler de la collection d'un amateur, on dit souvent : Il faut voir son *portefeuille*. On dit aussi qu'un banquier a beaucoup d'effets en *portefeuille*, et que tel capitaliste a toute sa fortune en *portefeuille*.

Il se dit figurément du titre, des fonctions de ministre : Le *portefeuille* des affaires étrangères, de la marine; recevoir, conserver, remettre le *portefeuille*; refuser un *portefeuille*. Un ministre à *portefeuille* est celui qui a un département; un ministre sans *portefeuille*, celui qui n'en a point.

On désigne encore par ce mot les œuvres littéraires manuscrites, faisant ainsi opposition aux œuvres publiées : ce poëte a une tragédie en *portefeuille*. DUCHESNE aîné.

PORTE-GLAIVE (Chevaliers), ordre séculier de chevalerie, ainsi nommé parce qu'Albert, évêque de Riga, entre les mains de qui les premiers d'entre eux firent leurs vœux, en 1204, leur ordonna de porter pour habit une robe de serge blanche avec la chape ou manteau noir, sur lequel il y avait du côté de l'épaule gauche une épée rouge croisée de noir, et sur l'estomac deux pareilles épées passées en sautoir. Les chevaliers porte-glaive se donnaient le titre de *frères du Christ*. Leur ordre fut confirmé par Innocent III, qui leur donna pour règle celle des hospitaliers du Temple, et les envoya en Livonie pour défendre les prédicateurs de l'Evangile contre les infidèles. L'évêque de Riga, à qui ils étaient subordonnés, leur abandonna le tiers des conquêtes qu'ils pourraient faire. Ils s'emparèrent successivement de la Livonie et de la Courlande. Le premier grand-maître, Winno de Rohrbach, fut assassiné par un chevalier rebelle. Foulques Schenk, élu à sa place, guerroya sans succès contre les Slaves et contre les princes de Novgorod et de Pskof. Les chevaliers porte-glaive furent plus heureux contre les Esthoniens, qu'ils convertirent. Après la mort de l'évêque Albert (1229), Foulques offrit de se réunir à l'ordre Teutonique, mais le commandeur de cet ordre refusa. Foulques fut battu par les Lithuaniens, et perdit la vie dans le combat. Grégoire IX réunit alors les deux ordres (1237); mais les chevaliers porte-glaive, qui prirent le nom de *chevaliers de la Croix*, eurent un maître particulier. Ils enlevèrent ensuite l'Esthonie aux Russes et aux Danois, et le maître s'y installa en souverain ainsi qu'en Livonie.

Au commencement du seizième siècle la réforme faisant des progrès le long de la Baltique, Walther de Plettembourg, maître de l'ordre des porte-glaive, profita de l'assistance qu'il prêta au grand-maître de l'ordre Teutonique contre la Pologne pour demander son indépendance. Élevé à la dignité de prince de l'Empire, il prit le titre de *fürstmeister*. En 1557 les chevaliers de la Croix se brouillèrent avec l'évêque de Riga, qui pour mettre son propre bien en sûreté, livra cette ville aux Polonais. Ensuite les Russes ayant pris sur les chevaliers la plus grande partie de la Livonie, ceux-ci se mirent sous la protection de Sigismond-Auguste, roi de Pologne, en 1559. Guillaume de Furstemberg, leur grand-maître, trahi par ses propres gens, fut livré aux Moscovites, qui l'emmenèrent à Moscou, où il fut assommé à coups de massue. Gothard Ketler, son successeur, suivant l'exemple d'Albert, grand-maître de Prusse, transigea pour tout l'ordre avec Sigismond. On lui remit la croix, le sceau de l'ordre, les chartes et les brefs des différents papes et empereurs qui le concernaient, comme aussi les clefs de la ville et du château de Riga, la dignité de grand-maître, les droits, pouvoirs et priviléges qui y étaient attachés; et par retour Radzivill, plénipotentiaire du roi, fit présent à Gothard Ketler du duché de Courlande, pour lui et ses hoirs à perpétuité. La maison Ketler y régna jusqu'en 1711, époque à laquelle elle fut dépossédée par les Russes; elle s'éteignit en 1737.

PORTE-HAUBANS. *Voyez* HAUBAN.

PORTE-OTTOMANE ou SUBLIME-PORTE, cour du padischah ou empereur des Turcs, siége de son autorité (*voyez* OTTOMAN [Empire]).

PORTE-QUEUE. *Voyez* CAUDATAIRE.

PORTER, espèce de bière anglaise très-forte et très-brune, dont le nom vient de ce qu'à l'origine elle avait pour principaux consommateurs les portefaix (*porters*) et les ouvriers de Londres. Comme les autres sortes de bière, elle se prépare avec de la drèche et du houblon; et des analyses chimiques, faites récemment avec une exactitude extrême, ont démontré que ce ne pouvait être que par malentendu ou par préjugé qu'on l'accusait de contenir des ingrédients différents et même nuisibles à la santé.

PORTE SAINT-DENIS. *Voyez* ARC DE TRIOMPHE.

PORTE SAINT-MARTIN. *Voyez* ARC DE TRIOMPHE.

PORTE-SAINT-MARTIN (Théâtre de la). La salle de la Porte-Saint-Martin a été construite et livrée en quatre-vingt-six jours, sur les plans de l'architecte Alexandre Lenoir, pour recevoir l'Opéra, après son second incendie. On doutait de sa solidité, tant la célérité avec laquelle elle s'était élevée était extraordinaire pour l'époque; aussi, pour ne pas risquer de la voir s'écrouler sous le poids du beau monde, la fit-on inaugurer par une représentation gratuite, le 27 octobre 1781. L'Opéra y demeura jusqu'au 8 thermidor an II.

Fermée pendant huit ans, la salle de la Porte-Saint-Martin rouvrit le 30 septembre 1802, sous la direction de MM. Dubois et Gobert, qui y firent représenter des pièces à grand spectacle, des comédies et des ballets; elle prit alors la dénomination de *Jeux Gymniques*. Les ballets d'*Annette et Lubin*, de *La Fille mal gardée* y attirèrent la foule. Les *Jeux Gymniques* furent supprimés par le décret de 1807; ils obtinrent néanmoins l'autorisation de rouvrir, mais à la condition de n'avoir pas plus de deux acteurs parlant en scène; les autres personnages se livraient à la pantomime. *Le Passage du Mont Saint-Bernard*, où l'acteur Chevalier représentait le premier consul, y obtint alors un grand succès; néanmoins, les JEUX GYMNIQUES moururent étouffés dans les langes de leur privilége.

Ce théâtre rouvrit, après une fermeture de plusieurs années, le 26 décembre 1814, sous la direction de M. de Saint-Romain; il prit alors le nom, qu'il a conservé depuis, de THÉATRE DE LA PORTE-SAINT-MARTIN. Dans une période de quinze ans, la Porte-Saint-Martin passa entre les mains de six directions différentes; elle dut de brillants succès au mélodrame, alors dans toute sa gloire, et ses anciens habitués se rappellent encore avec bonheur *Le Solitaire*, *Les Deux Forçats*, *Le Vampire*, *Les Deux Sergents*, *Le Moine*, *Mandrin*, *Trente Ans, ou la vie d'un joueur*, *La Fiancée de Lamermoor*, *Les Petites Danaïdes*, *Le Bourgmestre de Saardam*, les ballets de *La Neige*, du *Gascon à trois visages*, du *Meunier*. Frédéric Lemaître, Bocage, Mlle Georges, Mazurier, du *Jocko*, Potier se firent remarquer à ce théâtre.

M. Crosnier eut ensuite, pendant deux ans, la direction de la Porte-Saint-Martin, et *Shylock*, *Schœnbrunn et Sainte-Hélène*, avec l'acteur Gobert, *Marino Faliero*, œuvre littéraire de Casimir Delavigne, continuèrent à y appeler la foule.

Bientôt le drame moderne prit droit de cité à la Porte-Saint-Martin, sous la direction de Harel, avec Ligier, Prévost, Bocage, Frédéric Lemaître, puis Mélingue, Mlle Georges, Mme Dorval pour principaux interprètes. *Richard d'Arlington*, *La Tour de Nesle*, *Angèle* sont les plus éclatants succès de cette période prospère de ce théâtre, qui était alors la véritable scène littéraire de Paris. Vinrent après *Marie Tudor*, *Lucrèce Borgia*, *La Nonne sanglante*, *Les Sept Enfants de Lara*, *La Duchesse de Lavaubalière*. Chilly, Raucourt, Laferrière, Delaistre, Surville, Mmes Noblet, Charton, Ida, Théodorine, depuis Mme Mélingue, firent alors les beaux jours de la Porte-Saint-Martin. Le succès de *La Duchesse de Lavaubalière* fut le dernier d'Harel; après plusieurs années néfastes, écrasé de dettes, il dut fermer, quand le gouvernement frappa d'interdit la pièce de Balzac, *Vautrin*, dans laquelle la direction avait placé ses dernières espérances.

A Harel succéda une direction moins littéraire, celle des frères Cogniard, vaudevillistes connus par des succès, sous qui la Porte-Saint-Martin rouvrit, le 30 novembre 1840. *Les Deux Serruriers* de Félix Pyat, la féerie de *La Biche au Bois* assurèrent longtemps la fortune du théâtre. On y vit alors passer les acteurs Villars, Clarence, Jemma.

Après quelques années, M. Théodore Cogniard, demeuré seul, abdiqua entre les mains de M. Fournier-Verneuil. Après avoir vu se succéder rapidement diverses directions, qui ne prospérèrent pas, la Porte-Saint-Martin ferma, le 1er septembre 1851.

Elle rouvrit le 27 décembre de la même année, sous l'habile et intelligente direction d'un homme de lettres, M. Marc Fournier, qui n'a point laissé péricliter le théâtre, et qui a compté les éclatants succès de *Paris*, du *Fils de la Nuit*, de *La Belle Gabrielle*; le personnel s'y est notablement modifié sous lui, mais on y a vu parmi les notabilités de l'art dramatique MM. Boutin, Calbrun, Fechter, Ambroise, Deshayes, Mmes Lia Félix, une des sœurs de Mlle Rachel, Guyon, Laurent, Naptal Arnault et Page.

Par sa vaste dimension, la salle de la Porte-Saint-Martin, une des plus grandes de Paris, se prête singulièrement à la facilité d'une riche mise en scène, qui y est un incontestable élément de succès, à côté d'œuvres qui ont leur mérite dramatique et littéraire. Elle est maintenant une des plus confortables et des mieux décorées de Paris; l'été, de petits jets d'eau, jaillissant au milieu de corbeilles de fleurs d'un pittoresque effet, y entretiennent pendant les entr'actes une fraîcheur que l'on aime alors à trouver dans une salle de spectacle.

PORTES ALBANIENNES ou PORTES CASPIENNES, PORTES CAUCASIENNES. *Voyez* CAUCASE.

PORTES DE FER (Les). *Voyez* BIBANS.

PORTES ET FENÊTRES (Contribution des), une des quatre principales contributions directes. La contribution des portes et fenêtres fut dans la création un impôt de quotité. Transformée quelques années plus tard en impôt de répartition, elle devint une seconde fois, par la loi du 26 mars 1831, une charge de quotité. Mais ce mode de perception fut abandonné presque aussitôt, et la loi de finances du 21 avril 1832 vint demander de nouveau cet impôt au contribuable par voie de répartition. Il parcourt les quatre degrés de répartition, entre les départements, les arrondissements, les communes et les contribuables. La matrice du rôle se forme chaque année à l'aide d'un recensement fait par les commissaires répartiteurs assistés par le contrôleur des contributions du ressort.

Aux termes du décret du 17 mars 1852 le conseil municipal de Paris est chargé d'établir chaque année pour la répartition de l'impôt des portes et fenêtres un tarif spécial, combiné de manière à tenir compte à la fois de la valeur locative des maisons et du nombre des ouvertures,

PORTE TRAJANE. *Voyez* BALKAN.

PORTE-VOIX, instrument en forme de trompette, particulièrement usité en marine, et destiné à porter la voix sur tous les points du navire où le commandement doit être entendu. Il est en fer-blanc, peint ou verni ; les meilleurs sont en cuivre mince et bien écroui. L'extrémité destinée à recevoir la parole est évasée de manière que les lèvres conservent leur mouvement d'action lorsque l'instrument est appliqué contre la bouche ; l'autre bout se termine en pavillon de trombone. Les anciens se servirent du porte-voix sur les champs de bataille. Il en est fait mention dans Eschyle. La trompe d'Alexandre portait, dit-on, la voix à un kilomètre. Les voyageurs arabes qui visitèrent la Chine l'y trouvèrent en usage au neuvième siècle : ce qui n'empêche pas Samuel Morland, baronet anglais, et le célèbre jésuite Kircher, de se disputer l'invention de cet instrument, connu dans nos contrées dès 1645.

Il y a plusieurs espèces de porte-voix : l'un que l'on nomme *braillard*, et dont on se sert en temps ordinaire sur les bâtiments de moyenne dimension pour le commandement des manœuvres ; un second, composé de deux tubes rentrant l'un dans l'autre, sortant à volonté pour l'allonger, dans le genre des lunettes, et à l'aide duquel on se fait entendre d'un bâtiment à un autre ; il sert même aux commandements lorsqu'il vente grand frais ; on l'appuie ordinairement sur un support quand on en fait usage. Enfin, il y a des porte-voix de combat qui descendent verticalement en traversant les ponts, dans les batteries, pour y transmettre les ordres. On se sert aussi d'une espèce de porte-voix dans les habitations, les boutiques, les ateliers pour porter la parole d'une pièce à une pièce éloignée. Martial MERLIN.

PORTFOLIO, titre d'un recueil périodique publié à Londres, d'abord par le libraire Ridgway et ensuite par les frères Schoberl, et qui s'annonçait comme devant successivement mettre en lumière des documents politiques relatifs à l'histoire moderne, demeurés secrets jusque alors. Le premier numéro en parut le 23 novembre 1835, et le 45e et dernier en mai 1837. Les révélations aussi bien que les énigmes qui se rattachaient à cette bizarre publication éveillèrent bientôt à un haut degré la curiosité publique en Europe. Les documents les plus importants de cette collection se composent d'une série de dépêches russes remontant pour la plupart aux années 1826 et 1829. Elles livraient tout à fait le secret de la politique russe dans les questions les plus importantes (notamment dans celles relatives à l'Allemagne et à l'Orient), et étaient *illustrées* et élucidées par les annotations les plus piquantes. Tout indiquait que le but de cette publication était d'appeler l'attention des cabinets comme celle des peuples sur les dangereux projets de la Russie, et de préparer favorablement l'opinion publique à une direction nouvelle à suivre en politique. Si le procédé était nouveau, il ne fut pas moins digne de remarque que pas plus la Prusse que l'Autriche ni les autres États membres de la Confédération Germanique n'apportèrent la moindre entrave à la circulation du *Portfolio*. Il en parut concurremment à Paris une édition en français. Les vingt-six premiers numéros de cette collection furent réimprimés à Hambourg, avec approbation de la censure et sans donner lieu à la moindre réclamation. Il en fut en outre publié une traduction allemande. Le gouvernement anglais fut très-certainement pour quelque chose dans ces révélations ; en effet leur publication coïncida avec une proposition faite à Guillaume IV par Urquhart de rompre décidément en visière avec la Russie, dont les plans étaient éminemment hostiles à l'Angleterre. Toutefois, le ministère whig ne suivit pour le moment qu'à contre-cœur les intentions fort nettement exprimées par le roi. Lord Palmerston, alors ministre des affaires étrangères, adjoignit bien Urquhart à lord Ponsonby, comme secrétaire d'ambassade à Constantinople, en raison des notions spéciales qu'il possédait sur l'Orient ; mais il ne tarda point à reprendre les errements accoutumés avec la Russie, de sorte qu'il ne fut plus question d'Urquhart ni des belliqueux projets qu'on prêtait à Guillaume IV. Il en résulta que le *Portfolio* se trouva désormais privé de sa meilleure source d'information ; et il avait fini par perdre toute espèce d'intérêt longtemps avant que les éditeurs se décidassent à en arrêter la publication.

PORTICI, château royal de plaisance, situé près de Naples, au pied du Vésuve, à peu de distance de la mer, avec un beau parc et des points de vue délicieux sur le golfe de Naples. Le château, dont la cour est traversée par la grande route de Salerne, contient au rez-de-chaussée une magnifique chapelle et un petit théâtre, et se relie par une suite de *villas* et de maisons au village de Resina. L'un et l'autre s'élèvent sur l'emplacement qu'occupait autrefois la ville d'Herculanum, détruite par un tremblement de terre.

PORTIER, PORTIÈRE, celui ou celle qui a le soin d'ouvrir, de fermer et de garder la principale porte d'une maison. Aujourd'hui presque tous les portiers ont pris le titre de concierges.

Dans les couvents, on nomme *frère portier*, *sœur* ou *mère portière*, le frère convers ou la religieuse qui a le soin d'ouvrir et de fermer la porte.

L'ordre de portier est aussi dans l'Église catholique le moindre des quatre ordres mineurs.

PORTIER-CONSIGNE. *Voyez* CONSIGNE.

PORTION CONGRUE. *Voyez* CONGRU.

PORTIQUE. On appelle ainsi une galerie couverte et soutenue par des colonnes, des piliers ou des arcades, sous laquelle on peut circuler et se promener, et qui sert au dégagement d'une cour intérieure ou d'une façade. Elle est le plus souvent voûtée et publique. On appelle aussi de ce nom toute disposition de colonnes dégagées en forme de prostyle ou de péristyle. Chez les Grecs le mot στοά (portique) n'avait pas un sens restreint, et on doit croire qu'il s'appliquait surtout à ces galeries formant, par une ou deux rangées de colonnes, les périboles ou enceintes qui régnaient autour de l'*area* des grands temples. Nous entendons comme les anciens le mot *portique*, et nous nous en servons pour désigner de vastes cours en forme de cloîtres, ou une continuité de longues galeries couvertes. On peut se figurer sous cette forme et dans le même plan ces célèbres *stoa* de la Grèce antique, où se tenaient les diverses écoles, soit de gymnastique, soit de philosophie.

Les gymnases, si on en juge par les descriptions des auteurs anciens, étaient environnés de galeries couvertes qui abritaient les portes des grandes salles d'étude : tel était celui d'Olympie ; tels furent ceux qu'à Athènes on appela l'*Académie*, *le Lycée*, *le Cynosarges*. C'est de ce mot *stoa* que les disciples de la philosophie de Zénon tirèrent le nom de *stoïciens*. Les spacieuses galeries des maisons religieuses du moyen âge diffèrent peu des portiques du paganisme, et il est raisonnable de croire que le célèbre *pœcile* ou *portique*, qui, selon Pausanias, était décoré de peintures, ressemblait à beaucoup d'égards à ces cloîtres dont les murs d'enceinte furent illustrés par les ouvrages de nos plus habiles artistes.

Chez les anciens, les portiques servirent à un grand nombre d'usages, et ils étaient d'un style plus ou moins riche, selon la nature de leur destination. Les *agora*, ou marchés publics, étaient décorés de portiques semblables à nos halles. Les théâtres, les stades, eurent de vastes portiques. Considérés comme promenoirs couverts, ces galeries trouvèrent place à Rome, dans les bâtiments des simples particuliers qui étaient riches et aimaient le luxe. On construisit des portiques dans diverses expositions, et l'on prenait soin d'y varier la température. Le *crypto-portique* pratiqué sous terre était frais en été, tiède en hiver.

On n'a que des données fort incertaines sur le plan, l'élévation, le caractère des portiques romains. Dans l'architecture moderne, ils manquent d'un genre qui leur soit propre, et n'ont qu'une destination dépendante et relative. Tous les grands palais d'Italie ont des cours ornées de portiques. On peut mentionner la vaste enceinte de la cour du Vatican à deux rangs de portiques par Bramante, et la cour des loges du même palais, construite sur les dessins de Raphael. Quelques monuments à Paris sont accompagnés de portiques : nous citerons en ce genre la cour de l'Hôtel des Invalides, environnée de deux galeries superposées qui dégagent avantageusement toute la partie intérieure de l'Hôtel. Beaucoup de places en Italie sont construites dans ce système : la place Saint-Marc à Venise en est un riche exemple. Sous Louis XIII, le goût des portiques s'introduisit en France, et on construisit à cette époque la place Royale. C'est de la fin du siècle dernier que datent les galeries du Palais-Royal, qui est aujourd'hui si riche en promenoirs couverts. Les rues Castiglione, de Rivoli, des Colonnes, nous montrent tout ce qu'ont d'agréable et d'avantageux des galeries servant de voie publique. A. FILLIOUX.

PORT-JACKSON, golfe et port de la côte orientale de la Nouvelle Galles du Sud, au nord de *Botany-Bay*, par 34° latit. S., et 149° long. E., est si vaste qu'il pourrait contenir toute la flotte anglaise. C'est sur la côte de ce golfe qu'on transféra, en 1787, la colonie de condamnés établie primitivement à Botany-Bay, et qu'on fonda en 1788 la ville de *Sidney*.

PORTLAND (Vase de). On appelle ainsi ou encore *Vase Barberini* la fameuse urne cinéraire qu'on voit aujourd'hui au *British Museum*, et qui fut trouvée remplie de cendre, ainsi que son sarcophage, morceau d'une magnifique exécution, dans un caveau souterrain, à Rome, sous le pontificat d'Urbain VIII, pape qui appartenait à la maison de Barberini, par conséquent de l'an 1623 à 1644. Bien qu'aucune inscription n'apprît quelle en était la destination, on regarda comme vraisemblable que l'un et l'autre avaient été destinés à l'empereur Alexandre Sévère et à sa mère Julia Mammæa. Le sarcophage fut déposé au musée du *Campidoglio*, où il se trouve encore aujourd'hui; quant au vase, il servit d'abord d'ornement à la bibliothèque Barberini, à Rome, où, environ cent ans plus tard, l'Anglais W. Hamilton en fit l'acquisition. Quelque temps après, il le céda à la duchesse de Portland pour qu'elle en ornât sa galerie particulière; et quand cette galerie fut vendue aux enchères le duc de Portland racheta le vase 1,000 guinées. Ce chef-d'œuvre de l'art a environ 30 centimètres de hauteur, mais il n'en a guère que 16 de diamètre; et les antiquaires estiment, en raison de la perfection du travail et du dessin, qu'il doit dater d'une époque antérieure au règne d'Alexandre le Grand. On y voit en relief une foule de figures du travail le plus exquis, d'un verre blanc et opaque faisant saillie sur un verre bleu foncé, qui paraît noir quand on ne le présente pas à la lumière. Les antiquaires ont donné diverses explications de ces reliefs. Winckelmann crut y voir représentée la fable de Thétis, qui entre autres formes prenait celle du serpent, pour échapper aux poursuites de Pelée. Veltheim y voulait voir l'histoire d'Alceste, qu'Hercule ramène des enfers à Admète. Josias Wedgwood, enfin, expliquait l'ensemble du sujet comme représentant tout à fait allégoriquement la mort d'un personnage, appui de sa famille, au moment où il passe de la vie à l'immortalité.

On trouvera les reliefs de ce vase représentés avec le plus grand soin dans le deuxième volume de l'*Antichita Romana* de Piranesi, et dans le primier volume des *Ancient inedited Monuments* de Millingen (Londres, 1823). A la fin du siècle dernier, Wedgwood a si complétement réussi à imiter en verre ce vase, que la transparence des reliefs blancs sur le fond bleu foncé, reproduite sur un fond de basalte noir, est parfaite.

En 1845 ce chef-d'œuvre de l'art fut renversé de son piédestal par un insensé, appelé William Lloyd, espèce d'Érostrate, qui avait été poussé à commettre ce délit uniquement par le désir d'immortaliser ainsi son nom. Mais on a si bien réussi à remédier aux suites d'un tel accident, que c'est à grand'peine si on peut aujourd'hui s'en apercevoir.

PORT-LOUIS. *Voyez* MAURICE (Ile) et MORBIHAN (Département du).

PORT-MAHON. *Voyez* MINORQUE.

PORT-MARLY. *Voyez* MARLY.

PORT-NATAL, ancien nom de la ville actuelle de *Port d'Urban*, en Natalie ou Terre Natal.

PORTO. *Voyez* OPORTO.

PORTO (Vins de). On appelle ainsi dans le commerce une sorte de vin rouge, chaud et capiteux, qui tire son nom de la ville de Porto ou Oporto, en Portugal, seul port d'où s'en fasse l'exportation. On le récolte non pas dans le voisinage immédiat de cette ville, mais à neuf ou dix myriamètres en amont du Douro, dans une contrée montagneuse appelée *Cima de Douro*. La vigne, plantée généralement sur des coteaux escarpés et exposés à toute l'action du soleil, demande les soins les plus minutieux pour donner de bons produits. La récolte s'en fait du commencement de septembre à la mi-octobre, et occupe les bras de plus de dix mille cultivateurs et de vingt mille *collegos*. Le vin pur et sans mélange n'acquiert toute sa force et le feu qui lui est particulier qu'au bout de quelques années; cependant, il ne faut pas qu'il soit trop vieux. La matière colorante des raisins, qui développe la fermentation, n'exerce d'ailleurs aucun effet sur le bouquet du vin. La couleur varie entre le rose pâle et le rouge foncé; elle est toujours transparente et se modifie avec l'âge; le rose prend une teinte tannée, et le rouge tourne au grenat, mais alors ces dernières teintes persistent. Au reste, il n'y a qu'une très-minime partie des vins de Porto livrés à l'exportation qui soit parfaitement pure et sans mélange. Les trois quarts sont ou fortement mélangés d'eau-de-vie au moment même de la fermentation, afin de leur donner le feu nécessaire et de les faire paraître assez mûrs, sans quoi ils seraient trop jeunes pour l'exportation, ou colorés avec des baies de sureau ou de *jeropiga* (préparation de baies de sureau séchées, de mélasse, de jus de raisin et d'esprit). Ce mélange communique aux sortes inférieures une odeur de médicament très-sensible, et rien moins qu'agréable. L'autre tiers du vin exporté n'est exempt que dans une faible proportion de tout mélange de *jeropiga*, mais du moins ne reçoit aucun autre mélange destiné à en augmenter la fermentation. Les vins de Porto sont ordinairement classés au nombre des vins capiteux, mais ne doivent cette qualification qu'à l'addition d'eau-de-vie qu'ils reçoivent (pour ce qui est des sortes généralement livrées au commerce). Les principaux entrepôts pour l'exportation sont Lisbonne et Oporto. Déjà sous le ministère de Pombal le commerce des vins de Porto se trouvait exclusivement entre les mains des marchands anglais. En 1749 on en expédia 22,738 pipes pour l'Angleterre. En 1765 une compagnie particulière de négociants anglais se mit à la tête de ce commerce; et son monopole ne fut aboli qu'en 1826, par dom Pedro. De 1801 à 1836 l'exportation s'éleva en moyenne à 38,459 pipes par an, représentant une valeur moyenne de 28,343,700 fr. Après l'abolition du privilége elle tomba peu à peu à 25,762 pipes, en 1837. Depuis, elle a tantôt augmenté, tantôt diminué. En 1850 l'exportation par mer atteignit le chiffre de 37,487 pipes, dont 25,400 pour la Grande-Bretagne, 2,085 pour les autres parties de l'Europe, 4,898 pour les États-Unis, 2,755 pour le Brésil et 2,349 pour les autres pays du monde.

PORTO-BELLO, abréviation de *San-Felipe de Puerto-Belo*, ville de l'isthme de Panama, dans la ci-devant capitainerie générale de Guatemala, dépendant aujourd'hui de la province de Panama du département de l'Isthme (Nouvelle-Grenade), fut fondée en 1584. Elle est renommée par la beauté de son port, découvert dès 1502 par Colomb, et qui jadis servait d'entrepôt et d'étape à la flotte des galions; mais l'insalubrité extrême de son climat, qui l'a fait à bon droit surnommer le *Tombeau des Européens*, est telle, que de ville importante qu'elle était autrefois par son commerce et comptant une population de 15,000 âmes, elle n'est plus aujourd'hui qu'une misérable bourgade d'à peine 500 habitants, nègres et mulâtres pour la plus grande partie.

PORTO-FERRAJO. *Voyez* Elbe (Ile d').

PORTO-LONGONE. *Voyez* Elbe (Ile d').

PORTO-RICO, ou plutôt *Puerto-Rico*, c'est-à-dire *Port-Riche*, la plus petite et la plus orientale des Grandes Antilles. Sa superficie est de 130 myriamètres carrés, et avec les *Iles des Vierges* (3 myr. carrés), qui l'avoisinent et appartiennent à l'Espagne, à savoir les Iles du Passage, des Serpents, des Écrevisses et Mona, elle formait une capitainerie générale particulière; mais dans ces derniers temps on l'a réunie à celle de Cuba. L'île présente la configuration d'un carré oblong; à son centre, elle est traversée, dans la direction de l'est à l'ouest, par des montagnes boisées et riches en sources, qui sur plusieurs points s'élèvent, dit-on, à plus de 2,300 mètres d'altitude en envoyant d'assez nombreuses ramifications latérales; et en général son sol est de nature montagneuse. On rencontre cependant dans l'intérieur de vastes savannes; et sur la côte septentrionale le terrain est très-fertile. En comparaison du reste des Antilles, le climat en est tempéré et salubre; du moins il n'y a de malsain que les côtes. Elle a en général la même richesse de produits tropicaux que les autres îles des Indes occidentales. La population est forte d'environ 400,000 âmes, dont 190,000 blancs, pour la plupart créoles d'origine espagnole, 150,000 hommes de couleur libres (nègres et mulâtres), et seulement 60,000 nègres esclaves. Ces rapports très-favorables exposent Porto-Rico moins que toute autre colonie aux incertitudes et à l'état de démoralisation qui sont le lot de celles où domine la population nègre, surtout une notable partie des blancs s'y livrant à la culture du sol, de telle sorte qu'une classe moyenne a pu s'y constituer parmi les blancs propriétaires fonciers. Comme à Cuba, l'agriculture à Porto-Rico a principalement pour objet le sucre, le café et le tabac, et le commerce y a pris de vastes développements; aussi la prospérité et l'importance de cette île vont-elles toujours croissant.

Elle a pour chef-lieu *San-Juan de Puerto-Rico*, avec 32,000 habitants, un bon port et de formidables fortifications. Elle est le siége d'un évêque, des autorités administratives supérieures, et le centre d'un commerce fort actif.

Cette île fut découverte en 1493, par Christophe Colomb, et les Espagnols s'en emparèrent en 1511, à la suite d'une lutte opiniâtre contre les indigènes. Depuis lors l'Espagne en a toujours conservé la possession. Dédaignée jusque dans ces derniers temps par la mère patrie, elle servait surtout de lieu de déportation pour les criminels et coûtait beaucoup d'entretien. Lorsque, par suite de l'insurrection des colonies espagnoles du continent américain, l'Espagne se trouva hors d'état de suffire à ces dépenses, on songea à utiliser les richesses naturelles de l'île. A partir de cette époque la population et la prospérité de Porto-Rico se sont tellement accrues, qu'aujourd'hui, de même que Cuba, elle produit à la mère patrie des excédants importants de recettes.

PORTO-VECCHIO. *Voyez* Corse.

PORT-PHILIPPE. C'est le nom d'une baie de 5 myriamètres de long sur 6 de large, de la *Governor Amgsbai*, dans l'*Australia Felix*, autour de laquelle on a créé depuis 1835 des établissements dont les premiers colons sont venus partie de la Terre de Van-Diemen, et partie de la Nouvelle-Galles du Sud; établissements qui ont donné lieu, en 1850, à la création de la province actuelle de *Victoria*, laquelle est divisée en vingt-quatre comtés. A l'embouchure du Yarrayarra dans le port, est situé *Williamstown*, qui forme le port de *Melbourne*. Cette dernière ville est située dans une fertile contrée, sur les deux rives du Yarrayarra, qui jusque là est navigable pour les bâtiments à vapeur; elle est le chef-lieu administratif ainsi que le grand centre commercial de la province de Victoria, et en voie de rapide accroissement. *Grelong*, à l'extrémité occidentale de Port-Philippe, est aussi une localité importante. Située au centre des plus riches et des meilleurs districts agricoles de la colonie, elle est le grand entrepôt des laines des quatre stations de l'*Australia Felix*, et il s'y fait déjà un commerce considérable.

PORT-RAFFLES. *Voyez* Bathurst.

PORTRAIT, imitation par le dessin, la peinture ou la gravure, de la figure d'une personne, en grand ou en petit. Le portrait sculpté a reçu le nom de *buste*, s'il est en ronde bosse, ou de *médaillon*, s'il est en bas-relief. On disait jadis *pourtraict*, *pourtraire*, *pourtraicture*, des deux mots latins *pro trahere* (tirer, ou tracer pour). C'est sans doute par cette raison qu'on a dit et qu'on dit encore, parmi les gens du peuple, *tirer en portrait*. On fait des portraits à la plume, au crayon, au pastel, à l'huile, à l'aquarelle, en miniature, en émail, sur porcelaine, en gravure, en lithographie, etc. On appelle *portrait flatté* celui qui embellit en diminuant habilement les défauts du visage, et *portrait chargé* celui qui enlaidit en les augmentant. On désigne par le nom de *portrait en pied* celui qui représente une personne tout entière, soit en grand, soit en petit, debout ou assise. On sait que Néron, au rapport de Pline, eut la fantaisie de se faire peindre en pied sur une toile de 120 pieds, et que cette *pourtraicture* fut détruite par la foudre. Chez les anciens, il n'y avait pas de peintres adonnés exclusivement à la peinture de portraits; cette partie de l'art était exercée par les peintres d'histoire. Apellès fut celui qui obtint en ce genre la plus grande célébrité. Ce fut seulement pendant le dernier siècle de la république romaine qu'une artiste grecque, Lala de Cyzique, acquit de la réputation en se bornant à peindre le portrait. Lors de la renaissance, les grands artistes suivirent l'exemple de ceux de l'antiquité, et les plus beaux portraits sont dus aux pinceaux de Raphael, Titien, Holbein, Léonard de Vinci, Paul Véronèse. Van Dyck lui-même fut habile peintre d'histoire, et c'est en Angleterre seulement, par suite de circonstances particulières, qu'il se restreignit à faire le portrait d'un grand nombre de personnes éminentes. La ressemblance est sans doute le principal mérite d'un portrait; mais sous le rapport de l'art la beauté d'exécution tient quelquefois le premier rang. Dans certains cas et selon certaines affections, un portrait mal peint, mais fort ressemblant, sera préféré, tandis que dans d'autres un portrait moins ressemblant, mais traité avec une grande supériorité de talent, sera regardé comme infiniment plus précieux.

Les grands peintres d'histoire ont tous traité le portrait avec supériorité, parce qu'ils y ont apporté le même génie que dans leurs tableaux. Mais lorsque l'art a déchu, lorsque les peintres d'histoire, cessant d'étudier rigoureusement la forme, se sont occupés de l'arrangement et de la couleur de préférence au dessin, il a surgi nécessairement une classe de peintres *portraitistes*, qui ont étudié plus attentivement la figure, et qui sont arrivés à faire le portrait avec un talent et une ressemblance que les peintres d'histoire de leur époque n'auraient pu égaler. A partir de ce point cet art spécial a eu aussi ses vicissitudes. Après s'être occupé presque uniquement du visage, on s'est occupé, et beaucoup trop, des accessoires; ce fut là principalement le défaut du célèbre Rigaud, peintre de Louis XIV. Sous le règne de Louis XV, ce fut une autre manie: on sembla se soucier peu de la ressemblance; car d'une part les portraitistes firent à toutes les femmes de grands yeux, de petites bouches, des joues également roses et rondes; et d'autre part on parut s'étudier, pour éviter d'être reconnu dans son portrait, à prendre les déguisements les plus grotesques: toutes les femmes se firent peindre en Diane, en Flore ou en Vénus, et les hommes en Mars ou en Apollon. Les flatteries que Louis XIV avait eu le tort d'accepter de la main de Le Brun furent sans doute la cause de toutes ces sottises. Par une juste et remarquable compensation, ce fut, cinquante ans plus tard, une artiste célèbre du même nom, Mme Lebrun, qui commença la contre-révolution dans le portrait. David et les peintres sortis de son école le ramenèrent à la pureté, à l'exactitude et au bon goût. Depuis, le genre portrait a parfois tergiversé sous le pinceau de peintres plus ou moins habiles, qui ont cherché des *manières* plutôt que la nature, ou qui se sont faits imitateurs de certaines écoles, soit anciennes, soit étrangères; mais la supériorité est restée, comme à l'époque de la renaissance, aux peintres d'histoire et à ceux qui, se destinant spécialement au genre portrait, ont cependant commencé par faire sous leur direction des études sérieuses. Si d'utiles enseignements sont à donner au peintre de portrait, des recommandations non moins utiles sont à faire aux personnes qui se font peindre. Toutes les erreurs, tous les ridicules signalés avec raison dans les portraits de certaines époques, amènent à conclure que la personne qui veut être reconnue dans son portrait doit se présenter devant le peintre comme elle se présente habituellement, dans son costume ordinaire, dans son allure ou son attitude naturelle, avec l'expression que ses traits ont de coutume, et non pas avec cet éternel et stupide sourire qu'on se fait une loi d'exagérer et de clouer sur toutes les lèvres. La physionomie, l'expression vraie, sont tellement importantes dans un portrait, elles en sont tellement l'âme et la vie, qu'on a dit avec raison qu'un portrait peint ou sculpté où le talent de l'artiste a su rendre la véritable physionomie du modèle, bien que quelques imperfections puissent exister dans l'imitation partielle des traits, est plus ressemblant qu'un portrait moulé sur nature, où les traits sont d'une exactitude qu'on ne saurait contester, mais où la contrainte et l'appréhension ôtent nécessairement à la physionomie son jeu ordinaire. CH. FARCY.

PORT-ROYAL, nom de deux abbayes de religieuses de Cîteaux, l'une près de Chevreuse, à 2 myriam. de Paris, l'autre dans Paris même, au faubourg Saint-Jacques. La première s'appelait *Port-Royal des Champs*, la seconde, *Port-Royal de Paris*. Port-Royal des Champs doit son origine à Odon de Sully, évêque de Paris, qui avec Mathilde de Garlande, femme d'un cadet de la maison de Montmorency, bâtit cette abbaye en 1204, et y mit douze religieuses de l'ordre de Cîteaux. Ce monastère, d'abord fort pauvre, reçut du roi saint Louis une rente sur ses domaines en forme d'aumône. En 1223 le pape Honoré III accorda de grands priviléges à l'abbaye de Port-Royal, entre autres celui d'y célébrer l'office divin, quand même tout le pays serait en interdit. Il permettait aussi aux religieuses de recevoir des séculières qui voudraient se retirer dans leur couvent sans néanmoins se lier par des vœux, faculté qui fut à la fois pour cette maison une source de prospérités et de malheurs. Plus tard, avec la richesse, le relâchement s'introduisit; la règle de Saint-Benoît fut méconnue; la clôture même n'était plus observée, et l'esprit du siècle en avait entièrement banni la régularité. La réforme fut introduite à Port-Royal en 1608, par Marie-Angélique Arnauld, et elle fut chargée d'introduire, soit par elle-même, soit par des déléguées, une réforme analogue dans les abbayes de Maubuisson, de Gip, de Saint-Cyr, du Tard et du Paraclet. La communauté s'étant accrue jusqu'au nombre de quatre-vingts religieuses, elles étaient fort à l'étroit dans les bâtiments bas, resserrés, de Port-Royal, situés d'ailleurs en un lieu fort humide. Les maladies y devinrent très-fréquentes, et le couvent ne fut bientôt plus qu'une infirmerie. La mère Angélique trouva des ressources dans sa propre famille, qui était opulente; Mme Arnauld, sa mère, acheta en 1625, rue de la Bourbe, au faubourg Saint-Jacques, une belle maison, et la donna à la communauté, qui y fut bientôt transférée tout entière.

La reine Marie de Médicis prit par lettres patentes le titre de Protectrice de Port-Royal, et à la sollicitation desintéressée de l'abbesse, le monastère fut remis sous la juridiction de l'évêque, et la dignité abbatiale devint en 1629 élective et triennale, de perpétuelle qu'elle était auparavant. Le nouvel ordre religieux de l'*Adoration perpétuelle du Saint-Sacrement*, qui se forma en 1633, ne tarda pas à se fondre dans l'institution de Port-Royal. Un écrit mystique de la mère Agnès, sœur d'Angélique, intitulé le *Chapelet secret du Saint-Sacrement*, devint l'occasion d'une polémique entre les théologiens. Duvergier de Hauranne, abbé de Saint-Cyran, se rangea du côté des approbateurs du *Chapelet*, et la communauté se mit sous sa conduite spirituelle.

Tandis qu'il n'y avait plus de monastère à Port-Royal des Champs, on avait vu se retirer dans cette solitude, que madame de Sévigné qualifie dans ses lettres de « désert affreux, tout propre à inspirer le goût pour faire son salut, » des hommes également recommandables par le savoir, le talent et la vertu, ecclésiastiques ou laïques, hommes de robe ou d'épée, philosophes ou médecins, etc. Parmi eux on distinguait le grand Arnauld, Arnauld d'Andilly, Le Maistre, Sacy, Séricourt, et plus tard Nicole, Lancelot, Nicolas Fontaine et Pascal. Le travail des mains les occupait durant tout le temps qu'ils ne consacraient pas à l'étude des lettres sacrées ou profanes et à l'instruction de quelques jeunes gens d'élite. De Port-Royal sortirent ces doctes ouvrages qui ont immortalisé son souvenir : la *Logique* d'Antoine Arnauld, les *Méthodes Grecque* et *Latine* de Lancelot, les *Essais de Morale* de Nicole, l'*Histoire ecclésiastique* de Le Nain de Tillemont, la *Bible* dite *de Sacy*, la traduction de l'*Histoire des Juifs* de Josèphe, par d'Andilly, etc. A cette école, aussi chrétienne que savante, la France doit des hommes d'un rare mérite dans le gouvernement et la littérature, les deux frères Bignon, Achille de Harlay, enfin Racine. Les sept odes, assez médiocres, dans lesquelles ce grand poëte a décrit le site champêtre de Port-Royal datent de l'époque où il y faisait ses études. Son *Abrégé de l'Histoire de Port-Royal*, que Boileau regardait comme le plus parfait morceau d'histoire que nous eussions en notre langue, et un *Mémoire justificatif* des religieuses de cette abbaye, déposent de la reconnaissance que Racine conserva toujours pour ses maîtres. Pascal, qui avait sa sœur et sa nièce à Port-Royal, passa quelque temps sous le toit des Arnauld et des Nicole. Plusieurs personnages de la cour vinrent successivement se retirer dans cet asile, sur le terrain duquel ils se firent bâtir des hôtels, entre autres le duc et la duchesse de Luynes (1648); le duc et la duchesse de Liancourt (1653), puis en 1672 Anne de Bourbon, sœur du grand Condé et seconde femme du duc de Longueville. De même à Paris, la princesse de Guemenée, la marquise de Sablé et d'autres dames considérables, firent bâtir des habitations dans les dehors du couvent du faubourg Saint-Jacques, résolues d'y passer leur vie dans la retraite. C'est ainsi que de pauvres filles qui n'avaient d'autre richesse que la pureté de leur foi et l'éclat de leur vertu servirent de lieu commun pour réunir dans une pieuse solitude tout ce qu'il y avait de plus élevé à la cour de Louis XIV et de plus savant dans les lettres. Les mêmes motifs qui vingt-cinq ans auparavant les avaient obligées à partager leur communauté les contraignirent en 1648 de renvoyer une partie des sœurs dans le monastère des Champs, en sorte que les deux maisons ne formassent qu'une seule et même communauté, sous les ordres de la même abbesse. Le sol avait été assaini par les travaux qu'y avaient exécutés les solitaires. Ceux-ci se retirèrent dans la maison dite *des Granges*, dans le voisinage du couvent.

Les jésuites, qui voyaient avec peine l'éducation de la jeunesse la plus distinguée du royaume passer en d'autres mains que les leurs, commencèrent d'abord par s'attaquer aux pauvres religieuses. Elles furent accusées, dans un livre du jésuite Brisacier, de ne pas croire à ce mystère du saint-sacrement devant lequel elles étaient nuit et jour prosternées. Il les appelait *asacramentaires*, *vierges folles*, *désespérées*, *impénitentes*, et jeta même des soupçons sur la pureté de leurs mœurs. L'archevêque de Paris, Gondi, lança aussitôt contre le livre du P. Brisacier une censure foudroyante, prenant hautement la défense des filles de Port-Royal, et rendant témoignage à la pureté de leur foi et de leurs mœurs. Les jésuites insultèrent à la censure du cardinal, et un des leurs, le P. Meynier, publia un nouveau libelle sous ce titre : *Port-Royal, d'intelligence avec Ge-*

nève, contre le Saint-Sacrement de l'autel. Ces calomnies se répandirent dans tous les couvents que dirigeaient les ennemis de Port-Royal. Louis XIV voyait d'ailleurs avec déplaisir que cette maison, protégée par le cardinal de Retz, fût devenue l'asile de quelques personnes considérables, qui se retiraient mécontentes de la cour.

Les choses en étaient là lorsque s'engagea la fameuse querelle du jansénisme. On accusa Port-Royal d'être un foyer d'hérésie, Arnauld fut condamné et exclu de l'université. Les jésuites, triomphants à la cour, firent abolir cette école de Port-Royal, ouverte à une jeunesse de choix, et dont Lancelot, Sacy, Nicole, Arnauld, ne dédaignaient pas d'être les régents. Le lieutenant civil d'Aubray alla à Port-Royal des Champs faire sortir tous les solitaires qui s'y étaient retirés et tous les jeunes gens qu'ils élevaient. Une guérison miraculeuse, opérée sur Mlle Perrier, la nièce de Pascal, et confirmée, comme c'est l'usage en pareil cas, par les plus graves attestations, rendit aux religieuses la faveur de la reine mère : la tranquillité se rétablit à Port-Royal, et les solitaires se réunirent; Arnauld lui-même reparut. Bientôt parurent les *Lettres provinciales*, où la morale relâchée de certains casuistes était dénoncée d'une manière si incisive. Cependant, aucune communauté religieuse ne put plus se soustraire à l'obligation de signer le formulaire adopté en 1656 dans l'assemblée du clergé de France, et qui condamnait les propositions de Jansenius. L'archevêque de Paris, Hardouin de Péréfixe, outré de l'obstination de ces religieuses à refuser leur signature, leur dit qu'elles étaient pures comme des anges, mais orgueilleuses comme des démons, et vint accompagné du lieutenant civil, du prévôt de l'Ile, du chevalier du guet, de plusieurs exempts et commissaires, et de plus de deux cents archers. Il fit enlever du couvent douze religieuses, qui furent enfermées dans les maisons des autres ordres, et jeta l'interdit sur la maison. Quelques-unes, intimidées, signèrent. L'année suivante, ce qui restait de récalcitrantes fut renvoyé à Port-Royal des Champs, où l'on plaça une garde de soldats, pour empêcher toute communication avec le dehors.

Des dissidences se manifestèrent entre les religieuses des deux maisons. Celle de Paris ne tarda pas à tomber dans un tel relâchement que dans cette même année 1665 on y donna, dit-on, des bals au parloir. Il serait trop long de poursuivre dans les mêmes détails le récit de cette longue querelle, qui fut marquée par la dispersion et l'exil des docteurs de Port-Royal, quoiqu'une heureuse modification apportée au formulaire par le pape Clément IX eût un instant donné la paix à l'Église. Les religieuses de Port-Royal des Champs ne firent plus alors difficulté de signer. La conversion de Turenne mit le comble à la gloire de Port-Royal. Ce fut le temps le plus florissant de ces savants solitaires. La duchesse de Longueville, sœur du grand Condé, s'étant alors (1672) retirée dans une habitation qu'elle avait fait bâtir près de Port-Royal des Champs, les Arnauld, les Nicole, les Hamon, les Le Maistre, les Sacy, s'assemblaient chez cette princesse : « Ils substituaient, dit Voltaire, au bel esprit que la duchesse de Longueville tenait de l'hôtel de Rambouillet leurs conversations solides et ce tour d'esprit mâle, vigoureux et animé, qui faisaient le caractère de leurs livres et de leurs entretiens. Ils ne contribuèrent pas peu à répandre en France le bon goût et la vraie éloquence ; mais malheureusement ils étaient encore plus jaloux d'y répandre leurs opinions. » Pendant dix années leur monastère et leur école furent dans un état florissant et tranquille.

Trois mois après la pacification de Clément IX, le roi avait, par un arrêt du conseil, séparé les deux maisons de Port-Royal en deux abbayes indépendantes : l'une à Paris, pour être de nomination royale; l'autre aux Champs, pour être élective et triennale. Les biens furent partagés en même temps dans une proportion toute favorable à l'abbaye de Paris; une bulle du pape autorisa tous ces changements. Port-Royal des Champs recommença à recevoir des pensionnaires et des novices. Mais la duchesse de Longueville étant morte le 15 avril 1679, l'archevêque de Paris, Harlay de Chanvallon, se transporta à Port-Royal un mois après, fit sortir les pensionnaires et les personnes qui s'y étaient retirées, et signifia aux religieuses une défense verbale de recevoir des novices jusqu'à ce que la communauté, qui comptait alors soixante-treize religieuses, fût réduite par les décès au nombre de cinquante. Le successeur de Harlay de Chanvallon, Louis-Antoine de Noailles, se relâcha de cette sévérité, grâce à l'intercession de Racine.

Tout à coup, en 1702, un problème théologique, appelé le *cas de conscience*, ralluma la querelle du formulaire. On voulut faire signer aux religieuses de Port-Royal des Champs la bulle *Vineam domini Sabaoth*. Elles y consentirent, mais avec restriction. La cour, irritée, leur défendit alors de nouveau de recevoir des novices, et à la mort de l'abbesse l'archevêque refusa la permission de procéder à une nouvelle élection. Enfin, le 11 juillet 1709, Port-Royal de Paris obtint la révocation de l'arrêt de partage de 1669, la suppression de l'abbaye des Champs et la mise en possession de tous ses biens. Les religieuses, dont la résistance ne doit expirer qu'à la fin, en appellent à la primatie de Lyon ; l'official refuse de recevoir leur plainte ; elles se pourvoient au parlement par appel comme d'abus de ce déni de justice. La cour, craignant les suites du procès, a recours à des voies plus promptes et plus efficaces. « Le mardi 29 octobre 1709, dit le continuateur de l'*Histoire de Port-Royal* par Racine, le lieutenant de police d'Argenson, muni d'un arrêt du conseil du roi, porteur de vingt-deux lettres de cachet, accompagné de deux commissaires du Châtelet, escorté du prévôt de la maréchaussée et de trois cents archers, se transporte à sept heures du matin au couvent de Port-Royal. Il investit la maison, consigne les domestiques, se fait d'abord remettre les titres et tous les papiers, pose les scellés partout, et annonce aux religieuses les ordres dont il est chargé. Elles étaient en tout quinze religieuses, y compris la prieure, puis sept converses. Il y en avait quelques-unes si vieilles et si infirmes qu'on ne put les transporter que sur des litières. Elles furent conduites chacune dans autant de maisons différentes..... Mais les implacables persécuteurs de Port-Royal, pour ôter aux exilées et à leurs amis tout espoir de retour, résolurent de faire disparaître les bâtiments : c'est ce qui fut ordonné par un autre arrêt du conseil, du 22 janvier 1710. Le vénérable monastère fut démoli ainsi que tous les édifices qui y avaient été successivement ajoutés. On vendit les matériaux, on tâcha d'effacer jusqu'aux vestiges des constructions.... En 1711 on ouvrit les sépultures, on exhuma les morts qui avaient voulu être éternellement réunis, et on les dispersa dans les églises de Paris et dans les cimetières des villages voisins. »

Port-Royal de Paris s'enrichit d'une partie du mobilier du monastère rival; le reste fut vendu, et l'on montrait encore avant la révolution, dans l'église des Bernardins, les belles chaises de chœur qui se trouvaient à Port-Royal des Champs. J'ai hâte d'en finir sur la maison de Paris. Ce couvent, qui eut pour dernière abbesse Mme Dio de Montpétoux, subsista jusqu'en 1790 : il fut, sous la Convention, converti en prison, d'abord pour les suspects, ensuite pour les militaires, et, par une affreuse dérision, reçut le nom de *Port-Libre*. En 1801 on y plaça l'institution de La Maternité, et en 1814 l'hospice d'accouchement, appelé par le peuple la *Bourbe*, du nom de la rue où il est situé.

Quelques mots encore sur le sol où fut situé Port-Royal des Champs. La vallée n'offre plus qu'une mélancolique solitude. Sur le versant des collines du côté de l'est, nulle trace des hôtels de Longueville et de Liancourt ; on aperçoit seulement des débris d'une cave. Sur une éminence du côté de l'ouest était la demeure d'Antoine Arnauld et de ses amis. De cette habitation, il reste un petit bâtiment en briques rouges d'un style ancien ; les escaliers y sont en bois sculpté. Le propriétaire de cette maison a fait placer sur la façade une pierre oblongue, où sont inscrits sur deux colonnes les noms des solitaires plus ou moins illustres qui ont habité ce séjour.

Dans l'intérieur de l'édifice, trois autres inscriptions indiquent les cellules qu'ont occupées A. Arnauld, Racine et Nicole. Dans le jardin est le chapiteau d'une vieille colonne, assis sur le sol de manière à former une table, qu'on nomme la *table des solitaires*. C'est là que les hôtes de ce pieux asile se réunissaient pour se livrer à leurs doctes entretiens. Dans la vallée, l'étang qu'a chanté Racine n'existe plus; et le sol qu'il occupait est consacré à la culture; il y croît des légumes et des osiers. La place qu'occupait jadis le monastère, dont toutes les pierres ont disparu, est couverte de jardins et de vergers. De toutes ses dépendances, il n'existe qu'un colombier et les débris d'une vieille tour avec ses meurtrières; le lierre recouvre cette ruine. L'église du couvent était bâtie sur un tertre formé de terres rapportées; on peut en saisir le plan général au moyen de peupliers plantés en cet endroit, et qui en dessinent à l'œil la nef, le chœur et les bas côtés. Enfin, à la place du maître autel, une main pieuse a élevé une chapelle. Soins touchants! culte respectable du passé! Les puissances de la terre peuvent détruire et disperser des pierres; ils ne peuvent rien contre l'intelligence et la vertu. Charles Du Rozoir.

PORT SAINT-PIERRE ET SAINT-PAUL. *Voyez* Petropawlowsk.

PORTSEA. *Voyez* Portsmouth.

PORTSMOUTH, ville du comté de Hampshire, avec le plus vaste et le plus sûr des ports militaires de l'Angleterre, est située dans l'île marécageuse de *Portsea*, dans une baie du canal Saint-Georges, et se compose de deux villes, *Portsea* et *Portsmouth*, comprenant ensemble 72,676 habitants, et avec Gosport plus de 92,000. *Portsea*, au nord de *Portsmouth* proprement dit, et ainsi appelé seulement depuis 1792, est aujourd'hui beaucoup plus considérable, et trois ou quatre fois plus peuplé que *Portsmouth*. On y trouve, outre les chantiers de construction et l'arsenal de la marine royale, une école royale de marine. De même que toute l'île dans laquelle est bâtie Portsmouth et l'entrée du port sont défendues par un grand nombre de forts et de batteries, Portsmouth est entourée de formidables ouvrages de défense. Cependant, les remparts ont été en grande partie transformés en promenades. La plus grande et la plus belle rue de Portsmouth est *High-Street*. Le grand hôpital maritime, qui peut recevoir 3,000 matelots, est à bon droit célèbre. En face de la pointe occidentale de Portsmouth, on trouve Gosport, bâti sur une presqu'île. Au sud de Portsmouth, à l'extrémité nord-est de l'île de Wight, est située la belle rade de *Spithead*, où les flottes anglaises se réunissent d'ordinaire pour prendre la mer.

Portsmouth est aussi le nom de la ville la plus importante de l'État du New-Hampshire, dans l'Amérique du Nord.

PORTUGAIS (*Ichthyologie*). *Voyez* Pomacanthe.

PORTUGAISES (Langue et Littérature). Comme toutes les autres langues romanes, le portugais est dérivé d'un dialecte romain provincial, la *lingua romana rustica*. Sous le rapport de la langue, toute la côte nord-ouest de la péninsule pyrénéenne appartient au Portugal. Le dialecte galicien, qui diffère du portugais proprement dit par plus de rapports avec le latin, était jadis employé de préférence par les poëtes portugais et castillans. Le portugais se rapproche il est vrai beaucoup du castillan, a les mêmes sources que lui et par suite a à peu près le même trésor de mots; mais il en diffère par des traits grammaticaux si essentiels, qu'il n'est pas seulement à son égard dans les rapports d'un dialecte, et qu'il peut en outre prétendre constituer une langue à part. D'ailleurs, dans le portugais, les mélanges avec d'autres langues diffèrent considérablement de ceux qui existent dans le castillan. Ainsi, il se trouve dans le portugais un mélange bien plus nombreux de mots français; résultat qu'il faut attribuer à la nombreuse escorte du fondateur de la monarchie, le comte Henri de Bourgogne (consultez Francisco de Santo-Luiz, *Glosario das Palavras e frases da Lingua Francesa que se tem introduzida na Locuçao Portugueza moderna* [Lisbonne, 1827]); en revanche, il contient bien moins de mélange arabe (consultez João de Sousa, *Vestigios da Lingua Arabica em Portugueza* [Lisbonne, 1830]). Ainsi le portugais a des intonations nasales complétement étrangères au castillan, surtout dans les intonations finales flexibles, et transforme au contraire toujours les intonations gutturales du castillan en douces et grasses intonations sifflantes. Le portugais diffère encore de l'espagnol par une propension plus grande au vocalisme, par la transformation des voyelles *e* et *o* en *ei* et *ou*, par l'amollissement des consonnes dans les intonations initiales et finales; ce qui lui a donné le caractère du plus mou, du plus doux, et en même temps du plus efféminé et du moins énergique des dialectes romans. Sismondi dit, avec autant d'esprit que de justesse, que c'est du *castillan désossé*; et en effet les Portugais ont enlevé aux mots espagnols certaines lettres intermédiaires, l'*l* par exemple, et ils disent *dor*, au lieu de *dolor*, *Afonso* au lieu d'*Alfonso*. La grammaire portugaise a encore un trait qui lui est particulier, dans la flexion vraiment verbale de l'infinitif. Le portugais est répandu aussi dans une partie des Indes orientales, de l'Afrique occidentale et de l'Amérique méridionale. Les échantillons de cette langue ne sont guère moins anciens que ceux de la langue espagnole. Le plus ancien monument purement portugais est désigné par l'*era* 1230 = 1192. Consultez Ribeiro, *Observações historicas e criticas para servirem de memorias ao systema da diplomatica portugueza* (Lisbonne, 1798), où se trouve un catalogue des plus anciens documents. Un secours précieux pour l'étude de l'ancien portugais, c'est l'ouvrage de Santa-Rosa de Viterbo, qui a pour titre *Elucidario das Palavras, termos e frases, que em Portugal antiguamente se usarão e que hoje regularmente se ignorão* (2 vol., Lisbonne, 1798-1799), et qui est précédé d'une courte histoire de la langue portugaise. Duarte Nuñez de Lião est le premier auteur qui ait écrit sur l'orthographe portugaise, alors encore très-incertaine (*Origem da Lingua Portugueza* [Lisbonne, 1606]). Dans les *Memorias de Literatura Portugueza* on trouve plusieurs dissertations importantes sur l'histoire de la langue portugaise; et il faut reconnaître que l'Académie des Sciences de Lisbonne s'est occupée avec une extrême activité de la philologie nationale. Cependant, il n'a paru qu'une livraison (Lisbonne, 1793) du dictionnaire qu'elle avait entrepris; cette livraison ne contient que la lettre A, mais on y a ajouté un très-précieux *Catalogo dos livros que se hão de ler para a continuação do Diccionario da Lingua Portugueza* (Lisbonne, 1799). Le meilleur et le plus complet des dictionnaires portugais est celui du Brésilien Antonio de Moraes Silva (Lisbonne, 1789; 4ᵉ édit., 2 vol., 1831). Franc. Solano Constancio a publié un dictionnaire critique étymologique; le même auteur a donné aussi une bonne grammaire (*Grammatica Portugueza* [Paris, 1831]); mais la meilleure de toutes les grammaires portugaises est celle de Jeronymo Soares Barboza (*Grammatica philosophica da Lingua Portugueza* [2ᵉ édit., Lisbonne, 1830]). Francesco de Santo-Luiz a publié un *Ensaio sobre alguns Synonymos da Lingua Portugueza* (2 vol., Lisbonne, 1828). En fait de dialectes portugais, les plus originaux sont ceux des provinces de Beira et de Minho.

Malgré les analogies apparentes, mais tout extérieures, existant dans l'histoire politique comme dans l'histoire littéraire des Portugais et des Espagnols, le caractère fondamental des deux nations diffère profondément; c'est pourquoi la différence existant entre la littérature portugaise et la littérature espagnole frappe d'autant plus vivement, qu'on examine et qu'on compare d'un œil critique leurs principes, leurs phases de développement intérieur, en un mot leurs attributs. Ces différences essentielles dans le caractère des deux principaux peuples de la péninsule pyrénéenne, sont fondées partie sur les circonstances géographiques, partie sur les rapports de leur mélange avec des nationalités étrangères. Les éléments primitifs des deux peuples furent vraisemblablement celtibériens-romans; ils se mêlèrent ensuite avec des éléments germains, puis avec des éléments arabes. Mais chez les Portugais (tout au moins ceux du sud, qui sous le rapport de la politique et de la civilisation méritent plus de fixer l'attention) les éléments celto-romains ne se fusionnèrent jamais aussi complétement avec les éléments germains que chez les Espagnols; dénomination sous laquelle il faut entendre les Castillans parvenus à la prépondérance sous le rapport politique comme sous le rapport littéraire; et quand le Portugal devint indépendant, les éléments homogènes de la caste dominante, celle des chevaliers du midi de la France, lui donnèrent encore plus de puissance. Sous le rapport géographique les Espagnols sont un peuple intérieur, habitant des *Sierras* ou des plateaux; les Portugais, un peuple de côtes, fixé sur le versant des montagnes ou aux embouchures des rivières. De là ce qu'il y a de concentré, d'opiniâtrément attaché aux antiques pratiques, de difficilement accessible aux influences étrangères, dans le caractère espagnol; tandis que le Portugais est un peuple facilement impressionnable, aimant le changement, et passionné pour l'imitation. Qu'on ajoute à cela qu'à diverses reprises et pendant longtemps le Portugal se trouva dans des rapports de dépendance politique à l'égard de l'Espagne, qu'avant le développement d'une poésie populaire indigène les Portugais avaient déjà reçu une poésie étrangère parvenue à l'état d'art, et on ne devra pas s'étonner que la littérature portugaise n'ait jamais eu l'originalité ni la spontanéité de la littérature espagnole. Voilà pourquoi l'histoire de la poésie portugaise est presque exclusivement celle d'une poésie d'art, et l'on peut partager ses périodes de développement d'après les influences étrangères qui la dominèrent.

Ainsi, elle se forma, dans sa *première période* jusqu'au quatorzième siècle, sous l'influence de la poésie d'art provençale; dans la seconde, jusqu'au commencement du seizième siècle, sous l'influence de la poésie espagnole; dans la troisième, jusqu'à la moitié du dix-huitième siècle, d'après les modèles classiques italiens et espagnols; dans la quatrième, depuis le milieu du siècle dernier jusqu'à nos jours, d'après le modèle de la littérature française, de la littérature anglaise, et en général de la littérature de l'Europe moderne. Les traits caractéristiques de la poésie portugaise indigène sont ceux du caractère national, la mollesse doucereuse, la sentimentalité élégiaque, le vague mélancolique.

En Portugal, comme partout, la poésie populaire précéda naturellement la poésie d'art; mais il ne s'est conservé qu'un si petit nombre d'imitations de ses premiers essais, imitations d'une date postérieure (on peut considérer comme telles les *Trovas dos Figueiredos* ainsi que le chant de Gonçalo Hermiguez et Ouroana; tous les autres monuments poétiques que les Portugais prétendent faire remonter au delà du treizième siècle sont apocryphes), que tout ce qu'il est permis d'en conclure, c'est l'existence incontestable de cette poésie populaire antérieure. En effet, Henri de Bourgogne et sa suite de chevaliers français méridionaux, qui fondèrent l'indépendance politique et nationale des Portugais, leur apportèrent en même temps une poésie de cour déjà toute faite, que les Portugais, avec leur génie essentiellement imitateur, accueillirent avec tant d'empressement et cultivèrent si exclusivement, qu'ils négligèrent dès lors complétement leur propre poésie nationale populaire, qui d'ailleurs n'était encore que fort peu développée. Cette influence première d'une poésie d'art étrangère, avant que la poésie populaire eût pu assez se développer pour former un principe national vivant, une base durable, fut un moment si décisif pour la littérature nationale portugaise, que sa poésie populaire abandonnée à elle-même, déchut à l'état de complainte; tandis que sa poésie d'art, perdant aussi son terrain, ne s'éleva jamais beaucoup au-dessus de la reproduction. En un mot, son développement populaire fut étouffé en germe. Ainsi la poésie d'art portugaise ressembla tout d'abord à une plante de serre chaude qui, malgré la beauté du ciel méridional et la richesse de la terre, ne voulut jamais bien prendre racine sur le sol national, ni croître libre, indépendante et conformément à la nature, qui toujours eut besoin d'appui ainsi que des soins du jardinier venu de l'étranger. En effet, elle commença par où finissent les poésies des autres nations, par une poésie de cour originaire de l'étranger. Aussi ses plus anciens monuments authentiques sont-ils les *cancioneiros*, collections de poésies de cour chantées par des ménestrels, qui remontent jusqu'au treizième siècle, et qui, formées à l'origine sur le modèle de l'ancienne poésie provençale ou des troubadours, furent composées en langage galicien, c'est-à-dire dans l'ancienne langue portugaise. Le plus ancien de ces *cancioneiros* est celui du roi Denys (1279-1325), que les Portugais regardent en conséquence comme leur plus ancien poëte d'art. Ce plus ancien des monuments de la poésie portugaise avait pendant longtemps été cru perdu; mais Ferdinand Wolf l'a retrouvé tout récemment dans la bibliothèque vaticane, et on l'a publié alors sous le titre de *Cancioneiro del rey dom Diniz* (Paris et Lisbonne, 1847). La poésie d'art en dialecte galicien d'après les modèles provençaux se répandit dans toute la partie occidentale de la péninsule pyrénéenne, de sorte que le roi de Castille Alfonse le Sage s'en servit pour ses poëmes, et appartient, comme poëte et comme protecteur de la poésie des troubadours, plus à la poésie portugaise qu'à la poésie castillane.

La poésie portugaise conserva encore dans sa *seconde période*, au quatorzième et au quinzième siècle, ce caractère de poésie de cour; cependant, elle fut sous le rapport de la forme modifiée et plus nationalisée par les Espagnols qui employaient l'idiome de la Galice pour leurs compositions. En effet, ceux-ci, qui possédaient déjà une poésie populaire, dont la richesse allait se développant toujours davantage, essayèrent de remplacer aussi dans la poésie de cour les formes d'art de la poésie provençale par leurs formes nationales et populaires. Non-seulement ces Espagnols, qui pour leurs compositions poétiques employaient indifféremment le dialecte de la Castille et celui de la Galice, firent dominer de plus en plus dans la poésie portugaise leurs rhythmes nationaux (*redondilhas*) ainsi que leurs formes populaires (*cantigas, vilhancicos*, etc.), mais encore les Portugais eux-mêmes, à partir du quatorzième siècle, se mirent à employer les deux idiomes pour leurs poésies; et dans les siècles suivants l'usage de la langue espagnole devint tellement général, que sous plus d'un rapport la littérature portugaise ne fut plus que le décalque incolore de la littérature espagnole. Parmi les poëtes de cour qui employèrent ces deux idiomes, et qui dès lors sont jusqu'à un certain point communs aux deux littératures, il faut citer le célèbre Macias.

Pendant cette période la cour demeura le foyer de la poésie en Portugal. Non-seulement presque tous les poëtes s'y rattachèrent, mais encore des princes du sang royal figurèrent parmi les esprits d'élite qui cultivaient la poésie. On cite, au commencement du quatorzième siècle, les fils du roi Diniz, Affonso IV, et ses frères consanguins, Affonzo Sanchez, comte d'Albuquerque, et Pedro, comte de Barcellos, auteur d'un ouvrage généalogique, le plus ancien *nobiliario* qu'ait eu le Portugal; mais aucune de leurs poésies n'est parvenue jusqu'à nous. On attribue à ce dernier avec assez de vraisemblance le *Cancioneiro do Real Collegio dos Nobres*, qui date évidemment du quatorzième siècle, et fut publié pour la première fois par les soins de lord Stuart (Paris, 1823). On a du roi dom Pedro, époux d'Inez de Castro, cinq poëmes portant son nom, dont un composé en langue espagnole. Au quinzième siècle les fils et les petits-fils du roi Jean Ier ne protégèrent pas seulement les poëtes, ils furent poëtes eux-mêmes, et donnèrent un nouvel éclat à la poésie des troubadours qui avait été introduite en Portugal par les princes Bourguignons. On cite entre autres l'aîné, le roi dom Duarte (1433-1438), auteur du *Leal Conselheiro* (le Loyal Conseiller, collection de dissertations philosophiques et morales en prose, publiée par Roquette [Paris,

1843]); son frère dom Pedro, surnommé le Voyageur, à cause de ses nombreux voyages en Orient, composa des poëmes en portugais et en espagnol. Ses enfants, le connétable dom Pedro et donna Filippa de Lancaster, furent poëtes comme lui. Les rois Jean II (1481-1495) et Emanuel (1495-1521) se montrèrent, eux aussi, les protecteurs généreux de la poésie et des poëtes. On ignore s'ils cultivèrent eux-mêmes la poésie : mais leur règne est l'âge d'or de la poésie portugaise, dont les œuvres trouvèrent dans Garcia de Resende, poëte lui-même, un collectionneur aussi zélé qu'intelligent. Son *Cancioneiro geral* (Lisbonne, 1516; Stuttgard, 1846) mérite ce titre sous tous les rapports : il contient des échantillons du talent de presque tous les poëtes portugais de quelque importance de la seconde moitié du quinzième siècle et du commencement du seizième. Les plus remarquables sont Bernardim Ribeiro, auteur de poésies pastorales et de romans moitié bucoliques, moitié chevaleresques, en prose, et Sá da Miranda, qu'on peut considérer comme représentant la transition entre la poésie portugaise du moyen âge et la poésie classique moderne. Les nombreuses imitations de l'Amadis de Gaule faites alors en portugais, bien que nous ne les connaissions que par des traductions espagnoles, témoignent que la prose ne laissait pas non plus que d'être cultivée à cette époque en Portugal.

La *troisième période* de l'histoire de la littérature portugaise date de l'introduction de l'imitation du style classique italien, à l'instar du mouvement qui s'opérait à la même époque dans la littérature espagnole. Sá da Miranda, comme nous l'avons dit, donna l'impulsion première à ce mouvement. Quoique Portugais de naissance, il appartient plutôt, en raison de la langue dont il se servit, à la littérature espagnole, où, avec son compatriote Montemayor, il introduisit le premier la poésie pastorale. Antonio Ferreira suivit l'impulsion donnée, mais avec plus d'indépendance; par patriotisme il n'employa que la langue portugaise, de même qu'il ne puisa ses sujets que dans l'histoire nationale. Dans son *Inez de Castro*, il donna aux Portugais le premier échantillon de tragédie dans le goût classique. Parmi leurs successeurs immédiats il faut citer Pero d'Andrade Caminha (*Poezias* [Lisbonne, 1791]), Diogo Bernardes (*O Luna* [Lisbonne, 1596 et 1761]), et Jeronimo Cortereal, auteur de plusieurs poëmes, entre autres de celui qui a pour titre *Naufragio de Sepulveda* (Lisbonne, 1594), et dont M. Octave Fournier nous a donné une traduction (Paris, 1844). Cette poésie classique resta sans influence sur la nation, et ne devint jamais poésie populaire; pourtant, cette époque était celle des glorieuses découvertes et des héroïques exploits des Portugais en Afrique, en Asie et en Amérique. Ce furent Gil Vicente et Camoens qui se firent les organes et les représentants du sentiment national surexcité par tant de hauts faits. De même que la puissance portugaise parvint à son apogée sous les règnes d'Emanuel le Grand et de Jean III, la poésie portugaise jeta son plus vif éclat à l'époque où fleurirent Gil Vicente et Camoens. Du désastre d'Alcazar, de la mort de l'héroïque roi Sébastien datent le déclin de la puissance des Portugais et la décadence de leur poésie, où le *gongorisme* fit invasion. L'*Afonso Africano* de Vasco Mouzinho de Quevedo e Castellobranco, qu'on compare quelquefois aux *Lusiades*, n'en est pas exempt. Ce défaut est encore autrement sensible dans l'*Ulyssea* (Lisbonne, 1636) de Pereira de Castro, et dans la *Malacca conquistada* (Lisbonne, 1634) de Francisco de Sá e Menezes. Sous la domination des trois Philippe d'Espagne, spoliateurs de l'indépendance portugaise, la littérature portugaise perdit toute originalité, et ne fut plus que le pâle reflet de la littérature maniérée et affectée des Espagnols de cette époque. La plupart des écrivains et des poëtes de cette période d'abaissement employèrent, au lieu de la langue nationale, l'idiome castillan. On ne cite de ce temps en langue portugaise que quelques pastorales, par exemple la *Primavera*, le *Pastor peregrino* et l'*O Desenganado* de Francisco Rodriguez Lobo (né vers 1650 à Leiria, en Estrémadure). Mais ce poëte lui-même, quand il voulut consacrer une épopée à chanter la gloire du Cid portugais, le connétable Nuño Alvarez Pereira, employa l'idiome castillan.

Quand le Portugal eut secoué le joug de l'Espagne, la littérature portugaise demeura longtemps encore sous l'influence de la littérature espagnole, et partagea ses destinées. Plus que jamais elle fut infectée de *marinisme* et de *gongorisme*. A cette époque on ne peut guère nommer que Manoel de Faria y Sousa, Antonio Barbosa Bacellar, né à Lisbonne, vers 1610, l'inventeur de ce qu'on appelle les *saudades*, descriptions élégiaques de la solitude charmée par l'amour, et la religieuse Violante de Ceo, née à Lisbonne, en 1601, dont les poésies ont paru sous le titre de *Parnazo Luzitano de divinos e humanos versos* (2 vol., Lisbonne, 1738). Les titres emphatiques de quelques productions poétiques de cette époque permettent tout de suite d'apprécier dans quel esprit elles sont conçues, par exemple : *A Fenix renascida, o obras poeticas dos melhores engenhos Portuguezes* (2e édition, Lisbonne, 1746); *Eccos que o clarim de Fama dá; Postilhão de Apollo*, etc. (Lisbonne, 1761). John Adamson, au contraire, dans sa *Lusitania illustrata* (Newcastle, 1842) a donné un choix heureux de sonnets de cette époque, qui fut celle du triomphe du sonnet en Portugal. Les grands auteurs dramatiques espagnols du même temps régnèrent également à peu près sans partage sur la scène portugaise, et les poëtes dramatiques portugais eux-mêmes de ce temps-là, parmi lesquels on cite quelques esprits distingués, tels que Diamante, Matos Fragoso, Melo, employèrent l'idiome castillan; c'est tout au plus si les pièces de spectacle essentiellement destinées au peuple, les *autos*, les *farsas* et les *entremeses*, furent écrites dans la langue nationale. La seule production dramatique en langue portugaise qu'on puisse citer dans le cours du dix-septième siècle est la collection des *entremeses* de Manoel Coelho Rebello, qui parut sous le titre de *A Musa entretenida de varios Entremeses* (Coïmbre, 1658), et qui contient aussi les plus anciens intermèdes du théâtre portugais. L'introduction de l'opéra italien à la cour du roi Jean V eut pour résultat, au commencement du dix-huitième siècle, de donner naissance à une espèce d'*opéra comique* portugais, imitation du majestueux opéra italien et en même temps du trivial vaudeville français. Ces espèces de mélodrames, représentés de 1733 à 1741, et généralement attribués à un juif appelé Antonio Jose da Silva, qui fut brûlé vif lors du dernier *auto-da-fé* célébré en 1745, obtinrent un tel succès, qu'il en a été fait de nombreuses éditions.

Il en fut à cette époque de la prose comme de la poésie; et elle commença par revêtir complétement les formes de la chevalerie et de la cour; par exemple, les romans de chevalerie à l'imitation de l'*Amadis* de Francisco de Moraes (mort en 1572), *Palmerim de Inglaterra* d'après l'original espagnol de Luis Hurtado (3 vol., Evora, 1567); les *Triumfos de Sagramor* (Coïmbre, 1554), et le *Memorial dos Cavalleiros da segunda Tavola redonda* (Lisbonne, 1567), par Georges Ferreira de Vasconcellos (mort en 1585), dont il existe aussi trois célèbres nouvelles dramatiques à la façon de la *Celestina* (*Comedia Euphrozina*, Lisbonne, 1616; *Comedia Olyssipo*, 1618; *Comedia Aulegrafia*, 1619); la *Constante Florinda* (Lisbonne, 1625), par Gaspar Pires Rebello, dont on a aussi des *Novelas exemplares* (1650). Il a été déjà question du roman pastoral de Rodriguez Lobo, écrit presque complétement en prose, et de son influence sur la formation de la prose. Il eut pour successeur un écrivain plus faible, Eloy de Sá Sotomayos (*Ribeiras de Mondego* [1623]). Il n'y a pas jusqu'au plus célèbre historien de cette époque, João de Barros, qui n'ait débuté par un roman de chevalerie, *Chronica do Imperador Clarimundo* (Coïmbre, 1520). Vers le même temps les expéditions des Portugais à la recherche de contrées inconnues commencèrent à exciter bien plus puissamment l'imagination que ces échos affaiblis d'une chevalerie morte depuis longtemps; et l'héroïsme qui produisit les *Lusiades*, la seule épopée véritable des temps modernes, dut engager à raconter les faits dont on avait été témoin. Dans ces récits, quoique en simple prose et participant encore jusqu'à un certain point du style de la chronique, respire néanmoins un certain souffle épique. Ainsi naquirent les *Décades* de João de Barros, le Tite-Live portugais, dont l'œuvre fut continuée par Diogo de Conto et par Antonio Boccaro. Le fils du grand Afonso d'Albuquerque, qui portait le même nom que son père, se sentit appelé à raconter les hauts faits paternels dans ses *Commentarios* (Lisbonne, 1557). La vie d'Emanuel le Grand (*Chronica del rey D. Manuel* [Lisbonne, 1566]) a été écrite avec une exactitude épique par Damian de Goes, homme d'État qui avait beaucoup voyagé, et qui mourut en 1560. Fernan Lopes de Castanheda (mort en 1559), qui avait partagé les périls des conquérants sur terre et sur mer, trouva ainsi l'occasion de recueillir comme témoin oculaire les faits qu'il raconte dans son *Historia do Descobrimento da India pelos Portuguezes* (Coïmbre, 1551; 4 vol., Lisbonne, 1833). Animé du même esprit d'aventure, Fernan Mendez Pinto (mort en 1581) parcourut l'Afrique et l'Asie jusqu'au Japon, et a raconté ses pérégrinations (*Perigrinaçam* [Lisbonne, 1614]). Les victoires des Portugais ne trouvèrent pas seules des historiens; les Indiens vaincus eurent aussi un apôtre de l'humanité, un autre Las Casas, dans le grand sermonnaire portugais, dans le jésuite Antonio Vieira, né à Lisbonne, en 1608, mort en 1697. Ce missionnaire passa la plus grande partie de sa vie en Amérique, fit à pied plus de onze mille myriamètres à travers les déserts du Nouveau Monde, et écrivit des catéchismes dans six différentes langues indiennes, afin d'enseigner aux Indiens les vérités de la religion chrétienne. Revenu à la cour de Jean IV, il y défendit avec tout le feu de son énergique éloquence les droits naturels des Indiens contre la rapacité et la cupidité des conquérants. Il défendit aussi les juifs avec tant de chaleur, qu'il se vit à deux reprises traduit devant le saint-office comme suspect de judaïser; et il ne fallut pas moins que l'intervention du pape pour le tirer d'affaire. Ses sermons (*Sermoens* [15 vol., Lisbonne, 1748]; Roquette a publié un choix de ses lettres [Paris, 1838]) ne sont donc pas seulement le modèle le plus achevé de la prose et de l'éloquence dans la langue portugaise; souvent il lui arrive de s'élever au ton enthousiaste de la prophétie, sans qu'il soit possible de voir de traces de gongorisme dans l'expression souvent passionnée de son zèle à défendre les droits de l'humanité, outrageusement violés dans la personne des malheureux Indiens. L'enflure, il faut pourtant le reconnaître, est le défaut général des prosateurs de ce siècle; et trop souvent chez eux la pauvreté de la pensée se cache sous un vain étalage de pédantesque érudition. Aussi bien, alors même qu'ils eurent secoué le joug de l'Espagne, les Portugais estimèrent encore que la langue espagnole convenait bien mieux que leur langue nationale au récit des hauts faits de leurs héros et à l'histoire de leur pays. C'est ainsi que les Portugais Faria e Sousa, Mello, etc., appartiennent à l'histoire littéraire de l'Espagne. Parmi les exceptions, on peut citer Bernardo de Brito, mort en 1617, auteur d'une histoire de la monarchie portugaise (*Monarchia Lusitana;* Alcobaça, 1597) qui remonte, il est vrai, jusqu'à la création du monde et qui ne va que jusqu'à la fondation de la monarchie, mais qui n'en est pas moins un modèle de sentiments patriotiques, de même qu'elle brille par un style d'une correcte et élégante simplicité; Luiz de Souza, mort en 1632, qui même dans ses biographies de saint Dominique (*Historia de san Domingos* [Bemsica, 1613]) et de l'archevêque de Braga (*Vida de D. F. Bartholomeu dos Martyres, arcebispo de Braga* [Viana, 1610]), trahit toujours le chevalier qui s'est fait moine, mais qui par la douceur de son style a tant de charmes pour les Portugais, qu'ils le rangent au nombre de leurs prosateurs classiques. Le chef-d'œuvre de la prose classique, c'est la *Vie de João de Castro* par Jacinto Freire de Andrade, abbé de San-Maria das Chans, dont nous avons déjà parlé. Cet ouvrage, où l'auteur se montre le digne émule de Salluste, parut pour la première fois à Lisbonne, en 1651. Il en a été fait depuis d'innombrables éditions, et on l'a traduit dans diverses langues étrangères.

La *quatrième période* de l'histoire de la littérature portugaise est caractérisée par l'influence que l'école classique française commença à y exercer, comme sur toutes les autres littératures de l'Europe, à partir des premières années du dix-huitième siècle. Un homme haut placé, mais un poëte fort médiocre, le général Franc.-Xav. da Meneses, comte de Ericeira, non content de traduire l'*Art poétique* de Boileau en vers portugais, composa une *Henriqueida* (Lisbonne, 1741), ennuyeuse épopée dont le sujet est la fondation de la monarchie portugaise par Henri de Bourgogne. Son histoire en prose de la restauration du Portugal (*O Portugal restaurado*) est un meilleur ouvrage. De même, une *Academia Portugueza* fut fondée en 1714, sur le modèle de l'Académie Française; mais elle n'a rien produit. Une association de jeunes poëtes portugais, formée à l'instar de l'Académie des Arcades, à Rome, et qui en prit même le nom, fut plus utile, parce que ses membres s'efforcèrent du moins de réunir à l'élégance et à la correction classiques des Français l'imitation des modèles nationaux du seizième siècle. Il n'y eut pas jusqu'au *despotisme éclairé* du marquis de Pombal qui ne servît la cause du progrès en cherchant à faire pénétrer aussi en Portugal les lumières du siècle. Cependant, un des membres les plus distingués de la société des Arcades, Pedro Garcão, fut une des victimes de la tyrannie de Pombal, qui le laissa pourrir dans un cachot pendant plusieurs années. Il fut l'interprète heureux d'Horace, et chercha en outre à réformer le théâtre portugais par ses comédies écrites à la manière de Térence. Un autre membre de la société des Arcades, Antonio Diniz da Cruz e Silva, est moins correct, mais a plus de feu et d'élan. Il passe pour le meilleur poëte anacréontique qu'ait eu le Portugal, et son imitation du *Lutrin* de Boileau, *O Hyssope* (Le Goupillon), est aussi son meilleur poëme héroï-comique (*Obras;* Lisbonne, 1809). Domingos dos Reis Quita, que les Arcadiens ne dédaignèrent pas d'admettre dans leurs rangs, bien que ce ne fût qu'un simple coiffeur, s'était formé par l'étude attentive des classiques nationaux, et cultiva surtout la poésie bucolique, genre dans lequel il n'a pas de rivaux parmi les modernes. Il a aussi composé plusieurs tragédies à la française (*Obras;* Lisbonne, 1781). On vit vers la même époque plusieurs Brésiliens figurer avec honneur parmi les poëtes du jour; ainsi Claudio Manoel da Costa, imitateur heureux des Italiens, surtout de Pétrarque et de Métastase (*Obras;* Coïmbre, 1768); les deux poëtes épiques José de Santa-Rita-Durão (*Caramurú;* Lisbonne, 1781; traduit en français : Paris, 1829) et José Barzilio de Gama (*O Uraguay;* Lisbonne, 1769), tous deux plus remarquables par leur talent descriptif que par l'invention; Thomas Antonio da Costa, qui sous le nom de Dirceu a chanté ses malheureuses amours avec Marilia dans des *Idylles* regardées, il est vrai, comme par trop *arcadiennes*, mais pleines de grâce anacréontique et de douce langueur (*Marilia de Dirceu;* 3e édit., Lisbonne, 1819). La gallomanie continuait à entraîner les Portugais vers une servile imitation, favorisée encore par une foule de traductions vulgaires, quoique l'influence politique toujours croissante de l'Angleterre ne laissât pas que de répandre aussi la connaissance de la littérature anglaise. Au commencement du siècle actuel, la poésie portugaise trouva deux représentants qui contribuèrent beaucoup à la faire briller d'un vif éclat. Francisco Manoel do Nascimento, né à Lisbonne, en 1734, mort en exil, à Paris, en 1819, qui appartenait encore à l'école des Arcadiens et prit pour modèle Garcão et Diniz, représente le style rigoureusement classique; il brille par la pureté et par la correction de la langue, et fit en poésie lyrique tout ce que peuvent faire un goût délicat et un remarquable talent poétique dépourvu de force créatrice (*Obras completas :* 11 volumes, Paris, 2e édit., 1817-1819). Comme prosateur, il se distingua aussi par sa traduction de l'histoire classique d'Emanuel le Grand d'Osorco, L'autre, Manoel Maria Barbosa de Bocage, né à Setubal, en 1766, mort à Lisbonne, en 1805, incontestablement le plus célèbre et le plus populaire de tous les poëtes portugais modernes, n'avait sans doute pas la solide instruction première, le goût fin et la pureté exemplaire de style de Manoel; mais il était né poëte, chaleureux et enthousiaste jusqu'à l'extravagance. Que si beaucoup de ses poésies n'ont de valeur que comme inspirations du moment, et si son extrême facilité à versifier l'a poussé à s'essayer dans tous les genres, ses idylles, ses fables, ses épigrammes et surtout ses sonnets, regardés comme les plus beaux qui existent dans la littérature portugaise, lui ont assuré un nom durable. Ses succès et sa gloire lui firent beaucoup d'imitateurs, qui ne réussirent qu'à être plus extravagants et plus maniérés que lui; c'est grâce à ces parodistes qu'il figure dans l'histoire littéraire du Portugal comme l'introducteur d'une nouvelle espèce de gongorisme, qualifiée d'*elmanisme* (mot dérivé de son nom de poëte, *Elmano*). Ses œuvres complètes ont été publiées à Lisbonne (5 vol., 3e édit., 1806-1814). Parmi ses successeurs on peut citer le tragique João Batista Gomes et J.-M. da Costa e Silva, auteur du joli poëme *O Passeio* (La Promenade). La manière classique de Manoel fut suivie par Domingos Maximiano Torres, auteur d'idylles et de canzone; par Antonio Ribeiro dos Santos, célèbre comme poëte lyrique; par le Brésilien Antonio Pereira Souza Caldas, etc. La manie d'imitation avait d'ailleurs exercé sur le sentiment national une influence si délétère que José Agostinho de Macedo, autre Érostrate, put s'attaquer au plus grand poëte de son pays, et, dans la préface de son poëme épique *O Oriente*, dans lequel il traite le même sujet que celui des *Lusiades*, chercher à prouver que Camoens n'a rien produit d'original et a tout emprunté aux Italiens et aux Espagnols qui l'avaient précédé dans la carrière. Or, aux yeux d'un grand nombre de Portugais ce Macedo passe aujourd'hui pour un poëte autrement grand que Camoens. Son meilleur poëme est intitulé *A Meditacão*.

De nos jours, les guerres soutenues pour la défense de l'indépendance et les révolutions politiques ont réveillé le sentiment national chez les Portugais; et parmi les poëtes contemporains il en est un certain nombre qui ont su s'affranchir des chaînes de l'imitation étrangère et suivre une direction indépendante. Nous mentionnerons ici Mouzinho de Albuquerque, poëte fécond, qui s'est surtout fait un nom par ses *Georgicas portuguezas*; J.-G. de Magalhaens (*Suspiros poeticos e Saudades*); Antonio Feliciano de Castilho; Alexandre Herculano de Carvalho; J.-B. Leitão d'Almeida Garrett, auteur de *Camoens*, poëme en dix chants, publié en 1825, à Paris, sous le voile de l'anonyme, où il célèbre la vie et la mort du grand poëte national; et de *Dona Branca, ou a conquista de Algarve*, poëme satirique, dirigé surtout contre les moines. On a aussi de Garrett *Adozinda, romance*, poëme épico-lyrique, regardé comme son meilleur ouvrage. Une édition de ses œuvres complètes a paru à Lisbonne, en 1840. Pizarro Moraes Sarmento a publié un *Romancero portugues* (2 vol., Oporto, 1845). Parmi les poëtes portugais modernes nés hors d'Europe, il faut citer le Brésilien Antonio Jose Osorio de Pina Leitão, auteur d'un poëme épique publié à Bahia, *A Affonsiada*; Jose Bonifacio d'Andrada (*Poesias avulsas de Americo Elysio*; Bordeaux, 1825); le vicomte de Pedrabanca (*Poesias offrecidas as senhoras brasileiras, por um Bahiano*; Paris, 1825). Si dans ces différentes productions il y a tendance manifeste à confondre les anciens éléments nationaux et même populaires avec le génie des temps modernes, par contre le théâtre portugais est toujours demeuré le servile imitateur de la scène française. Consultez, indépendamment des ouvrages bien connus de Bouterweck et de Sismondi, Ferdinand Denis, *Résumé de l'Histoire littéraire du Portugal* (Paris, 1826) et la traduction des *Chefs-d'Œuvre du Théâtre Portugais* par le même (Paris, 1823).

PORTUGAL, royaume formant l'extrémité sud ouest de l'Europe, situé entre la mer Atlantique et l'Espagne, avec laquelle il constitue la *Péninsule Pyrénéenne*, s'étend du 37e au 42e degré de latitude septentrionale, sur une longueur de 50 myriamètres et une largeur moyenne de 15 myriamètres, et contient une superficie de 1,208 myr. carrés. Abstraction faite de ses possessions transmarines, il se divise historiquement en *royaume de Portugal* proprement dit, et en *royaume d'Algarve* ou d'*Algarbie*, et administrativement en 8 provinces, subdivisées en 17 districts administratifs, à savoir : la province de *Minho* (districts *Vianna* et *Braga*), la province de *Douro* (districts *Oporto*, *Averro* et *Coimbra*), la province de *Tras-os-Montes* (districts *Braganza* et *Villareal*), la province de *Beira supérieure* (district *Visne*), la province de *Beira inférieure* (districts *Guarda* et *Castillo-Branco*), la province d'*Estrémadure*, contenant la capitale du royaume, *Lisboa* ou *Lisbonne*, et trois districts : *Lisboa*, *Leiria* et *Santareno*; la province d'*Alentejo* (districts *Evora*, *Portalegre* et *Beja*) et la province d'*Algarve* (district *Faro*). Les districts se divisent en *comarcas*, ou arrondissements judiciaires (au nombre de 111), et ceux-ci à leur tour en *concelhos*, ou communes (au nombre de 1,379), subdivisées en 3,774 paroisses, lesquelles forment 879,590 propriétés bâties. On compte 22 villes ou *cidades*, et 709 *villas*. Le chiffre de la population se calculait autrefois en moyenne d'après le nombre de feux. Le recensement par tête fait en 1841 donna 3,412,500 habitants, et celui de 1850 3,471,200 têtes. La province la plus peuplée est celle de Douro; celle de Minho vient ensuite; la moins peuplée est l'Alentejo. Lisbonne et Oporto sont les deux grands points de concentration de la population. Oporto est la ville commerçante la plus importante. Parmi les possessions transmarines, les îles de l'Atlantique voisines du continent ont été assimilées aux possessions d'Europe; de sorte que leurs habitants, qui pour la très-grande majorité sont de race portugaise, jouissent aujourd'hui des mêmes droits politiques que les Portugais. Ces îles ont ensemble une superficie de 50 myriamètres carrés, 343,572 habitants, et forment quatre des districts administratifs du Portugal, à savoir : les îles de *Madère* et de *Porto-Santo*, le district de Funchal (environ 13 myr. carrés et 108,464 hab.); et le groupe des *Açores*, les trois districts d'*Angra* (à Terceira), de *Horta* (à Fayal) et de *Ponta-Delgada* (à San-Miguel), environ 37 myr. carrés, avec 235,108 hab. Les autres possessions transmarines ou colonies, qui n'ont obtenu que depuis la constitution de 1838 la complète participation aux droits politiques, et qui sont représentées au sénat par cinq et à la chambre des députés par treize membres, n'ont aujourd'hui qu'une importance minime malgré leur vaste étendue et leur situation avantageuse. La faute en est aussi bien à l'incurie du gouvernement portugais et à l'état de torpeur du commerce, qu'à la domination exercée par le pavillon anglais dans ces mers. Elles sont divisées aujourd'hui en quatre gouvernements généraux : 1° Les *Iles du Cap-Vert* (55 myr. carrés, avec 86,778 hab.), dont dépendent ce qu'on appelle le *gouvernement de Guinée*, c'est-à-dire les factoreries et les établissements commerciaux de la Sénégambie, partie sur la terre ferme, comme *Cachea* et *Farim* sur le Rio-Grande, *Zinguichor* sur le Casamansa, *Geba* sur les bords de la mer; partie dans les îles *Bissao*, comme le chef-lieu Bissao (49 myr. carrés au plus, avec 4,270 hab.), et le gouvernement des îles de Guinée *San-Thome* et *Principe* (23 myr. carrés au plus, avec 12,753 hab.); 2° *Angola*, dans la Guinée méridionale, ayant pour chef-lieu *San-Paolo-de-Loanda*, et les gouvernements de *Benguila* et de *Mossamedes* (5,286 myr. carrés, avec 589,127 hab., mais dont la possession immédiate ne comprend, dit-on, que 15 myr. carrés, avec 75,000 habitants); 3° *Mozambique*, avec les sous-gouvernements de Quilimance, d'Inhambana, de Sofala, de Lorenza Marquiz et du Cap Delgado, avec environ 9,350 myr. carrés et 300,000 habitants, mais dont 35 myr. carrés et 50,000 habitants seulement se trouvent sous la souveraineté immédiate du Portugal; 4° l'Inde, c'est-à-dire *Goa*, avec Damao et Diu, ne contenant plus maintenant que 50 ou (suivant d'autres) 156 myr. carrés, comprenant les sous-gouvernements de *Macao* en Chine (3 1/2 kilomètres carrés, et 29,587 hab.), et de Dilli, ou la partie nord-ouest de Timor, l'une des îles de la Sonde, dont le reste appartient aux Hollandais, faisant au plus 92 myr. carrés, avec environ 130,000 habitants, encore bien que les Portugais élèvent des prétentions à la propriété de toute l'île de Timor de même qu'à celle de Solor et autres îles voisines, et qu'ils évaluent eux-mêmes la superficie du territoire par eux possédé à 1,142 myr. carrés, avec 918,300 habitants. Par suite de la différence existant entre ces données, le chiffre total de la population des possessions coloniales portugaises ne dépendant point de l'administration européenne flotte entre 26,949, ou 26,500, ou 17,500, ou 20,083 et même 38,710 myr. carrés; et celui de la population, en 1850, entre 1,560,000 et 2,348,500 habitants.

Il faut considérer le Portugal comme un pays de côtes séparé de l'Espagne par des frontières plutôt politiques que naturelles, car ses montagnes et ses cours d'eau les plus importants ne sont que les continuations occidentales des groupes de montagnes, des terrasses et des fleuves de cette contrée. Il constitue dans sa plus grande partie un plateau. Toutefois, ses masses montagneuses ne s'étendent que rarement jusqu'à la mer pour former alors des promontoires sur un littoral qui a en totalité 76 myriamètres de développement. Ce littoral se compose au contraire presque toujours de contrées plates et sablonneuses; aussi le nombre des bons ports situés à l'embouchure des cours d'eau est-il fort restreint. C'est à son centre que le sol du Portugal s'élève le plus, à la *Serra-Estrella*, haut plateau continuation des montagnes de la Castille, dont la masse principale se trouve entre le Mondego et le Zezere. Au pic de *Malhao de Serro* cette montagne atteint 2,666 mètres d'élévation. A l'extrémité méridionale du Portugal s'élève, comme continuation des montagnes de l'Andalousie, la montagne formant la frontière entre l'Algarve et l'Alentejo, ou la *Serra de Monchique*, laquelle atteint 1,400 mètres d'altitude. Elle se compose de diverses chaînes parallèles courant dans la direction de l'est à l'ouest, s'effaçant successivement en vallées qui deviennent de plus en plus profondes et étroites, jusqu'à ce qu'elles arrivent à la côte plate, chaude et sablonneuse de l'Algarve. Le cap Saint-Vincent, dernière ramification de cette montagne et haut seulement de 120 mètres, forme l'extrémité sud-ouest de l'Europe. Au nord du Mondego on trouve la terrasse de la Beira supérieure, avec des plateaux de 700 mètres d'élévation, peu cultivés, mais présentant des pâturages riches en troupeaux, traversés par un grand nombre de vallées profondes, étroites et fertiles, dont les cours d'eau vont se jeter dans le Duero (ou *Douro*, comme l'appellent les Portugais). Au nord de ce fleuve on rencontre un grand nombre de ramifications des montagnes de Léon et de Galice, où, dans la *Serra de Suazo*, le Guaviarra atteint, dit-on, 5,156 mètres d'altitude. La plupart des montagnes du Portugal sont nues et rocheuses; aucune n'atteint la limite des neiges éternelles. Les plaines les plus vastes se trouvent dans l'Alentejo, dans l'Estrémadure et la province de Beira, qui ont généralement l'aspect de *campos* ou de landes. Les principaux cours d'eau sont la *Guadiana*, qui au sud-est forme en partie la frontière du royaume, le *Tage* (*Tejo*) et le *Douro*, dont le premier ne devient navigable qu'à Punhete, entre Abrantes et Santarem, et le second l'est déjà à Torre de Moncorvo : celui-ci pouvant être remonté avec la marée par des navires de haut bord jusqu'à Vallada, et celui-là jusqu'à Oporto; enfin, le *Minho*, sur la frontière septentrionale. Les fleuves de côtes les plus importants sont la *Lima* et la *Vouga*, le *Mondego* et le *Sado*. On ne trouve pas de lacs en Portugal, sauf quelques lacs de montagnes. En revanche, les sources minérales y sont abondantes, quoique fort mal exploitées. Le sol est en général léger et partout d'une extrême fécondité, là où les moyens d'irrigation ne font pas défaut comme c'est le cas sur les plateaux, notamment dans l'Alentejo, où ne croissent que des cistes et des arbres à gomme et qui n'offrent que des landes. Quoique le pays soit situé dans la plus chaude partie de la zone tempérée du nord, il s'en faut qu'on y ressente la même chaleur étouffante qu'au centre et au sud de l'Espagne. Les vents de mer rafraîchissent les contrées voisines de la mer, et les vents du nord en font autant dans l'intérieur. Dès le mois de janvier commence le printemps. A partir de mars les pluies et les tempêtes alternent avec une chaleur sèche. La moisson se fait en juin. A partir de la fin de juillet jusqu'au commencement de septembre la végétation s'arrête sous l'influence du soleil. Les pluies sont rares en été; mais après de chaudes journées, les soirées et les nuits sont très-froides. Quand, vers la fin de septembre, la première pluie est venue rafraîchir la terre, celle-ci se couvre de nouveau d'une riche verdure. Un nouveau printemps recommence, et les arbres fruitiers poussent de nouvelles fleurs. L'hiver, qui commence à la fin de novembre, amène de violentes tempêtes, accompagnées de pluies, mais alternant aussi avec des jours sereins. Ce n'est qu'au nord qu'on ressent d'une manière persistante les rigueurs de l'hiver, au sud le froid est quelque chose de fort rare. Les orages sont particuliers à l'automne et à l'hiver. Grâce à un tel climat, le pays est riche en produits complétement analogues à ceux de l'Espagne, mais qu'on sait encore moins bien exploiter que dans ce pays.

La diversité de races existant au sein de la population du Portugal paraît insignifiante aujourd'hui, car ce n'est que dans la capitale et les places de commerce que se sont établis des étrangers, notamment des Anglais, indépendamment desquels on rencontre encore des Galiciens, des nègres et des créoles, surtout dans les classes ouvrières et parmi les gens de service. Les juifs portugais, qui jadis étaient répandus dans tout le pays, où ils formaient une race particulière, ayant son dialecte et ses rites à elle, furent persécutés au seizième siècle avec une rigueur extrême et chassés du pays. Depuis lors jusqu'à l'époque de l'occupation du Portugal par des troupes françaises, il leur demeura légalement interdit de faire un séjour dans le pays. Mais depuis 1820 ils sont de nouveau en possession du droit de séjourner dans le pays, et on leur accorde le libre exercice de leur culte. Néanmoins, leur nombre s'élève à peine au delà de 3,000. La religion catholique est la religion dominante du Portugal, et elle n'en tolère point d'autre à côté d'elle. L'Église portugaise ou lusitanienne est placée depuis 1716, et du consentement du pape Clément XI, sous la surveillance supérieure du *cardinal-patriarche* de Lisbonne, dont le vicaire général porte le titre d'*archevêque*. Il a sous sa juridiction onze évêques, dont cinq en Portugal même, deux à Madère et aux Açores, et quatre aux colonies du Cap-Vert, de San-Thomé, d'Angola et de Macao (Goa a son propre archevêque). Des neuf autres évêques qu'il y a en terre ferme, six sont placés sous la juridiction de l'archevêque de Braga, qui est en même temps primat du royaume, et trois relèvent de l'archevêque d'Evora. Il existe en outre dix chapitres affranchis de toute juridiction épiscopale. Par suite de la suppression des couvents, en 1834, les religieux de tous ordres y ont singulièrement diminué. En ce qui touche les lettres, le Portugal est toujours resté fort en arrière des progrès qu'il avait faits au seizième siècle. Il n'y a dans tout le pays d'université qu'à Coïmbre. Il existe bien à Lisbonne quelques établissements scientifiques supérieurs, mais l'instruction élémentaire s'y trouve dans le plus affligeant état.

Le gouvernement néglige complétement le commerce intérieur. En fait d'améliorations, il n'y a d'initiative que de la part de quelques associations ou de quelques communes. Partout où il n'y a ni possibilité de cabotage ni navigabilité des cours d'eau, les voies de communication restent dans l'état le plus déplorable et les transports ne peuvent se faire qu'à l'aide de bêtes de somme et à grands frais. La valeur minime des produits bruts dans les localités dépourvues de voies de communication décourage la production, et laisse improductifs le sol le plus riche et les matériaux les plus précieux. L'absence de débouchés et le haut prix des transports rendent incertaine la rémunération du travail et des débours. L'agriculture ne satisfait tout juste qu'aux besoins de la consommation annuelle, et d'ailleurs n'exige, toutes proportions gardées, que de minimes efforts. Il n'y a que la culture de la vigne sur les bords du Douro (*voyez* PORTO [vins de]) qui ait pris d'importants développements. Après la culture de la vigne, il faut encore mentionner l'extraction du sel fossile aux environs de Lisbonne et dans l'Algarbie, parce que le sel de Portugal, de tous les sels de l'Europe celui qui se conserve le mieux, s'exporte chaque année en quantités assez fortes pour les salaisons, notamment en Angleterre et en Irlande. L'industrie est encore dans un état plus infime que l'agriculture, parce qu'elle n'a su mettre à profit aucun des progrès réalisés dans ces derniers temps. A cet égard le Portugal est complétement sous la dépendance de l'Angleterre, qui chaque année y expédie pour plus d'un million de ses produits manufacturés. Le commerce intérieur ne mérite pas même ce nom; et le commerce maritime, qu'à la fin du dix-huitième siècle la capitale du pays faisait encore exploiter par plus de 400 navires, jaugeant de trois cents à six cents tonneaux qui fréquentaient les ports des colonies et ceux de l'Amérique du Sud et de l'Amérique du Nord, se trouve aujourd'hui presque complétement aux mains de maisons étrangères, surtout de maisons anglaises, qui depuis 1820 ont à lutter contre la concurrence des Américains du Nord et des Autrichiens de Trieste. Lisbonne n'a plus aujourd'hui que 50 bâtiments au long cours. Oporto, le second port de la monarchie, érigé aujourd'hui en port franc comme Lisbonne, a moins souffert de ces transformations commerciales que la capitale, et le nombre moyen des navires qui y entrent chaque année flotte entre 400 et 500, dont les deux tiers portent le pavillon national. Aujourd'hui la marine marchande portugaise possède 386 navires de long cours, jaugeant ensemble 37,000 tonneaux, et 2,500 bâtiments caboteurs. Dans l'exercice de 1848 à 1849 la valeur des importations s'éleva à 10,805,767 *milreis*, celle des exportations à 8,543,539 *milreis*, et celle de la réexportation à 2,780,484 *milreis*. C'est l'Angleterre qui figurait pour la plus forte partie dans ces chiffres; venait ensuite le Brésil.

Les *forces défensives* du Portugal, tant par terre que par mer, reposent plus sur la situation avantageuse du royaume et dans ses relations politiques avec de puissants alliés que dans ses propres armements. Sur le pied de paix l'armée se compose de 1 régiment de grenadiers, de 17 régiments d'infanterie de ligne, de 9 bataillons de chasseurs, de 8 régiments et de 1 dépôt de cavalerie, de 3 régiments d'artillerie et de 1 corps du génie, formant ensemble un effectif, y compris les états-majors, de 25,448 hommes et 2,790 chevaux, et y compris le corps sédentaire et la garde municipale, de 28,854 hommes et 3,017 chevaux; sur le pied de guerre elle devrait présenter un effectif de 40,776 hommes et de 5,197 chevaux, et y compris les deux corps spéciaux ci-dessus mentionnés, de 53,182 hommes et de 5,423 chevaux. La seconde ligne ou réserve se compose de 1 régiment d'artillerie, de 1 escadron de cavalerie et de 14 bataillons d'infanterie, avec un effectif de 10,309 hommes. L'armée dans les possessions transmarines se compose de 8,205 hommes dans la première ligne et de 20,680 dans la seconde. La flotte militaire, qui il y a trois siècles était l'orgueil du pays, compte maintenant 1 vaisseau de ligne de 80 canons, 5 frégates, 7 corvettes, 8 bricks, 1 schooner, 10 cutters, 20 bâtiments de moindres dimensions et 6 bâtiments à vapeur, ensemble 59 bâtiments, portant 717 canons.

Les *finances* du pays, malgré les efforts faits à diverses reprises pour les régulariser, sont en proie au plus grand désordre. Au 30 septembre 1832 la dette intérieure s'élevait à 42,269,157 *milreis*, et la dette extérieure à 44,305,818 *milreis* : total 86,574,975 *milreis*, soit 310,917,650 fr. Le budget pour l'exercice 1533-1854 montait pour la recette à 11,580,337 *milreis*, et pour la dépense à 11,784,471 *milreis*, et se soldait par conséquent par un déficit d'environ 204,000 *milreis*. A la même époque le budget des possessions transmarines accusait une recette de 752,433 *milreis* et une dépense de 830,776 *milreis*, par conséquent un déficit d'environ 78,000 *milreis*.

La *constitution politique* est la monarchie limitée. La succession se transmet aux deux sexes. La charte octroyée par dom Pedro le 19 avril 1846, et rétablie en dernier lieu le 11 février 1842, est regardée comme la loi constitutionnelle du pays. La représentation nationale se compose des cortès, ou du parlement, divisées en deux chambres : la *chambre des pairs* (comprenant 2 cardinaux, 3 archevêques, 7 évêques, 3 ducs, 8 marquis, 4 comtes, 21 vicomtes, 12 barons et 26 pairs non titrés), et la *chambre des députés*, qui comprend 150 députés élus (133 par les 36 districts électoraux du continent, 4 par Madère et les îles Açores, et 13 par les autres possessions transmarines, à raison de 1 député pour 6,500 à 7,000 feux). Le président de la première chambre est le cardinal-patriarche de Lisbonne, celui de la seconde chambre est nommé chaque année par la couronne. Les chambres exercent, sous la sanction royale, la puissance législative et le vote de l'impôt. Le pouvoir exécutif est dévolu à la couronne, investie en outre d'un pouvoir dit *modérateur*. Le pouvoir judiciaire est confié à des juges indépendants et au jury. Outre une cour suprême, il existe trois cours d'appel : à Lisbonne, à Oporto, et aux îles Açores. Les six ordres de chevalerie du Portugal sont : l'*ordre militaire du Christ*, fondé en 1319; l'*ordre du Mérite civil*, fondé en 1288; l'*ordre du Mérite militaire de Saint-Benoit d'Avis*, fondé en 1162 comme ordre religieux, et transformé en 1789 en ordre laïque; l'*ordre militaire de la Tour et de l'Épée*, fondé en 1459 et renouvelé en 1808; l'*ordre militaire de la Sainte-Vierge de Villa-Viçiosa*, fondé en 1819, et l'*ordre de Saint-Jean de Jérusalem*, séparé en 1802 de l'ordre de Malte. Consultez, indépendamment des Voyages de Murphy, de Link, de Châtelet, de Costignan, de Southey, etc., Ancillon, *Geografia d'España y Portugal* (Valence, 1815); *Diccionario geografico de Portugal* (2 vol., Lisbonne, 1817); Balbi, *Essai statistique sur le royaume de Portugal et d'Algarve* (2 vol., Paris, 1822) et *Variétés politico-statistiques sur la monarchie portuguaise* (Paris, 1822).

Histoire.

Jusqu'au douzième siècle le Portugal partagea les destinées de l'E s p a g n e. Habité d'abord par des Celtes, puis conquis sous le nom de *Lusitanie* par les Romains et romanisé à l'époque de la migration des peuplades germaines, inondé aussi à partir du huitième siècle par les Arabes, le pays situé entre le Minho et le Douro passa vers le milieu du onzième siècle sous la domination de Ferdinand Ier de Castille. Son successeur, Alfonse VI, donna à titre de fief une partie du teritoire devenu plus tard le *Portugal* au comte *Henri de Bourgogne*, descendant du roi Robert de France, qui était venu dans le pays pour combattre les infidèles et qui avait épousé Thérèse, fille naturelle du roi de Castille. C'est à la même époque, vers la fin du onzième siècle, que le nom de *Portucale*, recevant une acception plus large, cessa désormais d'être la dénomination exclusive du district d'Oporto. Le comte Henri y ajouta par conquête diverses contrées du territoire situé entre le Minho et le Douro, se rendit indépendant après la mort d'Alfonse (1109), et prit le titre de comte et de seigneur de tout le Portugal. A sa mort (1112), Thérèse exerça la souveraineté au nom de son fils, *Alfonse* Ier, âgé alors de deux ans; mais elle tenta vainement de se maintenir en possession du pouvoir avec son favori. Alfonse le lui arracha en 1128, et consolida son trône par d'heureuses expéditions entreprises contre les Arabes. Salué du titre de roi par le peuple après la bataille d'Ourique (1139), il agrandit son royaume, conquit (1147) plus tard Evora ainsi que Santarem, et sut se maintenir malgré les prétentions des rois espagnols de Castille et de Léon. Les cortès de Lamego donnèrent à l'État, dont Alfonse doit être considéré comme le fondateur, son organisation intérieure. Son successeur, *Sanche* (1185-1212), par ses guerres heureuses et par ses soins vigilants à l'effet d'accroître la prospérité et la population du pays, continua l'œuvre commencée. *Alfonse* II (jusqu'en 1223) et *Sanche* II eurent de violentes querelles à soutenir à l'intérieur, notamment avec le clergé, dont le pouvoir avait été toujours en augmentant; et aux termes d'une décision rendue par le pape, Sanche II se vit forcé d'échanger le trône contre le cloître. *Alfonse* III (mort en 1279) s'efforça de rétablir l'autorité royale et de continuer les conquêtes de ses prédécesseurs. Son successeur, *Denys* (jusqu'en 1325), rendit à la couronne sa puissance, usurpée par l'Église, protégea les sciences, et posa les bases de la prospérité mercantile et maritime des âges postérieurs. Tout en combattant l'extension, toujours croissante, des propriétés du clergé et les abus de la noblesse, il protégea en même temps toutes les industries civiles, fit fleurir le commerce et la navigation, devenus plus tard les bases de la puissance du Portugal comme État commerçant. Il eut pour successeurs *Alfonse* IV (mort en 1357) et *Pierre* Ier (mort en 1367), époux d'Inez de Castro. La descendance mâle de la maison de Bourgogne s'éteignit en la personne de *Ferdinand* 1er, fils de Pierre. Sa fille, *Béatrice*, qui avait été mariée à l'héritier du trône de Castille, Jean, aurait été la souveraine légitime; mais les Portugais montrèrent tant de répugnance pour une réunion avec la couronne de Castille, que le fils naturel de Pierre, le brave *Jean* Ier, fut acclamé roi par les états du pays. Avec lui commence ce qu'on appelle la *ligne illégitime* de la maison de Bourgogne. Par la victoire qu'il remporta à Aljuborata (1385), Jean se maintint en possession du trône malgré les efforts des Castillans, fut constamment heureux dans une guerre qui dura jusqu'en 1411, consolida de nouveau l'autorité royale à l'intérieur, et commença aussi à étendre la puissance portugaise à l'extérieur. Ceuta fut conquis en 1415, et l'un des fils du roi, Henri le Navigateur, donna la première impulsion aux expéditions de découvertes devenues plus tard la base de la puissance commerciale du Portugal. En 1418 furent fondées les premières colonies portugaises, Porto-Santo et Madère. A Jean Ier, mort en 1433, succédèrent son fils *Édouard* (mort en 1438), puis le petit-fils de Jean, *Alfonse* V (mort en 1481), sous le règne duquel la politique de découvertes et de colonisation prit un nouvel essor. Son fils *Jean II* (1481-1495) chercha surtout à arrêter les envahissements de la noblesse, fit rentrer dans le domaine de l'État les biens qui en avaient été distraits, et déjoua les conspirations de la noblesse, dont les chefs, les ducs de Bragance et de Viseu, périrent sur l'échafaud. Pendant ce temps une impulsion des plus énergiques était donnée à l'extension de la puissance portugaise à l'extérieur; et l'industrie nationale prenait un nouvel essor, à la suite de l'asile donné en Portugal aux juifs expulsés de la Castille. Barthélemy Diaz, chargé par le roi d'un voyage d'exploration, avait découvert l'extrémité méridionale de l'Afrique, appelée dès lors *Cap de Bonne Espérance*; et quand Christophe Colomb, qui s'était inutilement adressé à la cour de Portugal, eut commencé ses entreprises de navigation à l'ouest, le roi Jean II fit également équiper une flotte pour faire des découvertes dans la même direction. Ainsi surgit entre les rois de Castille et de Portugal la querelle à laquelle le pape Alexandre VI mit un terme par la ligne de démarcation qui, partant de 250 myriamètres à l'ouest des Açores et des îles du Cap-Vert, traçait une limite précise entre les futures conquêtes des Portugais et des Castillans. Le Portugal était devenu maintenant une puissance de premier ordre, et l'ouverture du monde colonial commença une ère nouvelle pour l'Europe.

Emanuel Ier, successeur de Jean II, compléta d'une manière brillante jusqu'en 1521 l'œuvre commencée par celui-ci. En 1497 Vasco de Gama, envoyé par lui, découvrit le passage qu'on cherchait depuis si longtemps pour se rendre par mer aux grandes Indes, dont les produits furent dès lors une source d'incalculables richesses pour le Portugal. Les vice-rois Almeida et Alburquerque fondèrent sa puissance commerciale aux Indes orientales, et lui donnèrent Goa pour centre; on conquit l'île de Ceylan, on noua des relations de commerce avec les îles Moluques, de même qu'avec la Chine. Pendant ce temps-là une autre expédition, aux ordres de dom Pedro Alvarez Cabral, découvrait le Brésil. Ce fut le moment de l'apogée de la puissance du Portugal. Il dominait sur les mers; Lisbonne était devenue la première ville commerciale de l'Europe; l'esprit d'entreprise des populations, vivement surexcité, se manifestait de toutes les manières. Il n'y eut qu'en Afrique où les guerres de conquête entreprises pas Emanuel eurent une issue malheureuse. On fonda bien un établissement dans la Nouvelle-Guinée, mais les résultats obtenus au nord de l'Afrique ne répondirent nullement aux sacrifices d'hommes et d'argent qu'ils exigèrent. Cependant, la puissance portugaise aux grandes Indes continua de s'accroître aussi sous le règne de *Jean* III (1521-1557), encore bien qu'à l'intérieur les développements de l'industrie ne répondissent aucunement au vigoureux essor pris par la puissance portugaise à l'extérieur. En même temps Jean se montrait disposé à favoriser la politique qui s'appuie sur le pouvoir donné au clergé, précisément au moment où en Espagne des tendances analogues paralysaient tout développement de prospérité intérieure. L'inquisition, la persécution des juifs, qu'on prétendait forcer à embrasser la foi chrétienne, l'influence que les jésuites ne tardèrent point à acquérir, toutes ces circonstances vinrent brusquement arrêter le développement de la prospérité matérielle du Portugal. Jean eut pour successeur son petit-fils Sébastien, alors âgé seulement de trois ans, placé d'abord sous la tutèle de sa mère et de son oncle. Élevé par les jésuites, ce prince se laissa séduire par l'espoir qu'ils lui inspirèrent de devenir le convertisseur et le vainqueur des Maures d'Afrique; mais il périt, suivant toute apparence, à la malheureuse bataille d'Alcazar (1578). Il eut pour successeur son oncle *Henri*, qui mourut dès l'an 1580, et en qui s'éteignit la ligne de Bourgogne.

Dans la lutte qui s'engagea alors pour la possession du trône, Philippe II d'Espagne (Philippe Ier en Portugal) réussit à s'emparer du pays, à vaincre les divers prétendants à la couronne qui voulurent se faire passer pour Sébastien, qu'on croyait vivant, et à gouverner le pays du fond de l'Espagne. Le Portugal, qui déjà était en voie de décadence rapide, participa encore sous Philippe II et ses deux successeurs à la ruine de l'Espagne, et dut payer une bonne partie des désastres essuyés par l'Espagne. Les Hollandais conquirent d'abord les îles Moluques et une portion du Brésil, puis s'établirent en Guinée et commencèrent à expulser peu à peu les Portugais des Indes orientales. A l'intérieur, la rapacité des Espagnols et leur système lâche et incapable de gouvernement épuisèrent complétement le pays. Cette situation et le traitement avilissant que leur faisait éprouver Olivarez, le tout-puissant ministre de Philippe IV, déterminèrent les seigneurs portugais à se rattacher à la conspiration, aussi habilement organisée qu'audacieusement exécutée, par suite de laquelle un descendant de l'ancienne maison royale, le duc de Bragance, fut proclamé (1er décembre 1640) roi de Portugal, sous le nom de *Jean IV*. Dans la guerre qu'il eut alors à soutenir contre l'Espagne, le pays réussit à sauvegarder son indépendance, qui fut reconnue par le traité de paix signé à Lisbonne le 13 février 1668. Le successeur de Jean IV, *Alfonse* VI (1656-1667), et son frère Pierre II, qui l'avait fait déposer, conclurent également sous l'intervention de l'Angleterre, un traité de paix avec la Hollande, dont le résultat fut tout au moins de placer de nouveau le Brésil sous la souveraineté du Portugal. Mais il ne fallait plus songer à rendre au pays son ancienne puissance; le peuple, profondément dégradé, avait perdu l'énergie et l'activité qui le caractérisaient un siècle plus tôt. Des traités de commerce, par exemple celui de **Methuen**, conclu 1703, réduisirent le Portugal, qui avait possédé jadis les plus vastes colonies de la terre, à ne plus être qu'une colonie commerciale de l'Angleterre. L'organisation politique du pays subit elle-même une profonde décadence; et à partir de 1697 on cessa de convoquer les cortès. A Pierre II succéda, en 1706, son fils *Jean V* (mort en 1750), qui réprima, il est vrai, les excès de pouvoir de l'inquisition, mais qui par ses fantaisies monacales, notamment par la construction du monastère de **Mafra** et en achetant trop cher de la cour de Rome la permission d'avoir un patriarche à Lisbonne, épuisa pour longtemps toutes les ressources du pays. Sous son fils et successeur, *Joseph Ier* (mort en 1777), **Pombal** dirigea les affaires de l'État. Il chercha à extirper d'une main de fer les anciens abus et à transformer le pays en le faisant participer au mouvement d'idées et aux lumières du dix-huitième siècle. Il combattit la noblesse et le clergé, mais surtout les jésuites. La découverte des intrigues fomentées par cet ordre au Paraguay et l'attentat dirigé contre la personne du roi (1759) le déterminèrent à déployer une rigueur extrême à l'égard des disciples de Loyola. L'épouvantable tremblement de terre qui (1755) détruisit une grande partie de Lisbonne trouva ce ministre à la hauteur de la crise où cette catastrophe plaçait le Portugal. Il s'efforça de ranimer les forces productrices du pays, de réorganiser complétement l'armée, en un mot il fit tout pour arracher le Portugal à l'état de torpeur dans lequel il croupissait depuis si longtemps. Quand la fille aînée de Joseph Ier, *Maria*, qui en 1760 avait épousé le frère de son père, dom *Pedro* III, succéda à son père, en 1777, elle éloigna Pombal de la direction des affaires; mais c'est en vain que la noblesse et le clergé recouvrèrent alors leur influence, les éléments de fermentation répandus par l'administration de Pombal ne purent être complétement étouffés. Maria ayant perdu la raison en 1792, le prince royal Jean-Marie-Joseph fut déclaré régent; et la maladie de sa mère ayant dégénéré en une complète aliénation mentale, il prit en 1799 l'exercice du pouvoir souverain. Entraîné par ses traités avec l'Angleterre dans de grandes guerres contre la France, le Portugal subit la pression de la puissance toujours croissante de Napoléon; et aux termes du traité de Badajoz, force lui fut de céder à l'Espagne le district d'Olivenza (1801), de fermer ses ports aux Anglais et de supporter toutes sortes de vexations et d'avanies de la part des Français. Quand Napoléon ne cacha plus son intention de renverser la dynastie, et lorsque le *Moniteur* eut annoncé à l'Europe que la maison de Bragance avait cessé de régner, le régent, menacé par une armée française aux ordres de Junot, se jeta tout à fait dans les bras des Anglais; et le 29 novembre 1807 il s'embarqua avec toute sa famille pour aller s'établir à Rio-Janeiro, au Brésil. Le Portugal fut alors occupé par les Français, qui le traitèrent en pays conquis; mais une armée anglaise ne tarda pas à y débarquer, et là comme en Espagne les populations prirent les armes contre les envahisseurs étrangers. La bataille gagnée par Wellesley (Wellington) le 21 août 1808, à Vimeira, et la capitulation de Cintra conclue le lendemain eurent pour suite l'évacuation du Portugal par les Français (consultez Thiébault, *Relation de l'Expédition de Portugal* [Paris, 1817]; Dalrymple, *Memoir on his proceedings*, etc. [Londres, 1831].) Les troupes portugaises prirent ensuite une part glorieuse à la guerre de l'indépendance dans la péninsule pyrénéenne, et sous les ordres de Wellesley, de Beresford et de Freyre Gomez pénétrèrent jusque dans les départements méridionaux de la France. La famille royale continua cependant de résider au Brésil, où, à la mort de la reine Marie (20 mars 1818), le régent monta sur le trône de Portugal et de Brésil, sous le nom de **Jean** VI. Beaucoup d'antiques abus, notamment l'inquisition, furent alors, il est vrai, supprimés en Portugal, où des principes d'administration plus modérés et plus éclairés prévalurent en maintes circonstances, mais où l'on recula toujours devant une réforme fondamentale de l'ancien ordre de choses et de ses vices, aussi criants qu'invétérés. La lutte pour l'indépendance avait surexcité les esprits; son issue les laissa mécontents et désappointés. On ne put pas même obtenir pacifiquement de l'Espagne la restitution d'Olivenza, qui pourtant avait été décidée par le congrès de Vienne. La cour persista à vouloir gouverner la mère patrie de Rio-Janeiro, en même temps que lord **Beresford** exerçait en réalité le pouvoir suprême sous le nom du roi. L'éloignement de la cour, la haine pour le gouvernement de l'étranger, la continuation de tous les anciens abus et le nouvel esprit public qui s'était développé dans la nation, tout cela provoqua une fermentation, qui, à partir de 1817, se manifesta aussi bien au Brésil qu'en Portugal. Au mois d'avril 1820, lord Beresford se rendit de sa personne au Brésil, pour en rapporter quelques concessions; mais avant son retour la révolution éclatait à Oporto, le 24 août. La population s'était entendue avec les chefs de la garnison. Une junte suprême, présidée par le comte Antonio de Silveira Pinto da Fonseca, prit la direction supérieure des affaires, et, dans un appel à la nation, convoqua les cortès en même temps qu'elle indiquait comme remède unique aux maux du pays l'établissement d'une constitution. Le gouvernement de Lisbonne essaya vainement de comprimer ce mouvement, d'abord par des envois de troupes et ensuite par des concessions. Dès le 15 septembre, sans la moindre effusion de sang, la capitale du Portugal fraternisait avec la révolution d'Oporto. On établit alors un gouvernement provisoire, et le comte de Palmella fut expédié à Rio-Janeiro pour rendre compte au roi de ce qui venait de se passer et l'engager à revenir en Portugal, ou tout au moins à y envoyer le prince royal. Pendant ce temps-là Beresford était arrivé du Brésil, porteur de pouvoirs illimités; mais la junte ne le laissa même pas débarquer. Les cortès convoquées par la junte travaillèrent à la rédaction de la constitution, qui par ses principes démocratiques offrait beaucoup de ressemblance avec celle des cortès espagnoles de 1812. Le roi résolut alors de s'en retourner en Portugal, pendant que le prince royal dom **Pedro** resterait au Brésil avec le titre et les pouvoirs de régent. Quand, au mois de juillet 1821, le roi arriva en Portugal, on ne le laissa débarquer qu'après qu'il eut juré de respecter les principales bases de la constitution nouvelle. Le roi Jean VI semblait assez favorablement disposé en faveur de la nouvelle constitution; mais alors surgirent les difficultés. Le Brésil, dont les vœux n'avaient point été écoutés par les cortès, se sépara du Portugal dans l'automne de 1822, et proclama dom Pedro en qualité d'empereur indépendant. De leur côté les partisans de l'ancien ordre de choses s'agitèrent en Portugal, et trouvèrent des appuis en la reine Carlotta, fille de Charles IV d'Espagne, et en son fils cadet, dom **Miguel**. Tandis que la reine refusait de prêter serment à la constitution et que les cortès menaçaient de l'exiler, le comte Amaranthe armait ouvertement dans la province de Zamora (Espagne) à l'effet d'opérer une contre-révolution. Une partie des membres de la noblesse et du clergé, qui partageaient les opinions politiques d'Amaranthe, se rattachèrent à lui (1823). Il échoua, il est vrai, dans une première tentative; mais, à l'imitation de la reine sa mère, dom Miguel ne tarda point à se mettre à la tête du mouvement contre-révolutionnaire, et appela la nation à se réunir sous le drapeau de la royauté pour combattre le système anarchique des cortès. Ce fut moins l'engagement pris alors par ce prince non pas seulement de ne jamais revenir aux errements de l'ancien despotisme, mais encore d'accorder une constitution, que les divisions existant entre les modérés et les démocrates qui favorisèrent l'entreprise de dom Miguel. Alors le roi, lui aussi, céda au courant, et déclara la constitution de 1822 supprimée. Cependant, il semblait encore résolu à tenir sa promesse de ne point rétablir le gouvernement absolu; mais la reine et dom Miguel, soutenus par une partie de la noblesse et du clergé, agissant de concert avec les mécontents des basses classes du peuple de même qu'avec certaines puissances étrangères, se hâtèrent de prendre les devants. Les couvents obtinrent la restitution de leurs biens, on rétablit la censure, on arrêta les membres des cortès, on poursuivit les partisans du système constitutionnel, bien que le roi lui-même eût nommé une junte chargée de préparer un projet de constitution et que quelques chefs du parti modéré, le marquis de Palmella entre autres, fussent restés au ministère. Mais aux yeux de la reine, de dom Miguel et du comte Amaranthe, créé maintenant *marquis de Chaves*, le roi procédait encore avec beaucoup trop de lenteur ; et il fut dès lors résolu qu'on aurait recours à un coup d'État pour assurer une victoire complète à la contre-révolution. Il n'y avait pas longtemps que le marquis de Loulé, l'un des chefs du parti modéré, venait d'être assassiné, lorsque, le 30 avril 1823, dom Miguel fit prendre les armes à la troupe et arrêter un grand nombre d'individus, dont plusieurs ministres. Après quoi il se mit en mesure d'employer le système de terreur et de proscription qui de tous temps avait été le fond de sa politique. Le roi fut tenu pendant assez longtemps en chartre privée, et il fallut que la diplomatie étrangère intervînt pour qu'il lui fût permis de se réfugier à bord d'un vaisseau de ligne anglais. C'est grâce à la même intervention que le roi recouvra sa complète liberté. Il fut alors décidé que dom Miguel entreprendrait un voyage à l'étranger, tandis que le roi rendrait une amnistie, ferait remettre en liberté tous les individus arrêtés illégalement, et rétablirait en même temps l'antique constitution représentative du pays (5 juin 1824). Mais les intrigues du parti contre-révolutionnaire, soutenu par la reine, ne discontinuèrent point. La confusion la plus extrême régnait toujours dans le pays, et, comme auparavant, sa prospérité matérielle dépendait uniquement du bon plaisir des Anglais. Les négociations relatives au Brésil durèrent plusieurs années, sans pouvoir aboutir ; mais enfin, le 29 août 1825, il intervint, sous la médiation de l'ambassadeur d'Angleterre à Rio-Janeiro, sir Charles Stuart, un traité aux termes duquel le Brésil fut reconnu comme empire indépendant.

Jean VI mourut le 10 mars 1826, après avoir préalablement désigné pour régente l'infante Isabelle, laquelle prit ses arrêtés au nom de dom *Pedro*, comme roi de Portugal. Dom Pedro octroya tout aussitôt au royaume une constitution, la *Carta de Ley* du 26 avril 1826 ; il nomma en outre *quatre-vingt-six* pairs héréditaires et accorda une amnistie générale. Ensuite, le 2 mai 1836, il abdiqua la couronne de Portugal en faveur de sa fille Maria da Gloria, en s'engageant à lui faire épouser son oncle dom Miguel. Alors le parti absolutiste releva de nouveau la tête ; cette fois encore son chef était le marquis de Chaves, agissant d'intelligence avec l'Espagne, avec la reine douairière et avec dom Miguel, quoique de Vienne ce prince eût envoyé son serment à la constitution. Mais l'insurrection fut comprimée avant même l'arrivée des troupes anglaises dont on avait sollicité l'appui, et le 30 octobre eut lieu l'ouverture des cortès. Dom Miguel, qui s'était fiancé à Vienne avec sa nièce, et qui ensuite avait été nommé (juillet 1827) régent du royaume, conformément aux clauses de la constitution, arriva à Lisbonne en février 1828, et renouvela son serment à cette constitution en présence des cortès. Or, les troupes anglaises ne se furent pas plus tôt rembarquées, que ce prince, au mépris de ses serments, renversa la constitution, et fit approuver ce coup d'État par les anciens états du royaume, convoqués par lui, en même temps qu'il les chargea de le proclamer roi *absolu* de Portugal (25 juin 1828). Le système de violence que mit en pratique l'usurpateur, soutenu par quelques nobles, par les moines et la populace, atteignit son apogée après qu'une levée de boucliers du parti constitutionnel eut été réprimée. Le Portugal devint alors le théâtre de persécutions et de cruautés sans nom. Bientôt il n'y eut plus que l'île de Terceira de restée fidèle à donna Maria ; et cette princesse dut s'en retourner au Brésil. Dom Miguel demeura le maître de toutes les autres parties de la monarchie, toléré par les puissances absolues et ouvertement soutenu par l'Espagne, tandis que les puissances constitutionnelles ne faisaient rien pour mettre un terme à sa tyrannie, dont on se fera une idée quand on saura qu'en 1831, d'après des rapports officiels, il se trouvait dans la seule ville d'Oporto *onze mille* suspects, et que leur nombre dans tout le royaume dépassait 26,000. Plus de seize cents individus furent déportés en Afrique, et plus de treize mille autres, persécutés pour leurs opinions politiques, émigrèrent. Les conspirations très-réelles qui éclatèrent en août et en septembre 1831 à Lisbonne et à Oporto n'aboutirent qu'à provoquer un redoublement de rigueurs et d'avanies.

Pendant ce temps-là dom Pedro, en sa qualité de tuteur de sa fille, commençait à s'occuper des moyens de la rétablir en possession de sa couronne. Aux Açores la cause de donna Maria avait le dessus. L'Angleterre et la France, maintenant sous l'influence de la révolution de Juillet, prirent à l'égard de Ferdinand VII une attitude qui mit ce prince dans l'impossibilité de venir en aide à dom Miguel. Au mois de février 1832 dom Pedro réunit une flotte, avec laquelle il débarqua le 8 juillet à Oporto, où il s'établit et se maintint pendant treize mois, en dépit de tous les efforts de dom Miguel. En même temps l'expédition entreprise dans l'Algarbe par l'amiral Napier réussit complétement. A la suite d'une victoire qu'il remporta à la hauteur du cap Saint-Vincent (5 juillet 1833), la population se souleva au sud en faveur de donna Maria, et le 24 juillet suivant Villaflor entra à Lisbonne. Donna Maria fut reconnue comme reine de Portugal par la France et l'Angleterre, et arriva à Lisbonne, tandis que dom Miguel tentait encore de prolonger sa résistance. Le complet changement politique survenu alors en Espagne amena la conclusion du traité de la *quadruple alliance* (22 avril 1834), en vertu duquel un corps auxiliaire espagnol vint se mettre à la disposition de Villaflor. Battu à Pomar, dom Miguel signa, le 24 mai 1834, la capitulation d'Evora, aux termes de laquelle lui et le prétendant espagnol don Carlos prenaient l'engagement d'évacuer le Portugal. Dom Miguel renonçait en même temps à toutes ses prétentions à la couronne de Portugal ; mais dès qu'il fut arrivé à Gênes, il rétracta cette renonciation, comme ayant été le résultat de la contrainte. Dom Pedro rétablit alors la *Carta de Ley* de 1826, et se fit confirmer par les cortès en qualité de régent ; mais, au grand détriment du pays, une mort prématurée, arrivée le 24 septembre 1834, l'empêcha d'exercer le pouvoir plus longtemps. La jeune reine donna Maria, bien que douée de la manière la plus heureuse par la nature, ne pouvait avoir encore l'expérience nécessaire pour maintenir l'ordre et le calme parmi des populations si vivement surexcitées, dans un pays en proie à une si profonde misère, au milieu d'intrigues incessantes de palais, dominée qu'elle était en outre par des seigneurs ambitieux (tels que Palmella, Terceira, Saldanha). Mariée en janvier 1835 au duc Auguste de Leuchtenberg, elle devint veuve quelque temps après (28 mars) ; et ce malheur domestique, qui vint si inopinément la frapper, ajouta encore à la fermentation des esprits, parce que tous les partis prétendirent alors exercer de l'influence sur le nouveau mariage que la reine était appelée à contracter. Au mois d'avril 1836 elle se remaria avec le prince Ferdinand de Saxe-Cobourg, qui fut assez mal accueilli par les cortès, travaillées par l'esprit démocratique. Les cortès lui refusèrent à deux reprises les fonctions de commandant en chef de l'armée, qui lui avaient été garanties par son contrat de mariage. On eut alors recours à une dissolution de l'assemblée. Le pays était en proie à la surexcitation la plus vive, et les absolutistes commençaient à relever la tête, lorsque le contre-coup de la révolution de la Granja, en Espagne, fit éclater un mouvement démocratique. Le 9 septembre 1836 (de là le nom de *septembristes* qu'on leur donna) les démocrates poussèrent le cri de : *La constitution de 1820* ! Les troupes passèrent du côté des insurgés, et la reine dut accepter cette constitution avec un ministère élu par le parti vainqueur. Le 18 janvier 1837 fut le jour fixé pour la réunion des nouvelles cortès. Au commencement de novembre 1836, une tentative de contre-révolution par le renvoi des ministres et le rétablissement de la charte de dom Pedro, tentative à laquelle s'associa une partie de la noblesse, notamment Palmella, Terceira, Saldanha, etc., échoua; et la reine, humiliée, dut repéter ses concessions précédentes. Les nouvelles cortès revisèrent la constitution de 1820, et consentirent à l'établissement du système de deux chambres, de même que du *veto* absolu; tandis que le parti démocratique avancé et les partisans de la charte de dom Pedro (les *chartistes*), notamment les maréchaux Saldanha et Terceira, faisaient d'inutiles tentatives pour s'emparer de la direction des affaires. La reine prêta serment à la nouvelle constitution le 4 avril 1838; mais le calme ne se trouva pas à beaucoup près rétabli pour cela à l'intérieur. De graves difficultés, qui surgirent avec l'Angleterre (1839), vinrent encore compliquer la situation. Les cortès qui s'ouvrirent en janvier 1840, et où les *septembristes* se trouvaient en majorité, apportèrent beaucoup de roideur dans le règlement du différend survenu avec l'Angleterre, tandis que le gouvernement se composait pour la plus grande partie de chartistes. L'assemblée fut donc dissoute. On parvint, il est vrai, à arranger amiablement le différend anglais, comme aussi à réconcilier la reine avec la cour de Rome et avec les puissances du Nord; mais à l'intérieur l'agitation des partis subsistait toujours. Le 19 janvier 1842 eut lieu à Oporto une levée de boucliers des chartistes, à laquelle s'associa la municipalité de Lisbonne, et dont le rétablissement de la charte de dom Pedro, de la *Carta de Ley* de 1826, fut le résultat. Le duc de Terceira, chef des chartistes, et Costa-Cabral formèrent la nouvelle administration; mais le premier ne tarda pas à échanger le ministère contre le commandement supérieur des troupes réunies à Lisbonne. Ce fut seulement après qu'un traité conclu avec l'Angleterre dans l'été de 1842 eut proclamé l'abolition de l'esclavage, et lorsque la médiation anglaise eut aplani les différends qui s'étaient élevés entre le Portugal et l'Espagne, que le duc de Terceira reprit le portefeuille de la guerre et la présidence du conseil. Une émeute survenue à Oporto, en janvier 1843, à propos d'une augmentation de l'impôt, fut promptement réprimée. Une insurrection militaire des *septembristes*, qui éclata au mois de février 1844, dans la place forte d'Almeida, causa de plus graves embarras.

Pendant ce temps-là personne ne trouvait de remède à la pénurie toujours croissante des finances, et les ministères se succédaient sans cesse les uns aux autres. En mai 1844 Costa Cabral (créé plus tard *comte de Thomar*) fut placé à la tête du cabinet; remplacé quelque temps après par Terceira, il resta plus tard définitivement en possession de ces fonctions. On se plaignait avec raison dans le pays de la confiance sans bornes que la reine témoignait aux deux frères Costa et Silva Cabral, de leur politique violente et inconstitutionnelle, et de l'exploitation éhontée de la fortune publique qui se faisait au profit d'une faction favorisée par la cour. Dans l'été de 1846, il éclata une révolte nouvelle, que la reine ne put cette fois comprimer. Donna Maria fit, il est vrai, des concessions et rappela le duc de Palmella aux affaires; mais faute de sincérité de la part de la cour, comme aussi en raison des envahissements constants des partis extrêmes, il était difficile que la tranquillité se fit dans le pays. La reine, d'accord avec le parti Cabral, ayant renvoyé son ministère (au commencement d'octobre) et rappelé les *chartistes* aux affaires, la duplicité évidente de la cour fit enfin éclater le mouvement qui couvait depuis longtemps. Le parti démocratique et républicain établit son centre d'action à Oporto, et sous la direction de Sá da Bandeira, de Possos, de Bomfin et du comte das Antas, commença à organiser sa résistance contre le gouvernement. La situation était d'autant plus critique que de leur côté aussi les miguélistes, qui recommençaient à s'agiter, lancèrent des bandes de guerillas aux ordres de Mac Donnell, et qu'une espèce de coalition se forma entre eux et les démocrates. Malgré quelques avantages remportés par les troupes royales commandées par Saldanha, par exemple le 22 décembre 1846, à Torres Vedras, le maréchal ne put réussir à s'emparer d'Oporto; le mouvement démocratique fit au contraire constamment de nouveaux progrès, et finit par gagner aussi les îles Açores, au printemps de 1847. En raison de la pénurie des finances, on pouvait prévoir que le gouvernement échouerait dans ses efforts pour faire respecter son autorité, et déjà le parti démocratique parlait ouvertement de déposer la reine et d'instituer une régence. Dans ces circonstances les puissances alliées avec le Portugal en vertu de la quadruple alliance tombèrent d'accord sur une intervention. Le colonel anglais Wylde fut chargé de sommer la junte insurrectionnelle d'Oporto d'avoir à se dissoudre, promettant au nom de la reine une amnistie générale, le retrait de tous les décrets contraires à la constitution, la convocation des cortès et la création d'un ministère dans lequel n'entreraient ni membres du parti Cabral ni membres du parti révolutionnaire. La junte ayant rejeté ces propositions, l'intervention armée commença en mai 1847. L'Angleterre envoya une escadre sur la côte, et en même temps l'Espagne fit entrer un corps d'armée en Portugal. L'insurrection se trouva dès lors dans l'impossibilité de faire longue résistance; et Oporto fut occupé à la fin de juin par les Espagnols, après que la junte se fut vue contrainte de capituler aux conditions precedemment proposées par les puissances. Mais comme la reine ne se hâta point de faire les concessions promises, la fermentation continua toujours. Les cortès ne furent convoquées qu'à la fin d'août, et il se constitua alors un ministère neutre, qui, en décembre 1847, fut remplacé par un ministère *chartiste*, ayant pour président Saldanha.

Si le Portugal ne ressentit pas le contre-coup des tempêtes révolutionnaires de 1848, ce fut plutôt le résultat de l'épuisement que celui de la tranquillité intérieure. Le trésor public était vide, le commerce et l'industrie dans un état de marasme complet, et pas plus le ministère que les cortès ne voulaient sérieusement ni ne pouvaient porter remède à un tel état de choses. Pendant que les partis nourrissaient soigneusement leurs divisions, la cour ne renonçait pas à l'espoir de ramener le parti Cabral aux affaires. Effectivement, au mois de juin 1849, la reine se débarrassa de Saldanha et de ses amis pour rappeler au ministère Cabral, flanqué de quelques *septembristes*. A ces embarras intérieurs vinrent se joindre de nouvelles difficultés avec l'Angleterre, et de la part des États-Unis des réclamations pécuniaires qui en 1850 faillirent être suivies d'une démonstration armée. Pendant ce temps-là Costa-Cabral (maintenant *comte Thomar*), fort de la faveur de la reine, persistait dans son système de violences et d'illégalités, et laissait ses créatures exploiter effrontément la fortune publique. Enfin, au mois d'avril 1851, le maréchal Saldanha mit à profit le mécontentement général pour tenter une insurrection militaire, qui sembla d'abord ne devoir pas réussir, et qui pourtant finit sans effusion de sang au pouvoir de la cour et du ministère, parce que la ville d'Oporto et le parti démocratique s'y rallièrent. Le comte Thomar donna sa démission, et s'enfuit du pays (mai 1851); en vain la reine fit appel au dévouement de Terceira. La défection générale du peuple et de l'armée mit la dictature aux mains de Saldanha. Le 15 mai il entra en triomphe à Lisbonne; et alors les exaltés de demander, comme en 1847, la déposition de la reine. Le nouveau ministère, formé sous la présidence de Saldanha, s'était renforcé par l'adjonction de quelques libéraux avancés; et sa politique se rapprochait de celle des *septembristes* et des démocrates. Les hauts emplois furent répartis en ce sens; après quoi, on prononça la dissolution des chambres, on appela de nouvelles cortès à réviser la constitution, et on rendit une loi électorale démocratique. Mais avec l'inconstance qui le caractérise, Saldanha ne tarda pas à reculer; il essaya de modifier la loi électorale, et provoqua ainsi une crise ministérielle, à la suite de laquelle les éléments progressistes du cabinet cédèrent la place à des éléments conservateurs. Mais les élections nouvelles donnèrent aux *septembristes* une immense majorité; et dès que les cortès se réunirent, en janvier 1852, il devint évident que la place n'était plus tenable pour le ministère. Dès la fin de mars Saldanha donna sa démission, mais la reine refusa de la recevoir. On commença par ajourner les cortès; mais lorsqu'elles se réunirent de nouveau, rien n'était changé dans la situation. On vota bien (9 juillet) un acte additionnel à la constitution, en vertu duquel on fixa la question de la régence et celles des élections, des communes, du vote annuel de l'impôt, en même temps qu'on abolissait la peine de mort en matière politique; mais les députés rejetèrent (23 juillet) le décret en vertu duquel le gouvernement voulait capitaliser et amortir la dette arriérée. Le gouvernement, par suite de ce dissentiment, ayant encore une fois eu recours à une dissolution des cortès, publia un manifeste dans lequel il déclarait vouloir exécuter lui-même les réformes nécessaires qui avaient échoué contre le mauvais vouloir des cortès, sauf à demander plus tard à la nation un bill d'indemnité pour l'initiative qu'il allait prendre. Un décret en date du 18 décembre 1852 transforma alors toute la dette publique de Portugal en *trois pour cent*. Pendant ce temps-là dom Miguel sembla vouloir aussi se remuer : du moins son mariage et les démonstrations qui eurent lieu en août 1852 à l'occasion du baptême de la fille qui lui était née prouvèrent qu'il n'avait pas renoncé à ses espérances. Le Portugal se trouvait dans cette position déplorable lorsque la reine donna Maria da Gloria mourut, le 15 novembre 1853, à la suite d'une couche malheureuse; et le roi Ferdinand prit alors la régence au nom de son fils mineur, dom *Pedro* V (né le 16 septembre 1837). Ce jeune prince est venu dans l'été de 1854 visiter Paris. Arrivé à sa majorité, le 16 septembre 1855, il a pris les rênes du gouvernement, et a cherché sa force dans la fusion des partis. Consultez Rabbe, *Abrégé de l'Histoire de Portugal* (2 vol., Paris, 1823); marquis Fortia d'Urban et H. Nielle, *Histoire de Portugal depuis l'origine des Lusitaniens jusqu'à la régence de dom Miguel* (10 vol., Paris, 1829).

PORTULAN, de l'italien *Portulano* ou *Portolano*, qui signifie *guide, pilote, flambeau de la mer*. C'est le nom sous lequel on désignait autrefois les anciennes cartes portugaises tracées sur parchemin, et dont la Bibliothèque impériale de Paris possède un très-grand nombre. Ce mot a un peu changé de signification aujourd'hui; il s'applique à des livres renfermant les descriptions des ports et des côtes d'un pays. Ces précieux ouvrages, qu'on pourrait aussi bien appeler *guides du navigateur*, expliquent ce que les cartes ne font que figurer. Ils conversent pour ainsi dire avec le marin, lui indiquent les mouillages, la nature des fonds, les dangers cachés; ils lui font connaître aussi les vents régnants, l'état habituel de l'atmosphère; en un mot, ils répondent à toutes les questions qui peuvent intéresser la sûreté du navire. Un bon *portulan* peut, à la rigueur, tenir lieu de pilote; il doit dès lors se trouver dans la bibliothèque de tout marin et l'accompagner dans tous ses voyages.

PORTUMNUS. *Voyez* INO.

PORT-VENDRE. *V.* PYRÉNÉES-ORIENTALES (Dép. des).

PORUS était, au temps d'Alexandre le Grand, roi de la partie des Indes qui s'étendait sur la rive gauche de l'Hydaspe, entre cette rivière et l'Acésine, autre affluent de l'Indus. Il défendit contre le conquérant macédonien le passage du fleuve qui formait la limite occidentale de ses États, et le défendit en brave. Une seule bataille, où la victoire fut bravement disputée, soumit au Macédonien Porus et ses États. « Comment voulez-vous être traité? » demanda le vainqueur au vaincu, couvert de blessures. — « En roi, » répondit Porus. Ce prince avait, disent les historiens, quatre coudées et un palme de haut; et quand il était sur son éléphant, sa haute stature n'était pas en disproportion avec sa gigantesque monture. Le conquérant ne voulut pas se laisser surpasser en magnanimité : il laissa la couronne à Porus, et, se contentant de son hommage, il le dédommagea de l'indépendance en agrandissant les États soumis à son sceptre vassal.

POSEIDON. *Voyez* NEPTUNE.

POSEN, province de Prusse, qui faisait autrefois partie du royaume de Pologne, où elle était comprise dans la Grande-Pologne. Lors du premier partage de la Pologne (1772), la plus grande partie en avait déjà été adjugée à la Prusse; et le reste lui fut réuni en 1793, lors du second partage. A partir de 1807 cette province fut comprise dans le duché de Varsovie; en 1815 le congrès de Vienne la sépara de la Pologne, et la rendit à la Prusse, sous la dénomination de *grand-duché de Posen*. Cette province, qui confine au royaume de Pologne et aux provinces prussiennes de Silésie, de Brandebourg et de Prusse, a une superficie totale de 375 myriamètres carrés; elle forme les arrondissements de *Posen* (906,743 habitants) et de *Bromberg*, avec une population totale de 1,381,745 habitants (dont environ 80,000 juifs), répartie en 145 villes, dont plusieurs n'ont que quelques centaines d'habitants, 3 bourgs et 4,380 villages. Les villes les plus importantes sont *Posen*, *Bromberg*, *Gnesen*, *Lissa*, *Fraustadt*, *Meseritz*, *Rawitsch* et *Inowraclaw*. Le sol, généralement plat, est fertile. De vastes étendues de terrain, qui sous la domination polonaise n'étaient que landes et bruyères, ont été transformées en fertiles prairies et en terres à blé. La Wartha, qui traverse le pays dans toute son étendue, est navigable, de même que la Netze, qu'un canal créé par Frédéric II relie à la Brahe, rivière navigable, qui se jette dans la Vistule. L'agriculture donne beaucoup de grains, de légumes secs et de chanvre; mais les produits du règne minéral y sont sans importance. Il faut mentionner cependant le gisement houiller qui a été découvert près de la ville de Wronki. On y fabrique beaucoup de drap de qualité grossière, de dentelle, de papier et de verroterie. La grande majorité des habitants se compose de Polonais; les Allemands et les juifs forment le reste. Le catholicisme est la religion dominante; toutefois, on y compte 432,000 protestants. La noblesse est nombreuse, partie très-riche et partie très-pauvre. Le gouvernement prussien, en s'efforçant de développer la prospérité matérielle du pays, a aussi songé à la civilisation, et a fondé un grand nombre d'écoles et d'établissements d'instruction publique. Il est question aux articles POLOGNE et PRUSSE des événements dont le grand-duché de Posen fut le théâtre en 1846, 1848, etc.

POSEN (en polonais *Poznan*), chef-lieu de la province du même nom, sur la Wartha, dans un pays sablonneux, est l'une des plus anciennes villes de Pologne. Lors de l'introduction du christianisme en Pologne, au dixième siècle, elle fut érigée en évêché. Au treizième siècle, elle devint la résidence des ducs de Pologne. Au moyen âge, elle fit partie de la hanse; et beaucoup de marchands allemands, anglais et écossais vinrent s'y établir. On y compte aujourd'hui 44,347 habitants, dont 21,000 catholiques, 15,000 protestants et environ 8,000 juifs. Elle est le siége du gouverneur général, de l'archevêque de Gnesen et de Posen, d'un évêque protestant, d'une cour d'appel, d'une banque de crédit foncier, etc. Elle possède deux colléges royaux (un catholique et un protestant), un séminaire catholique, un théâtre, une école d'accouchement, et un grand nombre d'établissements particuliers d'instruction publique de divers degrés. Depuis le grand incendie de 1803, cette ville a beaucoup gagné en régularité. L'hôtel de ville, sur la place du Marché, est un bel édifice gothique du seizième siècle. Le plus grand de ses faubourgs, *le Waflischay*, est relié à la ville par un pont jeté sur la Wartha. On y compte treize églises, dont les plus remarquables sont Saint-Stanislas, ci-devant église des jésuites, chef-d'œuvre d'architecture italienne, et la cathédrale, édifice moderne, d'une noble simplicité. Le *Bazar* est un vaste hôtel construit aux frais de la noblesse polonaise. Mentionnons parmi ses établissements utiles une bibliothèque publique de 20,000 volumes, donnés à la ville par le comte Raczynski avec un bel hôtel pour lui servir de local et un capital de 80,000 francs. Le commerce y est assez important, mais se trouve presque en totalité aux mains des juifs. Il se tient à Posen, à l'époque de la Saint-Jean, une foire qui y attire toute la noblesse de la province. Le vaste système de fortifications dont on l'a entourée a été terminé en 1853. Le 11 décembre 1806 Napoléon accorda la paix à la Saxe dans les murs de Posen.

POSIDONIUS, philosophe stoïcien, surnommé *le Rhodien*, parce qu'il était le disciple de Panætius de Rhodes, et que plus tard il enseigna dans cette ville, était originaire d'Apamée en Syrie, et naquit vers l'an 103 av. J.-C. Au retour de ses voyages, il enseigna avec un rare succès la philosophie des stoïciens, mais quelque peu modifiée de son rigorisme originel, et se rapprochant assez des doctrines des écoles péripatéticienne et académique. A l'âge de cinquante ans, il fut choisi par les Rhodiens pour une ambassade à Rome. Il compta au nombre de ses disciples les Romains les plus distingués, tels que Pompée et Cicéron.

Posidonius ne s'occupait pas seulement de questions philosophiques; il était en outre aussi versé dans la connaissance des sciences physiques, astronomiques et mathématiques qu'on pouvait l'être de son temps. Il était parvenu à mesurer l'étendue de la terre, et avait soupçonné que le flux et le reflux de la mer pouvaient bien être un effet du mouvement de la Lune. Suivant lui, l'élévation de l'atmosphère terrestre était de 400 stades, et la distance qui sépare le Soleil de la Terre de 13,000 demi-diamètres terrestres; évaluations que Tycho de Brahé lui-même ne put pas calculer avec autant d'exactitude. Ses ouvrages ne sont pas parvenus jusqu'à nous. Bake en a réuni les différents fragments et passages cités par des écrivains anciens (Leyde, 1815).

POSITIF se dit d'une quantité considérée comme ayant une fonction d'augmentation. Ce mot, adopté par les sciences exactes, n'y a pourtant pas un sens aussi bien déterminé que dans le discours ordinaire, où il n'est appliqué qu'à ce qui est réel, constaté ou susceptible de l'être par des preuves complètes, des témoignages irrécusables. En mathématiques, il ne s'agit point de la réalité des quantités introduites dans les formules qui expriment leurs relations mutuelles et les lois de leur combinaison, mais du sens suivant lequel on les a mesurées : ainsi, par exemple, la mesure du temps peut être comptée dans l'avenir ou dans le passé; car le présent n'est pas autre chose que le point qui sépare ces deux parties de la durée : si l'avenir est *positif*, le passé sera *négatif*. Comme les directions du mouvement peuvent être opposées, en choisissant à volonté celle qui sera *positive*, l'autre deviendra *négative*, et il est évident que l'espace parcouru *en arrière* doit être retranché de celui qui mesure la marche *en avant*. Le *chaud* et le *froid* sont aussi réels l'un que l'autre, et déterminés par la quantité plus ou moins grande de calorique contenue dans les corps; mais lorsqu'il est question d'*échauffement* ou de *refroidissement*, on ne tient plus compte que des acquisitions ou des pertes de calorique, et si les corps éprouvent alternativement ces variations, on voit clairement que le résultat dépend de l'excès des unes sur les autres, etc.. L'expression algébrique est correcte, mais le langage ne l'est pas, car les mots *positif* et *négatif* ne présentent nullement à la pensée les idées que l'on y attache, et très-souvent leur obscurité a fait trébucher l'intelligence des étudiants, même celle de quelques professeurs plus métaphysiciens que géomètres. Il est à regretter que la multitude des ouvrages consacrés à l'enseignement ne permette pas encore aux mathématiciens de changer les dénominations incorrectes de *quantités positives* ou *négatives*, et quelques autres que les sciences exactes désavouent, quoiqu'on les ait contraintes de les employer.

Les changements politiques survenus en France ont produit le singulier effet d'introduire le mot *positif* dans les sciences morales, et multiplié ses emplois sans tracer les limites de chacun. Avant 1789 une classe très-nombreuse se contentait d'une instruction très-superficielle; actuellement on veut faire provision de *connaissances positives*, c'est-à-dire que, sans aspirer à un savoir *profond*, on n'estime plus que celui dont on peut faire des applications utiles. On n'a pas une idée aussi claire de ce *positif* recherché en tout et partout; mais on conçoit qu'il affaiblit de plus en plus l'empire des illusions, et qu'il peut disposer le sol pour la culture de quelques vérités de plus. Jusque là le dix-neuvième siècle paraîtrait plus digne d'éloges que de blâme; mais des observateurs d'une grande perspicacité savent y découvrir la pernicieuse influence de cette philosophie du siècle précédent, accusée de si nombreux méchefs. Ils reprochent à leurs contemporains une trop forte prédilection pour les choses *positives*; cette épithète est très-justement appliquée aux intérêts matériels, et nos docteurs modernes regardent cette disposition des esprits comme une contagion morale qui envahit les sociétés humaines dès qu'elles se laissent entraîner par des vues de perfectionnement. En effet, lorsque Rome eut perdu les vertus républicaines, l'avarice y devint si commune que, loin de la signaler comme un vice, on l'estimait comme une preuve de sagesse. L'avare, dit Horace :

> . . . . . .Insanus paucis videatur, eo quod
> Maxima pars hominum morbo jactatur eodem.

Serait-ce par le même motif que l'on ne refuse aujourd'hui ni estime ni confiance aux hommes *positifs?* FERRY.

C'est dans le même sens que M. E. Serret a dit dans *Le mauvais Riche* :

> Le grand homme du jour c'est l'homme positif :
> Sois positif, mon fils, jusques au fond de l'âme
> Sois positif surtout dans le choix d'une femme.

Dans le langage ordinaire *positif* veut dire certain, constant, assuré : C'est un *fait positif*; une *nouvelle positive*; on en a des *preuves positives*.

Un *esprit positif* est un esprit qui aime l'exactitude, qui recherche en tout la certitude et la justesse.

Positif se dit aussi par opposition à *négatif*. Dans les commandements de Dieu, il y en a de *positifs* et de *négatifs* : les premiers sont ceux qui imposent une obligation de faire, comme d'adorer Dieu; les seconds ceux qui défendent seulement de faire le mal, comme de ne pas jurer. Dire d'un homme qu'il ne fait pas de mal, ce n'est pas faire une louange positive, c'est seulement une louange négative. Dire qu'on a vu un homme faire une chose, c'est une preuve positive; dire seulement qu'on ne l'a pas vu faire une chose, c'est une preuve négative.

On oppose les *lois positives* à la loi naturelle, le *droit positif* au droit naturel.

On nomme *théologie positive*, ou simplement *positive*, cette partie de la théologie qui comprend l'Écriture Sainte, l'histoire ecclésiastique, la doctrine des Pères, les décisions des conciles sur les dogmes de la foi et sur la pratique de l'Église.

Positif, en musique, est un petit buffet d'orgues placé au-devant du grand orgue, et qui en est séparé.

POSITIF (*Grammaire*). *Voyez* COMPARAISON (Degrés de).

POSITIF (Droit). *Voyez* DROIT.

POSITION. Lieu ou point où une chose est placée, manière dont elle est placée, situation : Il est difficile d'indiquer bien exactement la *position* des lieux sur une carte; L'élévation des pôles dépend de la *position* de la sphère.

Ce mot s'emploie aussi en parlant des personnes, 1° au propre : *Position* fatigante, *position* du soldat sous les armes; 2° au moral, dans le même sens que *situation*, pour désigner les circonstances où l'on se trouve : *Position* critique, hasardeuse; Ne pas se trouver en *position* d'obliger; *Position sociale, position dans le monde*.

En termes de prosodie grecque et latine, on appelle *syllabe longue par position* celle qui étant brève ordinairement devient longue parce que la dernière lettre de cette syllabe est une consonne et que la première lettre de la syllabe suivante est aussi une consonne.

En termes de dialectique, on entend par le mot *position* un des points de doctrine contenus dans une thèse : Il faut éviter soigneusement les erreurs dans les *positions* d'une thèse.

En termes de manége, la *position* est l'assiette du cavalier, la manière dont il est placé à cheval.

En termes de gymnastique, c'est une des différentes manières de poser ses pieds, l'un par rapport à l'autre ; elles sont au nombre de quatre : 1° jonction des pieds sur une ligne parallèle aux épaules ; 2° talons perpendiculairement sous les épaules, par conséquent éloignés l'un de l'autre de la largeur des épaules ; 3° un pied devant l'autre, talon dans la concavité que forme la rotule et le carpe du pied ; 4° un pied éloigné de l'autre de la largeur des épaules, le talon répondant toujours au creux précédent. C'est la seule manière régulière de marcher.

En termes d'architecture, on entend par *position* la seconde partie du devis des bâtiments contenant le plan du logis en général et de chacune des pièces en particulier. Vitruve veut que la *position* d'un bâtiment soit telle, que les quatres angles se trouvent directement opposés aux quatre point cardinaux.

En termes de tactique une *position* est un terrain choisi pour y placer un corps de troupes destiné à quelque opération militaire : *Prendre position*.

POSITION (Angle de), synonyme d'*angle parallactique*.

POSITION (Règle de fausse). *Voyez* FAUSSE POSITION (Règle de).

POSITION DU CORPS (Influence de la). L'auteur de cet article croit avoir été le premier à signaler cette influence de la position du corps, de l'attitude, de la posture, et il l'a attribuée à la *pesanteur*, c'est-à-dire à la tendance qu'ont les fluides vivants, alors même qu'ils cheminent en circulant dans des vaisseaux, à graviter vers le centre de la Terre, appui commun de tout ce qui subsiste en ce monde. On a cité de nombreux exemples en preuves de l'influence en question. Si un individu demeure quelque temps incliné ou courbé sur un des côtés du corps, bientôt la narine de ce côté déclive, se rétrécit jusqu'à être obstruée temporairement par l'effet de l'afflux des liquides et de leur stagnation. Pour être moins aperçue dans les autres organes, cette influence n'y est pas moins réelle, comme nous allons le montrer. Or, comme la plupart des hommes ont l'habitude de s'endormir sur le côté droit, à cause de la situation du foie, qui est lourd, et à cause du cœur, qui a besoin de liberté pour ses battements perpétuels, on devine qu'une position qui se prolonge, terme moyen, six à sept heures par jour, c'est-à-dire qui embrasse le tiers de la vie, on comprend, dis-je, qu'une telle attitude tend à rompre et rompt en effet cette juste harmonie qui devrait subsister entre tous les organes, et entre les moitiés droite et gauche du corps. Les traces de cette influence sont manifestés et nombreuses. La veine jugulaire droite est plus volumineuse que la gauche ; le trou déchiré droit qui lui livre passage est plus large que celui du côté opposé, et il en est de même de la gouttière droite de l'occiput et du sinus droit de la dure-mère. Le sang veineux empiète donc, à droite, sur le champ dévolu à l'hémisphère cérébral correspondant, et cet hémisphère est plus à l'étroit et quelquefois comprimé ; aussi est-ce de ce côté qu'on trouve le plus fréquemment des épanchements apoplectiques ; et comme l'action nerveuse est croisée, voilà d'où vient que le côté gauche du corps, tributaire de l'hémisphère droit du cerveau, est le plus exposé à la paralysie, aux ulcérations, à la faiblesse de toutes sortes, aux tubercules, etc. Les mêmes effets se produisent à la poitrine, aux poumons et aux parois thoraciques ; le poumon droit est le plus enclin à s'enflammer, à s'engorger, à s'hépatiser. Les parois de la poitrine donnent à droite un son moins clair à la percussion, effet hypostatique dont les médecins sont forcés de tenir compte. Il existe même une espèce de fluxion de poitrine qu'on attribue depuis quelques années à l'influence de la pesanteur ou à l'*hypostase*. Il y a plus de fluxions, d'inflammations, d'hémorrhagies à droite qu'à gauche. Une personne ayant une ophthalmie chronique d'un côté la fait passer du côté opposé en changeant de posture : l'œil finit par s'engorger du côté où l'on s'incline habituellement. Galien prédisant une hémorrhagie de la narine droite se laissait instinctivement inspirer de la loi que nous exposons. La station verticale atteste par des faits nombreux la même influence. Les veines des membres inférieurs sont les plus volumineuses, les plus exposées à s'élargir et à former des varices. Il suffit d'élever les bras non-seulement pour dérougir les mains et amoindrir le volume des veines, mais encore pour affaiblir le pouls. Si le corps reste debout après de grandes pertes de sang ou d'autres hémorrhagies, l'évanouissement peut survenir ; la position horizontale, et même la déclivité de la tête, ranime alors l'évanoui, et restitue la connaissance un moment éclipsée. Mais cette attitude serait dangereuse dans l'imminence apoplectique. On a plus d'une fois dissipé des engorgements non inflammatoires en maintenant élevées les parties malades, et aidé ainsi à la guérison soit du rhumatisme articulaire, soit de la goutte ou de l'érysipèle. C'est un artifice maintenant usité dans quelques hôpitaux de Paris. La même influence de la position du corps s'étend jusqu'à l'utérus et à la direction la plus habituelle selon laquelle l'enfant vient au jour. Elle n'est pas non plus étrangère à l'accomplissement de la digestion. C'est aider la sortie des aliments par le pylore que d'incliner le corps à droite alors que la digestion stomacale est pleinement effectuée. La position inverse concourt à prolonger le séjour dans l'estomac d'aliments non encore digérés, comme à préserver le pylore d'une pression et d'une fatigue sans but ; la même attitude a pour effet de favoriser l'écoulement de la bile dans le duodénum, alors que les aliments chymifiés ont traversé le pylore. Nous ne pouvons que renvoyer, quant au surplus, à notre *Mémoire sur l'influence physiologique de la pesanteur* (1819, 1823), ou au tome II de notre *Physiologie médicale*, 1828. Dr Isidore BOURDON.

POSSÉDÉ. *Voyez* POSSESSION (*Démonologie*).

POSSÉDÉES DE LOUDUN. *Voyez* GRANDIER (URBAIN).

POSSESSIF (Adjectif). *Voyez* DÉTERMINATIF et ADJECTIF.

POSSESSION (*Droit*). La *possession*, dans son sens primitif, n'est autre chose que le résultat du fait qui consiste en ce qu'une personne a dans sa puissance une chose corporelle de manière à pouvoir s'en servir et empêcher qu'une autre s'en serve. Ce rapport de fait d'un individu avec une chose s'appelle *détention*, et celle-ci est le fondement de toute idée de possession. Mais dans la législation positive, la possession n'est pas limitée aux choses corporelles ; elle s'étend encore aux choses incorporelles, et notre Code Civil déclare expressément qu'elle s'applique à la jouissance d'un droit ; elle consiste alors dans l'exercice de ce droit. On distingue deux sortes de possessions, la *possession civile* et la *possession naturelle*. La première est celle qui procède d'un juste titre, c'est-à-dire d'un titre qui transfère la propriété ; elle n'a lieu qu'à la condition que le possesseur soit de bonne foi. C'est là le fait de tous ceux qui possèdent, soit en vertu de succession, ou de donation, ou d'un acte d'acquisition, ou par suite des actes de mutation autorisés par les lois. La possession naturelle est fondée, comme nous l'avons dit plus haut, sur le fait même de la détention, en dehors de tout titre légal. Envisagée sous ce point de vue, elle n'est donc qu'un acte matériel ; mais toutes les législations ont cependant reconnu dans cet acte, tout matériel qu'il est, un principe qui a son importance, et qu'elles se sont appliquées à régulariser dans l'intérêt social. Ainsi, la possession naturelle peut devenir légale, et par conséquent une source de droits aux conditions suivantes. Ainsi, il faut que le détenteur de la chose ait l'intention reconnue de la posséder comme sa propriété. Il doit être de bonne foi, ne pas agir par violence ou par ruse, car autrement sa possession serait viciée dans son principe. Si l'intention de celui qui détient une chose est seulement de l'employer comme propriété d'un autre, il ne possède pas légalement, *alieno nomine possidet*, disaient les lois romaines, et il est toujours censé posséder au même titre s'il n'y a preuve contraire.

La possession qui réunit toutes les conditions de la loi est déjà une présomption grave du droit de propriété, et lorsqu'elle est continue et non interrompue, publique et non équivoque, elle donne droit à la *prescription*, par laquelle la propriété se trouve définitivement constituée sans qu'il soit besoin d'invoquer d'autre titre. On voit donc quelle place la possession occupe dans la législation, puisqu'un simple fait matériel peut s'élever à toute la hauteur du droit le plus solidement établi. De là sont nées les actions qu'on nomme *possessoires*.

On appelle *possession précaire* celle qui s'exerce à tout autre titre que celui de propriétaire : ainsi, le fermier, l'usufruitier, le dépositaire, possèdent à *titre précaire*. C'est un principe que la possession précaire ne peut servir de base à la prescription, et l'article 2,237 du Code Civil déclare que les héritiers de ceux qui tenaient la chose à titre précaire ne peuvent pas plus prescrire que leurs auteurs. Néanmoins, il se peut que la possession à titre précaire éprouve quelques modifications, et la loi décide que ceux dont le titre se trouve ainsi vicié peuvent cependant prescrire si le titre de leur possession se trouve interverti, soit par une cause venant d'un tiers, soit par la contradiction qu'ils ont opposée aux droits du propriétaire. De même, ceux à qui les fermiers, dépositaires et autres détenteurs précaires, ont transmis la chose par un titre translatif de propriété, peuvent la prescrire. E. DE CHABROL.

POSSESSION (*Démonologie*), état d'un homme qu'on dit possédé par le démon. La possession diffère de l'obsession en ce que dans la possession le diable est censé agir en dedans, et que dans l'obsession il est censé agir au dehors.

Y a-t-il eu des possédés, des *énergumènes*, comme on les appelait? L'histoire nous répond affirmativement. Nier les énergumènes, c'est nier l'Évangile, c'est taxer d'imposture Jésus-Christ et ses apôtres! Mais lors même que tant de preuves ne déposeraient pas en faveur de la véracité et de la divinité de l'Évangile, comment récuser le témoignage unanime des Pères des quatre premiers siècles? Ils attestent que les exorcistes chrétiens chassaient les démons des corps des païens, et forçaient ces êtres immondes d'avouer ce qu'ils étaient. Les Pères prennent à témoin de ces faits les païens eux-mêmes, et de tous les philosophes, si habiles à saisir ce qui pouvait être défavorable au christianisme, pas un ne les a démentis. Cependant, on ne peut supposer ici ni l'influence de l'imagination, car ces possédés étaient idolâtres, ni collusion entre eux et les exorcistes pour favoriser les progrès du christianisme, ni maladies naturelles, puisque alors de simples paroles n'auraient pu les guérir. Que reste-t-il donc à dire, sinon à avouer qu'il y a eu des possessions réelles, ou à se précipiter dans un scepticisme absolu? Que répondraient nos sceptiques à saint Paulin, qui, dans la vie de saint Félix de Nole, atteste avoir vu de ses yeux un énergumène marcher contre la voûte d'une église, la tête en bas, sans que ses habits fussent dérangés, et la guérison de ce malheureux s'opérer ensuite au tombeau de saint Félix? « J'ai vu, dit Sulpice Sévère, un possédé élevé en l'air, les bras tendus, à l'approche des reliques de saint Martin. » Celui qui dirait que cet auteur s'est trompé sur ce qu'il a dit avoir vu lui-même ne renoncerait-il pas évidemment à toute croyance historique? Aimez-vous mieux le témoignage des auteurs profanes? Voici Fernel, médecin de Henri II, et le protestant Ambroise Paré, qui vous diront que de leur temps un possédé parlait grec et latin sans avoir jamais appris ces deux langues. Cudworth cite plusieurs exemples du même genre. C'est peut-être ce qui faisait dire à Leibnitz que les *exorcismes*, qui ont toujours été pratiqués dans l'Église, peuvent souffrir un très-bon sens.

Après cela, qu'il y ait eu de faux énergumènes, que le nombre en ait été grand, que la fourberie, l'ignorance, la peur, la superstition s'en soient mêlées, qu'on ait pris souvent pour une démonomanie réelle ce qui n'était que l'effet de la folie ou d'une exaltation passagère, loin de le nier, nous le soutiendrions, au contraire, l'histoire à la main, contre ceux qui seraient tentés d'en disconvenir. Mais, au lieu de conclure que toutes les possessions sont fausses, parce qu'il en est plusieurs dont la fausseté est évidente, nous disons au contraire : Puisqu'il y en a de fausses, donc il y en a de vraies; car s'il n'y en eût point eu de vraies, il n'y en aurait jamais eu de fausses. Que si l'on nous demande pourquoi les possessions sont devenues si rares, nous répondrons que nous ne sommes plus aux siècles des prodiges, et qu'il y a désormais assez de lumière pour ceux qui veulent ouvrir les yeux. Quant à la physique et à la médecine, elles n'ont rien à voir à ces choses : que l'une augmente nos jouissances, et que l'autre nous guérisse; mais qu'elles se gardent de juger de ce qui est immatériel, impalpable et invisible! L'abbé J. BARTHÉLEMY.

POSSESSION (Envoi en). *Voyez* ENVOI EN POSSESSION.

POSSESSION D'ÉTAT. On appelle ainsi l'ensemble des faits qui établissent des rapports de filiation et de parenté entre une personne et la famille à laquelle elle prétend appartenir. La possession d'état peut être invoquée dans certains cas à défaut d'acte de naissance.

POSSESSOIRE (Action). On nomme ainsi une espèce d'action qui a pour seul et unique objet la possession d'un héritage ou d'un droit réel immobilier, dont on ne jouit pas, ou dont on ne jouit pas paisiblement et sans trouble. Si elle a pour objet de faire cesser le trouble, elle se nomme *complainte*, et *réintégrande* si elle tend à faire réintégrer quelqu'un dans la possession. Elle s'appelle *dénonciation de nouvel œuvre* si elle est dirigée contre un propriétaire qui fait sur son fonds, contre l'ancienne disposition des lieux, un ouvrage préjudiciant à l'héritage voisin, et si ce voisin demande la cessation du trouble ainsi fait à sa propriété ou à l'exercice de son droit réel. E. DE CHABROL.

POSSEVINI (ANTONIO), né en 1534, fut envoyé, en 1578, peu de temps après s'être fait jésuite, par le pape Grégoire XIII, en Suède auprès du roi Jean, afin de le déterminer à embrasser le catholicisme. Il décida le roi à se confesser et à recevoir la communion en secret suivant le rite catholique. Mais le pape ayant refusé au roi la communion sous les deux espèces, le mariage des prêtres et la messe en suédois, Possevini, lors de sa seconde mission, dut quitter la Suède sans avoir pu obtenir du roi qu'il embrassât le catholicisme sans condition. Il fut ensuite envoyé à deux reprises comme légat du saint-siége en Russie, la dernière fois en 1581, où il réussit à amener la conclusion de la paix entre le roi de Pologne Étienne Bathori et le czar Iwan II Wassiliéwitsch; paix fort avantageuse pour Iwan, que le roi de Pologne avait réduit à la plus critique situation. Mais malgré toute son habileté, Possevini, après avoir soutenu publiquement une dispute théologique contre le czar en personne, échoua dans le but principal de sa mission, lequel était d'amener la réunion de l'Église grecque et de l'Église romaine. Iwan se refusa même à laisser construire des églises catholiques en Russie. Possevini mourut en 1611. Son ouvrage, *Moscovia* (Wilna, 1585, et Cologne, 1595), est une source fort importante pour l'histoire de l'Église. Consultez la *Vie de Possevini* (Paris, 1712).

POSSIBILITÉ, disposition des choses à pouvoir être faites, qualité de ce qui est possible. Il est difficile, dit un ancien critique, de juger de la *possibilité* ou de l'*impossibilité* des choses. Le poëme épique doit plutôt choisir les choses *impossibles*, pourvu qu'elles soient vraisemblables, que les *possibles* qui sont incroyables avec toute leur *possibilité*. On appelle *possibilité absolue* ce qui n'est point répugnant, ce qui n'implique point contradiction. *Possible* est ce qui peut être, ce qui peut se faire, ce qui peut arriver : Tout est *possible* à Dieu, hors ce qui implique contradiction; Dieu ne nous demande que ce qui nous est *possible;* Ses miracles sont des effets qui ne sont pas *possibles* par les forces de la nature; Les *êtres possibles;* Les *bornes du possible.* « Est-il *possible*, disait le Balzac du dix-septième siècle, que nous travaillions à la structure et à la cadence d'une période comme s'il y allait de notre vie? » Le mot *impossible*, disait Napoléon, n'est point français; boutade d'orgueil national qui caractérise bien le grand homme et sa confiance en la nation qui l'avait mis à sa tête.

POSTCOMMUNION (du latin *post*, après, et *communio*, société, dont on a fait *communion*), oraison que le prêtre dit à la messe, immédiatement après la prière appelée *communion.* Dans la primitive Église la postcommunion était une action plus longue et plus solennelle. Le diacre exhortait le peuple par une formule assez longue à remercier Dieu des bienfaits qu'il avait reçus dans la participation aux saints mystères. Ensuite l'évêque recommandait le peuple à Dieu par une oraison d'actions de grâces.

POSTDATE (du latin, *post*, après, avec le français *date*), date fausse et postérieure à la vraie date d'un acte, d'une lettre, etc.

POSTE (du mot *positus*, ou par contraction *postus;* d'autres le dérivent de *potestas*). On appelle ainsi le service public qui a pour objet d'assurer le transport des personnes et celui des correspondances. Que l'on interroge l'histoire des ères antérieures au christianisme, celle de l'Empire Romain au temps de sa grandeur ou de sa décadence, celle enfin des sociétés modernes, et l'on se convaincra que les postes n'ont eu une organisation large, solide, assurée, que dans les périodes brillantes de la vie des nations. Au rapport d'Hérodote et de Xénophon, c'est à Cyrus que remonte l'établissement des postes sur une échelle vraiment grande et royale. Cyrus fit déterminer, d'après des expériences nombreuses, la vitesse exacte de la marche du cheval, « et, ajoute Montaigne, disent aulcuns, que cette vitesse d'aller vient à la mesure du vol des grues ». Il introduisit l'usage des chars à quatre roues, attelés de quatre chevaux, et fit construire, en guise de relais, une multitude d'édifices, vastes, commodes, magnifiques, où il logeait lui-même avec sa suite, et dans lesquels un nombre considérable de courriers et de chevaux attendaient les dépêches du gouvernement, pour les transporter sur tous les points de l'empire, à toute heure du jour et de la nuit. L'institution des postes ne résista pas aux éternelles dissensions dont l'Asie fut pendant des siècles consécutifs l'inévitable et malheureux théâtre.

Six cents ans plus tard, le même phénomène se renouvelait dans l'empire. Suétone raconte que ce fut Auguste qui, le premier dans l'empire, s'occupa d'organiser sur une grande et solide base le service des postes. Il fit construire un grand nombre de nouvelles voies, y établit de distance en distance des stations ou relais, et confia la surveillance des postes aux premiers personnages de l'empire : aussi faisait-il en huit jours le trajet de Rome à Lyon, « ayant devant lui dans son char, dit Montaigne, un secrétaire ou deux, qui écrivaient sans cesse, et derrière lui celui qui portait son épée. » Combien de temps dura cette prospérité? Autant que la prospérité de l'empire. Comment les postes auraient-elles pu résister à ce conflit de révoltes militaires et d'invasions dont l'Empire Romain fut le théâtre pendant les deux siècles qui précédèrent sa chute? Dès qu'il y a lutte contre le pouvoir, le premier soin de ses adversaires n'est-il pas de détruire les facilités qu'il a de correspondre avec ses agents, afin d'égaliser la partie?

Il est inutile de chercher le moindre vestige de l'institution des postes en Europe pendant les quatre siècles d'ignorance et de barbarie qui suivirent la chute de l'Empire Romain. C'est à Charlemagne qu'appartient l'honneur de s'être le premier en France occupé de leur réorganisation. Les services que pouvaient rendre les postes au chef de l'État et la cohésion qu'elles devaient donner aux provinces de son vaste empire n'échappèrent pas à cette grande et merveilleuse intelligence. Charlemagne employa ses troupes et ses sujets à remettre en état les voies militaires dont les Romains avaient sillonné le monde; il institua un corps de courriers, qui s'appelèrent *veredarii* ou *cursores*, comme chez les Romains. Plus tard, en 1315, Philippe le Bel concéda à l'université de Paris le droit d'expédier à son profit, et toutes les fois que la sûreté du royaume n'y mettait pas obstacle, la correspondance des particuliers. L'université de Paris expédiait à des époques indéterminées, dans les principales villes du royaume, des messagers qui se chargeaient en outre de toutes les lettres qu'on leur remettait sur leur passage, soit pour le lieu de leur destination, soit pour les points intermédiaires. Ce ne fut qu'en 1464 que Louis XI rendit, à Doullens, le premier édit régulier qui ait paru sur les postes en France. En voici les principales dispositions : « Que sa volonté et plaisir (dit le roi) est que dès à présent et doresnavant il soit mis et establi spécialement sur les grands chemins de son dit royaume, de quatre en quatre lieues, personnes séables, et qui feront serment de bien et loyalement servir le roy pour tenir et entretenir quatre ou cinq chevaux de légère taille, bien enharnachez, et propres à courir le galop durant le chemin de leur traite, lequel nombre se pourra augmenter s'il est besoin. » Une autre disposition porte « qu'il est défendu, à peine de la vie, aux maîtres coureurs (maîtres de poste) de bailler aucuns chevaux à qui que ce soit et de quelque qualité qu'il puisse être, sans le mandement du roy, d'autant que ledit seigneur ne veut et n'entend que la commodité dudit établissement ne soit pour autre que pour son service. » Enfin, le prix de la traite du cheval durant quatre lieues, y compris celui de la guide qui le conduira, est fixé par le même édit à la somme de *dix sous.*

On voit par ce qui précède que Louis XI, en fondant les postes dans le royaume, n'en voulut pas faire tout d'abord une administration publique et au service de tous. Cependant, et par une tolérance aussi bien entendue que la restriction posée en principe avait été sage et prudente, il est prouvé que peu après la mise à exécution de l'édit sur les postes, et toutes les fois que les intérêts politiques n'y furent pas un obstacle, les particuliers se servirent, pour la transmission de leur correspondance, des messagers et courriers ordinaires du roi. Quant à la pénalité que l'édit établit contre les maîtres coureurs qui délivreraient des chevaux de poste aux personnes non autorisées par le roi à en faire usage, elle est littéralement empruntée, ainsi que le fond de l'édit lui-même, aux règlements des empereurs romains. Ces règlements étaient d'ailleurs en harmonie avec les époques d'agitation et de luttes où ils étaient mis à exécution. Comme il fallait pourvoir aux gages des maîtres coureurs et des deux cent-trente courriers qui déjà portaient sur tous les points du royaume les lettres du roi et des particuliers, il en résulta pour le peuple une augmentation de charges, que celui-ci accueillit fort mal. Non-seulement il se plaignit que Louis XI lui fit payer cher le bienfait des postes, mais il se trouva des hommes qui blâmèrent l'institution elle-même : de ce nombre furent les moines. Un prédicateur nommé Maillard avait parlé de Louis XI d'une manière offensante, le roi le fit prévenir que s'il y revenait, il le ferait jeter à la rivière. « Il en est le maître, reprit alors Maillard; mais dites-lui que je serai plus tôt en paradis par eau qu'il n'y arrivera par ses chevaux de poste. »

De grandes améliorations furent successivement introduites dans le service des postes. Toutefois, l'université conservait ses droits, ses usages, et pendant le seizième siècle les guerres de religion empêchèrent son progrès et paralysèrent plus d'une fois le service ordinaire. Henri IV, dans le but louable d'augmenter la facilité des voyages et des communications, créa, en 1597, un établissement destiné à fournir aux voyageurs des chevaux de louage, de traite en traite, sur les grands chemins. Les considérants de cet édit sont remarquables et méritent d'être signalés. « Comme les commerces accoustumez, y est-il dit, cessent et sont discontinuez en beaucoup d'entroicts, et ne peuvent nos dits sujets librement vacquer à leurs affaires sinon en prenant la poste, qui leur vient en grande cherté et excessive dépense ; à quoi désirant pourvoir et donner moyens à nos dits sujets de voyager, et commodément continuer le labourage, avons ordonné et ordonnons que par toutes les villes, bourgs et bourgades de ce dit royaume seront establis des maistres particuliers pour chacune traite et journée, déclarant néanmoins n'avoir entendu préjudicier aux droits, priviléges et immunités des postes. » Malheureusement, ce projet séduisant ne put pas tenir à l'exécution. En effet, la création d'une semblable administration devait avoir pour résultat infaillible de donner à celle des postes une rivale redoutable, écrasante. On le comprit bientôt; on fondit les deux administrations en réunissant les relais aux postes, et pour concilier autant que possible tous les intérêts, on diminua de moitié le prix payé jusqu'alors par les personnes qui faisaient usage de chevaux appartenant aux maîtres coureurs. Les améliorations qui datent de Louis XIII sont des plus importantes. Ainsi, il fut résolu dès cette époque que les courriers partiraient de Paris pour les principales villes du royaume deux fois par semaine, et qu'ils feraient nuit et jour, pendant les sept mois de la belle saison, une poste par heure. Enfin, on leur accorda une heure et demie pour parcourir le même trajet pendant les cinq mois d'hiver. Un tarif régulier fut substitué aux taxes arbitrairement fixées jusque là par les expéditeurs ou par les agents des postes. Ce tarif est remarquable par sa modération; le port d'une lettre de Paris à Lyon est taxé à 2 sous. Bientôt il fut doublé, et ne tarda pas à coûter plus cher encore.

En fondant les postes, Louis XI avait accordé des priviléges fort étendus aux maîtres coureurs. Plus tard, ces priviléges avaient été contestés, ravis même aux maîtres de poste. Ils leur furent rendus par Louis XIV. Plusieurs voyages de la cour dans les provinces avaient tellement éreinté les chevaux qu'il en était mort plus d'un quart. Ruinés et découragés, grand nombre de maîtres de poste menacèrent d'abandonner leurs établissements. C'est alors que Louis XIV les remit en possession des priviléges qui leur avaient été primitivement accordés, et qui les exemptaient de la taille pour 60 arpents de terre, de la milice pour l'aîné de leurs enfants et le premier de leurs postillons, du logement des gens de guerre, de la contribution pour les frais de guet, gardes et autres impositions. Dès 1790 un décret de l'Assemblée constituante supprima les priviléges des maîtres de poste, et les remplaça par une indemnité annuelle de 30 livres par cheval, laquelle indemnité ne pouvait être moindre de 250 fr., ni dépasser 450 francs, quelle que fût l'importance des relais. Les revenus des maîtres de poste se composent donc actuellement de l'indemnité fixe, du produit des estafettes, courriers extraordinaires, chaises de poste, et de la contribution des 25 centimes par poste et par cheval, dont un décret de 1805 frappa, en leur faveur, tout entrepreneur de voitures publiques et de messageries qui ne se servirait pas des chevaux de relai. Jusqu'en 1663 les postes n'avaient rapporté à l'État, c'est-à-dire au roi, d'autres revenus que ceux résultant de la vente des charges d'employés, fort recherchées, du reste, même à cette époque, à cause du privilége dont jouissaient les titulaires de percevoir à leur bénéfice le port des lettres qu'ils faisaient distribuer. Frappé de l'importance chaque jour plus considérable de leurs produits, M. de Louvois mit les postes en ferme au prix de 1,200,000 francs. Le privilége dont jouissait l'université fut acheté, moitié de gré moitié de force, et le monopole reçut une constitution régulière. Ce fut un nommé Lazare Patin qui, en 1663, en devint fermier général, par un bail de onze ans, que l'on prolongea ensuite de neuf années.

En 1788 la ferme des postes produisait 12 millions.

Depuis la révolution le service des postes en France est dirigé par une régie financière (*voyez* Postes [Administration des]). Les autres États de l'Europe n'ont établi des postes régulières que longtemps après la France : l'Allemagne sous Charles IV, l'Espagne sous Philippe V, l'Angleterre sous Charles Ier.

Dans ce dernier pays cependant on en fait remonter l'établissement au temps d'Édouard III, qui en aurait fait usage pour le service de ses armées; mais sous Jacques Ier les universités et les grandes villes entretenaient chacune leur poste particulière. En 1632 Charles Ier interdit d'expédier des lettres à l'étranger autrement que par l'intermédiaire de la poste royale. En 1635 il établit un service régulier de courriers entre Londres et Édimbourg, à l'usage des particuliers. En ce temps-là il fallait à une lettre six jours pour aller de l'une de ces villes à l'autre. En 1636 ce prince établit, de concert avec Louis XIII, une grande poste entre Londres et Paris. Peu à peu les postes particulières furent supprimées en Angleterre, en même temps que le produit de l'exploitation des postes était compris dans les régales. Cromwell afferma cette exploitation moyennant 10,000 liv. st. par an. Après les guerres civiles un comité, présidé par le procureur général Edmond Prideaux, arrêta une organisation générale des postes, qui ne subit à la restauration que de légères modifications. Le bail des postes rapportait sous Charles II 21,000 liv. sterl. par an. Sous Guillaume III le parlement adopta le premier bill pour l'institution d'une poste en Écosse; mais ce fut la reine Anne qui constitua l'administration des postes (*post-office*) de la Grande-Bretagne.

En Allemagne, dès 1276 l'ordre Teutonique établit un service de dépêches dans ses vastes domaines; mais la première poste régulière fut organisée dans le Tyrol par le comte Roger de la Tour et Taxis, dont le fils François fut nommé par l'empereur Maximilien, en 1516, maître général des postes, après avoir monté un service permanent entre Vienne et Bruxelles. Charles-Quint accorda à un autre membre de cette maison le privilége de *grand-maître* des postes de l'Empire (1543), et l'on sait que cette commission devint dans la suite un fief héréditaire dans son sein. Même aujourd'hui les postes de la Tour et Taxis, dont Francfort est pour ainsi dire le centre, pourvoient aux transports des dépêches et des personnes dans une grande partie des États de la Confédération Germanique. Cependant, de bonne heure différents États de l'Empire réclamèrent le droit d'avoir leur propre administration des postes, droit qui fut universellement reconnu.

La célérité des communications est très-grande en Russie : soit en hiver, soit en été, on y voyage rapidement, surtout dans la Finlande, qui passe pour la partie de l'empire la mieux servie par les postes. La vitesse des chevaux russes, et principalement des petits chevaux de Livonie, fameux par leur durée et leur légèreté à la course, est remarquable. Il n'est pas extraordinaire de courir 250 werstes (72 lieues) en vingt-quatre heures. De plus, on a introduit en Russie, sur certaines routes, entre autres sur celle de Kamenoi à Ostrow, l'usage d'ornières en bois, dans lesquelles les voitures roulent doucement et sans bruit.

La réforme postale opérée en 1846 dans l'empire russe a aussi élevé le produit des postes au-dessus de l'ancien chiffre. En 1849 la recette brute avait été de 4,197,514 roubles d'argent, et le profit fut de 1,379,381 roubles.

Voici quelques détails recueillis par M. le baron d'Haussez sur le service des postes en Hongrie. On donne le nom de *forch-pan*, en Hongrie, à des relais desservis par les paysans des villages que l'on traverse : « Cette manière de voyager, dit M. d'Haussez, ne peut avoir lieu qu'en vertu d'un ordre délivré par le gouverneur civil ou le commandant militaire de la province. Les chevaux y sont d'une espèce chétive, et paraissent plus chétifs encore en raison de leur excessive maigreur et de la négligence de leur toilette. Quant aux postillons, ce sont des paysans qui n'ont de vêtements que ce qu'il en faut pour empester une atmosphère qui voyage avec eux. Les harnais sont en rapport avec le costume des postillons et la valeur des chevaux. Ils se composent de deux cordes passées dans les extrémités d'une sangle servant de poitrail, qu'une ficelle soutient à la hauteur des épaules du cheval. La longe du licou tient lieu de chaînette et de reculement. De mauvaises cordes, qui des mains du cocher se prolongent jusqu'à la bouche des chevaux, remplacent les rênes. Les chevaux de volée sont dirigés par un postillon monté à cru sur un cheval dont l'échine tranchante semble devoir pourfendre de bas en haut le malheureux cavalier. Le prix de ce genre de poste équivaut à 1 fr. 65 c. par poste de France pour quatre chevaux. Dans cette somme est compris le salaire des deux postillons. Ordinairement le bailli se fait donner le prix de la course, qu'il retient comme un à-compte sur les sommes que les paysans doivent au seigneur. Les relais sont presque toujours de quatre postes de France. Les chevaux les parcourent au galop et sans s'arrêter ; mais, tout en allant vite, on arrive lentement, parce que la vitesse de la course est compensée par le temps que l'on perd aux relais, où souvent on attend les chevaux des heures entières. »

Il y a peu à dire sur la manière dont se fait le service des postes en Italie ; il y est tel que nous l'avons laissé en 1814. En Belgique, au contraire, le gouvernement a toujours eu le bon esprit de se tenir exactement et en toutes choses au courant de nos améliorations. Quant à l'Espagne, le service entre la capitale et les provinces s'exécute avec une médiocre activité. Depuis le règne de Philippe V, la route de Bayonne à Madrid est toujours celle qui est le mieux servie. Les autres grandes routes, si l'on en excepte celle de Madrid aux résidences royales et celle de Madrid à Cadix, n'ont pas même un service de relais pour voitures. Encore mettait-on il y a quelques années quatre jours et quatre nuits pour parcourir la distance qui sépare ces deux dernières villes.

Dans plusieurs parties de l'Asie, en Turquie, par exemple, il y a quelque chose de vraiment oriental dans la manière dont le service des postes est organisé. D'abord, quand les distances à parcourir ne sont pas considérables, on fait transporter les dépêches par des coureurs ; dans le cas contraire, ce sont des Tatars qui font le service de courriers, et, en l'absence de relais, ils jouissent du privilége de démonter les cavaliers qu'ils rencontrent. Tel est l'état des postes dans le même empire où Cyrus organisa ce service, il y a deux mille quatre cents ans de cela, avec une magnificence tellement grandiose qu'elle n'a même jamais été imitée depuis. Les courriers tatars mettent vingt jours environ pour parcourir, en passant par l'Arménie et le Diarbeck, les six cents lieues qui séparent Constantinople de Bassora. Les routes de l'Inde sont généralement belles. En 1793 les présidences de Calcutta, de Madras et de Bombay firent des règlements de poste ; des relais de *tapals* furent établis à 7 ou 8 milles de distance l'un de l'autre, et leur diligence surpassa toute attente. La vitesse moyenne des courriers n'y est cependant que d'une lieue et demie par heure. Quoi qu'il en soit, les communications entre les diverses parties de l'Inde sont admirablement réglées aujourd'hui, et les chemins de fer en activité ou en construction sont destinés à transformer cet antique pays.

S'il faut s'en rapporter aux récits des missionnaires, les postes sont établies d'une manière très-régulière dans l'empire de la Chine. L'empereur y fournit seul aux frais de ce service, dont la surveillance est confiée spécialement aux 15,000 mandarins de l'empire. Le centre de l'administration est à Pékin, et c'est de là que partent les courriers pour les capitales des provinces. Les voyageurs s'accordent également à faire le plus grand éloge des postes du Japon, où rien n'arrête jamais au milieu de leur course les messages et les courriers. Prévenu par une clochette qu'ils agitent de temps en temps, le voyageur leur fait place immédiatement, et l'empereur lui-même, s'il se trouvait sur leur passage, se dérangerait, pour ne pas les retarder. En France, il est impossible d'obtenir des charretiers eux-mêmes qu'ils se détournent d'un ou de deux mètres pour laisser la route libre aux courriers. Il nous reste à parler du service des postes aux États-Unis et en Angleterre.

Aux États-Unis le transport des dépêches a pris une immense extension. En 1790 on y comptait 75 bureaux de postes et 1875 *milles* anglais de routes desservies par la poste ; en 1820, 4,500 bureaux de poste et 72,492 *milles* de routes de poste ; en 1850, 37,935 bureaux de poste et 178,672 *milles* de routes de poste. Le produit brut, qui était en 1790 de 47,935 dollars et en 1820 de 1,111,927 dollars, avait été en 1850 de 5,552,471 dollars. Le prix du port d'une lettre pesant une once est de 5 *cents* dans un rayon de 300 *milles*, et de 10 *cents* au delà de 300 *milles*. Les journaux et imprimés sont transportés sur tous les points de la république au prix de un *cent* pour trois onces de poids. Bierre CLÉMENT, de l'Institut.

L'établissement des malles-postes en Angleterre, vers la fin du dix-huitième siècle, fut un notable progrès. C'est le 2 août 1784 que la première malle-poste desservant la route de Londres à Bristol commença son service. Deux années après il en existait déjà sur toutes les routes de la Grande-Bretagne. Frappé des vices qui existaient dans le système des postes, Palmer, directeur du théâtre de Bristol, conçut un plan de réforme ayant pour but d'opérer une distribution plus prompte et plus régulière des lettres et des paquets, et d'introduire un nouveau tarif. En dépit de toutes les résistances, le grand Pitt réussit à faire adopter ce plan ; et une notable augmentation dans la correspondance en fut le résultat. Le produit des postes, qui en 1783 était 11,250,000 fr., en 1797 de 22,500,000 fr., en 1801 de 28,125,000 fr., atteignit en 1811 l'énorme chiffre de 45,000,000 fr. Cependant l'exagération même du tarif entraînait d'énormes abus et servait de prétexte à une foule de franchises privilégiées ; aussi fut-il pendant longtemps question en Angleterre d'une réforme radicale à introduire dans l'administration des postes. En 1839, enfin, M. *Rowland Hill* se trouva en mesure soumettre à la discussion du parlement un vaste plan de réforme, dont voici quelles étaient les principales bases : la distance ne doit pas être prise pour évaluation du prix du port ; toute lettre inférieure au poids d'une demi-once ne doit coûter sur toute l'étendue du royaume qu'un *penny* ; toute lettre pesant une demi-once et au-dessus, deux *pence*, etc. ; le port de lettre doit se payer d'avance, au moyen d'un timbre-poste que l'expéditeur applique sur l'enveloppe ; augmentation du nombre des distributions de lettres, et suppression des franchises. Malgré qu'il en eût, le parlement, dominé par l'opinion publique, dut adopter ce plan, qui pouvait paraître quelque peu téméraire, et qui dans la première année fit en effet baisser le produit des postes à 12,500,000 fr., de 42,000,000 qu'il était encore en 1839 ; mais l'augmentation prodigieuse qui en est resultée dans le nombre des lettres distribuées par la poste n'a pas tardé à relever les recettes, qui dans le budget de 1856 figuraient pour une somme de 32,215,750 fr., et elles tendent constamment à s'élever encore. Tous les États de l'Europe ont imité depuis l'Angleterre, et partout la réforme postale a produit les mêmes effets.

POSTE (*Art militaire*). On donne en général le nom de *poste* aux lieux occupés par un corps de troupe auquel on en a confié la défense ou la garde. Dans les villes de guerre et dans celles de garnison, on place autant de *postes* qu'il y a d'établissements militaires à garder. Aux uns sont confiées la surveillance et la conservation des magasins, des portes, des remparts, des passages défendus, du matériel et de l'armement ; aux autres, la surveillance de la police de la place et des casernes. Chaque poste a des consignes particulières, et une consigne générale commune pour les cas d'alerte, d'incendie, etc. Les *chefs de poste* doivent exercer une surveillance active et vigilante : ils sont responsables de l'exécution des consignes ainsi que des objets contenus dans les c o r p s d e g a r d e.

A l'armée, il y a des *postes d'observation* et des *postes fortifiés* susceptibles d'une longue résistance. Les uns et les autres imposent des devoirs aux officiers qui les commandent ainsi qu'aux troupes placées sous leurs ordres. Il y a aussi des *postes d'honneur*, des *postes d'avant-garde* et des *postes avancés*. Ces derniers sont généralement occupés par les voltigeurs. Les postes d'honneur sont de deux espèces : ceux qui sont fournis par les compagnies d'élite aux princes et aux officiers généraux, et ceux où le péril est jugé le plus imminent.

A la guerre, les postes sont plus ou moins avantageux, suivant la nature du terrain. C'est dans ces deux hypothèses que l'on dit : *Ce poste est bon*, ou *Ce poste n'est pas tenable*. Un poste est bon et avantageux lorsque la défense en est aisée et la retraite sûre; il est mauvais et n'est pas tenable lorsque l'attaque en est facile, qu'il est commandé, qu'on peut l'envelopper sans difficulté.

Les postes sont ou doivent être fréquemment visités par les officiers généraux, par les commandants de place, par les officiers de leur état-major, enfin, par des officiers de service des corps de la garnison désignés à tour de rôle. Le jour, ces visites ont pour objet d'inspecter les hommes de service, de surveiller la stricte exécution des consignes et la tenue des corps de garde; la nuit, elles prennent le nom de r o n d e s, et ont pour but de s'assurer si le mot d'ordre est exactement parvenu et d'habituer les troupes à prendre les armes à l'improviste.

Dans l'intérieur, on désigne sous le nom de *postes militaires* des forts isolés, des châteaux, ou autres postes fortifiés, dont le commandement est confié à des officiers subalternes, qui prennent le titre de *commandants de poste*. Ils ont le même pouvoir et la même responsabilité que les commandants de p l a c e.

On nomme aussi *poste* le lieu où un soldat est posé en faction. Toute sentinelle qui devant l'ennemi abandonne son poste sans ordre est punie de mort. SICARD.

On comprend sous la dénomination *d'avant-postes* les *postes de soutien*, les *g r a n d' g a r d e s*, les *petits postes*, les *s e n t i n e l l e s*, les *v e d e t t e s*.

Le *poste de soutien* ou d'appui est à proprement parler la réserve générale des avant-postes. Il est destiné à les soutenir, à les recueillir au besoin et même à arrêter l'ennemi assez de temps pour que le corps principal puisse se mettre en bataille et se préparer à recevoir le choc. Il doit être généralement établi dans un village, dans un défilé susceptible de défense, dans un endroit par lequel on suppose que l'ennemi tentera de déboucher, au point d'intersection de plusieurs routes ou chemins. Les postes de soutien sont presque toujours commandés par des officiers supérieurs.

Les *petits postes* sont des postes avancés. Leur nombre dépend du rayon dans lequel la grand' garde doit exercer sa surveillance, de l'effectif d'hommes dont elle peut disposer et des localités. Leur force générale ne doit varier que du tiers à la moitié de celle de la grand' garde. Chaque petit poste est sous les ordres d'un officier, d'un sous-officier ou d'un caporal. Le premier ne commande pas moins de vingt hommes, le second moins de huit à douze, le troisième moins de quatre, car ce nombre est indispensable pour fournir une sentinelle ou une vedette.

Les distances des vedettes ou sentinelles aux petits postes, celles des petits postes aux grand' gardes, des grand' gardes aux postes de soutien et de ceux-ci au corps principal, dépendent des circonstances et de la nature du terrain; il n'y a point à cet égard de règle fixe. Les postes de soutien s'établissent à égale distance à peu près de la ligne des sentinelles et du corps principal : Les grand' gardes, vers le milieu de l'intervalle qui sépare les sentinelles ou vedettes des postes de soutien, les petits postes à portée de canon des grand' gardes, et les sentinelles et vedettes à portée de fusil des postes dont elles dépendent. L'emplacement d'une vedette ne pourrait dépasser 1,200 mètres sans danger dans le mauvais temps, où de loin un coup de pistolet est difficilement entendu.

La chaîne d'avant-postes, triple en Allemagne, double en France, est tantôt disposée parallèlement au corps de troupes qu'elle protège; tantôt elle s'étend en dehors d'une des ailes; tantôt, enfin, elle affecte une ligne circulaire qui déborde les deux flancs et intercepte toutes les routes par lesquelles l'ennemi pourrait déboucher.

POSTE (Chef de). *Voyez* CHEF DE POSTE.

POSTERIORI (A). *Voyez* A PRIORI, A POSTERIORI.

POSTÉRITÉ, être de raison dans lequel se personnifient tous les siècles, tous les peuples, tous les hommes qui succèdent à l'époque dont on a parlé. La postérité commence pour un événement au moment où il vient de s'accomplir, pour un homme à l'instant où il a cessé d'exister. L'opinion de la postérité est le jugement que portent sur les hommes et sur les choses tous ceux qui leur survivent. Ce jugement est d'abord variable; tant que les passions contemporaines ne sont pas éteintes, leur influence se fait sentir dans l'appréciation des faits que ces passions ont dénaturés. Mais à mesure qu'elles s'amortissent, l'examen vient au secours de la vérité; les préventions, les p r é j u g é s s'effacent, la vérité se fait jour, la postérité dit son dernier mot, et l'o p i n i o n se fixe. Ce juge n'est pourtant pas infaillible : ses arrêts sont parfois injustes; elle donne du crédit, de la force, à maints préjugés qu'elle a négligé d'examiner de près, à des mensonges qui échappent à son investigation. La postérité répète encore la fable de la couronne déposée par Philippe-Auguste sur un autel avant la bataille de Bouvines; elle redit les mots : *Tout est perdu fors l'honneur*, que F r a n ç o i s Ier n'a jamais prononcés ni écrits, et quoique l'original de sa lettre après P a v i e soit à la portée de tout le monde. Elle persiste à mettre sur le compte d'O m a r la destruction de la bibliothèque d'A l e x a n d r i e. Mais sur tant de milliers de faits qu'elle a recueillis, et d'hommes dont elle a gardé le souvenir, ses erreurs sont en trop petit nombre pour qu'on la dépouille de son caractère de justice et d'impartialité. Laissons-lui le privilége de juger en dernier ressort et de reviser les jugements des contemporains. Où serait la consolation des illustres malheureux que méconnaît leur siècle? L'honnête homme que l'intrigue repousse, que la calomnie afflige; l'artiste, l'écrivain, le poëte, que l'envie et la sottise persécutent, dont les honneurs, la renommée, sont usurpés, éclipsés par l'industrieuse médiocrité; le grand ministre, qui lutte péniblement contre les vices et les abus de son siècle, auraient-ils le courage de poursuivre leur tâche, s'ils n'espéraient dans l'avenir, s'ils n'attendaient de la postérité la récompense de leurs travaux, le triomphe de leur gloire?

Malheur à l'homme qui, dans une grande entreprise littéraire ou politique, au milieu des ennuis, des dégoûts qu'elle entraîne avec elle, dans les moments de lassitude et de découragement qu'il rencontre, ne voit pas devant lui cette grande et imposante figure de la postérité qui lui dit : « Marche, persiste, je te vengerai! » Ménandre, victime de l'injustice de ses contemporains, se repose sur la justice des siècles à venir. Il compte sur la postérité, et la postérité le venge : la fatalité le poursuit en vain; ses œuvres ont péri, mais son nom est répété d'âge en âge, protégé par les éloges de Plutarque, de Denys d'Halicarnasse, d'Horace, et de tant d'autres écrivains plus heureux que lui-même. C'est surtout dans la carrière des arts et des lettres que cette pensée d'un avenir rémunérateur est nécessaire à l'homme qui les cultive : c'est là que les jugements sont si bizarres; le goût du jour est si capricieux, si incertain! Depuis Sophocle jusqu'à nous, on a vu des engouements si étranges, des enthousiasmes si peu fondés, des vogues si ridicules et si ridiculement soutenues! L'histoire et la poésie ont cent fois raconté les malheurs des plus illustres poëtes; mais ils n'ont pas tous souffert dans leur renommée. Camoëns et le Tasse ont été persécutés, tourmentés dans leurs personnes; comme poëtes, ils sont morts en possession de toute leur gloire. Ils n'ont pas eu besoin d'en appeler à la postérité. Milton, colportant son *Paradis perdu* de boutique en boutique, et recevant par grâce 150 fr. du libraire Thompson pour un manuscrit qui a fait depuis la fortune de tant de libraires, n'aurait-il pas brûlé cent fois son œuvre admirable si la pensée de la postérité n'avait soutenu son courage? N'avons-nous pas vu Corneille, le grand Corneille négligé, dévoré de soucis et de besoins, dans un siècle où Chapelain était comblé d'honneurs et de richesses; Molière, rabaissé au-dessous de Desmarets, et forcé de retirer son *Misanthrope* à la troisième représentation; Racine, décrié par l'hôtel Rambouillet, sacrifié à Pradon, et doutant au lit de mort du mérite d'*Athalie*? Mais la postérité les a vengés des injustices de leur temps, comme elle vengera Voltaire des burlesques injures d'une coterie insensée, dont toutes les œuvres réunies ne vaudront pas même le quatrième acte de *Mahomet*. C'est l'image de la postérité qui soutenait les Colomb, les Cortez, quand, tourmentés de l'unique pensée d'affermir leur étonnante conquête, ils luttaient péniblement contre la féroce cupidité de leurs compagnons, et plus tard contre l'infâme ingratitude de leurs rois.

La postérité met tout à sa place, et fait à chacun sa part d'éloge et de blâme, de gloire et de honte. Que lui importent les rivalités contemporaines et leurs luttes passionnées? Elle a des admirations pour le héros qui, cerné dans Utique, ne veut pas survivre à la liberté de sa patrie, et pour celui qui le réduit à ce grand sacrifice, et sous qui périra bientôt cette liberté dont Caton faisait son idole. C'est que la postérité est frappée de tout ce qui porte en soi un caractère de grandeur, et qu'à la distance où elle est des événements qu'elle juge, elle ne distingue ni les vainqueurs ni les vaincus : cette règle n'est pas sans exception. Il est des temps où se renouvellent les opinions politiques des temps antérieurs, où se reproduisent les mêmes factions, les mêmes intérêts; alors se modifie le jugement de la postérité suivant les principes dominants de l'époque; alors elle prend parti tour à tour pour César et pour Pompée, pour Charles Ier et pour Cromwell. N'avons-nous pas vu relever de nos jours les statues de Cassius et de Brutus? Dix ans après, Napoléon plaide pour César, et l'on ne voit plus en lui l'ambitieux qui a livré le peuple romain au sanguinaire Octave et aux quatre infâmes successeurs d'Auguste, mais le grand homme qui a délivré ce même peuple des Marius, des Sylla et des Antoine. Il est aussi des événements et des hommes sur lesquels la postérité hésite encore : le jugement du premier des Brutus la tient et la tiendra toujours dans l'incertitude. Elle n'admirera jamais sans réserve cet acte de rigueur; et, chose étonnante! elle semble pardonner le même acte à la sévérité de Manlius Torquatus, tandis qu'elle le condamne dans Pierre le Grand. Ce n'est point bizarrerie; c'est que chacun de ces actes, pris à part, a une cause particulière; que le motif de Manlius est le seul qui ne soit pas controversé par deux passions contraires, et que le but où le czar aspire ne semble point exiger des moyens aussi violents. Les jugements de la postérité peuvent dépendre aussi de la manière dont les questions lui sont posées; et les avocats de l'antiquité sont plus habiles, plus séduisants que ceux des temps modernes. Je ne sais, par exemple, comment elle jugera les hommes de l'époque actuelle, comment elle démêlera la vérité au milieu de tant de documents contradictoires, comment elle distinguera l'honnête homme, le véritable ami de la patrie dans cette cohue de charlatans, de saltimbanques et de caméléons qui s'agitent, bavardent et se culbutent aujourd'hui l'un sur l'autre. Espérons qu'elle fera justice à tous, et qu'elle saura mieux que nous louer ou blâmer à propos.

Il est étonnant que ce juge suprême n'ait pas été divinisé par les anciens, qui faisaient des divinités de tous les personnages allégoriques. Leurs premiers écrivains ne nomment pas même la postérité. Horace ne parle que des âges futurs, des neveux, de la gloire posthume, *laude postera*. Ovide est, je crois, le premier qui lui ait adressé des vers du fond des pays barbares où Auguste l'avait exilé. En revanche, les modernes en ont fait un grand usage; mais, la postérité ne parlera point de tous ceux qui ont parlé d'elle; et j'en vois beaucoup dans ce monde qui s'en inquiètent fort peu. Nos *grands* auteurs en vogue aiment trop à jouir de leur vivant pour s'occuper de l'avenir. Ils travaillent moins pour la postérité que pour leur carrossier, leur tailleur, leur tapissier et leur maître d'hôtel. Ils se font louer pour mieux se vendre, et ceux qui les louent leur vendent leurs éloges. La renommée est devenue métier et marchandise. Il n'y a que la gloire véritable qui ne se vend ni ne s'achette; et celle-là, c'est la postérité qui la donne.

VIENNET, de l'Académie Française.

FIN DU QUATORZIÈME VOLUME.

www.ingramcontent.com/pod-product-compliance
Lightning Source LLC
Chambersburg PA
CBHW061729300426
44115CB00009B/1151
9782019159641